How To Use The Edge Index

Bend the pages of the book nearly double and hold them that way with your right hand.

Locate the letter you want in the Edge Index.

Match up the 1- or 2-line symbol next to the letter you have selected with the corresponding 1- or 2-line symbol on the page edge, and open there.

Russian-English
Chemical and Polytechnical
Dictionary

Русско-английский
химико-политехнический
словарь

Русско-английский
химико-политехнический
словарь

третье издание

Людмила Игнатьев Каллэхэм

Издательство Наука-Уайли
Москва 1993

Copyright © 1947 by Ludmilla Ignatiev Callaham under the title
Russian-English Technical and Chemical Dictionary
Copyright © 1962 by Ludmilla Ignatiev Callaham
Copyright © 1975 by John Wiley & Sons, Inc
Copyright © 1993 Издательство Наука-Уайли

Reproduction or translation of any part of this work beyond that permitted
by Sections 107 or 108 of the 1976 United States Copyright Act without the permission
of the copyright owner is unlawful. Requests for permission or further information should
be addressed to the Permissions Department, John Wiley & Sons, Inc.

AUTHORIZED REPRINT OF THE EDITION PUBLISHED BY JOHN WILEY & SONS, INC.,
New York, Chichester, Brisbane, Singapore, and Toronto. No part of this book
may be reproduced in any form without the prior written permission
of Wiley-Nauka Scientific Publishers for permission requests from within the CIS
and John Wiley & Sons, Inc., for permission requests from outside the CIS.
This special reprint edition is licensed for sale in the CIS, Georgia, Latvia, Lithuania,
and Estonia only.

ОФИЦИАЛЬНО РАЗРЕШЕННОЕ ВОСПРОИЗВЕДЕНИЕ
ИЗДАНИЯ ФИРМЫ ДЖОН УАЙЛИ ЭНД САНЗ, ИНК.
(Нью-Йорк, Брисбейн, Сингапур, Торонто).
Запрещается полное или частичное воспроизведение настоящего издания
в любой форме без предварительного письменного разрешения Издательства Наука-Уайли
(для воспроизведения на территории СНГ), или Джон Уайли энд Санз, Инк.
(для воспроизведения вне территории СНГ). Продажа настоящего издания
разрешена только на территории СНГ, Грузии, Латвии, Литвы и Эстонии.

«Издательство Наука-Уайли» при участии А/О «Матеко»

Отпечатано в России
Российский государственный информационный центр «Республика»

Полиграфическая фирма «Красный пролетарий».
103473, Москва, Краснопролетарская, 16

Подписано в печать 21/I-93 г. Формат 60×90 1/16. Бумага офсетная. Печать офсетная
Тираж 15 000 экз. Заказ 3445

ISBN 5-88182-001-0

To my first and best two teachers,
my grandmother, Elizaveta Andreyevna,
and my mother, Olga Ilyinichna

Preface

Those who are familiar with the two earlier editions of my dictionary already know in what high esteem I hold Patterson's German-English and French-English dictionaries for chemists. They served as my model and I can still say that of all the foreign-English dictionaries I have ever used in my work, none can compare with his in organization, dependability, and consistency. I have tried to emulate him to the best of my ability.

Since chemistry reaches out into so many fields and so many sciences, this dictionary is as much polytechnical as it is chemical. Naturally, the most complete coverage is given to inorganic and organic chemistry; physical and nuclear chemistry; analytical chemistry; chemical engineering and broad chemical technology.

It is only logical—and therefore necessary—to include terms used in the major chemical process industries: plastics; synthetic elastomers; man-made fibers; ceramics; petroleum refining; pulp and paper; pharmaceuticals; food processing; fertilizers; insecticides, fungicides, and herbicides; paints and varnishes; light metals.

Emphasis on chemical process technology inevitably led to comprehensive coverage of related technical fields: mineralogy; mining, and geology; metallurgy; general engineering; mechanical engineering and machinery; metalworking; electrical engineering; automatic control systems; computer technology; nucleonics; agriculture; botany . . .; and finally, in addition, the more frequently used terms in medicine; anatomy; zoology; aeronautics; space technology; electronics; meteorology; physics, mathematics and other pure sciences.

This work is intended chiefly for English-speaking scientists and engineers with a fair knowledge of Russian and a very good knowledge of their own specialties. It therefore includes a general vocabulary consisting of all types of words that are likely to appear in the technical literature. Many of these nontechnical terms acquire either special, or entirely different, meanings when used in a technical context. It is also much handier to use one volume instead of two, as Patterson proved long ago. Besides, how can a non-Russian distinguish a technical from a nontechnical word when he has never seen it before? How does he know what type of reference to seek next?

Some people climb mountains simply because they are there; other people compile dictionaries because they are not there. Back in 1940 no Russian-English chemical or technical dictionary was generally available. Since I was a technical translator and needed one badly in my work, I started collecting such terms. This is a common custom with translators but I became so engrossed in collecting that it became my life work. There are obvious advantages to being first in any field. My 1947 edition received quite a bit of attention, for one thing, and reviewers tended to use it as a base of comparison for books that came out later. I also had the opportunity to make observations in my first preface that have since become clichés and do not need to be repeated here. Most users of such a dictionary seem to realize how much tedious work is involved in the compilation of a reliable dictionary. And all knowledgeable people recognize the fact that the word "complete" can no longer be honestly applied to any existing dictionary. Today's technical vocabulary has grown so extensively that no one work could include it all. A lexicographer can only try, so I gave preference to the most frequently used terms and to the rare, hard-to-find definitions.

As has always been my custom, I made every effort to check each term in several reliable sources, both Soviet and American. A limited number of terms could be found in only one good source, but these were also included if they appeared particularly useful or interesting.

What pleases me most is that my dictionary has won itself many friends over the years—busy, professional people who have been generous enough to interrupt their own work to further mine. A remarkable number of people have written to me, sending from two to a hundred or more Russian terms and suggestions for improvement. Their contributions not only added to my dictionary and/or confirmed entries already in my files, but they also showed me the type of words serious users want to find. Their letters also show that many of them regard my dictionary as "the technical man's general dictionary." Although such a book must necessarily be superficial in many fields, it does serve as a starting point. It helps the user become oriented so he can decide what specialized dictionaries he needs to consult further.

My most valuable ally in my work is my husband, John R. Callaham. He has not only given me every kind of support—material, moral and mental—but he has put all his experience at my disposal. For over 32 years he was with McGraw-Hill Publishing Co., starting as an editor on *Chemical Engineering* and finishing as Senior Vice President-Editorial in charge of their many technical publications. He has made it possible for me to devote my entire time to the dictionary, with only the interruption of raising four children. What is even more important, he has always been ready with technical advice. With his broad technical background, he has usually been able to supply me with the right English word for almost any definition I offer him. I translate the meaning of a new Russian word, he suggests the English equivalent or where to go to find it. He presents me with new words with the same kind of flourish that other men bring home roses, but he does not limit his gift-giving to anniversaries and birthdays. He provides me with a perfect study, hundreds of prized reference books, and all the time in the world to do the work I love. Best of all, he has always been deeply interested in my work and encouraged me when lesser men would have found the situation intolerable. It takes a lot of man to live with an obsessed lexicographer.

Several contributors have sent me so many words over the years that I could almost call them collaborators. Dr. Kurt Gingold, Research Information Scientist of American Cyanamid Company, has been a loyal and tireless contributor.

Dorothy B. Vitaliano, geologist, U.S. Geological Survey, is another such contributor. Both of these people have been supplying me with long lists of excellent words regularly, year after year.

Michael Zimmerman, well-known technical lexicographer in the USSR, has helped with advice and has supplied hard-to-get Soviet books for more than ten years.

The late Dr. Francis C. Frary, metallurgist and Director of Research for the Aluminum Company of America, contributed hundreds of words over the years.

One of my most loyal contributors was a man I had never even met. For five years before his death, he referred to himself as "your own engineer," and he gave me invaluable help where I needed it most. He was a bilingual Russian, a mechanical engineer, and a metallurgist, and he sent me valuable words every single week. He promptly answered every question I put to him, which was even more useful to me than new words. Once, when I suggested to Michael Kay that he use his material to produce a book of his own, he replied "No, I would rather give it to posterity through you."

My publisher, John Wiley & Sons, Inc., merits a very special thank you. Their people have been my loyal friends throughout the thirty years we have worked together. They backed me up in every aspect of my dictionary, and given me understanding and encouragement whenever I needed it. Best of all, Wiley's assigned me Alice Burke as my editor. She edited both my 1947 and 1962 editions with such meticulous care that I pleaded to have her edit this edition too; Wiley granted me this favor too. Her patience, personal interest and professional excellence have contributed much to the accuracy and consistency of all three editions.

American users of my dictionary who need a source of current Soviet technical reference books can get such books from Victor Kamkin Bookstore, Inc., Rockville, Md. This firm imports USSR technical books regularly and has been a valuable source for my own reference library.

The only negative note in my career is the effect it has had on my children. Having observed me at my desk all their lives, they decided to go and do otherwise. Each of them has studiously avoided Russian in school as a safety measure to keep from getting involved in revisions. In every other respect they have turned out to be very satisfactory offspring.

The Introduction on the following pages explains the organization of this book in detail and offers suggestions for determining the meaning of words not included herein. I shall be grateful for any further suggestions regarding improvements, omissions, and errors. And I look forward to hearing from new users, whether or not they may have words and definitions to add to my files.

L. I. Callaham

Newfoundland, Pennsylvania
March 1975

Abbreviations

a.	adjective	*expl.*	explosives
abbr.	abbreviation	*f.*	feminine noun
acc.	accusative	*fut.*	future
act.	active	*gen.*	genitive
acous.	acoustics	geod.	geodesy
adv.	adverb	geog.	geography
aero.	aeronautics	geol.	geology
aerodyn.	aerodynamics	geom.	geometry
agr.	agriculture	horol.	horology
anat.	anatomy	hort.	horticulture
arch.	architecture	hydr.	hydraulics, hydrology
art.	artillery	ichth.	ichthyology
astr.	astronomy	illum.	illumination
aut.	automation	immun.	immunology
av.	aviation	*imp.*	imperative
bact.	bacteriology	*imp. v.*	impersonal verb
bal.	ballistics	instr.	instruments, instrumentation
biochem.	biochemistry		
biol.	biology	*instr.*	instrumental
bot.	botany	*m.*	masculine noun
carp.	carpentry	mach.	machinery
cer.	ceramics	mar.	maritime
chem.	chemistry	math.	mathematics
com.	commerce	mech.	mechanics
commun.	communications	med.	medicine
comp.	comparative	met.	metallurgy, metals
comp.	computers	meteor.	meteorology
conj.	conjunction	micros.	microscopy
constr.	construction	mil.	military
cryst.	crystallography	min.	mineralogy, mining
dat.	dative	*n.*	neuter noun
eco.	ecology	naut.	nautical
educ.	education	nucl.	nucleonics
elec.	electricity, electrical engineering	*num.*	numeral
		obs.	obsolete
elec. commun.	electrical communication	ocean.	oceanography
embr.	embryology	orn.	ornithology
ent.	entomology	pal.	paleontology
esp.	especially	*part.*	participle

pass.	passive	*sh. f.*	shortened feminine form
petr.	petrology, petrography	*sh. m.*	shortened masculine form
petrol.	petroleum	*sh. n.*	shortened neuter form
pharm.	pharmacy, pharmaceuticals	*sing.*	singular
		spec.	specifically
phot.	photography	*superl.*	superlative
phys.	physics	surv.	surveying
physiol.	physiology	tech.	technical
phyt.	phytopathology	tel.	telephone
pl.	plural	teleg.	telegraphy
pr.	present	telev.	television
prep.	preposition	text.	textiles
prepos.	prepositional	typ.	typography
pron.	pronoun	*v.*	verb
pyro.	pyrotechnics	vet.	veterinary medicine
rad.	radio	zool.	zoology
rr.	railroad	*3*	3rd person
seism.	seismology		

Russian Alphabet

STANDARD		ITALICS	NAME	TRANSLITERATION
А	а	*а*	ah	a
Б	б	*б*	beh	b
В	в	*в*	veh	v
Г	г	*г*	geh	g
Д	д	*д*	deh	d
Е	е	*е*	yeh	e
Ж	ж	*ж*	zheh	zh
З	з	*з*	zeh	z
И	и	*и*	ee	i
Й	й	*й*	ee kratkoye	ĭ
К	к	*к*	ka	k
Л	л	*л*	el	l
М	м	*м*	em	m
Н	н	*н*	en	n
О	о	*о*	aw	o
П	п	*п*	peh	p
Р	р	*р*	ehr	r
С	с	*с*	ess	s
Т	т	*т*	teh	t
У	у	*у*	oo	u
Ф	ф	*ф*	ef	f
Х	х	*х*	hha	kh
Ц	ц	*ц*	tseh	ts
Ч	ч	*ч*	tcheh	ch
Ш	ш	*ш*	sha	sh
Щ	щ	*щ*	shcha	shch
Ъ	ъ	*ъ*	mute hard sign	—
Ы	ы	*ы*	yeri	y
Ь	ь	*ь*	mute soft sign	—
Э	э	*э*	eh oborotnoye	e
Ю	ю	*ю*	yoo	yu
Я	я	*я*	ya	ya

Introduction

When a dictionary is reasonably consistent in its organization, a user soon learns what he can expect to find in it, and how to go about it most efficiently. It expedites matters, however, if the author provides a few instructions and suggestions.

Alphabetical Order. All Russian terms are entered in strictly alphabetical order, and hyphenated compound words are treated as one word. Words derived from one root are listed in a single paragraph, as Patterson has done. This type of entry is a great space saver compared with the practice of entering each term on a separate line. The latter method is much easier for the lexicographer, but much more expensive for the purchaser of a dictionary. It increases the ratio of white space to printed matter, which means fewer Russian terms per page and therefore a higher cost for each term. In fact, it often doubles the cost of each term.

The paragraph method of entry has another advantage for the user—it makes the meaning of each part of speech much clearer. I have combined space saving with more consistent sets of English equivalents by using the verb in the paragraph as the key word. The following is a good example of how this works: "**обрабатывать** v. process, treat, digest; work, machine, tool; turn (on lathe); size, cut; trim; finish, dress; face, surface; process, handle (data); adapt, condition; prepare, manufacture; develop, elaborate (plans); (agr.) cultivate, till, farm;" Adding "—ing" to each of these verb equivalents makes an adjective or noun out of them. A translator can do this just as well as I can, and save himself the space it takes to repeat all these forms. **Обработанный** in the same paragraph, followed by "processed, etc., see v." is just as clear as listing 24 English equivalents ending with "—ed". This practice not only eliminates endless repetition, it ensures more consistent translations of each part of speech. Many lexicographers enter their terms without matching up the English equivalents, so that very good translations may be given for the verb but not for the noun.

Transliterations. The lexicographer gets little satisfaction from including transliterations and one knowledgeable professor suggested that I omit the obvious ones. This is not possible, since most scientific terms are transliterations. And what is obvious to an expert in a given field is not at all obvious to the nonspecialist. In fact, one of the greatest dangers of lexicography is the omission of important words that the lexicographer knows too well. He has seen them in the literature so frequently that he is confident they must be in his files—and does not check. This results in many serious gaps in an otherwise good dictionary. An extensive vocabulary is the product of experience, not intelligence, and many users of a dictionary have very limited experience. A lexicographer must have the attitude of a good teacher and consider every type of dictionary user. He must take nothing for granted.

Synonyms. English equivalents are preferably of American usage and spelling, rather than British. Wherever possible, the meaning of English equivalents is made clear by means of suitable synonyms, logically grouped. The synonym appearing first is usually the one most commonly used. Many Russian words have a large number of English equivalents and I tried to track down as many of the pertinent ones as I could. Many changes have taken place in the last few decades. Everyday words have assumed special technical meanings. Other words have wandered far from their original habitats and taken on new meanings in new environments. The most conspicuous example of this is the word "barn." Some technical terms have assumed more meanings and others have become narrower in their scope. Some writers use their vocabulary loosely and it takes skill on the translator's part to render it into acceptable English. **Слышный**, for example, means "audible," but should be translated as "perceptible" when referring to an odor.

Glosses. To help the nonspecialist, most technical terms (except chemical ones) are identified by field or discipline. This is not intended to restrict the user since many of the words can also be used in other fields, but it does help to identify subtle differences in meaning, as well as to guide the user to more specialized references.

Prefixes and Suffixes. A very large number of prefixes and suffixes have been included since these are the material for constructing words which do not appear in this dictionary. English equivalents are given in parentheses when the prefix is of Latin or Greek origin. It is often a help to be reminded of the meaning of a prefix. For my 1947 edition I had laboriously compiled a table of word endings which I am also incorporating in the text of this edition, in their proper alphabetical order. They, too, are loosely referred to as suffixes.

Abbreviations. These are given in strictly alphabetical order in the text. If they consist of more than one part, they are alphabetized as one word. All the abbreviations of important units of measure and most of the frequently used abbreviations of technical idioms are included. If all pertinent abbreviations were included, they would make a large volume in themselves. **РП**, for example, stands for 27 different idioms and would lead to more confusion than usefulness. As in English, a diagonal line in an abbreviation signifies "per," e.g., лм/м^2 (lumen per square meter).

Idioms. Idioms are usually listed under the modifying adjective or the more distinctive word in the phrase. The idioms given here are those which cannot be translated literally into idiomatic English or which provide a very special example of a word's use. Except in rare cases, each idiom appears only under one key word. This avoids repetition and cross references which occupy space without serving any useful purpose. Every effort has been made to avoid including phrases which are obvious translations. **Атомная энергия** or **пустотелый кирпич**, for example, cannot be translated as anything but "atomic energy" or "hollow brick." They are pure fill and it doesn't take much fill to double the size, and therefore the cost, of a dictionary.

Old and Modern Terms. Obsolete and little-used Russian words are frequently included, since many old articles containing such words require translation. Emphasis is made, however, on Soviet terminology. The Russian words are spelled as they were found in Soviet periodicals, reference books, and dictionaries. Some of these may not always be in the approved form, but, since their purpose is to help in the translation of Soviet technical articles, it was considered desirable to give such words as they appeared in the literature. **Камфара** and **камфора** are good examples. The first is the approved form, as given in the *Soviet Orthographic Dictionary*, but the second is the one seen most frequently in chemistry textbooks. It is also well to remember that spellings have changed in the last fifteen years. If you cannot find a word spelled with a single consonant, look for it with a double consonant.

Cross References. These have been kept to a minimum since they are generally as much of a nuisance as they are a help to the user. When they are given, they usually refer to words that are only a few pages, or less, away.

Russianized Words. When words are encountered which do not appear in this dictionary and the meaning of which is not readily determined, it is well to remember that Soviet writers frequently use foreign words written with Russian letters. For example, the German words *Träger*, *Abscheider*, and *Vorstoss* appear as **трегер**, **абшайдер**, and **воршtосс** in Russian and retain their original meanings. The French term *terre de Sienne* becomes **тердесьен**, and the English word *timer* is **таймер**. Another custom is to add verb, noun, and adjective endings to a man's name; for example, **шерардизовать**, to sherardize; **шерардизация**, sherardization; **томасовский** *a.*, Thomas. Wherever possible, names have been included in the dictionary, since Russian spelling usually makes them difficult to recognize. Walker, for example, is **Уокер** in Russian. Since many minerals are named after men, these also serve as an indication of the English spelling of such names.

Chemical Compounds. Since the number of chemical compounds is extremely large, only the most common and exemplary ones were chosen for each element. In general, those given should be sufficient to assist in the translation of almost any compound. With a few exceptions, Russian organic nomenclature is very similar to the English. The Russian alphabet, however, made it desirable to include a fairly wide range of organic compounds.

Botanical Terms. Such a common term as **Капуста**, for example, is translated as "cabbage." There is very little point in adding the Latin "*Brassica oleracea*" in this case, since there is no chance of confusing this plant with any other. However, if a plant's Latin name is commonly used, like Aquilegia, that should be sufficient translation for **водосбор**. Both the English and Latin equivalents of a Russian botanical term are given when confusion may result from not doing so.

GRAMMATICAL STRUCTURE

Technical Russian is not particularly difficult, since sentence structure is very similar to the English, but it is necessary to have a firm knowledge of Russian grammar. Both nouns and adjectives are declined, and recognition of their endings, as well as those of conjugated verbs, is necessary to understand the meaning of a sentence. It is also convenient for looking up the particular word in the dictionary, since all nouns are indexed under the nominative case, all adjectives under the masculine singular form, and verbs under the infinitive. All idioms starting with a particular adjective are listed in a paragraph under the masculine form, even if the feminine form would appear elsewhere if considered alphabetically.

Nouns. Russian nouns have three genders, the recognition of which is important in the determination of modifying adjectives and clauses. The masculine nominative usually ends in a hard consonant, —ь or —й; the feminine in —а, —я, —ь; the neuter in —о, —е, —мя, —тя; the plural in —ы, —и, —а, —я, —ья.

I have introduced a practice in this dictionary that I have never seen elsewhere. I have included the genitive and/or plural of most one and two-syllable nouns, in their proper alphabetical order. These forms can be very confusing to the user of a dictionary, as I once discovered when I tried to look up an irregular Latin noun, the nominative case of which I did not know. (I never did find it.) The genitive and plural usually provide the key to other cases as well. The genitive of many such nouns has the deceptive appearance of a masculine noun in the nominative case. It is also far removed from the nominative alphabetically. A good example is меток which looks like a masculine noun but is actually the genitive plural of метка and the shortened masculine form of the adjective меткий. And anyone who needs to look up the word лед is not likely to recognize its genitive льда. Шеек too has very little resemblance to the nominative шейка.

Adjectives. All adjectives agree with the noun they modify in gender, number, and case. The masculine nominative singular endings are —ый, —ой, —ий; the feminine, —ая, —яя; the neuter, —ое, —ее; the plural, —ые, —ие. The comparative degree is usually formed by replacing —ый or —ой with —ее, —ей or —е; the superlative, by adding —ейший or —айший to the stem. Past and present participles have been considered as adjectives in this dictionary.

Here too I have introduced a practice which I believe to be an innovation in dictionaries. I have included the shortened forms of adjectives in their proper alphabetical order. Полон, for example, is the shortened form of полный and is more than a column removed from it alphabetically. A translator should probably know his grammar well enough to recognize this shortened form, but it saves a lot of time if he doesn't have to rack his memory for rules.

Adverbs. A large proportion of adverbs are formed by changing the adjective endings —ый and —ой to —о; —ский to —ски; and sometimes —ий to —е. The adverb form is also used to express the impersonal verb, as холодно, which is translated "it is cold." Удобно is translated "It is convenient"; хорошо is translated "It is good; it is well."

Verbs. As is customary, verbs are indexed under the infinitive form, the ending of which is usually one of the following: —ть, —ать, —еть, —ить, —оть, —уть, —ыть, —ять, —йти, —зть, —зти, —сть, —сти, —чь. The reflexive form is often used to express the passive voice and is formed by adding —ся or —сь to the infinitive.

In my 1962 edition, I had followed the advice of one of my contributors and included typical conjugated forms of many of the irregular verbs. The third person singular of пить in the present tense is пьет, which also appears in the proper alphabetical order in the text. With this form given, the student will immediately recognize the first person plural or any other form in the immediate vicinity. The inclusion of such verb forms has been greatly expanded in this edition.

The present tense of a perfective verb is usually translated as the future in English and is therefore referred to as the future form. With very few exceptions, the perfective aspect of a verb is cross-referred to the imperfective aspect which is given with all its English equivalents.

In the 1962 edition, I had also introduced another table which I had prepared to assist students of Russian when case endings slip their minds. This table gives a brief resume of typical noun and adjective declensions of each gender—on one line. This makes it easier to match a modifying adjective with its noun in the text. In all the grammars I have seen, all noun declensions are handled separately from adjective declensions, which makes matching them a cumbersome task. This table is given below, followed by typical regular verb endings.

Common Russian Technical Word Endings

RUSSIAN ENDINGS	ENGLISH EQUIVALENTS	RUSSIAN EXAMPLES	ENGLISH EQUIVALENTS
—аемость, —имость, —уемость, —яемость *f.*	—ability, —ibility, —ubility	поглощаемость смесимость растворимость	absorbability miscibility solubility
—аемый, —имый, —уемый, —яемый *a.*	—able, —ible, —uble, —ed	поглощаемый смесимый растворимый требуемый	absorbable miscible soluble required
—аза *f.*	—ase	лактаза	lactase
—ал, —аль *m.*	—al	ацетал, ацеталь	acetal
—алевый, —аловый, —альный *a.*	—al, —alic	ацеталевый фталевый	acetal phthalic
—альный, —ильный, —яльный *a.*	—ing	плавильный	smelting
—альня, —ильня, —ная, —ня —яльня *f.*	—ery, —ry, —ing mill, —ing shop, —ing works	плавильня валяльня литейная	smeltery, smelting works, foundry fulling mill casting shop
—ан *m.*	—an, —ane	меркаптан бутан	mercaptan butane
—ание, —ение *n.*	—ation, —ence, —ing, —sion, —tion	выпаривание сцепление поглощение	evaporation coherence cohesion absorption

Common Russian Technical Word Endings

RUSSIAN ENDINGS	ENGLISH EQUIVALENTS	RUSSIAN EXAMPLES	ENGLISH EQUIVALENTS
—ановый *a*.	—an, —ane, —anic, —anoic	меркаптановый бутановый	mercaptan butane butanoic
		циановый	cyanic
—арность, —ярность *f*.	—arity	молекулярность	molecularity
—арный, —ярный *a*.	—ar, —arian, —ary	молекулярный утилитарный санитарный	molecular utilitarian sanitary
—ат *m*., —атный *a*.	—ate	сульфат, сульфатный	sulfate
—атель, —итель *m*.	—ant, —ator, —ent, —er, —ing agent	ускоритель	accelerant, accelerator
		поглотитель	absorbent, absorber
		окислитель	oxidizer, oxidizing agent
—ательный, —ительный, —очный *a*.	—ent, —ing, —ive	поглотительный	absorbent, absorbing
		сортировочный	sorting
		уничтожительный	destructive
—атор, —ятор *m*. —аторный, —яторный *a*.	—ator, —er	генератор, генераторный трансформатор	generator transformer
—вший, —вшийся (—авший, —евший, —ивший, —увший), —дший, —лый, —ший *a*.	—ed, —en, —ened, —t	потонувший сгустившийся сгоревший	drowned, sunken coagulated, thickened burnt
—еватый, —оватый *a*.	—ish	красноватый	reddish
—евые, —ные, —овые *pl*.	—aceae, —ata, —eae	гераниевые целомные сцитаминовые	Geraniaceae Coelomata Scitamineae
—ен *m*.	—en, —ene	глутен бутен	gluten butene

Common Russian Technical Word Endings

RUSSIAN ENDINGS	ENGLISH EQUIVALENTS	RUSSIAN EXAMPLES	ENGLISH EQUIVALENTS
—еновый *a.*	—en, —ene, —enic, —enoic	глутеновый бутеновый нафтеновый	gluten butene, butenoic naphthenic
—ентность, —енциозность, —енция *f.*	—ence, —ency	турбулентность тенденциозность, тенденция	turbulence tendency
—ентный *a.*	—ent	турбулентный	turbulent
—ер *m.*	—er	дистиллер	distiller
—есть, —ность, —ость *f.*	—ism, —ity, —ness	аморфность твердость	amorphism rigidity, hardness
—з (—ез, —из, —оз) *m.*	—sis	гидролиз осмоз	hydrolysis osmosis
—зионный, —сионный *a.* —зия, —сия *f.*	—sion	телевизионный телевизия	television
—ивность *f.*	—ivity	селективность	selectivity
—ивный *a.*	—ive	селективный	selective
—ид *m.*, —идный *a.*	—ide	сульфид, сульфидный	sulfide
—иевый *a.*	—ic, —ium	таллиевый	thallic, thallium
—изация *f.*, —изирование, —изование *n.*	—ization, —izing, —yzing	гомогенизация анализирование	homogenization, homogenizing analyzing
—изированный, —изованный *a.*	—ized, —yzed	гомогенизованный анализированный	homogenized analyzed
—изировать, —изовать *v.*	—ize, —yze	гомогенизовать анализировать	homogenize analyze
—изм *m.*	—ism	аморфизм	amorphism
—изна, —ота *f.*	—ness	краснота	redness
—ий *m.*	—ium, —um	кальций алюминий	calcium aluminum
—ийский, —ский *a.*	—ian, —ic	пермский	Permian, Permic

Common Russian Technical Word Endings

RUSSIAN ENDINGS	ENGLISH EQUIVALENTS	RUSSIAN EXAMPLES	ENGLISH EQUIVALENTS
—ик, —ист *m.*	—ant, —er, —ic, —ist, —yst	помощник аналист, аналитик механик химик	assistant, helper analyzer, analyst mechanic chemist
—ика *f.*	—ics	механика	mechanics
—ил *m.*	—il, —ile, —yl	бензил нитрил	benzil; benzyl nitrile
—иловый, —ильный *a.*, see also under —альный	—il, —ile, —ilic, —yl, —ylic	бензиловый нитриловый каприловый	benzil, benzilic; benzyl nitrile capryl, caprylic
—ин *m.*	—in, —ine	глутин анилин	glutin aniline
—иновый *a.*	—in, —ine, —inic	глутиновый анилиновый	glutin, glutinic aniline
—ирование *n.*	—ating, —ation, —ing, —ion	метилирование окклюдирование	methylating, methylation occlusion
—ированный *a.*	—ated, —ed	метилированный окклюдированный	methylated occluded
ировать *v.*	—ate, —e	метилировать окклюдировать	methylate occlude
истый *a.*	—ous, —y	медистый тинистый	cuprous slimy
—ит *m.*	—ite, —itis, —yte	гранит неврит электролит	granite neuritis electrolyte
—итный, —итовый *a.*	—ite, —itic, —ytic	гранитный, гранитовый электролитный	granite, granitic electrolytic
—ификация *f.*, —ифицирование *n.*	—ification	ректификация	rectification
—ифицированный *a.*	—ified	ректифицированный	rectified
—ифицировать *v.*	—ify	ректифицировать	rectify
—ический, —ичный, —ный, —овый *a.*	—ic, —ical, —ous	медный амфотерный химический аморфический, аморфный	cupric amphoteric chemical amorphous

Common Russian Technical Word Endings

RUSSIAN ENDINGS	ENGLISH EQUIVALENTS	RUSSIAN EXAMPLES	ENGLISH EQUIVALENTS
—ия f.	—ia, —ion, —ism, —ium, —y	анемия флюксия рацемия трапеция теория	anemia fluxion racemism trapezium theory
—ник, —чик, —щик m.	—er, —or	сборщик проводник	assembler conductor
—нный (—анный, —енный, —янный) a.	—ed	поглощенный	absorbed
—оза f.	—ose	целлюлоза	cellulose
—озный a.	—ose, —ous	фистулозный	fistulose, fistulous
—оид m.	—oid	коллоид	colloid
—оидальный a.	—oid, —oidal	коллоидальный	colloid, colloidal
—ойский a.	—oic	мезозойский	Mesozoic
—ол, —оль m.	—ol, —ole	алкоголь тиазол	alcohol thiazole
—оловый, —ольный a.	—ol, —ole, —olic	алкогольный тиазоловый	alcohol, alcoholic thiazole
—он m.	—on, —one	электрон ксантон	electron xanthone
—онный, —оновый a.	—on, —one, —onic	электронный ксантоновый	electron, electronic xanthone, xanthonic
—ор m.	—or	активатор	activator
—тический (—атический, —етический, —итический, —отический) a.	—tic	осмотический гидролитический	osmotic hydrolytic
—тый (—атый, —етый, —итый, —отый, —утый, —ытый, —ятый) a.	—ed, —en, —n	тянутый битый	pulled, drawn beaten
—ционный (—ационный, —иционный, —яционный) a.	—ing, —tion, —tional	агитационный фрикционный	agitating, agitation friction, frictional

Common Russian Technical Word Endings

RUSSIAN ENDINGS	ENGLISH EQUIVALENTS	RUSSIAN EXAMPLES	ENGLISH EQUIVALENTS
—ция (—ация, —иция, —яция) *f.*	—ing, —tion	агитация	agitating, agitation
—чатый, —щатый *a.*	—ar, —ated	трубчатый	tubular, tubulated
—щий (—ающий, —еющий, —ущий, —ующий, —ющий, —ящий, —яющий) *a.*	—ent, —ing, —ive	поглощающий окисляющий	absorbent, absorbing, absorptive oxidizing
—щийся (—ающийся, etc.) *a.*	—able, —ible, —ing, —ive	окисляющийся сцепляющийся	oxidizable, oxidizing cohesive

Declensions

Masculine Singular Adjective Endings

Nom.	перв/ый	дорог/ой	син/ий
Gen.	—ого	—ого	—его
Dat.	—ому	—ому	—ему
Acc.		like nom. or gen.	
Instr.	—ым	—им	—им
Prepos.	о —ом	—ом	—ем

Typical Regular Masculine Singular Noun Endings

	Hard	Soft	Soft	Soft
Nom.	стол	словар/ь	случ/ай	критер/ий
Gen.	—а	—я	—ая	—ия
Dat.	—у	—ю	—аю	—ию
Acc.	стол	—ь	—ай	—ий
Instr.	—ом	—ем	—аем	—нем
Prepos.	—е	—е	—ае	—ии

Feminine Singular Adjective Endings

Nom.	перв/ая	дорог/ая	син/яя
Gen.	—ой	—ой	—ей
Dat.	—ой	—ой	—ей
Acc.	—ую	—ую	—юю
Instr.	—ой, —ою	—ой, —ою	—ей, —ею
Prepos.	о —ой	—ой	—ей

Typical Regular Feminine Singular Noun Endings

	Hard	Soft	Soft	Soft
Nom.	масс/а	сол/ь	реакц/ия	мил/я
Gen.	—ы	—и	—ии	—и
Dat.	—е	—и	—ии	—е
Acc.	—у	—ь	—ию	—ю
Instr.	—ой, (—ою)	—ью	—ней, (—иею)	—ей, (—ею)
Prepos.	—е	—и	—ии	—е

Neuter Singular Adjective Endings

Nom.	перв/ое	дорог/ое	син/ее
Gen.	—ого	—ого	—его
Dat.	—ому	—ому	—ему
Acc.	—ое	—ое	—ее
Instr.	—ым	—им	—им
Prepos.	о —ом	—ом	—ем

Typical Regular Neuter Singular Noun Endings

	Hard	Soft	Soft
Nom.	тел/о	пол/е	знан/ие
Gen.	—а	—я	—ия
Dat.	—у	—ю	—ию
Acc.	—о	—е	—ие
Instr.	—ом	—ем	—нем
Prepos.	—е	—е	—ии

Plural Adjective Endings—All Genders

Nom.	перв/ые	дорог/ие	син/ие
Gen.	—ых	—их	—их
Dat.	—ым	—им	—им
Acc.		like nom. or gen.	
Instr.	—ыми	—ими	—ими
Prepos.	о —ых	—их	—их

Masculine Plural Noun Endings

Nom.	стол/ы	словар/и	случ/аи	критер/ии
Gen.	—ов	—ей	—аев	—иев
Dat.	—ам	—ям	—аям	—иям
Acc.	—ы	—и	—аи	—ии
Instr.	—ами	—ями	—аями	—иями
Prepos.	—ах	—ях	—аях	—иях

Declensions

Feminine Plural Noun Endings

Nom.	масс/ы	сол/и	реакц/ии	мил/и
Gen.	масс	—ей	—ий	—ь
Dat.	—ам	—ям	—иям	—ям
Acc.	—ы	—и	—ии	—и
Instr.	—ами	—ями	—иями	—ями
Prepos.	о —ах	—ях	—иях	—ях

Neuter Plural Noun Endings

Nom.	тел/а	пол/я	знан/ия
Gen.	тел	—ей	—ий
Dat.	—ам	—ям	—иям
Acc.	—а	—я	—ия
Instr.	—ами	—ями	—иями
Prepos.	о —ах	—ях	—иях

Typical Regular Verb Endings—Present Tense

читать	терять	греть	образовать
я чит/аю	я тер/яю	я гр/ею	я образ/ую
ты —аешь	ты —яешь	ты —еешь	ты —уешь
он, она —ает	он, она, оно —яет	он, она, оно —еет	он, она, оно —ует
мы —аем	мы —яем	мы —еем	мы —уем
вы —аете	вы —яете	вы —еете	вы —уете
они —ают	они —яют	они —еют	они —уют

малевать	говорить	учить
я мал/юю	я говор/ю	я уч/у
ты —юешь	ты —ишь	ты —ишь
он, она —юет	он, она —ит	он, она —ит
мы —юем	мы —им	мы —им
вы —юете	вы —ите	вы —ите
они —юют	они —ят	они —ат

Past Tense Endings

m.	чита/л
f.	—ла
n.	—ло
pl.	—ли

Future Imperfective

Formed by future of **быть** followed by the infinitive: **я буду читать**, etc.

А

а *abbr.* (ампер) ampere; (ар) are; (атто) atto (10⁻¹⁸).
а *conj.* but, and; **а не** instead of, rather than; **а то** or else.
Å *abbr.* (ангстрем) ångstrom.
ААИ *abbr.* (амплитудный анализатор импульсов) pulse height analyzer.
ааронова борода (bot.) arum.
АБ *abbr.* (препарат Боргарда) a copper sulfate-carbonate seed disinfectant.
абажур *m.* (lamp) shade, screen.
абак *m.*, —а *f.* abacus; abaca (hemp).
абампер *m.* (elec.) abampere (10 amp).
абасин *m.* Abasin, acetylcarbromal.
Аббе конденсатор (micros.) Abbe condenser.
аббревиа/тура, —ция *f.* abbreviation.
аб/вольт *m.* (elec.) abvolt; —генри *m.* abhenry.
абграт/пресс *m.*, —штамп *m.* trimming press, dressing machine.
абдом/ен *m.* abdomen; —инальный *a.* abdominal.
абел/евский, —евый *a.* (math.) Abel's, Abelian, commutative; —ит *m.* (expl.) abelite.
абельмоша семена abelmosk, abelmoschus, musk seed.
Абел/я прибор Abel tester (for flash point); испытание по —ю Abel test.
аберрац/ионный *a.* (astr.) (opt.) aberration(al); —ия *f.* aberration, deviation.
абзац *m.* paragraph, item; indentation.
абиетин *m.* abietin; —овая кислота abietic acid, sylvic acid.
абио— *prefix* abio— (without life); —генез *m.* abiogenesis; —тический *a.* abiotic.
абисс/аль *f.* abyssal zone or fauna; —альный *a.* abyssal, deeper bathyal; —инский *a.* Abyssinian.
абиссо— *prefix* abysso— (deep; depths of the sea); —лит *m.* abyssolith; —пелагический *a.* abyssopelagic.
абитуриент *m.* matriculant, entrant; graduating student.
абихит *m.* (min.) abichite, clinoclasite.
АБК *abbr.* (ацидофильная бульонная культура) acidophilus culture.
аблактировать *v.* (hort.) inarch.
абляция *f.* ablation.
аб/мо *n.* (elec.) abmho; —ом *m.* abohm.
абон/емент *m.* subscription; (library) circulation or work; loan system; library card; —ент *m.* subscriber, user, borrower; —ентский *a.* subscriber's, customer; —ировать *v.* subscribe; borrow.
абориген *m.* aborigine, native.
аборт *m.* abortion; miscarriage; —ивный *a.* abortive.
абрадировать *v.* abrade, wear off.
абраз/ив *m.*, —ивный *a.*, —ивный материал abrasive; —ивность *f.* abrasiveness; —ионный *a.* abrasion, abrasive; —ит *m.* abrasite; —ия *f.* abrasion, attrition.
абраумзальц *m.* abraum (potash) salts.
абрико/с *m.*, —сный, —совый *a.* apricot; —тин *m.* apricot liqueur.
абрин *m.* abrin, jequiritin; abrine, N-methyltryptophan.
абрис *m.* contour, outline, sketch, description; cut-out; (geod.) traverse.
абс. *abbr.* (абсолютный) absolute; абс. вл. *abbr.* (абсолютная влажность) absolute humidity; абс. выс. *abbr.* (абсолютная высота) absolute elevation; абс. ед. *abbr.* (абсолютная единица) absolute unit.
абсент *m.* absinth(e) (liqueur).
абсинт/ат *m.* absinthate; —ин *m.* absinthin; —овый *a.* absinth; absinthic (acid).
абсолютиров/ание *n.* dehydration (of alcohol); —ать *v.* dehydrate.
абсолютн/о *adv.* absolutely, perfectly; ideal (black body); —ый *a.* absolute; positive; —ый нуль absolute zero.
абсорб/ат *m.* absorbate; —ер *m.* absorber, absorbing apparatus; —ированный *a.* absorbed; —ировать *v.* absorb, take up; —ируемый *a.* absorbable; absorbed; —ирующий *a.* absorbing, absorbent; —ирующее средство absorbent; —циометр *m.* absorptiometer; —циометрический *a.* absorptiometric; —ционный *a.* absorption, absorptive; —ционная способность absorptivity; —ция *f.* absorption.
абстатампер *m.* (elec.) abstatampere.
абстра/гировать *v.* abstract; —ктный *a.* abstract; —кция *f.* abstraction.
абсурд *m.*, —ность *f.* absurdity; —ный *a.* absurd, preposterous; inept.
абсцесс *m.* (med.) abscess.
абсцисса *f.* (math.) abscissa, *x*-coordinate.
абс. эл. магн. ед. *abbr.* (абсолютная электромагнитная единица) absolute electromagnetic unit.

абс. эл. ст. ед. *abbr.* (абсолютная электростатическая единица) absolute electrostatic unit.
абх. *abbr.* (абхазский) *a.* Abkhasian.
аб/цуг, —штрих *m.* (met.) dross, scum.
ав, а-в *abbr.* (ампер-виток) ampere-turn.
а.в. *abbr.* (атомная единица веса) atomic weight unit.
ав— *see also under* **авиа**—, **ау**—.
аван— *prefix* ante—, preliminary; **—гардный** *a.* leading (role); **—дек** *m.* (dock) end platform; **—камера** *f.* antechamber; air lock; **—порт** *m.* outer harbor.
аванс *m.* advance (payment); **—ировать** *v.* advance; **—ом** *adv.* in advance, on account.
авантитул *m.* half title.
авантюрин *m.* (min.) aventurine; **—ный, —овый** *a.* aventurine, spangled.
аванцистерна *f.* preliminary tank.
аварийн/о-защитный *a.* emergency, safety; **—ость** *f.* accident rate.
авар/ийный *a. of* **авария**; stand-by; **а. рабочий** trouble shooter; **а. режим** emergency conditions; malfunction; **а. стержень** (nucl.) scram rod, emergency safety rod; **—ийная установка** emergency service; **—ия** *f.* accident, breakdown, trouble; emergency; damage, injury; failure; crash, wreck; mishap.
аваруит *m.* (min.) awaruite.
авгелит *m.* (min.) augelite.
авгит *m.* (min.) augite; **—ит** *m.* (petr.) augitite; **—овый** *a.* augitic, augite.
август *m.,* **—овский** *a.* August.
авезасит *m.* (petr.) avezacite.
авенацеин *m.* avenacein (antibiotic).
авенин *m.* avenine (alkaloid); avenin, legumin.
авиа— *prefix* aviation, airplane, aero—; air, aerial; **—база** *f.* air base; **—бензин** *m.* aviation gasoline; **—бомба** *f.* aerial bomb; **—горизонт** *m.* gyrohorizon; **—двигатель** *m.* airplane engine; **—диспетчер** *m.* aircraft dispatcher; **—древесина** *f.* aircraft wood; **—завод** *m.* airplane factory; **—звено** *n.* flight; **—инструктор** *m.* flight instructor; **—камера** *f.* inner tube (of tire); **—компания** *f.* airline; **—конструктор** *m.* aircraft designer; **—космический** *a.* aerospace; **—крыло** *n.* airplane wing; **—линия** *f.* airway; air route; airline.
авиал/ит *m.* Avialite (alloy); **—ь** *m.* Avial.
авиа/магистраль *f.* major airline; **—масло** *n.* aviation oil; **—матка** *f.* aircraft carrier; **—маяк** *m.* beacon; **—метео**— *prefix* aerometeorological; **—метеослужба** *f.* air weather service; **—механик** *m.* airplane mechanic; **—модель** *f.* model airplane; **—мотор** *m.* airplane engine; **—моторостроение** *n.* airplane engine manufacture; **—обучение** *n.* air training; **—опрыскивание** *n.* (agr.) aircraft spraying; **—опрыскиватель** *m.* sprayer plane; **—опыление** *n.* crop dusting; **—опылитель** *m.* crop duster; **—отряд** *m.* flight; **—подкормка** *f.* (agr.) spreading fertilizer by plane; **—покрышка** *f.* airplane tire (tread); **—почта** *f.* air mail; **—прибор** *m.* aircraft appliance factory; **—прицел** *m.* bomb sight; **—радист** *m.* radio operator; **—разведка** *f.* aerial reconnaissance; **—ремонтный** *a.* aircraft-maintenance; **—строение** *n.* aircraft construction; **—тика** *see* авиация; **—тор** *m.* aviator; **—трасса** *f.* air route; **—фоторазведка** *f.* aerial photo reconnaissance.
авиаци/онно-космический *a.* aerospace; **—онный** *a.* aviation, aircraft, aeronautical; airborne; **—я** *f.* aviation; aeronautics.
авиваж *m.,* **—ный** *a.* (text.) brightening.
авиетка *f.* light plane.
авиз *m.,* **—о** *n.* aviso; letter of advice.
авиньонский *a.* Avignon.
авитаминоз *m.* avitaminosis, vitamin deficiency.
ав/м *abbr.* (ампер-виток на метр) ampere-turn per meter; **АВМ** *abbr.* (аналоговая вычислительная машина) analog computer.
а.в.н., АВН *abbr.* (аппарат высокого напряжения) high-voltage equipment.
а-во *abbr.* (агенство) agency.
Авогадро число Avogadro number.
авокадо *n.* (bot.) avocado.
авометр *m.* avometer, ampere-volt-ohm-meter.
авост *m.* emergency stop.
авраамово дерево (pharm.) agnus castus.
авран *m.* (bot.) Gratiola.
аврикула *f.* (bot.) Auricula.
аврипигмент *see* **аурипигмент**.
австр. *abbr.* (австрийский) Austrian.
австрал/ен *m.* australene, pinene; **—ийский** *a.* Australian; **—ит** *m.* (petr.) australite, obsidian pebbles.
австрийский *a.* Austrian.
авт. *abbr.* [автоматический; автомобильный]; автономный; автор(ский)].
авт. л. *abbr.* (авторский лист).
авто— *prefix* auto—, self-, automatic; automobile; car-borne, truck-mounted; author's; *see also under* **ауто**—; **—база** *f.* service station, garage; **—бензоцистерна** *f.* gas tanker; **—бетономешалка** *f.* mixer (truck); **—бим** *m.* a leather substitute; **—блокировка** *f.* automatic blocking; **—броневик** *m.* armored car; **—бус** *m.* bus; **—вагон** *see* **автомотриса**; **—воз** *m.* truck; **—вокзал** *m.* service station.

авто/ген *m.* autogenous welder; **—генератор** *m.* self-excited oscillator; **—генный** *a.* autogenous; gas, oxyacetylene (cutting, welding); **—генщик** *m.* oxyacetylene welder; **—граф** *m.* recorder; **—грейдер** *m.* (road) grader; **—гудронатор** *m.* paver.

авто/дезоустановка *f.* (vet.) portable disinfecting unit; **—дело** *n.* automobile engineering; **—дин** *m.* (pharm.; rad.) autodyne; **—диспетчер** *m.* automation dispatcher; **—дорога** *f.*, **—дорожный** *a.* highway; **—дрезин** *see* автомотриса; **—дром** *m.* race track; testing grounds; **—жир** *m.* gyroplane, autogyro; **—завод** *m.* automobile factory; self-winder; **—заправочный** *a.* refueling, gas; **—заправщик** *m.* gas truck, tanker.

авто/инспекция *f.* car inspection; **—камера** *f.* inner (tire) tube; **—кар** *m.*, **—кара** *f.* small truck; **—катализ** *m.* autocatalysis; **—клав** *m.* autoclave, digester; **—клавировать** *v.* autoclave; **—кластический** *a.* (petr.) autoclastic.

автоколеб/ания *pl.* self-excited vibrations, auto-oscillation(s); hunting; **—ательный** *a.* self-oscillating, self-vibrating, self-excited.

авто/коллимационный *a.*, **—коллимация** *f.* (opt.) autocollimation; **—корректор** *m.* self-correcting device; **—корреляционный** *a.* (math.) autocorrelation, self-correlated; **—кран** *m.* crane truck; **—л** *m.* motor oil; **—лаки** *pl.* automobile lacquers; **—лесовоз** *m.* (lumber) straddle carrier; **—лиз** *m.* autolysis; **—лист** *m.* (automobile) sheet steel; **—лит** *m.* (petr.) autolith; **—магистраль** *f.* main highway.

автомат *m.* robot, automat(on); automatic machine or device; submachine gun; telephone booth; **винторезный а.** automatic threader.

автоматиз/ация *f.* automa(tiza)tion, process control; **а. программирования** automatic programming; **а. производства** automation, process control; **—ированный** *a.* automat(iz)ed, automatically controlled; **—ировать** *v.* automat(iz)e.

автомат/изм *m.* automatism, automatic performance; automation; **—ика** *f.* automatics; automation; automatic machines; **—ический** *a.* automatic, auto—, self-acting; unattended; power (-driven or -propelled); **—ическая линия** transfer machine; **с —ическим питанием** self-feeding; **—ный** *a. of* автомат; screw-stock, free-cutting (steel).

авто/машина *f.* motor vehicle, car, truck; **—механик** *m.* auto mechanic; **—механический** *a.* automotive.

автомобилестро/ение *n.*, **—ительный** *a.* automobile construction or manufacture.

автомобиль *m.* auto(mobile), car, vehicle; truck; **—ный** *a. of* автомобиль; automotive (parts); **а.-платформа** flat truck; **а.-рефрижератор** refrigerator truck; **а.-самосвал** dump truck; **а.-фургон** van; **а.-цистерна** tank truck.

автомод/ельный *a.* self-simulating; progressive; self-modeling (problem); **—улировать** *v.* self-modulate; **—уляция** *f.* self-modulation.

автомолит *m.* (min.) automolite, zinc spinel, zinc gahnite.

автоморф/изм *m.* automorphism; **—ный** *a.* automorphic; (petr.) idiomorphic.

автомотриса *f.* railway (motor) car.

автоном/ия, **—ность** *f.* autonomy, self-regulation; noninteraction; **—ный** *a.* autonomous, independent, self-contained; noninteraction; self-reacting (device).

авто/парк *m.* (vehicle) fleet; **—переключатель** *m.* automatic switch; **—пилот** *m.* autopilot, mechanical pilot; **—погрузчик** *m.* portable conveyer-belt loader; lift truck; **—податчик** *m.*, **—подача** *f.* power feed; **—поезд** *m.* tractor and trailer (rig); **—поилка** *f.* (livestock) fountain; **—покрышка** *f.* tire (tread or casing); **—полярный** *a.* autopolar, self-polar; **—потенциометр** *m.* self-balanced potentiometer; **—прицеп** *m.* trailer; **—проводимость** *f.* (elec.) autoconduction; **—прокладчик** *m.* dead reckoning analyzer; **—пром** *insert, suffix,* **—промышленность** *f.* automobile industry; **—пуск** *m.* automatic start(-up).

автор *m.* author.

авторадио/граф, **—снимок** *m.* (tracer technology) autoradiograph; **—графия** *f.* autoradiography; **—метр** *m.* car-borne radiometer.

авторегул/ирование *n.*, **—ировка** *f.* automatic control; **—ятор** *m.* automatic regulator.

авторежим *m.* automatic performance.

авторемонтный *a.* auto repair.

автореферат *m.* author's abstract.

авторизованный *a.* authorized.

авторитет *m.* authority, power; **—ный** *a.* authoritative, expert.

авторс/кий *a.* author's; **а. лист** author index; author's quire; **—кое право** copyright; **—кое свидетельство** inventor's certificate; **—тво** *n.* authorship.

авторучка *f.* fountain or ball point pen.

авто/самосвал *m.* dump truck; **—сани** *pl.* motor sleigh; **—сборка** *f.* automatic assembly; **—син** *m.*, **—синный** *a.* (elec.) autosyn, selsyn, synchro; **—сомальный**,

автостабилизатор

—сомный *a.* (biol.) autosomal; —сообщение *n.* motor communication; —спуск *m.* (phot.) tripping device.
автостабилиз/атор *m.* (aut.) autostabilizer; —ация *f.* autostabilization.
авто/стоп *m.* automatic stop; —страда *f.* superhighway, turnpike; —строение *n.* automobile construction; —сцепка *f.* automatic coupler; —таймер *m.* (aut.) autotimer; —тележка *f.* small truck; —телеуправление *n.* remote control; —типия *f.*, —типный *a.* (phot.) autotype, half-tone; —топливозаправщик *m.* (fuel) tank truck; —тормоз *m.* automatic brake; —тракторный *a.* automobile and tractor; automotive; —транспорт *m.* motor transport; грузовой —транспорт trucking; —трансформатор *m.* (elec.) autotransformer; —трофный *a.* (biol.) autotrophic.
авто/управление *n.* automatic control; —фазировка *f.* phase stability; automatic phase stabilization; —фильтровальный *a.* mobile water-filtering; —фотолаборатория *f.* darkroom van; —фрет(т)аж *m.*, —фрет(т)ирование *n.* (mech. eng.) autofrettage; self-loading; —фургон *m.* van.
автохтон *m.* (biol.; geol.) autochthon; —ный *a.* autochthonous, indigenous.
авто/цидный *a.* insecticide-impregnated (band); —цистерна *f.* tank truck; —шина *f.* (automobile) tire; —штурман *m.* (aero.) autonavigator; —электронный *a.* autoelectronic, field (emission); —эмиссия *f.* field emission.
автур *m.* automatic level controller.
АВУ *abbr.* (аналоговое вычислительное устройство) analog computer.
—авший *see* —вший.
агава *f.* (bot.) agave.
агальматолит *m.* (min.) agalmatolite.
агамный *a.* (biol.) agamic, agamous.
агар/(-агар) *m.* agar(-agar); —икус (white) agaric; —итрин *m.* agarythrine; —ицин *m.* agaricin; —ициновый *a.* agar(ic)ic (acid); —овый *a.* agar.
агат *m.* (min.) agate; —ин *m.* agathin, cosmin; —ис *m.* (bot.) Agathis; —овый *a. of* агат; agathic (acid); —оподобный *a.* agate-like.
агломер— *see* **агломер—**.
агглютин/ация *f.* agglutination; —ин *m.* agglutinin; —ировать *v.* agglutinate; —ирующий *a.* agglutinating.
агградация *f.* aggradation.
аггрег— *see* **агрег—**.
агент *m.* agent, factor; —ant, —ent; дезактивирующий *a.* decontaminant; —ский *a.* agent, acting; —ство *n.*, —ура *f.* agency.

агроном

агеострофический *a.* (meteor.) ageostrophic.
агиларит *m.* (min.) aguilarite.
агирный *a.* (cryst.) triclinic.
агит/атор *m.* agitator; —ационнопенный процесс (flotation) agitation-froth process; —ационный *a.*, —ация *f.* agitation, stirring; —ировать *v.* agitate, stir; persuade.
агликон *m.* aglycone.
агло— *prefix* agglomerated, agglomeration; —лента *f.* (sintering machine) grate.
агломер/ат *m.* agglomerate, sinter (cake); —ационный *a.* agglomeration, sintering; sinter (roasting); —ация *f.*, —ирование *n.* agglomeration, sintering; —ировать *v.* agglomerate; —ирующий *a.* agglomerating; —ирующее средство agglomerant.
агло/спек *m.* agglomerated cake; —фабрика *f.* agglomeration plant; —чаша *f.* agglomeration basin; —шихта *f.* agglomerated charge.
аглюкон *see* агликон.
агмаль *m.* Agmal (alloy).
агматин *m.* agmatine, aminobutyl guanidine.
агностерин *m.* agnosterol.
агометр *m.* (elec.) agometer.
агона, —льная кривая *f.* agonic line or curve.
агониадин *m.* agoniadin, plumierin.
агоническая линия agonic line.
агония *f.* agony, death struggle.
агрануло— *prefix* agranulo— (nongranular); —цит *m.* (anat.) agranulocyte.
аграрный *a.* agrarian, agricultural.
агрег/ат *m.* aggregate, set, outfit; assembly, collection; unit, plant; package; —аты *pl.* hardware; —ирование *n.* aggregation; unitizing; —(ат)ировать *v.* aggregate; design as a unit, unitize; —атный *a. of* агрегат; (mach.) gang(ed); unit-head, standard-unit (machine tool); in units, in blocks; modular; —атная головка power pack; —атное состояние state of aggregation; —ация *f.* aggregation; aggregate, set, collection.
агресси/вный *a.* aggressive; corrosive; —я *f.* aggression.
агриколит *m.* (min.) agricolite.
агро— *prefix* agro—, agricultural; —база *f.* agricultural base; —биология *f.* agrobiology, agricultural biology; —лесомелиорация *f.* forest and land improvement; —мелиорация *f.* land improvement; —метеорология *f.* agricultural meteorology; —метр *m.* (geod.) agrometer.
агроном *m.* agronomist; **а.-механизатор** *m.* agricultural engineer; —ический *a.* agronomic, agricultural; —ия *f.* agronomy, agriculture.

агро/почвенный *a.* agropedological; —почвоведение *n.* agropedology, agronomic soil science; —пульверизатор *m.* sprayer; —пункт *m.* agricultural experiment station; —техника *f.* agricultural technology; —учеба *f.* agricultural training.
Агрофак *m.* Faculty of Agronomy.
агро/фон *m.* soil preparation; soil fertility; —химический *a.* agrochemical; —химия *f.* agricultural chemistry.
АГ соль *f.* nylon salt, hexamethylenediamine adipate.
агума *f.* soybean meal.
агурин *m.* Agurin, theobromine sodium acetate.
адалин *m.* Adalin, carbromal.
адамантан *m.* adamantane, tricyclodecane.
адамантовый *a.* adamantine; firm, steadfast.
адамеллит *m.* (petr.) adamellite.
адам/ин *m.* (min.) adamite; —ит *m.* (min.; abrasive) adamite.
адамово яблоко (anat.) Adam's apple.
адамон *m.* adamon.
адамсит *m.* (min.; poison gas) adamsite.
адансонин *m.* adansonine.
адапт/ационный *a.* adaptation; adaptive; —ация *f.* adaptation; —ер *m.* adapter; (sound) pickup; —ивный *a.* adaptive, self-adjusting; —ированный *a.* adapted; —ировать(ся) *v.* adapt; —ометр *m.* adaptometer.
адатом *m.* adsorbed atom.
адвек/тивный *a.* (meteor.) advective, advection; —ция *f.* advection.
адвент/ивный *a.* adventive, accidental; —ициальный *a.* (anat., biol.) adventitious; —иция *pl.* adventitia.
адвокат *m.* lawyer, attorney; advocate; —ура *f.* bar; legal profession.
адгез/ионный *a.* adhesion, adhesive; —ия *f.* adhesion, adherence.
адденд *m.* complexing agent.
аддисонова болезнь (med.) Addison's disease, bronzed skin.
адди/тивность *f.* additivity; —тивный *a.* additive, —ционный *a.* addition(al).
аддук/т *m.* (chem.) adduct, addition product, inclusion complex; —тор *m.* (anat.) adductor; —ция *f.* (physiol.) adduction.
адекватн/о *adv.* adequately, sufficiently; equally, —ость *f.* adequacy; —ый *a.* adequate, sufficient; equal (to).
аделит *m.* (min.) adelite.
аден—, —о— *prefix* aden(o)— [gland(ular)]; —аза *f.* adenase, adenosine monophosphate; —иловый *a.* adenylic (acid); —ин *m.* adenine, 6-aminopurine; —ит *m.* (med.) adenitis; —озин *m.* adenosine, adenine riboside; —озинтри-

фосфорная кислота adenosine triphosphoric acid; —оид *m.*, —оидный *a.* (med.) adenoid; —ома *f.* adenoma.
адергнейс *m.* (petr.) banded gneiss.
адермин *m.* adermin, vitamin B_6.
адж. *abbr.* (аджарский) *a.* Adzhar.
адиабат/а *f.* adiabatic curve; —ический, —ичный, —ный *a.* adiabatic.
адиактинический *a.* adiactinic.
адиант(ум) *m.* (bot.) maidenhair (*Adiantum capillus veneris*).
адинол(ь) *m.* (petr.) adinole.
адип/ил *m.* adipyl; —иновая кислота adipic acid, hexanedioic acid; —иновый альдегид adipaldehyde; —оин *m.* adipoin.
адипрен *m.* Adiprene (polyurethane rubber).
администр/ативно-управленческий *a.* administrative and managerial; —ативный *a.* administrative; routine; —ация *f.* administration.
адмиралтейс/кий *a.* admiralty (metal); —тво *n.* shipyard, dockyard.
адмитанц *m.* (elec.) admittance.
адмонский двойной купорос Salzburg vitriol (cupric and ferrous sulfate).
адник *m.* (met.) Adnic (alloy).
адон/идин *m.* adonidin; —изид *m.* Adonisid; —илен *m.* adonilen; —ин *m.* adonin; —ис *m.* (bot.) Adonis; —ит *m.* adonite, adonitol.
адрагант *m.*, —гумми tragacanth (gum).
адрен/алин *m.* adrenaline; —окортикотропный гормон adrenocorticotropic hormone, ACTH.
адрес *m.* address; —ант *m.* addresser; —ат *m.* addressee; —ация *f.* (comp.) addressing; а.-календарь, —ная книга directory; —ность *f.* number of addresses; —ный *a.* address(ing); —овальный *a.*, —ование *n.* addressing; —овать *v.* address, direct; refer; —ограф *m.* addressing machine, addressograph; а.-операнд *m.* immediate address.
адрианопольский красный Turkey red.
адский камень *see* ляпис.
адсорб/ат, —тив *m.* adsorbate; —ент *m.* adsorbent; —ер *m.* adsorber; —ирование *n.* adsorption; —ированный *a.* adsorbed; —ировать *v.* adsorb; —ируемый *a.* adsorbable; adsorbed; —ирующий *a.* adsorbing, adsorbent; —ционность *f.* adsorptivity; —ционный *a.* adsorption, adsorptive; —ция *f.* adsorption.
АДУ *abbr.* (аппаратура дистанционного управления) remote control equipment.
адуляр *m.* (min.) adular(ia).
адурол *m.* (phot.) adurol.
адус/ация *f.*, —исаж *m.* (met.) softening, malleablizing.

АДФ *abbr.* (аденозиндифосфат) adenosine diphosphate, ADP.

адъективные красители mordant dyes.

адъюнкт *m.*, **—а** *f.* adjunct; (math.) cofactor.

адыры *pl.* adyry (low foothills bordering the Ferghana depression).

адэкватный *a.* adequate.

АЕ *abbr.* (антигенная единица) antigen unit; (антитоксическая единица) antitoxin unit.

АЕМ, а.е.м. *abbr.* (атомная единица массы) atomic mass unit, amu.

—аемость *f. suffix* —ability; **—аемый** *a. suffix* —able; **—ed.**

ажгон *m.*, **—овый** *a.* ajowan (fruit).

ажур *adv.* up to date; *m.* openwork; **—ный** *a.* openwork; skeleton; fret (saw).

—аза *f. suffix* —ase (enzyme).

азал/еин *m.* azalein, fuchsin, aniline red; **—ия** *f.* (bot.) azalea.

азар/ин *m.* azarin (dye); **—овое масло** asarum oil; **—он** *m.* asarone, asarum camphor; **—оновая кислота** asaronic acid, 2,4,5-trimethoxybenzoic acid.

азарт *m.* fervor; risk, hazard; **—ный** *a.* fervent; risky.

аза/серин *m.* azaserine, serine diazoacetate; **—фрин** *m.* azafrin.

азбест *see* **асбест.**

азбу/ка *f.* alphabet; code; **—чный** *a.* alphabetical; code(d).

азелаин *m.* azelain; **—овая кислота** azelaic acid, nonanedioic acid; **соль —овой кислоты** azelate; **—овокислый** *a.* azelaic acid; azelate (of); **—овокислая соль** azelate.

азеотроп *m.* azeotrope; **—ический, —ный** *a.* azeotropic; **—ность** *f.* azeotropy.

азерб. *abbr.*, **азер(б)—** *prefix*, **азербайджанский** *a.* Azerbaidzhan.

азиатикозид *m.* asiaticoside.

азиатский *a.* Asiatic, Asian.

азибензил *m.* azibenzil.

азид *m.* azide; **—о—** *prefix* azid(o)—, triazo.

азимина *f.* (bot.) papaw (*Asimina*).

азимино— *prefix* azimino—, azimido—.

азиминовое дерево *see* **азимина.**

азимут *m.* (astr.; surv.) azimuth, bearing; **—альный** *a.* azimuth(al); **а.-квадрант** *m.* azimuth dial.

азин *m.*, **—овый** *a.* azine.

Азия Asia.

Азнефть *f.* Azneft' (State Association of the Azerbaidzhan Petroleum Industry).

азо— *prefix* azo—; **—амин** *m.* an azo dye series; **—бензол** *m.* azobenzene.

азов/о-черноморский *a.* Azov-Black Sea; **—ский** *a.* Azov.

азоимид *m.* azoimide, hydrazoic acid.

азойский *a.* azoic (without life).

азо/кислотный *a.* azo acid; **—краски, —красители** *pl.* azo dyes; **—кси—** *prefix* azoxy—; **—ксибензол** *m.* azoxybenzene; **—ксисоединение** *n.* azoxy compound; **—л** *m.* azole.

азональный *a.* azonal (soil).

азонафталин *m.* azonaphthalene.

азосоединение *n.* azo compound.

азосочетание *n.* nitrogen coupling, azo coupling.

азот *m.* nitrogen, N; **двуокись —а** nitrogen peroxide; **закись —а** nitrous oxide; **окись —а** nitric oxide; **выделяющие бактерии** *see* **азотобактер; —емия** *f.* (med.) azotemia; **—изация** *see* **азотирование.**

азотиров/ание *n.* nitration; (met.) nitriding; **—анный** *a.* nitrated; nitrided; **—ать** *v.* nitrate; nitride.

азотисто/амиловый эфир amyl nitrite; **—аммониевая соль** ammonium nitrite; **—водородная кислота** hydrazoic acid; **—калиевая соль** potassium nitrite; **—кальциевая соль** calcium nitrite; **—кислый** *a.* nitrous acid; nitrite (of); **—кислый натрий** sodium nitrite; **—кислая соль** nitrite; **—медная соль** cupric nitrite; **—метиловый эфир** methyl nitrite; **—натриевая соль** sodium nitrite; **—этиловый эфир** ethyl nitrite.

азотист/ый *a.* nitrous, nitrogenous, nitride (of); **а. алюминий** aluminum nitride; **а. ангидрид** nitrous anhydride, nitrogen trioxide; **а. бор** boron nitride; **а. кальций** calcium nitride; **—ая известь** calcium cyanamide; **—ая кислота** nitrous acid; **соль —ой кислоты** nitrite.

азотно/амиловый эфир amyl nitrate; **—аммониевая соль** ammonium nitrate; **—бариевая соль** barium nitrate.

азотноват/ая кислота hyponitric acid (old name for nitrogen peroxide); **—истая кислота** hyponitrous acid; **соль —истой кислоты** hyponitrite; **—истоаммиачная соль** ammonium hyponitrite; **—истокислый** *a.* hyponitrous acid; hyponitrite (of); **—истокислая соль** hyponitrite; **—истосеребряная соль** silver hyponitrite.

азотно/висмутовая соль bismuth nitrate; **основная —висмутовая соль** bismuth subnitrate; **—глицериновый эфир** glycerol trinitrate, nitroglycerin; **—железистая соль** ferrous nitrate; **—железная соль** ferric nitrate; **—калиевая соль** potassium nitrate; **—кальциевая соль** calcium nitrate; **—кислотный** *a.* nitric acid; **—кислая соль** nitric acid (of); **—кислый калий** potassium nitrate; **—кислый сплав** niter cake; **—кислая соль** nitrate; **—медная соль** cupric nitrate; **—метиловый эфир** methyl nitrate; —натриевая соль sodium nitrate; —ртутистая соль mercurous nitrate; —ртутная соль mercuric nitrate; —серебряная соль silver nitrate; —стибиловая соль antimonyl nitrate; —стронциевая соль strontium nitrate; —туковый *a.* nitrogen fertilizer; —этиловый эфир ethyl nitrate.

азотн/ый *a.* nitric, nitrogen(ous); *a.* ангидрид nitric anhydride, nitrogen pentoxide; —ая кислота nitric acid; соль —ой кислоты nitrate.

азотобактер *m.* Azotobacter, nitrogen-fixing bacteria; —ин *m.* azotobacterin, bacterial fertilizer.

азотолуол *m.* azotoluene.

азот/ометр *m.* azotometer; —отдающий *a.* nitrogen-liberating; —оуглеродистый титан titanium carbonitride; —офиксация *f.* nitrogen fixation; —содержащий *a.* nitrogen-containing; —фиксирующий *a.* nitrogen-fixing.

азо/фенол *m.* azophenol; —фоска *f.* azophoska (fertilizer).

азул/ен *m.* azulene; —ин *m.* azulin; —ьмовая кислота azulmic acid, azulmin.

азур *m.* (micros.) azure blue dye; —ин *m.* azurine; —ит *m.* (min.) azurite, chessylite, azure stone.

азчер— *prefix* Azov-Black Sea.

АИ *abbr.* (анализатор импульсов) pulse analyzer.

АИМ *abbr.* (амплитудно-импульсная модуляция) pulse-amplitude modulation, PAM.

аир *m.* (bot.) sweet flag (*Acorus calamus*); —ный *a.* sweet flag, calamus.

аистник *m.* (bot.) storksbill (*Erodium*).

айв/а *f.*, —овый *a.* (bot.) quince.

айкинит *m.* (min.) aikinite, needle ore.

айлант *m.* (bot.) ailanthus; —овая кислота ailanthic acid.

аймалин *m.* ajmaline, rauwolfine.

айован *see* ажгон.

Айри спиралы (cryst.) Airy's spirals.

айрол *m.* Airol, bismuth oxyiodogallate.

айсберг *m.* iceberg.

Айткена счётчик Aitken counter.

Айха металл Aich's metal.

АК *abbr.* (акустический каротаж) acoustic logging.

академ/ик *m.* academician, member of the Academy (of Sciences); —ический *a.* academic; —ия *f.* academy.

акадиалит *m.* (min.) acadialite.

акажу *n.* cashew nut; acajou.

аказгин *m.* akazgine.

акакатехин *m.* acacatechin.

акант *m.* (arch.; bot.) acanthus; —ит *m.* (min.) acanthite, —o— *prefix* acanth(o)— (thorn, spine); —овый *a. of* акант.

аканф *see* акант.

акар—, —о— *prefix* acar(o)—, mite; —иазис *m.* (med.) acariasis; —ид *m.* acarid, mite; —ицид *m.* acaricide; —оид *m.* acaroid resin; —ология *f.* acarology.

акац/иевый *a.*, —ия *f.* (bot.) acacia.

аква— *prefix* aqua— (water); —даг *m.* Aquadag (lubricant); —жел *m.* Aquagel (bentonite clay); —ланг *m.* aqualung; —марин *m.*, —маринный, —мариновый *a.* (min.) aquamarine; —метрия *f.* quantitative analysis of water; —полисоединение *n.* aquapolycompound; —рель *f.* watercolor(s); —рельный *a.* watercolor; water (color); —риды *pl.* (astr.) Aquarids.

акв/ариум *m.* aquarium; —атический *a.* aquatic; —атория *f.* water (landing) area; —едук *m.* aqueduct, conduit; —илегия *f.* (bot.) aquilegia.

акво— *prefix* aquo— (water); —соединение *n.* aquo compound.

а/кг *abbr.* (ампер на килограмм) amperes per kilogram.

акенобеит *m.* (petr.) akenobeite.

акерит *m.* (petr.) akerite.

акилей *see* аквилегия.

акклиматиз/ация *f.*, —ирование *n.* acclimatization; —ованный *a.* acclimatized; —ировать *v.* acclimatize.

аккомод/ация *f.* accommodation, adaptation, adjustment; —ировать *v.* adjust.

аккомпанировать *v.* accompany.

аккорд *m.* accord; (acous.) chord; —еон *m.* accordion; —ный *a. of* аккорд; contract, piece (work).

аккра(копал) *m.* accra copal.

аккредит/ив *m.* letter of credit; —ированный *a.* accredited; —(ир)овать *v.* accredit, give credit, open credit (with).

аккреция *f.* accretion, growth.

аккумулиров/ание *n.* accumulation, storage; (geol.) sedimentation, accretion; —анный *a.* accumulated, stored; accumulative; —ать *v.* accumulate, store (up), collect; retain (heat).

аккумулятивный *a.* accumulative.

аккумулятор *m.*, —ный *a.* (elec.) accumulator, storage cell, storage battery; reservoir, tank; —ная *f.* battery room; —нозарядный *a.* battery-charging; —ный сосуд accumulator jar; —ный элемент battery cell, storage cell; —ная батарея storage battery; —ная кислота battery acid.

аккумуляция *see* аккумулирование.

аккуратн/о *adv.* accurately, exactly; neatly; —ость *f.* accuracy, exactness, precision; neatness; —ый *a.* accurate, precise, punctual; neat, careful.

аклин/а(ль) *f.* aclinic line, magnetic equator; —альный *a.* aclinal, horizontal; —ический *a.* aclinic.

акмит *m.* (min.) acmite.
акмолит *m.* (geol.) akmolith.
акобальтозный *a.* (vet.) cobalt-deficient.
акоин *m.* acoin(e), guanicaine.
аколитин *m.* acolytine, lyaconine.
аком *m.* acoustic ohm.
акоман *m.* (typ.) acoman.
акон/ин *m.* aconine; —ит *m.* (bot.) aconite; —итин *m.* aconitine, acetylbenzoylaconine; —итовая кислота aconitic acid, 1,2,3-propene tricarboxylic acid; соль —итовой кислоты, —итовокислая соль aconitate; —овая кислота aconic acid.
акордит *m.* diphenylurea.
акр *m.* acre (4,047 sq. meters).
акр— *prefix* acr— (sharp, sour, pungent).
акрибометр *m.* acribometer.
акрид/ан *m.* acridan, 5,10-dihydroacridine; —ил *m.* acridyl; —ин *m.* acridine; —иновый *a.* acridine (dyes) acrid(in)ic (acid); —ол *m.* acridol; —он *m.* acridone, ketodihydroacridine.
акрил *m.* acryl; —амид *m.* acrylamide; —ан *m.* (text.) Acrilan; —ил *m.* acrylyl; —овый *a.* acryl(ic); —овый альдегид acrylaldehyde, acrolein, propenal; —овая кислота acrylic acid, propenoic acid; соль —овой кислоты, —овокислая соль acrylate; —онитрил *m.* acrylonitrile, propenenitrile; —офенон *m.* acrylophenone.
акри/т *m.* acritol; —флавин *m.* acriflavine; —хин *m.* acrichin (Soviet term for quinacrine hydrochloride).
акро— *prefix* acr(o)— (terminal, topmost, extreme); *see also* акр—; —батолитовый *a.* (geol.) acrobatholitic; —за *f.* acrose.
акрол/еин *m.* acrolein, acrylaldehyde; —ит *m.* acrolite (synthetic resin).
акромегалия *f.* (med.) acromegaly.
акропорит *m.* (min.) acroporite, madrepore.
акрофлекс *m.* Acroflex (rubber antioxidant).
акрофут *m.* acre-foot.
акрохордит *m.* (min.) akrochordite.
акселер— *see* акцелер—.
аксерофтол *m.* axerophthol, vitamin A_1.
аксессуары *pl.* accessories.
аксиальн/о-векторный *a.* axial-vector; —о-симметричный *a.* axisymmetric, axially symmetric; —ый *a.* axial; axial-flow (pump).
аксин *m.* axin; —ит *m.* (min.) axinite.
аксиолит *m.* (petr.) axiolite.
аксиома *f.* axiom; principle; —тизировать *v.* axiomatize; —тический *a.* axiomatic.
аксис *m.* axis.
аксо—, —но— *prefix* ax(o)— (axis); —ид *m.* (geom.) axoid; —н *m.* (anat.) axon(e), neurite; —пометрический *a.* axonometric; —пометрия *f.* axonometry, perspective geometry.
акт *m.* act, event; statement, report; record, certificate, document; (law) deed; а. ионизации ionizing event; на а. деления per fission.
акт. *abbr.* (активный) active.
АКТГ *abbr.* (адренокортикотропный гормон) adrenocorticotropic hormone, ACTH.
актив *m.* assets; active members.
актив/атор *m.* activator, promoter; sensitizer; peptizer; catalyst, reagent; —ационный *a.*, —ация *f.*, —ирование *n.* activation, etc., *see v.*; —(из)ировать *v.* activate, promote, accelerate; sensitize; stimulate; —ин *m.* (pharm.) Activin; —ированный *a.* activated; —ирующее вещество activating agent; —нодействующий *a.* active; —но-реактивный *a.* impulse-reaction (turbine); —ностный *a.*, —ность *f.* activity; radioactivity; —ный *a.* active; industrious; operating; (nucl.) radioactive (sample), fissionable (material); available (oxygen); impulse (turbine); (com.) asset(s); —ная зона core (of nuclear reactor); —ная масса (battery) filling paste.
актидион *m.* actidione (antibiotic).
актин *m.* actin; —ид *m.* actinide; —идия *f.* (bot.) Actinidia; —иевый *a.* actinic; actinium; —изм *m.* actinism; —ий *m.* actinium, Ac; эманация —ия actinon, An; —ин *m.* actinine; —ический, —ичный *a.* actinic; —ичность *f.* actinism; —ия *f.* (zool.) Actinia, sea anemone.
актино— *prefix* actino— (rays, ray- or star-shaped); —граф *m.* actinograph; —ид *see* актинид; —лит *m.* (min.) actinolite; —логия *f.* actinology.
актинометр *m.* actinometer; —ический *a.* actinometric; —ия *f.* actinometry.
актино/микоз *m.* (vet.) actinomycosis; —миксидии *pl.* (zool.) Actinomyxidia; —мицетин *m.* actinomycetin; —мицеты *pl.* (bact.) Actinomycetes; —мицин *m.* actinomycin; —морфный *a.* actinomorphic, star-shaped; —н *m.* actinon, An; —скопия *f.* actinoscopy; —уран *m.* actinouranium, AcU; —фотометр *m.* actinic photometer; —химия *f.* actinochemistry; —электричество *n.* actinoelectricity.
актный *a.* of акт.
актовый *a.* assembly (hall); stamped (paper).
актол *m.* Actol, silver lactate.
актомиозин *m.* actomyosin.
актор *m.* (chem.) actor.
акт-рекламация *f.* damage claim.

актуальн/ость *f.* actuality; urgency; **—ый** *a.* actual; present; urgent, pressing; of current interest, timely.
аку— *see also under* **акку—**.
акула *f.* shark; dog fish.
акуметр *m.* acoumeter.
акундарол *m.* akundarol.
акусти/к *m.* sound man; **—ка** *f.* acoustics; **—ческий** *a.* acoustic.
акушер *m.* (med.) obstetrician; **—ский** *a.* obstetric; **—ство** *n.* obstetrics.
акцелер/атор *m.* accelerator; **—ация** *f.* acceleration; **—ин** *m.* accelerine, p-nitrosodimethylaniline; **—ограф** *m.* accelerograph; **—ометр** *m.* accelerometer.
акцент *m.*, **—ный** *a.* accent(uation); **—(ир)овать** *v.* accent(uate).
акцепт *m.* (com.) acceptance; **—ант** *m.* acceptor; **—(ир)овать** *v.* accept; **—ование** *n.* acceptance; **—ор** *m.*, **—орный** *a.* (chem.) acceptor.
акцессор/ия *f.* accessory; **—ный** *a.* accessory, auxiliary.
акциден/тный *a.* accidental; job (printing); **—ция** *f.* job(bing), job printing.
акциз *m.*, **—ный** *a.* (com.; petrol.) excise; **—ные смолы** excise tars.
акци/онер *m.* (com.) stockholder, shareholder; **—онерный** *a.* joint-stock; **—я** *f.* share, stock; action.
ал *sh. m. of* **алый**; **ал—** *see also under* **аль—**; **—ал** *m. suffix* —al.
ала/бамий *see* **астатин**; **—бандин** *m.* (min.) alabandite, manganblende; **—джа** *f.* aladzha (variety of ozocerite); **—ит** *m.* (min.) alaite; **—креатин** *m.* alacreatine, guanidopropionic acid; **—лит** *m.* (min.) alalite; **—мозит** *m.* alamosite.
алан/ил *m.* alanyl; **—ин** *m.*, **—иновый** *a.* alanine, 2-aminopropanoic acid.
алант/ин *m.* alantin, inulin; **—овый** *a.* alantic, inulic (acid); inula (oil); **—ол** *m.* alantol, pinguin; **—олактон** *m.* alantolactone, helenin.
алас *m.* (geol.) alass (depression).
алая *see under* **алый**.
алб— *see also under* **альб—**; **—ана** *f.* albane; **—анит** *m.* albanite (an asphalt); **—анский** *a.* Albanian.
алг— *see also under* **альг—**.
алгебра *f.* algebra, **—ический** *a.* algebraic.
алгидный *a.* (med.) algid, cold.
алгол *m.*, **—евый** *a.* (comp.) algol, algolmic language; **—ь** *m.* (astr.) Algol.
алгор/итм, **—ифм** *m.* (math.) algorithm; **—итмизация** *f.* algorithmization; **—итмический** *a.* algorithmic.
алд— *see* **альд—**.
алебастр *m.*, **—овый** *a.* (min.) alabaster (gypsum); plaster of Paris; **—ит** *m.* (min.) alabastrite.
алевр/ит *m.*, **—итовый** *a.* silt, aleurite

—олит *m.* siltstone, aleurolite.
—алевый *a. suffix* —al(ic).
алейдрин *m.* aleudrin, dichloroisopropyl carbamate.
алейр/итиновая кислота aleuritic acid; **—о—** *prefix* aleuro— (flour); **—одиды** *pl.* white flies (Aleyrodidae); **—ометр** *m.* aleurometer; **—он** *m.* aleurone; **—онат** *m.* aleuronate; **—оновый** *a.* aleurone, aleuronic.
александри/йский *a.* Alexander; royal (paper); **а. лист** (pharm.) senna leaves; **—т** *m.* (min.) alexandrite.
алекс/еевит *m.* alexejevite (a tar); **—ин** *m.* (immun.) alexin, complement.
аленка *f.* (ent.) chafer.
алеппский *a.* Aleppo.
алетр/ис *m.* (bot.) Aletris; **—оид** *m.* aletroid, aletrin.
алеть *v.* redden, glow.
алеу/родиды *see* **алейродиды**; **—тит** *m.* (min.) aleutite; **—тский** *a.* Aleutian.
алеф-нуль *m.* (math.) aleph zero.
алжирский *a.* Algerian.
аливал *m.* alival, iodopropyleneglycol.
алидад/а *f.*, **—ный** *a.* (surv.) alidade; **а.-высотомер** label.
ализарин *m.* alizarin; **—овый** *a.* alizarin, alizaric; **—овая кислота** alizaric acid, phthalic acid; **соль —овой кислоты**, **—овокислая соль** alizarate; **—овое масло** alizarin oil, Turkey red oil; **—овые краски** alizarin dyes.
аликантная сода kelp (ashes).
аликв/антный *a.* (math.) aliquant; **—ота** *f.*, **—отный** *a.* aliquot.
алиментарный *a.* alimentary.
алипин *m.* Alypine, Amydricaine.
алит *m.* (cement) alite.
алитиров/ание *n.* calorizing; **—ать** *v.* calorize, aluminize, alite.
али/фатический *a.* aliphatic; **—циклический** *a.* alicyclic.
алкадиен *m.* alkadiene.
алкали *n.* alkali; **—зация** *f.* alkalization; **—зировать** *v.* alkalize; **—метр** *m.* alkalimeter; **—метрический** *a.* alkalimetric; **—метрия** *f.* alkalimetry; **—целлюлоза** *f.* alkali cellulose; **—ческий** *a.* alkaline.
алкалоз *m.* (med.) alkalosis.
алкалоид *m.*, **—ный** *a.* alkaloid; **—оносный** *a.* alkaloid-bearing.
алк/амин *m.* alkamine, amino alcohol; **—ан** *m.* alkane, alkyne.
алканн/а *f.*, **—ый** *a.* (bot.) alkanna; **—ин** *m.* alkannin, anchusin; **—ая кислота** alkannic acid.
алкановый *a.* alkanoic.
алкар/ген *m.* alkargen, cacodylic acid; **—зин** *m.* alkarsin, cacodyl oxide.
алкен *m.* alkene; **—ирование** *n.* alkenylation.

алкидный *a.* alkyd (resin).
алкил *m.* alkyl; —амин *m.* alkylamine; —ат *m.* alkylate; —бензол *m.* alkylbenzene; —ен *m.* alkylene; —иден *m.* alkylidene; —ирование *n.* alkylation; —ированный *a.* alkylated; —ировать *v.* alkylate; —ирующий *a.* alkylating; —овый *a.* alkyl; —свинец *m.* lead alkyl; —серная кислота alkyl sulfuric acid; —фосфин *m.* alkyl phosphine; —эфир *m.* alkyl ether or ester.
алкин *m.* alkyne.
алклэд *see* алькл эд.
алкогель *m.* alcogel.
алкогол/из *m.* alcoholysis; —изация *f.* alcoholization; —изм *m.* alcoholism; —изовать *v.* alcoholize; —ик *m.*, —ичка *f.* alcoholic; —иметр, —ометр *m.* alcoholometer; —иметрия, —ометрия *f.* alcoholometry; —ический *a.* alcoholic; —ь *m.* alcohol; —ьный *a.* alcohol(ic); —ят *m.* alcoholate.
алкозоль *m.* alcosol.
алкокси— *prefix* alkoxy—; —алкилировать *v.* convert into an alkoxy compound by alkylation; —ариловать *v.* convert into an alkoxy compound by arylation; —кислота *f.* ether acid; —л *m.*, —льный *a.* alkoxyl; —лировать *v.* alkoxylate; —соединение *n.* alkoxy compound.
алкомакс *m.* Alcomax (magnetic alloy).
алкон *m.* alkone.
алкумит *m.* Alcumite (alloy).
алл— *see* алло—; —агит *m.* (min.) allagite; —актит *m.* allactite; —алинит *m.* (petr.) allalinite; —анит *m.* (min.) allanite, orthite; —ановый *a.* allanic (acid).
алланто— *prefix* allanto— (sausage); —идный *a.* allantoid, sausage-shaped.
алланто/ин *m.* allantoin, glyoxyl diureide; —иновая кислота allantoic acid, dicarbamidoacetic acid; соль —иновой кислоты, —иновокислая соль allantoate; —ксановая кислота allantoxanic acid.
аллантуровая кислота allanturic acid, glyoxalylurea.
аллегани(и)т *m.* (min.) alleghanyite.
аллел/изм *m.* (biol.) allelism; —о— *prefix* allel(o)— (reciprocally, one another); —отропический *a.* allelotropic; —отропия *f.* allelotropism, equilibrium isomerism; —ь *m.*, —ьный *a.* allele, allelomorph; —ьный *a.* allele, allelic.
аллемонтит *m.* (min.) allemontite.
аллен *m.* allene, propadiene.
аллерг/ен *m.* (immun.) allergen; —ия *f.* allergy.
аллея *f.* alley, avenue.
аллигатор *m.*, —ный *a.* alligator.
аллигация *f.* alloy.

аллиин *m.* alliin.
аллил *m.*, —овый *a.* allyl; —бензол *m.* allyl benzene; —горчичное масло allyl mustard oil, allyl isothiocyanate; —ен *m.* allylene, propyne; —овый альдегид allyl aldehyde, acrolein; —овый спирт allyl alcohol, 2-propen-1-ol; —хлорид *m.* allyl chloride.
алли/тировать *see* алитировать; —тный *a.* allitic (soil); —цин *m.* allicin.
алло— *prefix* all(o)— [(an)other]; —бар *m.* allobar; —за *f.* allose; —каин *m.* allocaine; —клаз(ит) *m.* (min.) alloclas(it)e; —коричный *a.* allocinnamic (acid); —ксазин *m.* alloxazine.
аллоксан *m.* alloxan, mesoxalylurea; —овая кислота alloxanic acid; соль —овой кислоты, —овокислая соль alloxanate; —тин *m.* alloxantin.
алло/мерия *f.* (cryst.) allomerism; —мерный *a.* allomerous, allomeric; —морфизм *m.* (cryst.) allomorphism; —морфный *a.* allomorphic.
аллонж *m.* adapter; extractor.
алло/новый *a.* allonic (acid); —палладий *m.* (min.) allopalladium; —прен *m.* alloprene (chlorinated rubber); —слизевой *a.* allomucic (acid); —триоморфный *a.* (cryst.) allotriomorphic, xenomorphic; —тропизм *m.*, —тропия *f.* allotropy; —тропический *a.* allotropic.
аллофан *m.* (min.) allophane; —овая кислота allophanic acid, urea-carboxylic acid; соль —овой кислоты, —овокислая соль allophanate.
аллохроит *m.* (min.) allochroite.
аллохтон *m.* (biol.; geol.) allochthon; —ный *a.* allochthonous.
аллюв/иальный *a.* (geol.) alluvial, superficial; —ий *m.* alluvium.
алм— *see also under* альм—.
алмаз *m.* diamond; diamond cutter.
алмазнобелый *a.* diamond-white.
алмаз/ный *a.* diamond (drill, etc.); adamantine (luster, spar, etc.); —одержатель *m.* diamond holder; —оподобный *a.* diamond-like, adamantine; —содержащий *a.* diamond-bearing; —чик *m.* diamond cutter.
ални *see* альни; —ко *see* альнико.
ало *adv. and sh. n. of* алый; *n.* halo; —ватый *a.* reddish.
аловольт *m.* alowalt (abrasive). —аловый *a. suffix* —al(ic).
алое *see* алоэ; —тин *m.* aloetin (resin); —тиновая кислота aloetic acid, tetranitro-anthraquinone.
алои/н *m.* aloin; —оза *f.* aloinose.
алойный *a.* aloe; aloetic; aloe-fiber.
алоксит *m.* aloxite (alumina abrasive).
алонж, —а *see* аллонж.
алость *f.* ruby color, ruby redness.

алоэ *n.* (bot.) aloe; **американское а.** agave; **смола а.** aloetin (resin).
алпинин *m.* alpinin.
алсифер *see* **альсифер.**
алстон/ин *m.* alstonine, chlorogenine; **—ит** *m.* (min.) alstonite, bromlite; **—ия** *f.* (bot.) Alstonia.
алтаит *m.* (min.) altaite.
алтайский *a.* Altai (mountains, etc.).
алтеин *m.* altheine, asparagine.
алтей *m.*, **—ный** *a.* (bot.) Althaea.
алтер— *see* **альтер—**; алтр— *see* **альтр—**.
алудель *m.* aludel (vessel).
алудур *m.* Aludur (alloy).
алумнол *m.* Alumnol.
алунд, **—ум** *m.* alundum (abrasive).
алун/ит *m.* (min.) alunite; **—итизированный** *a.* alunitized; alunite (ore); **—оген** *m.* (min.) alunogen.
алфавит *m.* alphabet; **—ный** *a.* alphabetic; **—ный указатель** index.
алфалфон *m.* alfalfone.
алфил *m.* alphyl, alkyl-phenyl.
алхим/ик *m.* alchemist; **—ия** *f.* alchemy.
ал/ый *a.* reddish, ruby-colored; light (brick); **—ая кислота** scarlet acid, red acid, phosgenated J acid.
алыча *f.* (bot.) cherry plum (*Prunus divaricata* or *P. cerasifera*).
—аль *see* **—ал.**
альб— *see* **альбо—**; **—акор** *m.* (ichth.) albacore; **—ан** *m.* alban(e); **—едо** *n.* (astr.; illum.) albedo (reflection factor); **—едометр** *m.* albedometer.
альберт/ит *m.* (min.) albertite; **—ол** *m.* albertol (a phenol-formaldehyde resin); **—шлаг** *m.* twist in the same direction.
альбин/изм *m.* (biol.) albinism; **—ос** *m.* albino.
альбион-металл *m.* Albion metal.
альбит *m.* (min.) albite; **—изация** *f.* albitization; **—ит** *m.* (petr.) albitite; **—овый** *a.* albite.
альби/хтол *m.* albichtol (thiophene homolog mixture); **—ция** *f.* (bot.) Albizzia.
альбо— *prefix* albo— (white); **—лен** *m.* albolene; **—лит** *m.* (cement) albolite.
альбом *m.* album.
альбо/мицин *m.* albomycin (antibiotic); **—феррин** *m.* alboferrin, iron phosphoalbuminate.
альбумин *m.* albumin; (egg) albumen; **—ат** *m.* albuminate; **—иметр** *m.* albuminometer; **—ный**, **—овый** *a.* albumin(ous); albumen; **—оза** *f.* albuminose; **—озный** *a.* albuminous; **—оид** *m.* albuminoid; **—урия** *f.* (med.) albuminuria.
альбумоза *f.* albumose.
альбуцид *m.* Albucid, Sulfacyl.
альв/ар *m.* Alvar (a polyvinylacetal resin); **—еин** *m.* alvein (antibiotic); **—еола** *f.* (anat.) alveole; **—еолярный** *a.* alVeolar.

альг/а *f.* (bot.) alga; **—аробилл)а** *f.* algarob(ill)a; **—аротов порошок** algaroth (powder), antimony oxychloride; **—ин** *m.*, **—иновая кислота** algin, alginic acid; **—одонит** *m.* (min.) algodonite; **—ол** *m.*, **—олевый** *a.* algol; **—ология** *f.* algology, phycology.
альграфия *f.* (typ.) al(umino)graphy.
альдебаран *m.* (astr.) Aldebaran.
альдегид *m.*, **—ный** *a.* aldehyde; **а. уксусной кислоты, уксусный а.** acetaldehyde; **—аммиак** *m.* aldehyde ammonia; **—ин** *m.* aldehydine; **—ная смола** aldehyde resin; **—о—** *prefix* aldehyde; **—окислота** *f.* aldehyde acid, aldehydic acid.
альд/им *m.* aldime; **—ин** *m.* aldine.
альдо— *prefix* ald(o)— (aldehyde).
альдо/бионовая кислота aldobionic acid; **—за** *f.* aldose; **—кетен** *m.* aldoketene; **—ксим** *m.* aldoxime; **—лаза** *f.* aldolase, zymohexase; **—ль** *m.*, **—льный** *a.* aldol, 3-hydroxybutanal; **—стерон** *m.* aldosterone (hormone).
аль/дрей *m.* Aldrey (alloy); **—дрин** *m.* Aldrin (insecticide); **—дюраль** *m.* Aldural (Duralumin sheet); **—зен** *m.* Alzene (alloy); **—золь** *m.* alsol, aluminum acetotartrate.
алькл/ед, **—эд** *m.* (met.) Alclad.
альков *m.*, **—ный** *a.* alcove, niche.
альмаг *m.* aluminum-magnesium alloy.
альманах *m.* almanac, calendar.
альмандин *m.* (min.) almandine.
альмасилиум *m.* Almasilium (alloy).
альмелек *m.* Almalec (alloy).
Альмена-Ниландера проба Almen-Nylander test (for sugar).
альмукантар(ат) *m.* (astr.) almucantar, equal-altitude circle.
альн/еит *m.* (petr.) alnoite; **—еон** *m.* Alneon (alloy); **—ико** *n.* Alnico (alloy); **—иси** *m.* Alnisi (alloy).
—альный *a. suffix* —al(ic); —ing; **альня** *f. suffix* —(e)ry, —ing mill, shop or works.
альпака *f.* alpaca (wool).
альпийский *a.* Alpine.
альсифер *m.* Alsifer (alloy).
альт *m.* alto (voice or instrument).
альтазимут *m.* (astr.) altazimuth.
альтаир *m.* (astr.) Altair.
альтакс *m.* Altax (rubber accelerator).
альтернатива *f.* alternative, choice.
альтерн/атор *m.*, **—аторный** *a.* (elec.) alternator; **—ирование** *n.* alternation; **—ированный** *a.* alternated; alternating; **—ирующий** *a.* alternating.
альти— *prefix* alti— (high; altitude); **—граф** *m.* altigraph; **—метр** *m.* altimeter; **—метр-анероид** *m.* aneroid altimeter; **—туда** *f.* altitude.
альтовый *a. of* альт.

альтр/оза *f.* altrose; —**оновый** *a.* altronic (acid).
альфа *f.* alpha (α); **а., а.-трава** *f.* esparto grass; **а.-излучатель** *m.* (nucl.) alpha emitter; **а.-излучение** *n.* alpha emission, alpha radiation; **а.-лучи** *pl.* alpha rays; —**метр** *m.* conductivity-type gas analyzer; —**распад** *m.* alpha decay or disintegration.
альфа-част/ица *f.*, —**ичный** *a.* alpha-particle; **счётчик** —**иц** alpha counter.
альфенид *m.* Alfenid (alloy).
альфовый *a.* of **альфа.**
альфоль *f.* aluminum foil.
альциона *f.* (astr.) Alcyone.
алюм/ель *m.* Alumel (alloy); —**илит** *m.* alumilite; —**инат** *m.*, —**инатный** *a.* aluminate; —**инид** *m.* aluminide.
алюминиево/калиевая соль potassium aluminate; —**калиевые квасцы** potash alum; —**кислый** *a.* aluminic acid; aluminate (of); —**кислый натрий**, —**натриевая соль** sodium aluminate; —**кислая соль** aluminate; —**кобальтовая соль** cobalt aluminate.
алюминиев/ый *a.* aluminum, aluminiferous; —**ая кислота** aluminic acid; **соль** —**ой кислоты** aluminate; —**ые квасцы** potash alum.
алюминие/натриевая соль sodium aluminate; —**фтористый натрий** sodium aluminum fluoride, cryolite.
алюмин/ий *m.* aluminum, Al; **азотнокислый а.** aluminum nitrate; **гидрат окиси** —**ия** aluminum hydroxide; **окись** —**ия а.** aluminum oxide, alumina; **фтористый а.** aluminum fluoride; **хлорид** —**ия**, **хлористый а.** aluminum chloride; —**ий-органический** *a.* organoaluminum.
алюмин/ировать *v.* aluminize; —**ит** *m.* (min.) aluminite, websterite.
алюмино— *prefix* alumin(o)—, aluminum; —**н** *m.* (colorimetry) aluminon; —**силикат** *m.* aluminosilicate; —**термический** *a.* aluminothermic; —**термия** *f.* aluminothermy.
алюмо— *see* **алюмино**—; —**железистый** *a.* pedalferic (soil); —**кальцит** *m.* (min.) alumocalcite; —**кремнекислородный** *a.* aluminum silicate; —**нитросиликотермия** *f.* aluminonitric silicothermic method; —**силикат** *m.* aluminosilicate; —**хромовый** *a.* (petrol.) chromo-alumina (catalyst).
аляск/аит *m.* (min.) alaskaite; —**инский** *a.* Alaskan; —**ит** *m.* (petr.) alaskite.
ам. *abbr.* (**американский**; **аморфный**).
а/м *abbr.* (**ампер на метр**) ampere per meter.
АМ *abbr.* (**амплитудная модуляция**) amplitude modulation, AM; (**амплитудномодулированный**) amplitude-modulated.
амазонит *m.* (min.) amazonite, amazonstone.
Амазонка the Amazon (river).
амазонский *a.* Amazon; **а. камень** *see* **амазонит.**
амалиновая кислота amal(in)ic acid.
амальгам/а *f.* amalgam (an alloy of mercury); —**атор** *m.* amalgamator; —**ационный** *a.*, —**ация** *f.*, —**ирование** *n.* amalgamation; —**ированный** *a.* amalgamated; —**ировать** *v.* amalgamate; —**ирующий** *a.* amalgamating; —**ический**, —**ный** *a.* amalgam.
амандин *m.* amandin.
амар/ант *m.* (bot.) Amaranthus; —**антит** *m.* (min.) amarantite; —**ил(лис)** *m.* (bot.) Amaryllis; —**ин** *m.* amarine; —**он** *m.* amaron, tetraphenyl-*p*-pyrimidine.
аматол *m.* (expl.) amatol.
АМБ *abbr.* (**препарат автохтонной микрофлоры Б**) autochthonous microflora B fertilizer.
амбар *m.*, —**ный** *a.* storehouse, granary, barn; (petrol.) reservoir; pit, sump.
амбатоаринит *m.* (min.) ambatoarinite.
амбер/ит *m.* (expl.; plastics) amberite; —**лит** *m.* Amberlite (ion-exchange resin).
амби— *prefix* ambi— (both); —**полярный** *a.* ambipolar.
амбиция *f.* ambition.
амбли— *prefix* ambly— (blunt, dull, obtuse; faint); —**гонит** *m.* (min.) amblygonite.
амб-препарат *see* **АМБ.**
амбра *f.* amber (fossil resin); **серая а.** ambergris.
амбразура *f.* embrasure; (window) frame; port hole.
амбр/еин *m.* ambrein; —**еиновая кислота** ambreic acid; —**еиновокислая соль** ambreate; —**ит** *m.* ambrite (fossil resin).
амбро/вый *a.* amber; —**зия** *f.* (bot.) ragweed (*Ambrosia*); ambrosia (fungus).
амбулатор/ия *f.* dispensary, outpatient clinic; —**ный** *a.* out-(patient), ambulatory; dispensary.
амбушюр *m.*, —**а** *f.* opening; mouthpiece (of telephone).
амеб/а *f.* (zool.) ameba; —**иаз** *m.* (med.) amebiasis; —**ный** *a.* amebic; —**овидный** *a.* amebiform, ameboid; —**оцид** *m.* amebicide.
амезит *m.* (min.) amesite.
амелиорац/ионный *a.*, —**ия** *f.* amelioration, improvement.
аменоррея *f.* (med.) amenorrhea.
амер. *abbr.* (**американский**) American.
американка *f.* (min.) washer; (oil well drilling) sand pump; (typ.) platen press.
американск/ий *a.* American; United States (patent); —**ие орехи** Brazil nuts.

америций *m.* americium, Am.
аметист *m.*, **—овый** *a.* (min.) amethyst.
амиант *m.*, **—овый** *a.* (min.) amianthus, asbestos.
амигдал/ат *m.* amygdalate; **—ин** *m.* amygdalin; **—иновая кислота** amygdalic acid, mandelic acid; **—иновокислая соль** amygdalate; **—оза** *f.* amygdalose; **—оид** *m.* (petr.) amygdaloid; **—оидный** *a.* amygdaloid(al), almond-like.
амид *m.* amide; **—аза** *f.* amidase; **—ин** *m.* amidine; **—ирование** *n.* amidation; **—ировать** *v.* amidate; **—ный** *a.* amide, amido.
амидо— *prefix* amido—; amino—; **—ген** *m.* amidogen, amino group; **—группа** *f.* amido group (or radical); amino group; amides; **—л** *m.* (phot.) amidol; **—пирин** *m.* amidopyrine.
амикрон *m.* amicron (particle).
амил *m.* amyl, pentyl; **уксуснокислый а.**, **—ацетат** *m.* amyl acetate; **—аза** *f.* amylase; **—амин** *m.* amylamine; **—ан** *m.* amylan (a gum); **—ен** *m.* amylene, 1-pentene; **—коричный альдегид** amyl cinnamaldehyde, jasmine aldehyde; **—нитрит** *m.* amyl nitrite; **—о—** *prefix* amylo— (starch; amyl).
амиловый *a.* amyl; **а. альдегид** amyl aldehyde, pentanal; **а. ацетат** amyl acetate; **а. спирт** amyl alcohol, pentanol; **а. эфир масляной кислоты** amyl butyrate; **а. эфир уксусной кислоты** amyl acetate.
амило/ген *m.* amylogen; **—декстрин** *m.* amylodextrin; **—за** *f.* amylose; **—ид** *m.*, **—идный** *a.* amyloid; **—ин** *m.* amyloin, maltodextrin; **—кластический** *a.* amyloclastic, amylolytic; **—лиз** *m.* amylolysis; **—литический** *a.* amylolytic; **—пектин** *m.* amylopectin; **—псин** *m.* amylopsin; **—форм** *m.* amyloform.
амин *m.* amine; **—азин** *m.* Aminazine, chlorpromazine; **—арсон** *m.* Aminarsone, Carbarsone; **—ат** *m.* ammoniate; **—изация** *f.* (soils) aminization; **—ирование** *n.* amination; **—ировать** *v.* aminate; **—ный** *a.* amine, amino.
амино— *prefix* amino—; **—бензойная кислота** aminobenzoic acid; **—вый** *a.* amine; **—группа** *f.* amino group (or radical); amines; **—кислота** *f.*, **—кислотный** *a.* amino acid; **—масляный** *a.* aminobutyric (acid); **—пласт** *m.* aminoplast (resin); **—сахар** *m.* amino sugar; **—соединение** *n.* amino compound, amine; **—спирт** *m.* amino alcohol; **—уксусная кислота** aminoacetic acid; **—фераза** *f.* aminopherase, transaminase; **—янтарная кислота** aminosuccinic acid.
амир/илен *m.* amyrilene; **—ин** *m.* amyrin;

—ол *m.* amyrol.
амитал *m.* Amytal, amobarbital.
амм. *abbr.* (аммиак); (аммиачный).
аммел/ид *m.* ammelide, cyanuramide; **—ин** *m.* ammeline, cyanurodiamide.
амметр *see* амперметр.
аммиа/к *m.* ammonia (gas); **едкий а.** aqua ammonia, ammonium hydroxide; **спиртовой раствор —ка** spirits of ammonia; **хлорид —ка, хлористый а.** ammonium chloride; **—(ка)т** *m.* ammoniate, ammine; (fertilizers) ammoniate; ammonia liquor.
аммиачн/ожелезные квасцы ammonium iron alum; **—охромовые квасцы** ammonium chrome alum; **—ый** *a.* ammonium, ammonia(cal); **—ая вода** ammonia water, ammonium hydroxide; **—ая селитра** ammonium nitrate; **—ая смола** gum ammoniac; **—ая сода** ammonia soda or ash, sodium carbonate; **—ые квасцы** ammonium alum.
аммин *m.* ammine, ammoniate.
аммон/ал *m.* (expl.) ammonal; **—иевый** *a.* ammonium, *see also under* аммиачный.
аммонизиров/ание *n.* ammoniation; **—анный** *a.* ammoniated; **—ать** *v.* ammoniate.
аммон/ий *m.* ammonium; **азотнокислый а.** ammonium nitrate; **гидроокись —ия** ammonium hydroxide; **сернокислый а., сульфат —ия** ammonium sulfate; **хлористый а.** ammonium chloride; **—ийный** *a.* ammonium, *see also under* аммиачный.
аммо/нит *m.* (expl., pal.) ammonite; **—нификация** *f.* ammonification; **—ноидеи** *pl.* (pal.) Ammonoidea; **—нолиз** *m.* ammonolysis; **—фос** *m.* ammophos (an ammonium phosphate fertilizer); **—фоска** *f.* ammophoska (a complete fertilizer).
амнезия *f.* (med.) amnesia.
амнио— *prefix* (anat.) amnio—, amnion, amniotic; **—н** *m.* amnion; **—т** *m.* amniote; **—тический** *a.* amniotic.
АМО *abbr.* (анодно-механическая обработка) electromachining.
амортиз/атор *m.* shock absorber, bumper; buffer, cushion; (elec.) damper; surge damper; **—ационный** *a.* shock-absorbing; amortization; buffer (inventory); **—ационная пружина, —ирующее устройство** shock absorber; **—ация** *f.*, **—ирование** *n.* absorption (of shock), etc., *see v.*; cushioning; (elec.) damping; buffer action; **—(ир)ованный** *a.* shockproof, spring-mounted; absorbed, etc., *see v.*; **—ировать** *v.* absorb, cushion (shock); amortize, depreciate; damp.
аморфизировать *v.* render amorphous.
аморф/изм *m.*, **—ность** *f.* amorphism; **—ный** *a.* amorphous, shapeless.

амп *abbr.* (ампер) ampere.
АМП *abbr.* (аминопласт) aminoplast.
ампангабеит *m.* (min.) ampangabéite.
ам. пат. *abbr.* (американский патент) United States patent.
амп-вит *abbr.* (ампер-виток).
ампелит *m.* (petr.) ampelite.
ампело— *prefix* ampel(o)— (vine).
ампер *m.* (elec.) ampere (unit of flow); **—аж** *m.* amperage; **—весы** *pl.* ampere balance; **—виток** *m.* ampere-turn; **—вольтметр** *m.* ampere voltmeter, avometer; **—метр** *m.* ampere meter, ammeter; **—ный** *a.* ampere; **—ометрический** *a.* amperometric (titration); **а.-секунда** ampere-second; **а.-час** ampere-hour.
амплидин *m.*, **—ный** *a.* (elec.) amplidyne.
амплитуд/а *f.* amplitude, range; crest, peak; (pulse) height; **а. качания** swing; **а. сброса** (geol.) fault amplitude, total throw; **иметь —у** *v.* be peak to peak; **коэффициент —ы** (elec.) crest factor; **—но-модулированный** *a.* amplitude-modulated; **—но-частотный** *a.* amplitude-frequency, amplitude (compensation).
амплитудный *a.* amplitude; maximum, crest, peak (value); pulse-height (selector, etc.); **а. анализатор (импульсов)** (nucl.) pulse-height analyzer; **а. фазовый** *a.* gain-phase (characteristic); **а. частотный** *a.* gain-frequency.
амплифика/тор *m.* amplifier; **—ция** *f.* amplification.
амп-сек *abbr.* (ампер-секунда).
ампул/а *f.* ampoule, ampulla, vial, tube; **—омёт** *m.* ampoule launcher; **—оподобный** *a.* ampullaceous, flask-shaped.
ампут/ация *f.* amputation; **—ировать** *v.* amputate.
амп-час *abbr.* (ампер-час).
амрад гумми amrad gum.
АМС *abbr.* (агрометеорологическая станция) agrometeorological station.
амуниция *f.* (mil.) equipment.
амурский *a.* Amur.
АМФ *abbr.* (аденозинмонофосфат) adenosine monophosphate, AMP.
амфи— *prefix* amphi— (about, around; both (kinds); on both sides); **—бия** *f.* (aero.; zool.) amphibian.
амфибол *m.* (min.) amphibole, hornblende; **—изация** *f.* (petr.) amphibolization; **—ит** *m.* amphibolite, **—овый** *a.* amphibole, amphibolic.
амфиген *m.* (min.) amphigène, leucite; **—ит** *m.* (petr.) amphigenite.
амф/идная соль amphoteric salt; **—ион** *m.* amphoteric ion.
амфиподы *pl.* (zool.) Amphipoda.
амфитеатр *m.* amphitheater; **горный а.** (geol.) cirque.
амфи/хроический *a.* amphichroic; **—хроматический** *a.* amphichromatic.
амфо— *prefix* ampho— (both); **—лит** *m.* ampholyte, amphoteric electrolyte; **—литоид** *m.* (soils) ampholytoid; **—теризация** *f.* amphoterization; **—терицин** *m.* amphotericin (antibiotic); **—терность** *f.* amphoteric nature; **—терный** *a.* amphoteric; **—тропин** *m.* amphotropin, methenamine camphorate.
АН *abbr.* (Академия наук) Academy of Sciences.
-ан *m. suffix* **—an** (denoting a polysaccharide); **—ane** (denoting a paraffin hydrocarbon).
ана— *prefix* an(a)— [up(ward), up again, throughout]; (chem.) ana— (position).
анабад/уст, —эст *m.* anabadust (anabasine sulfate-lime insecticide).
ана/базин *m.* anabasine, neonicotine; **—батический** *a.* (meteor.) anabatic, upward-moving; **—биоз** *m.* anabiosis, resuscitation; **—болизм** *m.* anabolism, constructive metabolism; **—галактический** *a.* (astr.) anagalactic; **—гирин** *m.* anagyrine; **—глиф** *m.* (phot.) anaglyph; **—грамма** *f.* anagram.
анакард/ия *f.*, **—овое дерево** cashew; **—овый** *a.* cashew; anacardic (acid); **соль —овой кислоты, —овокислая соль** anacardate.
анаксиальный *a.* anaxial, asymmetric.
аналептический *a.* analeptic, restorative.
анали/з *m.* analysis, examination; **не поддающийся —зу** unanalyzable; **—затор** *m.* analyzer; meter; **—заторы** *pl.* equipment for analysis; **—зирование** *n.* analysis; **—зированный** *a.* analyzed; **—зировать** *v.* analyze, assay; examine; **—ст, —тик** *m.* analyst, assayer; **—тика** *f.* (math.) analytics; **—тически** *adv.* analytically; **—тический** *a.* analytic(al); **—тичность** *f.* analyticity.
аналл/актический *a.* (geod.) anallactic; **—обар** *m.* anallobar, isallobaric height.
аналог *m.* analog; analogy; **—ический, —ичный** *a.* analogous, similar, like; **—ично** *adv.* in much the same way (as); **—ично этому** similarly.
аналог/ия *f.* analogy, similarity, comparison; **analog method**; **—овый** *a.* analog (computer); analogous; **—о-цифровой** *a.* analog-digital (computer).
анальг/езин *m.* analgesine, antipyrine; **—езирующий** *a.* (med.) analgesic; **—езия** *f.* analgesia; **—ен** *m.* analgen; **—етик** *m.*, **—етический** *a.* analgesic; **—ин** *m.* Analgin, dipyrone.
анальный *a.* (anat.) anal.
анальцим *m.* (min.) analcite, analcime; **—изация** *f.* analcimization.

анамезит *m.* (petr.) anamesite.
анамиртин *m.* anamirtin.
анамнез *m.* (med.) anamnesis.
анаморф/изм *m.* anamorphism; —ный *a.* anamorphous, anamorphic; —оз *m.*, —оза *f.* anamorphism, anamorphosis.
ананас *m.*, —ный, —овый *a.* pineapple.
анапаит *m.* (min.) anapaite, tamanite.
ана/плазмоз *m.* (vet.) anaplasmosis; —стигмат *m.* anastigmatic (lens); —стигматический *a.* anastigmatic; —стомоз *m.* (med.) anastomosis.
анатаз *m.* (min.) anatase, octahedrite.
анатексис *m.* (geol.) anatexis, refusion.
анатоксин *m.* (immun.) anatoxin.
анатом *m.* anatomist; —ирование *n.* dissection; —ировать *v.* dissect; —ический *a.* anatomical; —ия *f.* anatomy; dissection.
ана/фаза *f.* (biol.) anaphase; —филаксия *f.* (med.) anaphylaxis; —филактин *m.* anaphylactin; —форез *m.* (chem., med.) anaphoresis; —фронт *m.* (meteor.) anafront, upslide surface.
анаэроб/(ионт) *m.* (biol.) anaerobe; —иоз *m.* anaerobiosis; —ный *a.* anaerobic.
анг. *abbr.* (ангидрид); АНГ *abbr.* (автоматический наборный гравиметр) automatic shipboard gravimeter.
ангал/амин *m.* anhalamine; —ин *m.* anhaline; —онидин *m.* anhalonidine; —онин *m.* anhalonine.
ангар *m.* hangar, shed.
ангармонич/еский *a.* (math.) anharmonic; —ность *f.* anharmonicity.
ангар/ный *a.* of ангар; -склад *m.* freight hangar.
ангедральный *a.* (petr.) anhedral.
ангелик/а *f.* (bot.) angelica; —овый *a.* angela (oil); angelic (acid).
ангидр— see ангидро—; — ид *m.*, —идовый *a.* anhydride; —идный *a.* anhydride; anhydrous; —изация *f.* dehydration; —ит *m.* (min.) anhydrite; —о *prefix* anhydr(o)— (waterless; anhydride); —он *m.* anhydrone, magnesium perchlorate; —осахар *m.* anhydro sugar.
ангина *f.* (med.) angina, *spec.* quinsy.
ангио— *prefix* (bot., med.) angio— (vessel); —ма *f.* angioma; —спазм *m.* angiospasm; —стомия *f.* angiostomy.
англ. *abbr.* (английский).
англезит *m.* (min.) anglesite.
английск/ий *a.* English; British (patent); *a.* красный English red, colcothar; *a.* порошок algaroth, antimony oxychloride; *a.* цемент marble cement, Keene's cement; —ая болезнь (med.) rickets; —ая булавка safety pin; —ая синь English blue; —ая соль Epsom salts; —ие белила white lead.
Англия England.

АНГМ *abbr.* (аэро-нейтронный гамма-метод) airborne neutron-gamma method.
ангоб *m.* (cer.) engobe; —аж *m.* engobing.
ангорская шерсть Angora wool.
ангостур/ин *m.* angosturine; —овая кора (pharm.) angostura bark.
ангстрем *m.* ångström (10^{-8} cm.).
андалузит *m.* (min.) andalusite.
андез/ин *m.* (min.) andesine; —ит *m.* (petr.) andesite.
андерсонит *m.* (min.) andersonite.
андийский *a.* (geog.) Andean.
андирин *m.* andirin.
андовое масло anda-assu oil, oil of anda.
анд/орит *m.* (min.) andorite; —радит *m.* andradite.
андро— *prefix* andro— (male); —ген *m.* androgen, male hormone; —генный *a.* androgenous, androgenic; —меда *f.* (astr.; bot.) andromeda; —стан *m.* androstane; —стерон *m.* androsterone.
андский *a.* Andean; Анды *m.* (the) Andes.
ане/вризм *m.* (med.) aneurism; —врин, —йрин *m.* aneurin, vitamin B_1.
анем/ический, —ичный *a.* anemic; —ичность, —ия *f.* anemia.
анемо— *prefix* anemo— (wind); —граф *m.* (meteor.) anemograph; —логия *f.* anemology; —метр *m.* anemometer, wind gage; —метрический *a.* anemometric, wind (measuring).
анемон *m.*, —а *f.* (bot.) anemone; —ин *m.*, —овая камфара anemonin, pulsatilla camphor; —иновая кислота anemoninic acid; —овая кислота anemonic acid.
анемо/румбограф *m.* (meteor.) anemorumbograph; —скоп *m.* anemoscope; —тахометр *m.* anemotachometer; —фикация *f.* wind power utilization; —филия *f.* anemophily, wind pollination.
анемузит *m.* (min.) anemousite.
анероид *m.* (meteor.) aneroid (barometer); —ный *a.* aneroid; —ограф *m.* aneroidograph.
анесте/зин *m.* Anesthesin, benzocaine; —зировать *v.* anesthetize; —зирующее средство, —тик *m.*, —тический *a.* anesthetic; —зия *f.* anesthesia.
анетол *m.* anethole, anise camphor.
анзерин *m.* anserine, N-methylcarnosine.
анид *m.* Anid (USSR equivalent of nylon).
—ание *n. suffix* —(a)tion, —sion, —ing.
аниз— see анизо—; анис—; —идин *m.* anisidine, anisidino—.
анизо— *prefix* aniso— (unequal, dissimilar; not); (chem.) aniso—, anise—; —барический *a.* anisobaric; —гарический *a.* anisoharic; —л *m.* anisole, phenylmethyl ether; —метрический *a.* anisometric; —параклаз *m.* (geol.) strike

анил

fault, longitudinal fault; —**тропический**, —**тропный** *a.* anisotropic; —**тропия**, —**тропность** *f.* anisotropy.

анил *m.* anil (dye); *prefix* aniline-dye; —**ид** *m.* anilide; —**ид уксусной кислоты** acetanilide; —**ин** *m.* aniline, phenylamine.

анилин/овый *a.* aniline; **а. бурый** aniline brown, triaminoazobenzene; —**овая краска** aniline dye; —**овая точка** aniline point; —**окрасочный** *a.* aniline-dye; —**сульфоновая кислота** anilinesulfonic acid.

аниме, смола anime, animi resin.

анимикит *m.* (min.) animikite.

анион *m.* anion; —**ит** *m.*, —**итный**, —**итовый** *a.* anionite, anion-exchange resin; —**ный**, —**овый** *a.* anion(ic); —**оактивный** *a.* anionic (detergent); —**ообмен** *m.*, —**ообменный** *a.* anion-exchange; —**ообменник** *m.* anion exchanger.

анис *m.* (bot.) anise (*Pimpinella anisum*); —**ал** *m.* anisal, anisylidene; —**идин** *m.* anisidine, methoxyaniline; —**идино** *prefix* anisidino—; —**ил** *a.* anisyl; anisil; —**илиден** *m.* anisylidene; —**ный** *a.* anise; —**овка** *f.* anise liqueur.

анисово/кислый *a.* anisic acid; anisate (of); —**кислая соль** anisate; —**этиловый эфир** ethyl anisate.

анисов/ый *a.* anise, anisic; **а. альдегид** anisaldehyde; **а. спирт** anisalcohol, anisyl alcohol; —**ая кислота** anisic acid, *p*-methoxybenzoic acid; **соль** —**ой кислоты** anisate; —**ое масло** anise oil; —**ое семя** aniseed.

анисо/ил *m.* anisoyl; —**л** *see* **анизол.**

анитин *m.* anytin, anitin (germicide).

анкер *m.* anchor; stay, tie rod; (rack) lever; (horol.) pallet; —**аж** *m.* anchorage.

анкерит *m.* (min.) ankerite.

анкер/ный *a.* anchor; tie (beam); tension (chain); lever (fork); **а. камень** bonder; —**овать** *v.* anchor, fix; brace (a boiler); —**овка** *f.* anchoring, etc., *see v.*; —**ок** *m.* (water) breaker.

анкет/а *f.*, —**ный** *a.* questionnaire, form.

анкило— *prefix* ankyl(o)— (bent, crooked); —**з** *m.* (med.) ankylosis.

анлауфрад *m.* (mach.) pallet wheel.

аннабергит *m.* (min.) annabergite.

анналин *m.* annaline, calcium sulfate.

анналы *pl.* annals, records.

аннато *n.* annato (dyestuff).

аннекс/ировать *v.* annex; —**ия** *f.* annexation.

аннелид *m.* annelid, segmented worm.

аннелиров/ание *n.* annelation; —**аться** *v.* annelate, link (with), fuse, condense.

аннеродит *m.* (min.) anerodite.

аннигилятор *m.*, —**ный** *a.* annihilation.

аннигиляц/ионный *a.*, —**ия** *f.* annihilation,

destruction, obliteration.

аннидалин *m.* annidalin, thymol iodide.

аннит *m.* (min.) annite.

АННМ *abbr.* (**аэронейтрон-нейтронный метод**) airborne neutron-neutron method.

аннот/ация *f.* annotation, note; (publisher's) blurb; —**ирование** *n.* annotating, compilation of notes; —**ировать** *v.* annotate, comment.

аннуитет *m.* annuity.

аннулир/ование *n.* cancelation, etc., *see v.*; —**ованный** *a.* canceled, etc., *see v.*; —**овать** *v.* cancel, strike out, annul, abrogate, revoke; annihilate, abolish; —**оваться** *v.* (math.) vanish; —**уемый** *a.* annihilated; —**ующая** *f.* annihilator; —**ующий** *a.* canceling, etc., *see v.*

аннулятор *m.*, —**ный** *a.* annihilator.

—**анный** *a. suffix* —ed, —(e)n.

—**ановый** *a. suffix* —an(e); —an(o)ic.

анод *m.* (elec.) anode; —**изация** *f.* (met.) anodic oxidation, anodizing.

анодин *m.* anodyne; —**ин** *m.* anodynin.

анод/изация *f.*, —**ирование** *n.* (met.) anodizing, anodic oxidation; —**ировать** *v.* anodize; -**кратер** *m.* plate target; —**номеханическая обработка** electromachining; —**ный** *a.* anode, anodic; plate (capacitor, current, load, etc.); B- (battery); —**ное покрытие** *see* **анодизация.**

анокс(ем)ия *f.* anoxia, oxygen deficiency.

анол *m.* anol, propenylphenol.

анолит *m.* anolyte.

аномал/истический *a.* anomalistic; —**ия** *f.* anomaly; —**оскоп** *m.* anomaloscope; —**ьно-вязкий** *a.* quasi-viscous; —**ьный** *a.* anomalous, atypical, irregular, abnormal.

аномит *m.* (min.) anomite.

анона *f.* (bot.) custard apple (*Anona*).

анонимный *a.* anonymous, unknown.

аноновый *a.* (bot.) custard apple.

анонс *m.* announcement, notice; —**ированный** *a.* announced, advertised; —**ировать** *v.* announce, advertise.

аноптральный *a.* (opt.) anoptral.

анормальный *a.* abnormal, anomalous.

анортит *m.* (min.) anorthite.

анорто/зит *m.* (petr.) anorthosite; —**клаз** *m.* (min.) anorthoclase.

анофелес *m.* malarial mosquito.

анса— *prefix* ansa— (compound).

ансамбль *m.* ensemble, set, group.

ансерин *see* **анзерин.**

ант *m.*, —**а** *f.* anta (a pier).

антабка *f.* swivel.

антагон/изм *m.* antagonism; —**истический** *a.* antagonistic.

Антаркти/да *f.* Antarctica (the continent); —**ка** *f.* Antarctic (region).

антарктический *a.* Antarctic.

антверпенская лазурь Antwerp blue.
антгельминтный *a.* (med.) anthelmintic.
антекл/аза *f.* (geol.) anteclase; —иза *f.* anteclise (broad structural uplift).
антелий *m.* (meteor.) anthelion.
антем/ен *m.* anthemene, octadecylene; —идин *m.* anthemidine; —ол *m.* anthemol, camomile camphor.
антенн/а *f.*, —ый *a.* antenna.
антестерин *m.* anthesterol.
антецедент *m.*, —ный *a.* antecedent.
анти— *prefix* anti—; non—; *see also under* противо—; —анод *m.* antianode; —апекс *m.* (astr.) antapex.
антиарин *m.* antiarin.
анти/бактериальный *a.* antibacterial; —барион *m.* (nucl.) antibaryon; —барический *a.* (meteor.) antibaric; —биотик *m.*, —биотический *a.* antibiotic; —блок *m.* (text.) antiblocking agent; —вещество *n.* (phys.) antimatter; —вибратор *m.* antivibrator, vibration damper; (mach.) shock absorber; —винная кислота mesotartaric acid; —вирус *m.* (med.) antivirus; —вирусный *a.* antiviral; —вспениватель *m.* antifrothing agent; —геморрагический *a.* antihemorrhagic; —ген *m.* (immun.) antigen; —гигиенический *a.* unsanitary; —гистамин *m.* antihistamine; —гнилостное средство preservative.
антигорит *m.* (min.) antigorite.
анти/гормон *m.* antihormone; —гравитационный *a.* antigravity; —грызутный *a.* safety (explosive); —дерапан *m.* nonskid (tire) tread; guide path.
антидетон/атор *m.* antiknock (compound); —ационный, —ирующий *a.* antiknock; показатель —ационных качеств antiknock rating.
анти/динатронный *a.* (elec.) suppressor (grid); —диуретический *a.* antidiuretic (hormone); —дот *m.* antidote; —затухание *n.* antidamping; —катализатор *m.* anticatalyst, catalyst poison; —катод *m.* anticathode.
антиклин/аль *f.* (geol.) anticline, anticlinal fold; —альный *a.* anticlinal; —орий *m.* anticlinorium.
анти/коагулянт *m.* anticoagulant; —коагулятор *m.* anticoagulin, stabilizer, preservative; —коллектор *m.* (flotation) defrothing agent, depressant; —коррозионный *a.* anticorrosive, corrosion-resisting, antirust; —ксерофтальмин *m.* antixerophthalmic vitamin, vitamin A; —логарифм *f.* (math.) antilogarithm.
антилопа *f.* (zool.) antelope.
антилуетин *m.* antiluetin.
антилуна *f.* (meteor.) antiselene.
антильский *a.* (geog.) Antillean, Antilles.
анти/магнитный *a.* antimagnetic, nonmagnetic; —материя *f.* antimatter; —микробный *a.* antimicrobial; —микрофонный *a.* antimicrophonic, jar-proof; —мицин *m.* antimycin (antibiotic).
антимон/ат *m.* antimonate; —ид *m.* antimonide; —ий *m.* antimony; —ил *m.* antimonyl; (виннокислый) —ил-калий tartar emetic, antimony potassium tartrate; —ин *m.* antimonine, antimony lactate; —ит *m.* antimonite.
анти/накипин *m.* boiler or antiscaling compound; —научный *a.* unscientific; —нейтрино *n.* (nucl.) antineutrino; —нейтрон *m.* antineutron; —нозин *m.* antinosin; —номия *f.* antinomy; —нонин *m.* antinonnin; —нуклон *m.* antinucleon; —обледенитель *n.* (aero.) deicer; —окислитель, —оксидант *a.* antioxidant, age resistor; —окислительный *a.* antioxidant; (petrol.) antisludge.
антион *m.* (phot.) Anthion, potassium persulfate.
анти/параллельный *a.* (math.) antiparallel; —пассат *m.* antitrade (wind); —патия *f.* antipathy; —пеллагрический *a.* antipellagric (vitamin); —переполнение *n.* (comp.) underflow; —пертит *m.* (petr.) antiperthite; —пирен *m.* fireproofing compound; —пиретик *m.*, —пиретический *a.* (med.) antipyretic; —пирин *m.* antipyrine, Analgesine.
антипка *f.* mahaleb cherry.
анти/под *m.* (biol.; phys.) antipode; —подный *a.* antipodal; —производная *f.* (math.) antiderivative; —протон *m.* antiproton, negative proton; —рад *m.* (rubber) antirad; —ракета *f.* antimissile missile; —рахитический *a.* antirachitic, D (vitamin); —резонанс *m.* (electron.) antiresonance, parallel resonance; —санитарный *a.* unsanitary; —сегнетоэлектрик *m.*, —сегнетоэлектрический *a.* antiferroelectric; —сейсмический *a.* earthquake-proof; —селена *f.* (meteor.) antiselene.
антисеп/син *m.* antisepsin, acetanilide bromide; —тик *m.* antiseptic; —тика *f.* antisepsis; —тин *m.* antiseptin; —тирование *n.* antiseptization; —тический *a.*, —тическое средство antiseptic; —тол antiseptol, cinchonine iodosulfate.
антисимметрич/еский, —ный *a.* antisymmetric, skew(-symmetric), alternating; —ность *f.* antisymmetry.
анти/скорчинг *m.* (rubber) antiscorching; —совпадение *n.* (electron.) anticoincidence.
антиспазм/атический *a.* antispasmodic; —ин *m.* antispasmine, narceine sodium salicylate.
анти/спутник *m.* antisatellite (missile);

—**статический** *a.* antistatic; —**стерильный** *a.* antisterility, E (vitamin); —**стоксовой** *a.* (phys.) anti-Stokes (lines); —**теза** *f.* antithesis, direct opposite; —**тело** *n.* (immun.) antibody.
анти/тетический *a.* antithetic, opposite; —**тиреоидный** *a.* antithyroid; —**токсин** *m.* (immun.) antitoxin; —**токсический** *a.* antitoxic; antitoxin (unit); —**тромбин** *m.* antithrombin; —**узел** *m.* (phys.) antinode; —**упорядоченный** *a.* inversely ordered; —**фебрин** *m.* Antifebrin, acetanilide; —**фермент** *m.* antienzyme.
антиферромагн/етизм *m.* antiferromagnetism; —**етик** *m.*, —**итный** *a.* antiferromagnetic.
анти/формин *m.* Antiformin (disinfectant); —**фриз** *m.* antifreeze; —**фрикционный** *a.* antifriction; —**фунгин** *m.* Antifungin, magnesium borate; —**фэдинговый** *a.* antifading; —**хлор** *m.* antichlor.
антициклон *m.* (meteor.) anticyclone; —**ический**, —**ный** *a.* anticyclone, anticyclonic.
анти/цинготный *a.* antiscorbutic, C (vitamin); —**частица** *f.* (nucl.) antiparticle.
античный *a.* antique.
антишумовой *a.* antinoise; antistatic.
антиэлектрон *m.* (nucl.) antielectron.
анто— *prefix* anth(o)— [flower, floral; (zool.) asexual].
антодин *m.* Antodyne, phenylglyceryl ether.
антоксантин *m.* anthoxanthin.
антонов огонь (med.) gangrene.
Антонова правило Antonoff's rule.
антофиллит *m.* (min.) anthophyllite.
антоциан *m.* anthocyan; —**идин** *m.* anthocyanidin; —**ин** *m.* anthocyanin.
антр—, —**а**— *prefix* anthr(a)— [coal; (chem.) anthracene]; —**агаллол** *m.* anthragallol, alizarin brown; —**азин** *m.* anthrazine; —**азо** *n.* anthrazo; —**акноз** *m.* (phyt.) anthracnose.
антрако/з(ис) *m.* (med.) anthracosis, blacklung; —**лит**, —**нит** *m.* (min.) anthraconite, anthracolite; —**метр** *m.* anthracometer (for determining carbon dioxide).
антракс *m.* (med.) anthrax.
антраксолит *m.* (min.) anthraxolite.
антр/амин *m.* anthramine, aminoanthracene; —**анил** *m.* anthranyl; anthranil; —**анило**— *prefix* anthranilo—; —**аниловая кислота** anthranilic acid, *o*-aminobenzoic acid; —**анол** *m.* anthranol, 9-hydroxyanthracene; —**анон** *m.* anthranone, dihydroketoanthracene.
антра/пиридин *m.* anthrapyridine; —**флавиновый** *a.* anthraflavic (acid); —**хас** *m.* anthraquinone-α-arsonic acid; —**хинолин** *m.* anthraquinoline, naphthoquinoline; —**хинон** *m.*, —**хиноновый** *a.* anthraquinone; —**хинонсульфоновая кислота** anthraquinonesulfonic acid.
антрацен *m.*, —**овый** *a.* anthracene.
антрац/ил *m.* anthracyl; —**ит** *m.*, —**итный**, —**итовый** *a.* anthracite, hard coal.
антресоль *f.* entresol; mezzanine.
антр/ил *m.* anthryl; —**оиная кислота** anthroic acid, anthracenecarboxylic acid; —**оксан** *m.* anthroxan, anthranil; —**ол** *m.* anthrol, hydroxyanthracene; —**он** *m.* anthr(an)one.
антропо— *prefix* anthropo— (man); —**ид** *m.* (zool.) anthropoid; —**логия** *f.* anthropology; —**метрия** *f.* anthropometry.
антье (от) greatest integer (in).
анурия *f.* (med.) anuria.
анфас *adv.* facing front.
анфельция *f.* ahnfeltia (a seaweed).
анфилада *f.* suite (of rooms).
анфлераж *m.* (perfumery) enfleurage.
анхуз/ин *m.* anchusin; —**овая кислота** anchusic acid; **соль** —**овой кислоты**, —**овокислая соль** anchusate.
анцил/ит *m.* (min.) ancylite; —**овый** *a.* Ancylus (clay; Lake).
анчар *m.* upas tree (*Antiaris toxicaria*).
анчоус *m.*, —**ный**, —**овый** *a.* anchovy.
аншла/г *m.*, —**жный** *a.* try square; head (of depth gage).
аншлаш *m.* stopping device.
аншлиф *m.* (min.) polished section.
аншпуг *m.* crowbar.
анэлектрический *a.* anelectric.
аорт/а *f.* (anat.) aorta; —**ит** *m.* (med.) aortitis; —**ный**, —**овый** *a.* aortic.
апарель *m.* approach ramp.
апастр(он) *m.* (astr.) apastron.
апатит *m.*, —**овый** *a.* (min.) apatite.
апат/ический, —**ичный** *a.* apathetic, indifferent; —**ия** *f.* apathy.
АПВ *abbr.* (автоматическое повторное включение) automatic reclosing.
анджонит *m.* (min.) apjohnite.
апекс *m.* apex.
апелл/ировать *v.*, —**яция** *f.* (law) appeal.
апельсин *m.*, —**ный**, —**овый** *a.* orange.
апендицит *see* аппендицит.
апериодич/еский, —**ный** *a.* aperiodic; —**ность** *f.* aperiodicity.
аперт/ометр *m.* (opt.) apertometer; —**ура** *f.*, —**урный** *a.* aperture, opening.
апи/генин *m.* apigenin, trihydroxyflavone; —**ин** *m.* apiin; —**кальный** *a.* apical; —**нол** *m.* apinol, *l*-menthone; —**оза** *f.* apiose; —**ол** *m.* apiole, parsley camphor; —**оловая кислота** apiolic acid; —**онин** *m.* apyonin, auramin; —**онол** *m.* apinol, phentetrol.
апирон *m.* Apyron, lithium acetylsalicylate.
аплазия *f.* (med.) aplasia.

апланат *m.* aplanat, aplanatic lens; —изм *m.* aplanatism; —ический, —ичный *a.* aplanatic.
аплано— *prefix* (bot.) aplano— (fixed, nonmotile).
апликата *see* **аппликата**.
апл/ит *m.* (petr.) aplite; —ом *m.* (min.) aplome.
апо— *prefix* апо— (away from, separate, detached); —астр *m.* (astr.) apastron; —атропин *m.* apoatropine.
апогей *m.* culmination, climax, peak; (astr.) apogee.
апо/камфорная кислота apocamphoric acid, campho acid; —кодеин *m.* apocodeine; —конин *m.* a tar compound for road building; —кринный, —криновый *a.* apocrine (glands); —лизин *m.* apolysin.
аполярный *a.* apolar, nonpolar.
апо/морфин *m.* apomorphine; —нал *m.* aponal; —невроз *m.* (anat.) aponeurosis.
апоплек/сический *a.*, —тик *m.* (med.) apoplectic; —сия *f.* apoplexy.
апо/рфин *m.* aporphine; —сафранин *m.* aposafranine; —стема *f.* (med.) apostem, abscess.
апостериорный *a.* a posteriori, empirical.
апо/стильб *m.* (illum.) apostilb (10^{-4} lambert); —строф *m.* apostrophe; —тезин *m.* Apothesine; —фема *f.* (math.) apothem; —фермент *m.* apoenzyme.
апофиз *m.* (anat., biol.) apophysis; —а *f.* (geol.) apophysis, offshoot, outgrowth; —овый *a.* (anat.) apophysial.
апофиллит *m.* (min.) apophyllite.
апо/хинин *m.* apoquinine, homoquinine; —холевая кислота apocholic acid.
апохромат *m.* apochromat, apochromatic lens; —изм *m.* apochromatism; —ический *a.* apochromatic.
апоцентр *m.* apocenter, apofocus.
апоцианин *m.* apocyanine.
аппалачский *a.* Appalachian.
аппарат *m.* apparatus, instrument, device, means; equipment; staff, employees; (phot.) camera; (space) vehicle; (reference) aid, matter, guide; subsidiary pages (of book); (anat.) organs; —er, —or, e.g., **приемный а.** receiver; —ик *m.* (microanalysis) absorption tube; —ная *f.* instrument or control room; —ный *a. of* **аппарат**; (opt.) spread (function); —ный щит (automobile) dashboard; —ура *f.*, —урный *a.*, —ы *pl.* apparatus, equipment, outfit; оснащение измерительной —урой instrumentation; —чик *m.* instrument control man.
аппарель *f.* (access) ramp.
аппенди/кс *m.* appendix; —цит *m.* (med.) appendicitis.

аппетит *m.* appetite; —ность *f.* palatability; —ный *a.* appetizing.
апплика/та *f.* (math.) z-coordinate, z-axis; ось —т z-axis; —тор *m.* applicator, applier; —ция *f.* application; applique (work).
апплике *n.* silver plate, plated ware.
аппрет *m.*, —ирование *n.* (text.; leather) dressing; —ированный *a.* dressed; —ировать *v.* dress, finish, size; —ура *f.*, —урный *a.* dressing, finish(ing) size; —урщик *m.* dresser.
аппро— *see also under* **апро—**.
аппроксим/альность *f.* approximateness; approximation; —альный *a.* approximate; —ация *f.*, —ирование *n.* approximation; —ированный *a.* approximate(d); —ировать *v.* approximate; —ируемость *f.* approximability.
апрель *m.*, —ский *a.* April.
апрессин *m.* Apressin, hydralazine hydrochloride.
априорный *a.* a priori, prior.
апроб/ация *f.* approbation; approval; —ированный *a.* approved, officially accepted; —ировать, —овать *v.* approbate, approve.
апро/тонный *a.* aprotic (acid, solvent, etc.); —фен *m.* (pharm.) Aprophen.
АПС *abbr.* (автоматический переключатель смесителя) automatic mixer change-over switch.
апсид/а *f.* (arch.; astr.; math.) apsis, apse; —альный *a.* apsidal; —ы *pl.* apsides.
апте/ка *f.* drug store, pharmacy; —карский, —чный *a.* pharmaceutical; —карь *m.* druggist, pharmacist; —чка *f.* medicine chest; first-aid kit; repair kit; —чные товары drugs, pharmaceuticals.
АПУ *abbr.* (автоматический переключатель усиления) automatic gain change-over switch.
АПФ *abbr.* (автоматический переключатель фильтрации) automatic filter change-over switch.
АПЧ *abbr.* (автоматическая подстройка частоты) automatic frequency control, afc.
ар *m.* are (100 sq. m.).
араб/ан *m.* araban; —ин *m.* arabin; —иновая кислота arabic acid, d-tetrahydroxyvaleric acid; —иновокислая соль arabate; —иноза *f.* arabinose, gum sugar; —ит(ол) *m.* arabitol; —оновый *a.* arabonic (acid).
арабск/ий, аравийск/ий *a.* Arabian; —ая камедь gum arabic.
Аравия Arabia.
арагонит *m.* (min.) aragonite.
арак *m.* arrack (liquor from malted rice).
арал/ин *m.* aralin; —ия *f.* (bot.) Aralia.
аралкил *m.* aralkyl.

аральский *a.* Aral (Sea).
арароба *f.* araroba, goa powder.
арастра *f.* (min.) drag-stone mill.
араукария *f.* (bot.) Araucaria.
арахид/ный *a.* peanut; —оновая кислота arachidonic acid.
арахин *m.* arachin; —овая кислота arachi(di)c acid; —овый спирт arachidic alcohol, eicosyl alcohol.
арахис *m.,* —овый *a.* peanut.
арахн(о)— *prefix* arachn(o)— (spider).
арбитр *m.* arbitrator; —аж *m.* arbitration; —ажный *a.* arbitrary; —ажный анализ umpire analysis.
арбуз *m.,* —ный *a.* watermelon.
арбу/стерин *m.* arbusterol; —тин *m.* arbutin, arbutoside.
аргандова горелка Argand burner.
аргемон/е *m.,* —овый *a.* (bot.) Argemone; —ин *m.* argemonine.
аргент— *prefix* argent(i)—, silver; —амин *m.* argentamine; —ан *m.* argentan, German silver; —ин *m.* (met.; min.) argentine.
аргентинский *a.* Argentine, Argentinian.
аргент/ит *m.* (min.) argentite, silver glance; —обисмутит *m.* (min.) argento-bismutite; —ометр *m.* argentometer; —ометрия *f.* argentometry; —опирит *m.* (min.) argentopyrite.
аргилл/изация *f.* (geol.) argillization; —ит *m.* argillite; —итовый *a.* argillic, argillaceous.
аргин/аза *f.* arginase; —ин *m.* arginine.
аргирит *m.* (min.) argyrite, argentite.
аргиро— *prefix* argyro— (silver); —дит *m.* argyrodite; —метрический *a.* argyrometric; —метрия *f.* argyrometry; —пирит *m.* (min.) argyropyrite.
арго/л *m.* argol; —н *m.,* —новый *a.* argon, Ar; —нин *m.* argonin, silver caseinate; —но-дуговой *a.* argon-arc (welding); —флавин *m.* argoflavin; —хром *m.* argochrome.
аргумент *m.* argument, reasoning; (math.) argument, amplitude; independent variable (of function); —ировать *v.* prove, argue, deduce.
арденнит *m.* (min.) ardennite.
ардометр *m.* ardometer (optical pyrometer).
ареа *f.* area; *prefix* (math.) inverse hyperbolic; а.-косинус *m.* inverse hyperbolic cosine, $\cosh^{-1}$.
ареал *m.* (biol.) geographic range; area; —ьный *a.* areal.
ареа-функции *pl.* (math.) inverse hyperbolic functions.
арек/а *f.* areca palm, spec. *Areca catechu*; —аидин *m.,* —аидиновый *a.* arecaidine; —аин *m.* arecaine, *n*-methylguvacine; —овый *a.* areca; betel (nuts); —олин

m. arecoline.
арена *f.* arena, field, area.
аренд/а *f.,* сдавать в —у *v.* rent, lease.
арендалит *m.* (min.) arendalite.
аренд/атор *m.* lessee, tenant; —ный *a.,* —ная плата rent; —ный договор lease; —ование *n.* renting, leasing; —ованный, —уемый *a.* rented, leased; —овать *v.* rent, lease.
аренит *m.* (petr.) arenite.
Арентса сифон Arents tap (for lead).
ареола *f.* area; (anat.) areola.
ареометр *m.* areometer, hydrometer; а. для кислот acidimeter; нефтяной а. densimeter, oleometer; —ический *a.* areometric; —ия *f.* areometry, hydrometry.
ареоцентрический *a.* areocentric.
арест *m.* arrest, seizure; —ованный *a.* arrested; —овать *v.* arrest, seize.
арецин *m.* arecin, areca red.
аржанец *m.* (bot.) timothy.
арибин *m.* aribine, loturine.
аридн/ость *f.* aridity; —ый *a.* arid.
аризонит *m.* (min.; petr.) arizonite.
арил *m.* aryl; —ирование *n.* arylation; —овать *v.* arylate.
арист/ида *f.* (bot.) Aristida; —ол *m.* Aristol, thymol iodide; —олохин *m.* aristolochine.
аристотелевский *a.* Aristotelian, Aristotle's.
аристо/типный *a.* (phot.) aristotype; —хин *m.* aristochin, diquinine carbonate.
арит *m.* (min.) arite.
аритм/ический, —ичный *a.* arrhythmic; —ичность *f.* arrhythmic nature; —ия *f.* (med.) arrhythmia.
арифмет/ика *f.* arithmetic; —ический *a.* arithmetical; —ический ряд arithmetical progression; —ическое устройство (comp.) arithmetic unit; среднее —ическое arithmetical mean.
арифмометр *m.* arithmometer, calculating or adding machine, adder.
арицин *m.* aricine, quinovatine.
арк— *prefix* (math.) arc—, inverse, anti—.
арка *f.* arc(h); —да *f.* (arch.) arcade.
аркан *m.* lasso, loop.
арканз/асский *a.* Arkansas; —ит *m.* (min.) arkansite.
арканит *m.* (min.) arcanite.
аркатом *m.* atomic-hydrogen welding.
акверит *m.* (min.) arquerite.
арк/косеканс *m.* (math.) arc or inverse cosecant, $\operatorname{cosec}^{-1}$; —косинус *m.* arc cosine, $\cos^{-1}$; —котангенс *m.* arc cotangent, $\cot^{-1}$.
арко/видный *a.* arcuate, arched; —ген *m.* (welding) arcogen.
аркоз *m.,* —а *f.* (petr.) arkose; —овый *a.* arkosic.
аркообразный *a.* arched, arcuate.

арк/секанс *m.* (math.) arc or inverse secant, sec⁻¹; —**синус** *m.* arc sine, sin⁻¹; —**тангенс** *m.* arc tangent, tan⁻¹.
Арктика Arctic regions.
арктический *a.* arctic, northern.
аркто— *prefix* arcto— (bear; north).
аркфункция *f.* (math.) inverse function.
арм. *abbr.*, **арм—** *prefix* (**армянский**).
арматур/а *f.* fittings, fixtures, accessories, hardware; outfit, equipment; mounting; reinforcement; (elec.) armature; **а. котла** boiler fittings; —**ный** *a. of* **арматура**; reinforcing.
армейский *a.* army.
армиллярный *a.* armillary, ring-like.
арминженер *m.* army engineer.
армир/ование *n.* reinforcement; —**ованный** *a.* reinforced, etc. *see v.*; wire (glass); —**овать** *v.* reinforce, armor, sheathe, support; —**ующий** *a.* reinforcing.
армия *f.* army, troops.
армко-железо *n.* (met.) Armco iron.
армо/каменный *a.* reinforced stone; —**пенобетонный** *a.* reinforced foam-concrete (panel).
АрмССР Armenian Soviet Socialist Republic.
Армстронга кислота Armstrong acid.
армянский *a.* Armenian.
арнаутка *f.* hard wheat.
арни/ка *f.* (bot.) Arnica (spec. *A. montana*); —**цин** *m.* arnicin.
—**арно** *adv. suffix* —ar(i)ly; —**арность** *f. suffix* —arity; —**арный** *a. suffix* —ar(y), —arian.
арок *gen. pl. of* **арка**.
аромадендрал *m.* aromadendral.
аромат *m.* aroma, scent, fragrance; —**изация** *f.* aromatization; —**изированный** *a.* aromatized; —**ика** *f.*, —**ический,** —**ичный,** —**ный** *a.* aromatic; —**ический ряд** aromatic series; —**ическое вещество** aromatic principle; —**ичность** *f.* aroma.
аронник *see* **арум**.
ароч/ка *dim. of* **арка**; —**ный** *a.* arch(ed).
аррен/ал *m.* arrhenal, sodium methyl arsenite; —**о—** *prefix* arrheno— (male).
арретир *m.*, —**ное устройство,** —**овка** *f.* arrest(er), stop, catch, detent, checking device; locking device; —**ование** *n.* arresting, etc. *see v.*; —**ованный** *a.* arrested, etc. *see v.*; —**овать** *v.* arrest, stop, catch, check; hold, lock, secure; cage; —**овочный** *a.* arresting, stop(ping).
арройо *n.* arroyo (stream channel).
арро(у)рут *m.* arrowroot (a starch).
арс/аниловая кислота arsanilic acid, *p-*aminophenylarsinic acid; —**ацетин** *m.* arsacetin, acetyloxyl; —**еназо** *n.* arsenazo.
арсенал *m.*, —**ьный** *a.* arsenal, store(s); armory.

арсен/ат *m.* arsenate; —**диметил** *m.* dimethylarsine; —**ид** *m.* arsenide; —**ик** *m.* arsenic, *see also* **мышьяк**; —**иоплеит** *m.* (min.) arseniopleite; —**иосидерит** *m.* (min.) arseniosiderite; —**ит** *m.* arsenite.
арсено— *prefix* arseno—; —**бензол** *m.* arsenobenzene; —**бисмит** *m.* (min.) arsenobismite; —**зобензол** *m.* arsenosobenzene, phenyl arsenoxide; —**зосоединение** *n.*, —**кеид** *m.* arsenoso compound, arsenoxide; —**лит** *m.* (min.) arsenolite, white arsenic; —**пирит** *m.* (min.) arsenopyrite, mispickel; —**соединение** *n.* arseno compound; —**феррит** *m.* (min.) arsenoferrite, iron arsenide.
арсепидин *m.* arsepidine, arsenidine.
арс/ил *m.* arsyl; —**илен** *m.* arsylene; —**ин** *m.* arsine, arsenous hydride; —**инистый** *a.* arsinous; —**ино—** *prefix* arsino—; —**иновый** *a.* arsonic; (sometimes) arsinic.
арсмаль *m.* a copper-arsenic insecticide.
арсон/иевый *a.*, —**ий** *m.* arsonium.
арсфенамин *m.* arsphenamine, Salvarsan.
арт. *abbr.*, **арт—** *prefix* (**артиллерийский**).
артарин *m.* artarine.
артезианский *a.* artesian (well).
артель *f.*, —**ный** *a.* artel, cooperative; crew (of workers).
артемиз/ин *m.* artemisin, oxysantonin; —**ия** *f.* (bot.) artemisia.
артемовский *a.* (geog.) Artem.
артер/иальный *a.* arterial; —**иит** *m.* (med.) arteritis; —**ин** *m.* arterin; —**иосклероз** *m.* arteriosclerosis; —**ия** *f.* artery.
артикул *m.* type of merchandise.
артикул/ема *f.* elementary sound; —**ировать** *v.* articulate; —**яционный** *a.*, —**яция** *f.* articulation, intelligibility, distinctness.
артиллер/ийский *a.* artillery; —**ийско-технический** *a.* (mil.) ordnance; —**ист** *m.* artillery-man; —**ия** *f.* artillery.
артист *m.* artist; —**ический** *a.* artistic.
артишок *m.* (bot.) artichoke.
артоза *f.* artose.
артр—, —**о—** *prefix* arthr(o)— (joint, articulation); —**ит** *m.* (med.) arthritis; —**итик** *m.*, —**итический** *a.* arthritic.
АРУ *abbr.* (**автоматическое регулирование усиления**) automatic gain control, AGC.
арум *m.* (bot.) arum.
арунд/инария *f.* (bot.) arundinaria; —**о** *n.* (bot.) reed (*Arundo donax*).
арфа *f.* harp; (agr.) cribble, sieve; (aeolian) tones.
арфведсонит *m.* (min.) arfvedsonite.
арфообразный *a.* harp(-shaped).
арх— *see* **архи—**; **архивный**; **архитектурный**.
архаич/еский, —**ный** *a.* archaic.
Архбюро Bureau of Archives, Hall of Records.

архей *m.*, —**ский** *a.* (geol.) Archean.
архео— *prefix* arch(a)eo— (ancient); —**зой** *m.*, —**зойский** *a.* (geol.) archeozoic; —**логический** *a.* archeological; —**логия** *f.* archeology; —**циаты** *pl.* (pal.) Archaeocyathidae.
архи— *prefix* arch(i)— (first, original; chief; ancient; principal, extreme, great).
архив *m.*, —**ный** *a.* archives, records; —**ариус** *m.* archives custodian.
архи/карп(ий) *m.* (bot.) archicarp; —**медовский**, —**медовый** *a.* Archimedean, Archimedes'; —**мицеты** *pl.* (bot.) Archimycetes; —**пелаг** *m.* (geog.) archipelago; —**тектоника** *f.* architectonics, structural design; general structure (of book); —**тектонический** *a.* architectonic.
архитект/ор *m.* architect; —**ура** *f.* architecture; —**урный** *a.* architectural.
арцрунит *m.* (min.) arzrunite.
АРЧ *abbr.* (автоматическое регулирование частоты) automatic frequency control, AFC; (автоматическое регулирование чувствительности) automatic sensitivity control, ASC.
арча *f.* (bot.) juniper (*Juniperus*).
арчак *m.* saddle tree; (tech.) bow.
арч/евый, —**овый** *a.* (bot:) juniper.
аршин *m.*, —**ный** *a.* arshine (0.71 m.).
ары/к *m.*, —**чный** *a.* irrigation ditch.
а-с *see* **а-сек**.
аса, —**н** *see* **асафетида**.
асапрол *m.* asaprol, abrastol.
асафетида *f.* asafetida (a gum resin).
асб *abbr.* (апостильб) apostilb.
асбест *m.* (min.) asbestos; **а.-сырец** *m.* crude asbestos; —**ин** *m.* asbestine; —**ит** *m.* asbestos insulation; —**обетон** *m.* asbestos concrete; —**овидный** *a.* asbestiform, fibrous; —**опластик** *m.* asbestos plastic; —**оцемент** *see* **асбоцемент**; —**ошифер** *m.* roofing shingles.
асбо— *prefix* asbestos; —**бумага** *f.* asbestos paper; —**картон** *m.* asbestos board; —**лан** *m.* (min.) asbolane, asbolite; —**пеколит** *m.* asbopekolite (asbestos-pitch composition); —**пластик** *m.* asbestos plastic; —**труба** *f.* asbestos-cement pipe; —**фанера** *f.* asbestos-cement sheeting; —**цемент** *m.*, —**цементный** *a.* asbestos cement; —**шифер** *m.* asbestos slate; asbestos roofing.
асейсмический *a.* (geol.) aseismic.
а-сек *abbr.* (ампер-секунда) ampere-second.
аселлин *m.* asellin.
асепт/ика *f.* (med.) asepsis; —**ический** *a.* aseptic; —**ол** *m.* aseptol, *o*-phenolsulfonic acid.
АСИ *abbr.* (амплитудный селектор импульсов) pulse height selector.
асидерит *m.* (min.) asiderite.
асидол *m.* acidol (naphthenic acid mixture).
асиминин *m.* asiminine.
асимметр *m.* asymmeter; —**ический**, —**ичный** *a.* asymmetric; —**ия** *f.* asymmetry, skewness; —**ичность свойств** (phys.) anisotropy.
асимптот/а *f.* (geom.) asymptote; —**ика** *f.* asymptotics; —**ический** *a.* asymptotic; —**ичность** *f.* asymptotic property.
асинергия *f.* (med.) asynergy, faulty coordination.
асинхрон/изм *m.* asynchronism; —**(ич)ный** *a.* asynchronous, nonsynchronous; induction (motor).
аск *m.* (bot.) ascus, sac.
асканит *m.* askanite (clay).
аскарид/а *f.* ascarid (parasitic worm); —**иновый** *a.* ascarid(ol)ic (acid); —**оз** *m.* (med.) ascariasis; —**ол** *m.* ascaridole.
аскарит *m.* Ascarite (asbestos material).
асклеп/идин *m.* asclepidin; —**ин** *m.* asclepin.
аско— *prefix* asc(o)— (bag, bladder).
аскол/изация *f.*, —**ирование** *n.* (leather) Ascoli test for anthrax.
аскомицеты *pl.* (bot.) Ascomycetes.
аскорбиновый *a.* ascorbic (acid).
аскохитоз *m.* (phyt.) Ascochyta blight.
асманит *m.* (min.) asmanite.
аспарагин *m.* asparagine, α-aminosuccinamic acid; —**овая кислота** aspartic acid, aminosuccinic acid; —**овокислая соль** aspartate.
аспартил *m.* aspartyl.
аспект *m.* aspect, appearance; (classification) facet; —**нокарточный** *a.* card per item, feature card (system); —**ный** *a.* feature, subject, term (card).
аспергилл/ин *m.* aspergillin; —**овая кислота** aspergillic acid.
аспид *m.* slate; (zool.) asp.
аспид — *see* **аспидо**—; —**ин** *m.* aspidin; —**инол** *m.* aspidinol.
аспидн/оголубой *a.* slate blue; —**ый** *a.* slate, slaty; —**ый сланец**, —**ая доска** slate; blackboard.
аспидо— *prefix* aspido— (shield); slate.
аспидо/замин *m.* aspidosamine; —**спермин** *m.* aspidospermine.
аспирант *m.* aspirant, post-graduate (student); —**ура** *f.* post-graduate work, course or students; —**урский** *a.* post-graduate.
аспира/тор *m.* aspirator, suction apparatus; —**ционный** *a.*, —**ция** *f.* aspiration, suction.
аспирин *m.* aspirin, acetylsalicylic acid.
аспиг *m.* shield volcano.
аспорогенн/ость *f.* (biol.) asporogenicity; —**ый** *a.* asporogenic.
ассамар *m.* assamar.
ассамблея *f.* assembly, convention.
ассенизатор *m.* sanitation worker.

ассениз/ационный *a.* sanitary, sanitation; cesspool (pump); —ация *f.* sanitation; —ировать *v.* make sanitary.

ассигн/ование *n.*, —овка *f.* assignment, etc., *see v.*; grant; —овать *v.* assign, allot, allocate, appropriate, grant.

ассимил/ирование *n.* assimilation; —ированный *a.* assimilated; —ировать *v.* assimilate; —ируемый *a.* assimilable; —ятивный *a.* assimilative; —ятор *m.* assimilator; —яторный *a.* assimilatory; —яционный *a.*, —яция *f.* assimilation.

ассист/ент *m.* assistant; —ировать *v.* assist, be an assistant.

ассортимент *m.* assortment, choice, selection; set; broad range, wide variety.

ассоци/ативность *f.* (math.) associativity; —ативный *a.* associative; —ационный *a.*, —ация *f.* association; —ированный *a.* associated, etc. *see v.*; —ировать(ся) *v.* associate, unite, combine (with); —ирующий *a.* associating.

астильбе *f.* (bot.) Astilbe.

астабилизация *f.* astabilization.

астазиров/ание *n.* (phys.) astatizing; —ать *v.* astatize, render astatic.

астазирующий *a.* labilizing (force).

астазия *f.* (med.) astasia.

астат/ий, —ин *m.* astatine, At; —ический *a.* astatic, unstable, nonstatic; floating (action, control); —ичность *f.* astaticism.

астен— *prefix* asthen(o)— (weak); —ия *f.* (med.) asthenia; —осфера *f.* (geol.) asthenosphere.

астер—, —о— *prefix* aster(o)— (star); —изм *m.* (cryst.) asterism; —ин *m.* asterin; —иск *m.* asterisk, star; —оид *m.*, —оидный *a.* (astr.) asteroid.

астигмат *m.* astigmat, astigmatic lens; —изм *m.* (med.; opt.) astigmatism; —ический *a.* astigmatic.

астильбе *f.* (bot.) Astilbe.

астма *f.* (med.) asthma; —тик *m.*, —тический *a.* asthmatic.

Астона закон Aston rule (of isotopes).

астра *f.* (bot.) aster.

астрагал *m.* (bot.) Astragalus; (anat.) astragalus, ankle bone.

астрал/ин *m.* astral oil, kerosene; —ит *m.* astralite (a glass); (expl.) astralite; —ьный *a.* astral, star.

астраханит *m.* (min.) astrakanite.

астраханский *a.* Astrakhan.

астро— *prefix* astro— (star); celestial, astronomical; -биология *f.* astrobiology; —ботаника *f.* astrobotany; —геология *f.* astrogeology; —граф *m.* astrograph; —графирование *n.* astrography; —графический *a.* astrographic; —динамика *f.* astrodynamics; —ида *f.*, —идный *a.* (geom.) astroid; —камера *f.* astrocamera; —климат *m.* astroclimate;

—компас *m.* astrocompass; —купол *m.* astrodome; —люк *m.* astrohatch; —лябия *f.* astrolabe (instrument).

астро/метрия *f.* astrometry; —наведение *n.* star tracking, celestial guidance; —навигация *f.* astronavigation, celestial navigation; —навт *m.* astronaut; —навтика *f.* astronautics; —навтический *a.* astronautical; —ном *m.* astronomer; —номический *a.* astronomical; —номия *f.* astronomy; —объектив *m.* astronomical objective; —ориентатор *m.* astrotracker, star tracker; —ориентировка *f.* celestial navigation or orientation.

астро/спектроскопия *f.* astrospectroscopy; —труба *f.* astronomical telescope; —физика *f.* astrophysics; —филлит *m.* (min.) astrophyllite; —фотография *f.* astrophotography, celestial photography; —фотометрия *f.* astrophotometry; —химия *f.* cosmochemistry.

асфальт *m.* asphalt; —ен *m.* asphaltene; —ирование *n.* asphalting; —ированный *a.* asphalted; —ировать *v.* asphalt, pave (with asphalt); —ит *m.* (min.) asphaltite; —ный *see* асфальтовый.

асфальтобетон *m.*, —ный *a.* asphalt concrete; (paving) asphalt; —оукладчик *m.* paver.

асфальто/вый *a.* asphalt(ic), asphalt-bearing; asphalt-base (oil); —геновые кислоты asphaltogenic or polynaphthenic acids; —распределитель *m.* asphalt spreader; —смеситель *m.* asphalt mixer; —укладчик *m.* asphalt paver.

асферический *a.* aspherical, nonspherical.

асфиксия *f.* (med.) asphyxia.

асфод/елина *f.* (bot.) asphodeline; —ель, —иль *f.* asphodel (*Asphodelus*).

асхистовый *a.* (petr.) aschistic.

асцендент *m.* (meteor.) ascendent.

асцит *m.* (med.) ascites.

ат *abbr.* (атмосфера техническая) technical atmosphere; ат. *abbr.* (атомный) atomic.

—ат *m. suffix* -ate (denoting a salt).

ата *abbr.* (атмосфера абсолютная) absolute atmosphere.

атабрин *m.* Atabrine, quinacrine.

атавизм *m.* (biol.) atavism, throwback.

атака *f.* attack; incidence.

атакамит *m.* (min.) atacamite.

атаковать *v.* attack.

атакс/ит *m.* ataxite (meteorite); —ический *a.* ataxic; —ия *f.* (med.) ataxia.

атактич/еский *a.* atactic, random; —ность *f.* atacticity.

атамантин *m.* athamantin.

атбасарка *f.* a locust (*Dociostaurus kraussi*).

ат. в. *abbr.* (атомный вес) atomic weight.

Атвуда машина Atwood's machine.

атебрин *see* атабрин.

ат. ед. массы see AEM.
ател/естит *m.* (min.) atelestite; —ит *m.* (min.) atelite.
—атель *m. suffix* —ent, —ant, —ator, —er, —ing agent; —ательный *a. suffix* —ent, —ing, —ive.
атеро— *prefix* athero— [groats, meal; (med.) atheroma]; —ма *f.* atheroma; —склероз *m.* atherosclerosis; —спермин *m.* atherospermine.
ати *abbr.* (атмосфера избыточная) gage atmosphere.
атизин *m.* atisine.
атипический *a.* atypical, irregular.
—атически *adv. suffix* —atically; —атический *a. suffix* —atic.
Аткинсона проба Atkinson test.
атлант *m.* (anat.) atlas.
атлант/ический *a.* Atlantic; —о— *prefix* atlanto— (Atlantic; atlantal; huge creature).
атлас *m.* (text.) satin; (anat.; geog.) atlas; (color) chart; —истый *a.* satin(y); —истый шпат (min.) satin spar; —ит *m.* (min.) atlasite; —ить *v.* make as smooth as satin; —ный *a.* of атлас; silk-like; —ное дерево satinwood.
атлет *m.* athlete; —ика *f.* athletics.
атм *abbr.* (атмосфера физическая).
атм. *abbr.* (атмосфера; атмосферный).
атм—, —о— *prefix* atm(o)— (atmospheric; steam, vapor); —идометр *see* атмометр; —огенический *a.* (petr.) atmogenic; —огенный *a.* atmospheric; —олиз *m.* (gas separation) atmolysis; —олит *m.* (geol.) atmolith; —ометр *m.* atm(id)ometer, evaporimeter; —остойкий *a.* weatherproof.
атмосфера *f.* atmosphere; air; а. абсолютная absolute atmosphere; а. избыточная gage or excess atmosphere; а. нормальная, а. стандартная, а. физическая normal, standard or physical atmosphere (760 mm. of Hg column); а. техническая technical atmosphere (735.5 mm. of Hg column).
атмосфер/ик *m. abbr.* (атомный номер).
—ика *f.* atmospherics; —ический, —ный *a.* atmospheric (precipitation, pressure, etc.); air, vent (tube); —остойкий, —оустойчивый *a.* weatherproof.
атмофильный *a.* atmophile (elements).
ат. н. *abbr.* (атомный номер).
—атный *a. suffix* —ate (indicating salt).
атоксил *m.* atoxyl, sodium arsanilate; —овая кислота atoxylic acid, arsanilic acid.
атоксический *a.* atoxic, nonpoisonous.
атолл *m.*, —овый *a.* (geog.) atoll.
атом *m.* atom; вес —а atomic weight; знак —а atomic symbol; однородные —ы atoms of the same element; разнородные —ы atoms of different elements; порядковое число —ов atomic number; а.-акцептор acceptor atom.
атомаль *m.* (phot.) hydroxyethyl-*o*-aminophenol sulfate developer.
атомарный *a.* atomic; nascent.
атомиз/атор *m.* atomizer; —ация *f.* atomization; —ировать *v.* atomize.
атом/изм *m.* atomism, atomic theory; —изобар *m.* (nucl.) isobar; —истика *f.* atom(ist)ics; atomic theory; —истический *a.* atom(ist)ic; —ический *a.* atomic; —ник *m.* nuclear scientist.
атомно/водородный *a.* atomic-hydrogen (welding); —молекулярный *a.* atomic (theory); —сть *f.* atomicity, valence, valency; basicity (of alcohols).
атомн/ый *a.* atomic; nuclear (physics, reactor, etc.); *suffix* —hydric (alcohol); а. вес atomic weight; а. номер, —ое (порядковое) число atomic number; а. объем atomic volume; —ая единица веса atomic weight unit, awu; —ая единица массы atomic mass unit, amu; —ая техника nucleonics; —ая энергия atomic energy; nuclear power; —ое обозначение atomic symbol; —ое учение atomic theory.
атомо— *prefix* atomic; nuclear-powered; —воз *m.* nuclear-powered locomotive; —ход *m.* nuclear-powered vessel.
атональный *a.* (acous.) atonal.
атония *f.* (med.) atony.
—атор *m.*, —аторный *a. suffix* —ator, —er.
атофан *m.* Atophan, cinchophen.
атракт/илен *m.* atractylene; —илол *m.* atractylol.
атрепсия *f.* (med.) athrepsia.
атрибут *m.* attribute, property; —ивный *a.* attributive.
атро— *prefix* atro— (atropine; black and); —глицериновая кислота atroglyceric acid, α-phenylglyceric acid; —лактиновая кислота atrolactic acid, α-phenyllactic acid; —ментин *m.* atromentin.
атроп/амин *m.* atropamine, apoatropine; —ин *m.*, —иновый *a.* atropine, *dl*-hyoscyamine; —овая кислота atropic acid, α-phenylacrylic acid; —оизомерия *f.* atropoisomerism.
атро/пурол *m.* atropurol; —сцин *m.* atroscine, *i*-scopolamine; —фироваться *v.*, —фия *f.* (med.) atrophy.
АТС *abbr.* (Автоматическая телефонная станция) Automatic Telephone Station.
аттенюатор *m.* attenuator.
аттест/ат *m.* certificate; —ационный *a.*, —ация *f.* certification, etc., *see v.*; —ованный *a.* certified, fully qualified; —овать *v.* certify, testify; recommend.
атти/к *m.*, —ческий *a.* attic.
атто— *prefix* atto— (10^{-18}).

АТФ *abbr.* (аденозинтрифосфат) adenosine triphosphate, ATP.
—**атый** *a. suffix* —ed, —(e)n.
АУ *abbr.* (активированный уголь) activated charcoal; (автоматическое управление) automatic control; (арифметическое устройство) arithmetic unit.
аугментация *f.* augmentation, increase.
ауди— *prefix* audi(o)— (to hear); —**альный** *a.* audio; —**овизуальный** *a.* audiovisual; —**ограмма** *f.* audiogram; —**ометр** *m.* audiometer; —**ометрия** *f.* audiometry; —**он** *m.* audion, electric tube; —**тория** *f.* auditorium, lecture room; —**аудиенция**; —**фон** *m.* hearing aid.
аукс— *prefix* aux—, auxan(o)— (increase, growth); —**анометр** *m.* auxanometer; —**ин** *m.* auxin (plant hormone); —**охром** *m.*, —**охромная группа** auxochrome.
аукубин *m.* aucubin.
аукцион *m.* auction.
аур— *see* **аури**—; —**амин** *m.*, —**аминовый** *a.* auramine; —**антин** *m.* aurantine; —**анция** *f.* aurantia (dye); —**ат** *m.* aurate; —**еолин** *m.* aureolin, primulin; —**еомицин** *m.* aureomycin (antibiotic).
аури— *prefix* aur(i)— [gold; (anat.) ear]; —**д** *m.* auride; —**н** *m.* aurin, *p*-rosolic acid; —**пигмент** *m.* (min.) orpiment, yellow arsenic; —**хальцит** *m.* aurichalcite.
аускультировать *v.* (med.) auscultate.
аустенит *m.* (met.) austenite; —**ный**, —**овый** *a.* austenite, austenitic.
аутбридинг *m.* (zool.) outbreeding.
аутигенный *a.* (petr.) authigenic.
аутинит *see* **аутунит**.
ауто— *see* **авто**—, **само**—; —**лиз** *see* **автолиз**; —**оксидация** *see* **самоокисление**; —**псия** *f.* autopsy.
аутунит *m.* (min.) autunite, lime uranite.
ауэр/бахит *m.* (min.) auerbachite; —**лит** *m.* (min.) auerlite; —**металл** *m.* Auer metal.
афазия *f.* (med.) aphasia.
афанит *m.* (petr.) aphanite, diabase; —**овый** *a.* aphanitic, diabasic.
афвиллит *m.* (min.) afwillite.
афганский *a.* Afghan.
афел/ий *m.* (astr.) aphelion; —**инус** *m.* parasitic wasp (*Aphelinus mali*); —**ины** *pl.* Aphelinidae.
афенил *m.* afenil, calcium chloride urea.
АФИ *abbr.* [(метод) амплитудно-фазовых изменений] amplitude-phase variation method.
афидиус *m.* a braconid wasp (*Aphidius granarius*).
афиллин *m.* aphylline.
афильный *a.* aphyllous, leafless.
афиш/а *f.*, —**ный** *a.* bill, poster, placard; —**ировать** *v.* make a display (of).

афокальный *a.* afocal.
афония *f.* (med.) aphonia.
афотический *a.* aphotic, lightless.
афр. *abbr.* (африканский).
афридол *m.* afridol, sodium hydroxymercuric toluate.
африканский *a.* African.
афро— *prefix* aphro— (foam); Afro—, African; —**дит** *m.* (min.) aphrodite; —**золь** *m.* afrosol (foam stabilizer); —**метр** *m.* (wines) aphrometer; —**нитр** *m.* (min.) aphroniter; —**сидерит** *m.* aphrosiderite.
афтершок *m.* (geol.) aftershock.
афтиталит *m.* (min.) aphthitalite.
афты *pl.* (med.) aphthae.
аффек/т *m.* (med.) affect; —**тивный** *a.* affective; —**тированный** *a.* affected; —**ция** *f.* affection, morbid condition.
афферентный *a.* afferent.
аффин/аж *m.*, —**ажное производство**, —**ирование** *n.* (met.) refining; —**ация** *f.* (sugar) affination; —**ировать** *v.* refine.
аффин/итет *m.*, —**ость** *f.* affinity; —**ный** *a.* affine, adjoining; —**ор** *m.* (math.) affinor.
ахил/ический *a.* (med.) achylous; —**ия** *f.* achylia.
ахил/(л)еин *m.* achilleine; —**лесово сухожилие** (anat.) Achilles' tendon; —**летин** *m.* achilletin.
ахматит *m.* (min.) achmatite.
ахолия *f.* (med.) acholia.
ахондрит *m.* achondrite (a meteorite).
ахро/ит *m.* (min.) achroite; —**мат** *m.* achromatic lens; —**матизированный** *a.* achromatized; —**матизм** *m.* achromatism; —**матический** *a.* achromatic, colorless; —**одекстрин** *m.* achroödextrin.
ахтер/пик *m.*, —**пиковый** *a.* (naut.) afterpeak; —**штевень** *m.* sternpost.
АЦ *abbr.* (ацетилцеллюлоза) cellulose acetate.
ац. *abbr.* (ацетон) acetone (solvent).
аце— *prefix* ace— (acetic); —**нафтен** *m.* acenaphthene.
ацеотропический *see* **азеотропический**.
ацет— *prefix* acet—; —**ал**, —**аль** *m.*, —**алевый** *a.* acetal, 1,1-diethoxyethane; —**альдегид** *m.* acetaldehyde, ethanal; —**альдегид-аммиак** acetaldehyde ammonia; —**альдоксим** *m.* (acet)aldoxime; —**альдол** *m.* (acet)aldol.
ацет/амид *m.* acetamide, ethanamide; —**амидин** *m.* acetamidine; —**анилид** *m.* acetanilide; —**ат** *m.*, —**атный** *a.* acetate; —**енил** *m.* acetenyl, ethynyl.
ацетил *m.* acetyl; **перекись** —**а** acetyl peroxide; **хлористый а.** acetyl chloride; —**ацетон** *m.* acetylacetone.
ацетилен *m.* acetylene, ethyne; —**дикарбо**-

новая кислота acetylenedicarboxylic acid; —ид *m.* acetylide; —истая медь cuprous acetylide; —истое серебро silver acetylide; —овый *a.* acetylene; acetylene gas (producer); —овая сажа acetylene black; —кислородный *a.* oxyacetylene (welding).

ацетил/ид *m.* acetylide; —иден *m.* acetylidene; —ирование *n.* acetylation; —ированный *a.* acetylated; —ировать *v.* acetylate; —ируемый *a.* acetylizable; —мочевина *f.* acetylurea; —овый *a.* acetyl; —овый альдегид acetaldehyde; —салициловая кислота acetylsalicylic acid, aspirin; —серная кислота acetylsulfuric acid; —холинхлорид *m.* acetylcholine chloride; —целлюлоза *f.* cellulose acetate; —целлюлозный *a.* cellulose acetate; (text.) acetate; —ьный *a.* acetyl.

ацет/иметр *m.* acetimeter (obs. for hydrometer); —иметрия *f.* acetimetry; —ин *m.*, —иновый *a.* acetin.

ацето— *prefix* aceto—; —ин *m.* acetoin, 3-hydroxy-2-butanone; —клетчатка *f.* cellulose acetate; —ксим *m.* acetoxime, 2-propanone oxime; —л *m.* acetol, 1-hydroxy-2-propanone; —метр *m.* acetometer; —н *m.* acetone, 2-propanone; —нил *m.* acetonyl; —нилацетон *m.* acetonylacetone; —нитрил *m.* acetonitrile, ethanenitrile.

ацетонов/окислый *a.* acetonic acid; acetonate (of); *a.* эфир, —окислая соль acetonate; —ый *a.* acetone; —ый спирт acetone alcohol, acetol; —ая кислота acetonic acid, α-hydroxyisobutyric acid.

ацето/пирин *m.* acetopyrine; —уксусная кислота acetoacetic acid; —уксусный эфир acetoacetic ester, spec. ethyl acetoacetate; —фенетидин *m.* acetophenetidin, phenacetin; —фенон *m.* acetophenone, methyl phenyl ketone; —форм *m.* acetoform.

ацетуровая кислота aceturic acid.

аци— *prefix* aci—.

ацид/иметрия *f.* acidimetry; —ит *m.* acid(ic) rock; —оз *m.* (med.) acidosis; —ол *m.* Acidol, betaine hydrochloride; —ометр *m.* acidometer; —офилин *m.* acidophilus milk; —офилия *f.* acidophilic nature; —офильный *a.* acidophilic; acidophilus (milk); —офобный *a.* acidophobic; —улин *m.* Acidulin, glutamic acid hydrochloride.

ациклический *a.* acyclic.

ацил *m.*, —ьный *a.* acyl; —ирование *n.* acylation; —ировать *v.* acylate; —оин *m.* acyloin (ketol).

—ационно *adv. suffix* —ationally, —ingly; —ационный *a.* —ation(al), —ing; —ация *f.* —ation, —ing.

ацитрин *m.* Acitrin, cinchophen ethyl ester.

АЦС *abbr.* (антиретикулярная цитотоксическая сыворотка) antireticular cytotoxic serum, ACS.

а-ч *abbr.* (ампер-час) ampere-hour.

Ачесона электропечь Acheson furnace.

ашарит *m.* (min.) ascharite.

Ашберри сплав Ashberry metal.

аширит *m.* (min.) dioptase.

аш-кислота *f.* H acid (dye intermediate).

ашхабадский *a.* (geog.) Ashkhabad.

аэр— *prefix* aer—, air; —атор *m.* aerator; —ация *f.* aeration; —енхима *f.* (bot.) aerenchyma, aeration tissue; —ирование *n.*, —ированность *f.* aeration; —ировать *v.* aerate.

аэро— *prefix* aero—, air, aerial; airplane; airborne; *see also under* авиа—; —б *m.* (biol.) aerobe; —биоз *m.* aerobiosis; —бный *a.* aerobic; —бус *m.* airliner; —взвесь *f.* aerosuspension; —вокзал *m.* air terminal, airport; —гаммарадиометр *m.* aerial gamma radiometer; —гель *m.* aerogel; —генный, —геновый *a.* aerogenic, eolian; —гидродинамика *f.* aerohydrodynamics.

аэрограф *m.* (paint) sprayer, air brush; aerograph; —ия *f.* aerography.

аэродвигатель *m.* airplane engine.

аэродинам/ик *m.* aerodynamics specialist; —ика *f.* aerodynamics; —ический *a.* aerodynamic; oil-film (bearing); —ический спектр (av.) streamline flow pattern; —ическая поверхность airfoil; —ическая труба wind tunnel; —ическое качество lift-drag ratio.

аэро/дром *m.* airdrome, airport, air field; —затвор *m.* (aerial surv.) strip camera shutter; —золь *m.* aerosol; —изыскание *n.* aerial survey; —кулер *m.* air cooler; —лаг *m.* air log; —лак *m.* (airplane) dope; —лит *m.* (geol.) aerolite, stony meteorite; —лифт *m.* air lift (pump); —логический *a.* (meteor.) aerological; —логия *f.* aerology; —лодка *f.* sea plane; —лоция *f.* flight log.

аэромагнит/ный *a.* (geol.) aeromagnetic; —ометр *m.* airborne magnetometer.

аэро/маяк *m.* beacon; —метеорограф *m.* aerometeorograph, recording densimeter; —методы *pl.* (geol.) aerial prospecting.

аэрометр *m.* aerometer, densimeter; —ический *a.* aerometric; —ия *f.* aerometry.

аэромеханик *m.* airplane mechanic; —а *f.* aeromechanics.

аэрон *m.* Aeron (alloy or antiemetic).

аэронав/игатор *m.* air navigator; —игационный *a.* aeronautical, air navigation; aircraft; —игация *f.* air navigation; —т *m.* aeronaut; —тика *f.* aeronautics; —тический *a.* aeronautical.

аэро/негатив m. aerial negative; —номический a. (meteor.) aeronomic; —номия f. aeronomy; —опрыскиватель, —опыливатель m. crop duster; —пауза f. aeropause; —план m., —планный a. airplane; —пленка f. aerial film; —порт m. airport; —почта f. airmail; —проектор m. aeroprojector; —пыл m. crop duster; —пыль f. dust cloud.
аэро/разбрасыватель m. crop duster; —разведка f. airborne prospecting; —рекогносцировка f. aerial reconnaissance; —сани pl. aerosleigh (propeller-driven sleigh); —сев m. aerial sowing; —сидерит m. (astr.) aerosiderite; —сил m. Aerosil (silica powder); —снимок m. aerial photograph; —солоскоп m. aerosoloscope; —спорин m. Aerosporin, polymyxin A.
аэростат m. aerostat, balloon, airship; управляемый a. dirigible, airship; —ика f. aerostatics; —ный a. balloon(-borne).
аэро/суспензия f. aerosuspension, gaseous suspension; —сфера f. aerosphere; —съемка see аэрофотосъемка; —танк, —тенк m. air or aeration tank; —термодинамический a. aerothermodynamic, aerothermal; —термохимия f. aero-thermochemistry; —тэнк see аэротанк.
аэро/упругость f. aeroelasticity; —фагия f. (vet.) aerophagia, air swallowing; —физика f. aerophysics; —фильм m. aerial film; —фильный a. aerophilic; —фильтр m. air filter; —финишер m. (av.) arrester (of carrier); —фит m. (bot.) aerophyte; —флот m. aerofloat (flotation agent); —фобный a. aerophobic; —фон m. aerophone; —форм m. airoform, airol.
аэрофото/аппарат m. aerial camera; —грамметрия f. aerophotogrammetry; —графия f. aerial photography; —затвор m. (camera) shutter; —камера f. aerial camera; —разведка f. aerial photo reconnaissance; —снимок m. aerial photograph; —съемка f. aerial photography, aerial mapping; —установка f. camera mount.
аэроэмболия f. (med.) aeroembolism.
АЭС abbr. (атомная электростанция) nuclear power station.
—ающий a. suffix —ing, —ent, —ive; —ающийся a. —ing, —ive, —able.
Аякс-Виатта печь (elec.) Ajax-Wyatt furnace.
аяцин m. ajacine.

Б

б see бы; abbr. (бар) bar; (барн) barn; (бел) bel; б. abbr. (бывший) former.
Б abbr. (Бомэ) Baumé, Bé.
баба f. ram, monkey, drop weight, block; (hammer) head.
бабабуданит m. (min.) bababudanite.
бабануха f. horseradish leaf beetle.
бабасу n. babassu (oil).
баббит m., —ный a. babbitt (alloy).
бабингтонит m. (min.) babingtonite.
Бабинэ принцип Babinet's principle.
бабка f. (lathe) head(stock), mandrel; kingpost, central post; (drill) chuck; ram, monkey; sheaf (of grain); pastern (of horse); задняя б., центрирующая б. tailstock (of lathe); передняя б. headstock.
Бабо закон (phys.) Babo's law.
бабок gen. pl. of бабка.
бабоч/ка f. butterfly; —ки pl. Lepidoptera; клапан —кой butterfly valve; —ницы pl. moth flies (Psychodidae).
бабуин m. (zool.) baboon.
бабье лето Indian summer.
бавалит m. (min.) bavalite.
баварская голубая Bavarian blue.
бавенский закон (cryst.) Baveno law.
багаж m., —ный a. baggage, luggage, goods; —ник m. luggage carrier or rack; trunk.
баган m. heap, pile.

багас m., —са f. (sugar) bagasse.
багер m., —ный a. dredge; bagger; —зумпф m. dredging sump.
багет m., —ный, —овый a. baguet, molding.
багийский a. Bahia.
багор m. (boat) hook, gaff, harpoon.
багратионит m. (min.) bagrationite.
багрение n. spearing, harpooning (fish).
багрить v. spear, harpoon; fish out.
багр/ить v. color or dye (reddish) purple; —оветь v. turn purple; —овый a. (reddish) purple; —яник m. (bot.) redbud (Cercis); Cercidiphyllum; —яница f. (med.) purpura; —янки pl. (bot.) red algae; —янник see багряник; —яный a. purple.
багульник m., болотный б. (bot.) wild rosemary (Ledum palustre).
бадан m. (bot.) Bergenia.
бадделеит m. (min.) baddeleyite.
баде/ечный a., —йка f. small bucket, tub, basin; —йный a. of бадья.
бадитермогаленограф m. (ocean.) bathythermogalenograph.
бадь/евой a., —я f. bucket, tub; scoop; trough; б. транспортер bucket conveyer.
бадьян m., б.-трава f., —овый a. (bot.) star anise (Illicium anisatum).
бадяги pl. (zool.) Spongillidae.

баз *m.* corral, pen, yard.
база *f.* base, basis, foundation, starting point; (surv.) datum line.
базальный *a.* basal.
базальт *m.* (petr.) basalt; **—ин** *m.* basaltine, augite; **—овый** *a.* basalt(ic); **—овое стекло** (petr.) basalt glass; **—ообразный** *a.* basaltiform, columnar.
базанит *m.* (min.) basanite.
базар *m.*, **—ный** *a.* market; (orn.) rookery.
Базедова болезнь (med.) Basedow's disease, exophthalmic goiter.
базельский *a.* Basle.
бази— *prefix* basi— (base).
базид/иальный *a.* (bot.) basidial; **—иальные грибы**, **—иомицеты** *pl.* Basidiomycetes; **—иоспор** *m.* basidiospore; **—ия** *f.* basidium.
базилик *m.*, **—овый** *a.* (bot.) basil.
базировать *v.* base, ground (on); **—ся** *v.* be based (on).
базис *m.*, **—ный** *a.* basis, base, foundation; (geol.) base line or level; reference; (petr.) mesostasis; (cryst.) pinacoid.
баз/ит *m.* basic rock; **—итовый** *a.* basic; **—о—** *prefix* baso— (base); **—обисмутит** *m.* (min.) basobismutite; **—овый** *a. of* **база**; basic; (petr.) base-stock; reference (point).
базофил *m.* (biol.) basophile, basophilic leucocyte; **—ия** *f.* (med.) basophilia; **—ьный** *a.* basophilic.
базоцентрированный *a.* base-centered.
байбак *m.* steppe marmot (rodent).
байдар(к)а *f.* canoe, dugout (boat).
байевое масло bay oil, myrcia oil.
Байера способ Bayer process (for aluminum oxide); **Б. теория напряжения** Baeyer tension (or strain) theory.
байесовский *a.* (stat.) Bayes'.
байка *f.* (text.) baize; frieze; flanelette; duffel.
байкал/еин *m.* baicalein, 5,6,7-trihydroxyflavone; **—ин** *m.* baicalin; **—ит** *m.* (min.) baikalite.
байковый *a. of* **байка**.
байкуру *n.* baycuru root.
байонетный *a.* bayonet (mount, etc.).
байпас *m.* by-pass; **—ный** *a.* by-pass; auxiliary.
байт *m.* (comp.) byte.
бак *m.* tank, cistern, vat, tub, reservoir, container; (naut.) forecastle.
бак— *prefix* bacteriological; Baku.
бакалавр *m.* (educ.) Bachelor.
бакале/йный *a.*, **—я** *f.* grocery.
бакан *m.* beacon; buoy; lake (pigment).
бакаут *m.*, **—овое дерево** (bot.) lignum vitae, guaiac (*Guaiacum officinale*); **—овый** *a.* guaiac.
бак-дегазатор *m.* degassing tank.
бакелит *m.*, **—овый** *a.* (plastics) bakelite.

бакен *m.* beacon, buoy.
бакерит *m.* (min.) bakerite.
бакинский *a.* (geog.) Baku.
бакинститут *m.* bacteriological institute.
баккатин *m.* baccatin (antibiotic).
баклаб *m.* bacteriological laboratory.
баклага *f.* flask, canteen.
баклажан *m.* eggplant.
баклажка *see* **баклага**.
бакланец *m.* small rocky island, rock.
баклуш/а *f.* chip; block (of wood); cast iron wheel; **—ка** *f.* gate pin.
баковый *a. of* **бак**.
бак-отсек *m.* (rockets) integral tank.
бакстромит *m.* (min.) bäckströmite, pseudo-pyrochroite.
бактер/иальный, **—ийный** *a.* bacterial; **—изовать** *v.* bacterize, subject to bacterial action; **—ии** *pl.* bacteria; **—иоз** *m.* (phyt.) bacteriosis; **—иолиз** *m.* (med.) bacteriolysis; **—иолизин** *m.* bacteriolysin; **—иолог** *m.* bacteriologist; **—иологический** *a.* bacteriological; **—иология** *f.* bacteriology; **—иоподобный** *a.* bacteroid; **—иоскопический** *a.* bacterioscopic; **—иоскопия** *f.* bacterioscopy; **—иоубивающий** *a.* bactericidal; **—иоубивающее средство** bactericide; **—иофаг** *m.* bacteriophage.
бактерицид *m.* bactericide; **—ность** *f.* bactericidal properties; **—ный** *a.* bactericidal.
бактер/ия *f.* bacterium; **—оидный** *a.* bacteroid.
баку/ин *m.* bakuin (lubricating oil); **—ол(ь)** *m.* bakuol.
бак/ча, **—ша** *see* **бахча**.
бакштаг *m.* backstay, guy (rope).
бакштов *m.* (naut.) guess-rope, cable.
баламутить *v.* stir up, disturb, agitate, make muddy.
балан—, **—о—** *prefix* balan(o)— [acorn] (anat.) glans penis]; **—ит** *m.* (med.) balanitis.
баланс *m.* balance, equilibrium; distribution (of energy); pulpwood; **нейтронный б.** neutron economy; **—ер** *m.* (elec.) balancer.
балансир *m.* balancer; equalizer; balance, walking or working beam; rocking shaft, rocker; bob (weight); (horol.) balance wheel; **—ный** *a. of* **балансир**; balance.
балансиров/ание *n.* balancing; **—анный** *a.* balanced, in equilibrium; **—ать** *v.* balance, compensate; (av.) trim; **—ка** *f.*, **—очный** *a.* balancing, etc., *see v.*
баланс/ный, **—овый** *a. of* **баланс**; balanced (circuit); pulp (wood); **—омер** *m.* (nucl.) balance meter; **—ы** *pl.* pulpwood (logs).
баланус *m.* (zool.) barnacle.

балат/а f., —овый a. balata (a latex).
балда f. knob; heavy hammer.
балдахин m. canopy.
балза f. balsa wood.
балинит m. a wood-resin laminate.
балка f. beam, girder; joist; timber; ravine, gully.
балканский a. Balkan.
балка-спица f. needle beam.
балкер m. (naut.) bulk carrier.
балл m. (meteor., etc.) mark, point, number; ветер в 1 б. wind force of 1.
баллас m. ballas (variety of diamond).
балласт m. ballast, rubble; inert material or constituent; —ер m. (rr.) ballasting machine; —ирование n., —ировка f. ballasting; —ированный a. ballasted; —ировать v. ballast; gravel (road); —ный a. of балласт; inactive; —овыгружатель m. ballast unloader; —ооочиститель m. gravel washer.
баллер m. (naut.) stock.
баллист— prefix ballist— (throwing of projectiles); —ика f. ballistics; —ит m. (expl.) ballistite; —ический a. ballistic.
балловый a. of балл.
баллон m., —ный a. balloon; (gas) cylinder, (acid) carboy, flask, bottle, vessel, container, tank; bulb; (pneumatic) tire; —ет m. (aero.) ballonet.
баллотировать v. vote (by ballot).
балльн/ость f. intensity (of an earthquake); —ый a. of балл.
бал/ок gen. pl. of балка; —очка dim. of балка; arm; —очный a. of балка; girder (bridge, steel, etc.).
балт— prefix (балтийский) Baltic.
балхашит m. balkhashite (a bitumen).
балык m., —овина f. cured fillet of sturgeon or other large fish.
бальзам m. balsam; —ин m. (bot.) balsam (Impatiens); —ировать v. embalm; —ический a. balsam(ic); —ник m. balsam (tree); —ный, —овый a. balsam; —оносный a. balsam-yielding.
бальзовый a. balsa (wood).
бальма f. overhang, rock shelter.
бальмеровский a. Balmer (series).
бальнео— prefix balneo— (bath); —грязевый a. mud-bath.
бальный a. of балл.
бальтиморит m. (min.) baltimorite.
Бальца-Шимана реакция Balz-Schiemann reaction (for fluorobenzenes).
балюстрада f. balustrade, guard rail.
балясина f. baluster; rail post; rung (of ladder).
бамбук m. bamboo; —овый a. bamboo; (bot.) bambusaceous.
бамия f. (bot.) okra (Hibiscus esculentus).
бампер m. bumper.

банан m. banana; райский б. plantain; текстильный б. Manila hemp; —овый a. banana; pisang (wax).
банаховый a. (math.) Banach.
бандаж m. tire, rim, band; bandage, belt(ing); (turbine) shroud; (med.) truss; —епрокатный a. tire- or strip-rolling; —ировать v. band, wrap; shroud; reinforce; —ный a. of бандаж; strip (mill).
бандероль f. wrapper; printed matter.
бандолин m. bandoline.
Бандровского основание Bandrowski's base.
бани gen., etc., of баня.
банистерин m. banisterine.
банить v. clean, swab, sponge, wash.
банк m. bank.
банк/а f. jar, can; beaker; (med.) cup; bank, shoal; (naut.) thwart; ставить —и v. cup.
банкаброш m. (text.) flyer, fly frame; bobbin frame.
банкет m. (min.) banket; embankment; bench.
банк/овый a. (com.) bank(ing); —ротство n. bankruptcy.
банкуловое масло bancoul nut oil.
банник m. (tube) brush; reamer, scraper; (mil.) sponge, (gun) swab; б.-протиральщик m. rammer and sponge.
банный a. of баня.
бан/ок gen. pl. of; —очка dim. of; —очный a. of банка.
бант m. knot, bow.
бань gen. pl. of баня.
баньян m. banyan (tree).
баня f. bath; bath house; водяная б. (hot) water bath.
баобаб m. (bot.) baobab (Adansonia).
бапти/зин m. baptisin; —зия f. (bot.) Baptisia; —зоид m. baptisoid; —токсин m. baptitoxine, cytisine.
бар m. bar, ledge; (mach.) cutter bar; (acous.) bar (1 dyne/cm²); (meteor.) bar (10^6 dyne/cm²); prefix and suffix bar—, —bar (weight, pressure).
барабан m., —но— prefix drum, barrel; roll(er), cylinder; reel; —нофрезерный a. drum-milling; —но-шлифовальный станок drum sander; —ный a. drum (-type), barrel (-type); rotary (dryer, kiln); (anat.) tympanic; —ный грохот revolving screen; (min.) trommel; —ная мельница tumbler; —чик dim. of барабан.
барак m. (temporary) barracks.
баран m. sheep, ram; (mech.) ram; —ец m. (bot.) lamb succory (Arnoseris); —ий a. sheep; mutton; sheepskin; —ий горох (bot.) chickpea (Cicer, spec. C. arietinum); —ий лоб roche moutonnée (glacier-worn rock); —ина f. mutton;

—ка *f.* (nucl.) doughnut; steering wheel; —ка *f.*, —ник *m.* (bot.) Arnica; —ок *m.* (tech.) plane; —чик *m.* (text.) reel; (bot.) cowslip (*Primula officinalis*).
барат *m.* (xanthation) churn.
барачный *a.* of барак.
бараш/ек *m.* lamb(skin); (mech.) wing nut; —ки *pl.* fleece; fleecy clouds; white caps; —ковый *a.* lamb(skin); wing (nut); thumb (screw).
барба/лоин *m.* barbaloin; —мил *m.* Barbamyl, amobarbital sodium.
барбарис, —ник *m.*, —ный, —овый *a.* (bot.) barberry (*Berberis*).
барбатиновая кислота barbatic acid.
барбет *m.* (mil.) barbette.
барбиерит *m.* (min.) barbierite.
барбит/ал *m.* barbital, diethylbarbituric acid; —урат *m.* barbiturate; —уровая кислота barbituric acid, malonylurea.
барбот/аж *m.* bubbling; —ажный *a.* bubbling, bubble; air-lift (system); —ер *m.* bubbler, diffuser.
барботин *m.* (cer.) barbotine.
барботир/ование *n.*, —ующий *a.* bubbling; —овать *v.* bubble, pass through.
барвинок *m.* (bot.) periwinkle (*Vinca*).
бард/а *f.*, —енный, —яной *a.* distillery grains, (malt) residues; (brewery) mash; vinasse, slops, spent wash; (agr.) sterile soil; —яной уголь distillery grains ash (fertilizer).
барель *see* баррель.
барельеф *m.*, —ный *a.* bas-relief.
барен *m.* barene (carborane).
баренцевый *a.* Barents (Sea).
баретный *a.* cant (file).
бареттер *m.* (electron.) barretter, ballast resistor, current regulator tube.
барех *m.* kelp.
барж/а *f.* barge; —евоз *m.* barge carrier; —евой, —евый *a.* barge.
бари— *prefix* bary— (heavy).
барид *m.* snout beetle (*Baris*).
бариевый *a.* barium.
бар/ий *m.* barium, Ba; (acous.) barye (1 dyne/cm^2); гидроокись —ия barium hydroxide; окись —ия barium oxide, baryta; сернокислый б., сульфат —ия barium sulfate; хлорид —ия, хлористый б. barium chloride.
барико— *prefix* barometric.
барил/ит *m.* (min.) barylite; —ла, —лья *f.* barilla.
барильет *m.* gas-collecting pipe.
барион *m.*, —ный *a.* (nucl.) baryon.
барированный *a.* barium-coated.
бари/силит *m.* (min.) barysilite; —стый *see* баритовый; —сфера *f.* (geol.) barysphere.
барит *m.* baryta, barium oxide; (min.) barytes, barite; едкий б. barium hy-droxide; сернокислый б. barium sulfate; —изация *f.* barytization; —о— *prefix* baryto—.
баритов/ый *a.* barytic, baryta, baryto—; б. желтый, б. крон barium yellow, barium chromate; б. шпат *see* барит; —ая вода baryta water; —ая селитра barium nitrate; —ые белила baryta white, blanc fixe, permanent white (barium sulfate).
баритокальцит *m.* (min.) barytocalcite.
баритон *m.*, —ный *a.* baritone.
баритоцинковые белила lithopone.
барицентр *m.* barycenter, center of gravity; —ический *a.* barycentric.
бари/ческий *a.* (meteor.) baric; barometric; pressure-field (analysis); —я *f.* (acous.) barye (1 dyne/cm^2).
барка *f.* barge; large boat; (dye) vat; —с *m.* launch; longboat.
баркевикит *m.* (min.) barkevikite.
баркометр *m.* (tanning) barkometer.
барлова болезнь Barlow's disease, scurvy.
барн *m.* (nucl.) barn (10^{-24}cm^2).
баро— *prefix* baro— (weight, pressure); —грамма *f.* barogram; —граф *m.* barograph, recording barometer; —граф-анероид *m.* aneroid barograph; —граф-высотописец *m.* barograph altitude recorder.
барок *gen. pl.* of барка.
баро/камера *f.* (low-) pressure chamber, decompression chamber; —клинность *f.* baroclinicity; —клинный *a.* baroclinic.
барометр *m.* barometer; б.-анероид aneroid barometer; б.-высотомер barometer-altimeter; —ический *a.* barometric.
баро/миль *m.* baromil (barometer unit); —реле *n.* (barometric) pressure relay; —свитч *m.* baroswitch; —скоп *m.* baroscope; —стат *m.* barostat, barostatic relief valve; —сфера *f.* barosphere; —термограф *m.* barothermograph; —травма *f.* (med.) barotrauma; —тропный *a.* barotropic; —циклономе(т)р *m.* barocyclonometer.
барочный *a.* of барка.
барраж *m.*, —ировать *v.* (av.) barrage.
баррандит *m.* (min.) barrandite.
барранкос *m.* barranca (ravine or cliff).
баррель *m.* barrel (unit of measure).
барретер *see* бареттер.
баррикад/а *f.*, —ный *a.* barricade.
барс *m.* (zool.) ounce, (snow) leopard; (aero.) porpoising.
барсу/к *m.*, —чий *a.* (zool.) badger.
Барта реакция Bart reaction.
бартолиновый *a.* Bartholin's (glands).
барутин *m.* barutin.
бархан *m.* barhan, sand dune.
бархат *m.* (text.) velvet; (bot.) Phelloden-

dron; **амурский б.**, —**ное дерево** Amur cork (*P. amurense*); **бумажный б.** (text.) velveteen; —**ец** *m.*, —**ки**, —**цы** *pl.* (bot.) marigold; —**источный** *a.* velvet black; —**истый** *a.* velvet(y); —**ный** *a.* velvet; barette (file).
барыш *m.* profit, gain.
барьер *m.*, —**ный** *a.* barrier, enclosure, wall; obstacle; rail, bar; **б. деления** fission barrier.
бас *m.* bass.
бас— *prefix see* **бассейновый**.
басистый *a.* bass, deep.
баскский *a.* Basque.
басма *f.* a black hair dye.
басовый *a.* bass.
басон *m.* galloon, braid, trimming.
—**басс** *m. suffix see* **бассейн**.
бассейн *m.*, —**овый** *a.* tank, reservoir, basin; drainage basin, watershed; pond, pool; (coal) field; **б.-грязевик** sump (tank); —**овый реактор** (nucl.) pool-type reactor.
бассетит *m.* (min.) bassetite.
бассистерин *m.* bassisterol.
бассорин *m.* bassorin, tragacanthose; —**иновая кислота** bassoric acid; —**ская камедь** bassora gum.
бастард *m.* (biol.) hybrid.
бастион *m.* bastion, bulwark.
баст/ит *m.* (min.) bastite; —**незит** *m.* (min.) bastnäsite.
бастовать *v.* (go on) strike.
бастр *m.* brown sugar, raw sugar.
бастующий *a.* striking, on strike.
Бата металл Bath metal (brass alloy).
батавские слезки Prince Rupert's drops, glass tears.
батальон *m.* battalion.
батан *m.* batten (lumber); (text.) sley.
батар/ейка *f.* small battery; —**ейная** *f.* battery room; —**ейный** *a.* battery; —**ея** *f.* battery; set, bank, range; (heating) radiator; —**ея котлов** bank of boilers; —**ея сухих элементов** dry battery.
батат *m.* sweet potato.
батенсы *see* **баттенсы**.
бати— *prefix* bathy—, batho— (depth, height); —**аль** *f.* bathyal zone; —**альный** *a.* bathyal, deep-sea.
батиловый спирт batyl alcohol.
бати/метр *m.* (ocean.) bathymeter; attenuation meter; —**метрия** *f.* bathymetry, echo sounding; —**пелагиаль** *f.* bathyal zone; —**скаф** *m.* bathyscaphe, depth boat.
батист *m.* (text.) cambric, lawn.
батисфера *f.* bathysphere, diving sphere.
баткак *m.* batkak (black saline silt).
батлачок *m.* (bot.) foxtail (*Alopecurus*).
бато— *see* **бати—**; —**лит** *m.* (petr.)

batholite, batholith; —**литовый** *a.* batholitic; —**метр** *m.* (ocean.) bathometer; water bottle, sampler; —**порт** *m.* caisson or flood gate; —**хром** *m.* (chem.) bathochrome; —**хромный** *a.* bathochromic (shift).
батрах/ит *m.* (min.) batrachite; —**о—** *prefix* batracho— (frog; amphibian).
баттенсы *pl.* battens (lumber).
баттерфляй *m.* (mech.) butterfly; **затвор б.** butterfly gate.
батун *m.* Welsh onion (*Allium fistulosum*).
батчелорит *m.* (min.) batchelorite.
бауденовский *a.* Bowden.
Бауер-Барфа процесс (met.) Bower-Barffing process.
баул *m.* trunk, grip, case.
баулит *m.* (petr.) baulite, krablite.
баумгауерит *m.* (min.) baumhauerite.
Бауш-Лом (opt.) Bausch and Lomb.
баф/иин *m.* baphiin; —**ия** *f.* (bot.) Baphia.
бафтинг *m.* (av.) buffet(ing).
бахада *f.* (geol.) bajada (slope).
бахром/а *f.*, —**ный** *a.* fringe; outskirt; (anat.) fimbria; —**чатокрылые** *pl.* (ent.) thrips (*Thysanoptera*); —**чатый** *a.* fringed, fimbriate.
бахтарма *f.* flesh side of hide.
бахч/а *f.* (agr.) field of cucurbits; —**еводство** *n.* cucurbit cultivation; —**евой** *a.* (bot.) cucurbitaceous.
бацилл/а *f.* bacillus; **культура бацилл** bacilliculture; —**омицин** *m.* bacillomycin; —**оноситель** *m.* (bacilli) carrier; —**оносительство** *n.* (bacilli) carrying; —**оподобный** *a.* bacilliform, bacillar; —**оубивающее средство** bacillicide; —**ярный** *a.* bacillary.
бацитрацин *m.* bacitracin (antibiotic).
баццит *m.* (min.) bazzite.
бачок *m. dim. of* **бак**; tank, container.
башен *gen. pl. of* **башня**; —**ка** *f.* turret, tower; cupola; —**ница** *f.* (bot.) tower cress; —**ный** *a.* tower; —**ный холодильник** cooling tower.
башк— *prefix*, —**ирский** *a.* (geog.) Bashkir.
башковка *f.* (agr.) spring harrowing.
башм/ак *m.* shoe; chock, block; (leveling) footplate; —**ачник** *m.* shoemaker; —**ачный** *a.* shoe; —**ачок** *dim. of* **башмак**; (bot.) Cypripedium.
башн/евидный *a.* tower-shaped; —**я** *f.* tower.
баштан *see* **бахча**.
бв. *abbr.* (**безводный**) anhydrous.
б.г. *abbr.* (**без года**) no date (given).
БГХ *abbr.* (**бензолгексахлорид**) benzene hexachloride.
бделий *m.* bdellium (a gum resin).
бдительный *a.* vigilant, watchful, alert.
БДК *abbr.* [(метод) бесконечно длинного

кабеля] infinitely long cable method (of electromagnetic prospecting).
б.е. *abbr.* (**белковая единица**) protein unit.
Бе *abbr.* (**градусы Бомэ**) degrees Baume.
беб/еерин, —ирин *m.* bebeerine; **—ееру** *n.* bebeeru bark.
беватрон *m.* (nucl.) bevatron (synchrotron).
бег *m.* run, course; **—ание** *n.* running; wandering; **—ать** *v.* run (about); **—ать от** *v.* avoid; **—ающий** *a.* running; (zool.) cursorial; *see also* **бегущий**.
бегемот *m.* (zool.) hippopotamus.
беген/овая кислота behenic acid, docosanoic acid; **—овое масло** behen oil, oil of ben; **—олевая кислота** behenolic acid, 1,3-docosynoic acid; **—олил** *m.* behenolyl; **—он** *m.* behenone.
бегл/ец *m.* fugitive; refugee; **—ость** *f.* dexterity; speed; fluency; **—ый** *a.* fluent, rapid; sketchy, superficial; cursory (inspection); fugitive.
бегов/ой *a.,* **—ая дорожка** (mach.) race.
бегом *m.* (elec.) begohm (10⁹ ohms); *adv.* on the run, running.
бегон/иевый *a.,* **—ия** *f.* (bot.) begonia.
бегство *n.* flight, escape, hasty retreat.
бегун *m.* runner; millstone, crusher roll; (mach.) traveler; **—ковая мельница** crusher-roll mill; **—ковая тележка** trailer; **—ок** *m.* runner; traveler, (traveling) roller; jockey pulley; race (for ball bearings); (slide rule) cursor; **—ы** *pl.* edgerunner mill.
бег/ут *pr.* 3 *pl. of* **бежать**; **коэффициент —учести** traveling-wave ratio; **—учий, —ущий** *a.* running; traveling (wave); scanning (beam); **—ущий слой** striation (in discharge tubes); **с —ущей волной** traveling wave.
бегхауз *m.* bag house; filter plant.
бед/а *f.* misfortune, trouble, mishap, predicament; **на—у** unfortunately.
бедантит *m.* (min.) beudantite.
беден *sh. m. of* **бедный**.
бедер *gen. pl. of* **бедро**; **—ный** *see* **бедренный**.
бедн/еть *v.* grow poor; **—ость** *f.,* **—ота** *f.* poverty; **—ый** *a.* poor, lean (gas, ore); low, deficient (in).
бедра *pl. of* **бедро**.
бедренец *m.* (bot.) Pimpinella.
бедр/енный *a.* (anat.) femoral; **—енная кость** femur, thigh bone; **—о** *n.* femur, thigh; ham, haunch.
бедрок *m.* (geol.) bedrock.
бедряный *see* **бедренный**.
бедств/енный *a.* distress(ing); disastrous; **—ие** *n.* calamity, disaster; emergency; distress; **сигнал —ия** distress signal, SOS; **—овать** *v.* be in distress; live in poverty.
беербахит *m.* (petr.) beerbachite.
беж *m.* beige.
бежать *v.* run, course, flow.
бежевый *a.* beige.
беженец *m.* refugee.
без *prep. gen.* without; minus, less, free (from or of); with no; not involving; with the exception of; exclusive (of); **—less,** e.g. **без шва** seamless; **и б. того** anyway, already.
без— *prefix* in—, ir—, un—, —less, -free, de—, non—; *see also* **бес—**; **—аварийный** *a.* trouble-free, failure-proof; **—азотистый** *a.* nitrogen-free.
безалаберн/ость *f.* lack of order, inconsistency; **—ый** *a.* without system, inconsistent; negligent, careless.
безалкалоидный *a.* alkaloid-free.
безалкогольный *a.* nonalcoholic.
безапелляционный *a.* peremptory.
безбалочный *a.* girderless.
безбелковый *a.* protein-free (diet); (bot.) exalbuminous.
безболезненн/ость *f.* painlessness; perfect health; **—ый** *a.* painless; smooth; healthy.
безбоязненный *a.* fearless, brave.
безбрачный *a.* celibate; (bot.) agamous.
безбрежный *a.* vast, boundless.
безбурный *a.* stormless, calm.
безвариантный *a.* invariant.
безваттный *a.* (elec.) wattless, idle, reactive (component).
безвестный *a.* obscure, unknown.
безветр/еный *a.* windless, calm; **—ие** *n.* calm, still air.
безвинный *a.* innocent, guiltless.
безвихревой *a.* vortex-free, eddy-free; irrotational (flow).
безвкус/ие *n.,* **—ица** *f.,* **—ность** *f.* tastelessness; **—ный** *a.* tasteless, bland.
безвлажный *a.* dry, moisture-free.
безвластный *a.* without authority.
безволосый *a.* hairless.
безвод/ность *f.,* **—ье** *n.* anhydrous state; dryness, aridity; **—ный** *a.* anhydrous, free of water; nonaqueous; absolute (alcohol); dry, arid; **—ородный** *a.* hydrogen-free.
безвозвратн/о *adv.* irrevocably; **—ый** *a.* irrevocable, irreversible.
безвоздушн/ый *a.* airless; deaerated, vacuum; **—ое пространство** vacuum; outer space.
безвозмездный *a.* free (of charge).
безволокнистый *a.* fiber-free; snap (bean).
безволос/ица *f.* baldness; **—ый** *a.* bald, hairless; glabrous, smooth.
безвредн/о *adv.* harmlessly; **—ость** *f.* harmlessness; **—ый** *a.* harmless, noninjurious.

безвременни/к *m.*, —ца *f.* (bot.) Colchicum.
безвременн/о *adv.* not at the proper time, prematurely; —ость *f.* untimeliness, prematureness; —ый *a.* inopportune, untimely, premature.
безвыгодн/ость *f.* disadvantage; —ый *a.* disadvantageous.
безвыездный *a.* uninterrupted.
безвыходн/ость *f.* helplessness, hopelessness; —ый *a.* helpless, hopeless, desperate, having no way out.
безвязкостный *a.* nonviscous, inviscid.
безглавый *see* безголовый.
безглазый *a.* without eyes; blind.
безгнилостный *a.* aseptic.
безголов/ые *pl.* (zool.) Acephala; —ый *a.* headless, acephalous.
безголосный *a.* voiceless, surd.
безграмотный *a.* illiterate, ignorant.
безграничн/о *adv.* infinitely, ad infinitum; —ость *f.* infinity; —ый *a.* infinite, limitless, unlimited, boundless; unbounded (function).
безгранный *a.* anhedral.
безгремучертутный *a.* containing no mercury fulminate.
безгрунтовая эмаль one-coat enamel.
бездарн/ость *f.* want of talent; —ый *a.* untalented, ungifted, incapable.
бездейств/енность *f.* inactivity; ineffectiveness, inefficiency; —енный *see* бездействующий; —ие *n.* inaction, inertia, inertness; standstill, stop; быть в —ии *v.* (mach.) be out of service, be out of commission, not run; —овать *v.* be inactive or idle, not work, —ующий *a.* inactive, inert, passive; idle, inoperative, out of operation.
бездел/ица *f.* trifle; —ка, —ушка *f.* novelty, knick-knack; —ье *n.* idleness.
безденеж/ный *a.* impecunious; —ные расчеты (com.) clearing operations; —ье *n.* shortage of money.
бездетный *a.* childless.
бездефицитный *a.* self-supporting.
бездеятельн/о *adv.* passively; —ость *f.* inactivity, inertia; —ый *a.* passive, inactive, stagnant, inoperative.
бездиверген/тный *a.* nondivergent; —ционный *a.* without divergence; (math.) solenoidal.
бездна *f.* chasm, gulf, deep, abyss; a great number (of), a great deal (of).
бездождие *n.* want of rain, drought.
бездоказательный *a.* unproved, unsubstantiated, not based on evidence.
бездольный *a.* (bot.) acotyledonous.
бездомный *a.* houseless, homeless.
бездонный *a.* bottomless, very deep.
бездорож/ица *f.*, —ье *n.* lack of roads, impassable roads; —ный *a.* pathless, impassable, roadless.

бездоходн/о *adv.* without profit, unprofitably; —ый *a.* unprofitable.
бездымный *a.* smokeless (gunpowder).
бездыханный *a.* lifeless, inanimate.
безжелчный *a.* acholic, bilefree.
безжизненный *a.* lifeless, dead.
безжилковый *a.* veinless, ribless.
безжирный *a.* fat-free.
беззаботный *a.* carefree, unconcerned.
беззаветный *a.* selfless, dedicated.
беззаконн/о *adv.* illegally; —ость *f.* illegality; —ый *a.* illegal.
беззамковые *pl.* (zool.) Inarticulata.
беззародыш/евый, —ный *a.* (biol.) inembryonate, having no embryo.
беззарядный *a.* uncharged, neutral.
беззащитный *a.* unprotected.
беззвездный *a.* starless.
беззвучный *a.* soundless, noiseless, silent, quiet.
безземель/е *n.* lack of arable land; —ный *a.* landless.
беззольный *a.* ashless, ash-free.
беззубый *a.* toothless; (zool.) edentate.
безизлучательный *a.* nonradiating.
безин— *see under* безын—.
безискр/истый, —овой *a.* sparkless.
безклеточный *a.* noncellular.
безконечный *see* бесконечный.
безконтактный *a.* noncontact (control).
безкорыстный *a.* disinterested.
безламповый *a.* (rad.) tubeless.
безлепестковый *a.* (bot.) apetalous.
безлес/ный *a.* woodless, treeless, bare; —ье *n.* lack of forests.
безликий *a.* faceless, vague.
безлист/венный, —(н)ый *a.* leafless.
безлитниковый *a.* (met.) runnerless, riserless.
безличный *a.* impersonal.
безлодочный *a.* (glass) without debiteuses.
безлопастный *a.* bladeless.
безлунный *a.* moonless.
безлюд/ный *a.* thinly populated, uninhabited, desolate, —ство, —ье *n.* low population; manpower shortage.
безмагнитный *a.* nonmagnetic.
безмала *adv.* almost, nearly.
безмассовый *a.* (phys.) massless.
безмасштабный *a.* scaleless.
безмен *m.* steelyard; spring balance.
безмерн/о *adv.* immeasurably, very; —ость *f.* immeasurability, immensity, excess; —ый *a.* immeasurable, immense; boundless, infinite.
безместный *a.* having no place.
безмолв/ный *a.* silent; implicit (promise); —ствовать *v.* be silent.
безмоментный *a.* momentless, membrane (theory of shells).
безмоторный *a.* motorless, unpowered.
безмякотный *a.* (anat.) amyelinic, non-

medullated; pulpless.
безмятежный *a.* tranquil, serene.
безнагрузочный *a.* idle, standby.
безнадежн/ость *f.* hopelessness; —ый *a.* hopeless, desperate; bad (debt).
безнадзорный *a.* unsupervised.
безналичный расчет (com.) clearing.
безнамеренный *a.* unintentional.
безнапорный *a.* free, nonartesian (water); nonramming.
безнатурный *a.* hypothetical.
безног/ие *pl.* (zool.) Apoda; —ий *a.* without feet; (zool.) apodal.
безо *see* без.
безоар *m.* —овый *a.* (vet.) bezoar, hairball; —овая кислота bezoardic acid, ellagic acid.
безобидный *a.* inoffensive, harmless.
безоблачный *a.* cloudless, clear.
безобраз/ие *n.* deformity; outrage, disgrace; —ить *v.* mutilate, disfigure; —ный *a.* hideous, deformed; unseemly, disgraceful.
безоговорочный *a.* unconditional.
безоконный *a.* windowless.
безопасн/о *adv.* safely, without danger; it is safe; —ость *f.* safety, security; reliability; коэффициент —ости safety factor, margin of safety; мера —ости safeguard, safety measure; техника —ости accident prevention; —ый *a.* safe, secure, reliable; foolproof; safety; permissible (load).
безориентирный *a.* random.
безоружный *a.* unarmed, defenseless.
безосколочный *a.* shatterproof (glass).
безосновательн/о *adv.* without basis; —ый *a.* groundless, unfounded.
безостановочн/о *adv.* continuously, without stopping; —ость *f.* continuousness; —ый *a.* continuous, unceasing, ceaseless, uninterrupted; nonstop (flight).
безостаточн/ый *a.* without residue; —ая переработка (petrol.) run-down distillation.
безостый *a.* (bot.) awnless.
безответственн/ость *f.* irresponsibility; —ый *a.* irresponsible.
безотказн/ость *f.* reliability, dependability; —ый *a.* reliable, trouble-free, smooth; —ая работа no failure.
безоткатный *a.* recoilless, nonrecoil.
безотл/агательно *adv.* without delay, urgently, immediately; —агательность *f.* urgency; —агательный, —ожный *a.* urgent, pressing.
безотлучн/ость *f.* constant presence; —ый *a.* constantly present; uninterrupted, continuous.
безотменный *a.* irrevocable
безотносительн/о *adv.* without reference (to), irrespective(ly) (of); —ый *a.* irrespective (of); absolute, unconditional.
безотрывный *a.* continuous.
безотчетный *a.* involuntary, instinctive, unconscious; unaccountable.
безошибочн/о *adv.* correctly, without error; —ость *f.* infallibity; —ый *a.* correct, exact, faultless, infallible, unerring, without error.
безпористый *a.* nonporous.
безпорядочный *a.* random (sequence).
безпредельный *a.* unlimited, boundless.
безпристрастный *a.* unbiased.
безработ/ица *f.* unemployment; —ные *pl.* the unemployed; —ный *a.* unemployed.
безрадиоактивный *a.* nonradioactive, cold.
безраздельный *a.* undivided; wholehearted.
безразлич/ие *n.* indifference, apathy; —но *adv.* irrespective, no matter which; it makes no difference; ему —но he doesn't care; —ный *a.* indifferent, apathetic; neutral (point, zone).
безразмерный *a.* dimensionless.
безрассудный *a.* rash, imprudent.
безрасчетный *a.* careless; uncalculated; imprudent.
безреберный *a.* ribless.
безредукторный *a.* (mach.) direct-drive.
безрезультатн/о *adv.* without result, to no effect, in vain; —ость *f.* futility, ineffectiveness; failure; —ый *a.* futile, without result, ineffective; unsuccessful, barren (well).
безрельсовый *a.* railless, trackless; road, highway (transportation).
безрессорный *a.* without springs, unsprung.
безрыб/ица *f.*, —ье *n.* scarcity of fish.
безтигельный *a.* without crucibles.
безубыточн/о *adv.* without loss; —ость *f.*, быть —ым *v.* (comp.) breakeven; —ый *a.* without loss.
безуглеродистый *a.* carbon-free.
безугольный *a.* having no angles; without coal; carbon-free.
безудержный *a.* unchecked, unrestrained.
безуклон/ный, —чивый *a.* undeviating, straight.
безукоризненный *a.* irreproachable.
безум/ие *n.* insanity; folly; —ный *a.* mad, senseless; distracting; exorbitant (price).
безупречный *a.* faultless, irreproachable.
безусадочный *a.* nonshrinking.
безусловн/о *adv.* absolutely, etc., *see a.*; of course, there is no doubt that, to be sure; —ость *f.* absoluteness, certainty; —ый *a.* absolute, indisputable; positive, unconditional; unconditioned (reflex).
безуспешн/о *adv.* unsuccessfully, without success; —ость *f.* lack of success, failure; —ый *a.* unsuccessful.
безусый *a.* (zool.) without feelers.

безуточный *a.* (text.) weftless.
безучаст/ие *n.*, —ность *f.* indifference; —ный *a.* indifferent, apathetic.
безшумный *see* бесшумный.
безъемкостный *a.* noncapacitive.
безъядерный *a.* without a nucleus; nuclear-free (zone).
безызвестн/ость *f.* obscurity, uncertainty; —ый *a.* obscure, unknown.
безызлучательный *a.* nonradiating.
безым/енный, —янный *a.* nameless, anonymous; fourth (finger); —янная кость innominate bone.
безындукционный *a.* noninductive.
безынерционный *a.* inertia-free, inertialess, noninertia.
безынициативный *a.* without initiative, passive, inert.
безынтересный *a.* uninteresting.
безыскровый *a.* sparkless.
безысходный *a.* endless; irreparable.
безэховый *a.* (acous.) anechoic.
бей *imp. of* бить.
бейделлит *m.* (min.) beidellite
бейерит *m.* (min.) bayerite.
бейесовский *a.* (stat.) Bayes'.
Бейли металл Bailey metal.
бейлиит *m.* (min.) bayleyite.
Бейльби слой (met.) Beilby layer.
бейнит *m.* (met.) bainite; —изация *f.* bainiting (of steel).
Бейс-Балло закон (meteor.) Buys-Ballot's law.
бейц/евание *n.*, —овка *f.* staining (of woods); (met.) scouring, pickling.
Бека лампа Beck arc lamp.
бекасики *pl.* snipe flies (*Rhagionidae*).
Бекке полоска (opt.) Becke line.
беккелит *m.* (min.) beckelite.
беккерел/евы лучи Becquerel rays; —ит *m.* becquerelite (uranium mineral).
бекман/ия *f.* slough grass (*Beckmannia*); —овское превращение Beckmann rearrangement.
бекмес *m.* concentrated fruit juice.
бекон *m.*, —ный *a.* bacon.
бекфиллер *m.* back filler.
бел *sh. m. of* белый; *m.* (acous.) bel (unit of volume).
бел— *prefix see* белорусский.
белек *m.* whitecoat (baby seal).
белемнит *m.* (geol.) belemnite.
белена *f.* (bot.) henbane (*Hyoscyamus*).
беление *n.* bleaching; blanching.
беленной *a. of* белена.
белен(н)ый *a.* bleached; blanched.
белес(оват)ый *see* беловатый.
бел/еть *v.* grow white, whiten, bleach; —еющий *a.* turning white; —и *gen.*, *pl.*, *etc. of* бель; (med.) leucorrhea; —изна *f.* white(ness); —ики *pl.* beliki (for the Alapaevsk iron ore deposits the term

means a mass of white clastic diluvial mesozoic rocks; for the Tukansk deposits, weathered and whitened clay schists; for the Berezovsk deposits, weathered beresites).
белила *pl.* white (mineral) pigment, whiting; свинцовые б. white lead; цинковые б. zinc white, zinc oxide.
белиль/ный *a.* bleaching; б. бак bleacher, bleach tank; б. порошок, —ная известь bleaching powder, calcium hypochlorite; б. раствор, —ная ванна bleaching liquor, bleach; —ная вода, —ная жидкость Javel water, potassium hypochlorite; —ная соль bleaching salt; —ное средство bleaching agent, bleach, decolorant; —ня *f.* bleachery; —щик *m.* bleacher.
белит *m.* (cement) belite.
белить *v.* whiten, bleach; whitewash (building); blanch (metal, wax).
бел/ичий *a.* squirrel; —ичье колесо (mach.) squirrel cage; —ка *f.* squirrel; *gen. of* белок; —ки *pl. of* белок; *gen.*, *pl. etc. of* белка; belki (snow-covered, flattened mountain summits in Siberia).
белков/ина *f.*, —ое вещество albumin, protein; —о-углеводный *a.* protein-carbohydrate; —ый *a.* protein, albumin(ous).
белладон/ин *m.* belladonnine; —на *f.*, —ный *a.* (bot.) belladonna.
белловский *a.* Bell (telephone).
бело *adv. and sh. n. of* белый; *prefix* white.
белов/атость *f.* whitishness; —атый *a.* whitish; —ой экземпляр clean copy.
белоглазка *f.* loess with lime nodules.
белоголов, —ец *m.* (bot.) Spiraea.
белодеревец *m.* rough carpenter.
бело/зерный *a.* white-grained; —зор *m.* (bot.) Parnassia; —зубка *f.* (zool.) shrew.
белок *m.* albumin, protein; (egg) albumen; white (of eye); *gen. pl. of* белка.
белокалильн/ость *f.*, —ый жар incandescence, white heat; —ый *a.* incandescent, white hot, glowing.
бело/копытник *m.* (bot.) coltsfoot (*Tussilago* or *petasites*); —кровие *n.* (med.) leukemia; —крылки *pl.* white flies (*Aleyrodidae*); —крыльник *m.* (bot.) Calla; —курый *a.* fair, blond; —лицый *a.* fair-skinned.
белонит *m.* (petr.) belonite.
белорусс. *abbr.* (белорусский).
Белоруссия Belorussia.
бело/русский *a.* Belorussian; —рыбица *f.* white salmon (spec. *Stenodus leucichthys*); —снежный *a.* snow-white; —тал *m.* (bot.) osier willow (*Salix*

amygdalina or *S. viminalis*); —телый *a.* fair-skinned.
бело/турка *f.* (bot.) hard wheat (*Triticum durum*); —ус *m.*, торчащий —ус matgrass (*Nardus stricta*); —цветник *m.* snowflake (*Leucojum*).
белочн/ый *a. of* белок; —ая оболочка (anat.) sclera.
белу/га *f.*, —жий *a.* (ichth.) beluga, white sturgeon; —жина *f.* white sturgeon meat; —ха *f.* beluga, white whale.
белый *a.* white.
бель *f.* linen yarn; (calico) white reserve; (phyt.) white rust.
бельг. *abbr.* (бельгийский).
бельгийский *a.* Belgian; Бельгия Belgium.
белье *n.*, —вой *a.* linen; (cer.) plain white china; нижнее б. underwear.
бель/ка *gen. of* белек; —мо *n.* (med.) leukoma (white corneal opacity).
бельтинг *m.* belting.
бельэтаж *m.* second floor.
беляк *m.* (zool.) white hare; shoal (of fish); foam (of waves); (geol.) beliak (white clay).
белянк/а *f.* (bot.) white mushroom (*Lactarius*); spring snowflake (*Leucojum vernum*); white butterfly (*Pieris*).
бементит *m.* (min.) bementite.
бем/ерия *f.* (bot.) Boehmeria; —ит *m.* (min.) boehmite; —ский *a.* Bohemian (glass).
Бенара ячейка Benard (convection) cell.
бенбери *n.*, б., смеситель (rub.) Banbury mixer.
бенгальский *a.* Bengal.
бенедиктин *m.* benedictine (a liqueur).
бенз— *prefix* benz(o)—; *see also under* бензо—; —аконин *m.* benzaconine; —акридин *m.* benzacridine, phenonaphthacridine.
бензал, —ь *m.* benzal, benzylidene; —(ь)азин *m.* benzalazine, benzaldehyde azine; —(ь)ацетон *m.* benzalacetone, cinnamyl methyl ketone; —(ь)ацетофенон *m.* benzalacetophenone, cinnamyl phenyl ketone.
бенз/альдегид *m.* benzaldehyde, benzenecarbonal; —альдоксим *m.* benzaldoxime; —альхлорид *m.* benzal chloride, benzylidene chloride; —амид *m.* benzamide, benzenecarbonamide; —амин *m.* benzamine; —амон *m.* Benzamon (a miotic); —анилид *m.* benzanilide, benzoylaniline; —аниловый *a.* benzanil (dyes); —антрен *m.* benzanthrene, naphthanthracene; —антрон *m.* benzanthrone; —ацетин *m.* benzacetin; —гидроль *m.* benzhydrol; —едрин *m.* Benzedrine, amphetamine.
бензен *see* бензол; —ил *m.* benzenyl.
бензидин *m.*, —овый *a.* benzidine.

бензил *m.* benzyl; benzil, dibenzoyl; хлористый б. benzylchloride; —амин *m.* benzylamine, phenylmethylamine; —ацетат *m.* benzyl acetate; —бензоат *m.* benzyl benzoate; —диоксим *m.* benzildioxime; —ен *m.* benzylene.
бензилиден *m.* benzylidene, benzal; —хлорид *m.*, хлористый б. benzylidene chloride; —ацетон *m.* benzylidene acetone.
бензилир/ование *n.* benzylation; —ованный *a.* benzylated; —овать *v.* benzylate; —ующий *a.* benzylating.
бензилов/ый *a.* benzyl; б. спирт benzyl alcohol, phenyl carbinol; б. эфир benzyl ether, benzyl oxide; б. эфир уксусной кислоты benzyl acetate; —ая кислота benzilic acid, diphenylglycolic acid; соль —ой кислоты, —окислая соль benzilate.
бензил/пенициллин *m.* benzylpenicillin; —хлорид *m.* benzyl chloride; —целлюлоза *f.* benzylcellulose; —ьный *a.* benzyl.
бензимер *see* бензиномер.
бензимидазол *m.* benzimidazole.
бензин *m.*, —ный, —овый *a.* gasoline; benzine (solvent); —овая колонка gas pump; —овоз *m.* (gasoline) tanker; —оизмеритель, —омер *m.* gasoline gage; —омотор *m.* gasoline engine; —оуловитель *m.* gasoline separator; —охранилище *n.* gasoline tank.
бензин-растворитель *m.* benzine solvent.
бензо— *prefix* benz(o)—; gasoline; —ат *m.* benzoate; —бак *m.* gasoline tank; —воз *m.* tank truck; —диазин *m.* benzodiazine.
бензозаправ/очный *a.* (gasoline) fueling; —щик *m.* (av.) fueling truck.
бензозол *m.* benzosol, guaiacol benzoate.
бензоил *m.* benzoyl; перекись —а benzoyl peroxide; хлористый б. benzoyl chloride; —ацетат *m.* benzoyl acetate; —ацетон *m.* benzoylacetone; —бензойная кислота benzoylbenzoic acid; —гваякол *m.* guaiacol benzoate; —ен *m.* benzoylene; —ирование *n.* benzoylation; —ированный *a.* benzoylated; —ировать *v.* benzoylate; —овый *a.* benzoyl; —уксусные эфиры benzoyl acetate esters; —хлорид *m.* benzoyl chloride.
бензоин *m.*, —овый *a.* gum benzoin; benzoin, benzoylphenylcarbinol.
бензойно/амиловый эфир amyl benzoate; —аммониевая соль ammonium benzoate; —бензиловый эфир benzyl benzoate; —кальциевая соль calcium benzoate; —кислый *a.* benzoic acid; benzoate (of); —кислый натрий sodium benzoate; —кислая соль benzoate;

—ментиловый эфир menthyl benzoate; —метиловый эфир methyl benzoate; —натриевая соль sodium benzoate; —ртутная соль mercuric benzoate; —фениловый эфир phenyl benzoate; —этиловый эфир ethyl benzoate.

бензойн/ый *a.* benzoin, benzoic; б. альдегид benzaldehyde; б. ангидрид benzoic anhydride; б. эфир гваякола guaiacol benzoate; —ая кислота benzoic acid, benzenecarboxylic acid; соль ог эфир —ой кислоты benzoate; —ая смола (gum) benzoin.

бенз/окаин *m.* benzocaine; —околонка *f.* gas (gasoline) pump; —окран *m.* fuel cock; —оксазин *m.* benzoxazine; —окси— *prefix* benzoxy—.

бензол *m.,* —овый *a.* benzene, phene; —ин *m.* benzine; (pharm.) benzolin; —поликарбоновая кислота benzenepolycarboxylic acid; —сульфиновая кислота benzenesulfinic acid.

бензолсульфо/кислота *f.,* —новая кислота benzenesulfonic acid; —намид *m.* benzenesulfonamide; —новоэтиловый эфир ethyl benzenesulfonate; —хлорид *m.* benzenesulfonyl chloride.

бензо/льный *a.* benzene (ring); —маслостойкий *a.* gas and oil resistant; —мер *m.* gasoline gage; —насос *m.* gas pump; —нафтол *m.* benzonaphthol, naphthol benzoate; —нитрил *m.* benzonitrile, benzenecarbonitrile; —обогреватель *m.* (av.) gasoline preheater; —пила *f.* gasoline-powered saw; —пиррол *m.* benzopyrrole, indole; —помпа *f.* gas pump; —провод *m.* gasoline line; —пурпурин *m.* benzopurpurin.

бензо/раздаточный *a.* gas (pump); —растворитель *m.* petroleum solvent; —рез *m.* oxy(gen)-gasoline torch; —система *f.* (av.) fuel system; —сульфоназол *m.* benzosulfonazole; —фенон *m.* benzophenone, diphenyl ketone; —фуран *m.* benzofuran, coumarone; —хинолин *m.* benzoquinoline, α-anthrapyridine; —хранилище *n.* gas(oline) tank.

бенз/пинакон *m.* benzpinacone, benzopinacol; —пирен *m.* benzpyrene; —тиазол *m.* benzothiazole.

бенинкопал *m.* benin copal; —иновая кислота benincopalinic acid; —овая кислота benincopalic acid; —оловая кислота benincopalolic acid.

бенит *m.* barley sugar.

бенитоит *m.* (min.) benitoite.

беннер *m.,* —овский станок Banner (tire) machine.

бент— *prefix* benth(o)— (sea-bottom); —аль *m.* (pond) bottom; —ический *see* бентонический.

бентонит *m.,* —овая глина (geol.) bentonite; —овый *a.* bentonite, bentonitic.

бент/онический, —онный *a.* (ocean.) benthonic, sea-bottom; —ос *m.* benthos.

бенч *m.* (geol.) bench.

Бера закон (opt.) Beer's law.

браунит *m.* (min.) braunite.

бербер/ин *m.,* —иновый *a.* berberine; —оновая кислота berberonic acid, 2,4,5-pyridinetricarboxylic acid.

бергамот *m.,* —ный, —овый *a.* (bot.) bergamot (*Citrus bergamia*).

бергапт/ен *m.* bergaptene, bergamot camphor; —ол *m.* bergaptol.

берггрюн *m.* (min.) mountain green, malachite.

берг/изация *f.,* —ирование *n.* (fuels) berginization, Bergius process.

бергманский *a.* Bergmann (tubing).

берг/шляг *m.* collapse (of rock); —шрунд *m.* (geol.) bergschrund (crevasse); —штрих *m.* (maps) bergstrich.

Бердана амальгаматор (min.) berdan.

бердо *n.,* —вый *a.* (text.) reed.

берег *m.* shore, coast, beach; bank.

берег *past m. sing.,* —ли *past pl. of* беречь.

берегов/ой *a.* shore, coastal, littoral; —ушка *f.* brine fly (*Ephydra*).

берегу/т *pr.* 3 *pl. of* беречь; —щий *a.* keeping, preserving.

бередить *v.* irritate (a sore).

береж/еный *a.* kept, preserved; —ет *pr.* 3 *sing. of* беречь; —ливость *f.* economy; —ливый *a.* economical.

бережн/ость *f.* caution, prudence; —ый *a.* cautious, prudent, careful.

береза *f.* (bot.) birch (*Betula*).

березит *m.* (petr.) beresite, aplite.

берез/ка *f.* small birch (tree); bindweed (*Convolvulus arvensis*); —ник, —няк *m.* birch grove; —овик *m.* birch mushroom (*Boletus scaber*).

березовит *m.* (min.) beresovite.

березов/ица *f.* birch sap; —ый *a.* birch; —ый деготь birch tar oil.

берека *f.,* лечебная б. (bot.) wild service tree (*Sorbus torminalis*).

берем *pr.* 1 *pl. of* брать: we take.

беремен/еть *v.* conceive; —ная *a.* pregnant; —ность *f.* pregnancy.

беренгелит *m.* (min.) berengelite.

бересклет *m.* (bot.) Euonymus.

берест *m.* (bot.) elm (*Ulmus*).

берест/а *f.,* —о *n.* birch bark; —овый, —яной *a.* birchbark.

берет *pr.* 3 *sing. of* брать; *m.* beret.

беречь *v.* take care (of), look (after); watch, guard; save, keep, preserve; —ся *v.* guard (against), beware (of).

Бержерона классификация Bergeron classification (of air masses).

бери *imp. of* брать.

бери-бери *f.* (med.) beriberi.

берил(л) *m.* (min.) beryl.
берилл/ат *m.* beryllate; —ид *m.* beryllide; —невый *a.* beryllium, *see also* бериллловый; —ий *m.* beryllium, Be; окись —ия beryllium oxide, beryllia; сернокислый —ий beryllium sulfate; —ийорганический *a.* organoberyllium.
бериллов/окалиевая соль potassium beryllate; —окислая соль beryllate; —ый *a.* beryllium; —ая земля beryllia, beryllium oxide; —ая кислота berryllic acid (beryllium hydroxide); соль —ой кислоты beryllate.
берилло/ид *m.* (cryst.) berylloid; —метр *m.* beryllometer; —н *т.* (photometric analysis) beryllon; —нит *m.* (min.) beryllonite.
берите *imp. of* брать.
берк(е)ит *m.* (min.) berkeyite, lazulite.
беркелий *see* берклий.
Беркланд *see* Биркеланд.
берклий *m.* berkelium, Bk.
берлин/ит *m.* (min.) berlinite; —ский *a.* Berlin; —ская зелень Prussian green; —ская лазурь Berlin blue, ferric ferrocyanide.
берло/га *f.*, —жный *a.* den, lair.
берма *f.* berm, bench; shoulder (of road).
бермудская трава Bermuda grass.
бернуллиевый *a.* Bernoulli('s) (theorem).
беровский *a.* Baer (knoll).
беррит *m.* (elec.) berrite (insulator).
Бертело бомба Berthelot bomb, Berthelot's calorimeter.
бертиерит *m.* (min.) berthierite.
бертин/иева связка (anat.) Bertin's ligament; —ирование *n.* (fuels) bertinization.
Берт/ло *see* Бертело; —оле Berthollet.
бертол/(л)етова соль Berthollet's salt, potassium chlorate; —лид *m.* berthollide; —лидный *a.* berthollide, non-stoichiometric (compounds).
бертонит *m.* (min.) berthonite.
бертрандит *m.* (min.) bertrandite.
бертьер/ин, —ит *m.* (min.) berthierite.
беру/т *pr.* 3 *pl. of* брать; —щий *a.* taking, etc. *see* брать.
берце *n.* (anat.) tibia, shin bone.
берцел/ианит *m.* (min. berzelianite); —(и)ит *m.* berzelite.
Берцелиуса лампа Berzelius lamp.
берцов/ый *a.* leg; большая —ая кость tibia; малая —ая кость fibula.
беря *pr. ger. of* брать: taking, if we take.
бес— *see also under* без—.
бесед/а *f.* conversation, talk, discussion, lecture; —овать *v.* talk, discuss, discourse; —очный *a. of* беседа; slip (knot).
бесить *v.* enrage, infuriate; —ся *v.* (vet.) become rabid.

бескамерный *a.* tubeless (tire).
бескарбонатный *a.* noncalcareous.
бесква/дратный *a.* (math.) square-free; —дратурный *a.* quadrature-free; —нторный *a.* quantor-free.
бескварцевый *a.* quartz-free.
бескильница *f.* (bot.) Puccinellia.
бескислородный *a.* oxygen-free.
бескишечные *pl.* flatworms, Acoela.
бескомпрессорный *a.* compressorless, airless-injection (engine); б. воздушнореактивный *a.* ramjet (engine).
бесконечно *adv.* endlessly, infinitely, ad infinitum, forever; indefinitely; extremely; б. большой infinite, infinitely great; б. малый *a.* infinitesimal, infinitely small.
бесконечно/длинный *a.* infinitely long; —мерный *a.* infinite-dimensional; —сть *f.* infinity; до —сти ad infinitum; —удаленный *a.* infinitely far, (at) infinity.
бесконечн/ый *a.* infinite, endless, everlasting, perpetual; without end, interminable; б. винт perpetual screw, worm; —ая величина (math.) infinite (value); —ое полотно conveyer belt.
бесконтактный *a.* contactless, noncontact.
бесконтрольн/о *adv.* without control; —ый *a.* uncontrolled.
бес/корковый *a.* crust-free; blended (cheese); —кормица *f.* lack of fodder; —корректурный *a.* without proof corrections; —корый *a.* barkless; —корыстный *a.* disinterested, unselfish; —костный *a.* bonelеss; —косточковый *a.* seedless.
бескрайн/ий, —ый *a.* vast, boundless.
бескров/ие *n.*, —ность *f.* (med.) exsanguinity; —ный *a.* exsanguine, bloodless.
бескрылый *a.* wingless; (zool.) apterous.
беслерия *f.* (bot.) Besleria.
беспамяти/ость *f.* forgetfulness; —ый *a.* forgetful, absentminded; в —ом состоянии unconscious.
беспатентный *a.* unpatented; unlicensed.
бесперебойн/о *adv.* continuously, etc., *see* а.; without fail; —ость *f.* continuity; regularity; reliability; —ый *a.* continuous, uninterrupted; regular; steady, smooth, trouble-free; reliable.
беспереводный *a.* nontransferable.
бесперемен/о *adv.* without change; —ый *a.* changeless, invariable.
беспересадочный *a.* nonstop, through.
бесперспективный *a.* hopeless.
бесперый *a.* featherless; apodal (fish).
беспечный *a.* unconcerned, careless.
беспилотный *a.* pilotless, unmanned, robot, drone (aircraft).
беспламенный *a.* flameless.
бесплановость *f.* lack of planning; —ый *a.* haphazard, random, unplanned.

бесплатн/о *adv.* free of charge, gratis, at no cost; **—ый** *a.* free (of charge).
беспло́д/ие *n.*, **—ность** *f.* sterility, infertility, barrenness; fruitlessness, futility; **—ный** *a.* sterile, barren, fruitless, futile; (bot.) acarpous; arid (land).
бесповоротн/ость *f.* irreversibility; **—ый** *a.* irreversible, nonreversible, irrevocable; rotation-free.
бесподо́бн/ость *f.* incomparableness; **—ый** *a.* incomparable, unrivaled.
бесподпо́рочный *a.* unsupported.
беспозвоно́чн/ые *pl.* (zool.) invertebrates; **—ый** *a.* invertebrate.
беспоко́ить *v.* disturb, bother, trouble, harass; **—ся** *v.* worry, be anxious (about); trouble, bother.
беспоко́й/ный *a.* disturbed, agitated, restless, turbulent; **—ство** *n.* disturbance, agitation, turbulence; trouble, anxiety, concern.
беспокро́вный *a.* naked, bare.
беспо́лезн/о *adv.* uselessly, in vain, (it is) of no use; **—ость** *f.* uselessness; inefficiency; **—ый** *a.* useless, of no use, vain; inefficient, ineffective.
беспо́лый *a.* (biol.) asexual, agamic, agamous.
беспо́люсный *a.* poleless, without poles.
беспо́мощ/ность *f.* helplessness; **—ый** *a.* helpless.
беспори́ст/ость *f.* density; **—ый** *a.* nonporous, dense.
беспоро́дный *a.* of no breed, mongrel.
беспоро́чный *a.* faultless; spotless.
беспо́ршневый *a.* pistonless.
беспоря́д/ок *m.* disorder, confusion, chaos; clutter; **—очно** *adv.* in disorder, at random; irregularly; **—очность** *f.* disorderliness; **—очный** *a.* disorderly, confused, chaotic; irregular, random (scattering), disordered (motion); (bot.) inordinate.
беспоса́дочный *a.* nonstop (flight).
беспоте́рный *a.* loss-free, zero-loss.
беспочве́нн/о *adv.* without basis, without foundation; **—ость** *f.* groundlessness; **—ый** *a.* groundless, unfounded, unsubstantiated, without sound basis.
беспошли́нн/о *adv.*, **—ый** *a.* duty-free; **—ая торговля** free trade.
беспреде́льн/о *adv.* infinitely, ad infinitum; **—ость** *f.* infinity, boundlessness; **—ый** *a.* infinite, boundless, limitless, unlimited, without end; unbounded (function).
беспредме́тный *a.* aimless, pointless.
беспрекосло́вный *a.* indisputable; absolute, unquestioning.
беспрепя́тственн/о *adv.* free (to), without hindrance; freely, easily, without obstacles; **—ый** *a.* unimpeded, unobstructed, unchecked, free.
беспреры́вн/о *adv.* continuously, without interruption; **—ость** *f.* continuity; **—ый** *a.* continuous, uninterrupted, perpetual, ceaseless, incessant, unremitting; **—ый процесс** continuous process.
беспреста́нный *a.* continuous, constant.
беспрецеде́нтный *a.* unprecedented.
беспри́быльн/о *adv.* without profit; **—ый** *a.* unprofitable; disadvantageous.
беспримерный *a.* unparalleled.
беспри́месный *a.* pure, uncontaminated.
беспристра́ст/ие *n.*, **—ность** *f.* impartiality; **—но** *adv.* impartially, without bias, without prejudice; **—ный** *a.* impartial, unprejudiced, unbiased.
беспри́точный *a.* without tributaries.
беспри́цельный *a.* aimless, random.
беспричи́нн/о *adv.* without reason; **—ый** *a.* without reason or cause, groundless.
бес/проволо́чный *a.* wireless; **—прои́грышный** *a.* safe, sure; **—просве́тный** *a.* (utterly) dark, gloomy; **—просы́пный** *a.* unbroken (sleep); **—проце́нтный** *a.* without interest, bearing no interest; **—пы́льный** *a.* dust-free; **—са́льниковый** *a.* packless.
бессвя́зн/ость *f.* inconsistency, incoherence; **—ый** *a.* inconsistent, incoherent, disconnected.
бесселевый *a.* (math.) Bessel(ian).
бессеме́йный *a.* unmarried, single.
бессеме́нн/одо́льный *a.* (bot.) acotyledonous; **—ой** *a.* seedless.
бессе́мер *m.* (met.) Bessemer (converter); **—ование** *n.* bessemerizing, Bessemer process; **—овать** *v.* bessemerize; **—овский** *a.* Bessemer.
бессемя́н/ка *f.* seedless fruit; **—ный** *a.* seedless.
бессепара́торный *a.* cageless (bearing).
бессерде́чниковый *a.* coreless.
бессе́рн/истый *a.* nonsulfurous; **—ый** *a.* sulfur-free.
бессе́точный *a.* gridless.
бесси́лие *n.* impotence, debility.
бессилика́тный *a.* without silicate(s).
бесси́льный *a.* impotent, weak.
бесси́ровать *v.* lower.
бесси́стемн/о *adv.* without system, haphazardly, at random; **—ость** *f.* lack of system; **—ый** *a.* unsystematic, haphazard.
бесскачко́вый *a.* without jumps, smooth.
бессле́дн/о *adv.* without any trace, leaving no trace; **—ый** *a.* without trace, not to be traced, traceless.
бессло́в(ес)ный *a.* mute, dumb.
бессме́нн/о *adv.* without change, continuously; **—ость** *f.* permanency; **—ый** *a.* permanent, fixed, continuous.
бессме́рт/ие *n.*, **—ность** *f.* immortality;

—ить *v.* immortalize; —ник *m.* (bot.) everlasting, immortelle; —ный *a.* immortal, everlasting, eternal; —ная трава (bot.) Ambrosia.
бессмысл/енно *adv.* senselessly; there is no point; —енность, —ица *f.* absurdity, senselessness, meaninglessness; —енный *a.* absurd, senseless, meaningless, insignificant, foolish.
бесснежный *a.* snowless, bare.
бессовестный *a.* unscrupulous.
бессодержательный *a.* empty.
бессознательн/о *adv.* unconsciously; —ость *f.* unconsciousness; —ый *a.* unconscious, involuntary.
бессолевой *a.* salt-free.
бессолнечный *a.* sunless.
бессонн/ица *f.* insomnia; —ый *a.* sleepless.
бесспиновый *a.* (nucl.) spinless, zero-spin.
бесспорн/о *adv.* indisputably, undoubtedly; without question; by far; —ость *f.* indisputability; —ый *a.* indisputable, undeniable, self-evident.
бессребреник *m.* disinterested person.
бессрочный *a.* indefinite; permanent.
бесстворчатый *a.* valveless.
бесстебельный *a.* stemless.
бессточн/ый *a.* without drainage, without outflow; internal-drainage (basin); —ая область closed drainage.
бесстрастный *a.* indifferent, apathetic.
бесстружковый *a.* (analysis) nondestructive.
бесструктурный *a.* structureless, without structure; formless.
бесструнный *a.* stringless.
бесступенчат/о-регулируемый *a.* continuously variable; —ый *a.* stepless, continuous; variable-speed (drive); infinitely variable (transmission).
бессуставчатый *a.* (zool.) inarticulate.
бессучковый *a.* trimmed (tree); clear (lumber).
бессчетный *a.* innumerable, countless.
бессяжковые *pl.* (ent.) Protura.
бесталантный *a.* untalented, incapable.
бестарный *a.* unpackaged, (in) bulk, loose.
бест-бар *m.* (met.) best bar.
бестеневой *a.* shadowless.
бестигельный *a.* crucibleless.
бестканевый *a.* non-textile; without fabric; without tissue.
бестоварье *n.* shortage of goods.
бестол/ковщина, —ковица, —очь *f.* disorder, confusion, chaos; —ковый *a.* confused; unintelligible.
беструбный *a.* pipeless.
бестужевские капли Bestucheff's tincture, ethereal tincture of iron chloride.
бесфланцевый *a.* flangeless, rimless.
бесфоновый *a.* no-background, free of background noise, hum-free.

бесформенн/о *adv.* without form, without shape; —ость *f.* shapelessness, formlessness, amorphism; —ый *a.* shapeless, formless, amorphous.
бесфосфорный *a.* phosphorus-free.
бесхвост/ые *pl.* (zool.) Ecaudata; —ый *a.* tailless, ecaudate.
бесхлебица *f.* famine, starvation.
бесхлопотный *a.* trouble-free.
бесхозный *a.* ownerless; no man's (land); (law) in abeyance.
бесхозяйственн/ость *f.* poor management; —ый *a.* thriftless, wasteful.
бесцветн/ость *f.* achromatism; —ый *a.* colorless, achromatic; obscure (heat).
бесцельн/о *adv.* aimlessly, at random; it is pointless; —ость *f.* aimlessness, random nature; —ый *a.* aimless, purposeless, pointless, random.
бесценн/о *adv.* beyond price; —ость *f.* inestimable value; —ый *a.* priceless, inestimable, invaluable.
бесценок: за б. at a bargain.
бесцентров/о— *prefix*, —ый *a.* centerless, without center; б.-обдирочный станок centerless lathe.
бесциркуля/рный, —ционный *a.* circulation-free, without circulation; irrotational.
бесчелюстн/ой *a.* (zool.) agnathous; —ые *pl.* Agnatha.
бесчерепные *pl.* (zool.) Acrania.
бесчестный *a.* dishonest.
бесчешуйный *a.* scaleless, without scales.
бесчисленн/ость *f.* innumerability; —ый *a.* innumerable, uncountable.
бесчувств/енность *f.* insensibility; —енный *a.* insensible, unfeeling, numb; —ие *n.* loss of consciousness.
бесшаботный *a.* counterblow (hammer).
бесшарнирный *a.* hingeless (arch).
бесшерст(н)ый *a.* without wool; hairless.
бесшовный *a.* jointless, seamless.
бесштанговый *a.* rodless.
бесшумный *a.* noiseless, silent.
бесщелевой *a.* slitless (spectrograph).
бета *f.* beta (β); б.-гамма-дозиметрия *f.* beta-gamma-dosimetry.
бета-дозиметр *m.* beta-dosimeter; —ия *f.* beta-dosimetry.
бета-излуч/атель *m.* (nucl.) beta-emitter; —ение *n.* beta-emission, beta-radiation.
бетаин *m.* betaine, trimethyl glycocoll.
бета-луч *m.*, —евой *f.* (nucl.) beta-ray.
бета/-распад *m.* (nucl.) beta-disintegration, beta-decay; б.-распределение *n.* beta-distribution; б.-спектр *m.* beta(-ray) spectrum; б.-спектрометр *m.* beta-spectрометр; б.-трон *m.*, —б.-тронный *a.* betatron, induction accelerator.
бета/уранотил *m.* (min.) betauranotil; —фит *m.* betafite.
бета/-функция *f.* beta-function; б.-частица

f. (nucl.) beta-particle.
бетел/евый *a.*, —ь *m.* (bot.) betel.
бетельгейзе *n.* (astr.) Betelgeuse.
бетол *m.* betol, β-naphthyl salicylate.
бетон *m.* concrete; —ак *m.* betonac (concrete with metal particles).
бетониров/ание *n.*, —ка *f.* concreting; —анный *a.* concrete(d); —ать *v.* (lay) concrete.
бетон/ит *m.*, —итный камень, —итный массив concrete (building) block; —ный *a.* concrete.
бетоно— *prefix* concrete; —литная башня concrete pourer; —лом *m.* concrete breaker; —мешалка *f.* concrete mixer; —насос *m.* concrete pump; —отделочный *a.* concrete-finishing; —разбиватель *m.* concrete breaker; —распределитель *m.* concrete spreader or layer; —смесительный, —смешивающий *a.* concrete-mixing; —укладочный *a.* concrete-laying; —укладчик *m.* concrete layer or paver.
бетон/щик *m.* concrete worker; —ьерка *f.* concrete mixer.
бетруксиновая кислота betruxinic acid.
Бетт/ертона способ (met.) Betterton process; —са способ Betts' process.
бетулин *m.* betulin(ol); —амаровая кислота betulinamaric acid; —овая кислота betulinic acid; —ол *m.* betulinol.
беч *m.* batch, charge.
беч/ева *f.* towline, rope; cord, (binder) twine; —евка *f.* twine, string, yarn; —евник *m.* foreshore, waterfront, beach; tow path; —евой *a.* tow(ing); —евочный *a.* of бечевка.
бешен/ство *n.* fury, frenzy; (med.) rabies; —ый *a.* mad, furious, raging; turbulent; rabid; —ый огурец (bot.) squirting cucumber (*Ecballium elaterium*); —ая вишня, —ая ягода (bot.) belladonna.
бештаунит *m.* (petr.) beschtaunite.
б.з. *abbr.* (без заглавия) no title.
бзл. *abbr.* (бензол) benzene (solvent).
бзн. *abbr.* (бензин) benzine (solvent).
би— *prefix* bi—, di— (two; twice).
биаксиальный *a.* biaxial.
Биаля реакция Bial's (pentose) test.
би/антрил *m.* bianthryl; —ацен *m.* biacene, biacenaphthylidene; —ацетил *m.* biacetyl, 2,3-butanedione; —ацетилен *m.* biacetylene, butadiyne.
биб— *prefix see* библиотечный.
биберит *m.* (min.) bieberite.
библио— *prefix* biblio—, book; —бус *m.* bookmobile; —граф *m.* bibliographer; —графировать *v.* compile a bibliography; —графический *a.* bibliographic; —графия *f.* bibliography, references; —тека *f.* library; —текарь *m.* librarian; —тека-читальня *f.* reading room; —те-

коведение *n.* library science; —течный *a.* library.
бибрихский *a.* Biebrich (red).
бивариантный *a.* bivariant.
бивектор *m.* bivector.
бивень *m.* incisor, tusk.
биверит *m.* (min.) beaverite.
бивший *past act. part. of* бить.
бигаконитин *m.* bikhaconitine.
бигарадия *f.* Seville orange.
бигармонический *a.* biharmonic.
бигидрат *m.*, —ный *a.* dihydrate.
бигнон/иевый *a.*, —ия *f.* (bot.) Bignonia.
биградуированный *a.* twice-graded.
бигумаль *m.* bigumal (hydrochloride), chlorguanide hydrochloride.
бидезил *m.* bidesyl, dibenzoyldibenzyl.
бидистилл/ат *m.* twice-distilled product; —ированный *a.* twice-distilled; —ировать *v.* distil twice.
бидон *m.* can, container, vessel, carboy.
биен/ие *n.* beat, pulse, pulsation, throbbing; wobble, play (of wheel); sag(ging), slack (of belt); частота —ий beat frequency; —ия *pl.* beat(ing).
бизон *m.* (zool.) bison.
бийохинол *m.* Bijochinol, quinine bismuth iodide.
бикарбонат *m.* bicarbonate, spec. sodium bicarbonate.
биквадрат *m.* (math.) biquadrate, fourth power; —ный *a.* biquadratic.
бикомпакт *m.* (math.) (bi)compactum; —ность *f.* bicompactness; —ный *a.* (bi)compact.
биконический *a.* biconical.
бикрон *m.* bicron (10^{-9} meter).
бикс/биит *m.* (min.) bixbyite; —ин *m.* bixin (coloring matter).
бикфордов шнур Bickford (safety) fuse.
бикхаконитин *m.* bikhaconitine.
бил *past. sing. of* бить.
билатеральный *a.* bilateral.
билеин *m.* bilein.
билет *m.*, —ный *a.* card; ticket, pass, permit; (examination) paper.
били *past pl. of* бить.
били— *prefix* (physiol.) bili— (bile); —арный *a.* biliary, bilious; —вердин *m.* biliverdin; —вердиновый *a.* biliverdic (acid); —ксантин *m.* bilixanthin.
б. или м. *abbr.* (более или менее) more or less.
билин *m.* bilin.
билин/еарный, —ейный *a.* (math.) bilinear; —ейность *f.* bilinearity.
били/нейрин *m.* bilineurine; —нигрин *m.* bilinigrin; —позол *m.* biliposol; —празин *m.* biliprasin (pigment); —рубин *m.* bilirubin, hematoidin; —рубиновый *a.* bilirubinic (acid); —соидановый *a.* bilisoidanic (acid); —траст *m.* Bilitrast,

iodoalphionic acid.
биллион *m.*, **—ный** *a.* billion (10^9 or 10^{12}); **—ная часть** one billionth.
биллитонит *m.* (petr.) billitonite.
биллон *m.*, **—ный** *a.* billon (alloy).
билль *m.* bill.
било *n.* beater (blade or bar); *past n. sing.* of **бить**.
билоидановая кислота biloidanic acid, norsolanellic acid.
бильгарциоз *m.* (med.) bilharziasis.
бильд— *prefix* photograph, picture; **—аппарат** *m.* picture transmitter; **—передача** *f.* transmission of photographs; **—связь**, **—телеграфия** *f.* phototelegraphy.
бильный *a.* beating; hammer (mill).
биметалл *m.* bimetal, clad metal, duplex metal, laminated metal; **прокатка —ов** cladding; pressure welding; **—ический** *a.* bimetallic.
биминеральный *a.* bimineral.
бимодальный *a.* (math.; stat.) bimodal.
бимолекулярный *a.* bimolecular.
бимс *m.*, **—овый** *a.* beam; **—овая сталь**, **—овое железо** bulb iron.
бинарн/ый *a.* binary; binomial (nomenclature); **б. пересчет** scale of two; **б. счетчик**, **—ая пересчетная схема** binary scaler, scale of two circuit.
бинауральн/ость *f.* (acous.) binaural effect; **—ый** *a.* binaural.
бингамовский *a.* Bingham (viscosity).
биндгеймит *m.* (min.) bindheimite.
биннит *m.* (min.) binnite.
бинодаль *f.*, **—ный** *a.* binodal (in phase diagram).
бинок/левый *a.*, **—ль** *m.* binoculars, (field) glasses; **—улярный** *a.* binocular.
бином *m.* (math.) binomial; **—и(н)альный** *a.* binomi(n)al.
бинормаль *f.*, **—ный** *a.* (math.) binormal.
бинт *m.*, **—овать** *v.* bandage.
био— *prefix* bio— (life); biological.
биоген/ез(ис) *m.* (biol.) biogenesis; **—етический** *a.* biogenetic; **—ный** *a.* biogenic; (bot.) biogenous, parasitic.
биогео/графия *f.* biogeography; **—химия** *f.* biogeochemistry; **—ценоз** *m.* biogeocenosis.
биогерм *m.* (geol.) bioherm.
биограф *m.* biographer; **—ический** *a.* biographic; **—ия** *f.* biography.
биодегради́ру/емый, **—ющийся** *a.* biodegradable.
биодинам/ика *f.* (biol.) biodynamics; **—ический** *a.* biodynamic.
—биоз *m.* *suffix* (biol.) **—biosis**.
биоза *f.* biose; disaccharide.
био/катализатор *m.* biocatalyst; **—климатический** *a.* bioclimatic; **—коллоид** *m.* biocolloid.

биоксалат *m.* bioxalate.
биолит *m.* (min.) biolith.
биолог *m.* biologist; **—ически** *adv.* biologically; **—ический** *a.* biological; **—ический эквивалент рентгена** roentgen equivalent man, rem; **—ия** *f.* biology.
био/м *m.* (biol.) biome, formation; **—масса** *f.* biomass; **—метрика**, **—метрия** *f.* biometrics (statistical biology); **—метрический** *a.* biometric; **—механика** *f.* biomechanics; **—мицин** *m.* Biomycin, Aureomycin, chlortetracycline; **—ника** *f.* bionics (mathematical biology); **—нтизация** *f.* biontization (of seeds); **—плазма** *f.* bioplasm, protoplasm.
био/полимер *m.* biopolymer; **—препараты** *pl.* (immun.) biologicals; **—псия** *f.* (med.) biopsy.
биортогональный *a.* biorthogonal.
биос *m.* (biochem.) bios.
Био-Савара закон Biot-Savart law.
био/синтез *m.* biosynthesis; **—статика** *f.* biostatics; **—стерин** *m.* biosterin; **—стерол** *m.* biosterol; **—стойкий** *a.* biostable; **—стойкость** *f.* biostability; **—сфера** *f.* biosphere.
биот/а *f.* biota, regional fauna and flora; **—ин** *m.* biotin, vitamin H; **—ип** *m.* biological type, species; **—ит** *m.* **—итовый** *a.* (min.) biotite; **—ический** *a.* biotic, relating to life; **—овский** *a.* (opt.) Biot's.
био/топ *m.* (ecol.) biotope; **—топологический** *a.* biotopological; **—топливо** *n.* biological fuel; **—трон** *m.* (rad.) biotron; **—фабрика** *f.* biofactory, biologicals-manufacturing plant.
биофиз/ик *m.* biophysicist; **—ика** *f.* biophysics; **—ический** *a.* biophysical.
биофильтр *m.* (sewage) filter.
биофор *m.* biophore.
биохим/ик *m.* biochemist; **—ический** *a.* biochemical; **—ия** *f.* biochemistry.
био/хинол *see* **бийохинол**; **—хор** *m.* (ecol.) biochore; **—ценоз** *m.* biocenosis; **—церин** *m.* biocerin.
био/цикл *m.* biocycle; **—электрический** *a.* bioelectric; **—электроника** *f.* bionics; **—энергетика** *f.* bioenergetics.
бипирамида *f.* (cryst.) bipyramid; **—льный** *a.* bipyramidal.
биплан *m.* (av.) biplane; **—арный** *a.* (geom.) biplanar.
бипол/ь *m.* dipole; **—ярность** *f.* bipolarity; **—ярный** *a.* bipolar.
бипризма *f.* (opt.) biprism.
бирж/а *f.*, **—евой** *a.* (com.) exchange; **—евик** *m.* stock broker.
бирка *f.* label, tag, nameplate; tally.
Биркеланд-Эйде способ Birkeland-Eyde process (for nitrogen fixation).
бирков/ание *n.* labeling, etc., *see v.*; **—ать**

бирманский *v.* label, tag, brand.
бирманский *a.* Burmese, Burman.
бирмингамский *a.* Birmingham.
бирок *gen. pl.* of бирка.
биротативный *a.* birotatory, differential (engine); duplex (turbine).
бирочный *a.* of бирка.
бирюз/а *f.*, —овый *a.* (min.) turquoise.
бирючина *f.* (bot.) privet (*Ligustrum*).
бис— *prefix* bis— [twice]; (chem.) double; (anat., med.) both]; —аболен *m.* bisabolene.
бисазо— *prefix* bisazo—, tetrazo—.
бисбеeит *m.* (min.) bisbeeite.
бисдиазо— *prefix* bisdiazo—, tetrazo—.
бисектриса *see* биссектриса.
бисер *m.* beads.
бисериальный *a.* biserial.
бисерный *a.* bead(ed), pearl.
бисиликат *m.* disilicate.
биск *m.* (cer.) bisque.
бискайский *a.* Biscay(an).
бисквит *m.*, —ный *a.* (cer.) biscuit, bisque; обжигать на б. (cer.) give a biscuit firing.
бисмалит *m.* (geol.) bysmalith.
бисмаркбраун *m.* Bismarck brown, triaminoazobenzene.
бисмит *m.* (min.) bismite.
бисмут— *see* висмут—; —ин(ит) *see* висмутин; —ит *m.* (min.) bismutite.
бисмуто—*prefix* bismut(h)o—; —за *f.* bismutose, bismuth albuminate; —сферит *m.* (min.) bismutosph(a)erite.
биссект/ор *m.* (geom.) bisector; —орный *a.* bisector, bisecting; —риса *f.* (geom.) bisector, bisecting line; (cryst.) bisectrix.
биссолит *m.* (min.) byssolite.
биссус *m.* (zool.) byssus.
бистабильный *a.* (comp.) bistable.
бистер, бистр *m.* bister (a pigment).
бистунки *pl.* beaded wires.
бисульф/ат *m.* bisulfate; б. натрия sodium bisulfate; —ид *m.* bisulfide; —ит *m.* bisulfite.
бисфеноид *m.* (cryst.) bisphenoid.
бит *m.* (comp.) bit, binary digit; *sh. m.* of битый.
битартрат *m.* bitartrate.
битва *f.* battle, fight, combat, action.
бительная машина (text.) beetle.
битенг *m.* (aero.; naut.) bitt; б.-краспица cross bitt.
битер *m.* beater.
битиит *m.* (min.) bityite.
битком *adv.*: б. набитый *a.* packed (tight or full).
бито *sh. n.* of битый.
битовнит (min.) bytownite.
биток *m.* beetle, ramming instrument; (beef) cutlet.
биттит *m.* (elec.) bittite.

битулитный *a.* bitulithic.
битум *m.* bitumen; —енит *m.* (min.) bitumenite, torbanite; —(ин)изация *f.* bituminization; bituminous grouting; —инизировать *v.* bituminize; —инозность *f.* bituminosity; impregnation (with bitumen); —(иноз)ный *a.* bituminous; —инол *m.* bituminol, ammonium sulfobituminolate.
бит/ый *a.* beaten, etc., *see v.*; б. лед ice cakes, blocks; —ь *v.* beat, whip; sound (alarm); hammer, hit; crack, break; gush, spurt (of stream); churn (butter); strike (the hour); (belt) flap, sag, whip; (wheel) wobble, play; *f.* (met.) hammered sheet; —ь на *v.* aim (at); не —ь *v.* (wheel) run true, be in alignment; медная —ь hammered copper; —ье *n.* beating, etc., *see v.*; —ься *v.* beat, throb, pulsate; strive (for).
биурат *m.* biurate.
биурет *m.*, —овый *a.* biuret, allophanamide.
бифакторный *a.* bifactor(ial).
бифенил *m.* biphenyl, phenylbenzene; —ен *m.* biphenylene.
бифилярный *a.* bifilar, double-wound.
бифуркация *f.* bifurcation, branching.
бифштекс *m.* beef steak.
бихлорид *m.* bichloride.
бихромат *m.* bichromate.
бицепс *m.* (anat.) biceps.
бициклический *a.* bicyclic (compounds).
бицикло— *prefix* bicyclo—.
бицилиндрический *a.* bicylindrical.
бициллин *m.* Bicillin, benzathine penicillin G.
бициркулярный *a.* bicircular.
бич *m.* whip; (biol.) flagellum; (mach.) beater; scourge, plague.
бичев/а *f.* towline, tow rope; тянуть —у *v.* tow; —ание *n.* towing; flagellation; —ать *v.* tow; flagellate, whip, lash; —ка *f.* twine, string, yarn.
бичевник *m.* sloping beach.
биченосцы *pl.* (zool.) flagellates.
бишофит *m.* (min.) bischofite.
БК *abbr.* (бацилла Коха) Koch bacillus; (боковой каротаж) lateral logging.
б-ка *abbr.* (библиотека) library.
БКВРД *abbr.* (бескомпрессорный воздушнореактивный двигатель) ramjet engine.
БКГ *abbr.* (баллистокардиограмма) (med.) ballistocardiogram.
БКЗ *abbr.* (боковое каротажное зондирование) lateral-log sounding.
благо *n.* the good, welfare; общее б. common good, public welfare.
благо— *prefix* good; —видный *a.* seemly, plausible.
благовол/ение *n.* goodwill; favor, kindness; —ить *v.* (regard with) favor;

благовоние   близ

have the kindness (to).
благовон/ие *n.* aroma, fragrance; **—ный** *a.* aromatic, fragrant.
благодар/ить *v.* thank; **—ность** *f.* thanks, gratitude, appreciation; acknowledgment; **—ный** *a.* grateful, appreciative; rewarding; **—я** *prep. dat.* thanks (to), owing, due (to), because of, through, by.
благодетель *m.* benefactor; **—ный** *a.* beneficial; **—ствовать** *v.* benefit.
благо/желательный *a.* well-disposed (to), favorable; **—звучный** *a.* harmonious, melodious.
благонадежный *a.* reliable, dependable.
благонамерен/ие *n.*, **—ность** *f.* good intention; **—ный** *a.* well-meant.
бдагополуч/ие *n.* welfare, well-being; **—но** *adv.* all right, safely; **—ный** *a.* safe; satisfactory, successful.
благоприят/но *adv.* favorably; **—ность** *f.* favorableness; **—ный** *a.* favorable, opportune; advantageous, beneficial; contributory (factor); **—ный момент**, **—ный случай** opportunity; **—ное условие** facility; **наиболее —ный** optimum, optimal; **—ствовать** *v.* favor, foster, be conducive (to), be favorable (to), promote, assist, contribute (to).
благоразум/ие *n.* sense, prudence; **в пределах —ия** within reason; **—ный** *a.* reasonable, sensible, wise, cautious, prudent; of sound practice.
благородный *a.* noble, precious (metal, stone); inert, rare (gas).
благосклонный *a.* favorable.
благо/состояние *n.* welfare, prosperity, well-being; **—творный** *a.* beneficial, wholesome.
благоустр/аивать, **—оить** *v.* put in good order; **—оенный** *a.* well-organized, well-managed; **—ойство** *n.* good order; accomplishment; public welfare.
благоух/ание *n.* fragrance; **—анный**, **—ающий** *a.* fragrant, sweet-smelling; **—ать** *v.* give off fragrance.
бладан *m.* Bladan base (a tetraethyl pyrophosphate insecticide).
бланк *m.* form, blank; letterhead; **ставить б.** *v.* endorse; **—ирование** *n.*, **—ирующий** *a.* blanking.
бланкит *m.* sodium hydrosulfite.
бланков/ый *a.* blank, form; **—ая надпись** endorsement.
блан/манже *n.* (food) blancmange; **—фикс** *m.* blanc fixe (barium sulfate pigment).
бланширов/ание *n.* blanching; **—анный** *a.* blanched; **—ать** *v.* blanch, scald.
—бласт *m. suffix* (biol.) **—bla**st (germ).
бласт—, **—о—** *prefix* (biol.) blast(o)— (sprout, bud, germ); **—ический** *a.* blastic; **—одерма** *f.* blastoderm; **—ома** *f.* (med.) blastoma; **—омер** *m.* blasto-

mere; **—омикоз** *m.* (med.) blastomycosis; **—омицеты** *pl.* (bot.) blastomycetes.
блау/газ *m.* Blaugas (an oil gas); **—офен** *m.* (met.) flowing furnace.
бледен *sh. m.* of **бледный**.
бледит *m.* (min.) bloedite, astrakanite.
бледн/еть *v.* turn pale, lose color; **—ить** *v.* make pale; **—о** *adv. and prefix* pale(ly); **—оватый** *a.* rather pale, palish; **—о-желтый** *a.* pale yellow; **—оокрашенный** *a.* pale-colored, dull; **—ость** *f.* paleness, pallor; **—ый** *a.* pale, light-colored; faint, weak (color).
блей/вейс *m.* white lead; **—штейн** *m.* (met.) lead matte.
блек— see also under **блэк—**.
блек/локоричневый *a.* dull brown, fallow dun; **—лость** *f.* fading; **—лый** *a.* faded, colorless; pale (color); gray (copper ore); **—нуть** *v.* fade, wither.
блекота see **белена**.
блекрот *m.* (phyt.) black rot.
бленда *f.* (min.) blende, spec. zinc blende, sphalerite; (opt.) diaphragm; (phot.) lens hood; blind, screen, shield; (mining) lantern.
блендиров/ание *n.* blending; **—ать** *v.* blend.
бленкер *m.* (commun.) indicator.
бленно— *prefix* blenn(o)— (mucus); **—(р)рея** *f.* (med.) blennorrh(o)ea.
блес/к *m.* luster, gloss, glitter, shine, glare, flash; brilliance, brightness; (min.) glance; **—кость** *f.* glare; flicker; **—нуть** *v.* flash.
блест/еть *v.* shine, glitter, sparkle; **—ка** *f.* spangle; **—як**, **—ян** *m.* (min.) galena; (sometimes) mica; **—янки** *pl.* sap-feeding beetles (*Nitidulidae*); **—ящий** *a.* lustrous, brilliant, bright, shiny, shining, sparkling.
блеф *m.* bluff.
блефар—, **—о—** *prefix* blephar(o)— (eyelid); **—ит** *m.* (med.) blepharitis.
блеять *v.* bleat.
ближ/айший *a.* nearest, next, immediate; **—е** *comp.* of **близкий**, **близко** nearer, closer; **—невосточный** *a.* Near Eastern; **—ний** *a.* near, next, neighboring; inner; **—ний порядок** (cryst.) short-range order.
близ *prep. gen.* near, around, at hand, in the vicinity (of), close (to); **—иться** *v.* approach, approximate, draw near; **—кий** *a.* near, close (by); like, similar; approximating; **—ко** *adv. and sh. n.* of **близкий**; near, close (by or to); **—кодействующий** *a.* short-range; **—кородственный** *a.* closely related; **—лежащий** *a.* adjacent, contiguous (to), neighboring, near.

близна *f.* (text.) a flaw (in the web).
близнец *m.*, **—овый** *a.* twin; **—ы** *pl.* twins; (astr.) Gemini; **—ы(-пара)** (math.) twins, prime pair.
близок *sh. m. of* близкий.
близорук/ий *a.* near-sighted, myopic; **—ость** *f.* myopia.
близост/ь *f.* nearness, proximity, vicinity, neighborhood, closeness, imminence; **по —и** near (at hand).
близполюсный *a.* circumpolar.
блик *m.*, **—ование** *n.* flash; high-light, spot of light; (phot.) hotspot; (met.) fulguration, blick, flashing (as of molten silver); refining (of silver); **—ованный** *a.* refined; **—овать** *v.* flash, lighten; refine; **—овый** *a. of* блик; refined.
блин *m.* pancake; (ice) cake.
блинд/аж *m.* (mil.) shelter, dugout; **—ированный** *a.* armored, iron-clad.
блинк/компаратор *m.* blink comparator; **—микроскоп** *m.* blink microscope.
блин/ный, **—овый** *a. of;* **—ок** *dim. of* блин; **—ообразный** *a.* pancake (ice).
блинт *m.* (typ.) blind stamping; **—овать** *v.* blind-stamp.
блинчатый *a.* pancake.
блист/ание *n.* shining, glittering; **—ательно** *adv.* brilliantly; **—ательный** *a.* brilliant; **—ать** *v.* shine, glitter.
блист(е)р *m.* blister (copper).
Бло драже (pharm.) Blaud's pill.
блок *m.* block, unit, assembly, set; device; block (pulley), pulley block; (nucl.) lump, slug; mass; (polymerization) block; (anat.) trochlea; ginglymus; **в —ах** lump(ed); **в —е** block (polymerization); **вычислительный б.** computer; **сложный б.** (hoisting) tackle.
блок— *prefix* block(ing); (inter)locking; **—ада** *f.* blockade; blocking; **—гауз** *m.* blockhouse; **-диаграмма** *f.* block diagram; **—инг-генератор** *m.* (electron.) blocking oscillator.
блокир/ование *n.* blocking, obstruction; (inter)locking; **—ованный** *a.* blocked, etc., see *v.*; **—овать** *v.* block, stop, obstruct; **—овка** *f.*, **—овочный**, **—ующий** *a.* block(ing), stop(ping); (inter)locking interlock; (rr.) block signaling.
блок/картный *a.* looseleaf; **-каучук** *m.* block rubber; **-комната** *f.* (building) module; **-контакт** *m.* (electron.) blocking or auxiliary contact.
блокнот *m.* writing pad, tablet.
блоко/видный *a.* (anat.) ginglymoid, hinge-like; trochlear; **б. сустав** ginglymus; **—вый** *a. of* блок; (anat.) trochlear; **—укладчик** *m.* block layer.
блок-полимер *m.* block (co)polymer; **—изация** *f.* block polymerization.

блок-/пост *m.* (rr.) signal box; **б.-резина** *f.* cut sheet (of rubber); **б.-сигнал** *m.* block signal; **б.-сополимеризация** *f.* block (co)polymerization; **б.-схема** *f.* (comp.) block diagram, flow chart; **б.-счетчик** *m.* pulley block counter; **б.-участок** *m.* (rr.) blocking section.
бломстранд/ин *m.* (min.) blomstrandine; **—ит** *m.* blomstrandite.
блох/а *f.* (zool.) flea; **—овник** *m.* (bot.) pennyroyal (*Mentha pulegium* or *Hedeoma pulegioides*).
блоховский *a.* Bloch's.
блоч/ный *a. of* блок; block; in blocks, unitized; lumped; **б. полимер** block polymer; **—ок** *dim. of* блок; (uranium, fuel) slug, lump.
блош/иный *a.* (zool.) flea; puce (color); **—истый**, **—ливый** *a.* flea-infested; **—ка** *f.* flea; **—ник** *m.*, **—ница** *f.* (bot.) fleabane; **—ный** *a.* flea; psyllium (seed).
блу/дить, **—ждать** *v.* wander, stray, migrate; circulate; diffuse, err; (math.) walk; **—ждание** *n.* wandering, etc., see *v.*; (random) walk; **—ждающий** *a.* wandering, stray, erratic; traveling, intrusive (wave); floating (kidney); **—ждающий нерв** (anat.) vagus.
блуза *f.* blouse, shirt.
блум *see* блюм.
блэк/бенд *m.* (min.) blackband ore; **—варниш** *m.* black (asphalt) varnish.
блюдет *pr. 3 sing. of* блюсти.
блюд/ечко *n.* saucer; (zool.) limpet; **—ечковидный** *a.* patteliform; **—о** *n.* dish, plate.
блюду/т *pr. 3 pl. of* блюсти; **–щий** *a.* keeping; observing.
блюд/це *n.* saucer, dish; (biol.) patella; (geol.) shallow depression; **—цеобразный**, **—чатый** *a.* saucer-shaped; (biol.) patelliform.
блюл *past m. sing. of* блюсти.
блюм *m.* (met.) bloom; **—инг** *m.* blooming mill; **—инг-слябинг** *m.* slabbing-blooming mill; **—сы** *pl.* blooms.
блюсти *v.* keep, guard; fulfil, observe; **—тельный** *a.* careful, watchful.
бляха *f.* metal plate.
бляшка *f.* platelet; (zool.) shield, scute; (med.) plaque, patch.
БМ *abbr.* (**бинокулярный микроскоп**) binocular microscope; **б.м.** *abbr.* (**без места**) no place; **б.м.**, **б/м** *abbr.* (**будущего месяца**) next month; **б.м. и г.** *abbr.* (**без места и года**) no place or year.
БМС *abbr.* (**безжирное моющее средство**) fat-free detergent.
б/н *abbr.* (**без номера**) unnumbered.
б.п. *abbr.* (**бюро погоды**) weather bureau.
боа *m.* (zool.) boa.
боб *m.* (bot.) bean, pod.
бобер *m.* beaver (fur).

бобиерит *m.* (min.) bobierrite.
бобина *f.* bobbin, spool, reel; ignition coil.
боб/ковый *see* **бобовый**; bay (oil); **—овидный** *a.* beanlike, pisolitic; (bot.) leguminous; **—овина** *f.* bean plant; (petr.) nodule; **—овник** *m.* (bot.) dwarf almond; **—овые** *pl.* (bot.) legumes; **—овый** *a.* leguminous; bean; nodular, pisolitic (ore); **—ок** *m.* bean (seed); **—ообразный** *see* **бобовидный**.
бобр *m.*, **—овый** *a.* (zool.) beaver; **—ик** *m.* (text.) castor; **—овая струя** (pharm.) castor(eum).
бобслей *m.* bobsled.
бобы *pl. of* **боб**.
бобышка *f.* boss, lug; nipple.
бобьер(р)ит *m.* (min.) bobier(r)ite.
бов/енит *m.* (min.) bowenite; **—лингит** *m.* bowlingite; **—манит** *m.* bowmannite.
Бог *m.* God; god.
богар/а *f.* boghara, unirrigated land; **—ный** *a.* dry (farming).
богат/еть *v.* get rich, thrive, prosper; **—ство** *n.* riches, wealth, opulence; (biol.) wide range; **—ства** *pl.* resources, wealth; **—ый** *a.* rich, wealthy; highgrade, high (in), rich (in); abundant, copious, prolific; with wide experience (in); wide (experience).
богатырский *a.* athletic; robust; giant.
богаче *comp. of* **богатый**.
богемск/ий *a.* Bohemian; **—ая земля** mineral green (copper carbonate).
богомол *m.* (ent.) praying mantis.
богородская трава (bot.) wild thyme (*Thymus serpyllum*).
богхед *m.*, **—ский уголь** boghead, boghead coal (a variety of cannel coal).
бод *m.* baud (telegraph unit of speed).
бодать *v.* butt.
боденбендерит *m.* (min.) bodenbenderite.
бодо *n.* (teleg.) Baudot transmitter.
бодр/ить *v.* brace, stimulate, invigorate; **—иться** *v.* take courage; **—ость** *f.* courage, nerve; cheerfulness; **—ый** *a.* brisk; cheerful; **—ящий** *a.* invigorating.
Бодуина реакция Baudouin test.
бодяга *f.* (zool.) Spongilla.
бодяк *m.* (bot.) thistle (*Cirsium*).
бое *prepos. of* **бой**; *prefix see* **бой, боевой**; **—в** *gen. pl. of* **бой**.
боев/ой *a.* combat, fighting; war (gas, etc.); urgent (problem); sledge (hammer); **б. заряд, —ая головка, —ая часть** (rockets) warhead; **—ая тяга** acceleration thrust.
бое/головка *f.* (rockets) warhead; **—запас** *m.* ammunition.
боек *m.* block; (hammer) head, face; pin, striker; *sh. m. of* **бойкий**.
боем *instr. of* **бой**.
боен *gen. pl. of*; **—ский** *a. of* **бойня**; **—ское дело** slaughtering.
бое/питание *n.* ammunition supply; **—припасы** *pl.* ammunition; **—способность** *f.* (mil.) efficiency; **—способный** *a.* efficient; **—ц** *m.* soldier, fighter, man.
бож/ье дерево (bot.) southernwood (*Artemisia abrotanum*); **—ья коровка** ladybird beetle.
боз/е-частица *f.*, **—он** *m.* (nucl.) boson (Bose particle); **безмассовый —он** classon; **Бозе-Эйнштейна статистика** Bose-Einstein statistics.
бои *pl. of* **бой**.
боится *pr. 3 sing. of* **бояться**.
бой *m.* combat, battle, action; ramming; breakage, breaking; broken material, crushed material, rubble; cullet, broken glass; crushed rock, grog; face (of hammer); (text.) pick(ing).
Бойда огнемет Boyd flame thrower.
бойка *sh. f. of* **бойкий**; *gen. of* **боек**; *f.* (pile) driving.
бойк/ий *a.* smart, brisk, alert; animated, busy; **—ость** *f.* briskness, alertness.
бойкот *m.*, **—ировать** *v.* boycott.
бойлер *m.* boiler.
Бойля закон (phys.) Boyle's law.
бойница *f.* porthole, embrasure; vent.
—бойный *a. suffix* combating, fighting.
бойня *f.* slaughter house, abattoir.
бойтесь *imp. of* **бояться**.
бойц/а *gen. of*; **—овый** *a. of* **боец**.
бойче *comp. of* **бойкий**.
бок *m.* side, flank; wall; profile plan; **б.-о-б.** side by side, alongside; **в б.** to the side, sideways; **к —у** to the side, laterally; **на б.** on the side, sideways; **по —ам** on each side; **по —у** set aside; **под —ом** near (at hand); **с —у** at the side (of), by the side (of), at hand; **с —у на б.** from side to side.
бокал *m.* beaker, glass; **—о—**, *—ьце— prefix* scyphi—, scypho— (cup, can); **—овидный, —ьчатый** *a.* cup-shaped; scyphiform.
боккран *m.* trestle crane.
боко— *prefix* side-, lateri—; pleur(o)— (rib, side); **—вик** *m.* measuring jaw; **—вина** *f.* side, (side) member, sideframe; wall; (tire) sidewall.
боков/ой *a.* side, lateral; profile; peripheral (vision); by—, secondary, accessory, supplementary; sidelong, glancing (blow); marginal; wall (rock); **б. канал** by-pass; **б. разрез** lateral incision; **—ая грань, —ая поверхность** lateral face, facet; **—ая жидкость** (electrophoresis) auxiliary liquid; **—ая качка** rolling; **—ая реакция** side reaction; **—ая цепь** side chain; **—ого действия** (phot.) focal plane (shutter); **—ое спускное**

боковушка 47 бомбардировщик

течение (distillation) side stream, slip stream.
боковушка *f.* margin, edge.
боком *instr. of* бок; *adv.* sideways.
боко/нервные *pl.* (zool.) Loricata; —нервный *a.* laterinerved; —плавы *pl.* Amphipoda; —плодный *a.* (bot.) pleurocarpic.
бокс *m.* (elec.; nucl.) box; cell; (firing) bay; boxing (sport); (leather) box calf; (hospital) isolation ward or room.
боксит *m.*, —овый *a.* (min.) bauxite.
боксование *see* буксование.
бол *see* болюс.
болван *m.* (rough) block; —ить *v.* rough-hew, rough-cast; —ка *f.*, —очный *a.* (met.) pig, ingot, billet, bar; dummy; в —ках pig (iron).
болг. *abbr.* (болгарский) Bulgarian.
боле *adv.* more; (and) up; б. того and what is more.
болевой *a. of* боль; painful.
более *see* боле.
болезн/енность *f.* sickliness; painfulness; —енный *a.* sickly, unhealthy, morbid; painful; —етворный *a.* pathogenic; nosogenic (conditions); —еустойчивый *a.* disease-resistant; —ь *f.* disease; sickness, illness; (met.) embrittlement.
болеит *m.* (min.) boléite.
бол/ен *sh. m. of* больной; —еть *v.* be ill, suffer (from); pain, ache, hurt; —еутоляющий *a.* pain-relieving; —еутоляющее средство anodyne; —и *gen., pl. etc. of* боль.
боливийский *a.* Bolivian; Боливия Bolivia.
болиголов *m.* (bot.) poison hemlock (*Conium*, spec. *C. maculatum*).
болид *m.* bolide (meteor).
болометр *m.* (phys.) bolometer; —ический *a.* bolometric.
болона *f.* excrescence, gall (on trees).
болонский *a.* Bologna.
болот/ина *f.* marshland; —истый *a.* bog(gy), swampy, marshy; —ник *m.* swamp plant, spec. Callitriche; —ница *f.* (bot.) spike rush (*Eleocharis*); —ный *a. of* болото; bog (peat); paludal; —ный газ marsh gas, methane; —ная руда bog (iron) ore; —о *n.* bog, swamp, marsh, morass; —оведение *n.* study of bogs and marshes; —олюбивый *a.* bog-loving.
болт *m.*, скреплять —ами *v.* bolt, pin.
болт/ание *n.* shaking; —анка *f.* (av.) bump(iness), buffetting, rough weather, turbulence; jiggling; —ать *v.* shake; mix; buffet; —аться *v.* dangle, swing; —ающийся *a.* dangling; (med.) flail (joint).
болт/-барашек *m.* wing bolt; —ик *dim. of* болт.
болтнуть *see* болтать.

болтов/ой *a.* bolt; pin; б. шарнир pin hinge; —ое крепление bolting.
болторез/ый *a.* bolt-threading; —ая головка threading die.
болтун *m.* sterile egg.
болтушка *f.* mix, mash; batter; б.-мешалка *f.* (cement) mixer.
болус *see* болюс.
боль *f.*, причинять б. *v.* pain, hurt, ache.
больверк *m.* bulwark.
больд/ин *m.* boldine; —о листья boldo leaves; —оглюцин *m.* boldoglucin.
больни/ца *f.* hospital, infirmary; —чный *a.* hospital; inpatient (care); nosocomial (disease); —чный служитель orderly.
больн/о *adv.* painfully; very, exceedingly; —ой *a.* sick, unwell, ill; sore; *m.* patient, sick person; —ые *pl.* the sick.
больсон *m.* (geol.) bolson.
больцмановский *a.* (nucl.) Boltzmann.
большак *m.* highway.
больше *compr. of* большой, много more, larger, bigger; over, in excess (of); б. всего the most; б. не no more; вдвое б. twice as much; как можно б. as much as possible; много б. much more; тем б. so much the more; чем б., тем по более . . . the; *prefix* macro—, large; —берцовый *a.* (anat.) tibial; —берцовая кость tibia; —головки *pl.* thick-headed flies (*Conopidae*); —головый *a.* macrocephalic; —грузный *a.* heavy-freight.
больш/ий *a.* greater, larger, major; superior; —ей частью for the greater part, for the most part; самое —ее at the most; maximum; —инство *n.* majority, most (of).
больш/ой *a.* big, large, great, bulky; large-sized; major, significant, considerable, substantial, profound (change); heavy (machine); coarse (grain); strong (current); high (altitude; dilution; etc.); complex (system); —ая земля The Mainland; —ущий *a.* enormous, huge, mammoth.
болюс *m.* (min.) bole (clay); bolus, large pill.
бол/ячка *f.* sore, scab; —ящий *see* больной.
бомб/а *f.* bomb; (gas) cylinder; (depth) charge; сбрасывать —ы *v.* bomb.
бомбаж *m.* bulging (of cans).
бомбардир *m.* bomber; —ование *n.* bombardment, bombarding, etc., *see v.*; —овать *v.* bombard, impinge, strike; bomb; —овка *f.*, —овочный *a. see* бомбардирование.
бомбардир/овщик *m.* bomber (plane); б.-разведчик *m.* reconnaissance bomber; б.-ракетоносец *m.* missile-carrying bomber; б.-торпедоносец *m.* torpedo bom-

бомбе́жка ber; —уемый *a.* bombarded, struck; —уемый электронами electron-bombarded; —ующий *a.* bombarding, etc., *see* бомбардировать.
бомбёжка *f.* bomb(ard)ing.
Бомбей, бомбейский *a.* Bombay.
бомбиостерин *m.* bombiosterol.
бомбиров/ать *v.* crown; —ка *f.* crown(ing), camber (of shaft).
бомб/ить *v.* bomb; —овоз *m.* bomber (plane); —овый *a.* bomb; —одержатель *m.* bomb rack; —олюк *m.* bomb hatch; —омет *m.* bomb thrower, mortar; (naut.) depth-charge mortar; —ометание *n.* bombing; —оотсек *m.* bomb bay; —осбрасыватель *m.* bomb release (gear); —отсек depth-charge rack; —оубежище *n.* bomb or air-raid shelter; —оупорный *a.* bomb- proof.
Боме *see* Бомэ.
бомонтит *m.* (min.) beaumontite.
Бомэ Baumé, Bé.
бон *m.* boom, floating barrier.
бона *f.* check, money order.
бонанца *f.* bonanza (body of rich ore).
бондар/ить *v.* cooper; —ный *a.* cooper's; —ное предприятие, —ня *f.* cooperage, cooper's shop; —ь *m.* cooper.
бондеризация *f.* (met.) bonderizing.
бонит/ер *m.* appraiser; grader; (livestock) judge; —ет *m.* quality index; —ировать *v.* appraise, evaluate; grade, classify; judge; —ировка *f.*, —ировочный *a.* appraisal, evaluation; grading; judging; (biol.) bonitation; —ировщик *see* бонитер.
бонифик/атор *m.* ameliorant; —ация *f.* bonification; amelioration, improvement.
боновый *a. of* бон.
бонус *m.* bonus, premium.
боны *pl. of* бон; бона; paper money.
боотит *m.* (min.) boothite.
бор *m.* boron, B (elmt.); pine forest; millet grass (*Milium*); азотистый б. boron nitride; иодистый б. boron iodide.
бора *f.* bora, cold northerly wind.
Бора теория Bohr's theory.
бор/акс *see* бура; —аль *m.* boral, aluminum borotartrate; (nucl.) Boral (a boron carbide-aluminum powder sheet); —ан *m.* borane, boron hydride; —ат *m.* borate; —ацит *m.* (min.) boracite.
Боргарда препарат a basic copper sulfate-carbonate seed disinfectant.
боргес *m.* (typ.) bourgeois (9 points).
бордо *n.* claret, claret color; —вый, —сский *a.* Bordeaux; —сская жидкость Bordeaux mixture (fungicide).
бордс/овый фут board foot (unit of measure); —ы *pl.* boards.
бордюр *m.*, —ный *a.* border, edging;

curb; list; (geol.) limb; —ный камень curbstone.
боре/альный *a.* boreal (region); —й *m.* Boreas, north wind.
борелевский *a.* (math.) Borel (set).
бор/ение *n.* fighting, etc., *see* бороться; —ец *m.* fighter, wrestler; (bot.) aconite.
боржом *m.* Borzhom mineral water.
борид *m.* boride.
бориккит *m.* (min.) borickite.
бор/ил *m.* boryl; —ин *m.* borine; —ирование *n.* borating; (met.) boronizing; —ировать *v.* borate; boronize.
борист/ый *a.* boron; boride (of); б. алюминий aluminum boride; —ая камера boron (ionization) chamber; —ая сталь boron steel.
боркальц *m.* a mixture of aluminum powder and lime used for reducing furnace slag; calcium borate.
бормагниевый *a.* boron-magnesium.
бормашина *f.* (dentist's) drill.
бометил *m.* bormethyl, trimethylborine.
Борна формула Born's equation.
борнасский *a.* (vet.) Borna's (disease).
борн/ейская камфара, —еол *m.* borneocamphor, borneol; —ивал *m.* bornyval, bornyl isovalerate.
борнил *m.*, —овый *a.* bornyl; —амин *m.* bornylamine, 2-aminocamphane; —ацетат *m.* bornyl acetate; —ен *m.* bornylene; —овый спирт *m.* borneol; —хлорид *m.* bornyl chloride.
борнит *m.* (min.) bornite, peacock copper ore.
борно— *prefix* boro—; —аммониевая соль ammonium borate; —вольфрамовая кислота borotungstic acid.
борновский *a.* Born (approximation).
борно/кальциевая соль calcium borate; —кислый *a.* boric acid; borate (of); —кислый натрий sodium borate; —кислая соль borate; —магниевая соль magnesium borate; —муравьиная кислота boroformic acid; —натриевая соль sodium borate; —салициловая кислота borosalicylic acid; —свинцовистая соль lead borate; —этиловый эфир ethyl borate.
борн/ый *a.* bor(ac)ic; boron (counter, etc.); borax (soap); boric acid (ointment); б. ангидрид boric anhydride, boron oxide; б. глицерин boroglyceride, glyceryl borate; —ая кислота bor(ac)ic acid; —ой кислоты соль borate.
боро— *prefix* boro—, boron.
боров *m.* (horizontal) flue; castrated hog; *gen. pl. of* бор.
боровертин *m.* borovertin.
боровик *m.* (bot.) mushroom (*Boletus edulis*); —а *see* брусника.
боровковый *a.* flue; б. порог baffle.

бороводород *m.* boron hydride, borane.
боровой *a.* (pine) forest.
боровок *m.* baffle (plate); furnace bridge.
боровольфрамовая кислота borotungstic acid.
боровский радиус (nucl.) Bohr radius.
боровый *a. of* боров.
борода *f.* beard; (piston rod) lug.
бородав/ка *f.* wart; —ник *m.* (bot.) nipplewort (*Lampsana*); —очник *m.* (zool.) wart hog; greater celandine (*Chelidonium majus*); —чатость *f* wartiness; (phyt.) wart disease; —чатый *a.* warty.
бород/атый *a.* bearded; (bot.) barbate, barbed; —ач *m.* beard grass (*Andropogon*); —ка *f.* beard, tuft; barb; (zool.) byssus; (mech.) drift; —ок *m.* drift, punch, broach; nail set; knock-out rod; —чатый *a.* barbed; (bot.) barbate.
борозд/а *f.* furrow, groove, channel, trench; ridge; trail; (anat.) sulcus, fissure; (lunar) wrinkle; —ильный *a.* furrowing, etc., *see v.*; —ить *v.* furrow, trench; groove, channel; —ка *dim. of* борозда; slot, stria; (anat.; bot.) vallecula; —ковый *a. of* бороздка; —ник *m.* furrower; (agr.) marker; —ной, —овой *a. of* борозда.
бороздчат/о— *prefix* groove, furrow; solено— (channel); —брюхие *pl.* (zool.) Solenogastres; —ость *f.* striation; —ый *a.* grooved, channel(ed); striated; *suffix* —sulcate.
борол *m.* borol (sodium potassium borosulfate).
боролся *past m. sing. of* бороться.
борона *f.* (agr.) harrow.
боронатрокальцит *m.* (min.) boronatrocalcite, ulexite.
борон/енный *a.* (agr.) harrowed; —ить, —овать *v.* harrow; —ование *n.*, —ьба *f.* harrowing.
бор/органический *a.* organoboron, —осиликат *m.* borosilicate; —осилицирование *n.* boron-silicon cladding.
бороскоп *m.* boroscope (device for inspecting inside of tubes).
бороться *v.* fight, control.
борофтор(ист)оводородн/ый *a.* fluoboric (acid); соль —ой кислоты fluoborate.
борсодержащий *a.* boron-containing.
борт *m.* edge, rim, border, hem; flange, (tire) bead; bort (industrial diamond); side (of ship); curbstone; bank (of ore); загибать б. *v.* bead; за —ом overboard; на —у on board, aboard; у —а alongside.
борт— *prefix see* бортовой; —журнал *m.* log (book); —ик *m.* (constr.) skirting; —инженер *m.* flight engineer; —механик *m.* flight mechanic; ship mechanic; maintenance man.

бортнич/анье, —ество *n.* apiculture (with wild bees).
борт/овой, —овый *a. of* борт; airborne; spaceborne; flight, aircraft; aboard, (on) board; final (drive, reduction gear); б. камень curbstone; б. фрикцион (mach.) steering clutch; —овая качка (naut.) rolling; ракетный б. *a.* rocket-borne; —озагибочный пресс flanger; —орасширитель *m.* tire spreader; —радист *m.* radio operator; —техник *m.* maintenance man.
борть *f.* wild bee hive.
борфтористоводородный *a.* fluoboric (acid).
борштанга *f.* boring bar.
борщевик *m.* cow parsnip (*Heracleum*).
борьба *f.* struggle, fight, combat(ing); campaign, drive; (disease, fire, pest) control; (accident) prevention; (noise) abatement.
борэт/ан *m.* borethane; —ил *m.* borethyl.
борю/тся *pr. 3 pl. of* бороться; —щийся *a.* fighting, combating.
бос/иком *adv.*, —ой *a.* barefoot.
босон *see* бозон.
босоногий *see* босой.
бот *m.* boat, skiff; overshoe.
ботани/зирка *f.* (bot.) specimen box; —зировать *v.* botanize; —к *m.* botanist; —ка *f.* botany; —ческий *a.* botanical.
ботв/а *f.* (agr.) plant top(s), haulm; —одробитель *m.* (haulm) shredder; —орез *m.*, —отеребильный аппарат, —удаляющий аппарат haulm remover.
бот/ик *m.* overshoe; —инок *m.*, —иночный *a.* shoe, boot.
Боткина болезнь infectious hepatitis.
ботн/ий *m.*, —ическая свита (geol.) Bothnian series.
ботрио— *prefix* botry(o)— (cluster of grapes); bothri(o)— (pit, depression); —микоз *m.* (vet.) botryomycosis.
ботрия *f.* (zool.) bothrium.
ботулизм *m.* botulism (food poisoning).
боты *pl.* overshoes, boots.
боуманит *m.* (min.) bowmanite.
Бофор(т)а шкала (meteor.) Beaufort scale.
бочаг *m.*, —а *f.* deep pool.
бочар *m.* cooper; —ничать *v.* cooper; —ничество *n.* cooperage, coopering; —ный *a.* cooper's; barrel, cask; —ня *f.* cooperage, cooper's shop.
боч/ечка *f.* *see* бочонок; —ечный *a.*, —ка *f.*, —ковый *a.* barrel, drum, cask, keg; tub, vat; (av.) roll; (naut.) buoy; —ковидный *see* бочкообразный.
бочком *see* боком.
бочкообразный *a.* barrel(-shaped or -type); (biol.) dolioform.
—бочный *a. suffix* —lateral, -sided.
бочонок *m.* small barrel, keg.

боя

боя *gen. of* бой.
бояз/ливый *a.* fearful, apprehensive; —нь *f.* fear, dread; (med). phobia.
боярышн/ик *m.* (bot.) hawthorn (*Crataegus*); —ица *f.* pierid butterfly.
бояться *v.* fear, be afraid (of), dread; suffer (from); не б. проколов be puncture-proof.
боях *prepos. pl. of* бой.
боящийся *pr. part. of* бояться.
БПК *abbr.* (биохимическая потребность в кислороде) biochemical oxygen demand, BOD.
бр *abbr.* (бар) bar; бр. *abbr.* (брошюра) pamphlet; (бракованный) rejected; (брикетированный) briquetted; бр., Бр *abbr.* (брутто) gross (weight).
бра *n.* sconce, (wall) bracket.
браваизит *m.* (min.) bravaisite.
бравший *past act. part. of* брать.
Бравэ решетка (cryst.) Bravais lattice.
брага *f.* a beer.
браг/гит *m.* (min.) braggite; —ит *m.* (min.) bragite, fergusonite.
брадзот *m.* (vet.) braxy.
бради— *prefix* brady— (slow); —кардия *f.* (med.) bradycardia.
брадэна головка (oil wells) bradenhead.
бражка *f.* mash.
бражники *pl.* (ent.) Sphingidae.
браз. *abbr.* (бразильский) Brazilian.
бразил/еин *m.* brazilein; —ин *m.* braziliin, brasilin; —ит *m.* (petr.) brazilite, baddeleyite; Бразилия Brazil; —копаловая кислота brazilcopalic acid; —овая кислота brasilic acid; —ьский *a.* Brazil(ian); —ьское дерево brazilwood.
брайлевский *a.* Braille.
брайтова болезнь (med.) Bright's disease, acute or chronic nephritis.
брайтсток *m.* bright stock (oil).
брак *m.* union, marriage; (tech.) flaw; refuse, scrap; wastage, reject(s), defective products; (paper) broke; доля —а (math.; stat.) fraction defective.
бракебушит *m.* (min.) brackebuschite.
бракер *m.* grading inspector, grader, sorter; —аж *m.* grading; —овочная *f.* grading room.
бракет *m.*, —а *f.* bracket.
брако/ванный *a.* condemned, rejected, non-acceptable; defective, faulty; refuse, waste; —вать *v.* condemn, reject, refuse, discard, scrap; inspect; grade, sort, cull; —вка *f.* condemning, rejection; sorting, grading; inspection; —вочный *a.* rejected, discarded; defective; objectionable; —вщик *m.* quality control inspector, sorter, grader; —дел *m.* careless worker; —делие *n.* production of defective goods; —молка *f.* (paper) cone breaker, kneader, shredder.

бревно

браконицы *pl.* braconid wasps.
браконьер *m.* offender.
бракующий *pr. act. part. of* браковать.
брал *past m. sing. of* брать.
бранд— *prefix* fire; —вахта *f.* (guard) ship; —ер *m.* fire boat, fire ship.
брандизит *m.* (min.) brandisite.
бранд/мауер *m.* fire wall; —мейстер *m.* fire chief; —спойт *m.* (fire) pump; (hose) nozzle.
брандтит *m.* (min.) brandtite.
брандтрубка *f.* (art.) nipple, tube.
брандушка *f.* (bot.) Bulbocodium.
Бранли когерер (rad.) Branley coherer.
браннерит *m.* (min.) brannerite.
бранхи— *prefix* branchi(o)— (gills).
брас *m.* brace.
брасик *m.* (naut.) tiller becket.
браслет *m.* bracelet; (rubber) band; —ный станок band builder; —чик *m.* band-building operator.
брасопить *v.* (naut.) brace.
брасси/(ди)новая кислота brassidic acid, 12-docosenoic acid; —ловый *a.* brasylic (acid).
брат *m.* brother, sibling; (geol.) earth pillar; —аться *v.* fraternize; —ский *a.* fraternal; —ственный *a.* suffix (bot.) —adelphous; —ство *n.* brotherhood, fraternity.
брать *v.* take, obtain; derive (from), originate; withdraw, remove, borrow (from); prevail, succeed; put (in brackets); negotiate (turns); turn (right or left); follow (an example); б. на себя take upon oneself, assume; не б. fail; —ся (за) *v.* undertake; accept (a challenge).
братья *pl. of* брат; б. и сестры siblings.
браузе *n.* sprinkler, spray.
Брауна реактив Braun's reagent.
браунинг *m.* (mil.) Browning.
браунит *m.* (min.) braunite.
браунколь *f.* (bot.) kale.
брауновский *a.* Brownian (movement); Braun's (reagent).
брауэровский *a.* (math.) Brouwer(ian).
брауншвей/гская зелень, —н *m.* Brunswick green, green copper carbonate.
брахи— *prefix* brachy— (short); brachi—, brachial; —альный *a.* brachial; —опода *f.* (zool.) brachiopod; —ось (cryst.) brachyaxis; —пирамида *f.* brachypyramid; —стохрона *f.* (math.) brachistochrone.
брачный *a.* (zool.) nuptial, mating; breeding; *suffix* (biol.) —gamous.
брашпиль *m.* windlass, capstan.
бревен *gen. pl. of* бревно; —чатый *a.* log, beam; block; timber(ed).
бревий *m.* brevium, uranium X_2.
бревно *n.* log, beam; block; —катка *f.* log

roller; —подъемник *m.* log hoister; —спуск *m.* chute; —таска *f.* log hauler; —укладчик *m.* log stacker.
брег(г)ерит *m.* (min.) bröggerite.
бред *m.* delirium.
бредень *m.* drag net.
бредет *pr. 3 sing. of* брести.
бредина *f.* goat willow (*Salix caprea*).
бред/ить *v.* be delirious; —ни *pl. of* бредень; —овой *a.* delirious.
бреет *pr. 3 sing. of* брить.
брезг/ать *v.* disdain, be fastidious (about); —ливый *a.* squeamish, fastidious.
брезент *m.*, —овой *a.* tarp(aulin), canvas; burlap; —овое пальто tarpaulin.
брезжить *v.* glimmer; dawn.
брей *imp. of* брить.
брейнерит *m.* (min.) breunerite.
брейслакит *m.* (min.) breislakite.
Брейта-Вигнера формула (nucl.) Breit-Wigner formula.
брейттауптит *m.* (min.) breithauptite.
брейте *imp. of* брить.
брекватер *m.* breakwater, jetty.
брекер *m.* breaker.
брекч/иевидный, —ированный *a.* (petr.) brecciated; —ирование *n.* brecciation; —ия *f.* breccia.
брел *past. m. sing. of* брести.
брелок *m.* suspender.
бременский зеленый Bremen green, green copper carbonate; б. синий Bremen blue, blue copper carbonate.
бремсберг *m.* slope, incline, ramp.
бремя *n.* burden, load, weight.
бренди *m.* brandy.
бренчать *v.* jingle.
бреславльская палочка (bact.) *Salmonella breslau*.
брести *see* бродить.
брест-колесо *n.* breast wheel.
бретель(ка) *f.* shoulder strap.
бретонский *a.* (geol.) Bretonian.
брештук *m.* (naut.) breasthook; hook.
брешь *f.* breach, gap, break, notch, flaw.
брею/т *pr. 3 pl. of* брить; —щий *a.* shaving; (av.) low-altitude.
б-рея *abbr.* (батарея) battery, cell.
бриг *m.* brig (a boat).
бриг— *prefix see* бригадный; *m. suffix see* бригада.
бригад/а *f.*, —ный *a.* brigade, squad, crew, team (of workers); —ир *m.* brigade foreman.
бриггсовый логарифм (math.) Briggs' logarithm, common logarithm.
бридер *m.* (nucl.) breeder.
бриз *m.* breeze.
бризантн/ость *f.*, —ое действие (expl.) brisance; —ый *a.* brisant, disruptive, shattering; detonating, high explosive; high (explosives).

бризол *m.* bituminous-rubber waterproofing material.
брикет *m.* briquet, brick, cake; brick fuel; (feed) pellet; preform; —ирование *n.* briquetting, etc., *see v.*; —ированный *a.* briquet(ted), etc., *see v.*; —ировать *v.* briquet; pellet; preform; —ировочный *a.* briquet(ting), etc., *see v.*
Брикнера цикл (meteor.) Brückner cycle.
брил *past m. sing. of* брить.
бриллиант *m.* diamond; —индиго brilliant indigo; —овый *a.* diamond; brilliant (dyes, lacquers).
бриллуэновский *a.* Brillouin (function).
брильянт *see* бриллиант.
Брина метод Brin (oxygen) process.
Бринел/я проба (met.) Brinell test; твердость по —ю Brinell hardness.
брио— *prefix* bryo— (moss); —зои *pl.* (zool.) Bryozoa; —идин *m.* bryoidin; —логия *f.* bryology; —нан *m.* bryonane; —нин *m.* bryonin; —ния *f.* (bot.) bryony; —нол *m.* bryonol.
бристольский *a.* Bristol (board).
Бриталь-процесе *m.* Brital process (of aluminum polishing).
британ/ия *f.*, —ский металл Britannia (metal); —ский *a.* British; —ская тепловая единица British thermal unit (Btu).
бритв/а *f.* razor; (mach.) blade, knife; —енный *a.* razor; shaving.
бритолит *m.* (min.) britholite.
брит/ый *a.* shaved, clean-shaven; —ье *n.* shave, shaving; —ь(ся) *v.* shave.
бровалол *m.* brovalol, bornyl bromoisovalerate.
бров/ка *f.* lip, brow (of hill, deposit); edge, shoulder; —ный *a.*, —ь *f.* eyebrow.
брод *m.* ford.
бродил/о *n.* leaven; ferment; yeast; —ьность *f.* fermentability; —ьный *a.* zymotic, fermenting, fermentative; —ьный грибок yeast plant; —ьный запал ferment, leavening; —ьный процесс fermentation; —ьня *f.* fermentation room.
брод/ить *v.* ferment; wander, roam, stray; —яжка *f.* (biol.) zoospore; young larva; —ячий *a.* stray, wandering, erratic, restless; migratory, itinerant, nomad; —ящий *a.* fermenting, etc., *see v.*
брожен/ие *n.* fermentation; измеритель —ия zymometer.
бройлер *m.* broiler.
брокат *m.* bronze powder; (text.) brocade.
брокателло *n.* broccatello (a marble).
брокенский призрак Brocken bow (or specter), glory.
брокер *m.* (com.) broker.
броккол/и, —ь *f.* (bot.) broccoli.

бром *m.* bromine, Br; (pharm.) bromide; **гидрат** —a bromine hydrate; **хлористый б.** bromine chloride.

бром— *prefix* brom(o)—; **—ал, —ал(ь)** *m.* bromal, tribromoacetaldehyde; **—алин** *m.* bromalin, bromethylformin; **—амид** *m.* bromamide, aniline tribromide.

бромангидрид *m.* acid bromide; **б. серной кислоты** sulfuryl bromide; **б. уксусной кислоты** acetyl bromide.

броманилин *m.* bromaniline.

бромаргирит *m.* (min.) bromargyrite.

бромат *m.* bromate; **—ология** *f.* bromatology, dietetics; **—ометрический** *a.* with the bromate method; **—ометрия** *f.* bromate method (of analysis).

бром/ацетон *m.* bromacetone; **—бензилцианид** *m.* bromobenzyl cyanide; **—бензол** *m.* bromobenzene; **—гидрат** *m.* bromine hydrate; hydrobromide; **—гидрин** *m.* bromhydrin; **—гидрирование** *n.* hydrobromination; **—етон** *m.* brometone; **—замещенный** *a.* bromo— (compound); **—ид** *m.* bromide; **—ид натрия** sodium bromide; **—ипин** *m.* bromipin; **—ирит** *m.* (min.) bromyrite.

бромиров/ание *n.* brom(in)ation; **—анный** *a.* brom(in)ated; **—ать** *v.* brom(in)ate.

бромистоводородн/ый *a.* hydrobromic; hydrobromide (of); **б. хинин** quinine hydrobromide; **—ая кислота** hydrobromic acid, hydrogen bromide; **соль —ой кислоты** bromide.

бромист/ый *a.* bromine; (lower or —ous) bromide; **б. водород** hydrogen bromide; **б. калий** potassium bromide; **б. натрий** sodium bromide; **б. этил** ethyl bromide; **—ая медь** cuprous bromide; **—ое железо** ferrous bromide; **—ое серебро** silver bromide.

бром/ит *m.* bromite; **—лит** *m.* (min.) bromlite, alstonite; **—метил** *m.* methyl bromide.

бромноват/ая кислота bromic acid; **соль —ой кислоты** bromate; **—истая кислота** hypobromous acid; **соль —истой кислоты** hypobromite; **—истокальциевая соль** calcium hypobromite; **—истокислый** *a.* hypobromous acid; hypobromite (of); **—истокислая соль** hypobromite.

бромновато/бензиловый эфир benzyl bromate; **—калиевая соль** potassium bromate; **—кислый** *a.* bromic acid; bromate (of); **—кислый натрий** sodium bromate; **—кислая соль** sodium bromate; **—натриевая соль** sodium bromate.

бромн/ый *a.* bromine; (higher or —ic) bromide; **—ая вода** bromine water; **—ая кислота** perbromic acid; **соль —ой кислоты** perbromate; **—ая медь** cupric bromide; **—ое железо** ferric bromide.

бромо— *prefix* bromo—.

бромоводород *m.* hydrogen bromide; **—ный** *see* **бромистоводородный**.

бромовый *a. of* **бром**.

бромо/камфара *f.* bromocamphor; **—кись** *f.* oxybromide; **—колл** *m.* bromocoll, brominated tannin gelatin; **—л** *m.* bromol, tribromophenol; **—прен** *m.* bromoprene, 2-bromobutadiene-1,4; **—серебряный** *a.* silver bromide (emulsion); **—форм** *m.* bromoform, tribromomethane.

бром/стирол *m.* bromostyrene; **—толуол** *m.* bromotoluene; **—уксусная кислота** brom(o)acetic acid; **соль —уксусной кислоты** bromoacetate; **—уксусноэтиловый эфир** ethyl bromoacetate; **—урал** *m.* Bromural; **—фенол** *m.* bromphenol; **—фенолблау** *m.* bromphenol blue; **—циан** *m.* cyanogen bromide; **—юр** *m.* bromide.

броне— *prefix* armor(ed); **—автомобиль** *m.* armored car; **—башня** *f.* turret; **—бойный** *a.* armor-piercing; **—вик** *m.* armored car; **—вой** *a.* armor(ing), armored, protective, sheathing; **—вой лист** armor plate; **—вой стан** armor plate rolling mill.

броней *instr. of* **броня**.

броне/кабель *m.* (elec.) armored cable; **—кассета** *f.* armored cartridge (of recorder); **—катер** *m.* armored boat; **—колпак** *m.* armored turret; **—машина** *f.* armored vehicle; **—носец** *m.* (zool.) armadillo; battleship; **—носный** *a.* armored, armor-clad; **—плита** *f.* armor plate; **—поезд** *m.* armored train; **—стекло** *n.* bullet-resistant glass; **—танковый** *a.* armored; **—транспортер** *m.* armored (personnel) carrier.

бронза *f.* (met.) bronze.

бронзиров/альный *a.* bronze, bronzing; **—ание** *n.*, **—ка** *f.* bronzing; **—анный** *a.* bronzed; **—ать** *v.* bronze.

бронзит *m.* (met.; min.) bronzite.

бронзов/альный *a.* bronze, bronzing; **—ание** *see* **бронзирование**; **—атоокрашенный** *a.* bronze-colored; **—ки** *pl.* scarabaeid beetles; **—ость** *f.* (phyt.) bronzing.

бронзов/ый *a.* bronze, bronzy; **б. штейн** concentration metal (from smelting of copper sulfide ores); **—ая болезнь** (med.) Addison's disease; **—ая зелень** bronze green; **—ые краски** bronze powders.

бронзо/литейный завод bronze foundry; **—подобный** *a.* bronze-like, bronzy.

бронниров/ание *n.* armoring, etc., *see v.*; **—анный** *a.* armored, etc., *see v.*; metal-clad; **—анный латунью** brass-clad;

—ать v. armor, armor-plate, clad with metal, jacket; (rockets) inhibit, restrict (grain); reserve; —овка f., —овочный a. armoring, etc., see v.

бронто— prefix bronto— (thunder); —завр m. (pal.) brontosaurus; —метр m. (meteor.) brontometer.

бронх m. (anat.) bronchus; —и pl. bronchi; —иальный a. bronchial; —ит m. (med.) bronchitis; —о— prefix broncho—, bronch(i)— (windpipe); —оскопировать v. examine with a bronchoscope.

брон/я f. armor, casing, jacket; reservation; reserved quota; покрывать —ей v. armor(-plate).

брос/ание n. throwing, etc., see v.; projection; abandonment; (missiles) departure; —ать, —ить v. throw, cast, toss; project; give up, quit, abandon, leave, drop; —аться v. throw oneself, plunge; —овый a. worthless, unproductive, waste; low-quality; (av.) retractable; jettisonable; —овый экспорт (com.) dumping; —ок m. throw(ing); thrusting; rush, surge; (mach.) kick; (av.) bump.

броуновский a. Brownian (movement).

брошантит m. (min.) brochantite.

брошенный past pass. part. of бросать.

брошировать see брошюровать.

брошь f. (tech.) broach; brooch.

брошюр/а f. brochure, pamphlet, booklet; bulletin; —овать v. stitch (books); —овка f., —овочный a. stitching.

б.р.т., БРТ abbr. (брутто регистровая тонна) gross registered ton, G.R.T.; бр.-т abbr. (брутто-тонн) gross tons; бр-то abbr. (брутто) gross (weight).

брудер m. brooder (for poultry).

брук/ит m. (min.) brookite; —хейвенский a. Brookhaven.

брульон m. draft, sketch, outline.

брунирование see брюнирование.

брунсвигит m. (min.) brunsvigite.

бруньятеллит m. (min.) brugnatellite.

брус m. beam, girder, squared beam; (tie) rod; bar, block.

брусит m. (min.) brucite.

брусков/ый a. of брусок; squared; joist (nail); brick-shaped; —ое железо bar iron.

брусни/ка f., —чный a. mountain cranberry (*Vaccinium vitis idaea*).

брус/овка f. arm file, coarse file; —овой a. of брус; —ок m., —очный a. bar, block; slug; pig; rail, rod; stack; (whet)stone; —ок покрытия (algebraic topology) stacked covering.

бруссонеция f. (bot.) Broussonetia.

бруствер m. breastwork, parapet.

брусчат/ка f. (paving) block; —ый a. block; stacked; (geol.) mullion, rodding (structure).

брусья pl. of брус; skids.

брутто a. and adv., —вый a. gross; б.-реакция f. overall reaction; б.-тонна f. gross ton; б.-формула f. empirical formula; вес б. gross weight.

бруц/еллез m., —еллезный a. (med.) brucellosis; —ин m. brucine, dimethoxystrychnine; —иновая кислота brucinic acid; —ит m. (min.) brucite.

брушбрекер m. (agr.) brush breaker.

брушит m. (min.) brushite.

БРФ abbr. (физический бериллиевый реактор) physical beryllium reactor.

брыж/еечный, —ейный a. (anat.) mesenteric; —ейка f. mesentery.

брызг m. spray; —алка f., —ало n. sprinkler, sprayer, spray nozzle; —альный a. sprinkling, etc., see v.; —анье n. sprinkling, etc., see v.; jet, spurt; —ать v. sprinkle, spray; splash, spatter; jet, spurt; —аться v. spatter; —и pl. spray, splash, spatter; давать —и v. spurt.

брызго/вик m. mudguard; —защищенный, —непроницаемый a. splashproof, spraytight; rainproof; —отражатель m. spray deflector, guard; —стойкий a. splashproof; —уловитель m. spray trap.

брызнуть see брызгать.

брык/ать(ся), —нуть v. kick.

брынза f. a sheep's milk cheese.

брэгговский a. Bragg's, Bragg.

брюкв/а f., —енный a. Swedish turnip, rutabaga.

брюки pl. trousers.

брюнет m., —ка f. brunette.

брюниров/ание n. (met.) browning, etc., see v.; —анный a. browned; burnished; —ать v. brown; bronze; burnish, polish.

брюссельская капуста Brussels sprouts.

брюстерит m. (min.) brewsterite.

брюстеровский a. (opt.) Brewster's (law).

брюхо n. abdomen; (zool.) belly; —вина f. entrails; rumen (of ruminant); belly; —ногие pl. (zool.) Gastropoda; —ресничные pl. (zool.) Hypotricha.

брючный a. of брюки.

брюшин/а f. (anat.) peritoneum; воспаление —ы (med.) peritonitis; —ный a. peritoneal.

брюшко n. (zool.) abdomen; belly (of muscle); face (of blade).

брюшн/ой a. abdominal, ventral, enteric; б. тиф typhoid fever; —ая полость abdominal cavity; —отифозный a. typhoid.

брякнуть v. clatter.

бряцать v. clang, clatter.

БС abbr. (бессемеровская сталь) Bessemer steel.

БСК abbr. (бутадиенстирольный каучук) butadiene-styrene rubber.

БССР *abbr.* (Белорусская ССР) Belorussian Soviet Socialist Republic.

б.т.е., БТЕ, Б.Т.Е. *abbr.* (британская тепловая единица) British thermal unit, Btu.

бубен/ец, —**чик** *m.* bell.

бублик *m.* (food) roll.

бубон *m.* (med.) bubo; —**ный** *a.* bubonic.

Буво-Блан(к)а реакция Bouveault-Blanc reaction.

бугай *m.* breeding bull.

Буге закон (opt.) Bouguer's law.

бугель *m.*, —**ный** *a.* bow, loop, hoop; stirrup, strap; (elec.) bow collector; (eccentric) clip.

Бугера *see* **Буге**.

бугор *m.* mound, hill(ock), knoll; protuberance; (anat.) tuber, knob, swelling; —**ок** *m.* tubercle, nodule; protuberance.

бугорчат/ка *f.* (med.) tuberculosis; —**ый** *a.* tubercular, nodular.

бугрист/ость *f.* tuberosity; bumpiness; —**ый** *a.* bumpy, uneven; hummocky, hilly.

Бугэ *see* **Буге**.

будапештский *a.* Budapest.

будем *fut. 1 pl. of* **быть**.

будень *m.* workday, weekday.

будет *fut. 3 sing. of* **быть**.

будильник *m.* alarm clock.

будить *v.* wake, rouse, call, raise.

будка *f.* booth, stall; cabin; (sentry) box; (mach.) cab; shelter, screen.

будле(й)я *f.* (bot.) Buddleia.

будн/и *pl.*, —**ий** *a.* workday(s), weekday(s); —**ичный** *a.* week (day); everyday; dull, prosaic.

буд/ок *gen. pl. of*; —**очка** *dim. of* **будка**.

будра *f.* ground ivy (*Glechoma*).

будто *conj.* as if, as though; **б. бы** supposedly, apparently, ostensibly.

буду/т *fut. 3 pl.*; —**чи** *pr. act. ger. of* **быть**; being; if, when, while.

будущ/ее *n.* the future; —**ий** *a.* future, coming, next, ensuing; **на** —**ее время** for the future; —**ность** *f.* future, coming years; career.

будь, —**те** *imp. of* **быть**; be; whether; **б. что будет** come what may; **не б. вас** ... but for you ...

будящий *pr. act. part. of* **будить**.

буев *gen. pl. of* **буй**.

буек *m.* (small) buoy.

буен *sh. m. of* **буйный**.

буер *m.* ice boat, ice breaker.

буер/ак *m.*, —**ачный** *a.* ravine, gully; —**ачистый** *a.* gullied.

буж *m.* (med.) bougie (instrument).

буж(д)ение *n.* wakening, arousing.

буженина *f.* pork.

бужировать *v.* (med.) examine with a bougie.

буза *f.* bouza (millet beverage); (min.) bay salt.

бузин/а *f.*, —**ный,** —**овый** *a.* (bot.) elder.

бузун *m.* bay salt.

буй *m.* buoy, float; beacon.

буйвол *m.*, —**овый** *a.* buffalo.

буйка *gen. of* **буек**.

буйн/о *adv.* violently; vigorously; —**ость** *f.* violence, turbulence; —**ый** *a.* violent, turbulent, ungovernable; vigorous; lush (growth).

буйреп *m.* buoy line or rope.

буйство *n.* violence; —**вать** *v.* be violent.

бук *m.* (bot.) beech (*Fagus*).

букарка *f.* snout beetle.

букашка *f.* small insect.

букв/а *f.* letter, character; —**ально** *adv.* literally, word for word, verbatim; —**альность** *f.* literalness; —**альный** *a.* literal; verbal; —**арный** *a.* alphabetic; —**енно-цифровый** *a.* alphanumeric; tabular (display); —**енный** *a.* (by) letter; literal; (min.) graphic.

буквица *f.* (bot.) betony (*Betonica*).

букво/отливной *a.* type-casting; monotype (composing machine); —**печатающий** *a.* printing.

букет *m.*, —**ный** *a.* bouquet, flavor; perfume, scent, aroma; bunch, clump (of plants); union; —**ировать** *v.* (agr.) block, bunch, thin.

букинистический *a.* second-hand (book).

буккер *m.* drill plow.

букко *n.* bucco (leaves), buchu.

букландит *m.* (min.) bucklandite.

буковый *a.* beech(en); beechwood; beechnut; **б. жолудь** beechnut.

букс *m.* (bot.) box (*Buxus sempervirens*).

букса *f.* axle or journal box; bushing, bearing; (guiding) sleeve.

буксин *m.* buxine.

буксир *m.* tow(line); tug(boat); —**ный** *a.* tow, tug; —**ование** *n.* towing, etc., *see v.*; haulage; —**овать** *v.* tow, tug, haul; —**овка** *f.*, —**овочный** *a.* towing; hauling; **б.-толкач** *m.* pusher (tug).

буксов/ание *n.* slipping, slippage, skidding; —**ать** *v.* slip, skid, spin.

букс/овое дерево boxwood; —**ус** *m.* (bot.) box, boxwood (*Buxus*).

булава *f.* club.

булавка *f.* pin.

булавница *f.* (bot.) Clavaria.

булаво— *prefix* (biol.) clavi—, club; —**видный** *a.* clavate, club-shaped; —**усые** *pl.* (ent.) Rhopalocera.

булавочн/ый *a.* pin; —**ая коррозия** pitting.

буланжерит *m.* (min.) boulangerite.

буланый *a.* dun, cream-colored.

булат *m.* damask steel.

булгунннях *m.* (geol.) hydrolaccolith.

булев/ский, —ый *a.* (math.) Boolean.
булимия *f.* bulimia, insatiable appetite.
бул/ка, —очка *f.*, —очный *a.* roll, bun; —очная *f.* bakery.
булыжн/ик *m.*, —ый *a.* (cobble)stone.
бульб *m.*, —арный *a.* bulbar.
буль-блок *m.* (wire drawing) bull block.
бульбо— *prefix* bulbo— (bulb; bulbar); —вый *a.* bulb; —капнин *m.* bulbocapnine.
бульва *f.* (bot.) Jerusalem artichoke.
бульвар *m.*, —ный *a.* boulevard, avenue.
бульверк *m.* bulwark; breakwater.
бульдозер *m.* (mach.; met.) bulldozer; —ист *m.* bulldozer operator; б.-погрузчик *m.* loader; б.-снегоочиститель *m.* snow plow.
булька *f.* pellet.
булькать *v.* bubble, gurgle.
бульон *m.*, —ный *a.* broth, bouillon.
бум— *prefix, insert, suffix see* бумажный.
бумага *f.* paper; (metal) foil.
бумаго/видный *a.* papery; —делательный *a.* paper-making; —прядильный *a.* textile, cotton-spinning; —прядильня *f.* cotton mill; —реза(те)льный *a.* paper-cutting.
бумаж/истый *a.* papery; —ка *f.* slip of paper; —ник *m.* wallet, billfold; worker in paper industry; —но— *prefix*, —ный *a.* paper; (text.) cotton. —ная масса, —ное тесто paper pulp.
бумаз/ейный *a.*, —ея *f.* fustian (corduroy, velveteen, etc.).
бумеранг *m.* boomerang.
—бумпром *m. suffix* paper industry.
буна *f.* Buna (rubber); dike; jetty.
бундук *m.* (bot.) Kentucky coffee tree (*Gymnocladus canadensis*).
Бунзена-Роско закон Bunsen-Roscoe law.
бунзен/ит *m.* (min.) bunsenite; —овский *a.* Bunsen (burner).
бункер *m.*, —ный *a.* bin, bunker, hopper; —ный затвор bin gate; —ный фидер hopper, feed bin; —ная вагонетка hopper car; —ная сеялка (agr.) seed drill; —ное топливо oil-distillation residues; —ование *n.*, —овка *f.* (naut.) bunkering, coaling; —овать *v.* bunker, coal; fill bunkers; б.-распределитель *m.* distributing bin; б.-сборник *m.* storage bin.
бунт *m.* bale, pack; bundle, coil; mutiny, riot.
Бунте бюретка Bunte gas buret.
бунтов/ать *v.* bale, pack; coil; revolt, rebel; —ой *a.* bale, pack; coil; drum (drawing of tubes).
бур *m.* auger, borer, drill, perforator; (boring) bit; cutter; *sh. m. of* бурый.
бур— *prefix see* буровой; бурятский.
бур/а *f.* borax, sodium tetraborate; *sh. f. of* бурый; сплавленный шарик —ы borax bead.
бурав *m.* auger, borer, drill, perforator; —ить *v.* bore, drill, perforate, pierce; —ление *n.* boring, drilling; —ница *f.* (ent.) miner; —чатый *a.* auger-shaped; —чик *m.* gimlet, borer.
бурак *m.* beet (root); can.
буран *m.* —ный *a.* snowstorm, blizzard.
бураперл *m.* borax bead.
бурат *m.* (min.) trommel, washing drum; (flour) grading screen.
бурачник *m.*, —овый *a.* (bot.) borage (*Borago officinalis*).
бурачок *m.* (bot.) alyssum.
бурбон *m.* a cotton plant (*Gossypium purpurascens*); —ский *a.* bourbon.
бургундск/ий *a.* Burgundy; б. вар, —ая смола Burgundy pitch; —ая жидкость a copper sulfate-sodium carbonate fungicide.
бурда *f.* slops, waste water; muddy liquid; (zool.) skin fold.
бурдюк *m.* wineskin.
буре/вой *a. of* буря; —лом *m.* windbreak; wind-fallen wood.
бурен *sh. m. of* бурный.
бурение *n.* boring, drilling.
бурет *m.* (text.) bourette; floret.
бур/еть *v.* turn brown; —еющий *a.* turning brown, browning.
бури *gen., pl., etc., of* буря.
бур/ильность *f.* drillability; —ильный *a.* drilling, boring; —ильный молоток hammer drill, jack hammer; —ильщик *m.* driller, drill operator; (zool.) borer; —имость *f.* drillability; —имый *a.* drillable; —ить *v.* drill, bore, pierce; —ка *f.* drill hole, blast hole.
буркеит *m.* (min.) burkeite.
буркун *m.* (bot.) medic (*Medicago falcata*); —чик *m.* black medic (*Medicago lupulina*).
бурл/ение *n.* swirling, churning; —ивость *f.* tempestuousness, turbulence; —ивый *a.* temptestuous, turbulent; —ить *v.* bubble, boil, churn, swirl.
бурно *adv. and sh. n. of* бурный.
бурнонит *m.* (min.) bournonite.
бурн/ость *f.* violence; turbulence; intensity; —ый *a.* violent; stormy, turbulent; intense; vigorous, rapid (growth); —ый рост (population) explosion; —ое развитие explosion.
буро *adv. and sh. n. of* бурый.
буро— *prefix* bore, boring, drill; brown; —ватый *a.* brownish.
Бурова жидкость (pharm.) Burow's solution.
буров/ая *f.* borehole; —зрывной *a.* drilling and blasting; —зрывная работа blast-hole drilling; —ик *m.* driller.

буровить *v.* bubble, ferment.
буров/ой *a.* drilling, boring; mud (pump); б. журнал driller's log; б. раствор mud; б. станок drill; rig; —ая вышка (oil) derrick; —ая скважина borehole; (oil) well.
буровый *a.* borax, boracic.
буродержатель *m.* drill holder.
бурожелезняковый *a.* brown iron ore.
бурозаправочный *a.* drill-sharpening.
бурозем *m.* brown soil.
бурозубка *f.* (zool.) shrew.
бурокислый see борнокислый.
буростебельчатый *a.* brown-stalked.
буроугольный *a.* lignite.
бур-расширитель *m.* expansion bit.
бурс/а *f.* (anat.) bursa, sac; —ин *m.* bursine; —ит *m.* (med.) bursitis.
бурт/(ик) *m.*, —овой *a.* bead, rib, fillet, crimp, shoulder, collar; (agr.) storage pile, (potato) pit; —ование *n.* (winter) storage; —оукладчик *m.* piler, stacker.
бурун *m.* surf, breaker.
бурунд/ук *m.* (zool.) chipmunk; —учная руда (min.) banded ore.
бурщик see бурильщик.
бурый *a.* (grayish) brown; б. уголь (min.) brown coal, lignite.
бурьян *m.* (bot.) weeds.
буря *f.* storm, gale; hurricane.
бур-ямокопатель *m.* posthole auger.
бурятский *a.* (geog.) Buryat.
бус *m.* bead; (min.) smalls, slack, fines; —ин(к)а *f.* bead.
буссоль *f.* (surveying) compass; б. наклонения inclinometer; б. склонения declinometer; б.-угломер aiming circle.
бустамит *m.* (min.) bustamite.
бустер *m.* booster; line-drop compensator; —ный *a.* booster; power-assisted; servo-controlled; б.-трансформатор *m.* booster transformer.
бусы *pl.* beads.
бут *m.* quarrystone, rubble (stone), debris; container.
бутадиен *m.*, —овый *a.* butadiene; б.-нитрильный *a.* butadiene acrylonitrile (rubber); б.-ректификат *m.* rectified butadiene; б.-стирольный каучук styrene-butadiene rubber, SBR rubber, Buna-S.
бутадион *m.* (pharm.) phenylbutazone.
бутан *m.* butane; —дикарбоновый *a.* butane-dicarboxylic (acid); —дикислота, —диовая кислота butanedioic acid, succinic acid; —диол *m.* butanediol, butylene glycol; —дион *m.* butanedione; —овый *a.* butane; —овая кислота butanoic acid, butyric acid; —оил *m.* butanoyl, butyryl; —ол *m.* butanol, butyl alcohol; —он *m.* butanone, methylethyl ketone; —оновая кислота butanone acid, acetoacetic acid.
бутара *f.* (min.) trommel.
бутвар *m.* (plastics) Butvar, polyvinyl butyral.
бутезин *m.* Butesin, butyl-*p*-aminobenzoate.
бутен *m.* butene; —ал *m.* butenal, crotonaldehyde; —ил *m.* butenyl; —овая кислота buten(o)ic acid; —ол *m.* butenol.
бутень *m.* (bot.) chervil (*Chaerophyllum*).
бутерброд *m.*, —ный *a.* sandwich.
бутерлак *m.* (bot.) water purslane (*Peplis*).
бутил *m.* butyl; хлористый б. butyl chloride; —амин *m.* butylamine, aminobutane; —ацетат *m.* butyl acetate; —ен *m.* but(yl)ene; —енгликоль *m.* butylene glycol, butanediol; —иден *m.* butylidene; —каучук *m.* butyl rubber.
Бутилье Boutillier.
бутил/меркаптан *m.* butyl mercaptan; —метиловый эфир butyl methyl ether.
бутиловый *a.* butyl; б. альдегид see бутиральдегид; б. спирт butyl alcohol, butanol; б. эфир уксусной кислоты butyl acetate.
бутил/пропионат *m.* butyl propionate; —целлозольв *m.* butyl Cellosolve (a solvent); —этиловый *a.* butyl ethyl; —ьный see бутиловый.
бутин *m.* butine, butyne.
бутир—, **—о—** *prefix* butyr(o)— (butter); —альдегид *m.* butyraldehyde, butanal; —амид *m.* butyramide, butanamide; —ат *m.* butyrate; —ил *m.* butyryl; —ин *m.* (tri)butyrin; —иновая кислота butyric acid, butanoic acid; —олактон *m.* butyrolactone; —ометр *m.* butyrometer; —он *m.* butyrone, 4-heptanone; —онитрил *m.* butyronitrile.
бут/ить *v.* fill with rubble; —обетон *m.* rubble concrete; —овый *a.* of бут; —овый камень see бут.
бутокси— *prefix* butoxy—.
бутон *m.* bud; —изация *f.* budding.
бутчик *m.* (min.) packer.
бутыл/ка *f.* bottle; —комоечный *a.* bottle-washing; —кообразный *a.* bottle-shaped, phialine; —очный *a.* bottle; —очный камень (ingot mold); —очный камень (min.) bottle stone; —очного цвета bottle-green; —ь *f.*, —ьный *a.* large bottle, carboy, vessel; (gas) cylinder.
буфа/гин *m.* bufagin; —нин *m.* buphanine; —нитин *m.* buphanitine.
буфер *m.* buffer, bumper, shock absorber, cushion(ing); (oxidation-reduction) poiser, poising agent; воздушный б., масляный б. dashpot; —ность *f.* buffering, buffer action; —ный *a.* of буфер; —ный показатель buffer index; —ная емкость surge tank.

буферовка *f.* (met.) buffing, polishing.
буфет *m.* buffet, snack bar; cupboard; б.-автомат dumbwaiter.
буфо— *prefix* bufo— (toad); —**генин** *m.* bufogenin; —**нин** *m.* bufonin; —**талин** *m.* bufotalin; —**танин** *m.* bufotanine; —**токсин** *m.* bufotoxin.
бух *past. m. sing. of* **бухнуть**.
—**бух** *m. suffix* bookkeeper.
бухарник *m.* velvet grass (*Holcus*).
бухарский *a.* (geog.) Bukhara.
бухгалтер *m.* accountant, bookkeeper; —**ия** *f.*, —**ский учет** bookkeeping; —**ский** *a.* accountant, accounting; б.-эксперт *m.* certified public accountant.
Бухерера реакция Bucherer reaction.
бухнуть *v.* swell, expand.
бухта *f.* bay, inlet; coil (of rope).
бухтарма *f.* flesh side of leather.
бухтов/ание *n.* coiling; —**анный** *a.* coiled; —**ать** *v.* coil; —**ый** *a. of* **бухта**.
бухточка *f.* inlet, basin, cove.
буча *f.* row, disturbance.
бучарда *m.* (masonry) bush hammer.
буч/ение *n.* (text.) bucking, etc., *see v.*; (med.) purging; —**енный** *a.* bucked; —**еный** *a.* filled with rubble; —**ильный** *a.* bucking, steeping; —**ить** *v.* buck, steep (in lye); scour; fill with rubble.
бушевать *v.* storm, rage.
бушель *m.* bushel (measure).
бушинг *m.* (mach.) bushing.
бушующий *a.* storming, turbulent.
буя *gen. of* **буй**.
бц. *abbr.* (**бесцветный**) colorless.
б-ца *abbr.* (**больница**) hospital.
БЦЖ палочка (bact.) BCG bacillus, bacillus Calmette-Guerin.
б.ч. *abbr.* (**большая часть**) a large part; (**большей частью**) for the most part.
бы *particle expressing subjunctive mood;* should, would; **где бы ни** wherever; **когда бы ни** whenever; **что бы ни** whatever.
быв. *abbr.* (**бывший**).
быв/ало *past of* **бывать**: used to, would; **как ни в чем не б.** as if nothing were the matter; —**алость** *f.* experience; —**алый** *a.* experienced, skilled; past; —**ать** *v.* be, exist, occur; happen; be held, take place; visit, frequent; **как это часто** —**ает** as is often the case.
бывш/ий *a.* former, late, ex—; —**ая новая** (astr.) ex-nova.
бык *m.* bull, ox; pier; buttress.
был *past m. sing. of* **быть**.
бычин/а, —**ка** *f.* blade (of grass).
был/о *past n. sing. of* **быть**; *particle* nearly, on the point of; —**ое** *n.* the past; —**ой** *a.* past, bygone.
быстр *sh. m. of* **быстрый**; —**ина** *f.* rapid, swift course, race.

быстро *adv.* quick(ly), rapidly, swiftly, with speed, fast, in no time; readily; —**вращающийся** *a.* fast-rotating, fast-running; —**вяжущий** *a.* quick-setting (concrete); —**горящий** *a.* quick-burning; readily combustible; —**движущийся** *a.* high-speed, fast.
быстродейств/ие *n.* fast or high-speed response; fast operation; quick action; —**ующий** *a.* fast-response; quick-operating, quick-acting; high-speed, fast.
быстро/замороженный *a.* quick frozen, flash frozen; —**изнашивающийся** *a.* rapidly wearing (out), not durable; —**летящий** *a.* fast(-moving); —**размыкающий** *a.* quick-break; —**распадающийся** *a.* rapidly disintegrating, short-lived; —**режущий** *a.* fast-cutting; high-speed (steel).
быстро/сгорающий *a.* free-burning; —**сканирующий** *a.* rapid-scanning, high-speed (spectrometer); —**сменный** *a.* quick-change; —**сохнущий** *a.* fast-drying; —**схватывающийся** *a.* quick-setting (concrete); —**съемный** *a.* easily detachable.
быстрота *f.* speed, velocity, rapidity, quickness; rate, frequency.
быстро/твердеющий *a.* fast-hardening, quick-setting; —**текущий** *a.* (med.) galloping; —**течный** *a.* transient, brief; —**ток** *m.* chute.
быстро/убивающий *a.* fast-killing; —**устанавливающийся** *a.* quick-adjusting, readily adjustable; —**ходный** *a.* high-speed, fast; express (train); —**чередующийся** *a.* quick(-flashing), frequent.
быстрый *a.* quick, fast, rapid, prompt; high-velocity (electron); speedy (progress); high-speed; **исключительно б.** explosive (growth); **б. ход** high speed.
быт *m.* (way of) life, living conditions; **в** —**у** in homes; —**ие** *n.* being, existence; —**ность** *f.* stay, sojourn, presence.
бытовать *v.* exist, occur.
бытовн/ит *m.* (min.) bytownite; —**ортит** *m.* bytownorthite.
бытовой *a.* everyday, usual, routine; natural, nonregulated (stream flow); domestic, household, home (appliance); general (service).
быть *v.* be, exist; **б. чему б.** come what may; —**е** *see* **бытие**.
быч/атина *f.* beef; —**(ач)ий** *a. of* **бык**; beef; —**ье копытное масло** neat's-foot oil; —**ья желчь** oxgall; —**ина** *f.* oxhide; —**иный** *a. of* **бык**; —**ок** *m.* young bull; (ichth.) goby; (bridge) pier.
бьерк *m.* dynamic meter.
Бьеркнеса модель Bjerknes (cyclone) model.

бьет *pr. 3 sing. of* бить.
бьеф *m.* water race, mill race; reach; pond, pool; верхний б. head or upper water, head race; нижний б. tail or under water, tail race; downstream (water).
бью/т *pr. 3 pl. of* бить; —щий *a.* beating; untrue (wheel); —щийся *a.* beating, pulsating.
Бэв *abbr.* (биллион электрон-вольт) billion electron volts, Bev.
бэватрон *m.* (nucl.) bevatron.
бэйевое масло *see* байевое масло.
Бэйли печь Baily furnace.
Бэлля способ *see* Белля способ.
бэр *abbr.* (биологический эквивалент рентгена) roentgen equivalent, man; rem.
бэровский *a.* (math.) Baire; Behre (tackmeter).
БЭСМ *abbr.* (быстродействующая электронная счетная машина) high-speed electronic computer.
БЭТ *abbr.* Brunauer, Emmett, and Teller equation, BET.
бювар *m.* blotting pad.
бювет *m.* pump room.
бюджет *m.*, —ный *a.* budget.
бюкс *m.*, —а *f.* weighing bottle.
бюллетень *m.* bulletin; certificate.
бюрет/ка *f.*, —очный *a.* buret.
бюро *n.* bureau, office, department; desk.
Бюхнера воронка Büchner funnel.
бяз/евый *a.*, —ь *f.* (text.) coarse calico.

В

в *prep. acc. to indicate direction; prepos. to indicate location;* in, into; on; at, per (hour, etc.); with (a firm); as (a function of); в . . . и из . . . in and out of.
в *abbr.* (вольт) volt; в. *abbr.* (век) century; (восточный) east(ern); (выпуск) issue; В. *abbr.* (восток) East.
в— *prefix* in, into.
ва *abbr.* (вольт-ампер) volt-ampere; ВА *abbr.* (вольтамперметр) voltammeter.
вабуляция *f.* wobble.
вавеллит *m.* (min.) wavellite.
вага *f.* (crow)bar, lever; weighing machine; heavy-duty weigh scale; hoisting machine.
вагильный *a.* migratory, free-ranging.
вагинит *m.* (med.) vaginitis.
вагнер/ит *m.* (min.) wagnerite; —овский реактив Wagner's reagent.
ваго— *prefix* (anat.) vago—, vagus.
вагон *m.* (rr) car, coach; carload; truck, wagon; в.-весы mobile weigh bridge; в.-деррик derrick car, wrecking car.
вагонетка *f.* trolley, truck, car(t), wagon; в.-самосвал *m.* dump car; в.-транспортер transfer car.
вагон-/кран *m.* traveling crane; в.-лаборатория test(ing) car; в.-ледник refrigerator car; в.-мастерская repair car.
вагонн/ый *a. of* вагон; в. парк rolling stock; —ые весы weigh bridge.
вагоно/вожатый *m.* motorman, engineer; —опрокидыватель *m.* car dumper; —поток *m.* volume of car traffic; —ремонтная мастерская car repair shop;— строение *n.*, —строительный *a.* car building.
вагон-/платформа *m.* (rr) platform car; в.-ресторан *m.* diner; в.-самосвал *m.* dump car; в.-хоппер *m.* hopper car;

в.-цистерна *m.* tank car; в.-электростанция *m.* power-generating car.
ваготропный *a.* (physiol.) vagotropic.
вагран/ка *f.*, —очный *a.* (met.) cupola.
вад *m.* (min.) wad, bog manganese.
вади *n.* wadi, dry wash, dry stream bed.
вадоз/ный, —овый *a.* (geol.) vadose.
важен *sh. m. of* важный.
важенка *f.* female reindeer, doe.
важн/ейший *a.* major, paramount; most important; —о *adv.* significantly; it is important or essential; —ость *f.* importance, significance, concern; функция —ости (nucl.) importance function; —ый *a.* important, significant, of prime importance; vital (role); fundamental, essential, valuable, far-reaching; исключительно —ый critical.
ваза *f.* vase, bowl.
ваз/елин *m.*, —елиновый *a.* Vaseline, petrolatum; —ицин *m.* vasicine.
вазо— *prefix* vaso— (vessel); —моторный *a.* (anat.) vasomotor; —прессин *m.* vasopressin (hormone).
вайд/а *f.*, —вый *a.* (bot.) woad (*Isatis*).
вайербарс wire bars.
вайя *f.* (bot.) frond.
вакан/сия *f.* vacancy, empty place; (cryst.) lattice vacancy; —тный *a.* vacant, empty, unoccupied; —тный узел (phys.) vacancy, hole.
вакка *f.* (petr.) wacke (a residual deposit); серая в. graywacke.
ваккенродеровский *a.* Wackenroder's.
вакковый *a.* (petr.) wacke.
вакса *f.* shoe polish.
вакуметр *see* вакуумметр.
вакуол/ь, —я *f.* (biol.) vacuole.
вакуум *m.* vacuum; void; rarefied air; испарение в —е vacuum evaporation; перегонка под —ом vacuum distillation; reduced-pressure distillation; в.-аппарат

m. vacuum pan; в.-бак, в.-бачок *m.* vacuum tank; в.-бетон *m.* deaerated concrete.

вакуум(из)иров/ание *n.* evacuation; vacuum evaporation; —анный *a.* evacuated; —ать *v.* evacuate.

вакуум/-котел *m.* vacuum pan; в.-кристаллизатор *m.* vacuum crystallizer; в.-манометр, —метр *m.* vacuum gage; в.-насос *m.* vacuum pump, suction pump; —но-космический *a.* space (chamber); —ный *a. of* вакуум; в.-отсос *m.* vacuum suction; —плотный *a.* vacuum-tight, airtight; в.-сушилка *f.* vacuum drier; в.-тормоз *m.* vacuum brake; в.-фильтр *m.* vacuum filter, suction filter; —формовка *f.* vacuum forming; в.-эжектор *m.* vacuum ejector; в.-эксикатор *m.* vacuum desiccator.

вакценовая кислота vaccenic acid.

вакцин/а *f.* (med.) vaccine; —ация *f.*, —ационный *a.* vaccination; —ейрин *m.* vaccineurine; —ировать *v.* vaccinate; —ный *a.* vaccine.

вал *m.* (mach.) shaft, arbor, spindle, axle; roll(er); bank, embankment, rampart; levee; (crater) wall; (geol.) swell, arch; на —у shaft-mounted; мощность на —у shaft horsepower; окружать —ом *v.* bank.

валаит *m.* (min.) valaite.
валамин *m.* valamin.
валежка *f.* (av.) wing heaviness.
валежн/ик *m.*, —ый *a.* windfall, brushwood, deadwood.
валек *m.* roll(er); bar; battledore, paddle; (harness) singletree; (naut.) loom.
валенный *a.* thrown down; felled (trees).
валентинит *m.* (min.) valentinite.
валентн/ость *f.* valence, valency; —ый *a.* valence; *suffix* —valent.
валенцианит *m.* (min.) valencianite.
валеный *past. pass. part. of* валить.
валер/альдегид *m.* valeraldehyde, pentanal; —амид *m.* valeramide, pentanamide; —ен *m.* valerene, amylene.
валериан *m.*, —а *f.* (bot.) valerian; —ат *m.* valer(ian)ate; —(н)ица *f.* corn salad (*Valerianella*).
валериaново/амиловый эфир amyl valerate; —висмутовая соль bismuth valerate; основная —висмутовая соль bismuth subvalerate; —железная соль ferric valerate; —калиевая соль, —кислый калий potassium valerate; —кислый *a.* valeric acid; valerate (of); —кислая соль valerate; —ментиловый эфир menthyl valerate; —этиловый эфир ethyl valerate.
валериaнов/ый *a.* (bot.) valerian; (chem.) valeric; в. альдегид valeraldehyde; в. ангидрид valeric anhydride, pentanoic anhydride; —ая кислота valer(ian)ic acid, pentanoic acid; соль or эфир —ой кислоты valerate.
валер/ил *m.* valeryl, pentanoyl; —илен *m.* valerylene, 2-pentyne; —ол *m.* valerol; —олактон *m.* valerolactone; —он *m.* valerone, diisobutyl ketone; —онитрил *m.* valeronitrile, butyl cyanide; —ьян *see* валериан.
валец *m.* roller, cylinder.
валидол *m.* validol, menthol valerate.
валик *m.* roller, cylinder, drum; spindle, shaft; bead, fillet, ridge.
вал/ил *m.* valyl, diethyl valeramide; —ин *m.* valine; —инол *m.* valinol.
валить *v.* throw or bring down, overturn, upset; fell (trees); heap up; pour in thick clouds (smoke); fall in thick flakes (snow); в. в кучу heap (up); —ся *v.* fall, tumble down, collapse.
валичная кожа roller leather.
валка *f.* felling, cutting down (of trees); (text.) fulling; *gen. of* валок; *sh. f. of* валкий.
валкий *a.* shaky, unsteady; (naut.) crank.
валковать *v.* (agr.) windrow.
валковый *a. of* валок; roll (mill).
валкоспособный *a.* (text.) suitable for felting.
валкость *f.* shakiness; (naut.) crank(i)ness.
валлаховский *a.* Wallach (rearrangement).
валлийский *a.* Welsh; Валлис Wales.
валлиснерия *f.* tape grass (*Vallisneria*).
валлонский *a.* (met.) Wallon (process).
валов/ой *a.* gross, total; wholesale; empirical (formula); bulk (analysis, etc.); в. доход gross returns.
валогенератор *m.* shaft generator.
валок *m.* roll(er); cylinder; (agr.) swath, windrow; *sh. m. of* валкий.
валонея *f.* (tanning) valonia.
валопровод *m.* shaft line, shafting.
валуевит *m.* (min.) waluewite, valuevite.
валу/ек, —й *m.* (bot.) a mushroom (*Agaricus emeticus*).
валун *m.* boulder; rubble; —ы *pl.* (geol.) detritus, rock waste; float; —ный *a.* boulder, rubbly; —ная глина (geol.) boulder clay; glacier till; —чатая руда (min.) nodular ore.
валух *m.* castrated ram.
валховит *m.* (min.) walchowite.
вальденовский *a.* Walden (inversion).
вальдовский *a.* Wald.
вальдшнеп *m.* (orn.) woodcock.
валька *gen. of* валек.
вальковат/о — *prefix* tereti—, terete; —ый *a.* terete, cylindrical.
вальм/а *f.* (building) hip; —овая крыша hipped roof.
вальнуть *see* валить.

вальпургит *m.* (min.) walpurgite.
вальтерит *m.* (min.) waltherite.
вальц *m.* roll(er), cylinder; —евание *n.* rolling; —евать *v.* roll, mill; —евый *a.* roller, rolling; —езгибочный *a.* roll(er) bending; —езгибочный станок bending roller; —еобразный *a.* cylindrical; —етокарный *a.* roll-turning.
вальцов/анный *a.* rolled, milled; —ать *v.* roll, mill; —ка *f.* rolling, milling; rotary process; roller, rolling mill; —щик *m.* rolling-press operator, roller; —ый *a.* roller, rolling.
вальцуемость *f.* millability.
вальцы *pl.* (bending) rolls; (roll) mill.
вальян *m.* (text.) doffer, stripper.
валют/а *f.*, —ный *a.* currency; —ный курс rate of exchange.
валюшка *f.* (cer.) wad, clot, mass.
вал/яльный *a.* (text.) fulling, etc., *see v.*; fuller's (soap); —яльная глин(к)а fuller's earth; —яльня *f.* fulling mill; —яльщик *m.* fuller; —яние *n.* fulling, etc., *see v.*; —ян(н)ый *a.* fulled, etc., *see v.*; —ять *v.* full, mill, felt; roll; knead; —яться *v.* lie about, be scattered about.
вам *dat. of* вы, to you, for you; —и *instr.* by you, with you.
ВАН *abbr.* (Вестник Академии Наук) Bulletin of the Academy of Sciences.
ванад *see* ванадий; —ат *m.* vanadate; —атометрия *f.* (analysis) vanadatometry.
ванадиево/аммониевая соль ammonium vanadate; —кислый *a.* vanadic acid; vanadate (of); —кислый натрий, —натриевая соль sodium vanadate; —кислая соль vanadate; кислая —кислая соль divanadate.
ванадиев/ый *a.* vanadium, vanadic; в. ангидрид vanadic anhydride, vanadium pentoxide; —ая кислота vanadic acid; соль —ой кислоты vanadate; —ая соль vanadic salt.
ванад/ий *m.* vanadium, V; одноокись —ия vanadium monoxide, vanadous oxide; пятиокись —ия vanadium pentoxide, vanadium anhydride; трехокись —ия vanadium trioxide, vanadic oxide; хлористый в. vanadous chloride, vanadium dichloride; хлорный в. vanadic chloride, vanadium trichloride.
ванад/ил *m.* vanadyl; сернокислый в. vanadyl sulfate, vanadium sulfate; —инит *m.* (min.) vanadinite.
ванадист/ый *a.* vanadium, vanadous; —ая кислота vanadous acid; соль —ой кислоты vanadite; —ая соль vanadous salt; —ая сталь vanadium steel.
вангресс *m.* (met.) front hearth of shaft furnace.
Ванда формула Vand's equation.

Ван-де-Граафа генератор Van de Graaf generator (electrostatic accelerator).
Ван-Дейка коричневый van Dyck brown.
ванденбрандеит *m.* (min.) vandenbrandeite, urano-lepidite.
ван-дер-ваальсовские силы van der Waals forces.
вандрут *m.* (min.) supporting beam.
ванер *see* ваннер.
ванилаль *m.* vanillal, ethyl vanillin.
ванилин *m.* vanillin; —овый *a.* vanillin, vanillic; —овый спирт vanillic alcohol; —овая кислота vanillic acid.
ванил/лил *m.* vanillyl; —лин *see* ванилин; —ь *f.* vanilla (bean); —ьный *a.* vanilla.
Ванкеля двигатель Wankel (rotary) engine.
ванкомицин *m.* Vancomycin (antibiotic).
ванн/а *f.* bath; (dyeing) dip, steep; tub, tank, vat; basin; cell; pan, trough; —ая *f.* bathroom.
ваннер *m.* (min.) vanner, slime washer, concentrator; —ная отсадочная машина vanning jig.
Ваннера пирометр Wanner's pyrometer.
вани/очка *dim. of* ванна; —ый *a. of* ванна; (phot.) tray; —ая печь pot furnace, salt bath furnace.
ваноксит *m.* (min.) vanoxite.
Ван-Слайка метод Van Slyke method.
ванта *f.* guy (rope), stay.
Вант-Гоффа закон van't Hoff's law.
вантгоффит *m.* (min.) vanthoffite.
вантовый *a.* guy(ing), guy rope.
вантуз *m.* air escape valve; air vent.
вапа *f.* (text.) resist; (wall) paint.
ваплерит *m.* (min.) wapplerite.
вапор *m.* steam-cylinder oil; —изация *f.* vaporization; —иметр *m.* vaporimeter.
ваплерит *see* ваплерит.
вар *m.* pitch, pine tar; (elec.) var (volt-ampere-reactive); var (visual-aural range).
—вар *m. suffix* maker, manufacturer.
варан *m.* monitor (a lizard).
Варбурга закон Warburg's law.
варвикит *m.* (min.) warwickite.
варвицит *m.* (min.) varvicite.
вардит *m.* (min.) wardite.
вардовать *v.* (met.) assay.
вар/ево *n.* soup, concoction; —ение *see* варка; *n. suffix* making, manufacture; —еник *m.* dumpling; —енный *a.* cooked, etc., *see* варить; —еный *a.* boiled (food); —енье *n.* preserves, jam.
вариант *m.*, —a *f.* variant, variation, modification, alternative (method); version; —ность *f.* variance; —ный *a.* variant, varying, alternate, alternative.
вари/атор *m.* (electron.) buncher; (mach.) variable-speed drive, (speed) regulator;

—ационный *a.* variation(al); —ация *f.*, —ирование *n.* variation; —етет *m.* variety; —ировать *see* варьировать; —ируемый *a.* variable.
варикозный *a.* (med., bot.) varicose.
вари/конд *m.* (elec.) varicap, variable capacitor; —мю *n.* varimu, variable mu; —окуплер *m.* variocoupler.
вариол/ит *m.* (petr.) variolite; —итовый, —ический *a.* variolitic; —ь *f.* variole.
вариометр *m.* (elec.) variometer, variable inductor; (av.) vertical speed indicator, (rate of) climb indicator; (torsion) balance.
варистор *m.* (elec.) varistor, variable resistor.
варис(ций)ский *a.* (geol.) Variscian.
варисцит *m.* (min.) variscite.
варитрон *m.* (cosmic rays) varitron.
вар/ить *v.* cook, boil, digest; brew (beer); scour (silk); found (glass); vulcanize (rubber); —иться *v.* digest, cook, be boiled; —ка *f.* cooking, etc., *see* —.
варни/ца *f.*, —чный *a.* salt pan; brewery.
вар/ный *see* варочный; —ок *gen. pl. of* варка.
варолиев мост (anat.) pons varolii.
варочный *a.* cooking, digesting; brewing; curing; в. котел digester.
варрант *m.*, —ный *a.* (com.) warrant.
вартит *m.* (min.) warthite, bloedite.
вартонов проток (anat.) duct of Wharton.
варшавский *a.* Warsaw.
варьиров/ание *n.* variation; (electron.) bunching; —анный *a.* varied, etc., *see* v.; —ать *v.* vary, diversify, modify, change, range; bunch.
вас *acc. of* вы, you.
васил/ек *m.* (bot.) Centaurea; —исник *m.* meadow rue (*Thalictrum*); —ьковый *a.* cornflower (blue).
васкулярный *a.* (biol.) vascular.
вассерглас *m.* water glass, specif. sodium silicate solution; калиевый в. potassium silicate.
васхегнит *m.* (min.) vashegyite.
ват/а *f.* cotton (batting); (glass) wool; на —е padded, quilted.
ватер *m.* (text.) ringspinning frame.
ватержакет *m.* water jacket; —ный *a.* water-jacket(ed); jacket (cooling).
ватерклозет *m.*, —ный *a.* toilet.
ватерлиния *f.* water line, water mark.
ватермашина *see* ватер.
ватерпас *m.* level (the instrument); —ный *a.* level, horizontal.
ватерпруф *m.* raincoat.
ватин *m.* fleecy jersey fabric.
ватман *m.* Whatman drawing paper.
ват/ник *m.* quilted jacket; —ный *a.* quilted; cotton; —ообразный *a.* cotton-like; velvety, velvet-like; —очник *m.*

milkweed (*Asclepias*); —очный *a.* cotton(y).
ватт *m.* (elec.) watt; tidal marsh; число в. wattage; —метр *m.*, —метровый *a.* (elec.) wattmeter; —ность *f.* wattage; —ный *a. of* ватт; в.-секунда watt-second; в.-час watt-hour; отдача в в.-часах watt-hour efficiency.
ваф/ельный *a.*, —ля *f.* waffle, wafer.
вахта *f.* watch, duty; в., в.-трава (bot.) buckbean (*Menyanthes trifoliata*).
вахтенный *a.* lookout; log (book).
вахтер *m.* watchman; janitor.
ваш *pron.* your.
вашгерд *m.* (min.) buddle.
вашеты *pl.* (leather) split hides.
Вашингтон Washington.
ваял/о *n.* chisel, graver; —ьный *a.* chisel, sculpture; modelling (clay).
вая/ние *n.*, —тельное искусство sculpture; —тель *m.* sculptor; —ть *v.* sculpture, model; chisel, carve; cast.
вб *abbr.* (вебер) weber.
ВБ *abbr.* (верхний бьеф) head water.
вбегать, вбежать *v.* run in(to), rush into; flow into.
вберет *fut. 3 sing. of* вобрать.
вбив/ание *n.*, —ка *f.* driving in; packing in; —ать *v.* drive (in), hammer; wedge, pack in, ram.
вбир/ание *n.* absorption; —ать *v.* absorb, soak up, take up, take in.
вбит/ый *a.* driven in, etc., *see* вбивать; —ь *see* вбивать.
вблизи *adv. and prep. gen.* near (by), close (by), in the neighborhood (of), in the vicinity (of), in proximity (to); at hand.
вб/м² *abbr.* (вебер на квадратный метр) weber per square meter.
в.б.о. *abbr.* (вероятное боковое отклонение) probable deflection error.
вбок *adv.* to the side, sideways; laterally.
вбрасывать *v.* throw in.
вброд: непроходимый в. *a.* unfordable.
вбро/сить *v.* throw in, include; —шенный *a.* thrown in, included.
вбрыз/гивание *n.* injection; —гивать, —нуть *v.* inject; spray in; —нутый *a.* injected.
вв, ВВ, В.В., в.в. *abbr.* (взрывчатое вещество) explosive; вв. *abbr.* (века) ages; В.В., в.-в. *abbr.* (высоковольтный) high-voltage.
ввал/ивать, —ить *v.* heap into; —иваться, —иться *v.* tumble in; fall in.
ввальцовывать *v.* roll in.
ввари(ва)ть *v.* weld in.
введ/ем *fut. 1 pl. of* ввести; let us introduce; —ение *n.* introduction, etc., *see* вводить; inlet, intake; preface, prelude; —енный *a.* introduced, etc., *see*

вводить; **—енная информация** input; **—я** *pr. ger.* introducing.
ввез/енный *a.* imported, brought in; **—ти** *see* ввозить.
ввел *past. m. sing. of* ввести.
вверг/ать, **—нуть** *v.* plunge (into).
ввер/енный *a.* entrusted (to); **—ить** *see* вверять.
ввер/нуть, **—теть**, **—тывать** *v.* screw in, twist in, turn in; **—тка** *f.*, **—тывание** *n.* screwing in; **—тный** *a.* screw-in, screw; **—тная пробка**, **—тыш** *m.* screw stopper.
вверх *adv.* up, upward(s); over, above; **в. дном** upside down; **перемещение в.**, **ход в.** ascent; upstroke (of piston); **тяга в.** upward pull, lift; updraft; **—у** *adv.* above, overhead, at the top (of).
вверч/енный *a.* screwed in; **—ивать** *see* ввертывать.
вверять *v.* (en)trust (with).
ввести *see* вводить.
ввивать *v.* weave in, interweave.
ввиду *prep. gen.* in view of, on account of, because of, owing to, due to, through, for reasons of; as, whereas; **в. того, что** as, in view of the fact that.
ввин/тить, **—чивать** *v.* screw in; **—ченный** *a.* screwed in; **—чивание** *n.* screwing in; **—чиваться** *v.* thread (into).
ввит/(ый) *a.* interwoven, woven in; **—ь** *see* ввивать.
в-во *abbr.* (вещество) substance.
ввод *m.* introduction, etc., *see* *v.*; inlet, intake; entry; (comp.) input; (elec.) lead(-in); (house) sewer; **—ить** *v.* introduce, admit, lead in, feed (into); inject, administer (medicine); commission; incorporate (in); slip in, insert; put, place (in operation); throw (into gear); **—ить в действие** bring into use or service, put into operation; blow in (blast furnace).
вводн/ый *a.* introductory; incoming, inlet, leading in; (comp.) input; parenthetic; **в. провод** lead-in; **в. элемент** input component; **—ое отверстие** inlet; **—ое предложение** parenthesis; parenthetic clause.
вводя *pr. ger.* introducing; if we introduce; **—щий** *pr. act. part. of* вводить; feed (line).
ввоз *m.*, **—ка** *f.* import(ation); **—ить** *v.* import, bring in; **—ный** *a.* imported; import (duty); **—ные товары** imports.
ввол/акивать, **—очь** *v.* drag in.
вволю *adv.* in any amount, to any degree.
ввосьмеро *adv.* eight times; **в. больше** eight times as much; **в. меньше** one eighth; **—м** *adv.* eight (together).
ВВР *abbr.* (водо-водяной реактор) water-moderated water-cooled reactor.

ввс, **ВВС** *abbr.* (высоковольтная сеть) high-voltage network; **ВВС** *abbr.* (военно-воздушные силы) air force.
ВВФ *abbr.* (высоковольтный фидер) high-voltage feeder.
ввысь *adv.* up, upwards.
ВВЭР *abbr.* (водо-водяной энергетический реактор) water-moderated, water-cooled power reactor.
ввяз/анный *a.* tied in, involved, implicated; **—ать**, **—ывать** *v.* tie in, involve, implicate; knit in; **—ывание** *n.* tying in, implication.
вгиб *m.* inward bend; incurve; **—ание** *n.* bending inward; **—ать** *v.* bend in, curve inward, incurve.
вгладь *adv.* flush, even; **сварить в.** *v.* flush weld; **сварка в.** flush welding.
вглубь *adv.* deep (in); **в. страны** inland.
вгляд/еться, **—ываться** *v.* observe closely, examine, peer (at).
вгнездиться *v.* take root in.
вгон *m.*, **—ка** *f.* driving in; **—ять** *v.* drive (in), force in.
вгорячую *adv.* hot; **ковать в.** *v.* (met.) forge hot; **тянутый в.** (met.) hot-drawn.
вгребать, **вгрести** *v.* rake in.
вгружать, **вгрузить** *v.* load, freight.
вгрызаться *v.* bite into, catch, seize.
вгустую *adv.* thick, solid, hard.
ВГЭС *abbr.* (ветренная гидроэлектростанция) wind and hydroelectric power plant.
в.д. *abbr.* (высокое давление) high pressure; **в.д.**, **В.Д.** *abbr.* (восточная долгота) east longitude.
вдаваться *v.* devote oneself (to), go into, dwell upon.
вдавить *see* вдавливать.
вдавл/ение, **—ивание** *n.* pressing in, caving in; impression, depression; **—енный** *a.* pressed in; depressed, sunken; **—ивать** *v.* bend in; press in, depress, cave in; pit; force (in); embed, sink in; impress, imprint.
вдается *pr. 3 sing. of* вдаваться.
вдал/еке, **—и** *adv.* in the distance, far (off), beyond; **—ь** *adv.* into the distance.
вдаться *see* вдаваться.
вдви/гание *n.* moving in, pushing in; **—гать**, **—нуть** *v.* move in, push in, shove in; be in; **—гаться**, **—нуться** *v.* move in, go in, enter; **—жной** *a.* movable, sliding; **—нутый** *a.* moved in, pushed in.
вдво/е *adv.* doubly, twice; di—; (folded) in two; **в. больше** twice as much or as many; **в. быстрее** twice as fast; **в. меньше** half (as much), half as big; **уменьшить в.** *v.* halve; **—ем** *adv.* together; **—йне** *adv.* twice, twofold, doubly.
вдевать *v.* put in; thread (a needle).

вдевятеро *adv.* ninefold, nine times; в. больше nine times as much; в. меньше one ninth; —м *adv.* nine (together).
вдел/анный *a.* fitted in, etc., *see v.*; built-in; —ать, —ывать *v.* fit in, build in, set in, embed; inlay (with); incase; —ка *f.*, —ывание *n.* fitting in, etc., *see v.*
вденет *fut. 3 sing. of* вдеть.
вдер/гивать, —нуть *v.* pull in, retract.
вдесятеро *adv.* ten times, tenfold; в. больше ten times as much; в. меньше one tenth; —м *adv.* ten (together).
вдет/ый *a.* put in; threaded; —ь *see* вдевать.
вдобавок *adv.* besides, in addition, as well, over and above.
вдов/а *f.* widow; —ец *m.* widower.
вдоволь *adv.* enough, plenty, sufficiently.
вдогон(ку) *adv.* in pursuit (of).
вдоль *adv.* lengthwise, longitudinally; *prep. gen.* along, by, down; в. всего (running) the entire length, along the length (of); в. по along; разрез в. longitudinal cut.
вдох *m.* inhalation, breath.
вдохнов/ение *n.* inspiration; —енный *a.* inspired; —ить, —лять *v.* inspire; —ляться *v.* take inspiration (from).
вдохнуть *see* вдыхать.
вдп *abbr.* (вакуум дуговой переплав стали) vacuum arc remelting of steel, VAR.
вдребезги *adv.* to pieces, to fragments.
вдруг *adv.* suddenly, all at once.
вдув/аемый *a.* blown in; в. воздух air blast; —ание *n.* injection, etc., *see v.*; blast; —атель *m.* insufflator; blower; —ать *v.* inject, insufflate, blow in, inflate.
вдум/аться, —ываться *v.* consider carefully, go into the matter; действовать —чиво *v.* exercise judgment; —чивый *a.* thoughtful.
вдут/ый *a.* injected, etc., *see* вдувать; —ь *see* вдувать.
вдых/ание *n.* inhalation; —ательный *a.* respiratory; —ать *v.* inhale.
вебер *m.* (elec.) weber (10^8 maxwells).
Вебера закон Weber's law.
вебнерит *m.* (min.) webnerite, andorite.
вебстерит *m.* (min.) websterite.
вевелит *m.* (min.) whewellite.
Вега *f.* (astr.) Vega.
вегазит *m.* (min.) vegasite.
Вегарда закон Vegard's law.
вегет/арианец *m.*, —арианский *a.* vegetarian; —арианство *n.* vegetarianism; —ативный *a.* vegetative; autonomic (nervous system); —ационный *a.* vegetation, vegetative; growing (season); greenhouse (culture); —ация *f.* vegetation; growth.

—вед *m. suffix* —ologist, scientist, specialist, man.
ведать *v.* know; manage, control.
ведем *pr. 1 pl. of* вести.
веден/ие *n.* knowledge; management, supervision; authority, jurisdiction; guidance, direction; leading, guiding, conducting; conduct; working, practice; disposal; *suffix* —ology, science, study; в. дела business transaction; в. счетов booking; —ный *a.* conducted, etc., *see* вести.
ведер *gen. pl. of*; —ный *a. of* ведро.
ведет *pr. 3 sing. of* вести.
Веджа печь Wedge furnace.
веджвуд *m.* Wedgwood china.
ведомо *n.* knowledge, consent; —сть *f.* report, journal, log; register, list, record; statement; (charge) sheet; (pay) roll; сопроводительная —сть bill of lading; —сти *pl.* gazette, record, house organ.
ведомственн/ость *f.* jurisdiction; —ый *a.* departmental; bureaucratic; —ые барьеры red tape.
ведомство *n.* department, service.
ведомый *a.* conducted, etc., *see* вести; dependent, slave (unit); known; managed; *m.* supporting aircraft; second (pilot); wingman; в. механизм follower.
ведро *n.* pail, bucket; vedro (12.3 l.).
ведут *pr. 3 pl. of* вести.
ведущ/ий *a.* conducting, etc., *see* вести; guide (bearing, pulley, etc.); drive (shaft, wheel, etc.); pilot, steering; master, control; leading, chief, foremost, top-level; key (industry; word); fundamental (principle); conductor (ideal); preceding (spot); —ое положение leadership.
ведший *past act. part. of* вести.
ведь *conj.* (well) but, why, in fact.
ведьм/а *f.* (geom.) witch; —ина метла (phyt.) witches'-broom.
ведя *pr. gerund of* вести.
веелерит *m.* wheelerite (a fossil resin).
веер *m.*, —ный *a.* fan; (art.) sheaf; —о- *prefix* fan(-shaped), flabelli-, rhipido-; —окрылые *pl.* (ent.) Strepsiptera; —олистный *a.* fan-leaved; —ом *adv.* fan-shaped; —оносцы *pl.* (ent.) Rhipiphoridae; —ообразный *a.* fan-shaped, fan (-type), radiating; (biol.) flabellate.
веет *pr. 3 sing. of* веять.
вежливый *a.* courteous, polite.
вез *past m. sing. of* везти.
везде *adv.* everywhere; commonly (used); в. где имеется —сущий *a.* omnipresent, ubiquitous; —ход *m.*, —ходный *a.* all-terrain, all-purpose or four-wheel drive vehicle.
везен/ие *n.* transportation; —ный *a.* conveyed, carried, transported.

везерометр *m.* (paints) weatherometer.
везикул/а *f.* vesicle, cavity; **—ит** *m.* (med.) vesiculitis; **—ярный** *a.* vesicular, vesicle.
везти *see* **возить**.
везувиан *m.* (min.) vesuvianite.
Везувий Mount Vesuvius.
везувин *m.* vesuvin, triaminoazobenzene.
везущий *a.* carrying, transport(ing).
вейбуллит *m.* (min.) weibullite.
вейгелия *f.* (bot.) Weigela.
Вейерштрасса функция Weierstrass' function.
вей/левский *a.* Weil; Weyl; **—марский** *a.* Weimar; **—мутова сосна** white pine (*Pinus strobus*).
вейник *m.* reed grass (*Calamagrostis*).
вейс/ит *m.* (min.) weissite; **—манизм** *m.* (biol.) Weismannism.
век *m.* century; age, period, (life)time; (geol.) age, epoch, stage; *gen. pl. of* **веко**; **отжить свой в.** become obsolete; **—ами** through the ages or centuries.
веко *n.* eyelid; *prefix* blephar(o)—.
веков/ечный *a.* everlasting, eternal; **—ой** *a.* secular, age-old, permanent.
вексел/едатель *m.* (com.) drawer (of bill); **—едержатель** *m.* drawee; **—ь** *m.*, **—ьный** *a.* bill (of exchange), draft, promissory note; **—ьный курс** rate of exchange.
вектолит *m.* Vectolite (a magnet).
вектор *m.* (math.) vector; **—(иаль)ный** *a.* vector(ial); **—ное исчисление** calculus of vectors; **в.-столбец** column vector or matrix; **в.-строка** row vector or matrix; **в.-функция** vector function.
вел *past m. sing. of* **вести**.
велась *past f. sing. of* **вестись**.
велиневый *a.* vellum (paper).
веление *n.* order, command; instructions.
велень *f.* vellum (paper).
велер *m.* selector.
велерит *m.* (min.) wöhlerite.
велеть *v.* order, bid, tell, instruct.
вели *past pl. of* **вести**.
велик/ан *m.*, **—анский** *a.* giant; **—ий** *a.* great, big, huge; Pacific (Ocean).
Великобритания Great Britain.
велико/возрастный *a.* overgrown; **—душный** *a.* generous; **—лепный** *a.* magnificent, splendid, superb, fine.
велич/айший *a.* greatest, extreme; **—ать** *v.* glorify, extol, praise; **—ие** *n.* grandeur, greatness.
величин/а *f.* size, dimension, measure; (math.) value, magnitude, quantity, amount; volume, bulk; degree, extent (of error), scope; intensity (of force, etc.); (flow) rate; (aut.) variable; bigness, greatness; **—ы** *pl.* data; **в натуральную —у** full size; **на значительную —у** to a considerable extent; **определять —у** *v.* measure.
веллсит *m.* (min.) wellsite.
вело *past n. sing. of* **вести**.
вело— *prefix* (bi)cycle, velocipede; **—камера** *f.* bicycle (inner) tube; **—покрышка** *f.* (bi)cycle tire; **—сипед** *m.* bicycle; **—сипедный** *a.* bicycle; walking (crane).
велосит *m.* velosite (a lubricating oil).
велось *past n. sing. of* **вестись**.
велошина *f.* bicycle tire.
велся *past m. sing. of* **вестись**.
вельбот *m.* whaleboat.
вельвет, **—ин** *m.*, **—овый** *a.* velveteen.
вельвичия *f.* (bot.) Welwitschia.
вельд *m.* (geol.) Wealdian (stage).
Вельдона способ Weldon process.
вельц/евание *n.* rotary-kiln processing; **-печь** *f.* rotary kiln.
Вельша способ (met.) Welsh process.
велюр *m.* (text.) velour; suede leather.
Вена Vienna.
вена *f.* vein; **воспаление вен** (med.) phlebitis; **расширение вен** varicose veins.
венг. *abbr.* (**венгерский**) Hungarian.
Венгрия Hungary.
венепункция *f.* (med.) venipuncture.
Венера *f.* (astr.) Venus.
венерин башмачок (bot.) Cypripedium; **в. волос(ок)** (bot.) maidenhair (*Adiantum capillus-veneris*); **—а мухоловка** (bot.) Venus flytrap; **—ы волосы** (min.) Venus hairstone, sagenitic quartz.
венерический *a.* (med.) venereal.
венесекция *f.* (med.) venesection.
венесуэльский *a.* Venezuela(n).
венец *m.* crown, aureole, corona, rim; (constr.) row of logs.
венецианск/ий *a.* Venetian; **—ая ярь** verdigris.
Венеция Venice.
венечн/ик *m.* (bot.) Anthericum; **—ый** *a. of* **венец**; crown; (anat.) coronary; coronoid (fossa; process); coronal (suture).
вензель *m.* monogram, initials.
веник *m.* broom, sweeper.
венированный *a.* veneer.
вениса *see* **гранат**.
венит *m.* (petr.) venite, veined gneiss.
венич/ек *dim. of* **веник**; **—ный** *a.* broom; (bot.) paniculate.
венковидный *a.* garland-shaped.
веннер *see* **ваннер**.
вен/ный, **—озный** *a.* venous, vein.
венок *m.* wreath, garland.
венск/ий *a.* Vienna (green, paste, etc.); **—ое питье** (pharm.) senna tea.
вентерь *m.* fish trap.
вентилир/ование *n.* ventilation, airing; aeration; **—ованный**, **—уемый** *a.* ventilated; **—овать** *v.* ventilate, air, aerate.

вентиль *m.* valve; (comp.) gate; (electron.) rectifier; **в.-задвижка** slide valve.
вентильный *a. of* **вентиль**; barrier (effect); rectifying (metal); **в. преобразователь** (electron.) converter; **в. слой** depletion or barrier layer; **в. фотоэлемент** photovoltaic or barrier-layer cell; **в. фотоэффект** photovoltaic effect.
вентиля/тор *m.* ventilator, fan, blower; **—торный** *a. of* **вентилятор**; fan-driven; **—ционный** *a.* ventilating; **—ционный канал** (met.) vent; **—ционная выработка** (min.) airway; **—ция** *see* **вентилирование**.
вентральный *a.* ventral, abdominal.
Вентури трубка Venturi tube.
венц/а *gen. of* **венец**; **—еобразный** *a.* coroniform, crown-shaped.
венч/ать *v.* crown, top; marry; **—ающий** *a.* crowning; **—ающая часть** crown.
венчик *m.* rim, collar, bead; crown, corona, halo; (bot.) corolla; **—овидный** *a.* corollaceous; **—ообразный** *a.* corolliform.
вены *gen., pl., etc., of* **вена**.
ВЕП *abbr.* (высота единицы передачи) height of a transfer unit, H.T.U.
вера *f.* faith, belief, trust, credit.
вератр/ат *m.* veratrate; **—ил** *m.*, **—иловый** *a.* veratryl.
вератрин *m.*, **—овый** *a.* veratrine; **—овая кислота, вератровая кислота** veratric acid, dimethoxybenzoic acid; **соль —овой кислоты** veratrate; **—озокислый** *a.* veratric acid; veratrate (of); **—овокислая соль** veratrate.
вератро/идин *m.* veratroidine; **—ил** *m.* veratroyl; **—л** *m.* veratrole, dimethoxybenzene; **—н** *m.* veratrone.
верба *f.* osier, willow.
вербальный *a.* verbal.
вербейник *m.* (bot.) loosestrife (*Lysimachia*).
вербен/а *f.*, **—овый** *a.* (bot.) verbena; **—алин, —алозид** *m.* verbenalin, verbenaloside; **—ол** *m.* verbenol; **—он** *m.* verbenone.
верблю/д *m.* camel; **—дка** *f.* (bot.) Corispermum **—дки** *pl.* (ent.) Rhaphidioptera; **—жий** *a.* camel's; **—жья колючка** (bot.) camel's thorn (*Alhagi*).
вербный *a. of* **верба**.
вербовать *v.* recruit, enlist.
вербо/вый *a. of* **верба**; **—лоз** *m.* bay willow (*Salix pentandra*).
верва *f.* cobbler's thread.
вер-гинье *n.* Guignet's green.
вердикт *m.* verdict.
Вердэ постоянная Verdet's constant.
верев/ка *f.* cord, rope, string; line, tackle; **—ки** *pl.* cordage; **—очный** *a.* rope; link,

funicular (polygon; curve); **—чатый** *a.* rope-like, funiform.
верейский *a.* (geol.) Vereian (horizon).
верен *sh. m. of* **верный**.
вереница *f.* row, file, line; **в. импульсов** (phys.) pulse train.
верес *see* **можжевельник**.
вереск *m.*, **—овый** *a.* (bot.) heather (*Calluna* or *Erica*).
веретеница *f.* (zool.) slow worm.
веретен/ный *a.*, **—о** *n.* spindle; axle, shaft; **—овидный**, **—ообразный** *a.* spindle (-shaped); (biol.) fusiform, taper(ed).
верещатник *m.*, **—овый** *a.* heath, moorland.
верещать *v.* squeal; crackle; chirp.
верея *f.* gate post, door post, jamb.
верже *n.* laid paper.
веритайпер *m.* Vari-typer (composing machine).
верит/ельные грамоты credentials; **—ь** *v.* believe, trust, give credit.
верифи/катор *m.* verifier; **—кационный** *a.*, **—кация** *f.* verification; **—цировать** *v.* verify; **—цируемый** *a.* verifiable.
веркблей *m.* (met.) crude lead.
верлит *m.* (min.) wehrlite.
верми/кулит *m.* (min.) vermiculite; **—лион, —льон** *m.* vermilion.
вермишель *f.*, **—ный** *a.* vermicelli.
вермут *m.*, **—овый** *a.* vermouth (wine); (bot.) wormwood (*Artemisia absinthium*).
вернадит *m.* (min.) vernadite.
вернее *comp. of* **верно, верный** (or) rather, more accurately.
Вернеля печь Verneuil furnace.
вернер/ит *m.* (min.) wernerite, common scapolite; **—овский** *a.* Werner's.
Вернета голубой Vernet's blue.
верниер *see* **верньер**.
вернин *m.* vernine.
верно *adv.* correctly, right, faithfully; probably; it is correct.
вернонин *m.* vernonine.
верность *f.* correctness, accuracy, precision; (acous.) fidelity; loyalty.
вернуть *v.* return, give back; get back, regain, retrieve, recover; **—ся** *v.* return, come back, get back.
верн/ый *a.* correct, accurate; valid; reliable, sure; significant (digit); faithful, true; **быть —ым** *v.* hold (true).
верньер *m.*, **—ный** *a.*, **—ная шкала** vernier (scale).
веродиген *m.* verodigen.
верон/ал *m.* veronal, barbital; **—ика** *f.* (bot.) veronica; **—ская зелень, —ская земля** Verona green, Verona earth.
веростерин *m.* verosterol.
вероятн/ейший *a.* most probable; **—о** *adv.* probably, possibly, perhaps; apt; it is probable (or likely).

вероятност/ный *a.* probability; probabilistic (machine); stochastic, random (process); —ь *f.* probability, likelihood, chance; (thermodynamic, etc.) potential; по всей —и in all probability, most likely; теория —и law of probability.
вероятный *a.* probable, likely.
верп *m.* back anchor.
веррукозный *a.* verrucose, warty.
Версаль Versailles.
версен *m.* Versene (chelating agent).
версинус *m.* (math.) versed sine.
версия *f.* version.
верста *f.* verst (1.067 km.).
верстак *m.* (work) bench.
верст/ание *n.* (typ.) making up (pages), composing; —атка, —ать *f.* composing stick; —ать *v.* compose, make up; impose; (mil.) draft.
верстачный *a. of* верстак.
верстка *f.* (typ.) make-up; making up; proof in page(s).
верстовой *a.* verst; в. столб mile post.
вертел *m.* (anat.) trochanter.
вертеть *v.* turn, twirl, spin; (elec.) reverse; —ся *v.* turn around, whirl, spin, revolve, rotate.
вертикал *m.* (astr.) vertical; vertical flue; —изация *f.* (rockets) vertical adjustment; —ь *f.* vertical (line), upright, perpendicular; observation point; скорость по —и vertical speed.
вертикально *adv.* vertically; —сверлильный *a.* vertical- or upright-drilling; —строгальный *a.* vertical-planing; —сть *f.* verticality, vertical position; —фрезерный *a.* vertical-milling.
вертикальн/ый *a.* vertical, upright, perpendicular; updraft (furnace); в. разрез, —ая проекция front view.
вертикант *m.* roll stabilizer.
вертициллез *m.* (phyt.) verticilliose.
вертлю/г *m.*, —жный *a.* swivel, pivot, axis; trochanter (of insect).
вертлявый *a.* restless, mobile.
верт/олет *m.*, —олетный *a.* helicopter; в.-амфибия amphibious helicopter; —олетоносец *m.* helicopter carrier; —опрах *m.* weather vane; —унья *f.* (ent.) bud moth; —ушка *f.* rotator, rotor, impeller; vane; ventilator; revolving stand; revolving door; turntable; dial; current meter; —ячий *a.* whirling; rotatory; —ячка *f.* (vet.) avertin; —ячки *pl.* whirligig beetles (*Gyrinidae*); —ящийся *a.* revolving, rotating; —ящийся крест turnstile.
верфь *f.* dock(yard), shipyard.
верх *m.* top, upper part, summit; head; acme (of perfection); брать в. *v.* get the upper hand (of), get the better (of), overcome.

верхне— *prefix* top, upper; —бойный *a.* overshot (wheel); —бродильный *a.* top-fermenting; —волжский *a.* upper Volga.
Верхнее *n.* Lake Superior.
верхне/камский *a.* upper Kama (river); —меловой *a.* (geol.) Upper Cretaceous; —наливной *a.* overshot (wheel); —фюзеляжный *a.* dorsal; —челюстной *a.* (anat.) maxillary.
верхн/ий *a.* superior, upper, top, overhead; в. класс (concentration) oversize; в. привод overhead drive; в. резервуар gravity tank; в. свет skylight; в. цикл (math.) cocycle; Верхнее озеро Lake Superior; —яя поверхность upper surface, top; —яя точка apogee, peak; —яя часть top.
верхо/венство *n.*, —вность *f.* supremacy, superiority; —вный *a.* supreme; —водка *f.* (geol.) perched water table; —вой *a.* top, upper; upland, high; raised (bog); surface (fermentation); saddle (horse); *m.* rider; —вый *a.* upper; upstream; —вье *n.* (river) head(water), upper part; —лаз *m.* steeple jack, construction worker.
верхом *adv.* upwards, above, overflowing, heaping (full); (at or along) the top, (in the) upper part; astride, mounted; ложка с в. heaping spoonful.
верхуш/ечный *a.* tip, terminal, apical; —ка *f.* apex, tip, top.
верчен/ие *n.* turning, etc., see вертеть; —ный *a.* turned, etc., see вертеть.
верша *f.* creel, lobster pot.
верш/ать see вершить; —енный *a.* topped, etc., see *v.*; —ина *f.* top, summit, pinnacle, crown; (geom.) vertex, apex; peak (of curve); apogee; crest (of hill); point (of tool); —инник *m.* topwood; —инный *a.* apical; vertex; —ить *v.* top, crown; accomplish, execute, conclude; solve; manage, control; —ковый *a.* of вершок; —ник *m.* head rail; —ок *m.* top, peak, summit; vershok (4.4 cm.).
вес *m.* weight; importance, consequence; influence, authority, position; на в. by weight; на —у (freely) suspended; overhanging; по —у by weight; собственный в. gravity; удельный в. specific gravity; relative significance; функция —а weighting function.
вес. *abbr.* (весовой).
весел *gen. pl. of* весло.
веселка *f.* (bot.) stinkhorn (*Phallus*).
веселый *a.* cheerful, happy.
весельный *a.* oar, oar-like.
веселящий газ laughing gas (nitrous oxide).
весен *gen. pl. of* весна, —ний *a.* spring, vernal.
вес/ить *v.* weigh; —кий *a.* heavy, weighty,

significant; —кость *f.* weight(iness), heaviness.
весло *n.* oar, paddle; —ногие *pl.* (zool.) Copepoda; —образный *a.* oar-like, oar-shaped.
весна *f.* spring.
весноватый *a.* freckled.
весно/вспашка *f.* spring plowing; —й, —ю *adv.* in the spring.
веснуш/ка *f.* freckle; —чатый *a.* freckled.
веснянка *f.* stone fly; (bot.) Erophila.
весов/ой *a.* of вес *and* весы; (by) weight; weighing (bottle, etc.); gravimetric (analysis); mass (velocity); weighting (function); balance (pan, barometer, etc.); в. мерник weigher, weighing device; в. номер weight ratio; —ая платформа platform scale(s) or balance; —ая часть part by weight; —ым способом gravimetric (determination); —щик *m.* weigher, weigh master.
весо/к *sh. m. of* веский; *m.* plumb bob, plummet; —м *adv.* in or by weight; —мер *see* весовой мерник; —мость *f.* ponderability; weight(iness); —мый *a.* ponderable, weighable.
вест *m.* (naut.) west; west wind.
ВЕСТ *abbr.* (ведомственный стандарт) departmental standard.
Веста *f.* (astr.) Vesta.
вести *v.* conduct, run, carry on, carry out (reaction); do, be engaged in (work); transact (business); keep (accounts; a record); guide, direct, lead, drive; *gen., pl., etc., of* весть; в. себя behave.
вестиб/улярный *a.* vestibular; —юль *m.* vestibule, entrance, antechamber.
Вестингауз Westinghouse.
вест-индский *a.* West Indian.
вестись *reflexive of* вести; be underway, be in progress, proceed.
вестник *m.* messenger, herald; journal.
вестов/ой *a.* signal; warning (bell); overflow (pipe); —ое очко overflow.
Вестона элемент (elec.) Weston cell.
веструмит *m.* westrumite (an oil emulsion).
вестфальский *a.* Westphalian.
Вестфаля весы Westphal balance.
весть *f.* news, tidings, report; *v. see* вести.
весцелиит *m.* (min.) veszelyite.
вес. ч. *abbr.* (весовая часть).
весы *pl.* scales, weighing machine; (analytical) balance; в.-дозатор bagging scale(s).
весь *a. and pron.* all, (the) whole, total, complete; overall, throughout; everything; в. свет the whole world.
весьма *adv.* extremely, very; highly; в. ценный of great value.
вет— *prefix* veterinary; —баклаборатория *f.* veterinary bacteriological laboratory.

ветв/истость *f.* branchiness; ramification; —истоусые *pl.* (zool.) Cladocera; —истый *a.* branching, ramified; dendritic; (bot.) ramose; —иться *v.* branch, ramify; —ление *n.* branching, ramification.
ветврач *m.* veterinarian.
ветв/ь *f.* branch, arm; bough, limb; run, leg; (trajectory) phase, path; (rr.) siding; dendrite; (со)отношение —ей (nucl.) branching ratio; —ящийся *see* ветвистый.
ветер *m.* wind.
ветеран *m.* veteran.
ветеринар *m.*, —ный *a.* veterinary; —ия *f.* veterinary science.
ветерок *m.* breeze.
ветивен *m.* vetivene; —овая кислота vetivenic acid; —ол *m.* vetivenol.
ветивер/ия *f.*, —овый *a.* (bot.) vetiver (*Vetiveria zizanioides*).
ветка *f.* branch; (rr.) siding, branch line.
ветла *f.* (bot.) white willow (*Salix alba*).
вет/лазарет *m.*, —лечебница *f.* veterinary hospital
вето *n.* veto.
вет/ок *gen. pl. of* ветка; —очка *dim. of* ветка; sprig, spur, twig; —очный *a. of* ветка; ramal.
ветошь/ка, —ь *f.* rag; waste.
ветпункт *m.* veterinary hospital.
ветр/а *gen. of* ветер; —ен *sh. m. of* ветреный; —еница *f.* (bot.) anemone; —енник *m.* weathercock; —ено *adv.* (it is) windy; —еный *a.* wind(y).
ветро— *prefix* wind, anemo—; air; —вал *m.* windfall; —вой *a.* wind; —вое стекло windshield; —гон *m.* weathercock; —гонный *a.* (pharm.) carminative; —двигатель *m.* wind mill; wind turbine; —задерживающая полоса, —защита *f.*, —защитный *a.* windbreak; —кальный *a.* air-hardened (steel); —лом *m.* windbreak; —мер *m.* wind gage, anemometer; —опыляемый *a.* wind-pollinated, anemophilous; —отбойник *m.* wind deflector; —рез *m.* chimney hood; —силовой *a.* wind-power(ed), wind-driven.
ветро/указатель *m.* (av.) wind indicator; wind sock; —улавливатель *m.* scoop; —чет *m.* wind-speed indicator, drift computer; —электростанция *f.* wind-operated power plant; —энергетика *f.* wind-power technology.
ветря/к *m.*, —нка *f.* windmill; wind turbine; air vane; —ной, —ный *a.* wind(-driven); natural-draft (furnace); —ной двигатель windmill; —ной конус (meteor.) wind sleeve; —ная оспа (med.) chickenpox; —чный *a.* wind-driven.

ветучасток *m.* veterinary center.
ветх/ий *a.* old, dilapidated, decrepit; —**ость** *f.* decay, decrepit state.
ветчин/а *f.*, —**ный** *a.* ham.
ветшать *v.* fall into decay, age.
вех *m.* (bot.) water hemlock (*Cicuta*).
веха *f.* landmark, boundary mark; surveying rod, surveyor's stake; pole, peg, stake, staff, rod, beacon.
вечен *sh. m. of* **вечный**.
вечер *m.* evening; **под в.** at dusk; —**еть** *v.* get dark; —**ний** *a.* evening; night (school); —**ник** *m.*, —**ница** *f.* night school student; —**ница** *f.* (zool.) bat; (bot.) Hesperis; —**ом** *adv.* in the evening.
вечно *adv.* perpetually, always; —**зеленый** *a.* evergreen; —**мерзлый грунт** permafrost; —**плавающий** *a.* (biol.) holoplanktonic; —**плавающие тела** holoplankton, aquatic life; —**сть** *f.* perpetuity.
вечн/ый *a.* perpetual, endless, everlasting, eternal; —**ая мерзлота** permafrost; —**ое движение** perpetual motion.
веш/алка *f.* hanger, rack, stand; peg; **сушка на** —**алках** rack curing; —**ало** *n.* (drying) rack; —**ание** *n.* hanging, etc., *see v.*; —**анный** *a.* hung, etc., *see v.*; —**ать** *v.* hang (up), suspend; weigh.
вешить *v.* (surv.) stake, mark out.
вешка *dim. of* **веха**; peg, marker.
вешняк *m.* floodgate, sluice (gate).
вещ. *abbr.* (**вещество**).
вещ/ание *n.*, —**ательный** *a.* (rad.) broadcast(ing); —**ать** *v.* broadcast; prophesy.
вещев/ой *a. of* **вещь**; **в. мешок** knapsack, kit bag; **в. склад** warehouse; —**ое довольство** personal equipment; clothing.
вещественн/означный *a.* real-valued; —**ость** *f.* reality; matter, substance; —**ый** *a.* real (frequency, number, etc.); substantial, material; —**ый взнос** contribution in kind.
вещество *n.* substance, matter, material, stuff; agent; —**ант**, —**ент**, —**ер**, —**атор** e.g., **охлаждающее в.** coolant; **связывающее в.** binder; **в.-эталон** reference material.
вещ/ный *a.*, —**ь** *f.* thing, object, article; item, piece; entity.
вея/лка *f.*, —**льница** *f.* (agr.) winnowing machine; —**льный**, —**тельный** *a.* winnowing; —**льщик**, —**тель** *m.* winnower; —**ние** *n.* winnowing; blowing (of wind); trend, tendency; —**ный** *a.* winnowed; —**ть** *v.* winnow, fan; blow.
вж(им)ать *v.* squeeze in, force (in).
вз— *prefix* up, off, away, again.
взад *adv.* back(wards); **в. и вперед** back and forth, to and fro, up and down.
взаимен *sh. m. of* **взаимный**.

взаимно *adv. and prefix* mutually, reciprocally; inter—, *see also under* **взаимо**—;
в. заменимый *a.* interchangeable (part);
в. замкнутый interlocked, intermeshed;
в. корреляционный *a.* cross-correlation (function); **в. превращаться друг в друга** *v.* be interconverted; **в. простой** *see* **взаимно-простой**; **в. уничтожающийся** *a.* compensating (errors).
взаимно/дополнительный *a.* mutually complementary; —**обменный** *a.* interchangeable; —**обратный** *a.* inverse, reciprocal.
взаимно-однозначн/о *adv.* (math.) in a one-to-one manner; —**ый** *a.* one-to-one.
взаимно/-полярный *a.* polar reciprocal; —**проникающий** *a.* interpenetrating; **в.-простой** *a.* (math.) relatively prime, coprime; —**растворимый** *a.* mutually soluble; —**связанный** *a.* (inter)linked, coupled; —**сопряженный** *a.* self-conjugate; —**сть** *f.* mutuality, reciprocity, duality, correlation; **в.-эквивалентный** *a.* (comp.) mutually equivalent.
взаимн/ый *a.* mutual, reciprocal, inter—; (inter)linked; relative (position); *see also under* **взаимо**—; **в. затвор**, —**ая сцепка** interlock; —**ая связь** (inter)linking, coupling; interrelation, interconnection; —**ое проникновение** interpenetration.
взаимо— *see* **взаимно**; —**влияние** *n.* interference; reciprocal influence.
взаимодейств/ие *n.* interaction, interworking, interplay; reciprocal action; interface; coupling; cooperation; (chem.) reaction; —**овать** *v.* interact, act reciprocally; interface; cooperate; react; —**ующий** *a.* interacting, etc., *see v.*; reaction (mixture); cooperative.
взаимозависим/ость *f.* interdependence, interrelation(ship); interplay; —**ый** *a.* interdependent.
взаимозамен/а *f.* interchange; —**яемость** *f.* interchangeability; —**яемый** *a.* interchangeable, duplicate, standby, spare (part).
взаимо/заместимый *a.* interchangeable; —**замещающий** *a.* interchanging; representative (species); —**замыкающий** *a.* interlocking; —**индукция** *f.* (elec.) mutual induction.
взаимоисключающ/ий *a.* mutually exclusive, incompatible, alternative; —**ие минералы** mineral incompatibilities.
взаимо/калибровка *f.* intercalibration; —**обмен** *m.* interchange; —**обменный** *a.* interchangeable; —**отношение** *n.* (inter)relation, mutual relation(ship); —**положение** *n.* relative position; —**помощь** *f.* mutual assistance; —**превращаемый** *a.* interconvertible; —**превращение**

n. interconversion; transmutation; —проникающий *a.* interpenetrating; —растворение *n.* mutual solution.

взаимосвяз/анный *a.* interrelated, interdependent; coupled (effect); —ь *f.* interrelation(ship), interdependence, interconnection, correlation; устанавливать —ь между *v.* relate to.

взаймы *adv.* on credit; брать в. *v.* borrow; дать в. *v.* lend, advance.

взакрой: забивка в. clinch nailing; сварка в. split welding.

взамен *adv. and prep. gen.* instead, in return, in exchange (for).

взамок *adv.* lock; соединение в. lock joint; соединенный в. lock-jointed.

взаперти *adv.* locked.

взбалам/утить *v.* stir (up), agitate; —ученный *a.* stirred, agitated.

взбалтыв/ание *n.* shaking (up), agitation; —ать *v.* shake (up), agitate, stir.

взбе/гать, —жать *v.* run up.

взбив/ание *n.*, —ка *f.* beating up, etc., *see v.*; —ать *v.* beat up, whip; churn (butter).

взбираться *v.* get up, mount, ascend.

взбит/ый *a.* beaten up, whipped; churned (butter); —ь *see* взбивать.

взблес/к *m.*, —нуть *v.* flash.

взболт/ать, —нуть *see* взбалтывать.

взборонить *v.* (agr.) harrow.

взбр/асыв *a.* ть, —осить *v.* throw up, thrust up; toss up; —ос *m.* ramp; (geol.) upthrust, upthrow fault, spec. reverse (thrust) fault; —осо-сдвиг strike-slip thrust fault; — ошенный *a.* thrown up, thrust up; upthrown, upthrust.

взбрыз/гивание *n.* spraying, splashing up, spurting; —гивать, —нуть *v.* spray, splash up, spurt.

взбудораж/ивать, —ить *v.* disturb.

взбух/ать, —нуть *v.* swell up.

взвал/ивать, —ить *v.* load.

взвар *m.* decoction.

взвед/ение *n.* leading up (to), etc., *see* взводить; —енный *a.* led up (to); erected, raised; cocked.

взвезти *see* взвозить.

взвесить *see* взвешивать.

взвести *see* взводить.

взве/сь *f.* suspension, suspended matter; —шенно-квадратический *a.* (math.) weighted-square; —шенно-полиномиальный *a.* weighted polynomial; —шенность *f.* suspension, suspended state; —шенный *a* suspended, in suspension; weighed; —шенное фиктивное fluidized (bed); —шенное состояние suspension; —шенное среднее weighted mean; в —шенном состоянии in suspension; (met.) levitation (melting); —шивание *n.* suspension; weighing; —шивать *v.* sus-

pend; weigh; consider; (stat.) weight; —шивающий *a.* suspending; weighing; weighting (factor).

взвиваться *v.* rise, fly up, be raised.

взвин/тить, —чивать *v.* wind up; excite; raise (prices).

взвиться *see* взвиваться.

взвихрить *v.* whirl up.

взвод *m.* leading up; notch (of gun); (mil.) platoon; —ить *v.* lead up (to); raise; reset, cock (gun); impute.

взвоз *m.* conveyance; —ить *v.* convey, carry up.

взволновать *v.* disturb, agitate.

взвыть *v.* howl, set up a howl.

взгля/д *m.* look, glance; (point of) view, opinion, outlook; aspect; в. назад retrospect; (geod.) back sight; на в. in appearance; на первый в. at first glance; при —де на on looking at; —дывать, —нуть *v.* look at, glance.

взгор/ок *m.* small hill; —ье *n.* hill.

вздв/аивать, —оить *v.* duplicate; double; halve; (agr.) replow; —оенный *a.* duplicated, etc., *see v.*

вздорожать *v.* rise in price.

вздохнуть *see* вздыхать.

вздрагивать *v.* shudder, start, wince.

вздремнуть *v.* nap, doze.

вздрогнуть *see* вздрагивать.

вздув/ание *n.* swelling, bulging, bulge, inflation; (geol.) heave; —ать *v.* inflate, blow up; —аться *v.* inflate, swell, puff up, bulge, heave.

вздумать *v.* get the idea.

вздут/ие *n.*, —ость *f.* swell(ing), blister, intumescence, tumor; —ый *a.* swollen, inflated, tumid; —ь *see* вздувать.

вздым/ание *n.* rising; (geol.) upthrusting; —аться *v.* rise, billow, heave; —ающийся *a.* rising, upward; —щик *m.* resin collector.

вздыхать *v.* sigh, take a breath.

взим/аемый *a.* taxable; —ать *v.* levy, collect, raise (taxes).

взламывать *v.* break open, force open.

взлет *m.* flight; (av.) take-off, launching; —ать, —еть *v.* fly up, take off; —но-посадочная полоса runway; —ный *a.* of взлет.

взлом *m.* breaking open; break; —анный *a.* broken; —ать *see* взламывать.

взмах *m.* stroke, sweep, flap; —ивать, —нуть *v.* flap, wave, swing.

взмет *m.* sudden rise; breaking (of soil); —ание *n.* flying up, rising (of dust); —ать, —нуть, —ывать *v.* throw up, fling up, raise.

взмоет *fut. 3 sing. of* взмыть.

взморник *m.* eel grass (*Zostera marina*).

взморье *n.* beach, coastal waters.

взму/тить, —чивать *v.* roil, make turbid,

muddy, stir up; —ченный *a.* roiled, muddied, turbid; —ченный асбест asbestos slurry; во —ченном состоянии turbid; in suspension; —чивание *n.* roiling, etc., *see v.*
взмыв/ание *n.* (av.) bouncing; —ать *v.* bounce; balloon.
взмыл/енный *a.* foamy, frothy; —и(ва)ться *v.* foam, lather, froth.
взмыть *see* взмывать.
взнос *m.* payment, fee, dues.
взо— *see* вз—.
взобраться *see* взбираться.
взобьет *fut. 3 sing. of* взбить.
взовьется *fut. 3 sing. of* взвиться.
взогн/анный *a.* sublimated; —ать *see* возгонять.
взойти *see* восходить, всходить.
взор *m.* look, glance, gaze.
взорв/анный *a.* exploded, blown up, blasted; —ать *see* взрывать.
взошел *past m. sing of* взойти.
взра/стать, —сти *v.* grow (up); increase; —стить, —щивать *v.* grow, raise.
взрез *m.* cut, incision; dissection; —ка *f.*, —(ыв)ание *n.* dissection; —(ыв)ать *v.* dissect, cut open.
взроет *fut. 3 sing. of* взрыть.
взросл/ость *f.* maturity, adult stage; —ый *a.* adult, grown up, mature.
взрыв *m.* explosion, detonation, blast; burst(ing), rupture, blow up; outbreak, outburst; —аемость *f.* explosiveness; —ание *n.* explosion, bursting, etc., *see v.*; (min.) shooting; —атель *m.* fuse, detonator, firing device; удалять —а́тель *v.* defuse; —ать *v.* explode, detonate, blast, demolish, blow up, dynamite; fire, set off; dig up; —аться *v.* explode, burst, blow up, go off; —ающий(ся) *a.* explosive, detonating; —ник *m.* (min.) blaster.
взрывн/ой *a.* explosive, exploding, explosion; blast (wave); high-explosive (grenade); —ая отбойка (min.) shooting; —ая работа blasting; —ая сила explosive force; brisance.
взрыво/безопасный *a.* explosion-proof, blast-resistant, safe; —опасность *f.* explosion hazard; —опасный *a.* dangerously explosive; —стойкий, —упорный *a.* explosion-proof; —чный *see* взрывной.
взрыв/пакет *m.* smoke-puff charge; —чатка *f.* explosive.
взрывчатость *f.* explosiveness.
взрывчат/ый *a.* explosive; detonating; fulminating (silver); в. воздух firedamp; в. желатин blasting gelatin, nitrogelatin; в. состав, —ое вещество explosive; —ая сила explosive force.
взрыт/ие *n.* digging up; —ь *v.* dig up.

взрыхл/енный *a.* loosened; —ить, —ять *v.* loosen, break up.
взъ— *see* вз— *before* е, ю *and* я.
взывать *v.* appeal, invoke; call (for).
взыск *m.* search; proceedings; claim; —ание *n.* penalty, fine; —ательный *a.* exacting, demanding, strict; —(ив)ать *v.* exact, claim; search.
взя/в(ший) *a.* having taken; —тие *n.* taking; —тка *f.* bribe; —ток *m.* (bees) nectar and pollen yield; —тый *a.* taken; given (value); in question; —тый у таken or borrowed from; —ть *v.* take; turn (right or left); —ться (за) *v.* take hold (of), grasp; undertake.
виадук *m.* viaduct.
вибратор *m.*, —ный *a.* vibrator, dipole; jigger; oscillator.
вибрационный *a.* vibration, vibrating, shaking; oscillating (switch, etc.); tuned-reed (indicator).
вибрация *see* вибрирование.
вибрион *m.* (bact.) vibrio.
вибрир/ование *n.* vibration, jarring, shaking; oscillation; (av.) buffeting; —овать *v.* vibrate, jar, shake; oscillate; —ующий *a.* vibrating, vibratory, vibration; oscillating; (astr.) rocking (mirror).
вибро— *prefix* vibro—, vibrating, vibration; —анализатор *m.* vibration analyzer; —булава *f.* needle vibrator; —выпрямитель *m.* vibrating rectifier; —галтовка *f.* vibration tumbling; —граф *m.* vibrograph; —грохот *m.* vibrating screen; —датчик *m.* vibration pickup, vibration detector; —желоб *m.* vibrating trough; —игла *f.* needle vibrator; —изоляция *f.* vibration-proof insulation.
вибро/лопата *f.* vibrator spade; —мельница *f.* vibrational mill; —метр *m.* vibrometer, vibration meter; —перегрузка *f.* vibration overload; —площадка *f.* vibrating surface; —поглощающий *a.* vibration-absorbing; —погружатель *m.* vibratory pile driver; —помол *m.* vibrational mill; —преобразователь *m.* (electron.) vibropack, chopper; —прокат *m.* vibration-rolled concrete; —прокатный *a.* vibration-rolled; —прочность *f.* (vibration) strength; —прочный *a.* shock-resistant.
вибро/сито *n.* vibrating screen; —скоп *m.* vibroscope; —старение *n.* vibration aging; —стенд *m.* vibrator, vibration table.
вибростойк/ий *a.* vibration-proof; —ость *f.* resistance to vibration; испытание на —ость vibration test.
виварий *m.* (zool.) vivarium.
виверра *f.* (zool.) civet (cat).

вивианит *m.* (min.) vivianite.
вивиант *m.* Prussian blue, Berlin blue.
виви/пария *f.* (biol.) viviparism, viviparous reproduction; **—секция** *f.* vivisection.
вивший *past act. part. of* **вить**.
вигантол *m.* Vigantol (vitamin D_3).
вигна *f.* (bot.) cowpea (*Vigna*).
Вигнера эффект (nucl.) Wigner (discomposition) effect.
вигольд *m.* wiegold (alloy).
вигон/ь *f.*, **—евый** *a.* (zool.) vicuna; vicuna wool.
вигорит *m.* (expl.) vigorite.
вид *m.* aspect, look, appearance, form, shape; view, prospect, outlook; type, class, kind, sort; (biol.) species; mode (of oscillations); condition, state; **в. сбоку** side view, profile; **в. сзади** back view, rear view; **в. спереди** front view; **в —е** in the form (of); as; in (terms of); **в том —е, в каком** as; **в том —е, как** as; **в любом —е** in any form; **в —у** in view (of); as, whereas; **в —у того, что** in view of the fact that, considering that; **в холодном —е** cold; **в чистом —е** in the pure state, when pure; **внешний в.** appearance; habit; **делать в.** *v.* pretend, feign; **для —а** pro forma; **иметь в.** *v.* be in the form (of); **иметь —ы** *v.* aim (at); **иметь в —у** *v.* bear (or keep) in mind, remember; intend, contemplate, aim (at); **на в.** in appearance; **на —у** in sight; **ни под каким —ом** by no means, under no circumstances; **никаких —ов на** there is no prospect (of); **при —е** at the sight (of); **придавать в.** *v.* fashion, shape, mold; **с —у** in appearance; **упускать из —у** *v.* lose sight (of), overlook.
Видаля проба (med.) Widal test; **В. черный** Vidal black (dyestuff).
вид/анный *a.* seen; **—ать** *v.* see often; **—ен** *sh. m. of* **видный**; **—ение** *n.* vision, sight; (med.) hallucination.
видео— *prefix* video, television; **—детектирование** *n.* video detection; **—детектор** *m.* video detector; **—импульс** *m.* video pulse; **—лампа** *f.* video tube; **—магнитофон** *m.* video tape recorder; **—передатчик** *m.* video transmitter; **—преобразователь** *m.* video converter; **—сигнал** *m.* video (signal); **—телефон** *m.* videotelephone, phonovision system; **—ток** *m.* video current; **—усилитель** *m.* video amplifier; **—частота** *f.* video or picture frequency.
видер *m.* (agr.) weeder, cultivator.
видеть *v.* see; **—ся** *v.* it is seen; meet.
видиа режущий металл, в.-сплав (met.) widia (cemented tungsten carbide).
видикон *m.* vidicon, photoconductive camera tube.

видим/о *adv.* evidently, apparently; **—ость** *f.* visibility, visual range; semblance, appearance; **зона —ости** field of vision; **—ый** *a.* visible, visual; apparent, obvious; in sight; **—ый горизонт** skyline; **делать —ым** *v.* visualize.
видм/анштеттова структура (met.) Widmanstätten pattern; **—ерова колонка** (fractionation) Widmer column.
види/еться *v.* be seen, show, appear; **—о** *adv.* apparently, evidently; it is evident, clear, or obvious; it is seen, one can see; **—ость** *f.* visibility (factor), luminosity factor, luminous efficiency; **—ый** *a.* visible, noticeable, prominent; show; *suffix* -like, **—ацеous**, resembling.
видов/ой *a.* species; **—ое богатство, —ое обилие** range of species; **—ое понятие** specific concept.
видоизмен/ение *n.* modification, adaptation, alteration, transformation, change; version; **—енный** *a.* modified, etc., *see* *v.*; **—ить, —ять** *v.* modify, change, alter, transform, convert; (biol.) mutate; **—иться, —яться** *v.* be transformed; vary, change; **—яемость** *f.* modifiability, mutability; **—яемый** *a.* modifiable, changeable, mutable.
видоискатель *m.* (phot.) viewfinder.
видообразование *n.* (biol.) speciation.
виеторисовский *a.* Vietoris.
виза *f.* visa, permit.
визави *adv.* opposite (each other).
визг *m.* squeal, scream, shriek.
визерин *m.* (min.) wiserine.
визж/ание *n.* squeal(ing); **—ать** *v.* squeal, shriek; splutter (of arc).
визига *f.* dried spinal cord of sturgeon.
визио— *see* **видео**; **—нер** *m.* visionary.
визир *m.* sight, visor, finder, hairline; (phot.) viewfinder; **—ка** *f.* (surv.) range pole; **—ный** *a.* sighting, line of sight; guide (line); peep (hole); **—ный крест** (surv.) reticule; **—ная трубка** telescopic finder; **—ная щель** aperture sight; **—ное приспособление** finder.
визиров/ание *n.* sight(ing), bearing; **обратное в.** (surv.) backsight(ing); **прямое в.** direct sighting, foresight; **—ать** *v.* sight, level, take bearings; visa.
визит *m.*, **—ный** *a.* visit, call; **—ация** *f.* visit; inspection; **—ер** *m.* visitor.
визуал/изация *f.* visualization; **—изировать** *v.* visualize; **—ьный** *a.* visual; direct (reading).
виикит *m.* wiikite (uranium mineral).
вика *f.* (bot.) vetch (*Vicia*).
Вика игла (cement) Vicat needle.
викаллой *m.* Vicalloy (alloy).
викар/иировать *v.* (biol.) vicariate, typify; **—иирующий** *a.* representative (species); **—ный** *a.* (med.) vicarious.

викасол *m.* vicasol (vitamin K).
викел/евать *v.* wrap, roll, wind (up); —евка *f.* wrapping, etc., *see v.*; —ь *m.* roll; (rub.) rolled-up stock, uncured stock; —ь-аппарат rolling-up device; batching apparatus.
виккерсовый *a.* (met.) Vickers.
вико— *prefix,* —вый *a.* (bot.) vetch.
виктория *f.* (bot.) Victoria; в. голубой Victoria blue; в. зеленый Victoria green, malachite green.
викунья *see* вигонь.
вил *past m. sing. of* вить; *gen. of* вилы; —а *f.* fork; *past f. sing. of* вить; —ась *past f. sing. of* виться.
вилк/а *f.* fork, yoke; prong; (art.) bracket; (elec.) plug; (hinge) jaw; *gen. of* вилок; соединение —ой Y-connection.
вилкеит *m.* (min.) wilkeite.
вилковый *a. of* вилка; вилок.
вилкообразн/ый *a.* fork(ed), Y-shaped, furcated; в. рычаг yoke lever; —ая трубка Y-tube.
виллемит *m.* (min.) willemite.
виллиамс/ит *m.* (min.) williamsite; —онова синь Williamson's blue, Prussian blue.
ви..лиаумит *m.* (min.) villiaumite.
вило *past n. sing. of* вить.
вилок *m.* (cabbage) head; *gen. pl. of* вилка.
вилообразный *a.* forked, (bi)furcate.
вилось *past n. sing. of* виться.
вилоч/ка *dim. of* вилка; (orn.) wishbone; —ковый *a. of* вилочка; thymus (gland); —ный *a.* fork(ed), pronged; fork (wrench); —ный контакт (elec.) plug.
вился *past m. sing. of* виться.
вилт *see* вильт.
вилуит *m.* (min.) wiluite.
вилы *pl.* (agr.) pitchfork; fork, crotch.
Вильгеродта реакция Willgerodt reaction (for amides).
Вильда защита (meteor.) Wild fence.
вильнуть *v.* swerve.
Вильсона камера (phys.) Wilson chamber, cloud chamber.
вильт *m.* (phyt.) wilt.
Вильфлея обогатитель (min.) Wilfley concentrator; В. стол Wilfley table.
вильчат/ый *a.* fork(ed), Y-shaped, (bi)furcate; yoke (lever); с —ым захватом fork (lift).
вильямс— *see* виллиамс—.
вил/яние *n.* wagging, etc., *see v.*; (mach.) hunt, oscillating movement, rocking motion; (elec.) hunting; —ять *v.* wag; wobble (of wheel); shift; (mach.) hunt; equivocate, hedge.
ВИМ *abbr.* (временная импульсная модуляция) pulse-time modulation, PTM.
вина *f.* fault, guilt, blame; cause; *gen. and pl. of* вино.

Вина закон (phys.) Wien's (displacement) law; В. мостик (elec.) Wien bridge.
винаконовый *a.* vinaconic (acid).
виндротор *m.* wind rotor.
виндроуэр *m.* (agr.) windrower.
винегрет *m.* mixed salad; mixture.
винеровский *a.* Wiener.
винил *m.* vinyl, ethenyl; хлористый в. vinyl chloride; —ацетат *m.* vinyl acetate; —ацетилен *m.* vinylacetylene; —бензол *m.* vinylbenzene, styrene; —ен *m.* vinylene; —иден *m.* vinylidene; —иденхлорид *m.* vinylidene chloride; —ирование *n.* vinylation; —ит *m.* vinylite (plastic); —карбазол *m.* vinylcarbazole; —овый *a.* vinyl; —овый спирт vinyl alcohol, ethenol; —ог *m.* vinyl analog; —огия *f.* vinylogy; —хлорид *m.* vinyl chloride; —цианид *m.* vinyl cyanide; —ьный *a.* vinyl.
винипласт *m.* polyvinyl chloride plastic.
винить *v.* accuse, blame.
винифлекс *m.* Viniflex (plastic).
винкель *m.* (try square); (math.) vinculum.
винно— *prefix* wine; (chem.) tartrate.
винно/аммониекалиевая соль potassium ammonium tartrate; —железистый *a.* ferrotartaric; —железистая соль ferrous tartrate; —железная соль ferric tartrate; —желтый *a.* wine-yellow; —калиевая соль potassium tartrate; кислая —калиевая соль potassium bitartrate; —калиевонатриевая соль, —калиенатриевая соль sodium potassium tartrate; —кальциевая соль calcium tartrate.
виннокаменн/окислый *see* виннокислый; —ый *a.* tartaric, *see also* винный; —ая кислота tartaric acid, spec. *d*-tartaric acid; соль —ой кислоты tartrate.
виннокисл/ый *a.* tartaric acid; tartrate (of); в. кали-натр, в. натрий-калий sodium potassium tartrate; в. хинин quinine tartrate; —ая соль tartrate; кислая —ая соль bitartrate.
винно/метиловый эфир methyl tartrate; —натриевая соль sodium tartrate; кислая —натриевая соль sodium bitartrate; —натриевокалиевая соль sodium potassium tartrate; —стибилокалиевая соль potassium antimonyltartrate, tartar emetic; —этиловый эфир ethyl tartrate.
винн/ый *a.* wine, vinous; tartaric; в. камень tartar (on teeth); cream of tartar, potassium bitartrate; в. спирт ethyl alcohol; в. уксус wine vinegar; —ая кислота tartaric acid; соль —ой кислоты tartrate; кислая соль —ой кислоты bitartrate; —ая ягода (dried) fig.
вино *n.* wine.
винов/атый *a.* guilty, to blame; —ник

виновский *m.* culprit, offender; —ность *f.* guilt; —ный *a.* guilty, at fault.
виновский *a.* Wien('s).
виногонный *a.* distillatory, distilling.
виноград *m.* grape(s); —арство *n.* (agr.) viticulture; viniculture; —ина *f.* grape; —ник *m.* vineyard.
виноградно/аммониевая соль ammonium racemate; —кислый *a.* racemic acid; racemate (of); —кислая соль racemate; —этиловый эфир ethyl racemate.
виноградн/ый *a.* grape; racemic; в. сахар grape sugar, glucose; —ая кислота racemic acid, paratartaric acid; соль —ой кислоты racemate; —ая чернь vine black (a pigment); —ое масло grape seed oil.
виноградовит *m.* (min.) vinogradovite.
вино/дел *m.* viniculturist; —делие *n.* viniculture, wine making; —дельческий *a.* wine-making; —курение *n.* distillation; —куренный завод distillery.
винт *m.* screw; propeller; в.-автомат *m.* propeller; в.-барашек, барашковый в. thumbscrew, butterfly screw; бесконечный в. screw conveyer.
винтергреновое масло wintergreen oil.
винтерова кора Winter's bark.
винт/ик *dim. of* винт; —ить *v.* screw; —овальный *a.* screw(-threading); —овальная доска, —овальня *f.* screw plate.
винтовка *f.* rifle.
винтов/ой *a.* screw, spiral, helical; worm (gear); propeller; helicoidal (flow); в. движитель propeller; в. домкрат (screw) jack; в. ключ nut wrench; в. конвейер, в. транспортер screw conveyer, worm conveyer; —ая (зубчатая) передача helical gear; worm gear; —ая крышка screw cap (closure); —ая линия (math.) helical line, helix; spiral; —ая муфта sleeve nut; —ая пара screw gage, micrometer; —ая пружина helical spring; —ое колесо helical wheel.
винтовочный *a.* rifle.
винт/-ограничитель *m.* stop screw; —окрылый *a.* rotary-wing; —ом *adv.* spirally; —омоторный *a.* (av.) propeller; —ообразный *a.* screw-shaped, spiral, helical, coiled; —ообразная линия helical line, helix; —орез *m.* screw plate, die.
винторезн/ый *a.* screw-cutting; в. патрон, —ая головка screw die, (threading) die; в. станок screw-cutting lathe, threader; —ая гребенка, —ая плашка (thread) chaser; —ая доска screw plate, die plate.
винтотурбинный *a.* (av.) turboprop(eller).
виньет/ировать *v.*, —ка *f.* (phot.) vignette.
виола/ит *m.* (min.) violaite; —кверцитрин *m.* violaquercitrin, osyritrin; —ксантин *m.* violaxanthin; —мин *m.* (min.) violamine; —н *m.* (min.) violan; —нин *m.* violanine; —новая кислота violanic acid; —нтрол *m.* violanthrole; —цеин *m.* violacein (antibiotic).
виолевый *a.* violet.
Виолля эталон Violle's standard, Violle's platinum unit.
вио/луровая кислота violuric acid; —мицин *m.* viomycin (antibiotic); —стерол *m.* viosterol (vitamin D); —форм *m.* vioform, iodochlorohydroxyquinoline.
виппер *m.* (min.) whipper, dumper.
вираж *m.*, —ный *a.* (av.) turn(ing), etc., *see v.*; spec. 360° (banked) turn; (phot.) toner; —ировать *v.* turn, veer, bank; в.-фиксажный *a.* toning-fixing.
виргац/ионный *a.* virgate, rod-like; —ия *f.* (geol.) virgation.
виргинский *a.* Virgin (Islands).
вириал *m.*, —ьный *a.* (math.) virial.
вирид/ин *m.* viridine; (min.) viridine; —ит *m.* (min.) viridite.
виртуальный *a.* virtual; (meteor.) eddy (viscosity).
виру/лентность *f.* (med.) virulence; —лентный *a.* virulent; —с *m.*, —сный *a.* virus; —сология *f.* virology.
вис/ение *n.* hanging, etc., *see v.*; на режиме —ения hovering (flight); —еть *v.* hang, be suspended, overhang; (av.) hover.
вискеризация *f.* (cryst.) whiskering.
виски *f. and n.* whiskey; *pl. of* висок.
вискоз/а *f.* viscose; —иметр *m.* viscosimeter, fluidimeter; —иметрия *f.* viscosimetry; —ин *m.* (chem.) viscosin; viscosine (light lubricating oil); —ный *a.* viscose.
Висла *f.* Vistula (river).
висло *past n. sing. of* виснуть; *prefix* hanging, sagging, loose; (bot.) cremo—; —крылка *f.* sialid (fly); —крылые *pl.* (ent.) Megaloptera; —плодник *m.* (bot.) cremocarp; —ухий *a.* flap-eared.
вислый *a.* hanging, pendent.
висмит *m.* (min.) bismite.
висмут *m.* bismuth, Bi; азотнокислый в. bismuth nitrate; основной азотнокислый в. bismuth subnitrate; карбонат—а, углекислый в. bismuth carbonate; основной углекислый в. bismuth subcarbonate; окись —а bismuth oxide, specif. bismuth trioxide; пятиокись —а bismuth pentoxide; хлористый в. bismuth (tri)chloride.
висмут/ат *m.* bismuthate; —ид *m.* bismuthide; —ил *m.* bismuthyl; хлористый —ил bismuthyl chloride; —ин *m.* bismuthine, bismuth hydride; (min.) bismuthinite, bismuth glance; —истый

a. bismuth(ous); —ит *m.* (min.) bismutite; —ный *a.* bismuth; —оводород *m.* bismuth hydride.

висмутовокисл/ый *a.* bismuthic acid; bismuthate (of); —ая соль bismuthate.

висмутов/ый *a.* bismuth(ic); в. ангидрид bismuthic anhydride, bismuth pentoxide; в. блеск (min.) bismuth glance, bismuthinite; —ая белая, —ые белила bismuth white; —ая кислота bismuthic acid; соль —ой кислоты bismuthate; —ая обманка (min.) bismuth blende, eulytite; —ая охра (min.) bismuth ocher, bismite; —ая синь bismuth blue; —ая соль bismuthic salt; —ое золото (min.) bismuth gold, maldonite; —ое серебро (min.) bismuth silver, chilenite.

висмуторганический *a.* organobismuth.

виснуть *v.* hang, droop, sag.

висок *m.* (anat.) temple.

високос *m.*, —ный год leap year.

височный *a.* (anat.) temple, temporal.

вистра *f.* (text.) a viscose wool.

висцеральный *a.* (anat.) visceral.

висцин *m.* viscin.

висюлька *f.* pendant; icicle.

вися/чий, —щий *a.* hanging, pendent, suspended, aerial; dependent (drop); suspension (bridge); drop (valve); в. замок padlock; —чие ходы (photogrammetry) cantilever extensions.

вит *sh. m. of* витый; *abbr.* (виток) turn.

вита/-гляс *m.* Vita glass; —лизм *m.* (biol.) vitalism; —листический *a.* vitalistic; —ллий *m.* Vitallium (alloy); —льный *a.* (biol.) vital.

витамин *m.*, —ный *a.* vitamin; —изировать *v.* vitaminize; —озность *f.* vitamin potency; —озный *a.* vitamin-rich; —оноситель *m.* vitamin-rich food; —оносный *a.* vitamin-containing or yielding.

витан/ие: скорость —ия terminal velocity, free-fall velocity.

Витворта резьба Whitworth thread.

витгамит *m.* (min.) withamite.

витексии *m.* vitexine.

вителлин *m.* vitellin.

витерит *m.* (min.) witherite.

витиатин *m.* vitiatine.

витие *see* витье.

витиеватый *a.* ornate, flowery.

витилиго *n.* (med.) vitiligo.

витковый *a. of* виток; turn; loop.

витнеит *m.* (min.) whitneyite.

витова пляска *see* виттова пляска.

вит/ой *a.* twisted, spiral; twined, turned; —ок *m.* coil, loop; whorl, convolution; (elec.) turn.

витраж *m.* stained glass (panel or work).

витрен *m.* vitrain (a bituminous coal); —изированный *a.* vitrainized.

витрина *f.* showcase, store window.

витриолизация *f.* vitriolization.

витрит *m.* vitrite (a glass).

витрификация *f.* vitrification.

витрофир *m.* (petr.) vitrophyre; —овый *a.* vitrophyric.

Витстона мостик (elec.) Wheatstone bridge.

Витта теория цветности Witt color theory.

виттихенит *m.* (min.) wittichenite.

виттова пляска (med.) St. Vitus' dance.

вит/ый *a.* twisted, spun; —ь *v.* twist, spin, wind, twine; —ье *n.* twisting, twining, torsion; —ься *v.* twist, spin.

вихлять(ся) *v.* dangle; wobble.

вихор *m.* tuft.

вихрев/ой *a.* vortex, vortical, rotational; turbulent; eddy (mill, etc.); whirl (wind), whirling; peripheral, turbine (pump); drag (turbine); в. порошок (met.) powder made in eddy mill; в. размол pulverization in eddy mill; —ая нить vortex line; —ое движние eddy; swirl; —ые токи (elec.) eddy or Foucault currents; —ость *f.* vorticity.

вихр/екамерный *a.* swirl-chamber; —еобразование *n.* formation of a vortex; —ить *v.* whirl, swirl, spin; —ь *m.* vortex, whirl, eddy, rotation; (math.) curl; whirlwind; whirlpool; —ь в потоке vortex flow; —ь (скорости) vorticity.

вице— *prefix* vice-.

вици/анин *m.* vicianin; —аноза *f.* vicianose; —лин *m.* vicilin.

вицинальf *f.* (cryst.) vicinal form; —ный *a.* vicinal.

вишен *gen. pl. of* вишня; —ник *m.* cherry orchard; bush cherry; —ный *a.* cherry.

виши *f.* Vichy (water).

вишнево/калильный жар (met.) cherry-red heat; —красный *a.* cherry-red.

вишн/евый *a.* cherry(-colored); —еслива *f.* cherry plum; —я *f.* cherry (tree).

вкап/ать, —нуть *v.* instil, drop in; —ывание *n.* instillation; digging in; —ывать *v.* instil; dig in, drive (post).

вкат/ить(ся), —ывать(ся) *v.* roll in.

вкач/анный *a.* pumped in; —ать *v.* pump in.

вкаченный *a.* rolled in.

вкачивать *see* вкачать.

ВКГ *abbr.* (векторкардиограмма) (med.) vectorcardiogram.

вки/данный *a.* thrown in, added; —д(ыв)ать, —нуть *v.* throw in, add.

вкл. *abbr.* (включительно) inclusively.

вклад *m.* contribution; deposit; investment; —ка *f.* enclosing, etc., *see v.*; insert; (typ.) supplementary sheet; —ной *a. of* вклад; (typ.) supplementary; loose (leaf); (bot.) equitant, overlapping; —чик *m.* depositor; —ывание *n.* enclosing, etc., see v.; —ывать v. enclose, put in, insert, embed; contribute; deposit; invest; expend, devote, apply.

вкладыш m. (mach.) bush(ing), lining, shell, brass; insert, insertion piece; в. подпятника thrust bearing or block; в. подшипника bearing shell, bush(ing).

вкле/енный a. glued in, pasted in; —и(ва)ть v. glue in, paste in; —йка f. gluing in, pasting in; pasted inset, glued-in piece.

вклеп/анный a. riveted in; —ка f., —ывание n. riveting in; —(ыв)ать v. rivet in.

вклин/ение, —ивание n. wedging in, etc., see v.; —и(ва)ть v. wedge in; insert, intercalate.

включ/аемый a. included, etc., see v.; триггерный; —атель m. (elec.) switch, circuit breaker; —атель-выключатель m. make-and-break (device); —ать v. include, enclose, insert, embed; incorporate, contain, cover, comprise; entrap, occlude (gas); (elec.) turn on, switch on or in, cut in, plug in, connect, hook up or into; engage, put (in gear; into service); apply (brake); actuate, energize; set off (alarm); —аться v. engage; —ающий a. including, etc., see v.; cut-in; —ая pr. ger. including, inclusive (of); не —ая exclusive (of), minus, less.

включен/ие n. inclusion, enclosure, insertion; occlusion (of gas); incorporation; (elec.) switching on, connection; circuit, network; engagement; (petr.) xenolith; —ия pl, impurities; газовые —ия occluded gas, entrapped gas; коробка —ия (elec.) junction box; положение —ия (elec.) on position; схема —ия (elec.) wiring diagram.

включ/енный a. included, etc., see включать; in gear; on (position); —ено-выключено on-off; —ительно adv. inclusive(ly); —ить see включать.

вков(ыв)ать v. forge in, weld in.

вкожный a. (med.) intracutaneous.

вкол/ачивать, —отить v. drive in, knock in, ram, pack in.

вконец adv. entirely, totally, wholly.

вкоп/анный a. dug in; embedded, buried; —ать v. dig in; embed, bury; —ка f. digging in; burying.

вкорен/ение n. inculcation; —ить, —ять v. inculcate, enroot; —иться, —яться v. take root.

вкось adv. and prep. gen. on a slant, on a bias, obliquely, awry, crookedly.

вкрадываться v. creep in, slip in.

вкрап/ина f. embedded particle; —ить see вкрапливать; —ление n. dissemination, etc., see v.; —ленник m. (petr.) phenocryst, inset, impregnation; —ленный a. disseminated, etc., see v.; —ливать,

—лять v. disseminate, impregnate; intersperse (with), sprinkle (with); embed.

вкрасться see вкрадываться.

вкратце adv. briefly, in short.

вкреп/ить, —лять v. fasten in.

вкрест adv. transverse(ly) (to).

вкривь see вкось.

вкруг see вокруг.

вкрутить v. screw in, twist in.

вкрутую adv. hard-boiled (egg.)

вкруч/енный a. screwed in; —ивать v. screw in.

вкует pr. 3 sing. of вковать.

вку/с m. taste, flavor; appetite, liking; manner, style, придавать в. v. flavor; пробовать на в. v. taste; —сить, —шать v. taste, partake (of); —сный a. tasty, appetizing; —совой a. taste; flavor(ing); —совые качества, —совые свойства palatability.

вл. abbr. (влажность) humidity.

влаг/а f. moisture, humidity, dampness; (med.) humor; количество —и moisture content, humidity.

влагалищ/е n. sheath, case; (anat.) vagina; —но— prefix vagino—, vaginal; coleo— (sheath); —нокишечный a. rectovaginal; —ный a. vaginal.

влагать see вкладывать.

влаго— prefix moisture, hygro—; water; —емкость f. moisture capacity; specific retention (of moisture by soil); —задержание n. moisture retention; —зарядка f., —зарядковый a. water supply; —изоляция f. waterproofing.

влаголюб m. moisture-loving organism; —ивый a. hygrophilous, moisture-loving; —ивое растение hygrophyte.

влаго/мер m. moisture gage; —насыщенность f. saturation; —непроницаемость f. resistance to moisture; —непроницаемый a. moisture-proof, damp-proof; —оборот m. (meteor.) hydrologic cycle; —отделитель m. dehumidifier.

влагопогло/титель m. dehumidifier; —щение n. dehumidification, moisture absorption.

влаго/прочность f. wet strength; —содержание n. moisture content; —стойкий a. moisture-resistant; —стойкость f. moisture resistance; wet strength; —съем m. moisture removal; —удерживающий a. water-retaining; —упорный a. moisture-proof.

влад/елец, —етель m. owner, possessor, proprietor; —ение n. possession, ownership; property; domain, territory; —еть v. possess, own, have; manage, handle, master, know; хорошо —еть be familiar (with); —еющий a. possessing, etc., see v.

влаж/ить v. moisten; —неть v. get damp, become humid.
влажн/о adv. damply, wet; *prefix* moist-; —оадиабатический a. (meteor.) moist-adiabatic, saturated-adiabatic; —о-неустойчивый a. moist-labile (stratification); —ость f. moisture, humidity, damp(ness), wet(ness); moisture content; содержание —ости moisture content, humidity; —ый a. moist, damp, humid, wet.
вламываться v. break into.
влапу: соединение в. lap joint.
власку: соединение в. scarf joint.
власоглав m. (zool.) Trichuris.
власт/ный a. having the authority (to); —ь f. power, authority, rule.
влачить v. drag.
влево adv. to the left, counterclockwise; вращающийся в. (opt.) levorotatory.
влез/ание n. getting in; intrusion; —ать, —ть v. climb in, get in; intrude.
влей(те) imp. of влить.
влек past. m. sing. of влечь; —омый a. drawn, attracted; —омые наносы (hydr.) bed load; —ущий pr. act. part. of влечь.
влеп/ить, —лять v. paste in.
влет m. (av.) arrival, entry; adv. in flight; —ание n. flying in, arrival; —ать, —еть v. fly in(to); come in, arrive; —ающий a. incoming, entering; oncoming (neutron).
влеч/ение n. inclination, bent, tendency; attraction; —енный a. drawn, attracted, etc., see v.; —ь v. draw, attract; drag, bring; necessitate, cause, induce; imply, involve; —ь за собой involve, entail, imply.
вли/вание n. injection, etc., see v.; —вать v. inject, infuse; pour in, run in; blend, merge; —ваться v. run in, flow in; —тие see вливание; —тый a. injected, etc., see v.; —ть see вливать.
влия/ние n. influence, action, effect; impact, repercussion(s); agency; control; exposure; взаимное в. interference; оказать в. see влиять; под —нием by; under [the influence or action (of)]; in response (to); when exposed (to); подвергаться —нию v. be affected (by); термического —ния heat-affected (zone); функция —ния influence function; weighting function; nucleus, kernel (of integral equation); —тельный a. influential; —ть v. (exert an) influence, affect, have an effect, act (on), work (on).
влож/ение n. enclosure; investment; (math.) embedding; отображение —ения (algebraic topology) inclusion map; —енный a. enclosed, etc., see вкладывать; —ить see вкладывать.

вломиться see вламываться.
вм. abbr. (вместе; вместо); ВМ abbr. (воздушная масса) air mass; (вычислительная машина) computer; в/м abbr. (вольт на метр) volt per meter; В/М abbr. (вода-масло) water-in-oil (emulsion), W/O.
вмаз/ать, —ывать v. cement in, putty in; embed, fix in; —ка f., —ывание n. cementing in, etc., see v.
вмел past m. sing. of вмести.
вмен/ить, —ять v. impute, charge (with); —яемый a. responsible, of sound mind.
вмерз/ать, —нуть v. freeze in.
вмесить v. knead in, mix in.
вместе adv. together, collectedly, jointly; combined, along (with); в. с тем in addition to that, also, moreover; at the same time.
вмести v. sweep in.
вмести/лище n. receptacle, reservoir, tank, container, vessel; —мость f. (holding) capacity; holding, storage; volume, bulk; (naut.) tonnage; —мый a. fitting, fitted; embeddable; —тельность f. room(iness), spaciousness; scope; —тельный a. roomy, spacious; —ть see вмещать.
вместо prep. gen. instead (of), for, in place (of), in lieu (of); as an alternative (to); в. того, чтобы instead of, rather than; в. этого instead.
вмет/ать v. sweep in; —енный a. swept in.
вмеш/анный a. mixed in; —ательство n. interference, intervention; —ать, —ивать v. mix in, add; —енный a. kneaded in; —ивание n. mixing in; —(ив)аться v. mix in; interfere, intervene, interpose.
вмещ/ать v. hold, contain, enclose, accommodate, house; encompass; put in, insert, embed; —аться v. go in, fit in; —ающий a. holding, etc., see v.; —ающая порода country rock; surrounding rock; —ение n. holding, etc., see v.; insertion; —енный a. held, etc., see v.
вмиг adv. in a flash, in an instant.
вминать v. press in, dent, crumple.
вмокрую adv. wet.
вмонтиров/анный a. built in, etc., see v.; stationary; —ать v. build in, mount in, instal, fix, fit in; incorporate; switch into.
ВМП abbr. [(метод) вращающегося магнитного поля] rotating magnetic field method (of geophysical exploration).
ВМС abbr. (военно-морские силы) naval forces.
ВМТ, в.м.т. abbr. (верхняя мертвая точка) upper dead center.
вмуров/анный a. embedded; immured: —ать v. embed; immure.

вмят/ина, —ость *f.* hollow, dent, depression; (rolling) pinchers; —ый *a.* pressed in, etc., *see* вминать; depressed; —ь *see* вминать.
ВН *abbr.* (вакуум-насос) vacuum pump.
в.н. *abbr.* (высокое напряжение) high tension.
внавалку *see* внасыпную.
внаем, внаймы *adv.* to let, to rent.
внакладку *see* внахлестку.
внаклон *adv.* on a slant, at an angle.
внакрой, внапуск *see* внахлестку.
внасыпную *adv.* bulk; груз в. bulk load, bulk freight.
внахлестку *adv.* lap(ped), overlap(ped); соединение в. lap joint.
вначале *adv.* at the beginning, at first, to start (or begin) with, initially.
вне *prep. gen.* out of, outside (of), beyond, without; exterior (to), external (to); off; regardless of, without regard (for) *prefix* extra—, ex—; —атмосферный *a.* (astr.) extra-atmospheric; —аэродромный *a.* cross-country (flight); —больничный *a.* out (patient); home (care); —брюшинный *a.* (anat.) extraperitoneal; —вписанный *a.* circumscribed; —галактический *a.* (astr.) extragalactic; —городской *a.* out-of-town.
внедр/ение *n.* introduction, etc., *see v.*; (geol.) intrusion; раствор —ения interstitial solution; соединение —ения intercalation compound; —енный *a.* introduced, etc., *see v.*; interstitial (atom); —ить, —ять *v.* introduce, inject; instil, inculcate, implant, embed; intrude, invade, penetrate; promote, adopt (system), —иться, —яться *v.* take root, penetrate.
внезапн/о *adv.* suddenly, unexpectedly; —ость *f.* suddenness, surprise; —ый *a.* sudden, unexpected, abrupt.
вне/земной *a.* extraterrestrial, outer space; —интегральный *a.* (math.) integrated; —ионосферный *a.* beyond the ionosphere; —кишечный *a.* (med.) abenteric; —клеточный *a.* (biol.) extracellular; —конкурентный *a.* noncompetitive; —контрольный *a.* out of control; —корневая подкормка (agr.) leaf feeding; —маточный *a.* (anat.) extrauterine; —меридианный *a.* extrameridional.
вне/осевой *a.* extra-axial, off-axis (effect, etc.); side (blow); —очередной *a.* extra, special; top-priority; out of order; —очередность *f.* top priority; —планетный *a.* extraplanetary; —плановый *a.* unplanned.
внесен/ие *n.* introduction, etc., *see* вносить; entry; payment, deposit; placement (of fertilizer); —ный *a.* introduced, etc., *see* вносить.

вне/сердечный *a.* (anat.) extracardial; —солнечный *a.* extrasolar; —сосудистый *a.* (anat.) extravascular.
внести *see* вносить.
вне/студийный *a.* (rad.) outside (the studio), outdoor, field; —тропический *a.* extratropical; —уличный *a.* underground or elevated (train); —фокальный *a.* extrafocal; —центральный *a.* extracentral; —центренный *a.* eccentric; noncentral.
внеш— *see* внешний; —кольный *a.* extracurricular; —не *adv. and prefix* externally, outwardly, in appearance; foreign; —необразованный *a.* externally generated; —неторговый *a.* foreign trade.
внешн/ий *a.* external, exterior, outer, outside, extrinsic; outward, out- (side); overall (size); outdoor; extraneous; surface, superficial; fringe (zone); outboard (engine); foreign (trade); male (thread); в. вид appearance; —яя среда (biol.) environment; —ие члены (math.) extremes; —ость *f.* exterior, outside, (outward) form, appearance, aspect, look; external parts; superficiality.
внештатный *a.* not on the staff, outside.
внешторг— *see* внешнеторговый.
внеяд/ерный, —ренный *a.* extranuclear; (chem.) exocyclic.
ВНИ . . . *abbr.* (всесоюзный научно-исследовательский . . .) All-Union Scientific Research . . .
вниз *adv.* down(wards), underneath; в. по down; в. по склону, в. под гору downhill; направленный в. downward; хол в. descent, down stroke (of piston).
внизу *adv.* beneath, below, under(neath), at the foot (of), at the bottom (of); lower (position); downstairs.
ВНИ(И) . . . *abbr.* (всесоюзный научно-исследовательский институт . . .) All-Union Scientific Research Institute of . . .
вник/ать, —нуть *v.* investigate, examine, scrutinize, see into.
ВНИЛ . . . *abbr.* (всесоюзная научно-исследовательская лаборатория . . .) All-Union Research Laboratory (of).
вниман/ие *n.* attention, notice, regard, care; emphasis; достойный —ия noteworthy; обращать в. *v.* pay attention, notice, give consideration (to), consider; concentrate (on); обращать в. на себя attract attention; предлагать —ию *v.* call attention (to), propose; принимая во в. in view (of the fact that), in consideration (of), considering (that), taking into account; не принимая во в. disregarding, ignoring, neglecting; приняв все во в. all things considered.

внимательн/о *adv.* attentively; —ость *f.* attentiveness; —ый *a.* attentive, intent, careful, close.

ВНИТО . . ., внито— *abbr.* (всесоюзное научное инженерное техническое общество . . .) All-Union Scientific Engineering and Technical Society (of).

ВНК *abbr.* (водонефтяной контакт) oil-water interface.

вновь *adv.* again, afresh, freshly, anew, re—, once more; newly, recently.

вно/с *m.* introduction, etc., *see v.*; importation; —симый *a.* introduced, etc., *see v.*; —ситель *m.* importer; —сить *v.* introduce, bring in, carry in, import; run in, add; insert, enter, list; pay in; make (a change); place, apply (fertilizer); —ска *see* внос; entry; —ся *pr. ger.* introducing, if we introduce; —сящий *a.* introducing, etc., *see v.*; contributory; —шение *see* внос.

вну— *see* внутренний.
внук *m.* grandson.
внуран *see* меркаптофос.
внутр. *abbr.* (внутренний) internal.

внутренне *adv. and prefix* inwardly, intrinsically; inside, internal, endo—; —раковинные *pl.* (zool.) Endocochlia; —шлифовальный станок internal grinder.

внутренн/ий *a.* inner, inside, interior, internal, endo—; inward, in-(side); inherent, intrinsic, self—; indoor; inland (water); epeiric (sea); female (thread); domestic, home (trade); —ее горение internal combustion; —ей секреции endocrine (gland); —яя часть interior; —о *see* внутренне.

внутренност/ный *a.* (anat.) visceral; internal; —ь *f.* interior; (angular) domain, region; —и *pl.* internal organs, viscera.

внутреродность *f.* (math.) endomorphism.

внутри *adv. and prep. gen.* in(side), within; *prefix* intra—, endo—; —артериальный *a.* (anat.) endarterial; —атомный *a.* intra-atomic; nuclear (energy, etc.); —блочный *a.* intrablock; —брюшинный *a.* (anat.) intraperitoneal; —брюшной *a.* intra-abdominal; —венный, —венозный *a.* intravenous; (anat.) endovenous; —видовой *a.* intraspecific, intragroup; —водный *a.* bottom (ice); frazil; —глазной *a.* (anat.) intraocular; —годовой *a.* annual; —горный *a.* (geol.) intermontane; —грудной *a.* (anat.) intrathoracic; —жизненный *a.* (biol.) intrabiontic; —заводский *a.* intraplant; —зеренный *a.* intragranular; —клеточный *a.* intracellular, endocellular; endo—(enzyme); —книжный *a.* in the book; —кожный *a.* intracutaneous.

внутрикомплексн/о циклизованный *a.* chelated; —ый *a.* chelate (compound); —ый цикл chelate ring.

внутри/контурный *a.* internal, contour (flooding); —кристаллический *a.* intracrystalline; —легочный *a.* (anat.) intrapulmonary; —лежащий *a.* internal, inner; —массовый *a.* (meteor.) airmass.

внутри/материковый *a.* inland (ice); —маточный *a.* (anat.) intrauterine; —мозговой *a.* intracerebral; —молекулярный *a.* intramolecular; —мышечный *a.* intramuscular; —охлажденный *a.* internally cooled; —пазовый *a.* inner; —плодник *m.* (bot.) endocarp; —растительный *a.* systemic (insecticide); —родовой *a.* intrageneric.

внутри/связочный *a.* (anat.) intraligamentous; —секреторный *a.* (physiol.) endocrine; —сердечный *a.* (anat.) endocardial; —системный *a.* intrasystem, internal; —сортовой *a.* intravarietal; —сосудистый *a.* (biol.) intravascular; —союзный *a.* domestic (in USSR); —стенный *a.* (anat.) intraparietal; —стеночный *a.* intramural; —суставной *a.* intra-articular; —суточный *a.* diurnal.

внутри/тропический *a.* intertropical; —ушной *a.* (anat.) entotic; —фермский *a.* intra-farm; —формационный *a.* intraformational; —цеховой *a.* intrashop, department(al); —циклический *a.* transannular (tautomerism); —черепной *a.* (anat.) intracranial; —шлифовальный станок internal grinder; —ядерный *a.* intranuclear.

внутро *n.* inside(s), interior.

внутрь *adv. and prep. gen.* in, inside, inward(s), into, toward the interior; в. страны inland.

внуш/аемость *f.* suggestibility; —ать, —ить *v.* suggest, prompt, inspire, instil, fill (with); impress; —ение *n.* suggestion; —енный *a.* suggested; —ительный *a.* imposing, impressive.

внятн/ость *f.* audibility, distinctness, intelligibility; —ый *a.* audible, distinct, intelligible.

во *see* в; во— *see* в— *before* й *and* о.

вобла *f.* (ichth.) vobla, Caspian roach.

вобрать *see* вбирать.

вобуляция *f.* (electron.) wobble, wobbulation.

вобьет *fut. 3 sing. of* вбить.

вовек(и) *adv.* eternally, everlastingly.

вовле/кать, —чь *v.* draw in, implicate, involve; —чение *n.* implication; —ченный *a.* drawn in, involved.

во/вне *adv.* beyond, outside; —внутрь *see* внутрь; —время *adv.* in or on time; —все *adv.* at all; completely, entirely; —все нет not at all; —всю *adv.* to the

вовьёт; **-вторых** *adv.* secondly, in the second place.
вовьёт *fut. 3 sing. of* ввить.
воган *m.* a vitamin A concentrate.
вогезит *m.* (petr.) vogesite.
Вогезы the Vosges (mountains).
вогнать *see* вгонять.
вогнут/о— *prefix* concavo—, hollow; **—о-выпуклый** *a.* concavo-convex; **—ость** *f.* concavity; camber; **—ый** *a.* concave, bent in; **—ое место** dent; **—ь** *see* вгибать.
вод. *abbr.* (водяной) water, aqueous.
—вод *suffix* guide; conductor, conduit; (agr.) farmer, grower, breeder; specialist.
вод/а *f.* water; **выделение —ы** dehydration; **присоединение —ы** hydration; **сила —ы** water power; **содержащий —у** containing water, hydrated; **удалять —у** *v.* dehydrate.
водвор/ить, —ять *v.* install, establish, settle.
водило *n.* pole; carrier; (av.) tow bar.
вод/итель *m.* driver, operator; **—ить** *v.* lead, conduct, pass (over); drive, steer, operate, navigate; keep up (association); (agr.) raise, breed; **—иться** *v.* be (found), live, inhabit; breed; associate (with); **как —ится** as usual.
водка *f.* vodka; **крепкая в.** aqua fortis, nitric acid; **царская в.** aqua regia, nitrohydrochloric acid.
водн. *abbr.* (водный) water, aqueous.
водник *m.* water-transport worker; water reservoir.
водно— *prefix* water, aqueous; *see also under* водо—; **-воздушный** *a.* water-air; **—ледниковый** *a.* (geol.) fluvioglacial; **—растворимый** *a.* water-soluble; **—спиртовой** *a.* water-alcohol; **—сть** *f.* water content; **—суспензионный** *a.* water-suspension; **—транспортный** *a.* water-transport.
водн/ый *a.* water, aqueous, hydrous; *suffix* **—**hydrate; **в. остаток** water residue, hydroxyl; **в. раствор** aqueous solution; **—ая культура** hydroponics; **—ая окись** hydroxide; **—ая соль** hydrated salt; **—ая энергия** water power; **инженер —ого хозяйства** hydraulic engineer; **—ые пути** waterways.
водо— *prefix* water, aqua—, hydro—, hydraulic; **—бой** *m.*, **—бойный** *a.* fountain, jet; (hydr.) apron; **—бойная стенка** apron; **—боязнь** *f.* (med.) hydrophobia, rabies; **—вместилище** *n.* reservoir; **—вод** *m.* water line, water conduit; **—водяной** *a.* water-moderated water-cooled (nuclear reactor); water-to-water (heat exchanger); **—воз** *m.* water carrier; **—возный** *a.* water (-carrying).

водоворот *m.*, **—ный** *a.* whirlpool, whirl, swirl, eddy, vortex.
водовыпускн/ой *a.* water-discharge; **в. кран** water faucet; **—ая труба** drain.
водо/гонное средство (pharm.) hydragogue; **—грейка** *f.* water heater; **—грейный** *a.* water-heating; hot-water (boiler); **—действующий** *a.* hydraulic; water (wheel).
водоем *m.* reservoir, cistern, (water) tank, basin, well; pond, impound; **—кий** *a.* water-retaining; **—кость** *f.* water-retaining capacity; reservoir capacity; **—ный** *a. of* водоём.
водозабор *m.*, **—ный** *a.* water supply, water intake; **—ник** *m.* water scoop.
водо/затор *m.* water intake; **—защищенный** *a.* watertight; (elec.) hoseproof; **—зор** *m.* hydroscope; **—измерительный** *a.* water-metering; **—измещение** *n.* (naut.) displacement (tonnage); **—источник** *m.* water source; **—качальный** *a.* water-pumping; **—качка** *f.* water tower; water supply station, pumping station; **—крас** *m.* (bot.) frogbit (*Hydrocharis morsus-ranae*).
водолаз *m.* diver; **—а** *f.*, **—ный шлем** diving helmet; **—ничать** *v.* be a diver; **—ный** *a.* diving, diver's.
водолей *m.* water (carrying) boat.
водолей *m.* (astr.) Aquarius.
водо/лечебный *a.* (med.) hydropathic; **—лечение** *n.* hydropathy, water cure; **—люб** *m.* water scavenger beetle; (bot.) Hydrocotyle; **—любивый** *a.* water-loving, hydrophilous; **—маслозаправщик** *m.* (av.) water and oil truck.
водомер *m.* water (flow) gage, water (flow) meter; **—ный** *a.* water-measuring, gage; **—ный пост** gage; **—ная рейка** staff or depth gage; **—ное стекло** water gage.
водо/мет *m.*, **—метный** *a.* jet, fountain; water jet (propeller); **—моина**, **—мойня** *f.* gully, ravine; **—нагреватель** *m.* water heater; **—наливной** *a.* water-filling; **—напорный** *a.* water-pressure, hydrostatic pressure; water (drive tower); hydraulic (pump); elevated (tank).
водонасыщен/ие *n.* saturation with water; **—ный** *a.* water-saturated.
водонепро/мокаемость, —ницаемость *f.* waterproofness; **—никаемый, —ницаемый** *a.* waterproof, impervious (to water), water-tight.
водо/нефтяной *a.* water-oil (ratio); **—носность** *f.* rate of stream flow; **—носный** *a.* water-bearing, aquiferous; **—обеспеченность** *f.* dependable water supply; **—обильность** *f.* abundance of water; **—обильный** *a.* with an abundant water supply; **—описание** *n.* hydrography;

водоотвод 80 водоструйный

—опреснитель *m.* water-distilling apparatus.

водоотвод *m.* drain(age), draining; —ный *a.* drain(age), overflow, waste, discharge; —ное отверстие drain.

водо/отдача *f.* water yield; water loss; —отделитель *m.* water separator or trap; dehydrator; —отлив *m.* drainage, draining, pumping out; —отливный *a.* water-removing, drain; pumping (shaft); bilge (pump); —отнимающий *a.* dehydrating; —отталкивающий *a.* water-repellent, hydrophobe; —охладительный *a.* water-cooling; —охлаждаемый *a.* water-cooled.

водоочи/ститель *m.* water purifier; water treatment plant; —стительный, —стной *a.* water-purifying; —стка *f.*, —щение *n.* water purification, water treatment.

водо/пад *m.*, —падный *a.* waterfall, falls, cascade; —падь *f.* decrease of water; —плавающий *a.* (biol.) planktonic; floating; (water) fowl; —плавающие тела plankton; —плавный *a.* floated; —пленочный насос rotary jet pump; —поглощающий *a.* water-absorbing, hygroscopic; —поглощение *n.* water absorption; —подготовка *f.* water treatment; —подогреватель *m.* water heater.

водоподъемн/ик *m.* water lift; —ый *a.* water-lifting, water-raising; hydraulic (ram); ascending (pipe).

водо/пой *m.* water trough, watering place (for stock); —полье *n.* flood, overflow; high water; —пользование *n.* water consumption; —пользователь *m.* water consumer; —понижение *n.* (geol.) drop in water table; (water) drawdown, depression; —потребление *n.* water consumption; —приводный канал raceway; —приемник *m.*, —приемный *a.* water intake; —приемный колодец drain, sump; —пробный кран gage cock (of boiler).

водопровод *m.* water pipe, water supply line, water conduit; water supply; —ец *m.* hydraulic engineer; —но-канализационный *a.* water and sewage; —ность *f.* (soils) water conductivity; —ный *a.* water-conducting; tap (water); water (faucet); —ная магистраль water main; —ная система water supply system; —ная станция, —ные сооружения water works, water supply station; —ная труба water pipe, water supply line; —чик *m.* plumber.

водопроницаем/ость *f.* water permeability; —ый *a.* permeable (to water).

водопроявление *n.* water seepage.

водо/разборный кран hydrant; —раздел *m.* watershed, water divide; interfluve (area); —раздельный *a.* divide, dividing; summit; —распределитель *m.* water distributor; —распыление *n.* water spraying; —распылительный *a.* water-spray; spray (nozzle); —растворимый *a.* water-soluble; —рез *m.* cutwater (of ship or bridge).

водород *m.* hydrogen, H; перекись —а hydrogen peroxide; сверхтяжелый в. tritium; сернистый в. hydrogen sulfide; хлористый в. hydrogen chloride.

водород/истый *a.* hydrogen; hydride (of); в. натрий sodium hydride; —но- *prefix* hydrogen; —но-ионный показатель pH value; —но-кислородный *a.* oxyhydrogen; —ный *a.* hydrogen(ous); —ный показатель pH value.

водородо/воздушный *a.* hydrogen-air; —кислородный *a.* oxyhydrogen; —подобный *a.* hydrogen-like, hydrogenic.

водородосернисто/кислый *a.* hydrosulfurous acid; hydrosulfide (of); в. натрий; —натриевая соль sodium hydrosulfite; —кислая соль hydrosulfite.

водородосернист/ый *a.* hydrosulfurous; hydrosulfide (of); в. натрий sodium hydrosulfide; —ая кислота hydrosulfurous acid, hyposulfurous acid; соль —ой кислоты hyposulfurous acid.

водороина *f.* gully.

водоросл/евидный *a.* (bot.) alga-like, fucoid; —евый *a.* algal; —ь *f.* alga; —и *pl.* algae.

водосбор *m.* (geol.) catchment (area), drainage basin or system; reservoir; (bot.) Aquilegia; —ник *m.* catchment basin; (water) header; —ный *a.* catch(ment) (basin), drainage (area).

водо/сброс *m.*, —сбросный *a.* (hydr.) spillway; —скат *m.* (river) rapids; —скоп *m.* reservoir; accumulation of water.

водослив *m.*, —ный *a.* overflow, runoff, spillway, weir; —ный штрек (drift at) water level; —ная плотина spillway (dam).

водо/снабжение *n.* water supply, water works; —содержание *n.* water content; —содержащий *a.* water-containing, hydrated; —спуск *m.*, —спускной *a.* floodgate; drain, outlet.

водостойк/ий *a.* water-resistant; —ость *f.* water resistance, stability in water, water-resisting property.

водосто/к *m.* drain, runoff; (geol.) catchment area; sewage system; —чный *a.* drain, catch(ment); —чный желоб gutter; —чный колодец catch pit; —чная канава gully, wash.

водо/струйный *a.* water-jet; в. насос water-jet pump; aspirator; —тек *m.*, —течь *f.* current of water; leak; —терапия *f.* hydrotherapy; —ток *m.*

current, stream; channel; —точный *a.* flowing, running; —трубный котел water-tube boiler; —тяга *f.* drain pipe; —удерживающий *a.* water-retaining.

водоуказатель *m.*, —ный прибор, —ное стекло water gage.

водоумягчитель *m.* water softener.

водоупор *m.* (geol.) confining bed or stratum; —ность *f.* water resistance; —ный *a.* water-resistant, waterproof.

водоустойчивый *see* водоупорный.

водо/хозяйственный *a.* hydroeconomic; —хозяйство *n.* hydroeconomics; aquiculture; —хранилище *n.* water storage basin, reservoir, cistern; tank; —черпалка *f.* pump; —черпальный *a.* water-drawing, pumping; —черпание *n.* drawing of water; —чистилище *n.* filtering basin.

водочный *a.* vodka; в. завод distillery; в. огарок niter cake (a crude sodium acid sulfate).

водру/жать, —зить *v.* erect, set up.

вод. ст. *abbr.* (водяной столб).

—вод/ство *n. suffix* breeding, raising; growing, culture; cultivating, farming; —ческий *a.* breeding, raising.

воды *gen. and pl. of* вода; waters, stretch of water.

водяника *f.* crowberry (*Empetrum*).

водянист/ость *f.* wateriness; (med.) serosity; —ый *a.* watery, aqueous; (med.) serous; sea (blue).

водяница *see* водяника.

водянка *f.* (med.) dropsy; в. яичка (med.) hydrocele.

водян/ой *a.* water, aqueous; aquatic; hydraulic; hot-water (bath; heat); в. газ water gas; в. затвор hydraulic seal; в. пар steam, water vapor; в. столб water column; water gage; —ая сила water power; —ое число water equivalent, thermal capacity.

водяночный *a.* (med.) dropsy, dropsical.

водящ/ий *a.* leading, guiding; —ее приспособление guide, carrier.

воевать *v.* fight, wage war (with).

воедино *adv.* together, jointly.

воен/изация *f.* militarization; —инженер *m.* military engineer; —мор *m.* sailor, navy man; воен.-мор. *abbr.* (военноморской); —но— *prefix* military; —но-воздушный *a.* air (force); —но-инженерный *a.* military engineering; —но-морской *a.* naval; —но-обязанный *a.* subject to military service; —но-пленный *a.* prisoner of war; —но-учебный *a.* military training, service; —нохимический *a.* chemical warfare; —ный *a.* military; war; —ные запасы munitions; —порт *m.* military harbor; —техник *m.* military technician.

воет *pr. 3 sing. of* выть.

вожа/к *m.*, —тый *a.* leader; driver.

вожд/ение *n.* leading, etc., *see.* водить; —ь *m.* leader, chief.

вожжа *f.*, —ть *v.* rein.

воз— *see* вз—; *see also under* вос—.

воз *m.* wagon, cart, van; cartload.

возбуд/имость *f.* excitability; —имый *a.* excitable; irritable; —итель *m.* stimulant, irritant; incentive, inducer, agent, activator; (elec.) exciter, energizer; (rad.) driver; (med.) pathogen; —ительный *a.* stimulating, exciting; exciter; —ить *see* возбуждать.

возбужд/аемый *a.* excitable, excitatory; —аемая энергия energy input; —ать *v.* excite, stimulate, stir, arouse, provoke, call forth, awaken, generate (interest); activate, induce; create, give rise (to); (elec.) excite, energize; actuate, establish (magnetic field); (rad.) drive; —аться *v.* get excited; run up, build itself up; —ающий *a.* exciting, etc., *see* v.; —ающее средство stimulant, excitant.

возбужден/ие *n.* excitement, stimulation, agitation, activation; (elec.) excitation, exciting; pumping (of laser); (rad.) drive; обмотка —ия exciting winding; параллельного —ия shunt-wound (motor); последовательного —ия series-wound; реостат —ия (elec.) field rheostat; смешанное в. compound excitation; смешанного —ия compound-wound (motor); цепь —ия (comp.) energizing circuit; —ность *f.* excited state; —ный *a.* excited, etc., *see* возбуждать.

возве/дение *n.* raising, etc., *see* возводить; (math.) raising (to a power), involution; в. в квадрат square, squaring; в. в куб cube, cubing; в. в степень raising to a power, involution; computing powers; —денный *a.* raised, etc., *see* возводить; —сти *see* возводить.

возве/стительный *a.* giving notice; —стить, —щать *v.* announce, give notice, notify, advertise; —щение *n.* announcement, notice.

возводить *v.* raise, elevate, erect; derive, deduce.

возврат *m.* return(ing), re-entry; restitution, recovery; recovered material; regression; handling returns; (comp.) reset(ting); link(age); коэффициент —а resetting ratio; —имый *a.* revertible; retrievable, salvageable, recoverable; —ить *see* возвращать.

возвратно-поступательн/о *adv.* back and forth, to and fro; двигаться в. *v.* reciprocate; —ый *a.* reciprocating, reciprocal; —ое движение reciprocation,

возвратность

reciprocal motion; **совершать —ое движение** v. reciprocate.

возврати/ость f. reflexivity; **—ый** a. return(ing), recurring, recurrent; reflexive; backward, retrogressive; re—, e.g., **—ое рассеяние** rescattering.

возвращ/ать v. return, bring back, give back, restore, replace; recover; recirculate; re-enter; **—аться** v. return, re-enter, come back, recur; revert; be back (to), regain, be restored; **—аться назад** regress; **—ающий(ся)** a. returning, etc., see v.; **—аясь** pr. ger. returning, if we return to; **—ение** n. return(ing), etc., see v.; recovery; re-entry (into atmosphere); replacement; back stroke (of piston); **—енный** a. returned, etc., see v.

возвысить see **возвышать**.

возвыш/ать v. raise, elevate, exalt; increase, add; **—аться** v. rise, tower (over); surpass; **—ение** n. raising, elevation; rise, increase; rising; hill, mound, eminence, protuberance, prominence; **—енность** f. height; elevation, rising ground, high ground, upland, hill, eminence, emergence; (geom.) altitude; **плоская —енность** plateau, tableland; **—енный** a. high, elevated, raised; lofty, majestic, towering.

возглав/ить, —лять v. head, be in charge (of).

возгон m. sublimate; **—ка** f., **—ный, —очный** a. sublimation, volatilization; dry distillation; **—яемый** a. sublimable; sublimated; **—ять(ся)** v. sublimate, sublime, volatilize; **—яющий(ся)** a. sublimating, etc., see v.

возгор/аемость f. inflammability, combustibility; **—аемый** a. inflammable, combustible; **—ание** n. inflammation, ignition; **точка —ания** flash point; **—аться, —еться** v. ignite, catch fire; **—аться самопроизвольно** be readily combustible; **—ающийся** a. inflammable.

возд. abbr. (воздушный).

воздви/гание n. erection, raising; **—ать, —нуть** v. erect, raise, set up, put up.

воздейств/ие n. action, influence, effect; attack; reaction; exposure (to); (aut.) response, input; **в. по производной** rate response; **подвергаться —ию** v. be affected (by), be subjected (to), be exposed (to); **—овать** v. act (on), influence, affect; attack, react; expose (to); actuate; **—ующий** a. acting, etc., see v.; **—ующее устройство** actuator; agent.

возде́л/анный a. cultivated; **—ать, —ывать** v. cultivate, till, farm; **—ывание** n. cultivation.

воздерж/ание n., **—(ан)ность** f. abstinence; **—анный** a. abstinent, temperate; re-

воздухосборник

strained; **—(ив)ать** v. restrain, repress; **—(ив)аться** v. abstain, refrain (from).

воздух m. air; **вид с —а** aerial view; **доступ —а** aeration; **кислород —а** atmospheric oxygen; **удаление —а** deaeration; **в.-в.** air-to-air (missile); **в.-земля** air-to-surface.

воздухо— prefix air; pneumatic; blast; **—вод** m. air duct, air line; **в.-водяной** a. air-to-water (heat exchanger); **—воз** m. (min.) pneumatic engine; **в.-воздушный** a. air-to-air (heat exchanger); **—выпускной** a. escape (valve).

воздуходувка f. (blast) blower; bellows; ventilator; pneumatic pump; **паровая в.** steam blower; **поршневая в.** air pump.

воздуходувн/ый a. air-blowing, blast; **в. мех** bellows; **—ая коробка** blast box; **—ая машина** blower; **—ая труба** (met.) blast pipe, tuyere pipe.

воздухо/заборник m., **—заборный** a. air intake; **—измещение** n. air displacement; **—летательные аппараты** aircraft; **—мер** m. aerometer; **—мерия** f. aerometry; **—нагреватель** m. (met.) hot-blast stove, blast heater; **—непроницаемый** a. airproof, airtight, impermeable to air; airlocked; **—носный** a. air-bearing; **—обмен** m. interchange of air; **—отвод** m., **—отводной** a. drawoff, air outlet; **—отделитель** m. air separator; **—отражатель** m. air deflector; **—отсасывающий** a. air-ejector, exhaust; **—охладитель** m. air cooler; **—охладительный** a. air-cooling; **—охлаждаемый** a. air-cooled; **—очиститель** m. air purifier, air filter; scrubber.

воздухоплав/ание n. aeronautics, aerial navigation; aviation; aerostation; **—атель** m. aeronaut; **—ательный** a. aeronautical; aerostatic; **—ательные аппараты** aircraft.

воздухо/подводящий a. air-supply, air-feed; **—подготовка** f. air cleaning; **—подобный** a. air-like, airy; **—подогреватель** m. air (pre)heater; **—приводной** a. (met.) blast (line); **—приемник** m. air inlet, air scoop.

воздухопровод m., **—ный** a. air line, air duct, air manifold; (met.) blast pipe; **—ящий** a. air-conducting.

воздухопроницаем/ость f. permeability (to air); **—ый** a. permeable, air-penetrable.

воздухоразделительный a. air-fractionating.

воздухораспределитель m. air distributor; **—ный** a. air-distributing.

воздухо/сборник m. air collector; compressed-air tank; **—стойкий** a. airproof, air-resistant; **—эквивалентный** a. air-equivalent.

воздушно— see **воздухо—**; **в.-водяной** *a.* air-to-water (heat exchanger); **—гашеный** *a.* air-slaked (lime); **—десантный** *a.* airborne; **—закаливающийся** *a.* (met.) air-hardening; **—камерный** *a.* air-cell, Diesel (engine); **—космический** *a.* aerospace; **—охлаждаемый** *a.* air-cooled.

воздушно-реактивный двигатель (air-breathing) jet engine, air breather, thermojet; **бескомпрессорный в.-р.** or **прямоточный в.-р. двигатель** ramjet engine.

воздушно/сть *f.* airiness; **—сухой** *a.* air-dry, air-dried, wind-dried.

воздушн/ый *a.* air; pneumatic (hammer, etc.); aerial, overhead (line, etc.); elevated (train); airborne; open-air (ionization chamber, etc.); hot-air (heat); (met.) blast; **в. винт** (av.) airscrew, propeller: **в. манометр** blast indicator; **в. насос** air pump; air compressor; **в. провод** aerial, antenna; aerial line; **в. резервуар** air chamber, air box; (met.) blast box, tuyere box; **в. сифон** air lift, monte-jus; **в. флот** (mil.) air force; **в. шар** balloon; **—ая канатная дорога** cableway; **—ая машина** pneumatic engine; **—ая прослойка** air seal; **—ая сеть** aerial; **—ая яма** air pocket; **—ое сообщение** air route; **—ое сопло** air-blast nozzle; **—ое успокоение** air cushioning; **—ые души** humidifiers.

воздым/ание *n.* rise, rising, uplift; bulging up, heaving; **—ать** *v.* rise; bulge up, heave.

воззрение *n.* view, opinion, outlook.

возимый *a.* portable, mobile (equipment).

возить *v.* convey, transport, carry, cart.

возиться *v.* fuss (over), be busy (with).

возлагать *v.* place, lay, rest (on); confer, bestow; charge, entrust (with).

возле *adv. and prep. gen.* beside, by, near.

возложить see **возлагать.**

возме/стить, —щать *v.* compensate, make good, make up (for); replace; **—щение** *n.* compensation, makeup; replacement.

возможн/о *adv.* possibly, perhaps; it is possible, it might be, it may; **в. скорее** as soon as possible; **(на)сколько в.** as much as possible, as far as possible; **—ость** *f.* possibility, feasibility, opportunity, chance; **—ости** *pl.* resources, potentialities, opportunities; **давать —ость** *v.* enable, allow, permit; **по —ости** as far as possible, as . . . as possible, where(ver) possible, if possible; **широкие —ости** wide latitude; **—ый** *a.* possible, feasible, conceivable, practicable, potential; probable.

возмужал/ость *f.* maturity; virility; **—ый** *a.* mature; virile, manly.

возмутительный *a.* outrageous.

возму/тить, —щать *v.* disturb, perturb, agitate, stir up; **—щаться** *v.* be indignant; **—щающий** *a.* disturbing, perturbing; (elec.) exciting; **—щающее воздействие** disturbance; **—щение** *n.* disturbance, perturbation; derangement, disorder; indignation; **по —щению** disturbance-stimulated (control); **теория —щения** (nucl.) perturbation theory; **угол —щений** (av.) Mach angle; **—щенный** *a.* disturbed, perturbed; turbulent (flow); indignant; **—щенное движение** perturbation.

вознагра/дить, —ждать *v.* reward, recompense, compensate; **—ждение** *n.* reward, compensation; fee; **—жденный** *a.* rewarded.

вознес/енный *a.* raised; **—ти** see **возносить.**

возни *gen., etc., of* **возня.**

возник/ать *v.* originate, arise (from); come up, crop up, emerge, appear; develop, result (from); occur, be brought about; **—ающий** *a.* originating, see *v.*; nascent; **—новение** *n.* origination, etc., see *v.*; rise, formation; initiation, beginning, start, onset; **—нуть** see **возникать**; **—ший** *a.* originated, etc., see *v.*; risen.

Возничий *m.* (astr.) Auriga.

возно/сить *v.* raise (up); **—шение** *n.* raising.

возня *f.* trouble, fuss, care.

возобнов/ить see **возобновлять**; **—ление** *n.* regeneration, etc., see *v.*; renewal, resumption; re— *e.g.*, **—ление леса** reforestation; **—ленный** *a.* regenerated, etc., see *v.*; **—ляемый** *a.* renewable; **—лять** *v.* regenerate, renew, restore; restock (forest); resume, proceed (with); **—ляющийся** *a.* regenerative.

возовой *a. of* **воз.**

возогнанный *past pass. part. of* **возгонять.**

возонавиватель *m.* (hay) loader.

возра/жать, —зить *v.* object, take exception (to), contradict; retort, reply, answer; **—жающий** *a.* objecting, etc., see *v.*; *m.* objector; **—жение** *n.* objection; retort, rejoinder.

возраст *m.* age; **в. по свинцу** lead age; **—ание** *n.* increase, increment, growth, rise, gain; **—ать, —и** *v.* increase, grow, rise, ascend; augment; accelerate; **—ающий** *a.* increasing, etc., see *v.*; progressive; **—ной** *a.* age.

возро/дить, —ждать *v.* regenerate, revive, restore, renew, reactivate; **—ждающий** *a.* regenerative; **—ждение** *n.* regeneration, etc., see *v.*; **—жденный** *a.* regenerated, etc., see *v.*

возчик *m.* driver, teamster.

возыметь *v.* conceive, form; have (effect).

возьмет *fut. 3 sing. of* **взять.**

воин *m.* soldier, army man; **—ский** *a.* military, army, service.
вой *m.* howl, howling, whine.
войдя *pr. ger. of* **войти.**
войло/к *m.* felt(ing); (biol.) tomentum; (root) matting; **сбивать в.** *v.* felt; **—кообразный** *a.* felt-like, matted; **—чник** *m.* felt maker; **—чноопушенный** *a.* tomentose; **—чный** *a.* felt(ed), matted; tomentose; **—чная болезнь** (phyt.) Rhizoctonia root and stem rot; **—чная трава** (bot.) Cuscuta.
вой/на *f.* war(fare); **—ска** *pl.* troops, forces.
войти *see* **входить.**
вокабулярий *m.* vocabulary.
вокальный *a.* vocal.
вокеленит *m.* (min.) vauquelenite.
вокзал *m.*, **—ьный** *a.* station, terminal.
вокруг *adv. and prep. gen.* (a)round, about, on (axis).
вол *m.* bullock, ox.
волглый *a.* damp.
волдыр/еватый *a.* covered with blisters; **—ь** *m.*, **—ный** *a.* blister; lump.
волевой *a.* volitional.
волемит, **—ол** *m.* volemite, volemitol, heptaheptanol.
волен *sh. m. of* **вольный.**
волжский *a.* Volga.
воли *gen.*, *etc.*, *of* **воля.**
волк *m.* wolf; **Волк** (astr.) Lupus; **в.-машина** *f.* (text.) willow; disintegrator, shredder, devil.
волконскоит *m.* (min.) volchonskoite.
волластон/ит *m.* (min.) wollastonite; **—овский** *a.* Wollaston (wire).
волн/а *f.* wave, surge, breaker; **длина —ы** wavelength.
волнение *n.* agitation, disturbance; fluctuation; churning, heaving, swell (of sea); waves; sea(s), seaways.
волнист/о— *prefix* wave-, wavy; **—ость** *f.* waviness, sinuosity, undulation; ridges, corrugation; ripple (marks); **—ый** *a.* wavy, undulating, rolling, ripply; curving, sinuous; corrugated (iron); crimped (wire); buckled, warped; ropy (lava; texture).
волно— *prefix* wave, ondo—.
волновать *v.* agitate, disturb, upset, worry; **—ся** *v.* be agitated; worry; rise in waves, billow, surge.
волно/видный *see* **волнообразный**; **—вод** *m.*, **—водный** *a.* (rad.) wave guide; **—вой** *a.* wave; wavelength (constant); **—вой кризис** (aerodyn.) shock stall; **—вомеханический** *a.* wave-mechanical; **—гаситель** *m.* wave suppressor; **—граф** *m.* wave recorder, wavegraph; **—искатель** *m.* (rad.) wave detector; **—лом** *m.* breakwater; (naut.) manger board; **—мер** *m.* (elec.) wavemeter, ondometer; frequency meter.
волнообраз/ный *a.* wave-like, wavy, undulating, undulatory, ripple; pulsating (current); **—ная обмотка** (elec.) wave winding; **—ное движение** (elec.) wave undulation; **—ователь** *m.* (rad.) oscillator.
волно/отвод *m.* breakwater; (naut.) manger board; **—повышающий** *a.* (rad.) booster; **—поглощение** *n.* wave absorption; **—прибойный** *a.* wave-cut; ripple (marks); **—продуктор** *m.* wave generator; **—рез** *m.* breakwater; cutwater; **—стойкий** *a.* surgeproof.
волнотрон *m.* volnotron (microwave tube).
волно/указатель — уловитель *m.* (rad.) wave detector.
волну/ха, **—шка** *f.* (bot.) sharp agaric (*Lactarius torminosus*).
волнующий *pr. act. part. of* **волновать.**
волны *gen. and pl. of* **волна.**
волнянка *f.* tussock moth.
волов/ий *a.* ox(en); **—ик** *m.* (bot.) bugloss (*Anchusa*); **–ина** *f.* ox hide.
володушка *f.* (bot.) Bupleurum.
волок *m.* portage; (tech.) draw plate; *past m. sing. of* **волочь**; **—а** *f.* draw plate, wire-drawing die.
волокнина *f.* fibrin.
волокнисто— *prefix* fibro-, fibrous, fiber; **в.-лучистый** *a.* fibrous radiated; **—образный** *a.* fibroid; **в.-перистый** *a.* fibrovesicular; **—пористый** *a.* fibroporous; **в.-сетчатый** *a.* reticulate fibrous; **—сть** *f.* fibrous nature or structure, stringiness, fibration; **—эластичный** *a.* fibroelastic.
волокнистый *a.* fibrous, stringy, filamentous; (met.) fibriform (structure); (geol.) columnar (aggregates).
волокнит *m.* fiber plastic.
волокно *n.* fiber, filament, thread; grain (of wood); (seism.) ribbon; **—дерка** *f.* (text.) disintegrator; **—отделитель** *m.* (cotton) gin; **—отделительный** *a.* fiber-extracting; **в.-сырец** raw fiber.
волоком *adv.* by traction.
волокон *gen. pl. of* **волокно**; **—це** *n.* fibril; **—чатый** *a.* filamentary.
волоку/т *pr. 3 pl. of* **волочь**; **—ша** *f.* drag harrow; rake; tuck net; **—ша-подборщик** sweep rake.
Волопас *m.* (astr.) Bootes.
волос *m.*, **—ы** *pl.* hair.
волосатик *m.* a hair; (zool.) hair worm; (bot.) maidenhair (*Adiantum*); (min.) Venus hair.
волос/атость *f.* hairiness; (med.) hypertrichosis; **—атый** *a.* hairy, shaggy; (bot.) pilose; **—ик** *m.* a short hair; **—ина** *f.* hairline (crack), craze; **—инка** *f.* a hair.

волосист/о— *prefix* trich(o)—, hair(y);
—окрылые *pl.* (ent.) Trichoptera;
—ость *f.* hairiness; —ый *a.* hairy,
pilose; capillary; *suffix* —trichous.
волоски *pl.* (cross) hairs; whiskers.
волоско— *prefix* pili— (hair); —видный
a. piliform; —носный *a.* piliferous.
волоснец *m.* (bot.) wild rye (*Elymus*);
black-eyed Susan (*Rudbeckia hirta*).
волосн/ой, —ый *a.* capillary; very fine,
hairline (crack); fret (saw); в. сосуд
(anat.) capillary; —ая трубка capillary
tube; —ость *f.* capillarity, capillary
attraction; действие —ости capillary
action.
волосо/видный *a.* hair-like; capillary, capillaceous; fibrolitic; —вина *f.* fine crack,
seam, flaw, hair(line) crack; —к *m.*
hair; filament, fiber; hair spring; —образный *see* волосовидный; —сгонный
a. unhairing, dehairing.
волос/ы *pl.* hair; —яник *m.* hair mattress.
волосян/ой *a.* hair; capillary; в. гигрометр
(meteor.) hair hygrometer; в. канал
capillary duct; —ая соль (min.) hair
salt, silky epsomite.
волоч/ающийся *a.* dragging, trailing; —е-
ние *n.* drag(ging); traction; drawing (of
wire); ось —ения drag axis; —ен(н)ый
a. dragged; —еный *a.* drawn.
волочильн/ый *a.* (wire) drawing; в. инструмент wire-drawing die; в. стан draw
bench; —ая доска, —я draw plate.
волоч/ильщик *m.* (wire) drawer; —ить,
—ь *v.* drag, pull, haul; draw (wire),
draw out; prolong; —иться *v.* drag.
волошский орех walnut.
волунтал *m.* voluntal, trichloroethylurethan.
волч/анка *f.* (med.) lupus; —ец *m.* (bot.)
thistle; (met.) tungsten (old); —еягодник *m.* (bot.) daphne.
волч/ий *a.* wolf, lupine; —ье лыко (bot.)
mezereon (*Daphne mezereum*); —ье
сито carline thistle (*Carlina vulgaris*);
—ья пасть (med.) cleft palate; —ья
печь (met.) blast furnace.
волчка *gen. of* волчок.
волчник *m.* (bot.) daphne.
волчок *m.* gyroscope; (spinning) top;
hydrometer; (bot.) sucker; (text.) willow; (bur) crusher; picker roll.
волчье *see under* волчий.
волшебный *a.* magic; в. орех (bot.)
Hamamelis; в. фонарь projector.
волынка *f.* (music) bagpipes; (rad.) droning; dawdling.
волынский *a.* Volhynia, trench (fever).
Вольвилля способ Wohlwill process.
вольвическая лава an acidproof lava.
вольвокс *m.* (biol.) Volvox.
вольготный *a.* free.

вольер *m.*, —а *f.* cage; yard, corral, pen.
вольет *fut. 3 sing. of* влить.
вольн/о *adv.* freely, voluntarily; —онаемный *a.* civilian; —опрактикующий *a.*
privately practising; *m.* private practitioner; —ослушатель *m.* (educ.) auditor; —ость *f.* freedom, liberty; —ый *a.*
free.
вольский *a.* Volsk.
вольт *m.* (elec.) volt; число в. voltage.
вольта́ machine oil; a light cotton
fabric.
Вольта явление Volta effect.
вольта/ж *m.* (elec.) voltage; —ит *m.*
(min.) voltaite; —ический *a.* (elec.)
voltaic; —метр *m.* voltameter; —метрический *a.* voltametric; —мпер *m.*
volt-ampere; —мперметр *m.* voltammeter; —мперометрия *f.* voltammetry;
—скоп *m.* voltascope; —стат *m.* vóltastat.
Вольтекса способ Voltex process.
вольтерровский *a.* (math.) Volterra.
вольтижировать *v.* vault.
вольт/метр *m.* (elec.) voltmeter; —миллиамперметр *m.* volt-millammeter, voltmeter-ammeter; —ов столб voltaic
pile; —ова дуга voltaic arc, electric
arc; —одобавочный *a.* booster.
вольтол/евые масла, —ы voltols, voltolized oils; —изация *f.* voltolization;
—изованный *a.* voltolized.
вольт/омметр *m.* (elec.) volt-ohmmeter;
—оскоп *m.* spark-plug tester; —отрансформатор *m.* (voltage) transformer;
-секунда *f.* volt-second (1 weber).
вольтцин *m.* (min.) voltzine, voltzite.
Вольты элемент voltaic cell.
Вольфа процесс (flotation) Wolf process.
вольфартова муха screw-worm (*Wohlfartia
magnifica*).
вольфахит *m.* (min.) wolfachite.
вольфов ход (embr.) wolffian duct; —о
тело wolffian body, mesonephros.
вольфрам *m.* tungsten, W; азотистый в.
tungsten nitride; трехокись —а tungsten trioxide, tungstic anhydride; сернистый в. tungsten sulfide.
вольфрам/ат *m.* tungstate; —ировать *v.*
plate with tungsten; —истый *a.* tungsten; —ит *m.* (min.) wolframite.
вольфрамо— *prefix* tungsten.
вольфрамово/кальциевая соль calcium
tungstate; —кислый *a.* tungstic acid;
тунгстате (of); —кислый натрий, —натриевая соль sodium tungstate; —кислая соль tungstate; —свинцовистая
соль lead tungstate.
вольфрамов/ый *a.* tungsten, tungstic; в.
ангидрид tungstic anhydride, tungsten trioxide; в. камень (min.) scheelite;
—ая кислота tungstic acid; соль —ой

кислоты tungstate; —ая охра (min.) tungstic ocher, tungstite.

вольфрамо/натриевая соль sodium tungstate; —сернистый *a.* sulfotungstate (of).

вольфсбергит *m.* (min.) wolfsbergite, chalcostibite.

волюм/енометр *m.* volumenometer; —етр, —(ино)метр, —ометр *m.* volumeter; —етрический *a.* volumetric; —иноэный *a.* voluminous.

волюта *f.* volute.

вол/я *f.* will, volition; freedom, liberty; —ей-неволей *adv.* willing or not; по доброй —e willingly, of one's own accord; сила —и will power.

волярный *a.* (anat.) volar.

вомнет *fut. 3 sing. of* вмять.

вонз/ать, —ить *v.* thrust, prod.

вонь *f.* stench, stink, bad odor.

воню́ч/ий *a.* malodorous, putrid, stinking; (geol.) fetid; stink (stone); —ая смола asafetida (gum); —ка *f.* (zool.) skunk; (bot.) asafetida (*Ferula asafetida*); bean trefoil (*Anagyris foetida*).

вонять *v.* have a bad smell, stink.

вообра/жаемый *a.* imaginary, unreal, fictitious, nonexistent, hypothetical; virtual; conceptual; —жать *v.* imagine, visualize, conceive; assume; —жение *n.* imagination; —женный *a.* imagined, etc., *see v.*; imaginary; virtual; —зимый *a.* imaginable; —зить *see* воображать.

вообще *adv.* generally, in general, in a broad sense; at all; (all) in all, altogether; в. говоря generally (speaking); by and large; в. не at all; если в. происходит if ever; if any; мало . . . если в. little if any.

воодушев/ить, —лять *v.* inspire.

вооруж/ать *v.* arm, equip, supply, outfit (with); instigate (against); —ение *n.* armament, arms, weapons, ammunition; equipment, outfitting; поступать на —ение *v.* go into operation; —енный *a.* armed, etc., *see v.*; weapon-carrying; in possession (of); —ить *see* вооружать.

вооч/ию, —ью *adv.* with one's own eyes, for oneself.

во-первых *adv.* first(ly), in the first place, first and foremost; for one thing; во-п. . . ., во-вторых for one thing . . . for another; on the one hand . . . on the other.

вопло/тить, —щать *v.* embody, personify; translate (into); получить —щение в жизнь *v.* materialize, realize.

вопреки *prep. dat.* in spite (of), notwithstanding, despite, regardless (of), contrary (to), against.

вопрос *m.* question, problem; point, aspect; item, matter, issue, query; еще в. it remains to be seen; история —a background; к —у о, по —у on; под —ом open to question; —ительный *a.* interrogative; question(ing); —ник *m.*, —ный лист questionnaire; —ный *a. of* вопрос.

вопьет *fut. 3 sing. of* впить.

ворван/ный *a.*, —ь *f.* train oil, blubber.

ворваться *see* врываться.

воробей *m.* sparrow; —ник *m.* (bot.) Lithospermum.

воробьевит *m.* (min.) vorobyevite.

воробьин/ый *a. of* воробей; —ые языки (bot.) strapwort (*Corrigiola littoralis*).

воров/ать steal, plagiarize; tamper (with); tap (electricity, etc.); —ство *n.* stealing, etc., *see v.*; plagiarism.

ворон *m.* raven; В. (astr.) Corvus; —а *f.* crow.

воронен/ие *n.* (steel) blueing, etc., *see* воронить; —(н)ый *a.* blued, etc., *see* воронить.

воронец *m.* (bot.) baneberry (*Actaea*).

ворон/ий *a.* crow('s); в. глаз (bot.) Paris; —ика *f.* crowberry (*Empetrum*).

воронило *n.* burnisher, polisher.

воронить *v.* (steel) blue, brown, subject to oxide treatment; burnish.

воронк/а *f.* funnel; hopper; crater, sink(hole); cone (of depression); eddy, whirlpool; (Ford) cup; (viscosimeter) orifice; (anat.) infundibulum; —овидный, —ообразный *a.* funnel-shaped, funnel(ed); (anat.) infundibuliform.

ворон/ой, —о-черный *a.* raven black; —ья лапка (bot.) wartcress (*Coronopus*).

ворот *m.* windlass, winch, capstan, reel; drum, shaft; hoist, pull; collar.

ворота *pl.* gate(way); door, entrance; (anat.) porta; hilus, hilum; (med.) portal(s).

воротило *n.* mill handle.

воротить *v.* recall; —ся *v.* return.

воротн/ик *m.* collar, flange, lip; —ичок *dim. of* воротник.

воротн/ый *a.* gate, portal; windlass, winch; —ая вена (anat.) portal vein.

вороток *m.* tap wrench.

ворох *m.* heap, pile; —нуть *see* ворошить.

ворочать *v.* turn, roll, move, shift; (elec.) reverse; —ся *v.* turn, rotate.

ворош/илка *f.* agitator; (agr.) tedder; —ить *v.* stir, disturb; turn (hay).

ворс *m.*, —а *f.* pile, nap, fleece.

Ворса элемент Vorce (chlorine) cell.

ворс/ильный *a.* (text.) teasing; —инка *f.* hair, fiber; (biol.) villus; —инчатый *a.* fluffy, wooly, tomentose, villose; —истость *f.* fluffiness; —истый *a.* fluffy, fleecy, shaggy, friezed.

ворсит *m.* an artificial leather.

ворс/и́ть see ворсова́ть; —ова́льный a. (text.) teasing; teasel (bur); —ова́ние n. teasing; —ова́ть v. tease, raise the nap; —ово́й, —о́вый a. fleecy, napped; —я́нка f. (bot.) teasel (*Dipsacus*).
во́ртекс m. vortex.
Во́ртингтона насо́с Worthington pump.
ворча́ть v. grumble, complain; growl.
ВОС abbr. (ста́нция визуа́льно-опти́ческих наблюде́ний) visual observation station (for artificial satellites).
вос— *prefix* up, off, away; re—, again.
восемна́дцат/ый a. eighteenth; —ь eighteen.
во́семь eight; —деся́т eighty; —сот eight hundred; —ю adv. multiplied by eight.
воск m. wax; —ирова́ние n. waxing.
воскли/кну́ть, —ца́ть v. exclaim, ejaculate; —ца́тельный a. exclamation (mark); —ца́тельная со́вка a cutworm (*Agrotis exclamationis*).
воско— *prefix* wax(y), cer—; —беле́ние n., —бели́льный a. wax bleaching; —би́тие n. wax refining; —бо́й m. (residual) beeswax; —бо́йн(а)я f., —бо́йный заво́д wax refinery; —ва́ние n. waxing; —ви́дный a. wax-like, waxy, ceraceous; —вина́ f. (orn.) cere; —вка́ f. wax paper; tracing paper; stencil paper; —вник m., —вни́ца f. bayberry (*Myrica*).
восков/о́й a. wax(y), waxed; yellow (ripeness); в. спирт ceric alcohol; —а́я бума́га tracing paper; wax paper; —а́я кислота́ cer(ot)ic acid, heptacosanoic acid; соль —о́й кислоты́ cerotate; —а́я моль bee moth; —о́е де́рево wax tree (*Rhus succedanea*).
воско/но́сный a. ceriferous, wax-producing; —обра́зный, —подо́бный a. wax-like, waxy, ceraceous; —то́пка f. wax refinery; —цвет́ник m. (bot.) honeywort (*Cerinthe*).
воскре́се́нье n., —ный a. Sunday.
воспал/е́ние n. (med.) inflammation; вызыва́ющий в. a. phlogogenic; —ённый a. inflamed; —и́тельный a. inflammatory; —и́ть, —я́ть v. inflame; —и́ться v. get inflamed; blaze.
воспар/и́ть, —я́ть v. soar, fly up.
воспит/а́ние n. education, training, etc., see v.; —а́нный a. educated, etc., see v.; well-bred; —а́тель m. educator; trainer; —а́тельный a. educational; —(ыв)а́ть v. educate, train; grow, raise, rear, tend.
воспламене́н/ие n. ignition, inflammation, combustion; kindling; ка́мера —ия combustion chamber; про́ба на в. flash test; температу́ра —ия, то́чка —ия flash point (of oils); ignition point; —ный a. ignited.

воспламен/и́мый see воспламеня́емый; —и́тель m. igniter, squib; lighting device; (ignition) charge; blasting cap, detonator; fuse; —и́ть see воспламеня́ть; —я́емость f. ignitability, etc., see a.; —я́емый a. ignitable, inflammable, combustible; —я́ть v. ignite, inflame, kindle; prime; —я́ться v. ignite, catch fire; —я́ющийся a. combustible; ignition (mixture).
восполн/и́ть, —я́ть v. make up, compensate (for); make good (a loss); meet, fill (a need); cancel out, counterbalance; fill up, supply; fill in, complete; fulfill.
воспо́льзоваться v. profit (by), take advantage (of), avail oneself (of), make use (of), employ, resort (to).
воспомин/а́ние n. recollection; —а́ть v. remember, recollect.
воспрепя́тствовать v. hinder, prevent.
воспре/ти́тельный a. prohibitive; —ти́ть, —ща́ть v. prohibit, forbid; —ще́ние n. prohibition; —щённый a. prohibited.
восприи́мчив/ость f. susceptibility, receptivity; —ый a. susceptible, receptive, sensitive.
восприн/има́емость f. perceptibility; —има́емый a. perceptible, discernible; —има́ние see восприня́тие; —има́ть v. perceive, sense; interpret; take, receive, accept; take up, absorb; —има́ющий a. sensing, etc., see v.; —има́ющий о́рган primary element; —има́ющий элеме́нт sensing unit, sensitive element; —я́тие n. perception, sensing, etc., see v.; —я́ть see воспринима́ть.
восприя́т/ие see восприня́тие; объе́кт —ия, результа́т —ия percept.
воспроизв/еде́ние n. reproduction, breeding; (lag) representation; reconstruction; replica; playback; —еденный a. reproduced, etc., see v.; —ести́ see воспроизводи́ть; —оди́мость f. reproducibility; —оди́мый a. reproducible; —оди́тельный a. reproductive; —оди́ть v. reproduce, breed; produce; repeat; play back.
воспроизво́дств/о n. reproduction; (nucl.) breeding; зо́на —а (nucl.) blanket; коэффицие́нт —а breeding factor, conversion ratio; приро́ст —а breeding gain.
воспроизводя́щий a. reproducing etc., see воспроизводи́ть; fertile (medium); в. перфора́тор (comp.) reperforator, paper tape punch.
воспроти́в/иться, —ля́ться v. oppose, resist; —ле́ние n. resistance.
воссоедин/е́ние n. reunion; recombination (of ions); —и́ть v. reunite; —и́ться v. rejoin; recombine.
воссозда/ва́ть v. reconstruct; —ние n. reconstruction.

восставать v. revolt, rebel, rise.
восстав/ить, —лять v. set up, erect, raise.
восстанавлив/аемость f. reducibility; —аемый a. reducible; repairable (system); —ать v. reduce, deoxidize; restore, re-establish, recreate; resume; regenerate, revive, recuperate; reclaim, recover; recondition; rehabilitate (people); retread (tires); erect, set up, raise; vindicate; —ающий a. reducing, etc., see v.; —ающая способность reducing power; recovery characteristics (of counter); —ающийся a. reducible.
восстание n. rise; uprising, rebellion.
восстанов/имость f. reducibility, susceptibility to reduction; —имый a. reducible; —итель m. reducer, reducing agent; restorer, etc., see восстанавливать.
восстановительн/ый a. reducing, reduction; regenerating, restoration; full (renovation); —ая печь reduction furnace; —ая способность reducing power; —ое пламя reducing flame; —ое средство reducing agent; —ые работы recovery.
восстановить see восстанавливать.
восстановл/ение n. reduction, reducing, etc., see восстанавливать; (instr.) recovery time; re—, e.g., в. цикла recycling; прямого —ения direct-reduction (iron); в.-окисление reduction-oxidation; —енный a. reduced, etc., see восстанавливать; —яемость f. reducibility; —яемый, —яющийся a. reducible; —ять see восстанавливать; —яющий a. reducing.
восстать see восставать.
вост. abbr. (восточный) east(ern).
восток m. east, orient.
восторг m. delight, enthusiasm, zeal; —женный a. enthusiastic, zealous.
восточный a. eastern, oriental.
востребов/ание n., —ать v. demand.
восхвал/ение n. eulogy, praises; —ить, —ять v. laud, praise, extol.
восхи/тительный a. delightful; —щать v. delight; —щаться v. admire, be delighted with.
восхо/д m. rise, rising, ascent; —дить v. rise, ascend, climb; date back, go back; —дящий a. rising, etc., see v.; anabatic; upward; uptake (flue); —дящий боровок uptake, upcast; —дящая труба riser; отливать—дящей струей v. cast from bottom; —ждение n. ascent, ascension, climbing.
восьмер/ичный a. octuple, octal; —ка f. (figure) eight; —ник m. (cryst.) eightfold twin; —ной a. eightfold; —о num. eight.
восьми— prefix oct(a)—, octo—, eight.

—валентный a. octavalent; —гранник m. octahedron; —гранный a. octahedral; —десятилетний a. octogenarian; —десятый a. eightieth; —кратный a. octuple; —летний a. octennial; —ног m. (zool.) octopus; —полюсник m. eight-terminal network; —сложный a. octosyllabic; —сотый a. eight hundredth; —угольник m. octagon; —угольный a. octagonal.
восьмой a. eighth.
вот adv. here (is), there (is); в. и все that is all; в. как that is how.
вотировать v. vote.
воткать v. interweave, weave in.
воткнуть see втыкать.
вотрет fut. 3 sing. of втереть.
вотум m. vote.
вофатокс see метафос.
вошедший past act. part. of войти.
вошерия f. (bot.) Vaucheria.
вошли past. pl. of войти.
вошь f. louse; травяная в. aphid.
вошьет fut. 3 sing. of вшить.
вощ/анка f. wax paper; oil cloth; —аной, —аный a. wax(en), waxed; —ение n. waxing; —еный a. wax(ed); —ина f. unrefined beeswax; (honeycomb) foundation; —ить v. wax.
воюет pr. 3 sing. of воевать.
во/ющий pr. act. part. of выть; warble (tone); —я gen. of вой.
ВП abbr. (внутреннее перенапряжение) system-generated overvoltage; (высокая проницаемость) high permeability; (вызванная поляризация) induced polarization (method); [(метод) вызванного потенциала] induced potential (IP) method.
впавший past. act. part. of впасть.
впад/ать v. fall in; flow (into), discharge; go (to extremes); —ающий a. falling into; flowing into, inflowing; —ение n. inflow; mouth, issue (of river); —ина f. hollow, cavity, depression, basin; trench; concavity, dent, indentation; recess, notch, gap, space; sag; trough (of wave); valley (of curve); orbit, socket (of eye); root (of screw thread); —истый a. full of cavities.
впа/ивание n., —йка f. soldering in, sealing in; —ивать v. solder in, seal in; —й m. sealing in, seal-in, seal.
впал past m. sing. of впасть.
впал/ость f. hollowness, concavity; —ый a. hollow, concave, sunken.
впараллель adv. in parallel.
впасть see впадать.
впа/ян(н)ый a. soldered in, sealed in; —ять v. solder in, seal in.
ВПВ abbr. (высокая полная вода) higher high water, HHW.

впервые *adv.* first, for the first time.
вперевязку: стык в. broken joint.
вперед *adv.* on, forward, ahead, forth, onward; first; fast (of clock); in the future, henceforth; in advance, beforehand; **движение в.** onward motion, advance, progress; **забегать в.** *v.* forestall; **идущий в.** advancing, progressive; **подвигаться в.** *v.* advance, progress; **ход в.** forward running; forward stroke; **—и** *adv. and prep. gen.* in front (of), before, ahead (of), in advance (of); in future; in the foreground.
впере/крой, —крыш(к)у *see* **внахлестку; —межку** *adv.* alternately; **—мешку** *adv.* in disorder.
впечатл/ение *n.* impression, influence, effect; imprint, cast; **—ительность** *f.* impressibility; susceptibility; **—ительный** *a.* impressionable, susceptible, sensitive.
впивать *v.* drink in, absorb, suck in; **—ся** *v.* dig in, hold on.
впис/анность *f.* refinement; **—анный** *a.* inscribed, etc., *see v.*; **—ать, —ывать** *v.* inscribe, enter, insert, register; refine; **—ка** *f.* inscribing; entry; **—ывание** *n.* inscribing, etc., *see v.*
впит/анный *a.* absorbed, etc., *see v.*; **—ать, —ывать** *v.* absorb, imbibe, take up, soak up; **—аться** *v.* be absorbed, soak in; **—ываемость** *f.* absorbency; **—ываемый** *a.* absorbent, absorbable; absorbed; **—ывание** *n.* absorption, etc., *see v.*; **—ывающий** *a.* absorbing, etc., *see v.*; absorbent; **—ывающий в себя** absorptive; saturant, saturable; **—ь** *see* **впивать.**
впих/анный *a.* pushed in; **—(ив)ать, —нуть** *v.* push in, squeeze in.
вплав/ить, —лять *v.* fuse in(to), melt in; float in; **—ление** *n.* fusion, melt; floating in; **—ь** *adv.* (by) floating.
впластов/анный *a.* interbedded, etc., *see v.*; **—ываться** *v.* interbed, interstratify; be embedded.
вплес/кивать, —нуть *v.* splash in, pour carelessly, dump in.
вплести *see* **вплетать.**
вплет/ание, —ение *n.* interweaving, intertwining; implication; (camouflage) garnishment; **—ать** *v.* interweave, intertwine; splice in; implicate, involve; **—енный** *a.* interwoven, etc., *see v.*
вплот/ную *adv.* close (by or to), up to, (up) against, right up (to), immediately adjacent (to); **—ь** *adv.* up to, till; close; down (to); **—ь до** up to, up until, through, to the extent of.
вплы(ва)ть *v.* swim in, float in.
впол— *prefix* half-; **—дерева** *adv.* half-lap (joint).

вполз/ать, —ти *v.* crawl in, creep in.
вполнакала *adv.* (illum.) dim(ly), weak(ly).
вполне *adv.* fully, entirely, wholly, totally, completely, thoroughly, quite, perfectly; well; **не в.** incompletely, under, sub—; not quite; **—применимость** *f.* complete applicability.
впол/оборота *adv.* half-turned; **—овину** *adv.* (in or by) half; **уменьшить —овину** *v.* halve; **—унакрой, —унахлест(ку)** *adv.* half-lap (joint); **—употай** *adv.* half-countersunk.
впопад *adv.* timely, to the point.
впопыхах *adv.* hurriedly, hastily.
впору *adv.* at the right time, in time, timely; **быть в.** *v.* fit; be fit (for).
впоследствии *adv.* afterwards, later on, subsequently.
впотай *adv.* flush(-mounted), countersunk; **головка в.** countersunk head; **углубление в.** countersinking.
впотьмах *adv.* in the dark.
ВПП *abbr.* (взлетно-посадочная полоса) runway.
вправду *adv.* really, seriously.
вправе *adv.* justified, in the right; on the right; **быть в.** *v.* have a right (to).
вправ/ить, —лять *v.* set; set to rights; **—ка** *f.* (re)setting.
вправо *adv.* to the right, clockwise (rotation); **вращающийся в.** dextrorotatory.
впредь *adv.* henceforth, hereinafter, from now on, in the future; **в. до** pending, until.
впрессов/анный *a.* pressed in, etc., *see v.*; press-fitted; **—(ыв)ать** *v.* press in, set in, embed, build in.
впритирку *adv.* tight(ly).
впритык *adv.* butt, abutting; against, end to end; **располагать в.** *v.* butt; **сваривать в.** *v.* butt-weld; **соединение в.** butt joint.
впроголодь *adv.* half starving.
впрок *adv.* for the future, for keeping, for preservation; **заготовлять в.** *v.* preserve, cure, lay in, store; **идти в.** *v.* be of use, be of profit.
впрочем *adv.* however, though, besides, by the way; not that; nevertheless.
впрыг/ивать, —нуть *v.* jump in.
впрыс/к *m.* injection; **—кивание** *n.* injection, injecting; **—киватель** *m.* injector; **—кивательный** *see* **впрыскивающий; —кивать** *see* **впрыскивать; —кивать** *v.* inject, spray in, squirt in; **—кивающий** *a.* injecting; spray (nozzle); jet (condenser); **—нутый** *a.* injected; **—нуть** *see* **впрыскивать.**
впрягать *v.* harness.
впрягать *v.* spin in.
впряженный *a.* harnessed (in).
впрясть *see* **впрядать.**
впрячь *see* **впрягать.**

впуск *m.* admission, etc., *see v.*; intake, inlet; induction; —**ание** *n.* admission, etc., *see v.*; —**ать** *v.* admit, inject, introduce, run in, let in.

впускн/ой *a. of* **впуск**; feed, supply (line); —**ое отверстие** inlet, intake; —**ое устройство** injector.

впустить *see* **впускать**.

впустую *adv.* in vain, to no purpose.

впут/анный *a.* involved, etc., *see v.*; —**(ыв)ать** *v.* involve, implicate, entangle, enmesh; —**(ыв)аться** *v.* be mixed up (in).

впущенный *past pass. part. of* **впускать**.

впятеро *adv.* five times, fivefold; **в. больше** five times as much; **в. меньше** one fifth; —**м** *adv.* five (together).

впятить *see* **впячивать**.

в-пятых *adv.* in the fifth place.

впячивать *v.* (mach.) back up.

ВР *abbr.* (**выключающее реле**) shutdown relay.

враб/атываться, —отаться *v.* work in, run in.

вра/г *m.* enemy, foe; —**жда** *f.* enmity; —**ждебный** *a.* hostile, antagonistic.

вразбежку *adv.* alternate(ly); **расположенный в.** staggered, alternated; **стыки в.** alternate joints.

враз/бивку *adv.* out of order; —**брод** *adv.* separately; —**брос** *adv.* scattered, haphazard, random(ly); —**вилку** *adv.* forked, pronged.

вразрез *adv.* contrary; (elec.) in series; **идти в.** *v.* oppose, be in conflict (with).

вразрядку *adv.* (typ.) letter-spaced.

вразум/ительный *a.* perspicuous, comprehensible; persuasive; —**ить, —лять** *v.* explain, convince.

врал *past m. sing. of* **врать**.

врасплох *adv.* by surprise, unawares.

врассечку *adv.* (elec.) in series.

врассыпную *adv.* in all directions.

враст/ание *n.* growing in; intergrowth, interlocking; —**ать, —и** *v.* grow in; intergrow, interlock; —**ающий** *a.* ingrowing; interlocking.

врастяжку *adv.* at full length, prone.

врасщеп *adv.* split, fork(ed); **соединение в.** split joint.

врать *v.* lie, tell a lie; be deceiving.

врач *m.* doctor, physician; —**ебно-санитарный,** —**ебный** *a.* medical; —**евать** *v.* doctor, treat; **в.-консультант** *m.* consulting physician.

враща/емый *a.* rotatable; —**тель** *m.* rotator.

вращательно *adv.* rotationally; **в. эллиптический** *a.* spheroidal; **в.-качающийся** *a.* rotary shaking; **в.-колебательный** *a.* rotationally oscillatory.

вращательн/ый *a.* rotary, rotating, rotation(al); —**ое движение** rotary motion, rotation.

вращать *v.* rotate, revolve, turn; circulate (a liquid); circle; wind; drive; —**ся** *v.* revolve, rotate, turn, gyrate, spin; pivot, swivel; (mach.) run; —**ся вокруг** revolve (around), circle.

вращающ/ий *a.* rotating; **в. момент** torque; —**ийся** *a.* rotating, rotatory, rotary (furnace, dryer, etc.); revolving; turning, turn (table); swivel, pivoted; (mach.) running; live (center); spinning (nucleus); spin-stabilized, spinner (rocket); —**ийся влево** (opt.) levorotatory; —**ийся вправо** dextrorotatory.

вращаясь *see* **вращающийся**.

вращен/ие *n.* rotation, revolution, turn(ing), spin(ning), etc., *see* **вращаться**; **круговое в.** revolution; **точка** —**ия** pivot, fulcrum.

вращполе *n.* rotating field.

ВРД *abbr.* (**воздушно-реактивный двигатель**) air breather, thermojet.

вред *m.* harm, damage, injury, hurt.

вреден *sh. m. of* **вредный**.

вредител/ь *m.* (agr.) pest; saboteur; —**и** *pl.* vermin, pests; —**ьский** *a.* pest; harmful; —**ьство** *n.* harm, damage; sabotage.

вредить *v.* harm, damage, injure, hurt, impair, be detrimental (to).

вредн/о *adv.* harmfully; it is harmful; —**ость** *f.* harm, damage, injury; harmfulness; (health) hazard; —**ый** *a.* harmful, injurious, deleterious, detrimental, destructive, bad, ill (effect); unfavorable, adverse; noxious (gas); over-(dose); —**ое пространство** idle space, dead space; clearance (in cylinder).

вредоносный *see* **вредный**.

врез/ание *n.* incision, gash, notch; cutting in, etc., *see v.*; —**анный** *a.* incised, etc., *see v.*; —**ать** *see* **врезывать**; —**ка** *see* **врезание**; inset map; —**ной** *a.* cut in; fit(ted) in, set in; downcutting (stream); in-feed (grinding); —**ной замок** (rr.) deadlock; —**ывание** *see* **врезание**; —**ывать** *v.* incise, cut in, entrench; (geol.) downcut, jog, notch, score; serrate, engrave; —**ываться** *v.* cut one's way in, bite into, run into.

времена *pl. of* **время**; —**ми** *adv.* at times, from time to time, now and then.

временн/ик *m.* annals; timer; —**о** *adv.* temporarily; —**о назначенный** *m.* acting officer; —**о помогающее средство** (pharm.) palliative; —**ой** *a.* time; —**ой механизм** timer; —**ость** *f.* temporariness, provisionality; —**ый** *a.* temporary, provisional, tentative; emergency; intermittent; auxiliary; —**ая мера,**

—ое приспособление makeshift, expedient; —ое сопротивление temporary resistance, breaking(-down) point, critical point.

врем/я *n.* time; duration; в. года season; в. от —ени occasionally, from time to time, at times, once in a while, now and again; во в. in the course (of), while, during; on time, in season; во —ени in time; в последнее в. recently, in the last few years; в свое в. in due course; в то в. как (where)as; в то же (самое) в. at the same time, simultaneously; yet, while; в это в. at this time, as this takes place, in this case, in the process, therewith; к тому —ени by then; к тому —ени, когда by the time; на в. for a while; на все в. for life; на некоторое в. for a while, for the time being; по —енам from time to time, intermittently; постоянная —ени time constant; регулируемый по —ени timed; с того —ени since then, from then on; с этого —ени from now on; со —енем in (due) time, in due course, in the course of time; со —ени since; тем —енем meanwhile.

время/импульсный *a.* cycle-repeat (timer); time-division (multiplier); —исчисление *n.* chronology.

врет *pr. 3 sing. of* врать.

вровень *adv.* level, flush (with).

вроде *prep. gen. and particle* like, such as; нечто в. a kind of.

вроет *fut. 3 sing. of* врыть.

врожденн/ость *f.* innateness, inherency; —ый *a.* innate, inherent, inborn; original; congenital (disease).

врозницу *adv.* (at) retail.

врозь *adv.* apart, asunder, separately.

вронскиан *m.* (math.) Wronskian.

врос *past m. sing. of* врасти; —ший *a.* ingrown.

вроют *fut. 3 pl. of* врыть.

врс. *abbr.* (верста) verst.

вруб *m.* cut, notch; channel, groove; cutting, etc., *see v.*; —ание *n.* cutting, etc., *see v.*; —ать, —ить *v.* cut (in), chop (in), hew; notch, groove, channel; throw in (switch); —ка *f.* cutting, etc., *see v.*; cut, notch; joint; соединять —кой *v.* mortise; —ленный *a.* cut, etc., *see v.*

вруб/машина, —овка *f.* (min.) cutter; —о(во)-отбойная машина cutter-bar-and-wedge machine; —о(во)-погрузочная машина cutter-loader; —овый *a. of* вруб; —овая машина cutter; —овая щель kerf.

врут *pr. 3 pl. of* врать.

вруч/ать, —ить *v.* present, hand (over), deliver, give, entrust; —ение *n.* pre-sentation, etc., *see v.*; —енный *a.* presented, etc., *see v.*

вручную *adv.* (by) hand, manual(ly); отсортированный в. handpicked; подача в. hand feed, manual feed; приводимый в. hand-operated, manual; сделанный в. handmade, manual.

ВРЦ *abbr.* (водонепроницаемый расширяющийся цемент) waterproof expanding cement.

вры/вать, —ть *v.* dig in; —ваться *v.* dig in; burst in.

вряд ли *adv.* scarcely, hardly; it is doubtful (whether), it is unlikely.

в.с. *abbr.* (водяной столб) water column.

в/с *abbr.* (высший сорт) high(est) grade.

в-с *see* в-сек.

вс— *see* вос—.

вса/дить, —живать *v.* set in, embed; thrust, plunge, drive in; plant; lay out (money); —дник *m.* rider; —женный *a.* set in, etc., *see v.*

всаливание *n.* salting.

всасыв/аемость *f.* absorbability; —аемый *a.* absorbable; suction; —ание *n.* suction, sucking, drawing in; absorption; intake, induction; indraft; давление на —ании manifold pressure; —ательный *see* всасывающий; —ать *v.* suck (in), draw (in); absorb.

всасывающ/ий *a.* sucking, suction, pull; intake; absorption, absorbing; exhaust (fan); в. клапан suction valve, inlet valve; в. насос suction pump; в. ход admission stroke, in-stroke; —ая склянка suction bottle; —ая способность absorbing capacity; —ая труба intake; —ее действие suction, pull; —ее окно, —ее устройство intake.

всачиваться *v.* seep in, be absorbed.

все *n. of* весь; *pl.* all, everybody, everyone; *adv.* always, all the time; still; only, all; в. более increasingly, progressively, more and more; в. еще still; в. же, в. таки nevertheless, however; yet; в., что anything that; whatever; в. эти . . ., вместе взятые taken together.

все— *prefix* omni—, pan—, all; All-Union; —возможный *a.* every kind of, all kinds of, various; all possible, of every description; —волновый *a.* all-wave; long (counter).

всегда *adv.* always, at all times, constantly, ever; invariably; —жив *m.* (bot.) Vinca; в.-истинность *f.* identity; —истинный *a.* identity, identically true; —шний *a.* usual, habitual, customary, normal.

всего *gen. of* весь, все; *adv.* only, but, in all, altogether, all told; as low as; в. навсего in all, only; в.-то only, no more than.

в-седьмых *adv.* in the seventh place.
всей *gen.*, *etc.*, *of* вся; во в. throughout.
всек *abbr.* (вольтсекунда) volt second.
всел/ение *n.* establishment, etc., *see v.*; —енная *f.* universe; —енный *a.* established, etc., *see v.*; —ить, —ять *v.* establish, install; settle; inspire, instil; —иться, —яться *v.* settle, move in; take root (in).
всем *instr. and prepos. of* весь, все; во в. in all respects, throughout; при в. том for all that.
всемерн/о *adv.* in every possible way; —ый *a.* of every kind, all possible; all-out, intensified.
всемеро *adv.* seven times; sevenfold; в. больше seven times as much; в. меньше one seventh; —м *adv.* seven (together).
всемирн/о *adv.* universally; в. известный *a.* world-renowned; в.-распространенный *a.* with world-wide distribution; —ый *a.* universal, world (-wide).
все/направленный *a.* omnidirectional; —народный *a.* national, nation-wide; —обуч *m.* compulsory education; —общий *a.* general, universal; —объемлющий, —охватывающий *a.* universal, all-embracing, comprehensive; —погодный *a.* all-weather; —режимный *a.* fully variable; —российский *a.* all-Russian.
всерьез *adv.* in earnest, seriously.
все/светный *a.* universal, common; —союзный *a.* All-Union.
всесторонн/е *adv.* thoroughly, in detail, comprehensively; from every point of view; —ий *a.* thorough, detailed, comprehensive, all-round; close, confining; manifold.
все-таки *adv. and conj.* nevertheless, however, all the same, for all that, still.
всеуслышание: во в. publicly, openly.
всех *gen. pl. of* все.
вседел/о *adv.* wholly, completely, entirely, altogether, exclusively; —ый *a.* whole, complete, entire, full.
всечасн/о *adv.*, —ый *a.* hourly.
всеядн/ый *a.* omnivorous; —ые животные (zool.) Omnivora.
всилу *prep. gen.* by virtue of.
вскакив/ание *n.* jumping up; —ать *v.* jump up, spring up, bounce up.
вскальзыв/ание *n.* slipping in; —ать *v.* slip in, slide in.
вскапыв/ание *n.* digging up; excavating; —ать *v.* dig up, trench; excavate.
вскармливать *v.* bring up, rear, raise.
вски/дка *f.*, —дывание *n.* tossing up; —дывать, —нуть *v.* toss up, throw up.
вскип/ание *n.* boiling up, etc., *see v.*; (paints) blistering; —ать, —еть *v.* boil up, boil over; bubble up, froth, foam; effervesce; —ающий *a.* boiling up, etc., *see v.*; —ятить *v.* (bring to a) boil; —ятиться *v.* (come to a) boil.
вскло(ко)ченный *a.* matted, felted.
всколых/ивать, —нуть *v.* stir up.
вскользь/нуть *see* вскальзывать; —ь *adv.* slightly, superficially, casually.
вскоп/анный *a.* dug up, furrowed; —ать *see* вскапывать.
вскоре *adv.* soon, shortly after, before long.
вскормить *see* вскармливать.
вскочить *see* вскакивать.
вскры/вание *n.* opening, etc., *see v.*; (biol.) dehiscence; —вать *v.* open, uncover, lay bare, reveal, discover, disclose; (min.) strip; dissect; (med.) lance; —вающийся *a.* (biol.) dehiscent; —тие *n.* opening, etc., *see v.*; break up, debacle (of river); breaking up (of ice); —тый *a.* opened, etc., *see v.*; —ть *see* вскрывать; —ш(к)а *f.*, —шной *a.* (min.) stripping; strip pit; overburden; —шные работы stripping.
вслед *adv. and prep. dat.* after; в. за behind, after, following, subsequent to; next to; в. за ними followed by; в. за чем following which, whereupon; в. за этим subsequently; послать в. *v.* forward.
вследствие *prep. gen.* in consequence of, owing to, on account of, due to, as a result of, because of, through; so that; в. того, что due to the fact that; в. этого as a consequence, because of this, that is why.
вслепую *adv.* (av.) blind.
вслу/х *adv.* aloud; —ш(ив)аться *v.* listen.
всматриваться, всмотреться *v.* look into, examine, scrutinize, observe.
всовывать *v.* push in, insert.
всос/анный *a.* sucked in, pulled in, drawn in; suction; absorbed; —ать *see* всасывать.
ВСП *abbr.* (временный спад проницаемости) temporary drop in permeability.
вспаивать *v.* raise, rear.
вспа/ханный *a.* plowed; —х(ив)ать *v.* plow, till, cultivate; —хивание *n.*, —шка *f.* plowing, tilling.
вспен/енный *a.* frothed, etc., *see v.*; —ивание *n.* frothing, etc., *see v.*; —иватель *m.* frothing, foaming or blowing agent; —и(ва)ть(ся) *v.* froth, foam, lather; blow; —ивающий *a.* frothing, etc., *see v.*
всплес/к *m.* splash(ing); surge, bump; flash-up (of power); —кивание *n.* splashing; stirring; —кивать, —нуть *v.* splash; stir; —нутый *a.* splashed.
всплош/ную, —ь *adv.* without interruption, continuously, unbroken.

всплы/ваемость *f.* buoyancy; flotation; —вание *n.* floating (up), etc., *see v.*; (flotation) levitation; leafing (of bronze powder); —вать *v.* float (up), emerge, surface, come or rise to the surface; —вающий *a.* floating (up), etc., *see v.*; buoyant; supernatant; —вной *a.* floating; flotation (process); buoyancy; —вная сила force of buoyancy; —вший *a.* emersed; surfaced; —тие *see* всплывание; pivoting; —тый *a.* floated, etc., *see v.*; —ть *see* всплывать.

вспоить *see* вспаивать.

всполаскивать *v.* rinse.

всполашивать *see* всполошить.

всползание *n.* creeping; —ать, —ти *v.* creep.

всполоснуть *v.* rinse.

всполохи *pl.* northern lights.

всполошить *v.* raise an alarm; rouse, startle; —ся *v.* take alarm.

вспо́лье *n.* ridge.

вспом/инать, —нить *v.* recollect, recall, remember, think (of).

вспомогатель *m.* booster.

вспомогательн/ый *a.* auxiliary, accessory, subsidiary; relief, emergency, standby, on hand, spare; booster; slave (unit) additional, added, secondary (entry); supplementary (index); intermediary (language); stabilizing (float); в. агрегат booster; в. двигатель servo-motor; —ая часть accessory; —ое средство means.

вспомогать *v.* assist, aid.

вспот/елый *a.* perspiring, perspired; —еть *v.* perspire, sweat.

вспрыг/ивать, —нуть *v.* jump up.

вспрыс/кивание *n.* injection; —кивать, —нуть *v.* inject.

вспузыри(ва)ться *v.* blister.

вспух/ание *n.* swelling, intumescence; —ать, —нуть *v.* swell; —лый, —ший *a.* swollen.

вспуч/енный *a.* swollen, puffed up, etc., *see v.*; —ивание *n.* swelling, etc., *see v.*; (geol.) heave, heaving; upwarp(ing); intumescence; —ивать *v.* swell (up), puff up, bloat, blow up, inflate, distend; —иваться *v.* swell up, bloat, bulge, tumesce; blister; heave, upwarp; —ивающийся *a.* swelling, etc., *see v.*; —ина *f.* blister; swelling; —ить *see* вспучивать.

вспыл/ить *v.* flare up; —ьчивый *a.* hot-tempered, irascible.

вспых/ивание *see* вспышка; —ивать, —нуть *v.* flash, flare up, flame up, blaze up, burst out; scintillate; —ивающий *a.* flashing, etc., *see v.*

вспыш/ечный *a.*, —ка *f.* flash, flare, blaze; ignition, spark, scintillation; outburst, spurt, outbreak; deflagration; (meteor.) burst; fulmination; проба на —ку flash test; сварка —кой flash welding; сгорание со —кою deflagration; температура —ки flash point.

встав/ание *n.* rising, getting up; —ать *v.* get up, stand up, rise.

встав/ить *see* вставлять; —ка *f.* insertion, etc., *see v.*; insertion piece, insert, inset; (elec.) fuse; (compass) point; —кодержатель *m.* fuse holder; —ление *n.* insertion, etc., *see v.*; —ленный *a.* inserted, etc., *see v.*; —лять *v.* insert, put in, install; set (in), fit (into), nest; fix in, encase, embed, inlay; secure, engage (in); introduce; intercalate, interpose; (math.) interpolate; —ной *a.* insert(ed), insertion; intercalary; detachable, loose; plug-in; —ной зуб false tooth; (mech.) bit; —ной-вытяжной *a.* (elec.) push-pull; —очный *a.* inserted, intercalary; insertion (piece).

встанет *fut. 3 sing. of* встать.

встар/ину, —ь *adv.* in the past.

встать *see* вставать.

встраивать *v.* build in, install; incorporate.

встревож/енный *a.* anxious, agitated, upset; —ить *v.* (give the) alarm.

встрепать *v.* ruffle, dishevel.

встретить *see* встречать.

встреч/а *f.* meeting, encounter, contact; rendezvous (in space); —ать *v.* meet, encounter, find; strike (oil); —аться *v.* meet, encounter, come across, come up against, run into; rendezvous; be met, be found, occur, happen; часто —аться *v.* be widely met, be common, be widespread; —ающийся *a.* met, encountered, occurring; found; *m.* one that is met with; —ающийся при encountered when, involved in; —енный *a.* met, etc., *see v.*

встреч/но-параллельный *a.* antiparallel; в.-пересекающийся *a.* collision (course); —ный *a.* counter (flow, etc.); contrary; head (wind); oncoming, head-on (collision); collision (course); —ное излучение (meteor.) back radiation; —у *prep. dat.* counter to.

встро/енный *a.* built in, fixed; —ить *see* встраивать; —йка *f.* building in.

встряска *see* встряхивание.

встряхив/ание *n.* shaking up, etc., *see v.*; vibration; —атель *m.* shaker; agitator; (rad.) scrambler; —ать *v.* shake (up), jar, jolt; vibrate; agitate, stir; —ающий *a.* shaking, etc., *see v.*; jarring (table); jigging (conveyer); vibrating (screen); —ающий формовочный (met.) joltramming.

встряхнуть *see* встряхивать.

вступ/ать *v.* enter, step in; go into, come into, make (contact); —аться, —иться *v.* intercede (for); —**ающий** *a.* entering, incoming; —**ительный** *a.* introductory, admission, ingoing, incoming; entrance (examination); —**ить** *see* **вступать;** —**ление** *n.* entry, entrance; introduction, opening; arrival.

встык *adv.* butt; **приделанный в.** butted; **сваривать в.** *v.* butt-weld; **соединение в.** butt joint.

всунут/ый *a.* put in, inserted; pushed in; —**ь** *see* **всовывать.**

всухую *adv.* dry; **шлифованный в.** dry ground; **шлифовать в.** *v.* dry grind.

всхо/д *m.* ascent, rise; —**ды** *pl.* young growth, sprouts, shoots; seedlings; —**дить** *v.* rise, mount, ascend; (bot.) sprout, germinate; —**дозащитный** *a.* protective-mulch; —**жесть** *f.* germinating capacity, germination; —**жий** *a.* germinating, germinative.

всхолмленный *a.* hilly, hillocky.

всып/ание *n.*, —**ка** *f.* filling, pouring in (dry material); —**анный** *a.* poured in; —**ать** *v.* fill (with), pour in; —**ной** *a.* pouring; bulk; random, haphazard.

всырую *adv.* wet, damp; **формовка в.** (met.) green sand molding.

ВСЭ *abbr.* **(ветеринарносанитарная экспертиза)** veterinary and sanitary inspection.

всю *acc. of* **вся; во в.** fully.

всюду *adv.* everywhere, anywhere.

вся *f. of* **весь;** —**кий** *a. and pron.* any, every, each; anyone, anybody, everyone, everybody; —**чески** *adv.* in every way; —**ческий** *a.* of every kind, every type.

вт *abbr.* **(ватт)** watt.

ВТ *abbr.* **(вращающийся трансформатор)** rotating transformer.

втайне *adv.* secretly, confidentially.

вталкив/ание *n.* pushing in; —**ать** *v.* push in, force in, thrust in; —**аться** *v.* run into, collide (with).

втаптыв/ание *n.* trampling down; —**ать** *v.* trample down, stamp in.

втаскив/ание *n.* dragging in; —**ать** *v.* drag in, pull in, haul in.

втач/ать, —**ивать** *v.* stitch in.

втащить *see* **втаскивать.**

втек/ание *n.* inflow(ing), influx; —**ать** *v.* flow in, run in; —**ающий** *a.* inflowing; influent (stream); —**ающая жидкость** inflow.

втер/еть *see* **втирать;** —**тый** *a.* rubbed in, smeared in.

втеч/ение *see* **втекание;** —**ь** *see* **втекать.**

втир/ание *n.* rubbing in; (med.) rub; —**ать** *v.* rub in, smear in.

втис/к(ив)ать, —**нуть** *v.* squeeze in, press in, force in.

вт/кг *abbr.* **(ватт на килограмм)** watts per kilogram; **вт/м²** *abbr.* **(ватт на квадратный метр)** watts per square meter.

втолкнуть *see* **вталкивать.**

втолков(ыв)ать *v.* make understand.

втолкут *fut. 3 pl. of* **втолочь.**

втолочь *v.* grind in.

втоптать *see* **втаптывать.**

втор— *abbr.* **(вторичный)** secondary; *sec-* (compounds).

вторг/аться *v.* intrude, break in, encroach (upon), invade; intervene; (geol.) irrupt; —**ающийся** *a.* intruding; incoming; (geol.) intrusive, irruptive; —**нувшийся** *a.* intruding; incoming; —**нуться** *see* **вторгаться.**

вторец: **обтачивать в.** *v.* face.

вторжение *n.* intrusion, etc., *see* **вторгаться;** inbreaking, ingression, injection; encroachment; (polar, etc.) outbreak.

вторичн/о *adv.* a second time, again, re—; *prefix* deuter(o)— (secondary); re—; **в. нагревать** *v.* reheat; —**оротые** *pl.* (zool.) Deuterostomata; **в.-эмиттирующий** *a.* secondary-emission; —**ый** *a.* secondary; derived; re—; reiterative; —**ое замерзание** refreezing.

вторн/ик, —**ичный** *a.* Tuesday.

второ— *prefix* second(ary).

втор/ой *a.* second; —**ого порядка** secondary; **во** —**ых** in the second place, secondly, —**оклассный** *a.* second-class, secondary; —**окурсник** *m.* sophomore; —**оочередной** *a.* of secondary importance.

второпях *adv.* hastily, hurriedly.

второ/разрядный, —**сортный** *a.* second-rate, inferior; —**сортная руда** (min.) seconds; —**степенный** *a.* secondary, unimportant, minor, accessory.

втрамбов(ыв)ать *v.* ram in.

в-третьих *introd.* word in the third place, thirdly.

втро/е *adv.* three times, threefold; (fold) in three; **в. больше** three times as much; **в. меньше** one third; —**ем** *adv.* three (together); —**йне** *adv.* threefold.

вт-с, втсек, вт-сек *abbr.* **(ватт-секунда)** watt-second.

втуз *m.,* —**овский** *a.* higher technical school.

втул/ка *f.* (mach.) bush(ing), sleeve, socket, collar, boss; insert, liner, housing; spigot; stopper, plug, bung; (wheel) hub; **в. стакана** bush(ing); **конусная в.** collet; —**очно-роликовый** *a.* sprocket (chain); —**очный** *a. of* **втулка;** socket (wrench); —**очная муфта** box coupling, sleeve coupling.

втупик: **в.** *adv.* dead end; **ставить в.** *v.* perplex, baffle, puzzle.

втч, вт-ч *abbr.* **(ватт-час)** watt-hour; **в т.ч.** *abbr.* **(в том числе)** among them.

вты/кать v. thrust into, stick into, plug in; —чной a. plug-in.
втягив/ание n. drawing in, etc., see v.; suction; —ать v. draw in, pull in, suck in, absorb; retract (wheels); involve; —аться v. be drawn in, take part (in), participate, become involved (in); get used (to), get accustomed (to); —ающий a. drawing in, etc., see v.; pulling (coil); —ающийся a. retractable.
втя/жной a. suction; plunger; pull-in; —нутый a. drawn in, etc., see втягивать; —нуть see втягивать.
ВУ abbr. (вертикальный угол) vertical angle; (верхний уровень) upper level; (выпрямительное устройство) rectifier; (вычислительное устройство) computer; (вязкость условная) conventional viscosity.
вуал/ирование n. (phot.) fogging; (paints) hazing, blooming; —ировать v. fog; haze; veil, mask; —ирующий a. fogging, etc., see v.; —ь f. film, veil; (phot.) fog; (text.) voile.
Вуда сплав Wood's alloy.
вудвардит m. (min.) woodwardite.
Вудруф(ф)а шпонка Woodruff key.
вуз m., —овский a. higher institute of learning.
вулка— prefix Vulca— (in trade names); —лок m. (rubber bonding) Vulcalock.
вулкан m. volcano.
вулканиз/ат m. vulcanized rubber, vulcanizate; ненаполненный в. pure-gum vulcanizate; —атор m. vulcanizer, vulcanizing agent; —ационный a., —ация f., —(ир)ование n. vulcanization; cure; (polymer) cross-linking; замедлитель —ации antiscorch(ing); ускоритель —ации rubber accelerator; —(ир)ованный a. vulcanized, cured; —(ир)овать v. vulcanize, cure; —м m. (geol.) volcanism, volcanicity; —уемость f. rate of cure.
вулканит m. vulcanite (hard rubber).
вулканическ/ий a. volcanic; —ого происхождения volcanic; igneous; —ое стекло (petr.) volcanic glass, obsidian.
вулканогенный a. of volcanic origin.
вулканоид m. mud volcano.
вулканолог/ический a. volcanological; —ия f. volcanology.
вулка/нский a. (geol.) vulcanian (eruption); —нфибра f. vulcanized fiber (leather substitute); —фор m. Vulcafor (rubber accelerator); —цит m. Vulkazit (rubber accelerator).
вулпиновая кислота vulpic acid.
вульгарный a. (biol.) common.
вультекс m. vultex (vulcanized latex).
Вульфа склянка Woulfe bottle.
вульфенит m. (min.) wulfenite.
вульфова see Вульфа.
вурстер m. (Wurster) pulper, shredder.
вуртц/илит m. (min.) wurtzilite; —ит m. wurtzite.
вустит m. wüstite (ferrous oxide-ferrous silicate).
вут m. (reinforced concrete) bracket.
ву(т)ц m. wootz steel.
вуцин m. vuzine, isooctylhydrocupreine.
вход m. (point of) entry, entrance, door(way); entering, admission, access; re-entry; inlet, intake; (comp.) input; на —е inlet (temperature, etc.); input (velocity, etc.); на три —а, с тремя —ами three-input (adder); —ить v. enter, come or go (into), pass in, penetrate; re-enter (atmosphere); fit in, be contained (in); appear, be; become (a habit).
входн/ой a. of вход; re-entrant (angle); input, source (information); в. элемент receiver; —ое отверстие inlet, intake; —ое устройство input unit.
вхо/дящая f. (com.) incoming paper; —дящий a. entering, etc., see входить; incoming; input, source (information); re-entrant (angle); male (thread); —дящие в него its constituent; —ждение n. entering, etc., see входить; (re-) entry.
вхолодную adv. cold; окраска в. cold dyeing.
вхолостую adv. idle, empty, no-load; идя в., работа в., работающий в. (mach.) idling; работать в. v. (run) idle.
В/Ц abbr. (водо-цементное соотношение) water-cement ratio.
вце/дить, —живать v. filter in; pour in; transfuse; —женный a. filtered in.
вцеп/иться, —ляться v. catch hold (of), seize, hook on.
ВЧ abbr. (высокая частота, высокочастотный) high frequency; в.ч. abbr. (весовая часть) part by weight.
вчера adv. yesterday; в. вечером last night; —шний a. yesterday's.
вчерне adv. in the rough, unfinished.
вчер/тить, —чивать v. draw in, sketch in.
вчетверо adv. four times; (fold) in four; в. больше four times as much; в. меньше one fourth; —м adv. four (together).
в-четвертых introd. word in the fourth place, fourthly.
вчистую adv. clean, final, in final form; обрабатывать в. v. finish, dress.
вш/а f. louse; —ей gen. pl. of вошь; —ей(те) imp. of вшить.
вшестеро adv. six times; в. больше six times as much; в. меньше one sixth; —м adv. six (together).
в-шестых introd. word in the sixth place.

вши *pl.* of вошь; true lice (*Anoplura*).
вшивать *v.* sew in, stitch in.
вшив/еть *v.* become louse-infested; —ица *f.* (bot.) lousewort (*Pedicularis*).
вшив/ка *f.* sewing in; —ной *a.* sewn in.
вшив/ость *f.* (med.) pediculosis; —ый *a.* louse-infested; louse.
—вший *a.* suffix (*past act. part. ending*) —ed, —en(ed), —t.
вширь *adv.* in width.
вшит/ый *a.* sewn in; —ь *see* вшивать.
вшпунт *adv.* tongue and groove (joint).
въ— *see* в— *before* е and я.
въедаться *v.* corrode, eat into; get accustomed (to a food).
въедет *fut. 3 sing. of* въехать.
въед/ливый, —чивый *a.* corrosive; penetrating (smell).
въезд *m.,* —ной *a.* drive, approach, avenue; ramp.
въезжать *v.* enter, drive in, move into.
въесться *see* въедаться.
въехать *see* въезжать.
вы *pron. pl.* you.
вы— *prefix* ex—, out of.
выбалансировать *v.* balance (out).
выбег *m.* running out, coasting; (mach.) running down, rundown; stopping distance (of brakes); overshoot, overswing (of pointer); (bot.) shoot, sprout; —гать, —жать *v.* run out.
выбели(ва)ть *v.* bleach, whiten; whitewash.
выберет *fut. 3 sing. of* выбрать.
выбив/альный *a.,* —ание *n.* knocking out, etc., *see v.;* toppling (of gyroscope); —ать *v.* knock out, drive out, force out, eject, strike; shake out, dislodge; beat out, stamp (out), punch; chase, emboss; —аться *v.* be knocked out, etc.; get out, escape; —ка *see* выбивание; (met.) knock-out; —ной *see* выбивальный; knock-out, shake-out; bursting (charge).
выбир/аемый *a.* selective; —ание *n.* selection, etc., *see v.;* —атель *m.* selector; (elec.) selector switch; —ать *v.* select, choose, single out, pick (out), cull; adopt, decide (upon); dig up, take up or out, recover; —аться *v.* be selected, etc.; get out, move.
выбит/ый *a.* knocked out, etc., *see* выбивать; knocked-on (atom; electron); overgrazed (pasture); —ь *see* выбивать.
выбо/ина *f.,* —й *m.* hollow, dent, indentation; rut, pot hole (in road).
выбой/ка *f.,* —чатый *a.* siftings, fines; (text.) printed linen.
выбор *m.* choice, selection; sample, sampling; option; election; без —а at random; возможность —а option; остановить свой в. *v.* fix on, decide on; по —у optional; свобода —а latitude; —ка *f.* selection, excerpt; sorting; (math.; stat.) sample, sampling; (comp.) access; recovery; время —ки access time; —ный *a.* sample; elective, electoral; *m.* delegate; —очный *a.* selective; selected (data); sample, sampling; random, spot (check); in patches; —очного контроля sampling (theory); с —очным ответом multiple-choice (question).
выбраживать *see* выбродить.
выбраков/ать, —ывать *v.* reject, throw out, discard; cull; —ка *f.* rejection.
выбранный *a.* selected, etc., *see* выбирать.
выбрасыв/аемый *a.* ejected, etc., *see v.;* vent (gases); —ание *n.* ejection, etc., *see v.;* knocking out; —атель *m.* ejector, knock-out (rod); extractor; shedder, lift(ing)-out device; pusher; —ать *v.* eject, expel, vent; eliminate, discard, reject, throw out; knock out (atom); project (rays); —аться *v.* be ejected, etc.; jump out; —ающий *a.* ejecting, etc., *see v.;* ejection.
выбрать *see* выбирать.
выбри(ва)ть *v.* shave (thoroughly).
выбродить *v.* finish fermenting.
выброс *m.* ejection; rejection; exhaust, waste; overshoot(ing), overswing, miss; blow-out, blowing; outburst; (commun.) pip; blip (on screen); —ы *pl.* discharge, waste; (lunar) ejecta; газовые —ы waste gases; —ать, —ить *see* выбрасывать; —ка *see* выбрасывание; —ный *a.* of выброс.
выброшенный *a.* ejected, etc., *see* выбрасывать.
выбрыз/г(ив)ать, —нуть *v.* splash out, spatter.
выбур/енный *a.* drilled out; —ивание *n.* drilling out; —и(ва)ть *v.* drill out.
выбы/вать, —ть *v.* leave, quit; —вший *a.* leaving, quitting.
выбьет *fut. 3 sing. of* выбить.
вывал *m.* inrush; —и(ва)ть *v.* throw out, dump (out), tumble out; —и(ва)ться *v.* fall out, tumble out; rush (in or out).
вывар/енный *a.* extracted, etc., *see v.;* —ивание *n.* extraction, boiling out, etc., *see v.;* —и(ва)ть *v.* extract, boil out, decoct; boil down, boil off, evaporate (down); digest, cook; (text.) scour, degum; —ка *f.,* —ной, —очный *a.* extraction, etc., *see v.;* residue; (pharm.) decoction; —очная соль common salt, sodium chloride.
выведать *see* выведывать.
выведен/ие *n.* deduction, etc., *see* выводить; withdrawal, removal; —ный *a.* deduced, etc., *see* выводить.

выведывать v. investigate, explore, find out, reveal.
вывезти see вывозить.
вывел past. m. sing. of вывести.
вывер/енный a. adjusted, etc., see выверять; —ить see выверять; —ка f. adjustment, alignment, trueing, lining up; gaging; control.
вывернут/ый a. unscrewed, etc., see вывертывать; —ь see вывертывать.
выверочн/ый a. straightening, aligning, adjustment; в. винт fine adjustment; —ая доска straightedge.
вывертывать v. unscrew; turn, twist, wrench; turn inside out; —ся v. get out, extricate onself.
вывер/щик m. adjuster; —ять v. adjust, align, true, straighten, line up; correct; verify, test, check; gage, calibrate; set (a watch); —яющийся a. adjustable.
вывес/ить see вывешивать; —ка f. sign; weighing (out).
вывести see выводить.
выветр/елый, —енный a. ventilated, aired; (geol.) weathered, eroded, wind-blown, wind-sculptured, eolian; efflorescent; —еть v. be dried by wind; weather; —ивание n. ventilation; weathering, disintegration, erosion, eolation; seasoning, aging; efflorescence; кора —ивания weathering crust; —и(ва)ть v. ventilate, air; (geol.) weather, erode; season, age; —и(ва)ться v. be ventilated; weather, disintegrate, erode; effloresce; —ившийся see выветренный.
вывешивать v. hang out; weigh (out).
вывин/тить, —чивать v. unscrew, screw out; take out, remove (screw); —ченный a. unscrewed, loosened.
вывих m. (med.) luxation, dislocation; —ивать, —нуть v. dislocate; —нутый a. dislocated.
вывод m. deduction, conclusion, inference, corollary; finding(s), result, consequence; development; outlet, escape; withdrawal, removal; tapping (of electricity); leading out, etc., see выводить; (math.) derivation; (information) output; (elec.) terminal, bushing, leading-out wire, lead(out); делать в. v. conclude, infer; отсюда в., что in conclusion; при —е in deriving; —имый a. deducible, derivable, derived; removable.
вывод/ить v. deduce, conclude, infer; bring out, reveal; lead out, take out, move out; remove, eliminate, eradicate; exterminate; withdraw, tap; (math.) derive; develop, evolve; erect (building); put (into orbit); disturb (equilibrium); draw (a conclusion); throw out (of gear); disengage; raise, grow, breed,

hatch; —ка f. taking out, removal; extermination; breeding, hatching; development (of variety); starting up; heating-up campaign (of furnace); —ковый a. of выводок; (biol.) proliferous.
выводн/ой a. of вывод; (physiol.) excretory; reserve (field); —ая труба outlet pipe; delivery pipe.
выводок m. brood (of birds).
выводящий pr. act. part. of выводить; outgoing, exit; (physiol.) excretory.
вывоз m. export(ation); —ить v. export, remove, take out; haul, transport; —ка f. removal, taking out; delivery, transportation; —ной a. export.
выворачив/ание n. reversing, etc., see v.; —ать v. reverse, turn inside out, invert; sprain, wrench.
вывор/от m. reverse, underside; inversion; —отить see выворачивать; —отный, —оченный a. reversed, inverted.
вывяли(ва)ть v. cure in open air.
выгад/ать, —ывать v. economize, save, spare; gain (time); —ка f., —ывание n. economy, saving; gain.
выгар m., —ки pl. slag, dross, cinder; (volcanic) scoria.
выгиб m. bend, curve, curvature, camber, flexure; warping; —ание n. bending, etc., see v.; —атель m. adjuster; —ать v. bend (out), curve, camber; buckle, warp; —аться v. arch, bulge.
выгла/дить, —живать v. smooth (out); iron, press; —живание n. ironing.
выгля/деть, —дывать, —нуть v. look, appear, seem; look out; discover.
выгнать see выгонять.
выгни(ва)ть v. rot out.
выгнут/ость f. convexity; —ый a. convex, curved (out), camber(ed), arched; —ь see выгибать.
выгов/аривать, —орить v. pronounce, utter; stipulate, specify; reprimand; reserve (for oneself); —ор m. pronunciation; lecture, reprimand, reproof, rebuke, admonition.
выгод/а f. profit, advantage, benefit, gain, interest; —ен sh. m. of выгодный; gained; —нейший a. most advantageous, optimal; —но adv. profitably; it is profitable, it is advantageous; —ность f. economy, advantage(ousness); utility, efficiency; —ный a. profitable, advantageous, remunerative, favorable; useful; economical, efficient.
выгон m. distillation; pasture, pasturage; —ка f. distillation; (hort.) forcing; driving out; —очный a. distillation; forcing; forced (plant); —ять v. drive out, expel, force out; distil; force.
выгораживать v. fence off, screen.

выгор/ание *n.* burning out, etc., *see v.*; burn-out, pitting; burn-off; (nucl.) burn-up; момент —ания burn-out (of fuel); —ать, —еть *v.* burn out, burn down, burn away, die out; fade (of color); —евший, —елый *a.* burned out; faded.
выгородить *see* выгораживать.
выгравир/ованный *a.* carved out; sunken; —овать *v.* carve out, engrave.
выграни(ва)ть *v.* cut (facets).
выгре/б *m.* raking (out); cesspool; (agr.) bin gate; —бание *n.* raking out, scraping out; —бать *v.* rake out, scrape out; —бенный *a.* raked out, scraped out; —бка *f.*, —бной *a.* raking, scraping (out); —бная яма cesspool; —сти *see* выгребать.
выгру/жать, —зить *v.* unload, discharge, dump, empty; release; (av.) deplane; —женный *a.* unloaded, etc., *see v.*; —зка *f.*, —зной, —зочный *a.* unloading, etc., *see v.*; discharge; freight handling.
выгул *m.*, —ьный *a.* pasture, range; enclosure; —иваться, —яться *v.* graze, range.
выдавать *v.* distribute, give out, issue; yield, produce, turn out; grant (patent); pay out (rope); draw (a bill on); в. себя pass for, pretend to be; —ся *v.* protrude, project, jut out, stand out; present itself, occur.
выдав/ить *see* выдавливать; —ка *see* выдавливание; —ленный *a.* extruded, etc., *see v.*; sunken and embossed (character); —ливание *n.* extrusion, squeezing out, etc., *see v.*; —ливать *v.* extrude, squeeze (out), force out, press (out), stamp (out); squirt; spin (on lathe).
выдавшийся *a.* standing out, protruding.
выдаивать *v.* milk dry, strip (a cow).
выдай(те) *imp. of* выдать.
выдалбливать *v.* hollow out, chisel out, groove, slot.
выд/анный *a.* distributed, etc., *see* выдавать; —ать *see* выдавать; —ача *f.* distribution, etc., *see* выдавать; delivery, output, yield; presentation, output (of information).
выдающийся *a.* prominent, outstanding; protruding; projecting; salient (angle).
выдви/г *m.* advance; —гание *see* выдвижение; —гать *v.* advance, promote, put forward, introduce, propose, bring forward, suggest, offer, adduce (an argument); set up, put up, pose, raise (a question); lay down (conditions); thrust out, push out; move out, open (a drawer); —гаться *v.* move out; rise (to success); —женец *m.* promoted worker; —жение *n.* advancing, promotion, etc., *see v.*; advance(ment).
выдвижной *a.* extensible, extension-type, pull-out, draw-out, telescopic; detachable; retractable; sliding (door); slide (gage); в. ящик drawer.
выдвинут/ый *a.* advanced, etc., *see* выдвигать; —ь *see* выдвигать.
выдел/анный *a.* produced, manufactured; (leather) tanned, dressed; —ать *see* выделывать.
выделен/ие *n.* isolation, separation; selection, picking out; detection; formation (of precipitate); settling, precipitation, deposit; evolution, generation, release, liberation (of heat, gas, etc.); emanation, exhalation, emission; escape, loss; (physiol.) secretion, excretion, discharge; (met.) segregation; elimination, extraction; recovery; discrimination; в. осадка precipitation; в. фосфора dephosphorization; момент —ия, состояние —ия nascent state; водород в момент —ия nascent hydrogen.
выдел/енный, —ившийся *a.* separated, etc., *see* выделять; preferred (axis); parting (silver); в. счетчиком counter-defined; —итель *m.* separator, discriminator; (math.) eliminant; —ительный *a.* separating, etc., *see* выделять; (physiol.) secretory (gland); excretory (system); —ить *see* выделять.
выдел/ка *f.*, —ывание *n.* manufacture, production; (leather) tanning, dressing; —ывать *v.* make, manufacture, produce, prepare; tan, dress.
выдел/яемость *f.* separability; precipitability; —яемый *a.* separable; precipitable; separated, etc., *see v.*; separating; —ять *v.* separate (out), isolate; form (a precipitate); settle out, precipitate, deposit; evolve, liberate, give off (gas, heat, etc.); set free, yield, exhale; drive out, drive off, eliminate; lose, detach, release; (physiol.) secrete, discharge, excrete, exude; withdraw, take away, extract; segregate; distinguish, discriminate; detect; select, choose, pick out, single out; —яться *v.* separate out; precipitate out; be given off, be liberated; escape, emanate (from); segregate; stand out; —яющий *a.* separating, etc., *see v.*; secretory; —яющийся *a.* separating out; precipitating; escaping (gas); prominent, outstanding, selective.
выдергивать *v.* pull, draw (out), extract.
выдерж/анность *f.* consistency; self-control; —анный *a.* seasoned, etc., *see v.*; consistent, uniform; self-controlled, self-restrained; ripe, mature; —ать, —ивать *v.* season, age, cure; undergo, endure, suffer, experience, bear, (with)stand, hold out, stand up to; accept, support (a weight); allow to stand, keep, maintain, sustain, hold (at; to); satisfy, pass

(test); (phot.) expose; (met.) soak; run (an edition); не —ать fail; —ивание n. seasoning, etc., see v.; (phot.) exposure; (av.) holding off.

выдержк/а see выдерживание; extract, excerpt, passage; endurance, stamina; firmness, self-control, (self-)restraint; (phot.) exposure, shutter speed; в. времени time lag, time interval; (welding) hold time; в. на температуре (welding) heat time; на —у at random, spot (check); с —ой времени delayed-action; timed; резервуар —и (nucl.) decay tank.

выдер/ки pl. plucking; —нутый a. plucked, pulled; extracted; —нуть see выдергивать.

выдирать v. rip up, rip out, tear out.

выдоить see выдаивать.

выдолб/ить see выдалбливать; —ленный a. hollowed out; slotted.

выдох m. expiration; —лый, —шийся a. evaporated, flat; —нуть v. exhale; —нуться see выдыхаться.

выдра f. (zool.) otter; metal scrap.

выдразнивать v. (met.) tease, pole.

выдрать see выдирать.

выдубить v. tan (leather).

выдув/альщик m. (glass) blower; —ание n. blowing out, blow-off, expulsion, discharge; deflation; eolation, wind erosion; —ать v. blow (out, off); deflate; empty, discharge; —ка see выдувание; —ной a. blow(-out); blow (valve).

выдум/анный a. invented, etc., see v.; —ать, —ывать v. invent, devise, contrive; imagine; —ка f. invention; device.

выдут/ый a. blown (out); deflated; emptied; —ь see выдувать.

выдых see выдох; —ание n. evaporation; (physiol.) expiration, exhalation; —ательный a. expiratory; —ать v. expire, exhale, breathe out; —аться v. expire; evaporate, volatilize; fade (of odor).

выед/ание n. corrosion; —ать v. eat out, corrode, pit; —енный a. eaten out, corroded.

выедет fut. 3 sing. of выехать.

выез/д m. departure; exit; —дить v. break in, train; —дка f. training; —дной a. of выезд; away (from); out-of-town (session); guest (performance); —жать v. leave, depart; —жать на exploit.

выел past m. sing. of выесть.

выем see выемка.

выем/ка f., —очный a. hollow, recess, depression, dent, indentation; notch, gap; groove, furrow, channel(ing); (min.) cutting, excavation, digging; drawing, removal, extraction (of ore); dugout, ditch, gutter; housing; sample; угол —ки (surv.) angle of elevation; —ча-

токрылые моли gelechiid moths; —чатый a. notched, emarginate, sinuate; (bot.) retuse.

выесть see выедать.

выехать see выезжать.

выжари(ва)ть v. roast out.

выжать see выжимать, выжинать.

выжгут fut. 3 pl. of выжечь.

выждать see выжидать.

выжелтить v. color yellow.

выж/ечь see выжигать; —женный a. burned out, etc., see выжигать.

выжив/аемость f. survival; survival rate; —ание n. survival; endurance; —ать v. survive, outlive; drive out.

выжиг see выжигание; yield of calcined product; —ание n. burning out, etc., see v.; —ать v. burn out, burn up; roast (out), calcine, sear, cauterize; brand; (welding) penetrate.

выжид/ание n. waiting; expectation; —ательный a. expectant; —ать v. wait (for); take one's time.

выжим/ание n. squeezing (out), etc., see v.; —ать v. squeeze (out), press (out), force (out); centrifuge; wring (out); strip, extract; —ка see выжимание; spew, overflow; release, removal; fin, flash (from mold); —ки pl. residue, husks.

выжинать v. (agr.) reap clean.

выжить see выживать.

выжмет fut. 3 sing. of выжать.

вызв/ан(ный) a. induced (by), etc., see вызывать; brought about (by), attributable (to), due to, through; в. облучением radiation-induced; —ать see вызывать.

вызвол/ить, —ять v. help, rescue.

вызбор/авливание, —овление n. recovery, convalescence; —авливать, —оветь v. recover, improve, get well, convalesce; —авливающий a. convalescent; —овевший a. recovered.

вызеленить v. color green.

вызимовать v. (agr.) winter.

вызов m. summons; (tel.) call(ing), ring(ing); provocation, challenge.

вызол/ачивать, —отить v. gild; —оченный a. gilt.

вызр/евание n. ripening, etc., see v.; —евать, —еть v. ripen, mature, age; —евший a. ripe(ned), etc., see v.

вызубри(ва)ть v. notch; memorize.

вызыв/аемый a. induced (by), etc., see v.; (tel.) call(ed); —ать v. induce, evoke, cause, produce, bring about, give rise (to), lead (to), result (in), be responsible (for); provoke, attract, arouse (interest); raise (doubts); present (problems); create (complications); excite, generate (current); exert (pressure); set up (vibrations); involve, send (for); summon; (tel.) call (up); —аться v. be brought about (by), be due (to); arise, stem, result (from); volunteer, offer; —ающий a. inducing, etc., see v.; —ной a. (tel.) call(ing).

вызяб/ать, —нуть v. (agr.) freeze.

выи gen., pl., etc., of выя.

выигр/(ыв)ать v. win, gain, profit, benefit; —ыш m. gain, winnings; advantage, payoff; коэффициент —ыша gain factor; функция —ыша payoff function; —ышный a. gain(ed); advantageous.

выиск m., —ивание n. search; —(ив)ать v. hunt (for) search.

выйдет fut. 3 sing. of выйти.

выйный a. (anat.) nuchal.

выйти see выходить.

выказ/ать, —ывать v. show, display, manifest; —ной a. exhibited.

выкали(ва)ть v. calcine (thoroughly).

выкалывать v. prick out, puncture.

выкапчивать v. smoke, cure.

выкапыв/ание n. digging up, etc., see v.; —ать v. dig up, excavate, unearth, exhume; lift (plants).

выкармливать v. fatten; rear, raise.

выкат m. rolling out; —ать, —ить, —ывать v. roll out, wheel out; —ка f., —ывание n. rolling out, wheeling out; (av.) overrun.

выкач/анный a. pumped out; —ать, —ивать v. pump (out), empty, evacuate, exhaust, deflate; —ивание n., —ка f. pumping (out), evacuation.

выкашивать v. (agr.) mow.

выкашл/ивать, —ять v. cough up.

вык/ид m. discharge; —идать, —идывать v. reject, eliminate, throw out, discard; discharge; (med.) miscarry, abort; —идка f., —идывание n. rejection, etc., see v.; —идной a. discharge; delivery (line); —идыш m. miscarriage, abortion; fetus; —инутый a. rejected, etc., see v.; —инуть see выкидывать.

выкип/ать, —еть v. boil away, boil out; —елый a. boiled away —ятить, —ячивать v. boil (out); scald; —яченный a. boiled.

выклад/ка f., —ывание n. laying out, etc., see v.; calculation, computation; делать —ки v. compute; —ывать v. lay out, spread out; line, face.

выклев/ать, —ывать v. peck out.

выклеймить v. mark with a brand.

выклеп/(ыв)ать v. rivet; take out rivets.

выклин/ивание n. thinning out, etc., see v.; —и(ва)ть v. taper; remove wedge; —и(ва)ться v. thin out, pinch out, taper (out), peter out, wedge out, crop out, play out.

выключ/аемый a. switch-controlled; в.

элемент spare cell; —атель m. (elec.) switch, (contact) breaker, circuit breaker, cut-out; releasing device, release; —ать, —ить v. disconnect, disengage, uncouple, release; turn off (current, gas), cut off, cut out, shut off; (elec.) switch off, break (contact); shut down, put out of service; throw out (of gear); —ающий a. disconnecting, etc., see v.; trip(ping); shutdown; shutoff, cutoff; —ая pr. ger. disconnecting, etc., see v.

выключен/ие n. disconnecting, etc., see выключать; release, disengagement; shutoff, cutoff; shutdown; муфта —ия release clutch; положение —ия off position; —ный a. disconnected, etc., see выключать; (elec.) dead; out of gear.

выключ/ить see выключать; —ка строк (information) justification, throw-off.

выков(ыв)ать v. (met.) forge, hammer (out).

выковыр/ивать, —ять v. pick out.

выколачивать v. knock out, drive out.

выколашиваться v. (agr.) form spikes.

выколка f. pricking out, puncturing.

выколоситься see выколашиваться.

выколот/ить see выколачивать; —ка f. knocking out; knock-out (rod); drift, punch.

выколот/ый a. pricked out, punctured; —ь see выкалывать.

выконопа/тить, —чивать v. caulk up.

выкоп/анный a. dug up, excavated, unearthed; —ать see выкапывать.

выкоп/тить see выкапчивать; —ченный a. smoked.

выкорм m., —ка f. fattening; —ить see выкармливать; —ленный a. fattened, raised (on); —ок, —ыш m. fattened animal.

выкорчев/ать, —ывать v. uproot, grub up; clear; —ка f., —ывание n. uprooting, etc., see v.

выко/с m. (agr.) mowing; —ить v. mow; —шенный a. mowed.

выкрадывать v. steal; tap (current, etc.).

выкраивать v. cut out (by pattern).

выкрасить see выкрашивать.

выкрасть see выкрадывать.

выкраш/енный a. painted; dyed; colored, finished (in); —ивание n. painting; dyeing; chipping; —ивать v. paint; dye; color; —иваться v. be painted, etc.; crumble (out or away), break off, chip.

выкрик m., —ивать, —нуть v. shout, yell.

выкристаллизо/ванный a. crystallized (out); —ать(ся), —ывать(ся) v. crystallize (out); —ывание n. crystallization; efflorescence.

выкро/енный a. cut out; —ить see выкраивать; —йка f. pattern.

выкрош/енный *a.* crumbled; —**иться** *v.* crumble (out or away).

выкру/гливать, —**глить** *v.* round off; —**ж(ив)ать,** —**жить** *v.* round, scoop, chamfer; —**жка** *f.* rounding off; fillet, recess, chamfer; cove, concave molding; (propeller shaft) bossing.

выкру/тить, —**чивать** *v.* unscrew, twist out; wring out; centrifuge; —**титься,** —**чиваться** *v.* unscrew; extricate oneself; —**ченный** *a.* unscrewed, etc., *see v.*; —**чивание** *n.* unscrewing, etc., *see v.*

выкует *fut. 3 sing. of* **выковать.**

выкуп *m.* repurchase, redemption.

выкупать, —**ся** *v.* bathe.

выкуп/ать, —**ить** *v.* redeem; buy out; —**ной** *a.* redeemable.

выкури(ва)ть *v.* smoke out, fumigate.

выл *past m. sing. of* **выть.**

вылавливать *v.* catch; trap; recover.

вылаз *m.* (man)hole.

выламывать *v.* break open; break off; —**ся** *v.* break out; chip.

вылащивать *v.* give a glossy finish.

вылегчивать *v.* lighten.

вылеж/ивание *n.,* —**ка** *f.* aging; storing; —**(ив)ать** *v.* lie (for a time); ripen, age; rest (in bed); —**(ив)аться** *v.* age.

вылез/ать, —**ти,** —**ть** *v.* climb out, get out; fall out, come out.

вылей(те) *imp. of* **вылить.**

вылеп/ить, —**лять** *v.* mold, sculpture.

вылет *m.* flying out, departure, escape (of neutrons, etc.); (av.) flight, takeoff; radius, sweep, reach; projection, overhang; gab, hook; arm, boom (of crane); (welding; mach.) throat depth; gap (of lathe bed); **длина** —**а** range; **угол** —**а** angle of departure.

вылет/ать, —**еть** *v.* fly out, escape; take off, depart, leave; —**ающий** *a.* flying out, etc., *see v.*; outgoing.

вылеч/енный *a.* cured; —**ивание** *n.* curing, therapy; —**и(ва)ть** *v.* cure, heal; —**и-(ва)ться** *v.* recover, get well.

вылив/ание *n.* pouring out, *etc., see v.*; —**ать** *v.* pour (out, off), decant; discharge; cast; —**аться** *v.* run out, flow out.

вылин/явший, —**ялый** *a.* faded, washed out; —**ять** *v.* fade (out), lose color.

вылит/ый *a.* poured out, decanted; cast; —**ь** *see* **выливать.**

вылов *m.* catch(ing); —**ить** *see* **вылавливать;** —**ленный** *a.* caught.

вылож/енный *a.* laid out; lined, faced; **в. свинцом** lead-lined; —**ить** *see* **выкладывать.**

вылом *m.,* —**ка** *f.* breaking out; break; quarry; —**ать** *see* **выламывать;** —**ки** *pl.* (met.) cobbings, dross; broken slag.

вылощ/енный *a.* polished, glossy, smooth; —**ить** *see* **вылащивать.**

вылу/дить, —**живать** *v.* tin, tinplate, coat with tin; —**женный** *a.* tinned.

вылуп/иться, —**ляться** *v.* hatch.

вылущ/ение *n.* enucleation; (agr.) husking; —**и(ва)ть** *v.* (med.) enucleate, shell out; shell, husk.

вольет *fut. 3 sing. of* **вылить.**

вымаз(ыв)ать *v.* smear, daub; —**ся** *v.* get dirty.

вымани(ва)ть *v.* coax out; swindle.

вымарать *see* **вымарывать.**

вымаривать *v.* starve out, destroy.

вымарыв/ание *n.* expurgation; —**ать** *v.* soil, smear, dirty; expurgate, strike out, delete.

вымасл/ивать, —**ить** *v.* oil, grease.

вымагывать *v.* wind up, wind out; deplete, drain, exhaust.

вымачив/ание *n.* steeping, etc., *see v.*; —**ать** *v.* steep, soak, macerate, wet; ret (flax).

вымащивать *v.* pave.

вымбовка *f.* (naut.) capstan bar, handspike.

вымел *past m. sing. of* **вымести.**

вымен *m.* exchange, barter; —**енный** *a.* exchanged.

вымени *gen. of* **вымя.**

вымен/ивать, —**ять** *v.* exchange.

вымеобразный *a.* mammatus (cloud).

вымереть *see* **вымирать.**

вымерз/ание *n.* winterkilling; —**ать,** —**нуть** *v.* freeze; —**лый** *a.* frozen, winterkilled.

вымер/ивание *n.* measuring; —**и(ва)ть** *v.* measure (out).

вымерший *a.* extinct.

вымерять *v.* measure out.

вымесить *see* **вымешивать.**

вымести *v.* sweep out.

вымет/аемый, —**енный** *a.* swept out; —**ание** *n.* sweeping out; —**ать** *see* **вымести; выметывать.**

выметить *v.* mark out.

выметыв/ание *n.* throwing out, etc., *see v.*; —**ать** *v.* throw out, cast out; put out (shoots); (bot.) tassel, head; edge, bind.

вымеченный *a.* marked out.

вымеш/анный *a.* thoroughly mixed; —**ать,** —**ивать** *v.* mix thoroughly; knead; —**енный** *a.* kneaded.

выминать *v.* soften (leather, etc.).

вымир/ание *n.* dying off, extinction; —**ать** *v.* die out, become extinct.

вымнет *fut. 3 sing. of* **вымять.**

вымо/ет *fut. 3 sing. of* **вымыть;** —**ина** *f.* gully, washout.

вымок/ать, —**нуть** *v.* get wet; soak, be steeped; (flax) be retted.

вымол *m.* final milling (yielding poor-quality flour); —**ачивание** *n.* thrashing;

вымораживание   выписанный

—ачивать, —отить v. thrash; —от m. thrashing; thrashed-out grain; —отка f. thrashing; —отки pl. chaff, debris.

выморажив/ание n. freezing; —ать v. freeze (out), winterkill.

выморить see вымаривать.

выморож/енный a. frozen, winterkilled; —озить see вымораживать; —озка f. freezing; —озок m. frost-bitten plant.

вымостить see вымащивать.

вымот/анный a. depleted, exhausted; —ать see выматывать.

вымоч/енный a. wetted, steeped, soaked; —ить see вымачивать; —ка f. wetting, soaking; wet rot (of seeds).

вымощенный a. paved.

вымпел m. pennant, marker; (av.) message bag.

вымыв/ание n. washing, etc., see v.; erosion; —ать v. wash (away; out; off); flush, sluice; —ка f. washing out, washout.

вымыл/ивать, —ить v. soap.

вымыс/ел m. invention, fiction; —лить v. invent, contrive, devise.

вымыт/ый a. washed (out); —ь see вымывать.

вымышлять see вымыслить.

вымя n. udder (of cow).

вымять see выминать.

вынашивать v. bear, carry; wear out.

вынес/енный a. taken out, etc., see выносить; remote, outlying; extension; accessible, external (instrument); —ти see выносить.

выним/ание n. removal, withdrawal; —ать v. take out, remove, withdraw, draw out, extract; back out (drill); dig out, excavate.

вынос m. carrying out; export(ation); transferring (of data); entrainment; loss; outlying point; branch office; extension; (geol.) debris cone; (av.) stagger; —ить v. take out, carry out; export; sustain, endure, undergo, tolerate, stand; pass (a resolution); —ка f. removal; marginal note, footnote.

вынослив/ость f. endurance, hardiness, durability, resistance, strength; (radiation) tolerance; предел —ости (met.) endurance limit, fatigue limit; —ый a. durable, hardy; tolerant.

выносн/ой a. of вынос; —ый a. to be carried out; for export; marginal, noted in the margin; divulged, published; —ое слово catchword, entry word.

выно/сящий a. taking out, etc., see выносить; (physiol.) efferent; —шенный a. taken out, etc., see выносить; worn out.

выну/дить, —ждать v. force, compel; —ждающий a. forcing, compelling;

—жденный a. forced, compelled, constrained; induced; быть —жденным v. have to.

вынут/ый a. taken out, etc., see вынимать; —ь see вынимать.

выныр/ивать, —нуть v. come to the surface, emerge.

вынь(те) imp. of вынуть.

вынянчи(ва)ть v. nurse, tend.

вып. abbr. (выпуск) issue.

выпа/вший a. fallen out, precipitated; resulting; —д m., —дание n. falling out, etc., see v.; —дать v. fall out, separate out, precipitate; drop out, get out (of); occur, appear; —дающий a. falling out, etc., see v.; (nucl.) fallout; —дение see выпад; precipitate, deposit; (nucl.) fallout; (med.) prolapse; —дка see выпад.

выпал m. discharge; (min.) blasting; past m. sing. of выпасть; —и(ва)ть v. fire, discharge; singe, scorch.

выпалыв/ание n. weeding; —ать v. weed (out).

выпар/енный a. evaporated, etc., see v.; —ивание n. evaporation, concentration; steaming; —и(ва)тель m. evaporator, concentrator; vaporizer; —ивать, —ить v. evaporate, concentrate; vaporize; steam; —иваться v. evaporate, vaporize; —ительный a. evaporating; —ка see выпаривание; evaporated residue, concentrate; evaporator; —ной, —ный a. evaporating; —ной аппарат evaporator; vaporizer; —ная колонна (refining) stripper.

выпарывать v. rip out.

выпас m., —ной a. pasturing, grazing; pasture; —ти v. pasture.

выпасть see выпадать.

выпах/анный a. plowed up; depleted (soil); —(ив)ать v. plow (up).

выпачкать v. soil, dirty.

выпаш/ет fut. 3 sing. of выпахать; —ка f. plowing.

выпекать v. bake (well); roast out.

выпени(ва)ть v. defroth; —ся v. froth out.

выпер/еть see выпирать; —тый a. pushed out, heaved; bulging.

выпеч/енный a. baked (well); roasted out; —ка f. baking; —ь see выпекать.

выпив/ать v. drink (up); —ка f. (alcoholic) beverage, drink; —ший a. (having) drunk.

выпил/енный a. sawed out; —ивание n. sawing out; —и(ва)ть v. saw out, cut out; —ка f. sawing out; sawed-out piece; —овка f. sawing out.

выпир/ание n. heaving (of plants); —ать v. protrude, bulge out, push out, heave.

выпис/анный a. copied, etc., see v.; —ать,

—ывать v. copy, write out, extract; write (for), order; —ка f. extract, copied passage; —ывание n. copying, etc., see v.
выпить see выпивать.
выпих/ивать, —нуть v. push out.
выпишет fut. 3 sing. of выписать.
выплав/ить see выплавлять; —ка f. smelting; yield (of furnace); —ление n. melting, etc., see v.; fusion; —ленный a. melted, etc., see v.; —ляемый a. meltable; dispensable; melted; —лять v. melt (out), extract; (met.) smelt, found; —ной a. of выплавка; —ок m. smelted ore.
выпла/та f. payment; —тить, —чивать v. pay off, liquidate (debt).
выплев/ать, —ывать v. spit out.
выплес/к m. splash, spatter; литьё с —ком slush casting; —кать, —кивать, —нуть v. splash out, spatter, spill; —кивание n. splash(ing) out, spatter, spill.
выпле/сти, —тать v. plait, braid.
выплод m. breeding (of insects).
выплы/ва/ть v. emerge, float up.
выплюнуть see выплёвывать.
выполаскивать v. rinse out, flush.
выполз/ать, —ти v. creep out, crawl out; —ок m. (zool.) cast-off outer covering.
выполн/ение n. execution, fulfillment, realization, accomplishment, achievement, completion, performance; filling (of cavity); —енный a. fulfilled, etc., see v.; made (to order; from); be (of); (bot.) solid, plump, filled out; —имость f. feasibility, practicability; applicability; —имый a. workable; feasible, practicable; —ить, —ять v. fulfill, carry out, accomplish, perform; achieve, realize; do (work); implement (a program); satisfy (an equation); follow (directions); meet, comply (with conditions); take (measurements); make (to order); fill (an order); discharge (duties); —яющий a. fulfilling, etc., see v.; engaged (in).
выполос/кать, —нуть see выполаскивать.
выполоть see выпалывать.
выпор m. overflow (gate, lip); (foundry) riser, vent, air gate, air hole.
выпор/аживать, —ожнить v. empty, drain.
выпороть see выпарывать.
выпот m. sweat(ing); leaking, exudation, ooze (of boiler); (med.) exudate; (geol.) fumarolic sublimate; —евание n. sweating, etc., see v.; —е(ва)ть v. sweat (out); exude, ooze, bleed; —евающий a. sweating, etc., see v.
выпотрошить v. eviscerate, gut.
выправ/ить, —лять v. correct, set right, straighten, smooth, flatten; direct; get, obtain; —ка f. correction, straightening, smoothing; posture, bearing; —ление n. correcting, etc., see v.
выпрастывать v. empty; work free (of), get out; —ся v. work free (of).
выпрашивать v. solicit, ask (for).
выпр/евать v. sweat out; perish (of plants under snow); boil away; boil enough; —елый a. sweated.
выпрессов/ка f. pressing out, squeezing out; overflow, flash, spew; —ывать v. press out, squeeze out.
выпрет fut. 3 sing. of выпереть.
выпреть see выпревать.
выпров/аживать, —одить v. escort.
выпроки/дывать, —нуть v. dump out.
выпросить see выпрашивать.
выпростать see выпрастывать.
выпрыг/ивать, —нуть v. jump out.
выпрыс/к(ив)ать, —нуть v. spray away.
выпрягать v. unharness.
выпряд/ать, —ывать v. spin (out).
выпрям/итель m. (elec.) rectifier; —ительный a. rectifier, rectifying; —ить, —лять v. straighten (out), unbend; flatten; (elec.) rectify; right (an airplane); —ление n. straightening, rectification; —ленность f. straightness; straightening; —ленный a. straightened; rectified; —ляющий a. straightening; rectifying.
выпрясть see выпрядать.
выпрячь v. unharness.
выпуклина f. convex(ity), bulge.
выпукл/о adv. convexly; в.-компактный a. convex-compact; —овогнутый a. convexo-concave; —ость f. convexity, curvature, camber; prominence, bulge, bulging, protuberance; embossing; —ый a. convex, arched, arching, domed; cambered; buckled, bulging; protuberant, prominent; raised, embossed; —ая работа embossing.
выпуск m. outlet, escape, exhaust; release; discharging, discharge, tap(ping), flushing, emptying, draining, withdrawal; deflation; expulsion; output, productive capacity, delivery; issue, number (of journal); vintage; product; graduating class; первого —а first-generation (rocket); —аемый a. discharged, etc., see v.; dischargeable; output; —ание n. discharging, etc., see v.; —ать v. discharge, drain, run off, run out, let out, empty, deflate, exhaust; flush, draw off, tap; vent, emit; eject, release, set free, liberate; issue, put out, turn out, produce, manufacture; omit, leave out; —ающий a. discharging, etc., see v.
выпускник m. outlet; graduating student, graduate.

выпускн/о́й *a.* exhaust, outlet, discharge; exit; drawing-off (roller); escape, release, safety (valve); imprimatur (date); **в. штуцер** exhaust (of motor); **—ая труба** outlet, exhaust pipe, waste pipe; **—ое отверстие** outlet, discharge hole, vent; tap (hole); **—ые да́нные** (publisher's) imprint.

вы́пустить *see* **выпуска́ть**.

вы́пут(ыв)ать *v.* disentangle, disengage.

выпу́ч/енный *a.* bulging, protruding; **—ивание** *n.*, **—ина** *f.* bulging, bulge, swelling; buckling; **—и(ва)ть** *v.* bulge, swell, protrude.

вы́пущенный *a.* discharged, etc., *see* **выпуска́ть**.

вы́пыт(ыв)ать *v.* question, elicit.

вы́пых/ивать, —нуть *v.* puff out.

вы́пьет *fut. 3 sing. of* **вы́пить**.

выпя́/тить, —чивать *v.* thrust out; emphasize; **—ченный, —чивающийся** *a.* protruding, bulging out; **—чиваться** *v.* protrude, project, overhang; bulge, balloon.

выраба́тыв/аемый *a.* manufactured, etc., *see v.*; **—ание** *n.* manufacturing, etc., *see v.*; **—ать** *v.* manufacture, make, produce; develop, work out, elaborate, improve; map out, draw up (a plan); (elec.) generate; (min.) work; finish, exhaust, deplete.

вы́работ/анный *a.* manufactured, etc., *see* **выраба́тывать**; spent (solution); **—ать** *see* **выраба́тывать**; **—ка** *see* **выраба́тывание**; yield, output; (min.) drift; (air) way, shaft; **но́рма —ки** performance standard.

выравн/е́ние *n.* equating; **—енность** *f.* uniformity; **—енный** *a.* leveled, etc., *see v.*; **—ивание** *n.* leveling, etc., *see v.*; alignment; fit; (geol.) planation; **—иватель** *m.* leveler; equalizer, etc., *see v.*; **—ивать** *v.* level (off), smooth (out), even (out), flatten; straighten, align, match; fit, adjust; balance, equalize, compensate; trim; **—ивающий** *a.* leveling, etc., *see v.*

выраж/а́ть *v.* express, convey; delineate; **—а́ться** *v.* be expressed; manifest itself; **—а́ющийся** *a.* manifested (as); **—а́ясь** *pr. ger.* in terms of; **—е́ние** *n.* expression; term; **в —е́ниях** in terms of, as; **—енный** *a.* expressed; delineated; pronounced, marked, distinct, manifest; **—енный в, —енный через** expressed in, in terms of.

выраз/и́тельный *a.* expressive, significant, indicative; **—ить** *see* **выража́ть**.

выра/ста́ние *n.* growing (up), etc., *see v.*; **—ста́ть, —сти́** *v.* grow (up); germinate; increase; develop; **—сти́ть, —щивать** *v.* raise, rear, breed; grow, cultivate;

incubate; **—щенный** *a.* raised, etc., *see v.*; **—щивание** *n.* raising, etc., *see v.*; growth.

вы́рвать *v.* tear out, jerk out, pull out; **—ся** *v.* escape.

вы́рез *m.* cut(-out), incision, notch; recess; slot; **—ание** *see* **выреза́ние**; cut, excision; **—анный** *a.* cut out, etc., *see v.*; **—ать** *see* **выреза́ть**; **—ка** *f.* cutting out; cut(-out); pattern; clipping; tenderloin (of beef); **—ной** *a.* cut out, incised; carved; **—ывание** *n.* cutting out, etc., *see v.*; **—ывать** *v.* cut out, excise; carve, engrave; eliminate, extirpate.

вы́решить *v.* decide; solve finally.

вырисо́в(ыв)ать *v.* delineate; outline; **—ся** *v.* appear, be visible, stand out.

выровн/ённый *a.* loaded, etc., *see* **выра́внивать**; **—я́ть** *see* **выра́внивать**.

вы́род/ившийся *a.* degenerate(d); **—иться** *see* **вырожда́ться**; **—ок** *m.*, **—очный** *a.* degenerate.

вы́роет *fut. 3 sing. of* **вы́рыть**.

вырожд/а́ться *v.* degenerate, deteriorate; **—енец** *m.*, **—енческий** *a.* degenerate; **—ение** *n.* degeneration, degradation; degeneracy; (math.) confluence; **—енность** *f.* degeneracy; **—енный** *a.* degenerate(d); (math.) confluent, singular.

вы́рон/ить, —ять *v.* let fall, drop, lose.

вы́рос *past m. sing. of* **вы́расти**; **—т** *m.* growth, growing; (bot.) excrescence; **—тковый** *a.* of **вы́росток**; **—тно́й** *a.* breeding; nursery; **—ток** *m.* calf leather or hide; home-bred animal; **—ший** *a.* grown; evolved, developed.

вы́руб *m.* cut, notch; **—а́ние** *n.* cutting (out), etc., *see v.*; **—а́ть, —ить** *v.* cut (out), chop out, fell, clear; chisel, chip off; stamp, punch (out); **—ка** *f.* cutting (out), etc., *see v.*; notch; (met.) blank; exploitation, utilization (of forest); **—ленный** *a.* cut out, etc., *see v.*

вы́рубной *a.* cutting, chopping; **в. пресс, в. штамп** cutting die, stamping machine, punching die, blanking punch.

вы́ругать *v.* scold, reprimand.

вырул/ива́ние *n.* (av.) taxiing (out); **—и(ва)ть** *v.* taxi (out).

выруч/а́ть, —ить *v.* rescue, help, relieve, release; gain, profit, net, clear; recover (expenses); **—ка** *f.* rescue, assistance, aid, support; gain, profit, proceeds, receipts.

выры/в *m.* tear-out, tear sheet; **—ва́ние** *n.* extraction, etc., *see v.*; (nucl.) pickup; **—ва́ть** *v.* extract, draw out, dig (out), excavate, unearth, uncover; pull out, tear out; force out, eject; **—ва́ться** *v.* break loose, escape, get free; **—тый** *a.* dug out; **—ть** *v.* dig out, excavate.

выс. *abbr.* (**высота́**) height, altitude.

высад/ить *see* высаживать; —ка *f.*, —ной *a.* landing, etc., *see* высаживать; (mach.) upset(ting); (agr.) transplant; —ок *m.* steckling, transplant; —очный *see* высадной; —очный пресс, —очная машина upsetter.
высаждение *n.* precipitation.
высаж/енный *a.* landed, etc., *see v.*; (mach.) upset; —ивание *n.* landing, etc., *see v.*; —ивать *v.* land, disembark; push out, knock out; (mach.) upset, head; (chem.) precipitate; (agr.) set out, transplant; —иваться *v.* deboard, disembark, deplane, get off; precipitate, settle out; —ивающий *a.* landing, etc., *see v.*; —ивающийся *a.* deboarding, etc., *see v.*; precipitating.
высалив/ание *n.*, —ающий *a.* salting out; —атель *m.* salting out agent; —ать *v.* salt out.
высасыв/ание *n.* exhaustion, drawing off, etc., *see v.*; —ать *v.* exhaust, suck out, draw out, draw off, evacuate.
высачив/ание *n.* oozing, exudation, seepage, escape; —аться *v.* ooze (out), exude, seep.
высверл/енный *a.* drilled, bored; bore (hole); —ивание *n.* drilling, boring; —и(ва)ть *v.* drill, bore (out).
высве/тить *v.* light up; —тлить *v.* brighten, polish; —чивание *n.* lighting up; scintillation; (nucl.) de-excitation.
высвобо/дить, —ждать *v.* (set) free; disengage, release; let out, liberate, generate; —ждение *n.* setting free, etc., *see v.*; release; detachment; —жденный *a.* set free, released.
высев *m.* seeding; seed; —ать *see* высеивать; —ка *f.* seeding, sowing; —ки *pl.* siftings, screenings, chaff; bran; —ной *a.* seeding; sifting.
высеив/ание *n.* sifting out, etc., *see v.*; —ать *v.* sift out, screen; sow.
высек/аемый *a.* (being) cut; —ание *n.* cutting out, etc., *see v.*; —ать *v.* cut out, excise; hew; carve, sculpture; stamp, punch; strike (a fire).
высел/ить, —ять *v.* eject, evict; —иться, —яться *v.* move (away); —ок *m.* settlement.
высемениться *v.* shed seeds.
высеребрить *v.* silver-plate.
высеч/ение *see* высекание; cut, excision; —енный *a.* cut out, excised, etc., *see* высекать; —ка *see* высекание; cutter; (stamping) blank; (min.) trench; —ь *see* высекать.
высея/нный *a.* sown, sowed; sifted; —ть *see* высеивать.
выси *gen.*, *pl.*, *etc.*, *of* высь.
выси/деть, —живать *v.* wait; hatch.
высини(ва)ть *v.* color or dye blue.

выситься *v.* tower, rise.
выскаблив/ание *n.* scraping out; (med.) abrasion; —ать *v.* scrape out.
высказ/анный *a.* expressed, etc., *see v.*; explicit; —ывание *n.* expression, statement, proposition; opinion, view; —(ыв)ать *v.* express, state, say, tell; suggest, propose, make (proposal); formulate; —(ыв)аться *v.* speak up; express one's opinion; advocate, favor, support.
выскак/ивание *n.* slipping out, etc., *see v.*; —(ив)ать, —нуть *v.* slip out, jump out, emerge; deviate (from).
выскальзыв/ание *n.* slip, slipping out; —ать *v.* slip (out).
выскобл/енный *a.* scraped out; —ить *see* выскабливать.
выскользнуть *see* выскальзывать.
выскочить *see* выскакивать.
выскре/бать, —бывать, —сти *v.* scrape out; —бывание *n.* scraping out.
высл/анный *a.* shipped, sent out; deported; —ать *see* высылать.
高выследить, —живать *v.* trace, track down, search out.
выслу/га *f.* service; за —гу лет for length of service; —жи(ва)ть *v.* serve, work; qualify (for).
выслуш/ать, —ивать *v.* listen; hear (someone) out; (med.) examine, auscultate; —ивание *n.* listening; auscultation.
высмаливать *v.* tar, pitch.
высматривать *v.* look out (for), be on the alert (for).
высмеивать *v.* ridicule, scoff (at).
высмолить *see* высмаливать.
высмотреть *see* высматривать.
высов *m.* protrusion; —ывать *v.* thrust out, push out; —ываться *v.* protrude, show.
высокий *a.* high, tall, elevated; high-temperature (tempering, etc.); rapid (tempo); relief (printing); exacting (needs); pinpoint (accuracy).
высоко *adv. and prefix* high(ly); —активный *a.* highly active; highly radioactive, high-activity, hot; —бойность *f.* (art.) maximum vertical range; —вакуумный *a.* high-vacuum; в.-вероятный *a.* highly probable, high-probability; —водный *a.* high-water, flood (bridge); —вольтный *a.* high-voltage; —вязкий *a.* high-viscosity; —горный *a.* mountainous, Alpine; high-altitude; —горье *n.* high mountains; —градусный *a.* of a high degree; high-grade; highly concentrated; —дисперсный *a.* highly dispersed; —железистый *a.* highly ferrous, high-iron; —зольный *a.* high-ash; —индексный *a.* high-viscosity (oil); —индустриальный *a.* highly industrial; —ин-

тенсивный *a.* high (flux); —ионизированный *a.* highly ionized; —калорийный *a.* high-energy (fuel); —качественный *a.* high-quality, high-grade, fine; high-performance, premium, (top-) quality; high-test (gasoline); rich (ore); high-fidelity; high-definition; —квалифицированный *a.* highly qualified, skilled or trained; —кипящий *a.* high-boiling; —когерентный *a.* highly coherent; —концентрированный *a.* highly concentrated; —кормный *a.* (biol.) eutrophic; —коэрцитивный *a.* high-coercivity; —кремнистый *a.* high-silicon; —кучевые облака (meteor.) altocumulus.

высоко/легированный *a.* high-alloy, high (alloy); —магнитный *a.* highly magnetic; —марганцовистый *a.* high-manganese; —масличный *a.* high-oil(-bearing); —молекулярный *a.* high-molecular; —мощный *a.* high-power, high-capacity; (mach.) heavy-duty; —напорный *a.* high-pressure; high-headwater.

высоко/образованный *a.* highly educated; —огнеупорный *a.* highly refractory; —октановый *a.* high-octane; —омный *a.* (elec.) high-resistance; —оплачиваемый *a.* highly paid.

высоко/плавкий *a.* high-melting; —план *m.* high-wing monoplane; —полимер *m.*, —полимерный *a.* high polymer; —пробный *a.* high-grade, high-standard; high-test (gasoline); sterling (silver); fine; —продуктивный, —производительный *a.* highly productive, highly efficient; high-capacity; high-duty; —проходный *a.* (elec.) high-pass (filter); —процентный *a.* high-percentage, high-grade, rich (ore); —прочный *a.* high-strength; high-impact.

высоко/радиоактивный *a.* highly radioactive, hot; —развитый *a.* highly developed; —расположенный *a.* high; —рентабельный *a.* highly profitable; —рослый *a.* tall (tree).

высоко/сводчатый *a.* high-domed; —сернистый *a.* high-sulfur; —скоростной *a.* high-speed; high-velocity.

высокослоист/ое облако (meteor.) altostratus; —о-кучевое облако high stratocumulus.

высокосортный *a.* high-grade, (high-) quality.

высокоствольн/ик *m.* high forest, seedling forest; —ый *a.* high, full-grown.

высоко/твердый *a.* very hard; very rigid; highly consistent; —температурный *a.* high-temperature; —титанистый *a.* high-titanium; —товарный *a.* highly marketable. .

высоко/точный *a.* (high-)precision; —у...

родистый *a.* high-carbon; —удойная *a.* highly productive (cow); —урожайный *a.* heavy-producing; —фосфористый *a.* high-phosphorus; —хромистый *a.* high-chromium; —частотный *a.* high-frequency; (met.) induction (hardening) —чувствительный *a.* highly sensitive; —широтный *a.* high-latitude.

высоко/эксцентрический *a.* highly eccentric; —эластический *a.* hyperelastic; —эластичность *f.* Mackian elasticity; —энергетический *a.* high-energy; —эффективный *a.* highly efficient.

высол/енный *a.* salted out; —ить *v.* salt out.

высортиров/ать *v.* sort (out), cull; —ка *f.* sorting, culling.

высос/анный *a.* exhausted, etc., *see* высасывать; —ать *see* высасывать.

высот/а *f.* height, altitude, elevation; hill; (pressure head; depth; pitch (of tone); (geol.) throw (of fault); degree (of temperature); reading (of barometer); (floor) line; в. всасывания, в. подачи lift (of pump); в. колонны, эквивалентная одной теоретической тарелке height equivalent to a theoretical plate, НЕТР; на —ах high-level; набирать —у *v.* (av.) climb, gain height.

высот/ка *f.* small height; —ник *m.* steeplejack, construction worker; high-altitude flyer; —но-компенсирующий *a.* pressure (suit); —ность *f.* height, altitude; —ный *a. of* высота; high-altitude; high-level; tall; vertical; upper-air; upper-level; pressure (suit); —ный репер (surv.) bench mark; —ный ход (leveling) vertical control traverse.

высото/любивый *a.* height-loving; —мер *m.* (av.) altimeter, height indicator or finder; height gage; —мер-анероид *m.* aneroid altimeter; —писец *m.* altigraph, altitude recorder.

высох/нуть *see* высыхать; —ший *a.* dry, dried up; shriveled; —шее русло arroyo.

высочайший *a.* highest.

высоч/иться *see* высачиваться; —ка *f.* oozing; (met.) liquation.

выспаться *v.* have enough sleep.

выспе(ва)ть *v.* ripen fully.

выпр/ашивать, —осить *v.* question.

выстав/ить, —лять *v.* put out, set out; expose; display, exhibit, show; advance; —ка *f.* exhibit(ion), display, show; (agr.) fair; —ление *n.* putting out, setting out, exposure; —ленный *a.* put out, etc., *see v.*; —ной *a.* removable (window); —очный *a. of* выставка.

выставать *v.* stand, remain standing; withstand; lose strength, color or flavor; —ся *v.* mature, age.

выст/елить, —илать *v.* pave, floor, cover;

выстир(ыв)ать line; —илка *f.* pavement; flooring; lining; corduroy (road.)
выстир(ыв)ать *v.* wash (out), launder.
выстлать *see* выстилать.
выстоять *see* выстаивать.
выстрагивать *v.* plane.
выстраивать *v.* build, erect, set up; align, line up.
выстрел *m.* shot, discharge, report, detonation; firing; (naut.) lower boom; — и(ва)ть *v.* shoot off, fire; launch (rocket).
выстри/гать, —чь *v.* clip, shear.
выстрогать *see* выстрагивать.
выстро/енный *a.* built, erected; aligned; —ить *see* выстраивать; —йка *f.* building, construction.
выстругать *see* выстрагивать.
высту/дить, —ж(ив)ать *v.* cool.
выстук/ивание *n.* percussion; —(ив)ать *v.* percuss, tap.
выступ *m.* projection, protuberance, protrusion; jut, overhang; (geol.) ledge, shelf, bench, ridge; extension; lug, cog, cam, boss, catch, horn, prong; cusp, point (of crystal); baffle, flange, shoulder, rib; embossing; jetty; сварка —ами projection welding.
выступ/ать *v.* project, protrude, jut (out), extend, overhang; crop out, emerge, appear, show; come or step forward; —ающий *a.* projecting, etc., *see v.*; prominent, outstanding, salient (angle); —ить *see* выступать; —ление *n.* appearance.
высты(ва)ть *v.* (become) cool.
высунут/ый *a.* thrust out, protruding; —ь *see* высовывать.
высуш/енный *a.* dried, etc., *see v.*; вес —енного материала dry weight; —ивание *n.* drying, etc., *see v.*; —ивать *v.* dry (out), desiccate, bake; drain (land); season (lumber); —ивающий *a.* drying, etc., *see v.*; siccative; —ивающее вещество drying agent, desiccant; —ить *see* высушиватв.
высчит(ыв)ать *v.* compute, calculate.
высш/ий *a.* higher, superior, upper; highest, supreme; advanced, more highly developed; в. спирт higher alcohol; —ая степень maximum; —ая точка peak; —ие учебные заведения institutions of higher learning.
высыл/ать *v.* send out, ship; deport; —ка *f.* shipping; deportation.
высып/ание *n.* emptying, pouring out; (med.) eruption, rash; —анный *a.* poured out; —ать *v.* pour out, empty; —аться *v.* run out, spill; sleep enough; —ка *f.* pouring out; (geol.) rock fragments; —ь *f.* (med.) exanthem(a), rash.
высых/ание *n.* drying, desiccation, etc.,

see v.; —ать *v.* dry (up), desiccate; run dry (of stream); fade, wither; —ающий *a.* drying; —ающее масло siccative oil, drier.
высь *f.* height; top, summit, crest.
вытаивать *v.* melt away; thaw out; appear.
выталкив/ание *n.* ejection, etc., *see v.*; —атель *m.* pusher, push rod, ejector, knock-out; lifting-out device; extruder; —ательный *see* выталкивающий; —ательная сила buoyancy; —ать *v.* eject, expel, extrude, push out, force out, knock out; strip; buoy up; —ивающий *a.* ejecting, etc., *see v.*
вытаплив/ание *n.* melting out, etc. *see v.*; —ать *v.* melt out; (met.) smelt out; render (fat); heat (building).
вытаптывать *v.* trample (down).
выташив/ание *n.* pulling out, extraction, withdrawal; —ать *v.* pull out, extract, draw (out), withdraw.
вытач(ив)ать *v.* turn (on lathe); sharpen; bore out, cut (grooves).
вытащить *see* вытаскивать.
вытаять *see* вытаивать.
вытек/ание *n.* flowing out, etc., *see v.*; effluence, efflux, issue, discharge; outlet; —ать *v.* flow out, run out, pour (out), issue, discharge, escape, drain; arise, stem (from), result, follow, issue; be exhausted; —ает отсюда hence, therefore; из этого —ает it follows (that), this implies, this suggests; —ающий *a.* flowing out, etc., *see v.*; effluent (stream); resultant; —ающий поток, —ающая жидкость effluent; —ший *past act. part. of* вытекать; effluent; resultant.
вытеребить *v.* pull out.
вытереть *see* вытирать.
вытерпеть *v.* endure, bear, stand.
вытертый *a.* wiped(off), dried.
вытесать *see* вытесывать.
вытесн/ение *n.* displacement, etc., *see v.*; squeezing out, etc.; drive; —енный *a.* displaced, etc., *see v.*; —ительный *a.* displacing, etc., *see v.*; elution (analysis); pressurized; —ить, —ять *v.* displace, dislodge, supplant, supersede; replace, substitute; squeeze out, extrude; expel, force out, drive out, oust (from), exclude, crowd out; —яющий *a.* displacing, etc., *see v.*
вытесывать *v.* hew, rought-cut.
вытечь *see* вытекать.
вытешет *fut. 3 sing. of* вытесать.
вытирать *v.* wipe (off), dry.
вытисн/ить, —уть, —ять *v.* impress, imprint, stamp.
выткать *v.* weave.
вытолк/анный, —нутый *a.* ejected, etc., *see* выталкивать; —ать, —нуть *see* выталкивать.

вы́топ/ить *see* выта́пливать; —ка *f.* melting out; (met.) smelting; liquation; (fats) rendering; —ки *pl.* residue; (met.) scum, dross; —ленный *a.* melted out; smelted; rendered; heated.
вы́топтать *see* выта́птывать.
вы́точ/енный *a.* turned (on lathe), etc., *see* вытачивать; в. желобо́к recess, groove; —ить *see* выта́чивать; —ка *f.* turning; recess, groove, neck; journal; (gasket) seat.
вы́трав/ить *see* вытра́вливать; —ка *f.*, —ле́ние, —ливание *n.* corrosion, pitting, etc., *see v.*; (dyeing) discharge; (med.) induced abortion; —ленный *a.* corroded, etc., *see v.*; —ливать, —лять *v.* corrode, erode, pit; (met.) etch, pickle; (dyeing) discharge; —ляющий *a.* corroding, etc., *see v.*; corrosive; —ляющее сре́дство corrosive; —ной *a. of* вытравле́ние; discharge (printing).
вы́трамбовать *v.* ram (down).
вы́требовать *v.* send for, summon; demand (and obtain).
вытрезви́тель *m.* treatment center for alcoholics.
вытрезв/и́ть, —ля́ть *v.* sober up.
вы́трепать *v.* (agr.) scutch, swingle.
вытр/уси́ть, —яса́ть, —ясти́ *v.* shake out; —у́шенный *a.* shaken out; —ях(ив)а́ть, —я́хнуть *v.* shake out; dump out; drop.
вытыка́ть *v.* weave.
выть *v.* howl; —е *n.* howling.
вытя́гив/ание *n.* drawing, etc., *see v.*; extension, etc.; —а́ть *v.* draw (wire), stretch (out), extend, pull out; elongate, lengthen, prolong; draw out, draw off, extract, remove; exhaust (air); —а́ться be drawn; stretch out, extend; —а́ющий *a.* drawing, etc., *see v.*; —а́ющийся *a.* stretching out.
вытя́/жение *see* вытя́гивание; (med.) traction; —жка *see* вытя́гивание; stretch(ing); (tires) stretch ratio; extract; (pharm.) tincture, infusion; flue; air vent; (rolling) reduction; (text.) draft; стан повто́рной —жки stretch reducing mill; —жно́й *a.* drawing, exhaust (fan, hood, etc.); air (vent); vacuum (pump); suction, induced (draft); rip (cord of parachute); —жные кали́бры tension roll passes; —нутый *a.* drawn, etc., *see* вытя́гивать; prolate, oblong; —ну́ть *see* вытя́гивать.
вы́учи(ва)ть *v.* teach, train; learn; —ся *v.* be trained; learn.
выха́жив/ание *n.* raising; care; dwelling (of internal grinder); —ать *v.* raise, rear; tend, care for, nurse.
выха́рк(ив)ать *v.* expectorate.
вы́хват/ить, —ывать *v.* snatch out, snatch away; —ывание *n.* snatching.

вы́хлоп *m.* exhaust, discharge, expulsion.
выхлопа́тывать *see* вы́хлопотать.
выхлопн/о́й *a.* exhaust, escape, waste; —ы́е га́зы exhaust; в. горшо́к muffler; в. пар exhaust steam; в. шту́цер exhaust (of motor); —о́е отве́рстие exhaust, outlet, exit.
выхлопота́ть *v.* obtain, procure, get.
вы́ход *m.* yield, output; (agr.) harvest; outlet, vent, egress, exit; (fire) escape; outflow, discharge, seepage; emergence; (geol.) outcrop, exposure; outcome, result; (quantum) efficiency; (extravehicular) excursion; issue (of journal); publication (of book); в. 90% тео́рии the yield is 90% of the theoretical; в. на yield of; в. по yield (on the basis) of; в. по току (electrochem.) current efficiency; yield as a function of current; в. смеше́ния mixing efficiency; в. цве́та (chromatography) color value; вре́мя —а retention time; на —е (at the) output, outlet, exit; на —и́з as they leave; до́за на —е (radiation) exit dose; рабо́та —а work function (of electrons); у́гол —а angle of emergence.
выходи́ть *v.* go out, come out, pass out; get out, escape, emanate, issue, leave; walk (in space); fall (into disuse; outside); (geol.) crop out, emerge; overflow; yield; appear, be published, be issued; front, face; go (into orbit); run out, be up (of time); put out (to sea); *see also* выха́живать.
выходн/о́й *a. of* вы́ход; outgoing; outside; output, target (information); front, (page); imprint, publication (date); withdrawal (roller); (chromatography) elution (curve); в. день day off; в. слой (geol.) outcrop(ping); в. элеме́нт transmitter; —а́я величина́ output; —о́е отве́рстие outlet, vent; —о́е устро́йство output unit; —ы́е да́нные (publisher's) imprint.
выхо́/дящий *a.* going out, etc., *see* выходи́ть; outgoing; outcropping; output, target (information); в. за beyond; —жде́ние *n.* going out, etc., *see* выходи́ть; outcrop, emergence.
выхол/а́живание *n.* cooling; —а́живать, —оди́ть *v.* cool thoroughly, chill.
выхол/а́щивать, —ости́ть *v.* geld, castrate; —о́щенный *a.* castrated.
вы́хухоль *f.*, —ный *a.* (zool.) muskrat.
вы́цве/сти, —та́ть *v.* fade, lose color, bleach, discolor; effloresce, bloom; (bot.) finish blooming; —та́ние *n.* fading, etc., *see v.*; discoloration; efflorescence; —тший *a.* faded, etc., *see v.*; —ты *pl.* efflorescence.

вы́це/дить, —жива́ть v. filter (out); decant, pour off; —женный a. filtered (out); decanted.

вычека́н/енный a. coined, chased; —и(ва)ть v. coin, chase, emboss.

вы́чел past m. sing. of вы́честь.

вы́черк/ивание n. deletion, etc., see v.; —ивать, —нуть v. delete, eliminate, obliterate, cross out, strike out, erase; cancel (out); —нутый a. deleted, etc., see v.

вычерни(ва)ть v. blacken, black out.

вы́черп/анный a. dipped out, etc., see v.; —ать, —нуть, —ывать v. dip out, scoop out, bail out, dredge; exhaust; —ывание n. dipping out, etc., see v.

вы́чер/тить see вычерчивать; —ченный a. drawn, etc., see v.; —чиваемый a. plotted (function); —чивание n. drawing, etc., see v.; layout; map; —чивать v. draw, trace; plot, lay out, map out; design.

вычес/ать v. comb (out); —ка f. combing out; —ки pl. refuse, combings.

вы́честь v. deduct, subtract.

вычёсывать see вычесать.

вы́чет m. deduction; (math.) residue, remainder; за —ом with the deduction (of), less, minus; тео́рия —ов residue theory; —ный a. deducted; residual; —ший a. deducted.

вычисл/е́ние n. computing, etc., see v.; estimate, rating; —енный a. computed, etc., see v.; —енная сто́имость estimate; —енное значе́ние (comp.) entry; —и́мый a. computable; —и́тель m. computer; calculator; —и́тельный a. computing, etc., see v.; —и́тельная матема́тика calculus; —и́тельная маши́на, —и́тельное устро́йство computer; с помо́щью —и́тельных устро́йств computerized; —и́ть see вычисля́ть; —я́емый a. denumerable, countable; —я́ть v. compute, calculate; figure, reckon; estimate; evaluate.

вычи́стить see вычища́ть.

вычит/а́емое n. (math.) subtrahend; —а́емый a. deductible; —а́ние n. deduction; subtraction.

вычи́танный a. (proof)read.

вычита́т/ель m. (comp.) subtracter; —ь v. subtract, deduct.

вычит/а́ть, —ывать v. (proof)read; find (in books); —ка f. (proof)reading; manuscript proof; —чик m. proofreader.

вычищ/а́ть v. clean (out), scrape out; —енный a. cleaned (out).

вы́ч/ли past pl. of вы́честь; —тенный a. deducted, subtracted; —тя pr. ger. deducting.

выша́г(ив)ать v. pace out.

вышвы́р/ивать, —нуть v. throw out.

вы́ше comp. of высо́кий, высоко́, higher, taller; above; upwards (of), in excess (of), over, beyond; и в. and up.

вы́ше— prefix above-, (a)fore-; super-, over—; higher—.

вы́шедший past act. part. of вы́йти.

вы́ше/дока́занный a. proved above; —изло́женный a. foregoing, set forth above.

вы́шек gen. pl. of вы́шка.

вышекипя́щий a. higher-boiling.

вы́шел past m. sing. of вы́йти.

вышележа́щий a. superincumbent, superposed, overlying, superjacent.

вышелуши(ва)ть v. shell, husk.

вы́ше/на́званный a. above-named, aforesaid; —озна́ченный a. above-mentioned, aforesaid; —опи́санный a. described above; —поимено́ванный a. above-named; —приведённый a. above (-mentioned), foregoing; —сде́ланный a. made above; —ска́занный a. aforesaid; —стоя́щий a. higher; —ука́занный a. above (-mentioned), noted above; —упомя́нутый a. above-mentioned, referred to above.

вы́шиб m., —а́ние n., —ка f. knocking out, breaking out; —а́ть, —ить v. knock out, break out, drive out; —но́й a. ejection (charge).

вы́шив/а́льный a. embroidery; —а́ть v. embroider; —ка f. embroidery.

вышин/а́ f. height; —о́й в in height.

вы́шка f. tower; (oil well) derrick, rig; (mech.) pulpit.

вы́шла past f. sing. of вы́йти.

вы́шлет fut. 3 sing. of вы́слать.

вы́шли past pl. of вы́йти.

вышлифо́в(ыв)ать v. grind, polish.

вы́шло past n. sing. of вы́йти.

вышпари(ва)ть v. scald.

выштампо́в(ыв)ать v. stamp out.

выштукату́ри(ва)ть v. plaster.

выще́л/ачиваемость f. leachability; —а́чиваемый a. leachable; —а́чивание n. leaching, lixiviation; —а́чивать, —о́чить v. leach (out), lixiviate, extract; (text.) steep; —о́ченный a. leached, etc., see v.

вы́щип/нуть, —(ыв)ать v. pick, pluck.

вы́щуп/ать, —ывать v. feel, probe; —ывание n. feeling, probing.

вы́я f. (anat.) nucha.

выяв/и́тель m. detector; —и́ть see выявля́ть; —ле́ние n. exposure, revealing, etc., see v.; appearance; —ленный a. exposed, etc., see v.; —ля́ть v. expose, reveal, show up, bring out, make manifest; find out, establish; detect, identify, recognize; trouble-shoot.

выясн/е́ние n. clarification, etc., see v.; —енный a. clarified, etc., see v.; —ено что it has been found that, it appears

that; —ить, —ять v. clarify, clear (up), explain, elucidate; look into, examine, investigate; find out, learn, ascertain, determine; остается (еще) —ить it remains to be seen; —яться v. turn out, develop.
вьет pr. 3 sing. of вить.
вьетнамский a. Vietnam.
вью/га f., —жный a. snowstorm; —жить v. storm, rage.
вьюк m. pack, load, burden.
вьюн m. (ichth.) loach, groundling.
вьюн/ковый a., —ок m. bindweed (Convolvulus); —ообразный a. curling, twisted.
вьюрок m. reel.
вьют pr. 3 pl. of вить.
вьюч/ить v., —ный a. pack, load.
вьюшка f. damper; reel, cable drum.
вьющ/ий pr. act. part. of вить; —нйся a. winding, twisting, coiling; (bot.) climbing, creeping, trailing; —ееся растение vine.
ВЭЗ abbr. [(метод) вертикального электрического зондирования] vertical electrical sounding.
ВЭС abbr. (ветроэлектростанция) wind power plant.
ВЭТТ abbr. (высота, эквивалентная теоретической тарелке) height equivalent of a theoretical plate, Н.Е.Т.Р.
вюрм m., —ское отделение (geol.) Würm.
вюртцит m. (min.) wurtzite.
Вюрца колба Würtz flask.
вюстит m. (min.) wüstite.
вяжет pr. 3 sing. of вязать.
вяжущ/ий a. binding; astringent, tart; в. материал, —ее вещество binder, astringent; matrix.
вяз m. elm(tree); past m. sing. of вязнуть.
вяз/альный a. binding; (text.) knitting; —альщик m. binder; knitter; —ание, —анье n. binding, etc., see v.; —анка f. bundle, bunch, sheaf; knit garment; —ан(н)ый a. bound, tied; knit(ted); —ать v. bound, bind, tie, join; knit, crochet; be astringent; —аться v. be compatible, tally (with).
вязель m. (bot.) Coronilla.
вязига f. dried spinal cord of sturgeon.
вязка f. binding, tying, joining; joint; binder; bundle; sh. f. of вязкий; в. бревен framework.
вязк/ий a. viscous, sticky; viscid; (met.) tough, tenacious, tensile, ductile, malleable; —ость f. viscosity; stickiness, adhesiveness; strength, toughness, tenacity, ductility; —отекучий a. viscous-flow, plastic; —оупругий a. viscoelastic; —оупругость f. viscoelasticity.
вязнуть v. stick, sink (in), get stuck.
вязовый a. elm (tree).
вязок gen. pl. of вязка; sh. m. of вязкий.
вязочный a. binding, tying.
вязче comp. of вязкий.
вял sh. m. of вялый; past m. sing. of вянуть.
вял/ение n. sun-curing; jerking (of meat); —ен(н)ый a. dried, cured; jerked; —ить v. sun-cure, dry-cure; jerk.
вял/ость f. flabbiness; —ый a. flabby, flaccid, limp, slack; sluggish, dull.
вянуть v. wither, wilt, droop; fade.

Г

г abbr. (грамм) gram; (гекто—) hecto—; (градус) degree; г. abbr. (год) year; (гора) mountain; (город) city; Г abbr. [грамм (сила)] gram (force); (гига—) giga—, 10^9.
га abbr. (гектар) hectare.
гаагский a. Hague.
габардин m., —овый a. (text.) gabardine.
габарит m. clearance; (overall) size, dimension(s); (mach.) profile, bulk; —ный a. clearance; overall; standard-size; outline; —ный контур outline.
габбро n. (petr.) gabbro; —видный, —подобный a. gabbroid; —вый a. gabbro(ic); —норит m. gabbronorite.
Габера процесс Haber process.
габион m., —ный a. (hydr.) gabion.
габит/ус m. (biol.) habitat; —ус m. habitus, habit, appearance.
габронематоз m. (vet.) habronemiasis.
гавайский a. Hawaiian.
гаванский a. Havana.
гаван/ский a., —ь f. port, harbor.
гаверсинус m. (math.) haversine.
гаверсов канал (anat.) Haversian canal.
Гавр Le Havre.
гагат m., —овый a. (min.) jet; —оподобный a. jet-like.
гагачий пух eiderdown.
гад m. (zool.) reptile.
гад/ание n. guesswork; —ательный a. hypothetical, conjectural, doubtful; —ать v. guess, conjecture, surmise.
гад/ить v. soil; spoil; damage; —кий a. dirty, foul; disgusting, bad, nasty.
Гадлея принцип (meteor.) Hadley's principle.
гадолеиновый a. gadoleic (acid).
гадолин/ий m., —овый a. gadolinium, Gd; —окись —ия gadolinium oxide; —ит m. (min.) gadolinite; —овая земля gadolinia, gadolinium oxide.
Гадфильда процесс Hadfield process.
гадю/ка f., —чий a. (zool.) adder, viper; —чий лук (bot.) Muscari.

гаек *gen. pl. of* **гайка**.
гаечн/ый *a.* nut; female, inside (thread); **г. барашек** wing nut; **г. замок** lock nut; **г. ключ** wrench.
гажение *n.* outgassing, gas removal.
газ *m.* gas; gauze (material); **сбавить г.** *v.* (mach.) throttle down; **—ация** *f.* gassing; **—гольдер** *m.* gas holder, gas tank; **—ер** *see* **газовик**.
газет/а *f.*, **—ный** *a.* newspaper, journal.
газиатор *m.* gas heater, gas stove.
газиров/ание *n.* gassing, etc., *see v.*; **—анный** *a.* gassed, etc., *see v.*; **—ать** *v.* gas(ify), aerate, bubble (up; through); carbonate (beverages).
газифи/катор *m.* gasifier; gasification technologist; **—кация** *f.* gasification; **—цировать** *v.* gasify.
газлифт *m.* gas lift, air lift.
газ-носитель *m.* carrier gas.
газо— *prefix* gas; gas-driven; **—анализатор** *m.* gas analyzer.
газобаллон *m.* gas cylinder; **—ный** *a.* gas cylinder; bottle-gas driven (vehicle); (gas-)pressurized (rocket).
газо/бензин *m.*, **—бензиновый** *a.* natural gasoline; **—бетон** *m.*, **—бетонный** *a.* gas concrete, porous concrete, foam concrete; **—вать** *v.* gas; accelerate (an engine); **—взвесь** *f.* suspension of matter in gas; **—видный** *a.* gaseous, gasiform; **—вик** *m.* gas producer; gas worker; **—воз** *m.* gas-driven locomotive; gas carrier (ship); **—воздуходувка** *f.* gas-engine blower; **—вщик** *m.* gas works employee; **—выделение** *n.* evolution of gas; gassing; **мощность —выделения** emanating power.
газов/ый *a.* gas(eous); natural (gasoline); *see also under* **газо—**; gauze; **г. завод** gas works; **г. фактор** gas-oil ratio, GOR; **—ая вода** (coal) gas liquor; **—ая колонка** (geol.) geyser; **—ая постоянная** gas constant; **—ая пробка** vapor lock; **—ая сажа** gas black, carbon black; **—ая съемка** (petrol.) gas survey; **—ая ткань** wire gauze; **—ые сети** gas-distributing system.
газоген *m.* gasogen.
газогенератор *m.* gas generator, (gas) producer; **—ный** *a.* gas-producing; producer-gas (engine); gas (works).
газо/гипс *m.* porous plaster; **—динамика** *f.* gas dynamics; **—дисперсный** *a.* gas-dispersion; **—диффузионный** *a.* gas-diffusion; **—добывание** *n.* gas production; **—дувка** *f.* gas blower; **—ем** *m.* gas holder; **—испытатель** *m.* gas tester.
газойль *m.* gas oil.
газо/калильный *a.* incandescent; **—камера** *f.* (vet.) gas-treatment building; **—каротажный** *a.* gas logging; **—керновый** *a.* core-gas (surveying); **—кислородный** *a.* gas, oxyacetylene (welding); **—конденсатный** *a.* condensed gas (deposit); gas-condensate (well).
газолин *m.*, **—овый** *a.* gas(oline).
газомер *m.*, **—итель** *m.* gas meter; gasometer, gas holder, gas tank.
газомет *m.* gas ejector.
газометр *see* **газомер**; **—ический** *a.* gasometric; **—ия** *f.* gasometry.
газомото/воз *m.* gas-driven locomotive; **—р** *m.* gas engine.
газон *m.* lawn, grass (plot).
газо/наполненный *a.* gas-filled; **—наполнительный** *a.* gas-filling; **—насыщение** *n.* saturation with gas; **—непроницаемость** *f.* gas impermeability; **—непроницаемый** *a.* gastight, gasproof.
газонный *a. of* **газон**.
газонокосилка *f.* lawn mower.
газонос/ность *f.* presence of gas; **—ый** *a.* gas-bearing, gas(eous).
газообмен *m.* (biochem.) gas(eous) exchange.
газообразн/ость *f.* gaseousness; **—ый** *a.* gaseous, gasiform; vapor (phase); **—ое тело** gas; **—ое топливо** fuel gas.
газообраз/ование *n.* gasification, gas formation, evolution of gas; volatilization; **—ователь** *m.* gas producer, gas generator, gasifier; blowing agent, foaming agent; **—ующий** *a.* gas-forming, gas-making.
газоосвещение *n.* gas lighting.
газоотвод *m.* gas bleeder, offtake, gas uptake; gas vent, gas outlet; **—ный** *a.* bleeding, offtake; vent; exhaust (pipe); gas (flue); **—ящий** *a.* (gas-)outlet, (gas-)exhaust.
газоотдел/ение *n.* evolution of gas; gas separation; gassing; **—итель** *m.* gas separator, gas trap.
газо/отравленный *a.* gassed, poisoned by gas; **—отражатель** *m.* (rockets) blast deflector; **—отсасывающий** *a.* gas-suction, exhaust; **—охладитель** *m.* gas condenser, gas cooler.
газоочист/итель *m.* gas purifier, scrubber; **—ительный**, **—ный** *a.* gas-purifying; **—ка** *f.* gas purification, scrubbing.
газо/пламенный *a.* gas-flame; (met.) flame (spraying); **—плотный** *a.* gas-tight, gasproof.
газопогло/титель *m.* gas absorber, getter; **—щение** *n.* gettering, getter action.
газо/подводящий *a.* gas-intake, gas-feed (pipe); **—полный** *a.* gas-filled; **—прессовый** *a.* pressure-gas, oxyacetylene-pressure (welding); **—привод** *m.* gas inlet, gas feed; **—приемник** *m.* gas collector; **—приемный** *a.* gas-collecting, gas-receiving.

газопровод *m.* gas (pipe)line, main or conduit; —**ный** *a.* gas-main, gas (line); —**чик** *m.* gas fitter.

газо/производитель *m.* gas producer; —**п-ромыватель** *m.* scrubber; gas-washing bottle; —**промывной** *a.* scrubbing, gas-washing; —**проницаемость** *f.* gas permeability; —**проницаемый** *a.* gas-permeable; —**пылевой** *a.* gaseous dust (cloud); —**разрядный** *a.* gas-discharge, glow-discharge; fluorescent (lamp).

газораспредел/ение *n.* gas distribution; valve timing, —**итель** *m.* gas distributer, gas header; —**ительный** *a.* gas-distributing.

газорез/ательный *a.*, —**ка** *f.* cutting (with oxyacetylene torch); —**чик** *m.* cutter.

газосборн/ик *m.* gas collector; —**ый** *a.* gas-collecting.

газосвар/ка *f.*, —**очный** *a.* gas welding, oxyacetylene welding; —**щик** *m.* gas welder.

газо/светный *a.* gas-discharge; fluorescent (lamp); —**свещение** *n.* gas lighting; —**сепаратор** *m.* gas separator; —**сжигательный** *a.* gas-burning; —**снабжение** *n.* gas supply; —**сос** *m.* exhauster; —**стойкий** *a.* gasproof, gas-resistant; —**сушитель** *m.* gas drier; —**техника** *f.*, —**технический** *a.* gas engineering, gas technology; —**трон** *m.* (electron.) gas-filled tube rectifier; —**трубный** *a.* gas-tube (boiler).

газотурб/ина *f.*, —**инный** *a.*, —**о**— *prefix* gas turbine; —**овоз** *m.* gas-turbine locomotive; —**огенератор** *m.* gas-turbine (driven) generator; —**окомпрессор** *m.* centrifugal gas compressor; —**оход** *m.* gas-turbine (powered) ship.

газо/убежище *n.* (mil.) gasproof shelter; —**удерживающий** *a.* gas-retaining; —**улавливание** *n.* gas trapping; —**уловитель** *m.* gas trap, gas collector; —**упорный** *a.* gasproof; —**фикация** *see* газификация; —**ход** *m.* gas conduit; gas-powered ship; —**хранилище** *n.* gas holder, gas storage tank; —**хромирование** *n.* diffusion chromizing; —**чиститель** gas purifier, scrubber; —**электрический** *a.* gas-arc (welding).

газящий *a.* gassing.
Гаити Haiti.
гай *m.* small grove or thicket.
Гайда процесс (min.) Hyde process.
гайденит *m.* (min.) haydenite.
гайдингерит *m.* (min.) haidingerite.
гайдроп *m.* guide rope.
гайит *m.* (min.) gajite.
гайк/а *f.* nut, female screw; **г.-барашек, барашковая г.** wing nut; —**оверт** *m.* impact wrench; (power) driver; —**онарезной, —орезный** *a.* nut-tapping.

гаймор/ит *m.* (med.) highmoritis; —**ова полость** (anat.) antrum of Highmore.
гайот *m.* (ocean.) guyot.
гайпер— *see under* гипер—.
гак *m.* hook; —**блок** *m.* hook and tackle.
гакманит *m.* (min.) hackmanite.
гал *m.* gal [unit of linear acceleration (1 cm/sec^2)].
галаадский бальзам balm of Gilead.
галазон *m.* halazone.
галакт— *see* галакто—.
галакт/аза *f.* galactase; —**ан** *m.* galactan, gelose; —**ика** *f.* (astr.) Galaxy; —**ин** *m.* galactin; —**ит** *m.* (min.) galactite; (chem.) dulcitol; —**ический** *a.* (astr.) galactic.
галакто— *prefix* galacto— (milk; galactose); —**з** *m.* galactosis, milk-fermentation; —**за** *f.* galactose, pentahydroxyhexanol; —**замин** *m.* galactosamine; —**зид** *m.* galactoside, cerebroside; —**метр** *m.* galactometer; —**новая кислота** galactonic acid, pentahydroxyhexoic acid.
галактуроновый *a.* galacturonic (acid).
гал/алит *m.* galalith (plastic); —**ангин** *m.* galangin; —**анговый** *a.* galanga (root); —**антамин** *m.* galanthamine; —**бан** *m.* galbanum (gum resin); —**егин** *m.* galegine, isoamyleneguanidine.
галек *gen. pl. of* галька.
гален/ит *m.* (min.) galena, galenite, lead glance; —**обисмутит** *m.* (min.) galeno-bismutite; —**овы препараты** (pharm.) galenics; —**овый** *a.* (min.) galena; —**оид** *m.* galenoid.
галер/ея *f.*, —**ный** *a.* gallery; tunnel; culvert.
галет/а *f.* ship biscuit; press cake; disc coil; —**ный** *a. of* галета; disk (charge of rocket propellant).
галечн/ик *m.* shingle, pebble; coarse gravel; pebble bed; —**иковый** *a. of* галечник; nodular (ore); —**ый** *a.* pebbly, pebbled; pebble (mill).
гали *gen., pl., etc., of* галь.
галид *m.* halide.
галил *m.* galyl.
галилеев *a.* Galilean.
галип/ен *m.* galipene; —**идин** *m.* galipidine; —**ин** *m.* galipine; —**ол** *m.* galipol; —**от** *m.* galipot (resin).
галит *m.* (min.) halite, rock salt.
галл *m.* (phyt.) gall.
галл/ал *m.* gallal, aluminum gallate; —**аминовая кислота** gallamic acid; —**анилид** *m.*, —**анол** *m.* gallanilide, gallanol; —**ат** *m.*2 gallate; —**ацетофенон** *m.* gallacetophenone; —**еин** *m.* gallein, pyrogallolphthalein.
галлерея *see* галерея.
галлерит *m.* (min.) hallerite.

галли— *prefix* galli-, gallic.
галлиевая соль gallium salt, gallic salt.
галлизировать *v.* (wine) gallize.
галл/ий *m.* gallium, Ga; **закись —ия** gallous oxide, gallium monoxide; **окись —ия** gallic oxide, gallium trioxide; **хлористый г.** gallous chloride, gallium dichloride; **хлорный г.** gallium chloride, spec. gallic chloride.
галлит *m.* (min.) hallite.
галлицин *m.* gallicin, methyl gallate.
галлицы *pl.* gall gnats (*Cecidomyiidae*).
галло— *prefix* gallo—, gallous; (phyt.) gall; **—бромол** *m.* gallobromol, dibromogallic acid.
галловеевский котел Galloway boiler.
галлово/железная соль ferric gallate; **—кальциевая соль** calcium gallate; **—кислый** *a.* gallic acid; gallate (of); **—кислая соль** gallate; **—кислое железо** iron gallate; **—метиловый эфир** methyl gallate; **—свинцовая соль** lead gallate.
галлов/ый *a.* gallic; **—ая кислота** gallic acid; **соль —ой кислоты** gallate.
галло/ген *m.* gallogen, ellagic acid; **—дубильная кислота** gallotannic acid.
галлоизит *m.* (min.) halloysite.
галло/ил *m.* galloyl; **—л** *m.* gallol.
галлон *m.*, **—ный** *a.* gallon (3.79 l.).
галлообразование *n.* (phyt.) gall formation.
галлоцианин *m.* gallocyanin.
галлуазит *see* галлоизит.
галлюцин/ация *f.* hallucination **—ировать** *v.* hallucinate.
Галля цепь Gall's (sprocket) chain; **Г. явление** *see* Холля явление.
галм/ееподобный *a.* (min.) calamine-like; **—ей** *m.*, **—ейный** *a.* calamine.
гало *n.* halo; *prefix* halo— (salt).
галоген *m.* halogen; *prefix see* галогено—; **—алкил** *m.* alkyl halide; **—ангидрид** *see* галогеноангидрид; **—арил** *m.* aryl halide; **—ация** *f.*, **—ирование** *n.* halogenation; **—водород** *see* галогеноводород; **—ид** *m.* halide; **—ированный** *a.* halogenated; **—ировать** *v.* halogenate.
галогенн/ый *a.* halogen(ous), halide (of); **г. водород** hydrogen halide; **—ая кислота** halogen acid.
галогено— *prefix* halo—, halogen; halide (of).
галогеноангидрид *m.* acid halide; **г. серной кислоты** sulfuryl halide.
галогеноводород *m.* hydrogen halide; **—ная кислота** hydrohalic acid; **соль —ной кислоты** halide.
галогено/замещенный *a.* halogenated, halo—; **—кислота** *f.* halogen acid, haloacid; **—окись** *f.* oxyhal(ogen)ide; **—производные** *pl.* halogen derivatives.
галогидрин *m.* halohydrin.
галоид *m.* halogen; haloid; halide; **—алкил**

m. alkyl halide; **—бензол** *m.* phenyl halide; **—замещенный** *a.* halogenated; **—ид** *m.* halide; **—ирование** *n.* halogenation; **—ированный** *a.* halogenated; **—ировать** *v.* halogenate; **—метил** *m.* methyl halide; **—ный** *a. of* галоид; **—ный алкил** alkyl halide; **—ный металл** metal halide; **—ная соль** halide.
галоидо— *see* галогено—; **—ангидрид** *m.* acid halide; **—водород** *m.* hydrogen halide; **—замещенный** *a.* halogenated; **—окись** *f.* oxyhal(ogen)ide; **—углеводород** *m.* halogen-containing hydrocarbon; **—углерод** *m.* halocarbon.
галометр *m.* (cryst.) halometer; **—ический** *a.* halometric; **—ия** *f.* halometry.
галоп *m.*, **—ировать** *v.* gallop; **—ирование** *n.*, **—ирующий** *a.* galloping.
галос *see* гало.
гало/трихит *m.* (min.) halotrichite, iron alum; **—фит** *m.* (bot.) halophyte; **—фитовый** *a.* halophytic; **—фобное растение** (bot.) halophobe; **—химический** *a.* halochemical; **—химия** *f.* halochemistry; **—хромия** *f.* halochromism.
галош/а *f.*, **—ный** *a.* overshoe, rubber; kalosha (rubber solvent).
галс *m.* (naut.) tack.
галсту/к *m.*, **—чный** *a.* necktie.
галтель *m. and f.*, **—ный** *a.* hollow chamfer, fillet, fluting plane; flute, channel, groove; batten; **—ный резец** recessing tool.
галтов/ание *n.*, **—ка** *f.*, **—очный** *a.* tumbling; **—ать** *v.* tumble.
галтоза *f.* galtose.
галун *m.*, **—ный** *a.* galloon, lace.
галургия *f.* halurgy (science of salt).
галь *f.* (text.) heald; *see also* гал.
гальбан *see* галбан.
гальваниз/атор *m.* galvanizer; **—ация** *f.*, **—ирование** *n.* galvanization, electroplating; **—ированный** *a.* galvanized, plated; **—ировать** *v.* galvanize, (electro)plate.
гальваническ/и *adv.* by galvanization; **г. оцинковывать** *v.* galvanize; **г. плакировать, г. покрывать** *v.* electroplate; **—ий** *a.* galvanic, voltaic (cell); galvanizing, (electro)plating; **—ий покров** electrodeposit; **—ое золочение** electrogilding; **—ое покрытие** electroplate; electroplating.
гальвано *n.* (typ.) electrotype.
гальвано— *prefix* galvano—; electro—.
гальваногра́ф *m.* (elec.) galvanograph; **—ия** *f.* galvanography.
гальвано/каустика *f.* (med.) galvanocautery; **—магнитный** *a.* galvanomagnetic.

гальванометр *m.* (elec.) galvanometer; —ический *a.* galvanometric; —ия *f.* galvanometry.
гальванопласт *m.* galvanizer; —ика *f.* galvanoplastics, electroforming; —ический, —ичный *a.* galvanoplastic, electroforming; electroformed.
гальванопокрытие *n.* electrodeposit(ion), (electro)plating.
гальваноскоп *m.* (elec.) galvanoscope, current detector, quadrant electrometer; —ический *a.* galvanoscopic.
гальваностег/ировать *v.* electroplate; —ически отложенный electrodeposited; —ический *a.* electrolytic (plating), electroplating; —ическое покрытие, —ия *f.* galvanostegy; electroplating, electrodeposition.
гальвано/стереотипия *f.* (typ.) electrotype; —таксис *m.* (biol.) galvanotaxis; —техник *m.* electroplater; —техника *f.* electroplating; electrolytic metallurgy; —типия *f.* (typ.) electrotype; electrotypy; —тропизм *m.* (biol.) galvanotropism; —ударный колпак horn (of mine).
гальк/а *f.* pebble, shingle; rubble; nodule; pebbles (fuel); boulder; beach; —овидный *a.* pebble-shaped.
гальмей *see* галмей.
гальтельник *m.* fillet plane, fluting plane.
Гальтона кривая (math.) Galtonian curve.
гамада *see* гаммада.
гамак *m.* hammock.
гамамел/идин *m.* hamamelidin; —ин *m.* hamamelin; —иса кора hamamelis bark, witch hazel bark.
гамартит *m.* (min.) hamartite, bastnäsite.
гаматионовая кислота hamathionic acid, euxanthic acid.
гамаша *f.* gaiter, legging.
гамбергит *m.* (min.) hambergite.
гамбин *m.* gambin (a nitroso dye).
гамбир *m.* gambier, pale catechu; —ная камедь gambier gum.
гамбузия *f.* gambusia (fish).
Гамбург, гамбургский *a.* Hamburg.
гамет/а *f.* (biol.) gamete; —о— *prefix* gameto—, gamete.
гамильтониан *m.* (math.) Hamiltonian.
—гамия *f.* *suffix* (biol.) —gamy (union, marriage).
гамлинит *m.* (min.) hamlinite.
гамма *f.* gamma (γ); gamma [magnetic unit (10^{-5} oersted)]; gamut, range; г.-активный *a.* gamma-active, gamma-ray-emitting; г.-аппарат *m.* gamma (therapy) unit; г.-глобулин *m.* gamma globulin; —граф *m.* (nucl.) gamma-graph.
гаммада *f.* hammada (rocky desert).
гамма-/дефектоскопия *f.* gamma-ray flaw .detection; г.-дозиметр *m.* gamma dosimeter; г.-железо *n.* gamma iron.
гамма-излуч/атель *m.* gamma emitter; —ающий *a.* gamma-emitting; —ение *n.* gamma radiation.
гамма-/каротаж *m.* gamma-ray logging; г.-квант *m.* gamma(-ray) quantum; г.-лучи *pl.* gamma rays; г.-спектроскопия *f.* gamma spectroscopy; г.-уран *m.* gamma uranium; г.-установка *f.* gamma-ray source; г.-фаза *f.* gamma phase; г.-фон *m.* gamma background; г.-фотон *m.* gamma-ray photon; г.-функция *f.* gamma function.
Гаммета уравнение Hammett equation.
—гамный *a.* *suffix* (biol.) —gamous (uniting for reproduction).
гамо— *prefix* gamo— (sexual union; fusion).
гамовский *a.* Gamow.
гамогенез *m.* gamogenesis, sexual reproduction.
Ганг the Ganges (river).
гангл/ий *m.* (anat.) ganglion; —иозный *a.* ganglionic, gangliar; —иолитический *a.* gangliolytic.
гангрен/а *f.* (med.) gangrene; —озный *a.* gangrenous.
гандшпуг *m.* hand spike, lever.
ганзенская желтая Hansa yellow.
ганистер *m.* (petr.) ganister.
ганит *m.* (min.) gahnite, zinc spinel.
ганкокит *m.* (min.) hancockite.
ганксит *m.* (min.) hanksite.
ганнайит *m.* (min.) hannayite.
гано— *prefix* gano— (brightness); —идный *a.* (zool.) ganoid; —малит *m.* (min.) ganomalite; —филлит *m.* (min.) ganophyllite.
гантел/еобразный *a.* dumbbell-like; —и *pl.* dumbbell(s).
Гануса раствор Hanus solution.
гаолян *m.* (bot.) kaoliang (*Sorghum vulgare*).
гап *m.* gap (block).
гапло— *prefix* haplo— (single, simple); —ид *m.*, —идный *a.* (biol.) haploid.
гапто— *prefix* hapto— (grasp, hold); —тропия *f.* (bot.) haptotropism; —форная группа (biochem.) haptophore.
гараж *m.*, —ный *a.* garage.
гаранснн *m.* garancin (dye).
гарант *m.* guarantor; —ийный *a.* guarantee(d), warranted; —ирование *n.* guaranteeing; —ированный *a.* guaranteed, etc., *see v.*; safe (from); —ировать *v.* guarantee, warrant, assure, ensure; —ия *f.* guarantee, warranty, assurance.
гарвардский *a.* Harvard.
гарве/изация *f.*, —ирование *n.* (met.) harveyizing (cementation process); —изированный *a.* harveyized; Harvey (steel); —изировать *v.* harveyize.

гаргойль *m.* Gargoyle (lubricating oil).
гаргревский *a.* Hargreaves.
Гаргривс-Берда элемент Hargreaves-Bird (electrolytic) cell.
гаргрот *m.* (av.) fairing.
гарденин *m.* gardenin.
гарденит *m.* (met.) hardenite (obs.), martensite.
гардения *f.* (bot.) gardenia.
гардероб *m.*, —ная *f.* coat closet.
гардина *f.* curtain.
гардинол *m.* gardinol (a detergent).
гардистонит *m.* (min.) hardystonite.
гар/евой *a. of*; —и *gen. of* гарь.
гарига *f.* (bot.) thicket.
Гаркинза теория Harkins theory.
гаркрец *m.* (met.) refinery slag.
гарлемский *a.* Haarlem (oil).
гармал/а *f.* (bot.) harmel, wild rue (*Peganum harmala*); —ин *m.* harmaline.
гарман *m.* harman, aribine.
гармахерский горн (copper) refining hearth; г. сок refinery slag.
Гарме способ (met.) Harmet's process.
гармин *m.* harmine; —овая кислота harminic acid.
гармониз/ация *f.* harmonization; —ировать *v.* harmonize, go (with); —ирующий *a.* harmonious, harmonizing.
гармон/ика *f.* harmonic(s); harmonic curve; accordion; bellows; —ики *pl.* harmonics, harmonic components; в виде —ики bellow-type; —иковая мембрана bellows; —ическая *f.* (phys.) harmonic; —ический *a.* harmonic, harmonious, rhythmic; —ический ряд (math.) harmonic progression; —ичность *f.* harmonicity; —ичный *a.* harmonic; —ия *f.* harmony, concord.
гармотом *m.* (min.) harmotome.
гармошка *f.* bellows, accordion.
гарнец *m.* peck (3.28 liters).
гарниерит *m.* (min.) garnierite, noumeite.
гарнизон *m.* garrison, post.
гарнир *m.*, —овать *v.* garnish, trim.
гарниссаж *m.* (met.) lining slag.
гарнитур *m.* set; headset assembly; fittings; suite; —а *f.* fittings, mountings, trimmings; set; outfit; tackle; (typ.) font; (text.) card clothing, needles (of bar).
гарное масло fuel oil.
гарнцевый *a. of* гарнец.
гарньерит *see* гарниерит.
гарпиус *m.*, —ный *a.* rosin, colophony.
гарпун *m.*, —ный *a.* harpoon.
гаррига *see* гарига.
Гарриса способ (met.) Harris process.
гарт *m.* type metal; —блей *m.* hard lead, antimonial lead.
гартит *see* гарденит.
гартовый *a.* type-metal.
гарус *m.*, —ный *a.* (text.) worsted.

Гарфильда валки (met.) Garfield rolls.
гарц/бургит *m.* (petr.) harzburgite; —евский *a.* Harz (jig).
гарь *f.* fumes; burn(ing); char, charred residue; (coal) cinder; burned-out forest.
гас/ило *n.*, —ильщик, —итель *m.* extinguisher, etc., *see v.*; —и(те)льный *a.* extinguishing, etc., *see v.*; —ить *v.* extinguish, snuff out, put out (light); quench, damp, suppress; cancel; break (an arc); arrest (spark); kill (energy); clear (counter); slake (lime); —ить пену defoam, defroth; —нуть *v.* be extinguished, go out, die out.
гассеров узел (anat.) gasserian ganglion.
гасталдит *m.* (min.) gastaldite.
гастеро— *see* гастр—; —мицеты *pl.* (bot.) Gasteromycetes.
гастингсит *m.* (min.) hastingsite.
гастр— *prefix* gastr(o)— (stomach); —ин *m.* gastrin; —ит *m.* (med.) gastritis; —ический *a.* gastric; —о— *see* гастр—; —оподы *pl.* (zool.) Gastropoda; —отрихи *pl.* Gastrotricha; —оэнтерит *m.* (med.) gastroenteritis; —ула *f.* (biol.) gastrula.
гасящий *see* гасительный.
г-ат *see* г-атом.
гатер *m.* horizontal frame saw.
гати *gen., etc., of* гать; —ть *v.* dam up; build a (swamp) road.
г-атом *abbr.* (грамм-атом) gram-atom.
гатура *f.* (map drawing) hachure.
гатчеттии *m.* (min.) hatchettite.
Гатчетта бурый Hatchett's brown (copper ferrocyanide).
гатчеттолит *m.* (min.) hatchettolite.
гать *f.* dam, dike; (swamp) road, brushwood road, corduroy road.
Гау ферма Howe girder.
гауби/ца *f.*, —чный *a.* (mil.) howitzer.
гауерит *m.* (min.) hauerite.
—гауз *suffix* house.
Гаукинса элемент Hawkins cell.
гаультер/ин *m.* gaultherin, monotropitoside; —ия *f.* (bot.) Gaultheria; —овый *a.* gaultheria, wintergreen; —олин *m.* gaultherolin, methyl salicylate.
гаунтовский *a.* Gaunt.
гаус *see* гаусс.
гаусманнит *m.* (min.) hausmannite.
гаусс *m.* gauss (unit of magnetic induction); —овый *a.* Gauss(ian).
гаустор/ий *m.* —ия *f.* (bot.) haustorium.
гауч, г.-вал, г.-пресс *m.* (paper) couch.
гафель *f.* (naut.) gaff.
гафний *m.* hafnium, Hf.
гафтонит *m.* (min.) haughtonite.
гач *m.* galich (crude paraffin).
гашен/ие *n.* extinguishing, etc., *see* гасить; гаснуть; extinction; —ка *f.* slaked lime; —ый *a.* extinguished, etc., *see* гасить.

гашетка *f.* (missiles) firing button, trigger (switch).
гиширование *n.* warping.
гашиш *m.* hashish.
гашпиль *m.* (leather) paddle wheel tank.
гаюин, —ит *m.* (min.) haüyn(it)e; —овый *a.* haüynitic.
гая *gen. of* гай.
гб *abbr.* (гильберт) gilbert.
ГБР *abbr.* (гиббереллин) gibberellin.
гвадальказарит *m.* (min.) guadalcazarite.
Гваделупа Guadaloupe.
гвай/кан *see* гваяковое дерево; —ол *m.* guaiol, tiglic aldehyde; —эн *m.* guaiene; —юла *see* гваюла.
гварея *f.* (bot.) Guarea.
Гватемала Guatemala.
гваэтол *m.* guaethol, thanatol.
гваюл/а *f.,* —овый *a.* (bot.) guayule (*Parthenium argentatum*).
гваяк *m.,* —овый *a.* guaiac (gum); —овая кислота guaiacic acid; —овая смола guaiac; —овое дерево lignum vitae (*Guaiacum officinale*); —ол *m.,* —оловый *a.* guaiacol, *o*-methoxyphenol.
гваяц/ен *m.* guaiacene, tiglic aldehyde; —етин *m.* guaiacetin, sodium pyrocatechin; —ин *m.* guaiacin.
Гвиана, гвианский *a.* Guiana.
гвинейский *a.* Guinea.
гвозд/арь *m.* nail manufacturer; —евидный *a.* nail-shaped; —евой *a. of* гвоздь; —ик *m.* tack.
гвоздика *f.* clove; (bot.) Dianthus.
гвозд/ильный *a.* nail(-making); —ильня *f.* nail header; nail mold; —имый *a.* nailable; —ить *v.* nail, hammer (in.)
гвоздичн/ик *m.* (bot.) statice; —ый *a.* clove; —ый перец (bot.) allspice (*Pimenta officinalis*); —ое масло oil of cloves; —ые головки cloves (spice).
гвозд/одер *m.* nail puller, claw; —ок *m.* tack; —ообразный *a.* nail-shaped; —очник *m.* nail manufacturer; —очный *a.* nail(-making); —ь *m.,* —яной *a.* nail; spike; pin; (wooden) peg, dowel; —яник *m.* nail box.
гвт *abbr.* (гектоватт) hectowatt; гвт-ч *abbr.* (гектоватт-час) hectowatt-hour.
ГВФ *abbr.* [графито-водяной физический (реактор)] graphite-water physical (reactor).
ГВЧ *abbr.* (генератор высокой частоты) high-frequency oscillator.
гг *abbr.* (гектограмм) hectogram.
гг. *abbr.* (годы) years; (города) cities.
ГГК *abbr.* (гамма-гамма каротаж) gamma-gamma logging.
ГГМ *abbr.* (гамма-гамма метод) gamma-gamma logging.
г/г. экв. *abbr.* (грамм на грамм-эквивалент) gram(s) per gram-equivalent.

где *adv.* where; г. бы (ни) wherever; г.-либо, г.-нибудь, г.-то somewhere, anywhere.
ГДФ *abbr.* (гуанозиндифосфорная кислота) guanosine diphosphoric acid.
геантиклиналь *f.* (geol.) geanticline.
геарксутит *m.* (min.) gearksutite.
Геберлейна агломерационный процесс (met.) Heberlein (sintering) process.
Гебридские острова (geog.) Hebrides.
гебр/идский *a.* (geog.) Hebridean; —онит *m.* (min.) hebronite, amblygonite.
гевеа *f.* (bot.) Hevea.
геветтит *m.* (min.) hewettite.
гевея *f.* (bot.) Hevea.
геданит *m.* (min.) gedanite.
геделевский *a.* Gödel.
геденбергит *m.* (min.) hedenbergite.
гедеом/овое масло hedeoma oil; —ол *m.* hedeomol.
гедер/агенин *m.* hederagenin; —ин *m.* hederine; —иновая кислота hederic acid.
гедифан *m.* (min.) hedyphane.
гедонал *m.* hedonal, methylpropylcarbinol urethane.
гедрит *m.* (min.) gedrite.
геевое масло ghee (a semifluid butter).
гез *see* гэз.
гезароль *m.* Gesarol, DDT.
гезенк *m.* (min.) blind shaft, staple, winze.
гейбахит *m.* (min.) heubachite.
Гейгера счетчик Geiger counter; Г.-Неттола закон Geiger-Nuttall relation.
гейгеровская область Geiger region.
гейдельбергский *a.* Heidelberg (man).
гейзенберговский *a.* Heisenberg.
гейзер *m.* (geol.) geyser; —ит *m.* (min.) geyserite, siliceous sinter.
Гейзинга лак Heising varnish.
гейкиелит *m.* (min.) geikielite.
Гейланда диаграмма (elec.) Heyland diagram.
гейландит *m.* (min.) heulandite.
Гейли метод (met.) Gayley process.
Гей-люссака башня Gay-Lussac tower.
гейлюссит *m.* (min.) gaylussite.
геймит *m.* (petr.) heumite.
гейнтцит *m.* (min.) heintzite, kaliborite.
Гейслера сплавы Heusler alloys; Г. трубка Geissler tube.
гейстер *m.* (bot.) sapling.
Гейтлера-Лондона теория Heitler-London (covalence) theory.
гекбомит *m.* (min.) högbomite.
гекельный *a.* (text.) hackling.
гекза— *see* гекса—.
гекли *n.* (text.) hackle.
гекса— *prefix* hexa— (six); *see also under* шести—; —борид *m.* hexaboride.
гексабром— *prefix* hexabrom(o)—; —ное число hexabromide number.

гексагидрит *m.* (min.) hexahydrite.
гексагидро— *prefix* hexahydro—; —бензойная кислота hexahydrobenzoic acid.
гексагидрокси— *prefix* hexahydroxy—.
гексагидро/салициловая кислота hexahydrosalicylic acid; —толуол *m.* hexahydrotoluene.
гексагир *m.*, —a *f.* (cryst.) hexagyre (sixfold axis of symmetry); —ноаксиальный *a.* hexagonal trapezohedral; —ный *a.* hexagyrix, hexagonal.
гексагон *m.* hexagon; —альный *a.* hexagonal, six-sided.
гекса/декан *m.* hexadecane, dioctyl; —децен *m.* hexadecene, cetene; —децил *m.* hexadecyl; —децилен *m.* hexadecylene, cetene; —диен *m.* hexadiene; —диин *m.* hexadiine, bipropargyl.
гекса/кисоктаэдр *m.* (cryst.) hex(akiso)octahedron; —козан *m.* hexacosane, —козановая кислота hexacosanoic acid; —контан *m.* hexacontane —л *m.* hexal; —лин *m.* Hexalin, cyclohexanol; —мер *m.* hexamer (polymer); —метафосфат *m.* hexametaphosphate.
гексаметил *m.*, —овый *a.* hexamethyl; —ен *m.* hexamethylene, cyclohexane; —ентетрамин *m.* hexamethylenetetramine.
гекса/мидин *m.* hexamidine, Mysoline; —н *m.* hexane, caproyl hydride; —нал *m.* hexanal, caproaldehyde; —нафтен *m.* hexanaphthene, cyclohexene; —ндиол *m.* hexanediol, hexamethylene glycol; —нитро— *prefix* hexanitro—.
гексан/овый *a.* hexane; —овая кислота hexanoic acid, caproic acid; —ол *m.* hexanol, hexyl alcohol; —он *m.* hexanone, ethylpropyl ketone.
гекса/симметричный *a.* (cryst.) hexasymmetrical; —фенил *m.* hexaphenyl.
гексафтор(о)— *prefix* hexafluoro—; —кремнекислота *f.* fluosilicic acid; —кремнекислый *a.* fluosilicate.
гексахлор— *prefix* hexachlor(o)—; —ан *m.* hexachloran, hexachlorocyclohexane (same as Lindane); —ид *m.* hexachloride; —оплатинакислота *f.* chloroplatinic acid; —этан *m.* hexachloroethane, carbon trichloride.
гексацианоферр/иат *m.* ferricyanide; —оат *m.* ferrocyanide.
гекса/циклический *a.* hexacyclic; —эдр *m.* (cryst.) hexahedron, cube; —эдрический *a.* hexahedral, cubic.
гексен *m.* hexene, tetrahydrobenzene; —ал *m.* hexenal, propylacrolein; Hexenal, hexobarbital; —ил *m.* hexenyl; —овая кислота hexenoic acid, propylacrylic acid.
гексил *m.*, —овый *a.* hexyl, enanthyl; —ен *m.* hex(yl)ene; —овый спирт *see* гексанол; —овая кислота hexylic acid, caproic acid.
гекс/ин *m.* hexine, hexyne; —ит *m.* hexitol, a hexahydric alcohol; hexite, hexanitrodiphenylamine; —обиоза *f.* hexobiose; —оген *m.* (expl.) hexogen, trimethylene trinitramine; —од *m.* hexode, six-electrode tube; —од-смеситель *m.* mixing hexode; —оза *f.* hexose; —он *m.* hexone, methylisobutyl ketone; —оний *m.* hex(ameth)onium; —оновый *a.* hexone; hexonic (acid); —отриоза *f.* hexotriose; —уроновый *a.* hexuronic (acid).
гектар *m.* hectare (2.471 acres).
гектический *a.* hectic.
гекто— *prefix* hecto— (100); —ватт *m.* (elec.) hectowatt; —ватт-час *m.* hectowatt-hour; —грамм *m.* hectogram.
гектограф *m.* (manifolding) hectograph; —ический *a.* hectographic; —ия *f.* hectography, hectographic printing.
гекто/литр *m.* hectoliter; —метр *m.* hectometer; —пьеза *f.* hectopiezoelectric unit; —рит *m.* hectorite (a clay).
гелен/ин *m.* helenin, inula camphor; —ит *m.* (min.) helenite; gehlenite; —итодиалюминатный *a.* gehlenite-dialuminate.
гелеобраз/ный *a.* gel-like, gelatinous, gelatinoid; —ование *n.* gelatin(iz)ation; период —ования gel time; —ующий *a.* gel-forming, gelling.
гели *pl.* of гель.
гелиакический *a.* (astr.) heliacal.
гелиант/ин *m.* helianthin(e), methyl orange; —овый *a.* helianthic (acid).
гелигнит *m.* (expl.) gelignite.
гел/иевый *a.*, —ий *m.* helium, He.
геликоид *m.* helicoid; —альный *a.* helicoid, helical, spiral, coiled.
геликоптер *m.* (av.) helicopter.
гелио— *prefix* helio— (sun); —гравюра *f.* (typ.) heliogravure, photoengraving; —граф *m.* (astr., etc.) heliograph; —графический *a.* heliographic; —графия *f.* heliography; —дор *m.* (min.) heliodor; —лампа *f.* sun lamp; —метр *m.* (astr.) heliometer; —н *m.* helion, alpha-particle; —скоп *m.* helioscope; —скопический *a.* helioscopic; —станция *f.* heliostation; —стат *m.* heliostat; —сушка *f.* sun drying; —сфера *f.* heliosphere; —терапия *f.* heliotherapy; —техника *f.* solar energy technology, solar power engineering.
гелиотроп *m.* (bot.) heliotrope (*Heliotropium*); (min.) heliotrope; (surv.) heliotrope, heliograph; —изм *m.* (bot.) heliotropism; —ин *m.* heliotropin, piperonal; heliotropine (alkaloid); —ический *a.* heliotropic; —овый *a.* heliotrope, heliotropic; —овая кислота heliotropic acid, piperonylic acid.

гелио/установка *f.* solar power plant; —физика *f.* heliophysics, solar physics; —филлит *m.* (min.) heliophyllite, ecdemite; —фильный *a.* heliophilous, sunloving; —фит *m.* (bot.) heliophyte; —фобный *a.* shade-loving; —химия *f.* heliochemistry; —центрический *a.* (astr.) heliocentric; —энергетика *f.* solar power engineering.
гелицин *m.* helicin, salicylaldehyde glucose.
гелландит *m.* (min.) hellandite.
геллебор/еин *m.* hellеborein; —ин *m.* helleborin; —ус *m.* (bot.) hellebore.
Геллезена элемент (elec.) Hellesen cell.
Геллера процесс Heller process.
геллефлинта *f.* (petr.) hälleflinta.
Гелля-Фольгарда-Зелинского реакция Hell-Volhard-Zelinski reaction.
гелмитол *m.* Helmitol, Citramin.
гело— *prefix* helo— (marsh; nail).
гелоза *f.* gelose, galactan.
гелофит *m.* helophyte, swamp plant.
гель *m.* gel.
гельбин *m.* barium yellow.
гельв/етский *a.* (geol.) Helvetian; —ин *m.* (min.) helvite; —олевый *a.* helvolic (acid).
гельдерберг/иан *m.*, —ская формация (geol.) Helderbergian formation.
гельзем/ий корень gelsemium root; —ин *m.* gelsemine; —инин *m.* gelseminine; —ининовая кислота gelsem(inin)ic acid; —иновый *a.* gelsemine, gelseminic; —иновая кислота gelseminic acid, scopoletin.
гель-каучук *m.* gel rubber.
гелько— *prefix* (med.) helco— (ulcer); —зол *m.* helcosol, bismuth pyrogallate; —логия *f.* helcology.
гельмгольцевый *a.* Helmholtz(ian).
гельминт *m.* (zool.) helminth (parasitic worm); —иаз, —оз *m.* (med.) helminthiasis; —ологический *a.* helminthologic; —ология *f.* helminthology.
гельмпорт *m.* (naut.) helm port.
гел/ь-полимер *m.* gel polymer; г.-раствор *m.* gel solution; г.-фракция *f.* gel fraction; —я *gen. of* гель.
гем *m.* (biochem.) heme; *prefix* h(a)em—, blood; —агглютинация *f.* hemagglutination.
гемамель-таннин *m.* hamamelitannin.
гемантин *m.* hemanthine.
гемапофиз *m.* (anat.) hemapophysis.
гемат/еин *m.* hematein; —ин *m.* hematin; —иновый *a.* hematin; hematinic (acid).
гематит *m.* (min.) hematite, red iron ore; (met.) a high-quality foundry iron; —овый *a.* hematite, hematitic; —оподобный *a.* hematitic.
гемато— *prefix* hemato—, blood; —ген *m.* hematogen; —глобулин *m.* hema-
toglobulin, oxyhemoglobin; —идин *m.* hematoidin, bilirubin; —ксилин *m.* hematoxylin; —лиз *m.* (physiol.) hematolysis; —лит *m.* (min.) hematolite; —литический *a.* (physiol.) hematolytic; (min.) hematolitic; —логия *f.* hematology; —ма *f.* (med.) hematoma; —порфирин *m.* hematoporphyrin, porporino; —стибиит *m.* (min.) hematostibiite.
гематур/иновая кислота hematurinic acid; —ия *f.* (med.) hematuria.
гемафибрит *m.* (min.) hemafibrite.
гемеллит/ен, —ол *m.* hemellitol, hemimellitene; —овая кислота hemellitic acid, 2,3-xylic acid.
гемер/а *f.* (geol,; pal.) hemera; —алопия *f.* (med.) hemeralopia; —о— *prefix* hemero— (day); —окаллис *m.* (bot.) Hemerocallis.
геми— *prefix* hemi—, semi—; *see also under* полу—; —альбумоза *f.* hemialbumose, propeptone.
гемимеллит/ен *m.* hemimellitene, 1,2,3-trimethylbenzene; —овая кислота hemimellitic acid, 1,2,3-benzenetricarboxylic acid; —ол *m.* hemimellitol.
гемиморф/изм *m.* (cryst.) hemimorphism; —ит *m.* (min.) hemimorphite, calamine; —ный *a.* (cryst.) hemimorphic.
гемин *m.* hemin, hematin chloride.
геми/пиновая кислота hemip(in)ic acid, 3,4-dimethoxyphthalic acid; —пирамида *f.* (cryst.) hemipyramid; —плегия *f.* (med.) hemiplegia; —сфера *f.* hemisphere; —сферический *a.* hemispheric(al).
гемит *m.* (elec.) Hemit (insulation).
гемитроп/ический, —ный *a.* (cryst.) hemitropic, hemitrope, twinned.
гемицеллюлоза *f.* hemicellulose.
гемиэдр *m.* (cryst.) hemihedron; —ический *a.* hemihedral; —ия *f.* hemihedrism.
гемлок *m.* (bot.) hemlock (*Tsuga*).
гемма *f.* gem, jewel; (biol.) gemma.
гемо— *prefix* hemo— (blood); —глобин *m.* hemoglobin; —л *m.* hemol; —лиз *m.* hemolysis; —лизин *m.* hemolysin; —лимфа *f.* (zool.) hemolymph; —литический *a.* hemolytic; —пиррол *m.* hemopyrrole.
геморр/агический *a.* (med.) hemorrhagic; —агия *f.* hemorrhage; —оидальный, —ойный *a.* hemorrhoid(al); —ой *m.* hemorrhoid.
гемо/споридии *pl.* (zool.) Hemosporidia; —стаз *m.* (med.) hemostasis; —статический *a.*, —статическое средство hemostatic; —терапия *f.* hemotherapy; —торакс *m.* hemothorax; —филия *f.*

(med.) hemophilia; —**цианин** *m.* hemocyanin; —**эритрин** *m.* hemoerythrin.
Гемпеля бюретка Hempel gas buret; **Г. дефлегматор** Hempel's distilling tube.
гемпширский *a.* Hampshire.
гемфриевский *a.* Humphrey.
ген *m.* (biol.) gene; *suffix* —gen(e).
ген. *abbr.* (**генеральный**) general; (**генетика**) genetics; (**генетический**) genetic.
генвудит *m.* (min.) henwoodite.
Гендерсона процесс (met.) Henderson process.
генеалог/ический *a.* genealogical; —**ия** *f.* genealogy.
генезерин *m.* geneserine.
генез(ис) *m.* genesis, origin, source; *suffix* —genesis, —geny.
генейкозан *m.* heneicosane; —**овая кислота** heneicosanic acid.
генерал/изация *f.* generalization —**ьный** *a.* general, basic; master, main, principal, leading.
генеративный *a.* generative.
генератор *m.* (elec.) generator, dynamo; oscillator; (gas) producer; **г. переменного тока** alternator; **г.-двигатель** *m.* motor-generator set; —**ная** *f.* generating plant; —**ный** *a.* generator, generating; producer (gas); power (house).
генер/атрис *m.*, —**атриса** *f.* (geom.) generatrix, generator; —**ация** *f.* generation; —**ированный** *a.* generated; —**ировать** *v.* generate, produce; —**ируемый** *a.* generated; —**ирующий** *a.* generating; oscillating.
генет/ик *m.* (biol.) geneticist; —**ика** *f.* genetics; —**ический** *a.* genetic.
гени/альность *f.*, —**ий** *m.* genius; —**иальный** *a.* great, brilliant, genius.
ген/ин *m.* genin; —**истеин** *m.* genistein, 4′,5,7-trihydroxyisoflavone.
генитальный *a.* genital, sexual.
генна *f.* henna (dye).
генный *a.* (biol.) gene; *suffix* —genic, —genous; -inducing, -causing, -producing; produced by, arising in.
гено— *prefix* geno— (race, kind; sex); —**вариация** *f.* genovariation; —**м** *m.* (genetics) genome; —**тип** *m.* genotype; —**типный** *a.* genotypic.
генри *m.* (elec.) henry (unit of induction); **закон Г.** Henry's law; —**метр** *m.* henrymeter, inductance meter.
гентиа/марин *m.* gentiamarin; —**нин** *m.* gentianin; —**нит** *m.* gentianite; —**ноза** *f.* gentianose.
генти/енин *m.* gentienin; —**зин** *m.* gentisin; gentianin; —**зиновая кислота** gentisic acid; —**ин** *m.* gentiin.
гентио/биоза *f.* gentiobiose; —**пикрин** *m.* gentiopicrin.

гентит *m.* (min.) genthite.
гентриаконтан *m.* hentriacontane.
генуинный *a.* genuine, real; natural; congenital (disease or deformity).
Генуя, генуэзский *a.* Genoa.
генциана *f.* (bot.) gentian (*Gentiana*).
гены *pl. of* **ген**.
генэйкозановый *a.* heneicosanic (acid).
гео— *prefix* geo— (earth, land); —**активный** *a.* (astrophys.) geoactive; —**антиклиналь** *f.* (geol.) geanticline; —**биоз** *m.* geobios, terrestrial life; —**биотический** *a.* geobiotic.
геобо́тан/ика *f.* geobotany, plant ecology; —**ический** *a.* geobotanical.
гео/генезис *m.* geogeny; —**гнозия** *f.* geognosy, structural geology.
географ *m.* geographer; —**ический** *a.* geographic; —**ия** *f.* geography.
геодез/ист *m.* geodesist; —**ическая** *f.* geodesic (line); —**ический** *a.* geodetic; (math.) geodesic; —**ическая сетка** graticule, reticule; —**ия** *f.* geodesy, large-scale surveying.
геодин *m.* geodin.
геозот *m.* geosote, guaiacol valerate.
геоид *m.* geoidal surface, geoid.
геокриология *f.* cryopedology, permafrost study.
геокронит *m.* (min.) geocronite.
геолог *m.* geologist; **г.-нефтяник** *m.* petroleum geologist; —**ический** *a.* geologic(al); —**ическое летоисчисление** geochronology; —**ия** *f.* geology; —**опоисковый** *a.* exploration.
геологоразвед/ка *f.*, —**очный** *a.* geological exploration; —**ывательный** *a.* casing and drill (pipes).
геомагн/етизм *m.* geomagnetism; —**итный** *a.* geomagnetic.
геометр *m.* geometrician; land surveyor; —**альный**, —**ический** *a.* geometric; —**изировать** *v.* geometrize; —**ическое место** (math.) locus; —**ически** *adv.* geometrically; —**ия** *f.* geometry; configuration.
гео/морфный *a.* geomorphic; —**морфологический** *a.* geomorphological; —**морфология** *f.* geomorphology; —**потенциал** *m.* geopotential.
георгийский *a.* (geol.) Georgian.
георгин *m.*, —**а** *f.* (bot.) dahlia.
геосинклиналь *f.* (geol.) geosyncline; —**ный** *a.* geosynclinal.
гео/строфический *a.* (meteor.) geostrophic; —**сфера** *f.* (geol.) geosphere; —**тафроген** *f.* geotaphrogen (major rift zone); —**тектоника** *f.* geotectonics; —**тектонический** *a.* geotectonic, structural.
геотерм/ика, —**ия** *f.* (geol.) geothermy; —**ический** *a.* geothermal; —**ическая**

ступень (reciprocal) geothermal gradient; —**ометр** *m.* geothermometer.

геотехни/ка *f.* geotechnics; —**ческий** *a.* geotechnic.

геофиз/ик *m.* geophysicist; **г.-разведчик** *m.* exploration geophysicist; —**ика** *f.* geophysics; **промысловая** —**ика** geophysical well logging; —**ический** *a.* geophysical; (high-altitude) sounding (rocket).

геофит *m.* (bot.) geophyte.

геофон *m.* geophone.

геоффрайн *m.* geoffrayin, rhatanin.

геохим/ический *a.* geochemical; —**ия** *f.* geochemistry.

геохронолог/ический *a.* geochronological; —**ия** *f.* geochronology.

геоцентр *m.* (astr.) geocenter; —**ический** *a.* geocentric.

геоцериновая кислота geocerinic acid.

геоэлектричес/кий *a.* geoelectric; —**тво** *n.* geoelectricity.

гепард *m.* (zool.) cheetah.

гепарин *m.* heparin.

гепат— *prefix* hepat(o)— (liver); —**ит** *m.* (med.) hepatitis; (min.) hepatite.

пта— *prefix* hepta— (seven); *see also under* **семи—**; —**гон** *m.* (geom.) heptagon; —**гональный** *a.* heptagonal.

гептадекан *m.* heptadecane; —**овая кислота** heptadecanoic acid, margaric acid; —**он** *m.* heptadecanone, pelargone.

гепта/диен *m.* heptadiene; —**козан** *m.* heptacosane; —**льдегид** *m.* heptaldehyde, heptanal; —**метилен** *m.* heptamethylene, suberane.

гептан *m.* heptane; —**ал** *m.* heptanal; —**овая кислота** heptanoic acid, enanthic acid; —**ол** *m.* heptanol, heptyl alcohol; —**он** *m.* heptanone.

гептахлор *m.* heptachlor (insecticide).

гептаэдр *m.* (cryst.) heptahedron; —**ический** *a.* heptahedral.

гептен *m.* heptene, pentylethylene; —**ил** *m.* heptenyl; —**илен** *m.* heptenylene, heptine.

гептил *m.,* —**овый** *a.* heptyl; —**ацетат** *m.* heptyl acetate; —**ен** *m.* hept(yl)ene; —**овый спирт** *see* **гептанол.**

гепт/ин *m.* heptine, heptyne, pentylacetylene; —**ит** *m.* heptitol, a heptahydric alcohol; —**од** *m.* (electron.) heptode, pentagrid; —**од-смеситель** *m.* heptode mixer; —**оза** *f.* heptose; —**уроновая кислота** hepturonic acid.

Гепфнера процесс Höpfner process.

геран/иал(ь) *m.* geranial, citral; —**иевый** *a.* (bot.) geranium; geranic (acid); —**ий** *m.* geranium; —**ил** *m.,* —**иловый** *a.* geranyl; —**иол** *m.* geraniol; —**иум** *m.,* —**ь** *f.* geranium.

герапатит *m.* herapathite, quinine sulfate periodide.

герб *m.* emblem, stamp.

гербарий *m.* (bot.) herbarium.

гербертовский *a.* Herbert (process).

герби/сид, —**цид** *m.* herbicide, weed killer.

гербов/ый *a. of* **герб**; stamped; **г. сбор** stamp duty; —**ая марка** stamp.

герд *m.* (min.) buddle, concentrator.

гердерит *m.* (min.) herderite.

геренгрундит *m.* (min.) herrengrundite.

Гересгофа печь Herreshoff furnace.

герефордский *a.* Hereford (cattle).

гериатрия *f.* (med.) geriatrics.

геркулес *m.* Hercules; rolled oats; —**овый** *a.* Herculean.

геркулой *m.* Herculoy (alloy).

герм. *abbr.* (**германский**) German.

герман/ат *m.* germanate; —**ид** *m.* germanide; —**иеводород** *m.* germanium hydride, germane; —**иевокислый** *a.* germanic acid; germanate (of); —**иевокислая соль** germanate; —**иевый** *a.* germanium, germanic; —**иевая кислота** germanic acid; **соль** —**иевой кислоты** germanate.

германиефтороводородн/ая кислота (hydro)fluogermanic acid; **соль** —**ой кислоты** fluogermanate.

герман/ий *m.* germanium, Ge; (**дву)окись** —**ия** germanium dioxide, germanic oxide; **закись** —**ия** germanous oxide; **хлористый г.** germanium monoxide; **хлорный г.** germanous chloride, germanium dichloride; **хлорный г.** germanic chloride, germanium tetrachloride; —**ийоргани́ческий** *a.* organogermanic; —**ит** *m.* (min.) germanite.

Германия Germany.

германо— *see* **германие—**; —**водород** *see* **германиеводород.**

германский *a.* German.

гермафродит *m.* (biol.) hermaphrodite.

Гермес *m.* (astr.) Hermes.

герметиз/ация *f.* (hermetic) sealing, etc., *see v.*; (nucl.) containment, canning; potting; (av.) pressurization; —**ированный** *a.* sealed, etc., *see v.*; airtight, pressure-tight; —**ировать** *v.* seal (hermetically; in; off), make airtight; can, encapsulate; (av.) pressurize.

герметич/ески *adv.* hermetically; **г. закрытый** *a.* hermetically sealed, airtight; —**еский** *a.* hermetic, (hermetically) sealed, (air)tight, leak-proof; (av.) pressurized; pneumatic (sprayer); **без** —**еской оболочки** naked (light); —**ность** *f.* hermetic nature, (air)tightness; impermeability (of alloy).

герми/нативный *a.* germinative; —**натор** *m.* germinator; —**цид** *m.* germicide.

гермо— *see* **герметический.**

гермофенил *m.* hermophenyl.
гермошлем *m.* pressure helmet.
герм. пат. *abbr.* (германский патент).
гернзейский *a.* Guernsey (cattle).
герниарин *m.* herniarin, 7-methoxycoumarin.
гернио— *prefix* (med.) hernio—, hernia.
героин *m.* heroin, diacetylmorphine.
геро/ический, —йский *a.* heroic; **—й** *m.* hero.
герониевая кислота geronic acid, 2-dimethyl-6-ketoheptoic acid.
геронт(о)— *prefix* geront(o)— (old).
герпето— *prefix* herpeto— (reptile).
герпол/одия, —оида *f.* (phys.) herpolhode.
герсдорфит *m.* (min.) gersdorffite.
Герти генератор Heurty generator.
геру *m.* (met.) Heroult furnace.
герхардтит *m.* (min.) gerhardtite.
герц *m.* hertz, cycle per second (unit of electrical frequency).
герцин/ит *m.* (min.) hercynite, iron spinel; **—ский** *a.* (geol.) Hercynian.
герц/метр *m.* frequency meter; **—овый** *a.* Hertz(ian); **—шпрунговский** *a.* Hertzsprung (gap).
гершел/евский, —евый *a.* Herschel(ian); **—ит** *m.* (min.) herschelite.
геспер/етин *m.* hesperetin; **—етиновая кислота** hesperetic acid; **—етол** *m.* hesperetol, 5-vinyl guaiacol; **—иден** *m.* hesperidene, *d*-limonene; **—идин** *m.* hesperidine (alkaloid); hesperidin (glucoside).
Гесса закон Hess' law.
гесс/енка *f.*, **—енская муха** Hessian fly; **—енский** *a.*, **—иан** *m.* Hessian; **—ит** *m.* (min.) hessite.
Гесслера сплав *see* **Гейслера сплавы.**
гессонит *m.* (min.) hessonite.
гетеро— *prefix* hetero— (different, mixed), *see also under* **разно—**; **—азеотроп** *m.*, **—азеотропная смесь** heteroazeotrope; **—атом** *m.* heteroatom, a heterocyclic atom; **—ауксин** *m.* heteroauxin (root stimulant); **—валентный** *a.* heterovalent.
гетероген/изация *f.* heterogenization; **—ит** *m.* (min.) heterogenite; **—ность** *f.* heterogeneity; **—ный** *a.* heterogeneous.
гетерогония *f.* (biol.) heterogony.
гетеро/дин *m.*, **—динный** *a.* (rad.) heterodyne; oscillator; **—динамический** *a.* heterodynamic; **—донтный** *a.* (zool.) heterodont.
гетерозигот/а *f.* (biol.) heterozygote; **—ность** *f.* heterozygosity; **—ный** *a.* heterozygous.
гетеро/зис *m.* (biol.) heterosis, hybrid vigor; **—лиз** *m.* 'heterolysis; **—лит** *m.* (min.) hetaerolite; **—литический** *a.* heterolytic.

гетероморф/изм *m.* heteromorphism; **—ит** *m.* (min.) heteromorphite; **—ный** *a.* heteromorphous, heteromorphic.
гетеро/переход *m.* heterojunction, heterogeneous junction; **—пический** *a.* (geol.) heteropic.
гетерополи/кислота *f.* heteropoly acid; **—конденсация** *f.* heteropolycondensation; **—соединение** *n.* heteropoly compound.
гетерополярн/ость *f.* heteropolarity; **—ый** *a.* heteropolar.
гетеро/статический *a.* (elec.) heterostatic; **—сфера** *f.* heterosphere; **—трофный** *a.* (biol.) heterotrophic; **—хроматический, —хромный** *a.* heterochromatic; **—цепной** *a.* (chem.) heterochain; **—циклический** *a.* heterocyclic.
гетинакс *m.* Getinaks (plastic insulator).
гетит *m.* (min.) goethite.
гето/крезол *m.* hetocresol, cresol meta-cinnamate; **—л** *m.* hetol, sodium cinnamate.
геттанжский *a.* (geol.) Hettangian.
геттер *m.* (electron.) getter; **—ирование** *n.* gettering.
гетчинсоновский *a.* Hutchinson's.
Гефнера свеча Hefner unit, Hefner candle (0.9 candlepower).
гзимс, гзымз *m.* (arch.) stringcourse.
ГИ *abbr.* (генератор импульсов) pulse generator; (групповой искатель) group selector.
гиады *pl.* (astr.) Hyades.
гиал— *see* **гиало—**; **—ин** *m.*, **—иновое вещество** (biochem.) hyaline; **—иновый** *a.* hyaline, glassy, clear; **—ит** *m.* (min.) hyalite; (petr.) hyalith; (med.) hyalitis.
гиало— *prefix* hyal(o)— (clear, glass); **—графия** *f.* hyalography; **—идный** *see* **гиалиновый**; **—кристаллический** *a.* hyalocrystalline; **—мелан** *m.* (petr.) hyalomelane, **—пилитовая структура** (geol.) hyalopilitic texture; **—плазма** *f.* (biol.) hyaloplasm; **—сидерит** *m.* (min.) hyalosiderite; **—текит** *m.* (min.) hyalotekite; **—техника** *f.* glass technology; **—фан** *m.* (min.) hyalophane.
гиалур/гия *f.* hyalurgy, glass manufacture; **—оновый** *a.* hyaluronic acid.
гиацинт *m.*, **—овый** *a.* (bot.) hyacinth; (min.) hyacinth, zircon.
гиб *m.* bend(ing); *past m. sing. of* **гибнуть**; **г. с перегибом** backward and forward bending (test).
гиббенит *m.* (min.) hibbenite.
гиббералл/а *f.* gibberella (a fungus); **—ин** *m.* gibberellin; **—овая кислота** gibberellic acid, gibberellin X.
Гиббса правило фаз Gibbs' phase rule.
гиббсит *m.* (min.) gibbsite; **—овый** *a.* gibbsitic.

гибель *f.* ruin, destruction, catastrophe, loss; death; —**ный** *a.* destructive, disastrous, catastrophic.
гибиск(ус) *m.* (bot.) hibiscus.
гибк/а *f.* bending; —**ий** *a.* flexible, supple, pliable, pliant, bendable, ductile; springy, elastic; adaptable, versatile; —**ость** *f.* flexibility, pliability, ductility; elasticity; versatility; hospitality (of classification).
гибла *past f. sing. of* **гибнуть**.
гибнерит *see* **гюбнерит**.
гибнуть *v.* perish; disappear.
гиб/ок *sh. m. of* **гибкий**; —**очный** *a.* bending; flexible.
гибралтарский *a.* (geog.) Gibraltar.
гибрид *m.* (biol.) hybrid; (petr.) hybrid rock, contaminated rock; —**изация** *f.* hybridization; —**ный** *a.* hybrid.
гига— *prefix* giga— (10^9).
гигант *m.* giant; —**изм** *m.* (med.) gigantism; —**овый** *a.* gigantic (acid); —**олит** *m.* (min.) gigantolite; —**ский** *a.* giant, large, huge, mammoth.
гигиен/а *f.* hygiene, sanitation; (public) health; preservation (of books); —**ист** *m.* hygienist; —**ический**, —**ичный** *a.* hygienic, sanitary.
гигрин *m.* hygrine; —**овая кислота** hygric acid.
гигро— *prefix* hygro— (wet, moist); —**граф** *m.* hygrograph, self-recording hygrometer.
гигрол *m.* hygrol, colloidal mercury.
гигрометр *m.* (meteor.) hygrometer; —**ический** *a.* hygrometric; —**ия** *f.* hygrometry.
гигроскоп *m.* hygroscope; —**ический**, —**ичный** *a.* hygroscopic, moisture-absorbing; absorbent (cotton); —**ичность** *f.* hygroscopicity.
гигро/стат *m.* hygrostat, humidity controller; —**филит** *m.* (min.) hygrophilite; —**фильный** *a.* (biol.) hygrophilous; —**фит** *m.* (bot.) hygrophyte; —**электрометр** *m.* hygroelectrometer.
гид *m.* guide.
Гида процесс *see* **Гайда процесс**.
гид-автомат *m.* (rockets) automatic guide.
гидальго *m.* (astr.) Hidalgo.
гидантоин *m.* hydantoin, glycolylurea; —**овая кислота** hydantoic acid, glycoluric acid.
гидато— *prefix* hydat(o)— (watery); —**генезис** *m.* (geol.) hydatogenesis; —**генный** *a.* hydatogenous, hydatogenic; —**пневматолитический** *a.* (geol.) hydatopneumatolytic.
гидденит *m.* (min.) hiddenite.
гидѝр/ование *n.*, —**овка** *f.*, —**ующий** *a.* guiding; —**овочный** *a.* guide, guiding.
гиднокарпов/ая кислота hydnocarpic acid; —**ое масло** hydnocarpus oil.

гидр— *see* **гидро**—; —**а** *f.* (zool.) hydra; (astr.) Hydra.
гидравлика *f.* hydraulics.
гидравлическ/ий *a.* hydraulic; **г. раствор** hydraulic mortar; **г. таран, г. поршень** hydraulic ram; —**ая разработка** hydraulic mining, hydraulicking; —**ая сила** water power.
гидравличность *f.* hydraulicity.
гидраденит *m.* (med.) hydradenitis.
гидрази— *prefix* hydrazi—; —**д** *m.* hydrazide; —**дин** *m.* hydrazidine; —**л** *m.* hydrazyl; —**метилен** *m.* hydrazimethylene.
гидразин *m.*, —**иевый**, —**овый** *a.* hydrazine, diamine; **сернокислый г., сульфат** —**а** hydrazine sulfate.
гидрази/но— *prefix* hydrazino—; —**нокислота** *f.* hydrazino acid; —**нуксусная кислота** hydraziacetic acid.
гидразо— *prefix* hydrazo—; —**бензол** *m.* hydrazobenzene, 1,1-diphenylhydrazine; —**кислота** *f.* hydrazo acid; —**н** *m.* hydrazone; —**соединение** *n.* hydrazo compound.
гидр/акриловый *a.* hydracrylic (acid); —**амин** *m.* hydramine; —**ангин** *m.* hydrangin; —**ант** *m.* (fire) hydrant; (zool.) hydranth; —**аргиллит** *m.* (min.) hydrargillite, gibbsite; —**аргирол** *m.* hydrargyrol, *p*-phenyl mercury thionate.
гидраст/ин *m.* hydrastine (alkaloid); hydrastin; —**инин** *m.* hydrastinine; —**ис** *m.* (bot.) Hydrastis.
гидрат *m.* hydrate; **г. закиси** (lower or -ous) hydroxide; **г. закиси железа** ferrous hydroxide; **г. закиси меди** cuprous hydroxide; **г. окиси** (higher or -ic) hydroxide; **г. окиси аммония** ammonium hydroxide; **г. окиси железа** ferric hydroxide; **г. окиси меди** cupric hydroxide.
гидрат/ационный *a.*, —**ация** *f.* hydration; —**(из)ированный** *a.* hydrated; —**(из)-ировать** *v.* hydrate; wet; —**ный** *a.* hydrate; hydrated; —**ная вода** water of hydration; —**огенный** *a.* aqueous, water; —**ор** *m.* hydrator.
гидратропов/ый альдегид hydratropaldehyde; —**ая кислота** hydratropic acid, alpha-phenylpropionic acid.
гидр/ацеллюлоза *f.* hydrated cellulose; —**афайнер** *m.* hydrafiner; —**ацетин** *m.* Hydracetin, acetylphenylhydrazine; —**ид** *m.* hydride; —**ин** *m.* hydrin.
гидринд/ен *m.* hydrindene, indan; —**ил** *m.* hydrindyl; —**иновая кислота** hydrindic acid, *o*-aminomandelic acid; —**он** *m.* hydrindone, indone.
гидриров/ание *n.* hydrogenation; —**анный** *a.* hydrogenated; —**ать** *v.* hydrogenate, hydrogenize.

гидро— *prefix* hydr(o)—, water, hydraulic; hydroelectric; hydrogen(ated); —**авиация** *f.* hydroaviation, sea aviation; —**агрегат** *m.* hydraulic turbogenerator unit.

гидроаккумул/ирование *n.*, —**ирующий** *a.* water storage; —**ятор** *m.* storage tank; hydraulic accumulator.

гидро/акустика *f.* hydroacoustics; —**акустический** *m.* hydroacoustic; —**ароматический** *a.* hydroaromatic; —**аэродинамика** *f.* aerohydrodynamics; —**аэродром** *m.* sea (aero)drome.

гидро/биология *f.* hydrobiology; —**борацит** *m.* (min.) hydroboracite; —**бромид** *m.* hydrobromide; —**гель** *m.* hydrogel; —**гематит** *m.* (min.) hydrohematite, turgite; —**ген** *see* **водород**; —**генератор** *m.* (elec.) hydraulic generator.

гидроген/изат *m.* hydrogenation product; —**изационный** *a.*, —**изация** *f.* hydrogenation; —**изованный** *a.* hydrogenated; —**из(ир)овать** *v.* hydrogenate; —**ный** *a.* hydrogen(ous).

гидро/геология *f.* hydrogeology; —**граф** *m.* hydrograph; hydrographer; —**графический** *a.* hydrographic; drainage (network); —**графия** *f.* (navigation) hydrography —**двигатель** *m.* hydraulic engine.

гидродинам/ика *f.* hydrodynamics; —**ический** *a.* hydrodynamic; fluid flow; hydromatic (brake); —**ометр** *m.* hydrodynamometer.

гидро/добыча *f.* hydraulic mining; —**затвор** *m.* hydroseal, hydraulic seal; —**золь** *m.* hydrosol; —**ид** *m.*, —**идный** *a.* (zool.) hydroid; —**идные** *pl.* Hydrozoa; —**изогипса** *f.* (geol.) water-table contour.

гидроизол *m.* waterproofing material; —**яционный** *a.*, —**яция** *f.* waterproofing; hydraulic seal.

гидро/инженерный *a.* hydraulic engineering; —**инкубатор** *m.* hot-water incubator; —**интегратор** *m.* hydraulic integrator; —**иодид** *m.* hydroiodide; —**какодил** *m.* cacodyl hydride; —**канал** *m.* flow channel, water channel; —**каучук** *m.* hydrorubber, hydrogenated rubber; —**клапан** *m.* pressure-operated valve; —**кластический** *a.* (geol.) hydroclastic; —**копировальный** *a.* hydraulic copying (lathe); —**кораллы** *pl.* (zool.) Hydrocorallinae.

гидро/коричная кислота hydrocinnamic acid; —**кортизон** *m.* hydrocortisone (hormone); —**котарнин** *m.* hydrocotarnine; —**коффеиновый** *a.* hydrocaffeic (acid); —**крекинг** *m.* hydrocracking.

гидроксамовый *a.* hydroxamic (acid).

гидрокси— *prefix* hydroxy—; —**бензол** *m.* hydroxybenzene; —**кислота** *f.* hydroxy acid; —**л** *m.* hydroxyl; —**ламин** *m.* hydroxylamine; —**лирование** *n.* hydroxylation; —**лировать** *v.* hydroxylate; —**льный** *a.* hydroxyl.

гидрокс/имовый *a.* hydroximic (acid); —**исоединение** *n.* hydroxy compound; —**оний** *m.* hydro(xo)nium.

гидрокумарон *m.* hydrocoumarone.

гидрол *m.* hydrol, water molecule.

гидролаза *f.* hydrolase.

гидролес *m.* piling.

гидролиз *m.* hydrolysis; —**ат** *m.* hydrolyzate; —**ация** *f.* hydrolyzation; hydrolysis; —**ировать**, —**овать** *v.* hydrolyze; —**ный** *a.* hydrolytic; —**уемый** *a.* hydrolyzable; hydrolyzed; —**ующий** *a.* hydrolyzing.

гидролит *m.* hydrolyte; —**ический** *a.* hydrolytic; —**ическое расщепление** hydrolytic dissociation, hydrolysis.

гидролог *m.* (geol.) hydrologist; —**ический** *a.* hydrologic; water-supply; water (year); stream-gaging (network); —**ия** *f.* hydrology.

гидролок/атор *m.* ultrasonic direction finder, sonar; —**ация** *f.* hydrolocation, sonar detection.

гидро/лоток *m.* flow channel, water channel; —**магнезит** *m.* (min.) hydromagnesite; —**машиностроение** *n.* hydraulic machinery construction; —**медузы** *pl.* (zool.) Hydromedusae; —**металлургия** *f.* hydrometallurgy; —**метаморфизм** *m.* (geol.) hydrometamorphism; —**метеорологический** *a.* hydrometeorological; —**метеорология** *f.* hydrometeorology; —**метла** *f.* hydraulic broom.

гидрометр *m.* hydrometer, current meter; —**ический** *a.* hydrometric, gaging, stream-flow-measuring; —**ический шест** pole float, staff float; —**ическая вертушка** current meter; —**ия** *f.* hydrometry.

гидромехан/изатор *m.* hydromechanization specialist; —**изация** *f.* hydromechanization (hydraulic mining and earth moving); —**ика** *f.* (phys.) hydromechanics, fluid mechanics; —**ический** *a.* hydromechanical.

гидро/модуль *m.* (irrigation) hydromodulus; (paper) liquor ratio; —**монитор** *m.* (min.) monitor; hydraulic excavator; —**мониторный** *a.* monitor; jet (drilling); —**мотор** *m.* hydraulic motor; —**муфта** *f.* (mach.) hydraulic clutch.

гидрон *m.* hydrone (alloy); active water molecule); —**ал** *m.* hydronal, polychloral.

гидро/насос *m.* hydraulic pump; —настуран *m.* (min.) hydrous pitchblende; —нефроз *m.* (med.) hydronephrosis; —ний *see* гидроксоний; —новый *a.* of гидрон; —окись *f.* hydroxide; —окись натрия sodium hydroxide; —очистка *f.* (petrol.) hydrorefining.
гидро/передача *f.* (mach.) hydraulic transmission; —перекись *f.* hydroperoxide; —план *m.* hydroplane; sea plane; —пневматический *a.* hydropneumatic; —полимеризация *f.* hydropolymerization; —помпа *f.* hydraulic pump; —поника *f.* (hort.) hydroponics; —почты, контейнер (nucl.) hydraulic rabbit; —привод *m.* hydraulic drive or servo; с —приводом hydraulic (tool); —пульпер *m.* (paper) hydropulper; —пульт *m.* hand sprayer; (min.) hydraulic hose.
гидро/разбиватель *m.* (paper) hydropulper; —разгрузка *f.* (mach.) hydraulic load relief; —разработка *f.* hydraulic mining; —реактивный *a.* hydrojet (engine); —самолет *see* гидроплан; —сепаратор *m.* (min.) hydroclassifier.
гидросернист/ый *a.* hydrosulfurous, hydrosulfite (of); г. натрий, —онатриевая соль sodium hydrosulfite; sodium hyposulfite; —ая кислота hydrosulfurous acid, hyposulfurous acid; соль —ой кислоты hydrosulfite.
гидро/сеть *f.* drainage system; —силикат *m.* hydrosilicate; —силовой *a.* water power; —силовая установка (elec.) hydroelectric power station; —система *f.* hydraulic system; piping; —скоп *m.* hydroscope (moisture detector); —смесь *f.* hydraulic fluid; —стабилизация *f.* stabilization of liquid fuel by hydrogenation; —станция *f.* hydro(electric) station.
гидростат *m.* hydrostat; water gage; —ика *f.* (phys.) hydrostatics; —ический *a.* hydrostatic.
гидростроительный *a.* hydraulic engineering.
гидросульф/ат *m.* hydrosulfate; —ид *m.* hydrosulfide; —ит *m.* hydrosulfite.
гидро/суппорт *m.* hydraulically operated support or tool post; —сфера *f.* hydrosphere, earth's surface water; —таволница *f.* hydraulic grease gun; —таксис *m.* (biol.) hydrotaxis; —талькит *m.* (min.) hydrotalcite; —тележка *f.* mobile hydraulic servicing unit; —терапия *f.* (med.) hydrotherapy.
гидротерм/а *f.* thermal spring; —альный, —ический *a.* hydrothermal; —ограф *m.* hydrothermograph.
гидротехн/ик *m.* hydraulic engineer; —ика *f.*, —ический *a.* hydraulic engineering; —ическое сооружение hydraulic structure, hydraulic work; —ическое строительство hydraulic engineering.
гидро/тионовая кислота hydrosulfuric acid, hydrogen sulfide; —торит *m.* (min.) hydrothorite; —тормоз *m.* hydraulic brake; —трансформатор *m.* (mach.) torque converter; —троилит *m.* (min.) hydrotroilite; —тропия *f.* hydrotropy; —турбина *f.* hydraulic turbine; —турбогенератор *m.* hydroelectric generator; —узел *m.* hydrosystem, hydraulic power system; —упругость *f.* hydroelasticity; —усилитель *m.* hydraulic actuator, servo control unit; (av.) power unit, booster; —установка *f.* hydroelectric plant.
гидрофан *m.* (min.) hydrophane.
гидрофизика *f.* hydrophysics.
гидрофильн/ость *f.* hydrophily, water-absorbing capacity; —ый *a.* hydrophilic.
гидро/фильтр *m.* hydrofilter; —фит *m.* (bot.) hydrophyte; —фицировать *v.* convert to hydraulic operation.
гидрофоб/изатор *m.* water repellant; —изация *f.* hydrophobization, water-proofing; —изирующий *a.* water-repellent; —ия *f.* (med.) hydrophobia, rabies; —ность *f.* hydrophoby, water repellency; —ный *a.* hydrophobic, water-repelling.
гидро/фон *m.* hydrophone, submarine detector; —фор *m.* hydrophore; —форминг *m.* (petrol.) hydroforming; —фталевая кислота hydrophthalic acid; —халцедон *m.* (min.) hydrochalcedony, enhydrite; —химический *a.* hydrochemical; —химия *f.* chemical hydrology; —хинон *m.* hydroquinone; —хлорид *m.* hydrochloride.
гидро/целлюлоза *f.* hydrocellulose; —централь *m.* hydroelectric power station; —церуссит *m.* (min.) hydrocerussite; —цилиндр *m.* hydraulic cylinder; —цинкит *m.* (min.) hydrozincite; —штурмовик *m.* (av.) naval fighter; —экстрактор *m.* hydroextractor, whizzer (centrifuge); —элеватор *m.* hydraulic elevator; jet pump; —электрический *a.* hydroelectric; —электростанция *f.* hydroelectric power station; —энергетика *f.*, —энергетический *a.*, —энергия *f.* water power, hydraulic power; —энергостроительство *n.* hydraulic power construction work; —эрозия *f.* hydroerosion.
гидрюр *m.* perhydro compound; hydride.
гиельмит *m.* (min.) hjelmite, hielmite.
гиен/а *f.* (zool.) hyena; —анхин *m.* hyenanchin; —овая кислота hyenic acid, tricosylacetic acid.
гиератит *m.* (min.) hieratite.
гиетный *a.* hyetal, rain.

гиет(о)— *prefix* hyet(о)— (rain).
гиз *m.* State publishing house.
гизекит *m.* (min.) gieseckite.
гизингерит *m.* (min.) hisingerite.
гийот *m.* (geol.) guyot, tablemount.
гик *m.* coal-tar residue; (naut.) mainboom; —и *pl.* winding tackle.
гикомакс *m.* Hycomax (alloy).
гикори *m.* hickory (wood).
гил *m.* gill (1 millisecond of time).
гилея *f.* tropical forest.
Гиллебранда анализ (min.) Hillebrand analysis.
Гиллери линейка (met.) Guillery ruler.
Гилля способ (met.) Gill's method.
гилпинит *see* гильпинит.
Гильбера правила (meteor.) Guilbert's rules.
гильберт *m.* (elec.) gilbert (unit of magnetomotive force); —ит *m.* (min.) gilbertite; —овый *a.* Gilbert; (math.) Hilbert.
гильз/а *f.*, —овый *a.* bush(ing), socket, sleeve (pipe); liner, lining; case, hull; cartridge case, shell case; tube; (paper) core; (temperature) bulb; —овщик *m.* core maker; —оотвод *m.* case ejection chute; —оулавливатель *m.* shell bag.
Гильо способ Guillot method.
гильотин/а *f.*, —ировать *v.*, —ный *a.*, —ные ножницы guillotine.
гильош *m.*, —ировать *v.* guilloche.
гиль/пинит *m.* (min.) gilpinite; —сонит *m.* gilsonite.
гиляби *pl.* (petr.) bentonite.
гималайский *a.* (geog.) Himalayan.
гимен—, —о— *prefix* hymen(o)— (membrane), —ий *m.* (bot.) hymenium, sporiferous layer; —омицеты *pl.* Hymenomycetes.
гиминовая кислота hyminic acid.
гимназ/ист *m.* student; —ия *f.* gymnasium, a preparatory school.
гимнаст *m.* gymnast; —ика *f.* gymnastics; —ический *a.* gymnastic.
гимнемовая кислота gymnemic acid.
гимнит *m.* (min.) gymnite, deweylite.
гимно— *prefix* gymno— (bare, uncovered).
гимолальные соли hymolal salts (detergent).
ГИН *abbr.* (генератор импульсов напряжения) pulse voltage generator.
гин— *see* гино—; —андрический *a.* (bot.) gynandrous.
гингерин *m.* (pharm.) gingerin.
гингивит *m.* (med.) gingivitis.
гинезин *m.* gynesine, trigonelline.
гиней *m.* winding tackle.
гинеко— *prefix* gyneco— (female); —лог *m.* (med.) gynecologist; —логический *a.* gynecological; —логия *f.* gynecology.
гинецей *m.* (bot.) gynecium.

гини *pl. of* гинь.
ГИНК *abbr.* (гидразид изоникотиновой кислоты) isonicotinic acid hydrazide.
гинкго *m.* ginkgo tree (*Ginkgo biloba*); —вая кислота ginkgoic acid.
гино— *prefix* gyn(о)— (female); —вал *m.* gynoval, isobornyl isovalerate; —генез *m.* (biol.) gynogenesis; —кардин *m.* gynocardine; —кардовая кислота gynocardic acid.
гинокитол *m.* hinokitol.
гинсдалит *m.* (min.) hinsdalite.
гинтцеит *m.* (min.) hintzeite, kaliborite.
гинь *f.* (naut.) winding tackle; г.-блок gin block, whip gin, monkey wheel.
гиньетова зелень Guignet's green.
гио— *prefix* hy(o)— [(anat.) hyoid bone or arch; pig, hog]; —идный *a.* hyoid, U-shaped.
г-ион *abbr.* (грамм-ион) gram-ion.
гиоргиозит *m.* (min.) giorgiosite.
гиортдалит *m.* (min.) hiortdahlite.
гиосци/амин *m.* hyoscyamine, daturine; сернокислый г., сульфат —амина hyoscyamine sulfate; —н *m.* hyoscine, scopolamine.
гиохоловая кислота hyocholic acid.
гип— *see* гипо—; —абиссальный *a.* (petr.) hypabyssal; —автоморфный *a.* hypautomorphic, —афорин *m.* hypaphorine, trimethyltryptophan.
гипер— *prefix* hyper—, super—, over; Hiper— (in trade names); —ареальный *a.* hyperareal.
гипербол/а *f.* (geom.) hyperbola; —ический *a.* hyperbolic; natural (logarithm); —оид *m.* hyperboloid.
гипер/борейский *a.* hyperborean, northern; —вентиляция *f.* hyperventilation; —вещественный *a.* hyper-real; —генный *a.* (geol.) supergene; —геометрический *a.* hypergeometric; —головой *a.* hypergolic, spontaneously inflammable; —дин *m.* hyperdyne; —емия *f.* (med.) hyperemia.
гиперзвук *m.* (acous.) hypersound; —овой *a.* hypersonic, hyperacoustic.
гиперион *m.* (astr.) Hyperion.
гиперицин *m.*, —овый *a.* hypericin.
гиперквадрика *f.* hyperquadric.
гиперкинез *m.* (med.) hyperkinesia.
гиперко *n.* Hiperco (alloy).
гиперком/мутация *f.* (elec.) overcommutation; —паунд *m.* (elec.) overcompounded generator; —паундирование *n.* overcompounding; —паундированный *a.* overcompounded, —плекс *m.*, —плексный *a.* (math.) hypercomplex.
гипер/конечный *a.* hyperfinite; —конус *m.* hypercone; —коньюгация *f.* hyperconjugation; —линия *f.* (math) hyperline, hypercurve; —нефрома *f.* (med.)

hypernephroma; —**ник** *m.* Hipernik (alloy); —**ол** *m.* hyperol, ortizon; —**он** *m.* (nucl.) hyperon; —**осколок** *m.* hyperfragment.

гипер/переменный *a.* hypervariable; —**плазия** *f.* (biol.; med.) hyperplasia, abnormal growth; —**плоскость** *f.* (math.) hyperplane; —**поверхностный** *a.*, —**поверхность** *f.* hypersurface, form; —**простой** *a.* hypersimple; —**сенсибилизация** *f.* (phot.) hypersensitization; —**сил** *m.* Hipersil (alloy); —**синхронный** *a.* hypersynchronous; —**сопряжение** *n.* hyperconjunction; —**сорбция** *f.* hypersorption; —**статический** *a.* hyperstatic.

гиперстен *m.* (min.) hypersthene; —**овый** *a.* hypersthene, hypersthenic.

гипер/термия *f.* (med.) hyperthermia; —**тонический** *a.* (biol.) hypertonic; —**тония** *f.* (med.) hypertonia; —**трихоз** *m.* hypertrichosis.

гипертроф/ированный *a.* (biol.; med.) hypertrophied, excessively developed; —**ироваться** *v.*, —**ия** *f.* hypertrophy.

гипер/флоу *m.* (petrol.) hyperflow; —**фрагмент** *m.* (nucl.) hyperfragment; —**хроматический** *a.* hyperchromatic; —**центрический** *a.* hypercentric; —**шар** *m.* hypersphere; —**эвтектоидный** *a.* (met.) hypereutectoid; —**экспоненциальный** *a.* hyperexponential; —**ядро** *n.* (nucl.) hyperfragment.

гипидиоморфный *a.* (petr.) hypidiomorphic, subhedral.

гипн—, —**о** *prefix* hypn(o)— (sleep); —**ал** *m.* hypnal, antipyrine chloralhydrate; **ацетин** *m.* hypnacetine.

гипновый *a.* (bot.) Hypnum.

гипноз *m.* (med.) hypnosis.

гипнон *m.* hypnone, acetophenone.

гипнот/изер *m.* hypnotist, hypnotizer; —**изировать** *v.* hypnotize; —**изм** *m.* hypnotism; —**ический** *a.* hypnotic.

гипнум *m.* (bot.) Hypnum.

гипо— *prefix* hypo—, sub—, under; —**борат** *m.* hypoborate; —**бромит** *m.* hypobromite; —**витаминоз** *m.* (med.) hypovitaminosis; —**галогенный** *a.* hypohalogenous; —**геевая кислота** hypogeic acid, 7-hexadecenoic acid; —**генный** *a.* (geol.) hypogene; (bot.) hypogenous; —**дерма** *f.* (zool.) hypodermis; —**дермический** *a.* hypodermic; —**идный** *a.* (mach.) hypoid(al); —**иодит** *m.* hypoiodite; —**кислота** *f.* hypoacid; —**котиль** *m.* (bot.) hypocotyl; —**кристаллический** *a.* hypocrystalline, partly crystalline; —**ксантин** *m.* hypoxanthine, 6-oxypurine; —**ксемия** *f.* (med.) hypoxemia; —**ксия** *f.* (med.) hypoxia, oxygen deficiency; —**нитрит** *m.* hyponitrite; —**пус** *m.* (zool.) hypopus; —**сернистая кислота** hyposulfurous acid; —**синхронный** *a.* (elec.) hyposynchronous; —**склерит** *m.* (min.) hyposclerite.

гипосульф/ат *m.* hyposulfate; —**ит** *m.* hyposulfite; thiosulfate.

гипо/теза *f.* hypothesis; conjecture; —**тенуза** *f.* (geom.) hypotenuse; —**термальный** *a.* hypothermal; —**термия** *f.* (med.) hypothermia; —**тетический** *a.* hypothetical; —**тонический** *a.* hypotonic; —**тония** *f.* (physiol.) hypotonia; —**трохоида** *f.* (geom.) hypotrochoid; —**физ** *m.* (anat.) hypophysis, pituitary body; —**фосфат** *m.* hypophosphate; —**фосфит** *m.* hypophosphite; —**хлорит** *m.* hypochlorite; —**хондрия** *f.* (med.) hypochondria; —**центр** *m.* (geol.) hypocenter, seismic center; (zool.) hypocentrum; —**циклоида** *f.* (geom.) hypocycloid.

гиппо— *prefix* hippo— (horse); —**потам** *m.* hippopotamus.

гиппуран *m.* hippuran, sodium iodohippurate; —**ат** *m.* hippurate; —**ил** *m.* hippuryl; —**ит** *m.* (pal.) hippurite; —**итовый** *a.* hippuritic.

гиппуров/ая кислота hippuric acid, benzaminoacetic acid; **соль** —**ой кислоты**, —**окислая соль** hippurate; —**окислый** *a.* hippuric acid; hippurate (of); —**окислый аммоний** ammonium hippurate.

гипро—, **ГИПРО** ... *abbr.* (государственный институт по проектированию ...) State Institute for the Design and Planning of ...

гипс *m.* (min.) gypsum; (building) plaster; —**ация** *f.* (paper) gypsum precipitation; —**о**— *prefix* (min.) gypso-, gypsum; hypso— (height); —**обетон** *m.* gypsum concrete; —**ование** *n.* (paper) gypsum precipitation; (soils) gypsum application; —**овать** *v.* treat with gypsum; plaster.

гипсов/ый *a.* gypsum, gypseous; plaster; **г. слепок**, —**ая отливка** plaster cast; —**ая земля**, —**ая мука** (min.) earthy gypsum.

гипсограф *m.* (maps) hypsograph; —**ический** *a.* hypsographic.

гипсодонт *m.* (zool.) hypsodont.

гипсолит *m.* (min.) gypsum; —**овая плита** plasterboard, sheetrock.

гипсометр *m.* hypsometer (for determining altitude); —**ический** *a.* hypsometric; —**ия** *f.* hypsometry.

гипсо/носный, —**содержащий** *a.* gypsiferous; —**подобный** *a.* gypseous.

гипсо/термометр *m.* hypso(thermo)meter, thermobarometer; —**хром** *m.* (chem.) hypsochrome; —**хромовый** *a.* hypsochromic.

гипт/агин *m.* hiptagin; —олид *m.* hyptolide.
гира *f.* (cryst.) axis of symmetry.
Гира печь Geer oven.
гиральдит *m.* hyraldite (bleach).
гирац/ионный *a.*, —ия *f.* gyration.
гирботол *m.* (gas purification) girbotol.
гиргол *m.* hyrgol (colloidal solution of mercury).
гир/евой *a.* of гиря; —ек *gen. pl.* of гирька; —и *pl., etc.,* of гиря.
гирка *f.* (bot.) a variety of wheat.
гирксутит *m.* (min.) gearksutite.
гирло *n.* (river) branch; narrow strait.
гирлянд/а *f.*, —ный *a.* garland, chain, string; link.
гирный *a.* weight (of balance).
гиро— *prefix* gyro— (ring; gyral; spiral); —акселерометр *m.* gyro(scopic) accelerometer; —вертикаль *m.* gyro-vertical, vertical gyroscope; —вертикант *m.* (missiles) pitch gyro; roll stabilizer; —горизонт *m.* gyro horizon; gyrovertical.
гироид *m.*, —а *f.* gyroid; (cryst.) rotation inversion axis; —альный *a.* gyroidal.
гиро/интегратор *m.* gyro(scopic) integrator; —компас *m.* gyro(scopic) compass; —лит *m.* (min.) gyrolite; —магнитный *a.* gyromagnetic; —маятник *m.* gyropendulum; —пилот *m.* gyropilot; —полукомпас *m.* directional gyro; —прибор *m.* gyro instrument; —рулевой *a.* gyropilot; —система *f.* gyro(scope) system; —скоп *m.* gyro(scope); —скопический *a.* gyro(scopic).
гиростабилиз/атор *m.* gyro(scopic) stabilizer; —ированный, —ируемый *a.* gyro-stabilized.
гиро/стат *m.* gyrostat; —трон *m.* gyrotron; —форин *m.* gyrophorin; —форовый *a.* gyrophoric (acid); —частота *f.* gyrofrequency.
гирудин *m.* hirudine.
гирцин *m.* hircine; —овая кислота hircinic acid.
гир/ька *dim.* of гиря; —я *f.* (balance) weight.
гисмондин *m.* (min.) gismondine.
гиссопин *m.* hyssopine.
гист— *see* гисто—.
гист/азарин *m.* hystazarin, 2,3-dihydroxyanthraquinone; —амин *m.*, —аминовый *a.* histamine.
гистер— *prefix* hyster(o)— [lagging; (anat.) uterus]; —езиграф *m.* (phys.) hysteresigraph; —езиметр *m.* hysteresimeter; —езис *m.* hystercsis, lag(ging); вязкий or ползучий —езис hysteresis lag, magnetic creeping; петля —езиса hysteresis loop; —езисный *a.* hysteresis, hysteretic, lag; —езометр *m.* hysteresimeter; —о— *see* гистер—.

гисти/дин *m.* histidine; —о— *see* гисто—; —оцит *m.* (biol.) histiocyte.
гисто— *prefix* hist(o)—, histio— [web; (biol.) tissue]; —генез *m.* histogenesis, tissue development; —генный *a.* histogenic.
гистограмма *f.* (stat.) histogram, bar chart; (petr.) differential granulometric composition diagram.
гистолиз *m.* (biol.) histolysis.
гистолог *m.* histologist; —ический *a.* histological; —ия *f.* histology.
гистон *m.* histon.
ГИТ *abbr.* (генератор импульсов токов) current pulse generator.
гитагенин *m.* githagenin.
гиталин *m.* gitalin.
гитар/а *f.*, —ный *a.* (mech.) swinging arm or bracket, swing frame; swivel head; quadrant; gear reduction unit; (milling machine) change gear; (music) guitar; —ообразный *a.* guitar-shaped, panduriform.
гито/генический *a.* gitogenic; —ксигенин *m.* gitoxigenin; —ксин *m.* gitoxin.
гиттия *f.* (geol.) gyttja (a mud).
Гитторфа трубка Hittorf's tube.
гифа *f.* (bot.) hypha; filament.
гич *m.*, —ка *f.* (agr.) haulm, top(s).
ГК *abbr.* (гибберелловая кислота) gibberellic acid; (гамма-каротаж) gamma-ray logging; (гипохлорит кальция) calcium hypochlorite.
г-кал *abbr.* (грамм-калория) gram-calorie.
ГКС *abbr.* (спектрометрический гамма-каротаж) spectrometric gamma logging.
гл *abbr.* (гектолитр) hectoliter; гл. *abbr.* (глава; главный).
глав— *prefix* main, chief, principal; *prefix, insert, and m. suffix* central board.
глав/а *f.* chapter (of book); head, chief, foreman; —енство *n.* supremacy, priority; —енствовать *v.* take the lead, be at the head; (pre)dominate (over); have priority.
глав/инж *m.* chief engineer; —к *m.* central board.
главко— *see* глауко—.
Главмервес Bureau of Weights and Measures.
главнейший *a.* chief, predominant.
главн/ый *a.* chief, principal, main, predominant, leading, primary, prime (consideration); major (issue, etc.); (mech.) master; chief (editor, etc.); central (board); —ым образом chiefly, mainly, principally, for the most part, essentially, largely, predominantly, primarily
главрач *m.* chief surgeon.
—главый *suffix a.* -headed, —цеф‧.ous, —capitate.
глагол *m.* verb.

глаголь *m.* (min.) prop, strut, pillar; г.-гак (naut.) pelican hook, slip hook.
гладил/ка *f.*, —о *n.* burnisher; planishing hammer; sleeker, smoother, flatter; trowel; —ьный *a.* smoothing, etc., *see* гладить; —ьщик *m.* burnisher; presser.
гладиоловая кислота gladiolic acid.
гладиолус *m.* (bot.) gladiolus.
гладить *v.* smooth, burnish, polish, planish; level (out); iron, press; stroke, pat.
гладк/ий *a.* smooth, polished; sleek; even, flat, plane; (text.) plain, unfigured; fluent (speech); —о *adv. and prefix* smooth(ly); —опроходной *a.* flush (joint); —оствольный *a.* smooth-bore (gun); —ость *f.* smoothness, etc., *see a.*; fluency.
гладыш *m.* pebble; (bot.) Laserpitium; mushroom (*Lactarius volemus*); —и *pl.* (ent.) Notonectidae.
гладь *f.* smooth or even surface.
глаже *comp. of* гладкий, гладко, smoother; —ние, —нье *n.* smoothing, etc., *see* гладить; —нный *a.* smoothed, etc., *see* гладить.
глаз *m.* eye; бросающийся в —а conspicuous, outstanding; на г. approximately, by rule of thumb.
Глазго Glasgow.
глазерит *m.* (min.) glaserite.
глазет *m.*, —овый *a.* (text.) silk brocade.
глазиров/ание *see* глазировка; —анный *a.* glazed, etc., *see v.*; —ать *v.* glaze, calender, polish; frost, ice; candy; —ка *f.* glazing, etc., *see v.*; glaze.
глазк/и *pl. of* глазок; —оватый *a.* (petr.) zool.) ocellar; birdseye (fracture).
глазн/ица *f.*, —ая впадина eye socket, orbit; —ичный *a.* orbital; —ой *a.* eye, ocular, optic; ophthalmic; —ая линза (opt.) eyepiece.
глазо/видный *a.* (zool.) ocellate; (zool., petr.) ocellar; —двигательный *a.* (anat.) oculomotor; —едка *f.* sulfur dioxide.
глазок *m.* eye(let); (zool.) ocellus; eyepiece; inspection hole, peephole, sight; slot, aperture, hole (of die); mesh (of screen); lug, ear.
глазо/мер *m.* visual estimation; —мерный *a.* by eye, by sight, approximate; —образный *a.* eye-shaped, oculiform.
глазур/е *prefix* glaze; —евидный *a.* glaze-like; —енный, —ованный *a.* glazed; enameled; vitrified; —ить, —овать *v.* glaze; enamel; —ный *a.* of глазурь; —ование *n.*, —овка *f.* glaze, glazing, enamel(ing); —ообжигательная печь (cer.) glaze kiln; —ь *f.* glaze; enamel, lacquer; gloss; frosting, icing; нанести —ь *v.* glaze; порок —и glaze wave.
глазчатый *a.* spotted.
гланда *f.* gland, specif. tonsil.

глас *m.* voice; —ить *v.* say, state, read, run, go; —ный *a.* public, open; vowel (sound); —ящий *a.* saying, etc., *see v.*
глаубер/ит *m.* (min.) glauberite; —ова соль Glauber's salt, sodium sulfate decahydrate.
глауко— *prefix* glauc(o)— (greyish blue or green); —дот *m.* (min.) glaucodot; —ма *f.* (med.) glaucoma; —нит *m.* (min.) glauconite; —нитовый *a.* glauconitic; —фан *m.* glaucophane; —хроит *m.* glaucochroite.
глауцин *m.* glaucine; —овая кислота glaucinic acid.
глаци— *see* гляци—.
гледичия *f.* (bot.) Gleditschia.
глее/ватый *a.* (soils) gleyey; —вый *a.* of глей; —вый горизонт gley; —образование *n.* gley formation process.
глезер *m.* (paper) glazer, calender; —ование *n.* glazing.
глей *m.* gley (a soil horizon).
глейкометр *m.* (brewing) gleucometer.
глет *m.*, — *prefix* —овый *a.* litharge, lead monoxide.
глетчер *m.*, —ный *a.* (geol.) glacier.
глиадин *m.* gliadin, vegetable protein.
глик—, —о— *prefix* glyc(o)— (sweet, sugary); глуц(о)— (glucose); —аровый *a.* glucaric (acid); —оген *m.* glycogen; —озал *m.* glycosal, glycerol salicylate; —озамин *m.* glycosamine; —озид *m.* glycoside; —озурия *f.* (med.) glycosuria; —окол(л) *m.* glycocoll, glycine.
гликол *m.* glycol, 1,2-ethanediol; —диацетат glycol diacetate.
гликолево/кислый *a.* glycolic acid; glycolate (of); —кислая соль glycolate; —этиловый эфир ethyl glycolate.
гликолев/ый *a.* glycol; г. альдегид glycolaldehyde, hydroxyethanal; г. эфир янтарной кислоты glycol succinate; —ые эфиры glycol ethers; —ая кислота glycolic acid, соль —ой кислоты glycolate.
гликол/ид *m.* glycolide, 2,5-*p*-dioxanedione; —из *m.* glycolysis; —ил *m.* glycolyl; —итический *a.* glycolytic, glycoclastic; —урил *m.* glycoluril, acetyleneurea; —уровая кислота glycoluric acid, hydantoic acid; —ь *see* гликол.
глико/стерин *m.* glycosterin, diethylene glycol distearate; —фосфолипин *m.* glycophospholipin; —холевая кислота glycocholic acid; —холевокислый *a.* glycocholate (of); —холевокислая соль glycocholate.
глина *f.* clay; (met.) loam; белая г., фарфоровая г. kaolin, China clay; формовая г. putty; г.-наполнитель filler clay.

глин/ец *m.* clay sand; —изация *f.* argillization; clay grouting; (drilling) mudding off; —ий *see* глинозем.
глинист/о— *prefix* argillo—; —ость *f.* clayiness; —ый *a.* clay(ey), argillaceous; —ый железняк (min.) clay ironstone; —ый известняк argillaceous limestone, argillocalcite; —ый раствор clay mortar; drilling mud; —ый сланец clay shale; —ая суспензия (geol.) slurry.
глин/ище, —ище *n.* clay pit; loam pit; —ка *f* clay, kaolin.
глино— *prefix* clay, argillo—; —бетон *m.* gravel-clay mix; —битный *a.* clay, adobe; pisé (building); —вание *n.* addition of clay; —железистый *a.* argilloferruginous; —завод *m.* (drilling) mud plant.
глинозем *m.* alumina, aluminum oxide; водный г., гидрат —a aluminum hydroxide; сернокислый г., сульфат —a aluminum sulfate; уксуснокислый г. aluminum acetate; —истый, —ный *a.* alumina, alumin(ifer)ous; aluminum (salt); —ный силикат aluminum silicate.
глино/кислота *f.* (drilling) mud acid; —копня *f.* clay pit; —мешалка *f.* clay mixer; mud mixer; —мялка *f.* clay mill, pug mill; —носный *a.* clayey, argillaceous; —порошок *m.* dry mud; —разводка *f.* pug mill; —резка *f.* clay cutter.
глинт *m.* clint, projecting rock or ledge.
глинтвейн *m.* mulled wine.
глинян/ый *a.* clay(ey), argillaceous; (met.) loam; г. раствор clay mortar; drilling mud; —ая масса (cer.) clay slip; —ая посуда earthenware, pottery.
глиоксал *m.* glyoxal, ethanedial; —аза *f.* glyoxalase; —евая кислота glyoxalic acid, glyoxylic acid, oxoethanoic acid; —идин *m.* glyoxalidine; —ин *m.* glyoxaline; —ь *see* глиоксал.
глиоксил *m.* glyoxyl; —овая кислота glyoxylic acid.
глио/ма *f.* (med.) glioma; —матозный *a.* gliomatous; —токсин *m.* gliotoxin (antibiotic).
глиптали *see* глифтали.
глипт/ика *f.*, —ический *a.* glyptic, engraving; —o— *prefix* glypt(o)—(carved); —огенез *m.* (geol.) earth sculpture.
глиссад/а *f.*, —ный *a.* (av.) landing beam; glide path, glide slope; —ный огонь angle-of-approach light(s).
глисс/ер *m.* glider; (naut.) hydroplane, hydrofoil; —ирование *n.* gliding, etc.; *see v.*; —ировать *v.* glide, skim (over water), (hydro)plane.
глист *m.*, —a *f.* helminth, intestinal worm; ленточный г. tapeworm; —ник *m.*, —ница *f.* (bot.) wormwood (*Artemisia absinthium*); —огонный *a.*, —огонное *n.*, —огонное средство vermifuge, anthelmintic.
глиф— *prefix* glyph— (carved).
глифтал/евый *a.* glyptal; —и *pl.* glyptal synthetic resins.
глицер— *see* глицеро—; —ат *m.* glycerate; —ид *m.* glyceride; —ил *m.* glyceryl, propenyl.
глицерин *m.* glycerin, glycerol; *prefix* glycero—; азотнокислый г., нитрат —a nitroglycerin; триацетат —a triacetin; —o— *see* глицеро—.
глицеринов/ый *a.* glycerin; г. альдегид glyceraldehyde; —ая кислота glyceric acid, 2,3-dihydroxypropanoic acid.
глицерино/серная кислота glycerosulfuric acid; соль —серной кислоты, —сернокислая соль glycerosulfate; —фосфорная кислота glycerophosphoric acid; соль —фосфорной кислоты, —фосфорнокислая соль glycerophosphate; —фосфорнокислый калий potassium glycerophosphate.
глицеринтринитрат *m.* nitroglycerin.
глицеро— *prefix* glycero— (sweet, sugary); —фосфат *m.*, соль —фосфорной кислоты glycerophosphate; —фосфорный *a.* glycerophosphoric (acid).
глицид *m.* glycide, glycidol, 2,3-epoxy-1-propanol; —ная кислота glycidic acid, epoxypropionic acid.
глиц/ий *see* глуциний; —ил *m.* glycyl.
глицин *m.* glycine, glycocoll, aminoacetic acid; (phot.) Glycin, hydroxyphenylglycine; —ангидрид *m.* glycine anhydride; —ин *m.* glycinin; —ия *f.* (bot.) wisteria; —овый *a. of* глицин.
глицирр/етин *m.* glycyrrhetin; —изин *m.* glycyrrhizin; —изиновая кислота glycyrrhizic acid.
глия *f.* (anat.) (neuro)glia.
гл. o. *see* гл. обр.
глобальный *a.* global; total, entire.
глобар *m.* (spectrophotometry) globar (hot carborundum rod).
глоби/гериновая грязь (geol.) globigerina ooze; —н *m.* globin.
глобоид *m.* globoid; —альный *a.* globoid, globate, globular.
гл. обр. *abbr.* (главным образом) chiefly, principally.
глобул/а *f.* globule; —арин *m.* globularin; —ин *m.* globulin; —ит *m.* (geol.) globulite; —ол *m.* globulol; —ярный *a.* globular.
глобус *m.*, —ный *a.* globe, sphere; (rockets) automatic ground position indicator.
гловерный *a.* Glover (sulfuric acid).
глокерит *m.* (min.) glockerite.
глоксиния *f.* (bot.) gloxinia.
гломер(о)— *prefix* glomer(o)— (ball).
глория *f.* (meteor.) glory.

глосс—, —о— *prefix* gloss(o)— (tongue); —а *f.* gloss; —арий *m.* glossary; —ит *m.* (med.) glossitis.

Глостер Gloucester.

глот/ание *n.* swallowing, gulping, deglutition; —ательный *a.* deglutitory; —ать, —нуть *v.* swallow, gulp; —ка *f.* throat; (anat.) pharynx; —ок *m.* swallow, mouthful, gulp; —очный *a.* throat; pharyngeal.

глотто— *prefix* glotto— (language).

глохнуть *v.* grow deaf; abate, subside, fade away, die away (of sound); go out (of fire); stall (of engine); choke up (with weeds).

глуб *comp. of* глубокий, глубоко; —и *pl., etc., of* глубь; —ина *f.* depth; profundity; intensity, degree; на —ине deep(-seated); промерять —ину *v.* fathom, sound.

глубинн/ый *a.* depth; deep-seated; subsurface, buried; abyssal, deep-sea; deep-well (pump); (geol.) plutonic; (bot.) hypogeal; г. калибр depth gage; г. разрыв depth charge; —ая бомба depth bomb, depth charge.

глубино/измерительный прибор, —мер *see* глубомер; hydrometer.

глубок/ий *a.* deep(-seated), penetrating, thorough, profound; (in-)depth; intimate (knowledge); fundamental (understanding); high (vacuum); heavy (cracking); gravure, intaglio (printing); —о *adv.* deep(ly); —о находящийся deep-seated.

глубоко— *prefix* deep; low, intense (cooling, etc.); —водный *a.* deep-sea; —мысленный *a.* profound, serious; —отпущенный *a.* (met.) deep-drawn; —полимеризованный *a.* highly polymerized; —столбчатый *a.* deep-columnar; —сть *f.* depth, profundity; —тянутый *a.* (met.) deep-drawn; —уважаемый *a.* highly esteemed; —укореняющийся *a.* deep-rooted; —фокусный *a.* deep-focus (earthquake).

глуб/омер *m.* depth gage, depthometer; —очайший *a.* deepest; —ь *f.* depth, bottom.

глуп/еть *v.* grow dull or stupid; —ить *v.* do something foolish; —ость *f.* foolishness, nonsense; stupidity; folly, foolish thing; —ый *a.* foolish, stupid.

глут— *prefix* glut(in)— (glue; gluten); *see also under* глют—.

глута/зин *m.* glutazine, beta-imidoglutarimide; —коновая кислота glutaconic acid, pentenedioic acid; —мин *m.* glutamine; —(ми)новая кислота glutamic acid, alpha-aminoglutaric acid.

глутаро/вая кислота glutaric acid, pentanedioic acid; —нитрил *m.* glutaronitrile, pentanedinitrile.

глут/атион *m.* glutathione; —ен *m.*, —еновый *a.* gluten; —енин *m.* glutenin; —ин *m.* glutin (protein); glutine (glue); —иновая кислота glutinic acid, pentinedioic acid.

глюто/за *f.* glutose; —л, —ль *m.* glutol; —лин *m.* glutolin, formalin gelatin.

глух *sh. m. of* глухой.

глухар/иный *a.*, —ь *m.* lag screw, wood screw; (orn.) wood grouse.

глухо *adv. and sh. n. of* глухой.

глуховецкий *a.* Glukhov.

глух/ой *a.* deaf; dull (sound); anechoic (chamber); dead-end, blind (passage); dead (end); closed (coupling); crown (nut); blank (test); opaque (glass); solid (bearing); slack (season); spent (steam); thick (forest); wild, overgrown; г. переулок cul-de-sac; —онемой *a.* deaf-mute; —ота *f.* deafness.

глуц— *see* глюк—; —ид *m.* glucide; —ин *m.* glucin, sodium aminotriazine-sulfonate.

глуцин/ий *m.*, —овый *a.* glucinum, Gl (obs.), beryllium; —овая земля glucina, beryllia, beryllium oxide; —овая кислота glucinic acid.

глуше *comp. of* глухо(й).

глуш/ение *n.* damping, etc., *see v.*; —илка *f.* blank plug; —итель *m.* damper; (noise) suppressor, silencer; (exhaust) muffler; baffler, buffer, attenuator; opacifier; (rad.) jammer; —ить *v.* damp (down), bank (fire); extinguish; suppress, deaden (sound); deafen; attenuate; opacify (glass); plug (pipe); choke (plants); —ь *f.* thicket.

глыб/а *f.*, —ка *f.* lump, clod, chunk, clump, block; heap; —истый, —оватый *a.* lumpy; —овый *a. of* глыба; in blocks; block (mountain, etc.); —овое строение (geol.) block faulting; —одроб(итель) *m.* clod breaker.

глюк— *see* глюко—; *see also under* глик(о)—; —агон *m.* glucagon (hormone); —о— *prefix* gluco— (glucose); —огенный *a.* glucogenic.

глюкоз/а *f.* glucose, grape sugar; —азон *m.* glucosazone; —амин *m.* glucosamine; —ан *m.* glucosan; —ен *m.* glucosene; —ид *m.* glucoside; —идаза *f.* glucosidase; —ин *m.* glucosin; —он *m.* glucosone; —офосфорная кислота glucosophosphoric acid.

глюко/нат *m.* gluconate; —новая кислота gluconic acid, pentahydroxyhexoic acid; соль —новой кислоты gluconate; —протеид *m.* glucoprotein; —фор *m.* glucophore; —холевая кислота glucocholic acid.

глюкуронов/ая кислота glucuronic acid, glycuronic acid; соль —ой кислоты, —окислая соль glycuronate.

глют— see глут—; —атион see глутатион.
глюциний see глуциний.
гляд/елка f. inspection hole, peephole, sight; —ение n. looking; —еть v. look (at); face, give (on), look out (on); show; look (after), see (to), attend (to), watch.
глянец m. polish, luster, gloss, glaze; glare; наводить г. v. polish.
глянуть v. glance (at).
глянц— prefix gloss; brilliant; —a gen. of глянец; —вейс m. brilliant white (gypsum-aluminum hydroxide mixture); —гольд m. (cer.) brilliant gold; —евание n. glossing; —еватый a. shiny; —евать v. gloss, polish, shine; —евитый a. glossy, lustrous, shiny; —евый a. glossy; —емер m. glossmeter; —зильбер m. (cer.) brilliant silver; —крахмал m. gloss starch; —ованный a. glossed, etc., see v.; —овать see глянцевать; —овый a. glossy.
гляци— prefix glaci— (ice); —альный a. glacial; —ация f. (geol.) glaciation; —о— prefix glacio—, glacier; —ология f. glaciology.
гм abbr. (гектометр) hectometer.
г-масса abbr. (грамм-масса) gram-mass.
Гмелина соль Gmelin's salt, potassium ferricyanide.
гмелинит m. (min.) gmelinite.
ГМК abbr. (гидразид малеиновой кислоты) maleic hydrazide; (генератор механических колебаний) generator of vibrations; (гиромагнитный компас) gyromagnetic compass.
г-моль abbr. (грамм-моль) mole, gram molecule.
ГМСК abbr. (геоакустический метод стационарных колебаний) geoacoustical method of stationary vibrations.
ГМТ abbr. (гексаметилентетрамин) hexamethylenetetramine.
ГМФ abbr. (гуанозинмонофосфорная кислота) guanosinemonophosphoric acid.
гн abbr. (генри) henry; ГН abbr. (гидравлический насос) hydraulic pump.
гнать v. drive, chase; distil; race (engine); —ся v. pursue.
гнедой a. bay (colored).
гнезд/иться v. nest; —ный a. of гнездо; nest(ing), nested; suffix (biol.) —locular, —loculate.
гнезд/о n. nest, cradle; pit, depression, hollow, recess; (peg) hole; socket, couple; seat (of valve); housing (of machine); mesh (of screen); groove, mortise, slot; nidus; breeding place; focus (of disease); pocket (of ore); paragraph (of dictionary); (elec.) receptacle, plug-in socket; bunch, cluster; hill (of corn, etc.); seed bed; (tel.) jack;

г. и шип mortise and tenon; осадок —ами (geol.) nodular deposit.
гнезд/ование n. nesting; —овать v. nest; —овой a. of гнездо; nested; cluster (sowing); hole, in holes; —овье n. breeding site; —оразрывной a. (bot.) loculicidal; —чатый a. partitioned; —ышко dim. of гнездо.
гнейс m. (petr.) gneiss; —овый a. gneiss(ic), gneissoid; —оподобный a. gneiss-like, gneissoid.
гне/сти v. press, squeeze; —т m. press; weight; oppression; pr. 3 sing. of гнуть.
гнетовый a. (bot.) gnetaceous.
гнеток m. plunger.
гнивший past act. part. of гнить.
гнид/а f., —ный a. (ent.) nit.
гни/ение n. decay, decomposition, putrefaction, rotting, (dry) rot; —ет pr. 3 sing. of гнить.
ГНИИ . . . abbr. (государственный научно-исследовательский институт . . .) State Scientific Research Institute of . . .
гнил sh. m. of гнилой; past m. sing. of гнить; —ец m. (bees) foul brood; —и gen., etc., of гниль; past pl. of гнить; —ой a. decayed, decomposed, rotten, putrid; (med.) carious; —окровие n. (med.) septicemia.
гнилост/ность f. decay, putrefaction, putrescence; —ный a. putrid; putrefactive; —ойкий a. rot-resistant; —ь see гнилостность.
гнил/ушка f. rotten wood, punk; —ь f. decay, putrefaction; (phyt.) rot; —ь стеблей stem rot; серая —ь gray mold, botrytis sp.; —ьца f. touch of decay.
гни/ть v. rot, decay, decompose, putrefy; —ючесть f. putridness; —ючий, —ющий a. putrescent, rotting.
гное/видный a. (med.) puriform; —кровие n. pyemia; —ние n. rotting; suppuration; —отделительный a. pus-discharging; —родный a. suppurative, pyogenic; —течение n. suppuration; spec. pyorrh(o)ea; —точивый a. suppurative.
—гнозия f. suffix —gnosy (knowledge).
гно/истый see гнойный; —ить v. rot, putrefy; suppurate, fester; manure (soil); —иться v. suppurate, fester, discharge matter.
гной m. pus, matter; —ник m. abscess; —ничковый a. pustulous; —ничок m. pustule; —ный a. suppurative, festering, purulent; пос выделение pus.
гномон m. (geom., etc.) gnomon; —ический a. gnomonic.
гноскопин m. gnoscopine, dl-narcotine.
гно/ючий, —ящийся a. purulent, festering.
гнус m. blood-sucking flies.

гнусавость *f.* (med.) Rhinolalia.
гну/тый *a.* bent, curved; —ть *v.* bend, curve, flex, deflect; —тье *n.* bending, flexure; deflection; —щийся *a.* flexible, elastic.
гнюс *m.* (ichth.) electric ray.
гоанг-нан *m.* hoangnan (bark).
гобийский *a.* (geog.) Gobi.
Говарда мешалка Howard mixer.
говения *f.* (bot.) Hovenia.
говлит *m.* (min.) howlite.
говор *m.* talk, rumor; speech; speaking; —ение *n.* talking, speaking; —итель *m.* speaker; —ить *v.* talk, speak, say, tell; —ить о том, что indicate, suggest, point to the fact (that); —ной раструб, —ная воронка (tel.) mouthpiece; —я *pr. ger.* speaking; if we say; иначе —я in other words; не —я (уже) о not to mention, to say nothing of, aside from, let alone; —ят it is said, it is claimed.
говя/дина *f.*, —жий *a.* beef.
гогманит *m.* (min.) hohmannite.
год *m.* year, annum; —ами for years.
годен *sh. m. of* годный.
годжкинсонит *m.* (min.) hodgkinsonite.
година *f.* time, year.
годиться *v.* suit, be suitable (for); fit, be fit (for); do; be of use; hold (good or true).
годичн/ость *f.* a year's time; —ый *a.* yearly, annual; one year's.
годн/о *adv. and sh. n. of* годный; —ость *f.* suitability, fitness, etc., *see a.*; —ость к полету airworthiness; —ый *a.* suitable, fit, acceptable; satisfactory; serviceable; effective; applicable, adaptable; valid; —ый для —able, *e.g.*, —ый для обработки workable.
годо— *prefix* hodo— (way, path).
годов/алый *a.* one-year-old, yearling; —ик *m.* yearling; —ой *a.* annual, yearly; per year; one year('s); —щина *f.* anniversary.
годо/граф *m.* (math.) hodograph; (seism.) travel time curve; locus; —скоп *m.* (electron.) hodoscope.
годы *pl. of* год; years, age.
гоймы *pl.* (min.) supporting beams.
гойяцит *m.* (min.) goyazite.
гокутолит *m.* (min.) hokutolite.
гол *sh. m. of* голый.
гол. *abbr.* [голов(а); голландский].
голавл/евый *a.*, —ь *m.* (ichth.) chub.
голадин *m.* holadin.
голаркти/ка *f.* Holarctic region; —ческий *a.* Holarctic.
голен/астый *a.* long-legged; wading (birds); —остный *a.* (anat.) talocrural; —ище *n.* boot top; —ь *f.* shin, shank; (orn.) tarsus; (ent.) tibia.
голец *m.* (ichth.) loach; (geol.) bald peak.
голик *m.* besom, broom; beacon.

голл. *abbr.* (голландский) Dutch.
голландер *m.* (paper) hollander, beater; (agr.) huller, sheller.
Голландия Holland, the Netherlands.
голландск/ий *a.* Dutch; —ая сажа an ivory black; —ие белила Dutch white (lead pigment).
голлендер *see* голландер.
голмий *see* гольмий.
голо *adv.* nakedly, barely; poorly.
голо— *prefix* (biol.) gymno— (naked, bare); holo— (complete, whole, entire).
голов/а *f.* head; (ice) block; loaf (of sugar); приходить в —у *v.* occur; —астик *m.* (zool.) tadpole; —астый *a.* large-headed; —ач *m.* mudfish; humpback whale; (ent.) Lethrus.
головешка *f.* firebrand, ember.
головизна *f.* jowl.
головка *f.* head; cap, knob, end, tip; diehead; (drill) bit; (chisel) point; (open hearth furnace) port; (petrol.) overhead fraction; (power) pack; (garlic) clove.
головнев/ые *pl.* (bot.) Ustilaginaceae; —ый *a. of* головня.
головн/ой *a.* head, cephalic; leading, main; primary (column); bow (wave; shock); last (stage of rocket); pilot (plant); head end (process); —ая боль headache; —ая часть (rockets) nose cone; —ое сооружение (hydr.) headwork; —омозговой *a.* (anat.) craniocerebral.
головня *f.* firebrand, ember; (phyt.) smut; пыльная г. smut (*Ustilago*); твердая г. kernel smut.
голово— *prefix* head, cephalo—; —грудь *f.* cephalothorax; —кружение *n.* vertigo, giddiness, dizziness; —ломка *f.* puzzle, problem; —ногие *pl.* (zool.) Cephalopoda; —образный *a.* head-shaped, cephaliform.
головчат/ка *f.* (bot.) Cephalaria; —ый *a.* bulbous; bulb (iron); (zool.) cephalate; (bot.) capitate.
—голов/ые *pl. suffix* (zool.) —cephala; —ый *a.* —headed, —cephalous.
голо/гиалиновый *a.* (petr.) holohyaline; —грамма *f.* hologram.
голод *m.* hunger, famine; морить —ом, томить —ом *v.* starve; —ание *n.*, —овка *f.* starvation; malnutrition; deficiency, lack; —ать *v.* starve; —ающий *a.* starving; —ный *a.* hungry; starvation, famine; nutritional.
голозерный *a.* (bot.) naked.
голокаин *m.* holocaine, phenacaine.
гололед *m.*, —ица *f.*, —ный *a.* glaze (of ice).
голоморф *m.* (math.) holomorph; —ность *f.* holomorphy; —ный *a.* holomorphic.
голо/номный *a.* (phys.) holonomic; —планктон *m.* (biol.) holoplankton.

голоплодный *a.* (bot.) gymnocarpous.
голос *m.* voice; vote, ballot.
голосем/енной, —янный *a.* (bot.) gymnospermous; —янные *pl.* Gymnospermae.
голословн/о *adv.* without proof, without foundation; —ость *f.* lack of proof, unsubstantiated nature; —ый *a.* proofless, unsubstantiated by proof, unfounded, assumed.
голосник *m.* (acous.) resonator.
голосов/ание *n.* vote, voting, ballot, poll; —ать *v.* vote; —ой *a.* vocal, voice; —ая щель (anat.) glottis; —ые связки vocal chords.
голостебельчатый *a.* (bot.) bare-stalked.
голо/тип *m.* (zool.) holotype; —турия *f.* (zool.) holothurian, sea cucumber.
голоцен *m.* (geol.) Holocene (epoch).
голоэдр *m.* (cryst.) holohedron; —ический *a.* holohedral.
голтель *m.* molding plane, cornice plane.
голтовка *see* галтовка.
голуб/ель, —ика *f.* (bot.) blueberry (*Vaccinium*); spec. bog bilberry (*V. uliginosum*); —еть *v.* become azure, become blue; —изна *f.* blue, azure.
голубиный *a.* pigeon.
голуби/ца, —чник *see* голубика.
голубки *pl.* (bot.) columbine (*Aquilegia*).
голуб/оватый *a.* bluish; —ой *a.* (sky-) blue, azure; —осерый *a.* blue-gray.
голубушка *f.* (bot.) oxytropis.
голубь *m.* pigeon, dove; (astr.) Columba.
голубянки *pl.* (ent.) Lycaenidae.
голубят/ина *f.* squab, pigeon meat; —ня *f.* dovecote, pigeon coop.
голый *a.* bare, naked, uncovered; bald.
голыш *m.* pebble, shingle, flint, cobblestone; gravel; —евый *a.* pebbly, gravelly.
голь *f.* bareness, nakedness; poverty.
гольдглет *m.* a kind of litharge.
гольденит *m.* (min.) holdenite.
Гольджи аппарат (anat.) Golgi organ.
гольд/фильдит *m.* (min.) goldfieldite; —шмидтит *m.* goldschmidtite.
голье *n.*, —вой *a.* depilated hide; viscera and feet (of carcass).
гольм/иевый *a.* holmium, holmic; —ий *m.* holmium, Ho; окись —ия holmium oxide; хлорный —ий holmic chloride; —квистит *m.* (min.) holmquistite.
гольт *m.*, —ский ярус (geol.) Gault.
гольтциевый *a.* Holtz.
гольф *m.* golf.
гольфстрим *m.* (geog.) Gulf Stream.
гольц/овый *a. of*; —ы *pl. of* голец.
гольян *m.* (ichth.) minnow.
голяк *m.* hide of premature lamb.
гоманнит *m.* (min.) hohmannite.
гоматропин *m.* homatropine.

гомбо *n.* (bot.) okra.
гомео— *prefix* hom(e)o— (like, similar).
гомеоморф *m.* (cryst.; math.) homeomorph; —изм *m.*, —ность *f.* homeomorphism; —ный *a.* homeomorphous.
гомеопат *m.* (med.) homeopath; —ический *a.* homeopathic; —ия *f.* homeopathy.
гомеополярн/ый *a.* hom(e)opolar; —ая связь homopolar bond; covalent bond.
гомеостаз(ис) *m.* (physiol.) homeostasis.
гоми *n.* (bot.) foxtail (*Setaria italica* or *viridis*).
гомилит *m.* (min.) homilite.
гоммелин *m.* gommeline, dextrin.
гоммоз *m.* (phyt.) gummosis.
гомо— *prefix* homo— (same, like).
гомоген/изатор *m.* homogenizer; —изация *f.* homogenizing, homogenization; —из(ир)овать *v.* homogenize; —изованный *a.* homogenized; —ность *f.* homogeneity, homogeneousness; —ный *a.* homogeneous.
гомо/гентизиновая кислота homogentisic acid, 2,5-dihydroxyphenylacetic acid; —графия *f.* (geom.) homography; —динамический, —динамный *a.* homodynamic; —динный *a.* (rad.) homodyne.
гомозигот/а *f.* (biol.) homozygote; —ность *f.* homozygosity; homozygosis; —ный *a.* homozygous.
гомо/йотермный *a.* (zool.) homoiothermal; —камфорный *a.* homocamphoric (acid); —клиналь *f.* (geol.) homocline; —лиз *m.* (chem.) homolysis; —литический *a.* homolytic.
гомолог *m.* homolog; —ический, —ичный *a.* homologous; —ичность, —ия *f.* homology.
гомоморф *m.* (biol.; math.) homomorph; —изм *m.* homomorphism; —ный *a.* homomorphous, homomorphic.
гомо/номный *a.* (biol.) homonomous; —пауза *f.* (meteor.) homopause; —переход *m.* homojunction; —пластика *f.* (med.) homoplastic transplantation; —полярный *see* гомеополярный; —сфера *f.* (meteor.) homosphere; —таксиальный *a.* (geol.) homotaxial; —тетичный *a.* (math.) homothetic; —тетия *f.* homothety, similitude; —типный *a.* (zool.) homotypic, normal; —топический *a.* (biol.; math.; topology) homotopic, homotopy.
гомо/фталевый *a.* homophthalic (acid); —центрический *a.* homocentric; —циклический *a.* homocyclic.
гомути *n.* gomuti (fiber).
гон *m.* bout, run, pass; strip; drive, driving; hunt, chase; (zool.) heat.
—гон *m. suffix* —gon (angle).

гон— *prefix* gon(o)— (secd, birth, generation, reproduction); —ада *f.* gonad, sex gland; —адотропин *m.* gonadotropin (hormone); —адотропный *a.* gonadotropic.

—гональный *a. suffix* —gonal (—angle(d), —sided).

гонг *m.* gong.

гонданг *m.* gondang (wax).

гондванский *a.* Gondwanaland.

гондол/а *f.,* —ьный *a.* gondola, nacelle; (balloon) car; housing; г.-вагон (rr.) gondola.

Гондурас Honduras.

гондурол *m.* hondurol.

гонид/ий *m.,* —ия *f.* (bot.) gonidium.

гониевый *a.* (anat.) gonial.

гонио— *prefix* gonio- (corner, angle).

гониометр *m.* goniometer; прикладной г. protractor; —ический *a.* goniometric; —ия *f.* goniometry, direction finding.

гонит *m.* (med.) gon(e)itis; *pr. 3 sing. of* гнать.

—гония *f. suffix* —gony (birth, generation, reproduction).

гонк/а *f.* race, racing; drive; haste, hurry; distillation; raft(ing), float (of wood); *suffix* separator, extractor, centrifuge; —ий *a.* fleet, fast; (bot.) fast-growing.

гонконгский *a.* (geog.) Hongkong.

гонкость *f.* fast rate of growth.

—гони/ый *a.* —agogue, —agogic, -promoting, -stimulating, -inducing, -producing; -extracting; —ая машина *see* гонка, *suffix;* —ое средство —agogue.

гоно— *see* гон—.

гонобо(бе)ль *see* голубика.

гонок *m.* (text.) picker; *sh. m. of* гонкий; *gen. pl. of* гонка.

гонококк *m.* (med.) gonococcus.

гонорар(ий) *m.* fee, compensation, remuneration; royalty.

гонор/ейный, —ойный *a.* (med.) gonorrheal; —ея *f.* gonorrhea.

гоночный *a. of* гонка.

гонт *m.* gravel; (roof) shingle; —ина *f.,* —овой *a.* shingle; —овщик *m.* shingle maker; —орезный станок shingle saw.

гончар *m.* (cer.) potter; —ничать *v.* be a potter.

гончар/ный *a.* potter's; ceramic, earthenware; clay, argillaceous; г. круг potter's wheel; —ая масса, —ое тесто (cer.) paste, body; —ая печь kiln; —ое искусство ceramics; —ые изделия pottery, earthenware; —я *f.* pottery.

гончарство *n.* potter's trade; ceramics.

гон/щик *m.* racer; driver; —ять *see* гнать.

гопеит *m.* (min.) hopeite.

гопкалит *m.* hopcalite (gas mask filter).

гопкинсоновский *a.* Hopkinson.

гоппер-фидер *m.* feed hopper.

ГОР *abbr.* (газоохлаждаемый реактор) gas-cooled reactor.

гор. *abbr.* [город(ской); горячий].

гор/а *f.* mountain, hill; в —у uphill; под —у downhill.

гораздо *adv.* much, (by) far, considerably.

гора-останец *f.* residual mountain; г.-свидетель *f.* island mountain.

горб *m.* hump, protuberance, bulge, camber; (curve) peak; —атик *m.* (carp.) compass plane; —атить *v.* hump; —атки *pl.* (ent.) Phoridae; Mordellidae; —атый *a.* hunchback(ed), humpbacked, humped, gibbous, protuberant.

горбахит *m.* (min.) horbachite.

горб/ач *m.* (carp.) compass plane; (zool.) humpback whale; —ик *m.* little hump, gibbosity, protuberance, swelling; —ина *f.* bump; (zool.) umbo; —истый *a.* gibbous, humped; knotty (wood); —ить *v.* hunch (one's back); bend; —ун *m.* hunchback; —уша *f.* (agr.) sickle; (ichth.) humpback(ed) salmon; —ылек *m.* (window) sash bar; —ыль *m.* slab, side piece.

Горвуда процесс (min.) Horwood (flotation) process.

горд *sh. m. of* гордый.

горд/еин, —енин *m.* hordenine.

гордень *m.* whip (lifting device).

гордиев узел Gordian knot, very involved problem.

гордиться *v.* be proud (of).

гордов/ина *f.,* —ый *a.* (bot.) viburnum.

горд/ость *f.* pride; —ый *a.* proud.

горе *n.* grief; —вать *v.* grieve.

горек *sh. m. of* горький.

горел/ка *f.* burner, (gas) jet; (welding) torch; precombustion chamber; premix or burner cup; —ый *a.* burnt, scorched; reduced to ashes.

горельеф *m.,* —ный *a.* high relief.

горемик *m.* baked rock.

гор/ение *n.* combustion, burning, blazing; теплота —ения heat of combustion; —еть *v.* burn; shine, blaze.

горец *m.* knotweed (*Polygonum*).

горечавка *f.* (bot.) gentian (*Gentiana*).

гореч/ь *f.* bitterness, bitter taste; bitter principle; —и *pl.* (pharm.) bitters.

горжа *f.* gorge, ravine.

горздравотдел *m.* municipal health department.

горизонт *m.* horizon, vista; level, floor, plane; (min.) gallery, adit; layer, bed; (water) line, table; height (of instrument); вне —а out of sight; —аль *f.* horizontal, level; contour (line); установка по —али horizontal adjustment.

горизонтальн/о *adv. and prefix* horizontal(ly); on a level; flat; —о-ковочный *a.* (met.) upsetting; —о-поляризованный

горизонтировать *a.* horizontally polarized; —**о-расточный**, —**осверлильный** *a.* boring (machine); —**ость** *f.* horizontal position; —**офрезерный** *a.* horizontal milling (machine); —**ый** *a.* horizontal, level, flat; —**ая линия**, —**ая плоскость** level; —**ая съемка** leveling.

горизонтировать *v.* level.

горилла *f.* (zool.) gorilla.

горист/ость *f.* mountainous state; —**ый** *a.* mountainous.

горицвет *m.* (bot.) Adonis; Coronaria.

горичник *m.* (bot.) Peucedanum.

горк past *m. sing.* of **горкнуть**.

горка *f.* hill(ock), hummock, ridge, peak; (av.) steep climb; cabinet; gravity cleaner; (rr.) gravity yard.

горкнуть *v.* turn bitter; turn rancid.

горком *m.* town or city committee.

горлец *m.* (bot.) bistort (*Polygonum bistorta*).

горло *n.* throat; neck (of vessel); vent (of volcano); (sand) bar; wave-cut niche; **с длинным —м** long-necked; —**вина** *f.* manhole; crater, orifice, mouth, vent; throat; neck (of vessel); (steel converter) nose; —**вой** *a. of* **горло**; striction; throttle (pipe); —**вая чахотка** (med.) laryngeal phthisis; —**сечение** *n.* (med.) tracheotomy.

горл/ышко *n.* neck, mouth, spout; throat, gullet; —**янка** *f.* (bot.) bottle gourd; crookneck (squash).

гормон *m.*, —(**аль**)**ный** *a.* hormone; —**отерапия** *f.* hormone therapy.

горн *m.* (met.) hearth, forge, furnace; (cer.) kiln; crucible (of shaft furnace); (fog) horn.

горнблендит *m.* (petr.) hornblendite.

горнил/о *see* **горн**; —**ьный** *see* **горновой**.

горнитос *m.* (geol.) hornito, driblet cone.

горно— *prefix* mining; mountain; **г.-алтайский** *a.* (geog.) Gorno-Altaic; **г.-бадахшанский** *a.* Gorno-Badakhshan.

горновой *a. of* **горн**; (forge) welding; *m.* blast furnace attendant.

горно/добывающий *a.* mining (industry); —**заводский** *a.* (mining and) metallurgical.

горнокаменн/ый *a.*, —**ая порода** rock.

горно/металлургический *a.* mining and smelting; —**промышленность** *f.* mining industry; —**промышленный** *a.* mining; —**рабочий**, —**служащий** *m.* miner; —**рудный** *a.* mining; —**спасательный** *a.* (mine) rescue.

горност/ай *m.*, —**аевый**, —**айвый**, —**аячий** *a.* (zool.) ermine; —**аевые моли** ermine moths (*Yponomeutidae*).

горно/технический *a.* mining, mine engineering; —**химический** *a.* mining and chemical; —**шахтный** *a.* mining.

горн/ый *a.* mountain(ous); mining; pit (sand, gravel); surveying (compass); air (sickness); **г. воск** (min.) mineral wax, ozocerite; **г. инженер** mining engineer; **г. лен** (min.) mountain flax, amianthus; **г. проход** mountain pass; **г. трут** *see* **горное молоко**; **г. хрусталь** (min.) rock crystal; —**ая бумага** (min.) mountain paper, mountain cork; **открытая —ая выработка** open pit mining, open cut mining; —**ая голубая** mineral blue (basic copper carbonate); —**ая губка** *see* **горное молоко**; —**ая зелень** mountain green, malachite; —**ая кожа** (min.) mountain leather, palygorskite; —**ая мука** mountain meal, kieselguhr; —**ая порода** rock; —**ая пробка** mountain cork; —**ая синь** *see* **горная голубая**; —**ая система** range (of mountains); —**ая смола** mineral tar, mineral pitch; —**ая техника** mining engineering; —**ое дело** mining (industry); —**ое дерево** mountain wood, ligneous asbestos; —**ое искусство** mining; —**ое масло** petroleum; mineral oil; —**ое молоко** rock milk, agaric mineral; —**ое мыло** mountain soap, saponite; —**ое сало** mountain tallow, hatchettite; —**ое солнце** mercury-quartz lamp; —**ые квасцы** rock alum, alunite; —**ые породы** rocks; —**ые работы** mining.

горн/як *m.*, —**яцкий** *a.* miner; mining engineer or student.

город *m.* town, city.

городить *v.* hedge, fence, enclose.

город/ок *m.* small town; lumber yard; —**сад** *m.* garden city; —**ской** *a.* city, municipal, urban.

городчатый *a.* (biol.) crenate, notched.

горо/дьба *f.* enclosure, fence; fencing; —**жение** *n.* enclosing, fencing.

горок *gen. pl. of* **горка**.

горообраз/ование *n.* (geol.) orogenesis, mountain formation; —**ующий** *a.* orogenic.

горох *m.* (bot.) pea; —**овидный** *a.* pea-shaped, pisiform; pisolitic.

горохов/ый *a.* pea; pea-green; **г. камень** (min.) aragonite oölite; (petr.) coarse oölitic limestone; —**ая руда** pea ore.

горочный *a. of* **горка**.

горош/ек *m. dim. of* **горох**; pea coal; (bot.) vetch (*Vicia*); **душистый г.** (bot.) sweet pea (*Lathyrus odoratus*); **гравий —ком** pea gravel; —**ин(к)а** *f.* a pea; —**ковый** *a.* pea; —**чатый** *see* **гороховидный**.

горсейксит *m.* (min.) gorceixite.

горский *a.* mountain.

горст *m.* (geol.) horst, uplift.

горсть *f.* handful.

горсфордит *m.* (min.) horsfordite.

гортан/ный *a.* (anat.) laryngeal, **—ь** *f.* larynx.
гортензия *f.* (bot.) hydrangea.
гортикультура *f.* horticulture.
гортон/олит *m.* (min.) hortonolite; **—сжера** *f.* (gas) Hortonsphere.
горца *gen. of* **горец**.
горч/авка, —анка *see* **горечавка; —айший** *a.* most bitter; worst; **—ак** *m.* (bot.) smartweed (*Polygonum hydropiper*); gentian (*Gentiana*); Acroptilon; **—е** *comp. of* **горький**, more bitter; **—инка** *f.* bitter taste; **—ить** *v.* make bitter; have a bitter taste.
горчи/ца *f.*, **—чный** *a.* mustard; **—чник** *m.* mustard plaster; **—чный газ** mustard gas, dichlorodiethyl sulfide.
горшечник *m.* potter; **круг —а, станок —а** potter's wheel.
горш/ечный, —ковый *a.* pot, potter's; **г. камень** potstone, impure talcose rock; **г. товар** pottery, earthenware; **г. шлак** (met.) first-run slag; **—ечная глина** potter's clay; **—ечная мельница** barrel mill; **—ечная печь** potter's kiln; **—кообразный** *a.* pot-shaped; **—кообразный круг** pot (grinding) wheel; **—ок** *m.* pot, vessel; (steam) trap.
горы *gen., pl. of* **гора**.
горьк/ий *a.* bitter; **г. шпат** *see* **шпат**; **—ая вода** bitter water (containing Epsom salts); (pharm.) bitter-almond water; **—ая настойка, —ие капли** bitters; **—ая соль** Epsom salts, magnesium sulfate heptahydrate; **—ое вещество** bitter principle; **—лый** *a.* rancid, rank; grown bitter; **—нуть** *v.* become bitter; grow rancid or rank; **—о** *adv.* bitterly; **—оватый** *a.* somewhat bitter, bitterish.
горьковский *a.* Gorki.
горькозем *m.*, **—истый** *a.* magnesia.
горько/миндальный *a.* bitter-almond; **—плодный** *a.* bitter-fruited; **—сладкий** *a.* bitter-sweet; **—солёный** *a.* acrid; **—сть** *f.* bitterness.
горюч/ее *n.* fuel, combustible; (rocket) propellant; **газовое г.** gaseous fuel; **фуел гас; на ядерном —ем** nuclear-powered; **твердое г.** solid fuel; **—есть** *f.* combustibility, inflammability.
горюч/ий *a.* combustible, inflammable; **г. газ** fuel gas; gas of combustion, flue gas; **г. материал** fuel, combustible material; **—ее масло** fuel oil.
горя *pr. ger. of* **гореть**; *gen. of* **горе**.
горяче/катаный *a.* hot-rolled; **—ломкий** *a.* (met.) hot-short; **—ломкость** *f.* hot-shortness, hot-short state; **—прессовый** *a.* shrink (fit); **—спелый** *a.* (met.) too hot; (of iron) kishy; **—тянутый** *a.* (met.) hot-drawn; **—чный** *a.* burning, feverish; **—чный бред** (med.) delirium.

горяч/ий *a.* hot; (nucl.) hot, highly radioactive; shrink (fit); **г. сросток** soldered joint; **—ая камера** (nucl.) hot cell, hot cave; **—ить** *v.* warm, heat; excite; **—ка** *f.* (med.) fever; **белая —ка** delirium tremens; **гнилая —ка** typhus; **—ность** *f.* warmth, fervor, zeal; **—о** *adv.* warmly, hotly; eagerly.
горящий *a.* burning.
гос— *prefix* State; **—банк** *m.* State bank; **-во** *abbr.*: (**государство**); **—издат** *m.* State publishing house.
госларит *m.* (min.) goslarite.
госпитализ/ация *f.* hospitalization; **—ировать** *v.* hospitalize.
госпиталь *m.* hospital; **—ный** *a.* hospital, nosocomial (diseases); **походный г.** ambulance.
госплан *m.* State planning committee.
господств/о *n.*, **—ование** *n.* domination, supremacy, prevalence; **—овать** *v.* (pre)dominate, prevail; govern; **—ующий** *a.* (pre)dominant, dominating, prevailing, prevalent.
госпредприятие *n.* state enterprise.
госраспределение *n.* state distribution.
госсанинспекция *f.* State sanitary inspection.
госсип/етин *m.* gossypetin; **—ин** *m.* gossypin (cotton cellulose); **—овая кислота** gossypic acid; **—оза** *f.* gossypose, raffinose; **—оид** *m.* gossypoid; **—ол** *m.* gossypol.
госслужащий *m.* State employee.
госснабжение *n.* state supply.
Госстрой *m.* State construction committee or office.
ГОСТ, гост *abbr.* (**Государственный общесоюзный стандарт**) All-Union State Standard.
гост/евой *a. of*; **—ей** *gen. pl. of* **гость**.
гост/еприимный *a.* hospitable; **—иница** *f.* hotel; **—иный** *a.* visitor's, guest; **—ить** *v.* visit, stay (with).
Госторг *m.* State export and import office.
госторговля *f.* State trade.
гость *m.* guest, visitor; (min.) metasome.
государств/енный *a.* state; government; public; national; federal; official (test); **—о** *n.* state; government.
госуниверситет *m.* State University; **—учреждение** *n.* State institution.
Госхим(тех)издат *m.* State Scientific and Technical Publishing House of Chemical Literature.
госхоз *m.* State economy.
гот/ический *a.* Gothic; **—ландий** *m.*, **—ландский** *a.* (geol.) Gothlandian, Silurian.
готов *sh. m. of* **готовый**.
готовальн/ик *m.*, **—я** *f.* set or case of drawing instruments.

готов/ить v. prepare, make ready; —иться v. prepare, get ready; —ность f. readiness; коэффициент —ности availability; —о adv. and sh. n. of готовый; —ый a. ready, prepared; willing; ready-made, off-the-shelf; (pre)fabricated; finished, final; в —ом виде ready for use.
гофманский a. Hoffman (clamp; drops); Hofmann (reaction.)
Гофмейстера ряд Hofmeister series.
гофр m., —a f. corrugation, crimp; corrugated metal sheet.
гофриров/ально-заточный станок crimping, beading, and flanging machine; —альный a. crimping, corrugating; —ание n. crimping, corrugation; —анный a. corrugated (iron); crimped (wire, cloth, etc.); embossed (fabric); —анная мембрана, —анная трубка bellows; —ать v. corrugate, crimp; emboss; —ка see гофрирование.
гошкорнит m. (min.) hauchecornite.
гпз abbr. (гектопьеза) hectopiezo-electric unit.
г-р abbr. (грамм-рентген) gram-roentgen; гр. abbr. (градус; грамм; греческий; группа); Гр abbr. (горячая посадка) shrink fit.
граафов пузырек (anat.) Graafian follicle.
граб m. (bot.) hornbeam (*Carpinus*); spec. white beech (*C. betulus*).
грабарь m. excavator.
грабель gen. of грабли; —ный a. rake, rabble.
грабен m. (geol.) graben.
грабин/а, —ник see граб; —ный a. hornbeam.
грабит/ельский a. predatory; exorbitant; —ь v. rob, plunder; rake.
грабл/ение n. raking; —и pl. rake, rabble; (concentration classifier) ladder.
граб/няк, —овник m. hornbeam forest; —овый a. of граб.
грабшти/к, —х(ель) m. burin, graver.
гравел/истый a. gravelly; —ит m. gritstone.
гравер m. engraver; a bark beetle.
грави— *prefix* gravimetric, gravitation.
гравие/мойка f. gravel washer; —сортировка f. gravel sorter, gravel classifier; gravel sorting.
гравий m. gravel, grit; —ный a. gravel(ly), gritty, tophaceous.
гравилат m., —ный a. (bot.) Geum.
гравиметр m. gravimeter; —ический a. gravimetric; —ия f. gravimetry.
гравиразведка f. gravitation prospecting.
гравировальн/ый a. engraving; г. станок engraver; —ая доска copper or steel plate, engraver's cut; —ая игла etching needle, style.

гравиров/альщик m. engraver; —ание n. engraving, etc., see v.; —анный a. engraved, etc., see v.; (min.) glyptic; —ать v. engrave, etch, cut, carve; —ка see гравирование.
гравистый a. gravelly.
гравитац/ионный a. gravitation(al), gravity; turbidity (current); —ионная сортировка (min.) gravity concentration; —ия f. gravitation; gravity concentration.
гравитон m. graviton, gravitation quantum.
гравюра f. engraving, print, cut; (die) impression.
Грагама закон see Греэма закон.
град m. hail; shower, volley; (centesimal) grade; abbr. (градуса).
град. abbr. (градус) degree.
г-рад abbr. (грамм-рад) gram-rad.
град/ация f. gradation, grading, scale; shading; —иент m., —иентный a. gradient, grade, slope; (meteor.) lapse rate.
градина f. hail(stone).
градир/ный a. graduation, evaporation; г. аппарат graduator; —ня f. graduating tower; cooling tower, cooler; —ование n., —овка f. graduation, evaporation; —овать v. graduate, evaporate.
град/м abbr. (градус на метр) degree(s) per meter.
градо— *prefix* hail; city; —битие n. damage done by hail; —вой a. hail; —м adv. in a shower; thick and fast; —строительство n. city designing and building.
градуатор m. graduator; (elec.) induction coil.
градуиров/ание n. graduation, calibration, division; rating (of light bulbs); —анный a. graduated, etc., see v.; —анный диск dial, face; —ать v. graduate, calibrate, scale, grade; rate; divide; standardize, gage; —овка see градуирование; —овочный a. calibration; calibrated.
градус m., —ный a. degree; grade; —ник m. thermometer; —ная сетка (geod.) graticule, reticule; —о-день m. (meteor.) degree day.
граждан/ин m. citizen; —ский a. civil; civic; —ское строительство civil engineering; —ство n. citizenship.
грам— *prefix* phonograph, record(ing); —запись f. sound track; recording.
грам/ин m. gramine; —ицидин m. gramicidin.
грамм m. gram; г., —а f. *suffix* —gram; diffraction pattern.
граммат/ика f. grammar; —ит m. (min) grammatite, tremolite; —ический a. grammatical.

грамм/-атом *m.* gram-atom; г.-ион *m.* gram-ion; г.-калория *f.* gram-calorie; г.-молекула *f.* grammolecule, mole; —овый *a.* gram; —олекулярный *a.* gram-molecular, molar.

граммофон *m.*, —ный *a.* phonograph.

грамм-рад *m.* (nucl.) gram-rad; г.-рентген *m.* gram-roentgen; г.-сантиметр *m.* gram-centimeter; г.-эквивалент *m.* gram equivalent.

грамот/а *f.* reading and writing; charter, record; deed; certificate; —ность *f.* literacy; competence; —ный *a.* literate; competent.

грамотрицательный *a.* (bact.) Gram-negative.

грампластинка *f.* phonograph record.

грамположительный *a.* (bact.) Gram-positive.

гран *m.* grain (64.8 mg.).

гранат *m.* (min.) garnet; (bot.) pomegranate; благородный г., красный г. (min.) carbuncle, red gem garnet; железистый г. iron garnet; черный г. black garnet, melanite.

граната *f.* grenade, shell.

гранатанин *m.* granatanine, 1,5-iminocyclooctane.

гранатизированный *a.* (min.) garnetized, garnetiferous.

гранатин *m.* granatine.

гранат/ка *f.* pomegranate (fruit); granatka (sodium chloride); —ник *m.* pomegranate (tree); —ный, —овый *a.* (min.) garnet; (bot.) pomegranate.

гранато— *prefix* (min.) garnet; (chem.) granato—; (mil.) grenade; —вый *a. of* гранат; —дубильный *a.* granatotannic (acid); —мет *m.* grenade launcher or thrower; —нин *m.* granatonine, pseudopelletierine; —подобный *a.* garnet-like; —уловитель *m.* grenade pit; —эдр *m.* rhombododecahedron.

грандидиерит *m.* (min.) grandidierite.

грандиозн/ость *f.* grandeur, magnificence; —ый *a.* grand, magnificent, immense, vast, far-reaching.

гране/ние *n.* cutting (of gems); —(н)ный *a.* cut, ground, faceted; fluted, canted; —центрированный *a.* (cryst.) face-centered.

грани *gen.*, *pl.*, *etc.*, *of* грань.

гранилит *m.* (petr.) granilite.

гранил/о *n.* cutter; —ьный *a.* cutting; —ьня *f.* lapidary works; —ьщик *m.* lapidary, gem cutter.

гранистый *a.* faceted.

гранит *m.* (petr.) granite; —изация *f.* granitization; —ит *m.* (petr.) granitite; —ный, —овый *a.* granite, granitic.

гранито/видный *a.* (petr.) granitoid, granite-like; —гнейс *m.* granite gneiss; —ид *m.* granitoid rock; —идный *a.* granitoid; —ль *m.* a leather substitute; —подобный *see* гранитовидный.

гранить *v.* cut, grind, facet.

границ/а *f.* boundary (line); (math.) bound; line (of demarcation); dividing line; limit(ation), end, cut-off; threshold; (Compton) edge; landmark; frontier; г. газа и воды gas-water surface; г. раздела interface; в —ах within, in the range (of); за —ей abroad; имеющий общую —у coterminous (with).

гранич/ащий *a.* adjacent, adjoining; next (to); —ение *n.* demarcation; —ить *v.* border (on), be contiguous (to); abut, adjoin, bound; —ный *a.* boundary, bounding; boundary-bound (body); interfacial; border; limiting, cut-off; cluster (set); edge (frequency); end (point); grenz (X-rays); fringe (zone); —ный слой boundary layer, interface; —ные условия (math.) boundary conditions.

гранка *f.* (typ.) galley proof, slip; (gem) cutting.

—гранн/ик *m.* *suffix* —hedron; —ый *a.* *suffix* —hedral, -faced.

грано— *prefix* grano— (grain); —бластовый *a.* (petr.) granoblastic.

грановитый *a.* faceted.

грано/диорит *m.* (petr.) granodiorite; —зан *m.* granosan (seed fungicide).

гранок *gen. pl. of* гранка.

грано/лит *m.* (cement) granolith; —фировый *a.* (petr.) granophyric.

Гранта топливо Grant's fuel.

гранул/а *f.* granule, small grain, shot; —езный *a.* granulose, granulous; —ема *f.* (med.) granuloma; —ирование *n.* granulation, granulating; —ированный *a.* granulated, granular; —ировать *v.* granulate; pelletize; —ит *m.* (petr.) granulite; —итовый *a.* granulitic; —оза *f.* granulose; —ометрический *a.* granulometric, grain-size, particle-size; fineness (ratio); grade (analysis); —оцит *m.* (anat.) granulocyte; —оцитопения *f.* (med.) granulocytopenia; —ь *m.*, —я *see* гранула; —ьный, —ярный *a.* granular; —ятор *m.*, —яционная машина granulator; —яционный *a.*, —яция *f.* granulation.

гран/ь *f.* (cryst.) facet, face; side, plane; edge (of tool); border, margin; (math.) bound; distinction; —ью, —ями facet-ways; на —и on the verge (of).

граптолит *m.* graptolite (fossil).

Грасгофа критерий Grashof number.

грассманов/ский, —ый *a.* Grassman.

грат *m.* bur, fin, edge, ridge, barb; (welding, plastics) flash.

гратио/золетин *m.* gratiosoletin; —золин

граувакка *m.* gratiosolin; **—лин** *m.* gratiolin; **—ловая кислота** gratioloic acid.

граувакк/а *f.*, **—овый** *a.* (petr.) graywacke.

граф *m.* graph; flow sheet; *prefix* graph— (drawing, writing); *m. suffix* —graph; —grapher.

графа *f.* column (of a table); paragraph; range; (linear) complex.

графе/кон, **—хон** *m.* (electron.) graphechon (storage tube).

график *m.* graph, plot, curve; diagram; chart; (time) table, schedule; **составлять г.** *v.* schedule; plot; **—а** *f.* graphing, plotting; drawing; graphs.

графил/ка *f.* marking tool, scratch awl; **—ьный** *a.* marking, ruling.

графин *m.* decanter, bottle.

графит *m.* graphite, black lead; **—изация** *f.*, **—(ир)ование** *n.* graphitization; coating with graphite; **—ированный** *a.* graphitized; **—ировать** *v.* graphitize; **—истый** *a.* graphitic; **—ит** *m.* (petr.) graphitite; **—(н)о-водяной** *a.* graphite-water (nuclear reactor); **—ный**, **—овый** *a.* graphite, graphitic; lead (pencil); **—ная спель** (met.) kish, graphite segregations; **—овая кислота** graphitic acid; **—оид** *m.* graphitoid (a bitumen); **—образный** *a.* graphitic.

граф/ить *v.* rule, draw lines; (math.) graph; **—ически** *adv.* graphically; **—ический** *a.* graphic, diagrammatic, schematic; eutectic (texture); *suffix* **—график**; diffraction; **—ическая характеристика** curve; **—ическое изображение** graphic representation, diagram; **—ия** *f. suffix* **—graphy**; diffraction; **—ление** *n.* ruling; (math.) graphing; **—ле(н)ный** *a.* ruled; divided into columns.

графо— *prefix* grapho— (writing); **—аналитический** *a.* graphic-analytical; **—логия** *f.* graphology; **—метр** *m.* (surv.) graphometer; **—механический** *a.* graphic mechanical; **—опостроитель** *m.* (graph) plotter; **—статика** *f.* graphic(al) statics.

графтонит *m.* (min.) graftonite.

графт-полимер *m.* graft polymer; **—изация** *f.* graft polymerization.

грахемит *m.* (min.) grahamite.

грациларии *pl.* (ent.) Gracilariidae.

ГРД *abbr.* (гидрореактивный двигатель) hydrojet.

греб *past m. sing. of* грести.

гребенка *f.* comb; rack; rack-shaped cutter; chaser, chasing tool; manifold; (text.) hackle; (tel.) distributing block.

гребенник *m.* (bot.) Cynosurus.

гребенной *a. of* гребень.

гребенчатый *a.* comb(-like); (biol.) pectinate; cristate; collar, thrust, cam (journal); collar step (bearing).

гребенщик *m.* (bot.) tamarisk.

греб/ень *m.* comb; summit, peak, crown, ridge (of hill); crest (of wave); (anat.) crista, crest, ridge; collar, flange (of wheel); ledge; hackle (for flax); (weaving) lease reed; (meteor.) wedge; **врубка —нем** cogged joint.

гребет *pr. 3 sing. of* грести.

гребеш/ковый *a.* crested, cristate; **—ок** *m.* comb; crest; hatch; ridge; (commutator) riser, lug.

греб/ковый *a. of* гребок; hoe-type; **—ли** *gen. of* гребля; *past pl. of* грести; **—ло** *n.* strickle; paddle, oar; *past n. sing. of* грести; **—ля** *f.* raking; rowing; embankment, dike.

гребне/вание *n.* ridging; **—видный** *a.* comb-shaped, pectinate, ridge-like; **—вик** *m.* (bot.) dog's-tail grass (*Cynosurus*); **—вики** *pl.* (zool.) Ctenophora; **—вой** *a. of* гребень, comb; ridge; **—держатель** *m.* comb holder; **—чесальный** *a.*, **—чесание** *n.* (text.) combing.

гребн/ой *a.* paddle; rowing; propelling, propeller; **г. винт** (screw) propeller; **—ая установка** propeller drive; **—уть** *see* грести.

гребня *gen. of* гребень.

гребок *m.* rake(r), rabble, hoe; paddle; strickle; stroke (of paddle).

грегамит *m.* (min.) grahamite.

грегарины *pl.* (zool.) Gregarin(id)a.

Грегема закон *see* Грегма закон.

греет *pr. 3 sing. of* греть.

греж *m.*, **—а** *f.* raw silk, greige.

Грейама *see* Грегма.

грейдер *m.*, **—ный** *a.* (road) grader.

грейзен *m.*, **—овый** *a.* (petr.) greisen; **—изация** *f.* greisenization.

грейнахеровский *a.* Greinacher.

грейпфрут *m.* grapefruit.

Грейт-Фолса конвертер Great Falls converter.

грейфер *m.* grab, clamshell; gripper, grapple; grab bucket; **—ный** *a.* grab (crane, etc.); clamshell (excavator).

грел *past m. sing. of* греть; **—ка** *f.* heater; heating pad.

греметь *v.* fulminate, detonate; rattle, rumble, thunder.

гремуче/кислый *a.* fulminic acid; fulminate (of); **—кислая ртуть** mercury fulminate; **—кислая соль** fulminate; **—медная кислота** cuprofulminic acid; **—медная соль** cupric fulminate; **—ртутная соль** mercury fulminate; **—серебряная соль** silver fulminate, fulminating silver; **—цинковая соль** zinc fulminate.

гремуч/ий *a.* fulminating, detonating, explosive; thundering, roaring, rattling;

rattle (snake); г. воздух (mining) firedamp; г. газ detonating gas, specif. oxyhydrogen gas; г. камень (min.) eaglestone; г. сахар (expl.) nitrosaccharose; г. студень nitrogelatin, blasting gelatin; —ая кислота fulminic acid; соль —ой кислоты fulminate; —ая ртуть fulminating mercury, mercury fulminate; —ая хлопчатая бумага pyroxylin; —ее золото fulminating gold, aurodiamine; —ее серебро fulminating silver.
грена *f.* silkworm eggs.
гренаж *m.*, —ный *a.* silkworm breeding.
гренай *m.* (met.) buckshot cinder.
гренарня *f.* silkworm breeding room.
гренвильский *a.* (geol.) Grenville.
гренит *m.* (expl.) grenite.
гренландский *a.* Greenland.
гренок *m.* rusk, toast (bread).
грест/и, —ь *v.* rake; row, paddle, pull.
греть *v.* heat, warm.
Греффе метод (math.) Graeffe's method.
грех *m.* sin, fault.
Греца критерий Graetz number.
Греция Greece.
грецкий *a.* Greek; г. орех walnut.
грецовский *a.* Grätz, bridge (rectifier).
греч. *abbr.* (греческий) Greek.
греча *see* гречиха.
греческий *a.* Greek.
греч/иха *f.* buckwheat; красильная г. polygony (*Polygonum tinctorium*); —ишка *see* горец; —ишный, —невый *a.* buckwheat; —невая крупа buckwheat (grain).
грешить *v.* err, make a mistake, go wrong.
Греэма закон Graham law.
греэмит *m.* (min.) grahamite.
греющий *pr. act. part. of* греть.
гриб *m.* mushroom; fungus; —ы *pl.* mushrooms; fungi; —ы-водоросли Phycomycetes; сумчатые —ы Ascomycetes; учение о —ах mycology.
грибк/и *pl. of* грибок; fungi; —овый *a.* mushroom(-like), fungous, fungoid; fungic (acid).
гриб/ница *f.* mushroom spawn; mycelium; —ной *a. of* гриб; —ной сахар mycose; —овидный *a.* mushroom(-shaped), fungiform; fungoid; —ожил *m.* mushroom beetle; —ок *dim. of* гриб; fungus; —окорень *m.* mycorhiza; —ообразный *see* грибовидный; —ы *pl. of* гриб.
грива *f.* crest, ridge; (zool.) mane.
гривенник *m.* 10-kopeck piece.
гривка *f.* (art.) battle sight.
Гривс-Этчеля печь Greaves-Etchell furnace (for steel).
григорианский *a.* Gregorian (calendar).
гридлик *m.* (rad.) grid leak.
гризе/ин *m.* grisein; —офульвин *m.* griseofulvin.

гризли *m.* (min.) grizzly; grizzly bear.
грильяж *m.* roasting; roasted, sugared nuts.
грим *m.* make-up; —ировать *v.* apply make-up.
Грина печь Green (electric arc) furnace.
гриналит *m.* (min.) greenalite.
гринда *f.* (zool.) pilot whale.
гриндел/ия *f.* gum plant, tar weed (*Grindelia*); —оид *m.* grindeloid.
гринель *f.* broom straw.
грино/вит *m.* (min.) greenovite; —кит *m.* greenockite; —вый *a.* Green('s).
гринсбон *m.* (text.) gingham.
гриньяровский *a.* Grignard (reaction).
грипп *m.*, —озный *a.* (med.) grippe, influenza.
Грисгейма красный Griesheim red.
грит *m.* grit.
гриф *m.* (rubber) stamp; (security) classification; touch, feel, handle; (music) fingerboard, neck.
грифа *f.* grifa, lithium acetyl`salicylate.
грифель *m.* slate; slate pencil; —ная доска slate; —ный сланец (geol.) grapholite, writing slate.
грифит *m.* (min.) griphite.
грифолин *m.* grifolin.
Гриффита белила Griffith white, lithopone.
гриффитит *m.* (min.) griffithite.
гроб *m.*, —овой *a.* coffin.
Грове элемент (elec.) Grove cell.
гроза *f.* (thunder)storm.
грозд/евидный, —еобразный *a.* botryoidal, grape-like, in grape-like clusters; (biol.) racemose; —екокк *m.* (bact.) staphylococcus; —ный, —овый *a.*, —ь *f.* cluster, bunch; —овник *m.* (bot.) Botrychium.
гроз/ен *sh. m. of* грозный; —ить *v.* threaten, menace.
грозненский *a.* Grozny.
грозный *a.* threatening, menacing.
грозов/ой *a.* (thunder)storm; г. воротник roll cloud, arcus; г. разрядник lightning arrester; г. шквал thunder-squall; —ое облако thundercloud, cumulo-nimbus.
грозо/защита *f.* lightning protection; —отметчик *m.* storm indicator; —писец *m.* (meteor.) brontograph; —разрядник *m.* lightning arrester; —стойкий, —упорный *a.* lightning-proof.
грозы *pl., etc., of* гроза.
грозящий *a.* threatening, imminent, impending.
гром *m.* thunder.
громад/а *f.* mass, bulk; heap, pile; —ина *f.* huge thing; —ность *f.* hugeness, vastness, enormity; —ный *a.* huge, vast, enormous, large, immense.

громить v. destroy, smash up.
громк/ий a. loud, noisy; —о adv. loudly; —оговоритель m. (rad.) loudspeaker; —оговорящий a. loud, loudspeaker; —ость f. loudness, volume.
громо/вой a. thunder(ous); —вая стрела thunderbolt; fulgurite, lightning tube.
громозд/ить v. heap up, stack, pile up; —иться v. tower, rise; —кий a. cumbersome, unwieldy, awkward, clumsy, inconvenient; bulky, massive; —кость f. awkwardness; bulk; —ок m. bulk.
громок sh. m. of громкий.
громоотвод m., —ный a. lightning rod, lightning conductor.
громошторм m. thunderstorm.
громче comp. of громкий, громко louder.
громыхать v. rumble, rattle.
гророилит m. (min.) groroilite.
гросс m. gross (twelve dozen).
гроссбух m. (com.) ledger.
гроссуляр m. (min.) grossularite.
грот m. grotto, cavern.
гротеск m., —ный a. (typ.) grotesque.
гротит m. (min.) grothite.
грот-мачта f. (naut.) mainmast.
грото/вый a. grotto, cavern; —образный a. cavernous; arched (iceberg).
грох/нуть v. drop with a crash; —нуться v. crash, rattle down; —от m. crash, rattle, roar; screen, sifter, sieve, riddle, grizzly; —отать v. rattle, roar; —отить v. screen, riddle, sieve, sift, bolt; —отконвейер m. separator-conveyer; —очение n. screening, sifting; —оченый a. screened, sifted.
ГРП abbr. (газораспределительный пункт) gas-distributing center.
груб sh. m. of грубый.
груббер m. (agr.) grubber, cultivator; г.-борона cultivator harrow.
груб/еть v. roughen, coarsen; —о adv. roughly, coarsely; broadly; —оватый a. rather coarse; —оволокнистый a. coarse-fibered, coarse-grained; —одисперсконный a. coarse-dispersion; —озернистый a. coarse(-grained); —омозаичный a. cyclopean (stone); —ообломочный a. coarsely fragmental; —однородный a. roughly uniform; —опятнистый a. mottled; —ость f. roughness, coarseness; crudeness; —ошерстный a. (zool.) coarse-haired; —ый a. rough, coarse; approximate; crude, raw; gross; clumsy; hard (usage).
груда f. heap, pile, mass, cluster.
груд/и gen., etc., of грудь; —ина f. (anat.) sternum; —инка f. (meat) breast; —ин(н)о— prefix (anat.) sterno—; —ин(н)о-реберный a. sternocostal; —инный a. sternal; —ка dim. of груда; грудь; —ника f. (bot.) Abutilon; —ница f.

(med.) mastitis; (tech.) breast beam; (bot.) Linosyris.
грудн/ой a. breast, chest, thoracic; pectoral (remedy); mammary (gland); (paper) apron, forming (board); г. проток (anat.) thoracic duct; —ая жаба (med.) angina pectoris; —ая клетка (anat.) chest, thorax; —ая кость (anat.) breastbone, sternum; —ая полость thoracic cavity; —ая упорка breast plate.
груд/обрюшная преграда (anat.) diaphragm; —ь f. breast, chest; (ent.) thorax; front (of blast furnace).
гружен/ие n. loading, etc., see грузить; —(н)ый a. loaded.
груз m. load, burden, weight; charge; goods, consignment, cargo, freight, shipment, shipload; (pendulum) bob; (mine) plummet; без —а unladen (weight); empty; общий г. gross weight; с —ом laden (weight); full, loaded; транспортировка —ов shipping, freight traffic, freight handling.
груз. abbr. (грузинский) Georgian.
груздь m. (bot.) pepper mushroom (Agaricus or Lactarius piperatus).
груз/ен sh. m. of грузный; —ик m. weight; —ило n. plumb (bob, line); sinker.
грузинский a. Georgian (USSR).
грузить v. load; freight, ship; handle.
Грузия Georgia (USSR).
груз/ка f. loading, etc., see грузить; —кий a. heavy; —но adv. heavily (laden); —нуть v. sink; —ный a. heavy, massive; heavily loaded.
грузо/вик m. truck, van, wagon; freight car; г.-цистерна tank truck; —вместимость f. (load-)carrying capacity; (freight) capacity; tonnage.
грузов/ой a. load(ing); freight, cargo; shipping; г. автомобиль truck; г. пароход, —ое судно freighter, cargo ship; г. транспорт, —ые перевозки freight traffic.
грузо/захватное приспособление load-lifting mechanism, hoisting device; —напряженность f. (freight) traffic; —оборот m. freight turnover; —отправитель m. consigner; -пассажирский a. passenger and freight.
грузоподъемн/ик m. freight elevator; load lifter; —ость f., —ая способность lifting capacity, lifting power; (load) capacity, carrying capacity; tonnage; —ый a. load-lifting, hoist(ing); —ый кран crane, derrick; —ая машина elevator; —ая петля sling; —ая тележка hoist trolley; —ая цепь chain sling; —ое приспособление lifting tackle.
груз/ополучатель m. (com.) consignee; —опоток m. freight flow, freight traffic volume; —оспособность f. capacity;

—охранилище *n.* warehouse, stores; —ошина *f.* truck tire; —чик *m.* loader, loading hand; dock hand, stevedore, longshoreman.

грундбукса *f.* (mach.) bottom box; main bush, collar bush, neck bush.

грунерит *m.* (min.) grunerite.

грунт *m.* ground, bottom; soil, earth, land; (paint) priming, primer, ground coat, undercoat.

грунтов *m.* tie rod; (naut.) gripe.

грунтов/ание *n.* grounding; (paint) priming; primer; —ать *v.* ground; prime, give a first coat; size; (dyeing) bottom; —едение *n.* soil science; —ка *f.* priming; primer, undercoat, ground coat.

грунто/вой *a. of* грунт; ground, subsoil (water); dirt (road); unpaved (airfield); prime (coat); г. лак sealer, filler; —вочный *a.* priming; —зацеп *m.* (wheel) cleat; (track) grouser, lug; —мер *m.* soil density meter; —нос *m.*, —носка *f.* (min.) core lifter, coring tool, core barrel, sample taker; —провод *m.* shore pipe; —смеситель *m.* mixer.

групп/а *f.* group, bunch, cluster, batch; complex, set, series; assembly; battery, bank (of machines); block (of words); (chem.) radical; team (of workers); (petr.) tribe, clan; (pal.) phylum; г. ионов ion cluster; разбить на —ы *v.* group.

группиров/ание *n.* grouping, etc., *see v.*; —анный *a.* grouped, etc., *see v.*; —атель *m.* (electron.) buncher; —ать *v.* group (together); classify, tabulate; organize; bank; batch, bunch, concentrate; —аться *v.* group (together); gather, cluster; —ка *f.* grouping, etc., *see v.*; —очный *a.* group(ed), grouping.

группо/вод *m.* group leader; —вой *a. of* группа; group(ed); (mach.) gang; group selector (relay); —выбиратель *m.* (elec. comm.) selector; —ид *m.* groupoid.

груст/ный *a.* melancholy, sad; lamentable; —ь *f.* melancholy.

груш/а *f.* pear; (elec.; spray) bulb; земляная г. (bot.) Jerusalem artichoke; —анка *f.* (bot.) Pyrola; —евидный, —еобразный *a.* pear-shaped, pyriform; —евый, —овый *a.* pear; bulb; —овка *f.* pear wine.

грыж/а *f.*, —евой, —евый, —ный *a.* (med.) hernia, rupture; —ная трава, —(ов)ник *m.* (bot.) rupture wort (*Herniaria glabra*).

грыз/ение *n.* gnawing; —ть *v.* gnaw; —ун *m.* rodent; wood beetle.

Грэм, Грэхем *see* Грэема закон.

грюн/ерит *m.* (min.) grunerite; —лингит *m.* (min.) grünlingite; —штейн *m.* (petr.) greenstone.

гряд/а *f.* layer, stratum, bed; ridge, range, chain (of mountains); row; bank (of clouds, etc.); —иль *m.* (plow) beam; —ка *f.*, —ковый *a.* row, ridge; (garden) bed; —оделатель *m.* (agr.) ridger.

грязевик *m.* mud drum, mud box, mud trap; sludge pan, sump, bottom outlet; sediment tank.

грязевой *a. of* грязь; г. гейзер (geol.) mud pot.

грязен *sh. m. of* грязный.

грязе/отстойник *m.* (mud) sump; sediment tank; —приемный барабан mud drum; —уловитель *m.* mud trap, catch basin; dirt pocket; —черпалка *f.* mud dredger.

грязн/еть *v.* get dirty; —ить *v.* soil, dirty; pollute, contaminate; —иться *v.* get dirty; get contaminated; —оватый *a.* rather dirty, dingy (color); —ота *f.* dirtiness; —ый *a.* dirty, muddy, soiled; sludgy, slimy, oozy; contaminated, impure.

грязь *f.* dirt; mud, sludge, ooze, slurry; silt, sediment; (cer.) slip; contamination, impurity.

гс *abbr.* (гаусс) gauss; ГС *abbr.* (горизонтальносверлильный станок) boring lathe.

ГСВЧ *abbr.* (генератор сверхвысокой частоты) superhigh frequency generator.

ГСЗ *abbr.* (глубинное сейсмическое зондирование) deep seismic sounding.

г-сила *abbr.* (грамм-сила) gram-force.

ГСМ *abbr.* (горюче-смазочные материалы) fuels and lubricants.

г-см, Г-см *abbr.* (грамм-сантиметр) gram-centimeter.

ГСП *abbr.* (глубинное сейсмическое профилирование) deep seismic profiling.

ГТГ *abbr.* (гонадотропный гормон) gonadotropic hormone.

ГТД *abbr.* (газотурбинный двигатель) gas turbine engine.

ГТРД *abbr.* (газотурбинный реактивный двигатель) gas turbine jet engine.

ГТУ *abbr.* (газотурбинная установка) gas turbine installation.

ГУ *abbr.* (генератор ультразвука) ultrasonic generator.

гуа— *see also under* гва—; —ва *f.* (bot.) guava (*Psidium guajava*).

гуаназ/а *f.* guanase; —ил *m.* guanazyl; —ол *m.* guanazole.

гуанидин *m.* guanidine, aminomethanamidine; —офосфорная кислота guanidinophosphoric acid, phosphagen.

гуанидо— *prefix* guanido—; —уксусная кислота guanidoacetic acid.

гуанил *m.*, —овый *a.* guanyl; —овая кислота guanylic acid.

гуан/ин *m.* guanine, imidoxanthine; —о *n.* guano, bird manure; —овулит *m.* (min.) guanovulite.
гуаран/а *f.* (pharm.) guarana; —ин *m.* guaranine.
гуаринит *m.* (min.) guarinite.
гуацин *m.* guacin.
гуашь *f.* gouache (water color).
гуа/юла *see* гваюла; —ява *f.* (bot.) guava; —як *see* гваяковое дерево.
губ— *abbr.* (губернский).
губа *f.* lip; bay, gulf, inlet; jaw (of vise, etc.); —стый *a.* thick-lipped.
губель *m.* fillister, rabbeting plane.
губерн/ия *f.* district, province; —ский *a.* district, regional.
Губерта тормоз Hubert's brake.
губит/ельный *a.* destructive, injurious, lethal, fatal; —ь *v.* destroy, ruin.
губк/а *f.* sponge; (latex, plastic) foam; (tree) fungus; (vise) jaw; *dim. of* губа; —оватый *see* губчатый.
губ/ной *a.* lip, labial; —овидный *a.* labiate; —ок *gen. pl. of* губка; —оногие *pl.* (zool.) Chilopoda; —оцветный *a.* labiate.
губчат/ость *f.* sponginess; —ый *a.* spongy, sponge; blown, porous, cellular; foam (rubber); —ое железо sponge iron.
губы *pl., etc., of* губа; —й *a. suffix* —labiate.
гувацин *m.* guvacine.
гуд *see* гудение.
гудвиновский *a.* Goodwin('s).
гудение *n.* hum(ming), buzz(ing), drone; honk.
гудерманиан *m.* (math.) Gudermannian.
гудеть *v.* hum, drone, buzz; hoot; honk.
гуджир *m.* gudzhir (efflorescence of mirabilite, soda, etc., on the ice surface of salt lakes).
Гудзонов залив Hudson Bay.
Гудир Goodyear (brand).
гудок *m.* horn, siren, whistle, blast.
гудрон *m.* (residual petroleum) asphalt, tar; кислый г. sludge; —атор *m.* asphalt spreader; road oiler; —ирование *n.* asphalting; поверхностное —ирование asphalt surfacing; —ированный *a.* asphalted, tarred, oiled; —ировать *v.* asphalt, tar, oil; —ный *a. of* гудрон.
гуж *m.* tug; —евой *a.* land (transport); wagon (road); horse-drawn, cart (traffic); —ом *adv.* by vehicle, by land.
гуза *f.* (bot.) Asiatic cotton (*Gossypium hirsutum*); г.-пая *f.* guza-paya (cotton stems and bolls).
гузнек *m.* gooseneck.
гузо/корчевалка *f.*, —корчеватель, —ломатель *m.*, —ломка *f.* cotton stem uprooter; boll breaker; —уборочная машина cotton stem picker.
гуиевский *a.* Gouy (layer).

гуитерманит *m.* (min.) guitermanite.
Гука шарнир Hooke's (universal) joint.
Гукера элемент Hooker (chlorine) cell.
гуковский *a.* Hooke('s) (law).
гул *m.* boom, rumble, din; buzz, hum (of wires); roaring (of wind); —кий *a.* hollow, resonant, booming (sound); —кость *f.* hollowness, boominess.
гуло/гептоза *f.* guloheptose; —за *f.* gulose; —новая кислота gulonic acid.
Гульдберга и Вааге закон Guldberg and Waage law, law of mass action.
гульсит *m.* (min.) hulsite.
гулявник *m.* (bot.) Sisymbrium.
гулярдова вода Goulard's extract (solution of basic lead acetate).
гулять *v.* stroll, take a walk.
гумай *m.* (bot.) Johnson grass, Guinea grass (*Sorghum halepense*).
гуман/истический *a.* (educ.) humanities; —итарный *a.* humanitarian; —ный *a.* humane.
гумат *m.* humate.
гумбо *n.* gumbo (clay).
гумбольдт/илит *m.* (min.) humboldtilite; —ин *m.* humboldtine; —ит *m.* humboldtite, datolite.
гумбрин *m.* gumbrin (bleaching clay).
гумен *gen. pl. of*; —ный *a. of* гумно.
гумин *m.* humin.
гуминов/окислый *a.* humic acid; humate (of); —окислая соль, соль —ой кислоты humate; —ый *a.* humus, humic, mold; —ая кислота humic acid.
гумит *m.* (min.) humite.
гумификация *f.* humification.
гумма *f.* (med.) gumma (a tumor).
гумми *n.* gum; —амм(он)иак *m.* gum ammoniac; —арабик *m.* gum arabic; —балата *f.* balata; —гут *m.* gamboge; —даммар *m.* dammar; —копал *m.* copal; —лак *m.* shellac; —лаковая кислота laccaic acid; —ластик *m.* (India) rubber.
гуммиров/ание *n.* rubberizing, etc., *see v.*; —анный *a.* rubberized, etc., *see v.*; —ать *v.* rubberize; line or coat with rubber; gum, coat with adhesive.
гуммит *m.* (min.) gummite.
гуммитрагант *m.* tragacanth (gum).
гуммоз *m.* (phyt.) gummosis; —ный *a.* gummous, gumlike, gummy.
гуммон *m.* gummon (insulating material).
гумно *n.* threshing floor; barn (floor).
гумо/(аммо)фос *m.* humoammophos (fertilizer); —аммофоска *f.* humoammophoska (complete organomineral fertilizer); —ген *m.* humogen (fertilizer); —ральный *a.* (biol.) humoral; —цериновый *a.* humoceric (acid).
гумул/ен *m.* humulene; —ин *m.* humulin, lupuline; —иновая кислота humulinic

acid; **—инон** *m.* humulinone; **—одубильная кислота** humulotannic acid; **—он** *m.* humulon.

гумус *m.* humus; **—ность** *f.* humus content; **—ный**, **—овый** *a.* humus, humic; **—ообразование** *n.* humus formation.

гунгаррит *m.* (min.) hoongarrite.

гунит *m.* (cement) gunite.

ГУП *abbr.* (**гамма-установка, передвижная** or **промышленная**) mobile or industrial gamma unit.

Гупера состав Hooper (insulating) material.

гуп(п)и *n.* (ichth.) guppy.

Гупса процесс (met.) Hoopes process.

гур *m.* (min.) guhr, kieselguhr.

гура *f.* (bot.) sand-box tree (*Hura crepitans*); (geol.) butte.

гургофит *m.* (min.) gurhofite.

гуреаулит *m.* (min.) hureaulite.

Гурон Lake Huron.

гурон *m.*, **—ский** *a.* (geol.) Huronian.

гурт *m.* milled edge (of coin); (agr.) herd, flock; **—ик** *m.* milling; **—ить** *v.* mill; **—овой** *a.* of **гурт**; **—овщик** *m.* herdsman; **—ом** *adv.* all together; wholesale.

гурьб/а *f.* crowd; **—ой** *adv.* in a crowd.

гурьюн/-бальзам *m.* gurjun (balsam); **—овый** *a.* gurjun (oil); gurjunic (acid).

гусак *m.* gander.

гусар *m.* rider (on a balance).

гусевский *a.* the Gus (works).

гус/ей *gen. pl. of* **гусь**; **—ек** *m.* gosling; (arch.) ogee, flute, hollow molding; bucket (of dam).

гусени/ца *f.*, **—чный** *a.* caterpillar; (mach.) caterpillar track, track; **—чный палец** track pin; **—чный трактор** caterpillar (tractor), crawler; **на —чном ходу** (mounted) on caterpillar tracks, caterpillar-tracked.

гус/енок *m.* gosling; **—иный** *a. of* **гусь**; **—иный лук** (bot.) Gagea; **—иная трава** silver weed (*Potentilla anserina*).

гусматик *m.* block tire, safety tire; patching paste.

гуссакит *m.* (min.) hussakite.

густ *sh. m. of* **густой**; **—еть**, **—иться** *v.* thicken, become thick, condense; **—ить** *v.* thicken, make thick, condense, concentrate.

густо *adv.* thickly, densely; **—ватый** *a.* rather thick, viscous; **—ветвистый** *a.* thick-branched.

густой *a.* thick, dense, viscous; stiff (paste); heavy (oil); intimate (mixture); deep, rich (color); bushy (growth); fine (screen) (fog).

густо/лиственный, **—лист(н)ый** *a.* bushy, leafy, densely leaved; **—насаженный** *a.* thickset, close; **—населенный** *a.* thickly populated, dense; **—опушенный** *a.* (bot.) hoary, canescent; **—расположенный** *a.* crowded, close together; **—растущий** *a.* bushy, dense, thick-growing; **—та** *f.* thickness, density, viscosity; consistency, body (of oil); depth, richness (of color); spacing, population (of plants); **степень —ты** consistency; density; **—тертая краска** pigment paste.

гус/ыня *f.* goose (female); **—ь** *m.* goose; **—ьком** *adv.* single file; tandem; **—ятина** *f.* goose meat; **—ятник** *m.* goose coop.

ГУТ *abbr.* (**гамма-установка, терапевтическая**) therapeutic gamma-unit.

гуталин *m.* leather cleaner.

гуттаперч/а *f.*, **—евый** *a.* gutta-percha; **—енос** *m.* gutta-percha(-yielding) plant.

гуттация *f.* (bot.) guttation.

гутчинсонит *m.* (min.) hutchinsonite.

Гуча тигель Gooch crucible.

гущ/а *f.* dregs, grounds, sediment, residue; mash; thicket; **—е** *comp. of* **густой**, thicker; **делать —е** *v.* thicken.

гуява *see* **гуава**.

гф *abbr.* (**гребенчатый фильтр**) comb filter.

ГФК *abbr.* (**глицерофосфорная кислота**) glycerophosphoric acid.

г/х *abbr.* (**газоход**) gas conduit.

ГХА *abbr.* (**гексахлорацетон**) hexachloroacetone; **ГХБ** *abbr.* (**гексахлорбензол**) hexachlorobenzene; **ГХЦГ** *abbr.* (**гексахлорциклогексан**) hexachlorocyclohexane.

гц *abbr.* (**герц**) hertz, cycles per second.

гцк, **ГЦК** *abbr.* (**гранецентрированная кубическая решетка**) face-centered cubic lattice, Fcc.

гьельмит *m.* (min.) hielmite, hjelmite.

Гэв *abbr.* (**гигаэлектрон-вольт**) gigaelectron-volt (billion electron-volt).

гэз *m.* gaize (a sandstone).

г-экв *abbr.* (**грамм-эквивалент**) gram-equivalent.

ГЭС, **гэс** *abbr.* (**гидроэлектростанция**) hydroelectric power plant; (**государственная электрическая станция**) State power plant.

ГЭТФ *abbr.* (**гексаэтилтетрафосфат**) hexaethyl tetraphosphate.

ГЭЦ *abbr.* (**гидроэлектроцентраль**) central hydroelectric power plant.

Гюбля раствор Hübl solution.

гюбнерит *m.* (min.) hübnerite.

гюгелит *m.* (min.) hügelite.

Гюйгенса принцип (phys.) Huygens principle.

гюйс *m.* jack, signal flag.

Гюльднера генератор Güldner producer.

гюнц *m.*, **—ский** *a.* (geol.) Günz.

д *abbr.* (деци—) deci—; д. *abbr.* (дюйм) inch; (день) day; (долгота) longitude;
Д *abbr.* (диоптрия) diopter; (доминантный) dominant.
да *conj.* but, and; *particle* yes.
да *abbr.* (дека—) deca—.
ДАБ *abbr.* (диметиламинобензол) dimethylaminobenzene.
дав/аемый *a.* given; —ание *n.* giving, etc., *see v.*; —ать *v.* give, provide, afford, furnish, yield, deliver; produce, turn out; offer; contribute, donate; lead (to); give rise (to); result (in); let, allow, permit; легко —аться *v.* come easily; —ая *pr. ger.* (while) giving, etc., *see v.*
давидит *m.* (min.) davidite.
давило *n.* weight, press.
давильн/ик *m.* (met.) spinner, spinning tool; —ый *a.* press(ing); spinning (lathe); forming (pliers); —ый пресс stamp; —ое производство spinning; —я *f.* (wine)press.
давин *m.* (min.) davyne.
давить *v.* press, squeeze; —ся *v.* choke.
давка *f.* press, crowd, crush, throng.
давлен/ие *n.* pressure; compression; stress; (piston) thrust; д. сжатия compressive stress; котел высокого —ия high-pressure boiler; коэффициент —ия pressure ratio; пар низкого —ия low-pressure steam; под —ием pressurized; pressure (lubrication); pressure die (casting); испарение под уменьшенным —ием reduced-pressure evaporation.
давлен/ость *f.* (paper) crush marks; —ный *a.* pressed, squeezed; —ый *a.* crushed, squashed.
давн/ий, —ишний *a.* ancient, old, long-established, of long standing; с —их пор for a long time.
давно *adv.* long ago, long before, long (since); д. известно it has long been known (that); д. тому назад long ago; —сть *f.* remoteness, antiquity; (law) prescription.
давнуть *see* давить.
давший *past act. part. of* давать.
давя *pr. ger. of* давить.
даг *abbr.* (декаграмм) decagram.
даг. *abbr.* (дагестанский) Dagestan.
дагенан *m.* Dagenan, sulfapyridine.
дагерротип *m.*, —ный *a.* (phot.) daguerreotype; —ия *f.* daguerreotypy.
дагестанский *a.* (geog.) Dagestan.
дагусса *f.* African millet, raggee (*Eleusine coracana*).
да/дут *fut. 3 pl.*; —ет *pr. 3 sing. of* давать; —ется is given, is available.
даже *particle* even (though); д. при этом even so.

дази— *prefix* dasy— (hairy, shaggy, thick); —лирион *m.* (bot.) Dasylirion.
дазиметр *m.* dasymeter; —ический *a.* dasymetric, density-measuring.
дайка *f.* (geol.) dike.
дайкон *m.* daikon, oriental radish.
Дайнса анемограф Dines anemograph.
дайте *imp. of* давать.
дакеит *m.* (min.) dakeite, schroekingerite.
дакр/ен *m.* dacrene; —ио— *prefix* dacryo— (tear); —иолин *m.* dacryolin; —иоцистит *m.* (med.) dacryocystitis; —он *m.* Dacron (synthetic fiber).
дактил/ический, —овый *a.* dactylic; —о— *prefix* dactyl(o)— (digit, finger); —о-грамма *f.* dactylogram, fingerprint.
дал *abbr.* (декалитр) dacaliter; *past m. sing. of* дать.
даламбер(т)иан *m.* (math.) d'Alembertian, wave operator.
далее *adv.* next, further, hereinafter; then, later; и так д. et cetera, and so forth.
далек/ий *a.* distant, far, remote; д. от цели wide of the mark; —о *adv.* far (off); by far, much; —о идущий far-reaching; —о не far from (being), not nearly so; —о от far (removed) from, wide of; away from.
дали *past pl. of* дать; *gen., etc., of* даль.
далин *m.* (min.) dahlin (dye); inulin, alant starch.
далина *see* даль.
далит *m.* (min.) dahllite.
далия *f.* (bot.) dahlia.
даллия *f.* blackfish.
дало *past n. sing. of* дать.
даль *f.* distance, expanse; —невидение *n.* television; —невосточный *a.* Far Eastern.
дальнейш/ий *a.* further, subsequent, continued; furthest; в —ем in what follows, from here on, hereinafter; subsequently, later on.
дальне/пишущая машина teleprinter; —привозный *a.* imported.
дальн/ий *a.* distant, far (off), remote; long-range (communications; order); (tel.) long-distance, toll; —его действия long-range.
дально— *prefix* distance, tele—; —бойность *f.* hitting range; —бойный *a.* long-range.
дальновид/ение *n.*, —ность *f.* foresight; clear-sightedness; —ный *a.* far-sighted; clear-sighted; prescient.
дальнодейств/ие *n.* remote control; long-range action; —ующий *a.* remote-control; long-range, far-ranging.
дальнозорк/ий *a.* (med.) hypermetropic, far-sighted; —ость *f.* hyper(metr)opia; старческая —ость (med.) presbyopia.

дально/измерение *n.* telemetry, telemetering; —**мер** *m.*, —**мерный** *a.* range finder, distance finder; —**мерно** *adv.* by range finder; —**мерщик** *m.* range taker; —**стный** *a.* distance, range.

дальност/ь *f.* distance, remoteness; mileage; range, compass, radius; **д. действия, д. передачи, д. полета** range; **определение —и** (radar) ranging; **отклонение по —и** longitudinal deviation; **предельная д.** critical range, range limit.

дальноуправляемый *a.* remote-controlled.

Дальтона закон Dalton's law.

дальтон/ид *m.* (chem.) daltonide; —**изм** *m.* daltonism; —**ик** *m.* color-blind person.

дальше *comp. of* **далеко, далекий,** further, farther (on), later; forward, onward, right on; beyond; **проходить д.** *v.* proceed, move on.

дамас/к *m.* damask steel; (text.) damask; —**кет, —се, —т** *m.* damask; —**кировать** *v.* damask, damascene; —**ковый, —ский** *a.* damask; (petr.) damascened, interwoven; —**ценин** *m.* (chem.) damascenine.

дамба *f.* dam, dike, levee, embankment.

дамбоза *f.* dambose, *i*-inositol.

дамененит *m.* (expl.) dahmenite.

дамиана *f.* damiana (leaves).

даммар *m.*, —**а** *f.*, —**овый** *a.* dammar (gum); —**иловая кислота** dammarylic acid.

дампфиров/ание *n.* damping; —**ать** *v.* damp.

дамский *a.* women's, ladies'.

дамурит *m.* (min.) damourite; —**изация** *f.* damouritization.

дан *sh. m. of* **данный.**

ДАН *abbr.* (Доклады Академии Наук) Proceedings of the Academy of Science.

дана/ин *m.* danain; —**ит** *m.* (min.) danaite; —**лит** *m.* danalite.

данбурит *m.* (min.) danburite.

Даниеля элемент (elec.) Daniell cell.

Дания Denmark.

данненморит *m.* (min.) dannemorite.

данное *n.* datum, given or known quantity; ground, basis.

данн/ые *pl.* data, facts, information, evidence; findings, results; figures, estimates; records; (age) pattern; essential qualities, potential; **полученные д.** findings; —**ый** *a.* given, known; specific, particular, referred (to), under consideration, in question; present, in hand; **в —ом виде** as it stands.

дано *sh. n. of* **данный;** given.

дантикул *m.* dentil, indentation, notch.

дантист *m.* dentist.

дантония *f.* (bot.) Danthonia.

даны *sh. pl. of* **данный.**

дань *f.* tribute, contribution, tax.

ДАП *abbr.* (двигатель, авиационный поршневой) aircraft piston engine.

дар *m.* gift, donation, grant.

дарапскит *m.* (min.) darapskite.

дараф *m.* (elec.) daraf, reciprocal farad (unit of elastance).

дарвин/изм *m.* darwinism; —**истический, —овский** *a.* Darwinian.

дар/ение *n.* donation, presentation; —**еный** *a.* donated, presented; gift; —**итель** *m.* donor, grantor; —**ить** *v.* donate, grant, give, present.

дарминное масло wormseed oil.

дармо/вой *see* **даровой;** —**ед** *m.* parasite.

даров/ание *n.* gift, endowment; talent; —**анный** *a.* granted, conferred; —**ать** *v.* grant, give, confer.

даровитый *a.* gifted, clever, talented.

даровой *a.* free, gratuitous.

даром *adv.* free of charge, gratis; in vain, to no purpose, for nothing; **д. что** (al)though; **не д.** with reason; no wonder.

Дарсе металл D'Arcet metal.

дарси *m.* darcy (unit of permeability).

дарсонвализация *f.* (med.) d'Arsonval treatment.

дарственн/ый *a.* donation; **д. акт** grant; —**ая запись** deed, settlement.

даст *fut. 3 sing. of* **давать.**

дат. *abbr.* (датский) Danish.

дата *f.* date.

датель *m.* giver, donator, donor.

дативная связь (chem.) dative bond.

датиров/ание *n.* dating, age determination; —**анный** *a.* dated; —**ать** *v.* date; —**ка** *f.* dating; —**очный** *a.* date, dating.

датис/ка *f.* (bot.) Datisca; —**цетин** *m.* datiscetin; —**цин** *m.* datiscin.

датолит *m.* (min.) datolite.

датский *a.* Danish.

датурин *m.* daturine, hyoscyamine; —**овый** *a.* daturine; daturic (acid).

датчанин *m.* Dane.

датчик *m.* pickup (unit); (elec.) transducer; monitor, controller; sender, transmitter; generator; sensor, sensing device; feeler, probe; detector; data unit; indicator, gage; **д. вибраций** vibration pickup; **д. времени** timer; **д. температуры** temperature gage; **д.-измеритель** *m.* gage.

дать *see* **давать.**

ДАУ *abbr.* (дистанционно-автоматическое управление) automatic remote control.

Дау элемент Dow (electrolytic) cell.

даукостерин *m.* daucosterol.

дау-металл *m.* Dowmetal (alloy).

Даунса метод Downs process.

даунтон *m.*, —**ский ярус** (geol.) Downtonian stage.

даурицин *m.* dauricine.

даусон/ит m. (min.) dawsonite; —овский a. Dawson (producer) gas.
даутерм m. Dowtherm (biphenyl-diphenyl ether coolant).
дауцин m. daucine.
дауэкс m. Dowex (ion-exchange resin).
ДАФ abbr. (диаммонийфосфат) diammonium phosphate.
дафн/андрин m. daphnandrine; —етин m. daphnetin, 7,8-dihydroxycoumarin; —ин m. daphnin; —ит m. (min.) daphnite; —ия f. (zool.) Daphnia.
дацит m. (petr.) dacite; —овый a. dacitic.
дач/а f., —ный a. giving, paying; (agr.) rate; plot, lot; resort; лесная д. forest.
даю/т pr. 3 pl. of давать; —щий a. giving; data.
дб abbr. (децибел) decibel.
д. б. abbr. (должно быть) probably.
ДБЕД abbr. (дибензилэтилендиамин) dibenzylethylene diamine.
ДБФ abbr. (дибромфенол) dibromophenol; (дибутилфосфат) dibutyl phosphate; (дибутилфталат) dibutyl phthalate.
ДВ abbr. (длинноволновый) long-wave; (длинные волны) long waves; (Дальний восток) Far East; (дымоотравляющее вещество) toxic smoke agent.
дв. abbr. (двоичный; двойной).
два m. and n. num. two.
двадцати- prefix icosa—, icosi—, twenty—; —гранник (cryst.) icosahedron; —гранный a. icosahedral; —кратный a. twentyfold; —летие n. twenty-year period; —летний a. twenty-year; —сторонний a. icosalateral; —угольник m. icosagon; —угольный a. icosagonal; —четырехгранник m. icositetrahedron.
двадцат/ый a. twentieth; —ь num. twenty; —ью adv. twenty times.
дважды adv. twice, twofold.
Двайт-Лойд see Дуайт.
ДВВ abbr. (дробящее взрывчатое вещество) high explosive.
две f. num. two.
двенадцати- prefix d(u)odeca—, twelve—; —гранник m. (cryst.) dodecahedron; —гранный a. dodecahedral; —перстная кишка (anat.) duodenum; —ричный a. duodecimal; —сторонний a. dodecalateral; —угольник m. dodecagon; —угольный a. dodecagonal.
двенадцат/ый a. twelfth; —ь num. twelve.
двер/ка dim. of дверь; —ной a. of дверь; —ной проем doorway; —ца f. (small) door, gate; manhole, hatch; —цесниматель m. door extractor; —ь f. door, gate.
двести num. two hundred.
двигатель m. engine, motor; propeller, driver; impellent. motive power; power plant, power unit; —ный a. engine, motor; actuating, propellent, impellent, motive; —ная сила motive power, moving force, impetus; источник —ной силы prime mover; д.-связка coupled engines; cluster(ed) engine.
двигать v. move, set in motion, actuate; advance, promote; —ся v. move (about), travel; (mach.) run, work, operate; —ся по move across or over, traverse; proceed along.
двигающий see движущий.
движенец m. transport worker.
движен/ие n. motion, movement; travel; traffic; flow; (rocket propulsion) flight; без —ия motionless, idle; количество —ия momentum; момент количества —ия angular momentum; начало —ия start; приводить в д. start, set in motion, move, activate, actuate; power; drive, сила —ия motive power; энергия —ия kinetic energy.
движет pr. 3 sing. of двигать.
движим/ость f. mobility; movable property; —ый a. movable, mobile; moved, propelled, actuated (by).
движ/итель m. propeller, propelling device; —ковый a., —ок m. slide; cursor; arm; thumbpiece, knob; (safety) bolt; small engine.
движущ/ий a. moving, motive, impellent, driving, propelling; actuating, operating (mechanism); —ая сила driving force, drive; propelling force; motive power; impetus; —ийся a. moving, running, working, operating; in motion.
двинут/ый a. moved, etc., see двигать; —ь see двигать.
двое num. two, a pair; prefix bi—; —брачный a. bigamous; —к gen. pl. of двойка; —кратный a. twofold; —мыслие n. ambiguity; —н gen. pl. of двойня.
двое/ние n. dividing, etc., see двоить; (med.) diplopia; —связность f. (chem.) double bond; —тес m. two-inch nail; —точие n. colon; (math.) doublet.
двои see двое; —льноленточный a. (leather) splitting; —льный a. dividing, etc., see v.; —ть v. divide (in two), split; double; (chem.) rectify; (agr.) plow a second time; —х gen. of двое.
двоично- prefix binary; д.-десятичный a. (comp.) binary decimal; д.-(за)кодированный a. binary coded; д.-рациональный a. binary rational; dyadic; —сть f. duality, duplicity.
двоичн/ый a. binary; д. знак, д. разряд, —ая единица, —ая цифра, —ое число binary digit, bit.
двойка f. pair, two; (educ.) two, poor; (agr.) second plowing; two-oar boat.
двойник m. double, twin, counterpart,

duplicate; —ование *n.* (cryst.) twinning; —овый *a.* twin(ned), duplicate; twin (crystal); twinning (axis, etc.); —овый сросток twin; —овое срастание twinning.

двойн/ой *a.* double, twofold, duplex; dual (control, etc.); binary (compound, etc.); two-stage; compound; two-ply; di—, twin; anharmonic (ratio); parallel (publication); double-page (title); (bot.) geminate; —ого действия double-acting, double-action.

двойня *f.* twins; double, duplicate.

двойственн/ость *f.* duality; ambiguity; —ый *a.* dual, double, reciprocal; ambiguous, non-committal.

двойчат/ка *f.* double kernel; (bot.) Bifora; —ый *a.* double; (bot.) geminate.

двор *m.* yard, court; (casting) bed; на — outdoors, outside; —ик *m.* small yard; (biol.) cavity; (pleochroic) halo; —ник *m.* yard man; —ной *a.* yard, court; —овый *a.* yard, outdoor.

двояк/ий *a.* double, twofold, duplex; ambiguous; —о *adv.* doubly, in two ways; prefix bi—.

двояко/вогнутый *a.* concavo-concave, biconcave, double concave; —выпуклый *a.* convexo-convex, biconvex, double convex, lenticular; —выпуклое стекло lens; —гармонический *a.* biharmonic; —дышащие *pl.* (ichth.) Dipnoi; —компактный *a.* bicompact; —круговой *a.* bicircular; —периодический *a.* doubly periodic; —пильчатый *a.* doubly serrate, biserrate; —преломляющий *a.* birefringent, double-refracting; —сть *f.* doubleness, duplicity; ambiguity.

ДВП *abbr.* (древесно-волокнистые плиты) wood fiber slabs.

ДВС *abbr.* (двигатель внутреннего сгорания) internal combustion engine.

ДВТ, Двт *abbr.* (дедвейт-тонна) deadweight ton.

дву— *prefix* di—, bi—, two, double, *see also under* двух—; —аммониевый *a.* diammonium; —атомный *see* двухатомный; —бережный *a.* (math.; topology) two-sided (cut); —борнокислая соль diborate; —бороздчатый *a.* bisulcate, two-grooved; —бромзамещенный *a.* dibromo (compound); —брюшный *a.* (anat.) digastric; —валентность *f.* bivalence; —валентный *a.* bivalent; —вариантный *a.* bivariant; —вершинный *a.* twin-cone; —видный *a.* dimorphous.

двувинно/каменнокислая соль, —кислая соль bitartrate; —кислый калий potassium bitartrate.

дву/водный *a.* dihydrate; —вольфрамовокислая соль ditungstate; —главый *a.*

two-headed, double-headed; (anat.) bicipital; —главая мышца biceps; —гнездный *a.* (biol.) bilocular; —горбый *a.* two-humped, double-humped; double-peaked (curve); —горлый *a.* two-necked (bottle); —гранный *a.* dihedral, two-sided; —губый *a.* (bot.) bilabiate; —дольные *pl.* (bot.) dicotyledons; —дольный *a.* dicotyledonous; bipartite; —домный *a.* (bot.) dioecious; —дужный *a.* (zool.) diapsid; —дышащие *pl.* (ichth.) Dipnoi; —жаберные *pl.* (zool.) Dibranchiata; —жаберный *a.* dibranchiate; —жгутиковый *a.* (biol.) biflagellate; —женный *a.* (bot.) digynous; —жильный *a.* twin, twin-core (cable); —замещенный *a.* disubstituted; —звучный *a.* (physiol.) dicrotic; —зернянка *f.* (bot.) emmer (*Triticum dicoccum*).

двузначн/ость *f.* ambiguity; two-valued property; —ый *a.* ambiguous; two-valued; two-digit (number).

двузонтичный *a.* double-umbrella (antenna); (bot.) biumbellate.

двузуб/(н)ый *a.* bidentate, two-toothed; —чатый *a.* having two rows of teeth; bidentate.

дву/йодзамещенный *a.* diiodo (compound); —карбоксильный, —карбоновый *a.* dicarboxylic; —килевой, —кильный *a.* (bot.) bicarinate.

двукисл/ота *f.*, —(отн)ый *a.* diacid.

дву/кисточник *m.* canary grass (*Phalaris*); —колка *f.* two-wheeled cart; —конный *a.* team-drawn; —конусный *a.* biconical, double-cone; —коренный *a.* two-rooted; —коробочный, —коробчатый *a.* (bot.) bicapsular; —красочный *a.* dichromatic; —кратный *a.* twofold, double, reiterated; two-stage; push-push (circuit); through-flow (turbine); —кремневый *a.* disilicic (acid).

двукрыл/атка *f.* double-winged seed; —оплодник *m.* (bot.) Dipterocarpus; —ые *pl.* (ent.) Diptera; —ый *a.* dipterous, two-winged.

дву/лепестник *m.* (bot.) Circaea; —лепестный *a.* dipetalous; —летний *a.*, —летник *m.* biennial; —линейный *a.* bilinear; —листный *a.* two-sheeted, double; (bot.) bifoliate, diphyllous; —лопастный *a.* bilobate; —лучепреломление *n.* (phys.) double refraction.

двум *dat. of* два, две.

дву/мерный *a.* two-dimensional, dimetric, bivariate; —местный *a.* two-place; —молекулярный *a.* bimolecular; —молочный *a.* dilactic (acid); —мускульный *a.* (zool.) dimyarian; —мя *instr. of* два, две; —направленный *a.* bidirectional; —натриевый *a.* disodium; —нитный *a.* bifilar.

двуног/а f. bipod; —ий a. two-legged, biped; —ое животное (zool.) biped.

двуокись f. dioxide; д. серы sulfur dioxide; д. углерода carbon dioxide.

дву/основный a. dibasic; diatomic, dihydric; —осность f. biaxiality; —осный a. biaxial; —отражение n. double reflection; —палый a. (zool.) didactylous.

двупарно/ногие pl. (zool.) Diplopoda; —резцовые pl. Duplicidentata, —усые pl. Teleiocerata.

дву/перистый a. bipennate; —печный a. two-furnace; —питаемый a. double-feed; —пламенный a. double-flame; —планный a. two-plane; —плечий a. double-arm (lever); —полостный a. bilocular; two-sheeted; —полый a. bisexual, hermaphroditic; —полье n. two-field crop rotation; —полюсный a. bipolar; —предсердные pl. (zool.) Diotocardia.

двупреломл/ение n. (phys.) double refraction; —яющий a. double-refracting.

дву/пятиокись f. pentoxide; —раздельный a. (bot.) bifid; —резцовый a. (zool.) diprotodont; —рогий a. two-horned, bicorn; —ручный a. two-handle(d); —рядный see двухрядный; —связный a. doubly connected; —семенодольный, —семядольный a. (bot.) dicotyledonous; —семянка f. diachenium; —сериальный a. biserial.

двусерн/истый a. disulfide (of); —ый a. disulfuric, pyrosulfuric (acid).

дву/сеточный a. double-grid; —скатный a. with two sloping surfaces, inverted-V; ridge, gable (roof); —сложный a. (bot.) binate.

двуслойн/ые pl. (zool.) Diploblastica; —ый a. diploblastic; two-sheeted, two-ply, double-layer.

двусменный a. two-shift, double-shift.

двусмысленн/ость f. ambiguity; —ый a. ambiguous, doubtful, obscure.

дву/составный a. two-part, two-element; —стадийный a. two-stage.

двуствол/ка f. double-barreled gun; —ьный a. double-barreled; duplex well (drilling).

двуствор/ка f. (zool.) bivalve; —чатые pl. Bivalvia; Lamellibranchi(at)a; —чатый a. bivalve, bivalvular; bivalved; (double-) wing.

дву/стенный a. double-walled; —степенный a. two-phase.

двусторонн/ий a. bilateral, two-sided, bifaced, reversible, reciprocal; two-way; duplex; double-ended; dual (control); amphoteric (oxide); —ее весло paddle; —ость f. two-sidedness, reversibility.

дву/ступенчатый see двухступенчатый; —тавровая балка I-beam, H-beam

—тактный a. two-cycle (engine); push-pull; —точечный a. two-point, pair-wise; —тычинковый, —тычиночный a. (bot.) diandrous.

двууглe/калиевая соль potassium bicarbonate; —кислый a. bicarbonate (of); —кислый натр, —кислая сода, —натриевая соль sodium bicarbonate; —кислая соль bicarbonate.

дву/угольник m. (geom.) lune; —ударность f. (physiol.) dicrotism; —узловой a. binodal; —уксусная соль diacetate; —урановокислая соль diuranate; —урановонатриевая соль sodium diuranate; —устка f. fluke (parasitic worm); —утробка f. (zool.) marsupial; —ухий a. double-ear (phone); (bot.) biauriculate; —ушный a. (acous.) binaural; —фторзамещенный a. difluoro (compound).

двух gen. and prepos. of два, две; prefix see дву—; —адресный a. two-address; —атомный a. diatomic; dihydric (alcohol); diacid (base); —боевой a. duplex, double-faced (hammer); —бороздчатый a. double-groove, double-furrow.

двухвалентн/ость f. bivalence; —ый a. bivalent.

двух/валковый a. two-roll, two-high (rolling mill); —вальный a. twin-shaft; —вариантный a. bivariant; —венцовый a. double (wheel); —вершинный a. double-peak; —видовой a. two-way; two-mode; —винтовой a. tandem-rotor (helicopter); —витковый a. double-coil; two-loop; —волновой a. dual-frequency.

двухвост/(и)ки, —ые pl. (ent.) Diplura.

двух/выборочный a. two-sample; —годичный, —годовой a. two-year; biennial; —головый a. two-headed; —гранный see двугранный; —групповой a. two-group; —двигательный a. twin-engine(d); —диапазонный a. dual-range; —диффузорный a. dual cone (speaker); —дневный a. two-day; —дольный see двудольный; —донный a. double-bottom(ed); —дорожечный a. dual-track (recording).

двухдюймов/ка f. two-inch (thick) board; —ый a. two-inch.

двух/желобчатый a. double-groove(d); —жидкостный a. double-fluid; double-solvent (extraction); —жильный a. twin (cable); —замещенный a. disubstituted; —замещенный фосфат кальция dicalcium phosphate; —зарядный a. two-charge, doubly charged; —заходный a. double (screw thread); —звенник m. (av.) torque link; —зеркальный a. double-optical (square); —значный a.

two-figure, two-place, two-valued; bivalent; —зон(аль)ный *a.* two-region.

двух/импульсный *a.* double-pulse; —камерный *a.* double-chamber, twin-chamber, two-compartment; bilocular; —канальный *a.* two-channel; —каскадный *a.* two-stage; two-circuit; —килевой *a.* twin-rudder, twin-tail, twin-finned.

двухкилометров/ка *f.* map with a scale of two kilometers to the centimeter; —ый *a.* two-kilometer.

двух/клеточный *a.* (mach.) double squirrel-cage; —ковшовый *a.* twin-bucket; —колейный *a.* double-track; —коленчатый *a.* double-knee, double-throw, double-stage; —колесный *a.* two-wheel(ed); —колонный *a.* double-housing; —кольчатый *a.* dicyclic; binuclear; —компонентный *a.* two-component; binary (mixture, etc.); bipropellant (fuel); (comp.) two-variable; —конечный *a.* double-end, double-pointed; —контактный *a.* double-contact; double-prong (plug).

двух/контурный *a.* two-circuit; double-flow; ducted-fan (turboengine); by-pass (engine); double-tuned; (biol.) limbate, bordered; —кратный *see* двукратный; —кулачковый *a.* (mech.) double-jawed.

двух/ламповый *a.* (rad.) two-tube; —лемешный *a.* two-share, double-furrow (plow); —ленточный *a.* double-strand; two-band (saw).

двухлет/ие *n.* two-year period; —ка *f.* two-year old; two-year project; —ний *a.* two-year; (bot.) biennial; —ник *m.* biennial; —ок *see* двухлетка.

двух/линзовый *a.* two-lens; —листный *a.* two-sheeted; —литровый *a.* two-liter; —лобный *see* двухбоевой; —лопастный *a.* two-vane.

двухлор/замещенный *a.* dichloro (compound); —истый *a.* dichloride (of).

двух/лучевой *a.* two-beam, double-beam; twin-wire; —мерный *a.* two-dimensional; —местный *a.* two-place, binary; two-seat (vehicle).

двухмесячн/ик *m.* bimonthly (periodical); —ый *a.* two-month; bimonthly.

двух/метровый *a.* two-meter; —минеральный *a.* binary (rock); —моторный *a.* twin-engine(d), two-motor.

двухнедельн/ик *m.* biweekly, semimonthly (periodical); —ый *a.* two-week; biweekly.

двух/ниточный *a.* double (screw thread); —ножевой *a.* double-knife; —оборотный *a.* double (screw thread); —объективный *a.* two-lens.

двухходовой *see* двухходовой.

двух/опорный *a.* double-seat, double-beat (valve); —основный *a.* dibasic; —основ-

ная кислота diacid; —осный *a.* biaxial; two-axled; four-wheel; —отвальный *a.* V (blade); —отказный *a.* fail-operational, fail-safe; —палубный *a.* double-deck; —периодный *a.* block key (punch); —печный *a.* two-furnace.

двух/позиционный, —положенный *a.* two-position(ed); —полосный *a.* double-band; —полостный *a.* two-sheet(ed); —полупериодный *a.* full-wave (rectifier); —польный *a.* two-field.

двухполюс/ник *m.* (elec.) two-terminal network; bipole, dipole; —ый *a.* bipolar, double-pole, two-pole, two-terminal; two-way (speaker).

двух/поршневой *a.* two-piston, double-piston; —поставный *a.* double-blade (saw frame); —поточный *a.* double-flow; —предельный *a.* double-range; —призменный *a.* double-prism; —проводной *a.* double (line), double-wire, two-wire, two-lead; —проходный *a.* two-way; —процентный *a.* two-percent; —путевой, —путный *a.* double-track; —полосный *a.* two-lane.

двух/раздельный *a.* two-part; —размерный *a.* two-dimensional; —резной *a.* split-anode (magnetron); —резцовый *a.* duplex (lathe); —рельсовый *a.* double-rail; double-track.

двухромово/калиевая соль, —кислый калий potassium bichromate; —кислая соль bichromate; —кислый натрий, —натриевая соль sodium bichromate.

двух/роторный *a.* two-rotor (pump); —рычажный *a.* double-lever (shears); —рядный *a.* double (-row), two-row, two-series; —светный *a.* with two rows of windows; —седельный *a.* double-seat, double-beat (valve); —серийный *a.* bi-serial; —сигнальный *a.* bisignal; —скатный *see* двускатный; —скачковый *a.* double-shock (diffuser); —слойный *a.* two-layer, two-ply; —сменный *a.* double-shift; —составный *a.* two-part.

двухсот *gen. of* двести; —летний *a.* two-hundred-year; —ый *a.* two-hundredth.

двух/срезной *a.* (in) double shear; —станинный *a.* double-sided, double-standard; —створчатый *see* двустворчатый; —стенный *a.* double-walled; —стоечный *a.* (mach.) double-housing; double-pole (mast); —сторонний *see* двусторонний; —ступенчатый *a.* double-stage, two-stage, two-level, two-step, two-phase; —тавровый *a.* double-T; —тактный *a.* two-stroke, two-cycle (engine); push-pull.

двух/тарифный *a.* double-rate; —томный *a.* two-volume; —тональный *a.* two-tone; —точечный *a.* two-point; duplex (spot welding); —трубный *a.* two-

funneled; —**тысячный** *a.* two-thousandth.

двух/ударный *a.* (radiobiol.) double-hit; (med.) bigeminal (pulse); —**узловой** *a.* binodal; —**фазный** *a.* two-phase, diphase; —**фокусный** *a.* bifocal; —**ходовой** *a.* two-way; two-pass; double-thread (screw); two-headed (burner).

двухцветн/ость *f.* dichro(mat)ism; —**ый** *a.* dichro(mat)ic, two-color, two-tone, bicolor.

двух/целевой *a.* dual-purpose; —**цепной** *a.* double-chain; (elec.) double-circuit; —**цилиндровый** *a.* two-cylinder; double-barreled; —**часовой** *a.* two-hour; —**частичный** *a.* two-particle; two-body (force); —**членный** *see* **двучленный**; —**шарнирный** *a.* double-hinged, double-joint; —**шкальный** *a.* two-scale; double-dial; —**шпиндельный** *a.* duplex; two-spindle; —**шпунтовый** *a.* double-channel; —**щелевой** *a.* double-slotted; —**ъядерный** *a.* binuclear; —**ъякорный** *a.* double-armature; —**ъярусный** *a.* double-deck, double-level; double-lever (shears); —**электродный** *a.* two-electrode (tube); —**этажный** *a.* two-story, double-level.

двуцветный *see* **двухцветный.**

двучлен *m.* (math.) binomial; —**ный** *a.* binomial; two-term.

дву/язычный *a.* bilingual; —**яйцовый** *a.* dizygotic, fraternal (twins).

дг *abbr.* (дециграмм) decigram.

ДДВ *abbr.* (Днепровско-донецкая впадина) Dneiper-Donets Basin.

ДДД *abbr.* (дихлордифенилдихлорэтан) dichlorodiphenyldichloroethane.

ДДТ *abbr.* (дихлордифенилтрихлорэтан) dichlorodiphenyltrichloroethane, DDT.

де— *prefix* de(s)—, *see also under* **дез—**.

деазот/изация *f.*, —**ирование** *n.* denitration; —**ированный** *a.* denitrated; —**ировать** *v.* denitrate.

деайсер *m.* (av.) deicer.

деактивация *see* **дезактивирование.**

деалкилиров/ание *n.* dealkylation; —**анный** *a.* dealkylated; —**ать** *v.* dealkylate.

деасфальт/изация *f.* (petrol.) deasphalting; —**ировать** *v.* deasphalt.

деаэр/атор *m.* deaerator; —**ация** *f.* deaeration; —**изационный** *a.* deaeration, deaerating; —**ированный** *a.* deaerated; —**ировать** *v.* deaerate.

деб/аевский *a.* Debye; —**аеграмма** *f.* Debye crystallogram or powder pattern; —**ай** *m.* debye (unit of molecular dipole moments).

дебаркадер *m.* platform, landing.

дебат/ировать *v.* debate, discuss, argue; —**ы** *pl.* debate, dispute, argument.

Дебая-Гюккеля уравнение Debye-Hückel equation.

дебензине *n.* a debenzened oil.

Дебереинера триады Döbereiner's rule of triads.

дебет *m.*, —**овый** *a.* (com.) debit.

дебильность *f.* mild retardation.

дебит *m.* yield, output; production (rate); capacity; discharge, flow; —**ометр** output meter.

дебитор *m.* (com.) debtor.

деблокир/ование *n.* clearing, etc., *see v.*; —**ованный** *a.* cleared, etc., *see v.*; —**овать** *v.* clear, un(b)lock, release, relieve; —**овка** *see* **деблокирование**; —**ующий** *a.* clearing, etc., *see v.*

дебнеровский *a.* Döbner's (violet).

дебри *pl.* tropical rain forest; thicket; maze, labyrinth; —**стый** *a.* full of thick forests.

де-Бройля соотношение (phys.) de Broglie relation.

девальвация *f.* devaluation.

Деварда сплав Devarda's alloy.

девастация *f.* extermination of sources of infection.

девать *v.* put, dispose (of); —**ся** *v.* get (to), go, disappear; become.

девейлит *m.* (min.) deweylite.

Деви лампа (min.) Davy lamp, davy.

девиа/та *f.* deviation; (stat.) variance; —**тор** *m.* deviator; compass adjuster; —**ционный** *a.*, —**ция** *f.* deviation, error; уничтожать —**цию** *v.* (compass) compensate.

девиз *m.*, —**ный** *a.* motto, emblem.

девиндтит *m.* (min.) dewindtite.

девиометр *m.* deviometer.

Девиса печь (met.) Davis furnace.

девитрификация *f.* devitrification.

девичий *a.* virgin, maiden.

девон *m.*, —**ский** *a.* (geol.) Devonian.

девственн/ый *a.* virgin, maiden; parthen(o)—; —**ое размножение** (biol.) parthenogenesis.

девулканиз/ат *m.* devulcanized rubber; —**атор** *m.* devulcanizer, digester; —**ация** *f.* devulcanization, etc., *see v.*; —**овать** *v.* devulcanize, reclaim, digest.

девушка *f.* girl.

девяност/о *num.* ninety; —**ый** *a.* ninetieth.

девясил *m.* (bot.) elecampane (*Inula*).

девятер/ичный *a.* nonary; nine; —**ной** *a.* ninefold; —**о** *num.* nine.

девяти *gen. of* **девять**; *prefix* non(a)—, nine; —**кратный** *a.* ninefold; —**летний** *a.* nine-year; —**сотый** *a.* nine-hundredth; —**ступенчатый** *a.* nine-step(ped); —**точ(еч)ный** *a.* nine-point; —**угольник** *m.* (geom.) nonagon.

девят/ка *f.* nine; —**надцатый** *a.* nineteenth; —**надцать** *num.* nineteen; —**ый** *a.* ninth; —**ь** *num.* nine; —**ьсот** *num.* nine hundred; —**ью** *adv.* multiplied by nine.

дегаз/атор *m.* degasifier, degasifying agent; stripping vessel; —ационный *a.*, —ация *f.* degasification, degassing, etc., *see v.*; —ационная жидкость liquid decontaminant; —ер *see* дегазатор; —ированный *a.* degasified, etc., *see v.*; —ировать *v.* degas(ify), strip; decontaminate; (vacuum system) outgas; —ификатор *see* дегазатор.

дегельминтизация *f.* (vet.) worming.

дегенер/ат *m.* degenerate; —ативность *f.* degeneracy; —ативный *a.* degenerate; —ация *f.* degeneration; —ированный *a.* degenerate(d), vestigial; —ировать *v.* degenerate.

дегерминатор *m.* (agr.) degerminator.

дегидраза *f.* dehydrase.

дегидрат/ация *f.*, —ационный *a.* dehydration; —ировать *v.* dehydrate; —ирующее вещество dehydrating agent, dehydrant; —ор *m.* dehydrator.

дегидрацетовая кислота dehydracetic acid, methyl acetopyronone.

дегидрация *see* дегидратация.

дегидрир/ование *n.* dehydrogenation; —ованный *a.* dehydrogenated; —овать *v.* dehydrogenate, dehydrogenize; —ующий *a.* dehydrogenating.

дегидро— *prefix* dehydro—.

дегидрогениз/ация *f.*, —ационный *a.* dehydrogenation; —(ир)овать *v.* dehydrogenate.

дегидрокси— *prefix* dehydroxy—.

дегидро/слизевая кислота dehydromucic acid, 2,5-furandicarboxylic acid; —тиотолуидин *m.* dehydrothiotoluidine; —хлорировать *v.* dehydrochlorinate; —холевая кислота dehydrocholic acid; —циклизация *f.* dehydrocyclization.

дегоржировать *v.* disgorge.

деготь *m.* tar, pitch.

дегра *f.* (leather) degras, wool fat.

деград/ация *f.* degradation, breakdown; (av.) longitudinal decalage; —ированный *a.* degraded, broken down; —ировать *v.* degrade, break down, deteriorate.

дегрессивный *a.* degressive.

дегте— *prefix* tar; —бетон *m.* bituminous concrete; —картон *m.* tar paper; —образный *a.* tarry, tar-like; —отделитель *m.* tar separator.

дегтярн/ик *m.* tar distiller (operator); —ица *f.* tar container; —ый *a.* tar; —я *f.* tar works.

дегум(м)иров/ание *n.* degumming; —анный *a.* degummed; —ать *v.* degum.

дегуст/атор *m.* taster; —ация *f.* tasting; —ировать *v.* taste, sample.

дедвейт *m.* dead weight, dead load.

дедекиндово сечение (math.) Dedekind cut; —сть *f.* Dedekind property.

дедоломитизация *f.* (geol.) dedolomitization.

деду/ктивно *adv.* deductively, by deduction; д. равный *a.* interducible (formula); —ктивный *a.* deductive; —кция *f.* deduction; —цировать *v.* deduce.

дееспособн/ость *f.* competence; —ый *a.* competent, capable.

деется *pr. 3 sing. of* деяться.

дежа *f.* pan, trough.

дежек/тивный *a.* (geol.) dejective (folding); —ционный *a.*, —ция *f.* dejection.

дежур/ить *v.* be on duty; —ный *a.* on duty; *m.* attendant; —ный журнал log; —ство *n.* being on duty, attendance; с —ством on duty.

дез— *prefix* de(s)—; dis—; *prefix and insert* disinfection; —авуировать *v.* repudiate; —агрегация *f.* disaggregation, disintegration; —агрегировать *v.* disaggregate; —аксиальный *a.* offset (cylinder).

дезактив/ационный *a.*, —ация *f.*, —ирование *n.* deactivation; (nucl.) decontamination; —ированный *a.* deactivated; декоптаминированный; —ировать *v.* deactivate; decontaminate; —ирующий агент, —ирующее вещество decontaminating agent, decontaminant.

дезалкилировать *v.* dealkylate.

дезами/дирование *n.* deamid(iz)ation; —дировать *v.* deamidate; —нирование *n.* deamination; —нировать *v.* deaminate.

дезартикуляция *f.* (med.) disarticulation.

дезил *m.* desyl.

дезинсек/тор *m.* insect-exterminating unit; —ционный *a.*, —ция *f.* disinfestation, extermination of insects.

дезинтегр/атор *m.* disintegrator, pulverizer, shredder; dust extractor (for gases); —ация *f.* disintegration; —ированный *a.* disintegrated; —ировать *v.* disintegrate, pulverize, shred.

дезинфек/тант *m.*, —ционное средство disinfectant; —тор *m.* disinfector; —ционный *a.* disinfection, disinfecting, disinfectant; —ция *f.* disinfection.

дезинфицир/овать *v.* disinfect; —ующий *a.* disinfecting, disinfectant; —ующее вещество, —ующее средство disinfectant; decontaminant.

дезинформ/ация *f.* misinformation; —ировать *v.* misinform.

дезкамера *f.* disinfection chamber.

дезодор/(из)атор *m.* deodorizer, deodorant; —(из)ация *f.*, —ирование *n.* deodorization; —ированный *a.* deodorized; —ировать *v.* deodorize.

дезоксалевая кислота desoxalic acid.

дезокси— *prefix* desoxy—; —бензоин *m.* desoxybenzoin, phenylbenzyl ketone;

—дация f. deoxidation, reduction; —кортикостерон m. desoxycorticosterone.

дезоксирибо/за f. desoxyribose; —нуклеаза f. desoxyribonuclease; —нуклеиновый a. desoxyribonucleic (acid).

дезокси/соединение n. desoxy compound; —холевый a. desoxycholic (acid).

дезорб/ер m. desorber; —ция f. desorption.

дезорганиз/ация f. disorganization, confusion, disorder, chaos; —ованный a. disorganized, confused, chaotic; —о(ыв)ать v. disorganize.

дезориент/ация f. disorientation, disorder; —ировать v. disorient, confuse.

деион/изация f., —ный a. deionization.

дейдвуд m. deadwood.

дейка see дайка.

действенн/ость f. efficiency, effectiveness; activity; —ый a. efficient, effective, operative; active.

действ/ие n. action, work(ing), operation, performance, function(ing), running (of machine), service; agency, effect, influence; treatment, reaction; —ием by the action (of), by means (of); ближнего —ия short-range; вводить в д. v. put into operation, bring into action or force, implement, carry into effect; вступать в д. v. come into effect, become valid; дальнего —ия long-range; интенсивность —ия effective force, efficiency; находиться под —ием v. be affected (by); be exposed (to), be subjected (to); не подвергаться —ию v. be unaffected (by); оказывать д. v. work, operate, take effect, have an effect (on), affect; act (on); под —ием under (the action of), by; on exposure (to), (when) exposed (to); подвергать —ию v. expose (to), subject (to); treat; приводить в д. v. start, actuate, bring into operation, activate; (set to) work, operate; прямого —ия direct-action; direct (arc).

действительн/о adv. actually, in fact, indeed, in reality, real(ly); —означный a. real-valued; —ость f. reality, actuality, fact; efficiency, effectiveness, practicality; validity; authenticity; в —ости in reality, in practice; actually, in (actual) fact; —ый a. real, true, actual, virtual; effective, efficient; valid, holding (for); net (price); —ая производительность effective capacity; делать —ым v. validate; остаться —ым v. remain valid, hold (for).

действ/овать v. act, operate, work, run, function, perform, proceed; affect; attack, react; hold (good or true), be valid; начать д. take effect, start; не д. fail, be out of order; —ующий a. active;

acting, actuating, working, at work; operating, operative; in gear; efficient, effective; virtual (value); prevailing (law); m. operator; —ующая среда agent; —ующее начало active principle; —ующее поле field of action; закон —ующих масс law of mass action.

Действера стол (min.) Deister table.

дейт(ер)— see дейтеро—.

дейтер/ид m. deuteride; —иевый a., —ий m. deuterium, D (heavy hydrogen); —изованный a. deuterium; deuterated; —изовать, —ировать v. deuterate; —о— prefix deutero— [second(ary) deuterium]; —огенный a. (geol.) deuterogenic; —он see дейтрон; —оокись f. deuterium oxide, heavy water.

дейт/о— see дейтеро—; —(р)он m., —(р)онный a. (nucl.) deuteron.

дейция f. (bot.) Deutzia.

дек. abbr. (декабрь) December.

дек m., —а f. deck; —а f. sounding board (of musical instrument).

дека— prefix deca—, ten.

декабрь m. December.

дека/гидронафталин m. decahydronaphthalene, decalin; —гон m. (geom.) decagon; —грамм m. decagram; —да f. decade; ten-day period; —диен m. decadiene; —дный a. decade; decimal.

декалесценция f. (met.) decalescence.

декалин m. decalin.

декалитр m. decaliter (10 liters).

декальк/ировать v. transfer (design); —омания f. transfer; decalcomania.

декальцифи/кация f. decalcification; —ровать v. decalcify.

декаметр m. decameter (10 meters).

декан m. dean; (chem.) decane; —ал m. decanal, decyl aldehyde; —ат m. dean's office; —овый a. decane; decanoic (acid); —ол m. decanol; —он m. decanone; —ский a. dean's; —ство n. deanship.

декант/атор m. decanter; settling tank; д.-отстойник m. settling tank; —ация f., —ирование n. decanting; —ированный a. decanted; —ировать v. decant, pour off.

декапир m. pickled sheet (iron); —ование n., —овка f. pickling, etc., see v.; dip; —ованный a. pickled, etc., see v.; —овать v. (met.) pickle, dip, scour; passivate.

декарбоксилаза f. decarboxylase.

декарбоксилиров/ание n. decarboxylizing; —ать v. decarboxylize.

декарбонизация f. decarbonization.

декартовый a. (math.) Cartesian.

декаталогизировать v. decatalog.

декатил m. decatyl, decyl.

декатионировать v. (chem.) decationize.

декатиров/ание *n.* (text.) decatizing, etc., *see v.*; —ать *v.* decatize, steam, sponge, flatten (curl); —ка *f.*, —очный *a.* steaming.
декатонна *f.* ten tons.
декатрон *m.* (automation) decatron.
декаэдр *m.* (cryst.) decahedron; —ический *a.* decahedral.
деквалифицировать(ся) *v.* disqualify.
декель *m.* (printing press) tympan.
декларировать *v.* declare, proclaim.
деклин/атор, —ометр *m.* (phys.) declination compass, declinometer; —ация *f.* (magnetic) declination; —ировать *v.* decline.
деклуазит *m.* (min.) descloizite.
дековый *a.* of дек(а).
декогер/ер *m.* (rad.) decoherer; —ировать *v.* decohere.
декодир/ование *n.* decoding, etc., *see v.*; (program) checking; —ованный *a.* decoded, etc., *see v.*; —овать *v.* decode, decipher, interpret, translate; —уемый *a.* decodable; decoded; —ующее устройство decoder.
декокт *m.* decoction.
деколориметр *m.* (sugar) decolorimeter.
декомп/енсация *f.* (med.) decompensation; —озиция *f.* decomposition; —рессия *f.* decompression; —рессор *m.* decompressor.
декор/ативный, —ационный *a.* decorative, ornamental; —ация *f.* decoration; —ировать *v.* decorate.
декортик/атор *m.* decorticator; —ация *f.* decortication, stripping.
декохерер *see* декогерер.
декре/мент *m.* decrement, decrease; —метр *m.* (rad.) decremeter.
декрепитация *f.* decrepitation.
декрет *m.*, —ировать *v.* decree; —ный *a.* decree; legal (time).
декристаллизация *f.* decrystallization.
дексель *m.* (carpentry) adz.
декстр/ан *m.* dextran; —ин *m.*, —иновый *a.* dextrin, starch gum.
декстро— *prefix* dextro— (to the right, clockwise); —за *f.* dextrose, *d*-glucose; —соединение *n.* dextro(rotatory) compound.
дел. *abbr.* (деление) division, fission.
дел *gen. pl. of* дело; *past m. sing. of* деть; *m.* (math.) del operator; —а *pl.*, *etc.*, *of* дело; *past f. sing. of* деть.
делан/ие *n.* doing, etc. *see* делать; —ный *a.* done, performed, etc., *see* делать; simulated.
делатинит *m.* (min.) delatynite.
делать *v.* do, perform, carry out, accomplish; render, cause; make, produce; take (photographs); —ся *v.* be made, be done; become, get, grow, turn; happen.

делафоссит *m.* (min.) delafossite.
делег/ат *m.* delegate; —ация *f.*, —ирование *n.* delegation; —ировать *v.* delegate, authorize.
дележ *m.*, —ка *f.*, —ный *a.* share, sharing, distribution.
делен/ие *n.* division, dividing, etc., *see* делить; reading; dial; point; unit, interval; (biol., nucl.) fission; наносить —ия *v.* (sub)divide, graduate; index; продукт —ия fission product; размножение —ием (biol.) fission; —ный *a.* divided, etc., *see* делить; —ный на divided by or into.
делессит *m.* (min.) delessite.
делигнифи/кация *f.* delignification; —цировать *v.* delignify.
—деление *n. suffix* industry; manufacture, making.
деликатес *m.*, —ный *a.* delicacy.
деликатн/о *adv.* delicately, carefully; —ость *f.* delicacy, carefulness, precision; —ый *a.* delicate, considerate; cautious, careful, precise.
делим/ое *n.* (math.) dividend; —ость *f.* divisibility; (cryst.) cleavability, cleavage; (nucl.) fissionability; (petr.) fissility; —ый *a.* divisible, partible; cleavable; fissionable.
делинт/ер *m.* delinter, lint extractor; —еровка *f.*, —еровочный *a.* delinting; —ировать *v.* delint.
делирий *m.* (med.) delirium.
делитель *m.* (math.) divisor; divider, separator; subgroup; д. на 16 scale of sixteen; общий д. common divisor; —ность *f.* divisibility.
делительн/ый *a.* dividing, etc., *see* делить; index (head); separatory (funnel, stopcock); (nucl.) fission; д. механизм divider, indexer; д. циркуль dividers; —ая окружность pitch circle (of gear); —ое приспособление divider, indexer.
делить *v.* divide (into), part; share; index, classify, graduate; mark off; split, break down; —ся *v.* be divided; cleave, split; share; —ся на be divisible by; come under, fall into.
дел/о *n.* matter, concern, thing, point; business, transaction, deal; affair; management; enterprise; occupation, work; practice; engineering; case; (mil.) engagement; —ing, i.e., горное д. mining; —а *pl.* business, affairs, doings, proceedings; д. в том, что the fact is, the point is; д. обстоит the situation is; д. обстоит так such (or this) is the case; в самом —е really, actually, indeed, in fact; возбудить д. *v.* institute proceedings (against); иметь д. *v.* deal, be concerned, have to do (with); к —у to the point; между —ом in one's spare

деловитость 155 денет

time; **на самом —е** as a matter of fact, actually, really; **не так обстоит д. с** not so with; **первым —ом** first of all; **по —у** on business.

дел/ов/итость *f.* efficiency; **—итый** *a.* efficient, business-like; **—ой** *a.* business (-like), practical; **—ая древесина** (commercial) lumber, timber.

делопроизвод/итель *m.* secretary, clerk; **—ство** *n.* business correspondence, clerical work.

делоренцит *m.* (min.) delorenzite.

дельвоксит *m.* (min.) delvauxite.

дельн/о *adv.* efficiently, etc., *see a.*; **—ость** *f.* efficiency, competence; **—ый** *a.* efficient, competent, business-like, capable; sensible.

дельт/а *f.* delta (Δ, δ); delta (of river); **д.-железо** delta iron; **д.-излучение** *n.* delta radiation; **д.-лучи** *pl.* delta rays; **—макс** *m.* Delta Max (alloy); **д.-металл** *m.* delta metal; **д.-модуляция** *f.* delta modulation; **—ов(идн)ый** *a.* deltoid; **—оид** *m.* deltoid, delta-shaped region; **—о(иддодека)эдр** *m.* (cryst.) deltoid dodecahedron, deltohedron.

дельтруксиновый *a.* deltruxinic (acid).

дельфизин *m.* delphisine.

дельфин *m.* (astr.) Delphinus; (zool.) dolphin; **—ат** *m.* (chem.) delphinate; **—идин** *m.* delphinidin; **—ий** *m.* dolphin; **—ин** *m.* delphinine (alkaloid); delphinin (glucoside); **—ит** *m.* (min.) delphinite; **—иум** *m.* (bot.) delphinium; **—овый** *a.* of **дельфин**; delphinic (acid); **соль —овой кислоты**, **—овокислая соль** delphinate; **—оидин** *m.* delphinoidine.

дельфокурарин *m.* delphocurarine.

делюв/иальные отложения, **—ий** *m.* talus (deposits), drift, slide (of rocks).

деля (на) *pr. ger.* (on) dividing (by), if we divide.

делянка *f.* allotment, plot (of land).

деляпсивный *a.* (geol.) delapsing.

деляческий *a.* narrow-minded, utilitarian.

делящий *a.* dividing, etc., *see* **делить**; fission; **—ся** *a.* fission(able), fissile, divisible.

демагнетиз/атор *m.* demagnetizer; **—ировать** *v.* demagnetize.

демантоид *m.* (min.) demantoid.

демаркац/ия *f.*, **—ионный** *a.* demarcation; **—ионная линия** line of demarcation, dividing line.

демаскиров/ание *n.* disclosure; **—ать** *v.* disclose, reveal, decamouflage.

деменция *f.* (med.) dementia.

демерол *m.* demerol, meperidine.

деметилирование *n.* demethylation.

деметон *see* **меркаптофос**.

демидовит *m.* (min.) demidovite.

демилитаризировать *v.* demilitarize.

деминерализ/атор *m.* demineralizer; **—ация** *f.* demineralization; **—овать** *v.* demineralize.

демобилиз/ация *f.* demobilization; fixation (of nutrients, etc.); **—ировать** *v.* demobilize.

демография (stat.) demography.

демодул/ировать *v.* (rad.) demodulate, detect; **—ятор** *m.* demodulator, detector; **—яция** *f.* demodulation.

демократ/ический *a.* democratic; **—ия** *f.* democracy.

демон *m.* (phys.) (Maxwell) demon.

демонстр/ативный *a.* demonstrative; **—атор** *m.* demonstrator, exponent; **—ационный** *a.* demonstration, demonstrating; **—ационный склад** showroom, exhibit; **—ация** *f.*, **—ирование** *n.* demonstration; **—ированный** *a.* demonstrated, etc., *see v.*; **—ировать** *v.* demonstrate, show, exhibit, present; **—ироваться** *v.* be demonstrated; be on display, be on exhibit; **—ируемость** *f.* demonstrability.

демонт/аж *m.*, **—ирование** *n.* dismantling, etc., *see v.*; disassembly; **—ировать** *v.* dismantle, disassemble, strip, take apart, dismount, take down.

демпинг *m.*, **—овый** *a.* (com.) dumping.

демпфер *m.* damper, shock absorber, buffer; (elec.) damper (winding); **—ный** *a.* damper, damping.

демпфиров/ание *n.* damping, shock absorption, buffer action; **—анный** *a.* damped; **—ать** *v.* damp (out).

демпфирующий *a.* damping.

демультиплик/атор *m.* (mach.) auxiliary gear box; reducing gear; **—ация** *f.* gearing down.

демураж *m.* demurrage (of ship).

денатур/ант, **—атор** *m.* denaturant, denaturing agent; **—ат** *m.* denatured alcohol; **—ация** *f.*, **—ирование** *n.* denaturation; **—ированный** *a.* denatured; **—ировать** *v.* denature; **—ирующее средство** *see* **денатурант**.

денге *m.* (med.) dengue.

дендироль *m.* (paper) dandy roll.

дендр— *see* **дендро—**; **—арий** *m.* arboretum; **—ит** *m.* (anat.; cryst.) dendrite; **—итический**, **—итный**, **—итовый** *a.* dendritic, arborescent, tree-like; **—о—** *prefix* dendr(o)— (tree); **—оидный** *a.* dendroid, dendritic; **—ология** *f.* dendrology; **—ометр** *m.* dendrometer; **—ометрия** *f.* dendrometry, tree mensuration.

денеб *m.* (astr.) Deneb.

денег *gen. of* **деньги**.

денежн/ик *m.* (bot.) pennycress (*Thlaspi arvense*); **—ый** *a.* monetary; money (order); financial.

денет *fut. 3 sing. of* **девать**.

дензиметр see денсиметр.
денитр/ация f., —(ир)ование n. denitration; —(ир)овать v. denitrate; —ирующий a. denitrating; —ификация f. denitrification; —ифицировать v. denitrify; —ифицирующий a. denitrifying.
денник m. enclosure, stall.
Деништедта печь Dennstedt furnace.
денонсировать v. denounce.
денси/метр m. (phys.) densimeter; —метрия f. density measurement; —(то)метр m. (phot.) densi(to)meter, opacity meter; —(то)метрия f. densitometry.
дент/альный a. dental; —ин m. dentine (of teeth).
денудац/ионный a., —ия f. denudation.
денут fut. 3 pl. of девать.
день m. day; imp. of деть; изо дня в д. (from) day to day.
деньги pl. money, currency; dues; наличные д. cash.
денье n., д.-титр (text). denier.
депарафинизация f. deparaffination.
департамент m. department, division; —ский a. departmental.
депеграмма f. (meteor.) depegram.
депеша f. dispatch, message, telegram.
депигментация f. (biol.) depigmentation.
депиля/торий m. depilatory; —ция f. depilation.
депланация f. warping.
депланировать v. smooth, make even.
депо n., —вский a. depot, station; car barn; д. крови (anat.) blood-storing organs; паровозное д. roundhouse.
депозит m. deposit.
деполимер m. depolymerization product; —изатор m. depolymerizing agent; —изация f. depolymerization; —изовать v. depolymerize.
деполяриз/атор m. depolarizer; —ация f. depolarization; —овать v. depolarize.
депон/ент m. depositor; —ировать v. deposit.
депортация f. deportation.
депресс/ант m. depressor, depressing agent, depressant; —ивный a. depressive; —иометр m. depression meter; —ионный a., —ия f. depression; —ор see депрессант.
депс/анон m. depsanone, 1,2-dihydrodepsenone; —енон m. depsenone, 4-benzoylbenzofuran; —ид m. depside.
депут/ат m. representative, delegate; —ация f. deputation.
дер. abbr. (деревянный).
—дер m. suffix extractor.
дерапаж m. skidding, slipping.
дератизация f. rat extermination.
дерб/енка, —янка f. (bot.) Blechnum; —енник m. Lythrum.
дербилит m. (min.) derbylite.

дерг/ание, —анье n. twitching, etc., see v.; —анный a. twitched, etc., see v.; —ать v. twitch, jerk, pull, tug.
деревей m. (bot.) yarrow (Achillea).
деревен/ение n. lignification; —еть v. lignify, become wood.
дерев/енский a. rural, country; —ня f. village; country.
дерево n. tree; wood; д.-камень petrified wood; д.-маяк (forestry) standard; —обделочная f. wood-working shop; —обделочный, —обрабатывающий a., —обработка f. wood working; —плита f. slab of timber.
дерев/це, —цо n. sapling, small tree; —ья pl. of дерево.
деревян/еть v. lignify, become wood; —истый a. ligneous, woody; —истый опал (min.) wood opal; —ность f. woodiness; —ный a. wood(en); woody, ligneous; —ое масло low-grade olive oil.
деревяшка f. piece of wood.
дер/еза f. (bot.) Lycium; —езняк m. dereznyak (shrub formation); —ен m. dogwood (Cornus).
дерет pr. 3 sing. of драть.
держава f. state; empire, power.
держ/авка f. hold(er), stand, support, carrier, bracket; —ак m., —алка f. handle.
держан/ие n. keeping, etc., see держать; —ный a. kept, maintained, held; —ый a. secondhand, used.
держ/атель m. holder, adapter, chuck; carrier, carriage, support; —ать v. keep, hold, retain; maintain, preserve; take (examination); —аться v. keep to, hold (on), cling, adhere; hold out, hold up, bear up; behave; —ащий a. holding; —и-дерево n. (bot.) Christ's thorn (Paliurus).
дерз/ать, —нуть v. dare, risk, hazard; —кий a. daring, audacious.
дерив/ат m. derivative; —атный a. derived (spring); —ация f. derivation, origin, source; diversion; (ballistics) drift.
дерм/а f. (anat.) derma; suffix —derm(is); —альный a. dermal, dermic, cutaneous; —атин m., —атиновый a. dermatin (leatherette); —атит m. (med.) dermatitis; —ато— prefix dermato— (skin, hide); —атол m. dermatol, bismuth subgallate; —атолог m. dermatologist; —атология f. dermatology; —атомикоз m. (med.) dermatomycosis; —оид m., —оидный a. dermoid; —ол m. dermol, bismuth chrysophanate.
дерн m., —ина f. turf, sod; —еть v. become covered with turf; —истый a. turfy, soddy; turf- or sod-forming.
дернит m. (min.) dehrnite.

дернов/ать v. turf, sod; —идный a. cespitose, tufted; —ина f. turf, sod; tuft, tussock; —ка f. turfing; —о— prefix turf, sod; soddy (soil); —о-подзолистый a. soddy podzolic; —ый a. turf, sod(dy); (min.) meadow, bog iron (ore).
дерно/образующий a. turf- or sod-forming; —рез m. sod knife, turf cutter; —сним(атель) m. skim colter; sod cutter.
дернут/ый see дерганный; —ь see дергать.
деррид m. derrid (a resin).
деррик m., д.-вышка derrick; д.-кран derrick (crane); вагон-д. derrick car.
деррис m. derris (insecticide).
дерть f. coarsely ground grain.
дерущий pr. act. part. of драть.
дерю/га f., —жина f., —жный a. sacking, sack cloth, burlap.
дес. abbr. (десятина; десятичный).
десант m. (mil.) landing; landing party; —ировать v. land; —ный a. landing; —овместимость f. troop capacity.
десатурация f. desaturation.
десен gen. pl. of десна; —ный a. (anat.) gingival, gum.
десенсибилиз/атор m. desensitizer; —ация f. desensitization; —ировать v. desensitize.
десерт m., —ный a. dessert.
десик(к)ант m. desiccant, drying agent.
десили/кация f. (geol.) desilication; —цировать v. desiliconize.
десквамация f. desquamation, scaling, peeling, exfoliation.
дескрип/тивный a. descriptive; —тор m., —торный a. descriptor; —ция f. description.
десм— see десмо—; —a f. (zool.) desma; —идиевые pl. Desmidiaceae (algae); —ин m. (min.) desmine, stilbite; —о— prefix desm(o)- (bond, ligament); —одиум m. tick clover (Desmodium); —олаза f. desmolase (enzyme); —олиз m. desmolysis; —ология f. (med.) desmology.
десмотроп m. desmotrope; —ия f. desmotropism, dynamic isomerism; —ный a. desmotropic.
дес/на f. (anat.) gum; воспаление —ен (med.) gingivitis; —ничный, —новой a. gingival.
десорб/ент m. desorbent; —ция f. desorption.
дестабилиз/атор m. destabilizer; —ировать v. destabilize, disturb.
дест/евой a., —ей gen. pl. of десть.
дестилл— see under дистилл—.
дестрибьютор m. distributor.
деструк/тивность f. disruptiveness; —тивный a. destructive; disrupting; —тированный a. destroyed, etc., see v.; broken down; —тировать v. destroy, break down, degrade; disrupt; —ция f. destruction, breakdown, degradation; disruption.
десть f. quire (of paper).
десульф/ация f., —ирование n., —урация f. desulfur(iz)ation; —ировать v. desulfurize; (petrol.) sweeten; —уризатор m. desulfurizer; —урировать v. desulfurize.
десятер/ичный, —ной a. tenfold; —о num. ten.
десяти gen. of десять; prefix deca—, ten; —балльный a. ten-point (scale); —верстка f. map with scale of 10 versts to the inch; —водный a. decahydrate; —гранник m. (cryst.) decahedron; —гранный a. decahedral; —дневка f. ten-day period; —дневный a. ten-day; —километровка f. map with scale of 10 kilometers to the centimeter; —кратный a. tenfold.
десятилет/ие n. decade; tenth anniversary; —ний a. ten-year; decennial.
десятина f. tenth part; 2.7 acres.
десятиногие (раки) (zool.) Decapoda.
десятисторонний a. decalateral.
десятиугольн/ик m. (geom.) decagon; —ый a. decagonal.
десятични/о-двоичный a. decimal-binary; —ый a. decimal; common (logarithm).
десят/ка f. ten; —ник m. foreman; —ок m. (group of) ten; decade; —ый a. tenth; —ь num. ten; —ью adv. multiplied by ten.
детал/изация f., —изирование n. detail(ing); specification; —изированный a. detailed; —из(ир)овать v. (give in) detail; —ь f. detail, part, component, member; article, piece, work(piece); element; —и pl. parts; details, particulars; hardware.
детальн/о adv. in detail; thoroughly; —ость f. detail(edness); —ый a. detail(ed), with full details, comprehensive; minute.
детандер m. expansion engine, expander.
деташер m. detacher.
детва f. larva (of bees).
дет/дом m. children's home; —ей gen. of дети.
детекти/рование n. detection; (rad.) rectification; —ировать v. detect, find, catch; rectify; —ирующий a. detecting, etc. see v.; —ор m., —орный a. detector; pickup; rectifier.
детергент m. detergent.
детермин/ант m. determinant; —ация f. determination; —изм m. determinism; —ированный a. determined, determinate, disciplined; —ировать v. determine.
дет/и pl. children; —ка f. (bot.) bulbil, secondary bulb.

детойль *m.* a DDT insecticide.
детоксицировать *v.* detoxify.
детон/атор *m.* (expl.) detonator (cap); primer, percussion cap; knock producer; **—ация** *f.*, **—ационный** *a.* detonation, explosion; knock (of motor); **ингибитор —ации** antiknock; **величина —ации, степень —ации, —ационная стойкость** knock rating (of fuel), octane number; **—ировать** *v.* detonate, explode; knock: **—ирующий** *a.* detonating; knocking; **—ометр** *m.* knock indicator.
дето/родный *a.* genital; **—рождение** *n.* child bearing, parturition.
детрит/(ус) *m.* detritus, residual debris; (immun.) calf lymph; **—овый** *a.* detrital.
детрузивный *a.* (geol.) detrusion.
детс/кий *a.* child's, juvenile; **д. сад** nursery; **—кое место** (anat.) placenta; **—тво** *n.* childhood, infancy.
дет/ый *a.* put; **—ь** *see* **девать**.
дет/ьми *instr.*; **—ям** *dat.*; **—ях** *prepos.* of **дети**.
дефазированный *a.* out of phase.
дефек/ат *m.* (sugar) defecated juice; (agr.) defecation mud; **—атор** *m.* (sugar) defecator, clarifier; **—ационный** *a.*, **—ация** *f.* defecation, etc., *see v.*; (voiding of) excrement; **—овать** *v.* defecate, clarify, purify.
дефект *m.* defect, flaw, fault, imperfection, blemish; deficiency, handicap; bug; **д. массы** (nucl.) mass defect; **нахождение —ов, —ация** *f.* flaw detection, trouble shooting; **—(ив)ность** *f.* defect(iveness); **—(ив)ный** *a.* defective, deficient, imperfect, faulty; deficiency (number); **—овочный** *a.* defective; defective-part (list); **—ология** *f.* study of handicapped children; **—оскоп** *m.* defectoscope, flaw detector; **—оскопия** *f.* defectoscopy, flaw detection.
деферент *m.* (astr.) deferent.
деферризация *f.* deferrization, iron removal.
дефибр/ер *m.* fiber separator; (paper) grinder, pulper; **—ерные камни** pulping rolls; **—инирование** *n.* defibrination, fibrin removal; **—инированный** *a.* defibrinated; **—инировать** *v.* defibrinate; **—ирование** *n.* defibering; grinding; **—ировать** *v.* defiber; grind.
дефил/е *n.*, **—ировать** *v.* (mil.) defile.
дефин/итивный *a.* definitive; **—итный** *a.* definite; **—иция** *f.* definition.
дефис *m.* (typ.) hyphen, dash.
дефицит *m.* deficit; deficiency, scarcity; **без —а** balanced (budget); **—ность** *f.* deficiency, shortage; **—ный** *a.* deficient, scarce, in short supply, critical; difficultly available; losing (business).
дефлагра/тор *m.* deflagrator; **—ция** *f.* deflagration, burning up.

дефлегм/атор *m.* dephlegmator, fractionating column; **—ация** *f.* dephlegmation, fractionation; **коэффициент —ации** reflux ratio; **—ировать** *v.* dephlegmate, fractionate.
дефлект/ометр *m.* deflectometer; **—ор** *m.* deflector, baffle.
дефлок(к)ул/ирование *n.* deflocculation; **—ированный** *a.* deflocculated; **—ировать** *v.* defloculate; **—ирующий реагент** defloculant, deflocculating agent; **—яция** *f.* deflocculation.
дефля/тор *m.* deflator; **—ция** *f.* (com.; geol.) deflation.
Дефо, твердость по Defo hardness.
дефокусиров/анный *a.* defocused; **—ать** *v.* defocus; **—ка** *f.* defocusing.
дефоли/ант *m.* (agr.) defoliant; **—ация** *f.* defoliation.
дефо-пластичность *f.* Defo plasticity.
деформативность *f.* deformability.
деформ/ация *f.*, **—ационный** *a.*, **—ирование** *n.* deformation, distortion, warping; strain; **д. кручения** torsional strain; **д. при сдвиге, д. при срезе** shearing strain; **вертикальная д.** buckling; **механическая д.** strain; **продольная д.** stretch; **—ированный** *a.* deformed, etc., *see v.*; wrought; **—ировать** *v.* deform, distort, warp; strain; alter; work; disorganize; **—ируемость** *f.* deformability; **—ируемый** *a.* deformable; deformed; **—ирующий** *a.* deforming, etc., *see v.*
дефосфор(из)/ация *f.* dephosphorization; **—ировать** *v.* dephosphorize; **—ованный** *a.* dephosphorized.
дефо-твердость *f.* Defo hardness.
дефрост/ация *f.* defrosting, thawing; **—ер** *m.* defroster.
дефториров/ание *n.* defluorination; **—анный** *a.* defluorinated; **—ать** *v.* defluorinate.
дехлор/ация *f.*, **—ирование** *n.* dechlorination; **—ированный** *a.* dechlorinated; **—ировать** *v.* dechlorinate.
дехолин *m.* Decholin, dehydrocholic acid.
децелер/ация *f.* deceleration; **—ометр** *m.* decelerometer.
децен *m.* decene.
децентрализ/ация *f.* decentralization; **—(ир)ованный** *a.* decentralized, etc., *see v.*; **—(ир)овать** *v.* decentralize, deconcentrate, scatter.
деци— *prefix* deci— (0.1); **—бел** *m.* (acous.) decibel; **—грамм** *m.* decigram.
децил *m.* decyl; **—ен** *m.* dec(yl)ene; **—еновая кислота** decylenic acid.
децилитр *m.* deciliter (0.1 liter).
децилов/ый *a.* decyl; **д. альдегид** decyl aldehyde, decanal; **д. спирт** decyl alcohol, 1-decanol; **—ая кислота** decylic acid, capric acid.

деци/ль *m.* (stat.) decile; —мальный *a.* decimal; —метр *m.* decimeter (0.1 meter); —метровый *a.* decimetric, decimeter (wave); —милли— *prefix* decimilli— (0.0001); —молярный *a.* decimolar.

децин *m.* decine, decyne.

децинепер *m.* (elec. comm.) decineper.

дециновый *a.* decynoic (acid).

децинормальный *a.* decinormal.

дешев/еть *v.* fall in price, cost less; —изна *f.* cheapness, low price; —ить *v.* undercharge; —ле *comp. of* дешево, дешевый; cheaper; —о *adv.* cheaply, inexpensively, at a low price; —ый *a.* cheap, inexpensive, low-priced, low-cost.

дешенит *m.* (min.) dechenite.

дешифр/атор *m.* decoder, code interpreter; discriminator, selector; —ация *f.*, —ирование *n.* decoding, etc., *see v.*; —(ир)ованный *a.* decoded, etc., *see v.*; —(ир)овать *v.* decode, decipher, interpret; —овка *f.*, —овочный *a.* decoding, etc., *see v.*

деэмуль/гатор, —сатор *m.* demulsifier; —гирование *n.*, —сация *f.* demulsification.

деэтилирование *n.* deëthylation.

деяние *n.* deed, act.

деятель *m.* worker, man; д. науки scientist; —но *adv.* actively; —ность *f.* activity, work; profession, occupation; —ный *a.* active, busy, energetic.

деяться *f.* happen.

дж *abbr.* (джоуль) joule; ДЖ *abbr.* (дегазационная жидкость) liquid decontaminant; (дирижабль) dirigible.

джайлау *m.* jailow, high mountain pastures.

джалмаит *m.* (min.) djalmaite.

джар *m.* (elec.) jar (unit of capacitance).

джасп/еризация *f.* (min.) jasperization; —ероид *m.* (petr.) jasperoid; —илит *m.* jaspilite.

джатекс *m.* jatex (a rubber latex).

джек *m.* jack; (min.) jackhammer.

Джекоби сплав Jacoby metal.

джексоновский *a.* Jackson(ian).

джем *m.* jam.

джемпер *m.* jumper; pullover.

джемсонит *m.* (min.) jamesonite.

дженкинзит *m.* (min.) jenkinsite.

дженколовая кислота (d)jenkolic acid.

дженни *n.* (text.) jenny.

джерзейский *see* джерсийский.

Джерса нагревательный колодец (met.) Gjer's soaking pit.

джерси *n.* (text.) jersey; —йский *a.* Jersey.

джеспилит *see* джаспилит.

джеффер/изит *m.* (min.) jefferisite, —сонит *m.* jeffersonite.

джиг(гер) *m.* (min.; text.) jig(ger).

джизлан *m.* cotton-boll cicada.

джилпинит *see* гильпинит.

джин *m.* (text.) gin; gin (liquor); —ирование *n.* ginning; —ированный *a.* ginned; —ировать *v.* gin.

джин-шень *m.* (bot.) ginseng (*Panax*).

джиобертит *m.* (min.) giobertite.

джип *m.* jeep (four-wheel drive vehicle).

дж/кг *abbr.* (джоуль на килограмм) joules per kilogram.

джойнтер *m.* (building) jointer.

джонка *f.* junk (boat).

Джонса реактив (met.) Jones' reagent.

джон/сонова трава (bot.) Johnson grass (*Sorghum halepense*); —струпит *m.* (min.) johnstrupite.

Джордан *m.* (paper) Jordan (refiner).

джорджианский *see* георгийский.

джоул/ево тепло Joule effect, heat effect; —ометр *m.* joule meter; —ь *m.* joule (unit of work).

джугара *f.* (bot.) joughara (*Sorghum cernuum*).

джузгун *m.* (bot.) Calligonum.

джунгли *pl.* jungle.

джут *m.*, —овый *a.* jute.

джэк *see* джек.

дзельква *f.* (bot.) zelkova.

дзета *f.* zeta (Z, ζ).

ДЗУ *abbr.* (диодное запоминающее устройство) diode memory unit.

ди— *prefix* di—, bi—, two.

диа— *prefix* dia— (through, across).

диабаз *m.* (petr.) diabase; —овый *a.* diabase, diabasic.

диабантит *m.* (min.) diabantite.

диабет *m.* (med.) diabetes; —ик *m.* diabetic; —ин *m.* diabetin, fructose; —ический *a.* diabetic.

диабласт/ический, —овый *a.* (petr.) diablastic, sieve texture.

диаген/ез *m.* diagenesis, recombination, rearrangement; —етический *a.* diagenetic.

диагно/з *m.* diagnosis; ставить д. *v.* diagnose; —ст *m.* diagnostician; —стика *f.* diagnostics; —стировать, —сцировать *v.* diagnose; —стический *a.* diagnostic.

диагометр *m.* (elec.) diagometer.

диагонал/евый, —ьный *a.* diagonal, oblique; —изуемый *a.* diagon(aliz)able, diagonalized; —ь *f.* diagonal (line).

диаграмм/а *f.* diagram, drawing, plan, figure; pattern; chart, record sheet; graph, plot; characteristic, curve; circuit, scheme; —ный *a.* diagrammatic.

диаграф *m.* (drawing) diagraph.

диад/а *f.* dyad, pair; —ический *a.* dyadic, binary.

диадохит *m.* (min.) diadochite.

диаз/амин *m.* diazamine; —ен *m.* diazene, diazete; —ин *m.*, —иновый *a.* diazine.

диазо— *prefix* diazo—; —амино— *prefix*

diazoamino—, azimino—; —**аминосоединение** *n.* diazoamino compound; —**бензол** *m.* diazobenzene; —**гидрат** *m.* diazohydrate; —**графия** *see* диазотипия; —**копирование** *n.* diazo copying; —**краситель** *m.* diazo dye; —**кси**— *prefix* diazoxy—; —**л** *m.* diazole; —**лин** *m.* diazoline; —**метан** *m.* diazomethane, azimethane; —**ниевое соединение** diazonium compound; —**пленка** *f.* diazo film; —**реакция** *f.* diazo test (for urine); —**соединение** *n.* diazo compound; —**соль** *f.* diazo salt.

диазот/ат *m.* diazotate; —**ация** *f.* diazotization.

диазо/типия *f.* (phot.) diazotypy, diazotype process; —**тирование** *n.* diazotization; —**тировать** *v.* diazotize; —**тирующий** *a.* diazotizing; —**тирующийся** *a.* diazotizable.

диазоуксусн/ая кислота diazoacetic acid; **соль** —**ой кислоты**, —**окислая соль** diazoacetate; —**ый эфир**, —**оэтиловый эфир** ethyl diazoacetate.

диазо/фенол *m.* diazophenol; —**черный (пигмент)** diazo black; —**этан** *m.* diazoethane, aziethane.

диазтин *m.* diazthine, thiodiazine.

диакарб *m.* Diacarb, acetazolamide.

диакис— *prefix* dyakis— (twice); —**додекаэдр** *m.* (cryst.) dyakisdodecahedron, diploid.

диа/клаз *m.* (geol.) diaclase; —**клинальный** *a.* diaclinal; —**критический** *a.* (elec.) diacritical.

диактинический *a.* (phot.) diactinic.

диакусти/ка *f.* diacoustics; —**ческий** *a.* diacoustic.

диал *m.* dialdehyde; *see also* **диаль**.

диалектический *a.* dialectic(al), logical.

диализ *m.* dialysis, ultrafiltration; —**ат** *m.* dialyzate; —**атор** *m.* dialyzer; —**ирование** *n.* dialyzing; —**(ир)ованный** *a.* dialyzed; —**(ир)овать** *v.* dialyze; —**ирующий** *a.* dialyzing.

диалин *m.* dialin, dihydronaphthalene.

диалит *m.* (elec.) dialite (insulator).

диалитический *a.* dialytic.

диалкил *m.*, —**овый** *a.* dialkyl; —**ен** *m.* dialkylene.

диаллаг *m.* (min.) diallage.

диаллил *m.*, —**овый** *a.* diallyl; —**амин** *m.* diallylamine, di-2-propenylamine; —**фталат** *m.* diallyl phthalate.

диалогит *m.* (min.) dialogite, rhodochrosite.

диалуров/ая кислота dialuric acid, 5-hydroxybarbituric acid; **соль** —**ой кислоты**, —**окислая соль** dialurate.

диаль *m.* Dial, 5,5-diallylbarbituric acid; —**дегид** *m.* dialdehyde.

диам. *abbr.* (диаметр) diameter.

диамагн/етизм *m.*, —**итность** *f.* diamagnetism; —**етик** *m.*, —**итный** *a.* diamagnetic.

диамант *m.*, —**овый** *a.* (typ.) diamond.

диамантовый желтый diamond yellow; **д. черный** diamond black.

диаметр *m.* diameter; bore, caliber; —**ально** *adv.* diametrically, in diameter; —**альный** *a.* diameter, diametric; diametral, full-pitch (winding); —**ический** *a.* diametric(al).

диам/ид *m.* diamide; —**идо**— *prefix* diamido—; —**ил** *m.*, —**иловый** *a.* diamyl; —**ин** *m.* diamine.

диамино— *prefix* diamino—; —**бензол** *m.* diaminobenzene; —**вый** *a.* diamine; —**дифенил** *m.* diaminodiphenyl, benzidine; —**кислота** *f.* diamino acid; —**фенол** *m.* diaminophenol.

диаммофос *m.* diammophos, diammonium phosphate (fertilizer).

диан *m.* 4,4'-isopropylidenediphenol; —**изидин** *m.* dianisidine; —**илин** *m.* dianiline; —**иловый** *a.* dianil.

дианино дерево *see* Дианы дерево.

диантр/ахинон *m.* dianthraquinone; —**ацил** *m.* dianthracyl; —**ил** *m.* dianthryl, bianthryl.

Дианы дерево arbor Dianae (silver tree).

диапазон *m.* range, compass, scope, span, interval; band, spectrum; diapason; assortment, variety; **д. чисел М** Mach range; **в** —**е** over the range, within the limits; —**ный** *a. of* диапазон; (wide-)band.

диапауза *f.* (biol.) diapause.

диапировый *a.* (geol.) diapir(ic), piercing.

диапозитив *m.*, —**ный** *a.* (phot.) diapositive, slide, transparency.

диапсидный *a.* (zool.) diapsid(ian).

диарея *f.* (med.) diarrhea.

диарил *m.*, —**ьный** *a.* diaryl.

диарсин *m.* diarsine, biarsine.

диаскоп *m*, —**ический** *a.* slide projector.

диаспирин *m.* diaspirin, succinylsalicylic acid.

диаспор *m.* (min.) diaspore; —**а** *f.* (bot.) diaspore; —**овый** *a.* diaspore, diasporic.

диаст/аз *m.* (med.) diastasis; diastase (enzyme); —**аза** *f.* diastase; —**атический** *a.* diastatic; —**ема** *f.* diastem, interval; —**ереоизомер** *m.* diastereo(iso)mer.

диастол/а *f.* (biol.) diastole; —**ический** *a.* diastolic.

диастрофизм *m.* (geol.) diastrophism.

диасхистовый *a.* (biol.; geol.) diaschistic.

диатез *m.* (med.) diathesis.

диатерм/ический, —**ичный** *a.* diathermic, diathermal; —**ичность** *f.* diathermancy; —**ия** *f.* diathermy; —**ометр** *m.* diathermometer.

диатол *m.* diatol, diethyl carbonate.

диатом/а, —ея f. (bot.) diatom; —ин, —ит m., —овая земля diatomite, diatomaceous earth; —ный, —овый a. diatomic; —овые (водоросли) diatoms.

диатрема f. diatreme, volcanic vent.

диафан m. unglazed porcelain; —ия f. (phot.) transparency; —овый a. diaphanous, euphotic (zone in sea); —ометр m. diaphanometer, opacimeter; —оскоп m. diaphanoscope.

диа/физ m. (anat.) diaphysis; —фильм m. (phot.) slide; microfilm, film strip; —фон m. audio-visual recorder; —фораза f. diaphorase (enzyme); —форит m. (min.) diaphorite.

диафрагм/а f. diaphragm, membrane; (phot.) stop aperture; core (of dam); (rockets) end plate, retainer; prefix (anat.) phren(ic)o— (diaphragm); —енный, —овый a. of диафрагма; —ировать v. (opt.) stop down, diaphragm.

диафтор/ез m. diapht(h)oresis, retrograde metamorphism; —ит m. (petr.) diaphthorite.

диахильная мазь (pharm.) diachylon.

диацет/амид m. diacetamide; —ат m. diacetate; —ил m. diacetyl; —илен m. diacetylene, butadiine; —илморфин m. diacetyl morphine, heroine; —илтаннин m. diacetyl tannin, tannigen; —илуксусный a. diacetyl acetic (acid); —ин m. diacetin, glyceryl diacetate; —он m., —оновый a. diacetone, acetylacetone; —оновый спирт diacetone alcohol.

диаципиперазин m. diacipiperazine.

диашистовый see диасхистовый.

дибазол m. (pharm.) Dibasol.

дибенз— prefix dibenz(o)—; —амид m. dibenzamide, benzoyl benzamide; —енил m. dibenzenyl; —ил m., —иловый a. dibenzyl; —илиден m. dibenzylidene; —оил m. dibenzoyl; —ойная кислота dibenzoic acid; —(о)пиррол m. dibenzopyrrole, carbazole; —(о)фуран m. dibenzofuran, diphenylene oxide.

дибор/ан m. diborane; —ид m. diboride; —нил m. dibornyl.

дибром— prefix dibrom(o)—; —бензол m. dibromobenzene; —гидрат m. dihydrobromide.

дибути/л m., —ловый a. dibutyl; —лфталат m. dibutyl phthalate; —рин m. dibutyrin, glyceryl dibutyrate.

дива f. (geol.) diwa, ti-wa (a type of structural element of the continental crust).

дивал/а f., —о n. (bot.) Scleranthus.

диван m. sofa, couch.

диванадил m. divanadyl.

дивариантный a. bivariant.

дивар/инол m. divarinol, propylresorcinol; —овая кислота divaric acid.

диверг/ентный, —ирующий a. divergent; —енция f. divergence; (wing) instability; —ировать v. diverge.

диверсин m. diversine.

дивертер m. diverter.

дивертикул m. (med.) diverticulum.

дивиатор m. deviator.

дивиденд m. (com.) dividend.

диви-диви n. (bot.) American sumach, divi-divi (Caesalpinia coriaria).

дивиз/ия f. division; —ор m. divisor.

дивинил m. divinyl; bivinyl, 1,3-butadiene; —ацетилен m. divinyl acetylene; —овый a. divinyl; butadiene (rubber).

дивинная кислота ditartaric acid.

дивить v. astonish, surprise; —ся v. wonder, marvel, be surprised (at).

дивольфрамовый a. ditungstic (acid).

дигален m. (pharm.) Digalen.

дигалловая кислота digallic acid.

дигедральный a. dihedral.

дигексагональный a. (cryst.) dihexagonal.

дигексил m. dihexyl; dodecane.

дигентизиновый a. digentisic (acid).

дигептил m., —овый a. diheptyl.

дигериров/ание n. digestion; —анный a. digested; —ать v. digest.

диг/ест/ивный a. digestive; —ия f. digestion; —ор m. digester.

дигидр—, —о— prefix dihydr(o)—; —ат m. dihydrate; —ит m. (min.) dihydrite; —обензол m. dihydrobenzene; —окси— prefix dihydroxy—; —ол m. dihydrol; —осоединение n. dihydro compound.

дигирный a. digyric, rhombic.

дигитал/еин m. digitalein; —игенин m. digitaligenin; —ин m. digitalin; —ис m. (bot.) Digitalis; —оза f. digitalose.

дигито/генин m. digitogenin; —ксигенин m. digitoxigenin; —ксин m. digitoxin; —ксоза f. digitoxose, 3,4,5-trihydroxyhexanal; —нин m. digitonin.

дигликол m. diglycol; —евая кислота diglycolic acid, oxydiethanoic acid.

диглим m. diglyme, diethylene glycol dimethyl ether.

ди/глицерин m. diglycerin; —глицил m. diglycyl; —гоксин m. digoxin; —гуанил m. diguanyl; —дезил m. didesyl.

дидактический a. didactic, instructive.

дидим(ий) m. didymium, Di.

дидодекаэдр m. (cryst.) didodecahedron, diploid; —ический a. didodecahedral.

диен m. diene; —овый ряд diene series; —офил m. dienophile.

диет/а f. diet; —етика f. dietetics; —(ет)ический a. dietetic, dietary; —отерапия f. diet therapy.

дижерминатор m. degerminator.

диз— see дис—.

дизамещенный a. disubstituted.

дизелиз(ир)овать

дизел/из(ир)овать v. dieselize; —ист m. diesel operator; —ь m. diesel (engine); —ь-генератор m. diesel generator; —ь-молот m. pile hammer; —ь-мотор m., —ьный a. diesel (engine); —ь-электровоз m. diesel (electric) locomotive; —ь-электроход m. diesel (electric) ship.
дизентер/ийный a. (med.) dysenteric; —ия f. dysentery.
дизодиль m. (min.) dysodile.
дизурия f. (med.) dysuria.
дизъюнк/тивный a. disjunctive; —тность, —ция f. disjunction; —тный a. disjunct, disjoint.
диизатоген m. diisatogen.
диизо— prefix diiso—; —бутилен m. diisobutylene.
ди/имид m. diimide; —имин m. diimine; —имино— prefix diimino—.
дииндоген m. diindogen, indigotin.
дииод—, дийод— prefix diiod(o)—; —бензол m. diiodobenzene; —гидрат m. dihydroiodide; —ид m. diiodide.
дик sh. m. of дикий.
Дика проба (med.) Dick test.
дикаин m. dicain, tetracaine hydrochloride.
дикакодил m. dicacodyl.
дикальцийфосфат m. dicalcium phosphate.
дикамфо— prefix dicampho—.
дикарбо/ксильная кислота, —новая кислота dicarboxylic acid.
дикарвакрол m. dicarvacrol.
дикар/ский a., —ь m. savage; —ство n. savage state.
дикето— prefix diketo—; —н m. diketone; —бутан m. diketobutane; —пиперазин m. diketopiperazine; —спирт m. diketoalcohol.
дик/ий a. wild, savage; natural (growth); irresponsible; extravagant, absurd; —ое мясо (med.) proud flesh.
дикинсонит m. (min.) dickinsonite.
дикислота f. diacid.
Дикмана реакция Dieckman reaction.
дико adv. of дикий.
дикобраз m. (zool.) porcupine.
дикод/еин m. dicodeine; —ид m. dicodid, dihydrocodeinone.
Дикона способ Deacon process.
дикон/овая кислота diconic acid; —хинин m. diconchinine, diquinidine.
дико/растущий a. (bot.) wild; —сть f. wildness; wild state; absurdity.
дикрезил m. dicresyl.
дикротический a. (physiol.) dicrotic.
диксантил m. dixanthyl.
диксилил m. dixylyl.
диктамнин m. dictamnin.
диктио— prefix dictyo— (net); —каулез m. (vet.) dictyocaulosis.
диктов/ание n., —ка f. dictation; —анный a. dictated; —ать v. dictate.

динама

дикт/ограф m. dictograph; —ор m., —орский a. (rad.) announcer; speaker; —офон m., —ующая машина dictaphone, dictating machine.
дикумарин m. dicoumarin.
дикумил m. dicum(en)yl.
Дила процесс (met.) Diehl process.
дилакт/аминовая кислота dilactamic acid; —ил m. dilactyl.
дилат/атор m. dilator; —ация f. dilation, expansion, extension; —ометр m. dilatometer; —ометрия f. dilatometry.
дилаудид m. dilaudid, dihydromorphinone hydrochloride.
дилейцил m. dileucyl.
дилемма f. dilemma, fix, perplexity.
дилизин m. dilysine.
дилитуровая кислота dilituric acid, 5-nitrobarbituric acid.
дилувиальный see дилювиальный.
дильдрин m. Dieldrin (insecticide).
Дильса-Альдера реакция Diels-Alder reaction.
дильсы pl. (lumber) deal(s).
дилюв/иальный a. diluvial, flood; —ий m. (geol.) diluvium, drift; glacial period.
дилюция f. dilution.
дим/азон m. dimazon, diacetylaminoazotoluene; —едон m. dimedone, dimethyl cyclohexanedione; —едрол m. Dimedrol, diphenylhydramine.
димезитил m., —овый a. dimesityl.
диментил m., —овый a. dimenthyl.
димер m. dimer; —изация f. dimerization (a polymerization); —капто— prefix dimercapto—; —ный a. dimeric.
диметано— prefix dimethano—.
диметил m. dimethyl, ethane; —амин m. dimethylamine; —анилин m. dimethyl aniline; —арсин m. dimethylarsine; —ен m. dimethylene; —кетон m. dimethyl ketone, acetone; —овый a. dimethyl; —овый эфир (di)methyl ether; —овый эфир серной кислоты dimethyl sulfate; —селен m. dimethyl selenium; —сульфат m. dimethyl sulfate; —цинк m. zinc dimethyl, dimethylzinc.
диметокси— prefix dimethoxy—.
диметрический a. dimetric.
димирцен m. dimyrcene.
диморф/изм m. (biol.; cryst.) dimorphism; —ный a. dimorphous, dimorphic.
димочевина f. diurea.
дин abbr., —а f. dyne [unit of force (10^{-5} newton)].
динам/а f. dyname (1000 kilogram-meters); (phys.) wrench; —бин m. (pharm.) dynambin; —етр m. (phys.) dynameter; —изм m. dynamism; —ик m. (rad.) dynamic loudspeaker; —ика f. dynamics; dynamic range; —ит m., —итный a. (expl.) dynamite; —ический a. dynamic,

power; —**ический винт** (phys.) wrench; —**ическая компенсация** sweep balance; —**ный** *a.* dynamo; electric generator (steel).

динамо *n.* (elec.) dynamo, generator; —**генный** *a.* dynamogenic; —**граф** *m.* dynamograph, recording dynamometer; —**двигатель** *see* **динамотор**; —**машина** *f.* dynamo.

динамометр *m.* dynamometer; —**ический** *a.* dynamometric.

динамон *m.* (expl.) dynammon.

дина/мотор *m.* (elec.) dynamotor, rotary transformer; —**моэлектрический** *a.* dynamoelectric.

динантский *a.* (geol.) Dinantian.

динас *m.*, —**овый кирпич** Dinas brick (a type of silica refractory brick).

динатрон *m.*, —**ный** *a.* (electron.) dynatron.

динафт—, —**о**— *prefix* dinaphth(o)—; —**азин** *m.* dinaphthazine, dibenzophenazine; —**ил** *m.*, —**иловый** *a.* dinaphthyl; —**илен** *m.* dinaphthylene; —**оксантен** *m.* dinaphthoxanthene; —**ол** *m.* dinaphthol.

динги *n.* dinghy (boat).

динглерова зелень Dingler green.

динго *n.* (zool.) dingo.

диндил *m.* dindyl, diindyl.

динезин *m.* Dinezin, diethazine.

динит *m.* (min.) dinite.

динитро— *prefix* dinitro—; —**бензол** *m.* dinitrobenzene; —**глицерин** *m.* dinitroglycerin; —**нафталин** *m.* dinitronaphthalene; —**соединение** *n.* dinitro compound; —**толуол** *m.* dinitrotoluene; —**фенол** *m.* dinitrophenol; —**хлорбензол** *m.* dinitrochlorobenzene; —**целлюлоза** *f.* dinitrocellulose.

дино— *prefix* dino— (fearful, terrible; whirling).

динод *m.* (electron.) dynode.

динозавр *m.*, —**овый** *a.* (pal.) dinosaur.

ДИНОК *abbr.* (**динитроортокрезол**) dinitroorthocresol.

динол *m.* diazodinitrophenol.

динотерий *m.* (pal.) dinothere.

дин-см *abbr.* (**дина-сантиметр**) dyne-centimeter.

диогенал *m.* diogenal.

диод *m.* (electron.) diode (tube); **д.-детектор** *m.* Fleming tube; —**ный** *a.* diode; **д.-тетрод** *m.* diode-tetrode.

диоза *f.* diose.

диокс/азин *m.* dioxazine; —**азол** *m.* dioxazole; —**ан** *m.* dioxane, diethylene dioxide; —**диазин** *m.* dioxdiazine.

диокси— *prefix* dioxy— (frequently used for dihydroxy—); —**антрахинон** *m.* dihydroxyanthraquinone; —**ацетон** *m.* dihydroxyacetone; —**бензол** *m.* dihydroxybenzene.

диокс/ид *m.* dioxide; —**икетон** *m.* dihydroxyketone; —**им** *m.* dioxime; —**ималеиновый** *a.* dihydroxymaleic (acid); —**ин** *m.* dioxine, β-oxynaphthoquinoxime; dioxin; —**инафталин** *m.* dihydroxynaphthalene; —**индол** *m.* dioxindole; —**ихинон** *m.* dihydroxyquinone; —**иянтарный** *a.* dihydroxysuccinic (acid); —**ол** *m.* dioxole; —**олан** *m.* dioxolan.

диокт/аэдр *m.* (cryst.) dioctahedron, ditetragonal pyramid; —**ил** *m.*, —**иловый** *a.* dioctyl; —**илфталат** *m.* dioctyl phthalate.

дио/л *m.* diol, glycol; —**леин** *m.* diolein, glycerol dioleate; —**лен** *m.* diolen (synthetic fiber); —**лео**— *prefix* dioleo—; —**лефин** *m.* diolefin; —**нин** *m.* dionine, ethylmorphine hydrochloride.

диопсид *m.* (min.) diopside.

диоптаз *m.* (min.) dioptase.

диоптр *m.*, —**енный** *a.* (geod.) diopter (instrument); —**ика** *f.* (opt.) dioptrics; —**ический** *a.* dioptric; —**ия** *f.* diopter (unit of power of lens).

диорама *f.* diorama.

диорит *m.* (petr.) diorite; —**овый** *a.* diorite, dioritic.

диорселиновая кислота diorsellinic acid, lecanoric acid.

диоскор/ея *f.* (bot.) Chinese yam (*Dioscorea*); —**ин** *m.* dioscorine.

диос/мелеоптен *m.* diosmeleoptene; —**пирос** *m.* (bot.) Diospyros; —**фенол** *m.* diosphenol, buchu camphor; —**цин** *m.* dioscin.

диотан *m.* diothane.

диотрон *m.* (comp.) diotron.

диофантовый *a.* (math.) Diophantine.

ДИП *abbr.* (**дополнительный искровой промежуток**) supplementary spark gap.

дипальмитин *m.* dipalmitine, glycerol dipalmitate.

дипентен *m.* dipentene, terpene.

дипик/олиновая кислота dipicolinic acid, pyridinedicarboxylic acid; —**рил** *m.* dipicryl.

дипир *m.* (min.) dipyre.

дипирамида *f.* bipyramid.

дипирид/ил *m.* dipyridyl; —**ин** *m.* dipyridine, nicotyrine.

диплацин *m.* (pharm.) Diplacin.

диплекс *m.*, —**ный** *a.* (telegraphy) diplex.

дипло— *prefix* diplo— (double); —**док** *m.* (pal.) Diplodocus; —**зал** *m.* Diplosal, salicylosalicylic acid; —**ид** *m.*, —**идный** *a.* (biol.; cryst.) diploid; —**идия** *f.* diploidy; —**кокк** *m.* (bact.) diplococcus; —**коккин** *m.* diplococcin.

диплом *m.* diploma; (university) degree; —**ант** *m.* student (working for a degree);

дипломицин —ированный *a.* graduate(d); licensed (engineer); registered (nurse).
дипломицин *m.* diplomycin.
дипломн/ик *see* дипломант; —ый *a. of* диплом; —ая работа thesis.
диплопия *f.* (med.) diplopia.
диплот *m.* (mar.) deep-sea lead.
диплоэ *n.* (anat.) diploe.
диплоэдр *m.* (cryst.) diploid, dyakisdodecahedron.
дипнон *m.* dypnone.
диполь *m.* dipole; (electric) doublet; (rad.) dipole antenna; —ьный *a.* dipole, dipolar.
Диппеля масло Dippel's oil, bone oil.
дипр/ен *m.* diprene; —оксид *m.* dipropylxanthate disulfide.
дипроп/аргил *m.* dipropargyl; —ил *m.*, —иловый *a.* dipropyl; —илкетон *m.* dipropylketone, butyrone.
дипрофен *m.* (pharm.) diprophen.
дипсо— *prefix* dipso— (thirst); —мания *f.* (med.) dipsomania.
диптанк *m.* (mar.) deep tank.
диптеро— *prefix* diptero— (two-winged).
дираковская частица Dirac particle, fermion.
дирезорци/ловая кислота diresorcylic acid; —н(ол) *m.* diresorcinol.
директ/ива *f.* instructions, directions; —ивный *a.* instruction, directional; —ор *m.* director, manager, head; sender; —орат *m.* board (of directors); —ориальный *a.* (geom.) directrix; —орский *a.* director's, managerial; —риса *f.* directrix.
дирекц/ионный *a.* direction(al); д. угол (ballistics) grid azimuth; —ия *f.* direction, management, board (of directors).
дирижабль *m.* dirigible, airship.
дирижер *m.* regulator; (music) conductor.
Дирихле признак сходимости (math.) Dirichlet's test for convergence.
дирицинолеин *m.* diricinolein.
диродан *m.* dithiocyanogen.
дис— *prefix* dis—; *see also under* диз—.
дисазо/бензол *m.* disazobenzene; —краситель *m.* disazo dye; —соединение *n.* disazo compound.
дисалицил/ид *m.* disalicylide, salosalicylide; —овая кислота disalicylic acid, salicylic anhydride.
дисаналит *m.* (min.) dysanalyte.
дисахарид *m.* disaccharide.
дисбаланс *m.* unbalance.
дисгармон/ировать *v.* clash, conflict (with); —ирующий *a.* conflicting, incongruous (with); —ичный *a.* disharmonic; —ия *f.* disharmony, conflict.
дисгрегация *f.* (phys.) disgregation, disintegration.
диселенид *m.* diselenide.
дисил/ан *m.* disilane; —икат *m.* disilicate.

дисимметр/ичный *a.* dissymmetric, asymmetric; —ия *f.* asymmetry.
диск *m.* disk, plate; wheel; dial; slice; градуированный д., номерной д. dial.
дискант *m.*, —овый *a.* (acous.) treble.
дисквалифи/кация *f.* disqualification; —цировать *v.* disqualify, reject.
дисков/ание *n.* (tel.) dialing; (agr.) disking; —ать *v.* dial; disk; —идный *a.* diskshaped, discoid; —ый *a.* disk, plate; circular; —ый фрезер cutting disk.
диско/идальный *a.* discoid(al); —лит *m.* (geol.) discolith, discoidal coccolith; —мицеты *pl.* (bot.) Discomycetes.
дискомфортный *a.* discomfort (glare).
дисконический *a.* discone (antenna).
дисконт *m.*, —ировать *v.* (com.) discount.
дисконформный *a.* (geol.) unconformable.
дискообразный *a.* disk-like, disk-shaped, discoid(al); circular.
дискордантный *a.* discordant.
дискотека *f.* (phonograph) record library.
дискразит *m.* (min.) dyscrasite.
дискразия *f.* (med.) dyscrasia.
дискредит/ация *f.*, —ирование *n.* discrediting; —ировать *v.* discredit; —ирующий *a.* discrediting, discounting.
дискрет/а *f.* (stat.) sample; —изация *f.* quantization; —изация по времени sampling; —ность *f.* discreteness; —ный *a.* discrete, distinct, separate; digital; quantified; sampled (data); —ное представление sampling analysis; машина —ного действия (comp.) discrete-variable device.
дискримин/ант *m.*, —антный *a.* (math.) discriminant; —атор *m.* discriminator; —ация *f.* discrimination; —ировать *v.* discriminate.
диску/ссионный *a.* controversial; —ссировать, —тировать *v.* discuss; —ссия *f.* discussion, controversy.
дислизин *m.* dyslysin.
дисло/кация *f.*, —кационный *a.* dislocation, disturbance; —цированный *a.* dislocated; —цировать *v.* dislocate, disturb.
дислуит *m.* (min.) dysluite.
дисмембратор *m.* crusher, disintegrator.
дисменор(р)ея *f.* (med.) dysmenorrhea.
дисмутация *f.* dismutation, disproportionation.
диспансер *m.*, —ный *a.* (med.) dispensary; clinic; —изация *f.* dispensary system.
диспаша *f.* (com.) average statement.
диспепс/ический *a.* (med.) dyspeptic; —ия *f.* dyspepsia.
дисперг/атор *m.* disperser; dispergator; dispersant; —ент *m.* dispersion medium; —ентный *a.* dispergated; —ирование *see* дисперсия; —ированный *a.* dispersed; —ированная медь (met.) copper rain; —ировать *v.* disperse, scatter,

дисперсивный

diffuse; dispergate; —**ирующий** *a.* dispersing, dispersive; —**ирующий агент** dispersant.

дисперс/ивный *a.* dispersive; —**ионный** *a.* dispersion, dispersing; variance (ratio); (met.) precipitation, age (hardening); —**ия** *f.* dispersion, scattering; (math.) variance, deviation, variability; (stat.) standard deviation; —**ность** *f.* dispersity, (degree of) dispersion; fineness; dispersibility; —**ный** *a.* dispersed; dispersible; —**оид** *m.* dispersoid.

диспетчер *m.* dispatcher, controller; traffic supervisor; —**изация** *f.* dispatching; traffic control, control (system); —**ская** *f.* control room; (aero.) control tower; —**ский** *a.* dispatcher's, dispatch(ing) control.

диспозиц/ионный *a.*, —**ия** *f.* disposition.

диспрозий *m.* dysprosium, Dy.

диспропорц/иональность *f.* disproportionality; —**иональный** *a.* disproportional, disproportionate; —**ионирование** *n.* disproportionation; —**ия** *f.* disproportion.

диспут *m.* dispute, debate; discussion; —**ировать** *v.* discuss, dispute.

диссек/тор *m.* (electron.) dissector; —**ционный** *a.*, —**ция** *f.* (med.) dissection.

диссемин/ация *f.* dissemination; —**ировать** *v.* disseminate.

диссерт/ант *m.* author of a dissertation; —**ационный** *a.*, —**ация** *f.* dissertation, thesis.

диссиметричный *a.* asymmetric, unsymmetrical.

диссимиляция *f.* dis(as)similation.

диссимулировать *v.* dissimulate.

диссипа/тивный *a.* dissipative; dissipation (function); —**ция** *f.* dissipation, diffusion, dispersion.

диссол/ьвер *m.* dissolving vat; —**юция** *f.* dissolution; dissolving.

диссон/анс *m.* dissonance, discord; —**ировать** *v.* be in discord, be out of tune; —**ирующий** *a.* dissonant, discordant.

диссоци/ация *f.*, —**ирование** *n.* dissociation; —**ированный** *a.* dissociated, etc., see *v.*; —**ировать** *v.* dissociate, break down, split up; —**ирующий** *a.* dissociating, etc., see *v.*; —**ирующийся** *a.* dissociable.

диссугаз *m.* acetylene (in acetone).

дист. abbr. (дистиллированный).

дистальн/о-бороздной *a.* sulcate(d); —**ый** *a.* distal, distant, remote.

дистанц/иометрирование *n.* ranging; —**ионирующий** *a.* spacer (plate, etc.); —**ионно-автоматическое управление** automatic remote control; —**ионно-управляемый** *a.* remote-controlled; —**ионный** *a.* distant, remote, tele—; distance(-type), long-distance; range;

remote-control(led); distant-reading, remote-indicating; space(r) (plate, rib, etc.); time (fuse); —**ионный термометр** telethermometer; —**ионная деталь** spacer; —**ионная трубка** fuse; —**ионное управление** remote control; —**ия** *f.* distance, range; interval.

дистеарин *m.* distearin.

дистект/ика *f.* dystectics; dystectic point; —**ический** *a.* dystectic, of minimum fusibility.

дистен *m.* (min.) disthene, kyanite.

дистилл/ат see **дистиллят**; —**ер** *m.* distiller, still; —**ерная жидкость** (Solvay) still waste; —**ирование** *n.* distillation; —**ированный** *a.* distilled; —**ировать** *v.* distill; —**ят** *m.*, —**ятный** *a.* distillate; distilled water; —**ятор** see **дистиллер**; —**яционный** *a.*, —**яция** *f.* distillation.

дистильбен *m.* distilbene.

дистирол *m.* distyrene.

дистор/зия, —**сия**, —**ция** *f.*, —**ционный** *a.* distortion.

дистрибутивн/ость *f.* (math.) distributivity; —**ый** *a.* distributive.

дистроф/ия *f.* (med.) dystrophy, faulty nutrition; —**ный** *a.* dystrophic.

дисульф/ан *m.* (pharm.) Disulfan; —**ат** *m.* disulfate, pyrosulfate; —**ид** *m.* disulfide.

дисульфо— prefix disulfo—; —**нат** *m.*, **соль** —**(но)вой кислоты** disulfonate; —**(но)вая кислота** disulfonic acid.

дисфотический *a.* (ocean.) dysphotic.

дисциплин/а *f.* discipline, branch of science; —**арный** *a.* disciplinary; —**ированный** *a.* disciplined, trained; —**ировать** *v.* discipline, train.

дисъюнктивный see **дизъюнктивный**.

дита *f.* dita bark, alstonia; —**ин** *m.* ditaine, echitamine; —**мин** *m.* ditamine.

Дитеричи уравнение Dieterici equation.

дитерпен *m.* diterpene.

дитетра/гональный *a.* ditetragonal; —**эдр** *m.* (cryst.) ditetrahedron; —**эдрический** *a.* ditetrahedral.

дити/азин *m.* dithiazine; —**азол** *m.* dithiazol; —**ан** *m.* dithiane, diethylene disulfide; —**ен** *m.* dithiene; —**енил** *m.* dithienyl; —**зон** *m.* Dithizone, diphenyl thiocarbazone.

дитимол *m.* dithymol.

дитио— prefix dithio—; —**карбаминовый** *a.* dithiocarbamic (acid); —**кислота** *f.* dithio acid; dithionic acid; —**л** *m.* dithiole, disulfole; —**н** *m.* dithion (insecticide); —**нат** *m.*, **соль** —**новой кислоты** dithionate; —**нистый** *a.* dithionous (acid); —**новый** *a.* dithionic (acid); —**салициловая кислота** dithiosalicylic acid; —**угольная кислота** dithiocarbonic acid; —**фос** *m.* a tetraethyl dithiopyrophosphate insecticide.

дитолил *m.* ditolyl, dimethyldiphenyl; —амин *m.* ditolylamine.
дитразин *m.* ditrazine, diethylcarbamazine citrate.
дитретичный *a.* ditertiary.
дитригон *m.* (cryst.) ditrigon, symmetrical octahedron; —альный *a.* ditrigonal.
дитрихит *m.* (min.) dietrichite.
дитроит *m.* (petr.) ditroite.
дитчер *m.* ditcher, ditching machine.
дитя *n.* child, infant.
диур/анат *m.* diuranate; —ез *m.* (med.) diuresis; —еид *m.* diureide; —етин *m.* diuretin, theobromine sodium salicylate; —етический *a.*, —етическое средство (pharm.) diuretic.
диф— *prefix* differential; diffusion.
дифацил *m.* diphacyl, adiphenine.
дифен— *prefix* diphen(o)—; —ат *m.* diphenate; —ид *m.* diphenide.
дифенил *m.* diphenyl; —амин *m.* diphenylamine, phenyl aniline; —арсин *m.* diphenylarsine; —ен *m.*, —еновый *a.* diphenylene; —ил *m.* diphenylyl; —ин *m.* diphenyline; —кетон *m.* diphenyl ketone, benzophenone; —метан *m.* diphenyl methane, benzylbenzene; —овый *a.* diphenyl; —хлорарсин *m.* diphenylchloroarsine; —цианарсин *m.* diphenylcyan(o)arsine.
дифенимид *m.* diphenimide.
дифен/ин *m.* Diphenine sodium, 5,5-diphenylhydantoin sodium; —о *prefix* depheno—; —овая кислота diphenic acid, bibenzoic acid; соль или эфир —овой кислоты diphenate; —охинон *m.* diphenoquinone.
диференциал *see* дифференциал.
дифиллоботриоз *m.* (med.) diphyllobothriasis.
дифлуан *m.* difluan.
дифлуор— *see* дифтор—; —ен *m.* difluorene, didiphenylene-ethylene.
дифманометр *m.* differential manometer.
дифнасос *m.* diffusion pump.
диформил *m.* diformyl, glyoxal.
дифосген *m.* diphosgene, trichloromethyl chloroformate.
дифосф/ат *m.*, соль —орной кислоты diphosphate; —опиридиннуклеотид *m.* diphosphopyridine nucleotide, DPN; —орная кислота diphosphoric acid, pyrophosphoric acid.
дифр/агированный *a.* diffracted; —агировать *v.* diffract; —актометр *m.* diffractometer; —акционный *a.* diffraction; grating (spectroscope); —акционная решетка diffraction grating; —акция *f.* diffraction; —акция на порошке powder diffraction.
дифсельсин *m.* (elec.) differential selsyn.
дифталил *m.* diphthalyl.

дифтер/ийный, —итный *a.* (med.) diphtheritic; —ит *m.*, —ия *f.* diphtheria.
дифтор— *prefix* difluor(o)—; —гидрат *m.* dihydrofluoride; —истый *a.* difluoride (of).
дифурфурил *m.*, —овый *a.* difurfuryl.
дифферент *m.* (naut.) trim; —овка *f.* longitudinal trimming; (submarines) ballast trim.
дифференциал *m.*, —ьный *a.* (math.; mach.) differential; —ьная доза (radiation) dose rate; —ьно-разностный *a.* difference-differential.
дифференц/иатор *m.* (comp.) differentiator, differentiating circuit; —иация *f.*, —ирование *n.* differentiation; —ированно *adv.* differentially; —ированный *a.* differentiated; —ировать *v.* differentiate, distinguish; —ируемость *f.* differentiability; —ируемый *a.* differentiable; —ферентиated; derivable; —ирующий *a.* differentiating; —ирующая схема, —ирующая цепь differentiator; —ируя *pr. ger.* if we differentiate.
диффлюэнция *f.* ice flow.
диффракция *see* дифракция.
диффу/зат *m.* diffusate; —зивность *f.* diffusivity; —зивный *a.* diffusive; —зионный *a.* diffusion, diffusive; —зионный перенос mass transfer by diffusion; —зионная способность diffusibility; —зия *f.* diffusion; коэффициент —зии diffusion coefficient, diffusivity; —зо- *prefix* diffuse(ly); —зность *f.* diffuseness; —зный *a.* diffuse, scattered; —зометр *m.* diffusometer; —зор *m.* diffuser; —ндировать *v.* diffuse, spread; —ндируемый *a.* diffusible; —ндирующий *a.* diffusing.
дихазий *m.* (bot.) dichasium.
дихин/идин *m.* diquinidine; —ицин *m.* diquinicine; —о- *prefix* diquino—; —олил *m.* diquinolyl; —олин *m.* diquinoline.
дихлор— *prefix* dichlor(o)—; —амин *m.* dichloramine; —ацетон *m.* dichloroacetone; —бензол *m.* dichlorobenzene; —гидрат *m.* dihydrochloride; —гидрин *m.* dichlorohydrin; —диэтилсульфид *m.* dichlorodiethyl sulfide, Yperite; —ид *m.* dichloride; —метиловый эфир dichloromethyl ether; —уксусная кислота dichloroacetic acid; —этан *m.* dichloroethane; —этил *m.*, —этиловый *a.* dichloroethyl.
дихо— *prefix* dicho— (in two, apart); —гамия *f.* (bot.) dichogamy.
дихотом/изировать *v.* dichotomize, cut up; analyze; —ический *a.* dichotomous; by dichotomy, bifurcate (classification); —ическое деление, —ия *f.* dichotomy.

дихро/изм *m.*, —ичность *f.* (cryst.) dichroism; —ит *m.* (min.) dichroite, cordierite, iolite; —ический, —ичный *a.* dichroic.

дихром/ат *m.* dichromat(ic); (chem.) dichromate; —атический *a.* dichromatic; —овый *a.* dichromic (acid); соль —овой кислоты dichromate.

дихро/скоп *m.* (cryst.) dichroscope; —соль *f.* dichroic salt.

дицентрин *m.* dicentrine.

дицетил *m.*, —овый *a.* dicetyl.

дициан *m.* dicyan, cyanogen; —диамид *m.* dicyanodiamide; —ид *m.* dicyanide; —ин *m.* dicyanine.

дициклический *a.* dicyclic.

дицикло— *prefix* dicyclo—, bicyclo—; —гексил *m.* bicyclohexyl; —пентил *m.* dicyclopentyl.

дицим/ил *m.* dicymyl; —ол *m.* dicymene.

дицинаммил *m.* dicinnamyl.

дицинодонт *m.* (pal.) dicynodont.

дич/ать *v.* become wild; —ок *m.* (bot.) wilding; —ь *f.* game, wild life, wilderness; thicket; nonsense, absurdity.

диэдр *m.* (geom.) dihedron; —альный, —ический *a.* dihedral.

диэлдрин Dieldrin (insecticide).

диэлектр/ик *m.* (elec.) dielectric, nonconductor; insulator; —ит *m.* dielectrite (insulator); —ический *a.* dielectric, nonconducting; —ическая постоянная, —ическая проницаемость dielectric constant, permittivity.

диэнантил *m.* dienanthyl.

диэрез *m.* rupture, separation.

диэта *see* диета.

диэтил *m.* diethyl; —амин *m.* diethylamine; —анилин *m.* diethyl aniline; —барбитуровая кислота d'ethylbarbituric acid, veronal.

диэтилен *m.* diethylene; —гликоль *m.* diethylene glycol; —диамин *m.* diethylenediamine, piperazine; —овый *a.* diethylene.

диэтил/карбонат *m.* diethyl carbonate; —овый *a.* diethyl; —овый эфир (di)ethyl ether; —овый эфир винной кислоты diethyl tartrate; —овый эфир фталевой кислоты diethyl phthalate; —селен *m.* diethyl selenium; —сульфат *m.* diethyl sulfate; —цинк *m.* zinc diethyl.

дк *abbr.* (дека—) deca—; дкг *abbr.* (декаграмм) decagram; дкл *abbr.* (декалитр) decaliter; дкм *abbr.* (декаметр) decameter.

ДКФ *abbr.* (дикальцийфосфат) dicalcium phosphate.

дл *abbr.* (децилитр) deciliter; дл. *abbr.* (длина; долгота).

длане—*prefix* palm(at)i—, palm; cheir(o)—(hand); —видно *prefix* palmati—; —видный *a.* palmate; —листный *a.* (bot.) cheirophyllous.

длин/а *f.* length, distance; path; stretch, run; height (of catalyst bed); д. разбега take-off run; —ой, в —у in length, long; lengthwise; во всю —у full length; мера —ы linear measure; на 3/4 —ы 3/4 of the way through; на единицу —ы linear; по —е lengthwise.

длин/ен *sh.*ˈ *m. of* длинный; —неть *v.* lengthen; —ник *m.* log.

длинно *adv.* long, lengthily, at length; —волновый *a.* long-wave; —волокнистый *a.* long-fibered, long-staple; —звеньевая цепь long-link chain; —крылый *a.* long-winged; —мер *m.* large timber; —ногий *a.* long-legged; —периодический *a.* long-period, phugoid (motion); —пламенный *a.* long-flame (coal); —плечий *a.* long-armed; —пробежный *a.* long-range; —проволочный *a.* long-wire; —сеточная машина (paper) Fourdrinier machine; —ствольный *a.* long-boled (tree); —столбчатый *a.* long-columnar; —усые *pl.* (ent.) Nematocera; —фокусный *a.* long-focus.

длинный *a.* long, lengthy.

длительн/о *adv.* long, a long time; д.-импульсный *a.* pulse-duration; —ость *f.* length, duration, continuance; period, time; (pulse) width; (sweep) interval; —ость работы (furnace) life, campaign; —ый *a.* long, lasting, prolonged, protracted; continuous (operation); long-term; —ая прочность endurance limit, fatigue limit; на —ую прочность (stress-)rupture (test); в течение —ого времени long-term.

длить *v.* protract, prolong, draw out, delay; —ся *v.* last, continue.

для *prep. gen.* for, to; for the sake of, for the purpose of; with a view to; д. него therefor; д. того, чтобы in order to, so that, for (the purpose of), for the sake of, with a view to, if one is to; д. этого to do this, for this purpose.

длящийся *a.* lasting, permanent.

дм *abbr.* (дециметр) decimeter; дм, дм. *abbr.* (дюйм) inch.

ДМА *abbr.* (диметиланилин) dimethylaniline.

ДМВ *abbr.* (дециметровые волны) decimeter waves.

ДМЗ *abbr.* (древесномассный завод) wood pulp plant.

дмквт *abbr.* (децимикроватт) decimicrowatt.

ДММ *abbr.* (диметилмочевина) dimethylurea.

ДМФ *abbr.* (диметилфталат) dimethyl

phthalate; (**диметилформамид**) dimethyl formamide.

дн *abbr.* (**дина**) dyne.

дна *gen. of* **дно**.

дне *prepos. of* **день** and **дно**.

днев/а́льный *m.* man on duty; **—ать** *v.* spend the day; **—ка** *f.* (day's) rest, stop; **—ник** *m.* diary, journal, record; **—ной** *a.* day(time), diurnal; daily; **—ной свет** daylight; **лампа —ного света** fluorescent lamp; **—ный** *a. suffix* -day.

дней *gen. pl. of* **день**.

днем *adv.* in the daytime, during the day, by day; **д. и ночью** twenty-four hours a day, continuously.

днеп *abbr.* (**децинепер**) decineper.

днепровск/ий *a.* (geog.) Dnieper; **—о-донецкая впадина** Dnieper-Donets Basin.

дни *pl. of* **день**.

днище *n.* bottom; platform, floor; end plate.

ДНК *abbr.* (**дезоксирибонуклеиновая кислота**) desoxyribonucleic acid, DNA; **ДНК-аза** *abbr.* (**дезоксирибонуклеаза**) desoxyribonuclease.

дно *n.* bottom, base; ground; floor (of crater, truck, etc.); (river) bed; head (of bullet, drum, etc.); (electron.) face (plate); (anat.) fundus; **вверх —м** upside down.

ДНОК *abbr.* (**динитроортокрезол**) dinitro-o-cresol.

дноуглубитель *m.* dredge; **—ный** *a.* dredging.

ДНП *abbr.* (**дезоксирибонуклеопротеид**) desoxyribonucleoprotein.

ДНФ *abbr.* (**динитрофенол**) dinitrophenol; **ДНФА** *abbr.* (**динитрофенолят аммония**) ammonium dinitrophenolate; **ДНФГ** *abbr.* (**динитрофенилгидразин**) dinitrophenylhydrazine.

днюет *pr. 3 sing. of* **дневать**.

дня *gen. of* **день**.

до *prep. gen.* before, prior, previous to; until, pending, till; (up) to, as high as, as far as, as much as; down to, as low as, as small as; about, approximately; with; **до того как** before, previous to; **ему не до этого** he has no time for that, he is not up to it.

до— *prefix with verbs* ad—, up to; to the end, completely, until ready; to finish; till, as far as, up to, far enough, sufficiently; *with adj.* hypo—, sub—.

доб. *abbr.* (**добавление; добавочный**).

добав/ить *v.* add, append, annex; supplement; introduce, treat (with); admix, make up, fill up; boost (voltage); **—ка** *f.* addition, introduction; admixture, impurity; additive, ingredient, component; complement; accessory; **—ле-ние** *n.* addition, supplement, appendix; **—ленный** *a.* added, etc., *see v.*; **—ляемое** *n.*, **—ляющийся** *a.* (math.) addend; **—лять** *see* **добавить**; **—ок** *see* **добавка**.

добавочн/ый *a.* additional, supplementary, accessory, auxiliary, extra; more; filler; admixed; (elec.) booster; after (effect, etc.); extension (pipe, rod); surplus (value); **д. агент** addition agent; **д. налог** surtax; **д. усилитель** booster; **—ая плата** bonus.

добе/гание *n.* running up to; **время —гания** lag time; **—гать, —жать** *v.* run up to, reach.

добела *adv.* to white heat; **раскаленный д.** white hot, incandescent.

добел/ивать *v.* finish bleaching; **—ка** *f.* (paper) final bleach(ing).

доберет *fut. 3 sing. of* **добрать**.

добивать *v.* finish off, dispatch; **—ся** *v.* aim (for), try to get, strive (for), endeavor; obtain, get, attain, achieve.

добирать *v.* finish gathering; **—ся** *v.* attain, reach, come, get (to).

добит/ый *a.* finished off; obtained, etc., *see v.*; **—ь г.** finish off; **—ься** *v.* obtain, get, attain, gain, secure; **—ься своего** get one's way, succeed.

добор *m.* final gathering.

добр *sh. m. of* **добрый**.

дображив/ание *n.* after-fermentation, **—ать** *v.* finish fermenting.

добранный *a.* gathered up, picked.

добрасывать *v.* throw up to; throw in more, add.

добрать *see* **добирать**.

добреелит *m.* (min.) daubréelite.

добро *n.* good; property, goods.

доброво́л/ец *m.* volunteer; **—ьно** *adv.* voluntarily; **—ьный** *a.* voluntary, free; public-service; **—ьческий** *a.* voluntary, volunteer.

добродить *v.* finish fermenting.

добродушный *a.* good-natured.

доброжелательный *a.* well-meaning.

доброкачественн/ость *f.* (high) quality, soundness; factor of merit; (med.) benignity; **—ый** *a.* high-quality, sound, benign.

добросать *v.* throw in more, add.

добросить *v.* throw up to.

добр/осовестный *a.* conscientious, scrupulous; **—ота** *f.* kindness; quality; **—отность** *f.* quality (factor), Q-factor; factor of merit, figure of merit; high quality, soundness; **—отность контура** figure of merit; **—отный** *a.* good (-quality); *suffix* -quality; **—ый** *a.* good, kind.

доб/ывание *n.* mining, etc., *see v.*; recovery; **—ывать** *v.* mine, extract, recover, quarry; obtain, get, derive, procure;

—ываться v. come (from); —ывающий a. mining, etc., see v.; extractive (industry, such as agriculture, mining, etc.); —ытчик m. miner, extractor; (family) provider; —ытый a. mined, etc., see v.; —ыть see добывать; —ыча f. mining, extraction, recovery; output, yield; production; gain, profit; catch; —ычливый a. productive.

добьется fut. 3 sing. of добиться.

довар/и(ва)ть v. finish cooking; digest; —ка f. final cook(ing).

доведен/ие n. bringing (up to), etc., see доводить; reduction; —ный a. brought (up to), etc., see доводить.

довез/енный a. taken, etc., see довозить; —ти see довозить.

довел past m. sing. of довести.

довер/енность f. trust, confidence; warrant, power of attorney; —енный a. (en)trusted; confidential; m. proxy, agent; —ие n. trust, confidence; credit; коэффициент —ия (math., stat.) confidence coefficient; —итель m. principal; —ительный a. confidential; fiducial; (math., stat.) confidence; —ить see доверять.

довернуть see довертывать.

доверов порошок (pharm.) Dover's powder.

довертывать v. screw tight.

доверху adv. (up) to the top, full.

доверчив/ость f. confidence, trust; —ый a. trusting; credulous.

доверш/ать, —ить v. complete; —ение n. completion, accomplishment; —енный a. completed, accomplished.

доверять v. trust, commit (to).

довес/ить see довешивать; —ок m. makeweight.

довести see доводить.

довешивать v. make up the weight; finish weighing.

довинчивать v. screw up, tighten.

довод m. reason, argument.

довод/ить v. bring, lead, take (up to); reduce; make, work (up to); finish (up); refine; improve, shape up; size; grind, polish; attain, reach; —иться v. have occasion (to), happen; —ка f., —очный a. finishing, lapping, honing; sizing; development; —очный брусок hone.

довоенный a. prewar.

довозить v. take, carry, bring (as far as), deliver.

довольн/о adv. enough, sufficiently; rather, fairly; it is sufficient; —ый a. content, satisfied, pleased (with).

довольств/ие n. ration, allowance, supply; вещевое д. personal equipment; —о n. prosperity, contentment; —овать v. supply; —оваться v. draw supplies; be satisfied (with).

довооруж/ать, —ить v. finish arming.

довсоновский газ see Доусона газ.

довыполнять v. complete.

догад/аться, —ываться v. surmise, guess, conjecture, suspect; —ка f. surmise, guess, conjecture; —ливый a. ingenious, shrewd, quick.

доггер m. (geol.) Dogger, Middle Jurassic.

догиалиновый a. dohyaline.

догляд/еть, —ывать v. observe, watch.

догма f., —т m. dogma, theory, doctrine, maxim; —тический, —тичный a. dogmatic, positive, authoritative.

догнать see догонять.

догни(ва)ть v. decay completely.

догов/ариваться, —ориться v. negotiate, treat, arrange, make terms, come to an understanding; —ор m. agreement, contract; —орный a. contract, stipulated, agreed.

догон m., —ка f., —яющий a. overtaking; slewing; —ять v. overtake, catch up (with), reach.

догор/ание n. (av.) afterburning; —ать, —еть v. burn out, finish burning.

догру/жать v. finish loading, add; recharge, replenish; —жение n. loading; —женный a. (additionally) loaded; —зить see догружать; —зка f. additional charge, recharging.

додавать v. make up, pay up, add.

додаивать v. strip (a cow).

дода/нный a. made up, added; paid up; —ть see додавать; —ча f. making up, addition.

додека— prefix d(u)odeca— (twelve); —гон m. (geom.) dodecagon.

додекан m. dodecane; —ал m. dodecanal, lauraldehyde; —овая кислота dodecanoic acid, lauric acid; —ол m. dodecanol, dodecyl alcohol.

додекаэдр m. (cryst.) dodecahedron; —ический a. dodecahedral.

додел/анный a. finished off, completed; —ать, —ывать v. finish off, complete; —ка f. finishing (off); finished product; —ывание n. finishing (off).

додерж(ив)ать v. hold, keep (until).

додецен m. dodecene; —ал m. dodecenal; —овый a. dodecenoic (acid).

додецил m. dodecyl; —ен m. dodecylene, decylethylene; —овый a. dodecyl (alcohol); dodecylic (acid).

додум(ыв)аться v. conclude, come to a conclusion; think up, hit on (idea).

доезжать v. arrive, reach, get (to).

доен/ие n. milking; —ный a. milked.

доехать see доезжать.

дожари(ва)ть v. finish roasting.

дожать v. finish reaping; finish squeezing.

дожгут fut. 3 pl of дожечь.

дождаться v. wait (for, until).

дождев/альный *a.*, —ание *n.* sprinkling, overhead irrigation; —атель *m.* sprinkler; —ик *m.* raincoat; (bot.) puffball (*Lycoperdon*); —ка *f.* (ent.) cleg(g); —ой *a.* rain(y), pluvial, hyetal, spray (nozzle); —ой червь earthworm; —ое облако rain cloud, nimbus; —ые осадки rainfall, precipitation.

дожде/мер *m.* rain gage; —мерное ведро rain-gage receiver; —носный *a.* rainy, pluvial; —писец *m.* pluviograph; —приемник *m.* (rain) gully; catch basin.

дожд/ик *m.* drizzle, light rain; —ить *v.* rain; —ливый *a.* rainy; —ь *m.* rain, shower; —ь идет it is raining.

дожечь *see* дожигать.

дожив/ание *n.* (biol.) survival; —ать *v.* survive, live (until), reach (a given age), attain the age (of); stay (until; the rest of).

дожиг/ание *n.* (complete) combustion; (av.) afterburning; reheating; камера —ания afterburner; —ать *v.* burn up.

дожидать, —ся *see* дождаться.

дожить *see* доживать.

доз/а *f.* dose, portion, batch, charge; (radiobiology) dose, dosage; д. половинной выживаемости median lethal dose, MLD; полнóй —ой full-scale (irradiation).

дозаправ/ка *f.* refueling; —лять *v.* refuel.

дозаривание *n.* artificial ripening.

дозаря/д *m.*, —жающий *a.* (elec.) milking.

дозатор *m.* dosing apparatus; batcher, batchmeter; dispenser, feeder; proportioner, metering pump, dosing tank; д. времени timing unit.

дозваниваться *v.* (tel.) get, reach.

дозвездный *a.* prestellar.

дозвол/ение *n.* permission; —енный *a.* permitted, authorized; legal; —ительный *a.* permissible; —ить, —ять *v.* permit, allow, authorize, grant.

дозвониться *v.* (tel.) get, reach.

дозвуковой *a.* (acous.) subsonic.

дозер *see* дозатор.

дозиметр *m.* dosimeter, dose meter; (area) monitor; —ист *m.* health physicist, radiation supervisor; —ический *a.* dosimetric; radiation- or health-monitoring; health (physics); —ия *f.* dosimetry, (radiation) monitoring, radiation control.

дозиров/ание *n.* dosing, etc. *see v.*; dosage; —анный *a.* dosed, etc., *see v.*; —ать *v.* dose; measure out, meter, dispense, proportion; (chem.) batch; monitor; determine; —ка *f.*, —очный *a.* dosing, etc., *see v.*; feed(er); весовая —ка proportioner; proportioning feeder.

дозирующий прибор *see* дозатор.

дозн/(ав)аться в. inquire (about), find out, ascertain; —ание *n.* inquiry, search, investigation.

дозор *m.*, —ный *a.* patrol; watch.

дозре/вание *n.* ripening; —ватель *m.* maturing tank; —(ва)ть *v.* mature, ripen, finish ripening; —лый *a.* completely ripe.

доизбрать *v.* choose in addition.

доизвлекать *v.* extract completely.

доизмельчать *v.* regrind, fine.

доильн/ик *m.* milk pail; —ый *a.* milking; —я *f.* dairy.

доиск/аться *v.* find out, ascertain, determine; establish; —иваться *v.* search, try to find out, inquire.

доисторический *a.* prehistoric.

доить *v.* milk.

дойд/ет *fut. 3 sing. of* дойти; —я *pr. ger.* having reached.

дойка *f.* milking.

дойн/ая *a.* milch (cow); —ик *m.* milk pail.

дойти *see* доходить.

док *m.*, ставить в д. *v.* dock.

ДОК *abbr.* (дезоксикортикостерон) de(s)-oxycorticosterone; ДОКА *abbr.* (дезоксикортикостеронацетат) desoxycorticosterone acetate.

докадмиевый *a.* sub-cadmium.

доказ/анный *a.* demonstrated, etc., *see v.*; that which has been proved; —ательный *a.* demonstrative, convincing, conclusive; —ательство *n.* demonstration, argument, proof, evidence, case (for); не требует —ательства it goes without saying; принимать без —ательства *v.* take for granted; —ать *v.* demonstrate, argue, prove, show, substantiate, —уемость *f.* demonstrability; —уемый *a.* demonstrable, provable; (being) proved; —ывать *see* доказать.

доканчив/ание *n.* finishing, completing; —ать *v.* finish, complete, end up.

докапывать *v.* finish digging; —ся *v.* find out, uncover, reveal.

докармливать *v.* feed up.

докат/ать, —ывать *v.* finish rolling; —ить, —ывать *v.* roll (up to).

докашивать *v.* finish mowing; mow (up to).

док-бассейн *m.* (naut.) wet dock.

докембрий *m.*, —ский *a.* (geol.) Precambrian.

докер *m.* docker.

доки/дывать, —нуть *v.* throw (as far as).

докип/ать, —еть *v.* boil (to a point).

док-камера *m.* testing tank; launching dock.

доклад *m.*, report, paper, talk, lecture; —ная записка memorandum, report; —чик *m.* reporter; speaker, lecturer; —ывать *v.* report, present (a paper); announce; add.

доклеи(ва)ть *v.* finish gluing.

док/ование *n.* (dry)docking; —ать *v.* (dry)dock; —ый *a.* dock.
докоз/ан *m.* docosane; —ановый *a.* docosanoic (acid); —еновый *a.* docosenoic (acid).
докончт/енный *a.* finished, ended, completed; —ить *see* доканчивать.
докообразный *a.* valley (iceberg).
докопать *see* докапывать.
докормить *see* докармливать.
доко/сить *see* докашивать; —шенный *a.* mowed (up to)
докрасить *see* докрашивать.
докрасна *adv.* to red heat; раскаленный д. red hot.
докристаллизационный *a.* precrystallization.
докритический *a.* subcritical.
докру/тить, —чивать *v.* twist, screw (tight).
ДОКСА *see* ДОКА.
доктор *m.* doctor, physician; —ант *m.* doctoral candidate; —ский *a.* doctor('s), doctoral; —ская диссертация doctorate; —ство *n.* doctor's degree.
доктрина *f.* doctrine, teaching, tenet.
докуда *adv.* how far? until when?
документ *m.* document, papers, record; deed, instrument; —альный *a.* documentary; —ационный *a.*, —ация *f.* documentation; (file of) documents; —ировать *v.* document.
докуп/ать, —ить *v.* buy more; —ка *f.* additional purchase.
доламывать *v.* finish breaking.
долац *m.* (geol.) dolina, sink hole.
долбеж *m.*, —ка *f.*, —ный *a.* slotting, etc., *see* долбить; —ежный станок slotter, mortising machine.
долб/ить *v.* slot, mortise, groove; chisel, hollow, chip, pick (at); (mil.) batter, ram, bombard; —ление *n.* slotting, etc., *see v.*; —лен(н)ый *a.* slotted, etc., *see v.*; —ня *f.* ram; —(н)як *m.* ram, slide; gear shaper (cutter).
долг. *abbr.* (долгота) longitude.
долг *m.* debt, obligation, duty; loan; в д. on credit, on trust.
долгий *a.* long, protracted, prolonged.
долго *adv.* long, a long time; —вато *adv.*, —ватый *a.* rather long; —вечность *f.* longevity, lasting quality, durability, permanence; (useful) life; (plastics) rupture time; запас —вечности endurance limit; —вечный *a.* long-lived, lasting, durable, permanent.
долговой *a.* of долг.
долго/временный *a.* durable, lasting, permanent; of long duration; —жданный *a.* long-expected; —живущий *a.* long-lived; —играющий *a.* long-playing; —летие *n.* longevity, (long) life; —летний *a.* long(-established); —ножки *pl.* crane flies (*Tipulidae*); —носики *pl.* weevils (*Curculionidae*); —носый *a.* long-nosed; —периодический *a.* long-period; —прочность *f.* durability; —срочный *a.* long-term, long, lasting, long-range; —та *f.* length; (geog.) longitude; —тный *a.* longitudinal; —тье *n.* long log; —хвостый *a.* long-tailed.
долгунец *m.* long-stemmed flax.
долевой *a.* of доля; per unit; longitudinal; (anat.) lobar.
доледниковый *a.* preglacial.
долее *comp.* of долго, longer.
долеж(ив)ать *v.* lie (until).
долей *gen. pl.* of доля; *imp.* of долить.
долек *gen. pl.* of долька.
долерит *m.* (petr.) dolerite; —овый *a.* doleritic.
долерофанит *m.* (min.) dolerophanite.
долет/ать, —еть *v.* fly (up to), reach.
долеч/ивание *n.* (med.) after-care; —и(ва)ть *v.* cure, heal.
должать *v.* borrow, owe, be in debt.
должен *imp. v.* must, should, ought, have (to); owe (to); он д. he must, he has (to); —ствовать *v.* be obliged, be forced.
должн/а *f.* of должен; —ик *m.* debtor; —о *n.* of должен; —о быть (it) must be, should be, must have; probably, possibly; —ое *n.* due; воздавать —ое *v.* do justice (to); отдавать —ое *v.* give credit (for).
должност/ной *a.* official, functional; —ное лицо official, functionary; —ь *f.* office, function, post, position; appointment; в —и as; исполняющий —ь acting (for).
должн/ый *a.* due, proper; быть —ым *v.* owe; на —ой высоте up to the mark; учитывая —ым образом with due regard (for).
доли *gen., pl., etc.*, of доля.
долив/ать *v.* add (by pouring), fill up, pour full; —ка *f.* addition.
долин/а *f.*, —ный *a.* valley, trough; (wave) length; —но-балочный *a.* valley-ravine (relief).
долит/ый *a.* added; —ь *see* доливать.
долихо— *prefix* dolicho— (long, narrow).
доллар *m.*, —овый *a.* dollar.
долог *sh. m.* of долгий.
дологический *a.* prelogical.
доложить *see* докладывать.
долой *adv.* away, off, down (with).
доломать *see* доламывать.
доломит *m.* (min.) dolomite, pearl spar; —изация *f.* dolomitization; —изированный *a.* dolomitized; —из(ир)овать *v.* dolomitize; —ный, —овый *a.* dolomite, dolomitic.
доломол *m.* dolomol (magnesium stearate).
долот/ить *v.* chisel; —ной *a.*, —о *n.* chisel, gouge; (drill) bit; —овидный *a.* (biol.)

дольет dolabriform; —ообразный *a.* chisel-shaped; —чатый *a.* chisel; —чатый бур (min.) trepan.
дольет *fut. 3 sing. of* долить.
доль/ка *dim. of* доля; *f.* lobule, small lobe; section, segment, slice; (garlic) clove; —ный *a.* lobate, lobe-like; *suffix* -lobe; -part; —чатый *a.* lobate, lobed; segmented.
дольше *adv.* a longer time.
дольют *fut. 3 pl. of* долить.
дол/я *f.* share, portion; allotment, quota; part, segment; fraction, particle; fate, lot; (bot., anat.) lobe; unit of weight—44.435 mg.; выпадать на —ю *v.* fall to the lot (of); книга в четвертую —ю листа quarto; миллионые —и parts per million.
дом *m.* house, home; *prefix see* домашний, домовый; —а *adv.* at home.
дом. *abbr.* (домашний) domestic.
домаз(ыв)ать *v.* finish greasing or smearing.
доматический *a.* (cryst.) domatic.
доматывать *v.* finish winding.
домашн/ий *a.* domestic, home, house-(hold); home-made; —ее хозяйство domestic economy; household; housework; home; —яя птица poultry; —яя хозяйка housewife.
домейкит *m.* (min.) domeykite.
домен *m.*, —а *f.* domain; д. *gen. pl. of* домна.
домен/ный *a.* (met.) blast furnace; metallurgical (coke); pig (iron); domain (structure); —ная печь blast furnace; —ное дутье blast-furnace air; —щик *m.* blast furnace operator.
домери(ва)ть *v.* finish measuring.
домесить *v.* finish kneading.
доместикация *f.* domestication.
доместицин *m.* domesticine.
домеш/ать *v.* finish mixing; —ивать *v.* finish mixing; finish kneading or puddling (clay).
домик *m.* little house, booth.
домин/ант *m.*, —анта *f.*, —антный *a.* dominant; —антность *f.* dominance; —ион *m.* dominion; —ирование *n.* domination, dominance, prevalence; —ировать *v.* (pre)dominate, prevail; —ирующий *a.* (pre)dominant; —ьон *m.* dominion.
домит *m.* (petr.) domite.
ДОМК *abbr.* (диоксималеиновая кислота) dihydroxymaleic acid.
домкрат *m.* jack; winch; опускать —ом *v.* jack down; поднимать —ом *v.* jack up; —ик *dim. of* домкрат; leveling jack; —ный *a. of* домкрат; д.-сваевыдергиватель *m.* pole jack.
домн/а *f.* (met.) blast furnace; —ица *f.* bloomery (furnace).

домо/владелец *m.* house owner, landlord; —водство *n.* domestic science; —вый *a.* house.
домогаться *v.* solicit, seek.
домодельный *a.* homemade.
домой *adv.* home(ward).
домол/ачивать, —отить *v.* finish threshing; —оть *v.* finish grinding.
доморощенный *a.* home-grown.
доморский *a.* (lunar) ante-maria.
домостить *v.* finish paving.
домостро/ение *n.*, —ительный *a.*, —ительство *n.* house building.
домотать *v.* finish winding.
дом/отканый *a.* homespun; —оуправление, —охозяйство *n.* house management; —охозяйка *f.* housewife; —оработница *f.* domestic servant.
домы(ва)ть *v.* finish washing.
донаксин *m.* donaxine, gramine.
донарит *m.* (expl.) donarite.
донатор *m.*, —ный *a.* donor.
донашивать *v.* wear out, finish wearing.
Донбасс Donbas, Donets Coal Basin.
донга *f.* (geol.) donga, dry wash.
донес/ение *n.* report, dispatch, account, message; —ти *see* доносить.
донецкий *a.* (geog.) Donets.
донизу *adv.* to the bottom.
донка *f.* donkey (pump).
донкихотский *a.* quixotic, foolish.
Доннана равновесие Donnan equilibrium.
донник *m.*, —овый *a.* (bot.) sweet clover (*Melilotus*); heading (for barrels).
донн/о-моренный *a.* swell-and-swale (topography); —ый *a.* ground, bottom, base; (biol.) benthonic; solid (phase); —ый лед anchor, ground or bottom ice; —ый осадок bottoms, residue, sludge; —ая часть base (of missile); —ые наносы (hydr.) bed load; площадь —ого среза base area (of missile).
доноокругловочный станок head-rounding machine (for barrels, drums).
донор *m.* donor; —но-акцепторный *a.* donor-acceptor; —ный *a.* donor, donating; —ский *a.* donor's; —ский пункт blood bank.
доно/сить *v.* carry (up to); (med.) carry to full term; report, denounce; wear out (clothes); —шенность *f.* full-term birth or pregnancy; —шенный *a.* carried (up to), etc., *see v.*
дон/це, —ышко *dim. of* дно; —ьевырезной *a.* head-rounding (machine); —ья *pl. of* дно.
доокисление *n.* final or further oxidation.
доокорка *f.* rossing (of bark).
доопредел/ение *n.* (pre)determination; supplement to a definition; —енный *a.* (pre)determined, etc., *see v.*; —ить,

дооутверждение —**ять** *v.* (pre)determine, define; extend, complete a definition.
дооутверждение *n.* additional hardening.
доохла/дитель *m.* after-cooler, recooler, additional cooler; —**ждать** *v.* recool; aftercool; —**ждение** *n.* aftercooling.
доп. *abbr.* (дополнение, дополнительный).
допа *m.*, **ДОПА** *abbr.* dopa, 3,4-dihydroxyphenylalanine.
допаивать *v.* finish soldering.
допалзывать *v.* crawl (up to).
допалывать *v.* finish weeding; weed (up to).
допан *m.* (pharm.) Dopane.
допари(ва)ть *v.* finish steaming; steam (until).
допах(ив)ать *v.* finish plowing; plow (to).
допаять *v.* finish soldering.
допекать *v.* finish baking.
допечат/ать *v.* finish printing; make reprints; —**ка** *f.*, —**ок** *m.* reprint.
допечь *see* **допекать**.
допивать *v.* finish, drink up.
допили(ва)ть *v.* finish sawing; saw (to).
допис(ыв)ать *v.* finish (writing).
допить *see* **допивать**.
допла/та *f.* additional charge; —**тить**, —**чивать** *v.* pay in addition, pay up; —**ченный** *a.* paid up.
доплер— *see under* **допплер**—.
доплы(ва)ть *v.* swim or float (up to), reach.
доподлинн/о *adv.* for certain; —**ый** *a.* certain; authentic, genuine.
допоить *v.* finish watering (stock).
дополаскивать *v.* finish rinsing.
дополз/ать, —**ти** *v.* creep (up to).
дополн/а *adv.* full; —**ение** *n.* addition, supplement, addendum; complement; **алгебраическое** —**ение** (math.) cofactor.
дополн/енный *a.* supplemented, etc., *see v.*; —**ительно** *adv.* in addition (to); —**ительный** *a.* supplementary, additional, added, further, more; extra, spare; subsidiary, accessory, auxiliary; ancillary (information); optional; complementary (angle; color); side (reaction); secondary (stress); after- (treatment); co- (function); —**ить**, —**ять** *v.* supplement, add, complement, complete; augment, amplify, expand, enlarge (edition); make up, fill up, replenish; —**яемый** *a.* complemented.
дополоскать *see* **дополаскивать**.
дополоть *see* **допалывать**.
дополучить *v.* receive in addition.
допотопный *a.* antiquated.
доппаек *m.* supplementary ration.
допплер/ит *m.* (min.) dopplerite; —**овский** *a.* Doppler (shift, etc.).
допрашивать *v.* examine, question.
допредельный *a.* limit(ing).
допризывник *m.* pre-conscription trainee.
допрос *m.*, —**ный** *a.* examination, questioning, interrogation; —**ить** *see* **допрашивать**; —**иться** *v.* get (by asking).
допрясть *v.* finish spinning.
допуск *m.* tolerance, allowance, margin; limit; clearance; admission, admittance; **д. на** allowance for; **д. по частоте** frequency tolerance; **единица** —**а** tolerance unit; —**аемость** *f.* admissibility; —**аемый** *see* **допустимый**; —**ать** *v.* assume, suppose; admit; permit, allow, accept, tolerate; **не** —**ать** *v.* exclude, keep out, —**ающий** *a.* assuming, etc., *see v.*; accessible; —**ая** *pr. ger.* if we assume; allowing (for).
допустим/ость *f.* admissibility, etc., *see a.*; tolerance; allowance; —**ый** *a.* admissible, allowable, permissible, acceptable, tolerable; feasible; tolerance (dose); safe (load); —**ая точность**, —**ое отклонение**, —**ое отступление** tolerance.
допуст/ить *see* **допускать**; —**им** let (us assume), say.
допущен/ие *n.* admission, etc., *see* **допускать**; assumption, hypothesis; —**ный** *a.* admitted, etc., *see* **допускать**.
допыт(ыв)аться *v.* (try to) find out.
допьет *fut. 3 sing. of* **допить**.
дораб/атывать, —**отать** *v.* finish, complete; modify, up-date, correct; —**отка** *f.* finishing, etc., *see v.*; completion; **механическая** —**отка** additional machining.
дора/стать, —**сти** *v.* grow (to a given size); mature; —**стить,** —**щивать** *v.* raise, grow (until).
дорвать *v.* finish tearing; tear off.
дореволюционный *a.* prerevolutionary.
дорезать *v.* finish cutting; cut (to).
доремол *m.* doremol.
дорзальный *see* **дорсальный**.
дормиол *m.* dormiol, amylene chloral.
дорн *m.* mandrel, drift, pole, core.
Дорна эффект Dorn effect.
дорно/вой *a.* of **дорн**; —**держатель** *m.* mandrel-holder, core-holder.
дорный *a.* split, fissured, cracked.
дорог/а *f.* road, way, passage, path; journey; **в** —**е** en route.
дорого *adv.* dear, expensive, high; —**визна** *f.* expensiveness; —**й** *a.* dear, expensive, costly, high-priced; *adv.* on the way; —**стоящий** *a.* expensive.
дородный *a.* corpulent, obese, fat.
дорож/ать *v.* rise in price; —**е** *comp. of* **дорого, дорогой**; —**ить** *v.* value, prize; —**иться** *v.* overcharge.
дорож/ка *f.* path, track, trail, course; walk, strip; (carpet) runner; —**ник** *m.* railway or highway specialist, highway worker; (carp.) grooving plane; —**ностроительный** *a.* road-building; —**ный** *a.* road, highway.
Дорра агитатор Dorr agitator.

дорс/альный *a.* dorsal; —о— *prefix* dors(o)—, dorsi— (back).
дорстрой— *prefix* road building.
дортмундский чан Dortmund tank.
доруб/ать, —ить *v.* finish chopping or cutting; chop (up to).
доры/вать *v.* finish tearing; —(ва)ть *v.* finish digging; dig (to); —ться *v.* reach (by digging).
досад/а *f.* vexation, disappointment, aggravation; —ить *see* досаждать, досаживать; —но *adv.* it is a pity, it is too bad; —ный *a.* annoying, vexing, disappointing, unfortunate; —овать *v.* be annoyed.
досаждать *v.* annoy, irritate, vex.
досаживать *v.* finish planting, add.
досаливать *v.* finish salting; add (more) salt; finish pickling.
досе/(и)вать, —ять *v.* finish sowing; finish sifting.
досинхронный *a.* hyposynchronous.
досиня *adv.* blue, to a blue color.
доск/а *f.* board, plank; (instrument) panel; slab, plate; **классная д.** blackboard; **обшивать —ами** *v.* plank, board up.
доскабливать *v.* finish scraping; scrape (until); finish planing.
доскак/(ив)ать, —нуть *v.* jump, hop (up to), reach.
доскоблить *see* доскабливать.
досковый *a. of* доска.
доскональный *a.* precise, thorough.
доскр/еб(ыв)ать, —ести *v.* finish scrubbing.
досл/анный *a.* sent on; —ать *see* досылать.
дoследовать *v.* complete the inquiry.
дословн/о *adv.* word for word, literally, verbatim; —ый *a.* literal, verbatim.
дослужи(ва)ть *v.* work, serve (until).
дослуш(ив)ать *v.* listen to the end.
досм/атривать, —отреть *v.* inspect, examine; watch; see to the end; look through (book); —отр *m.* inspection, etc., *see v.*
досоветский *a.* pre-Soviet.
досок *gen. pl. of* доска.
досол *m.*, **—ка** *f.* final pickling; addition of salt; **—ить** *see* досаливать.
досохнуть *see* досыхать.
доспе/вание *n.* ripening, maturing; **—вать, —ть** *v.* ripen, finish ripening; **—лый** *a.* ripe, mature.
досрочн/о *adv.* ahead of schedule; **—ый** *a.* premature, early.
доставать *v.* get, obtain, procure, take; reach; suffice; **не д. до** fall short of; **—ся** *v.* fall to one's lot.
достав/ить *v.* deliver, convey, transport, transmit; furnish, supply, give, yield, bring; **—ка** *f.*, **—ление** *n.* delivery; transportation; supply; yield, recovery; **—ленный** *a.* delivered, etc., *see v.*; **—лять** *see* доставить; **—очный** *a.* delivery; **—щик** *m.* supplier; delivery man.
достаивать *v.* stand to the end.
достат/ок *m.* prosperity; **—ки** *pl.* income.
достаточн/о *adv.* sufficiently, adequately, enough; fairly, rather; it is sufficient or enough; **—ость** *f.* sufficiency, adequacy; competence; precision; **—ый** *a.* sufficient, enough, adequate, ample; fair, reasonable; competent; precise.
достать *see* доставать.
достиг/аемость *see* достижимость; **—аемый** *see* достижимый; **—ать** *v.* attain, reach, achieve, bring about, get, obtain, gain; come (up to), mount up, be as great as; amount, run (to); arrive; make (progress); take (a value); **не —ать** fail, fall short (of); **—нутый** *a.* attained, etc., *see v.*; **—нуть** *see* достигать.
дости/жение *n.* attainment, achievement, breakthrough; **—жения** *pl.* advances, progress; **—жимость** *f.* attainability, etc., *see a.*; **—жимый** *a.* attainable, accessible, achievable, practicable, within (the) reach (of); **—чь** *see* достигать.
достоверн/о *adv.* for certain, reliably, positively, definitely, with assurance; **—ость** *f.* certainty, reliability, trustworthiness; authenticity, truth; confidence; **граница —ости** confidence limit; **—ый** *a.* certain, reliable, sure, proved, trustworthy, sound; authentic; known; positive.
досто/инство *n.* good quality, merit, virtue, value, advantage; dignity; **—инства и недостатки** pros and cons; **—йный** *a.* worth(y), deserving.
достопримечательн/о *adv.* notably; it is notable, noteworthy or remarkable; **—ость** *f.* curiosity, rarity; **—ый** *a.* notable, noteworthy, remarkable.
достояние *n.* property; contribution.
достоять *see* достаивать.
достраив/ание *n.* completion; **—ать** *v.* complete, finish building; add on.
дострел *m.* shooting, perforation.
достро/ить *see* достраивать; **—йка** *f.* completion (of building).
доступ *m.* access, approach, entrance, admission, inlet, passage; **без —а** inaccessible; away (from); **—но** *adv.* easily, simply, accessibly; **—ность** *f.* access(ibility), availability; **—ный** *a.* accessible, within reach, available; practicable; understandable, reasonable, moderate (price); **легко —ный** easily available, within easy reach.
досуг *m.* leisure, spare time.
досу/ха *adv.* (until) dry; **—ши(ва)ть** *v.* finish drying.
досчатый *see* дощатый.

досчит(ыв)ать *v.* count (up to); finish counting.
досыл/ание *n.*, —ка *f.* sending on; (art.) ramming; —атель *m.* rammer, ramrod; —ать *v.* send on, send the rest (of); ram.
досып/анный *a.* filled up, added; —ать *v.* fill up, add; sleep enough; —ка *f.* filling up, addition.
досыта *adv.* to satiety, enough.
досыхать *v.* get dry, become dry.
досье *n.* dossier, file, papers.
досюда *adv.* this far, up to here.
досягаем/ость *f* reach, range; attainability; в пределах —ости within (the) reach (of); —ый *a.* attainable, accessible, approachable, within reach.
досяг/ать, —нуть *v.* attain, reach, accomplish.
ДОТ *abbr.* (долговременная огневая точка) permanent emplacement.
дотаивать *v* melt completely.
дотация *f.* subsidy, grant.
дотащить *v.* carry, drag (up to).
дотаять *see* дотаивать.
дотекать *v.* flow (up to).
дотемна *adv.* before dark.
дотерпеть *v.* tolerate, endure (until).
дотечь *v.* flow (up to).
дотла *adv.* utterly, completely.
дотрагиваться *v.* touch.
дотриаконтан *m.* dotriacontane.
дотронуться *see* дотрагиваться.
дотуда *adv.* up to there, to that place.
дотя/гивать, —нуть *v.* drag, draw (up to); last out; —гиваться, —нуться *v.* reach; hold out, last.
доупорядочи(ва)ть *v.* (bring to) order.
Доусона газ Dowson (producer) gas.
доучи(ва)ть *v.* finish teaching; finish learning.
ДОФА *abbr.*, дофа *m.* (диоксифенилаланин) dihydroxyphenylalanine.
дох/лый *a.* dead (animal); —лятина *f.* carrion; —нуть *v.* die; *see* дышать.
доход *m.* income, return(s), revenue, profit, gain; —ить *v.* come (to), go (to), reach, attain; extend (to), go as far (as), get (to); amount, run (to), total; ripen, develop; —ность *f.* profitableness, productive capacity; income; —ный *a.* profitable, paying; —ные статьи revenues.
доходчив/ость *f.* clarity; —ый *a.* clear, understandable, intelligible.
доцве/сти, —тать *v.* finish flowering, fade; bloom (until).
доцент *m.* lecturer, reader; assistant or associate professor.
дочери *gen.*, *etc.*, *of* дочь.
дочерна *adv.* (until) black.
дочерн/ий *a.* daughter, filial, subsidiary, secondary; derived; —ее вещество (nucl.) daughter, decay product.
дочерп(ыв)ать *v.* finish scooping out.
дочер/тить, —чивать *v.* finish, complete (drawing).
дочист/а *adv.* until (perfectly) clean or pure; completely; —ить *see* дочищать; —ка *f.* (final) cleaning.
дочит(ыв)ать *v.* finish reading.
дочищать *v.* finish cleaning or purifying.
доч/ка, —ь *f.* daughter.
дошедший *past act. part. of* дойти.
доши(ва)ть *v.* finish sewing; sew (up to).
дошкольный *a.* preschool.
дошлет *fut. 3 sing. of* дослать.
дошли *past pl. of* дойти.
дошник *m.* tank, vat.
дошьет *fut. 3 sing. of* дошить.
дощаник *m.* flat-bottomed boat.
дощ/атый *a.* board, plank; tabular; д. ход boardwalk; —ечка *f.* small plank; tablet, slab, plate; —ник *m.* tan vat.
доэвтект/ический *a.* (met.) hypoeutectic; —оидный *a.* hypoeutectoid.
дояр *m.*, —ка *f.* (agr.) milker.
ДП *abbr.* (диэлектрическая постоянная) dielectric constant.
ДПН *abbr.* (дифосфопиридиннуклеотид) diphosphopyridine nucleotide, DPN.
дптр *abbr.* (диоптрия) diopter.
др. *abbr.* (дробь) fraction; (другие) the rest; (другой) other; д-р *abbr.* (директор) director; (доктор) doctor.
дравит *m.* (min.) dravite.
драга *f.* drag, dredge.
драгант *m.* tragacanth (gum).
Драгендорфа реактив Dragendorff reagent.
драг/ер *m.* dredger; —ирование *n.* dredging; —ировать *v.* dredge, drag, scoop or drag out; —лайн *m.* dragline.
драгоценн/ость *f.* jewel, gem, precious stone; valuable; —ый *a.* precious.
драж/е *n.* (pharm.) dragee, lozenge; —ирование *n.*, —ировочный *a.* pelleting; (seed) coating; —ированный *a.* pelleted; coated; —ировать *v.* pellet; coat.
дражный *a. of* драга.
драз/нение *n.* teasing, exciting; (met.) poling; —илка *f.* pole, stirrer; —ить *v.* tease, excite; pole, stir.
драйер *m.* dryer, drying machine.
драка *f.* fight.
дракон *m.* dragon (lizard); (astr.) Draco; —ил *m.* draconyl; —иловая кислота draconylic acid; —ический *a.* (astr.) draconic; —ова кровь dragon's blood (resin); —овая кислота draconic acid, anisic acid.
дракункулез *m.* (med.) dracunculosis.
драмат/изировать *v.* dramatize; —ический *a.* dramatic.

дран/ица, —ка f., —очный a. lath(ing), batten; (roof) shingle; shaving(s), slivers; —ый a. torn, tattered; —ь(е) see дранка.
драп m. thick woolen cloth; —ировать v. drape; —ировка f. draping; drapery; —ировщик m. upholsterer —овый a. of драп; —ри n. drapery, curtains.
дратв/а f., —енный a. pitch thread, twine.
драть v. tear, strip off; —ся v. fight.
драфт m. glass rod.
драхма f. dram (3.73 g.).
драцена f. (bot.) dracaena (*Cordyline* or *Dracaena draco*).
драч m. (carp.) coarse plane; hide stripper; —евый a. bastard (file).
ДРБ abbr. (динитророданбензол) dinitrothiocyanobenzene.
дребезги see вдребезги.
дребезж/ание n. jar, jarring, rattling; —ать v. jar, rattle.
древен sh. m. of древний.
древес/ина f., —инный a. wood; lignin; wood pulp; (felled) timber; (bot.) xylem; —ница, въедливая leopard moth (*Zeuzera pyrina*); —ник m. (ent.) pinhole borer.
древесно— prefix xylo—, wood(y); —волокнистый a. wood-fiber; —массный a. wood-pulp; —слоистый a. laminated-wood; —стружечный a. splint-slab; —сть f. woodiness; —угольный a. (wood) charcoal.
древесноуксусн/ая кислота pyroligneous acid; —окислый a. pyroligneous acid; pyrolignite (of); —окислое железо iron pyrolignite, iron liquor.
древесн/ый a. wood(y), ligneous; fibrous; arboreal; tree; wood-pulp; д. воск (agr.) grafting wax; д. картон fiberboard; д. порошок sawdust; д. сахар wood sugar, xylose; д. спирт wood alcohol, methyl alcohol; д. уголь charcoal; д. уксус wood vinegar, pyroligneous acid; —ая камедь wood gum, xylan; —ая масса wood pulp; —ая мука sawdust; —ая шерсть excelsior; —ое масло wood oil; specif. tung oil; —ое топливо fire wood; —ые опилки sawdust.
древко n. staff, pole.
древмасса f. wood pulp.
древн/е— prefix paleo—, ancient; —екрылые насекомые (ent.) Paleoptera; —ий a. ancient, old; early; —ость f. antiquity, ancient times.
древо— prefix dendr(o)—, tree; xylo—, wood; —вал m. feller, felling machine; tree uprooter; —вал-кусторез m. land-clearing bulldozer; —видность f. woodiness; —видный a. woody, ligneous, xyloid; arborescent, dendritic, tree-like;

—дел m. woodworker, cabinetmaker; —еды pl. (zool.) Xylophaga; —измерение n. dendrometry; —насаждение n. tree planting; —образный, —подобный see древовидный; —разведение n. arboriculture; —рубка f. chipper; —стой m. stand, crop, stock (of trees); —терка f. pulp grinder; —точец m. (ent.) borer; —точина f. worm hole; —шерстный a. excelsior.
древпластики pl. wood plastics.
дреглайн m. dragline (excavator).
дредноут m. (mil.) dreadnought.
дрезина f. trolley, hand car.
дрейкантер m. (geol.) dreikanter, faceted pebble; (cryst.) trihedron.
дрейф m., —овать v., —овый a. drift; —ующий a. drift(ing).
дрек m. grapnel, grappling anchor.
дрексель m. Drechsel (wash) bottle.
дрель f. drill, brace and bit.
дрема f. (bot.) Melandrium; Silene; Lychnis.
дремать v. doze, slumber.
дремлик m. (bot.) Epipactis.
дрем/лющий a. dozing; drowsy; —ота f. drowsiness; —отный a. drowsy, somnolent.
дремучий a. dense, thick (forest).
дрен m., —а f. drain; —аж m., —ажный a. drain(age); —ажировать v. drain; —ажник m. marsh plow; —ажный канал drain, gutter; —ирование n. draining, drainage; —ированный a. drained; —ировать v. drain, draw off.
дренчер m., —ное оборудование (fire prevention) drencher.
дресв/а f. (petr.) grus(s), gravel; —яный a. crumbly; gravelly.
дрессиров/ать v. train; (met.) dress (off); level; (rolling) temper; —ка f., —очный a. training; dressing (off), leveling; skin pass rolling, temper rolling; —очный стан skin pass mill.
дрешер m. (paper) thrasher.
дри/ада f. (bot.) dryad (*Dryas*); —о— prefix dry(o)— (oak); —опитек m. (pal.) Dryopithecus.
дриттельзильбер m. tiers-argent (alloy).
дрифт/ер m. drifter (drill; boat); —овый a. drift.
дроб/ей gen. pl. of дробь; —ен sh. m. of дробный; —еструйный a. (met.) shot-blast(ing); —и gen., etc., of дробь.
дробилка f. crusher, breaker; (hammer) mill; д.-мешалка disintegrator.
дробильн/ый a. crushing; д. прибор, —ая машина crusher.
дробим/ость f. crushability; —ый a. crushable.
дробин(к)а f. small shot, pellet; (brewery) dregs, spent grains, mash.

дроб/ительный *a.* crushing, crusher (rolls); —ить *v.* crush, grind, mill, pulverize; (sub)divide, split up, break up, break down; —ление *n.* crushing, etc., *see v.*; breakup, breakage, fragmentation; subdivision; segmentation; —лен(н)ый *a.* crushed, etc., *see v.*

дробно/атомный *a.* subatomic; —квадратный *a.* quadratic fractional; —линейный *a.* linear-fractional, (bi)linear; —рациональный *a.* (fractional) rational; —сть *f.* divisibility; —шаговый *a.* fractional-pitch, short-pitch.

дробн/ый *a.* fractional (distillation, etc.); divided, broken; split (application, rolling, etc.); rational (function); —ое число fraction.

дроб/овидный *a.* buckshot; —овой *a.* shot; —олитейный *a.* shot-casting; —ь *f.* fraction; shot, pellets; обработка —ью shot preening; периодическая —ь repeating decimal; —янка *f.* (bot.) schizophyte; —ящий *a.* crushing; disruptive, shattering (action); high (explosive).

дров/а *pl.* (fire)wood; —ни *pl.* sleigh, drag; —озаготовка *f.* (fire)wood cutting; —окол *m.* woodchopper; —окольный *a.* (wood) chopping, splitting; —опильный *a.* wood-sawing; —осек *m.* woodsman, lumberjack; —осека *f.* woods; —осеки *pl.* (ent.) Cerambycidae; —яной *a.* firewood.

дроги *pl.* dray cart.

дрогист *m.* druggist.

дро/гнуть *v.* shiver, shake; be chilled; jerk, twitch; waver, falter, hesitate; —жание *n.* shivering, etc., *see v.*; tremor; jarring, chatter; —жательный *a.* shivering, etc., *see v.*; —жательный паралич Parkinson's disease; —жать *v.* shiver, shake, vibrate; flicker; —жащий *see* дрожательный.

дрожди *see* дрожжи.

дрожж/евание *n.* fermentation; enrichment with yeast; —евать *v.* add yeast; —евой yeast; nucleic (acid); —еподобный *a.* yeast-like, yeasty; —и *pl.* yeast, leaven; прессованные —и yeast cake; ставить на —ах *v.* leaven; хлеб на —ах yeast bread.

дрожки *pl.* droshky.

дрожь *f.* shiver, chill, tremor.

дрозд *m.*, —овый *a.* (orn.) thrush.

дрозо— *prefix* dros(o)— (dew); —метр *m.* (meteor.) drosometer.

дрозофила *f.* fruit fly (*Drosophila*).

дрок *m.* (bot.) Ulex; Genista; красильный д. dyer's broom (*G. tinctoria*).

дромадер *m.* (zool.) dromedary.

дросс *m.* (met.) dross, slag; skimmings.

дроссел/евать, —ировать *v.* throttle, choke; —ирование *n.*, —ирующий *a.* throttling, throttle control; (refrigerant) expansion.

дроссель *m.*, —ный *a.* throttle, choke; (elec.) choke coil; restriction; (modulation) reactor; (plate) inductor; д.-клапан, —ный клапан throttle (valve); —ный эффект (heat) Joule-Thomson effect; —ная заслонка baffle plate; butterfly (throat); —ная катушка (elec.) choke (coil).

дроссовый *a. of* дросс.

дротик *m.* dart.

дроты *pl.* glass tubes, glass tubing.

друг *m.* friend; д. —a each other, one another; д. за —ом one after another, in succession; д. с —ом with each other, with one another; —ие *pl.* (the) others, the rest; и —ие et al.; —ое *n.* something else.

друг/ой *a.* (an)other, different; else; more; в —ом месте elsewhere; кто-то д. someone else; тот и д. both; ни тот ни д. neither.

друж/ба *f.* friendship; —еский, —ественный *a.* friendly; amicable (numbers); —ина *f.* brigade, squad; —ить *v.* be friends (with).

дружковский *a.* Druzhkovka.

дружн/о *adv.* amicably; in unison, together; —ый *a.* friendly; harmonious, unanimous; (math.) amicable (numbers); sudden (spring).

друза *f.* druse; nodule, node.

друзей *gen. pl. of* друг.

друз/овидный, —ообразный *a.* drusy; —овый *a. of* друза; (min.) drusy, miarolitic; —ы *pl. of* друза; (med.) drusen.

друзья *pl. of* друг.

друк-фильтр *m.* pressure filter.

друмлин *m.* (geol.) drumlin.

друммондов свет Drummond limelight.

друшла/г, —к *see* дуршлаг.

дрыг/ание *n.* jerking, twitching; —ать, —нуть *v.* jerk, twitch.

др(ь)юит *m.* drewite (calcareous ooze).

дряб/лость *f.* flabbiness; —лый *a.* flabby, flaccid, limp; decayed (wood); —нуть *v.* become flabby.

дрягать *see* дрыгать.

дряква *f.* (bot). cyclamen.

дрях/ление *n.* aging; —леть, —нуть *v.* age, grow decrepit; —лость *f.* senility; decrepit state; —лый *a.* senile, infirm; decrepit.

ДСП *abbr.* (древеснослоистый пластик) wood laminate.

ДСЧ *abbr.* (датчик случайных чисел) random numbers transducer.

ДТРД *abbr.* (двухконтурный турбореактивный двигатель) ducted-fan turbojet.

Дуайт-Ллойда машина Dwight-Lloyd (sintering) machine.

дуализ/ация *f.* dualization; —ировать *v.* dualize; —ируемый *a.* dualizable; dualized; —м *m.* dualism.

дуалин *m.*, —овый *a.* (expl.) dualin.

дуал/истический *a.* dualistic; —ь-карта *f.* dual card; —ьность *f.* duality; —ьный *a.* dual.

дуант *m.*, —ный *a.* (nucl.) duant, dee, D-electrode (of cyclotron).

дуб *m.* (bot.) oak (*Quercus*).

дуб/ас, —ень *m.* tanbark (from oak).

дубильно/алюминиевая соль aluminum tannate; —железистая соль ferrous tannate; —кислый *a.* tannic acid; tannate (of); —кислый висмут bismuth tannate; —кислая соль tannate; —кислое железо iron tannate.

дубильн/ый *a.* tan(ning), tannic; д. сок tan liquor; —ая кислота tannic acid, digallic acid; соль —ой кислоты tannate; —ая кора tanbark; —ое вещество tannin; —я *f.* tannery.

дубильщик *m.* tanner.

дубина *f.* club, cudgel.

дуб/итель *m.* tanning agent; (phot.) hardener; —ить *v.* tan; harden; —ление *n.* tanning; hardening; —ленка *f.* leather jacket; —леный *a.* tanned; —леный жирами oil-tanned.

дубл/ер *m.* doubler, doubling machine; duplicator; double, understudy, standby operator; —ет *m.*, —етный *a.* doublet; dipole; duplicate, copy; —етов метод (mass spectrometry) doublet method; —етность *f.* doubling (of lines); —икат *m.* duplicate, copy, replica, counterpart; —икатный *a.* duplicate.

дублир/ование *n.* doubling, etc., *see v.*; duplication; (card) reproduction; backup; standby system; —ованный *a.* doubled, etc., *see v.*; dual (ignition); —овать *v.* double, overlap, layer, ply up; duplicate, copy; (films) dub; —овочный, —ующий *a.* doubling, etc., *see v.*; redundant; backup; —ующий агрегат backup.

дубло *n.* tanbark.

дубляж *m.* (films) dubbing-in.

дуб/ляк, кукурузный pentodon beetle (*Pentodon idiota*); —няк *m.* oak grove, oak forest; —о— *prefix* oak; —овик *m.* (bot.) *Boletus luridus*; —овина *f.* tanbark; —овый *a.* oak(en).

дубоизин *see* дубуазин.

дуб/ок *m.* young oak; —онос *m.* (orn.) grosbeak; —рава *f.*, —равный *a.* oak woods; —ровка *f.* (bot.) Ajuga; —ровник *m.* Teucrium.

дубуазин *m.* duboisine, *l*-hyoscyamine.

дубящий *a.* tanning; (phot.) hardening.

дувший *past act. part. of* дуть.

дуг/а *f.* arc, arch, bow, curve; rib; сваривать в —е *v.* arc weld; сводить —ой *v.* arch, curve.

дуглас/ит *m.* (min.) douglasite; —ова пихта Douglas fir.

дуго— *prefix* arc, arch; curvi—.

дугов/ой *a.* arc; arch(ed), curve(d); electric arc (welding); д. вентиль mercury-arc rectifier; д. переброс arcing over; д. угольный carbon-arc; —ая печь arc furnace.

дугогас/итель *m.* arc arrester; (magnetic) blowout; —ительный, —ящий *a.* arc-suppressing; blowout.

дуго/образно *adv.* arc-wise; in an arch; (bent) double; —образный *a.* arched, curved, bow-shaped; —стойкий *a.* arc-resistant, non-arcing; —стойкость *f.* arc resistance.

дуд/арь *m.* mine worker; —ка *f.* pipe, tube; (bot.) fistula; (min.) bell pit; —ник *m.* (bot.) Angelica; —чатый *a.* hollow, fistular.

дует *pr. 3 sing. of* дуть.

дужка *dim. of* дуга; bow, ear, shackle; parenthesis; (av.) aerofoil; bar; (ent.) arculus; падающая д. chopper bar.

дуйте *imp. of* дуть.

ДУК *abbr.* (автодезоустановка) (vet.) mobile disinfecting unit.

дукер *see* дюкер.

дуктил/иметр, —ометр *m.* ductilimeter; —ьность *f.* ductility; —ьный *a.* ductile.

дул *past m. sing. of* дуть.

дулевский *a.* Dulevo.

дуло *n.* bore, muzzle, mouth (of cannon); *past n. sing. of* дуть.

дулькамар/ин *m.* dulcamarin; —ретин *m.* dulcamarrhetin.

дуль/ный *a. of* дуло; —це *n.* mouth.

дульц/ин *m.* dulcin; dulcine, dulcitol; —ит(ол) *m.* dulcite, dulcitol; —ификация *f.* dulcification, sweetening.

дуля *f.* (bot.) a variety of pear.

дума *f.* thought; council; —ть *v.* think; believe, suppose, imagine; intend, mean; —ться *v.* appear, seem.

думдум *m.* dumdum (bullet).

думмис *m.* dummy (piston); —ный *a.* dummy.

думпкар *m.* dump car, dump truck.

дунайский *a.* (geog.) Danube.

дунда/зит *m.* (min.) dundasite; —кин *m.* dundakine.

дун/ит *m.* (petr.) dunite; —нит *m.* (expl.) dunnite, ammonium picrate.

дуновение *n.* whiff, breath, puff.

дунст *m.* fine shot; coarse meal.

дунуть *v.* blow, puff.

дуо duo, two-high (rolling mill).

дуоден/альный *a.* (anat.) duodenal; —ит *m.* (med.) duodenitis.

дуодецимальный *a.* duodecimal.

дуо-стан *m.* two-high rolling mill.
дуотал *m.* duotal, guaiacol carbonate.
дупел *gen. pl. of* дупло.
дуплекс *m.* duplex, twin; д.-процесс (met.) duplex process; —ный *a.* duplex, double, twofold; two-way.
дуплет *see* дублет.
дупл/истый *a.* hollow, empty; —о *n.* hollow, cavity, void.
дурайрон *m.* Duriron (alloy).
дурак *m.* fool.
дурал— *see* дюрал—.
дуран-металл Durana metal.
дурангит *m.* (min.) durangite.
дуранда *f.* oil cake.
дурацкий *a.* stupid, foolish.
дурденит *m.* (min.) durdenite.
дурен *m.* durene, durol; *sh. m. of* дурной; —ол *m.* durenol.
дуреть *v.* become stupid.
дуриан *see* дурио.
дуридин *m.* duridine, aminodurine.
дурил *m.* duryl; —ен *m.* durylene; —овая кислота durylic acid, 2,4,5-trimethylbenzoic acid.
дуримет *m.* Durimet (a ferrous alloy).
дурио *n.* (bot.) durian (*Durio zibethinus*).
дурман *m.*, —ный *a.* narcotic, dope, intoxicant; trance; (bot.) Datura; —ить *v.* intoxicate, stupefy; —овая кислота daturic acid.
дурнеть *v.* grow ugly.
дурнишник *m.* (bot.) Xanthium.
дурно *adv. and sh. n. of* дурной.
дурн/ой *a.* bad, wrong, poor; unfavorable, tough; mis—, mal—; foul (smell); venereal (disease); —ая земля badland; —ое питание malnutrition; —ое управление mismanagement; —ота *f.* giddiness, vertigo.
дуро/л *see* дурен; —метр *see* дюрометр; —хинон *m.* duroquinone.
дурр/а *f.*, —о *n.* (bot.) durra (*Sorghum vulgare durra*).
дуршлаг *m.* colander, strainer.
дурь *f.* foolishness, nonsense, folly.
дуст *m.* (agr.) dust.
дутик *m.* (geol.) loess-doll.
дут/ый *a.* blown (up), inflated; pneumatic (tire); —ь *v.* blow (up), inflate; blast; —ье *n.*, —ьевой *a.* blowing, blast(ing), draft; (blast furnace) air; на полном —ье full blast; подавать —ье *v.* blow, blast; сушка —ья blast drying.
дуфренит *see* дюфренит.
дух *m.* odor, scent; breath; spirit, courage; mood; specter, ghost (line); image); во весь д. full speed; в этом —е in this way, in this manner; присутствие —а presence of mind.
духа *f.* (met.) air hole (of mold).
духи *pl. of* дух; perfume.

духовка *f.* oven, kiln.
духовн/ая *f.* will; —ый *a.* spiritual.
духо/вой *a.* wind, air; hot-air (heat); д. канал (anat.) windpipe; —вая печь, духовка; —мер *m.* wind gage; blast meter; —та *f.* close air, stuffiness.
дучка *f.* (min.) ramp, slope, incline.
душ *m.* shower (bath).
душ/а *f.* soul, mind, spirit; (stat.) person, head; на —у (населения) per capita, per head.
душевая *f.* shower baths, shower room.
душев/нобольной *a.* mentally ill; *m.* mental case; —ный *a.* sincere, cordial; emotional; mental (illness); —ой *a.* per capita; shower.
душен *sh. m. of* душный.
душист/ый *a.* fragrant, scented, perfumed; sweet (pea); —ое вещество perfume, aromatic principle.
душить *v.* stifle, choke, throttle, smother; scent, perfume.
душица *f.* (bot.) Origanum.
душн/ик *m.* (air) vent, air hole, ventilator; aspirator; —о *adv. and sh. n. of* душный; it is stuffy; —ый *a.* stuffy, close, stifling, sultry.
дую/т *pr. 3 pl. of* дуть; —щий *a.* blowing; —щийся *a.* (geol.) heaving, swelling; growing.
ДФА *abbr.* [дифениламин(овый)] diphenylamine.
ДФН *see* ДПН.
ДФФ *abbr.* (диизопропилторфосфат) diisopropyl fluorophosphate.
ДХМ *abbr.* (дихлоральмочевина) dichloralurea.
ДХЭ *abbr.* (дихлорэтан) dichloroethane.
ДЦВ *see* ДМВ.
ДЦДА *abbr.* (дициандиамид) dicyandiamide.
дцл *abbr.* (децилитр) deciliter.
ДЧ *abbr.* (делитель частоты) frequency divider; (допплеровская частота) Doppler frequency.
—дший *a. suffix* —ed, —en(ed), —t.
дьенколевый *a.* djenkolic (acid).
дыба *f.* rack, beam, post.
дым *m.* smoke, fume(s); —арь *m.* (bee) smoker; smudge pot; —завеса *f.* smoke screen; —ить(ся) *v.* smoke, fume; —ка *f.* haze, mist, fog; *gen. of* дымок; —комер *m.* haze meter; —ление *n.* (agr.) smudging; —но *adv.* smokily, with smoke; —номер *m.* smoke meter; —ный *a.* smoky, fuming; black (powder); —о— *prefix* smoke.
дымов/ой *a.* smoke; flue (gas); black (powder); д. канал flue; —ая заслонка damper; —ая труба chimney, smoke-stack.
дымогарный *a.* smoke-consuming; firetube (boiler); fire (box; tube).

дымо/генератор *m.* smoke generator; —к *dim. of* дым; *gen. pl. of* дымка; —кур *m.* smoky fire; —маскировка *f.* smoke camouflage, smoke screen; —непроницаемый *a.* smoke-tight; —образование *n.* smoke formation; —образующий *a.* smoke- or fume-forming; —отводный *a.* smoke-deflecting; —отводчик *m.* smoke deflector, chimney hood; —отравляющий *a.* toxic smoke; —поглощающий *a.* smoke-consuming; —пуск *m.* smoke screening.

дымо/сжигающий *a.* smoke-consuming; —с(о)жигание *n.* smoke abatement; —сос *m.* exhaust fan; —стойкий, —упорный *a.* smoke or fume-resistant; —ход *m.* flue, chimney, duct, uptake; —ходы *pl.* flue system.

дымчат/о— *prefix* smoky; —ый *a.* smoky, smoke-colored; smoked (glass).

дымянка *f.* (bot.) fumitory (*Fumaria*).

дымящий(ся) *a.* smoking; fuming (acid); smoldering (embers).

дын/ник *m.* (agr.) melon bed; —ный *a.* melon; —ное дерево papaya; —я *f.* (musk)melon.

дыр/(к)а *f.* hole, tear, gap, perforation, puncture; aperture; (anat.) foramen; (electron.) vacancy; —ко-промежуточный *a.* vacancy-interstitial; —окол, —опробиватель *m.* punch(er), perforator; —омер *m.* hole gage.

дыропробивн/ой *a.* punch(ing), piercing, perforating; д. пресс, д. станок, д. штамп, —ая машина punch(er), punch press; perforator.

дыр/опробойник *m.* punch; —опроводный шлямбур drift, punch; очка *dim. of* дырка; —очник *m.* (zool.) foraminifer; —очный *a. of* дырка; hole (conductivity); —чатый, —явый *a.* perforated; —явить *v.* pierce, perforate.

дых/альце *n.* blow hole; (ent.) spiracle; —ание *n.* respiration, breathing.

дыхательн/ый *a.* respiratory; д. аппарат respirator; д. клапан breather valve; —ое горло (anat.) windpipe.

дышать *v.* breathe, respire.

дышло *n.*, —вой *a.* shaft, pole, rod.

Дьюара сосуд Dewar flask.

д/э *abbr.* (дизель-электроход) diesel-electric ship.

Дэви лампа *see* Деви лампа.

ДЭГУ *abbr.* (дизель-электрическая гребная установка) diesel-electric propeller drive.

ДЭЗ *abbr.* [(метод) дипольного электрического зондирования] dipole electric sounding; ДЭМЧЗ *abbr.* (дипольное электромагнитное частотное зондирование) dipole electromagnetic frequency sounding.

ДЭП *abbr.* (дизель-электрический привод) diesel-electric drive; [(метод) дипольного электрического профилирования] dipole electric profiling (method).

ДЭС *abbr.* (дуговая электросварка) electric arc welding; (дизельная электростанция) diesel electric power plant.

ДЭТ *abbr.* [дизель(ный)-электрический трактор] diesel-electric tractor; (диффузная эмиссионная туманность) diffuse emission nebula.

ДЭЧЗ *abbr.* (дипольное электрическое частотное зондирование) dipole electrical frequency sounding.

дю *m.* (geol.) dy (a sapropel deposit).

дюбель *m.*, —ный *a.* dowel, pin, key.

дюбуазин *m.* duboisine.

дю-Виньо синтез du Vigneaud synthesis.

Дюгема-Маргулеса уравнение Duhem-Margulus equation.

дюгонговый жир dugong oil.

дюжина *f.* dozen, twelve.

дюз *m.*, —а *f.* nozzle.

дюйм *m.* inch (2.54 cm.); —овка *f.* inch plank; —овый *a.* (one)-inch.

дюкер *m.* (hydr.) (inverted) siphon.

Дюлонга-Пти закон Dulong and Petit law.

Дюма способ Dumas method.

дюм/азин *m.* dumasin; —озовое масло dumosa oil; —онтит *m.* (min.) dumontite; —ортьерит *m.* dumortierite.

дюн/а *f.*, —ный *a.* (sand) dune.

дюнштейн *m.* (met.) thin matte.

Дюпон du Pont (U.S. chemical firm).

дюпрен *m.* Duprene (synthetic rubber).

дюр— *see also under* дур—; —алевый *a.*, —аль *m.*, —алюминиевый *a.*, —алюмин(ий) *m.* duralumin (alloy); —анол *m.* duranol (dye); —антный *a.* lasting; —антрен *m.* duranthrene (dye); —ен *m.*, —еновый *a.* (min.) durain; —ометр *m.* durometer, hardness tester; —утоль *m.* solid coconut oil.

дюфрен/ит *m.* (min.) dufrenite, kraurite; —уазит *m.* (min.) dufrenoysite.

дюшес(с) *m.* duchess pear.

дягиль(ник) *m.* (bot.) Angelica.

дятел *m.* (orn.) woodpecker.

дятл(ов)ина *f.* clover.

Е

ев— *see also under* эв—, эй—.
—еватый *a. suffix* —ish.
евген/ика *f.* eugenics; —ический *a.* eugenic.

—овый блеск (min.) polybasite; —ол *see* эйгенол.

евкалипт *m.* (bot.) eucalyptus.

евклидов/ой, —ский *a*. Euclidean.
Евр/азия Eurasia; —атом European Atomic Energy Alliance, Euratom; —африка European-African continent.
еврейский *a*. Jewish, Hebrew; е. камень (petr.) graphic granite.
еври— *see* эври—.
Евро/космос Eurospace; —па Europe.
европ/еец *m*., —ейский *a*. European; —ий *m*. europium, Eu.
ЕВС *abbr*. (единая высоковольтная сеть) unified high-voltage network.
евстахиева труба (anat.) Eustachian tube.
евфратовский *a*. (geog.) Euphratean.
евший *past act. part. of* есть; *a. suffix* —en, —en(ed), —t.
—евые *pl. suffix* (biol.) —(ac)eaê, —ata.
Егера решетка Jäger screen.
егерь *m*. hunter.
Египет Egypt; египетский *a*. Egyptian.
его *gen. of* он(о), his, its; *acc.* him, it.
ед *abbr*. (единица допуска) tolerance unit; ед. *abbr*. (единица) unit; (единственный) unique; ЕД *abbr*. (единица действия) (biol.) active unit.
—ед *m suffix* —phage, eater.
еда *f*. meal, food; —ть *see* есть.
едва *adv. and conj.* barely, just, hardly, scarcely, with difficulty; е. . . . как no sooner . . . than; е. ли hardly, scarcely, not likely, unlikely; it is doubtful; е. не nearly, almost.
едет *pr. 3 sing. of* ехать.
ед. изм. *abbr*. (единица измерения) unit of measurement.
едим *pr*. 1 *pl. of* есть, we eat.
един *sh. m. of* единый; —ение *n*. unity, accord; union; —ить *v*. unite.
единиц/а *f*. unit; unity, one; identity element; (в) —ах in units (of), in terms (of); весовой —ы, на —у веса per unit weight; за —у, на —у per unit, each.
единичн/ость *f*. singleness; —ый *a*., unit, single(-unit), unit(ar)y, individual; elementary (concept).
едино— *prefix* uni—, mono—; —брачный *a*. (zool.) monogynous; (bot.) monoecious; —временно *adv*. once (only); —временный *a*. once, one-time; isochronous; —главый *a*. single-headed; —гласие, —душие *n*. unanimity, accord, unison; —гласный, —душный *a*. unanimous.
единокров/ие *n*., —ность *f*. consanguinity, affinity; blood relationship; —ный *a*. consanguineous.
единоличный *a*. personal, individual.
единомысл/енный, —ящий *a*. unanimous; —ие *n*. agreement of opinion.
единомышленн/ик *m*. adherent, upholder, associate; —ый *a*. unanimous, of the same opinion.
единоначалие *n*. one-man management.

единообраз/ие *n*. uniformity, sameness; —но-выпуклый *a*. uniformly convex; —ный *a*. uniform, same.
единорог *m*. unicorn; (zool.) narwhal; (astr.) Monoceros.
единственн/о *adv*. only, solely; uniquely; —ость *f*. oneness, singleness; (math.) uniqueness; —ый *a*. only, sole, unique, single, solitary.
един/ство *n*. unity, harmony; —ый *a*. single, only, sole; unique; unified, united, common; —ое целое unit.
едите *pr*. 2 *pl. of* есть, you eat.
едк/ий *a*. caustic, corrosive; biting, stinging, acrid, sharp, pungent (taste); —ое вещество, —ое средство caustic, corrosive; —ие щелочи caustic alkalis, alkali hydroxides.
едкость *f*. causticity, corrosiveness; aoridness, pungency.
едо/к *m*. eater, consumer; *sh. m. of* едкий; —мый *a*. edible.
едут *pr*. 3 *pl. of* ехать.
едче *comp. of* едкий.
едя/т *pr*. 3 *pl. of* есть; —щий *a*. eating.
ее *gen. and acc. of* она, her, it(s).
еж *m*. hedgehog; (rad.) hedgehog transformer; (mil.) portable barrier; (sea) urchin.
ежа *f*. (bot.) orchard grass (*Dactylis*).
еже— *prefix* each, every.
ежеви/ка *f*. blackberry; сизая е. dewberry; —чник *m*. blackberry patch; —чный *a*. blackberry.
ежегодн/ик *m*. yearbook, annual (publication); —о *adv*. yearly, every year, annually, per annum; —ый *a*. yearly, annual, anniversary.
ежеголов/ка *f*., —ник *m*. (bot.) bur reed (*Sparganium*).
ежедекадно *adv*. every ten days.
ежедневн/о *adv*. daily, per diem; —ый *a*. daily, every day, diurnal.
ежели *conj*. if, in case.
еже/месячник *m*. monthly (publication); —месячно *adv*., —месячный *a*. every month, monthly; —минутно *adv*. every minute; continually; —минутный *a*. occurring every minute; continual, incessant; —мухи *pl*. (ent.) tachina flies; —недельник *m*. weekly (publication); —недельно *adv*., —недельный *a*. every week, weekly; —секундный *a*. every second; very frequent; constant; —суточно *adv*., —суточный *a*. every day; —часно *adv*., —часный *a*. every hour, hourly.
еж/ик *dim. of* еж; (bot.) Acantholimon; —иться *v*. shrink, shrivel, bristle; —овик *m*. (bot.) Hydnum; —овник *m*. Echinochloa, spec. barnyard grass; Anabasis; —овый *a. of* еж.

—ез *m. suffix* —esis.
ез/да *f.* drive, riding; travel; —дить *v.* drive, ride, go; —дка *f.* trip; haul cycle; —довой *a. of* езда; —док *m.* rider; *gen. pl. of* ездки; —женый *a.* ridden; well-used, frequented (road).
ей *dat. of* она, (to) her; (to) it.
ек— *see under* эк—.
ел *past m. sing of* есть, ate.
елань *f.* glade.
еле *adv.* hardly, scarcely, just.
ел/евый *a.*; —ей *gen. pl. of* ель.
елец *m.* (ichth.) dace.
ели *past pl. of* есть, ate; *gen., etc , of* ель.
елк/а *f.* evergreen, Christmas tree; (rubber) flawed surface; кладка в —у herringbone brickwork.
ело *past n. sing. of* есть, ate.
ело/вый *a. of* ель; —чка *dim. of* елка; small spruce; herringbone (design); —чный *a. of* herringbone; (cryst.) arborescent; fishbone (antenna); —чный дефлегматор rod-and-disk type fractionating column; —чный кристалл dendrite.
ель *f.* spruce; —ник *m.* spruce forest.
емк. *abbr.* (емкость) capacity.
емк/ий *a.* large-capacity; capacious, roomy; *suffix* consuming; —осторезистивный *a.* (elec.) capacitance-resistance.
емкост/ный *a.* capacity; (elec.) capacitive; —ное сопротивление (elec.) capacitive reactance, capacitance; —ь *f.* capacity, (cubic) content, volume; (elec.) capacitance; tank, reservoir; удельная —ь (elec.) permittivity.
емок *sh. m. of* емкий.
ему *dat. of* он(о), (to) him, (to) it.
—ен *m. suffix* —en(e).
енамин *m.* enamine; —овый *a.* enamic.
ендова *f.* (roof) valley; pouring vessel.
—ен/ие *n. suffix* —(a)tion, —sion, —ing, —ence; —ность *f. suffix* —ness, —ivity; —ный *a. suffix* —ed, —(e)n; —овый *a. suffix* —en(e), —en(o)ic.
енот *m.*, —овый *a.* (zool.) raccoon.
—ен/тно *adv. suffix* —ently; —тность *f. suffix* —ence, —ency; —тный *a. suffix* —ent; —циозность, —ция *f. suffix* —ence, —ency.
ЕП *abbr.* [(метод) естественного поля] self-potential method (of geophysical surveying).
епанча *f.* mantle, cloak.
ералаш *m.* disorder, jumble, absurdity.
ервин *see* иервин.
еремеевит *m.* (min.) eremeyevite.
ере/сь *f.* heresy; —тик *m.* heretic; —тический *a.* heretical, dissenting.

ерик *m.* erik (shallow channel).
еритр— *see under* эритр—.
ерник *m.* dwarf birch (thicket).
ерошить *v.* ruffle; —ся *v.* bristle.
ерсей *m.* winding bog channel.
ерунда *f.* nonsense, absurdity.
ерунок *m.* bevel (square).
ерш *m.*, —овый *a.* (mach.) broach; ragbolt; jagged rod; (wire) brush; godevil, pipeline scraper; (ichth.) ruff; —истый *a.* bristling.
ес *abbr.* (единицы связывания) binding units.
если *conj.* if, in case, as long as, provided (that), should; е. бы if; е. бы не but for, if (it were) not for; е. вообще if at all; е. же but if; е. и even if; е. не unless, if not, but for; е. только if only, providing, provided; е. только вообще if at all; е. только не unless; е. учесть, что when it is considered that; е. это возможно when(ever) possible, if possible; е. это так if this is the case.
ест *pr. 3 sing. of* есть.
естественн/ик *m.* naturalist; —о *adv.* naturally, of course; it is natural; —онаучный *a.* natural-science; —ость *f.* naturalness; —ый *a.* natural, native, inherent, inborn, innate, intrinsic; spontaneous; в —ых условиях field (test); дело —ое it is a matter of course; с —ым охлаждением self-cooled; угол —ого откоса angle of repose or rest.
естество *n.* nature, substance; —вед *m.* naturalist; —ведение, —знание *n.* natural science; —испытание *n.* natural history; —испытатель *m.* naturalist.
есть *v.* eat; *pr. 3 sing. of* быть, (there) is.
—есть *f. suffix* —ness, —ism, —ity.
—етический *a. suffix* —etic.
ЕТП *abbr.* (единый технологический процесс) unified technological process.
эфес *m.* hilt, handle.
ехать *v.* drive, ride, go.
ехидн/а *f.* (zool.) echidna (*Tachyglossus*); —ый *a.* spiteful, malicious.
ешь(те) *imp. of* есть, eat.
еще *adv.* still, (as) yet, (any) more, further, else; е. более further; е. в even in, as far back as (date), back in; е. вопрос it remains to be seen; е. один one more, another.
ЕЭС *abbr.* (единая энергетическая система) unified electric power system.
ею *instr. of* она, by her, with her or it.
—еющий *a. suffix* —ing, —ent, —ive; —ся *a. suffix* —ing, —ive, —able, —ible, —uble.

Ж

ж see **же**; **ж.** abbr. (жидкий, жидкость) liquid; **Ж** abbr. (журнал) journal.
жаба f. (zool.) toad; (old med.) tonsilitis; грудная ж. (med.) angina pectoris.
жаберн/одышащие pl. (zool.) Branchiata; —ый a. gill, branchial.
жабий a. toad; ж. глаз (min.) toad's eye tin (a cassiterite).
жабник m. (bot.) cudweed (*Filago*).
жабра f. (zool.) gill; (naut.) sponson.
жабр/ей, —ий m. (bot.) Galeopsis.
жабрица f. (bot.) Seseli.
жабро— *prefix* (zool.) branchi(o)— (gills); —видный a. branchiate; —дышащие pl. Branchiata; —ногие pl. Branchiopoda; —образный a. branchiform.
жабры pl. (zool.) gills, branchia.
жавел/ева вода, —ь m. Javel water.
жаворонок m. (orn.) lark.
жад m. (min.) jade; —еит m. jadeite.
жад/ен sh. m. of **жадный**; —ничать v. be greedy; —но adv. greedily, avidly; —ность f. greed(iness) avidity; —ный a. greedy, avid, eager.
жажд/а f. thirst, craving; —ать v. crave; —оутоляющий a. thirst-quenching, refreshing.
жакет m. jacket.
жаккардова машина (text.) jacquard.
жал past m. sing. of **жать**.
жалейка see **жилейка**.
жалеть v. regret, be sorry (for), sympathize; spare.
жалить v. sting, prick, bite.
жалиться v. complain.
жалк/ий a. sorry, pitiful, shabby, miserable; —о see **жаль**.
жало n. sting(er); dart; (soldering) bit; (mach.) guard pin, prong.
жалоб/а f. complaint, grievance, claim; —ный a. sad, grievous; —щик m. plaintiff.
жалов/анный a. granted, etc., see v.; —анье n. salary, wages, pay; —ать v. grant, bestow, confer; favor; —аться v. complain.
жалок sh. m. of **жалкий**.
жалон m., —ировать v. (surv.) stake.
жалоносный a. (zool.) aculeate.
жалост/ный a. regretful, sad, deplorable; —ь f. pity, compassion.
жаль imp. v. it is too bad, it is a pity; ему ж. he is sorry, he regrets.
жальный a. of **жало**.
жалюзи n., —йный a. jalousie, louver; grating; baffle; —йное отверстие louver.
жаменовская свеча Jamin candle.
жанр m. genus; genre, category.

жар m. heat, glow; (med.) fever, temperature; —а f. heat, hot weather.
жаргон m. jargon; (min.) jargon.
жар/ен(н)ый a. fried; roasted; —енье n., —ильный a. frying; roasting; —ить v. fry; roast.
жарк/ий a. hot, sultry (weather); torrid (zone); —о adv. hot; it is hot; —ое n. fried or roasted meat.
жаро— *prefix* heat.
жаров/ня f. roaster; brazier; hearth; —ой a. heat, fire; —ая труба fire or flame tube, combustion chamber liner; (furnace) flue.
жаровынослив/ость f. heat tolerance; —ый a. heat-tolerant.
жарок sh. m. of **жаркий**.
жаропонижающ/ий a., —ее средство (med.) antipyretic.
жаро/производительная способность heating power; —прочность f. heat resistance, high-temperature strength; —прочный a. high-temperature, heat-resistant, thermally stable; refractory; —стойкий a. heat-resistant, heat-stable; (biol.) heat-tolerant; —стойкость f. thermal stability; heat tolerance; —трубный a. fire-tube, flue (boiler, etc.).
жароупорн/ость f. heat resistance; —ый a. heat-resistant, heatproof, —ый элемент heat resistor.
жароустойчив/ость f. heat-resistance; (biol.) heat tolerance; —ый a. heat-resistant; heat-tolerant.
жарче comp. of **жаркий**.
жасм/ин m., —инный, —иновый a. (bot.) jasmine; —он m. jasmone.
жат/ва f., —венный a. harvest(ing), reaping, crop, produce; —венная машина, —ка f. harvester, reaper; —камолотилка f. combine; —ка-сноповязалка f. combination reaper and binder.
жат/ый a. harvested, etc.; squeezed, etc., see v.; —ь v. harvest, reap, mow, gather in; squeeze, press, pinch.
ж.-б. abbr. (железобетонный) reinforced concrete.
жбан m. can, jug, tub.
жва/ло n. (ent.) mandible; —чка f. cud, chewing (of cud); chewing gum; —чные pl. (zool.) Ruminantia; —чный a. chewing, ruminant.
жгли past pl. of **жечь**.
жгут m. braid, plait, band, cord; gasket, twist, packing material; bundle, bunch; (vortex) filament; (med.) tourniquet; pr. 3 pl. of **жечь**; —ик dim. of **жгут**; (biol.) flagellum; (zool.) cilium; —иковые pl. (zool.) flagellates; —иковый a.

жгутовый

flagellar; —**иконосный** *a.* flagellate; —**иконосцы** *pl.* flagellates.

жгут/овый *a. of* жгут; —**оногие** *pl.* (zool.) Pedipalpi; —**оулавливатель** *m.* (paper) junk remover; -**ровница** *f.* (text.) roving (frame).

жгучеволосый *a.* (biol.) stimulose.

жгуч/есть *f.* causticity, corrosiveness; smarting; —**ий** *a.* caustic, corrosive, burning, stinging, smarting; hot (spices) vital (question).

жгущий *pres. act. part. of* жечь.

ж.д. *abbr.* (железная дорога); **ж-д** *abbr.* (железнодорожный) railroad.

жд/анный *a.* awaited, expected; —**ать** *v.* expect, (a)wait; —**ущий** *a.* expecting; delay-line (blocking oscillator); —**ущая развертка** (electron.) slave sweep.

же *conj. and particle* but, and; as to, as for; now, then; even, still, whereas; *not translated when emphasizing preceding word*; **тот же** the (very) same.

жев/ание *n.* mastication, chewing; —**ан(н)ый** *a.* masticated, chewed; —**ательный** *a.* masticatory, chewing; —**ать** *v.* masticate, chew; —**ок** *m.* wad of chewed food.

жег *past m. sing. of* жечь.

жединский век (geol.) Gedinnian stage.

жезл *m.*, —**овой** *a.* rod, staff.

жел/аемый *a.* wanted, desired, sought, required; —**ание** *n.* wish, desire; **по —анию** as desired, at will; —**анный** *a.* desired.

желательн/о *imp. v.* it is desirable; **если ж.** if desired; —**ость** *f.* desirability; —**ый** *a.* desirable, desired, wanted.

желатин *m.*, —**а** *f.* gelatin; —**ирование** *n.* gel(atiniz)ation, gelling; —**ированный** *a.* gelat(iniz)ed; —**ировать** *v.* gelatinize, gel(ate); —**ный**, —**овый** *a.* gelatin(ous); —**озный**, —**ообразный**, —**оподобный** *a.* gelatinous, gel-like.

жел/ать *v.* wish, want, desire; be willing; —**ающий** *a.* wanting, desiring.

желва/к *m.* concretion, nodule, knob, bulge; (med.) scirrhus; (resin) deposit; —**ковый** *a.* nodular; —**чный** *a.* nodular, knotty, lumpy; scirrhous; —**чок** *dim. of* **желвак**.

желе *n.* jelly, gel.

железа *f.* (anat.) gland; *gen. of* **железо**; **ж. внутренней секреции** endocrine gland.

железина *f.* iron strip, piece of iron.

железисто— *prefix* iron, ferro—, ferrous; (anat.) aden(o)— (gland); —**железистая соль** ferrous ferrite; —**железно—** *prefix* ferrosoferric; —**кремнистый сланец** (petr.) ferruginous chert; —**натриевая соль** sodium ferrite; —**серый** *a.* iron gray.

железистосинерод/(ист)оводородная кислота ferrocyanic acid; **соль —исто-водородной кислоты** ferrocyanide; —**истый** *a.* ferrocyanide (of); ferrocyanic (acid); —**истый калий** potassium ferrocyanide; —**истое железо** ferrous ferrocyanide; —**ное железо** ferric ferrocyanide.

железисто/сть *f.* ferruginosity; —**цианистый** *see* **железистосинеродистый**.

железист/ый *a.* iron, ferrous, ferruginous, ferriferous, chalybeate (spring, water); (anat.) glandular; **ж. препарат** (pharm.) iron tonic; —**ая вениса** (min.) iron garnet (andradite); —**ая глина** iron clay; —**ая кислота** ferrous acid; **соль —ой кислоты** ferrite; —**ая слюда** (min.) micaceous iron ore; —**ая соль** ferrous salt.

желез/ка *f.* small piece of iron; (anat.) gland(ule); —**ко** *n.* iron, cutter, blade (of plane); —**нение** *n.* (electrol.) iron plating; rubbing down concrete with dry cement; —**нить** *v.* float or rub down with dry cement; —**ница** *f.* (bot.) Sideritis; (vet.) Demodex infestation.

железно— *prefix* iron, ferri—, ferric; *see also under* **железо—**; —**аммиачные квасцы**, —**аммониевые квасцы** ammonium ferric alum.

железнодорожн/ик *m.* railroad man; —**ый** *a.* railroad, railway.

железно/калиевая соль potassium ferrate; —**кислый** *a.* ferric acid; ferrate (of); —**кислая соль** ferrate; —**синерод—** *see* **железосинерод—**.

железн/ый *a.* iron, ferric; **ж. блеск** (min.) iron glance; **ж. колчедан** (min.) iron pyrites, pyrite; **ж. купорос** iron vitriol (ferrous sulfate); **ж. лист** iron plate, sheet iron; **ж. лом** scrap iron; **ж. сплав** (met.) ferroalloy; **ж. сурик** iron minimum, red ocher; **ж. товар** hardware; **ж. шпат** (min.) siderite; —**ая дорога** railroad, railway; —**ая жесть** (met.) sheet iron; —**ая кислота** ferric acid; **соль —ой кислоты** ferrate; —**ая лазурь** (min.) blue iron-earth, vivianite; —**ая охра** (iron) ocher; —**ая почка** (petr.) eaglestone; —**ая роза** (min.) hematite (formation); —**ая слюда** (min.) micaceous hematite; —**ая слюдка** (min.) specularite; —**ая сметана** (min.) micaceous hematite; —**ая соль** ferric salt; —**ая трава** (bot.) ironweed (*Vernonia*); —**ая шляпа** (petr.) iron hat, gossan; —**ое дерево** (bot.) ironwood, spec. lignum vitae (*Guaiacum officinale*); argan tree (*Argania sideroxylon*); Persian parrotia; —**ые капли** (pharm.) tincture of iron; —**ые квасцы** iron alum (ferric potassium sulfate); —**ые товары** hardware; —**ые цветы** iron flowers (ferric chloride).

железняк *m.* (min.) iron ore, ironstone; hard stock brick; (bot.) Phlomis; Parrotia; **бурый ж.** (min.) limonite, brown iron ore; **красный ж.** hematite.

желез/о *n.* iron, Fe; **ж. в болванках** (met.) pig (iron); **азотнокислая закись** —a ferrous nitrate; **азотнокислая окись** —a ferric nitrate; **азотнокислое железо** iron nitrate; **бористое ж., борное ж.** ferroboron, iron boride; **бромистое ж.** ferrous bromide; **бромное ж.** ferric bromide; **ванадиевое ж.** (met.) ferrovanadium; **вольфрамистое ж.** (met.) ferrotungsten; **гидрат закиси** —a ferrous hydroxide; **гидрат окиси** —a ferric hydroxide; **двувалентное ж., закисное ж.** ferrous iron; **закисная соль** —a, **соль закиси** —a ferrous salt; **закись** —a ferrous oxide; **соединение закиси** —a ferrous compound; **закись-окись** —a ferrosoferric oxide; **окисная соль** —a, **соль окиси** —a ferric salt; **окисное ж., трехвалентное ж.** ferric iron; **окись** —a ferric oxide; **соединение окиси** —a ferric compound; **сернистое ж.** ferrous sulfide; **сернокислая закись** —a ferrous sulfate; **сернокислая окись** —a ferric sulfate; **сернокислое ж., сульфат** —a iron sulfate; **углеродистое ж.** iron carbide; **уксуснокислая закись** —a ferrous acetate; **хлористое ж.** ferrous chloride; **хлорное ж.** ferric chloride.

железо— *prefix* iron, ferro—; ferri—, ferric; *see also under* **железно**—, **ферро**—; **—аммониевые квасцы** ferric ammonium sulfate; **—бактерии** *pl.* iron (depositing) bacteria; **—бетон** *m.*, **—бетонный** *a.* ferroconcrete, reinforced concrete; **—делательный завод** iron works; **—каменный** *a.* stony-iron (meteorite); **—кирпич** *m.* reinforced brick; **—любивый** *a.* (biol.) siderophilic; **—магнитный** *a.* ferromagnetic; **—никелевый колчедан** (min.) pentlandite; **—обрабатывающий** *a.* iron-working, iron (industry); **—окисный** *a.* iron oxide; **—плавильный завод** iron foundry; **—подобный** *a.* iron-like, ferruginous; **—прокатный стан** iron rolling mill; **—родановая кислота** ferrithiocyanic acid; **—рудный** *a.* iron-ore.

железосинерод/(ист)оводородная кислота ferricyanic acid; **соль —истоводородной кислоты** ferricyanide; **—истый** *a.* ferricyanic (acid); ferricyanide (of); **—истый калий** potassium ferricyanide; **—истое железо** ferrous ferricyanide; **—ное железо** ferric ferricyanide.

железо/скобяные изделия hardware; **—содержащий** *a.* iron-containing, ferruginous, ferriferous; **—углеродистый**

a. iron-carbon (alloys); **—цианистый** *see* **железосинеродистый.**

железы *gen. and.pl. of* **железа.**

желейный *a. of* **желе.**

желеобразный *a.* jelly-like, gelatinous.

желоб *m.* groove, gutter, trough, channel, trench, furrow, canal, conduit, chute, spout; **наклонный ж., спускной ж.** chute; **—истый** *a.* grooved, channeled; canaliculate; **—ить** *v.* groove, channel, slot, flute, chamfer; **—коватый** *a.* grooved, channeled; **—ление** *n.* grooving, etc.; *see v.*; **—обрюхие** *pl.* (zool.) Solenogastres; **—оватый** *a.* sulcate(d), furrowed; U-shaped, trough-shaped; **—ок** *m.* groove, flute, slot; **—ок катания** (bearing) raceway; **—ообразный** *see* **желобоватый.**

желобчат/ый *a.* grooved, fluted, channel(ed); corrugated, ribbed; serrated; channel (steel); trough (conveyer); **—ое колесо** sheave.

желон/ка *f.*, **—очный** *a.* bailer, sludge pump, sand pump, slush pump; auger, spoon bit.

желт *sh. m. of* **желтый**; **—ение** *n.* yellowing; sulling (of wire); **—еть** *v.* (turn) yellow; **—еющий** *a.* yellowing; **—изна** *f.* yellow(ish)ness; **—инка** *f.* yellowish color; yellow spot; **—инник** *m.* (bot.) fustic (spec. *Rhus cotinus*); **—ить** *v.* color yellow; **—ковый** *a. of* **желток**; **—о**— *prefix* yellow.

желтоват/о *prefix*, **—ый** *a.* yellowish; **—ость** *f.* yellow(ish)ness.

желто/видение *n.* (med.) xanthopsia; **—гузка** *f.* (ent.) Euproctis; **—зеленый** *a.* yellowish green; **—зем** *m.* zheltozem, yellow soil; (min.) yellow ocher; **—к** *m.* (egg) yolk; **—калильный жар** yellow heat; **—кожий** *a.* yellow-skinned; **—корень** *m.* (bot.) Hydrastis; **—коричневый** *a.* yellowish brown, fawn colored; **—листный** *a.* yellow-leaved; **—лоз(ник)** *m.* purple willow; **—ломкость** *f.* (met.) yellow shortness; **—подзолистый** *a.* yellow-podzolic (soil); **—фиоль** *f.* (bot.) wallflower (*Cheiranthus*); **—цвет** *m.* yellow-flowering plant; **—цветковый** *a.* yellow-flowering.

желточн/ик *m.* (zool.) yolk gland; **—ый** *a.* yolk, vitelline.

желту/ха *f.* (med.) jaundice; (phyt.) yellows; **—шка** *f.* sulfur butterfly (*Colias*); **—шник** *m.* (bot.) Erysimum; **—шный** *a.* (med.) icteric.

желт/ый *a.* yellow; **ж. пигмент** carotin; **—ая вода** (med.) glaucoma; **—ое дерево** fustic, yellowwood (dye); **—ое пятно** (anat.) macula lutea; **—ое тело** (anat.) corpus luteum; **—ь** *f.* yellow (pigment).

желуд/евый, —овый *a. of* желудь.
желуд/ок *m.* stomach; —очек *dim. of* желудок; (anat.) ventricle, chamber; —очно— *prefix* gastro—; —очнокишечный *a.* gastrointestinal, gastroenteric; —очный *a.* stomach(ic), gastric; —очный камень (pal.) gastrolith; —очный сок gastric juice.
желудь *m.* acorn.
желче— *prefix* chole—, cholo— (bile, gall); —гонный *a.*, —гонное средство cholagogue; —ние *n.* (phyt.) yellow fermentation; —образование *n.* bile formation.
желчно— *see* желче—; —каменный *a.* (med.) gallstone; —каменная болезнь cholelithiasis; —кровие *n.* cholemia; —сть *f.* biliousness; jaundice.
желч/ный *a.* bilious, bile; cholic (acid); gall (bladder; stones); ж. ход (anat.) common bile duct; —ное вскрытие cholecystotomy; —ь *f.* bile.
жемчу/г *m.*, —жина *f.* pearl; (met.) bead; —жница *f.* pearl oyster; (vet.) pearl disease; —жночистый *a.* as bright as a pearl.
жемчужн/ый *a.* pearl(y), pearl-colored; ж. блеск (min.) pearly luster; pearlite; —ая накипь (min.) pearl sinter; —ое зерно pearl.
жен— *prefix see* женский.
жена *f.* wife; —тый *a.* married.
женевский *a.* Geneva(n).
женить *v.* marry.
женомуж/ие *n.* (bot.) gynandria, gynandry; —ий *a.* gynandrous.
женский *a.* female, feminine, woman's.
женщина *f.* woman.
женьшень *m.* (bot.) ginseng (*Panax*).
жеод *m.*, —а *f.*, —истый *a.* (geol.) geode.
жерд/евой *a. of* жердь; —ина *see* жердь; —инник, —няк *m.* polewood, young forest; —очка *f.* perch; —ь *f.*, —яной *a.* pole, rod.
жеребейка *f.* (foundry) gagger, chaplet, stud, core frame.
жереб/енок *m.* foal, colt; —ец *m.* stallion; —иться *v.* foal; —ковый *a.*, —ок *m.* hide of (premature) foal; —ость *f.* (zool.) pregnancy; —цовый *a. of* жеребец.
жеребьёвка *f.* sorting, allotment.
жеребячий *a. of* жеребенок.
жерех *m.* (ichth.) Aspius aspius.
жерло *n.* mouth, orifice, crater, vent, funnel; (volcanic) pipe; —вина *f.* volcanic neck.
жернов *m.*, —ой камень, —ой *a.* millstone, burrstone; верхний ж. runner.
жертв/а *f.* sacrifice, victim; —ователь *m.* donor; —овать *v.* sacrifice, give (up) (do) at the expense (of); donate.

жеру/ха *f.*, —шник *m.* (bot.) watercress.
жест *m.* gesture, motion, action.
жестер *m.* (bot.) Rhamnus.
жести *gen., etc., of* жесть.
жесткий *a.* rigid, stiff, inflexible; exacting, stringent, tough, rigorous, severe, harsh; strong, drastic (measures); rough, coarse; close (tolerance); hard (water, etc.); ж. факел inflexible flame.
жестко *adv. of* жесткий; *prefix* rigid; hard, sclero—; —ватый *a.* rather hard or stiff; —волосый *a.* coarse-haired; —древесинный *a.* hardwood(ed); —крылые *pl.* (ent.) Coleoptera; —крылый *a.* coleopterous; —опушенный *a.* hispid; —подушечники *pl.* hard cushion vegetation.
жесткость *f.* rigidity, etc.; hardness, etc., *see* жесткий; tension, force (of spring); stability (of oil film); (acous.) impedance; (paper) feel, handle; (paper pulp) degree of cooking; электрическая ж. (elec. comm.) elastance.
жестко/фокусирующий *a.* strong-focusing; —щетинистый *a.* hard-bristled.
жесток *sh. m. of* жесткий; —ий *a.* cruel, hard, severe; —ость *f.* severity.
жестче *comp. of* жесткий, жестко; —ние *n.* stiffening, hardening; aging.
жест/ь *f.* tin, sheet iron, sheet (metal); белая ж. tin plate; черная ж. black plate, sheet iron; —яник *m.* tinsmith; —яницкая *f.* tinsmithy; —яницкий *a.* tinsmith's; tinware; —янка *f.* tin (box or can), can; —янобаночный *a.* tin can; —яной *a.* tin; —яночный *a. of* жестянка; —янщик *m.* tinsmith.
жетон *m.* medal; counter.
жечь *v.* burn, roast, fire; corrode.
жжен/ие *n.* burning, roasting, firing, calcining; —ка *f.* kilned or roasted product; —(н)ый *a.* burned, roasted, fired, calcined, charred; burnt (umber; alum); quick (lime).
жжет *pr. 3 sing. of* жечь.
жив *sh. m. of* живой.
жив-во *abbr.* (животноводство).
живет *pr. 3 sing. of* жить.
живетский век (geol.) Givetian stage.
живец *m.* bait fish.
живит/ельный *a.* restorative, vivifying, regenerative; —ь *v.* restore, vivify, regenerate, animate, revive.
живица *f.* (oleo)resin, galipot.
живность *f.* poultry, fowl.
живо *adv.* promptly, quickly.
живодер *m.* (hides) flayer.
жив/ое *n.* the quick, the living; —ой *a.* alive, living, animate, lively, active, brisk; bright, rich, vivid (color); keen (interest); spring (water); —ая сила kinetic energy; закон —ых сил prin-

ciple of conservation of energy; —ое сечение (hydr.) (effective) cross section; discharge (section).
живокость *f.* (bot.) delphinium.
живоловка *f.* animal trap.
живопись *f.* painting, pictorial art.
живоро/дность *f.*, —ждение *n.* (zool.) viviparity; —дящий *a.* viviparous.
живо/рыбный *a.* live-fish; fish (pond); —сечение *n.* vivisection; —сть *f.* animation, liveliness, briskness.
живот *m.* stomach, abdomen.
животвор/ить *v.* revive, resuscitate; —ный, —ящий *a.* vivifying, life-giving, resuscitating.
животик *dim. of* живот.
животина *f.* domestic animal.
животновод *m.* stock breeder; —ство *n.* livestock or cattle breeding, animal husbandry; —ческий *a.* cattle-breeding, stock (farm).
животное *n.* animal; animal life, fauna.
животнорастение *n.* (zool.) zoophyte.
животн/ый *a.* animal; ж. крахмал glycogen; ж. уголь animal charcoal, bone black; —ая кислота zoönic (acetic) acid; —ое масло animal oil, spec. bone oil.
животрепещущий *a.* of vital importance; lively; actual.
живут *pr. 3 pl. of* жить.
живуч/есть *f.* viability, tenacity; life; survival (probability), survivability; (target) vulnerability; —ий *a.* of great vitality, tenacious of life, hardy, long-lived; fail-safe (construction); —ка *f.* (bot.) Ajuga; Sempervivum.
жив/ущий *a.* living; —чик *m.* (zool.) spermatozoon; —ший *past act. part. of* жить; —ье *n.* living creatures; —ьем *adv.* alive; —я *pr. ger.* living.
жигалка *f.* stable fly.
Жигмонди фильтр Zsigmondy filter.
жиденький *a.* liquid, watery, thin.
жидк/ий *a.* liquid, fluid; watery, thin; light (oil); liquefied (air); wet (cell); (met.) molten; flexible (rod); —ое тело liquid, fluid; мера —их тел liquid measure.
жидко *adv.* in liquid form; *prefix* liquid; —кристаллический *a.* (cryst.) mesomorphic; —металлический *a.* liquid-metal; —плавкий *a.* liquid, fluid; —плавкость *f.* fluidity; —стно-воздушный *a.* oleopneumatic; —стно-ракетный, —стно-реактивный *a.* liquid-propellant rocket (engine); —стность *f.* fluidity, liquidity; —стно-фрикционный *a.* fluid-friction; —стный *a.* liquid, fluid; fluid-flow (pump); hydraulic (brake); liquid-propellant (rocket engine); —сть *f.* liquid, fluid, liquor; liquidity, fluidity;

—сть-теплоноситель *m.* heat-transfer fluid; —текучесть *f.* fluidity; fluid flow; (met.) flowability; —текущий *a.* fluid, nonviscous; fluid-flow; —фазный *a.* liquid-phase; (petrol.) trickle-phase (desulfurization).
жидок *sh. m. of* жидкий.
жиж/а *f.* liquid, liquor, juice; slurry; liquid manure; —е *comp. of* жидкий, жидко; —енный *a. suffix* liquid, liquefied; —есборник *m.* liquid manure tank; —ица *see* жижа; —ка *f.* pyroligneous distillate.
жизне— *prefix* life.
жизнедеятельн/ость *f.* (vital) activity, active life; —ый *a.* active, vital.
жизненн/о *adv.* vitally; ж. важный, ж. необходимый *a.* vital, essential; —ость *f.* vitality, vigor, life; —ый *a.* vital, life('s); viable; living (standard); —ое дерево (bot.) arbor vitae (*Thuja*).
жизнеобеспечение *n.* survival.
жизнеописание *n.* biography, life.
жизнеспособн/ость *f.* viability, vitality; working life (of glue); —ый *a.* viable, live (seeds).
жизнестойкий *a.* vigorous, hardy.
жизн/ь *f.* life, existence, living; время —и existence, life span, lifetime; претворить в ж., проводить в ж. *v.* put into practice, effect or operation; realize; implement.
жиклер *m.* jet (discharge), (spray) nozzle.
жил *past m. sing. of* жить; *gen. pl. of* жила.
жил— *prefix, see* жилищный; жилой.
жила *f.* vein; (geol.) vein, lode, seam; filament, strand, core (of cable); *past f. sing. of* жить; ж.-проводник (geol.) lead vein, leader; сложная ж. (min.) lode, vein; сухая ж. (anat.) tendon, sinew.
жилейка *f.* pipes.
жиление *n.* (med.) strain(ing), exertion.
жилет *m.* (life) vest, jacket.
жилец *m.* dweller, tenant.
жилистый *a.* fibrous, stringy, sinewy.
жилиться *v.* strain, exert oneself.
жилищ/е *n.* residence, habitation, abode, dwelling, house, quarters; —но-гражданское строительство civil housing; —ный *a.* housing; living (conditions); —ное строительство, —ное хозяйство housing.
жилк/а *f.* fiber, nerve, rib, vein; —ование *n.* veining, venation; —оватый *a.* fibrous, stringy; veined.
жиловатый *see* жилистый.
жилой *a.* inhabited, habitable, residential; ж. дом dwelling, residence.
жилок *gen. pl. of* жилка.
жилотдел *m.* department of housing.

жилоч/ка *f.* small vein, fibril; —ный *see* жильный.
жил/площадь *f.* living space, floor space; —строительный *a.*, —строительство *n.* house building, housing; —управление *n.* housing management.
жильбертит *m.* (min.) gilbertite.
жилье *see* жилище.
жильн/ый *a.* vein(y), veined; ж. пояс (geol.) lode or vein system; —ая масса vein filling or rock; —ая порода vein or lode rock; matrix; vein mineral; —ая свита vein system; —ое месторождение lode, vein; —ые минералы gangue.
жильца *gen. of* жилец.
жимолость *f.* (bot.) honeysuckle.
жинзенг *see* джин-шень.
жир *m.* fat, tallow; grease; (fish and marine) oil; suint, yolk (of wool); дубленый —ами oil-tanned.
жира/золь, —соль *f.* (min.) girasol.
жираторный *a.* gyratory, gyrating.
жираф *m.* (zool.; min.) giraffe.
жирационный *a.* gyration, gyrating.
жир/ен *sh. m. of* жирный; —еть *v.* get fat.
жирно— *prefix* fat, fatty, aliphatic; rich (in); (typ.) heavily, bold-face; —ароматический *a.* aliphatic-aromatic; —вычерченный *a.* heavily drawn; —известковый *a.* fat-lime; rich in lime; —кислый *a.* fatty acid; —молочность *f.* butter-fat yielding capacity (of cow); —размолотый *a.* (paper) wet-beaten; —сть *f.* fatness, greasiness, oiliness; richness, fertility (of soil); wetness (of paper pulp).
жирн/ый *a.* fat, greasy, oily; fatty, aliphatic (acid, compound, series, etc.); rich, fertile; grease (spot); lardaceous (fracture); bituminous (peat); China (pencil); wet (gas; paper stock); (typ.) bold-face;—ая глина, —ая земля (foundry) loam.
жиро *n.* (com.) indorsement.
Жиро печь (elec.) Girot furnace.
жиро— *prefix* fat, fatty, aliphatic, lipo—; adipo—; (mech.) *see under* гиро—.
жиров/ание *n.* greasing, etc., *see v.*; (bot.) vigorous growth; —анный *a.* greased, etc., *see v.*; —ать *v.* grease, oil, lubricate; (leather) fat-liquor; (bot.) grow too vigorously.
жировик *m.* (med.) lipoma, fatty tumor; (min.) steatite, soapstone; китайский ж. (min.) agalmatolite, pagodite.
жировка *see* жирование; жироприказ.
жировой *a.* fatty, aliphatic; tallowy, sebaceous; (anat.) adipose; ж. обмен (physiol.) lipometabolism.
жиро/воск *m.* (med.) adipocere; —к *dim. of* жир.
жироклинометр *m.* gyrolevel.

жиромер *m.* butyrometer.
жирометр *m.* gyrometer.
жиронепроницаем/ость *f.* grease resistance; —ый *a.* greaseproof.
жиро/обменный *a.* (physiol.) lipometabolic; —образование *n.* lipogenesis, fat formation; —отложение *n.* adipopexis, fat storage.
жироплан *m.* (av.) gyroplane.
жиро/подобный *a.* fatty, oily; —пот *m.* (wool) suint, yolk.
жироприказ *m.* (com.) endorsement, (banking) order.
жирораствор/имый *a.* fat-soluble, —итель *m.*, —яющий реактив fat solvent; —яющий *a.* fat-dissolving.
жирорасщепл/ение *n.* lipolysis, —яющий *a.* fat-splitting, lipolytic.
жироскоп *m.* gyroscope, gyrostat, gyro; —ический *a.* gyroscopic, gyro—.
жиросодержащий *a.* fat-containing, fatty.
жиростат/ика *f.* gyrostatics; —ический *a.* gyrostatic.
жиро/топление *n.*, —топный *a.* (fat) rendering; —удаляющий реагент fat extractant; —уловитель *m.* grease trap.
жиры *pl. of* жир.
жирянка *f.* (bot.) Pinguicula.
жисмондит *m.* (min.) gismondite.
жите/йский *a.* worldly; everyday; —ль *m.* inhabitant, resident, dweller; —льство *n.* abode, dwelling.
жит/ник *m.* field mouse; a kind of bread; —ница *f.* granary, corn crib, barn; —ный *a.*, —о *n.* corn, barley, wheat, oats, rye, grain; —няк *m.* wheat grass (*Agropyron*).
жить *v.* live, be alive, exist, subsist; —е *n.* life, being, existence.
ЖК *abbr.* (жирные кислоты) fatty acids.
ЖКП *abbr.* (жидкостный кислородный прибор) liquid-oxygen apparatus.
жмаги *see* жмыхи.
ЖМГ *abbr.* (жидкометаллическое горючее) liquid-metal fuel.
жмет *pr. 3 sing. of* жать, press.
жмурить *v.* squint, close (the eyes).
жмут *pr. 3 pl. of* жать, press.
жмых *m.*, —и *pl.*, —овый *a.* (oil) cake, mill cake; —одробилка *f.* oil-cake grinder.
жн/еемолотилка *f.* (agr.) combine; —ейка *f.* harvester, reaper; —ет *pr. 3 sing. of* жать, reap; —ец *m.* reaper; —ива *f.*, —иво, —ивье *n.* stubble (field); reaping; —итво *n.* reaping; standing grain; —ущий *a.* reaping, harvesting.
жолоб *see* желоб
жолудь *see* желудь.
жом *m.*, —овый *a.* press, squeezer, compressor; clamp; (beet) pulp, bagasse.
жонглировать *v.* juggle.

жонкил/евый *a.*, —ия *f.* (bot.) jonquil.
жор *m.* (ichth.) post-spawning feeding period.
жордановый *a.* Jordan.
жорнов *see* жернов.
жосефинит *m.* (min.) josephinite.
жостер *m.* (bot.) Rhamnus cathartica.
жрать *v.* devour, eat greedily.
ЖРД *abbr.* (жидкостный ракетный двигатель) liquid-propellant rocket engine.
жребий *m.* lot, fate; toss (of coin).
ЖС, жс *abbr.* (живая сила) kinetic energy; (жирные спирты) aliphatic alcohols.
жужелица *f.* (met.) slag, dross, scoria; (ent.) ground beetle.
жужж/альце *n.* (ent.) balancer, halter; —ание *n.*, —ащий *a.* humming, buzzing; —ать *v.* hum, buzz, drone.
жует *pr. 3 sing. of* жевать.
жук *m.* beetle, bug, weevil; (met.) sow; —и *pl.* (wire) kinks; (steel) slivers; (ent.) Coleoptera.

Жульена металл (met.) hard lead.
журав *m.* dolly bar; lever dolly; —(е)ль *m.* sweep, lever arm; (microphone) boom; —ельник *m.* (bot.) Erodium; Geranium; —линый *a.*, —ль *m.* (orn.) crane; (astr.) Grus; —чик *m.* (geol.) lime nodule, loess-doll.
журнал *m.*, —ьный *a.* journal, periodical, magazine; log, record; периодический ж. periodical, review.
журчалк/а *f.* bulb fly (*Eumerus*); —и *pl.* flower flies, hover flies (*Syrphidae*).
журч/ание *n.*, —ать *v.* murmur, gurgle, purl.
жут/кий *a.* horrible; —ь *f.* terror, horror.
жух/лый *a.* faded; —нуть *v.* fade.
жучина *f.* wound, tapping (of trees).
жучки *pl.* (ichth.) bony plate.
жучок *dim. of* жук.
жуя *pr. ger. of* жевать.
Жюрена закон (phys.) Jurin's law.
жюри *n.* jury.

З

з. *abbr.* (западный) western; з., З. *abbr.* west.
за *prep. acc. to indicate motion: instr. to indicate location;* after, behind, beyond, out(side) of; for, as; at; per (unit); during, in; over, across; за и против pro and con.
ЗА *abbr.* (зенитная артиллерия) anti-aircraft artillery.
за— *prefix* beyond, trans—; behind, retro—; ad—; *with verbs to indicate the beginning of action;* —алеть *v.* redden, turn red; —анкеренный *a.* anchored; —асфальтировать *v.* asphalt; —атлантический *a.* transatlantic; —атмосферный *a.* above the atmosphere, in outer space, extraterrestrial.
забав/а *f.* amusement; —лять *v.* entertain, amuse; —ный *a.* entertaining.
забазировать *v.* store, stock.
Забайкаль/е, —ская область Transbaikal region.
забалансировать *v.* start balancing.
забалканский *a.* (geog.) Transbalkan.
забаллотиров(ыв)ать *v.* blackball.
забалтывать *v.* mix in, stir in.
забастов/ать *v.*, —ка *f.* (labor) strike.
забе/г *m.* overshooting, overswinging (of needle); (sports) heat, round; —гание *n.* running in, etc., *see v.*; —гать, —жать *v.* run in, drop in; run (ahead); forestall (events); stray; swing over; —гающий *a.* leading.
забей(те) *imp. of* забить.
забели(ва)ть *v.* whiten.
заберег *m.* shore ice; ice-free shore.
забеременеть *v.* become pregnant.

заберет *fut. 3 sing. of* забрать.
забетонировать *v.* (set in) concrete.
забив/ание *n.* driving (in), etc., *see v.*; stoppage, block; —ать *v.* drive (in), knock in, hammer in, ram; stop up, plug up, choke, clog, fill in; (blasting) stem; (rad.) jam; flood, glut (the market); slaughter (cattle); —аться *v.* clog in, get filled up, drive (into); hide (in corner).
забив/ка *see* забивание; piling; —ной *a.* driving; driven; pile; —ная крепь (min.) prop; —очный *a.* driving.
забинтов(ыв)ать *v.* bandage (up).
забир/аемый *a.* input; —ание *n.* taking (away); —ать *v.* take (away); pick up; —аться *v.* get in, steal in.
забирка *f.* (min) prop wall.
забирное отверстие intake.
забит/ость *f.* clogged state; —ый *a.* driven (in), etc., *see* забивать; —ь *see* забивать.
заблаговременн/о *adv.* in advance, early; —ость *f.* term (of forecast); —ый *a.* done on time, early.
заблагорассудиться *v.* appear right, necessary or desirable; like, deem necessary.
забл/естеть, —истать *v.* start shining.
заблу/диться *see* заблуждаться; —дший *a.* stray; —дящий *a.* stray(ing), accidental; —ждаться *v.* get lost, go astray, stray, wander; be mistaken, err; —ждение *n.* fallacy, error, mistake; straying.
забоина *f.* nick, dent.
забой *m.* driving in; (min.) face, stope; (drilling) bottom hole; slaughter (of

заболачивание cattle); **короткий з., подготовительный з.** (min.) shortwall; **—ка** f. tamping; (blasting) stemming; **—ник** m. rammer, tamper; **—ный** a. of **забой**; **—щик** m. miner, cutter, faceman.

заболачив/ание n. swamping, etc., see v.; bog formation; **—ать** v. swamp, bog up; **—аться** v. become boggy or marshy; get waterlogged.

заболев/аемость f. morbidity; sick rate; **—ание** n. illness, sickness; falling ill; **—ать, заболеть** v. fall ill, get sick.

заболон/ники pl. bark beetles (*Scolytidae*); **—ный** a., **—ь** f. (bot.) alburnum, sapwood.

заболо/тить see **заболачивать**; **—ченность** f. swampy state; **—ченный** a. swamped, bogged up; swampy, marshy, paludal; waterlogged (soil); stagnant (water).

заболтать v. mix or stir in; start shaking up.

забор m. fence, partition; (air) intake; (hydr.) diversion; getting on credit; **обнести —ом** v. fence in.

заборанивать v. harrow (in; over).

забор/ка f. boarding; partition; **—ник** m. intake; sampler; **—ный** a. of **забор**; **—ный конус** (roll-threading) lip; **—ное отверстие** intake.

заборон/ить, —овать v. harrow (over).

забортный a. outboard (motor).

забортовка f. beading.

забот/а f. care, trouble, responsibility; **—иться** v. take care (of), look after, be responsible (for); **—ливость** f. care(fulness); **—ливый** a. thoughtful, solicitous.

забраков/ание n., **—ка** f. rejection, refusal; **—анный** a. rejected, refused, condemned; faulty; **—ать, —ывать** v. reject, refuse, condemn.

забрало n. visor.

забранный a. taken (away); picked up.

забрасыв/ание n. throwing, etc., see v.; abandonment; backing up; **—ать** v. throw, spatter; abandon, neglect; stoke, fire (furnace); launch (satellite).

забрать see **забирать**.

забредать v. wander in, stray in.

забредить v. become delirious.

забрезжить v. start to glow.

забрести v. go astray, stray (in).

забродить v. start fermenting; start wandering; spatter.

забронировать v. reserve, assign; armorplate.

забро/с see **забрасывание**; overshoot; **з. оборотов** (av.) overspeed(ing); **з. руля** oversteering; hardover; **—санный** see **заброшенный**; **—сать, —сить** see **забрасывать**; **—шенность** f. neglected state; **—шенный** a. thrown; abandoned, etc., see **забрасывать**; lonely, forlorn.

забрызг/анный a. splashed, spattered; **—ивание** n. splashing, spattering; **—(ив)ать** v. splash, spatter.

забрюшинный a. (anat.) retroperitoneal.

забугорная область (anat.) metathalamus.

забудь(те) imp. of **забыть**.

забуксировать v. fasten with a cable.

забуксовать v. start skidding.

забулькать v start bubbling.

забуреть v. turn brown.

забур/ивание n. predrilling; **—и(ва)ть** v. (pre)drill, bore; start drilling; **—ник** m. drill, bore(r).

забут m. packing; **—ить** v. fill in, pack; back(fill), bank up; **—(ов)ка** f. filling in, etc., see v.; rubble(work), rubble masonry; packing material; **—овщик** m. packer.

забуференный a. buffered.

забух/ать v. start swelling; **—ать, —нуть** v. swell (up; shut).

забучив/ание n. (min.) piping; **—ать** see **забутить**.

забы/ваемый a. forgotten, omitted; **—ванье** n. forgetting, omission; **—вать** v. forget, omit, leave out, neglect; **—вчивость** f. forgetfulness; **—вчивый** a. forgetful, absentminded, careless; **—тие** n. (med.) syncope; **—тый** a. forgotten; **—ть** see **забывать**; **—тье** see **забытие**.

забьет fut. 3 sing. of **забить**.

зав m. manager, director, chief; prefix see **заведующий; заводский**.

завал m. fall, avalanche; (geol.) slide rock, scree; (min.) collapse; barrier, obstruction; reverse camber (of wheel); steep slope (of curve); (mil.) slashing; (med.) obstruction, constipation; **—енный** a. heaped up, etc., see v.; **—ивание** n. heaping up, etc., see v.; **—ивать** v. heap up; load, charge, fill, prime; cover up, bury; overload (with); clog, choke, block up; **—иваться** v. be covered up; be mislaid; fall; **—ин(к)а** f. bank; **—ить** see **заваливать; —ка** see **заваливание**; (furnace) charge; **рабочая —ка** charge, batch; **—очный** a. charging.

завалуненный a. stony (ground).

заваль f. old merchandise.

завальцовывать v. roll in.

завальщик m. (furnace) charger.

завалящий a. long unused, unsuitable.

завар/енный a. welded (up), etc., see v.; **—ивание** n. welding (up), etc., see v; **—и(ва)ть** v. weld (up), seal; scald, scour; infuse, brew; **—ка** see **заваривание**; (digester) steaming; **—ной** a. scalded; made with boiling liquid; **—очный** a. welding; (for) scalding.

завевать v. drift.
завед/ение n. establishment, institution; custom, habit, usage; —ет *fut. 3 sing. of* завести.
заведов/ание n. management; —ать v. manage, superintend, direct, head.
заведомо *adv.* known to be, knowingly; a fortiori; it is well known; з. зная knowing beforehand, having previous knowledge.
заведомый a. well known, previously known.
завед/ующий m. manager, director, chief, head, superintendent; a. managing, directing; —ший *past act. part. of* завести; —ывать *see* заведовать.
завез/енный a. imported; ecdemic, not local; —ти *see* завозить.
завел *past m. sing. of* завести.
завербовать v. recruit.
завер/ение n. assurance; assertion; —ить *see* заверять; —ка f. certification.
завер/нутый a. wrapped, etc., *see* завертывать; —нуть *see* завертывать; —теть v. start rotating; —тка f. wrapping (up); package; screw driver; catch, latch, bolt, fastener; —точный a. wrapping; turning.
завертыв/ание n. wrapping (up), etc., *see* v.; involution; —ать v. wrap (up), envelop, cover; screw up, tighten; turn off (faucet).
заверш/ать v. complete, consummate, crown (with), top off; execute, carry out, accomplish, realize; conclude, finish; —аться v. be completed, culminate (in); —ающий a. concluding, closing, final; —ение n. completion, etc., *see* v.; end; —енность f. completeness; —енный a. completed, etc., *see* v.; complete, final; —ить *see* завершать.
заверять v. assure; witness, certify.
завес/а f., —очный a. curtain, screen; —ить *see* завешивать; —ка f. rack.
завести *see* заводить.
завет m. will, legacy; precept; behest; —ный a. cherished, guarded; secret.
заветр/елый a. wind-blown, wind-dried; —енный a. protected from wind; —еть v. (foods) spoil, harden; —ие n. wind-protected area.
завешив/ание n. curtaining, screening; —ать v. curtain, screen, veil.
завещ/ание n. will, testament; —ать v. will, leave, bequeath.
заветь v. drift.
завзятый a. inveterate; confirmed.
завив/ание n. twisting, etc., *see* v.; coiling action, convolution; —ать v. twist, curl, coil, wind; wave (hair); —ающийся a. twisting, etc., *see* v.; —ка *see* завивание.

завид/еть v. see from a distance; —неться v. become visible.
завид/ный a. enviable; —овать v. envy.
завин/тить, —чивать v. screw (in, on, up), tighten; put in, drive (screw); —ченный a. screwed, etc., *see* v.; —чивание n. screwing, etc., *see* v.
завируха f. storm.
завис/ание n. (av.) hovering, etc., *see* v.; —ать v. hover, hang over; get caught, stick, hang on; bridge over (of stock).
зависеть v. depend, be dependent (on), be governed (by); lie (with), turn (on); be a function (of); з. от . . . в отношении depend on . . . for; не з. от be independent of.
зависимост/ь f. dependence, dependency, relation(ship); (math.) function; characteristic (curve); (integral) transformation; з. масса-температура mass-temperature relationship; з. от температуры temperature dependence; з. от частоты frequency response; в —и от depending on, in relation to, as a function of; according to, with; versus, against; быть в —и от v. depend on; взаимная з. interrelation(ship); изменяться в —и от v. vary with; изображать з. от, откладывать в —и от, наносить в —и от v. plot against (in graph); кривая —и давления от температуры temperature-pressure curve.
зависимый a. dependent, subordinate.
зависть f. envy.
завися́щ/ий a. depending, dependent; subsidiary; з. от времени time-dependent; з. от массы mass-sensitive; все —не меры all possible precautions.
завит/ой, —ый a. twisted, etc., *see* завивать; —ок m. curl, coil, spiral, scroll, volute; loop (of curve); (wood) knot; (anat.) helix; —ь *see* завивать.
завихр/ение n. turbulence, swirling, whirl(pool), eddy(ing), vortex, vorticity; convolution; (av.) backwash; (paper) spouting; камера —ения whirl chamber; —енность f. vorticity; —енный a. whirling; —итель m. swirler, swirl vane, vortex generator; конический —итель swirl cone; —ить v. swirl, whirl (up); —яющий a. swirling, turbulent.
завком m., —овский a. factory committee.
завладе(ва)ть v. take over, seize; encroach (upon); engage, grip (attention).
завле/кательный a. enticing, attractive; —кать, —чь v. entice, lure.
завод m. plant, works, factory, mill; facility; breeding center; custom; (mech.) starter; winding (up); (number of copies per) printing; автоматический з. self-starter; своего —а

domestic; **з.-автомат** *m.* automatic plant; **з.-втуз** *m.* plant-affiliated school; **з.-изготовитель** *m.* manufacturer; **—ы-смежники** *pl.* correlated plants.
заводи *gen., pl., etc., of* **завод.**
завод/ить *v.* wind(up), crank, start (motor); acquire, buy; found, set up, introduce, establish; bring, take, lead (in); get into the habit; (cryst.) seed; **—ка** *f.* winding up, etc., *see v.*; **автоматическая —ка** self-starter.
заводн/ение *n.* flooding; **—енный** *a.* flooded; **—ить** *v.* flood.
заводн/ой *a.* winding, cranking, starting; wind-up, mechanical; **—ая ручка** crank.
заводнять *v.* flood.
завод/оуправление *n.* works or plant management; **—ский, —ской** *a. of* **завод**; factory-furnished; **—ский паспорт, —ская марка** or **таблица** tradename, nameplate; **—чик** *m.* manufacturer, factory owner.
заводь *f.* backwater, pool, cut-off.
завоев/ание *n.* conquest; achievement; **—атель** *m.* conqueror; **—(ыв)ать** *v.* conquer; earn, win, gain (recognition).
завоз *m.*, **—ка** *f.* delivery; **—ить** *v.* bring in, deliver; **—ный** *a.* delivered, brought in.
завол/акивать, —очь *v.* cloud up, cover; (med.) heal up, close.
завонять *v.* start smelling badly.
заворачивать *v.* turn up, roll up; wrap (up; with); (med.) entropionize, invert.
заворонить *v.* (met.) blue.
завор/от *m.* turn(ing); sharp bend; entropion, inversion (of eyelid); **з. кишок** (med.) ileus, volvulus; **—отить** *see* **заворачивать; —оченный** *a.* turned up; reflex(ed); inverted.
заворошить *v.* start stirring or turning.
—завр *m. suffix* —saur(us) (lizard).
завтра *adv.* tomorrow.
завтрак *m.*, **—ать** *v.* breakfast.
завтрашний *a.* tomorrow's.
завуалировать *v.* veil, fog or mist over.
зав/уч *m.* educational manager; **—хим** *m.* head of the chemical section; **—хоз** *m.* head of the economic department.
завшиветь *v.* become infested with lice.
завыв/ание *n.*, **—ать** *v.* howl.
завысить *see* **завышать.**
завыть *see* **завывать.**
завыш/ать *v.* overstate, overestimate; increase; **—ение** *n.* overstating, etc., *see v.*; **—енный** *a.* overstated, too high, excessive.
завьет *fut. 3 sing. of* **завить.**
завьюжить *v.* start (of blizzard).
завьючи(ва)ть *v.* pack.
завяд/ание *n.* wilting, etc., *see v.*; **—ать** *v.* wilt, wither, droop, get flabby.

завяз/анный *a.* tied, bound; **—ать** *see* **завязнуть, завязывать; —ить** *v.* get stuck (in); **—ка** *f.* tie, string; bond; tying; **—ной** *a.* tying; **—нуть** *v.* stick, sink in; enter (of splinter); **—ывание** *n.* tying, etc., *see v.*; **—ывать** *v.* tie, bind, knot; enter (into relations with).
завязь *f.* (bot.) ovary.
завяли(ва)ть *v.* dry(-cure).
завя/лый *a.* faded, withered, wilted; **—нуть** *v.* fade, wither, wilt.
загадать *see* **загадывать.**
загадить *see* **загаживать.**
загад/ка *f.* riddle, enigma, puzzle; **—очный** *a.* enigmatic, puzzling; **—ывание** *n.* thinking (of), etc., *see v.*; **—ывать** *v.* think (of), conceive; plan, make (plans); ask (riddles); guess; conjecture; set, offer.
загаживать *v.* pollute, contaminate.
загар *m.* sunburn, tan; tarnish; (desert) varnish.
загас/ать, —нуть *v.* go out, die out; **—ить** *v.* extinguish; switch off.
загвоздка *f.* difficulty, snag.
загиб *m.* bend, fold, crease, bead, flange, edge (of rim); **—ание** *n.* bending, etc., *see v.*; flexion; recurvature; **—ать** *v.* bend, fold, crease; bead, flange; turn (in, back, down); **—аться** *v.* bend, fold, curl; **—ка** *see* **загибание; —ной** *a.* folding, folded; **—очный** *a.* bending, creasing; flanging.
загибщик *m.* deviator.
загипсов/ание *n.* plastering; **—анный** *a.* plastered; **—ать** *v.* plaster.
заглав/ие *n.* title, designation; heading; **—ный** *a.* title (page); capital (letters).
загла/дить, —живать *v.* smooth (out).
заглазн/ичный *a.* (anat.) postorbital; **—о** *adv.* without seeing; in the absence (of); **—ый** *see* **заочный.**
заглатывать *v.* swallow.
заглинизиров/ание *n.* mudding off, etc., *see v.*; **—анность** *f.* muddiness; **—анный** *a.* mudded off, etc., *see v.*; **—ать** *v.* mud off, mud up, silt up.
заглот *m.* swallowing; **—ать, —нуть** *v.* swallow; **—очный** *a.* (anat.) retropharyngeal.
заглох/ание *n.* choking up, etc., *see v.*; flameout (of engine); **—нуть** *v.* choke up, be choked, smother; die out (of engine); get neglected; overgrow (with); **—ший** *a.* choked up, etc., *see v.*; dead (well).
заглуб/ить *see* **заглублять; —ление** *n.* deepening, etc., *see v.*; **—ленный** *a.* deepened, etc., *see v.*; **—ляемость** *f.* cutting power (of plow); **—лять** *v.* deepen; bury, lower, place deeper, work deeper (into), cut (in).

заглухание see заглохание.
заглуш/ать v. suppress, smother, stifle, choke; muffle, deaden (sound); drown (noise); jam, black out; damp, bank (fire); alleviate (pain); opacify (glass, etc.); —ающий a., —ение n. suppressing, etc., see v.; —енный a. suppressed, etc., see v.; anechoic (chamber); —ить see заглушать; —ка f. seal, cover, closure, screw cap, end cap, plug, stopper; blank or blind flange; (blank) panel; dead end; silencer, silencing device; —ье n. thicket.
загля/дывать, —нуть v. look in, peek.
загнаиваться v. fester.
загн/анный a. driven in; —ать see загонять.
загнет fut. 3 sing. of загнуть.
загнив/аемость f. putrescibility; —ание n. rotting, etc., see v.; —атель m. septic tank; —ать v. rot, decay, fester; stagnate (of water); —ший a. decayed; festered; stagnant.
загн/ить see загнивать; —оенный a. rotted, etc., see загнивать; —оиться v. fester.
загнут/ый a. bent, folded; recurved; —ь see загибать.
загов/аривать, —орить v. (begin to) speak, address; —ор m. plot, conspiracy.
загодя adv. in good time, ahead of time.
заголов/ок m., —очный a. title, heading; —очная строка headline.
заголубеть v. turn blue, show blue.
загон m. enclosure, pen, corral, paddock; driving in; section, strip (of land); —ка f. driving in; (plowed) strip; —ный a. of загон; rotational (grazing); —щик m. drover, herdsman; —ять v. drive (in), corral, stable.
загораживание n. enclosing, etc., see v.; enclosure; —ать v. enclose, fence in, shut in; obstruct, block (up); close, stop, shut off, cut off.
загор/ание n. ignition, firing; sunburn; —ать v. tan; —аться v. ignite, catch fire; —ающийся a. inflammable; ignition (mixture); —евший, —елый a. tan, sunburnt.
загорный a. (geol.) ultramontane.
загород/ить see загораживать; —(к)а f. partition, fence, enclosure.
загородный a. suburban; rural.
загороженный a. enclosed, fenced (in).
загорт/ать v. cover; —ач m. covering device.
заготавлив/ание n. storing, etc., see v.; —ать v. store, stock (up), lay up, lay in; prepare, provide; put up, preserve (food).
заготов/итель m. purchasing agent; —ительный a. storage, storing; preparing; (met.) billet (mill); —ить see заготавливать; —ка f. store, stock; preparation, provision; procurement; (state) purchase; intermediate product, half-finished article; feed; (met.) blank, billet, bar; skelp (for pipes); (wood) felling; (ice) harvesting; плоская —ка (met.) slab; —ление see заготавливание; —ленный a. stored etc., see заготавливать; ready; fabricated (parts); —лять see заготавливать; —очный a. of заготовка; —щик m. supplier, provider; maker.
заготпункт m. storage place, warehouse.
загра/дитель m. barrier; suppressor; (electron.) trap, rejector; (mine) layer; —дительный a. obstructing, blocking, barrier; boundary; barrage (fire; rocket); —дить, —ждать v. obstruct, block, stop; dam, shut in.
загражд/ающий see заградительный; з. полосный a. band-elimination (filter); з. фильтр trap, filter, blocking circuit; —ение n. obstructing, etc., see заграждать; barrier, obstacle; (road) block; barrage, rejection; —енный a. obstructed, etc., see заграждать.
загран— prefix, —ичный a. foreign(-made); —ицей adv. abroad.
загреб/ать v. rake (up), gather; bank (fire); —ающий a. raking, etc., see v.
загреметь v. crash (down); start thundering.
загрести see загребать.
загривок m. nape (of neck); withers (of horse).
загромо/ждать v. encumber, block up, jam, clog; overload; —ждение n. encumbering, etc., see v.; —жденный a. encumbered, etc., see v.; —здить see загромождать.
загрохотать v. start crashing.
загруб/елость f. roughness; —елый a. roughened, coarsened, callous; —ение n. coarsening; (med.) callosity; —еть v. coarsen, roughen; —ение n. coarsening, etc., see v.; —лять v. coarsen, make less sensitive, lower the precision (of).
загрудинный a. (anat.) retrosternal; substernal (goiter, etc.).
загру/жать v. charge, load, fill; feed; stoke; fire; prime; overburden, encumber; —женность f. capacity, load, charge; —женный a. charged, etc., see v.; —зить see загружать; —зка f. charging, etc., see v.; charge, load; batch (size); job, (amount of) work; —зка и работа (comp.) load-and-go.
загрузнуть v. sink (into).
загрузо-разгрузочный a. handling.
загрузочн/ый a. charging, loading, loader, feeding; feed, charge (chute); з. меха-

загрузчик низм charger; з. ящик, —ая воронка (feed) hopper.
загрузчик *m.* charger; loader; stoker.
загрунтов/анный *a.* sized, primed; —ать, —ывать *v.* size, prime; —ка *f.* sizing, priming, ground coat (of paint).
загрязн/ение *n.* impurity, contaminant; contamination, etc., *see* **загрязнять**; —енный *a.* contaminated, etc., *see* **загрязнять**; impure.
загрязнуть *v.* get stuck, sink (in).
загрязн/ять *v.* contaminate, pollute, foul, render impure; soil, clog (up); poison (cathode); —яться *v.* get contaminated; clog up; —яющий *a.* contaminating, etc., *see v.*; —яющее вещество contaminant, pollutant.
загс *m.* registry office.
загубить *v.* ruin; waste.
загудеть *v.* start buzzing, start hooting, start blowing.
загудронировать *v.* pave, tar (road).
загу/стевание *see* **загустка**; —стелый *a.* thickened; —стеть *v.* thicken, get thick, condense; solidify, stiffen; —ститель *m.* thickening agent, thickener; stiffener; —стить *v.* thicken, condense; stiffen; —стка *f.* thickening, etc., *see v.*; —щать *see* **загустить**; —щенно — *prefix* thick-, closely-; —щенный *a.* thickened, etc., *see v.*; close, thickset, crowded.
зад *m.* back, rear, tail.
задав/аемый *a.* assigned, etc., *see v.*; given; —ание *n.* assigning, etc., *see v.*; assignment, task; target; quota; —ать *v.* assign, give, designate, prescribe, specify; predetermine, (pre)set, fix, define; put, pose, ask (question); allot (time); —аясь *pr. ger.* given.
задав/ить *v.* crush; peen; —ка *f.*, —ливание *n.* crushing; —ленный *a.* crushed.
задалживание *n.* downtime.
задан/ие *n.* task, assignment, job; program; representation (of curves, etc.); по —ию on the instructions (of); —ный *a.* assigned, etc., *see* **задавать**; given, (pre)set; desired (value); наперед —ный, при —ном given.
задаром *adv.* free, gratis; in vain.
задатки *pl.* disposition, instincts; (inherited) abilities, properties.
задаток *m.* deposit, advance.
задат/чик *m.* controller, control-point adjustment, setter, set-point adjustment; —ь *see* **задавать**.
задач/а *f.* problem; task, job, undertaking; goal; crux, point, question; (сложная) з. challenge; —ник *m.* problem book.
задающ/ий *a.* assigning, etc., *see* **задавать**; driving, master (frequency, oscillator, etc.); reference (axis, input); setting, set-point adjusting; —ее устройство *see* **задатчик.**
задви/гание *n.* starting; —гать *v.* push (in), bolt, bar, shut, close; start (moving); —гаться *v.* start (moving), stir; —гающийся *a.* starting; sliding; —жка *f.* bolt, bar, catch, fastener; gate (valve), slide (valve), shutoff; (chimney) register, damper; (anat.) obex; —жной *a.* sliding; movable; —нутый *a.* pushed (in), etc., *see v.*; —нуть *see* **задвигать.**
задвор/ки *pl.*, —ок *m.* backyard.
задев/ание *n.* catching, etc., *see v.*; interference; —ать *v.* catch, graze, brush against, touch, affect; mislay; interfere; provoke, irritate; не —ать *v.* clear.
задействованный *a.* equipped, fitted.
задел *m.* stock(pile), store, reserve; surplus; started project; *past m. sing. of* **задеть.**
задел/анный *a.* fixed, etc., *see v.*; built-in; —ать *see* **заделывать**; —ка *f.*, —ывание *n.* fixing, etc., *see v.*; (end) connection; —ывать *v.* fix, embed, build in; fasten; place, apply (fertilizer); cover, rake in (seeds); caulk, stop up, seal (off), close; (min.) frame.
задемпфированный *v.* damp.
задeнет *fut. 3 sing. of* **задеть.**
задерг/ать *v.* start jerking or pulling; —ивать *v.* jerk, pull; zip up; shut.
задеревен/елый *a.* hardened stiff; numb(ed); —еть *v.* harden stiffen; get numb.
задерет *fut. 3 sing. of* **задрать.**
задерж/ание *see* **задерживание**; —анный *a.* inhibited, etc., *see v.*; —анная упругость (phys.) elastic lag; —ать *see* **задерживать**; —ивание *n.* inhibition, etc., *see v.*; delay; —ивать *v.* inhibit, retard, delay, hold back, restrain, detain, impede, moderate; stop, check, arrest, block, suppress; keep, retain, hold over, entrap; —иваться *v.* lag, remain, be retained; —ивающий *a.* inhibiting, etc., *see v.*; inhibitory (action); delay(ing); stop; check (valve); retentive; lock (mechanism); coercive (force); —ивающая способность retentivity.
задержка *f.* delay, lag, setback; check, stop, catch; impediment; entrapment, retention; (electrochem.) arrest; *see* **задерживание.**
задержник затвора tripping device.
задерн/елый *a.* planted with grass; matted; weedy; —ение *n.* sodding; turf cover; weed infestation; —енность *f.* turf cover (of soil); —енный *a.* turf-covered.
задернуть *see* **задергивать.**
задет/ый *a.* caught, grazed, etc., *see* **задевать**; —ь *see* **задевать.**

задешево *adv.* cheaply.
задир *m.* fin, rib; galling; score, scratch; tear; —ание *n.* lifting up, etc., *see v.*; (av.) tail heaviness; —ать *v.* lift up, pull up; begin to tear; scuff, break, split; scratch, score; fret, gall, chafe; —аться *v.* rise; begin to tear; seize (of bearings); —ка *f.* provocation; (min.) chipping; опробование —кой chip sampling; —ковый *a.* chip, random (sampling).
задичать *v.* grow wild.
задне— *prefix* postero—, posterior; post-, meta—; opistho—; rear, tail; —брюшие *n.* (zool.) metasoma; —грудь *f.* (ent.) metathorax; —жаберные *pl.* (zool.) Opisthobranchia; —лобный *a.* (anat.) postfrontal; —навесной *a.* rear-mounted; —проходный *a.* (anat.) anal; —спинка *f.* (ent.) metatergum, scutellum; —щечные *pl.* (pal.) Opistoparia.
задн/ий *a.* back, rear, end, tail, posterior, postero—; hind (brain, etc.); trailing (edge); concealed (thought); з. боковой posterolateral; з. конец tail, back; з. план background; з. проход (anat.) anus; з. ход backing (up), reversing, return stroke (of piston); —его хода *a.* backing, backward; дать з. ход *v.* back, reverse; —яя сторона reverse, wrong side.
задник *m.* heelpiece (of relay); counter (of shoe).
задождить *v.* start raining.
задок *dim. of* зад.
задолго *adv.* long in advance, long before; з. до well before, long before.
задолж/алый *a.* indebted, in debt; —ать *v.* be in debt, incur debts; —енность *f.* indebtedness, debt, liabilities.
задом *adv.* backwards; з. наперед back to front.
задор *m.* fervor, enthusiasm; splinter; —ина *f.* splinter; rough spot.
задохнуться *see* задыхаться.
задра/и(ва)ть *v.* seal, close, batten down; —йка *f.* bolt bar, fastener, catch.
задр/анный *a.* lifted up, etc., *see* задирать; torn; —ать *see* задирать.
задросселировать *v.* throttle down.
задуб/елый *a.* coarse, roughened; —(ен)еть *v.* coarsen, roughen, harden.
задув/ание *see* задувка; —ать *v.* blow in (blast furnace); start up (furnace); start blowing; blow out, extinguish; —ка *f.* blowing in, etc., *see v.*; blow-out; —очный *a.* blowing; blow-in; starting-up (charge); —очный кокс (met.) bed charge.
задум/анный *a.* planned; —(ыв)ать *v.* plan, conceive, intend; —(ыв)аться *v.* meditate; ponder.

задурманить *v.* deaden (consciousness).
задут/ый *a.* blown out, extinguished; blown in (furnace); —ь *see* задувать.
задуш/ение *n.* suffocation, etc., *see v.*; —енный *a.* suffocated, etc., *see v.*; —ить *v.* suffocate, asphyxiate, strangulate, choke, stifle; —ливый *a.* suffocating.
задхлый *a.* musty(-smelling).
зады *pl. of* зад; the past.
задым/ить *v.* start smoking; smoke up, fill with smoke; —ление *n.* smoking up; smoke screen; —ленный *a.* smoked up; —лять *v.* screen with smoke.
задыхаться *v.* suffocate; pant.
задышать *v.* begin to breathe.
заеда *f.* (med.) lip infection.
заед/ание *n.* jamming, etc., *see v.*; —ать *v.* jam, stick, bind, grip, catch, hook (into); seize (of bearings; mold); eat up; —енный *a.* jammed, etc., *see v.*
заез/д *m.* event; dropping in; —жать *v.* drop in; reach; go too far; —жий *a.* and *m.* stranger, newcomer, traveler.
заел *past m. sing. of* заесть.
заем *m.* loan; —ный *a.* loan; borrowed; —ное письмо acknowledgement of debt, I.O.U.
заершенный *a.* jagged, barbed, ragged, notched, irregular; з. болт ragbolt.
заесть *see* заедать.
заехать *see* заезжать.
зажари(ва)ть *v.* fry; roast; broil; grill.
зажат/ие *see* зажимание; —ый *a.* clamped, etc., *see* зажимать; —ь *see* зажимать; start harvesting.
зажелт/еть *v.* turn yellow, show yellow; —ить *v.* (make) yellow.
заж/ечь *see* зажигать; —жение *see* зажигание; —женный *a.* ignited, lit.
зажив/ание, —ление *n.* healing; —ать *v.* close, heal; —ить, —лять *v.* heal.
заживо *adv.* alive; during one's life.
зажиг/алка *f.* lighter; incendiary bomb; —ание *n.* ignition, igniting, etc., *see v.*; —атель *m.* lighter, igniter; firing electrode (of thyratron); —ательный *a.* ignition, igniting, kindling; incendiary (bomb, etc.); firing (device); fiery (speech); —ательный шнур fuse; —ательная свеча spark plug; —ать *v.* ignite, light, set fire (to), kindle; strike (an arc); initiate, start; —аться *v.* ignite, (catch) fire.
зажим *m.* clamp, clip, fastener, grip, gripping device, clutch, chuck, lock; cleat; (elec.) terminal, binding post, pinchcock (for tubing); —ание *n.* clamping, etc., *see v.*; —ать *v.* clamp, grip, grasp, hold, fasten (down), fix, clip, catch, cramp, press, pinch, clutch; (med.) strangulate; —ающий *a.*с lamp-

зажимн/ой, —ый *a.* clamp(ing), grip(ping); lock (nut); compression (condenser); chuck (jaw); terminal (board); з. конец (elec.) terminal; —ое приспособление clamping device, jaw, chuck; —ые клещи clamps.

зажин *m.* beginning of harvest; —ать *v.* start harvesting.

зажир/елый *a.* fattened; —еть *v.* get fat.

зажит/очный *a.* prosperous, well-off; —ь *see* заживать; start living; start earning.

зажмет *fut. 3 sing. of* зажать, clamp.

зажмури(ва)ть *v.* screw up (eyes); blink.

зажнет *fut. 3 sing. of* зажать, harvest.

зажор *m*, —а *f.* accumulation of water under snow; ice jam.

зажужжать *v.* start buzzing.

зажухнуть *v.* get dull (of colors); harden.

зазвать *see* зазывать.

зазв/енеть —онить *v.* start ringing; —учать *v.* start sounding.

зазелен/еть *v.* turn green; —ить *v.* color green.

заземл/ение *n.* (elec.) ground(ing); провод —ения ground wire; —енный *a.* ground(ed); —итель *m.* ground(ing electrode); —ительный, —яющий *a.* ground(ing); —ить, —ять *v.* ground.

зазим/овать *v.* winter; —ок *m.*, —ье *n.* first snow, first frost.

зазнобить *v.* freeze; start shivering.

зазолотить *v.* guild.

зазор *m.* clearance, space, gap, margin; slit, slot; give, slack, (free) play, backlash; tolerance; (roll) nip, opening; —ный *a. of* зазор; shameful, dishonorable.

зазубр/енность *f.* cren(ul)ation; —енный *a.* notched, etc., *see v.*; crenulate(d); castellate(d) (nut); hackly (fracture); *suffix* —crenate; —ивать *v.* notch, jag, (in)dent, score, serrate; —ина *f.* notch, jag, indentation, (in)dent; barb, burr, beard, feather; score; —инка *dim. of* зазубрина; —ить *see* зазубривать; learn by rote.

зазуммерить *v.* start buzzing.

зазывать *v.* call in.

зазябнуть *v.* freeze, get chilled.

заигр(ыв)ать *v.* start playing.

заизвестковать *v.* (agr.) lime.

заикаться *v.* stutter, stammer.

заил/ение, —ивание *n.* silting, etc., *see v.*; sedimentation; —енный *a.* silted, etc., *see v.*; —ивать *v.* silt (up), fill in (with mud); extinguish (fire) with mud.

заим/ообразно *adv.*, —ообразный *a.* (taken) on credit, as a loan; —ствование *n.* borrowing, etc., *see v.*; —ствованный *a.* borrowed, etc., *see v.*; —ствовать *v.*

borrow, take (from), copy, adopt, derive.

заиндев/евший, —елый *a.* covered with hoar frost; —еть *v.* become covered with hoar frost.

заинтересов/анный *a.* interested; —(ыв)ать *v.* interest, attract; —(ыв)аться *v.* take (an) interest.

заискриться *v.* start sparking.

зайдет *fut. 3 sing. of* зайти.

займа *gen. of* заем.

займет(ся) *fut. 3 sing. of* занять(ся).

займищ/е *n.*, —ный *a.* floodplain.

займ/овый *a. of* заем; —одержатель *m.* loan holder.

займут(ся) *fut. 3 pl. of* занять(ся).

займы *pl. of* заем.

зайти *see* захаживать, заходить.

зай/ца *gen. of* заяц; —чатина *f.* rabbit meat; —чик *dim. of* заяц; reflected light spot.

закавказский *a.* (geog.) Transcaucasian.

закадмиевый *a.* epicadmium.

заказ *m.* order, commission; command; на з., по —у to order; выполненный по —у custom-built, custom-made; —ан(ный) *a.* ordered, on order; —ать *see* заказывать; —ник *m.* sanctuary, game refuge; —ной *a.* ordered; custom-made; registered (letter); protected, posted (land); —чик *m.* client, customer, buyer, purchaser; —ывать *v.* order, have made.

закал *see* закалка; —енный *a.* (met.) hardened, quenched; (biol.) hardy; —енный на воздухе air-hardened; —иваемость *f.* hardenability; —ивание *see* закалка; —и(ва)ть *v.* harden, quench; —ивающий *a.*, —ка *f.* hardening, quenching; —ка в воде water quenching; поверхностная —ка surface or case hardening; —очно-отжигательный *a.* hardening and annealing (furnace); —очный *a. of* закалка.

закалывать *v.* stab, slaughter, butcher; pin up.

закалять *see* закаливать.

закамен/елый *a.* hardened, petrified; —еть *v.* harden, petrify.

закамуфл(аж)ировать *v.* camouflage.

заканчива/ть *v.* finish, end, complete, conclude, accomplish; —аться *v.* terminate (in); —ающийся *a.* terminating, ending, closing.

закапать *v.* spot; begin dripping.

закапчивать *v.* smoke up, blacken.

закапывать *v.* dig in, bury; fill up.

закармлив/ание *n.* fattening, feeding up; —ать *v.* fatten, feed up, overfeed.

закарпатский *a.* (geog.) Transcarpathian.

закарстован/ие *n.* (geol.) karst formation; —ный *a.* karst(ed) (rock).

закат *m.* setting; seam, crimp; (rolling) lap, backfin; з. солнца sunset; —анный *a.* rolled (up), etc., *see v.*; —ать *see* закатывать; start rolling; —ить *see* закатывать; —ка *f.* rolling (up), etc., *see v.*; —ный *a. of* закат; —очный *a.* rolling, etc., *see v.*; —ывание *see* закатка; —ывать *v.* roll (up), wrap; bend up, fold (over), curl, crimp; seam, bead.

закач/анный *a.* pumped in, injected; set in rocking motion; —ать *see* закачивать.

закаченный *a.* rolled (up), etc., *see* закатывать.

закач/ивание *n.*, —ка *f.* pumping in, injection; rocking; —ивать *v.* pump in, inject; rock, start rocking.

закваlсить *see* заквашивать; —ска *f.* ferment(ing); leaven; —шивание *n.* fermentation; leavening; —шивать *v.* ferment; leaven.

заки/д(ыв)ать, —нуть *v.* cast, throw; abandon, neglect; fill up (ditch).

закип/ать, —еть *v.* start boiling.

закированная почва (geol.) brea.

закис/ать, —нуть *v.* (turn) sour.

закисн/ый *a.* (lower or —ous) oxide; —ая соль (lower or —ous) salt; —ая соль железа ferrous salt; —ое железо ferrous iron.

закисший *a.* sour(ed).

закис/ь *f.* (lower or —ous) oxide (formerly protoxide); з. железа ferrous oxide; азотнокислая з. железа ferrous nitrate; з. меди cuprous oxide; сернокислая з. меди cuprous sulfate; з.-окись mixed oxide; гидрат —и (lower or —ous) hydroxide; гидрат —и железа ferrous hydroxide.

заклад *m.* mortgage, pledge; investment; —ка *f.* laying, etc., *see v.*; location; establishment; load, batch; (hydr.) flushing; (min.) rubbish; пустая —ка rubbish; —ная *f.* mortgage, investment; —ной *a.* mortgage; laying; insertion; —очный *a. of* закладка; —чик *m.* mortgagor, lender, investor; layer; (rivet) setter; —ывание *n.* laying, etc., *see v.*; —ывать *v.* lay (foundation), set, put, install, establish; build in, incorporate; block up, wall up, embed; pack, load, fill (with); mortgage, invest; plant (orchard); cut (grooves); harness (horses); sink (a well).

закле/енный *a.* glued, etc., *see v.*; —ивание *n.* gluing, etc., *see v.*; —и(ва)ть *v.* glue, paste (up); shut; stop up, seal; —йка *f.* gluing, etc., *see v.*; adhesive band.

заклейм/енный *a.* stamped, marked; —ить *v.* stamp, mark, brand.

заклеп/анный *a.* riveted; clinched; —ать *see* заклепывать; —ка *f.* rivet; clinch(er); pin; riveting; —ник, —очник *m.* riveting hammer; —ный *see* заклепочный; —овидный *a.* rivet (weld); —очно-обкатная машина rivet spinner; —очный *a.* riveted (seam, joint), rivet (hole), riveting; clinch (bolt); —щик *m.* riveter; —ывание *n.* riveting; —ывать *v.* rivet (up); clinch.

заклин/енный *a.* wedged, etc., *see v.*; —ивание *n.* wedging, etc., *see v.*; —и(ва)ть *v.* wedge (up), cleat, key; block (up); pack up; jam; fasten, cotter, tighten up (cotter); —иваться *v.* wedge, jam, stick; —ка *f.* wedging, etc., *see v.*; convex piling, bridging (of chips).

заключ/ать *v.* include, enclose, contain, house, encase (in); put (in brackets); occlude; confine, lock in, imprison; conclude, come to the conclusion, deduce, infer; close, end (with); make, award (a contract); strike (a bargain); з. в себе comprise, embody, embrace; house, hold; imply; —аться *v.* consist (of), be, lie (in); end, result (in); —аться в том lie in the fact (that); —ающий *a.* including, etc., *see v.*; inclusive (of); —ающийся *a.* included, contained.

заключен/ие *n.* inclusion; enclosure; confinement; occlusion; conclusion, deduction, inference; closing, finishing up; summary; в з. in conclusion; —ный *a.* included, etc., *see* заключать; *m.* prisoner.

заключ/ительный *a.* final, closing, conclusive; terminal; —ить *see* заключать.

заков/ать, —ывать *v.* forge together; (vet.) prick; —ка *f.* (met.) shortening, compression; prick(ing).

закодировать *v.* (en)code.

закожный *a.* subcutaneous.

закокс/ованность *f.* coking; —аться *v.* become clogged with coke.

закол *m.* slaughter(ing), butchering; fish-weir; (min.) loosened rock.

заколачивать *v.* nail up, board up; drive (a nail).

заколебаться *v.* start vibrating, fluctuating or oscillating; hesitate, waver.

заколоситься *v.* (agr.) come into ear.

заколотить *see* заколачивать.

заколоть *see* закалывать.

закольц/евать, —овывать *v.* connect (up); band (fowl).

закон *m.* law, rule, principle; relationship; з. о том, что law that; —ность *f.* legitimacy, legality, validity; —ный *a.* legal, valid, legitimate, rightful; —овед(ец) *m.* lawyer; —оведение *n.* law, jurisprudence.

законодатель *m.* legislator; —ный *a.* legislative; —ство *n.* legislation.

закономерн/о *adv.* naturally, regularly; it is in order; —ость *f.* regularity; mechanism; rule; governing laws; conformity to principle; history; characteristic; —ый *a.* natural, regular; conforming to an established rule, proceeding according to consistent rules.

законопа/тить, —чивать *v.* calk (up), pack, plug; —ченный *a.* calked.

законо/положение *n.* statute; —преступление *n.* infringement of the law; —проект *m.* bill.

законсервиров/ание *n.* preservation, canning, etc., *see v.*; —анный *a.* preserved, etc., *see v.*; —ать *v.* preserve, can (food); stop (work); (missiles) inhibit.

законспектировать *v.* make an abstract.

законтрактов/анный *a.* contracted; —ыв)ать *v.* make a contract, enter into contract, bind by contract.

законтривать *v.* lock (a nut).

законтурный *a.* contour, boundary (zone); (petrol.) external, perimeter (flooding).

законуривание *n.* (min.) making the first cut.

законцовка *f.* tip, end.

законч/енность *f.* completeness; finish; —енный *a.* complete(d), finished, final; —ить *see* заканчивать.

закоп/анный *a.* dug in, buried; —ать *see* закапывать.

закоперщик *m.* pile-driving operator.

закопт/евший, —елый *a.* smoky, soot-covered; —еть *v.* get smoky or soot-covered; —ить *see* закапчивать.

закопушка *f.* (min.) exploratory pit, test pit.

закопченный *a.* smoky, sooty; smoked.

закорачив/ание *n.*, —ающий *a.* (elec.) shorting; —атель *m.* short-circuiter; —ать *v.* short-circuit, short out.

закорен/елый *a.* deep-rooted, inveterate, ingrained; —еть *v.* take root.

закормить *v.* overfeed; start feeding.

закоробить *v.* start warping or bending.

закоро/тить *see* закорачивать; —ченный *a.* (elec.) shorted, short-circuited.

закостенеть *v.* become numb(ed) or stiff.

закоулок *m.* secluded spot; back street.

закоченеть *v.* become numb (with cold).

закрадываться *v.* steal in, creep in.

закраек *see* закраина.

закраивать *v.* start cutting; cut out.

закра/ина, —йка *f.* edge, rim, border, flange, collar, bead, shoulder, fillet; tip; (well) curb, lining; ice rim; open water zone between ice and shore.

закрапать *v.* spot, speckle; drizzle, start dripping.

закрас/ить *see* закрашивать; —ка *f.* (elec. comm.) marking.

закраснеть(ся) *v.* turn or show red; blush.

закрасться *see* закрадываться.

закрахмаливать *v.* (text.) starch.

закрашивать *v.* (cover with) paint.

закреп *m.*, —а *f.* catch, clip, fastener, fastening, tie; tack; dowel, joint pin; (saw) buckle; —итель *m.* (phot.; dyes) fixer, fixative, fixing agent; (insecticides) sticker; —ительный *a.* fixing, etc., *see* закреплять; —ить *see* закреплять; —ка *see* закреп(а); fixing, etc., *see* закреплять.

закрепл/ение *n.* fixing, etc., *see v.*; (dyes) fixation; securing device, anchor; safety device; —енный *a.* fixed, etc., *see v.*; fast, tight; —ять *v.* fix, secure, fasten, affix; clamp (down), hold, grip, lock; anchor, key, bolt (down); set, install, mount, attach; tighten (screw); bind, stabilize (soil); consolidate; assign; confirm (reservation); stop (diarrhea); —ять болтами *v.* bolt; —яющий *a.* fixing, etc., *see v.*; lock (nut); —яющее приспособление fastener, clamp; —яющее средство *see* закрепитель.

закреп(оч)ный *see* закрепляющий.

закрещивание *n.* (min.) barrier.

закрив/ить, —лять *v.* bend, curve, distort; start bending.

закристаллизовать(ся) *v.* crystallize out; start crystallizing.

закритический *a.* (nucl.) supercritical.

закричать *v.* cry out, shout.

закроет *fut. 3 sing. of* закрыть.

закроить *see* закраивать.

закрой *m.* cut, cutting out; *imp. of* закрыть; —ка *f.* cut, cutting out; pattern; —ник *m.* (carp.) molding plane; —ный *a.* cutting; —щик *m.* cutter.

закром *m.* bin, corn crib, granary.

закроют *fut. 3 pl. of* закрыть.

закругл/ение *n.* rounding (off), chamfering; curvature, curve; —енность *f.* roundness; —енный *a.* rounded (off); —ить, —ять *v.* round (off), chamfer.

закружить *v.* make dizzy; start turning, start spinning; —ся *v.* get dizzy; start spinning.

закру/тень *m.* (mach.) tommy bar; —тить *see* закручивать; —тка *f.* twisting, etc., *see v.*; (phys.) torsion; (aero.) vortex, warp, twist; tommy bar; (med.) artery clamp; —ченный *a.* twisted, etc., *see v.*; —ченное место kink; —чивание *n.* twisting, etc., *see v.*; torsion; involution; —чивать *v.* twist, warp, curl, coil, wind, roll; turn off (faucet); —чивающий *a.* twisting, etc., *see v.*; —чивающий момент, —чивающая пара (phys.) torque; —чивающийся *a.* twisting; kinking.

закрыв/ание *see* закрытие; —ать *see* закрыть.

закрылок *m.* (av.) flap.
закрыт/ие *n.* closing, etc., *see v.*, shutoff; (en)closure; cover; —оплодные *pl.* (bot.) Pyrenomycetes; —ый *a.* closed, etc., *see v.*; with closed ends; box (groove); crossed (belt); (med.) hidden, inner; —ый калибр (rolling) tongue pass; —ое помещение enclosure; —ого типа enclosed; —ь *v.* close, shut (down, off), stop, cut off, turn off (faucet); lock, seal, plug (with), stopper; patch up; enclose, house, shelter, shield, cover.
закуклив/ание *n.* (ent.; phyt.) pupation; —аться *v.* pupate.
закультивировать *v.* (agr.) cultivate.
закуп/ание *n.*, —ка *f.* purchase; —ать, —ить *v.* purchase, buy up.
закупор/енный *a.* stopped up, etc., *see v.*; capped (steel); —ивание *n.* stopping up, etc., *see v.*; —ивать *v.* stop up, seal, cork, cap; clog, plug (up), choke, obstruct; pack, make tight; —ившийся *a.* clogged up; —ить *see* закупоривать; —ка *f.* seal, plug; (med.) obstruction, occlusion; *see also* закупоривание.
закуп/очный *a.* purchase; —щик *m.* buyer, purchaser.
закус/ить *v.* eat (a snack); —ка *f.* snack.
закустариваться *v.* be taken over by bushes.
закусывать *v.* eat (a snack).
закут *m.* pen, enclosure.
закутать *see* закутывать.
закут/ка *f.*, —ок *m.* pen, enclosure.
закутывать *v.* wrap up, muffle.
зал *m.*, —а *f.* hall, room.
залавок *m.* counter, bench; locker.
залакиров(ыв)ать *v.* lacquer (over), varnish.
заламывать *v.* begin to break; pain, hurt; overcharge.
залатать *v.* patch, mend.
залащивать *v.* gloss, polish (over).
залег/ание *n.* position; (geol.) occurrence, bed(ding); —ать *v.* lie; occur, be deposited; —ать на overlie; —ать под underlie; —ающий *a.* lying; occurring, deposited.
залеж/авшийся, —алый *a.* old (stock); stale; —(ив)аться *v.* lie (around) a long time; get old; —ка *f.* (seal) breeding ground; —ный *a.* of залежь; longfallow, idle, unused (land); —ь *f.* old stock; (geol.) deposit, bed, layer, stratum; lode, vein; (oil) formation, accumulation; fallow (land), unused field.
залез(а)ть *v.* get (into), penetrate; climb (up).
залей(те) *imp. of* залить.
залеп/ить, —лять *v.* paste up, seal.
залес/ение *n.* reforestation; —енность *f.* extent of forests; —енный *a.* forest-covered; reforested; —ить *v.* reforest, plant a forest.
залет *m.* flying in, arrival; flying off or away; —ать, —еть *v.* fly in, arrive; start flying; fly off, fly away; stop (for fuel); —ный *a.* flown in; arriving.
залеч/ивание *n.* healing; welding (of cracks); —и(ва)ть *v.* cure, heal; —и(ва)ться *v.* heal up, close up.
залив *m.* gulf, bay, cove, inlet; —ание *n.* pouring, etc., *see v.*; —ать *v.* pour (over), flood, drench; drown, extinguish; (met.) cast; lay, spread (asphalt; concrete); fill in, seal; line (bearings); fill up, prime (engine); (electron.) pot; —ать тушью ink in; —ающий *a.* pouring, etc., *see v.*; flood (light); —ина *f.* (casting) flash, fin; —ка *see* заливание; —ное *n.* jelly; —ной *a.* flood(ed); jellied; (mach.) priming; —ный *a.* of залив; —очный *a. of* заливка; (met.) ladle (crane); —чик *m.* creek; —щик *m.* caster, pourer.
зализ *m.* (av.) fairing; fillet.
залиловеть *v.* turn lilac.
залип/ание *n.* sealing; sticking; —ать, —нуть *v.* seal, paste; get sticky.
залит/ый *a.* poured, etc., *see* заливать; з. маслом oil-immersed; —ь *see* заливать.
залишек *m.* surplus, excess.
залог *m.*, —овый *a.* deposit, pledge, guarantee, security; mortgage; long unplowed land; —одатель *m.* depositor; —одержатель *m.* mortgagee.
залож/ение *n.* laying (of foundation); —енный *a.* laid, etc., *see* закладывать; built-in; —ить *see* закладывать.
залом *m.* break, crack, cut; stoppage, obstruction; —ать *v.* break off; —ить *see* заламывать.
залоснить *v.* rub to a shine.
залощить *see* залащивать.
залп *m.*, —овый *a.* volley, discharge, salvo; —ом *adv.* in a volley; at one time.
залубенеть *v.* become hard or stiff.
залуж/ать, —ить *v.* sow to grass, convert to meadow; —ение *n.* sowing to grass.
залуп/ить, —лять *v.* peel off, strip.
залыс/ина *f.* bald spot; —ить *v.* balden; blaze, mark; —ый *a.* with bald temples.
зальбанд *m.* (geol.) selvage, gouge.
зальет *fut. 3 sing. of* залить.
зальный *a. of* зал.
залягут *fut. 3 pl. of* залечь.
зам *m.*, зам— *prefix see* заместитель; зам. *abbr.* [заместитель(ный)].
замаз/ать *see* замазывать; —ка *f.* puttying, etc., *see v.*; putty, plaster, paste, cement, mortar; (wallboard) compound; —ывание *n.* puttying, etc., *see v.*;

замалев(ыв)ать — замещаемый

—ывать v. putty, cement, plaster up, fill up, stop (a hole); paint over; besmear, soil; slur over; efface.
замалев(ыв)ать v. paint (over).
замалчивать v. hush up, conceal.
заман/и(ва)ть v. entice, lure, attract; —чивый a. tempting, enticing.
замарать v. soil, smear; blot out, efface.
замаривать v. starve; underfeed.
замаринов(ыв)ать v. marinate, pickle.
замаркировать v. mark, brand.
замаскиров/анный a. masked, etc., see v.; —(ыв)ать v. mask, disguise, conceal, hide, camouflage, screen.
замасл/енный a. oiled, etc., see v.; greasy; —ивание n. oiling, etc., see v.; —иватель m. lubricant; —и(ва)ть v. oil, grease, lubricate; wet, soak (fiber).
заматерелый a. mature; hardened; inveterate, rooted.
заматочный a. (anat.) retrouterine.
заматрицировать v. (typ.) make matrices.
заматывать v. wind, twist, roll up; wear out, tire out.
замачив/ание n. wetting, etc., see v.; —ать v. wet, damp, moisten, humidify; soak, steep; ret (fiber).
замащивать v. pave, cover; fill (out).
замбониев столб Zamboni's dry cell.
замедл/ение n. slowing down, deceleration, etc., see v.; lag(ging), delay; (nucl.) moderation; без —ения readily, promptly; с —ением delayed-action; —енность f. slowness; —енный a. slowed down, etc., see v.; (phot.) slow-motion; —енного действия delayed action; —итель m. retarder, retardant, inhibitor; baffle; delay mechanism; (mine) delay charge; (nucl.) moderator; (speed) reducer; —ить, —ять v. slow down, decelerate, ease (up); retard, detain, delay, defer, prolong; inhibit, suppress; (nucl.) moderate; —иться, —яться v. slow down, decelerate, slacken; fall (below); —яющий a. slowing down, etc., see v.; timing (relay); (nucl.) moderating.
замеднение n. copper plating.
замел past m. sing. of замести.
замелькать v. flash, gleam, glitter; appear; start flashing or glittering.
замен/а f. substitution, substituting, etc., see v.; substitute, equivalent; alternative; (ex)change, replacement; з. каучука rubber substitute; допускающий —у renewable, replaceable; —енный a. substituted, etc., see v.; —имость f. interchangeability; —имый a. interchangeable, replaceable, detachable; —итель m. substitute; alternative; —ить see заменять; —яемость f. interchangeability; —яемый see заменимый; —ять v. substitute, replace, renew, change (for,

from), exchange, interchange; supersede, supplant; take the place (of); —яющий a. substituting, etc., see v.; interchangeable; (med.) prosthetic; vicarious.
замер m. measuring, measure(ment), gaging; gage; survey(ing); probe; past m. sing. of замереть; —енный a. measured; —еть see замирать.
замерз/аемость f. tendency to freeze (up); —ание n. freezing, etc., see v.; температура —ания freezing point; —ать, —нуть v. freeze (up), congeal, solidify; —ающий a. freezing, etc., see v.; —ший a. frozen.
замер/и(ва)ть v. measure, take measurements; —ная лента measuring tape.
замертво adv. in a dead faint.
замерцать v. start scintillating or flickering.
замерять v. gage, measure.
замес m. batch, mix; mixing; —ить see замешивать.
замести see заметать.
заместитель m. substitute; assistant; deputy; (chem.) substituent; —ный a. substitute, substituting, acting; —ство n. substitution; по —ству by proxy.
заместить see замещать.
замет m. sweeping up; casting (of net); snowdrift; bolt, bar.
замета f. mark, sign; remark, observation, memorandum, reminder.
заметать v. sweep; cover up; baste; —ся v. start rushing around.
замет/ить see замечать; —ка f. notice, note, memorandum; basting.
замет/ливый a. observant, watchful; —но adv. noticeably, etc., see a.; it is noticeable; —ный a. noticeable, perceptible, visible; marked, appreciable, pronounced, distinct, conspicuous; material, substantial.
заметывать v. baste, sew up.
замет(ь)те) imp. of заметить.
замеч/ание n. noticing; remark, observation, comment, note; —ательно adv. remarkably; it is noteworthy; —ательный a. remarkable, notable, unusual; dramatic, striking; excellent; —ать v. notice, observe, remark; note, detect, mark; mention, discuss; take (a reading); не —ать overlook; —енный a. noticed, etc., see v.
замеш/анный a. mixed (in), etc., see v.; —ательство n. confusion, disorder; embarrassment; —(ив)ать v. mix (in), knead; involve, implicate, connect (with).
замещ/аемый a. replaceable; replaced; —ать v. substitute, replace; act (for); insert; —ающий a. substituting, etc., see v.; vicarious (species); —ение n.

substitution, etc., *see v.*; **двойное —ение, обменное —ение** (chem.) double decomposition; **раствор —ения** solution of replacement; **—енный** *a.* substituted, etc., *see v.*
замзав *m.* acting manager.
замигать *v.* start blinking or twinkling.
заминать *v.* tread on, press down; suppress, put a stop (to); start kneading.
заминиров/анный *a.* (mil.) mine-strewn, mine-studded; **—ать** *v.* lay mines.
заминка *f.* hesitation; hitch, snag, obstacle; stoppage; batch of kneaded clay.
замир/ание *n.* fading, etc., *see v.*; **—ать** *v.* fade, die away, sink; stop, come to a standstill.
замка *gen. of* **замок**.
замкнет *fut. 3 sing. of* **замкнуть**.
замкнут/ость *f.* reticence; (elec.) closed state (of circuit); closure; completeness; **—ый** *a.* closed(-type); locked; sealed (coupling); box (groove); inland (sea); **—ый накоротко** (elec.) short-circuited; **—ь** *see* **замыкать**.
замков/ые *pl.* (zool.) Articulata; **—ый** *a. of* **замок**; key(stone); **—ая часть** lock joint.
замоет *fut. 3 sing. of* **замыть**.
замок *m.* lock, catch, snap; clamp, shackle; scarf (joint); joint; hinge; key(stone); (bridge) coupling; (art.) firing lock; (magnetic pole) keeper; curve (of fold); (trough) end; (hydr.) cut-off; *past m. sing. of* **замокнуть**.
замок/ать, —нуть *v.* get wet.
замолк/ать, —нуть *v.* become silent, stop.
замолоть *v.* start grinding, grind.
замолчать *see* **замалчивать**.
замонтировать *v.* build in, embed.
замор *m.* kill, mass destruction, asphyxiation (of aquatic animals).
заморажив/ание *n.* freezing, etc., *see v.*; **—атель** *m.* freezer; refrigerant; **—ать** *v.* freeze, congeal, refrigerate, chill; **—ающий** *a.* freezing, etc., *see v.*; **—ающее средство** refrigerant.
заморгать *v.* start blinking.
замор/енный *a.* emaciated, underfed; **—ить** *see* **замаривать**.
заморо/женный *a.* frozen, congealed; **—зить** *see* **замораживать**; **—зок** *m.* light frost in fall or spring.
заморосить *v.* start drizzling.
заморочить *v.* bother, confuse.
заморыш *m.* starveling, starver.
замостить *see* **замащивать**.
замот/анный *a.* wound, etc., *see* **заматывать**; **—ать** *see* **заматывать**.
замочек *dim. of* **замок**.
замоч/енный *a.* wetted, etc., *see* **замачивать**; **—ить** *see* **замачивать**; **—ка** *f.*

wetting, etc., *see* **замачивать**; batching; *gen. of* **замочек**.
замочн/ый *a. of* **замок**; **замочка**; **—ая скважина** keyhole.
замощен/ие *n.* paving, covering; filling (out); **—ный** *a.* paved, covered; filled (out).
замоют *fut. 3 pl. of* **замыть**.
замрет *fut. 3 sing. of* **замереть**.
замуж/ество *n.* marriage; **—ний** *a.* married.
замуров/ание *n.* immuring, etc., *see v.*; immurement; **—анный** *a.* immured, etc., *see v.*; **—(ыв)ать** *v.* immure, wall in, brick up; build in, embed; **—ывание** *see* **замурование**.
замутить *v.* make muddy, make turbid, disturb; **—ся** *v.* become turbid.
замутн/ение *n.* becoming turbid; **—енный** *a.* turbid, cloudy, muddy; clouded, blurred; **—еть** *v.* become turbid, cloudy or muddy; blur; **—итель** *m.* turbidifying agent.
замуч/ать, —и(ва)ть *v.* tire out, exhaust; torment; **—енный** *a.* exhausted.
замш/а *f.*, **—евый** *a.* (leather) chamois; **—евание** *n.* chamoising; **—евать** *v.* chamois, oil-tan; **—иться** *v.* lose its nap.
замыв/ание *n.*, **—ка** *f.* washing (off, away); blurring (of spectrum); **—ать** *v.* wash (off, away, out).
замык/аемый *a.* locked, closed; lockable; (geom.) subtended, extended under; **—ание** *n.* locking, etc., *see v.*; completion; (math.) closure; **(короткое) —ание** (elec.) shorting; **—атель** *m.* locking mechanism; closer; (elec.) switch; (lock) catch; **—ательный** *a.* locking, closing; **—ать** *v.* lock, close, fasten; complete; surround, enclose; **—аться** *v.* close up, join, connect up; be completed; form (a circle); **—ающая** *f.* closing line; **—ающий** *a.* locking, etc., *see v.*; **—ающий скачок** terminal shock (wave); **—ающий створ** (hydr.) gaging section, outlet.
замыс/ел *m.* project, scheme, plan; **—лить** *v.* plan, intend; **—ловатость** *f.* intricacy; **—ловатый** *a.* intricate, complicated, complex, involved.
замыть *see* **замывать**.
замычка *f.* bolt, catch, lock, latch.
замышл/енный *a.* intended, planned; **—ять** *v.* intend, plan, contemplate.
замять *see* **заминать**; **—ся** *v.* become confused, falter, stop short.
занаваживать *v.* fertilize, manure.
занаве/с *m.*, **—ска** *f.*, **—сочный** *a.*, **—сь** *f.* curtain, screen; **—сить**, **—шивать** *v.* curtain, screen, cover; **—шенный** *a.* curtained, screened, covered.
занаво/женный *a.* fertilized, manured; **—зить** *see* **занаваживать**.

занадобиться *v.* become necessary.
занаркотизировать *v.* narcotize, drug.
занаря/дить, —жать *v.* assign by order.
занашивать *v.* wear out.
Зандмейера реакция Sandmeyer's reaction.
зандр *m.* outwash plain, driftless area.
зандцемент *m.* sand cement.
занеметь *v.* grow numb.
занемо/гать, —чь *v.* fall ill.
занес/ение *n.* recording, etc., *see* **заносить;** **—енный** *a.* recorded, etc., *see* **заносить;** **—ти** *see* **заносить.**
зани/жать *v.* understate; underestimate, put too low; reduce; **—жение** *n.* understatement, underestimation; reduction; **—женный** *a.* understated; too low; undersized; reduced; **—зить** *see* **занижать.**
заним/аемость *f.* occupancy; **—ание** *n.* occupation, occupying, etc., *see* **заниматься.**
занимательн/ость *f.* interest; **—ый** *a.* interesting, entertaining, amusing.
заним/ать *v.* occupy, take (up), fill, hold (a place); engage, keep, secure; tie up; interest, preoccupy; borrow; **—аться** *v.* be occupied, be concerned (with), deal (with), be engaged (in, on), work (at), be active (in); study, examine (a question); **—ающий** *a.* occupying, etc., *see* *v.*; **—ающийся** *a.* dealing (with); oriented (toward).
заново *adv.* anew, re—, again.
заноет *fut. 3 sing. of* **заныть.**
заноз/а *f.* splinter; **—истый** *a.* splintery, hackly; **—ить** *v.* get a splinter in.
занорыш *m.* cavity.
занос *m.* drift, accumulation; bringing in; entry; skidding; (av.) side slip; (med.) mole; **—ить** *v.* record, enter, put down; carry, bring in, deliver; choke up, block up (with); skid; wear out; **—ный** *a. of* **занос;** brought in, imported; (biol.) adventitious, accidental; ecdemic, not native.
заносчивый *a.* arrogant, overbearing.
заношенный *a.* (badly) worn.
заноют *fut. 3 pl. of* **заныть.**
занумеров(ыв)ать *v.* number, numerate, index.
заныть *v.* start aching, ache.
занят/ие *n.* occupation, employment, work, business; pursuit; studies; seizure; **часы —ия** business hours; **—ой, —ый** *a.* occupied, busy; **—ость** *f.* (rate of) employment; being busy; **коэффициент —ости** (elec.) duty factor; **сигнал —ости** busy signal; **—ь** *see* **занимать.**
заоблачный *a.* beyond the clouds.
заодно *adv.* at the same time, together.
заозерный *a.* beyond the lake(s).
заокеанский *a.* transoceanic.

заостр/ение *n.* sharpening, etc., *see v.*; point, cusp, tip; **—енность** *f.* sharpness, keenness, taper; **—енный** *a.* sharpened, etc., *see v.*; acuminate; sharp, acute; **—ить, —ять** *v.* sharpen, point, taper, grind down; **—яющий** *a.* sharpening, etc., *see v.*; (rad.) peaking; **—яющийся** *a.* tapering.
заохренный *a.* ocherous.
заочн/ик *m.* correspondence student; **—о** *adv.* without seeing; by default; in absence (of); by correspondence; **—ый** *a.* out of sight; by default; correspondence (course).
запавший *a.* sunken, caved in, fallen in.
запад *m.* west.
запад/ание *n.* falling in; blocking; (rad.) attenuation; **—ать** *v.* start falling; fall (in, back, behind); drop in; sink deeply; **—ина** *f.* sink(-hole); (pal., etc.) patella.
западн/оевропейский *a.* West European; **—ый** *a.* west(ern).
западня *f.* trap, snare; trap door.
запаечный *a. of* **запайка;** seal(ing).
запаздыв/ание *n.* lag(ging), time lag, delay, hysteresis; retardation; tardiness, lateness; **угол —ания** (elec.) angle of lag; **чистое з.** dead time; delay; **—ать** *v.* lag, delay, creep, retard; be late; **—ающе-критический** *a.* (nucl.) delayed-critical; **—ающий** *a.* lagging; retarded delayed (neutron, etc.); delay (circuit).
запа/ивание *n.* soldering, etc., *see v.*; **—ивать** *v.* solder, seal (up); overwater (stock); **—йка** *f.* soldering, seal(ing).
запаков/ать, —ывать *v.* pack (up); **—ка** *f.*, **—ывание** *n.* packing.
запал *m.* fuse, primer, igniter; blaster, blasting cap; ignition, firing; wind burn (of grain); (leaf) scorch; (vet.) pulmonary emphysema, heaves; **—енный** *a.* ignited, lit, fired; scorched; exhausted (horse).
запалзывать *v.* creep in, crawl in.
запал/и(ва)ть *v.* ignite, light, kindle, (set) fire; start burning, start scorching; exhaust; water (an overheated horse); **—ьник** *m.* igniter, primer, fuse; ignition chamber.
запальн/ый *a.* ignition, igniting, firing; (nucl.) seed; **з. прибор** ignition device, igniter; **з. шар** ignition chamber; **—ая свеча** spark plug.
запальщик *m.* blaster.
запань *f.* (logging) boom.
запараллелить *v.* connect in parallel.
запар/ивание *n.* scalding, etc., *see v.*; (high-pressure) steaming; **—и(ва)ть** *v.* scald; steam; start steaming; soak, steep; **—ка** *f.* steaming; steamed product; steaming unit; **—ник** *m.* scalding

запаршиветь | 203 | заплечик

unit; steaming plant; —ной, —(оч)ный *a.* scalding; steam(ing).
запаршиветь *v.* (vet.) become mangy.
запас *m.* store, stock, supply, reserve, inventory; (forestry) growing stock; margin, allowance, provision; *past m. sing. of* запасти; —ы *pl.* resources; reserves; з. истощился (they) have run out, are out (of); з. на allowance for; з. по фазе phase margin; з. прочности margin of safety, safety factor; з. товаров stock in trade; з. тяги (av.) excess thrust; коэффициент —а *see* запас прочности; с —ом conservatively.
запас/ание *n.* storage, accumulation; —ать *v.* store, stock, accumulate; reserve; —ающий *a.* storing, storage; —енный *a.* stored (up), etc., *see v.*; —ливый *a.* thrifty, provident; —ная *f.* stockroom; —ник *m.* reserve soldier; —ной, —ный *a.* reserve, auxiliary, spare, standby (equipment); storage; emergency (exit); (mil.) reservist; —ной путь (rr) siding; —ная часть spare (part); —ти *see* запасать.
запасть *see* западать.
запасы *pl. of* запас; reserves.
запатентов/анный *a.* patented; —(ыв)ать *v.* patent.
запах *m.* odor, smell, scent; без —а odorless; удаление —а deodorization.
запах/ать, —ивать *v.* plow in; overlap, draw together, close; —ивание *n.* plowing in, etc., *see v.*
запахнуть *v.* smell, give off odor, exhale; *see also* запахать.
запачкать *v.* soil, dirty.
запаш/ка *f.* tillage; plowing under (or in); —ник *m.* shallow plow.
запа/янный *a.* soldered; closed, sealed (off); —ять *see* запаивать.
запек/а *f.* (geol.) zapeka (an iron-ore cement); —ание *n.* baking; caking; —анка *f.* baked food, casserole; spiced brandy; —ать *v.* bake (well); —аться *v.* cake, sinter; clot, congeal, coagulate (of blood); —шийся *a.* caked, sintered; parched; clotted.
запеленговать *v.* take bearings.
запенить *v.* cover with foam; —ся *v.* be covered with foam; foam, froth; start foaming or frothing.
запер/еть *see* запирать; —тый *a.* closed, locked; blocked, barred, etc., *see* запирать; pent-up (water).
запечат/анный *a.* sealed; —ать *see* запечатывать; start printing.
запечатле(ва)ть *v.* impress, imprint.
запечатыв/ание *n.* sealing; —ать *v.* seal (up).
запеч/енный *a.* baked (well); —ь *see* запекать.

запивать *v.* drink or wash down (with).
запил *m.* notch, gash, cut; —енный *a.* notched, etc., *see v.*; —ивание *n.*, —овка *f.* notching, etc., *see v.*; —и(ва)ть *v.* notch, cut; start sawing or filing; file off.
запинаться *v.* hesitate, falter; stutter.
запир/ание *n.* closing, etc., *see v.*; occlusion; blackout; cut-off; частота —ания (phys.) stop frequency; —атель *m.* (anat.) obturator; —ательный *a.* closing, etc., *see v.*; lock; obturator; —ательство *n.* denial, disavowal; —ать *v.* close (up), shut (off), seal, lock (in); fasten, bolt; bar, block, suppress, blank, black out, cut off; deny; —аться *v.* close; —ающий *a.* closing, etc., *see v.*; blanking (oscillator); blocking, barrier (layer); cut-off (voltage); disabling (pulse).
запис/анный *a.* recorded, (on) record; —ать *see* записывать; —ка *f.* note, memorandum; —ки *pl.* notes, records, journal, memoirs; proceedings; —ной *a.* writing; recording; note (book); first-rate, regular.
записыв/аемый *a.* describable; recorded; —ание *n.* recording, etc., *see v.*; —ать *v.* record, put down, mark down, write (down), make a note (of); register; —аться *f.* join, register, become a member (of); —ающий *a.* recording, etc., *see v.*
запись *f.* record(ing), writing (down), entering, entry, notation; note; symbol; registration; (number) representation; з. на ленте tape recording; з. по времени time history; с прямой —ю direct-writing (recorder).
запитка *f.* powering (of motor).
запить *see* запивать.
запих/(ив)ать, —нуть *v.* push in.
запишет(ся) *fut. 3 sing. of* записать(ся).
заплав/ка *f.* seal(ing); —лять *v.* melt shut, seal.
заплакать *v.* start crying.
запланиров/анный *a.* planned, etc., *see v.*; —ать *v.* plan, schedule, slate, project (for).
запла/та *f.* patch, piece; (comp.) patch; pay(ment); —танный *a.* patched; —тать *v.* patch, mend; —тить *v.* pay; —ченный *a.* paid.
заплеск(ив)ать *v.* splash (up), spatter.
заплесн/евелость *f.* moldiness; —евелый *a.* moldy, mildewed; —(ев)ение *n.* formation of mold, mildewing; —(ев)еть *v.* grow moldy, mildew.
заплеснуть *see* заплескивать.
запле/сти, —тать *v.* braid, plait; link, join; —тенный *a.* braided, etc., *see v.*
заплечик *m.* shoulder, collar, bead; (met.)

bosh (of a shaft furnace); **кожух** —а bosh jacket; —**и** pl. bosh.
заплеч/ный a. shoulder (bag), knap-(sack); —**ье** n. shoulder blade.
запломбиров/анный a. filled (tooth); sealed; —(ыв)**ать** v. fill; seal.
заплот m. fence.
заплутонный a. (astr.) transplutonian.
заплы/вать, —**ть** v. swim in, float in, come in; be filled (with mud, etc.); grow over (with fat).
заповедн/ик m. preserve, reservation, sanctuary, park; —**ый** a. forbidden, prohibited; —**ый лес** forest reserve.
заподазривать v. suspect.
заподлицо adv. flush (-mounted).
заподозр/енный a. suspected; —**и(ва)ть** v. suspect.
запоем adv. avidly, excessively.
запозд/авший, —**алый** a. late, overdue; backward; —**алость** f. lateness; backwardness; —**ание** see **запаздывание**; —**ать** see **запаздывать**.
запо/ить v. overwater (stock); —**й** m., —**йное пьянство** (med.) dipsomania.
заполз/ать v. start creeping; —**ать**, —**ти** v. creep, crawl (into).
заполн/ение n. filling, etc., see v.; **коэффициент** —**ения** (elec.) space factor; —**енность** f. fullness; population; —**енный** a. filled, etc., see v.; full; —**итель** m. filler; (concrete) aggregate; —**ить** see **заполнять**; —**яемость** f. fillability (of mold); —**ять** v. fill (in, up, out), charge, prime; pack in; stop (a hole); complete; —**яться** v. fill up; —**яющий** a. filling, etc., see v.; —**яющий материал** filler.
заполь/е n. (agr.) far field(s); —**ный** a. beyond the tilled fields.
заполяризовать v. polarize.
заполяр/ный a. arctic; —**ье** n. the Arctic.
запом/инаемый a. stored; —**инание** n. memorizing, etc., see v.; remembering, memory; storage (of data); —**инать** v. memorize, remember, store, file; —**инающий** a. memorizing, etc., see v.; memory, storage; —**инающее устройство** storage, store, file, memory; —**нить** see **запоминать**.
запонка f. stud; link.
запор m. bolt, bar, lock, latch, fastener, catch, stop, shut-off; locking, closing, shutting off; (med.) constipation.
запорашивать v. powder, dust (with).
запорн/о-выпускной a. shut-off, cut-off (valve); —**ый** a. of **запор**; cut-off (valve); —**ый кран** stopcock; —**ая жидкость** (liquid) seal.
запорошить v. powder, dust (with); start powdering or dusting over.
запот/евание n. perspiration, sweating,

misting, fogging; condensation; condensate; —**евать** v. perspire, sweat, become misted, fog over; —**евший**, —**елый** a. perspired, sweated, misted; —**еть** v. perspire; start perspiring.
заправила f. rule; m. boss, chief.
заправ/ить see **заправлять**; —**ка** f. servicing, etc., see v.; charge, load, batch; —**ленный** a. serviced, etc., see v.; fritted (hearth); —**лять** v. service, get ready; (re)fuel, fill (up); load, charge; prime (engine); set (up); prepare, dress, form, grind, sharpen (tools); dress, fertilize (soil); fettle (furnace); (paper) guide, thread; season (food); trim (lampwick); tuck in; supervise, boss, run.
заправочн/ый a. of **заправка**; **з. валик** (paper) pinch roll; **з. пункт** (gasoline) filling station; **з. чан** (tanning) dressing vat; —**ая колонка** fuel pump; —**ое отверстие** intake.
заправщик m. fuel tank, fueling unit; service man.
запрашив/ание n. inquiry; —**ать** v. inquire; overcharge.
запревать v. start decaying.
запрессов/анный a. pressed (in), press-fitted; —**ка** f., —**очный** a. pressing, forcing; compression; —**ывать** v. press (into).
запрет m. prohibition, interdiction, ban; exclusion; veto; fut. 3 sing. of **запереть**; **схема** —**а** (electron.) inhibit(or) circuit; —**ительный** a. prohibitive, prohibitory; inhibiting; —**ить** see **запрещать**; —**ный** a. prohibited, forbidden, restricted.
запреть see **запревать**.
запрещ/ать v. forbid, prohibit, ban, bar, suppress; inhibit; —**ение** n. prohibition, inhibition; embargo; ban; **первого** —**ения** (nucl.) first-forbidden; —**енный** a. forbidden, etc., see v.
заприметить v. spot, notice.
заприходовать v. (com.) debit.
запрод/(ав)ать v. agree to sell; —**ажа** f. advance contract.
запроектиров/анный a. projected, planned; —**ать** v. project, plan, design.
запроки/дывать, —**нуть** v. throw back, toss; overturn; —**нутый** a. overturned.
запрос m. inquiry, request, question; interrogation; need, requirement; overcharging; **без** —**а** fixed (price); —**ить** see **запрашивать**; —**ный** a. request (form); —**чик** m. interrogator; (rad.) inquiry station.
запротоколировать v. enter into the record.
запру/да f. dam, dike; damming; mill pond; —**дить** see **запруживать**; —**дный** a. of **запруда**; retaining (dam); —**жать** see **запруживать**; —**женный** a. dammed,

etc., see v.; back (water); —живание n. damming, etc., see v.; —живать v. dam (up), impound, retain; back up.
запрут fut. 3 pl. of запереть.
запрыг/ать v. start jumping; —ивать, —нуть v. jump in.
запря/гать v. harness; —женный a. harnessed; —жка f. harness(ing); harnessed team (and vehicle).
запрят(ыв)ать v. hide, conceal.
запрячь see запрягать.
запуганный a. frightened, intimidated.
запуск m. launching, etc., see v.; start(-up); neglect; —аемый a. launched, etc., see v.; —ание see запуск; —ать v. launch (into space); throw, put, send (into orbit); fly (balloon); fire, shoot; start, initiate; begin production, go on stream; actuate, trigger; neglect; —ающий a. launching, etc., see v.; trigger.
запуст/ение n. neglect, desolation; —еть v. go to waste; —ить see запускать.
запут/авшийся a. entangled; —анность f. entanglement; complexity; confusion; —анный a. (en)tangled, etc., see v.; intricate; —ать, —ывать v. (en)tangle; confuse; complicate; involve, implicate; —аться, —ываться v. become involved; get caught (in); —ывание n. entanglement; confusion; involvement.
запух/ать, —нуть v. swell up, puff up.
запушить v. coat (with snow, etc.).
запущенн/ость f. neglect; —ый a. launched, etc., see запускать; run down.
запчасти pl. spares, spare parts.
запылать v. flare up, blaze up.
запыл/ение n. getting or making dusty; з. легких (med.) pneumoconiosis; —енность f. dust content; —енный a. dusty; —ить v. fill with dust, make dusty; —иться v. get dusty.
запыреенный a. infested with quack grass.
запыхаться v. get out of breath.
запьет fut. 3 sing. of запить.
запяст/ный a. (anat.) carpal; —ье n. wrist, carpus; bracelet; (vet.) knee.
запятая f. comma; (comp.) point.
запятить v. back up.
запятн/анный a. stained, etc., see v.; —ать v. stain, soil; mark, brand.
запячивать v. back up.
зараб/атывание n. earning; —атывать v. earn; —атываться v. overwork; —отать v. earn; start (working); —отная плата salary, wages; —оток m. earnings; paid work.
заравнивать v. level (off), even up.
зараж/аемый a. susceptible to infection; —ать v. infect; contaminate, pollute; infest (with parasites); (cryst.) inoculate, seed; —ение n. infection, etc., see v.; contagion; —енность f. infectiousness; —енный a. infected, etc., see v.
зараз adv. (all) at once, at one stroke.
зараз/а f. infection, contagion; (nucl.) contamination; —ительность f. infectiousness; —ительный a. infectious, contagious, catching; contaminating; —ить see заражать.
заразиха f. (bot.) Orobanche.
заразн/ый a. infectious, contagious, communicable; isolation (ward); m. contagious patient; —ое начало virus; contagious matter.
заранее adv. beforehand, in advance; pre—; з. отлитый a. precast; з. предвиденный a. foregone (conclusion); з. устанавливать v. preset, predetermine.
зараст/ание see заращивание; —ать, —и v. grow over, be overgrown (with); heal, close; —ить —щивать v. let overgrow (with).
заратит m. (min.) zaratite, emerald nickel.
заращив/ание n. obliteration, closure; (med.) atresia, —ать v. let overgrow (with).
зардеть(ся) v. redden, become red.
зарев/о n. glow, redness; —ой a. of заря.
зарегистриров/ание n. registration; —анный a. registered, recorded, on record; —анная заявка patent claim; —ать v. register, record.
зарегулиров/анный a. regulated; with regulated flow; —ать v. regulate.
заредеть v. become less frequent.
зареет fut. 3 sing. of зареять.
зарез m. butchering; neck, throat; до —у desperately; —ать v. cut too deep; butcher, slaughter.
зарезервировать v. reserve.
зарезывать v. butcher, slaughter; cut.
заретушировать v. (phot.) retouch.
зареч/ный a. beyond or on the other side of the river; —ье n. area beyond the river.
зареше/тить, —чивать v. equip with a grate; —ченный a. having a grate.
зареять v. start gushing.
заржав/еть v. rust, corrode; —ленный a. rusted, corroded, rusty.
зари gen., etc., of заря.
зарин m. (mil.) sarin (nerve gas).
зарисов/анный a. sketched (in); —ать, —ывать v. sketch, draw; —ка f. sketch(ing); —ывание v. sketching, drawing.
зарница f. summer lightning.
заровн/енный a. leveled; —ять v. level (off).
зарод m. stack (of hay).
зародить see зарождать.
зародыш m. embryo, germ; bud; (cryst.) nucleus, seed charge; з. стебля (bot.) plumule; —евание n. nucleation; —евый a. embryonic; germ (cell); rudimentary; —еобразование n. nucleation.

зароет *fut. 3 sing. of* зарыть.
зарожд/ать *v.* conceive; produce, generate, engender; —аться *v.* be conceived; be born, arise, originate; —ающийся *a.* incipient, nascent; embryonic; originating; —ение *n.* conception, origin; formation, generation; (cryst.) nucleation; —енный *a.* conceived, etc., *see v.*
зарозоветь *v.* turn pink, turn rose.
зароиться *v.* (bees) start swarming.
зарой(те) *imp. of* зарыть.
зарокотать *v.* resound, start rumbling.
заронить *v.* drop; give rise (to doubt).
зарос *past m. sing. of* зарасти; —ль *f.* thicket, brake; brushwood, scrub, overgrowth, undergrowth; —ток *m.* (bot.) prothallium; gametophyte; —ший *a.* overgrown (with).
зарплата *f.* wages, salary.
заруб *see* зарубина; —ание *n.* notching, etc., *see v.*; —ать *v.* notch, nick, cut, gash.
зарубежн/ый *a.* frontier, beyond the border; —ая печать foreign press.
заруб/ина *f.* mark, incision, notch, indentation, nick, cut; —ить *v.* mark, notch, cut, gash; —ка *f.* notch(ing), cut(ting); incision; indentation; (safety) catch; —ленный *a.* notched, etc., *see v.*; —ной бар (min.) cutting jib.
зарубц/еваться, —овываться *v.* (med.) cicatrize, heal with a scar.
зарул/ивание *n.* (av.) taxiing in; —и(ва)ть *v.* taxi in.
зарумяни(ва)ть *v.* redden; brown (food).
зарухание *n.* devitrification.
заруч/аться, —иться *v.* secure, make sure (of).
зарыб/ить, —лять *v.* stock with fish; —ленный *a.* stocked (lake).
зары/вание *n.* burying, etc., *see v.*; —вать *v.* bury, inter, dig (in); —ваться *v.* bury oneself, dig in; go to extremes; —тый *a.* buried, sunk(en); —ть *see* зарывать; start digging.
заря *f.* glow, redness; dawn, daybreak; evening glow, sunset; outset, start.
зарябить *v.* ripple; start rippling.
заряд *m.* charge, load(ing); fill(er), filling; (min.) blasting charge; cartridge; (elec.) charge, charging; supply; (solid-propellant) grain; —ить *see* заряжать; persist, repeat; —ка *f.* charge, charging, loading; exercises, gymnastics; —ник *m.* charger; —но-отсчетное or —носчитывающее устройство charger-reader; —ный *a. of* заряд; warhead (compartment); —овоинвариантный *a.* charge-invariant; —овонезависимый *a.* charge-independent; —овосимметричный *a.* charge-symmetric; —овый *a. of* заряд; —чик *m.* charger.

заряж/аемый *a.* chargeable, charged; —ание *n.* charging, loading; charge; —ать *v.* charge, load; —ающий *a.* charging; *m.* loader, charger; —ающая машина charger; —енный *a.* charged, loaded, fed; (elec.) live, charged.
заса/дить, —живать *v.* plant, set (out); drive (spike, etc.); imprison, shut in, put in; —дка *f.*, —живание *n.* planting, etc., *see v.*; —женный *a.* planted, etc., *see v.*
засал/енный *a.* greasy; —ивание *n.* greasing, etc., *see v.*; —ивать *v.* grease, soil; salt, pickle, corn; —иваться *v.* get greasy, glaze; clog up; —ившийся *a.* glazed; —ить *v.* grease.
засаривать *see* засорить.
засасыв/ание *n.*, —ающий *a.* suction; —ать *v.* suck in, draw in; —ающий насос suction pump; —ающая банка suction flask.
засахар/енный *a.* candied, etc., *see v.*; —ивание *n.* candying, etc., *see v.*; —и(ва)ть *v.* candy, sugar, saccharify; —и(ва)ться *v.* saccharify.
засвежеть *v.* renew its force (of wind).
засверкать *v.* start sparkling.
засверли(ва)ть *v.* start drilling.
засве/тить *v.* light; shine, scintillate; spoil (film); —титься *v.* light up; (phot.) be spoiled by exposure to light; —тка *f.* illumination; irradiation, exposure; (phot.) flare, light fog; (electron.) gating; (background) noise; —тлеть *v.* become light; begin to dawn; —тло *adv.* before nightfall; —чивать *v.* light, illuminate.
засвидетельствов/ание *n.* certification, etc., *see v.*; —ать *v.* certify, authenticate; witness, testify.
засев *m.*, —ание *n.*, —ка *f.* sowing, etc., *see v.*; seed; sown area; —ать *v.* sow, plant; seed; inoculate; —ать под sow to.
засевший *a.* stuck, caught, plugged.
засед/ание *n.* conference, meeting, session; журнал —аний minute book; —атель *m.* assessor; —ать *v.* sit in, take part (in meeting), hold meetings; settle down; stick (fast).
засеив/ание *see* засевание; —ать *see* засевать.
засека *f.* abatis, barrier of felled trees.
засек/анке *n.* notching, etc., *see v.*; (vet.) crepance; —ать *v.* notch, cut; intersect; locate (point); note (time).
засекре/тить, —чивать *v.* restrict, classify (information); admit to secret work; make secret; —ченный *a.* secret, confidential; security-restricted.
засел/ение *n.* settlement, colonization, occupation; population; —енность *f.* population density; —енный *a.* (highly)

засеребрить populated; —ить, —ять v. populate, settle; occupy, live in; people.

засеребрить v. silver; —ся v. look silvery; start glittering.

засереть(ся) v. turn gray, show gray.

засесть see заседать.

засеч/ка f. cut, notch, mark, (in)dent; (surv.) cross bearing, intersection; (sound) ranging; (vet.) crepance; з. времени timing, clocking; обратная з. (surv.) resection; —ь see засекать.

засе/янный a. sown, planted; seeded, inoculated; —ять see засевать.

засилосовать v. (agr.) put into silage.

засилье n. (pre)dominance, preponderance.

засин/еть(ся) v. show, appear or turn blue; —и(ва)ть v. color blue; make too blue.

засиять v. start shining; appear.

заскак/ать v. start jumping; break into a gallop; —ивание n. jumping in, etc., see v.; engagement; —ивать v. jump (in, on, behind); engage, catch, drop in, snap (into place).

заскирдовать v. stack (hay, etc.).

заскок m. catch(ing), engagement; thrust forward; overrun; kink.

заскользить v. start sliding; slide in.

заскоруз/лый a. hardened, calloused; —нуть v. harden, become calloused; linger, remain; stagnate.

заскочить see заскакивать.

заскрести v. start scrubbing or scraping.

заскрипеть v. start creaking.

засластить v. sweeten.

заслать see засылать.

заслащивать v. sweeten.

заслезиться v. (physiol.) start watering.

заслеп/ить, —лять v. blind.

заслон m. screen, shield, barrier; gate, baffle; shelter belt; —ение n. screening, etc., see v.; —енный a. screened, etc., see v.; —ить see заслонять; —ка f.; —очный a. door, gate, flap, slide; damper, register, shutter; screen, shield; louver; baffle; (anat.) valve; (meteor.) barrier; —ять v. screen, shield, cover, mask, hide; shade; dislodge, displace, supplant.

заслу/га f. merit, credit; service; —женный a. merited, etc., see v.; honored; —жи(ва)ть v. merit, deserve, earn, be worthy (of); warrant; —живающий a. meriting, etc., see v.; worthy (of).

засл/уш(ив)ать v. hear; listen; —ышать v. hear.

засмалив/ание n. pitching, etc., see v.; —ать v. pitch, tar; resinify; seal.

засматривать v. look (into).

засмеять v. ridicule, deride, laugh (at); —ся v. start laughing.

засмол/енный a. pitched, etc., see засмаливать; —ить see засмаливать; —ка f. pitching, etc., see засмаливать; —ок m. (timber) resinous flaw.

заснеженный a. snow-covered.

заснимать v. photograph, take, shoot.

заснуть v. fall asleep.

заснят/ый a. photographed, taken, shot; —ь see заснимать.

засов m. bolt, bar, hasp, catch; —(ыв)ать v. push, thrust, shove (in).

засол m. pickling, salting; pickle(s); brine; —ение n. pickling, salting; salinization (of soil); —енность f. salinity; —енный a. saline (soil); salt (marsh); —ить v. pickle, salt; —ка see засол; —онение n. salination (of water); —очный, —ьный a. of засол.

засор/ение n. stoppage, obstruction, choking (up), etc., see v.; impurity; —енность f. degree of contamination; dirtiness; impurity; (agr.) weediness; —енный a. stopped, etc., see v.; dirty; weedy; —итель m. weed; —ить, —ять v. stop (up), obstruct, choke (up), clog, plug up, block; pollute, contaminate; soil, dirty; litter, clutter up; infest (with weeds); (med.) constipate; —иться, —яться v. clog up, get plugged up.

засос m. suction; inflow; —анный a. sucked in, drawn in, suction; сухо —анный dry-suction; —ать see засасывать; start sucking.

засох/нуть see засыхать; —ший a. dried, withered.

заспиртов(ыв)ать v. alcoholize; preserve in alcohol.

засрочный a. beyond the term, overdue.

заст. abbr. (застывание) solidification.

застава f. gate(s), barrier; (mil.) post.

заставать v. find (in), catch, meet.

застав/ить see заставлять; —ка f. (hydr.) gate, retainer; (book) headpiece; (typ.) space; (elec.) fuse; —ленный a. compelled, etc., see v.; —лять v. compel, force, make, cause, impel; block, bar, obstruct; —лять двинуться v. impart motion, set into motion; —ный a. of застава; —очный a. of заставка.

застаив/ание n. stagnation; hanging, sticking (of furnace charge); —аться v. stagnate, stand too long; stick.

застанет fut. 3 sing. of застать.

застар/е(ва)ть v. become established, chronic or inveterate; —елый a. inveterate, chronic.

застать see заставать.

засте/гивать, —гнуть v. fasten, hook (up), clasp, button (up); —жка f. fastener, fastening, clasp, hook; механическая —жка zipper.

застекл/ение n. glazing, etc., see v.;

застелить —енный *a.* glazed, etc., *see v.*; glass-covered; —ить, —ять *v.* glaze; glass in; vitrify; —ованный *a.* vitrified; —овывание *n.* vitrification.

застелить *see* застилать.

застиг/ать, —нуть *v.* catch unawares.

застил *m.* covering; —ание *n.*, —ка *f.* covering, etc., *see v.*; —ать *v.* cover, screen, hide from view; spread (over); sheathe; lay.

застир(ыв)ать *v.* wash off or out; wear out (by washing).

застичь *see* застигать.

застлать *see* застилать.

застоговать *v.* stack, put in stacks.

заст/ой *m.* stagnation, standstill; depression; settling; (med.) congestion, stasis; время —оя dull or dead season; зона —оя dead zone; (rolling) zone of stagnation; —ойный *a.* stagnant (water); dull, dead; congested, static.

застолбить *v.* peg, mark out (claim).

застопор/ивание *n.* stopping, etc., *see v.*; —и(ва)ть *v.* stop, check, cut off; clog, plug (up); —и(ва)ться *v.* come to a standstill; jam, clog up; —ившийся *a.* clogged up.

засто/явшийся, —ялый *a.* stagnant, stale; —яться *see* застаиваться.

застрагивать *v.* plane, shave (down).

застраив/ание *n.* building (up); —ать *v.* build (up).

застрахов/ание, —ывание *n.* insurance, insuring; —анный *a.* insured; —(ыв)ать *v.* insure.

застрачивать *v.* stitch up.

застрев/ание *n.* sticking, etc., *see v.*; —ать *v.* stick, get stuck, jam, seize; hang (of furnace charge).

застрел/и(ва)ть *v.* shoot; —ьщик *m.* pioneer, leader; —ять *v.* start shooting.

застри/гать, —чь *v.* cut too close; —чь *v.* start cutting, start shearing.

застрогать *see* застрагивать.

застро/енный *a.* built up, developed; —ить *v.* build (up); start building; develop; —йка *f.* building (up); development; housing system; —йщик *m.* builder.

застрочить *v.* stitch (up); start stitching; start writing; start shooting.

заструг *m.*, —а *f.* wind-weathered ridge of snow; —ать *see* застрагивать.

заструиться *v.* start flowing or streaming.

застр/явший *a.* stuck, jammed, trapped; —ять *see* застревать.

застудить *v.* chill; —ся *v.* be chilled; catch cold.

застуднев/ание *n.* gela(tiniza)tion; —ать *v.* gelatinize.

застуж/енный *a.* chilled; —ивать *v.* chill.

застукать *v.* start knocking.

заступ *m.* spade, shovel; pick(ax).

заступ/аться, —иться *v.* intercede, plead (for); defend; —ник *m.* defender; patron; —ничество *n.* intercession.

застучать *v.* start knocking.

засты/вание *n.* solidification, congealing, etc., *see v.*; проба —вания (oils) pour test; температура —вания solidification point, pour point; —вать *v.* solidify, congeal, harden, gel, set; freeze; cool, get cold, get chilled; —вающий *a.* solidifying, etc., *see v.*; —вший, —лый *a.* solidified, etc., *see v.*; —(ну)ть *see* застывать.

засунуть *see* засовывать.

засух/а *f.* drought, dry period; zasukha (dry lake in the steppes); —оустойчивость *f.* drought resistance; —оустойчивый *a.* drought-resistant.

засучи(ва)ть *v.* roll up; start twisting.

засуш/енный *a.* dried; —ивание *n.* drying (up); —и(ва)ть *v.* dry (up); —ка *f.* drying (up); —ливость *f.* dryness, aridity, drought; —ливый *a.* dry, arid, droughty, drought-stricken; drying.

засчит(ыв)ать *v.* take into consideration, take into account, include.

засыл/ать *v.* send; dispatch to wrong address; —ка *f.* sending; report; (comp.) carry, transfer.

засып/ание *n.* filling in, etc., *see v.*; —ать *v.* fill in, fill up (with), backfill; pour, strew; cover, bury, charge, stoke, load (with); lay in (grain); fall asleep; —ка *see* засыпание; backfill; (met.) charge, burden; —ной *a.* charging; feed (hopper); —ная яма hopper, bin, bunker; —щик *m.* charger, loader; —ь *f.* charge, burden.

засых/ание *n.* drying, exsiccation; —ать *v.* dry (up); (bot.) wither, die.

засядет *fut. 3 sing. of* засесть.

затавр/ённый *a.* stamped, branded, marked; —ить *v.* stamp, brand, mark.

заталкивать *v.* push in, thrust in.

затаплив/ание *n.* lighting, etc., *see v.*; —ать *v.* light, kindle, make a fire, fire (up); heat; flood, submerge, drown.

затаптывать *v.* trample (down).

затаривать *v.* package; dispense.

затаск(ив)ать *v.* wear out, tire out; make hackneyed; drag (to).

затач/(ив)ать *v.* baste, stitch loosely; —ивать *v.* sharpen, grind, round off; point; file (saw).

затверд/евание *n.* hardening, etc., *see v.*; температура —евания solidifying point; —евать *v.* harden, solidify, congeal, consolidate; (concrete) set; (med.) indurate; —евший *a.* hardened, etc., *see v.*; —елость *f.* hardness; hardening; induration; —елый *see* затвердевший; firm, set; indurate; caked; —ение *see*

затвердевание; —еть see затвердевать; —итель m. hardener.
затвер/дить, —живать v. learn by rote.
затвор m. bolt, bar, slide; lock, fastening, closing device, closure, shut-off, cut-off; (hydr.) gate, valve; (liquid) seal; (phot.) shutter; ram (of mixer); (art.) breechblock; (rifle) lock; —енный a. closed, etc., see v.; —ить, —ять v. close, shut (off), lock; mix (concrete); slake (lime); —ный a. of затвор.
затевать v. undertake, start, venture.
затейливый a. intricate; ingenious.
затек m. flow; —ание n. flowing (in), etc., see v.; —ать v. flow (in), fill, pour, leak (into); (med.) congest.
затем adv. after that, then, further, next; thereupon, whereupon, subsequently; з. что conj. because, since; (inasmuch) as, seeing that; з. чтобы (in order) to, so that; а з. and then, and later.
затемн/ение n. darkening, etc., see v.; eclipse; dim-out; blackout; darkness; —енный a. darkened, etc., see v.; —еть v. darken, get dark; show dark, appear; —итель m. dimmer; —ить, —ять v. darken, obscure, black out; shade; —о adv. before daybreak.
затен/ение n. shading; —енный a. shaded; —итель m., —ить, —ять v. shade.
затепло adv. before cold weather sets in.
затереть see затирать.
затер/ивать v. lose, mislay; forget, abandon; —янный a. lost, etc., see v.
затес m. notch, mark, blaze; —анный a. notched, etc., see v.; —ать, —ывать v. notch, mark, blaze; rough-hew; sharpen, point; —ка, —ь see затес.
затеч/ный a. congestive; —ь see затекать.
затея f. undertaking, enterprise; —ть see затевать.
затир/ание n., —ка f. rubbing over, etc., see v.; (concrete) float-work; —ать v. rub over, smooth out; float (concrete); grind (pigments); (brewing) mash; jam, bind.
затис/к(ив)ать, —нуть v. squeeze in.
зати/хание n. quieting down, etc., see v.; —хать, —хнуть v. quiet down, calm down, abate, lull; stop (blowing); die away, fade (away); —шек m., —шь f., —шье n. calm(ness), stillness, lull; slack; —шный a. quiet, calm.
заткать v. weave (in), interweave.
закнут/ый a. plugged, stopped up; —ь see затыкать.
затлеть v. start decaying; —ся v. start glowing.
затм/евать v. eclipse, cover, darken; overshadow; —евающийся a. eclipsing; intermittent (light); occulting (disk); —ение n. eclipse; —енная, —енно-

переменная f. eclipsing variable (star); —енно-двойная f. eclipsing binary (star); —ить see затмевать.
зато conj. in return, for; but then, on the other hand.
затовар/енность f. accumulation of stock; —ивание n. overstocking, etc., see v.; surplus, glut; —и(ва)ть v. overstock, hoard; glut (the market); overproduce.
затолк/ать v. push, jostle; start pushing; —нуть v. shove (in).
затон m. cove, backwater, pool; creek; fish weir, dam; —уть v. sink, be submerged.
затопить see затапливать; start firing, start heating.
затопл/ение n. flooding, etc., see v.; submersion; —енный a. flooded, etc., see v.; —ять v. flood, inundate, drown, submerge, immerse; sink, skuttle (ship); overflow; fire (furnace).
затоптать v. trample (down).
затор m. blocking, stoppage, obstruction; (traffic) jam, congestion; (ice) gorge, jam, clogging; (brewing) mash.
затор/говать v. start trading.
затор/маживание n. braking, etc., see v.; —аживать v. brake, check, slow down, retard; restrain, hinder; defer, delay (reaction); —аживаться v. slow down; —оженный a. braked, etc., see v.; stagnated (products of combustion); stagnant (gas); stagnation (pressure, etc.); —озить see затормаживать; apply the brakes, start braking.
заторный a. of затор.
заторопить(ся) v. start hurrying.
заторфовывание n. peat formation.
заточ/ить v. sharpen, point, grind; file (saw); round off; start sharpening; —ка f., —ный a. sharpening, etc., see v.; groove, recess, neck; —ный станок sharpener, grinder.
затошн/ить v. start feeling nauseated; его —ило he became nauseated.
затравен/елый a. overgrown with grass; —еть v. overgrow with grass.
затрав/ка f. primer, priming (device); detonator, blasting cap; fuse; starter; (casting) start-up piece; (cryst.) inoculation, seed(ing); seed crystal, trigger; внесение —ки seeding; —ление, —ливание n. priming; inoculation, seeding; —ленный a. primed; inoculated, seeded; —ливать, —лять v. prime, inoculate, seed; —ливающий a. of затравление; —очный a. of затравка; —очный кристалл seed.
затрагив/ание n. touching upon, etc., see v.; —ать v. touch upon, broach; affect; infringe (upon).
затрамбов(ыв)ать v. ram; plug.

затра/та *f.* expenditure, outlay, cost, expense; investment; input, consumption; —тить *see* затрачивать; —ченный, —чиваемый *a.* expended, etc., *see v.*; input; —чивание *n.* expenditure, spending, etc., *see v.*; —чивать *v.* expend, spend, consume, use; put in, invest.

затребов/ание *n.*, —ать *v.* request.

затрещать *v.* start crackling.

затро/ганный, —нутый *a.* touched upon, etc., *see* затрагивать; —нуть *see* затрагивать.

затропический *a.* extratropical.

затруднен/ие *n.* difficulty, trouble, problem; inconvenience, embarrassment; без —ия readily, easily; в —ии at a loss.

затрудненн/ость *f.* difficulty; —ый *a.* (made) difficult, complicated (by); labored (breathing).

затруднительн/о *adv.* with difficulty; —ость *f.* difficulty; —ый *a.* difficult, troublesome; inconvenient, embarrassing.

затрудн/ить, —ять *v.* make difficult, inconvenience, (cause) trouble; impede, hamper, block (progress); complicate (matters); embarrass; —яться *v.* find (it) difficult or hard, meet with obstacles; hesitate.

затр/усить *v.* scatter, sprinkle (over); start shaking; —ушенный *a.* scattered, etc., *see v.*; —ясти *v.* start shaking; —ястись *v.* start shaking or trembling.

затумани(ва)ть *v.* cloud, fog, obscure, hide; —ся *v.* cloud up, grow cloudy or foggy; get dim.

затуп/ившийся, —ленный *a.* dulled, blunt; —ить, —лять *v.* dull, blunt; break (corners); —иться, —ляться *v.* get dull(ed), become blunt; —ление *n.* bluntness.

затух/ание *n.* damping, attenuating, etc., *see v.*; loss; extinguishment; (radioactive) decay; (volcano) dormancy, waning; измеритель —ания decremeter; магазин —ания (elec. comm.) attenuator; —ать *v.* damp, attenuate, fade, die away, die down, deteriorate; be damped; become extinguished; —ающий *a.* damping, etc., *see v.*; damped, attenuated; transient (term); —нуть *see* затухать.

затушев/ать, —ывать *v.* shade, tint.

затуш/енный *a.* extinguished, out; —ить *v.* extinguish, put out.

затхл/ость *f.* stuffiness, mustiness; stagnancy; —ый *a.* stuffy, stale, close, musty; moldy; stagnant (water).

затык/ание *n.* stopping up, etc., *see v.*; —ать *v.* stop up, plug, cork (up) close; choke up, obstruct; stuff up, pack; stick, thrust (into); start weaving.

затылов/ание *see* затыловка; —ать *see* затыловывать; —ка *f.*, —очный *a.*, —ывание *n.* (tools) relieving, backing off, back-off; —очный станок relieving lathe; —ывать *v.* relieve, back off.

затыл/ок *m.* (anat.) occiput; nape (of neck); poll (of horse); (bit) shank; (cam) heel; —очный *a. of* затылок; occipital; nuchal; —ьник *m.* back plate (of gun).

затычка *f.* plug, bung, stopper; (anat.) obturator.

затюков(ыв)ать *v.* bale, pack.

затя/гивание *n.* tightening, etc., *see v.*; pulling (of frequency); (elec.) (coupling-) hysteresis effect; —гивать *v.* tighten, screw up, fasten (down); cover, close; draw out, protract, prolong, delay; inhale, draw in, suck in; involve, implicate; heal (wound); —жка *see* затягивание; tie(-beam), tie bar, draw bar, collar beam; (belt) tension; bridging; delay; (stairs) string; ванна —жки (electrochem.) strike bath; —жной *a.* tightening; draw (bolt); stay (wire); slip (knot); prolonged, protracted, lingering (illness); slow, incessant (rain); delayed (drop); —нутый *a.* tightened, etc., *see v.*; —нуть *see* затягивать.

зау/женный *a.* constricted; —живать, —зить *v.* constrict; (make) narrow.

заузленный *a.* knotted.

заумный *a.* senseless, abstruse.

зауральский *a.* (geog.) trans-Ural(ian).

заурановый *a.* transuranium.

заурядный *a.* ordinary, mediocre.

заусен/ец *m.*, —ица *f.*, —ок *m.* (met.) burr, barb, fin, flash; projection; hangnail; с —цами burred; снимать —цы *v.* deburr.

зауч/енный *a.* memorized, etc., *see v.*; —и(ва)ть *v.* memorize, learn; prepare (speech).

заушн/ица *f.* (med.) mumps, parotitis; —ый *a.* (anat.) parotid.

зафиксиров/анный *a.* fixed; recorded; —ать *v.* fix, settle (on); record.

зафлюгированный *a.* (av.) feathered.

заформовать *v.* mold, shape.

зафосфачивать *v.* overfertilize with phosphate.

зафрахтов/ание *n.* chartering; —анный *a.* chartered; —ать *v.* charter, freight.

захаживать *v.* go in, drop in, enter.

захват *m.* clamp, fastener, hold; claw, grapple, grip(per), catch, clutch; grab (bucket); (fork lift) rack; capture, seizure, engagement, gripping; encroachment, inroad; intake, recharge (of well); range, span, operating width; bite, nip (of rollers); (target) lock-on; (phyt.) scorch(ing), burn(ing), parching; з. ядром

захват/ка nuclear capture; ширина —a working width; —ить see захватывать.
захват/ка f. detent, catch, checking device; —нический a. predatory (war); —ный see захватывающий; intake (zone of well); —чик m. aggressor; (soil) invader; (chem.) acceptor; (geol.) pirate stream, diverter.
захватыв/ание n. capture, seizure; entrapment; capturing, etc., see v.; —атель m. grip, clamp, fastener; —ать v. capture, seize, take hold (of); (en)trap, entrain (frequency); grip, clamp, hold; catch, grab, engage; include, cover, deal (with); take in; engulf, enclose; occupy, take over; encroach, make inroads (upon); stop (disease); —ающий a. capturing, etc., see v.; catch (lock); grab (bucket); —ающая способность hold.
захваченный a. captured, etc., see захватывать.
захворать v. fall ill, get sick(ly).
захлеб m. choking; —нуть v. gulp; —нуться, —ываться v. choke, flood; (mach.) choke, stop, die; —ывание n. choking; flooding (of column).
захлест/ать v. start lashing; —нуть see захлестывать; —ывание n. lashing, etc., see v.; —ыватель m. wrapping machine; —ывать v. lash, whip; wrap, wind (around), throw over; splash over, overflow; sprinkle, wet; overwhelm.
захлоп/ать v. start clapping, flapping or clacking; —ка f. flap; clack (valve); —нуть, —ывать v. slam shut.
захлороформировать v. chloroform.
захо/д m. stopping in, etc., see v.; entry; (av.) approach; pass; (dry run); (target) run(-in); (sun) set; без —да non-stop; —дить v. stop in, drop in, call (on); get (in), enter; (av.) approach; make a run; go (behind); turn (a corner); set (of sun); —дность f. number of starts; —ждение n. (biol.) transgression; (sun) set.
захолод/ать, —еть v. get cold; —ить v. freeze, chill.
захолуст/ный a. remote, isolated; —ье n. isolated place.
захорон/ение n. burial; place of burial; concealment; —ить v. bury; conceal.
захотеть v. want (to), desire, expect.
захряснуть v. thicken, congeal, harden; be choked (by weeds); get stuck.
зацарапать v. scratch (up).
зацве/сти v. start blooming; —тание n. efflorescence; —тать v. blossom, be in bloom; get moldy, get covered with algae; get spotted (of glass).
зацементировать v. cement (in); lay concrete.
зацентр(ир)ов/анный a. centered; —ать v.

(mark the) center; —ка f. centering; —щик m. centering machine.
зацеп m. hook, catch, detent, stop, checking device; cam, cog; hooking, etc., see зацеплять; —a see зацепка; —ить see зацеплять; —ка f. hook, catch; hitch, snag, obstacle; occasion, cause; hooking, etc., see зацеплять.
зацепл/ение n. hooking, etc., see v.; engagement, gear(ing), linkage; hook, catch; в —ении in gear, engaged; входить в з. v. gear, mesh, engage; выводить из —ения v. disengage; линия —ения (mach.) line of action; (gear) pressure line; угол —ения (mach.) generating angle; —енный a. hooked, etc., see v.; —ять v. hook, catch, link, couple; engage, mesh, gear; bite, lock, grapple, seize; —яться v. engage, mesh; catch (on); —яющий a. hooking, etc., see v.
зачадить v. smoke (up).
зачали(ва)ть v. fasten, lash, moor.
зачаст/ить v. accelerate, quicken; increase; become more frequent; frequent, start frequenting; —ую adv. frequently, often.
зачат/ие n. conception, beginning; —ок m. rudiment, vestige; embryo, source; —очный a. rudimentary, vestigial; incipient, embryonic; —очный член rudiment, vestige; в —очном состоянии in embryo; in its infancy; —ь v. conceive; begin, commence, start.
зачекан/енный a. calked; —и(ва)ть v. calk (in); —ка f. calking.
зачем adv. why, what for, wherefore; з.-то for some purpose (or other).
зачередовать(ся) v. start alternating.
зачерк/ивание n. deletion, striking out, etc., see v.; —ивать, —нуть v. delete, strike out, cross out, erase; cancel; —нутый a. deleted, etc., see v.
зачерн/ение n. blackening; —еть v. turn black; appear or look black or dark; —ить, —ять v. blacken.
зачерп m. scoopful; scooping; —ать v. start scooping; —нуть, —ывать v. scoop, ladle (out), draw; —ывание n. scooping, etc., see v.
зачер/тить, —чивать v. draft, draw (all over), sketch, trace; —ченный a. drafted, etc., see v.
зачесать v. comb; start combing; start carding; start scratching; —ся v. start scratching; start itching.
зачесть see зачитывать.
зачесывать v. comb; card.
зачет m. test, examination; compensation; instalment, part payment; taking into account; это не в з. it does not count; —ный a. of зачет; account; record (book.)
зачехлить v. cover, encase, enclose.

зачинат/ель *m.* initiator, pioneer, founder; —ь *v.* initiate, start.

зачин/и(ва)ть *v.* fix, mend, patch, repair; sharpen (pencil); —щик *m.* instigator.

зачисл/ение *n.* including, etc., *see v.*; —енный *a.* included, etc., *see v.*; —ить, —ять *v.* include, enter, put on the list; enlist, enroll; take on (staff); —иться, —яться *v.* join; enter.

зачист/ить *see* зачищать; —ка *f.* trimming, etc., *see* зачищать.

зачитывать *v.* take into account, take into consideration; count (toward), take in payment (of); accept; reckon in; —ся *v.* be taken into account; become engrossed in reading.

зачищ/ать *v.* trim, scrape, clean (off), clear, smooth (off); —енный *a.* trimmed, etc., *see v.*; bare (wire).

зачнет *fut. 3 sing. of* зачать.

зачтенный *past pass. part. of* зачесть.

зачумленный *a.* plague-infected.

зашатать *v.* start shaking or rocking; —ся *v.* get shaky, get loose.

зашвартов(ыв)ать *v.* fasten, moor.

зашвыр/ивать, —нуть, —ять *v.* throw, cast, hurl (away, behind).

зашедший *past act. part. of* зайти.

заше/ек *m.*, —йный *a.* nape of the neck.

зашел *past m. sing. of* зайти.

зашершаветь *v.* become rough.

зашив/ание *n.*, —ка *f.* sewing (up), etc., *see v.*; —ать *v.* sew up, mend; (en)close, board up; —очный *a.* sewing (machine); (en)closing.

зашипеть *v.* start hissing.

зашит/ый *a.* sewn (up), etc., *see* зашивать; —ь *see* зашивать.

зашифров/ание *n.*, —ка *f.*, —ывание *n.* (en)coding; ciphering; —(ыв)ать *v.* (en)code, codify; cipher.

зашкаливание *n.* off-scale reading.

зашлаковывание *n.* slagging.

зашлет *fut. 3 sing. of* заслать.

зашлифов/ать, —ывать *v.* grind, polish (smooth); —ка *f.*, —ывание *n.* grinding, polishing.

зашло *past n. sing. of* зайти.

зашлют *fut. 3 pl. of* заслать.

зашнуров(ыв)ать *v.* lace (up).

зашпаклев(ыв)ать *v.* putty, stop up.

зашпили(ва)ть *v.* pin together, fasten.

зашплинтов(ыв)ать *v.* (mach.) cotter, forelock.

зашпонивать *v.* key (to).

зашпунтов(ыв)ать *v.* tongue-and-groove.

заштамповать *v.* stamp.

заштемпелев(ыв)ать *v.* stamp.

заштиле(ва)ть *v.* (naut.) become calm.

заштори(ва)ть *v.* curtain, screen.

заштрихов/анный *a.* (cross)-hatched, shaded; —ать, —ывать *v.* (cross)hatch, shade; —ка *f.*, —ывание *n.* (cross)-hatching.

заштукатури(ва)ть *v.* plaster up.

зашуметь *v.* start making noise.

зашунтиров/анный *a.* shunt(ed), switched; —ать *v.* shunt, switch.

зашьет *fut. 3 sing. of* зашить.

защебени(ва)ть *v.* fill with rubble.

защелк/а *f.* catch, latch, trigger, pawl, click, detent, stop, trip, release; arrester; —ивание *n.* fastening, etc., *see v.*; engagement; —ивать, —нуть *v.* fasten, latch, snap, engage; —ивающий *a.* fastening, etc., *see v.*; lock (mechanism); snap (lock).

защем/ить *see* защемлять; —ление *n.* pinching, etc., *see v.*; restraint; сила —ления restraining force; —ленный *a.* pinched, etc., *see v.*; —лять *v.* pinch, jam, bind; fix, fasten; restrain (beam); entrap (air); —ляться *v.* get pinched, etc.; hook (in), bite.

защип/нуть, —(ыв)ать *v.* pinch, nip.

защит/а *f.* defense, protection, (safe-)guard, precaution; shelter, cover; proofing; (nucl., etc.) shield; (soil) conservation; з. от нейтронов (nucl.) neutron shield; —ить *see* защищать; —ник *m.* defender, protector, defense counsel; —ногерметический *a.* airtight (door).

защитн/ый *a.* protecting, protective, guard; relaying; safety (device); (nucl.) shield(ing); khaki (color); seal (coat of paint); (micros.) cover (glass); baffle (plate); з. газ gas envelope; з. кожух (nucl.) jacket, can; з. щит face shield; з. экран (nucl.) shield; —ая корка (petr.) desert varnish; —ое действие screening effect; —ое средство preservative; preventive; prophylactic.

защищ/аемый, —енный *a.* protected, etc., *see v.*; *suffix* -proof; —ать *v.* protect, (safe)guard, screen, shield, shelter, enclose, cover; relay; defend.

заэвтект/ический *a.* (met.) hypereutectic; —оидный *a.* hypereutectoid.

заэкранировать *v.* shield, screen.

заяв/итель *m.* applicant; —ить *see* заявлять; —ка *f.* application; request; claim; —ка на патент подана patent pending; по —ке on request; —ление *n.* claiming, etc., *see v.*; announcement; —ленный *a.* claimed, etc., *see v.*; —лять *v.* claim, state, announce, declare; present; apply (for a patent); —очный *a. of* заявка.

заядлый *a.* inveterate, confirmed.

заякори(ва)ть *v.* anchor.

заяц *m.* (zool.) hare; (astr.) Lepus.

заяч/ий *a.* hare, leporine; rabbit (fur); —ьи лапки (bot.) rabbit-foot clover; —ья губа (med.) harelip.

зв. *abbr.* (звезда; звездный).

зва/ние *n.* calling; status, rank, title; name; —(н)ный *a.* called, etc., *see v.*; —ть *v.* call, name; invite, bid, summon.

звезд/а *f.* star; (mach.) spider; морские —ы (zool.) starfish; —но-суточный *a.* (astr.) sidereal; —ный *a.* star, stellar, astral; sidereal (time); celestial (map); meteor (shower).

звездо— *prefix* astro—, star—; —видный *see* звездообразный.

звездообраз/ный *a.* star-shaped, star-like, stellate, asteroid; radial; з. каркас, з. остов, —ная опора (mach.) spider; —ование *n.* star formation.

звездо/пад *m.* meteor shower; —плавание *n.* astronautics; —чка *dim. of* звезда; asterisk; star wheel, sprocket; spider; (bot.) Stellaria.

звездчат/ка *f.* (bot.) Stellaria; —о— *prefix* star-; —ость *f.* (min.) asterism; —ый *see* звездообразный.

звенеть *v.* ring, jingle, tinkle, clank.

звен/о *n.* link, ring; section, member, unit, component; network; (relaxation, etc.) circuit; (first-order) factor; team, group, crew; (chem.) monomeric unit; (geol.) member, bed, stratum; —ер, *e.g.*, управляющее з. controller; —ье *see* звено; —ьевой *a. of* звено; *m.* crew foreman, team leader; —ьеулавливатель *m.* (art.) deflection plate.

звенящий *a.* ringing; з. камень (petr.) phonolite, clinkstone.

звер/ёк *dim. of* зверь; —ёнок, —ёныш *m.* cub; —иный *a.* animal; savage; —о— *prefix* animal; —обой *m.* hunter; (bot.) St. John's wort (*Hypericum*); —обойный *a.* hunting, trapping; —овать *v.* hunt, trap; —овод *m.* fur (animal) breeder; —оводство *n.*, —оводческий *a.* fur farming; —овой *a.* animal; —оногие *pl.* (pal.) Theropoda; —осовхоз *m.* State fur farm; —ь *m.* wild animal; —ье *n.* wild beasts.

звон *m.* ring(ing), peal; clank, clanging; —ец *m.* (ent.) midge; —ить *v.* ring; clang; phone, call.

звонк/ий *a.* sonorous, resounding, ringing; clear; voiced (consonant); —овый *a.* bell; —ость *f.* sonorousness, reverberation; clearness; (paper) rattle, snap.

звон/ок *m.* bell; (tel.) call; *sh. m. of* звонкий; —че *comp. of* звонкий.

звук *m.* sound tone; —о— *prefix* phon(o)—, sono—, sound, acoustic; —оанализатор *m.* sound analyzer; —овидение *n.* ultrasonoscopy; —овик *m.* sound ranger.

звуков/ой *a.* sound, acoustic; sonic; voice; aural, audible; with sound effects; audio (frequency); —ая волна sound wave.

звуковоспроизв/едение *n.* sound reproduction; —одящий *a.* sound-reproducing.

звуко/генератор *m.* audio oscillator; —глушитель *m.* silencer, muffler.

звукозапис/ыватель *m.* sound recorder, transcriber; —ывающий *a.*, —ь *f.* sound recording.

звуко/зонд *m.* (min.) sonoprobe; —излучатель *m.* sound projector.

звукоизол/ировать *v.* soundproof, insulate; deafen; —ирующий, —яционный *a.* soundproof(ing); —яция *f.* sound-proofing, sound insulation.

звуко/локация *f.* sound fixing and ranging; —люминесценция *f.* sonoluminescence; —маскировка *f.* sound camouflage; —мер *m.* phonometer; —метрический *a.*, —метрия *f.* sound ranging.

звуконепроницаем/ость *f.* sound opacity; —ый *a.* soundproof.

звуко/носитель *m.* sound carrier; —оператор *m.* soundman, mixer; —отражение *n.* sound reflection; —ощущение *n.* sound sensation, tone perception; —пеленгатор *m.* sound locator; —пеленгация *f.* sound fixing, sound finding and ranging; —передача *f.* sound transmission; —писец *m.* sound recorder.

звукопогло/титель *m.* silencer, sound absorber; —щательный, —щающий *a.* sound-absorbing, soundproof; —щение *n.* sound absorption.

звуко/подражание *n.* sound effects; —преломление *n.* acoustical refraction; —приёмник *m.* sound detector; —приёмный *a.*, —приставка *f.* sound pickup.

звукопровод *m.* sound duct; —имость, —ность *f.* sound conductivity; —ный, —ящий *a.* sound-conducting.

звукопроекция *f.* sound projection.

звукопроницаем/ость *f.* sound transmission; acoustic permeability; —ый *a.* sound-transmitting.

звуко/рассеивание *n.* sonic scattering; —сниматель *m.* (sound) pickup, adapter; —сочетание *n.* sound combination; —стирающий *a.* sound-erasing; —съёмник *see* звукосниматель; —техника *f.* phonics, acoustics.

звукоул/авливание *n.* sound ranging or detection; —авливатель, —овитель *m.* sound ranger, locator or detector; —авливающий *a.* sound-detecting.

звукоусил/ение *n.* sound amplification; —итель *m.* sound amplifier; —ительный *a.* sound-amplifying.

звукофикация *f.* public address system.

звуч/ание *n.* sounding, sonorousness, vibra-

звяк tion; —ать v. (re)sound, ring; —ащий a. (re)sounding, vibrating, ringing; —ность f. sonorousness, sonority; —ный a. sonorous, resounding.

звяк m., —анье n. tinkling; —ать, —нуть v. tinkle, jingle.

ЗГ abbr. (звуковой генератор) audio oscillator.

з-д abbr. (завод) plant, works; з.д. abbr. (западная долгота) western longitude; Зд. abbr. (здание).

здание n. building, edifice, structure.

здесь adv. here; in this case; з. также, и з. here again.

здешний a. local, of this place; here.

ЗДМ abbr. (закон действующих масс) law of mass action.

здороваться v. greet.

здоров/енный a. robust, big, strong; —еть v. get strong(er), improve; —о adv. healthily; very (much); well (done) —ость f. healthiness, etc., see a.; —ый a. healthy, strong, big, robust; sound; wholesome (food); —ье n. health.

здрав/ница f. sanatorium, health resort; —о adv. soundly, reasonably; prefix health-.

здравомысл/ие n. common sense; —ящий a. sensible, sane, sober.

здрав/оохранение n., —оохранительный a. public health; —ость f. common sense; —отдел m. health department; —пункт m. public health center; —ствовать v. be in good health, be well, thrive; —ый a. sound, sane, sensible; common (sense).

зеаксантин m. zeaxanthin.

зебр/а f., —овый a. (zool.) zebra.

зебромал m. zebromal, ethyl dibromcinnamate.

зев m. mouth, throat, opening, orifice; jaw opening, gap, span (of wrench); —анье n., —ательный a. yawning; —ать, —нуть v. yawn, gape; miss (an opportunity); —ный a. of зев; —ок m. yawn; —ота f. yawning.

зегеровский a. Seger (cone).

зеебековский a. Seebeck (effect).

зеемановский a. Zeeman (effect).

зеин m. zein.

зейбахит m. (min.) seebachite.

зейбертит m. (min.) seybertite.

зейгер/ный a., —ование n. (met.) liquation; segregation; —ованный a. liquated; —овать v. liquate, segregate.

зейдлицкий a. Seidlitz (powder).

зеймер m. edger, trimmer.

зелен sh. m. of зеленый; —ей gen. of зеленя; —ение n. turning green; coloring green; —еть v. turn green; —еющий a. turning green; virescent, greenish; —ить v. color green. —ка f. (bot.)

Blakstonia; —ной a. of зелень; —ость f. greenness.

зелено —prefix green(ish); —вато —prefix —ватый a. greenish; —глазка f. a fly (Chlorops pumilionis); —желтый a. greenish yellow; —каменный a., —каменная порода (petr.) greenstone; —лист(вен)ный a. greenleaved; —сть f. greenness.

зелен/ца f. greens; greenish color; —чак m. (min.) jade; —щик m. green grocer, produce retailer; —ый a. green; —ый пигмент chlorophyll; —ь f. greens, vegetables; verdure; green (pigment); —я pl. (agr.) young sprouts.

зелье n. potion.

зельтерская вода Seltzer water.

зем— prefix see земельный; землесосный; землечерпательный.

земек m. Zamak (alloy).

земель gen. pl. of земля; —ный a. land, soil, agrarian, agricultural; earth (metals).

земл. abbr. (земледелие; земледельческий; земляной).

земле— prefix earth, land; —битная стена rammed earth wall, pisé de terre wall; —вание n. earth moving; —ведение v. physical geography.

землевлад/елец m. landowner, landholder; —ение n. land ownership.

землед/ец m. farmer, cultivator, tiller, agriculturist; —ие n. farming, cultivation, agriculture; —ка f. (foundry) sand-mixing department; —льческий a. agricultural.

землекоп m., —ный a. excavator, digger.

землемер m. land surveyor, geodesist; —ный a. surveying, geodetic.

земле/пользование n. land use; —приготовительный a. (foundry) sand-preparing.

землерой/ка f. (zool.) shrew; —но-планировочный a. grading; —ный a. excavation, earth-moving; —ная машина excavator.

землесос m., —ная драга hydraulic dredge, suction dredge; dredge pump; —ный a. dredging.

земле/трясение n. earthquake; —уплотнитель m. roller.

землеустро/итель m. land manager; —ительный a., —йство n. land management.

землечерп/алка f. dredge; —ание n., —ательный a. dredging; —ательная машина dredge; —ательные работы dredging, excavation work.

земл/я f. earth, ground, soil; land, country; surface; белая з. terra alba, pipe clay; голубая з. (min.) blue ground, kimberlite; желтая з. (min.) yellow earth or ocher; yellow soil; редкие —и

rare earths; у —и surface (wind); з.-воздух (missiles) surface-to-air; з.-з. surface-to-surface; —як *m.* fellow countryman, compatriot.
землян/ика *f.*, —ичный *a.* strawberry.
землянка *f.* mud hut, dugout.
землян/ой *a.* earth(en), earthy; (elec.) ground; (met.) sand (mold); mineral (pigments); з. воск ozocerite, mineral wax; з. орех peanut; з. червяк earthworm; —ая груша (bot.) Jerusalem artichoke; —ая смола (geol.) black-stone, ampelite, carbonaceous shale; —ые работы excavation and earth moving.
земля/ночный *a. of* землянка; —цкий *a. of* земляк.
земник *m.* ground coal.
земноводн/ые *pl.* (zool.) amphibia; —ый *a.* amphibian, amphibious; terraqueous.
земн/ой *a.* terrestrial, earthly; earth's (axis, crust); (elec.) ground; geo—, *e.g.*, з. магнетизм geomagnetism; з. шар the earth; globe; —ые работы excavation and earth moving.
зем/отдел *m.* Department of Agriculture; —снаряд *m.* hydraulic or suction dredge.
зензубель *m.* rebate or rabbet plane.
зенит *m.* zenith; (astr.) apex; —ка *f.* antiaircraft gun; —ный *a.* zenith; antiaircraft; —чик *m.* antiaircraft gunner.
зенк/ер *m.* (mach.) countersink, counterbore, reamer; —ерование, —еровка *see* зенкование; —еровать *see* зенковать; —ование *n.* countersinking, counterboring, reaming; —овать *v.*, —овка *f.* countersink, counterbore; —овочный *a. of* зенкование.
зерен *gen. pl. of* зерно.
зеркал/ка *f.* reflex camera; —о *n.* mirror; (med.; opt.) speculum; surface (of liquid); (water) table; (valve) face, seat; под —о mirror (finish); —о-прожектор *m.* mirror-searchlight.
зеркально/-отраженный *a.* (phys.) mirror-image; з.-поворотная ось axis of mirror rotation symmetry; —подобный *a.* mirror-like; з.-полированный *a.* mirror-finished, highly polished; —сть *f.* reflectivity; smoothness.
зеркальный *a.* mirror; specular (metal, surface, etc.); speculum (metal); smooth; image (frequency, etc.); plate (glass); reflex (camera); reflecting (telescope).
зеркальце *dim. of* зеркало.
зерлик *m.* (bot.) hartstongue.
зерн/а *pl.*, *etc.*, *of* зерно; —ение *n.* granulation, granulating; pelletizing; —еный *a.* granulated, —истосланцеватый *a.* granular-cleavable; —истость *f.* granularity, grain, grain size, mesh; (phot., etc.) graininess; seediness; —источерепитчатый *a.* granular-interlocking;

—истый *a.* granular, granulated, grainy; clotted (oil); (met.) spheroidized; —ить *v.* granulate; pelletize; knurl, mill; —о *n.* grain, granule, kernel, nodule, pellet; seed, corn, cereals; grit.
зерно— *prefix see* зерновой; —бобовый *a.* (bot.) leguminous; —видный *a.* granular; —вик *m.* grain agronomist; —вка *f.* (ent.) weevil; (bot.) Caryopsis; —воз *m.* grain freighter: —возка *f.* grain wagon.
зернов/ой *a.* grain, granular; (petr.) granulometric (composition); seed, corn, cereal; з спирт grain alcohol; з. хлеб grain; —ые (злаки) cereals, food grains.
зерно/дробилка *f.* grain mill; —дробильный *a.* milling, crushing; —образный *a.* granular.
зерноочист/итель *m.* grain cleaner; (corn) sheller; —ительный *a.*, —ка *f.* grain cleaning; winnowing.
зерно/погрузчик *m.* grain loader; —поставки *pl.* grain deliveries; —пульт *m.* grain blower; —склад *m.* grain storage; granary; —совхоз *m.* state grain farm; —сортировальный *a.* grain-sorting; —стой *m.* grain crop; —сушилка *f.* grain dryer; —транспортер *m.* grain conveyer; —увлажнитель *m.* grain moistener; —уловитель *m.* grain catcher; —фураж *m.*, —фуражный *a.* grain fodder; —хранилище *n*. granary, elevator; —ядный *a.* granivorous.
зернышко *dim. of* зерно; granule.
зеро *n.* zero.
зет *m.* Z (letter); —а *f.* zeta (Z, ζ); —образный *a.* Z-shaped; —овый *a.* Z, zee—, Z-shaped; —овое железо Z-iron.
зефир *m.* zephyr (yarn, cloth).
з-з *abbr.* (земля-земля).
зига *f.* ridge (of corrugated metal).
зиг/бановский *a.* Siegbahn; —бургит *m.* (min.) siegburgite; —енит *m.* siegenite.
зигзаг *m.* zigzag; —овидный, —ообразный *a.* zigzag, crisscross, staggered; serrated, notched, saw-like.
зигмашина *f.* creasing machine.
зиго— *prefix* (biol.) zygo— (yoke, pair; zygosis).
зигование *n.* (met.) bead forming.
зиго/мицеты *pl.* (bot.) Zygomycetes; —морфный *a.* zygomorphic; —спора *f.* zygospore; —та *f.* (biol.) zygote.
—зид *m. suffix* (chem.) —side.
зиждиться *v.* be based, be founded (on).
зизания *f.* (bot.) Zizania.
зик/-машина *f.* (met.) beader; —овка *f.* beading.
зил *m.* Zil (automobile).
зильберглет *m.* litharge.
зим *m.* Zim (automobile).
зима *f.* winter.

зимаза *f.* zymase (yeast enzyme).
зим/ний *a.* winter, hibernal; **—ник** *m.* winter road; **—о—** *prefix* winter; zymo— [ferment(ation)]; **—овалый** *a.* having wintered; **—ование** *n.* (for) wintering; **—овальный** *a.* (for) wintering; **—ование** *n.* wintering, hibernation; **—овать** *v.* winter, hibernate; **—овка** *f.* wintering, hibernation; winter abode; polar station; **—овник** *m.* winter-abode; **—овочный** *a.* wintering; **—овщик** *m.* (polar research) winterer; **—овье** *see* **зимовка**.
зимо/гексаза *f.* zymohexase, aldolase; **—ген** *m.* zymogen; **—зан** *m.* zymosan.
зимой *adv.* in winter.
зимол/из *m.* zymo(hydro)lysis; **—огия** *f.* zymology.
зимолюбка *f.* (bot.) wintergreen (*Chimaphila*).
зимо/плазма *f.* zymoplasm, thrombase; **—стерин** *m.* zymosterol.
зимо/стойкий *a.* (winter-)hardy; **—стойкость** *f.* hardiness; **—ю** *adv.* in winter.
зимующий *a.* wintering, hibernating.
зингибер/ен *m.* zingiberene, methyl-4-propenylcyclohexane; **—ол** *m.* zingiberol.
зинеровский *a.* Zener (breakdown).
зинковка *see* **зенковка**.
—зионный *a. suffix* —sion.
зис *m.* Zis (automobile).
—зия *f. suffix* —sion.
зия/ние *n.* yawning, gaping; hiatus, chasm, gap; **—ть** *v.* yawn, gape, open; **—ющий** *a.* yawning, gaping.
зла *gen. of* **зло**.
злак *m.* grass; **—и** *pl.* cereals; **—и, —овые** *pl.* (bot.) Gramineae; **—овник** *m.* grassland; **—овый** *a.* grass(y), gramineous, herbaceous; chloropid (flies).
златк/а *f.* (ent.) borer; **—и** *pl.* Buprestidae.
злато/глазка *f.* (ent.) aphid lion; **—глазки** *pl.* Chrysopidae; **—гузка** *f.* brown-tail moth; **—искр** *m.* (min.) aventurine; **—к** *m.* (bot.) asphodel; **—цвет** *m.* (bot.) pyrethrum; chrysanthemum.
зл/ейший *a.* worse, bitterest; **—еть** *v.* become irritable; **—ить** *v.* irritate, annoy, anger.
зло *n.* evil, wrong, harm; malice, anger; *adv.* maliciously; **употреблять во з.** *v.* abuse, misuse; **—бный** *a.* malicious; **—бодневный** *a.* topical, burning (question); **—воние** *n.* bad odor, stink, stench; **—вонный** *a.* malodorous, stinking, fetid; offensive-smelling; **—вредный** *a.* harmful, noxious, pernicious.
зл/ой *a.* malicious, vicious; angry; bad (time); **—ая трава** (bot.) Thapsia.
злокачественн/ость *f.* (med.) malignancy; **—ый** *a.* malignant (tumor) pernicious (anemia).
зло/ключение *n.* mishap; **—намеренный** *a.*

ill-intentioned; **—получный** *a.* ill-fated, unlucky, unfortunate; **—стный** *a.* malicious; fraudulent; **—сть** *f.* malice; fury; anger.
злоупотреб/ить, —лять *v.* abuse, misuse, exploit; **—ление** *n.* abuse, misuse.
злю/т *pr. 3 pl. of* **злить**; **—щий** *a.* vicious; furious.
змее— *prefix* ophi(o)—, ophid— (snake, serpent); **—видный** *a.* coil(ed), spiral, snake-like, serpentine, sinuous; **—вик** *m.*, **—виковый** *a.* coil (pipe), spiral, worm; spiral drill; (bot.) snake weed, bistort; (min.) serpentine; (petr.) serpentinite; **—вик-холодильник** *m.* condenser coil, cooling coil.
змее/головник *m.* (bot.) Dracocephalum; **—к** *gen. pl. of* **змейка**; **—носец** *m.* (astr.) Ophiuchus; **—ныш** *m.* young snake; **—образный** *see* **змеевидный**; **—хвостки** *pl.* (zool.) Ophiuroidea.
змеи *gen., pl., etc., of* **змея**; **—ный** *a.* snake; serpentine (curve); **—стый** *a.* snake-like, sinuous, winding; **—ться** *v.* wind, meander; coil; glide; (geol.) serpentinize.
змей *m.* kite; serpent; *gen. pl. of* **змея**; **воздушный з.** kite; **—ка** *dim. of* **змея**; (av.) S-turn; (agr.) seed sorter; **движение —кой** snaking (motion); **—ковый** *a.* kite; **—ковый аэростат** kite (balloon).
змея *f.* snake, serpent; *gen. of* **змей**.
ЗМС *abbr.* (зона малых скоростей) low-velocity zone.
зн. *abbr.* (знак; значение; значащий).
знавать *v.* (used to) know.
знак *m.*, **—овый** *a.* sign, symbol, mark, indication; character, letter; (decimal) point; (weighing place; (comp.) digit; badge; (license) number; **з. атома** atomic symbol; **з. иона** charge; **—оинвертор** *m.* sign inverter.
знаком/ить *v.* acquaint, introduce; inform; familiarize; **—иться** *v.* get acquainted, meet; study, investigate; become familiar, familiarize oneself (with); **—ство** *n.* acquaintance (with), familiarity (with); knowledge (of); **—ый** *a.* acquainted, familiar (with); (well) known; *m.* acquaintance.
знако/определенный *a.* of fixed sign; **—переменный** *a.* alternating, of alternating sign; sign-variable; variable-polarity (excitation); reversed (stress); reciprocating (motion).
знакопечатающ/ий *a.* character-writing; **—ая электроннолучевая трубка** Charactron.
знако/положительный *a.* of positive sign; **—постоянный** *a.* of constant sign; **—чередующийся** *a.* alternating.
знамен *gen. pl.*; **—а** *pl. of* **знамя**.

знаменатель *m.* (math.) denominator; —ный *a.* denominative; significant, noteworthy, important.
знамени *gen. of* знамя.
знамение *n.* sign, phenomenon, token.
знаменит/ость *f.* celebrity, fame; —ый *a.* celebrated, famous, eminent.
знаменный *a. of* знамя.
знаменовать *v.* prove, show, indicate, express, signify.
знамя *n.* banner.
знан/ие *n.* knowledge, learning; science; skill; сумма —ий, уровень —ий know-how.
знатн/ость *f.* eminence; —ый *a.* notable, eminent, distinguished; considerable, great.
знаток *m.* connoisseur, judge, expert.
знать *v.* know, have knowledge (of), be informed (of), be aware (of), be acquainted (with); be skilled (in), have the know-how; дать з. inform; дать себя з. reveal oneself; make itself felt.
знач/ащий *a.* meaning; significant (digit); distinct; —ение *n.* value; meaning, sense; import(ance), significance; (field) data; magnitude, extent (of error); иметь —ение *v.* mean, be important (for); не иметь —ение *v.* be of no importance, be immaterial.
значим/ость *f.* significance, importance; meaning(fulness); —ый *a.* significant, meaningful.
значит *introd. word* so, then, hence.
значительн/о *adv.* considerably, much, greatly, substantially; з. больше much more, well over; з. выше well above, far above; —ость *f.* significance; magnitude; —ый *a.* significant, substantial, great, considerable, appreciable, important, marked, pronounced, drastic; major (part); в —ой степени much (as).
значить *v.* mean, signify; —ся *v.* be (mentioned), appear.
значкист *m.* badge wearer.
значн/ость *f.* valency; significance; *suffix* —valuedness; —ый *a.* marking; significant; (comp.) digit; *suffix* -digit, -valued.
значок *m.* sign, mark, badge; index, subscript, superscript.
зна/ющий *a.* knowing; learned; expert, skilled; —ющее лицо expert; —я *pr. ger. of* знать; given, knowing.
зноб/ить: его —ит he has chills; —кий *a.* sensitive to cold; chilling.
зной *m.* heat, sultriness; —ный *a.* hot, sultry, burning, torrid, oppressive.
зоб *m.*, —ный *a.* crop, craw (of bird); (med.) goiter; —атый *a.* (med.) strumous; —ная железа (anat.) thymus; —оватость *f.* (phyt.) crown gall, cancer.

зов *m.* call, summons, invitation; —ет *pr.* 3 *sing. of* звать; —ущий *a.* calling; naming.
зодиак *m.* (astr.) zodiac; —альный *a.* zodiacal.
зодч/ество *n.* architecture; —ий *m.* architect.
зое(а) *f.* (zool.) zoea.
зол *sh. m. of* злой; *gen. pl. of* зло.
зол/а *f.* ashes, cinders; содержание —ы ash content.
золей *gen. pl. of* золь.
золенгофенский *a.* Solenhofen (stone).
золен/ие *n.* (leather) liming; —ый *a.* limed.
золи *gen., pl., etc., of* золь.
зол/ильный *a.* (leather) liming; —истость *f.* ash content; —истый *a.* ash(en); —ить *v.* treat with ashes; lime; —ка *f.* liming.
золли *pl.* (geol.) depressions.
золо/едины *pl.* (met.) blowholes, air holes; —образование *n.* ash formation; —отвал *m.* ash dump; —отстойник *m.* slag settler, settling tank.
золот/арник, —ень *m.* (bot.) golden rod (*Solidago*); —еть *v.* turn gold (colored); shine (like gold); —ильный *a.* gilding.
золотисто— *prefix* chrys(o)—, gold(en); auro—, aurous; —желтый *a.* golden yellow; —золотой *a.* auroauric; —родановодородная кислота aurothiocyanic acid; —синеродоводородная кислота aurocyanic acid; —сть *f.* golden color; —хлороводородная кислота chloroaurous acid.
золот/истый *a.* golden, gold-colored, gilt; gold, aurous; —ить *v.* gild.
золотник *m.* slide valve, gate valve; zolotnik [old unit (4.26 g.)]; —овый *a. of* золотник; plunger (pump); —овая пара slide valve.
золот/о *n.* gold, Au; гидрат закиси —а aurous hydroxide; гидрат окиси —а auric hydroxide, auric acid; закись —а aurous oxide; соль закиси —а aurous salt; листовое з. gold leaf, gold foil; новое з. Mannheim gold (alloy); окись —а auric oxide, gold trioxide; соль окиси —а auric salt; сернокислая закись —а, сернокислая соль закиси —а aurous sulfate; сернокислая окись —а, сернокислая соль окиси —а auric sulfate; синеродистое з. aurous cyanide, gold monocyanide; синеродное з. auric cyanide, gold tricyanide; хлористое з. aurous chloride, gold monochloride; хлорное з. auric chloride, gold trichloride.
золото— *prefix* gold, auri—, auric; —бит, —боец *m.* gold beater; —бородник *m.* (bot.) chrysopogon; —глазки *see*

злато-глазки; —добывающий *a.* gold mining; —искатель *m.* gold prospector, gold miner.
золот/ой *a.* gold(en); auric; з. песок gold dust; з. прииск (min.) placer (deposit); —ая кислота auric acid; соль —ой кислоты aurate; —ая печать (bot.) golden-seal (*Hydrastis canadensis*); —ая россыпь (min.) placer (deposit).
золотокисл/ый *a.* auric acid; aurate (of); з. натрий sodium aurate; —ая соль aurate.
золотоносн/ость *f.* gold content; —ый *a.* gold-bearing, auriferous.
золото/органический *a.* organogold; —подобный *a.* gold-like, golden; —промывочный *a.* gold-washing; —промышленник *m.* gold miner; —промышленность *f.* gold mining.
золотосинерод/истый *a.* auricyanhydric (acid); auricyanide (of); —оводородный *a.* cyanoauric (acid).
золото/содержащий *see* золотоносный; —тысячник *m.* (bot.) centaury.
золотохлор/(ист)оводородный *a.* chloroauric (acid); —истый *a.* chloroaurate (of).
золоточерпательная машина (min.) gold dredge.
золоту/ха *f.* (med.) scrofula; —шник *see* золотарник; —шный *a.* scrofulous.
золо/удаление *n.* ash removal; —удалитель *m.* ash remover; —улавливание *n.* ash trapping; —уловитель *m.* ash trap.
золочен/ие *n.* gilding, gold-plating; —(н)ый *a.* gilded, gilt, gold-plated.
золь *m.* sol.
зольн/ик *m.* ash pit, ash bin; cinder pit; (tanning) lime pit; (bot.) Cineraria; —ость *f.* ash content; —о-шлаковый *a.* cinder; —ый *a.* ash, cinder; lime (water).
золь-раствор *m.* sol solution; з.-фракция *f.* sol fraction.
зоман *m.* soman, pinacolyl methylphosphonofluoridate.
ЗОН *abbr.* (зональная опытная станция) zonal experimental station.
зона *f.* zone, area, field, region; belt, band, range; —льность *f.* zonality, zoning; —льный *a.* zonal, regional.
зонгорин *m.* songorine, napellonine.
зонд *m.* sound, probe; borer, drill; (meteor.) sounding balloon; —аж *m.*, —ирование *n.* sounding, etc., *see v.*; —ировать *v.* sound, probe, search, explore; bore; —ировка *f.*, —ировочный, —ирующий *a.* sounding, etc., *see v.*; log(ging); —ировочный бур probe; —овый *a. of* зонд.
зондские острова the Sunda Islands.
зон/ирование *n.* zoning; —ированный *a.* zoned; —ировать *v.* zone; —ный *a.*, —овый *a. of* зона; zonal; (phys.) band (theory).
зонт, —ик *m.* umbrella; canopy, awning; cover; cupola, hood (of furnace); (bot.) umbel; —иковидный *a.* umbrella-shaped, umbelliform; —иколистный *a.* umbrella-leaved; —иконосный *a.* umbellate; —икообразный *see* зонтиковидный; —ичек *dim. of* зонтик; (bot.) umbellule; —ичковый *a.* umbellulate; —ичнокистевой *a.* (bot.) corymbose; —ичные *pl.* Umbelliferae; —ичный, —ообразный *a.* umbrella(-shaped), umbellate; —овый *a. of* зонт.
зоны *gen., pl., etc., of* зона.
зоо— *prefix* zoo— (animal); —генный *a.* zoogenic; —география *f.* zoogeography, faunal geography; —гигиена *f.* animal health care; —глейный *a.* (bact.) zoogl(o)eal; —глея *f.* zoogl(o)ea; —гонидий *m.* (bot.) zoogonidium; —ид *m.* zooid; —кумарин *m.* Warfarin (rat poison); —лит *m.* (pal.) zoolith, zoolite.
зоолог *m.* zoologist; —ический *a.* zoological; —ия *f.* zoology.
зоо/мариновая кислота zoomaric acid, hexadecenoic acid; —ноз *m.* (vet.) zoonosis; —парк *m.*, —сад *m.* zoological garden, zoo; —спора *f.* (biol.) zoospore; —стерин *m.* zoosterol.
зоотехн/ик *m.* zootechnician, livestock expert; —ика, —ия *f.* zootechny, animal husbandry; —ический *a.* zootechnic, livestock.
зоо/токсин *m.* zootoxin (such as snake venom); —ферма *f.* fur farm; —фит *m.* zoophyte; —химический *a.* zoochemical; —химия *f.* zoochemistry; —хорный *a.* zoochoric, animal-dispersed; —ценоз *m.* (ecology) zoocenosis; —цид *m.* rodent poison.
зопник *m.* (bot.) Phlomis.
зори *pl. of* заря.
зорить *v.* ripen (produce); spoil.
зорк/ий *a.* sharp-sighted; alert, vigilant; —ость *f.* keen vision; vigilance.
зорь *gen. pl. of* заря.
зоря *f.* (bot.) lovage (*Levisticum*).
ЗР *abbr.* (замыкающее реле) locking relay; (звуковая разведка) sound ranging.
зрач/ковый *a.* (anat.) pupil(lary); —ок *m.* pupil.
ЗРБ *abbr.* (золотник регулятора безопасности) safety regulator valve; ЗРД *abbr.* (золотник регулятора давления) pressure regulator valve.
зрел/ость *f.* ripeness, maturity; finished state; (med.) puberty; —ый *a.* ripe, mature; ready; —ьня *f.* ager.
зрен/ие *n.* (eye)sight, vision; —ия *pl.* purpose, aim; обман —ия optical illusion; поле —ия visual field; с точки

—ия from the viewpoint (of); in terms (of); with relation (to), as regards.
зреть v. ripen, mature, age; perceive, see, look (at).
зри/мый a. visible; —тель m. spectator, onlooker, observer; viewer; audience.
зрительн/ый a. visual, optic(al); signal (communication); з. бугор (anat.) thalamus; з. зал auditorium; —ая труб(к)а telescope, —ое стекло (micros.) eyepiece.
зрительский a. of зритель.
ЗРС abbr. (золотник регулятора скорости) speed-regulator valve.
зря adv. in vain, to no purpose, for nothing, uselessly.
зрячий a. seeing, having vision; m. one with vision.
зряшный a. purposeless, absurd; groundless, unfounded, empty.
ЗС abbr. (замедляющая способность) moderating power.
ЗСМ abbr. (зондирование становлением магнитного поля) magnetic-field-build-up sounding.
ЗУ abbr. (запоминающее устройство) storage unit; (звукоулавливатель) sound detector; (зеркальный угломер) mirror goniometer.
зуб m. tooth; (hydr.) cut-off; see also зубец; в з. end on; режущий з. blade.
зуб/арь m. toothed plane; —атка f. (stone-cutting) bush hammer, crandall; (ichth.) Anarhichas; —атый a. toothed.
зубец m. tooth, cog, lug, catch, cam, projection, spur, barb, claw; dent, indent(ation); notch, merlon (of wall); prong, tine (of fork); (geol.) pinnacle; (drill) bit.
зубик dim. of зуб.
зубил/о n., —ьный a. chisel; calking iron, bit, punch, drift; вырубать —ом v. gouge, chisel out; обрубать —ом v. trim, chisel off; рубить —ом v. chisel; —ьная сталь chisel steel.
зубн/ой a. tooth, dental; з. (винный) камень tartar; з. врач dentist; з. протез denture; —ая система dentition; —ое вещество dentine; —ое средство dentifrice.
зубо— prefix tooth, dent(i)—; (mach.) tooth, gear; —видный a. tooth-like, odontoid, dentiform; dent (corn) —вой a. tooth(ed).
зубоврач m. dentist; —ебный a. dental; —евание n. dentistry.
зубо/долбёжный a. (mach.) gear-shaping; —закругляющий a. gear-chamfering; —измерительный a. gear-measuring.
зуб/ок dim. of зуб; —ки pl. (min.) cutter.
зуболечебн/ица f. dental surgery; —ый a. dental, dentist's.

зубо/мер m, gear tester or gage; —нарезание n. gear cutting; —обрабатывающий станок gear cutter; —отделка f., —отделочный a. gear finishing; —очистка f. toothpick; —притирочный a. gear-lapping; —рез m. gear cutter; —резный a. gear-cutting; —строгальный a. gear-planing, gear-shaping; —фрезерный a. gear-hobbing, gear-milling; —шевинговальный a. gear-shaving; —шлифовальный a. gear-grinding.
зубр m. (zool.) aurochs, European bison.
зубр/ение n. serration, etc., see v.; —ить v. serrate, notch, (in)dent, nick; memorize, cram.
зубровка f. (bot.) Hierochloë.
зубц/а gen. of; —ы pl. of зубец.
зубчатка f. (mach.) rack wheel, gear wheel, cog wheel; sprocket; (rack and) pinion (bot.) Odontites; Euphrasia.
зубчато— prefix tooth(ed); з.-рассечённый a. (geol.) incised-dissected; —сть f. serration, (in)dentation.
зубчат/ый a. toothed, gear(ed), cogged, serrate(d), (in)dented, notched, jagged, ridged; (bot.) dentate; hackly (fracture); з. блок sprocket, з. перебор gearing; з. рельс rack; —ая передача gear (drive); соединённый —ой передачей geared; —ая полоса, —ая рейка rack; —ое зацепление gearing, gear system; —ое колесо gear (wheel), cog wheel.
зуб/чик dim. of зуб; denticle; serration, ripple (on curve); —чики pl. (wave) ripple; —ы (zool.) pl. of зуб; —ья (mach.) pl. of зуб; —янка f. (bot.) Dentaria.
зуд m. (med.) pruritus, intense itching; (mach.) buzz; —ение n. buzzing, humming; —ень m. (ent.) mite; —еть, —ить v. itch; yearn (for); buzz, hum; —ящий a. (med.) pruritic, pruriginous; buzzing.
зулусский a. Zulu.
Зуля мазер Suhl(-type) maser.
зумм/ер m. (elec.) buzzer, hummer, vibrator; —ерить v. buzz; hum; —ерный a. buzzer; humming; —ирование n. buzzing, humming.
зум(п)ф m., —овый a. sump, pit; —насос m. sump pump; —офен m. pit furnace.
ЗУР abbr. (зенитная управляемая ракета); ЗУРС abbr. (зенитный управляемый реактивный снаряд) antiaircraft guided missile.
зухтон m. (acous.) search tone.
зыб/кий a. unstable, unsteady, vacillating; quaking; —кость f. instability; —ление n. vacillation, fluctuation; —ун m. quaking bog; quicksand; —учий a. shifting, unsteady; quick (sand); —ь f. ripple(s); surge, swell (of sea).

зычный *a.* loud, stentorian, ringing.
зэта *see* зета.
зюзник *m.* (bot.) Lycopus.
зюйд *m.*, —овый *a.* (naut.) south.
зяб/кий *a.* chilly, sensitive to cold; —кость *f.* chilliness; —левый *a.* autumn (plowing); —лина *f.* (geol.) frost cleft; —лый *a.* frost-damaged; —нуть *v.* feel chilly; be injured by cold.
зябра *f.* (bot.) Galeopsis, spec. G. speciosa.
зябь *f.* fall plowing; fall-plowed field.

И

и *conj.* and, also, too; but, although; both; even, as well as; и . . . и both . . . and; и тот и другой both.
иберийский *a.* Iberian.
ибо *conj.* because, for, as; in (the sense) that.
ива *f.* (bot.) willow (*Salix*).
иван-да-марья *f.* (bot.) cow wheat (*Melampyrum nemorosum*).
иванов хлеб (bot.) carob tree (*Ceratonia siliqua*); и. червяк (ent.) firefly.
иван-чай *m.* (bot.) willow herb (*Chamaenerion* (or *Epilobium*) *angustifolium*).
—ивн/ость *f. suffix* —ivity; —ый *a. suffix* —ive.
ив/няк *m.*, —няковый *a.* willow grove; willow reeds; —овый *a.* willow.
иволга *f.* (orn.) oriole.
ига/зурин, —сурин *m.* igasurine; —суровая кислота igasuric acid.
игелстромит *m.* (min.) igelströmite.
игепон *m.* Igepon (detergent).
игл/а *f.* needle, stylus; (landing) spike; (zool.) spine; (bot.) thorn; spicule; pivot; (text.) card wire; (volcano) lava plug; (Pele's) tear; —истый *a.* needle-shaped, acicular; —ица *f.* (bot.) butcher's broom (*Ruscus aculeatus*).
игло/ватый *a.* prickly, spiny, thorny; —видный, —образный *a.* needle-shaped, acicular; —кожие *pl.* (zool.) echinoderms; —сдавливание *n.*, —терапия *f.*, —укалывание *n.* (med.) acupuncture.
игнация *f.* (bot.) St. Ignatius' bean (*Strychnos ignatii*).
игнимбрит *m.* (petr.) ignimbrite, welded tuff.
игнитрон *m.*, —ный *a.* (elec.) ignitron.
игнориров/анный *a.* ignored, etc., *see v.*; —ать *v.* ignore, disregard, neglect.
игол/ка *see* игла; —очка *dim. of* игла; —очный, —ьный *a. of* игла; —ьник *m.* needle case; (bot.) fallen needles.
игольчат/ый *a.* needle(-shaped), acicular, spiny, spicular; point (contact); и. клапан needle valve; —ая лента (text.) card clothing; —ая рейка point gage; —ая руда (min.) needle ore, aikinite.
игра *f.* (free) play, freedom, slack, give, looseness, backlash; clearance; game, sport; freak (of nature); и. валков backlash; теория игр (math.) game theory; —ать *v.* play; effervesce, bubble.
игрек *m.* (math.) *y* (value); и. сплав Y-(alloy); и.-стан *m.* (rolling) Y-mill.
игристый *a.* sparkling, frothy, foaming.
игр/овой *a. of* игра; —ушечный *a.*, —ушка *f.* toy, plaything.
игуана *f.* (zool.) iguana.
—ид *m. suffix* —ide.
иддингсит *m.* (min.) iddingsite.
идеал *m.* ideal; в —е ideally; —изированный *a.* ideal(ized); —ьно *adv.* ideally, perfectly; —ьнорассеянный *a.* uniform diffuse; —ьность *f.* the ideal; —ьный *a.* ideal, optimum; theoretical; в —ьном случае ideally.
идейный *a. of* идея; ideological.
идемпотентный *a.* (math.) idempotent.
иденти/фикационный *a.*, —фикация *f.* identification; —фицировать *v.* identify, determine; —фицируемый *a.* identifiable, identified; —чность *f.* identity; —чный *a.* identical.
идет *pr. 3 sing. of* идти; дождь и. it is raining.
идея *f.* idea, notion, concept(ion).
идио— *prefix* idio— (separate, distinct; self-produced); —бласт *m.* (biol.; geol.) idioblast.
идиоген/иты *pl.* (geol.) idiogenites; —ный *a.* idiogenous.
идиом *m.*, —а *f.* idiom; —атический *a.* idiomatic.
идио/морфный *a.* (min.) idiomorphic, euhedral, automorphic; —синкразия *f.* idiosyncrasy, peculiarity; —статический *a.* (elec.) idiostatic.
идиот *m.* idiot, imbecile; —изм *m.*, —ия *f.*, —ство *n.* idiocy; —ический *a.* idiotic, imbecile.
идио/фанизм *m.* (cryst.) idiophanism; —фанный *a.* idiophanous; —хроматический *a.* (min.) idiochromatic; —электрический *a.* idioelectric(al).
идит *m.* iditol (a hexahydric alcohol).
идите *imp. of* идти.
идитод *m.* a phenol-formaldehyde resin.
—идный *a. suffix* —ide, —idic.
идоза *f.* idose, pentahydroxyhexanal.
идокраз *m.* (min.) idocrase, vesuvianite.
идоновая кислота idonic acid.
идосахарная кислота idosaccharic acid.
и др. *abbr.* (и другое) et cetera; (и другие) and others, et al.

идр/иален *m.* (min.) idrialene; —иалит *m.* idrialite; —ил *m.* idryl, fluoranthene.

ид/ти *v.* go; operate, run, work; progress, proceed; reach; travel, traverse, cross, pass; stretch, extend, cover; leave, start; be used (in); и. за follow; —ущий *a.,* —я *pr. ger.* going, etc., *see v.*; —ущий вверх rising; —ущий вниз descending, falling.

ИДЦ *abbr.* (радиолокационный индикатор движущихся целей) radar moving-target indicator.

—иевый *a. suffix* —ic, —(i)um.

иезаконитин *m.* jesaconitine.

иезуитский *a.* Jesuit.

иеко/леин *m.* jecolein; —леиновая кислота jecoleic acid; —рин *m.* jecorin; —риновая кислота jecoric acid.

иенит *m.* (min.) yenite, ilvaite.

иенское стекло Jena glass.

иерарх/ический *a.* hierarchic, multilevel; —ичность, —ия *f.* hierarchy.

иервин *m.* jervine.

иероглиф *m.* hieroglyph.

иетолин *m.* jetolin (aniline black).

иецекит *m.* (min.) ježekite.

из *prep. gen.* out of, of, from, with; among; *prefix* ex—; *with verbs to mean* use up (by); *see also* ис—.

изадрин *m.* isoproterenol, Aludrine.

иза/зол *m.* isazol; —конитовая кислота is(o)aconitic acid; —коновая кислота isaconic acid, itaconic acid.

изалло/бара *f.* (meteor.) isallobar; —барический *a.* isallobaric; —терма *f.* isallotherm.

изамин *m.,* —овый *a.* isamine.

изамовая кислота isamic acid.

изановая кислота isanic acid.

изаномаль *m.* (meteor.) isanomal, isanomalous line; isabnormal line.

изарол *m.* Isarol, ichthammole.

изат/ан *m.* isatan, hydroxybioxindol; —ин *m.* isatin, indolinedione; —иновый *a.* isat(in)ic (acid).

изато/вая кислота isatoiç acid, N-carboxyanthranilic acid; —геновая кислота isatogenic acid; —ксим *m.* isatoxime, nitrosoindoxyl; —фан *m.* isatophan.

изатроп/ил *m.* isatropyl; —овая кислота isatropic acid.

изафеновая кислота isaphenic acid.

—изация *f. suffix* —ization, —izing, —yzing.

изба *f.* hut, cottage, cabin.

избав/ить *see* избавлять; —ление *n.* release; elimination; —ленный *a.* released, etc., *see v.*; —лять *v.* release, rid (of), free (of); —ляться *v.* get rid (of), remove, eliminate.

избе/гать, —гнуть, —жать *v.* avoid, escape, evade, dodge, avert; —жание *n.* avoidance, escape, averting; во —жание (in order) to avoid.

изби/вать *v.* beat up; —ение *n.* beating up.

избир/ание *n.* selection; —атель *m.* selector; (frequency) discriminator; elector, voter; —атели *pl.* electorate; —ательность *f.* selectivity; discrimination; —ательность по совпадениям coincidence selectivity; —ательный *a.* selective; discriminating; electoral, election; —ательный механизм selector; —ательная способность selectivity; —ать *v.* select, choose; elect.

избит/ый *a.* well beaten; —ь *v.* beat up.

избоина *f.* (oil) cake.

изборо/ждать, —здить *v.* furrow, ridge; —жденный *a.* furrowed, ridged, striated.

избр/ание *n.* selection; election; —анный *a.* selected; —ать *see* избирать.

избура— *prefix* brownish.

избушка *dim. of* изба.

избыт/ок *m.* excess, surplus, redundancy; abundance, profusion; (phase) margin; и. нейтронов neutron excess; сумма —ков (meteor.) accumulated excess; —очность *f.* excessiveness, redundancy; —очный *a.* excess(ive), in excess, redundant, surplus, superfluous; overflow; over— (size); gage (pressure); —очные дырки excess electron holes.

избяной *a. of* изба.

изв. *abbr.* (известия) bulletin, news.

изваяние *n.* sculpture.

извед(ыв)ать *v.* learn, find out; investigate, try; experience.

извер/гать —гнуть *v.* erupt, eject, expel, emit, discharge; excrete; vomit; —гнутый, —женный *a.* erupted, etc., *see v.*; (geol.) eruptive, igneous, volcanic; —жение *n.* eruption, etc., *see v.*; discharge, outbreak.

извер/нуться, —тываться *v.* evade.

извeсте— *prefix* lime; —гасилка *f.,* —гаситель *m.* lime slaker; —гасильный *a.* lime-slaking; —мешалка *f.* lime mixer.

известен *sh. m. of* известный.

известеразбрасыватель *m.* (agr.) lime spreader.

извести *see* изводить; *gen. of* известь.

извест/ие *n.,* —ия *pl.* information, news, report; bulletin, journal; —итель *m.* indicator; signaling device; —итель- ный *a.* indicating; —ить *see* извещать.

известк/а *see* известь; —ование *n.* liming; —ованный *a.* limed; —овать *v.* lime; —овистый *a.* calcareous, lime-like, lime-containing.

известково— *prefix* lime; calcareous (ore); —обжигательная печь lime kiln; —сть *f.* calcareousness.

известков/ый *a.* lime, calcareous, calciferous, calcium; **и. азот** calcium cyanamide; **и. зольник** (tanning) lime pit; **и. раствор** lime mortar; whitewash; **и. туф** (min.) tufa, travertine; **и. шпат** (min.) calc spar, calcite; **—ая вода** limewater; **—ая зола** lime ash; **—ая кашица** lime paste; **—ая накипь** (min.) calcareous sinter, travertine; **—ая селитра** calcium nitrate; **—ая синь** blue verditer, basic copper carbonate; **—ая соль** calcium salt; **—ое молоко** milk of lime; **—ое тесто** lime paste.

известн/о *adv.* it is (well) known, it is common knowledge; **ему и.** he knows; **еще не и.** it remains to be seen; **насколько ему и.** to the best of his knowledge; **—ость** *f.* reputation, repute, fame, publicity; **(по)ставить в —ость** *v.* inform, let it be known; **пользующийся —остью**, **—ый** *a.* well-known, familiar; famous, celebrated; certain; **не —ый** unknown, obscure.

известняк *m.* (petr.) limestone; **—овый** *a.* limestone, calcareous, calciferous; **и.-ракушечник** *m.* shell limestone.

извест/ь *f.* lime; **азотистая и.** calcium cyanamide; **белильная и.** bleaching powder, calcium hypochlorite; **гашеная и.** slaked lime, calcium hydroxide; **едкая и.**, **жженая и.** quicklime, calcium oxide; **карбонат —и** calcium carbonate; **натечная и.** (min.) calcareous sinter, travertine; **сернокислая и.**, **сульфат —и** calcium sulfate; **фосфорнокислая и.** calcium phosphate; **хлорная и.** *see* **известь, белильная**; **и.-кипелка** *f.* quicklime; **и.-пушонка** *f.* air-slaked lime; **и.-тесто** paste.

извещ/атель *m.* detector; **—ать** *v.* inform, notify, let know; indicate; advertise; **—ение** *n.* information, notification, notice, advice; **—енный** *a.* informed, etc., *see v.*.

извив *m.* winding, coil, fold; **—ание** *n.* winding, etc., *see v.*; **—аться** *v.* wind, coil, twist, meander.

извил/ина *f.* bend, crook, curve, convolution, tortuosity, meander; detour; **мозговые —ины** (anat.) convolutions of the brain; **—истость** *f.* tortuosity, sinuosity; **—истый** *a.* winding, twisting, tortuous, sinuous, meandering.

извин/ение *n.* apology, excuse; **—ительный** *a.* excusable; **—ить**, **—ять** *v.* excuse, forgive, pardon.

извит/ость *f.* winding, twisting; **—ый** *a.* wound, coiled; **—ься** *see* **извиваться**.

извле/каемый *a.* extractable, extracted; recoverable, retrievable; **—каемая польза** benefits accruing; **—катель** *m.* extractant; **—кать** *v.* extract, derive, draw (off, out), withdraw, remove, extricate, recover, retrieve, take out; (nucl.) strip; (math.) take, extract (the root of); gain (advantage); **—кающий** *a.* extracting, etc., *see v.*; digestive; **—кающий раствор** extractant; **—чение** *n.* extraction, drawing (off, out), etc., *see v.*; withdrawal, removal, recovery; extract, abstract, excerpt, resume, summary; **—чение корня** (math.) evolution, extraction of root; **секция —чения** stripper; **—ченный** *a.* extracted, drawn (off), etc., *see v.*; **—чь** *see* **извлекать**.

извне *adv.* from without, from (the) outside, external(ly).

извод *m.* consumption; waste; **—ить** *v.* consume, use, spend; exhaust, overwork; **—иться** *v.* be consumed, etc.; vanish, disappear.

извозчик *m.* (cab) driver.

извор/ачиваться *v.* avoid, dodge, elude; **—от** *m.* turn(ing), bend; expedient; **—отливый** *a.* resourceful, clever.

извра/тить, **—щать** *v.* distort, misinterpret; corrupt, pervert; **—щение** *n.* distortion; perversion; inversion; **—щенный** *a.* distorted, perverted.

изгар/ь, **—ина** *f.* (forge) scale, scoria.

изгиб *m.* bend(ing), deflection, inflection, curve, curvature, arc, flexure, kink; winding; (geol.) fold; elbow (of pipe); offset; **испытание на и.** bending test, flexing test; **линия —а** curvature; **момент —а** bending moment; **продольный и.** buckling; **—аемость** *f.* deflectivity; **—ание** *n.* bending, deflection, curving, flexure, buckling; **—ать** *v.* bend, deflect, curve, flex; **—аться** *v.* buckle, sag; **—ающий** *a.* bending, etc., *see v.*; **—оустойчивый** *a.* resistant to flexing.

изгла/дить, **—живать** *v.* efface, erase, wipe out, obliterate.

изгн/ание *n.* expulsion; **—ать** *v.* expel, drive out.

изгни(ва)ть *v.* rot away.

изгонять *v.* expel, drive out, eject.

изгор/ать, **—еть** *v.* burn up.

изгородь *f.* hedge, enclosure, fence.

изгот/авливать, **—овить** *v.* prepare, make (up), produce, manufacture, fabricate; make ready; carry out, execute; **—овитель** *m.* producer, manufacturer, maker; **—овка** *f.*, **—овление** *n.* preparation, making, etc., *see v.*; manufacture; **—овленный** *a.* prepared, made, etc., *see v.*; **—овлять** *see* **изготавливать**.

изгрязн/ить, **—ять** *v.* soil, contaminate.

изд. *abbr.* (издание); издательство.

издав/ание *n.* emission; **—ать** *v.* emit, give off, evolve, exhale; publish, issue.

издавна *adv.* long since, long ago.

издадут *fut. 3. pl. of* издать
издал/ека, —еча, —ече, —и *adv.* from afar, from a distance.
издан/ие *n.* edition, publication, issue; —ия *pl.* transactions; —ный *a.* published, issued.
издатель *m.* publisher; —ский *a.* publisher's, publishing; —ская деятельность publishing; —ское право copyright; —ство *n.* publisher, publishing house, publishing firm.
изд/ать *see* издавать; —ающий *a.* emitting, exhaling, giving off; issuing.
изд-во *abbr.* (издательство).
издев/ательство *n.*, —ка *f.* ridicule, mockery; —аться *v.* ridicule, deride.
издел/ие *n.* article, object, item, product, piece of work; —ия *pl.* ware, products, goods; готовые —ия hardware.
издерет *fut. 3 sing. of* издрать
издерж/ать, —ивать *v.* use, consume; spend (money), disburse; —ка *f.* expense, cost, expenditure, outlay; —ки *pl.* cost(s); (shop) overhead.
издирать *see* изодрать
издробить *v.* crumble, break up.
издыряв/ить, —ливать *v.* perforate.
изентроп/а *f.* isentrope, adiabatic curve; —ный *a.* isentropic.
изерин *m.* (min.) iserine.
изжелт/а— *prefix* yellowish; —ить *v.* stain yellow.
изжечь *v.* burn up.
изживать *v.* get rid (of), overcome; и. себя outlive its usefulness, become outdated.
изжигать *v.* burn up.
изжить *see* изживать.
изжога *f.* heartburn.
из-за *prep. gen.* because of, due to, on account of, through; from (behind).
иззелен/а— *prefix* greenish; —ить *v.* stain green.
иззубри(ва)ть *v.* notch, serrate.
изинговский *a.* (phys.) Ising's.
—изиров/ание *n. suffix* —ization, —izing, —yzing; —анный *a.* —ized, —yzed; —ать *v.* —ize, —yze.
излавливать *v.* catch, seize, trap.
излагат/ельный *a.* explanatory; —ь *v.* state, give an account (of), expound, present, set forth, write up, report.
изламывать *v.* break, fracture.
излеж(ив)аться *v.* spoil (in storage).
излетать *v.* fly (all over); use up (fuel).
излеч/ение *n.* recovery, cure, healing; —ивать, —ить *v.* cure, heal; —имость *f.* curability; —имый *a.* curable.
изли/вать, —ть *v.* pour (out), discharge; —ваться, —ться *v.* issue (from), flow out, well out, gush, effuse; —вшийся *a.* issuing, etc., *see v.*; (geol.) effusive, extrusive.

излиш/ек *m.* surplus, excess; —ество *n.* excess; —ества *pl.* luxuries; —ествовать *v.* overindulge; —не *adv.* in excess, superfluously; it is not necessary; —ний *a.* excessive, over-, superfluous, unnecessary.
излия/ние *n.* outpouring, outflow, discharge, effusion, eruption; —ть *see* изливать.
изловить *see* излавливать.
изловч/аться, —иться *v.* manage, contrive.
излож/ение *n.* account, statement, exposition; presentation; —енный *a.* stated, etc., *see* излагать; given.
изложина *f.* hollow.
изложить *see* излагать.
изложница *f.* (met.) ingot mold.
излом *m.* fracture, break, fissure, breaking (off); breakdown; deviation (from normal); angularity (of axle); cross-sectional view; —анный, —ленный *a.* fractured, broken; —ать, —ить *see* изламывать.
излуч/аемость *f.* emissivity, —аемый *a.* emitted, radiated; —атель *m.* emitter, radiator; source; —ательный *a.* emitting, emissive, radiating; —ать *v.* emit, (e)radiate; —аться *v.* radiate, emanate (from); —ающий *a.* emitting, radiating, radiant; —ение *n.* emission, radiation, emanation; биологическое действие —ения biologic effectiveness of radiation, RBE; единица поглощенного —ения radiation absorbed dose, rad; измеритель потока —ения fluxmeter; —енный *a.* emitted, radiated.
излуч/ина *f.* curve, bend, winding, meander; detour; —истый *a.* bent, winding, meandering, tortuous.
—изм *m. suffix* —ism.
измаз(ыв)ать *v.* smear; use up.
измалывать *v.* grind, crush, break up.
изматывать *v.* deplete, exhaust.
измачивать *v.* wet, soak.
измельч/ание *n.* growing (small(er), reduction; getting shallow(er); —ать *v.* grind, crush, break up, distintegrate, comminute, pulverize, mill, pound, stamp (ore); reduce (to fragments or small size), shred; become small(er); grow shallow(er); —ающий *a.* grinding, etc., *see v.*; —ение *n.* grinding, etc., *see v.*; size reduction; breakage; —енный *a.* ground, crushed, etc., *see v.*; finely divided; —итель *m.* crusher, pulverizer; (grain size) reducer.
измена *f.* treachery, treason.
изменен/ие *n.* change, alteration, variation, modification, conversion, transformation; fluctuation, deviation; correction; history; и. знака заряда charge permutation; и. по глубине depth variation; и. цвета discoloration; без —ия

изменимый unchanged; —енный *a.* changed, etc., *see* изменять(ся).
измен/имый *see* изменяемый; —итель *m.* changer, converter; —ить *see* изменять.
изменчив/ость *f.* variability, changeability; variation; (biol.) mutability, mutation; —ый *a.* variable, changeable, inconstant, irregular, unsettled, floating.
измен/яемость *f.* variability; —яемый *a.* variable; —ять *v.* vary, change, alter, modify; reverse (direction); betray; —яться *v.* change, be changed, be affected (by); fluctuate, range, vary; —яющийся *a.* varying, etc., *see v.*; variable; sensitive.
измер/ение *n.* measuring, measurement, gaging; survey; dimension, size; distance, length; determination; *suffix* —metry; в трех —ениях three-dimensional; —енный *a.* measured, etc., *see* измерять; observed, detected; —имость *f.* measurability; —имый *a.* measurable, mensurable; —итель *m.* meter, measurer, gage; counter; indicator; (distortion) tester; —ometer, *e.g.,* —итель ускорения accelerometer.
измерительн/ый *a.* measuring, gaging; gage (block); и. прибор measuring instrument, gage; meter; и. цилиндр graduated cylinder, graduate; —ая лента, —ая рулетка tape (measure).
измер/ить, —ять *v.* measure, gage, size; meter; rate; survey; determine, take (reading); sound (depths); —яемый *a.* measurable; being measured; metered.
изможденный *a.* exhausted, emaciated.
измол/ачивать, —отить *v.* (agr.) thresh; —отый *a.* ground; —оть *see* измалывать.
измор/озь *f.* hoarfrost, rime, (white) frost; —ось *f.* drizzle; sleet.
измочали(ва)ть *v.* shred, separate into shreds, separate into filaments.
измочить *v.* wet, soak.
измыслить *see* выдумать.
измять *v.* crumple up, crush, trample.
—изна *f. suffix* —ness.
изнанка *f.* wrong side, reverse.
изнашив/аемость *f.* wearability, wearing property; depreciation; —ание *n.* wearing (away), etc., *see v.*; wear (and tear); erosion; deterioration, depreciation; —ать *v.* wear (away, down, out), fray; erode; —аться *v.* wear (away, down, out), be worn down; fray; erode; deteriorate, depreciate; —ающийся *a.* wearing, etc., *see v.*
изнеможение *n.* exhaustion, breakdown.
износ *m.* wear (and tear), wearing away, abrasion, erosion; (catalyst) attrition; depreciation, deterioration; depletion; impoverishment (of mine); consumption (of electrode); —ить *see* изнашивать.
износо/стойкий *a.* resistant to wear, durable; abrasion-resistant; —стойкость *f.* resistance to wear, wearing qualities, durability; abrasion resistance; —упорность, —устойчивость *see* износостойкость; —упорный, —устойчивый *see* износостойкий.
изношенн/ость *f.* worn out state; —ый *a.* worn (out), outworn; eroded; used up, exhausted.
изнур/ение *n.* exhaustion, emaciation; —енный *a.* exhausted; —ительный *a.* exhausting.
изнутри *adv.* from within, from the inside.
изо *see* из.
изо— *prefix* iso— (equal); insulation; *see also* из—.
изоамил *m.* isoamyl; —ацетат *m.*, —овый эфир уксусной кислоты isoamyl acetate; —ен *m.* isoamylene; —овый *a.* isoamyl (alcohol.)
изобар/а *f.* isobar, constant-pressure line; isobar (a nuclide); —ический, —ный *a.* isobaric; —ический потенциал, —ноизотермический потенциал (thermodynamics) Gibbs free energy; —ометрический *a.* isobarometric.
изобат/а *f.* isobath, depth contour; —итерма *f.* isobathytherm.
изобенз— *prefix* isobenz(o)—.
изобил/ие *n.* abundance, plenty, profusion, fertility; —овать *v.* abound (in), be rich (in); —ующий *a.* abundant, rich (in); —ьный *a.* abundant, plentiful, fertile, heavy, full.
изоблич/ать, —ить *v.* show to be; expose.
изображ/аемый *a.* imaginary; represented, etc., *see v.*; —ать *v.* represent, depict, describe, portray, display, exhibit, show, picture, illustrate; design; —аться *v.* be represented, etc.; —ающий *a.* representing, etc., *see v.*; (opt.) imaging (device); —ение *n.* representation, etc., *see v.*; picture, drawing; image; метод —ений (electromagnetic theory) mirror-image method; —енный *a.* represented, etc., *see v.*
изобразит/ельный *a.* descriptive, imitative; graphic; figurative; —ь *see* изображать.
изобрести *see* изобретать.
изобретатель *m.* inventor, deviser; —ность *f.* inventiveness, resourcefulness, ingenuity; —ный *a.* inventive, resourceful, ingenious; —ский *a.* inventor's, invention; —ство *n.* invention, development of inventions.
изобрет/ать *v.* invent, devise, contrive, develop; —ение *n.* invention, device; —енный *a.* invented, etc., *see v.*

изобут/ан *m.* isobutane; **—енил** *m.* 2-methyllallyl (Russian nomenclature); **—ил** *m.* isobutyl; **—илацетат** *m.*, **—иловый эфир уксусной кислоты** isobutyl acetate; **—илен** *m.* isobutylene; **—иловый** *a.* isobutyl.
изобьет *fut. 3 sing. of* избить.
изовалерианов/ый *a.* isovaleric (acid); **—оэтиловый эфир** ethyl isovalerate.
—изов/ание *n. suffix* **—**ization, **—**izing, **—**yzing; **—анный** *a.* **—**ized, **—**yzed; **—ать** *v.* **—**ize, **—**yze.
изовела *f.* isovel, equal-speed line.
изоверин *m.* (pharm.) N-isoamylcadaverine dihydrochloride.
изовьется *fut. 3 sing. of* извиться.
изогалина *f.* isohaline, equal-salinity line.
изогамма *f.* isogam.
изогексан *m.* isohexane.
изогелия *f.* (meteor.) isohel, isohelic line.
изогенный *a.* isogenetic, isogenous.
изогеотерм/а *f.* (geol.) isogeotherm, isogeothermal line; **—ический** *a.* isogeothermal.
изогептан *m.* isoheptane.
изогидр/ический, —ичный *a.* isohydric; **—ичность, —ия** *f.* isohydry.
изогиет/а *f.*, **—ная линия** (meteor.) isohyet, isohyetal line.
изогипса *f.* isohypse, structure contour.
изогира *f.* (opt.) isogyre.
изогнут/ость *f.* curvature, flexion, camber; bend; **—ый** *a.* curved, bent, crooked, cranked; constrained (radiator); camber (beam); **—ь** *see* изгибать.
изогон/а *f.*, **—аль** *m.* (magnetism) isogonic (line); **—альный** *a.* isogonal, equiangular; **—ический** *a.* isogonic.
изоград/а *f.* (petr.) isograd; **—иент** *m.* isogradient; **—ный** *a.* isograde.
изо/грамма *f.* isogram; **—граф** *m.* isograph.
изо/дефа *f.* isodef (line of equal deformation); **—диафера** *f.* isodiaphere (a nuclide); **—диморфизм** *m.* isodimorphism.
изодинам/а *f.* (magnetism) isodynamic line; **—ический** *a.* isodynamic.
изодовский *a.* (met.) Izod (test).
изодоза *f.* (radiobiology) isodose.
изодрать *v.* tear, rend, lacerate.
изодром *m.*, **—ный** *a.* isodromic.
изожжет *fut. 3 sing. of* изжечь.
изоионный *a.* isoionic.
изоклазит *m.* (min.) isoclasite.
изоклиматический *a.* isoclimatic.
изоклин/а *f.*, **—аль** *f.* isoclinal (line); (geol.) isocline; **—альный, —ический** *a.* isoclinal, isoclinic; **—альная складка** isocline, overturn.
изокоричная кислота isocinnamic acid.
изокосмы *pl.* isocosmic lines.

изолейцин *m.* isoleucine.
изолента *f.* insulating tape, friction tape.
изолиния *f.* (meteor.) isoline.
изолир/ование *n.* insulation, etc., *see v.*; **—ованность** *f.* insulated state; insulating property; **—ованный** *a.* insulated, etc., *see v.*; single, separate; (comp.) floating (target); **—овать** *v.* insulate, seal (off); isolate, segregate; tape (wire); (med.) quarantine; **—овка** *f.* insulation; insulation tape; **—овочный** *a.* insulating, etc., *see v.*; **—овочное вещество** insulator; **—уемый** *a.* insulated, etc., *see v.*; **—ующий** *see* изолировочный.
изолог *m.* isolog; **—ичный** *a.* isologous.
изольет *fut. 3 sing. of* излить.
изолюкса *f.* isolux, equal-illumination curve.
изолятор *m.*, **—ный** *a.* insulator; isolator; (med.) isolation ward or room.
изоляц/ионный *a.* insulation, insulating; **и. материал** insulator; **—ионная лента** (elec.) insulation tape, friction tape; **—ия** *f.* insulation, insulating, etc., *see* изолировать; quarantine; **полная —ия** (nucl.) positive confinement; **с бумажной —ией** paper-insulated.
изомасляная кислота isobutyric acid.
изоменаль *m.* isomenal.
изомер *m.* (chem.) isomer; **—а** *f.* isomer, equal-proportion line; **—изат** *m.* isomerizate, product of isomerization; **—изация** *f.* isomerization; **—изм** *m.* isomerism; **—изованный** *a.* isomerized; **—изовать** *v.* isomerize; **—ия** *f.* isomerism; **—ия положения** place isomerism; **—ный** *a.* isomeric; **—ное превращение** isomerization; **—ное состояние** isomerism; **—ное тело** isomer.
изометамерный *a.* isometameric.
изометрический *a.* isometric(al).
изомнет *fut. 3 sing. of* измять.
изомолярный *a.* isomol(ecul)ar.
изоморф/изм *m.*, **—ность** *f.* isomorphism; **—ный** *a.* isomorphous, isomorphic; isostructural.
изомочевина *f.* isourea, pseudourea.
изонефа *f.* isoneph, equal-cloudiness line.
изоникотиновый *a.* isonicotinic (acid).
изонитр/ил *m.* isonitrile, isocyanide; **—о-соединение** *n.* isonitro compound.
изономаль *m.*, **—ная линия** (meteor.) isonomal.
изооктан *m.* isoöctane.
изоосмотический *see* изосмотический.
изо/пага *f.* (meteor.) isopag, equiglacial line; **—пахита** *f.* (maps) isopach; **—пентан** *m.* isopentane; **—периметрический** *a.* (math.) isoperimetric; **—пикна** *f.* isopycn, equal-density line; **—пикнический** *a.* isopycnic; **—пический** *a.* (geol.) isopic(al); **—плера** *f.* isopleric

изопол line, constant-volume line; —плета *f.* isopleth.

изопол *m.* ysopol.

изо/поликислота *f.* isopolyacid; —полисоединение *n.* isopoly compound; —потенциальный *a.* isopotential; —прал *m.* isopral, trichloro-*i*-propanol; —прен *m.*, —преновый *a.* isoprene, 2-methyl-1,3-butadiene.

изопропил *m.*, —овый *a.* isopropyl; —ацетат *m.*, —овый эфир уксусной кислоты isopropyl acetate; —овый спирт isopropyl alcohol; —овый эфир diisopropyl ether.

изопьест/а *f.*, —ическая линия (geol.) isopiestic (line); —ический *a.* isopiestic.

изорада *f.* isorad.

изорв/анный *a.* torn, tattered, ragged; —ать *v.* tear, rend.

изорефракт *m.* isorefract, line of equal refractive indices.

изороданов/ая кислота isothiocyanic acid; соль —ой кислоты, —окислая соль isothiocyanate.

изосафрол *m.* isosafrole.

изосейс/ма, —та *f.* (geol.) isoseismal line, isoseism; —мический *a.* isoseismic, isoseismal.

изосмотический *a.* isosmotic, isotonic.

изостазия *f.* (geol.) isostasy.

изостат/а *f.* isostatic (curve), equal-pressure curve; —ический *a.* isostatic.

изостер/а *f.* (chem.; meteor.) isostere; —ический *a.* isosteric; —ия *f.* isosterism.

изостроение *n.* isomeric structure.

изоструктурный *a.* isostructural.

изотак/а *f.* (meteor.) isotac; —тический *a.* (polymerization) isotactic; —тичность *f.* isotacticity.

изотах *m.* (maps) isotach, line of equal rates of sedimentation.

изотаха *f.* isotach, equal-velocity line.

изотера *f.* (meteor.) isothere, isotheral line.

изотерм/а *f.* isotherm, isothermal curve, equal-temperature curve; —ический *a.* isothermic, isothermal.

изотима *f.* isothyme, isoatmic line, equal-evaporation line.

изотиоцианат *m.* isothiocyanate.

изотон *m.* (nucl.) isotone (a nuclide); —ический, —ный *a.* isotonic, isosmotic; —ия *f.* isotonicity.

изотоп *m.* isotope; —ический, —ный *a.* isotope, isotopic; —ное изобилие изотопic abundance; —ное смещение изотope shift; —ное число isotopic number, neutron excess; метод —ного разбавления isotope dilution analysis.

изотрет *fut. 3 sing. of* истереть.

изотрон *m.*, —ный разделитель isotron (isotope separator).

изотроп/ический, —ный *a.* isotropic; —ия, —ность *f.* isotropy, isotropism.

изофаза *f.* isophase.

изофациальный *a.* isofacial.

изофена *f.* (meteor.) isophene.

изоформ *m.* isoform, *p*-iodoanisol.

изофота *f.* (phys.) isophot.

изофталевая кислота isophthalic acid.

изохимена *f.* (meteor.) isocheim.

изохинолин *m.* isoquinoline.

изохиона *f.* isochion, equal-snow line.

изохор/а *f.* isochore (curve); —ический, —ный *a.* isochoric; —ный потенциал, —но-изотермический потенциал (thermodynamics) Helmholtz free energy, work function.

изохром/атический, —атичный, —ный *a.* isochromatic, orthochromatic.

изохрон/а *f.* isochrone; —изм *m.*, —ность *f.* isochronism; —ический, —ный *a.* isochronous.

изоциан/ат *m.* isocyanate; —иновый *a.* isocyanin (dyes); —овый *a.* isocyanic (acid); —уровый *a.* isocyanuric (acid).

изоциклический *a.* isocyclic (compound).

изошьет *fut. 3 sing. of* исшить.

изощр/ить, —ять *v.* sharpen, refine, perfect; —яться *v.* excel.

изоэдрический *a.* isohedral.

изоэйгенол *m.* isoeugenol.

изоэлектрический *a.* isoelectric.

изоэнергета *f.* isenergic, constant-energy line.

изоэнтальпический *a.* isoenthalpic.

изоэнтроп/а *f.* isoentropic curve; —ийный, —ический *a.* isoentropic.

из-под *prep. gen.* from under; и. воды—земля (missiles) underwater-to-surface.

израз/ец *m.*, —цовый *a.* tile.

израильский *a.* Israeli.

израстание *n.* (agr.) excessive growth.

израсход/ование *n.* expenditure; —ованный *a.* spent, etc., *see v.*; —овать *v.* spend, consume, use; expend, lay out; run out of.

изредить *see* изреживать.

изредка *adv.* rarely, seldom; from time to time, occasionally.

изреж/енный *a.* (agr.) thinned out; too thin; —ивать *v.* thin out.

изрез/анность *f.* irregularity, unevenness (of shore line); —анный *a.* irregular, uneven, rugged, dissected; angular (iceberg); —(ыв)ать *v.* cut (up), dissect.

изреше/тить, —чивать *v.* riddle (with bullets), perforate.

изроет *fut. 3 sing. of* изрыть.

изруб/ать, —ить *v.* cut, chop, mince; —ленный *a.* cut, chopped, hashed.

изры/вать *v.* tear up; dig up; —тый *a.* dug up; pitted; —ть *v.* dig up.

изрядный *a.* fair, considerable.

изувечи(ва)ть v. maim, mutilate.
изум/ительный a. amazing, astounding; —ить, —лять v. surprise, amaze.
изумруд m., —ный a. (min.) emerald.
изуродов/анный a. mutilated, etc., see v.; —ать v. mutilate, maim, disfigure.
изуч/аемый a. studied, etc., see v.; under study, under investigation, under discussion; involved; test; —ать v. study, investigate, explore, look into, examine; learn; deal (with); —аться v. be under study, be under investigation; —ающий a. studying, etc., see v.; concerned; —ение n. (research) study, investigation; —енность f. (previous) study; —енный a. studied, etc., see v.; understood; —ить see изучать.
изъед/ать, изъесть v. eat away, corrode; —енный a. corroded, pitted.
изъемлет fut. 3 sing. of изымать.
изъяв/ить, —лять v. express, testify; —ление n. testimony.
изъязв/ить, —лять v. ulcerate, pit; —ление n. ulceration, pitting; —ленный a. ulcer(at)ed, ulcerous, pitted.
изъян m. defect, flaw, fault; damage.
изъясн/ить, —ять v. explain.
изъят/ие n. removal, elimination, withdrawal; exception; immobilization; confiscation; —ь v. remove, eliminate, withdraw, take out; immobilize; confiscate.
изымать see изъять.
изыск/ание n. investigation, (re)search; exploration, prospecting, survey(ing); —анный a. investigated, etc., see v.; —атель m. prospector, surveyor; —ательно-разведочный a. survey-and-reconnaissance, intelligence; —ательский a. exploratory, prospecting, survey(ing); —(ив)ать v. investigate, explore, look (for), seek, search (for).
изэнтроп/а f. (thermodynamics) isentrope, isentropic line; —ический a. isentropic.
изэтионовая кислота isethionic acid, 2-hydroxyethanesulfonic acid.
изюм m., —ный a. raisin.
изящный a. fine, exquisite, elegant.
—ий m. suffix (chem.) —(i)um.
ийолит m. (petr.) ijolite.
—ийский a. suffix —ian, —ic.
ИК abbr. (инфракрасный) infrared.
—ик m. suffix —ant, —er, —ic, —ist, —yst specialist; —a f. —ics.
икать v. hiccup.
И-кислота f. J acid.
ИКЛ abbr. (инфракрасные лучи) infrared rays.
ИКМ abbr. (импульсно-кодовая модуляция) pulse-code modulation.
икнуть see икать.
иконо— prefix icono— (image); —скоп m. (telev.) iconoscope.

икорный a. of икра.
икос/а—, —и— prefix icosa—, icosi— (twenty); —аэдр m. icosahedron; —аэдрический a. icosahedral; —итетраэдр m. icositetrahedron.
икот/а f., —ный a. hiccup(ing); —ник m. (bot.) Berteroa.
икр/а f. (ichth.) roe; caviar; (anat.) calf; sura; метать —у v. spawn; —инка f. fish egg; —омет m., —ометание n. spawning; —оножный a. (anat.) sural, calf; gastrocnemius (muscle); —яной a. roe; (anat.) sural, calf; —яной камень (min.) roe stone, oölite.
икс m. (math.) x; X-unit, Siegbahn unit (10^{-3} Å); —лучи pl. X-rays; —образный a. X-shaped.
иксолит m. (min.) ixolite.
иксообразный see иксобразный.
ил m. silt, slime, mud, sludge, ooze; (flotation) slurry; (cer.) slip.
—ил m. suffix (chem.) —il(e), —yl.
иланг/-иланг m. (bot.) ylang-ylang (Cananga odorata); —ол m. ylangol.
илексантин m. ilexanthin.
илео— prefix (anat.) ileo— (ileum); —цекальный a. ileocecal.
или conj. or, either; и. вообще не if at all; и. же or else; и. . . . и. either . . . or; и. не or otherwise; и. совсем не if at all.
илид m. ilide (onium-carbon ion).
илис-/иловый see илициловый спирт ilicic alcohol, amyrin.
илист/ость f. muddiness; —ый a. muddy, slimy, oozy, sludgy.
илиц/иловый спирт ilicyl alcohol; —ин m. ilicin.
илл. abbr. (иллюстрация).
иллиний m. illinium, Il.
иллинум m. Illinum (alloy).
иллип/е n. illipe, bassia fat; —ен m. illipene.
иллит m. (min.) illite.
иллиум m. Illium (alloy).
иллудин m. illudin.
иллюв/иальный a. (geol.) illuvial; —ий m. illuvial deposits.
иллюз/ия f. illusion, delusion; —орный a. illusory, illusive, deceptive.
иллюмин/атор m. illuminator; (naut.) porthole; illumination specialist; —ация f. illumination; —ация, —овка f. coloring map contours; —ент m. illuminant; —ированный a. illuminated, lit; —(ир)овать v. illuminate, light; —ометр m. illuminometer.
иллюстр/ация f. illustration, figure, drawing; —ирование n. illustration, etc., see v.; —ированный a. illustrated, etc., see v.; —ировать v. (serve to) illustrate, picture, portray, depict, show, display, exhibit.

илов/атый *a.* muddy, slimy, oozy; **—атая глина**, **—ка** *f.* (geol.) loam; siltstone; **—ый** *a. of* ил.
—иловый *a. suffix* (chem.) —il(ic), -ile, —yl(ic).
илоочиститель *m.* desilter.
и.л.с.ч. *abbr.* (индикаторная лошадиная сила в час) indicated horsepower per hour.
иль *see* или.
ильваит *m.* (min.) ilvaite, lievrite.
ильземаннит *m.* (min.) ilsemannite.
ильм *m.* (bot.) elm (*Ulmus*).
ильмен/ий *m.* ilmenium (a mixture of niobium and tantalum); **—ит** *m.*, **—итовый** *a.* (min.) ilmenite, titanic iron ore; **—орутил** *m.* ilmenorutile.
ильменный *a. of* ильмень.
ильмень *m.* ilmen (Volga delta lake).
ильмов/ник *m.* elm grove; **—ый** *a.* elm.
ильный *a.* mud, slime, ooze.
—ильн/ый *a. suffix* —ing; (chem.) —il(ic), —ile, —yl(ic); **—я** *f.* —(e)ry, —ing mill, —ing shop, —ing works.
им *instr. of* он, оно, by him, with it; *dat. of* они, to them, then.
им. *abbr.* (имени) named after.
имаг/инальная стадия, **—о** *n.* (ent.) imago.
имазатин *m.* imasatin; **—овая кислота** imasatic acid, isamic acid.
имазин *m.* imazine.
имбецильность *f.* (med.) imbecility.
имбибиция *f.* imbibition, absorption.
имбир/ный *a.*, **—ь** *m.* ginger.
Имгофа шлам Imhoff sludge.
имезатин *m.* imesatin, 3-iminoöxindole.
имени *gen. of* имя.
имение *n.* property, possession, estate.
имен/но *particle* namely, to wit, precisely, expressly, just; it is (precisely) . . . that; **—ной** *a.* nominal, name; **—ование** *n.* naming, name, denomination; **—ованный** *a.* named, etc., *see v.*; concrete (number); **—овать** *v.* name, call, designate, identify (as), know (as), refer (to), term, denote; **—оваться** *v.* be called; **—уемый** *a.* called, known, referred (to).
имеринит *m.* (min.) imerinite.
им/еть *v.* have, possess, be provided (with); exhibit, show, display; take (the form of); maintain, keep (staff); **не и.** be free (of); **—еться** *v.* be, exist, be available; **у него —еется** there is; **у него —еется** he has; **не —еться** be free (of), be lacking; be non-existent; **—ющий** *a.* having, etc., *see v.*; **—ющийся** *a.* available, provided; **—ея** *pr. ger.* having, given.
ими *instr. of* они, by them.
имид *m.*, **—ный** *a.* imide; **—азол** *m.* imidazole, glyoxaline; **—азолил** *m.* imidazolyl; **—азолон** *m.* imidazolone, iminazolone.

имидо— *prefix* imido—; **—ген** *m.* imidogen, imido group; **—мочевина** *f.* imidourea, imidocarbamide.
иминазол *m.* iminazole.
имино— *prefix* imino—; **—группа** *f.* imino group; **—уксусная кислота** iminoacetic acid; **—этанол** *m.* iminoethanol; **—эфир** *m.* imino ester.
имит/атор *m.* simulator; **—ационный** *a.*, **—ация** *f.*, **—ирование** *n.* simulation, imitation; decoy; **—ация пожара** decoy fire; **—ированный** *a.* simulated, imitated; **—ировать** *v.* simulate, imitate, copy; **—ирующий** *a.* simulative, imitative.
ИМК *abbr.* (индолилмасляная кислота) indolylbutyric acid; (индукционный метод магнитного каротажа) magnetic induction logging.
имм. *abbr.* (иммунный) immune.
имманент/ость *f.* immanence; **—ый** *a.* immanent, inherent.
иммельман *m.* (av.) Immelman turn.
имперс/ия *f.*, **—ионный** *a.* immersion; **и. в масле** oil immersion.
иммигр/ационный *a.*, **—ация** *f.* immigration; **—ировать** *v.* immigrate.
иммобилиз/ация *f.* immobilization; fixation; reversion, retrogradation; **—овать** *v.* immobilize; fix.
иммортель *m.* (bot.) everlasting.
иммун/изация *f.*, **—изирование** *n.* immunization; **—изировать** *v.* immunize; **—итет** *m.* immunity; **—ентный**, **—ый** *a.* immune; **—обиологический** *a.* immunobiological; **—огенность** *f.* immunogenicity; **—ология** *f.* immunology; **—оподавительная** *a.* immunosuppressive; **—опрофилактика** *f.* immunoprophylaxis; **—отерапия** *f.* immunotherapy; **—охимия** *f.* immunochemistry; **—сыворотка** *f.* immune serum, antiserum.
имоний *m.* imonium.
—имость *f. suffix* —ibility.
имп. *abbr.* (импульс, импульсный).
импедан/с, **—ц** *m.*, **—сный** *a.* (elec.) impedance, apparent resistance; **измеритель —са** impedometer.
импеллер *m.* impeller, blade; (mixer) propeller, agitator.
императив *m.*, **—ный** *a.* imperative.
императорин *m.* imperatorin, peucedanin.
импер/ия *f.* empire; **—ский** *a.* imperial.
импидор *m.* (elec.) impeder.
имплантация *f.* implantation.
импликант *m.* implicant (of function).
импликац/ионный *a.* implicational, graphic; **—ия** *f.* implication.
имплоз/ивный *a.* implosive; **—ия** *f.* implosion, bursting inwards.
имп/мин *abbr.* (импульсов в минуту) pulses per minute; counts per minute.
импозантный *a.* impressive, imposing.

импонировать v. impress, impose (upon).
импорт m. import(ation); —ер m. importer; —ировать v. import; —ный a. import(ed).
импост m. (arch.) impost.
импотен/тность f., —ция f. impotence; —тный a. impotent.
импре/гнация f., —гнирование n. impregnation; —гнированный a. impregnated; —гнировать, —ньировать v. impregnate; —гнирующий a. impregnating.
имп/сек abbr. (импульсов в секунду) pulses per second; counts per second.
импсонит m. (min.) impsonite.
импульс m. impulse, impetus, impact; momentum; (elec.) pulse; и. напряжения voltage pulse; амплитуда —а, высота —а (phys.) pulse height; (elec.) pulse amplitude; пространство —ов momentum space; усилитель —ов pulse amplifier; —атор m. impulsator, pulser; —ер m. impulse starter; —ивный a. impulsive; —номодулированный a. pulse-modulated, pulsed; —но-приложенный a. step-function (voltage); —ный a. impulse, momentum; puls(ed), impulsive; sampled (data); flash (bulb); —ный генератор (im)pulse generator; в —ном режиме pulsed; —овидный a. pulse-like; —остойкий a. surgeproof.
импфирование n. water softening by means of hydrochloric or sulfuric acid.
имуществ/енный a. property; —о n. property, estate; stock, goods, material(s), stores, equipment; assets.
имущий a. wealthy.
—имый a. suffix —ible, —uble; —ed.
им/я n. name; —ени named for; институт —ени Ленина Lenin Institute; от —ени on behalf (of).
ин. abbr. (интенсивный) strong.
—ин m. suffix —in(e).
инактив/ация f. inactivation; —ированный a. inactivated; —ировать v. inactivate.
иначе adv. (expressed) otherwise, differently; or (else); и. обстоит дело it is different (with), not so (with); так или и. in any case, one way or another.
инбирь see имбирь.
инбридинг m. (biol.) inbreeding.
инваз/ивный, —ионный a. invasive; —ия f. invasion.
инвалид m., —ный a. invalid; —ость f. invalidism; disability.
инвар m. Invar (alloy).
инвариант m., —ный a. (math.) invariant; —ность f. invariance.
инвентар/изатор m. inventory taker; accessioner; —изационный a., —изация f. inventory, stock-taking; accessioning; —из(ир)овать v. (take) inventory, take stock; accession, record; —ный a. inventorial; accession(al); packaged-unit (substation); —ная опись inventory; —ь m. inventory, stock; implements, equipment; живой —ь livestock.
инверс/ионный a. inversion; —ия see инвертирование; —ный a. inverse; inverter (stage); —ор m. inversor.
инверт/аза f., —ин m. invertase, invertin, saccharase; —ер m. (elec.) inverter, inverted rectifier.
инвертиров/ание n. inversion, inverting, reversal; температура —ания inversion point; —анный a. inverted; invert (sugar); —ать v. invert, reverse.
инверт/ный a. invert; —ор see инвертер.
инвестировать v. (com.) invest.
инволю/тный a. involute, coiled; —ция f. involution; (biol.) degeneration.
ингаля/тор m. inhaler, inhalator; —ционный a., —ция f. inhalation.
ингибитор m. inhibitor, arrester; —ный a. inhibitor, inhibiting.
ИНГК abbr. (импульсный нейтроно-гамма каротаж) pulsed neutron-gamma logging.)
ингот m. (met.) ingot; —изм m. ingot structure.
ингредиент m. ingredient, component, constituent.
ингресс/ивный a. ingressive, entering; —ия f. ingression, entrance.
инд. abbr. (индийский) Indian.
инд/азин m. indazine; —азол m. indazole, benzopyrazole; —азолон m. indazolone; —аллой m. Indalloy; —амин m., —аминовый a. indamine, phenylene blue; —ан m. indan, hydrindene; —андион m. indandione, diketohydrindene; —анил m. indanyl; —анон m. indanone, indone.
индантрен m., —овый a. indanthrene.
индеветь v. be covered with hoarfrost.
индейка f. turkey (hen).
индейский a. (American) Indian.
индекс m. index, (classification) number, identification number, notation, code, mark, symbol; factor; performance; (nuisance) value; —ация f. notation, system of notations; —ирование n. (classification and) indexing; —ировать v. index, classify; —ный a. index, indicial.
инден m. indene; —ил m. indenyl; —он m. indenone, indone.
индентор m. indenter.
индепендент m. independent.
индианит m. (min.) indianite, anorthite.
индивид m. individual; —уализация f. individualization, individual treatment; —уализировать v. individualize, treat individually; —уалистический a. in-

dividualistic; —**уальность** *f.* individuality; —**уальный** *a.* individual; independent, separate, self-contained, single; unit (drive); pure (substance); по —**уальному заказу** custom-built; —**уум** *see* **индивид**.

индиго *n.* indigo (dye); **белое и.** indigo white, leuco indigo; **голубое и.** indigo blue; **красное и.** indigo red, indirubin.

индигов/ый *a.* indigo; indigotic (acid); **и. куб** indigo vat; —**ая соль** indigo salt, *o*-nitrobenzaldehyde.

индиго/золь *m.* indigosol; —**ид** *m.*, —**идный** *a.* indigoid; —**кармин** *m.* indigocarmine, sodium indigotinsulfonate; —**лит** *m.* (min.) indigolite, indicolite; —**метр** *m.* indigometer; —**метрия** *f.* indigometry; —**носка** *f.* indigo plant; —**серная кислота** indigosulfuric acid, sulfindigotic acid; —**сульфоновая кислота** indigosulfonic acid; —**тин** *m.* indigotin, indigo blue.

индиевая соль indium salt.

инд/ий *m.* indium, In; **закись** —**ия** indium monoxide; **окись** —**ия** indium oxide; **сернистый и.** indium (sesqui-)sulfide; **хлористый и.** indium dichloride; **хлорный и.** indium trichloride.

индийский *a.* India(n); **и. желтый** Indian yellow.

индикан *m.* indican.

индикатор *m.* indicator, indicating device, display; detecting head; (nucl.) tracer; *suffix* —scope; **метод изотопных** —**ов**, —**ный метод** tracer technique; —**ный** *a.* indicator, indicating; indicated (horsepower); rated (pressure); —**ный механизм** indicator; —**ые часы** dial indicator, dial gage; —**оподобный** *a.* indicator.

индикатриса *f.* (math.) indicatrix, characteristic (curve).

индикация *f.* indication; presentation, display; tracing.

индиколит *see* **индиголит**.

инд/ил *m.* indyl; —**илиден** *m.* indylidene; —**ин** *m.* indin; —**ирубин** *m.* indirubin, indigo red.

индифферентный *a.* indifferent, inert.

индицирование *n.* indicating, indication; indexing.

Индия India.

индо— *prefix* indo—; Indo—; —**анилин** *m.* indoaniline; —**ген** *m.* indogen.

индоевропейский *a.* Indo-European.

индокитайский *a.* Indo-Chinese.

индокс/азеин *m.* indoxazeine, benzisoxazole; —**ил** *m.* indoxyl; —**иловый** *a.* indoxyl; indoxylic (acid); —**илсерная кислота** indoxyl-sulfuric acid.

индо/л *m.* indole, 1-benzazole; —**ленин** *m.*, —**лениновый** *a.* indolenine, iso-1-benzazole; —**лил** *m.* indolyl; —**лин** *m.* indoline, 2,3,-dihydroindole; —**линон** *m.* indolinone; —**лол** *m.* indolol, indoxyl; —**лон** *m.* indolone; —**н** *m.* indone, hydrindone.

индонезийский *a.* Indonesian.

индонил *m.* indonyl.

индосс/амент *m.*, —**о** *n.* (com.) indorsement; —**ант** *m.* indorser; —**ат** *m.* indorsee; —**ирование** *n.* indorsing, indorsement; —**ировать** *v.* indorse.

Индостан Hindustan.

индо/фенин *m.* indophenine; —**фенол** *m.* indophenol; —**форм** *m.* indoform.

индукт/анц *m.*, —**ивность** *f.* (elec.) inductance, inductivity; **катушка** —**ивности** inductance coil, inductor; —**ивноемкостный** *a.* inductance-capacitance; —**ивный** *a.* inductive, inductance.

индуктир/ование *see* **индукция**; —**ованный** *a.* induced; —**овать** *v.* induce; —**ующий** *a.* inducing, inductive.

индукто— *prefix* (elec.) inducto—, induction; —**мерный** *a.* inductometric; —**метр** *m.* inductometer; —**р**, —**рий** *m.* inductor, induction coil; **нагревательный** —**р** induction heater; —**рный** *a.* inductor, induction; —**син** *m.* inductosin.

индукци/онный *a.* induction, inductive; **и. ролик,** —**онная катушка** (elec.) induction coil; —**я** *f.* induction; (magnetic) density; **вызванный** —**ей, обусловленный** —**ей** induced; **емкость** —**и** inductive capacity, dielectric constant; **коэффициент** —**и** (elec.) inductance.

индулин *m.*, —**овый** *a.* induline.

индусский *a.* Hindu.

индустри/ализация *f.* industrialization; —**ализ(ир)овать** *v.* industrialize; —**альный** *a.* industrial; —**я** *f.* industry.

индуциров/анный *a.* induced; sympathetic (reaction); —**ать** *v.* induce.

индю/к *m.* turkey (cock); —**шачий** *a.* turkey; —**шка** *f.* turkey (hen); —**шонок** *m.* turkey poult.

инеевидный *a.* frosted (finish).

инезит *m.* (min.) inesite.

иней *m.* hoarfrost, frost, rime.

инерт/а *f.* engineering unit of mass; —**ность** *f.* inertness; lag, sluggishness; —**ный** *a.* inert, inactive; sluggish.

инерци/альный *a.* inertial; —**онноплавкий** *a.* time-delay, time-lag (fuse); —**онность** *f.* time lag; drift (of measuring instruments); (visual) persistence; —**онность действия** delay, delayed action; —**онный** *a.* inertia(l); sluggish; —**онное звено** lag network, relaxation circuit.

инерц/ия *f.* inertia, inertness, lag; **полет по** —**ии** coasting, free flight; **радиус** —**ии** radius of gyration; **сила** —**ии** (force of) inertia.

инея *gen. of* **иней**.

инж. *abbr.* (инженер, инженерный).

инжек/тированный *a.* injected; **—тировать** *v.* inject; **—тор** *m.* injector; **—торный** *a.* injector, injection; **—торного типа** spray-type (equipment); **—ционный** *a.*, **—ция** *f.* injection.

инженер *m.* engineer; **и.-автомобилист** *m.* automotive engineer; **и.-аквизитор** *m.* purchase engineer; **и.-атомник** *m.* nuclear engineer; **и.-вояжер** *m.* sales engineer; **и.-геодезист** *m.* geodetic engineer; **и.-геолог** *m.* geological engineer; **и.-гидравлик**, **и.-гидротехник** *m.* hydraulic engineer; **и.-инструментальщик** *m.* tool engineer; **и.-испытатель** *m.* testing engineer; **и.-конструктор** *see* **инженер-строитель**; **и.-консультант** *m.* consulting engineer; **и.-летчик-испытатель** *m.* engineering test pilot; **и.-металлург** *m.* metallurgical engineer; **и.-механик**, **и.-механизатор** *m.* mechanical engineer; **и.-монтажник** *m.* installation engineer.

инженерно-авиационный *a.* aviation-engineering.

инженер-нормировщик *m.* time-study engineer.

инженерн/о-строительный *a.* construction engineering; **и.-технический** *a.* engineering and technical; **и.-техническое общество** technical society of engineers; **—ый** *a.*, **—ое дело** engineering.

инженер-плановик *m.* planning engineer; **и.-проектировщик** *m.* design and planning engineer; **и.-производственник** *m.* production engineer, works engineer; **и.-сварщик** *m.* welding engineer; **и.-связист** *m.* communications engineer; **и.-синоптик** *m.* meteorological engineer.

инженерс/кий *a.* engineer(ing); **—тво** *n.* engineering.

инженер-строитель *m.* construction engineer, design engineer; civil engineer; **и.-термист** *m.* heat engineer; **и.-технолог** *m.* process engineer, engineer-technologist; **и.-физик** *m.* engineer-physicist; **и.-химик** *m.* chemical engineer; **и.-экономист** *m.* engineer-economist; **и.-экспериментатор** *m.* testing engineer; **и.-электрик** *m.* electrical engineer.

инжир *m.*, **—ный** *a.* fig.

инистый *a.* frosted, rimy.

инициал *m.* initial (letter).

иници/атив *m.* initiative; **предпринятый по —ативе** *a.* pioneered (by); **—ативность** *f.* initiative; **—ативный** *a.* (having) initiative; **—атор** *m.* initiator, starter; pioneer; organizer; **—аторство** *n.* show of initiative, pioneering spirit; **—ировать** *v.* initiation; fulmination; **—и-**
ровать *v.* initiate, start, trigger; **—ирующий заряд**, **—ирующее вещество** (expl.) initiator, priming charge.

инкапсул/ирование *n.*, **—яция** *f.* incapsulation; **—ировать(ся)** *v.* incapsulate.

инкарнатиловый *a.* incarnatyl (alcohol).

инкассировать *v.* (com.) collect.

инклин/атор, **—ометр** *m.* dipping compass, dip needle, inclinometer.

инклю/дирование *n.*, **—зия** *f.* inclusion.

инконгруентный *a.* incongruent.

инконель *m.* Inconel (alloy).

инкорпор/ация *f.* incorporation; **—ировать** *v.* incorporate, include.

инкремент *m.* increment, growth.

инкре/т *m.* (biol.) internal secretion, hormone; **—торный** *a.* incretory; **—ция** *f.* incretion, internal secretion.

инкруст/ация *f.*, **—ирование** *n.* incrustation, scale (formation), crust; inlay, lining; **—ированный** *a.* incrusted; inlaid, lined; **—ировать** *v.* incrust, cover with a crust; inlay, line.

инкуб/атор *m.*, **—аторный** *a.* incubator; **—аторий** *m.* incubator house, hatchery; **—аторная станция** hatchery; **—аторно-птицеводческая станция** hatchery and poultry-breeding center; **—ационный** *a.* incubation, incubative; **—ация** *f.*, **—ирование** *n.* incubation; **—ировать** *v.* incubate.

иннерв/ация *f.* (biol.) innervation; **—ировать** *v.* innervate.

ИННК *abbr.* (импульсный нейтроно-нейтронный каротаж) pulsed neutron-neutron logging.

ино— *prefix* different; other; **—видный** *a.* different(-looking).

—иновый *a.* *suffix* —in(ic), —ine.

иногда *adv.* sometimes, occasionally, in some cases, now and then.

иноз/а *see* **инозит**; **—ин** *m.* inosine, hypoxanthine riboside; **—иновая кислота**, **—инфосфорная кислота** inosinic acid, inosine (phosphoric) acid; **—ит** *m.* inositol, hexahydroxycyclohexane; **—итофосфат** *m.* inositol phosphate.

ин/ой *a.* some, other; different; **в —ом случае** otherwise; **не что —ое, как** nothing but, simply.

инокул/ирование *n.*, **—яция** *f.* inoculation; **—ировать** *v.* inoculate.

иноломин *m.* inolomin.

инонациональный *a.* foreign.

инообразный *see* **иновидный**.

иноплеменн/ик *m.* foreigner, stranger, outsider; **—ый** *a.* foreign, strange.

инородный *a.* foreign, extraneous.

ино/специалист *m.* foreign specialist; **—странец** *m.* foreigner; **—странный** *a.* foreign; **—язычный** *a.* foreign language.

инсеквентный *a.* (geol.) insequent.

инсект/арий m. insectarium; —исид, —и-цид m. insecticide; —окуция f. insectocution (insect electrocution); —офунгицид m. insecticide-fungicide.

инсипин m. insipin, quinine diglycolsulfate.

инсоляция f. insolation.

инспек/тирование n. inspection, examination; —тировать v. inspect, examine; —тор m. inspector; —торат m., —тура f. inspectorate; —торский a. inspectorial, inspection; —торство n. inspector's work; —ционный a., —ция f. inspection; inspection center.

инспир/атор m. inspirator; —ация f. inspiration, inhalation; —ированный a. inspired; —ировать v. inspire.

инсталляция f. installation.

инстилляция f. instillation.

инстинкт m. instinct; —ивно adv. instinctively; —ивный a. instinctive.

институт m. institute, establishment; —ский a. institute's, institutional.

инструк/таж m. instruction(s), directions; briefing; —тивный a. instructive, instruction; —тирование n. instruction; —тировать v. instruct, advise, direct; —тор m. instructor, adviser; —ционный a. instruction; —ция f. instruction, order; (comp.) command; directions; specification; instruction book, handbook, manual.

инструмент m. instrument, tool, implement; tools, spec. machine tools; —альная f. toolroom, tool shed; —альный a. instrument(al); tool (steel, etc.); —альное дело tool engineering; —альщик m. tool maker, tool worker; —арий m. tool kit, set of tools; tooling; —одержатель m. tool holder; и.-эталон m. master tool.

инсул/ин m. insulin (a hormone); —иназа f. insulinase; —ит m. insulite (insulating construction board).

инсульт m. (med.; radiation) insult.

ин-т abbr. (институт) institute.

интактный a. intact, untreated.

интарвин m. intarvin, glycerol trimargarate.

интегр/ал m. (math.) integral; и. от квадрата integrated square; —альный a. integral, integrated, whole; mass (curve); —альное исчисление integral calculus; —атор m. integrator; —атор импульсов (elec.) integrating circuit; —аф m. integraph; —ация f., —ирование n. integration; —ированный a. integrated; —ировать v. integrate; —ируемость f. (math.) integrability; —ируемый a. integrated; integrable; —ируемая функция, —ирующийся a. integrand; —ирующий a. integrating, integrant; condenser (ionization chamber); condensing

(electroscope); —ирующее звено integration; —ирующее устройство integrator; —одифференциальный, —одифференцирующий a. integrodifferential; lead-lag (circuit).

интеллект m. intellect, mind, mentality; —уальный a. intellectual, mental.

интеллигентн/ость f. intelligence; —ый a. intelligent, educated, cultured.

интендант m. (mil.) comissary, quartermaster, supply officer; —ский a., —ство n. commissariat.

интенсивн/о adv. intens(iv)ely, actively; —ость f. intensity, vigor; rate (of frequency, etc.); degree; density; magnitude (of earthquake); —ый a intens(iv)e, high; dense (ionization); heavy (traffic).

интенси/метр m. (nucl.) counting-rate meter, ratemeter; —фикатор m. intensifier; —фикация f. intensification; —фицировать v. intensify; increase the capacity; stimulate; —фицирующий a. intensifying.

интер— prefix inter— (between, among).

интервал m. interval, gap, space, spacing, interspace; pause, interruption; range; в —е температур in the temperature range; —ометр m. intervalometer, timer.

интервенция f. intervention.

интервью n., —ировать v. interview.

интергранулярный a. intergranular.

интерес m. interest; profit; —но adv. interestingly; it is interesting; —ный a. interesting, intriguing; —ованный a. interested; —овать v. interest, attract; —оваться v. take interest; —ующий a. interesting, of interest.

интер/костальный a. intercostal; —кристаллический a. intercrystalline; —медин m. intermedin (a hormone).

интерметалл/ид m. intermetallic compound; —ический a. intermetallic.

интер/миттирующий a. intermittent; —молекулярный a. intermolecular; —национальный a. international.

интероцепт/ивный a. (physiol.) interoceptive; —ор m. interceptor.

интерпол/ирование n., —яционный a., —яция f. interpolation; —ировать v. interpolate; —ирующий a. interpolating; —ятор m. interpolator.

интерпрет/атор m. interpreter; interpretive program; —ация f. interpretation; —ировать v. interpret, explain; —ирующий a. interpretive.

интер/сектинг m. intersecting; —септор see интерцептор; —сертальный a. (geol.) intersertal; —стициальный a. interstitial.

интерфаза f. (liquid-solid) interface; (biol.) interphase.

интерфер/енциальный *a.* interference; —енционно-поляризационный *a.* interference-polarization; —енционный *a.* interference; —енционный прибор interferometer; —енция *f.* interference; —ировать *v.* interfere; —ометр *m.* interferometer; —ометрия *f.* interferometry; —он *m.* (med.) interferon.

интерцептор *m.*, —ный *a.* interceptor; (av.) spoiler.

интерьер *m.* interior.

интимн/ость *f.* intimacy, closeness; —ый *a.* intimate, close.

интоксикация *f.* intoxication, toxin poisoning, toxic effect.

интра— *prefix* intra— (inside, within); —кристаллитный *a.* intracrystalline; (met.) transcrystalline (crack).

интрамин *m.* intramine, contramine.

интрамолекулярный *a.* intramolecular.

интранзитивный *a.* (math.) intransitive.

интродукция *f.* introduction.

интру/дировать *v.* intrude; —зив *m.*, —зивная горная порода (geol.) intrusion, intrusive rock; —зивный *a.* intrusive; —зия *f.* intrusion.

интубация *f.* (med.) intubation.

интуиция *f.* intuition, instinct.

инул/аза *f.* inulase (an enzyme); —ин *m.* inulin, alantin, alant starch.

инфантильн/ость *f.* infancy; (med.) infantilism; —ый *a.* infantile.

инфаркт *m.* (med.) infarct.

инфекци/онный *a.* infectious, contagious; —я *f.* infection, contagion.

инфильтр/ат *m.*, —ационный *a.*, —ация *f.* infiltration, seepage; —ировать *v.* infiltrate.

инфициров/ание *n.* infection; —ать *v.* infect.

инфлектор *m.* inflector, deflector.

инфл/уэнца, —юэнца *f.* (med.) influenza.

инфлюентная линия influence line.

инфляц/ионный *a.*, —ия *f.* inflation.

информ/ативность *f.* information content; —атор *m.* information clerk; —ационно-поисковый *a.* (information) retrieval; index (term); —ационный *a.* informing, information; data-processing; indexing (language); messenger (RNA); —ационная машина data processor; —ационные работы data processing; —ация *f.* information, data; message; —ация на входе input; —ация на выходе output; —носители —ации software; —бюро *n.* bureau of information.

информиров/ание *n.* information (distribution); —ать *v.* inform.

инфра— *prefix* infra— (below); —звук *m.* subsonics, infra-sound; —звуковой *a.* subsonic, subaudio; —красный *a.* infra-red (rays); —низкий *a.* subsonic; —структура *f.* infrastructure.

инфуз *m.*, —ия *f.* infusion.

инфузор/ии *pl.* (zool.) Infusoria; —ная земля (geol.) infusorial earth, kieselguhr, diatomaceous earth.

инфундировать *v.* infuse.

инцидент *m.* incident, occurrence, case; —ность *f.* (math.) incidence.

инцизия *f.* incision, cut.

инцистиров/ание *n.* (biol.) encystment, cyst formation; —аться *v.* encyst.

инцухт *m.* (biol.) inbreeding.

инч *m.* inch.

инъе/ктивный *a.* (math.) injective; —кционный *a.*, —кция *f.* injection; —цировать *v.* inject.

иобирин *m.* yobirine.

иоганнит *m.* (min.) johannite.

иогимб/ин *m.* yohimbine; —овый *a.* yohimbic (acid); yohimbe (bark).

иогурт *m.* yoghurt (cheese-like food).

иод *m.* iodine, I; азид —а, —азид iodine azide; бромистый и. iodine bromide; насыщать —ом *v.* iodize.

иод— *prefix* iod(o)—; iodide (of); —алкил *m.* alkyl iodide; —ангидрид *m.* acid iodide; —анилин *m.* iodoaniline; —ат *m.* iodate; —ацетамид *m.* iodoacetamide; —ацетат *m.* iodoacetate; —ацетон *m.* iodoacetone; —бензол *m.* iodobenzene; —гидрат *m.* hydroiodide; —гидрин *m.* iodohydrin; —замещенный *a.* iodine (compound); —ид *m.* iodide; —изм *m.* iodism, iodine poisoning; —иный *a.* iodine; iodide (of); —ипин *m.* iodipin; —ирит *m.* (min.) iodyrite, iodargyrite.

иодиров/ание *n.* iodination, iodizing; —анный *a.* iodinated, iodized; —ать *v.* iodinate, iodize, iodate.

иодистоводородн/ый *a.* hydriodide (of); и. морфин morphine hydriodide; —ая кислота hydriodic acid; соль —ой кислоты iodide.

иодисто/калийный *a.* potassium iodide; —кислый *a.* iodous acid; iodite (of); —кислая соль iodite.

иодист/ый *a.* iodine; (lower or —ous) iodide (of); и. водород hydrogen iodide; и. калий potassium iodide; и. метил methyl iodide; —ая кислота iodous acid; соль —ой кислоты iodite; —ая медь cuprous iodide; —ая ртуть mercurous iodide; —ое железо ferrous iodide.

иодит *m.* iodite.

иод/магнийметил *m.* methylmagnesium iodide; —магнийэтил *m.* ethylmagnesium iodide; —метилат *m.* methiodide.

иодноватист/ая кислота hypoiodous acid; соль —ой кислоты hypoiodite.

иодновато/бариевая соль barium iodate; —**железная соль** ferric iodate; —**кислый** *a.* iodic acid; iodate (of); —**кислый натрий**, —**натриевая соль** sodium iodate; —**кислая соль** iodate.

иодноват/ый *a.* iodic; **и. ангидрид** iodic anhydride, iodine pentoxide; —**ая кислота** iodic acid; **соль** —**ой кислоты** iodate.

иоднокисл/ый *a.* periodic acid; periodate (of); —**ая соль** periodate.

иодн/ый *a.* iodine; (higher or —ic) iodide (of); —**ая кислота** periodic acid; **соль** —**ой кислоты** periodate; —**ая медь** cupric iodide; —**ая настойка** tincture of iodine; —**ая ртуть** mercuric iodide; —**ое число** iodine number, Wijs number.

иодо— *prefix* iodo—; —**бромит** *m.* (min.) iodobromite; —**водород** *m.* hydrogen iodide; —**водородный** *a.* hydroiodide (of); —**зобензол** *m.* iodosobenzene; —**зол** *m.* iodosol, thymol iodide; —**какодил** *m.* cacodyl iodide; —**кись** *f.* oxyiodide; —**крахмал** *m.*, —**крахмальный** *a.* starch iodide, iodized starch; —**крезол** *m.* iodocresol, iodocresine, traumatol.

иодокси— *prefix* iodoxy—.

иодол *m.* Iodol, tetraiodopyrrole.

иодометан *m.* iodomethane, methyl iodide.

иодометр/ический *a.* iodometric; —**ия** *f.* iodometry.

иодон/ий *m.*, —**иевый** *a.* iodonium.

иодо/пропионовая кислота iodopropionic acid; —**соединение** *n.* iodo compound, iodine compound; —**стерин** *m.* iodosterol; —**тирин** *m.* iodothyrin, thyroidin; —**фен** *m.* Iodophene, iodophthalein; —**форм** *m.*, —**формный** *a.* iodoform, triiodomethane; —**формин** *m.* iodoformin; —**этан** *m.* iodoethane, ethyl iodide; —**этилен** *m.* iodoethylene, vinyl iodide; —**эфир** *m.* iodo ether.

иод/толуол *m.* iodotoluene; —**уксусная кислота** iodoacetic acid; —**циан** *m.* cyanogen iodide; —**эозин** *m.* iodeosin, erythrosin; —**юр** *m.* iodide.

иолит *m.* (min.) iolite, cordierite, dichroite.

ион *m.* ion; **выход пар** —**ов** ion-pair yield; **перенос** —**ов** ionic migration; **промежуточный и., средний и.** hybrid ion, amphoteric ion, zwitterion; **расщепление** —**ов** ionic cleavage, ionization.

ион/ен *m.* ionene; —**идин** *m.* ionidine.

иониз/атор *m.* ionizer; —**ационный** *a.*, —**ация** *f.* ionization, electrolytic dissociation; —**ационная камера** ionization chamber; —**ированный** *a.* ionized; —(**ир)овать(ся)** *v.* ionize; —**ируемый** *a.* ionizable; —**ирующий** *a.* ionizing.

ионий *m.* ionium, Io.

ионит *m.* ionite, ion exchanger, ion-exchange resin; —**овый** *a.* ion-exchange(r).

ион-металл, комплексный metal-ion complex.

ионно— *prefix* ion—; *see also under* **ионо—**; **и.-лучевой** *a.* ion-beam; —**обменник** *see* **ионообменник**; **и.-оптический** *a.* ion-optical; **и.-сорбционный** *a.* getter ion (pump); —**сть** *f.* ionic character; **и.-циклотронный** *a.* ion-cyclotron.

ионн/ый *a.* ion(ic); **и. обмен** ion exchange; —**ая сила** ionic strength; —**ая траектория** ionization path.

ионо— *prefix* ion(o)—, ion; ion— (violet); *see also under* **ионно—**; —**гальванизация** *f.* (med.) iontophoresis, ionotherapy; —**ген** *m.* ionogen; —**генный** *a.* ionogenic; —**избирательный** *a.* ion-selective; —**излучающий** *a.* ion-emitting; —**колориметр** *m.* ionocolorimeter (for pH determination); —**мер** *m.* pH meter; —**метр** *m.* ionometer; —**н** *m.* ionone; —**обмен** *m.* ion exchange; —**обменитель**, —**обменник** *m.* ion exchanger; —**обменный** *a.* ion-exchange (resin, etc.); —**образование** *n.* ion formation; —**пауза** *f.* ionopause; —**ракета** *f.* ion rocket; —**сфера** *f.* ionosphere; —**сферный** *a.* ionospheric.

ион/отерапия *f.* (med.) ionotherapy, iontophoresis; —**отрон** *m.* ionotron; —(**т)офорез** *m.* iontophoresis.

иорд/ан *see* **джордан**; —**анит** *m.* (min.) jordanite; —**исит** *m.* (min.) jordisite.

иоркширский *a.* Yorkshire.

иосейт *m.* (min.) joseïte.

иосол *m.* iosol, thymol iodide.

иот/а *f.* iota; **ни на** —**у** not at all.

иотион *m.* iothion, diiodopropyl alcohol.

иотнийский *a.* (geol.) Jotnian.

иохимбин *see* **иогимбин**.

Ипатиева реакция Ipatiev reaction.

ипекакуан/а *f.* (bot.) ipecac (*Psychotria ipecacuana*); —**ин** *m.* ipecacuanhin; —**овая кислота** ipecacuanhic acid.

ипекамин *m.* ipecamine.

иперит *see* **иприт**.

ипом/еин *m.* ipomoein; —**ея** *f.* (bot.) morning glory (*Ipomoea*); —**овая кислота** ipomic acid, sebacic acid.

ипоте/ка *f.* mortgage; —**чный** *a.* mortgage, hypothecary.

ипохондр/ик *m.*, —**ический** *a.* (med.) hypochondriac; —**ия** *f.* hypochondria.

и пр. *abbr.* (**и прочее**) and so forth.

ипрал *m.* Ipral, probarbital.

иприт *m.* (mil.) yperite, mustard gas.

ИПС *abbr.* (**инкубаторно-птицеводческая станция**) hatchery and poultry breeding center; (**изопропиловый спирт**) isopropyl alcohol; (**информационно-поисковая система**) information retrieval system.

ипуанин *m.* ipuanine, artificial emetine.
ипуранол *m.* ipuranol.
ИПФ *abbr.* (интерференционно-поляризованный фильтр) polarizing interference filter.
ИПФК *abbr.* (изопропилфенилкарбамат) isopropyl phenyl carbamate.
иразер *m.* (phys.) iraser, infrared maser.
ира/кский *a.* Iraqi(an); —нский *a.* Iranian.
ирбитский *a.* Irbit.
ирга *f.* (bot.) June berry (*Amelanchier*).
ирен *m.* irene.
иретол *m.* iretol, 5-methoxypyrogallol.
иригизация *f.* (met.) ihrigizing.
иридесценция *f.* iridescence.
иридиев/ый *a.* iridium, iridic; —ая чернь iridum black, iridium trioxide.
иридизация *f.* iridescence.
ирид/ий *m.* iridium, Ir; закись —ия iridooxide, iridium monoxide; окись —ия iridic oxide, iridium dioxide; хлористый и. iridochloride, iridium dichloride; хлорный и. iridic chloride, iridium tetrachloride.
иридин *m.* iridin.
иридирующий *a.* iridescent.
ирид/истый *a.* iridium, iridous; и. осмий *see* иридосмин; —истая платина platinum-iridium alloy; —омирмецин *m.* iridomyrmecin; —осмин *m.* (min.) iridosmine, osmiridium; —официн *m.* iridophycin.
ириз/ация *f.* iridescence; irisation (of clouds); —ин *m.* irisin.
иризирующий *a.* iridescent.
ирис *m.*, —овый *a.* (anat.; bot.) iris.
ирит *m.* (med.) iritis.
ирифан *m.* iriphan.
иркутский *a.* (geog.) Irkutsk.
Ирландия Ireland.
ирландский *a.* Irish; и. мох (bot.) Irish moss, carragheen (*Chondrus crispus*).
ИРН *abbr.* (источник регулируемого напряжения) source of regulated voltage.
ирный *a.* calamus (root).
ИРО *abbr.* (интенсивность рентгеновских отражений) intensity of X-ray reflections.
—иров/ание *n. suffix* —(at)ing, —(at)ion; —анный *a.* —(at)ed; —ать *v.* —(at)e; —аться *v.* —(at)e itself, be —(at)ed.
ирон *m.* irone.
ирради/ация *f.* irradiation; —ировать *v.* irradiate.
ирратен *m.* (plastics) irraten.
иррациональн/ость *f.* (math.) irrationality; —ый *a.* surd, irrational, non-rational.
иррегулярн/о-особый *a.* (math) irregularly singular; —ый *a.* irregular.
ирриг/атор *m.* irrigator; —ация *f.*, —ационный *a.* irrigation; —ированный *a.* irrigated; —ировать *v.* irrigate.

ирри/тативный *a.* irritative; —ация *f.* irritation.
ирруптивный *a.* (geol.) irruptive.
ис— *prefix* ex—, away from, out of.
ИСЗ *abbr.* (искусственный спутник земли) artificial earth satellite.
иск *m.* suit, action, claim; предъявить и. *v.* sue, prosecute.
иска/жать, —зить *v.* distort, deform, mutilate; misrepresent; twist; —жающий *a.* distorting, etc., *see v.*; —жение *n.*, —женность *f.* distortion, etc., *see v.*; —женный *a.* distorted, etc., *see v.*; abnormal; fault (image).
искан/ие *n.* search(ing), quest; hunting, seeking; selection; dialing; —ный *a.* sought, looked for.
искап/ать *v.* splatter; —ывать *v.* splatter; dig up.
искатель *m.* selector, finder, locator; seeker; switch; (scintillation) scanner; (phot.) view finder; —ный *a.* searching, seeking; —ная трубка (opt.) object finder; —ство *n.* suit.
искать *v.* look (for), search, seek, hunt; look up (facts); investigate.
исключ/ать *v.* except, exclude, rule out, preclude; omit; (math.) eliminate; expel, discharge, release, eject, discard; —ающий *a.* excepting, etc., *see v.*; взаимно —ающий conflicting; —ая *pr. ger. and prep. gen.* excepting, except (for), with the exception (of), barring, exclusive (of), less; —ение *n.* exception, etc., *see v.*; за —ением with the exception (of), except (for), exclusive (of), apart from, but for, save for, other than; за —ением одного with one exception; за —ением того, что except that; принцип —ения (nucl.) exclusion principle; —енный *a.* excepted, etc., *see v.*
исключительн/о *adv.* exceptionally; exclusively, solely; exceedingly, extremely; и. важный *a.* of prime importance, critical; —ость *f.* exceptional nature; peculiarity; exclusiveness; —ый *a.* exceptional, unusual, exclusive; remarkable, outstanding, excellent; —ое право monopoly; patent right.
исключить *see* исключать.
исковер/канный *a.* distorted, mutilated; —ать *v.* distort, mutilate, spoil.
исков/ой *a. of* иск; —ое заявление (law) statement of claim.
искомкать *v.* crumple, crush, wrinkle.
иском/ый *a.* sought (for), desired, required; —ое число unknown quantity.
ископаем/ое *n.*, —ый *a.* mineral, fossil; полезные —ые minerals, mineral resources; —ый уголь coal.
ископ/анный *a.* dug up; —ать *v.* dig up.

искорен/ение *n.* eradication, etc., *see v.*; —енный *a.* eradicated, etc., *see v.*; —ить, —ять *v.* eradicate, exterminate, extirpate, uproot.

искорка *dim. of* искра; scintillation.

искоробить *v.* twist, bend, warp.

иско/са *adv.* askew, aslant; askance; —сить *v.* slant; squint; warp, distort; —собочиться *v.* twist to one side; —шенный *a.* slanted.

искр/а *f.* spark, flash; зажигание —ой spark ignition; мечущий —ы emitting sparks, sparking; scintillating, sparkling; счётчик искр scintillation counter.

искра/сить, —шивать *v.* (use up) paint.

искрение *n.* sparking, etc., *see* искрить(ся).

искренн/ий *a.* sincere, frank, candid; —ость *f.* sincerity, candor.

искрив/ившийся *see* искривленный; —ить *see* искривлять; —ление *n.* curve, bend(ing); twist(ing); warp(ing), buckling, distortion, deformation; curvature; curvature (of spine); —ленность *f.* curvature; —ленный *a.* curved, etc., *see v.*; —лять *v.* curve, bend; twist, warp; distort; deflect; —ляться *v.* twist, warp, buckle; deviate.

искрист/ость *f.* effervescence, foaminess, frothiness; —ый *a.* effervescent, sparkling; scintillating, flashing.

искрить *v.* spark, flash; —ся *v.* (elec.) spark; sparkle, flash, scintillate; effervesce, fizz; bubble.

искровой *a.* spark, spark-like.

искрогаситель *m.*, —ное устройство spark arrester, spark extinguisher, spark blowout; —ный *a.* spark-extinguishing, blowout.

искро/гашение *n.* arc suppression; spark quenching, spark extinguishing; —мер *m.* scintillometer; —метность *f.* triboluminescence.

искромсать *v.* cut up, shred, tear apart.

искро/образование *n.* spark formation, sparking; —стойкий *a.* nonarcing, nonsparking; —стойкость *f.* arc resistance; —тушение *see* искрогашение; —тушитель *see* искрогаситель; —удержатель *m.* spark arrester; —указатель *m.* spark detector; —уловитель *see* искрогаситель.

искрошить(ся) *v.* crumble.

искряк *m.* (min.) aventurine.

искрящий *a.* sparking; —ся *a.* sparkling, scintillating; effervescent.

искуп/ать *v.* expiate, atone (for); pay (for), purchase; bathe, wash; —ление *n.* expiation; atonement.

искус *m.* test, trial.

искусать *see* искусывать.

искусн/ик *m.* skilled worker; —ый *a.* expert, skilful.

искусственн/о *adv.* artificially; synthetically; —ость *f.* artificiality; —ый *a.* artificial; synthetic; man-made.

искусство *n.* art, craft; skill, proficiency, knack; workmanship; practice.

искусывать *v.* bite, sting (all over).

ИСЛ *abbr.* (искусственный спутник луны) artificial moon satellite.

исландский *a.* Iceland; и. мох (bot.) Iceland moss (*Cetraria islandica*); и. шпат (min.) Iceland spar.

ИСМ *abbr.* (искусственные и синтетические материалы) artificial and synthetic materials.

ИСО *abbr.* (известково-серный отвар) lime-sulfur spray.

исп. *abbr.* (испанский; испытуемый).

Испания Spain.

испанск/ий *a.* Spanish; и. перец red pepper, Cayenne pepper.

испарен/ие *n.* evaporation, etc., *see* испарить; (petrol.) flashing, stripping; vapor, fume; жидкость —ия condensate; измерение —ия (meteor.) atmometry; —ный *a.* evaporated, etc., *see* испарить.

испарина *f.* perspiration, sweat; condensate; (med.) diaphoresis.

испаритель *m.* evaporator, vaporizer; condenser, cooler; evaporimeter, atmometer; —ная *a.* evaporative; —ная колонна (petrol.) flash tower, evaporator; —ная секция stripper (of fractionating column); —ная способность evaporativity.

испар/ить, —ять *v.* evaporate, vaporize, volatilize, exhale; steam; —иться, —яться *v.* evaporate; fume; —яемость *f.* evaporativity; volatility; —яемый *a.* evaporable; volatile; —яющий *a.* evaporating, etc., *see v.*

испах(ив)ать *v.* plow up.

испачкать *v.* dirty, soil, contaminate.

испепел/ение *n.* incineration, calcination; —ить, —ять *v.* incinerate, calcine, reduce to ashes.

испестр/ить, —ять *see* испещрить.

испеч/енный *a.* baked, roasted; —ь *v.* bake, roast.

испещр/енный *a.* speckled, etc., *see v.*; variegated; —ить, —ять *v.* speckle, spot, mottle, streak.

испили(ва)ть *v.* saw (up).

исподволь *adv.* unhurriedly, leisurely; gradually, by degrees, little by little.

исподн/изу *adv.* underneath, from below; —ий *a.* under, bottom; from below; —ик *m.* bottom (part), bottom tool.

испокон веков since time immemorial.

исполин/овый, —ский *a.* giant, gigantic, huge; —ские щитки (zool.) Gigantostraca.

исполком *m.* executive committee.

исполн/ение n. accomplishment, fulfillment, execution, observation, observance, completion; performance; implement; version, modification; design, make; приводить в и. v. carry out, accomplish; —енный a. accomplished, etc., see исполнить; complete; —имость f. feasibility, practicability; —имый a. feasible, practicable.

исполнитель m. executor, performer; executive; —ный a. executive; control(ling); actuating; punctual, careful; —ный механизм actuating mechanism, actuator; servo mechanism, servo motor; power unit; slave (of a manipulator).

исполн/ить, —ять v. accomplish, fulfill, carry out, perform, execute; act (for); —яющий a. accomplishing, etc., see v.

использ/ование n. utilization, using, etc., see v.; use, employment; recovery; при —овании using, with (the use of), (when) used; in (method); процент —ования recovery; efficiency; —ованный a. utilized, etc., see v.; spent, stripped (gas); —овать v. utilize, use, make use (of), employ; use up, consume, spend; run, operate (on); rely, depend (on); apply (principle); follow (method); harness (power); exploit, develop, take advantage (of), profit (by); recover, salvage (waste); —оваться v. be utilized, be in use, be of use, serve (as), find application; —уемый a. usable; in use, used; —ующий a. utilizing, etc., see v.

испорошковывать v. pulverize.

испор/тить v. spoil, injure, damage; —ченность f. bad condition, faultiness; putrescence; —ченный a. spoiled, rotten, decomposed, putrefied; injured, damaged, faulty, unsound; in bad repair; corrupt.

исправ/имый a. correctable; —ительно-трудовой a. reformatory, corrective(-labor); —ительный a. corrective; —ить, —лять v. correct, (re)adjust, rectify, remedy, fix, repair, mend; improve; amend, revise; discharge (duties); reclaim; —иться, —ляться v. improve; —ление n. correction, (re)adjustment, rectification, fixing, reparation; revision; reclamation; improvement; —ленный a. corrected, etc., see v.; —ляющий a. correcting, etc., see v.; corrective.

исправн/о adv. duly; —ость f. punctuality, exactness, accuracy; good condition, working order; в полной —ости in good working order; —ый a. punctual, exact, accurate, precise; efficient, fit, serviceable, in good working order, sound; —ое состояние working order.

испражн/ение n. defecation; —ения pl. feces, excrement; —иться, —яться v. defecate, evacuate, move the bowels.

испробовать v. try, test.

испрям/ить, —лять v. straighten.

испрясть v. spin (all).

испуг m. fright, scare; terror; —анный a. frightened; —ать v. frighten.

испу/скаемый a. emitted, etc., see v.; —скание n. emission, emanation; emergence; —скатель m. emitter; —скательный, —скающий a. emitting, emissive; —скательная способность emissive power, emissivity; —скать, —стить v. emit, give off, exhale; evolve, release, liberate, emanate, radiate; eject; give, utter; expire; —скаться v. emerge; emanate; —щенный a. emitted.

испыл/енность f. pulverulence; —енный a. pulverized, pulverulent; —ять v. pulverize.

испытан/ие n. test(ing), experiment, trial; assay, analysis, checking, examination; research, investigation; и. в работе, и. в эксплуатации field test, plant test; и. на test for; и. на сжатие compression test; и. трением friction test; подвергать —ию v. test, try out, experiment (with); и.-экспресс quick test.

испыт/анный a. tested, etc., see испытывать; proven; и. временем time-tested; —атель m. tester, testing apparatus; investigator, research man; analyst.

испыт/ательный a. test(ing), trial, experimental; examining; try (cock); laboratory (bench); и. полигон (mil.) proving ground; —ательная программа programmed checking; —ательский a. of испытатель; —ать see испытывать; —уемый see испытываемый; —ующий see испытательный; —ываемый a. tested, etc., see v.; experimental, test (material), under test, being tested; under consideration, in question; —ывать v. test, try, investigate, examine, check; sample; assay, analyze; experiment; experience, undergo, sustain, go through, be subjected (to); encounter, run (into), meet (with), be faced (with); —ывать на test for; —ывать на дорогах road test.

испятнать v. spot up, cover with spots.

иссверли(ва)ть v. drill, bore, perforate.

иссекать see иссечь.

иссера— prefix grayish.

иссеч/ение n. cut(ting); carving; (med.) excision, resection; —ь v. cut, slash; carve; excise, resect, exsect.

иссиза— prefix bluish, dove-colored.

иссиня— prefix bluish.

исследов/ание n. investigation, etc., see v.; inquiry; research, study, survey; analysis; —ания pl. investigations, research;

исслед/уемый производить и. *v.* investigate; survey; —анный *a.* investigated, etc., *see v.*; —атель *m.* investigator, researcher, (literature) searcher; explorer; —ательский *a.* research; exploratory; —ать *v.* investigate, do research (on), study, examine, inquire (into); search, explore; try, test; analyze; (met.) assay; —аться *v.* be investigated, be under investigation.

исследуемый *a.* under investigation, under study, being studied, under discussion, under review, covered; under test.

иссолить *v.* salt, pickle.

иссоп *m.* (bot.) hyssop.

иссохнуть *see* иссыхать.

исстрел/ивать, —ять *v.* use up (ammunition).

иссуш/ать *see* иссуши(ва)ть; —ающий *a.* dehydrating, etc., *see v.*; —ение *n.* dehydration, desiccation, drying up; —енный *a.* dehydrated, etc., *see v.*; —и(ва)ть *v.* dehydrate, desiccate, dry up; scorch.

иссыхать *v.* dry up, wither, shrivel.

иссяк/ать, —нуть *v.* dry up, run dry; run low, run short; exhaust.

—ист *m. suffix* —ist, —yst, —er; operator.

истаивать *v.* thaw, melt; waste away.

истапливать *v.* heat; melt (down).

истаптывать *v.* trample; wear out.

истаск(ив)ать(ся) *v.* wear out.

истачивать *v.* grind down; erode away.

истаять *see* истаивать.

истек/ать *v.* elapse, expire, be up (of time); (gas) be exhausted; drain away; emanate (from), escape, flow out, run out; bleed; —ающий *a.* elapsing, etc., *see v.*; exhaust (gas); —ший *a.* elapsed, etc., *see v.*

истереть *see* истирать.

истери/ка *f.* hysteria, hysterics; —ческий *a.* hysterical.

истеро— *prefix* hyster(o)— (uterus; lagging behind).

истерт/ость *f.* worn condition; attrition, wearing down; —ый *a.* worn, abraded.

истес(ыв)ать *v.* cut, hew, square.

истец *m.* plaintiff; petitioner.

истеч/ение *n.* (out)flow, discharge, efflux; emanation, emission, escape (of gas); expiration, lapse (of time); bleeding; (med.) flux; диаграмма —ения effluogram; скорость —ения exhaust velocity, jet velocity; —ь *see* истекать.

истизин *m.* Istizin, 1,8-dihydroxyanthraquinone.

истин/а *f.* truth, fact; —ный *a.* true, actual, real, virtual; intrinsic (luminosity) (math.) proper (subgroup).

истир/аемость *f.* abradability, wearing properties; —аемый *a.* abradable; abra-ded; —ание *n.* abrasion, attrition, deterioration, erosion, wear; grinding, etc., *see v.*; (met.) galling; —атель *m.* abrasive; grinder, grater; —ать *v.* abrade, wear (away, down, off, out), erode; grind, grate, crush, pulverize; —аться *v.* abrade, wear (away, down, off, out); —ающий *a.*, —ающее вещество abrasive.

истле/вать, —ть *v.* rot, decay, decompose; be reduced to ashes, smoulder away; —вший *a.* decomposed; —ние *n.* decomposition.

истмэновский *a.* Eastman (film).

истод *m.* (bot.) milkwort (*Polygala*).

исток *m.* outflow, effluent, issue, discharge, outlet; source.

истолков/ание *n.* interpretation, explanation, commentary; —атель *m.* interpreter, commentator; —ательный *a.* explanatory; —(ыв)ать *v.* interpret, explain, expound, comment.

истол/очь *v.* pound, crush, grind, stamp, break up; —ченный *a.* pounded, crushed, ground, broken up.

истом/а *f.* fatigue, lassitude; —ить, —лять *v.* weary, exhaust, tire; —ление *n.* exhaustion; —ленный *a.* exhausted.

Истона циклы (meteor.) Easton cycles.

истоп/ить *v.* melt (down), smelt; heat (stove); —ник *m.* stoker, fireman.

исторг/ать, —нуть *v.* throw out, force out, expel; jerk out, pull out, tear away; deliver (from).

истор/ик *m.* historian; —ический, —ичный *a.* historic(al); historically accurate; —ия *f.* history; —ия вопроса background.

—истость *f. suffix* —iness; content.

источ/ать, —ить *v.* shed, spill; give off, exhale; bore; —енный *a.* worn down, ground down; (worm) eaten; —ить *v.* wear down, eat away; perforate; grind up.

источник *m.* source, origin; spring, fountain, well; supply, resource; (supply) unit; и. нейтронов neutron source; из авторитетного —а on good authority; служить —ом *v.* be a source (of), give rise (to), cause.

истощ/ать *v.* exhaust, deplete, drain, work out, spend, wear out, reduce in strength, impoverish; —ся *v.* be exhausted, be worked out, become poor; run low, dwindle, die off, come to an end; (med.) become emaciated; —ение *n.* exhaustion, etc., *see v.*; impoverishment; emaciation; (mil.) attrition; предотвращение —ения (soil) conservation; —енность *f.* depleted state; —енный, —ившийся *a.* exhausted, etc., *see v.*; extinct (volcano); —ить *see* истощать.

истра/тить, —чивать v. use (up), spend; —титься, —чиваться v. come to an end, be spent; —ченный a. used (up), spent.
истреб/итель m. fighter (plane); и.-бомбардировщик m. fighter-bomber; —ительно-противотанковый a. tank-destroyer; —ительный a. destroying, etc., see v.; fighter; и.-перехватчик m. interceptor (fighter); и.-разведчик m. reconnaissance fighter; и.-штурмовик m. pursuit plane, attack fighter; —ить see истреблять; —ление n. destruction, etc., see v.; —ленный a. destroyed, etc., see v.; —лять v. destroy, exterminate, annihilate, obliterate.
истребовать v. demand and obtain.
истреп/анный a. ragged, frayed; —(ыв)ать v. wear out, fray, tear.
истрескаться v. crack (all over).
иступ/ить, —лять v. (make) dull.
истый a. true, real; thoroug̣h.
—истый a. suffix —ous, —y.
исход m. issue, outcome, result; outlet; way out; end, finish, close (of period); —ить v. issue, originate, start (from), proceed (from), come (from), emerge; emanate, radiate; be based (on); если —ить из based on.
исходн/ый a. original, initial, first; starting, source, raw (materials); underlying (data); reference, base; parent; stock (plant); и. пункт starting point, point of departure, origin, base, basis; reference point; и. район zone of departure; —ая пульпа (concentration) feed pulp; —ая точка see исходный пункт; —ое вещество initial product, raw material, parent substance; —ое угловое положение angular reference.
исходя pr. ger. issuing, etc., see исходить; и. из proceeding from, on the basis of, based (up)on; и. из этого hence; —щая f. outgoing paper; —щий a. issuing, etc., see исходить; outgoing; reference; —щая информация output.
исхуд/авший, —алый a. emaciated; —ать v. become emaciated.
исцарап/анный a. scratched; striated, grooved; —(ыв)ать v. scratch up.
исцел/ение n. healing, recovery; —имый a. curable; —ительный a. healing, curative; —ить, —ять v. heal, cure.
исчез/ание n. disappearance, loss; —ать v. disappear, vanish, dissipate, taper out, fade away; merge (into); die out, become extinct; —ающий a. disappearing, etc., see v.; elastic (deformation); —новение see исчезание; —нуть see исчезать.
исчерк(ив)ать v. cross out, delete.
исчерн/а— prefix blackish; —ить v. blacken.

исчерп/анный a. exhausted, etc., see v.; —(ыв)ать v. exhaust, deplete, work out (ore); empty, drain; use up (time); —ывающе adv. exhaustively, fully; —ывающий a. exhausting, etc., see v.; exhaustive, comprehensive, full, complete; (fractionation) stripping (section).
исчер/тить, —чивать v. streak, stripe, line, cover with lines, striate; —ченный a. streaked, striated.
исчисл/ение n. calculation, etc., see v.; (math.) calculus; —енный a. calculated, etc., see v.; —ить, —ять v. calculate, compute; (e)numerate.
исши(ва)ть v. sew (up); cross-link.
исштрихованный a. streaked, striated.
исщепать v. split, splinter, chip.
—ит m. suffix —ite, —yte; (geol.) —ite; (med.) —itis.
итабирит m. (min.) itabirite.
итак conj. thus, so; now, now then.
итако/лумит m. (petr.) itacolumite, flexible sandstone; —новая кислота itaconic acid, methylenebutanedioic acid.
итал. abbr. (итальянский).
Италия Italy; итальянский a. Italian.
итамаловая кислота itamalic acid.
и т. д. abbr. (и так далее) etc.
—итель m. suffix —ant, —ent, —ator, —er, —ing agent; —но adv. —ently, —ingly, —ively; —ный a. —ent, —ing, —ive.
итер/ативный, —ационный a. (math.) iterative; —ация f. iteration; —ированный a. iterated, repeated.
—итический a. suffix —itic, —ytic.
ИТК abbr. (истинная температура кипения) true boiling point.
—итный, —итовый a. suffix —ite, —itic, —ytic.
ито/г m. sum, total (amount); result; в —ге to sum up; as a result; в конечном —ге in the end, in the final analysis; подводить и. v. sum up; —го adv. altogether, in all; —говый a. of итог; total; (comp.) summary, gang, totalizing (punch); final (calculation); concluding; —жить v. sum up; conclude.
и т. п. abbr. (и тому подобное) and so on, and so forth, and the like.
итрол m. itrol, silver citrate.
иттерб/ий m. ytterbium, Yb; хлорид —ия, хлористый и. ytterbium chloride; —ит m. (min.) ytterbite, gadolinite; —овый a. ytterbium; —овая земля ytterbia, ytterbium oxide.
итти see идти.
иттр/иалит m. a. yttrium, yttriferous, yttric; —овый a. yttrium, yttriferous, yttric; —иевый шпат (min.) xenotime; —иевая земля yttria, yttrium oxide; —ий m. yttrium, Y; окись —ия yttrium oxide;

сернокислый —ий, сульфат —ия yttrium sulfate.
иттро/гуммит *m.* (min.) yttrogummite; —колумбит, —танталит *m.* yttrocolumbite, yttrotantalite; —кразит *m.* yttrocrasite; —титанит *m.* yttrotitanite; —флюорит *m.* yttrofluorite; —церит *m.* yttrocerite.
итурин *m.* iturin.
—итый *a. suffix* —ed, —(e)n.
иудейский *a.* Jewish; Jew's (pitch).
иудино дерево (bot.) Judas tree (*Cercis siliquastrum*).
ИУК *abbr.* (индолилуксусная кислота) indolylacetic acid.
ИФ *abbr.* (инозитофосфат) inositol phosphate.
—ифи/кация *f.*, —цирование *n. suffix* —ification; —цированный *a.* —ified; —цировать *v.* —ify.
ИФК *abbr.* (изопропилфенилкарбамат) isopropylphenyl carbamate; (инозитофосфорная кислота) inositolphosphoric acid.
их *gen. and acc. of* они, their, them; thereof.
ихневмон *m.* ichneumon (mammal); ichneumon fly.
ихний *a.* their.
ихно— *prefix* ichno— (track, trace).
ихор *m.* (med.) ichor (discharge); (geol.) ichor (granitic liquid); —озный *a.* (med.) ichorous.
ихт/альбин *m.* ichthalbin, ichthyol albuminate; —арган *m.* Ichthargan, silver sulfoichthyolate; —инат *see* ихтиол.

ихтио— *prefix* ichthy(o)— (fish); —дин *m.* ichthyodin; —з *m.* (med.) ichthyosis, xerodermia; —завр *m.* (pal.) ichthyosaur; —кол(ь) *m.* ichthyocolla, fish glue, isinglass; —л *m.*, —ловый *a.* Ichthyol, ichthammol; —лат *m.* ichthyolate; —лит *m.* ichthyolite, fossil fish; —логия *f.* ichthyology; —тический *a.* (med.) ichthyotic; —фтальм(ит) *m.* (min.) ichthyophthalmite, apophyllite.
ихтулин *m.* ichthulin.
ИХФК *abbr.* (изопропил-N-3-хлорфенилкарбамат) isopropyl N-(3-chlorophenyl) carbamate.
ицерия *f.* (ent.) cottony cushion scale (*Icerya purchasi*).
—иц/ионный *a. suffix* —ition(al), —ing; —ия *f.* —ition, —ing.
ИЧ *abbr.* (иодное число) iodine number.
—ич/ески *adv. suffix* —ically, —ously; —еский, —ный *a.* —ic(al), —ous.
иша/к *m.*, —чий *a.* donkey; mule.
ишемия *f.* (med.) ischemia.
ишиас *m.* (med.) sciatica.
ишикаваит *m.* (min.) ishikawaite.
ишио— *prefix* (anat.) ischio— (ischium).
ишурия *f.* (med.) ischuria.
ищ/ет *pr.* 3 *sing. of* искать; —ущий *a.* seeking.
июддит *m.* (min.) juddite.
июдино дерево *see* иудино дерево.
ию/ль *m.* July; —нь *m.* June.
—ия *f. suffix* —ia, —ion, —ism, —ium, —y.
иятрен *see* ятрен.
йо— *see under* ио—; —д *see* иод.

К

к *abbr.* (кило—) kilo—, 10^3; (кулон) coulomb; (кюри) curie.
к *prep. dat.* to; toward; by; for; against; к тому же besides, moreover, what is more; к чему? what for? why?
°К *abbr.* (градус Кельвина) degree(s) Kelvin.
ка *abbr.* (килоампер) kiloampere.
кабаит *m.* (min.) kabaite.
кабан *m.*, —ный *a.* (zool.) boar; lump, chunk, block (of ore, etc.); (av.) cabane; —ок *m.* block (of ice); —чик *m.* horn.
кабарга *f.* musk deer.
кабач/ковый *a.*, —ок *m.* squash; pumpkin.
кабеле/искатель *m.* cable detector; —к *m.* (elec.) pigtail; —провод *m.* conduit, duct; —укладка *f.* cable laying; —укладчик *m.* cable layer.
кабель *m.* cable; к.-заправочный *a.* (rockets) umbilical (mast); к.-кран *m.* cableway; —ный *a.* cable; dragline (excavator); к.-план *m.* cable layout;

—тов *m.* (naut.) cable length (185.2 m.); —щик *m.* cable man.
кабестан *m.* capstan, winch.
кабин/а, —ка *f.* cab(in), cage, car; (av.) cockpit; (ejection) capsule; (phone) booth; (shower) stall; —ет *m.*, —етный *a.* office, room; study (center); cabinet, closet.
кабл/ирование *n.* cabling; —ировать *v.* cable; —ограмма *f.* cable(gram).
каблу/к *m.*, —чный *a.* heel.
каболка *f.* (rope making) hemp yarn.
каботаж *m.*, —ный *a.* coast(ing).
кабошон *m.* cabochon, convex-cut gem.
кабрерит *m.* (min.) cabrerite.
кабриолет *m.* cabriolet, convertible.
кабрирован/ие *n.* (av.) pitching (up), pitchup, tail heaviness; —ать *v.* pitch up.
кав/а *f.*, к.-к., корень —ы kava, kavakava (root of *Piper methysticum*).
кавальер *m.* bank (of earth); dump pit.
каверн/а *f.* cavern; vesicle, pocket; flaw, cavity; (anat.) sinus; —овая вода (geol.)

interstitial water; —озный *a.* cavernous, honeycombed, porous, vesicular; —омер *m.* caliper.
кавитац/ионный *a.* cavitation(al); —ия *f.* cavitation; cavity.
Кавказ Caucasus.
кавказ/ит *m.* (petr.) kavkazite; —ский *a.* Caucasian.
кавычки *pl.* quotation marks.
кагат *m.* (root crop storage) clamp, pit; —ирование *n.* pit storage.
кадаверин *m.* cadaverine, 1,5-pentane-diamine; —ы *pl.* cadaverines, ptomaines.
кадален *m.* cadalene.
кадастр *m.* (land evaluation) cadaster; —альный *a.* cadastral.
кад/ехол *m.* cadechol, camphor-choleic acid; —инен *m.* cadinene.
кадка *f.* tub, vat.
кадмиев/ый *a.* cadmium; —ая желть cadmium yellow, cadmium sulfide; —ая обманка (min.) greenockite.
кадмиесодержащий *a.* cadmium-containing, cadmiferous.
кадм/ий *m.* cadmium, Cd; азотнокислый к. cadmium nitrate; ацетат —ия cadmium acetate; бромид —ия, бромистый к. cadmium bromide; гидрат окиси —ия cadmium hydroxide; закись —ия cadmous oxide; окись —ия cadmium oxide; сернистый к., сульфид —ия cadmium sulfide; уксуснокислый к. cadmium acetate; —ийорганический *a.* organocadmium.
кадмиров/ание *n.* cadmium plating; —анный *a.* cadmium-plated; —ать *v.* plate with cadmium.
кадм/ия *f.* (met.) cadmia; —опон *m.* cadmopone, cadmium lithopone.
кадр *m.*, —овый *a.* skeleton, frame(work); outline; (phot.) frame, exposure; picture, image; still; —ы *pl.* personnel, staff; подготовка —ов training of specialists; частота —ов picture frequency.
кадуш/ечный *a.*, —ка *f.* small tub.
кады/к *m.*, —чный *a.* (anat.) Adam's apple.
кадь *see* кадка.
Кадэ жидкость Cadet's liquid.
каем *gen. pl. of*; —ка *dim. of* кайма; —чатый *a.* bordered.
кажд/огодно *adv.* annually, every year; —огодный *a.* annual; —одневно *adv.*, —одневный *a.* daily, every day; —ый *a.* each, every; *pron.* everyone, everybody, each one.
кажется *pr. 3 sing. of* казаться.
кажущийся *a.* apparent, seeming.
казак *m.* Cossack.
казалось *past n. sing. of* казаться.
казан *m.*, —ный *a.* kettle, boiler.
казарка *f.* snout beetle (*Rhynchites bacchus*); (zool.) barnacle.

казарм/а *f.*, —енный *a.* barracks.
казатель *m.* indicator, guide, pointer.
казаться *v.* seem, appear; кажется it seems, it appears; казалось it seemed.
казах *m.*, —ский *a.* Kazakh; —станский *a.* Kazakhstan.
каза/цкий, —чий *a.* Cossack.
казеа/за *f.* casease; —новая кислота caseanic acid.
казеин *m.* casein (milk protein); —аза *f.* caseinase, rennase; —ат *m.*, —овокислая соль case(in)ate; —ат натрия, —овонатриевая соль sodium caseinate; —овый *a.* casein; caseinic (acid); соль —овой кислоты caseinate.
каземат *m.*, —ный *a.* casemate.
казенник *m.* (art.) breech (piece).
казенный *a.* government, state, public; fiscal; на к. счет at public expense.
казимир/ин *m.* casimirin; —оедин *m.* casimiroedine; —оза *f.* casimirose; —оин *m.* casimiroine.
казна *f.* (art.) breech; treasury; —чей *m.* treasurer, paymaster, cashier; —чейство *n.* treasury, exchequer.
казнить *v.* execute, put to death.
казнь *f.* execution, capital punishment.
казолит *m.* (min.) kasolite.
КазССР *abbr.* (Казахская Советская Социалистическая Республика) Kazakh Soviet Socialist Republic.
казуарина *f.* (bot.) Casuarina.
казус *m.* (law) special case; —ный *a.* involved.
каинит *m.* (min.) kainite.
каинк/а *f.*, —овый корень cahinca (root of *Chiococca racemosa*); —овая кислота ca(h)incic acid.
каинозит *m.* (min.) kainosite, cenosite.
каинц/етин *m.* caincetin; —ин *m.* caincin, cahincic acid.
Каир, каирский *a.* Cairo.
каир/ин *see* кайрин; —нгорм *m.* (min.) cairngorm; —олин *see* кайролин.
кайапонин *m.* cayaponine.
кайенский перец Cayenne pepper.
кайепутен *see* каяпутен.
Кайетэ-матиаса закон (phys.) Cailletet and Mathias law.
кайл/а *f.*, —о *n.*, —овый *a.* pick(ax), hack; —ить *v.* pick, hack.
кайм/а *f.* border, edging, edge, hem, fringe, rim; —ить *v.* border, edge.
кайноз/ит *see* каинозит; —ой *m.* (geol.) Cenozoic era; —ойский *a.* Cenozoic.
кайрин *m.* kairine, methyl oxytetrahydroquinoline.
кайса *f.* dried apricots.
как *adv. and conj.* how; what; suddenly; as, like; when, since; к. будто as if, as though; appear (to); к. будто бы as if there were; к. бы as if, as though; к.

бы не lest; к. бы ни however, no matter how; к. быть? what is to be done? к. вдруг when suddenly; к. его завут? what is his name? к. же certainly, of course; к. и as with, as do, as is, as are; к. и при, к. и у as with, as in the case (of); к. можно выше as high as possible; к. не but; besides; к. ни however, no matter how; к. ни в чем не бывало as if nothing were the matter; к. ..., так и both ... and, just as ... so (also); as well as; к. таковой as such; к. только as soon as, the moment (that), when; к. это бывает as sometimes happens, as is sometimes the case.

какао *n.*, —вый *a.* cacao, cocoa; к. боб —вый боб cocoa bean; —велла *f.* cacao husk; —вое дерево, к.-шоколадное дерево (bot.) cacao (*Theobroma cacao*); —вое масло, к.-масло cacao butter; —рин *m.* cacaorin.

как-либо *adv.* somehow; к.-нибудь *adv.* somehow, anyhow; sometime; к.-никак *adv.* after all.

каков *pron. and a.* what kind of? how? what? к. бы ни был whatever the material; —о *adv.* how.

какодил *m.*, —овый *a.* cacodyl; —ат *m.*, —овокислая соль, соль —овой кислоты cacodylate; —овая кислота cacodylic acid, dimethylarsinic acid; —овокислый *a.* cacodylic acid; cacodylate (of).

какой *a.* what; how; к. ни whatever; к.-либо, к.-нибудь some (kind of), any; about; a particular; к.-то some; a kind of; something like.

какоксен *m.* (min.) cacoxen(it)e.
какотелин *m.* cacotheline.
как-раз *adv.* exactly, just, precisely; к.-то *adv.* somehow; how; once, one day; that is.
кактус *m.*, —овый *a.* (bot.) cactus.
кал *m.* excrement, feces, dung.
кал *abbr.* (**калория малая**) small calorie.
калабар/ин *m.* calabarine; —ский боб calabar bean (*Physostigma venenosum*).
кала/верит *m.* calaverite; —ит *m.* (min.) calaite, turquoise; —мен *m.* calamene; —мин *m.* (min.) calamine, hemimorphite; —минтон *m.* calaminthone; —мит *m.* (min.; pal.) calamite; —мянка *f.* (text.) calamanco.
калан *m.* (zool.) sea otter.
каландр *m.*, —овый *a.* (text., paper) calender (roll); —(ир)ование *n.* calendering, calender run, glazing; —(ир)ованный *a.* calendered; —(ир)овать *v.* calender, glaze.
каланча *f.* fire tower, lookout.
калач *m.* calatch (sort of white bread).
калган *m.* (bot.) tormentil (*Potentilla*

tormentilla); к., —ный корень galanga (root of *Alpinia officinarum*).
калгон *m.* Calgon, sodium hexametaphosphate.
Кале Calais.
калев/ать *v.* channel; —ка *f.*, —очный *a.* channel (molding); molding plane, fillister; —очный паз channel.
каледон/ит *m.* (min.) caledonite; —ский *a.* (geol.) Caledonian.
калейдоскоп *m.* kaleidoscope; —ический *a.* kaleidoscopic.
калека *m.* cripple.
календар/ь *m.*, —ный *a.* calendar; schedule; —ное планирование scheduling.
календулин *m.* calendulin.
кален/ие *n.* incandescence, heat(ing to redness); белое к. white heat, incandescence; красное к. red heat; —ица *f.* (glass) cooling arch; —(н)ый *a.* red hot, heated (to redness); hardened.
калесценция *f.* calescence.
калечить *v.* cripple, lame, disable.
кали *n.* potash, potassium oxide; к.-аппарат potash bulb (for carbon dioxide absorption); едкое к. caustic potash, potassium hydroxide; сернокислое к. potassium sulfate; углекислое к. potassium carbonate.
калиатур *m.* caliatour (dye)wood.
калиберн/ый *a.* caliber, gage, standard; —ая доска wire gage (plate); —ая дощечка templet; —ая плитка gage block; —ая скоба caliper gage, external gage.
калиборит *m.* (min.) kaliborite.
калибр *m.* caliber, gage, size, bore; gage (of wire); groove (of roller); выдвижной к., раздвижной к. sliding calipers, slide gage; косые —ы diagonal roll pass.
калибр/атор *m.* calibrator; —(ир)ование *n.* calibration, gaging, etc., *see v.*; groove designing (of roller); —(ир)ованный *a.* calibrated, etc., *see v.*; —(ир)овать *v.* calibrate, gage, graduate, standardize, adjust; (mach.) finish to final dimensions; (rolling) size, groove; —ирующий *a.* calibrating, etc., *see v.*; -кольцо *m.* ring gage; -нутромер *m.* internal gage, plug gage, male gage; —овать *see* калибр(ир)овать; —овка *see* калибр(ир)ование; —овка прокатных валков (met.) roll pass design; —овочно-инвариантный *a.* (comp.) gage variance, gage-invariant; —овочный *a.* calibrating, etc., *see v.*; calibration; —овщик *m.* calibrator; —овый *a. of* калибр; —омер *m.* (thickness) gage.
калибр-плитка *m.* block gage; к.-пробка *see* калибр-нутромер; к.-скоба *m.* caliper gage, external gage; к.-толщиномер thickness gage.

калиево/-известковый *a.* potash-lime; —**хромовые квасцы** potash chrome alum.
калиев/ый *a.* potassium, potash, potassic; **к. белый шлам** potassium alumosilicate; **к. (полевой) шпат** (min.) potash feldspar, orthoclase; **к. щелок** caustic potash (solution), potash lye; —**ая селитра** potassium nitrate; —**ая слюда** (min.) potash mica, muscovite; —**ое мыло** potash soap, soft soap; —**ое растворимое стекло** potash water glass, potassium silicate; —**ые квасцы** potash alum; (min.) kalinite.
кал/ий *m.* potassium, K; **азотнокислый к.** potassium nitrate; **бромид** —**ия, бромистый к.** potassium bromide; **гидроокись** —**ия** potassium hydroxide; **едкий к.** *see* **кали, едкое; иодистый к.** potassium iodide; **марганцевокислый к.** potassium permanganate; **марганцовистокислый к.** potassium manganate; **окись** —**ия** potassium oxide; **синеродистый к.** potassium cyanide; **уксуснокислый к.** potassium acetate; **хлористый к.** potassium chloride; **хлорнокислый к.** potassium perchlorate; —**ийметил** *m.* potassium methide; —**ийный** *see* **калиевый;** —**ийорганический** *a.* organopotassium; —**ийэтил** *m.* potassium ethide.
каликант *m.* (bot.) Calycanthus; —**ин** *m.* calycanthine.
каликс *m.* calyx, cup.
калильн/ый *a.* incandescent, glowing; red (heat); (cer.; met.) annealing; hot (tube); —**ая лампа** (elec.) incandescent lamp; —**ая печь** (met.) annealing furnace; (cer.) hardening-on kiln.
калильщик *m.* annealer (operator).
калимаг *m.,* —**незия** *f.* a potassium-magnesium sulfate fertilizer.
калина *f.* (bot.) Viburnum; spec. high-bush cranberry (*V. opulus* or *trilobum*).
калинатровый полевой шпат (min.) soda-potash feldspar, anorthoclase.
калинит *m.* (min.) kalinite, potash alum.
калин/ник *m.* cranberry thicket; —**овый** *a.* of **калина.**
калитка *f.* (wicket) gate.
калить *v.* make red hot, incandesce.
калифорн/ий *m.* californium, Cf; —**ийский,** —**ский** *a.* California; —**ийская жидкость** *see* **ИСО.**
калицин *m.* calycin.
кали/че, —**ше** *n.* (min.) caliche.
калка *f.* (leather) stuffing.
каллаит *m.* (min.) kallait, turquoise.
каллиандр/а кора calliandra bark; —**еин** *m.* calliandrein.
каллиротрон *m.* (rad.) kallirotron.

каллитрол *m.* callitrol; —**овая кислота** callitrolic acid.
каллифоры *pl.* (ent.) Calliphoridae.
Калло элемент (elec.) Callaud cell.
каллус *m.* (bot., med.) callus.
Калье коэффициент (phot.) Callier's *Q* factor.
каллюс *see* **каллус.**
калм/егиновая кислота calmeghinic acid; —**аллой** *m.* Calmalloy (alloy); —**онал** *m.* calmonal, urethan calcium bromide.
калмыцкий *a.* (geog.) Kalmyk.
каловый *a.* of **кал;** fecal.
каломел/ол *m.* calomelol, colloidal calomel; —**ь** *m.* or *f.,* —**ьный** *a.* calomel, mercurous chloride.
калоресценция *f.* (phys.) calorescence.
калори— *prefix* calori—, heat; —**затор** *m.* calorizator; (mach.) hot bulb, ignition chamber; —**заторный** *a.* of **калоризатор;** glow (ignition); semidiesel (engine); —**зация** *f.,* —**зирование** *n.* calorizing, coating with aluminum; —**зировать** *v.* calorize.
калорийн/ость *f.* caloricity, calorific value; fuel value (of food); —**ый** *a.* high-calorie.
калориметр *m.* calorimeter; —**ирование** *n.,* —**ия** *f.* calorimetry, heat measurement; —**ический** *a.* calorimetric.
калорифер *m.* heater, heating element; radiator; (met.) hotblast stove.
калорическ/ий *a.* calori(fi)c, thermic, thermal; hot-air (engine); —**ое значение** calorific value.
калория *f.* calorie; **большая к., техническая к.** large calorie, kilogram-calorie; **британская к.** British thermal unit, BTU; **малая к.** small calorie, gram-calorie.
калотта *f.* (arch.) calotte, cap.
калош/а *f.,* —**ный** *a.* overshoe, rubber; **kalosha** (rubber solvent).
калужница *f.* (bot.) buttercup (*Caltha*).
калумба *f.* calumba (root).
калусцит *m.* (min.) kaluszite, syngenite.
калуфер *m.,* —**ный** *a.* (bot.) tansy (*Tanacetum*); costmary (*Chrysanthemum balsamita*).
Кальбаум Kahlbaum (German firm).
кальгумит *m.* calhumite (mixture of lime and humic acids).
кальдера *f.* (geol.) caldera, crater.
калька *f.* tracing cloth, tracing paper; tracing; **бумажная к.** tracing paper.
кальк/аммон *m.* calcammonia (mixture of lime and ammonium chloride); —**ренит** *m.* (petr.) calcarenite; —**рона** *f.* calcarone (a sulfur furnace); —**ронный способ** calcarone method; —**фанит** *m.* (min.) calcaphanite.
калькгур *m.* agaric mineral.

калькиров/ание *n.* tracing; calking; —анный *a.* traced; calked; —ать *v.* trace; calk.

калько— *see* халько—.

калькул/ировать *v.* calculate, estimate, figure out, work out; —ятор *m.* calculator, calculating machine; —яционный *a.* calculation, calculating; cost (sheet); —яция *f.* calculation, estimate.

кальмар *m.* (zool.) squid.

кальцекс *m.* (pharm.) Calcex, hexamethylenetetramine calcium chloride.

кальцеолярия *f.* (bot.) Calceolaria.

кальци— *prefix* calc(i)— [lime(stone), calcium]; —евый *a.* calcium; —евая селитра calcium nitrate.

кальц/ий *m.* calcium, Ca; гидрат окиси —ия calcium hydroxide; карбид —ия calcium carbide; окись —ия calcium oxide; сернокислый к., сульфат —ия calcium sulfate; углекислый к. calcium carbonate; углеродистый к. calcium carbide; фосфат —ия, фосфорнокислый к. calcium phosphate; хлористый к. calcium chloride; хлорноватистокислый к. calcium hypochlorite; —ийорганический *a.* organocalcium; —иметр *m.* calcimeter.

кальцин *m.* calcine, calcined phosphate.

кальцин/атор *m.* calcinator, calcining furnace; —ация *f.*, —ирование *n.* calcination; —ированный *a.* calcined, roasted; —ировать *v.* calcine, roast.

кальци/остронцианит *m.* (min.) calciostrontianite; —оторит *m.* (min.) calciothorite; —т *m.* (min.) calcite; —ферол *m.* calciferol, vitamin D_2; —фикация *f.* (geol.) calcification.

калютрон *m.* calutron (isotope separator).

кам *m.* (geol.) kame (ridge of stratified drift).

кам. *abbr.* (каменный) stone.

кама/ла *f.* kamala (powder from *Mallotus philippinensis*); —резит *m.* (min.) kamarezite; —цит *m.* (min.) kamacite.

камбал *m.* (dye) camwood.

камбала *f.* (ichth.) plaice; flatfish; flounder.

камб/ий *m.* (bot.) cambium.

камбоджа *f.* gamboge (gum resin).

Камбоджа (geog.) Cambodia.

камбуз *m.*, —ный *a.* (naut.) galley; galley stove.

камбопиновый *a.* cambopinic (acid).

камвольный *a.* (text.) worsted.

камед/еобразный *a.* gum-like, gummy; —етечение *n.* gummosis, resinous exudation (of trees); —истый *a.* gum(my), resinous; —истая смола gum resin; —ный *a.* gum; —ный сахар gum sugar, arabinose; —ная загустка gum water; —ное дерево (bot.) sweet gum (*Liquidambar styraciflua*).

камед/ь *f.* gum, resin; аравийская к. gum arabic; лишать —и *v.* degum.

камелек *m.* hearth, fireplace.

камелин/а *f.* (bot.) dodder seed (*Camelina sativa*); —овый *a.* cameline.

камелия *f.* (bot.) camellia.

камель *m.* camel (a type of caisson).

камен/еть *v.* (geol.) petrify, fossilize, harden, become stone; —истость *f.* stoniness; —истый *a.* stony, stone-like, petrous, rocky; stone-covered.

каменноугольн/ый *a.* coal; coal-tar (dyes, oil, etc.); carboniferous (period); к. деготь, —ая смола coal tar.

каменн/ый *a.* stone, stony, lithoidal; jewel (bearing); masonry (work); к. век stone age; к. мозг (min.) lithomarge; к. уголь coal; —ая болезнь (med.) lithiasis; —ая кладка stonework, masonry; —ая посуда stoneware; —ая соль (min.) rock salt; —ое дерево (bot.) Celtis; —ое масло petroleum.

камено— *see* камне—; —боец *m.* stone crusher; —литейный *a.* stone-casting; —лом *m.* quarrier, quarryman; —ломка *see* камнеломка; —ломня *f.* (stone) quarry; —сек, —тес *m.* stone cutter; mason; —сечный, —тесный *a.* stone cutter's, stone cutting; stone (chisel).

камен/щик *m.* (stone) mason, brick layer; —ь *m.* stone, rock; (horol.) jewel; (concrete) block; (boiler) scale; (med.) calculus; —ь-плитняк flagstone.

камера *f.* chamber, cell, compartment; room, office; (phot.) camera; inner tube (of tire); chest, bin, case; barrel (of pump); (distribution) box; (curing) bag; (hose) lining; ramjet duct; burning system, combustor; (min.) breast; к. сгорания combustion chamber; к.-обскура camera obscura.

камер/альный *a.* office (work); laboratory (work); —но-столбовой *a.* (min.) room-and-pillar (method).

камерн/ый *a.* chamber(ed), compartment; box (filter press); к. способ chamber process (for sulfuric acid); —ая печь compartment kiln; (met.) box furnace, batch furnace; —ые кристаллы chamber crystals (nitrosyl sulfate).

камерон *m.* Cameron pump; —щик *m.* (min.) pump operator and mechanic.

камертон *m.*, —ный *a.* tuning fork.

камешек *dim. of* камень.

камея *f.* cameo.

камин *m.*, —ный *a.* fireplace; chimney, smokestack.

камне— *prefix* lith(o)—, stone, calculus; rock; *see also under* камено—; —бурильный станок rock drill; —видность *f.* stoniness, stony appearance; (met.) coarse-grain or intergranular fracture;

—видный *a.* stony, stone-like, lithoidal; (met.) intergranular (fracture); —дробилка *f.* stone or rock crusher; —дробильный *a.* stone- or rock-crushing; —дробление *n.* stone or rock crushing; (med.) lithotripsy; —ед *see* камнеточец; —лом *m.* quarrier; —ломка *f.* (bot.) saxifrage; —мет *m.* (mil.) stone fougasse.

камне/облицовка *f.* stone surfacing; —образный *see* камневидный; —образующий *a.* stone-forming, lapidific; —печатание *n.* lithography; —печатный *a.* lithographed, lithographic; —растение *n.* (bot.) lithophyte; —резный *a.* stone-cutting; stone (saw); —сверлильный станок rock drill; —сечение *n.* (med.) lithotomy; —точец *m.* (zool.) stone borer (*Pholas*).

камня *gen.* of камень.
камомиллол *m.* camomillol.
камор/а *f.* chamber; lock (of sluice); —ка *f.* closet, small room.
кампанейский *a.* unplanned, nonsystematic.
кампания *f.* campaign, drive; season, time; operating period, run (of furnace).
кампанский *a.* (geol.) Campanian.
кампеш *m.*, —евое дерево, —евый, —ный *a.* (bot.) logwood (*Haematoxylon campechianum*).
кампилит *f.* (min.) kampylite.
камполон *m.* campolon (liver extract).
кампометр *m.* kampometer (for measuring heat radiation).
кампос *m.* campos, shrubby savanna.
камптонит *m.* (petr.) camptonite.
кампус *see* кампос.
кам.-уг. *abbr.* (каменноугольный).
камуфл/ет *m.* (mil.) camouflet; —ирование *n.* camouflaging, camouflage; —ированный *a.* camouflaged; —ировать *v.*, —яж *m.* camouflage.
камушек *m.* small stone, pebble.
камфан *m.* camphane; —ил *m.*, —иловый *a.* camphanyl; —овая кислота camphanic acid; —ол *m.* camphanol; —он *m.* camphanone.
камфар/а *f.* camphor, 2-camphanone; —ноаммониевая соль ammonium camphorate; —нокислый *a.* camphoric acid; camphorate (of); —нокислая соль, соль —ной кислоты camphorate; —ный *a.* camphor; camphoric (acid); camphor(ated) (oil); —ный спирт spirit of camphor; —оновый *a.* camphoronic (acid).
камфен *m.* camphene; —гликол(ь) *m.* campheneglycol.
камфенил *m.*, —овый *a.* camphenyl; —ан *m.* camphenilane, 2,2-dimethylnorcamphane; —ен *m.* camphenilene; —иден *m.* camphenilidene; —овая кислота camphenylic acid; —он *m.* camphenilone, 3-ketocamphanilane.
камфен/овый *a.* camphenic (acid); —он *m.* camphenone, 1-methylcamphenilone.
камферол *m.* campherol.
камфидин *m.* camphidine.
камфил *m.*, —овый *a.* camphyl; —овая кислота camphylic acid; —овый спирт camphyl alcohol, borneol.
камфо— *prefix* campho—; —ген *m.* camphogen, cymene; —карбоксильная кислота, —карбоновая кислота camphocarboxylic acid, 2-keto-3-carboxycamphane; —кислота *f.* campho acid, carboxyl-apocamphoric acid.
камфол *m.* camphol, borneol; —актон *m.* campholactone; —евый *a.* campholic (acid); —ен *m.* campholene; —еновый *a.* campholenic (acid); —ид *m.* campholide; —овый *a.* campholic (acid).
камфон *m.* camphone; —ановая кислота camphonanic acid; —ен *m.* camphonene; —еновая кислота camphonenic acid; —овая кислота camphonic acid; —оловая кислота camphonolic acid.
камфор/а *see* камфара; —ный *see* камфарный.
камфо/роил *m.* camphoroyl; —роксим *m.* camphoroxime; —роновая кислота camphoronic acid; —роеновая кислота camphoroeenic acid.
камфреновая кислота camphrenic acid.
камчат/ка *f.*, —ный *a.* (text.) damask.
камшафт *m.* camshaft.
камы *pl.* of кам.
камыш *m.*, —евый *a.* cane, reed, rush.
камышек *see* камушек.
камыш/ит *m.* reed wallboard; —овый *see* камышевый.
канав/а *f.* channel, ditch, canal, trench; groove; raceway; (casting) pit; опробование —ами trench sampling (in ore concentration); —ка *dim. of* канава; groove, flute, slot, mortise, chase, key(way); с —ками grooved, fluted; —окопатель *m.* trench digger, trenching plow, ditch digger; —окопательный *a.* trenching, ditch-digging; —оочиститель *m.* ditch cleaner; —очный *a.* grooving, groove-cutting.
канад/ин *m.* canadine, tetrahydroberberine; —иновая кислота canadinic acid; —иноловая кислота canadinolic acid; —ол *m.* canadol.
канадский *a.* Canada, Canadian; к. бальзам Canada balsam.
канал *m.* channel, canal, conduit, pass(age); trench; (gas) flue; (valve) port; (anat.) duct; bore (of gun).
канализационн/ый *a.* sewage, waste; canalization; —ая вода sewage, waste water; —ая сеть sewer system; —ая труба

канализация sewage pipe, sewer; water pipe, gas pipe or electric conduit.

канализ/ация *f.* canalization; channeling; sewer system, sewerage, drainage, drain system; conduit; —**ировать** *v.* canalize; provide with a sewer system.

канал/овый, —**ьный** *a.* channel, canal; (nucl.) channeling (effect); —**ьная сажа** channel black; —**овые лучи** canal rays, positive rays; —**ьчатый** *a.* channeled, grooved; tubular.

канамицин *m.* kanamycin (antibiotic).

канаигoвое масло cananga oil.

канап *see* **кенаф**.

канар *m.* bale of wool; harvesting sack.

канар/еечник *m.*, —**еечная трава** canary grass (*Phalaris*); —**еечный** *a.* canary (-colored); —**ейка** *f.* canary; —**ский** *a.* Canary (Islands).

канат *m.* cable, rope; cord; —**ик** *m.* (anat.) funiculus, cord.

канатник *m.* (bot.) Chinese bell flower (*Abutilon avicennae*).

канатно— *see also under* **канато**—; —**башенный,** —**скребковый** *a.* drag-line (excavator).

канатн/ый *a.* cable, rope; funicular (railway, etc.); drag-line (excavator); —**ая дорога** cableway; —**ые изделия** cordage.

канато— *prefix* rope, cable; —**видный** *a.* restiform, rope-shaped; —**крутильный** *a.* rope-twisting; —**нажиматель** *m.* rope tightener; —**натягивающий** *a.* rope-tightening; —**скребковый** *a.* drag-line (excavator); —**тростильная дорожка** rope-walk.

канатчик *m.* ropemaker.

канаус *m.,* —**овый** *a.* (text.) taffeta.

канва *f.* canvas; outline, groundwork.

канга *f.* (petr.) canga (iron breccia).

кандалы *pl.* shackles, fetters.

канделильский *a.* candellila (wax).

канделябр *m.* candelabrum; chandelier.

кандидат *m.,* —**ский** *a.* candidate, applicant; Master (actually closer to a Doctor's degree).

кандидулин *m.* candidulin.

кандык *m.* (bot.) dog's tooth violet (*Erythronium dens-canis*).

канегра *f.* (bot.) tanner's dock (*Rumex hymenosepalus*).

каникулы *pl.* vacation, holidays.

каниловый спирт kanyl alcohol.

канирин *m.* kanirin, trimethylamine oxide.

канистра *f.* (oil) tank.

канитель *f.* gold or silver thread; long-drawn-out proceedings.

канифас *m.* (text.) dimity.

канифас-блок *m.* (naut.) snatch block.

канифол/ить *v.* rub with colophony; —**ь** *f.,* —**ьный** *a.* colophony, rosin.

Канниццаро *see* **Канниццаро**.

канкринит *m.* (min.) cancrinite.

канкроид *m.* (med.) cancroid.

канна *f.* (bot.) canna; **съедобная к.** Queensland arrowroot (*Canna edulis*).

каннаб/ин *m.* cannabine (alkaloid); cannabin (glucoside); —**инол** *m.* cannabinol; —**оид** *m.* cannaboid.

каннелюра *f.* (arch.) flute.

каннибальство *n.* cannibalism.

Канниццаро реакция Cannizzaro reaction.

канновый *a.* (bot.) canna(ceous).

канон/ерка *f.* gunboat; —**ир** *m.* gunner; —**ит** *m.* (expl.) cannonite.

канонический *a.* (math.) canonical, standard.

кант *m.* edge, edging, border.

канталупа *f.* cantaloupe, muskmelon.

канталь *m.* Kanthal (alloy).

кантар/ен *m.* cantharene, dihydro-*o*-xylene; —**ид** *m.* Spanish fly (*Cantharis vesicatoria*); —**идин** *m.* cantharidin; —**идиновая кислота** cantharidic acid; **соль** —**идиновой кислоты,** —**идиновокислая соль** cantharidate; —**овая кислота** cantharic acid.

кантарь *see* **контарь**.

кантовальн/ый *a.* cant(ing), tilting, etc., *see* **кантовать**; (rolling) turnover (table); **к. аппарат,** —**ое устройство** tilter, turn-over device.

кантов/ание *n.* canting, etc., *see v.*; —**атель** *m.* tilter; manipulator; (met.) link-chain support; —**ать** *v.* cant, tilt; (rolling) turn (over), manipulate; bevel, edge, square; flange; —**ка** *f.,* —**очный** *a.* canting, etc., *see v.*

кантонит *m.* (min.) cantonite.

кануть *v.* disappear, vanish, drop.

канфильдит *m.* (min.) canfieldite.

канцеляр/ист *m.* clerk; —**ия** *f.* office; —**ский** *a.* office, clerical; —**ские принадлежности** stationery; —**щина** *f.* red tape, bureaucracy.

канцер *m.* (med.) cancer; —**огенез** *m.* carcinogenesis; —**огенный** *a.* carcinogenic, cancer-producing; —**олитический** *a.* carcinolytic, cancer-destroying.

канцлер *m.,* —**ский** *a.* chancellor.

каныга *f.* (zool.) stomach contents.

каньон *m.* canyon.

канюля *f.* (med.) cannula.

каолин *m.* kaolin, China clay, porcelain clay; —**изация** *f.* kaolinization; —**изированный** *a.* kaolinized; —**из(ир)овать** *v.* kaolinize; —**ит** *m.* (min.) kaolin(ite); —**овый** *a.* of kaolin.

каолисол *m.* kaolisol (kaolinite-rich soil).

кап *m.* burl, excrescence; wart; cap.

КАП *abbr.* (**крупнопанельная армопенобетонная плита**) large foam-concrete panel.

капа *f.* sealed end.

кап/анье *n.* dropping, dripping, trickle; —ать *v.* drop, drip, trickle; —ающий *a.* dripping; —еж *m.* drip.
капелировать *see* купелировать.
капелла *f.* (astr.) Capella.
капеллировать *see* купелировать.
капель *f.* dripping, trickling; (met.) cupel; *gen. pl. of* капля; —ка *f.* drop(let); —ку *adv.* a little (bit), barely; —ник *m.,* —ница *f.* (eye) dropper, dropping tube; dropping bottle; pipet; dripcock; (geol.) dropstone, stalactite; —но-жидкий *a.* sufficiently liquid to form drops.
капель/ный, —чатый *a.* drop(ping), trickling; condensed (moisture); dropwise (condensation); liquid-drop (model of nucleus); к. кран dripcock; к. электрод drop electrode; —ная воронка dropping funnel; —ная проба, —ное испытание drop test, spot test; —ная смазка drip lubrication.
капеля *f.* (met.) cupel; —ция *see* купеляция.
капер/аза *f.* caperase, catalase; —с(ник) *m.,* —совый кустарник caper (tree); —сы, —цы *pl.* capers.
капилляр *m.* capillary; —ность *f.* capillarity, capillary attraction; —ный *a.* capillary; —ная трубка capillary (tube); —ное притяжение capillary attraction.
капитал *m.* capital, stock, fund; —ист *m.* capitalist; —истический *a.* capitalist(ic); —овложение *n.* (capital) investment, outlay; —оемкий *a.* capital-intensive; —оемкость *f.* relative capital requirements.
капитальн/ый *a.* capital; chief, principal; thorough, fundamental, substantial; к. ремонт overhaul(ing), major repairs; —ое вложение, —ые затраты investment, outlay.
капитан *m.* captain.
капитель *f.* capital, head (of column).
капитулировать *v.* capitulate, give up.
капкан *m.* trap.
капле/видный *a.* tear-shaped, teardrop; —защищенный *a.* drip-proof; —непроницаемый *a.* drip-tight; —образный *a.* drop-shaped, drop(wise); fluid-drop (shell); —отбойник *m.* entrainment trap; точка —падения drop point; —собиратель *m.* drip pan, gutter; —стойкий *a.* drip-proof; —указатель *m.* sight glass; —улавливатель, —уловитель *m.* (distillation) safety trap; —упорный *a.* drip-proof.
каплун *m.,* —ировать *v.* (vet.) capon.
капл/ю *adv.* a little (bit); —я *f.* drop; —ями, по —ям drop by drop, dropwise.
капно— *prefix* capno— (smoke); —метрия *f.* capnometry; —скоп *m.* capnoscope.
капнуть *see* капать.

каповый *a. of* кап.
капок *m.,* —овый *a.* kapok (fibers).
капонир *m.* (mil.) caponier(e).
капорцы *see* каперсы.
капот *m.* (mach.) hood, cowl(ing), housing; (av.) nose-over, nosing over; —аж *m.,* —ирование *n.* nose-over, nosing over; housing; —ировать *v.* nose over; house, cover with a hood.
Каппа линии (elec.) Kapp lines.
каппаметрия *f.* magnetic susceptibility measurement.
капрат *m.* caprate.
капремонт *m.* overhaul(ing).
капризный *a.* capricious, freakish.
каприл *m.* capryl, hexyl; —ат *m.* caprylate; —ен *m.* caprylene, octene; —иден *m.* caprylidene, 1-octyne; —ин *m.* caprylin; —овокислая соль caprylate; —овый *a.* capryl(ic); —овая кислота caprylic acid, octanoic acid; соль or эфир —овой кислоты caprylate; —овый альдегид caprylic aldehyde, octanal; —овый спирт capryl alcohol, hexyl alcohol.
каприн *m.* caprin; caprine, norleucine; —овая кислота capric acid, *n*-decanoic acid; соль or эфир —овой кислоты, —овокислая соль caprate; —овокислый *a.* capric acid; caprate (of); —овый альдегид capric aldehyde, capraldehyde, decanal.
капририл *m.* capryryl, octanoyl.
капро/ат *m.* caproate; —ил *m.* caproyl; —иловый спирт caproyl alcohol, octyl alcohol; —ин *m.* caproin.
капрок *m.* (geol.) cap rock.
капро/лактам *m.* caprolactam; —лан *m.* caprolan (tire cord 528).
капрон *m.* caprone, 6-hendecanone; capron, polycaprolactam fiber or plastic, nylon-6; —ил *m.,* —иловый *a.* capronyl; —итрил *m.* capronitrile; —овый *a. of* капрон; —овая кислота caproic acid, hexanoic acid; соль —овой кислоты, —овокислая соль caproate; —овокислый *a.* caproic acid; caproate (of); —овый альдегид caproic aldehyde, caproaldehyde, hexanal.
капс/аицин *m.* capsaicin; —антин *m.* capsanthin; —антол *m.* capsanthol.
капсель *m.* (cer.) sagger.
капсельный *see* капсюльный.
капси/кол *m.* capsicol; —кутин *m.* capsicutin; —цин *m.* capsicine (alkaloid); capsicin (oleoresin).
капсул/а *f.* capsule; заключение в —ю encapsulation.
капсул/арин *m.* capsularin; —есциновая кислота capsulaescinic acid.
капсульний *a. of* капсула.
капсюл/ь *m.* percussion cap, priming cap, cap, (cartridge) primer; capsule; cork,

каптаж bottle top; (igniter) pellet; **к.-воспламенитель** *m.* percussion cap, primer; **к.-детонатор** *m.* detonator, detonating cap; **—ный** *a. of* **капсюль;** enclosed (motor); **—я** *see* **капсула.**

каптаж *m.* capture; catchment, catching; piping (of water supply); damming, harnessing (of river); capping (of well).

каптакс *m.* Captax (a mercaptobenzothiazole rubber accelerator).

каптал *m.* (books) bead.

каптировать *v.* capture, catch, collect; pipe (water or oil).

каптол *m.* captol, chloral tannin.

капуст/а *f.* cabbage; **квашен(н)ая к., кислая к.** sauerkraut; **кудрявая к.** savoy; **лиственная к.** kale; **многокочанчиковая к.** Brussels sprouts; **морская к.** *see* **катран; цветная к.** cauliflower; **—ник** *m.* cabbage field; cabbage worm; cabbage dish; **—ница** *f.*, **—ная белянка** cabbage butterfly; **—ный** *a.* cabbage.

капут-морту(у)м *m.* caput mortuum, colcothar.

Капштадт Cape Town.

капюшон *m.* hood, cowl; (protective) net, veil; **—образный** *a.* hooded, cowled.

кар *m.* (geol.) kar, corrie, cirque.

карабин *m.*, **—ный** *a.* carbine, rifle; snap hook; **—ный крючок** swivel.

карав/аеобразный *a.* bun-shaped; **—ай** *m.* (round) loaf, cake, bun.

караван *m.*, **—ный** *a.* caravan.

карагач *m.* (bot.) elm (*Ulmus foliacea*).

карадок *m.*, **—ский ярус** (geol.) Caradocian, Lower Upper Ordovician.

карадрина *f.* (ent.) cutworm moth.

Караибское море Carribean Sea.

кара-калпакский *a.* (geog.) Karakalpac.

каракатица *f.* (zool.) cuttlefish.

караковый *a.* dark bay, brown.

каракул/еводство *n.*, **—еводческий** *a.* karakul sheep breeding; **—евый** *a.*, **—ь** *m.*, **—ьский** *a.* karakul (sheep); astrakhan (fur); **—ьча** *f.* Persian lamb (skin).

каракумский *a.* (geog.) Kara-Kum.

карамел/ан *m.* caramelan; **—изация** *f.*, **—из(ир)ование** *n.* caramelization; **—из(ир)ованный** *a.* caramelized; **—из(ир)овать** *v.* caramelize, burn, char (sugar); **—ь** *f.*, **—ьный** *a.* caramel.

каран *m.* carane.

карандаш *m.*, **—ный** *a.* pencil, crayon; **—еобразный** *a.* pencil-shaped.

каранеол *m.* caraneol, carol.

каранская камедь (gum) carana.

карантин *m.*, **—ный** *a.* quarantine; **—ное свидетельство** bill of health.

карапузики *pl.* black beetles (*Histeridae*).

карасик *m.* oval file, double half-round file; (foundry) sleeker, smoother.

карат *m.*, **—ный** *a.* carat (0.2 g.).

каратуз *m.* karatuz (common salt from the bottom of salt lakes).

карать *v.* punish, penalize.

караул *m.*, **—ить** *v.* watch, guard.

карачаев/о-черкесский *a.* (geog.) Karachi-Cherkess; **—ский** *a.* Karachi.

карб— *prefix* carb(o)—.

карбаз/ид *m.* carbazide; **—ил** *m.* carbazyl; **—иловая кислота** carbazylic acid; **—иновая кислота** carbazic acid; **—оловый** *a.* carbazole, diphenylenimide; **—он** *m.* carbazone.

карбам/ат *m.* carbamate; **—ид** *m.*, **—идный** *a.* carbamide; **—ил** *m.*, **—иловый** *a.* carbamyl; **—иловый эфир** carbamilic ether, phenylurethane; **—инат** *m.* carbam(in)ate.

карбамино/вая кислота carbamic acid, aminoformic acid; **соль —вой кислоты, —вокислая соль** carbamate; **—воаммониевая соль, —вокислый аммоний** ammonium carbamate; **—вокислый** *a.* carbamic acid; carbamate (of); **—(во)этиловый эфир** ethyl carbamate.

карбанил *m.* carbanil, phenyl cyanate; **—ид** *m.* carbanilide, diphenylurea; **—овая кислота** carbanilic acid, phenylcarbamic acid.

карб/анион *m.* carbanion; **—ен** *m.* carbene; **—еноид** *m.* carbenoid.

карбид *m.* carbide; **к. в воду** carbide-to-water; **к. кальция** calcium carbide; **—изация** *f.* (met.) carbidizing treatment; **—изированный** *a.* carbidized; **—ка** *f.* (min.) acetylene lamp; **—ный, —овый** *a.* carbide; **—ообразующий** *a.* carbideforming.

карб/иламин *m.* carbylamine, isocyanide; **—иловая кислота** carbylic acid; **—ин** *m.* Carbyne, Barban (herbicide); **—инол** *m.* carbinol, primary alcohol; methanol; **—итол** *m.* Carbitol, diethyleneglycol ethyl ether.

карбо— *prefix* carbo—; **—анализатор** *m.* carbon analyzer; **—ангидраза** *f.* carbonic anhydrase; **—бензоил** *m.* carbobenzoyl; **—вальт** *m.*, **—вольт** *m.* Carbowalt (abrasive); **—гидраза** *f.* carbonic hydrase; **—диимид** *m.* carbodiimide, cyanamide; **—ид** *m.* carboid (a graphite mixture).

карбокси— *prefix* carboxy—, carboxyl; **—гемоглобин** *m.* carboxyhemoglobin; **—л** *m.* carboxyl; **—лаза** *f.* carboxylase; **—латный** *a.* carboxylated, carboxyl-containing; **—лирование** *n.* carboxylation; **—лированный** *a.* carboxylated; **—лировать** *v.* carboxylate; **—льный** *a.* carboxyl(ic); **—льная группа** carboxyl; **—метилцеллюлоза** *f.* carboxymethyl cellulose.

карбол/инеум *m.* Carbolineum (a wood preservative); —ит *m.* carbolite (abrasive); carbolite (resin); —ка *f.*, —овая кислота carbolic acid, phenol; —овый *a.* carbolic, phenol(ic); —овое масло carbolic oil; —ой *m.* (met.) Carboloy (cemented tungsten carbide); —он *m.* Carbolon (silicon carbide abrasive).
карбометокси— *prefix* carbomethoxy—.
карбо/метр *m.* carbometer; —мицин *m.* carbomycin; —н *m.* carbon; (geol.) Carboniferous (period); —надо *n.* carbonado, black diamond.
карбонат *m.* carbonate; *see* карбонадо; к. натрия sodium carbonate; —изация *f.* carbonate formation; carbonate; —ит *m.* (petr.) carbonatite; —ный, —овый *a.* carbonate; carbonaceous; calcareous (soil).
карбониевый *a.* carbonium.
карбониз/атор *m.* carbonizer; —ационный *a.*, —ация *f.*, —(ир)ование *n.* carbon(iz)ation; (met.) carburization; —(ир)ованный *a.* carbonized, etc., *see v.*; —(ир)овать *v.* carbonize, carbonate; carburize.
карбоний *m.* carbonium.
карбонил *m.*, —ьный *a.* carbonyl; сернистый к. carbonyl sulfide, carbon oxysulfide; хлористый к. carbonyl chloride, phosgene.
карбонит *m.* (expl.) carbonite.
карбонов/ый *a.* (geol.) carbonaceous, carbon-containing, carboniferous; —ая кислота, —окислый *a.* carboxylic acid.
карбоно/лит *m.* (petr.) carbonolite; —метр *m.* carbonometer.
карборунд, —ум *m.*, —овый *a.* carborundum, silicon carbide.
карбо/сурьмировать *v.* (met.) carburize with carbon-antimony; —фос *m.* a Malathion insecticide; —холин *m.* carbocholine, carbamylcholine chloride; —цепный *a.* carbon-chain; —цианин *m.* (phot.) carbocyanine; —циклический *a.* carbocyclic.
карбункул *m.* (min., med.) carbuncle.
карбур— *see* карбюр—; —ан *m.* (min.) carburan (near thucholite).
карбэтокси— *prefix* carbethoxy—.
карбюр/атор *m.* carburetor; —аторный *a.* carburetor; carburetion (fuel); —ационный *a.*, —ация *f.* carburation, carburetion; (met.) carburization; —изатор *m.* carbonizer; carburizing agent; —изация, —ирование *see* карбюрация; —ированный *a.* carbureted, carburized; —ировать *v.* carburet; carburize.
карв/акрил *m.* carvacryl; —акрол *m.* carvacrol, 2-hydroxy-*p*-cymene; —ен *m.*

carvene, *d*-limonene; —енон *m.* carvenone; —еол *m.* carveol, 2-hydroxylimonene; —естрен *m.* carvestrene, 1-*m*-terpene; —ил *m.* carvyl; —ол *m.* carvol, carVone; —оментил *m.* carvomenthyl; —он *m.* carvone.
карго *n.* cargo, shipload.
карда *f.* (text.) card, card clothing.
кардамон *m.*, —ный, —овый *a.* (bot.) cardamom (*Ellettaria cardamomum* or *Amomum*).
кардан *m.*, —ный шарнир Cardan joint, universal joint; —ный вал Cardan shaft, propeller shaft; —ный камень trunnion block; —овский *a.* (math.; phys.) Cardanic; Cardan's.
кардиазол *m.* Cardiazol, pentamethylenetetrazol.
кардинальный *a.* cardinal, chief, principal; basic.
кардио— *prefix* cardio— (heart); —грамма *f.* (med.) cardiogram; —граф *m.* cardiograph; —ида *f.* (math.) cardioid; —идный *a.* cardioid, heart(-shaped); —логия *f.* cardiology.
кардит *m.* (med.) carditis.
кард/машина, —ная машина *see* кардомашина; —ный *a.* (text.) card; —ный очес card waste; —ный холст, —ная лента card clothing.
кардобенедикт *m.* (bot.) blessed thistle (*Cnicus benedictus*).
кардов/ание *n.* (text.) carding; —анный *a.* carded; —ать *v.* card.
кардол, —ь *m.* cardol.
кардо/лента *f.* (text.) card clothing; —машина *f.* carding machine, carder; —наборная машина card-setting machine; —питатель *m.* card filler; —чесальный *a.*, —чесание *n.* carding; —чесанный *a.* carded.
Кардью вольтметр Cardew voltmeter.
карельский *a.* (geog.) Karelian.
карен *m.* carene.
карет/а *f.*, —ный *a.* carriage, coach; —ка *f.* (mach.) carrier, carriage, slide; (crucible) support, stand; (drilling) rig; —ка-держатель (self-recorder) pen carriage.
карибское море Caribbean Sea.
карибу *m.* (zool.) caribou.
кариес *see* кариоз.
кариин *m.* caryin.
кариинит *m.* (min.) caryinite.
карий *a.* hazel, brown.
карикатура *f.* caricature.
карил *m.* caryl.
карио— *prefix* (biol.) karyo—, caryo— (nucleus of cell); —з *m.* (med.) caries; —зный *a.* carious; —кинез *m.* (biol.) karyokinesis, mitosis; —лиз *m.* karyolysis.

кариофилл/ен *m.* caryophyllene; —ин *m.* caryophyllin; —иновая кислота caryophyllinic acid.
кариоцит *m.* (physiol.) karyocyte, normoblast.
Кариуса метод Carius' method.
карицин *m.* caricin.
кария *f.* (bot.) hickory (*Carya*).
каркас *m.*, —ный *a.* skeleton, frame(work), chassis; body, form, shell, hull, housing, casing; carcass (of tire); (missiles) airframe; (core) barrel; (furnace) body; (bot.) hackberry (*Celtis*).
карк/ать, —нуть *v.* croak, caw.
карлик *m.* dwarf, pygmy; —овость *f.* dwarf state, stunted condition; —овый *a.* dwarf(ed), stunted.
карл/оварская соль, —сбадская соль Carlsbad salt.
кармазин *m.*, —ный, —овый *a.* crimson, scarlet; —овокрасный *a.* crimson (red).
карман *m.* pocket, recess, well; housing, container; blister; (blade) bucket; —ный *a. of* карман; pocket-sized; bag (filter); —ный фонарь flashlight; —ная камера pocket (ionization) chamber; —чик *dim. of* карман.
карматрон *m.* (electron.) karmatron, reverse-wave magnetron.
кармаш/ек *dim. of* карман; —ки сливы (phyt.) plum pockets.
кармин *m.* carmine, coccinellin; —ный, —овый *a.* carmine, crimson; —овая кислота carminic acid, cochinilin; соль —овой кислоты, —овокислая соль carminate; —овокрасный *a.* carmine red; —овый шпат (min.) carmine spar, carminite.
кармоизин *m.* carmoisin (food dye).
карналлит *f.* (min.) carnallite.
карнауб/а *f.* (bot.) Brazilian wax palm (*Copernicia cerifera*); —иловый спирт carnaubyl alcohol; —овый, —ский *a.* carnaubic (acid); carnauba (wax).
карне/гиит *m.* (min.) carnegieite; —ол *m.* carnelian.
карниз *m.* cornice; (roof) eave(s); (window) ledge; (geol.) bench; —ник *m.* cornice plane.
карнийский век (geol.) Carnian stage.
карнин *m.* carnine.
карнитин *m.* carnitine, novain, vitamin B_T.
Карно цикл Carnot's cycle.
карно/зин *m.* carnosine, alanylhistidine; —тин, —тит *m.* (min.) carnotite.
Каро кислота Caro's acid, permonosulfuric acid.
кароб/ин *m.* carobine; —овая кислота carobic acid.
каровое озеро tarn, bog, fen.
Карозерс Carothers (name).

карол *m.* carol, 5-hydroxycarane; —иновая кислота carolinic acid; —инский *a.* Caroline (Islands).
карон *m.* carone, 5-ketocarane; —овая кислота caronic acid.
каротаж *m.*, —ный *a.* (mineral exploration) logging, coring; log; —ное зондирование logging.
каротин *m.*, —овый *a.* carotene, primary vitamin A; —оид *m.* carotinoid, polyene.
карот/ировать *v.* (mineral exploration) log; —таж *see* каротаж.
карп *m.* (ichth.) carp.
карп— *see* карпо—; —аин *m.* carpaine; —амовый *a.* carpamic (acid).
карпинскиит *m.* (min.) karpinskyite.
карпо— *prefix* carp(o)— (fruit; wrist; carpus).
карповый *a.* carp (fish).
карр *m.* (geol.) sink hole.
Карра долото Carr bit.
каррарский мрамор Carrara marble.
карри *n.* karri (timber).
карролит *m.* (min.) carrollite.
карсель *m.* carcel unit (9.6 candles); —ская лампа Carcel lamp.
карст *m.*, —овый *a.* (geol.) karst; —енит *m.* karstenite, anhydrite rock; —овая воронка sink hole.
карт/а *f.* card; map, chart; к. в горизонталях contour map; чертить —у *v.* map, plot, chart; к.-бланковка blank map.
картам/еин *m.* carthamein; —ин *m.*, —овая кислота carthamin, carthamic acid.
картезианский *a.* Cartesian; к. водолаз (phys.) Cartesian devil.
картел/ировать *v.* (com.) cartelize; —ь *m. and f.* cartel.
картер *m.* crankcase; housing; casing.
картеч/ь *f.*, —ный *a.* (mil.) canister, case shot, buckshot.
картин/а *f.* picture, figure, image; (diffraction, etc.) pattern; —ка *f.* picture, illustration; —ный *a.* picture, pictorial, picturesque.
картиров/ание *n.* mapping, etc., *see v.*; —ать *v.* map (out), chart, plot; —очный *a.* mapping, etc., *see v.*; core (drilling).
карто— *prefix* carto—, map, chart; —ведение *n.* cartography; —грамма *f.* cartogram, collation map.
картограф *m.* cartographer, map maker; —ирование *n.* mapping; —ировать *v.* (put on a) map; —ический *a.* cartographic; —ия *f.* cartography, mapping.
карто/диаграмма *f.* collation map; -ленто-карточный *a.* (comp.) card-tape-card.
картон *m.* cardboard, pasteboard, (mill)board; cardboard box, carton; (roofing) paper; sketch, draft; прессовый к. pressboard; —аж *m.* cardboard; cardboard boxes, cartons; —ажный *a.* card-

карто/печатание *n.* map printing; **—схема** *f.* diagrammatic map, skeleton map; **—тека** *f.*, **—течный** *a.* (card) file, card catalog, card index.
board, carton; **—ка** *f.* cardboard box, carton; (piece of) cardboard.

картофел/е— *prefix* potato; **—еводство** *n.* potato growing; **—екопалка** *f.*, **—екопатель** *m.* potato digger; **—есажалка** *f.* potato planter; **—еуборочный** *a.* potato-harvesting, potato-picking; **—ехранилище** *n.* potato cellar; **—ечистка** *f.* potato-peeling machine; **—ина** *f.* potato (tuber).

картофель *m.*, **—ный** *a.* potato; **—ный жук** Colorado potato beetle; **—ное пюре** mashed potatoes.

карточ/ка *f.*, **—ный** *a.* (index) card; postal card; (phot.) snapshot, small print; record, chart, list.

картошка *see* **картофель**.

картуз *m.*, **—ный** *a.* (paper) bag, sack; cap, cartridge; pocket, pouch; **—ная бумага** wrapping paper; **—ник** *m.* cartridge box.

картушка *f.* (compass) card, rose.

карусельн/о-токарный станок, **—ый станок** (vertical) boring and turning lathe; **—ый** *a.* rotary, revolving; turret-type; rotary-drum (dryer); rotary-hearth (furnace).

карфо/лит *m.* (min.) carpholite; **—сидерит** *m.* carphosiderite.

карцино— *prefix* carcin(o)— (cancer; crab); **—ген** *m.* carcinogen; **—генез** *m.* carcinogenesis; **—генный** *a.* carcinogenic, cancer-producing; **—логия** *f.* carcinology; **—ма** *f.* carcinoma.

карцинотрон *m.* (electron.) carcinotron (ultra-high frequency wave generator).

карьер *m.* (min.) open pit, open-cut mine, quarry; career; **во весь к.** at full speed; **разработка —ами** open-cut mining; **—а** *f.* career; **—ный** *a. of* **карьер**; run-of-bank, pit (gravel); bank-run (sand); run-of-quarry (stone).

касан/ие *n.* (math.) contact, tangency; impact; **линия —ия** line of contact, tangent; **поверхность —ия** contact surface.

касательн/ая *f.*, **—ая линия** (geom.) tangent; **по —ой** tangentially; **—о** *prep. gen.* about, touching (upon), concerning, relative (to); **—ость** *f.* relation, connection; **—ый** *a.* concerning, touching; tangent(ial).

касательство *n.* relation(ship).

касатик *m.* (bot.) iris.

кас/аться *v.* concern, touch (upon), deal (with), refer, apply (to); dwell (on), go into; hold true, be true (for); relate (to), have respect (to), affect; touch, be in contact (with); **что —ается** as concerns, as regards, regarding, as to, as for; **—ающийся** *a.* concerning, etc., *see v.*; relative (to), in respect (to); tangent.

каска *f.* helmet.

каскад *m.* cascade; step, stage; division circuit; **—ирование** *n.* cascading; **—ировать** *v.* cascade; **—но** *adv.* (elec.) in cascade; **—ный** *a. of* **каскад**; **—ный ливень** cascade shower (of cosmic rays).

каскар/а *f.* cascara; **к. амарга** cascara amarga; **к. саграда** cascara sagrada; **—илла** *f.* cascarilla; **—иллин** *m.* cascarilline; **—илловая кислота** cascarillic acid; **—ин** *m.* cascarin.

Каспийское море Caspian Sea.

касса *f.* cash (box), money drawer, cash register; (typ.) case; (savings) bank; (ticket) booth.

кассава *f.* cassava, manioc starch.

кассегреновский *a.* (astr.) Cassegrain(ian).

кассельский *a.* Cassel (pigment).

кассет/а *f.* adapter, holder; cell; (phot.) film holder, plate holder, cartridge, cassette, magazine; **—ка** *dim. of* **кассета**; **—ный** *a. of* **кассета**.

кассиев пурпур Cassius' purple, gold-tin purple; **—ый** *a.* Cassia (oil).

Кассиопея *f.* (astr.) Cassiopeia.

кассиопий *m.* cassiopeium (lutecium).

кассир *m.* cashier; **—овать** *v.* annul, reverse, void; collect (coins).

касситерит *m.* (min.) cassiterite.

кассия *f.* (bot.) cassia; **стручковая к.** purging cassia (*Cassia fistula*).

кассов/ый *a.* cash; account (book); **—ая наличность** cash (money).

кастанит *m.* (min.) castanite.

кастел/агенин *m.* castelagenin; **—амарин** *m.* castelamarin; **—ин** *m.* castelin.

кастильский *a.* (geog.) Castille.

каст/ин *m.* castine; **—онин** *m.* castonin.

кастор *m.* (min.) castorite; castor (woolen cloth); **—ин** *m.* castorin; **—ка** *f.*, **—овое масло** castor oil; **—овый** *a.* castor; casторic (acid); **соль —овой кислоты**, **—овокислая соль** castorate.

кастр/ат *m.* castrate, gelding; **—ация** *f.* castration; **—ировать** *v.* castrate, geld.

кастрюля *f.* pot, kettle, pan.

кат *m.* (naut.) cat.

ката *f.* (bot.) khat (*Catha edulis*).

ката— *prefix* cata—, cath—, kata—, kath— [down(ward), away; against; in accordance with; very, completely]; **—батический** *a.* (meteor.) catabatic; **—биотический** *a.* (biol.) catabiotic; **—болизм** *m.* catabolism, destructive metabolism.

катавотр *m.* (geol.) swallow hole, sink hole.

ката/генез *m.* (biol.) catagenesis, retrogressive evolution; **—диоптрика** *f.* (phys.) catadioptrics; **—диоптрический**

катакомбы *a.* catadioptric; —кластический *a.* (geol.) cataclastic.
катакомбы *pl.* catacombs.
катала́з/а *f.* catalase (oxidizing enzyme); —ометр *m.* catalasometer.
каталанский *see* каталонский.
катале́п/сия *f.* (med.) catalepsy; —тик *m.*, —тический *a.* cataleptic.
ката́лиз *m.* catalysis; —ат *m.* catalyzate, product of catalysis; —атор *m.* catalyzer, catalyst, catalytic agent; accelerator; —овать *v.* catalyze.
каталити́ческ/и *adv.* catalytically, by catalysis; —ий *a.* catalytic.
катало́/г *m.* catalog, booklet; —гизацио́нный *a.*, —гизация *f.* cataloging, classifying; —гизировать *v.* catalog, classify; —жный *a. of* каталог.
каталонский *a.* Catal(oni)an; к. (сыродутный) горн (met.) Catalan forge.
ката́ль *m.* wheelbarrow operator.
ката́льпа *f.* (bot.) catalpa
ката́льщик *m.* roller; (clothes) mangler; fuller.
катамара́н *m.* (naut.) catamaran.
катамо́рф/изм *m.* (geol.) katamorphism; —ный *a.* katamorphic.
ката́н/ие *n.* rolling, etc., *see* катать; —ка *f.* wire rod, rolled wire; —ки *pl.* felt boots; —(н)ый *a.* rolled, etc., *see* катать; —ье *see* катание.
катапла́зма *f.* (med.) cataplasm, poultice.
катапу́льт/а *f.* catapult; —ирование *n.* catapulting (of plane); ejection; —ировать *v.* catapult; eject; —ируемый *a.* ejection (capsule).
ката́р *m.* (med.) catarrh; к. желудка gastritis.
катара́кт *m.*, —ный *a.* cataract, waterfall; cataract (hydraulic brake); damper, shock absorber, dashpot; —а *f.* (med.) cataract.
катара́льный *a.* (med.) catarrhal.
катаро́метр *m.* (phys.) katharometer.
катарт/ин *m.* cathartin; —иновая кислота cathartic acid; —ический *a.*, —ическое средство cathartic.
катастро́ф/а *f.* catastrophe, disaster; fatal accident; emergency; —ический *a.* catastrophic, disastrous.
кататерми́ческий *a.* (met.) catathermic; —ометр *m.* catathermometer.
ката́ть *v.* roll; (text.) mangle; wheel, convey, drive; —ся *v.* roll, ride.
катафоре́з *m.* cataphoresis.
кат-ба́лка *f.* (naut.) cat davit.
катги́н *m.* cathine.
катего́р/ический *a.* categorical; —ия *f.* category, class.
кате́н/арный *a.* (math.) catenary; —оид *m.* catenoid.
катепси́н *m.* cathepsin (enzyme).

ка́тер *m.* boat, craft, cutter, launch; —остроение *n.* boat building; к.-толка́ч *m.* push boat; к.-торпедоло́в *m.* torpedo recovery boat; к.-тра́льщик *m.* mine-sweeping boat; к.-цель *m.* target boat.
кате́т *m.* (geom.) leg (of right triangle).
кате́тер *m.* (med.) catheter; —изировать *v.* catheterize.
катето́метр *m.* (phys.) cathetometer.
ка́тех/ин *m.*, —иновая кислота catechin, catechuic acid; —ол *m.* catechol, catechin, pyrocatechol; —у *n.* (black) catechu; жёлтое —у, куби́ческое —у gambier.
кати́н *m.* catine.
катио́н *m.* cation; —(из)ирование *n.* cationization; —(из)ировать *v.* cationize, treat with cationite; —ит *m.* cationite, cation exchanger, cation-exchange resin; —ный *a.* cation(ic); —оакти́вный *a.* cation-active; —ообменник *m.* cation exchanger; —ообменный *a.* cation-exchange; —отропия *f.* cationotropy.
кат/и́ть *v.* roll, wheel; —ка *gen. of* каток.
катоге́н/ический, —ный *a.* (geol.) katogene, catogene, catogenic.
като́д *m.* cathode, negative electrode; —олучевой *a.* cathode-ray (tube); —ный *a.* cathode, cathodic; —ное покрытие cathodic coating; —ные лучи cathode rays; —олюминесценция *f.* cathodoluminescence.
като́к *m.* roll, cylinder; mangle; (road) roller; wheel, runner; truck; skating rink; к.-снегоуплотнитель *m.* snow compactor; к.-тандем *m.* tandem roller.
католи́т *m.* (electrolysis) catholyte.
катоптри́/ка *f.* (opt.) catoptrics; —т *m.* (min.) catoptrite; —ческий *a.* catoptric.
катофори́т *m.* (min.) katophorite.
като́чек *m.* block.
катра́н *m.* (bot.) Crambe.
кат-та́ли *pl.* (naut.) cat tackle.
кату́чий *a.* rolling; traveling (crane).
кату́ш/ка *f.*, —ечный *a.* spool, bobbin, reel, roll; (elec.) coil; (zool.) planorbis; —кодержатель *m.* coil holder.
каты́ш, —ек, —ок *m.* pellet.
катэлектри́ческий *a.* catelectronic.
катю́ша *f.* (mil.) katusha (rocket gun).
катя́щийся *a.* rolling; roller (contact).
кауда́льный *a.* caudal, tail.
кауза́льный *a.* causal.
кауло/сапони́н *m.* caulosaponin, leontin; —филли́н *m.* caulophyllin; caulophylline (alkaloid).
Каул/са печь, —ьса печь Cowles furnace (for aluminum).
кау́пер *m.* (met.) Cowper stove, hot-blast stove.
каупре́н *m.* caupréne.

каур/и *n.* kauri (gum); —иновая кислота kaurinic acid; —оловая кислота kaurolic acid.
каурый *a.* light chestnut (color).
каусти/зация, —фикация *f.*, —цирование *n.* causticization, causticizing; —к *m.* caustic (soda); —ка *f.* caustic; *suffix* (med.) —cautery; —цировать *v.* causticize.
каустич/еский *a.* caustic; —еская сода caustic soda, sodium hydroxide; —ность *f.* causticity.
каустобиолит *m.* (geol.) caustobiolith.
каутер *m.* (med.) cautery (instrument); —изировать *v.* cauterize.
каучин *m.* caoutchene (dipentene).
каучук *m.* caoutchouc, rubber; —оводство *n.*, —оводческий *a.* rubber-growing; —овый *a.* rubber; —овый сок, —овое молоко rubber latex; —овая замазка rubber cement.
каучуконос *m.* (bot.) rubber(-yielding) plant; —ный *a.* rubber-bearing; rubber (tree).
каучуко/образный, —подобный *a.* rubbery, rubber-like, gum-like, gummy.
кафедра *f.* lecture stand, rostrum; (educ.) chair; department, faculty.
кафель *m.*, —ный *a.* (Dutch) tile.
кафетерий *m.* cafeteria.
кафирин *m.* kafirin (a protein).
кафф/аловая кислота caffalic acid; —еин *see* кофеин.
кахексия *f.* (med.) cachexia.
кахель *see* кафель.
кахолонг *see* кашолонг.
кач/алка *f.* rocking bar, rocker; —ание *n.* rocking, oscillation, etc., *see v.*; (electron.) wobble; —ательно-сочлененный *a.* hinged; —ательный *see* качающийся; —ать *v.* rock, swing, sway, shake, oscillate, vibrate; pump; —аться *v.* rock, swing, sway, whip (of crane boom); oscillate, fluctuate; shake, wobble.
качающ/ийся *a.* rocking, swinging, pendulum, oscillating, oscillatory; pivot(ing), swivel(ing), free-swinging; rocking-horse (scanner); vibrating, vibratory; jigging, shaking; tipping, tilting; fluctuating; —аяся рамка rocker.
каче/ли *pl.*, —ль *f.* swing; —ние *n.* rolling (motion); гайка —ния rolling nut.
качеств/енный *a.* quality, high-grade, high-performance, fine; qualitative (analysis); observational (measurement); —о *n.* quality, grade, fineness; performance; character(istic), property, nature; в —е in the capacity (of), (serving) as; высшего —а top-quality, of highest quality.
качим *m.* (bot.) Gypsophila.

кач/ка *see* качание; rolling; looseness, free play; боковая к., бортовая к. rolling (motion); продольная к. pitching (motion); —кий *a.* (naut.) unstable; —нуть *see* качать.
каша *f.* cereal, gruel; paste, pulp.
кашалот *m.* (zool.) sperm whale; —овая ворвань spermaceti oil.
каше *see* кашэ.
кашель *m.* cough.
кашемир *m.*, —овый *a.* (text.) cashmere.
кашеобразный *a.* pasty, viscous.
кашировать *v.* (phot.) vignette.
каширская *a.* (geog.) Kashira.
каширующий *a.* (phot.) vignetting.
кашица *f.* gruel; paste, viscous mass, slurry; (paper) pulp; (pharm.) electuary, confection, magma; пищевая к. (physiol.) chyme.
кашка *dim. of* каша.
кашл/евый *a.* cough, tussal, tussive; —я *gen. of* кашель; —яние *n.* cough(ing); —я(ну)ть *v.* cough.
кашмирет *m.* (text.) cashmere twill.
кашмирский *a.* (geog.) Kashmirian.
кашолонг *m.* (min.) cacholong.
каштан *m.* chestnut; —овобурый *a.* chestnut (brown); —овый *a.* chestnut; chestnut brown, nut brown.
кашу *see* катеху; —дубильная кислота catechutannic acid.
кашэ *n.* (phot.) vignette; mask; matte; aperture.
кают/а *f.*, —ный *a.* cabin, stateroom; -компания *f.* messroom, dining room.
каяпут/ен *m.* cajeputene, limonene; —ное масло, —овое масло cajeput oil.
кб *abbr.* (кабельтов) cable length; кб. *abbr.* (кубический) cubic(al).
КБВ, к.б.в. *abbr.* (коэффициент бегущей волны) traveling-wave ratio.
кбт *see* кб.
кв *abbr.* (киловольт) kilovolt; кв. *abbr.* (квадрат; квадратный) square; (квартал) quarter; к.В. *abbr.* (камера Вильсона) Wilson cloud chamber; КВ *abbr.* (калий виннокислый) potassium tartrate; (капиллярная влагоемкость почвы) capillary soil moisture capacity; (коротковолновый) short-wave; (короткие волны) short waves; (коэффициент воспроизводства) reproduction factor, conversion ratio; ква *abbr.* (киловольт-ампер) kilovolt-ampere.
квадр *m.* cut stone.
квадрант *m.*, —ный *a.* quadrant.
квадрат *m.* square; возводить в к., возвышать в к. *v.* (math.) square; метр в —е square meter; обработка на к. squaring; —ически *adv.* quadratically, to the second power; —ический, —ичный *a.* quadratic, square; square-law (capaci-

tor); standard (deviation); **среднее** —**ичное** root-mean-square, RMS; —**ично-косекансный** *a*. cosecant-squared; —**но-гнездовой** *a.* square-cluster (planting); —**ность** *f.* squareness.

квадратн/ый *a.* square, quadratic; (cryst.) tetragonal; square-law; square-bar (iron); **к. корень** (math.) square root; **к. режим** turbulent flow; —**ое содержание** area; —**ое среднее** root mean square; —**ое уравнение** quadratic equation; —**ое число** square (number).

квадрат/ор *m.* (comp.) square-law generator, squarer; —**рикса** *f.* (math.) quadratrix; —**ура** *f.*, —**урный** *a.* quadrature, squaring; square (area); (ocean.) neap (tide); —**урный прилив** neap tide.

квадрил/лион, —**ьон** *m.* quadrillion.

квадруплекс quadruplex.

квадруполь *m.*, —**ный** *a.* quadrupole.

квазар *m.* (astr.) quasar.

квази— *prefix* quasi— (as if, seemingly); —**аналитический** *a.* quasi-analytic; —**звездный** *a.* quasi-sidereal; —**импульс** *m.* quasi-momentum; —**комплексный** *a.* quasi-complex; —**линейный** *a.* quasilinear; —**обратный** *a.* quasi-inverse; —**однородный** *a.* quasi-homogeneous; —**оптический** *a.* quasi-optical; —**периодический** *a.* (math.) quasiperiodic; —**поле** *n.* quasi-field.

квази/равновесный *a.* quasi-equilibrium; —**равномерный** *a.* quasi-uniform; —**связанный** *a.* quasibound; —**статический** *a.* quasistatic, quasistationary; —**стационарный** *a.* quasistationary, stable, quasi-steady; —**упругий** *a.* quasielastic; —**уровень** *m.* quasilevel; —**эргодический** *a.* (math.) quasi-ergodic; —**эруптивный** *a.* quasi-eruptive.

квак/анье *n.* croaking; —**ать** *v.* croak.

квакерский *a.* Quaker.

квак/нуть *v.* croak; —**ша** *f.* tree frog.

квалифи/кационный *a.* qualification, qualifying, evaluating, classifying; —**кация** *f.* qualification; grading; skill; —**цированный** *a.* qualified, etc., *see v.*; skilled (labor); —**цировать** *v.* qualify; test, grade; —**цирующий** *a.* qualifying, etc., *see v.*; acceptance (number).

квант *m.*, —**а** *f.* (phys.) quantum; **к.**/ *abbr.* (квантов на) quanta per; **к. действия** Planck's constant; **к. света** photon; **теория** —**ов** quantum theory; —**ика** *f.* (math.) quantic; —**иль** *m.* (math.) quantile; —**ование** *n.* quantization; —**ованный** *a.* quantized; —**овать** *v.* quantize; —**овомеханический** *a.* quantum-mechanical; maser (amplifier); —**овохимический** *a.* quantum-chemical; —**овый** *a.* quantum; —**овый генератор**

света laser; —**овая механика** quantum mechanics; —**ор** *m.* quantifier.

квар *abbr.* (**киловар**) kilovar.

кварта *f.* quart (unit of measure).

квартал *m.* quarter (of year); (city) block, section; —**ьный** *a.* quarterly; block.

квартердек *m.* (naut.) quarterdeck.

квартиль *m.* (math., stat.) quartile.

квартир/а *f.*, —**ный** *a.* apartment, lodging, tenement, residence; —**ант** *m.* tenant, lodger; —**ный вопрос** housing problem; —**овать** *v.* reside, lodge, live; —**охозяин** *m.* landlord.

кварто *n.* quarto; **стан к.** four-high rolling mill.

квартов/ание *n.* quartation (assay of gold or silver ore); quartering (of bulk materials); —**ать** *v.* quarter.

квартплата *f.* (apartment) rent.

кварц *m.* (min.) quartz; **натечный к.** siliceous sinter, fiorite; —**евый** *a.* quartz(itic); quartzose (schist); crystal (oscillator).

кварц/едержатель *m.* crystal holder; —**еносный** *a.* (min.) quartziferous, quartzose; —**еподобный** *a.* quartz-like, quartz(itic); —**ин** *m.* (min.) quartzine; —**ит** *m.* quartzite, quartz rock; —**итовый** *a.* quartzitic, quartziferous, quartzose.

квас *m.* (min.) kvass (a fermented drink); —**ильный** *a.* fermentation; souring; leavening; —**ить** *v.* sour; leaven (dough); —**иться**, —**нуть** *v.* turn sour, ferment; —**ной** *a. of* **квас**; —**ный** *a.* sour; —**ок** *dim. of* **квас**; acid taste.

квасс/иевая кислота quassic acid; —**ин** *m.* quassin; —**ия** *f.* quassia.

квасце/вание *n.* aluming, etc., *see v.*; —**вар** *m.* alum boiler, alum maker; —**варня** *f.* alum works; —**вать** *v.* alum, taw, treat or tan with alum; —**носный** *a.* aluminous, aluminiferous; —**подобный** *a.* alum-like, aluminoform, aluminous.

квасцов/анный *a.* alumed, etc., *see* **квасцевать**; —**ать** *see* **квасцевать**; —**ик** *m.* (min.) aluminite, websterite.

квасцов/ый *a.* alum, alumin(ifer)ous; **к. камень** (min.) alumstone, alunite; **к. сланец** (geol.) alum shale; —**ая земля** alumina, aluminum oxide; —**ая мука** alum powder; alum, aluminum potassium sulfate.

квасцы *pl.* alum; **жженые к.** burnt alum, calcined aluminum potassium sulfate; **калиевые к., кубические к., нейтральные к., обыкновенные к.** potash alum; **натриевые к.** soda alum; **перистые к.** (min.) feather alum, alunogen; **римские к.** Roman alum (aluminum iron sulfate).

квасы *pl. of* **квас**; tanner's ooze.

кватернион *m.* (math.) quaternion.

квач *m.* swab.

ква-ч *abbr.* (киловольт-ампер-час) kilovolt-ampere-hour.
кваш/а *f.* leaven, leavened dough; **—ение** *n.* fermentation; **—ен(н)ый** *a.* leavened; sour, acid; **—еная капуста** sauerkraut; **—ня** *f.* kneading trough.
КВД *abbr.* (котел высокого давления) high-pressure boiler.
кв. дм *abbr.* (квадратный дециметр) square decimeter; **кв. дм.** *abbr.* (квадратный дюйм) square inch.
Квебек Quebec.
квебрах/амин *m.* quebrachamine; **—ин** *m.* quebrachine; **—ит** *m.* quebrachite, quebrachitol, methoxypinite; **—о** *n.* (bot.) quebracho (*Aspidosperma*).
квенстедтит *m.* (min.) quenstedtite.
кверху *adv.* up(wards).
кверцет/агетин *m.* quercetagetin; **—ин** *m.*, **—иновая кислота** quercetin, quercetinic acid.
кверци/метин, **—трин** *m.*, **—триновая кислота** quercimetin, quercitrin, quercitrinic acid; **—н** *m.* quercin; **—т** *m.* quercitol, cyclohexanpentol; **—тин** *m.* quercitin.
кверцитрон *m.*, **к. кора** quercitron (bark).
кveршлаг *m.* (min.) crosscut.
квеста *f.* cuesta (sloping plain or ridge).
кветенит *m.* (min.) quetenite.
квил/(л)аивая кислота quillaic acid; **—лая** *f.* quillaia, soap bark.
квинкви— *prefix* quinqui—, quinque— (five); **—льон** *m.* quinquillion.
квинстоунит *m.* (min.) queenstownite, Darwin glass.
квинт— *prefix* quint(i)— (fifth; *incorrectly used for* five); **—иллион** *m.* quintillion; **—уплекс** *m.* quintuplex; **—эссенция** *f.* quintessence.
квисквейт *m.* (min.) quisqueite.
квит/анция *f.* receipt, acknowledgment; **давать —анцию** *v.* (rad.) sign off; **—ирование** *n.* acknowledgment of receipt; (remote-control) signal confirmation.
квиток *m.* receipt.
кв. км *abbr.* (квадратный километр) square kilometer; **кв. м** *abbr.* (квадратный метр) square meter; **кв. мм** *abbr.* (квадратный миллиметр) square millimeter.
к-во *abbr.* (количество) quantity.
кворум *m.* quorum.
квота *f.* (com.) quota.
кв. см *abbr.* (квадратный сантиметр) square centimeter.
квт *abbr.* (киловатт) kilowatt; **квт-с** *abbr.* (киловатт-секунда) kilowatt-second; **квт-ч** *abbr.* (киловатт-час) kilowatt-hour.
КВУ *abbr.* (контрольно-выпрямительное устройство) monitoring rectifier.

кв. фт. *abbr.* (квадратный фут) square foot.
квч, кв`ч, кв-ч *see* квт-ч.
кг *abbr.* (килограмм) kilogram; **кг/** *abbr.* (килограмм на) kilograms per; **кГ, к-Г** *abbr.* (килограмм-сила) kilogram-force; **к/г** *abbr.* (кулон на грамм) coulomb per gram; **кГм, кГ-м, кгм** *abbr.* (килограмм-метр) kilogrammeter; **кг-моль** *abbr.* (килограмм-молекула) kilogram-molecule.
к-гн *abbr.* (килогенри) kilohenry.
кгс *see* кГ; **кгс, к-гс** *abbr.* (килогаусс) kilogauss.
кГц *abbr.* (килогерц) kilohertz, kilocycles per second, kilocycle.
кдж *abbr.* (килоджоуль) kilojoule.
кдин *abbr.* (килодина) kilodyne.
КДР *abbr.* (кодовое реле) code relay.
кебрачо *see* квебрахо.
кевеенавит *m.* (min.) keweenawite.
кевовое дерево turpentine tree (*Pistacia mutica*).
кегель *see* кегль.
кег/ельный *a.* of кегля; **—леобразный** *a.* top-shaped, turbinate.
кегль *m.* type size, type body.
кегля *f.* skittle, pin; *gen. of* кегль.
к.ед. *abbr.* (кормовая единица) feed unit; **КЕД, кед** *abbr.* (кошачья единица действия) cat unit; (крысиная единица действия) rat unit.
кедр *m.* cedar (tree); **—ач**, **—овник** *m.* cedar forest; **—овый** *a.* cedar (wood); **—овые орехи** pine kernels.
кейльгауит *m.* (min.) keilhauite.
кейпер *m.* (geol.) Keuper, Upper Triassic.
Кейптаун *m.* (geog.) Capetown.
кек *m.* (filter) cake; paste, sludge; **шламовый к.** concentrated sludge.
кеке масло cay-cay butter.
кекс *m.* cake.
кекур *m.* kekur (bank of gravel pushed ashore by river ice; in Siberia, conical rocks on a sea coast).
келейный *a.* of келья.
келифит *m.* (min.) kelyphite, corona; **—овый** *a.* kelyphitic.
Келлера раствор Keller solution.
келлин *m.* kellin (glucoside); **келлине** (alkaloid) Kellin.
келловейский *a.* (geol.) Callovian (stage).
келоид *m.* (med.) keloid.
келп *m.* (bot.) kelp.
Кельвина шкала Kelvin scale.
кельма *f.* trowel.
кельнск/ий *a.* Cologne; **—ая вода** eau de Cologne; **—ая земля**, **—ая умбра** Cologne brown, van Dyke brown.
кельня *f.* trowel.
кельп *m.* (bot.) kelp.
кельтий *m. obs.* celtium (hafnium, Hf).
келья *f.* cell.

кем *instr. of* **кто**, by whom.
кембриджский *a.* Cambridge.
кембрий *m.*, **—ский период** (geol.) Cambrian period.
кембрик *m.*, **—овый** *a.* (text.) cambric.
кемигам *m.* Chemigum (a synthetic rubber).
кеммерерит *m.* (min.) kämmererite.
Кемпбелля формула (elec.) Campbell's formula.
кемпфер/ид *m.* kaempferide; **—ол** *m.* kaempferol.
кенаф *m.* (bot.) ambary (*Hibiscus cannabinus*).
кенгур/овый *a.*, **—у** *m.* kangaroo.
кендырь *m.* (bot.) Indian hemp (*Apocynum*).
Кения *f.* (geog.) Kenya.
Кенли тигельная печь Canley furnace.
кеннел/евый, —ьский *a.* cannel (coal).
кено/плиотрон *m.* (electron.) kenopliotron; **—трон** *m.*, **—тронный** *a.* kenotron, vacuum-tube rectifier.
Кента мельница Kent roller mill.
кентролит *m.* (min.) kentrolite.
кентук/ийское кофейное дерево (bot.) Kentucky coffee tree (*Gymnocladus canadensis*); **—илиновая кислота** kentuckylinic acid.
к.е.о., КЕО *abbr.* (**коэффициент естественной освещенности**) daylight factor.
кеплеровский *a.* Keplerian, Kepler's.
керазин *m.* kerasin (a cerebroside); (min.) phosgenite.
керам/ет *see* **кермет**; **—зит** *m.* (concrete) claydite (clay filler); **—зитобетон** *m.* claydite-concrete (lightweight aggregate concrete); **—ика** *f.* ceramics; earthenware; ceramic clay; **—иковый, —ический** *a.* ceramic, earthenware; stoneware; **—иковые изделия** pottery, earthenware.
кераргирит *m.* (min.) cerargyrite, horn silver.
кератин *m.* (zool.) keratin; **—изация** *f.* keratinization, horn-formation; **—овая ткань** horny tissue, keratin.
керат/ит *m.* (med.) keratitis; **—о** *prefix* kerat(o)—, kera- (horn; cornea); **—оз** *m.* (med.) keratosis; **—офир** *m.* (petr.) keratophyre.
кервель *m.* (bot.) chervil (*Anthriscus*).
керит *m.* (elec.) kerite (insulator).
кермезит *m.* kermesite, kermes mineral.
кермек *m.* (bot.) Statice.
кермес *m.* kermes (dye); kermes insect; kermes berries; kermes mineral.
кермет *m.* cer(a)met, metal-ceramic.
керн *m.* core, core sample; center, pivot; nucleus; punch hole; base (of tube); **отливать с —ом** *v.* (foundry) hollow cast; **—ер** *m.* prick punch, (center) punch.

кернит *m.* (min.) kernite, rasorite.
кернить *v.* center-punch, center-mark.
керно *n.* prick punch; indentation, mark, prick; **—вать** *v.* punch, prick.
керно/вый *a. of* **керн**; **—кол** *m.* (min.) core splitter; **—подъемник** *m.* core lifter, core extractor; **—рватель** *m.* core extractor, sample cutter.
керогаз *m.* pressurized-kerosene stove.
кероген *m.* (geol.) kerogen.
керонафт *m.* solution of naphthalene in kerosene.
керосин *m.*, **—ный, —овый** *a.* kerosene; **—ка** *f.* kerosene stove, oil burner; **—овый завод** oil refinery; **—орез** *m.* torch using liquid fuel.
Керра эффект (elec.) Kerr effect.
Кертиса диск Curtis disk.
керченит *m.* (min.) kertschenite.
кесар/ево сечение, —ское сечение (med.) Caesarean operation.
кессон *m.*, **—ный** *a.* caisson; cofferdam; torsion box or cell; port (of open hearth furnace); **—ная болезнь** caisson disease, the bends; **—щик** *m.* caisson worker.
кета *f.* (ichth.) Siberian salmon.
кет/азин *m.* ketazin; ketazine, bisazimethylene; **—аль** *m.* ketal.
кетгут *m.* catgut.
кет/ен *m.* ketene; **—имид** *m.* ketimide; **—имин** *m.* ketimine; **—ин** *m.* ketine, 2,5-dimethylpyrazine; **—ипиновая кислота** ketipic acid, oxalodiacetic acid.
кетмень *m.* (agr.) Turkestan hoe.
кето— *prefix* ket(o)—, ketone; *see also under* **кетоно—**; **—альдегид** *m.* ketoaldehyde; **—амин** *m.* ketoamine.
кетовый *a. of* **кета**.
кето/гексоза *f.* ketohexose; **—генез** *m.* ketogenesis; **—генный** *a.* ketogenic; **—глутаровый** *a.* ketoglutaric (acid); **-енольный** *see* **кето-энольный**; **—за** *f.* ketose; **—кислота** *f.* keto(nic) acid; **—ксим** *m.* ketoxime, acetoxime; **—л(ь)** *m.* ketol, keto(ne) alcohol.
кетон *m.* ketone; **—изация** *f.* ketonization; **—ный, —овый** *a.* ketone, ketonic; **—окислота** *see* **кетокислота**; **—оспирт** *see* **кетол**; **—осахар** *m.* ketonic sugar; **—осоединение** *n.* keto(nic) compound; **—оформа** *see* **кетоформа**.
кето/сахар *m.* ketose; **—спирт** *see* **кетол(ь)**; **—форма** *f.* ketone form; **-энольный** *a.* keto-enol (tautomerism).
кеттер/изация *f.* (books) cuttering; **—ский знак** Cutter number.
кефаелин *m.* cephaëline.
кефал— *prefix* cephal(o)— (head); **—антин** *m.* cephalanthin.
кефалевый *a. of* **кефаль**.
кефалетин *m.* cephaletin.
кефалий *a. of* **кефаль**.

кефал/ин *m.* cephalin, brain lipoid; **—оидин** *m.* kephaloidin.
кефаль *f.* (ichth.) gray mullet.
кефир *m.*, **—ный** *a.* kefir (fermented goat's milk); **—ные грибки,** **—ные зерна** kefir yeast, kefir grains.
кеффек/елит, **—илит** *see* **кил.**
КЗ, к.з. *abbr.* (короткое замыкание) short circuit.
кзади *adv.* to the rear, retro—; **смещение к.** retropulsion.
КЗМ *abbr.* (концентрированная эмульсия зеленого масла) (agr.) 60–65% concentrate of green oil emulsion; **КЗМВ** 80% concentrate of green oil emulsion.
кзыл-кендырь *see* **кендырь.**
КИ *abbr.* (кислородный ингалятор) oxygen inhaler; (коэффициент использования кислорода) oxygen utilization factor.
киан/етин *m.* kyanethine, cyanethine; **—идин** *m.* kyanidine, 1,3,5-triazine.
кианиз/ация *f.* (wood preservation) kyanization; **—(ир)ованный** *a.* kyanized; **—(ир)овать** *v.* kyanize.
кианит *m.* (min.) kyanite, disthene.
киафенин *m.* kyaphenine, cyaphenine.
кибделофан *m.* (min.) kibdelophane, ilmenite.
кибернет/ика *f.* cybernetics; **—ический** *a.* cybernetic.
кив/ание *n.*, **—ательный** *a.* nodding.
киватин *m.* (geol.) Keewatin.
кивать *v.* nod.
кивинон *m.*, **—ский** *a.* (geol.) Keweenawan.
кив/нуть *v.*, **—ок** *m.* nod.
кивсяк *m.* (zool.) millepede.
кигиляхи *pl.* kigilyakhi (pillared rocks of irregular shape on a slope).
КИД *abbr.* (коэффициент ионной диффузии) coefficient of ionic diffusion.
кид/ание *n.* throwing; abandoning; **—анный** *a.* thrown; abandoned, etc., *see v.*; **—ать** *v.* throw, fling, cast; abandon, leave, drop, quit; **—ка** *f.* (text.) picking.
киевский *a.* (geog.) Kiev.
К-избыточное число (math.) *K*-nondeficient.
кизельгур *m.* (geol.) kieselguhr, diatomaceous earth, infusorial earth.
кизерит *m.* (min.) kieserite.
кизил *m.*, **—евый,** **—овый** *a.*, **—ь** *m.*, **—ьный** *a.* Cornelian cherry (*Cornus mas*); **—ьник** *m.* (bot.) cotoneaster.
кизя/к *m.*, **—ковый,** **—чный** *a.* dung brick fuel.
кий *m.* cue.
кикстартер *m.* (motorcycle) kickstarter.
кил *m.* kill (a bleaching clay).
КИЛ *abbr.* (каприлолактам) caprylolactam; (контрольно-измерительная лаборатория) control and measuring laboratory.

кила *f.* (med.) hernia, rupture; (phyt.) clubroot.
килев/ание *n.* careening (of boat); **—атость** *f.* dead rise; **—атый,** **—идный** *a.* carinate, cariniform; **—ать** *v.* careen; **—идный** *a.* (bot.) carinate; **—ой** *a.* keel, bottom; **—ая качка** pitching (motion).
килей *gen. pl. of* **киль.**
килечный *a. of* **килька.**
кили *pl. of* **киль.**
килл/арнейская складчатость (geol.) Killarney folds; **—инит** *m.* (min.) killinite.
кило *n.* kilogram; *prefix* kilo— (10^3); **—ампер** *m.* (elec.) kilo-ampere; **—амперметр** *m.* kilo-ammeter; **—вар** *m.* kilovar; **—ватт** *m.* kilowatt; **—ватт-час** *m.* kilowatt-hour.
киловой *a. of* **кила.**
кило/вольт *m.* (elec.) kilovolt; **к.-ампер** kilovolt-ampere; **—гаусс** *m.* (phys.) kilogauss; **—генри** *m.* kilohenry; **—герц** *m.* kilohertz, kilocycle(s per second).
килограмм *m.* kilogram; **к.-калория** kilogram calorie, large calorie; **к.-масса** *f.* kilogram-mass; **к.-метр,** **—(о)метр** *m.* kilogram-meter; **—ный,** **—овый** *a.* (one-)kilogram; **к.-сила** *f.* kilogram-force.
кило/джоуль *m.* (phys.) kilojoule; **—дина** *f.* kilodyne; **—икс** *m.* kilo-X (a wavelength unit); **—калория** *f.* kilocalorie, large calorie; **—кюри** *n.* kilocurie; **—линия** *f.* kiloline (unit of magnetic flux); **—литр** *m.* kiloliter, stere; **—люмен** kilolumen; **—м** *m.* kilohm; **—максвелл** *m.* kilomaxwell; **—метр** *m.* kilometer; **—метраж** *m.* number of kilometers; mileage; **—метровый** *a.* (one-)kilometer, per kilometer; **-моль** *m.* kilomole, kilogram molecule; **—ом** *see* **килом;** **—понд** *see* **килограмм-сила; —тонна** *f.* kiloton (unit of weight or force); **—уатт** *see* **киловатт; —фут-фунт** *m.* kilo-foot-pound; **—цикл** *m.* kilocycle; **—электронвольт** *m.* kilo-electron-volt, kev; **—эрг** *m.* kilo-erg.
килуран *m.* kilurane (unit of radioactivity).
киль *m.* (naut.) keel; (av.) (tail) fin, vertical stabilizer; (astr.) Carina; (orn.) carina; **—блок** *m.* keel block; **—ватер** *m.* (ship's) wake.
килька *f.* (ichth.) sprat.
кильский *a.* (geog.) Kieler (Canal).
кильсон *m.* (shipbuilding) ke(e)lson.
киля *gen. of* **киль.**
КИМ *abbr.* (кодово-импульсная модуляция) pulse-code modulation.
киматолит *m.* (min.) cymatolite.
ким/берлейский *a.* (min.) Kimberly (method); **—берлит** *m.* (petr.) kimberlite, blue earth; **—еридж** *m.*, **—ериджский ярус** (geol.) Kim(m)eridgian; **—мерийский** *a.* Cimmerian.

кимограф *m.* (med.) kymograph.
кимолийская глина (min.) cimolite.
кимофан *m.* (min.) cymophane, chrysoberyl.
Кина испытатель (met.) Keen tester; К. цемент Keene's cement.
киназа *f.* kinase (enzyme activator).
кингстон *m.* Kingston valve.
киндерхук *m.* (geol.) Kinderhook beds.
кинези(о)— *prefix* kinesi(o)— (movement).
кинемат—, —о— *prefix* kinemat(o)— (motion); —ика *f.* (phys.) kinematics; —ический *a.* kinematic.
кинематограф *m.* cinema(tograph), motion picture; movie camera; —ический *a.* cinematographic, motion picture, movie; —ия *f.* cinematography.
кинескоп *m.* (telev.) kinescope, picture tube.
кинестезия *f.* (med.) kinesthesia.
кинет—, —о— *prefix* kinet(o)— (motion); —ика *f.* (phys.) kinetics; —ический *a.* kinetic; —оскоп *m.* kinetoscope; —остатика *f.* kinetostatics, dynamic force analysis; —офон *m.* kinetophone.
кинжал *m.* dagger.
кин/за *see* кориандр; —кан *see* кумкват.
кино *n.* kino (gum); motion picture.
киноа *f.* (bot.) quinoa (*Chenopodium quinoa*).
киноаппарат *m.* movie camera; —ная *f.* projection room; —ура *f.* movie equipment.
киноателье *n.* movie studio.
киновар/ь *f.*, —ный *a.* (min.) cinnabar; vermilion (pigment); зеленая к. cinnabar green; красная к. vermilion.
кино/журнал *m.* documentary film; newsreel; —запись движений micromotion film study.
киноин *m.* kinoin (resin).
кино/инженер *m.* motion picture engineer; —искусство *n.* cinematography; —кадр *m.* frame; —камера *f.* movie camera; —картина *f.* motion picture, movie; —копировальный *a.* film-printing; —лента *f.* film; —механик *m.* movie technician; —оператор *m.* camera man; —пленка *f.* film; —проектор *m.* movie projector; —производство *n.* film production; —прокат *m.* film (lending) service; —промышленность *f.* motion picture industry.
киносъем/ка *f.* (motion picture) filming; —очный *a.* of киносъемка; movie-taking; movie (camera).
кино/театр *m.* movie theater; —техника *f.* motion picture equipment; motion picture engineering; —установка *f.* movie equipment; movie projector; —фильм *m.* motion picture, movie, film; —фицировать *v.* equip for movie-showing; organize movie theaters; —фотопулемет *m.* camera gun; —хроника *see* киножурнал.

кинур/енин *m.* kynurenine; —еновая кислота kynurenic acid, 4-hydroxyquinaldic acid; —ин *m.* kynurin, 4-quinolinol; —овая кислота kynuric acid, carbostyrilic acid.
кинут/ый *a.* thrown; abandoned; —ь *see* кидать.
киньон-насос *m.* fluidized-solids pump.
киоск *m.* booth.
кип *m.* kip (unit of force, 1000 lb); notch; chock.
кип. *abbr.* (кипение) boiling.
КИП *abbr.* (контрольно-измерительные приборы) control and measuring instruments; (контрольно-испытательный пункт) check and test point.
кипа *f.* bale, stack, pack.
кипарис *m.*, —ный, —овый *a.* cypress; —овик *m.* Chamaecyparis.
кипел/ка *f.* quicklime, unslaked lime, calcium oxide; —ый *a.* boiled.
кипен/ие *n.* boiling, ebullition; bubbling; (steel) rimming; температура —ия, точка —ия boiling point; —ный *a.* foam-white; —ь *f.* foam, froth.
кипер *m.*, —ная ткань (text.) twill; —ная лента surgical tape.
кипеть *v.* boil; bubble; (steel) rim.
КИПиА *abbr.* (контрольно-измерительные приборы и автоматика) control and measuring instruments and automatic equipment.
кипня *gen. of* кипень.
киповая планка (min.) chock, timber.
кипоразбиватель *m.* bale breaker.
кипп-реле *n.* (electron.) Kipp relay.
кипрегель *m.* (surv.) telescopic alidade.
кипрей *m.* willow herb (*Epilobium*).
кип/ун *m.* bubbling or boiling spring; —учесть *f.* boiling state; effervescence; —учий *a.* boiling; bubbling, effervescent; boiling-water (nuclear reactor); rimmed, rimming (steel); —учий слой fluidized bed; —ятилка *f.* boiler room or house; —ятильник *m.* boiler, hot-water heater; —ятильный *a.* boiling; boiler; —ятильный куб beaker; —ятить *v.* boil, bring to a boil; —яток *m.* boiling water; —ячение *n.* boiling; —ячен(н)ый *a.* boiled; —ящий *see* кипучий.
кир *m.* (geol.) kir (solidified petroleum).
киргизский *a.* (geog.) Kirghiz(ean).
кирз/а *f.*, —овый *a.* (text.) kersey; subterranean frozen layer; к. СК a leather substitute.
кирка *f.* pick(ax); scraper; hoe, hack.
кирказон *m.* (bot.) Aristolochia.
кир/ка-мотыга *f.* pick(ax); —ковка *f.* scarifying; —ковщик *m.* scarifier; —ко-

вый *a. of* кирка; **—комотыга** *f.* pick(ax); **—очный** *a. of* кирка.

кирпич *m.* brick; **пережженный** к. clinker; **—еделательный** *a.* brick-molding (machine); **—еобжигательная печь** brick kiln; **—ина** *f.* a brick; **—ник** *m.* brick maker; **—но-красный** *a.* brick-red; **—ный** *a.* brick; masonry; **—ный завод** brickyard; **к.-сырец** *m.* adobe.

Кирхгофа закон Kirchhoff's law.

кис *past m. sing. of* киснуть.

кисе/евидный *a.* muslin-like; **—йный** *a.* muslin.

кисел *sh. m. of* кислый; **—евание** *n.* (tanning) drenching; **—еобразный** *a.* viscous, paste-like, gel-like; **—ь** *m.*, **—ьный** *a.* fruit gel; any viscous mass; (tanning) bark liquor, ooze; (bran) drench.

кисея *f.* (text.) muslin, gauze.

кисл/еть *see* киснуть; **—инка** *f.* mildly acid taste; **—ить** *v.* have a mildly acid taste; **—ица** *f.*, **—ичный** *a.* any sour fruit or plant, spec. Oxalis; crab apple (*Pyrus malus*); **—ичная соль** potassium bioxalate.

кисло *adv.* sourly, acid(ly); *past n. sing. of* киснуть; **—ватость** *f.* sourness; acidulousness, (mild) acidity, subacidity; **—ватый** *a.* sourish; acidulous, subacid; **—вка** *f.* (text.) souring.

кислород *m.* oxygen, O; к. воздуха atmospheric oxygen; **—но—** *see* кислородо—; **—но-флюсовый** *a.* flux (cutting); **—ный** *a.* oxyg(en)ous); oxy (acid, salt); combustion (zone).

кислородо/ацетиленовая горелка oxyacetylene torch; **—водородный** *a.* oxyhydrogen (welding); **—отщепляющий** *a.* oxygen-removing, deoxidizing; **—содержащий** *a.* oxygen-containing, oxy—.

кислосладкий *a.* sourish sweet.

кислот/а *f.* acid; **ангидрид —ы, безводная к.** acid anhydride.

кислот/ость *f.* acidity; **показатель степени —ости, —ое число** acid number; **—ый** *a.* acid(ic); sour.

кислото/измерение *n.* acidimetry; **—мер** *m.* acidimeter; **—обработанный** *a.* acid-treated; **—образование** *n.* acid formation, acidification; **—образователь** *m.* acid former, acidifier; **—образующий** *a.* acid-forming; **—поглощающий** *a.* acid-absorbing; **—подобный** *a.* acid-like, of acid nature; **—содержащий** *a.* acidiferous; **—стойкий, —упорный** *a.* acidproof, acid-resisting; **—упорность** *f.* acid resistance, resistance to acid; **—упоры** *pl.* acid-resistant materials; **—устойчивый** *a.* acid-resistant.

кисл/ый *a.* acid; sour; **би—** (salt); **к. характер** acid nature; **acid condition,**

acidity; **—ая сернистокислая соль** bisulfite; **—ая сернокислая соль** bisulfate; **—ая углекислая соль** bicarbonate; **—ое свойство** acidity.

кислятина *f.* sour fruit or drink.

киснуть *v.* (turn) sour, become acid.

киста *f.* (med.) cyst; (tooth) abscess.

кисте/вание *n.* brushing; **—вик, зеленый** (bot.) blue mold, common mold (*Penicillium glaucum*); **—вой** *a. of* кисть; (anat.) carpal; **—вой разряд** (elec.) brush discharge; **—й** *gen. pl. of* кисть; **—носный** *a.* (bot.) racemose; **—образный** *a.* brush-shaped; (bot.) penicillate, penicilliform; **—перые** *pl.* (ichth.) Crossopterygii; **—хвост** *m.* tussock moth.

кистовидный *a.* cystoid, cystiform.

кист/очка *dim. of* кисть; **—очный** *see* кистевой; **—ь** *f.* brush; bunch, cluster; (bot.) raceme; (anat.) wrist.

кит *m.* (zool.) whale.

кит. *abbr.* (**китайский**).

Китай China.

китайск/ий *a.* Chinese; к. лен, **—ая крапива, —ая трава** China grass, ramie fiber; **к. орех** *see* арахис; **—ая синь** Chinese blue; **—ое масло** China wood oil, tung oil; **—ое серебро** packfong, German silver (alloy).

кити, —ны *pl.* (bot.) runners.

кито/боец, —бой *m.* whaler; whaleboat; **—бойный** *a.* whaling; whale (industry); **—видный** *a.* cetacean, cetaceous; **—вый** *a.* whale, cetaceous; **—вый жир** whale oil; blubber; **—ловный** *a.*, **—ловство** *n.* whaling; **—образный** *see* китовидный.

киур *m.* mason's hammer.

кифоз *m.* (med.) kyphosis.

КиШ *abbr.* (**метод кольца и шара**) ring and ball method (of determining melting point).

кишеть *v.* swarm.

кишечн/ик *m.* bowels, intestines; **—ополостные** *pl.* (zool.) Coelenterata; **—ососудистый** *a.* gastrovascular; **—ый** *a.* intestinal, enteric, gut; gastric (juice); **—ая палочка** (bact.) *Escherichia coli*; **—ая струна** catgut.

киш/ка *f.* (anat.) intestine, gut; (rubber) hose; **воспаление —ок** (med.) enteritis; **двенадцатиперстная к.** (anat.) duodenum; **прямая к.** rectum; **слепая к.** caecum; **толстая к.** colon.

кишмиш *m.* currant; seedless grapes.

кишнец *m.*, **—овый** *a.* coriander.

кишок *gen. pl. of* кишка.

кияк *m.* giant rye grass (*Elymus giganteus*).

киянка *f.* wooden hammer, mallet; (met.) molder's mallet.

ккал *abbr.* (**килокалория**) kilocalorie; **ккал/** *abbr.* (**ккал на**) kilocalories per.

к/кг *abbr.* (кулон на килограмм) coulomb per kilogram.
ккр, ккюри *abbr.* (килокюри) kilocurie.
кл *abbr.* (килолитр) kiloliter; **кл.** *abbr.* (класс) class; (ключ) key; **к.л.** *abbr.* (космические лучи) cosmic rays; **к.-л.** *abbr.* (какой-либо) some, any.
КЛА *abbr.* (космический летательный аппарат) spacecraft.
клавариевые *pl.* (bot.) Clavariaceae.
клавиатура *f.* keyboard.
клавицепсин *m.* clavicepsin.
клавиш *m.*, —**а** *f.* key; —**ный** *a.* key (-actuated), keyboard (computer); oscillating (mechanism).
клад *m.* treasure.
кладбище *n.* cemetery.
кладенный *past pass. part. of* класть.
кладень *m.* beam, sleeper, ground timber.
кладестиновая кислота cladestic acid.
клад/ет *pr. 3 sing. of* класть; —**и** *gen., etc.*, *of* кладь; —**ка** *f.* laying, etc., *see* класть; masonry; walling; (furnace) lining, brickwork; stack (of lumber); clutch (of eggs); (ichth.) egg mass; **каменная —ка** stonework, masonry; **кирпичная —ка** brickwork.
кладо— *prefix* clado— (sprout).
кладов/ая *f.* store(room), stockroom; warehouse; —**щик** *m.* warehouse man.
кладодий *m.* (bot.) cladode, cladophyll.
кладок *gen. pl. of* кладка.
кладо/ния *f.* (bot.) Cladonia; —**новый** *a.* cladonic (acid); —**спориоз** *m.* (phyt.) Cladosporium leaf spot, leaf mold, scab.
клад/ут *pr. 3 pl. of* класть; —**ущий** *a.* laying, —**чик** *m.* layer, setter; —**ь** *f.* load, cargo, freight; bridging plank.
клажа *f.* laying, setting, piling; load, cargo.
Клайдена явление (phot.) Clayden effect.
Клайзена реакция Claisen reaction.
клаксон *m.* Klaxon (horn).
клал *past m. sing. of* класть.
клам/ера *f.*, —**мер** *m.* cramp iron.
клапан *m.*, —**ный** *a.* valve, vent; flap; **к.-бабочка** butterfly valve; **к.-мигалка** flap valve.
Клапейрона уравнение Clapeyron equation.
клапротит *m.* (min.) klaprothite.
кларен *m.* clarain (constituent of coal).
кларет *m.* claret (wine).
кларит *m.* (min.) clarite.
кларк *m.* (geol.) clarke; **к. концентрации** abundance ratio; —**еит** *m.* (min.) clarkeite; —**ов столб** (anat.) Clarke's column.
кларнет *m.* clarinet.
класс *m.* class, sort, grade; category; size (fraction).
классифи/катор *m.* classifier; —**каторный** *m.* classifier; classification clerk; —**ка**-**ционный** *a.*, —**кация** *f.* classification, sorting, etc., *see v.*; —**цирование** *n.* classifying, etc., *see v.*; —**цированный** *a.* classified, etc., *see v.*; —**цировать** *v.* classify, sort, grade, size; separate, assort; tabulate, group; —**цирующий** *a.* classifying, etc., *see v.*
класс/ический *a.* classic(al); —**ный**, —**овый** *a.* class.
класт— *prefix* clast— (broken); —**ероспориоз** *m.* (phyt.) shot hole, corynosis, Clasterosporium leaf or fruit spot; —**ический** *a.* (geol.) clastic, fragmental.
класть *v.* lay, deposit, put, place, set.
клатрат/ные соединения, —**ы** *pl.* clathrates.
клаудетит *m.* (min.) claudetite.
Клаузиус-Клапейрона уравнение Clausius-Clapeyron equation.
клаузоне *n.* (cer.) cloisonné.
клаусталит *m.* (min.) clausthalite.
клебемасса *f.* bituminous cement, mastic.
клев/ание *n.* pecking; (av.) pitching; —**ать** *v.* peck, nibble, bite.
Клеве кислота Cleve's acid.
клевеит *m.* (min.) cleveite.
клеveландит *m.* (min.) cleavelandite.
клевер *m.*, —**ный** *a.* clover; —**ище** *n.* clover field.
клеветать *v.* slander, cast aspersions (on).
клев/ец *m.* (mech.) tooth; —**ок** *m.* bite, biting; peck(ing); notcher; (art.) graze burst.
клее— *prefix see* клей; —**вар** *m.* glue boiler, glue maker; —**варение** *n.* glue making; —**варенный** *see* клееварный; —**варка** *f.* glue boiler, glue pot, glue kettle; size cooker; —**вар(оч)ный** *a.* glue-making; glue (factory); size-cooking; —**видный** *a.* glue-like; —**вой** *a.* of клей; —**вое вещество** adhesive; sizing; gluten; —**к** *gen. pl. of* клейка; *sh. m. of* клейкий; —**мазальный** *a.* gluing; —**мешалка** *f.* glue mixer; size mixer.
кле/енка *f.* oilcloth; oilskin; linoleum; —**енный** *a.* glued, etc., *see v.*; —**еночный**, —**енчатый** *a. of* клеенка; —**еный** *see* клеенный; —**ильный** *a.* gluing, etc., *see v.*; —**ить** *v.* glue, gum, paste, cement; size; bond; laminate (wood); (rubber) build up; —**й** *m.* glue, gum, paste, cement, adhesive; size, sizing; **извлекать —й** *v.* degum; —**йдающий** *a.* (physiol.) collagenous.
клейдит *m.* (concrete) claydite (filler).
клейка *f.* gluing, etc., *see* клеить; *sh. f. of* клейкий.
клейк/ий *a.* sticky, tacky, gummy, viscous, adhesive; glue, adhesive; **к. пластырь** adhesive plaster; —**ое вещество** adhesive; sizing.

клейковин/а *f.*, —ный *a.* gluten.
клейкометр *m.* tackmeter.
клейкост/ь *f.* adhesiveness, stickiness, gumminess, viscosity; tack(iness); adhesion; повыситель —и tackifier.
клейм/ение *n.* branding, etc., see *v.*; —ен(н)ый *a.* branded, etc., see *v.*; —ильный *a.* branding, etc., see *v.*; numbering (head); —ить *v.* brand, stamp, mark, impress, seal; number; —о *n.* brand, stamp, mark, seal; branding iron, marking iron; —овка see клеймение; —овщик *m.* brander, marker.
клейн/ит *m.* (min.) kleinite, mercurammonite; -нишиновская формула (nucl.) Klein-Nishina formula.
клейстер *m.* paste, filling, sizing, size.
клейсто— *prefix* cleisto— (closed); —гамия *f.* (bot.) cleistogamy.
Клейтона-Эгнеля закон (meteor.) Clayton-Egnell law.
клематис *m.* (bot.) clematis.
клементит *m.* (min.) klementite.
клемм/а *f.* clamp, clip; (elec.) terminal; —ник *m.* terminal block.
клемшел *m.* clamshell (excavator).
клен *m.* maple (tree); —овый *a.* maple (syrup); aceraceous; aceric (acid).
клеоме *f.* (bot.) Cleome.
клепало see клепальный молот.
клепальн/ый *a.* riveting; к. зажим screw dolly; к. молот(ок) riveting hammer, riveter; к. пресс, к. станок, —ая машина riveter.
клеп/альщик *m.* riveter; —ание *n.* riveting; —анный *a.* riveted; —ать *v.* rivet; —ка *f.* riveting; stave, clapboard (of barrel); —ка на прессах press-riveting; —очный *a.* of клепка; barrel (wood).
клептомания *f.* (med.) kleptomania.
клерк *m.* clerk.
клер/ование *n.*, —овка *f.* clarification (of sugar); —овать *v.* clarify, clear, decolorize; —с *m.* clear liquor.
клет/евой see клеточный; —и *gen.*, etc. of клеть.
клетк/а *f.* cage; crate, box, casing, crib; (elevator) car; (biol.) cell; square; sector; cubicle; (stair) well; (screen) mesh; в —у graph (paper); эффект —и (nucl.) cage effect; —образный *a.* cage(-type) cellular.
клеточк/а *f.* little cage; (biol.) cell; —ообразный *a.* cellular.
клеточн/ый *a.* of клетка; latticed; (biol.) cell(ular); к. сок cell fluid; —ая обмотка (elec.) cage winding.
клетушка *dim.* of клетка; (agr.) coop.
клетчатк/а *f.* cellulose; (biol.) cellular tissue; graph paper; ксантогеновый эфир —и cellulose xanthate.

клетчатый *a.* square(d), checkered; graph (paper); meshed; cellulose; (biol.) cellular.
клеть *f.* storeroom; cage, housing; framework; stand (of rolls).
клешн/евидный, —еобразный *a.* claw-shaped; chelate (compound); —я *f.* claw.
клещ *m.* (zool.) tick, mite.
клещевин/а *f.*, —ный *a.* castor plant; fin (riveting defect); —ное масло castor oil.
клещ/евой *a.*, —и *pl.* tongs, pliers, forceps, nippers, pincers; extractor; vise; clip; (zool.) Acarina; —ик *m.* (zool.) mite.
кле/ющий, —ящий *a.* gluing, etc., see клеить; adhesive, sticky, tacky; —я *pr. ger.* of клеить; *gen.* of клей.
кливаж *m.* cleavage; расслоение по —у cleavage foliation.
клиент *m.* client; —ура *f.* clientele.
клизма *f.* (med.) enema, syringe.
клик *m.*, —ать, —нуть *v.* call, shout.
кликушество *n.* (med.) hysterics.
климаграмма *f.* (meteor.) climagram.
климактерический *a.* (physiol.) climacteric.
климат *m.* climate; —ический *a.* climatic; —ическая станция health resort; —олог *m.* climatologist; —ологический *a.* climatological; —ология *f.* climatology.
климениевые слои (geol.) Clymenia beds.
климогра/мма *f.*, —ф *m.* (meteor.) climograph.
клин *m.* wedge, key, cotter; cleat; chock; (agr.) field, plot; (anat.) cuneus; вбивать к. *v.* wedge (in); натяжной к., поперечный к. cotter, split pin, forelock; прижимной к. (mach.) gib; сходить на к. *v.* taper.
клингер *m.* water gage (in boiler).
клингерит *m.* an asbestos-rubber cement.
клини/ка *f.* clinic; —цист *m.* clinic physician; —ческий *a.* clinic(al).
клинкер *m.*, —ный *a.* clinker, hard-burnt brick.
клинкет *m.* wedge-shaped closure; —ный *a.* of клинкет; sliding (door).
клинковый *a.* of клинок.
клино— *prefix* wedge—, spheno—; clino— (incline); —видный see клинообразный; —бой *a.* wedge, key, cotter; wedge-shaped, V-shaped, V-(belt); —вая шпонка (taper) key.
клиногумит *m.* (min.) clinohumite.
клинок *m.* blade.
клиноклаз(ит) *m.* (min.) clinoclas(it)e.
клинолистный *a.* (bot.) wedge-leaved.
клинометр *m.* clinometer, incline level.
клинообразный *a.* wedge(-shaped), cuneiform, sphenic, sphenoid, tapered, V-shaped; к. интрузив (geol.) sphenolith.

клино/ось *f.* (cryst.) clino-axis; —пирамида *f.* clinopyramid; —писный *a.* cuneiform; —ременный *a.* V-belt; —ромбический *a.* clinorhombic, monoclinic; —ромбоэдрический *a.* clinorhomboidal, triclinic; —хлор *m.* (min.) clinochlore; —цоизит *m.* (min.) clinozoisite; —эдрит *m.* (min.) clinohedrite; —энстатит *m.* (min.) clinoenstatite.
клинтонит *m.* (min.) clintonite.
клинчатый *a.* wedge-shaped, tapered.
клинчер *m.* clincher, clencher; —ная шина beaded-edge tire.
клин/ышек *dim. of*; —ья *pl. of* клин.
клиппер *m.* clipper (boat).
клипсы *pl.* clips.
клир/енс *m.* clearance; —инг *m.* clearing.
клир(р)фактор *m.* (elec. comm.) klirrfactor, nonlinear distortion factor; —метр *m.* distortion factor meter.
клистир *see* клизма.
клистрон *m.* (electron.) klystron, reflection oscillator; —ный *a.* klystron; reflection (oscillator).
клит *m.* a long-horned beetle.
клитоцибин *m.* clitocybine.
клифстон *m.* chalk.
клиф/тонит *m.* (min.) cliftonite; —ф *m.* cliff.
клица *f.* cleat, insulating clamp.
клич *m.* call; —ет *pr. 3 sing. of* кликать.
клише *n.* (typ.) cliché, stereotype, block, (engraving) plate, cut.
КЛК *abbr.* (карто-ленто-карточная машина) (comp.) card-tape-card machine.
клм *abbr.* (килолюмен) kilolumen; клм-ч *abbr.* (килолюмен-час) kilolumen-hour.
клоа/ка *f.* cloaca, cesspool, sewer; —чный *a.* cloacal.
кловен *m.* clovene.
Клода способ Claude's method.
клодетит *m.* (min.) claudetite.
клозет *m.* toilet, lavatory.
клок *m.* flock, tuft; —астый *a.* flocky, tufty, tufted.
клокотать *v.* bubble (up).
клон *m.* (biol.) clone.
клонить *v.* lean, incline.
клоп *m.*, —иный, —овый *a.* bug; —ы *pl.* true bugs (*Hemiptera*); spec. bedbugs; —овая ромашка (bot.) bugbane (*Cimicifuga*); —овник *m.* a peppergrass (*Lepidium*); —огонник *m.* European bugbane (*Cimicifuga foetida*); —омор *m.* bug exterminator.
клопфер *m.* (telegraphy) sounder.
клот(ик) *m.* (naut.) acorn; truck.
клочень *m.* (ent.) bee moth.
клоч/кование *n.* flocculation; —коватый *a.* flocculent; flocky; tufty; —ок *m.* flake, flock; shred, scrap; —ья *pl. of* клок, flakes; shreds, fragments.
клуб *m.* club; puff of smoke.

клубен/ек *m.* tubercle, nodule; —ь *m.*, —ьковый *a.* (bot.) tuber; nodule; —ьковая бактерия (bact.) rhizobium.
клубиться *v.* curl, wreath (of smoke).
клубне/видный *a.* tuber-like, tuberoid; —вой *a.* tuber(ous); —луковица *f.* corm, bulb; —носный *a.* tuberiferous; bulbiferous; —образование *n.* tuberization; —плод *m.* root (crop).
клубни/ка *f.*, —чный *a.* strawberry.
клубный *a.* club.
клубня *gen. of* клубень.
клуб/оватый *a.* ball-like, globular; —овидный *a.* glomerate; —ок *m.* ball (of thread), knot, tangle; puff (of smoke); —очек *m.* ball; (anat.) glomerulus; —очковый *a.* glomerular; —очная машина ball winder, balling frame.
Клузиуса колонна (isotopes separation) Clusius column.
клуитианол *m.* cluytianol.
клумба *f.* flower bed.
клуня *f.* flour mill and storehouse.
клуп/анодоновая кислота clupanodonic acid; —еин *m.* clupein.
клуп/ик *m.*, —ка *f.*, —п *m.* diestock, screwstock; tap wrench.
клык *m.*, —овый *a.* tusk (of elephant); canine tooth, fang; detent, checking device; (art.) tow hook; —астый *a.* having long tusks.
клэрен *m.* (coal) clarain.
клюв *m.* beak, bill, rostrum; —о-акромиальный *a.* (anat.) coraco-acromial; —о(видно) *prefix* (anat.) coraco—, coracoid; —о(видно)-плечевой *a.* coracohumeral; coracobrachial; —овидный, —ообразный *a.* beak-shaped, rostral, rostrate; (anat.) coracoid; —оголовые *pl.* (zool.) Rhynchocephalia.
клюет *pr. 3 sing. of* клевать.
клюз *m.* (naut.) hawsehole, hawsepipe.
клюка *f.* rabble, poker; cane.
клюкв/а *f.*, —енный *a.* cranberry.
клюнийский ярус (geol.) Clunian stage.
клюнуть *see* клевать.
клюфт *m.* (min.) cleft, fissure.
ключ *m.*, —евой *a.* key; wrench; spring, fountain; (elec.) switch; (maps) legend; английский к., французский к. monkey wrench; бить —ом *v.* spout, jet, well up, bubble up; кипеть —ом *v.* boil over; шведский к. adjustable wrench; —евая вода spring water; —евая схема gating circuit, gate; —евое слово key word, catchword; —ик *dim. of* ключ.
ключи/ца *f.* (anat.) clavicle, collarbone; —чный *a.* clavicular.
ключки *pl.* germinated seeds.
клюшка *see* клюка.
клюют *pr. 3 pl. of* клевать.
кляйзеновский *a.* Claisen (condensation).

клямера f. clinch rivet; cramp iron.
кляст— see **класт—**.
клятва f. oath, vow.
клячка f. chewing gum.
км abbr. (**километр**) kilometer; **км²** abbr. (**квадратный километр**) square kilometer; **км³** abbr. (**кубический километр**) cubic kilometer; **к/м²** abbr. (**кулон на квадратный метр**) coulomb per square meter; **Км** abbr. (**калимагнезия**) potassium magnesium sulfate; **КМ** abbr. (**командный модуль**) command module, CM.
КМВ abbr. (**каротаж магнитной восприимчивости**) magnetic susceptibility logging.
КМИЗ abbr. (**корреляционный метод изучения землетрясений**) correlational method of earthquake studies.
кмкс abbr. (**киломаксвелл**) kilomaxwell.
КМОЭЦ abbr. (**карбоксиметилоксиэтил целлюлоза**) carboxymethyl hydroxyethyl cellulose, CMHEC.
КМПВ abbr. (**корреляционный метод преломленных волн**) seismic refraction method.
км/сек abbr. (**километров в секунду**) kilometers per second; **км/ч, км/час** abbr. (**километров в час**) kilometers per hour.
к.-н. abbr. (**какой-нибудь**) some, any.
КНД abbr. (**компрессор низкого давления**) low-pressure compressor.
КНДР abbr. (**Корейская Народно-демократическая Республика**) Korean People's Democratic Republic.
кнебелит m. (min.) knebelite.
Кневенагеля реакция Knoevenagel reaction.
кнехт m. cleat; (naut.) bitt.
книг/а f. book, volume; **—оставочный** a. casing-in; **—оиздательский** a. publishing, publisher's; **—оиздательство** n. publishing house, publisher; **—обмен** m. book exchange; **—опечатание** n., **—опечатный** a. printing, press; **—оторговля** f., **—оторговый** a. book trade; **—охранилище** n. book depository; stackroom; library.
книд(о)— prefix (zool.) cnid(o)—, cnida.
книж/ечка f. booklet, notebook; **к., —ка** f. (zool.) psalterium, third stomach; **—ка** f., **—ный** a. book.
книзу adv. down(wards); **тяга к.** downward pull; downdraft.
кница f. gusset, bracket; (naut.) knee.
кницин m. cnicin.
кнопер m. oak gall.
кнопит m. (min.) knopite.
кноп/ка f., **—очный** —**чатый** a. push button, knob; (drawing) pin, tack; snap fastener; **—очное управление** push button control.

кнопперсы pl. gall nuts, galls.
КНР abbr. (**Китайская Народная Республика**) People's Republic of China.
кнудсеновский поток (phys.) Knudsen flow.
кнур m. (zool.) boar.
кнут m. whip.
кнутри adv. inwards.
княж/еника f. (bot.) raspberry (Rubus arcticus); **—ик** m. (bot.) clematis.
князек m. ridge of roof.
ко see **к**.
Ко abbr. (**компания**) Company.
КоА abbr. (**кофермент А**) coenzyme A.
коагел m. coagel.
коагулир/ование n. coagulation; **—ованный** a. coagulated; **—овать** v. coagulate; **—уемость** f. coagulability; **—уемый** a. coagulable; **—ующий** a. coagulating; **—ующий реагент** coagulant, coagulating agent.
коагул/юм, —ят m. coagulum, clot; coagulate; **—янт, —ятор** m. coagulator; coagulant; coagulating agent; **—яция** f., **—яционный** a. coagulation, coagulating.
коаксиальный a. coaxial.
коалесценция f. coalescence.
коалит m. coalite, semicoke.
коалиция f. coalition.
коаптация f. coaptation.
коацерв/ат m. coacervate; **—атный** a. coacervate, densely clustered; **—ация** f. coacervation.
кобаламин m. cobalamin, vitamin B_{12}.
кобальт m. cobalt, Co; **азотнокислый к.** cobalt nitrate; **азотнокислая закись —а** cobaltous nitrate; **закись —а** cobaltous oxide; **соединение закиси —а** cobaltous compound; **закись-окись —а** cobaltocobaltic oxide; **землистый к.** (min.) earthy cobalt, asbolite; **нитрат —а** cobalt nitrate; **окись —а** a cobaltic oxide; **соединение окиси —а** cobaltic compound; **сернокислый к., сульфат —а** cobalt sulfate; **сернокислая окись —а** cobaltic sulfate; **синий к.** cobalt blue; **хлористый к.** cobaltous chloride; **хлорный к.** cobaltic chloride.
кобальт/амин, —иак, —иамин m. cobaltammine, cobaltiac; **—ил** m. cobaltyl; **—ин** m. (min.) cobaltite, cobalt glance.
кобальтиров/ание n. cobalting, cobalt plating; **—анный** a. cobalt-plated; **—ать** v. (plate with) cobalt.
кобальтисто— prefix cobalto—, cobaltous; **—синеродистый калий** potassium cobaltocyanide; **—синеродоводородный** a. cobaltocyanic (acid).
кобальт/истый a. cobaltous, cobalto—, cobalt; **—ит** see **кобальтин**.
кобальто— prefix cobalti—, cobaltic; cobalto—; **—азотистоводородная кис-**

лота cobaltinitrous acid; —азотисто-калиевая соль potassium cobaltinitrite.
кобальтов/ый *a.* cobalt(ic), cobalti—, cobaltiferous; к. блеск (min.) cobalt glance, cobaltite; к. зеленый cobalt green, cobalt zincate, Rinmann's green; к. колчедан (min.) cobaltpyrite, linnaeite; к. купорос cobalt vitriol, cobaltous sulfate; к. обмет, —ые цветы (min.) cobalt bloom, erythrite; к. шпат (min.) spherocobaltite, cobalt protocarbonate; —ая синь cobalt blue; —ое синее стекло cobalt glass.
кобальто/кальцит *m.* (min.) cobaltocalcite; —марганцовая руда (min.) cobaltiferous wad, asbolan, asbolite; —менит *m.* (min.) cobaltomenite; —никелевый колчедан *m.* cobaltpyrite.
кобальтосинеродист/ая кислота, —оводородная кислота cobalticyanic acid; —ый калий potassium cobalticyanide.
кобеллит *m.* (min.) kobellite.
кобка *f.* bucket.
кобловый *a.* pollard, pollarded (tree).
кобол *m.* (com.) kobol (language).
кобра *f.* (zool.) cobra.
кобура *f.* leather case, holster.
кобыл/а *f.* mare; —ий *a.* mare's; —ица *f.* filly; —ка *f.* filly; bridge (of string instrument); (ent.) acridian; —ятина *f.* horse meat.
ковалентн/ость *f.* covalence; —ый *a.* covalent.
ков/ало *n.* forge hammer; —аль *m.* blacksmith; —альня *f.* forge, smithy; —ание *see* ковка; —ан(н)ый *a.* forged, beaten, hammered; wrought (iron); shod (horse).
ковар *m.* Kovar (alloy).
ковари/антное *n.*, —антный *a.* (math.) covariant; —ационный *a.* covariation, covariant; —ация *f.* covariation, covariance.
ковать *v.* forge, beat, hammer; drop forge; swage; work; (fatigue testing) shot peen; shoe (a horse).
ковелл/ин, —ит *m.* (min.) covellite.
ковер *m.* carpet, rug; (anat.; bot.) tapetum.
коверк/ание *n.* distortion; —ать *v.* distort, mangle, twist, contort.
коверсинус *m.* (math.) coversed sine.
ковк/а *f.* forging, etc., *see* ковать; к. под молотом drop forging; сварка —ой hammer welding; —ий *a.* ductile, malleable, forgeable, flexible, supple; —ий чугун wrought iron; —ость *f.* ductility, malleability, forgeability, flexibility.
коволюм *m.* covolume.
ковочный *a.* forging, etc., *see* ковать; forged.
ковра *gen. of* ковер.
коври/га *f.* round loaf; —ижка *dim. of* коврига; (geol.) kovrizhka (hydrolaccolith or other permafrost hummock).
коврик *dim. of* ковер.
ковро/вый *a.* carpet; braided (cable); —вая материя carpeting; —вые растения ground cover; —дел *m.* carpet maker; —делие *n.* carpet making; —ткачество *n.* carpet weaving.
ковш *m.* dipper, scoop, shovel; (feed) hopper; bucket; port, harbor; (casting) ladle; —евой *see* ковшовый; —ик *dim. of* ковш; —ово-ленточный *a.* bucket and belt; —овый *a. of* ковш; —овый транспортер bucket conveyer; —овая проба (min.) panning(s); (met.) ladle sample; —овая тележка (foundry) ladle car; —овая турбина Pelton wheel.
ковыль *m.* feather grass (*Stipa*).
ковыр/нуть, —ять *v.* pick (at).
когазин *m.* kogazin.
когда *adv. and conj.* when, while, as; where; к. ... к. ... sometimes ... sometimes; к. бы if; к. бы ни whenever; к. как it depends; к.-либо, к.-нибудь sometime, some day, any time; ever; к.-так if so, in that case; к.-то formerly, once, sometime.
когез/ионный *a.*, —ия *f.* cohesion.
когенит *m.* (min.) cohenite.
когер/ент *m.* coherent; —ентно-импульсный *a.* (radar) coherent-pulse(d); —ентность *f.* coherence; —ентный *a.* coherent; —ер *m.* (rad.) coherer; —ирование *n.* cohesion, coherence; —ировать *v.* cohere.
кого *acc. and gen. of* кто, whom.
когомо/логия *f.* (math.) cohomology; —топический *a.* cohomotopy, cohomotopic.
когорта *f.* cohort.
ког/отный *a.* unguiculate, claw; —оток *dim. of* коготь; —оть *m.* claw, nail, talon; catch; knuckle (of hinge); —ти *pl.* claws; grapplers (for climbing posts); —теобразный *a.* claw-shaped, claw-like, hooked, unguiform; —тистый *a.* sharpclawed; —тить *v.* claw (at), grapple.
код *m.* code, key, cipher.
кода-волна *f.* coda-wave.
кодак *m.* (phot.) Kodak; —ром *m.* Kodachrome (color film).
код/амин *m.* codamine; —егидрогеназа *f.* codehydrogenase.
кодеин *m.* codeine, methylmorphine; —овая кислота codeic acid; —он *m.* codeinone.
кодекс *m.* code.
кодеонал *m.* codeonal.
код/ер *m.* (en)coder; —ирование *n.* (en)coding, codification; —ированно-десятичный *a.* (comp.) coded-decimal; —ированный *a.* (en)coded, in code; —ировать *v.* (en)code; —ировщик *m.* (en)-

coder; **—ирующий** *a.* (en)coding; **—ирующий диск** disk coder; **—ирующее устройство** (en)coder; **—ификационный** *a.*, **—ификация** *f.* codification, coding; **—ифицировать** *v.* codify, systematize; **—ово-импульсный** *a.* pulse-code; **—овый** *a.* code(d); **—овая группа** (comp.) word; **—опреобразователь** *m.* decoder.

кое *pron. n.* which, that; **к.-где** *adv.* somewhere; **—го** *gen. of* **кой**.

коек *gen. pl. of* **койка**.

кое-как *adv.* anyhow, somehow, haphazardly; with difficulty; **к.-какой** *a.* some, any; **к.-когда** *adv.* sometimes, occasionally; **к.-кто** *pron.* somebody, some(one); **к.-куда** *adv.* somewhere.

коечный *a. of* **койка**; bed (patient).

кое-что *pron.* something; a little.

кожа *f.* skin; (anat.) cutis; hide, leather; peel, paring (of fruit); **—н** *m.* leather coat; (zool.) bat; **—нка** *f.* leather jacket; **—ный** *a.* leather(y).

кож/евенник *see* **кожевник**; **—евеннообувный** *a.* leather-shoe (industry); **—евенный** *a.* tanning; leather; **—евенный завод** tannery; **—евник** *m.* tanner, currier, leather-dresser; (bot.) sumac; **—евнический, —евничий** *a.* tanner's; **—евня** *f.* tannery; **—едер** *m.* hide stripper; **—еды** *pl.* skin beetles (*Dermestidae*); **—заменитель** *m.* artificial leather; **—имит** *m.* artificial sole leather; **—истокрылые** *pl.* (ent.) Dermaptera; **—истый** *a.* leathery; **—ица** *f.* film, pellicle; peel, husk; (biol.) epidermis; **—ник** *m.* (med.) dermatologist; **—ный** *a.* skin, cutaneous; **—суррогат** *m.* artificial leather; **—сырье** *n.* raw hide, hides.

кожура *f.* rind, skin, peel, pod.

кожух *m.* case, casing, housing, cover(ing), sheath(ing); mantle, hood, cowl, jacket; shell (of boiler); leather coat; **заключенный в к.** *a.* jacketed; **—отрубный, —отрубчатый** *a.* shell-and-tube (heat exchanger).

коза *f.* goat (female); crate; (brick) hod; (min.) cart.

козалит *m.* (min.) cosalite.

козачка *f.* plow handle.

коз/ел *m.* goat (male); (met.) sow, salamander, bear (furnace scale); (av.) bounce; *gen. of* **козлы**; **—елец** *m.* (bot.) Scorzonera; **—елок** *m.* horse, trestle; (screw) jack; morocco leather; (anat.) tragus; **—ерог** *m.* (astr.) Capricorn; **—ий** *a.* goat, caprine; **—ья ива** goat willow (*Salix caprea*).

козимаза *f.* cozymase, coenzyme I.

козл/а *gen. of* **козел**; **—енок** *m.* kid; kid leather; **—ик** *dim. of* **козел**; **—ина** *f.* goatskin; **—иный** *a.* goat; **—ить** *v.* (av.) bounce; **—иться** *v.* (zool.) kid;

yean; **—ообродник** *m.* (bot.) Tragopogon; **—овый** *a. of* **козел, козлы**; **—ы** *pl.* trestle, (saw) horse, bench; gantry (of crane); **—ятина** *f.* goat meat; **—ятник** *m.* (bot.) goat's rue (*Galega officinalis*).

козовод *m.* goat breeder; **—ство** *n.*, **—ческий** *a.* goat breeding.

козыль, **—ник** *m.* (bot.) ambrosia.

козырек *m.* visor; deflector, baffle plate; ledge, overhang; lip (of scoop); (naut.) apron plate; (mil.) bullet shield.

козья *see* **козий**.

козявка *f.* small beetle.

коикс *m.* (bot.) Job's tears (*Coix*).

кой *pron. m.* who, which, that; *see under* **кое** *for idioms*.

койевая кислота kojic acid.

койка *f.* cot, bed, berth, bunk.

койлер *m.* (text.) coiler.

койот *m.* (zool.) coyote.

кок *m.* (av.) spinner (of propeller); (nose or tail) cone; (ship's) cook.

кока *f.*, **—иновый куст** (bot.) coca (*Erythroxylon coca*); **—евая кислота** cocaic acid; **—ин** *m.*, **—иновый** *a.* cocaine, erythroxyline; **к.-кола** *f.* Coca Cola.

кокарбоксилаза *f.* cocarboxylase, thiamine pyrophosphate chloride.

кокард/а *f.* cockade, badge; **—овая руда** (min.) cockade ore, cockscomb pyrite.

кокил/ь *m.*, **—ьный** *a.* (foundry) chill mold, permanent mold; **отливать в —ях** *v.* cast cold; **отливка в —ях, —ьное литье** chill casting; **—ьноотлитый** *a.* chill-cast.

кокимбит *m.* (min.) coquimbite.

кокк *m.* (bact.) coccus.

кокк/алиновая кислота coccalinic acid, menispermic acid; **—овый** *a.* (bact.) coccus, coccal; **—огнин** *m.* coccognin; **—олит** *m.* (min.) coccolite; (zool.) coccolith; **—улин** *m.* cocculin.

коклюш *m.* (med.) whooping cough.

коклюшка *f.* bobbin, spindle.

кокон *m.*, **—ный** *a.* cocoon, chrysalis, pupa, follicle; **—омотание** *n.* (silk) reeling; **—опряды** *pl.* (ent.) Lasiocampidae; **—оразмоточный** *a.* reeling.

кокор *m.* (cartridge) box.

кокора *f.* (shipbuilding) coniferous tree trunk with large root.

кокорыш *m.* (bot.) fool's parsley (*Aethusa cynapium*).

кокос *m.*, **—овый** *a.*, **—овый орех** coconut; **—овое масло** coconut oil.

кокпит *m.* cockpit.

Кокрофта-Уолтона ускоритель (nucl.) Cockroft-Walton accelerator.

кокс *m.* coke.

кокс— *prefix* (med.) cox— (hip joint).

кок-сагыз *m.* (bot.) kok-saghyz (*Taraxacum kok-saghyz*) (source of rubber).

коксик *m.* coke fines, coke breeze.
коксит *m.* (med.) coxitis.
коксо— *prefix* coke; **—бензольный** *a.* benzene; coal-tar chemical (plant); **—брикет** *m.* coked briquette.
коксов/альный *a.* coke, coking; **—альная печь, —альное стойло** coke oven; **—альщик** *m.* coke oven operator; **—ание** *n.* coking; charring; **—ание в кучах** batch coking; **—ать** *v.* (convert into) coke; carbonize, char.
коксов/ый *a.* coke; coke oven (gas); coal (tar); **—ая мука** powdered coke; **—ая печь** coke oven; **—ые числа** coking values.
коксо/выталкиватель *m.* coke pusher; **—обжигательная печь** coke oven; **—образующий** *a.* coke-forming; **—подобный** *a.* coke-like; **—химическое производство** by-product coke industry; coal-tar chemical industry.
коксу/емость *f.* coking capacity; **—ющий(ся)** *a.* coking.
кокцер/ил *m.*, **—иловый** *a.* cocceryl; **—иловый спирт** cocceryl alcohol; **—иловая кислота, —иновая кислота** coccer(yl)ic acid; **—ин** *m.* coccerin.
кокцид/а *f.* (ent.) coccid; **—ий** *m.* Coccidium (protozoan); **—иоз** *m.* (med.) coccidiosis.
кокцин *m.* coccin; **—елиды** *pl.* (ent.) Coccinelidae; **—еллин** *m.* coccinellin, carmin; **—овый** *a.* coccin; coccineous, bright red; **—овая кислота** coccinic acid, hydroxymethylphthalic acid.
кокчетавский *a.* (geog.) Kokchetav.
кокшаровит *m.* (min.) koksharovite.
кол *m.* stake, picket; peg; post; (agr.) dibble; **посадка под к.** dibble planting.
кол. *abbr.* (**колебание**).
Кола способ Cole's method.
кола *f.* (bot.) cola; **—мин** *m.* colamine, 2-aminoethanol; **—с** *m.* colas (road tar); **—ста** *f.* colasta (plastic); **—теин** *m.* colatein; **—тин** *m.* colatin, colatannin.
колба *f.* flask; retort; shell, envelope; (elec.) bulb.
колбас/а *f.*, **—ный** *a.* sausage, bologna; bustle pipe (of blast furnace); **—овидный** *a.* sausage-shaped, botuliform.
колбочк/а *f.*, **—овый** *a.*, *dim. of* **колба** (anat.) cone (of retina).
кол-во *abbr.* (**количество**) quantity.
колд-крем *m.* cold cream.
колдобина *f.* small pit, pot hole.
колебан/ие *n.* oscillation; swinging, etc., *see* **колебать(ся)**; range; changes; (modulated) wave; perturbation (of orbit); **—ия** *pl.* oscillation; vibrations; (naut.) surging; **вид·—ий** (rad.) mode; **генератор —ий** oscillator.

колебательность *f.* tendency to oscillate; oscillation.
колебательн/ый *a.* oscillatory, oscillating, fluctuating; vibrating, vibratory, vibration(al); **к. контактор** vibrating contactor, chopper; **к. контур** (rad.) oscillatory circuit; **к. процесс** oscillation, vibration; **волна —ого движения** vibrational wave.
колеб/ать *v.* shake, agitate, vibrate; swing; **—аться** *v.* oscillate, fluctuate, vary, range; vibrate; falter, hesitate, waver; flicker; wobble, sway, swing; **—аться в пределах** fluctuate, vary, range; **—лющийся** *a.* oscillating, oscillatory, fluctuating, variable; vibrating, vibratory; unsteady, wobbling, wobbly, wavering; flickering (flame); **—нуть** *v.* swing (once), push.
колеистый *a.* deep-rutted.
—колейный *a. suffix* (rr.) track, -gage.
колеманит *m.* (min.) colemanite.
коленка *dim. of* **колено**.
коленкор *m.*, **—овый** *a.* (text.) calico.
коленно-рычажн/ый механизм toggle; **—ое соединение** toggle joint.
колен/о *n.*, **—ный** *a.* knee; elbow, bend; offset; (shaft) crank; (manometer) arm; tribe, race, line, generation; (bot.) joint, node; (geol.) limb, slope; curvature; **—ная чашка** (anat.) knee cap, patella.
коленчат/ый *a.* knee-like, geniculate; elbow(ed); angular, bent, crank(ed); angle (thermometer, etc.); jointed, articulate(d); **к. вал, —ая ось** crankshaft; **к. рычаг** crank; **—ая труба** elbow (pipe); **—ое соединение** elbow joint.
колео— *prefix* coleo— (sheath); **—птер** *m.* (av.) coleopter; **—птиле, —птиль** *m.* (bot.) coleoptile.
колер *m.* color, tint; (vet.) staggers.
колерябия *see* **кольраби**.
колесико *n.* small wheel, caster, roller.
колесн/ик *m.* wheelwright; **—о-токарный станок** wheel lathe; **—ый** *a.* wheel(ed); paddle-wheel (steamer); axle (grease).
колес/о *n.* wheel; impeller (of compressor); **рабочее к.** rotor, runner; **к.-топчак** treadmill; **—овидный** *a.* wheel-shaped, rotiform, rotate, trochoid.
колет *m.* collar; *pr. 3 sing. of* **колоть**.
кол/ец *gen. pl. of* **кольцо**; **—ечко** *dim. of* **кольцо**; eye, ring; annulet, link; **—ечный** *a. of* **кольцо**.
колея *f.* rut, track; (rr.) gage; (bridge) tread(way); **узкая к.** narrow gage.
коли *adv.* when; *conj.* if, since, as.
коли— *prefix* coli— [colon; coli (bacteria)]; **—бациллез** *m.* (vet.) colibacillosis; **—ка** *f.*, **—ки** *pl.* (med.) colic; **—статин** *m.* colistatin; **—стин** *m.* colistin; **—т** *m.* (med.) colitis; **—цин** *m.* colicin.

коли́чественн/ый *a.* quantitative; numerical (ratio); —ое числи́тельное cardinal number.
коли́честв/о *n.* quantity, amount, number; tonnage; (moisture, etc.) content; к. движе́ния momentum; в —е in amounts (of), to the extent (of), at the rate (of).
колк/а *f.* splitting, cleaving, cleavage, fission; chopping (of wood); *gen. of* колок; —ий *a.* split, fissured, cracked; cleavable, fissile; —ость *f.* cleavability.
колкота́р *m.* colcothar, Prussian red, rouge.
колл. *abbr.* (колло́идный) colloidal.
коллаге́н *m.* collagen.
коллларго́л *m.* collargol.
колле́/га *m.* colleague, associate; —гия *f.* staff, board, college; —(д)ж *m.* college.
коллекти́в *m.* association, organization, group; collective (body); staff, personnel, crew; рабо́чий к. all hands; —изи́ровать *v.* collectivize; —ный *a.* collective; composite; community.
колле́ктор *m.* collector, receiver, receptacle, sampler; reservoir; collecting main; collecting drum (of boiler); trap; sewer; (mach.) manifold, header; (elec.) commutator; (flotation) promoter; —ный *a.* of колле́ктор; collecting.
коллекци/они́ровать *v.* collect; —о́нный *a.*, —я *f.* collection, set, complex.
колленхи́ма *f.* (bot.) collenchyma.
коллигати́вный *a.* colligative.
коллиди́н *m.* collidine.
колли́зия *f.* collision.
коллим/а́тор *m.* (opt.) collimator; —а́торный *a.* collimator; collimating, collimation; —ацио́нный *a.*, —а́ция *f.* collimation; —и́рованный *a.* collimated; —и́ровать *v.* collimate, render parallel.
коллине́/арность *f.* collinearity; —а́рный *a.* colinear; —а́ция *f.* collineation.
коллири́т *m.* (min.) collyrite.
колло— *prefix* coll(o)— (glue).
коллод/иа́льный, —и́йный, —ио́нный *a.* collodion; —иа́льная ва́та collodion cotton, soluble guncotton, pyroxylin; —ий, —иум *m.* collodion.
колло́ид *m.* colloid; —а́льный, —ный *a.* colloid(al); —а́льное движе́ние colloidal movement, Brownian movement; —ное вещество́ colloid.
коллокви́ум *m.* colloquium, class meeting.
коллокси́лин *m.* colloxylin, pyroxylin.
коллоти́пия *f.* (phot.) collotype.
коллофа́н *m.* (min.) collophanite.
коллюв/иа́льный *a.* (geol.) colluvial; —ий *m.* colluvium, colluvial deposit(s).
коло— *prefix* colo— (colon).
колоб(о́к) *m.* round loaf; (oil) cake; consolidated ice.
коловоро́т *m.* brace (and bit).

коловра́т/ки *pl.* (zool.) Rotifera, wheel animalcules; —ность *f.* vicissitude, mutability, inconstancy.
коловра́тн/ый *a.* circular, rota(to)ry, revolving, gyrating; к. насо́с rotary pump; —ое движе́ние gyration.
коловраще́ние *n.* circular motion, rotation, revolution.
коло́вый *a. of* кол; pole (bean).
кологари́фм *m.* (math.) cologarithm.
коло́да *f.* block, log, chunk; trough; pack (of cards).
коло́д/езник *m.* well driller; —езный *a.*, —езь, —ец *m.* well, pit, shaft, sump; manhole; —езная печь (met.) soaking pit; отсто́йный —ец drain, sink, sewer.
коло́д/ка *f.* (mech.) shoe, block, check; (pressure) plate; (shoes) last; колёсная к. (av.) chock; тормозна́я к. brake shoe, brake block; (av.) chock; к.-га́йка *f.* link block; —очный *a. of* коло́дка; —очный то́рмоз block brake, shoe brake.
колодцекопа́тель *m.* well driller.
коло́к *m.* peg, pin; grove (of trees); *gen. pl. of* ко́лка; *sh. m. of* ко́лкий.
колокви́нт *see* колоци́нт.
ко́локол *m.* bell; bell jar; (exhaust) hood; hopper; (av.) whipstall; —ец *dim. of* ко́локол; —ообра́зный, —оподо́бный *a.* bell(-shaped); funnel-shaped, funneled, cupped; —ьный *a. of* ко́локол; bell (metal); —ьчик *dim. of* ко́локол; plunger.
колома́зь *f.* (axle) grease.
коло́мб/ин *m.* columbin, calumbin; —и́новый *a.* columbic, calumbic (acid); —о *n.* calumba root.
коломбье́ *n.* (paper) colombier.
коломе́нка *f.* kind of barge.
коломя́нка *see* каламя́нка.
колони/а́льный *a.* colonial, colony; —изи́ровать *v.* colonize, settle; —и́я *f.* colony.
коло́н/ка *f.* column; core (sample); (petrol.) casing, section; (gas) pump; geyser; band (of drops); —ковый *a. of* коло́нка; колоно́к; core (drill); —кообра́зный *a.* columnar; —на *f.* column, pillar, shaft; (stripping) distillation) tower; tower; (elec.) pile; (cryst.) prism; иониза́ция —нами columnar ionization; на —не pillar type; —на́да *f.* colonnade; —нообра́зный *a.* columnar; —ный *a.* column(ar); split, cleaved; —ного ти́па column (dissolver, etc.).
колоно́к *m.* (zool.) Siberian ferret.
колон/ти́тул *m.* (typ.) running title, (running) headline, catchword; —ци́фра *f.* (page or column) number; folio; —ште́йн *m.* (horol.) impulse pin, jewel pin.

колорад/оит *m.* (min.) coloradoite; —ский *a.* (geol.) Coloradoan; —ский жук Colorado potato beetle.

колор/изация *f.* coloration, coloring; —иметр *m.* colorimeter; —иметрировать *v.* determine calorimetrically; —иметрический *a.* colorimetric; —иметрия *f.* colorimetry, colorimetric analysis; —индекс *m.* color index; —ист *m.* (text.) dye specialist; —ит *m.*, —итный *a.* color(ing); —эквивалент *m.* color equivalent.

колос *m.* (bot.) ear, spike.

колосеница *f.* psyllium seed, fleaseed.

колоси/стый *a.* full of ears, heavy-eared (corn, etc.); —ться *v.* ear, form ears.

колосник *m.*, —овый *a.* grate bar, (fire) bar; —и *pl.*, —овая решетка (fire) grate, grating; —овый грохот (min.) grizzly.

колосняк *m.* (bot.) wild rye (*Elymus*).

колосо/видный *a.* spike-shaped, spicate; herringbone (design); —вой *a.* ear, spike; —вая трава (bot.) Herniaria; —вые *pl.* cereal crops; —к *m.* spikelet; душистый —к sweet-scented vernal grass (*Anthoxanthum odoratum*); —образный *see* колосовидный; —подъемник *m.* (agr.) grain guard, lifter; —приемник *m.* feeder house (of combine); —уборник *m.* stripper.

колоссальный *a.* colossal, huge.

колос/ья *pl.*; —яной *a. of* колос.

колот/ило *n.* mallet, beater, rammer; bumper, buffer; —ить *v.* beat, knock, thrash, pound; mill, thresh; —овка *f.* beater; —ушка *f.* beetle, beater, (agr.) kicker; knocker.

колот/ый *a.* split, etc., *see v.*; lump (sugar); —ая рана (med.) puncture; —ь *v.* split, cleave; chop (wood); cut; prick, pierce, puncture; stab, slaughter; husk, crack; —ье *n.* stitch, stab (of pain); colic pains; splitting, etc., *see v.*

колоф/ен *m.* colophene; —оловая кислота, —оновая кислота colopholic acid, colophonic acid; —оний *m.* colophony, rosin; —онит *m.* (min.) colophonite; —онон *m.* colophonone.

колоцинт *m.* (bot.) colocynth (*Citrullus colocynthis*); —еин *m.* colocynthein; —ин *m.* colocynthin.

колоша *f.* (met.) charge, batch; (blow-in) burden; (coke; fuel) bed.

колошение *n.* (bot.) heading, ear formation.

колошник *m.* (furnace) mouth, throat, top, shaft; —овый *a.* (met.) charge; charging (platform, scales, etc.); blast furnace (dust, gas, etc.).

колпа/к *m.* cap, cover, cowl, hood, bell, helmet; cupola, dome (of furnace); globe, shade; (air) chamber, box; (foundry) cope; (agr.) hotcap; колесный к. hub cap; паровой к. steam collector; стеклянный к. bell jar; —ковый *a.* bell-shaped; bell-type (furnace); —чковый *a. of* колпак; —чковая гайка screw cap; —чковая колонна bubble tower, bubble-plate column; —чковая тарелка bubble (-cap) plate; —чок *dim. of* колпак; cap; bubble cap; head; (incandescent) mantle.

кол/сек *abbr.* (колебания в секунду) oscillations per second.

колтун *m.* (med.) plica polonica.

колтунник *m.* (bot.) club moss (*Lycopodium clavatum*).

колумб/ат *see* ниобат; —иевый *a.* Columbia; *see also* ниобиевый; —ий *m.* columbium, *obs. name for* niobium.

Колумбийский округ District of Columbia.

колумб/ин *see* коломбин; —ит *m.* (min.) columbite, niobite.

Колумбия Colombia; Columbia.

колумелла *f.* (biol.) columella.

колун *m.* ax, chopper.

колх/амеин *m.* colchameine; —амин *m.* colchamine; —инин *m.* colchinine; —ицеин *m.* colchiceine; —ицин *m.* colchicine; —ициновая кислота colchicinic acid.

колхоз *m.*, —ный *a.* kolkhoz, collective farm; —ник *m.* kolkhoz member.

колчедан *m.* (min.) pyrite(s); волосистый к. millerite; гребенчатый к. cockscomb pyrite; железный к., серный к. iron pyrites, pyrite; копьевидный к. spear pyrite; лучистый к. marcasite; —ный, —овый *a.* pyrite, pyritic; —ные огарки (met.) pyrite cinders; roasted pyrites; —осодержащий *a.* pyritiferous.

колыбель *f.* cradle, origin.

колымский *a.* Kolyma (river).

колых/ание *n.* rocking, swaying; fluctuation; —ать, —нуть *v.* rock, sway, shake, swing; —аться, —нуться *v.* rock, sway, swing; fluctuate; waver.

колышек *m.* peg, picket, prop; pin.

колышка *f.* (text.) heald.

коль *conj.* if, when, though; *adv.* how much, how many.

Кольбе реакция Kolbe reaction.

Кольби печь Colby furnace.

кольд-крем *m.* cold cream.

кользовое масло colza oil, rape oil.

колькотар *see* колкотар.

кольм *m.* kolm (Swedish coal).

кольмат/аж *m.*, —ация *f.* improving land by silt deposition.

кольнуть *see* колоть.

коль/раби, —ряби *f.* (bot.) kohlrabi.

Кольрауша закон Kohlrausch's law.

кольский *a.* Kola (peninsula).

коль-скоро *conj.* as soon as, as.

кольт *m.* colt (revolver).

кольца *gen. and pl. of* кольцо.

кольцев/ание *n.* cyclization; (elec.) completion of circuit; (av.) cross-feed; —ать *v.* girdle (trees); band (poultry); —идный *see* кольцеобразный.

кольцев/ой *a.* ring(-shaped), annular, circular, circumferential; cyclic; link (chain); collar-step, ring thrust (bearing); peripheral (flooding); к. ватер (text.) ring-spinning machine; к. грохот (min.) ring grizzly; к. зазор (mach.) radial clearance; (nucl.) annular gap; к. счетчик (nucl.) ring counter; —ая втулка packing sleeve; —ая гора crater; —ая обмотка (elec.) ring winding, Gramme winding; —ая печь (cer.) annular kiln; (met.) annular furnace; —ая трубка (nucl.) donut; —ое соединение ring compound, cyclic compound.

кольцекрутильный *a.* (text.) ring-twisting.

кольцеобразный *a.* ring-shaped, annular, circular, collar-shaped; cyclic.

кольцепрядильный *a.* (text.) ring-spinning.

кольц/о *n.* ring, collar; coil; link (of chain); washer; eye, hoop; ferrule; belt, girdle, band; (elec.) circuit; (ball bearing) race(way); (anat.) annulus; замыкание в к. cyclization; метод —а и шара ring and ball method; разрыв —а, расщепление —а ring cleavage, cyclic cleavage; —овка *f.* unit train.

кольч/атка *f.* ring worm; —атый *a.* ring (-shaped), annular, annulate(d); cyclic (compound); cockade (ore); —атый червь, —ец *m.* segmented worm, annelid.

кольчугалюминий *m.* a Duralumin-type alloy.

колья *pl. of* кол.

колюр *m.* (astr.) colure.

колют *pr. 3 pl. of* колоть.

колюч/еголовые *pl.* (zool.) Acanthocephala; —есть *f.* prickliness; —ий *a.* prickly, spiny, thorny; barbed (wire); —ка *f.* prickle, spine, thorn, burr, barb; бесстебельная —ка, —ник *m.* carline thistle (*Carlina vulgaris*).

колюшка *f.* (ichth.) stickleback.

колющий *a.* cleaving; piercing, stabbing, shooting (pain).

коляска *f.* carriage; wheelchair; (motorcycle) sidecar.

ком *m.* clot, lump, chunk, ball, clod; *prepos. of* кто.

ком *abbr.* (килоом) kilohm.

ком— *prefix* communist; communal; command; master; *suffix* committee; commissar(iat); commission.

кома *f.* (astr.; med.; opt.) coma.

комагматический *a.* (geol.) comagmatic.

команд/а *f.* command, order, instruction; program step; signal; squad, crew, team, detail, party; —ир *m.* commander; leader; —ировать *v.* send on a mission; —ировка *f.* mission, assignment; business trip; —ировочные *pl.* expense money; —но-топливый *a.* fuel-control; —ный *a.* command, order; instruction; control, master; guiding, supervising; —о-аппарат *m.* signalling device; —ование *n.* commanding, etc., *see v.*; —овать *v.* command, order, give orders; be in command; tower (above); —оконтроллер *m.* master switch; —ующий *a.* commanding, etc., *see v.*; in command.

комановая кислота comanic acid, pyrone-alpha-carboxylic acid.

команчи *n.* (geol.) Comanchean series.

комар *m.* (ent.) mosquito; hollow punch, punch press; (met.) nibbling machine, blank-cutting machine; —ик *m.* midge, gnat; —иный *a. of* комар; —ник *m.* mosquito net; (bot.) fleabane, fleawort (*Inula squarrosa*).

коматозный *a.* (med.) comatose.

комбайн *m.* (agr.; min.) combine; machine; —ер *m.* combine operator; —ировать *v.* (harvest by) combine; —овый *a. of* комбайн; —остроение *n.* combine building.

комбатант *m.* combatant.

комби— *prefix* combined, combination; —жир *m.* combined fat; —корм *m.*, —кормовой *a.* mixed feed, concentrate; combined fodder.

комбин/ат *m.* combine, concern; plant, mill; (training) center; —атор *m.* combiner; —аторика *f.* (math.) combinatorial analysis; —аторный *a.* combinatorial; —атский *a. of* комбинат; —ационный *a.* combination; —ационного рассеяния (phys.) Raman (lines, spectrum, etc.); —ационного типа coincidence-type (adder); —ация *f.* combination, pattern, arrangement; set-up; compromise; —езон *m.* (c)overalls; union suit; —ирование *n.* combination; —ированный *a.* combined, combination; composite, compound; multiple(-unit); coincidence (adder); hybrid (computer); integrated (display); polarized neutral (relay); mixed-flow (compressor); —ировать *v.* combine, arrange.

комель *m.* butt (end), base (of tree trunk).

комен/амид *m.* comenamide; —аминовая кислота comenamic acid; —дит *m.* (min.) comendite; —овая кислота comenic acid.

комет/а *f.* comet; —арный *a.* comet-shaped; —ный *a.* comet; —ография *f.* cometography; —оискатель *m.* comet seeker or finder; —ообразный, —оподобный *a.* comet-shaped.

комингс *m.* (naut.) coaming; (door) sill; curb.

комисс/ар *m.* commissar, commissioner; —ариат *m.* commissariat; —ионер *m.* commissioner, agent, middleman, broker, jobber; —ионный *a.*, —ия *f.* commission, committee, board.

комитет *m.* committee, bureau.

комический *a.* comical, ridiculous.

комка *gen. of* комок; —ть *v.* crumple.

комко/вание *n.* caking, clotting; (met.) nodulizing; —ватость *f.* lumpiness; —ватый *a.* lumpy, lumped, clotted, cloddy; —образный *a.* cloddy.

комл/евый *a. of* комель; —истый *a.* having a thick butt; —я *gen. of* комель.

комма-бацилла *f.* (biol.) comma bacillus.

коммелина *f.* (bot.) Commelina.

коммеморативный *a.* commemorative.

коммент/арий *m.* comment(ary), remarks; —атор *m.*, —аторский *a.* commentator; —ирование *n.* comment(ing); —ировать *v.* comment, remark, observe.

коммер/сант *m.* merchant, dealer; —ция *f.* commerce, trade; —ческий *a.* commercial, mercantile; business; ставить на —ческую ногу *v.* commercialize, put on a commercial basis.

коммивояжер *m.* traveling salesman.

коммун/а *f.* commune; —ально-бытовой *a.* communal-general (service); —альный *a.* communal, public, municipal; —альная техника municipal engineering; civil engineering; —альные предприятия public utilities; —изм *m.* communism.

коммуника/тор *m.* communicator; —ционный *a.*, —ция *f.* communication(s); pipelines, supply lines; лабораторные —ции laboratory services, utilities.

коммунист *m.*, —ический *a.* communist.

коммут/ант *m.*, —антный *a.* (math.) commutant, commutator group; —ативность *f.* commutativity; —ативный *a.* (math.) commutative; —атор *m.*, —аторный *a.* (elec.) commutator; switch; (tel.) switchboard; —ационный *a.*, —ация *f.*, —ирование *n.* commutation; switching; —ационный аппарат, —ционный механизм, —ационный прибор switch; —ационный щит, —ационная доска switchboard; control panel; —ационное устройство switchgear; —ированный *a.* commutated; switched; —ировать *v.* commut(at)e, change over, reverse, switch; —ируемый *a.* commutatable; —ированный *a.* keyed (amplifier); —ирующий *a.* commutating.

комнат/а *f.* room, apartment; —ка *dim. of* комната; —ный *a.* room; indoor; house (fly).

комовой *a.* ball, clot, lump(y).

комод *m.* chest of drawers.

ком/ок *m.* lump, clump, clot, chunk; nodular deposit; —ками, в —ках in lumps, lumpy, clotted; осадок —ками nodular deposit.

комол *m.* Comol (alloy).

комолый *a.* hornless.

комоч/ек *m.* small clump, aggregate; образовать —ки *v.* clot.

компакт/ификация *f.* (math.; top.) compactification; —ность *f.* compactness, density; compressibility (of information); —ный *a.* compact, dense, tight, space-saving, low-bulk; concise; rugged; massive.

компанд/ирование *n.* (tel.) companding; —ор *m.* compandor.

компания *f.* company, partnership; party, crew.

компановка *see* компоновка.

компаньон *m.* companion, partner, associate.

компаратор *m.* comparator; colorimeter.

компартия *f.* Communist party.

компас *m.*, —ный *a.* compass.

компаунд *m.* compound, filler; (elec.) insulation compound; compound engine; к.-динамомашина (elec.) compound dynamo; —ирование *n.* compounding; —ированный *a.* compound(-ed); compound-wound; —ировать *v.* compound; —ирующий *a.* compounding; к.-машина *f.* compound engine; —ный *a.* compound(-wound); к.-обмотка *f.* compound winding.

компенди/й, —ум *m.* compendium, digest.

компенс/атор *m.* compensator, balancer, equalizer; expansion piece; expansion tank; surge chamber (of pump); (elec. eng.) condenser; (art.) replenisher; —ационный *a.* compensation, compensating; expansion (piece); relief (valve); null (method); —ационный токовый torque-balance (telemetry); —ация *f.* compensation; balance, balancing; —ирование *n.* compensation, balancing, etc., *see v.*; —ированный *a.* compensated, etc., *see v.*; —ировать *v.* compensate (for), make up (for); (counter)balance, offset, equalize, neutralize; cancel out; —ирующий *a.* compensating, etc., *see v.*; —ованный *a.* compensated; compensating.

компетен/тность, —ция *f.* competence, ability; —тный *a.* competent, able.

компил/ирование *n.*, —яция *f.* compilation; —ированный *a.* compiled; —ировать *v.* compile, collect; —ятивный *a.* compiled, compilation; —ятор *m.* compiler.

комплекс *m.* complex, unit, set; system, structure; sum total; association, sequence; (pal.) assemblage; —ирование *n.* integration; (comp.) grouping; —ность *f.* complexity; (soil) heterogeneity; —ный *a.* complex, comprehensive, complete; combined, joint, collective; overall, integrated (automation); multiple (approach, etc.); multipurpose (additive); compound; packaged; —ная установка package; внутренний —ный chelate.

комплексо/метрический *a.* complexometric; —н *m.* complexone; —образование *n.* complexing, complex formation; внутреннее —образование chelation; —образователь *m.* complexing agent; —образующий *a.* complexing.

комплект *m.* set, kit, outfit, assembly; batch; bank (of machines); number (of participants); —ация *f.* making up a set, etc., *see v.*; list of equipment or parts for a single order; —но *adv.* complete(ly), as complete units, in sets, in batches; —ность *f.* completeness of set(s), completed units; batching; —ность поставки delivery in full; —ный *a.* complete; (in) sets, (in) units; (in a) batch; unitized; —ование *n.* making up a set, etc., *see v.*; acquisition, procurement; —овать *v.* make up a set, pack a set; complete units of machine or plant; fulfill a special order; acquire, procure (books); build up; —овка, —овочный *see* комплектование; —овочная ведомость list of standard equipment.

комплекция *f.* constitution, build.
комплемент *m.* (immun.) complement.
компликация *f.* complication.
компо/зитный *a.* composite; —зиционный *a.*, —зиция *f.* composition, compound, material; —нент *m.*, —нента *f.* component, constituent, ingredient; —н(ир)овать *v.* compose, group, arrange, lay out; —нование composing, etc., *see v.*; —новка *f.* composition, grouping, arrangement, configuration, layout; design; снаряд самолетной —новки aircraft-type vehicle.

компост *m.* (agr.) compost.
компостер *m.* punch, ticket stamper.
компостиров/ание *n.* (agr.) composting; —анный *a.* composted; —ать *v.* (enrich with) compost; punch.
компот *m.* stewed fruit.
компр/есс *m.* (med.) compress; —ессиметр, —ессометр *m.* compression gage; —ессионный *a.*, —ессия *f.* compression; —ессный *a.* compress; —ессор *m.* compressor; —ессорная *f.* compressor house; —ессорный *a.* compressor; air-injection (engine); (petrol.) repressuring (production); —имирование *n.* compression; —имированный *a.* compressed; —имировать *v.* compress.
компром/етировать, приходить к —иссу *v.*, —исс *m.* compromise; не идущий на —исс uncompromising.

комптометр *m.* comptometer.
комптон/ит *m.* (min.) comptonite; —овское смещение (radiation) Compton shift; —овское явление, -эффект Compton effect; граница —овского поглощения Compton edge.

комсомол *m.*, —ьский *a.* Komsomol, Young Communist League.
кому *dat. of* кто, to whom.
комфорт *m.*, —ный *a.* comfort; —абельный *a.* comfortable.
комья *pl. of* ком.
конвалла/марин *m.* convallamarin; —ретин *m.* convallaretin; —рин *m.* convallarin.
конвейер *m.* conveyer; —ный *a.* conveyer, conveying, traveling; conveyer-type (furnace); conveyorized (assembly); assembly line (work); к.-штабелеукладчик *m.* stacking conveyer.
конвек/тивный, —ционный *a.* convective, convection(al), by convection; —тор *m.* convector; —ция *f.* convection.
конвенц/иональный *a.* conventional; —ия *f.* convention; agreement.
конверг/ентный *a.* convergent; —енция *f.* convergence; —ировать *v.* converge.
конверс/ия *f.*, —ионный *a.* conversion.
конверт *m.* envelope, cover.
конверт/ер *m.*, —ерный *a.* (met., nucl.) converter; —ирование *n.* conversion; —ированный *a.* converted; —ировать *v.* convert.
конвертный *a. of* конверт.
конверт/оплан *m.* (av.) convertiplane; —ор *m.* converter.
конвицин *m.* convicin.
конв/оир *m.*, —оировать *v.*, —ой *m.*, —ойный *a.* convoy, escort.
конвольвулин *m.* convolvulin, rhodeorhetin; —овая кислота, —оловая кислота convolvul(inol)ic acid.
конвульс/ивный *a.* convulsive; whooping (cough); —ия *f.* convulsion.
конгениальный *a.* congenial.
конгидрин *m.* conhydrine, hydroxyconiine.
конгломер/ат *m.*, —атный *a.* conglomerate; —ация *f.* conglomeration.
конго *n.* Congo (dye); к.-бумага, —вая бумага Congo (filter) paper; к.-голубой Congo blue, trypan blue; к.-красный, —рот *m.* Congo red (indicator); —вая кислота congoic acid.
конгрегация *f.* congregation.
конгруэн/тность, —ция *f.* congruence; —тный *a.* congruent, corresponding.
конгсбергит *m.* (min.) kongsbergite.
кондельфин *m.* condelphine.
конденсат *m.* condensate; —ный *a.* condensate; (petrol.) condenser (tube); —опровод *m.* condenser; —ор *m.* condenser; (elec.) capacitor; —ор-испари-

тель *m.* condenser-reboiler; **—орный** *a.* condenser; capacitor; **—орный горшок** moisture trap.

конденсационн/ый *a.* condensation, condensing; **к. аппарат** condenser; **к. горшок** moisture trap, steam trap; **к. змеевик** spiral condenser, condenser coil; **—ая вода** water of condensation.

конденс/ация *f.*, **—ирование** *n.* condensation; **температура —ации** dew point; **—ированный** *a.* condensed; **—ировать** *v.* condense; **—ирующий** *a.* condensing; **—ор** *m.*, **—орный** *a.* condenser, condensing lens.

кондилома *f.* (med.) condyloma.

кондитер *m.* confectioner; **—ские изделия** confectionery, candy; pastry.

кондиционер *m.* conditioner.

кондици/онирование *n.* conditioning, humidity control; **к. воздуха** air conditioning; **—онированный** *a.* conditioned; artificial; **—онировать** *v.* condition; **—онность** *f.* quality; meeting specifications; **—онный** *a.* conditional; conditioned; quality standard(ized), certified (seed); **—я** *f.* condition, requirement; clause; quality.

кондовый *a.* tall, high, full-grown (forest); hard (wood).

конд-р *abbr.* (**конденсатор**).

кондуит *m.* conduit.

кондуктивн/ость *f.* conductivity; **—ый** *a.* conductive.

кондуктометрический *a.* conductometric (titration).

кондуктор *m.*, **—ный** *a.* conductor; (mech.) jig; surface casing, surface pipe; **дисковый к.** plate jig; **—но-сверлильный станок** jig borer.

кондукци/онный *a.* conduction, conductive; **—я** *f.* conduction.

кондуран/гин *m.* condurangin; **—го** *n.* (bot.) condurango (*Gonolobus condurango*); **—стерин** *m.* conduranstellarин.

коне— *prefix* horse(-breeding); **—водство** *n.*, **—водческий** *a.* horse breeding; **—й** *gen. pl. of* **конь**; **—к** *dim. of* **конь**; (roof) ridge, comb; (ice) skate.

конель *m.* Konel (alloy).

конессин *m.* conessine, wrightine.

кон/ец *m.* end, termination, close; end point (in titration, etc.); point, tip; extremity, tail; terminal; purpose, aim; distance, journey; length (of rope); outflow, issue, discharge; (elec.) lead; **—цом** end on; **острым —цом** edgewise; **—цы** *pl.* ends, butts, waste, scrap; **—цами** at the ends; **в один к.** one-way (trip); **в оба —ца** round trip; **в це —цов** finally, eventually; **вид с —ца** end view; **на худой к.** at the worst; **под к.** toward the end, finally; **положить к.** *v.* make an end (of), put a stop (to); **сводить —цы с —цами** *v.* make both ends meet; **толстый к.** butt; **тонкий к.** tip.

конечно *introd. word* of course, certainly, naturally, surely, no doubt; **к.-мерный** *a.* (math.) finite-dimensional; **к.-разностный** *a.* finite-difference.

конечность *f.* finiteness; limb, extremity.

конечн/ый *a.* final, ultimate, terminal, end; terminating; resulting, finished (product); (math.) finite; *suffix* **—end(ed)**; **к. момент**, **—ая точка** end point (in titration, etc.); **к. ряд** finite series; **—ая скорость** outlet velocity; **—ая температура** end temperature; outlet temperature; **—ая функция** finite function; **в —ом итоге** ultimately; **в —ом счете** all things considered; eventually.

кони *pl. of* **конь**.

кониакский *a.* (geol.) Coniacian.

кониин *m.* coniine, 2-propylpiperidine; **—овый** *a.* coni(c)ic (acid).

коник *dim. of* **конь**.

кони/метр *m.* (min.) konimeter (for measuring dust); **—н** *see* **кониин**.

конина *f.* horseflesh, horse meat.

кони/нкит *m.* (min.) koninckite; **—рин** *see* **кониин**; **—т** *m.* (min.) konite.

конифер/ил *m.*, **—иловый** *a.* coniferyl; **—иловый спирт**, **—ол** *m.* coniferyl alcohol, coniferol; **—ин** *m.* coniferin.

конихальцит *m.* (min.) conichalcite.

кониц/еин *m.* coniceine; **—ин** *m.*, **—иновый** *a.* conicine.

коническ/ий *a.* conic(al), cone; bevel(ed); tapered, tapering; **к. клапан** cone valve; **к. классификатор** (met.) cone classifier; **—ая колба** Erlenmeyer flask; **—ая шестерня**, **—ое (зубчатое) колесо** bevel gear; **—ое сечение** (geom.) conic section.

коничность *f.* conicity, angle of taper; conic shape.

конкордация *f.* concordance.

конкрет/изация *f.* individualizing; **—из(ир)овать** *v.* define concretely, specify; **—нее** *adv.* more specifically; **—ность** *f.* concreteness; **—ность руководства** specific management; **—ный** *a.* concrete, specific, particular.

конкреци/онный *a.* concretionary, nodular; **—я** *f.* concretion, nodule.

конкур/ент *m.* rival, competitor; **—ентный** *a.* concurrent; **—ентоспособный** *a.* competitive; **—енция** *f.* competition; **вне —енции** unrivaled; **—ирование** *n.* competition; **—ировать** *v.* compete, be competitive (with); **—ирующий** *a.* competing, competitive, rival; **—с** *m.* competition; **—сный** *a.* competitive.

коннарит *m.* (min.) connarite.

коннектор *m.* connector.

коннеллит *m.* (min.) connellite, footeite.

конн/о— *prefix* horse(-drawn); —озаводство *n.*, —озавод(че)ский *a.* stud farming; —о-моторный *a.* horse-drawn and motor-driven (sprayer); —ый *a.* horse(-drawn); riding; bridle (path).
Коновалова закон Konowaloff rule.
конод *m.* conode, tie line (in phase diagram).
коноид *m.*, —альный *a.* (geom.) conoid.
конометр *see* кониметр.
коноп/атить *v.* calk, stop up, pack; —атка *f.* calking; calking iron; —атный *a.* calking; —ать *f.* oakum; —ачение *n.* calking; —ачен(н)ый *a.* calked.
конопиды *pl.* (ent.) Conopidae.
конопл/е— *prefix* hemp; —еводный *a.*, —еводство *n.*, —еводческий *a.* hemp growing; —еуборочный *a.* hemp-harvesting; —я *f.* hemp; —яник *m.* hemp field; —яный *a.* hemp(en); hempseed (oil); linoleic (acid).
коносамент *m.* (com.) bill of lading.
коноскоп *m.* (micros.) conoscope.
конперник *m.* Conpernik (alloy).
консек/вентный, —утивный *a.* consecutive, successive.
консерв/ативность *f.* conservative nature; —ативный *a.* conservative; —атор *m.* conserver; expansion tank; —ация *f.* conservation; preservation; corrosion proofing.
консервир/ование *n.* preserving, preservation, canning (of food); conservation; —ованный *a.* preserved, etc., *see v.*; —овать *v.* preserve, can, tin; conserve; —овка *see* консервирование; —ующий *a.* preserving, etc., *see v.*; —ующее вещество inhibitor.
консерв/ный *a.* preserving, canning; к. завод cannery; —ы *pl.* preserves, canned food; safety glasses; мясные —ы canned meat; фруктовые —ы canned fruit.
консертальный *a.* (cryst.) consertal.
консилиум *m.* consultation, council.
консист/ентный *a.* consistent; thick; —ентная смазка (lubricating) grease; —енция *f.* consistence, density; consistency, body; composition; —ометр *m.* consистометр.
конский *a.* horse, equine; к. боб (bot.) broad bean (*Vicia faba*); specif. horse bean (*Vicia faba equina*).
консолид/ация *f.* consolidation; —ированный *a.* consolidated; —ировать *v.* consolidate.
консоль *f.* cantilever, bracket, arm; console; к. крыла (outer) wing; (plane) cell(ule); —ный *a. of* консоль; cantilever(ed), overhanging; —ный подшипник bracket bearing; —ная балка, —ная ферма cantilever.
консонанс *m.* consonance.

конспект *m.* synopsis, conspectus, abstract, summary, compendium; —ивность *f.* brevity, conciseness; —ивный *a.* brief, concise; —ирование *n.* abstracting; —ированный *a.* abstracted; —ировать *v.* (make an) abstract, summarize.
консталин *m.* konstalin (lubricant).
константа *f.* constant.
константан *m.* constantan (alloy).
константиновский *a.* Konstantinovka (works).
константинопольский *a.* Constantinople.
константный *a.* constant.
констат/ация *f.*, —ирование *n.* statement; establishment; —ировать *v.* state; establish, ascertain.
констелляция *f.* (astr.) constellation.
конститу/ировать *v.* constitute; —тивный *a.* constitutive; —ционный *a.* constitution; constitutional (formula); —ционная вода water of constitution; —ция *f.* constitution.
конструиров/ание *n.* construction, building, etc., *see v.*; development; elaboration (of logarithms); принципы —ания design philosophy; —ать *v.* construct, build, make; engineer, devise, design; develop.
конструк/таль *m.* an aluminum alloy; —тивный *a.* constructive, construction(al), structural; design; —тивные особенности design philosophy; —тор *m.* constructor, designer; —торский *a.* constructor; structural; designing; —ционный *a.* construction(al), structural; —ция *f.* construction, structure, formation; design, make, build; последней —ции of recent design.
консул *m.*, —ьский *a.* consul.
консульт/ант *m.* consultant; —ативный *a.* consultative, consulting, advisory; —ационный *a.*, —ация *f.*, —ирование *n.* consultation; —ировать *v.* consult, ask advice (of).
контаг/ий *m.* (med.) contagion; —иозный *a.* contagious.
контакт *m.* contact, connection, terminal; catalyst; interface; к. (Петрова) spec. a detergent mixture of sulfonaphthenic acids; граница —а interface; находиться в —е *v.* be exposed (to); —ирование *n.* contacting; —ировать *v.* contact; —но-разрывный *a.* (elec.) make-and-break.
контакт/ный, —овый *a.* contact; contacting (section of column); resistance (welding); к. способ contact process (for sulfuric acid manufacture); —ная поверхность contact surface; interface; —ное вещество, —ное средство contact agent, catalyst; —ор *m.* (elec.) contactor, switch.
контаминация *f.* contamination.

контарь *m.* steelyard (a weighing device); quintal (100 kg.).
контейнер *m.*, **—ный** *a.* container, capsule; tank; (nucl.) rabbit, can; **—овоз** *m.* container carrier; **к.-прицеп** *m.* container trailer.
контекст *m.* context.
контингент *m.*, **—ный** *a.* contingent, quota, share.
континент *m.* continent; **—альный** *a.* continental.
контину/альный *a.* continuous; **—ум** *m.* (math.) continuum; **состояние —ума** continuous state.
контокоррент *m.*, **—ный счет** (com.) account current.
контор/а *f.* office, bureau, board; **—ка** *f.* desk; small office building; river pier; **—ский** *a.* office; **—ская книга** account book, ledger; **—щик** *m.* clerk.
контр/(а)— *prefix* counter— (opposite, against); **—абанда** *f.*, **—абандный** *a.* contraband; **—авалентность** *f.* contravalence; **—авариантный** *a.* (math.) contravariant.
контраг/ент *m.* contractor; **—ированный** *a.* contracted (dimensionally).
контрадик/торный *a.* contradictory; **—ция** *f.* contradiction.
контражур *m.* (phot.) back-lit exposure.
контракт *m.* contract, agreement, terms; **—ант** *m.* contractor; **—ация** *f.* contracting; **—ильный** *a.* contractile; **—ный** *a.*, **—овать** *v.*, **—овый** *a.* contract.
контрак/тура *f.* (med.) contracture; **—ция** *f.* contraction; compression.
контральто *n.*, **—вый** *a.* contralto.
контра/поляризованный *a.* contrapolarized; **—прош** *m.* counterapproach.
контраст *m.* contrast; **—ировать** *v.* contrast, compare; **—ность** *f.* (degree of) contrast; **—ный** *a.* contrast(ing).
контр/атака *f.*, **—атаковать** *v.* counterattack; **—атип** *m.* (phot.) duplicate negative; **—афакция** *f.* infringement; **—афорс** *m.* stud (of chain link); **—букса** *f.* bottom box; keep; **—винт** *m.* contrapropeller; **—гайка** *f.* lock nut.
контргруз *m.* counterweight, balance weight, counterbalance, counterpoise.
контр-давление *n.* back pressure.
контрибуция *f.* contribution; indemnity.
контр/калибр *m.* countergage, standard gage, control gage, master gage, reference gage; **—клин** *m.* counterwedge; tightening key; gib (and cotter); **—кривошип** *m.* fly crank, return crank; drag link; **—мера** *f.* countermeasure; **—мина** *f.* (mil.) countermine; **—минирование** *n.* countermining; **—миноносец** *m.* (torpedo boat) destroyer; **—оверза** *f.* controversy, dispute.

контров/ка *f.* screw-locking device; locking; **проволочная к.** safety wire; **—очный** *a.* lock (washer, wire); retaining (rivet); **—ый** *a.* locking; safety (bolt).
контролер *m.* controller, inspector, supervisor, checker; monitor; (elec.) controller; **главный к.** (elec.) master switch; **—ный** *a.* (elec.) controller; **—ский** *a.* of контролер.
контролир/ование *n.* controlling, etc., *see v.*; control, supervision; **—ованный** *a.* controlled, etc., *see v.*; **—овать** *v.* control, supervise, superintend, monitor; inspect, check, verify; **—овка** *see* контролирование; **—уемый** *a.* controlled, etc., *see v.*; controllable; guided (missile); **—уемая величина** checked variable; **—ующий** *a.* controlling, etc., *see v.*; control, modifying (agent).
контроллер *see* контролер.
контроль *m.* control, check(ing), checkout; inspection, supervision, monitoring; verification; follow-up; sampling; testing; blank test, standard; **—ная** *f.* control room; **—ник** *m.* (comp.) verifier.
контрольно-/браковочный *a.* inspection, **к.-выпрямительное устройство** monitoring rectifier.
контрольно-измерительн/ый *a.* control and measuring; **—ые приборы** instrumentation, instruments; **производственная —ая аппаратура** process instrumentation; **снабжен —ыми приборами** *a.* instrumented.
контрольно-инспекторский *a.* control and inspection; **к.-испытательный** *a.* checkout (equipment); **к.-кассовый аппарат** cash register; **к.-семенной** *a.* seed-testing; **к.-сортировочный** *a.* inspection.
контроль/ный *a.* control, check(ing), test; supervisory, monitoring, inspection; master, reference, standard; sample, specimen (copy); planned, scheduled; routine (test); guide (line); pilot (light, etc.); final, revised (proof); **к. анализ** check analysis; **к. образец** control; **к. щиток** control panel; dashboard, instrument board; **—ая книга** log; **—ая нормаль** counter-sample; **—ое устройство** monitor.
контрпар *m.* countersteam, back steam; **—ить** *v.* countersteam.
контр/поршень *m.* counterpiston; **—привод** *m.* countershaft; **—проверка** *f.* check determination; **—пружина** *f.* balance spring; **—разведка** *f.* counterreconnaissance; **—рельс** *m.* guard rail; **—руль** *m.* contra-rudder; **—титул** *m.* duplicate title; **—ток** *m.* countercurrent, counterflow; **—фланец** *m.* counterflange.
контрфорс *m.* counterfort, buttress, abutment; **—ный** *a.* buttress(ed).

контр/цилиндр m. countercylinder; —шлюз m. countersluice; —шток m. (art.) counter-recoil buffer; —ящий a. locking, lock (nut); clamp, grip.

конту/женный a. contused, bruised; —зить v. contuse, bruise; —зионный a., —зия f. contusion, shell shock.

контур m. contour, outline, profile; (elec.; nucl.) loop, circuit; (rad.) network; duct (of jet engine); линия —a contour (line); набрасывать к. v. outline; —ный a. contour, (in) outline, planimetric (survey); (elec.) loop (analysis).

конус m. cone; bevel, taper; clutch, coupling; (blast) nozzle; (locomotive) blast pipe; wind sock; target sleeve; (gripping) jaw; bell (of blast furnace); к. выноса (geol.) alluvial fan; сводить от сходить на к. v. taper; угол —a angle of taper; усеченный к. frustum.

конусн/ость f. conicity, (angle of) taper; —ый a. cone, conic(al); bevel; taper(ed).

конус-обтекатель m. exhaust cone.

конусо/видность, —образность f. cone shape, conicity, taper; —видный, —образный a. cone-shaped, coniform, conoid, conical; taper(ed).

конус-сгуститель m. cone thickener.

конфек/та see конфета; —цион m. ready-made clothes store or business; confection; —ционировать v. make, build; piece (together); —ционный a. confection; ready-made (clothes); —ция f. confection, building.

конференция f. conference.

конфет/а f., —ный a. candy; —ы pl. confectionery.

конфигурац/ионный a. of конфигурация; configurational; —ия f. configuration, profile, outline, contour, shape; layout; (comp.) gulp; со сложной —ией complex shaped.

конфиденциальный a. confidential.

конфирмовать v. confirm.

конфиск/ация f. confiscation; —овать v. confiscate.

конфликт m. conflict; —ный a. conflicting.

конфлюэн/тный a. confluent; —ция f. confluence.

конфокальный a. (math.) confocal.

конфорка f. (stove) burner, ring.

конформ/ационный a. conformational (analysis); —ация f. conformation; —ный a. (math.) conformal.

конфуз/ный, —ящий a. confusing; —ор m. converging tube.

конх/(и)— prefix conch(i)—, concho— (shell); —инин m. conchinine, quinidine; —иолин m. conchiolin; —ит m. (min.) conchite; —о— see конхи—.

конхоида f. (geom.) conchoid; —льный a. conchoidal, shell-like.

конц. abbr. (концентрированный).

конц/а gen. of конец; —евой a. of конец; end, terminal; tail; pin, rod (gage); —евой зажим (elec.) terminal (clamp).

концентр/ат m. concentrate; clean coal; —атомер m. concentration meter; —атор m., —ационный аппарат concentrator; —ационный a., —ация f., —ирование n., —ированность f. concentration, density; —ированный a. concentrated, etc., see v.; strong; —ировать v. concentrate; focus, center; —ирующий a. concentrating, etc., see v.

концентр/ический, —ичный a. concentric; coaxial (cable); —ичность f. concentricity; —ы pl. (geom.) concentric circles.

концепция f. concept(ion), idea.

конце/равнитель m. trimming saw; —резка f. cut-off saw.

концерн m. (com.) concern.

концессия f. concession, grant.

кон-ция abbr. (концентрация).

концкорм m. (agr.) concentrated feed, concentrate.

конц/овка f. (typ.) tailpiece, end piece; conclusion (of article); runout (of film); —ы pl. of конец.

конч/ать v. finish, end, complete, conclude, terminate; —аться v. come to an end, expire, lapse; result, end (in), terminate (in); —ая pr. ger. ending (with), to; —ен(н)ый a. finished, etc., see v.

кончик m. tip, point, end; nose.

кончить see кончать.

конъектура f. conjecture.

конъюг/ат m. (biol.) conjugate; —ация f., —ирование n. conjugation; —ированный a. conjugate(d), paired, coupled; —ированные двойные связи conjugate double bonds.

конъюнкт/ива f. (anat.) conjunctiva; —ивит m. (med.) conjunctivitis; —ивный a. conjunctive; —ура f. (con)juncture; (business) conditions.

конь m. horse, stallion.

конък/а gen. of конек; —и pl. (ice) skates; —обежный a. skating; —овый a. of конек.

конья/к m., —чный a. cognac, brandy; —чное масло ethyl oenanthate.

конюш/енный a., —ня f. stable.

кообраз m. (math.) coimage.

коопер/атив m. cooperative (store); —ативный a. cooperative; —атор m. co-operator; —ация f., —ирование n. co-operation; —ированный a. affiliated; —ировать v. organize in a cooperative; —ироваться v. cooperate.

кооптировать v. coopt.

координ/ата f. (math.) coordinate; (point) reference; —атник m. (elec.) coordinate spacer; —атно-расточный *a.* jig-boring (machine); —атный *a.* coordinate(d), correlative, multiple-aspect (indexing); coordination (number); variable (recorder); (photogrammetry) fiducial (marks); —атный искатель, —атный соединитель circuit selector and switch, crossbar switch; —атоме(т)р *m.* (top.) coordinate scale; measuring instrument; —атор *m.* coordinator; —ационный *a.* coordination; —ационная связь coordination link(age); coordinate bond; —ация *f.*, —ирование *n.*, —ированность *f.* coordination; trade-off; scheduling, timing; —ированный *a.* coordinate(d); scheduled; —ировать *v.* coordinate; schedule.

коп. *abbr.* (копейка) kopeck.

копа *f.* pile, heap.

копа/еноска *f.* (bot.) copaiba (*Copaifera officinalis*); —ин *m.* copahin; —йба, —йва *f.* copaiba; —йский *a.* copaiba; copaivic (acid); —йский бальзам copaiba.

копал *m.* copal (resin); к. каури kauri gum, kauri resin; copal; —ин *m.* (min.) copaline, copalite; copalin (resin); —иновая кислота copalinic acid.

копалка *f.* digger, excavator.

копал/овый *a.* copal; copalic (acid); —овая смола copal (resin); —ьный *a.* copal.

коп/анец *m.* pond, pool; —ание *n.* digging, excavation; —ань *see* копанец; —атель *m.* digger, excavator; —ательный *a.* digging; (zool.) fossorial; —ать *v.* dig, excavate; —ач *m.* (root crop) digger, plow.

копеечн/ик *m.* (bot.) Hedysarum; —ый *a.* of копейка.

копей *gen. pl.* of копь.

копейка *f.* kopeck.

копеллидин *m.* copellidine, 2-ethyl-6-methyl-piperidine.

копель *m.* Copel (alloy).

копен *gen. pl.* of копна.

копеподы *pl.* (zool.) Copepoda.

копер *m.* pile driver, ram, impact machine, drop hammer; impact tester; (min.) headframe, headwork.

коперник/анский, —овский *a.* Copernican.

копи *pl.* of копь.

копиапит *m.* (min.) copiapite, yellow copperas.

копил/ка *f.* receptacle; (coin) box; —ьник *m.* (met.) forehearth, receiver.

копир *m.* copy, master form; former; copying device, contour follower, feeler mechanism; изготовлять по —у *v.* (mach.) profile.

копирин *m.* copyrine, 2, 7-benzodiazine.

копир/ка *f.* carbon paper; —ный *a.* copy.

копировально-/множительный *a.* duplicating; к.-фрезерный *a.* duplicate-milling, profile-milling, profiling, profile and contour milling (machine); к.-шлифовальный *a.* profile-grinding.

копир/овальный *a.* copying, etc., *see v.*; carbon or tracing (paper); transfer (color); к. аппарат duplicating machine, duplicator; (phot.) printer; —овальщик *m.* copier; —ование *n.* copying, etc., *see v.*; —овать *v.* (make a) copy, duplicate; trace, calk; —овка *see* копирование; —овочный *a.* copying, etc., *see v.*; —овщик *m.* copier; —ующий *a.* copying, etc., *see v.*; slave (unit); master-slave (manipulator).

копит/ель *m.* storer, accumulator; —ь(ся) *v.* accumulate, store up, save up.

коп/ия *f.* copy, transcript, duplicate, counterpart; tracing; снимать —ию *v.* (make a) copy, duplicate.

копка *f.* digging, excavation.

копланарн/о-сеточный *a.* (comp.) coplanar grid (effect); —ый *a.* coplanar.

копн/а *f.* rick (of hay), shock (of wheat); —ение *n.* stacking, piling up; —итель *m.* stacker, piler, shocker; —ить *v.* stack, pile up, shock; —овоз *m.* sweep rake.

копнуть *see* копать.

кополимер *see* сополимер.

копотливый *a.* sluggish; tedious.

копот/ный *a.* sooty, smoky; —ь *f.* soot, lampblack; smoke, fume.

Коппа закон Kopp's law.

коппит *m.* (min.) koppite.

копр- *prefix* copr(o)- (feces).

копр/а *f.* copra; *gen. of* копер; аол *m.* copraol; —овой, —овый *a. of* копер; pile-driving; hardness drop (test); —овая прочность impact strength.

копро/лит *m.* coprolite, fossil excrement; (med.) coprolith; —порфирин *m.* coproporphyrin; —станол, —стерин *m.* coprostanol, coprosterol, dihydrocholesterol.

копт/еть *v.* smoke; —илка *f.* oil lamp, smokehouse; —ильный *a.* smoking; —ильня *f.*, —ильная камера smokehouse; —ить *v.* smoke, cure; —ящий *a.* smoking.

копул/ирование *n.*, —ировка *f.* (hort.) whipgrafting; (zool.) copulation; —ировать *v.* whipgraft; —яция *f.* copulation.

копунктальный *a.* (math.) copunctal, concurrent.

копчен/ие *n.* smoking, curing; fumigation; —(н)ый *a.* smoked; soot-covered; —ости *pl.* smoked food(s).

копчик *m.*, —овая кость (anat.) соссух; —овый *a.* coccygeal.

копыл *m.* (launching) poppet.

копыт/ень; —ник *m.* (bot.) Asarum.

копыт/ные *pl.* (zool.) Ungulata; —**ный** *a.* hoof(ed), ungulate; —**ный жир**, —**ная мазь**, —**ное масло** neat's foot oil; —**о** *n.* hoof; —**це** *dim. of* **копыто**; —**чатый** *a.* hoof-shaped, ungulate.
копь *f.* mine, pit.
копье *n.* spear, lance; guard pin, prong; —**видный** *a.* spear-shaped, spicular, lanceolate.
—**кор** *m. suffix* correspondent, reporter.
кора *f.* bark, rind, cortex; crust; (casting) skin; **земная к.** (geol.) crust.
кораб/ельный *a.* ship, marine; ship-borne; naval; —**ельщик** *m.* ship builder; —**левождение** *n.* navigation; —**лекрушение** *n.* shipwreck.
кораблестро/ение *n.*, —**ительный** *a.* shipbuilding; —**итель** *m.* ship builder.
корабл/ик *dim. of* **корабль**; —**ь** *m.* ship, vessel; airship; (space) vehicle; **теория** —**я** theory of naval architecture; **космический** —**ь-спутник** manned satellite.
кора/зол *m.* Corazol, pentylenetetrazol; —**коидный** *a.* (anat.) coracoid; —**лин** *m.* coralin.
коралл *m.* coral; —**ин** *m.* corallin, aurin; *p*-rosolic acid; —**ит** *m.* corallite.
коралло/видный, —**образный** *a.* coral-like, coralloidal; —**вый** *a.* coral(line); —**вые полипы** (zool.) Anthozoa.
корамин *m.* Coramine, nikethamide.
корацит *m.* (min.) coracite.
корги *pl.* korgi (small river bars; shoals in the Arctic Ocean).
корд *m.*, —**а** *f.* cord.
кордиамин *m.* Cordiamin, nikethamide.
кордиерит *m.* (min.) cordierite, iolite.
кордил *m.* cordyl, acetyl-cordol; —**ит** *m.* (min.) cordylite.
кордильера *f.* cordillera, mountain range.
кордит *m.*, —**овый** *a.* (expl.) cordite.
кордицепин *m.* cordycepin.
кордный *a.* cord.
Кордо резьба Cordeaux (screw) thread.
кордовская кожа *see* **кордуан**.
кордовый *a.* cord.
кордол *m.* cordol, tribromsalol.
кордон *m.*, —**ный** *a.* cordon.
кордриль *m.* (min.) core drill.
корд-суровье *m.* untreated cord; **к.-ткань** *f.* cord fabric.
кордуан *m.*, —**ский сафьян** cordovan (leather).
корд-шнур *m.* cord.
коревой *a. of* **корь**.
корегонин *m.* coregonin.
корежить *v.* twist out, uproot; (med.) twist, cripple.
кореит *m.* (min.) koreite, agalmatolite.
корейка *f.* breast of pork (or veal).
корейский *a.* Korean.

корен/астый *a.* thickset, stumpy, stocky; —**иться** *v.* root (in); be founded (on).
коренн/ой *a.* root; radical, fundamental, basic, trunk, main; native, indigenous; thorough; basement (clay); deep-well (brine); foundation (pile); **к. выход** (geol.) bedrock; **к. зуб** (anat.) molar; **к. подшипник** crank(shaft) bearing; —**ая порода** bedrock.
кор/ень *m.* root; radix; (math.) radical; **вырывать с** —**нем** *v.* uproot, eradicate; **знак** —**ня** (math.) radical sign; **квадратный к.** (math.) square root; **кубический к.** cube root; **метод распределения** —**ней** root-locus method; **на** —**ню стоящий, growing** (crop); **пускать** —**ни** *v.* take root.
коретра *f.* larva of Chaoborinae.
корец *m.* dipper, scoop.
кореш/ковый *a. of* **корешок**; root, radicular; *suffix* -rooted; —**ок** *dim. 'of* **корень**; rootlet, radicle; stub (of receipt); butt (end); back, spine of book).
Корея (geog.) Korea.
корж *m.* (cer.) filter cake, cast; pancake; rock jutting from roof of mine.
корз *m.* coarse (low-grade rubber).
корзин/а *f.* basket, crate, crib; bucket; (centrifuge) bowl; (av.) nacelle, car; —**ка** *f.* basket; (bot.) calathide; (art.) mount, holder; —**ный**, —**очный** *a. of* **корзина**; pancake (coil); —**чатый** *a.* basket(-like).
корзит *m.* (petr.) corsite, napoleonite.
кориамиртин *m.* coriamyrtin.
кориандр *m.*, —**овый** *a.* coriander; —**ол** *m.* coriandrol, linalool.
кори/арин *m.* coriarine; —**бульбин** *m.* corybulbine; —**далин** *m.* corydaline; —**дин** *m.* corydine.
коридор *m.* corridor, passage(way); —**ный** *a. of* **коридор**; tunnel (dryer); **в** —**ном порядке** unstaggered; —**чик** *dim. of* **коридор**.
кори/кавамин *m.* corycavamine; —**кавидин** *m.* corycavidine; —**кавин** *m.* corycavine; —**лин** *m.* corylin; —**лофилин** *m.* corylophiline; —**нин** *m.* corynin (a hydroxy acid); corynine, yohimbine; —**нит** *m.* (min.) corynite.
коринка *f.* currant(s).
коринфский *a.* Corinthian.
кориокавин *m.* coryocavine.
кориолисовый *a.* Coriolis (force).
кори/пальмин *m.* corypalmine; —**туберин** *m.* corytuberine.
кориц/а *f.* cinnamon; **цветы** —**ы** cinnamon flowers, cassia buds.
коричне/ватый *a.* brownish; —**вый** *a.* brown; —**вая земля**, —**зем** *m.* korichnezem, cinnamonic soil.
коричник *m.* (bot.) cinnamon.

корично/амиловый эфир amyl cinnamate;
—бензиловый эфир benzyl cinnamate;
—бутиловый эфир butyl cinnamate;
—висмутовая соль bismuth cinnamate;
—карбоновая кислота carboxycinnamic acid; —кислый a. cinnamic acid; cinnamate (of); —кислый натрий, —натриевая соль sodium cinnamate; —кислая соль cinnamate; —этиловый эфир ethyl cinnamate.

коричн/ый a. cinnamon; cinnamic; к. альдегид cinnamic aldehyde, cinnamaldehyde, 3-phenylpropenal; к. камень (min.) cinnamon stone, essonite; к. лавр, —ое дерево (bot.) cinnamon; к. спирт cinnamic alcohol; к. цвет cinnamon flowers, cassia buds; —ая кислота cinnamic acid; соль —ой кислоты cinnamate; —ое масло cinnamon oil; китайское —ое масло cassia oil.

корка f. crust, incrustation, scale, scab; cake; bark; peel, rind; (met.) scum; (casting) skin.

коркит m. (min.) corkite.

корков/атый a. suberous; —идный a. bark-like; crusty; —о-столбчатый a. crust-columnar; —ый a. of корка; cork; (anat.) cortical; —ая пробка cork, stopper, plug.

Корлиса клапан Corliss valve.

корм m. feed, forage, fodder; feeding.

корм/а f. (naut.) stern; на —е abaft.

корм/ежка f., —ежный a. feeding; feed, food; feeding place; —илец m. provider; —ить v. feed, nourish; —иться v. feed (on), be sustained (by); support oneself; —ление n. feeding, nourishment; —ленный a. fed, nourished; —ный a. of корм; feeding.

кормо— prefix feed, fodder; —вой a. food, feed(ing); nutrient (yeast); fodder, forage (grass); (naut.) stern, aft(er); tail, rear; —вой эквивалент fodder equivalent; —вая единица feed unit; —вая смесь (agr.) feed, mash; —дробилка f. feed grinder; —запарник m. feed steaming plant; —кухня f. feed (preparing) plant; —подготовительный a. feed-preparing; —резка f. feed cutter, fodder chopper.

кормофит m. (bot.) cormophyte.

кормоцех see кормокухня.

кормушка f. feed box, feeder, trough, rack.

корналин m. (min.) carnelian.

корнать v. cut short, crop.

корнваллийский a. Cornish.

Корнваллис Cornwall.

корнваллит m. (min.) cornwallite.

корне— prefix root, rhizo—.

корнеальный a. (anat.) corneal.

корне/вище n., —вищевый, —вищный a. (bot.) rhizome, rootstock, tap root;

—вой a. root, radical; deep-well (salt);
—вая шейка (bot.) crown; метод —вого годографа root-locus technique; —головые pl. (zool.) Rhizocephala; —ед m. (phyt.) root rot; (ent.) root borer;
—жил m. a bark beetle (Hylastes);
—искатель m. (math.) root calculator;
—клубнеплод m. vegetable root crop;
—ножки pl. (zool.) Rhizopoda; —обитаемый a. root-inhabited, root (zone);
—отпрысковый a. offset, shoot; —плод m., —плодный a. root crop; —резка f. root cutter.

корнерупин m. (min.) kornerupine.

корни pl. of корень.

корнин m. cornin, cornic acid; cornine (alkaloid).

Корнинга стекло Corning glass.

корнишон m. gherkin, small cucumber.

корнпапир m. granulated paper.

корнубианит m. (petr.) cornubianite.

корну/оид m. cornuoid; —тин m. cornutine; —тол m. cornutol.

корнуэльский see корнваллийский.

корнцанги pl. (met.) assayer's tongs.

корнюры pl. gas conduits.

корня gen. of корень.

короб m. box, chest, case, container; (agr.) flat; basket, hamper; duct; (annealing) pot; body (of car).

коробить(ся) v. warp, distort, deform, bend, buckle, shrink.

коробка f. box, case, chest; housing, compartment, capsule; casing; (wing) cell(ule); (valve) cage; tank, header; hopper; (cable) junction; (door or window) frame; к. передач, к. скоростей gear box.

коробление n. warping, etc., see коробить(ся).

короб/оватость f. camber (of rolled sheet);
—овая кривая (arch.; math.) basket (-handle) curve; —ок gen. pl. of коробка; dim. of короб; —очка dim. of коробка; (bot.) boll, pod; (av.) box pattern; —очный a. of коробка; (bot.) boll, —чатый a. box(-type), box-like, box-shaped; channeled, channel (iron); quadrant (valve); case (lock).

коробчат/ый a. box(-type), box-like; case (lock); —ая отливка (foundry) box casting; —ое железо U-iron, channel iron.

корова f. cow.

коровай m. round loaf.

коровальт m. Corowalt (abrasive).

коров/ий a. cow, bovine; —ье масло butter; —ки pl. lady beetles (Coccinellidae); —ник m. cow barn.

коровой a. crusted.

коровяк m. liquid cow manure; (bot.) mullein (Verbascum).

короед *m.* bark beetle.
корок *gen. pl. of* **корка**.
корол/евский *a.* king's, royal; **—евская желть** king's yellow, orpiment; **—ек** *m.* (met.) regulus, assay button, bead; **—ь** *m.* king; **—ьковый** *a.* (met.) reguline, regulus; button, assay (balance).
коромысло *n.*, **—вый** *a.* yoke, (balance) beam, rocker (arm), rocking shaft; equalizer; (weight) lever; bascule.
корон/а *f.* crown, corona; **—адит** *m.* (min.) coronadite; **—альный** *a.* (astr.) coronal; **—арный** *a.* (anat.) coronary; **—ен** *m.* coronene; **—ий** *a.* coronium, protofluorine; **—иллин** *m.* coronillin.
корон/ирование *n.*, **—ирующий разряд** (dielectrics) corona (discharge); **—ировать** *v.* display corona; **—ка** *f.* crown; (boring) bit; **—ник** *m.* winter cutworm (*Agrotis segetum*); **—ный** *a.* corona; crown (drill, wheel, etc.); castle (nut); **—ный разряд** corona discharge; **—овать** *v.* crown; **—ограф** *m.* coronograph.
коронопавая кислота coronopic acid.
корончатый *a.* crown, castellate(d).
коро/обдирка *f.*, **—обдирочник** *m.* barker, spudder; **—обдирный**, **—обдирочный**, **—очистный** *a.* peeling, barking, barkstripping.
коросил *m.* Koroseal (plasticized polyvinyl chloride).
короста *f.* scab, mange.
коротк/ий *a.* short, brief, quick; **—ое замыкание** shorting; **—о** *adv.* shortly, briefly; **—о говоря** in short, in brief, in a few words.
коротко— *prefix* short; **—волновый** *a.* short-wave; **—волокнистый** *a.* short-staple, short-fibered; short-grained; **—выдержанный** *a.* briefly exposed; seasoned for a short time; (nucl.) short-decayed; **—действующий** *a.* short-range; **—живущий** *a.* short-lived; **—замедленный** *a.* short-delay (blasting); **—замкнутый** *a.* (elec.) short-circuit(ed), shorted; squirrel-cage (motor); **—замыкатель** *m.* short-circuiting device; **—замыкающий** *a.* short-circuiting; **—звеньевая цепь** short-link chain; **—крылые** *pl.* rove beetles (*Staphylinidae*); **—крылый** *a.* short-winged, brachypterous; **—метражный** *a.* short (film); **—надкрылые жуки** short-winged beetles (*Brachelytra, Staphylinidae*); **—ногий** *a.* short-legged; **—периодический** *a.* short-period; **—пламенный** *a.* short-flame; **—плечий** *a.* short-arm (balance); **—проволочный** *a.* short-range; **—проволочный** *a.* short-wire; **—ствольный** *a.* short-barreled; **—столбчатый** *a.* (min.) short-columnar; **—сть** *f.* shortness, brevity; **—усые** *pl.* short-horned flies (*Brachycera*); **—фо-**

—кусный *a.* short-focus; **—шерст(н)ый** *a.* short-haired; **—штамбовый** *a.* bush (-form).
короток *sh. m. of* **короткий**.
коротоксигенин *m.* corotoxigenin.
короче *comp. of* **короткий, коротко**.
корочка *dim. of* **корка**.
корпия *f.* lint.
корпора/тивный *a.* corporate; **—ция** *f.* corporation, body.
корпорин *m.* corporin, progesterone.
корпулентный *a.* corpulent, fat.
корпус *m.*, body, carcass, frame(work), chassis; housing, case, casing, shell, envelope; building, structure; (evaporator) effect; hull (of ship); (shipbuilding) body plan, section lines; (reactor) vessel; base (of plow); (typ.) long primer (10 points); (anat.) corpus; (mil.) corps; **к. самолета** fuselage.
корпускул/а *f.* corpuscle; **—ярный** *a.* corpuscular.
корпусный *a. of* **корпус**; box-type (bit).
корразия *f.* (geol.) corrasion.
коррегир/ование *see* **коррекция**; **—овать** *see* **корригировать**; **—ующий** *see* **корректирующий**.
коррект/ив *m.* corrective; correction, amendment; **—ирование** *n.* correction, adjustment; proofreading; **—ировать** *v.* correct, adjust; proofread; **—ировка** *see* **корректирование**; **—ировочный** *a.* (error-)correcting, corrective; adjusting; proofreading; (beam-)guiding, positioning; **—ировщик** *m.* corrector; proofreader; **—ирующий** *see* **корректировочный**; **—ность** *f.* correctness; **—ный** *a.* correct, proper; **—ор** *see* **корректировщик**; **—орский** *a.* proofreading; proofreader's; **—ура** *f.* correction(s); proof (page); proofreading; **—урный** *a.* proof-correction (marks); proofreader's; **—урный оттиск** proof sheet.
коррекци/онный *a.*, **—я** *f.* correction; **—онная величина** extent of correction; **терять —ю** *v.* fall out of step.
коррел/ированный *a.* correlated; **—ировать** *v.* correlate; **—ограмма** *f.* correlogram; **—ограф**, **—ометр** *see* **коррелятор**; **—ят** *m.* correlate; **—ятивный** *a.* correlative, correlation; **—ятор** *m.* correlator, correlation meter; **—яционный** *a.* correlative, correlation; **—яция** *f.* correlation.
корреспонден/т *m.* correspondent, reporter; **—ция** *f.* correspondence.
корригировать *v.* correct, adjust, fix.
корродир/ованный *a.* corroded; **—овать** *v.* corrode; **—уемый** *a.* corrodable; **—рoded**; corrosive; **—ующий** *a.* corroding, corrosive; **—ующее средство** corrosive.
коррозие/стойкий, **—устойчивый** *a.* corrosion-resisting, noncorroding, rust-resist-

ing, rustproof; stainless (steel); —устойчивость *f.* resistance to corrosion.
корроз/ийный *a.* corrosion; corrosive; —ионностойкий, —ионноустойчивый *see* коррозиестойкий; —ионный *a.* corrosion; corroding; corrosive; —ия *f.* corrosion; локальная —ия, местная —ия pitting.
корсиканский *a.* Corsican.
корт *m.* court, yard.
кортиев орган (anat.) Corti's organ.
кортизон *m.* cortisone.
кортик *m.* (short) dagger.
корти/кальный *a.* (anat.) cortical; —костероид *m.* corticosteroid; —костерон *m.* corticosterone; —н *m.* cortin; —цин *m.* corticin; —циновый *a.* corticin; corticinic (acid).
корток *m.* short-circuit(ing) current.
корубин *m.* Corubin (abrasive).
корунд *m.* (min.) corundum; красный к. ruby; синий к. sapphire; —еллит *m.* corundellite; —из *m.*, —овый *a.* corundum; —офилит *m.* corundophilite.
корча *f.* spasm, cramp; stump with root.
корчага *f.* large pot, earthenware pot.
корчев/альный *a.*, —ание *n.* uprooting, grubbing; —анный *a.* uprooted; —атель *m.* stump puller; —ать *v.* uproot, grub; —ка *see* корчевание.
корч/ение *n.* contraction (of nerves); —ить *v.* contort, convulse, contract.
коршун *m.*, —ий *a.* (orn.) kite, hawk.
корысть *f.* profit.
корыт/ный *a.* trough(-shaped); U-, channel (iron); —о *n.* trough, pan, tray; vat; hod; —ообразный *a.* trough-shaped, U-shaped; —це *dim. of* корыто; (ball bearing) race; saddle.
корь *f.* (med.) measles.
корье *n.* (tan) bark; —вой *a. of* кора.
корюшка *f.* (ichth.) smelt.
коряв/ость *f.* roughness; —ый *a.* rough, uneven; twisted, warped (plant); pimpled, pitted, rough-skinned.
коряга *f.* stump with root.
кос *sh. m. of* косой.
кос— *prefix* indirect; oblique.
коса *f.* scythe; braid, plait; sand bar; *sh. f. of* косой.
косарь *m.* mower; chopper.
косвенн/о *adv.* indirectly, obliquely; —о-возбуждаемый *a.* indirectly excited; —одействующий *a.* indirect; —ый *a.* indirect; oblique, cross; circumstantial (evidence).
косейсмический *a.* (geol.) coseismal.
косеканс *m.*, —ный *a.* (math.) cosecant.
косен *sh. m. of* косный.
косил/ка *f.* mower, mowing machine; к.-силосорезка *f.* forage harvester; —очный *a.* mowing.

косина *f.* obliquity, sloping, slope.
косинус *m.* (math.) cosine; —оида *f.*, —оидальная кривая cosine curve.
косить *v.* mow, cut; slant; —ся *v.* slope, slant; look askance (at); be mowed.
косица *f.* braid, rope.
кослеттизация *f.* (met.) coslettizing.
косм *see* космо—.
космат/ить *v.* make shaggy; —ка *f.* soft brush, mop; —ый *a.* shaggy, hairy.
космети/ка *f.* cosmetic(s); —ческий *a.* cosmetic; —ческие изделия cosmetics.
космическ/ий *a.* cosmic; space (travel, vehicle, etc.); outer (space); к. корабль, к. (летательный) аппарат spacecraft, space vehicle; установленный на —ом корабле *a.* space-borne; —ая навигация astronavigation; —ое пространство (outer) space.
космо— *prefix* cosm(o)— (universe); —гонический *a.* cosmogonic; —гония *f.* cosmogony; —дром *m.* cosmodrome, space port.
космолин *m.* cosmoline, petroleum jelly.
космология *f.* cosmology.
космонавт *m.* astronaut; —ика *f.* astronautics, interplanetary navigation.
космос *m.* cosmos; (outer) space.
космо/трон *m.* (nucl.) cosmotron, proton-synchrotron; —химия *f.* astrochemistry.
косналог *m.* indirect tax, hidden tax.
косн/еть *v.* stagnate; stiffen; —ость *f.* sluggishness; nonprogressiveness.
коснуться *see* касаться.
косный *a.* inert, stagnant, sluggish; backward, nonprogressive.
коснуться *see* касаться.
косный *a.* inert, stagnant, sluggish; backward, nonprogressive.
косо *adv.* obliquely, slantwise, slanting, on a bias, sideways, askance, askew; *prefix see* косой; к. поставленный *a.* offset; —вато *adv.* somewhat obliquely; —ватый *a.* somewhat oblique.
косовица *f.* haying season; harvesting.
косов/ичник *m.*, —ичный ходок (min.) crosscut; —ый *a.* river bar (gold).
косоглаз/ие *n.*, —ость *f.* (med.) strabismus; —ый *a.* cross-eyed.
косо/гон *m.* (mach.) pitman, connecting rod; —гор *m.* slant, incline, declivity, slope, hillside; —зуб(чат)ый *a.* spiral (gear).
кос/ой *a.* slanting, sloping; diagonal, transverse; sidelong, skew; oblique (angle); spiral, helical (gear); —ая отточка beveling.
косолап/ость *f.* (med.) talipes, clubfoot; —ый *a.* talipedic.
косо/нарезанный *a.* (text.) bias-cut; —прицельный *a.* oblique; —рукий *a.* (med.)

club-handed; —**рукость** *f.* club hand; —**свет** *m.* sloping reflector; —**симметричный** *a.* skew-symmetric; —**слоистый** *a.* (geol.) obliquely laminated; —**слой** *m.* cross grain, curly grain; (geol.) oblique bed; —**слойность** *f.* twisted growth (of tree); —**слойный** *a.* cross-fibered, cross-grained; —**сть** *f.* obliquity, bias; —**угольный** *a.* oblique-angled; canted, bevel(ed); —**ур** *m.* bridgeboard, string (of stairs).

коссаит *m.* (min.) cossaite.

коссирит *m.* (min.) cossyrite.

костальный *a.* (anat.) costal, rib.

косте— *prefix* osteo—, osseo—, bone; —**дробилка** *f.* bone grinder; —**неть** *v.* ossify; grow numb, get stiff; —**носный слой** (geol.) bone bed.

костер *m.* bonfire, wood fire; mound, heap, stack, pile (in charcoal burning); (min.) chock, cog; (bot.) brome grass (*Bromus*); —**ок,** —**чик** *dim. of* **костер**.

кости *gen., pl. etc. of* **кость**.

костил *m.* costyl.

кост/истый *a.* bony, osseous; —**лявый** *a.* bony, gaunt; —**ный** *a.* bone, osseous; —**ная ткань** bony tissue.

костовая кислота cost(us)ic acid.

костоеда *f.* (med.) caries.

костол *m.* costol.

костоправ *m.* osteopath, bone setter.

косточк/а *f.,* —**овый** *a.* small bone; stone, pit, seed, kernel (of fruit); (elec.) bushing; —**овыбиватель** *m.* seeder, pit remover.

костр/а *gen. of* **костер;** —**(ик)а,** —**ичный** *a.* (paper; text.) shive, boon, scutch, woody fiber; —**ище** *n.* bonfire site; —**овый** *a.* *of* **костер; костра;** pile, heap (charring); —**овая крепь** (min.) chock, cog.

костромской *a.* (geog.) Kostroma.

костыл/едер *m.* spike puller; —**ек,** —**ик** *dim. of* **костыль;** —**ь** *m.,* —**ьный** *a.* spike, cramp, cotter, peg, pin; dog nail; crutch; (av.) (tail) skid; —**ь-сошник** *m.* (art.) spike.

кость *f.* bone; **жженая к.** bone black.

костюм *m.* costume, suit, outfit.

костяк *m.* skeleton, framework.

костян/ика *f.* (bot.) stone bramble (*Rubus saxatilis*); —**ка** *f.* (bot.) drupe.

костян/ой *a.* bone; **к. уголь,** —**ая чернь** bone black, bone charcoal; —**ая зола** bone ash (tricalcium phosphate); —**ая мука** bone meal; —**ое масло** bone oil, Dippel's oil; —**ое стекло** alabaster glass; **черная** —**ая** ivory black.

косуля *f.* (zool.) roe deer; plow; inclined arch.

косынка *f.* connection plate, corner plate, gusset (plate), junction plate, knee plate; kerchief.

косьба *f.* mowing.

косяк *m.* jamb (of door); stand, pillar; herd (of horses); shoal (of fish); flock (of birds); wedge (of land).

косяком *adv.* at an angle, obliquely.

косяч/ный *a.;* —**ок** *dim. of* **косяк**.

кот *m.* (tom) cat.

котангенс *m.* (math.) cotangent.

котарн/ин *m.* cotarnine; —**овая кислота** cotarnic acid.

котеин *m.* cotein, cotoin.

котектический *a.* cotectic.

котел *m.* boiler, kettle, cauldron; (nucl.) reactor; (uranium) pile; (geol.) pot hole, kettle (hole); **к.-автоклав** *m.* curing autoclave; **к.-карлик** *m.* small boiler; —**ок** *dim. of* **котел;** pot; (compass) bowl; **к.-регенератор** *m.* recovery boiler; **к.-утилизатор** *m.* waste-heat boiler; —**ок** *m.* small kettle, pot; —**ьная** *f.* boiler room, boiler house.

котельн/ый *a. of* **котел;** boiler flue (gas); **к. агрегат** (hot-)water heater; **к. завод, к. цех** boiler works, boiler shop; **к. камень,** —**ая накипь** boiler scale; —**ое железо** boiler plate.

котельщик *m.* boiler maker.

котенок *m.* kitten.

Котиаса способ (met.) Cothias method.

котик *m.,* —**овый** *a. dim. of* **кот;** seal; sealskin.

котип *m.* (biol.) cotype.

котиров/ать *v.* (com.) quote; —**аться** *v.* be quoted; be in demand; be regarded; —**ка** *f.,* —**очный** *a.* quotation.

котиться *v.* (zool.) bear young.

котла *gen. of* **котел**.

котлета *f.* cutlet, chop.

котло/агрегат *m.* (hot-)water heater; —**ван** *m.* trench, ditch, foundation pit or area; —**вина** *f.,* —**винный** *a.* (geol.) hollow, basin, crater, trough; —**вый** *a. of* **котел;** —**надзор** *m.* boiler inspection; —**образный** *a.* kettle-shaped; —**образный провал** (geol.) cauldron; —**строение** *n.* boiler construction; reactor construction; —**турбинный** *a.* boiler and turbine.

кото *see* **кото-кора**.

котовник *m.* (bot.) catnip (*Nepeta*).

кото/ин *m.* cotoin; **-кора** *f.* coto bark; —**нетин** *m.* cotonetin.

котон/изатор *m.* (text.) cottonizer; —**изация** *f.* cottonizing; —**ин** *m.* cottonized fiber.

который *a. and pron.* which? what? which, that, who; **к.-нибудь** some, any; **к.-то** some (unknown).

котрель *m.* Cottrell precipitator; **Котреля процесс** Cottrell precipitation.

коттигит *m.* (min.) köttigite.

Коттона-Мутона эффект (phys.) Cotton-Mouton effect.

коттонизация *see* котонизация.
коттонпикер *m.* (agr.) cotton picker.
Коттрелля аппарат *see* котрель.
котуннит *m.* (min.) cotunnite.
котятник *m.* (bot.) ground ivy (*Glechoma hederacea*).
коуз *m.* pit, cistern.
коупер *see* каупер.
коуш *m.* eye (ring), dead eye, eyelet, thimble.
кофе *m.* coffee; —дубильная кислота caffetannic acid, chlorogenic acid.
кофеин *m.* caffeine, 1,3,7-trimethylxanthine; —изм *m,* caffeinism, caffeine poisoning; —ка *f.* coffee bean.
кофей *see* кофе; —ник *m.* coffee pot; —ница *f.* coffee grinder; coffee jar.
кофейнокисл/ый *a.* caffeic acid; caffeate (of); —ая соль caffeate.
кофейн/ый *a.* coffee; —ая кислота caffeic acid, 3,4-dihydroxycinnamic acid; соль —ой кислоты caffeate.
кофеподобный *a.* coffee-like.
кофердам *see* коффердам.
кофермент *m.* coenzyme; coferment.
кофий *see* кофе.
кофта *f.* blouse; jacket.
кофункция *f.* (math.) cofunction.
кофф/еин *see* кофеин; —ердам *m.* cofferdam; —инит *m.* (min.) coffinite.
Коха колба Koch flask.
кохерер *see* когерер.
кохия *f.* (bot.) kochia.
кохлеарный *a.* (anat.) cochlear.
Кохо Cohoe (name).
кохова палочка Koch's bacillus.
кохун *m.* cohune (nut).
коцин/ин *m.* cocinin; —овая кислота cocinic acid; —он *m.* cocinone.
кочан *m.*, —ный *a.* head (of cabbage); (corn) cob.
кочевой *a.* nomad(ic); migratory.
кочегар *m.* stoker, fireman; —ка, —ня *f.* stokehole, stokehold, boiler room; —ный *a.* firing, stoking; —ное отделение boiler room.
кочек *gen. pl.* of кочка.
коченеть *v.* grow numb, get rigid.
кочень *see* кочан; кочерыжка.
кочер/га *f.* poker, fire iron, (furnace) rake, rabble; —ежка *dim.* of кочерга.
кочерыжка *f.* cabbage stem.
кочет *m.*, —иный *a.* rooster, cock.
кочешок *dim.* of кочень, кочан.
кочк/а *f.* hummock, hillock, mound; —арник *m.* hummocky marsh; —оватый *a.* hummocky, hilly; —оватое болото everglade; —орез *m.* grader.
кочн/а *gen.* of кочан; —я *gen.* of кочень.
кочубеит *m.* (min.) kotschubeite.
кош *m.* corncrib; trap.
кошара *f.* sheep pen.

кошач/ий *a.* cat, feline; к. глаз (min.) cat's eye; —ье золото (min.) cat gold, yellow mica; —ье серебро cat silver, silvery mica; —ья лапка (bot.) Antennaria; —ья мята catnip.
кошек *gen. pl.* of кошка.
кошел/ек *m.* purse, wallet; —ка *f.* basket, woven bag; —ь *m.* purse, wallet; basket, woven bag; (logging) barrier.
кошение *n.* mowing.
кошенил/евый *a.* cochineal; cochinellic (acid); —ин *m.* cochinilin, carminic acid; —ь *f.* cochineal; —ьно-красный *a.* cochineal red; —ьный *a.* cochineal.
кошен/ина *f.* mowed grass; mowing; —(н)ый *a.* mowed.
кошиновое масло cochin (grass) oil.
Коши-Римана уравнения (math.) Cauchy-Riemann equations.
кошк/а *f.* (female) cat; drag; grapnel, grab; grapple fork; car, trolley, carriage (of crane); (air) hoist; (geol.) spit, bar; —и *pl.* (climbing) grapplers.
кошма *f.* felting.
кошмар *m.*, —ный *a.* nightmare.
кошмить *v.* felt.
коэненит *m.* (min.) koenenite.
коэнзим *m.* coenzyme.
коэрци/метр *m.* (elec.) coercive force meter; —тивность *f.*, —тивная сила coercivity, coercive force; —тивный *a.* coercive.
коэф., коэф-т *abbr.* (коэффициент).
коэффициент *m.* coefficient, factor; ratio; rate; multiple; modulus; (respiratory) quotient; к. полезного действия efficiency, output; *look up idioms under more descriptive words, e.g.,* расширения, коэффициент.
коэхлинит *m.* (min.) koechlinite.
коядро *n.* (math.) cokernel.
кп *abbr.* (килопонд) kilogram-weight; (кислородный потенциал) oxygen potential.
кпд, к.п.д., К.П.Д. *abbr.* (коэффициент полезного действия) efficiency.
кпереди *adv.* to the front.
кр *abbr.* (кюри) curie; к-р *abbr.* (конденсатор) condenser, capacitor; кр. *abbr.* (критический) critical.
краб *m.* (zool.) crab; —овидный *a.* crab (-like); —овый *a.* crab; —оконсервный *a.* crab(-canning); —олов *m.* crabber; crab boat; —оловный *a.* crab-catching.
кравчик *m.* a beetle (*Lethrus*).
кравший *past act. part.* of красть.
краги *pl.* leggings, leather gaiters.
краденный *past pass. part.* of красть.
крае/вед *m.* regional specialist; —ведение *n.* regional study; —ведческий *a.* regional; —вой *a.* region(al), district; rim, edge, margin(al), fringe; end (effect);

contact (angle); outer (zone); corner (stone); (math.) boundary value (problem); —вой поток (elec.) fringing; —вые щипцы manual punch; —угольный a. corner (stone); —шек dim. of край; border; tip.

кража f. theft; larceny; tampering (with power).

кра/й m. edge, rim, border, margin, periphery; fringe, side, verge, extremity, tip, end; limb (of celestial body); land, country, region; chuck (beef); выливаться через к. v. overflow; на —ях, с —ю at the edge, in the margin, marginal.

крайне adv. extremely, very, highly.

крайн/ий a. extreme, utmost, urgent; last, end, on the end, terminal; border, limiting; rock-bottom (price); outer, outside; к. член (math.) extreme; —ее значение extreme; limiting value; —ее положение extreme; —яя необходимость emergency; в —ем случае as a last resort, in an emergency, failing this; по —ей мере at least.

крайност/ь f. extreme, extremity, need, exigence, emergency; excess; opposite; впадать в —и v. run to extremes; до —и in the extreme, to excess.

кракен m. crackene; —хинон m. crackenequinone.

краковский a. (geog.) Krakow.

крамбе f. or m. (bot.) Crambe.

крамерия f. (bot.) rhatany (Krameria).

крамповать see кардовать.

кран m. (stop)cock, tap, faucet, valve, spigot; crane; водомерный к. gage cock; поворотный к. jib crane, swing crane; подвижный к. traveling crane; подъемный к. crane; к.-балка f. (crane) jib; к.-брызгалка m. spray cock.

крандаллит m. (min.) crandallite.

кран-двунога m. (hoisting) sheers.

кранец m. (naut.) fender.

крани— see кранио—; —альный a. (anat.) cranial.

краник dim. of кран; cock.

кранио— prefix crani(o)— (skull); —логический a. craniological; —логия f. craniology.

кранный a. of кран; cock, faucet.

кранов/щик m. crane operator; —ый a. crane; —ая балка jib, boom.

кран-смеситель m. mixing faucet, blender; к.-столбостав m. pole-setting derrick; к.-тренога m. three-leg(ged) crane; к.-трубоукладчик m. pipe-laying crane.

кранцит m. (min.) krantzite.

кран-штабелеукладчик m. stacking crane.

крап m. specks, speckles; (bot.) madder (Rubia tinctorum).

крапать v. spot, speckle; trickle, drop.

крапив/а f. (bot.) nettle (Urtica); глухая к. dead nettle (Lamium album); китайская к. see рами; —ник m. nettle thicket; (orn.) wren; —ница f. nettle rash; nettle butterfly; —ный a. nettle, urticaceous; —ная лихорадка, —ная сыпь nettle rash.

крапин/а, —ка f. speck(le), spot; tracer, identification thread.

крап/лак m., —овый лак madder lake.

краплен/ие n. spotting, etc., see крапать; —(н)ый a. spotted, etc., see крапать.

крап/п m., —(п)овый a. madder.

крапчат/ость f. mottling; —ый a. spotted, speckled, mottled, marbled.

краруп/изация f. (elec.) Krarup loading, continuous loading; —изированный a. continuously loaded; —изировать v. load continuously; —овский кабель Krarup cable.

красав/ица, —ка f. (bot.) belladonna.

красен sh. m. of красный.

красивый a. beautiful, fine.

красильн/ый a. dye, tinctorial; к. бак dye vat; к. завод dye works; к. камень (min.) dyestone, Clinton ore; к. корень (bot.) see крап; к. лак (color) lake; к. мох orchilla weed (Rocella tinctoria); к. отвар dye liquor; —ая барка dye bath, dye vat; —ое вещество dye(stuff); —ое дерево dyewood; —ые материалы dyestuffs.

красиль/ня f. dye works; —щик m. dyer.

красина f. (phyt.) red rot.

красит/ель m. dye(stuff); coloring, pigment; —ь v. dye, color, stain, paint.

краск/а f. paint, dye, color, pigment; (printer's) ink; dyeing, painting; к. смешанного цвета secondary color; масляные —и oil paints; сухая к. pastel color; —о— prefix see краска; —овар m. colorist; —оварка f. (text.) color room; coloring; —одувка f., —омет, —опульт m., —ораспылитель m. paint sprayer; —отер m., —отерка f. color mill, color grinder; paint grinder; —оустранитель m. paint remover.

краснеть v. redden, become red.

красно— prefix red; Red; —армейский a. Red Army; —бурый a. reddish brown, russet; —ватый a. reddish; —дарский a. (geog.) Krasnodár; —деревец m. cabinetmaker; —дубленый a. tanned (to a russet color); —зем m., —земный a. terra rossa, a fossil red earth; krasnozem, red soil; —калильный a. red-hot, red-heat; red (heat); —лесье n. coniferous forest.

красноломк/ий, —остный a. (met.) red-short, hot-short, hot-brittle; —ость f. red-shortness, hot-brittleness.

красно/пятнистый *a.* red-spotted, stained red, with red stains; —стойкость *f.* (met.) red hardness; —та *f.* redness; (med.) erythema; —тал *m.* willow (*Salix acutifolia*); —флотский *a.* Red navy; —хвост *m.* (ent.) Dasychira; —ярский *a.* (geog.) Krasnoyarsk.

краснуха *f.* (med.) measles, spec. German measles, rubella; (phyt.) red rot.

красн/ый *a.* red; top-quality; vegetable (tanning); coniferous, softwood (forest); —ое дерево mahogany.

красок *gen. pl. of* краска.

красота *f.* beauty, fineness.

красотел *m.* European ground beetle.

красочн/ость *f.* brilliance; —ый *a. of* краска; (rich) in color, colorful; brilliant.

крассик *m.* (geol.) krassyk (decomposed ferruginous schist).

красть *v.* steal; (elec.) tap (a wire); —ся *v.* steal (up to), creep.

красящ/ий *a.* dyeing, coloring; inking (roll); —ая сила, —ая способность dyeing power, tinting power; —ее вещество dye(stuff), coloring, pigment, stain.

крат *m.* (commun.) arm; во много к. many times; —ен *sh. m. of* кратный.

кратер *m.*, —ный *a.* (geol.) crater.

краткий *a.* short, brief, concise; abridged (book).

кратко *adv.* briefly, concisely.

кратковременн/ость *f.* short time; briefness; —ый *a.* short(-lived), of short duration, short-term, brief; temporary, transient, momentary; short-time (strength); (comp.) volatile (memory); испытание на —ую прочность (met.) short-time creep test, rupture test.

кратко/дневный *a.* short, brief, of short duration; —срочный *a.* short, short-term, short-range; —сть *f.* shortness, brevity.

кратн/ое *n.* (math.) multiple; общее наименьшее к. least common multiple; —ость *f.* multiplicity, ratio; rate, frequency; (light filter) factor; degree (of aeration); —ый *a.* multiple; divisible (by); (math.) aliquot; *suffix* —fold; —ое число multiple; закон —ых отношений law of multiple proportions.

краток *sh. m. of* краткий.

кратон *m.* craton, shield.

кратчайший *superl. of* краткий.

краурит *m.* (min.) kraurite, dufrenite.

крафт/-бумага *f.*, к.-пепер *m.* kraft paper; к.-целлюлоза *f.* kraft pulp.

крах *m.* crash, failure, bankruptcy.

крахмал *m.* starch; —ение *n.* starching; —енный *a.* starched; —истость *f.* starchiness; —истый, —оподобный *a.*

starchy, amyloid, amylaceous; —ить *v.* starch; —о- *prefix* starch, amylo—; —ометр *m.* amylometer.

крахмаль/ный *a.* starch, amylaceous; к. сахар starch sugar, (dextro)glucose; —ная патока starch syrup, glucose; —щик *m.* starch manufacturer.

крац/бюрст *m.* scratch(ing) brush, stiff brush; —евальный, —овальный *a.* scratch(ing); —евание *n.* scratching; scratch finish; —овка *f.* scratching; scratch(ing) brush; —эйзен *m.* scraper.

крашен/ие, —ье *n.* dyeing, coloring, painting; —ный *a.* dyed, colored, stained, painted.

края *gen. and pl. of* край.

креат/ин *m.* creatine, guanidine methylglycine; —инин *m.* creatinine, methyl glycocyamidine; —инфосфорная кислота creatinephosphoric acid, phosphocreatine; —отоксин *m.* creatotoxin, meat poison or ptomaine.

кребы *pl.* crab apples.

креветка *f.* (zool.) shrimp, prawn.

кредит *m.* credit; —ный билет bank note; —овать *v.* credit (with); —ор *m.* creditor; —оспособный *a.* solvent.

креднерит *m.* (min.) crednerite.

крез/алол *m.* cresalol; —атин *m.* cresatin, *m*-cresyl acetate; —идин *m.* cresidine, aminocresol.

крезил *m.*, —овый *a.* cresyl; —ат *m.* cresylate; —ен *m.* cresylene, tolylene; —ит *m.* (expl.) cresylite; —овая кислота, —овый спирт *see* крезол.

крезокси— *prefix* cresoxy—, toloxy—.

крезол *m.*, —овый *a.* cresol, cresylic acid, methylphenol; —овый красный cresol red, cresol sulfonphthalein; —сульфоновая кислота cresolsulfonic acid; —ьный *a.* cresol.

крезорц/ил *m.* cresorcyl; —ин *m.* cresorcin, dimethylfluorescein; —инол *m.* cresorcinol, 2,4-dihydroxytoluene.

крезотиновая кислота cresot(in)ic acid, hydroxytoluic acid.

Крейза испытание Kreis test.

крейс/ер *m.* (naut.) cruiser; к.-разведчик scout; —ерский *a.* cruising; cruise-control (curve); —ирование *n.* cruising; —ировать *v.* cruise, patrol.

крейттонит *m.* (min.) kreittonite.

крейцкопф *m.*, —ный *a.* (mach.) crosshead, slide block.

крейцмейсель *m.* grooving chisel, cross chisel, gouge.

крекер *m.* cracker; к.-вальцы cracker mill.

крек/инг *m.*, —инговый *a.* (petrol.) cracking; cracking plant; к.-бензин *m.* cracked gasoline; к.-процесс *m.*, —ирование *n.* cracking (process); —ирован-

ный *a.* cracked; —**ировать** *v.* crack; —**ируемость** *f.* crackability; —**ируемый** *a.* crackable; cracked; —**ирующий** *a.* cracking.

крелюсный *a.* Krelius, core (drilling).

крем *m.* cream.

кремальер/а *f.* rack and pinion, (spur) rack; —**ный** *a.* rack; —**ное начертание** indented line.

кремастер *m.* (anat.) cremaster muscle.

крема/торий *m.* crematory, incinerator; —**ция** *f.*, —**ционный** *a.* cremation; —**ционная печь** incinerator.

кремень *m.* (min.) flint; silica; chalcedony.

Кремера проба Cramer's (sucrose) test.

кремерзит *m.* (min.) kremersite.

кремешок *dim. of* **кремень**.

Кремль Kremlin.

кремне— *prefix* silico—; silicate (of); —**алюминиевая соль** aluminum silicate; —**борокальцит** *m.* (min.) silicoborocalcite; —**вка** *f.* kremnyovka (kaolinic refractory clay); —**во—** *see* **кремне—**.

кремне/водород *m.* silicon hydride, hydrogen silicide; silicohydride, silane; —**вокарбидный** *a.* silicon carbide; —**вольфрамовая кислота** silicotungstic acid; **соль —вольфрамовой кислоты** silicotungstate; —**вомолибденовая кислота** silicomolybdic acid; —**вомолибденовокислая соль** silicomolybdate.

кремнев/ый *a.* silicon, silicic, siliceous, flinty, *see also* **кремнистый**; **к. ангидрид** silicic anhydride, silica, silicon dioxide; —**ая галька** flint, flint pebble; —**ая кислота** silicic acid; —**ой кислоты, студенистая —ая кислота** silica gel, gelatinous silicic acid, colloidal silica; **соль —ой кислоты** silicate; —**ое ружье** flintlock, firelock.

кремнегел/ит, —ь *m.* silica gel.

кремнезем *m.* silica, silicon dioxide; **водный к., гидрат —а** hydrated silica; silicic acid; **гель —а** silica gel, colloidal silica; —**истый, —ный** *a.* siliceous, silicic, siliciferous.

кремне/калиевая соль potassium silicate; —**кальциевая соль** calcium silicate; —**каучук** *m.* silicone rubber; —**кислота** *f.* silicic acid, silicon dioxide, silica; —**кислый** *a.* silicic acid; silicate (of); —**кислый алюминий** aluminum silicate; —**кислая соль** silicate; —**магниевая соль** magnesium silicate; —**марганцовая соль** manganese silicate; —**медная соль** cupric silicate; —**молибденовая синь** silicomolybdenum blue; —**натриевая соль** sodium silicate; —**органический** *a.* organosilicon; —**содержащий** *a.* silicon-containing, siliceous, siliciferous; —**фосфат** *m.* silicophosphate.

кремнефтор/ид *m.* silicofluoride, fluosilicate; —**(ист)оводородная кислота** fluosilicic acid; **соль —(ист)оводородной кислоты** fluosilicate, silicofluoride; —**истый** *a.* fluosilicate (of); —**истый барий** barium fluosilicate; —**истый калий** potassium fluosilicate.

кремн/ехлороформ *m.* silicochloroform; —**ецинковая соль** zinc silicate; —**иевый** *see* **кремневый**.

кремн/ий *m.* silicon, Si; **водородистый к.** silicon hydride, hydrogen silicide; **двуокись —ия** silicon dioxide, silica; **карбид —ия, углеродистый к.** silicon carbide, carborundum; **хлористый к.** silicon (tetra)chloride; —**ийорганический** *a.* organosilicon, silicone.

кремнисто— *prefix* silico—; —**зеркальный чугун** (met.) silicon spiegel, ferrosilicomanganese.

кремнист/ый *a.* siliceous, flinty, gravelly; silicide (of); flint (corn); **к. водород** hydrogen silicide, silicon hydride; **к. малахит** (min.) chrysocolla; **к. марганец** manganese silicide; (min.) manganese spar, rhodonite; **к. металл** metallic silicide; **к. сланец** (petr.) chert; **к. туф, —ая накипь** (min.) siliceous sinter; geyserite; —**ая медь** copper silicide; (met.) cuprosilicon; (min.) chrysocolla; —**ая сталь** silicon steel; —**ое железо** iron silicide; (met.) ferrosilicon.

кремницкие белила Kremnitz white, Crems white (white lead pigment).

кремня *gen. of* **кремень**.

кремовый *a.* cream, cream-colored.

кремортартар *m.* cream of tartar, potassium bitartrate.

кремские белила *see* **кремницкие белила**.

крен *m.* (naut.) heel(ing), list; (av.) bank; **боковой к.** rolling; **продольный к.** pitch(ing).

кренат *m.* crenate.

кренговать *v.* (naut.) careen.

крендель *m.*, —**ный** *a.* pretzel, cracknel.

крен/ение *n.* (naut.) heeling, rolling; (av.) banking; —**ить(ся)** *v.* heel, roll; bank.

кренкит *m.* (min.) kröhnkite.

креннерит *m.* (min.) krennerite.

кренов/ание *n.* heeling test; —**ать** *v.* (naut.) heel, careen.

кренов/ая кислота crenic acid; **соль —ой кислоты, —окислая соль** crenate.

крено/мер *m.* inclinometer; —**метр** *m.* (av.) bank indicator.

крень *f.* (timber) trunk eccentricity.

креозол *m.* creosol, methoxycresol.

креозот *m.*, —**овый** *a.* creosote; —**ал** *m.* creosote carbonate, creosotal.

креолин *m.* Creolin (disinfectant).

креольский *a.* Creole.

креп *m.* (rubber; text.) crepe; *past m. sing. of* **крепнуть**; —**дешин** *m.* crepe de Chine.

крепеж m. bracing, fastening; brackets; —ный a. fastening, holding, mounting; reinforcing; —ный лес (min.) supports, props; —ные детали industrial holders and fasteners, clamps.

крепи gen., etc., of крепь; —льщик m. (min.) timberman.

крепитация f. crepitation.

крепитель m. binder, bond, brace; —ный a. strengthening, etc., see крепить; confirming, corroboratory; (med.) astringent.

крепитирующий a. crepitant.

креп/ить v. strengthen, fortify; concentrate (solution); reinforce, buttress, brace, support, prop; attach, mount, clamp, bind, fix, make fast, lash, secure, anchor, staple; case (well); (min.) timber, roof; —кий a. strong, solid, firm, fast; sturdy, tough, hard; concentrated (solution); sound (sleep); —ко adv. firmly, tight(ly); prefix strong; —ление n. strengthening, etc., see v.; attachment, linkage; fixture; fortification (of wine); (min.) timber(work); прочность —ления holding power; с кольцевым —лением ring-mounted; —лен(н)ый a. strengthened, etc., see v.; —нуть v. get stronger; harden, stiffen.

креповый a. crepy; (text.) crepe.

крепок sh. m. of крепкий.

крепость f. strength, toughness, tenacity, stability, rigidity; fortress; к. на разрыв breaking strength, tensile strength.

креп/чайший superl. of крепкий; —чать v. grow stronger; —че comp. of крепкий; —ь f. (min.) timber(ing), pile; supports, props; —ящий a. strengthening, etc., see крепить.

крес/ельный a., —ло n. seat; (arm)chair.

кресс m. (bot.) cress (spec. Lepidium).

крест m. cross, four-way (junction) piece; к. на к. crosswise; к. нитей cross hairs; —ец m. (anat.) sacrum; crosswise stack; —ик dim. of крест.

крестовидн/ый a. cross-shaped, cruciform, cruciate; —ая муфта four-way connection, crossing box.

крестов/ик m. (min.) chiastolite; —ин(к)а f. cross (piece), cross connection, crossing, center cross; cross pipe, crosshead, cross beam; spider, center-piece, four-way piece; turnstile; (railroad) frog; связывающая —ина f. cross bond, cross brace; —ичка f. (ent.) Dociostaurus or Notostaurus; —ник m. (bot.) groundsel, ragweed (Senecio); —ый a. cross.

кресто/мотальный a. (text.) cone-winding; —образно adv. crosswise; —образный see крестовидный; —цветные pl. (bot.) Cruciferae.

крестц/а gen. of крестец; —ово— prefix

(anat.) sacro—; —ово-подвздошный a. sacroiliac; —овый a. sacral; —овая кость sacrum.

крестьян/ин m., —ский a. peasant, country man, farmer.

кретин m. (med.) cretin; —изм m. cretinism; —овидный a. cretinoid.

кретон m., —ный a. (text.) cretonne.

крец m., —а f. waste metal (dross, cuttings, sweepings, etc.).

крешер m. crusher; crusher gage.

крещенские морозы January freeze.

крив sh. m. of кривой; —ая f. (math.) curve, line; —ая в координатах давления и температуры, —ая зависимости давления от температуры temperature-pressure curve; —ая напряжение-удлинение stress-strain curve; кривизна —ой, наклон —ой degree of curvature; температурная —ая давления temperature-pressure curve.

крив/изна f. curvature, curve, flexure; crookedness, warping; bend(ing), slope; (wing) camber; вторая к. torsion; измеритель —изны линий rotameter; —ить v. curve, flex, bend; distort; —иться v. curve, bend; cant, tilt; —о adv. crookedly; on a slope; —обокий a. lopsided, one-sided; —ой a. crooked, curve(d), bent; —ая линия curve.

криво/лесье n. elfin woodland; —линейность f. curvature; —линейный a. curvilinear, curvilineal, curved; —цвет m. (bot.) Lycopsis; —шеий a. crookedneck(ed); —шея f. (med.) torticollis, wryneck.

кривошип m. crank(-handle), crankshaft; ось —а crankshaft; —но-балансирный a. oscillating crank (drive); —но-камерный a. crankcase; —но-шатунный a. crank (drive, gear); —ный a. crank; —ный вал crankshaft; —ный механизм crank gear; —ная камера crankcase.

криз/(ис) m., —исный a. crisis.

кризо— see хризо—.

крик m. cry, shout, scream; (geol.) creek; —нуть v. shout, call out.

кримин/альный a. criminal; —ология f. criminology.

криница f. well, spring.

криноид m. (zool.) crinoid; —ный a. crinoid(al).

кринолин m. crinoline.

крио— prefix cryo— (cold, freezing); —ген m. cryogen, freezing mixture; —геника f. cryogenics; —генин m. Cryogenine, 1-phenylsemicarbazide; —генный a. cryogenic.

криогидрат m. cryohydrate, cryosel; —ная точка cryohydric point.

крио/кинеграф m. glaciometer; —лиз m. cryolysis.

криолит *m.* (min.) cryolite, Greenland spar; —**ионит** *m.* cryolithionite; —**овый** *a.* cryolite, cryolitic.

крио/логия *f.* cryology; —**метр** *m.* cryometer, low-temperature thermometer; —**сар** *m.* (comp.) cryosar; —**скоп** *m.* cryoscope; —**скопический** *a.* cryoscopic; —**скопия** *f.* cryoscopy; —**сфера** *f.* cryosphere; —**трон** *m.* (electron.) cryotron.

криофиллит *m.* (min.) cryophyllite.

крип *m.* (met.) creep; —**оустойчивость** *f.* creep resistance; —**оустойчивый** *a.* creep-resistant.

крипт/ал *m.* cryptal, 4-isopropylcyclohexene aldehyde; —**идин** *m.* cryptidine.

крипто— *prefix* crypto— (hidden, covered); **крипто—**; —**валентность** *f.* cryptovalence, abnormal valence; —**депрессия** *f.* (geol.) cryptodepression; —**карин** *m.* cryptocarine; —**кластический** *a.* cryptoclastic, compact; —**кристаллический** *a.* cryptocrystalline, microcrystalline; —**ксантин** *m.* cryptoxanthin, caricaxanthin.

криптол *m.* Kryptol (resistance material).

крипто/лит *m.* (min.) cryptolite; —**метр** *m.* (paints) cryptometer; —**монады** *pl.* (zool.) Cryptomonadina; —**морфит** *m.* (min.) cryptomorphite.

криптон *m.* krypton, Kr.

крипто/пертит *m.* (min.) cryptoperthite; —**пин** *m.* cryptopine; —**пиррол** *m.* cryptopyrrole; —**скоп** *m.* cryptoscope, fluoroscope; —**тил** *m.* (min.) kryptotile; —**фановая кислота** cryptophanic acid; —**фит** *m.* (bot.) cryptophyte; —**цианин** *m.* cryptocyanine.

кристадин *m.* (rad.) oscillating crystal receiver.

кристалл *m.* crystal; **к.-вкрапленник** *m.* phenocryst; **к.-гость** *m.* chadacryst; **к.-двойник** *m.* twin crystal.

кристаллиз/атор *m.* crystallizer, crystallizing basin, crystal pan; —**ация** *f.*, —**ационный** *a.* crystallization, crystallizing; —**ационная вода** water of crystallization; —**(ир)ованный** *a.* crystallized; —**(ир)овать(ся)** *v.* crystallize; —**уемость** *f.* crystallizability; —**ующийся** *a.* crystallizing, crystallizable.

кристалл/ик *dim. of* **кристалл**; crystal(line) particle; —**ин** *m.* crystallin; —**ит** *m.* (geol.) crystallite, crystalline grain.

кристаллич/еский *a.* crystal(line), crystallized; (granulated (sugar); —**еская решётка** crystal lattice; **неясно к., скрытно к.** cryptocrystalline; —**ность** *f.* crystallinity; —**ный** *a.* crystal(line).

кристалло/бластический *a.* (geol.) crystalloblastic; —**видный** *see* **кристаллообразный**; —**вый** *a.* crystal; —**генезис** *m.* crystallogenesis; —**генический** *a.*

crystallogenic; —**гения** *f.* crystallogeny; —**гидрат** *m.* crystal hydrate; —**грамма** *f.* crystallogram.

кристаллограф *m.* crystallographer; —**ический** *a.* crystallographic; —**ия** *f.* crystallography.

кристалло/за *f.* crystallose; —**ид** *m.*, —**идальный** *a.* crystalloid; —**й** *m.* Crystalloy (alloy); —**логия** *f.* crystallology; —**люминесценция** *f.* crystalloluminescence.

кристаллометр/ический *a.* crystallometric; —**ия** *f.* crystallometry.

кристалло/н *m.* crystallon, seed crystal; —**номия** *f.* crystallonomy; —**носный** *a.* containing crystals, crystalliferous; —**образный** *a.* crystal-like, crystalloid, crystalline; —**оптика** *f.* crystal optics; —**подобный** *see* **кристаллообразный**; —**физика** *f.* crystal physics; —**химия** *f.* crystal chemistry.

кристалл-фантом *m.* phantom crystal; **к.-хозяин** *m.* host crystal.

кристальн/о *adv.* crystal; **к. чистый** *a.* crystal clear; —**ость** *f.* clearness, clarity; —**ый** *a.* crystal, clear.

крист/ианит *m.* (min.) christianite, anorthite; —**обалит** *m.* cristobalite.

кристолон *m.* Crystolon (abrasive).

кристофит *m.* (min.) christophite.

крит *m.* (nucl.) crit (critical mass); crith (unit of density).

крит. *abbr.* (**критический**) critical.

критер/иальный *a.* criterion(al); (phys.) standard; dimensionless; —**ий** *m.* criterion; (dimensional analysis) number; standard; measure, test; —**ий качества** figure of merit, performance criterion.

критик *m.* critic, reviewer; —**а** *f.* criticism, censure; review (of book); —**овать** *v.* criticize; review.

критическ/и *adv.* critically; —**ий** *a.* critical, crucial, ultimate; marginal; minimum (requirement); —**ий предел** critical limit, breaking-down point; **константа** —**ой точки** critical constant; —**ое обстоятельство** emergency; —**ое состояние** criticality.

крит/ичность *f.* criticality; —**ичный** *a.* critical; —**масса** *f.* (nucl.) critical mass.

критмен *m.* crithmene.

критрадиус *m.* critical radius.

критская лихорадка (med.) brucellosis.

крица *f.* (met.) bloom, ball, pig, bar.

кричать *v.* shout, yell, call out.

кричн/ый *a.* (met.) refinery; bloom(ery); **ball, refined (iron)**; **к. горн** refinery hearth; bloomery; **к. мастер** refiner; **к. сок** slag; —**ое производство** refinery process; blooming.

кричтонит *m.* (min.) crichtonite.

КРНП *see* **РНП.**

кров *m.* shelter, roof; home.
кровав/ик, —ник *m.* (min.) bloodstone; —окрасный *a.* blood-red; —ый *a.* bloody, blood-stained; blood-red; —ая моча (med.) hematuria.
кроват/ка *f.* cot; —ный *a.*, —ь *f.* bed.
крове— *see* крово—; —й *gen. pl. of* кровь.
кровель *gen. pl. of* кровля; —ка *f.* (bot.) aril; —ный *a.* roof(ing); —ный желоб gutter; —ный картон roofing paper, tar paper; —ный материал roofing (material); —щик *m.* roofer.
кровеносный *a.* blood (vessel); circulatory (system).
кров/етворный *see* кровотворный; —ещелочная соль *see under* кровяная соль; —и *gen., pl., etc., of* кровь; —инка *f.* blood particle.
кровля *f.* roof(ing); (min.) roof, hanging wall.
крови/ость *f.* (zool.) thorough-bred state; —ый *a.* blood; thorough-bred; closely related; deep, significant.
крово— *prefix* blood, hemo—; —извлечение *n.* blood discharge; —излияние *n.* (med.) hemorrhage; —обращение *n.* (physiol.) circulation; —останавливающий *a.*, —останавливающее средство styptic, hemostatic, antihemorrhagic; —переливание *n.* blood transfusion; —подтек *m.* bruise, ecchymosis; —пролитие *n.* bloodshed; —пускание *n.* blood-letting, bleeding; —соски *pl.* tick and louse flies (*Hippoboscidae*); —сосный, —сосущий *a.* blood-sucking; —творение *n.* blood formation, hemogenesis; —творный *a.* hemogenic, blood-producing; —течение *n.* bleeding, hemorrhage.
кровоточ/ивость *f.* (med.) hemophilia; —ивый *a.* hemophilic, (free-)bleeding; —ить *v.* bleed.
крово/харканье *n.* (med.) hemoptysis; —хлебка *f.* (bot.) burnet (*Poterium sanguisorba*).
кров/ь *f.* blood; истекать —ью *v.* bleed; сушеная к. blood meal.
кровян/ой *a.* blood(y), sanguineous; —ое тельцо blood corpuscle; подсчет —ых телец blood count; желтая —ая соль potassium ferrocyanide; красная —ая соль potassium ferricyanide; —окрасный *a.* blood-red.
кроен/ие *n.* cutting (by pattern); —ный *a.* cut (out).
кроет *pr. 3 sing. of* крыть.
кро/ильный *a.* cutting (by pattern); —ить *v.* cut (out); —й *m.* cutting; cut, style; —йка *f.* cutting out.
кройте *imp. of* крыть.
кроки *n.* (rough) sketch.

крокидолит *m.* (min.) crocidolite, blue asbestos.
крокиров/ание *n.*, —ка *f.* sketch(ing), outlining; —ать *v.* sketch, outline.
крокодил *m.*, —овый *a.* crocodile.
крок/оза *f.* crocose; —о(из)ит *m.* (min.) croco(is)ite; —оновый *a.* croc(on)ic (acid); —ус *m.* (bot.) crocus; (min.) crocus, rouge.
крол/ик *m.* rabbit; —иководство *n.*, —иководческий *a.* rabbit breeding; —ичий *a.* rabbit; —ьчатина *f.* rabbit meat; —ьчатник *m.* rabbit hutch.
кроме *prep. gen.* except (for), with the exception (of), save, apart from, aside from, other than; besides, in addition (to); к. того besides, also, moreover, furthermore, what is more.
кромерский *a.* (geol.) Cromerian.
кром/ка *f.* edge, border, hem; rim, brim; bead, shoulder; (text.) list, selvage; (sonic) sweep; —козагибочный *a.* edging, flanging, crimping; hemming; —кообрезной *a.* edging (saw); —кообрубочный станок trimmer; —кострогальный *a.* edge-planing; —кофрезерный *a.* edge-milling; —очный *a. of* кромка.
кромсать *v.* shred, cut to pieces.
крон *m.* crown (glass); chrome pigment, spec. chrome yellow; красный к. chrome red; —а *f.* corona; corolla; crown, crest, top (of tree); —блок *m.* crown block; —блочный *a.* crown block; casing (pulley); —глас *m.* crown glass.
кронит *m.* (expl.) cronite.
крон/циркуль *m.* calipers; к.-толщиномер *m.* outside calipers; —штейн *m.* cantilever, bracket, arm; support, stand; outrigger; lug.
кропать *v.* botch, bungle; scribble.
кроп/ить *v.* sprinkle, spray; batch (jute); —ление *n.* sprinkling, etc., *see v.*
кропотливый *a.* tedious, painstaking, minute, detailed, meticulous.
кросс *m.* (commun.) distributing frame; terminal room.
кросс/бридинг *m.* (agr.) crossbreeding; —инг *m.* (min.) crossing; —ит *m.* (min.) crossite.
Крosслея генератор Crossley generator.
кроссовер *m.* (biophysics) crossing over.
крот *m.* (zool.) mole.
крот/аконовая кислота crotaconic acid; —алин *m.* crotaline; —алотоксин *m.* crotalotoxin; —алярия *f.* (bot.) Crotalaria; —ил *m.* crotyl.
кроткий *a.* mild, gentle, meek.
кротов/атель *m.* (agr.) mole plow; —ина *f.* molehill, mole run, tunnel; —ый *a.* (zool.) mole.
кроток *sh. m. of* кроткий.

кротон *m.* (bot.) croton; —**аллин** *m.* crotonallin; —**ат** *m.* crotonate; —**ил** *m.*, —**иловый** *a.* crotonyl; —**илен** *m.* crotonylene, 2-butyne; —**иловый спирт** crotonyl alcohol.

кротонов/ый *a.* croton(ic); **к. альдегид** crotonaldehyde, 2-butenal; —**ая кислота** crotonic acid, 2-butenoic acid; **соль** —**ой кислоты,** —**окислая соль** crotonate; —**ое масло** croton oil.

кротон/оид *m.* crotonoid; —**ол** *m.*, —**оловая кислота** crotonol(ic acid).

крох/а *f.* crumb, grain; —**и** *pl.* remains, scrap; —**кий** *a.* friable, crumbly; —**отка** *f.* crumb, pinch, a little bit; miniature; —**отный** *a.* midget, miniature.

кроц/еин *m.* crocein (dye); —**еиновая кислота** croceic acid, 2-naphthol-8-sulfonic acid; —**етин** *m.* crocetin; —**ин** *m.* crocin.

крош/ащийся *a.* crumbling, crumbly, friable; —**ево** *n.* chopped food; —**ение** *n.* crumbling, etc., *see* *v.*; —**ен(н)ый** *a.* crumbled, etc. *see v.*; —**ечка** *f.* crumb, grain, very small particle; —**ечный** *a.* very small, minute; —**ить** *v.* crumble, break up; chop up, mince; —**иться** *v.* crumble, be friable; —**ка** *f.* crumb; (ent.) Atomaria; *suffix* meal, dust; —**коватость** *f.* friability.

кроют *pr. 3 pl. of* **крыть**.

крою/щий *a.* covering, coating; —**ая способность** covering power, hiding power, body (of paint).

кроя *gen. of* **крой**; *pr. ger. of* **кроить**.

КРС *abbr.* (комбинационное рассеяние света) Raman effect.

круг *m.* circle, ring, disk, wheel, orbit, circumference; range, scope, compass; period, cycle; round; group; (potter's) wheel; **на к.** on the average; **описывать к.** *v.* (av.) circle; **поворотный к.** turntable; **скорость по** —**у** peripheral speed.

кругит *m.* (min.) krugite.

кругл/еть *v.* become round; —**ить** *v.* make round, round off.

кругло *adv.* round(ly); —**ватый** *a.* roundish; —**вязный** *a.* circular-knitting; —**годичный,** —**годовой** *a.* year-round; —**губцы** *pl.* roundnose pliers; —**донный** *a.* round-bottomed (flask); —**лобый молоток** rounding hammer; —**палочный станок** rounding machine; —**пильный станок** circular saw, disk saw; —**поляризованный** *a.* circularly polarized; —**ресничные** *pl.* (zool.) Peritricha; —**ротые** *pl.* (zool.) Cyclostomata; —**сеточный** *a.* (paper) cylinder; —**суточно** *adv.* (a)round the clock, on a 24-hour basis, 24 hours a day; —**суточный** *a.* twenty-four-hour, continuous; —**та** *f.* roundness, round shape; —**ткацкий** *a.* circular-weaving; —**угольный** *a.* round-cornered; —**фрезерный** *a.* circular-milling; —**шлифовальный станок** cylinder-and-cone grinder, circular grinder; —**шовные** *pl.*, —**шовные мухи** circular-seamed flies (*Cyclorrhapha*).

кругл/ый *a.* round, circular, annular, globular, spherical; round-bar (iron); **к. год** the year round; —**ыш,** —**як** *m.* round(ed) stone; round timber, rough log; timber piling.

кругов/ой *a.* circular, round, ring, circling; cyclic; endless (conveyer); continuous (drive); mutual (guarantee); circumferential (weld seam); angular (frequency); **к. нониус** dial; **к. полет** (av.) circuit; **к. процесс** cycle; —**ая диаграмма** (math.) complex plane locus; —**ая система** rotary system; circulating system; —**ое движение** circular motion, rotary motion, rotation, circling, circle; circulation; **давать** —**ое движение, иметь** —**ое движение** *v.* rotate; circulate; —**ое обращение** circulation; circuit.

круго/ворот *m.* rotation, circular motion; circulation; cycle; **к. азота** nitrogen cycle (in nature); —**вращательный** *a.* rotary, gyrating, circular, circulatory; —**вращение** *n.* rotation, circular motion; circulation; —**зор** *m.* scope, horizon, views, mental outlook; range (of vision); —**м** *adv. and prep. gen.* (a)round, about; in a ring, in a circle; —**направленный** *a.* omnidirectional (antenna); —**оборот** *m.* circuit; circulation; rotation; circulating load (of impurities); —**образность** *f.* roundness, round shape, circularity; —**образный** *a.* round, circular; —**обращение** *n.* rotation, circular motion; circulation; —**светный** *a.* world-wide, round-the-world.

кружал/о *n.*, —**ьный** *a.* center (for arch while building), centering, bow member, curve piece, camber slip; rotating screen; —**ьное ребро** curve piece.

кружев/ницы *pl.* lace bugs (*Tingitidae*); —**ной** *a.* lace; heavily puddled (ice); —**о** *n.* lace; —**овидный** *a.* lace-like, lacy.

кружек *gen. pl. of* **кружка**.

кружение *n.* turning, etc., *see* **кружить(ся)**; vertigo, dizziness.

кружеч/ка *dim. of*; —**ный** *a. of* **кружка**.

кружить(ся) *v.* turn, spin, rotate; circle, revolve, travel around; wander; whirl, rise (of dust); **у него кружится голова** he is dizzy.

кружка *f.* mug, jug, jar; (med.) irrigator.

кружковой *a. of* **кружок**.

круж/ный *a.* circuitous, roundabout; —**ок** *m.* small circle; disk, tablet, cake; association, society.

крукезит *m.* (min.) crookesite.

круксовое темное пространство Crookes dark space.
крунода *f.* (geom.) crunode.
круп *m.* (med.; zool.) croup.
крупа *f.* groats, grit(s); soft hail, graupel, sleet.
крупен *sh. m. of* **крупный**.
круп/инка *f.* grain, granule; **—итчатый** *a.* grainy, granular; wheaten; **—ица** *f.* grain, crumb; **—ичатый** *a.* fine-grained; **—ка** *dim. of* **крупа**; grit; coarse-ground wheat; (sugar) coarse bone black; whitlow grass (*Draba*).
крупнеть *v.* grow larger, grow heavier.
крупно *adv. and prefix* coarse(ly); macro— (large); on a large scale; **—битый лед** small floes; **—блочный** *a.* large-block, large-panel, prefabricated slab (construction); coarse-grained; **—волокнистый** *a.* coarse-fiber(ed); **—габаритный** *a.* large(-sized), of large dimensions; **—заводский** *a.* large-scale (industry); **—зем** *m.* coarse earth; **—зернистый** *a.* coarse(-grained), open-grained, large-grain(ed); coarse-fibered; **—калиберный** *a.* large-caliber; **—клетчатый** *a.* wide-mesh(ed); **—комковатый** *a.* buckshot; **—кристаллический** *a.* coarsely crystalline, macrocrystalline; **—кусковой** *a.* lumpy, large-sized, in large pieces; **—масштабный** *a.* broad-scale; large-scale; **—молотый** *a.* coarsely ground.
крупно/ноздреватый *a.* coarsely porous; **—панельный** *a.* (large-)panel (construction); **—плодный** *a.* large-fruited; **—пористый** *a.* macroporous, coarse-pored; **—порфировый** *a.* (geol.) magnophyric; **—размерный** *a.* large-size(d); **—серийный** *a.* large-lot, large-series, large-scale (production); **—сланцеватый** *a.* (geol.) platy; **—сортный** *a.* large(-size), heavy; large sections (mill).
крупн/ость *f.* size, coarseness, thickness; fineness; size cut point; **гидравлическая к.** fall or sinking velocity; **разделять по —ости** *v.* size, classify; **—отонажный** *a.* large-capacity; **—ый** *a.* big, coarse; large(-scale); major; strong, significant, important, prominent; large-sized; close-up (view); heavy-duty (machine); standing (timber); lump (coal).
крупо— *prefix see* **крупа**; **—дерка** *see* **крупорушка**.
крупозный *a.* (med.) crupous.
крупонировать *v.* butt, crop, round (hides).
крупорушка *f.* sheller, hulling mill.
Круппа болезнь (met.) Krupp's disease.
круп/ировать *v.* (met.) kruppize, apply Krupp process; **—овский** *a.* Krupp.
круп/чатка *f.* grainy wheaten flour; wheat-grinding mill; **—чатый** *a.* grainy, large-grained, coarse; **—яной** *a. of* **крупа**.

крустифи/кация *f.* (geol.) crustification; **—цированный** *a.* crustified.
крут *sh. m. of* **крутой**.
крутец *m.* twisted flax tow.
крутизна *f.* steepness, steep slope; drop; characteristic slope; (electron.) transconductance.
крутик *m.* (bot.) indigo bush (*Amorpha fruticosa*).
крут/ило *n.* twisting pliers; **—ильный** *a.* torsion(al), twisting; **—ильный ватер, —ильная машина** (text.) doubler; **—ильные весы** torsion balance; **—ильщик** *m.* twister; **—ить** *v.* twist, wring; turn, whirl; (elec.) reverse; **—иться** *v.* turn, revolve, spin around, eddy, swirl; **—ка** *f.* twist(ing); **отрицательная —ка** wash-out; **положительная —ка** wash-in; **—комер** twist counter; **—нуть** *v.* give a turn or twist.
крут/о *adv.* steeply, abruptly, sharply, severely; tightly; **—ой** *a.* steep, precipitous, abrupt, sharp, sudden; severe, tough; hard-boiled (egg).
круток *m.* coarse linen.
круто/падающий *a.* steeply dipping, steep (-grade); **—сть** *f.* steepness, abruptness, sharpness; slope; gradient; pitch (of roof); **—яр** *m.* steep bank.
крутящ/ий *a.* torsion(al), twisting; **к. момент** torque; **измеритель —его момента** torquemeter.
круч/а *f.* steep slope, steepness; **—е** *comp. of* **круто, крутой**.
кручен/ие *n.* twisting, etc., *see* **крутить(ся)**; twist; torsion; rotation, running (of engine); distortion, buckling; **измеритель —ия** torsiometer; **момент —ия** torque; **—(н)ый** *a.* twisted, spun; thrown (silk).
крушение *n.* wreck, ruin; accident; breakdown, collapse.
круша *f.* Crucia (spring steel).
крушилка *f.* disintegrator, disintegrating mill; crusher, grinder.
крушин/а *f.* (bot.) buckthorn (*Rhamnus*); **американская к.** cascara sagrada (*R. purshiana*); **—ник** *m.* buckthorn thicket; **—ный, —овый** *a.* buckthorn.
крушить *v.* shatter, destroy, wreck.
крыжов/енный *a.*, **—ник** *m.* gooseberry.
к-рый *abbr.* (**который**) who, which.
крыл *past m. sing. of* **крыть**.
крылат/ка *f.* wing nut; vane; winged seed; **—ый** *a.* winged, alate; hydrofoil (boat).
крыл/ечко *dim. of* **крыло**; **—о** *n.* wing; blade, vane, impeller; (automobile) fender; (bridge) leaf; (semaphor) arm; (geol.) limb, side, leg; **с —ьями** winged; **—овидный** *a.* wing-shaped, alar; (zool.) pterygoid; **—оногие** *pl.* (zool.) Pteropoda; **—о-оболочка** *f.* (av.) wing shell;

—**ообразный** see **крыловидный;** valley (iceberg); —**оухие** pl. (ent.) Pterygota.
—**крылые** pl. suffix (biol.) —ptera.
крылышко n. small wing; vane.
крыльевый a. bead (strip).
крыльцо n. porch, flight of steps, perron.
крыльчатка see **крыльчатое колесо.**
крыльчат/ый a. wing, vane; butterfly (damper); к. движитель rotating-blade propeller; к. насос vane pump; —ая гайка wing nut; —ое колесо blade wheel, impeller; paddle wheel.
крылья pl. of **крыло.**
Крым Crimea.
крымза f. zinc sulfate.
крым/-сагыз m. (bot.) krym-saghyz (Taraxacum gymnanthum or T. hybernum); —**ский** a. Crimean.
крынка f. milk pot, jug.
крыс/а f., —**ий,** —**иный** a. rat; —**ид** m. rat poison (α-naphthylthiourea); —**оловка** f. rat trap.
крыт/ый a. covered, etc., see v.; closed (car); closed-top (trailer); —**ь** v. cover, cap; roof, shingle; shelter, house; coat (with paint); clad (with metal); conceal; —**ься** v. be covered, etc.; hide.
крыца see **крица.**
крыш/а f., **настилать** —**у** v. roof; —**евидный** a. roof-shaped; —**евый** a. roof (-shaped); mesh-roof (antenna).
крыш/ечный a., —**ка** f. cover, lid, cap; hood, end shield; plate; door, gate; (cylinder) head; end, finish; —**ка-сопло** n. lid nozzle; —**коделательный** a. (typ.) case-making.
крэбы pl. crab apples.
крэк/инг, —**ирование** see **крекинг.**
крэшер see **крешер.**
Крюгера элемент Krüger cell.
крюйт-камера f. ammunitions storeroom.
крюк m., —**овой** a. hook, crook, crotch; grapple, cramp iron; staple; pick(ax); clinch, clench; detour.
крюсспеленг m. (geod.) cross bearing.
крючить v. bend; convulse.
крюч/коватый a. hooked, jagged, hackly (fracture); к. ключ spanner, wrench; —**ковидный** see **крючкообразный;** hamate (bone); —**ковый** a. of **крючок;** barbed; —**кообразный** a. hook-like, hooked, crooked; —**ник** m. carrier, stevedore; —**ничать** v. work with a grapple; —**ок** m. hook, catch, claw; lifting handle; (grip) pawl, dog; (anat.) hamulus; —**ья** pl. of **крюк.**
кряду adv. together, running.
кряж m. block, log; ridge, crest; (mountain) range, chain; (hort.) local strain; —**истый** a. thick and strong (tree).
кряк/ать, —**нуть** v. quack.
КС abbr. **(кажущееся сопротивление)** apparent resistivity; **(камера сгорания)** combustion chamber; **(катодное свечение)** cathode glow.
КСА прибор abbr. **(прибор Климова-Синицина-Алеевой)** Klimov-Sinitsyn-Aleeva apparatus (for testing stability of greases).
ксант— prefix xanth(o)— (yellow); —**алин** m. xanthaline; —**ан** m. xanthane; —**ат** m. xanthate; —**атбарабан** see **барат;** —**атин** m. xanthathin; —**гидрол** m. xanthydrol, 9-hydroxyxanthene; —**еин** m. xanthein; —**еллин** m. xanthellin; —**ематин** m. xanthematin.
ксантен m., —**овый** a. xanthene, diphenylmethane oxide; —**ол** m. xanthenol, xanthydrol; —**он** m. xanthenone, xanthone.
ксантил m., —**овый** a. xanthyl; —**овая кислота** xanthylic acid.
ксантин m., —**овый** a. xanthine, 2,6-purinedione; —**ин** m. xanthinine.
ксантит m. (min.) xanthite.
ксанто— prefix xantho— (yellow); —**арсенит** m. (min.) xantharsenite.
ксантоген m. xanthogen; —**амид** m. xanthogenamide, thiourethan; —**ат** m. xanthate; —**ил** m. xanthogenyl; —**илцеллюлоза** f. cellulose xanthate; —**ирование** n. xanthation.
ксантогеново/кислый a. xanthic acid; xanthate (of); к. калий potassium xanthate; —**кислая соль** xanthate; —**натриевая соль** sodium xanthate; —**этиловый эфир** ethyl xanthate.
ксантогенов/ый a. xanthogen(ic); к. эфир ethyl xanthate; —**ая кислота** xanthic acid, ethyloxydithiocarbonic acid; **соль —ой кислоты** xanthate.
ксанто/глобулин m. xanthoglobulin, hypoxanthine; —**зин** m. xanthosin, xanthinriboside; —**кон** m. (min.) xanthoconite; —**креатинин** m. xanthocreatinine; —**ксилен,** —**ксилин** m. xanthoxylene, xanthoxylin; —**ксилон** m. xanthoxylone; —**ксол** m. xanthoxol; —**лин** m. xantholine, santonica; —**мицин** m. xanthomycin.
ксантон m. xanthone, 9-xanthenone; —**овый** a. xanthonic; xanthoic (acid).
ксантопикр/ин m. xanthopicrin; —**ит** m. xanthopicrite (resin).
ксантопротеин m. xanthoprotein; —**овый** a. xanthoprotein (reaction); xanthoproteic (acid).
ксанто/птерин m. xanthopterin; —**пукцин** m. xanthopuccine; —**пурпурин** m. xanthopurpurin, purpuroxanthene; —**рамнин** m. xanthorhamnin.
ксантор/идза f. xanthorrhiza, yellow root; —**рея** f. xanthorrh(o)ea (resin); —**тит** m. (min.) xanthorthite.

ксанто/сидерит m. (min.) xanthosiderite; —струмарин m. xanthostrumarin; —токсин m. xanthotoxin; —тоновая кислота xanthotonic acid; —филл m. xanthophyll; —филлит m. (min.) xanthophyllite; —хелидоновая кислота xanthochelidonic acid, acetonedioxalic acid.

ксб abbr. (кило-стилб) kilostilb.

к.с.в., КСВ abbr. (коэффициент стоячей волны) standing wave ratio; к.с.в.н., КСВН abbr. (коэффициент стоячей волны напряжения) voltage standing wave ratio.

КСД abbr. (компрессор среднего давления) medium pressure compressor.

кселен see ксилен.

ксен— see ксено—; —ен m. xenene, biphenyl; —ил m. xenyl; —иламин m. xenylamine, p-biphenylamine.

ксено— prefix xen(o)— (guest, host, stranger; foreign, strange); —генит m. (geol.) xenogenite; —кристалл m. (geol.) xenocryst; —лит m. (min.) xenolite (geol.) xenolith, inclusion; —морфный a. (min.) xenomorphic; —н m. xenon, Xe; —термальный a. xenothermal; —тим m. (min.) xenotime.

ксеро— prefix xero— (dry); —гель m. xerogel; —графия f. xerographic printing; —з m. (med.) xerosis; —новый a. xeronic (acid); —радиография f. xeroradiography; —термический a. xerothermic; —фит m. xerophyte, drought-resisting plant; —форм m. xeroform, bismuth tribromophenate.

ксил/ан m. xylan; —ема f. (bot.) xylem; —ен m. xylain (constituent of coal); —ендиол m. xylenediol, benzenedicarbinol; —енол m. xylenol; —идин m., —идиновый a. xylidine, dimethylaniline; —идиновая кислота xylidic acid, 4-methylisophthalic acid.

ксилил m. xylyl; —ен m. xylylene; —енимин m. xylylenimine, dihydroisoindole; —овая кислота xylic acid (xylylic acid), dimethylbenzoic acid; —овый спирт xylyl alcohol; —ол m. xylylol, xylenediol.

ксили/н m. xylin; —т m. xylite, xylitol.

ксило— prefix xylo— (wood); —бетонный камень a type of concrete block; —графия f. xylography, wood engraving; —за f. xylose, wood sugar; —зиевая кислота xylosic acid; —идин m. xyloidine; —ил m. xyloyl; —кетоза f. xyloketose.

ксилол m. xylene, dimethylbenzene; —ин m. xyloline (yarn); —ит m. xylolith, wood-stone; a compressed sawdust block.

ксилометр m. xylometer.

ксилон m. xylon, wood cellulose; —ит m. xylonite, celluloid; —овый a. xylon; xylonic (acid).

ксило/пал m. xylopal, wood opal; —рсин, —рцин m. xylorcinol, dimethylresorcinol; —томия f. xylotomy; —хинон m. xyloquinone, dimethylquinone; —хлорал m. xylochloral.

Кск abbr. (сернокислый калий) potassium sulfate; КСК abbr. (корреляционный сейсмический каротаж) correlational seismic logging.

ксо, КСО abbr. (конденсатор, слюдяной опрессованный) pressed-mica capacitor.

ксонотлит m. (min.) xonotlite.

КСП abbr. (кабина слепого полета) instrument-flight simulator.

КСР abbr. (счетно-решающий компенсатор) computing compensator.

кстати adv. to the point, to the purpose, opportunely; by the way.

КСЭ abbr. (комплексная сейсмологическая экспедиция) joint seismological expedition.

кт abbr. (килотонна) kiloton; к-т abbr. (комбинат) kombinat; (комитет) committee; (концентрат) concentrate; к.т. abbr. (комнатная температура) room temperature; (критическая температура) critical temperature.

к-та abbr. (кислота) acid.

ктипеит m. (min.) ktypeite.

КТК abbr. (керамический трубчатый конденсатор) tubular ceramic capacitor.

кто pron. who, who? к. бы ни whoever; к.-либо, к.-нибудь somebody, someone, anybody; к.-то somebody.

к.т.п. abbr. (коэффициент теплопередачи) coefficient of heat transfer.

КТР abbr. (кодовое трансмиттерное реле) code transmitter relay; (коэффициент теплового расширения) coefficient of thermal expansion.

ктыри pl. robber flies (Asilidae).

к-ть abbr. (кислотность) acidity.

куб m. (math.) cube; block; vat; still; в -е cubed; возводить в к. v. cube, raise to the third power; перегонный к. still.

куб. abbr. (кубический) cubic.

Куба f. Cuba wood, fustic wood.

Куба Cuba.

кубанит m. (min.) cubanite, chalmersite.

кубанка f. (bot.) a hard wheat (Triticum durum).

кубарка f. rake (used with tractor).

кубарь m. humming top, spinning top.

кубатура f. cubic content, cubic capacity, cubic volume; cubature, determination of volume.

куб. дм abbr. (кубический дециметр) cubic decimeter; куб. дм. abbr. (кубический дюйм) cubic inch.

кубеб/а *f.* (pharm.) cubeb; **—ен** *m.* cubebene; **—ин** *m.* cubebin, 3,4-dimethylene-oxy-*p*-oxystyrone; **—овый** *a.* cubeb; cubebic (acid).
кубель *m.* box.
кубик *dim. of* куб; (glass) brick.
кубинский *a.* (geog.) Cuba(n).
кубитальный *a.* (anat.) cubital, forearm.
кубицит *m.* (min.) cubicite, cubic zeolite.
кубическ/ий, **кубичный** *a.* cubic(al); **к. корень** (math.) cube root; **—ое уравнение** cubic equation.
куб. км *abbr.* (кубический километр) cubic kilometer; **куб. м** *abbr.* (кубический метр) cubic meter; **куб. мм** *abbr.* (кубический миллиметр) cubic millimeter.
кубо/видный *a.* cubical, cuboid, cube-shaped; **—вой** *a. of* куб; **—вой остаток**, **—вая жидкость bottoms**; **—вая руда** (min.) cube ore, pharmacosiderite; **—вое железо** boiler plate.
кубовщик *m.* still operator.
кубов/ый *a.* indigo blue; **к. краситель** vat dye; **к. процесс**, **—ое крашение** vat dyeing.
кубок *m.* beaker, bowl.
кубо/метр *m.* cubic meter; **—образный** *see* кубовидный; **—силицит** *m.* (min.) cubosilicite.
кубрик *m.* cockpit; (naut.) crew's quarters; lower deck.
куб. см *abbr.* (кубический сантиметр) cubic centimeter.
кубышка *f.* jug; coin box; egg sac, clump of locust eggs; (bot.) Nuphar.
кувалда *f.* (sledge) hammer.
кувез *m.* (med.) incubator.
кувел/яж, **—яция** *see* кювеляж.
куверт *m.* envelope.
кувшин *m.* pitcher, jug, jar; **—ка** *f.* (bot.) water lily (*Nymphaea*); **—ный** *a. of* кувшин; **—чик** *dim. of* кувшин.
кувыр/кать *v.* turn upside down; **—каться** *v.* somersault; **—кающийся** *a.* somersaulting, tumbling; **—кнуть** *see* кувыркать; **—ком** *adv.* head over heels; **—нуть** *see* кувыркать.
куда *adv.* where? in what direction? **к. бы ни** wherever; **к. как** how very; **к. либо**, **к.-нибудь** somewhere, anywhere; **к.-то** somewhere.
кудбер *m.* cudbear, persio, orchil.
кудель *f.*, **—ный** *a.* flax or hemp tow.
кудрявый *a.* curly, frizzly, crimped.
кудряш *see* лен-кудряш; **—ки** *pl.* curls.
кует *pr.* 3 *sing. of* ковать.
Кузбас *abbr.* **Кузнецкий бассейн**.
кузка *see* кузька.
кузнец *m.* blacksmith, smithy; **к.-инструментальщик** toolsmith.
Кузнецк/ий бассейн Kusnetsk coal fields; **—строй** Kusnetskstroy.

кузнечик *m.* grasshopper; **—и**, **—овые** *pl.* Tettigoniidae or Locustidae.
кузнечно-прессов/ый *a.* forge-and-press(ing), forging and pressing; **—ое дело** forging; **—ое производство** (press) forging.
кузн/ечный *a.* forge, forging; (black)smith's; wrought (iron); sledge (hammer); **к. цех** *see* кузница; **к. шлак** hearth cinder, forge cinder; **—ечная сварка** hammer welding, forge welding; **—ица**, **—я** *f.* smithy, blacksmith shop; forge (shop), hammer press shop.
кузов *m.*, **—ной** *a.* basket; (vehicle) body; **к.-кабриолет** *m.* cabriolet body; **—ок** *dim. of* кузов; **—остроение** *n.* body work; **к.-торпедо** *m.* torpedo body; **к.-фургон** *m.* van body; **к.-холодильник** *m.* refrigerator body.
кузька *f.* grain beetle.
кузьмичева трава (bot.) Ephedra.
куйбышевский *a.* (geog.) Kuibyshev.
Кука пролив Cook Strait.
кукеит *m.* (min.) cookeite.
кукельван *see* кукольван.
кукерс/ит *m.*, **—кий сланец** (petr.) kukersite, Kukruze oil shale.
кукла *f.* doll.
куклородные *pl.* (ent.) Pupipara.
куколеотборник *see* кукольник.
куколк/а *f.* (ent.) chrysalis, pupa, cocoon; **—ообразный** *a.* pupiform.
куколь *m.* (bot.) corncockle (*Agrostemma githago*); **—ван** *m.* fish berries (*Cocculus indicus* or *Anamirta cocculus*); **—ник** *m.* cockle cylinder, cockle separator; **—ный** *a. of* кукла; **куколь**.
кукурбит/ин *m.* cucurbitine; **—ол** *m.* cucurbitol.
кукуруз/а *f.*, **—ный** *a.* corn, maize; **—ный экстракт** corn steep.
кукурузо- *prefix*, **—вый** *a.* corn; **—сажалка** *f.* corn planter; **—уборочная машина** corn picker; **—хранилище** *n.* corn crib.
кукушк/а *f.* cuckoo; switcher; (min.) dinky (small locomotive); **—ины слезки** (bot.) orchis (*Orchis maculata*).
кул, **кул.** *abbr.* (кулон) coulomb.
кулаж *m.* loss, waste.
кулак *m.* fist; (mach.) cam; *see also* кулачок; hammer (of crusher).
кулачково-стержневой *a.* cam and pushrod.
кулачков/ый *a. of* кулачок; hammer (mill); **к. вал** camshaft; **к. механизм**, **—ое распределение** cam(shaft) gear.
кулачкообразный *a.* cam-shaped, jaw-shaped.
кулачник *m.* round coal.
кулачн/ый *a. of* кулак; **к. патрон** jaw chuck; **—ая муфта** jaw clutch.

кулачок *m.* cam, cog, lug, tooth, pin, finger, claw, dog; block; jaw (of chuck); pawl, catch, detent, detainer, check(ing device); tappet; **приводной к., рабочий к.** actuating cam; **сгибающий к.** bending block.

кулевой *a.* sack, sold by sacks.

кулер, сахарный caramel.

кулеш *m.* thin gruel, paste.

Кулиджа трубка Coolidge (X-ray) tube.

кулинарный *a.* culinary.

кулировать *v.* (text.) sink the loops.

кулис/а *f.,* **—ный** *a.* crank; (connecting) link; rocker (arm); slot (hole), guide (slot), slideway; sector; (windbreak) strip; **—ный камень** slide block, link block; die block; guide shoe; rocker die (of steam engine); **—ный механизм, —ный привод** link gear; (elec.) rocker gear; **—образное строение** echelon structure.

кулич *m.* cake, sweet loaf.

куло/метр *m.* (elec.) coulometer; **—н** *m.* coulomb; **—новский** *a.* Coulomb('s); **—и(о)метр** *m.* coulometer, coulomb meter.

култук *m.* kultuk (deeply indented shallow bay).

кулуар *m.* chute, conduit; lobby.

кулундинский *a.* (geog.) Kulunda.

куль *m.* bag, sack; pocket, pouch.

культверт *m.* culvert.

культгардит *m.* (min.) coolgardite.

кульм *m.* culm, anthracite coal.

кульмановская зелень Kuhlmann's green, cuprous oxychloride.

кульмин/ационный *a.,* **—ация** *f.* culmination, culminating; **к. пункт** climax; **—ировать** *v.* culminate, end, terminate.

культиватор *m.* cultivator; **к.-груббер** *m.* grubber; **к.-косилка** *m.* tiller mower; **—ный** *a.* cultivator; **к.-растениепитатель** *m.* fertilizer-feeding cultivator; **к.-рыхлитель** *m.* scarifier; **к.-скарификатор, к.-экстирпатор** grubber.

культив/ационный *a.,* **—ация** *f.,* **—ование** *n.* cultivation, cultivating; **—ированный** *a.* cultivated, etc., *see v.;* **—ировать** *v.* cultivate, till; raise, grow; **—ировка** *see* **культивация**.

культур/а *f.* culture, cultivation; crop; **к. бацилл** bacilliculture; **—альный** *a.* culture: **—но-бытовой** *a.* cultural and general; **—но-поливной** *a.* cultivated and irrigated; **—но-просветительный** *a.* culture(d), cultural, cultivated; **—ный** *a.* culture(d), cultural, cultivated; **—техник** *m.* (agr.) ameliorator; **—техника** *f.* amelioration, soil improvement.

куляж *see* **кулаж**.

кумазоновая кислота coumazonic acid.

кумал *m.* cumal, cumylene.

кумалин *m.* coumalin, 1,2-pyrone; **—овая кислота** coumalic acid.

куманика *f.* European blackberry, bramble (*Rubus*, spec. *R. fruticosus*).

куманилид *m.* cumanilide, cumophenamide.

куманичный *a.* of **куманика**.

кумар/ан *m.* coumaran, dihydrocoumarone; **—анон** *m.* coumaranone, 2(1)-benzofuranone; **—ил** *m.* coumaryl; **—иловая кислота** coumarilic acid, 1-benzofurancarboxylic acid; **—ин** *m.* coumarin, 1,2-benzopyrone; **—инкарбоновая кислота** carboxycoumaric acid; **—(ин)овая кислота** coumar(in)ic acid; **—кетон** *m.* coumarketone; **—овый** *a.* coumaric; **—овый альдегид** coumaraldehyde, *o*-hydroxycinnamaldehyde; **—он** *m.* coumarone, benzofuran; **—оновая смола** coumarone resin; **—ун** *m.* coumarouna bean, tonka bean.

кумарчик *m.* (bot.) Agriophyllum.

кумач *m.,* **—ный, —овый** *a.* red calico.

куменгейт *m.* (min.) cumengeite.

кумен/ил *m.* cum(en)yl; **—ол** *see* **куминол**; **—уровая кислота** *see* **куминуровая кислота**.

куметр *m.* (elec. comm.) Q-meter.

кумжа *f.* (ichth.) salmon trout.

кумидин *m.* cumidine, cumenylamine; **—овая кислота** cumidic acid, dimethylphthalic acid.

кумил *m.,* **—овый** *a.* cum(en)yl; **—ен** *m.* cumylene, cumal; **—овая кислота** cumylic acid, durylic acid.

кумин/ал *m.* cum(in)al; **—амид** *m.* cuminamide, cumic amide; **—амовая кислота** cuminamic acid.

кумингтонит *m.* (min.) cummingtonite.

куминил *m.* cuminyl; cuminil, dicuminoketone.

куминов/ый *a.* cumin, cum(in)ic; **к. альдегид** cumic aldehyde, cumaldehyde; **к. спирт** *see* **куминол**; **—ая кислота** cum(in)ic acid; *p*-isopropylbenzoic acid; **—ое масло** cumin oil.

кумин/оин *m.* cuminoin, diisopropyl benzoin; **—ол** *m.* cuminol, cumic alcohol, *i*-propylbenzyl alcohol; **—уровая кислота** cuminuric acid.

кумкват *m.* (bot.) kumquat (*Fortunella*).

кумминггонит *m.* (min.) cummingtonite.

кумо/бензиловый спирт cumobenzyl alcohol; **—л** *m.* cumene, *i*-propylbenzene; **—нитрил** *m.* cumonitrile, cumenyl cyanide; **—тиазон** *m.* coumothiazone; **—фенамид** *m.* cumophenamide, cumanilide; **—хинол** *m.* cumoquinol; **—хинон** *m.* cumoquinone.

кумул/ированный *a.* cumulated; **—иты** *pl.* (petr.) cumulites; **—офировая текстура** (geol.) cumulophyric texture; **—ятив-**

ный *a.* cumulative; pile-up (pulse); hollow, shaped (charge); (geol.) cumulose (deposits); **—яция** *f.* (ac)cumulation.

кумы *pl.* kumy (quicksands in Central Asia).

кумыс *m.*, **—ный** *a.* koumiss (a drink made from mare's milk); kumyss, lac fermentatum.

Кундта закон Kundt's rule.

кунжут *m.*, **—ный** *a.* (bot.) sesame.

куниаль *m.* Cunial (alloy).

куний *a.* marten, sable (fur).

кунико *n.* Cunico (alloy).

куниферр *n.* Cunife (alloy).

куница *f.* (zool.) marten.

кунцит *m.* (min.) kunzite.

куорин *m.* cuorin.

купа *f.* group, cluster.

купаж *m.*, **—ирование** *n.* mixing (of liquids); mixture, blend; blending (of wines, etc.); dilution; **—ированный** *a.* blended; **—ный барабан** blender.

купальница *f.* globe flower (*Trollius*).

куп/альный *a.* bath(ing); **—альня** *f.* bath (house); **—ание** *n.* bathing, swimming; **—ать(ся)** *v.* bathe.

купе *n.* coupe; (rr.) compartment; **—йный** *a.* divided into compartments.

купел/ирование *n.* (met.) cupellation; **—ировать** *v.* cupel; **—яционный** *a.* cupel(lation); **—яция** *f.* cupellation.

купена *f.* (bot.) Solomon's seal, sealwort (*Polygonatum*).

купер/ит *m.* (med.) cowperitis; **—овы железы** (anat.) Cowper's glands.

Купер-Юитта лампа Cooper-Hewitt lamp.

куп/ец *m.* merchant, tradesman; **—еческий** *a.* mercantile.

купировать *v.* mix, blend; dilute, cut; (rr.) divide into compartments.

куп/ить *v.* buy, purchase; **—ленный** *a.* bought.

куплетскит *m.* (min.) kupletskite.

купля *f.* buying, purchasing, purchase.

купол *m.*, **—ьный** *a.* cupola, dome, bowl, bell, crown (of furnace); canopy (of parachute); (min.) pot; (geol.) boss; **—овидный**, **—ообразный** *a.* dome-shaped, domed, cupola-shaped, cupuliform; arched; (geol.) quaquaversal, domal (structure); **—образование** *n.* dome-formation, doming; **—ьный** *a.* of купол; arched.

купон *m.* coupon.

купорос *m.* vitriol; **белый к.** white vitriol, zinc sulfate; **двойной к.** eagle vitriol (mixture of ferrous and cupric sulfates); **железный к., зеленый к.** green vitriol, copperas, ferrous sulfate heptahydrate; **медный к., синий к.** blue vitriol, copper sulfate; **свинцовый к.** lead vitriol, lead sulfate; **цинковый к.** see **купорос, белый; черный к.** an iron copperas; **—ить** *v.* vitriolate.

купоросн/ый *a.* vitriol(ic); **—ое масло** oil of vitriol, commercial sulfuric acid (93%).

купр/аза *f.* cuprase; **—аммониевый** *a.* cuprammonium.

купре/ан *m.* cupreane, desoxycupreine; **—идан** *m.* cupreidane, desoxycupreidine; **—идин** *m.* cupreidine; **—ин** *m.* cupreine; **—ол** *m.* cupreol; **—ссин** *m.* cupressin.

куприн *m.* cuprine.

куприт *m.* (min.) cuprite, red copper ore.

купро— *prefix* cupr(o)— (copper); **—адамит** *m.* (min.) cuproadamite; **—бисмутит** *m.* cuprobismuthite; **—гемол** *m.* cuprohemol; **—деклуазит** *m.* (min.) cuprodescloizite.

купрокс *m.*, **—ный** *a.* (rad.) copper oxide rectifier; cuprous oxide; **—ный выпрямитель** copper oxide rectifier.

купро/магнезит *m.* (min.) cupromagnesite; **—марганец** *m.* (met.) cupromanganese; **—н** *m.* cupron, α-benzoinoxime; (elec.) cupron cell; **—никель** *m.* cupronickel (alloy); **—нин** *m.* cupronine; **—новый аккумулятор, —элемент** *m.*, cupron cell, copper oxide cell; **—отунит** *m.* (min.) cuproautunite; **—пирит** *m.* (min.) copper pyrites; **—плюмбит** *m.* (min.) cuproplumbite; **—склодовскит** *m.* (min.) cuprosklodowskite; **—тунгстит** *m.* cuprotungstite; **—уранит** *m.* (min.) cuprouranite; **—хлорид** *m.* cuprous chloride; **—шеелит** *m.* (min.) cuproscheelite.

купфер/меритоль *m.* a copper-calcium arsenate insecticide and fungicide; **—никель** *m.* (min.) copper nickel, niccolite, arsenical nickel; **—онат** *m.* cupferronate; **—(р)он** *m.* Cupferron; **—штейн** *m.* (met.) copper matte.

купца *gen. of* **купец.**

купырь *m.* (bot.) chervil (*Anthriscus*).

купюра *f.* cut; abridgment; (com.) note, bond.

курага *f.* dried apricots.

курай *m.* (bot.) saltwort (*Salsola*).

курак *m.* unripe cotton boll.

курант *m.* (paints) grinder.

куранты *pl.* chimes.

курар/е *n.* curare; **—ин** *m.* curarine.

курба *f.* (vet.) curb.

курбель *m.* knob.

курвиметр *m.* (maps) curvometer.

курган *m.* mound, hill, tumulus (of lava).

курганский *a.* (geog.) Kurgan.

кургузить *v.* curtail, cut back.

курдю/к *m.* fat tail (of sheep); **—чный** *a.* fat-tail(ed); Kurduyk (fat).

кур/ево *n.* fumigant; smoke, haze; smoky fire; smoking tobacco; —ение *n.* smoking, etc., *see* курить; fumigant.
курий *see* куриный.
курильщик *m.* smoker.
курин *m.* curine.
курин/ый *a.* chicken, hen's; —ая слепота (med.) night blindness, nyctalopia; (bot.) Chelidonium.
курировать *v.* cure, treat.
курит/ельный *a.* fumigating; smoking; —ельное вещество fumigant; —ь *v.* smoke, cure; fumigate; distil; smoke (tobacco).
кури/ца *f.*, —чий *a.* hen, chicken.
куркасовое масло curcas oil.
курков/ый *a. of* курок; trigger (circuit); к. механизм hammer action; —ая коробка (torpedo) starting gear.
куркум/а *f.* (bot.) turmeric (*Curcuma longa*); —ен *m.* curcumene; —ин *m.*, —овый желтый curcumin, turmeric yellow; —овый *a.* turmeric, curcuma; curcumic (acid).
курлатирование *n.* (paper) curling.
курмак *m.* coarse-grain millet (*Echinochloa macrocarpa*).
курн/ой, —ый *a.* smoky.
куроводство *n.* poultry breeding.
курок *m.* cock, hammer (of gun).
куронгит *m.* (min.) coorongite.
куропатк/а *f.*, —овый *a.* (orn.) partridge.
курорт *m.*, —ный *a.* health resort; —ология *f.* health resort treatment.
курослеп one of several yellow-flowered plants, spec. Ranunculus.
курри порошок curry powder.
Курроля соль Kurrol salt, potassium polyphosphate.
курс *m.* course, direction; (naut.) course angle, heading; track, path; (com.) rate of exchange; держать к. на *v.* head for, hold a course.
курсант *m.*, —ский *a.* student; trainee.
курсив *m.* (typ.) italics; выделять —ом, набирать —ом *v.* italicize; —ный *a.* italic, italicized.
курсировать *v.* course.
курский *a.* (geog.) Kursk.
курсо/вой *a. of* курс; directional; azimuth (gyroscope); (ballistics) target (angle); —глиссадный *a.* (av.) course and glide; —грамма *f.* course recording; —граф *m.* avigraph, course recorder; —прокладчик *m.* course plotter.
курсорнйы *a.* cursory.
куртаж *m.*, —ный *a.* (com.) brokerage.
куртина *f.* flower bed; grove (of trees).
курт/ка, —очка *f.* jacket.
курум *m.* stone stream, rock stream, rock-train.

курцин *m.* curcin.
Курциуса реакция Curtius reaction.
курчав/иться *v.* curl; —ка *f.* (bot.) atraphaxis; —ость *f.* curliness; (leaf) curl; crimp (of wool); —ый *a.* curly.
куры *pl. of* курица.
курьез *m.* curiosity, curious phenomenon, oddity, strange thing; —но *adv.* curiously, in a strange way; —ный *a.* curious, strange, odd.
курьер *m.* messenger; —ский *a.* express.
курья *f.* kurya (long narrow oxbow, detached from river at upper end).
курят/ина *f.* chicken (meat); —ник *m.* chicken coop; predator.
курящий *a.* smoking, fuming.
кус/ание *n.* biting; —ать *v.* bite, sting.
кусачки *pl.* cutting pliers, nippers, wire cutter; к.-плоскогубцы flatnose (cutting) pliers.
кусающийся *a.* biting; snapping.
кусилол *m.* cusylol (cupric citrate).
кускам/идин *m.* cuscamidine; —ин *m.* cuscamine.
куски *pl. of* кусок.
куско/гигрин *m.* cuscohygrine; —нидин *m.* cusconidine; —нин *m.* cusconine.
кускута *f.* seed sorter; (bot.) Cuscuta.
кус/ок *m.* piece, lump, block, chunk, fragment; length, segment; cut, slice; —ками, в —ках in pieces, lumpy; в —ке piece (dyed); в —ки piecemeal; из одного —ка one-piece; на —ки pieces, apart; одним —ком in block, whole; по —кам piece by piece, piecemeal; —очек *dim. of* кусок; fragment; (med.) kusock.
кусочн/о *adv.* piecewise; sectionally; к.-гладкий *a.* (math.) piecewise smooth; к.-линейный *a.* piecewise (characteristic); к.-непрерывный *a.* piecewise continuous; к.-постоянный *a.* piecewise constant; —ый *a. of* кусок; piecewise; sectional.
куспар/идин *m.* cusparidine; —ин *m.* cusparine; кора —ия cusparia bark, angostura bark.
куспидин *m.* cuspidine.
кусс/еин *m.* koussein; —ин *m.* ko(u)ssin; —о *n.*, цветы —о kousso.
куст *m.* bush, shrub; bunch, cluster, group; section; pocket (of ore).
кустанайский *a.* (geog.) Kustanai.
кустарник *m.*, —овый *a.* bush, shrub(bery); brushwood, scrub, undergrowth, thicket; —овый плуг ripper.
кустар/ный *a.* homemade, handicraft; primitive, amateurish; —щина *f.* haphazard work; —ь *m.* handicraftsman.
кустерит *m.* (min.) custerite.

куст/ик *dim. of* куст; —истость *f.* bushiness; —истый *a.* bushy; —иться *v.* bush out; cluster.
кустован/ие *n.* interconnecting; —ный *a.* interconnected; (tel.) bank.
кусто/ватый *a.* shrubby, bushy; —вой *a. of* куст; cluster, multiple (drilling); —рез *m.* brush cutter.
кусцы *see* кусачки.
кут/ан(ный) *a.* wrapped (up), muffled; —ать *v.* wrap (up), muffle.
кутикула *f.* (biol.) cuticle, skin.
кутин *m.* cutin; —овый *a.* cutic (acid).
кутоза *f.* cutose.
кутр/а *f.*, —овый *a.* (bot.) Indian hemp (*Apocynum*).
куфта *f.* (text.) cut; reel; knot of yarn.
кух/арка *f.* cook; —ня *f.* kitchen; —онный *a.* kitchen, cooking; —онька *dim. of* кухня.
куцый *a.* (too) short, stumpy.
куч/а *f.* pile, heap, mass, cluster, congestion, congregation; в —е in a pile, collectively, as a group; обжиг в —ах heap roasting; —евое облако cumulus; —еводождевое облако cumulonimbus; —еобразный *a.* cumuliform (cloud); —ек *gen. pl. of* кучка.
кучеряв/иться *v.* curl; —ый *a.* curly.
кучерявчик *m.* (geol.) underclay.
кучеукладчик *m.* stacker.
кучина *f.* (bot.) mahaleb (*Prunus mahaleb*).
кучинский *a.* (geog.) Kuchino.
кучиться *v.* cluster, crowd (together).
кучичингский *a.* (geol.) Coutchiching.
куч/ка *dim. of* куча; group (of people); (anat.) cumulus; —ной *a.* heap, mound; —ность *f.* density, compactness, concentration; close grouping, close planting; cluster; (art.) accuracy; —ный *a.* dense, compact, concentrated.
кушак *m.* belt, girdle, sash.
куш/анье *n.* food, dish; —ать *v.* eat.
кушетка *f.* couch.
кущ/а *f.* crown (of tree); —ение *n.* tillering, bushing (out).
куэста *f.* (geol.) cuesta.
кают *pr. 3 pl. of* ковать.
кх an obs. unit of crystal structure measurement equal to 1/1.00202 Å; кХ *abbr.* (килоикс) kilo-X (unit); Кх *abbr.* (хлористый калий) potassium chloride.
КЦ *abbr.* (кислотоупорный цемент) acid-resistant cement; КЦВ *abbr.* (кислотоупорный и водонепроницаемый цемент) acid-resistant and waterproof cement.
к-ция *abbr.* (концентрация) concentration.

КЧ *abbr.* (ковкий чугун) wrought iron; (частотный корректор) frequency corrector; (черный карбид кремния) black silicon carbide.
к/ч *abbr.* (километров в час) kilometers per hour.
КШ *abbr.* (кольцо и шар) ring and ball (method for determination of softening points).
кыспак *m.* kyspak (isolated table mountain made up of sandstones).
кыштымит *m.* (petr.) kyschtymite.
Кьел/даля колба Kjeldahl flask; —лина печь (met.) Kjellin furnace.
кьельдализация *f.* Kjeldalization.
к.э. *abbr.* (крахмальный эквивалент) starch equivalent.
КЭАМ *abbr.* (концентрированная эмульсия антраценого масла) Carbolineum, concentrated emulsion of anthracene oil.
кэб *m.* cab.
Кэв *abbr.* (килоэлектрон-вольт) kilo-electron volt.
Кэвендиша опыт (phys.) Cavendish experiment.
КЭД *abbr.* (кожная эритемная доза) erythema-producing dose (of radiation)
кэк *m.*, —и *pl.* (sinter) cake.
к. экв. *see* к.э.
КЭМС *abbr.* (коэффициент электромеханической связи) coefficient of electro-mechanical coupling.
КЭП *abbr.* (кателектронический потенциал) catelectronic potential.
кэпрок *m.* (min.) cap rock.
к-эрг *abbr.* (килоэрг) kilo-erg.
кюбель *m.* (excavator) bucket.
кювел/яж *m.*, —яция *f.* (eng., min.) tubbing, lining.
кювет *m.* (drainage) ditch, gutter; cell, vessel; —(к)а *f.* cell, container, vessel, tank; bulb; (phot.) tray; (glass) cuvette.
кюльшиф *m.* (brewing) cooler.
кюммель *m.* kümmel (liqueur).
Кюммеля болезнь (med.) Kümmell's disease, spondylitis.
кюмпель-пресс *m.* circular flanging press.
кюрасао *n.* curacao.
кюри *m.* curie, Curie unit (of radioactivity); К. температура, К. точка Curie point; —грамма *f.* curiegram; —граф *m.* curiegraph; —й *m.* curium, Cm; —т *m.* (min.) curite; —терапия *f.* Curie therapy, radium therapy; к.-эквивалент *m.* curie-equivalent.
кяриз *m.* kahriz (near horizontal underground water-collecting gallery).

Л

л *abbr.* (литр) liter; л. *abbr.* (левый) left; counterclockwise.
лаб. *abbr.* (лаборатория, лабораторный).
лаба́з *m.* granary; feed store; (fodder) shed; —ник *m.* (bot.) Filipendula.
лабарраков раствор Labarraque solution (sodium hypochlorite).
лабиальный *a.* (anat.) labial.
лабильн/ость *f.*, —ое состояние lability, labile state; —ый *a.* labile, unstable.
лабиринт *m.*, —ный *a.*, —овый *a.* labyrinth, maze.
лабора/нт *m.* laboratory worker; research man; demonstrator; —тория *f.* laboratory; facility; —торный *a.* laboratory, bench (testing).
лабрадор *m.* (min.) labrador(ite); —ит *m.*, —овая порода (petr.) labradorite; —овый, —ский *a.* Labrador.
лабурнин *m.* laburnine.
лав/а *f.* (geol.) lava; (min.) longwall; л. по восстанию upwall; л. по падению downwall; волнистая л. ropy lava, pahoehoe; выемка —ами longwall system; поток —ы lava flow; стекловидная л. volcanic glass, obsidian.
Лаваля сопло Laval's nozzle.
лаванд/а *f.*, —ный, —овый *a.* (bot.) lavender.
лавдан *see* ладан.
лавендулин *m.* lavendulin.
лавенит *m.* (min.) låvenite.
Лавеса фазы (met.) Laves phases.
лавзония *see* лавсония.
лавин/а *f.* avalanche; —ный *a.* avalanche; cumulative (ionization); ообразный *a.* avalanche-like.
лавис *m.* wash (design).
лавка *f.* store, shop; bench.
лавливать *see* ловить.
лаво— *prefix*, —вый *a.* (geol.) lava, lav(at)ic.
лавок *gen. pl. of* лавка.
лаво/пад *m.* lava cascade; —подобный *a.* lava-like, lav(at)ic.
лавоч/ка *dim. of* лавка; bench; —ник *m.* retail merchant; —ный *a.* store.
лавр *m.* (bot.) laurel (*Laurus*); *prefix, see also* лаур—.
лаврентьевский *a.* (geol.) Laurentian.
лавренций *m.* lawrencium, Lr.
лавровиш/енник *m.*, —невый *a.*, —ня *f.* (bot.) cherry laurel (*Prunus laurocerasus*).
лавров/ый *a.* laurel; lauric; *see also under* лауриновый; —овое дерево laurel.
лавсан *m.* Soviet equivalent of Dacron.
лавсон/ит *m.* (min.) lawsonite; —ия *f.* henna plant (*Lawsonia inermis*).
Лавуазье Lavoisier (French chemist).
лаг *m.* (naut.) log; recorder; broadside.

лага *f.* sleeper; bolster.
лагер/ь *m.*, —ный *a.* camp.
лагохилин *m.* lagochilin.
Лагранжа уравнение (phys.) Lagrangian equation.
лагун *m.* (naut.) water tank.
лагун/а *f.*, —ный *a.* lagoon, pool.
лагфаза *f.* (bact.) lag phase.
лад *m.* harmony, concord; way, manner, style, type; (music) stop, fret; идти на л. *v.* progress successfully, go well; не в —у, не в —ах in disagreement (with), at variance, at odds.
ладан *m.*, —ный *a.* la(b)danum; —ник *m.* (bot.) rock rose (*Cistus tauricus* или *C. ladaniferus*).
ладен *sh. m. of* ладный.
ладинский век (geol.) Ladinian stage.
лад/ить *v.* agree, be on good terms (with); fit, adapt, adjust; —иться *v.* go well, succeed; —но *adv.* well, in concord, successfully; all right, very well!; —ный *a.* harmonious, in accord, on good terms; in tune; suitable, good.
ладовый *a.* (music) stop, fret.
ладожские свиты (geol.) Ladogian series.
ладон/ный *a.* (anat.) volar; —чатый *a.* (biol.) palmate; —ь *f.* palm.
ладье/видный, —образный *a.* keel-shaped, carinate; boat-shaped, scaphoid; —видная кость (anat.) navicular; —образная складка (geol.) carinate fold, isoclinal fold.
лаек *gen. pl. of* лайка.
лаз *m.* manhole.
лазарет *m.*, —ный *a.* infirmary; field ambulance; плавучий л. hospital ship.
лазейка *f.* loophole, gap, opening; manhole.
лазер *m.*, —ный *a.* laser (light amplification by stimulated emission of radiation); —ный локатор laser radar, lidar.
лаз/ея *see* лазейка; —ить *v.* climb.
лаз/оревый *see* лазурный; л. шпат, —улит *m.* (min.) lazulite, azure spar; —улитовый *a.* lazulitic.
лазур/евый *see* лазурный; л. камень, —ик *m.* (min.) azure stone, lapis lazuli; —ит *m.* lazurite; —ник *m.* (bot.) laserwort (*Laserpitium*); —ный *a.*, —ь *f.* azure, sky blue; берлинская —ь Prussian blue.
лазящий *a.* climbing, scansorial.
лай *m.* bark(ing).
лайда *f.* laida (treeless part of a forest and tundra landscape; low seacoast plain dissected by tortuous rills).
лайк/а *f.*, —овый *a.* kid (leather).
лайм *m.* (bot.) lime (*Citrus aurantifolia*).
лайма *f.* lima bean.

лаймановский *a.* Lyman.
лайнер *m.* liner.
ЛАК *abbr.* (лаборатория акустического каротажа) acoustic logging laboratory.
лак *m.* lac; lake; varnish; lacquer; л. -дей lac dye.
лакиров/ание *n.* lacquering; varnishing; —анный *a.* lacquered; varnished; patent (leather); —ать *v.* lacquer; varnish; —ка *f.*, —очный *a. see* лакирование.
лакка *f.* lacca (gum), lac; —за *f.* laccase; —иновый *a.* lacca(in)ic (acid).
лакколит *m.* (geol.) laccolith, laccolite.
лак-лак *m.* lac lake.
лакмус *m.* litmus; красильный л. (bot.) dyer's croton (*Croton tinctorium*); —овый *a.* litmus (paper).
лаков/ый *a.* lacquere(d); varnish(ed); patent (leather); —ое дерево lac tree; spec. lacquer tree (*Rhus vernicifera*).
лако/красочный *a.* paint and varnish; —лента *f.* varnished (insulation) tape; —нос *m.*, —носка *f.* (bot.) Phytolacca; —образование *n.* lacquer deposition (in oils); —пленочный *a.* lacquer-film (capacitor); —стеклоткань *f.* varnished glass cloth; —тканевый *a.* cambric (insulation); —тканевая лента varnished tape; —ткань *f.* varnished cambric (or fabric).
лакрим/атор *m.* lacrimator; —ация *f.* lacrimation; —огенный *a.* lacrimogenic, lacrimatory, tear-producing.
лакри/ца *f.*, —чник *m.*, —чный *a.* (bot.) licorice (*Glycyrrhiza glabra*).
лакруазит *m.* (min.) lacroixite.
лаксативное средство laxative.
лаксит *m.* laxite, fragmental rocks.
лаксманнит *m.* (min.) laxmannite, vauquelinite.
лакт— *prefix* lact(o)— (milk); —аза *f.* lactase; —альбумин *m.* lactalbumin; —ам *m.* lactam, lactan; —амид *m.* lactamide, 2-hydroxypropanamide; —ан *see* лактам; —ариновая кислота lactarinic acid; —аровая кислота lactaric acid; —ат *m.* lactate; —ация *f.*, —ационный *a.* lactation; —ид *m.* lactide; —ил *m.* lactyl; —иловая кислота lactylic acid; —им *m.* lactim; —ин *m.* lactin, lactose; lactim.
лакто— *prefix* lact(o)— (milk); —альбумин *m.* lactalbumin; —бацилла *f.* lactobacillus; —бациллин *m.* lactobacillin; —биоза *f.* lacto(bio)se; —глобулин *m.* lactoglobulin; —денсиметр *m.* lactometer; —за *f.* lactose, milk sugar; —крит *m.* lactocrit; —л *m.* lactol, naphthyl lactate; —лид *m.* lactolide; —лит *m.* lactolite (a casein plastic); —метр *m.* lactometer; —н *m.*, —ный *a.* lactone; —нитрил *m.* lactonit-

rile; —новая кислота (ga)lactonic acid; —новая связь lactonic linkage; —прен *m.* lactoprene; —скоп *m.* lactoscope; —флавин *m.* lactoflavin; —хром *m.* lactochrome.
лакту/карий *m.* lactucarium (juice of *Lactuca virosa*); —кон, —церол *m.* lactucon, lactucerin, taraxasterol acetate; —цин *m.* lactucin.
лакуна *f.* lacuna, gap; —рный *a.* lacunar.
лакфиоль *m.* (bot.) Cheiranthus.
лакцер/овая кислота lacceroic acid, dotriacontanic acid; —ол *m.* laccerol.
лакцин *m.* laccin; —овая кислота laccinic acid.
Лаланда элемент (elec.) Lalande cell.
лаллеманция *f.* (bot.) Lallemantia.
лаль чанданум *m.* red sandalwood.
лама *f.* (zool.) llama.
ламантин *m.* sea cow, manatee.
Ламанш the English Channel.
ламаркизм *m.* (biol.) Lamarck's theory.
ламбдовидный *a.* lambdoid.
ламберт *m.* lambert (unit of brightness); —ит *m.* (min.) lambertite, uranophane; —овский *a.* Lambert's, Lambertian.
ламел/либранхиаты *pl.* (zool.) lammellibranchs, pelecypods; —лярный, —ьный *a.* lamellar, lamellate, scale-like; —ь *m.* lamella, lamina; (elec.) commutator segment, bar, strip; (diaphragm) blade.
ламинар/ан *see* ламинарин; —иевый *a.* (bot.) laminarian; —ин *m.* laminarin; —ия *f.* (bot.) laminaria; —ный *a.* laminar, laminal; —ный поток, —ное движение, —ное течение laminar flow, streamline flow; —овая кислота laminaric acid.
ламиниров/ание *n.* lamination; —анный *a.* laminated, laminary, lamellar; —ать *v.* laminate.
Ламонта закон (phys.) Lamont's law.
лампа *f.* lamp; (elec.) bulb; (rad.) tube.
лампа-вспышка *f.* (phot.) electronic flash (tube); л.-желудь *f.* peanut tube; л.-малютка *f.* miniature tube; л.-молния *f.* a very bright kerosene lamp; л.-преобразователь *f.* converter tube; л.-пуантолит *f.* pointolite lamp, tungsten arc lamp; л.-фара *f.* floodlight; л.-час *m.* lamp-hour; tube-hour.
лампкон *m.* lantern.
лампов/щик *m.* lamp man; lamp maker; —ый *a. of* лампа; —ая копоть, —ая сажа, —ая чернь lampblack; —ое стекло chimney (of kerosene lamp).
лампо/держатель *m.* lamp holder; tube holder; —испытатель *m.* tube tester; —час *see* лампа-час; —чка *dim. of* лампа; (elec.) bulb.
лампрофир *m.* (petr.) lamprophyre.
ланадин *m.* lanadin.

ланаркит *m.* (min.) lanarkite.
ланациловый *a.* lanacyl (violet).
ланберийский *a.* (geol.) Llanberis.
ланг/банит *m.* (min.) långbanite; **—бейнит** *m.* langbeinite; **—ит** *m.* langite.
лангобардский *a.* Lombard.
лангуст *m.*, **—а** *f.* (zool.) spiny lobster.
лангэнский ярус (geol.) Langhian stage.
Ланде коэффициент расщепления (phys.) Lande splitting factor; **Л. фактор** *g*-factor.
ландкарта *f.* map.
ландоверский *a.* (geol.) Llandovery.
Ландольта реакция Landolt's reaction.
Ландоре способ (met.) Landore process.
ландшафт *m.* landscape; district, region.
ландыш *m.* (bot.) lily of the valley (*Convallaria majalis*).
Ланжевена ион Langevin ion.
ланкаширский *a.* Lancashire.
ланолин *m.*, **—овый** *a.* lanolin, hydrous wool fat.
лано/пальминовая кислота lanopalmic acid; **—стерин** *m.* lanosterol; **—цериновая кислота** lanoceric acid.
лансфордит *m.* (min.) lansfordite.
лантан *m.* lanthanum, La; **—иды** *pl.* lanthanides.
лантанин *m.* lantanine.
лантанит *m.* (min.) lanthanite.
лантановый *a.* lanthanum.
лантаноиды *see* **лантаниды.**
лантануровая кислота lantanuric acid.
лантопин *m.* lanthopine, lantol.
ланугиновая кнслота lanuginic acid.
ланцет *m.* (med.) lancet; **—ник** *m.* (zool.) lancelet; **—ный** *a.* lancet; lanceolate; **—овидный** *a.* lanceolate, lanceolar, tapering.
лань *f.* (zool.) fallow deer.
Лаос (geog.) Laos.
лап/а *f.* foot, paw; dovetail, tenon; lug, boss, claw; clamp, clutch, grip; leg (of bit); flange, lap (of slide valve); (cylinder) base; tine, tooth (of cultivator); fluke (of anchor); **л.-сковородень** dovetail; **сборка в —у** dovetailing.
лапаро *prefix* (med.) lapar(o)— (loin, flank, abdominal wall).
лапа/тин *m.* lapathin; **—ховая кислота, —хол** lapachoic acid, lapachol.
лапилли *pl.* (geol.) lapilli (pieces of lava).
лапина *f.* (bot.) wing nut (*Pterocarya*).
лапингование *n.* lapping.
лапинг-процесс *m.* lapping process.
лапис *see* **ляпис.**
лапк/а *f.* *dim.* of **лапа**; boss, lug, pawl; tongue, tenon; grip; draw vise, eccentric clamp or grip, toggle; tooth (of cultivator); **—и** *pl.* draw tongs.
Лапландия Lapland.
лапландский *a.* Laplandish, Lappish.

Лапласа преобразование (math.) Laplace transform.
лаплас/иан *m.* (math.) Laplacian (operator); (nucl.) buckling; **—овский** *a.* Laplace, Laplacian.
лаплатский *a.* (geog.) La Plata.
лапо/видный, —образный *a.* paw-shaped; **—вый** *a.* of **лапа.**
лапорты *pl.* doors (of coke oven).
лаппаконит/ин *m.* lappaconitine; **—овая кислота** lappaconitic acid.
лаппинг-станок *m.* lapping machine.
лапсердак *m.* (text.) gabardine.
лапчат/ка *f.* (bot.) cinquefoil (*Potentilla*); **—ый** *a.* palmate, paw-shaped; (bot.) digitate; (zool.) web-footed; tooth (harrow).
лапша *f.* noodles; **—ной** *a.* noodle.
лар/амийский *a.* (geol.) Laramian; **—дереллит** *f.* (min.) larderellite; **—дит** *m.* lardite, agalmatolite.
ларе/вой *a.* chest, bin; **—к** *m.* stall; **—ц** *m.* small chest, trunk; **—чный** *a.* of **ларек, ларь.**
лариксин *m.*, **—овая кислота** larixine, larixinic acid.
ларинг/ит *m.* (med.) laryngitis; **—о—** *prefix* laryng(o)— (larynx); **—ология** *f.* laryngology; **—офон** *m.* laryngophone, throat microphone.
лариционовая кислота laricic acid.
ларморовский *a.* (phys.) Larmor.
ларнит *m.* (min.) larnite.
ларь *m.* bin, chest; hopper; pit, cistern; (ore) pocket; booth, stall.
ласк/а *f.* caress, kindness; lap, scarf; (zool.) weasel; **сваривать в —у** *v.* lapweld.
ласковцы *pl.* (bot.) hare's ear (*Bupleurum rotundifolium*).
ласковый *a.* of **ласка**; affectionate.
ласт *m.* (zool.) flipper, fin; (naut.) unit load.
ластик *m.*, **—овый** *a.* eraser; (text.) ribbed goods, lasting; elastic.
ластичная игла dial needle.
ластов/ень *m.* (bot.) swallowwort (*Asclepias* or *Cynanchum vincetoxicum*); **—ица** *f.* gore; (bot.) celandine (*Chelidonium majus*); **—ник** *m.* Cynanchum.
ластоногие *pl.* (zool.) Pinnipedia.
ласточ/ка *f.* (orn.) swallow; **соединение в —ку** dovetailing; **—кин хвост** swallow tail, dovetail (joint); **соединение в —кин хвост** dovetail(ing); **—ник** *m.* (bot.) swallowwort (*Asclepias* or *Chelidonium*); (min.) swallow stone.
лат. *abbr.* (**латвийский**; **латинский**).
лата *see* **латина.**
латания *f.* (bot.) Latania.
латать *v.* patch, mend.
латвийский *a.* Latvian; **Латвия** Latvia.

ЛатвССР *abbr.* (Латвийская Советская Социалистическая Республика) Latvian Soviet Socialist Republic.
латекс *m.*, **—ный** *a.* latex; **—оподобный** *a.* latex-like, latex.
латентн/ость *f.* latency; **—ый** *a.* latent.
латеральный *a.* lateral.
латерит *m.* (geol.) laterite; **—изация** *f.* lateritization; **—изированные породы** laterites; **—иин** *m.* lateritiin; **—овый** *a.* lateritic.
латина *f.* lath, batten.
латинский *a.* Latin.
латит *m.* (petr.) latite.
латка *f.* patch, piece; earthenware pan.
л-атм *abbr.* (литро-атмосфера) liter-atmosphere.
латок *gen. pl. of* латка.
латторфский *a.* (geol.) Lattorfian.
латук *m.*, **—овый** *a.* lettuce; **л.-ромэн** *m.* Romaine lettuce, Cos lettuce; **л.-салат** *m.* cultivated lettuce; **—овый опий** lactucarium.
латунелитей/ная *f.*, **—ный завод** brass foundry; **—щик** *m.* brass founder.
латун/ирование *n.* brass plating; **—ировать** *v.* brass-plate; **—ный** *a.* brass.
латунь *f.* brass.
латынь *f.* Latin.
латышский *a.* (geog.) Latvian.
лаубанит *m.* (min.) laubanite.
лаудан/идин *m.* laudanidine, tritopine; **—ин** *m.* laudanine; **—озин** *m.* laudanosine, N-methyltetrahydropapaverine.
лаумонтит *see* ломонтит.
лаур/ан *m.* laurane; **—елин** *m.* laureline; **—ен** *m.* laurene, pinene.
лауренсит *m.* (min.) lawrencite.
лаурентский *a.* (geol.) Laurentian.
лаур/ил *m.*, **—иловый** *a.* lauryl; **—илен** *m.* laurylene; **—иловый спирт** lauryl alcohol, 1-dodecanol; **—ин** *m.* laurin, glyceryl laurate; **—иновая кислота** lauric acid, dodecanoic acid; **—иновый альдегид** lauric aldehyde, dodecanal; **—иновый спирт** lauryl alcohol; **—ит** *m.* (min.) laurite.
лауро— *prefix* lauro—; **—за** *f.* laurose; **—лен** *m.* laurolene; **—н** *m.* laurone, 12-tricosanone; **—иоловая кислота** lauronolic acid, laurolene-3-carboxylic acid; **—стеарин** *m.* laurostearin, laurin; **—тетанин** *m.* laurotetanine; **—церазин** *m.* laurocerasin.
лаусонит *m.* (min.) lawsonite.
Лаута стан трио Lauth three-high (rolling) mill; **Л. фиолетовый** Lauth's violet, thionine.
лаут/аль *m.* Lautal (alloy); **—арит** *m.* (min.) lautarite; **—ит** *m.* (min.) lautite.
лауэ/вский *a.* Laue; **—грамма** *f.* Laue diffraction pattern, Laue photograph.

лафет *m.* carriage, gun mount; **л.-двунога** *m.* bipod mount; **—ный** *a. of* лафет; **—ная жатка** (agr.) windrower; **л.-тумба** *m.* column mount.
лац-порт *m.* (side) port.
ЛАЧХ *abbr.* (логарифмическая амплитудно-частотная характеристика) logarithmic frequency response characteristic.
ла/ющий *a.* barking; **—я** *gen. of* лай; **—яние** *n.* barking; **—ять** *v.* bark.
лб *abbr.* (ламберт) lambert.
лба *gen. of* лоб.
ЛБВ *abbr.* (лампа бегущей волны) traveling wave tube.
ЛВЖ *abbr.* (легковоспламеняемая жидкость) inflammable liquid.
ЛВТ *abbr.* (линейно-вращающийся трансформатор) linear rotary transformer.
лга/нье *n.* lying, deception; **—ть** *v.* lie, deceive.
ЛД *abb.* (летальная доза) lethal dose.
лебеговый *a.* (math.) Lebesgue.
лебеда *f.* (bot.) orache (*Atriplex*); goosefoot (*Chenopodium*).
лебедка *f.* windlass, winch, hoist.
лебедовый *a. of* лебеда.
лебед/очный *a. of* лебедка; **—чик** *m.* hoist operator.
лебедь *m.* swan; (astr.) Cygnus.
Лебеля-вант Гоффа закон Le Bel-van't Hoff's law.
леблановский *a.* Le Blanc (soda).
лебоит *m.* (min.) lebeauite.
лебяжий *a.* swan.
лев *m.* (zool.) lion; (astr.) Leo.
леван *m.* levan.
левеит *m.* (min.) löweite.
Левенгерц Löwenherz (name).
левероид *see* летероид.
леверьерит *m.* (min.) leverrierite.
левиафан *m.* wool-washing machine.
Левига способ Löwig's process.
левигит *m.* (min.) löwigite.
левин(ит) *m.* (min.) levyn(it)e.
левинштейновский *a.* Levinstein.
левко— *see* лейко—.
левкой *m.* (bot.) stock (*Matthiola*).
лево, на л. *adv.* (to the) left.
лево— *prefix* levo—, left; **—бережный** *a.*, **—бережье** *n.* left bank; **—вращающий** *a.* levorotatory; **—инвариантный** *a.* left-invariant; **—мицетин** *m.* Levomycetin, chloramphenicol; **—поляризованный** *a.* polarized counterclockwise; **—ручной**, **—сторонний** *a.* lefthanded.
левулеза *see* левулоза.
левулин *m.* levulin, fructosin; **—амид** *m.* levulinamide; **—овая кислота** levulinic acid, oxopentanoic acid; **соль —овой кислоты**, **—овокислая соль** levulinate;

—овый альдегид levulinaldehyde, 4-oxopentonal.
левулоза *f.* levulose, fructose; —н *m.* levulosan, fructosan.
левша *m.* left-handed person.
лев/ый *a.* left(-hand), counterclockwise, levo—; wrong, reverse (side); —ого направления left-handed; —ое вращение counterclockwise rotation; (opt.) levorotation; с —ым ходом left, left-handed (screw, etc.).
лег *past m. sing. of* лечь.
легализ(ир)овать *v.* legalize.
легальн/о *adv.* legally; it is legal; —ость *f.* legality; —ый *a.* legal, lawful.
леггорны *pl.* leghorns (chickens).
легенда *f.* legend; —рный *a.* legendary; unlikely, improbable.
легир/ование *n.* (met.) alloying; —ованный *a.* alloy(ed); —овать *v.* alloy; —ующий *a.* alloy(ing); —ующий элемент component (of alloy).
легитимный *a.* legitimate, legal.
легк/ие *pl.* (anat.) lungs; воспаление —их pneumonia.
легк/ий *a.* light(-weight); easy, simple; thin, slight; —ого типа light-duty (machine).
легко *adv.* lightly; easily, readily, with ease, freely; it is easy; л. доступный easily accessible, readily available; л. растворимый readily soluble, very soluble.
легковесн/ость *f.* lightness, light weight; —ый *a.* light(-weight).
легководяной *a.* light-water.
легковой *a.* passenger (car).
легковоспламеняющийся *a.* highly inflammable, deflagrable.
легкодоступный *a.* easily accessible.
легкое *n.* (anat.) lung.
легко/зольный *a.* giving light ash; —кипящий *f.* low-boiling, having a low boiling point; —летучий *a.* highly volatile; —обнаруживаемый *a.* readily detectable; —плавкий *a.* (easily) fusible, low-melting; —плавкая вставка (elec.) fuse; —плавкость *f.* low melting point, ready fusibility; —подвижный *a.* mobile; —полимеризующий *a.* readily polymerizing; —растворимый *a.* readily soluble; —сть *f.* lightness, light weight; easiness, ease, facility; —сть ухода accessibility; —суглинистый *a.* sandy loam; —усвояемый *a.* readily available; —ходовой *a.* smooth-running, smoothly operating, free-running, free.
легли *past pl. of* лечь.
легок *sh. m. of* легкий.
легочн/ики, —ые *pl.*, —ые моллюски (zool.) Pulmonata; —ица *f.* (bot.) lungwort (*Pulmonaria*); —оглистный *a.*

(vet.) helminthopulmonary; —ый *a.* pulmonary, lung.
легум/елин *m.* legumelin; —ин *m.* legumin.
легч/айший *superl. of* легкий; —ать *v.* lighten, grow lighter, abate; —е *comp. of* легкий, легко.
легший *past act. part. of* лечь.
лед *m.* ice; грунтовый л., донный л., почвенный л. ground ice, anchor ice.
лед. *abbr.* (ледяной) glacial; ЛЕД *abbr.* (лягушечья единица действия) (physiol.) frog unit.
ледгиллит *m.* (min.) leadhillite.
ледебурит *m.* (met.) ledeburite.
леден/еть *v.* freeze, congeal, turn to ice; —ец *m.* hard candy; —истый *a.* icy, ice-like; —ить *v.* freeze, chill, ice; —цовый *a. of* леденец; —ящий *a.* freezing.
ледерин *m.* imitation leather.
ледиксантин *m.* ledixanthin.
ледник *m.* refrigerator, icebox; refrigerator car; icehouse; (geol.) glacier; —овый *a. of* ледник; ice; (geol.) glacial.
ледо— *prefix* ice.
ледов/итый *a.* ice, icy; Л. океан Arctic Ocean; —ый *see* ледяной.
ледо/делательный завод ice plant; —дробилка *f.* ice crusher; —к *dim. of* лед; —кол *m.*, —кольный *a.* ice breaker; —кол-буксир *m.* icebreaking tug; —мерный *a.* glacial (survey); —пад *m.* ice fall; —рез *m.* ice breaker, ice cutter; (bridges) ice apron; —руб *m.* ice pick; —скат, —спуск *m.* ice chute; —став *m.* freeze-up, complete freezing; —стойкий *a.* sleetproof; —техника *f.* ice technology; —ход *m.*, —ходный *a.* ice drift, ice flow.
лед-сало *m.* ice slush.
ледуксит *m.* (min.) ledouxite.
ледышка *f.* small piece of ice, chip.
Ледюка эффект (phys.) Leduc effect.
ледян— *see under* леден—; —ка *f.* ice boat.
ледян/ой *a.* ice(-cold), freezing, glacial; л. кабан, —ая голова ice block; л. камень (min.) ice stone, cryolite; л. песок corn snow; л. шпат (min.) ice spar, sanidine; —ая гора iceberg; —ая каша (ocean.) brash; —ая корка brackish ice crust; —ая уксусная кислота glacial acetic acid; —ое сало slush; —ые красители ice colors (azo dyes); —ые поля ice floes.
ледяшка *see* ледышка.
леек *gen. pl. of* лейка.
леер *m.*, —ный *a.* rail; life line.
леечка *dim. of* лейка.
лежа *adv.* lying down; —к *m.* bedstone; prone object; —лый *a.* not fresh, stale; —н *see* лежень.
Лежандра полином (math.) Legendre polynomial.

леж/ание *n.* lying, resting; —ать *v.* lie, rest; fall (within); form (the foundation); —ать на have bearing on; be the function of.

лежа/чий, —щий *a.* lying, recumbent, horizontal; sessile (drop); л. бок under side; lower wall; л. в embedded; л. между interjacent; л. ниже underlying.

Леже гравиметр Lejay gravimeter.

леж/ень *m.* foundation beam, sill; (anchor) log; footpiece; ground plate; sleeper, tie; —ка *f.* ground plate; foot board; keeping quality; lying around (of produce, etc.); seasoning, aging; —невые дороги log roads; —няк *m.* bedstone (lower millstone).

лезв/ие *n.*, —ийный *a.* (cutting) edge, blade; bit; острое л. knife edge.

лезть *v.* climb, scale; intrude, interfere; (hair) come out, fall out.

лей *imp. of* лить.

лейас *m.* (geol.) Lias(sic).

лейденская банка (elec.) Leyden jar.

лейк— see лейко—.

лейка *f.* funnel; watering can, sprinkler; (boat) bailer; Leica (camera).

лейк/анилин *m.* leucaniline, methenyltrianiline; —анол *m.* Leukanol; —аурин *m.* leucaurine, triphenylolmethane; —ацен *m.* leucacene.

лейкемия *f.* (med.) leukemia.

лейко— *prefix* leuc(o)—, leuk(o)— (white, colorless); —анилин *m.* leucoaniline, triaminotriphenylmethane; —ген *m.* leucogen; —дендрон *m.* (bot.) leucodendron; —дерма *f.* (med.) leucoderma, melanodermia; —дрин *m.* leucodrin, proteacin; —з *m.* (med.) leucosis; —зин *m.* leucosin; —индиго *n.* leuco-indigo, indigo white; —кратовый *a.* (petr.) leucocratic; —ксен *m.* (min.) leucoxene; —лин *m.* leucoline, *i*-quinoline; —ма *f.* (med.) leucoma; —маин *m.* leucomaine; —мицин *m.* leucomycin.

лейкон *m.* leucone; —овая кислота leuconic acid.

лейко/основание *n.* leuco base; —пения *f.* (med.) leukopenia; —пирит *m.* (min.) leucopyrite; —пласт *m.* (bot.) leucoplast; —розовая кислота leucorosolic acid, *o*-methylleucaurine; —скоп *m.* (opt.) leucoscope; —соединение *n.* leuco compound; —сфенит *m.* (min.) leucosphenite; —тионин *m.* leucothionine, diamidothiodiphenylamine; —троп *m.* leucotrope; —туровая кислота leucoturic acid; —фан *m.* (min.) leucophan(it)e; —фенит *m.* (min.) leucophoenicite; —фир *m.* (petr.) leucophyre; —хальцит *m.* (min.) leucochalcite.

лейкоцит *m.* leucocyte, white blood corpuscle; —оз *m.* (med.) leucocytosis.

лейна/-селитра *f.* leuna saltpeter (ammonium nitrate-sulfate mixture); —фос *m.* leunaphos (fertilizer).

лейнер *m.* liner.

лейпцигский *a.* Leipzig.

лейст/а *f.* lath; —овидный *a.* lath-like.

Лейстер Leicester.

лейте *imp. of* лить.

лейфит *m.* (min.) leifite.

лейхтенбергит *m.* (min.) leuchtenbergite.

лейц/ил *m.* leucyl; —иллейцин *m.* leucyl leucine; —ин *m.*, —иновый *a.* leucine, aminoisocaproic acid; —инамид *m.* leucinamide; —иновая кислота leucic acid; —инуровая кислота leucinuric acid.

лейцит *m.* (min.) leucite, amphigène; —ит *m.* (petr.) leucitite; —овый *a.* leucitic, containing leucite; —оэдр *m.* (cryst.) leucitohedron.

лейшмания *f.* (zool.) Leishmania.

лекаж *m.* leakage.

лекал/о *n.* (French) curve; mold, form, pattern, templet; standard, gage; —ьный *a.* curve, mold; gaged; —ьщик *m.* gage maker, pattern maker.

леканор/ин *m.* lecanorin; —овая кислота lecanoric acid, diorsellinic acid.

лекарств/енный *a.*, —енное вещество, —енное средство medicinal; —о *n.* medicine, drug.

Лекланше элемент (elec.) Leclanché cell.

леконтит *m.* (min.) lecontite.

лекпом *m.* surgeon's assistant.

лекс/ема *f.* lexeme (word in context); —ика *f.* glossary, vocabulary; —икография *f.* lexicography; —икология *f.* lexicology; —икон *m.* lexicon, dictionary; vocabulary; —ический *a.* lexical, lexicographic, vocabulary.

лек/тор *m.* lecturer, speaker, professor; —торий *m.* lecture room, auditorium; —торский *a. of* лектор; —ционный *a.*, —ция *f.* lecture, discourse; читать —ции *v.* lecture.

леллингит *see* лоллингит.

леме/х *m.*, —шный *a.* plowshare.

Леминга способ (gas) Laming process.

лемма *f.* (math., bot.) lemma.

лемматизация *f.* lemmatization, automatic dictionary compilation.

лемниската *f.* (geom.) lemniscate.

лемносская земля (geol.) Lemnian earth.

лемонграсовое масло lemongrass oil.

леморан *m.* lemoran, levo-dromoran.

лемпач *m.* adobe.

лен *m.* flax.

лен— *prefix* (ленинградский, ленинский, ленский).

ленгенбахит *m.* (min.) lengenbachite.

ленгмюровский *a.* Langmuir.

ленд-лиз *m.* (com.) lend-lease.

лензин *m.* (paints) ground gypsum.
лени/вец *m.* (zool.) sloth; —вец, —кс *m.* idler, idle wheel; tension roller; —во *adv.* sluggishly, lazily; —вый *a.* sluggish, slow, lazy.
ленинградский *a.* Leningrad.
ленинский *a.* Lenin.
лениться *v.* be lazy, be idle.
лен-кудряш *m.* crown flax; л.-моченец *m.* water-retted flax.
ленский *a.* (geog.) Lensk.
лен-стланец *m.* dew-retted flax; л.-сырец *m.* raw flax.
лент/а *f.* tape, band, strip, ribbon, string, lace; belt(ing); (recorder) chart; (anat.) tenia; (saw) blade; (text.) sliver; обматывать —ой *v.* tape up.
лентец *m.* (zool.) tapeworm.
лентикулярный *a.* lenticular, lens-shaped.
ленто/видный *see* лентообразный; —вытяжная машина (text.) drawing frame; —обмоточный *a.* taping; —образный *a.* ribbon, band-shaped; —протяжный *a.* tape-winding, tape-transport (mechanism); feed; (telegraphy) paper-drive; —ткацкий станок (text.) ribbon loom; —укладчик *m.* (text.) coiler can; —чка *dim.* of лента; —чнопильный станок band saw.
ленточн/ый *a. of* лента; conveyer-type, traveling-belt (dryer, etc.); continuous; flat (cable); varved (clay); л. грохот belt screen; л. конвейер belt conveyer; л. масштаб tape measure; л. посев strip cropping, sowing in strips; л. рекордер tape recorder; л. тормоз band brake; л. червь (zool.) tapeworm; —ая машина (text.) drawing frame; —ая муфта belt coupling; —ая пила band saw; —ая подача belt feed; —ое железо strip iron.
Ленца закон (elec.) Lenz's law.
ленчик *m.* saddletree.
лень *f.* laziness, idleness.
леометр *m.* leometer, dynamic meter.
леон/гардит *m.* (min.) leonhardite; —ит *m.* (min.) leonite.
леонтин *m.* leontin, caulosaponin.
леопард *m.* (zool.) leopard.
Леопольди печь (met.) Leopoldi furnace.
лепатиновая кислота lepathinic acid.
лепест/ковидный *a.* petal-shaped, petaliform; —ковый *a.* petal(ed), petal-shaped; lobed; (phot.) leaf-type (shutter); —ок *m.* petal; lobe.
лепешк/а *f.* press cake, tablet, lozenge; lump, slag, biscuit; —ообразный *a.* in tablet form; oblate.
лепид/ен *m.* lepidene, tetraphenylfuran; —ин *m.* lepidine, 4-methylquinoline.
лепидо— *prefix* lepido— (scale, flake); —крокит *m.* (min.) lepidocrocite; —лит *m.* lepidolite, lithia mica; —мелан *m.* lepidomelane; —н *m.* lepidone, hydroxylepidine; —феит *m.* (min.) lepidophaite, lampadite.
лепинин *m.* lepinine, 4-methyl quinine.
леп/ить *v.* model, sculpture; glue, stick together; —иться *v.* adhere, cling; be molded; —ка *f.* modeling, molding; molded object; form, shape; —кий *a.* sticky; —ной *a.* plastic; modeled; stucco (molding); —ная работа modeling.
леполит *m.* (min.) lepolite.
лепр/а *f.* (med.) leprosy; —озный *a.* leprous; —озорий *m.* leper colony.
лепт— *see* лепто.
лептандр/ин *m.* leptandrin; —оид *m.* leptandroid.
лепт/(ин)ит *m.* (petr.) lept(yn)ite; —инол *m.* leptynol, palladous hydroxide.
лепто— *prefix* lepto— (small, weak, thin, fine); —клаз *m.* (min.) leptoclase, minor fracture; —метр *m.* leptometer (a viscosimeter); —н *m.* lepton (particle of small mass); —спироз *m.* (med.) leptospirosis; —хлорит *m.* (min.) leptochlorite.
лепщик *m.* modeler, molder.
лер *m.* (glass) lehr, annealing furnace.
лербахит *m.* (min.) lehrbachite.
лерз— *see under* лерц—.
лерка *f.* (threading) die, thread chaser gage.
лерц/ит *m.* (petr.) lherzite; —олит *m.* lherzolite.
лес *m.* woods, forest; timber; вырубка —ов deforestation; —а *pl.* woodland, forests; scaffold(ing); trestle; *f.* fish line.
лесенка *dim. of* лестница.
лес/ина *f.* felled tree; —исто-болотистый *a.* marshy-wooded; —истый *a.* wooded, woody, sylvan, forested.
леска *f.* fish line; *gen. of* лесок.
лесни/к *m.* forester, forest ranger; —на *f.* wild apple; —чество *n.* forestry; —чий *a.* forest ranger's; forest(ry).
лесн/ой *a.* wood, forest; lumber, timber; л. орех *see* лещина; л. склад lumber yard; —ая полоса tree belt; —ая шерсть a batting made from coniferous needles; —ое дело, —ое хозяйство forestry.
лесо— *prefix* (лесной, лесозаготовительный, лесозавод, лесопильный, —ведение *n.* forest science.
лесовод *m.* forester; —ственный *a.* forestry; —ство *n.*, —ческий *a.* forest science, forestry, silviculture.
лесо/воз *m.* timber carrier; lumber ship; log truck; —возный *a.* timber-carrying; —возвращение *n.*, —возобновление *n.* reforestation; —вой *a.* wood, forest; —завод *m.*, —заводский *a.* sawmill.

лесозаготов/итель *m.* lumberer, lumberman; —ительный *a.*, —ка *f.* lumbering, logging; —ительные работы logging.

лесо/защита *f.*, —защитный *a.* forest protection; —инженерное дело forest engineering; —истребление *n.* forest devastation; —к *dim. of* лес; grove; —катка *f.* log roller; —комбинат *m.* logging and sawmill operation; —материал *m.* lumber, timber.

лесомелиор/ативный, —ационный *a.*, —ация *f.* forest (a)melioration, forest reclamation, forest improvement.

лесо/насаждение *n.* forest planting, forest cover; tree farm(ing); stand, standing crop; —охрана *f.*, —охранение *n.* forest protection; —перевалочный *a.* timber-handling.

лесопил/ение *n.* sawmill operation; —ка *f.*, —ьный завод sawmill; —ьный *a.* sawing; —ьная рама gang mill, gang saw; —ьня *f.* sawmill.

лесо/питомник *m.* tree nursery; —погрузочный *a.* timber-loading; —погрузчик *m.* logger; —полоса *f.* forest strip; —посадка *f.*, —посадочный *a.* tree-planting.

лесопромы/словый *a.* lumber; —шленник *m.* lumberman, lumber dealer; —шленность *f.*, —шленный *a.* lumber industry.

лесо/разведение *n.* afforestation, tree farming; —разработка *f.* forest exploitation, logging; —разработки *pl.* logging area; —руб *m.* lumberjack, feller; —рубный, —рубочный *a.* felling, (wood-)cutting; —сека *f.*, —сечный *a.* coupe, cut(ting), felling; felling area; clearing; —секами by sections; —сплав *m.* timber rafting, flo(a)tage; —спуск *m.* timber slide, flume, chute; —степной *a.*, —степь *f.* forest steppe; —сушилка *f.* lumber kiln.

лесо/таска *f.* log hauler; —технический *a.* wood technology, forestry engineering; —торговец *m.* lumber dealer; —торговля *f.* lumber business; —тундра *f.*, —тундровый *a.* forest tundra; —укладчик *m.* lumber stacker; —управление *n.* forest management, forest administration.

лесоустро/итель *m.* forest manager; —ительный *a.*, —йство *n.* forest management.

лесо/химический *a.* wood chemical; —химия *f.* wood chemistry; —хозяйственный *a.* forestry; —эксплуатационный *a.*, —эксплуатация *f.* forest exploitation.

леспеде/за, —ца *f.* (bot.) lespedeza.

леспром *m.* lumber industry.

лесс *m.* (geol.) loess (wind-blown silt).

лессир/овать *v.* glaze; scumble (painting); —овка *f.*, —ующий *a.* glazing; scumbling.

лессо/видный *a.* (geol.) loess-like; —вый *a.* loess.

лестни/ца *f.*, —чный *a.* staircase; ladder; (fire) escape; scale; (hydr.) flight (of locks); движущаяся л. escalator; складная л. stepladder; —чатый столб H-pole; —чная жила (geol.) ladder vein; —чная клетка stairwell; —чная площадка landing.

лесхим— *prefix* (лесохимический).

лесхоз *m.*, —ный *a.* forestry (management or farm).

лет *m.* flight, flying; *gen. pl. of* лето; на —у flying, on the wing, in flight.

лета *gen. of* лет; лето; *pl. of* лето; years, age.

летальн/ость *f.* mortality (rate), fatality (rate); lethality; —ый *a.* lethal; —ый исход death.

летание *n.* flight, flying.

летарг/ический *a.* lethargic; —ия *f.* lethargy.

лета/тельный *a.* flying; л. аппарат aircraft; —ть *v.* fly; —ющий *a.* flying.

летероид *m.* leatheroid.

лететь *v.* fly; volatilize; hasten.

летига *f.* Indian summer.

—летие *n. suffix* -year period.

летк/а *f.* (met.) tap, tap(ping) hole (of furnace); (foundry) gate; *gen. of* леток; пробивать —у *v.* tap.

летнаб *m.* aerial observer.

летн/ий *a.* summer, estival; *suffix* -year; —ик *m.* (bot.) annual; summer cottage; summer road.

летн/о-испытательный *a.* test-flight; —ый *a.* flying, flight; aviation; landing (field); —ое дело aviation, aeronautics.

лет/о *n.* summer; ему пять лет he (or it) is five years old; средних лет middle-aged; —ование *n.* estivation; —овать *v.* estivate.

леток *m.* aperture; *gen. pl. of* летка.

летом *adv.* in the summer.

летопис/ь *f.*, —ный *a.* chronicle, annals, yearbook, annual.

леторосль *f.* (bot.) shoot, sprout, sucker.

летосчисл/ение *n.* chronology; era; —ительный *a.* chronological.

леточная масса ball (of puddled iron).

леттсомит *m.* (min.) lettsomite, cyanotrichite.

летуч/есть *f.* volatility, fugacity; —ий *a.* volatile; flying; brief, short; light (ash); —ая мышь (zool.) bat; —ка *f.* flier, notice, leaflet; light truck; temporary makeshift; urgent meeting; (bot.) thistledown, pappus.

летчик *m.* aviator, flyer, pilot; л.-испытатель *m.* test pilot; л.-космонавт *m.* as-

летящий tronaut; л.-наблюдатель *m.* aerial observer; л.-планерист *m.* glider pilot.

летящий *a.* flying.

леунафос *see* лейнафос.

лехеровская система Lecher system.

лецидовая кислота lecidic acid.

лецит/ин *m.* lecithin; —ол *m.* lecithol; —о-протеин *m.* lecitoprotein.

лечебн/ица *f.* hospital; clinic; —ый *a.* medic(in)al; therapeutic, curative; —ое питание diet therapy.

леч/ение *n.* medical treatment; л. электричеством electrotherapy; —енный *a.* treated; —ить *v.* treat, cure.

лечь *v.* lie (down), rest; (av., naut.) take (a course).

Ле Шателье принцип Le Chatelier principle.

лещ *m.* (ichth.) bream.

лещад/ь *m.* slab, flagstone; hearth block, (hearth) bottom, well (of blast furnace); bed (plate); —ная плита coping.

лещин/а *f.*, —овый *a.* filbert, hazel nut.

лже— *prefix* pseudo—, false; —апельсин *see* маклюра; —грибница *f.* (bot.) pseudomycelium; —ктыри *pl.* stiletto flies (*Therevidae*); —лиственница *f.* (bot.) golden larch (*Pseudolarix*); —тсуга *f.* Pseudotsuga.

лжи *gen., etc., of* ложь; —вый *a.* false, lying, misleading, deceptive.

ли *conj.* whether, if; *interrogative particle not translated, e.g.,* возможно ли? Is it possible? ли... ли whether . . . or.

лиан/а *f.*, —овый *a.* (bot.) liana, vine.

либенерит *m.* (min.) liebenerite.

либеральный *a.* liberal.

Либерия Liberia.

либермановский *a.* Liebermann (reaction).

либетенит *m.* (min.) libethenite.

Либига охладитель Liebig condenser.

либигит *m.* (min.) liebigite, uranothallite.

либо *conj.* or; л. ... л. either . . . or.

либоцедрен *m.* libocedrene.

либрация *f.* (astr., chem.) libration.

Ливан (geog.) Lebanon.

ливанский *a.* Lebanese, Lebanon.

ливеингит *m.* (min.) liveingite.

ливень *m.* shower, downpour, cloudburst.

ливер *m.*, —ный *a.* pluck (of animal); transfer pipet; siphon (tube); pump; crane.

Ливерпуль Liverpool.

ливийский *a.* Libyan.

ливингстонит *m.* (min.) livingstonite.

Ливия Libya.

ливн/евый *a.* shower; torrential (rain); —еспуск *m.* catch basin; —я *gen. of* ливень.

ливший *past act. part. of* лить.

лига *f.* league.

лигамент *m.* ligament.

лиганд *m.* (chelation) ligand.

лигатур/а *f.*, —ный *a.* (met.) alloy; master alloy, hardener; (typ.) ligature, double letter; (med.) ligature.

лигн— *prefix* lign— (wood).

лигнин *m.*, —овый *a.* lignin; —овая кислота ligninic acid.

лигнит *m.* lignite, brown coal; —овый *a.* lignite, lignitic, lignitiferous.

лигнификация *f.* lignification, wood formation.

лигно— *prefix* ligno— (wood); —за *f.* lignose; —лит *m.* a plywood; —н *m.* lignone; —стон *m.* a laminated wood; —сульфин, —сульфит *m.* lignosulfin, lignosulfite; —фоль *m.* laminated wood; —цериновая кислота lignoceric acid, tetracosanoic acid.

лигозин *m.* lygosin, sodium lygosinate.

лигроин *m.* ligroin, solvent naphtha.

лигустрин *m.* ligustrin, syringin.

лиддит *m.* (expl.) lyddite.

лидер *m.* leader.

лид/ийский камень, —ит *m.* (min.) Lydian stone, touchstone.

лидол *m.* Lydol.

Лидс Leeds.

лиды *pl.* false webworms (*Lydidae*).

лиеврит *m.* (min.) lievrite, ilvaite.

лижерьен *m.* (geol.) Ligerian substage.

лижущий *pr. act. part. of* лизать.

—лиз *m.* *suffix* —lysis (breaking down).

лизальный камень salt lick (for cattle).

лизание *n.* licking.

лизариновая кислота lizaric acid.

лизатин *m.* lysatine.

лизаты *pl.* lysates, products of lysis.

лизать *v.* lick.

лизергиновая кислота lysergic acid.

лизи/генный *a.* (bot.) lysigenous; —дин *m.* lysidine, methyldihydroimidazole; —метр *m.* lysimeter; —н *m.* lysine, 2,6-diaminohexanoic acid; lysin (cell-dissolving antibody); —с *m.* (med., biol.) lysis.

лизнуть *see* лизать.

лизо/ген *m.* lysogen; —зим *m.* lysozyme; —л *m.* Lysol (disinfectant); —форм *m.* lysoform; —хлор *m.* lysochlor; —цим *m.* lysozyme.

лизунец *m.* salt lick (for cattle).

лизуха *f.* (vet.) allotriophagy.

лик *m.* face, countenance, appearance.

ликаконитин *m.* lycaconitine.

ликвац/ионный *a.* (met.) liquating, liquation; —ия *f.* liquation, segregation.

ликвидамбар *m.* (bot.) sweet gum (*Liquidambar*).

ликвид/атор *m.* (av.) destructor (mechanism); sterilizer; —ационный *a.*, —ация *f.*, —прование *n.* liquidation, etc., *see v.*; —ированный *a.* liquidated, etc., *see v.*; —ировать *v.* liquidate, put an end (to), do away (with), abolish, eliminate;

ликвидус

dismantle, abandon; overcome, remedy; **—ность** *f.* (com.) liquidity; **—ный** *a.* liquid; **—ные средства** liquid assets.

ликвидус *m.* (met., etc.) liquidus.

ликв/ировать *v.* (met.) liquate, segregate; **—огель** *m.* liquogel; **—ор** *m.* (anat.) spinal fluid.

ликер *m.*, **—ный** *a.* liqueur.

лико/ктонин *m.* lycoctonine; **—ктониновая кислота** lycoctoninic acid; **—маразмин** *m.* lycomarasmine; **—пен** *m.* lycopene; **—персицин** *m.* lycopersicin, tomatin; **—подий** *m.* club moss (*Lycopodium*); **lycopodium powder**; **—подовая кислота** lycopodic acid; **—рин** *m.* lycorine, narcissine.

ликсоза *f.* lyxose.

лил *past m. sing. of* лить.

лилацин *m.* lilacin, syringin.

лилейн/ик *m.* (bot.) Hemerocallis; **—ый** *a.* lily.

лили *past pl. of* лить.

лилианит *m.* (min.) lillianite.

лилипут *m.*, **—ский** *a.* dwarf, pigmy; (min.) small locomotive.

лилия *f.* (bot.) lily (*Lilium*).

лиллианит *m.* (min.) lillianite.

лилов/еть *v.* turn lilac; **—ый** *a.* lilac(-colored).

лилол *m.* lilole; **—идин** *m.* lilolidine, tetrahydrolilole.

лилось *past n. sing. of* литься.

лима *see* лайма.

лиман *m.*, **—ный** *a.* liman, drowned river valley.

лимацид *m.* limacide, slug poison.

лимб *m.* limb, dial, graduated circle.

лимбургит *m.* (petr.) limburgite.

лиметт/а *f.*, **—овый** *a.* (bot.) lime (*Citrus aurantifolia*); **—ин** *m.* limettin.

лимит *m.* limit, maximum; **—ация** *f.*, **—ирование** *n.* limitation; **—ировать** *v.* limit; **—ирующий** *a.* limiting; **—ный** *a.* of лимит.

лимниграф *m.* limnograph, limnometer.

лимнит *m.* (min.) limnite.

лимно— *prefix* limn(o)— (pool, lake; marsh; fresh water); **—биотический** *a.* (zool.) limnobiotic, living in fresh water; **—логия** *f.* limnology.

лимон *m.* lemon; **—ад** *m.*, **—адный** *a.* fruit drink, spec. lemonade.

лимон/ен *m.* limonene; **—ин** *m.* limonin; **—ит** *m.* (min.) limonite, brown hematite; **—ник** *m.* (bot.) Schizandra.

лимонно/аммониевая соль ammonium citrate; **—борнокислая соль** borocitrate; **—бутиловый эфир** butyl citrate; **—железная соль** ferric citrate; **—желтый** lemon yellow; **—калиевая соль** potassium citrate; **—кальциевая соль** calcium citrate;

лимоннокисл/ый *a.* citric acid; citrate (of); **л. натрий** sodium citrate; **—ая соль** citrate; **—ое железо** iron citrate.

лимонно/магниевая соль magnesium citrate; **—натриевая соль** sodium citrate; **—образный** *a.* (bot.) lemon-shaped, limoniform; **—растворимый** *a.* (fertilizer analysis) citrate-soluble; **—свинцовая соль** lead citrate; **—этиловый эфир** ethyl citrate.

лимонн/ый *a.* lemon; citric; **—ая кислота** citric acid; **соль —ой кислоты** citrate; **—ая корка** lemon peel; **—ая мята** (bot.) Melissa.

лимоновый *a.* lemon.

лимская фасоль *see* лайма.

лимузин *m.* limousine.

лимурит *m.* (petr.) limurite.

лимф/а *f.* (physiol.) lymph; **—аденит** *m.* (med.) lymphadenitis; **—атический** *a.* lymphatic; lymph (node); **—ома** *f.* (med.) lymphoma; **—оцит** *m.* lymphocyte.

линалил *m.*, **—овый** *a.* linalyl, linalool; **—ацетат** *m.* linalyl acetate.

линалоевое масло linaloe oil.

линалоол *m.* linalool, coriandrol.

линамарин *m.* linamarin.

линарин *m.* linarin.

линарит *m.* (min.) linarite.

лингвист/ика *f.* linguistics; **—ический** *a.* linguistic.

линдакерит *m.* (min.) lindackerite.

линдан *m.* Lindane (hexachlorocyclohexane insecticide).

Линде способ Linde process.

линдохит *m.* (min.) lyndochite.

линеариз/ация *f.* linearization; **—(ир)ованный** *a.* linearized; **—(ир)овать** *v.* linearize; **—ирующий** *a.* linearizing; linearity-control.

линевать *see* линовать.

линеевский *a.* (biol.) Linnaean.

линейк/а *f.* rule(r), straightedge; gage; (piercing mill) liner; **в —у** ruled (paper).

линейко— *prefix* linearly.

линейно *adv.* linearly; **л. пропорциональный** *a.* linear (with); **л.-независимый** *a.* linearly independent; **л.-поляризованный** *a.* linearly polarized; **л.-селективный** *a.* linear-selective; **—сть** *f.* linearity; **л.-унитарный** *a.* (math.) linear-unitary.

линейн/ый *a.* linear, line; enumerative, unidimensional (classification); in-line (cryotron); slide-wire (bridge); distribution (power transformer); forked (lightning); specific (ionization coefficient); **л. корабль** battleship; **л. монтер, л. рабочий** lineman; **—ая потеря энергии** linear stopping power.

линей/чатость *f.* lineation; **—чатый** *a.*

linear; ruled; (bright-)line (spectra); —щик *m.* lineman.

линз/а *f.*, —овый *a.* (opt.) lens; (geol.) lens, lentil, lenticle; —ообразный *a.* lenticular.

линзочки *pl.* seams.

линиевыбиратель *m.* (tel.) selecting switch.

линимент *m.* liniment.

линин *m.* linin, oxychromatin.

лин/ия *f.* line, mark; path, direction; (biol.) line, strain; line (2.540 mm.); —ии *pl.* lines; (flow) pattern.

линкор *m.* battleship.

линкруст *m.* Lincrust (a wall covering).

линне/евский *a.* (biol.) Linn(a)ean; —ит *m.* (min.) linnaeite.

линобатист *m.* (text.) lawn.

линов/альный *a.*, —ание *n.* ruling; —ан(н)ый *a.* ruled, lined; —ать *v.* rule, line (off); —ка *f.* ruling.

линогравюра *f.* linoleum printing.

лино/зит *m.* (min.) linosite; —ксин *m.* linoxyn (solid, oxidized linseed oil).

линоле/ат *m.*, —вокислая соль, соль —вой кислоты linoleate; —вая кислота linoleic acid, 9,12-octadecadienoic acid; —ин *m.* linolein; —новая кислота linolenic acid, 9,12,15-octadecatrienoic acid.

линолеум *m.*, —ный, —овый *a.* linoleum.

линотип *m.*, —ный *a.* linotype (machine); —ист *m.* linotypist, linotype setter.

линофировый *a.* (petr.) linophyric.

линтер *m.* (cotton) linter; linters; —ование *n.* lintering.

линузиновая кислота linusinic acid.

линь *m.* (naut.) (mar)line; (ichth.) tench.

лин/ька *f.* (zool.) molt(ing), shedding; —ючесть *f.* fugitiveness; —ючий *a.* fugitive, fading (color); molting, shedding.

лин/ялый *a.* faded; molted (bird); —яние *n.* fading; molting; —ять *v.* fade, lose color; molt, shed; —яющий *a.* fading, fugitive, not fast.

лио— *prefix* lyo— (solution, solvent); l(e)io— (smooth); —гель *m.* lyogel; —дермия *f.* (med.) liodermia; —золь *m.* lyosol; —сорбция *f.* lyosorption; —тропный *a.* lyotropic; —фильность *f.* lyophilic nature; —фильный *a.* lyophilic; —фобность *f.* lyophobic nature; —фобный *a.* lyophobic.

лип *past m. sing. of* липнуть.

липа *f.* (bot.) linden, lime (*Tilia*).

липаза *f.* (physiol.) lipase.

липарит *m.* (petr.) liparite, rhyolite.

липецкий *a.* (geog.) Lipetsk.

лип/ид, —ин *m.* lipid, lipin.

липк/ий *a.* sticky, tacky, gummy, adhesive; —ость *f.* stickiness, tackiness, gumminess.

липнуть *v.* adhere, stick.

липняк *m.* linden grove; linden (tree).

лип(о)— *prefix* lip(o)— (fat; lipid).

Липовитца сплав Lipowitz's alloy.

липовый *a. of* липа.

липо/евая кислота lipoic acid, thioctic acid; —ид *m.* lipoid (nitrogenous fat); —иодин *m.* lipoiodine, ethyl diiodobrassidate.

липок *sh. m. of* липкий.

липо/каик, —каин *m.*, —каическая субстанция lipocaic (hormone); —лиз *m.* lipolysis; —литический *a.* lipolytic, fat-cleaving; —ма *f.* (med.) lipoma; —протеин *m.* lipoprotein; —фусцин *m.* lipofuscin; —хромовые пигменты lipochromes.

липуч/есть *f.* stickiness; —ий *a.* sticky, adhesive; —ка *f.* anything sticky; (bot.) stickseed (*Lappula*).

лира *f.* lyre, harp; lira (money); (astr., anat.) lyra; (carpentry) apron.

лириодендрин *m.* liriodendrin.

лировидный *a.* lyre-shaped.

лироконит *m.* (min.) liroconite.

лирообразный *a.* lyre-shaped, lyrate.

лис/а *f.* (zool.) fox; —ий, —иный *a.* fox('s); —ица *f.* fox; (astr.) Vulpecula; —ичка *f.* young fox; (astr.) Vulpecula (bot.) chanterelle (*Cantharellus cibarius*); (mach.) thread chaser, (screw) die.

лискеардит *m.* (min.) liskeardite.

лисохвост *m.* (bot.) foxtail (*Alopecurus*).

Лиссабон Lisbon.

Лиссажу фигуры (phys.) Lissajous figures.

лист *m.* leaf; sheet (of metal, paper, etc.); plate; page; lamina, scale; foil; в л. in folio; резина в —ах sheet rubber; —аж *m.* number of sheets (in book); —ва *f.* leaves, foliage.

лиственница *f.* (bot.) larch (*Larix*).

лиственничн/ый *a.* larch; л. грыб, —ая губка (bot.) purging agaric (*Polyporus officinalis*).

лиственный *a.* leaf(y), foliate; deciduous, broadleaf.

листер *m.* (agr.) lister, middle breaker.

Листера способ Lyster flotation process.

листер/еллез, —иоз *m.* (vet.) listeriosis.

листер/-культиватор *m.* (agr.) lister cultivator; —ный *a.* lister(ing); —ование *n.* listering.

лист/ик *dim. of* лист; leaflet, blade; —ка *gen. of* листок; —ный *a.* suffix —phyllous, —folious, -leaved, -leaf; -sheet.

листо— *prefix* leaf, phyllo—, foli—; sheet, plate; —бит *m.* (met.) flattener; —блошка *f.* (zool.) psylla; —бойня *f.* (met.) flatting mill; —вальный *a.* sheeting; —вание *n.* sheeting(-out), sheet formation; —ватость *f.* lamination, foliation; fissility; —ватый *a.* leaf-like, foliate(d), scaly, laminated, lamellate, lamellar; —ватый излом foliated fracture;

—вертки *pl.* leaf roller moths (*Tortricidae*); —видный *a.* leaf-like, foliate(d), foliaceous; —вка *f.* leaflet; (bot.) follicle (a lichen).

листов/ой *a.* leaf, foliated; sheet, in sheet form; sheet-metal; loose-leaf (notebook); flat (printing); lamellar, flake; (elec.) plate (condenser; frame); л. материал (met.) sheet; л. металл sheet (metal); metal foil; л. стан plate mill, sheet (rolling) mill; —ая заготовка sheet bar; —ая резина sheet rubber; —ая рессора laminated spring, plate spring; —ая сварка sheet welding, plate welding; —ая сталь steel plate, sheet steel; —ая структура (geol.) book structure; —ая фибра fiberboard; —ая щетка (elec.) laminated brush; —ое золото gold leaf, gold foil; —ое стекло sheet glass.

листо/грызы *pl.* (zool.) leaf miners (*Tineoidea*); —еды *pl.* leaf beetles (*Chrysomelidae*); —загибочный *a.* (met.) plate-bending; —к *dim. of* лист; leaf(let); sheet; record sheet, chart; —колосник *m.* (bot.) Phyllostachys; —ногие раки (zool.) Phyllopoda; —образный *a.* leaf-shaped, foliate; lamellar; —отливной *a.* (paper) casting.

листопад *m.*, —ение *n.* (bot.) defoliation; —ный *a.* defoliation; deciduous.

листо/подборочный *a.* (typ.) collating; —правильный *a.* (met.) plate-straightening; —прокатка *f.* sheet rolling; —прокатный стан sheet (rolling) mill, plate mill; —расположение *n.* (bot.) phyllotaxy; —резный станок (met.) shearing machine; —стебельные мхи (bot.) Musci; —чек *dim. of* листок; leaflet; —чный *a.* leaf(let); —ядный *a.* browsing.

—листый *a. suffix* -leaf, -leaved.

листья *pl. of* лист, leaves, foliage.

лисья *see* лисий.

лит. *abbr.* (литовский) Lithuanian.

лит *sh. m. of* литый.

лит— *see* лито—.

—лит *m. suffix* —lyte; —lith (stone).

Литва (geog.) Lithuania.

литейная *f.* (met.) foundry, casting shop.

литейн/ый *a.* (met.) foundry, founding, casting, pouring; л. двор casting bed; casting yard; л. завод foundry; л. лом cast(ing) scrap; —ая воронка pouring funnel; —ая канава casting pit, foundry pit; —ая яма casting pit, foundry pit; —ая форма (ingot) mold; —ое дело founding, foundry work, casting.

литейщик *m.* foundry hand, founder.

литера *f.* (typ.) letter, type, character.

литератур/а *f.* literature; —ный *a.* literature, literary; —ная собственность copyright.

литиев/ый *a.* lithium; —ая слюда lithia mica, lepidolite.

лит/ий *m.* lithium, Li; гидроокись —ия lithium hydroxide; карбонат —ия, углекислый л. lithium carbonate; окись —ия lithium oxide, lithia; хлористый л. lithium chloride; —ийорганический *a.* organolithium.

лити/н *m.* lithia, lithium oxide; едкий л. lithium hydroxide; —нистый *see* литиевый; —онит *m.* (min.) lithionite, lithia mica; —офилит *m.* lithiophilite; —фицировать *v.* lithify, petrify.

литический *a.* (biol.) lytic, cell-destroying.

литмоцидин *m.* litmocidin.

литник *m.* (foundry) gate, pouring gate, sprue, runner; круглый л. ball gate; —овый *a. of* литник; pouring; pouring head (system); —овая чаша pouring basin.

лито— *prefix* litho— (stone, calculus).

литовский *a.* Lithuanian.

литогене/з, —зис *m.* lithogenesis, rock formation; —тический *a.* lithogenous, rock-building.

литограф *m.* lithographer; —ирование *n.* lithography; —ированный *a.* lithographed; —ировать *v.* lithograph; —ический *a.* lithographic; —ия *f.* lithography, lithographic printing; —ский *a.* lithographic.

литоид/ит *m.* (petr.) lithoidite; —ный *a.* lithoidal, stony.

лит/ой *a.* (foundry) cast; poured; (injection-)molded; molten; floated (asphalt); —ые трубы pipe castings; в —ом виде as cast.

литоклаз *m.* (geol.) lithoclase.

литолог/ический *a.* lithologic; —ия *f.* lithology, petrology.

литопон *m.* lithopone (a mixture of zinc sulfide and barium sulfate).

литоральный *a.* littoral, coastal, shore.

литосфера *f.* lithosphere, earth's crust.

литотомия *f.* (med.) lithotomy.

литофеллиновая кислота lithofellic acid.

лито/физа *f.* (petr.) lithophysa; —фильный *a.* lithophile (elements); (geol.) lithophylic; (biol.) lithophilous.

литофон *see* литопон.

литохолевая кислота lithocholic acid.

литр *m.* liter (unit of volume).

лит-ра *abbr.* (литература) literature.

литраж *m.* displacement, capacity; volume in liters.

литров/ание *n.* refining; —анный *a.* refined; —ать *v.* refine, purify.

литров/ка *f.* one-liter container; —ый *a.* (per) liter, volumetric.

ЛитССР *abbr.* (Литовская Советская Социалистическая Республика) Lithuanian Soviet Socialist Republic.

лит/ый a. poured; (met.) cast; —ь v. pour; found, cast, run, teem.
литье n. founding, casting; cast (material); pouring; (injection-)molding; л. в землю, л. в песке sand casting; л. в сырую форму green-sand casting; л. под давлением pressure-die casting, injection molding; стальное л. cast steel; steel casting.
литься v. pour, run, flow.
лифт m., —овой a. elevator, lift; (min.) cage; pump; —ер m. elevator operator.
лихвинский a. (geol.) Likhvin.
лихен/идин m. lichenidin; —ин m. lichenin, lichen starch; —иформин m. licheniformin; —оин m. lichenoin; —ол m. lichenol.
лихозан m. lichosan.
лихорад/ить v. run a fever; —ка f. fever; —очник m., —очная трава, —очное зелье (bot.) hedge hyssop (Gratiola officinalis); —очность f. feverishness; —очный a. feverish, febrile.
лихтенберговский a. Lichtenberg.
лихтер m. lighter, transport barge.
лицев/альный a. facing; stripping; —ание n. facing; draw filing; stripping; —ать v. face; strip.
лицев/ой a. face, facial, front; personal (account); —ая отделка facing; —ая поверхность face; —ая сторона face, front; right side (of material).
лицемерный a. hypocritical.
лицендрат m. litz, strand wire.
лиценз/ионный a., —ия f. license.
лицетол m. lycetol, lupetazine tartrate.
лицо n. face, side; person.
лицовка f. smooth-cut file.
личин/ка f. larva, grub, maggot; боевая л. (art.) extractor, breech slide; земляная л. cutworm; —ковый a. larva(l); —ник m. caterpillar (Scorpiurus); —очный a. larval; immature.
личневать see лицевать.
лично adv. personally, in person.
личной a. facial, face; smooth-cut (file).
личн/ость f. personality; person; удостоверение —ости identification card; —ый a. personal, individual, private, particular; —ый состав personnel.
лишаевидный a. resembling lichen; (med.) herpetic, herpetiform.
лишай m. (bot.) lichen; (med.) herpes; морской л. alga, seaweed; опоясывающий л. (med.) shingles; стригущий л. (med.) ringworm; чешуйчатый л. (med.) psoriasis.
лишайн/ик m., —иковый a. (bot.) lichen; красильный л., лакмусовый л. orchilla weed (Rocella tinctoria); —ый a. (med.) herpetic (bot.) lichen.
лишать v. deprive (of), remove, eliminate,

cut off; —ся v. be deprived (of), lose.
лишек m. surplus, excess.
лиш/ение n. deprivation, loss, forfeiture; —енный a. deprived (of), devoid; —ить see лишать.
лишн/ий a. superfluous, unnecessary, supernumerary, surplus, extra, excess(ive) spare, odd; overtime; л. раз once more, yet again; не —ее it wouldn't hurt, it would be useful; с —им plus.
лишь adv. and conj. only, but, even, merely; no(t) more than, not until, no sooner than, as soon as; л. бы provided, if only; л. только as soon as.
лия pr. ger. of лить.
лияльная ложка (foundry) casting ladle.
лк abbr. (люкс) lux.
ЛКАО abbr. (линейная комбинация атомных орбит) linear combination of atomic orbit(al)s, LCAO.
лк-сек abbr. (люкс-секунда) lux-second.
лл. abbr. (листы) sheets, pages.
ллан— see also under лан—.
лландейльский a. (geol.) Llandeilian.
лм abbr. (люмен) lumen.
ЛМ abbr. (лейкоцитная масса) leucocytes; (линейный мост) slide balance, slide-wire bridge; (лунный модуль) lunar module, LM.
лмб abbr. (ламберт) lambert.
л/мин abbr. (литров в минуту) liters per minute.
лм-с, лм-сек abbr. (люмен-секунда) lumen-second; лм-ч abbr. (люмен-час) lumen-hour.
л.н.с., ЛНС abbr. (линия наименьшего сопротивления) line of least resistance.
лоангокопаловая кислота loangocopalic acid.
лоб m. (anat.) forehead; front, face.
лобан m. (ichth.) striped mullet.
лобаровая кислота lobaric acid.
лобел/акрин m. lobelacrin; —идин m. lobelidine; —ин m. lobeline, inflatine; —иновая кислота lobelic acid; —ия f. (bot.) lobelia; —оид m. lobeloid.
лобзик m., —овый a. scroll saw, fret saw, keyhole saw; механический л., —овый станок jig saw.
лобик dim. of лоб.
лобин/ин m. lobinine; —ол m. lobinol.
лобков/о prefix (anat.) pubo— (pubis); —ый a. pubic; —ая кость pubis.
лобненский a. Lobnya (works).
лобный a. forehead, frontal.
лобовина f. forehead, frontal bone.
лобов/ой a. front(al), face; facing (cutter); head-on (impact); primary (turbine); (elec.) end (winding); (anat.) frontal; л. (токарный) станок (sur)facing lathe; л. фонарь headlight; —ая доска faceplate, face chuck (of lathe); —ая поверхность

face; —ая стенка top cover (of cylinder); —ое сопротивление (aero.) head resistance, drag; коэффициент —ого сопротивления head drag coefficient; сила —ого сопротивления drag (force).
лобогрейка f. (agr.) reaper, harvester.
лобок m. (anat.) pubis.
лоботокарный станок (sur)facing lathe.
лобулярный a. lobular.
лов m. catching, capture.
лов, ЛОВ abbr. (лампа обратной волны) backward-wave tube.
Лове волна (seismology) Love wave.
ловель gen. pl. of ловля.
ловец m. fisherman; trapper; catcher.
ловиль/ный a. catch(ing); л. инструмент (min.) grab (iron); л. колокол bell socket; —щик m. catcher.
ловит/ель m. catch, stop, grab; catcher; (core) lifter; guide pin; —ь v. capture, catch, seize, recover.
ловка sh. f. of ловкий.
—ловка f. suffix catcher, trap.
ловк/ий a. clever, skilful; —ость f. cleverness, skill, knack, dexterity.
ловля f. catching, capture, seizing, recovery.
ловок sh. m. of ловкий.
ловушка f. trap, snare, pitfall; catcher; (chem.) entrainment separator; absorption column.
ловче comp. of ловкий.
ловч/ий a. catching, trap(ping); hunting; —ая полоса insect-trapping band.
лог m. ravine, valley, hollow; (math.) log, logarithm; m. suffix —log(ist) (specialist).
логанин m. loganin.
логарифм m. (math.) logarithm, log; десятичный л. common logarithm, Briggs' logarithm; —ика f. logarithmic curve; —ирование n. taking the logarithm; —ировать v. take the logarithm; —ирующий a. logarithmic-computing; —ический a. logarithmic; —ическая линейка slide rule.
логи/ка f. logic; —чески, —чно adv. logically; —ческий, —чный a. logical.
—логия f. suffix —logy (science, study).
лого— prefix logo— (word, speech); —грамма f. logogram.
логометр m. (elec.) ratiometer.
лог-уошер m. (min.) log washer.
лодал m. lodal.
Лодж-Мюиргеда когерер (rad.) Lodge-Muirhead coherer.
лод/ка f. boat; (glass) debiteuse; —очка dim. of лодка; (analysis) boat, combustion boat; (bot.) cover slip; —очный a. of лодка.
лодыга f. (art.) trunnion plate.
лодыж/ечный a., —ка f. cam, catch; (folding) platform; (anat.) ankle; —ковый a. malleolar (artery).

ложа f. (gun) stock.
лож/бина f. hollow, cavity; trough, ravine; —бинка dim. of ложбина; stria; —бинный a. of ложбина; —бистый a. full of cavities, pitted; —e n. bed, channel (of river, cable, etc.), runway; (gun) stock.
ложек gen. pl. of ложка.
ложен sh. m. of ложный.
ложеч/ка dim. of ложка; —ник m., —ница f., —ная трава (bot.) spoonwort (Cochlearia); —ный a. spoon; shell, post-hole (auger).
ложиться v. lie down, fall; form (the basis of).
ложк/а f., —овый a. spoon; (met.) ladle, pouring cup; skimmer; sleeker; —овый бур post-hole auger; —ообразный a. cochleariform, spoon-shaped.
ложно adv. false(ly); prefix pseudo—; —гусеница f. larva pseudocaterpillar; —кристаллический a. pseudocrystalline; —мучнистая роса (phyt.) downy mildew; —ножка f. (zool.) pseudopod; —проволочники pl. larvae of Tenebrionidae and Alleculidae; —слоники pl. fungus weevils (Anthribidae): —сть f. falsity; —щитовки pl. soft scales (Lecaniidae): —эвтектический a. pseudoeutectic.
лож/ный a. untrue, false, spurious; erroneous, fallacious; pseudo—, mock; fault, ghost (image); (aut.) parasitic (circuit); decoy (warhead); л. вывод fallacy.
ложок m. stretcher.
ложь f. falsehood, untruth, deception.
лоза f. vine, cane, runner; willow.
лозаннский a. (geog.) Lausanne.
лоз/ник, —няк m. willow bush; willow thicket; —овый a. willow; —оподобный a. vine-like; grape-like.
лоипоновая кислота loiponic acid.
лояльный a. loyal.
Лока раствор Locke's solution.
локаин m. locaine (dye).
локал/изатор m. localizer, finder, detector; —изация f. localization; —из(ир)ованный a. localized; —(из)ировать v. localize; bring under control; —изуемый a. localizable; —ьный a. local; autochthonous, indigenous; —ьный режим кипения torpid boiling.
локановая кислота locanic acid.
локао n., —новая кислота locao, locaonic acid, Chinese green; —за f. locaose.
локатор m. locator, detector; radar; (petrol.) tracer.
локаут m., —ировать v. (labor) lockout.
локва f. (bot.) loquat (Eriobotrya japonica).
локомо/биль m. locomobile; —бильный a. locomobile; portable; —тив m., —тивный a. locomotive, engine.
локон m. lock (of hair); (geom.) witch.

локот/ник *m.* arm rest; —ь *m.*, —ной *a.* elbow; cubit, ell (approx. 0.5 m.).

локсо— *prefix* lox(o)— (oblique).

локсодром *m.*, —а, —ия *f.* loxodrome, loxodromic curve, rhumb (line); —ический, —ный *a.* loxodromic.

локсоклаз *m.* (min.) loxoclase.

локт/евой *a.* elbow, ulnar; —евая кость (anat.) ulna; —я *gen. of* локоть.

локус *m.* (math.) locus.

лоллингит *m.* (min.) löllingite.

лом *m.* (crow)bar, pinch bar; scrap, waste; *suffix* —break; металлический л. scrap metal.

ломан/(н)ый *a.* broken, fractured; irregular; bent; —ье *n.* breaking, fracture.

ломать *v.* break (up), crush, fracture; demolish; quarry (stone); rack (one's brains); —ся *v.* break, get out of order.

ломбардский *a.* Lombard; л. орех hazel nut, filbert.

ломик *dim. of* лом; pinch bar, wrecking bar.

лом/ить *v.* break; hurt, be painful; —ка *f.* breaking, demolishing; (stone) quarry.

ломк/ий *a.* brittle, friable, frangible, fragile, breakable; short; snap (bean); —ость *f.* brittleness, friability, fragility; —ость в холодном состоянии cold shortness.

ломов/ик *m.* draft horse; driver; —ой *a. of* лом; scrap (iron); draft (horse).

ломок *gen. pl. of* ломка; *sh. m. of* ломкий.

ломонос *m.* (bot.) clematis.

ломонтит *m.* (min.) laumontite.

ломот/а *f.*, —ный *a.* ache, dull pain.

ломоть *m.* slice, chunk.

ломт/ерезка *f.* (food) slicer; —ик *dim. of* ломоть.

лонгволл *see* гонгуолл.

лонгифо/ловая кислота longifolic acid; —ровая кислота longiforic acid.

лонгуол/л *m.*, —ьный *a.* (min.) longwall.

лондонский *a.* London.

лонжа *f.* cord.

лонжерон *m.*, —ный *a.* (av.) longeron, spar, beam; side rail, side member.

лонный *a.* (anat.) pubic.

лопание *n.* bursting, cracking, breaking.

лопарь *m.* lifting rope; (naut.) tackle-fall.

лопаст/но-колесный *a.* bucket-wheel (excavator); л.-регулируемый *a.* blade-regulated; —ный *a.* blade, vane, paddle; турбо—; rotary, centrifugal (pump); (biol.) laciniate, lobed, lobate; —ная машина turbomachine; —ное колесо paddle wheel; (pump) rotor, impeller; —ь *f.* blade, vane, paddle; fan; (biol.) lobe.

лопат/а *f.* shovel, spade; rabble; scraper, scoop; обратная л. back hoe; —ить *v.* spade, intermix; —ка *dim. of* лопата; trowel; skimmer; blade, paddle, vane (of turbine) (anat.) shoulder blade;

scapula; —ная работа shoveling; —огие *pl.* (zool.) tusk shells (*Scaphopoda*): —очка *f.* trowel; scoop, spatula; —очный *a. of* лопата; *see also* лопастный; (anat.) scapular; —очная машина turbomachine.

лоп/аться *v.* burst, crack, break, fracture, split, snap; —ающийся *a.* bursting, etc., *see v.*: pop (corn).

лопинит *m.* lopinit (suberose fossil coal).

лопнуть *see* лопаться.

лополиты *pl.* (geol.) lopoliths.

лопу/х *m.*, —ховый *a.*, —шник *m.* (bot.) burdock (*Arctia*): —шистый *a.* burdock-like; broad-leaved.

Лорана кислота Laurent's acid, 1-naphthylamine-5-sulfonic acid.

лоран/дит *m.* (min.) lorandite; —скит *m.* loranskite; —тиловый *a.* loranthyl (alcohol).

Лоренца сила Lorentz force.

лоренценит *m.* (min.) lorenzenite.

лор/етин *m.* loretin, yatren; —иодендрин *m.* loriodendrin.

лос/евый, —ий, —иный *a. of* лось; —ина *f.* buckskin; moose meat.

лоск *m.* gloss, luster, polish, glaze.

лоскут *m.* shred, rag, scrap; flap; (anat.) panniculus; —ный *a. of* лоскут; panniculular; patch (work); —ок *m.* (allergy) patch; —ье *n.* rags.

лосн/истый *a.* glossy, sleek; —иться *v.* be glossy, lustrous or shiny, shine; —ящийся *a.* glossy, shining, smooth.

лосос/евый, —ий, —иный *a.* salmon; —ина *f.*, —инный *a.* salmon (meat); —ь *f.* salmon.

лос/ь *m.* moose; —ятина *f.* moose meat; —ятник *m.* moose barn; moose hunter.

лот *m.* plumb (line), plummet, sounding lead, sounding rod, sea gage; механический *m.* sounder.

Лотарингия Lorraine; лотарингский ярус (geol.) Lotharingian stage.

лотко/вый *a. of* лоток; pan (conveyer); launder-type (classifier); —образный *a.* trough-shaped.

лот-линь *m.* (naut.) lead-line, sounding line.

лоток *m.* trough, tray, pan (for gold washing); (min.) launder; cradle, mold; hod; (ball bearing) race; (mill) course, race; chute, trough; gutter; gully; booth, stall; направляющий л. baffle; охлаждающий л. (glass) leer pan, lehr pan; л.-досылатель *m.* (art.) rammer tray.

лото/с *m.* (bot.) lotus (*Nelumbo*); —флавин *m.* lotoflavine.

лоточный *see* лотковый.

лотрит *m.* (min.) lotrite.

лотузин *m.* lotusin.

лоуренсий *m.* lawrencium, Lr or Lw.

лоф/ин *m.* lophine, 2,4,5-triphenylimidazole; **—офорин** *m.* lophophorine, methoxyanhalonine.

лох *m.* (bot.) oleaster (*Elaeagnus*).

лохан/ка *f.*, **—ный**, **—очный** *a.*, **—ь** *f.* pan, tub, basin; (anat.) pelvis.

лох/ио— *prefix* (med.) lochi(o)— [lochia(l)]; **—ия** *f.* lochia.

лохм/атый *a.* shaggy(-haired); **—оток** *m.* scrap, piece; **—отья** *pl.* rags, tatters; **—ы** *pl.* (fur) tangle(s).

лоховый *a.* of **лох**.

лохштейн *m.* jewel (bearing).

лоция *f.* navigational direction(s).

лоцман *m.*, **—ский** *a.* pilot.

лошадин/ый *a.* horse; **—ая сила** horsepower; **—ая сила-час** horsepower-hour.

лошадь *f.* horse, mare.

лошак *m.* hinny (similar to mule).

Лошмидта число Loschmidt number.

лош. сила *see* **л.с.**

лощен/ие *n.* glossing, etc., *see* **лощить**; **—(н)ый** *a.* glossed, etc., *see* **лощить**; glossy.

лощил/ка *f.*, **—о** *n.* polisher, burnisher.

лощильный *a.* glossing, polishing, burnishing; glazing; **л. зуб** burnisher; **л. пресс** (paper) rolling press, calender.

лощина *f.* hollow, depression; ravine, gulch, gully, draw.

лощить *v.* gloss, polish, burnish, smooth; (paper) calender, glaze.

ЛПЭ *abbr.* (**линейная потеря энергии**) linear energy loss.

л.с., ЛС *abbr.* (**лошадиная сила**) horsepower.

л/сек *abbr.* (**литров в секунду**) liters per second.

Л-система *f.* laboratory system.

л.с.-ч *abbr.* (**лошадиная сила-час**) horsepower-hour.

ЛТ *abbr.* (**ленточный транспортер**) conveyer belt; (**линейный трансформатор**) line transformer; (**литье точное**) precision casting; (**лучевой тетрод**) beam tetrode.

лу— *see also under* **лю—**.

луаргол *m.* luargol.

луарский *a.* (geog.) Loire (river).

луб *m.* (bot.) bast (fiber); **—ка** *gen. of* **лубок**; **—ковый** *a.* bast-fiber.

лублинит *m.* (min.) lublinite.

лубо/вой *a.* bast (fiber); **—волокнистый** *a.* bast-fiber(ed); **—вый** *a.* bast(-fiber); **—еды** *pl.* bark beetles (*Ipidae*); **—к** *m.*, **—чный** *a.* bast (fiber); (med.) splint.

лубрикатор *m.* lubricator, oil can.

луб/ья *pl. of* **луб**; **—яной** *a.* bast-fiber.

луг *m.* meadow.

луганский *a.* (geog.) Lugansk.

луго— *prefix* meadow; **—ведение** *n.* grassland ecology; **—вик** *m.* (bot.) hairgrass (*Deschampsia or Aira*); **—вина** *f.* shortgrass meadow; **—водство** *n.* meadow culture, grassland management; **—вой** *a.* meadow; -prairie (dog); **—вая руда** meadow ore, bog iron ore; **—мелиоративный** *a.* meadow-improving; **—пастбищный** *a.* pasture land.

луда *f.* luda (a rocky littoral shoal or islet); (met.) tinning alloy.

лудвигит *see* **людвигит**.

луд/ильный *a.* (met.) tinning; tinplating (plant); **—ильщик** *m.* tinsmith; **—ить** *v.* tin(-plate), tin-coat.

лудламит *m.* (min.) ludlamite.

лудловские свиты (geol.) Ludlovian series, Ludlow beds.

лужа *f.* puddle, pool.

лужайка *f.* lawn, grass plot.

лужен/ие *n.* (met.) tinning, tinplating; **—(н)ый** *a.* tinned, tinplated; **—ое листовое железо** tinplate.

лужица *f.* pool, puddle.

лужицкий *a.* (geog.) Luzicke.

лужок *dim. of* **луг**.

лузга *f.*, **—ть** *v.* husk, shell.

лузитанский *a.* (geol.) Lusitanian.

Луизиана, луизианский *a.* Louisiana.

лук *m.* bow; (bot.) onion.

лука *f.* bend; saddle bow.

лукит *m.* (min.) luckite.

луковиц/а *f.* (bot.) bulb; onion; **—еносный** *a.* bulb-bearing, bulbiferous; **—еобразный** *a.* bulb-shaped, bulbiform.

луковичн/ый *a.* bulb(ous); onion, alliaceous; **—ое масло** onion oil.

луко/возеленый *a.* leek-green; **—вый** *a.* onion; **—образный** *a.* bulb-shaped, bulbiform; arched, bow-shaped.

лук-порей *m.* leek; **л.-резанец** *m.* chives.

луксулианит *m.* (petr.) luxullianite.

лук-татарка *m.* Welsh onion.

лукуллит *m.* (min.) lucullite.

лук-чеснок *m.* garlic.

лум— *see also under* **люм—**.

лумахель *see* **люмахель**.

луми— *see* **люми—**.

лумп *m.* lump sugar.

луна *f.* moon.

лунат/изм *m.* somnambulism, sleepwalking; **—ик** *m.* somnambulist.

лунация *f.* lunation.

Лунге нитрометр Lunge nitrometer.

лунит *see* **луннит**.

лунк/а *f.* hole; crater(let); (mil.) mine hole; (anat.) alveole, socket; (zool.) alveolus; (geom.) lune; **серебристая л.** butterfly (*Phalera bucephala*); **—окопатель** *m.* hole digger.

луннит *m.* (min.) lunnite.

лунн/ый *a.* moon, lunar; lunitidal (interval); **л. камень** moonstone (gem); **л. пепельный свет** earthshine; **л. цирк**

лунок lunar ring formation; л. экспедиционный модуль lunar excursion module, LEM; —ое молоко agaric mineral.

лунок gen. pl. of лунка.

лунотрясение n. (geol.) moonquake.

луноч/ка dim. of лунка; (geom.) lune; (anat.) alveole; —ный a. of лунка; alveolar.

лупа f. magnifier, magnifying glass.

лупа/нин m. lupanine; —ренол m. luparenol; —рон m. luparone.

лупе/оза f. lupeose; —ол m. lupeol; —тазин m. lupetazine, dimethylpiperazine; —тидин m. lupetidine, 2,6-dimethylpiperidine; —тидиновая кислота lupetidinic acid.

лупин m. (bot.) lupine (*Lupinus*); —идин m. lupinidine; —ин m. lupinin (glucoside); lupinine (alkaloid).

луп/ить v. peel, pare, strip; —иться v. peel, scale off, flake; —ление n. peeling, paring; —леный a. peeled, pared; flaked.

лупул/ин m., —иновый a. lupulin; —иновая кислота lupulinic acid; —он m. lupulone.

лускать v. shell, husk, hull.

лускач m. (corn) sheller.

луссатит m. (min.) lussatite.

лутеин m. lutein (pigment).

лутео— prefix lute(o)— (orange-yellow) —л m. luteol (indicator); —лин m. luteolin, tetrahydroxyflavone; —соединение n., —соль f. luteo compound, luteo salt; —стерон m. luteosterone, progesterone.

лутеций see лютеций.

лутецит m. (min.) lutecite.

лутид/ин m. lutidine, dimethylpyridine; —иновая кислота lutidinic acid, 2,4-pyridinedicarboxylic acid; —он m. lutidone, 2,4-dimethyl-3-oxypyridine.

Луффа раствор Luff's reagent.

луци/дол m. lucidol, benzoyl peroxide; —нит m. (min.) lucinite; —фераза f. luciferase (enzyme); —ферин m. luciferin.

луцонит m. (min.) luzonite.

луч m. ray, beam, shaft (of light); path (in phase diagram); (biol.) arm; (zool.) ray; испускать —и v. radiate, emit rays; —евидный see лучеобразный; —евики pl. (zool.) Radiolaria.

лучев/ой a. ray, radial; radiation (pressure; sickness); beam; electron beam (tetrode); beam-type (maser); —ая диаграмма wave-front chart; —ая кость (anat.) radius.

лучезапястный a. (anat.) radiocarpal.

лучезвуковой a. radiophonic.

лучеиспуск/ание n. radiation; irradiation; поверхность —ания radiating surface; —ательный, —ающий a. radiating; —ать v. emit rays, radiate.

луче/локтевой a. (anat.) radio-ulnar; —образный a. ray-like, radial, radiating; —образующий a. beam-forming; —поглощение n. radiation absorption.

лучепреломл/ение n. refraction, refringence; —яющий a. refractive.

луче/приемник m. radiation detector; —прозрачный a. diathermic; —расщепитель m. beam splitter.

лучи pl. of луч; rays; radiation; —к dim. of луч.

лучин/а f., —ный a. splinter, chip, shaving, turning, boring.

лучисто/-волокнистый a. (geol.) radiating columnar; —сть f. radiance.

лучист/ый a. radiant, radial, radiating, radiated, in rays; radiation; radiative (transfer of energy); л. грибок (bot.) ray fungus (*Actinomyces*); л. камень (min.) actinolite; amianthus; л. разряд (elec.) brush and spray discharge; —ая руда (min.) clinoclas(it)e; —ые животные (zool.) Radiata.

лучить v. spear (fish).

луч/ковый a. bow (saw); —ок dim. of лук; bow (of saw); drill bow.

лучш/е comp. of хороший, хорошо, better, superior; л. всего best; как можно л. as well as possible; тем л. so much the better, all the better; —ий a. the best; the better; в —ем случае at best, at most; к —ему for the best.

лущ/евка f., —ение n. shelling, etc., see v.: —ен(ный) a. shelled, etc. see v.: —илка f. sheller, huller; —ильник m. stubble breaker, shallow plow, surface plow; —ильный a. shelling, etc., see v.: shell (beans); —ить v. shell, hull, husk; strip, peel; break (stubble); cultivate, plow shallowly.

ЛФЧХ abbr. (логарифмическая фазочастотная характеристика) logarithmic phase-frequency characteristic.

лыж/а f., —ный a. ski; (elec.) shoe.

—лый a. suffix —ed, —en(ed), —t.

лыко n., —вый a. bast (fiber).

лыс/еть v. grow bald; —ина f. bald spot; —ка f. flat, flattened spot; —ый a. bald.

лычный a. of лыко.

ль see ли.

льва gen. of лев.

львинки pl. soldier flies (*Stratiomyiidae*).

львиный a. lion; л. зев (bot.) snapdragon (*Antirrhinum*); л. зуб dandelion (*Taraxacum dens-leonis*).

львовский a. L'vov (State University).

льгот/а f. privilege, exemption, advantage; —ный a. favorable, preferential; cut, reduced (rate).

льд/а gen. of лед; —ина f. cake of ice, block of ice, ice floe; —инка dim. of —ина; small piece of ice; icicle; —истый a. icy; —о— prefix ice; —огенератор m.

ice-making machine; —**одробилка** *f.* ice crusher; —**подобный** *a.* ice-like, icy; —**осоляной** *a.* ice and salt (mixture); **серые** —**ы** young or winter ice.
Льеж (geog.) Liege.
льет *pr. 3 sing. of* лить.
льна *gen. of* лен.
льно— *prefix* flax; linen; linseed; —**водство** *n.*, —**водческий** *a.* flax growing; —**волокно** *n.* flax fiber; —**завод** *m.* flax-processing plant; —**комбайн** *m.* flax harvester; —**молотилка** *f.* flax (seed) thresher; —**мялка** *f.* flax straw breaker; scutcher; —**обрабатывающий** *a.*, —**обработка** *f.* flax processing.
льноочиститель *m.* flax (seed) cleaner; —**ный** *a.* flax cleaning.
льнопряд/ение *n.*, —**ильный** *a.* flax spinning; —**илка**, —**ильня** *f.* flax (spinning) mill.
льно/семеноводство *n.* flaxseed culture; —**сеялка** *f.* flax (seed) sowing machine; —**совхоз** *m.* flax-growing state farm; —**теребилка** *f.* flax puller; —**терка** *f.* linseed huller; —**трепалка** *f.* flax scutcher; —**трещетка** *f.* linseed sorter; —**триер** *m.* flax seed cylinder grader; —**уборка** *f.*, —**уборочный** *a.* flax harvesting; —**чесалка** *f.* flax hackling machine.
льнуть *v.* cling, stick, adhere (to).
льнянка *f.* (bot.) toadflax (*Linaria*).
льнян/ой *a.* flax(en), linen; linseed (meal, oil); **л. холст** linen; —**ая кислота** linoleic acid; **соль** —**ой кислоты** linoleate; —**ая трава** *see* льнянка; —**ое семя** linseed, flaxseed; —**ые жмыхи** linseed cake, oil cake.
льняно/кислый a. linoleic acid; linoleate (of); **л. кальций**, —**кальциевая соль** calcium linoleate; —**кислая соль** linoleate; —**масляная кислота** *see* льняная кислота.
льюи/зит, —**сит** *m.* (mil.; min.) lewisite; —**совый** *a.* Lewis.
льющий *pres. act. part. of* лить.
льяло *n.* (foundry) mold; (naut.) bilgeway.
лэмбовский сдвиг (phys.) Lamb shift.
Лэнгмюра теория Langmuir theory.
Любберса-Зиверта процесс Lubbers-Sievert process (glass drawing).
любезн/ость *f.* kindness, courtesy; —**ый** *a.* courteous, obliging, polite.
люберецкий песок Lyubertsy sand.
—**любивый** *a. suffix* —**philous**, —**philic**, -loving, -requiring, -needing.
любимый *a.* favorite.
любисток *m.* (bot.) lovage (*Levisticum*).
любитель *m.*, —**ский** *a.* amateur, fan.
любить *v.* like, love.
любка *f.* (bot.) Platanthera.
любоваться *v.* admire.
любовина *f.* lean (beef).

любовь *f.* liking, love.
любознательн/ость *f.* intellectual curiosity; —**ый** *a.* curious, inquiring.
любой *a.* any; either; all.
любопыт/ный *a.* curious, inquisitive; —**ство** *n.* curiosity.
любящий *pr. act. part. of* любить.
лювер *m.* louver (ventilator).
люд *m.* people, nation.
людвигит *m.* (min.) ludwigite.
Людерса линии (met.) Lüders (flow) lines.
люд/и *pl.* people, men; **без** —**ей** unmanned (satellite); **заселенный** —**ьми**, **с** —**ьми** manned.
людийский ярус (geol.) Ludian stage.
людный *a.* crowded, thickly populated.
люд/оед *m.*, —**оедский** *a.* cannibal; —**ской** *a.* human; man(power); —**ской материал** manpower.
люизит *see* льюизит.
люк *m.*, —**овый** *a.* manhole, hatch, trap door; —**овой** *m.* (min.) chute drawer.
люкс *m.* (illum.) lux, meter-candle.
Люкса газовые весы Lux gas balance.
люксембургский *a.* Luxembourg.
люксметр *m.* luxmeter (photometer).
люкс-секунда *m.* lux-second.
люл/ечный *a.*, —**ька** *f.* cradle, cage; basket, bucket; (foundry) ingot chair; swing bolster; (smoking) pipe; —**ечная балка** swing bolster.
люмахель *f.* (min.) lumachelle, shell marble, fire marble.
люмбаго *n.* (med.) lumbago.
люмен *m.* lumen (unit of luminous flux); —**метр** *m.* lumen meter; **л.-секунда** lumen-second, **л.-час** lumen-hour.
люминал *m.* Luminal, phenobarbital.
люминесц/ентно-битумный *a.* (geol.) bitumen-luminescence; —**ентный** *a.* luminescent; fluorimetric (analysis); fluorescent (lamp); scintillation, track (chamber); —**енция** *f.* luminescence; —**ирсвать** *v.* luminesce; —**ирующий** *a.* luminescent.
люми/ноген *m.* phosphorogen, luminogen; —**носкоп** *m.* luminoscope; —**нофор** *m.* (phys.) phosphor; (chem.) luminophore; **твердый** —**нофор** (opt.) luminescent solid; —**стерин** *m.* lumisterol, irradiated ergosterol.
люмнит *m.* lumnite (shielding material).
люнебургит *m.* (min.) lüneburgite.
люнет *m.* lunette (opening); sighthole; (glass) linnet hole; support, rest; stay (of lathe); collar plate.
люнкерит *m.* (met.) lunkerite.
люп/ин *see* лупин; —**ус** *m.* lupus, tuberculosis of the skin.
Люрмана шлаковая фурма (met.) Lurmann front (of blast furnace).
люсайт *m.* (plastics) lucite.

люстр/а *f.*, —овый *a.* luster; chandelier.
люте— *see under* луте—.
лютерная колонна continuous distillation column.
лютетский ярус (geol.) Lutetian stage.
лютец/ий *m.* lutecium, Lu; —ит *m.* (min.) lutecite; —ия *f.* lutetia.
лютик *m.* (bot.) crowfoot (*Ranunculus*).
лютый *a.* strong (wind); severe (frost); bloodthirsty (animal).
люф/а, —овый *see* люффа.
люфт *m.* gap, clearance; slack, free play, backlash, freedom; dead stroke.
люфф/а *f.*, —овый *a.* (bot.) luffa.
люцерн/а *f.*, —овый *a.* (bot.) lucerne, alfalfa (*Medicago sativa*).
люцит *m.* Lucite (plastic).
люцифераза *f.* luciferase.
люч/ина *f.* hatch board; —ок *dim. of* люк; hatch; (access) hole.
люэ/с *m.* (med.) lues, syphilis; —тический *a.* luetic, syphilitic.
лягут *fut.* 3 *pl. of* лечь.
лягуш/ачий, —ечий, —ечный, —иный *a.* frog; (elec.) frog-leg (winding); (med.) saltatory (gait); —ка *f.* frog; (draw) tongs, draw vise, grip, toggle.
ляда *f.* (geol.) overgrown depression; gully, ravine; clearing.
лядвенец *m.* (bot.) lotus; рогатый л. bird's foot trefoil (*Lotus corniculatus*).
лядина *see* ляда.
лядник *m.* (bot.) Hierochloe.
ляжет *fut.* 3 *sing. of* лечь.
ляжка *f.* (ent.) thigh, haunch.
лязг *m.*, —ать *v.* clank, clang.
Ляймана серия (phys.) Lyman series.
лямбда *f.* lambda, microliter.
Ляме параметр Lamé's constant.
лямель *see* ламель.
ляминогова масса (gas) Laming's mass.
лям/ка *f.*, —очный *a.* strap; (parachute) riser.
ляпис *m.* lunar caustic, silver nitrate; л.-лазурь *see* лазурит.
ляпсусы *pl.* (typ.) corrigenda.
лярд *m.* lard; —овое масло lard oil.
ляринго— *see* ларинго—.

М

м, М *abbr. for many terms, most commonly used of which are:* м *abbr.* (метр) meter; (милли-) milli-; м., М *abbr.* (масштаб) scale; (минута) minute; (море) sea; М *abbr.* (мега-) mega-; (металл) metal; (молекулярный вес) molecular weight; (молярность) molarity; (молярный) molar; (число Маха) Mach number; M. *abbr.* (Москва) Moscow.
м- *see* мета—.
ма *abbr.* (миллиампер) milliampere.
Ма *abbr.* [Мах (число)] Mach (number).
маар *m.* maar (a type of volcanic crater).
маврица *f.* (bot.) mauritia (palm).
МАГА *abbr.* (магнитногидродинамическая аналогия) magnetohydrodynamic analog method.
магаданский *a.* (geog.) Magadan.
магазин *m.* store; warehouse; (feeder) bin; box; magazine; м. сопротивлений (elec.) resistance box; —ирование *n.* storing; (min.) stoping; shrinkage; —ка *f.* magazine rifle; —ный *a. of* магазин; —ного типа stack (memory).
магеллановы облака (astr.) Magellanic clouds.
магента *f.* magenta, fuchsin.
магист/ерский *a.* (educ.) Master's; —ерство *n.* Master's degree; —р (точных) наук Master of Science, M.S.
магистрал *m.* (met.) magistral (a roasted copper pyrites).
магистраль *f.* main line, trunk line, artery; (gas, water) main; manifold; main road, highway; (elec.) main circuit; —ный *a.* main(-line), trunk; national, nationwide; —ная труба main.
магистрант *m.* undergraduate.
магический *a.* magic.
магма *f.* (geol.) magma, molten rock; (pharm.) magma; —тизм *m.* magmatism; —тический *a.* magma(tic).
магн *m.* magne (magnetic unit).
магнал/ий, —иум *m.* magnalium (alloy); —ит *m.* magnalite (alloy).
магнамицин *m.* Magnamycin, carbomycin.
магнезиальный *a.* magnesia(n); м. цемент magnesian cement, Sorel's cement.
магнезиоферрит *m.* (min.) magn(esi)oferrite.
магнезит *m.*, —ный, —овый *a.*, —овый шпат (min.) magnesite; —охромитовый *a.* magnesite-chromite.
магнезия *f.* magnesia, magnesium oxide; белая м. magnesia alba, hydrated magnesium carbonate; водная м. magnesium hydroxide; жженая м. magnesia; лимоннокислая м. citrate of magnesia, magnesium citrate; сернокислая м. magnesium sulfate.
магне/зон *m.* Magneson, 4-(*p*-nitrophenylazo)resorcinol; —син *m.* (elec.) Magnesyn (synchro).
магнетиз/ер *m.* magnetizer; —ирование *n.* magnetization; —ированный *a.* magnetized; —ировать *v.* magnetize; —м *m.* magnetism.
магнетик *m.* magnetic substance.
магнетит *m.*, —овый *a.* (min.) magnetite, magnetic iron ore.

магнет/ический *a.* magnetic; **—о** *n.* (elec.) magneto (generator); **—ометр** *m.* magnetometer; **—он** *m.* magneton (unit of magnetic moment); **—офлекс** *m.* Magnetoflex (alloy); **—охимия** *f.* magnetochemistry.

магнетрон *m.*, **—ный** *a.* (electron.) magnetron.

магниев/ый *a.* magnesium, magnesia(n); **м. известняк** (min.) magnesian limestone, dolomite; **—ая лента** magnesium ribbon; **—ая слюда** (min.) magnesium mica, phlogopite; **—ая соль** magnesium salt; **—ые квасцы** (min.) magnesia alum, pickeringite.

магниетермический *a.* magnesium-reduced.

магн/ий *m.* magnesium, Mg; **гидроокись —ия** magnesium hydroxide; **лимоннокислый м.** magnesium citrate; **окись —ия** magnesium oxide; **сернокислый м., сульфат —ия** magnesium sulfate; **хлористый м.** magnesium chloride.

магний/алкильное соединение magnesium alkyl compound; **—бромэтил** *m.* ethylmagnesium bromide; **—галоидалкилы** *pl.* alkylmagnesium halides; **—органический** *a.* organomagnesium (compound); Grignard (reaction).

магни/ко *n.* Magnico (alloy); **—стор** *m.* (electron.) Magnistor (reactor).

магнит *m.* magnet; **брусковый м.** magnetic bar, bar magnet; **естественный м.** (min.) natural magnet, lodestone.

магнит/изм *m.* magnetism; **—ить** *v.* magnetize.

магнитно/активный *a.* magnetic; **—жесткий** *a.* magnetically hard; **-ионный** *a.* magnetoionic; **—мягкий** *a.* magnetically soft; high magnetic permeability; **—полупроводниковый** *a.* transistor-magnetic; **—сть** *f.* magnetization; magnetizability; **—электроразрядный** *a.* magnetic-electric discharge.

магнитн/ый *a.* magnetic; **м. железняк** (min.) magnetic iron ore, magnetite; **м. колчедан** (min.) magnetic pyrites, pyrrhotite; **м. поток** magnetic flux; **измеритель —ого потока** fluxmeter; **—ая восприимчивость** (magnetic) susceptibility; **—ая диаграмма** magnetogram; **—ая запись** tape recording; **—ая индукция** (magnetic) induction, flux density; **—ая лента** magnetic tape; **—ая подвижность** magnetic fluctuation; **—ая проводимость** (elec.) permeance; **—ая проницаемость** permeability; **—ая сила** magnetic force; **—ая стрелка** magnetic needle; **—ое поле** magnetic field; **—ое притяжение** magnetic attraction; **—ое сопротивление** (elec.) magnetic resistance, reluctance; **удельное —ое сопротивление** (elec.) reluctivity; **—ые элементы** (aut.) magnetics.

магнито— *prefix* magneto—; **—газодинамика** *f.* magnetogas dynamics; **—газодинамический** *a.* magnetogas dynamic.

магнитогидро/динамика *f.* magnetohydrodynamics; **—динамический** *a.* magnetohydrodynamic; **—динамическое движение** free-field propulsion; **—механика** *f.* magnetohydromechanics; **—статический** *a.* magnetohydrostatic.

Магнитогорск Magnetogorsk.

магнито/граф *m.* magnetograph, recording magnetometer; **—графия** *f.* electromagnetic printing; **—движущая сила** magnetomotive force; **—держатель** *m.* magnet support, magnet cradle; **—звуковой** *a.* magnetosonic; **—ионный** *see* **магнитноионный**; **—ла** *f.* combination radio-tape recorder; **—лог** *m.* magnetologist.

магнитометр *m.* magnetometer; **—ический** *a.* magnetometric; magnetic (measurement); **—ия** *f.* magnetometry.

магнито/механический *a.* magnetomechanic(al); **—мягкий** *a.* magnetically soft; **—оптика** *f.* magneto-optics; **—оптический** *a.* magneto-optical; **—плазмодинамический** *a.* magnetoplasmodynamic; **—провод** *m.* magnetic circuit; **—резистор** *m.* magnetoresistor; **—скоп** *m.* magnetoscope; **—статика** *f.* magnetostatics; **—стрикционный** *a.* magnetostrictive; **—стрикция** *f.* magnetostriction; **—твердый** *a.* magnetically hard, magnetically rigid (alloy); **—теллурический** *a.* magnetotelluric; **—уловитель** *m.* magnetic detector; **—упругий** *a.* magnetoelastic; **—фон** *m.* magnetic (sound) recorder, tape recorder; magnetophone; **—фонный** *a.* tape recorder; tape recording; **—фуга** *f.* an electric motor; **—химия** *f.* magnetochemistry.

магнитоэлектричес/кий *a.* magnetoelectric; permanent-magnet (generator); **—кая машина** magneto; **—тво** *n.* magnetoelectricity.

магни/т-уничтожитель *m.* magnetic compensator, corrector; **—ченность** *f.* degree of magnetization; **—ченный** *a.* magnetized.

магно/лиевый *a.* (bot.) magnolia; **—лин** *m.* magnolin; **—лит** *m.* a magnesium cement-sawdust-asbestos building material; **—лия** *f.* magnolia; Magnolia metal (alloy); **—феррит** *m.* (min.) magn(esi)oferrite; **—хромит** *m.* magn(esi)ochromite.

Магнуса соль Magnus salt, tetrammineplatinum(II) chloroplatinate.

магога́ни *see* махога́ни.
мадагаска́рский *a.* (geog.) Madagascar.
Маделу́нга конста́нта (cryst.) Madelung's constant.
мад/иевый *a.*, —ия *f.* (bot.) Madia.
мадрепо́р/а *f.* madrepore (coral); —ит *m.* (zool.) madreporite.
ма́жет *pr. 3 sing. of* ма́зать.
мажеф *m.* manganese ferric phosphate (corrosion inhibitor).
мажор/а́нта *f.*, —а́нтный *a.* (math.) majorant; —и́рование *n.* majorization; —и́рованный *a.* majorized, dominated; —и́ровать *v.* majorize, dominate; —ита́рный *a.* majority; —ный *a.* major, greater.
ма́жу/т *pr. 3 pl. of* ма́зать; —щий *a.* greasing, smearing.
маз/а́ние *n.* smearing, etc., *see v.*; —анка *f.* mud hut; mud wall; —ан(н)ый *a.* smeared, etc., *see v.*; —анье *see* мазание; —ать *v.* smear, daub, spread, rub, apply; grease; —евый *a. of* мазь; —еобразный, —еподобный *a.* pasty, salve-like, grease-like.
ма́зер *m.* (phys.) maser (microwave amplification by stimulated emission of radiation).
маз/ь *gen., pl., etc., of* мазь; —илка *f.* brush; —ка *see* мазание; —ня *f.* smear, blur; —ок *m.* dab, stroke (of brush); smear; метод —ков smear technique; —ница *f.* tar pot.
мазони́т *m.* Masonite (fiberboard).
мазу́рий *m.* (obs.) masurium, Ma (technetium, Tc).
мазу́т *m.* mazut, masut, black oil, petroleum residue; fuel oil.
мазь *f.* ointment, salve; grease, paste.
ма́евский *a.* Mach (number).
маи́с *m.* (bot.) maize; —ин *m.* maisin; —овый *a.* corn (products); —овая ка́ша hominy, grits.
май *m.* May.
майда́н *m.* tar pit; tar distillery; (market) square.
Ма́йера *see* Ме́йера.
ма́йка *f.* (ent.) Meloe.
майкельсо́новский *a.* Michelson.
Майн the Main (river).
ма́йна *f.* lane; crack in ice.
ма́йник *m.* (bot.) Majanthemum.
майо́лика *f.* majolica (earthenware).
майоне́з *m.* mayonnaise.
майора́н *m.* (bot.) marjoram.
майора́новский *a.* (nucl.) Majorana.
ма́йский *a.* May.
майсне́ровский *a.* Meissner (oscillator).
майтла́ндит *m.* (min.) maitlandite.
майце́на *f.* cornstarch.
мак *m.* (bot.) poppy; снотво́рный м. opium poppy.

МАК *abbr.* (метакри́ловая кислота́) methacrylic acid.
макада́м *m.* macadam(ized) road; —иза́ция *f.* macadamization.
мак/а́льный *a.* dipping; м. пруто́к dipstick; —а́ние *n.* dip(ping); —аный *a.* dipped; seamless.
макаро́н/ный *a.*, —ы *pl.* macaroni.
макасса́ровое ма́сло Macassar oil.
мака́т/ельный *a.* dipping; —ь *v.* dip.
Мак Бэ́на центрифу́га McBain centrifuge.
ма́квис *m.* maquis, evergreen shrub thicket.
македо́нский *a.* (geog.) Macedonian.
маке́т *m.*, —ный *a.* model, mock-up; prototype; pattern, set-up; (typ.) layout, makeup, dummy, copy, sample.
макинто́ш *m.* mackintosh, raincoat.
макинто́шит *m.* (min.) mackintoshite.
макитра́ *f.* earthenware pot.
Ма́кки дистрибу́тор, Мак Ки д. (met.) McKee distributor.
макки́я *see* маквис.
Мак Ко́рмика жа́твенная маши́на (agr.) McCormick reaping machine.
маклейи́н *m.* macleyine, protopine.
Мак Лео́да мано́метр McLeod gage.
ма́клер *m.* (com.) (stock)broker; —ство-ва́ть *v.* job, be a broker.
Макло́рена теоре́ма (math.) Maclaurin's theorem.
макл/у́рин, —ю́рин *m.* maclurin, mori(n)-tannic acid; —ю́ра *f.* Osage orange (*Maclura*).
ма́кнуть *see* мака́ть.
мако́вка *f.* crown, top, summit; poppy head; cupola.
ма́ков/ый *a.* poppy; poppyseed (oil); —ая тексту́ра (petr.) pelitic structure.
макре́ль *f.* mackerel.
макро— *prefix* macr(o)—, (long, large); broad-scale, large-scale; —возмуще́ние *n.* broadscale perturbation; —вя́зкость *f.* macroviscosity; —гра́фия *f.* macrography; —дета́ль *f.* macrodetail; —зерно́ *n.* macroscopic grain; —съёмка *f.* macrofilming; —компоне́нт *m.* macrocomponent; —концентра́ция *f.* macroscopic concentration; —корро́зия *f.* macrocorrosion; —ко́см(ос) *m.* (astr.) macrocosm(os); —кристалли́ческий *a.* macrocrystalline; —ликва́ция *f.* (met.) macrosegregation; —метеороло́гия *f.* macrometeorology; —моле́кула *f.* macromolecule; —молекуля́рный *a.* macromolecular; —напряже́ние *n.* macrostress; —ось *f.* (cryst.) macroaxis; —па́ра *f.* macrocell; —плёнка *f.* macrofilm; —по́лость *f.* macrocavity, macrovoid; —по́ра *f.* macropore; —радика́л *m.* macroradical; —сейсми́ческий *a.* (geol.) macroseismic; —се́йсмы *pl.* macroseisms; —систе́ма *f.* macrosystem.

макроскоп/ический *a.* macroscopic; overall (reaction); (petr.) megascopic; —ия *f.* macroscopy.
макро/снимок *m.* macrograph; —структура *f.* macrostructure; —течение *n.* broad-scale flow; large-scale (air) current; —травление *n.* macroetching; —фаг *m.* (physiol.) macrophage; —филлин *m.* macrophylline; —фировый *a.* (geol.) macrophyric; —фотография *f.* macrophotography, enlarging; —фотоснимок *m.* macro(photo)graph, enlargement; —фотосъемка *f.* macrophotography; —химия *f.* macrochemistry; —цепь *f.* macrochain; —частица *f.* macroparticle; —шлиф *m.* macrosection; —элемент *m.* macrocell; macroelement.
макс. *abbr.* (максимальный).
максвелл *m.* (elec.) maxwell (unit of magnetic flux); м. -виток *m.* maxwell-turn; —метр *m.* maxwell-meter, fluxmeter; —овский, —овый *a.* Maxwell, maxwellian (distribution).
максиллярный *a.* (anat., zool.) maxillary.
максим/ально *adv.* at most, at a maximum; as much as possible; м. возможный *a.* the ultimate, the maximum, the greatest possible; м. использовать *v.* make the most (of), make the best use (of); —альнодопустимый *a.* permissible; —альный *a.* maximum, highest, greatest, top, the most, peak; extreme; —ум *m.* maximum, peak; extreme; as a maximum, at most; —ум до to a maximum.
максит *m.* (min.) maxite.
максуэл *see* максвелл.
макулатур/а *f.* waste paper, spoilage; —ный *a.* waste; common, low-quality.
макуха *f.* oil cake.
макуш/а *f.*, —ечный *a.*, —ка *f.* crown, top, summit.
мал *sh. m. of* малый.
малабарский *a.* (geog.) Malabar.
малайский *a.* Malay.
малакин *m.* malakin, salicylal-p-phenetidine.
малако— *prefix* malaco— (soft; mollusca); —(зоо)логия *f.* malacalogy, study of mollusks; —лит *m.* (min) malacolite; —метрия *f.* determination of degree of softness of a semifluid; —н *m.* (min.) malacon.
маламид *m.* malamide, malic amide.
мала/рин *m.* malarin, acetophenone phenetidine; —т *m.* malate; —т(и)он *m.* Malathion (insecticide).
малахит *m.*, —овый *a.* (min.) malachite, basic cupric carbonate.
Малая Азия Asia Minor.
малдонит *m.* (min.) maldonite.
малеат *m.* maleate.

малевать *v.* paint roughly, whitewash.
малеин— *prefix* malein, male—; —анил *m.* maleinanil.
малеиновокисл/ый *a.* maleic acid; maleate (of); —ая соль maleate.
малеинов/ый *a.* maleic; м. альдегид maleic aldehyde, malealdehyde; м. ангидрид maleic anhydride; —ая кислота maleic acid, *cis*-butanedioic acid; гидразид —ой кислоты maleic hydrazide; соль —ой кислоты maleate.
малейший *a.* least, slightest.
малек *m.* young fish, fry.
маленький *a.* small, little.
Мали (geog.) Mali.
малигнит *m.* (petr.) malignite.
малин/а *f.* raspberry; —ик *m.* raspberry canes, raspberry garden; —ный *a.* raspberry; —овка *f.* (orn.) robin; —овый *a.* raspberry, crimson-colored.
малк/а *f.* bevel (square), bevel protractor; в —у askew, obliquely.
маллардит *m.* (min.) mallardite.
маллеин *m.* (vet.) mallein; —изация *f.* malleinization.
мало *adv.* little, few, not enough; slightly; м. кто знает few (people) know; м. ли что it does not matter (that); what of it! м. по малу little by little, gradually, by degrees; м. того moreover.
мало— *prefix* low, little; slightly, weakly, poorly, insufficiently; rarely; not very; —азиатский *a.* (geog.) Asia Minor; —активный *a.* low-activity; inactive, inert, slow; low-level; (nucl.) cold; —алкогольный *a.* low-alcohol; —амперный *a.* (elec.) low-amperage, low-current; —белковой *a.* low-protein.
малоберцов/ый *a.* (anat.) fibular; peroneal (artery); —ая кость fibula.
маловажн/ость *f.* insignificance; —ый *a.* insignificant, unimportant.
маловат/о *adv.*, —ый *a.* rather little.
маловаттный *a.* (elec.) low-watt.
маловероятн/о *adv.* (it is) unlikely, highly improbable; —ость *f.* unlikelihood, improbability; —ый *a.* unlikely, improbable, doubtful.
маловесный *a.* light(-weight), not heavy.
маловод/ность *f.*, —ье *n.* (geol.) shortage of water, low water level; insufficient irrigation; —ный *a.* low-water, with little water; poorly irrigated; dry (year).
мало/вразумительный *a.* unclear, not (very) comprehensible; unconvincing; —вязкий *a.* light (oil); —габаритный *a.* small(-scale), miniature, pigmy, pocket; midget (tube); (text.) narrow; —говорящий *a.* saying little, explaining little; —грамотный *a.* uneducated; unskilled; —дебитный *a.* low-yield, marginal (well); —действенный, —действи-

тельный *a.* ineffective; **—дисторсионный** *a.* low-distortion; **—дойный** *a.* low-milk-yielding (cow); **—доказательный** *a.* unconvincing; **—достоверный** *a.* unreliable, untrustworthy.

малодоступн/ость *f.* inaccessibility; **—ый** *a.* (rather) inaccessible, hard to reach; unavailable.

малодоходный *a.* not very profitable.

мал/ое *n.* little; **без —ого** almost.

малоезж/еный, —ий *a.* little used, unfrequented (road).

малоемк/ий *a.* low-capacity, small-size; **—остный** *a.* small-capacitance.

мало/заметный *a.* unobtrusive, inconspicuous; not uncommon; **—заселенный** *a.* sparsely populated.

малоземель/е *n.* shortage of arable land; **—ный** *a.* land-poor.

малознакомый *a.* unfamiliar, strange.

малознач/ащий, —ительный, —ущий *a.* insignificant, unimportant; **—ительность** *f.* insignificance, unimportance.

мало/зольный *a.* low-ash; high-carbon (coke); **—изведанный** *a.* little-investigated; **—известный** *a.* little-known; **—изученный** *a.* little-studied; **—инерционный** *a.* quick-response; high-speed (memory); **—интенсивный** *a.* low-intensity; low (flux); **—интересный** *a.* of little interest, unattractive; **—исследованный** *a.* little-investigated; **—калиберный** *a.* small-gage, small-bore; subcaliber (rocket); **—калорийный** *a.* low-calorie; **—квалифицированный** *a.* poorly qualified; unskilled (labor); **—кислотный** *a.* low-acid; **—компетентный** *a.* not very competent; **—комплектный** *a.* small; **—кровие** *n.* (med.) anemia; **—кровный** *a.* anemic.

малол *m.* malol, ursolic acid.

мало/легированный *a.* (met.) low-alloy; **—лесный** *a.* forest-poor; **—лесье** *n.* scarcity of forests; **—летний** *a.* young, under age; **—леток** *m.* infant, child; **—летучий** *a.* low-volatile, slightly volatile.

малолитраж/ка *f.* economy car; **—ный** *a.* economy; small-capacity, small-displacement.

малоловая кислота *see* **малол**.

мало/людный *a.* sparsely populated, unfrequented; **—мерный** *a.* scanty, short; undersized; small(-size); **—метражный** *a.* small, short; **—мощность** *f.* low power; **—мощный** *a.* low-power, low-capacity, low-duty (machine); shallow, thin (soil); **—надежный** *a.* not (very) reliable; **—наезженный** *a.* little-used (road).

малон/амид *m.* malonamide, propanediamide; **—аниловый** *a.* malonanilic (acid).

малонаправленный *a.* broad (beam).

малонаселенный *a.* sparsely populated.

малон/ат *m.* malonate; **—ил** *m.* malonyl; **—илмочевина** *f.* malonylurea, barbituric acid.

малоново/бутиловый эфир butyl malonate; **—кальциевая соль** calcium malonate; **—кислый** *a.* malonic acid; malonate (of); **—кислый натрий** sodium malonate; **—кислая соль** malonate; **—метиловый эфир** methyl malonate; **—этиловый эфир** ethyl malonate.

малоно/вый *a.* malonic; **м. ангидрид** malonic anhydride; **м. эфир** malonic ester, diethyl malonate; **—вая кислота** malonic acid, propanedioic acid; **соль —вой кислоты** malonate; **—нитрил** *m.* malononitrile.

мало/ношеный *a.* little-worn; **—обитаемый** *a.* little-inhabited; **—облачный** *a.* with few clouds; **—облученный** *a.* slightly irradiated; **—обогащенный** *a.* slightly enriched; **—обоснованный** *a.* poorly grounded; **—обработанный** *a.* insufficiently processed; **—образованный** *a.* poorly educated; **—объемный** *a.* low-capacity, small-capacity; **—опасный** *a.* low-hazard, safe; **—опытный** *a.* inexperienced, with little experience; **—основательный** *a.* with a poor foundation; **—ответственный** *a.* with few responsibilities; low-duty.

мало/питательный *a.* not very nourishing; **—плодородный** *a.* poor (soil); not very productive; **—подвижный** *a.* stiff (joint); **—подготовленный** *a.* poorly prepared; **—полярный** *a.* low-polarity.

мало-помалу *adv.* little by little, gradually.

мало/поместительный *a.* small, cramped; **—понятный** *a.* abstruse, difficult to understand; **—пористый** *a.* low-porosity; **—потерный** *a.* low-loss; **—прибыльный** *a.* not (very) profitable; **—пригодный** *a.* of little use, not very suitable; **—применимый** *a.* not very applicable; **—приспособленный** *a.* little suited, not well adapted; **—продуктивный** *a.* inefficient, wasteful, low-yield(ing); not very productive; **—производительный** *a.* low-output, unproductive; **—процентный** *a.* low-grade.

мало/радиоактивный *a.* weakly radioactive; **—развитой, —развитый** *a.* un(der)developed; **—распространенный** *a.* little-distributed, rare; **—растворимый** *a.* difficultly soluble; **—ресничные** *pl.* (zool.) Oligotricha; **—ресурсный** *a.* short-life (engine); **—рослый** *a.* stunted, undersized, dwarf.

малороссийский *a.* Ukrainian.

мало/сернистый *a.* low-sulfur, low-sulfide; —сильный *a.* weak, feeble; low-powered; —скоростной *a.* low-velocity, low(-speed); —снежный *a.* with little snow; —снежье *n.* little snow; —содержательный *a.* superficial, shallow; —сольный *a.* freshly salted, freshly pickled; not very salty; —состоятельный *a.* not conclusive; poor; —споровый *a.* poorly sporulating; —способный *a.* slow (learner); —стойкий *a.* not (very) stable; —строчный *a.* low-definition, coarse; —сть *f.* insignificant amount, a little; trifle; *adv.* a bit, somewhat; —существенный *a.* insignificant, unimportant; —тиражный *a.* limited (edition).
мало/убедительный *a.* unconvincing, not conclusive; —углеродистый *a.* low-carbon; —угловой *a.* small-angle, low-angle; —удойный *a.* low-yield (cow); —употребительный *a.* rarely used, rare; —урожайный *a.* low-yield (crop); —успевающий, —успешный *a.* not (very) successful; —устойчивый *a.* not (very) stable; —форматный *a.* compact (camera); —фосфористый *a.* low-phosphorus; —ценный *a.* of small value, poor, inferior; lean (gas).
малочисленн/ость *f.* small number; —ый *a.* scanty, few, not numerous.
малочник *m.* bevel board, beveler.
мало/чувствительный *a.* low-sensitivity, not (very) sensitive; —шерстный *a.* shorthair; —шумный *a.* quiet, noiseless; —щелочной *a.* low-alkali; —щетинковые *pl.* (zool.) Oligochaeta; —этажный *a.* low (building).
малхит *m.* (petr.) malchite.
малый *a.* little, low, minor; small(-scale); semi-minor (axis); весьма м. minute.
мальв/а *f.* (bot.) mallow (*Malva*); —идин *m.* malvidin; —ин *m.* malvin.
мальдонит *see* малдонит.
мальк/и *pl.*; —овый *a. of* малек.
мальм *m.* (cer.) malm, washed clay.
мальпигиевый *a.* (anat.) Malpighian.
мальта *f.* (geol.) maltha, mineral tar.
мальтаза *f.* maltase (enzyme).
мальтацит *m.* (min.) malthacite.
мальтены *pl.* malthenes, petrolenes.
мальтийск/ий механизм *m.* (mech.) Maltese-cross intermittent transmission; —ая лихорадка (med.) brucellosis.
мальтин *m.* maltine, extract of malt.
мальто- *prefix* malto—; —биоза *f.* malto(bio)se; —бионовая кислота maltobionic acid, —декстрин *m.* maltodextrin, amyloin; —за *f.* maltose, malt sugar; —новая кислота maltonic acid, *d*-gluconic acid.
мальхит *m.* (petr.) malchite.

мальц-экстракт *m.* malt extract.
мальчик *m.* boy.
Малюса закон (phys.) Malus' law.
малю/сенький *a.* tiny, miniature; —тка *f.* miniature; pigmy; tiny child; подводная лодка-малютка mini-submarine.
малявка *f.* fry, young fish.
маляр *m.* (house or sign) painter.
маляр/ийный *a.* (med.) malarial; —ик *m.* malaria patient; —ин *see* малярин.
малярить *v.* paint.
малярия *f.* (med.) malaria.
малярн/ая *f.* paint store; —ичать *v.* paint; —ый *a. of* маляр; —ое дело painting.
мамалыга *f.* hominy, grits.
маметр *m.* (av.) machmeter, Mach indicator.
мамиллярный *a.* (anat.) mamillary.
маммея *f.* (bot.) mammee tree (*Mammea americana*).
маммут-насос *m.* air lift.
мамонт *m.*, —овый *a.* mammoth; —овое дерево big tree (*Sequoia gigantea*).
мамура *f.* (bot.) mamoura, dewberry (*Rubus arcticus*).
мамут-насос *see* маммут-насос.
манацин *m.* manacine.
манган *at m.* manganate; —ин *m.*, —иновый *a.* manganin (alloy); —ит *m.* manganite; (min.) manganite, gray manganese ore.
мангано/аксинит *m.* (min.) manganoaxinite, manganiferous axinite; —за *f.* manganese carbonate fertilizer; —зит *m.* manganosite, manganese protoxide; —кальцит *m.* manganocalcite; —лит *m.* (petr.) manganolite; —стибиит *m.* (min.) manganostibiite; —сферит *m.* manganospherite; —танталит *m.* manganotantalite; —филл *m.* manganophyllite.
мангеймский *a.* Mannheim (gold).
мангиферин *m.* mangiferin euxantogen.
мангл/евый *a.*, —ь *m.* (bot.) mangrove.
манго *n.*, —овый *a.* (bot.) mango.
мангольд *m.* (bot.) Swiss chard.
мангост/ан *m.* (bot.) mangosteen; —ин *m.* mangostin; mangosteen.
мангров/а *f.*, —ый *a.* (bot.) mangrove.
мангуста *f.* (zool.) mongoose.
мангустан *see* мангостан.
мандарин *m.*, —ный, —овый *a.* mandarine, β-naphthol orange (dye).
мандат *m.*, —ный *a.* mandate, order.
мандельштейн *m.* (petr.) almond rock, amygdaloid, amygdule.
мандрагор/а *f.*, —овый *a.* (bot.) mandrake (*Mandragora officinalis*); —ин *m.* mandragorine.
манебахский *a.* (cryst.) Manebach (law).
манев/р *m.*, —енный *a.* maneuver; —енная способность, —енность *f.* maneuver-

ability; **—ирование** *n.* maneuvering, etc., *see v.*; **—ировать** *v.* maneuver, manipulate, manage, work, operate; (rr.) switch, shunt; **—овый** *a.* maneuvering; shunting, switching; **—оспособность** *f.* maneuverability; **—оспособный** *a.* maneuverable; **—ы** *pl.* switching, shunting.

манекен *m.* mannequin; model, mock-up, dummy.

манер *m.*, **—а** *f.* manner, way, form, fashion, method; **—а** *f.* (printing) stencil; **на м.** in the manner (of), like; **таким —ом** in this fashion, in this way, thus.

манетка *f.* lever, throttle.

манжет *m.*, **—а** *f.* (packing) gland, gasket, ring, seal(ing) ring, collar, cuff, sleeve; (piston) cup; (tire) patch; **—ка** *dim.* of **манжета**: cuff; (bot.) lady's mantle (*Alchemilla vulgaris*); **—ный** *a.* of **манжета**.

маниак *m.* (med.) maniac; **—ально-депрессивный** *a.* manic-depressive; **—альный** *a.* maniacal.

маникюр *m.*, **—ный** *a.* manicure.

манильская пенька Manila hemp, abaca.

маниок/а *f.*, **—овый** *a.* (bot.) manioc, cassava, tapioca plant.

манипул/ирование *n.* manipulation, handling, treatment; operation; (telegraphy) keying; **—ированный** *a.* manipulated, etc., *see v.*; **—ировать** *v.* manipulate, handle, treat; operate; key; **—ятор** *m.* manipulator; signaling key; operator; **—ятор ближнего действия** (nucl.) handler; **—яция** *see* **манипулирование**.

манить *v.* attract, lure.

манифест/ация *f.* manifestation; **—ировать** *v.* manifest, demonstrate.

манифольд *m.* manifold.

маниха *f.* slack tide, ebb tide.

манихот *m.* (bot.) manihot.

мания *f.* (med.) mania; **м. величия** megalomania.

манка *f.* lure; (foods) semolina.

манкировать *v.* neglect, miss.

манлийская эпоха (geol.) Manlius epoch.

манна *f.* manna; **—н** *m.* mannan; **—я** *f.* (foods) semolina.

маннесмановский *a.* Mannesmann.

маннид *m.* mannide.

манник *m.* manna grass (*Glyceria*).

манни/л *m.* mannyl; **—нотриоза** *f.* manninotriose; **—т** *m.* mannitol; **—тан** *m.* mannitan; **—тоза** *f.* mann(it)ose; **—тол** *m.* mannitol.

Манниха основание Mannich base.

манно/гептит *m.* mannoheptitol, perseitol; **—гептоза** *f.* mannoheptose; **—за** *f.* mannose; **—зидострептомицин** *m.* mannosidostreptomycin, streptomycin B; **—лит** *m.* mannolite, chloramine-T;

—новая кислота mannonic acid; **—сахарная кислота** mannosaccharic acid; **—триоза** *f.* mannotriose.

мано— *prefix* mano— (thin, rare); **—вакуумметр** *m.* vacuum manometer, vacuum gage; **—граф** *m.* manograph, recording manometer; **—детандер** *m.* pressure regulator, reducing valve; **—метр** *m.* manometer, pressure gage; **—метрический** *a.* manometric; gage, over-(pressure); **—стат** *m.* manostat, pressure control instrument.

мансард/а *f.* mansard, attic; mansard roof; **—ный** *a.* mansard; **—ное помещение** attic, garret.

мантисса *f.* (math.) mantissa.

мантия *f.* mantle.

Манту реакция (med.) Mantoux test.

мануфактур/а *f.*, **—ный** *a.* fabrics, dress goods; obs. textile mill; manufacture.

манчестер *m.* (text.) velveteen; **—ский коричневый** Manchester brown, triamino-azo-benzene.

маншон *m.* (paper) jacket.

маньчжурский *a.* (geog.) Manchurian.

маньяк *see* **маниак**.

манящий *a.* luring, tempting.

мара *f.* thick fog.

маразм *m.* (med.) marasmus, progressive waste; **—овый** *a.* marasmic (acid).

марал *m.*, **—ий** *a.* (zool.) Siberian stag.

марантовый *a.* arrowroot (starch).

мараскин *m.* maraschino (liqueur).

марать *v.* dirty, soil, smear; scribble.

марашка *f.* (typ.) turn, slur, work-up, inverted type.

марган/ец *m.* manganese, Mn; **гидрат закиси —ца** manganous hydroxide; **гидрат окиси —ца** manganic hydroxide; **двуокись —ца, перекись —ца** manganese dioxide, manganese peroxide; **закись —ца** manganous oxide; **соль закиси —ца** manganous salt; **закись-окись —ца** manganomanganic oxide; **окись —ца, черный м.** manganic oxide, manganese (sesqui-) oxide; **соль окиси —ца** manganic salt; **сернокислый м., сульфат —ца** manganese sulfate; **сернокислая закись —ца** manganous sulfate; **сернокислая окись —ца** manganic sulfate; **хлористый м.** manganous chloride; **хлорный м.** manganic chloride.

марган/о— *prefix* mangano—; **—цево—** *see* **марганцово—**; **—цевый** *see* **марганцовый**.

марганцовисто— *prefix* mangano—, manganous; **—калиевая соль, —кислый калий** potassium manganate; **—кислый** *a.* manganic acid; manganate (of); **—кислая соль** manganate; **—синеродоводородная кислота** manganocyanic acid.

марганцовист/ый *a.* manganous, manganese, manganiferous; **м. ангидрид** manganese trioxide; **м. доломит** (min.) mangandolomite; **м. купорос** manganous sulfate; **м. шпат** *see* **марганцовый шпат**; **—ая кислота** manganic acid; **соль —ой кислоты** manganate; **—ая соль** manganous salt; **—ая сталь** (met.) manganese steel; **—ое железо** (met.) ferromanganese.

марганцовка *f.* potassium permanganate.

марганцово— *prefix* mangani—, manganic, manganese; **—калиевая соль, —кислый калий** potassium permanganate; **—кальциевая соль** calcium permanganate; **—кислый** *a.* permanganic acid; permanganate (of); **—кислая соль** permangante; **—синероводородная кислота** manganicyanic acid.

марганцов/ый *a.* manganic, manganese; **м. ангидрид** permanganic acid anhydride, manganese heptoxide; **м. блеск** (min.) manganese glance, alabandite; **м. купорос** manganese sulfate; **м. пектолит** (min.) manganpectolite; **м. шпат** (min.) manganese spar, rhodochrosite; **м. эпидот** (min.) manganese epidote, piedmontite; **—ая кислота** permanganic acid; **соль —ой кислоты** permanganate; **—ая обманка** (min.) manganese blende, mangan-blende, alabandite; **—ая пена** (min.) bog manganese, earthy manganese, wad; **—ая соль** manganic salt.

маргарин *m.* margarine (butter substitute); margarin (glyceryl ester of margaric acid).

маргаринов/ый *a.* margarine, margaric; **—ая кислота** margaric acid, heptadecanoic acid; **соль —ой кислоты, —окислая соль** margarate; **—ое масло** margarine oil.

маргарит *m.* (min.) margarite.

маргаритка *f.* (bot.) daisy (*Bellis*).

маргаритовая кислота margaritic acid.

маргародит *m.* (min.) margarodite.

маргарон *m.* margaron, dihexadecyl ether.

маргаросанит *m.* (min.) margarosanite.

маргинал/ии *pl.* marginal notes; **—ьный** *a.* marginal.

маргоз/ин *m.* margosine; **—овая кислота** margosic acid; **—овое масло** margosa oil, oil of azedarach.

марев/о *n.* haze; mirage; looming; **—ый** *a.* of **марь**; swampy.

мареграф *see* **мареограф**.

мареканит *m.* (petr.) marekanite.

марен/а *f.*, **—ный, —овый** *a.* (bot.) madder (*Rubia*, spec. *R. tinctorum*).

мареограф *m.* tide gage, depth gage.

мари *gen., pl., etc., of* **марь**; (geol.) mari (sparse larch forests with peat moss litter; shallow, often hummocky, bog; horizontal or sloping stretches with numerous small knolls or ridges with swampy patches between).

мариалит *m.* (min.) marialite.

мариинский *a.* (geog.) Mariinsk.

марийский *a.* (geog.) Mari.

марин/ад *m.* marinade; pickles; **—ование** *n.* marinating; pickling; **—ованный** *a.* marinated; pickled; **—овать** *v.* marinate; pickle; put off, shelve.

мариньяцит *m.* (min.) marignacite.

Мариотта закон (phys.) Mariotte's law.

марипозит *m.* (min.) mariposite.

мариуполит *m.* (petr.) mariupolite.

марка *f.* stamp, mark, brand, make; quality, sort, type; index mark; (load) line; (coal) rank; (postage) stamp; **заводская м., фабричная м.** tradename, brand, nameplate.

марказит *m.* (min.) marcasite, white iron pyrites; **гребенчатый м.** coxcomb pyrites; **—овый** *a.* marcasite, marcasitic.

маркер *m.*, **—ный** *a.* marker, tag; index; **—ный знак** warning character, sentinel, block marker, tag.

маркиза *f.* awning, canopy.

маркизет *m.* (text.) marquisette, voile.

маркий *a.* easily soiled.

маркир/овальный *a.*, **—ование** *n.* marking, etc., *see v.*; **—ованный** *a.* marked, etc., *see v.*; **—овать** *v.* mark, stamp; tag, label (molecules, etc.); grade; lay out; trace (lines); **—овка** *f.*, **—овочный** *a.* marking, etc., *see v.*; layout; **—овщик** *m.*, **—ующий горизонт** marker; **—ующий** *a.* marking, etc., *see v.*

Марковникова правило Markownikoff rule.

Маркони когерер (rad.) Marconi coherer.

маркость *f.* (text.) ready soilability.

маркшейдер *m.* (mine) surveyor, **—ия** *f.*, **—ская съемка, —ское дело** mine surveying, underground surveying; **—ский** *a.* surveyor's, surveying; miner's.

марлат *see* **метоксихлор**.

марлевый *a.* gauze.

марлит *m.* (petr.) marlite, stony marl; **—овый** *a.* marlitic.

марля *f.* (med.) gauze.

марматит *m.* (min.) marmatite.

мармелад *m.* fruit-paste candy.

мармолит *m.* (min.) marmolite.

мармировать *see* **мраморировать**.

марок *gen. pl. of* **марка**; *sh. m. of* **маркий**.

марок/ко *n.*, **—еновый** *a.* (text.) marocain; Morocco (leather); **—канский** *a.* Moroccan.

марочный *a. of* **марка**.

Марс (astr.) Mars; **—а желть** Mars yellow (synthetic iron oxide).

марсельский *a.* Marseille; castile (soap).

марсианский *a.* (astr.) Mars, Martian.
март *m.* March.
мартен *m.* (met.) open-hearth furnace; open-hearth steel; —зит *see* мартенсит; —ование *n.* open-hearth refining; —овец *m.* open-hearth worker.
мартеновск/ий *a.* (met.) Martin, open-hearth; м. передел (Siemens-)Martin process, open-hearth process; м. цех open-hearth (steel) mill; —ая ванна molten bath in open-hearth process; —ая печь open-hearth furnace.
Мартенс-Гейн: твердость по —у Martens-Heyn hardness.
мартенсит *m.* martensite (steel); —овый *a.* martensite, martensitic.
мартенщик *m.* (met.) open-hearth worker.
мартинит *m.* (min.) martinite.
мартит *m.* (min.) martite, iron sesquioxide.
мартовский *a.* March.
мартышка *f.* (zool.) marmoset.
МАРУ *abbr.* (мгновенная автоматическая регулировка усиления) instantaneous automatic gain control, IAGC.
марцелин *m.* (min.) marceline.
марцесцин *m.* marcescin.
марципан *m.* marchpane, marzipan.
Марциуса желтый Martius yellow (salt of 2,4-dinitro-1-naphthol).
марш *m.* march; flight (of stairs); marsh (land).
Марша проба Marsh test (for arsenic).
маршалит *m.* marshalite, silica flour.
маршанция *f.* (bot.) Marchantia.
маршев *see under* Марша.
маршевый *a. of* марш; cruise, sustainer (engine); cruising thrust (chamber); м. двигатель sustainer.
марши *pl.* marsh, morass, swamp.
маршировать *v.* march.
маршит *m.* (min.) marshite.
маршрут *m.* route, itinerary, course; (geod.) traverse route, line route; (aerial surveying) flight line, strip, pass; track; (rr.) block train; —изация *f.* routing; running traffic in blocks; —ный *a. of* маршрут; block (train).
марь *f.* mist; (bot.) goosefoot (*Chenopodium*); (geol.) *see* мари; белая м. lamb's quarters, pigweed (*C. album*).
марьянник *m.* cow wheat (*Melampyrum*).
масел *gen. pl. of* масло.
маска *f.* mask, disguise; (face) veil; (mil.) screen, net; face guard, face shield; защитная м. face guard.
маска/гнин, —ньин, —ньит *m.* (min.) mascagnine, mascagnite.
маска-перекрытие *f.* cover, drape net; dome-shaped slope screen; м.-штора *f.* camouflage blind.
маскелинит *m.* (min.) maskelynite.
маскир/ование *n.* masking, etc., *see v.*; —ованный *a.* masked, etc., *see v.*; —овать *v.* mask, disguise, camouflage; conceal, cover, screen; —овка *see* маскирование; disguise, camouflage; concealment; световая —овка black-out; —овочный *a.* masking, etc., *see v.*; deceptive, camouflage; —овщик *m.* camouflage specialist; —ующий *see* маскировочный.
масксеть *f.* (mil.) camouflage net.
масленка *f.* lubricator, oil can; lubricating valve; oil cup; oiler.
маслен/ый *a.* oiled, lubricated; —ная нефть crude oil rich in lube oil fractions; —ок *see* масляник; —ый *see* масляный.
маслин/а *f.* olive (tree); —ный, —овый *a.* olive.
маслить *v.* oil, grease, lubricate; butter.
масличн/ость *f.* oil content; —ые *pl.* oil-producing plants; —ый *a.* oil(-yielding); olive (tree); —ая пальма oil palm (*Elaeis guineensis*).
масло *n.* oil; butter; м. какао cacao butter; коровье м. butter; —бак *m.* oil tank; —бензостойкий *a.* oil and gas resistant.
маслобой/ка *f.* churn (for butter); oil mill; —ножировой *a.* butter and fats; —ный *a.* oil; —ный завод, —ня *f.* oil mill; —ный станок oil press; —щик *m.* oil manufacturer.
масло/влагоуловитель *m.* oil and moisture trap; —выпускное отверстие oil drain.
маслодел/ие *n.*, —ьный *a.* butter making; —ьный завод, —ьня *f.* creamery.
масло/емкость *f.* oil absorption, oil number (of pigment); —завод *m.* creamery, oil mill; —заправщик *m.* oil dispenser; —изготовитель *m.* (butter) churn; —мер *m.*, —мерное стекло oil gage; —мерный *a.* oil-measuring; dip (stick); —наполненный *a.* oil-extended, oil-filled; —непроницаемый *a.* oiltight, oilproof, greaseproof; —образный *a.* oily, greasy; —образующий *a.* oil-forming, olefiant; —отбойное кольцо oil-catch ring, oil wiper; —отводное кольцо oil ring, oil scraper.
маслоотдел/итель *m.* oil separator; —яющий *a.* oil-separating; grease (filter).
маслоотражатель *m.* oil deflector; oil seal; —ное кольцо oil slinger ring.
масло/отстойник *m.* (oil) sump; —охладитель *m.* oil cooler.
маслоочиститель *m.* oil purifier, oil filter; —ный завод oil refinery.
масло/перепускной *a.* oil overflow (valve); —поглощаемость *f.* oil-absorbing capacity, oil absorption; —подогреватель *m.* oil heater; —приемник *m.* oil header.
маслопровод *m.* oil (pipe)line; —ный *a.* oil-conducting, oil-piping.

масло/прокачивающий *a.* oil-priming; —радиатор *m.* oil cooler (assembly); —разбрызгиватель *m.* oil thrower, oil splasher; —разбрызгивающий *a.* oil-splashing; oil (ring); —раздаточный *a.* oil-dispensing; —распределитель *m.* oil distributor; —растворимый *a.* oil-soluble; —родный *a.* olefiant.

масло/сборник *m.* drip pan, sump, oil collector, oil trap; —сбрасывающее кольцо oil piston ring, oil piston scraper; —сгонное кольцо obturator ring, wiper ring; —система *f.* lubrication system; —слив *m.* oil drain; —собирательное кольцо oil wiper; —стойкий *a.* oil-resistant; —счётчик *m.* oil meter; oil gage; —съёмное кольцо oil (piston) ring, oil scraper.

маслотта *f.* ring pot.

масло/указатель *m.* oil gage; —уловитель *see* маслосборник; —уловительный *a.* oil-catching; lubricating (ring); —фильтр *m.* oil filter.

масл/уха *f.*, —яник *m.* (bot.) butter mushroom (*Boletus luteus*).

маслянист/ость *f.* oiliness; lubricity, lubricating property; oil content; fat content; (wine) ropiness; (phyt.) greasy pod; —ый *a.* oily, oleaginous; butyrous, buttery; emulsive; ropy (wine); viscous; unctuous; —ая взвесь emulsion; —ая смола oleoresin.

маслянка *see* маслёнка.

масляно/амиловый эфир amyl butyrate; —бутиловый эфир butyl butyrate; —кислый *a.* butyric acid; butyrate (of); —кислый кальций, —кальциевая соль calcium butyrate; —кислая соль butyrate; —кислое брожение butyric (acid) fermentation; —метиловый эфир methyl butyrate; —смоляной *a.* oleoresinous (varnish).

масляность *f.* oiliness, greasiness, fatness.

масляноэтиловый эфир ethyl butyrate.

маслян/ый *a.* (paints) oil(-base); greasy; butyrous, butyric; м. альдегид butyraldehyde, butanal; м. ангидрид butyric anhydride; м. газ oil gas; —ая загрунтовка coat of oil paint; —ая кислота butyric acid, butanoic acid; соль —ой кислоты butyrate; —ая пальма (bot.) oil palm (*Elaeis guineensis*).

масок *gen. pl. of* маска.

масс/а *f.* mass, bulk, volume; heap; a great many, a host (of); stuff, stock; matter, substance, compound, composition; block, shoal, swarm; (paper) pulp; (cer.) body, paste, slip; body (of casting); м. на единицу площади mass-area ratio; м. покоя (nucl.) rest mass; в (общей) —е for the most part; дефект —ы mass defect; единица —ы unit of mass, unit of measure; (nucl.) atomic mass unit, amu; закон действия масс law of mass action; испытание —ы bulk test; перенос —ы mass transfer; собственная м. rest mass.

массаж *m.*, —ный *a.* massage.

масса-светимость *f.* (astr.) mass-luminosity.

масс. ед. *abbr.* (массовая единица) mass unit; atomic mass unit.

массив *m.* solid mass, body; main part; block, group; large tract, area; (ice) pack; deck, pack, stack (of cards); file, collection; shell (of furnace); (geol.) massif, mountain mass; м. информации data file; большой м. данных (comp.) mass data; жилищный м. development, tract (of houses); лесной м. large forest; —ность *f.* massiveness, solidity; —ный *a.* massive, bulky, substantial, sturdy, heavy, compact; solid (tire, etc.).

массикот *m.* (min.) massicot, lead monoxide.

массиров/ание *n.*, —ка *f.* massaging; massing; —анный *a.* massaged; massed; —ать *v.* massage, knead; mass, concentrate.

масскуит *m.* (sugar) massecuite.

массов/ость *f.* mass, quantity; —ый *a. of* масса; mass, assembly-line, wholesale (manufacture); large-tonnage (product); high-volume; —ая единица (nucl.) atomic mass unit, amu; средний —ый weighted mean (temperature); теория —ого обслуживания (electron.) queueing theory.

массо/обмен *m.*, —обменный *a.* mass exchange; —передача *f.* mass transfer; —проводность *f.* mass conductivity; —содержание *n.* mass content.

масс-сепаратор *m.* mass separator.

масс-спектр/альный *a.* mass-spectrum; —ограф *m.* mass spectrograph; —ометр *m.* mass spectrometer; —ометрия *f.* mass spectrometry.

масс-эквивалент *m.* mass equivalent.

мастей *gen. pl. of* масть.

мастер *m.* foreman; master, expert, skilled workman; maker, manufacturer; м.-бёч *m.* (rubber) master batch; —ить *v.* make, contrive; м.-карта *f.* master card, permanent card; —овой *a.* skilful, experienced; *m.* craftsman; —ок *m.* trowel, float; —ская *f.* (work)shop, repair shop; —ские *pl.* works; —ский *a. of* мастер; —ской *a.* skilful; —ство *n.* skill, workmanship; trade, craft.

мастика *f.* mastic, cement, composition, paste, compound; —тор *m.* masticator, (breakdown) mill; —ция *f.* mastication, breakdown.

мастико/вый see **мастичный;** —**новая кислота** masticonic acid.
мастикс see **мастика.**
мастит m. (med.) mastitis.
мастихин m. spatula.
мастицин m. masticin; —**овая кислота** masticinic acid.
мастицировать v. masticate, break down.
мастичный a. mastic.
мастодонт m. (pal.) mastodon.
мастоидит m. (med.) mastoiditis.
масть f. color (of animal).
масштаб m. scale, gage, rule; degree, quantity, measure; rate; **м. скольжения** sliding scale; **большого** —**a** large scale; **в** —**е** to scale; **в** —**ах** in quantities; **в маленьком** —**е** on a small scale; **в уменьшенном** —**е** scaled down; **но** —**y** to scale; **сводить к определенному** —**y** v. bring to scale; **складной м.** folding rule; **уменьшать** —**е** v. scale down; **чертить в** —**е** v. to draw to scale; —**ирование** n. scaling; multiplex(ing); —**ировать** v. scale; —**ность** f. extent; —**ный** a. of **масштаб;** —**ная линейка** scale, measuring rule.
мат m. mat, dull finish; (floor) mat, rug; **наводить м.** v. mat, produce a mat finish; grind, frost (glass) **протрава для** —**a** (met.) dull pickling; **стравлять на м.** v. dull (pickle).
матаи-резинол m. matairesinol.
мате see **матэ.**
математи/к m. mathematician; —**ка** f. mathematics; —**чески** adv. mathematically; —**ческий** a. mathematical; complete (induction); simple (pendulum).
матереть v. harden, grow hard; grow (out).
матери gen., pl., etc., of **мать.**
материал m. material, goods, stock; data; fabric, cloth; **сырой м.** raw material; —**изация** f. materialization; —**изовать(ся)** v. materialize.
материало/вед m. materials technologist, materials man; —**ведение** n. materials technology; —**емкость** f. materials consumption.
материально-технический a. materials and equipment.
материальн/ый a. material, physical; mass (point); —**ая часть** equipment; —**ое хозяйство** materials control.
материк m. continent, (main)land; subsoil; (hydr.) horizon D; (petr.) bedrock; (biol.) parent tissue; —**овый** a. of **материк;** continental; bed (rock) land (ice).
материнский a. maternal; mother; parent, source; inherent, intrinsic.
материя f. material, fabric; matter, substance; pus.

матерка f. (bot.) pistillate hemp.
матерчатый a. cloth, fabric.
матико n. matico-(leaves).
матильдит m. (min.) matildite.
матиров/ание n. dull finish; producing dull finish; frosting (glass); —**анный** a. mat, dull; ground, frosted; —**ать** v. dull, deaden, tarnish; give a mat surface (to), produce a dull finish; frost, etch; —**ка** see **матирование.**
Матиссена правило (elec.) Mathiessen's rule.
мати/ца f., —**чный** a. girder, beam, joist; templet; bag, sac.
матка f. (anat.) uterus, womb; (geol.) matrix; (zool.) dam, female parent; queen bee; (aircraft) carrier; master batch (of rubber); (text.) printing roller; (met.) rising gate.
матлокит m. (min.) matlockite.
матовопозолоченный a. dead-gilded.
матовость f. dullness, deadness, dimness.
матов/ый a. dull, lusterless, tarnished, dead, mat, mat-finish; ground, frosted, etched (glass); (bot.) opaque; **м. блеск** dull finish, mat finish; —**ая отделка** dull finish(ing); —**ая позолота** dead-gilding; —**ая протрава** (met.) pickle for giving a dull surface; —**ое место** dead spot.
матовязальный a. mat-weaving.
маток gen. pl. of **матка.**
маточник m. mother liquor; master tap; lead screw; master batch; (hort.) parent plant; seed plot; nursery; (agr.) pen for dams; queen bee egg; (bot.) Ostericum; dragonhead (Dracocephalum moldavicum).
маточн/ый a. mother, parent, source; master (batch); stock (pond); (anat.) uterine; **м. лист** (met.) starting sheet; **м. метчик** master tap; **м. рассол, раствор** mother liquor; **м. чан** (vinegar) mother vat; —**ая смесь** master batch (of rubber); —**ая трава** (bot.) feverfew (Pyrethrum parthenium); —**ые рожки** (bot.) ergot (Claviceps purpurea).
матр/ас m. separating flask; —**ас, —ац** m. mat(tress); (geol.) pillow lava; —**ацевидный** a. pillow (cleavage); —**ацный** a. of **матрац.**
матрикария f. (bot.) Matricaria.
матрин m. matrine, isolupanine.
матри/ца f. (math.; typ.) matrix; array; (stamping) die, female die; —**цы** pl. matrices; **м.-образец** f. master die; **литье в** —**цах** die casting; —**цедержатель** m. die holder; —**цирование** n. matrixing, matrix making; —**цировать** v. make matrices; —**чный** a. of **матрица;** master, pattern (card).
матрос m. sailor, seaman.
мать f. mother.

Матье функция (math.) Mathieu's function.
мать-(и-)мачеха f. (bot.) coltsfoot (*Tussilago farfara*).
матэ n. (bot.) maté, Paraguay tea (*Ilex paraguariensis*).
маун m., **—ный** a. (bot.) valerian.
маухерит m. (min.) maucherite.
мауцелиит m. (min.) mauzeliite.
мауэрлат m. wall plate.
МАФ abbr. (моноаммонийфосфат) monoammonium phosphate.
маф/ит m. (min.) mafite; **—ический** a. mafic, ferromagnesian.
мафурское сало mafura tallow.
max m. motion, move, stroke, wave; swing, oscillation; Mach number.
Маха число (phys.) Mach number.
махагони see **махогани**.
мах/альный a. signaling, etc., see v.: m. signal man; **—альщик** m. signal man; **—ание** n. signaling, etc., see v.; **—ать** v. signal, brandish, wave; beat, flap (wings).
махаон m. a swallow-tail butterfly (*Papilio machaon*).
махе n., **Махе единица** Mache unit (of radioactivity).
махилен m. machilene.
махметр m. machmeter, Mach indicator.
махнуть see **махать**.
махов/ик m., **—иковый** a. flywheel; hand wheel; knob; **м.-регулятор** flywheel governor; **м.-ротор** flywheel rotor; **—ичок** m. pilot wheel; knob; **—ое** see **маховик**; **—ой** a. of **маховик** fly (wheel).
махогани n. mahogany (wood).
махор/ка f., **—очный** a. (bot.) tobacco (*Nicotiana rustica*).
махров/ость f. (bot.) doubleness; **—ый** a. double(-flowering), shaggy.
маца f. unleavened bread, matzoth.
мацер/атор m. macerator; **—ация** f., **—ирование** n. maceration; **—ировать** v. macerate, soak to a pulp.
мациленовая кислота macilenic acid.
мацис m., **—овый** a. mace (spice).
мац/они, **—ун** m. a sour milk.
мачт/а f., **—овый** a. mast, column, post, pole, tower, support; spar tree; **м.-антенна** f. tower-type antenna; **—овка** f. spar tree; **—овый** a. high-standing (timber); spar (tree); **—овая лампа** street lamp (on post); **—овый выключатель** (elec.) pole switch.
маш m. (bot.) mung bean (*Phaseolus aureus*).
машет pr. 3 sing. of **махать**.
машин/а f. machine, engine; car, automobile, vehicle; **—er**, e.g., **опрыскивающая м.** sprayer; **—ы** pl. machines, machinery; **м.-аналог** f. analog computer; **м.-компаунд** f. compound engine.
машинальн/ость f. mechanicalness; **—ый** a. mechanical, automatic.
машина-орудие f. machine tool, power tool.
машин/изация f. mechanization; **—изировать** v. mechanize; **—ист** m. machine operator; mechanic; driver; (rr.) engineer; **—истка** f. typist; **—ка** f. little machine; typewriter.
машинно— prefix machine; **м.-тракторный** a. farm machine and tractor.
машинн/ый a. machine, engine; power (driven); mechanical; automatic; operating (time); machine-made; typing (office); **м. журнал** logbook of machine performance; **м. зал** machine shop; engine room; **—ое оборудование** machinery, mechanical equipment; **обрабатывать —ым способом** v. machine.
машино— prefix machine; **—вед** m. mechanic, mechanical engineer; **—ведение** n. mechanical engineering, machine science; **—испытательный** a. machine-testing; **—писный** a. typewritten; **—пись** f. typing; **—поделочный** a. structural (steel); **—строение** n. machine building; mechanical engineering.
машиностроитель m. mechanic; mechanical engineer; **—ный** a. machine-building, machine-constructing; mechanical(-engineering); machine (industry, shop).
машиносчетный a. computer (center).
машино-час m. machine hour.
машпром m. machine industry.
машущий pr. act. part. of **махать**.
мая gen. of **май**.
маяк m. lighthouse, beacon, signal tower; (forestry) standard; (plastering) screed; **м.-ответчик** m. transponder-beacon.
маятник m. pendulum; **—овый** a. pendulum, oscillating; floating; swing (saw); **—овый копер** impact tester, pendulum hammer; **—овое колебание** (spectroscopy) rocking vibration; **—ообразный** a. penduliform.
маятничек dim. of **маятник**.
маячить v. show (up), be visible.
маяч/ковый, **—ный** a. of **маяк**; dominant, standard (tree).
мб, мбар abbr. (миллибар) millibar; **м-б** abbr. (масштаб) scale; **м.б.** abbr. (может быть) perhaps.
мбарн abbr. (миллибарн) millibarn.
мбр see **мб**; **МБР** abbr. (межконтинентальная баллистическая ракета) intercontinental ballistic missile.
МБС abbr. (межконтинентальный баллистический снаряд) intercontinental ballistic missile.

МБТ *abbr.* (меркаптобензотиазол) mercaptobenzothiazole, MBT.
мбэр *abbr.* (миллибэр) millirem.
мв *abbr.* (милливольт) millivolt; **м.в.** *abbr.* (меры веса) measures of weight; (молекулярный вес) molecular weight; **Мв** *abbr.* (мегавольт) megavolt; **MB** *abbr.* (молекулярный вес) molecular weight; **М/В** *abbr.* (масло/вода) oil-water emulsion, O/W.
Мва *abbr.* (мегавольтампер) mega-volt-ampere.
МВР *abbr.* (магнито-вариационная разведка) magnetic-variation surveying; (молекулярно-весовое распределение) molecular weight distribution.
мвт *abbr.* (милливатт) milliwatt; **Мвт** *see* мгвт.
мг *abbr.* (миллиграмм) milligram; (мега-) mega-; **мГ** *abbr.* (миллиграм-сила) milligram force; **Мг** *abbr.* (мегаграмм) megagram.
мга *see* мгла.
мгб *abbr.* (мегабар) megabar.
мгв *see* Мв.
мгвт *abbr.* (мегаватт) megawatt; **мгвт-ч** *abbr.* (мегаватт-час) megawatt-hour.
МГГ *abbr.* (Международный геофизический год) International Geophysical Year.
мггц *abbr.* (мегагерц) megahertz, megacycles per second.
мгдж *abbr.* (мегаджоуль) megajoule.
мгд(и)н *abbr.* (мегадина) megadyne.
мгкал *abbr.* (мегакалория) megacalorie.
мгл/а *f.* mist, haze; дымная м. smog; —истый *a.* misty, hazy.
мгм *abbr.* (мегаметр) megameter.
мгн *abbr.* (миллигенри) millihenry.
мгновен/ие *n.* instant, moment; —но *adv.* instantaneously, instantly; momentarily; —но-критический *a.* prompt-critical; —ность *f.* instantaneousness; —ный *a.* instant(aneous); prompt; momentary, brief; —ного действия instantaneous.
мго *see* мо; **мгом** *abbr.* (мегом) megohm.
Мгц *see* мггц.
мгэв *abbr.* (мегаэлектрон-вольт) million electron-volts.
мг-экв *abbr.* (миллиграмм-эквивалент) milligram-equivalent.
МДК *abbr.* (максимальная допустимая концентрация) maximum permissible concentration.
м.д.с. *abbr.* (магнитодвижущая сила) magnetomotive force.
ме, ME *abbr.* (массовая единица) mass unit; **ME** *abbr.* (международная единица) international unit.
меандр *m.* meander, winding; fret, key pattern; meander, crenulated molding; —ирующий, —ический *a.* meandering, winding.
мебель *f.* furniture; —ностолярная мастерская furniture factory —ный *a.* furniture; cabinet (work); —щик *m.* furniture maker.
Мебиуса способ (met.) Moebius process.
меблиров/ание *n.* furnishing; —анный *a.* furnished; —ать *v.* furnish; —ка *f.* furniture; furnishing.
мевалоновый *a.* mevalonic (acid).
мег—, —а— *prefix* meg(a)— (10^6, million; large); —абар *m.* megabar; —абарн *a.* megabarn.
мегабромит *m.* (min.) megabromite.
мегаварметр *m.* (elec.) megavarmeter.
мега/ватт *m.* (elec.) megawatt; **м.-час** megawatt-hour; —вольт *m.* megavolt; —вольтампер *m.* mega-volt-ampere; —гаусс *m.* megagauss; —герц *m.* megahertz, megacycle(s) per second; —джоуль *m.* megajoule; —дина *f.* megadyne; —калория *f.* megacalorie; —кулон *m.* megacoulomb; —кюри *m.* megacurie.
мегало— *prefix* megalo— (large, great).
мега/мега— *prefix* megamega—, tera— (10^{12}); —метр *m.* megameter; —ом *see* мегом; —перм *m.* megaperm (alloy); —рад *m.* (nucl.) megarad; —резерфорд *m.* megarutherford; —рентген *m.* megaroentgen; —сейсмы *pl.* (geol.) megaseisms.
мегаскоп *m.* megascope; —ический *a.* megascopic, visible to the naked eye.
мега/тонна *f.* megaton; —фарада *f.* (elec.) megafarad, macrofarad; —фон *m.* megaphone; —цикл *m.* (elec.) megacycle; —электронвольт *m.* megaelectron volt, million electron volt, mev; —эрг *see* мегэрг.
мег/гер *m.* (elec.) megger, megohmmeter; —ом *m.* megohm; —омметр *see* меггер; —омит *m.* megohmite (insulator); —эрг *m.* megerg.
мед— *prefix* (медицинский) medic(in)al.
мед *m.* honey.
медаль *f.*, —ный *a.* medal, coin.
медведица: большая м. (astr.) Ursa Major; малая м. Ursa Minor.
медведицы *pl.* tiger moths (Arctiidae).
медведка *f.* truck; (art.) truck carriage; wood block; (carpentry) two-man plane; die, stamp, punch press; (ent.) mole cricket (Gryllotalpa).
медведь *m.* (zool.) bear.
медвеж/ий *a.* bear, ursine; м. виноград, —ья толокнянка, —ьи ягоды (bot.) bearberry (Arctostaphylos uva ursi); —ье ухо mullein (Verbascum); —ья лапа bear's breech (Acanthus); —ья

трава lungwort (*Pulmonaria officinalis*); —ина *f.* bear meat.

медвуз *m.* institution of higher medical education.

медвяная роса (aphid) honeydew.

Медгиз State Medical Publishing House.

медгородок *m.* medical center.

меде— *prefix* copper; **—носный** *a.* copper-bearing; cupriferous; **—обжигательная печь** copper furnace; **—очистительный завод** copper refinery; **—плавильный** *a.* copper-smelting.

меджитит *m.* (min.) medjitite.

меди *gen, pl., etc., of* **медь**.

медиальный *a.* medial, middle.

медиан *m.*, **—а** *f.*, **—ный** *a.* median.

медиатриса *f.* (math.) midperpendicular.

медик *m.* medical man; **—амент** *m.* medicine, medicinal; **—о—** *prefix* med(ico)—; **—о-санитарный** *a.* medical hygiene, public health.

мединал *m.* Medinal, barbital sodium.

мединститут *m.* medical institute.

медист/о— *prefix* cupro—, cuprous, copper; **—осинеродистый** *a.* cuprocyanide (of); **—ый** *a.* cuprous, copper; cupriferous, copper-bearing.

медицин/а *f.* medicine; **—ский** *a.* medic(in)al; medicated (honey, etc.); clinical (thermometer); registered (nurse).

медкомиссия *f.* medical commission.

медл/енно *adv.* slowly; **—еннодействующий** *a.* slow(-acting); **—енность** *f.* slowness; **—енный** *a.* slow, sluggish; low-speed, low-velocity; slowly varying (function); **—ительность** *f.* sluggishness; **—ительный** *a.* sluggish, slow, tardy; **—ить** *v.* be slow, delay.

медляк *m.* tenebrionid beetle.

медн/ение *n.* copper plating; **—еный** *a.* copper-plated; **—ик** *m.* copper smith, brazier; **—ицкая** *f.* copper smithy; **—ицкий** *a.* copper.

медно— *prefix* cupri—, cupric, copper; **—аммиачный шелк** cuprammonium rayon; **—винная кислота** cupritartaric acid; **—закисный** *a.* cuprous oxide; copper oxide (cell; rectifier); **—кислый** *a.* cupric acid; cuprate (of); **—кислая соль** cuprate; **—котельная** *f.* copper smithy; **—красный** *a.* copper-colored.

меднолитей/ная *f.* copper foundry, brass foundry; **—ный** *a.* copper founding; **—щик** *m.* copper founder.

медно/плавильный *a.* copper-smelting; **—прокатный** *a.* copper-rolling; **—рудный** *a.* copper ore; **—серебряный блеск** (min.) stromeyerite; **—синеродистый** *a.* cupricyanide (of); **—цинковый** *a.* copper-zinc.

медн/ый *a.* cupric, copper; **м. блеск** (min.) copper glance, chalcocite; **м. дождь**

(met.) copper rain; **м. изумруд** (min.) copper emerald, dioptase; **м. колчедан** (min.) copper pyrites, chalcopyrite; **м. купорос** blue vitriol, copper sulfate; **м. уранит** (min.) copper uranite, torbernite; **м. штейн** (met.) copper matte, blue metal; **—ая зелень** copper rust, verdigris; (min.) chrysocolla; **—ая кислота** cupric acid; **соль —ой кислоты** cuprate; **—ая лазурь** (min.) azurite; **—ая синь** (min.) blue verditer, azurite; **—ая смоляная руда** (min.) copper pitch ore; **—ая чернь** (min.) melaconite, black copper oxide; **—ое индиго** (min.) copper indigo, covellite.

медо— *prefix* honey; nectar.

медобслуживание *n.* medical service.

медов/ик *m.* strong bee colony; (bot.) nectary; Melianthus; **—ка** *f.* (ent.) apple psylla; **—ник** *m.* nectary; hemp nettle (*Galeopsis*).

медов/ый *a.* honey; mellitic (acid); **м. камень** (min.) honeystone, mellite; **м. уксус** oxymel; **—ая вода** hydromel; **—ая патока** liquid honey; **—ая роса** (aphid) honeydew; **—ое вино** mead, mulse.

медо/гонка *f.* honey extractor; **—нос** *m.* nectariferous plant; **—носный** *a.* (bot.) nectariferous; honey (bee); **—сбор** *m.* yield of honey.

мед/осмотр *m.* medical inspection, medical examination; **—персонал** *m.* medical staff; **—помощь** *f.* medical assistance; **—пункт** *m.* medical station; **—работник** *m.* medical worker.

мед-самотек *m.* liquid honey.

медсестра *f.* registered nurse.

медуз/а *f.* (zool.) medusa, jellyfish; **—овидный** *a.* medusoid.

медуллярный *a.* (anat.) medullary.

медун/ица *f.* (bot.) lungwort (*Pulmonaria*); **—ка** *f.* medick (*Medicago*); lungwort (*Pulmonaria*); hemp nettle (*Galeopsis ladanum*).

медфак *m.* faculty of medicine.

мед/ь *f.* copper, Cu; **белая м.** white copper, German silver (alloy); **гидрат закиси —и** cuprous hydroxide; **гидрат окиси —и** cupric hydroxide; **двухлористая м.** cupric chloride; **желтая м.** (met.) brass; **закись —и** cuprous oxide; **соль закиси —и** cuprous salt; **красная м.** cuprite, red copper ore; **окись —и** cupric oxide; **соль окиси —и** cupric salt; **однохлористая м., полухлористая м.** cuprous chloride; **подовая м.** (copper) bottoms; **сернокислая м., сульфат —и** copper sulfate; **сернокислая окись —и** cupric sulfate; **углекислая м.** copper carbonate; **хлористая м.** cuprous chloride;

хлорная м. cupric chloride; черная м. (met.) black copper, coarse copper; (min.) black copper ore; черновая м. black copper; blister copper.

медь/органический *a.* organocopper; —содержащий *a.* copper-bearing, cupriferous.

медяница *f.* (ent.) Psylla.

медянка *f.* verdigris, green copper rust; smooth snake.

меж— *see* между—.

межа *f.* bound(ary), landmark, limit.

меж/атомный *a.* interatomic; —библиотечный *a.* interlibrary; —ведомственный *a.* interdepartmental; —видовой *a.* (biol.) interspecific, interspecies; —вузовское совещание conference of schools of higher education; —галактический *a.* (astr.) intergalactic; —горный *a.* (geol.) intermontane; —групповой *a.* between groups, external (variance); —дендритовый *a.* interdendritic; —долевой *a.* (anat.) interlobar.

междо/молекулярный *a.* intermolecular; —узельный, —узловой *a.* internodal; (cryst.) interstitial; —узлие *n.* internode; interstice.

между *prep. instr. and gen.* between, among; м. прочим by the way, among other things; м. тем meanwhile; м. тем как while, whereas; м. центрами center-to-center.

между—*prefix* inter—, between; *see also under* меж—; —антный *a.* (instrumentation) interdee; —блочный *a.* interunit; —ведомственный *a.* interdepartmental; —венцовый зазор rim clearance; —видовой *see* межвидовой; —витковый *a.* turn-to-turn; —городный *a.* interurban; intercity; (tel.) long-distance, toll; —гранулярный *a.* intergranular; —железное пространство air gap, clearance; —звездный *a.* (astr.) interstellar; —зернистый *a.* intergranular; —кристаллический *a* intercrystalline; —ледниковый *a.* (geol.) interglacial; —лежащий *a.* intermediate; —линзовый *a.* between-the-lens; —молекулярный *a.* intermolecular.

международн/ый *a.* international, standard; —ое право international law.

между/национальный *a.* international; —осный *a.* interaxial; —парный *a.* pair-to-pair; —планетный *a.* interplanetary; —полюсный *a.* interpolar; —проводный *a.* wire-to-wire (capacitance); —путье *n.* track spacing; —реберный *a.* (anat.) intercostal.

междуреч/ный · *a.* interfluvial; —ье *n.* interfluve, interfluvial area.

междуряд/ный *a.* inter-row, intercrop; —ье *n.* (inter-)row spacing.

между/слойный *a.* interlayer, interlaminar; —союзнический *a.* inter-associate; —строчный *a.* interlinear; —тропический *a.* intertropical; —узлие *n.* internode; interstice; —фазный *a.* interphase, phase-to-phase; —этажный *a.* between floors.

межев/альный *a.*, —ание *n.* surveying; —анный *a.* surveyed; with fixed boundaries; —ать *v.* survey; fix boundaries; —ик *m.* surveyor; —ка *see* межевание; —ой *a.* surveying; boundary; land (mark); *m.* surveyor; —щик *m.* surveyor.

межен/ный *a.* low; —ь *f.* low water (level or period).

межеум/ок *m.* intermediate (breed or variety); —очный *a.* intermediate, in-between, transitional.

межзаводск/ий, —ой *a.* interplant.

меж/звездный *a.* interstellar; —зеренный, —зернистый *a.* intergranular; —ионный *a.* inter-ion; —каскадный *a.* interstage; —клет(оч)ный *a.* (biol.) intercellular; —колхозный *a.* interkolkhoz; —континентальный *a.* intercontinental; —кристаллитный, —кристаллический *a.* intercrystalline.

межледников/ый *a.* (geol.) interglacial; —ье *n.* interglacial period.

меж/молекулярный *a.* intermolecular; —национальный *a.* international; —ник *m.* (agr.) boundary strip; —областной *a.* (inter)regional; —обмоточный *a.* inter-winding; —оболочечный *a.* intermembranous; —операционный *a.* interoperational; —осевой, —осный *a.* interaxial; center(-to-center).

межост/истый *a.* (anat.) interspinal; —ный *a.* interosseous (artery).

меж/отраслевой *a.* interindustry; —планетный *a.* interplanetary; outer (space) space (vehicle); —плодник *m.* (bot.) mesocarp; —плоскостный *a.* interplanar; —позвоночный *a.* (anat.) intervertebral; —породный *a.* interbreed; cross (breeding); —приступный *a.* (med.) interictal; —радиальный *a.* interradial; —районный *a.* (inter)regional, (inter)district; —расовый *a.* interracial; —реберный *a.* (anat.) intercostal; —ремонтный *a.* between servicing; overhaul (life); —родовой *a.* (biol.) intergeneric.

меж/сортовой *a.* intervarietal; —союзнический *a.* inter-associate; —станционный *a.* (tel.) interexchange; —трапповый *a.* (geol.) intertrappean; —трубный *a.* intertubular; —уточный *a.* interstitial; connective (tissue); —фазный, —фазовый *a.* interphase; interfacial (tension); —формационный *a.* (geol.) interformational; —центровый *a.* center(-to-center); —цеховый *a.* interplant; —цикловые *pl.* between-batch time; —частичный *a.* interparticle; —челюстный *a.* (anat.) intermaxillary; —ъядерный *a.* internuclear; —ъязыковой *a.* interlanguage; multilingual; —этажный *a.* between floors.

меза *f.* (geol.) mesa; plateau, terrace.

меза/коновая кислота mesaconic acid, methylfumaric acid; —тон *m.* mesaton, phenylephrine hydrochloride; —транзистор *m.* mesa transistor.

мезг/а *f.*, —овый *a.* (vegetable) pulp.

мездр/а *f.* scrapings, shreds (of hide), glue stock; flesh side (of hide); —ение *n.*, —ильный *a.* fleshing, etc., *see v.*; —ина *f.*, —инный *a.* flesh side; —ить *v.* flesh, scrape, scour; —овый, —яной *a.* о; мездра; flesh (side); hide (glue).

мезембр/ен *m.* mesembrene; —ин *m.* mesembrine.

мезен/терий *m.* (anat.) mesentery; —терический *a.* mesenteric; —хима *f.* (embryology) mesenchyme.

мези/дин *m.* mesidine, 2,4,6-trimethylaniline; —л *m.* mesyl; —тен *m.* mesitene.

мезитил *m.*, —овый *a.* mesityl; —ен *m.* mesitylene; —еновая кислота, —иновая кислота mesitylenic acid, 3,5-xylic acid; —овая кислота mesitylic acid, trimethylglutaric lactam; —овый спирт *see* мезитол.

мезит/ин, —ит *m.* (min.) mesitine spar, mesitite; —ол *m.* mesitol, trimethylphenol; —оновая кислота mesitonic acid, dimethyllevulinic acid.

мезо— *prefix* mes(o)— (middle, intermediate); —атом *m.* mesonic atom; —винная кислота mesotartaric acid; —глея *f.* (biol.) mesoglea; —группа *f.* mesogroup; —дерма *f.* (biol.) mesoderm; —диалит *m.* (min.) mesodialyte; —динамика *f.* mesodynamics; —зой *m.*, —зойская эра (geol.) Mesozoic era; —зона *f.* mesozone; —коллоид *m.* mesocolloid; —кратовый *a.* (petr.) mesocratic.

мезоксал/евая кислота mesoxalic acid, oxopropanedioic acid; —евокислый *a.* mesoxalic acid; mesoxalate (of); —ил *m.* mesoxalyl.

мезолит *m.* (min.) mesolite; (geol.) Mesolithic.

мезомер *m.* mesomer, meso-form; —ия *f.* mesomerism; —ный *a.* mesomeric.

мезо/метеорология *f.* mesometeorology; —молекула *f.* mesomolecule; —морфизм *m.* mesomorphism.

мезон *m.* (nucl.) meson; —ий *m.* mesonium.

мезонин *m.*, —ный *a.* mezzanine.

мезонный *a.* (nucl.) meson(ic).

мезо/пауза *f.* (meteor.) mesopause; —пик *m.* mesopeak; —плазма *f.* mesoplaśm;

—положение *n.* mesoposition; —породы *pl.* mesorocks, medium colored rocks; —рцин *m.* mesorcinol; —стазис *m.* (petr.) mesostasis, basis, base; —сфера *f.* mesosphere; —тан *m.* mesotan, ericin; —телий *m.* (biol.) mesothelium; —термальный *a.* mesothermal; —тип *m.* (min.) mesotype; —торий *m.* mesothorium, MsTh; —трон *see* мезон; —филл *m.* (bot.) mesophyll; —фит *m.* (bot.) mesophyte; —форма *f.* mesoform.

Мейгена реакция (min.) Meigen's reaction.

Мейдингера элемент (elec.) Meidinger's cell.

Мейера закон Meyer's law.

мейергофферит *m.* (min.) meyerhofferite.

меймацит *m.* (min.) meymacite.

мейоз *m.* (biol.) meiosis.

мейонит *m.* (min.) meionite.

мейотический *a.* (biol.) meiotic.

—мейстер *m.* *suffix* master, specialist.

мекамин *m.* mec(amyl)amine.

меккский бальзам Mecca balsam.

мекон/идин *m.* meconidin; —ий *m.* (zool.) meconium; —ин *m.* meconin, opianyl, 5,6-dimethoxyphthalide; —иновая кислота meconinic acid.

мекон<овая кислота meconic acid.

мекоцианин *m.* mecocyanin.

Мексика Mexico.

мексиканский *a.* Mexican.

мел *m.* chalk; (geol.) Cretaceous (period); *past m. sing. of* мести; красный м. red chalk, red bole; отмученный м. prepared chalk, whiting; черный м. slate black.

мелаконит *m.* (min.) melaconite.

мелам *m.* melam; *dat. pl. of* мел; —ин *m.* melamine, cyanuramide; —пирин *m.*, —пирит *m.* melampyrin, melampyrite, hexanehexol.

мелан— *see* мелано—.

меланж *m.* blend; —евый *a.* blend(ed), mixed; —ер *m.* blender.

мелан/илин *m.* melaniline; diphenyl guanidine; —ин *m.* (biol.) melanin.

меланит *m.* (min.) melanite; —овый *a.* melanite, melanitic.

мелано— *prefix* melan(o)— (black, dark); —вый *a.* melanic, dark-colored; —дерма *f.* (med.) melanoderma; —з *m.* (med.) melanosis; —кратовый *a.* (petr.) melanocratic, dark-colored; —тропин *m.*, —тропный гормон melanotropin, melanocyte-stimulating hormone; —флогит *m.* (min.) melanophlogite; —хальцит *m.* melanochalcite; —хроит *m.* melanochroite, phoenicochroite; —церит *m.* melanocerite.

мелан/терит *m.* melanterite, mineral copperas; —тигенин *m.* melanthigenin; —тин *m.* melanthin; —уровая кислота melanuric acid, isocyanurmonoimide.

меланхолия f. (med.) melancholy.
меласс/а f., —овый a. molasses; —овая кислота melassic acid.
мелась past f. sing. of местись.
мелафир m. (petr.) melaphyre.
мелегет/(т)а f., —ский перец Melegueta pepper, grains of paradise.
мелем m. melem (amide of cyanuric acid).
мелен m. melene, triacontylene.
мелен/ие n. chalking; —ый a. chalked.
мелет pr. 3 sing. of молоть.
мелетин m. meletin, quercetin.
мелеть v. shoal, grow shallow.
мелецитоза f. melezitose, melicitose.
мелеющий a. shoaling, growing shallow.
мели past pl. of мести; gen., etc., of мель.
мели/биаза f. melibiase; —биоза f. melibiose, glucose-α-galactoside; —бионовый a. melibionic (acid); —лит m. (min.) melilite.
мелилотовая кислота melilotic acid, hydroxyhydrocinnamic acid.
мелинит m., —овый a. (expl.) melinite.
мелинофан m. (min.) melinophane.
мелиор/ативный a. meliorative; —ационный a., —ация f. (a)melioration, improvement, development; reclamation (of land); —ировать v. (a)meliorate, improve, develop; reclaim.
мелис m. granulated sugar.
мелисс/а f. (bot.) balm (*Melissa officinalis*); —ил m. melissyl; —(ил)овый спирт, —ин m. melissyl alcohol, myricyl alcohol; —иновая кислота melissic acid; —овый a. melissa, balm.
мелистый a. shelvy, shoaling.
мелите imp. of молоть.
мелит(ри)оза f. melitose, raffinose.
мелить v. chalk; make fine, grind.
мелицитоза see мелецитоза.
мелкий a. shallow, shoal; small(-sized), fine(ly divided); unimportant, second-rate.
мелко adv. fine, in small particles; *prefix* small, fine; shallow; —вкрапленный a. disseminated (ore); —водие, —водье n. shoal water, shallow water; shoal; —водный a. shoal, shallow; —волокнистый a. fine-grained, close-grained; —дисперсный a. finely divided; —донный a. shallow-bottomed; —зазубренный a. crenulated, serrate; —зем m. melkozem, fine earth.
мелкозернист/ость f. fineness (of grain), compact grain structure; —ый a. fine (-grained), close-grained.
мелкозуб/ка f. smooth(-cut) file; fine-tooth saw; —(чат)ый a. fine-tooth(ed) denticulate, crenulate, serrulate.
мелко/калиберный a. small-bore, small-caliber; —клетчатый a. fine-mesh, close-mesh, close-weave; —комковатый a. crumbly (structure); —кристаллический a. fine(ly) crystalline; —кусковой a. small-sized, fine; —лепестник m. (bot.) fleabane (*Erigeron*); —лесный a., —лесье n. low forest, scrub forest, brush; new forest growth; —лист(вен)ный a. small-leaved; —масштабный a. small-scale; —морье n. shallow (sea); shelf; —плодный a. small-fruit(ed); —пористый a. fine-pore, finely porous; —распыленный a. finely divided, finely pulverized; —рослый a. small, short; —семянные pl. (bot.) Microspermae; —серийный a. small-scale, small-batch, small-lot, job-lot, short-run; —сидящий a. shallow; —слойный a. fine-grain (wood); —сопочник m. area of low, rounded, isolated hills; —сортный a. light-section, small-section (steel); jobbing, merchant (mill); —сть, —та f. shallowness; smallness, fineness; —толченный a. finely ground, pulverized; —травье n. (area of) low grass; —трещинный a. (cer.) crackle; —фокусный a. shallow-focus (earthquake); —ячеистый a. fine-mesh, close-mesh.
меллас see меласса.
меллеин m. mellein.
меллеровский a. Möller (scattering).
меллит m. (min.) mellite, honeystone; (pharm.) mellite, medicated honey; —ен m. mellitene, hexamethylbenzene; —иловый спирт mellityl alcohol; —овая кислота mellitic acid, benzenehexacarboxylic acid; —овокислая соль mellitate.
мелло/н m. mellon(e); —новодородная кислота hydromellonic acid; —фановая кислота mellophanic acid.
мелляса see меласса.
мело past n. sing. of мести.
меловальный a. (paper) coating.
меловая f. (rubber) compounding room.
меловка f. melovka (white clay produced by the action of organic acids).
мелов/ой a. chalk(y); (geol.) Cretaceous (period); —ая нитка chalk line; —ые свойства chalkiness.
мелозирование n. (met.) mellosing.
мелок m. piece of chalk; *sh. m. of* мелкий.
мелонит m. (min.) melonite, tellurnickel.
мелось past n. sing. of местись.
мелочной a. retail; small.
мелочн/ость f. triviality, pettiness; —ый a. trivial, petty.
мелочь f. trifle, detail; fines, smalls, shorts; рудная м. (min.) fines.
мелся past m. sing. of местись.
мелубрин m. melubrin.
мель f. shallow, shoal; сесть на м. v. run aground.

Мельбурн Melbourne.
мельдолы голубой meldola blue, naphthol blue (dye).
мельк/ание n. flashing, etc., see v.; flicker; (color) break-up; —ать, —нуть v. flash, sparkle, gleam, appear for an instant, flicker; —ом for a moment, in passing.
мельник m. miller.
мельниковит m. (min.) melnikovite.
мельни/ца f. mill, grinder; м.-циклон cyclone mill; —чный a. mill(ing), grinding; —чный камень millstone.
мельхиор m., —овый a. German silver, cupronickel (alloy).
мельч/айший a. smallest, finest, minute, almost imperceptible; —ать v. grow smaller, diminish in size; get shallower; —е comp. of мелкий, мелко; —ить v. make fine, pulverize, grind.
мельштоф m. (paper) flour, fines.
мел/ют pr. 3 pl. of молоть; —ющий a., —я pr. ger. milling, grinding.
меляс, —са see меласса.
мембран/а f. membrane, film, diaphragm; (carbon) microphone, transmitter; —ный a. membrane, membranous; diaphragm (pump); push-bottom (oil can).
мем/истор m. memistor, resistor with memory; —носкоп m. memnoscope; —орандум m. memorandum; —ориальный a. memorial; —отрон m. memotron; —уары pl. memoirs.
мена f. exchange, barter.
менак(к)анит m. (min.) menaccanite, ilmenite.
менафтил m. menaphthyl.
менгадин m. (ichth.) menhaden.
менделе/вий m. mendelevium, Md; —(е)вит m. (min.) mendeleevite; —евский a. Mendelyeev.
менделизм m. (biol.) Mendelism.
мендипит m. (min.) mendipite.
мендо/зит, —цит m. (min.) mendozite.
менев(иен)ский a. (geol.) Menevian.
менегинит m. (min.) meneghinite.
менее comp. of мало, less; м. всего least of all; м., чем under, less than; не м. no less; тем не м. nevertheless, for all that.
мензул/а f., —ьный (surv.) plane table; —ьная съемка plane tabling.
мензурка f. graduate, graduated cylinder, measuring glass.
мениант/ин m. menyanthin, celastrin; —ол m. menyanthol.
менилит m. (min.) menilite.
мениng/ит m. (med.) meningitis; —о— prefix (anat.) mening(o)— (meninges).
мениск m., —овый a. meniscus.
мениcперм/ин m. menispermine; —овая кислота menispermic acid; —оид m. menispermoid.
мено— prefix (physiol.) meno— (menses).
меновой a. barter, exchange.
мено/пауза f. (physiol.) menopause; —р-рагия f. (med.) menorrhagia.
менстру/альный a. (physiol.) menstrual; —ация f. menstruation; —ировать v. menstruate.
мент/адиен m. menthadiene; —адиенон m. menthadienone; —ан m. menthane, hexahydrocymene; —андиол m. menthanediol; —анол m. menthanol; —анон m. menthanone; —ен m. menthene.
ментенер m. road scraper.
ментен/ол m. menthenol; —он m. menthenone.
ментил m., —овый a. menthyl; —амин m. menthylamine; —овый спирт menthanol; —овый эфир валериановой кислоты menthyl valerate.
менто/л m., —ловый a. menthol; —ментен m. menthomenthene; —н m. menth(an)one.
ментор m. educator, instructor; (genetics) mentor.
ментрол m. menthrol.
менхаден m. (ichth.) menhaden.
Меньера болезнь (med.) Meniere's disease.
меньш/е comp. of мало, малый smaller; less (than), under, below; м. всего the least; вдвое м. half (as much or as big); —ий comp. of малый, lesser, smaller, minor, least; lower, inferior; —инство n. minority.
меню n. menu.
меня gen. and acc. of я, me.
мен/яльный a. (ex)change; —ять v. change, vary, shift, alter(nate); affect; reverse (direction); не —ять leave unaltered; retain (properties); —яться v. change, vary, shift, fluctuate; exchange; —яющийся a. changing, etc., see v.; variable; intermittent; live (load).
мепазин m. mepazine, lacumin.
—мер m. suffix —meter; caliper(s).
мер/а f. measure, dimension, size; standard, gage; degree, extent; modulus (of precision); без —ы immeasurably, a great deal; в —у sufficiently, moderately; в значительной —е largely, to a considerable extent; не в —у, сверх —ы, через —у excessively, immoderately; единица —ы unit of measure; не знать —ы v. be immoderate; ни в коей —е не by no means, in no way, not at all; по —е in proportion to, according to, as, so far as, with (use); по —е возможности as far as possible; по —е необходимости as needed, as required; по —е того как as; по большей —е at most, at the utmost; по крайней —е,

мербафен

по меньшей —е at least, at any rate; принимать —ы v. take measures, provide, arrange; make sure (that), see to it (that), take care (to), take precautions (to); соблюдать —ы v. keep within limits or bounds, restrict oneself.

мербафен m. Merbaphen, Novasurol.

мергел/евание n. marl application; —евый, —истый, —ьный a. (geol.) marl(y), marlaceous; —ь m. marl.

мережа f. seine, drag net.

мере/йный a. of мерея; (met.) blistered; —йчатый a. grained.

мерен sh. m. of мерный.

мереть v. die (off), perish.

мерещиться v. seem, appear dimly.

мерея f. (leather) grain.

мерз/лость f. frozen state, congealment; —лота f., —лотный a. frozen state, congealment; frozen ground; вечная —лота permafrost, perennially frozen ground; —лотоведение n. geocryology, permafrost study; —лотомер m. cryopedometer, frost-depth meter; —лый a. frozen, congealed, solidified; cryogenic; —ляк m. frozen turf; —лятина f. anything frozen (spec. food spoiled by freezing); —нуть v. freeze, congeal.

мери— prefix meri- (a part, a share; (chem.) parti—, partly).

меридиан m., —анный a. meridian; —ональный a. meridian, meridional.

мерил/о n. standard, criterion, gage, measure, scale; —ьный a. measuring.

меринос m., —овый a. merino (sheep or wool).

мериодин m. meriodin.

меритель m. measurer; —ный a. measuring; —ная ножка calipers.

мерить v. measure, gage; fit.

мерихинон m. meriquinone.

мерк/а f. measure; (art.) grid; снимать —у v. measure.

мерка/золил m. Mercazole, methimazole; —мин m. mercamine, Cysteamine.

меркантильный a. mercantile, commercial.

меркапт/ал(ь) m. mercaptal, thioacetal; —ан m., —ановый a. mercaptan; —ид m. mercaptide, metal mercaptan; —о— prefix mercapto— (indicating thiol group); —ол m. mercaptol; —офенил m. mercaptophenyl; —офос m. mercaptophos, Demeton (insecticide).

меркаторский a. Mercator (projection).

мерк/лый a. dull, dim; —нуть v. darken, grow dim, fade.

меркузал m. Mercusal, mersalyl.

меркуриал/изм m. (med.) mercury poisoning; —ьный a. mercurial, mercury.

меркуриаммоний m., —ный a. mercuriammonium, mercuric ammonium.

меркуризация f. mercur(iz)ation.

меркурий see ртуть; (astr.) Mercury.

меркури/метрия f. mercurimetry; —рование see меркуризация; —рованный a. mercurized, mercurated; —я желть king's yellow, arsenic trisulfide.

меркуроаммоний m., —ный a. mercuroammonium, mercurous ammonium.

меркуро/зал m. mercurosal; —л m. mercurol, mercury nucleinate; —фен m. mercurophen; —хром m. Mercurochrome.

меркурэтил m. diethylmercury.

мерлушк/а f., —овый a. lambskin.

мермисы pl. (zool.) Mermithidae.

мери/ик m. measuring tank, calibrating tank, gaging tank; batcher, batch meter; hopper; —ость f. regularity, rhythm, uniformity; —ый a. measuring, gaging; volumetric (flask); orifice (ceofficient); surveyor's (chain); measured, uniform, rhythmic, (slow and) regular; suffix —dimensional.

меро— prefix mer(o)—, [part, fraction; (anat.) thigh]; —дицеин m. merodicein.

мерок gen. pl. of мерка.

меро/ксен m. (min.) meroxene; —ксил m. meroxyl; —метр m. merometer; —морфность f. (math.) meromorphy; —морфный a. meromorphic, fractional; —планктон m. (zool.) meroplankton.

мероприят/ие n. measure, action; practice; —ия pl. measures, action, arrangement.

меро/скоп see мерометр; —стомовые pl. (zool.) Merostomata; —хинен m. meroquinene; —хром-m. (cryst.) merochrome.

мерочка dim. of мера, мерка.

мероэдрический a. merohedral.

мерсериз/ация f., —ирование n. (text.) mercerization; —ированный a. mercerized; —(ир)овать, v. mercerize.

мертв/енность f. numbness, (vet.) flasheria; —енный a. numb, lifeless; —еть v. grow numb; —ец m. corpse; —ецкая f. morgue; —ечина f. carrion, dead flesh; —оеды pl. carrion beetles; —орожденность f. (med.) stillbirth; —орожденный a. stillborn.

мертв/ый a. dead, lifeless, useless, idle, dummy; inert; stagnant (water); dead-ripe; m. cadaver, corpse; м. виток (elec.) idle turn; м. груз dead weight, dead load; м. ход free motion, play, backlash; —ая голова caput mortuum, colcothar; butterfly (*Acherontia atropos*); —ая точка, —ое положение dead point, dead center; —ое пространство dead space, dead spot.

мертель m. mortar.

мерц/ание n. flicker, glimmer, scintillation, shimmer, twinkling, gleam, flashing, blinking; —ательный see мерцающий; flame (cell); ciliary (motion); ciliated (epithelium); —ать v. flicker, glimmer, scintillate, shimmer, glitter, glint, gleam, flash, blink; (biol.) flagellate; —ающий a. flickering, etc., see v.; flicker (photometer); —ающий свет glitter, gleam, glint.

мер/ы gen., etc., of мера; —ять see мерить.
мес. abbr. (месяц) month.
месдоза f. dynamometer; load cell; hydraulic capsule.
мес/иво n. mash; —илка f. kneading machine, kneader, mixer, malaxator; masticator; —ильный a. kneading, etc., see v.; —ильщик m. kneader; —ить v. knead, work up, puddle (clay); malax, mix, blend.
мескалин m. mescaline.
месниковатый песок (min.) gold-bearing sand with high clay content.
месонит m. masonite (fiberboard).
мессбауэровский a. Mössbauer (effect).
мессдоза see месдоза.
месселит m. (min.) messelite.
месс/коффер m. measuring set; —ур m. dial gage.
мест/ами adv. in some places, here and there; —ечко dim. of место.
мести v. sweep; —сь v. be swept (along), rush.
местн/о adv. locally; —оанестезирующий a. local anesthetic; —ость f. locality, district, region, place, site; ground, land, terrain, country, area; —ый a. local, regional; locally available; partial; domestic, native, indigenous, home; (biol.) endemic; country (rock); —ый житель native; —ый предмет landmark, feature (of terrain); —ое действие local action.
мест/о n. place, spot, locality, location, site, seat, position, point (of entry, etc.); scene (of action); (genetics) locus; (av.) fix; space, room; situation, job; геометрическое м. (math.) locus; занимать м. v. replace; занимать первое м. v. come first, head the list; иметь м. v. take place, occur; exist, prevail; be the case, be true; на м. into position, into place, to location; класть не на м. v. misplace, mislay; установка на м. f. positioning; на —е on the spot, in situ, at (the) site; spot (check); in place; locally (available); находящийся на —е a. on site; установленный на —е a. field-crected; трогаться с —а v. start.
место— prefix place, location; space; —жительство n. residence; —нахождение n. location, position, site, spot, seat; occurrence; —положение n. location, locality, site, position, seat; situation; station; (bot.) habitat; —пребывание n. residence, dwelling place, seat, location; —расположение n. location,

situation; —рождение n. birthplace; (geol.) layer, bed, deposit, formation; site; occurrence; (coal) field; pool; карта —рождения (geol.) field map.
месть f. vengeance, revenge.
меся/ц m. month; moon; —цами adv. for months at a time; —чногонное средство (med.) emmenagogue; —чные (регулы) (physiol.) menstruation, menses; —чный a. monthly; lunar; suffix -month.
мет— prefix meth—, methyl.
мета f. mark.
мета— prefix met(a)— (with, among, between; after, behind, following; a change); в положении мета in the metaposition.
метабиоз m. (biol.) metabiosis.
метабол/изм m. (biol.) metabolism; —ит m. (biol.; petr.) metabolite; —ический a. metabolic; —он m. (nucl.) metabolon.
мета/брушит m. (min.) metabrushite; —ванадиевая кислота metavanadic acid; —винная кислота metatartaric acid; —вольтин m. (min.) metavoltine; —вольфрамовая кислота metatungstic acid; —галактика f. (astr.) metagalaxy; —галловая кислота metagallic acid; —геветтит m. (min.) metahewettite; —генез(ис) m. (zool.) metagenesis; —дин m., —динный a. (elec.) metadyne; —зоа pl. (zool.) Metazoa; —зома f. (zool.) metasoma; —зоновый a. metazonic (acid); —иодный a. metaperiodic (acid); —кремневый a. metasilicic (acid).
метакрил/ат m. methacrylate; —овый a. methacrylic.
мета/кристалл m. (petr.) metacryst, porphyroblast; —кролеин m. metacrolein; —ксит m. (min.) metaxite; —лепсия f. metalepsy, substitution; —лин m. metaline (lubricant).
металл m. metal; белый м. white metal, babbit; —ид m. intermetallic compound.
металлиз/атор m. metal spray gun; —ация f., —ирование n. metallization, metallic coating, plating; bonding (of metal parts); (min.) metallization, mineralization; —ация распылением pulverization (of a metal); —(ир)ованный a. metallized; —(ир)овать v. metallize, coat with metal, plate.
металлирование n. metallation.
металлист m. metal worker.
металлическ/ий a. metal(lic); —ое полотно wire gauze; —ие изделия hardware.
металличность f. metallicity.
металло— prefix metallo—, metal; —бумажный a. metallized-paper, metal-foil; —вед m. metal scientist; —ведение n. science of metals, physical metallurgy;

металлограф   336   **метафосфорная кислота**

—**видность** *f.* metallicity; —**видный** *a.* metallic, metalline, metalliform; —**гения** *f.* (geol.) metallogeny.

металлограф *m.* metallographer; —**ический** *a.* metallographic; —**ия** *f.* metallography.

металло/делательный завод metal works; —**ид** *m.*, —**идный** *a.* metalloid, nonmetal; —**индикатор** *m.* metal indicator; —**искатель** *m.* metal detector; —**капиллярный** *a.* dispenser (cathode).

металлокерам/ика *f.* metal ceramics, cermet, powder metallurgy; cermet (material), powder-metallurgy product; —**ический** *a.* metal-ceramic, cermet, powder-metallurgy; metal-powder (alloy); —**ический материал** cermet (material); —**ический твердый сплав**, —**ическое изделие** sintered carbide.

металло/корд *m.* metal cord; —**лом** *m.* metal scrap; —**магнитный** *a.* metallomagnetic; —**метр** *m.* metallometer, metal tester; —**метрический** *a.* metallometric; —**носный** *a.* metalliferous, metal-bearing.

металлообраб/атывающий *a.*, —**отка** *f.* metal working.

металло/органический *a.* metalloorganic, organometallic; —**очистительный** *a.* metal-refining; —**плавильный** *a.* smelting; —**подобный** *a.* metallic, metalline, metal-like; —**подъемник** *m.* (foundry) riser (of mold); —**покрытие** *n.* metallic coating; —**полимер** *m.* metal-containing polymer; —**пористый** *a.* dispenser (cathode); —**приемник** *m.* (furnace) well; —**прокатный** *a.* metal-rolling.

металлопромышленн/ость *f.*, —**ый** *a.* metal industry.

металлопульверизатор *m.* metal spray gun.

металло/режущий *a.* metal-cutting; **р. станок** machine tool; —**рукав** *m.* flexible metal pipe or hose.

металлосодержащий *a.* metal-containing, metalliferous; metallic (ore).

металло/термия *f.* thermal reduction methods; —**ткацкий** *a.* wire cloth; —**ткачество** *n.* wire cloth weaving; —**химия** *f.* chemistry of metals; —**хром** *m.* metallochrome; —**хромия** *f.* metallochromy, tinting of metal.

металлург *m.* metallurgist; **м.-сталеплавильщик** steel metallurgist; —**ический** *a.* metallurgic(al); —**ия** *f.* metallurgy.

метальдегид *m.* metaldehyde.

метамер *m.* metamer(ide); —**ия** *f.* metamerism; —**ный** *a.* metameric.

метаморф/изация *f.* (geol.) metamorphization; —**изировать** *v.* metamorphize; —**изм** *m.* metamorphism; —**изованный** *a.* metamorphized, converted; —**ический**, —**ный** *a.* metamorphic; —**оз** *m.*, —**оза** *f.* (geol.; biol.) metamorphosis.

метамышьяковый *a.* meta-arsenic (acid).

метан *m.* methane; —**ал(ь)** *m.* methanal, formaldehyde; —**амид** *m.* methanamide, formamide; —**дикарбоновая кислота** methanedicarboxylic acid, malonic acid.

метанефро/з, —**с** *m.* (embr.) metanephros.

метание *n.* throwing, etc., *see* **метать**.

метанил/(ин)овая кислота metanilic acid, aniline-*m*-sulfonic acid; —**овый** *a.* metanil (yellow).

метанный *past pass. part. of* **метать**.

метан/ный, —**овый** *a.* methane; —**овая кислота** methanoic acid, formic acid; —**оил** *m.* methanoyl, formoyl; —**окислородный** *a.* methane-oxygen; —**ол** *m.* methanol, methyl alcohol; —**ометр** *m.* methanometer; —**тиол** *m.* methanethiol, methyl mercaptan.

метаоловянн/ая кислота metastannic acid; —**окислая соль** metastannate.

мета/плазма *f.* (biol.) metaplasm; —**положение** *n.* meta-position; —**производное** *n.* meta-derivative; —**сахарный** *a.* metasaccharic (acid); —**силикат** *m.* metasilicate; —**скоп** *m.* metascope; —**соединение** *n.* meta-compound.

метасомат/изм, —**оз** *m.* (geol.) metasomatism, replacement; —**ический** *a.* (geol., zool.) metasomatic.

метаспециальный *a.* (math.) metaspecial.

метастабильн/ость *f.* metastability; —**ый** *a.* metastable.

метаста/з *m.* (biol.; med.; petr.) metastasis; **образовать** —**зы** *v.* metastasize; —**тический** *a.* metastatic.

метастирол *m.* metastyr(ol)ene.

метасульфит *m.* metasulfite, pyrosulfite.

метасурьмян/ая кислота metantimonic acid; —**истая кислота** metantimonious acid; —**истокислая соль** metantimonite; —**окислая соль** metantimonate.

метательн/ый *a.* throwing, etc., *see* **метать**; launching; propellant (charge); **м. снаряд** projectile; **м. станок** launcher, launching ramp; —**ая установка** launcher, launching device.

метаторбернит *m.* (min.) metatorbernite.

метать *v.* throw, fling, cast, project; (missiles) launch; pitch (hay); bring forth; (ichth.) spawn; baste, sew.

метаустойчивый *a.* metastable.

мета/фаза *f.* (biol.) metaphase; —**фен** *m.* Metaphen, nitromersol; —**фенилен** *m.* metaphenylene; —**фос** *m.* metaphos, methyl parathion (insecticide).

метафосфорн/ая кислота metaphosphoric acid; —**окислая соль** metaphosphate; —**онатриевая соль** sodium metaphosphate.

мета/хлорит *m.* (min.) metachlorite; —хроматический *a.* metachromatic; —цейнерит *m.* (min.) metazeunerite; —центр *m.* metacenter; —цид *m.* metacide (insecticide).
метацетин *m.* methacetin, *p*-methoxy acetanilide.
метацимол *m.* metacymene.
метаязык *m.* meta-language.
метгемоглобин *m.* methemoglobin.
метебенол *m.* methebenol.
метел *gen. pl. of* метла.
метел/емер *m.* snowdrift gage; —истый *a.* stormy; —ица *f.* storm.
метелка *f.* whisk broom, brush; (bot.) panicle, head (of grass).
метеллаговая кислота metellagic acid.
метелоидин *m.* meteloidine.
метелоч/ка *dim. of* метелка; (elec.) brush; —ный *a. of* метелка.
метель *f.* snowstorm, drifting snow; —ник *m.* (bot.) Spartium: —ный *a. of* метла; метель.
метельчатый *a.* (bot.) paniculate.
метен *sh. m. of* метенный.
метен *m.* meth(yl)ene; —амин *m.* methenamine, hexamethylenetetramine.
метение *n.* sweeping.
метенил *m.*, —овый *a.* methenyl.
метен(н)ый *past pass. part. of* мести.
метенцикло— *prefix* methenecyclo—.
метео— *prefix* meteorologic(al), weather; —аэробюллетень *m.*, —донесение *n.* weather report; —минимум *m.* (av.) weather minimum; —наблюдение *n.* weather observation; —обстановка *f.* weather conditions; —прибор *m.* meteorological instrument.
метеор *m.* (astr.) meteor.
метео/радиолокатор *m.* meteorological radar; —разведка *f.* weather reconnaissance.
метеор/ит *m.* (min.) meteorite; —итика *f.* (astr.) meteoritics; —итный, —итовый *a.* meteorite, meteoritic; meteoric (iron); —ический, —ный *a.* meteor(ic); —ношлаковый *a.* meteor-slag.
метеограф *m.* meteorograph; —ический *a.* meteorographic; —ия *f.* meteorography.
метеоролог *m.* meteorologist; —ический *a.* meteorologic(al); —ическая станция weather bureau; —ия *f.* meteorology.
метеороподобный *a.* meteor-like, meteoric.
метео/сводка *f.* weather report; —служба *f.* meteorological service; —сообщение *n.* weather report; —станция *f.* weather bureau; —условия *pl.* weather conditions; —центр *m.* meteorological office.
метет *pr. 3 sing. of* мести.
метизация *f.* (biol.) crossbreeding.
метиз/ный *a.*, —ы *pl.* hardware.

метил/акрилат *m.* methyl acrylate; —ал(ь) *m.* methylal, dimethoxymethane; —амиловый эфир methyl amyl ether; —амин *m.* methylamine, aminomethane; —анилин *m.* methylaniline; —арсиновая кислота monomethylarsenic acid, arrhenic acid; —ат *m.* methylate, methoxide; —ацетат *m.* methyl acetate; —винилпиридин *m.* methylvinylpyridine; —виолет *m.* methyl violet; —глиоксаль *m.* methylglyoxal, pyruvic aldehyde.
метилен *m.*, —овый *a.* meth(yl)ene; —блау, —овая синь(ка), —овый синий methylene blue.
метилиров/ание *n.* methylation; —анный *a.* methylated; —ать *v.* methylate.
метил/карбинол *m.* methylcarbinol, ethanol; —каучук *m.* methyl rubber; —крахмал *m.* methyl starch; —метакрилат *m.* methyl methacrylate; —нитрат *m.* methyl nitrate.
метиловый *a.* methyl; м. альдегид methyl aldehyde, formaldehyde; м. спирт methyl alcohol, methanol; м. фиолетовый methyl violet; м. эфир methyl ether; м. эфир серной кислоты methyl sulfate.
метил/оранж *m.* methyl orange (indicator); —рот *m.* methyl red; —стирол *m.* methylstyrene; —сульфат *m.* methyl sulfate; —тестостерон *m.* methyltestosterone; —трихлорсилан *m.* methyltrichlorosilane; —фенилдихлорсилан *m.* methylphenyldichlorosilane; —целлюлоза *f.* methyl cellulose; —цикло— *prefix* methylcyclo—; —этилкетон *m.* methyl ethyl ketone.
метин *m.* methine.
метион/ил *m.* methionyl; —ин *m.* methionine, 2-amino-4-methylthiobutanoic acid; —овая кислота methionic acid, methanedisulfonic acid.
метис *m.* hybrid, halfbreed, mongrel.
метистицин *m.* methysticin, kavain; —овая кислота methysticinic acid.
мет/ить *v.* mark; label, tag (with tracers); brand (livestock); band (fowl); aim (at); have in view; —ка *f.* mark(er), marking; sign; stamp, brand; (isotopic) label, tag, tracer; score; *sh. f. of* меткий.
метк/ий *a.* accurate, well-aimed; apt; —ость *f.* accuracy, exactness.
метла *f.* broom, brush.
метлахская плитка ceramic (floor) tile.
метлица *f.* (bot.) Apera, spec. bent grass (*Apera spica venti*); (ent.) caddis fly.
метнуть *see* метать.
метод *m.* method, process, procedure, practice, technique, approach; way, means, mode, manner; system; вносить м. *v.* methodize; —ика *f.* method(s), procedure, technique; philosophy; —ика

работы procedure; —ический, —ичный *a.* methodical, orderly, deliberate; continuous (furnace); —ично *adv.* methodically; —ичность *f.* methodicalness; —ология *f.* method(ology).

меток *gen. pl. of* метка; *sh. m. of* меткий.

метоксазин *m.* metoxazine.

метокси/бензальдегид *m.* methoxybenzaldehyde; —д *see* метилат; —л *m.* methoxyl; —хлор *m.* methoxychlor (insecticide).

метол *m.* (phot.) Metol, *p*-methylaminophenol sulfate.

метонал *m.* methonal.

метохинон *m.* metoquinone.

метоцин *m.* metozine, antipyrine.

метр *m.* meter (unit of length); *suffix* —meter (measuring device); *prefix see* метро—; складной м. folding rule; —аж *m.* meterage; m asurement; metric area; length in meters; capacity.

метре/хон, —хон *m.* metrechon, half-picture storage tube.

метриз/ация *f.* metrization; —уемый *a.* metrizable.

метрика *f.* metrics; birth certificate.

метрит *m.* (med.) metritis.

метрическ/и *adv.* metrically; —ий *a.* metric; *suffix* —metric(al); —ое свидетельство birth certificate; —ая мера metric system.

—метрия *f. suffix* —metry (measuring).

метро *see* метрополитен.

метро— *prefix* metr(o)— (measure; uterus; mother); —вка *f.* folding rule; meter-long board; measurement in meters; —вый *a.* meter, metric; —изол *m.* metroizol (bitumen-impregnated cloth); —логический *a.* metrological; —логия *f.* metrology, science of weights and measures.

метрон/овая кислота methronic acid; —ол *m.* methronol.

метроном *m.* metronome.

метро/политен *m.* subway, underground railway; —строевский *a.*, —строй *m.* subway-building organization.

метротонин *m.* metrotonin.

метр/-свеча *f.* meter-candle (unit of illuminance); —шток *m.* sounding rod.

метсеть *f.* meteorological network.

метущий *pr. act. part. of* мести.

метчик *m.* (screw) tap, tap borer; marker; ловильный м. (oil-well drilling) grab.

метэлемент *m.* weather constituent.

Меуле реакция Mäule reaction.

мефитический *a.* mephitic, foul, noxious.

мех *m.* fur; bellows; water skin; воздуходувный м., —а *pl.* bellows.

мех— *prefix* mechanical, mechanized; —анаит *m.* (met.) mechanite.

механиз/атор *m.* mechanic; machine operator; —ация *f.* mechanization, powering; —ация крыла (av.) high-lift devices; училище —ации engineering school; —ирование *see* механизация; —ированный *a.* mechanized, power(ed); —ировать *v.* mechanize, power.

механизм *m.* mechanism, works, movement, gear; device; —ег; подающий м. feeder; —ы *pl.* machinery.

механик *m.* mechanic, operator; engineer; м.-водитель *m.* driver; м.-конструктор *m.* machine designer; —а *f.* mechanics; mechanism, machinery.

механически *adv.* mechanically.

механическ/ий *a.* mechanical, machine, power-driven, power-operated, power (tool); by impact; stress-strain (properties); screen (analysis); м. завод, м. цех machine shop; м. молот power hammer; м. момент momentum; м. состав mechanical composition, texture (of soil); м. станок machine tool; —ая обработка machining; —ая отдача mechanical efficiency; —ая связь ganging; —ая отдача mechanical efficiency (of engine); —ое оборудование machinery; с —им приводом power-driven, power-operated.

механо/калорический *a.* mechanocaloric; —прочность *f.* (soils) crushing strength; —сборочный *a.* assembly (plant); —стрикция *f.* (phys.) mechanostriction; —терапия *f.* (med.) mechanotherapy, exercise therapy; —трон *m.* mechanotron, movable-electrode electron tube; —химия *f.* mechanochemistry.

мехводитель *m.* (mil.) tank driver.

мех/и *pl.* bellows; —овой *a.* bellows; fur; —овщик *m.* furrier.

мехом *abbr.* (механический ом) mechanical ohm; *instr. of* мех.

мехообразный *a.* furry; bellows-type.

мех/соединение *n.* (mil.) mechanized unit; —состав *m.* texture (of soil); —часть *f.* motorized unit.

мецкалин *m.* mescal (liqueur).

меч *m.* sword; (tree-planting) tool; —евидный *a.* sword-shaped, gladiate, ensiform (leaf).

мечен/ие *n.* marking, etc., *see* метить; —(н)ый *a.* marked, etc. *see* метить; labeled (molecule); tagged, tracer (atom); метод —ых элементов tracer technique.

мечеобразный *see* мечевидный.

мечет *pr. 3 sing. of* метать.

мечехвосты *pl.* (zool.) Xiphosura.

мечта *f.* dream, hope; —ть *v.* dream.

мечущий *pr. act. part. of* метать.

меш *m.*, —а *f.* mesh (of screen).

мешалка *f.* mixer, agitator, stirrer, stirring rod; churn; kneading machine; меха-

ническая м. rabble; стеклянная м. stirring rod.
меш/а́льный *a.* mixing, stirring; —а́ние *n.* mixing, etc., *see v.*; —а́нина *f.* mixture; —а́нка *f.* mixed crop, mixed feed; —а́ть *v.* mix, stir, agitate; hinder, impede, interfere, be a handicap (to); inhibit, prevent, be a barrier (to); clog, stop; encumber; disturb; —а́ющий *a.* mixing, etc., *see v.*; —а́ющее де́йствие interference; —е́нный *past pass. part. of* меси́ть.
мешка́ *gen. of* мешо́к.
мешка́ть *v.* delay, procrastinate.
мешко/ва́тость *f.* bagginess; —ва́тый *a.* baggy; awkward; —ви́дный *a.* bag-shaped, sacculate; —вина́ *f.* sackcloth, burlap; —жа́берные *pl.* (zool.) Marsipobranchii; —зашива́тель *m.* bag-closing machine; —насыпа́тель *m.* bag filler; —обра́зный *see* мешкови́дный.
мешкоти́/ость *f.* sluggishness; —ый *a.* sluggish, slow, unhurried; tedious (work).
меш/о́к *m.* bag, sack; packet; pocket; м.-гильзоулови́тель *m.* deflector bag; —о́чек *dim. of* мешо́к; kit; (biol.) follicle, utricle, saccule; —о́чница *f.* (ent.) bagworm; —о́чный *a. of* мешо́к; —о́чная ткань sacking, burlap.
МЖС *abbr.* (маши́нно-животново́дческая ста́нция) livestock-breeding and machine station.
МЗТ *abbr.* (ме́тод заря́женного те́ла) charged body method.
МЗУ *abbr.* (магни́тное запомина́ющее устро́йство) magnetic memory unit.
Ми рассе́яние (light) Mie scattering.
миа́з(ис) *m.* (med.) myiasis.
миа́зм/а *f.*, —ы *pl.* miasma; —ати́ческий *a.* miasmatic.
миа́льгия *f.* (med.) myalgia.
миаргири́т *m.* (min.) miargyrite.
миаролитовый *a.* (geol.) miarolitic.
миарсено́л *m.* myarsenol, sulfarsphenamine.
миаски́т *m.* (petr.) miascite.
миастени́я *f.* (med.) myasthenia.
миг *m.* moment, instant.
миг/а́ *f.* flicker device; flashing signal; distributing plate, discharge disk (of dust catcher); flap valve; —а́ние *n.* blinking, flicker(ing); nictitation, winking; —а́тель *m.* blinker, flasher; —а́тельный *a.* blinking, blinker, flicker(ing); nictitating, winking; —а́ть *v.* blink, flicker; wink; —а́ющий *see* мига́тельный; pulsed (beam, etc.); —а́ющий фона́рь blinker, flasher.
мигмати́т *m.* (petr.) migmatite.
миг/ну́ть *v.* blink, flash; wink; —о́м *adv.* instantly, in a flash.

мигр/а́нт *m.* migrant; (geol.) allochthon; —ацио́нный *a.* migratory; —а́ция *f.* migration.
мигре́н/евый *a.*, —ь *f.* (med.) migraine.
мигри́р/овавший *a.* migrated, migratory; —ова́ние *n.* migration; —ова́ть *v.* migrate, travel; —ующий *a.* migratory; (geol.) allochthonous.
ми́дель *m.* (naut.) maximum midsection; м.-шпангоу́т *m.* midship frame; midstation.
ми́дия *f.* (zool.) mussel.
мидриа́/зин *m.* Mydriasine; —зис *m.* (med.) mydriasis; —тин *m.* mydriatine; —тический *a.* mydriatic, pupil-dilating.
мидро́л *m.* mydrol, midrol.
миел— *see* миело—; —ин *m.*, —иновый *a.* (biol.; min.) myelin; —и́т *m.* (med.) myelitis; —о— *prefix* myel(o)— (bone marrow; spinal cord); —оса́н *m.* Myelosan, methanesulfonic acid; —оци́т *m.* (anat.) myelocyte.
миерси́т *m.* (min.) miersite.
мизе́рный *a.* miserable, meager, scanty.
мизи́нец *m.* (anat.) little finger; little toe.
мииа́з *see* миа́зис.
мика́/лекс *m.* Mycalex (insulating material); —ле́нта *f.* mica tape; —ни́т *m.*, —ни́товый *a.* micanite (insulator).
мика́рта *f.* micarta (insulator).
мико— *prefix* myc(o)— (fungus; (med.) mucus); —з *m.* (med.) mycosis; —за *f.* mycose; —ло́гия *f.* (bot.) mycology; —ми́цин *m.* mycomycin; —протеи́н *m.* mycoprotein; —ри́за *f.* (bot.) mycorhiza; —стери́н *m.* mycosterol; —тро́фный *a.* (bot.) mycotrophic; —фено́ловый *a.* mycophenolic (acid); —циди́н *m.* mycocidin.
микра́т *m.*, —ная пле́нка Mikrat film.
микри́т *m.* (geol.) micrite.
ми́кро— *prefix* micro— (10^{-6}); small (-scale); microscopic; —а́мпер *m.* (elec.) microampere; —амперме́тр *m.* microammeter; —анализ *m.* microanalysis; —атмосфе́ра *f.* artificial atmosphere (of spaceship); —афани́товый *a.* (petr.) microaphanitic.
микро́б *m.* microbe, bacterium.
микро/ба́р *m.* (acous.) microbar, barye; —ба́рн *m.* (nucl.) microbarn; —баро́граф *m.* microbarograph.
микробио́лог *m.* microbiologist; —и́ческий *a.* microbiological; —ия *f.* microbiology.
микро́бный *a.* microbe, microbic.
микро/броми́т *m.* (min.) microbromite; —бюре́тка *f.* microburet; —ва́тт *m.* (elec.) microwatt; —весы́ *pl.* microbalance; —включённый *a.* contained in microscopic foci; —волна́ *f.*, —волно́вый *a.* (rad.) microwave; —во́льт *m.* (elec.) microvolt; —вольтме́тр *m.* mi-

crovoltmeter; —**выключатель** *m.* microswitch; —**гамма** *f.* microgamma; —**генри** *m.* microhenry; —**глия** *f.* (med.) microglia; —**горелка** *f.* microburner; —**грамм** *m.* microgram, gamma; —**гранитный** *a.* (petr.) microgranitic.

микрограф *m.* micrograph; —**ический** *a.* micrographic; —**ия** *f.* micrography.

микро/гэс *m.* small automatic hydroelectric power unit; —**двигатель** *m.* micromotor, miniature motor; —**дефектность** *f.* microflaw, microimperfection; —**деформация** *f.* (met.) microstrain; —**диорит** *m.* (petr.) microdiorite; —**дюйм** *m.* microinch; —**животное** *n.* animalcule; —**запись** *f.* microrecording; —**изображение** *n.* microimage; —**исследование** *f.* microanalysis, microexamination; —**калория** *f.* microcalorie, small calorie; —**капилляр** *m.* microcapillary; —**каротаж** *m.* microlog; —**карта** *f.* microcard; —**катор** *see* **микромер;** —**киносъемка** *f.* (phys.) motion micropicture; —**климат** *m.* (biol.) microclimate.

микроклин *m.* (min.) microcline; **зеленый м.** amazon stone, amazonite.

микрококк *m.* micrococcus (round bacterium); —**ин** *m.* micrococcin.

микро/количество *n.* microquantity, trace; —**компонент** *m.* microconstituent; microcomponent; —**копирование** *n.* microcopying; —**копия** *f.* microcopy; —**коррозия** *f.* microcorrosion.

микрокосм *m.* microcosm; —**ический** *a.* microcosmic; —**ическая соль** microcosmic salt, sodium ammonium hydrogen phosphate.

микрокристалл/ический *a.* (min.) microcrystalline, cryptocrystalline; —**ография** *f.* microcrystallography.

микро/кулон *m.* (elec.) microcoulomb; —**кюри** *m.* (nucl.) microcurie; —**легировать** *v.* add trace metals to alloy.

микролит *m.* (min.) microlite; (petr.) microlite, microcrystal; —**овый** *a.* microlitic.

микро/литр *m.* microliter, lambda; —**логия** *f.* micrology; —**м** *see* **микроом;** —**манометр** *m.* micromanometer, micropressure gage; —**масштаб** *m.* microscale; **в** —**масштабах** on the tracer scale; —**мер** *m.* outside micrometer; —**меритный** *a.* micromeritic, microcrystalline; —**мерол** *m.* micromerol; —**метеорит** *m.* micrometeorite; —**метод** *m.* micromethod.

микрометр *m.* micrometer (gage or caliper); —**ический** *a.* micrometer, micrometric; —**ия** *f.* micrometry.

микро/микро *prefix* micromicro—, pico— (10^{-12}); —**микрон** *m.* micromicron; —**миллиметр** *m.* micromillimeter, millimicron; —**миниатюризация** *f.* microminiaturization; —**мир** *m.* microcosm; —**мо** *n.* (elec.) micromho; —**модуль** *m.*, —**модульный** *a.* micromodule; —**моль** *f.* micromole; —**н** *m.*, —**нный** *a.* micron (10^{-3} mm.); —**обработка** *f.* microprocessing; —**объемный** *a.* microvolumetric; —**ом** *m.* (elec.) microhm; —**омметр** *m.* microhmmeter; —**организм** *m.* microorganism, microbe; —**остатки** *pl.* microfossils; —**очковый** *a.* microaugen; —**пайка** *f.* microsoldering; —**пара** *f.* (elec.) microcell.

микропегматит *m.* (petr.) micropegmatite, microscopic pegmatite; —**овый** *a.* micropegmatitic, micrographic

микро/переключатель *m.* microswitch; —**пертит** *m.* (petr.) microperthite; —**печь** *f.* microfurnace; —**пленка** *f.* microfilm; —**полость** *f.* microcavity; —**пористый** *a.* microporous, microcellular; —**препарат** *m.* (micros.) mount, slide; —**привод** *m.* microdrive; —**примесь** *f.* trace contaminant; —**принтирование** *n.* microprinting; —**программный** *a.* microprogrammed; —**профилометр** *m.* microprofilometer; —**пульсация** *f.* micropulsation; —**ракета** *f.* microrocket, microjet; —**реакция** *f.* microreaction; —**реле** *n.* microrelay; —**рентген** *m.* (nucl.) microroentgen; —**сегрегация** *f.* microsegregation.

микросейсм/ический *a.* (geol.) microseismic; —**ы** *pl.* microseisms.

микросекунд/а *f.*, —**ный** *a.* microsecond.

микроскладчатость *f.* (geol.) microfoliation.

микроскоп *m.* microscope; —**ировать** *v.* (use the) microscope; —**ический**, —**ичный** *a.* microscopic(al); —**ичность** *f.* microscopicity; —**ия** *f.* microscopy; —**ный** *a.* microscope.

микро/скрытокристаллический *a.* microcryptocrystalline; —**словарь** *m.* microvocabulary; —**снимок** *m.* (photo)micrograph; —**сома** *f.* (biol.) microsome; —**соммит** *m.* (min.) microsommite.

микроспектро/скоп *m.* microspectroscope; —**скопия** *f.* microspectroscopy; —**фотометрия** *f.* microspectrophotometry.

микроспор/а *f.* (bot.) microspore; —**идии** *pl.* (zool.) Microsporidia.

микро/структура *f.* microstructure; —**сферический** *a.* microspheric; —**сферулитовый** *a.* (petr.) microspherulitic; —**схема** *f.* microcircuit; —**таст** *m.* a minimeter; —**твердость** *f.* microhardness; —**текстил** *m.* textile microscope.

микротелефон *m.*, —**ная трубка** microtelephone, hand set; —**ный** *a.* microtelephone, microtelephonic.

микро/типия f. microprinting; —том m. (micros.) microtome; —трещина f. microfissure; —трон m. microtron, electron cyclotron; —удобрение n. trace-element fertilizer; —фаг m. (zool.) microphage; —фарада f. (elec.) microfarad.
микрофельзит m. (petr.) microfelsite; —овый a. microfelsitic.
микрофизика f. microphysics.
микрофильм m. microfilm; —ирование n. microfilming; —ировать v. microfilm; —ирующий a. microfilm(ing); —отека f. microfilm library.
микро/фировый a. microphyric; —фиша f. microfiche, transparent microcard; —флора f. (bot.) microflora; —флотация f. microflotation; —флуктуация f. microfluctuation; —флюидальный a. (petr.) microfluidal.
микрофон m., —ная чашка microphone; —ный a. microphone, microphonic.
микрофот m. (illum.) microphot.
микрофото/графирование n. photomicrography; microphotographing; —графический a. photomicrographic; —графия f. photomicrography; photomicrograph; —копирование n. microphotocopying, microfilming; —метр m. (opt.) microphotometer; —метрирование n. microphotometering; —снимок m. photomicrograph; —съемка f. photomicrography.
микро/химический a. microchemical; —химия f. microchemistry; —хронометр m. microchronometer; —цефалия f. (med.) microcephaly; —цидин m. Microcidin, β-naphthol sodium; —цит m. (biol.) microcyte; —частица f. microparticle; —шлиф m. microsection; —штатив m. microscope stand; microstand; —электроника f. microelectronics; —элемент m. microelement, microcomponent; (elec.) microcell; (chem.) trace element.
микрургия f. (med.) microsurgery.
микс— see миксо—.
миксер m. mixer; (met.) holding furnace.
миксит m. (min.) mixite.
миксо— prefix myx(o)— (mucus, slime); —мицеты pl. (bot.) Myxomycetes.
мик/стура f. (pharm.) mixture; —шер m. (rad.) mixer.
мил m. mil (unit of length); sh. m. of милый.
миланский a. (geog.) Milan.
миларит m. (min.) milarite.
мили gen., pl. etc. of миля.
милиарный a. miliary, millet-like.
миллер/ит m. (min.) millerite, —овский a. Miller (index).
милли— prefix milli— (10⁻³); —ампер m. (elec.) milliampere; —амперметр m. milliammeter.
миллиард m. billion (10⁹).
милли/бар m. (meteor.) millibar; —барн m. (nucl.) millibarn; —ватт m. (elec.) milliwatt; —вольт m. millivolt; —гамма f. milligamma, millimicrogram; —генри m. millihenry; —грамм m., —граммовый a. milligram; —дарси m. (phys.) millidarcy; —кюри f. (nucl.) millicurie; —ламберт m. (illum.) millilambert; —литр m. milliliter; единица —массы millimass unit, mamu.
миллиметр m. millimeter; —овка f. graph paper (with 1 sq. mm. squares); —овый a. (one-)millimeter; graph (paper).
милли/микро— prefix millimicro—, nano— (10⁻⁹); —микрон m. millimicron (10⁻⁹ meter); —моль f. millimole.
миллион m. million; —ный a. millionth.
милли/пьеза f. (phys.) millipieze; —резерфорд m. (nucl.) millirutherford; —рентген m. milliroentgen; —секунда f. millisecond; —стильб m. (illum.) millistilb; —фот m. milliphot; —эквивалент m. milliequivalent, milligram-equivalent.
Миллона основание Millon's base.
милонит m. (petr.) mylonite.
милори, —евая синь f. Milori blue.
милость f. favor, kindness.
милошит m. (min.) miloschite.
Милуоки (geog.) Milwaukee.
мил-фут m. (elec.) mil-foot.
милый a. kind, pleasant.
миль m. mil (unit of length); gen. pl. of миля.
мильбарс m. (met.) mill bar, flat bar, puddle(d) bar.
мильд/иу, —ью f. (bot.) mildew.
—мильный a. suffix -mile.
мильтон m. (text.) melton.
мил/я f. mile; количество —ь, расстояние в —ях, число —ь mileage.
МИМ abbr. (металл-изолятор-металл) metal-insulator-metal (circuit); (металлографический микроскоп) metallographic microscope.
Мимас m. (astr.) Mimas.
мимеограф m., —ический a. mimeograph, duplicating machine.
мимет/(ез)ит m. (min.) mimet(es)ite; —ический a. mimetic, imitative.
мими/ка, —крия f. (biol.) mimicry; —ческий a. mimic, camouflaging.
мимо adv. and prep. gen. past, by; wide of (the mark); проходить м. v. bypass; —ездом adv. while passing by; —езжий a. passing by.
мимоз/а f., —овый a. (bot.) mimosa.
мимолет/ность f. transience; —ный a. transient, passing, momentary, fugitive

мимоходом short-lived; —ом *adv.* (while) flying past; momentarily.
мимоходом *adv* in passing, by the way, on the way; at the same time.
мин. *abbr.* (минимум) minimum; (минута) minute.
мина *f.* mien, look, appearance, aspect; (mil.) mine; torpedo; м.-ловушка *f.* booby mine, booby trap.
минасрагрит *m.* (min.) minasragrite.
мина-сюрприз *see* мина-ловушка.
мингуетит *m.* (min.) minguétite.
миндал/евидный *a.* almond-shaped, amygdaloidal; —евидная пустота (geol.) amygdule, geode; —евидные железы (anat.) tonsils; —евый *a.* almond; —екаменный, —еобразный *see* миндалевидный; —ик *m.* tonsil; —ина *f.* almond; (geol.) amygdule, geode; tonsil.
миндаль *m.* almond (tree); земляной м. chufa (*Cyperus esculentus*); —ник *m.* (geol.) amygdaloid.
миндальн/ый *a.* almond; м. камень (geol.) almond rock, tonsillar concretion; —ая кислота amygdalic acid, mandelic acid.
минер *m.* (ent.) miner; (mil.) miner, mine specialist; torpedo specialist.
минераграф/ический *a.* (min.) mineral(o)graphic; —ия *f.* minera(lo)graphy.
минерал *m.* mineral; удаление —ов demineralizing.
минерализ/атор *m.* (geol.) mineralizer; —ация *f.* mineralization; —(ир)ованный *a.* mineralized; —(ир)овать *v.* mineralize; petrify; —ующий *a.* mineralizing; —ующее средство mineralizer, mineralizing agent; —ующийся *a.* mineralizable.
минералит *m.* an asbestos cement.
минералог *m.* mineralogist; —ический *a.* mineralogical; —ия *f.* mineralogy.
минерало/графия *f.* mineralography; —керамика *f.* powdered ceramic material; —металлокерамика *see* кермет.
минеральн/ый *a.* mineral; м. воск mineral wax, ozocerite; м. деготь mineral tar, brea; —ая бель mineral white, permanent white; —ая вата slag cotton; —ая шерсть rock wool, mineral wool; —ые ископаемые minerals.
минерный *a. of* минер.
минетта *f.* minette, oölitic iron ore.
миниатюр/а *f.* miniature; —изация *f.* miniaturization; —изировать *v.* miniaturize; —ность *f.* miniature nature, smallness; —ный *a.* miniature, midget, peanut; micro—.
миний *see* миния.
миним/акс *m.* minimax; —ал *m.* minim.
минимальн/ость *f.* minimum; —о-фазовый *a.* minimum-phase; —ый *a.* minimum, minimal, least, smallest; —ое значение minimum; —ое количество a minimum, as few as possible.
миниметр *m.* minimeter, mechanical comparator; м.-наездник *m.* straddle gage.
миним/изация *f.* minimization; —изировать *v.* minimize; —ум *m.* minimum; от —ума до максимума peak to peak; сводить к —уму *v.* minimize, keep to a minimum.
минир/ование *n.* mining, mine laying; —ованный *a.* mined; —овать *v.* mine, lay mines, plant mines; undermine; —ующий *a.* mining, etc., *see v.*, —ующие мухи, —ующие мушки (ent.) leaf-miner flies.
минист/ерский *a.* ministerial; —ерство *n.* ministry; office, board, department; —р *m.* minister; Secretary.
миния *f.* minium, red lead (lead oxide).
минн/ый *a.* mine; torpedo; blasting (powder); м. горн bursting chamber; м. заградитель mine layer; —ое заграждение, —ое поле mine field.
миновать *v.* pass, elapse, run out, end; avoid, be rid (of); detour, by-pass.
миновылавливатель *m.* torpedo catcher.
мино/га *f.*, —жий *a.* (ichth.) lamprey.
мино/искатель *m.* mine detector; —мет *m.* mine thrower; mortar; torpedo tube; —метание *n.* aerial mine laying; —носец *m.*, —носка *f.*, —носный *a.* torpedo boat, destroyer.
минор *m.* (math.) minor (determinant); minor key.
миносбрасыватель *m.* mine rack.
минреп *m.* mooring cable.
минский *a.* (geog.) Minsk.
минувш/ее *n.* the past; —ий *a.* past.
минус *m.* (math.) minus, negative sign; shortcoming, disadvantage, drawback, defect; minus, less, below; exclusive (of); —овый *a.* minus; (elec.) negative; disadvantageous.
минут/а *f.* minute; moment, instant; в данную —у at the given moment, just now, for the moment; сию —у immediately, at once.
минутник *m.* a fine abrasive powder.
минутный *a.* minute; momentary; instantaneous.
минуть *see* миновать.
миньон *m.* (typ.) minion.
мио— *prefix* myo— (muscle); —ген *m.* myogen; —з(ис) *m.* (med.) miosis; —зин *m.* myosin; —зит *m.* (med.) myositis; —кард *m.* (anat.) myocardium; —кардит *m.* (med.) myocarditis; —ксантим *m.* myoxanthim; —логия *f.* myology; —пия *f.* myopia, nearsighted-

ness; —**тический** *a.*, —**тическое средство** myotic.
миоцен *m.* (geol.) Miocene epoch; —**овый** *a.* Miocene.
миполам *m.* Mipolam (plastic).
мипор *m.* Mipor, microporous rubber; —*a f.* a foam-plastic insulator.
мир *m.* world, planet; universe; (outer) space; peace; **во всем** —**е** world-wide, throughout the world.
мира *f.* (aerial surv.) target.
мирабел/евый *a.*, —**ь** *f.* cherry plum.
мирабилит *m.* (min.) mirabilite, Glauber salt.
мираж *m.* mirage; candling (of eggs).
мирацидий *m.* (zool.) Miracidium.
мирбанов/ая эссенция, —**ое масло** mirbane oil, nitrobenzene.
Мир. Вр. *abbr.* (**мировое время**) universal time, Greenwich time.
мириа— *prefix* myria— (10^4); —**ватт** *m.* (elec.) myriawatt; —**да** *f.* myriad; —**литр** *m.* myrialiter; —**метр** *m.* myriameter.
мирика *f.* myrica, bayberry.
миринг(о)— *prefix* (anat.) myring(o)— (tympanic membrane).
мирист/амид *m.* myristamide, tetradecanamide; —**икол** *m.* myristicol; —**ил** *m.*, —**иловый** *a.* myristyl; —**ин** *m.* myristin, glyceryl myristate; —**иновая кислота** myristic acid, tetradecanoic acid; —**ицин** *m.* myristicin; —**ициновая кислота** myristicic acid; —**он** *m.* myristone, myristic ketone.
мирить *v.* reconcile, mediate; —**ся** *v.* reconcile oneself (with), tolerate, put up (with), accept, make the best (of.).
мириц/етин *m.* myricetin, hydroxyquercetin; —**етрин** *m.* myricetrin; —**ил** *m.* myricyl; —**иловый спирт** myricyl alcohol, melissyl alcohol; —**ин** *m.* myricin, myricyl palmitate.
мирмекит *m.* (petr.) myrmekite.
мирмеко— *prefix* myrmeco— (ant).
мирн/о *adv.* peacefully, quietly, without any disturbance; in harmony (with); —**ый** *a.* peaceful, quiet; peace (treaty).
миробалан *m.* (tanning) myrobalan.
миров/ой *a.* world; universal (time); peaceful; —**ое пространство** (outer) space.
мироздание *n.* the universe, cosmos.
мирозин *m.* myrosin, myrosase.
мирокс/ил *m.* myroxyl; —**ин** *m.* myroxin.
мироновая кислота myronic acid.
мироописание *n.* cosmography.
мирр *m.*, —**а** *f.*, —**овый** *a.* myrrh.
мирт *m.* (bot.) myrtle; —**енал** *m.* myrtenal, myrtenic aldehyde; —**еновая кислота** myrtenic acid; —**енол** *m.* myrtenol; —**илин** *m.* myrtilin; —**иллидин** *m.* myr-

tillidin; —**иллин** *m.* myrtillin; —**овый** *a.* myrtle; —**ол** *m.* myrtol.
мирцен *m.* myrcene.
МИС *abbr.* (**машинноиспытательная станция**) machine testing center.
мисес *m.* (math.) mises; **условия пластичности** —a mises yield conditions.
миси *n.* (min.) misy, copiapite.
мис/ка *f.* pan, basin, dish; —**кообразный** *a.* dish(-pan), dish-shaped; —**очка** *dim. of* миска.
миспикель *m.* (min.) mispickel, arsenopyrite.
миссия *f.* mission, assignment.
мист/ерия *f.* mystery; —**ифицировать** *v.* mystify, puzzle.
мистраль *m.* mistral (wind.)
митигация *f.* mitigation, abatement.
митил/ит *m.* mytilitol, methylinositol; —**отоксин** *m.* mytilotoxin.
митинг *m.*, —**овый** *a.* meeting; —**овать** *v.* attend a meeting.
миткал/ь *m.*, —**евый** *a.*, —**ьный** *a.* (text.) calico; cambric.
мито— *prefix* mito— [thread(-like), rod]; —**генетический** *a.* (biol.) mitogenetic; —**з** *m.* mitosis; —**тический** *a.* mitotic.
митра/версин *m.* mitraversine; —**гинин** *m.* mitragynine, mitragyne.
Митчелля грохот Mitchell screen.
миф *m.* myth; —**ический** *a.* mythical.
Мих/аэлиса константа Michaelis constant; —**ельсона актинометр** Michelson actinometer; —**лера кетон** Michler ketone.
мицел/ий *m.* mycelium, (mushroom) spawn; —**ин** *m.* mycelin; —**ла** *f.* micelle; —**лярный** *a.* micellar.
миц/етин *m.* mycetin; —**ето**— *prefix* myceto— (fungus); —**ин** *m.* *suffix* mycin.
миц(ц)онит *m.* (min.) mizzonite, dipyre.
Мичелля подшипник Michell bearing.
мичуринский *a.* (biol.) Mitchurin.
мишен/ный *a.*, —**ь** *f.* target; **теория** —**и** (radiobiology) target theory, hit theory; **ток на** —**ь** target current.
Мишера пипетка (biol.) Miescher pipet.
мишур/а *f.* tinsel, spangle, shining platelet; metallic thread; Dutch metal; —**ный** *a.* tinsel; deceptive.
миэ— *see* **мие**—.
мк *abbr.* (**микро**—) micro—; (**микрон**) micron; (**милликулон**) millicoulomb.
мка *abbr.* (**микроампер**) microampere.
Мкб *abbr.* (**мегакалория**) megacalorie.
мкб, мкбар *abbr.* (**микробар**) microbar.
МКБС *abbr.* (**межконтинентальный баллистический снаряд**) intercontinental ballistic missile.
мкв *abbr.* (**микровольт**) microvolt.
МКВ *abbr.* (**микровыключатель**) microswitch.

мквт *abbr.* (микроватт) microwatt.
мкг *abbr.* (микрограмм) microgram.
мкгн *abbr.* (микрогенри) microhenry.
мкгсс, МКГСС *abbr.* (метр-килограмм-сила-секунда) meter-kilogram (force)-second (system of units).
мкдм *abbr.* (микродюйм) microinch.
мкк *abbr.* (микрокулон) microcoulomb.
мкккюри *abbr.* (микрокюри) microcurie.
мкл *abbr.* (микролитр) microliter.
мкмк *abbr.* (микромикро—) micromicro—; (микромикрон) micromicron; мкмкв *abbr.* (микромикровольт) micromicrovolt; мкмквт *abbr.* (микромикроватт) micromicrowatt; мкмкг *abbr.* (микромикрограмм) micromicrogram; мкмкф *abbr.* (микромикрофарада) micromicrofarad.
мкмоль *abbr.* (микромоль) micromole.
мкн *abbr.* (микрон) micron.
мком *abbr.* (микроом) microhm.
мкр *abbr.* (микрорентген) microroentgen.
мкрад *abbr.* (микрорад) microrad.
мкс *abbr.* (максвелл) maxwell; МКС *abbr.* (метр-килограмм-секунда) meter-kilogram-second, MKS (system of units); МКСА *abbr.* (метр-килограмм-секунда-ампер) meter-kilogram-second-ampere (MKSA system).
мксек *abbr.* (микросекунда) microsecond.
МКСК *abbr.* (метр-килограмм-секунда-кулон) meter-kilogram-second-coulomb (system of units); МКСС *abbr.* (метр-килограмм-секунда-свеча) meter-kilogram-second-candle.
мкф *abbr.* (микрофарада) microfarad; (микрофот) microphot.
МКФ *abbr.* (монокальцийфосфат) monocalcium phosphate.
мкюри *abbr.* (милликюри) millicurie; Мкюри *abbr.* (мегакюри) megacurie.
мл *abbr.* (миллилитр) milliliter; Мл *abbr.* (моляльность) molality (of a solution); МЛ *abbr.* (магнитная лента) magnetic tape; (микроскоп люминесцентный) luminescence microscope.
младший *a.* younger, junior (partner); *m.* the youngest.
млб *abbr.* (миллиламберт) millilambert.
млд *abbr.* (миллиард) billion.
млеконосный *a.* lactiferous, lacteal.
млекопитающ/ее *n.*, *м.* животное mammal; —ий *a.* mammalian.
млечн/ик *m.*, —ый корень (bot.) sea milkwort (*Glaux maritima*); —ый *a.* milk(y), lactic, lacteal; *see also under* молочный; —ый путь (astr.) Milky Way; —ый сок milky juice; (bot.) latex; (physiol.) chyle.
млн. *abbr.* (миллион) million.
млрд. *abbr.* (миллиард) billion.
млынок *m.* grain blower and sorter.

мм *abbr.* (миллиметр) millimeter. Мм *abbr.* (мегаметр) megameter; мМ *abbr.* (миллимолярность) millimolarity.
м.м.в. *abbr.* (максимальная молекулярная влагоемкость) maximum molecular moisture-absorbing capacity.
мм вод. ст. *abbr.* (миллиметр водяного столба) millimeter(s) of water column.
ММД *abbr.* (магнитомодуляционный датчик) magnetic modulation sensor.
М-метр *m.* Machmeter, Mach indicator.
м/мин *abbr.* (метров в минуту) meters per minute.
ммк *abbr.* (миллимикрон) millimicron; ммкг *abbr.* (миллигамма) milligamma.
ммоль *abbr.* (миллимоль) millimole.
мм рт. ст. *abbr.* (миллиметр ртутного столба) millimeter(s) of mercury column.
ММС *abbr.* (машинно-мелиоративная станция) machine reclamation center.
мн. *abbr.* (многие) many.
Мн *abbr.* (меганьютон) meganewton.
МНА *abbr.* (метод наведенной активности) induced activity method.
мн. др. *abbr.* (многие другие) many others.
мне *dat. of* я, me, to me.
мнемо/ника *f.* mnemonics; —нический *a.* mnemonic, memory; —ническая схема, —схема *f.* mimic flowsheet; graphic panel; —техника *f.* mnemonics; —технический *a.* mnemonic.
мнен/ие *n.* opinion, judgment; по их —ию according to them, they hold (that).
мнет *pr. 3 sing. of* мять.
мним/оумерший *a.* (med.) comatose; —ый *a.* seeming, imaginary, supposed; simulated, false; virtual (image); —ая величина, —ое число imaginary number.
мнить *v.* think, imagine, suppose, be of the opinion; —ся seem, appear.
мн-к *abbr.* (многоугольник) polygon.
МНК *abbr.* (мочевина-нитрат кальция) calcium urea nitrate.
мног/ие *pl.* (a great) many; —ий *a.* numerous, many, in large numbers.
много *adv.* much, many, a great deal, considerably; на м. by far, much.
много— *prefix* poly—, multi—, many, multiple; —адресный *a.* multiple-address (system); —актный *a.* multi-event; —амперный *a.* heavy-current; —анодный *a.* multianode; —арочный *a.* multiple-arch; —аспектный *a.* multidimensional, relative (classification); —атомный *a.* polyatomic; polyhydric (alcohol); —баковый *a.* multitank; —блочный *a.* multibank (engine); —бородковый *a.* multiple (punch); —брачный *a.* (bot.) polygamous; —бугорчатый *a.* (anat.) multitubercular.

многовалентн/ость *f.* multivalence; —ый *a.* multivalent, polyvalent.

много/валковый *a.* (met.) multiple-roll, cluster (mill); —вариантный *a.* multivariant; —вато *adv.* a little too much; —ваттный *a.* (elec.) high-watt; —вершинный *a.* polyconic; —вибраторный *a.* multidipole, multiunit (antenna); —витковый *a.* (elec.) multiturn, multiloop.

многовод/ный *a.* full of water, high-water; well irrigated; polyhydrate (compound); —ье *n.* excess water (in stream).

много/волновой *a.* multiwave; —гнездный *a.* multiple-cavity, multi-impression (mold); (biol.) multilocular; —говорящий *a.* meaningful, saying much.

многогранн/ик *m.* (geom.) polyhedron; —ый *a.* polyhedral, faceted; varied, manysided.

много/групповой *a.* multigroup; —дебитный *a.* prolific (well); —диапазонный *a.* multirange; —дисковый *a.* gang (saw); —дневный *a.* lasting many days; —дольчатый *a.* multilobular; —домный *a.* (bot.) polygamous.

многодыр/очный *a.* multihole; —чатый *a.* (multi)perforated.

мног/ое *n.* much; many things; во —ом in many respects.

многожгутиковые *pl.* (zool.) Polymastigina.

многожильный *a.* multiple-strand, multiple-wire, multiple (cord); multi(ple)-core, compound (cable); м. провод cable wire.

много/забойный *a.* multihole (drilling); —зажимный *a.* multiterminal; —замещенный *a.* polysubstituted; —зарядный *a.* multi(ple)-charge, highly charged; —заходный *a.* multiple (thread); multiple-thread (screw); (phys.) multifilar (helix); —звенный *a.* ladder-type; —звучный *a.* polyphonic.

многоземель/е *n.* large property; —ный *a.* rich in land.

многознаменательн/ость *f.* significance; —ый *a.* significant.

многознач/ащий —ительный *a.* significant, influential; —ность *f.* multivalence, polyvalence; multiple meaning, polysemy; —ный *a.* multivalent, polyvalent; multiple-value(d); multiple-digit (number).

много/зонный *a.* multiregion; —инерционный *a.* multilag; —искровой *a.* multipoint (ignition); —камерный *a.* multiple-chamber, multichambered, multicellular; multi(ple)-cavity, multisectional, multiresonator (magnetron) compartment (mill).

многоканальн/ость *f.* multichanneling; —ый *a.* multichannel; multiplex, multiconductor (line); (rockets) multiperforate (grain).

много/каскадный *a.* multistage; —катодный *a.* polycathode; —квартирный *a.* apartment (house); —километровый *a.* (of) many kilometers; —кислотный *a.* polyacid.

многоклеточн/ые *pl.* (zool.) Metazoa; —ый *a.* multicellular, many-celled; multicage (elevator).

много/клиновый *a.* multiple-wedge (bearing); —ковшовый *a.* (multi)-bucket, chain(-and-)bucket (excavator); ladder-type; —колейный *a.* multiple-track; —колесный *a.* multiple-impeller (pump); —колпачковый *a.* bubblecap (tower); —кольчатый *a.* polycyclic; —компонентный *a.* multi(ple)-component; multiple (phase); —контактный *a.* multiple-contact; —контурный *a.* multicircuit, multiloop; multistage; multivariable (systems); —корпусный *a.* multiple, multiple-unit; multiple-effect (evaporator); multiple-furrow (plow); —красочный *a.* polychrom(at)ic, many-colored, multicolor(ed).

многократ *m.* multiple; —но *adv.* repeatedly, over and over, many times; —но отраженная волна (seismology) multiple reflection; —ность *f.* frequency, multiplicity; repetition, recurrence; —ный *a.* multiple, frequent, numerous, repeated, manifold, compound, multi—, multiplex, multistage; plural (scattering); many-valued; (comp.) iterative (addition); (wire drawing) multiple-draft; —ная связь multiple bond; —ное число multiple; —ного действия re-usable, recoverable.

много/ламповый *a.* (rad.) multitube; —лезвийный *a.* multiple-blade; —лемешный *a.* multiple, gang (plow); —лепестковый *a.* (bot.) many-petaled, polypetalous; —лесный *a.* rich in forests.

многолет/ие *n.* longevity, long life; —немерзлый *a.* permafrost; —ний *a.* of many years, old; (bot.) perennial; —ник *m.* (bot.) perennial.

много/линейный *a.* multicircuit; —листник *m.* multifoil; —листный *a.* many-leaved; (bot.) polyphyllous; multifold; —литниковый *a.* (met.) multigate; —лонжеронный *a.* multispar (wing); —лучевой *a.* multi(ple-)beam; many-pronged; multipath; multiblade (knife); —людный *a.* highly populated, dense; crowded; —мерный *a.* multidimensional; multiple; multiscale; multirange; (stat.) multivariate; —местный *a.* (math.) multiple, many-place(d);

composite; multiple-cavity (mold); multiseater (plane).

многомод/альный *a.* (math.) multimodal; —овый *a.* multimode; —улирующий *a.* analog (computer).

много/моторный *a.* multiple-motor; —мужний *a.* (bot.) polyandrous; —накальный *a.* multifilament; —направленный *a.* multidirectional, omnidirectional; —нарезной *a.* polygrooved; —нитный *a.* multifilament; —ниточный *a.* multiple(-thread); multiple (thread); multistrand; multiple-train (rolling).

много/ножка *f.* (zool.) myriapod; м., —ножник *m.* (bot.) polypody; —обещающий *a.* promising, hopeful; challenging; —обещающие возможности challenge; —оборотный *see* многониточный; high-speed (engine).

многообраз/ие *n.* diversity, variety, spectrum; multiformity; —ия *pl.* (math.) manifolds; (Jacobian) varieties; —ность *f.* diversity; —ный *a.* diverse, varied, multiform, manifold.

много/обходный *a.* multipoint; —объективный *a.* multiple(-lens); —оплеточный *a.* multibraided; —опорный *a.* multiple-seated (valve); —опытный *a.* highly experienced.

многоосновн/ость *f.* polybasicity; —ый *a.* polybasic.

много/отверстный *a.* multihole; —отраслевой *a.* multibranch, varied, diversified, mixed; —очковый *a.* multiple-block (die); —пазовый *a.* multislot(ted); —парный *a.* high-capacity (cable); —переходный *a.* multipass (operation); —петлевый *a.* multiple-loop; compound (cycle); —пламенный *a.* (welding) multiple-torch, multiple-burner; multiple-jet (burner); multiflame (torch); —плановый *a.* with many plans; —пластинный, —пластинчатый *a.* multiplate; —пластовый *a.* multilayer, multiplezone; —плечий *a.* multiple(-arm).

многоплодников/ые *pl.* (bot.) Polycarpicae; —ый *a.* polycarpic.

много/подовый *a.* multiple-hearth; —позиционный *a.* multistation (machine); —полосный *a.* multiband.

многополь/е *n.* multiple-field crop rotation; —ный *a.* multiple-field, multiple-crop.

много/полюсник *m.* (elec. comm.) network, multiport; multipole; —полюсный *a.* multipolar, multipole; —постовой *a.* multioperator (machine); —предельный *a.* multirange; —проводный *a.* (elec.) multiple-wire, multiple (line); —пролетный *a.* multispan (bridge); —профильный *a.* multiple-discipline, polytechnical; general (publication); —пуансон-

ный *a.* gang (die, punch); —размерный *a.* multidimensional; —разовый *a.* nonexpendable, re-usable, nondisposable; —разрезной *a.* slotted (wing); multislot, multisegment (magnetron); —разрядный *a.* (comp.) multi(ple-)digit; —раскосная решетка multiple latticework.

много/регистровый *a.* multiregister; —режимный *a.* multimode; —резонаторный *a.* multi(ple)-cavity (magnetron, etc.).

многорезцов/ые *pl.* (zool.) Polyprotodontia; —ый *a.* multiblade, multicut(ting), multiple-tool; gang (tool).

много/рожковый *a.* multiple-jet; —роты *see* многоусты; —рупорный *a.* multiplehorn; —ручьевой *a.* multiple-pass (crystallizer); multiple-strand (casting); —рядный *a.* polyserial, multiserial, multibank, multirow; multilane (road); multiple (riveting); gang (cultivator).

много/связ(ан)ный *a.* (math.) multiply connected; —семянный *a.* (bot.) polyspermous; —сернистый *a.* polysulfide (of); —сеточный *a.* multigrid; —сильный *a.* (mach.) high-duty, strong, powerful; —скачковый *a.* multishock (diffuser); —скоростной *a.* multi(ple-)speed, multivelocity; —сложный *a.* complicated, complex, intricate; —слойный *a.* multilayer, multistratal; multi(ple)-ply; multiwall (bag); multiple (belting); —сменный *a.* multishift; —сопловой *a.* multiple-jet (turbine); —сочный *a.* succulent; —срезный *a.* multiple-shear; —стадийный *a.* multiphase.

многостаночн/ик *m.* operator of several machines; —ый *a.* multiple-machine.

много/ствольный *a.* multibarreled; —степенный *a.* multistage; multigrade (equation); —стержневой *a.* multirod.

многосторонн/ий *a.* (geom.) polygonal, multilateral; many-sided, versatile; multi—; —ость *f.* versatility, variety.

много/стрендовый *a.* multiple-strand; —стрингерный *a.* multispan (structure); —струйный *a.* multiple(-jet); —ступенчатый *a.* multi(ple-)stage, multistep, multiple-phase, compound; multiplespeed (gearbox); multiple-runner (turbine); —танковый *a.* multitank; —тигельный *a.* multiple-crucible (furnace); —тиражный *a.* large (edition).

многотомн/ик *m.* many-volumed set; —ый *a.* in many volumes.

много/тоннажный, —тонный *a.* largetonnage; —топливный *a.* multifuel; —точечный *a.* multiple-point; multipleprojection (weld); —точие *n.* dotted line; —трубный *a.* multitubular.

многоугольн/ик *m.* (geom.) polygon; —ый *a.* polygonal; multiangular.

мно́го/узлово́й *a.* multinode; —усты *pl.* (zool.) Polystomeae; —фабри́чный *a.* multiple-plant; —фа́зный *a.* (elec.) polyphase, multiphase; compound (cable); multicoil (winding); complex (process); —фа́кторный *a.* multiple-factor, complex; —фо́рмность *f.* polymorphism; —фото́нный *a.* multiquantum (radiation); —функциона́льный *a.* multifunctional.

многохо́дово́й *a.* multi(ple)-pass (converter); multishift (engine); multiple-start, multiple-turn, multiway; multi(ple)-thread (screw); multiple (thread); **м. червя́к** helical gear.

многохромосо́мность *f.* (biol.) polyploidy.

многоцве́тн/ица *f.* butterfly (*Vanessa polychloros*); —ость *f.* polychromy; —ый *a.* polychromatic, polychrome, multicolored, full-color; (bot.) multiflorous.

мно́го/целево́й *a.* multipurpose, general-purpose; multimission (fighter); —цили́ндровый *a.* multicylinder; (paper) multivat; —части́чный *a.* many-particle; many-body (force); —часто́тный *a.* multifrequency; —челно́чный стано́к check loom; —черпако́вый *a.* multibucket; chain-and-bucket (excavator); ladder-type (ditcher); —четверо́чный *a.* multiquad (cable).

многочи́сленн/ость *f.* multiplicity; —ый *a.* multiple, numerous, manifold, many, myriad.

многочле́н *m.* (math.) polynomial; —ный *a.* polynomial, multinomial.

мно́го/шаго́вый *a.* multistep; —шамо́т *m.* ceramic ware containing a high percentage of chamotte; —ша́шечный *a.* multi(ple-)grain (charge); —шка́льный *a.* multiscale; multirange; —шка́льный (измери́тельный) прибо́р multimeter; —шле́йфовый *a.* (rad.) branched (line); —шпи́ндельный *a.* multi(ple-)spindle, gang (tool); —шпо́ночный *a.* sliding (shaft); —шта́нговый *a.* (comp.) multibar; —штемпельный *a.* multiple, gang (die); —штыревой *a.* multiple-rod, polyrod (antenna); —щети́нковые *pl.* (zool.) Polychaeta.

мно́го/электро́дный *a.* multielectrode; —элеме́нтный *a.* multiple-unit; multi-outlet (source); —эта́жный *a.* many-storied; multi(ple-)stage; stagger (antenna); —я́дерный *a.* polynuclear, polynucleate, multinuclear; polycyclic (compound); polymorphonuclear (leucocyte); —я́дность *f.* (med.; zool.) polyphagia; —я́дный *a.* polyphagous; —язы́чный *a.* polyglot, multilingual; —я́русный *a.* multi(ple-)stage.

многояч/е́истый *a.* multicellular; —е́й-ковый *a.* multi(ple-)cell; —е́йный *a.* multi(ple-)chamber(ed).

мно́жественн/ость *f.* plurality, multiplicity; —ый *a.* plural, multiple.

мно́жество *n.* great number, multitude, host, many, a great deal, numbers; mass; set (of numbers).

множ/и́мое *n.* (math.) multiplicand; —и́тель *m.* multiplier, multiple, factor; о́бщий —и́тель common multiple; разложе́ние на —и́тели factorization; —и́тельно-дели́тельный *a.* (aut.) multiplier-divider; —и́тельный *a.* multiplying, duplicating; (comp.) calculating (punch); —и́тельный аппара́т duplicator; —и́тельное устро́йство multiplier; —и́ть *v.* multiply.

мной, мно́ю *instr. of* я, by me.

МНР *abbr.* (**Монго́льская Наро́дная Респу́блика**) Mongolian People's Republic.

мн/ут *pr. 3 pl.*; —у́щий *pr. act. part.*; —я *pr. gerund of* мять.

мо *n.* (elec.) mho (unit of conductance).

мобилиз/а́ция *f.*; —а́ционный *a.* mobilization; —ова́ть *v.* mobilize.

мобильн/ость *f.* mobility; —ый *a.* mobile; (mach.) locomotive.

МОВ *abbr.* (**ме́тод отраже́нных волн**) reflected wave method.

мове́ин *m.* mauveine, aniline purple.

мовра́ *f.* mowrah (seeds of *Bassia butyraceae*); —вый *a.* mowric (acid.)

мог *past m. sing. of* мочь, could.

мога́р *m.* Italian millet (*Setaria italica* var. *mogharicum*).

мога́укит *m.* (min.) mohawkite.

моге́р *m.* mohair.

моги́л/а *f.*, —ьный *a.* grave, tomb; —ьщик *m.* burying beetle.

могли́ *past pl. of* мочь, could.

мо́го *n.* (geol.) Moho (strata between earth's crust and mantle).

мо́гу/т *pr. 3 pl. of* мочь; —честь *f.* strength; —чий *a.* strong, vigorous; —ще́ственный *a.* potent, powerful, strong; —ще́ство *n.* potency, power; —щий *a.* powerful, strong; he who can.

могу́щий *past act. part. of* мочь.

мод *abbr.* (**модуля́тор**) modulator.

мо́да *f.* style, fashion; (math., stat.) mode; **м. колеба́ний** mode; —льность *f.* (math.) modality; —льный *a.* modal.

моде́л/изм *m.* work with models; —и́рование *n.* modeling, etc., *see v.*: miniature-scale operation; (comp.) simulation; —и́ровать *v.* model, simulate, represent; build models, operate models; —и́ровка *see* модели́рование; —и́рующая вычисли́тельная маши́на analog computer; —и́рующее устро́йство simulator.

модел/ь f. mock-up, model; pattern, shape, form, standard; make, type; simulator; (comp.) analog; испытание на —ях mock-up testing; м.-аналот f. analog; м.-болванка f. mock-up; —ьер m. model maker; pattern maker; —ьная f., —ьностолярная мастерская model shop; pattern shop; —ьный a. of модель; molding (board); —ьщик see модельер; м.-эталон f. master pattern.

моден sh. m. of модный.

модератор m. (mach.) moderator, speed regulator.

модерниз/атор m. modernizer; —ация f., —ирование n. modernization, updating; —(ир)ованный a. modernized, updated; —(ир)овать v. modernize, update, bring up to date.

модильон m. modillion (a bracket).

модифи/катор m. modifier, modifying agent; (met.) inoculant; —кация f., —цирование n. modification; (modified) version, derivative, development; —цированный a. modified; adaptation; —цировать v. modify, adapt.

модный a. fashionable, stylish.

модулир/ование n. modulation; —ованный a. modulated; —овать v. modulate; —ометр m. modulation meter; —ующий a. modulating; —ующего типа analog (computer); —ующийся a. modular.

модуль m. (math.) modulus, coefficient; (bath or liquor) ratio; module, standard; м. при кручении torsional modulus; м. сдвига shear modulus; м. упругости modulus (of elasticity); —ный a. module, modular; worm (thread); —ная фреза gear cutter.

модуля/рный a. modular; —тор m. modulator; —торный a. modulator; modulating; —ционный a., —ция f. modulation.

модус m. modus, mode of procedure.

мое/к gen. pl. of мойка; —т pr. 3 sing. of мыть; —чный a. washing, wash (water); —чная машина washer.

мож/а pr. ger.; —ет pr. 3 sing. of мочь, he can; is liable, is apt (to); —ет быть perhaps, maybe; а —ет быть и if not; не —ет быть it is impossible; —ет использоваться usable, operable.

можжевелов/ый a. juniper; —ая кислота juniperic acid, 16-hydroxy-hexadecanoic acid; —ая смола juniper tar, cade oil; —ое масло juniper oil; пригорелое —ое масло cade oil, juniper tar.

можжевельн/ик m., —ый a. juniper.

можно v. it is possible, one may, one can; —able, e.g. м. регулировать be adjustable.

мозазавр m. (pal.) Mosasaurus.

мозаи/ка f. mosaic; inlay; набирать —ку v. inlay; —ческий a. mosaic; —чно распределенный a. tesselated (stresses); —чность f. patchiness; —чный a. mosaic, inlaid; tile; tesselated; patchy; —чная болезнь (phyt.) mosaic.

мозандрит m. (min.) mosandrite.

мозг m. brain; (anat.) cerebrum; marrow (of bone); (anat.) cord.

мозглый a. damp and penetrating; rancid, rotten; thin, meager.

мозгов/атый a. pithy; —ина f. (bot.) pith; pulp.

мозгов/ой a. brain, cerebral; myeloid; medullary; cerebric (acid); marrow (bone); —ая тыква (bot.) vegetable marrow; мягкая —ая оболочка (anat.) pia mater; твердая —ая оболочка (anat.) dura mater.

мозезит m. (min.) mosesite.

мозжечок m. (anat.) cerebellum.

Мозли закон (phys.) Moseley's law.

мозол/еногие pl. (zool.) Tylopoda; —истость f. calloused condition; —истый a. callous(ed); —ь f., —ьный a. callosity, corn.

МОЗУ abbr. (магнитное оперативное запоминающее устройство) magnetic memory device.

мой a. my, mine.

мойва f. (ichth.) capelin.

мой/ка f. washing; washing machine, washer; —ный a. washing; —щик m. washer.

мокайа масло mocaya butter.

мокко n., кофе м. mocha (coffee).

мокну/ть v. become wet, get soaked; soak, steep; (med.) fester, weep; —щий a. soaking; weeping (eczema).

мокр sh. m. of мокрый.

мокра f. sprinkling brush.

мокрец m. (vet.) malanders (eczema); —ы pl. biting midges (Heleidae).

мокрица f. (zool.) wood louse; (bot.) chickweed (Stellaria media).

мокро adv. wet; —ватый a. wettish, moist; —воздушный a. wet-air; —воздушный насос water-jet air pump; —коллодионный a. (phot.) wet-plate; —погодица f. rainy weather; м.-сухой a. wet and dry.

мокр/ота f. wet(ness), moisture, humidity; phlegm, mucus, sputum; —отный a. mucous; —ый a. wet, moist, damp; fluid (vacuum pump); анализ —ым путем wet analysis; —ядь f. dampness; rainy weather.

мокт abbr. (миллиоктава) millioctave.

мокшанский a. Moksha (river).

мол m. pier, jetty, breakwater.

мол. abbr. (молекулярный) molecular.

моласса f. (geol.) molassa.

мол. в. abbr. (молекулярный вес).

молва *f.* rumor; fame, reputation.
молдав/(ан)ский *a.* (geog.) Moldavian; —ит *m.* (petr.) moldavite.
молдинг *m.* molding.
МолдССР *abbr.* Moldavian Socialist Soviet Republic.
молевой *a. of* моль; loose (log drift); м. (лесо)сплав drift(ing), driving, floating.
молектроника *f.* molecular electronics.
молекул/а *f.* molecule; м.-донор *f.* donor molecule; —ярность *f.* molecularity.
молекулярн/ый *a.* molecular; м. вес molecular weight; —ая сила molecular force; —ая теплоемкость molecular heat.
молелистовертки *see* моли-листовертки.
молем *adv.* loosely, separately; сплавлять м. *v.* drift, drive, float (logs).
молескин *m.* (text.) moleskin.
молеточина *f.* moth hole (in cloth).
молзавод *m.* dairy plant.
моли *gen., pl. etc., of* моль; настоящие м. clothes moths, etc. (*Tineidae*).
молибдат *m.* molybdate.
молибден *m.* molybdenum, Mo; двуокись —а molybdenum dioxide; окись —а molybdenum oxide, specif. molybdenum monoxide; хлористый м. molybdenum chloride; —ил *m.* molybdenyl.
молибденист/ый *a.* molybdenum, molybdenous; —ое железо ferromolybdenum.
молибден/ит *m.* (min.) molybdenite; —о— *prefix* molybdeno—.
молибденово/аммониевая соль ammonium molybdate; —кальциевая соль, —кислый кальций calcium molybdate; —кислый *a.* molybdic acid; molybdate (of); —кислая соль, —свинцовистая соль lead molybdate.
молибденов/ый *a.* molybdenum, molybdic; м. ангидрид molybdic anhydride, molybdenum trioxide; м. блеск (min.) molybdenite; —ая кислота molybdic acid; соль —ой кислоты molybdate; —ая —обманка molybdenite; —ая охра (min.) molybdic ocher, molybdite.
молибденосвинцовистая соль *see* молибденовосвинцовистая соль.
молибдил *m.* molybdyl.
молибдит *m.* (min.) molybdite.
молибдо/менит *m.* (min.) molybdomenite; —содалит *m.* molybdosodalite; —филлит *m.* molybdophyllite.
молизация *f.* molization, formation of molecules (from ions, etc.).
молизит *m.* (min.) molysite.
моли-листовертки *pl.* (ent.) Glyphipterygidae; м.-малютки *pl.* Nepticulidae; м.-пестрянки *pl.* Gracilariidae.
молить *v.* pray, beg, entreat.
Молиша проба Molisch test.
моллеруп *m.* mechanical plunger lubricator.

моллюск *m.* (zool.) mollusk; —овидный *a.* molluscoid, molluscoidal; —овый *a.* molluscous, mollusk.
молние/видный *a.* lightning-like; —вый *a.* lightning; —защита *f.* lightning protection; —носный *a.* quick (as lightning); (med.) fulminant; —отвод *m.* lightning rod, lightning conductor; —подобный *a.* lightning-like.
молнийный *a.* lightning.
молния *f.* lightning; urgent flyer; zipper; зигзагобразная м., линейная м. forked lightning, lightning stroke; расплывчатая м., сплошная м. sheet lightning; четочная м. beaded lightning; шаровидная м. globe lightning, ball lightning.
молод/ежь *f.* youth, young people; —еть *v.* be rejuvenated; серобелый —ик young winter ice; серый —ик young ice; —ило *n.* (bot.) house leek (*Sempervivum*); —ить *v.* make young again, rejuvenate; —ка *f.* pullet; —няк *m.* underbrush, undergrowth; young stock; younger generation; —ой *a.* young, youthful, immature; green, raw, unseasoned; fresh, recent; new (moon); —ость *f.* youth(fulness); —ь *f.* (zool.) young ones, brood; young fish, fingerlings, fry.
моложавый *a.* young-looking, youngish.
моложе *comp. of* молодой, younger.
молозиво *n.* (med.) colostrum.
молокан *m.* (bot.) lettuce (*Lactuca*); Mulgedium; —ка *see* молочай.
молоки *pl.* soft roe, milt (of fish).
молок/о *n.* milk; milky solution; (cement) grout; выделение —а lactation.
молоко/гонное средство (ga)lactagogue; —мер *m.* measuring pail; —подобный *a.* milk-like, lacteal, lactescent; —содержащий *a.* lactiferous, containing milk.
молот *m.* hammer; beater; ковка —ом hammer forging.
молот/илка *f.* (agr.) thresher; (corn) sheller; —ильный *a.* threshing; shelling; —ить *v.* thresh; shell.
молотковый *a.* hammer; м. перфоратор jack hammer.
молото/боина *f.*, —вая окалина (met.) forge scale, (hammer) scale; —вая *f.* forge shop; —вище *n.* hammer handle; —вой *a.* hammer; percussive (welding).
молото/к *m.* hammer; mallet; beater; м.-перфоратор *m.* jack hammer; м.-ручник hand hammer; —чек *dim. of* молоток; (anat.) malleus; clapper (of bell); —чковый, —чный *a.* hammer.
молот/ый *a.* milled, ground; —ь *v.* mill, grind, stamp (ore).
молотьба *f.* (agr.) threshing.

молочай, —**ник** *m.* (bot.) spurge (*Euphorbia*); —**ная камедь** euphorbium.

молочен(н)ый *a.* (agr.) threshed.

молочн/ая *f.* dairy; milk house; —**ик** *m.* milkman, dairyman; milk can; —**ица** *f.* dairy woman; (med.; vet.) aphtha, thrush.

молочно/аммониевая соль ammonium lactate; —**белый** *a.* milk-white; opal (glass); —**е** *n.* dairy products; —**железистая соль** ferrous lactate; —**железная соль** ferric lactate; —**кальциевая соль,** —**кислый кальций** calcium lactate; —**кислый** *a.* lactic acid; lactate (of); —**кислый ряд** lactic acid series; —**кислая соль** lactate; —**кислое брожение** lactic fermentation; —**магниевая соль** magnesium lactate; —**натриевая соль** sodium lactate; —**ртутистая соль** mercurous lactate; —**ртутная соль** mercuric lactate; —**серебряная соль** silver lactate.

молочность *f.* milkiness, lactescence.

молочнотоварный *a.* dairy.

молочнофосфорно/кальциевая соль calcium lactophosphate; —**кислая соль** lactophosphate.

молочноцинковая соль zinc lactate.

молочн/ый *a.* milk, lactic; milk-white, milky, lacteal, lactescent; opal (glass); cream (separator); dairy (cattle); butter (fat); mammary (gland); **м. ангидрид** lactic anhydride; **м. камень** (min.) galactite; **м. сахар** milk sugar, lactose; —**ая кислота** lactic acid, 2-hydroxypropanoic acid; **соль** —**ой кислоты,** —**ая соль** lactate.

молуранит *m.* (min.) moluranite.

молча *adv.* silently; —**ливый** *a.* silent, uncommunicative, tacit; —**ние** *n.* silence; **зона** —**ния** (rad.) blind spot, dead band; —**ть** *v.* be silent; —**щий** *a.* silent; idle, quiescent; nontransmitting (satellite).

моль *f.* mole, gram-molecule; (ent.) moth; (log) drift, float, drive.

мольберт *m.* easel.

мольный *a.* molar; mole (fraction).

молью *see* **молем.**

молюскоцид *m.* limacide, slug poison.

моляльн/ость *f.* molality; —**ый** *a.* molal.

моляр *m.* (anat.) molar; —**ность** *f.* (chem.) molarity; —**ный** *a.* molar; —**ный зуб** (anat.) molar; —**ная доля** mole fraction.

мом *abbr.* (**миллиом**) milliohm; **Мом** *abbr.* (**мегом**) megohm.

момент *m.* moment; momentum; feature, point; *look for idioms under more descriptive words, e.g.,* **инерции, момент** moment of inertia; **м. времени** instant; **м. количества движения** angular momentum; **в м. вылета** at the instant it leaves, as it leaves; **механический м.** momentum.

моментальн/о *adv* instantly, at once, immediately; —**ый** *a.* instantaneous; (phot.) snap(shot); —**ого действия** instantaneous, immediate.

моменто/мер *m.* torque meter; —**скоп** *m.* (mach.) ignition tester.

мон— *see* **моно**—.

монаднок *m.* (geol.) monadnock.

монада *f.* (biol.) monad.

монам/ид *m.* monamide; —**ин** monamine.

монард/а *f.* (bot.) horsemint (*Monarda*); —**ин** *m.* monardin.

монах *m.* (geol.) pinnacle, pillar, column.

монацетин *m.* monoacetin, glyceryl monoacetate.

монацит *m.* (min.) monazite.

монашенка *f.* moth (*Porthetria monacha*); mantis (*Lymantria monacha*).

монгеймит *m.* (min.) monheimite.

монгольский *a.* Mongolian.

монгумовая кислота mongumic acid.

Монда газ Mond gas, semi-water gas.

монез/ин *m.* monesin; **кора** —**ия** monesia bark.

монель-металл *m.* Monel metal (alloy).

монета *f.* coin.

монетит *m.* (min.) monetite.

монетный *a.* monetary, coin; troy (weight); **м. двор** mint.

монж/у, —**ю(с)** *m.* montejus, air lift; (sugar) juice pump.

монимолит *m.* (min.) monimolite.

монит *m.* (min.) monite.

монитор *m.* monitor.

моно — *prefix* mono— (one, single); —**азокраситель** *m.* monoazo dye; —**аммоний** *m.* monoammonium; —**атомный** *a.* monatomic; monovalent; monohydric (alcohol); —**ацетат** *m.* monoacetate; —**блок** *m.*, —**блочный** *a.* monoblock; (av.) monocoque.

монобром— *prefix* monobrom(o)—; —**камфора** *f.* monobromated camphor; —**уксусный** *a.* monobromoacetic (acid).

моно/вакуумметр *m.* compound gage; —**валентный** *a.* monovalent; —**волокно** *n.* monofilament; —**гамический** *a.* (zool.) monogamous; —**генный** *a.* (math.) monogenic; monogenetic; —**гидрат** *m.* monohydrate; —**графия** *f.* monograph; —**за** *f.* monose; monosaccharide; —**замещённый** *a.* monosubstituted.

моноиод(о)— *prefix* monoiod(o)—.

моно/калий *m.* monopotassium; —**карбоновая кислота** monocarboxylic acid; —**кись** *f.* monoxide.

моноклин/аль *f.,* —**альная складка** (geol.) monocline, monoclinal fold; —**альный**

монокок *a.* monoclinal; **—ический, —ный** *a.* (cryst.) monoclinic.
монокок *m.* (av.) monocoque.
монокристалл *m.* monocrystal, single crystal; **—ический** *a.* monocrystalline.
монокультура *f.* one-crop system.
монокуляр *m.* monocular; aiming circle sight (of alidade); **—ный** *a.* monocular.
монолит *m.* monolith; (soil) core sample; slab; **—ность** *f.* density, solidity, impermeability; **—ный, —овый** *a.* monolithic; glacier (iceberg); slab.
моном *m.* (math.) monomial.
мономагний *m.* monomagnesium.
мономер *m.* monomer; **—ность** *f.* monomerism; **—ный** *a.* monomeric.
монометаллический *a.* monometallic.
монометил *m.*, **—овый** *a.* monomethyl.
мономолекулярный *a.* monomolecular; **м. слой** monolayer.
моно/надсерная кислота permonosulfuric acid, Caro's acid; **—непредельный** *a.* monounsaturated; **—нуклеарный** *a.* mononuclear; **—нуклеоз** *m.* (med.) mononucleosis; **—окись** *f.* monoxide.
моноплан *m.* (av.) monoplane.
моноплегия *f.* (med.) monoplegia.
монопол/изация *f.* monopolization; **—изировать** *v.* monopolize; **—ия** *f.* monopoly; exclusive domain; **—ь** *m.* monopole; **—ьный** *a.* monopolistic, exclusive; **—ярный** *a.* monopolar.
монопропил *m.*, **—овый** *a.* monopropyl.
монорельс *m.*, **—овый** *a.* monorail.
моно/сахарид *m.* monosaccharide; **—силан** *m.* monosilane, silicomethane; **—скоп** *m.* monoscope; **—слой** *a.* monolayer; **—споровый** *a.* single-spore.
монотип *m.* (typ.) monotype; **—ист** *m.* monotype operator; **—ный** *a.* monotypic; monotype (metal).
монотонн/о *adv.* monotonically; **—ость** *f.* monotony; **—ый** *a.* monotonous; (math.) monotonic, monotone (function).
монотопливо *n.* monopropellant.
монотроп/изм *m.*, **—ия** *f.* monotropism; **—ный** *a.* monotropic.
моно/филетический *a.* (biol.) monophyletic; **—фракс** *m.* monofrax (refractory material).
монохлор— *prefix* monochlor(o)—; **—трифторэтилен** *m.* monochlorotrifluoroethylene; **—уксусный** *a.* monochloroacetic.
монохорд *m.* (phys.) monochord.
монохром/атизация *f.* monochromatization; **—атический** *a.* monochromatic; **—атичность** *f.* monochromatism; **—атор** *m.* monochromator; **—ный** *a.* monochrome.
моно/циклический *a.* monocyclic; **—цит** *m.* (anat.) monocyte; **—эдр** *m.* (cryst.) monohedron; **—эдрический** *a.* monohedral; **—энергетический** *a.* monoenergetic.
моноэтил *m.*, **—овый** *a.* monoethyl.
моноэфир *m.* monoester; monoether.
монпа/нсье, —сье *n.* drops, lozenges.
Монреаль Montreal.
монроэнский подъярус (geol.) Monroan or Monroe substage.
монтаж *m.* assembling, etc., *see* **монтировать**; assembly; erection; (aerial) mosaic; (phot.) montage; **м. на стойке** rack mounting; **сварка на —e** field welding; **схема —a** hook-up; **м. проводов** (elec.) wiring; **—ная** *f.* assembly room; (cinematography) clipping room.
монтажн/ик *see* **монтер**; **—о-наладочный** *a.* installation and check-out (work); **—ый** *a. of* **монтаж**; **—ая схема** (elec.) wiring diagram, hook-up.
монтан/а-воск, —вакс *m.*, **—ский воск** montan wax; **—иловый спирт** montanyl alcohol, nonacosanol; **—ин** *m.* montanin (disinfectant); **—ит** *m.* (min.) montanite; **—овая кислота** montanic acid; **—селитра** *f.* ammonium sulfate-nitrate; **—ский слой** (geol.) Montanan subdivision.
монтебразит *m.* (min.) montebrasite.
монтеж/у, —ю *see* **монжу**.
Монте-Карло метод (nucl.) Monte-Carlo method.
монтер *m.* assembler, erector, mounter, rigger, adjuster; (engine) fitter; repairman, mechanic; electrician; **—ский** *a.* fitter's; lineman's; tool (case).
монтжюс *see* **монжу**.
монтиров/ание *n.* assembling, etc., *see v.*; assembly; **—анный** *a.* assembled, etc., *see v.*; **—ать** *v.* assemble, erect, mount, install, arrange, fit, fit up, build up, rig up, set (up); connect up, wire; compile; **—ка** *f.*, **—очный** *a.* assembling, etc., *see v.*; **—щик** *see* **монтер**.
монт/иццеллит, —ичеллит *m.* (min.) monticellite; **—мориллонит** *m.* montmorillonite; **—ройдит** *m.* montroydite.
Монтье синий Monthier's blue.
монумент *m.* monument; **—альный** *a.* monumental.
монцонит *m.* (petr.) monzonite; **—овый** *a.* monzonitic.
мончикит *m.* (petr.) monchiquite.
Монье свод Monier's arch.
Моора фильтрпресс Moore filter press.
Мооса шкала *see* **Моса шкала**.
мор *m.* pestilence, plague.
Мора соль Mohr's salt, ferrous ammonium sulfate (hexahydrate).
мораль *f.* morals, ethics; **—ный** *a.* moral, ethical; mental; **—ный износ, —ное**

изнашивание (mach.) obsolescence; —ное состояние morale.
морг *m.* morgue; unit of land measurement (approx. 0.5 hectares); blink.
Моргана уравнение Morgan equation.
моргание *n.* blinking; flickering.
морганит *m.* (min.) morganite.
морг/ать, —нуть *v.* blink; flicker.
морда *f.* muzzle, snout.
морденит *m.* (min.) mordenite.
мордовник *m.* (bot.) globe thistle (*Echinops*).
мордовский *a.* (geog.) Mordvinian.
мор/е *n.* sea; —ем by sea, by water; к —ю seaward; каменное м. (geol.) extensive stone placer; удаленный от —я inland; —еведение *n.* oceanography.
морена *f.* (geol.) moraine.
морен/ие *n.* starving, etc., *see* морить; —ный *a.* starved, etc., *see* морить; (geol.) morainic.
моренозит *m.* (min.) morenosite.
морен/ый *a.* thin, starved; treated, seasoned; steeped, stained, fumed; —ые изделия fumed unglazed earthenware.
мореплав/ание *n.* navigation, seafaring; —атель *m.* navigator, seaman; —ательный *a.* nautical.
моретрясение *n.* seaquake.
мореход, —ец *m.* seaman; —ность *f.* seaworthiness; —ный *a.* seaworthy, seagoing, seafaring; —ство *n.* navigation.
морж *m.*, —овый *a.* (zool.) walrus.
Морзе азбука Morse code.
морз/ист *m.* Morse code operator; —янка *f.* Morse code.
морил/ка *f.* (wood) stain; (dyeing) mordant; specimen jar, insect-killing jar; (sericulture) stoving room; водяная м. mordant based on water; —ьный *a.* mordant; stoving, stifling.
морин *m.* morin, pentahydroxyflavone; —гадубильная кислота moringatannic acid; —довое масло ben oil; —дон *m.* morindone.
морион *m.* (min.) morion.
морить *v.* starve, exhaust; exterminate, kill; fume; stain (wood).
морков/ный *a.*, —ь *f.* carrot.
моров/ой *a.* pestilential; —ая язва, —ое поветрие pestilence, plague.
морожен/ица *f.* ice cream freezer; —ный *a.* frozen; —ое *n.* ice cream; —ый *a.* frozen, frost-bitten.
мороз *m.* frost; frosted finish; silvering (glass defect); наводить м. *v.* frost; —ик *m.* light frost; —илка *f.*, —ильный аппарат freezer; —ить *v.* freeze, congeal, chill; —ник *m.* (bot.) hellebore (*Helleborus*); —ный *a.* frost(y); —обоина, —овина *f.* (geol.) frost cleft, frost fissure;

(bot.) frost crack; —обой *m.* winter-killing.
морозостойк/ий *a.* antifreeze, nonfreezing, cold-resistant; (bot.) winter-resistant, hardy; —ость *f.* resistance to cold; hardiness.
морозо/упорный *a.* frost-resisting, frost-proof; —устойчивый *see* морозостойкий.
морос/ить *v.* drizzle; —ь, —ящий дождь drizzle, light rain.
морошка *f.* (bot.) cloudberry (*Rubus chamaemorus*).
морру/ин *m.* morrhuin; —иновый *a.* morrhuic (acid); —ол *m.* morrhuol.
морс *m.* fruit juice.
морск/ой *a.* sea, marine, maritime; nautical; naval; beach (sand); offshore (drilling); м. ангел monkfish; м. воробей lumpfish; м. желудь (zool.) barnacle; м. клей marine glue; м. конек sea horse; м. лук (bot.) squill (*Scilla maritima*); м. сухарь hardtack, ship's biscuit; м. флот merchant marine; м. шелк byssus silk; —ая болезнь seasickness; —ая звезда starfish; —ая капуста *see* катран; —ая пенка (min.) sea foam, sepiolite; —ая свинка guinea pig; —ая свинья (zool.) porpoise; —ая синь marine blue; —ая трава (bot.) glass wrack (*Zostera marina*); —ие лилии (zool.) sea lilies (*Crinoidea*); —им путем by sea; —ое ухо, —ое ушко (zool.) abalone.
мортир/а *f.* (mil.) mortar; bossing (of propeller shaft); —ка *f.* rifle grenade discharger; —ный *a. of* мортира.
морфема *f.* (linguistics) morpheme.
морф/енол *m.* morphenol; —ий, —ин *m.* morphine; —инизм *m.* (med.) morphinism; —инист *m.* morphine addict; —иновый *a.* morphine.
морфогенетический *a.* morphogenetic.
морфол *m.* morphol, 3,4-dihydroxyanthracene; —ин *m.* morpholine.
морфолог *m.* morphologist; —ический *a.* morphological; —ия *f.* morphology.
морфометрия *f.* morphometry.
морфотроп/изм *m.* (cryst.) morphotropism; —ия *f.* morphotropy; —ный *a.* morphotropic.
морфохинон *m.* morphoquinone.
морщ/ина *f.* wrinkle, crease, fold, pucker, crinkle, furrow, ridge; (casting) lap; —инистость *f.* rugosity, wrinkle; —инистый *a.* wrinkled, creased; rugose; —инить *see* морщить; —инка *dim. of* морщина; —ить *v.* wrinkle, pucker, gather, crinkle, crumple; corrugate; —иться *v.* wrinkle up, shrivel; crumple.
моря *gen. and pl. of* море; —к *m.* seaman.
морянка *see* томленка.

Моса шкала твердости (min.) Mohs hardness scale.
москатель *f.*, **—ный товар** commercial chemicals such as paints, oils, glues.
Москва Moscow.
москвич *m.* a Soviet make of car.
москит *m.*, **—ный** *a.* mosquito, gnat.
московский *a.* Moscow; (geol.) Moscovian.
мослен *m.* moslene.
моссит *m.* (min.) mossite.
мост *m.* bridge; deck; (car) axle; (anat.) pons; **задний м.** rear-axle assembly; **м.-акведук** *m.* aqueduct bridge; **—ик** *dim.* *of* **мост**; (elec.; naut.) bridge; footbridge; cross bar; (polymer) cross link; **соединение —иком** bridge joint; **—иковый** *a.* bridge, bridging; cross-linkage.
мостить *v.* pave.
мостки *pl.* cat walk, gangway, footpath; bridge, platform, scaffold; (pipe) rack.
мост-меггер *m.* (elec.) bridge-megger.
мостовая *f.* pavement, paved road.
мостовина *f.* bridge board.
мостов/ой *a.* bridge; pavement; **м. кран** bridge crane, overhead crane; **—ые весы** platform scales, weigh bridge; platform balance; **—щик** *m.* road worker.
мостовье *n.* (leather) crust.
мосток *dim.* *of* **мост**; *see* **мостик.**
мостостроение *n.* bridge building.
мост-подмости *m.* scaffold bridge; **м.-транспортер** *m.* transporter bridge; **м.-трубопровод** *m.* aqueduct (bridge).
мостящий *a.* paving; bridging; make-before-break (contact).
мот/алка *f.* reel(er), winder, coiler, coiling machine; (film) rewinder; **—альница** *f.* reel, winder; **—альный** *a.* reeling, winding; **—ание** *n.* reeling, etc., *see v.*; **—анный** *a.* wound, coiled; **—ать** *v.* reel, wind, coil, shake, wag; waste; **—аться** *v.* dangle, hang loose; hurry about.
мотель *m.* motel.
мотив *m.* motive, reason, cause, ground; **—ировать** *v.* motivate; justify; **—ировка** *f.* motivation, motives, reason, justification.
мотил *m.* antiknock motor fuel containing iron pentacarbonyl.
мот/ка *see* **мотание**; *gen. of* **моток**; **—нуть** *see* **мотать**; **—ня** *f.* sweep-net bag.
мото— *prefix* motor, power; mechanical; motorized; motorcycle.
мотовил/о *n.* reel, reeling frame, swift, coiler; **—ьный** *a.* reeling.
мото/воз *m.* motor trolley; diesel switcher, switch engine; **—гондола** *f.* (av.) pod, engine nacelle; **—дрезина** *f.* motorized handcar; **—дром** *m.* motorcycle racing and testing grounds.

моток *m.* skein, hank, bundle, cut; reel; *gen. pl. of* **мотка.**
мотоколяска *f.* motorized carriage or wheelchair.
мотолин *m.* antiknock motor fuel containing 0.1% iron pentacarbonyl.
мото/лодка *f.* motorboat; **—лопата** *f.* power shovel, excavator; **—мех** *m.* (mil.) mechanized forces; **—механизированный** *a.* mechanized; **—пехота** *f.* motorized infantry; **—пила** *f.* power saw; **—планер** *m.* powered glider; **—помпа** *f.* motor-driven pump.
мотор *m.* motor, engine; car, automobile; **—ама** *f.* (av.) engine mount(ing); **м.-вентилятор** *m.* blower, blast engine; **м.-генератор** *m.* (elec.) dynamo, generator.
мото/ресурс *m.* motor potential, motor capacity; **—ризация** *f.* motorization; **—ризованный** *a.* motorized; **—ризовать** *v.* motorize; **—рика** *f.* (zool.) motor system; **—рист** *m.* motor mechanic; driver; **—рка** *f.* motor boat; **—рный** *a. of* **мотор**; **—роллер** *m.* motor scooter; **—рчик** *dim. of* **мотор**; **—строение** *n.*, **—строительный** *a.* motor building.
мототерапия *f.* exercise therapy.
мотоцикл, **—ет** *m.*, **—етка** *f.*, **—етный** *a.* motorcycle.
моточек *dim. of* **моток.**
мотошина *f.* motorcycle tire.
моты/га *f.* hoe, mattock; scraper; **—жение** *n.* hoeing, hacking; **—жить** *v.* hoe; hack; **—жный** *a. of* **мотыга.**
мотыл/ек *m.* moth, butterfly; **кукурузный м.**, **стеблевой м.** European corn borer (*Pyrausta nubilalis*); **—ица** *f.* bee moth; **—ь** *m.* crank, handle; mosquito larva; moth, butterfly.
мотылько/вый *a.* butterfly-shaped, papilionaceous; **—образный** *a.* butterfly-shaped, butterfly.
мофетта *f.* (geol.) mofette.
мох *m.* (bot.) moss.
мохиловый спирт mochyl alcohol.
мохнатый *a.* hairy, shaggy, long-napped; Turkish (towel); (bot.) pilose.
мохо *see* **мого.**
мохо/видный *a.* mossy; **—вик** *m.* capercaillie (a grouse); (bot.) mushroom (*Boletus circinans*); (min.) moss agate; **—вой** *a.* moss(y).
мохол *m.* (geod.) mohole, Mohorovicic hole.
мохообразн/ые *pl.* (bot.) Bryophyta; **—ый** *a.* moss-like.
моцион *m.* exercise.
моч/а *f.* urine; **анализ —и** uranalysis; **выделение —и** urinary secretion.
моча/га, **—жина** *f.* swampy hollow, pool (in bog).

мочал/ина f. filament, fiber; —истый a. fiber-like; —ить v. separate into fibers; —ка f. mop; —о n., —ьный a. (soaked) bast, fiber.

моче- prefix ur(in)o—, urine; —вина f. urea, carbamide; —вина-корм a high-protein feed; —вино-альдегидный полимер amino plastic; —виноформальдегидный a. ureaformaldehyde; —воаммониевая соль ammonium urate.

мочев/ой a. urine, urinary; м. пузырь (anat.) bladder; —ая кислота uric acid, trioxypurine; соль —ой кислоты urate.

мочево/калиевая соль, —кислый калий potassium urate; —кислый a. uric acid; urate (of); —кислая соль urate; —натриевая соль sodium urate.

моче/выделение n. urination; —гонный a., —гонное средство diuretic.

мочежина see мочажина.

мочеизнурение n. (med.) diabetes.

мочеиспуск/ание n. urination; —ательный a. urinating; —ательный канал (anat.) urethra.

мочек gen. pl. of мочка.

моче/каменная болезнь (med.) urinary calculosis; —кислый see мочевокислый; —кровие n. uremia.

мочен/ие, —ье n. wetting, etc., see мочить; —(н)ый a. wetted, etc., see мочить.

моче/образование n. urine formation; —отделение n. urinary excretion; —отделительный a. excretory; urinary (organs); —половой a. ur(in)ogenital; venereal (disease); —приемник m. urinal; —точник m. (anat.) ureter.

мочил/о n. soaking pit; —ьный a. wetting, steeping, soaking.

мочить v. wet, moisten, soak, steep, drench, macerate; ret (fiber); —ся v. get wet; urinate.

мочк/а f. wetting, soaking, maceration; filament, thread, fiber; lobe (of ear); —оватый a. fibrous, filamentous.

мочливый a. very moist, wet.

мочь v. be able; f. strength, might.

мошек gen. pl. of мошка.

мошенничество n. swindle, fraud.

мошк/а f. midge, gnat; (glass) seeds; —и pl. Simuliidae; —ара f. swarm of midges; moths.

мош/на f. pouch, bag; —онка f. (anat.) scrotum, —оночный a. scrotal.

мощен sh. m. of мощный.

мощен/ие n. paving; —(н)ый a. paved.

мощи gen., pl., etc., of мощь.

мощностный a. of мощность.

мощност/ь f. power, force, vigor; horsepower; duty (of engine), efficiency, output, capacity; rating; (dose) rate; potency; (elec.) watts; (geol.) width, depth, thickness, magnitude; (acous.) volume; thrust (of rocket); (math.) cardinal number (of a group); —и pl. industrial plants, machinery, etc.; м. в лошадиных силах horsepower; м. на выходе output; м. установки plant capacity; большой —и highpower, high-duty; коэффициент —и .(elec.) power factor; малой —и low-power, low-duty; на полную м. at (full) capacity, at full power, in full operation; отбор —и, отъем —и (mach.) power take-off, p.t.o.; переданная м., подведенная м., поглощенная м., сообщенная м. power input; полной —ью full power; с повышенной —ью up-rated; с пониженной —ью down-rated.

мощн/ый a. powerful, vigorous, energetic; high-power, high-duty, heavy-duty; thick, sturdy; potent; (rad.) power, output (tube).

мощь f. power, vigor, strength.

мо/ют pr. 3 pl. of мыть; —ющий a. washing; —ющая способность detergency; —ющее средство detergent, cleansing agent; —я pr. ger. washing; pron. my.

мПВ abbr. (морской полярный воздух) maritime polar air; МПВ abbr. (малая постоянная времени) small time constant; (метод полей времен) time fields method; (метод преломленных волн) refraction method.

мпз abbr. (миллипуаз) millipoise; (миллипьеза) millipieze; МПЗ abbr. (магнитное поле земли) magnetic field of the earth.

МПП abbr. (метод переходных процессов) transient processes method.

м. пр. abbr. (между прочим) by the way.

МПУ abbr. (магнитный путевой угол) magnetic track angle.

мпуаз abbr. (миллипуаз) millipoise.

мр abbr. (миллирентген) milliroentgen.

м.р. abbr. (малорастворимый) slightly soluble.

мрад abbr. (миллирад) millirad.

мрак m. darkness, gloom, obscurity.

мрамор m. marble; под м. marbled (surface); —ировать v. marble, marbelize; —ный a. marble; —овидный, —оподобный a. marble-like, marbly, marbled, marmoreal, marmoric.

мрачный a. gloomy, dark, dismal, dim.

МРВ abbr. (метод рефрагированных волн) refringent wave method.

мрг abbr. (мириаграмм) myriagram.

МРГИ abbr. (метод рассеянного гамма-излучения) gamma-ray scattering method.

мрд, мрезерфорд abbr. (миллирезерфорд) millirutherford.

МРЗ abbr. (морозостойкость) frost resis-

tance; (моторно-ремонтный завод) motor repair plant.
мрм *abbr.* (мириаметр) myriameter; **МРМ** *abbr.* (машиноремонтная мастерская) machine repair shop.
МРНП *see* **РНП**.
МРС *abbr.* (машиноремонтная станция) machine repair station; (механизм регулирования скорости) speed control mechanism.
мсб *abbr.* (миллистильб) millistilb.
м-св *abbr.* (метр-свеча) meter-candle.
МСГ *abbr.* (меланоцитостимулирующий гормон) melanocyte-stimulating hormone, MSH.
мсек *abbr.* (миллисекунда) millisecond; **м/сек** *abbr.* (метров в секунду) meters per second.
МСК *abbr.* (метод скользящих контактов) sliding contact method.
мстить *v.* revenge oneself.
Мт *abbr.* (мегатонна) megaton.
МТЗ *abbr.* (магнитотеллурическое зондирование) magnetotelluric sounding.
МТМ *abbr.* (машинно-тракторная мастерская) machine and tractor shop.
МТП *abbr.* (магнитотеллурическое профилирование) magnetotelluric profiling.
МТР *abbr.* (магнитный термоядерный реактор) magnetic thermonuclear reactor; **мт.р.** *abbr.* (мутный раствор) turbid solution.
МТС *abbr.* (материально-техническое снабжение) materials and equipment supply; (машинотракторная станция) machine and tractor service station; (метр-тонна-секунда) meter-ton-second; (междугородная телефонная станция) long-distance exchange.
МТТ *abbr.* (метод теллурических токов) telluric current method.
Муавра формула (math.) Moivre formula.
муар *m.* moire, watered fabric; moiré, watered effect; wrinkle finish, ripple finish; **фигура** —a (cryst.) moire pattern; —**ировать** *v.* water, moiré (fabric); —**овый** *a.* moiré.
муассан/ит *m.* (min.) moissanite; —**овский** *a.* Moissan (process).
мУВ *abbr.* (морской умеренный воздух) maritime moderate air.
мударовая кислота mudaric acid.
мудрен/о *adv.* ingeniously, subtly; it is difficult; **м. ли, не м. (, что)** no wonder (that); —**ый** *a.* ingenious, clever; difficult, abstruse, complicated; strange, incomprehensible; astonishing, surprising.
мудр/ость *f.* wisdom; **зуб** —**ости** wisdom tooth; —**ый** *a.* wise, sage.
муж *m.* husband; —**ественность** *f.* masculinity; —**ественный** *a.* masculine, manly,

virile; —**ик** *m.* peasant; —**ской** *a.* masculine, male; —**чина** *m.* man.
музарин *m.* musarin.
музей *m.*, —**ный** *a.* museum.
музыка *f.* music; —**льный** *a.* musical.
мука *f.* flour, meal; suffering, pain; **торфяная м.** powdered peat.
муко— *prefix* muco— (mucus); flour, meal; —**вещество** *n.* mucoid substance; —**ед** *m.* grain beetle.
муко/ид *m.* mucoid; —**комплекс** *m.* mucocompound; —**лактоновая кислота** mucolactonic acid.
мукомол *m.* miller; —**ьный** *a.* milling, grinding; —**ьный постав**, —**ьная мельница**, —**ьня** *f.* flour mill.
муко/новая кислота muconic acid, 2,4-hexadienedioic acid; —**полисахарид** *m.* mucopolysaccharide; —**протеид**, —**протеин** *m.* mucoprotein; —**рин** *m.* mucorin; —**соединение** *n.* mucocompound; —**хлоровая кислота** mucochloric acid.
муксун *m.* whitefish.
мул *m.* (zool.) mule.
мулат *m.*, —**ка** *f.* mulatto.
мулинетка *f.* (av.) club or dummy propeller.
мулл/ит *m.* mullite (refractory); —**ицит** *m.* (min.) mullicite.
муль *m.* (dyeing) mull madder.
мульда *f.* (met.) mold, charging box, pan, basin; (geol.) trough, syncline.
мульденпресс *m.* (text.) cylinder press.
мульти— *prefix* multi—, poly—; *see also under* **много**—; —**валентный** *a.* multivalent; —**вариантный** *a.* multivariant; —**вибратор** *m.* (elec.) multivibrator; —**граф** *m.* (typ.) multigraph; —**группа** *f.* multigroup; —**модальный** *a.* (math.) multimodal; —**номи(н)альный** *a.* multinomial; —**план** *m.* (av.) multiplane; —**плексный** *a.* multiplex.
мультиплет *m.*, —**ный** *a.* (phys.) multiplet; —**ность** *f.* multiplicity.
мультиплика/тивный *a.* (math.) multiplicative; —**тор** *m.* (phys.) multiplier, intensifier; (gas pressure) booster; metering pump; duplicating machine; multiple-lens camera; —**ция** *f.*, —**ционный** *a.* multiplication.
мультиполь *m.*, —**ный** *a.* multipole; —**ность** *f.* multipolarity.
мульти/программирование *n.* multiprogramming; —**процессор** *m.* multiprocessor; —**ротация** *f.* multirotation, mutarotation; —**система** *f.* multisystem; —**целлюлярный** *a.* multicellular; —**циклон** *m.* multicyclone (dust extractor).
мульч/а *f.*, —**ировать** *v.* mulch; —**бумага** *f.* mulching paper; —**ер** *m.* mulcher; —**ирование** *n.* mulching.

мулэн *m.* (geol.) moulin.
муляж *m.* mold(ing), cast(ing).
муметалл *m.* Mu Metal (alloy).
муми/фикация *f.* mummification; —фицированный *a.* mummified; —фицировать *v.* mummify; —я *f.* mummy; colcothar, Prussian red, rouge.
мундир *m.* uniform; картофель в —е potato cooked in jacket.
мундшту/к *m.*, —чный *a.* bit, mouthpiece; nozzle, jet, spout, tip; (extrusion) die; spinneret (for rayon).
Муни пластичность Mooney plasticity.
муниципальн/ый *a.* municipal; —ые предприятия public utilities.
мунц/евая латунь, —металл *m.* Muntz metal.
мур *m.* (geol.) rock glacier.
мурава *f.* young grass; (cer.) glaze, enamel; свинцовая м. glazier's lead.
муравей *m.* (ent.) ant; белый м. termite; —ник *m.* ant hill.
мурав/ить *v.* (cer.) glaze; —ление *n.* glazing; —лен(н)ый *a.* glazed.
муравье/д *m.* (zool.) anteater; —жук *m.* ant beetle.
муравьино/аммониевая соль ammonium formate; —бутиловый эфир butyl formate; —кислый *a.* formic acid; —кислый натрий, —натриевая соль sodium formate; —кислая соль formate; —этиловый эфир ethyl formate.
муравьин/ый *a.* (ent.) ant; formic; м. альдегид formaldehyde; м. лев (ent.) ant lion; —ая кислота formic acid; соль —ой кислоты formate.
мурекс/ан *m.* murexan, uramil; —ид *m.*, —идный *a.* murexide, ammonium purpurate.
мурманский *a.* (geog.) Murmansk.
муровать *v.* do masonry work; lay (brick, stone).
муррайин *m.* murrayin.
мурчисонит *m.* (min.) murchisonite.
мусивный *a.* mosaic.
мускарин *m.* muscarine; действие —а (med.) muscarinic action.
мускат *m.* nutmeg; muscatel (wine); muscadine (grape); —ель *m.* muscatel; —ник *m.* (bot.) Myristica.
мускатн/ый *a.* nutmeg; muscatel (wine); м. бальзам, жирное —ое масло nutmeg butter; м. орех nutmeg; м. цвет mace; —ая дыня muskmelon; —ое дерево nutmeg; —ое масло nutmeg oil; myristica oil; mace oil.
мусковит *m.* (min.) muscovite, potash mica, common mica.
мускон *m.* muscone, muskine.
мускул *m.* (anat.) muscle; —атура *f.* muscles, musculature; —истость *f.* muscularity; —истый *a.* muscular; —ьный *a.* muscle, muscular.
мускус *m.*, —ный *a.* musk; м.-амбрет musk seed, ambrette.
муслин *m.*, —овый *a.* (text.) muslin.
мусор *m.* rubbish, trash, debris, refuse, sweepings; garbage; fines; —ить *v.* litter; —ный *a.* of мусор; —ная горловина mud hole (of boiler); —овоз *m.* garbage truck; —опровод *m.* rubbish chute; —осжигатель *m.*, —осжигательная печь incinerator; —осжигательная установка incinerator, garbage disposal plant; —оуборочный *a.* garbage-disposal; —щик *m.* garbage man, scavenger.
муссивный *see* мусивный.
муссировать *v.* effervesce, foam, froth.
муссон *m.*, —ный *a.* monsoon, trade wind.
муст *m.* must (of grapes).
мутаза *f.* mutase.
мута/нт *m.*, —нтный *a.* (biol.) mutant; —ротация *see* мультиротация; —тор *m.* mutator; —ционный *a.*, —ция *f.* mutation.
мут/ен *sh. m. of* мутный; —и *gen., etc., of* муть.
мутиляция *f.* mutilation.
мутир/ование *n.* mutation; —овать *v.* mutate; —ующий *a.* mutating.
мут/ить *v.* disturb, make turbid, make muddy, stir up; —иться, —неть *v.* grow turbid, get muddy, get cloudy.
Мутмана жидкость Muthmann liquid, acetylene tetrabromide.
мутманнит *m.* (min.) muthmannite.
мутн/оватый *a.* slightly turbid; —омер *m.* turbidimeter; —ость *f.* turbidity, muddiness, cloudiness; —ый *a.* turbid, thick, muddy; slimy, sludgy; cloudy, hazy.
мутов/ка *f.* churn staff, beater; (biol.) verticil, whorl; —чатый *a.* verticillate, whorled.
мутон *m.*, —овый *a.* (leather) mouton.
мутуализм *m.* (biol.) mutualism, symbiosis.
муть *f.* turbidity, suspension, cloud; mud, sludge, slime, sediment.
МУФ *abbr.* (микроскоп ультрафиолетовый) ultraviolet microscope.
муфель *m.*, —ный *a.* muffle.
муфлон *m.* mouflon (wild sheep).
муфт/а *f.* coupling, connecting piece, connection, sleeve (pipe), socket, union; clutch; junction box (for cables); muff; (horol.) collet; м. сцепления, зубчатая м., кулачковая м. clutch; м. с нарезкой screw socket; соединение —ой, —овое соединение sleeve joint, socket joint; соединительная м. coupling box, union; стяжная м. turnbuckle; м.-казенник *f.*

breech ring; —овый *a. of* муфта; —очка *dim. of* муфта.

мух/а *f.* (ent.) fly; (astr.) Musca; настоящие —и Muscidae; —и-сирфиды *pl.* flower flies, hover flies (*Syrphidae*); —и-цветочницы *pl.* Anthomyid flies; —оловка *f.* fly trap; (bot.) Venus' flytrap (*Dionaea muscipula*); (orn.) flycatcher; —оловный *a.* fly-catching; —омор *m.* (bot.) fly agaric (*Amanita muscaria*).

мухортый *a.* brown, bay.

муцедин *m.* mucedin.

муцин *m.*, —овый *a.* mucin.

муч/ение *n.* suffering, torment, pain, agony; —ительный *a.* acutely painful; —ить *v.* worry, bother, torment; —иться *v.* suffer.

мучнист/оросяные грибы (bot.) the powdery mildews (*Erysiphaceae*); —ость *f.* mealiness; —ые *pl.* (bot.) farinose plants; —ый *a.* mealy, floury, farinaceous; —ая роса (phyt.) powdery mildew; ложная —ая роса false mildew, downy mildew.

мучн/ой *a.* flour, meal(y), farinaceous; —ая роса *see* мучнистая роса.

мушек *gen. pl. of* мушка.

Мушета сталь Mushet steel.

муш/иный *a.* (ent.) fly; —ка *f.* little fly, midge, gnat; (pharm.) cantharides; (front) sight.

мушкель *m.* mallet, wooden hammer.

мушкетовит *m.* (min.) muschketowite.

мушмула *f.* (bot.) medlar (*Mespilus*).

муштабель *m.* maulstick, rest stick.

мф *abbr.* (миллифот) milliphot; (миллифарада) millifarad; МФ *abbr.* (микрофотометр) microphotometer; (монофосфат) monophosphate.

мхи *pl. of* мох, (bot.) Bryophyta.

м/ч, м/час *abbr.* (метров в час) meters per hour.

мчать *v.* rush; —ся *v.* hurry, rush.

МЧЗ *abbr.* (магнитное частотное зондирование) magnetic frequency sounding.

М-число *n.* (aero.) Mach number.

мшанк/а *f.* (bot.) pearlwort (*Sagina*); —и *pl.* (zool.) Bryozoa.

мшистый *a.* mossy; cottony.

МШТ *abbr.* (международная шкала температуры) international temperature scale.

мы *pron.* we.

мывший *past act part. of* мыть.

мыз/а *f.*, —ный *a.* farm(stead).

мык/алка, —аница *f.* hatchel; —ать *v.* hatchel, hackle (hemp, flax); pluck (wool).

мыл *past m. sing. of* мыть; *gen. pl. of* мыло.

мыл/ение *n.* soaping, lathering; —енный *a.* soaped, lathered; —истый *a.* soapy;

—ить *v.* soap, lather; —кий *a.* soapy, freely lathering; —кость *f.* soapiness.

мыло *n.* soap; lather; *past n. sing. of* мыть; горное м. (min.) saponite; зеленое м. soft soap, potash soap.

мыловар *m.* soap boiler, soap manufacturer; —ение *n.* soap boiling, soap manufacture; —(ен)ный котел soap boiler, soap kettle; —ный *a.* soap (-boiling); —ня *f.* soap works.

мыловка *f.* (text.) soaping.

мылок *sh. m. of* мылкий.

мылонафт *m.* naphtha soap.

мыльн/ый *a.* soap(y), saponaceous; м. камень (min.) soapstone, steatite; м. корень soaproot; м. спирт (pharm.) spirit of soap (alcoholic soap solution); —ая кора soapbark, quillaia bark; —ая пена soapsuds, lather.

мыльнянка *f.* (bot.) Saponaria.

мыльце *dim. of* мыло.

мыс *m.* (geol.) cape, promontory, cusp; М. Горн Cape Horn; М. Доброй Надежды Cape of Good Hope.

мысл/енный *a.* mental; imaginary, ideal; —имый *a.* thinkable, conceivable; —ительный *a.* intellectual, thinking; —ить *v.* think, conceive.

мысль *f.* thought, idea, notion, conception; ему пришло на м. it occurred to him; наводить на м., подавать м. *v.* suggest, give an idea.

мыслящий *a.* thinking, intellectual.

мыт *m.* (vet.) strangles; (poultry) molt; *sh. m. of* мытый; —иться *v.* molt.

мытник *m.* (bot.) Pedicularis.

мыт/ый *a.* washed; —ь *v.* wash; —ье *n.* washing.

мышатник *m.* (bot.) Thermopsis.

мышей *m.* bristle grass (*Setaria*); *gen. pl. of* мышь.

мышеловка *f.* mousetrap.

мышечн/о— *prefix* musculo—; —ый *a.* muscle, muscular.

мыш/ий, —иный *a. of* мышь; м. горошек (bot.) cow vetch (*Vicia cracca*).

мышленный *past pass. part. of* мыслить.

мышца *f.* (anat.) muscle.

мышь *f.* mouse; летучая м. bat; м.-полевка *f.* field mouse.

мышьяк *m.* arsenic, As; белый м. white arsenic (arsenous oxide); желтый м. yellow arsenic, arsenic trisulfide; красный м. red arsenic, arsenic disulfide; (пяти)окись —а arsenic (pent)oxide; (пяти)сернистый м. arsenic (penta)sulfide; хлористый м. arsenous chloride, arsenic trichloride; хлорный м. arsenic pentachloride.

мышьяковисто/калиевая соль potassium arsenite; —кальциевая соль, —кислый кальций calcium arsenite; —кислый *a.*

arsenous acid; arsenite (of); —кислая соль arsenite; —магниевая соль magnesium arsenite; —медистая соль cuprous arsenite; —медная соль cupric arsenite; —свинцовистая соль lead arsenite.

мышьяковист/ый *a.* arsenic, arsenous, arsenical, arsenide (of); м. ангидрид arsenous acid anhydride, arsenic trioxide; м. водород hydrogen arsenide, arsine; м. колчедан (min.) arsenopyrite; м. цинк zinc arsenide; —ая кислота arsenous acid; соль —ой кислоты arsenite; хлорангидрид —ой кислоты arsenyl chloride.

мышьяково/аммониевая соль ammonium arsenate; —железистая соль ferrous arsenate; —кальциевая соль calcium arsenate; —кислый *a.* arsenic acid; arsenate (of); —кислая соль arsenate; кислая —кислая соль biarsenate; —кобальтовая соль cobalt arsenate; —медная соль cupric arsenate, copper arsenate; —натриевая соль sodium arsenate; —свинцовистая соль lead arsenate.

мышьяков/ый *a.* arsenic(al); м. ангидрид arsenic pentoxide; м. колчедан (min.) arsenopyrite; —ая кислота arsenic acid; соль —ой кислоты arsenate.

мышьякорганический *a.* organoarsenic.

мыщел/ка *f.*, —ок *m.* (anat.) condyle; —ковый *a.* condylar, condyloid.

Мэ *abbr.* (мега-эрг) mega-erg.

Мэв *abbr.* (мегаэлектрон-вольт) million electron-volts, Mev.

МЭК *abbr.* (метилэтилкетон) methylethyl ketone.

мэкв, м.-экв. *abbr.* (миллиэквивалент) milliequivalent.

Мэн (geog.) Maine; Man.

мэнджэк *m.* manjak (natural bitumen).

мэр *m.* mayor.

Мэриленд (geog.) Maryland.

МЭС *abbr.* (машинноэкскаваторная станция) excavator station.

МЭЧЗ *abbr.* (магнитоэлектрическое частотное зондирование) magneto-electrical frequency sounding.

Мэя соль May's salt (benzene-diazonium chloride and antimony trichloride).

мю *n.* mu (μ).

мюллеровский *a.* Müller.

мюль *m.*, м.-машина *f.* mule, spinning jenny.

мю-мезон *m.* (nucl.) mu-meson, muon.

Мюнке насос Muencke (filter) pump.

мюнстерский *a.* (geog.) Münster.

мюнхенский *a.* (geog.) München.

мюон *see* мю-мезон.

мюрг *m.* (min.) unit of resistance to ventilation.

мю-частица *see* мю-мезон.

мягк/ий *a.* soft, mild, mellow; pliant, supple; upholstered (furniture); clement (weather); —ая прослойка pad.

мягко *adv.* softly, mildly; —кожий *a.* (zool.) malacodermous, soft-skinned; —сть *f.* softness, pliability; (meteor.) clemency; —телки *pl.* predaceous beetles (*Cantharididae*); —телые *pl.* (zool.) mollusks; —телый *a.* soft-bodied; —тянутый *a.* soft-drawn; —шерст(н)ый *a.* soft-furred, soft-wool.

мягок *m.* (min.) nontronite; *sh. m. of* мягкий.

мягч/айший *a.* softest, very soft; —е *comp. of* мягкий, мягко, softer, more softly; —ение *n.* softening; —еть *v.* soften; —ильный *a.* softening; —итель *m.*, —ительное (средство) softener, softening agent; plasticizer; (pharm.) emollient, demulcent; —ительный *a.* softening; plasticizing; emollient, demulcent; —ить *v.* soften.

мязга *see* мезга.

мяздра *see* мездра.

мяк *past m. sing. of* мякнуть.

мякин/а *f.* chaff, husk; —ный *a.* chaff, chaffy; (bot.) paleaceous; —ная оболочка hull.

мяк/иш *m.* pulp; —лый *a.* soft, pulpy, flabby; —нуть *v.* soften, grow pulpy; —оть *f.*, —отный *a.* pulp, flesh.

мял *past m. sing. of* мять.

мял/ица, —ка *f.*, —о *n.* brake (for fiber); —ка *f.* crusher, crushing mill, pulper; —ьно-трепальная машина breaker and scutcher; —ьный *a. suffix* (fiber) breaking; crushing.

мяс/истый *a.* fleshy, meaty, pulpy (fruit); flesh (side of leather); —ная *f.* butcher shop.

мяснига *f.* myasniga (viscous clay in an auriferous placer).

мясник *m.* butcher.

мясника *see* мяснига.

мясн/ое *n.* meat dish; —ой *a.* meat; beef (cattle).

мясо *n.* meat, flesh; pulp (of fruit); *prefix* meat; sarc(o)— (flesh); дикое м. (med.) proud flesh; —ведение *n.* meat science; —заготовительный *a.* meat-preparing; —комбинат *m.* meat-packing plant.

мясомолочн/ая кислота sarcolactic acid; —окислая соль sarcolactate.

мясо/-пептонный *a.* beef-extract (agar); —рубка *f.* meat grinder, meat chopper; —хладобойня *f.* packing house.

мят *sh. m. of* мятый.

мята *f.* mint; зеленая м. spearmint; перечная м. peppermint.

мятеж *m.* mutiny, revolt, rebellion.

мятие *see* мятье.

мятина *f.* hollow, dent, nick.

мятлик *m.* meadow grass (*Poa*); **луговой м.** Kentucky blue grass (*Poa pratensis*).
мятлица *f.* sunflower moth.
мятный *a.* (pepper)mint.
мят/ый *a.* crumpled, etc., *see v.:* crumbled (microstructure); exhaust, spent (steam);
—ь *v.* crumple, crease; brake, break (fiber); work up, knead (clay); dip (leather); throttle (steam); **—ье** *n.* crumpling, etc., *see v.*
мяук/ать, —нуть *v.* mew (of cat).
мяч(ик) *m.* ball.

Н

н *abbr.* (**нано**) nano— (10^{-9}); (**ньютон**) newton; **н., Н** *abbr.* (**нормальный**) normal.
на *prep. acc.* to indicate motion; *prepos.* to indicate location; at, by, (up)on; in(to); for, per (unit); over, across; to, toward; as of (date); onto (conveyer); against (background); **на 10%** by 10%; **на 360°** through 360°; **на вес** by weight, in weight; **на другой день** next day; **на заказ** to order; **на запад** to the west, westward; **на зиму** for the winter; **на куски** (in)to pieces; **на полном ходу** at full speed; **на фут короче** a foot shorter; **на что?** what for? why?
на— *prefix used before verbs to denote completed action;* onto, toward.
набав/ить, —лять *v.* add, increase, raise; **—ка** *f.* increase; **—ленный** *a.* increased; **—очный** *a.* additional.
набалтывать *v.* add while agitating.
набат *m.*, **—ный** *a.* alarm (bell).
набег *m.* raid, invasion; incursion.
набе/гание *n.* running against, etc., *see v.*; climb (of belt); **—гать** *v.* run against, run on, hit, strike; invade; start up (of wind); creep, climb; run in, flow in; **—гающий** *a.* running against, etc., *see v.*; leading; inflowing; incident (wave); **—гающий поток** approach stream, windstream, drag; **—жать** *see* **набегать.**
набел/ить *v.* whiten, bleach; **—о** *adv.* clean, final; **переписанное —о** clean copy.
набережн/ая *f.* embankment, quay, pier, wharf; shore road; **—ый** *a.* quay, dock, harbor (crane).
наберет *fut. 3 sing. of* **набрать.**
набив/ание *n.* packing, etc., *see v.*; **—ать** *v.* pack, fill, stuff; pad, line; tamp, stamp (in), ram; (text.) print; nail on; raise (price); **—ка** *see* **набивание**; **—кой** packed; **с —кой** packed.
набивн/ой *a.* tamped, rammed; packed, stuffed; padded; (text.) printed, printing; **н. лед** (ocean.) massive rafting of blocks and brash; **—ая футеровка** rammed lining; **—ые доски** print stamps, engraving plates.
набивочн/ый *a.*, **н. материал** packing, stuffing, padding; **—ая камера** stuffing box; **—ое кольцо** gasket.
набир/ание *n.* collecting, etc., *see v.*; (av.) climb; **—ать** *v.* collect, gather, accumulate; (typ.) compose, set up; dial (a number); contract (workers); pick up (speed); gain (height); **—аться** *v.* accumulate, collect, gather.
набит/ый *a.* packed, etc., *see* **набивать**; **—ь** *see* **набивать.**
набла *f.* (math.) nabla.
наблюдаемый *a.* observable; under observation, observed, seen; apparent.
наблюдатель *m.* observer, spectator; overseer, supervisor; lookout, spotter; surveyor; **—ность** *f.* keenness of observation; **—ный** *a.* observant; observation; supervisory; **—ный пункт** observation post, lookout.
наблюд/ать *v.* observe, watch, survey; supervise, superintend, control; inspect; spot, detect, track, note; **—аться** *v.* be evident, be observed, occur; **—ающий** *a.* observing, etc., *see v.*; **—ающийся** *a.* observed, noted, **—ение** *n.* observation, study; supervision, superintendence, control; inspection; **—енный** *a.* observed, etc., *see v.*
набоечный *a. of* **набойка.**
набой/ка *f.* packing, stuffing; printed cloth; lining, facing, fettling (of furnace, etc.); heel tap; **—ник** *m.* stick; calking tool; **—ный** *a.* (text.) printing; **—щик** *m.* printer; packer.
набок *adv.* on one side, sideways.
наболтать *v.* mix in.
набор *m.* outfit, kit, set, pack; collection, assembly; series, bank (of cells); (typ.) composition, typesetting; (tel.) dialing; **н. высоты** ascent, climb; **—ка** *f.* gathering, assembly; **—ная** *f.* typesetting room; **—но-печатный** *a.* composing and printing.
наборн/ый *a.* typesetting, composing; (mach.) gang(ed); inlay (work); **—ая машина** typesetter; **—ая строкоотливная машина** linotype machine; **—ое коммутационное поле** patching panel.
наборон/ить, —овать *v.* (agr.) harrow.
набортный *a.* shipborne; on board.
наборщик *m.* compositor, typesetter.
набраков(ыв)ать *v.* reject.
набранный *a.* collected, gathered; (typ.) composed, set up.
набрасыв/ание *n.* throwing on; sketching; **—ать** *v.* throw on; sketch, draw, outline; **—аться** *v.* fall on, attack.
набрать *see* **набирать.**

набрести *v.* come across, hit on.
набро/санный *a.* thrown on; sketched, outlined; —сать, —сить *see* набрасывать; —ска *f.* throwing on; (constr.) fill; (geol.) talus; —сной *a.* thrown up, heaped up; fill; stone rubble (dam); —сок *m.* sketch, layout, draft, rough copy; —шенный *past pass. part. of* набросить.
набрызг(ив)ать *v.* sprinkle, spatter.
набур/(ав)ить, —авливать *v.* drill, bore.
набутить *see* набучивать.
набух/аемость *f.* swelling ability; swelling; —ание *n.* swelling; —ать, —нуть *v.* swell; —ший *a.* swollen.
набучи(ва)ть *v.* line with stone or rubble; (text.) buck, steep.
набыль *f.* (geol.) thrust.
набьёт *fut. 3 sing. of* набить.
навал *m.* leading, heap(ing); —енный *a.* heaped up, etc., *see v.*; —ивание *n.* heaping up, etc., *see v.*; —и(ва)ть *v.* heap up, pile, accumulate; fill, load, charge; (text.) felt, full; —и(ва)ться *v.* fall on, lean; —ом *adv.* in bulk; —оотбойка *f.* (min.) cutting and loading; —очный *a.* loading; —очная машина loader.
навальцованный *a.* rolled on.
навалять *v.* (text.) felt, full.
навар *m.* welded on metal, built up metal; scum; broth; cooking, brewing; —енный *a.* welded on, built up, etc., *see v.*; —ивание *n.* welding on, etc., *see v.*; —и(ва)ть *v.* weld on, build up (metal); face, tip, point, edge, overlay (with); cook, boil, prepare, brew; sinter, fettle, frit (hearth bottom); —ка *see* наваривание; weld bead; —ной *a.* weld(ed); sintered (hearth bottom).
наващивать *v.* (coat with) wax.
навевать *v.* drift, heap up, blow together; stack, load; roll on.
наведаться *see* наведываться.
наведен/ие *n.* directing, etc., *see* наводить; guidance; application; (elec.) induction; production (of slag); —ный *a.* directed, etc., *see* наводить.
наведываться *v.* visit; inquire about.
наведя *pr. ger.* directing, etc., *see* наводить.
навезти *v.* bring in.
навеивать *see* навевать.
навеки *adv.* forever.
навёл *past m. sing. of* навести.
наверно(е) *adv.* certainly, surely; most likely, probably; it is likely.
навернут/ый *a.* turned on, twisted on; screwed on; —ь *see* навёртывать.
наверст/ать, —ывать *v.* make up, catch up; compensate; —ывание *n.* making up; recovery; compensation.

наверт/еть *see* навёрчивать; —ка *see* навёртывание; —ный *a.* twist; screw (cap); —ывание *n.* turning on, etc., *see v.*; —ывать *v.* turn on, twist on, wind; screw on.
наверх *adv.* up(ward); upstairs; —у *adv.* above, aloft, at the top (of), on top of; upstairs.
наверч/енный *a.* drilled, etc., *see v.*; —ивать *v.* drill; wind up; screw up; churn up.
навес *m.* shed, hangar; awning; (geol.) overhang; ледяной н. hanging glacier; —истый *a.* overhanging.
навес/ить *see* навешивать; —ка *f.* hanging; suspension, dispersion; weighed portion, batch, charge; specimen, sample; increment; linkage, hitch; hinge; fitting, mounting; —ной *a.* hinged; attached, inserted; (tractor-)mounted; —ная петля hinge; —ный *a. of* навес; high, steep (trajectory).
навести *see* наводить.
навестить *see* навещать.
навесу *adv.* (over)hanging; in suspension.
наветренный *a.* windward, exposed to the wind.
навечно *adv.* forever.
навеш/енный *a.* hung (on), etc., *see v.*; —ивание *n.* hanging on, etc., *see v.*; suspension; —(ив)ать *v.* hang (on, up), suspend; mount; weigh.
навещать *v.* visit, see.
навеять *see* навевать.
навзничь *adv.* backwards, on one's back; лежащий н. *a.* (med.) supine.
навив/альный *a.*, —ание *n.* winding, etc., *see v.*; —ать *v.* wind (on), roll (on), reel (in), coil; wrap; drift in (of snow); make (rope); —аться *v.* be wound; climb (of belt); —ка *see* навивание; wound material; reel, coil; —ной, —очный *see* навивальный.
навиг/атор *m.* navigator; —ационный *a.* navigation(al), nautical; —ационный координатор ground-position indicator; —ация *f.* navigation.
навин/тить, —чивать *v.* screw on; —ченный *a.* screwed on; —чивающийся *a.* screw(-on); threaded.
навис/ание *n.* hanging over, impendence; —ать, —нуть *v.* hang over, overhang, project; impend; —ающий, —лый, —ший *a.* overhanging; impending; —ь *f.* overhang.
навит/ый *a.* wound on, rolled on, etc., *see* навивать; —ь *see* навивать.
навле/кать, —чь *v.* bring on, cause, incur.
навод/ить *v.* direct, point (at), aim (at); position, set, sight (a telescope); (rockets) guide; bring on, lay on, apply; (elec.) induce; make (inquiries); erect,

наводн/ение *n.* flood, inundation, submersion, overflow; construct (a bridge); bridge; **н. глянец** polish, gloss; **н. на фокус** focus; **—ка** *f.* directing, etc., *see v.*; adjustment; **вертикальная —ка** elevation; **горизонтальная —ка** traversing.

наводн/ение *n.* flood, inundation, submersion, overflow; **—енный** *a.* flooded, etc., *see v.*; **—ить, —ять** *v.* flood, inundate, submerge, overflow, deluge, swamp; **—ой** *a.* temporary (bridge).

наводор/аживаемость *f.* (met.) tendency to absorb hydrogen; **—аживание, —ожение, —оживание** *n.* hydrogen absorption; **—оженный** *a.* hydrogen-charged.

навод/чик *m.* gunner, sighter; **—ящий** *a.* directing, etc., *see* **наводить**; guidance, controlling; guide, homing (beam); leading (question).

навоз *m.* manure, dung; **—ить** *v.* bring, carry, convey; manure, dung; **—ник** *m.* dung beetle; manure pit; (bot.) Coprinus; **кукурузный —ник** beetle (*Pentodon idiota*); **—ный** *a.* manure(d); **—ная жижа** liquid manure; **—оразбрасыватель** *m.* manure spreader; **н.-сыпец** *m.* pulverized manure.

навой *m.* weaver's beam, winder; winding; wound material.

наволакив/ание *n.* (met.) galling; **—ать** *see* **наволочь**.

наволо/к *m.* (geol.) overthrust folding, nappe; low river bank; cloud, fog; **—ка** *f.* pillowcase; **—чить** *see* **наволочь**; **—чка** *f.*, **—чный** *a.* pillowcase; **—чь** *v.* drag (on, over); draw (wire).

навор/ачивать, **—отить** *v.* pile up, heap up, roll on; overfill.

наворс/ить, **—овать** *v.* (text.) tease.

навостр/енный *a.* sharpened; **—ить** *v.* sharpen.

навощ/енный *a.* cerated, waxed; **—ить** *see* **наващивать**.

навредить *v.* harm, injure, damage.

навряд(ли) *see* **врядли**.

навсегда *adv.* forever; **раз н.** once for all.

навстречу *adv.* toward; **итти н.** *v.* meet.

—навтика *f.* *suffix* —nautics.

навыворот *adv.* wrong side out, inside out.

навык *m.* habit, practice, experience; **практический н.** skill.

навылет *adv.* (right) through.

Навье-Стокса уравнение Navier-Stokes equation.

навьючи(ва)ть *v.* load, burden.

навяз/ать *see* **навязывать**; **—ка** *f.* fastening; **—ной** *a.* tied on; knitted in.

навязнуть *v.* stick, cling; get stuck.

навяз/чивость *f.* obtrusiveness, importunity; **—чивый** *a.* obtrusive; fixed, obsessive; **—чивая идея** obsession; **—ывание** *n.* fastening, etc., *see v.*; attachment; **—ывать** *v.* fasten, attach,

tie on; impose, obtrude, press (advice); **—ываться** *v.* intrude, thrust oneself (upon).

нагонивать *v.* drive.

нагар *m.*, **—ный** *a.* carbon (deposit), soot; caking, fouling, scale, residue; **—ообразование** *n.* carbon formation, carbonization; **—ообразующая способность** tendency to soot.

нагартов/анный *a.* (met.) cold-hardened, etc., *see v.*; **—ка** *f.*, **—очный** *a.* cold hardening, etc., *see v.*; **—ывать** *v.* cold-harden, cold-work, peen; ball up, gather (soil).

нага/тить, **—чивать** *v.* build a dike.

нагель *m.* pin, dowel, peg.

нагельфлю *m.* (petr.) nagelfluh, gompholite, pudding stone.

нагиагит *m.* (min.) nagyagite.

нагиб/ание *n.* bending, bowing down; **—ать** *v.* bend, bow down.

наглазн/ик *m.* eyeshade, eye-shield; **—ый** *a.* eye (shield).

наглазурить *v.* glaze.

наглухо *adv.* hermetically, tightly; permanently.

наглядн/о *adv.* graphically; by ocular demonstration; **—ость** *f.* clearness, obviousness; **—ый** *a.* graphic, descriptive; visual; obvious, object (lesson); injection (well).

наглянцевать *v.* gloss, polish.

нагнаивать *v.* decompose, rot; **—ся** *v.* (med.) suppurate.

нагнать *see* **нагонять**.

нагнести *see* **нагнетать**.

нагнет *m.* (vet.) gall, sore.

нагнет/ание *n.* forcing, etc., *see v.*; injection; delivery; **камера —ания** discharge chamber; **ход —ания** pressure stroke; **—атель** *m.* blower, (force) pump; (mach.) supercharger **—атель наддува** supercharger; **—ательный** *a.* force(d); pressure; delivery (pump); discharge (nozzle; pipe); Plenum (air conditioning system); **—ать** *v.* force, press, squeeze; deliver, feed, supply, provide; pump, charge, inject; increase (pressure); **—ающий** *a.* forcing, etc., *see v.*; *see also* **нагнетательный**; **—енный** *a.* forced, etc., *see v.*

нагно/ение *n.* suppuration; **вызвать н.** *v.* fester; **—ить** *see* **нагнаивать**.

нагнут/ый *a.* bent; **—ь** *see* **нагибать**.

нагой *a.* naked; bare, uncovered.

наголо *adv.* bare; entirely.

наголовник *m.* head, cap.

нагольный *a.* made of hides with the fur inside.

нагон *m.* driving together, etc., *see v.*; (hydr.) rising, blowing up; **—ка** *f.* driving on, fitting; **—ять** *v.* drive together, drive on, fit; cause, bring on (condition); overtake, catch up (with); save (time); distil; —**ющий** *a.* driving together, etc., *see v.*; overlapping (travel-time curve).

на-гора *adv.* (min.) up (to the surface).

нагораживать *v.* pile up, stack up; divide into compartments; erect (fence).

нагор/ать, —еть *v.* be consumed (of fuel, etc.); smoke.

нагорно-карабахский *a.* (geog.) Nagorno-Karabakh.

нагорный *a.* upland, highland, raised; mountainous, high (land); hillside.

нагородить *see* **нагораживать**.

нагорье *n.* upland, highlands.

нагота *f.* bareness, nakedness.

нагот/авливать, —овить, —овлять *v.* prepare, make ready; store, stock up; **—ове** *adv.* ready, in readiness, on call; **стоящий —ове** *a.* standby.

нагофрировать *v.* corrugate, crimp.

награбить *v.* rake together.

награвировать *v.* engrave.

наград/а *f.* reward, recompense; premium, prize, award; **—ить** *see* **награждать**.

наградка *f.* back saw.

наградн/ой *a. of* **награда**; **—ые** *pl.* bonus.

награжд/ать *v.* reward, recompense; award; **—ение** *n.* reward; **—енный** *a.* rewarded, etc., *see v.*

награнить *v.* cut, facet.

награфить *v.* rule; graph.

нагребать *v.* rake together.

нагрев *see* **нагревание**; degree of heat, temperature; heated surface; **степень —а** temperature; **—ание** *n.* heating (up); warming (up); **—атель** *m.* heater.

нагревательн/ый *a.* heating; (being) heated; hot (plate); warming; preheating (torch); **н. колодец** (met.) soaking pit, pit furnace; **н. прибор** heater; **—ая печь** heating furnace; (met.) soaking pit.

нагрев/ать *v.* heat, warm up; **—ающий** *a.* heating, warming; **—остойкий** *a.* heat-resistant; **—остойкость** *f.* heat resistance.

нагрести *see* **нагребать**.

нагрет/ость *f.* heated state, warmth; **—ый** *a.* heated, warm(ed); **—ь** *see* **нагревать**.

нагрешить *v.* make errors.

нагромо/ждать, —здить *v.* pile (up), accumulate, build up; **—ждение** *n.* pile, piling, heaping, packing; **—жденный** *a.* piled, heaped.

нагрубо *adv.* rough(ly).

нагрудн/ик *m.* breastplate; safety vest; **—ый** *a.* breast.

нагру/жаемость *f.* load capacity; **—жать** *v.* load, charge; ballast; **—жающий** *a.*, **—жение** *n.* loading, charging; **—жен-**

ный *a.* loaded, charged; supporting (surface); **—зить** *see* **нагружать**.

нагрузк/а *f.* load(ing), charge; force; stress, tension; -burden, weight; (met.) weighting (of mold); lading, shipment, freight; **н. на разрыв** tensile stress; **н. по жидкости** liquid rate; **н. по отношению к мощности** power loading (pounds per horsepower); **без —** empty; **at no load, off load; допустимая н.** load(-carrying) capacity; permissible load; **емкость —и** (elec.) load capacity; **коэффициент —и** load factor; **под —ой** on load; **полная н.** full load; full-time job.

нагруз/очный *a.* load(ing), charge; **н. ток** (elec.) load current; **—чик** *m.* loader.

нагрунтовать *v.* prime (surface).

нагрянуть *v.* take by surprise, come unawares (upon); happen suddenly, occur (unexpectedly).

нагул *m.* pasturing; fattening (of livestock); **—ять** *v.* pasture.

над *prep. instr.* above, over, on, upon.

над— *prefix* over—, super—, hyper—, epi—, above; per— (acid, salt).

надав/ить, —ливать *v.* press, squeeze.

надазотная кислота pernitric acid.

надатмосферный *a.* outer (space).

надбав/ить, —лять *v.* add, increase; **—ка** *f.* increase, rise; allowance; bonus; **—ленный** *a.* increased, raised; **—очный** *a.* additional.

надбензойная кислота perbenzoic acid.

надбережный *a.* above the bank.

надби(ва)ть *v.* crack, damage.

надблоковый *a.* (anat.) supratrochlear.

надборн/ая кислота perboric acid; **соль —ой кислоты, —окислая соль** perborate; **—окислый** *a.* perboric acid; perborate (of); **—омагниевая соль** magnesium perborate.

надбровный *a.* (anat.) superciliary.

надбрюшный *a.* (anat.) epigastric.

надвесный *a.* overhung, overhanging.

надвивать *v.* twist on, add, lengthen.

надви/г *m.* thrust; (geol.) (over)thrust, overlap; **крутой н.** upthrust; **—гание** *n.* moving up(on), etc., *see v.*; encroachment; **—гать** *v.* move up(on), move against, push on, thrust; slide (over), override; **—гаться** *v.* move upon, slide (over); approach, draw near; (geol.) overthrust; **—гающийся** *a.* approaching, impending, imminent; **—гообразование** *n.* thrusting; **—жной** *a.* sliding, movable; **—нутый** *a.* moved up(on), etc., *see v.*; **—нуть** *see* **надвигать**.

надвить *see* **надвивать**.

надводный *a.* above-water, emergent; floating; surface (ship).

надвое *adv.* in two, in half; ambiguously.

надвор/ный *a.* outdoor, yard; out (building); —ье *n.* yard.
надвяз/анный *a.* knitted on, etc., *see v.*; —ать *see* надвязывать; —ка *f.* addition; —ывание *n.* knitting on, etc., *see v.*; —ывать *v.* knit on, add; tie on.
надгибать *v.* bend, fold.
надглазничный *a.* (anat.) supraorbital; ophthalmic (reflex).
надглазурный *a.* overglaze(d).
надгортанный узел (ent.) brain.
надгни(ва)ть *v.* start decaying.
надгортанник *m.* (anat.) epiglottis.
надгрудинный *a.* (anat.) suprasternal.
надда/(ва)ть *v.* add (more); accelerate, quicken, increase (speed); —ча *f.* addition.
наддув *m.* supercharge, supercharging, boosting; pressure charging, pressure feed, pressurization; н. на взлете take-off boost; автомат —а supercharger control; компрессор —а supercharger; с —ом supercharged.
надев/аемый *a.* female (gage); —ание *n.* putting on; —ать *v.* put on, slip on, don; gear, harness.
надежд/а *f.* hope, expectation; возлагать —ы на *v.* count (on), pin our hopes on, look (to).
надежн/ость *f.* safety, security, reliability, dependability, assurance; запас —ости safety margin; —ый *a.* safe, secure, sure, reliable, dependable, trustworthy.
надел *m.* share, portion; plot (of land).
наделать *v.* make in large quantity, produce in mass; cause.
надел/ение *n.* dispensation, allotment, consignment; —ить *v.* impart, dispense, allot, consign.
налельфейль *m.* needle file.
наделять *see* наделить.
надерг(ив)ать *v.* pull up, pull out.
надерет *fut. 3 sing. of* надрать.
надернуть *v.* pull on.
надет/ый *a.* put on, slipped on; —ь *see* надевать.
надеяться *v.* hope (for), look forward (to), rely upon, have confidence (in).
наджелезно/кислая соль perferrate; —синеродоводородная кислота perferricyanic acid.
надзаголовочный *a.* before the title.
надземный *a.* above ground; overhead, aerial; elevated (railroad).
надзир/атель *m.* inspector, supervisor, superintendent, overseer; —ательство *n.* supervision, overseeing; —ать *v.* supervise, superintend, inspect.
надзор *m.* supervision, superintendence, inspection, control; servicing.
надизан *m.* Nadisan, carbutamide.
надир *m.* nadir, lowest possible point.

надирать *v.* tear up; raise; strip (off).
надкалывать *v.* pierce slightly, prick; split slightly, cleave, crack.
надкислота *f.* per acid.
надкласс *m.* (biol.) superclass.
надкле/ивание *n.* gluing on; —и(ва)ть *v.* glue on, lengthen, add; —йка *f.* gluing on; glued on part.
надклеп/ать, —ывать *v.* rivet on, lengthen; unrivet slightly; —ка *f.* riveting on; riveted addition; —ывание *n.* riveting on, etc., *see v.*
надключичный *a.* (anat.) supraclavicular.
надков(ыв)ать *v.* forge on, lengthen.
надкожица *f.* (biol.) epidermis; (bot.) cuticle.
надкол *m.* cleft, crack; prick(ing).
надколенн/ик *m.*, —ая кость (anat.) patella.
надколот/ый *a.* (slightly) split, cracked; pricked; —ь *see* надкалывать.
надкости/ая плева, —ица *f.* (anat.) periosteum; —ичный *a.* periosteal.
надкритич/еский, —ный *a.* above-critical, supercritical; —ность *f.* supercriticality.
надкрылье *n.* (ent.) elytron, wing sheath.
надламывать *v.* break partway, crack.
надледный туман advection fog over ice.
надлеж/ать *v.* be necessary; want, need; —ит это сделать it must be done.
надлежащ/ий *a.* proper, fit, due, expedient, appropriate, pertinent, suitable; correct (size); —им образом properly, suitably.
надлоб/ковый *a.* (anat.) suprapubic; —ный *a.* suprafrontal.
надлом *n.* fracture, break; —ать, —ить *see* надламывать; —ленность *f.* fractured state; —ленный *a.* partly broken, cracked.
надлопаточный *a.* (anat.) suprascapular.
над/масляный *a.* perbutyric (acid); —молекулярный *a.* permolecular, hypomolecular; —муравьиный *a.* performic (acid).
надмыщел/ковый *a.* (anat.) supracondylar; —ок *m.* epicondyle.
на-днях *adv.* before long, one of these days; lately, the other day.
надо *v.* it is necessary; *prep.*, *see* над; ему н. he must, he needs.
надо— *see* над—.
надоблачный *a.* above the clouds.
надобн/ость *f.* necessity, requirement, need, want; иметь н. *v.* require, need; нет —ости there is no need; —ый *a.* necessary, requisite; useful.
надобьет *fut. 3 sing. of* надбить.
надое/дать, —сть *v.* bore, annoy, worry, bother; —дливый *a.* irksome, tiresome, tedious.
надой *m.* milk yield.
надоконный *a.* over the window.

надолбы *pl.* (mil.) obstacle, barrier, blocks, pillars, posts.
надолго *adv.* for a long time, for long.
надорв/анный *a.* slightly torn; strained; —ать *see* надрывать.
надорит *m.* (min.) nadorite.
надосадочный *a.* supernatant.
надосновный *a.* superbasic.
надостный *a.* (anat.) supraspinal.
надотряд *m.* (biol.) super-order.
надоум/ить, —ливать *v.* advise, help solve.
надпалубный *a.* above the deck.
надперекись *f.* superoxide.
надпереносье *n.* (anat.) glabella.
надпил *m.* saw cut, notch; notching; —енный *a.* notched; —ивание *n.* notching; —и(ва)ть *v.* saw a little, notch; —(ов)ка *f.* notching.
надпис/анный *a.* inscribed; —ать, —ывать *v.* inscribe, superscribe; letter; —ка *f.*, —ывание *n.* inscription, etc., *see v.;* —ь *f.* inscription, superscript(ion); lettering; heading; legend.
надпойменный *a.* above the flood plain.
надпочвенный *a.* surface.
надпочечн/ик *m.* (anat.) adrenal gland; —ый *a.* adrenal, suprarenal.
надпропионовый *a.* perpropionic (acid).
надрать *see* надирать.
надрез *m.* cut, incision, notch, gash, tap (on tree); cutting; с —ом notched; —ание *n.* cutting, incision; —анный *a.* cut, notched, tapped; —(ыв)ать *v.* cut (into), incise, make an incision, notch, tap.
надрениевая кислота perrhenic acid.
надробить *v.* crush, grind up.
надруб *m.* notch(ing), gash; —ание *n.* notching; —ать, —ить *v.* notch, gash, mark; —ка *f.* notch(ing), gash.
надрыв *m.* slight tear, rupture, strain, overstraining; —ать *v.* begin to tear, rupture, lacerate; strain, overdo.
надсверли(ва)ть *v.* drill partway; drill.
надсек/ание *n.* gashing, incision; —ать *v.* gash, notch, cut, make incisions.
надсемейство *n.* (biol.) superfamily.
надсерн/ая кислота persulfuric acid; соль —ой кислоты, —окислая соль persulfate; —оаммониевая соль ammonium persulfate; —окислый *a.* persulfuric acid; persulfate (of); —окислый натрий sodium persulfate;— ый ангидрид sulfur heptoxide.
надсеч/енный *a.* gashed, notched, cut; —ка *f.* gash(ing); (zone) punching; —ь *see* надсекать.
надсинхронный *a.* hypersynchronous.
надслоевой *a.* upper layer.
надслуховой *a.* supersonic, ultraphonic.
надсматривать *v.* supervise, look after, control, inspect.

надсмольная вода (resins) supernatant water.
надсмотр *m.* supervision, inspection, control; —щик *m.* supervisor, overseer.
надсоль *f.* persalt.
надстав/ить *see* надставлять; —ка *f.* extension (piece), extension arm; adapter; (crucible) top; кольцевая —ка extension ring; —ленный *a.* extended, etc., *see v.;* —лять *v.* extend, lengthen, add on; —ной *a.* extension; —ная труба adapter.
надстрагивать *v.* shave off, plane lightly.
надстраив/ание *n.* building on, superstructing; —ать *v.* build on, superstruct.
надстрогать *see* надстрагивать.
надстро/ечный *a.* superstructural; —ить *see* надстраивать; —йка *f.* superstructure; superstructing.
надстрочный *a.* superlinear; н. индекс superscript.
надструг(ив)ать *see* надстрагивать.
надсульфоновый *a.* persulfonic (acid).
надсып/ать *v.* raise, pour more; —ка *f.* raising, addition.
надтепловой *a.* epithermal, above-thermal.
надтес *m.* cutting off; cut; —(ыв)ать *v.* cut off (a little).
надтехнециевокислая соль pertechnetate.
надткоугольн/ая кислота perthiocarbonic acid; соль —ой кислоты, —окислая соль perthiocarbonate.
надтональный *a.* supersonic.
надтреснутый *a.* slightly cracked.
надув *m.* inflation, blowing up; drift (of hard, packed snow) —ание *n.* inflating, etc., *see v.;* inflation; —ательный *a.* inflation; —ать *v.* inflate, blow (up), fill (with air), distend; cheat, deceive; —аться *v.* swell, puff up; —ка *f.* inflation; —ной *a.* inflatable; air (cushion); —очный *a.* inflating.
надугольн/ая кислота percarbonic acid; соль —ой кислоты, —окислая соль percarbonate; —окислый *a.* percarbonic acid; percarbonate (of).
надуксусн/ая кислота peracetic acid; —окислая соль peracetate; —окислый *a.* peracetic acid; peracetate (of).
надульник *m.* (art.) compensator; barrel mouthpiece.
надум/анный *a.* farfetched, exaggerated; —(ыв)ать *v.* devise, contrive; make up one's mind, decide.
надут/ый *a.* inflated, blown up, bloated; —ь *see* надувать.
надуш/енный *a.* perfumed, scented; —ить *v.* perfume, scent; fumigate.
надфиль *m.* needle file, rat-tail file.
надфосфорный *a.* perphosphoric (acid).
надфюзеляжный *a.* (av.) dorsal.

надхромовая кислота perchromic acid.
надхрящница *f.* (anat.) perichondrium.
надчелюстной *a.* (anat.) supramaxillary.
надчревный *a.* (anat.) epigastric.
надшахтный *a.* over the mine shaft; head (house).
надши(ва)ть *v.* sew on, piece on, lengthen.
надъ— *see* **над—** (used before е, ю, я).
надымить *v.* smoke up.
наедине *adv.* in private, alone.
наезд *m.* incursion; quick visit.
наездник *m.* ichneumon wasp; rider (of analytical balance).
наезж/ать *v.* run into, hit, collide (with); come, arrive; visit (occasionally); pack down (road); break in (horse); **—ий** *a.* visiting; nonresident.
наем *m.* hire, rent, employment; **брать в н.** *v.* rent (from); **сдавать в н.** *v.* rent (to), let; **—ный** *a.* hired.
наехать *see* **наезжать**.
нажари(ва)ть *v.* fry, roast; heat up.
нажат/ие *n.* pressing, pressure, depression; **—ый** *a.* pressed down, depressed; reaped, harvested; **—ь** *see* **нажимать, нажинать**.
нажгут *fut. 3 pl. of* **нажечь**.
наждак *m.* emery (impure corundum).
наждаться *v.* wait a long time.
наждачн/ый *a.* emery; **н. круг** emery wheel; **н. холст, —ая шкура, —ое полотно** emery cloth.
нажечь *v.* burn, consume (fuel); warm up, heat up.
нажив/а *f.* gain, profit; (fish) bait; **—ать** *v.* gain, acquire, get; contract (disease); **—ить, —лять** *v.*, **—ка** *f.*, **—ной** *a.* bait.
нажигать *see* **нажечь**.
нажим *m.* push, thrust, pressure, stress, emphasis; depression (of push button); squeeze (of bulb); clamp, pinchcock; **—ание** *n.* pushing, etc., *see v.*; **—ать** *v.* push, press (down), bear down, depress; punch; clamp, pinch; squeeze (juice); **—ающее усилие** pressure.
нажимн/ой *a.* pressure; clamp(ing); push (button); **н. валик** press(ing) roller, pressure roller; printing roller; **н. механизм** (slabbing mill) screwdown; **н. стержень** push bar, press rod; **—ая планка** cleat; **—ое приспособление** printing device; clamp.
нажимчик *m.* stuffiing box.
нажин *m.* yield of harvested grain; **—ать** *v.* harvest, reap.
нажировка *f.* (agr.) fattening.
нажить *see* **наживать**.
нажмет *fut. 3 sing. of* **нажать**.
нажнет *fut. 3 sing. of* **нажать**, reap.
нажор *m.* (tanning) stuffing.
наз *m.* astronaut's emergency kit.
назавтра *adv.* (for) tomorrow.

назад *adv.* back(wards); **брать н.** *v.* back up, retract; **взгляд н.** retrospect; **год тому н.** a year ago; **движение н.** return; **ход н.** reverse running, backing; return stroke (of piston); **—и** *adv.* in back, behind.
назв/ание *n.* name, designation; title; **носить н.** *v.* be called, be identified as; **—анный** *a.* named, called; **—ать** *see* **называть**.
назем *m.* dung, manure.
наземн/ый *a.* land(-based), overland, ground, terrestrial; surface (rock, water, etc.); **н. предмет** landmark; **—ая подготовка** (av.) ground training.
наземь *adv.* to the ground, down.
назидательный *a.* instructive, edifying.
назло *adv.* in spite of, in defiance of, out of spite; **как н.** unfortunately.
назнач/ать *v.* appoint, nominate, name, designate, assign; grant; predetermine, fix, set; prescribe (treatment); **—енец** *m.* appointed person.
назначен/ие *n.* appointing, etc., *see* **назначать**; appointment, assignment; function, purpose, designation, destination; prescription; **место —ия** destination; **общего —ия** general purpose, general duty; **особого —ия** special purpose; **станция —ия** receiving station, receiving end.
назнач/енный *a.* appointed, etc., *see* **назначать**; **—ить** *see* **назначать**.
назовет *fut. 3 sing. of* **назвать**.
назойливый *a.* troublesome, tiresome.
назре/вание *n.* ripening, maturing; **—вать** *v.* ripen, mature; be about to happen; gather head (of abscess); **—вающий** *a.* ripening; **—лый** *a.* ripe, mature; **—ть** *see* **назревать**.
назубок *m.* file.
назубр/енный *a.* indented, etc., *see v.*; **—и(ва)ть** *v.* indent, notch, nick; learn by rote.
назыв/аемый *a.* called, etc., *see v.*; **так н.** so-called, what is known as; **—ание** *n.* calling, etc., *see v.*; **—ать** *v.* call, name, designate, term, refer (to), denote, describe, identify (as), mean (by).
назьма *gen. of* **назем**.
наи— *prefix* the most; **—более** *adv.* the most, utmost; best; **—больший** *a.* greatest, maximum, most, peak; worst (wear); overall (dimension); **—вероятнейший** *a.* most probable.
наивный *a.* naive, simple.
наи/выгоднейший *a.* most advantageous, most favorable, best; **—высший** *a.* highest, maximum, ceiling.
наизволок *adv.* uphill.
наизнанку *adv.* inside out, wrong side out.
наизусть *adv.* by heart, by rote.

наил/ивание *n.* silt deposition; —ок *m.* (agr.; geol.) warp.
наилучш/ий *a.* the best, optimal; —им образом to (the) best advantage, best, most efficiently.
наименее *adv.* the least; less.
наименов/ание *n.* name, denomination; item; привести к одному —анию *v.* (math.) reduce to one denomination; —анный *a.* named, etc., *see v.*; —ать *v.* name, call, denominate, designate.
наи/меньший *a.* the least, smallest, minimum; —низший *a.* lowest, minimum.
наирит *m.* Nairit, chloroprene rubber.
наискось *adv.* on the slant, obliquely, skew; располагать н. *v.* skew.
наихудший *a.* the worst.
найденный *a.* found.
Найквиста критерий Nyquist criterion.
найлон *m.* nylon.
найма *gen.* of наем.
наймет *fut. 3 sing.* of нанять.
найти *see* находить.
найтов *m.* (naut.) lashing.
наказ *m.* order; instructions; —ание *n.* punishment, penalty; —анный *a.* punished; —(ыв)ать *v.* punish.
накал *m.* incandescence, (intense) heat, glow; батарея —а filament battery, A battery; белый н. white heat, incandescence; напряжение —а (elec.) filament voltage; нить —а filament; ток —а filament current, heating current; цепь —а heater power circuit.
накаленн/ость *f.* heat, incandescence; —ый *a.* incandescent, glowing, hot.
накалив/ание *n.* heating, incandescence, glowing; н. добела incandescence, white heat; лампа —ания incandescent lamp; —ать *v.* heat, incandesce; bring to (white or red heat); —аться *v.* incandesce, get hot, glow; —ающийся *a.* incandescent.
накал/ить *see* накаливать; —ка *see* накаливание.
накалывать *v.* prick; split, break; pin on; slaughter, butcher.
накалять *see* накаливать.
накануне *adv.* the day before; *prep. gen.* before, on the eve of.
накапать *v.* drip, pour in drops.
накаплив/ание *n.* accumulation; —ать *see* накоплять; —ающий *a.* accumulating; —ающий сумматор, —ающий счетчик (comp.) accumulator.
накапчивать *v.* smoke (up).
накапывать *v.* drip; dig (up).
накарбиживание *n.* carbide formation.
накат *m.* rolling (in); (paper) roller; (rolling) scab; subfloor(ing), dead floor, false ceiling; layer; (art.) counterrecoil (wave) run-up; —анный *a.* rolled (on); knurled, milled; —ать *see* накатывать.
накатина *f.* (trim) joist, trimmer.
накат/ка *see* накатывание; knurl, knurling tool; knurled surface; винт с —кой knurled screw; —ник *m.* flooring boards; (art.) counterrecoil mechanism; —ный *a.* rolling; board; —ом *adv.* (by) rolling; движение —ом, езда —ом coasting; —чик *m.* roller.
накатыв/ание *n.* rolling, etc., *see v.*; —ать *v.* roll (in, on); roll-thread; knurl, mill; pack (road); —ающий *a.* rolling, etc., *see v.*
накач/ать *see* накачивать; —енный *a.* pumped (up); etc., *see v.*; —ивание *n.* pumping, etc., *see v.*; inflation; —ивать *v.* pump (up), fill, inflate; feed, supply, deliver; —ка *see* накачивание; excitation (of laser, etc.).
накашивать *v.* (agr.) mow.
накерни(ва)ть *v.* prick-punch, center (-punch), mark, indent.
наки/дать *see* накидывать; —дка *f.* throwing on; cover, mantle, cloak, cape; increase (in price); —дной *a.* throw; additional; sleeve, coupling, union (nut); —дывание *n.* throwing on etc., *see v.*; —дывать *v.* throw on, cover; add; —дываться *v.* attack; —нутый *a.* thrown on; covered; —нуть *see* накидывать.
накип/ать *see* накипеть; —елый *a.* deposited, incrusted; —еобразование *n.* scale formation; —еочиститель *m.* scaler; —еть *v.* boil up to the surface; be deposited, be incrusted; —ной *a.*, —ь *f.* (boiler) scale, incrustation; deposit, sediment, sinter; scum; —ятить *v.* boil (up); —яченный *a.* boiled (up).
накислороживание *n.* oxygenation.
накладк/а *f.* laying on top (of); overlapping; covering, (cover) plate, strap, gusset; patch; (geol.) superposition, (over)lap; с —ой strap lap (joint).
накладная *f.* (com.) invoice.
накладн/ой *a.* laid on, put on, superposed; applied; plated; false (hair); н. металл metal plating; —ое серебро silver plate; —ые расходы overhead.
накладыв/аемый *a.* superposable; —ание *n.* laying on, etc., *see v.*; superposition; —ать *v.* lay on, put on, super(im)pose; apply, coat, plate; fill (with); mount (on); telescope; —ать сверху superimpose; —ающийся *a.* superposable; superimposed.
наклеваться *v.* begin sprouting.
накле/ивание *n.* gluing, pasting; —и(ва)ть *v.* glue, paste (on); —йка *f.* label, sticker; patch; gluing (on); veneering.
наклеймить *v.* brand, stamp.

наклейн/ой *a.* glued on; adhesive; —ый пластинчатый тензометр resistance-strip strain gage; —ый угольный тензометр carbon-strip strain gage.

наклеп *see* наклепывание; —анный *a.* riveted on, etc., *see v.*; —ать *see* наклепывать; —ка *f.* riveting on; riveted on part; —ывание *n.* riveting on, etc., *see v.*; cold work(ing); —ывать *v.* rivet on; (met.) cold-harden, cold-work, hammer-harden.

наклон *m.* slope, incline, inclination, slant, pitch, gradient, grade; tilt, cant, dip; (tool) rake; в н. at an incline; механизм —а tilting gear; с —ом inclined, tilted, at a slant; —ение *n.* inclination, dip, tilting, pitch; магнитное —ение magnetic dip; стрелка —ения (geol.) dip needle; —енный *a.* inclined, etc., *see* наклонять; dip; —ить *see* наклонять; —ная *f.* inclined line.

наклонн/о *adv.* obliquely, slantingly, aslant; —ость *f.* inclination, leaning, tendency, bent, propensity, proclivity; obliquity; —ый *a.* inclined, sloping, slanted, slanting, tilting, oblique; canted (fins); directional (drilling); —ая линия incline.

наклон/омер *m.* tiltmeter; —яемый *a.* inclinable; —ять *v.* incline, slant, slope, lean, tilt, tip; depress, decline; —яться *v.* slope, incline, lean (over).

наков/альня *f.* anvil; —анный *a.* forged on; —(ыв)ать *v.* forge on.

накожный *a.* cutaneous, skin.

накоксовать *v.* coke.

накол *m.* pinholes.

наколачивать *v.* drive on, hammer on (or in); break; beat up.

наколенный *a.* knee.

наколка *f.* pinning on; pricking out.

наколот *see* наколачивать.

наколот/ый *a.* pinned on; pricked; split; —ь *see* накалывать.

наколоченный *a.* driven on; broken.

наколюшка *f.* awl.

накомарник *m.* mosquito veil.

накомкать *v.* crumple up; lump.

наконец *adv.* at last, at length, finally.

наконечник *m.* tip, point, nose, end (piece); nozzle, spout, mouth(piece); nipple; adapter; head, cap; terminal, clip; tag; ferrule; (pole) shoe.

накоп/анный *a.* dug up (or out); —ать *v.* dig up (or out).

накопировать *v.* copy, duplicate.

накоп/итель *m.* accumulator; storage (unit), store, file; tank; —ительный *a.* accumulating; storing, storage; —ить *see* накоплять; —ление *n.* accumulation, accretion; storage, storing; build-up, pile-up; (med.) congestion; коэффициент —ления build-up factor; —ленный *a.* accumulated, etc., *see v.*; cumulative; —лять *v.* accumulate, gather, heap up, stack, pile up, stock up; build up, gain; store up; —ляться *v.* accumulate, collect, gather; —ляющийся *a.* cumulative.

накоп/тить *v.* smoke; —ченный *a.* smoked.

накорм/ить *v.* feed; —ленный *a.* fed.

накоротк/е *adv.* at a short distance, nearby; for a short time; —о *adv.* quickly, in a short time; (elec.) short; замкнуть —о *v.* short (out), short-circuit.

нако/с *m.* mowed grass, mowed grain; —сить *v.* mow; —шенный *a.* mowed.

накось *adv.* on a slant, on a bias.

накрадываться *v.* steal upto, creep up.

накраивать *v.* cut (patterns).

накрапывать *v.* spatter (of rain).

накрас/ить *see* накрашивать; —ка *f.* paint(ing); pigment film; dyeing.

накрахмалить *v.* starch.

накрашив/аемость *f.* dyeability; —ать *v.* paint; dye.

накрен/енный *a.* tilted, lopsided; —ить, —ять *v.* tilt, tip (to one side).

накрепко *adv.* firmly, fast, tightly; very.

накрест *adv.* cross(wise); н. лежащий *a.* alternate (angles).

накрит *m.* (min.) nacrite.

накро/енный *a.*, —ить *v.* cut (patterns).

накрой *m.* lap (joint), overlapping.

накромсанный *a.* shredded; —ать *v.* shred.

накрошить *v.* crumble; litter with crumbs.

накру/тить, —чивать *v.* wind, coil, twist (on;) screw on; —ченный *a.* wound, coiled, etc., *see v.*

накры/вание *n.* covering; —вать, —ть *v.* cover; hit, strike (target); —тие *n.* cover(ing); hitting; —тый *a.* covered.

нактоуз *m.* binnacle (of compass).

накуп/ать *v.* buy; bathe; —ить *v.* buy, purchase; —ленный *a.* purchased.

накури(ва)ть *v.* smoke (up); distil.

налавливать *v.* catch, trap.

налагать *v.* impose, inflict; put on, superimpose, lay over; set (limits).

нала/дить *see* налаживать; —дка *f.*, —дочный *a.* fixing, etc., *see v.*; adjustment, alignment, tune-up; setup (of lathe); —дчик *m.* repairman, troubleshooter; —женность *f.* (state of) good repair; —женный *a.* fixed, etc., *see v.*; —живание *see* наладка; —живать *v.* fix, repair, put right, debug; set, adjust, tune up, align; create, organize, set up.

налакиров(ыв)ать *v.* lacquer, varnish.

наламывать *v.* break up.

налево *adv.* (to the) left, on the left.

налег/ание *n.* superposition; overlap; —ать *v.* overlie; lean on; apply oneself; —ающий *a.* overlying.

наслед/енелый *a.* iced, covered with ice; **—енеть** *v.* get covered with ice, freeze over; **—ный** *a.*, **—ь** *f.* ice coating, ice crust, icing; water on top of ice.
належка *f.* (text.) defective spot.
налеп/ить, —лять *v.* stick on, glue on.
налет *m.* deposit, incrustation, coating; bloom, tarnish, film, residue; (met.) oxide spots; accrued flying time; raid, inroad; sudden attack, onslaught (of insects); swoop (of bird); condensate, "sweat"; **—ать** *v.* fly (on, against; a given time or distance); strike, collide; **—ающий** *a.* flying, etc., *see v.*; incident, impinging, colliding, bombarding (particle); **—еть** *v.* fly against, fly to; encounter; attack; appear suddenly, start (of storm); arrive; settle down; **—ывать** *see* налетать.
налечь *see* налегать.
налив *see* наливание; fulness; sap, juice; juiciness; **—ание** *n.* pouring in, etc., *see v.*; infusion; **—ать** *v.* pour in, introduce, fill (up); cast; **—аться** *v.* be poured in, run in; ripen (of fruit); form (of grain); **—ка** *see* наливание; fruit liqueur.
наливн/ой *a.* pouring, filling; molded; juicy (fruit); liquid (cargo); inlet (pipe); overshot (wheel); tank (car); water (mill); wet (dock); ripe, juicy (fruit); **—ое отверстие** inlet; **—ое судно** tanker.
налим *m.*, **—ий** *a.* (ichth.) burbot.
налинов(ыв)ать *v.* rule, line.
излип/аемость *f.* adhesiveness; adhesion; **—ание** *n.* adhering, etc., *see v.*; adhesion; **—ать, —нуть** *v.* adhere, stick; cake.
налитографировать *v.* lithograph.
налит/ой *a.* ripe, juicy; full (grain); firm, solid (body); **—ый** *a.* poured in, filled; **—ь** *see* наливать.
нали/цо *adv.* present, available, on hand; **—чествовать** *v.* be present; **—чие** *n.* presence, availability; **быть в —чии** *v.* be (present; available); **имеющийся в —чии** *a.* on hand, available, at our disposal; **при —чии given, with; при —чии возможности** where(ver) possible, when(ever) possible, if possible.
наличник *m.* (arch.) platband, crosspiece; (door, window) frame, case; weather strip; liner; (anvil) face, plate; face, flat side (of hammer); (ent.) clypeus.
наличн/ость *f.*, **—ые** *pl.* cash; goods on hand; presence; **в —ости** present, ready, on hand, available.
наличный *a.* present, on hand, available; effective; **н. расчет** cash payment; **н. состав** personnel.
налобн/ик *m.* headrest; **—ый** *a.* (fore)head.
налов/ить *v.* catch, trap; **—ленный** *a.* caught, trapped.

наловчиться *v.* become dextrous, become skilful, learn, get the know-how.
налог *m.*, **—овый** *a.* tax, assessment; **облагать —ом** *v.* tax, assess; **—овый инспектор** assessor; **—ообложение** *n.* taxation; **—оплательщик** *m.* taxpayer; **—оспособный** *a.* taxable.
налож/ение *n.* laying on, imposition, superposition, superimposing; overlap; application; **—енный** *a.* laid on, laid over, (super)imposed; **—енный платеж** (com.) cash on delivery, C.O.D.; **—имость** *f.* applicability; **—ить** *see* налагать, накладывать.
наломать *v.* break (up).
налорфин *m.* Nalorphine, N-allylnormorphine.
налощить *v.* shine, polish, gloss.
налу/дить *v.* tin; **—женный** *a.* tinned.
налущи(ва)ть *v.* shell, husk.
нальет *fut. 3 sing. of* налить.
нальчикин *m.* nalchikin, clay from the Nalchik region.
наляжет *fut. 3 sing. of* налечь.
нам *dat. of* мы, (to) us, for us.
намагни/тить *v.* magnetize; **—ченность** *f.* (degree of) magnetization; **—ченный** *a.* magnetized; **—чиваемость** *f.* magnetizability; **—чиваемый** *a.* magnetizable; **—чивание** *n.* magnetization; **—чивать** *v.* magnetize; **—чивающий** *a.* magnetizing; **—чивающее устройство** magnetizer; **—чивающийся** *a.* magnetizable.
намаз/анный *a.* smeared, etc., *see v.*; **—ать** *see* намазывать; **—ка** *f.*, **—ный** *a.* smearing; paste, filler; **—ывание** *n.* smearing, etc., *see v.*; **—ывать** *v.* smear, daub, paste, coat, cover; **—ь** *f.* (leather) depilatory mixture.
намалывать *v.* mill, grind.
намасл/енный *a.* greased, oiled; **—ивание** *n.* greasing, oiling, lubrication; **—и(ва)ть** *v.* grease, oil, lubricate.
наматы/вание *n.* winding, reeling; **—ать** *v.* wind, reel, coil; **—ающий** *a.* winding, reeling, coiling; take-up (reel).
намачив/ание *n.* wetting, etc., *see v.*; **—ать** *v.* wet, moisten; soak, steep, macerate.
намащивать *v.* pave.
намежев(ыв)ать *v.* mark limits, bound.
намек *m.* hint, allusion, insinuation; **—ать, —нуть** *v.* hint, insinuate, allude (to), suggest, indicate.
намели(ва)ть *v.* chalk.
намельчить *v.* pulverize, crush.
намен/ивать, —ять *v.* exchange.
намер/еваться *v.* intend, propose, design, consider; **—ение** *n.* intention, purpose, design; **—енный** *a.* intentional, deliberate.

намерз/ание *n.* freezing over; —ать, —нуть *v.* freeze over; —ший *a.* frozen over.
намери(ва)ть *v.* measure.
намертво *adv.* dead; very firmly; permanently; обжигать н. *v.* deadburn.
намерять *see* намеривать.
намесить *see* намешивать.
намести *v.* sweep up; drift, carry.
намет *m.* drift, landing net; (plaster) scratch coat; gallop, canter; —анный *a.* carried, etc., *see v.*; experienced; —ать *v.* carry, drift; sweep up; throw, pitch (unto); spawn, breed; baste.
намет/ить *see* намечать; —ка *f.*, —очный *a.* mark(ing), outline, outlining, preliminary plan, rough draft; basting (thread); clamp; landing net; measuring rod, sounding rod; (art.) trunnion cap.
наметывать *v.* throw, spawn; baste.
намеч/ать *v.* mark, locate, spot; note, appoint, fix, decide (on); outline, plan, project, designate, schedule, slate; contemplate, have in view; set (a course); aim (a gun); —аться *v.* be outlined, begin to show; —енный *a.* marked, etc., *see v.*; target (date).
намеш/анный *a.* kneaded, mixed in, added; —(ив)ать *v.* knead, mix in, add.
нами *instr. of* мы, (by) us.
намин *m.* (vet.) inflamed sore; —ать *v.* knead, work; rub sore; —ка *f.* (vet.) capelle.
намного *adv.* (by) far, much, a great deal, considerably, well, vastly; many (fewer).
намоет *fut. 3 sing. of* намыть.
намок/ать, —нуть *v.* become wet, get wet; —ший *a.* wet, sodden.
намол *m.* milling; yield of milled flour; —ачивание *n.* milling; —ачивать *v.* mill, grind; —от *m.* milling; grain yield; —отить *v.* mill, grind; —отый *a.* milled, ground; —оть *v.* mill, grind; —оченный *a.* milled, ground.
намораживать *v.* freeze (on); build up (tips of thermocouples).
намордник *m.* muzzle.
наморить *v.* exterminate; stain (wood).
наморо/женный *a.* frozen; —зить *see* намораживать.
намостить *v.* pave; floor.
намот/анный *a.* wound, coiled; —ать *see* наматывать; —ка *f.* winding, coil; станок для —ки coil winder; —очный *a.* (coil-) winding, reeling.
намоч/енный *a.* wet(ted); soaked, steeped; —ить *see* намачивать.
намощенный *a.* paved; floored.
намоющий *pr. act. part. of* намыть.
намутить *v.* make turbid, cloud up.
намушник *m.* (fore)sight cover.
намыв *see* намывание; inwash; (geol.) alluvium; —ание *n.* washing up, etc., *see v.*; alluviation, deposition, aggradation (of stream); —ать *v.* wash up, wash in (soil); build up (bank); deposit, alluviate, aggrade; pan out (gold); —ка *see* намывание; —ной *a.* alluvial; washed in, wave-built; washed up; built up; earth (dam).
намыл/енный *a.* soaped, lathered; —и(ва)ть *v.* soap, lather.
намыть *see* намывать.
намять *see* наминать.
нанашивать *v.* carry, bring (in).
нандинин *m.* nandinine.
нанес/ение *n.* applying, etc., *see* наносить; application; infliction; н. делений graduation; —енный *a.* applied, etc., *see* наносить; wrought (damage); brought; drawn; —ти *see* наносить.
на-нет: сойти н. *v.* come to nothing.
наниз(ыв)ать *v.* thread, string (on).
наниматель *m.* employer; tenant, lessee.
нанимать *v.* hire, engage, employ; rent; —ся *v.* apply for work; be hired.
нанкинский *a.* (geog.) Nankin.
нано— *prefix* nano— (10^{-9}; dwarf); —ампер *m.* (elec.) nanoampere.
наново *adv.* again.
наногенри *m.* nanohenry.
нанос *m.* (geol.) alluvium; alluviation, deposition, aggradation, accretion; —ы *pl.* detritus, drift, sediments.
наносекунда *f.* millimicrosecond.
наноситель *m.* draftsman.
наносить *v.* apply (to), coat (with); bring; heap, drift; deposit, build up; aggrade; plot, draw, map; insert, inscribe, enter; punch (data on cards); mark (off), calibrate; inflict (damage).
наносн/ый *a.* (geol.) alluvial, drift; alien, superficial; н. слой, —ая земля, —ое отложение alluvium, alluvion.
нанофарада *f.* (elec.) nanofarad.
нанофин *m.* Nanofin, 2, 6-lutidine.
наношенный *see* нанесенный.
нансук *m.*, —овый *a.* (text.) nainsook.
нантокит *m.* (min.) nantokite.
нантский *a.* (geog.) Nantes.
нанят/ой *a.* hired; rented; —ь *see* нанимать.
наоборот *adv.* inversely, the opposite way; wrong side out; conversely, vice versa; on the contrary, on the other hand.
наобум *adv.* at random, haphazardly.
наоконный *a.* (on the) window.
наострить *v.* sharpen, grind.
наоткос *adv.* aslant, slantwise, obliquely.
наоткрывать *v.* open (in quantity).
наотрез *adv.* flatly, point-blank.
напад *see* нападение; —ать *v.* fall (on, out), accumulate; attack, invade, infest; encounter, run into, find; find fault (with), criticize; —ающий *a.* falling, etc., *see v.*;

напаивать — напополам

—ение *n.* attack, invasion, infestation; —ки *pl.* criticism, attacks.
напа/ивать *v.* solder on, fuse on; water (livestock); —йка *f.* soldering on, building up (metal); soldered piece.
напаковка *f.* filling, packing.
напалм *m.*, —овый *a.* (mil.) Napalm.
напари(ва)ть *v.* steam.
напарник *m.* partner, associate.
напарье *n.* auger, (screw) drill.
напас/ать, —ти *v.* save (up).
напасть *see* нападать.
напах(ив)ать *v.* plow.
напахтать *v.* churn (up).
напачкать *v.* dirty, soil.
напая/нный *a.* soldered on, fused on; —ть *see* напаивать.
НАПВ *abbr.* (несинхронное автоматическое повторное включение) asynchronous automatic reclosing.
напекать *v.* bake, roast.
напеллин *m.* napelline, benzaconine.
напени(ва)ть(ся) *v.* foam up, froth up.
наперво *adv.* first (of all).
наперебой *see* наперерыв.
наперевес *adv.* atilt, tilting.
наперед *adv.* in advance, beforehand; in front; first.
напере/кор *adv. and prep. dat.* in defiance (of), counter (to); —крест *adv.* crosswise; —рез *adv.* across (path of travel); —рыв *adv.* vying (with each other); one after the other.
напереть *see* напирать.
наперечет *adv.* thoroughly, without exception; there are few.
наперст/ковый *a.*, —ок *m.*, —очный *a.* thimble; (detonator) well; —янка *f.* (bot.) digitalis.
напетлять *v.* loop; tangle up.
напечат/анный *a.* printed, published; —ать *v.* print, publish.
напеч/енный *a.* baked, roasted; —ь *v.* bake, roast.
напил/и(ва)ть *v.* saw (out, up); file; —ок, —ьник *m.*, —очный *a.* file.
напирать *v.* (de)press.
напис/ание *n.* writing; —анный *a.* written; —ать *v.* write (down); paint.
напит/анный *a.* impregnated, saturated; —ать *see* напитывать.
напиток *m.* drink, beverage; liquor.
напитыв/ание *n.* saturation, etc., *see v.*; —ать *v.* saturate, impregnate, soak, steep; infiltrate; satiate.
напих(ив)ать *v.* stuff, pack, fill.
напишет *fut. 3 sing. of* написать.
наплав *m.*, —ать *v.* float; —ить *see* наплавливать; —ка *f.* fusing, etc., *see v.* (met.) surfacing; hard-facing; bead(ing); weld seam; —ление *n.* fusing, etc., *see v.*; —ленный *a.* fused, etc., *see v.*; —ли-

вать, —лять *v.* fuse, (s)melt; (welding) fuse on, build up; float.
наплав/ной, —очный *a.* fused; fusing; smelting; welding (metal); surfacing (alloy); н. материал (welding) filler.
напластов/ание *n.* (geol.) stratification, deposition, bedding; super(im)position, overlap(ping); —ания *pl.* strata; —анный *a.* stratified; super(im)posed; unconformity (iceberg); —(ыв)ать arrange in layers; super(im)pose; overlap; deposit (sediments); —(ыв)аться *v.* stratify.
наплеск(ив)ать *v.* splash, spatter (on).
напле/сти, —тать *v.* weave, braid.
наплечный *a.* (on the) shoulder.
наплодить *v.* bring forth, produce; —ся *v.* multiply, breed.
наплы/в *m.* floating, etc., *see v.*; influx, abundance, accumulation; extension; excrescence, burl, swelling, wart; curly grain (wood defect); (cinematography) dissolve; bead(ing); —вать *v.* float, drift (against, over, together); spread (of smell, sound); —вной *a.* floating; (geol.) alluvial; —ть *see* наплывать.
наплющи(ва)ть *v.* flatten.
наповал *adv.* on the spot, outright.
наподда(ва)ть *v.* strike (upward); increase, add (steam).
наподобие *prep. gen.* like, resembling.
напо/енный *a.* saturated (with); watered (stock); —ить *v.* saturate, drench; water.
напой *m.* soldered-on piece.
напоказ *adv.* for show, for demonstration.
наполаскивать *v.* rinse.
наполеонит *m.* (petr.) napoleonite, corsite.
наполз/ать, —ти *v.* creep (in, on, over).
наполиров(ыв)ать *v.* polish.
наполн/ение *n.* filling, etc., *see v.*; admission; charge; inflation; (concrete) aggregate; коэффициент —ения coefficient of charge; —енность *f.* fullness; —енный *a.* filled, etc., *see v.*; full; —енный газом gas-filled; —итель *m.* filler; extender; sealer; feeder, charger; —ительный *a.* filling, etc., *see v.*; —ить, —ять *v.* fill (up), pack, stuff; load, charge; feed, admit; extend; seal; inflate; —яющий *a.* filling, etc., *see v.*
наполовину *adv.* (in or by) half; twice (as low); semi—.
наполоскать *v.* rinse.
напольный *a.* low-ground, ground-type; outdoor, field; floor.
напом/инание *n.* reminding, reminder; —инать *v.* remind, recall, suggest, resemble, be like; —инающий *a.* reminding, etc., *see v.*; reminiscent; —нить *see* напоминать.
напополам *adv.* in half.

напор *m.* (hydr.) head; pressure; thrust; stress; **высота —а** head; **—истый** *a.* energetic, assertive; **—ноструйный** *a.* pressure, reaction (turbine); **—ный** *a.* pressure; delivery (conduit); ascending, rising, stand (pipe); discharge (nozzle); **—ный бак** header, supply tank.

напорошить *v.* powder, sprinkle, sift.

напор/тить *v.* spoil, damage; **—ченный** *a.* spoiled, damaged, reject.

напослед/ках, —ок *adv.* at the end, in conclusion, finally; after all.

напочвенный *a.* ground.

напр. *abbr.* (**например**) for example.

направ/итель *m.* guide; **—ительный** *a.* guiding, directing; (biol.) polar (bodies); **—ить** *see* **направлять**; **—ка** *f.* adjustment, setting.

направлен/ие *n.* direction; trend; tendency, leaning, bearing, set; alignment; course, route; guidance, guiding; specialization; sense (of lines, rotation, etc); **переменить н.** *v.* reverse; **по —ию** in the direction (of), toward, with; **—ноискривлённый** *a.* controlled directional (well); **—ность** *f.* directivity; trend; **диаграмма —ности** beam pattern; **—ный** *a.* directed, etc., *see* **направлять**; directional, directive; pointing; **—ный вверх** upward; **—ный внутрь** inward.

направл/ять *v.* direct, guide, lead, channel (into); focus (on); aim, point; set, adjust, fix; train (on), project; send, refer; **—яться** *v.* set out, head (for); straighten out; **—яющая** *f.* guide, rail, runner, slide(way); (lathes) slide guide; carriage; (math.) directrix.

направляющ/ий *a.* guiding, guide, directive, directing, control(ling), regulating; leading, leader; pilot(ing); key (word); set, adjusting (screw); deflecting (wall, etc.); **н. лист** baffle plate, deflector; **н. лоток** baffle; **н. ролик** guide (pulley) idler; **н. стержень** steering bar, guide; **н. экран** baffle; **—ая поверхность** sliding track, slide; **—ая проводка** (rolling) guard; **—ая сила** controlling force; **—ее колесо** idle wheel, idler; steering wheel; **—ее поле** (nucl.) guide field; **—ее устройство** guide.

направо *adv.* (to the) right, on the right.

напрактиковаться *v.* get (enough) practice.

напрасн/о *adv.* in vain, to no purpose, uselessly; **не н.** to some purpose; **—ый** *a.* useless, vain, purposeless.

напрашиваться *v.* thrust oneself (upon); ask (for); suggest itself.

например *adv.* for example, for instance, to illustrate; **так н.** for instance; thus.

напринимать *v.* accept, take.

напрокат *adv.* on hire, for hire.

напрол/ет *adv.* through, without interruption; **—ом** *adv.* right through; **идти —ом** *v.* stop at nothing; break through.

напроситься *see* **напрашиваться**.

напротив *adv. and prep. gen.* opposite, counter, facing, across; *adv.* on the contrary; on the other hand.

напрочь *adv.* altogether, entirely.

напружини(ва)ть *v.* spring (over, into).

напрыск(ив)ать *v.* sprinkle, spatter.

напрягать *v.* strain, tax, force, exert.

напряжен/ие *n.* stress, pressure, tension, strain; (elec.) voltage; (electrode) potential; exertion, effort; **н. в отливке** casting stress; **н. на** voltage across; **н. от кручения, н. при кручении** torsional stress; **н. (от) сдвига, н. при сдвиге** shear stress; **н. печи** furnace voltage; **н. при разрыве** breaking stress; **н. разложения** decomposition voltage; **н. смещения сетки** (electron.) grid bias; **н. тока** voltage; **без —ия** (elec.) dead; **высокого —ия** (elec.) high-tension (line); high-pressure; **механическое н.** mechanical stress; **низкого —ия** low-tension (line); low-pressure; **повышать н.** *v.* (elec.) boost; **под —ием** (elec.) live, charged; **подавать н. на** *v.* energize; **постоянного —ия** constant-voltage; constant-pressure; **ряд —ий** electromotive series; **температурное н., тепловое н.** thermal stress; **узел —ия** (elec.) potential node; **чрезмерное н.** overstrain.

напряженн/о *adv.* tensely, under tension; **—о-армированный** *a.* prestressed reinforced (concrete); **—ость** *f.* intensity, strength; tension; strain; **—ость поля** (elec.) field intensity; **—ый** *a.* tense, strained, taut; intense, intensive; stressed; **—ое состояние** stress; **предварительно —ый** *a.* prestressed (concrete).

напрямик *adv.* straight; point-blank.

напрячь *see* **напрягать**.

напугать *v.* frighten, scare.

напульсник *m.* wrist band.

напус/к *m.* letting in, etc., *see v.*; admission; irrigation; lap (joint), overlap; projection; **в н.** *adv.* lap, overlapping; **полив —ком** (agr.) flooding; **сросток в н.** lap joint; **—кание** *see* **напуск**; **—кать** *v.* let in, admit, run in, fill (with), flood; (over)lap; let down; **—кной** *a.* let in, admitted; assumed, put on; overlapping; **—тить** *see* **напускать**.

напут/анный *a.* confused, entangled; **—(ыв)ать** *v.* confuse, entangle, make a mess (of); make a mistake.

напух/ание *n.* swelling, **—ать, —нуть** *v.* swell.

напущенный *a.* let in, admitted, run in; (over)lapped.

напыл/ение *n.* raising dust, etc., *see v.*; (plasma) spraying, spray-coating, deposition; —**енный** *a.* spray-coated; —**и(ва)ть** *v.* raise dust; spray, dust; (electron microscopy) sputter, shadow; —**ьник** *m.* dust screen.

нар— *prefix* (**народный**) the people's.

нараб/атывать, —**отать** *v.* produce, turn out; earn, make; operate; —**отаться** *v.* be exhausted by work; —**отка** *f.* (accrued) operating time, running time; —**отка на отказ** full (operating) time.

наравне *adv.* on a level (with), flush (with), on a par (with), just as, like.

наральник *m.* tip, point (of cultivator).

нараст/ание *n.* growth, growing, rise; accumulation, building up; increment; build-up, increase (of pressure); rate (of current); (min.) accretion; **коэффициент** —**ания** growth factor; —**ать** *v.* grow on, be formed on; increase, accumulate; —**ающий** *a.* growing, etc., *see v.*; incremental; cumulative; —**и** *see* **нарастать**; —**ить** *see* **наращивать**.

нарасхват *adv.* in great demand.

наращ/ение *see* **наращивание**; (math.) increment; —**енный** *a.* accumulated, etc., *see v.*; —**ивание** *n.* accumulating, etc., *see v.*; accumulation, increment, accretion; connection, joint, splicing; —**ивание хромированием** chrome plating; —**ивать** *v.* accumulate, grow, cultivate, raise; graft, join, splice, connect, scarf; lengthen, add (pipe); increase; feed (drill tools); build up, plate; —**иваться** *v.* increase.

нарвать *see* **нарывать**; —**ся** *v.* encounter, meet.

наргол *m.* nargol, silver nucleinate.

нард *m.*, —**овый** *a.* citronella (grass or oil).

нареберный *a.* (on the) rib.

нарез *see* **нарезка**; groove; —**ы** *pl.* rifling; —**ание** *n.* cutting, etc., *see* **нарезывать**; —**анный** *a.* cut, etc., *see* **нарезывать**; —**ать** *see* **нарезывать**.

нарезк/а *f.* cut, incision, indentation; cutting, threading; thread (of screw), worm; rifling; division; **винт с правой** —**ой** right-handed screw.

нарез/ной *a.* cut; threaded, tapped; rifled; —**ывать** *v.* cut (up); thread, tap; chase; groove, rifle; hob; slaughter; —**ывать под** thread for, tap for.

наринг/енин *m.* naringenin, 4,5,7-trihydroxyflavanone; —**ин** *m.* naringin.

нарисов/анный *a.* drawn, sketched; —**(ыв)ать** *v.* draw, sketch.

нарифл/ение *n.* rifle, rifling, grooving; (min.) rifle; —**енный** *a.* rifled, grooved; —**ять** *v.* rifle, groove.

нарицательный *a.* nominal; common, generic; face (value).

наркоз *m.* (med.) narcosis.

нарколан *m.* Narcolan, tribromoethanol.

нарком *m.* People's commissar.

наркоман *m.* drug addict.

наркомат *m.* People's commissariat.

наркотиз/ация *f.* narcotization; —**(ир)овать** *v.* narcotize; —**м** *m.* narcotism; —**ование** *n.* narcotization; —**ованный** *a.* narcotized; —**ующий** *a.* narcotizing.

наркот/ик *m.* narcotic; —**ин** *m.* narcotine, opianine; —**ический** *a.*, —**ическое средство** narcotic.

народ *m.* people, nation; —**нохозяйственный** *a.* national economy; —**ный** *a.* popular, people's, national, public; —**ное здравие** public health; —**ное хозяйство** national economy; —**онаселение** *n.* population; —**осчисление** *n.* census.

нарожник *m.* (arch.) jack rafter, jack timber, jack rib.

нарос *past m. sing. of* **нарасти**.

нарост *m.* excrescence, (out-)growth; tuber(cle); knot, node (on tree); wart; (met.) scab; (metal-cutting) built-up edge; —**ить** *see* **наращивать**.

наросший *past act. part. of* **нарасти**.

нароч/итый *a.* intentional, deliberate, studied; —**но** *adv.* on purpose, intentionally; —**ный** *a.* intentional; *m.* express messenger; —**ным** by express; by special delivery.

нарощенный *a.* accumulated, etc., *see* **наращивать**.

НАРС *abbr.* (**неуправляемый авиационный ракетный снаряд**) unguided aircraft rocket.

нарсарсукит *m.* (min.) narsarsukite.

нарт/а *f.*, —**овый** *a.*, —**ы** *pl.* sledge.

наруб/ание *n.* chopping, cutting; —**ать,** —**ить** *v.* chop, cut; —**ка** *f.* chopping, cutting; cut, incision, notch; —**ленный** *a.* chopped, cut.

наружи *adv.* (on the) outside; apparently.

наружн/о *adv.* externally; apparently; —**ость** *f.* exterior, outward aspect, appearance; —**ый** *a.* external, exterior, outer, outside; surface; extraneous; outdoor; male (thread); —**ая часть** exterior.

наружу *adv.* out(side), outwards, outgoing.

наручный *a.* (on the) hand; wrist (watch).

наруш/ать *v.* break, infringe, transgress, violate; infract; force out (of parallel); disturb, upset, disrupt; —**ение** *n.* break(ing), breach, infringement, infraction, violation; disturbance, dislocation; distortion, perturbation; (structural) rupture; deterioration (of vacuum); disorder, irregularity; —**ение деятельности** (med.) disorder; —**енность** *f.* degree of disturbance; —**енный** *a.* broken, in-

fringed, etc., *see v.*; shear (zone);
—итель *m.* transgressor, violator.

нар.-хоз. *abbr.* (народнохозяйственный).

нарц/еин *m.* narceine; —еоновая кислота narceonic acid; —ил *m.* narcyl, ethyl-narceine hydrochloride; —илен *m.* narcylene; —исс *m.* (bot.) narcissus; —ис(с)ин *m.* narcissine.

нары *pl.* sleeping platform, bunk.

нарыв *m.* abscess, boil; —ание *n.* suppuration, gathering, festering; —ать *v.* tear off, gather; tear up, shred; dig up; fester, form an abscess; —ник *m.* blister beetle; —ной, —ный *a.* abscess; blister-producing, vesicant; —ное средство vesicant.

нарыть *v.* dig up.

наряд *m.* order; (mil.) detail, duty.

наряд/ить *v.* order; assign; —ный *a.* assigned.

наряду *adv.* equally (to), together (with), along (with), alongside, concurrent (with).

нарядчик *m.* work assigner.

наряжать *see* **нарядить**.

нас *gen., prepos., acc. of* **мы**, us.

насад/ить *see* **насаждать, насаживать**; —ка *f.* putting on, setting, fitting on; filling, packing (of column); nozzle; cap(ping), headpiece; hood; building up (of metal); built-up part; adapter, attachment; fin (of drum dryer); bed (of demineralizer); (gas) checker; checker-(work) (of regenerator); (agr.) planting; башня без —ки packless tower; башня с —кой packed tower; заполнять —кой *v.* pack; —ка-лежень cap sill; —ок *m.* probe; nozzle; —очный *a. of* насадка; packed (column).

насажать *see* **насаживать**.

насажд/ать *v.* plant, set; implant; spread, propagate; —ение *n.* planting, plantation; —енный *a.* planted, set.

насаж/енный *a.* planted, etc., *see v.*; —ивание *n.* planting, etc., *see v.*; —ивать *v.* plant; fit, put (on), slip (over); force, clamp (on); set, mount; fill (with), pack (column); build up (metal).

насаливать *v.* grease; salt, pickle.

насасыв/ание *n.* pumping (up); vacuum molding; —ать *v.* pump (up), suck (up).

насахари(ва)ть *v.* sugar.

насбивать *v.* knock off.

насбирать *v.* gather, pick up.

насверли(ва)ть *v.* drill (out).

насевать *v.* sow; sift.

наседать *v.* press; settle on.

насеивать *v.* sow; sift.

насек/альный *a.,* —ание *n.* cutting, etc., *see v.;* —альщик *m.* cutter; —ать *v.* cut, incise, slot, slit, notch; scratch;

frost, hatch; damaskeen (with gold, silver); emboss.

насеком/ое *n.* insect; **н.-вредитель** *m.* insect·pest; **порошок от** —**ых** insect powder, insecticide; —оядный *a.* insectivorous, insect-eating.

насел/ение *n.,* —енность *f.* population; —енный *a.* (thickly) populated; —ить, —ять *v.* populate; inhabit.

насесть *v.* settle on; press on.

насеч/енный *a.* cut, incised; frosted, hatched (steel); —ка *f.* incision, notch; cut (of file); knurl; (steel) hatch; (text.) embossing; (med.) scarification; с крупной —кой coarse (file); —ь *see* **насекать**.

насеять *v.* sow; sift.

наси/деть, —**живать** *v.* sit (on eggs), brood, hatch.

насилу *adv.* hardly, with difficulty.

насиль/но *adv.* by force; —ственный *a.* forced (feeding); violent (death).

насини(ва)ть *v.* (dye) blue.

наскабливать *v.* grate; scrub, scrape.

наскак(ив)ать *v.* run against, strike, attack; collide (with), smash (into).

наскальный *a.* (on a) cliff.

насквозь *adv.* (right) through, to the core; **проходить н.** *v.* penetrate, pierce.

наскоблить *see* **наскабливать**.

наскок *m.* collision; attack.

насколько *adv.* (for) how much? to what extent? as far as; **н. возможно** as far as possible; **н. нам известно** to (the best of) our knowledge, as far as we know.

наскоро *adv.* hastily, hurriedly.

наскочить *see* **наскакивать**.

наскре/бать, —**сти** *v.* scrape up.

наслаив/ание *n.* stratifying, etc., *see v.;* stratification, bedding; superposition; deposition; —ать *v.* stratify, arrange in layers, laminate; cover with a layer, superpose; overlap; add; —аться *v.* stratify.

насластить *v.* sweeten.

наслать *v.* send.

наслащивать *v.* sweeten.

наслед/ие *n.* legacy, inheritance; —ник *m.* heir; —ование *n.* inheritance, succession; —овать *v.* inherit, succeed (to); —ственность *f.* heredity, inheritance; —ственный *a.* hereditary; —ство *n.* heritage, inheritance, legacy; —уемость *f.* (biol.) hereditivity.

насло/ение *see* **наслаивание**; stratum, strata, layer(s); —енный *a.* stratified, etc., *see* **наслаивать**; rafted (ice); —ить *see* **наслаивать**.

наслуд *m.* glimmer ice.

насм/аливать, —**олить** *v.* tar.

насморк *m.* (med.) cold, head cold.

насобирать *v.* gather, pick (up).

насол/енный *a.* salted, pickled; —ить *v.* salt, pickle.
насонит *m.* (min.) nasonite.
насортиров(ыв)ать *v.* sort, classify.
насос *m.* pump; (astr.) Antlia; подавать —ом *v.* pump (up); —анный *a.* sucked (up); pumped (up); —ать *v.* suck (up); pump (up).
насос/-дозатор *m.* controlled-volume pump; н.-качалка *f.* pump jack; н.-лягушка *m.* diaphragm pump; н.-мамут *m.* air lift; —ная *f.* pump house; —ный *a.* pump; —ная станция water works; —отурбина *f.* pump turbine, reversible turbine; н.-симплекс *m.* simplex pump; н.-смеситель *m.* pump mixer; н.-ускоритель booster pump; н.-форсунка *m.* force pump; н.-эжектор *m.* jet pump.
насох/нуть *v.* dry (on); —ший *a.* dried.
наспех *adv.* hurriedly.
наспинный *a.* (on the) back.
наспиртов/анный *a.* alcoholized; —ывание *n.* alcoholization; —(ыв)ать *v.* alcoholize.
Насс/ау, —о (geog.) Nassau.
наст *m.* frozen snow crust.
наст. *abbr.* (настоящий) real, true.
наставать *v.* approach, come (of time).
настав/ительный *a.* instructive; —ить *v.* instruct, direct; piece, add, extend, lengthen; set up; —ка *f.* piecing, addition, extension; extension rod; adapter; —ление *n.* directions, instructions, guidance; manual; —лять по эксплуатации service manual; —лять *see* наставить; —ной *a.* pieced, added, set on; extension (pipe, etc.).
настаив/ание *n.* digestion, infusion, steeping; persistence, insisting; —ать *v.* digest, infuse, steep; persist, insist, urge, press; —ать на том, что insist that; —ающий *a.* digesting, etc., *see v.*; insistent.
настал/енный *a.* steel-faced; —ивание *n.* steel facing; —ивать *v.* steel, face, plate, edge or point with steel.
настать *see* наставать.
настежь *adv.* (wide) open.
настелить *v.* lay, put down, spread.
настенный *a.* wall(-type); bracket.
настиг/ать, —нуть *v.* overtake, catch up, reach.
настил *m.* floor(ing), deck(ing), boarding, planking; layer; bridging; половой н. flooring; —ание *n.* laying, etc., *see v.*; —ать *v.* lay, plank, board, pave (with); floor, deck; roof; bridge (over); —ка *f.* laying, etc., *see v.*; —оукладочный *a.* mat-laying; —очный *a. of* настилка; —ьный *a.* laid; flat, low-angle (firing).
настир(ыв)ать *v.* wash, launder.

настичь *see* настигать.
настлать *see* настилать.
настовый *a.* (covered with a) frozen crust.
настой *m.* infusion, tincture, extract; н. на травах herb infusion; *imp. of* настоять; —ка *f.* liqueur; (pharm.) tincture, infusion.
настойчив/ость *f.* persistence, insistence; urgency; —ый *a.* persistent, insistent, unremitting; urgent, pressing.
настолько *adv.* so; so far, thus far, so much; н., насколько as much as.
настольный *a.* table, desk-top; bench (lathe); reference (book).
настор/аживать, —ожить *v.* alert; —оже *adv.* on the alert, on the lookout (for); —оженный *a.* alert(ed), watchful; —оженность *f.* alertness.
настоян/ие *n.* insistence, persistence; по его —ию at his urgent request.
настоянный *a.* infused, steeped, digested.
настоятельн/о *adv.* urgently, strongly; —ость *f.* urgency, insistence; —ый *a.* urgent, pressing, insistent.
настоять *see* настаивать.
настоящ/ий *a.* real, actual, genuine, natural, regular, true; present, current; в —ее время at present, now, currently, at this time, in modern practice; до —его времени heretofore, previously, to date.
настрагивать *v.* plane, shave.
настраив/аемый *a.* adjustable; —ание *see* настройка; —ать *v.* adjust, align, tune (up), tool (machine); (rad.) syntonize, tune in, set; add, build (on), construct; incite, instigate; —ающий *a.* adjusting, etc., *see v.*
настрачивать *v.* stitch, sew on; scribble.
настри/г *m.* clip (of wool); shearing; —гать, —чь *v.* shear, cut.
настрог/анный *a.* planed; —ать *v.* plane.
настроение *n.* frame of mind, mood.
настро/енный *a.* adjusted, etc., *see* настраивать; —ечный *a.* tuning; —ечное устройство tuner; —ить *see* настраивать.
настройка *f.* adjustment, tuning; (rad.) syntonization, tuning in, setting; tooling; addition, superstructure; superstruction; н. на станцию (rad.) tuning in.
настройщик *m.* tuner, adjuster.
настрочить *see* настрачивать.
настру́г(ив)ать *v.* plane, shave.
насту/дить, —ж(ив)ать *v.* chill, cool off.
наступ/ательный *a.* offensive; —ать *v.* approach, advance, come; encroach; set in (of reaction); step on; —ающий *a.* approaching, etc., *see v.*; —ление *n.* approach, advance, onset; attack, invasion, encroachment.
настуран *m.* (min.) pitchblende.

настурц/ий *m.*, —ия *f.* (bot.) nasturtium (*Tropaeolum*).
настывать *v.* freeze on; cool off.
настыль *f.* (met.) crust, incrustation, accretion, build-up; skull (oxidized metal); (coke) tree.
насты(ну)ть *see* настывать.
насунуть *v.* push on, slide on.
насухо *adv.* dry.
насучи(ва)ть *v.* spin, twist.
насуш/енный *a.* dried; —и(ва)ть *v.* dry.
насущный *a.* daily; urgent.
насчет *prep. gen.* of, about, concerning, as regards, with regard to.
насчит(ыв)ать *v.* count; add; contain, have; encounter; —ся *v.* be, number, run into; there are.
насылать *v.* ship, send.
насып *m.* hopper, feed bin; —ание *n.* filling, etc., *see v.*; —ать *v.* fill, pour (in); build (dike, etc.); —ка *f.* fill(ing); —ной *a.* filled, poured; bulk; —ная дорога causeway.
насыпь *f.* bank, embankment, terrace, mound; dam, dike; fill; causeway; *imp. of* насыпать; —ю in bulk, груз —ю bulk freight.
насыт/имый *a.* saturable; —ить *see* насыщать.
насыхать *v.* dry (on).
насыщ/аемость *f.* saturability; —аемый *a.* saturable; saturated; —ать *v.* saturate, impregnate, satiate, satisfy; —ать кислородом oxygenate; —аться *v.* be(come) saturated; —ающий *a.* saturating; —ающее средство saturator; —ающийся *a.* saturable; being saturated.
насыщен/ие *n.* saturation, impregnation; satiation; предел —ия, точка —ия saturation point; —ность *f.* saturation; —ный *a.* saturated, impregnated; satiated, satisfied; deep (color).
натаивать *v.* melt, thaw out.
наталкивать *v.* push (on); direct, suggest; —ся *v.* encounter, run into, meet.
наталоин *m.* nataloin.
натапливать *v.* heat; melt.
натачать *v.* stitch (on), add.
начачивать *v.* sharpen; turn (on lathe).
натащить *v.* bring in, drag in; pull on.
натаять *see* натаивать.
натворить *v.* do; make, prepare.
натек *m.* leakage; (geol.) sinter, incrustation; (paints) sag, run, drip; —ание *n.* leaking, etc., *see v.*; inleakage; —ать *v.* leak, drip (down, on); flow, run (into); accumulate.
нательный *a.* (worn) next to the skin.
натеребить *v.* (agr.) pull, pick.
натер/еть *see* натирать; —тый *a.* rubbed, grated.

натес(ыв)ать *v.* hew, čut.
натечка *f.* fine-calibrated orifice.
натеч/ник *m.* (med.) wandering abscess; —ный *a.* wandering, hypostatic; formed by dripping; (geol.) sinter; —ь *see* натекать.
нативный *a.* native.
натир/ание *n.* rubbing, etc. *see v.*; touch(ing); —ать *v.* rub, polish; grate; touch; —ка *see* натирание; ointment; —очный *a.* rubbing, polishing.
натиск *m.* (in)rush, onslaught, onset; impact; impression; —(ив)ать *v.* impress; pack (in).
наткать *v.* weave.
наткнут/ый *a.* driven in, set out; —ь *see* натыкать.
натолкнуться *see* наталкиваться.
натолочь *v.* crush, grind, pulverize.
натопить *see* натапливать.
натор/елый *a.* experienced, skilful; —еть *v.* get the hang (of), get know-how.
наточить *v.* sharpen; run, let pour; —ся *v.* accumulate.
натощак *adv.* on an empty stomach.
натр *m.* soda (sodium oxide); едкий н. caustic soda, sodium hydroxide; сернокислый н. sodium sulfate.
натрав/ить *see* натравлять; —ка *f.* etching; —ливание *n.* etching, etc., *see v.*; —ливать, —лять *v.* etch; poison, exterminate; set (at, on), instigate, incite; —очный *a.* etching.
натренированный *a.* trained, experienced.
натрепать *v.* scutch, swingle, beat (fibers).
натриево-водяной *a.* sodium-to-water (heat exchanger).
натриев/ый *a.* sodium, soda; sodium-vapor (lamp); *see also under* натронный; н. полевой шпат (min.) soda feldspar, albite; —ая селитра Chile saltpeter, sodium nitrate; —ая соль sodium salt; —ое растворимое стекло water glass, sodium silicate; —ые квасцы soda alum, aluminum sodium sulfate.
натрие/кальциевый *a.* soda lime; —термический *a.* sodium-reduced (titanium).
натр/ий *m.* sodium, Na; бромистый н. sodium bromide; гидроокись —ия sodium hydroxide; окись —ия sodium oxide; перекись —ия sodium peroxide; сернистый н. sodium sulfide; сернокислый н., сульфат —ия sodium sulfate; хлорид —ия, хлористый н. sodium chloride, common salt.
натрий/амид *m.* sodamide, sodium amide; —аммоний *m.* sodium ammonium; -бутадиеновый каучук synthetic butadiene rubber; -метил *m.* sodium methyl, sodium methide; -натриевый *a.* sodium-to-sodium (heat exchanger); —органи-

натристый — **ческий** *a.* organosodium; **-этил** *m.* sodium ethyl, sodium ethide.

натристый *see* **натриевый, натронный.**

натро/борокальцит *m.* (min.) natroborocalcite, ulexite; **—вый** *see* **натриевый.**

натрое *adv.* into three parts.

натро/кальцит *m.* (min.) natrocalcite, gaylussite; **—лит** *m.* natrolite.

натронн/ый *a.* soda; **н. щелок** soda lye, caustic soda solution; **—ая известь** soda lime; **—ая селитра** Chile saltpeter, sodium nitrate; **—ое мыло** soda soap, hard soap; **—ое стекло** soda glass; **—ые квасцы** *see* **натриевые квасцы.**

натро/филит *m.* (min.) natrophilite; **—хальцит** *m.* (min.) natrochalcite.

натру/сить *v.* sprinkle, scatter; shake (in, out); pour (in, out); **—ска** *f.* sprinkling, etc., *see v.*; **—шенный** *a.* sprinkled, etc., *see v.*

натрясти *v.* scatter, let fall; shake, jolt.

Наттерера прибор Natterer's apparatus.

нату/га *f.* effort, strain; **—го** *adv.* tight(ly); **—женный** *a.* stretched, strained; **—жи(ва)ть** *v.* stretch, strain, tighten; **—жи(ва)ться** *v.* make an effort, strain.

натур/а *f.* nature, character; weight of 1 liter (of grain); **измерение в —е** actual measurement; **платить —ой** *v.* pay in kind; **по —е** by nature, naturally; **—ализация** *f.* naturalization; **—алист** *m.* naturalist.

натуральн/о *adv.* naturally; **—ость** *f.* naturalness; **—ый** *a.* natural; real; virgin (wool); crude (rubber); **—ых размеров** full-scale.

натурный *a.* full-scale.

натуроза *f.* pasteurized grape juice.

натуроплата *f.* payment in kind, payment in produce.

натыкать *v.* drive in, stick in, set out; **—ся** *v.* strike, meet, encounter.

натяг *m.* pull, tension, tightness; interference, obstruction; clearance (of roll); taper (of wedge); **—ивание** *n.* pulling, etc., *see v.*; **—ивать** *v.* pull (up), draw up, tighten, stretch; strain; string; fix, fasten; **—ивающий** *a.* pulling, etc., *see v.*; **—ивающее усилие** tensile stress.

натяжен/ие *n.* tension, strain, stress; adjustment; pulling, (pull)-up, tightening; **поверхностное н.** surface tension; **сила —ия** tensile stress; **степень —ия** tautness, tightness.

натяжка *see* **натягивание.**

натяжн/ой *a.* tightening, tension, strain; stretching; pull; guy (rope); draw (spring); **н. болт** adjuster bolt, draw-in bolt; **strain pin**; **н. выключатель** (elec.) pull switch; **н. груз** counterweight; **н. люк** (min.) access window; **н. прибор** tightening device; stretcher,

stretching device; **н. ролик** tension roller; **н. стержень** tension rod; **—ого действия** pull-action, trip-wire (mine).

натянут/ость *f.* tension, tenseness; tightness; **—ый** *a.* tense, tight, drawn, stretched; strained; **в —ом состоянии** in tension; **—ь** *see* **натягивать.**

наугад *adv.* by guesswork, by rule of thumb, haphazardly, at random.

науглерож/ённый *a.* carbonized; (met.) carburized; **—ивание** *n.* carbonization; carburization; cementation; **—иватель** *m.* carburizer; **—ивать** *v.* carbonize; carburize; **—ивающий** *a.* carbonizing; carburizing.

науголь/ник *m.* square, bevel, corner iron; (astr.) Norma; **—ый** *a.* angular; corner.

наудачу *adv.* at a venture, haphazardly.

наука *f.* knowledge, science; **академия наук** academy of sciences; **инженерная н.** engineering.

науманит *m.* (min.) naumannite.

наутилоиды *pl.* (zool.) Nautiloidea.

наутофон *m.* nautophone, fog horn.

науч/ать, —ить *v.* teach, instruct, direct; **—аться, —иться** *v.* learn; **—енный** *a.* taught.

научно *adv.* scientific(ally); **н.-исследовательский** *a.* research; **н.-исследовательская работа** scientific research work, research; **н.-информационный** *a.* scientific information; **н.-методический** *a.* scientific method; guidance (work); **—сть** *f.* scientific nature; **н.-технический** *a.* scientific and technical, scientific and engineering; **н.-техническая интеллигенция** brainpower.

научн/ый *a.* scientific; **—ые кадры** brainpower.

наушник *m.* ear muff, ear cap; headphone.

нафабриковать *v.* manufacture, produce.

наформов(ыв)ать *v.* form, mold; make molds.

нафт — *prefix* naphth(o)—; **—а** *f.* naphtha; **—азарин** *m.* naphthazarine, alizarin black.

нафтал/ан *m.* naphthalane, decahydronaphthalene; **—ат** *m.*, **соль —евой кислоты** naphthalate; **—евая кислота** naphthalic acid, naphthalenedicarboxylic acid; **—изировать** *v.* naphthalize, enrich with naphthalene; **—ин** *m.*, **—инный, —иновый** *a.* naphthalene.

нафт/альдегид *m.* naphthaldehyde, naphthalenecarbonal; **—амин** *m.*, **—аминовый** *a.* naphthamine, hexamethyleneamine; **—ан** *m.* naphthane; **—ацен** *m.* naphthacene.

нафтен *m.* naphthene; **—ат** *m.* naphthenate; **—ил** *m.* naphthenyl; **—овый** *a.* naphthenic.

нафтил *m.* naphthyl; —амин *m.* naphthylamine; —ен *m.*, —еновый *a.* naphthylene; —иден *m.* naphthylidene; —овый *a.* naphthyl; —овый спирт naphthyl alcohol, naphthol; —овый эфир naphthyl ether; —овый эфир уксусной кислоты naphthyl acetate.

нафт/ионовый *a.* naphthionic (acid); —о— *prefix* naphtho—; —оил *m.* naphthoyl; —ойный *a.* naphthoic (acid, aldehyde); —окси— *prefix* naphthoxy—.

нафтол *m.* —овый *a.* naphthol, naphthyl alcohol; —ат *m.* naphtholate.

нафтохин/альдин *m.* naphthoquinaldine; —гидрон *m.* naphthoquinhydrone; —олин *m.* napthoquinoline; —он *m.* naphthoquinone.

нахват(ыв)ать *v.* snatch, grab; get, pick up.

нахичеванский *a.* (geog.) Nakhichevan.

нахлебаться *v.* choke; (distillation) flood.

нахлес/нуть, —тать *see* нахлестывать; —тка *f.* lap (joint), overlap(ping); в —тку lap; шов в —тку lap joint; —тывание *n.* (over)lapping, etc., *see v.*; —тывать *v.* (over)lap; lash, whip; make a chalk line.

нахлынуть *v.* rush, flood; invade.

находить *v.* find, locate, come upon, strike (oil, etc.); detect, spot, discover; seek; determine, arrive at (solution), develop; —ся *v.* be, occur, exist; be found; —ся под underlie.

находка *f.* find(ing); windfall, godsend.

находчив/ость *f.* resourcefulness, readiness; —ый *a.* resourceful.

находящий *a.* finding; —ся *a.* being, occurring; —ся под underlying.

нахождение *n.* finding, locating, detecting; trouble-shooting; being, occurrence; calculation.

нацарап(ыв)ать *v.* scratch (on).

наце/дить, —живать *v.* strain, filter.

нацел/ивание *n.* aiming, etc., *see v.*; —и(ва)ть *v.* aim (at), point; focus (on); —и(ва)ться *v.* aim (at), point; be focussed; get ready (to).

нацело *adv.* completely; markedly.

нацен/ить *v.* (com.) raise the price; —ка *f.* price increase.

нацеп/ить, —лять *v.* attach, fasten, hook on; —ленный *a.* attached, etc., *see v.*

национал/изация *f.* nationalization; —изировать *v.* nationalize; —ьность *f.* nationality; —ьный *a.* national.

нация *f.* nation, people.

нацменьшинство *n.* national minority.

нач. *abbr.*, нач— *prefix* (начало; начальный; начальник).

начавший *past. act. part. of* начинать.

начадить *v.* smoke up.

начал/о *n.* beginning, start, outbreak, onset; commencement, initiation, inception; origin(ation), source; (math.) principle, basis; —а *pl.* principles, elements (of subject); н. истечения (petrol.) initial point; н. координат origin; брать н. *v.* spring, rise (from), originate; быть под —ом *v.* be in subordination (to); вести н. *v.* originate; вести свое н. от *v.* date back to; давать н. *v.* give rise (to); действующее н. primary nutrient; для —а to start, to begin (with); на кредитных —ах on credit basis; положить н. *v.* initiate.

начальник *m.* head, chief, superior.

начальн/ый *a.* initial, original, first; starter; elementary, rudimentary; primary (school); feed (plate); н. угол angle of impulsion; —ая точка origin, source; starting point.

начальство *n.* authorities, chiefs, superiors; —вать *v.* command.

начат/ки *pl.* rudiments, elements; —ый *a.* started; —ь *see* начинать.

начекани(ва)ть *v.* stamp; coin.

начеку *adv.* on the alert, ready.

начерк(ив)ать *v.* sketch; jot down.

начернить *v.* paint or dye black, blacken.

начерно *adv.* rough(ly), coarse(ly); in draft form; обделка н. rough finish(ing), roughing; обрабатывать н. *v.* rough-finish, rough (out); шлифовать н. *v.* rough-grind.

начернять *see* начернить.

начерп/ать, —ывать *v.* scoop up.

начер/тание *n.* sketch, outline, plan; trace; —тательный *a.* graphic; descriptive (geometry); —тать, —тить, —чивать *v.* draw, trace, outline, draft; —ченный *a.* traced, outlined.

начес *m.* carding, etc., *see* начесывать; nap; (med.) irritation; —ный *a.* napped; —ать *see* начесывать.

начесть *see* начитывать.

начесывать *v.* card (wool); hackle (fiber); raise (nap).

начет *m.* deficit; —истый *a.* disadvantageous, unprofitable.

начетнический *a.* dogmatic.

начин/ание *n.* beginning, start; undertaking; —атель *m.* originator, initiator, author; —ать *v.* begin, start, initiate, set in, come into (use); set up, undertake; успешно —ать make a good start; —аться *v.* begin, start; originate; —ающий *m.* beginner, novice; с. beginning, initial; —ающийся *a.* incipient; —ая *pr. ger.* beginning, etc., *see v.*; —ая ... и кончая (ranging) from ... to.

начин/ивать *v.* fix, repair; —ить *v.* fix, repair; stuff, fill; —ка *f.*, —очный *a.* stuffing, filling; —ять *v.* stuff, fill.

начисл/ение *n.* (extra) charge; entry; counting (up); —ить, —ять *v.* charge extra; enter, put down; count (up).
начистить *see* начищать.
начисто *adv.* clean(ly); thoroughly, completely; openly; cold (drawn); обрабатывать н. *v.* finish (off).
начитанный *a.* well-read.
начитывать *v.* charge extra; find a deficit.
начищать *v.* clean; peel, shell; polish.
начнёт *fut. 3 sing. of* начинать.
начтенный *past pass. part. of* начесть.
наш *pron.* our(s).
нашатыр/ный спирт aqua ammonia, ammonium hydroxide; —ь *m.* sal ammoniac, ammonium chloride.
нашвыр/ивать, —ять *v.* throw, fling, pile.
нашедший *past act. part. of* найти.
нашейник *m.* collar.
нашел *past. m. sing. of* найти.
нашелушить *v.* hull, husk, shell.
нашествие *n.* (biol.) invasion.
нашив/ать *v.* sew (on); —ной *a.* sewn on, attached.
нашинков(ыв)ать *v.* shred, chop.
нашит/ый *a.* sewn on; —ь *see* нашивать.
нашла *past. f. sing. of* найти.
нашлет *fut. 3 sing. of* наслать.
нашло *past n. sing. of* найти.
нашлют *fut. 3 pl. of* наслать.
нашпигов(ыв)ать *v.* lard, grease.
наштампов(ыв)ать *v.* stamp, punch.
нашуметь *v.* make noise.
нащельники *pl.* (constr.) battens.
нащепать *v.* split, cleave, chip.
нащип(ыв)ать *v.* pinch; gather, pluck.
нащуп/ать, —ывать *v.* feel, probe; find; —ыватель *m.* feeler (mechanism), probe.
наэкономить *v.* economize.
наэлектризов/ание *n.* electrification; —анный *a.* electrified; —(ыв)ать *v.* electrify.
—ная *f. suffix* —(е)ry, —ing mill, —ing shop, —ing works.
наяд/а *f.*, —овый *a.* (bot.; zool.) naiad.
НБ *abbr.* (нижний бьеф) tail water.
НБП *abbr.* (нижняя боковая полоса) lower sideband; НБПДЧ *abbr.* (нижняя боковая полоса допплеровских частот) lower sideband of Doppler frequencies.
н.в.э. *abbr.* (нормальный водородный эквивалент) normal hydrogen equivalent; НВЭ *abbr.* (нормальный водородный электрод) standard hydrogen electrode.
нгайовый *a.* ngai (camphor).
НГГК *abbr.* (нейтронный гамма-гамма каротаж) neutron gamma-gamma logging; НГК *abbr.* (нейтронный гамма-каротаж) neutron-gamma logging.

нгн *abbr.* (наногенри) nanohenry.
НДОЗ *abr.* (непрерывное дипольно-осевое зондирование) continuous dipole-axial sounding.
не *particle* not, no, none; *prefix* un—, in—, non—, mis—, dis—; не . . ., a not . . . but, rather than; не в off, out of (phase, etc.); не зная without knowing; —абелевый *a.* (math.) non-Abelian; —автоматический *a.* nonautomatic, manual; —аддитивный *a.* nonadditive; —адэкватный *a.* inadequate, insufficient; —аккуратный *a.* careless, sloppy.
неактив/ированный *a.* non-activated; —ность *f.* inactivity; —ный *a.* inactive, passive, inert; idle.
неаналитический *a.* nonanalytic.
неандертальский *a.* Neanderthal (man).
неаполитанский *a.*, Неаполь Naples.
неаппаратное оборудование (comp.) software.
неармированный *a.* plain (concrete).
неароматический *a.* nonaromatic.
неассоци/ативный *a.* nonassociative; —ированный *a.* nonassociated; —ирующий *a.* nonassociating.
неастазированный *a.* static, stable-type.
неатом(ар)ный *a.* nonatomic.
небалии *pl.* (zool.) Nebaliacea.
небез— *prefix* not without; somewhat, rather; —вредный *a.* rather harmful; —выгодный *a.* somewhat profitable; —надежный *a.* not hopeless; —опасный *a.* not safe, unsafe, hazardous, insecure; —основательный *a.* not unfounded; —результатный, —успешный *a.* more or less successful; —известный *a.* fairly well known; —интересный *a.* not without interest, (fairly) interesting.
небеленый *a.* unbleached, crude, raw.
небес— *see* небез—.
небес/а *pl. of* небо; —ноголубой *a.* sky-blue; —ный *a.* sky; celestial.
небес/плодный *a.* not fruitless, not useless; —полезный *a.* fairly useful.
неблаго/дарный *a.* ungrateful, thankless, unsatisfactory; —звучный *a.* unpleasant (sound); —получный *a.* unsuccessful, unfortunate; defective.
неблагоприятн/о *adv.* adversely; н. влиять *v.* de detrimental (to); —ый *a.* adverse, unfavorable, disadvantageous.
неблагоустроенный *a.* badly organized.
неблестящий *a.* insignificant.
небн/о— *prefix* (anat.) palat(o)—, palate; —ый *a.* palatine; —ая занавеска velum palatinum.
небо *n.* sky, heaven, firmament; crown (of furnace); (ice) blink; (anat.) palate.
небогатый *a.* poor, scanty, limited.
небольш/ой *a.* small, little, low, minor; сто с —им one hundred odd.

небо/свод, **—склон** *m.* horizon; sky; **—скреб** *m.* skyscraper, tall building.
небрежн/ость *f.* carelessness, negligence; **—ый** *a.* careless, negligent, slipshod.
небулярный *a.* nebular.
небывалый *a.* unprecedented.
небытие *n.* nonexistence.
небьющийся *a.* unbreakable, safety (glass).
невадит *m.* (petr.) nevadite.
неважн/о *adv.* insignificantly; poorly; it is not important; **это н.** it does not matter; **—ый** *a.* unimportant, insignificant; poor, indifferent.
невареный *a.* raw.
невдал/еке, **—и** *adv.* not far, near.
невед/ение *n.* ignorance; **—омо** *adv.* without knowing; **—омый** *a.* unknown, unfamiliar.
невежливый *a.* impolite, discourteous.
невез/ение *n.* bad luck, failure; **—учий** *a.* unfortunate, unsuccessful.
невейка *f.* unwinnowed, ground grain.
невеликий *a.* not great, small.
неверн/о *adv.* incorrectly, wrong; **н. рассчитать** *v.* miscalculate; **—ость** *f.* inaccuracy; **—ый** *a.* inaccurate, incorrect, wrong; untrue, false, mis—; unsure, uncertain, weak (light); **—ый нуль** false zero.
невероятн/о *adv.* incredibly; it is improbable; **—ость** *f.* incredibility; improbability; **—ый** *a.* incredible, unbelievable, inconceivable; improbable, unlikely.
невесом/ость *f.* imponderability, zero gravity, weightlessness; **—ый** *a.* imponderable, weightless; trace.
невзаим/ный *a.* nonmutual; **—озависимость,** **—озаменяемость** *f.* noninterchangeability.
невзгода *f.* adversity, misfortune.
невзирая *see* **несмотря.**
невзначай *adv.* accidentally, by chance.
невзнос *m.* nonpayment.
невз/орвавшийся *a.* unexploded; **н. снаряд** dud; **—рываемость** *f.* nonexplosiveness; **—рываемый,** **—рывчатый** *a.*, **—рывающийся** *a.* nonexplosive.
невзыскательный *a.* unexacting, undemanding.
невианскит *m.* (min.) nevyanskite.
невид/анный *a.* unheard of, unusual; **—имый** *a.* invisible; far (side of moon); ultraphotic; **—ный** *a.* insignificant, inconspicuous; **—ящий** *a.* unseeing, unobservant.
невинный *a.* innocent, not guilty.
невихревой *a.* irrotational, noncircuital.
невключенный *a.* disconnected, off.
невкусный *a.* bad-tasting.
невменяемый *a.* irresponsible.

невнимательный *a.* inattentive, absent-minded; indifferent.
невнятный *a.* unintelligible.
невод *m.* seine, sweep net, casting net.
неводный *a.* nonaqueous; anhydrous.
неводостойкий *a.* hydrolabile.
невозбужденный *a.* unexcited.
невозврат/имый, **—ный** *a.* irrevocable, irretrievable, irreversible.
невозделанный *a.* raw, crude, untreated; virgin (soil), unworked, uncultivated.
невоздерж(ан)ный *a.* intemperate, immoderate, uncontrolled, unrestrained.
невозможн/о *adv.* impossibly; it is impossible; **—ость** *f.* impossibility; **—ый** *a.* impossible; impracticable.
невозмущенный *a.* unperturbed, undisturbed; quiescent (value); free (stream).
невозобновляющийся *a.* nonrenewable.
неволить *v.* force, compel.
неволокнистый *a.* nonfibrous.
невол/ьный *a.* involuntary, unintentional; forced; **—я** *f.* bondage, captivity; necessity.
невообразимый *a.* unimaginable, inconceivable.
невооруженный *a.* unarmed; unaided, naked (eye).
невоспламеняющийся *a.* incombustible, nonflammable; safety (film).
невоспри/имчивость *f.* immunity, nonsusceptibility; **—имчивый,** **—нимающий** *a.* immune, nonsusceptible.
невоспроизводимость *f.* nonreproductivity.
невосстанавливаемый *a.* nonrecoverable.
невосстановленный *a.* unreduced.
невостребованный *a.* unclaimed.
невпопад *adv.* inopportunely, out of place, irrelevantly.
невпроворот *adv.* very much, excessively.
невр— *prefix* neur(o)— (nerve), *see also under* **нейр—.**
невразумительный *a.* incomprehensible.
невр/алгический *a.* (med.) neuralgic; **—алгия** *f.* neuralgia; **—астения** *f.* neurasthenia.
невращающийся *a.* irrotational, nonrotatory, nonrotating.
невред/имый *a.* unharmed, unhurt, safe, intact; **—ный** *a.* harmless, safe.
неври/лемма *f.* (anat.) neurilemma; **—т** *m.* (med.) neuritis; (anat.) neurite.
невро— *prefix* neuro— (nerve); **—з** *m.* (med.) neurosis; **—зный** *a.* neurotic; **—лог** *m.* neurologist; **—логический** *a.* neurological; **—логия** *f.* neurology; **—ма** *f.* neuroma; **—н** *m.* neuron, nerve cell; **—патология** *f.* neuropathology; **—тический** *a.* neurotic.
невставленный *a.* unmounted, loose.
невулканизированный *a.* uncured.
невшательский *a.* (geog.) Neuchâtel.

невыводимый *a.* indelible (ink).
невыгод/а *f.* disadvantage; loss; —**но** *adv.* disadvantageously; it is not profitable; it is useless; —**ный** *a.* disadvantageous, unfavorable; unprofitable, uneconomical; в —**ном положении** at a (great) disadvantage.
невыделанный *a.* raw, crude, unfinished; undressed (hide).
невыдержанный *a.* new, insufficiently aged.
невыдыхающийся *a.* nonvolatile.
невызревший *a.* unripened, softwood (cutting).
невымывающийся *a.* indelible (stain); fast (dye).
невыносимый *a.* intolerable, unbearable.
невыполн/ение *n.* nonperformance, nonfulfillment, failure; —**имость** *f.* impracticability; —**имый** *a.* impracticable.
невырожденный *a.* nondegenerate (laser); nonsingular (matrix).
невыс/окий *a.* not high, low(-grade); moderate; —**отный** *a.* low-altitude, sea-level.
невысыхающий *a.* nondrying (oils).
невыход *m.* absence, nonappearance.
невыцветающий *a.* nonfading, fast (dye).
невыясненный *a.* unexplained, obscure, unclarified, unanswered.
невязка *f.* (geod.) discrepancy, (error of) closure.
невязкий *a.* nonviscous.
негабаритн/ость *f.* bulkiness; —**ый** *a.* outsize, bulky, off-gage.
негаданный *a.* unexpected.
негармонический *a.* nonharmonic.
негасимый *a.* unquenchable; nonslaking (lime).
негатив *m.* (phot.) negative.
негативи/ость *f.* negativeness; —**ый** *a.* negative; —**ое изображение** negative (image).
негатрон *m.* negatron (vacuum tube); (nucl.) negative electron.
негашеный *a.* unslaked, quick (lime).
негде *adv.* there is no room, there is no place, there is nowhere (to).
негермет/изированный *a.* unsealed; —**ический**, —**ичный** *a.* nonhermetic, leaking; —**ичность** *f.* leaking, seepage, seal failure.
негибк/ий *a.* inflexible, stiff, rigid; —**ость** *f.* inflexibility, stiffness, rigidity.
негигиенический *a.* unsanitary.
негигроскопичный *a.* nonhygroscopic.
негладкий *a.* uneven, rough, jagged.
неглазурованный *a.* unglazed.
негласный *a.* secret; private.
неглубокий *a.* not deep, shallow; mild.
негн/иючка *f.* (bot.) arbor vitae (*Thuja occidentalis*); yew (*Taxus*); —**иющий** *a.* rot-resistant; —**ой дерево** yew (*Taxus*).
негнущийся *a.* unbending, inflexible, rigid.

негодн/ость *f.* unfitness, unsuitability; worthlessness; **приходить в н.** *v.* get out of order; —**ый** *a.* unsuitable, unfit, improper, useless, worthless; refuse, waste; faulty, defective.
неголономн/ость *f.* (math.) nonholonomicity; —**ый** *a.* nonholonomic.
негомогенный *a.* nonhomogeneous, heterogeneous.
негорюч/есть *f.* incombustibility; —**ий** *a.* incombustible, non-combustible, nonburning, fire-resistant.
негорящий *a.* nonburning.
неготовый *a.* not ready, unprepared.
негр *m.* negro.
неграмотный *a.* illiterate.
неграненый *a.* rough, uncut (jewel).
негритянский *a.* negro.
негромкий *a.* quiet.
негрообразный *a.* negroid.
негустой *a.* thin, watery.
нед— *prefix* sub—, below; un—.
недавн/ий *a.* recent, late, new; —**о** *adv.* recently, lately, of late.
недалек/ий *a.* near, not far, not distant; recent; limited; —**о** *adv.* near (at hand), not far.
недальний *a.* near, not far.
недаром *adv.* not in vain, not without reason; no wonder.
недатированный *a.* undated.
недвиж/имость *f.* immovability; real estate; —**имости** *pl.* immovables; real estate; —**имый** *a.* immovable, immobile; fixed (capital); —**ный** *a.* motionless; —**ущийся** *a.* stationary.
недееспособный *a.* incompetent.
недействительн/ость *f.* ineffectiveness, inefficiency; invalidity; —**ый** *a.* ineffective, inefficient, inoperative; inefficacious (medicine); invalid, null and void; **делать** —**ым** *v.* invalidate, nullify, cancel, neutralize.
недействующий *a.* inactive, passive, inert; nonoperating, inoperative, idle.
недели/ость *f.* indivisibility; —**ый** *a.* indivisible; prime (number).
недел/ьный *a.* week(ly); —**я** *f.* week.
неделящийся *a.* (nucl.) nonfissionable.
недемпфированный *a.* undamped.
недержание *n.* nonretention, irretention, incontinence.
недетерминированность *f.* nondetermination.
недетонирующий *a.* antiknock (gasoline); nonknocking.
недеформированный *a.* undistorted.
недешево *adv.* not cheap(ly).
недеятельн/ость *f.* inactivity, inertness, passivity; ineffectiveness, inefficiency; —**ый** *a.* inactive, inert, passive; inoperative, idle; dormant.

недиализированный *a.* undialyzed.
недислоцированный *a.* undisturbed.
недиссоциированный *a.* nondissociated.
недифференцируемость *f.* undifferentiability.
недиффундирующий *a.* nondiffusing.
недо— *prefix* under—, incompletely; —бирать, —брать *v.* not get enough, get a low yield; —бор *m.* incomplete harvest; shortage, arrears.
недоброкачественн/ость *f.*, —ый *a.* poor quality.
недобрый *a.* unkind; not good, bad.
недовар/енный *a.* insufficiently cooked; parboiled; —и(ва)ть *v.* parboil.
недоверчивый *a.* suspicious, distrustful.
недове/с *m.* short weight, underweight; —сить, —шивать *v.* give short weight.
недовозбуждённый *a.* underexcited.
недоволь/ный *a.* discontent, dissatisfied; —ство *n.* discontent, dissatisfaction.
недовосстановленный *a.* incompletely reduced.
недовулканиз/ация *f.* undervulcanization, undercuring, undercure; —ировать *v.* undercure.
недовыполн/ение *n.* underfulfillment; —ить, —ять *v.* underfulfill.
недовыработка *f.* underproduction.
недоглядеть *v.* overlook, miss; neglect, not see after.
недогрев *m.* underheating.
недогру/жать, —зить *v.* underload; —з *m.*, —зка *f.* underload(ing).
недода/(ва)ть *v.* not give enough; underproduce; —ча *f.* deficiency in delivery.
недодел/анный *a.* unfinished, incomplete; —ать *v.* not finish; —ка *f.* unfinished state; omission, lack.
недодерж/ать, —ивать *v.* not treat long enough; (phot.) underexpose; —ивание *n.*, —ка *f.* insufficient treatment; underexposure.
недо/едание *n.* malnutrition; —едать, —есть *v.* suffer from malnutrition.
недожать *see* недожинать.
недож/ечь, —игать *v.* (cer.) underfire; burn incompletely; roast incompletely; —жен(н)ый *a.* underfired, etc., *see v.*
недожин *m.* poor crop; unharvested section; —ать *v.* get a poor crop.
недожог *m.* underburning; underfiring.
недозамедленный *a.* unmoderated.
недозрелый *a.* unripe, immature, green.
недоимка *f.* arrears.
недоказ/анный *a.* unproved, not demonstrated; —ательный *a.* failing to prove, unconvincing; —уемый *a.* unprovable.
недокал *m.* underheating.
недокармливать *v.* underfeed.
недокат *m.* (rolling) unfinished section.
недокись *f.* suboxide.

недоконченный *a.* unfinished, incomplete.
недокорм *m.* underfeeding; —ить *v.* underfeed.
недолгий *a.* brief, temporary.
недолго *adv.* for a short period, briefly; —вечный *a.* short-lived, transient; —временный *a.* brief, short-term.
недолет *m.* falling short; undershot.
недол/ив *m.* underfilling, incomplete filling; short run (casting); misrun; shortage; —ивание *n.* underfilling; —и(ва)ть *v.* underfill, fill short of the top; —ивка *f.* underfilling.
недомер *m.* short measure; offsize; —ивать *v.* give short measure; —ок *m.* offsize item.
недомес *m.* undermixing.
недомогание *n.* poor health.
недомол *m.* undermilling, undergrinding.
недомолвка *f.* reservation, omission.
недонапряжение *n.* understress(ing).
недоно/сок *m.* premature baby; —шенный *a.* premature.
недообожжённый *a.* underburned, underbaked.
недоокис/ленный *a.* incompletely oxidized; —ь *f.* suboxide.
недоотверждение *n.* incomplete hardening.
недоохлаждение *n.* undercooling.
недооцен/ивать *v.* underestimate, underrate, undervalue; —ка *f.* underestimation, underestimate.
недо/паивать *v.* not solder completely; not water sufficiently; —пал *m.* incompletely burned material; —паять *v.* not solder completely; —пекать, —печь *v.* underroast, underbake.
недопла/та *f.*, —тить, —чивать *v.* underpay.
недополуч/ать, —ить *v.* not get enough; —ение *n.* deficiency.
недопрессов/анный *a.* short; —ка *f.* shortness, undermolding.
недопроизводство *n.* underproduction.
недопу/стимый *a.* inadmissible, intolerable, not to be tolerated; —щение *n.* nonadmission; banning.
недораб/атывать *v.* not finish work (on); treat incompletely; —отанность *f.* unfinished state; —отанный *a.* unfinished; —отать *see* недорабатывать; —отка *f.* incomplete work; incomplete treatment; omission.
недоразвит/ие *n.* underdevelopment; —ость *f.* underdeveloped state; —ый *a.* underdeveloped, rudimentary.
недо/разложившийся *a.* incompletely decomposed; —разумение *n.* misunderстандинг; —расширение *n.* underexpansion.
недорог/о *adv.* inexpensively; —ой *a.* inexpensive, cheap, moderately priced.

недо/род *m.* crop failure, poor crop; **—саливать** *v.* not salt enough; **—се(и)вать, —сеять** *v.* not sow enough; **—сказанный** *a.* left unsaid; **—сланный** *a.* short-shipped; **—слышать** *v.* not hear clearly.

недосмотр *m.* oversight, slip, error; **—еть** *v.* overlook, miss, slip up.

недосол *m.* insufficient salting; insufficient pickling; **—ить** *v.* not salt enough.

недоспелый *a.* unripe, green.

недоста/вать *v.* be wanting, be insufficient, fall short, run short, lack miss; be needed, be required; be absent; **ему не —ет** he lacks, he is short (of).

недостат/ок *m.* deficiency, shortage, lack, scarcity; defect, fault, blemish, flaw, imperfection; disadvantage, drawback, shortcoming; **из-за —ка** for lack of, for want of; **иметь н.** *v.* have the disadvantage; be short, want, lack; need; **испытывать н.** *v.* be short (of), be in short supply.

недостаточн/о *adv.* insufficiently; it is insufficient; (it is) deficient (in); under—; imperfectly (understood); **н. напряженный** *a.* understressed; **—ость** *f.* insufficiency, inadequacy, inefficiency; incompetence; shortage, deficiency; imperfection; **—ый** *a.* insufficient, inadequate, under—, meager, deficient, scarce, poor; defective, faulty, imperfect, inefficient; **—ое питание** malnutrition; **быть —ым** *v.* fall short.

недоста/ть *see* **недоставать**; **—ча** *f.* deficiency, shortage, lack; **—ющий** *a.* deficient, lacking, missing.

недостижим/ость *f.* inaccessibility; **—ый** *a.* inaccessible, unattainable.

недостоверный *a.* doubtful, uncertain; inexact; unauthentic.

недостроенн/ость *f.* incompleteness; **—ый** *a.* unfinished, incomplete; unfilled (electron shell).

недоступн/ость *f.* inaccessibility; unavailability; **—ый** *a.* inaccessible, unapproachable, impenetrable; unavailable; prohibitive (cost).

недосчит(ыв)аться *v.* find a deficit, find something missing.

недо/сылать *v.* ship short; **—сылка** *f.* short shipment; **—сыпать** *v.* not fill completely; **—сыщенный** *a.* incompletely saturated.

недосягаем/ость *f.* unattainability; **—ый** *a.* unattainable; unequaled.

недотрога *f.* (bot.) Impatiens.

недотя/гивать, —нуть *v.* not reach.

недоуздок *m.* (livestock) halter.

недоум/евать *v.* be perplexed, be at a loss; **—ение** *n.* perplexity, quandary; **—енный** *a.* perplexed, baffled.

недоуч/есть, —итывать *v.* not take into sufficient account.

недохват *m.*, **—ка** *f.* shortage, deficiency.

недочет *m.* deficiency, deficit; mistake, error; shortcoming, defect.

недра *pl.* depths, interior (of the earth); midst; mineral resources; **богатства недр** mineral wealth.

недренируемый *a.* nondraining.

недуализируемость *f.* (math.) nondualizability.

недубленный *a.* untanned, raw (hide).

неду/г *m.* illness, ailment, sickness; **—жный** *a.* ailing, infirm, sick.

недурной *a.* not bad.

недюжинный *a.* unusual, outstanding.

неезженый *a.* little used (road).

неестественный *a.* unnatural, abnormal.

нежарк/ий *a.*, **—о** *adv.* not hot.

нежвачные *pl.* (zool.) nonruminants.

нежданный *a.* unexpected.

нежелательн/о *adv.* (it is) undesirable; **—ость** *f.* undesirability; **—ый** *a.* undesirable, objectionable, unwanted; (rad., etc.), parasitic.

нежелезный *a.* (met.) nonferrous.

нежели *conj.* than.

нежен *sh. m. of* **нежный**.

нежестк/ий *a.* flexible, not rigid; loose; soft (water); mild; **—о соединенный** loosely connected, loose.

нежи/вой *a.* dead; inorganic; **—знеспособный** *a.* nonviable; **—лой** *a.* uninhabited, nonresidential.

нежн/ость *f.* gentleness, delicacy, tenderness, softness; **—ый** *a.* gentle, delicate, tender, soft, frail.

незабивающийся *a.* nonclogging.

незабудка *f.* (bot.) Myosotis.

незабываемый *a.* unforgettable.

незавершенный *a.* unfinished.

незавидный *a.* poor, insignificant.

независим/о *adv.* independently; **н. от** regardless of, disregarding, whatever, no matter what; **н. от того** no matter how, whether or not, be it; **—ость** *f.* independence; freedom (of movement); **—ый** *a.* independent, individual, self-contained, separate, insulated, isolated; foreign (body).

независящий *a.* not depending, independent.

незагруженный *a.* unloaded, uncharged; idle (machine).

незагрязн/енность *f.* noncontamination, purity; **—енный** *a.* uncontaminated, pure; **—яющийся** *a.* nonfouling.

незадемпфированный *a.* undamped.

незадержанный *a.* undelayed.

незадолго *adv.* shortly, not long (before).

незадросселированный *a.* unthrottled.

незаземленный *a.* (elec.) ungrounded.

незаинтересованный *a.* disinterested.
незакаленный *a.* (met.) untempered.
незаклиненный *a.* unfastened, loose.
незаконн/ость *f.* illegality; —ый *a.* illegal, unlawful.
незаконтрактованный товар consignment.
незаконченн/ость *f.* unfinished state; —ый *a.* unfinished, incomplete, partial.
незакрепленн/ость *f.* looseness; —ый *a.* loose, unfastened, unmounted; loose-running, mobile, floating.
незамедл/енный *a.* (nucl.) unmoderated; —ительный *a.* prompt, immediate.
незаменим/ость *f.* irreplaceability; indispensability; —ый *a.* irreplaceable, not interchangeable; indispensable.
незамерзающ/ий *a.* non-freezing; н. раствор, —ая жидкость antifreeze.
незаметн/о *adv.* unnoticeably, imperceptibly; it is not noticeable; —ый *a.* unnoticeable, imperceptible, inconspicuous.
незамещенный *a.* unsubstituted.
незаминированный *a.* mine-free.
незамкнутый *a.* unlocked, open.
незанятый *a.* unoccupied, idle, free, available; vacant, unfilled, empty.
незаполимеризовавшийся *a.* unpolymerized.
незаполненный *a.* unfilled, blank.
незаразный *a.* noncontagious.
незарегулированный *a.* natural (flow).
незаряженный *a.* uncharged, unloaded.
незасекреченный *a.* unclassified.
незаслуженный *a.* undeserved, unfair.
незасоренный *a.* unobstructed, clear; clean; weed-free (garden).
незастекленный *a.* unglazed.
незатейливый *a.* plain, simple.
незатопленный *a.* (hydr.) free(-fall).
незатухающий *a.* continuous, (self-)sustained, undamped.
незаурядный *a.* superior, above average.
незачем *adv.* unnecessarily; there is no need.
незащищенный *a.* unprotected, unsheltered, exposed; (nucl.) unshielded.
нездешний *a.* not local, outside.
нездоров/ый *a.* unwholesome, unsanitary; sick, unwell; —ье *n.* ill health.
неземной *a.* nonterrestrial, celestial.
незеркальный *a.* non-reflecting.
незнакомый *a.* unknown, unfamiliar, unacquainted, strange.
незнание *n.* ignorance, lack of knowledge.
незначащий *a.* insignificant.
незначительн/ость *f.* insignificance; —ый *a.* insignificant, negligible, trivial, imperceptible; small, little, low, slight, minor.
незрел/ость *f.* immaturity, greenness; —ый *a.* immature, unripe, green.

незр/имый *a.* invisible; —ячий *a.* blind.
незыблем/ость *f.* firmness, immovability; —ый *a.* firm, steady, secure, stable, immovable; hard-and-fast (rule).
неидеальный *a.* imperfect.
неизбежн/о *adv.* inevitably, of necessity, (it is) bound to; —ость *f.* inevitability, imminence; —ый *a.* inevitable, imminent, unavoidable.
неизбирательный *a.* nonselective.
неизбывный *a.* hard to get rid of.
неизведанный *a.* unknown, untried.
неизвестн/о *adv.* it is unknown, it is not known; —ое *n.* unknown; unknown (quantity); —ость *f.* uncertainty, ignorance; obscurity; быть в —ости *v.* be uncertain; —ый *a.* unknown, undetermined, uncertain, obscure.
неизвлекаемый *a.* nonremovable.
неизгладимый *a.* indelible, lasting.
неизданный *a.* unpublished.
неизлечим/ость *f.* incurability; —ый *a.* incurable, irremediable.
неизлучающий *a.* nonradiating.
неизменн/о *adv.* invariably; —ость *f.* invariability, changelessness, inalterability, immutability; —ый *a.* invariable, unchangeable, unalterable, immutable; invariant (shape); constant, fixed, permanent, stable, stationary; unfailing.
неизменя/емость *f.* inalterability, stability; н. на resistance (to); —емый *a.* unalterable, immutable, permanent, constant; —ющийся *a.* unchanging; insensitive.
неизмерим/о *adv.* immeasurably, very; —ый *a.* immeasurable, very great.
неизолированный *a.* uninsulated, bare.
неизотермический *a.* anisothermic.
неизотопный *a.* nonisotopic.
неизотропн/ость *f.* anisotropy, anisotropism; —ый *a.* anisotropic.
неизэнтропический *a.* nonisentropic.
неимен/ие *n.* lack, want; за —ием, по —ию for want (of), for lack (of).
неименованный *a.* indeterminate, abstract.
неимоверный *a.* incredible, very great.
неиндуктивный *a.* noninductive.
неинтегрируемый *a.* nonintegrable.
неинтересный *a.* uninteresting.
неион/изирующий *a.* nonionizing; —(оген)ный *a.* nonionic.
неискаж/аемый, —енный *a.* undistorted, distortion-free; —ающий *a.* undistorting, distortionless.
неискоренимый *a.* hard to eradicate.
неискренний *a.* insincere.
неискрящийся *a.* nonsparking, sparkless; (elec.) nonarcing.
неискусный *a.* inexperienced, inexpert, unskilled.
неисповедимый *a.* incomprehensible.
неисполн/ение *n.* non-performance, non-

fulfillment; —имость f. impracticability; —имый a. impracticable; —ительный a. careless (worker).
неисполь/зованный, —уемый a. unused, unutilized, untapped.
неиспорченный a. unspoiled, sound.
неисправ/имый a. irreparable, impossible to fix or correct; —ность f. fault, trouble, defect, bug; malfunction, failure, disrepair; carelessness; —ный a. faulty, out of order, in bad repair, damaged, defective, inoperative, useless; careless, improper; inaccurate.
неиспробованный a. untested, untried.
неиспытанный a. untested, untried.
неисследованный a. unexplored, uninvestigated, untapped, virgin.
неиссякаемый a. inexhaustible.
неистощим/ость f. inexhaustibility; —ый a. inexhaustible.
неистребимый a. impossible to get rid of.
неисцелимый see неизлечимый.
неисчерпаемый a. inexhaustible.
неисчислимый a. innumerable, countless.
ней dat., etc., of она.
нейбергский a. Neuberg (blue).
нейблау m. new blue (dye).
нейвидский a. Neuwied (blue).
Нейгофа диаграмма Neuhoff diagram.
нейдорфит m. (min.) neudorfite.
нейзильбер m., —овый a. German silver, argentan (alloy).
нейлон m., —овый a. nylon.
неймановый a. Neumann('s).
нейр— see невр—; —аминовый a. neuraminic (acid); —ин m. neurine, amantine; ——истор m. (electron.) neuristor; —ит see неврит; —один m. neurodin, acetyl-p-hydroxyphenylurethan; neurodine (a ptomaine); —озин m. neurosin, calcium glycero-phosphate; —олимфоматоз m. (vet.) neurolymphomatosis; —он m. neuron, nerve cell; —онал m. neuronal, diethyl-bromacetamid; —охирургия f. neurosurgery.
нейтр. abbr. (нейтральный) neutral; (нейтрон, нейтронный) neutron.
нейтрализ/атор m. neutralizer; —ационный a., —ация f. neutralization; —ованный a. neutralized; —овать v. neutralize; counteract, balance out, equalize; —ующий a. neutralizing; —ующее средство neutralizing agent, neutralizer.
нейтралитет m. neutrality.
нейтраль f. (elec.) neutral wire; (mach.) neutral line.
нейтральн/о adv. neutrally; —ость f. neutrality; —ый a. neutral, inert (gas).
нейтрин/ный a., —о n. (nucl.) neutrino.
нейтродин m., —ный, —овый a. (rad.) neutrodyne (amplifier).
нейтрон m. (nucl.) neutron; на быстрых —ах fast-neutron (cycle); fast (reactor, fission); на медленных —ах slow; поток —ов neutron flux; —ный a. neutron; —ограмма f. neutron diffraction pattern; —ограф m. neutron diffraction camera; —ография f. neutron diffraction analysis; —одефицитный a. neutron-deficient; —озахватывающий a. neutron-capture; —ометрия f. neutron logging; —онепроницаемый a. neutron-tight.
нейтр/сек abbr. (нейтронов в секунду) neutrons per second.
нейтр-ция abbr. (нейтрализация).
нейуротропин m. new urotropine.
некавитирующий a. subcavitating.
некаль m. Nekal, sodium dibutylnaphthalenesulfonate.
некальцинированный a. uncalcined, unroasted, raw.
неканализованный a. without sewers.
некаптированный a. wild (oil well).
неквалифицированный a. unqualified; inexpert, unskilled (labor).
неквантов(анн)ый a. nonquantized.
некий a. one, some, a certain.
некк m. (geol.) neck, plug.
неклен m. (bot.) box elder (Acer negundo).
некоаксиальный a. misaligned.
нековкий a. not malleable.
некогда adv. there is no time; formerly, once.
некогерентн/ость f. (phys.) noncoherence; —ый a. incoherent; scrambled (speech).
некого pron. there is no one.
некодированный a. not coded, nonsymbolic.
некоксующийся a. noncoking, noncaking.
некомпактный a. (math.) noncompact.
некомпенсированный a. uncompensated.
некомпетентн/ость f. incompetence; —ый a. incompetent.
некомплект m. shortage, deficiency; —ность f. incompleteness; —ный a. incomplete.
неконденсирующийся a. noncondensing.
некондиционный a. substandard, below standard.
неконтрастный a. not contrasty, soft.
некоптящий a. sootless, nonsmoking.
некорнев/ой a. (agr.) foliar, spray (feeding); —ое удобрение leaf-feeding spray.
некорректный a. incorrect, improper, false.
некоррелированный a. uncorrelated.
некорродир/уемый a. noncorrodible, corrosion-resistant; —ующий a. noncorroding, nonrusting, stainless.
некоторый a. some, certain; given, limited.
некратный a. (math.) aliquant.
некрепкий a. not strong, weak.
некристаллический a. noncrystalline.
некритический a. uncritical, noncritical.

некро— *prefix* necro— (dead); **—бациллез** *m.* (vet.) necrobacillosis; **—биоз** *m.* (med.) necrobiosis; **—з** *m.* (med.) necrosis; **—лог** *m.* obituary; **—тизировать** *v.* necrotize; **—тический** *a.* necrotic.
некруглый *a.* noncircular, out-of-round.
нек-рый *abbr.* (**некоторый**).
некрытый *a.* uncovered, roofless.
некстати *adv.* inopportunely, untimely, irrelevantly.
нектар *m.* (bot.) nectar; **—ин** *m.* nectarine; **—ник** *m.* nectary; **—онос** *m.* nectar-yielding plant.
некто *pron.* somebody, someone.
нектон *m.* (zool.) nekton.
нектрия *f.* (phyt.) coral spot.
некуда *adv.* (there is) nowhere (to).
некультурный *a.* uncultured; (bot.) wild, uncultivated.
нелад/ный *a.* bad, wrong; out of order; unsuccessful; **—ы** *pl.* misunderstanding, discord.
нелегальный *a.* illegal.
нелегированный *a.* (met.) unalloyed.
нелегк/ий *a.* fairly heavy; difficult, not easy; **—о** *adv.* with difficulty; it is difficult.
нелеп/ость *f.* absurdity; **—ый** *a.* absurd, preposterous; incongruous.
нелетный *a.* unfavorable (flying weather).
нелетучий *a.* nonvolatile, fixed.
нелин/еаризированный *a.* nonlinearized; **—ейность** *f.* nonlinearity; **—ейный** *a.* nonlinear.
нелиняющий *a.* unfading, fast.
нелишний *a.* not superfluous; useful.
неловкий *a.* awkward, clumsy.
нелогичный *a.* illogical.
нелокализуемый *a.* nonlocalizable.
неломкий *a.* (met.) tenacious, tough.
нельзя *adv.* it is impossible, cannot (be).
нем *sh. m. of* **немой**.
нем. *abbr.* (**немецкий**) German.
немагический *a.* nonmagic (nucleus).
немагнитный *a.* nonmagnetic.
немалит *m.* (min.) nemalite.
немал/о *adv.* much, many; very; **—оважный** *a.* important; **—ый** *a.* fairly big; considerable, fairly long (time).
немасляный *a.* nonoleaginous (lubrication).
немато— *prefix* (biol.) nemato— (thread; nematode); **—бластический** *a.* (petr.) nematoblastic; **—ды** *pl.* (zool.) nematodes; **—цид** *m.* nematocide.
немафилит *m.* (min.) nemaphyllite.
нембутал *m.* Nembutal, pentobarbital sodium.
немедленн/о *adv.* immediately, instant(aneous)ly, directly, at once, without delay; **—ый** *a.* immediate, instant(aneous), prompt, fast.

немезонный *a.* (nucl.) nonmesonic.
немертины *pl.* (zool.) Nemertinea.
неметалл *m.* nonmetal; metalloid; **—ический** *a.* nonmetallic.
неметь *v.* grow numb.
немеханизированный *a.* manual.
немецк/ий *a.* German; **—ая цепь** long-link chain; **—ое золото** Manheim gold (alloy); **—ое серебро** German silver, nickel silver.
неминуем/ость *f.* inevitability, unavoidability; **—ый** *a.* inevitable, unavoidable, inescapable; impending.
немки *pl.* velvet ants (*Mutillidae*).
немног/ие *pl.* (a) few, not many; **—ий** *a.* few, some; **—о** *adv.* not much, slightly, somewhat; some, (some) few; **—ое** *n.* little; **—ословный** *a.* brief; **—очисленный, —очленный** *a.* few, not numerous; **—очисленность** *f.* scarcity.
немнущийся *a.* (text.) noncrushable.
немодулированный *a.* unmodulated.
немой *a.* dumb, mute; silent; outline (map); (geol.) barren; *m.* mute.
немоно/кристаллический *a.* polycrystalline; **—хроматический** *a.* polychromatic.
немонтированный *a.* unmounted, unassembled.
неморальный *a.* (biol.) nemoral; nemorose.
немота *f.* dumbness, muteness.
немотин *m.* Nemotin (antibiotic).
немочь *see* **немощь**.
немощеный *a.* unpaved, dirt (road).
немощ/ность *f.* infirmity; **—ный** *a.* infirm, weak; (math.) nilpotent; **—ь** *f.* infirmity, illness; **бледная —ь** chlorosis.
немыслимый *a.* unthinkable, impossible.
ненабухающий *a.* nonswelling.
ненагруженный *a.* empty, idle.
ненадежн/ость *f.* unreliability, insecurity; **—ый** *a.* unreliable, insecure, unsafe, untrustworthy.
ненадкевит *m.* (min.) nenadkevite.
ненадлежащий *a.* undue, excessive.
ненадобность *f.* uselessness.
ненадолго *adv.* for a short time.
ненамеренный *a.* unintentional.
ненамного *adv.* a little, not much.
ненаполненный *a.* unadulterated, pure.
ненаправленный *a.* nondirectional.
ненапряженный *a.* relaxed; unstressed, unstrained; (elec.) dead.
ненарушенный *a.* undisturbed, unbroken.
ненастный *a.* rainy, bad (weather).
ненастоящий *a.* not genuine, artificial, not real, pseudo—, false.
ненастроенный *a.* untuned, unadjusted.
ненастье *n.* bad weather, rainy weather.
ненасытный *a.* insatiable.
ненасыщ/ающийся *a.* unsaturable; **—еннополиэфирный** *a.* unsaturated polyester; **—енность** *f.* nonsaturation, un-

ненатуральный saturated state; **—енный** *a.* unsaturated; unsatisfied.
ненатуральный *a.* artificial; unnatural.
ненатянут/ость *f.* looseness, slack; **—ый** *a.* loose, slack.
ненесущий *a.* nonbearing, nonsupporting.
ненецкий *a.* (geog.) Nenets.
неноздреватый *a.* nonporous, dense, compact.
ненормальн/ость *f.* abnormality, nonnormality; **н. в работе** faulty performance, erratic operation; **—ый** *a.* abnormal; off (color).
ненормированный *a.* not standardized.
ненужн/о *adv.* unnecessarily; it is unnecessary; **—ый** *a.* unnecessary, redundant; useless, needless, waste.
ненулевой *a.* nonzero, nontrivial.
ненумерованный *a.* unnumbered.
неньютоновский *a.* non-Newtonian, quasiviscous, complex (liquid).
нео— *prefix* neo— (new, recent); **—абиетиновый** *a.* neoabietic (acid); **—арсфенамин** *m.* neoarsphenamine.
необделанный *a.* unfinished, rough.
необесшламленный *a.* (min.) undeslimed.
необитаемый *a.* uninhabited; unmanned.
необлицованный *a.* unlined.
необлучаемый *a.* radiation-free.
необнаруживаемый *a.* undetectable.
необогащенный *a.* (met.) unconcentrated, undressed, crude (ore).
необожженный *a.* unburnt, unroasted, raw (ore); (cer.) unfired.
необозначенный *a.* not indicated.
необозрим/ость *f.* vastness, immensity; **—ый** *a.* vast, immense, boundless.
необоснованный *a.* groundless, baseless, unfounded, without proof.
необработанн/ость *f.* crude state; **—ый** *a.* crude, raw, untreated, unrefined, coarse; unfinished, rough; unprocessed (data).
необразованный *a.* uneducated.
необрастающий *a.* nonfouling; antifouling (paint).
необратим/ость *f.* irreversibility; **—ый** *a.* irreversible, nonreversible.
необруцин *m.* neobrucine.
необсаженный *a.* uncased, open (hole).
необученный *a.* untrained, unskilled.
необходим/о *adv.* necessarily; it is necessary, it should be, needs to be; **—ое** *n.* requisite, necessaries; **—ость** *f.* necessity, need, indispensability; **в силу —ости** of necessity; **в случае —ости** if need be, if required, if necessary; **вызвать —ость** *v.* necessitate; **нет —ости** there is no need (for); **первой —ости** essential; **по —ости** of necessity; **по мере —ости, при —ости** as needed, as (may be) required, as the need arises.

необходим/ый *a.* necessary, needed, required, requisite, indispensable, essential, imperative; **делать —ым** *v.* necessitate; **заранее н.** prerequisite; **крайне н.** urgent, imperative.
необшитый *a.* unlined, unfaced.
необъявленный *a.* (tel.) unlisted.
необъясним/о *adv.* inexplicably; it is inexplicable; **—ость** *f.* inexplicability; **—ый** *a.* inexplicable, unaccountable.
необъятный *a.* immense, unbounded.
необыкновенн/о *adv.* unusually; it is unusual; **—ость** *f.* unusualness, singularity; **—ый** *a.* unusual, singular, uncommon, rare, extraordinary.
необыч/айный *a.* unusual, remarkable; **—ный** *a.* different, unconventional, exceptional.
необязательный *a.* not obligatory, optional; unrequired, elective (course).
нео/гексан *m.* neohexane, 2,2-dimethylbutane; **—ген** *m.* (geol.) Neogene system; Neogen (alloy); **—генез** *m.* (biol.) neogenesis, regeneration; **—генный** *a.* (geol.) Neogenic.
неограниченн/о *adv.* unreservedly, without restriction, beyond all bounds, indefinitely; **—ый** *a.* unrestricted, unbounded, indefinite, unlimited, absolute (power); unheard-of (yield).
неодевон *m.* (geol.) Neodevonian period.
неодетый *a.* unsheeted (slope).
неодим, —ий *m.* neodymium, Nd; **окись —ия** neodymium oxide, neodymia; **хлористый н.** neodymium chloride.
неодинаковый *a.* different, dissimilar; not uniform, not homogeneous; unequal; (met.) differential (aeration).
неоднозначн/ость *f.* ambiguity; polyvalence; **—ый** *a.* ambiguous.
неодно/именный *a.* unlike, opposite, dissimilar; **—кратно** *adv.* repeatedly, time and again; **—кратный** *a.* repeated, reiterated; **—образный** *a.* irregular.
неоднородн/ость *f.* heterogeneity, nonuniformity; discontinuity; **—ый** *a.* heterogeneous, nonhomogeneous, nonuniform.
неодобр/ение *n.* disapproval; **—ительный** *a.* disapproving.
неодревесневший *a.* softwood.
неодушевленный *a.* inanimate.
неожиданн/о *adv.* suddenly; **—ость** *f.* suddenness; surprise; **—ый** *a.* sudden, surprising, unexpected.
неожижаемый *a.* noncondensable.
неозвученный *a.* silent (moving picture).
неозин *m.* neosine.
неозой *m.* (geol.) Neozoic group; **—ский** *a.* Neozoic, Cenozoic.
неозон *m.* Neozone, phenylnaphthylamine.
неокаин *m.* neocaine, procaine.

неокисл/енный *a.* unoxidized; **—яемость** *f.* inoxidizability; **—яемый** *a.* inoxidizable, nonoxidizable; **—яющий** *a.* nonoxidizing; **—яющийся** *a.* nonoxidizing; nonoxidizable.
неоком *m.* (geol.) Neocomian stage.
неоконч/ательный *a.* inconclusive, not final; **—енный** *a.* unfinished, incomplete, imperfect.
неокрашенный *a.* colorless; unpainted, unfinished.
нео/лактоза *f.* neolactose; **—лин** *m.* Neolin, benzathine penicillin G.
неолит *m.* (geol.) Neolithic stage; **—ический** *a.* Neolithic, stone age.
неологизм *m.* neologism, new term.
неомерпин *m.* neomerpin (detergent).
неомицин *m.* neomycin.
неоморфоз *m.* (zool.) neomorphosis.
неомыляющийся *a.* nonsaponifying, unsaponifiable.
неон *m.* neon, Ne.
неонал *m.* Neonal, butethal.
неоновый *a.* neon.
неопадающий *a.* (bot.) not deciduous.
нео/палеозойский *a.* (geol.) Neopaleozoic; **—пальмитиновый** *a.* neopalmitic.
неопасн/о *adv.* safely; it is safe; **—ый** *a.* safe.
неопентан *m.* neopentane.
неоперенный *a.* unfinned, finless (rocket).
неопертый *a.* unsupported.
неопин *m.* neopine, β-codeine.
неопис/анный *a.* not yet described; **—уемый** *a.* indescribable.
неоплазма *f.* (med.) neoplasm.
неопознанный *a.* unidentified, questionable.
неоправданный *a.* unjustified, unwarranted.
неопределенн/о *adv.* indefinitely; it is not definite; **—ость** *f.* indefiniteness, uncertainty, vagueness, indeterminacy; ambiguity; **принцип —ости** (quantum mechanics) indeterminacy principle, uncertainty principle; **—ый** *a.* indefinite, uncertain, vague, indeterminate (function); undefined, undetermined.
неопредел/имый, —яемый *a.* undefinable, indeterminate; undefined (concept).
неопрен *m.*, **—овый** *a.* neoprene.
неопробованный *a.* untested, untried.
неопровержим/ость *f.* irrefutability; **—ый** *a.* irrefutable, indisputable, incontrovertible, undeniable.
неоптимальный *a.* non-optimal.
неопытн/ость *f.* inexperience; **—ый** *a.* inexperienced, unpracticed, unskilled.
неорганизованн/ость *f.* lack of organization; **—ый** *a.* disorganized.
неорганический *a.* inorganic.
неориентированный *a.* unoriented.

неосальварсан *m.* neosalvarsan, neoarsphenamine.
неосведомленн/ость *f.* lack of information; **—ый** *a.* lacking information.
неосвоенный *a.* unassimilated, unprocessed.
неосевой *a.* off-axis.
неоседающий *a.* nonsettling.
неослабный *a.* unremitting, unabated.
неосновательн/о *adv.* groundlessly, without foundation; **—ость** *f.* groundlessness, lack of foundation; **—ый** *a.* groundless, unfounded; superficial.
неосновн/ой, —ый *a.* minor(ity), auxiliary.
неособый *a.* (math.) nonsingular (matrix).
неоспоримый *a.* indisputable.
неостаток *m.* nonresidue.
неосторожн/о *adv.* carelessly; **—ость** *f.* carelessness, negligence; **—ый** *a.* careless, negligent, unwary.
неосуществим/ость *f.* impracticability; **—ый** *a.* impracticable, not feasible.
неосязаем/ость *f.* intangibility; **—ый** *a.* intangible, imperceptible, impalpable.
неотвесный *a.* out of plumb.
неотвратимый *a.* inevitable, unavoidable.
неотделанный *a.* unfinished, rough; undressed, uncut (stone); raw.
неотделимый *a.* inseparable.
неотектоника *f.* (geol.) neotectonics.
неотесанный *a.* rough, uncut (stone).
неотип *m.* (min.; pal.) neotype.
неоткатывающийся *a.* nonrolling, stay.
неотклоняющий(ся) *a.* undeflecting, nondeviating.
неоткуда *adv.* (from) nowhere.
неотличимый *a.* indistinguishable.
неотложн/ость *f.* urgency; **—ый** *a.* urgent, pressing, imperative.
неотлучный *a.* always present, permanent, continuous.
неотожженный *a.* unannealed, raw.
неотоцит *m.* (min.) neotocite.
неотпущенный *a.* (met.) untempered.
неотравленный *a.* unpoisoned; (nucl.) uncontaminated, clean.
неотраж/ающий *a.* nonreflective, nonreflecting; nonreverberatory; **—енный** *a.* nonreflected, direct.
неотразимый *a.* irresistible; insurmountable; irrefutable.
неотрывный *a.* continuous.
неотст/аивающийся *a.* nonsettling; **—оявшийся** *a.* unsettled, turbid.
неотступный *a.* importunate, urgent, persistent.
неотчетливый *a.* indistinct, vague.
неотъемлемый *a.* inherent, integral.
неофициальный *a.* unofficial, informal.
неохватный *a.* very large, huge.
неохлаждаемый *a.* uncooled.
неохотный *a.* unwilling, reluctant.

неоцен *m.* (geol.) Neocene.
неоценимый *a.* inestimable, invaluable.
неоцидин *m.* neocidin.
неоцинкованный *a.* (met.) ungalvanized.
неочетливый *a.* vague, indistinct.
неочищенный *a.* unpurified, unrefined, crude, raw; sour (gasoline).
неоштукатуренный *a.* unplastered, unfinished.
неощут/имый, —ительный *a.* impalpable, imperceptible, inappreciable.
неп *abbr.* (**непер**) neper.
непалин *m.* nepalin.
непарнокопытный *a.* (zool.) perissodactyl.
непарный *a.* odd, unpaired, unmatched.
непахучий *a.* odorless.
непер *m.* (acous.) neper (unit).
непере/водимый *a.* untranslatable; **—гружающийся** *a.* antisaturation (amplifier); **—крывающийся** *a.* nonoverlapping; **—носимый** *a.* unbearable, intolerable; **—носный** *a.* nonportable, stationary.
непересе/кать *v.* not cross, not intersect; not overlap; **—кающий(ся)** *a.* non-crossing, nonintersecting, disjoint; nonoverlapping; **—ченный** *a.* not crossed, etc., *see v.*
непериодич/еский *a.* nonperiodical, aperiodic(al), noncyclic; **—ность** *f.* aperiodicity.
неперовый *a.* (math.) Napier(ian).
неписаный *a.* unwritten (rules).
непищевой *a.* inedible.
неплав/кий *a.* infusible, nonmelting; **—кость** *f.* infusibility; **—ящийся** *a.* nonmelting, nonconsumable.
непластифицированный *a.* unplasticized.
неплатеж *m.* nonpayment, default.
неплод/ородие *n.*, **—ородность** *f.* sterility, infertility; **—ородный, —отворный, —ущий** *a.* sterile, infertile, barren.
неплоский *a.* nonplanar.
неплотн/о *adv.* loosely; **—ость** *f.* looseness; leakiness, leakage; unsoundness; **—ый** *a.* loose, not compact; low-density; leaky, leaking; unsound.
неплохой *a.* not bad, satisfactory.
неповоротимый *a.* irrotational, nonrotatory.
неповрежденный *a.* unimpaired, intact, sound.
неповтор/имый, —яемый *a.* unique.
непогашеный *a.* unslaked, quick (lime).
непоглощающий *a.* nonabsorbing.
непого/да, —дь *f.* bad weather; **—жий** *a.* bad.
непогрешимый *a.* infallible.
неподалеку *adv.* near, not far.
неподвижн/о *adv.* without moving; immovably, securely; **—ость** *f.* immovability, immobility; **—ый** *a.* immobile, immovable, stationary, fixed; tight, rigid; motionless, resting, at rest, standing, quiescent; stagnant; still (air; water); sessile (drop); fixed-bed (catalyst); (elec.) static; dead (center); **—ая точка** point of rest; fulcrum; pause.
неподготовленный *a.* unprepared.
неподдельный *a.* unadulterated, pure; genuine, real, authentic.
неподеленный *a.* unshared.
неподин *m.* nepodin.
неподлежащий *a.* not subject (to), not liable (to), exempt, free (from).
неподменимый *a.* noninterchangeable.
неподобный *a.* dissimilar, unlike.
неподражаемый *a.* inimitable.
неподрессор(ен)ный *a.* unsprung, springless.
неподходящий *a.* unsuitable, unsuited, inappropriate, inadequate, unfitted.
непозволительный *a.* not permissible, not to be permitted, inadmissible.
непоколебимый *a.* firm, unyielding.
непокрытый *a.* uncoated, uncovered.
непола/д/ка *f.* shutdown, failure, breakdown, disrepair, malfunction, maladjustment; trouble, fault, hitch, bug, kink; **выявление —ок, нахождение —ок** troubleshooting; **устранять —ки** *v.* debug.
неполивной *a.* not requiring irrigation.
неполированный *a.* unpolished.
неполно *adv.* incompletely; **—зубые** *pl.* (zool.) Edentata; **—мерный** *a.* short, scanty; undersized; **—сть, —та** *f.* incompleteness, imperfection; **—стью** incompletely; **—ценный** *a.* inferior, low-grade; defective.
неполный *a.* incomplete, partial, unfinished; not full; below standard; low-order (detonation); short (measure); light (load); imperfect, defective.
неполовозрелый *a.* (biol.) immature.
неполяр/изованный *a.* nonpolarized; **—ный** *a.* nonpolar.
непомерный *a.* exorbitant, excessive.
непоним/ание *n.* incomprehension; misunderstanding; **—ающий** *a.* uncomprehending.
непонят/но *adv.* incomprehensibly; it is incomprehensible; **—ность** *f.* incomprehensibility; **—ный** *a.* incomprehensible, unintelligible, obscure; **—ый** *a.* misunderstood.
непопадание *n.* miss(ing).
непоправим/о *adv.* beyond repair; **—ость** *f.* irreparability; **—ый** *a.* irreparable.
непористый *a.* nonporous, compact, dense.
непорченный *a.* unspoiled, sound.
непорядок *m.* disorder, chaos, confusion.
непосвященный *a.* uninitiated.
непосещение *n.* absence (at lecture).
непосильный *a.* excessive; too difficult.

непоследовательн/о *adv.* inconsistently, not in order; **—ость** *f.* inconsistency, inconsequence; **—ый** *a.* inconsistent, inconsequent, irrelevant, irregular, nonconsecutive.

непосредственн/о *adv.* immediately, directly, next; just; **н. перед тем как** just before; **н. после того как** just after; as soon as; **—ость** *f.* immediateness; spontaneity; **—ый** *a.* immediate, direct; spontaneous; **—ого действия** direct-action.

непостижимый *a.* incomprehensible.

непостоян/ный *a.* inconstant, not constant, unstable, unsteady, unsettled, changeable, variable; **—ство** *n.* inconstancy, instability, variability.

непотопляемость *f.* unsinkability.

непохожий *a.* dissimilar, unlike.

непочатый *a.* entire, untouched.

непоявление *n.* nonappearance, failure.

неправда *f.* falsehood, untruth, lie.

неправильн/о *adv.* incorrectly, etc., *see a.*; improperly (designed); it is not correct; **—ость** *f.* inaccuracy, mistake, error; irregularity; **—ый** *a.* incorrect, inaccurate, untrue, false, wrong; defective; irregular, erratic; mis—, mal—; improper, in error; off (color); (med.) vicious (union); **—ый запал** misfire; **—ый термин** misnomer; **—ая дробь** (math.) improper fraction; **—ая работа** malfunction; **—ая форма** irregular shape; **—ое сращение** (med.) vicious union; **—ое употребление** misuse.

неправоспособн/ость *f.* incompetence; **—ый** *a.* incompetent, disqualified.

неправый *a.* wrong.

непрактичн/ость *f.* impracticability; **—ый** *a.* impracticable.

непревзойденный *a.* unsurpassed, second to none, supreme.

непредвиденный *a.* unforeseen, unlooked for, unexpected.

непредельный *a.* unlimited, unbound; nonlimiting; (chem.) unsaturated.

непредотвратимый *a.* unavoidable.

непредохраненный *a.* unprotected; (elec.) not provided with a fuse.

непредположительный *a.* (math.) nonconjectural.

непредубежденный *a.* unbiased, unprejudiced.

непреклонный *a.* inflexible, unbending, rigid, firm.

непреложный *a.* immutable, unalterable; indisputable.

непременн/о *adv.* without fail, for certain; necessarily; **—ый** *a.* unfailing, certain; indispensable, necessary.

непреодолимый *a.* insurmountable, invincible.

непререкаемый *a.* unquestionable, indisputable; sure, certain.

непрерывно *adv.* uninterruptedly, without interruption, continuously; at all times, ever, steadily; **—действующий**, **—поточный** *a.* continuous; **—сть** *f.* continuity, persistence; (phys.) continuum.

непрерывн/ый *a.* continuous, uninterrupted, unbroken, constant, permanent, steady, unabated; continued (fraction); perpetual (inventory); (math.; stat.) moving (averages); **—ого действия** continuous (operation); **—ого излучения** continuous(-wave) (laser).

непрестанный *a.* ceaseless, unremitting.

непреходящий *a.* permanent.

неприбыльный *a.* unprofitable, profitless; noncommercial.

непривар *m.* nonfusion (of welded metals); cold welding.

приветливый *a.* unfriendly.

неприводимый *a.* irreducible.

непривлекательный *a.* unattractive.

неприводной *a.* (typ.) out-of-register.

непривычный *a.* unaccustomed, strange.

непригодн/ость *f.* inadequacy, unsuitability; **—ый** *a.* inadequate, unsuitable, unfit, impractical, impracticable.

неприемлемый *a.* unacceptable.

непризнанный *a.* unacknowledged.

неприкосновенный *a.* emergency (supply).

неприкрепленный *a.* unattached, free.

неприкрытый *a.* uncovered, unprotected.

неприменим/ость *f.* inapplicability; irrelevance; **—ый** *a.* inapplicable, unusable, unworkable; irrelevant.

неприметный *a.* imperceptible, indiscernible, inconspicuous.

непримиримый *a.* irreconcilable, implacable.

непринужденный *a.* unconstrained, free.

непринятие *n.* nonacceptance, rejection, refusal.

неприспособляем/ость *f.* inadaptability; **—ый** *a.* inadaptable, inapplicable.

неприступн/ость *f.* inaccessibility; **—ый** *a.* inaccessible, unapproachable.

неприученный *a.* untrained.

неприхотливый *a.* simple, unpretentious; undemanding.

неприятн/ость *f.* unpleasantness, trouble, nuisance; **—ый** *a.* unpleasant, troublesome, disagreeable.

непрободенный *a.* imperforate(d).

непробудный *a.* sound (sleep).

непровар *m.* (welding) incomplete fusion, poor penetration; (glass) incomplete melting; undercooked pulp.

непровод/ник *m.* nonconductor; **—ящий** *a.* nonconducting.

непроглядный *a.* dense (fog).

непродиффундированный *a.* not diffused.

непродолжительный a. short, brief; intermittent, discontinuous.
непродуктивн/ость f. nonproductivity; —ый a. unproductive, barren.
непроезжий a. impassable.
непрозрачн/ость f. opacity, nontransparency; —ый a. opaque, nontransparent, impervious; cloudy (liquid).
непроизводительн/ость f. nonproductivity; —ый a. nonproductive, unproductive, barren, poor (land).
непроизвольн/о adv. involuntarily, unintentionally; —ый a. involuntary, unintentional —ое движение involuntary movement, reflex.
непрокалывающийся a. punctureproof.
непролазный a. impassable.
непромокаем/ость f. impermeability, imperviousness; —ый a. impermeable, impervious, nonwettable, waterproof; делать —ым v. waterproof.
непромышленный a. unprofitable; nonindustrial, noncommercial.
непроницаем/ость f. impermcability, impenetrability, tightness; (opt.) opacity; —ый a. impermeable, impervious, impenetrable, tight; hermetic (seal); opaque; —ый для воздуха airtight; —ый для звука soundproof.
непропитанный a. unimpregnated.
непропорциональн/о adv. disproportionately, out of proportion; —ость f. disproportion(ality); —ый a. disproportionate, out of proportion.
непропускающий a. impervious, tight.
непрореагировавший a. unreacted.
непросвечивающий a. opaque.
непростительный a. inexcusable.
непросушенный a. unseasoned, undried.
непротивореч/ащий a. (math.) consistent; —ивость f. consistency.
непрофильный a. nonspecialized, general.
непроходим/ость f. impassability, impenetrability; —ый a. impassable, impenetrable, impervious.
непроходной a. no-go (gage).
непрочн/ость f. instability; flimsiness; perishability; —ый a. unstable; flimsy, insecure, unreliable; not strong, not durable; fugitive (color); perishable (food).
непроявление n. (phot.) nondevelopment; failure to appear.
непрямой a. indirect.
Нептун (astr.) Neptune.
нептун/ий m. neptunium, Np; —ит m. (min.) neptunite; —ический a. (geol.) neptunic, neptunian; —овый голубой Neptune blue.
непуит m. (min.) nepouite.
непуст/ой a. (math.) nonvoid; —отелый a. solid.

нерабо́т/ающий a. idle, standing, inoperative, nonoperating; —оспособный a. inoperative; disabled.
нерабоч/ий a. idle, not working, inactive, inoperative; off (position); —ее время idle time, time off.
неравенство n. inequality, disparity; (astr.) perturbation.
неравнобокий a. unequal-sided, scalene.
неравновесный a. nonequilibrium.
неравногранн/ик m. (cryst.) scalenohedron; —ый a. scalenohedral.
неравнозначный телеграфный код Morse code.
неравномерн/о adv. irregularly, not uniformly; —ость f. irregularity, nonuniformity, inequality; коэффициент —ости (illum.) variation factor; —ый a. irregular, erratic, uneven, not uniform, nonuniform, unequal.
неравн/осторонний a. (geom.) scalene, having unequal sides; —оценный a. nonequivalent; heterodynamic; —ый a. unequal, uneven.
нерад/ение n., —ивость f. negligence, carelessness; —ивый a. negligent.
неразбавленный a. undiluted, concentrated; raw (alcoholic beverage).
неразборный a. nonseparable.
неразборчивый a. illegible, undecipherable; undiscriminating.
неразбуренный a. undeveloped (oil field).
неразвертывающийся a. nondevelopable.
неразвит/ый a. undeveloped; —ость f. undeveloped state.
неразделенный a. undivided.
неразделимый a. indivisible, inseparable.
нераздельнокипящий a. azeotropic.
нераздельн/ость f. inseparability, indivisibility; —ый a. inseparable, indivisible; unseparated, undivided; —ая часть integral part.
неразжимный a. tight (nut).
неразлагаем/ый a. undecomposable, simple; indivisible; —ое вещество element.
неразличимый a. indiscernible, indistinguishable, undecipherable.
неразлож/енный, —ившийся a. undecomposed; —имый see неразлагаемый.
неразобранный a. unsorted.
неразрезной a. continuous, solid.
неразреш/енный a. unauthorized; forbidden; un(re)solved; —имый a. insoluble (problem).
неразруш/аемый a. indestructible; —ающий a. nondestructive; —имость f. indestructibility; —имый a. indestructible.
неразрывн/о adv. indissolubly, inseparably, intimately; —ость f. indissolubility; continuity; —ый a. indissoluble, in-

separable; strong, indestructible; continuous.
неразъед/аемый, —ающийся *a.* noncorrodible, corrosion-resistant; —ающий *a.* noncorroding, noncorrosive.
неразъемный *a.* nondetachable, solid, one-piece, continuous; permanent.
неразъяснимый *a.* inexplicable.
нерал *m.* neral, citral b.
нерас/кисленный *a.* unreduced; —падающийся *a.* nondisintegrating; —плавленный *a.* unfused, unmelted; —плывающийся *a.* nondeliquescent; —познаваемый *a.* undecipherable; —пространение *n.* nonproliferation (of nuclear weapons).
нераствор/енный *a.* undissolved; —имость *f.* insolubility; —имый *a.* insoluble, nonsoluble.
нерасходуемый *a.* permanent (electrode).
нерасцепной *a.* sleeve-type (clutch).
нерасчетлив/ость *f.* extravagance, wastefulness; —ый *a.* extravagant, wasteful, not economical.
нерасчлен/енный *a.* whole; undifferentiated; —имый *a.* indivisible.
нерасщепляемый *a.* nonfissionable, nonsplitting.
нерационал/изированный *a.* nonrationalized; —ьный *a.* irrational, not rational.
нерв *m.* nerve; —ация *f.* (bot.) nervation, venation; —ничать *v.* be nervous; —но *adv.* nervously; —нобольной *m.* neurotic; —ность *f.* nervousness.
нервн/ый *a.* nervous, nerve; *suffix* -veined; н. узел (anat.) ganglion; —ое волокно nerve fiber, axon.
нер-во *abbr.* (неравенство).
нервон *m.* nervon; —овая кислота nervonic acid, selacholeic acid.
нервюра *f.* rib; н.-распорка *f.* compression rib.
нереагирующий *a.* nonreacting.
нереальный *a.* unreal; impracticable.
нереверберирующий *a.* anechoic.
нереверс/ивный *a.* nonreversing; —ируемый *a.* nonreversible.
нерегенерир/ованный *a.* unreclaimed (rubber); —уемый *a.* nonregenerable.
нерегистрирующий *a.* discrete-reading.
нерегул/ируемый *a.* (aut.) unregulable; unadjustable; —ярность *f.* irregularity; —ярный *a.* irregular, occasional.
неред/кий *a.* not uncommon, not infrequent, ordinary, common; —о *adv.* not infrequently, often; it is not unusual.
нерезк/ий *a.* blurred (image); soft (sound); —ость *f.* blurriness; softness.
нерезонансный *a.* nonresonance.
нерекуррентный *a.* nonrecurrent.
нерелятивистский *a.* nonrelativistic.
нерентабельный *a.* unprofitable.

нерест *m.*, —овый *a.* (ichth.) spawning; —иться *v.* spawn.
нерефлексивный *a.* nonreflexive.
нерешительн/ость *f.* indecision, irresolution; быть в —ости, проявлять н. *v.* hesitate; —ый *a.* undecided, indecisive, irresolute, dubious.
нержавеющий *a.* nonrusting, rustproof, rust-resisting; stainless (steel).
нери/антин *m.* neriantin; —ин *m.* neriin; —олин *m.* neriolin; —товый *a.* (geol.) neritic.
нерка *f.* (ichth.) red salmon.
Нернста лампа (elec.) Nernst lamp.
неровн/о *adv.* unevenly, roughly, irregularly; —ость *f.* unevenness, roughness, irregularity, wrinkle; inequality; —ый *a.* uneven, rough, irregular, rugged, ragged, jagged; bumpy; unequal; odd (number).
нерол *m.* nerol; —идол *m.* nerolidol, peruviol; —иевый *a.* neroli; —ин *m.* nerolin.
неротативный *see* неповоротимый.
нерп/а *f.*, —ичий, —овый *a.* (zool.) seal.
нерудный *a.* (min.) nonmetalliferous, nonvaluable.
нерушим/ость *f.* inviolability; —ый *a.* inviolable, indestructible.
нес *past m. sing. of* нести.
несамо/гасящийся *a.* non-self-quenching; —сопряженный *a.* (math.) not self-adjoint, not self-conjugate; —стоятельный *a.* non-independent, dependent; —ходный *a.* not self-propelled.
несахарный *a.* insipid (diabetes).
несбыточн/ость *f.* impossibility of realization; —ый *a.* unrealizable, unachievable, impossible, vain.
несварение *n.* indigestion.
несведущий *a.* inexpert, unskilled.
несвеж/есть *f.* staleness; —ий *a.* stale, not fresh; stagnant; soiled.
несветящийся *a.* nonluminous.
несвободный *a.* restricted, constrained, bound, not free; combined (element).
несвоевременн/ость *f.* inopportuneness; —ый *a.* inopportune, untimely, ill-timed; late, out of season.
несвойственный *a.* not characteristic (of), unnatural, extrinsic.
несвязанный *a.* uncombined, free, available; unbound, loose; unbonded; noncohesive, incoherent, disconnected, unconsolidated (deposits); isolated (case).
несвязн/ость *f.* incoherence; —ый *a.* incoherent, disconnected.
несгиб/аемый, —ающийся *a.* inflexible, rigid.
несгор/аемость *f.* incombustibility; —аемый *a.* incombustible, noncombustible, fireproof, refractory; —аемый шкаф

safe, strongbox; —**ающий** *a.* incombustible, nonburning; —**евший** *a.* unburned.
несгущаемый *a.* noncondensable.
несдавливаемый *see* **несжимаемый**.
несдержанный *a.* unfulfilled; unrestrained, violent; incontinent.
несекретный *a.* unclassified.
несение *n.* performance (of duties).
несенный *a.* carried.
несессер *m.* case, container.
несет *pr. 3 sing. of* **нести**.
несжимаем/ость *f.* incompressibility; —**ый** *a.* incompressible, noncondensable.
несимметр/ический, —**ичный** *a.* unsymmetrical, asymmetric(al), unbalanced; irregular; —**ичность,** —**ия** *f.* dissymetry, asymmetry, lack of symmetry.
несинерирующий *a.* nonbleeding.
несинусоидальный *a.* (elec.) nonsinusoidal (wave), distorted.
несинхронный *a.* asynchronous, nonsynchronous.
несистематический *a.* nonsystematic, erratic.
несите *imp. of* **нести**.
неск. *abbr.* (**несколько**) several.
нескандиеносный *a.* scandium-free.
несквегонит *m.* (min.) nesquehonite.
несквозной *a.* blind (passage).
нескладчатый *a.* (geol.) unfolded.
нескользящий *a.* nonskid(ding), skidproof, antiskid, nonslip.
несколько *adv.* somewhat, to some extent, slightly, just; some, few, several.
нескончаемый *a.* endless, interminable.
нескоропортящийся *a.* nonperishable.
нескрывающийся *a.* nondisappearing.
неслепящий *a.* nondazzling.
несли *past pl. of* **нести**.
несложн/о *adv.* simply; —**ость** *f.* simplicity; —**ый** *a.* simple.
неслоистый *a.* unstratified.
неслы/ханный *a.* unheard of; —**шный** *a.* inaudible.
несмачив/аемость *f.* nonwettability; —**аемый** *a.* nonwettable; —**ание** *n.* nonwetting.
несменяем/ость *f.* irremovability; —**ый** *a.* irremovable, nondetachable.
несмесимость *see* **несмешиваемость**.
несметный *a.* infinite, innumerable.
несмеш/анный *a.* unmixed, unblended; —**иваемость** *f.* immiscibility; —**иваемый,** —**ивающийся** *a.* immiscible, nonmiscible.
несмещенный *a.* not out of place; (math.) unbiased.
несминаемый *a.* crease-resistant.
несмотря (на) *prep. acc.* in spite of, despite, notwithstanding, regardless of; **н. на то, что** despite the fact that, even though; **н. на это** in spite of this, nevertheless.
несмываемый *a.* indelible; permanent.
несоблюдение *n.* nonobservance, infringement (of patent law).
несобранный *a.* unassembled, dismantled; ungathered.
несобственный *a.* improper (integral).
несовершеннолетний *a.* minor, under age.
несовершен/ный *a.* imperfect, defective; incomplete, inadequate, deficient (number); submerged (weir); —**ная работа** work in process; —**ство** *n.* imperfection, irregularity.
несовме/стимость, —**стность** *f.* incompatibility, inconsistency; —**стимый,** —**стный** *a.* incompatible, inconsistent, incongrous; —**щение** *n.* nonregistration (of colors).
несовпадение *n.* noncoincidence, disagreement, discrepancy, variance; nonconcurrence, nonconformity; misalignment (of axis); (electron.) anticoincidence.
несовременный *a.* not contemporary.
несоглас/ие *n.* disagreement, variance, difference, unconformity, nonconformity; —**но** *adv.* in disagreement (with), at variance (with); —**ность** *f.* disagreement; —**ный** *a.* disagreeing, differing, discordant; (geol.) unconformable; —**ованность** *f.* inconsistency, disagreement, noncoordination.
несодержащий *a.* not containing; **н. хлора** chlorine-free.
несоизмерим/ость *f.* (math.) incommensurability; —**ый** *a.* incommensurable.
несократимый *a.* nonreducible (fraction).
несокрушимый *a.* firm, steady; indestructible, invincible.
несомненн/о *adv.* undoubtedly, no doubt, certainly, decidedly, assuredly; —**ый** *a.* doubtless, indubitable, definite, absolute, unquestionable, obvious.
несомый *pr. pass. part. of* **нести**.
несообразн/ость *f.* incompatibility, incongruity, absurdity; —**ый** *a.* incompatible, incongrous (with), absurd.
несоосность *f.* misalignment.
несоответств/енный, —**ующий** *a.* conflicting, incongruous, contrary, inappropriate, unsuitable, inadequate, inexpedient, undue; —**ие** *n.* noncorrespondence, conflicting, nonconformity, discrepancy, disparity, inadequacy, incompatibility, unbalance; gap.
несопряженный *a.* disconnected, unlinked, unmated, uncombined.
несоразмерн/ость *f.* disproportion; incommensurability; inadequacy; —**ый** *a.* disproportionate; incommensurable; inadequate.

несортированный *a.* un(as)sorted, run-of-mine, run-of-mill.
несостоявшийся *a.* not taken place.
несостоятельн/ость *f.* insolvency, failure; groundlessness; unsoundness; **—ый** *a.* insolvent, bankrupt; groundless, unfounded; flimsy, unsound; indigent; (stat.) inconsistent.
несохранение *n.* nonconservation.
неспаренный *a.* unpaired.
неспасаемый *a.* nonrecoverable, expendable.
неспекающийся *a.* noncaking, noncoking, nonsintering.
неспелый *a.* unripe, green.
неспециал/ист *m.* layman; **—ьный** *a.* general-purpose, nonspecialized, universal.
неспешный *a.* slow, unhurried; not urgent.
несплавление *see* **непровар.**
несплошный *a.* not continuous, broken.
несподручн/о *adv.* inconveniently, it is inconvenient; **—ый** *a.* inconvenient.
неспокойный *a.* restless, erratic; stormy.
неспособн/о *adv.* (it is) inconvenient, it does not suit; **—ость** *f.* incapacity, inability, incompetence; failure; **—ый** *a.* incapable, unable, incompetent; difficult, inconvenient.
несправедливый *a.* unjust, wrong.
неспроста *adv.* not without purpose, it is not for nothing, no wonder.
несрабатывание *n.* nonoperation.
несравн/енный, —имый *a.* incomparable, matchless, perfect.
несродный *a.* heterogeneous; uncongenial.
несслеров реактив Nessler reagent.
несся *past m. sing. of* **нестись.**
нестабил/изированный *a.* unstabilized; unregulated; **—ьность** *f.* instability; **—ьный** *a.* unstable.
нестандартный *a.* nonstandard, irregular; optional (equipment); off (size).
нестар/еющий *a.* non-aging; **—ый** *a.* not old.
нестационарный *a.* nonstationary; transient, transitional; portable.
нестерпимый *a.* unendurable, intolerable.
нести *v.* carry, bear, support; have, be equipped (with); suffer, sustain, incur (losses); smell, reek (of); lay (eggs).
нестир/аемый, —ающийся *a.* indelible (stain); (comp.) nonerasable.
нестись *v.* rush (along); be carried, drift; lay eggs.
нестойк/ий *a.* unstable; nonresistant, nonpersistent; **—ость** *f.* instability.
нестреловидный *a.* unswept, straight (wing).
нестроганый *a.* rough (lumber).
нестроевой *a.* (mil.) noncombatant; non-building (timber).
нестройный *a.* discordant; disordered.
несудоходный *a.* nonnavigable.
несульфидный *a.* sulfide-free (mineral).
несуразный *a.* absurd; awkward.
несут *pr. 3 pl. of* **нести.**
несущая *f.* carrier.
несущественный *a.* unessential, minor, unimportant, immaterial.
несущ/ий *a.* bearing, supporting, carrying, carrier; **н. винт** (av.) rotor; **н. элемент** carrier; **—ая волна** (rad.) carrier wave; **—ая поверхность** supporting surface, lifting surface; (av.) airfoil; **—ая частота** carrier frequency; **—ее устройство** carrier.
несфокусированный *a.* unfocused.
несхватывающийся *a.* green (concrete).
несход/имость *f.* divergence; **—имый** *a.* divergent; **—ный** *a.* dissimilar, unlike, diverse; unsuitable; **—ство** *n.* dissimilarity, difference, discrepancy.
несцементированный *a.* loose (rock).
несчаст/ливый, —ный *a.* unlucky, unfortunate; **—ный случай** accident, mishap; **—ье** *n.* misfortune, accident, disaster, ill luck; **к —ью, на —ье** unfortunately.
несчётный *a.* innumerable, countless.
несший *past act. part. of* **нести.**
несъедобный *a.* inedible.
несъёмный *a.* fixed, permanent.
неся *pr. ger. of* **нести.**
несяк *m.* floeberg, floe.
нет *adv.* no; there is not, there are no; **свести на нет** *v.* reduce to zero, offset.
нетабельный *a.* improvised (mine).
нетабличный *a.* abnormal.
нетвёрдый *a.* unsteady, shaky; soft.
нетекучий *a.* stagnant, still (water).
нетель *f.* heifer.
нетемнеющий *a.* nondarkening; nonbrowning (glass).
нетеплопроводный *a.* non-heat-conducting, impervious to heat.
нетер/евой, —овый *a.* (math.) Noether(ian).
нетерп/еливый *a.* impatient; **—ение** *n.* impatience; **—имый** *a.* intolerable; intolerant.
нетёсаный *a.* rough, uncut (stone).
нетканый *a.* nonwoven.
нетоксичный *a.* nontoxic.
нетональный *a.* unpitched (sound).
нетопырь *m.* (zool.) bat.
неторопливый *a.* slow, unhurried.
неточн/о *adv.* not exactly, inaccurately; **—ость** *f.* inaccuracy, error, discrepancy; **—ый** *a.* inexact, inaccurate.
нетребовательный *a.* not exacting, undemanding, modest.
нетронутый *a.* untouched, intact, whole; untapped, virgin.
нетропсин *m.* netropsin.

нетрудн/о *adv.* without difficulty; it is not difficult, it is easy; —ый *a.* easy.
нетрудоспособн/ость *f.* disability; —ый *a.* disabled; invalid.
нетрудящийся *a.* nonworking.
нетто *adv.* net; вес н. net weight.
неубедительн/ость *f.* unconvincing nature; —ый *a.* unconvincing, inconclusive.
неубывающий *a.* nondecreasing.
неуверенн/ость *f.* uncertainty, conjecture; —ый *a.* uncertain, unsure.
неувядаемый *a.* unfading.
неувязка *f.* discrepancy, disagreement; lack of coordination.
неугасимый *a.* inextinguishable, unquenchable.
неудач/а *f.* failure, lack of success; —но *adv.* unsuccessfully; —ный *a.* unsuccessful, unfortunate, unlucky.
неудержимый *a.* uncontrollable.
неудивительный *a.* not surprising, ordinary.
неудобн/о *adv.* inconveniently; it is inconvenient; —ый *a.* inconvenient, awkward; unproductive (land).
неудобо— *prefix* inconvenient(ly); with difficulty; —варимый *a.* indigestible; —исполнимый *a.* impracticable; —понятный *a.* unintelligible; —проходимый *a.* impassable; —читаемый *a.* illegible.
неудобство *n.* inconvenience; drawback, difficulty, disadvantage.
неудовлетвор/енность *f.* dissatisfaction; —енный *a.* dissatisfied; —ительный *a.* unsatisfactory, poor, insufficient, inadequate; —яющий *a.* not satisfying; —яющий стандартам substandard.
неужели *adv.* is it possible? indeed?
неузнаваемый *a.* unrecognizable.
неуклонн/о *adv.* steadily, ever; —ый *a.* steady, constant; infallible.
неуклюж/есть *f.* clumsiness, awkwardness; —ий *a.* clumsy, awkward.
неукоснительный *a.* strict, unfailing.
неулавливаемый *a.* inappreciable, imperceptible.
неулетучивающийся *a.* nonvolatile, fixed.
неуловимый *a.* elusive; inappreciable.
неуме/лый *a.* unskilful, incompetent; —ние *n.* lack of skill, incompetence.
неумеренн/о *adv.* immoderately, in excess; —ый *a.* immoderate, excessive.
неуместный *a.* misplaced, out of place, irrelevant, uncalled for, superfluous.
неумол/каемый, —чный *a.* ceaseless (sound).
неумышленный *a.* unintentional, inadvertent.
неуничтожаем/ость *f.* indestructibility; —ый *a.* indestructible.
неуплата *f.* nonpayment.

неуплотн/енный *a.* noncompacted, loosely spread; unconsolidated (rock); —яемость *f.* incompressibility; —яемый *a.* incompressible.
неупорядоченный *a.* disordered.
неупотреб/ительный *a.* not in use, not used, unused; —ление *n.* disuse.
неуправка *f.* trouble, problem.
неуправляемый *a.* unguided, random, uncontrolled, out of control, free(-flight).
неупругий *a.* inelastic, rigid.
неуравновешенн/ость *f.* imbalance; —ый *a.* unbalanced, out of balance, out of alignment.
неурожай *m.* crop failure, poor crop.
неурочный *a.* unseasonable; inopportune.
неусвояемый *a.* unassimilable; unavailable.
неусиленный *a.* nonreinforced.
неуспе/х *m.* failure, lack of success; —шный *a.* unsuccessful.
неустанный *a.* relentless, tireless.
неустанов/ившийся *a.* unsettled, unsteady, irregular, interrupted; transient, transitional; н. режим transient; —ленный *a.* undetermined, unestablished; unmounted.
неусто/ечный *a.*, —йка *f.* forfeit, fine, penalty; failure; —ечные проценты interest in arrears.
неустойчив/ость *f.* instability, unsteadiness, fluctuation; —ый *a.* unstable, labile; unsteady, fluctuating, variable, shifting; precarious (position).
неустранимый *a.* unavoidable, irremovable.
неустро/енный *a.* poorly organized; —йство *n.* disorder, lack of organization.
неутолимый *a.* unquenchable, insatiable.
неученый *a.* uneducated.
неуч/итываемый *a.* negligible; —тенный *a.* unaccounted for.
неуязвимый *a.* invulnerable, immune, safe.
неф— *prefix* neph(o)— (cloud).
нефелин *m.* (min.) nepheline, nephelite; —ит *m.* (petr.) nephelinite; —овый *a.* nepheline, nephelinic.
нефелометр *m.* nephelometer, turbidimeter; —ический *a.* nephelometric, turbidimetric; —ия *f.* nephelometry.
нефферромагнитный *a.* nonferromagnetic.
нефильтрованный *a.* unfiltered.
нефлотируемый *a.* nonfloat(ing).
нефлуктуирующий *a.* nonfluctuating.
нефо— *see* неф—; —скоп *m.* nephoscope.
нефр— *prefix* nephr(o)— (kidney).
нефранкированный *a.* unstamped.
нефр/идий *m.* (zool.) nephridium; —ин *m.* nephrine; —ит *m.* (min.) nephrite, jade; (med.) nephritis; —итный, —итовый *a.* nephritic; —о— *see* нефр—; —оз *m.* (med.) nephrosis.

нефте— *prefix* petroleum; **—база** *f.* bulk plant; **—вать** *v.* petrolize, treat with petroleum; **—водяное зеркало** (geol.) oil-water table; **—воз** *m.* tanker.

нефтегазо/вый *a.* oil and gas; **—каротаж** *m.* oil and gas logging; **—носный** *a.* oil and gas bearing; **—провод** *m.* oil and gas pipeline.

нефте(де)гиль *m.* (min.) neft(de)gil.

нефтедобы/вающий *a.* petroleum(-extracting); **—ча** *f.* oil output, oil production.

нефте/заводский *a.* refinery; **—материнский** *see* **нефтепроизводящий**; **—накопление** *n.* oil accumulation.

нефтеналивн/ой *a.* bulk oil; **—ое судно** tanker, tank ship.

нефтенепроницаемый *a.* oil-tight.

нефтеносн/ость *f.* oil content, oil pool; **—ый** *a.* oil-bearing, petroliferous; **—ый район** oil field.

нефте/образование *n.* oil formation; **—очистительный** *a.*, **—очистка** *f.*, **—перегонный** *a.* oil refining; **—перегонный завод** refinery.

нефтепереработ/атывающий *a.*, **—отка** *f.* petroleum processing, oil refining; **—отчик** *m.* oil refiner.

нефте/провод *m.* (oil) pipeline; **—продукты** *pl.* petroleum products; **—производящий** *a.* petroleogenetic, oil-yielding, source (rocks).

нефтепромы/сел *m.*, **—словый** *a.* oil field; **—шленник** *m.* oil worker; **—шленность** *f.*, **—шленный** *a.* petroleum industry.

нефте/проявления *pl.* oil criteria; **—рудовоз** *m.* oil and ore carrier; **—топливо** *n.* fuel oil; **—химический** *a.* petrochemical, petroleum chemical; **—хранилище** *n.* oil (storage) tank.

нефть *f.* petroleum, oil.

нефтян/ик *m.* oilman; petroleum specialist; **—ка** *f.* gasoline engine, semidiesel engine; tanker.

нефтян/ой *a.* petroleum, oil; gasoline (engine); **н. источник** oil well; **н. эфир** petroleum ether; **—ое месторождение** oil field; **—ое топливо** fuel oil; **—ые остатки** petroleum residue, mazut.

нехват/ать *see* **недоставать**; **—ка** *f.* shortage, deficit, dearth, scarcity, lack; (chromosome) deletion.

неходовой *a.* unmarketable, not in demand; inoperative, out of order.

нехороший *a.* bad, poor, low (yield).

нецелесообразн/о *adv.* not to the purpose; **—ый** *a.* unsuitable.

нецентр/альный *a.* off-center, side; non-central; **—ированный** *a.* eccentric.

нециклический *a.* acyclic, noncyclic.

нечаянн/о *adv.* accidentally, by accident; **—ость** *f.* unexpectedness; unforeseen accident; **—ый** *a.* unexpected, inadvertent, accidental.

нечего, нечему: there is nothing (to); **н. и говорить, что** it goes without saying that; **больше н.** no(thing) more; **нечему удивляться** it is no wonder.

нечерноземный *a.* (agr.) poor in chernozem.

нечет *m.* odd number.

нечеткий *a.* illegible, undecipherable.

нечетн/о-нечетный *a.* odd-odd; **—о-четный** *a.* odd-even; **—ый** *a.* odd, uneven (number).

нечисто *adv.* not cleanly; **—кровный** *a.* half-breed; **—та** *f.* dirtiness, impurity; **—ты** *pl.* impurities; sewage.

нечистый *a.* unclean, impure.

нечленораздельный *a.* inarticulate.

нечто *pron.* something, somewhat.

нечувствительн/ость *f.* insensitivity; **зона —ости** dead zone; **—ый** *a.* insensitive, dead, inert.

неширокий *a.* (fairly) narrow.

нешлакующийся *a.* nonclinkering.

нешунтированный *a.* unshunted.

нещелевой *a.* simple, plain (flap).

неэвклидовый *a.* (geom.) non-Euclidean.

неэконом(ич)ный *a.* uneconomical.

неэкранированный *a.* unshielded.

неэластичн/ость *f.* inelasticity, rigidity, stiffness; **—ый** *a.* inelastic, rigid.

неэлектролит *m.* nonelectrolyte.

неэффективный *a.* ineffective, inefficient.

неявка *f.* non-appearance, absence.

неявный *a.* (math.) implicit (function).

неядовитый *a.* non-toxic, non-poisonous.

неярк/ий *a.* dull, subdued, pale, soft (color); **—ость** *f.* dullness.

неясн/о *adv.* vaguely; it is not clear; **—ость** *f.* vagueness, obscurity, confusion; **—ый** *a.* vague, obscure, indistinct, blurred, hazy, nebulous, foggy, turbid; confused, not clear.

н.з.ч. *abbr.* (низкая звуковая частота) low audio frequency.

ни *conj.* neither, nor; **ни . . . ни** neither . . . nor; **ни за что на но account; ни один** none, nobody; **чтобы ни случилось** whatever may happen.

НИ *abbr.* (научный институт) scientific institute; *see also* **НИИ**; **ни, н.-и.** *abbr.* (научно-исследовательский) scientific-research.

ниагарский *a.* Niagara (Falls); (geol.) Niagarian (series).

ниацин *m.* niacin, nicotinic acid.

нива *f.* (corn) field; arable land.

ниваловая кислота nivalic acid.

нивация *f.* (geol.) nivation.

нивелир *m.* (surveyor's) level; **—ный** *a.*, **—ование** *n.* leveling, alignment; grading; **—овать** *v.* level, align; grade; **—овка** *f.*, **—овочный** *a. see* **нивелирование**;

—овщик *m.* leveler; —ующий *a.* leveling, etc., *see v.*
нивенит *m.* (min.) nivenite.
нивяник *m.* (bot.) Leucanthemum.
НИГ *abbr.* (научно-исследовательская группа) scientific research group.
нигде *adv.* nowhere.
Нигер (geog.) Niger; —ия Nigeria.
нигеровое масло nigerseed oil.
нигр— *prefix* nigr(o)— (black); —анилин *see* **нигрозин**; —изин *m.* nigrisine (dye); —ин *m.* (min.) nigrine; (elec.; min.) nigrite; —озин *m.* nigrosine, aniline black; —ол *m.* nigrol (lubricating oil); —ометр *m.* nigrometer (for carbon blacks); —оспороз *m.* (phyt.) Nigrospora infection; —отовая кислота nigrotic acid.
нидерландский *a.* Netherland, Dutch.
Нидерланды Netherlands.
нижайший *superl. of* **низкий**.
ниже *comp. of* **низкий, низко,** lower; *prep. gen.* below, beneath, under; beyond; minus; down (stream); sub(-zero); —изложенный *a.* given below, set forth below; —кипящий *a.* lower-boiling; —лежащий *a.* underlying; —означенный *a.* mentioned below; —подписавшийся *a.* the undersigned.
нижеприв/еденный, —одимый *a.* mentioned below, given below, following.
нижеследующ/ий *a.* following, next; сказал —ее said as follows.
нижестоящий *a.* lower.
нижет *pr. 3 sing. of* **низать**.
нижеупомянутый *a.* mentioned below.
нижне— *prefix* lower; —амурский *a.* (geog.) lower Amur; —волжский *a.* lower Volga; —днепровский *a.* lower Dnieper; —дунайский *a.* lower Danube.
нижнечелюстн/ый *a.* (anat.) mandibular; —ая кость mandible.
нижн/ий *a.* lower, bottom, inferior, under; down (draft); downhand (welding); ground (floor); first-stage (rocket); **Н.-Новгород** Nizhni-Novgorod; н. слой substratum; —яя часть, —ик *m.* bottom.
нижут *pr. 3 pl. of* **низать**.
низ *m.* bottom, base; (geol.) lowermost stratum; *prefix* down(ward).
низать *v.* string, thread.
низбегающий *a.* running down, decursive, decurrent.
низведение *n.* bringing down.
низвер/гать, —гнуть *v.* precipitate, throw down; —жение *n.* precipitation, throwing down.
низ/вести, —водить *v.* bring down.
низин *m.* nisin.
низин/а *f.,* —ный *a.* lowland, floodplain, depression, low place, flat.

низка *f.* stringing, threading.
низк/ий *a.* low; deep (sound); low-temperature (treatment); —ая малая вода (ocean.) lower low water; —ая полная вода lower high water.
низко *adv.* low; —водный *a.* low-level (bridge); —вольтный *a.* (elec.) low-voltage; —вязкий *a.* low-viscosity; —калорийный *a.* low-calorie; —кипящий *a.* low-boiling; —кремнистый *a.* low-silicon; —легированный *a.* low-alloy; —лесье *see* **мелколесье**; —летающий *a.* low-flying; —молекулярный *a.* low-molecular; —напорный *a.* low-pressure; —оборотный *a.* slow-speed; —омный *a.* (elec.) low-resistance; —план *m.* low-wing monoplane; —потенциальный *a.* low-potential, low-level.
низкопробн/ость *f.* inferior quality; —ый *a.* poor-quality, base (alloy).
низко/проходный *a.* (rad.) low-pass; —процентный *a.* low-percentage, low-grade, inferior; —рамный *a.* low-built, low-bed (trailer); —расположенный *a.* low (-set); —рослый *a.* low(-growing), short; —сортный *a.* poor-quality, low-grade; —сучный *a.* bushy, stunted (tree).
низкотемпературный *a.* low-temperature, deep (freezing); **н. шкаф** freezer.
низко/углеродистый *a.* low-carbon; —фоновый *a.* low-background (counter); —частотный *a.* low-frequency; —широтный *a.* low-altitude; —энергетический *a.* low-energy.
низменн/ость *f.* lowness; lowland, depression; —ый *a.* low(-lying).
низов/ой *a.* bottom, sedimentary (fermentation); lowland, situated downstream; —ье *n.* lower course, lower part (of river); в —ьях down stream.
низ/ок *m.* bottom; *sh. m. of* **низкий**; —ом *adv.* along the bottom, at the bottom; —ший *superl. of* **низкий**; lowest; (educ.) primary; —ы *pl. of* **низ**; —ь *f.* low place.
НИИ *abbr.* (научно-исследовательский институт) scientific research institute.
—ник *m. suffix* —er, —or.
никак *adv.* by no means, in no way; —ой *a.* no, not any, none, no . . . whatsoever.
никеле— *prefix* nickeli—, nickel(ic); —восурьмяный блеск (min.) ullmannite.
никелев/ый *a.* nickel; **н. блеск** (min.) nickel glance, gersdorffite; **н. гимнит** (min.) nickel gymnite, genthite; **н. изумруд** (min.) emerald nickel, zaratite; **н. купорос** nickel vitriol, nickel sulfate; —ая соль nickel salt (usually nickelous salt); —ое железо (met.) ferronickel;

—**ые цветы** (min.) nickel bloom, annabergite.
никелесинеродоводородная кислота nickelicyanic acid.
никелин *m.*, —**овый** *a.* nickeline (alloy); (min.) nickeline, niccolite.
никелиров/ание *n.* (met.) nickel plating; —**анный** *a.* nickel-plated; —**ать** *v.* nickel-plate; —**ка** *f.*, —**очный** *a.* nickel plating.
никелисто— *prefix* nickelo—, nickel(ous); —**синеродоводородная кислога** nickelocyanic acid.
никел/ь *m.* nickel, Ni; **гидрат закиси** —**я** nickelous hydroxide; **гидрат окиси** —**я** nickelic hydroxide; **закись** —**я** nickelous oxide, nickel monoxide; **соль закиси** —**я** nickelous salt; **карбонил** —**я** nickel carbonyl (gas); **молибденистый н.** nickel-molybdenum; **окись** —**я** nickelic oxide, nickel tetroxide; **сернокислый н.** nickel sulfate; **хлористый н.** nickel(ous) chloride.
никель/аммоний *m.* nickel ammonium; —**марганцевый** *a.* nickel-manganese; —**шпейс** *m.* (met.) nickel speiss; —**штейн** *m.* nickel matte.
никкол/ат *m.* nickelate; —**ит** *m.* (min.) niccolite, nickeline.
никогда *adv.* never, at no time.
никого *gen. of* **никто**.
никодуст *m.* lime-nicotine sulfate insecticide.
никоим образом *adv.* by no means, in no way; not at all.
николаевский *a.* (geog.) Nikolaevsk.
никол/аит *m.* (min.) nicolayite; —**ин** *m.* nicoline; —**ит** *see* **никколит**.
николь *m.* (opt.) nicol, Nicol prism.
Никольсона гидрометр Nicholson hydrometer.
никольсонит *m.* (min.) nicholsonite.
Николя призма *see* **николь**.
никот/еин *m.* nicoteine; —**еллин** *m.* nicotelline; —**ианин** *m.* nicotianine.
никотин *m.*, —**ный** *a.*, —**овый** *a.* nicotine; —**овая кислота** nicotinic acid, niacin, antipellagra vitamin.
никоторый *m. pron.* none.
никр/ал *m.* Nicral (alloy); —**осилал** *m.* Nicrosilal (cast iron).
никт—, —**и—** *prefix* nyct(i)— (night); —**алопия** *f.* (med.) nyctalopia, night blindness.
никто *pron.* nobody, no one, none.
никуда *adv.* nowhere, in no direction; **н. не годный** *a.* useless, worthless.
никчемный *a.* no good, useless.
Нил Nile (river).
НИЛ *abbr.* (**научно-исследовательская лаборатория**) scientific research laboratory.

Ниландера реактив Nylander reagent.
нилас *m.* newly formed ice; **светлый н.** young ice; **темный н.** ice rind.
ниль *m.* nil, null, zero; —**группа** *f.* nil-group; —**потентный** *a.* nilpotent; —**радикал** *m.* nil-radical; —**ряд** *m.* nil-series.
нильский *a.* (geog.) Nile.
ним *instr. of* **он(о)**.
Ним (geog.) Nimes.
нимало *see* **нисколько**.
нимб *m.* nimbus (of lunar crater); halo.
ними *instr. of* **они**.
нимф/а *f.* (ent.) nymph; —**алиды** *pl.* Nymphalidae; —**ея** *f.* (bot.) water lily (*Nymphaea*).
нингидрин *m.*, —**ный** *a.* ninhydrin.
ниоб/ат *m.*, —**иевокислая соль** niobate, columbate; —**иевый** *a.* niobium, columbium; **ниобиc, columbic (acid); —**ий** *m.* niobium, Nb, columbium; —**ит** *m.* (min.) niobite, columbite.
ниобовое масло niobe oil, methyl benzoate.
ниоткуда *adv.* from nowhere.
нипагин *m.* Nipagin, ethyl- or methyl-p-hydroxybenzoate.
нипекотовая кислота nipecotic acid, 3-piperidinecarboxylic acid.
ниппель *m.*, —**ный** *a.* nipple, sleeve, adapter, union; **соединительный н.** connector, union nipple.
НИР *abbr.* (**научно-исследовательская работа**) scientific research.
нирван/ин *m.* nirvanine; —**ол** *m.* nirvanol.
нирезист *m.* Niresist (alloy).
нис— *prefix* down(ward).
нисколько *adv.* not at all, not in the least; **н. не меньше** none the less.
ниспа/дать, —**сть** *v.* fall down.
ниспровергающий *a.* subversive.
нистагм(ус) *m.* (med.) nystagmus.
нистатин *m.* Nystatin, fungicidin.
нисходить *v.* descend, go down.
нисходя/щий *a.* descending, down(ward), downcast, downtake; drain, waste (pipe); (med., meteor.) catabatic; **н. дымоход** downtake; **н. канал** (min.) downcast (shaft); **н. сброс** (geol.) downcast fault, downthrow fault; —**ее скольжение** downslide.
нисхождение *n.* descent.
нит *m.* (illum.) nit (1 candle per sq.m.).
ниталь *m.* nital (pickling reagent).
нитбанк *m.* riveting stock.
ните/видный *a.* threadlike, filar, filiform, capillary, filament, filamentary; straight-chain (molecule); thready (pulse); —**вод(итель)** *m.* twine guide; (text.) thread guide; —**ловка** *f.* thread picker, thread extractor; —**образный** *see* **нитевидный**; thread (worm); —**проводник** *see* **нитевод(итель)**; —**резка** *f.* thread cutter.

нит/и *gen., etc., of* нить; —ка *f.* thread, fiber, filament; yarn; (colored) tracer.
нитон *m.* niton, Nt, radon, Rn.
ниточ/ка *f. dim. of* нитка; filament; —ник *m.* (text.) thread board; —ный *a.* thread, filar.
нитр— *prefix* nitr(o)—; —агин *m.* nitragin (bacterial fertilizer); —азин *f.* nitrazine; —ал(л)ой *m.* Nitralloy (steel); —амид *m.* nitramide; —амин *f.* nitramine, tetranitromethylaniline; —амино— *prefix* nitramino—.
нитранил/ин *m.* nitraniline; —овая кислота nitranilic acid.
нитрат *m.* nitrate; н. калия potassium nitrate; —ин *m.* (min.) nitratine, sodium nitrate; —ный *a.* nitrate; —ые бактерии nitro-bacteria; —ор *m.* nitrator.
нитрац/ионный *a.* nitrating; —ия *f.* nitration.
нитр/ен *m.* nitrene; —ид *m.* nitride; —ил *m.*, —иловый, —ильный *a.* nitrile; —ин *m.* nitrine.
нитрир/ование *n.* nitration; (met.) nitriding; —ованный *a.* nitrated; nitrided; —овать *v.* nitrate; nitride; —ующий *a.* nitrating; nitriding.
нитрит *m.* nitrite; н. натрия sodium nitrite; —о— *prefix* nitrito—.
нитрифи/кация *f.* nitrification; —цировать *v.* nitrify; —цируемый, —цирующийся *a.* nitrifiable; —цирующий *a.* nitrifying.
нитро— *prefix* nitro—; —амин *m.* nitramine; —аминосоединение *n.* nitroamino compound; —анилин *m.* nitroaniline; —бактерии *pl.* nitro-bacteria; —бензойный *a.* nitrobenzoic (acid); —бензол *m.* nitrobenzene.
нитров/альная смесь nitrating mixture; —ание *n.* nitration; nitriding; —анный *a.* nitrated; nitrided; —ать *v.* nitrate; nitrify; nitride.
нитро/винная кислота nitrotartaric acid; —глауберит *m.* (min.) nitroglauberite; —глицерин *m.* (expl.) nitroglycerin; —группа *f.* nitro group, nitroxyl; —желатин *m.* (expl.) nitrogelatin.
нитроза *f.* nitrose; —т *m.* nitrosate.
нитрозил *m.*, —овый *a.* nitrosyl; сернокислый н. nitrosyl sulfate, nitrososulfuric acid; —овая кислота nitrosylic acid (hyponitrous acid); —серная кислота nitrosylsulfuric acid.
нитроз/ирование *n.* nitrosation; —ит *m.* nitrosite; —ный *a.* nitrose; nitrous (gases, fumes).
нитрозо— *prefix* nitroso—; —амин *m.* nitrosoamine; —бензол *m.* nitrosobenzene; —группа *f.* nitroso group; —краситель *m.* nitroso dye; —ность *f.*

nitrosity; —соединение *n.* nitroso compound; —толуол *m.* nitrosotoluene; —этан *m.* nitrosoethane.
нитро/ил *m.* nitroyl; —кальцит *m.* (min.) nitrocalcite; —кислота *f.* nitro acid.
нитроклетчат/ка *f.*, —очный *a.* nitrocellulose.
нитро/краситель *m.* nitro dye; —крахмал *m.* (expl.) nitro starch; —ксил *m.* nitroxyl; —л *m.* nitrol; —лак *m.* nitrolacquer; —ловый *a.* nitrolic (acid); —магнезит *m.* (min.) nitromagnesite; —маннит *m.* (expl.) nitromannite, mannitol nitrate; —метан *m.* nitromethane; —метр *m.* nitrometer.
нитрон *m.*, —овый *a.* (chem.; text.) nitron.
нитро/нафталин *m.* nitronaphthalene; —ний-ион *m.* nitronium ion; —новый *a.* nitronic (acid); —олеум *m.* nitro-oleum (nitrogen peroxide in nitric acid); —пленка *f.* nitrate film; —производные *pl.* nitro derivatives.
нитропруссид *m.* nitroprusside; —водородный *a.* nitroprussic (acid); —ный натрий sodium nitroprusside.
нитро/серная кислота nitrosulfuric acid; —смолы *pl.* nitro resins; —соединение *n.* nitro compound; —спирт *m.* nitro alcohol, nitrated alcohol; —стирол *m.* nitrostyrene; —сульфоновая кислота nitrosulfonic acid, nitrosyl sulfuric acid; —тело *n.* nitro compound; —толуол *m.* nitrotoluene; —фенол *m.* nitrophenol; —форм *m.* nitroform, trinitromethane; —фоска *f.* nitrophoska (fertilizer); —фталевый *a.* nitrophthalic (acid); —хлорбензол *m.* nitrochlorobenzene; —целлюлоза *f.*, —целлюлозный *a.* nitrocellulose; —цементация *f.* (met.) cyanidation; —шелк *m.* nitrocellulose rayon; —эфир *m.* nitroester, nitric acid ester.
нитрующ/ий *a.* nitrating; nitrifying; (met.) nitriding; —ийся *a.* nitratable; nitrifiable; nitridable.
нитчат/ка *f.* (bot.) Conferva; —ый *a.* filiform, filament(ous); (bot.) confervoid.
нит/ь *f.*, —яный *a.* thread, filament, fiber; yarn; (med.) suture; —яный крест cross-hairs (of microscope).
НИУИФ-1 an ethylmercury phosphate fungicide; НИУИФ-2 *see* гранозан; НИУИФ-100 *see* паратион.
ни/фе *n.* Ni-Fe (nickel-iron core of earth); —хром *m.* Nichrome (alloy).
Ницца (geog.) Nice.
ничего *gen. of* ничто, nothing, not anything; it does not matter.
ничей(ный) *a.* nobody's, no man's (land).
ничем *instr. of* ничто.

ничто *pron.* nothing; н. иное как nothing less than, nothing but.
ничтож/но *adv.* insignificantly; н. малый *a.* negligible; —ность *f.* insignificance; —ный *a.* insignificant, slight, faint, negligible, infinitesimal; —ное количество trace.
ничуть *see* нисколько.
ниша *f.* niche, recess, housing, bay; shelter, dugout, pit.
нищ/ета *f.* poverty; —ий *a.* poor; *m.* beggar, pauper.
НИЭР *abbr.* (низкочастотная индуктивная электроразведка) low-frequency inductive electrical surveying.
НК *abbr.* (натуральный каучук) natural rubber.
н/м *abbr.* (ньютон на метр) newton(s) per meter.
нм^3 *abbr.* (м^3 пересчитанный на нормальные условия) normal cubic meter.
НМВ *abbr.* (низкая малая вода) lower low water, LLW.
нмт, н.м.т. *abbr.* (нижняя мертвая точка) lower dead center.
н.н., НН *abbr.* (низкое напряжение) low voltage; low pressure.
но *conj.* but; yet.
нобел/евский *a.* Nobel; —ий *m.* nobelium, No.
нов *sh. m. of* новый.
новаин *m.* novain, carnitine.
новакулит *m.* (petr.) novaculite.
нов/альгин *m.* Novalgin; —арган *m.* Novargan (a silver proteinate); —арсенол *m.* neoarsphenamine; —асурол *m.* Novasurol, merbaphen; —асекит *see* новачекит.
новатор *m.* innova. —ство *n.* innovations.
нов/атофан *m.* Novatophan, neocinchophen; —атропин *m.* Novatropin, homoatropine methyl bromide; —ачекит *m.* (min.) novacekite.
новая *f.* (astr.) nova; Н. Гвинея (geog.) New Guinea; Н. Зеландия New Zealand.
нов/городский *a.* (geog.) Novgorod; —ейший *a.* newest, latest, most recent; —и *gen., etc., of* новь; —изна *f.* novelty; innovation; —ина *see* новь; —инка *f.* novelty; —ичок *m.* novice, beginner, apprentice.
ново *adv.* newly; recently, just; *prefix* нео—, new(ly); nov(o)—; —биоцин *m.* novobiocin (antibiotic); —введение *n.* innovation, novelty; —зеландский *a.* New Zealand; —изобретенный *a.* newly invented, new.
новокаин *m.* Novocaine, procaine; —амид *m.* Novocainamid, procaine amide.
новокрылые *pl.* (ent.) Neoptera.

новола/ки, —чные смолы *pl.* novolacs (soluble phenol-formaldehyde resins).
новолуние *n.* new moon.
новоль *m.* a drying oil (for paints).
новообразован/ие *n.* (med.) neoplasm, new growth; regeneration; —ный *a.* (geol.) neogenic, neogene.
ново/прибывший *a.* newly come; *m.* newcomer; —рожденный *a.* newborn.
новосадка *f.* novosadka (salt deposited in a lake during one season).
новосибирский *a.* (geog.) Novosibirsk.
новостройка *f.* new buildings, erection of new factories and plants.
новость *f.* news.
новотельный *a.* newly calved.
новшество *n.* innovation, novelty.
новые *pl.* (astr.) novae.
нов/ый *a.* new, novel, modern, recent, fresh; н. голубой New Blue; Н. Орлеан New Orleans; —ая звезда (astr.) nova; —ая область frontier.
новь *f.* virgin soil; new grain crop.
ног/а *f.* leg; foot; footing, basis; stand, brace; идти в —у *v.* keep pace (with); на твердую —у on a sure footing; —ие *pl. suffix* (zool.) --poda.
ноголистник *m.* (bot.) Podophyllum; —а смола podophyllin (resin).
ногоплодник *m.* (bot.) Podocarpus.
ногот/ки *pl.* claws; (bot.) Calendula; —ковидный *a.* unguiculate; —ковый *a. of* ноготки; —ок *dim. of* ноготь; claw; —ь *m.* nail.
ногохвостки *pl.* (ent.) Collembola.
ногт/евой *a. of* ноготь; —оеда *f.* (med., vet.) whitlow, felon, onychia.
ноет *pr. 3 sing. of* ныть.
нож *m.* knife, blade, cutter.
ножев/ой *a.* knife; н. клинок knife blade; н. патрон, —ая головка cutter block; н. товар cutlery; н. штамп shearing die; —ая опора knife-edge (bearing).
ножедержатель *m.* knife holder, blade holder.
ножек *gen. pl. of* ножка.
нож/енки *dim. of* ножницы; —ик *see* нож.
ножк/а *f. dim. of* нога; leg, foot; support, base; shank, stem; (bot.) stalk, pedicle; jaw (of measuring instrument); (mech.) shoe; arm, tine (of tuning fork); черная н. (phyt.) wirestem; —и *pl. suffix* (zool.) --poda.
ножни/цы *pl.*, —чный *a.* scissors, shears, cutter.
ножн/ой *a.* foot, pedal; с —ым приводом pedal-operated; н. рычаг pedal.
ножны *pl.* case, sheath, scabbard.
ножов/ка *f.* hack saw; —очный *a.* hack saw; hack (file); —очный станок power hack saw; —ый *a. of* нож.

ноз— see нозо—.
ноздреват/ость f. porosity, sponginess; —ый a. porous, spongy; blown, blistered; flawy.
ноздрица f. (bot.) agaric.
ноздря f., —ной a. nostril.
нозеан m., —овый a. (min.) nosean, noselite; —ит m. (petr.) noseanite.
нозематоз m. (ent.) Nosema infection.
нозо— prefix noso— (disease).
нозофен m. Nosophen, iodophthalein.
нокардамин m. nocardamine.
нокметр m. knock meter, knock indicator.
ноктал m. Noctal, Nostal.
нол/евой see нулевой; —ик see ноль.
нолит m. (min.) nohlite.
ноль m., —ный a. zero; naught, cipher; —ный уступ (min.) lower level.
номадный a. nomad(ic).
номенклатур/а f., —ный a. nomenclature; system of notations; letter, number, designation; list, range.
номер m. number; issue, copy (of journal); size, gage (of wire); mesh (of screen); count (of yarn); item; (hotel) room; с четным —ом even-numbered; —ация see нумерация; —ник m. (tel.) switchboard; drop indicator; —ной a. number, numerical; —ное сверло wire drill; —овать see нумеровать; —ок dim. of номер; tally, tag; —онабиратель m. (tel.) dial.
номинал m. rating, rated value.
номинальн/ый a. nominal; rated; face, par (value); н. параметр (mach.) rating (factor); н. режим работы rated duty; н. режим разряда rated discharge; н. ток current rating; —ая мощность (elec.) rated output, power rating; —ое напряжение voltage rating(s); меньше —ого размера undersize; снижение —ых параметров derating.
—ном/ия f. suffix —nomy (systematized knowledge); —ный a. —nomous.
номо/грамма f. nomogram, nomograph, nomographic chart; —графический a. nomographic; —графия f. nomography.
нона/декан m. nonadecane; —дециловый спирт nondecyl alcohol, nonadecanol; —козан m. nonacosane.
нонан m. nonane; —аль m. nonyl aldehyde; —овая кислота nonanoic acid, pelargonic acid; —оил m. nonanoyl; —ол m. nonanol; —он m. nonanone.
нонвариантный a. nonvariant.
нон/дециловый a. nonadecylic (acid); —ен m. nonene, nonylene.
нонил m. nonyl; —ен m. non(yl)ene; —еновый a. nonylenic (acid); —овая кислота nonylic acid, pelargonic acid; —овый альдегид nonyl aldehyde, pelar-

gonaldehyde; —овый спирт nonyl alcohol.
нонин m. nonine, n-heptylacetylene.
нониус m. nonius, vernier.
ноноза f. nonose (a monosaccharide).
нонпарель f. (typ.) nonpareil.
нонтронит m. (min.) nontronite.
нопин/ен m. nopinene, beta-pinene; —овая кислота nopinic acid.
нор— prefix nor—.
нора f. burrow, hole.
нор/адреналин m. noradrenaline, norepinephrine; —атропин m. noratropine.
норв. abbr. (норвежский).
Норвегия Norway.
норвежский a. Norwegian.
нор/гваяксмоляной a. norguaiaretic (acid); —гераниевый a. norgeranic (acid).
норд m. (naut.) north; north wind; н.-вест m., н.-вестовый a. northwest; northwest wind.
нордгаузенск/ая серная кислота —ое купоросное масло Nordhausen acid, fuming sulfuric acid, oleum.
норденшельд/ин, —ит m. (min.) nordenskiöldine.
норд/маркит m. (min., petr.) nordmarkite; —овый a. of норд; —ост m., —остовый a. northeast; northeast wind.
Норидж (geog.) Norwich.
нор/ийский a. (geol.) Norian; —ит m. (petr.) norite; Norit (activated carbon).
норичник m. (bot.) figwort (Scrophularia).
нория f. bucket elevator, bucket chain; noria, irrigating wheel.
норка dim. of нора; (zool.) mink.
норкамф/ан m. norcamphane, 1,2,2-bicycloheptane; —анил m. norcamphanyl; —ора f. norcamphor; —орная кислота norcamphoric acid.
норкарен m. norcarene, bicycloheptene.
норковый a. mink (fur).
норлейцин m. norleucine, glycoleucine.
норм. abbr. (нормальный) normal.
норм/а f. norm, standard; rate, quota; (acid, etc.) number; —ы pl. standards, standard specifications; regulations.
нормализ/атор m. (math.) normalizer; —ация f. normalization, standardization; (met.) normalizing; —ованный a. normalized, standardized; —овать v. normalize, standardize.
нормаль f. (tech.) standard (specification); (math.) normal, perpendicular; —ность f. normality; —ный a. normal, standard, regulation, conventional; perpendicular (to axis); —ный раствор normal solution; —ной величины full-size; —ные технические условия standard specifications.
норматив m. norm, standard(s), quota, unit output; —ный a. normal, standard-

(izing), standardized; —ный состав (petr.) norm.
нормир/ование n. normalization, etc., see v.; rating, rate fixing; proration; —ованный a. normalized, etc., see v.; fixed, set; (math.) normed; —овать v. normalize, standardize, set standards; calibrate; fix rates; ration; (agr.) thin out; —овка f., —овочный a. see нормирование; —овщик m. standardizer; rate fixer; —овщик-хронометражист m. time and motion study expert; —уемость f. (math.) normability; —ующий a. normalizing, etc., see v.
нормо-час m. norm-hour (standard task time unit).
норпин/ан m. norpinane, 1,1,3-bicycloheptane; —овый a. norpinic (acid).
норсульфазол m. norsulfazole, sulfathiazole.
Нортона теорема (elec.) Norton's theorem.
нортроп/ан m. nortropane; —ен, —идин m. nortropene, nortropidine; —инон m. nortropinone.
Нортрупа печь (elec.) Northrup furnace.
нортупит m. (min.) northupite.
нос m. nose, beak; (pouring) lip, spout; (geol.) headland, promontory, point; (anvil) horn; (naut.) bow, prow.
—носец m. suffix —phore (bearer).
носик dim. of нос; spout; tip; toe (of shoe).
носил/ки pl. handbarrow; stretcher, litter; skids; —очный m. stretcher bearer; —ьный a. carrying; —ьщик m. carrier, porter; stretcher bearer.
носител/ь m. carrier, bearer, vehicle; (thermal) acceptor; без —я carrier-free; н. бацилл (med.) carrier.
носить v. carry, bear; wear; —ся v. wear; float, ride, be borne.
носк/а f. carrying, bearing; wear(ing); gen. of носок; —ий a. durable, lasting, long-wearing; productive (layer); —овый a. of носок; —ость f. durability, wearing qualities; productivity.
—носный a. suffix bearing, containing, —iferous.
носо— prefix (anat.) naso— (nose, nasal).
носов/ой a. nose, nasal; (naut.) bow, fore; —ая качка pitching.
носо/глотка f. (anat.) nasopharynx; —губный a. nasolabial.
носок m. spout, nozzle; point, bill; (rocket) nose, cone; (rocket fin) cuff; leading edge (of wing); (pouring) lip; toe (of shoe); sock.
носо/лобный a. (anat.) nasofrontal; —небный a. nasopalatine.
носорог m. rhinoceros; rhinoceros beetle.
носочный a. of носок; front; sock(s).
—ность f. suffix —ness, —ism, —ity.

носчик m. carrier, bearer.
нота f. note.
нотализин m. notalysin.
нотариус m. notary public.
нотатин m. notatin.
нот/ация f. notation, system of notations; instruction(s); —ификация f. notification; —ифицировать v. notify.
нотный a. note; music.
ноцерин m. (min.) nocerine, nocerite.
ночва f. tray, shallow trough.
ноч/евать v. spend the night, sleep; —ецветный a. night-blooming; —ник m. night worker; night light; —ница f. (zool.) bat; (ent.) noctuid, night moth; —ной a. night(ly), nocturnal; —ь f. night; по —ам at night, nights; —ью at night.
нош/а f. load, burden; kit; —ение n. carrying; wearing; —енный a. carried, borne; —еный a. worn.
ноющий pr. act. part. of ныть.
ноябрь m., —ский a. November.
нп abbr. (непер) neper.
НПВ abbr. (низкая полная вода) lower high water, LHW.
НПВЧ abbr. (наименьшая применимая высокая частота) lowest applicable high frequency.
НПП abbr. (наставление по производству полетов) flight manual.
нр. abbr. (нерастворимый) insoluble.
НР abbr. (нормаль) standard.
НРА abbr. (Народная Республика Албания) People's Republic of Albania.
нрав m. disposition, temper; —иться v. please; ему не —ится he does not like.
НРБ abbr. (Народная Республика Болгария) People's Republic of Bulgaria.
НРТ abbr. (нетто-регистровый тоннаж) net registered tonnage.
н.сек/м² abbr. (ньютон-секунда на квадратный метр) newton-second per square meter.
НСУ abbr. (непрерывная система управления) continuous control system.
нт abbr. (нит) nit.
н-то abbr. (нетто) net; НТО . . . abbr. (научно-техническое общество . . .) Scientific and Technical Society (of).
НТС abbr. (научно-технический совет) scientific and technical council.
нубук m. buffed-grain leather.
нувистор m. (rad.) nuvistor.
нуг m. (bot.) Guizotia.
нуга f. nougat.
нудный a. tedious.
нудовая кислота nudic acid.
нужд/а f. need, necessity, want; без —ы unnecessarily; —аться v. need, require, want, be in want (of), lack; —ающийся a. needing, needy, destitute.

нужн/о *adv.* (it is) necessary, it needs (to), it must be; —ый *a.* necessary, requisite, required, essential, wanted.
НУК *abbr.* (α-нафталуксусная кислота α-naphthaleneacetic acid.
нукле/аза *f.* nuclease (enzyme); —арный *a.* nuclear; —ация *f.* nucleation.
нуклеин *m.*, —овый *a.* nuclein; —овая кислота nucle(in)ic acid.
нуклео/генез(ис) *m.* nucleogenesis; —зид *m.* nucleoside; —н *see* нуклон; —ника *f.* nucleonics; —протеид, —протеин *m.* nucleoprotein; —тид *m.* nucleotide; —фильный *a.* nucleophilic.
нукл/еус *m.* nucleus; queen cell (of bees); —ид *m.* nuclide; —он *m.* nucleon, nuclear particle; —онный *a.* nucleon(ic); —ор *m.* bare nucleon.
нулев/ой *a.* zero, zero-point, zero-order, null, neutral; н. отсчет zero reading; н. прибор zero reader; н. провод (elec.) neutral wire; —ая мощность zero power, zero-point energy; —ая поверхность (surv.) datum level; —ая точка zero (point); origin; смещение —ой точки zero creep; —ая черта, —ое деление zero mark.
нулик *see* ноль.
нуллипор/а *f.* (bot.) nullipore; —овый *a.* nullipore, nulliporous.
нуллифицировать *v.* nullify, annul.
нул/ь *m.* zero (point), null; cipher; origin; н. глубин (ocean.) chart datum, reference level; н. поста (hydr.) gage datum; обращающийся в н. *a.* vanishing, disappearing; отличный от —я *a.* nonvanishing.
нуль/-валентность *f.* zero valence; —индикатор *m.* zero reader; —мерный *a.* zero-dimensional; н.-орган *m.* null-balance device; н.-прибор *m.* zero reader, flight director; —пункт *m.* zero point; —указатель *m.* zero reader.
нуме(а)ит *m.* (min.) noumeite, garnierite.
нумер *see* номер; —атор *m.* numerator, numbering machine; annunciator, indicator; —ационный *a.* numerical; numeration, numbering, quantization; —ник *m.* (wire) gage plate; —ной *a.* numerical; —ной аппарат indicator; —ная доска (wire) gage plate; —овальный *a.* numbering; —ование *see* нумерация; —ованный *a.* numbered; quantized; —овать *v.* number; index; —овка *see* нумерация.
нуммулит *m.* (zool.) nummulite; —овый *a.* (geol.) nummulitic.
нунатак *m.* nunatak (hill or peak).
Нупа твердость (met.) Knoop hardness.
нут *m.* (bot.) chick-pea (*Cicer arietinum*).
нутация *f.* nutation.

нутрец *m.* (med.) cryptorchid.
нутриевый *a.* (zool.) nutria.
нутритивный *a.* nutritious.
нутрия *f.* (zool.) nutria.
нутро *n.* inside, interior.
нутроза *f.* nutrose (sodium caseinate).
нутромер, н.-калибр *m.* inside calipers, inside micrometer, internal gage.
нутря/к *m.* inner fat; —ной *a.* internal, inner, inward.
нутталлиоз *m.* (vet.) nuttalliosis.
нутч(-фильтр) *m.* Nutsch filter, suction filter.
нуфарин *m.* nupharine.
нуцин *m.* nucin, juglone.
нуч *see* нутч.
НЧ *abbr.* (низкочастотный) low-frequency; Н. Ч. *abbr.* (низкая частота) low frequency.
НЧК *abbr.* (нейтрализованный черный контакт) neutralized black contact medium.
—ные *pl. suffix* —(ac)eae, —ata.
—ный *a. suffix* —ic(al), —ous.
ныл *past m. sing. of* ныть.
ныне *adv.* now, at present; —шний *a.* present, contemporary, modern.
ныр/ковый *a.* diving; —нуть *see* нырять; —ок *m.* diver; —яло *n.* ram, plunger; —яльщик *m.* diver; —яние *n.* diving, etc., *see v.*; dip; galloping motion; —ять *v.* dive, plunge, dip, pitch; —яющий *a.* diving, etc., *see v.*
ныть *v.* ache; whine, complain.
Нью New (in geographic names).
ньюаркский *a.* (geol.) Newark (series).
ньюбериит *m.* (min.) newburyite.
Нью/-брансуик (geog.) New Brunswick; Н.-гемпшир New Hampshire; Н.-джерси New Jersey; Н.-Йорк New York; —касл Newcastle.
ньютон *m.* newton (unit of force).
Ньютона сплав, Н. металл Newton's alloy; Н. цветные кольца (phys.) Newton's rings.
ньютон/ианский, —овский *a.* Newton(ian); —ит *m.* (min.) newtonite.
ньюфаундлендский *a.* (geog.) Newfoundland.
Нью-/Хейвен (geog.) New Haven; Н.-хэмпшир New Hampshire.
Н.Э. *abbr.* (нашей эры) A.D. (year).
нэк *m.* (geol.) neck, chimney; strait.
нэп *m.* new economic policy.
ню— *see also under* нью—.
нюрнбергский *a.* Nuremberg (color).
нюх *m.* scent; —ание *n.* smelling; —ательный *a.* smelling; —ательный табак snuff; —ать *v.* smell, sniff.
—ня *see* —ная.
нянчить *v.* nurse, tend.
няша *f.* soil humus.

О

о *prep. acc.* against; *prepos.* about, concerning, (up)on, of, dealing with.
о. *abbr.* (**область**) oblast, region; (**остров**) island.
о— *prefix* circum—, about, around.
оазис *m.*, **—ный** *a.* oasis.
ОАР *abbr.* (**Объединенная Арабская Республика**) United Arab Republic.
об *see* **о**; **об—** *see* **о—**.
об *abbr.* (**оборот**) revolution; **об.%** *abbr.* (**объемный процент**) percent by volume.
оба *m. and n. numeral* both.
обагр/енный *a.* bloodstained; **—ить**, **—ять** *v.* stain with blood; redden.
обанкротиться *v.* go bankrupt.
обапол *m.* slab, lag(ging).
оббе/гать *see* **обегать**; **—жать** *see* **обежать**.
обби(ва)ть *see* **оби(ва)ть**.
обборка *f.* (min.) knocking down loose rock from ceiling.
об.в. *see* **об. вес.**
обвал *m.* collapse, cave-in; drop (in mold); slide, avalanche; **—енный** *a.* collapsed, caved in, fallen; **—и(ва)ть** *v.* knock down, cave in; heap around, bank; **—и(ва)ться** *v.* collapse, cave in, fall; crumble (down); **—истый** *a.* easily caving in.
обвалка *f.* stripping.
обвалов/ание *n.* banking, etc., *see v.*; embankment; **—ать** *v.* bank (up), build, construct (levee, etc.); dam up.
обвалять *v.* roll in; dust (with).
обвар/и(ва)ть *v.* scald; **—ка** *f.* scalding; shoulder, collar, seam.
обвевать *v.* winnow, fan.
обведен/ие *n.* enclosing, encircling, surrounding; outline, contour; **—ный** *past pass. part. of* **обвести**; enclosed, within (a circle).
обвеивать *see* **обвевать**.
обвер/нуть, **—теть**, **—тывать** *v.* wrap up, bind up, envelop; entwine, twist around; **—тка** *see* **обертка**.
об. вес *abbr.* (**объемный вес**) volumetric weight, density.
обвес *m.* false weight, short weight; screen, shield; **—ить** *see* **обвешивать**.
обвести *see* **обводить**.
обветр/енный *a.* weather-beaten, weathered; wind-blown; **—еть**, **—иваться** *v.* become weathered; **—ить** *v.* erode, weather; dry out; **—иться** *v.* be eroded; dry out.
обветш/алый *a.* decrepit; **—ать** *v.* become decrepit, deteriorate.
обвеш/анный *a.* hung, covered (with); **—ать** *see* **обвешивать**; **—енный** *a.* marked with stakes; **—ивание** *n.* hanging, etc., *see v.*; **—ивать** *v.* hang, cover (with); give short weight; mark with stakes; **—ить** *v.* mark with stakes.
обвеять *see* **обвевать**.
обвив/ание *n.*, **—ка** *f.* winding around; whipping (of cable); **—ать(ся)** *v.* wind around, twist around; whip.
обвин/ение *n.* accusation, charge; **—итель** *m.* accuser, prosecutor; **—ить**, **—ять** *v.* accuse, charge (with); **—яемый** *m.* the accused, defendant.
обвис/ать, **—нуть** *v.* droop, hang; **—лый** *a.* drooping, hanging, flabby.
обвить *see* **обвивать**.
об-во *abbr.* (**общество**) society.
обвод *m.*, **—ка** *f.* surrounding, etc., *see v.*; encirclement; (out)line, contour; by-pass, detour; **—ить** *v.* surround, encircle, enclose, encompass; outline, contour; lead around, by-pass.
обводн/ение *n.* flooding, etc., *see v.*; water encroachment; **—енный** *a.* flooded, etc., *see v.*; **—ительный** *a.* flooding, etc., *see v.*; **—ить** *v.* flood, inundate, drown; irrigate; supply with water.
обводн/ый *a.* encircling, surrounding; leading around; by-pass; detouring; **о. канал**, **о. провод** by-pass (canal), by-pass conduit; **о. штифт** guide pin; **—ая стена** enclosure; **—ые аппараты** (rolling) delivery guides.
обводнять *see* **обводнить**.
обвойник, **греческий** (bot.) silk vine (*Periploca graeca*).
обвол/акивать, **—очь** *v.* wrap, envelop, cover, coat; drag around.
обвяз/ать *see* **обвязывать**; **—ка** *f.* binding, etc., *see v.*; bandage, binder; connections; brace, framework; (pump) manifold; **—очный** *a.*, **—ывание** *n.* binding, etc., *see v.*; **—ывать** *v.* bind, fasten, tie, bandage; hoop (barrel); **—ь** *f.* frame(work); hoop.
обгар *m.* combustion loss.
обгибать *v.* bend around; by-pass.
обгладить *see* **обглаживать**.
обгладывать *v.* pick off, gnaw; browse.
обглаживать *v.* smooth out.
обгляд/еть, **—ывать** *v.* look over, examine.
обгон *m.*, **—ка** *f.* overtaking, etc., *see v.*; **—ный** *a.* overtaking, passing; by-pass, detour; **—ять** *v.* overtake, pass, outstrip, outdistance.
обгор/ание *n.* charring, etc., *see v.*; **—ать**, **—еть** *v.* char, scorch; burn (around); **—елый** *a.* charred, etc., *see v.*
обда(ва)ть *v.* scald; drench, pour over.
обдел/ать *see* **обделывать**; **—ка** *f.*, **—очный** *a.*, **—ывание** *n.* working, etc., *see v.*; **—ывать** *v.* work, fashion, shape,

обдерг(ив)ать form; polish, finish; jacket, case, face; dress (leather); set (jewels).

обдерг(ив)ать v. pull off, rip off.

обдир/ание see обдирка; —ать v. strip, peel, bark; rip off, skin, flay; hull, shell (corn); rough (out); —ка f. stripping, etc., see v.; rough-working; —ный a. hulling; hulled; —очно-обточный a. stripping; —очный a. stripping, etc., see v.; abrasive; rough (grinding); —очный камень abrasive; —очный постав huller, sheller; —очный резец roughing tool; —очная шкурка coarse emery cloth.

обдув see обдувка; —аемый a. blown off, etc., see v.; —ание see обдувка; —ать v. blow off, blow out, blast; ventilate; —ка f. blowing off, etc., see v.; blow out; (petrol.) air cooling, air-blast cleaning; (av.) airflow.

обдум/анно adv. with careful planning; —анный a. well-planned, carefully thought out; —(ыв)ать v. consider, think over, weigh.

обдуть see обдувать.

обе see оба.

обег/ать v. run around, run past, by-pass; circulate; —ающий a. by-pass; circulating; scanning; multiple switching (check).

обед m. dinner; —ать v. dine.

обедн/евший, —елый a. poor, impoverished; —ение n. impoverishment, exhaustion, depletion; stripping; —енный a. impoverished, depleted; depletion (layer); stripped; underfit, misfit (river); —еть v. grow poor, become depleted; —ять v. impoverish, deplete; strip; —яющий a. stripping (column).

обежать v. run around, (by-)pass.

обез— prefix be—, de—.

обезболив/ание n. anesthetization; —ать v. anesthetize; —ающее средство anesthetic; analgesic.

обезвкусить v. deprive of flavor.

обезвод/еть v. become dehydrated; —ить see обезвоживать.

обезводоро/дить v. dehydrogenate; —жение n. dehydrogenation.

обезвоженный a. dehydrated, desiccated; anhydrous.

обезвожив/ание n. dehydration, desiccation; —атель m. dehydrator, desiccator; —ать v. dehydrate, desiccate; —аться v. be dehydrated, become anhydrous; —ающий a. dehydrating; —ающее средство dehydrating agent, dehydrant.

обезвоздушивать v. deaerate.

обезволашивание n. depilation, unhairing (of hides).

обезвре/дить see обезвреживать; —женный a. rendered harmless, etc., see v.;

—живание n. rendering harmless, etc., see v.; disposal; —живать v. render harmless, render safe, make innocuous, neutralize; dispose of (explosives).

обезга/живание n. degassing, etc., see v.; degasification; —живать, —зить v. degas(ify), deaerate; (vacuum system) outgas.

обезглав/ить, —ливать v. decapitate.

обезжелез/ивание n. deferrization, iron removal; —ненный a. iron-free.

обезжир/енный a. degreased, freed from fat; skim (milk); (text.) scoured; —ивание n. degreasing, fat extraction; scouring; —иватель m. degreasing agent, degreaser, scouring agent; —и(ва)ть v. degrease, extract the fat, skim off the fat; scour; —ивающий a. degreasing; scouring.

обеззара/женный a. disinfected, antiseptic, sterile; —живание n. disinfection, etc., see v.; —живать v. disinfect, sterilize; (nucl.) decontaminate; —живающий a. disinfecting, disinfectant, antiseptic, germicidal; decontaminating; —живающее средство disinfectant, germicide.

обеззол/енный a. decalcified; —ивание n. decalcification; —ивать v. decalcify, delime.

обезиливать v. desilt, deslime.

обезлес/ение n. deforestation; —енный a. deforested, clear (land); —еть v. become deforested; —ить v. deforest, clear.

обезлиств/ить v. defoliate; —ление n. defoliation.

обезличка f. lack of responsibility.

обезлю/дить, —живать v. depopulate.

обезмасли(ва)ть v. remove grease, remove oil.

обезматочеть v. lose the queen bee.

обезме/дивание, —живание n. decoppering, copper extraction.

обезметилировать v. demethylate.

обезобра/живать, —зить v. mutilate, disfigure, deform, cripple.

обезопасить v. secure (against).

обезоруж/ение, —ивание n. disarmament; —и(ва)ть v. disarm.

обезрепеивающая машина (agr.) burr extractor.

обезуглерож/енный a. decarbonized; —ивание n. decarbonization; —ивать v. decarbonize; decarburize.

обезшламленный a. slime-free, sludge-free.

обезыливать see обезиливать.

обезьян/а f. monkey, ape; —ий a. simian.

обеленный a. whitened, bleached.

обелиск m. obelisk, spine, needle.

обелить v. whiten, bleach.

обепин m. aubepine, anisaldehyde.

обер— prefix chief.

оберегать *v.* guard, defend, protect.
оберет *fut. 3 sing. of* **обобрать**.
оберечь *see* **оберегать**.
обер-мастер *m.* overseer, foreman.
обернут/ый *a.* wrapped, enveloped; —ь *see* **обертывать**.
оберон *m.* (astr.) Oberon.
обертка *f.* wrapper, wrapping, envelope, cover, casing, sheath; (book) jacket; (corn) husk; (bot.) involucre.
обертон *m.* (acous.) overtone; (seism.) mode.
оберточный *a. of* **обертка**; packing (material).
обертух *m.* (paper) overfelt.
обертыв/ание *n.* wrapping, etc., *see v.*; —ать *v.* wrap (up, around), envelop, cover; —аться *v.* be wrapped; turn (around); —ающий *a.* wrapping, etc., *see v.*
оберут *fut. 3 pl. of* **обобрать**.
обес— *see* **обез—**; —клеивание *n.* degumming; —кремнивание *n.* desilic(oniz)ation; —кровливание *n.* bleeding; —парафинирование *n.* deparaffination; —пененный *a.* defoamed.
обеспеч/ение *n.* security, guarantee, warrant, assurance; provision; для —ения for; —енность *f.* providing (with); security; frequency; коэффициент —енности (power plants) utilization factor; —енный *a.* provided, etc., *see v.*; secure; —ивание *n.* providing, etc., *see v.*; —и(ва)ть *v.* provide, supply, furnish, give; equip, fit (with); assure, guarantee, warrant, ensure, secure, safeguard, make sure (of); offer, permit; achieve, effect; control, establish a control base; —и(ва)ть возможность make possible; —ивающий *a.* providing, etc., *see v.*; safety.
обеспло/дить *v.* sterilize, make barren; —жение *n.* sterilization.
обеспоко/енный *a.* anxious, concerned (about); —ить *v.* trouble, bother.
обеспылив/ание *n.* dust removal, dust elimination; —атель *m.* dust remover; —ать *v.* remove dust, settle dust; —ающий *a.* dust-removing; dust-laying (oil).
обессахарив/ание *n.* desaccharification; —ать *v.* desaccharify, extract sugar.
обес/свинцевание *n.* deleading, lead extraction; —серебрение *n.* desilverization, silver extraction.
обессер/ение, —ивание *n.* desulfurization, desulfurizing; —енный *a.* desulfurized; —иватель *m.* desulfurizer; —ивать *v.* desulfurize, free from sulfur; —ивающий *a.* desulfurizing, sulfur-removing.
обессил/еть *v.* become weak, lose strength; —и(ва)ть *v.* weaken, debilitate.
обессмолив/ание *n.* resin extraction, deresination; detarring; —ать *v.* extract resin, deresinate, deresinify; detar.
обессолив/ание *n.* salt elimination; desalinization (of water); —ать *v.* free from salt; salt out.
обессталивать *v.* (met.) soften.
обесточ/енный *a.* (elec.) dead; de-energized; —и(ва)ть *v.* disconnect, cut off current; de-energize.
обесфеноливание *n.* dephenolization.
обесфосфор/енный *a.* dephosphorized; —ивание *n.* dephosphorization; —ивать *v.* dephosphorize, free of phosphorus.
обесфторенный *a.* defluorinated.
обесцветить *see* **обесцвечивать**.
обесцвеч/ение *see* **обесцвечивание**; —енный *a.* decolorized, etc., *see v.*; —ивание *n.* decolorization, bleaching; discoloration, stain, blemish; —ивать *v.* decolorize, bleach; discolor, stain; —ивающий *a.* decolorizing, etc., *see v.*; —ивающее средство decolorizing agent, decolorant.
обесцен/ение, —ивание *n.* depreciation; —енный *a.* depreciated; —и(ва)ть *v.* depreciate; cheapen.
обесцинкование *n.* (met.) dezincing, zinc extraction.
обесшламлив/ание *n.*, —ающий *a.* desliming, desludging, deslurrying.
обечайка *f.* shell (of boiler or kiln).
обещ/ание *n.*, —ать *v.* promise.
обжаловать *v.* appeal a case.
обжар/и(ва)ть *v.* roast; brown, sear (meat); —ка *f.* searing.
обжат/ие *n.* squeezing, etc., *see* **обжимать**; (rolling) reduction; compression; единочное о. (rolling) draft; степень —ия shrinkage; черновое о. roughing; чрезмерное о. overdraft; —ый *a.* squeezed, etc., *see* **обжимать**; —ь *see* **обжимать**; reap.
обжечь *see* **обжигать**.
обжиг *m.* roasting, etc., *see v.*; печь для —а roasting furnace; kiln; —аемый *a.* calcinable; calcined; for roasting; —ание *n.*, —а(те)льный *a.* roasting, etc. *see v.*; calcination; combustion; —ательная печь roasting furnace; kiln; —ательная установка roasting plant; (nucl.) calciner; —ать *v.* roast, sinter (ore); burn (bricks); fire (pellets, etc.); calcine; kiln, bake; —овый *a. of* **обжиг**.
обжим *see* **обжимка**; crush (in mold); процесс —а (met.) reducing, necking; —ание *n.* squeezing, etc., *see v.*; —ать *v.* squeeze, (com)press, wring out; (met.) shingle; upset, swage; crimp; (rolling) cog (down), reduce; —ка *f.* squeezing, etc., *see v.*; crimper, crimp-

обжин ing tool; (riveting) die; **—ки** *pl.* residue; **—ной, —(оч)ный** *a.* squeezing, etc., see v.; pinch, roughing (roll); set (hammer); **—ной стан** (rolling) cogging mill; roughing mill; **—ные щипцы** crimper.

обжин *m.,* **—ка** *f.* reaping; **—ать** *v.* reap.

обжорливый *a.* gluttonous, greedy.

обзав/едение *n.* acquisition; **—естись, —одиться** *v.* acquire.

обзол *m.* (timber) wane (defect).

обзол/енный *a.* calcined, etc., see v.; **—ивание** *n.* calcination, etc., see v.; combustion; ashing; **—и(ва)ть** *v.* calcine, incinerate, reduce to ashes; ash (molds).

обзольный *a.* dull-edged; (timber) wany.

обзор *m.* survey, review, synopsis, summary, outline, digest; coverage; (field of) view, vision; (rad.) scanning; **о. вниз** downward view; **о. назад** rear view; **краткий о., реферативный о.** abstract, résumé; **—ность** *f.* field of vision, visibility; **—ный** *a. of* **обзор;** survey (instrument); surveillance (radar); with a good view; summarized; correlated (abstract); general (map).

обив/ание *n.* upholstering, etc., see v.; **—ать** *v.* upholster, cover, pad; knock off; **—ка** *f.,* **—очный** *a.* upholstering; upholstery.

оби/да *f.* insult, offense, injury; **—деть, —жать** *v.* offend, insult; **—дный** *a.* offensive; vexing; **—женный** *a.* offended, hurt.

обизвествление *n.* calcification.

обилие *n.* abundance, plenty.

обильн/о *adv.* liberally; **—ый** *a.* abundant, plentiful, copious, ample, liberal, profuse, rich, generous; heavy (dose); flood (lubrication).

обирать *v.* gather, pick.

обит/аемость *f.* habitability; **—аемый** *a.* habitable, inhabited, populated; manned (satellite); **—атель** *m.* inhabitant, inmate; **—ать** *v.* inhabit, dwell, reside, live (in).

обит/ый *a.* upholstered, padded, covered; **—ь** see **обивать.**

обиход *m.* custom, habit, practice; use; **входить в о.** *v.* become popular; **выйти из —а** *v.* become obsolete; **—ный** *a.* common, usual, everyday; household; colloquial (term).

обкалывать *v.* pin, prick around; break (out), chip out; cleave around.

обкап/ать *v.* spatter; **—ывание** *n.* spatter(ing); digging around; **—ывать** *v.* spatter; dig around.

обкармливать *v.* overfeed.

обкат *m.* rolling out; wearing smooth; road test, test run; **—анный** *a.* rolled

(out); worn smooth; road-tested, test-run; **—ать** see **обкатывать; —ить** *v.* roll around; drench; **—ка** *f.* rolling out; (steel) cold rolling, cold finish; generating, hobbing (of gears); burnishing, cladding; (rivets) spinning; running(-in), breaking in; **—ной, —ный** *a. of* **обкат(ка); —очный** *a. of* **обкатка; —ывание** see **обкатка; —ывать** *v.* roll (out), smooth; wear smooth; burnish; generate (gear teeth); spin (rivet heads); run in, break in, road-test, test-run.

обкачивать *v.* drench, sluice.

обкашивать *v.* mow around.

обкид(ыв)ать *v.* pile on, bank (with); cover (with a rash).

обклад/ка *f.,* **—очный** *a.* facing, etc., see v.; coat; (capacitor) plate; **—ывание** *n.* facing, etc., see v.; **—ывать** *v.* face, line, edge, coat, cover; lay around, surround; impose (a tax).

обклеивать see **оклеивать.**

обкол/ачивать, —отить *v.* knock, chip (off, out); **—ка** *f.* chipping (off, out).

обколоть see **обкалывать.**

обком *m.,* **—овский** *a.* district committee.

обкопать *v.* dig around.

обкорачивать *v.* shorten, clip.

обкорм *m.,* **—ка** *f.* overfeeding; **—ить** *v.* overfeed; **—ленный** *a.* overfed.

обкорнать *v.* cut, clip.

обкоротить *v.* shorten, curtail, crop.

обкосить *v.* mow around.

обкрошиться *v.* crumble at the edges.

обкру/тить, —чивать *v.* wind around.

обл. *abbr.* (областной, область); **обл—** prefix see **областной.**

облаг/аемый (налогом) *a.* taxable, assessable; **—ать** *v.* impose (a tax).

облагор/аживание *n.* refining, etc., see v.; improvement; enrichment; **—аживать, —одить** *v.* refine, purify; improve, upgrade, enrich; (agr.) cultivate; (text.) finish, dress; **—ожение** see **облагораживание; —оженный** *a.* refined, etc., see v.

облад/ание *n.* possession; **—атель** *m.* possessor, owner, proprietor; **—ать** *v.* possess, own, have, include, embody, incorporate; feature, offer, display, exhibit.

облако *n.* cloud; **—мер** *m.* ceiling-height indicator, cloud-range meter.

обламывать *v.* break, chip (off); truncate.

област/ной *a.* district, regional, territorial; **—ь** *f.* region, sphere, area, zone, field, domain; range, band, spectrum; district, territory; **в —и** in.

облат/ка *f.,* **—очный** *a.* wafer; capsule.

облач/ко *dim. of* **облако; —ность** *f.* cloudiness, cloud cover, clouds, overcast sky; nebulosity; **—ный** *a.* cloudy, clouded, overcast; nebulous; ceiling (light); —ное знамя banner cloud.

облег/ание *n.* surrounding, etc., *see v.*; encirclement; outline; —ать *v.* surround, encircle, encompass, enclose; cover (with fog); outline; cling, fit closely; —ающий *a.* surrounding, etc., *see v.*

облегч/ать *v.* alleviate, lighten, relieve, ease (up), make easier, facilitate; aid, assist, promote; reduce; simplify (design); —ающий *a.* alleviating, etc., *see v.*; —ение *n.* alleviation, lightening, etc., *see v.*; relief; —енный *a.* alleviated, etc., *see v.*; light(-weight), light-duty; —енного типа light-duty; —ительный *see* облегчающий; —ить *see* облегчать.

обледен/евать *see* обледенеть; —елый *a.* iced, icy; —ение *n.* icing, formation of ice, freezing; —еть *v.* ice over, become covered with ice, freeze; —ить *v.* ice over, cover with ice.

облез/ать, —ть *v.* peel (off), come off; come out, fall out, shed; creep around; —лый *a.* shabby, bare; sparse; peeling (paint).

облей(те) *imp. of* облить.

облекать *v.* invest (with power); envelop.

облеп/ить, —лять *v.* stick around, glue around; —иха *f.* (bot.) sea buckthorn (*Hippophae*, spec. *H. rhamnoides*).

облес/ение *n.* (af)forestation; —енный *a.* (af)forested; —ительный *a.* forest-planting; —ить *v.* (af)forest, establish a forest.

облёт *m.* fly(ing) off, fly(ing) by, fly(ing) over, circling; (trial) flight, pass; **о. препятствий** terrain following; —ать *v.* fly around, circle; test (in flight); —аться *v.* become accustomed to flying; —елый *a.* bare (tree); —еть *v.* fly around, fly past; fall off (of leaves); be bare (of trees); —ывать *v.* fly over; test, make a trial flight.

облеч/енный *a.* invested (with); **о. доверием** entrusted (with); —ь *see* облекать.

облив *m.*, —ание *n.* drenching, etc., *see v.*; окраска —ом (paints) flow coating, flow coat method; —ать *v.* drench, douse; pour around or over; cast around; —ка *see* обливание; (cer.) glaze, glazing; —ной *a.* drenched, wet; glazed.

облигаци/я *f.*, —онный *a.* (com.) bond.

облиз/ать, —ывать *v.* lick.

облик *m.* appearance; (min.) habit.

облин/ялый *a.* faded; molted; —ять *v.* fade; molt, shed.

облип/ать, —нуть *v.* stick all around.

облиств(л)/ение *n.* foliation, leafing, leaf formation; —енность *f.* foliage, leafage, leafiness; —енный *a.* leafy, verdant, foliated.

облитерация *f.* obliteration.

облит/ый *a.* drenched, covered (with a liquid); —ь *see* обливать.

облиц/евать *see* облицовывать; —ованный *a.* faced, etc., *see v.*; —ованный свинцом lead-lined; —овка *f.*, —овочный *a.* facing, etc., *see v.*; coat; revetment; (radiator) shell, frame, case; finish; без —овки unlined; —овывание *n.* facing, etc., *see v.*; —овывать *v.* face, line, coat, cover, jacket, (in)case; revet; (met.) fettle.

облич/ать, —ить *v.* discover, reveal, display; expose; convict.

облический *a.* oblique.

обличье *n.* appearance; contour.

облог *m.*, —а *f.* fallow, overgrown field.

облож/ение *n.* facing, etc., *see* обкладывать; taxation, assessment; —енный *a.* faced, etc., *see* обкладывать; coated (tongue); —ечный *a.*, —ка *f.* (book) cover; folder, envelope; —ить *see* обкладывать; —ной *a.* steady (rain).

облой *m.* fin, seam, projection.

облом *m.* break, breaking (off); mold(ing); cross-section; —анный *a.* broken off; truncated; —ать *see* обламывать; —ка *f.* break, breaking (off); —ок *m.* broken piece, fragment, splinter, chip; —ки *pl.* cuttings; rubble, scrap, debris; (geol.) detritus, rock waste; —очный, —чатый *a.* rubbly; (geol.) detrital, clastic, fragmental.

облопа/тывание, —чивание *n.* (turbines) blading, blades.

облу/дить, —живать *v.* tinplate.

облуп *m.* (phyt.) rhizina root rot; —ить *v.* peel (off), pare; strip, decorticate; shell, hull; —иться *v.* peel off, come off; —ленный *a.* peeled, etc., *see v.*; —ливание *n.* peeling, etc., *see v.*; —ливать *see* облупить.

облуч/атель *m.* irradiator, irradiating unit; —ать *v.* irradiate, expose (to rays); —ение *n.* irradiation, exposure; анализ до —ения prebombardment analysis; мощность —ения radiation power; —енность *f.* irradiance, irradiancy; —енный *a.* irradiated, exposed; —ить *see* облучать.

облущ/ать, —ить *v.* shell, hull.

облыс/евший, —елый *a.* bald; —ение *n.* baldness; —еть *v.* get bald.

обмаз/анный *a.* daubed, etc., *see v.*; —ать *see* обмазывать; —ка *f.* daubing, etc., *see v.*; daub; (first) coat; putty, lute, plaster; —ывание *n.* daubing, etc., *see v.*; —ывать *v.* daub, smear, coat (with); render (plaster); putty, plaster; grease.

обмак/ивать, —нуть v. dip, steep.
обмалывать v. grind (into flour).
обман m. fraud; deception, illusion; о. зрения optical illusion.
обманка f. (min.) blende; spec. zinc blende.
обман/ный a. fraudulent; misleading; —уть, —ывать v. deceive, mislead; —чивость f. fallacy, illusion; —чивый a. deceptive, delusive, illusory.
обмасл/ивание n. oiling, lubrication; —и(ва)ть v. oil, lubricate.
обматыв/ание see обмотка; —ать v. wind (around), coil, wrap (around), tape, encircle; sheathe, cover, insulate.
обмах/ивать, —нуть v. brush away; fan.
обмачивать v. steep, dip, soak, wet.
обмеднение see омеднение.
обмежев(ыв)ать v. stake out, set boundaries.
обмел/ение n. shoaling; —еть v. shoal, (grow) shallow; run aground.
обмели(ва)ть v. outline in chalk.
обмелить v. make shallow.
обмельчать v. become smaller; grind.
обмен m., —а f. exchange, interchange, change; barter; (physiol.) metabolism; (elec. comm.) traffic; (meteor.) austausch; о. веществ metabolism; болезни —а веществ metabolic diseases; о. теплоты heat exchange, heat transfer; реакция —а exchange reaction; ток —а (electrochem.) diffusion current; —ивать v. exchange, interchange; —ник m. exchanger, interchanger; —но-связанный a. exchangeable (catalysts); —ный a. exchange; metabolic; double (decomposition) converted, composite (wave); —ная способность exchange capacity; —ное взаимодействие exchange reaction; —ять see обменивать.
обмер m. measure(ment), measuring; —енный a. measured.
обмерз/ать v. freeze (over), ice over; get frozen; frost; —ающий a. freezing, etc., see v.; —лый a. iced over; frosted; —нуть see обмерзать.
обмер/ивание n. measurement; short measure; —и(ва)ть v. measure; give short measure; —иться v. make a mistake in measuring; —ка f., —ный a. measurement; —ять see обмеривать.
обмести v. sweep off.
обмет m. net; sweepings; —ать v. sweep off; overstitch, overcast; cover (with rash).
обметить v. label, mark.
обметывать v. overcast, overstitch.
обмечать v. label, mark.
об/мин. abbr. [оборот(ы) в минуту] revolutions per minute, r.p.m.

обмин m. pressing down, packing; —ать v. press down, pack, trample down.
обмок/ать, —нуть v. get wet.
обмол m. grinding (into flour); yield of ground grain.
обмол/ачивание n. (agr.) threshing; —ачивать v. thresh; —от m. threshing; yield of threshed grain; —отить v. thresh; —отки pl. chaff; —оточный a. threshing.
обмолоть v. grind (into flour).
обмолоченный a. (agr.) threshed.
обмор/аживать, —озить v. freeze.
обморок m. faint, syncope; падать в о. v. faint, lose consciousness.
обмот/анный a. wound, coiled, wrapped, taped, covered; insulated (wire); —ать see обматывать; —ка f. winding, coiling, wrapping, taping, sheath(ing), cover(ing); tape; (elec.) winding, coil; —ки pl. puttees, leggings; —очный a. of обмотка; spun (yarn); suffix -wound.
обмочить see обмачивать.
обмундиров(ыв)ать v. equip, fit out.
обмуров/анный a. brick-lined, bricked; —ка f. walling up, bricking; brickwork, masonry, covering, casing, lining (of furnace); —ывать v. wall up, brick, line (with brick, etc.).
обмыв m., —ание n. washing; —ать v. wash; —ка f., —очный a. washing.
обмыливать see омылять.
обмыть see обмывать.
обмять see обминать.
обнадежи(ва)ть v. reassure, encourage.
обнаж/ать v. (lay) bare, uncover, strip; reveal, disclose; —аться v. become exposed, appear; (geol.) crop out; lose foliage; —ение n. baring, denudation; uncovering, exposure; erosion; outcrop (of rock); —енный a. bare, uncovered, exposed, naked; eroded; outcropped; defoliated; —енная порода outcrop; —ить see обнажать.
обнародов/ание n. publication; —ать v. publish, promulgate.
обнаруж/ение n. uncovering, discovery, finding, disclosure, detection; development, appearance; display; —енный a. uncovered, etc., see v.; —иваемый a. detected, sensed; —ивание see обнаружение; —ивать v. uncover, discover, disclose, detect, reveal, identify, find, trace, locate; expose; strike (oil); develop, display; —иваться v. develop, appear; be found; —итель m. feeler, detector, finder; —ительный a. detector, warning.
обн/ашивать, —ести see обносить; —есенный a. enclosed, surrounded.
обнимать v. embrace, hug, envelop, include.
обнищалый a. impoverished.

обнов/итель *m.* restorer, regenerator; —и́тельный *a.* restoring, etc., *see v.*; —ить *see* обновлять; —ление *n.* restoration, etc., *see v.*; renewal; innovation; —ленный *a.* restored, etc., *see v.*; —ляемость *f.* renewability; interchangeability; —ляемый *a.* renewable; interchangeable; —лять *v.* restore, regenerate, renew, refresh; rejuvenate; renovate; repair; update, bring up to date.

обнос *m.* enclosure; —ить *v.* enclose, surround, encompass; wall, fence, rail (in) carry around.

обнять *see* обнимать.

обо *see* о; обо́— *see* о—.

ообобрать *see* обирать.

обобщ/ать *v.* generalize, draw inferences, theorize; combine, correlate (data); —ение *n.* generalization; correlation; —енный *a.* generalized; inferred; correlated.

обобществ/ить *see* обобществлять; —ление *n.* collectivization, socialization; —ленный *a.* collectivized, socialized; —лять *v.* collectivize, socialize.

обобьёт *fut. 3 sing. of* обить.

обовьёт *fut. 3 sing. of* обвить.

обога/титель *m.* enriching additive; (met.) concentration specialist; —тительный *a.* enriching; (met.) concentration; —тить, —щать *v.* enrich; concentrate; treat, process, prepare; separate, clean, dress, wash; —щение *n.* enriching, etc., *see v.*; enrichment; concentration; коэффициент —щения (nucl.) enrichment factor; —щенный *a.* enriched, etc., *see v.*; forced (blast).

обогн/анный *a.* outdistanced, passed; —ать *see* обгонять.

обогнуть *v.* bend around; by-pass.

обогр/ев *m.* heating, warming; heater; —евание *n.* heating, warming; —еватель *m.* heater; —евательный *a.* heating; —евать *v.* heat, warm; —етый *a.* heated, warmed; —еть *see* обогревать.

обод *m.*, —ковый *a.* rim (of wheel); hoop, ring; —ок *m.* rim; ring, circle; —очный *a. of* обод; colic (artery); —очная кишка (anat.) colon.

ободрать *v.* strip, tear off, rip off.

ободр/ить, —ять *v.* encourage, inspire; —яться *v.* take courage; —яющий *a.* encouraging, promising.

ободья *pl. of* обод.

обоеполый *a.* bisexual; androgynous, hermaphroditic; (bot.) monoecious.

обоечный *a.* grain-cleaning, hulling.

обождать *v.* wait.

обожжённый *a.* burnt, calcined, roasted; окончательно о. dead-burned.

обожмёт *fut. 3 sing. of* обжать.

обоз *m.* train, transport, convoy.

обознач/ать *v.* designate, denote, indicate, specify, define; label, mark, identify; signify, stand for, mean, represent; детально о. specify; —ающий *a.* designating, etc., *see v.*; —ение *n.* designation, etc., *see v.*; mark(ing), labeling; notation, nomenclature; symbol(s), sign; index, criterion; система —ения nomenclature; —енный *a.* designated, etc., *see v.*; хорошо —енный well-defined; чётко —енный sharply defined, clear-cut; —ить *see* обозначать.

обозный *a. of* обоз; draft (horse).

обозр/еватель *m.* reviewer; —е(ва)ть *v.*, —ение *n.* review, survey; —имый *a.* visible.

обозчик *m.* transport driver.

обо/и *see* обо́я; *pl.* wallpaper; оклеить —ями *v.* paper.

обой *m.* windfall (fruit).

обойдённый *a.* by-passed.

обойка *f.* huller; scourer; upholstering.

обойма *f.* ring, band, girdle, yoke, holder; (spring, cartridge) clip; casing, housing; (bearing) race, cage; magazine (of pistol); (nozzle) jacket; (roller) draw plate.

обоймёт *fut. 3 sing. of* обнять.

обойный *a.* upholstery; wallpaper; tack (hammer); о. гвоздь tack.

обой/ти *see* обходить; —тись *see* обходиться; все —дется everything will be all right.

обойщик *m.* upholsterer; paper hanger.

обок *adv. and prep. gen.* beside, near.

оболвани(ва)ть *v.* (foundry) roughhew, rough-work, rough out.

оболонь *f.* (bot.) alburnum, sapwood.

оболоч/ечный *a.* shell; —ка *f.*, —ковый *a.* shell, envelope, cover, sheath(ing), case, casing; (nucl.) jacket, can; (gas) blanket; mantle, crust (of earth); film, coat(ing); (anat.) membrane; выпуклая —ка convex hull; покрытие —кой filming (over); jacketing, canning; с резиновой —кой rubber-covered; теория —ек (mech.) shell theory; —ковое литьё casting in skin-dry molds; —ники *pl.*, (zool.) Tunicata; —ный *a.* shell; —ь *v.* wrap around, cover, envelop.

обольёт *fut. 3 sing. of* облить.

обомнёт *fut. 3 sing. of* обмять.

обон/яние *n.* (sense of) smell; органы —яния olfactory organs; —ятельный *a.* olfactory; —ять *v.* smell.

обопрёт(ся) *fut. 3 sing. of* опереть(ся).

обор *m.* (text.) course abb; refuse clinker; —а *f.* cord, lace.

оборачив/аемость *f.* turnover; (book) circulation; —ание *n.* turning; —ать *v.* turn.

оборв/анный *a.* torn, broken, cut short; broken (line); —ать *see* обрывать.
оборка *f.* flounce, trimming.
оборон/а *f.* defense; —ительный *a.* defens(iv)e, defended; —ить, —ять *v.* defend; —ный *a.* defense; —оспособный *a.* prepared (for defense).
оборот *m.* revolution, rotation, turn; (com.) turnover; convolution; change of direction; reverse (side), back; (rr.) turn-around; жиклер быстрых —ов accelerating nozzle; —ы *pl.* (engine) speed; —ы в минуту revolutions per minute, rpm; на ... о. by ... a revolution; на —е on the reverse (side); overleaf; пускать в о. *v.* put into circulation, circulate; работать на малых —ах *v.* idle; работать на полных —ах *v.* run at full power; с малым числом —ов slow-speed; сбавить —ы *v.* slow down (engine); счетчик —ов speedometer; увеличить —ы *v.* accelerate (engine); число —ов rotation speed.
оборотистый *a.* resourceful, clever.
оборотить *see* оборачивать.
оборотливый *see* оборотистый.
оборотн/ость *f.* (mach.) speed, revolutions per unit time; —ый *a. of* оборот; circulating, floating (capital); reverse, back, wrong (side); verso, left-hand (page); reusable (solution); Scotch, marine (boiler); (paper) return (water).
оборудов/ание *n.* equipment, machinery; apparatus, instrumentation; facilities; plant, outfit; (out)fitting, installation; experiment; arrangement, system; о. для сварки welding equipment; о. паром steam working, steam driving; о. транзисторами transistorization; машинное о. machinery; —анный *a.* equipped, etc., *see v.*; featuring, incorporating; —анный приборами instrumented; —ать *v.* equip, provide, fit (with); supply; install.
оборыш *m.* (agr.) culls, rejects.
обосабливать *see* обособлять.
обоснов/ание *n.* basis, ground; reason; высотное о. (geod.) vertical control; —анность *f.* validity, soundness; —анный *a.* valid, sound; substantiated, well-founded; —(ыв)ать *v.* base, ground; prove, substantiate.
обособ/ить *see* обособлять; —ление *n.* isolation, etc., *see v.*; —ленность *f.* individualism; isolation; —ленный *a.* isolated, etc., *see v.*; individual, single, separate; —лять *v.* isolate, separate, set apart; detach; insulate; —ляться *v.* separate, stand up.
обостр/ение *n.* aggravation, sharpening, etc., *see v.*; (med.) exacerbation; —енность *f.* intensity, acuteness; —енный *a.* aggravated, etc., *see v.*; acute, sharp, keen (interest); —енный выборочный контроль (math.; stat.) tightened sampling; —ить, —ять *v.* aggravate, sharpen, intensify, enhance, increase; accentuate; strain; —иться, —яться *v.* become sharp; grow acute; —яющий *a.* aggravating, etc., *see v.*; peaking (circuit).
оботрет *fut. 3 sing. of* обтереть.
обоч/ина *f.* berm, shoulder (of road); —ный *a.* running beside (a road).
обошедший *past act. part. of* обойти.
обошьет *fut. 3 sing. of* обшить.
обоюд/но *adv.* mutually, reciprocally; —ность *f.* mutuality; reciprocity; —ный *a.* mutual, reciprocal; —овогнутый *a.* concavo-concave, biconcave; —опуклый *a.* convexo-convex, biconvex; —оострый *a.* double-edged; —оторонний *a.* mutual.
обр. *abbr.* (образец) sample, specimen.
обрабатываем/ость *f.* workability, processability; machinability; о. на станках machinability; —ый *a.* workable, processable; machinable; in process; —ая деталь work, job.
обраб/атывание *see* обработка; —атывать *v.* process, treat, digest; work, machine, tool; turn (on lathe); size, cut, trim; finish, dress; face, surface; process, handle (data); adapt, condition; prepare, manufacture; develop, elaborate (plans); (agr.) cultivate, till, farm; —атывать на станке, механически —атывать machine, tool; —атывать начисто finish; —атывать паром steam —атываться *v.* be processed, etc.; be in process; —атывающий *a.* processing, etc., *see v.*; process (industry); —отанный *a.* processed, etc., *see v.*; —отать *see* обрабатывать; —отка *f.*, —оточный *a.* processing, etc., *see v.*; (heat) treatment; digestion; adaptation; manufacture, preparation; (information) retrieval; (stat.) analysis; —отка данных data processing; подвергать механической —отке *v.* machine, tool.
обрадоваться *v.* be glad, be pleased.
обравнивать *v.* level, even up, trim.
образ *m.* shape, form; manner, way; image representation; pattern; trend (of thought); о. действия procedure; policy; каким —ом how, in what manner; некоторым —ом in a way, after a fashion, somehow; никоим —ом by no means; таким —ом thus, in this way, by this means, so.
образ/ец *m.* specimen, sample, model, example, prototype; test piece; (met.) test specimen, test bar; pattern, shape, form, type; standard, original; выбор —ца, забор —ца sampling; опытный о. pro-

totype, test specimen; **сделать по —цу** *v.* duplicate, pattern (after); **о.-кубик** *m.* (concrete) test cube; **о.-свидетель** *m.* control sample.

образный *a.* descriptive; *suffix* -shaped, —form, -resembling, —oid; **о. камень** (min.) figure stone, agalmatolite.

образов/авшийся *see* **образованный**; **—ание** *n.* formation, etc., *see* **образовывать**; development; occurrence; *suffix* —genesis; education; **—ание зародышей** nucleation; **—ание осадка** precipitation; **высшее —ание** higher education, college education; **в момент —ания** nascent, in the nascent state; **с —анием** forming, yielding, giving; educated; **—анность** *f.* education; **—анный** *a.* formed, etc., *see* **образовывать**; educated.

образов/атель *m.* organizer, creator; **—ательный** *a.* forming, etc., *see v.*; (bot.) nascent (tissue); educational; **—(ыв)ать** *v.* form, produce, make, combine (into); give, yield; evolve, generate (gas, heat); constitute, make up, comprise; organize, establish, originate, develop; educate, teach, instruct; **—(ыв)аться** *v.* form, develop, originate, arise, appear; be educated.

образующ/ая *f.* (math.) generatrix; **—ий** *a.* forming, etc., *see* **образовывать**; **—ийся (при этом)** *a.* resulting, resultant.

образуя *pr. ger.* forming, etc., *see* **образовывать**.

образцов/ый *a.* sample, model, exemplary, classical, standard, master, original; calibrating (instrument); check (gage); proof (coin); **—ая гиря** standard weight; **—ая мера** standard (measure); **—ое сопротивление** calibration resistance; comparison rheostat.

образчик *m.* sample, specimen, pattern.

обрам/ить *v.* frame; **—ление** *n.* framing, framework; housing, box; mask; **—ленный** *a.* framed; **—лять** *v.* frame.

обраст/ание *n.* overgrowing; **—ать, —и** *v.* overgrow (with).

обрат *m.* skimmed milk; usable waste.

обрати/мость *f.*, **о. хода** reversibility; **—мый** *a.* reversible; (math.) invertible (group); **—мая связь** feedback; **—ть** *see* **обращать**.

обратная *f.* inverse, converse.

обратно *adv. and prefix* back, inversely, conversely, reversibly; as a reciprocal of; vice versa; counter—; ob— (reversely, in an opposite direction); **о. пропорционально** as the reciprocal of, inversely with; **о. пропорциональный** *a.* inversely proportional; **о. текущий** *a.* returning (liquid), reflux; **идти о.** *v.* return, retrace one's steps.

обратно/идущий *a.* retrogressive; returning; **—квадратический** *a.* inverse-square-law; **—ступенчатый** *a.* backstep (welding); **—яйцевидный** *a.* obovate, inversely egg-shaped.

обратн/ый *a.* reverse, return, back(ward); counter, opposite; (math.) inverse; retrograde (condensation, etc.); far (side of moon); check, no-return (valve); **о. ом** (elec.) reciprocal ohm, mho; **о. поток reflux**; **о. преобразователь** (elec.) inverter; **о. удар** kick(back), recoil; backfire (of motor); **о. удар пламени** flashback; **дать о. удар** *v.* kick back; **о. ход** return (motion), reverse running, backing, back stroke (of piston); **дать о. ход** *v.* reverse, back (up); **—ого хода** reverse (lever, etc.); **с —ым ходом** reversing, reversible; **о. холодильник** reflux condenser; **о. час** (nucl.) inverse hour, inhour; **—ая величина**, **—ая дробь** (math.) reciprocal; **—ая вспышка** backfire, flashback; **—ая емкость** (comp.) stiffness; **—ая продувка** (gas chromatography) back purge; **—ая реакция** back reaction; **—ая связь** feedback; **цепь —ой связи** feedback circuit; **—ая сторона** reverse; **—ое** *n.* inverse; the reverse, the opposite; **—ое влияние**, **—ое действие** re(tro)action; **имеющий —ое действие** retroactive; **—ое движение** return movement, back stroke (of piston); **—ое добывание** recovery (from waste); **—ое положение** converse (of theorem); **—ое течение** reflux; **—ого направления** reverse; **—ой волны** reverse-wave (tube); **—ой последовательности** negative-sequence (reactance); **—ой почтой** by return mail; **на —ом пути** on the way back, while returning.

обращаемость *f.* circulation; turnover.

обращать *v.* turn, change, convert, transform; reduce; reverse; invert (sugar); circulate; give (consideration); call, draw, direct, pay (attention); **—ся** *v.* turn, rotate, circle, revolve (around); circulate; return, revert; apply, appeal, turn (to); handle, manipulate, treat; be transformed (into); **—ся к** direct attention; **—ся плохо** maltreat, abuse.

обращающий *a.* reversing; **—ся** *a.* rotating; circulating.

обращен/ие *n.* revolution, rotation, turn; circulation; application, appeal; treatment, usage, handling, manipulation, care (for); distribution; transformation, conversion, reduction; reversal; inversion; **пустить в о.** *v.* issue, circulate, put in circulation; **температура —ия** transition point.

обращенный *a.* turned (to), exposed,

обрез **m.** cut, gash; edge (of paper); recess (in wall); (ingot) crop; (rolling) crop shear; sawed-off shotgun; **в о.** barely enough; —**ание** *n.* cutting (off), etc., *see v.*; cut-off; (med.) circumcision; —**анный** *a.* cut (off), etc., *see v.*; —**ать** *v.* cut (off), clip, crop, trim, prune (trees); (cryst.) truncate.

facing, presented (to); reversed; inverse, inverted; invert (sugar).

обрезин/енный *a.* rubberized, rubber-covered; —**ивать** *v.* rubberize.

обрез/ка *see* обрезание; edging; —**ковый** *a.* scrap; —**ной** *a.* cut(-off), trimming; rip (saw); —**ной станок** trimmer; —**ок** *m.* piece, cut, length, end; —**ки** *pl.* ends; cuttings, clippings, shavings, scrap; —**очный** *a.* cut (off), trimmed; scrap.

обремен/ение *n.* overloading, etc., *see v.*; —**ительный** *a.* burdensome, overwhelming, heavy; —**ить**, —**ять** *v.* overload, (over)burden, overtax; encumber; clog.

обре/сти, —**тать** *v.* find, discover; —**тение** *n.* finding, discovery; **тенный** *a.* found, discovered.

обреше/тина *f.* (roof) purlin; lathwork; —**тить** *v.* board, sheath (roof); provide with a grate; —**тка** *f.* boarding, sheathing; bracing; grate; lathwork, lattice; —**тник** *m.* lathing; **переплет** —**тника** latticework; —**чивать** *see* обрешетить.

обрив/ание *n.* shaving; —**ать** *v.* shave.

обрисов/ать, —**ывать** *v.* sketch, outline; —**ка** *f.* sketch, outline, outlining.

обрить *see* обривать.

обровн/енный *a.* evened out, smoothed; —**ять** *v.* even out, smooth.

обронить *v.* drop, let fall, lose.

обросший *a.* overgrown (with).

обруб **m.** trimming, etc., *see v.*; trimmed end; log framework; —**ание** *see* обрубка; —**ать**, —**ить** *v.* trim, cut (off), clip, prune (trees); chop off, lop off, crop, shorten; knock off, chip off; —**ка** *f.* trimming, etc., *see v.*; —**ленный** *a.* trimmed, etc., *see v.*; —**ная** *f.* (foundry) cleaning shop; —**ной** *a.* trimming, etc., *see v.*; —**ок** *m.* block, trunk, stump; lump, piece; —**ки** *pl.* scrap, chippings; —**очный** *see* обрубной; —**щик** *m.* (foundry) cleaner.

обруч *m.*, —**ный** *a.* hoop, band, collar; —**еосадочный** *a.* hoop-driving.

обруш/ать *see* обрушивать; —**ение** *n.* caving (in), etc., *see v.*; cave-in, collapse; demolition; —**енный** *a.* caved in, etc., *see v.*; fallen, collapsed; —**ивание** *see* обрушение; —**и(ва)ть** *v.* cave in, knock down, break down, demolish; hull (grain); —**и(ва)ться** *v.* cave in, collapse, fall (down), break down, crumble; —**ившийся** *see* обрушенный.

обрыв *m.* precipice, cliff, bluff, escarpment, (e)scarp; (down)fall; drop (in mold); break(ing); torque failure, twist-off; **реле** —**a** line break relay; —**ание** *n.* breaking, etc., *see v.*; —**ать** *v.* break; pluck, pick, tear off; intercept, cut off; dig around; —**аться** *v.* break, tear (off); fall; stop suddenly.

обрывист/ость *f.* steepness, abruptness; —**ый** *a.* steep, abrupt, precipitous.

обрыв/ность *f.* breaks, tears; (text.) tearing strength; —**ный** *a. of* обрыв; —**ок** *m.* scrap; bit; patch; —**очный** *a.* patched, pieced.

обрыз/г *m.* sprinkle, spray(ing); —**гивание** *n.* sprinkling, etc., *see v.*; —**г(ив)ать**, —**нуть** *v.* sprinkle, spray, wet, moisten.

обрыскать *v.* search everywhere, hunt.

обрыт/ый *a.* dug up; —**ь** *v.* dig up.

обса/дить *see* обсаживать; —**дка** *f.* compression, shortening, etc., *see v.*; swage (min.) casing; —**дный** *a.*, —**дные трубы** casing; —**дочный** *a.* drive; —**женный** *a.* compressed, etc., *see v.*; cased (well); —**живание** *n.* compressing, etc., *see v.*; —**живать** *v.* compress, shorten, upset, swage; case; plant (around).

обсаливать *v.* salt (all over).

обсасывать *v.* suck around.

обсахаривать *v.* sugar, candy.

обсев *m.* sowing, seeding; bare spot; standing crop; —**ать** *v.* sow, seed; —**ки** *pl.* chaff, siftings; —**ок** *m.* bare spot.

об/сек. *abbr.* [оборот(ы) в секунду] revolutions per second, rps.

обсекать *v.* cut off, trim.

обсемен/ение *n.* sowing, seeding; —**енный** *a.* sown, seeded; —**ить**, —**ять** *v.* sow, seed, plant; —**иться** *v.* go to seed.

обсерва/тория *f.*, —**торский** *a.* observatory; —**ционный** *a.* observation; observatory; —**ция** *f.* observation.

обсеребрение *n.* silvering, silver-plating.

обсеч/ение *n.*, —**ка** *f.* cutting off, trimming; —**ки** *pl.* trimmings, scrap; —**ь** *v.* trim, cut off.

обсея/нный *a.* sown; —**ть** *v.* sow.

обсидиан *m.* (petr.) obsidian, volcanic glass, rhyolite glass; —**иты** *pl.* obsidianites, obsidian pebbles.

об/ск. *see* об/сек.

обск/абливать, —**облить** *v.* scrub, scour, scrape off.

обследов/ание *n.* inspection, etc., *see v.*; survey; —**анный** *a.* inspected, etc., *see v.*; —**атель** *m.* inspector; —**ательский** *a.* inspector's, inspection; —**ать** *v.* inspect, investigate, examine, check.

обслуженный *a.* serviced, maintained.

обслужив/аемый *a.* service(d), served; —**ание** *n.* servicing, etc., *see v.*; service(s), maintenance, care, attendance; operation; accommodation; —ать v. service, maintain, care (for), take care (of), attend (to); handle, serve, cover; cater (to, for); accommodate (with); —ающий a. servicing, etc., see v.; service, maintenance; auxiliary; m. attendant, service man; —ающий персонал attendants; —ающее лицо attendant, service man.

обслужить see обслуживать.

обсм/атривать, —отреть v. examine, inspect.

обсолить v. salt (all over).

обсос/анный a. sucked around; —ать v. suck around; —ки pl. (anode) scrap.

обсохнуть see обсыхать.

обста/вить, —влять v. surround, encircle, enclose; furnish; set up, arrange; —новка f. furniture, furnishings; setting, arrangement; circumstances, conditions, situation.

обстоятель/но adv. thoroughly, in detail; —ный a. circumstantial, detailed, exhaustive; thorough, reliable; —ство n. circumstance, case; имея в виду это —ство with this in mind.

обсто/ять v. be, get along; иначе —ит дело с not so with, it is different with.

обстрагивать see обстругать.

обстраив/ание n. building; —ать v. build (around), construct.

обстрачивать v. hem.

обстрел m. fire, firing, bombardment; —ивать, —ять v. fire on, bombard.

обстри/гать, —чь v. cut, crop, shear.

обстро/гать see обстругать; —жка see обстругивание.

обстро/ить v. build (around); —йка f. building.

обстроч/ить v. hem; —ка f. hemming.

обструг/ать, —ивать v. plane, smooth off, clean off, trim; —ивание n. planing, etc., see v.

обструк/тивный a. obstructive; —ция f. obstruction, obstacle.

обстук/ать, —ивать v. knock (all around); (cold hardening) bombard (with steel balls); —ивание n. knocking; bombardment.

обступ/ать, —ить v. surround.

обсу/дить see обсуждать; —ждаемый a. under discussion; —ждать v. discuss, consider, treat, cover, go into; —ждаться v. be discussed; discuss, be concerned (with), cover, deal (with); —ждение n. discussion, dispute, consideration; предмет —ждения the issue; —жденный a. discussed, etc., see v.; —живать see обсуждать.

обсуш/енный a. dried; —ивание, —ка f. drying; —и(ва)ть v. dry.

обсч/ет m. miscount; —ит(ыв)аться v. miscount, miscalculate.

обсып/ать see осыпать; —ка f. sprinkling; cushioning layer.

обсыхать v. get dry, dry (up).

обтаивать v. thaw, melt around.

обтач/ать v. stitch around; —ивание n. turning, etc., see v.; —ивать v. turn (on lathe), machine, round off; dress, face; grind; stitch around; —ка f. stitching around, overcasting.

обтаять see обтаивать.

обтек/аемость f. streamlining; —аемый a. streamline(d); —ание n. flowing around, etc., see v.; flow(-around), flow-past; картина —ания streamline flow; —атель m. deflector, shield; cowl, fairing; (av.) cowl(ing); (propeller) cone; (sonar) dome; (antenna) cap; —ать v. flow around, circumvent, pass around, by-pass; stream past, flow past; —ающий a. flowing around, etc., see v.; circumvent, circumfluent.

обтер/еть see обтирать; —тый a. wiped, etc., see обтирать; worn.

обтес/анный a. rough-hewn, squared; dressed, trimmed; грубо о. rough-finished; —ать, —ывать v. rough-hew, rough-work, chip, square; dress, trim; —ка f., —ывание n. rough-hewing, etc., see v.

обтечь see обтекать.

обтир/ание n. wiping, etc., see v.; rub(bing); —ать v. wipe, swab, clean; dry; rub; wear (away, out); —ка see обтирание; swab cloth; —очный a. wiping, etc., see v.

обточ/енный a. turned (on lathe), machined; —ить see обтачивать; —ка f., —ный a. see обтачивание; лобовая —ка, поперечная —ка, торцовая —ка (sur)facing.

обтреп/анный a. worn out, frayed; —(ыв)ать v. wear out, fray; swingle (flax); —(ыв)аться v. get worn, fray, become ragged.

обтрескаться v. crackle, crack all over.

обтрясти v. shake off.

обтузиловая кислота obtusilic acid.

обтюр/атор m., —аторный a. obturator, seal, cut-off; baffle plate, shield; diaphragm, stop; (phot.) shutter, spec. rotating shutter; —ация f. obturation, sealing.

обтя/гивание n. stretching, etc., see v.; —гивать v. stretch (over), cover, jacket, coat; —жечный a. stretching; —жка f. cover(ing); в —жку tight-fitting; —жной a. covering; covered; —нуть see обтягивать.

обув/ать v. provide with shoes; —ной a. shoe; —щик m. shoemaker; —ь f. footwear, shoes.

обугл/енный *a.* carbonized, charred; —е-роживание *n.* carbonization; (met.) carburization, carburizing; —иваемый *a.* carbonizable; —ивание *n.* carbonization, charring; —ивать, —ить *v.* carbonize, char; —ивающий *a.* carbonizing; —ивающийся *a.* carbonizing, carbonizable.

обуж/ение *n.* narrowing, tightening; —енный *a.* narrow(ed), tight; —ивать *v.* (make) narrow, make tight, tighten.

обузд(ыв)ать *v.* bridle; restrain, repress, curb, (keep in) check, control.

обузить *see* обуживать.

обуревать *v.* agitate, shake.

обусл/авливать, —овить *see* обусловливать; —овленность *f.* dependence; stipulation; —овленный *a.* caused, etc., *see v.*; due to, resulting (from), stemming (from); conditional; —овливать *v.* cause, be responsible (for); specify, stipulate, define, determine, dictate, govern; make conditions; —овливаться *v.* depend (on), be determined (by), result, spring, stem, arise (from).

обутин *m.* obutin.

обут/ый *a.* shod; —ь *see* обувать.

обух *m.* butt, head (of axe); back (edge).

обуч/аемый *a.* taught; learning (machine); —ать *v.* teach, instruct, train; —аться *v.* be taught, learn; —ающий *a.* teaching, training; —ение *n.* teaching, instruction, training; —енный *a.* taught, trained; —ить *see* обучать.

обушок *m.* back (edge); pick; eye bolt.

обхаживать *see* обходить.

обхват *m.* clasp(ing), hold, engagement, encompassing, girth; (math.) perimeter; угол —а angle of contact; —ить, —ывать *v.* clasp, hold, embrace, girth, surround, envelop; —ывающий *a.* clasping, etc., *see v.*; female.

обход *m.* by-pass, diversion; pass(ing) around, circumvention; avoidance; alternate route, detour; beat, round (of patrol, etc.); (commun.) alternative trunking; в о. by-passing, indirectly.

обходить *v.* visit, make the rounds; bypass; deprive (of); —ся *v.* cost, come to; treat; get used (to); —ся без do without, dispense with; omit.

обходн/ый *a.* roundabout, circuitous, alternate, indirect; by-pass; (aut.) transfer (bus); о. канал by-pass; о. путь detour; о. способ makeshift, indirect method; —ые выработки (min.) bypasses, detour shafts.

обходчик *m.* inspector, patrolman.

об. ч. *abbr.* (объемная часть) part by volume.

обчесать *see* очесать.

обчесться *see* обсчитаться.

обчи/стить, —щать *v.* clean, scour; peel, pare.

обшив/ание *n.* facing, etc., *see v.*; —ать *v.* face, line, sheathe, cover, case, jacket, coat; board, plank, panel, veneer, trim; sew around, edge, border; —ка *f.* facing, etc., *see v.*; sheath(ing); lagging, revetment; jacket; plating, shell; board, plank, panel, veneer; (av.) skin, outer casing; edging, trim, border; —ной *a.* sewn around; sewing; —очный *a.* of обшивка; cover (plate).

обширн/ость *f.* spaciousness, bigness, magnitude, vastness, expanse, latitude, field; —ый *a.* spacious, big, vast, broad, wide, ample, voluminous; comprehensive, extensive.

обшит/ый *a.* faced, etc., *see* обшивать; о. сталью steel-plated; —ь *see* обшивать.

обшкури(ва)ть *v.* grind, polish.

обшла/г *m.*, —жный *a.* cuff.

общаться *v.* associate, mix (with).

обще— *prefix* general(ly), widely, common(ly), universal(ly).

общедоступн/ость *f.* accessibility; popularity; —ый *a.* accessible; popular.

обще/житие *n.* home, hostel, boarding house; society, community; —заводский *a.* common to the whole plant; —значимый *a.* of general importance.

общеизвестн/о *adv.* commonly known; it is common knowledge; —ость *f.* common knowledge; —ый *a.* of common knowledge, well-known, universally known.

обще/народный *a.* general, public; —ние *n.* association, intercourse, contact; —образовательный *a.* general instruction, nonspecialized; —обязательный *a.* compulsory.

общеполезн/ость *f.* universal utility, worldwide use; —ый *a.* generally useful, universally beneficial.

обще/понятный *a.* popular, readily comprehensible, obvious, clear; —признанный *a.* generally acknowledged; —принятый *a.* generally accepted, universally adopted; universal, world-wide, standard; conventional (method); current; working (standard); —распространенный *a.* universally distributed, widespread; —союзный *a.* All-Union.

общественник *m.* public worker.

обществен/ый *a.* social, public, common; —ая гигиена public health.

общество *n.* society; association, company; —ведение *n.* social science.

общеупотребительн/ость *f.* general use; —ый *a.* of general use, generally applicable, commonly used, customary.

общеустановленный *a.* common, standard.

общ/ий *a.* general, common, public; total, aggregate, overall (length); combined, collective; output (information); universal; basic (problems); joint, mutual; miscellaneous; о. для всех in common; о. делитель (math.) common divisor; о. итог total; lump sum; о. остаток total residue; —ая мощность unit capacity; total capacity; —ая реакция (biol.) systemic reaction; —ее место generality, commonplace; —ее свойство рода generic feature, peculiarity, property; —не определители auxiliary subdivisions (of time, place, etc.); в —ем on the whole, in general.

общин/а f. community, society; —ный a. communal, common.

общип(ыв)ать v. pluck; pinch (off).

общность f. generality; community; unity, continuity; conformity, similarity; common character; common conditions.

объ— see о— (used before е, ю, я).

объед/ать v. eat around; corrode; —аться v. overeat; —ение n. overeating.

объедин/ение n. union, joining, amalgamation, consolidation, unification; (math.) combination (of subgroups); building (of compound members); firm; society, association; —енный a. united, joint; associate; made integral (with); —ительный a. uniting, —ить, —ять v. unite, join, combine, consolidate; integrate (into); assemble; associate; —ять в себе combine with; —ятсья v. unite, incorporate.

объед/ки pl. food scraps, leftovers; —ья pl. left-over fodder.

объез/д m. circuit, round; by-pass, detour; —дить v. go around, detour; visit; break in (horse); —дной a. detour, by-passing; visiting; —дчик m. watchman; horse trainer; —жать see объездить; —жий путь detour.

объект m. object, item; substance; objective, target; subject (of research); facility; member; (water) body; характеристика —a controlled plant characteristic.

объектив m. (opt.) objective; lens; —ность f. objectivity; —ный a. objective; direct-observation; unbiased, unprejudiced; —ное стекло lens.

объектно-характеристический a. plant characteristic (table).

объем m. volume, size, bulk, space, capacity, contents; compass, extent, amplitude, scope, extension; amount; (drilling) footage, meterage; в —е in bulk; в процентах —a per cent by volume; измеритель —a volu(meno)meter; испытание на о. (nucl.) bulk test; коэффициент —а volumetric efficiency; кубический о. capacity; соотношение —ов volume ratio; увели-

чиваться в —е v. expand; удельный о. specific volume.

объемист/ость f. bulk(iness); —ый a. bulky, voluminous, capacious; unwieldy.

объемл/ет fut. 3 sing. of обнимать; —ющая f. envelope; —ющий a. enveloping, convolute; envelope (curve).

объемно adv. volumetrically; in volume; о.-весовой a. weight-space; —сть f. volume, capacity; (text.) bulking; —центрированный a. (cryst.) body-centered.

объемн/ый a. volume, volumetric, bulk; by volume; voluminous, bulky; three-dimensional; space (charge, velocity, etc.); cavity (resonator); positive-displacement (pump, etc.); о. анализ volumetric analysis; о. блок (building) module; о. вес specific weight, density; о. контур (electron.) cavity circuit; о. коэффициент (ionization) rate; о. процент percent by volume; о. центрированный (cryst.) body-centered; —ая волна (seism.) body wave; —ая доза (nucl.) volume dose, integral dose; —ая масса density; —ая плотность volume density; —ая производительность volumetric efficiency; —ая пряжа bulk yarn; —ая упругость compressibility; —ая часть part by volume; —ое количество volume; —ое отношение volume ratio; —ое число specific volume.

объемометр m. volumenometer.

объесть see объедать.

объехать see объезжать.

объизвестл/ение n. calcification, lime deposition; —енный a. calcified; —ять v. calcify.

объяв/итель m. advertiser; announcer; —ить, —лять v. advertise, announce; state, notify, declare; —ление n. advertisement, announcement; statement; bill, poster, notice; доска для —лений bulletin board.

объярь f. moire, watered silk.

объясн/ение n. explanation, comment, legend (of diagram); —енный a. explained, etc., see v.; —имый a. explicable; explained; —ительный a. explanatory; —ить, —ять v. explain, elucidate, demonstrate, clear up; account (for), be responsible (for); —иться, —яться v. be explained (by); depend (upon); result, stem, arise, come (from); be due (to), be caused (by).

обыдени/ость f. commonness, usualness; —ый a. common, usual, everyday.

обызвест/вление n. calcification; (agr.) liming; —влять v. calcify; lime; —кование n. (geol.) calcitization; liming.

обыкновен/ие *n.* habit, custom, way; по —ию as usual.
обыкновенн/о *adv.* usually, ordinarily, as a rule; как о. as usual; —ый *a.* usual, customary, normal, regular; common, ordinary, simple, plain.
обымет *fut.* 3 *sing. of* обнять.
обындеветь *v.* get covered with frost.
обыск *m.*, —(ив)ать *v.* search.
обыскривание *n.* sparking.
обычай *m.* custom, usage, use, habit.
обычн/о *adv.* usually, etc., *see a.*; it is common (practice), it is customary; as a rule, more often than not; —ый *a.* usual, normal, regular, typical, ordinary, common(place), conventional, customary, routine, standard; plain; straight (text); —ое дело commonplace; —ым путем in the usual fashion, as usual, routinely.
ОБЭ *abbr.* (относительная биологическая эффективность) relative biological effectiveness, RBE.
обязанн/ость *f.* duty, obligation, charge, responsibility; —ый *a.* obligated, under obligation, indebted; owe (to); он обязан he must, he has (to).
обязатель/но *adv.* without fail; be sure (to); certainly; —ый *a.* obligatory, compulsory, mandatory, a must; legal; indispensable, required; helpful, cooperative; —ная принадлежность a must, indispensable; —ство *n.* obligation, engagement, commitment, contract; (law) liability.
обяз(ыв)ать *v.* bind, oblige, engage.
о-в *abbr.* (остров) island; о-ва *abbr.* (острова).
овал *m.* oval.
овалевое масло owala oil.
овал/огубцы *pl.* roundnose pliers; —ьность *f.* ovalness, out-of-roundness; —ьнотокарный станок lathe for oval pieces; —ьный *a.* oval, out-of-round.
овариальный *a.* (biol.) ovarian.
—оватый *a. suffix* —ish, rather.
овевать *v.* (agr.) winnow, fan.
овер/драйв *m.* (automobile) overdrive; —хенг *m.* overhang; —шот *m.* (oil-well drilling) overshoot.
овес *m.* oats.
овеч/ий *a.* sheep, ovine; о. жиропот wool grease; о. копытный жир sheep's-foot oil; —ка *f.* ewe lamb.
овеществ/ить, —лять *v.* reify; —ленный *a.* reified.
овеять *v.* (agr.) winnow, fan.
овивать *v.* coil, wind, twist (around).
овин *m.*, —ный *a.* (drying) barn.
овить *see* овивать.
овицид *m.* ovicide.
овлад/евать, —еть *v.* seize, take possession (of); master; —ение *n.* seizing; mastering.
о-во *abbr.* (общество) society.
ово— *prefix* (biol.) ovo— (ovum, egg cell); —генез *m.* ovogenesis.
овод *m.* (ent.) gadfly.
оводн/ение *n.* irrigation; soaking, steeping; hydration; —ять *v.* irrigate; soak, steep; hydrate.
оводовые *pl.* bot flies (*Oestridae*).
ово/клор,´—тран *m.* Ovotran (miticide); —скоп *m.* (egg) candling device; —флавин *m.* ovoflavin, vitamin B_2; —фор(о)— *prefix* oophor(o)— (ovary); —цит *m.* ovocyte.
овощ *m.* vegetable; —евод *m.* vegetable grower; —еводство *n.* vegetable growing; —еводческий *a.* truck (farm); —есушилка *f.* vegetable dryer; —ехранилище *n.* vegetable storage place; —и *pl.*, —ь *f.* vegetables, greens; —ной *a.* vegetable.
ОВП *abbr.* (окислительно-восстановительный потенциал) oxidation-reduction potential, redox potential.
овра/г *m.* gully, ravine, gulch; —гообразование *n.* gully formation, gullying; —жек *dim. of.* овраг; (zool.) suslik, gopher; —жистый *a.* gullied; —жность *f.* extent of gully formation; degree to which area is subjected to gullying; —жный *a. of* овраг; pit (sand).
ОВС *abbr.* (окислительно-восстановительная среда) oxidation-reduction medium.
овс/а *gen. of* овес; —ец *m.* perennial oat (*Avenastrum*); —о— *prefix* oat; —одробилка *f.* oat grinder; —озавод *m.* oat mill; —осушилка *f.* oat dryer; —юг *m.*, —южный *a.* wild oat (*Avena fatua*); —южница *f.* wild oat separator; —яница *f.* fescue (*Festuca*); —янка *f.* oatmeal; (orn.) bunting; —яной, —яный *a.* oat.
овуляция *f.* (physiol.) ovulation.
овц/а *f.* sheep, ewe; —ебык *m.* ox; —евод *m.* sheep breeder; —еводство *n.* sheep raising; —ематка *f.* ewe.
овч/ар *m.* shepherd; —арка *f.* sheep dog; —арник *m.*, —ария *f.* sheep pen; —ина *f.*, —инный *a.* sheepskin.
—овые *pl. suffix* (biol.)—(ac)eae, —ata.
—овый *a. suffix* —ic(al), —ous.
Огайо Ohio.
огар/ок *m.* cinder, ash; (met.) calcine; водочный о., кислотный о. niter cake, sodium bisulfate; —ки *pl.* cinders, esp. pyrite cinders; skimmings, scoria, discarded metal (of electrode).
оголт *m.* eye bolt, eye ring.
огиб/ание *n.* rounding; diffraction (of waves); —ать *v.* round; bend round; —ающая *f.*, —ающая кривая (math.) envelope; —ающий *a.* rounding.

огива *f.* (stat.) ogive.
оглавл/ение *n.* (table of) contents; index; —енный *a.* indexed; —ять *v.* index, prepare the table of contents.
огла/дить, —живать *v.* smooth out.
оглазури(ва)ть *v.* glaze.
огланлинский *a.* (geog.) Oglanly.
огла/сить, —шать *v.* publish, announce; —ска *f.* publicity; —шение *n.* publicizing.
оглеен/ие *n.* gleying; —ный *a.* gleyed; —ная почва gley soil.
оглинение *n.* argillization; claying (of soil).
оглоб/ельный *a.*, —ля *f.* shaft; poppet stringer (of launch).
оглох/нуть *v.* get deaf; —ший *a.* (grown) deaf.
оглум *m.* (med.) hydrocephalus.
оглуш/ать *v.* deafen; stun, stupefy; —ающее средство stupefacient; —енный *a.* deafened; stunned, dazed; —ительный *a.* deafening; stunning; —ить *see* оглушать.
огля/деть *see* оглядывать; —дка *f.* looking back; care, caution; mistake, oversight; —дывание *n.* looking around, etc., *see v.*; —дывать, —нуть *v.* look around; look over, examine; —дываться *v.* look around; look back; proceed with caution.
огне— *prefix* pyro—, fire; —видный *a.* fire-like; (geol.) igneous, plutonic; —вик *m.* flint; —вица *f.* fever; (bot.) pellitory (*Anacyclus pyrethrum*); —вки *pl.* pyralid moths.
огнев/ой *a.* fire; (art.) firing; flame-colored; (geol.) pyrogenous, igneous; о. ход (flame) flue; —ая зачистка scarfing; —ая камера, —ая коробка firebox; combustion chamber; —ая рафинировка pyrorefining; —ая точка (art.) emplacement; —ые работы (min.) firing.
огнегаситель *m.*, —ный прибор fire extinguisher; —ный *a.* fire-extinguishing.
огнедышащ/ий *a.* active (volcano); —ая гора volcano.
огне/задерживающий *a.* fire-retardant; —защитный *a.* fireproof(ing).
огнемет *m.* (mil.) flame thrower, flame gun, flame projector; —ный *a.* flame-throwing; fire-throwing, igneous.
огненно/водный *a.* (geol.) igneo-aqueous; —жидкий *a.* molten, fused; —красный *a.* red hot.
огненный *a.* fire, igneous.
огнеопасн/ость *f.* inflammability, fire risk, fire hazard; —ый *a.* inflammable, subject to fire risk.
огне/постоянный *a.* fire-resistant, heat-stable; —припасы *pl.* (mil.) ammunition; —провод *m.* portfire, time fuse;
—проводный шнур fuse; —родный *a.* (geol.) pyrogenous, igneous; —смесь *f.* burning mixture.
огнестойк/ий *a.* refractory, fireproof; heat-stable; —ость *f.* refractoriness.
огнестрельн/ый *a.* firing; gun (wound); —ое оружие firearm(s); —ые припасы ammunition.
огнетрубный котел fire-tube boiler.
огнетушитель *m.*, —ный прибор, —ное средство fire extinguisher; —ный *a.* fire-extinguishing.
огнеупор *m.* refractory (material); —ность *f.* refractoriness, resistance to fire.
огнеупорн/ый *a.* fireproof, refractory; heat-resisting (metals); о. кирпич firebrick, refractory brick; —ая глина fire clay, refractory clay; —ая набойка, —ая футеровка refractory lining; brasque, steep.
огни *pl. of* огонь; lights; —во *n.* flint(stone); —стый *a.* flame-colored; —ще *n.* bonfire (site).
огов/аривать, —орить *v.* stipulate, specify, mention; blame, accuse; —орка *f.* stipulation, reservation, clause.
огол/ение *n.* uncovering, etc., *see v.*; —енность *f.* bareness; —енный *a.* uncovered, etc., *see v.*; bare; —ить *v.* uncover, expose, strip, bare; defoliate.
оголов/ник *m.* (tower) cap, assembly; —ок *m.* head, cap; —ок рамной опоры cap sill; —ье *n.* headband.
оголять *see* оголить.
огонек *dim. of* огонь; light; (bot.) globe flower (*Trollius asiaticus*).
огонь *m.* fire, flame; light; разводить о. *v.* fire up, kindle.
огораживать *v.* enclose, fence, rail in.
огород *m.* (truck) garden; —ина *f.* vegetables; —ить *see* огораживать; —ник *m.* gardener; —ничество *n.* gardening; —ный *a.* garden.
огорч/ать *v.* distress, vex, annoy; —ение *n.* distress, vexation, concern, annoyance; —енный *a.* distressed, concerned; —ительный *a.* distressing, irritating; —ить *see* огорчать.
ОГП *abbr.* (определение границ пласта) reservoir limit test.
огра *f.* Ogra (Soviet thermonuclear mirror machine).
ограда *f.* fence, fencing, enclosure, wall.
оградитель *m.* protector, guard; fender; —ный *a.* protecting, guard; enclosing; —ный щит guard, fender.
оград/ить *see* ограждать; —ка *dim.*; —ный *a. of* ограда.
огражд/ать *v.* defend, guard, protect; enclose, fence; —ающий *a.* safety, security; enclosing; —ение *n.* guard(ing), guardrail, safeguard, protection, safety device;

огран/енный *a.* cut; edged (crystal); —и-(ва)ть *v.* cut (facets).

ограничение *n.* restriction, etc., *see v.*; (de)limitation, restraint; (petrol.) proration; clipping; narrowing; время —ения clipping time; —енность *f.* limitedness; (math.) boundedness; —енный *a.* restricted, etc., *see v.*; narrow; finite; —ивание *see* ограничение; —ивать *v.* restrict, bound, limit, set limits, confine, restrain; terminate; circumscribe, enclose (area); narrow; —иваться *v.* restrict, confine (oneself); be restricted, etc.,; —ивающий *a.* restricting, etc., *see v.*; —ивающийся *a.* restricted, confined.

ограничитель *m.* stop, stopping device, arresting device; limiter; (comp.) delimiter; clipper; о. импульсов, цепь —я импульсов (instrumentation) clipping circuit; о. тока current limiter; о. хода stop, arrester; постоянная времени —я clipping time; —ьный *a.* stopping, arresting; restricting, restraining; check (ring) restricted.

ограничить *see* ограничивать.

огранка *f.* cutting, faceting; (crystal) faces.

огребать *v.* rake round.

огревать *see* обогревать.

огрести *see* огребать.

огрех *m.* blemish, flaw; gap.

огромн/ость *f.* vastness; —ый *a.* vast, big, huge, immense, tremendous, great; paramount, prime; overwhelming (majority).

огрохочение *n.* screening.

огруб/евать *v.* coarsen, get rough; —елость *f.* roughness; —елый *a.* coarse(ned), rough; —ение *n.* coarsening; —еть *see* огрубевать; —ить, —лять *v.* roughen; desensitize.

огрыз(а)ть *v.* gnaw (all around).

огузок *m.* buttock, rump; rump hide.

огул/ом *adv.* wholesale, in a lump; all together; —ьный *a.* groundless, unfounded; indiscriminate.

огур/ец *m.*, —ечный *a.* cucumber; —ечник, —ечная трава (bot.) borage (*Borago officinalis*).

одабривать *see* одобрить.

одаренный *a.* talented, gifted.

оде/вать *v.* dress; put on, cover, coat; face, revet; о. на slip over, fit, mount on; —жа *see* одежда.

одежавель *see* жавелева вода.

одеж/да *f.*, —ный *a.* clothes, clothing, jacket, lining, insulation; (mach.) replaceable parts; facing, revetment; pavement, surfacing, topping, top dressing (of road).

одеколон *m.*, —ный *a.* eau de Cologne.

одел/ить, —ять *v.* give, present, endow (with); distribute, share.

одергивать *v.* jerk down.

одеревен/елый *a.* woody; lignified; —ение *n.* lignification; —еть *v.* lignify, become woody; stiffen, harden.

одерж(ив)ать *v.* gain, win;. о. верх overcome, get the upper hand, get the advantage (of).

одержим/ость *f.* obsession; —ый *a.* obsessed; afflicted (with); seized, overcome.

одернованный *a.* turfed, sodded.

одернуть *v.* jerk down.

одесский *a.* Odessa.

одет/ый *a.* dressed, clad, coated; reveted, faced (slope); —ь *see* одевать.

одеяло *n.* blanket, quilt.

ОДЗ, ОДЗ *abbr.* (ослепляющая дымовая завеса) blinding smoke screen.

од/ин *m., a., pron.,* —на *f.,* —но *n.* one; a certain; a, an; alone, only, single; like (sign); о. другого one another, each other; о. за другим one after another; —но и тоже (it is) one and the same thing; все до —ного everyone; по —ному one by one, singly.

одинаков/о *adv.* in like manner, alike, equally; —ость *f.* sameness, identity, equality, uniformity; —ый *a.* (the) same, identical, duplicate, equal, alike, uniform; common (to).

одинарный *a.* single; single-thickness, single-ply; one-piece.

одиннадцати/плоскостной *a.* (cryst.) hendecahedral; —угольник *m.* (geom.) hendecagon; —угольный *a.* hendecagonal; —шарнирный *a.* (comp.) eleven-pivot.

одиннадцат/ый *a.* eleventh; —ь eleven.

одинокий *a.* single, solitary, unique, only, lone.

одиноч/ество *n.* solitude, isolation; —ный *a.* solitary, single, separate, self-contained.

одиозный *a.* odious, repulsive, offensive.

одич/алый *a.* wild; —ать *v.* grow wild.

одна *f.* of один.

однажды *adv.* once, one day.

однако *conj.* but, however, nevertheless, yet, still.

одн/и *pl.* of один; —о *n.* of один.

одно— *prefix* mono—, uni—, one-, single-; —адресный *a.* single-address (computer); —анодный *a.* single-anode; —аспектный *a.* unidimensional, linear (classification); —атомный *a.* monatomic; monohydric (alcohol); —базовый *a.* single-base; —бокий *a.* lopsided; one-sided; —бромистый *a.* monobromide (of); monobromated (camphor); —брусный *a.* (agr.) single-cutterbar.

одновалентн/ость *f.* univalence; —ый *a.* univalent, monovalent.

одно/вальный *a.* single-shaft; —вариантный *a.* monovariant, univariant; —вибратор *m.* univibrator; —винтовой *a.* single-screw; —витковый *a.* (elec.) single-turn, single-coil; —водный гидрат monohydrate.

одновременн/о *adv.* simultaneously, at the same time, concurrent(ly) (with); —существовать *о. v.* coexist; —ость *f.* simultaneousness, synchronism, coincidence; —ый *a.* simultaneous, synchronous, isochronous.

одно/главый *a.* one-headed, monocephalous; —гнездный *a.* one-celled, unicellular, unilocular; —годок *m.* yearling; —горловый *a.* single-neck(ed); single-die (tubing machine); —горбый *a.* single-humped; —групповой *a.* one-group; —декадный *a.* (comp.) one-digit decimal; —диапазонный *a.* single-band; —дневка *f.* May fly, ephemerid; —дневный *a.* one-day.

однодольн/ые *pl.* (bot.) monocotyledons; —ый *a.* monocotyledonous.

одно/домный *a.* (bot.) monoecious; —дуантный *a.* one-dee (cyclotron); —желобчатый *a.* single-groove; —жильный *a.* single-core, single (cable); —замещенные *pl.* mono-derivatives; —замещенный фосфат кальция monocalcium phosphate; —зарядный *a.* single-charged.

однозаходн/ый *a.* single-thread, single-cut (screw); single (thread).

однозвучный *a.* monotonous.

однозернянка *f.* (bot.) einkorn (*Triticum monococcum*).

однознач/ащий *a.* synonymous, identical; —ность *f.* unambiguity; uniqueness; —ный *a.* well-defined, unambiguous, unequivocal, clear; unique; one-valued, single-valued (function, etc.); —ное число simple number, digit.

одно/именный *a.* like, similar, analogous, of the same kind; —калиберный *a.* of the same caliber; —калиевый *a.* monopotassium; —камерный *a.* single-chamber, single-compartment; single-stage; single-bed (jig); unilocular; (zool.) monothalamous; —канальный *a.* single-channel; —каскадный *a.* single-stage, single-step; single-spool, single-rotor (compressor); —катушечный *a.* single-coil; —качественный *a.* (math.) isomorphic; —квантовый *a.* one-quantum; —керновый *a.* unipivot (instrument); —кислотный *a.* monoacid; —клапанный *a.* single-valved, one-valve.

одноклеточн/ые *pl.* one-celled animals; —ый *a.* one-celled, unicellular.

одно/клетьевой прокатный стан single-stand (rolling) mill; —клиномерный *a.* monoclinic; —кнопочный *a.* single-button, single-knob; —ковшовый экскаватор payloader; back hoe; —колейка *f.* single-track railroad; —колейный *see* однопутный; —коленчатый *a.* single-jointed, single-throw; —колонный *a.* single-column; openside (machine); —кольчатый *a.* monocyclic; —комнатный *a.* one-room.

однокомпонентн/ый *a.* single-component; о., —ое топливо (rockets) monopropellant.

одно/конный *a.* one-horse; —контурный *a.* single-circuit; —копытные *pl.* whole hoofed animals; —корневый *a.* single-root(ed); —корпусный *a.* single-unit; single-effect (evaporator); single-hull (ship); —красочный *see* одноцветный.

однократн/о *adv.* once, one time; о. используемый *a.* disposable; one-shot (rocket); —ый *a.* single(-stage); once through; one-shot; single-pass (cracking); (wire drawing) single-draft; —ого действия single-acting.

одно/кристальный *a.* single-crystal; —крылый *a.* single-blade; one-winged; single-leaf (bridge); —курсник *m.* classmate; —ламповый *a.* (rad.) single-tube.

однолетн/ий *a.* one-year, yearly, annual; —нее растение, —ник *m.* (bot.) annual; —ок *m.* yearling; seedling.

одно/линейный *a.* unilinear, single-line; —листный *a.* single-leaved, monophyllous; (math.) univalent, schlicht (function, etc.); —листное отображение univalent mapping; —лонжеронный *a.* single-spar (wing); —лопастный *a.* single-lobed; —лучевой *a.* single-ray, single-beam; —мерный *a.* unidimensional, linear (flow); univariate; —мерные временные ряды (stat.) simple time series; —местный *a.* single seat (vehicle); (comp.) single-place; single-position; —микросекундный *a.* one-microsecond; —модовый *a.* supermode (laser); —молекулярный *a.* monomolecular; —моторный *a.* single-motor; —мундштучный *a.* single-die; —направленный *a.* unidirectional; —натриевый *a.* monosodium; —нит(оч)ный *a.* unifilar; monorail (conveyer); single-thread (screw); —ногий *a.* one-legged; —носковый *a.* single-spout; —оборотный *a.* single-cut, single-thread (screw).

однообраз/ие *n.* monotony, equality; similarity, uniformity; —ный *a.* monotonous, alike, equal, uniform; monotonic (function).

одно/объективный *a.* single-lens; -одно-

одноосновный значный *a.* one-to-one; **—окись** *f.* monoxide.
одноосновн/ый *a.* monobasic; **—ая карбоновая кислота** monocarboxylic acid.
однооси/ость *f.* (cryst.) uniaxiality; **—ый** *a.* uniaxial, monoaxial; single-axle.
одно/отверстный *a.* single-entry; **—отказный** *a.* fail-passive, fail-soft; **—палубный** *a.* single-deck; **—пальцевой** *a.* fingertip (control); **—периодный** *a.* single-phase; sequential (key punch); **—пламенный** *a.* single-flame; **—подкосный** *a.* single-lock (bridge); **—подовый** *a.* single-hearth (furnace); **—полосный** *a.* single-band; **—полостный** *a.* (math.) of one sheet; **—полупериодный** *a.* half-wave (circuit); **—полый** *a.* unisexual.
однополюсн/ость *f.* unipolarity; **—ый** *a.* unipolar; single-pole, monopolar; single-throw (switch).
одно/полярный *a.* single-pole, monopolar, unipolar; **—породный** *a.* monogenetic; **—постовый** *a.* (mach.) single-operator; **—поточный** *a.* single-flow; **—предельный** *a.* solid (gage); **—преломляющий** *a.* singly refracting; **—проводный** *a.* single-wire, single-line; **—проволочный** *a.* unifilar; **—пролётный** *a.* single-span.
однопроходн/ые *pl.* (zool.) Monotremata; **—ый** *a.* single-pass (welding); monotrematous.
однопут/ка *f.* single-track railroad; **—ный** *a.* single-track, single-gage; single-line; one-way (street).
одно/разовый *a.* single, one-time; one-shot; disposable; expendable; **—разрядный** *a.* one-column, single-digit (adder); **—реданный** *a.* (av.) single-step; **—реечный** *a.* simplex (classifier); **—резонаторный** *a.* single-cavity (laser); **—рельсовый** *a.* monorail, single-rail; **—ремешковый** *a.* single-belt; **—рогий** *a.* one-horned; single (hook).
однородн/ость *f.* homogeneity, homogeneousness, uniformity, similarity; evenness (of fibers); **—ый** *a.* homogeneous, uniform, even, monotonous; similar, of the same kind; pure (notation).
одно/роторный *a.* single-rotor; **—ручный** *a.* single-handled; **—рядный** *a.* single (-row), one-row, uniserial, unilinear.
односем/енодольные *pl.* (bot.) monocotyledons, **—енодольный,** **—ядольный** *a.* monocotyledonous; **—янный** *a.* single-seeded, monospermous.
одно/сернистый *a.* monosulfide (of); **—скатный** *a.* lean-to (roof); single-ended (discriminator); **—скачковый** *a.* single-shock; **—слойный** *a.* single-layer, single-ply, one-ply; **—сменный** *a.* single-shift; **—срезный** *a.* (in) single shear; **—стадийный** *a.* single-step, single-stage; one-pass (classification); **—станинный** *a.* open-side (machine); overhanging (hammer); **—станочный** *a.* single-machine.
одноствол/ка *f.* single-barrel gun; **—ьный** *a.* single-barrel(ed).
одно/створчатый *a.* univalve, single-valved; single-leaf (door); **—стоечный** *a.* single-column; single-frame (forging hammer); overhanging (hammer); open-side (machine); (av.) single-strut; **—сторонний** *a.* unilateral, one-sided, single(-ended); single-headed (stud); one-way, unidirectional; linear (pressure); open-side (machine); (text.) not reversible; on one side, anopisthographic (edition); prejudiced, biased; **—строечный** *a.* single-frame; **—струнный** *a.* one-stringed; **—ступенчатый** *a.* single-stage, single-step, one-stage, one-step; single-reduction (axle); simple (process); **—суставный** *a.* single-jointed; **—счетный** *a.* (numerical program control) single word-step system; **—тактный** *a.* single-cycle, single-pulse; **—тес** *m.* plank nail.
однотип/ичный *a.* monotypic, single-type; **—ность** *f.* uniformity; **—ный** *a.* single-type, of the same type; uniform, similar.
однотомн/ик *m.* one-volume edition; **—ый** *a.* one-volume, in one volume.
одно/тонный *a.* monotonous; monochromatic; **—точечный** *a.* single-point, one-point; degenerate (set); **—трубка** *f.* single (tube); **—трубный** *a.* tubeless (tire); **—угольный** *a.* one-angled; **—ударный** *a.* single-stroke; **—утробный** *a.* (biol.) monodelphian; **—фабричный** *a.* one-plant; **—фазный** *a.* single-phase, monophase, uniphase; **—хлористый** *a.* monochloride (of); **—ходовой** *a.* single-pass, one-pass, straight-through (flow); single-thread (screw); simplex (winding); rat-tail (burner); **—цветный** *a.* monochromatic; **—центровый** *a.* concentric; **—цепный** *a.* single-chain; (elec.) single-circuit; **—цилиндровый** *a.* single-cylinder; **—цокольный** *a.* single-end(ed) (magnetron); **—часовой** *a.* one-hour; **—частичный** *a.* single-particle; **—частотный** *a.* single-frequency.
одночлен *m.,* **—ный** *a.* (math.) monomial.
одно/шахтный *a.* single-shaft; **—шкивный** *a.* single-pulley; **—шпиндельный** *a.* single-spindle, single-mandrel; **—щелевой** *a.* single-slot(ted); single-port (slide valve); **—этажный** *a.* single-stage, single-deck; one-story; **—этапный** *a.* single-stage; **—ядерный** *a.* mononuclear; **—яйцовый** *a.* (biol.) monozygotic, identical; **—якорный** *a.* single-armature; rotary (converter); **—ярусный** *see* **одноэтажный.**

одобр/ение *n.* approval; —енный *a.* approved, sanctioned, favored; —ительный *a.* approving; —ить, —ять *v.* approve, indorse, favor, sanction.

одограф *m.* odograph; (math.) hodograph.

одоле(ва)ть *v.* overcome, surmount, master, conquer; overrun.

одолж/ение *n.* favor, service; loan; —ать, —ить *v.* lend, loan.

одомашни(ва)ть *v.* tame, domesticate.

одометр *m.* odometer, distance gage.

одонто— *prefix* odonto— (tooth); —граф *m.* (mach.) odontograph; —лит *m.* (pal.) odontolite; —логия *f.* odontology.

одор/ант *m.* odorant; malodorant; —изация *f.* imparting odor (to gases); —иметрия *f.* odorometry; —ин *m.* odorin.

одревесн/е(ва)ть *v.* lignify, become wood; —евший *a.* hardwood; —ение *n.* lignification.

одряхление *n.* aging.

одубина *f.* tan waste.

одуванчик *m.* (bot.) dandelion (*Taraxacum officinale*).

одум(ыв)аться *v.* think better of it, reconsider, change one's mind.

одур/елый *a.* stupefied; —еть *v.* become stupefied; —манить *v.* stupefy; —ь *f.* stupor; сонная —ь (bot.) belladonna (*Atropa belladonna*); —ять *v.* stupefy; —яющий *a.* stupefying.

одутловатый *a.* puffy, bloated.

одышка *f.* shortness of breath, panting; (med.) dyspnea, labored breathing.

ожгут *fut. 3 pl. of* ожечь.

Оже эффект (phys.) Auger effect.

оженедь *f.* glaze (of ice).

ожелезнен/ие *n.* iron plating; (soils) iron accumulation; —ный *a.* iron-plated; ferruginous (lime).

оже-переход (phys.) Auger transition.

ожеребиться *v.* foal.

ожерелье *n.* necklace; collar.

ож/ечь *v.* roast, calcine; kiln, fire, bake; burn off, scorch; —женный *a.* roasted, etc., *see v.*

оживал *m.* (arch.) (stat.) ogive; —ьный *a.* ogival.

ожив/ать *v.* revive, regain consciousness; —ить *see* оживлять; —ка *f.* revival; regeneration; —ление *n.* regeneration, etc., *see v.*; revival, (re)vivification; liveliness, animation; —ленный *a.* regenerated, etc., *see v.*; lively, animated; —лять *v.* regenerate; revivify, revive, resuscitate; animate, enliven; brighten, freshen (color).

ожигать *see* ожечь.

ожид/аемость *f.* expectancy; —аемый *a.* expectant; expected; —аемый срок службы (mach.) life expectancy; —ание *n.* expectation, waiting; expectancy, anticipation; (av.) hold(ing); в —ании pending; обмануть —ание *v.* disappoint, come short of one's expectations; —ать *v.* expect, wait (for); anticipate.

ожиж/аемый *a.* liquefiable; —атель *m.* liquefier; —ать *v.* liquefy; fluidize; —ающий *a.* liquefying; —ающийся *a.* liquefiable; —ение *n.* liquefaction (of gas); (met.) thinning; liquation; destructive hydrogenation (of coal) —енный *a.* liquefied; fluidized.

ожика *f.* (bot.) wood rush (*Luzula*).

ожина *f.* European dewberry (*Rubus caesius*).

ожинок *m.* unharvested stalk.

ожир/ение *n.* obesity, corpulence; fatty degeneration (of heart); —енный *a.* fat; oily; —еть *v.* get fat.

ожить *see* оживать.

ожог *m.* burn, scald; (phyt.) blight.

оз *m.* (geol.) os, esker.

оз. *abbr.* (озеро) lake.

—оз *m. suffix* —osis (condition, state, process); —оза *f. suffix* (chem.) —ose; (phyt.) —ose, —osis.

озабо/тить —чивать *v.* occupy, busy; —титься, —чиваться attend (to), take care (of); —ченность *f.* preoccupation, anxiety, concern; —ченный *a.* preoccupied, anxious, concerned, troubled.

озаглав/ить, —ливать *v.* entitle; —ленный *a.* entitled.

озадач/енный *a.* perplexed, puzzled; —и(ва)ть *v.* perplex, puzzle.

озазон *m.* osazone, diphenyl hydrazone.

озамин *m.* ozamin, benzopurpurin.

озаннит *m.* (min.) osannite.

озарить *see* озарять.

озаркит *m.* (min.) ozarkite.

озарять *v.* illuminate, light(en); dawn.

озвуч/ание, —ение *n.* sonication; scoring; public address system; —енный *a.* sonicated, etc., *see v.*; sound (movie) —ивание *see* озвучание; —и(ва)ть *v.* sonicate; produce with sound; expose to sonic waves; score.

оздоров/ительный *a.* sanitation; —ить, —лять *v.* improve sanitary conditions, sanitize; normalize, standardize; refresh (air); —ление *n.* sanitation.

озелен/ение *n.* landscaping; —ительный *a.* landscaping; greenbelt; —ить, —ять *v.* landscape, plant with trees and shrubs.

оземь *adv.* to the ground, on the ground.

озерко *dim. of* озеро; puddle.

озерненность *f.* grain content in ear.

озерно-речной *a.* (geol.) fluvio-lacustrine.

озерн/ый *a.* lake, lacustrine; —ая руда (min.) lake (iron) ore, bog iron ore.

озер/о *n.* lake; (anat.) lacus; —оведение *n.* limnology; —цо *dim. of* озеро.
озим/ые *pl.* winter crops; —ый *a.* winter; —ь *f.* winter crop.
озираться *v.* look around, observe.
озиритин *m.* osyritin.
ознак/амливать *see* ознакомлять; —омительный *a.* familiarizing; introductory; —омить *see* ознакомлять; —омление *n.* acquaintance; familiarization; —омлять *v.* acquaint, familiarize (with), introduce (to); —омляться *v.* become familiar, get acquainted.
ознаменов/ание *n.* sign; в о. in honor (of), to mark the occasion; —(ыв)ать *v.* signalize, mark.
означ/ать *v.* mean, stand for, denote, indicate, imply, be taken to mean; specify, designate; mark, note; —енный *a.* indicated; above(-mentioned), the aforesaid; —ить *see* означать.
озноб *m.* (med.) algor, chill, rigor; —ить, —лять *v.* chill; —ление *n.* chilling; chilblain.
—озный *a. suffix* —ose, —ous.
озобензол *m.* ozobenzene.
озокерит *m.* (min.) ozocerite, ozokerite, mineral wax, fossil wax.
озоление *n.* calcination; combustion; incineration, ashing; анализ мокрым —м wet assaying; анализ сухим —м blowpipe analysis.
озолотить *v.* gild.
озолять *v.* incinerate, ash.
озон *m.* ozone; —атор *m.* ozonizer; —ид *m.* ozonide; —идация *f.* ozonidation; —изация *f.* ozonization.
озониоз *m.* Texas root rot.
озониров/ание *n.* ozonization; —анный *a.* ozonized; —ать *v.* ozonize.
озонная бумага ozone test paper.
озонолиз *m.* ozonolysis.
озонометр *m.* ozonometer; —ический *a.* ozonometric; —ия *f.* ozonometry.
озоно/скоп *m.* ozonoscope; —сфера *f.* ozonosphere.
озотетразон *m.* ozotetrazone.
ОЗРА *abbr.* (отдел защиты растений) plant protection department.
ОЗЦ *abbr.* (ожидание затверде(ва)ния цемента) waiting on cement, W.O.C.
озы *pl.* (geol.) osar (*pl. of* os), eskers.
озябнуть *v.* get chilled.
—оид *m. suffix* —oid; —оидальный *a. suffix* —oid(al).
оид/ий, —иум *m.* (phyt.) oidium, powdery mildew.
—оидный *a. suffix* —oid(al).
ойкокристалл *m.* (petr.) oikocryst.
ойльдаг *m.* Oildag (lubricant).
—ойский *a. suffix* —oic.
ойтиковое масло oiticica oil.

ок. *abbr.* (около) approximately; (океан) ocean.
ока, ОКА *abbr.* (оживляющий кислородный аппарат) pulmotor, resuscitator.
оказ/ание *n.* offering, etc., *see v.*; —ать *v.* offer, give; have, produce (effect); exert (pressure); show, render; —аться *v.* find oneself, be found, appear, occur; turn out, prove to be; —ываемый *a.* offered, etc., *see v.*; —ываемый *a.* brought to bear (upon); —ывать *see* оказать.
окайм/ить *see* окаймлять; —ление *n.* bordering, edging, flange, burr; светлое —ление halo, halation; —ленный *a.* edged, etc., *see v.*; —лять *v.* edge, border, flange.
окалин/а *f.* scale; cinder, sinter; slag, dross, scoria; образование —ы (met.) high-temperature scaling; рыхлая о. loose oxide; —оломатель *n.* descaler; —ообразование *n.* scaling, scale formation.
окалиностойк/ий *a.* scale-resistant; —ость *f.* scale resistance, resistance to oxidation.
окалывать *v.* break away, split round; cut, hew; pin (round).
окамен/евать *v.* petrify, silicify, lithify, fossilize; —елость *f.* petrification; fossil; —елый *a.* petrified, silicified; fossil(ized); —ение *n.* petrification, petrifaction, etc., *see v.*; —еть, —ять *see* окаменевать.
окантов(ыв)ать *v.* edge, border, frame.
оканчивать *v.* finish, end, terminate; —ся *v.* come to an end, terminate.
окап/ать *v.* spatter; —ывать *v.* spatter; dig around, entrench.
окараванивающий *a.* piling (peat machine).
окарбоначивание *n.* carbonate accumulation (in soils).
окармливать *see* обкармливать.
окат/анность *f.* toughness; —анный *a.* rolled, rounded; nodulized; capsized (iceberg); —ать *v.* (make) round.
окатить *see* окачивать.
окат/ывать *v.* (make) round; —ыш *m.* (met.) pellet; приготовление —ышей pelletizing.
окачивать *v.* drench, sluice.
окашивать *v.* mow around.
океан *m.* ocean; —ический *a.* ocean(ic); —ичность *f.* (meteor.) oceanity; —ография, —ология *f.* oceanography, oceanology; —ский *a.* ocean(ic).
окенит *m.* (min.) okenite (a zeolite).
ОКЗ, О.К.З. *abbr.* (отношение короткого замыкания) short-circuit ratio.
окилен/ие *n.* (biol.) carina; —ный *a.* carinate(d), keel-shaped.
окис/ание *see* окисление; —ать *see* окис-

окисление · 423 · окоренный

нуть; —ел *m.* oxide; —и *gen., pl., etc., of* окись.

окислен/ие *n.* oxidation; souring; о.-восстановление *n.* reduction-oxidation; —ность *f.* state of oxidation; —ный *a.* oxidized; soured.

окислитель *m.* oxidizing agent, oxidant, oxidizer; —но-восстановительный *a.* reduction-oxidation, redox; —ный *a.* oxidizing.

окисл/ить *see* окислять; —ость *f.* sourness; —ый *a.* oxide; sour(ed); —яемость *f.* oxidizability; —яемый *a.* oxidizable; oxidized; —ять *v.* oxidize; sour; —яющий *a.* oxidizing; souring; —яющийся *a.* oxidizable; oxidizing.

окисн/о-ртутный *a.* mercury-mercurous oxide (electrode); —углеродный *a.* carbon monoxide; —уть *v.* oxidize; turn sour; —ый *a.* oxide; higher or —ic (salt); —ое железо ferric iron, trivalent iron.

окис/ь *f.* oxide (higher or —ic oxide); о. железа ferric oxide; азотнокислая о. железа ferric nitrate; о. меди cupric oxide; сернокислая о. меди cupric sulfate; о. углерода carbon monoxide; безводная о. anhydride; водная о., гидрат —и hydroxide.

окклю/дирование *n.*, —зия *f.* occlusion (of gas or liquid); —дированный *a.* occluded; —дировать *v.* occlude.

оккуп/ация *f.* occupation; —ированный *a.* occupied; —ировать *v.* occupy.

Оклагома, оклагомский *a.* Oklahoma.

оклад *m.* tax; salary, pay; (min.) set.

окладка *f.* lining.

окладной *a.* of оклад; steady (rain); о. венец sole timber.

оклахомский *a.* (geog.) Oklahoma.

окле/енный *a.* glued (around), etc., *see v.*; laminated (board); —енный *a.* backing (board); —ивание *n.* gluing (around), etc., *see v.*; —и(ва)ть *v.* glue (around), paste, cover (over, with); clarify (fruit juice); —йка *see* оклеивание; cover(ing); —йка обоями papering.

Окленд (geog.) Oakland.

окно *n.* window; opening, rift; aperture; port; (charging) hole; (anat.) fenestra.

оков/анный *a.* iron-bound; —ать, —ывать *v.* bind with iron; —ка *f.* binding; fittings, ironwork.

околачивать *v.* knock off, chip off.

околица *f.* (village) outskirts; detour.

околка *f.* breaking (a)round, chipping.

около *prep. gen. and adv.* near, toward; around, about, by; approximately, in the neighborhood of; *prefix* near, para—, peri—; circum—; —горизонтальный *a.* circumhorizontal; —звуковой *a.* (acous.) transonic; —зенитный

a. circumzenithal; —зубный *a.* (anat.) paradental; —маточный *a.* parametric; —медицинский *a.* paramedical; —плодие *n.*, —плодник *m.* (bot.) pericarp, seed vessel; —плодный *a.* fetal, amniotic (fluid); —полюсный, —полярный *a.* (astr.) circumpolar; —почечный *a.* (anat.) paranephric; —семянник *see* околоплодник.

околосерд/ечный *a.* (anat.) pericardial; —ечная оболочка, —ечная сумка, —ие *n.* pericardium.

около/ствольный *a.* (min.) shaft; —стыковой *a.* boundary, junction (zone).

околотить *see* околачивать.

околоть *see* окалывать.

около/ушный *a.* (anat.) parotid (gland); —цветник *m.* (bot.) perianth; —шовный *a.* (welding) near the seam; —щитовидный *a.* parathyroid (gland).

окольный *a.* roundabout, indirect, tortuous, devious; oblique (electron); о. путь indirect route; detour.

окольц/евать, —овывать *v.* ring, band, girdle.

окомковать *v.* lump, pelletize, nodulize.

окон *gen. pl. of* окно.

оконечн/ик *m.* terminator; —ость *f.* extremity, end, tip; tail; —ый *a.* terminal, end, final; output (stage).

оконн/ица *f.* window frame; —ый *a.* window.

оконопа/тить, —чивать *v.* calk, stop up.

оконтур/енный *a.* outlined; mapped; —ивание *n.* outlining; mapping; —и(ва)ть *v.* outline; (min.) map (boundaries of deposits); —ивающий *a.* outlining; mapping; extension, outpost (well).

оконце *dim. of* окно.

окончание *n.* end(ing), completion, finishing, termination, conclusion, consummation, closing, expiration; о. работы (rockets) thrust cutoff, cutout.

окончательн/о *adv.* finally, definitively, conclusively; again; о. обработанный (completely) finished; —ый *a.* final, finishing, closing, definitive; —ая отделка finishing.

окончат/ый *a.* fenestrated, having apertures; —ое отверстие (anat.) fenestra.

оконч/енный *a.* finished, completed; —ивающий *a.* terminating; —ить *v.* finish, complete.

окоп *m.* trench, emplacement, foxhole; —ать *v.* trench, dig around; till, cultivate; —ка *f.* trenching, etc., *see v.*

окопник *m.* (bot.) comfrey (*Symphytum*).

окоп/ный *a. of* окоп; —окопатель *m.* trench digger; —чик *m.* pit.

окорачивать *v.* shorten, curtail, crop.

окорениться *v.* take root.

окоренный *a.* barked, peeled, stripped.

окоренок *m.* small basin, small tub.
окор/ить *v.* bark, peel, strip, scrape; **—ка** *f.* barking, etc., see *v.*
окорм *m.* overfeeding; **—ить** *v.* overfeed; poison (with bait or food); **—ка** *f.* overfeeding; poisoned bait.
окорн/ать *v.* cut, clip, cut too short; **—ик** *m.* spudder.
окорок *m.*, **—овый** *a.* ham; leg (of lamb).
окоротить *see* окорачивать.
окорочный *a. of* окорка; окорок.
окорчевка *f.* uprooting.
окор/щик *m.* barker; **—ять** *v.* bark, peel.
окосить *see* окашивать.
окостен/евать *v.* ossify; harden, stiffen; become numb; **—елость** *f.* ossification; hardness, stiffness; numbness; **—елый** *a.* ossified; hard(ened), stiff; numb(ed); **—ение** *n.* ossification; hardening, etc., see *v.*; **—еть** *see* окостеневать.
окот *m.* bearing young, spec. lambing; **—иться** *v.* give birth; lamb.
окочен/евший, **—елый** *a.* numb, stiff; **—ение** *n.* stiffness, rigidity; трупное **—ение** rigor mortis; **—еть** *v.* get numb, grow stiff.
окошенный *a.* mowed around.
окош/ечко, **—ко** *n.* little window, aperture; **—ечный** *see* оконный.
ОКП *abbr.* (обратный компасный пеленг) reciprocal compass bearing; (оптический квантовый прибор) laser; (отсчет компасного пеленга) compass bearing reading.
окр. *abbr.* (округ, окружной).
окраин/а *f.*, **—ный** *a.* outskirts, edge, margin.
окра/с *m.* color, tint; **—сить** *see* окрашивать; **—ска** *f.*, **—сочный** *a.* coloring, etc., see *v.*; **—шенный** *a.* colored, etc., see *v.*; **—шиваемость** *f.* colorability; **—шиваемый** *a.* colorable; **—шивание** *n.* coloring, etc., see *v.*; pigmentation; tinge, tint; **—шивать** *v.* color, tint, dye; paint; stain (glass, etc.); **—шиваться** *v.* color; turn, change (color); **—шивающий** *a.* coloring, etc., see *v.*; **—шивающее средство** pigment.
окремн/евать *v.* silicify; **—ение** *n.* sili(cifi)cation; **—енный** *a.* silicified.
окрепнуть *v.* become stronger.
окрест *adv. and prep. gen.* around; **—ность** *f.*, **—ности** *pl.* neighborhood, vicinity, environment, environs, surroundings; **—ный** *a.* neighboring, adjacent, surrounding.
окристаллизовать(ся) *v.* crystallize.
окров/авленный *a.* blood-stained, bloody; **—енеть** *v.* get blood-stained.
окрол *m.* (rabbits) giving birth.
окроп/ить, **—лять** *v.* sprinkle, spray.

округ *m.* district, region; circuit, circle; **—а** *f.* vicinity.
округлен/ие *n.* rounding (off), making round; **—но** *adv.* round; in round numbers; **—ность** *f.* roundness.
округленноугловат/ость *f.* subangularity; **—ый** *a.* subangular.
округл/енный *a.* rounded (off), blunt; **о. до минуты** to the nearest minute; **—еть** *v.* become round(ed); **—ить** *see* округлять; **—ость** *f.* roundness; circle; curve; **—оугловатость** *see* округленноугловатость; **—ый** *a.* round(ed), curved; orbicular, spherical; dome-shaped; **—ять** *v.* make round, round (off); approximate.
окруж/ать *v.* surround, encircle, enclose, envelop, embrace, encompass; **—ающее** *n.* environment, surroundings; **—ающий** *a.* surrounding, encircling, circumjacent, circumfluent; environmental; ambient (temperature, etc.); **—ающая среда** environment; **—ение** *n.* surrounding, etc., see *v.*; surroundings, environment, vicinity; circle; **—енный** *a.* surrounded, etc., see *v.*; **—ной** *a. of* округ.
окружн/ость *f.* circumference, periphery, circle; circuit; surrounding region, neighborhood, district; **сила на —ости** circumferential force; **—ый** *a.* circumferential, peripheral, circling, circular; surrounding.
окру/тить, **—чивать** *v.* wind, coil (around); **—ченный** *a.* wound, coiled.
оксаз/идин *m.* oxazidine; **—ин** *m.*, **—иновый** *a.* oxazine; **—ол** *m.*, **—оловый** *a.* oxazole; **—олидин** *m.* oxazolidine; **—олин** *m.* oxazoline, ethylene urea; **—он** *m.* oxazone.
оксал/амид *m.* ox(al)amide; **—анилид** *m.* ox(al)anilide; **—ат** *m.* oxalate; **—ен** *m.* oxalene; **—ил** *m.* oxalyl; **—илхлорид** *m.* oxalyl chloride.
оксалур/амид *m.* oxaluramide, oxamic acid ureide; **—овая кислота** oxaluric acid, oxalic monoureide.
оксам/ид *m.* oxamide, ethanediamide; **—ил** *m.* oxamyl; **—(ин)овая кислота** oxam(in)ic acid; **—иновокислая соль** oxamate; **—иновокислый** *a.* oxamic acid; oxamate (of); **—иновометиловый эфир** methyl oxamate.
оксан *m.* oxane, ethylene oxide; **—илид** *m.* oxanilide; **—иловая кислота** oxanilic acid, phenyloxamic acid.
окс/антранол *m.* oxanthranol; **—антрол** *m.* oxanthrol; **—антрон** *m.* oxanthrone; **—афенамид** *m.* oxaphenamide; **—афор** *m.* oxaphor, 3-hydroxycamphor.
Оксениуса теория баров (geol.) Ochsenius' bar theory.

окси— *prefix* oxy—; (more frequently) hydroxy—; —**азокраски** *pl.* hydroxyazo dyes; —**азосоединение** *n.* (hydr)oxyazo compound; —**альдегид** *m.* hydroxyaldehyde; —**амид** *m.* (hydr)oxamide; —**амино**— *prefix* hydroxamino—; —**аммиак** *m.* oxyammonia, hydroxylamine; —**ацетиленовый** *a.* oxyacetylene (welding); —**ацетон** *m.* hydroxyacetone, 1-hydroxy-2-propanone; —**ацетофенон** *m.* hydroxyacetophenone; —**бензойный** *a.* hydroxybenzoic (acid); —**газ** *m.* oxygen gas; —**гемоглобин** *m.* oxyhemoglobin, hematoglobulin; —**гидрохинон** *m.* hydroxyhydroquinone, 1,2,4-trihydroxybenzene.

оксид *m.* oxide; —**аза** *f.* oxidase; —**атор** *m.* oxidant; —**ационит** *m.* oxidation product; —**ация** *f.* oxidation; —**иметрия** *f.* oxidimetry.

оксидиров/ание *n.*, —**ка** *f.* oxidation; (met.) oxide coating; —**анный** *a.* oxidized; —**ать** *v.* oxidize.

оксидифтериновая кислота hydroxydiphtheric acid.

оксид/ная пленка oxide film; —**оредуктаза** *f.* oxidoreductase.

оксиженная соль tin tetrachloride.

окси/карбидный *a.* oxycarbide; —**карбоновый** *a.* hydroxycarboxylic (acid); —**керченит** *m.* (min.) oxykertschenite; —**кетон** *m.* hydroxy ketone; —**кислота** *f.* hydroxy acid; —**коричная кислота** hydroxycinnamic acid, coumaric acid; —**лактон** *m.* hydroxylactone; —**ликвит** *m.* (expl.) Oxyliquit; —**лит** *m.* (welding) oxylith (sodium peroxide preparation); —**льные производные** —oxyl compounds.

оксим *m.* oxime.

оксимасляный *a.* hydroxybutyric (acid).

оксимель *m.* oxymel (medicated honey).

оксиметил *m.* hydroxymethyl; —**ен** *m.* oxymethylene, formaldehyde.

оксим/ид *m.* oximide; —**идосоединение** *n.* oximido compound; —**ирование** *n.* formation of oximes.

оксин *m.* oxine.

оксинафтойный *a.* hydroxynaphthoic (acid).

оксин/дол *m.* oxindol, 2-ketoindoline; —**овый** *a.* oxine, oxinic.

оксинон *m.* oxynone, 2,4-diaminodiphenylamine.

окси/олеиновая кислота hydroxyoleic acid, ricinoleic acid; —**пиридин** *m.* oxypyridine, pyridone; —**производные** *pl.* hydroxy compounds; —**пролин** *m.* hydroxyproline; —**пропионовая кислота** hydroxypropionic acid, lactic acid; —**ран** *m.* oxirane; —**соединение** *n.* hydroxy compound; —**стрептомицин** *m.* hydroxystreptomycin; —**сульфид** *m.* oxysulfide; —**тетрациклин** *m.* oxytetracycline, Terramycin; —**тоцин** *m.* oxytocin (hormone); —**уксусная кислота** hydroxyacetic acid, glycocollic acid.

оксиуро/вые *pl.* pinworms (*Oxyuridae*); —**з** *m.* (med.) oxyuriasis.

окси/фер *m.* ferrite; —**фторидный** *a.* oxyfluoride; —**хинолин** *m.* hydroxyquinoline; —**хинон** *m.* hydroxyquinone; —**целлюлоза** *f.* hydroxycellulose; —**циан** *m.* oxycyanogen; —**этил** *see* оксэтил; —**янтарная кислота** hydroxysuccinic acid, malic acid.

оксод *see* оксилит.

оксозон *m.* oxozone; —**ид** *m.* oxozonide.

оксоль *m.* a drying oil (for paints).

оксон/иевый *a.* oxonium; —**иевое соединение**, —**ий** *m.* oxonium compound; —**ит** *m.* (expl.) oxonite.

оксосинтез *m.* oxo synthesis, hydroformylation.

оксфорд *m.* (geol.) Oxfordian stage.

оксфордск/ий *a.* Oxford; **о. отстойник** Oxford settler; **о. ярус** (geol.) Oxfordian stage; —**ая единица** Oxford unit, Florey unit (for penicillin).

оксэтил *m.* ethoxy, hydroxyethyl.

окт—, —**а** *prefix* oct(a)— (eight); —**ава** *f.* octave; —**агон** *m.* (geom.) octagon.

октадекан *m.* octadecane; —**овая кислота** octadecanoic acid, stearic acid; —**ол** *m.* octadecanol.

окта/деценовый *a.* octadecenic (acid); —**децил** *m.*, —**дециловый** *a.* octadecyl; —**диен** *m.* octadiene, conylene.

октальдегид *see* октиловый альдегид.

окта/льный *a.* octal, scale-of-eight; —**мер** *m.* octamer; —**метил** *m.* octamethyl pyrophosphoramide (insecticide); —**н** *m.* octane.

октан/овая кислота octanoic acid, caprylic acid; —**овое число** octane number, octane rating (of gasoline); —**ол** *m.* octanol, octyl alcohol; —**он** *m.* octanone.

окта/нт *m.* octant; (astr.) Octans; —**хлор** *see* хлордан.

октаэдр *m.* (cryst.) octahedron; —**ит** *m.* (min.) octahedrite, anatase; —**ический** *a.* octahedral.

окт/ен *m.* octene, caprylene; —**ет** *m.* octet (group of 8 valence electrons).

октиббенит *m.* (min.) octibbenite.

октил *m.* octyl; —**амин** *m.* octylamine; —**ен** *m.* octylene, octene; —**еновая кислота** octylenic acid; —**овый** *a.* octyl; —**овая кислота** octylic acid, caprylic acid; —**овый альдегид** octyl aldehyde, caprylic aldehyde; —**овый спирт** octyl alcohol, octanol; —**овый эфир уксусной кислоты** octyl acetate.

октин *m.* octyne, hexylacetylene.

окто— *prefix* octo—; —д *m.* (electron.) octode; —за *f.* octose.
октэстрол *m.* Ocestrol, benzestrol.
октябрь *m.*, —ский *a.* October.
окуба воск ocuba wax.
окует *pr. 3 sing. of* оковать.
окукли(ва)ться *v.* (ent.) pupate.
окулиров/ание *n.* inoculation; (hort.) budding; —анный *a.* inoculated; budded, grafted; —ать *v.* inoculate; bud, graft; —ка *f.* inoculation; budding, grafting.
окулист *m.* (med.) oculist.
окульт/ивировать *see* окультуривать; —уренность *f.* soil under cultivation; —уренный *a.* cultivated, etc., *see v.*; tame; —уривание *n.* cultivation; (biol.) selective breeding; domestication; —ури(ва)ть *v.* cultivate; improve; domesticate, tame.
окулянт *m.* budded plant, grafted plant.
окуляр *m.* ocular, eyepiece (of microscope); eye glass; —ный *a.* ocular.
окун/ание *n.* dipping, etc., *see v.*; —ать(ся), —уть(ся) *v.* dip, plunge, immerse.
окунь *m.* (ichth.) perch; морской о. bass.
окуп/ать, —ить *v.* compensate, repay; justify, warrant (expenses); —аться, —иться *v.* pay (for itself), be worth.
окур/енный *a.* fumigated, etc., *see v.*; —ивание *n.* fumigation; curing, smoking; —иватель *m.* fumigator; —ивать *v.* fumigate, disinfect; cure, smoke; —ивающий *a.* fumigating, smoking; —ивающее средство fumigant; —ить *see* окуривать; —ок *m.* butt.
окускование *n.* lumping, clotting; sintering, caking.
окут/анный *a.* wrapped, etc., *see v.*; —(ыв)ать *v.* wrap (up), envelop, blanket, shroud.
окуч/ивание *n.* (agr.) hilling, ridging; —и(ва)ть *v.* hill, ridge; —ивающий *a.* hilling, ridging; —ка *see* окучивание; —ник *m.* hiller, ridger.
окуют *pr. 3 pl. of* оковать.
окшар *m.* a white lead-lead sulfate pigment; цинковая —а blue powder (zinc dust).
—ол *m. suffix* —ol (alcohol); —ole.
оладья *f.* pancake.
олафит *m.* (min.) olafite.
Олбани (geog.) Albany.
олеандомицин *m.* oleandomycin (antibiotic).
олеандр *m.* (bot.) oleander (*Nerium oleander*); —ин *m.* oleandrin.
олеа/нол *m.* oleanol; —ноловая кислота oleanolic acid; —т *m.* oleate.
оледен/евать *see* оледенеть; —елый *a.* frozen, congealed, iced, covered with ice; —(ен)ие *n.* freezing; (geol.) glacia-

tion; —еть *v.* freeze, congeal, be covered with ice, ice over; glaciate.
оле/иловый *a.* oleyl (alcohol); —ин *m.* olein.
олеиново/калиевая соль, —кислый калий potassium oleate; —кислый *a.* oleic acid; oleate (of); —кислая соль oleate.
олеинов/ый *a.* olein, oleic; —ая кислота oleic acid, 9-octadecanoic acid; соль —ой кислоты oleate.
оленевод/ство *n.*, —ческий *a.* reindeer breeding.
олен/ий *a.* deer, cervine; о. лишай (bot.) reindeer moss (*Cladonia rangiferina*); о. рог, спирт —ьего рога (spirit of) hartshorn (ammonia water); соль —ьего рога hartshorn salt (ammonium carbamate); —ья кожа bucksin; —ина *f.* venison; deerskin; —ка *f.* (ent.) chafer, spec. rose chafer; —ь *m.* deer.
олео *prefix* oleo—, oil; —маргарин *m.* (oleo)margarine; —метр *m.* oleometer, oil hydrometer; —нафт *m.* a lubricating oil; —стеарин *m.* oleostearin, beef stearin; —фильный *a.* oleophilic; —фобный *a.* oleophobic.
олеум *m.* oleum, fuming sulfuric acid.
олефин *m.*, —овый *a.* olefin.
олибанум *m.* olibanum, frankincense.
олив/а *f.* olive; —енит *m.* (min.) olivenite, wood copper; —ин *m.* (min.) olivine; —инит *m.* (petr.) olivinite; —иновый *a.* olivine.
оливка *f.* olive (tree).
оливков/о-зеленый *a.* olive green, olive-colored; —ый *a.* olive, olive-colored; —ое масло olive oil.
олиго— *prefix* oligo— [few, scant; (med.) deficiency]; —клаз *m.* (min.) oligoclase; —мер *m.* oligomer; —нит *m.*, —новый шпат oligon spar, oligonite; —сахарид *m.* oligosaccharide.
олигоцен *m.*, —овые слои (geol.) Oligocene (epoch); —овый *a.* Oligocene.
—олиз *m. suffix* —olysis (breakdown).
олимпийский *a.* Olympic.
олиф/а *f.* drying oil, boiled oil, paint vehicle; —ить *v.* treat with drying oil.
олицетвор/ить, —ять *v.* personify; embody.
олов/о *n.* tin, Sn; гидрат закиси —а stannous hydroxide; гидрат окиси —а stannic hydroxide; двуокись —а tin dioxide, stannic oxide; двусернистое о. tin bisulfide, stannic sulfide; двухлористое о. stannous chloride; закись —а stannous oxide, tin monoxide; соль закиси —а stannous salt; листовое о. tin foil; (одно)сернистое о. stannous sulfide; окись —а tin oxide, now spec. tin monoxide; сернокислая закись —а stannous sulfate; сернокислая окись

—a stannic sulfate; хлористое о. stannous chloride; хлорное о., четыреххлористое о. stannic chloride, tin tetrachloride.

олово/водород *m.* tin hydride; —носный *a.* tinbearing, stanniferous; —органический *a.* organotin; —плавильный *a.* tin-smelting; —содержащий *see* оловоносный; -(2)-фтористоводородный *a.* fluostannous (acid); -(4)-фтористородный *a.* fluostannic (acid); -(4)-хлористоводородный *a.* chlorostannic (acid).

—оловый *a. suffix* —ol(e), —olic.

оловянисто/кислый *a.* stannous acid; stannite (of); о. натрий, —натриевая соль sodium stannite; —кислая соль stannite.

оловянист/ый *a.* stannous, tin; —ая кислота stannous acid, stannous hydroxide; соль —ой кислоты stannite; —ая соль stannous salt.

оловянно/кислый *a.* stannic acid; stannate (of); о. натрий, —натриевая соль sodium stannate; —кислая соль stannate; —фтористый калий potassium fluostannate; —фтороводородная кислота fluostannic acid; —хлористый аммоний ammonium chlorostannate; —хлороводородная кислота chlorostannic acid.

оловянн/ый *a.* stannic, tin; о. ангидрид stannic anhydride, stannic oxide; о. камень (min.) tinstone, cassiterite; о. колчедан (min.) tin pyrites, stannite; о. пепель, —ая зола tin ash, stannic oxide; —ая кислота stannic acid; соль —ой кислоты stannate; —ая соль stannic salt; *commercially* stannous chloride; —ая чума "tin pest" (allotropic transformation); —ое дерево dendritic crystals of tin; —ое масло butter of tin, stannic chloride.

олометр *m.* holometer, altitude gage.
—оль *see* —ол.
о́льдгамит *m.* (min.) oldhamite.
—ольный *a. suffix* —ol(e), —olic.
ольпидий *m.* (bot.) a fungus (*Olpidium*).
ольслайминг *m.* all-sliming (of ore).
ольфактометрия *f.* olfactometry, odorimetry.
оль/ха *f.* alder (tree); —ховник *m.* alder grove; —ховый *a.* alder; alderwood (charcoal); —шаник, —шняк *m.* alder grove.
ом *m.* ohm (unit of electrical resistance); обратный о. reciprocal ohm, mho.
Ома закон (elec.) Ohm's law.
—ома *f. suffix* —oma (tumor).
омад *m.* (elec.) ohmad.
омар *m.* (zool.) lobster.
омасливание *n.* oil treatment.
Омаха (geog.) Omaha.

омачивать *v.* wet, moisten.
омбромéтр *m.* ombrometer, rain gage.
омгаз *m.* an enriched water gas.
омега *f.* omega (ω).
омегатрон *m.* (spectrography) omegatron.
омедн/ение *n.* coppering, copper plating; —енный *a.* copper-plated, copper-clad; —ить, —ять *v.* copper (plate), clad with copper.
омежник *m.* (bot.) Oenanthe.
омела *f.* (bot.) mistletoe (*Viscum*).
омелеть *v.* grow shallow.
омертв/елость *f.* stiffness, numbness; —елый *a.* stiff, numb; (med.) necrotic; —ение *n.* (med.) necrosis, gangrene; —еть *v.* grow stiff, grow numb; become gangrenous, mortify.
омет *m.* stack.
—ометр *m. suffix* —ometer (a measure; measuring instrument); —ический *a. suffix* —ometric; —ия *f. suffix* —ometry.
омическ/ий *a.* (elec.) ohmic; —ое сопротивление resistance.
омлет *m.* omelet.
омметр *m.* (elec.) ohmmeter.
омнибус *m.* bus.
омов/ский, —ый *see* омический.
омограф *m.* homograph.
омозол/елость *f.*, —ение *n.* callosity.
омол/аживать, —одить *v.* rejuvenate; —ожение *n.* rejuvenation, regeneration, renewal; —оженный *a.* rejuvenated.
омо/ним *m.* homonym; —фон *m.* homophone.
омоч/енный *a.* wetted, moistened; —ить *v.* wet, moisten.
ОМП *abbr.* (обратный магнитный пеленг) reciprocal magnetic bearing; (отсчет магнитного пеленга) magnetic bearing reading.
ОМПА *see* октаметил.
омрач/ать, —ить *v.* obscure, darken.
о́мский *a.* (geog.) Omsk.
омут *m.* deep pool; whirlpool; chasm.
омфал(о)— *prefix* (anat.) omphal(o)— (navel, umbilicus).
омфацит *m.* (min.) omphacite.
омшаник *m.* apiary house.
омыв/аемый *a.* washed, reached (by stream, etc.); —атель *m.* washer; —ать *v.* wash; flow (over, around).
омыл/ение, —ивание *n.* saponification; число —ения saponification number; —ивающий *a.* saponifying; —ивающее средство saponifying agent, saponifier; —яемость *f.* saponifiability; —яемый, —яющийся *a.* saponifiable; —ять(ся) *v.* saponify; hydrolyze.
омыть *see* омывать.
он *m. pron.* he; it; —а *f. pron.* she; it.
—он *m. suffix* —on(e).
оназот *m.* a spongy ebonite.

онгстрема единица *see* ангстрем.
ондатра *f.* (zool.) muskrat.
ондограф *m.* (elec.) ondograph.
ондул/ировать *v.* undulate; —ятор *m.* (elec.) undulator, telegraphic register; —яция *f.* undulation.
онегит *m.* (min.) onegite.
онем/елость *f.* numbness; —елый *a.* numb; —еть *v.* grow numb; become dumb, become mute.
Онзагера уравнение Onsager equation.
они *pron.* they.
ониевый *a.* onium (compound).
они/кс *m.* (min.) onyx; —хит *m.* onychite, onyx marble.
оних/ия *f.* (med.) onychia; —о— *prefix* onych(o)— (nail, claw).
онко— *prefix* onc(h)o— (barb, hook; mass, bulk, tumor); —граф *m.* (med.) oncograph.
онкози/метр *m.* (met.) oncosimeter; —н *m.* (min.) oncosine.
онколог *m.* (med.) oncologist, tumor specialist; —ия *f.* oncology.
онколь *m.*, —ный счет (com.) on call, current account.
онкотический *a.* (med.) oncotic, swelling.
онлайн-обработка *f.* (comp.) on-line processing.
—онный *a. suffix* —on(e), —onic.
оно *n. pron.* it.
—оновый *a. suffix* —on(e), —onic.
оно/кол *m.* onocol, onocerin; —нетин *m.* ononetin; —нид *m.* ononid; —нин *m.* ononin; —фрит *m.* (min.) onofrite; —церин *m.* onocerin, onocol.
онтоген/ез *m.*, —ия *f.* (biol.) ontogenesis, ontogeny, development; —етический *a.* ontogenetic.
онхоцеркоз *m.* (vet.) onchocerciasis, Onchocerca infestation.
оо— *prefix* oö— (egg); —генез *m.* (biol.) oogenesis.
оолит *m.*, —овый известняк (min.) oölite, oölitic limestone; —овый *a.* oölitic, like fish roe.
оомицеты *pl.* (bot.) Oömycetes.
оофор/ин *m.* oöphorin; —ит *m.* (med.) oophoritis.
оп. *abbr.* (опытный) experimental.
ОП-7, ОП-10 emulsifiers and wetting agents (mixtures of mono— and dialkyl ethers of polyethyleneglycol).
опад/ание *n.* falling off; —ать *v.* fall off; collapse; go down, subside (of swelling); —ающий *a.* (bot.) deciduous; —ение *see* опадание.
опаздыв/ание *n.* lateness, delay, retardation; —ать *v.* be late, come too late; be slow (of clock).
опаивать *v.* solder.
опак *m.* opaque, opacity; white kaolin;

dishware of fine kaolin; —овый *a.* opaque; (bot.) dull.
опал *m.* (min.) opal.
опаленный *a.* singed, burned.
опалесц/енция *f.* opalescence; —ировать *v.* opalesce; —ирующий *a.* opalescent.
опалив/ание *n.* singeing, burning; —ать *v.* singe, burn, sear, scorch.
опалин *m.* opaline (glass), fusible porcelain, milky glass.
опал/ить *see* опаливать; —ка *f.* singeing, burning.
опало/вый *a.* opal(ine), opalescent; —подобный *a.* opal-like, opaline.
опалуб/ *v.* sheathe, incase, jacket; —ка *f.*, —очный *a.* sheathing, casing, lining; timbering; (constr.) centering; concrete form; —очные работы preparation of concrete forms.
опалывать *v.* weed around.
опалять *see* опаливать.
опар/а *f.* leavened dough; (dyeing, tanning) bran drench, bran steep; earthenware bowl; —ник *m.* earthenware bowl; —ный *a. of* опара.
опас/аться *v.* fear, apprehend; —ение *n.* fear, apprehension, misgiving; anxiety, alarm; —ка *f.* caution; с —кой, —ливо *adv.* warily, cautiously; —ливость *f.* wariness, caution, circumspection; —ливый *a.* wary, cautious, watchful, guarded.
опасн/о *adv.* dangerously; it is dangerous; —ость *f.* danger, risk, hazard; вне —ости out of danger, safe, secure; —ый *a.* dangerous, unsafe, hazardous; critical (section).
опасть *see* опадать.
опах/ало *n.*, —альный *a.* fan, vane; —анный *a.* plowed around; —ать *v.* plow around; —ивание *n.* plowing around, circular plowing; —ивать *v.* plow around; fan; —нуть *v.* fan.
опацит *m.* (petr.) opacite.
опашка *see* опахивание.
опаять *v.* solder.
опек/а *f.* custody; —ун *m.* guardian, trustee.
опенер *m.* opener.
опенок *m.* (bot.) Armillaria.
операнд *m.* (math.) operand.
оперативно-производственное планирование schedule planning (of plant operations).
оперативность *f.* efficiency (of management).
оперативн/ый *a.* operative, operational, operation(s); prompt, expeditious, effective; rapid (information); working (storage); in-line (processing); active (stock); (mil.) strategic; —ая сводка summary of operations.

оператор *m.* operator; administrator, controller; statement; cameraman; (med.) surgeon; —ный *a.* (math.) operator; operational.

операционализм *m.* (phys.) operationalism.

операц/ионный *a.* operation(al), operating; (comp.) interpretive (version); fiscal (year); о. стол (med.) operating table; —ионная доска (elec.) switchboard; —ия *f.* operation, working; компонента —ии (math.) operand; сделать —ию *v.* operate.

опере/дить, —жать *v.* lead, outstrip, leave behind; anticipate, be ahead (of); —жающий *a.* leading; угол, угол —жения angle of advance; (elec.) angle of lead; —жение *n.* leading, outstripping, outrunning; advance, advancing; anticipation; (rolling) forward slip; —жение на leading by.

оперен/ие *n.* feathering, feathers, plumage; (av.) empennage, tail assembly, tail (unit), fin assembly, fin(s); —ный *a.* feathered; finned; —ье *see* оперение.

опереться *see* опираться.

опериров/ание *n.* operation, operating; —ать *v.* operate; work, perform, do.

оперить *see* оперять.

опермент *m.* (min.) orpiment, arsenic trisulfide.

опертый *a.* supported.

оперять *v.* feather; (av.) equip with fins.

опечатать *see* опечатывать.

опечатка *f.* typographical error, misprint.

опечатыв/ание *n.* sealing; —ать *v.* seal (up).

опеченение *n.* (med.) hepatization.

опиа/нил *m.* opianyl, meconine; —нин *m.* opianine; —новая кислота opianic acid, 5,6-dimethoxyphthalaldehydic acid; —т *m.* opiate, narcotic; —товый *a.* opiatic, narcotic.

опивки *pl.* dregs, sediment.

опиевый *see* опийный.

опизометр *m.* (surv.) opisometer, map measurer.

опий *m.,* —ный *a.* opium.

опил/ивание *see* опиловка; —и(ва)ть *v.* trim, saw (off); file; —ка *see* опиловка; —ки *pl.* filings, turnings; (wood) sawdust; —овка *f.,* —овочный *a.* trimming, filing; —очный *a.* sawdust.

опиомания *f.* (med.) opiomania.

опирать *v.* rest, push; —ся *v.* rest (on), lean (against), bear up (against).

опис/ание *n.* description, account, report; (patent) specification; entry; (comp.) declaration; —анный *a.* described, etc., *see v.;* —ательный *a.* descriptive; loose (translation); —ать *see* описывать; —ка *f.* clerical error, slip of the pen; —ывать *v.* describe, depict, set forth, report, (re)present; discuss, cover; govern; trace out, outline; circumscribe; —ываться *v.* be described, etc.; describe, cover, deal (with), be concerned (with); have, be given (by equation); —ь *f.* list, catalog, schedule; form; inventory.

опиум *see* опий.

ОПЛ *abbr.* (оборотное поворотнолопастное рабочее колесо) reversible adjustable-blade runner (of hydraulic turbine).

оплав/ить *see* оплавлять; —ление *n.* (partial) fusion, melting; softening roasting; (welding) flashing off, flash-off, burning off; sweating; (glass) fire polishing; сварка —лением flash welding; —ленный *a.* (partially) fused; —лять *v.* melt (at edges), partially fuse; smelt out; sweat.

опла/та *f.* payment, remuneration; —тить *v.* pay, remunerate; settle (account); —ченный *a.* (post)paid; с —ченным ответом prepaid; —чиваемый *a.* paying; хорошо —чиваемый profitable; —чивать *see* оплатить.

оплески(ва)ть *v.* splash, spatter.

оплеснев/елый *a.* moldy, musty; —еть *v.* become moldy, get musty.

оплеснуть *v.* splash, spatter.

опле/сти, —тать *v.* braid; cover, insulate (wire); entwine; —тенный *a.* braided, etc., *see v.;* basket-covered (carboy); —тка *f.* braid(ing); с —ткой braided (cable); —точный *a.* braid(ing); covering; baskе*t*.

оплешиветь *v.* grow bald.

оплодотвор/ение *n.* impregnation, etc., *see v.;* —енный *a.* impregnated, etc., *see v.;* —итель *m.* (bot.) fertilizer, pollinator; —ить, —ять *v.* impregnate, fecundate; fertilize.

опломбиров/ание *n.* sealing; filling; —анный *a.* sealed; filled; —ать *v.* seal; fill (tooth).

оплот *m.* bulwark, stronghold.

оплош/ать *v.* make a mistake, fail; —ка, —ность *f.* mistake, oversight.

оплы/в *m.,* —вание *n.* circumnavigation; guttering (of candle); collapse, creep, slip(ping); —вать *v.* circumnavigate; swim around; gutter, run; grow over (with fat); creep, slip, flow down; —вина *f.* mudflow; —ть *see* оплывать.

опобальзам *m.* opobalsam.

опове/ститель *m.,* —стительное устройство signal device; annunciator; —стить, —щать *v.* inform, notify, advise, let know; signal; —щение *n.* announcement; reporting, warning.

оподзол/енный *a.* podsolized (soil); —ивание *n.* podsolization.

опоек *m.* calf leather, calfskin.
опозд/ание *n.* being late, tardiness, delay; —ать *see* опаздывать.
опозн/авание *see* опознание; —авательный *a.* identification, authentification, identity (code); —авать *v.* identify, recognize, spot; —аки *pl.* (photogrammetry) photo(point) control, picture points; —ание *n.* identification, recognition; discrimination.
опой *m.* (vet.) rheumatic pododermatitis.
опойковый *a.* calfskin.
опока *f.* (foundry) flask, mold box, mold frame, casting box; *pl.* (petr.) opoka, gaize; верхняя о. (foundry) cope; нижняя о. drag; средняя о. cheek.
ополаскив/ание *n.* rinsing; washing up; —атель *m.* rinser; —ать *v.* rinse; wash up.
ополз/ание *n.* creep(ing), slump(ing), slip(ping), sliding; —ать *v.* creep, slump, slip, slide; —ень *m.*, —невый *a.* (land)slide, rock slide, earth creep; —невая почва soil creep; —неопасный *a.* subject to creep; —ти *see* оползать.
ополос/кать, —нуть *see* ополаскивать; —ки *pl.* rinse water.
ополоть *see* опалывать.
опопанакс *m.*, —овый *a.* (bot.) opopanax.
опор: во весь о. at full speed.
опор/а *f.* bearing, support, rest, carrier, prop, bracing, backing, mount(ing); base, foot(ing), leg; holder, seat, chair; (leveling) control (base); trestle; (floating) pier; mast, pole, pillar, buttress, abutment (of arch); катковая о. roller bearing; клиновидная о., ножевидная о., призматическая о. knife edge; точка —ы point of rest; bearing; fulcrum, prop.
опоражнив/ание *n.* emptying, evacuation, etc., *see v.*; discharge; —ать *v.* empty, evacuate, discharge, drain, dump; deflate.
опорн/ый *a.* bearing, supporting; index, guide, key, reference (value); exploratory, research, orientation (well); mounting, base; backing-up (rolls); (av.) fundamental (frequency); bracket (insulator); marker (horizon); о. фланец bearing flange; —ая конструкция supporting structure; —ая плита bearing disk, step; foundation plate, bed plate; —ая плоскость (math.) plane of reference; —ая площадь, —ая поверхность bearing (surface), seat; —ая подушка support, cushioning; —ая призма fulcrum; knife edge; —ая свая bridge pile; —ая стойка support, stand; —ая точка reference point; (leveling) control point; —ое давление bearing pressure; counter-pressure; —ое

значение reference input; —ое кольцо supporting ring, ring support; bracket rim (of furnace); —ое трение friction of rest, static friction.
опорожн/ение *see* опоражнивание; —енный *a.* empty, evacuated, clear; —ить, —ять *see* опоражнивать.
опороситься *v.* farrow, have a litter.
опоссум *m.* (zool.) opossum.
опочный *a. of* опока.
опояс/(ыв)ать *v.* encircle, girdle, span; —ывающий *a.* encircling, etc., *see v.*; girdle; —ывающий лишай (med.) shingles.
оппанол *m.* Oppanol (a synthetic polyisobutylene rubber).
Оппенгеймера-Филлипса процесс (nucl.) Oppenheimer-Phillips process.
ОППИР *abbr.* (переносный оптический пирометр) portable optical pyrometer.
оппо/зитный *a.* opposite, contrary; —зиция *f.* opposition; —нент *m.* opponent; —нировать *v.* oppose.
оправа *f.* case, holder; mounting, setting (for gem); rim (of glasses); mandrel.
оправд/ание *n.* excuse, justification; —ательный *a.* justificatory; —ательный документ voucher; —(ыв)ать *v.* excuse, justify, warrant, live up to; offset (cost); vindicate; acquit; —(ыв)ать себя pay (to), pay for itself; —(ыв)аться *v.* justify oneself; prove to be correct; pay, be worthwhile.
оправить *see* оправлять.
оправка *f.* mandrel, arbor, drift; (seamless tube rolling) mandrel rod; (boring) bar; (tube) expander; chuck (of lathe); setting, mounting; straightening out.
оправлять *v.* set right, arrange; set, mount; —ся *v.* recover, recuperate.
оправочный *a. of* оправка.
опрашивать *v.* question, examine.
определение *n.* determination, identification; detection, finding, location; definition; decision; appointment; computation, calculation, estimation; analysis; test; о. весовым способом gravimetric determination; о. твердости hardness test.
определенн/о *adv.* definitely, positively, absolutely; —ость *f.* definiteness; со всей —остью conclusively, convincingly; —ый *a.* determined; definite, specific, fixed, certain, given, particular; well-defined, specified; precise, distinct, sharp; concrete, absolute; (math.) determinate; за —ое время in a unit of time; заранее —ый preset; совершенно —ый distinct.
определим/ость *f.* (math.) determinateness, definability; —ый *a.* determinate, determinable, definable.

определ/итель m. finder, locator, detector; guide, index, key; analyzer; (math.) determinant, discriminator; (information) subdivision, table, class; —ительный a. determining, etc., see v.; determinative; —ить see определять; —яемый a. determinable, etc., see v.; —ённый determined, etc., see v.; unknown; —ять v. determine, establish, ascertain, define; dictate, control, govern; specify, fix, place, set (limit); assess, appraise, evaluate, estimate, compute; detect, locate; arrive (at), find; settle, decide (on); allot, assign, appoint; infer (from); judge; —яющий a. determining, etc., see v.; indicating, indicial; decisive; characteristic.

опресн/ение n. freshening, etc., see v.; —итель m. distiller, evaporator; —ительный a. freshening, etc., see v.; —ить, —ять v. freshen, desalt, demineralize; distil.

опрессов/анный a. molded, etc., see v.; —ка f., —ывание n. molding, etc., see v.; —ывать v. mold, press (around), press-fit, shape; pressure-mold; pressure-test; pressurize.

опробкование n. (bot.) suberization; (phyt.) suberification, corking.

опробов/ание n. sampling, etc., see v.; assay; —атель m. sampler; tester; —ательный a. sampling, etc., see v.; —ать v. sample, try out, test; analyze, assay.

опровер/гать, —гнуть v. refute, disprove; dispute, argue (against), be at variance (with); reject; —жение n. refutation, disproof, denial, rejection.

опроки/дной a. dump(ing); —дывание n. overturning, etc., see v.; reversal (of phase); время —дывания triggering time; схема —дывания (aut.) flip-flop; —дыватель m. dumper, tipper, kick-up; trip(per), tripping gear; (rad.) reverser, inverter; —дывать v. overturn, turn over, tip (over), dump, tumble, upset, disturb; trip; destabilize; invert, reverse (phase); stall (of asynchronous motor); (naut.) capsize; —дываться v. tip over; capsize; stall; —дывающий(ся) a. overturning, etc., see v.; dump; (rad.) flip-flop; —нутый a. overturned, etc., see v.; —нуть see опрокидывать.

опрос m. inquiry, interrogation; question; request; (value) sampling; —ить v. inquire; interrogate, examine; —ный a. interrogatory, inquiry; —ный лист form, questionnaire.

опростать v. empty.
опростить v. simplify.
опросчик m. interrogator; inquiry station.

опротестов/ание n. protest, complaint; —(ыв)ать v. protest, complain; appeal.

опрощать v. simplify.

опрыс/канный see опрыснутый; —кать see опрыскивать; —кивание n. spraying, etc., see v.; —киватель m. sprayer; —кивать v. spray, sprinkle, wet, moisten; —кивающий a. spraying, etc., see v.; —нутый a. sprayed, etc., see v.; —нуть see опрыскивать.

опрятный a. neat, clean, orderly.

опсон/изация f. (bact.) opsonization; —ин m. opsonin; —ический a. opsonic.

оптик m. optician; —а f. optics.

оптимальный a. optimum, optimal, best, most favorable.

оптиметр m. optical caliper.

оптимиз/атор m. optimizer; —ация f. optimizing, optimization.

оптимум m. optimum, the best, ideal.

оптич/ески adv. optically; —еский a. optic(al), visual; —еский (квантовый) генератор, —еский квантовый прибор laser; —еская деятельность see оптичность; —еская ось optic axis; угол —еских осей (optic) axial angle; —ность f. opticity, optical activity, rotatory power.

опто/вик m. wholesale dealer; (text). converter; —вый a., —м adv. wholesale; торгующий —м wholesaler.

опто/техника f. technical optics; —фон m. optophone; —хин m. optochine, ethylhydrocupreine.

оптрон m. (electroluminescence) optron.

опубликов/ание n. publication; —анный a. published, etc., see v.; available; —(ыв)ать v. publish, issue, release; report, make public, put on record.

опудрив/ание n. dusting, powdering; —ать v. dust, powder.

опунция f. (bot.) Opuntia.

опуск m. omission; —ание n. lowering, etc., see v.; (geol.) subsidence; depression; descent, downstroke (of piston); —ать v. lower, let down, drop, sink; dip, plunge, immerse; depress; deposit (coin); —аться v. descend, sink, subside, settle; drop down, collapse; —ающийся a. descending, etc., see v.; —ной a. lowering, drop, trap (door); down (pipe); —ной колодец caisson.

опуст/елый a. empty, deserted, desolate; —еть v. become empty; be depopulated.

опуст/ившийся a. sunken, submerged; —ить see опускать.

опустош/ать v. destroy, lay waste; —ение n. destruction, devastation; —ительный a. destructive.

опух/ание n. swelling, intumescence; —ать v. swell, intumesce, puff up; —лость f. puffiness, intumescence; —лый a. swol-

опушать len, distended, puffed up; **—нуть** see **опухать;** **—олевый** *a.*, **—оль** *f.* tumor; **—ший** see **опухлый.**

опуш/ать *v.* cover with down; trim, edge (with fur); sprinkle, powder (with snow, etc.); **—ение** *n.* covering with down, etc., see *v.*; down(iness); (corn) silking; **—енно—** *prefix* downy; **—енный** *a.* covered with down, etc., see *v.*; downy, pubescent, tomentose; **—ечный** *a.*, **—ка** *f.* (forest) edge, margin, border, skirt; (fur) trimming.

опущен/ие see **опускание;** (med.) prolapse; **—ный** *a.* lowered, etc., see **опускать.**

опыл/ение *n.* dusting, spraying; (bot.) pollination; **—енный** *a.* dusted; pollinated; **—ивание** see **опыление;** **—и(ва)тель** *m.* duster; pollinator; **—и(ва)ть, —ять** *v.* dust, spray; pollinate.

опыт *m.* experiment, test, trial, run; know-how, experience, practice; **о. на замерзание** freezing test; **в пределах ошибок —а** in the range of experimental error; **делать —ы, производить —ы** *v.* experiment; **на —е** experimentally; in practice; **—ник** *m.* research man; **—нический** *a.* research, experimental; **—ничество** *n.* experimentation, experimental work.

опытно *adv.* expertly; experimentally; *prefix* experimental; **о.-заводский** *a.* pilot-plant; **о.-конструкторская работа** development work; experimental designing; **о.-механический** *a.* experimental-mechanical; **о.-показательный** *a.* experimental-demonstrative; **о.-статистический** *a.* empirical-statistical; **—сть** *f.* experience, proficiency, know-how.

опытн/ый *a.* experienced, practised, expert, competent, skilful, skilled; experimental, tentative, test, trial (run); experiment (station); pilot (plant); empirical (formula, etc.); **о. образец** prototype; **доводка —ого образца** engineering development; **разработка —ого образца** advanced development; **—ая установка** pilot plant; **—ое дело** experimentation; **—ые работы** development; **программа —ых работ** development effort; **—ым путем** by experimentation, experimentally.

опьян/ение *n.* intoxication; **—енный** *a.* intoxicated; **—еть** *v.* become intoxicated; **—яющее** *a.* intoxicating; **—яющее средство** intoxicant.

опять *adv.* again, once more; **—же** besides; **о.-таки** (but) again, besides.

—ор *m.* *suffix* —or.

оральный *a.* oral.

орангутанг *m.* (zool.) orang-outang.

оранж/ад *m.* orangeade; **—ево-желтый** *a.* orange-yellow; **—евый** *a.* orange (-colored).

оранжер/ея *f.*, **—ейный** *a.* greenhouse, hothouse, conservatory.

оранжит *m.* (min.) orangite.

орать *v.* yell, shout.

орафлон *m.* (geol.) oraphlon.

орбикулярный *a.* (bot.) orbicular, circular; (petr.) orbicular, spheroidal.

орбит/а *f.* orbit(al), trajectory; **на —е** orbiting; **по —е** orbital; **движущийся по —е** in orbit; **—альный** *a.* orbital, planetary; **—ирование** *n.* orbiting.

орвиллит *m.* (min.) orvillite.

орг. *abbr.* (**органический**) organic.

орган *m.* organ, member; device, tool, instrument; element, unit; institution, department; (executive) body; **—ы управления** controls.

организ/атор *m.* organizer; **—ационно-управленческая техника** industrial engineering; **—ационный** *a.*, **—ация** *f.* organization, management; entity; **—м** *m.* organism; **—ованность** *f.* discipline; **—ованный** *a.* organized, etc., see *v.*; **—ов(ыв)ать** *v.* organize, establish; manage, arrange; **—ов(ыв)аться** *v.* get organized.

органика *f.* organic chemistry.

органическ/и *adv.* organically; **о. присущий** *a.* intrinsic; **—ий** *a.* organic; **—ое стекло** see **оргстекло;** **—ое тело** organism.

органичный *a.* intrinsic.

орган/ный *a.* organ (pipe); **—ная крепь, —ка** *f.* (min.) organpipe supporting structure.

органо— *prefix* organo—, organic; **—ген** *m.* organogen; **—генный** *a.* (petr.) organogenic, biogenic; **—графический** *a.* (biol.) organographic; **—графия** *f.* organography; **—золь** *m.* organosol; **—лептический** *a.* (foods) organoleptic; **—логический** *a.* organologic; **—логия** *f.* organology; **—терапия** *f.* organotherapy.

органчик *dim. of* **орган.**

оргатехника *f.* office machinery.

оргстекло *n.* organic glass, polymethyl methacrylate.

орг-ция *abbr.* (**организация**).

орд/ен *m.*, **—енский** *a.*, **—ер** *m.* order.

ординальный *a.* ordinal (number).

ординар *m.* zero water level, normal water level.

ординарный *a.* ordinary, common; single, plain.

ордината *f.* (math.) ordinate; **ось ординат** axis of ordinates, Y-axis.

ординатор *m.* resident physician.

ордов/икский период, —иций, —ич *m.* (geol.) Ordovician (period).

оребрен/ие *n.* finning, ribbing; —ный *a.* finned, ribbed.
орегонский *a.* (geog.) Oregon.
орексин *m.* orexin, phenzoline.
орел *m.* (orn.) eagle; (astr.) Aquila.
ореллин *m.* orellin.
оренбургский *a.* (geog.) Orenburg.
ореодаф/ен *m.* oreodaphene; —нол *m.* oreodaphnol.
ореол *m.* aureole, corona, halo, halation, nimbus.
орех *m.* nut, spec. walnut; американский о., бразильский о. Brazil nut; водяной о. water chestnut; земляной о., китайский о. peanut; лесной о. filbert; серый о. butternut; черный о. black walnut; —овидный сустав (anat.) enarthrosis; —овобурый *a.* nut-brown; —овый *a.* nut; —отворка *f.* (ent.) gall wasp.
ореш/ек *dim.* of орех; nut coal; мелкий о. pea coal; —ина *see* орешник.
орешко/вый *a.* nut; *suffix* (bot.) —coccous, —coccoid; —вая кислота gallic acid; —дубильная кислота tannic acid.
орешник *m.* nut tree; spec. filbert; (min.) coarse-grain ore; nut coal; мелкий о. pea(-grade) coal.
орибатиды *pl.* mites (*Oribatidae*).
оригинал *m.* original (copy), manuscript; о.-макет *m.* layout.
оригинально/о *adv.* originally; peculiarly; —ость *f.* originality, singularity; —ый *a.* original, singular, peculiar, eccentric, unique.
оригинатор *m.* originator.
ориент/атор *m.* orientation instrument, tracker, autonavigator; —ационный *a.*; —ация *f.* orientation, guidance; (geol.) attitude (of beds).
ориентир *m.* reference point, check point; marker, indicator; landmark; естественный о. landmark; о.-буссоль *m.* declinometer; —ный *a.* orienting, directing, guiding; reference; —ование *n.* orientation, orienting; —ованный *a.* oriented, directed; —овать *v.* orient, direct; —оваться *v.* orientate, get one's bearings, be guided (by); lie, run, extend (in a given direction); —овка *see* ориентирование; —овочный *a.* reference (point); approximate, preliminary, rough, tentative (plan); —уемость *f.* orientability; —уемый *a.* orientable; swiveling; —ующий *see* ориентировочный; orienting.
оризацидин *m.* oryzacidin.
ориктогнозия *f.* oryctognosy, descriptive mineralogy.
ориньяк *m.*, —ская культура (archeol.) Aurignacian (culture).
орион *m.* (astr.) Orion.

ориск/анский ярус, —эни (geol.) Oriskany stage.
оркестр *m.*, —овый *a.* orchestra, band.
орла *gen.* of орел.
орлеан *m.* orlean, annatto (dye).
орлец *m.* (min.) rhodonite.
орлики *pl.* (bot.) aquilegia.
орлиный *a.* aquiline; eagle; о. камень (min.) eaglestone, aetite.
орловский *a.* Orlov (printing); Orloff (horse).
орлы *pl.* of орел.
ормозин *m.* ormosine; —ин *m.* ormosinine.
орнамент *m.* ornament; —(аль)ный *a.* ornamental, decorative; —ация *f.* ornamentation, decoration; —ировать *v.* ornament, decorate.
орнитин *m.*, —овый *a.* ornithine, 2,5-diaminopentanoic acid.
орнито— *prefix* ornitho— (bird); —логия *f.* ornithology.
орнитоптер *m.* (aero.) ornithopter.
орнитуровая кислота ornithuric acid.
оро— *prefix* oro— (mountain).
ороген/ез(ис) *m.* (geol.) orogenesis, orogeny; —ический *a.* orogenic.
орогов/ение *n.* (biol.) keratosis, keratinization; —еть *v.* keratinize; —икованный *a.* (petr.) metamorphosed to hornfels.
орограф/ический *a.* (geol.) orographic, mountain; —ия *f.* orography.
орология *f.* (geol.) orology, orography.
оропон *m.* (leather) Oropon.
ороситель *m.* irrigator, sprinkler; irrigating ditch; (met.) feeder; —ный *a.* irrigating, irrigation; sprinkling, trickling, spray; trickle (cooler); —ный аппарат sprinkler, sprayer; —ного типа trickle (dissolver).
оросить *see* орошать.
оротовая кислота orotic acid.
орош/аемый *a.* irrigated, etc., *see v.*; reflux (tower); —атель *see* ороситель; —ать *v.* irrigate, sprinkle, spray; —ающий *see* оросительный; —ение *n.* irrigation, sprinkling, spraying, trickling; (distillation) reflux; —енный *a.* irrigated, etc., *see v.*
орро— *prefix* orrho— (serum).
Орса прибор (gas analysis) Orsat apparatus.
орс/еин *m.* orcein; —еиль *m.* orseille, orsel, orchil; —еллин *m.* orsellin; —еллиновый *a.* orsell(in)ic (acid); —ель *see* орсейль.
орсин(ол) *m.* orcin(ol), methylresorcinol.
орсудан *m.* orsudan.
орт *m.* (min.) crosscut, cross drift, cross entry; (math.) unit vector.
ортзанд *m.* ortsand (sand containing calcium carbonate).
ортизон *m.* ortizon, hyperol.

ортикон *m.* (telev.) orthicon.
ортит *m.* (min.) orthite, allanite.
орто— *prefix* ortho— (straight, upright, perpendicular; correct, normal); —алюминат *m.* orthoaluminate; —арсенат *m.* orthoarsenate; —борат *m.* orthoborate; —борный *a.* orthoboric (acid); —водород *m.* (nucl.) ortho hydrogen.
ортовый *a. of* орт.
орто/гелий *m.* ortho helium; —генез *m.* (biol.) orthogenesis; —гнейс *m.* (petr.) orthogneiss; —гональность *f.* orthogonality; —гональный *a.* orthogonal, right-angled; —дома *f.* (cryst.) orthodome (monoclinic system); —донтия *f.* (med.) orthodontics.
ортодром/ический *a.* (navigation) orthodromic, great circle; —ия *f.* orthodromic (line), great circle course.
орто/изомер *m.* ortho isomer; —кислота *f.* ortho acid; —клаз *m.*, —клазовый *a.* (min.) orthoclase.
орто/кластический *a.* orthoclastic; —коричная кислота orthocinnamic acid; —кремневая кислота orthosilicic acid; —кремневокислая соль orthosilicate; —метрический *a.* (geod.) orthometric, absolute (height); —муравьиная кислота orthoformic acid; —мышьяковая кислота orthoarsenic acid; —мышьяковистая кислота orthoarsenious acid; —нормированный *a.* orthonormal; —ось *f.* (cryst.) orthoaxis, orthodiagonal.
ортопед/ический *a.* (med.) orthopedic; —ия *f.* orthopedics.
орто/плумбат *m.* orthoplumbate; —положение *n.* ortho position; —ромбический *a.* (cryst.) orthorhombic, prismatic; —силикат *m.* orthosilicate.
ортоскоп *m.* (med.; phot.) orthoscope; (art.) aim corrector; —ический *a.* (opt.) orthoscopic; —ия *f.* orthoscopy.
орто/соединение *n.* ortho compound; —сурьмянистый *a.* orthoantimonious (acid); —сурьмяный *a.* orthoantimonic (acid).
орто/тест *m.* outside micrometer; —титановый *a.* orthotitanic (acid); —тропный *a.* orthotropic; —угольный *a.* orthocarbonic (acid); —уксусный *a.* orthoacetic (acid); —фировый *a.* orthophyric; —фонический *a.* orthophonic; —форм *m.* orthoform.
ортофосф/ат *m.*, —орнокислая соль orthophosphate; —орный *a.* orthophosphoric (acid).
орто/фталевая кислота *o*-phthalic acid; —хлорит *m.* (min.) orthochlorite; —хроматический *a.* (phot.) orthochromatic; —центр *m.* (geom.) orthocenter; —цимол *m.* *o*-cymene; —эфир *m.* ortho ether.

ортштейн *m.*, —овый горизонт (geol.) ortstein, iron pan.
оруден/елость *f.* mineralization; protore; —елый *a.* (geol.) mineralized; —ение *n.* mineralization.
оруд/ие *n.*, —ийный *a.* instrument, tool, implement; (art.) gun, cannon, piece.
орудовать *v.* manage, handle, run.
оружейн/ый *a.* gun, armament; o. завод, —я *f.* arsenal, armory; o. мастер, —ик *m.* gunsmith, armorer.
оружие *n.* weapon; *pl.* arm(s).
орфографический *a.* orthographic.
орфол *m.* orphol, bismuth naphtholate.
Орфорда способ (met.) Orford process.
орх/идея *f.* (bot.) orchid; —и(о)— *prefix* (anat.) orchi(o)— (testis); —ит *m.* (med.) orchitis.
орцеин *see* орсеин.
орясина *f.* long rod, pole.
ОС-20 a nonionic surface-active agent (condensation product of octodecyl alcohol and ethylene oxide).
оса *f.* (ent.) wasp.
осада *f.* seige.
осадитель *m.* precipitator, precipitant, precipitating agent; settler; —ный *a.* precipitation, precipitating; settling; —ный аппарат precipitator; settler.
осадить *see* осаждать, осаживать.
осад/ка *f.* settling, settlement, set(ting); sag(ging); sinking, immersion; sedimentation; shortening, upsetting, swaging; camber (of spring); (naut.) draft; pressurizing (of fuel jacket); —ок *m.* residue, dregs, tails; sediment, mud, sludge; deposit(ion), precipitate, precipitation; —ки *pl.* sediments, deposits; sedimentary rock; rainfall, precipitation; (acid) sludge; (radioactive) fall-out; атмосферные —ки rainfall; выпадение —ка precipitation; давать —ок *v.* deposit; precipitate; карта —ков (meteor.) isohyetal map; —комер *m.* rain gage; (naut.) draft gage; —конакопление *n.* sedimentation; —кообразование *n.* sedimentation; sludging.
осадный *a. of* осада.
осадоч/ный *a. of* осадка; sedimentation (tank); sedimentary (rock); plating (bath); sludge (superphosphate); o. чехол (geol.) sedimentary mantle; —ая машина upsetter; jolt-ramming machine; —ые кольца Liesegang rings.
осаждаем/ость *f.* precipitability; sedimentation capacity; —ый *a.* precipitable; precipitated.
осаждать *v.* precipitate, deposit, settle (out), separate out; upset; (mil.) lay siege; —ся *v.* precipitate (out), settle out, fall out, be deposited; set; sink, sag.

осажда́ющ/ий *a.* precipitating, settling; о. реактив, —ее средство precipitant, precipitating agent; coagulant; —ийся *a.* precipitating, settling; precipitable.

осажде́н/ие *n.* precipitation, precipitating, settling (out), deposition, sedimentation; precipitate, deposit, sediment; condensation; (concentration) jigging; (met.) plating, coat(ing); —ный *a.* precipitated, settled, deposited; plated; sedimentary.

оса́жив/ание *n.* checking, etc., *see v.*; set; —ать *v.* check; press back; clench, clinch (rivet); jolt, (up)set, jump (up), swage; tap (down), settle; —ающий *a.* checking, etc., *see v.*; jolt-ramming (machine).

оса́л/ивание *n.* fattening (of livestock); going rancid; —ивать *v.* fatten; grease; —и(ва)ться *v.* fatten up; go rancid.

осарсо́л *m.* Osarsol, acetarsone.

осаха́рив/ание *n.* saccharification; —ать *v.* saccharify; sugar, candy.

осва́ив/ание *n.* familiarization; —ать *v.* assimilate; familiarize; adopt, utilize, appropriate; perfect, master, cope (with); develop (land); accept, tolerate; —аться *v.* become familiar (with), get used (to); —аться с климатом become acclimated.

осведом/и́тель *m.* informer; (rad.) commentator; —и́тельный *a.* informative; —и́ть *see* осведомля́ть; —ле́ние *n.* inquiry, information; —ленность *f.* information, knowledge; —ленный *a.* (well-)informed; —ля́ть *v.* inform; —ля́ться *v.* inquire, ask about, question.

освеж/а́ть *v.* refresh, freshen; air (room); regenerate, renew, strengthen; bring up to date; rebond (molding sand); —а́ющий *a.* refreshing, etc., *see v.*; —ева́ть *v.* skin and eviscerate (animal); —е́ние *n.* refreshing, etc., *see v.*; refreshment; renewal; —ённый *a.* refreshed, etc., *see v.*; —и́тельный *see* освежа́ющий; —и́ть *see* освежа́ть.

освети́тель *m.* illuminator; (micros.) condenser; —ный *a.* illuminating, illumination, lighting; lamp (oil); —ная армату́ра (elec.) fixtures; —ная раке́та (av.) flare; —ное средство illuminant; —ные прибо́ры fixtures.

освети́ть *see* освеща́ть.

осветл/е́ние *n.* clarification; purification; settling; brightening effect (of detergents); (glass) fining, plaining; thinning (of trees); —ённый *a.* clarified, etc., *see v.*; —и́тель *m.* clarifier, clarifying agent; —и́ть, —я́ть *v.* clarify, clear; purify; thin out, prune (trees); —я́ющий *a.* clarifying, etc., *see v.*

осве́чивание *n.* illumination.

освещ/а́ть *v.* light, illuminate; irradiate, expose (to light); throw light (upon) interpret, elucidate; cover (a subject) —а́ющий *a.* lighting, etc., *see v.*; pilo (bomb); —е́ние *n.* light(ing), illumination; (phot.) exposure; interpretation; коли́чество —е́ния exposure; —ённость *f.* (intensity of) illumination; коэффицие́нт есте́ственной —ённости daylight factor; реле́ —ённости lighting control relay; —ённый *a.* lit, illuminated, etc., *see v.*

освиде́тельствов/ание *n.* examination; —ать *v.* examine, inspect, survey.

освинцов/а́ние, —ывание *n.* lead sheathing, lead plating; treatment with lead; —анный *a.* lead-sheathed, lead-plated, lead-lined, lead-covered; —(ыв)а́ть *v.* sheathe, plate, line, encase or cover with lead; (treat with) lead.

освободи́т/ельный *a.* liberating, freeing; —ь *see* освобожда́ть.

освобожд/а́ть *v.* (set) free, release, liberate; disengage, unlock; rid (of), eliminate, clear; relieve; exempt; loose(n), ease, slacken; drain, empty; —а́ться *v.* get free (of); get rid (of); become empty; —а́ющий *a.* setting free, etc., *see v.*; —а́ющий механи́зм release.

освобожде́н/ие *n.* setting free, etc., *see* освобожда́ть; liberation, release; riddance, elimination; exemption; о. от серы desulfurization; —ный *a.* set free, freed, etc., *see* освобожда́ть; exempt.

осво/е́ние *n.* assimilation, etc., *see* осваивать; acceptance; mastering, coping (with); management; opening up, development (of land); —е́нный *a.* assimilated, etc., *see* осва́ивать; completed (well); —ить *see* осва́ивать.

осе́вки *pl.* chaff, siftings.

осев/о́й *a.* axial; axle; axial-flow (pump, etc.); —о́е давле́ние end thrust.

осе́вший *a.* precipitated, settled, deposited.

оседа́ем/ость *f.* precipitability; —ый *a.* precipitable; precipitated.

осед/а́ние *n.* settling, settlement, sinking, lowering, subsidence, subsiding, depression; sag(ging), yielding (of wall), collapse; settling, precipitation; (radioactive) fall-out; shrinkage, shrinking; —а́ть *v.* settle (down), sink, subside; sag, yield, collapse; set; precipitate; —а́ющий *a.* settling, etc., *see v.*

оседж *m.*, —енский *a.* (geol.) Osagean.

осе́длый *a.* settled (population).

осе́й *gen. pl. of* ось.

осёл *m.* (zool.) ass; *past. m. sing. of* осе́сть.

осело́/к *m.*, —чный *a.* whetstone, hone.

осемен/е́ние *n.* sowing, etc., *see v.*; —и́ть,

—ять v. sow, seed, plant; (bot.) fertilize, pollinate; (zool.) inseminate.
осен/не-зимний a. autumn-winter; —ний a., —ь f. autumn, fall.
осеребр/ить, —ять v. silver(-plate).
осередок m. alluvial islet (in stream).
осер/енный a. sulfured, fumigated with sulfur; —нение n. sulfuring; —нять v. sulfur, fumigate with sulfur.
осесимметричный a. axisymmetric, axially symmetric.
осесть see оседать.
осетокарный станок shafting lathe.
осетр m., —овый a. (ichth.) sturgeon; —ина f., —инный a. sturgeon meat.
осецентробежный a. axial-centrifugal, mixed-flow (compressor).
осеченный a. truncated, shortened.
осечка f. miss, misfire, hangfire.
оси gen., pl., etc., of ось; axes.
осили(ва)ть v. overcome, get the better (of), prevail (upon).
осин/а f. (bot.) asp(en); —ник m. aspen grove; —овик m. aspen mushroom (Boletus rufus); —овый a. asp(en).
осиный a. (ent.) wasp.
осип/лость f. hoarseness; —лый a. hoarse; —нуть v. get hoarse.
осиять v. illuminate.
оскабливать v. scrape, scour.
оскальзываться v. slip, skid, slide.
оскоблить see оскабливать.
оскол/ок m. splinter, sliver, fragment, chip, scale; —ки pl. chippings, debris; —ки деления (nucl.) fission fragments; разрыв на —ки fragmentation; —очный a. splintered; comminuted (fracture); —очно-фугасный a. high-explosive (bomb); —очный a. of осколок; fragmentation(-type); fission-produced (isotope); —очный элемент fission product.
оскольз/аться, —нуться v. slip, skid.
оскоп/ить, —лять v. castrate; —ление n. castration.
оскорб/ительный a. offensive; —ить, —лять v. offend, insult; —ление n. offense; —ленный a. offended.
оскре/бать, —сти, —сть v. scrape off; —бки pl. scrapings.
оскуд/е(ва)ть v. become poor; grow scarce, die off; —елый a. scanty; poor; —ение n. impoverishment.
осла gen. of осел.
ослаб/евание n. weakening; —евать v. weaken, become weak; diminish, decrease, abate, fade away, decline, lull, slacken, loosen, work loose; —евший, —елый a. weak(ened), feeble; loose; —еть see ослабевать; —итель m. (phys.) attenuator; (phot.) reducer; —ить see ослаблять.

ослабл/ение n. weakening; dilution; deterioration, attenuation (of signal); fall (in), reduction, decrease, abatement; decay (of sound); relief (of pain); relaxation, loosening, slack(ening), laxity; reducing, reduction (of negatives); коэффициент —ения (nucl.) attenuation factor; (acous.) reduction factor; слой двухкратного —ения, слой половинного —ения (nucl.) half-thickness, half-value layer; —енный a. weakened, etc., see v.; loose, lax; —ять v. weaken; dilute; attenuate, reduce, decrease, abate, diminish; release, back up (screw); allay, ease, relieve (pain); loosen, relax, slacken, ease up; reduce (negative); —яться v. weaken; decrease, fall off; —яющий a. weakening, etc., see v.; —яющий раствор (phot.) reducer; —яющее средство diluent; debilitant.
ослаб(нув)ший a. weak(ened); loose, slack; —нуть see ослабевать.
осланцевание n. (min.) settling coal dust with powdered slate.
осленок m. foal (of donkey).
ослепительный a. blinding, glaring, dazzling; о. свет glare.
ослеп/ить, —лять v. blind, dazzle; —ление n. blinding; glare; —ленный a. blinded, dazzled; —нуть v. go blind.
ослиз/лый a. slimy; —нение n. sliming; —нуть v. get slimy; get wet and slippery (of road).
ослик dim. of осел; водяной о. (zool.) Asellus.
ослинник m. (bot.) Oenothera.
ослиный a. asinine, ass.
осложн/ение n. complication; —енный a. complicated, complex; —ить, —ять v. complicate, aggravate.
ослуш(ив)ать v. (med.) listen; —ся v. not follow (directions).
ослы pl. of осел.
ослышаться v. hear incorrectly.
ослюденение n. mica formation.
осм— see осмо—.
осмазом m. osmazome.
осмалив/ание n. resinification; pitching, tarring; —ать v. resinify; pitch, tar; —аться v. resinify, become resinous; gum (of oil).
осмат m. osmate.
осматрив/ание n. examination, inspection, survey; —ать v. examine, inspect, survey, look over, scan; search; see, view; —аться v. look around, get one's bearings.
осмеливаться v. dare, have the courage.
осмелит m. (min.) osmelite, pectolite.
осмелиться see осмеливаться.
осмие/вый a. osmium, osmic; о. ангидрид osmic anhydride, osmium tetroxide;

—вая кислота osmic acid; —вокислая соль osmate.

осм/ий *m.* osmium, Os; закись —ия osmious oxide, osmium monoxide; иридистый о., —иридий, —истый иридий (min.) osmiridium, iridosmine; окись —ия osmic oxide, osmium dioxide; хлористый о. osmious chloride, osmium dichloride; хлорный о. osmic chloride, osmium tetrachloride; —истый *a.* osmium, osmious.

осмо— *prefix* osm(o)— (push, thrust; smell, odor); —з *see* осмос; —зировать *v.* osmose, subject to osmosis.

осмол *m.* tar-impregnated wood; —ение *n.* resinification; gumming, gum formation; tarring; —енный *a.* resinified; gummed; tarred, pitched; —ить *see* осмаливать; —ка *see* осмоление; —яемость *f.* tar value.

осмометр *m.* (phys.) osmometer.

осмондит *m.* (met.) osmondite.

осмо/регуляция *f.* (physiol.) osmoregulation; —с *m.* osmosis; —тически *adv.* by osmosis; —тический *a.* osmotic.

осмотр *m.* examination, inspection; survey, review, search; производить о. *v.* inspect, check; —енный *a.* examined, etc., *see* осматривать; —еть *see* осматривать.

осмотрительн/ость *f.* discretion; —ый *a.* cautious, circumspect.

осмотрщик *m.* examiner, inspector.

Осмунда печь (met.) Osmund furnace.

осмысл/ение, —ивание *n.* comprehension; interpretation; —енный *a.* intelligent, sensible; comprehended; —и(ва)ть, —ять *v.* comprehend; interpret.

осн. *abbr.* (основанный; основный).

осна/стить *see* оснащать; —стка *see* оснащение; —щать *v.* equip, fit out (with), rig, furnish, provide; (mach.) tool; instrument; —щение *n.* equipment, fitting out, etc., *see v.*; —щения *pl.* equipment, rigging, instrumentation; —щенный *a.* equipped, etc., *see v.*; —щенный приборами instrumented.

оснеженный *a.* snow-covered.

основ/а *f.* base, basis, foundation, groundwork, substrate; origin, starting point; framework, backing; principle, element; (met.) starting sheet; (text.) warp; stem (of word); (anat.) stroma; —ы *pl.* essentials, fundamentals; лежать в —е *v.* be the basis (for), underlie; металл —ы base metal, parent metal; на —е on the basis (of), based (on), starting (from), using . . . as the base; на —е латекса latex(-base) (paint); на водной —е water-base; на урановой —е uranium-base (alloy); набирать —у *v.* (text.) warp.

основан/ие *n.* foundation, basis; (chem.; geom.) base; foot (of perpendicular); foot(ing), bed(ding), ground(work), bottom, substructure; pedestal, mount(ing); characteristic; principle; origin, starting point; founding, establishment; motive, reason; о. степени base number; давать о. *v.* give grounds (for); ион —ия basic ion; лежать в —ии *v.* underlie; на —ии on the basis of, based (on), on the strength (of), from; —ный *a.* based, depending (on).

основатель *m.* founder, establisher; —но *adv.* fully, thoroughly, soundly; —ность *f.* soundness; —ный *a.* solid, well-grounded, thorough, firm.

основать *see* основывать.

основн/ой *a.* fundamental, basic, principal, essential, chief, main, primary, dominant, leading, foremost, key, major, overriding; master; base (metal); (welding) parent (metal); foundation, bed (plate); ground, normalized (state of nucleus, etc.); primary (color); pacing (factor, item); fixed (point); staple (commodity); flat (rate); sustainer (engine); full-flow (condensate); full (title); (anat.) basilar; basal (metabolism); о. двигатель sustainer; о. пласт (min.) mother lode, source vein; о. уровень standard level datum; (nucl.) ground level; —ая *see also under* основный; —ая жила *see* основной пласт; —ая масса bulk; matrix; —ая плоскость (cryst.) basal plane; —ая часть the bulk, the greater part; —ое вещество (med.) ground substance; —ое количество the bulk; —ые законы, —ые принципы philosophy; —ые носители (semiconductors) majority carriers; в —ом basically, mainly, principally, essentially, primarily, for the most part; on the whole; much (as).

основно-небный *a.* (anat.) sphenopalatine.

основность *f.* basicity, alkalinity.

основно-челюстной *a.* (anat.) sphenomaxillary.

основн/ый *a.* basic, alkaline; sub— (salt); (text.) warp; о. силикат subsilicate; —ая соль углекислоты subcarbonate.

основопол/агающий *a.* basic; —ожник *m.* founder, initiator, establisher.

основывать *v.* base (on), found, establish, set up, constitute, erect; —ся *v.* be based (on), proceed (from), start.

—осный *a. suffix* -axis, -axial; -axle.

особенно *adv.* especially, particularly.

особенност/ь *f.* feature, characteristic, property; peculiarity, specialty; в —и in particular, particularly, especially; характерная о. characteristic.

осо́бенный *a.* special, singular, peculiar, particular, specific.

особня́к *m.* detached house.

осо́бо *adv.* apart, separately; extra; —чувстви́тельный *a.* hypersensitive.

осо́б/ый *a.* peculiar, distinctive, singular, own; particular, special; separate; —ь *f.* individual, specimen; (biol.) species.

осое́д *m.* (orn.) honey buzzard.

осозн/ава́ть *v.* realize, become aware (of); —а́ние *n.* realization; —а́нный *a.* realized; —а́ть *see* осознава́ть.

осок/а́ *f.* (bot.) sedge (*Carex*); —о́вый *a.* sedge; meadow (bog).

осоко́р/ник *m.* black poplar grove; —ь *m.* black poplar.

осола́живать *v.* add malt (to feeds).

осолод/ева́ть *v.* solodize (soil); —е́лый *a.* solodized; —е́ние *n.* solodization.

осолон/цева́ние *n.* salinization (of soils); solonetzization, alkalization; —чакова́ние *n.* salinization; development of solonchak.

осо́т *m.* (bot.) thistle; spec. sow thistle (*Sonchus*); ро́зовый о. Canada thistle (*Cirsium arvense*).

осо́чник *see* осо́ка.

осп/а *f.* (med.) smallpox, variola; —е́нные марки; ветряна́я о. chicken pox; натура́льная о. smallpox; привива́ть —у *v.* vaccinate; теля́чья о. cow pox.

оспа́ривать *v.* dispute, question; мо́жно о. is open to argument.

оспе́нн/ый *a.* variolous, variolate; (petr.) variolitic; о. ка́мень (petr.) variolite; —ая корро́зия (met.) pitting.

оспи́на *f.* pock mark.

оспирто́ванный *a.* alcoholized.

оспови́д/ый *a.* pock-marked; —ое разъеда́ние (met.) pitting.

оспоприви́в/ание *n.,* —а́тельный *a.* (med.) vaccination.

оспор/и́мый *a.* disputable, debatable, questionable; —и́ть *see* оспа́ривать.

ОСР *abbr.* (о́рган сравне́ния) comparator, discriminator.

осредн/е́ние *n.* averaging; —ённый *a.* averaged, mean; faired (curve); —я́ть *v.* average.

ОСС *abbr.* (о́пытно-селекцио́нная ста́нция) experimental selection station.

оссеи́н *m.* ossein, collagen.

ост *m.* east.

ОСТ *abbr.* (общесою́зный станда́рт) All-Union Standard.

остав/а́ться *v.* remain, be left over; stay, stop; —ить *v.* leave, abandon, desert, quit; lay down; —ить за собо́й reserve; —ить у себя́ keep, retain; —ле́ние *n.* leaving, abandonment; —ленный *a.* left; —ля́ть *see* оста́вить.

остали́в/ание *n.* (met.) steeling; acieration; —а́ть *v.* steel, electroplate with iron; acierate, convert to steel.

оста́льн/ое *n.* the remainder, the rest, the balance; —о́й *a.* remaining, residual; —ы́е *pl.* the rest; в —ом as to the rest, in other respects.

остана́влив/ать *v.* stop, discontinue, close, shut down, put out of service; check, arrest; bring to a stop; switch off, turn off; restrain; stunt (growth); бы́стро о. (nucl.) scram; —а́ться *v.* stop, cease, come to rest, come to a halt; shut down; dwell (on subject); —а́ющий *a.* stopping, etc., *see v.*; —а́ющее приспособле́ние stop, arrester.

остан/ётся *fut. 3 sing. of* оста́ться; —е́ц *m.* remnant, relic; (geol.) outlier, monadnock, residual mountain, residual rock.

остано́в *m.* stop, checking device, detent, catch, lock, dog; —и́вшийся *a.* stopped, at rest; dead (engine); —и́ть *see* остана́вливать; —и́ться на *v.* decide (on); —ка *f.* stop(ping), stoppage, halt(ing), cessation, standstill; closing, shutdown; intermission, pause; station, terminal; disturbance, interruption; авари́йная —ка, бы́страя —ка (nucl.) scram, emergency shutdown; —ленный *a.* stopped, standing; —о́чный *a. of* остано́вка; check(ing), arresting.

остаре́ть *v.* age.

остатный *a.* the last, the remaining.

остат/ок *m.* residue, remainder, remnant; surplus, balance, the rest; (chem.) radical, group; (math.) remainder; —ки *pl.* scraps, leftovers, remains, fragments, remnants, refuse, waste, bottoms, residues.

остато́чн/ый *a.* residual; after—; remanent (magnetization); permanent; irreducible; unrecovered (oil); (geol.) detrital, indigenous; о. член (math.) remainder; явле́ние —ого магнети́зма remanence; magnetic after-effect; —ая теплота́ after-heat.

оста́ться *see* остава́ться.

остаю́щийся *a.* residual, remaining; permanent, lasting, durable, stable; persistent; staying, stopping.

Оства́льда зако́н Ostwald law.

осте́й *gen. pl. of* ость.

остекл/е́ние *n.* glazing; windows; vitrification; —ённый *a.* glazed, glass-enclosed; vitrified; —и́ть *v.* glaze, glass in; —о́ванный *see* остеклённый; —о́в(ыв)а́ние *see* остекле́ние; —ов(ыв)а́ть *v.* glaze; vitrify; —ов(ыв)а́ться *v.* vitrify, become vitreous, become glassy; —я́нелый *a.* vitreous, glassy; —яне́ть *see* остеклов(ыв)а́ться; —я́ть *see* остекли́ть.

остео— *prefix* osteo— (bone); —генный *a.* osteogenic, bone-forming; —идный *a.* osteoid; —лит *m.* (min.) osteolite, earthy apatite; —логия *f.* (anat.) osteology; —ма *f.* (med.) osteoma; —миелит *m.* osteomyelitis; —пороз *m.* osteoporosis; —саркома *f.* osteosarcoma; —склероз *m.* osteosclerosis.

остеотделитель *m.* (agr.) hummeller, awn separator.

остео/тропный *a.* (radiobiol.) osteotropic; —тропное вещество, —фил *m.*, —фильный изотоп bone seeker; —фильный *a.* bone-seeking.

остер *sh. m. of* острый.

остер/егание *n.* warning, admonition; —егать, —ечь *v.* warn, caution; —егаться *v.* be careful, be on guard, guard against, avoid.

остестригальный *a.* (leather) plucking.

ости *gen., etc., of* ость.

Ост-Индия East Indies.

ост-индский *a.* East Indian.

остировать *v.* standardize (to All-Union standard).

остистый *a.* (bot.) awned, bearded; aristate; spinal (anesthesia); о. отросток (anat.) spinous process.

остит *m.* (med.) osteitis.

остный *a. of* ость.

остов *m.* skeleton, frame(work), shell, hull, body, casing; (tire) carcass; core (of atom or ion).

остойчив/ость *f.* (naut.) stability; —ый *a.* stable.

остол *m.* osthole.

остолбен/елый *a.* stupefied; —ение *n.* stupor, stupefaction, daze, torpor.

остолбить *v.* stake out.

осторожн/о *adv.* carefully, with care, cautiously, gently; —ость *f.* care, (pre)caution, heed; —ый *a.* careful, cautious, delicate (adjustment); conservative (estimate).

остр *sh. m. of* острый.

острагивать *v.* plane.

остракоды *pl.* (zool.) Ostracoda.

остреастерин *m.* ostreasterol.

острее *see* остриe; *comp. of* острый.

острение *n.* pointing, sharpening.

острец *m.* (bot.) sedge (*Carex caespitosa*).

остригать *v.* shear, cut, crop.

остр/ие *n.* (cutting) edge, point; peak, cusp; pivot; разряд с —ия (elec.) point discharge.

остриженный *a.* cropped, sheared, cut.

остр/ийный *a.* point; peak; о. счетчик *see* Гейгера счетчик; —ильный *a.* point-ing; —ить *v.* point; sharpen.

острица *f.* pinworm; (bot.) Asperugo.

остричь *see* остригать.

остро *adv.* sharply; *prefix* sharp, acute.

остров *m.* island; (anat.) insula.

островерхий *a.* peaked.

остров/итянин *m.* islander; —ной *a.* island, insular; —ок *m.* islet; (safety) island.

острога *f.* spear, harpoon.

острогать *v.* plane, pare down.

острогубцы *pl.* cutting pliers, nippers.

остродефицитный *a.* very scarce.

острозаразный *a.* highly contagious.

острозубый *a.* sharp-toothed.

остроконечный *a.* sharp, acute, acicular, (fine-)pointed, tapered, tapering; (bot.) cuspidate; peaked (wave); ridged, gable (roof).

острол *m.* ostrole.

остролист/(ник) *m.* (bot.) holly (*Ilex*); —(н)ый *a.* sharp-leaved.

остро/лодочник *m.* (bot.) Oxytropis; —лучевой *a.* pencil-beam; —направленный *a.* narrow, pointed, sharp; pencil (beam); pencil-beam, high-directional (antenna); —носый *a.* sharp(-nosed), pointed, taper(ed); —пестр *m.*, —пестро *n.* milk thistle (*Silybum marianum*).

остропили(ва)ть *v.* secure (with) rafters.

остропить *v.* strop.

острота *f.* sharpness, etc., *see* острый; pungency (of taste).

остроугольн/ик *m.* (geom.) acute-angled figure; —ость *f.* acuteness; —ый *a.* acute-angled; acute (triangle).

острофокусный *a.* sharp(-focused).

остру́г(ив)ать *v.* plane, pare off.

острук турo/ренный *a.* aggregated, структурized (soil); —ивать *v.* aggregate, structurize.

острутин *m.* ostruthin.

остр/ый *a.* sharp, keen, fine, edged, pointed, acicular; (geom.; med.) acute; critical; forced (draft); strong, pungent (taste), acrid (odor); live (steam); о. конец point; —як *m.* point (of arrow); (rr.) tongue, ramp.

остудить *see* остужать.

остуднев/ание *n.* gelatinization; —ать *v.* gelatinize, gelate.

остуж/ать *v.* cool, chill; —енный *a.* cooled; —ивание *n.* cooling, chilling.

остук(ив)ать *v.* knock (loose; all around).

осты/вать, —(ну)ть *v.* cool (off); congeal; —вший *a.* cool(ed), cold; congealed.

ость *f.* (bot.) awn, beard; seta, barb; kemp, coarse hair; guard hair; (anat.) spine.

—ость *f. suffix* -ness, -ism, -ity; state.

осу/дить, —ждать *v.* criticize, blame, censure; condemn, convict; —ждение *n.* blame, censure; conviction; —жденный *a.* condemned.

осумкован/ие *n.* (biol.) encystment; capsulation; —ный *a.* encysted; capsulate(d).

осунуться *v.* become gaunt-looking.

осуш/аемый *a.* drainage (area); —ать *see* осушивать; —ающий *a.* drying, etc., *see v.*; —ение *n.* drying, desiccation; draining, drainage, reclamation (of land); —енный *a.* dried, etc., *see v.*; dry; —ивать *v.* dry, desiccate; drain, reclaim (land).
осушитель *m.*, —ное средство drier, drying agent, desiccant, siccative; —ный *a.* drying, desiccating; draining, drainage.
осуш/ить *see* осушать; —ка *see* осушение.
осуществ/имость *f.* feasibility, practicability; —имый *a.* feasible, practicable, realizable; —ить *see* осуществлять; —ление *n.* carrying out, etc., *see v.*; realization, accomplishment, achievement; —ленный *a.* carried out, etc., *see v.*; —ляемый *a.* under way; —лять *v.* carry out, realize, accomplish, bring about, achieve, attain; implement, put into effect, put into practice; complete; handle, conduct, run, perform, do; —лять управление management is the function (of); —ляться *v.* be carried out, etc.; be (in progress), be under way.
осцилл/атор *m.* oscillator; —ирование *n.* oscillation; —ограмма *f.* oscillogram; —ограф *m.* oscillograph; —ометр *m.* oscillometer; —оскоп *m.* oscilloscope; —ятор *m.* oscillator; —яторный *a.* oscillator(y), oscillating; —яционный *a.*, —яция *f.* oscillation.
осцин *m.* oscine, scopoline.
осы *gen.*, *pl. etc.*, *of* оса.
осып/аемость *f.* collapsibility; (bot.) deciduousness; —ание *n.* falling (down, off), etc., *see v.*; —анный *a.* fallen, crumbled, etc., *see v.*; —ать *v.* sprinkle, dust, strew (with); shed (leaves); heap, bank; —аться *v.* fall (down, off); crumble, collapse, slip (down); (min.) slough; shed (of leaves); shatter (of grain); —ка *see* осыпание; —ь *f.* mound, heap, bank; (geol.) talus, scree (rock) waste.
ос/ь *f.* axis; axle, shaft, spindle, pin, pivot; center line; о. вращения pivot; боковая о. (cryst.) secondary axis; имеющий общую о. coaxial; на одной —и in line (with), in alignment (with), aligned; по —и axially, endwise.
осьми— *see* восьми—.
осьминог *m.* (zool.) octopus.
осядет *fut. 3 sing. of* осесть.
осяз/аемость *f.* tangibility, tactility; —аемый *a.* tangible, tactile; —ание *n.* (sense of) touch, feel; —ательный *a.* tactile, palpable; sensitive; —ать *v.* touch, feel.
от *prep. gen.* from, off, out of, of, for; against; от . . . до (ranging) from . . . to; between . . . and; от и до from point to point; день ото дня from day to day.
от— *prefix* de—, ab—, away from.
—ота *f. suffix* —ness, —ity.
отава *f.* aftermath.
отавит *m.* (min.) otavite.
отавный *a. of* отава.
отакелажи(ва)ть *v.* rig out.
отаплив/аемый *a.* heated; fired; —ание *n.* heating; firing; —ать *v.* heat; fire.
отаптывать *v.* tread down, trample.
отара *f.* flock.
отбав/ить *v.* decrease, diminish, take away, subtract; —ка *f.*, —ление *n.* decrease, diminution, taking away, subtraction; —лять *see* отбавить.
отбалансировать *v.* balance, equilibrate.
отбей(те) *imp. of* отбить.
отбел *m.* (met.) chill, hard spots, formation of cementite; —енный *a.* whitened, etc., *see v.*; chilled (cast iron); —ивание *n.* whitening, etc., *see v.*; brightening effect (of detergent); —иватель *m.* bleach; —ивательный *a.* whitening, etc., *see v.*; —ивать *v.* whiten, bleach, blanch, decolorize; (met.) refine; chill (cast iron); —ивающий *see* отбеливательный; —ивающее вещество whitener, bleach; —ить *see* отбеливать; —ка *f.*, —очный *a.* whitening, etc., *see v.*; —ьная *f.* bleachery; —ьный *a.* bleaching; bleached; —ьщик *m.* bleacher.
отбензин/енный *a.* topped, lean (oil) stripped, dry (gas); —ивание *n.* topping, stripping; —ивать *v.* top; strip; —ивающий *a.* topping; stripping; cycling (plant); —ование *see* отбензинивание.
отберет *fut. 3 sing. of* отобрать.
отбив *see* отбивание; —аемый *a.* repelled, etc., *see v.*; с —аемым концом breakseal (tube); —ание *n.* repelling, etc., *see v.*; —ать *v.* repel, ward off, drive away; beat, fag (fiber); beat off, strike off; break away, break off; hammer out, straighten; hammer free (from); measure out; make a straight line with a cord; —ать запах deodorize; —аться *v.* repel, stop, cease; fall behind; break off, chip off; —ка *see* отбивание; —ной *a.* beating; beaten.
отбир/ание *n.* taking away, etc., *see v.*; withdrawal; —ать *v.* take away, confiscate; remove, (with)draw, run off; take (samples); select, pick, sort (out), cull; bevel (edge).
отбит/ие *see* отбивание; —ь *see* отбивать.
отбл/еск *m.* reflection, gleam; (ice) blink; —ивать *v.* reflect.
отбликовать *v.* tarnish, grow dull.
отбой *see* отбивание; stop; (hammer) cushioning; (hydr.) apron; backsweep

(of waves); ringing (of signal); all-clear signal; clearing, release; (tel.) ring-off; **о. паром** steam cushioning; **давать о.** *v.* ring off; **—ка** *f.* (min.) breaking (down, out, up), cutting; **—ник** *m.* (petrol.) baffle; **—но-вызывной** *a.* (tel.) calling; **—ный** *a.* repelling, recoil; guard; (tel.) supervisory, clearing, ring-off, release; (petrol.) baffle, deflecting (plate); (min.) breaking, cutting; **—ный молоток** pick; pneumatic drill; **—ная перегородка** baffle.
отбойщик *m.* (min.) breaker, cutter.
отбор *m.* selection, choice; withdrawal, bleed(ing); yield; recovery (of drilled core); sampling; picking, separating, sorting; (power) take-off; (isotope separation) out-going materials; **о. образцов, о. проб** sampling; **правило —а** (nucl.) selection rule; **—ка** *f.* withdrawal; molding plane; **—ник** *m.* separator, sorter; sifter; sampler; **—но-навалочная машина** (min.) cutter-loader; **—ный** *a.* choice, select, the best; picked, screened; **—очный** *a.* selecting, screening.
отбортов/ка *f.* beading, flanging, crimping; **—ывать** *v.* bead, flange, crimp.
отбоя *gen. of* **отбой.**
отбраков/ать *see* **отбраковывать; —ка** *f.* rejection; grading, sorting (out) **—щик** *m.* inspector; **—ывать** *v.* reject; grade, sort (out).
отбрасыв/аемый *a.* rejected, etc., *see v.*; expendable; **—ание** *n.* rejection, discarding, etc., *see v.*; kick; repulsion; spatter; **—ать** *v.* reject, discard, throw away, throw aside; throw (image); reflect; repel, repulse, drive back; kick; spatter; centrifuge; (comp.) delete, eliminate.
отбродить *v.* finish fermenting.
отбро/с *m.* residue, waste product, rejected material; deflection; **—сы** *pl.* waste, refuse, garbage, sweepings, scrap; (min.) tail(ing)s, dross; **—сы производства** industrial waste; **—санный** *see* **отброшенный; —сать, —сить** *see* **отбрасывать; —ска** *see* **отбрасывание; —сный, —совый** *a.* waste; **—шенный** *a.* rejected, etc. *see v.* **отбрасывать.**
отбуксировать *v.* tow.
отбурить *v.* drill through; finish drilling.
отбучи(ва)ть *v.* (text.) buck, scour.
отбы/вать, —ть *v.* depart, set off; **—тие** *n.* departure.
отвал *m.* pushing aside; dump(ing ground), (rubbish) heap; tail(ing)s, spent material; (min.) bank, terrace; furrow; moldboard (of plow); (bulldozer) blade; (naut.) departure; **—ивание** *n.* pushing aside, etc., *see v.*; **—ивать** *v.* push aside, push away; heap, bank; dump, throw aside; (naut.) depart, set off; **—иваться** *v.* fall off, come off; **—ка** *see* **отваливание.**
отвалообразов/ание *n.* piling, dumping, refuse disposal; **—атель** *m.* swing chute; spreader, stoker.
отвальный *a.* dump, waste; banking; stacking, stockpile (conveyer); **о. плуг** terracer, terracing plow, blade grader.
отвалять *v.* (text.) full; finish fulling.
отвар *m.* decoction, broth; (dye) liquor; (soup) stock; **—ивание** *n.* boiling, etc., *see v.*; **—и(ва)ть** *v.* boil, digest, cook; decoct; (text.) scour; (welding) separate; **—ка** *see* **отваривание; —ной** *a.* boiled, etc., *see v.*
отведен/ие *n.* removal, elimination, drawing off; **—ный** *a.* removed, etc., *see* **отводить.**
отвезти *see* **отвозить.**
отверг/ать, —нуть *v.* reject, refuse, repudiate; repel; **—нутый** *a.* rejected.
отверд/евание *n.* hardening, etc., *see v.*; solidification; consolidation; **—евать** *v.* harden, grow hard, congeal, set, solidify; consolidate; **—елость** *f.* hardness; hardening; **—елый** *a.* hardened; **—ение** *see* **отвердевание; —итель** *m.* hardener, curing agent; **—ить** *see* **отверждать.**
отвержд/ать *v.* consolidate, strengthen; **—ение** *see* **отвердевание;** formation of three-dimensional polymers; **—енный** *a.* consolidated, strengthened; solidified.
отверженный *a.* rejected, repudiated.
отвернут/ый *a.* unscrewed, etc., *see* **отвертывать; —ь** *see* **отвертывать.**
отверст/ие *n.* opening, aperture, hole, perforation, mesh (of screen); orifice, mouth, vent, passage, inlet, outlet, port; break, gap; eye, loop; duct; bore; span (of bridge); **сто —ий на 1 дм.** 100-mesh.
отвер/теть *v.* unscrew, loosen; twist off; **—тка** *f.* screw driver; **—тывать** *v.* unscrew, loosen; twist off; screw off; unfasten; open (valve); turn (away, off), avert; make a turn (of river, road); **—тываться** *v.* unscrew, come off; open; turn away (from), reject; **—ченный** *a.* unscrewed, etc., *see v.*
отвес *m.* plumb (line, bob); **груз —а** bob; **ставить по —у** *v.* plumb; **уклонение —а** (astr.) deflection of the vertical; **—ить** *see* **отвешивать.**
отвесн/о *adv.* sheer, plumb, perpendicular; **—ость** *f.* perpendicularity, verticality, steepness; **—ый** *a.* perpendicular, vertical, upright, plumb; steep, abrupt, sheer, precipitate; **—ый берег** bluff; **—ая доска** plumb rule.
отвести *see* **отводить.**
ответ *m.* answer, reply, response.

ответвитель *m.* coupler.
ответвительн/ый *a.* branching, distributing; branch (terminal); —ая коробка (elec.) distributing box, distributor.
ответвить *see* ответвлять.
ответвлен/ие *n.* branch(ing), parting, arm, offset, offshoot, leg; branch pipe; side drain; derivation, tap(ping), take-off; spur line; (elec.) shunt(ing); сделать о. *v.* branch off; —ный *a.* branch(ed); (elec.) shunt, derived (circuit).
ответвл/ять *v.* branch off, turn off; take off, tap; (elec.) shunt; —яться *v.* branch out, bifurcate; —яющий *a.* branching, etc., *see v.*
ответ/ить *see* отвечать; —ный *a.* reply, answering, in answer; reciprocal, return; —ная реакция response.
ответств/енность *f.* responsibility, liability; —енный *a.* responsible, liable (for), answerable (for); essential, important, critical, vital; demanding (application); — енного назначения critical (component); —овать *v.* reply, answer; be responsible (for).
ответчик *m.* (rad.) transponder; (rockets) responder beacon; (law) defendant.
отвечать *v.* answer, reply, respond; correspond (with), conform (to), comply (with), fit, (ful)fill, satisfy (requirements); be in full accord (with); о. перед be responsible to.
отвеш/енный *a.* weighed (out), etc., *see v.*; —ивание *n.* weighing (out), etc., *see v.*; —ивать *v.* weigh (out, off); plumb, make vertical.
отвивать *v.* unwind; finish spinning.
отвин/тить *see* отвинчивать; —ченный *a.* unscrewed, etc., *see v.*; —ивание *n.* unscrewing, etc., *see v.*; —чивать *v.* unscrew, screw off; turn off; undo, loosen, withdraw, extract, take out, remove (screw); take off (nut); dismantle, take down; —чиваться *v.* unscrew, work loose.
отвис/ать, —нуть *v.* hang down, sag; —лый *a.* sagging.
отвить *see* отвивать.
отвле/кать *v.* distract, divert; draw off; —каться *v.* digress; —кающий *a.* distracting, —чение *n.* distraction, diversion; digression; abstraction; discharge, removal; —ченный *a.* abstract (quantity); distracted; removed, drawn off.
отвод *m.* branch (pipe), offset; bend, elbow; tap, drain, outlet, run-off, by-pass flue; tapping, drawing off, take-off; withdrawal, extraction, removal, discharge, elimination (of heat); disposal; diversion (of river); derivation (of water); assignment, allocation, allotment, distribution; (patent) claim; edge,

border; (hort.) layering; делать о. *v.* object, take exception (to).
отвод/имый *a.* outgoing, exit; withdrawable; —итель *m.* outlet; baffle; otter (of mine sweeper); —ить *v.* remove, eliminate, draw off, drain off, run off, discharge; lead away, lead off, take (away), carry (away, off); branch, divert, take aside, deflect; swing (arm); derive (water); back away (from); reject, refuse; allocate, assign; (elec.) shunt; (hort.) layer; —ить назад run back; —ка *f.* diversion; branch; (belt) shifter; release lever; edge, border; (hort.) layering; —ник тока (elec.) brush.
отводный *a. of* отвод; deflecting (nozzle); о. канал diverter, diversion cut, spillway; о. кран drain (cock).
отвод/ок *m.* layer, cutting (of plant); разводить —ками *v.* layer.
отводящ/ий *a.* deflecting, diverting, diversion; discharge, outlet; abductor (muscle); о. канал offtake; о. трубопровод drain (pipe); —ая труба exhaust (pipe).
отвоз *m.*, —ка *f.* transportation; —ить *v.* transport, take away.
отволаживать *v.* steep, soak.
отволакивать *v.* drag away.
отвол/гнуть *v.* become damp; —ожить *v.* steep, soak.
отволочь *v.* drag away.
отворачивать *see* отвертывать, отворотить.
отвор/енный *a.* open(ed); —ить *see* отворять.
отворот *m.* flange, fold; —ы *pl.* flaps; tops (of boots); —ить *v.* turn up; turn away, turn aside, avert.
отворять *v.* open.
отвра/тительный *a.* disgusting, repulsive; —тить, —щать *v.* disgust; avert, ward off; —щение *n.* disgust, aversion, distaste, repulsion.
отв./см² *abbr.* (отверстий в сите на 1 см² openings/cm² in screen.
отвык/ать, —нуть *v.* lose the habit, be out of practice.
отвяз/ать *see* отвязывать; —ка *f.*, —ывание *n.* untying, etc., *see v.*; —ывать *v.* untie, unbind, unfasten, loosen, disengage; —ываться *v.* come loose, separate (from); get rid (of).
отгиб *m.* fold; —ание *n.* bending (aside), etc., *see v.*; deflection; diffraction; —ать *v.* bend aside, deflect; diffract; bend off, snap off; turn back, turn down, fold; unbend, straighten.
отгов/аривать, —орить *v.* dissuade; —ариваться *v.* excuse oneself; —орка *f.* pretext, pretense, excuse.
отголосок *m.* echo, response.

отгон *m.* distillate; distillation, distilling off; (agr.) drive to range; —ка *f.* driving off, elimination; distillation; evaporation; sublimation (of volatile substances); (petrol.) flashing-off, topping; —ный *a. of* отгон; range (breeding); —ять *v.* drive (off, away, out), eliminate, remove, run off; distill (off); cut off; drive back, repel.

отгораживать *see* отгородить.

отгор/ать, —еть *v.* burn off; stop burning.

отгоро/дить *v.* partition off, fence off, shut off, cut off, stop; —женный *a.* partitioned off, etc., *see v.*; —женное место enclosure.

отградуированный *a.* graduated.

отграничи(ва)ть *v.* divide, separate.

отгре/бать, —сти *v.* rake aside, rake off, rake away, scrape; row away.

отгру/жать, —зить *v.* unload; ship; —зка *f.* unloading; shipment; —зочный *a.* shipping (weight).

отгул/иваться. —яться *v.* feed on the range.

отд. *abbr.* [отдел(ение), отдельный].

отдаваемый *a.* output.

отдавать *v.* give (away), donate, lose, give up, liberate, release; deliver, yield, give off, lose; smell (of); give back, return, restore; recoil, rebound, reverberate; loosen (bolt), unfasten, slacken, unscrew, turn back; place (in job); о. назад give back, return; recoil, kick back; —ся *v.* devote oneself (to); resound, ring, echo.

отдав/ить, —ливать *v.* squeeze, crush.

отдаивать *v.* strip (cow); —ся *v.* go dry.

отдал/ение *n.* distance; removal; alienation; postponement; в —ении at a distance, distant, remote; —енность *f.* remoteness; distance; —енный *a.* distant, remote, far; alienated; postponed; indirect; самый —енный outermost (planet); —ить, —ять *v.* move off, remove; estrange, alienate; postpone; —иться, —яться *v.* move away; shun.

отда/ние *n.* giving; —нный *a.* given back, returned; given off, yielded; —ть *see* отдавать.

отдач/а *f.* delivery, output, yield; evolution, emission (of heat); extraction (of oil); loss (of electron); (mach.) performance, efficiency; release, return; recoil, kick (of gun), rebound, repercussion, spring back, springiness; deflection (of structure or machine); payment (of debt); весовая о. load ratio; коэффициент —и efficiency; (elec.) output coefficient; кривая —и efficiency curve; промышленная о. efficiency; удельная о. (elec.) specific output; частица —и (nucl.) recoil particle.

—отдающий *a. suffix* -liberating.

отдви/гать *see* отодвигать; —жной *a.* (re)movable, sliding.

отдел *m.* section, division, branch, department; class; step, stage; (geol.) formation, series.

отдел/анный *a.* finished, etc., *see* отделывать; —анная поверхность finish; —ать *see* отделывать.

отделен/ие *n.* division, branch, department, section, compartment, partition; room, chamber, shop; separation, separating out, isolation, segregation; evolution, emission; precipitation; recovery (from waste); cutting, cleaving, severance; detachment; —ный *a.* separated, etc., *see* отделять; —ный осаждением precipitated out.

отдел/ившийся *a.* separated, loosened; —имость *f.* separability; —имый *a.* separable; detachable; —итель *m.* separator, divider; eliminator; isolating switch; —ительный *a.* separating; —ить *see* отделять.

отдел/ка *f.* finishing, etc., *see v.*; finish; structure; о. начисто polishing; —очная *f.* finishing shop; —очно-расточный *a.* fine-boring; —очный *a. of* отделка; —ывать *v.* finish (off), dress, trim, clean; planish; decorate; work up, fashion; set (gem); align, adjust; —ывать под finish in; —ываться *v.* be finished, etc.; finish (with), get rid (of).

отдельно *adv.* separately, apart, singly; о. стоящий independent, separate, detached.

отдельност/ь *f.* individuality; (geol.) cleavage, parting, rift, jointing; structure; (structural) unit; в —и separately; по —и singly.

отдел/ьный *a.* separate, discrete, individual; detached, independent isolated; single; partial, divided; specific (case); —яемое *n.* discharge, secretion; —яемый *a.* separable, etc., *see v.*; escape (module); ejection (capsule); —ять *v.* separate (out), extract, recover; single out, isolate, segregate; divide, part; partition; sever, cut off, detach, disengage; drive off, eliminate, liberate, free, release; pick, sort (ore); —яться *v.* separate (out); break away.

отдергив/ание *n.* drawing back; —ать *v.* draw back, withdraw, jerk back.

отдерет *fut. 3 sing. of* отодрать.

отдернуть *see* отдергивать.

отдир/ание *n.* tearing off, etc., *see v.*; —ать *v.* tear off, rip off, peel off, skin.

отд. л. *abbr.* (отдельный лист) separate sheet.

отдоить *see* отдаивать.

отдохнуть *see* отдыхать.

отдраи(ва)ть *v.* (naut.) open.

отдубина *f.* tan waste, spent tanbark.
отдув/ать *v.* blow (off); —ка *f.* blowing.
отдулина *f.* bulge, bulging.
отду/ть *see* отдувать; —х *m.*, —шина *f.*, —шник *m.* air hole, (air) vent, air drain (in mold), ventilator.
отдых *m.* rest, repose, recreation, relaxation; —ать *v.* rest.
отек *m.* (med.) edema, dropsy; (paints) sag; *past m. sing. of* отечь; о. легких (med.) emphysema; —ать *v.* swell, inflate; flow off, run; —лый, —ший *a.* swollen.
отел *m.* calving; —иться *v.* calve.
отель *m.*, —ный *a.* hotel.
отенит *see* отунит.
отен/ить, —ять *v.* shade.
отепл/ение *n.* warming, etc., *see v.*; heat insulation; —ительный *a.* warming, etc., *see v.*; —ить, —ять *v.* warm, heat, defrost.
отереть *see* обтирать.
отес(ыв)ать *v.* rough-work; dress, trim.
оте/ц *m.* father; —ческий *a.* paternal.
отечеств/енный *a.* native, home; domestic (industry); —о *n.* fatherland, native country.
отеч/ность *f.* intumescence; —ный *a.* (med.) edematous; —ная болезнь edema; —ь *see* отекать.
отжари(ва)ть *v.* finish roasting, finish frying.
отжат/ие *see* отжим; —ый *a.* squeezed (out), etc., *see* отжимать; —ь *see* отжимать; finish harvesting.
отжечь *see* отжигать.
отжив/ать *v.* become obsolete; —ающий *a.* obsolescent; —ший *a.* obsolete.
отжиг *m.*, —ание *n.*, —ательный *a.* annealing; —ать *v.* anneal; burn off, roast.
отжим *m.*, —ание *n.* squeezing (out), etc., *see v.*; —ать *v.* squeeze (out), press out, force out; wring out; centrifuge; detach, pry off; —аться *v.* be squeezed (out), etc.; become detached, get loose; —ка *see* отжим; centrifuge; wringer; —ки *pl.* residue, scrap; —ный *a.* squeezing (out), etc., *see v.*; centrifugal; drying (press); —ная машина centrifuge; wringer.
отжить *see* отживать.
отзв/анивать, —енеть, —онить *v.* ring (off).
отзву/к *m.* repercussion, echo; —чать *v.* echo, resound; stop (of sound); —чивать *v.* subject to ultrasonic vibration.
отзейгерованный *a.* (met.) liquated, melted out; liquation (lead).
отзимовать *v.* (spend the) winter.
отзовет *fut.* 3 *sing. of* отозвать.
отзол *m.* (leather) liming; lime solution; —ить *v.* lime; —ка *f.*, —ьный *a.* liming.
отзыв *m.* testimonial, reference; review; response; comment; recall; report, echo; —ать *v.* call away, summon back, recall; revoke, countermand; smell, taste (of); —аться respond; echo; —ающийся *a.* resonant; —чивость *f.* response, effect; responsiveness (of instrument); —чивый *a.* responsive, sympathetic.
отиатр *m.* (med.) ear specialist; —ический *a.* otiatric; —ия *f.* otiatrics.
ОТИЗ *abbr.* (отдел технической информации и изобретательства) division of technical information and invention.
отирать *see* обтирать.
отит *m.* otitis, inflammation of ear.
—отический *a. suffix* —otic.
отказ *m.* refusal, denial, rejection; non-operation, breakdown, failure; (pile driving) resistance; о. в работе (mach.) breakdown; без —а (mach.) normally, smoothly; до —а to the limit, as far as possible; to capacity, full; (mach.) home, tight, all the way in; полный до —а heaping full; —(ыв)ать *v.* refuse, deny, reject; break down, fail; —(ыв)аться *v.* refuse; give up, renounce; drop; —(ыв)аться действовать *v.* fail, break down, get out of order; —(ыв)аться от discard, discontinue, drop, rid oneself (of), abandon, give up; be discarded, etc.
откалыв/ание *n.* breaking off, etc., *see v.*; —ать *v.* break off, split off, cleave, cut off, chop off; detach, separate, exfoliate; unfasten, unpin; —аться *v.* split off, chip, spall, splinter; come apart.
откапыв/ание *n.* exhumation; —ать *v.* exhume, dig up, disinter, unearth.
откармлив/ание *n.* fattening; nutrition; —ать *v.* fatten, feed up.
откат *see* откатывание; (art.) recoil; —ать *v.* roll back, roll away; —ить *see* откатывать; —ка *see* откатывание; (min.) haulage; —но-подъемный *a.* rolling-lift (bridge); —ный *a.* rolling, roller; pull-back, retractable, draw (bridge); drag (reel); —ывание *n.* rolling away, etc., *see v.*; —ывать *v.* roll away, aside or off; wheel off; (min.) haul; —ываться *v.* roll away; roll back (of waves); (art.) recoil; —ывающийся *a.* rolling away, etc., *see v.*; sledge (carriage).
откач/анный *a.* pumped out, etc., *see* откачивать; —ать *see* откачивать.
откаченный *past pass. part. of* откатить.
откач/ивание *n.* pumping out, evacuation, etc., *see v.*; withdrawal; —ивать *v.* pump out, evacuate, exhaust, withdraw,

draw away; purge, scavenge; resuscitate; —**ивающий** *a.* pumping out, etc., *see v.*; discharge (pump); —**ка** *see* **откачивание**.

откачнуть *v.* swing away.

откашивать *v.* mow; finish mowing.

откашливать *v.* cough up, expectorate.

отква́ска *f.* steep, drench.

откид/анный *a.* thrown back, thrown aside; —**ать** *see* **откидывать**; —**ка** *f.* (blade) rake; —**ной** *a.* folding(-back), hinged, flap, drop (valve); collapsible; reversible; tipping, dumping; swing, swivel(ing); slip (hook); deflecting (nozzle).

отки́/дывать, —**нуть** *v.* throw off, aside or away; throw back, fold back, open, lift (lid); disregard; drain; tilt.

откип/а́ть, —**е́ть** *v.* boil off; stop boiling.

откисл/енный *a.* deacidified, neutralized; —**ить** *v.* deacidify, neutralize.

откладыв/ание *n.* putting off, etc., *see v.*; postponement; —**ать** *v.* put off, postpone, defer, delay, shelve (a project, etc.); adjourn, call off; put aside, set aside, put away, reserve, put by, lay up; settle, deposit, precipitate; plot (curve), lay off.

откле/енный *a.* unglued, etc., *see v.*; —**ивание** *n.* ungluing, etc., *see v.*; —**и(ва)ть** *v.* unglue, degum, take off, remove; —**и(ва)ться** *v.* come off; —**йка** *see* **отклеивание**.

отклик *m.* response; —**аться**, —**нуться** *v.* respond; comment.

отклонен/ие *n.* deviation, departure, discrepancy, error; digression, aberration, variation, diversion, anomaly; deflection, declination (of needle); diffraction (of rays); throw (of point); tilt, bias; **о. от круглой формы** out-of-roundness; **о. шага** difference in pitch; **вертикального** —**ия** Y-axis (amplifier); **предел** —**ия** play; **сила** —**ия** deflecting force; —**ный** *a.* deflected, etc., *see* **отклонять**; divergent.

отклон/итель *m.* deflector; (petrol.) whipstock; —**ить**, —**ять** *v.* deflect, decline, turn aside, divert, deviate; alter, send off (course); avert; derive; —**иться**, —**яться** *v.* be deflected, etc.; deflect, decline, divert, deviate, digress, aberrate, vary, diverge; swerve, go off (course); slant, tilt; —**яться от круглой формы** be out of round; —**яющий** *a.* deflecting, etc., *see v.*; beam-deflection (tube); —**яющие отображения** (math.) perturbation mappings; —**яющийся** *a.* deflecting, etc., *see v.*; divergent, aberrant.

отключ/аемый *a.* detachable; —**ать** *v.* detach, disconnect, disengage; unplug, switch off, cut off, turn off, turn out; isolate; throw off (switch); —**ающий** *a.* detaching, etc., *see v.*; cut-off; —**ение** *n.* detaching, etc., *see v.*; detachment, disengagement; —**енный** *a.* detached, etc., *see v.*; —**ить** *see* **отключать**.

отков/анный *a.* forged; —**(ыв)ать** *v.* forge; finish forging; knock off.

откол *m.* splitting off, break(ing)-away.

откол/ачивать, —**отить** *v.* knock off.

отколот/ый *a.* split off; unpinned, unfastened; —**ь** *see* **откалывать**.

отколоченный *a.* knocked off.

откольный *a. of* **откол**; (seismic surveying) split-off, break-away.

отконопа/тить, —**чивать** *v.* caulk; uncaulk.

откоп/ать *see* **откапывать**; —**ка** *f.* digging out, exhumation.

откорм *m.*, —**ка** *f.* fattening; —**ить** *v.* fatten (up), feed; —**ленный** *a.* fattened, well-fed; —**очный** *a.* fattening, feeding.

откорректированный *a.* corrected.

откос *m.* slant, slope, declivity, inclination, dip, incline; (met.) bank (of furnace); (window) jamb; prop; **с** —**ом** sloped; **угол естественного** —**а** angle of rest, angle of respose.

откос/ник *m.* (road) backsloper; —**ный** *a.* sloping, inclined; —**опланировщик** *m.* slope grader.

откраивать *v.* cut by pattern.

откреп/ительный *a.* unfastening; —**ить**, —**лять** *v.* unfasten, detach; untie, loosen.

откровенн/ость *f.* frankness; —**ый** *a.* frank, outspoken.

откроет *fut. 3 sing. of* **открыть**.

откроить *see* **откраивать**.

откру/тить, —**чивать** *v.* unscrew, take off (nut); twist off, untwist (rope); turn off (flow); open (valve); —**ченный** *a.* unscrewed, etc., *see v.*

открыв/аемый *a.* detectable; —**ание** *n.* opening, etc., *see v.*; —**атель** *m.* opener; discoverer; —**ать** *v.* open (up), force open, push open; uncover, reveal, disclose, detect; turn on (valve); clear (path); offer (a challenge); unlock; —**аться** *v.* open (up).

открытие *n.* opening; disclosure, detection; discovery, invention, development; commissioning, inauguration (of operation); **важное о.** breakthrough.

открытка *f.* post card.

открыто *adv.* openly, publicly.

открыт/ый *a.* open, exposed; open-top (trailer); (min.) open-pit, open-cut; straightforward, frank; **о. разрез** open-cut mine; **о. способ** open-cut mining; —**ое письмо** post card; —**ые работы**

открыть open-cut mining; на —ом воздухе in the open, outdoors; open-air (method).

открыть see открывать.

откуда adv. from where, from which, whence, how; о.-либо, о.-нибудь from somewhere or other; о. следует whence it follows, it therefore follows; о.-то from somewhere.

откует fut. 3 sing. of отковать.

откупор/енный a. uncorked, etc., see v.; —и(ва)ть v. uncork, unstop, uncap, unseal, open; —ка f. uncorking, etc., see v.

откус/ить, —ывать v. bite off, cut off.

отлавливать v. catch, trap.

отлаг/ательство n. delay, procrastination; —ать v. delay, put off; set aside; (geol.) deposit; —аться v. separate, settle out, precipitate, deposit.

отла/дить see отлаживать; —дка f. fixing, etc., see v.; (program) check-out; —женный a. fixed, etc., see v.; —живать v. fix, adjust, tune up; debug.

отлакировать v. lacquer, varnish.

отламывать v. break off, chip off.

отлеж/(ив)аться v. rest; lie around; —ка f. resting; wetting off, softening; —ь f. sediment, deposit.

отлеп/ить, —лять v. take off, unglue, mold, fashion.

отлет m. flying away, take-off; —ать, —еть v. fly away, fly off, take off, depart; —ный a. departing (plane); migrating (birds).

отлив m. reflux, return flow, discharge; pouring off; bailing out, pumping out; (met.) casting; play (of colors); (arch.) drip mold; ebb, low tide; о. цветов iridescence, opalescence; прилив и о. ebb and flow; с —ом iridescent, opalescent, chatoyant; shot (with a color); —аемость f. flowability; —ание see отливка.

отливать v. found, cast; decant, pour (off); pump out; (ocean.) ebb; be shot (with a color); о. всеми цветами радуги iridesce, be iridescent.

отливка f. founding, casting; cast (material), ingot; pouring off, decanting; о. в песке sand casting; о. в почве casting in the open; бронзовая о. cast bronze; bronze casting; чугунная о. cast iron.

отливн/ой a. founded, cast; founding, casting; decanting; discharge (jet, gate); delivery (pipe); (ocean.) ebb-tide; —ая печь founding furnace; —ая рама casting box; —ое течение ebb.

отлив/ный a. (ocean.) ebb; —ок m. cast(ing); —очный a. of отливки.

отлип m. (paints) tack(iness); —ание n. ungluing, etc., see v.; зазор —ания

residual gap (of relay); —ать, —нуть v. unglue, come off, become detached, peel off.

отлит/ый a. cast, founded; poured off, decanted; —ое отверстие core hole; в —ом виде as cast; —ь see отливать.

отлич/ать v. distinguish, discriminate, differentiate, discern; —аться v. differ, be distinguished (by), be characterized (by); surpass, outdo, excel; feature, be noted (for); —енный a. distinguished (from); —ие n. difference, distinction; contrast; nature, variety; в —ие от in contrast to, by contrast, unlike, as opposed to, as distinguished from.

отличительн/ый a. distinctive, distinguishing, identification, characteristic, peculiar, special; о. знак distinctive mark, distinction; о. признак (distinguishing) feature, characteristic; —ая черта characteristic.

отлич/ить see отличать; —ник m. outstanding worker, outstanding student; рабочий —ник outstanding worker; —но adv. excellent(ly), very well; it is fine; —ный a. excellent, very good, first-rate, superior, exceptional; different, distinct (from); unlike; о. от других unique, distinctive, peculiar.

отлов/ить v. catch, trap; —ленный a. caught, trapped.

отлог m. inclination, slope; —ий a. sloping, shelving, gentle (climb); flat, low-angle (trajectory); —о adv. at a slope; —о спускаться v. slope, slant, shelve; —ость f. slope, sloping, declivity.

отлож/ение n. precipitation, precipitate, sediment; formation; accretion (of ice); (geol.) deposit(ion), sedimentation, blanket, incrustation; laying aside, postponing; —енный a. precipitated, etc., see v.; —ившийся a. precipitated, deposited, settled; —ить v. precipitate; (geol.) deposit; lay aside, set aside; postpone, put off; open, unlock; unharness.

отлом/ать, —ить see отламывать; —ка f., —очный a. cracking, breaking off; —очное железо (glass) cutter.

отлуп m. (forestry) cup shake, ring shake; —ить(ся), —лять(ся) v. peel off.

отлуч/аться, —иться v. absent oneself, be absent; —ка f. absence.

отмаз(ыв)ать v. finish greasing; unlute.

отмани(ва)ть v. lure away.

отмарывание n. (dyeing) mark off.

отматывать v. unwind; rewind.

отмах/(ив)ать, —нуть v. fan away, wave away; swing away; cover (distance); dispatch, hurry through; (naut.) signal.

отмачив/ание n. soaking, etc., see v.; —ать v. soak (off), steep, ret.

отмашка f. (naut.) signal(ing).
отмежев/ание n. marking off, etc., see v.;
 —анный a. marked off, etc., see v.;
 —ать see отмежевывать; —ка, —ы-
 вание see отмежевание; —ывать v.
 mark off, draw a boundary, fix boundaries; measure off, survey; —ываться v.
 dissociate, isolate oneself; be separate.
отмель f. bank, shoal (water), shallow,
 shelf; (river mouth) bar.
отмен/а f. abolition, etc., see v.; repeal;
 —енный a. abolished, etc., see v.;
 —ить v. abolish, cancel, annul; repeal,
 revoke, rescind, reverse, countermand.
отменный a. superior, excellent.
отменять see отменить.
отмереть see отмирать
отмерз/ать, —нуть v. freeze off; thaw;
 —лый a. frozen (off); thawed out.
отмер/ивание n. measuring off; —ивать,
 —ить, —ять v. measure off, mark off.
отмерший a. atrophied; extinct.
отме/сти, —тать v. sweep away.
отмет/ина f. mark(ing), notch, nick; —ить
 see отмечать; —ка f. mark(er); notch;
 (reference) mark, check point, control
 point; (leveling) elevation, vertical control point; (zero) datum; (hydr.) elevation, level; sign, indication; index, criterion; label; marking; —чик m. marker,
 indicator; —чик времени timer.
отмеч/ать v. record, register, note, mark
 (down); take (readings); label; plot;
 list, quote; point out, indicate, mention, observe; emphasize, stress; —а-
 ющий a. recording, etc., see v.; —ающий
 автоматически self-recording; —енный
 a. recorded, etc., see v.
отминать v. knead, work.
отмир/ание n. dying off, necrosis, atrophy;
 disappearance (of species); —ать v.
 die off; disappear; —ающий a. mori-
 bund; rudimentary.
отмобилизовать v. (mil.) mobilize.
отмоет fut. 3 sing. of отмыть.
отмок/ать, —нуть v. soak off; get damp;
 —ший a. wet; soaked off.
отмол/ачивать, —отить v. (agr.) thresh;
 finish threshing.
отмолоть v. grind, mill; finish milling.
отмор/аживание n. freezing, frostbite;
 —аживать v. freeze (off), be frostbitten; —ожение see отмораживание;
 —оженный a. frozen, frostbitten; —о-
 зить see отмораживать.
отмостка f. blind area.
отмотать see отматывать.
отмоч/енный a. soaked (off); —ить v.
 soak (off); —ка f. soaking; —ный a.
 soaking; soaked.
отму/тить see отмучивать; —тка see
 отмучивание; —ченный a. elutriated,
 etc., see v.; —чивание n. elutriation,
 etc., see v.; —чивать v. elutriate, clarify,
 wash; decant; (min.) buddle.
отмыв/ание n., —ка f. washing off; (top.)
 layer-tint system; —ать v. wash off,
 wash out.
отмык/ание n. unlocking, opening; —ать
 v. unlock, open.
отмылив/ание n. rinsing; —ать v. rinse,
 free from soap, cleanse from soap.
отмыт/ый a. washed, washed off, washed
 out; —ь see отмывать.
отмычка f. skeleton key, master key.
отмяк/ать v. soften, grow soft; —лость f.
 softening; —лый, —ший a. soft(ened);
 —нуть see отмякать.
отмять see отминать.
ОТН abbr. (отделение технических наук)
 Division of Technical Sciences.
отн. ед. abbr. (относительная единица)
 relative unit.
отнес/ение n. taking away; referral; —енный a. taken away, carried away; referred; —ти see относить.
отникелировать v. nickel-plate.
отнимать v. take away, confiscate; rob (of),
 remove, eliminate; consume (time); cut
 off, amputate; —ся v. be taken away;
 be paralyzed, lose the use (of).
отнога f. (bot.) aerial root.
относ m. delivery; taking away; carrying
 away; referral; deviation.
относ. abbr. (относительный).
относимость f. reference; relationship.
относительн/о adv. comparatively, relatively; prep. gen. relative to, regarding,
 with regard to, concerning, with reference to, in relation to, with respect to,
 as to, about, from; —ость f. relativity,
 relation; теория —ости theory of relativity; —ый a. relative, comparative;
 percentage (error); specific (volume);
 —ая система отсчет system of relative
 coordinates, system of moving axes;
 —ое отверстие aperture ratio, f-number
 (of lens).
относ/ить v. take, move, carry (away);
 deliver; postpone; refer; deviate; о. к
 class(ify) with, group with; place in
 (category); attribute to; direct; —иться
 (к) v. concern, be concerned (with),
 pertain, belong (to), fall (in); refer,
 relate (to), apply (to), be true, hold true
 (for); date back (to); treat, behave, act
 (toward); к ним —ятся among these
 are; —ка see относ; —ящийся (к) a.
 concerning, etc., see v.; relative to,
 regarding, as regards; —ящийся к ним
 associated; не —ящийся unrelated.
отношен/ие n. relation(ship), connection;
 (math.) ratio, proportion; attitude, bearing, behavior; reference; rate; о. массы

к площади mass-area ratio; в —ии in regard (to), as regards, as (to), in respect (to), in reference (to); in the ratio; в других —иях in other respects, otherwise; во всех —иях in every respect, in every way; во многих —иях in many respects; весовое о. ratio by weight; закон кратных —ий law of multiple proportions; закон постоянства весовых —ий law of constant proportions; иметь о. v. pertain (to), concern, apply, affect; have a bearing (on), have to do (with), be related (to); не имеющий —ия unrelated, not pertinent, beside the point; обратное о. inverse ratio; по —ию as regards, concerning, with reference (to), relative (to), with respect (to), to, about.

отныне *adv.* henceforth, henceforward.

отнюдь *adv.* by no means, not at all о. не far from, not nearly so . . . as.

отнят/ие *n.* taking away, removal, elimination; о. серы desulfurization; —ый *a.* taken away, removed, eliminated; —ь *see* отнимать.

ото *see* от.

ото— *see* от—; *prefix* oto— (ear).

отобит *m.* otobite (from otoba wax).

отобра/жать *v.* reflect, mirror, represent; map; depict; transform; —жающий *a.* reflecting, etc., *see v.*; transformation (function); —жение *n.* reflection, etc., *see v.*; mapping; display; устройство —жения display unit; —женный *a.* reflected, etc., *see v.*; reflex (angle); —зить *see* отображать.

отобрать *see* отбирать.

отобьет *fut. 3 sing. of* отбить.

отовари(ва)ть *v.* supply with merchandise.

отовсюду *adv.* from everywhere.

отогн/анный *a.* driven off; distilled; —ать *see* отгонять.

отогнут/ый *a.* bent (back, aside, up, down); recurved; straightened out; о. назад replicate(d), retrorse; —ь *see* отгибать.

отогре/вание *n.* warming; —(ва)ть *v.* warm, take the chill off.

отодви/гание *n.* removing, etc., *see v.*; removal; —гать, —нуть *v.* remove, move away, move aside, set aside; postpone; relegate (to background); —гаться, —нуться *v.* draw aside.

отодрать *see* отдирать.

отожгут *fut. 3 pl. of* отжечь.

отож(д)еств/ить, —лять *v.* identify; —ление *n.* identification.

отожженный *a.* annealed.

отож/мет *fut. 3 sing. of* отжать, squeeze out; —нет *fut. 3 sing. of* отжать, finish harvesting.

отозв/ание *n.* recall(ing); —ать *v.* recall; —аться *v.* respond; react.

отойти *see* отходить.

отолит *m.* (zool.) otolith, ear stone; —ический, —овый *a.* otolithic.

отология *f.* (med.) otology.

отольет *fut. 3 sing. of* отлить.

отомкнут/ый *a.* unlocked, open; —ь *see* отмыкать.

отомстить *v.* revenge; avenge.

отоп/ительный *a.* heat(ing); —ить *see* отапливать; —ленец *m.* heat specialist.

отоплен/ие *n.* heating; warming; firing; водяное о. hot-water heating (system); воздушное о. hot-air heating; паровое о. steam heat; с нефтяным —ием oil (furnace); —ный *a.* heated; warmed; fired.

отопревать *v.* become damp or soft after thawing out; come off from heat or damp.

отопрет *fut. 3 sing. of* отпереть.

отопреть *see* отопревать.

отоптать *see* отаптывать.

оторачивать *v.* edge, border, trim.

оторв/анность *f.* separation; —анный *a.* torn off, severed, separated; distracted; —ать(ся) *see* отрывать(ся).

отороч/ить *see* оторачивать; —ка *f.* edge, edging, border; (geol.) margin, fringe.

оторфование *n.* peat formation.

ото/склероз *m.* (med.) otosclerosis; —скопия *f.* otoscopy.

отослать *see* отсылать.

ототкнуть *v.* unstopper, open.

ототрет *fut. 3 sing. of* оттереть.

отошедший *past act. part. of* отойти.

отошьет *fut. 3 sing. of* отшить.

отощ/авший, —алый *a.* lean, emaciated; —ать *v.* grow lean, become emaciated; —ающий *a.* leaning; inert (component) —ение *n.* leaning; (cer.) grog addition; —енный *a.* leaned; lean (coal).

отпад *m.* falling off; forest debris; —ание *n.* falling off, etc., *see v.*; drop; disconnection; —ать *v.* fall off, drop off; drop out (of organization); trip, be disconnected; become superfluous; —ающий *a.* falling off, etc., *see v.*; (bot.) deciduous; —ение *see* отпадание.

отпа/ивание *n.* unsoldering; sealing off; liquid intake; —ивать *v.* unsolder; seal off; feed (a liquid); —иваться *v.* come off; —йка *f.* unsoldering.

отпал/ка *f.*, —очный *a.* firing, blasting.

отпар/ивание *n.* steaming; —и(ва)ть *v.* steam; —ный *a.* steaming; —ная колонна (petrol.) stripper, stripping tower.

отпарывать *v.* rip, rip off, rip out.

отпасть *see* отпадать.

отпахать *v.* plow; finish plowing.

отпая/нный *a.* unsoldered; sealed off; —ть see отпаивать.

отпенсационный *a.* compensating.

отпечат/ание see отпечатывание; —анный *a.* printed, etc., see *v.*; —ать see отпечатывать; —ок *m.* print; impression, imprint, stamp, seal; indentation, dent; цветной о. color print; —ывание *n.* printing; imprint, impression; —ывать *v.* print; type; imprint, impress, stamp; —ываться *v.* leave an impression (on).

отпил/ивание *n.*, —ка *f.* sawing off; —и(ва)ть *v.* saw off, cut off, trim.

отпир/ание *n.* unlocking, etc., see *v.*; —ать *v.* unlock, open, unfasten, unbolt; unblock; (rad.) trigger; —ающий *a.* unlocking, etc., see *v.*; trigger, gate-opening.

отпих/ивать, —нуть *v.* push off.

отпла/та *f.* repayment, return; в —ту in return; —тить, —чивать *v.* repay; recompense, reward, reciprocate.

отплес/кивать, —нуть *v.* splash back, splash out, spatter.

отпле/сти, —тать *v.* untwist, undo; finish braiding; —стись, —таться *v.* come undone.

отплы/(ва)ть *v.* swim away, float away; (naut.) depart; —тие *n.* departure.

отполаскивать *v.* rinse (out).

отполиров(ыв)ать *v.* polish off.

отполоскать *v.* rinse out; finish rinsing.

отпор *m.* repulse, resistance; rebuff; —ный *a.* dog (hook).

отпороть see отпарывать.

отпот/евание *n.* sweat(ing), dew, condensate; —е(ва)ть *v.* sweat, perspire; —елый *a.* covered with sweat or condensate.

отпочков(ыв)аться *v.* (biol.) gemmate.

отправ/итель *m.* sender, transmitter; shipper, dispatcher, consignor; originator, initiator; —ительный *a.* transmitting, transmission; —ить see отправлять; —ка see отправление; —ление *n.* sending, etc., see *v.*; transmission; shipment, consignment; departure, start; performance; function(ing); точка —ления starting point; source; —ленный *a.* sent, etc., see *v.*; —ляемый *a.* sent, etc., transmittable; transmitted (wave); —лять *v.* send, transmit, forward, dispatch; ship, consign (goods); perform (duties); —ляться *v.* set off, set forth, depart, proceed, start; —ляющийся *a.* setting forth, etc., see *v.*; —очный *a.* shipping.

отпрепарировать *v.* prepare.

отпрессов/анный *a.* pressed, squeezed (out); —ать *v.* press, squeeze (out).

отпречь see отпрягать.

отпрыг/ивать, —нуть *v.* jump aside; rebound, recoil, spring back.

отпрыск *m.* spur, branch; (bot.) shoot, sprout, sucker; descendant.

отпр/ягать *v.* unharness, unhitch; —яжка *f.* unharnessing, unhitching.

отпрянуть *v.* rebound, recoil, spring back.

отпрячь see отпрягать.

отпугивающее средство repellent.

отпуск/ *m.* leave (of absence), vacation, furlough; issue, distribution; (met.) tempering; о. в масле oil tempering; высокий о. high-temperature tempering; низкий о. low-temperature tempering; —кание *n.* letting go, etc., see *v.*; release; (comp.) drop-out; —кать *v.* let go, dismiss, release, give leave; slacken, unfasten, loosen, ease, slack off, back off; release (brake); unscrew; supply; (met.) temper; —кной *a.* dismissive, releasing, release (spring); tempering; temper (brittleness).

отпут(ыв)ать *v.* disentangle, untie.

отпущенный *a.* dismissed, released; slackened, loosened; (met.) tempered.

отраб/атывать *v.* finish one's work, finish off; work off (debt); —отавший, —отанный *a.* worked out, used up, exhausted, depleted, spent (solution); waste, stripped, exhaust (gas); developed; —отать see отрабатывать; —отка *f.* working off; finishing off.

отрав/а *f.* poison, toxin; —ить *v.* poison; —ление *n.* poisoning, toxic effect; contamination; —ленный *a.* poisoned; contaminated; —лять *v.* poison; —ляющий *a.* toxic; contaminating; —ляющее вещество toxin; contaminant; (nucl.) denaturant; (war) gas.

отрадный *a.* comforting, gratifying.

отраж/аемость *f.* reflectivity; —атель *m.* reflector; mirror; repeller; ejector; deflector; extractor (of gun).

отражательн/ый *a.* reflecting, reflection, reflective, reflector; reverberatory (furnace); deflecting, baffle; о. козырек, о. лист, о. щиток, —ая заслонка, —ая плита deflector, deflecting plate, baffle (plate); —ая способность reflecting power, reflectivity; (nucl.) albedo; reflectance.

отраж/ать *v.* reflect, mirror, reverberate; indicate; rebound; repel, repulse, ward off; refute (charge); take into account, make allowance (for); echo (sound); —аться *v.* reflect, reverberate; rebound, impinge; echo; affect, have an effect (on); —ающий *a.* reflecting, reverberatory; deflecting.

отражен/ие *n.* reflection, reverberation; (mirror) image; repercussion, rebound, impingement; repulsion; echoing (of sound); **коэффициент —ия** reflection coefficient; return loss (of current); **метод —ия** backscatter method (for determining ash content); **—ный** *a.* reflected, etc., *see* **отражать**; **—ный звук** echo; **—ное рассеяние** backscattering.

отразить *see* **отражать**.

отрапортов(ыв)ать *v.* report.

отрасл/евой *a. of* **отрасль**; special(ized), subject (catalog, etc.); sectional; **—ь** *f.* branch, field, area, division, segment; (bot.) sprout.

отра/стание *n.* growing (out, up); maturing; **—стать**, **—сти** *v.* grow (out, up), sprout; mature; **—стить**, **—щивать** *v.* let grow; raise; **—щивание** *n.* growth; growing, cultivation.

отрегулиров/ание *n.* adjustment; **—анный** *a.* adjusted, set; **—ать** *v.* adjust, set, regulate.

отредактировать *v.* edit.

отрез *m.* cut; piece, length; cutting (off); (plow) colter, cutter; **—ание** *see* **отрезывание**; **—анный** *a.* cut (off), severed; **—ать** *see* **отрезывать**; **—ка** *see* **отрезывание**; section; *gen. of* **отрезок**; **—ной** *a.* cut-off, cutting, slicing; shearing (die); **—ок** *m.* piece, length, stretch, distance; section; fragment, remnant; (geom.) segment; leg (of flight); **—ки** *pl.* fragments, remnants; scrap; **—очный** *a.* shear; cutting-off; **—ывание** *n.* cutting (off), severance; **—ывать** *v.* cut (off), sever, clip; divide off.

отрекаться *v.* deny, repudiate.

отрекомендов(ыв)ать *v.* introduce; recommend.

отремонтиров/анный *a.* repaired, etc., *see* *v.*; **—ать** *v.* repair, fix, overhaul.

отреп/ать *see* **обтрепать**; **—ки** *pl.* hemp or flax residue.

отречься *see* **отрекаться**.

отриц/ание *n.* negation, denial; negative; **—ательно** *adv.* negatively; adversely; **—ательный** *a.* negative (charge, etc.), minus; adverse, bad, unfavorable, detrimental (effect); **—ательная сторона** disadvantage, drawback; **—ательная температура** temperature below 0° C.; **—ательное ускорение** deceleration; **—ать** *v.* negate, deny, contradict.

отрог *m.* spur, branch, offshoot; (meteor.) ridge.

отрод/у *adv.* never (in one's life); **—ье** *n.* offspring; spawn; variety.

отроек *m.* new swarm (of bees).

отроет *fut. 3 sing. of* **отрыть**.

отроить(ся) *v.* form a new swarm (of bees).

отросток *m.* sprout, sprig, (off)shoot; branch, side arm; outlet, tap; prolongation, extension, projection; (plant) cutting; (biol.) appendage, process; (med.) appendix; (geol.) apophysis.

отруб *m.* (saw) cut; butt, end (of tree); **—ать** *v.* chop off, cut off, chisel off; clip.

отруб/евидный *a.* pityroid, furfuraceous, bran-like; **—и** *pl.* bran; siftings.

отрубить *see* **отрубать**.

отрубной *a.* cutting; chipping.

отруб/ный, **—яной** *a. of* **отруби**.

отрули(ва)ть *v.* (av.) taxi; backtrack.

отрыв *m.* break(-off), break(ing)-away, separation, detachment, removal; termination; escape; ejection (of electron); (av.) take-off, lift-off; distraction (of attention); **зажигание на о.** make-and-break ignition; **скорость —а** escape velocity; **—ание** *see* **отрыв**; **—ать** *v.* break (off, away), tear (off, away), separate, detach; distract; dig up, unearth, disinter, excavate, trench; **—аться** *v.* break (away, off), tear away, come off, separate, lose contact (with); leave, escape; (av.) lift off, become airborne; **—ающий** *a.* breaking, etc., *see v.*; **—ающая сила** pull.

отрывист/ость *f.* abruptness, etc., *see a.*; **—ый** *a.* abrupt, sudden, jerky.

отрыв/ка *f.* digging up, trenching; *gen. of* **отрывок**; **—ной** *a. of* **отрыв**; (elec.) contact-breaking; stalled (flow-around); tear-off (notebook); **—ок** *m.* fragment, piece; excerpt, extract, passage; **—очность** *f.* fragmentary nature, spottiness; **—очный** *a.* fragmentary; interrupted; spotty (information).

отры/гание *n.* regurgitation; **—г(ив)ать**, **—гнуть** *v.* regurgitate; belch; **—жка** *f.* belching, eructation.

отрыть *v.* dig up, excavate.

отря/д *m.* (biol.) order; brigade; team; unit, detachment; **—дить** *see* **отряжать**; **—дный** *a. of* **отряд**; **—жать** *v.* detach, appoint, order.

отря/сать, **—сти**, **—хивать**, **—хнуть** *v.* shake off.

отса/дить *see* **отсаживать**; **—дка** *f.* transplanting; jigging; **—док** *m.* transplanted plant; layer, cutting (of plant); **—дочный** *a.* jig(ging); **—дочный чан** buddle; **—дочная машина** jigging machine, jig(ger); **—живание** *see* **отсадка**; **—живать** *v.* (min.) jig; (agr.) transplant; (hort.) layer.

отсаливать *v.* salt out.

отсасыв/ание *n.* drawing off, suction; **—атель** *m.* suction pump; **—ать** *v.* suck off, draw off, exhaust; filter by suction; press dry; **—ающий** *a.* suction; outgoing, outlet; exhaust (fan, hood).

отсве/т *m.* reflection, sheen; **—чивание** *n.*

brilliancy, glare; reflection; —чивать v. reflect; shine, gleam.

отсев m. sifting, screening; siftings, screenings, residue; —ание n. sifting; —ать v. sift, screen; eliminate, drop out; —ки pl. siftings; —ной a. sifted.

отседать v. settle, precipitate.

отсеивать see **отсевать**.

отсек m. compartment, cubicle, cell, chamber, bay, section; —ание see **отсечение**; —атель m. cutter, splitter; cut-off; cut plate, harrow (of reclaimer); —ательный a. intercepting, etc., see v.; cut-off (valve); —ать v. intercept, cut off, chop off, detach; split off, cleave; shut off, close; —ающий see **отсекательный**; о.-убежище m. escape compartment; о.-хранилище m. storage bay.

отсепарировать v. separate.

отсеч/ение n. interception, cutting off, etc., see **отсекать**; —енный a. intercepted, etc., see **отсекать**; —ка see **отсечение**; cut-off; время —ки intercept time; —ный a. cut-off, shut-off (valve); —ь see **отсекать**.

отсеять see **отсевать**.

отсигналить v. signal.

отсиненный a. blued.

отсифон/и(ро)вание n. siphoning off; —и(ро)вать v. siphon off.

отскаблив/ание n. scraping off; —ать v. scrape off.

отскакив/ание n. recoiling, etc., see v.; recoil, kick, rebound, spring back, jump back; break-away; **упругое о.** resilience; —ать v. recoil, rebound, kick, spring back, jump back, bounce; jump off, slip off; break away, peel off, come off.

отскоблить see **отскабливать**.

отск/ок see **отскакивание**; —очить see **отскакивать**.

отскре/бать, —сти v. scrape off, scrub off; —бки pl. scrapings.

отсл/аивание n. exfoliation, scaling, etc., see v.; flake, scale; peel; —аивать v. exfoliate, scale, flake; peel, strip; separate; deposit in layers; —аиваться v. exfoliate, scale (off), flake (off); peel (off); separate; settle in layers; —оение see **отслаивание**; —оенный a. exfoliated, etc., see v.; —оить(ся) see **отслаивать(ся)**; —ойка see **отслаивание**; removal; detachment (of retina).

отслужи(ва)ть v. serve (one's or its) time; become obsolete.

отснять v. film, photograph.

отсоедин/ение n. disconnecting, etc., see v.; —енный a. disconnected, etc., see v.; —ить, —ять v. disconnect, detach; trip; switch off, turn off; isolate; interrupt.

отсортиров/ание n. sorting (out), etc., see v.; —анный a. sorted (out), etc., see v.; —ать see **отсортировывать**; —ка see **отсортирование**; —ывать v. sort (out), pick; reject.

отсос see **отсасывание**; —анный a. drawn off, sucked off, filtered by suction; —ать see **отсасывать**; —ный a. suction.

отсохнуть see **отсыхать**.

отсроч/енный a. postponed, etc., see v.; —и(ва)ть v. postpone, put off, delay, defer; —ка f. postponement, delay, deferment, adjournment; respite.

отстав/ание n. lag(ging), creep; delay, retardation; loosening, peeling, exfoliation; о. по фазе, о. фаз phase lag; зона —ания (rolling) zone of creep; промежуток —ания time lag; —ать v. lag (behind), fall behind, not keep pace (with), be outstripped (by); creep; be slow (of clock); be backward; loosen, come off, peel, exfoliate, break away; —ать по срокам slip; не —ать от keep pace with.

отстав/ить v. set aside, remove; dismiss, discharge; —ка f., —ление n. setting aside, removal; dismissal; —лять see **отставить**.

отстаив/ание n. settling, clarification, etc., see v.; sedimentation; standing; —ать v. settle, clarify; deposit, precipitate; thicken; let stand; fight (for), defend; assert (one's rights); —аться v. settle, precipitate; thicken, stand; —ающийся a. settling, etc., see v.

отстал/ость f. backwardness; —ый a. backward, retarded; underdeveloped; out of date, outdated.

отстать see **отставать**.

отстающий a. lagging, slow; late.

отстег/ивать, —нуть v. unfasten, unhook, unbutton.

отстир(ыв)ать v. wash out, launder out.

отстование see **отставание**.

отстой m. sediment, dregs, bottoms, residue, sludge, deposit; period of settling; —ник m. settler, settling tank; sedimentation tank; precipitation tank; thickener; sump; mud drum; (sugar) clarifier; —ный a. settling, sedimentation (tank); decanting (flask); о. бак, о. бассейн, о. резервуар, о. чан see **отстойник**.

отсто/ять see **отстаивать**; be (apart), be spaced, be separate; stay to the end; —ящий a. distant, remote.

отстрагивать v. plane (off).

отстраивать v. build up.

отстран/ение n. putting aside; removal, elimination, discharge, dismissal; —ить, —ять v. put aside, push aside, set aside; discharge, dismiss.

отстрел *m.* (art.) test(ing); fire, firing; (fuse) calibration; —и(ва)ть *v.* shoot off, fire; —ять *v.* shoot; use up (ammunition).
отстри/гать, —чь *v.* clip, shear.
отстрогать *v.* plane; finish planing.
отстро/ить *see* отстраивать; —йка *f.* building up; (rad.) tuning (out).
отструг(ив)ать *see* отстрогать.
отстуки(ва)ть *v.* tap out; type.
отступ *m.* indentation; —ание *see* отступление; —ательный *a.* retreating; —ать *v.* fall back, give way, withdraw, recede, retreat; digress, depart; —ающий *a.* receding; retrograde; divergent; —ить *see* отступать; —ление *n.* falling back, withdrawal, recession, retreat, regression, retrogression; departure, deviation, variation, divergence; —ный *a.* receding, retreating; —я *adv.* at a distance.
отступать *see* отступикать.
отсутств/ие *n.* absence, freedom (from); deficiency, lack (of); быть в —ии, —овать *v.* be absent, be nonexistent; be free (from, of), be lacking; —ующий *a.* absent, nonexistent, not found.
отсчет *m.,* —ный *a.* reading; reference; count(ing off); metering; о. на нуль, о. от нуля zero reading; о. по прибору instrument reading; о. показаний reading; основная система —a system of absolute coordinates, system of fixed axes; ось —a reference axis; относительная система —a system of relative coordinates, system of moving axes; прямого —а, с непосредственным —ом direct-reading; система —a frame of reference; reading system; точка —a reference point.
отсчит/анный *a.* read (off), etc., *see v.;* —ать, —ывать *v.* read (off), take a reading; count off, reckon; —ывание *n.* reading, etc., *see v.*
отсыл/ать *v.* send off, dispatch, post, mail, forward; refer (to); remit (money); —ка *f.,* —очный *a.* sending off, etc., *see v.;* reference.
отсып/ание *n.,* —ка *f.* pouring off; —ать *v.* pour off, discharge (part of).
отсыр/евать *v.* become damp, become moist; —елый *a.* damp(ened); —ение *n.* damp(en)ing; —еть *see* отсыревать.
отсыхать *v.* dry up, wither; dry off.
отсюда *adv.* from here, hence; as a result, owing to this; о. следует from this it follows, it therefore follows, this suggests.
оттаив/ание *n.* thawing (out), defrosting; —ать *v.* thaw (out), defrost.
отталкив/ание *n.* repulsion; сила —ания, —ательная сила repulsive force; —ать *v.* repel, push away, drive back, resist;

—ающий *a.* repelling, repellent, repulsive.
оттаптывать *v.* trample (down).
оттарт(ыв)ать *v.* bail (out), bail down.
оттаск/а *f.,* —ивание *n.* dragging away; —(ив)ать *v.* drag away, pull aside.
оттачив/ание *n.* sharpening, etc., *see v.;* —ать *v.* sharpen, whet, grind; point.
оттащить *see* оттаскивать.
отта/янный *a.* thawed out, defrosted; —ять *see* оттаивать.
оттвейлерские слои (geol.) Ottweilian series.
оттек *see* отток; —ание *n.* backflow, draining; —ать *v.* flow back, run back, drain.
оттен/ить *see* оттенять; —ок *m.* shade, shading, hue, tinge, tint, tone; с —ком tinged with; —ять *v.* shade, tint, tinge; shadow; set off; —яться *v.* be shaded; stand out.
оттепель *f.* thaw; стоит о. it is thawing; —ный *a.* thaw(ing).
оттеребить *v.* finish plucking (fiber).
оттереть *see* оттирать.
оттесать *see* оттесывать.
оттесн/ить, —ять *v.* force back.
оттесывать *v.* chop off, lop off.
оттечь *see* оттекать.
оттир/ать *v.* rub (away, down, off, out), abrade; remove (stain); wipe away; —ка *f.* rubbing (away), etc., *see v.;* attrition.
оттис/к *m.* impression, imprint; indentation, dent; print, copy; printing; —кивать, —нуть *v.* press back, push aside; impress, (leave an) imprint; print.
оттитровать *v.* titrate back, back-titrate.
Отто цикл Otto cycle (of engine).
оттого *adv.* therefore, therefrom.
отток *m.* outflow, efflux; flow-off, run-off; backflow, drain; (lava) withdrawal.
оттолк/ать, —нуть *see* отталкивать.
оттопить *v.* stop heating.
оттоптать *see* оттаптывать.
оттопыр/енный *a.* protruding, bulging; bristling; —и(ва)ть(ся) *v.* protrude, bulge, stick out; bristle (up).
оттор/гать, —гнуть *v.* tear away, separate, detach; split; —женец *m.* detached mass; —жение *n.* tearing away, separation, detachment; splitting.
оттормаживать *v.* release the brake.
отточ/енный *a.* sharp(ened), pointed; —ие *n.* (typ.) row of dots, leader; —ить *see* оттачивать; —ка *f.* sharpening, pointing.
оттрелит *m.* (min.) ottrelite, chloritoid.
оттреп(ыв)ать *v.* scutch, beat (fiber).
оттря/сать, —сти, —хивать, —хнуть *v.* shake out (dust).
оттуда *adv.* from there, thence.

оттушев/ка *f.* shading; —(ыв)ать *v.* shade.
оттыкать *v.* unstopper, open.
оттягать *v.* gain by lawsuit.
оттягив/ание *n.* drawing off, etc., *see v.*; —ать *v.* draw off, divert; draw out, stretch; pull back, pull away; clarify (liquid); delay, prolong, extend, procrastinate; span; —ать молотом hammer out; —ающий *a.* drawing off, etc., *see v.*; release (spring).
оття/жка *f.* drawing out, stretching; delay, procrastination; span, guy (line), guy rope, guy wire; tension member, stay, strut, brace; о. из проволок guy wire; —жной *a.* drawing out; set, adjusting (screw); guy (rope); —нутый *a.* drawn off, etc., *see* оттягивать; —нуть *see* оттягивать.
отумани(ва)ть *v.* fog (up), cloud; confuse.
отунит *m.* (min.) autunite.
отуп/евший, —елый *a.* dull, torpid, apathetic; —ение *n.* torpor, apathy; —еть *v.* become apathetic; —ить, —лять *v.* make apathetic.
отуч/(ив)ать *v.* break (habit); —иться *v.* lose (habit); finish learning.
отушевывать *v.* shade off.
отфильтров/ание *n.* filtration; —анный *a.* filtered (off, out); —(ыв)ать *v.* filter (off, out).
отфлан/жированный, —цованный *a.* flanged.
отформов(ыв)ать *v.* model, mold, shape.
отфрезеров(ыв)ать *v.* mill.
отхарк/(ив)ать, —нуть *v.* expectorate; —ивающее средство expectorant.
отхват/ить, —ывать *v.* take off, cut off, snip off; acquire.
отхлынуть *v.* rush back.
отход *m.* setting off, departure, start; withdrawal, removal; drop-out; waste; —ы *pl.* waste (products), refuse, rejects; (metal) scrap; by-product; (min.) tailings, tails; siftings, screenings; bottoms.
отходить *v.* go off, leave, depart, withdraw; fall back; disappear (of stain); come loose, break away; branch out; attend, be (on job); return to normal; nurse to health.
отходни/к *m.* seasonal migratory worker; —чество *n.* seasonal work.
отхо/дный *a.* of отход; —дящий *a.* outgoing, exit, waste, exhaust (gas); off; —ждение *n.* departure, digression, deviation; —жий *a.* seasonal (work); —жее место latrine.
отхромировать *v.* chrome-plate.
отца *gen. of* отец.
отцве/сти, —тать *v.* finish blooming.
отце/дить, —живать *v.* filter, strain (off); —живаться *v.* filter, pass through.

отцентр(ир)овать *v.* center.
отцеп/ить *see* отцеплять; —ка *f.*, —ление *n.* uncoupling, etc., *see v.*; —ляемый *a.* uncoupled, etc., *see v.*; detachable; —лять *v.* uncouple, unhook, unhitch, detach, release, disengage; —ной *a.* detachable; —щик *m.* uncoupler.
отцовс/кий *a.* paternal; —тво *n.* parentage.
отчаиваться *v.* despair, lose courage.
отчал *m.*, —ивание *n.* (naut.) casting off; —и(ва)ть *v.* cast off, push off.
отчасти *adv.* partly, in part, partially, to some extent, to a degree.
отчаян/ие *n.* despair; —ный *a.* desperate.
отчего *adv.* why, for what reason; о.-либо, о.-нибудь, о.-то for some reason.
отчекани(ва)ть *v.* stamp (out).
отчеренковать *v.* (hort.) plant cuttings.
отчерк/ивать, —нуть *v.* mark off.
отчерп/нуть, —(ыв)ать *v.* bail out.
отчер/тить, —чивать *v.* sketch, outline.
отчет *m.* account, report, record, minutes; —ы *pl.* proceedings.
отчетлив/ость *f.* distinctness; precision; —ый *a.* clear, distinct, sharp.
отчетн/ость *f.* accounts, accounting, bookkeeping; —ый *a.* account; report; current, accountable; fiscal (year); under review, under consideration.
отчисл/ение *n.* deduction; assignment, allotment, allocation; dismissal; —енный *a.* deducted, etc., *see v.*; —ить, —ять *v.* deduct; assign, allot, allocate; dismiss.
отчистить *see* отчищать.
отчит(ыв)ать *v.* finish reading; rebuke; —ся *v.* report.
отчищ/ать *v.* clean off, scour; free (from), purify; —енный *a.* cleaned, etc., *see v.*
отчлен/ение *m.* separation, detachment, dismemberment; —ить, —ять *v.* separate, detach, dismember.
отчужд/ать, —ить *v.* alienate; confiscate, dispossess; —ение *n.* alienation; полоса —ения right of way; —енный *a.* alienated, etc., *see v.*
отшаги(ва)ть *v.* pace off; step back.
отшвыр/енный *a.* thrown away, rejected; —ивать, —нуть *v.* throw away, fling away; reject.
отшиб/ать, —ить *v.* strike off, knock off.
отши/(ва)ть *v.* rip off; finish sewing; panel; box off; —тый *a.* ripped off, etc., *see v.*
отшлаков/ывание *n.* slag removal; —(ыв)ать *v.* tap off slag, clear from slag or dross.
отшлифов/анный *a.* ground, polished; —(ыв)ать *v.* grind, polish up.
отшнуров/ание *n.* pinch, constriction; contraction, shrinkage; —анный *a.* pinched; —ать *v.* pinch, constrict.

отштампов(ыв)ать *v.* stamp out.
отштукатур/енный *a.* plastered; —и(ва)ть *v.* plaster.
отщелк/ивать *v.* click off; —нуть *v.* click open.
отщем/ить, —лять *v.* pinch (off).
отщеп *m.* flake; —ать *see* отщеплять; —енец *m.* (biol.) deviate; —енство *n.* deviation; —ить *see* отщеплять; —ление *n.* splitting off, separation, etc., *see v.;* cleavage; detachment, —ленный *a.* split off, etc., *see v.;* —лять *v.* split off, chip off, spall; separate, detach; —ляться *v.* split (off, out), come off.
отщип/нуть, —(ыв)ать *v.* pinch off.
отъ— *see* от— (used before е, ю, я).
отъедин/ение *n.* disconnecting, switching off; —енный *a.* disconnected; —ять *v.* disconnect, switch off.
отъез/д *m.* departure, leaving, setting off; —жать *v.* drive off, depart, leave, set off; —жающий *a.* departing.
отъем *m.* removal, take-off; tripper (of conveyer); о. мощности power take-off, p.t.o.; —ка *f.* detachment; taking away; confiscation; —лет *fut. 3 sing. of* отымать; —ный *a.* removable, detachable.
отъехать *see* отъезжать.
—отый *a. suffix* —ed, —(е)n.
отымать *see* отнять.
отыск/ание *n.* searching, etc., *see v.;* detection, etc., *see. v.;* discovery; о. повреждений troubleshooting; —ать *see* отыскивать; —ивание *see* отыскание; —ивать *v.* search (for), look (for), seek; detect, locate, determine, find, discover; —иваться *v.* come up, appear.
отэкзаменовать *v.* examine; finish examining.
отэнит *m.* (min.) autunite.
отяг/отить, —ощать, —чать, —чить *v.* weigh down, burden, aggravate.
отяжел/евший *a.* heavy; —ение *n.* growing heavy; (text.) weighting; —еть *v.* become heavy, grow heavy; —ить, —ять *v.* (text.) weight.
Оуена процесс Owen (flotation) process.
о.у.р. *abbr.* (относительная удельная радиоактивность) relative specific radioactivity.
ОФБО *abbr.* (оксифенилбензоксазол) hydroxyphenylbenzoxazole.
офелиевая кислота ophelic acid.
офи—, —д— *prefix* ophi(d)—, ophio— (snake, serpent); —кальцит *m.* (petr.) ophicalcite; —о— *see* офи—; —оксилин *m.* ophioxylin; —олит *m.* (petr.) ophiolite; —олитовый *a.* ophiolitic; —отоксин *m.* ophiotoxin.
офит *m.* (petr.) ophite; —овый *a.* ophitic, biabasic, lath-shaped.

офитрон *m.* (electron.) ophitron.
офиуры *pl.* (zool.) Ophiuroidea.
офицер *m.* officer.
официальный *a.* official, formal.
официоз *m.* semiofficial publication or organ; —ный *a.* semiofficial.
офлюсование *n.* fluxing.
оформ/итель *m.* (book) designer; —ить *see* оформлять; —ление *n.* shaping, etc., *see v.;* appearance, design (of book); makeup, get-up; official registration; —ленный *a.* shaped, etc., *see v.;* —лять *v.* shape; design, make up, get up; mount; register officially, make official, legalize; put in order; draw up (a document); put on the staff; —ляться *v.* shape up; —ляющий *a.* shaping, etc., *see v.*
офорт *m.* etching; aqua fortis, nitric acid.
офсет *m.*, —ный *a.* (typ.) offset.
офтальм/ический *a.* ophthalmic; —ия *f.* (med.) ophthalmia; —о— *prefix* ophthalmo— (eyes); —ология *f.* ophthalmology; —оскоп *m.* ophthalmoscope.
оффицинальн/ый *a.* officinal, medicinal; —ые травы medicinal herbs.
оффретит *m.* (min.) offretite.
охапка *f.* bunch, bundle, armful.
охарактеризовать *v.* characterize, determine.
охва/т *m.* reach, range, coverage, compass, scope, girth; envelopment; overlapping; conformance (of flooded area); угол —та included angle; —тить *see* охватывать; —тываемый *a.* embraced, etc., *see v.;* male (contact); —тывание *see* охват; —тывать *v.* embrace, envelop, encompass, cover; seize; bracket; —тывающий *a.* embracing, etc., *see v.;* female (contact); —ченный *a.* embraced, etc., *see v.*
охвостье *n.* tailings, tails; (agr.) chaff.
охлад/евать, —еть *v.* become cool; become indifferent (to).
охладитель *m.* cooler, refrigerator; конденсер; coolant, cooling agent, refrigerant; (met.) quenching medium; обратный о. reflux condenser; —ный *a.* cooling; freezing (mixture); —ная коробка (met.) chill box, chill mold, cooler.
охла/дить *see* охлаждать; —ждаемый *a.* cooled; —ждаемый водой water-cooled; —ждать *v.* cool, chill, reduce the temperature (of), refrigerate; condense (steam); —ждаться *v.* cool (off).
охлаждающ/ий *a.* cooling, etc., *see* охлаждать; freezing (mixture); refrigerant; о. прибор cooler, refrigerator; о. цилиндр condenser; —ая жидкость coolant; —ее вещество cooling agent, coolant, refrigerant; (met.) quenching

охлаждение compound; —ее пространство condensation chamber.

охлажден/ие *n.* cooling, chilling, refrigeration; condensation; глубокое о. subzero treatment (of steel); искусственное о. air conditioning; поверхность —ия cooling surface; condensing surface; пространство —ия cooling jacket; condensation chamber; с водяным —ием water-cooled; с воздушным —ием air-cooled; система —ия cooling system.

охлажденный *a.* cooled, etc., *see* охлаждать.

охлоп/ок *m.* tow, stuffing, combing(s); —ки *pl.*, —ье *n.* waste.

ОХН *abbr.* (отделение химических наук) Division of Chemical Sciences.

охолостить *v.* castrate.

охот/а *f.* desire, will, inclination; hunt; (zool.) rut, heat; о. у него отпала he no longer wanted (to); отбивать —у *v.* discourage; —иться *v.* hunt; —ник *m.* hunter; volunteer; (submarine) chaser; —ничий *a.* hunter's; —ничье-промысловый *a.* game (animal); —но *adv.* willingly.

охра *f.* ocher (mineral pigment); бурая о. (min.) brown (iron) ocher; желтая о. yellow ocher; красная о. red (iron) ocher; черная о. black ocher, wad.

охран/а *f.* guard, escort, custody; conservation, preservation; protection; о. труда industrial hygiene; —ение *n.* guarding, keeping; security; (mil.) outpost; —итель *m.* guard; preserver; —ительный *a.* protective, guard; preservative; safety (device); —ить *see* охранять; —ник *m.*, —ный *a.* guard; —ять *v.* guard, keep watch (over); preserve; protect; cover (with a patent).

охренный *see* охристый.

охрип/лость *f.* hoarseness; —лый *a.* hoarse; —нуть *v.* get hoarse.

охр/истый, —овый *a.* ocherous, ocher-colored; —ить *v.* paint with ocher.

охрометь *v.* grow lame.

охроподобный *a.* ochroid, ocherous, ocher-colored.

охрупчив/ание *n.* (met.) embrittlement; —аться *v.* embrittle.

охряный *see* охристый.

оцарап/нуть, —(ыв)ать *v.* scratch.

оцеживать *v.* strain, filter.

оцеллярный *a.* (petr.) ocellar.

оцелот *m.* (zool.) ocelot.

оцен/енный *a.* appraised, etc., *see v.*; —и(ва)ть *v.* appraise, evaluate, assess, estimate, judge, gage, grade, rate, price; define, determine; value, appreciate; —ка *f.* appraising, evaluation, etc., *see v.*; appraisal, estimate, assessment; analysis, study; rating, rate; value; —очный *a. of* оценка;. appraised; —щик *m.* appraiser, estimator; —ять *see* оценивать.

оцепен/елость *f.*, —ение *n.* numbness, torpor; —елый *a.* numb, torpid; —еть *v.* grow numb, become torpid.

оцеп/ить, —лять *v.* surround, encompass; —ление *n.* surrounding, encompassing.

оцимен *m.* ocimene, 2,6-dimethyl-1,5,7-octatriene.

оцинков/ание *n.* zincing, zinc-plating, zinc-coating, galvanization; —анный *a.* zinc-plated, zinc-coated, galvanized (iron); —ать *see* оцинковывать; —ка *f.*, —очный *a. see* оцинкование; —щик *m.* galvanizer; —ывание *see* оцинкование; —ывать *v.* zinc(-plate), coat with zinc, galvanize.

ОЦК *abbr.* (объемноцентрированная кубическая решетка) body-centered cubic lattice, bcc.

оч. *abbr.* (очень) very; **ОЧ**, о.ч. *abbr.* (октановое число) octane number.

оча/г *m.*, —говый *a.*, —жный *a.* focus, seat, center, location; source, origin; zone (of deformation); (magma) chamber; hearth, refining furnace.

очанка *f.* (bot.) eyebright (*Euphrasia*).

очаровательный *a.* charming.

очевид/ец *m.* eyewitness; —но *adv.* apparently, evidently, obviously; it is obvious; —ность *f.* evidence, obviousness; reality, tangibility; —ный *a.* evident, obvious, apparent, clear.

очекан/ивание *n.* calking; chiseling; —и(ва)ть *v.* calk; chisel (around).

очень *adv.* very, greatly, highly, much.

очервиветь *v.* become wormy.

очеред/ной *a.* in turn, next, immediate, successive; routine; (bot.) alternate; —ность *f.* sequence; —ь *f.* turn, course; line, queue; phase (of work); (art.) salvo, burst; в первую —ь first (of all), primarily; в свою —ь, по —и in turn.

очерет *m.*, —ный, —овый, —яный *a.* reed.

очерк *m.* outline, sketch, essay; synopsis, abridgment; tabulation; —ивать, —нуть *v.* outline.

очерствелый *a.* hard, stale (bread).

очер/тание *n.* outline, contour, configuration, form, profile, shape, cut-out; —тить, —чивать *v.* trace, outline, draw a line, describe, define.

очес *m.* combings, waste; noil (of hair or fiber); (peat) dust; —ать *see* очесывать; —ка *f.* combing; —ки *pl.* combings, waste; (silk) floss; —ывание *n.* combing; —ывать *v.* comb; deseed (flax, etc.).

очехловка *f.* jacketing, canning.

очечн/ик *m.* eyeglass case; —ый *a. of* очки.

очини(ва)ть v. sharpen (pencil).
очиститель m. purifier, clean(s)er, (gas) scrubber; separator; rectifier; (nucl.) decontaminator, scavenger.
очистительн/ый a. purifying, etc., see очистить; о. аппарат purifier; rectifier; о. бак (sugar) clarifier, clearing pan; о. завод, —ая установка refinery; —ое средство purifying agent, purifier; clean(s)er, detergent; decontaminant; (pharm.) purgative.
очист/ить v. purify, refine; clean(se); clarify; clear (away, of, off, up); free, get rid of, remove; scrape off, trim; rectify; scrub (gas); (nucl.) decontaminate, scavenge; (met.) scour, pickle; (sand-)blast; (concentration) separate; —ка f. purifying, purification, etc., see v.; refinement; removal, de—; cleaning unit; о. от накипи scale removal, descaling; мокрая —ка (gas) scrubbing; показатель —ки decontamination index; —ки pl. siftings, screenings, waste; peelings; —ная f. cleaning room; —ный see очистительный; (min.) working, breakage (face); —ные работы (min.) extraction of minerals.
очиток m. (bot.) stonecrop (Sedum).
очищ/ать see очистить; —ающий see очистительный; sweeping (electrode); —ение see очистка; —енный a. purified, etc., see очистить; net (rate).
очки pl. glasses, spectacles; eyepiece; (protective) goggles.
очко n. eye(let), eyepiece; ear; aperture, (tap) hole, peephole; cavity, pocket; (typ.) face (of letter).
очковать see прививать.
очков/ый a. of очки, очко; (petr.) augen; —ая змея (zool.) cobra; —ая печь (met.) spectacle furnace.
очной see очный.
очнуться v. regain consciousness.
очн/ый a. ocular, eye; о. цвет (bot.) pimpernel (Anagallis); —ая трава (bot.) eyebright (Euphrasia officinalis).
—очный a. suffix —ent, —ing, —ive.
ОЧТ abbr. (октановое число топлива) octane number of fuel.
очувствление n. sensitization.
очутиться v. appear, find oneself.
ошва f. (naut.) sheathing.

ошвартовать v. lash, moor.
ошев m. (glass) calcar, fritting furnace.
ошейник m. collar; (mech.) bush.
ошелом/ить, —лять v. stupefy, stun.
ошелудиветь v. grow scabby, get mangy.
ошиб/аться, —иться v. make a mistake, err; —ка f. mistake, error, inaccuracy, blunder, oversight, fault; —ка в расчете miscalculation; —ка по дальности range error; —ка при отсчете reading error; —ка счета miscount; выявлять —ки v. debug; по —ке, —очно adv. by mistake, erroneously; —очность f. fallibility; inaccuracy; —очный a. mistaken, wrong, erroneous, in error, inaccurate, incorrect, faulty.
ошинов/ка f., —ывание n. putting on a tire, etc., see v.; (elec.) leads; busbars; —ывать v. put on a tire; (elec.) equip with busbars.
оширенный a. broadened, extended.
ошлаков/ание n. (met.) slagging, formation of slag, scorification, clinkering; —анный a. scorified; —атель m. scorifier; —(ыв)ать v. slag, form slag, scorify, clinker; —(ыв)аться v. slag, form slag or clinker.
ошламование n. slime formation.
ошметок m. lump.
ошпар/енный a. scalded; —ивание n. scalding; —и(ва)ть v. scald.
оштрафов(ыв)ать v. fine.
оштукатур/енный a. plastered; —ивание n. plastering; —ить v. plaster.
още лачив/ание n. alkalization, alkalizing; —ать v. alkalize.
ощип(ыв)ать v. pinch out, pluck.
ощуп/(ыв)ание n. feeling, etc., see v.; —(ыв)ать v. feel, touch, probe, sound; (med.) palpate; —ывающее средство feeler, probe; —ь f. feel, touch; на —ь, —ью adv. to the touch, by touch, by feel.
ощу/тимо adv. perceptibly, etc., see a.; —тимость see ощутительность; —тимый see ощутительный; —тительность f. perceptibility, tangibility; palpability; —тительный a. perceptible, tangible, palpable; appreciable, material; —тить, —щать v. feel, perceive, be(come) aware (of); —щение n. feel(ing), perception, sensation; —щенный a. felt, perceived.

П

п abbr. (пико—) pico— (10^{-12}); (пуаз) poise; (пьеза) pieze.
ПАБК abbr. (парааминобензойная кислота) p-aminobenzoic acid, PABA.
ПАВ abbr. (поверхностно-активное вещество) surface-active substance.
пава f. (orn.) peahen.

павиан m. (zool.) baboon.
павил/ион, —ьон m. pavilion.
павинол m. a leather substitute.
павлин m. peacock; -ий, —ный, —овый a. peacock, pavonine; —ий глаз peacock butterfly (Vanessa); —ово-голубой a. peacock blue; —оглазки pl. (ent.)

Saturniidae; —ья руда (min.) peacock ore, bornite.
павловния *f.* (bot.) Paulownia.
павлодарский *a.* (geog.) Pavlodar.
павод/коведение *n.* study of floods; —ковый *a.*, —ок *m.*, —очный *a.*, —ье *n.* flood (water), flood tide, high water, freshet.
павший *a.* fallen, etc. *see* падать; (mil.) killed.
ПАГ *abbr.* (парааминогиппуровая кислота) p-aminohippuric acid.
пагинация *f.* (typ.) pagination, page numbering.
пагод/ит *m.* (min.) pagodite, agalmatolite; —овый *a.* pagoda.
паголенок *m.* leg (of stocking).
пагубный *a.* pernicious, noxious, destructive, fatal.
пада/лица *f.* windfall, fallen fruit, fallen seed; —ль *f.* carrion; —нец *m.* fallen fruit; —ние *see* падение.
пад/ать *v.* fall, drop, decrease, diminish, decline; (geol.) dip; strike, impinge (on), be incident (on); п. на be due to, be made up, be comprised, be accounted for; —ающий *a.* falling, etc., *see v.*; incident (rays, etc.); incoming (particle); shooting (star); drop, trip (hammer).
падевый мед honeydew.
падеж *m.*, —ный *a.* (vet.) epizootic (disease), murrain.
паден/ие *n.* fall(ing), drop(ping), decrease, diminution, reduction, lowering, depression; incidence (of rays); (geol.) dip(ping); gradient (of curve), slant, slope, descent, incline, inclination, grade; precipitation; collapse; (river) profile; (bal.) impact; высота —ия drop height; сброс по —ию (geol.) dip fault; угол —ия angle of incidence; (geol.) angle of dip.
падзол *m.* tannery waste (fertilizer).
падин/а *f.*, —ный *a.* deep, narrow valley.
падкий *a.* inclined, having a weakness (for), susceptible (to).
падуб *m.* (bot.) holly (*Ilex*).
пад/учая *f.*, п. болезнь (med.) epilepsy; —учий *a.* falling; —ший *a.* fallen; —ь *f.* honeydew (from aphids); (geol.) ravine, creek valley.
паев *gen. pl.*; —ой *a. of* пай.
паек *m.* allowance, ration.
паженый *a.* grooved.
пажитник *m.* (bot.) Trigonella.
пажит/ный *a.*, —ь *f.* pasture.
ПАЗ *abbr.* (противоатомная защита) antinuclear defense.
паз *m.* groove, mortise, slot, rabbet, channel(ing), flute; recess, notch; (welding) gap; (longitudinal) seam (in ship); —ить *see* пазовать; —ник *m.*

grooving plane, groover; (bot.) cat's-ear (*Hypochaeris*); —ный *a.* grooved, slotted; —овать *v.* groove, mortise; join by tenon and mortise; —овик *m.* notching tool; boaster, drove chisel (for masonry); —овочный *a.* grooving, mortising.
пазо/вый *a. of* паз; grooving, slotting; slotted; п. нож grooving tool, slotting tool; —вая фреза slot mill; —резный, —фрезерный *a.* slot-milling; —штамповочный пресс notching machine.
пазу/ха *f.* bosom; pocket, recess; spandrel (of arch); (anat.) sinus, antrum; (bot.) axil; —шный *a.* axillary.
паивать *v.* water (livestock).
па/й *m.* part, portion; share, interest; (chem.) equivalent (weight), combining weight; вес —я weight equivalent.
пайза *f.* (bot.) Japanese millet (*Echinochloa frumentacea*)
пайк/а *f.* solder(ing); seal; *gen. of* паек; п.-сварка *f.* braze-welding; —овый *a. of* паек.
пайлер *m.* (rolling) piler.
пайн *m.* pine (lumber).
пайол *m.* bilge boards, bottom ceiling.
пайрекс-трубки *see* пирекс-трубки.
пайсбергит *m.* (min.) paisbergite.
пайтин *m.* paytine.
пайщик *m.* shareholder; solderer.
пак *m.* pack; pack ice.
пакгауз *m.* warehouse, storehouse.
пакеляж *see* пакляж.
пакер *m.* (oil-well drilling) packer.
пакет *m.* packet, package, parcel, pack, bale; (met.) fagot, pile; (lumber) stack; (elec.) lamination; kit; (mach.) block; (registered) letter; прокатка —ами (met.) pack rolling; —бот *m.* packet boat; —ик *dim. of* пакет.
пакетиров/ание *see* пакетировка; —анный *a.* packed, etc., *see v.*; —ать *v.* pack, bale; (met.) fagot, pile; (elec.) stack (laminations); —ка *f.*, —очный *a.* packing, etc., *see v.*
пакет/ный *a. of* пакет; pack (rolling); stack (cutting); fagot(ed) (iron); packet-type, rotary (switch); —ная связка fagot, pile; -пресс *m.* baling press.
пакистанский *a.* (geog.) Pakistan.
паклун *m.* (bot.) germander (*Teucrium*).
пакля *f.* tow, oakum, fiber packing.
пакляж *m.* stone base (of pavement).
пакляный *a.* tow, oakum.
паков/ание *see* пакетирование; —ать *see* пакетировать; —ка, —очный *see* пакетировка, пакетировочный; —щик *m.* packer; —ый *a.* pack.
пакт *m.* pact, agreement.
пакфонг *m.* (met.) packfong, paktong, German silver, nickel silver.

пал *m.* ridge; (mach.) pawl; (naut.) bollard; steppe fire, forest fire; burned-out area; *past m. sing. of* пасть.
палагонит *m.* (petr.) palagonite; —овый *a.* palagonite, palagonitic.
палас *m.* reversible rug.
палата *f.* chamber, board; house (of representatives); bureau, department; (hospital) ward.
палатин/ит *m.* (petr.) palatinite; —овый красный Palatin Red (dye); —ол *m.* palatinol; —охромовый черный Palatinchrome Black.
палат/ка *f.* tent; stall, stand, booth; —ный *a. of* палата; —очный *a. of* палатка.
палахеит *m.* (min.) palacheite.
пал/гед *m.* (mach.) pawl head; —гун *m.* pawl bed, pawl ring.
палевый *a.* pale yellow, straw-colored.
пален/ие *n.* burning, etc., *see* палить; —ина *f.* singed object; —(н)ый *a.* burned, etc., *see* палить.
палео— *prefix* paleo— (old, ancient; early, primitive); —ботаника *f.* paleobotany, study of fossil plants; —ген *m.* —геновый период (geol.) Paleogene; —зой *m.* (geol.) Paleozoic era; —зойский *a.* Paleozoic; —лит *m.* paleolith; —литический *a.* paleolithic; —магнитный *a.* paleomagnetic; —нтолог *m.* paleontologist; —нтология *f.* paleontology; —тропический *a.* (bot.) paleotropic; —цен *m.*, —ценовый период (geol.) Paleocene period.
палестинский *a.* (geog.) Palestinian.
палета *f.* (horol.) pallet.
палетка *f.* template, pattern; master curve, standard curve; graticule; surveyor's plane.
палет/ный *a. of* палета; —очный *a. of* палетка; —та *see* палета.
пал/ец *m.* finger; (crank)pin, pin, peg; (stud) bolt; dog, detent; spindle; cam, cog, tooth, catch; guard; lifter; (zool.) digit; большой п. thumb; big toe; отпечаток —ьца fingerprint.
пали *past pl. of* пасть; *gen., pl., etc., of* паль.
паликурин *m.* palicourine.
палильный *a.* burning, etc., *see* палить.
палимпсестовый *a.* palimpsest.
палин— *prefix* palin— (again, back again); —генез(ис) *m.* palingenesis.
палинолог/ический *a.* (bot.) palynological; —ия *f.* palynology.
палинспастический *a.* palinspastic.
палисад *m.*, —ный *a.* palisade, paling; —ник *m.* fence; yard, garden.
палисандр *m.*, —овый *a.*, —овое дерево palissander, Brazilian rosewood.
палит *m.* palite, chloromethyl chloroformate (poison gas).

палитра *f.* palette.
палить *v.* burn, scorch, singe; fire, discharge, shoot; blast.
палка *f.* stick, cane; segment.
палладиев/ый *a.* palladic, palladium; —ая кислота palladic acid; —ая чернь palladium black.
палладизированный *see* палладированный.
паллад/ий *m.*, —ийный *a.* palladium, Pd; водородистый п. palladium hydride; гидроокись —ия palladium hydroxide; (дву)окись —ия palladium oxide, palladic oxide; (дву)хлористый п. palladium chloride, palladous chloride; закись —ия, одноокись —ия palladous oxide, palladium monoxide; соль закиси —ия palladous salt; соль окиси —ия palladic salt; хлорид —ия, хлористый п. palladium (II or IV) chloride; хлорный п. palladic chloride, palladium tetrachloride.
палладированный *a.* palladized, palladium-coated, palladium-plated.
палладистый *a.* palladous, palladium.
паллас *m.* pallas (alloy); —ит *m.* (petr.) pallasite, Pallas iron.
паллет *m.*, —а *f.* pallet.
паллиатив *m.*, —ный *a.* palliative.
пало *past n. sing. of* пасть.
пало/к *gen. pl. of* палка; —чка *dim. of* палка; rod; (bact.) bacillus; —чковидный, —чкообразный *a.* rod-shaped, bacillary; —чковый *a. of* палочка; —чник *m.* (bot.) reed mace (*Typha*); (ent.) walking stick; —чники *pl.* (ent.) Phasmidae; —чный *a. of* палка.
палтус *m.* (ichth.) halibut.
палуб/а *f.* deck; —ный *a.* deck, shipboard; carrier-borne (plane); covered (lighter).
палудрин *m.* Paludrine (hydrochloride), chlorguanide hydrochloride.
палыгорскит *m.* (min.) palygorskite.
палый *a.* fallen.
—палый *suffix* —fingered, —digitate.
паль *f.* burned-out area; —ба *f.* firing.
пальм/а *f.* palm (tree); —арозовое масло palmarosa oil; —атин *m.* palmatine; —еллин *m.* palmellin.
пальмер *m.* micrometer calipers, micrometer gage.
пальмерит *m.* (min.) palmerite.
пальмер-фосфат *m.* a phosphate fertilizer.
пальметка *see* пальмер.
пальмиерит *m.* (min.) palmierite.
пальмитат *m.* palmitate, hexadecanoate.
пальмитил *m.* palmityl; —овый спирт palmityl alcohol, cetyl alcohol.
пальмитин *m.* palmitin; —овокислый *a.* palmitic acid; palmitate (of); —овый *a.* palmitin, palmitic; —овая кислота palmitic acid, hexadecanoic acid; соль

—овой кислоты, —овокислая соль palmitate.
пальмито/левая кислота, —ловая кислота palmitolic acid, 7-hexadecynoic acid; —н *m.* palmitone, 16-hentriacontanone; —нитрил *m.* palmitonitrile, hexadecanenitrile.
пальмо/вый *a.* palm; —керновое масло, —ядерное масло palm (kernel) oil.
пальн/ик *m.* (blasting) cap; —уть *v.* discharge, fire.
пальп/ация *f.* (med.) palpation; —ировать *v.* palpate.
пальто *n.,* —вый *a.* coat.
пальц/а *gen. of* палец; —е— *prefix* dactyl(o)— (finger; toe); —евидный *a.* dactylate, fingerlike; finger(ed); digitate; —евой *a.* finger, digital; finger-action (tool); pin; —евые фрезы end mills, end-milling cutters; —еобразный *see* пальцевидный.
пальчат/о— *see* пальце—; palm(at)i—, palmate; —овидный *a.* digitiform; —онервный *a.* (bot.) digitinervate, palminerved; —ораздельный *a.* palmatipartite; —ый *a.* finger, prong, pin; toothed; dactylate, fingerlike; (bot.) palmate; —ая трава Bermuda grass (*Cynodon dactylon*).
пальчик *dim. of* палец; —овый *a.* bantam, miniature, peanut.
пальщик *m.* firer, blaster, discharger.
палюстровый *a.* palustric (acid).
паля *f.* stake.
Паля-Кнорра синтез Paal-Knorr synthesis (of pyrrole derivatives).
палящий *a.* burning, etc., *see* палить.
памп/а *f.* pampa (prairie); —асный, —асовый, —асский *a.,* —ы *pl.* pampas; —асная трава pampas grass (*Cortaderia*).
пампельмус *m.* (bot.) grapefruit, shaddock (*Citrus maxima*).
памфлет *m.,* —ный *a.* pamphlet.
памят/ка *f.* memorandum; instructions, directions; —ливость *f.* retentive memory; —ливый *a.* having a retentive memory; —ник *m.* monument, memorial; memoir; —ный *a.* memorable; note (book); —ная записка memorandum; —уя *pres. ger.* remembering, bearing in mind; —ь *f.* memory, recollection; (comp.) storage, store; восстанавливать в —и *v.* remember, recollect; заучить на —ь *v.* memorize; машинная —ь memory, file, storage, store; объем —и storage capacity.
пан— *prefix* pan— (all).
паназа *f.* panase.
панакон *m.* panacon.
панама *f.* Panama bark, quillaia bark; panama hat.

панамериканский *a.* Pan-American.
панамский *a.* Panama.
панариций *m.* (vet.) panaris, felon, whitlow.
панацея *f.* panacea.
панбархат *m.* (text.) panne.
пангамовая кислота pangamic acid, vitamin B_{15}.
пандажметр *m.* (min.) pendage meter, dip meter.
пандан(ус) *m.* screw pine (*Pandanus*).
пандем/ический *a.* (med.) pandemic; —ия *f.* pandemia; —ониум *m.* pandemonium (classifying machine).
пандермит *m.* (min.) pandermite, priceite.
пандус *m.* (fixed) ramp.
панель *f.,* —ный *a.* panel, wainscot; bay; (switch) board; footpath, sidewalk; п. набора switchboard panel; обшивать —ю *v.* panel; —ная обшивка paneling, wainscoting.
панзоотический *a.* (vet.) panzootic.
панидиоморфный *a.* (petr.) panidiomorphic.
паника *f.* panic, fear, fright.
паникулатин *m.* paniculatine.
панкластит *m.* (expl.) panclastite.
панкреа/с *m.* (anat.) pancreas; —тин *m.* pancreatin; —тит *m.* (med.) pancreatitis; —тический *a.* pancreatic; —тическая железа pancreas.
панно *n.* (wall) panel.
паноген *m.* Panogen (insecticide).
панорам/а *f.* panorama; —ирование *n.* (phot.) panning; panorama; scanning; —ировать *v.* pan; scan; —ный *a.* panorama, panoramic.
пансион *m.* boarding house; boarding school; board and lodging; —ер *m.* boarder, guest.
пантал *m.* Pantal (aluminum alloy).
пантеле/граф *m.* (elec. comm.) pantelegraph; —графия *f.* pantelegraphy, facsimile telegraphy; —фон *m.* pantelephone, microtelephone.
пантера *f.* (zool.) panther.
панто— *prefix* pan(to)— (all).
пантовый *a. of* панты.
панто/граф *m.* pantograph, current collector; —карены *pl.* cross curves of stability; —логия *f.* pantology; —метр *m.* pantometer; —морфизм *m.* (cryst.) pantomorphism; —пон *m.* Pantopon (morphine preparation); —скоп *m.* pantoscope, panoramic camera; —тен *m.,* —теновая кислота pantothenic acid, vitanin B_5; —цид *m.* Pantocid, halazone.
панты *pl.* (pharm.) velvet antlers.
панхроматический *a.* (phot.) panchromatic.
панцирн/оголовые *pl.* (zool.) Stegocephalia; —ые *pl.* (zool.) Dinoflagellata.

панцир/ный *a.* armorclad, armored, armor (plate); —ь *m.* armor, shell; **в медном —е** copperclad.
панцитопения *f.* (med.) pancytopenia.
панцырный *see* **панцирный.**
папавер/альдин *m.* papaveraldine; **—амин** *m.* papaveramine; **—ин** *m.* papaverine; **—иновая кислота** papaveric acid, rhoeadic acid; **—инол** *m.* papaverinol; **—олин** *m.* papaveroline.
папа/ин *m.*, **—йотин** *m.* papain, papayotin, vegetable pepsin; **—ия** *f.* (bot.) papaya (*Carica papaya*).
папиллярный *a.* (biol.) papillary, papillose.
папинов котел Papin's digester.
папирос/а *f.*, **—ный** *a.* cigarette; **—ная бумага** tissue paper; cigarette paper.
папирус *m.* papyrus (paper); **—ный** *a.* papyrus, papyraceous.
папк/а *f.*, **—овый** *a.* portfolio; cardboard, (mill)board; (roofing) paper; pulp; **п.-планшет** *f.* map case.
пап-машина *f.* constructionboard machine, millboard machine.
папоротник *m.* (bot.) fern; **—о—** *prefix* pterido—, fern; **—овый** *a.* fern.
папоч/ка *dim.*; **—ный** *a. of* **папка.**
паппатачи, лихорадка (med.) pappataci fever, phlebotomous fever.
паприк/а *f.*, **—овый** *a.* paprika.
папуасский *a.* (geog.) Papua.
папула *f.* (med.) papule.
папуша *f.* bundle, sheaf, stack.
папшер *m.* cardboard cutter.
папье-маше *n.* papier-maché.
пар *m.* steam, vapor; (agr.) fallow; *gen. pl. of* **пара;** **—ы** *pl.* vapor; fumes; **водяной п.** steam; water vapor; **давление —а** vapor pressure; **обрабатывать —ом** *v.* steam; **очищать —ами** *v.* fumigate; **перегонка —ом** steam distillation; **плотность —а** vapor density; **поднять —ы** *v.* fire up (boiler), raise steam; **полным —ом** full steam, full power; **продутый —ом** steam-treated; **температура образования —а** vaporization point.
пар/а *f.* pair, couple, dyad; **п. сил** (mech.) couple; **без —ы** unpaired, odd; **винтовая п.** screw gage, micrometer; **образование —ы** (nucl.) pair production.
пара— *prefix* para— (near, at the side of; wrong, faulty; to ward off); (chem.) para-; **в положении пара** in the para position; **—аминофенол** *m. p*-aminophenol; **—бановая кислота** parabanic acid, oxalylurea.
парабол/а *f.* (geom.) parabola; **—ический** *a.* parabolic; **—оид** *m.* paraboloid.
пара/вивианит *m.* (min.) paravivianite;

—винная кислота paratartaric acid, racemic acid; **—водород** *m.* para hydrogen; **—вольфрамат** *m.* paratungstate; **—выпуклый** *a.* paraconvex.
парагвайский *a.* Paraguay; **п. чай** Paraguay tea, mate (leaves).
пара/гелий *m.* para helium; **—генезис** *m.* (min.) paragenesis; **—генетический** *a.* paragenetic; **—гнейс** *m.* (petr.) paragneiss; **—гонит** *m.* (min.) paragonite; **—гопеит** *m.* (min.) parahopeite.
параграф *m.* paragraph, section, clause.
парад *m.* parade, show.
парадиазин *m.* paradiazine.
парадигма *f.* paradigm (conjugation or declension); example, model; **—тический** *a.* paradigmatic.
парадихлорбензол *m.* paradichlorobenzene.
парадный *a.* for show; gala; front, main.
парадокс *m.* paradox; **—альный** *a.* paradoxical.
парадоксит *m.* (min.) paradoxite.
паразит *m.* parasite; parasitic oscillation; (bot.) epiphyte; (mech.) idler wheel, idle gear, idler; **—арный** *see* **паразитный;** **—изм** *m.* (biol.) parasitism; **—ический, —ный** *a.* parasitic; spurious, stray; idle (gear); hitch-hiker (satellite); **—ная связь** (elec.) stray coupling; **—ное колесо** idler.
паразито/логия *f.* (biol.) parasitology; **—подобный** *see* **паразитный;** **—убивающий** *a.* parasiticidal; **—цид** *m.* parasiticide.
пара/изомер *m.* para isomer; **—каучук** *m.* para rubber; **—кислота** *f.* para acid; **—клаза** *f.* (geol.) paraclase; **—компактный** *a.* (math.) paracompact; **—коновый** *a.* paraconic (acid); **—красный п.** para red (dye); **—ксантин** *m.* paraxanthine; **—ксиальный** *a.* paraxial; **—ксилол** *m.* paraxylene; **—лаврионит** *m.* (min.) paralaurionite.
парали/затор *m.* inhibitor; **—зация** *f.*, **—зование** *n.* paralyzation; **—зованный** *a.* paralyzed, paralytic; **—зовать, поражать —чом** *v.* paralyze; **—тик** *m.*, **—тический** *a.* paralytic; **—ч** *m.* paralysis; **—чный** *a.* paralytic.
параллак/с *m.* parallax; **—сный, —тический** *a.* parallactic, parallax; **—тический ход** (surv.) trig traverse.
параллел/епипед *m.* (geom.) parallelepiped; **—изм** *m.* parallelism; overlap(ping); **—ограмм** *m.* parallelogram.
параллель *f.* parallel; (diurnal) circle; **проводить п.** *v.* draw a parallel; contrast, compare; **—но** *adv.* parallel (with); (elec.) in parallel; **—но-последовательно** *adv.* (elec.) in parallel-series; **—но-последовательный** *a.* par-

аllel-serial; —**ность** *f.* parallelism; (wheel) alignment.
параллельн/ый *a.* parallel; collateral; co-current (flow); shunt (excitation); aligned (wheels); **п. перенос координат** (math.) translation of axes; —**ое включение** (elec.) connection in parallel; —**ого действия** parallel-action (computer); **гравировать** —**ыми линиями** *v.* hatch, shade; **с** —**ыми пластинами** parallel-plate.
пар/альдегид *m.* par(acet)aldehyde; —**альдол** *m.* paraldol; —**алюминит** *m.* (min.) paraluminite.
парамагн/етизм *m.* paramagnetism; —**етик** *m.* paramagnet; —**итный** *a.*, —**итное тело** paramagnetic.
параметр *m.* (math.) parameter; —**ы** *pl.* parameters, variables; characteristics, properties; values; (working, etc.) conditions; (mach.) performance; **номинальные** —**ы** (mach.) rating; —**изация** *f.* parametrization; —**ий** *m.* (anat.) parametrium; —**ит** *m.* (med.) parametritis; —**ический** *a.* parametric; —**он** *m.* parametron, parametric subharmonic oscillator.
парамеция *f.* (zool.) paramecium.
парами *adv.* in pairs.
пара/мид *m.* paramide, mellimide; —**миносалициловый** *a.* *p*-aminosalicylic (acid); —**молочная кислота** *p*-lactic acid, sarcolactic acid.
параморф/изм *m.* (min.) paramorphism; —**ный** *a.* paramorphic; —**оз** *m.*, —**оза** *f.* paramorph (crystal).
паранитротолуол *m.* *p*-nitrotoluene.
парано(й)я *f.* (med.) paranoia.
парантез *m.* parenthesis.
парантиселена *f.* parantiselene.
парапет *m.* parapet, balustrade; coping (of dock).
пара/план(ер) *m.* (av.) paraglider, paraplane, parawing; —**плегия** *f.* (med.) paraplegia; —**положение** *n.* para position; —**розоловая кислота** *p*-rosolic acid, aurin; —**сахариновый** *a.* *p*-saccharic (acid); —**селена** *f.* paraselene, mock moon; —**сепиолит** *m.* (min.) parasepiolite; —**симпатический** *a.* (anat.) parasympathetic; —**стильбит** *m.* (min.) parastilbite; —**такамит** *m.* (min.) paratacamite; —**тгормон** *m.* parathyroid hormone; —**тион** *m.* Parathion (insecticide); —**тиреоидный** *a.* parathyroid (gland, hormone); —**тирин** *m.* Parathyrin.
паратиф *m.* (med.) paratyphoid.
парафиз *m.* (biol.) paraphysis.
парафин *m.* paraffin (wax); **жидкий п.** liquid paraffin, petrolatum; **твердый п.** paraffin wax.

парафин/изация *f.*, —**ирование** *n.* paraffinization; —**ированный** *a.* paraffined; —**ировать** *v.* paraffin(ize); —**исто-смолистый** *a.* paraffin-asphalt; —**истость** *f.* wax content; —**истый**, —**овый** *a.* paraffin; paraffin-base (petroleum); —**овая кислота** paraffinic acid.
парафировать *v.* initial.
пара/форм(альдегид) *m.* paraform(aldehyde); —**фталевая кислота** *p*-phthalic acid, terephthalic acid; —**хинон** *m.* paraquinone; —**хлортолуол** *m.* *p*-chlorotoluene; —**хор** *m.* parachor (expression of molecular volume); —**центрический** *a.* (math.) paracentric(al); —**циан** *m.* paracyanogen; —**цимол** *m.* *p*-cymene.
парашют *m.* parachute; —**изм** *m.*, —**ирование** *n.* parachute jumping, parachuting; —**ировать** *v.* parachute; —**ист** *m.* parachutist, parachute jumper; —**ист-перворазник** *m.* parachutist on his first jump; —**ный** *a.* parachute.
паращитовидная железа (anat.) parathyroid gland.
парволин *m.* parvoline.
паргазит *m.* (min.) pargasite.
паргел/ий *m.* parhelion, mock sun; —**ический** *a.* parhelic.
парез *m.* (med.) paresis, incomplete paralysis.
парейр/ин *m.* pareirine, pereirine; —**ы корень** pareira (root).
парен/ие *n.* steaming, stewing; (frost) smoke; soaring, flight; hovering; —**ный** *a.* steamed, stewed.
паренхима *f.* (biol.) parenchyma; —**тозный** *a.* parenchymatous.
пареный *a.* steamed, stewed.
парень *m.* young man, fellow.
паре/стезия *f.* (med.) paresthesia; —**тический** *a.* paretic.
пари *n.*, **держать п.** *v.* bet, wager.
париан *m.* Parian porcelain; —**ит** *m.* (min.) parianite.
паридин *m.* paridin.
париетальный *a.* (biol.) parietal.
париет/ин *m.* parietin, physcion; —**овая кислота** parietic acid, chrysophanic acid.
парижск/ий *a.* Paris, Parisian; **п. желтый** Paris yellow, lead chromate; —**ая зелень** Paris green (insecticide); —**ая лазурь**, —**ая синь** Paris blue, ferric ferrocyanide.
паризит *m.* (min.) parisite.
парик *m.* wig; —**махер** *m.* barber; —**махерская** *f.* barbershop; hairdresser's; —**овое дерево** (bot.) Venice sumac (*Rhus cotinus*).
парилка *f.* steamer; steam(ing) room.
парилл/ин *m.*, —**овая кислота** parillin, parillic acid.

파риль/ный a. steaming; —ня f. steam(ing) room; —щик m. steamer.
паринаровая кислота parinaric acid.
парировать v. parry, counter.
паритель m. (av.) glider pilot.
паритет m. parity, equality; —ный a. parity; parity-check(ing) (code); на —ных началах с on a par with, equal to.
парить v. steam, stew; soar, hover, glide; (agr.) let lie fallow.
парицин m. paricine.
парк m. park, yard; (rr.) stock; tracks; fleet (of trucks); п. подвижного состава rolling stock; п. путей switch yard; мостовой п. bridging train.
парка f. parka (coat); steaming; gen. of парок.
паркеризация f. parkerizing, parkerization (rustproofing process).
паркесирование see Паркса способ.
паркет m. parquet (floor); —ина f. parquet block; —но-строгальный a. floor-finishing; —но-шлифовальный a. floor-polishing; —ный a. parquet; —чик m. parquet layer.
паркин m. parkine.
паркинсонизм m. Parkinson's disease.
парковый a. of парк.
Паркса способ (met.) Parkes process.
парламент m. parliament.
парлифт m. steam lift (for liquids).
пармезан m. Parmesan cheese.
пармы pl. parmy (low, wooded ridges flanking the Ural Mountains).
парная f. steam room.
парник m. hotbed, seed bed; steamer; в —е under glass; холодный п. coldframe; —овый a. hotbed, hothouse (plants).
парно adv. humid(ly); it is humid.
парно— prefix twin, pair(ed); gemin—.
парной a. fresh, new; warm.
парно/копытный a. (zool.) artiodactyl, even-toed; —листник m. (bot.) bean caper (Zygophyllum); —перистый, —перистосложный a. (bot.) paripinnate, abruptly pinnate.
парн/ый a. twin, pair, sister; dual; paired (electron); conjugate (leaves); fuming, steaming; suffix (biol.) —jugate, —jugous; —ая деталь mate.
паро— prefix steam; vapor; (agr.) fallow; paro—; —вание n. steaming; fallowing; —вать v. steam; (let lie) fallow; —вик m. steam boiler; steam engine; —вичная f. boiler room; —вичный a. steam; boiler; —водоструйный насос steam-operated water ejector; —водяной a. steam-and-water; —воз m. locomotive, steam engine; —воздушный a. gas-vapor (mixture); —возник m. steam engine mechanic; —возный a. of паро-

воз; —возостроительный a. locomotive (-building).
паров/ой a. steam(-driven); vapor(ous); (agr.) fallow; (hort.) hot house; п. котел steam generator, boiler; —ая машина steam engine; —ая мельница power mill; —ая пробка vapor lock; —ое отопление steam heat; —ое поле fallow.
паро/впуск m., —впускная труба steam admission pipe; —выпускной a. exhaust; —выхлопной a. steam (pipes); —газ m. steam and gas; —газогенератор m. steam-gas generator; —генератор m. steam generator; —гидравлический a. steam-hydraulic; —динамо n., —динамомашина f. steam dynamo, steam-driven generator; —занимающий a. fallow-field (crops); —запорный a. (steam) cut-off; —изолирующий a. steamproof; —изоляция f. steam insulation; —к m. vapor.
пароконный a. team(-drawn).
пароксизм m. paroxysm, fit.
паром m. ferry (boat), raft; instr. of пар; подвесной п. transporter bridge; п.-амфибия m. amphibious ferry.
паро/масляный a. oil-diffusion (pump); —ме(т)р m. steam (flow) meter; vaporimeter.
паром/-ледокол m. icebreaking ferry; —ный a. of паром.
паромомицин m. Paromomycin (antibiotic).
паром/-самолет m. current-operated ferry; —щик m. ferryboat operator.
паронепроницаемый a. steamtight, steamproof; vaportight.
паронихия f. (med.) paronychia.
парообработ/ка f. fallow tillage; —ник m. weeder.
парообраз/ный a. vaporous, in vapor form; steamlike; —ование n. steam generation; evaporation, vaporization; теплота —ования heat of evaporation.
парообразователь m., —ный прибор steam generator; evaporator, vaporizer; —ный a. steam-generating, steam-producing; evaporative (capacity).
паро/осушитель m. steam dryer; —отвод m. steam discharge pipe, exhaust pipe; —отделитель m. steam separator, steam trap.
пароотсек/атель m. steam cut-off valve; —ающий a. steam cut-off.
пароохладитель m. (mach.) desuperheater.
пароочиститель m. field cultivator.
паро/перегреватель m. steam superheater; —пескоструйный аппарат steam sand blast(er); —подвод m. steam supply; —приводная труба steam supply pipe, steam supply line; —провод m., —про-

водная труба steam pipe, steam supply line.
паропроизвод/ительность f. (boiler) rating, capacity; evaporative capacity; —ительный a. steam-producing; evaporating; evaporative (capacity); —ство n. generation of steam.
парораспредел/ение n. steam distribution; —итель m. steam distributor, steam header; (locomotives) steam chest; —ительный a. steam-distributing, steam-supply (line).
парораспыл/ение n. steam atomization; —итель m. steam atomizer.
паро/ртутный a. mercury-jet; —сборник m. steam collector; dome (of boiler); —светный a. vapor-discharge; —силовая установка steam power plant; —собиратель m. steam collector; steam header; —содержание n. steam content; vapor content.
паросский a. Parian (marble; porcelain).
паро/стойкий a. steam-resistant; vapor-proof; —струйный a. steam-jet, blast; —сушитель m. steam dryer; —съем m. steam production.
паротит m. (med.) parotitis.
паро/турбина f. steam turbine; —турбинный a. steam power (plant); —уплотнительный a. steam-stuffing (box); —фазный a. vapor-phase.
пароход m., —ный a. steamboat, steamship, steamer, (ocean) liner; —ная труба smoke stack; —ство n. steam navigation; steamship company.
пароэлектроцентраль m. steam power plant.
Парра аппарат Parr apparatus (for carbon determination).
Парри колошниковый затвор Parry cup and cone arrangement.
парсек m. (astr.) parsec, parallax-second.
парсонсит m. (min.) parsonsite.
парта f. (school) desk; (arch.) part.
партено— prefix (biol.) partheno— (asexual); —генез m. parthenogenesis.
партизанская война guerilla warfare.
партийный a. party, communist.
партиний m. partinium (alloy).
партия f. party, group, crew; (com.) parcel, consignment, lot, shipload; set; run, batch; cut (of flax); (music) part; —ми in lots.
партнер m. partner.
парус m. sail, canvas; flag, banner, standard, vexillum; (seed) wing, vane; (biol.) velum; —a pl. (astr.) vela; —ина f., —инный, —иновый a. canvas, duck, sailcloth; tarpaulin; —ить v. sail; fill out (with wind); —ник m. sailboat; sailfish; (ent.) swallowtail; —ность f. sailing capacity (of seeds);

—ный, —овый a. of парус; —оносный a. vexillary, standard.
парфюмер m. perfumer; —изация f. imparting odor (to gas); —ия f. perfumery; —ный a. perfumery; perfume (manufacture); —ное искусство perfumery; —ные товары perfumes, perfumery.
парфюмировать v. perfume, scent.
парц. abbr. (парциальный) partial.
парцелл/а f. parcel; —ировать v. parcel (out), allot; —яция f. parceling.
парциальный a. partial, fractional.
парч/а f., —евая ткань (text). brocade; —евой, —евый a. brocade(d).
парш/а f. (med., vet.) favus, mange, scab; (phyt.) scab; —иветь v. grow mangy; —ивый a. mangy, scabby.
пары pl. of пар; gen. and pl. of пара.
паря pr. ger.; —щий pr. act. part. of парить.
пасека f. apiary, beehive.
пасется pr. 3 sing. of пастись.
пасечн/ик m. bee keeper; —ый a. of пасека.
пасик m. round drive belt.
ПАСК abbr. (параминосалициловая кислота) p-aminosalicylic acid.
паскаль m. pascal (unit of pressure).
Паскаля закон Pascal's law.
паскоит m. (min.) pascoite.
паслен m. (bot.) nightshade (Solanum); черный п. deadly nightshade.
паслись past pl. of пастись.
пасмурн/ость f. mist, haze; gloominess, gloomy weather; —ый a. cloudy, dull, overcast; gloomy, dismal.
пасока f. (bot.) sap.
паспалум m. (bot.) Paspalum.
паспарту n. passe-partout, mount; master key.
паспорт m. pass(port); record, certificate (of technical and operational data); license; testimonial; name plate, rating (plate); (steel) test logs; —изация f. certification, registration, recording (of data); rating, assessment, estimation; classification; conditioning (of machines, etc.); —ный a. of паспорт.
пасс m. pass; —аж m. passage; transition; —ажир m., —ажирный a. passenger; —ажный a. of пассаж; (astr.) transit (instrument).
пассаметр m. indicating snap gage (for outside measurements).
пассат m., —ный ветер tradewind.
пассатижи pl. cutting pliers.
пассатный a. of пассат.
пассет m. bubble cap (in distillation or absorption tower).
пассив m. (com.) liabilities.
пассив/(из)ация f., —ирование n. (met.) passivation, passivating, inhibition of corrosion; —ированный a. passivated,

passive; —**ировать** v. passivate; —**ирующий** a. passivating.
пассивноплавающий a. (zool.) planktonic.
пассивн/ость f., —**ое состояние** passivity, inertness; —**ый** a. passive, inert; parasitic; (com.) adverse (balance); —**ый полет** (rockets) coasting, free flight.
пассиметр m. indicating plug gage.
пассифлора f. (bot.) Passiflora.
паста f. paste, compound.
паст/бище n., —**бищный** a. pasture (land); —**ва** f. flock, herd; pasture (grazing).
пастель f., —**ный** a. pastel crayon.
пастериз/атор m. pasteurizer; —**ация** f., —**ование** n. pasteurization; —**ованный** a. pasteurized; —**овать** v. pasteurize.
пастернак m. (bot.) parsnip.
пастеровский a. Pasteur.
пасти v. tend, herd, shepherd; pasture; gen., etc., of **пасть**.
пастила f. fruit candy; lozenge, pastille.
пастилаж m. (cer.) ornamentation in relief.
пастиров/ание n. pasting; —**анный** a. pasted; —**ать** v. paste.
пастись v. graze, pasture.
пасто/зность f. pastiness; —**зный**, —**образный** a. pasty, dough-like.
пастух m. herdsman, cowherd, swineherd, shepherd; (electric) fence.
пастушья сумка, п. трава (bot.) shepherd's purse (Capsella bursa pastoris).
пасть see **падать**; f. mouth, orifice; trap, snare.
пастьба f. pasturage, grazing.
пасын/кование n. (agr.) sucker removal; —**ок** m. sucker, side shoot.
пасьма f. (text.) cut; lea; skein.
пасюк m. Norway rat.
пат m. paste; marmalade.
пат. abbr. (**патент; патологический; патология**).
патагонский a. (geog.) Patagonian.
патанатомия f. pathological anatomy.
патент m. patent; license; **владелец** —**а** patentee; **заявить п.** v. (apply for a) patent; —(**ир**)**ование** n. patenting; —**никель** m. copper-nickel alloy; —**ный** a. patent(ed); —**ование** n. (wire industry) patenting; —**ованный** a. patented; patent (blue, yellow); —**овать** v. patent.
патерностер m. paternoster, continuously operating elevator.
патефон m., —**ный** a. phonograph.
патин/а f. patina (metal oxide film); —**ирование** n. patination; —**ировать** v. patinate.
патинсонировать v. (met.) pattinsonize.
патиссон m. scallop squash.
—**патия** f. suffix —pathy, —pathia (feeling, suffering, disease; treatment).
пато— prefix patho—, pathological; —**генез** m. pathogenesis; —**генный** a. pathogenic.
патока f. syrup; molasses; **сахарная п.** syrup; **черная п.** molasses.
патолог m. pathologist; —**ический** a. pathologic; —**ия** f. pathology.
паточный a. syrupy; molasses; **п. песок** brown sugar.
патринит m. (min.) patrinite.
патриотичный a. patriotic.
патрон m. chuck (of drill, lathe), hold(er), holding device; jig; cartridge, case, shell; extractor thimble; (elec.) receptacle; (lamp) socket; pattern, stencil; patron; **зажимной п.** chuck; **плавкий п.** (elec.) cartridge fuse; **полный п.** (molding) core barrel.
патронаж m. public health service.
патронит m. (min.) patronite.
патронник m. cartridge chamber.
патронн/ый a. of **патрон**; sleeve (coupling); socket (wrench); chucking (lathe); ammunition (factory, etc.); **п. захват** socket tool; **п. предохранитель** (elec.) cartridge fuse; —**ая гильза** cartridge case.
патрон-пальник m. igniter.
патронташ m. cartridge belt.
патрубок m. nipple, nozzle, outlet; socket, sleeve, connection, connecting piece, connecting pipe; branch pipe; (thermometer) boss.
патруль m., —**ный** a. patrol.
Паттинсона белила Pattinson's white (pigment); **П. процесс** (met.) Pattinson process.
паттинсониров/ание n. (met.) pattinsonization; —**ать** v. pattinsonize.
патулин m. patulin, clavacin (antibiotic).
пауза f. pause, break, interval, intermission, rest; delay; blank.
пауз/ить v. load onto a flat-bottomed river boat; —**ка** f. loading.
паузный a. of **пауза**.
паузок m. flat-bottomed river boat.
паук m. (zool., mech.) spider; basket; compressed-air distributor; distillation "pig" (fraction distributor); —**овидный**, —**ообразный** a. spiderlike; arachnoid, cobweb-like; —**ообразная опора** (mech.) spider.
Паули принцип (quantum mechanics) Pauli (exclusion) principle; **П. реакция** Pauly reaction.
паулиния f. (bot.) Paullinia.
паундаль m. poundal (unit of force).
пауроподовые pl. (zool.) Pauropoda.
паут m. (ent.) gadfly.
паутин/а f. (cob)web; (anat.) tela; —**ка** f. thread of web; —**ный** a. spiderweb, arachnoid, cobweb-like.
пауцин m. paucine.

пауч/ий *a. of*; —ок *dim. of* паук.
паушальный *a.* total, lump (sum).
пауэлловский *a.* Powell.
пах *m.* (anat.) groin, inguen.
пах/ание *n.* plowing; —ан(н)ый *a.* plowed; —арь *m.* plowman; —ать *v.* plow.
пахи— *prefix* pachy— (thick); —дермия *f.* (med.) pachydermia; —дермы *pl.* (zool.) pachyderms; —карпин *m.* pachycarpine; —тена *f.* (biol.) pachytene.
пахнолит *m.* (min.) pachnolite.
пахнуть *v.* smell, reek (of); begin to blow.
паховой *a.* (anat.) groin, inguinal.
пахот/а *f.* tillage, plowing; arable land; —непригодный, —неспособный *a.* arable, tillable; —ный *a.* arable, tillable; top (soil).
пахт/а *f.* buttermilk; —алка *f.* churn; —анье *n.* churning; buttermilk; —ать *v.* churn.
пахуч/есть *f.* fragrance, scent, odoriferousness; —ий *a.* fragrant, sweetscented, odoriferous, redolent; —ий колосок (bot.) sweet-scented vernal grass (*Anthoxanthum odoratum*); —ее вещество perfume, scent; —ка *f.* (bot.) woodruff (*Asperula odorata*); wild basil (*Calamintha* or *Clinopodium vulgare*); savory (*Satureia*).
пациент *m.* patient.
пач/ек *gen. pl.*; —ечный *a. of* пачка.
пачиниевы тельца (anat.) Pacinian corpuscles.
пачка *f.* pack(et), parcel, bundle; batch, block; (met.) fagot, pile, stack; (stratigraphy) member.
пачк/ание *n.* soiling, contamination; —ать *v.* soil, contaminate, dirty.
пачковязальный *a.* bundle-tying.
Пачука чан Pachuca tank (pulp agitator).
пачул/ен *m.* patchoulene; —и *pl.*, —(и)евый *a.* (bot.) patchouli (*Pogostemon patchouli*); —ин *m.* patchoulin.
Пашена ряд Paschen series (of spectrum lines).
паш/енный *a.* plowed; —et *pr. 3 sing. of* пахать; —ня *f.* plowed field.
паштет *m.*, —ный *a.* (food) pâté.
пашущий *a.* plowing.
паюсный *a.* pressed (caviar).
пая *gen. of* пай.
паяльник *m.* soldering iron.
паяльн/ый *a.* soldering; п. свинец lead solder; —ая вода soldering fluid; —ая горелка, —ая лампа, —ая трубка blowpipe; (blow) torch.
пая/льщик *m.* solderer; —ние *n.* soldering; —(н)ный *a.* soldered; —ть *v.* solder.
ПБК *abbr.* (передвижная барокамера) mobile pressure chamber.
ПБМА *abbr.* (полибутилметакрилат)

polybutyl methacrylate; ПБФМА *abbr.* (полибутилметилфенилметакрилат) polybutylmethylphenyl methacrylate.
ПВД *abbr.* (подогреватель высокого давления) high-pressure heater; (приемник воздушных давлений) pressure head, Pitot-static tube; *see also* ПВРД.
ПВЛ *abbr.* (повальное воспаление легких) epidemic pneumonia.
ПВМ *abbr.* (перфорационная вычислительная машина) punched-card computer.
ПВО *abbr.* (противовоздушная оборона) anti-aircraft defense; п-во *abbr.* (производство) production, manufacture.
ПВРД *abbr.* (прямоточный воздушно-реактивный двигатель) ramjet engine.
пвт *abbr.* (пиковатт) picowatt.
ПВФЗ *abbr.* (планетарная высотная фронтальная зона) planetary high-altitude frontal zone.
ПВХО *abbr.* (противовоздушная и противохимическая оборона) air and chemical defense.
пг *abbr.* (пикограмм) micromicrogram.
ПДБ *abbr.* (парадихлорбензол) paradichlorobenzene.
ПДК *abbr.* (предельно допустимая концентрация) maximum permissible concentration.
пеан *m.* (med.) Pean's forceps.
пебрина *f.* pébrine (silkworm disease).
пегамоид *m.* pegamoid (artificial leather); pegamoid (an aluminum paint).
пеганин *m.* peganine (insecticide).
пеганит *m.* (min.) peganite, variscite.
пегас *m.* (astr.) Pegasus.
пегель/мессер *m.*, —ная установка transmission level meter.
пегий *a.* dappled, spotted, mottled.
пегмат/изация *f.* (geol.) pegmatitization; —ит *m.* (petr.) pegmatite, giant granite; —итовый *a.* pegmatitic; —оидный *a.* pegmatoid.
педагог *m.* pedagogue, teacher; —ика *f.* pedagogy, education; —ический *a.* pedagogical, education(al), teaching (methods).
педал/ь *f.*, —ьный *a.* pedal, foot lever, treadle; от —и, с —ьным приводом pedal-driven; работать —ью *v.* pedal; тормоз с —ью foot brake; —ьный привод pedal drive; —ьное коромысло foot lever, pedal.
педантичный *a.* pedantic, punctilious.
педвуз *m.*, —овский *a.* school of secondary education.
пед(и)— *prefix* ped(i)— (child; foot).
педиальный *a.* (cryst.) pedial.
педиатр *m.* (med.) pediatrician; —ический *a.* pediatric; —ия *f.* pediatrics.

педикулез *m.* pediculosis, infestation with lice.
пединститут *m.* teachers' college.
педо— *see* **педи—**; **—логия** *f.* pedology, child study; **—метр** *m.* (surv.) pedometer.
педучилище *n.* school of primary education.
пезиза *f.* (bot.) a manure mushroom (*Peziza vesiculosa*).
пей *imp. of* **пить.**
пейзаж *m.* landscape.
пейеровы бляшки (anat.) Peyer's patches.
пейте *imp. of* **пить.**
пейцеданин *m.* peucedanin, imperatorin.
пек *m.* pitch (distillation residue); peck (measure); *past m. sing. of* **печь.**
пекан *m.* pecan (tree).
пекар/ный *a.* baking; **—ня** *f.* bakery; **—ь** *m.* baker.
пекинский *a.* (geog.) Peking.
пек-кокс *m.* pitch coke.
пекла *past f. sing. of* **печь.**
Пекле число Peclet number.
пеклев/анный *a.* fine rye (flour); **—ать** *v.* grind fine and sift; **—ка** *f.* grinding fine; fine rye flour.
пекло *n.* scorching heat; *past n. sing. of* **печь.**
пеко/вый *a. of* **пек;** **—коксовый** *a.* pitch coke.
пект/аза *f.* pectase; **—ат** *m.* pectate; **—енин** *m.* pectenine; **—изация** *f.* pectization, gelatinization; **—изировать** *v.* pectize, gelatinize.
пектин *m.* pectin; **—аза** *f.* pectinase; **—овая кислота** pectic acid; **соль —овой кислоты, —овокислая соль** pectate; **—овокислый** *a.* pectic acid; pectate (of); **—овые вещества** pectins; **—оза** *f.* pectinose, arabinose.
пекто/за *f.* pectose; **—зиновая кислота** pectosinic acid; **—зовый** *a.* pectose, pectosic; **—лиз** *m.* pectolysis.
пектолит *m.* (min.) pectolite.
пекулярный *a.* (astr.) peculiar.
пек/ут *pr. 3 pl. of* **печь;** **—ущий** *a.* baking, roasting; **—ший** *past act. part. of* **печь.**
пелаг/иаль *f.* (ocean.) pelagic zone; **—ит** *m.* (min.) pelagite; **—ический** *a.* pelagic, pelagian, deep-sea.
пеларгон *m.* pelargone, 9-heptadecanone; **—ат** *m.* pelargonate; **—идин** *m.* pelargonidin; **—ий** *m.*, **—ия** *f.* (bot.) pelargonium; **—ил** *m.* pelargonyl; **—ин** *m.* pelargonin.
пеларгоново/кислый *a.* pelargonic acid; **pelargonate (of);** **—кислая соль** pelargonate; **—этиловый эфир** ethyl pelargonate.
пеларгонов/ый *a.* pelargone, pelargonic; **п. альдегид** pelargonaldehyde, nonanal; **—ая кислота** pelargonic acid,

nonylic acid; **соль —ой кислоты** pelargonate.
Пеле волосы (min.) Pélé's hair.
пелейский *a.* peléan (eruption).
пелена *f.* shroud, cover(ing), cloth, sheet; roof edge; (bot.) hymenium; **—ть** *v.* swaddle, wrap.
пеленг *m.* bearing, direction; **—атор** *m.* (rad.) direction finder; **—ация** *f.*, **(ир)ование** *n.* direction finding; **—овать** *v.* set, bear, take a course, take bearings; **—овый** *a. of* **пеленг.**
пеленка *f.* diaper, swaddling cloth.
пелециподы *pl.* (zool.) Pelecypoda.
пеликан *m.*, **—ий** *a.* (orn.) pelican.
пелит *m.* (geol.) pelite, mudstone; **—овый** *a.* pelitic, fine clay.
пеллагра *f.* (med.) pellagra.
пеллет/иерин, —ьерин *m.* pelletierine, punicine; **—иериновая кислота** pelletieric acid.
пеллидол *m.* pellidol.
пелликула *f.* pellicle, scum, film.
пеллотин *m.* pellotine.
пелорус *m.* (naut.) pelorus, dummy compass.
пелькомпас *m.* azimuth compass.
пельмен/ный *a.*, **—ь** *m.* meat dumpling.
Пельтье явление Peltier effect.
пельтьерин *see* **пеллетиерин.**
Пельтона турбина Pelton wheel.
пельтуровый ярус (geol.) Peltura stage.
пелюшка *f.* maple pea (*Pisum arvense*).
пелядь *f.* whitefish.
пемз/а *f.* pumice; **—обетон** *m.* pumice concrete; **—овальный** *a.* pumicing; fluffiing (machine); **—овать** *v.* (polish with) pumice; **—овидный** *a.* pumiceous; **—овка** *f.* pumicing, polishing with pumice; **—овый** *a. of* **пемза.**
пемфигус *m.* (med.) pemphigus.
пен/а *f.* foam, froth; suds, lather; scum, skimmings, dross; **образование —ы** (flotation) frothing; foaming.
пенал *m.* box, case, container; tank; (isotope) can.
пендельфедер *m.* (horol.) pendulum spring.
пен(д)жабский *a.* (geol.) Penjabian.
пендинская язва (med.) oriental sore.
пене— *prefix* pen(e)— (almost).
пенек *dim. of* **пень;** (barrel) pin.
пенеплен *m.* (geol.) peneplain.
пенетр/ация *f.* penetration; **—ометр** *m.* penetrometer; **—ометрия** *f.* penetrometry.
пензенский *a.* (geog.) Penza.
пение *n.* singing.
пенис *m.* (anat.) penis.
пенист/ость *f.* foaminess, frothiness; effervescence; **—ый** *a.* foamy, frothy; foam (rubber); effervescent; froth (fermentation); **—ый шпат, —ая земля** (min.)

aphrite, foaming earth, foam spar; —ый камень foamstone.
пенить v. make foam, churn up; —ся v. foam, froth; effervesce, bubble.
пеницилл m. (bot.) Penicillium; —ин m. penicillin; —иназа f. penicillinase; —овый a. penicillic (acid); —оиновый a. penicilloic (acid).
пенка f. foam, froth, scum, skimmings.
пенкатит m. (min.) pencatite.
пенковый a. of пенка.
пеннин m. (min.) pennin(it)e.
пеннинский a. (geog.) Pennine.
пеннирояловое масло pennyroyal oil.
пенницы pl. (ent.) Cercopidae.
пеннон m. pennone, tetramethyl pentanone.
пенн/ый a. foam(y), froth(y); —ая флотация froth flotation; —ое число lather value (of detergent).
пено— prefix foam, cellular; froth; —аккумулятор m. (fire fighting) foam generator; —бетон m., —бетонный a. foam concrete; —гаситель m. foam suppressor, froth breaker; —гасительный a. foam-quenching; fire-extinguishing (with foam); —гашение n. foam quenching; —генератор m. foam generator; —гипс m. gypsum insulation board; —графит m. cellular graphite; —заполнитель m. foam filler; —измеритель m. froth meter; —керамический a. foam ceramic; —кокс m. coked foam; —магнезит m. a magnesite-gypsum insulation board; —материал m. foam.
пенообраз/ный a. foamy, frothy; —ование n. foaming, frothing; —ователь m., —ующее вещество foaming agent, frothing agent; (flotation) frother; —ующий a. froth-forming.
пеноотделитель m. froth separator, (froth) skimmer, foam remover.
пенопласт m., —ический a. foam plastic; —масса f. expanded plastic; —ный, —овый a. foam plastic; foam (insulation).
пенополи/винилформаль m. polyvinyl formal foam; —винилхлорид m. polyvinyl chloride foam; —стирол m. polystyrene foam; —уретан m. polyurethane foam; —эпоксид m. epoxy resin foam.
пено/резина f. foam rubber; —силикат m. a porous concrete; —стекло n., —стекольный a. foam glass; —стойкость f. froth resistance; —структура f. foam structure; —тушение n. foam quenching; —уретан m. urethane foam.
пеночка dim. of пенка; (orn.) warbler.
пенсильванский отдел (geol.) Pennsylvanian epoch.
пенсия f. pension.
пента— prefix penta—, five-; —бром—

prefix pentabrom(o)—; —бромбензол m. pentabromobenzene; —гон m. (geom.) pentagon; —гональный a. pentagonal; —грамма f. pentagram; —грид m. (electron.) pentagrid, heptode; —грид-преобразователь частоты pentagrid converter.
пентада f. pentad, five-day period.
пентадекан m. pentadecane; —овый a. pentadecanoic (acid); —ол m. pentadecanol, pentadecyl alcohol; —он m. pentadecanone.
пента/децил m. pentadecyl; —диен m. pentadiene; —диенон m. pentadienone, divinyl ketone; —дный a. pentad; five-day; —зил m. pentazyl; —зин m. pentazine; —зол m. pentasol (mixture of amyl alcohols); —козан m. pentacosane; —козановый a. pentacosanic (acid); —л m. pental, trimethylethylene.
пентаметил m. pentamethyl; —ен m. pentamethylene, cyclopentane.
пентамин m. pentamine, azamethonium bromide.
пентан m. pentane; —диол m. pentanediol; —ол m. pentanol, amyl alcohol; —он m. pentanone.
пента/пирамида f. pentagonal pyramid; —сульфид m. pentasulfide; —тионовая кислота pentathionic acid; —тоника f. (acous.) pentatonic scale; —хлор— prefix pentachlor(o)—; —хлорбензол m. pentachlorobenzene; —хлортиофенол m. pentachlorothiophenol; —циклический a. pentacyclic, five-membered.
пентаэдр m. pentahedron; —ический a. pentahedral.
пента/эритрит m. pentaerythritol, pentaerythrite; —этил m. pentaethyl.
пентен m. pentene, amylene; —ил m. pentenyl; —овая кислота penten(o)ic acid; —ол m. pentenol.
пентиазолин m. penthiazoline.
пентил m. pentyl, amyl; —ен m. pentylene, pentadiene.
пент/ин m. pentyne; —иофен, —иофуран m. penthiophene, penthiofuran; —ит m. pentitol.
пентландит m. (min.) pentlandite.
пентод m. pentode (electron tube).
пенто/за f. pentose; —зан m. pentosan; —зный a. pentose; —ксил m. pentoxyl, 5-hydroxymethyl-4-methyluracil; —ксим m. pentoxime; —н m. pentone; —новая кислота pentonic acid.
пентрит m. (expl.) penthrite (PETN), pentaerythritol tetranitrate.
пенфильдит m. (min.) penfieldite.
пены gen., pl., etc., of пена.
пень m. stump (of tree).
пеньк/а f. hemp; —овый a. hemp(en);

—озавод *m.*, —опрядильня *f.* hemp mill; —опрядение *n.*, —опрядильный *a.* hemp processing; —отрепальный *a.*, —отрепание *n.* hemp scutching.

пен/я *f.*, брать —ю *v.* fine; —ять *v.* reproach, blame.

пенящийся *a.* frothing, frothy, foaming, foamy; effervescent, sparkling (wine).

пеон *m.* (bot.) peony (*Paeonia*); —ин *m.* peonin, aurine; peonine (alkaloid); —ол *m.* peonol.

пепел *m.* ash(es), cinder(s); —истый *a.* ashen; —ить *v.* turn to ash(es); —ица *f.* (phyt.) powdery mildew; —ище *n.* site of fire; —ьница *f.* ashtray; —ьносерый *a.* ash-gray; —ьный *a.* ash(en), cinereous; —ьный свет (lunar) earthshine.

пеперин *m.* (min.) peperino, leucite tuff.

пепермент *m.* peppermint.

пепла *gen. of* пепел.

пеп/син *m.* pepsin (enzyme); —синовый *a.* peptic, pepsin; —тид *m.* peptide; —тидаза *f.* peptidase; —тидный *a.* peptide.

пептиз/атор *m.* peptizer, peptizing agent; —ация *f.* peptization; —ировать *v.* peptize, bring into colloidal solution; convert into a sol; —ованный *a.* peptized.

пептоли/з *m.* peptolysis, peptone hydrolysis; —тический *a.* peptolytic.

пептон *m.* peptone; —изация *f.* peptonization; —изировать *v.* peptonize; —изующий *a.* peptonizing; —ный, —овый *a.* peptone, peptonic.

пептотоксин *m.* peptotoxine.

пер *past m. sing. of* переть.

пер. *abbr.* (перевод) translation; (период) period, cycle; (периодический) periodic; batch.

пер— *prefix* per— (through, all over, completely); (chem.) per—; —бензойный *a.* perbenzoic (acid); —борат *m.* perborate; —бромат *m.* perbromate; —бунан *m.* Perbunan (synthetic rubber); —бутан *m.* Perbutan.

перв. *abbr.* (первичный) primary.

первейший *a.* very first; first-rate.

первенств/о *n.* priority, precedence, preeminence; иметь право на п., —овать *v.* take precedence; —ующий *a.* top-priority, most important, first.

первибр/атор *m.* (constr.) pervibrator; —ация *f.* pervibration, inside vibration.

первинка *f.* something new, something recent.

первитин *m.* Pervitin, methamphetamine.

первично *adv.* primarily, initially, first; *prefix see* прото—; —бескрылые *pl.* (ent.) Apterygota; —монадные *pl.* (zool.) Protomonadina; —полостные

черви (zool.) Nemathelminthes; —ротые *pl.* (zool.) Protostomia; —трахейные *pl.* (zool.) Protracheata; —хордовые *pl.* Hemichord(at)a.

первичный *a.* primary, initial, first, original, fundamental; prime (mover); raw (material); source (information); parent; virgin (neutron); п. спирт primary alcohol.

перво— *prefix* first, primary; proto— (first, original).

первобытн/ообщинный *a.* primitive communal; —ость *f.* primitiveness, primitive state; —ый *a.* primitive, primeval, original.

перво/гон *m.* first runnings; —е *n.* the first; first course; —звери *pl.* (zool.) Prototheria; —зданный *a.* first-existing, earliest; (geol.) protogenic; —зимье *n.* beginning of winter; —источник *m.* (primary) source, original source, background material; —классник *m.* (educ.) first-grader; —классный *a.* first-class, first-rate; —курсник *m.* freshman (student); —майский *a.* May first.

первоначальн/о *adv.* originally, initially, at first; —ый *a.* elementary, primary, primitive, primeval, primordial; original, initial; incipient; parent (substance); raw (material); prime (number, factor).

первообраз *m.* protoplast, original; —ный *a.* protoplastic, original; primitive (function); —ование *n.* incipience, inception, beginning.

перво/основа *f.* fundamental principle; —открыватель *m.* discoverer.

первоочередн/ой, —ый *a.* first, primary, immediate; (top-)priority; —ость *f.* (top) priority; право —ости right of way.

перво/печатный *a.* early-printed; first (edition); —причина *f.* original cause, origin, source.

перворазник *m.* first timer.

первород/ный *a.* primogenital; original; —ство *n.* primogeniture.

перворожденный *see* первородный.

перво/сортный *a.* top-grade, high-grade, first-rate; —степенный *a.* paramount, foremost, overriding, chief; prime, first, critical, vital, fundamental.

первоцвет *m.*, —ный *a.* (bot.) Primula.

перв/ый *a.* first; chief, main, primary; early; former; raw, starting (material); —ая помощь first aid; —ым делом first of all; —ым долгом primarily; в п. раз the first time; во —ых in the first place, to begin with.

перга *f.* bee bread.

пергамент *m.*, —ный *a.* parchment; —ирование *n.* parchmentizing.

пергамин *m.* pergamyn, artificial paper parchment; tracing paper.
пергидр/ат *m.* perhydrate; **—ид** *m.* perhydride; **—оль** *m.* Perhydrol.
пере— *prefix* afresh, again, anew, once more, re—; over, super—; out—; inter—; trans—, across; back and forth.
переадрес/ация, —овка *f.*, **—ывание** *n.* address change; **—ов(ыв)ать** *v.* change the address, re-address.
пере/алкилирование *n.* transalkylation; **—амидирование** *n.* transamidation; **—аминирование** *n.* transamination; **—ассигнов(ыв)ать** *v.* reassign.
перебазиров/ание *n.*, **—аться** *v.*, **—ка** *f.* move.
перебалансировать *v.* overbalance; (av.) retrim.
перебалтыв/ание *n.* agitation, thorough mixing; **—ать** *v.* agitate, mix thoroughly.
перебе/г *m.*, **—гание** *n.* crossing, etc., see *v.*; (honing stones) travel, stroke; **—гать, —жать** *v.* cross, run over; move rapidly; overrun; (mil.) desert; **—жка** *f.* crossing, etc., see *v.*; bound, rush; **—жчик** *m.* deserter.
перебели(ва)ть *v.* whitewash (again); make a final copy.
переберет *fut. 3 sing. of* **перебрать**.
перебив/ание *n.* interrupting, etc., see *v.*; **—ать** *v.* interrupt, intercept; break up; renail; reupholster; kill; overcome; **—ка** *f.* reupholstering.
перебирать *v.* sort out, look over; recall, touch (upon); (typ.) reset; **—ся** *v.* be sorted out, etc.; move.
перебить *see* **перебивать**.
перебой *m.* intermission, interruption, stop, delay, standstill; trouble, failure, disturbance; (service) irregularity; misfire, misfiring; **давать п.** *v.* fail, stop; miss; **с —ями, —ный** *a.* intermittent.
переболт/анный *a.* agitated, thoroughly mixed; **—ать** *see* **перебалтывать**.
перебор *m.* gear(ing), gearing train, reduction gearing; step-cone-pulley mechanism; excess, surplus receipts; **зубчатый п.** gear train, gearing.
переборанивать *v.* harrow again.
перебор/ка *f.* sorting, looking over; overhaul(ing); bulkhead, partition, diaphragm, wall, baffle; (typ.) resetting; **тарелка с —ками** baffle plate; **—ный** *a. of* **перебор**.
переборон/ить, —овать *v.* harrow again.
перебор/очный *a. of* **переборка**; **—щик** *m.* sorter.
перебраков(ыв)ать *v.* reject; re-evaluate.
перебранный *a.* sorted out, etc., *see* **перебирать**.
перебрасыв/ание *n.* throwing over; transfer; backing up; **—ать** *v.* throw over; transfer.
перебродить *v.* overferment; ferment.
переброс/c *m.* throw-over, change-over, transfer, carry-over; splashing over; surge (of gas); (elec. comm.) flip-flop; (geol.) overthrust; **—сать, —сить** *see* **перебрасывать; —ска** *f.* throwing over transfer; rehandling; **—шенный** *a.* thrown over; transferred; overthrust.
перебуривать *v.* redrill.
перевал *m.* passing, crossing; (mountain) pass; dam (of blast furnace); (min.) cave-in; (agr.) trenching, deep plowing; **—ивание** *n.* transferring, etc., see *v.*; **—ивать** *v.* transfer, reload, handle; drag over; turn over; cross; exceed; **—иваться** *v.* fall over; **—ить** *see* **переваливать; —ка** *f.* (freight) handling, reloading, transshipment; (roll) changing; **—очный** *a. of* **перевалка**; storage (terminal); **—ьный** *a.* handling; pass.
перевальцов/анный *a.* (rubber) remilled; dead-milled; **—ывать** *v.* remill; overmill.
перевалять *v.* dump out; (text.) re-full.
перевар/енный *a.* overdone, overcooked; digested; **—и(вае)мость** *f.* digestibility; **—и(вае)мый** *a.* digestible; **—ивание** *n.* digestion; **—и(ва)ть** *v.* overcook; digest; **—ка** *f.* overcuring (of varnish).
перевев/ание *n.* (agr.) rewinnowing; shifting (of sand); **—ать** *v.* rewinnow.
переведение *n.* transfer.
перевезти *see* **перевозить**.
перевеивать *see* **перевевать**.
перевер/нутый *a.* upset, turned over, inverted, reverse; **—нуть** *see* **переворачивать; —теть** *v.* turn over; strip, damage (thread); replace (screw); **—тка** *f.*, **—тывание** *n.* turning over, etc., *see v.*; **—тывать** *v.* turn over, upset, invert, reverse; rabble, stir; **—тываться** *v.* turn over; (naut.) capsize.
перевес *m.* overweight, overbalance; preponderance; advantage; reweighing; **п. в его пользу** the odds are in his favor; **иметь п.** *v.* overbalance; **—ить** *see* **перевешивать; —ка** *f.* reweighing; rehanging.
перевести *see* **переводить**.
перевеш/енный *a.* reweighed, etc., *see v.*; **—ать** *v.* hang; weigh; **—ивание** *n.* reweighing, etc., *see v.*; **—ивать** *v.* reweigh; outweigh, overbalance; overcome; rehang; **—иваться** *v.* lean over; overhang; **—ивающий** *a.* preponderant, top-heavy.
перевеять *see* **перевевать**.
перевив/ать *v.* entwine; interweave, intertwine; **—ной** *see* **перевитой**.

перевин/тить, —чивать v. replace (screw); damage, strip (thread).
перевис/ать, —нуть v. overhang.
перевит/ый a. entwined, interwoven, intertwined; —ь see перевивать.
перевод m. transfer, change-over, switch(-over), shift(ing); conversion, reduction; recalculation; translation, interpretation; (money) order; коэффициент —a conversion factor; таблица для —a conversion table; устный п. interpretation; —имость f. transferability, etc., see a.; —имый a. transferable; convertible; translatable.
переводина f. crossbeam, joist.
переводительный a. transferring, etc., see переводить; (comp.) interpretive.
переводить v. transfer, change (over), switch over, shift; carry over, convey, convert, recalculate, reduce; translate, interpret; remit (money); —ся v. be transferred; die out.
переводка f. shifter.
персводник m. adapter; substitute.
переводн/ой, —ый a. transfer, shift(ing), switch; conversion; translation, translated; reversing; by-pass (pipe); striking (pin); carbon (paper); reversing; п. коэффициент conversion factor, reduction factor; (chem.) transference number, transport number; п. механизм shifter; п. рельс switch rail; —ая картина decalcomania; —ая муфта reducer; —ая надпись (com.) indorsement; —ая таблица, —ая шкала conversion table.
переводч/еский a. translation; —ик m. translator; interpreter; (art.) fire control lever; —ик-предохранитель m. safety lock and fire selector.
перевоз see перевозка.
перевозбужден/ие n. (elec.) overexcitation; —ный a. overexcited.
перевоз/имый a. transportable; —ить v. convey, carry, cart, haul, move, transfer, transport; —ка f. conveyance, carting, hauling, haulage, transfer, transport(ation); —ки pl. transportation; traffic; при —ке in transit; —ный, —очный a. transporting; delivery; —чик m. carrier.
переволакивать v. carry, transport.
переволновать v. upset, alarm, excite.
перевол/ок m., —ока f. portage; —очить, —очь v. make portage, carry.
перевооруж/ать v. re-arm; re-equip; —ение n. re-arming; re-equipment; —енность f. re-armament; —ить see перевооружать.
переворачив/ание see перевертывание; —атель m. (agr.) tedder; —ать see перевертывать.
переворашивать v. turn over, disturb, stir up; change.

переворот m. upheaval, revolution; turnover; (geol.) cataclysm; (av.) half-roll; двойной п. roll; —ить see перевертывать.
переворошить see переворашивать.
перевулканиз/ация f. overvulcanization, overcure, reversion; —ованный a. overvulcanized, overcured; —овывать v. overvulcanize, overcure.
перевыпас m. overgrazing.
перевыполн/ение n. overfulfillment, surpassing; —ять v. surpass, exceed.
перевяз/ать v. bind, tie up, bandage, dress; —ка f., —очный a. binding, dressing, bandage; bond(ing); ligature; —очный материал dressing; —очная вата sterile cotton; —ывание n. binding; dressing; —ывать see перевязать; —ь f. binding, shoulder belt; (med.) sling.
перевясло n. straw binder.
перегазовка f. (mach.) throttling, choking.
перегар m., —ный a. burning (out, through); odor of burning; combustion product; (sod) decomposition.
перегас/ить, —нуть v. put out, quench.
перегиб m. bend(ing), fold(ing); twist(ing), kink(ing) (curve) knee, discontinuity; inflection; (naut.) hog(ging); immoderacy, excess; —ать v. bend, fold; twist, kink; —ный a. of перегиб; inflectional.
перегляд/еть, —ывать v. re-examine; look over.
перегн/анный a. distilled; —ать see перегонять.
перегни/вание n. decaying; (anaerobic) digestion; —ватель m. digester, digestion tank; —(ва)ть v. decay (completely).
перегной m., —ный a. humus, mulch, compost; —но- prefix humus.
перегнут/ый a. bent, etc., see перегибать; —ь see перегибать.
перегов/аривать, —орить v. talk over, discuss; —ор m. conversation; (tel.) call; —оры pl. negotiations; вести —оры v. negotiate; —орный a. intercommunication; negotiatory; (tel.) call; telephone (booth).
перегон see перегонка; distillate; stage; run; (rr.) open line.
перегонк/а f. distillation; driving over; transfer; (av.) ferry(ing); п. в вакууме vacuum distillation; п. водяным паром steam distillation; вторичная п. rerun; дробная п. fractionation; продукт —и distillate.
перегон/ный, —очный a. distillation, distilling, distilled; (av.) ferry(ing); п. завод distillery; п. куб still; —ная колонна distillation column, fractionating column; —щик m. distiller; —яемость f. distillability; —яемый a. distillable;

—ять *v.* distill, drive over; sublimate; outspeed, outstrip, outrun, (sur)pass; drive (cattle); (av.) ferry; (text.) wind, spool.

перегораживать *v.* partition.

перегор/ание *n.* burning (out, through), combustion; blowout (of fuse); —ать *v.* burn (out, through); blow out; rot, decay; —елый *a.* burnt out, etc., *see v.*; —еть *see* перегорать.

перегород/ить *see* перегораживать; —ка *f.* partition, bulkhead, barrier, screen, (dividing) wall, diaphragm, membrane, compartment, closure; baffle (plate), deflector; (slag) bridge; (anat.) septum; через —ку barrier (diffusion); —очный *a.* partition; dividing; septal.

перерадуировать *v.* recalibrate.

перегражадать *v.* lock.

перегранич(ва)ть *v.* fix other limits, change the boundaries.

перегребать *v.* rake over.

перегрев *m.* excess heat, superheat(ing), overheat(ing); местный п. hot spot; —ание *n.* superheating, overheating; —атель *m.* superheater; —ать *v.* superheat, overheat; reheat.

перегрест/и, —ь *see* перегребать.

перегрет/ый *a.* superheated, overheated; (met.) over-refined; hot (spot); —ь *see* перегревать.

перегру/жаемость *f.* overload capacity; —жатель *m.* (re)loader; —жать *see* перегружать; —жающий *a.* overloading, etc., *see v.*; (min.) cross (conveyer); —женность *f.* overload, overwork; —женный *a.* overloaded, etc., *see v.*; —живать *v.* overload, overwork, strain, force (a machine); surcharge, overcharge; transship, transfer, reload, handle; —з *see* перегрузка; —зить *see* перегружать; —зка *f.* overloading, etc., *see v.*; overload, excess load; surcharge; overwork, strain; transshipment, transfer; (min.) flooding, spillover; (road) congestion, blocking; (av.) load factor, G-force; допустимая —зка permissible overload, G tolerance; —зной *a.* transshipped; —зочный *a.* of перегрузка; —зочный костюм G suit, antiblackout suit.

перегрунтов(ыв)ать *v.* prime again.

перегруппиров/анный *a.* rearranged; —ка *f.* rearrangement, regrouping; —(ыв)ать *v.* rearrange, regroup.

перегу/стить, —щать *v.* make too thick.

перед *prep. instr.* before, in front of, ahead of; prior to, preliminary to; upstream from; against; to; *m.* front, forepart.

передав/аемый *a.* transmitted, etc., *see v.*; transferable; negotiable; —ать *v.* transmit, transfer, pass (on, to), relay, convey, impart, give (over), turn over (duties), deliver, hand; report, communicate; broadcast; refer, remit; —аться *v.* be transmitted, etc.; (med.) be catching, be contagious, be caught.

передав/ить, —ливать *v.* crush; force over, convey, transfer (by pressure).

перед/анный *a.* transmitted, etc., *see* передавать; trans- (information); —аточность *f.* transmissibility.

передаточн/ый *a.* transmitting, transmission, transfer, conveying, carrier; driving; intermediary; distance-velocity (lag); п. вагон transfer car; п. вал countershaft; п. механизм driving gear, drive; п. путь delivery line; п. ремень driving belt; п. стержень transmission lever; п. червяк worm conveyor; —ая волна transmission wave; —ое колесо carrier; —ое отношение, —ое число gear ratio; (illum.) transmission ratio; —ые рычаги transmission gear.

передатчик *m.* transmitter, transferrer, carrier; (heat) conductor; (elec. comm.) transmitter, transmitting station, sending set, sender; п. кислорода oxygen carrier.

передать *see* передавать.

передач/а *f.* transmission, transmittal, transfer(ring); passage, conveyance, delivering, delivery, sending; (data) communication; gearing, (driving) gear, gear ratio; drive, driving; assignment; п. энергии energy transfer; power transmission; большая п. high gear ratio; винтовая п. screw gear; высота единицы —и height of transfer unit, HTU (of packed column); колесная п. gearing; коробка передач gear box, transmission; коэффициент —и transmittivity, transmission factor; transfer constant (of network); (electron.) propagation ratio; (mach.) gear ratio; малая п. low gear (ratio); на... —е in... gear; ось —и drive center line; первая п. first gear; повышенная п. overdrive; цепная п. chain drive.

передающ/ий *a.* transmitting, etc., *see* передавать; п. аппарат transmitter; —ее приспособление carrier; gearing.

передваивать *v.* plow again.

передвиг/ание *see* передвижение; —ать *v.* move, shift, slip, slide, —аться *v.* move, travel; —ающий *a.* moving, etc., *see v.*; feed (magnet); push (rod); —ающий механизм thrust gear.

передвиж/ение *n.*, —ка *f.* travel, progression, moving, movement, locomotion; removal, transfer, transportation; shift(ing); (ionic) migration; (bot.) translocation; средства —ения means of transportation.

передвижн/ой *a.* traveling, mobile, field, vehicular; skid-base (machine); movable, portable; sliding, adjustable; shifting, displaceable; п. ковш (foundry) ladle car; п. кран traveling crane, traveler; —ая лестница escalator; —ая платформа elevator car; —ая установка mobile unit, vehicle.
передвинут/ый *a.* moved, shifted, slid; —ь *see* передвигать.
передвоить *v.* plow again.
передел *m.* redistribution, reallotment, repartition, redivision; (met.) conversion; —ать *see* переделывать; —ить *see* переделять; —ка *f.*, —очный *a.*, —ывание *n.* alteration, remodeling, remaking; conversion, transformation, changing; —ывать *v.* alter, remodel, remake; convert, transform, change; —ьный *a.* conversion (cast iron); —ять *v.* redistribute, reallot, repartition, redivide.
передерж/ать *see* передерживать; —ивание *n.*, —ка *f.* holding over, etc., *see v.*; (phot.) overexposure; —ывать *v.* hold over, keep too long; (phot.) overexpose; repeat (exam).
передковый *a. of* передок.
передне— *prefix* pro— (before, in front of); (anat.) antero— (anterior, front); —боковой *a.* (anat.) anterolateral; —бороздчатые *pl.* (zool.) Proteroglypha; —верхний *a.* (anat.) anterosuperior; —височный *a.* anterotemporal; —грудь *f.* (ent.) prothorax; —жаберные *pl.* (zool.) Prosobranchia; —задний *a.* (anat.) anteroposterior; —навесной *a.* (mach.) front-mounted; —нижний *a.* (anat.) anteroinferior; —расположенный *a.* nose, fore; (at the) front.
передн/ий *a.* front, fore, anterior, forward, leading, leader, head; live (center); preceding (spot); п. план foreground; п. фронт leading edge; п. ход forward running; —яя грань face (of tool); —яя сторона, —яя часть front, forepart; —ее стекло (automobile) windshield.
передн/ик *m.* apron; —яя *f.* entrance hall, lobby, vestibule.
передо *see* перед.
передовер/енный договор subcontract; —ить, —ять *v.* subcontract.
передов/ик *m.* leader; progressive man; п. труда outstanding worker; —ица *f.* leading article, editorial; —ой *a.* leading, foremost, top-level; progressive, forward, advanced, fore(most) front; heading (face).
передозировка *f.* (med.) overdos(ag)e.
передоить *v.* milk.
передок *m.* (art.) forecarriage; front (of carriage); vamp (of shoe).

передохнуть *v.* die; take a breath; take a short rest.
передув/ать *v.* overblow; —ка *f.* overblowing; (met.) afterblow.
передум(ыв)ать *v.* think over.
передутый *a.* overblown.
переды/хать *v.* stop and rest; —шка *f.* respite, rest.
переед/ание *n.* corrosion; overeating; —ать *v.* corrode (through); eat up; overeat.
пере/езд *m.*, —ездной, —ездный *a.* passage, crossing, transit; moving; —езжать *v.* cross, come over; move; run over; —езжающий *a.* crossing, etc., *see v.*; mobile; —ехать *see* переезжать.
переесть *see* переедать.
пережари(ва)ть *v.* fry, roast (too much); —ся *v.* get overdone; get too hot (from sun).
пережать *v.* pinch; (agr.) reap.
пережидать *v.* wait (for).
пережев/ать, —ывать *v.* chew again, ruminate; masticate; chew well.
пережелтить *v.* make too yellow.
переж/ечь *see* пережигать; —женный *a.* burnt, burned, overroasted.
пережив/ание *n.* experience; survival; —ать *v.* experience, undergo; survive.
пережиг *m.*, —ание *n.* burning, combustion; calcination, roasting; excessive consumption (of fuel); —ать *v.* burn (through, up); calcine, roast.
пережидать *v.* wait (for).
пережим *m.* narrowing, contraction; reduced width; constriction, pinch(ing); nick, pinch (by rolls); gorge (of rolls); —ать *v.* pinch, constrict; squeeze again; —ка *f.* (forging) fuller; —ный баллон intermediate vessel.
пережит/ок *m.*, —очный *a.* survival; —ь *see* переживать.
пережог *m.* burning (through), burn-out; overburning; (met.) overheating; hot spot (of furnace shell); overconsumption (of fuel).
перезапис/(ыв)ать *v.* rewrite, (re)record, transcribe; recirculate (information); —ывающее устройство rewriting device, transcriber; —ь *f.* rewriting, etc., *see v.*
перезаразить *v.* infect.
перезаря/д *see* перезарядка; —дить *see* перезаряжать; —дка *f.* overcharging, etc., *see v.*; overcharge; recharge; (nucl.) charge exchange; —дный *a. of* перезарядки; charge-exchange (injection); (comp.) capacity-discharge (reading); —жание *see* перезарядка; —жать *v.* overcharge, supercharge; overload; recharge, reload; —жение *see* перезарядка; —женный *a.* overcharged, etc., *see v.*

пере/заточка *f.* regrinding; —звонить *v.* call up; call again; —зимов(ыв)ать *v.* winter, hibernate; —знакомить *v.* reacquaint.
перезол *m.* (leather) overliming; perezol (indicator); —ить *v.* overlime.
перезолотить *v.* gild; regild.
перезон *m.* perezon, pipitzahoic acid.
перезре/вать, —ть *v.* overripen; —лый *a.* overripe, too ripe.
пере/избыток *m.* excess; —известкование *n.* (agr.) overliming; —изд(ав)ать *v.*, —издание *n.* reprint; —именов(ыв)ать *v.* rename; —иначи(ва)ть *v.* change.
переирин *m.* pereirine.
переискать *v.* search all over.
переймет *fut. 3 sing. of* перенять.
перейти *see* переходить.
перекал *m.* overheating; (met.) overtempering; —енный *a.* overheated, burnt; overtempered.
перекалибровка *f.* recalibration.
перекал/ивание *n.*, —ка *f.* overheating; (met.) overtempering; —и(ва)ть *v.* overheat; overtemper.
перекалывать *v.* break up, split up; repin; puncture; stab, spear, kill.
перекал/ьный *a. of* перекал; —ьная печь (glass) calcar; —ять *see* перекаливать.
пере/капать *v.* drop in too much; —капчивать *v.* oversmoke; (re)smoke; —капывать *v.* dig (again; up); drop in too much; —кармливание *n.* overfeeding; —кармливать *v.* overfeed.
перекат *m.* rolling, moving; rift, bar, shallow, shoal, crossing; thunderclap, peal; —ать *v.* (re)roll; move (over); —и-поле *n.* (bot.) tumbleweed; —ить *see* перекатывать; —ка *f.* (re)rolling; —ный *a.* rolling; —чик *m.* roller; —ывание *n.* rolling, etc., *see v.*; —ывать *v.* roll, move; reroll; roll over, turn over.
перекач/анный *a.* pumped (over), transferred; —ать *see* перекачивать.
перекаченный *a.* rolled (over); rerolled.
перекач/ечный *a.*, —ивание *n.*, —ка *f.* pumping, transfer, delivery; —ивать *v.* pump (over), transfer, deliver; —ивающий *a.* pumping, etc., *see v.*; transfer (pump).
перекачнуться *v.* tilt (over).
перекашив/ание *n.* distortion, buckling, warping, twisting, torsion; —ать *v.* warp, twist, bend, slant, cant; mow (again); —аться *v.* twist, distort, run out of true, get out of alignment.
пере/квалифицировать *v.* train (for a new profession); —квасить, —квашивать *v.* let get too sour.
перекид/анный *a.* turned over; thrown over, spanned; —ать *see* перекидывать; —ка *see* перекидывание; (overhead) span; rehandling, transfer.
перекидн/ой *a.* reversing, reversible; tipping, dumping; knife (switch); break (-before)-make (contact); short-gap (bridge); (elec. comm.) flip-flop; п. механизм tumbler; п. рычаг reverse lever; —ая схема flip-flop.
переки/дывать, —нуть *v.* turning over, etc., *see v.*; —дывать, —нуть *v.* turn over; throw over, fling over, span; throw too far; reverse (valve); —нутый *a.* turned over, etc., *see v.*
перекип/ать, —еть *v.* boil over; —ятить *v.* boil again.
перекис/ать *v.* turn sour; become too acid; —ление *n.* overacidification; peroxidation, overoxidation; —ленный *a.* overacidified, etc., *see v.*; too acid, too sour; —лить *v.* overacidify; peroxidize, overoxidize; —новодородный *a.* hydrogen peroxide; —нуть *see* перекисать; —ный *a.* peroxide; per- (salt); —ь *f.* peroxide; —ь водорода hydrogen peroxide.
переклад *m.* cross bar; —ина *f.* crossbeam, cross bar, tie beam, joist, brace; slat, rung (of ladder); spar; transom; (anat.) trabecula; —ка *see* перекладывание; —ной *a.* relay; reversible (telescope); —ывание *n.* transferring, etc., *see v.*; transposal; rearrangement; —ывать *v.* transfer, transpose; restack, rearrange, reset, relay; interlay; overstack.
переклассификация *f.* reclassification.
перекле/ивание *n.* (re)gluing; —и(ва)ть *v.* (re)glue; —йка *f.* (re)gluing; plywood.
переклеймить *v.* (re)stamp, replace (stamp).
переклеп/ать *v.* (re)rivet; —ка *f.*, —ывание *n.* (re)riveting; —ывать *v.* (re)rivet.
перекли/к *m.* call(ing); —каться, —кнуться *v.* call (to one another); —чка *f.* calling; roll call.
переключ/аемый *a.* reversible; —атель *m.* (change-over) switch, reverser, commutator; (pole) changer; —атель газа (oil wells) periodic gas feeder; —ательный *see* переключающий; —ать *v.* switch (over), change over, reverse, commutate; throw switch (over), flip switch, set switch; move, shift; —ающий *a.* switching, etc., *see v.*; throw-over, change-over, switch-over; —ающийся *a.* reversing; shifting; bridging; make-before-break (contact).
переключен/ие *n.* (elec.) switching, etc., *see* переключать; change(-over), commutation; shift, move; п. скоростей gear shifting; рычаг —ия shift lever; —ный *a.* switched, etc., *see* переключать.
переключить *see* переключать.

переков/ать, —ывать v. reforge, rework; (re)shoe (horse); —ка f. reforging; (re)shoeing.
перекол/ачивать, —отить v. break up; renail.
переколоть see перекалывать.
перекомкать v. crumple up, wrinkle up.
перекомпаундирован/ие n. (elec.) overcompounding; —ный a. overcompounded, heavily compounded.
перекомпенс/ация f. overcompensation, overbalancing, overbalance; —ировать v. overcompensate, overbalance.
переконопа/тить, —чивать v. (re)caulk.
переконструиров/ание n. redesigning, etc., see v.; —ать v. redesign, remodel, rebuild.
перекоп m. cross ditch; —ать v. dig up; redig; make a ditch across; —ка f. digging up, etc., see v.
перекоп/тить see перекапчивать; —ченный a. (re)smoked; oversmoked.
перекорм m., —ка f. overfeeding; —ить v. overfeed; —ленный a. overfed.
перекоробить(ся) v. warp, twist (badly).
перекос m. curving, bending, skewing; slant, angularity; skewness, warp, cant (of shaft); bias, misalignment; —ить see перекашивать.
перекошенн/ость f. warped condition, skewness; angularity; misalignment; —ый a. warped, twisted, skew; distorted; out of alignment.
перекраивать v. alter, recut (pattern).
перекра/сить see перекрашивать; —ска f., —шивание n. (re)dyeing; (re)painting; —шивать v. (re)dye; (re)paint.
перекреп/ить, —лять v. refasten.
перекрест m. (biophysics) crossing over; (anat., biol.) chiasm(a), intersection; (bot.) cross-pollination; —ие n. cross lines; —ить see перекрещивать; —ник m. cross-pollinating plant.
перекрестноопыл/ение n. cross pollination; —яемый a. cross-pollinated; —яющий a. cross-pollinating; —яющийся a. self-pollinating.
перекрестно/слоистый a. cross-bedded; —совместимость f. (gen.) cross-incompatibility.
перекрест/ный a. cross; crossing; crossed; —ок m. crossing, crossroads, intersection; crossover; —ье n. (opt.) crosshairs; cross.
перекрещ/енный a. crossed, etc., see v.; —ивание n. crossing, etc., see v.; —ивать v. cross (over), intersect; transpose; rename; —иваться v. cross, intersect; —ивающийся a. crossing, intersecting, crisscross; гравировать —ивающимися линиями v. crosshatch.
перекристаллиз/ация f. recrystallization;

—ованный a. recrystallized; —овать v. recrystallize.
перекр/оить v. alter; revise; —ой m., —ойка f. alteration; revision.
перекромсать v. shred, chop fine.
перекрошить v. crumble up.
перекру/тить see перекручивать; —тка see перекручивание; —ченный a. twisted, etc., see v.; —чивание n. twist(ing), distortion; —чивать v. twist (too far), skew, distort; bind; —чиваться v. twist; rotate.
перекры/вание n. (over)lapping, etc., see v.; lap; —вать v. (over)lap, imbricate, overlie, superimpose; (re)cover, reroof; cap, cope (a wall); span, bridge (over); cross (of belt); duplicate (data); stop, shut off, cut off, shut down; dam (river); outdo, exceed; —вающий a. (over)lapping, etc., see v.; —вающий ряд coping; —вающие породы (min.) overburden; —вной a. shut-off (valve); —тие see перекрывание; overhead cover; span; (elec.) sparkover, arcover, flashover; ceiling; roof; floor; (gear) engagement; коэффициент —тия engagement factor; —тый a. (over)lapped, etc., see v.
перекрыш/а, —ка f. overlap(ping), lap, imbrication; ceiling; cover.
перекурка f. distillation.
пере/лавливать v. catch, trap; —лагать see перекладывать; —ладить, —лаживать v. fix, adjust; —лакиров(ыв)ать v. (re)varnish; —ламывать v. break apart, break in two; fracture; —лежать v. lie (too long); spoil in storage; —лепить, —леплять v. re-paste; reshape.
перелес/ка f. (bot.) Hepatica; —ок m. grove, small woods; —ье n. glade.
перелет m. flight, passage; (mil.) missing of target; transmigration (of birds); —ание n. flying (across); —ать, —еть v. fly (across); —ный a. migratory; —ывать v. migrate.
перелив m., —ание n. pouring over, etc., see v.; transfer (of liquid); overflow(ing); (blood) transfusion; —ать v. pour over, decant; transfer; overfill; transfuse; (foundry) recast; —аться v. overflow, run over; iridesce (of colors); —ающий a. pouring over, etc., see v.; flowing (well); iridescent, opalescent (colors); —ка f. transfer; recasting.
переливн/ой a. pouring; overflow; (foundry) recast(ing); п. ствол overflow lip; —ая труба overflow (pipe); —ое отверстие overflow, outlet.
переливчат/ость f. iridescence; —ый a. iridescent, chatoyant, opalescent.
перелинов(ыв)ать v. (re)line.
перелист(ыв)ать v. turn over (pages), look through, scan.

перелит/ый *a.* poured over, decanted; (foundry) recast; —ь *see* переливать.
перелиц/евать, —овывать *v.* turn, reverse; alter; —ованный *a.* turned, etc., *see v.*
пере/лов *m.* overtrapping; overfishing; —ловить *v.* trap, catch; —лог *m.* (agr.) fallow.
перелож/ение *n.* transposition; —енный *a.* transposed; —ить *see* перекладывать.
переложный *a.* (agr.) fallow.
перелой *m.* (med.) gonorrhea.
перелом *m.* break, discontinuity; rupture, breakage, breaking (apart); turning point, crisis, (sudden) change, sudden transition; (med.) fracture; —ать *v.* break (up); —ить *see* переламывать; —ный *a.* transition(al); critical; —ный момент turning point.
перелопа/тить, —чивать *v.* shovel (up), spade, dig up, scoop; mix (with shovel).
перельет *fut. 3 sing. of* переливать.
перем. *abbr.* (переменный).
перемагни/тить, —чивать *v.* reverse the magnetism; —чение, —чивание *n.* magnetic reversal, remagnetization.
перемаз(ыв)ать *v.* smear (up); soil.
перемалыв/ание *n.* milling, grinding; —ать *v.* mill, grind (again).
перемани(ва)ть *v.* entice, win over.
перематыв/ание *n.* rewinding; (text.) reeling; —ать *v.* rewind; reel.
перемачивать *v.* wet, soak.
перемащивать *v.* (re)pave.
перемеж/аемость *f.* alternation; —ать *v.* alternate; intermit; —аться *v.* alternate; intermit, be interrupted; —ающийся *a.* alternate, alternating (with); alternating direction (method); intermittent; intermediate; (geol.) interbedded, interstratified; permutation (code); (elec.) alternating.
перемежев(ыв)ать *v.* (re)survey, (re)set boundaries.
перемен/а *f.* change, alteration, mutation, transformation; alternation; variation; interval, recess, break; reversal; move, shift; п. движения, п. направления, п. хода reversal, reversing; поддающийся —е alterable; рычаг —ы хода reverse lever; —енный *a.* changed, etc., *see* переменять; —ить *see* переменять; —ка *f.* recess, break; —ная *f.* (astr.) math.) variable.
переменно *adv.* alternately; п. действующий alternating; п.-возвратное движение reciprocal motion.
переменно/е *n.* (math.) variable; —полярный *a.* (elec.) heteropolar; —поточный *a.* variable-flow.
переменность *f.* variability, changeability, mutability, instability.

переменн/ый *a.* variable, varying, (inter)changeable, alternative; alternate;(elec.) alternating; live (load); intercepting (valve); генератор —ого тока альтернатор; —ая величина (math.) variable; с —ым ходом reversible (engine).
переменчив/ость *see* переменность; —ый *a.* variable, changeable, alterable, inconstant, unstable, shifting.
переменять *v.* change, vary, alter, transform; shift; exchange, interchange, п. направление reverse; —ся *v.* (ex-)change; take turns.
перемер *m.* (re)measuring, measurement.
перемерз/ать, —нуть *v.* freeze (up).
перемер/ивание *n.*, —ка *f.* (re)measuring, measurement; —и(ва)ть, —ять *v.* (re)measure.
переместить *see* перемешивать.
перемести *v.* sweep (again); drift (of snow).
переместит/ельный *a.* transposing, transposable; (math.) commutative; —ь *see* перемещать.
перемет *m.* seine, net; cross beam; (snow) drift; —ать *v.* sweep again; drift; (re)stack; (re)baste.
переметилирование *n.* transmethylation.
переметить *see* перемечивать.
перемет/ка *f.* (re)stacking; (re)basting; —нуть *v.* fling (over); —ный *a.* of перемет; —ывать *v.* (re)stack; (re)baste.
перемеч(ив)ать *v.* (re)label, mark, tag.
перемеш/анный *a.* mixed, etc., *see v.*; —(ив)ать *v.* mix, stir, agitate, rabble; intermingle, intermix, blend, intersperse; mix up, confuse; —ивание *n.* mixing, etc., *see v.*; agitation; confusion.
перемещ/аемость *f.* movability; transportability; —аемый *a.* movable, mobile, transportable; —ать *v.* transpose, transfer, transport, move, shift, displace; convey, drive; —ать вперед advance; —аться *v.* move, slip, slide, migrate, travel; —ающий *a.* moving, motive; —ающийся *a.* moving, movable, mobile, adjusting, sliding; traversing, shifting, heaving (sand); migratory, traveling.
перемещен/ие *n.* transfer(ence), translation, transposition, change of positions; shift(ing), moving, movement, motion, travel, migration; transportation, hauling, haulage, conveying, conveyance; displacement, dislocation; adjustment, sliding; (math.) permutation; —ный *a.* transposed, etc., *see* перемещать.
переминать *v.* knead, work.
перемирие *n.* truce, armistice.
перемнож/ать *v.* multiply; —ающий *a.* multiplying; —ение *n.* multiplication; —ить *v.* multiply.
перемогать *v.* overcome.
перемод/ифицирование *n.* remodification;

перемокать overmodification; —уляция f. overmodulation.
перемок/ать, —нуть v. get wet.
перемол m. (re)grinding, (re)milling.
перемол/ачивание n., —от m. (agr.) (re)threshing; —ачивать, —ить v. (re)thresh.
перемолоть v. (re)grind, (re)mill.
перемонт/аж m., —ирование n., —ировка f. reassembly; rewiring; remounting; —ировать v. reassemble; rewire; remount.
перемор/аживать, —озить v. (re)freeze.
перемостить v. (re)pave.
перемот/анный a. (re)wound; —ать v. (re)wind; —ка f., —(оч)ный a. (re)winding, rewind.
перемоч/енный a. wet; oversoaked; —ить v. wet; oversoak; —ка f. oversoaking.
перемочь v. overcome.
перемутить v. cloud, make turbid.
перемы(ва)ть v. (re)wash.
перемычка f. connector, connecting strip; crosspiece, tie plate, bridge; (aircraft) bonding wire; straight arch; (door) lintel; dam, dike; coffer(dam); (elec.) jumper.
перемят/ый a. crumpled; deformed; (re)kneaded; —ь v. crumple; deform; (re)knead.
перенала/дить, —живать v. readjust; —дка f. readjustment.
перенапря/гать v. overstrain; —жение n. overstrain, excessive strain; overstress, excessive stress; (elec.) overvoltage; волна —жения surge; —чь v. overstrain.
перенасел/ение n., —енность f. overpopulation; —енный a. overpopulated; —ить, —ять v. overpopulate.
перенастр/аивать v. readjust, retune; change over; —ойка f. readjustment, retuning; change-over.
перенасы/тить, —щать v. supersaturate; —щение n., —щенность f. supersaturation; —щенный a. supersaturated.
перенашивать see переносить.
перенес/ение n. transfer(ence), transportation, removal; postponement; endurance, bearing; —енный a. transferred, etc., see переносить; —ти see переносить.
перенимать v. imitate, borrow; intercept, catch; take over.
перенормиров/анный a. renormalized; —ка f. renormalization.
перенос m. transfer, transport(ation); transmission; migration (of ions); transposition (of a term); (comp.) carry; п. вещества, п. массы mass transfer; п. тепла heat transfer; единица —а transfer unit (of column); постоянная —ов migration constant (of ions);

схема —ов (cryst.) translation pattern; уравнение —а transport equation; число —а transport number, transference number; чистый п. (isotopes separation) net transport; —имый a. transferable; bearable, endurable; contagious, infectious (disease); —имый по воздуху airborne.
переноситель m. carrier; transferrer, transporter, transmitter; п. галогена halogenating agent.
перенос/ить v. transfer, carry (over), convey, take, transmit, transport, relay, shift; (math.) transpose; endure, bear, stand; undergo (operation); —ица f. (anat.) bridge of nose; —ка see перенесение; portable lamp; —ность f. portability; —ный a. transferable, (trans)portable, (re)movable; applicable; figurative; translational; anastatic (printing); —ное движение (electron.) transport.
переноспороз m. (phyt.) Perenospora mold.
переносчик m. (disease) carrier.
перенумер/ация f. (re)numbering; relabeling (of coordinates); —ов(ыв)ать v. (re)number; relabel.
перенять see перенимать.
переоблучение n. overirradiation, overexposure (to radiation).
переобогащение n. rewashing, reconcentration.
переоборудов/ание n. retooling, etc., see v.; re-equipment; conversion; —ать v. retool, re-equip, engineer; remodel, convert.
переобуч/ать, —ить v. (re)train, (re)educate.
переокисл/ение n. peroxidation; —ять v. peroxidize, overoxidize.
переорганизов(ыв)ать v. reorganize.
переориент/ация f., —ирование n., —ировка f. reorientation; overcorrection; flipping (of spins); —ировать v. reorientate; overcorrect.
переосажд/ать v. reprecipitate; —ение n. reprecipitation.
переотклонение n. overshooting, overswing.
переотливка f. (foundry) recasting.
переотложение n. redeposition.
переохла/дить, —ждать v. supercool, undercool, subcool; —ждение n. supercooling, etc., see v.; —жденный a. supercooled, etc., see v.; freezing (rain).
переоцен/енный a. overrated, etc., see v.; —ивание n., —ка f. overrating, overestimation, etc., see v.; reappraisal; —и(ва)ть v. overrate, overestimate, overemphasize; emphasize strongly; re-evaluate, reappraise.
перепад m. drop, jump; (pressure) differential, drop, difference; (temperature)

drop, gradient; (hydr.) overfall; (blast furnace) skimmer; —ать v. fall (one after another); fall intermittently (of rain); pass, elapse.
перепа/ивание n., —йка f. (re)soldering; —ивать v. (re)solder; overwater (stock).
пере/палзывать v. creep over; —палить v. burn, use (fuel); —палывать v. (re)weed; —пари(ва)ть v. (over)steam; —пасть see перепадать; —пахи(ва)ть v. (re)plow; cut a furrow across; —пачкать v. soil, dirty; —пашка f. (re)plowing, second plowing; —паять v. (re)solder. —пекать v. (over)bake.
перепел m., —иный a. (orn.) quail.
перепечат/ать, —ывать v. reprint; (re)type; —ка f., —ывание n. reprint(ing); (re)typing.
перепечь v. (over)bake.
перепил/енный a. sawed up; sawed in half; —ивание n., —ка f. sawing up; sawing in half; —и(ва)ть v. saw up; saw in half.
перепис/ать see переписывать; —ка f. copying, etc., see v.; correspondence; —ной a. census; inventorial; —чик m. copyist; typist; —ывание see переписка; —ывать v. copy, rewrite; type, transcribe; list; —ываться v. correspond; —ь f. census; inventory, list.
переплав see переплавка; —ить see переплавлять; —ка f., —ление n. remelting, etc., see v.; —ленный a. remelted, etc., see v.; —лять v. remelt; refound; smelt; float, drift.
перепланиров/ание n., —ка f., —ывание n. replanning; —(ыв)ать v. replan.
перепла/та f. surplus payment; —тить, —чивать v. overpay.
переплес/к m. splashing over; —кивать, —нуть v. splash over.
переплести see переплетать.
переплет m. (book) binding, cover; (chair) caning; casement, frame; (window) sash; в материалом —e cloth-bound; —ание n. interweaving, etc., see v.; —ать v. interweave; bind (a book); cane (chair); —аться v. interweave, intertwine, interlace, interlock; —ающийся a. interwoven, interlaced, interlocked; —ение n. interweaving, etc., see v.; interdigitation; (text.) weave; —енный a. bound.
переплет/ная f. bindery; —ный a. (book)binding, spar-lock (bridge); —ное дело bookbinding; —чик m. bookbinder.
переплы(ва)ть v. cross, swim across.
переподгот/авливание n., —овка f. retraining; refresher courses; —авливать, —овить, —овлять v. retrain; give a refresher course, update.
переподъем m. (min.) overwind.

переполаскивать v. (re)rinse.
переполз/ание n. creeping over; climb; —ать, —ти v. creep over.
переполн/ение n. overfilling, overcrowding; overflow; —енный a. overfull, overcrowded, overflowing; —ить, —ять v. overfill, overcrowd; —иться, —яться v. get too full, overflow.
пере/полоскать v. (re)rinse; —полоть v. (re)weed; —полюсовать v. reverse the polarity, change the poles.
перепон/ка f., —очный a. membrane, film, web(bing), diaphragm; —чатокрылые pl. (ent.) Hymenoptera; —чатый a. membranous, webbed.
перепортить v. spoil, ruin.
переправ/а f. passage, crossing, ferry(ing); fording; —ить see переправлять; —ка f. ferrying, etc., see v.; revision; —лять v. ferry, take across, convey; send, ship; revise, correct; —ляться v. cross; —очно-мостовой a. crossing; bridge (train); —очный a. of переправка.
перепе(ва)ть v. overcook; (biol.) rot.
переприем m. retransmission, resending; —ник m. (elec. comm.) transducer.
пере/пробовать v. try out; —проверять v. double check; —программировать v. reprogram; —проектировать v. redesign; —производство n. overproduction; —проявленный a. (phot.) overdeveloped.
перепру/дить, —живать v. dam; —женный a. dammed.
перепрясть v. (text.) spin.
перепуск m., —ание n. by-passing, etc., see v.; by-pass; gradual transfer; blow-off (of compressor); —ать v. by-pass; let (go) across; let overflow; transfer slowly; flush through (mold); slacken (rope); render (fat); —ной a. by-pass; passage; release (valve), relief (cock); overflow (pipe); (art.) regulator (valve); —ной канал by-pass, passageway, spillway; —ное устройство by-pass.
перепустить see перепускать.
перепут/(ыв)ать v. (en)tangle; mix up; confuse; —ье n. crossroads.
перепущенный a. by-passed, etc., see перепускать.
перер. abbr. (переработанный).
перераб/атывание see переработка; —атывать v. (re)process, (re)treat, work over; digest; refine (oil); refabricate (fuel); recover; make over, convert (to); redesign; revise (book); (rr.) reclassify (trains); work overtime; —отанный a. (re)processed, etc., see v.; —отка f., —оточный a. (re)processing, etc., see v.; treatment; recovery; conversion; revision; overtime work.
переразвитый a. overdeveloped.

перезаряд/ить v. (elec.) run down; —ка f. running down; —ок m. overload(ing).

перераспредел/ение n. redistribution; (chem.) disproportionation; —енный a. redistributed; —ить, —ять v. redistribute.

перераст/ать, —и v. overgrow; develop, grow (into); outgrow.

перерасход m., —ование n. overexpenditure, (cost) overrun; overspending; excessive consumption; (com.) overdraft; —овать v. spend too much; overdraw.

пере/расширение n. overexpansion; —рвать v. tear (apart), break; —регистрировать v. (re)register, (re)record.

перерегулирование n. overcontrol; overshooting, overswing; resetting.

перерез m. (cross)cut; cutting apart; tub; на п. at right angles; —ка f., —ывание n. cutting apart, etc., see v.; —(ыв)ать v. cut apart, cut up; cut off (access); intersect, cross; slaughter.

перереш/ать, —ить v. change one's mind, alter one's decision; solve.

перержав/елый a. rusted; —еть v. get rusty, rust apart.

перерисов(ыв)ать v. (re)draw, copy.

переро/д m. (agr.) degenerative crop; —дить, —ждать v. regenerate; revive; —диться, —ждаться v. be regenerated; degenerate; —ждение n. regeneration, palingenesis; degeneration.

перерос past m. sing. of перерасти; —ший a. overgrown.

переруб see перерубание; cut, gash; beam, joist; —ание n., —ка f. chopping (apart, off, up); —ать, —ить v. chop (apart, off, up).

перерыв m. interruption, break, discontinuity, disturbance; delay; gap, pause, stop, interval, intermission, rest period; с —ами intermittent, interrupted.

пере/рывать v. tear apart, break; dig up, dig across; —рывчатый a. intermittent, interrupted; —рыть v. dig up, dig across.

переса/дить see пересаживать; —дка f., —дочный a. transplanting, etc., see v.; transfer; —жать v. plant; —женный a. transplanted, etc., see v.; —живать v. transplant, replant, reset; transfer, transship.

пере/саливать v. oversalt; (re)salt; pickle, corn; —сасывать v. pump over, transfer; suck over; —сахари(ва)ть v. oversweeten; —сверлить v. (re)drill, (re)bore.

пересе/в m., —ивание n. (re)seeding; (re)sifting; —(и)вать v. (re)seed; (re)sift.

пересек/ать v. intersect, intercept, cross, cut; traverse; interlace; —аться v. cross, intersect; —ающий a. crossing, intersecting; transverse (axis); —ающая линия (geom.) secant; —ающийся a. intersecting, crossing; collision (course); concurrent (axes; forces); interlaced (structure).

пересел/енческий a. migrant; —ить, —ять v. transplant, move; —иться, —яться v. migrate, move.

пересеч/ение n. intersection, crossing, crossover, traversal; traverse; interlacing; —енный a. intersected, etc., see пересекать; broken, rugged (terrain); (astr.) barred (spiral); —ь see пересекать.

пересеять see пересевать.

пересини(ва)ть v. blue (again; too much).

переск/акать see перескакивать; —акивание see перескок; —акивание искр sparking over; —акивать v. jump over; hop; skip, omit; —акивающий a. jumping over, etc., see v.; —ок m. jumping over, etc., see v.; jump(-over); transfer, transition, passage; nonlinear buckling, transient buckling; —очить see перескакивать.

переслаив/ание n. (geol.) interstratification, interbedding; layers, beds; —ать(ся) v. interstratify; —ающийся a. interstratified, interbedded.

переслащ/енный a. oversweetened; —ивать v. oversweeten.

переслать see пересылать.

переслащ/енный a. oversweetened; —ивать v. oversweeten.

пересло/енный a. interstratified, interbedded; —ить see переслаивать.

пересм/атривание see пересмотр; —атривать v. inspect, look over, (re)examine, review; reconsider; revise; —отр m. inspecting, inspection, etc., see v.; review; —отренный a. inspected, etc., see v.; —отреть see пересматривать.

пересн/имать, —ять v. rent again; (phot.) copy; rephotograph.

пересовывать v. move over, shift.

пересозда(ва)ть v. recreate.

пересол m. excess salinity; —ен(н)ый a. oversalted; —ить see пересаливать; —ка f. salting; pickling.

пересортиров(ыв)ать v. (re)sort.

пересосать see пересасывать.

переостав/ить, —лять v. revise.

пересох/нуть see пересыхать; —ший a. dried out, dry, parched.

переспе/вать, —ть v. overripen, get too ripe; —лый a. overripe; (met.) overrefined; dry (copper).

переспр/ашивать, —осить v. ask (again), question.

переставать v. cease, stop, discontinue.

перестав/ить see переставлять; —ленный a. transposed, etc., see v.; —ляемый a. adjustable; (math.) permutable; —лять v. transpose, rearrange, (inter)change;

reset, readjust, regulate; displace, move, shift; (math.) permute; rotate (tires); —ной *a.* adjustable.
перестаиваться *v.* stand too long; spoil from standing, deteriorate.
перестан/авливать, —овить *see* переставлять; —овка *f.* transposition, transposing, etc., *see* переставлять; rearrangement; (ex)change, interchange; readjustment; (math.) permutation; угол —овки angle of displacement; —овочнолопастный *a.* hand-adjustable (turbine); —овочность *f.* (math.) permutability; —овочный *a.* permutable.
перестать *see* переставать.
перестилать *v.* (re)lay, (re)floor.
перестир(ыв)ать *v.* (re)launder.
перестлать *see* перестилать.
пересто/й *m.* deterioration (from standing too long); overripe crop; overmature wood; —йный *a.* overripe, overmature (forest); —ялый *a.* deteriorated; —яться *see* перестаиваться.
перестраивать *v.* rebuild, reconstruct; reorganize, change over, rearrange; (rad.) (re)tune.
перестрел/иваться *v.* (mil.) exchange fire; —ка *f.* exchange of fire; —ять *v.* shoot; use up (ammunition).
перестро/ение *see* перестройка; —оенный *a.* rebuilt, etc., *see* перестраивать; —оить *see* перестраивать; —йка *f.* rebuilding, reconstruction; reorganization, rearrangement; (rad.) (re)tuning; —йка программы reprogramming.
пересту/дить, —живать *v.* overcool.
перестук *m.* knocking; —ивать(ся) *v.* knock.
переступать *v.* cross, step over; overstep, exceed; transgress.
переступень *m.* (bot.) bryony (*Bryonia*).
переступить *see* переступать.
пересты(ва)ть *v.* cool off completely.
пересульфирование *n.* sulfur transfer.
пересунуть *v.* shove, move over.
пересуш/енный *a.* overdried, etc., *see v.*; —и(ва)ть *v.* overdry, parch; (re)dry.
пересчет *m.* conversion, translation; recalculation; scaling; counting; п. на два scale of two; двоичный п. binary scaling; коэффициент —а scaling factor; conversion factor; при —е на on conversion to; таблица (для) —а conversion table; —ка *f.* scaler, scaling circuit; —ный *a. of* пересчет; —ный бинарный *a.* scale-of-two (circuit); —ный десятичный *a.* scale-of-ten; —ный прибор, —ная установка, —ное устройство (radiation counting) scaler, scaling unit; counter (of electric pulses); —ная схема scaler, scaling circuit; counter system; кольцевая —ная схема ring

scaler; —чик *m.* register, director; translator.
пересчит/анный *a.* recounted, etc., *see v.*; —ать *see* пересчитывать; —ываемый *a.* countable; —ывание *n.* recounting, etc., *see v.*; —ывать *v.* recount, count over; calculate; scale; convert.
пересъемка *f.* copying; rephotographing.
пересыл/атель *m.* sender; —ать *v.* send, forward; transport, convey; remit (money); —ка *f.* sending, etc., *see v.*; remittance.
пересып *m.*, —ание *see* пересыпка; —ать *v.* transfer, pour over; overfill; intersperse; —ка *f.* transfer; overfilling, interspersion; charge, fill; (coke) booster; —ь *f.* (geol.) bay barrier.
пересытить *see* пересыщать.
пересых/ание *n.* drying up, etc., *see v.*; —ать *v.* dry up, dry out, parch; overdry; —ающий *a.* drying up, etc., *see v.*; intermittent (stream).
пересыщ/ать *v.* supersaturate; surfeit; —ение *n.* supersaturation; satiety; —енный *a.* supersaturated; surfeited.
переталкив/ать *v.* push over, move over; —ающий *a.* reciprocating (feed).
пере/тапливать *v.* heat up; reheat; overheat; use up (fuel); (re)melt; —таптывать *v.* trample; —таски(ва)ть *v.* carry; drag across; —тачивать *v.* resharpen, regrind; —тащить *see* перетаскивать.
перетек/ание *n.* overflow(ing), run-over; —ать *v.* overflow, run over.
пере/тереть *see* перетирать; —терпеть *v.* undergo, endure; —терять *v.* lose (one after another); —тес(ыв)ать *v.* cut, hew (again); —течь *see* перетекать.
перетир/ание *see* перетирка; —ать *v.* wear, grind; rub, wipe; —аться *v.* wear through; —ка *f.* wearing (through), etc., *see v.*
переток *m.* (elec.) overcurrent.
перетолк/ать, —нуть *see* переталкивать.
пере/толков(ыв)ать *v.* misinterpret; discuss a matter; —толочь *v.* (re)grind; —томить *v.* oversteam.
перетоп/ить *see* перетапливать; —ка *f.* (re)melting; —ки *pl.* dregs.
перетоптать *v.* trample.
перето/чить *v.* (re)grind, (re)sharpen, (re)bore; —ка *f.* (re)grinding, etc., *see v.*
перетрав/ить, —ливать *v.* poison; overetch.
перетра/тить, —чивать *v.* overconsume.
перетрескаться *v.* crack all over, crackle.
перетуп/ить, —лять *v.* blunt, dull.
перетушить *v.* extinguish; slake; stew.
переть *v.* press, push, thrust.
перетя/гивание *n.* stretching, etc., *see v.*; —гивать *v.* stretch, draw, (re)tighten; overwind (spring); bind, constrict; pull

across, tow; pump over; —жка see **перетягивание**; intake; constriction, neck, sausage-type instability (in a plasma column); —**нутость** *f.* tightness; —**нутый** *a.* stretched, etc., see *v.*

переувлажненный *a.* water-logged.

переуглероживание *n.* (met.) supercarburization; recarburization.

переуло/к *m.*, —**чный** *a.* lane, alley.

переуспокоение *n.* overdamping.

переустр/аивать, —**оить** *v.* rebuild; re-organize; —**ойство** *n.* rebuilding; reorganization.

переступ/аемый *a.* negotiable; —**ать**, —**ить** *v.* cede, give up; recede.

переутом/ить *v.*, —**ление** *n.*, —**лять** *v.* overfatigue; overstrain; overwork; —**ленный** *a.* overfatigued, etc., see *v.*

переуч/есть *v.* take stock (of); —**ет** *m.*, —**етный** *a.* stock-taking, inventory; registration.

переучивать *v.* reteach; relearn; —**ся** *v.* relearn.

переучитывать *v.* take stock (of).

переучить see **переучивать**.

переформиров/ание *n.*, —**ка** *f.* re-forming; —**ов(ыв)ать** *v.* re-form.

переформулировать *v.* reformulate.

перефосфорилирование *n.* transphosphorylation.

перехват see **перехватывание**; (zool.) cervical sinus; —**ить** see **перехватывать**; overshoot the mark; —**чик** *m.* interceptor; —**ывание** *n.* interception, etc., see *v.*; tapping; binding; —**ывать** *v.* intercept; tap (a wire); (med.) strangle, constrict; bind.

перехлорированный *a.* after-chlorinated.

переход *m.* passing (into, over), etc., see *v.*; transition, change(-over), conversion; exchange, switch(ing); transfer, transit, passage; swing (to); jump; (semiconductors) junction; **диаграмма** —**ов** transient graph; **точка** —**а** transition point; —**ить** *v.* pass (into, over), cross, go over; go (into solution); migrate (of ions); change, convert, be converted, transform, turn (into); shift, switch; develop, proceed; exceed, go beyond; stop, end, come (to); blend, shade (of colors); turn (attention); —**ник** *m.* adapter, reducer; —**ной** see **переходный**.

переходн/ый *a.* transition(al), transient, passing, intermediate; connecting, crossover; junction (box); reducing (nipple); make-before-break (contact); (math.) transient (function); transition (matrix); transitive (relation); **п. патрон** adapter, **п. профиль** (gear teeth) inflection contour region; **п. процесс** transient (process); **построение** —**ых процессов** transient evaluation; **п. режим кипения**

transition boiling; —**ая втулка** adapter, reducer; —**ая колодка** tube adapter; —**ая муфта** adapter, reducer; —**ая полоса** transition zone; —**ая труба** reducer; —**ая характеристика** transient response; —**ое положение** transition; —**ое состояние** transient state; —**ое явление** transient; **время** —**ого режима** transient period.

перехо/дящий *a.* passing (into, over), etc., see **переходить**; —**ждение** *n.* transition, crossing over.

пер/ец *m.* pepper; **водяной п.** smartweed (*Polygonum hydropiper*); **зерно** —**ца** peppercorn; **испанский п., стручковый п.** red pepper, cayenne pepper.

переце/дить, —**живать** *v.* (re)filter.

перецеп/ить, —**лять** *v.* (re)hook.

перечекани(ва)ть *v.* (re)stamp.

перечень *m.* enumeration, list(ing), check list; inventory; sum, total; summary, contents.

перечерк/(ив)ать, —**нуть** *v.* strike out, cross out.

перечерн/ить, —**ять** *v.* (over)blacken.

перечерпать *v.* bail out.

перечер/тить, —**чивать** *v.* copy, (re)draw.

перечесать *v.* recomb; (text.) (re)hackle.

перечесть see **пересчитывать**.

перечесывать see **перечесать**.

перечет *m.* list, enumeration.

пере/чини(ва)ть *v.* mend, fix; (re)sharpen; —**чиркать** see **перечеркивать**.

перечисл/ение *n.* enumeration, listing, inventory; (com.) transfer; —**енный** *a.* enumerated, etc., see *v.*; —**имый** *a.* (math.) (d)enumerable; countable; —**ить**, —**ять** *v.* enumerate, list, tabulate, give; transfer.

пере/чистить see **перечищать**; —**чит(ыв)ать** *v.* (re)read; —**чищать** *v.* clean (again; up); (re)purify.

перечневый *a.* abridged, brief.

перечник *m.* (bot.) candytuft (*Iberis*).

перечный *a. of* **перец**; peppery.

перешаг/ивать, —**нуть** *v.* step over.

перешвыр/ивать, —**нуть**, —**ять** *v.* fling over.

перешедший *past act. part. of* **перейти**.

перешеек *m.* isthmus, neck; vent.

перешел *past m. sing. of* **перейти**.

перешиб *m.* fracture; —**ать**, —**ить** *v.* fracture, break.

пере/ши(ва)ть *v.* alter; sew; repanel; gage, adjust (track); —**шлет** *fut. 3 sing. of* **переслать**; —**шлифов(ыв)ать** *v.* (re)grind; —**шло** *past n. sing. of* **перейти**; —**штемпелев(ыв)ать** *v.* (re)stamp; —**штукатури(ва)ть** *v.* (re)plaster; —**щипать** *v.* pluck; pinch; —**щуп(ыв)ать** *v.* feel, probe (all over); —**экза-**

менов(ыв)ать v. re-examine; —этерификация f. ester interchange.
перея́р/ка f., —ок m. yearling.
пери— prefix peri— [near, (a)round]; —анций m. (bot.) perianth; —астр(он) m. (astr.) periastron; —блема f. (bot.) periblem; —галактий m. (astr.) perigalactica; —гей m. perigee; —гелий m., —гельный a. perihelion; —гляционный a. (paleogeog.) periglacial; —дерма f. (bot.) periderm; —дий m. peridium.
перидот m. (min.) peridot; —ит m. (petr.) peridotite.
перикард, —ий m. (anat.) pericardium; —ит m. (med.) pericarditis; —ический a. pericardial, pericardiac.
перикарпий m. (bot.) pericarp.
перикл/аз m. (min.) periclase, magnesia; —ин m. (min.) pericline; —инальный, —иновый a. pericline, periclinal.
перила f. (hand)rail, railing, balustrade, guard rail, bar, barrier, parapet.
перилен m. perylene; —хинон m. perylenequinone.
перилл/а f. (bot.) perilla (*Perilla ocimoides*); —овый a. perilla; perillic (acid); —овый альдегид perillaldehyde.
периль/ный a. of; —ца dim. of перила.
перимагматический a. perimagmatic.
периметр m. (geom.) perimeter.
перимид/ил m. perimidyl; —ин m. perimidine.
периморфоза f. (min.) perimorph.
перинафто— prefix perinaphtho—.
периней m. (anat.) perineum.
период m. period, phase, stage; age; era; life; interval; (operating) cycle; (lattice) spacing, pitch; spell (of weather); п. в десятичной дроби repeating decimal; п. задержки delay; измеритель —а (nucl.) period meter.
периодат m. periodate.
периодика f. periodicals.
периодически adv. periodically, at regular intervals; intermittently.
периодическ/ий a. periodic(al), recurrent; alternating, intermittent; batch (process); cycle (storage); п. закон periodic law, Mendeleyev's law; —ая дробь (math.) repeating decimal; —ая литература, —ая печать periodicals; —ая система periodic system (of elements); —ого действия batch(-operated); с —им профилем stepped (shaft).
период/ичность f. periodicity; frequency; intervals; batch nature, noncontinuity; (feed) rate; —ичный see периодический; —ограмма f. periodogram; —опреобразователь m. frequency changer.
периост m. (anat.) periosteum; —ит m. (med.) periostitis.
периплазма f. (biol.) periplasm.

перипло/генин m. periplogenin; —цин m. periplocin.
перископ m. periscope; оконный п. altiscope; —ический a. periscopic.
перисперм m. (bot.) perisperm.
перистальт/ика f. (physiol.) peristalsis; —ин m. peristaltin; —ический a. peristaltic, compressive; —ическое сокращение peristalsis.
перистерит m. (min.) peristerite.
перисто— prefix feather; (bot.) penni—, pinnately; —жаберные pl. (zool.) Pterobranchia; —кучевое облако cirrocumulus, mackerel sky; —лист(н)ый a. (bot.) pinnate, feather-leaved; —лопастный a. (bot.) pinnately lobed.
перистом m. (biol.) peristome.
перисто/нервный a. (bot.) penninervate; —образный a. featherlike; cirriform (cloud); —слоистое облако cirrostratus; —сть f. plumosity.
перист/ый a. feather(y); (biol.) plumose, feathered; pinnate, feather-like; feathered (structure); —ое облако high cloud, cirrus.
перитекти/ка f., —ческий a. (met.; petr.) peritectic.
перитеций m. (bot.) perithecium.
перитонит m. (med.) peritonitis.
перифер/ийный, —ический a. peripheral, circumferential; outlying (district); —ия f. periphery, circumference; outlying district.
перихондр m. (anat.) perichondrium.
перицикл m. (bot.) pericycle; —ический a. pericyclic; —окамфан m. pericyclocamphane.
перицит m. (biol.) pericyte.
перка f. (drill) bit, flat bit, flat drill.
перкал/ь m., —евый a. (text.) percale.
перкамфорный a. percamphoric (acid).
перкарбонат m. percarbonate.
Перкина реакция Perkin's reaction.
перкислота f. per acid.
перкнит m. (petr.) perknite.
перковый a. of перка.
перкол/ировать v. percolate; —ирующий a. percolating; —ятор m. percolator, trickling filter; —яционный a., —яция f. percolation.
перку/ссионный a., —ссия f. percussion; —тировать v. percuss.
перл m. pearl, bead; (typ.) pearl (5 points).
перла past f. sing. of переть.
перламутр m. mother-of-pearl, nacre; —енница f. pearl butterfly; —овый a. mother-of-pearl, nacreous, pearly.
перл/аш m. pearl ash (a potassium carbonate); —вейс m. pearl white (white lead).
перли past. pl. of переть.
перлинь m. (naut.) hawser, tow line.

перлит *m.* (petr.) perlite; (met.) pearlite; —ный, —овый *a.* perlitic, spherulitic; —ообразный *a.* pearl-shaped, bead-shaped.
перло *past n. sing. of* переть.
перлов/ица *f.* pearl shell; pearl oyster; —ка *f.* pearl barley; —ник *m.* melic grass (*Melica*); —ый *a.* pearl; —ая крупа pearl barley.
перлон *m.* (synthetic fibers) perlon.
перл(о)полимеризация *f.* pearl polymerization.
пермаллой *m.* Permalloy (alloy).
перманган/ат *m.* permanganate; п. калия potassium permanganate; —ометрия *f.* permanganometry.
перманентн/ость *f.* permanence, permanency; —ый *a.* permanent, lasting; continuous; —ая белая permanent white, precipitated barium sulfate.
пермеаметр *m.* permeameter (for measuring magnetic permeability).
перм/ендюр *m.* Permendur (alloy); —енорм Permenorm (alloy).
пер/мин *abbr.* (периодов в минуту) cycles per minute.
перминвар *m.* Perminvar (alloy).
пермиссивный *a.* permissive.
пермский *a.* (geol.) Permian, Permic.
пермут/ационный *a.* permutation(al); rotational (index); —ация *f.,* —ирование *n.* permutation; transmutation; Permutit process; —ит *m.* permutite (artificial zeolite); —итный процесс Permutit process (for water purification).
пермь *f.* (geol.) Permian (period).
пернамбуковое дерево (dyeing) pernambuco.
пернатый *a.* feathered.
перниц иозный *a.* (med.) pernicious.
Перно печь Pernot furnace (for steel).
Перо лампа Pérot lamp.
перо *n.* feather; pen; blade, vane; (rocket) fin; (rail) tongue; —видный *a.* feather-like; —вой *a. of* пера; pointed.
перовскит *m.* (min.) perovskite.
пероксид *m.* peroxide; —аза *f.* peroxidase; —ол *m.* peroxydol, sodium perborate.
пероксо— *prefix* peroxo—, per(oxy)—; —борат *m.* perborate; —дисерный *a.* peroxydisulfuric; —карбонат *m.* percarbonate; —моносерный *a.* permonosulfuric (acid).
перонин *m.* peronine, benzylmorphine hydrochloride.
пероральный *a.* (med.) peroral, by mouth.
перочинный ножик pocketknife.
перпендикуляр *m.* perpendicular; —но *adv.* perpendicularly, perpendicular (to); —ность *f.* perpendicularity; —ный *a.* perpendicular.
перпетуум мобиле *n.* perpetual motion.

перренат *m.* perrhenate.
Перрина уравнение Perrin equation.
Перринса метод (met.) Perrins process.
перрон *m.,* —ный *a.* (rr.) platform; (av.) ramp.
перс/еиды *pl.* Perseids (meteors); —еит *m.* perseite, perseitol; —ей *m.* (astr.) Perseus.
пер/сек *abbr.* (периодов в секунду) cycles per second.
персептрон *n.* perceptron (learning device).
персея *f.* (bot.) Persea; приятнейшая п. avocado (*P. americana*).
персидск/ий *a.* Persian, Iranian; п. порошок pyrethrum dust; —ая камедь sagapenum.
персик *m.,* —овый *a.* peach.
персилит *m.* (min.) percylite.
персист/ентность *f.* persistence; —ор *m.* persistor.
Персо раствор Persoz solution (of basic zinc chloride).
персоль *f.* per salt.
персона *f.* person(age); —л *m.* personnel, staff; —льный *a.* personal.
перспекс *m.* Perspex (plastic).
перспектив/а *f.* perspective, vista, outlook, prospect, aspect; challenge; —ы *pl.* horizons; —ность *f.* outlook; —ный *a.* perspective; promising, showing promise, challenging; advanced (research); long-range, long-term (plan); oblique (aerial surveying, etc.); —ное сокращение foreshortening.
перст/ень *m.* ring; —не *prefix* (anat.) crico—, cricoid; —невидный *a.* cricoid; ring-shaped; —не-черпаловидный *a.* cricoarytenoid; —не-щитовидный *a.* cricothyroid.
персульфат *m.* persulfate.
пертинакс *m.* Pertinax (bakelite board).
пертио— *prefix* perthio—.
пертит *m.* (min.) perthite; —овый, —оподобный *a.* perthitic.
пертулинь *m.* (naut.) cat(head) stopper.
пертурбац/ионный *a.* perturbation; perturbative (function); —ия *f.* perturbation.
перу/(ви)анский *a.* Peru(vian); —анское серебро a German silver; —вин *m.* peruvin, cinnamon alcohol; —виол *v.* peruviol, nerolidol; —ген *m.* perugen, synthetic Peru balsam.
перугольная кислота percarbonic acid.
перуол *m.* peruol, benzyl benzoate.
перфо/карта *f.* punch(ed) card; —лента *f.* punched tape, perforated tape.
перфоратор *m.,* —ный *a.* perforator, punch(er); punch-card machine; (pneumatic) drill; drill press; п.-репродуктор *m.* reperforator.
перфор/ационный *a.* perforation, punching; punched (card); punched-card,

перфосфат punched-tape; **—ационное отверстие** perforation; **—ация** *f.*, **—ирование** *n.* perforation (pattern), punching; drilling; **—ированный** *a.* perforated, etc., *see v.*; **—ировать** *v.* perforate, punch; drill, bore; **—ирующий** *a.* perforating, etc., *see v.*; **—ирующая коррозия** pitting.

перфосфат *m.* perphosphate.

перфтор— *prefix* perfluoro—; **—бензол** *m.* perfluorobenzene; **—пропилен** *m.* perfluoropropylene, hexafluoropropylene; **—этан** *m.* perfluoroethane.

перхлор— *prefix* perchlor(o)—; **—ат** *m.* perchlorate; **—бутадиен** *m.* perchlorobutadiene; **—ид** *m.* perchloride; **—овинил** *m.* **—овиниловый** *a.* perchlorovinyl; **—этан** *m.* perchloroethane, hexachloroethane.

перхота *f.* dryness of the throat.

перхоть *f.* dandruff.

перца *gen. of* **перец**.

перцилит *see* персилит.

перцов/ка *f.* pepper brandy; **—ый** *a. of* **перец**.

перчат/ка *f.*, **—очный** *a.* glove; sleeve; **—очная камера** (nucl.) glove box.

перчинка *f.* peppercorn.

перчить *v.* (season with) pepper.

пер/ышко *dim. of*; **—ьевой** *a. of*; **—ья** *pl. of* **перо**; **—янка** *f.* fin.

пес *m.* dog, hound; **—ец** *m.* polar fox; **—ий** *a.* canine, dog; **—ий язык** (bot.) hound's tongue (*Cynoglossum officinale*).

песка *gen. of* **песок**.

пескарь *m.* (ichth.) gudgeon.

пески *pl. of* **песок**; sand desert, sand plain; sand bank.

песко— *prefix* sand; **—вание** *n.* addition of sand; sanding; **—ватый** *a.* (rather) sandy; **—дувка** *f.* sandblast(er); **—дувный** *a.* sandblast(ing); **—жил** *m.* (zool.) lugworm; **—лов(уш)ка** sand trap; **—люб** *m.* (bot.) Ammophila; **—мет** *m.* (foundry) sand slinger; **—мойка** *f.* sand washer; **—отделитель** *m.* desander, sand trap.

пескоструй *m.* sandblast; sandblaster; **—ный** *a.* sandblast; **—ная очистка** sandblasting.

песко/сушилка *f.* sand dryer; **—уловитель** *m.* sand trap; **—черпалка** *f.* sand dredger.

песня *f.* song.

песок *m.* sand.

песоч/ина *f.* sand hole; **—ник** *m.* sandbox; (orn.) sandpiper; **—ница** *f.* sand box; (rr.) sander; (paper) riffler, sand trap.

песочн/ый *a.* sand(y); **п. насос** sand pump, suction bailer; **—ая бумага** sandpaper; **—ая ванна** sand bath; **—ая раковина** sand hole (in casting); **—ая шкурка**

sandpaper; **—ые часы** hourglass; **отливка в —ой форме** (foundry) sand casting.

пессарий *m.* (med.) pessary.

пест *m.* pestle, beater, rammer; **—ик** *m.* pestle, pounder; (bot.) pistil; **—иковый** *a.* (bot.) pistillate, pistillary.

пестицид *m.*, **—ный** *a.* (agr.) pesticide.

пестичный *a.* (bot.) pistillate; *suffix* **—гынous**.

пестовой молот drop hammer.

пестокс *m.* Pestox (insecticide).

пестр/еть *v.* appear variegated; **—ить** *v.* variegate; **—о** *adv.* variegatedly; **—оватый** *a.* somewhat variegated; **—окрылки** *pl.* fruit flies (*Trypetidae*); **—олистный** *a.* having variegated leaves; **—ополье** *n.* irregular sowing; **—ота** *f.* variegation; **—отканый** *a.* (text.) striped, checked; **—ушка** *f.* brook trout, rainbow trout; **—ый** *a.* variegated, particolored, mottled, blended, iridescent; **—яки** *pl.* checkered beetles (*Cleridae*); **—янки** *pl.* (ent.) Zygaenidae.

пестрятка *f.* (ichth.) parr.

песцовый *a. of* **песец**.

песчаник *m.*, **—овый** *a.* (petr.) sandstone.

песчанистый *a.* sandy, arenaceous.

песчанка *f.* sand eel; (bot.) Arenaria.

песчано— *prefix* sand; **—глинистый** *a.* sandy-argillaceous; **—струйный** *see* пескоструйный.

песчан/ый *a.* sand(y), gritty, gravelly; *see also* **песочный**; **—ая буря** sandstorm; **—ая коса** sandbar.

песчинка *f.* grit, particle of sand.

песь *f.* (med.) vitiligo.

песья *f. of* **песий**; **п. вишня** (bot.) Physalis.

петалит *m.* (min.) petalite.

петарда *f.* (mil.) petard; firecracker; (rr.) detonator; (powder) pellet.

петель *gen. of* **петля**; **—ка** *dim. of* **петля**; eyelet, mesh; **—ный** *a.* loop; **—чатый** *a.* net(ted); (min.) reticulate, mesh (texture).

петехиальный *a.* (vet.) petechial (fever).

петзит *m.* (min.) petzite.

Пети *see under* **Дюлонг и Пти**.

петигреновое масло petitgrain oil.

петикот *m.* (rr.) petticoat pipe.

петинка *f.* (text.) hank.

петиотизовать *v.* petiotize (wines).

петит *m.* (typ.) brevier (8 points).

петиция *f.* petition.

петл/евание *n.* looping; **—евидный** *a.* loop(-shaped), ansiform; **—евой** *a. of* **петля**; **—евание** looping (mill); loop-mill (rolling); ansa(ted); lap (winding); **—евой вибратор** folded antenna, bent dipole; **—ение** *n.* kinking; **—еобразный** *a.* loop(-shaped), ansiform; lap (winding); **—истый** *a.* loop(ed); **—ица** *f.*, **—ичный** *a.* buttonhole.

петл/я *f.* loop, kink; noose, slip knot; mesh (of net); eye; hinge (of door); (elec.) loop; collar; sling; cycle; (anat.) lemniscus; ansa; **на** —**ях** hinged; **свернуться в** —**ю** *v.* kink; —**ять** *v.* loop; kink.
Петри чашка Petri dish.
петро— *prefix* petro—, stone, rock.
петров крест (bot.) Lathraea.
Петрова контакт water-soluble sulfoacids (surfactant).
петроген/езис *m.* (petr.) petrogenesis; —**етический** *a.* petrogenetic; —**ия** *f.* petrogeny.
петрограф *m.* petrographer; —**ический** *a.* petrographic; —**ия** *f.* petrography.
петрол/ат(ум) *m.* petrolatum; —**ейный** *a.* petroleum; —**ейный эфир** petroleum ether; —**ен** *m.* petrolene; —**еум** *m.* petroleum.
петролог/ический *a.* petrologic(al); —**ия** *f.* petrology.
петроль *m.* petrol (British term for gasoline); petroleum ether.
петро/селиновая кислота petrosel(in)ic acid; —**силан** *m.* petrosilane.
петруш/ечный *a.*, —**ка** *f.* parsley.
петр. эф. *abbr.* (**петролейный эфир**).
петтикот *m.* (elec.) petticoat.
петун/ин *m.* petunine; —**ия**, —**ья** *f.* (bot.) petunia.
петух *m.* rooster, cock.
петуш/ий, —**иный** *a.* rooster, cock; **п. гребешок** (bot.) cockscomb (*Celosia cristata*); —**иный гребень** cockscomb; —**ки** *pl.* (bot.) iris; —**ник** *m.* (bot.) hemp nettle (*Galeopsis*); —**ок** *m.* cockerel; weathercock; (elec.) commutator riser; —**ье просо** barn grass (*Echinochloa crus-galli*).
петцит *m.* (min.) petzite.
петь *v.* sing.
пехмановский *a.* Pechmann (dyes).
пехота *f.* (mil.) infantry.
пецица *f.* (bot.) Peziza.
печальный *a.* sad, unfortunate.
печат/ание *n.* printing; imprint; sealing; —**анный** *a.* printed; —**ать** *v.* print; type; stamp, seal, imprint, impress; —**ающий** *a.* printing; —**ающее устройство** printer; printing device; —**ать** *v.* signet, seal; stamped article; —**ник** *m.* printer; —**но** *adv.* in print.
печатный *a.* printed, published; printing; press; stamped, sealed, marked; **п. лист** quire; **п. станок** printing press.
печат/очный *a.* stamped (with tradename); —**ь** *f.* stamp, seal; print(ing), printed matter; press; (instr.) reading, setting; setting device; **выйти из** —**и** *v.* come out, come off the press; **вышло из** —**и** published; **золотая** —**ь** (bot.) golden seal

(*Hydrastis canadensis*); **накладывать** —**ь** *v.* stamp.
печ/ей *gen. pl. of* **печь**; —**ек** *gen. pl. of* **печка**; —**ение** *n.* baking.
печенка *see* **печень**.
печенков/ый *see* **печеночный**; **п. колчедан** (min.) liver pyrites; —**ая руда** (min.) liver ore.
печенный *a.* baked, roasted.
печеночн/ик *m.*, —**ица** *f.* (bot.) liverwort (*Hepatica*); —**о**— *prefix* (anat.) hepat(o)— (liver); —**о-желудочный** *a.* gastrohepatic; —**о-почечный** *a.* hepatorenal; —**ый** *a.* hepatic, liver; —**ый мох** *see* **печеночник**; —**ый сахар** liver sugar, glycogen; —**ая ворвань** fish-liver oil, spec. cod-liver oil.
печеный *a.* baked, roasted.
печень *f.* (anat.) liver.
печенье *n.* pastry; baked goods.
печерица *see* **шампиньон**.
печ/и *gen., pl., etc. of* **печь**; —**ка** *see* **печь**; —**коустапная система** (min.) stoking; —**ник** *m.* furnace service man.
печн/ой *a.* furnace, stove; kiln (brick); coke-oven (coke); **п. агрегат** furnace unit; **п. камень** ovenstone; **п. сок**, **п. шлак** (furnace) slag; —**ая труба** chimney, flue; —**ое стекло** glass that has run down into the hearth.
печорский *a.* (geog.) Pechora.
печ/ь *f.* furnace, kiln, oven, stove; (min.) crosscut, cut-through; heading; raise; *v.* bake, roast; **п. с мешалкой** rabble furnace; **п. сопротивления** resistance furnace; **высушенный в** —**и** kiln-dried; **п.-компаунд** *f.* combination (coke) oven.
пешеход *m.*, —**ный** *a.* pedestrian; —**ный мост** footbridge.
пеш/ий *a.* pedestrian; —**ком** *adv.* on foot; **итти** —**ком** *v.* walk.
пешня *f.* ice chisel.
пещер/а *f.* cave, cavern; (anat.) antrum, cavity; —**истый** *a.* cavernous; —**ный** *a.* cave; interstitial (water); —**оведение** *n.* speleology.
пещур *m.* basket, backpack.
ПЖР *abbr.* (**плотномер жидкости радиоактивный**) radioactive fluid densitometer.
пз *abbr.* (**пьеза**) pièze; (**пуаз**) poise.
пи (math.) pi, π.
пиазин *m.* piazine, pyrazine.
пиазотиол *m.* piazothiole.
пиан *m.* (typ.) platen.
пианино *n.* upright piano.
пиартроз *m.* (med.) pyarthrosis.
пиасава *f.* palm fibers for rope.
пиаселенол *m.* piaselenole, isobenzoselenodiazole.
пиассава *see* **пиасава**.

пиаузит *m.* (min.) piauzite.
пивал/ил *m.* pivalyl; —иновая кислота pivalic acid, trimethylacetic acid.
пивн/ой *a.* beer; brewer's (yeast); —ая гуща brewer's grains, spent malt.
пиво *n.* beer; ale; варить п. *v.* brew.
пивовар *m.* (beer) brewer; —ение *n.* brewing; —ен(н)ый *a.* brewing; —енный завод brewery; —ничать *v.* brew (beer or ale); —ня *f.* brewery.
пивший *past act. part. of* пить.
пигмей *m.* pygmy, dwarf.
пигмент *m.* pigment, coloring agent; —ация *f.* pigmentation; —ированный *a.* pigmented, colored; —ировать *v.* pigment, color; —ный *a.* pigment(ary).
пигмолит *m.* pigmolite (dome-like magma massif resembling a fist).
пиджа/к *m.*, —чный *a.* coat, jacket.
пидин *m.* pydine.
пидмонт *m.* (geol.) piedmont.
пиезо— *see* пьезо—.
пие/лит *m.* (med.) pyelitis; —ло— *prefix* pyelo— (renal pelvis); —мия *f.* (med.) pyemia.
пижам/а *f.*, —ный *a.* pajamas.
пижма *f.* (bot.) tansy (*Tanacetum*).
пиз/анит *m.* (min.) pisanite; —олит *m.* pisolite, peastone; —олитовый, —олитоподобный *a.* pisolitic, pea-like.
пиин *m.* pyin.
пик *m.* peak, pinnacle, cusp, crest; spire.
пика *f.* pike, lance, spear; slice bar, poker (for furnace).
пика/ковая кислота picacic acid; —мар *m.* picamar, propylpyrogallol dimethyl ether.
пикап *m.* pickup (truck).
пик-вольтметр *m.* (elec.) peak voltmeter.
пике *n.* (text.) piqué; (av.) dive; —йный *a.* pique.
пикелевание *n.* (leather) pickling.
пиккер *see* пиккер.
пикет *m.* picket; stake, peg; (rr.) 100-meter mark; (art.) ranging point; —аж *m.* staking out; —ажная книжка fieldbook; —ировать *v.* (labor) picket; —ный *a.* of пикет; —чик *m.* picketer.
пикир/ование *n.* (av.) diving, dive; (hort.) transplanting, pricking out; —ованный *a.* transplanted, pricked out; —овать *v.* dive; transplant, prick out; single; —овка *f.* transplanting, pricking out; —овщик *m.* dive bomber; —ующий *a.* diving, dive.
пиккер *m.* (agr.) picker.
пиккерингит *m.* (min.) pickeringite, magnesia alum.
пиккер-хескер *m.* (corn) picker-husker; п.-шеллер *m.* picker-sheller.
пикколо *n.* piccolo.
пикн— *see* пикно—.

пикнит *m.* (min.) pycnite.
пикно— *prefix* pycn(o)— (dense, close, compact); —метр *m.* pycnometer, specific gravity flask; —троп *m.* (min.) pycnotrope; —хлорит *m.* (min.) pycnochlorite.
пико— *prefix* pico—, micromicro— (10^{-12}); —ватт *m.* (elec.) picowatt.
пиков/ый *a.* peak; peak-load; —ое острие spear point.
пикол/ил *m.* picolyl; —ин *m.* picoline, methylpyridine; —иновая кислота picolinic acid, 2-pyridinecarboxylic acid.
пи-комплекс *m.* π-complex.
пико/образный *a.* pointed; pinnacled (iceberg); —ограничитель *m.* peak limiter.
пикотаж *m.* making mine tubing watertight with wedges.
пикотит *m.* (min.) picotite, chrome spinel.
пикофарад/а *f.* ,—ный *a.* (elec.) picofarad, micromicrofarad.
пикразмин *m.* picrasmin.
пикраль *m.* picral (etching reagent).
пикрам/ид *m.* picramide, 2,4,6-trinitroaniline; —иновая кислота picramic acid, 2-amino-4,6-dinitrophenol; —нин *m.* picramnine.
пикр/ат *m.* picrate; —атол *m.* picratol, silver picrate; —ил *m.* picryl; —илхлорид *m.* picrylchloride.
пикринов/ая кислота picric acid, trinitrophenol; соль —ой кислоты, —окислая соль picrate; —окислый аммоний ammonium picrate; —окислый *a.* picric acid; picrate (of).
пикрит *m.* (petr.) picrite.
пикро— *prefix* picr(o)— [bitter; (chem.) picric; (min.) containing magnesium]; —аконитин *m.* picroaconitine; —амозит *m.* (min.) picroamosite; —ильменит *m.* (min.) picroilmenite; —кармин *m.* picrocarmine.
пикрол *m.* picrol; —ит *m.* (min.) picrolite; —ихениновая кислота picrolicheninic acid; —оновая кислота picrolonic acid.
пикро/мерит *m.* (min.) picromerite; —мицин *m.* pikromycin, picromycin; —подофиллин *m.* picropodophyllin; —тефроит *m.* (min.) picrotephroite.
пикротин *m.* picrotin; —овая кислота picrotinic acid.
пикротитанит *m.* (min.) picrotitanite.
пикротоксин *m.* picrotoxin; —ин *m.* picrotoxinin.
пикро/тон *m.* picrotone; —фармаколит *m.* (min.) picropharmacolite.
пиктограмма *f.* (stat.) pictogram.
пик-трансформатор *m.* peak transformer.
Пиктэ-Шпенглера реакция Pictet-Spengler reaction.
пикули *pl.* pickles.
пикульник *m.* (bot.) hemp nettle(*Galeopsis*).
пикфактор *m.* (elec.) peak factor.

17. Заказ 3445

пикш/а *f.*, —уй *m.* (ichth.) haddock.
пил *past. m. sing. of* пить; *gen. pl. of* пила.
ПИЛ *abbr.* (прибор для измерения липкости почвы) soil adhesiveness meter.
пила *f.* saw; *sometimes* file; (bot.) Pila; *past f. sing. of* пить; п. одноручка handsaw; п. по дереву wood saw; круглая п. circular saw, disk saw.
пилав *m.* pilau, stewed rice.
пила-ножевка *f.* hack saw.
пила-рыба *f.* saw fish.
пиленгас *m.* (ichth.) mullet.
пилен/ие *n.* sawing; filing; —(н)ый *a.* sawed, precut; filed; lump (sugar).
пили *past pl. of* пить.
пилиганин *m.* piliganine.
пилигримовый стан *see* пильгер-стан.
пилильный *a.* saw(ing); filing.
пилильщик *m.* saw fly; п.-ткачи *pl.* web-spinning sawflies (*Pamphiliidae*).
пил/ить *v.* saw; file; —ка *f.* sawing; filing; fret saw; file.
пиллерс *m.* (naut.) pillars, (deck) stanchion.
пило/видный *see* пилообразный; —вочник *m.* saw log; —вочный *a.* saw, for sawing; —заточный *a.* saw-sharpening.
пилозин *m.* pilosine; —ин *m.* pilosinine.
пилокарп/ин *m.* pilocarpine; —иновая кислота pilocarpic acid; —ус *m.* (bot.) Pilocarpus.
пило/материал *m.* lumber; —машина *f.* power saw.
пилон *m.* pylon, tower; pillar; pier.
пило/насекательный станок file cutter; —образный *a.* saw-tooth, serrate, notched; shed (roof).
пилоповая кислота pilopic acid.
пилорама *f.* saw frame.
пилорический *a.* (anat., zool.) pyloric.
пилороспазм *m.* (med.) pylorospasm.
пилоруб *m.* file cutter.
пилот *m.* pilot; —аж *m.* piloting, flying; —ажно-навигационный *a.* flight, navigation (instruments); —ажно-проекционный *a.* head-up (display).
пилотакситовый *a.* (petr.) pilotaxitic.
пилотир/ование *n.* piloting, etc., *see v.*; —овать *v.* pilot, man, handle; —уемый *a.* piloted, etc., *see v.*; —ующий *a.* piloting, etc., *see v.*
пилотная установка pilot plant.
пилоточный *a.* saw-sharpening.
пилотский *a.* pilot('s).
пилоцерин *m.* pilocerine.
пилы *pl., gen., etc., of* пила.
пильбарит *m.* (min.) pilbarite.
пильгер-стан *m.* pilger mill (for pipes).
пильный *a.* saw(ing); file; lump (sugar); п. мастер saw-sharpener; file cutter; п. станок bench saw; filing machine.
пильпеля *m.* pilpelya (mud volcano in Transcaucasia).

пиль/чато— *prefix* serrate; —чатолистный *a.* serrate-leaved; —чатый *a.* saw-tooth, serrate, notched; —щик *m.* sawyer.
пилэ *n.* crushed sugar.
пилюл/ька *dim. of* пилюля; pellet; —ьный *a.* pill; —я *f.* pill, pellet, capsule, globule.
пилястр *m.*, —а *f.* pilaster, column.
пилящий *a.* sawing; filing.
пимаровая кислота pimaric acid.
пи-мезон *m.* (nucl.) pi-meson, pion.
пимел/(ин)ат *m.* pimelate; —инкетон *m.* pimelic ketone, cyclohexanone; —иновая кислота pimelic acid, heptanedioic acid; —иновокислый *a.* pimelic acid; pimelate (of); —ит *m.* (min.) pimelite.
пимент *m.*, —овый *a.* pimento; —овая кислота pimentic acid.
пи-месон *see* пи-мезон.
пимпинеллин *m.* pimpinellin.
пинавердол *m.* pinaverdol (dye).
пинагор *m.* lumpfish.
пинакиолит *m.* (min.) pinakiolite.
пинакоид *m.* (cryst.) pinacoid, pinakoid; —альный *a.* pinacoid(al).
пин/акол *see* пинакон; —аколил *m.* pinacolyl; —аколиловый спирт pinacolyl alcohol; —аколин *m.* pinacolin, 3,3-dimethyl-2-butanone; —акон *m.*, —аконовый *a.* pinacol, pinacone, 2,3-dimethyl-2,3-butanediol; —альдегид *m.* pinaldehyde; —ан *m.* pinane, bicyclo(2:4)-heptane; —ацианол *m.* pinacyanol.
пингвин *m.* (orn.) penguin; (chem.) pinguin, alantol.
пинеарезен *m.* pinearesene.
пинен *m.* pinene.
пинеоловая кислота pineolic acid.
пининовая кислота pininic acid.
пиниолы *pl.* pine nuts.
пинипикрин *m.* pinipicrin.
пинит *m.* pinitol, cyclohexanepentol; (min.) pinite.
пиния *f.* stone pine (*Pinus pinea*).
пинк *m.* (cer.) pink (tin and chromium oxides); —зальц *m.* pink salt, ammonium stannic chloride.
пинноит *m.* (min.) pinnoite.
пино/вая кислота pinic acid; —камфорная кислота pinocamphoric acid.
пинол *m.* pinol, pine camphor; —ен *m.* pinolene; —ин *m.* pinoline, rosin spirit; —ит *m.* (petr.) pinolite; —овая кислота pinolic acid.
пиноль *m.* tail spindle.
пинон *m.*, —овый *a.* pinone, 6-oxypinol; —овая кислота pinonic acid.
пинта *f.* pint (measure).
пинтадоит *m.* (min.) pintadoite.
пинц/ет *m.* pincers, nippers, forceps, tweezers; —етка *f.* forceps, tweezers; —ировка *f.* pinching (off).

пинч-эффект *m.* pinch effect.
пиньола *f.* pine nut.
пио— *prefix* pyo— (pus); —генный *a.* (med.) pyogenic; —дермия *f.* pyoderm(i)a; —зин *m.* pyosin; —ксантин *m.* pyoxanthin; —ктанин *m.* pyoctanin; —липовая кислота pyolipic acid; —луен *m.* pyoluene.
пион *m.* (bot.) peony (*Paeonia*); (nucl.) pi-meson, pion.
пионер *m.*, —ский *a.* pioneer.
пионефроз *m.* (med.) pyonephrosis.
пионовый *a.* peony.
пиор(р)ея *f.* (med.) pyorrhea.
пиоскоп *m.* pioscope (for estimating fat content of milk).
пио-соединение *n.* Pyo (antibiotic).
пиотин *m.* (min.) piotine, saponite.
пиоторакс *m.* (med.) pyothorax, empyema.
пиоцианин *m.* pyocyanin, cyopin.
пипеколин *m.* pipecoline, methyl piperidine; —овая кислота pipecolinic acid, piperidine-N-carboxylic acid.
пипер/аз(ид)ин *m.* piperaz(id)ine, diethylene diamine; —амид *m.* piperamide, piperic acid amide.
пиперид/ил *m.* piperidyl; —ин *m.*, —иновый *a.* piperidine, hexahydropyridine; —иниевые соединения piperidinium compounds; —инкарбоновая кислота piperidinecarboxylic acid, nipecotic acid; —овая кислота piperidic acid, γ-aminobutyric acid.
пипер/ил *m.* piperyl; —илен *m.* piperylene, pentadiene; —ин *m.* piperine, piperylpiperidine; —иновая кислота piperic acid; —итон *m.* piperitone; —олидин *m.* piperolidine, octahydropyrrocoline; —онал *m.* piperonal, heliotropin.
пиперонил *m.* piperonyl; —иден *m.* piperonylidene; —овая кислота piperonylic acid.
пипетка *f.* pipet; п. на полное выпускание, п. с одной меткой transfer pipet.
пипитзаоин *m.* pipitzahoin; —овая кислота pipitzahoic acid, perezon.
пир— *prefix* pyr(o)— (fire, heat); —азин *m.* pyrazine, paradiazine.
пиразол *m.* pyrazole, 1,2-diazole; —идин *m.* pyrazolidine, tetrahydropyrazole; —идон *m.* pyrazolidone, ketopyrazolidine; —ил *m.* pyrazolyl; —ин *m.* pyrazoline, dihydropyrazole; —ол *m.* pyrazolol; —он *m.*, —оновый *a.* pyrazolone, ketopyrazoline.
пираконитин *m.* pyraconitine.
пираллолит *m.* (min.) pyrallolite.
пирамид/а *f.* pyramid; —альный *a.* pyramidal, taper(ed); —альный куб tetrahexahedron; —ка *dim.*; —ный *a.* of пирамида.
пирамидон *m.* Pyramidon, aminopyrine.

пиран *m.* pyran.
Пирани манометр Pirani gage.
пиран/ил *m.* pyranyl; —ограф *m.* pyranograph; —оза *f.* pyranose; —ол *m.* pyranol, sodium acetyl salicylate; —ометр *m.* pyranometer (for measuring radiation); —тин *m.* pyrantin, phenosuccin; —трен *m.* pyranthrene.
пир/аргирит *m.* (min.) pyrargyrite, ruby silver; —ацен *m.* pyracene; —гелиометр *m.* (meteor.) pyrheliometer.
пиргеометр *m.* pyrgeometer (for determining earth's radiation).
пирекс-трубки *pl.* Pyrex (glass) tubes.
пирен *m.* pyrene, benzo[*def*]-phenanthrene; *prefix see* пирено—.
Пиренеи the Pyrenees.
пиренейский *a.* (geog.) Pyrenean.
пирен/о— *prefix* pyren(o)— (fruit stone); —овый *a.* pyrenic (acid); —оид *m.* (bot.) pyrenoid; —ол *m.* pyrenol, sodium thymol benzoate; —омицеты *pl.* (bot.) Pyrenomycetes; —хинон *m.* pyrenquinone.
пиретол *m.* solution of 1% pyrethrin in alcohol.
пиретр/ин *m.* pyrethrin; —он *m.* pyrethrone; —ум *m.* pyrethrum.
Пири Peary (explorer).
пирибол *m.* (petr.) pyribole.
пиридаз/ин *m.* pyridazine, 1,2-diazine; —инон *m.* pyridazinone; —он *m.* pyridazone, 3-ketopyridazine.
пиридил *m.* pyridyl; —иден *m.* pyridylidene.
пиридин *m.* pyridine; —карбоновая кислота pyridinecarboxylic acid; —овый *a.* pyridine.
пиридо/ксалевый *a.*, —ксаль *m.* pyridoxal, pyridoxine 4-aldehyde; —ксин *m.* pyridoxine, vitamin B_6; —л *m.* pyridol, hydroxypyridine; —н *m.* pyridone, ketopyridine; —хинолин *m.* pyridoquinoline.
пиримид/ил *m.* pyrimidyl; —ин *m.*, —иновый *a.* pyrimidine, 1,3-diazine.
пиринд/ан *m.* pyrindane; —ин *m.* pyrindine; —оксиловая кислота pyrindoxylic acid; —ол *m.* pyrindol, 2,4-pyrrolopyridine.
пирит *m.* (min.) pyrite; pyrites; —изация *f.* pyritization; —изировать *v.* pyritize; —ный, —овый *a.* pyritic; —ная плавка (met.) pyritic smelting; —ные огарки pyrite cinders.
пирито/ид *m.* (cryst.) pyritoid, pyritohedron, pentagonal dodecahedron; —логия *f.* pyritology; —подобный *a.* pyritiform, resembling pyrite; —содержащий *a.* pyritiferous; —эдр *see* пиритоид; —эдрический *a.* pyritohedral.
Пирке реакция (med.) Pirquet('s) reaction.

пиро— *prefix* pyr(o)— (fire, heat); **—аурит** *m.* (min.) pyroaurite; **—белонит** *m.* (min.) pyrobelonite; **—бензол** *m.* pyrobenzol (high-octane gasoline additive); **—битум** *m.* (min.) pyrobitumen; **—болт** *m.* (rockets) explosive bolt; **—борат** *m.* pyroborate; **—борный** *a.* pyroboric (acid); **—ванадат** *m.* pyrovanadate; **—ванадиевый** *a.* pyrovanadic (acid).

пировин/ная кислота pyrotartaric acid, **—нокислый** *a.* pyrotartaric acid; pyrotartrate; **—оградная кислота** pyroracemic acid, pyruvic acid.

пирог *m.* pie; mass; (sinter) cake.

пирогалло/вая кислота *see* **пирогаллол**; **—вокислый** *a.* pyrogallic acid; pyrogallate (of); **—л** *m.* pyrogallol, pyrogallic acid.

пирогелит *m.* (min.) pyrogelite.

пироген *m.* (dyes) pyrogene; (med.) pyrogen; **—етический** *a.* pyrogenetic, heat-producing, heat-produced; **—(из)ация** *f.* pyrolysis; **—ный** *a.* (geol.) pyrogenic, igneous; (med.) pyrogenic; **—овый** *a.* pyrogene (dye).

пирогностика *f.* (min.) pyrognostics.

пиродин *m.* pyrodin, acetylphenylhydrazine.

пирож/ное *m.* pastry; **—ный** *a. of*; **—ок** *dim. of* **пирог**.

пиро/замок *m.* (rockets) separation charge; **—запал** *m.* cartridge igniter, squib; **—заряд** *m.* explosive charge.

пиро/зин *m.* pyrosin, erythrosin; **—золь** *m.* pyrosol; **—катехин** *m.* pyrocatechol, 1,2-benzenediol; **—керам** *m.* Pyroceram (microcrystalline glass); **—кислота** *f.* pyro acid; **—клапан** *m.* pyrotechnic valve, explosive valve; **—кластический** *a.* (petr.) pyroclastic; **—колл** *m.* pyrocoll; **—коллодий** *m.* collodion, nitrocellulose; **—коман** *m.* pyrocomane, 1,4-pyrone.

пироксен *m.* (min.) pyroxene; **—ит** *m.* (petr.) pyroxenite; **—овый** *a.* pyroxene, pyroxenic.

пироксилин *m.* , **—овый** *a.* (expl.) pyroxylin, guncotton; **—овый порох** pyropowder.

пироксмангит *m.* (min.) pyroxmangite.

пиро/лигнит *m.* pyrolignite; **—лиз** *m.* pyrolysis, decomposition by heat; **—литический** *a.* pyrolytic; **—логия** *f.* pyrology, blowpipe analysis; **—люзит** *m.* (min.) pyrolusite; **—магнетизм** *m.* pyromagnetism; **—магнитный** *a.* pyromagnetic; **—меллитовая кислота** pyromellitic acid; **—металлургия** *f.* pyrometallurgy; **—метаморфизм** *m.* (geol.) pyrometamorphism.

пирометр *m.* pyrometer; **—ический** *a.* pyrometric, pyrometer; **огнеупорность по —ическому конусу** pyrometric cone equivalent, PCE; **—ия** *f.* pyrometry.

пироморф/ит *m.* (min.) pyromorphite; **—ный** *a.* pyromorphous.

пиромышьяков/ая кислота pyroarsenic acid, diarsenous acid; **соль —ой кислоты** pyroarsenate.

пирон *m.* pyrone; pin, dowel.

пиронафт *m.* high-intensity lighthouse lamp oil.

пирон/ин *m.* pyronin (biological stain); **—карбоновый** *a.* pyronecarboxylic (acid); **—он** *m.* pyronone.

пироп *m.* (min.) pyrope.

пиропатрон *m.* flare cartridge, pyrotechnic cartridge, squib, explosive charge.

пирописсит *m.* (min.) pyropissite.

пиропистолет *m.* explosive gear.

пироплазмо/з *m.* (vet.) piroplasmosis, babesiosis; **—цидный** *a.* piroplasmocidal.

пироретин *m.* pyroretin (a coal resin).

пиросвеча *f.* igniter, squib.

пиросерн/ая кислота pyrosulfuric acid, disulfuric acid; **хлорангидрид —ой кислоты** pyrosulfuryl chloride; **—истая кислота** pyrosulfurous acid; **—истокислая соль** pyrosulfite; **—истокалиевая соль** potassium pyrosulfite; **—окалиевая соль** potassium pyrosulfate; **—окислая соль** pyrosulfate.

пироскоп *m.* Seger (pyrometric) cone.

пирослизев/ая кислота pyromucic acid, furan-2-carboxylic acid; **—окислая соль** pyromucate.

пиро/смалит *m.* (min.) pyrosmalite; **—стат** *m.* pyrostat, high-temperature thermostat; **—стартер** *m.* cartridge starter; **—стильпнит** *m.* (min.) pyrostilpnite.

пиросульф/ат *m.* pyrosulfate; **—ит** *m.* pyrosulfite; **—урил** *m.* pyrosulfuryl.

пиросурьмян/ая кислота pyroantimonic acid; **—окислый** *a.* pyroantimonic acid; pyroantimonate (of); **—онатриевая соль** sodium pyroantimonate.

пиросфера *f.* (geol.) pyrosphere, barysphere.

пиротехни/ка *f.* pyrotechnics; **—ческий** *a.* pyrotechnic; **—ческие изделия** fireworks.

пироуксусн/ая кислота pyroligneous acid, pyracetic acid; **—окислая соль** pyrolignite; **—окальциевая соль** calcium pyrolignite.

пирофан *m.* (min.) pyrophane; **—ит** *m.* (min.) pyrophanite.

пирофиллит *m.* (min.) pyrophyllite.

пирофор *m.* pyrophorus, pyrophore; **—ный** *a.* pyrophoric, spontaneously igniting.

пирофос *m.* tetraethyl monothiopyrophosphate; **—фат** *m.* pyrophosphate; **—фатаза** *f.* pyrophosphatase; **—фит** *m.* pyrophosphite; **—форил** *m.* pyrophosphoryl.

пирофосфор/истая кислота pyrophosphorous acid; **—истокислая соль** pyrophosphite; —ная кислота pyrophosphoric acid; —нокислая соль pyrophosphate; —нокислый a. pyrophosphoric acid; pyrophosphate (of); —нокислый натрий, —нонатриевая соль sodium pyrophospate.

пиро/химия f. pyrochemistry; —хлор m. (min.) pyrochlore; —хроит m. (min.) pyrochroite; —хромат m. pyrochromate, dichromate.

пироэлектричес/кий a. (cryst.) pyroelectric; —тво n. pyroelectricity.

пирр— prefix pyrr— (flame-colored); —ил m. pyrryl; —ит m. (min.) pyrrhite.

пирро— prefix pyrr(h)o—; —диазол m. pyrrodiazole; —ил m. pyrroyl; —колин m. pyrrocoline, 8-pyrrolopyridine.

пиррол m. pyrrole, azole; —енин m. pyrrolenine; —идил m. pyrrolidyl; —идин m. pyrrolidine, tetrahydropyrrole; —идон m. pyrrolidone; —илен m. pyrrolylene, 1,3-butadiene; —ин m. pyrroline, dihydropyrrole; —овый a. pyrrole, pyrrolic; —он m. pyrrolone; —охинолин m. pyrroloquinoline; —рот m. pyrrole red.

пирро/тин, —тит m. (min.) pyrrhotine, pyrrhotite, magnetic pyrite; —триазол m. pyrrotriazole.

пирс m. (naut.) pier.

Пирса печь Pearce (turret) furnace.

пирсинг-процесс m. (roll-)piercing process; стан пирсинг piercing mill.

Пирсона коэффициент Pearson's coefficient.

пирссонит m. (min.) pirssonite.

пируво/вая кислота pyruvic acid; —нитрил m. pyruvonitrile, 2-oxopropanenitrile.

пирхинакридин m. pyrquinacridine.

пирцеит m. (min.) pearceite.

писание n. writing.

писанит see пизанит.

писанный a. written.

писасфальт m. (min.) pissasphalt.

пис/атель m. writer, author; —ательство n. writing; —ать v. write; type; —ем gen. pl. of письмо.

писк m. squeak; peep, chirp.

пискарь see пескарь.

писк/ливый, —лявый a. squeaky, squeaking; —нуть see пищать; —отня f. squeaking; peeping, chirping.

пистаколовая кислота pistacolic acid.

пистацит m. (min.) pistacite, epidote.

пистолет m. pistol; (welding) gun; nozzle; п.-краскораспылитель m. paint sprayer; —ный a. of пистолет; п.-пулемет m. submachine gun; п.-распылитель m. spray gun.

пистомезит m. (min.) pistomesite.

пистон m. (percussion) cap, blasting cap; primer; piston, valve.

писцид/ин m. piscidin; —иновая кислота piscidic acid; —ия f. (bot.) Piscidia.

писцикультура f. (ichth.) pisciculture.

писчая бумага writing paper, stationery.

писчебумажный a. stationery, paper; п. товар stationery, writing paper.

пис/чий a. writing; —ывать v. write.

письмен/а pl. characters, letters; —но adv. in writing, by letter.

письменн/ый a. writing, written, recorded; (petr.) graphic; п. стол desk; —ая руда (min.) graphic ore, sylvanite; —ые принадлежности stationery.

письмо n. letter; writing; —водитель m. clerk; —водство n. clerical work; —носец m. mailman, mail carrier.

питаемый a. fed.

питан/ие n. feed(ing); supply, delivery; loading, charging; nourishment, nutrition; alimentation (of river); recharge (of ground water); блок —ия, источник —ия (elec. comm.) power pack; линия —ия feed line; недостаточность —ия malnutrition; обратное п. feedback; продукты —ия foodstuffs; резервуар —ия feed tank; с двойным —ием dualfeed; химия —ия food chemistry.

питатель m. feeder; supply unit; п.-дозатор m. batcher; —ность f. food value, nutritiousness.

питатель/ный a. feed(ing), feeder; nourishing, nutritious, food; (anat.) alimentary; п. кран feed cock; п. прибор feeder; п. провод (elec.) feeder; п. танк feed tank, supply tank; —ая среда (bact.) culture medium; —ая труба feed pipe, supply pipe; —ая установка source; —ая ценность food value; —ое вещество, —ое средство nutriment, nutrient, food; —ое опрыскивание foliage spraying (with fertilizer); —ые соки (bot.) sap.

пит/ать v. feed, deliver, supply; load, charge; nourish; maintain; —аться v. feed (on), live (on); be fed, draw current (from), be powered (by), operate (from); —ающий a. feed(ing); nourishing; power supply; —ающий механизм feed mechanism, feeder; —ающий провод (elec.) power lead; —ающая труба feed pipe, feed line; —ающийся a. feeding (on); operated, powered (by).

питекантроп m. Pithecanthropus (primitive man).

питириаз m. (med.) pityriasis.

питкарлодер m. (min.) pit car loader.

Пито трубка Pitot tube, Pitot's gage.

питометр m. (hydr.) pitometer.

питомник m. (agr.) nursery.

питон m. (zool.) python.

питтакол m. pittacol, eupittonic acid.

питтинг m. pitting (corrosion).

питтинит *m.* (min.) pittinite.
питтицит *m.* (min.) pitticite.
питуитрин *m.* Pituitrin, posterior pituitary extract.
питч *m.*, —**евой** *a.* pitch (of gear); —**евая резьба** worm thread.
Питчера насос Pitcher pump.
пить *v.* drink; —**е** *n.* drink, beverage; drinking; **годный для** —**я**, —**евой** *a.* potable, drinking (water).
пиурия *f.* (med.) pyuria.
пифагорский *a.* Pythagorean (proposition).
пи-фотомезон *m.* (nucl.) photo-pion.
пих/ать, —**нуть** *v.* push, shove; stuff.
пихт/а *f.* fir (*Abies*); —**арник**, —**ач** *m.* fir forest; —**овый** *a.* fir.
пихурим *m.* pichurim beans (*Nectandra pichurim*).
пице/ановое кольцо picean nucleus, *gem*-dimethylcyclobutane ring; —**ин** *m.* picein; —**н** *m.* picene, dibenzo(*a,i*)phenanthrene; —**новая кислота** picenic acid; —**нхинон** *m.* picenequinone; —**озид** *m.* piceoside, salinigrin.
пицилен *m.* picylene, picene fluorene.
пицит *m.* (min.) picite, pizite.
Пичи процесс Peachey (vulcanization) process.
пич/ковый *a.*, —**ок** *dim. of* **пик**; spike.
пич-пайн *m.* (bot.) pitch pine, yellow pine (*Pinus australis*).
Пише испаритель Piché evaporimeter.
пишет *pr. 3 sing. of* **писать**.
пишущ/ий *a.* writing; recording; printing (wheel); —**ая машинка** typewriter.
пищ/а *f.* food, nourishment, nutriment; **годный в** —**у** edible.
пищать *v.* squeak, peep; buzz.
пищевар/ение *n.* digestion; **плохое п.** indigestion; —**ительный** *a.* digestive, peptic; alimentary (canal).
пищевик *m.* worker in food industry.
пищев/од *m.* (anat.) esophagus; —**одный** *a.* esophageal; —**ой** *a.* food (industry); alimentary, nutritive; —**ой сок** (physiol.) chyle; —**ая кашица** chyme; —**ые продукты** foodstuffs.
пищепром *m.* food industry.
пищик *m.* buzzer, ticker; (car) horn.
пиэ— *see under* **пие**—.
пиявка *f.* (zool.) leech.
ПКБ *abbr.* (проектно-конструкторское бюро) planning and design office.
ПКЖ *abbr.* (крупнопанельная железобетонная плита) large reinforced concrete slab.
ПКО *abbr.* (противокосмическая оборона) astrodefense.
пл. *abbr.* (плавление; площадь); **п.л.** *abbr.* (печатный лист) printer's sheet.
плав *m.* floating; melt, fusion; **на** —**у** afloat; —**ание** *n.* floating, etc., *see v.*;

navigation; voyage, trip; —**ательный** *a.* floating, swimming, natatorial; —**ать** *v.* float, swim; navigate, sail, ply; —**ающий** *a.* floating, etc., *see v.*; amphibious (vehicle); (nucl.) swimming-pool (reactor); —**база** *f.* floating base.
плавен *sh. m. of* **плавный**.
плавень *m.* flux, fusing agent.
плавик *m.*, —**овый шпат** (min.) fluorspar, fluorite; —**овый** *a.* fluoric; —**овая кислота** hydrofluoric acid; **соль** —**овой кислоты** fluoride.
плавильник *see* **плавильный горшок**.
плавильн/ый *a.* melting; (met.) smelting; **п. горшок** crucible, melting pot; **п. жар** fusion temperature; **п. завод** *see* **плавильня**; **п. журнал** (met.) charge book; —**ая печь** smelting furnace, smelter; —**ая пыль** smelting dust; —**я** *f.* foundry, smelter(y).
плав/ильщик *m.* founder, smelter, furnace operator; —**итель** *m.* melter; —**ить** *v.* melt, fuse, flux; (met.) smelt; float; —**иться** *v.* melt, fuse; blow out (of fuse); float; —**ка** *f.* melting, fusing, fusion; smelting; melt, heat; tap, cast, charge; **доводка** —**ки** heat finishing.
плавк/ий *a.* fusible, meltable; liquefiable; (met.) smeltable; melting; **п. камень** (min.) mizzonite, dipyre; **п. предохранитель**, **п. штепсель**, —**ая вставка**, —**ая пробка** (elec.) fuse; —**ая проволока** (elec.) fuse (wire); —**ость** *f.* fusibility, meltability; fusion.
плавлен/ие *n.* fusion, melting, liquefaction; (met.) smelting; (open-hearth process) melting down period; **сварка** —**ием** fusion welding; **сырое п.** ore smelting; **температура** —**ия**, **точка** —**ия** melting point; **теплота** —**ия** heat of fusion.
плавлен(н)ый *a.* melted, etc., *see* **плавить**.
плавн/евый *a.*, —**и** *pl.* flooded, overgrown river banks.
плавник *m.*, —**овый** *a.* fin; driftwood.
плавн/о *adv.* smoothly, etc., *see a.*; —**опеременный** *a.* continuously variable; —**орегулируемый** *a.* continuously adjustable; —**ость** *f.* smoothness, evenness, continuity; facility; —**ый** *a.* smooth, even, continuous.
плав/ок *gen. pl. of* **плавка**; *sh. m. of* **плавкий**; —**очный** *see* **плавильный**.
плавун *see* **плывун**; —**цы** *pl.* predaceous diving beetles (*Dytiscidae*).
плавуч/есть *f.* floatability, buoyancy; —**ий** *a.* buoyant; floating; pontoon (crane).
плавь *f.* pig iron for steel making.
плавящий *a.* melting, etc., *see* **плавить**; —**ся** *v.* melting; consumable (electrode).
плаги/ат *m.* plagiarism, plagiarizing; —**ировать** *v.* plagiarize.

плаги́о— *prefix* plagio— (slanting, oblique); —гранит *m.* (petr.) plagiogranite, plagioclase granite.
плагиокла́з *m.* (min.) plagioclase; —овый *a.* plagioclastic.
плагиони́т *m.* (min.) plagionite.
плаз *m.* (shipbuilding) mold loft.
пла́зм/а *f.* plasma; физика —ы plasma physics; —аген *m.* (biol.) plasmagene; —атический *a.* plasm(at)ic; —атрон *see* плазмотро́н; —енный *a.* plasma; plasma jet (spraying); —енный раке́тный *a.* plasmajet (engine); —енный сгу́сток plasmoid; —енный шнур (nucl.) plasma column, pinch.
пла́змо— *prefix* plasmo—, plasma; —га́мия *f.* (biol.) plasmogamy; —дий *m.* (biol.) plasmodium; —ид *m.* plasmoid; —лиз *m.* plasmolysis; —образование *n.* plasma formation; —трон *m.* plasmotron, plasma gun; —хин *m.* Plasmochin, pamaquine naphthoate; —цид *m.* Plasmocid, Antimalarine; —цит *m.* plasmocyte.
плака́т *m.*, —ный *a.* placard, poster, bill; —ная кра́ска lithographic color.
пла́кать *v.* weep, cry; drip; get covered with condensate.
плакиро́в/ание *n.* (met.) cladding, plating; —анный *a.* clad, plated; —а́ть *v.* clad, plate; —ка *see* плакирова́ние.
плаку́н-трава́ *f.* (bot.) purple loosestrife (*Lythrum salicaria*).
плаку́чий *a.* weeping, pendant.
пламегаси́тель *m.* (mil.) flash suppressor, fire shield.
пла́мен/еть *v.* flame, blaze; —ник *m.* torch; (bot.) phlox; —нокра́сный *a.* fiery red; —но-фотометри́ческий *a.* flame-photometric.
пла́менн/ый *a.* flaming, flame; warm (color); bituminous (coal); п. поро́г fire bridge; —ая печь reverberatory furnace; —ая труба́ flue.
пла́м/ень *see* пла́мя; —еотража́тель *m.* flame deflector, blast shield; —есто́йкий *a.* flameproof; —еуловитель *m.* flame trap; —я *n.* flame, fire, blaze, flare, flash; выбра́сывание —ени flareback.
план *m.* plan, scheme, proposal, project; design, layout; draft; device; schedule; program; plane, surface; в —е in terms of; proposed; за́дний п. background; на пе́рвом п. in the forefront; пере́дний п. foreground; составля́ть п. *v.* plan, design.
планге́рд *m.* (min.) racking table.
плане́р *m.* (av.) glider; airframe (of airplane); —и́зм *m.* glider flying; —и́ст *m.* glider pilot.
планери́т *m.* (min.) planerite.

пла́нер/ный *a. of* пла́нер; glider-borne; п. полёт gliding; —одро́м *m.* glider airfield; —пари́тель *m.* soaring glider.
плане́т *m.* (agr.) cultivator.
плане́т/а *f.* planet; ма́лая п. asteroid; п.-гига́нт *f.* giant planet; —рий *m.* planetarium; —р(н)ый *a.* planet(ary); —рный механи́зм mach.) planetary gear; —рная переда́ча planetary gear; epicyclic train.
планзи́фтер *m.* plansifter (screen).
планиме́тр *m.* (geom.) planimeter; —и́рование *n.* planimetry; —и́ровать *v.* compute area; —и́рующий *a.* integrating (indicator); —и́ческий *a.* planimetric; —ия *f.* planimetry; plane geometry.
плани́р *m.* bar, rod; leveler.
плани́р/ование *n.* planning, etc., *see v.*; —овать *v.* plan, project, propose; schedule (to start); program; design, lay out, systematize; level, smooth, plane; glide, soar; size (paper); —о́вка *f.*, —о́вочный *a.* planning, etc., *see v*; lay-out, design; (experimental) procedure; —о́вщик *m.* planner; (road) grader; —уемый *a.* planned, etc., *see v.*; —ующий *a.* planning, etc., *see v.*; glide (bomb).
планисфе́р/а *f.*, —ный *a.* (astr.) planisphere.
пла́нка *f.* plank, lath, strip; cleat; (mach.) gib; plate, strap; (measuring) rod; закрепля́ть —ми *v.* cleat; п.-га́йка *f.* (met.) lifting plate.
Пла́нка постоя́нная Planck's constant.
планкообра́зный *a.* (cryst.) lath-shaped.
планкто́н *m.* (biol.) plankton; —ный *a.* planktonic.
планов/а́ть *see* плани́ровать; —ик *m.* planner; —о-предупреди́тельный *a.* preventive, routine; —о-производственный *a.* planning and production; —о-распределительный *a.* planning and distribution; —ость *f.* plans; development according to plan; —ый *a.* planned, systematic, scheduled; planning; mapping (photography); vertical (aerial photograph); —ое зада́ние target, goal, plan, quota; —ое хозя́йство planned economy.
планозиго́та *f.* (bot.) planozygote.
планозо́л *m.* planosol (group of soils).
планок *gen. pl. of* пла́нка.
планоме́рн/ость *f.* development according to plan; —ый *a.* systematic, according to plan.
пла́но/ферри́т *m.* (min.) planoferrite; —фи́ровый *a.* (petr.) planophyric.
пла́ночный *a. of* пла́нка.
план-схе́ма *m.* plan.
планта́/ж *m.*, —жный *a.* deep plowing, trenching; —тор *m.* planter, grower; —ция *f.* plantation; field.

Планте аккумулятор (elec.) Planté accumulator.
планхеит *m.* (min.) plancheite.
планчатый *a.* plank, lath, strip.
планшайба *f.* (lathe) faceplate; surface plate, disk chuck.
планшет *m.* (surv.) plane table, plotting board; base table (of instruments); map case; chart; topographic map; aerial survey; **наносить на п.** *v.* plot; **—ка** *dim.* of планшет; **—ный** *a.* of планшет; plotting (board); **п.-построитель** *f.* plotting board; **п.-преобразователь** *f.* conversion table.
планшир(ь) *m.* (naut.) rail; covering board.
пласт *m.* layer, sheet; (geol.) stratum, bed, seam, reservoir; blanket, shell; (agr.) furrow (slice), sod; **в —е** in situ; **объемный коэффициент —а** formation volume factor, F.V.F.; **—ать** *see* пластовать.
пластбетон *m.* plastic concrete.
пластид/а *f.*, **—ный** *a.* (bot.) plastid.
пластизоль *m.* plastisol.
пластик *m.* plastic (material); **—а** *f.* laminated plastic; plastic art; plastic surgery; **—ат** *m.* plasticized substance, plastic compound; masticated rubber; **—атор** *m.* plasticizer; masticator; **химический —атор** peptizing agent, peptizer; **—ация** *f.* plasticization, mastication, breakdown.
пластилин *m.* modeling clay.
пластин/а *f.*, **—ка** *f.* plate, bar, slab, sheet; (radiator) fin; tablet, lamina, flake(let); leaf; membrane; blade; (phonograph) record; (blood) platelet; **—ы** *pl.* (battery) grid; **метод —ок** plate count; **резина в —ах** sheet rubber; **—ка-компенсатор** *f.* (av.) fixed trim tab.
пластинн/иковые *pl.* (bot.) Agaricaceae; **—ый** *a.* plate, laminar.
пластино/образный *a.* plate-like, lamellar, lamelliform, tabular; **—чка** *dim. of* пластинка; **—чный** *a. of* пластинка.
пластинчато/жаберные *pl.* (zool.) Lamellibranchia; **—сть** *f.* lamination; **—усые** *pl.* lamellicorn beetles.
пластинчат/ый *a.* lamellar, lamellate, laminar, laminated, foliated, scaly, flaky, flaked; plate(-type); plate-like, tabular; sheet(-like); finned; gill (fungi); platform, apron (conveyer); **п. конденсатор** plate condenser; **—ая отдельность** lamination; **—ая слюда** sheet mica; **—ая структура** slaty structure, lamination.
пласти/фикатор *see* пластикатор; **—фикация** *f.*, **—(фи)цирование** *n.* plasticization; mastication; **—(фи)цированный** *a.* plasticized; masticated; broken down;

—(фи)цировать *v.* plasticize; masticate, break down.
пластич/еский *a.* plastic, moldable, pliable; soft (clay, rubber); **—еская обработка** shaping, molding; **—еские массы** plastics; **—еское последействие** relaxation; **—но-вязкий** *a.* yielding (material); **—ность** *f.* plasticity, pliability; ductility; (rock) flowage; **—ный** *see* пластический; **—ная смазка** lubricant grease.
пласткожа *f.* an artificial leather.
пласт-коллектор *m.* (geol.) reservoir bed.
пластмасс/а *f.*, **—овый** *a.* plastic.
пластов/ание *n.* stratification, lamination, bedding; **—ать** *v.* stratify; **—ой** *a.* stratified, sheet, layer; formation (gas); formational, reservoir (pressure); stratal, deposit (water); blanket (deposit); **геометрическая —ая карта** stratigraphic map; **—ой-газовый фактор** gas-oil ratio.
пласто/гель *m.* plastogel; **—мер** *m.* plastomer.
пластометр *m.* plastometer; **—ический** *a.* plastometric; **—ия** *f.* plastometry.
пластообразный *a.* sheet(-like), in sheets.
пластоэластичный *a.* plasto-elastic.
пласт-проводник *m.* (geol.) carrier bed.
пласты *pl. of* пласт; strata.
пластыр/ный *a.*, **—ь** *m.* plaster, patch.
плата *f.* pay; charge, fee; card, sheet, plate, board; (detector) array.
платан *m.* plane tree.
платеж *m.* payment; **наложенным —ом** cash on delivery, C.O.D.; **расписка в —е** receipt; **—еспособный** *a.* (com.) solvent; **—ный** *a.* payment.
плательный *a.* dress (fabric).
плательщик *m.* payer.
плати— *prefix* platy— (flat, broad); **—зма** *f.* (anat.) platysma.
платин/а *f.* platinum, Pt; (horol.) plate; **гидрозакись —ы** platinous hydroxide; **гидроокись —ы** platinic hydroxide; **(дву)окись —ы** platinum dioxide, platinic oxide; **(дву)хлористая п.** platinum dichloride, platinous chloride; **закись —ы** platinous oxide, platinum monoxide; **соль закиси —ы** platinous salt; **соль окиси —ы** platinic salt; **иридистая п.** (min.) platiniridium; **хлорная п., четыреххлористая п.** platinic chloride, platinum tetrachloride.
платина/органический *a.* organoplatinum; **—т** *m.* platinate; **—(2)-хлористоводородная кислота** chloroplatinous acid; **—(4)-хлористоводородная кислота** chloroplatinic acid.
платиниамин *m.* platinammine.
платиниров/ание *n.*, **—ка** *f.* platinization, platinum plating; **—анный** *a.* platinized,

платинисто— platinum-plated; —ать v. platinize, plate with platinum.
платинисто— prefix platino—, platinous.
платинистосинерод/истый натрий sodium platinocyanide; —оводородная кислота platinocyanic acid; соль —оводородной кислоты platinocyanide.
платинистохлор/истый натрий sodium platinochloride; —оводородная кислота chloroplatinous acid; соль —оводородной кислоты platinochloride.
платинистый a. platinous, platinum.
платинит m. (min.) platynite; (chem.; met.) platinite.
платино— prefix platini—, platinic.
платиново/кислый a. platinic acid; platinate (of); —кислая соль platinate; —синеродистая кислота platinicyanic acid.
платинов/ый a. platinic, platinum; п. лист platinum foil; —ая кислота platinic acid; соль —ой кислоты platinate; —ая лодочка platinum boat (for analysis); —ая сетка platinum gauze; —ая чернь platinum black.
платино/ид m. platinoid (alloy); —подобный a. platinoid, like platinum; —селеносинеродоводородная кислота selenocyanoplatinic acid; —сернистый a. sulfoplatinate (of); —синеродоводородная кислота platinicyanic acid; —содержащий a. platinum-containing, platiniferous; —трон m. platinotron (tube).
платинохлор/(ист)оводородная кислота chloroplatinic acid; соль —истоводородной кислоты chloroplatinate, platinichloride; —истый a. chloroplatinate (of), platinichloride (of); —истый натрий sodium platinichloride.
платить v. pay.
платифиллин m. platyphilline.
Платнера процесс Plattner's process (for gold extraction).
платный a. requiring payment; paying; paid; toll.
плато n. (instr.) plateau, table; (geol.) plateau, elevated plain, upland; п.-базальт n. plateau basalt.
плато/к m., —чный a. (hand)kerchief.
платтнерит m. (min.) plattnerite.
платформ/а f. platform, stage; flatcar; (geol.) platform, continental plateau; (off-shore) bench; п.-лафет f. platform mount; —енный a. of платформа; —инг m. (petrol.) platforming.
плат/ье n., —ьевой, —яной a. clothes, clothing, dress.
плаун m., —ный, —овый a. (bot.) Lycopodium; булавовидный п. club moss.
плафон m., —ный a. (elec.) dome light, ceiling fixture; (aircraft) lamp; plafond, decorated ceiling.
плаха f. block, chunk, log.
плацдарм m. (mil.) bridgehead; beachhead; springboard; base.
плацента f. (biol.) placenta; —рный a. placental, placentary.
плач m. weeping; (bot.) bleeding; —евный a. deplorable, poor; sad.
плаченный a. paid.
плачущий pr. act. part. of плакать.
плаш/ечный a., —ка f. (threading) die; (drawing) nib; (chuck) jaw; (bending) block; —ки pl. slips.
плашкоут m. scow.
плашмя adv. flat(wise), prone; п.-направленный a. broadside directional (antenna).
плащ m., —овый a. mantle, blanket; cloak, raincoat; (tectonics) veneer; (pal.) pallium; п.-палатка m. poncho.
плева f. membrane, film, coat, pellicle; (bot.) aril.
плев/ание n. spitting; spluttering (of arc); —ать v. spit; splutter.
плевел m., —ьный a. rye grass (Lolium).
плевок m. spittle; (med.) sputum.
плевр/а f. (anat.) pleura; воспаление —ы, —ит m. (med.) pleurisy; —итный a. pleuritic; —о— prefix pleuro— (pleura, rib, side).
плед m. rug; plaid.
плезанский a. (geol.) Plaisancian (stage).
плезио— prefix plesio— (near, close to); —завр m. (pal.) plesiosaur(us); —морфный a. (cryst.) plesiomorphous.
плейасы pl. (geol.) playas.
плейо— prefix plei(o)— (more than usual); —н (meteor.) pleion; —хазий m. (bot.) pleiochasium.
плейро— see плевро—.
плейсто— prefix pleisto— (most).
плейстон m. pleuston, free-floating plants.
плейстофировый a. (petr.) pleistophyric.
плейстоцен m., —овый a. (geol.) Pleistocene.
плекси/глас(с) m. Plexiglas; —гум m. Plexigum (plastic).
плектенхима f. (bot.) plectenchyma.
плел past m. sing. of плести.
плем/енной a. breeding; pedigreed (livestock); —хоз m. pedigreed stock farm; breeding of pedigreed stock; —я n. tribe, race; breed; generation.
плен m. captivity.
плена f. (ingot casting) scab; (rolling) sliver.
пленарный a. plenary, complete.
пленистая полоса (met.) blister bar.
пленк/а f. film, layer, pellicle, coating; skin, membrane; tarnish; skimmings, scum, dross; (phot.) film; коэффициент

—и film coefficient (of heat or mass transfer); —**одержатель** *m.* (phot.) film holder.

пленкообраз/ование *n.* film formation, skinning; —**ователь** *m.* film-forming substance; —**ующий** *a.* film-forming.

пленн/ик *m.*, —**ый** *a.* captive, prisoner.

пленок *gen. pl. of* пленка.

пленочный *a.* film, pellicular; **п. дозиметр** film badge (for detecting radiation exposure).

пленчат/о— *prefix* membrane, film; —**о-видный** *a.* membrane-like; —**ый** *a.* membranous; filmy; laminate, scaly; husk, pod (corn).

плены *pl.*, *etc.*, *of* плена.

плео— *prefix* ple(i)o— (more than usual); —**морфизм** *m.* (cryst.) pleomorphism; —**морфный** *a.* pleomorphic; —**наст** *m.* (min.) pleonaste, ceylonite.

плеохрои/зм *m.* (cryst.) pleochroism; —**ческий**, —**чный** *a.* pleochro(mat)ic; —**чные дворики**, —**чные кольца**, —**чные оболочки** (min.) pleochroic halos.

плерома *f.* (bot.) plerome.

плес *m.* reach, stretch of water; pool.

плесен/ный *a.* mold(y), musty; —**ь** *f.* mold, must; efflorescence.

плеск *m.* splash, splatter; —**ание** *n.* splashing; —**ать** *v.* splash, splatter; flutter.

плесне/велый *a.* moldy, musty; —**веть** *v.* get moldy, mold; effloresce; —**вица** *f.* (med.) mycosis; —**вой** *a.* mold; —**вые грибки** mold (fungus); —**ть** *see* плесневеть.

плеснуть *see* плескать.

плесо *see* плес.

Плесси зелень Plessy's green, chromic phosphate.

плессиметр *m.* (med.) plessimeter, pleximeter.

плессит *m.* (min.) plessite.

плести *v.* braid, plait; spin; weave, wattle; net; twine.

плет/ей *gen. pl. of* плеть; —**ельщик** *m.* weaver.

плетен/ие *n.* network, plexus; net(ting), fencing; braiding, plaiting, weaving; wickerwork, basketwork; wattle; —**ка** *f.* plexus, network; mat; braid; basket; —**ый** *a.* woven, wicker; mesh; —**ь** *m.* wattle; net, fencing; —**ье** *see* плетение.

плетет *pr. 3 sing. of* плести.

плетизмограф *m.* (physiol.) plethysmograph.

плетневый *a. of* плетень; basket-weave.

плетостатический *a.* plethostatic.

плет/ушка *f.* basket; —**ущий** *a.* braiding, etc., *see* плести; —**ь** *f.* vine, runner; length (of pipe); —**юха** *f.* basket.

плечев/ой *a.* shoulder, humeral; brachial; —**ая кость** (anat.) humerus.

плеченогие *pl.* (zool.) Brachiopoda.

плечо *n.* (anat.) shoulder, humerus; (mech.) arm; leg (of cathode).

плеш/иветь *v.* get bald; become bare; —**ивость** *f.* baldness; —**ивый** *a.* bald; —**ина** *f.* bald spot, bare place; lapse; —**ь** *f.* bald spot.

плещет *pr. 3 sing. of* плескать.

плеяд/а *f.* pleiad (group of isotopes); —**ен** *m.* pleiadene.

пликативн/ый *a.* plicative, plicate(d), folded, plaited; —**ая дислокация** (geol.) folding.

плиниан *m.* (min.) arsenical pyrites.

плиниевский *a.* plinian (eruption).

плинсбахский *a.* (geol.) Pliensbachian.

плинт *see* плинтус; —**овать** *v.* smooth, clean off; —**ус** *m.*, —**усный** *a.* plinth, skirting, baseboard.

плио— *see* плео—.

плиодинатрон *m.* (rad.) pliodynatron.

плиоцен *m.*, —**овая эпоха** (geol.) Pliocene (epoch); —**овый** *a.* Pliocene.

плис *m.* (text.) plush, velveteen.

плит/а *f.* plate, slab, tile; flag(stone); range, stove; (continental) platform; sheet (of ice); (wall) board; (turn) table; **в —ах** slab (iron); —**ка** *f.* slab, cake, block; tile, tablet, plate; (conveyer) pallet; scale, flake; hot plate; **измерительная —ка**, —**ка-калибр** gage block.

плитко/ватый *a.* laminated; —**образный** *a.* plate-like, tabular; (elec.) batch (winding).

плитный *see* плиточный.

плитняк *m.*, —**овый** *a.* flagstone; plate coal; —**овая структура** platy structure.

плито/видный *see* плитообразный; —**к** *gen. pl. of* плитка; —**ломня** *f.* quarry; —**образный** *a.* plate-like, tabular, slab-shaped.

плит/очный *a.* plate, laminated; cake, brick; apron, slat (conveyor); tile; block (gage); **п. пресс** slab-molding machine; —**чатый** *a.* (geol.) platy.

плица *f.* shoe, cleat; float; bailing device; (wheel) paddle.

пловец *m.* swimmer; floater.

пловуч/есть *f.* floatability, buoyancy; —**ий** *a.* floating, buoyant.

плод *m.* fruit, offspring; (med.) fetus; —**ить** *v.* procreate, produce; —**иться** *v.* multiply, breed; spawn; —**ник** *m.* (bot.) pistil; *suffix* —carp; —**ный** *a.* (fruit-)bearing; fertile (egg); fetal; amniotic (fluid); *suffix* —carpous, -fruited.

плодо— *prefix* fruit; fetus.

плодов/итость *f.* fruitfulness, fertility, fecundity; —**итый** *a.* fruitful, fertile, prolific, productive; —**од** *m.* fruit grower; —**одство** *n.*, —**одческий** *a.*

плодожорка fruit growing; —ый *a.* fruit; —ый сахар fruit sugar, fructose.

плодо/жорка, яблонная lesser apple worm; codling moth; —жорки *pl.* (ent.) Tortricidae; Laspeyresiinae; —изгнание *n.* fetal expulsion; —корм *m.* mast (nuts collectively); —листик *m.* (bot.) carpel; —ножка *f.* (bot.) fruit stem; —носить *v.* bear fruit; —носный *a.* fertile, productive, prolific; rich (soil); —носящий *a.*, —ношение *n.* fruit bearing; —образование *n.* fruit formation, fructification; —овощеводство *n.* fruit and vegetable growing; —переменный *a.* crop-rotating.

плодород/ие *n.*, —ность *f.* fertility, productivity; (diminishing) return; —ный *a.* fertile, productive, prolific; rich (soil).

плодо/сбор *m.* fruit harvest(ing); —смен *m.*, —сменная система (agr.) crop rotation; —сниматель *m.* fruit picker; —сушилка *f.* fruit (and vegetable) dryer; —съем *m.* fruit picker; —творный *a.* fruitful; —хранилище *n.* fruit storage (place); produce warehouse; —ягодный *a.* fruit and berry; —ядный *a.* fruit-eating, frugivorous.

плоду/ха, —шка *f.* fruit bud, fruit spur; —щий *a.* fruiting, fruit-bearing.

пло/ение *n.* folding, plaiting; —еный *a.* folded, plicated, plaited; —идия, —идность *f.* suffix —ploidy; —ить *v.* fold, plait.

плойчат/ость *f.* (geol.) plication, fold(ing), corrugation; —ый *a.* plicated, folded together, puckered.

пломб/а *f.* stamp, seal, label; (dental) filling, inlay; —ир *m.* stamp, seal; ice-cream (with fruit, etc.); —ирный *a.* sealing (compound); —ирование *n.* sealing, etc., *see v.*; —ированный *a.* sealed, etc., *see v.*; —ировать *v.* seal, stamp; fill (tooth); —ировка *see* пломбирование; —овый *a. of* пломба.

плоск/ий *a.* flat, plane; planar (structure); two-dimensional; parallel-plate (capacitor); disk (valve); sheet (film); flat-bar (iron); flat-bed (printing); flush; п. скачок (phys.) step shock; —ая поверхность plane (surface).

плоско *adv.* flat(ly), on a plane; *prefix* flat, plane, plano—; —бимсовый *a.* flat-bulb (iron); —бокорезы *pl.* sidecutting pliers;—бульбовый *a.* flat-bulb; —верхний *a.* flat-top; —вогнутый *a.* plano-concave; —выпуклый *a.* planoconvex; —вытянутый *a.* (cryst.) lath-like; —вязальный *a.* flat-bed (machine).

плоскогорье *n.* (high) plateau; upland, highland; столовое п. mesa.

плоско/губцы *pl.* flat(-nosed) pliers; —донка *f.* flat-bottomed boat; —донный *a.* flat-bottom(ed); —звенный *a.* flat-link; —клеточный *a.* (biol.) planocellular; —компаундированный *a.* (elec.) flat-compounded, level-compounded; —параллельный *a.* plane-parallel; parallel-plate (electrode, etc.); —печатная машина flat-bed machine; (typ.) cylinder press; —поляризованный *a.* plane-polarized; —спиральный *a.* planispiral; —стной *a.* plane, planar; junction (transistor); —стность *f.* planeness, levelness; —стопие *n.* (med.) platypodia, flatfoot.

плоскост/ь *f.* plane, surface, level, flatness; pad, sheet; face, facet (of crystal); (floor) line; геометрия на —и plane geometry.

плоско/телки *pl.* flat bark beetles —цилиндрический *a.* plane-cylindrical; cheese (-form); —шлифовальный станок face-grinding machine, surface grinder; —шляпный *a.* flat-headed (nail); —электронный *a.* flat-plate (tube).

плосок *sh. m. of* плоский.

плот *m.* raft, float; —бище *n.* raft-making establishment; п.-брандер *m.* firefloat.

плотва *f.* (ichth.) roach.

плотен *sh. m. of* плотный.

плотик *m.* (min.) firm; bed (of placer).

плотильщик *m.* raft maker.

плотин/а *f.*, —ный *a.* dam, weir, dike, embankment, barrier; causeway.

плотить *v.* make into a raft.

плотица *see* плотва.

плотн. *abbr.* (плотность) density.

плотн/ейший *superl. of* плотный; (cryst.) face-centered; —еть *v.* get dense(r).

плотни/к *m.* carpenter; —чать *v.* carpenter, do carpentry work; —чество *n.* carpentry; —чий *a.* carpenter's; —чный *a.* carpentry.

плотно *adv.* tightly, close(ly); consistently; п. лежащий, п. пригнанный, п. прилегающий snug, tight; —зернистый *a.* close-grained, compact; —кустовой *a.* bunch-forming; —лежащий *a.* dense, close; —(сте)мер *m.* densimeter, density gage; —стный *a.* density; dense.

плотность *f.* density, specific gravity; consistency; solidity, compactness, impenetrability, tightness; closeness; close weave (of cloth); п. вязкости (petrol.) viscosity gravity constant, v.g.c.; п. тока (elec.) current density.

плотноупакованный *a.* close-packed.

плотн/ый *a.* dense, thick, consistent, solid, compact, close, thickset; sound, hard, tough; (air-)tight, leakproof, leak-free; close, intimate; hard-textured (filter paper); closely woven (cloth); (min.) massive, close-grained.

плото— *prefix* raft; —вод *m.* raft tug; raftsman; —вой *a.* raft, float; —вщик, —гон *m.* raftsman; —спуск *m.* raft chute (on dam); —ход *m.* raft chute; rafting canal.

плотоядн/ый *a.* (zool.) carnivorous, flesh-eating; carnassial (tooth); —ое животное carnivore.

плоть *f.* (anat.) corpus, body; крайняя п. prepuce.

плох/о *adv.* bad(ly), poorly, ill, inadequately; п. обусловленный *a.* ill-conditioned; —оватый *a.* rather poor; —ой *a.* bad, poor, inferior; inadequate; ill, detrimental, adverse; off (color); mal—; —ая настройка maladjustment.

плошать *v.* make mistakes; get worse.

плошка *f.* earthen saucer; lampion.

площад/ка *f.* platform, stand, stage, landing; area, site, ground, yard; (landing) field; (launching) pad; plateau (of graph); —ной *a.* area; —ь *f.* area, surface, plane; space, section; square; единица —и unit of area; закон —ей law of areas; по —и areal.

площе *comp. of* плоский.

площица *f.* (ent.) crab louse.

плувиометр *see* плювиометр.

плуг *m.* plow; —(ат)арь *m.* plowman; п.-канавокопатель *m.* trenching plow; п.-лущильник *m.* stubble breaker; —овой *a.* plow; п.-распашник *m.* ridging plow; п.-сеялка *m.* drill plow.

плуж/ный *a.* plow; —ок *dim. of* плуг.

плумб/агин *m.* plumbagin; —аго *n.* plumbago, native graphite; —ан *m.* plumbane; —ат *m.* plumbate; —ит *m.* —итный *a.* plumbite; —о—*see* плюмбо—.

плумиер/ин *m.* plumierin, asonidin; —овая кислота plumieric acid.

плумозит *m.* (min.) plumosite.

плунжер *m.*, —ный *a.* plunger, ram, piston; —ный насос piston pump; —ный поршень plunger, piston.

плутон *m.* (petr.) pluton; (astr.) Pluto; —иевый *a.*, —ий *m.* plutonium, Pu; —ил *m.* plutonyl; —ический *a.* (petr.) plutonic, intrusive, of igneous origin.

плыв/ет *pr. 3 sing. of* плыть; —ун *m.*, —унный *a.* quicksand; —учесть *f.* deliquescence; —учий *a.* deliquescent, flowing; quick, running (rock).

плыть *v.* navigate; float, swim; run (of melted candle).

плювиальный *a.* pluvial, rain.

плювио— *prefix* pluvio—, rain; —граф *m.* pluviograph; —метр *m.* pluviometer, rain gage; —метрический *a.* pluviometric.

плюет *pr. 3 sing. of* плевать.

Плюккер (math.) Plücker.

плюмб— *see* плумб—.

плюмбо/гуммит *m.* (min.) plumbogummite; —кальцит *m.* plumbocalcite; —куприт *m.* plumbocuprite; —ниобит *m.* plumboniobite; —станнит *m.* plumbostannite; —стибит *m.* plumbostibite; —феррит *m.* plumboferrite; —ярозит *m.* plumbojarosite.

плюмерицин *m.* plumericin.

плюнуть *see* плевать.

плюр *m.* onionskin (paper).

плюригармонический *a.* pluriharmonic.

плюс *m.* (math.) plus; advantage; (surv.) plus station; п.-минус plus or minus.

плюска *f.* (bot.) cupule, cup.

плюсн/а *f.* (anat.) metatarsus; —евой *a.* metatarsal.

плюсов/альный *a.*, —ание *n.* (leather; text.) padding; —ать *v.* pad, soak; —ка *f.* padding; padding machine.

плюсовой *a.* plus, positive.

плюсов/очный *see* плюсовальный; —щик *m.* padder; —ый *a. of* плюс; плюсование.

плюш *m.* plush, velour.

плющ *m.*, —евый *a.* (bot.) ivy (*Hedera*); moonseed (*Menispermum*); —елистный *a.* ivy-leaved.

плющ/ение *n.* flatt(en)ing, etc., *see v.*; spread; —енный *a.* flatt(en)ed, etc., *see v.*; —илка *f.* flatt(en)er; roller, crusher; —ильный *a.* flattening, etc., *see v.*; flatting (mill); planing (hammer); edging (roll); pressure (calender); —ильная машина upsetter; —ильня *f.* flatting mill; —ить *v.* flat(ten), upset; (rolling) spread, laminate, roll out; compress, crush.

пляж *m.*, —евой, —ный *a.* beach.

пляс *m.*, —ка *f.* dance; —ка св. Витта (med.) chorea; —уны *pl.* dance flies.

ПММА *abbr.* (полиметилметакрилат) polymethyl methacrylate.

п.н. *abbr.* (порядковый номер).

ПНД *abbr.* (подогреватель низкого давления) low-pressure heater; (полиэтилен низкого давления) low-pressure polyethylene; (поправка наклонной дальности) slant-range correction.

пневмати/к *m.* (pneumatic) tire; —ка *f.* pneumatics; —ческий *a.* pneumatic; air-operated; air (lift); compressed-air (drive); percussion; —ческий элеватор blower.

пневмато— *prefix* pneumato— (air); —лиз *m.* (geol.) pneumatolysis; —литовый *a.* pneumatolytic; —логия *f.* (phys.) pneumatology, pneumatics.

пневмеркатор *m.* pneumercator, pneumatic (liquid-level) gage.

пневмо— *prefix* pneumo— (lung); пневматик; —бетон *m.* Gunite (concrete);

—да́тчик m. pressure gage, pressure pickup; —кла́пан m. pneumatic valve; —кокк m. (bact.) pneumococcus; —коле́сный a. pneumatic-tire; —кониоз m. (med.) pneumoconiosis; —костюм m. pneumatic suit; —метр m. pneumatic-type meter; —механи́ческий a. pneumatic; —мо́лот(о́к) m. pneumatic hammer; —ни́ка f. pneumonics; —ни́ческий a. (med.) pneumonic; —ния f. pneumonia; —подъе́мник m. air lift; —по́чта f., контейнер —по́чты (pneumatic) rabbit, shuttle; —раскрепи́тель m. pneumatic uncoupler; —реле́ n. air relay; —систе́ма f. pneumatic system; —ста́ртер m. pneumatic starter; —то́ракс m. (med.) pneumothorax; —транспорте́р m. blower, pneumatic conveyer; —электрокла́пан m. electropneumatic valve.

пн/евый a. stump(y), stubby; —екорчева́тель m. stump extractor; —и pl. of пень.

по prep. dat. on, by, at, over, through, via, by the method of; from; regarding, with respect to; according to; along (the length); at the rate of; **по всему** throughout; **по** двое two at a time, in pairs; **по доро́ге** on the way, in passing; **по ка́пле** drop by drop; **по Ка́риусу** by the Carius method; according to Carius; **по масшта́бу** to scale; **по на́шему** by our method; in our opinion; **по одному́** one at a time; prep. acc. as far as, up (to), till; **c** 1920 **по** 1928 г. from 1920 to 1928; prep. prepos. on, after; for; **по рассмотре́нии** on examination; **диагра́мма по вре́мени** time diagram.

по— prefix with verbs signifying action which is weak or continues for a short or unknown length of time, usually translated as "a little"; prefix with adjectives and adverbs meaning "somewhat more, as possible," e.g.,; **поинтере́снее** somewhat more interesting; as interesting as possible; prefix with certain adverbs meaning "in," e.g.; **по-англи́йски** in English; **говори́ть по-англи́йски** v. speak English.

побагрове́ть v. become purple.
поба́лтывать v. agitate periodically.
побе́г m. escape, flight; (bot.) shoot, sprout, sucker, runner, trailer; scion, graft; —а́ть v. run (a little).
побего́вью́н m. (ent.) Evetria.
побе́да f. victory, conquest.
победи́т m. Pobedit (alloy).
побед/и́тель m. winner, victor; —и́ть see побежда́ть; —ный a. victorious, triumphant.
побежа́л/ость f. (met., min.) iridescence, iridescent tarnish, heat tinting; цвет —ости temper color, oxidation tint; —ый a. iridescent; temper (color).
побежа́ть v. run; pass; start to run.
побежд/а́ть v. conquer, overcome, get the better (of); —е́нный a. overcome.
побе́жка f. pace, gait (of horse).
побел/е́ть v. grow white, turn pale, blanch; —и́ть v. whiten, whitewash; —ка f. whitening, whitewashing.
побере́ж/ный a., —ье n. shore, coast, littoral.
побере́чь v. save, conserve.
побеспоко́ить v. disturb; —ся v. see to.
поби/ва́ть v. beat; bruise; break; kill; —тость f. bruising (of produce); —тый a. beaten; bruised; broken; killed; —ть see побива́ть.
поблагодари́ть v. thank.
побледне́ть v. turn pale.
поблёк/лый a. faded, etc., see v.; —нуть v. fade, dull, tarnish, (bot.) wither.
поблизости adv. near (at hand).
побо́ку adv. to the side, away.
побо́лее comp. of большо́й, мно́го, larger; more.
поболта́ть v. agitate for a while.
побо́льше see побо́лее.
побо́рник m. advocate, supporter.
поборо́ть v. overcome, conquer, subdue.
побо́чн/ый a. secondary, side, by—, subsidiary, subordinate, incidental; indirect; accessory, collateral, supplementary, adjoining; false, ghost, spurious (image, etc.); extraneous (wave); **п. проду́кт** by-product; **п. путь** (railroad) siding; **п. счет** spurious count; —ая вале́нтность auxiliary valence, secondary valence; —ая ось (cryst.) secondary axis; —ая реа́кция side reaction; —ое де́йствие side effect; —ое произво́дство side line.
поброди́ть v. wander for a while; ferment for a while.
побры́з/гать v. sprinkle a little; —ивать v. sprinkle from time to time.
побуди́тель m. stimulus; booster; —ный a. stimulating, inciting, impellent; —ная причи́на incentive.
побуди́ть see побужда́ть.
побужд/а́ть v. stimulate, impel, induce, prompt, spur (on), urge; force (circulation); —а́ющий a. stimulating, etc., see v.; —е́ние n. stimulation; incentive, motive, inducement; —е́нный a. stimulated, etc., see v.
побур/е́лый a. brown(ed); —е́ние n. browning; (phyt.) brown rot; damping off (of seedlings); russeting (of fruit); (leaf) scorch; —е́ть v. turn brown.
побыв/а́ть v. visit, be for a while; —ка f. leave of absence; (mil.) furlough.
побы́ть v. stay for a time.

побьет *fut. 3 sing. of* побить.
п-ов *abbr.* (полуостров) peninsula.
повагонный груз carload.
повадка *f.* habit, custom.
повал/енный *a.* thrown down, etc., *see v.*; **—ить** *v.* throw down, overthrow; tip over, overturn; knock down; fell (tree); start to fall (of snow, etc.); go or come in hordes; **—иться** *v.* fall; **—ка** *f.* (vet.) epidemic pneumonia; в **—ку** huddled together, crowded.
повальн/о *adv.* without exception, all; **—ый** *a.* general, epidemic.
повар *m.* cook; **—енный** *a.* culinary, cooking; **—енная соль** common salt, sodium chloride **—ить(ся)** *v.* cook for a while, digest for a while.
поведен/ие *n.* conduct, behavior; procedure; **п. по времени** time behavior; **—ный** *past pass. part. of* повести.
повезти *v.* take, deliver.
повел *past m. sing. of* повести.
повеллит *m.* (min.) powellite.
повер/енный *m.* attorney, agent; **—ить** *v.* believe, credit; **—ка** *f.* check(ing), verification; inspection, examination; control (test); (math.) proof; (mil.) roll call.
повернут/ый *a.* turned, etc., *see v.*; **—ь** *v.* turn, rotate, swing (through).
поверочн/ый *a. of* поверка; **п. анализ** check analysis; **—ая проба** umpire assay; **—ое испытание** check test; aptitude test.
поверстный *a.* (by the) verst.
поверт/еть(ся) *v.* rotate for a while; **—ывание** *n.* turning; **—ывать(ся)** *v.* turn (around); **—ывать(ся) кругом** face about.
поверх *prep. gen. and adv.* over, above.
повехностно *adv.* on the surface, superficially; **п.-активный** *a.* surface-active; **п.-активное вещество** surfactant; **п.-барьерный** *a.* surface-barrier; **п.-инактивный** *a.* surface-inactive; **—сть** *f.* superficiality.
поверхностн/ый *a.* surface, superficial; skin (effect); shell-and-tube-type (desuperheater); (agr.) top (dressing); exposed (wire); **п. разряд** (elec.) surface discharge; **—ая закалка** (met.) case hardening; **—ая плотность** surface density; **—ое натяжение** surface tension.
поверхност/ь *f.* surface, area, plane; face; (water) table; **п. нагрева** heating surface; **п. раздела** interface, boundary; **п. разрыва** breakdown surface; shock front (of plasma); **п. среза** cut, section; **выход слоя на п.** (geol.) outcrop; **нагрузка на единицу —и** load per unit area; **охлаждаемый с —и** surface-cooled; **сожжение под —ью** submerged combustion.

поверху *adv.* on top.
поверченный *a.* rotated a few times.
повершить *v.* top off.
повер/ье *n.* belief, superstition; **—ять** *v.* (en)trust; verify, check.
повесить *v.* hang (up), suspend.
повести *v.* lead, conduct, take (to); move.
повестка *f.* notice, summons, subpoena; **п. дня** agenda.
поветрие *n.* epidemic.
поветь *f.* (storage) shed.
повешен/ие *n.* hanging; **—ный** *a.* hung.
повеять *v.* begin to blow.
повив *m.* lay(er) (of cables).
повивать *v.* (en)twine; spiral.
по-видимому *introd. word* seemingly, apparently, likely to be; it seems, it appears.
повидло *n.* fruit paste; (apple) butter.
повили/ка, **—ца** *f.*, **—чный** *a.* (bot.) dodder (*Cuscuta*, spec. *C. europaea*).
повинн/ость *f.* duty, obligation, compulsory service; **—ый** *a.* guilty.
повинов/аться *v.* obey, comply (with); **—ение** *n.* obedience, compliance.
повис/ать *v.* hang, droop, be suspended; **—еть** *v.* hang for a while; **—лый** *a.* hanging, drooping; **—нуть** *see* повисать.
повитель *m.* (bot.) bindweed.
повить *see* повивать.
повлажнеть *v.* get damp.
повлечь *v.* involve, entail, necessitate, occasion, bring on; drag (along).
повлиять *v.* influence.
повод *m.* rein; occasion, reason, ground, cause; **давать п.** cause, occasion, give rise (to); **по —у** in connection (with), apropos (of); **—ить** *v.* conduct, lead around; move.
поводка *f.* distortion, deformation, warping, buckling; shrinkage.
повод/ковый *a.*, **—ок** *m.* carrier, guide; dog; tenon, tongue; rein, leash, line; (anat.) habenula; inundation; **п. патрон** carrier plate, catch plate; **—ковая рамка** tool-bar frame.
повоз/ка *f.*, **—очный** *a.* vehicle, conveyance, cart, wagon, car.
повой *m.* (bot.) glorybind (*Calystegia*); **—ни(че)к** *m.* waterwort (*Elatine*).
Поволжье land along the Volga.
поворачив/ание *n.* turning, slewing; **—ать** *v.* turn (round), swing, swivel, slew; turn over, tilt; divert, turn aside; (elec.) reverse; **—ать на себя** pull; **—ать от себя** push; **—аться** *v.* turn, swing, swivel; rotate, work, run; **—ающийся** *a.* swinging, swivel; tilting; rotating, running; reversible.
поворот *m.* turn(ing), bend, winding, curve, corner(ing); rotation; steering; swinging, slewing; reversal; **п. координатной**

системы (math.) rotation of axes; механизм —a tilting gear; муфта —a steering clutch; ось —a pivot axis; угол —a deflection angle; —ить see поворачивать.
поворотлив/ость f. maneuverability, turning ability; handiness, agility; —ый a. maneuverable, handy, agile.
поворотно/-кратковременный a. continuously running; —лопастный a. adjustable-blade, Kaplan (turbine).
поворотн/ый a. turning, steering; rotating, rotatable, rotary, revolving, revolvable; swing(ing), traversing, deflection; swivel(ing), tilting, pivoted, slewing, slewable; reversing, reversible; hinged, articulated; rotational (isomerism); п. кран slewing crane, swing crane; п. круг turntable, turnplate; п. свод swing roof; —ая головка swivel head.
поворошить v. stir up a little.
повре/дить see повреждать; —ждаемость f. vulnerability to damage; —ждать v. damage, break, injure, mutilate, harm, impair; —ждаться v. get damaged, get out of order, break down, fail; —ждение n. damage, injury, harm, impairment, breakage, failure; accident; fault, defect; —ждение нейтронами neutron-induced damage; —жденный a. damaged; etc., see v.; broken down.
повременн/ый a. periodic(al), regular; time; —ое издание periodical.
повседневн/о adv. daily, every day; —ый a. daily, everyday, routine.
повсеместн/о adv. universally, everywhere; —ый a. universal, general; (biol.) common.
повсюду adv. everywhere, throughout.
повтор m. repetition; replica; —ение n. repetition, recurrence, (re)iteration; (comp.) recycling; overlap(ping); replica; —енный a. repeated; recycled; —итель m. repeater; follower; —ительный a. repeating, reiterative; —ить see повторять.
повторн/о adv. repeatedly, (over) again; использовать п. v. reuse; п.-кратковременный a. intermittent; recurring short-time; —ость f. repetition; repeatedness; —ый a. repeated, repetitive, reiterated, re—; repeat (order); iterative (impedance); new (edition); several, multiple, duplicate; —ое замерзание refreezing.
повтор/яемость f. recurrence, frequency; repetition, reiteration; —ять v. repeat, reiterate; (comp.) recycle; —яться v. recur; repeat, be repeated; —яющийся a. recurrent, reiterative; repeating, repetitive.
повысит/ель m. (elec.) step-up transformer;

—ельный a. increasing, boosting; step-up; —ь see повышать.
повысотный a. (surv.) upward.
повыш/ать v. raise, increase, heighten, elevate; up(grade), enhance, improve, build up; promote, advance, boost; (elec.) step up; —аться v. rise, increase; improve; —ающий a. raising, etc., see v.; step-up; —е adv. somewhat higher; above; —ение n. raising, etc., see v.; rise, rising, increase, gain; build-up; —енный a. raised, etc., see v.; better, higher than usual; —енного типа advanced.
повьет fut. 3 sing. of повить.
повяз/ать, —ывать v. tie, bind; —ка f. band(age), sling; (plaster) cast.
пог. abbr. (погонный) linear, running.
поган/ка f. (bot.) toadstool; —ый a. unclean, impure, bad; garbage (can).
пога/сание n. extinction, extinguishment; —сать, —снуть v. go out, be extinguished; —сить, —шать v. extinguish, put out, quench; darken; pay off, liquidate (debt); —сший a. extinguished; extinct; —шение n. extinction, extinguishment; payment; —шенный a. extinguished, etc., see v.; out.
погектарный a. by the hectare.
погиб/ать, —нуть v. perish, be lost; —ший a. lost, ruined, perished.
поглотитель m. absorber, absorbent; —ный a. absorbing, absorption, absorbent, absorptive; dissipative (attenuator); —ная башня absorption tower; —ная способность absorptive power, absorptivity; —ное вещество absorbent.
поглотить see поглощать.
поглощ/аемость f. absorbability; —аемый a. absorbable; absorbed; —ательный see поглотительный; —ать v. absorb; swallow (up), take up, pick up, consume, engulf; capture (neutrons); —аться v. be absorbed; merge; be lost (to); —ающий see поглотительный.
поглощен/ие n. absorption; take-up, pickup; capture (of neutrons); retention; input, consumption (of power); коэффициент —ия absorption coefficient; сила —ия absorptive power; —ный a. absorbed, etc., see поглощать.
поглубже adv. somewhat deeper.
погляд/еть v. look, see; —ывать v. look from time to time.
пог. м. abbr. (погонный метр).
погнать v. drive; distil.
погнет fut. 3 sing. of погнуть.
погн(о)ить v. rot, decay.
погну/вшийся a. bent; —тость f. (slight) curvature; —тый a. bent, curved; —ть v. bend, curve.

поговорить v. talk (of), discuss.
погода f. weather.
погодить v. wait a little.
погодн/о adv. annually, yearly, per year; —ый a. annual, yearly; weather.
погодо— prefix weather; —стойкий, —устойчивый a. weatherproof, weather-resistant; —устойчивость f. weather-(ing) resistance.
погожий a. (meteor.) fine.
поголов/но adv. without exception, all; one by one; —ный a. general; by the head; —ье n. livestock (population), stock.
поголодать v. starve for a while.
поголубеть v. turn blue(r).
погон m. distillate, fraction; pursuit; (ball) race; (art.) race (ring); голова —а, первый п. first runnings; —ный a. linear, length; running (meter); —щик m. driver; —я f. quest (for); pursuit, chase; —ять v. drive; distil.
погор/ать, —еть v. burn (out), be burned out; —елый a. burned out.
пограничн/ый a. boundary, bordering; marginal; п. слой boundary layer; —ая область border zone.
погреб m. cellar; vault; (powder) magazine; (petr.) vug; past h. sing. of погрести; —ать v. bury, inter; —ение n. burial, interment; —енный a. buried, interred; blind (placer); connate (water); —ной a. of погреб; —ок m. recess.
погремок m. rattle; (bot.) yellow rattle (Rhinanthus).
погрести v. bury; rake for a while; row for a while.
погреть v. heat up, warm up.
погреш/ать, —ить v. err, make mistakes; —имость f. fallibility; —имый a. fallible.
погрешность f. error, mistake; defect; п. инструмента index error, I.E.; абсолютная п. accuracy (of reading).
погруб/елый a. roughened, coarse, grown hard; —еть v. roughen, grow hard.
погруж/аемый a. submergible, submersible; immersion, immersed; —ать v. plunge, dip, immerse, submerge, bury, embed, sink; load; —аться v. plunge, dive; dip, sink (into), (sub)merge, cave in; —ающийся a. plunging, sinking, merging; —ение n. plunging, etc., see v.; plunge, dive, dip; immersion, submersion, submergence; испытание при —ении (met.) immersion test; —енность f. submergence; —енный a. plunged, etc., see v.; swimming-pool (nuclear reactor); —енный в масло oil-immersed; —ной a. immersion, immersible, submersible; subsurface; deep-well (pump).
погруз/ившийся a. sunken, buried; —ить

see погружать; —ка f. loading, shipping, freight handling; —очноразгрузочный a. handling.
погрузочн/ый a. loading; landing (point); —ая установка handling equipment, loading equipment.
погрузчик m. loader.
погряз/ать, —нуть v. get stuck, mire.
погуб/ить, —лять v. ruin, destroy.
погустеть v. thicken.
под m. (furnace) hearth, bottom, sole; с вращающим —ом rotary-hearth (furnace).
под prep. acc. denoting direction: instr. denoting position: under(neath), below; to, toward, near; to receive, to accommodate, to fit; at (an angle); in (latitude); open to (question); in imitation of; п. гору down hill; п. землей underground; п. красное дерево in imitation of mahogany; п. рукой near at hand.
под— prefix sub—, hypo—; with verbs indicating under, up to, close; also up, as in подсчитать v. count up.
подав/аемый a. fed, etc., see v.; —альщик m. feeder, server; —ание n. feeding, etc., see v.; —атель m. feeder, feeding device, feeding carriage; (art.) magazine platform; (spring) elevator; —ать v. feed, supply, provide, convey, deliver, conduct; discharge, release; serve, give, present; submit, hand in (application); set (an example); —аться v. be fed, etc.; feed (into), enter; draw, move; give way, yield.
подав/итель m. suppressor; attenuator (of oscillation); (flotation) depressant, depressing agent; depressor; —ить see подавлять; —иться v. choke; —ление n. suppression, etc., see v.; quenching; —ленный a. suppressed, etc., see v.; —лять v. suppress; overwhelm, crush, smother; eliminate; quench; (de)press; —ляющий a. suppressing, etc., see v.
подагр/а f. (med.) podagra, gout; —ический a. podagric, gouty.
подазотистый a. hyponitrous (acid).
подальше adv. somewhat farther on.
подар/ить v. give, present, bestow; —ок m., —очный a. gift, present, donation.
податель m. bearer, petitioner.
податлив/ость f. pliability, pliancy, ductility; give, yielding; (acous.) compliance; —ый a. pliable, pliant, yielding.
подать see подавать; f. tax.
подач/а f. giving, presenting; supply, feed(ing), introduction, injection; delivery, delivering, conveyance, admission, inflow, input; motion, travel, approach; advance, advancing; п. воздуха air feed, air supply; п. насосом pumping; высота —и lift (of pump);

коробка подач gear box; feed unit, feeder; механизм —и feed mechanism; объем —и delivery volume (of pump); с автоматической —ей self-feeding; стокер с нижней —ей underfeed stoker.

подающ/ий *a.* feed(ing), conveying, supply, delivery (pump, pipe); п. механизм feeding mechanism, feeder; п. червяк worm conveyer; screw conveyer; —ая лента feed belt.

подбаб/ник *m.* driving cap (for pipe); —ок *m.* follower; driving cap.

подбав/ить, —лять *v.* add (a little); —ка *f.* adding, addition.

подбадривать *v.* encourage.

подбал/ка *f.* bolster, support; trimmer; —очник *m.* trimmer.

подбалтывать *v.* beat in, mix in.

подбарабанье *n.* (mech.) concave.

подбе/гать, —жать *v.* run up to.

подбел *m.* (bot.) Petasites; Andromeda.

подбел/ивание *n.*, —ка *f.* whitening, bleaching; (calico) branning; —и(ва)ть *v.* whiten, bleach.

подберезовик *m.* birch mushroom.

подберет *fut. 3 sing. of* подобрать.

подбив/ать *v.* line, pad; pack; drive under; nail up; instigate; disable (a gun); —ка *f.* lining, etc., *see v.*

подбир/ание *n.* gathering, etc., *see v.*; —ать *v.* gather, collect, pick up; select, sort (out), assort, match, fit, blend (colors); —аться *v.* be selected; steal up to.

подбить *see* подбивать.

подбодр/ить, —ять *v.* encourage.

подб/оечный *a. of* подбойка; —ой *m.* lining; nailing (on); knocking down; (min.) cut(ting); (shoes) sole leather; —ойка *see* подбой; set hammer; tamper; —ойный *a. of* подбой; —ойщик *m.* (min.) cutter.

подболт/ать *v.* mix in, add; —ка *f.* mixing in, addition; additive.

подбор *m.* selection, collection, assortment, set; matching, fitting; proportioning; grading; в п. (typ.) run on; set flush; путем —а by trial and error; на п. selected, assorted.

подбора *f.* (fishing) seine rope.

подборка *f.* collection, set, selection.

подбород/ок *m.* (anat.) mentum, chin; —очно— *prefix* mento—; —очный *a.* mental, chin; submental (artery).

подборочн/о-раскладочная машина collator; —ый *a.* collecting; selecting; matching.

подборщик *m.* picker, collector; sorter; (agr.) pick-up attachment; п.-волокуша *m.* pick-up hay rake; п.-измельчитель *m.* pick-up chopper.

подбр/асывать *v.* throw up, throw under; add; —ос *m.* (geol.) underthrust fault; —осить *see* подбрасывать; —оска *f.* throwing up; addition; —ошенный *a.* thrown up, etc., *see v.*

подбрюш/инный *a.* (anat.) subperitoneal; —ник *m.* (harness) belly band; boiler cradle; (naut.) packing (timbers).

подбурочный *a.* (blasting) block (hole).

подбутка *f.* inferior concrete.

подвал *m.* basement, cellar; vault; (newspaper) lower part, feuilleton.

подвали(ва)ть *v.* come en masse; heap up, add; roll under; float (up to), moor; —ся *v.* fall under.

подвальный *a. of* подвал; п. этаж basement.

подвар/и(ва)ть *v.* weld on; cook or digest again or more; add while boiling; —ка *f.* welding on, etc., *see v.*; (welding) backing run; —очный *a.* back(ing) (weld).

подведен/ие *n.* leading up to, etc., *see* подводить; supply; п. фундамента underpinning; —ный *a.* led up to, etc., *see* подводить.

подведомственный *a.* in charge (of); within the jurisdiction (of).

подвезти *v.* deliver, haul, transport.

подвер/гаемый *a.* subjected (to), etc., *see v.*; under; —гать *v.* subject, submit, put through, impose, place (strain on); treat (with); expose (to); —гать гидролизу hydrolyze; —гать действию expose (to the action of); treat; —гать испытанию test, experiment (with); —гаться *v.* be subjected, etc.; undergo, experience, go through; run into (danger); be open (to question); —гающий *a.* subjecting, etc., *see v.*; —гающийся действию exposed (to); —жение *n.* subjection, etc., *see v.*; —жение изгибу bending load; —женность *f.* susceptibility; liability; —женный *a.* subjected (to), etc., *see v.*; subject, liable (to), susceptible, prone (to); —женный нагреву heat-affected.

подвер/нуть, —теть *see* подвертывать; —тка *see* подвертывание; second wrapper; —тывание *n.* tightening, etc., *see v.*; —тывать *v.* tighten, screw; fold under, turn under; slip under, thrust under; —тываться *v.* slip under, fall under; turn up, appear.

подвес *m.* suspension; suspension device, carrier arm, hanger; точка —а a point of support; —ить *see* подвешивать; —ка *f.* suspension, hanging; suspension support, suspension arm, suspension member; suspender, hanger, bracket; trunnion; ear, lug; система —ок supporting structure; точка —ки slinging point.

подвесн/ой, —ый *a.* suspension, suspended, hanging, hanger, supporting; overhead, overhung, aerial; underslung; swinging, pendant; mounted, attached; outboard (motor); trolley (conveyer); podtype (ramjet engine); **п. мост** suspension bridge; **—ая дорога** ropeway, overhead trolley, monorail; **—ая дуга** bracket rim (of furnace); **—ая кривая** (math.) catenary; **—ая рейка** leveling rod; **—ая рессора** supporting spring; **—ая система** supporting structure; (parachute) harness; **—ая стенка** breastwall.

подвести *see* подводить.

подветренный *a.* (naut.) lee(ward).

подвеш/енный *a.* suspended, pendent, perched (rock); **—енный на пружинах** spring-mounted; **—ивание** *n.* suspension, hanging; **—ивать** *v.* suspend, hang (up), hook; mount (on springs).

подвздошн/о— *prefix* (anat.) ilio—; **п.-крестцовый** *a.* sacroiliac; **п.-поясничный** *a.* iliolumbar (artery); **—ый** *a.* iliac; **—ая кость** ilium; **—ая мышца** iliacus.

подвиг *m.* exploit, feat.

подвигать *v.* move (on), advance, push, promote; **—ся** *v.* move on, advance, draw up, make progress, get ahead; **—ся вперед** progress, get ahead.

подвид *m.*, **—овой** *a.* (biol.) subspecies.

подвижка *f.* movement, shift; (tectonics) shove; (ore) adjustment; (ice) push, debacle.

подвижник *m.* zealot, devotee.

подвижн/ой **—ый** *a.* mobile, movable, moving; (trans)portable; migratory; traveling, sliding, traversing; loose, free; active, lively; flexible; live (center); dynamic (equilibrium); moving-bed (catalyst); floating (address, etc.); **п. контакт** (elec.) sliding contact; **п. кран** traveling crane; **п. состав** (railroad) rolling stock; **—ая счетная таблица** sliding scale; **—ая щека** swing jaw (of crusher); **—ое топливо** (nucl.) circulating fissionable material; **—ость** *f.* mobility, maneuverability; liveliness; portability; availability (of nutrients); rate (of diffusion); **—ость ионов** ionic mobility.

подвинтить *see* подвинчивать.

подвинуть *see* подвигать.

подвинчивать *v.* screw up, screw down, tighten.

подвисание *n.* holdup (in distillation) **п. шихты** (met) bridging-over of stock.

подвод *see* подводка; input; admission; feed line; (elec.) lead; underpinning prop; **п. тепла** heat supply; **линия —а** supply line.

подвода *f.* wagon, cart.

подвод/имый *a.* fed, supplied; **п. воздух** air supply; **—имая мощность** power input; **—ить** *v.* lead up to, conduct, bring into contact (with); deliver, feed, supply; place under; **—ка** *f.* leading up to, etc., *see v.*; delivery, feed(ing), supply.

подводник *m.* submariner; diver.

подводной *a. of* подвод; feed.

подводн/ый *a.* subaqueous; submarine; submerged, sunk(en) undersea; underwater; (bot.) submersed; wagon; **—ая лодка** submarine, U-boat; **—ая мина** depth charge; **—ое крыло** (hydrodyn.) hydrofoil; **—ое течение** undercurrent.

подводчик *m.* feeder; wagon driver.

подводящ/ий *a.* leading up to, conveying, feed(ing), supply, delivery, inlet; tributary (ditch); **п. канал** head race, feeder; (casting) gate; **п. провод** (elec.) supply main, feeder; **—ее сопло** feed nozzle, distributing nozzle.

по-двое *adv.* in pairs, two at a time.

подвоз *m.* supply; transport(ation), hauling, conveyance.

подвозбудитель *m.* (elec.) pilot exciter.

подвозить *v.* bring, carry; transport

подвоз/ка *f.* hauling, transportation, delivery; **—ный** *a.* imported; **—чик** *m.* hauler, transporter, delivery man.

подвой *m.* (hort.) rootstock.

подволакивать *v.* haul (by portage).

подволок *m.* attic; **—а** *f.* attic; (naut.) ceiling, deckhead.

подволоч/ить, **—ь** *v.* haul (by portage).

подворачивать *v.* turn under.

подворный *a.* per farm.

подворотить *v.* turn under.

подвулканизация *f.* (rubber) prevulcanization, precuring.

подвяз/ать *see* подвязывать; **—ка** *f.* binding; suspender; garter; **—ной** *a.* suspended; **—очный** *a. of* подвязка; **—ывание** *n.* binding, tying (up); **—ывать** *v.* bind, tie (up); **—ь** *f.* binding, cord(ing).

подвяли(ва)ть *v.* cure slightly; cure further; (cer.) sour.

подгаечник *m.* lock nut.

подгибать *v.* turn in, bend under.

подглазн(ичн)ый *a.* (anat.) suborbital.

подглазурный *a.* (cer.) underglaze.

подгн/и(ва)ть *v.* start decaying, rot slightly; **—оить** *v.* rot, decay.

подголов/ник *m.* head rest; **—ный** *a.* under the head; **—ок** *m.* neck (of bolt).

подгон *see* подгонка; (bot.) second growth; **—ка** *f.* driving on, etc., *see v.*; adjustment; **—ообразование** *n.* sprouting; **—очный** *a. of* подгон; **—щик** *m.* driver; beater; **—ять** *v.* drive on, fit, match, adjust, adapt, suit; reduce (to one size); drive up to, drive under; speed up, hurry, urge on.

подгор/ание *n.* scorching, burning; gumming up (of piston rings); —ать, —еть *v.* scorch, burn; catch fire; —елый *a.* scorched, burnt.

подгоризонт *m.* subhorizon.

подгорный *a.* at the foot of a mountain.

подгородный *a.* near a city, suburban.

подгорье *n.* foothills.

подготавлив/ание *see* подготовка; —ать *see* подготовлять.

подготовитель *m.* preparator; —но-заключительный *a.* set-up and clear (work); preparation and finishing-up (time); —ный *a.* preparatory, preliminary; roughing (mill); —ная работа preliminary work, development (work).

подготов/ить *see* подготовлять; —ка *f.* preparation, preparing, etc., *see v.*; training; без —ки unprepared, impromptu; —ление *see* подготовка; —ленность *f.* preparedness; —ленный *a.* prepared, etc., *see v.*; —лять *v.* prepare, (make) ready; prime (engine); train.

подгре/бать *v.* rake (up to); row (up to); —бка *f.* raking up; —бки *pl.* rakings; —бной *a.* raked up; —сти *see* подгребать.

подгруздь *m.* mushroom (*Agaricus scrobiculatus*).

подгруз/ить *v.* load more; —ка *f.* additional loading, additional charge.

подгруппа *f.* subgroup, subunit.

подд/авать *v.* increase, reinforce; throw up, kick; subdue, subjugate; —аваться *v.* yield, give in, give way; be prone, be susceptible, be amenable, lend itself (to); —аваться ремонту be repairable; не —аваться действию be unaffected (by), be resistant (to); —анный *a.* increased, etc., *see v.*; *m.* subject; —анство *n.* citizenship; —ать *see* поддавать; —ача *f.* increasing, etc., *see v.*; increase, reinforcement.

поддающийся *a.* yielding (to); —able; *e.g.*, п. обработке machinable; п. ремонту repairable; не п. анализу unanalyzable.

поддвиг *m.* (geol.) underthrust.

поддел/ать, —ывать *v.* forge, falsify; imitate, counterfeit; adulterate; —ка *f.* imitation, counterfeit; adulteration; adulterant; —ывание *n.* imitation, counterfeiting; adulteration; —ьный *a.* counterfeit, forged (signature); artificial, synthetic; false, dummy; adulterated, impure.

поддергивать *v.* tug, pull, jerk (up).

поддерж/ание *n.* supporting, etc., *see v.*; maintenance, upkeep; —анный *a.* supported, etc., *see v.*; —ать *see* поддерживать; —иваемый *see* поддержанный; —ивание *see* поддержание; —ивать *v.* support, hold (up), bear, carry; sustain, keep; maintain, keep up; advocate, back up, favor; —ивающий *a.* supporting, etc., *see v.*; lifting (force); trailing, balancer (wheel); —ивающее устройство carrier; —ка *see* поддержание; support, prop, rest, holder, carrier, stay; (riveting) dolly.

поддернуть *see* поддергивать.

поддиапазон *m.* subrange, sub-band.

поддир *m.* (min.) cutting wedge.

поддоменник *m.* bottom (of blast furnace).

поддомкрачивать *v.* jack (up).

поддон *m.* tray, (drip) pan; sump; (rr.) pallet; base (plate); stool (of ingot mold).

поддуб/ица *f.* oak-forest soil; —овик *m.* mushroom (*Boletus pachypurus*).

подду/вало *n.*, —вальный *a.* (furnace) ash pit; —вание *n.* heaving, etc., *see v.*; heave; —вать *v.* heave, swell; blow (under); —вающийся *a.* heaving; —ть *see* поддувать.

подевать *v.* put, dispose (of).

подействовать *v.* act, have an effect (on); work, operate.

поделать *v.* make, do, perform.

подел/енный *a.* shared, distributed; —ить(ся) *v.* share.

подел/ка *f.* odd job; article; manufacture, fabrication; —очный *a.* manufacturing, fabricating; commercial (timber).

подён/ка *f.* day work; (ent.) may fly; —но *adv.* daily, by the day; —ный *a.* daily, day; *m.* day laborer; —щик *m.* day laborer; —щина *f.* day labor.

подергив/ание *n.* twitching, jerk(ing); —ать *v.* pull (at), jerk (at).

подерж/ание *n.* holding, keeping; взять на п. *v.* borrow; дать на п. *v.* lend; —анный *a.* secondhand, used; kept, held; —ать *v.* hold for some time, keep for a while.

подернуть *v.* jerk or tug lightly; cover (with mist or ice).

подешеветь *v.* get cheaper.

поджар/енный *a.* roasted; fried; —ивание *n.* roasting; frying; —и(ва)ть *v.* roast (a little); toast; fry; broil; —ка *f.* frying; fried meat.

поджарый *a.* lean, thin, emaciated.

поджат/ие *see* поджимать; —ь *see* поджимать.

поджелудочн/ый *a.* (anat.) subventricular; pancreatic (juice); —ая железа pancreas.

поджечь *see* поджигать.

подживать *v.* heal, be healing.

поджиг *m.* ignition; —ание *n.* ignition, firing; —атель *m.* incendiary; —ать *v.*

поджидать set fire (to); light, kindle; —ающий *a.* incendiary.

поджидать *v.* wait (for), watch (for).

поджилки *pl.* (anat.) hough, hock.

поджим *m.*, —ание *n.* drawing in, etc., see *v.*; contraction; —ать *v.* draw in, contract; tighten, adjust; precompress (air); —ающий *a.* drawing in, etc., see *v.*; preliminary (compressor).

поджить see поджитвать.

поджог *m.* setting fire (to); arson.

подзаголов/ок *m.*, —очные сведения subtitle.

подзаря/д *m.* booster charge; recharge, recharging; —дить see подзаряжать; —дка *f.* recharging; replenishing; booster charge; —жать *v.* (elec.) recharge; replenish.

подзатылочный *a.* (anat.) suboccipital.

подзащитный *m.* client (of lawyer).

подзвуковой *a.* (acous.) subsonic.

подзем *m.* subsoil; —елье *n.*, —ельный *a.* cave, vault; —ка *f.* subway.

подземный *a.* underground, subterranean, subsurface; buried; ground (water); subway (train); п. толчок, п. удар earthquake shock; п. ход subway, tunnel.

подземок *m.* subway; small heater.

подзимний *a.* late fall, early winter.

подзол *m.* podzol (soil); —изация *f.* podzolization; —истоглеевый *a.* podzolized gley (soil); —истость *f.* podzol content; —истый *a.* podzolic; —ообразование *n.* podzol formation.

подзор *m.* trim; (naut.) counter, overhang.

подзорн/ый *a.* observation; sight (glass); —ая труба telescope, field glass.

подзывать *v.* call up, call over.

подызвестковистый *a.* subcalcareous.

подин/а *f.* furnace bottom, hearth, sole; fettling (of open-hearth furnace); подготовка —ы fettling, fritting.

подинтегральная функция (math.) integrand.

подкалиберный снаряд hard-core projectile.

подкали(ва)ть *v.* heat (slightly; more).

подкалывать *v.* split, cleave, break (a little); pin up; puncture, prick.

подкапать *v.* drip in more.

подкапливать *v.* accumulate (slowly; more); store up.

подкапчивать *v.* smoke (lightly; more).

подкапывать *v.* undermine, dig under; add (by drops).

подкарауливать see подстерегать.

подкармливать *v.* feed up, fatten.

подкасательная *f.* (geom.) subtangent.

подкат see подкатка; —ать, —ить see подкатывать; —ка *f.* rolling, etc, see *v.*; —чик *m.* (min.) drawer; —ывать *v.* roll (up to; under); drive up.

подкач/анный *a.* pumped; added; —ать see подкачивать; —ивание see подкачка; —ивать *v.* pump (up to; more), add; —ивающий *a.* pumping, adding; booster (pump); —ка *f.* pumping, excitation (of laser, etc.); addition.

подкашивать *v.* mow (down).

подква/сить, —шивать *v.* inoculate with ferment; acidulate.

подки/д(ыв)ать, —нуть see подбрасывать.

подкипятить *v.* boil (lightly; more).

подкисл/ение *n.* acidification; acidulation; —енный *a.* acidified, acidulous; —ить, —ять *v.* acidify; acidulate; —яющий *a.* acidifying.

подклад/ка *f.* lining, back(ing), pad(ding), cushion(ing), pillow; packing, strip, washer; base, foundation; block; —ки *pl.* blocking; —ной *a.* (laid) under, base, sub—; subpress, self-guiding (die); —очный *a.* lining; —ывание *n.* lining, etc., see *v.*; —ывать *v.* line, pad; put under, lay under; add.

подкласс *m.* (biol.) subclass; subdivision.

подкле/ивание *n.* pasting, etc., see *v.*; —и(ва)ть, *v.* paste (up); glue under; —йка see подклеивание.

подклеп(ыв)ать *v.* rivet (under; more).

подклинивать *v.* wedge up, block up, shim.

подключ/ать, —ить *v.* connect up, switch in or on; —ение *n.* connecting, switching.

подключичный *a.* (anat.) subclavian.

подков/а *f.* horseshoe; —анный *a.* shod; —ать *v.* shoe; —ка *f.* shoe(ing); —ный *a.* horseshoe; —ообразный *a.* horseshoe-shaped; horseshoe (magnet).

подкожный *a.* subcutaneous, hypodermic.

подколачивать *v.* nail on.

подколенный *a.* (anat.) popliteal.

подколка *f.* pinning up; pricking.

подколонник *m.* column footing.

подколотить *v.* nail up.

подколоть see подкалывать.

подкомиссия *f.* subcommittee.

подконтрольный *a.* under control.

подкоп *m.* undermining; underground passage; —ать *v.* undermine, dig under.

подкопить see подкапливать.

подкоп/ка *f.*, —ный *a.* undermining.

подкоптить see подкапчивать.

подкорачивать *v.* shorten a little.

подкоренн/ая величина, —ое выражение, —ое число (math.) radicand.

подкор/ка *f.* (anat.) subcortex; —(к)овый *a.* subcortical; under the crust.

подкорм see подкормка; —ить *v.* feed up, fatten; —ка *f.*, —очный *a.* feed(ing); (agr.) top dressing; (mineral) supple-

ments, supplementary feeding; —щик m. plant feeder; fertilizer spreader.
подкоровой a. (geol.) subcrustal.
подкоротить see подкорачивать.
подкос m. strut, stay, prop, (angle) brace; (agr.) mowing; —ить v. mow; —ный a. of подкос; strut-braced (wing).
подкрадываться v. steal up to.
подкрановое поле reach of crane.
подкрас/ить see подкрашивать; —ка f. tint(ing).
подкрасться see подкрадываться.
подкрашив/ание n. tinting, etc., see v.; —ать v. tint, color, retouch.
подкреп/ить, —лять v. fortify, strengthen, reinforce; support; —ление n. fortification, reinforcement; —ляющий a. fortifying, etc., see v.; sustaining, nourishing, wholesome.
подкритич/еский a. subcritical; below-critical; —ность f. subcriticality.
подкругл/ить —ять v. round off slightly.
подкру/тить, —чивать v. screw, turn, twist (lightly; more).
подкрыл/ок m. (wing) flap; —ьцовый a. (anat.) axillary.
подкуривать v smoke; fumigate.
подкус/ить, —ывать v. cut (wire).
подладанник m. (bot.) Cytinus.
подла/дить, —живать v. fit, adapt; suit; (rad.) tune.
подлакиров(ыв)ать v. lacquer, varnish.
подламывать(ся) v. break, crack, split.
подлап/ок m. bracket; —ки pl. blocking.
подле adv. and prep. gen. near, by, beside, by the side of, side by side.
подлегарс m. (shipbuilding) rising.
подледн/иковый m. (geol.) subglacial; —ый a. under the ice.
подлеж/ать v. depend (on), be subject (to), be under the jurisdiction (of); —ащий a. subject, liable; applicable, relevant; —ащий измерению to be measured; —ащий уплате payable.
подлез(а)ть v. creep under, get under.
подлес/ник m. (bot.) Sanicula; —ок m., —ье n. underbrush, undergrowth.
подлет m. flying up to; (av.) hop; —ать, —еть v. fly up to.
подлив see подливание; —а f. sauce; —ание n. addition (of liquid); —ать v. pour (more), add; —ка f. addition; mortar, grout; sauce, gravy; —ной a. mortar, grout; undershot (wheel).
подлинн/ик m. original (copy), manuscript; —о adv. in truth, really, authentically; —ость f. authenticity; —ый a. authentic, original, real, genuine, true.
подлит/ый a. poured, added; —ь see подливать.
подлодка f. submarine.
подлож/ить see подкладывать; —ка f.
foundation, support; base (layer), backing; underlying material, core; bottom plate; substrate, substratum; (cryst.) sublayer; без —ки unsupported; на —ке backed (emulsion).
подложный a. false, counterfeit.
подлокотник m. arm rest.
подлом m. break(ing); —ать, —ить see подламывать.
подлопаточный a. (anat.) subscapular.
подлунный a. sublunar, terrestrial.
подмагнич/енный a. magnetized, biased; —ивание n. magnetizing; magnetic biasing; обмотка —ивания bias winding; —ивать v. magnetize, bias.
подмаз/ать, —ывать v. grease, oil; smear; paint; —ка f. greasing, oiling; first coat (of paint).
подмалев(ыв)ать v. paint.
подмалывать v. grind more.
подмаренник m. (bot.) Galium.
подмасли(ва)ть v. oil (lightly; more).
подмастерье m. apprentice, assistant.
подматывать v. wind (more; under).
подмачивать v. wet, moisten, dampen.
подмащивать v. put under.
подмен m., —а f. substitute, substitution; —ен(н)ый a. substitute(d); —ивание n. substitution; —и(ва)ть, —ять v. substitute, exchange, replace.
подмера f. submeasure.
подмерз/ать, —нуть v. freeze (a little), get frostbitten; —лый a. slightly frozen, frostbitten.
подмес/ить v. mix in, add, knead in; —ка f. mixing in, etc., see v.
подмести v. sweep up.
подмесь f. adulteration, admixture.
подмет/ально-уборочный, —альный a., —ание n. sweeping; —ать v. sweep (up); baste, tack.
подметить see подмечать.
подмет/ка f. basting, tacking; sole (of shoe); —очный a. sole; —ывать v. baste, tack.
подмеч/ать v. notice, observe; —енный a. noted, observed.
подмеш/анный, —енный a. mixed in, etc., see v.; —ивание n. mixing in, etc., see v.; —и(ва)ть v. mix in, add, knead in; adulterate.
подминать v. tread, trample (on).
подмножество n. (math.) subset.
подмодель f. master pattern, double contraction pattern; —ная плита (foundry) bottom board.
подмодуль m. (math.) submodule.
подмоет fut. 3 sing. of подмыть.
подмок/ать, —нуть v. get wet.
подмолоть v. grind (some more).
подмор/аживать, —озить v. freeze; —оженный a. frozen, frostbitten.

подмосковный *a.* near Moscow.
подмост/и *pl.* scaffold(ing), platform, staging, stage; trestle; supporting structure; —ить *v.* put under; —ки *see* подмости.
подмот/ать *v.* wind (more; under); —ка *f.* winding (more; under).
подмоч/енный *a.* wet, moistened, damp; —ить *see* подмачивать.
подмы/в *m.* washing away, erosion; —вание *n.* washing, etc., *see v.*; —вать *v.* wash (away; up); scour; undermine, undercut, erode; —тый *a.* washed, etc., *see v.*; —ть *see* подмывать.
подмыш/ечный *a.* (anat.) axillary; —ечная ямка, —ка *f.* axilla, armpit.
подмять *see* подминать.
поднадвиговый *a.* (geol.) subthrust.
поднадзорный *a.* under observation.
поднаж(им)ать *v.* apply more pressure.
поднаковальн/ик *m.*, —я *f.* anvil bed, anvil block, anvil stand.
поднала/дить *see* подналаживать; —дка *f.* adjustment; —дчик *m.* automatic adjuster; —живать *v.* adjust, set.
поднасадочный свод rider arch (of regenerator).
поднес/ение *n.* presentation; —ти *see* подносить; —ущая *f.*, —ущий *a.* (elec. comm.) subcarrier.
подним/ание *n.* raising, etc., *see v.*; —ать *v.* raise, lift, hoist, pull up; elevate, jack (up); pick up; get up (steam); turn up (flame); increase, improve, enhance, build up; (elec.) step up; open up, plow up (new land); —аться *v.* rise, go up, climb, ascend; get up; increase; improve; —ающий *a.* raising, etc., *see v.*; —ающая мышца (anat.) levator; —ающийся *a.* rising, etc., *see v.*
поднов/ить, —лять *v.* renovate, renew, repair, alter; —ление *n.* renovation; —ленный *a.* renovated.
поднож/ие *n.* foot (of hill, etc.), pedestal; —ка *f.* step, footboard, running board (of automobile); —ный *a.* underfoot; —ный корм green fodder, pasture.
поднормаль *f.* (math.) subnormal.
поднос *m.* bringing near; tray; —ить *v.* bring near, bring into contact, carry up to; offer, present; —ка *f.*, —ный *a.* bringing near, etc., *see v.*; —чик *m.* carrier.
поднутр/ение *n.* undercut(ting); угол —ения undercut; —енный *a.* undercut; —ять *v.* undercut, recess.
подныр/ивать, —нуть *v.* dive under.
поднят/ие *n.* rise, rising, ascent, lift; (geol.) unheayal, elevation, uplift; reclamation (of land); —ый *a.* raised, etc., *see* поднимать; —ь *see* поднимать.
подо *see* под.

подоб/ать *v.* suit; —ающий *a.* due, proper, suitable.
подоб/ие *n.* similarity, similitude, likeness, resemblance; (math.) analog; по —ию in the image (of), resembling; теория —ия similarity theory, similitude theory.
подоблачный *a.* under the clouds.
подобн/о *adv.* (much) like, just as; п. тому, как just as (. . . so); —ый *a.* similar, like; similarity; scaled (model); suffix —like, —oid, resembling; —ым образом in like manner, similarly, likewise; и тому —ое and the like; ничего —ого nothing of the kind.
подоболочка *f.* subshell (of electrons).
подобр/анный *a.* gathered, etc., *see* подбирать; adjusted; плохо п. ill-assorted; —ать *see* подбирать.
подобьет *fut. 3 sing. of* подбить.
подов/ой, —ый *a. of* под; п. материал (met.) bottoms; п. шлак hearth cinder, slag; —ая медь copper bottoms; —ая плита hearth plate.
подогн/анный *a.* adjusted; —ать *see* подгонять.
подогнуть *see* подгибать.
подогре/в *m.*, —вание *n.* (pre)heating; warming up; ток —ва heater current; —ватель *m.* (pre)heater, economizer; reboiler (of distillation unit); —вательный *a.* (pre)heating; maintaining, holding (furnace); soaking (pit); —вать *v.* preheat; warm up, heat up; —вный *a.* heating, warming; indirectly heated (cathode); —тый *a.* preheated; warmed up, heated up; —ть *see* подогревать.
пододви/гать, —нуть *v.* push up.
подоенный *a.* milked.
подождать *v.* wait (for).
подожженный *past pass. part. of* поджечь.
подожмет *fut. 3 sing. of* поджать.
подозвать *see* подзывать.
подозре/вать *v.* suspect, doubt, mistrust; —ние *n.* suspicion, distrust.
подозрительн/о *adv.* suspiciously, with suspicion; it is suspicious; —ость *f.* suspiciousness; —ый *a.* suspicious.
подо/ить *v.* milk; —йник *m.* milk pail.
подойти *see* подходить.
подокалина *f.* subscale.
подокарп/иновая кислота podocarpic acid; —ус *m.* (bot.) Podocarpus.
подокеанный *a.* suboceanic.
подоконн/ик *m.*, —ый *a.* window sill.
подол *m.* hem; lowland near hill.
подолгу *adv.* for a considerable time.
подолит *m.* (min.) podolite.
подолит *fut. 3 sing. of* подлить.
подонки *pl.* sediment, residue, dregs.
подоплека *f.* real state of affairs.
подопочный *a.* bottom.
подопревать *v.* spoil, decay slightly.

подопределитель *m.* (math.) minor of an element in a determinant.
подопрелый *a.* spoiled, slightly decayed.
подопрет *fut. 3 sing. of* подпереть.
подопреть *see* подопревать.
подопытный *a.* experimental, test.
подорвать *see* подрывать.
подорожать *v.* become more expensive.
подорожник *m.* (bot.) plantain.
подорожный *a.* along the road.
подосиновик *m.* (bot.) aspen mushroom.
подоснова *f.* true basis; (text.) underwarp.
подоспе(ва)ть *v.* come or arrive in time.
подостлать *see* подстилать.
подостр/ить *v.* sharpen (a little; additionally); —ый *a.* subacute.
под/отдел *m.* subdivision, subsection, branch; —отряд *m.* suborder.
подотчетный *a.* accountable (to).
подофилл *m.* (bot.) Podophyllum; —ин *m.* podophyllin (resin); —овая кислота podophyllic acid.
подохнуть *v.* die off (of animals).
подоходный налог income tax.
подошв/а *f.* (anat.) sole; foot(ing), base(ment), bottom; hollow, trough (of wave); flange (of rail); —енный *a. of* подошва; bottom (water); plantar (artery); —енная мышца (anat.) plantaris; —опришивный *a.* sole-stitching.
подошьет *fut. 3 sing. of* подшить.
подпадать *v.* fall under.
подпаивать *v.* solder up.
подпалзывать *v.* creep under.
подпал/ивать, —ить *v.* singe, scorch; —ина *f.* scorched place, burn.
подпасть *see* подпадать.
подпаутинный *a.* (anat.) subarachnoid.
подпах/(ив)ать *v.* plow (a little more); —отный *a.* sub (soil).
подпаять *see* подпаивать.
подпекать *v.* bake brown, bake longer.
подпер/еть *see* подпирать; —тый *a.* propped, supported; back (water).
подпечь *see* подпекать.
подпивка *f.* (met.) pumping, rod feeding.
подпил *m.*, —ивание *n.* sawing (off); filing; —и(ва)ть *v.* saw (off); file; —ка *see* подпил; —ок *m.* file.
подпир/ание *n.* propping, etc., *see v.*; —ать *v.* prop, brace, stay, back, shore, steady, stiffen, sustain, bear, support; underpin (wall); back up (water); —ающий *a.* propping, etc., *see v.*
подпис/ание *n.* signing; subscription; —ать *v.* sign; —ка *f.* signature; subscription; —ной *a.* signed; subscribed; subscription (publication); final (proof); —чик *m.* subscriber; —ывание *see* подписание; —ывать *v.* sign; —ываться *v.* sign; subscribe; —ь *f.* signature; subscript; за —ью signed (by).

подпит/ка *f.* makeup, additional feeding, replenishment; feed maintenance; water-level maintenance (in boiler); field current, magnetization current; (elec.) additional charging; —очный *a.* make-up; —ывание *see* подпитка; —ывать *v.* make up, replenish.
подпих/и(ва)ть, —нуть *v.* push under.
подпищеводный *a.* (anat.) subesophageal.
подпласток *m.* substratum.
подплы(ва)ть *v.* swim up to, float up to.
подповерхностный *a.* subsurface.
подподбородочный *a.* (anat.) submental.
подползать, —ти *see* подпалзывать.
подполь/е *n.* cellar; underground work; —ный *a.* under the floor; underground.
подпор *m.* head, backwater; affluent (of river; (rolling) end push.
подпор/а, —ка *f.* prop, support, brace, strut, stay; stand; foundation, pillar, post, shore, buttress; bracket, rest, bearer; packing, chock, wedge, block; —ный *a.* supporting; retaining (wall); —ная стена bulkhead.
подпороговый *a.* subliminal, below threshold.
подпорядок *m.* suborder.
подпочв/а *f.* subsoil, undersoil, subsurface, substratum; —енный *a.* subsoil, subsurface, subterranean; ground, underground (water).
подправ/ить, —лять *v.* correct, rectify.
подпрессовочный *a.* premolding (press).
подпрограмма *f.* (comp.) subprogram, subroutine.
подпружиненный *a.* spring-loaded, spring-operated, spring-controlled.
подпрыг *m.*, —ивание *n.* jumping, etc., *see v.*; jump; —ивать, —нуть *v.* jump (up), hop, bounce, spring; (tools) chatter.
подпрямой *a.* (math.) subdirect.
подпус/кать, —тить *v.* admit, let (in); add.
подпуш/ить *v.* powder lightly; —коотделитель *m.* delinter; —ок *m.* linter, fuzz.
подпятник *m.* (mach.) step bearing, thrust bearing; (rr.) center plate; кольцевой п. collar (step) bearing.
подраб/атывать, —отать *v.* prepare; earn overtime; (min.) chip away; —отаться *v.* (mach.) wear out.
подравн/ивать, —ять *v.* level, make even, fit together, trim.
подраж/ание *n.* imitation; —атель *m.* imitator; —ательный *a.* imitative, mimetic; —ать *v.* imitate, follow.
подраздел *m.*, —ение *n.* subdivision; section; —енный *a.* (sub)divided, etc., *see v.*; split (winding); —ительный *a.* (sub)dividing, etc., *see v.*; —ить, —ять

подразумеваемое *v.* (sub)divide, distribute; class(ify); graduate.
подразумев/аемое *n.* inference; —ание *n.* implication; —ать *v.* imply, mean; understand, suppose; —аться *v.* be implied, be meant, be implicit (in).
подрам/ник, —ок *m.* (under)frame; stretcher.
подра/стание *n.* growing up; —стать, —ти *v.* grow up; —стающий *a.* rising (generation); —щивание *n.* growing, cultivation; —щивать *v.* grow, raise.
подребер/ный *a.* (anat.) subcostal; —ье *n.* hypochondrium.
подрегулиров/ание *see* подрегулировка; —ать *v.* (re)adjust; —ка *f.* (re)adjustment, fine adjustment.
под ред. *abbr.* (под редакцией) edited by.
подрез *m.* cut, gash; undercut(ting); trimming; runner; blade (of skate); —ание *n.* cutting, etc., *see v.*; —анный *a.* cut, etc., *see v.*; —ать *see* подрезывать; —ающий *a.* cutting, etc., *see v.*; clipper (tube); —ка *see* подрезание; (under)cut, notch; —ной *a.* cut(ting), trimming; undercutting; recessing (tool); coping (saw); —ные шуровки (boilers) prickets, blades; —ывание *see* подрезание; —ывать *v.* cut, clip, trim, prune; undercut; face; notch; —ь *f.* cut, gash; blade (of skate).
подремонтировать *v.* do minor repairs.
подрессор/енный *a.* spring-loaded, spring-mounted; —ивание *n.* cushioning; —ивать *v.* mount on springs, cushion.
подрешет/ина *f.* counterlathing; —ка *f.* sublattice, lathing; —ный *a.* undersize.
подрисов(ыв)ать *v.* touch up, retouch.
подробн/о *adv.* in detail, at length, comprehensively; —ость *f.* detail; —ый *a.* detailed, minute, comprehensive; —ый перечень, —ое обозначение, —ое определение specification.
подровнять *see* подравнивать.
подрод *m.* (biol.) subgenus.
подрост *m.* seedlings, seedling growth; regrowth; —ок *m.* youngster, youth; труд —ков juvenile labor.
подротовой *a.* (anat.) suboral.
подрощенный *a.* grown, cultivated.
подруб/ание *n.*, —ка *f.* hewing, etc., *see v.*; —ать, —ить *v.* (min.) hew, (under)cut; chop (under; more); cut off.
по-другому *adv.* otherwise.
подруд/ный *a.*, —ок *m.* (min.) smalls, slack.
подружить *v.* make friends (with).
подрули(ва)ть *v.* steer; drive.
подрусловый *a.* under a river bed; underground (river or stream); п. сток underflow.

подручн/ик *m.* (tool) rest; hand rest, arm rest; —ый *a.* handy, available; assisting; *m.* apprentice, assistant.
подрыв *see* подрывание; injury; автомат —а (rockets) self-destruction unit; —ание *n.* undermining, etc., *see v.*; demolition; —атель *m.* underminer, undercutter; —ать *v.* undermine, sap; dig under; explode, blast, blow up, demolish, dynamite; fire (mines); —аться *v.* dig under; blow up, explode; —ка *see* подрывание; —ник *m.* demolition specialist; firer; —ной *a.* blasting, exploding; detonation (device); —ные работы demolition work, blasting.
подрыт/ый *a.* undermined, etc., *see* подрывать; —ь *see* подрывать.
подря/д *adv.* in succession, without interruption, at a time, on end; *m.* contract; несколько дней п. several days running; —дить *v.* hire, contract; —дный *a.* contract; —дческий *a.* contractor's; —дчик *m.* contractor; —жать *v.* hire, contract.
подса/д *m.* supplementary planting; —дить *see* подсаживать; —дка *f.* introduction; additional planting; (met.) spreading; —живание *n.* setting out, etc., *see v.*; supplementary planting; —живать *v.* set out, plant (in addition); supplement; introduce; add, recharge.
подсак *m.* hand net.
подсал/ивать *v.* add more salt; grease lightly; —ить *v.* grease lightly.
подсанки *pl.* (logging) sloop, sled.
подсасыв/ание *n.* drawing in, sucking in, inflow; —ать *v.* draw in, suck in, drain; —ающий *a.* drawing in, etc., *see v.*; offset (well).
подсачив/ание *n.* tapping, etc., *see v.*; —ать *v.* tap, gash (trees); net, catch.
подсборка *f.* subassembly.
подсвекольник *m.* beetroot, pigweed (*Amaranthus retroflexus*).
подсве/т *m.* illumination; (art.) dimmer; лампа —а instrument panel light; —тить *see* подсвечивать; —тка *f.* illuminating, etc., *see v.*; bias lighting; —тник *m.* instrument panel light; —ченный *a.* illuminated, etc., *see v.*; —чивание *see* подсветка; —чивать *v.* illuminate, light (up); from below); intensify, brighten; strobe; —чивающий *a.* illuminating, etc., *see v.*; intensifier; —чник *m.* candlestick; (petrol.) pipe setback.
подсвита *f.* member.
подсев *m.*, —ание *n.* (agr.) undersowing; interplanting; additional sowing; —ать *v.* sow more; interplant; —ной *a.* sown in addition; undersown.
подсевок *m.* (min.) smalls, fines, slack.

подсед *m.* (bot.) sprout(s), undergrowth; downy wool; (vet.) malanders; scratches. —ал *m.* (vet.) dourine.

подсед/ельный *a.*, —л(ыв)ать *v.* saddle.

подсеивать *v.* sow more; interplant.

подсек/а *f.* clearing; —ание *n.* clearing, etc., *see v.*; —ать *v.* clear, chop down; tap, gash.

подсекция *f.* subsection, subdivision.

подсемейство *n.* (biol.) subfamily.

подсемядольное колено (bot.) hypocotyl.

подсеребрить *v.* silver (more; lightly).

подсернисто/кислый *a.* hydrosulfite (of); —натриевая соль sodium hydrosulfite.

подсеточный *a.* (paper) tray (water).

подсеч/ение *see* подсекание; undercutting; interruption; —енный *a.* cleared, etc., *see* подсекать; —ка *f.* clearing, chopping down; cutting, incision, tapping; cutter; —ный *a.* clearing; undercutting; —ь *see* подсекать.

подсеять *see* подсевать.

подсин/ивание *n.* bluing; —и(ва)ть *v.* blue, use bluing; —ька *f.* bluing.

подсинхронный *a.* hyposynchronous.

подсистема *f.* subsystem.

подскабливать *v.* scrape; rub off, erase.

подскакивать *v.* jump up, spring up.

подскоблить *see* подскабливать.

подско/к *m.* upward jump; —чить *see* подскакивать.

подскре/бать, —сти *v.* scrape.

подслаивание *n.* undercoating.

подсла/стить, —щивать *v.* sweeten; —щенный *a.* sweetened; —щивание *n.* sweetening.

подслеповатый *a.* having poor vision.

подслизистый *a.* (anat.) submucous.

подслой *m.* substratum, substrate, sublayer, underlayer, undercoat(ing).

подслушивать *v.* listen in, intercept.

подсм/аливать, —олить *v.* tar; —ок *m.*, —ьная вода tar water.

подснежн/ик *m.* (bot.) snowdrop (*Galanthus*); —ый *a.* under the snow.

подсобник *m.* helper, shop hand.

подсобный *a.* secondary, by—; auxiliary, subsidiary, ancillary; additional; helping; branch (works); utility (building); servo (motor); п. материал intermediate; п. продукт by-product; п. рабочий helper, shop hand.

подсов *m.* rafted floe; —(ыв)ать *v.* push under.

подсоедин/ение *n.* connection, junction; —енный *a.* connected; —ить, —ять *v.* connect (up), switch (into).

подсознательный *a.* subconscious.

подсокра/тить, —щать *v.* shorten; decrease.

подсол *see* подсолка; —евой *a.* (geol.) subsalt; —енный *a.* salted; —ить *v.* add salt; pickle some more; —ка *f.* additional salting; additional pickling.

подсолн/ечник *m.* sunflower; —ечный *a.* sunflower; subsolar; —ух *m.* sunflower (seeds).

подсортиров/ка *f.*, —ывание *n.* sorting out; —(ыв)ать *v.* sort out.

подсос *m.* inflow, inleakage, influx, suction; sucking; —ать *see* подсасывать; —ный *a.* inflow; suckling (animal).

подсостояние *n.* substate.

подсохнуть *see* подсыхать.

подсоч/(еч)ный *a.* (resin) tapping, gashing; —ить *v.* tap, gash; —ка *f.* tapping, turpentine extraction.

подспорье *n.* help, assistance, aid.

подстав/имость *f.* (math.) substitutability; —ить *see* подставлять; —ка *f.* support, prop, brace, strut, stay; post, mounting, stand, base, rest, bracket; chock, block; substitution; —ленный *a.* substituted, etc., *see v.*; —лять *v.* substitute; place under; hold up; —ной *a.* substitute; false, dummy; —очный *a.* supporting.

подстанов/ить, —лять *v.* substitute; —ка *f.*, —ление *n.* substitution.

подстанция *f.* substation.

подстволок *m.* (min.) sump, pit.

подстег/(ив)ать *v.* pad, line.

подстелить *see* подстилать.

подстен/ный *a.* wall; —ок *m.* buttress, prop; —ье *n.* foundation.

подстере/гать, —чь *v.* be on the lookout (for), be on the watch.

подстил *see* подстилка; —ать *v.* lay under, place under; —ающий *a.* underlying, subjacent; under (layer); basement (rock); —ка *f.* laying (under); bedding, litter; flooring; —очный *a.* bedding.

подстолье *n.* table frame and legs.

подстор/аживать, —ожить *see* подстерегать.

подстрагивать *v.* plane, smooth off.

подстраив/ание *n.* building on, etc., *see v.*; (re)adjustment, fine adjustment, alignment; fine tuning; —ать *v.* build on, add; (re)adjust, trim, align; tune.

подстрачивать *v.* stitch on.

подстрек/ать, —нуть *v.* instigate, incite; excite.

подстрел/ина *f.* angle brace; —ьник *m.* cross bar.

подстри/гание *n.* cutting, etc., *see v.*; —гать *v.* cut, shear, clip, crop; trim, prune (trees); —женный *a.* cut, etc., *see v.*; shorn; —жка *see* подстригание; —чь *see* подстригать.

подстрогать *see* подстрагивать.

подстро/ечный *a.* tuning, aligning; trimming (capacitor); (constr.) additional; —ить *see* подстраивать; —йка *see* подстраивание; (frequency) control.

подстропильный *a.* under the rafters.
подстрочить *v.* stitch on.
подстрочн/ик *m.* interlinear translation; —ый *a.* interlinear; below the line; footnote; word-for-word (translation); —ый индекс subscript; —ое примечание footnote.
подструги(ва)ть *v.* plane, smooth off.
подстуживание *n.* (steel) interim cooling.
подступ *m.* approach, advance; access; —ать, —ить *v.* approach, advance, come near; —енок *m.* (stair) riser.
подсудн/ость *f.* cognizance; jurisdiction; —ый *a.* under or within the jurisdiction (of).
подсумок *m.* cartridge pouch.
подсунуть *see* подсовывать.
подсуш/енный *a.* dried (off); —ивание *n.*, —ка *f.* drying (off); —и(ва)ть *v.* dry (off).
подсч/ет *m.* calculation, etc., *see v.*; data compilation; —ит(ыв)ать *v.* calculate, figure out, determine; count (up), compute, estimate; tabulate.
подсып/ание *n.*, —ка *f.* addition; (partial) filling; fill; —ать *v.* add, fill (with more).
подсыреть *v.* get a little damp.
подсых/ание *n.* drying; —ать *v.* get dry, get a little drier.
подтаивать *v.* thaw, melt.
подталина *f.* thawed spot.
подталкив/атель *m.* plunger; ram; push rod; —ать *v.* push, shove; —ающий *a.* pushing, actuating.
подтангенс *m.* (geom.) subtangent.
подтапливать *v.* heat a little; thaw out some more.
подтаски(ва)ть *v.* drag up to.
подтачива/ние *n.* sharpening, etc., *see v.*; (geol.) erosion; —ать *v.* sharpen, give an edge (to); gnaw, bore; erode; sew on.
подтащить *see* подтаскивать.
подтаять *see* подтаивать.
подтвер/дительный *a.* confirming, corroborating; —дить, —ждать *v.* confirm, corroborate, bear out, attest (to); support; —ждаться *v.* be corroborated, be borne out; —ждение *n.* confirmation, etc., *see v.*; —жденный *a.* confirmed, etc., *see v.*
подтек *m.,* —ание *n.* inflow, leakage; (med.) bruise, suffusion (of blood); —ать *v.* flow under, leak; —ающий *a.* leaking.
подтепловой *a.* subthermal.
подтес(ыв)ать *v.* cut off (a little; more).
подтечь *see* подтекать.
подтип *m.* subtype; (biol.) subphylum.
подтирать *v.* wipe up, dry.
подтоварник *m.* odd sizes of lumber.
подтолк/ать, —нуть *v.* push, nudge.
подтолочь *v.* crush, grind (more).

подтональный *a.* (acous.) subsonic, subaudio, infrasonic.
подтоп/ить *see* подтапливать, подтоплять; —ка *f.* additional firing; additional heating; small heater; —ление *n.* rise (of ground water); —лять *v.* flood, submerge (partially); —ок *m.* auxiliary heater.
подторачивать *v.* strap on.
подторм/аживать, —озить *v.* brake lightly.
подторочить *see* подторачивать.
подточ/енный *a.* sharpened, etc., *see* подтачивать; п. червями worm-eaten; —ить *see* подтачивать; —ка *f.* sharpening; recess, groove.
подтрав/ить, —ливать *v.* pickle, etch (more).
подтроп/ики *pl.* subtropics; —ический *a.* subtropical.
подтынник *m.* (bot.) Polypodium.
подтя/гивание *n.* tightening, etc., *see v.*; pull; —гивать *v.* tighten, pull (up) under), draw up; adjust, reset; screw up, screw tighter; —гиваться *v.* pull (oneself) up, tighten; —жка *see* подтягивание; —жки *pl.* suspenders; —нутый *a.* tightened, etc., *see v.*; —нуть *see* подтягивать.
поду *see* под.
подувать *v.* blow a little.
подузел *m.* subassembly, subunit; —ковый *a.* subassembly; subnodal.
подуклонка *f.* sloping, inclination.
подум/авши *adv.* on second thought; —ать *v.* reflect, consider; think; —ывать *v.* think (of), contemplate.
подуровень *m.* sublevel; substate.
подуры *pl.* (ent.) springtails (*Poduridae*).
подуть *v.* start blowing; blow a while.
подуч/ать, —и(ва)ть *v.* instruct, teach; —иться *v.* learn.
подуш/ечка *f.* cushion; (ent.) pulvillus; —ечницы *pl.* scale insects (*Coccidae*); —ечный *a.* of подушка; —ечный слой cushion, padding; —ечная отдельность pillow structure (of lava); —ка *f.* cushion, pillow, pad; bearing; chock (thrust) block; saddle, cradle; (die) bed; slab, plate; (gas) blanket; (distillation) carrier liquid, chaser; —ковидный, —кообразный *a.* pillow (like).
подфарник *m.* parking light, side light.
подферменник *m.* foundation stone.
подфюзеляжный *a.* (av.) ventral, under.
подхват *m.* cross support; catching up, picking up; pickup; реакция —а (nucl.) pickup (reaction); —ить, —ывать *v.* take up, catch up, snatch up, pick up; —цы *pl.* tongs; forceps, tweezers; —чик *m.* pickup.
подход *m.* manner, (method of) approach; point of view; access; —ы *pl.* access;

—ить v. approach, come near, draw near, arrive (at); near (completion); come (to an end); fit, match (up); suit, be suited (for), be adequate; —ный a. approach, access; —ящий a. suitable, fitting, appropriate, adequate, proper (to occasion), expedient, pertinent, advantageous; approaching, incoming.

подцве/тить, —ч(ив)ать v. dye, color, paint; tint, shade.

подцензурный a. censored.

подцеп/ить, —лять v. hook (up); pick up, catch; —ка f. hooking, etc., see v.

подчас adv. sometimes, at times.

подчасник m. watch or clock stand.

подчекан/енный a. calked; —и(ва)ть v. calk; —ивающий a. calking.

подчелюстной a. (anat.) submaxillary.

подчерк/ивание n. underlining, emphasis, accentuation, stress; —ивать, —нуть v. underline, underscore; stress, emphasize, point out.

подчернить v. blacken.

подчер/тить, —чивать v. add (to drawing).

подчин/ение n. subordination, compliance; —енность f. subordination; —енный v. subordinate; —ить, —ять v. subordinate, subdue; —иться, —яться v. submit, obey, comply, conform, adhere (to), follow, be governed (by); acquiesce, give way.

подчист/ить see подчищать; —ка f. cleaning up; erasing, erasure.

подчит/ать, —ывать v. (typ.) read copy; —ка f. copyholding; —чик m. copyholder.

подчищать v. clean, erase, rub out.

подчревный a. (anat.) hypogastric.

подшабри(ва)ть v. scrape (up).

подшашка f. (min.) sprag, gib.

подшерсток m. (zool.) underfur.

подшив/ание n. sewing, etc., see v.; —ать v. sew (on, up); line; fasten together; nail from underneath; file (papers); —ка see подшивание; lining; filing; file, set, packet; (ceiling) boarding; —ной a. lining; —очный a. of подшивка.

подшипник m., —овый a. bearing, bush(ing), collar; chock; шариковый п. ball bearing.

подшить see подшивать.

подшлемник m. helmet liner.

подшлифовывать v. grind, polish up.

подштукатури(ва)ть v. patch up.

подштурман m. navigator's assistant.

подщелачив/ание n. alkalization; —ать v. alkalize, make alkaline.

подъезд m. approach, access; entrance; arrival; —ной, —ный a. of подъезд; —ная аллея driveway.

подъезжать v. drive up, approach.

подъем m. ascent, rise, (up)lift; hoisting, lifting, raising, elevation; (mech.) pitch; (constr.) camber; (rr.) grade, gradient; (av.) ascent, climb; (min.) (up)raise; lever, hand screw, jack; telescope (of lift truck); высота —а lift; —ка f. hoisting, hauling up; —ник m. hoist, lift, elevator; jack; самоходный —ник lift truck; —ник-крючок (foundry) lifting hook.

подъемно-маршевый a. lift-cruise, vectored-thrust (engine); п.-поворотный a. (art.) elevating and traversing; п.-откатный a. rolling lift (bridge); п.-раскрывающийся a. semilift bascule (bridge); п.-транспортный a. hoisting and transport, material-handling.

подъемн/ый a. lifting, hoisting, raising; swing; leveling (screw); overhead (irrigation); traveling (expenses); п. механизм hoisting mechanism, hoist; п. мост drawbridge; п. противовес sash weight (of window); п. стол lifting platform, lift; —ая башня derrick tower; —ая вагонетка lift truck, telescoping truck; —ая заслонка drop door; —ая машина elevator, lift; —ая мощность, —ая сила lifting force, lifting power; (av.) lift; buoyancy; leverage; коэффициент —ой силы lift coefficient; —ая труба uptaking pipe, riser; —ое приспособление, —ое устройство lifting device, hoisting equipment, hoist.

подъем/опреодолеваемость f. climbing ability (of car); —щик m. lifter.

подъехать see подъезжать.

подъязычн/о— prefix (anat.) hyo— (hyoid, U-shaped); —ый a. sublingual; hyoid (bone).

подъярус m. (geol.) substage.

подымать see поднимать.

подымить v. smoke a little.

подынтегральная функция (math.) integrand.

подыск/и(ва)ние n. searching, etc., see v.; —и(ва)ть v. search, seek, try to find, look for something suitable.

подытож/ивание n. summation; —и(ва)ть v. sum up, add up, total.

подыхать v. die off (of animals).

подышать v. breathe (for a while).

подэтаж m., —ный a. (min.) sublevel.

поедать v. eat up, devour.

поедет fut. 3 sing. of поехать.

поедят fut. 3 pl. of поесть.

поезд m. train; —ить v. travel (a little); —ка f. trip, journey, voyage; —ной a. train; —ограф m. railway traffic recording apparatus.

поем see пойма; —истый a. flooding extensively; —ный a. flooded, inundated.

поение n. watering (of stock).

поесть v. eat (a little; all).

поёт *pr. 3 sing. of* петь.
поехать *v.* go; ride; slide, glide.
пожалеть *v.* regret, be sorry (for).
пожаловать *v.* grant, confer, present; —ся *v.* complain.
пожалуй *intr. word* maybe, perhaps, very likely; —ста *particle* please, kindly.
пожар *m.* fire, conflagration.
пожарить *v.* roast, fry.
пожар/ище *n.* site after a fire; —ник *m.* fireman.
пожар/ный *a.* fire; *m.* fireman; п. кран fire hydrant; п. автомобиль, п. насос, —ная машина fire engine; —оопасность *f.* fire hazard; inflammability.
пожат/ие *n.* pressing, squeezing, clasp; —ь *see* пожимать, пожинать.
пождать *v.* wait (a while).
пожел/ание *n.*, —ать *v.* wish.
пожелт/евший, —елый *a.* yellowed; —еть *v.* turn yellow; —ить *v.* color yellow.
пожертвовать *v.* sacrifice, give up.
пож/ечь *v.* burn up; —женный *a.* burned up.
пожива *f.* gain, profit.
поживать *v.* live; feel (well or ill).
пожигать *v.* burn up.
пожиже *adv.* more dilute, weaker.
пожизненный *a.* life(long).
пожилой *a.* middle-aged, elderly.
пожимать *v.* press, squeeze.
пожинать *v.* reap, harvest.
пожитки *pl.* belongings, things.
пожить *v.* live, stay.
пожмёт *fut. 3 sing. of* пожать.
пожн/ивный *a.* after-harvest; late-summer (crop); stubble (field); —иво, —ивье *n.* stubble field; —я *f.* (reaped) field.
пожог *m.* burnt out site.
пожух/лый *a.* dulled (color); —нуть *v.* get dull.
поза *f.* pose, posture, attitude.
позаботиться *v.* look after, take care (of), see to, exercise care, make sure.
позабы(ва)ть *v.* forget.
позавчера *adv.* day before yesterday.
позади *adv. and prep. gen.* behind; *prefix* retro—.
позаказный *a.* to order, custom-made.
позаниматься *v.* study for a while.
позапрошлый *a.* last but one; п. год the year before last.
позарастать *v.* gradually overgrow (with).
позванивать *v.* ring from time to time.
позвать *v.* call, summon.
позвенеть *v.* ring for a while.
позвол/ение *n.* permission, leave; —енный *a.* permitted, allowed; —ительный *a.* permissible; —ить, —ять *v.* permit, allow, let, give leave; make possible, enable; не —ять prevent; —яющий *a.* permitting, permissive.

позвонить *v.* ring; (tel.) call up.
позвонок *m.* (anat.) vertebra.
позвоночн/ик *m.* (anat.) spine, backbone; —ые *pl.* (zool.) vertebrates; —ый *a.* vertebral; (zool.) vertebrate; —ый столб spine, spinal column.
поздн/е— *prefix* late; —ее *comp. of* поздно, later; —ейший *a.* last, latest, posterior; recent; —еспелый *a.* late(-ripening); —ий *a.* late, tardy, retarded; —о *adv.* late; —овато *adv.* rather late.
поздороветь *v.* improve (in health).
поздрав/ительный *a.* congratulatory; —ить, —лять *v.* congratulate; —ление *n.* congratulation.
позеленеть *v.* turn green.
позём *m.* manure.
поземельный *a.* land, territorial.
позём/ка *f.*, —ок *m.* drifting snow.
позже *adv.* later on, at a later time.
позитив *m.*, —ный *a.* positive.
позитрон *m.*, —ный *a.* positron, positive electron; —ий *m.* positronium; —но-активный *a.* positron-emitting.
позиц/ионер *m.* (mach.) positioner; —ионный *a.* position; (astr.) positional; syntactical (analysis); trench (warfare); —ия *f.* position, site; attitude; item (of estimate, etc.).
познават/ельный *a.* cognitive; —ь *v.* (get to) know, experience.
познакомить *v.* acquaint, introduce; —ся *v.* become acquainted, become familiar (with); meet.
позн/ание *n.* knowledge, conception; —ать *see* познавать.
позовёт *fut. 3 sing. of* позвать.
позоло/та *f.* gilding, gilt, gold-plating, gold leaf; —тить *v.* gild; —ченный *a.* gilded, gilt, gold-plated.
позондировать *v.* sound, probe.
позонный *a.* zone.
позор *m.* disgrace, dishonor; —ный *a.* disgraceful, shameful.
позумент *m.* trimming, galloon, braid.
позыв *m.* inclination, urge.
позыв/ать *v.* call, summon; —ной *a.* (rad.) call; —ные *pl.* call letters, station identification letters.
поизноситься *v.* wear out gradually.
поилка *f.* fountain; drinking bowl.
поимен/но *adv.* by name; —ный *a.* nominal; —овать *v.* name, designate.
поимка *f.* catching, capture, seizure.
по-иному *adv.* otherwise.
поиск *m.* search; scan(ning); sweep; (information) retrieval; —и *pl.* search(ing), hunt, quest, pursuit; (trouble-)shooting; research; (min.) prospecting, exploration; —ать *v.* seek, search, explore; —овик-геолог *m.* geologist prospector; —ово-спасательный *a.* search and res-

cue; recovery (ship); —овый *a. of* поиск; basic (research); —овый шум irrelevant information; —овая работа prospecting.
поистине *adv.* indeed, in truth.
поистратить *v.* spend, consume.
поить *v.* water (animals).
пойдет *fut. 3 sing. of* пойти.
пойкил/итовый *a.* (petr.) poikilitic; —о *prefix* poikil(o)— (varied); —отермный *a.* (zool.) poikilothermous, cold-blooded.
пойло *n.* swill, hogwash.
пойма *f.* bottom land, floodplain.
пойм/анный *a.* caught, captured; —ать *a.* catch, capture, catch hold (of), seize, trap; pick up (signal).
пойменный *a. of* пойма; tidal (marsh); backwater (swamp).
поймет *fut. 3 sing. of* понять.
пойнт *m.* (min.) point.
пойти *v.* go; come; start.
пока *adv. and conj.* while, so long as; until (now), so far, as yet, for the present, for now; п. еще while still; п. что for the time being, meanwhile.
покадровый *a.* (by the) frame.
показ *m.* show(ing), demonstration, exhibition, presentation; illustration; на п. for show, on display; —ан *sh. m. of* показанный.
показание *n.* reading; indication; showing, exhibiting; (compass) bearing; aspect (of signal); (law) deposition, testimony, evidence; affidavit; давать п. *v.* bear witness, testify.
показанный *a.* shown, exhibited, etc., *see* показывать; не п. not shown, omitted.
показатель *m.* indicator, pointer; property, characteristic; showing; number, figure, value, factor, coefficient; degree; rate; (math.) exponent, index; п. качества quality index; п. преломления index of refraction; п. степени (math.) exponent; это —но it is significant; —ный *a.* exponential; demonstrative, representative, model, demonstration; potential; significant; —ство *n.* example, illustration.
показ/ать *see* показывать; —ной *a.* display; —ывание *n.* showing, etc., *see v.*; —ывать *v.* show, exhibit, demonstrate, display, set forth, disclose, reveal; read, register; indicate, suggest; direct, instruct, show how; illustrate, depict, portray, picture; point (at), point to the fact (that); (law) testify, give evidence, bear witness; —ываться *v.* show itself, appear, emerge, seem; —ывающий *a.* showing, etc., *see v.*; —ывающий прибор indicator.
покалить *v.* heat (a while; lightly).
покамест *see* пока.

покап(ыв)ать *v.* drop in; drip (a while).
покараулить *v.* watch (for a while).
покат *m.* slope, slant, incline; —ить *v.* roll, set rolling; —иться *v.* roll, start rolling; —о *adv.* slopingly, at a slope; —ость *f.* slope, declivity, descent, inclination, grade, pitch, gradient; —ывать *v.* roll little by little; —ый *a.* slope, sloping, slanting, inclining, declivous; (min.) plagihedral; —ый настил chute; —ое место grade.
покач/ать *v.* swing, rock, shake (a little); pump (a little); —ивание *n.* swinging, etc., *see v.*; —ивать *v.* keep swinging lightly; —нуть *v.* shake, unsettle; tilt.
поквартальный *a.* (per) block.
поки/дать, —нуть *v.* forsake, abandon, quit, desert, leave, vacate; —нутый *a.* deserted, vacated; desolate.
покип/еть *v.* boil for a while; —ятить *v.* (let) boil for a while.
поклажа *f.* load, freight; placing.
поклон *m.* greeting, salute; regards.
поков/ать *v.* forge; —ка *f.* forging; forged piece; —ки *pl.* forge work.
покоиться *v.* rest, lie, repose.
пок/ой *m.* rest, quiet, peace, repose, standstill; state of rest; (bot.) dormancy; (hospital) room; в —ое at rest; масса (в состоянии) —оя (nucl.) rest mass; на —ое in seclusion, retired; находящийся в —ое at rest, idle; оставить в —ое *v.* let alone, let be; период —оя quiescent stage; состояние —оя state of rest; dormant state; в состоянии —оя at rest; (bot.) dormant; точка —оя point of rest; fulcrum; pause; трение в —ое static friction; угол —оя angle of repose; энергия —оя potential energy.
покойн/ик *m.* corpse; the deceased; —иц-кая *f.* mortuary; morgue; —о *adv.* quietly, peacefully, restfully; —ый *a.* quiet, calm, peaceful, at rest; dead, deceased, late; *m.* the deceased.
поколебать *v.* shake, vibrate, swing; —ся *v.* hesitate, waver; heave (of ocean).
поколение *n.* generation.
поколоть *v.* prick; slaughter; split.
поколыхивать(ся) *v.* fluctuate.
покомкать *v.* crumple.
покончить *v.* finish (off; with), cut short.
покопать(ся) *v.* dig (for a while).
покоптить *v.* smoke.
покор/ение *n.* subjugation, conquest; —ить *see* покорять.
покормить *v.* feed.
покорн/ость *f.* obedience; —ый *a.* submissive, obedient, acquiescent, resigned.
покороб/ившийся, —ленный *a.* warped, buckled; —ить *v.* warp, bend.
покороче *adv.* somewhat shorter.
покорять *v.* subdue; —ся *v.* submit, yield,

give in, surrender, aquiesce, resign oneself.
покос *m.* hay field; haying season; mowing; второй п. aftermath; —ившийся *a.* lopsided; —ить *v.* slope, slant; mow; —ный *a. of* покос.
покошенный *a.* slanted, sloping; mowed.
покоя *gen. of* покой; —щийся *a.* quiescent, at rest, stationary.
покрап(ыв)ать *v.* sprinkle.
покрас/ить *v.* paint, dye, color; —ка *f.* painting, dyeing; coat (of paint).
покрасн/евший *a.* reddened; —ение *n.* reddening; —еть *v.* redden, get red.
покрасочный *a. of* покраска.
покрепч/ать *v.* get stronger; —е *adv.* stronger.
покрив/ить *v.* warp, twist, bend, distort; —иться *v.* warp, buckle, become crooked; —ленный *a.* warped, twisted.
покров *m.* cover, envelope, case, shell; sheath(ing); coat(ing) (of paint); deposit; (earth's) mantle; (geol.) nappe, sheet, blanket; (lava) bed, flow; canopy (of clouds); (anat.) integument; листовой п. foliage; твердый п. crust.
покровитель *m.* patron, sponsor; —ственный *a.* protective; —ство *n.* patronage, protection, support, sponsorship; —ствовать *v.* patronize, protect; sponsor, support, promote.
покровн/ый *a. of* покров; cover(ing), tectorial; (biol.) integumentary; (geol.) blanket (deposit); —ое стекл(ышк)о (micros.) cover glass; —ые растения (agr.) cover crop.
покроенный *a.* cut (by pattern).
покроет *fut. 3 sing. of* покрыть.
покр/оить *v.* cut (by pattern); —ой *m.* cut, style.
покромка *f.* (text.) selvage.
покромсать *v.* shred.
покрош/енный *a.* crumbled; —ить *v.* crumble.
покрупнеть *v.* get bigger, increase.
покру/тить(ся), —чивать(ся) *v.* rotate, spin, turn, twist.
покрыв/ало *n.* cover, spread, blanket; veil; —альце *n.* (bot.) involucre; —ание *n.* covering, etc., *see v.*; —ать *v.* cover, cap; roof (over), house, shelter; sheathe, envelop, blanket; insulate (wire); overlay, deposit, apply, give a coat (of), coat (with); (met.) plate, clad; span, bridge; wipe out (deficit); pay (debt); offset (cost); —ать лаком varnish, lacquer; —ающий *a.* covering, etc., *see v.*; —ающий слой coat(ing); —ной *a.* cover(ing).
покрытие *see* покрывание; cover; roof; pavement, floor; facing, lining, dressing; (astr.) occultation; coat (of paint);
layer, film, deposit; blanket; insulation (of wire); payment, discharge (of debts, etc.).
покрытосем/енные, —янные *pl.* (bot.) Angiospermae.
покрыт/ый *a.* covered, etc., *see* покрывать; п. медью copper-plated; —ь *see* покрывать.
покрыш/ечный *a. of* покрышка; coping (stone); —ка *f.* cover(ing); lid, cap; hood, mantle, jacket(ing), case, casing; tire (casing); (anat.) tegmentum.
покуда *see* пока.
покупатель *m.* buyer, purchaser; customer, client; —ный *a.* purchasing.
покуп/ать *v.* buy, purchase; bathe; —ка *f.* buying, purchasing; purchase; —ной *a.* purchased, bought.
покурить *v.* smoke.
покусать *v.* bite, sting (all over).
покуситься *see* покушаться.
покушать *v.* eat.
покуш/аться *v.* attempt; encroach (on); —ение *n.* attempt.
пол *m.* floor(ing); ground; sex; настилать п. *v.* floor.
пол— *see* полу—.
пол. *abbr.* (половина; поляризация).
пола *f.* skirt, flap.
полаг/ать *v.* think, believe, feel; suppose, assume, imagine; expect, count (on); —аться *v.* rely, depend (on); —ается it is usual, it is the custom; —ают it is assumed, it is claimed; положим let us assume; —ающийся *a.* due.
поладить *v.* come to terms, agree.
полат/а *f.* crow's nest; —и *pl.* (raised) platform.
полб/а *f.*, —енный *a.* spelt wheat; —овидный *a.* speltoid.
полбутылка *f.* half bottle.
полбяной *a. of* полба.
пол/века *m.* half a century; —года *m.* half a year; —день *m.*, —дневный *a.* noon, midday, meridian; —дороги *f.* halfway; —дюжины *f.* half a dozen.
пол/е *n.* field, ground, area; zone (of tolerance); (filtration) bed; (ice) floe; margin (of book); brim (of hat); теория —я field theory; заметки на —ях marginal notes.
полеви/ца *f.* bent grass (*Agrostis*); —чка *f.* love grass (*Eragrostis*).
полевка *f.* field mouse, vole; (bot.) Myagrum.
полевод *m.* field-crop grower; —ство *n.*, —ческий *a.* field-crop cultivation.
полев/ой *a.* field; field-effect (transistor); п. пшат (min.) feldspar; в —ых условиях in the field, field(-proven); —ошпатовый *a.* feldspar, feldspathic.
полег/аемость *f.* lodgeability (of grain

crop); —**ание** *n.* lodging; —**ать** *v.* lodge, beat down; —**аться** *v.* fall; —**лый** *a.* lodged, downed, fallen.
полег/оньку *adv.* by easy stages; —**чать** *v.* improve, become easier; —**че** *adv.* (somewhat) easier.
полежать *v.* lie for a while.
полезащитный *a.* field-protecting, windbreak.
полезно *adv.* usefully; it is useful, it is good practice; —**сть** *f.* usefulness, utility.
полезн/ый *a.* useful, of use, helpful, beneficial, advantageous; serviceable; available; active, effective; profitable, valuable; net, pay (load); —**ая лошадиная сила** effective horsepower; —**ая мощность** (elec.) net power; (rad.) output; (rockets) thrust output; **удельная —ая мощность** specific output; —**ая площадь** (phot.) image space; —**ая работа** useful work, efficiency; —**ое действие** (useful) effect, efficiency; (mach.) duty; **коэффициент —ого действия** efficiency, performance.
полезть *v.* start climbing.
полей *m.* (bot.) pennyroyal (*Mentha pulegium*); *imp. of* **полить**; *gen. pl. of* **поле**.
полемизировать *v.* dispute, argue.
поленика *f.* arctic bramble (*Rubus arcticus*).
поленница *f.* stack.
полено *n.* log, billet, chump, block.
полесовщик *m.* forest ranger.
полесье *n.* wooded district, forest area; polessie (vast alluvial plain).
полет *m.* flight; travel, voyage, trip; space vehicle; *pr. 3 sing. of* **полоть**; —**ы** *pl.* flying; **длина —a** range (as of water jet); **скорость —a** flying speed, velocity; —**ать** *v.* fly (for a while); —**еть** *v.* fly (off), take off; —**ный** *a.* flying; airborne; —**опригодность** *f.* airworthiness; —**опригодный** *a.* airworthy; **п.-соло** *m.* solo flight.
полечить *v.* (med.) treat (for a while).
полешко *n.* small log.
полз/ание *n.* creeping, etc., *see v.*; —**ать,** —**ти** *v.* creep, crawl, slide, glide; peel off; (text.) ravel; —**ком** *adv.* by creeping.
ползун *m.* slide block, slide bar, slide(r), runner, slipper, (guide) shoe; crosshead (of engine); —**ковый** *a.,* —**ок** *m.* (elec.) sliding contact, slider; carrier (of lathe).
ползучесть *f.* (met.) creep; **удельная п.** creep rate.
ползуч/ий *a.* creeping; aperiodic (damping); viscous; slow (fever); crawler (crane); —**ая деформация** (met.) creep; —**ая скорость** (rate of) creepage (of electrolytes); —**ее растение** vine.
ползучка *see* **плаун**.

ползушка *see* **ползун**; cursor (of slide rule).
ползущий *a.* creeping; (biol.) benth(on)ic.
поли— *prefix* poly—, many, multiple; —**адельфит** *m.* (min.) polyadelphite; —**аза** *f.* polyase; —**азокрасители** *pl.* polyazo dyes.
полиакрил/амид *m.* polyacrylamide; —**ат** *m.* polyacrylate; —**овый** *a.* (poly)-acrylic (plastics); —**онитрил** *m.* polyacrylonitrile, Orlon.
поли/алкил— *prefix* polyalkyl—; —**амид** *m.,* —**амидный** *a.* polyamide; —**ангидрид** *m.* polyanhydride.
полианит *m.* (min.) polianite.
поли/аргирит *m.* (min.) polyargyrite; —**арильный** *a.* polyaryl(ated); —**артрит** *m.* (med.) polyarthritis; —**атомный** *a.* polyatomic; polyhydric (alcohol); —**базит** *m.* (min.) polybasite.
полибут/адиен *m.* polybutadiene; —**илметакрилат** *m.* polybutyl methacrylate.
полив *m.* watering, irrigation; casting.
полива *f.* glaze, glazing, enamel.
полив/алка *f.* watering can; —**альщик** *m.* sprinkler, irrigator; —**ание** *see* **поливка**.
поливариантный *a.* polyvariant.
поливать *v.* water, irrigate; hose, flush; sprinkle, shower, pour on, wet.
поливенный *a.* glazed, enameled.
поливинил/ацеталь *m.* polyvinyl acetal; —**ацетат** *m.* polyvinyl acetate; —**бутираль** *m.* polyvinyl butyral; —**иденхлоридовый** *a.* polyvinylidene chloride; —**овый** *a.* polyvinyl; —**пирролидон** *m.* polyvinylpyrrolidone; —**спиртовый** *a.* polyvinyl alcohol; —**формаль** *m.* polyvinylformal; —**хлоридный** *a.* polyvinyl chloride.
полив/ка *f.* watering, etc., *see* **поливать**; glazing; —**ной** *a.* irrigated, requiring irrigation; —**ный** *a.* glazed, enameled; —**очномоечная машина** (street) sprinkler; —**очный** *a. of* **поливка**; —**очная жидкость** cooling mixture, coolant.
поли/галин *m.* polygalin, polygalic acid; —**галит** *m.* (min.) polyhalite; —**галовая кислота** *see* **полигалин**; —**галогениды,** —**галоидные соединения** polyhalides; —**гамический** *a.* (biol.) polygamous; —**гексоза** *f.* polyhexose; —**ген** *m.* (biol.) polygene; —**генный** *a.* polygenous, polygenic; —**глюкин** *m.* polyglucin, dextran.
полигон *m.* (geom.) polygon; (art.) range, proving ground; —**альный** *a.* polygonal; —**изация** *f.* polygonization; —**ин** *m.* polygonin; —**ный** *a. of* **полигон**; —**ометрия** *f.* traversing, survey traverse.
полиграф *m.* polygraph (copying machine); **пушистый п.** a bark beetle (*Polygraphus polygraphis*); —**ический** *a.* polygraphic;

—ическое производство printing; —ия f. polygraphy.
поли/деривaты pl. poly derivatives; —димит m. (min.) polydymite, nickel-linnaeite; —дисперсность f. polydispersion; —дисперсный a. polydispersion(al); —ен m. polyene.
полиизо/бутилен m. polyisobutylene; —прен m. polyisoprene; —цианат m. polyisocyanate.
полик m. floor.
поли/капролактам m. polycaprolactam; —карбонат m. polycarbonate; —карпический a. (bot.) polycarpic; —кислота f. poly acid; —клиника f. (med.) polyclinic.
поликонденс/ат m. polycondensate; —ационный a. (poly)condensation (plastics); —ация f. polycondensation.
поли/коричный a. polycinnamic (acid); —краз m. (min.) polycrase; —кремневый a. polysilicic (acid).
поликристалл m. polycrystal; —ический a. polycrystalline.
поли/ксен m. polyxene, native platinum; —литионит m. (min.) polylithionite.
полимент m. gilding size, gold size.
полимер m. polymer; п.-гомолог m. polymer-homolog; —изат m. polymerization product; —изатор m. polymerization reactor; —изационный a., —изация f. polymerization; —изация в объеме bulk polymerization; —изованный a. polymerized; —изовать(ся) v. polymerize; —изм f. polymerism; —ный a. polymer(ic); —ное соединение polymer.
полиметакрил/ат m. polymethacrylate; —овый a. polymethacrylic.
поли/металлический a. polymetallic; complex (ore); —метиленовый a. polymethylene; —метилметакрилат m. polymethyl methacrylate; —метр m. polymeter; —мигнит m. (min.) polymignite; —миксин m. polymixin; —монохлорстирол m. polymonochlorostyrene.
полиморф m. polymorph; —изм m. polymorphism; —ический, —ный a. polymorphous, polymorphic.
полимочевина f. polyurea.
полиневрит m. (med.) polyneuritis.
полинезийский a. (geog.) Polynesian.
полином m., —иальный a. (math.) polynomial.
полин/ялый a. faded, discolored; —ять v. fade, lose color.
полиоза f. polyose, polysaccharose.
поли/оксиметилен m. polyoxymethylene, polyformaldehyde; —олефин a. polyolefin.
полиомиелит m. (med.) poliomyelitis.

полиорганосилоксан m. polyorganosiloxane.
полип m. (med.; zool.) polyp(us).
поли/пептид m. polypeptide; —пептин m. polypeptin; —плоидия f. (biol.) polyploidy.
полип/ный a. of полип; —одий m. (bot.) Polypodium; —ообразный a. polypoid, polypous.
поли/порин m. polyporin; —прен m. polyprene; —пропилен m., —пропиленовый a. polypropylene; —рекомбинация f. polyrecombination; —решетка f. composite lattice.
полирит m. Polirit (abrasive).
полировально-шлифовальный станок honing machine.
полировальн/ый a. polishing, buffing, burnishing; п. материал polish; —ая бумага sandpaper; —ая жидкость liquid polish; —ая работа polishing, buffing.
полиров/ание n. polishing, buffing, burnishing; —анный a. polished, burnished; plate (glass); —ать v. polish, buff, burnish, brighten; —ка f. polishing, buffing; polish, gloss, finish; —ник m. polisher, burnisher; burnishing stick; —очная f. polishing room, polishing department; —очный a. of полировка; —щик see полировник.
полирующий a. polishing; —ся a. capable of taking on a polish.
полис m. policy.
поли/сахарид m. polysaccharide; —силикат m. polysilicate; —силоксан m. polysiloxane, polysilicone; —симметрия f. (min.) polysymmetry; —синтетический a. polysynthetic; —соль f. poly salt.
полиспаст m. compound pulley, pulley block, block and tackle; (crane) pulley.
поли/спермия f. (biol.) polyspermy; —стирол m. polystyrene; —стихин m. polystichin; —стихинол m. polystichinol; —стихоцитрин m. polystichocitrin.
полистный a. (per) sheet.
полисульфид m., —ный a. polysulfide.
полит sh. m. of политый.
поли/тен see полиэтилен; —терпен m. polyterpene; —тетрафторэтилен m. polytetrafluoroethylene.
политехни/зация f. introduction of polytechnic education; —зм m. system of polytechnic education; —ка f. polytechnics, polytechnology; —кум m. polytechnic school; —ческий a. polytechnic(al).
политика f. politics; policy.
поли/тионовый a. polythionic (acid); —типный a. polytypic, polytypal.
политический a. political.
политой обжиг (cer.) glost firing.

политоп *m.* (math.) polytope.
политроп/а *f.*, —ическая кривая polytropic curve; —ический, —ный *a.* polytropic; —ия *f.* polytropy.
политура *f.* polish; lac varnish.
полит/ый *a.* watered, irrigated; poured; —ь *v.* water, irrigate; start pouring.
поли/уретан *m.* polyurethane; —урия *f.* (med.) polyuria; —фаг *m.* (zool.) polyphage; —фагия *f.* polyphagy; —фазный *a.* polyphase; —фенол *m.* polyphenol; —филетический *a.* polyphyletic, convergent; —формальдегид *m.* polyformaldehyde; —фторопрен *m.* polyfluoroprene; —хеты *pl.* (zool.) Polychaeta.
полихлор/винил *m.*, —виниловый *a.* polyvinyl chloride; —ид *m.* polychloride; —ированный *a.* polychlorinated; —опрен *m.* polychloroprene; —трифторэтилен *m.* polytrifluochloroethylene.
полихроизм *m.* (cryst.) polychroism, pleochroism.
полихром *m.* polychrom, esculin; —атический *a.* polychrom(at)ic, multicolored; —ия *f.* polychromy; —овая кислота polychromic acid.
полицейский *a.* police; *m.* policeman.
поли/циклический *a.* polycyclic, polynucleated; —цитемия *f.* (med.) polycythemia.
полиция *f.* police (force).
поли/эдр *m.* (geom.) polyhedron; —эдрический *a.* polyhedral; —электролит *m.* polyelectrolyte; —энантамил *m.* polyenanthamyl, nylon-7; —энергетический *a.* polyenergetic, heteroenergetic; —этерификация *f.* polyesterification; —этилен *m.* polyethylene; —этилентерефталат *m.* polyethylene terephthalate.
полиэфир *m.* polyester; polyether; простой п. polyether; сложный п. polyester; —акрилат *m.* polyester acrylate; —ный *a. of* полиэфир.
полк *m.* (mil.) regiment.
полка *f.* shelf, rack; ledge; tray; wing, flange (of beam); seat (of rim); (agr.) weeding.
полл/антин *m.* (pharm.) pollantin; —иний *m.* (bot.) pollen mass.
поллопас *m.* Pollopas (synthetic resin).
полл/укс *m.* (astr.) Pollux; п., —уцит *m.* (min.) pollucite, pollux.
поллюция *f.* (med.) pollution, spermatorrhea.
пол/месяца *f.* half a month; —минуты *f.* half a minute.
полнейший *a.* fullest, utmost, utter.
полнеть *v.* grow stout, gain weight.
полниться *v.* fill up.
полно *adv.* full, completely; *prefix* holo—; —ватый *a.* rather full; —весный *a.* full-weight; —водный *a.* high (river); full (lake); deep; —водье *n.* high water level; flood; —габаритный *a.* full-size(d); —гранник *m.* (cryst.) holohedron; —гранный *a.* holohedral; —древесный *a.* nontapering (tree); —кристаллический *a.* holocrystalline.
полнокров/ие *n.* (med.) plethora; —ный *a.* full-blooded; (med.) plethoric.
полно/луние *n.* full moon; —масштабный *a.* full-scale; —мерный *a.* full(-sized); —метражный *a.* full-length (film); —мочие *n.* authority, power; (law) proxy; —осный *a.* (cryst.) holoaxial; —правный *a.* competent; —проходной *a.* flush (joint); —размерный *a.* full-scale.
полностью *adv.* completely, totally, fully, wholly, in full; throughout; at (full) length; all- *e.g.*, п. электрический *a*. all-electric.
полнот/а *f.* fullness; completeness; amplitude; (sound) volume; (forestry) density; corpulence, stoutness; коэффициент —ы давления pressure coefficient; коэффициент —ы сгорания combustion efficiency.
полноценн/ость *f.* full value; —ый *a.* full-value; valuable; full-fledged.
полноч/ный *a.*, —ь *f.* midnight.
полношаговый *a.* full-pitch (winding).
полн/ый *a.* full, complete, absolute; total, gross, overall; thorough, comprehensive, exhaustive (information); full-length; high (water); high-order (detonation); dead (roasting); deep (sound); stout, corpulent; н. вес gross weight; (chem.) combining weight; п. излучатель (ideal) black body; —ая грузоподъемность (naut.) deadweight; —ое орошение (distillation) total reflux; в —ой мере fully, completely.
пол-оборота *m.* half turn.
полова *f.* chaff.
половик *m.* (floor) mat, runner.
половин/а *f.* (one) half; п. на —у half and half; в —у half as much; на —у (in) half; —ка *f.* half; —ник *m.* semibeam, semigirder; —ный *a.* half —чатый *a.* halved, (half and) half, split; folding; mottled (iron); —щик *m.* partner.
половить *v.* catch, trap.
половица *f.* floor board.
половник *m.* ladle.
половод/ный *a.*, —ье *n.* (spring) flood, high water.
полов/озрелый *a.* mature; —ой *a.* sex(ual); reproductive; venereal (disease); floor; —ая зрелость puberty; —ая клетка gamete; —ое бессилие impotence.
половщик *m.* floor layer.
полог *m.* canopy, cover, screen.
полог/ий *a.* gently sloping; flat(tened)

полодия (curve); low-angle (trajectory); tapered (wing shell); —ость *f.* slope, declivity.

полодия *f.* (phys.) polhode, centrode.

полодув *m.* chaff fan, chaff blower.

положен/ие *n.* position, situation, location, locality, place; state, condition, status, aspect; circumstances, case; stand, conclusion, assumption; в —ии включения on; в должном —ии in place, in position; на два —ия double-throw (switch); —ный *a.* placed, put, set; assumed.

полож/ивший *a.* having placed, (on) putting, having set; —им *pr. 1 pl. of* полагать; let us assume (that).

положительно *adv.* positively; decidedly; —сть *f.* positiveness.

положительн/ый *a.* positive, plus; affirmative; favorable; absolute; п. знак (math.) plus, positive sign; —ое качество feature, advantage.

положить *see* полагать; place, set.

полоз *m.* runner, slide.

полоз/ок *m.* (foundry) sleeker, smoother, strip; —ья *pl.* runners, skids, slide.

полок *m.* loading platform, shelf; platform cart; *gen. pl. of* полка.

полольн/ик *m.* hoe; cultivator; —ый *a.* weeding.

полом/анный *a.* broken (down); —ать(ся) *v.* break (down); —ка *f.* break(ing), breakdown, failure, collapse; breakage, damage.

поломоечный *a.* floor-washing.

полон *sh. m. of* полный.

полоний *m.* polonium, Po.

полопаться *v.* burst (of tires, etc.).

полорогий *a.* (zool.) hollow-horned.

полос/а *f.* band; strip, stripe, border; streak; zone, belt; stretch, width; period, interval; lane (of road); rail; (cutter) bar; (typ.) page; (anat.) stria; метод полос schlieren method; п. частоты frequency band; проводить —ы *v.* streak; —атик *m.* (zool.) rorqual; —атый *a.* band(ed); striped, ribbed, striated, streaky; —атый спектр band spectrum; —атое сложение (geol.) banded structure; —ка *f.* band, strip, streak; (biol.) stria.

полоск/ание *n.* rinse, rinsing; wash; —ательный *a.* rinsing; —ать *v.* rinse; gargle (throat).

полосковый *a.* band, strip(line).

полоскун *m.* (zool.) raccoon.

полоси/о-заграждающий *a.* band-eliminating; —ой *see* полосовой; —опропускающий *a.* band-pass; —уть *v.* slash; —ый *see* полосовой; (typ.) full-page.

полосо/бульб *m.*, —бульбовый *a.* (met.) bulb bar; —вать *v.* make into bars; —вой *a.* band, strip; bar (metal); bandpass (filter).

полост/ной *a.* cavity(-type); (anat.) perivisceral (fluid); —ь *f.* hollow, cavity, void; recess, housing, chamber; (cer.) nodule.

полосчат/ость *f.* banding, striation; (phyt.) streak; —ый *a.* banded, banding striped, streaky, striated; ribbon; lamellar, laminated; —ая руда band(ed) ore.

полотен/ечный *a.*, —це *n.* towel.

полотерный *a.* floor-polishing.

полотнище *n.* (text.) breadth, length, strip, panel, leaf (of door); (tool) blade.

полотн/о *n.* fabric, cloth, spec. linen; (tool) blade; (road) bed; —яный *a.* linen.

полоть *v.* (agr.) weed; —ье *n.* weeding.

полоч/ка *dim. of;* —ный *a. of* полка; shelved; tray (dryer); multiple-hearth (reactor).

полощет *pr. 3 sing. of* полоскать.

пол/пути *m.* halfway (mark); —румба *m.* half (point); —сотни *num.* half a hundred.

пол. ст. *abbr.* (полевой стан) field camp (полярная станция) polar station.

полст/ина *f.* fleece; —ить *v.* felt, mat plank.

полтавский *a.* (geog.) Poltawa.

полтор/а *m. and. n. num.*, —ы *f. num.* one and a half, sesqui—; —аста *num.* one hundred and fifty.

полу— *prefix* semi—, demi—, hemi—, half—.

полуавтомат *m.* semiautomatic device; —ический *a.* semiautomatic.

полу/активный *a.* semiactive; —амплитуда *f.* half range; —антрацит *m.* semianthracite; —ацеталь *m.* hemiacetal; —бак *m.* (naut.) forecastle; —бархат *m.* (text.) velveteen; —бездымный *a.* semismokeless; —бимс *m.* half-beam; —битуминозный *a.* semibituminous; —блестящий *a.* semilustrous; —ботинки *pl.* low shoes, slippers; —бочка *f.* (av.) half roll; —бутылка *f.* half bottle.

полу/вагон *m.* (rr.) gondola car; —вал *m.* (half-)sole leather; —валик *m.* (arch.) bead, fillet; —вальмовый *a.* gambrel (roof); —вальный *a. of* полувал; —вар *m.* pitch and tar; —вареный *a.* half-cooked, half-digested; souple(d) (silk); —ватт *m.* (elec.) half-watt; —вековой *a.* half-century; —витковый *a.* half-turn; —влажный *a.* semihumid; —водяной *a.* semiwater (gas).

полуволн/а *f.*, —овой *a.* half-wave; —истый *a.* (met.) semicorrugated.

полу/вращающийся *a.* semirotatory; —выведения, период (nucl.) half-life; —гайка *f.* half nut; —гидрат *m.* semihydrate, hemihydrate.

полугод/ие *n.* half year; —ичный, —о-

полу/горизонтальный
валый *a.* half a year old; —овой *a.* semiannual.
полугоризонтальный *a.* inclined, sloping.
полугранн/ик *m.* (cryst.) hemihedron; —ый *a.* hemihedral.
полугрузовик *m.* pickup (truck).
полугрупп/а *f.*, —овый *a.* (math.) semigroup.
полугусеничный *a.* half-track.
полуда *f.* tin (plate); tinning.
полу/денный *a.* midday, noontide, meridional; —диаметр *m.* semidiameter, radius; —дизель *m.* semi-Diesel engine; —дикий *a.* half wild; —дислокация *f.* (phys.) semidislocation, half-displacement; —дистанционный *a.* semiremote.
полудить *v.* tin(-plate).
полу/дня *gen. of* полдень; —домна *f.* (met.) low-blast furnace; —дужье *n.* haunch (of arch).
полудюйм *m.*, —овый *a.* half-inch; —овка *f.* half-inch plank.
полужестк/ий *a.* semirigid; —окрылые *pl.* (ent.) Hemiptera.
полу/жидкий *a.* semiliquid, semifluid; —заводский *a.* pilot plant; —закрытый *a.* semi(en)closed; —закрыть *v.* semi(en)close; —замкнутый *a.* partially enclosed (sea); —засушливый *a.* semi-arid; —защищенный *a.* semiprotected; —звезда *f.* semistar; —зонтиковый *a.* (bot.) cymose; —известковистый *a.* semicalcareous; —инструментальный *a.* semi-instrument(al), approximate.
полу/каплан *m.* hand-adjustable turbine; —карбид *m.* semicarbide; —кардан *m.* semicardan joint; —картон *m.* thin (card)board; —квалифицированный *a.* semiskilled; —кислый *a.* semiacid; —клевер *m.* (bot.) yellow trefoil (*Medicago lupulina*).
полукокс *m.* semicoke; —ование *n.* semicoking, low-temperature carbonization; —овый *a.* semicoke.
полу/коллоид *m.* hemicolloid; —кольцевой *a.* channel (wing); —кольцо *n.* half circle; —коммутативный *a.* (math.) semicommutative; —комплект *m.* subassembly; —консервы *pl.* (food) preserves; —коронирующий разряд (dielectrics) semicorona discharge; —котельное железо (met.) boiler plate; —кристаллический *a.* semicrystalline; —продувка —крицы (met.) first refining.
полукруг *m.* semicircle; —лый *a.* semicircular; —семисферический, half-round; round-nose (chisel); (bot.) cup-shaped.
полукруж/ие *see* полукруг; —ный *a.* (anat.) semicircular (canals).
полу/кубический *a.* semicubical; —кустарник *m.* (bot.) semishrub, subshrub;

полу/петля
—лежать *v.* recline; —летальный *a.* semilethal; —лечь *v.* recline; —линза *f.* hemilens; —локальный *a.* (math.) semilocal; —лунный *a.* half-moon, crescent(-shaped); semilunar; lunate (bone); —ляжет *fut. 3 sing. of* полулечь; —масса *f.* (paper) mixed-fiber pulp; —матовый *a.* semigloss; —мезга *f.* vegetable pulp; —мера *f.* half measure; palliative; —месяц *m.* half-moon; —месячный *a.* half-month.
полуметалл *m.* semimetal; —ический *a.* semimetallic; (min.) submetallic.
полу/микроаналитический *a.* semimicroanalytical; —мрак *m.* semidarkness; —навесной *a.* semimounted; —нержавеющий *a.* (met.) semistainless; —непрерывный *a.* semicontinuous; —непроницаемый *a.* semitight; —ночный *see* полночный.
полу/обкатный *a.* (gear cutting) semigenerated; период —обмена (chem.) half-time of exchange; —обнаженный *a.* half-bare; —оборот *m.* half turn; на —оборот halfway around; —обработанный *a.* semifinished; semiprocessed; —обтекаемый *a.* semistreamlined; —ограниченный *a.* (math.) semi-restricted, semifinite; —однородный *a.* semihomogeneous; —окатанный *a.* subangular; —окружность *f.* semicircumference; —опал *m.* (min.) semiopal; —освещенный *a.* half-lit, poorly illuminated; —осевая шестерня differential gear.
полуостров *m.* peninsula; —ной *a.* peninsular.
полу/ось *f.* semiaxis; semiaxle, split axle, axle shaft; большая п. semimajor axis; малая п. semiminor axis; —отворенный *a.* partly open; —отделанный *a.* semifinished; rough-finished; unfinished (furniture); —открытый *a.* semienclosed; —пальто *n.* jacket; —параболический *a.* semiparabolic —паралич *m.* (med.) paresis; hemiplegia; —перекрестный *a.* quartertwist (belt); —переменный *a.* semivariable; —переносный *a.* semiportable; —перепончатая мышца (anat.) semimembranosus.
полупериод *m.* half period, half-cycle; (nucl.) half-life; п. распада half-life; п. реакции обмена (chem.) half-time of exchange.
полу/петля *f.* (av.) Immelmann turn; —пирамид(ок) *m.* semipyramid; —пиритный *a.* (met.) semipyritic; —плоскость *f.* half plane; —подкисленный *a.* semiacidified; —полба *see* полба; —понтон *m.* half pontoon; —портальный *a.* semigantry (crane); —потайной *a.* half-countersunk; —призма *f.*

полупровод/ник (cryst.) hemiprism; —прицеп *m.* semi-trailer.

полупровод/ник *m.* (elec.) semiconductor; —никовый *a.* semiconductor; semiconductive; (comp.) transistor(ized); —никовый триод, —никовый усилитель transistor; —ящий *a.* semiconducting.

полу/продукт *m.* semifinished article, intermediate product; —прозрачный *a.* translucent; —промышленный *a.* semicommercial; —проницаемый *a.* semipermeable; —просвечивающий *a.* semitranslucent; —простой *a.* (math.) semisimple; —пространство *n.* half space; —профиль *m.* half section; —прямая *f.* (math.) half line; —пустыня *f.* semiarid land, near desert.

полу/равнина *f.* rolling country; —размах *m.* amplitude; (av.) semispan; —разрез *m.* semisectional view; —разрушенный *a.* half demolished, partially collapsed; —раковистый *a.* subconchoidal; —раскос *m.* knee brace; —раскрытый *a.* partly open.

полураспад *m.* (nucl.) half-decay, half-disintegration; период —а half-life, half-value period.

полу/расплавленный *a.* semifused, semi-molten; —сварить *v.* parboil, partially boil; —свет *m.* weak illumination; —светящийся *a.* semiluminous; —свод *m.* semivault; —связанный *a.* semifixed; —сернистая медь cuprous sulfide; —скоростной *a.* half-velocity; —смертельный *a.* semilethal; —смола *f.* resinoid; —сотня *f.* half a hundred; —спекшийся *a.* semisintered, partly caked; —сталь *f.* (met.) semisteel; —станок *m.* (rr.) small station, flag station.

полу/стационарный *a.* semifixed; semiportable; —сток *m.* semiflow; —строб *m.* half gate; —структура *f.* semilattice; —стык *m.* half joint; —сумма *f.* average; —сумматор *m.* (comp.) half adder; —сумрак *m.* semitwilight; —суперфосфат *m.* semisuperphosphate; —суточный *a.* semidiurnal; —сухожильная мышца (anat.) semitendinosus; —сухой *a.* semiarid; semidry; —сфера *f.* hemisphere; —сферический *a.* hemispherical.

полу/тарифный *a.* half-rate; —твердый *a.* semisolid; medium hard; —тело *n.* half body; —темный *a.* poorly illuminated; —теневой *a.*, —тень *f.* (opt.) penumbra; —толщина *f.* half thickness; —тон *m.*, —тоновый *a.* half-tone, semitone.

полутор/а *see* полуторно—; —аокись *f.* sesquioxide; —аплан *m.* (av.) sesqui-plane; —асернистое соединение sesquisulfide; —ка *f.* one and a half-ton truck.

полуторно— *prefix* sesqui— (one and a half); —сернистый *a.* sesquisulfide (of); —углекислая соль sesquicarbonate; —угленатриевая соль sodium sesquicarbonate; —хлористый *a.* sesquichloride (of); —хромовокислая соль sesquichromate.

полутори/ый *a.* one and one half, sesqui—; tripartite (pontoon); —ая окись sesquioxide; —ая соль sesquisalt; —ая углекислая соль sesquicarbonate.

полу/точный *a.* half-exact; —травеллер *m.* semigantry crane; —трубчатый *a.* semitubular; —тьма *f.* semidarkness; —убирающийся *a.* (av.) semiretractable.

полууг/ловатость *f.* (geol.) subangularity; —ловатый *a.* subangular; —ол *m.* semi-angle.

полу/уравновешенный *a.* semibalanced; —утопленный *a.* semiflush, semirecessed; —фабрикат *m.* semifinished product, intermediate product; convenience food; —фарфор *m.* semiporcelain; —ферма *f.* semitruss; —форма *f.* half mold, mold section.

полухлорист/ый *a.* (—ous) chloride; —ая медь cuprous chloride; —ая сера sulfur monochloride.

полу/хордовые *pl.* (zool.) Hemichorda; —целлюлоза *f.* hemicellulose; (paper) semichemical pulp; —целый *a.* half-integral, semi-integral; half-integer (momentum); —целое число half integer; —центр *m.* half center; —цилиндр *m.* semicylinder; —циркуль *m.* semicircle; —циркульный *a.* semicircular.

получаем/ый *a.* received, etc., *see* получать; resulting, resultant; available; —ая энергия (elec.) input.

получас *m.* half hour; —овой *a.* half hourly.

получ/атель *m.* recipient; —ать *v.* receive, obtain, get, acquire, secure; derive, extract, draw; take in; gain, win; isolate; make, produce, fabricate; generate; —ать обратно recover; —аться *v.* be received, etc.; turn out, result, happen; work, succeed; —ение *n.* receiving, reception, etc., *see v.*; receipt; acquisition; availability; output, crop; обратное —ение recovery; —енный *a.* received, etc., *see v.*; resultant.

полу/черный *a.* half-rough; —чистый *a.* semifinished; partly contaminated.

получ/ить *see* получать; можно п. can be had, is available; —ка *f.* sum; pay.

получше *adv.* (somewhat) better.

полу/шар *m.*, —шарие *n.* hemisphere; —шелковый *a.* part-silk; —шерстяной *a.* part-wool; —ширина *f.* half width;

полу́шник half thickness (of absorber); —широта́ f. (naut.) half-breadth plan.
полу́шник m. (bot.) quillwort (*Isoetes*).
полушубо́к m. short sheepskin coat.
полу/щелево́й a. half-slot; —эдри́ческий a. hemihedral; —элеме́нт m. (elec.) half cell; —эллипти́ческий a. semielliptic(al), half-elliptic; —эмпири́ческий a. semiempirical; —эта́ж m. half story; —ю́т m. (naut.) poop.
пол/фу́нта m. half a pound; —це́ны f. half price; —часа́ m. half an hour.
полы́ gen., pl., etc., of пол; пола́.
по́л/ый a. hollow, tubular; cored; core (drill); hollow-space (oscillator); shell (circuit); bare, uncovered, open; —ая ве́на (anat.) vena cava; —ая вода́ high water in spring.
полы́н/ный a. wormwood, absinthe; —ная во́дка, —о́вка f. absinthe (liqueur); —ное ма́сло oil of wormwood; —ок m. wormwood; —ь f. (bot.) Artemisia; го́рькая —ь wormwood.
полынья́ f. air hole (in ice).
полысе́ть v. get bald.
полыха́ть v. blaze.
по́льдер m. polder, low fertile land.
по́лье f. (geol.) polje; *suffix* -field (or -year) crop rotation, *e.g.*, двупо́лье n. two-field crop rotation.
польёт *fut. 3 sing. of* поли́ть.
по́льз/а f. use, good, profit, benefit, advantage; извлека́ть —у v. benefit (from), put to good use; —ова́ние n. use; —ова́тель m. (comp.) user; —ова́ться v. make use (of), put to use, employ, profit (by) rely (on).
—польная система *see* —полье.
по́льский a. Polish; По́льша Poland.
полья́ pl. (geol.) poljes.
по́люс m. pole, terminal; пове́рхность —а polar surface; шаг —ов (elec.) pole pitch.
полю́сн/ый a. polar, pole; п. зажи́м pole terminal; п. магни́тный пото́к polar flux; п. сте́ржень contact bar; п. шаг, —ое деле́ние pole pitch.
полюсо/магни́тный a. (min.) polarmagnetic; —определи́тель m. (elec.) polarity indicator.
поля́ gen. and pl. of по́ле.
поля́жет *fut. 3 sing. of* поле́чь.
поля́н/а f. glade, meadow; —ка dim. of поля́на.
поля́р/а f. (math.) polar; —иза́тор m., —иза́ционная при́зма (opt.) polarizer; —изацио́нный a., —иза́ция f. polarization; —из(ир)у́емый a. polarizable; —изова́ние n. polarization; —изо́ванный a. polarized; polarization; —изова́ть v. polarize; —изу́емость f. polarizability; —изу́ющий a. polarizing.

поляри́метр m. (opt.) polarimeter; —и́ческий a. polarimetric; —ия f. polarimetry.
поляриско́п m. (opt.) polariscope.
поля́рник m. polar research worker.
поля́рность f. polarity.
поля́рн/ый a. polar; arctic; п. по́яс frigid zone; —ая звезда́ North Star, Polaris; —ая ось (cryst.) polar axis; —ая связь polar bond; —ое сия́ние aurora polaris, aurora.
поляро́граф m. (electroanalysis) polarograph; —и́рование n., —ия f. polarography, polarographic analysis; —и́ческий a. polarographic.
поляр/о́ид m. Polaroid (light-polarizing sheet material); —о́н m. polaron.
пом— *abbr.* (помо́щник) assistant.
пома́д/а f. pomade, salve, ointment; —ить v. put on salve, grease.
пома́з/ать, —ывать v. anoint, smear, apply; oil, grease; —ок m. (foundry) bosh, swab.
помак/а́ть, —ну́ть v. dip, soak.
пома́леньку adv. little by little, gradually.
пома́рка f. blot, blur; (pencil) mark.
помасли́ть v. oil, lubricate.
помедли́ть v. delay, put off.
помеле́ть v. grow shallow.
помело́ n. hearth broom.
помельча́ть v. become finer or smaller.
поме́ньше adv. (a little) less.
поменя́ться v. exchange.
помера́н/ец m., —цевый a. bitter orange, Seville orange.
помере́ть v. die.
помёрз/лый a. frostbitten; —нуть v. be frostbitten; be killed by frost.
поме́рить v. measure, fit.
помёркл/ый a. dimmed, tarnished; —нуть v. grow dim, get tarnished; be eclipsed, disappear.
помеси́ть v. knead (for a while).
поме́сный a. crossbred.
помести́тельн/ость f. roominess; —ый a. capacious, roomy, spacious.
помести́ть *see* помеща́ть.
по́месь f. mixture; adulteration; (biol.) cross(breed); hybrid.
помеся́чн/о adv. per month, once a month; —ый a. monthly.
помёт m. dung, excrement, droppings, manure; litter, brood.
поме́т/ить v., —(к)а f. mark, note.
поме́х/а f. interference, disturbance; hindrance, impediment, obstacle, barrier, handicap; difficulty, trouble, kink; —и pl. (rad.) interference, noise, static; jamming; атмосфе́рные —и static; переда́тчик поме́х jamming transmitter, jammer; служи́ть —о́й v. hinder, impede, stand in the way; создава́ть

—и *v.* disturb; —овый *a. of* помеха; jamming.

помехо/защищенность *f.* interference-killing feature, noise immunity; —защищенный *a.* anti-noise, anti-interference; —подавляющий *a.* noise-eliminating, noise-suppressing; —стойкий *a.* antistatic, anti-interference; —устойчивость *f.* interference-killing feature, noise-proof feature; invulnerability to jamming; noise stability; —устойчивый *a.* jamproof, antijamming; noise-supressing, interference-suppressing.

помеч/ать *v.* mark, label; —енный *a.* marked, labeled; noted.

помеш/анный *a.* mixed, stirred; obsessed; insane, psychotic, deranged; *m.* psychotic; —ательство *n.* insanity, mania, derangement, psychosis; —ать *v.* mix, stir, agitate; be in the way (of), prevent, hinder; —аться *v.* be mixed; be obsessed (by); become mentally ill; —енный *a.* kneaded; —ивание *n.* mixing, stirring, agitation; —ивать *v.* stir occasionally.

помещ/ать *v.* place, put, set, install, insert; set up, establish, locate, situate, position; interpose (between); enclose, house, accommodate, arrange; (com.) invest, deposit; —аться *v.* be placed, etc.; sit, rest, fit, occupy; —ение *n.* placing, etc., *see v.*; room, space, compartment, chamber; place, accommodation(s); (com.) investment; находящийся в —ении the occupant; —енный *a.* placed, etc., *see v.*

помиги(ва)ть *v.* blink, flicker.

помидор *m.*, —ный *a.* tomato.

помимо *prep. gen.* apart from, with the exception of, except for, besides, aside from, over and above, in addition to; without the knowledge (of); п. того moreover.

поминутн/о *adv.* every minute; —ый *a.* per minute; frequent.

помирать *v.* die.

помириться *v.* be(come) reconciled (to).

поммастер *m.* assistant foreman.

помнет *fut. 3 sing. of* помять.

помнить *v.* remember, keep in mind.

помногу *adv.* much, in large quantities.

помнож/ать *v.* multiply; —ение *n.* multiplication; —енный *a.* multiplied; —ить *v.* multiply.

помнут *fut. 3 pl. of* помять.

помогать *v.* help, assist, aid; relieve, ease; favor, promote.

помоет *fut. 3 sing. of* помыть.

пом/ои *pl.* slops, swill; —ойка *f.* slops pit; —ойница *f.* wash hole; drain; —ойный *a.* slops, swill; —ойная яма drain pit, sink.

помокнуть *v.* soak for a time.

помол *m.* grist; grinding; (paper) pulp.

помология *f.* (agr.) pomology.

помолотить *v.* (agr.) thresh.

помолот/ый *a.* ground, milled; —ь *v.* grind (up), mill.

помолоченный *a.* (agr.) threshed.

помольный *a.* grinding, milling.

поморозить *v.* freeze.

поморосить *v.* drizzle.

помор/ский *a.* seashore, coast; —ье *n.* seashore, coast, coastal region.

помост *m.* raised platform, stage, dais, gallery, scaffold, bridging.

помотать *v.* wind; wag, wave, shake.

помоха *f.* pomokha (haze of dust from deflation over chernozem).

помоч/енный *a.* wetted; —ить *v.* wet.

помочь *see* помогать.

помощ/ник *m.* helper, assistant; —ь *f.* help, assistance, aid; use; relief; favor, service; —ью, при —и, с —ью with the help (of), by means (of); оказать —ь, подавать —ь *v.* help, assist; первая —ь, скорая —ь first aid.

помоют *fut. 3 pl. of* помыть.

помпа *f.* pump; —ж *m.* pumpage; (mach.) pulsation, surging, surge; (jet engines) compressor stalling, stall.

помпейский *a.* Pompeian (color).

помут/ить *v.* make turbid; —иться *v.* become turbid, get cloudy, fog; get dim, blear; blur; —нение *n.* turbidity, cloudiness; dimness, blur; fogging; (corneal) opacity; —нение воздуха atmospheric turbidity; испытание на —нение cloud test; точка —нения (petroleum) cloud point; —ненный *a.* (made) turbid, cloudy; fogged; —неть *v.* become turbid.

помыл/и(ва)ть *v.* soap, lather; —ки *pl.* suds, lather.

помыт/ый *a.* washed; —ь(ся) *v.* wash.

помят/ый *a.* crumpled, creased; —ь(ся) *v.* crumple, crease.

понаблюдать *v.* observe (for a while).

понабрать(ся) *v.* collect gradually.

понавезти *v.* import, bring in.

понаделать *v.* make, manufacture.

понадобиться *v.* be necessary.

понапрасну *adv.* in vain.

по-настоящему *adv.* in earnest; in the right way, properly.

понастроить *v.* build.

поначалу *adv.* from (or at) the beginning.

по-нашему *adv.* in our opinion; in our way, according to our custom.

пондеромоторное притяжение (elec.) pondermotive force.

поневоле *adv.* against one's will, by force, perforce, necessarily.

понедельн/ик *m.* Monday; —о *adv.*, —ый *a.* weekly, per week.

по-немецки *adv.* (in) German.
понемногу *adv.* little by little, gradually.
понести *v.* carry (along); —сь *v.* rush off.
пони *m.* pony.
понижать *v.* reduce, decrease, diminish, cut down; lower, let down; relieve (pressure); depress (a constant); (elec.) step down; —ся *v.* fall, go down, drop, lower, diminish; settle, subside.
понижающий *a.* reducing, depressing (constant); (elec.) step-down; —ся *a.* falling, dropping, downward.
пониже *adv.* somewhat lower, a little below; —ние *n.* reduction, lowering, drop (in pressure, temperature), decrease, fall, falling down, subsiding, settling; depression (of constant); (elec.) stepping down; **период —ния** period of decline; —нный *a.* reduced, etc., *see* **понижать**; partial (thrust).
пониз/итель *m.* reducer; **п. вязкости** thinner; —ительный *a.* reducing; (elec.) step-down; negative (booster); —ительный редуктор reduction gear; —ить *see* **понижать**; —у *adv.* low, along the surface, close to the ground.
поник/ать, —нуть *v.* droop, wilt.
поним/ание *n.* understanding, comprehension, insight, awareness, grasp, conception, sense; —ать *v.* understand, comprehend, realize, recognize; grasp, seize; gain some insight (into).
понит *m.* (min.) ponite.
по-новому *adv.* in a new way; **рассматривать п.** *v.* take a new view (of).
понор *m.* (geol.) sink (hole), swallow hole.
понос *m.* (med.) diarrhea, dysentery.
поно/сить *v.* carry (for a while); wear; —шенный *a.* carried; worn, shabby.
понравиться *v.* appeal (to).
понселет *m.* Poncelet (water) wheel.
понсировка *f.* rubbing with pumice.
понсо *n.* ponceaux (a group of dyes).
понт *m.* bridge (in oil well); (geol.) Pontian.
понтианак *m.* pontianac (resin).
понтический *a.* (geol.) Pontian.
понтия *f.* (glass) pontil, punty.
понтол *m.* pontol (alcohol denaturant).
понтон *m.* pontoon; —ер *m.* pontoon specialist; —ный *a.* pontoon; floating (crane).
понтоп *m.* Pontop (rubberized cloth).
понудитель *m.* compeller; —ный *a.* compelling, coercive, impellent.
пону/дить, —ждать *v.* compel, force, drive, impel, urge, press; —ждение *n.* compulsion, coercion; —жденный *a.* compelled, etc., *see v.*
понур *m.* (hydr.) upstream floor, fore apron.
пончо *n.* poncho.
понырять *v.* dive (for a while).

понюх(ив)ать *v.* sniff, smell.
понят/ие *n.* concept(ion), idea, notion; —ливость *f.* comprehension; —ливый *a.* comprehending readily, quick; —но *adv.* clearly, plainly, intelligibly; naturally, of course; —ность *f.* clearness, intelligibility; —ный *a.* clear, intelligible, comprehensible, understandable, apparent; —ый *a.* understood; —ь *see* **понимать**; **позволять —ь** *v.* give an insight (into).
пооб/сохнуть *v.* dry off gradually; —тереться *v.* wear off, rub off.
поодаль *adv.* at some distance, removed.
поодиночке *adv.* one by one, singly.
пооперационный *a.* (per) operation, step-by-step.
поостыть *v.* cool off gradually.
по-отрядно *adv.* (av.) by flights.
поотстать *v.* fall somewhat behind.
поотсыреть *v.* grow slightly damp.
поочередн/о *adv.* by turn(s), alternately; —ый *a.* by turn, alternate.
поощр/ение *n.* encouragement, incentive; promotion; **средство —ения** incentive; —ительный *a.* encouraging, stimulating, inspiring; —ить, —ять *v.* encourage, stimulate, spur, inspire; promote, favor, advance.
попад/ание *n.* hit, impact; entry, ingress, penetration; entrapment; **предотвращать п.** *v.* keep clear or free (of); —ать *v.* hit, strike; get into, fall (on, within); come (into view); **как попало** carelessly, haphazardly, anyhow; **куда попало** at random, anywhere; —аться *v.* get into, get caught, fall into; meet, run across.
попарить *v.* steam; soar.
попарно *adv.* in pairs; mutually.
попаромно *adv.* by rafts.
попасти *v.* pasture; —сь *v.* graze.
попасть(ся) *see* **попадать(ся)**.
попахать *v.* plow (for a while).
попахивать *v.* give off a slight odor.
поперек *adv. and prep. gen.* transverse (to), across, crosswise; at right angles to; **разрезание п.** cross-cutting.
попеременн/о *adv.* by turns, in turn, alternately; **п.-возвратный** *a.* alternate, reciprocating (motion); —ый *a.* alternate; alternative.
попереч/ина *f.* (cross) beam, transverse beam, cross bar, cross tie, cross piece, tie beam; crosshead (of engine); boom, jib (of crane); —ка *f.* crosscut saw; —ник *m.* diameter; girth; cross section.
поперечно *adv.* transversely; **п.-винтовой** *a.* (rolling) cross-helical, rotary; **п.-направленный** *a.* broadside; **—пильный станок** crosscut saw; **п.-полосатый** *a.* striated; **п.-поляризованный** *a.* cross-

polarized; п.-строгальный *a.* transverse-planing, shaping.

попереч/ный *a.* transverse, cross, diametrical; cross-sectional; lateral; variable-area (recording); cross-cut (saw); girth (joint); п. анкер cross tie; п. разрез cross section; п. штрек (min.) crossgate; —ая распорка cross piece; —ая связь crosslink; образование —ых связей crosslinking, crosslinkage; —ая сила transverse force, shearing force; —ое V (av.) dihedral; —ое ребро tie; —ое сечение cross section; —ые нити ткани (text.) weft; —ые схватки cross bracing; в —ом направлении across.

поперхнуться *v.* choke.

попеч/ение *n.* care, charge (of); —итель *m.* trustee, guardian.

попечь *v.* bake, roast (for a while).

попилить *v.* saw (for a while; up).

поплавать *v.* swim, float.

поплав/ковый, —очный *a.* floating, float; п. клапан float valve, ball valve; п. кран ball cock; п. шар ball float; —ок *m.* float, buoy; pontoon; уровень —ка float level.

поплатиться *v.* pay (for).

поплести *v.* braid, weave; —сь *v.* meander.

поплин *m.*, —овый *a.* (text.) poplin.

поплотнеть *v.* become denser.

поплыть *v.* swim, float; start swimming, start floating.

поповник *m.* (bot.) ox-eye daisy (*Chrysanthemum leucanthemum*).

пополам *adv.* in two, in half.

поползать *v.* creep (for a while); —ти *v.* creep, slide; start creeping; —ушка *f.* slide (contact), runner; radius link (of link gear).

пополн/ение *n.* supplement; replenishment, enrichment, addition, completing; reinforcement, replacement; п. горючим refueling; —енный *a.* supplemented, etc., *see v.*; —итель *m.* replenisher; —ить, —ять *v.* supplement, add, fill up, refill, replenish; enrich, widen, enlarge.

пополоскать *v.* rinse (for a while).

пополоть *v.* weed (for a while).

пополу/дни *adv.* post meridiem (P.M.); —ночи *adv.* ante meridiem (A.M.).

по-польски *adv.* (in) Polish.

попона *f.* (horse) blanket.

попонтонно *adv.* by successive pontoons.

попор/тить *v.* spoil; damage; —ченный *a.* spoiled; damaged.

поправ/имый *a.* remediable, repairable; —ить *see* поправлять; drive (for a while); —ка *f.* correction, etc., *see v.*; repair(ing), readjustment; allowance amendment; (med.) recovery; —ка на correction for; вводить —ку на *v.* correct for; —ление *see* поправка; —ленный *a.* corrected, etc., *see v.*; —лять *v.* correct, rectify; modify, alter, amend; allow (for); repair, mend, readjust, put in order; —ляться *v.* recover, improve; —очный *a. of* поправка.

попрактиковаться *v.* practice.

по-прежнему *adv.* as before, as usual.

попрек/ать, —нуть *v.* reproach, reprove.

попреть *v.* mildew, damp off, decay.

поприще *n.* area, field; course.

попробовать *v.* try out.

попросить *v.* ask, request.

попросохнуть *v.* dry gradually.

попросту *adv.* simply.

попрочнеть *v.* become stronger.

попрыск(ив)ать *v.* sprinkle.

попугай *m.*, —ный *a.* parrot.

популин *m.* populin, salicin benzoate.

популяр/изация *f.* popularization; —изировать *v.* popularize; —ность *f.* popularity; —ный *a.* popular.

популяция *f.* (biol.) population.

попуст(ом)у *adv.* in vain, to no purpose.

попут/но *adv.* in passing, by the way; incidentally; at the same time; —ный *a.* passing; accompanying, associated; on the way; fair, tail (wind); casing-head (gas); side, by-product; —ный поток side flow; (naut.) wake; —ная струя (ocean.) back eddy; —чик *m.* companion.

попытать(ся) *v.* try, attempt, undertake; —ка *f.* trial, attempt, endeavor, venture.

пора *f.* pore, cell; (gas) pocket; (lunar) craterlet.

пор/а *f.* time, season, period; it is time (to); в —у at the right time, opportunely; давно п. it is high time; вечерней —ой in the evening; глухая п. slack season, off season; до —ы up to a certain time; до каких пор how long? until when? до сих пор until now, hitherto, up to this point, so far, thus far, to date; до тех пор, пока until; до этих пор thus far, till now, hitherto; с тех пор since then; с этих пор hence, in future, from now on.

поработать *v.* work (for a while).

поравнять *v.* equate, make equal; —ся *v.* equal; come up to.

пораж/аемость *f.* vulnerability; —аемый *a.* vulnerable; —ать *v.* affect, afflict; overcome; contaminate; infest (with pests); strike, hit; astonish, surprise; —аться *v.* be surprised; —ающий *a.* affecting, etc., *see v.*; harmful, injurious; —ение *n.* affection, etc., *see v.*; disease; blow, injury, damage; destruction; defeat; зона —ения killing zone, effective zone; —енность *f.* develop-

пораз— *double prefix for verbs, see under* раз—, рас—; —ведать *v.* make an extensive survey; find out; —гонять *v.* scatter about.

ment (of hairline cracks); —енный *a.* affected, etc., *see v.*

поразит/ельно *adv.* remarkably, astoundingly, amazingly; it is remarkable; —ельный *a.* remarkable, astounding, amazing, dramatic; —ь *see* поражать.

поразному *adv.* differently, in different ways.

поразогнать *v.* scatter about.

поразрядный *a.* (comp.) step-by-step, cascaded (carry).

поразузнать *v.* investigate gradually.

порайонный *a.* by districts, regional.

поран/ение *n.* wound(ing); —енный *a.* wounded; —ить *v.* wound.

пораньше *adv.* as early as possible.

порас— *see* пораз—; —кидать *v.* scatter gradually; —спросить *v.* inquire around.

пораст/ать *v.* overgrow (with); —и *v.* grow (for a while); overgrow (with); —ить *v.* raise.

порв/анный *a.* torn, broken; —ать(ся) *v.* tear, break.

поребрик *m.* border (stone).

поределый *a.* grown thinner.

порез *m.* cut, slash, wound; cutting; —ать *v.* cut, slash, wound; slice; slaughter.

порей *m.* (bot.) leek (*Allium porrum*).

порекомендовать *v.* recommend, suggest.

пореч/ник *m.* (bot.) Athamanta; mountain parsley (*Peucedanum oreoselinum*); —ный *a.* riverside; —ье *n.* river country.

поржаветь *v.* get rusty, corrode.

порист/ость *f.* porosity, sponginess; мелкая —ость (rolling) pinchers; —ый *a.* porous, spongy, blown, vesicular, cellular, pitted; timely, ready; —ая перепонка, —ая стенка porous diaphragm.

пориц/ание *n.* blame, censure; —ать *v.* blame, censure, reprove.

поркупайн *m.* porcupine.

поровну *adv.* equally, in equal parts.

поровнять *v.* even out, smooth out.

поровый *a.* pore; interstitial (water).

порог *m.* threshold, limen; baffle (plate), bridge, sill; (slag) plate; (overflow) lip, edge; (spillway) ramp, crest; —и реки rapids; —овый *a. of* порог; liminal, barely perceptible; cut-off (input); —овый импульс momentum cut-off; —овое значение threshold (value).

порода *f.* breed, stock, race, strain, species, variety, kind; (geol.) rock; горная п. rock; п.-коллектор *m.* container-rock, reservoir rock.

породиновый *a.* porodic, amorphous.

пород/истый *a.*, —ный *a.* thoroughbred, pedigreed.

породо/выборка *f.* (min.) sorting; —образующий *a.* rock-forming; —отборка *f.*, —отборный *a.* picking, sorting, inspection; —погрузочный *a.* rock-loading; —составляющие *pl.* rock constituents.

пороет *fut. 3 sing. of* порыть.

порожд/ать *v.* produce, generate, give rise (to); breed, give birth (to); —ающий *a.* producing, etc., *see v.*; origin (frequency).

порожек *dim. of* порог.

порожистый *a.* full of rapids.

порожн/ем *see* порожняком; —ий *a.* empty, unladen, without load; —ий ход idling; —як *m.* empty (car); —яком *adv.* empty, without load.

порозиметр *m.* porosity meter.

порозность *see* пористость.

порознь *adv.* separately, apart, severally; вместе и п. all and sundry.

порозоветь *v.* turn rose-colored.

порой *adv.* now and then, occasionally.

порок *m.* flaw, blemish, defect, imperfection, fault; vice; (shrinkage) cavity; (heart) failure.

порометр *m.* porosimeter.

порообраз/ование *n.* pore formation; —ователь *m.* blowing agent; —ующий *a.* blowing.

поропласты *pl.* foam plastics.

порос/ение *n.* (zool.) farrowing; —енок *m.* young pig; —иться *v.* farrow.

порос/левый *a.*, —ль *f.* shoot, sprout; —ли *pl.* undergrowth, scrub, brush; —ший *a.* overgrown.

порося/та *pl.* young pigs; —чий *a.* pig.

пороть *v.* rip, undo.

порофор *m.* blowing agent.

порох *m.* (gun)powder; (rockets) propellant; —овидный *a.* powdery, powdered; —овой *a.* powder; solid-fuel, solid-propellant; —овой аккумулятор давления solid-propellant gas generator; —овая шашка (rockets) grain; —острельная работа blasting.

пороч/ить *v.* defame, discredit; —ный *a.* defective, faulty; fallacious; depraved; vicious (circle).

порош/а *f.* powdery new snow; —ечный *a.* powder(ed); —инка *f.* grain (of powder or dust); —ить *v.* powder, dust; fall (of snow).

порошко/ватый, —видный *a.* powdery, powder-like, powdered, pulvurulent; meal(y); —вый *a. of* порошок; dry-fluid (coupling); —вый (электро)магнитный magnetic-particle (clutch; inspection); —вая металлургия powder metallurgy; —образный *see* порошковидный; —образный магний magnesium powder.

порош/ок *m.* powder, dust; spec. fine aluminum powder; **превращать в п.** *v.* powder, pulverize; —**очный** *a.* powder.

порою *see* порой.

порпе/зит, —цит *m.* (min.) porpezite, palladium gold.

порпорино *n.* porporino (imitation of gold); porporino, hematoporphyrin.

поррей *see* порей.

порсугели *pl.* porsugeli (coneless mud volcanos).

порт *m.* port, harbor; porthole.

порт. *abbr.* (**португальский**) Portuguese.

портал *m.* portal, doorway; gantry (of crane); —**ьно-фрезерный станок** planomiller; —**ьный** *a.* of **портал**; straddle (trailer).

портативн/ость *f.* portability; —**ый** *a.* portable, handy.

портвейн *m.* port (wine).

п ртер *m.*, —**ный** *a.* porter (beer).

ортик *m.* portico, porch; port.

портить *v.* spoil, damage, waste, impair; —**ся** *v.* spoil, be damaged, get out of order; decay, rot; deteriorate.

портланд/ский *a.* Portland; —**цемент** *m.* Portland cement.

портн/ой *m.* tailor; —**яжный** *a.* tailor(ing); —**яжная мышца** (anat.) sartorius.

портов/ик *m.*, —**ый грузчик** longshoreman; —**ый** *a.* port, harbor.

Порто-Рико Puerto Rico.

порто-франко *n.* free port.

портплед *m.* hold-all, carry-all.

портрет *m.* portrait.

портсигар *m.* cigar or cigarette case.

портсмутский *a.* (geog.) Portsmouth.

португальский *a.* Portuguese, Portugal.

портулак *m.*, —**овый** *a.* (bot.) Portulaca.

портуп/ейный *a.*, —**ея** *f.* shoulder strap.

портфель *m.* portfolio, briefcase.

портьера *f.* curtain.

портящийся *a.* spoiling, etc., *see* **портиться**; perishable.

поруб/ить *v.* chop, fell; cut, slash; chop up; —**ка** *f.* felling section; (illegal) felling; —**щик** *m.* lumberjack; —**ь** *f.* felling section.

порука *f.* pledge, guarantee, bail.

по-русски *adv.* (in) Russian.

поручать *v.* commission, commit, entrust (with), charge (with).

поручейник *m.* water parsnip (*Sium*).

поручен/ие *n.* commission, charge; mission, errand; message; —**ный** *a.* commissioned, etc., *see* **поручать**.

поручень *m.* handrail, guardrail, railing; (grab) handle.

поручит/ель *m.* guarantor; —**ельство** *n.* guarantee, bail; —**ь** *see* **поручать**.

поручн/евая скоба handle; —**и** *pl.* of **поручень**; railing.

порушить *v.* destroy.

порфир *m.* (petr.) porphyry; *prefix* porphyr— (purple); —**а** *f.* purple; (bot.) Porphyra.

порфир/изация *f.* porphyrization, pulverization; —**ин** *m.* porphyrin; porphyrine (alkaloid); —**ит** *m.* (petr.) porphyrite; —**ический** *a.* porphyritic; —**област** *m.* porphyroblast; —**областический** *a.* porphyroblastic; —**овидный** *a.* porphyritic, porphyraceous; —**овый** *a.* porphyr(it)ic; —**овая кислота** porphyric acid, euxanthone; —**оид** *m.* porphyroid; —**оксин** *m.* porphyroxine; —**оподобный** *see* **порфировидный**.

порхать *v.* flap, flutter.

порцелланит *m.* (petr.) porcellanite, porcelain jasper.

порционн/о *adv.* in portions, in batches, in small amounts; —**о-периодического действия** repeated-batch (dryer); —**ый** *a.* portion, batch, lot; —**ое испытание** batch testing.

порция *f.* portion, batch, lot.

порч/а *f.* damage, injury, breakage, waste; spoiling, putrefaction; deterioration, wear and tear; failure, trouble; defect, flaw; —**енный** *a.* damaged, injured, spoiled, putrefied, decomposed, tainted (meat).

поршень *m.* piston, plunger (of pump); п.-буфер *m.* buffer piston.

поршнев/ой, —**ый** *a.* piston; piston-cylinder (balance); wrist (pin); **п. привод** piston drive; **п. стержень, п. шток** piston rod.

порыв *m.* gust (of wind), puff, fit, inrush; break(ing); —**ание** *n.* breaking; —**ать** *v.* break (off); —**истость** *f.* gustiness; —**истый** *a.* gusty, violent, impetuous; percussive, jerky, irregular.

порыж/евший, —**елый** *a.* grown rust-colored, reddish, brownish; —**еть** *v.* turn brown.

порыть(ся) *v.* dig (around).

порядить *v.* contract.

порядков/ый *a.* ordinal; entry, filing (word); sequence (code); rank, serial (correlation); **п. номер,** —**ое число** ordinal number; number in a series, atomic number; —**ое числительное** ordinal.

порядком *adv.* rather; thoroughly.

порядовка *f.* (masonry) straight line.

поряд/ок *m.* order, rank; form; sequence, series, succession, course, arrangement; (biol.) order; (shut-down or start-up) procedure; —**ка** on the order (of), in the neighborhood (of), in the region (of); **п. величины** order of magnitude; **в полном** —**ке** in running order; **высших** —**ков** higher; **изменение** —**ка** rearrangement; **на два п.** by a factor of 10^2; **не в —ке** out of order, irregular; **обыкновенным —ком** ordinarily; **по —ку** in order, in succession, one after the other; **делать по —ку** *v.* proceed in order, do things systematically; **приводить в п.** *v.* set in order, set right, arrange, adjust; **смотреть за —ком** *v.* keep order; **это в —ке вещей** that is as it should be, that is normal.

порядочн/о *adv.* a good deal; pretty well; honestly; **—ый** *a.* honest, respectable, decent; sizable, considerable (price).

посад *m.* charge; settlement; suburb.

посадить *v.* set (down), put, seat; (av.) land; (agr.) plant.

посадк/а *f.* setting, putting; (mach.) fit; boarding (vehicle); (av.) landing; (agr.) planting; plants; (min.) collapse; checkered brickwork; **глухая п., тугая п.** tight fit, close fit; **идти на —у** *v.* make a landing, land; **ячейка —и.** checker opening.

посадочн/о-рулежный *a.* landing-taxiing (light); **—ый** *a.* of **посадка**; **—ый передатчик** (av.) localizer; **—ая площадка** landing field.

посажать *v.* put, set; seat.

посасывать *v.* draw in at intervals.

посбавить *v.* decrease, reduce (a little).

посбирать *v.* collect, pick.

посбросать *v.* gradually throw off.

посвеж/елый *a.* (grown) fresh; **—еть** *v.* get fresher, get cooler; brighten.

посвет/ить *v.* give some light; **—леть** *v.* grow light(er).

по-своему *adv.* in one's own way.

посвя/тить, —щать *v.* devote; dedicate; **—щение** *n.* devotion; dedication; **—щенный** *a.* devoted; dedicated.

посев *m.* sowing, seeding, planting; inoculation; young crop; seed; **—ать** *v.* sow, plant; **—ной** *a.* sowing; seed; (bot.) sown, common (*sativus*); **—ной материал, —ные семена** seed.

посед/евший, —елый *a.* (grown) gray; **—еть** *v.* turn gray.

посезонный *a.* seasonal.

посек *past m. sing.* of **посечь**.

посел/енец *m.* settler; **—ение** *n.* settlement; **—ить(ся)** *see* **поселять(ся)**; **—ковый** *a.*, **—ок** *m.* settlement; **—ять** *v.* settle, colonize, establish; **—яться** *v.* settle, take up residence.

посеребр/ение *n.* silver plating; **—енный** *a.* silver-plated, silvered; **—ить** *v.* silver(-plate).

посереди(не) *adv. and prep. gen.* in the middle (of).

посереть *v.* grow gray.

посетит/ель *m.* visitor; **—ь** *see* **посещать**.

посечь *v.* chop up; notch, cut.

посещ/аемость *f.* attendance; **—аемый** *a.* frequented, attended; **—ать** *v.* frequent, visit, attend; **—ение** *n.* attendance.

посе/янный *a.* sowed, planted; **—ять** *v.* sow, plant.

посигналить *v.* signal a few times.

посидеть *v.* sit for a while.

посильный *a.* within one's powers, feasible.

посин/елый *a.* turned blue; **—еть** *v.* turn blue; **—ить** *v.* (color) blue.

поскальзываться, —ользнуться *v.* slip, slide.

поскоблить *v.* scrape (for a while).

поскольку *conj.* in so far as, inasmuch as, so long as, as, since, because, considering that; **п.... постольку** just as ... so.

поскон/ина *f.* hemp cloth; **—ник** *m.* (bot.) Eupatorium; **—ный** *a.* hemp(en); **—ь** *f.* staminate hemp; hemp cloth.

поскорее *adv.* faster.

поскотина *f.* enclosed pasture.

поскре/бки *pl.* scrapings; **—сти** *v.* scrape a little.

послаб/еть *v.* weaken; slacken, relax; **—ление** *n.* relaxing; indulgence; **—ляющий** *a.* relaxing.

посл/анец *m.* messenger; **—ание** *n.* message; **—анник** *m.* envoy; **—анный** *a.* sent; *m.* messenger; **—ать** *v.* send.

после *prep. gen. and adv.* after(wards), later, subsequently, since, following, (up)on, within (a given time); **п. чего** whereupon, then, after which; *prefix* post—, after, subsequent, additional, supplementary, secondary; **—военный** *a.* postwar.

послед *m.* remainder, rest; (med.) afterbirth; (anat.) placenta; **—ить** *v.* look after, watch; **—ки** *pl.* remainder, residue, leavings.

последействие *n.* secondary action, reaction; aftereffect, residual effect.

последн/ий *a.* last, closing, finishing, final, conclusive; recent, latest, latter, last-mentioned; *m.* the latter; **в —ее время** for some time past; **за —ее время** lately, recently.

последование *n.* following.

последователь *m.* follower; **—но** *adv.* in succession, in sequence, in tandem, one after another; (elec.) in series; **—но расположенный** in series; in-line, tandem (booster); **—нопараллельный** *a.* (elec.) series-parallel; **—ность** *f.* sequence, succession, series, order, coherence, continuity; graduation; (wave, pulse) train; **—ность во времени** distribution in time; **—ность операции** flow sheet.

последовательн/ый *a.* successive, consecutive, sequential; consequent; gradual, step-by-step; straight-line (welding); consistent, coherent, systematic; (elec.)

series-connected, (in) series; serial (adder); train (bombing); (rod systems) slope (deflection); **п. порядок** consecutive order, sequence, succession; **п. распад** (nucl.) series decay; **—ая обмотка** (elec.) series winding; **—ое деление** consecutive indexing; **—ого типа** serial-type (adder); **машина —ого действия** serial computer; **—ые приближения** iteration.

послед/овать v. follow; **—овый** a. (anat.) placental; **—ствие** n. consequence, result, aftereffect; **—ствия** pl. effect.

последующ/ий a. following, subsequent, consequent, ensuing, next, successive, post—, after—; succeeding (tide); **—ая обработка** aftertreatment; **—ее сгорание** afterburning; **и п.** and subsequent, followed by; **с —им** attended by, followed by.

после/завтра adv. day after tomorrow; **—изображение** n. image retention; **—импульс** m. afterpulse; **—импульсы** pl. afterpulsing; **—ледниковый** a. (geol.) postglacial; **—летный** a. (av.) post-flight; **—лечение** n. (med.) aftercare; **—охладитель** m. aftercooler, recooler; **—очиститель** m. repurifier; **—полетный** a. (av.) post-flight; **—полуденный** a. afternoon; **—радиационный** a. post-radiation; **—ремонтный** a. (tires) after recapping; **—родовой** a. postnatal.

послесвечен/ие n. afterglow; persistence; **с —ием** persistent (phosphor); **с длительным —ием** long-persistence, long-lag; **с коротким —ием** short-persistence, rapid-decay.

после/словие n. concluding remarks; **—теплота** f. afterheat; **—третичный** a. (geol.) post-Tertiary; **—уборочный** a. (agr.) post-harvest; **—ускорение** n., **—ускоряющий** a. postacceleration; **—фокусировка** f. secondary focusing.

послов/ица f. proverb, saying; **—ный** a. literal, word-for-word; per word; **—очный** a. proverbial.

послойн/о adv., **—ый** a. in layers; lit-par-lit; **—ое движение** laminar flow, viscous flow, streamline flow.

послужить v. serve or work for a while.

послуш/ание n. obedience; **—ать** v. listen; **—аться** v. obey; **—ивать** v. listen from time to time; **—ность** f. (missiles) tractability; **—ный** a. tractable, controllable, manageable, obedient, responsive.

посматривать v. glance at occasionally, observe from time to time.

посменн/о adv. by turns, alternately, in shifts; **—ый** a. in shifts.

посмертный a. posthumous.

посметь v. dare.

посмотреть v. (take a) look, examine; look (after), watch; see; **не п.** disregard.

поснимать v. take off.

пособие n. help, assistance, aid; grant, allowance; wages, pay; guide, manual.

посоветовать v. advise; **—ся** v. consult.

посовещаться v. confer (for a while).

посодействовать v. help, assist, promote, further, contribute (to); cooperate.

посол m. ambassador; see **посолка**; **—ить** v. salt; pickle, corn; **—ка** f., **—очный** a. salting; pickling, corning; **—ьский** a. ambassadorial; embassy; **—ьство** n. embassy.

пососать v. suck, draw (for a while).

посотенно adv. by hundreds, by the hundred.

посохнуть v. dry up.

поспасть v. decrease somewhat.

поспать v. sleep (for a while).

посп/евать, **—еть** v. ripen, grow ripe; be ready, arrive in time; keep up, keep pace (with); **п. за** keep up with.

поспеш/ать, **—ить** v. hurry; **—но** adv. hurriedly, in a hurry, hastily; **—ность** f. hurry, haste, speed; **—ный** a. hurried, hasty, prompt; (med.) premature.

поспорить v. argue, dispute.

поспособствовать v. promote, aid.

посреди(не) adv. and prep. gen. in the middle (of), halfway between, midway between.

посредни/к m. negotiator, intermediary, agent; broker, middleman; umpire, arbitrator; **—ческий** a. intercessory, interceding, intervening; **—чество** n. intervention; agency.

посредственн/ость f. mediocrity; **—ый** a. mediocre, fair.

посредство n. means, agency, medium; **через п.**, **—м** adv. through, via, by (means of), by the utilization of; **—м которого** by means of which, whereby; **—м рейки** rack (feed); **—м этого** thereby.

посредствующий a. intermediate.

пост m. post, station; (bench) mark.

пост. abbr. (**постоянный**) constant.

постав m. (text.) loom; mill, huller; set of millstones.

поставить v. put, place, set; erect, set up; raise; regulate; conduct (experiment); supply, deliver.

постав/ка f. supply(ing), delivery; procurement; **—ки** pl. supplies; **—ленный** a. placed, set; **—ленная цель** the purpose in hand; **—лять** v. supply, furnish, deliver; **—ляться** v. come; **—щик** m. contractor, supplier, outfitter; maker.

постаивать v. stand around.

постамент m. pedestal, base, support; boom table, mast table, mast house.

постан/авливать, —овить see постановлять.
постановка f. erection, raising; laying; planting; definition; statement, formulation; organization (of work, etc.); putting (a question); arrangement, set-up.
постановл/ение n. decision, resolution, decree; —ять v. decide, fix, stipulate, establish, decree.
постараться v. try, make an effort.
постар/евший, —елый a. aged; —ение n. aging; —еть v. age.
по-старому adv. as of old, as before.
постатейн/о adv., —ый a. by paragraphs, clause by clause.
постел/ить see постилать; —ь f., —ьный a. bed; layer; (geol.) bed; bottom, sole.
постенн/ица f. (bot.) pellitory (*Parietaria*); —ый a. (biol.) parietal.
постепенно adv. gradually, by degrees, little by little, by stages, step by step, progressively; —сть f. gradualness, grad(u)ation; course.
постепенн/ый a. gradual, progressive, step-by-step; fractional (crystallization); п. переход gradation.
постеречь v. watch for a while.
пости/гать, —гнуть v. understand, comprehend, grasp; strike, overtake, reach; —жение n. understanding, comprehension; —жимый a. understandable, comprehensible, conceivable.
постил/ать v. spread, lay; —ка f. spreading, laying, covering; litter, bed.
постирать v. wash, launder.
постичь see постигать.
постлать see постилать.
постн/ичать v., —ый a. fast; —ое масло vegetable oil.
постовой a. of пост; posted.
постольку conj. in so far as, inasmuch as.
посторожить see постеречь.
посторонн/ий a. strange, foreign, alien, outside, extraneous; m. stranger, outsider, bystander; —ее включение, —яя примесь foreign matter, contaminant, impurity.
постостный a. (anat.) postglenoid.
постоянн/ая f. constant; —о adv. constantly, continually, always, at all times, steadily; permanently; uniformly; —о кипящий a. constant-boiling; —о-направленный a. constant (field).
постоянн/ый a. constant, invariable, steady, uniform; stable, permanent, fixed, stationary, dead (center); perpetual, persistent, lasting, continuous; unavoidable (impurities); (elec.) direct-(-current); п. белый permanent white, precipitated barium sulfate; п. магнит permanent magnet; п. ток (elec.) direct current; двигатель —ого тока direct-current motor, d.c. motor; —ая величина constant; —ая точка fixed point; —ое напряжение (elec.) direct-current voltage; —ые белила see постоянный белый.
постоянств/о n. constancy, stability, steadiness, uniformity; continuity, continuance, persistence; п. отношений constant proportions; закон —а весовых отношений, закон —а состава law of definite proportions.
постоять v. stand for a while.
постплиоценовая эпоха (geol.) Post-Pliocene epoch.
постpaд/авший a. having suffered; having undergone; m. victim; —ать v. suffer, come to harm; undergo.
постраничный a. per page, paginal.
пострелять v. shoot.
построгать v. (carp.) plane.
постро/ение n. construction; building up, synthesis; structure; (curve) plot(ting); order, formation; п. потока flux plot; масштаб —ения plotting scale; —енный a. constructed, built; composite; plotted (against); —ечный a. building; —итель m. plotter, plotting device; —ить v. construct; build (up), synthesize; plot (curve); —йка f. building, structure, construction.
постромка f. trace (of harness).
построчный a. (by the) line.
постругать v. (carp.) plane.
постскриптум m. postscript.
постукив/ание n. tapping; (med.) percussion; —ать v. tap, knock, rap.
постул/ат m. postulate, hypothesis; —ировать v. postulate, assume.
поступание see поступление.
поступательно-возвратн/ый a. reciprocating; —ое движение reciprocation, alternating motion.
поступательно-циркуляционный a. combined rectilinear-circulatory (flow).
поступательн/ый a. progressive, forward, advancing; step (function); sliding (pair); —ое движение forward motion, advance, headway; (mech.) translation; —ое сгущение livering (of paint).
поступ/ать v. act, deal, treat; behave, conduct oneself; proceed, do; originate, come (from), be drawn (from), be derived (from); appear (on the market); join; arrive, enter, go in, be admitted; enlist; —ающий a. acting, etc., see v.; incoming, feeding (into); available, drawn (from); —ить see поступать; —ление n. entrance, entering, entry, arrival, admission, ingress, intake, inflow; supply; return, receipt (of profits);

enlistment; —ок *m.* action, act, step; conduct, behavior; procedure; —ь *f.* advance (of screw).
постуча́ть *v.* knock, tap.
постэмбрио́нальный *a.* (med.) postembryonic, fetal.
посу́д/а *f.* dish(ware), utensils, glassware; фарфо́ровая п. chinaware; —ина *f.* vessel, container; —ник *m.* cupboard; дишwasher; —ный *a. of* посу́да; —омо́ечный *a.* dish-washing; —омо́йка *f.* dishwasher.
посу́точн/о *adv.*, —ый *a.* per day, per diem, daily, every 24 hours.
посу́/ху *adv.* by dry land; —шить *v.* dry.
посчита́ть *v.* count; consider; (mis)take for; charge (price).
посы́л/атель *m.* sender, transmitter; —ать *v.* send, mail, post; —ка *f.*, —очный *a.* sending, consignment; parcel, package; (elec. comm.) sample; errand; —ьный *m.* messenger.
посы́п/ание *n.* sprinkling, etc., *see v.*; —анный *a.* sprinkled, etc., *see v.*; —ать *v.* sprinkle, strew, powder, dust; pour; —ка *see* посыпа́ние.
посяг/а́ние *n.*, —а́тельство *n.* encroachment, infringement; —а́ть, —ну́ть *v.* encroach, infringe; attempt; —а́ющий *a.* encroaching, infringing.
пот *m.* perspiration, sweat; suint, yolk (of wool).
потазо́т *m.* a potassium-ammonium chloride fertilizer.
пота́й *m.* countersink, depression; —но́й *a.* (counter)sunk, flush; hidden, secret.
пота́лкивать *v.* push, nudge.
пота́ль *m.* (met.) Dutch gold.
потамо— *prefix* potamo—, river; —ло́гия *f.* potamology.
пота́пливать *v.* heat (on and off).
пота́скать *v.* drag; tow, pull.
пота́ссий *see* ка́лий.
пота́ш *m.* potash, potassium carbonate; е́дкий п., каусти́ческий п. caustic potash, potassium hydroxide; —ник *m.* Russian thistle (*Salsola kali*); —ный *a.* potash, potassic.
потащи́ть *v.* drag, start dragging; tow, pull.
потая́ть *v.* melt, thaw (out).
потверде́ть *v.* harden.
П-отдели́мый *a.* (math.) P-separable.
поте́к *m.* (paints) drip(ping); streak(ing); *past. m. sing. of* поте́чь.
потём/ки *pl.* darkness, obscurity; —не́вший *a.* dim, dark(ened); —не́ние *n.* darkening, dimness, dullness; —не́ть *v.* darken, grow dark.
поте́н *sh. m. of* по́тный —ие *n.* perspiration, sweating.
потенциа́л *m.* potential; ра́зность —а, скачо́к —а potential difference; —опрово́дность *f.* (mass transfer) potential diffusivity; —оско́п *m.* potentialscope, storage tube; п.-регуля́тор *m.* potential regulator; —ьность *f.* potentiality; —ьный *a.* potential; —ьная я́ма (nucl.) potential well.
потенциоме́тр *m.* (elec.) potentiometer; —и́ческий *a.* potentiometric (titration, etc.); —ия *f.* potentiometry.
потенц/и́рование *n.* (math.) taking antilogarithms; —и́ровать *v.* take antilogarithms, raise to a higher power; —и́рующий *a.* antilogarithmic; —ия *f.* potential; potency.
потепл/е́ние *n.* warming up, rise in temperature; —е́ть *v.* get warmer.
потере́ть *v.* rub, chafe, wear (out).
поте́ри *gen., pl., etc., of* поте́ря.
потерп/е́вший *a.* having suffered, having undergone; *m.* victim, sufferer; —е́ть *v.* suffer, undergo, endure.
потёрт/ость *f.* chafe, chafing; —ый *a.* chafed, rubbed, worn.
поте́р/я *f.* loss; disappearance, waste, escape (of gas, etc.), leak(age); (mil.) casualty; —и в, —и за счёт, —и из-за, —и на, —и от, —и при *pl.* loss(es) (by, due to, from, etc.), *e.g.*, —и на тре́ние friction loss, loss by friction; —и при перерабо́тке processing loss.
потер/я́вший *a.* having lost; —я́й *m.*, —я́йный *a.* (naut.) stealer; —я́нный *a.* lost, dissipated; —я́ть *v.* lose.
потесни́ть *v.* crowd, push together.
поте́сь *f.* large paddle.
поте́ть *v.* perspire, sweat; become covered with condensate.
поте́чь *v.* (start to) flow.
потира́ть *v.* rub slightly.
потихо́ньку *adv.* little by little, slowly; noiselessly, silently, quietly.
пот/ли́вость *f.* tendency to perspire; —ли́вый *a.* perspiring readily; —ни́к *m.* (horse) blanket; —ни́ца *f.* (med.) heat rash; —ный *a.* perspiring, sweaty; covered with condensate; —о́вой *a. of* пот; —о́вой жир (wool) suint, yolk; —ого́нный *a.* sudorific, diaphoretic, sweat-inducing; —ого́нное (сре́дство) sudorific; —озадерживающее сре́дство antiperspirant.
пото́к *m.* stream, current, torrent, flow; (magnetic) flux; (astr.) shower; (rr.) traffic; run, race, duct; высо́кого —a high-flux; ли́ния —a streamline; обра́тный п. reflux; отноше́ние —ов flux ratio; по —у downwind; downstream; прерыва́тель —a (aerodyn.) spoiler; ско́рость —a flow rate; скос —a (aero.) downwash; —обра́зный *a.* torrential; —осцепле́ние (elec.) flux linkage.

потолкать v. push (several times).
потолкоуступн/ый a. overhead; —ая выемка (min.) overhand stoping.
потол/ок m. ceiling; crown (of furnace); (min.) ridge, back; past. m. sing. of потолочь; —очина f. ceiling beam; block (of ore); —очный a. ceiling, overhead; inverted (compass).
потолочь v. crush, break up.
потолстеть v. get fat(ter), gain weight.
потом adv. then, next, subsequently, later on, afterwards, after this.
потомок m. descendant, offspring.
потомств/енный a. hereditary; —о n. posterity, descendants, progeny.
потому adv. therefore, consequently; п. что because, on account of.
потон/увший a. drowned, sunk(en), submerged; —уть v. drown, sink, go down.
потоотделение n. (med.) diaphoresis.
потоп m. flood, inundation, deluge; —ить v. flood; sink; heat for a while; —ление n. flooding; sinking, submersion; —ленность f. submergence; —ленный a. flooded, etc., see v.; —лять v. flood; drown, sink, submerge, immerse; —нуть v. drown, sink.
потор/апливать, —опить v. hasten, hurry, push, speed up.
поточить v. sharpen (a little).
поточн/о-автоматический a. transfer (line); п.-бригадный a. mobile crew flow-type (production method); п.-массовый a. continuous mass (production); п.-раздельный a. sectionalized flow-line (method); —ость f. continuity; —ый a. of поток; continuous, flow(-line), in-line, line-flow, line (production); —ая линия (rolling) rolling train.
потрав/а f. crop damage from grazing; —ить v. spoil (crops); poison; —лять v. spoil (crops).
потра/тить v. spend, use up, consume; —ченный a. spent, used (up), consumed.
потреб/итель m. user; consumer; —ительский a. consumers'; cooperative (store); —ить see потреблять; —ление n. consumption, use, expenditure; uptake, intake; —ление силы power consumption; —ляемый a., —ляемая мощность input, intake; —лять v. use, consume, expend; —ляться v. be used; —ляющий a. using, etc., see v.
потребн/ость f. necessity, need, requirement, demand, want; —ый a. necessary, needful, required; —ое количество demand.
потребовать v. demand, request.
потреп/анный a. frayed; shabby; —аться v. fray.

потреск/аться v. crack (up); —ивание n. (de)crepitation, crackling; —ивать v. (de)crepitate, crack(le); —ивающий a. (de)crepitating, crackling.
потрещать see потрескивать.
потро/ха pl. viscera; —шить v. disembowel, gut, eviscerate.
потрудиться v. work (for a while); make an effort, take the trouble.
потрусить v. shake (for a while).
потряс/ать v. shake (up), concuss; shock, amaze, astound; —ающий a. concussive; tremendous, of utmost importance; staggering, stupendous; startling; —ение n. shock; —енный a. shaken, shocked; —ти see потрясать.
потсдамский a. (geog.) Potsdam.
потуги pl. (muscle) spasms, contractions.
потускн/елый a. dull; dim; —ение n. tarnishing, etc., see v.; —еть v. tarnish, become dull; fog, cloud.
потух/ание n. extinction; —ать, —нуть v. be extinguished, go out; —ший a. extinct, out; discolored, faded, dull.
потушить v. extinguish, put out; slake; simmer.
Потье реактивное сопротивление (elec.) Potier's reactance.
потяг m. pull; rein, leash, strap; —ивание n. pull(ing); —ивать v. pull (occasionally); draw in.
потяжелеть v. get heavy, gain weight.
потянуть v. pull; —ся v. stretch.
поубавить v. lessen, diminish.
поуби(ва)ть v. kill.
поубыть v. decrease a little.
поурочн/о adv. by the piece; —ый a. piecework (pay); (per) lesson.
поутру adv. in the morning.
поуч/ение n. instruction; —ительный a. instructive; —ить v. teach (for a while); —иться v. learn.
пофразовый a. sentence-for-sentence.
по-французски adv. (in) French.
похвал/а f., —ить v. praise.
похватать v. snatch up.
похлест(ыв)ать v. whip, lash.
поход m. expedition, trip, cruise; hike, march; campaign; overweight; —ить v. walk a little; resemble; —ный a. expeditionary; camp(ing); field; traveling; temporary (plant).
похож/е introd. word it looks, it appears; —ий a. like, similar, resembling.
похолод/ание n. cooling off; —ать, —еть v. cool off.
похоронить v. bury, inter.
похудеть v. get thin(ner), lose weight.
похужеть v. get worse.
поцарапать v. scratch, mar.
поцедить v. strain.
поцелуй m. kiss.

почас/но *adv.*, —овой *a.* per hour, by the hour, hourly.
почат/ковый *a.* (bot.) spadiceous; —кодробилка *f.* (agr.) cob crusher; —кообрыватель, —коотделитель, —косрыватель *m.* (corn) picker-husker; —ок *m.* (bot.) spadix; (corn) cob; (text.) cop; —очный *a.* spadiceous; cob; cop.
почаще *adv.* more often, more frequently.
почв/а *f.*, —енно— *prefix*, —енный *a.* soil, ground, earth, land; foot(wall); basis; —енная вода ground water.
почво/вед *m.* soil scientist, pedologist; —ведение *n.*, —ведческий *a.* soil science; —грунт *m.* ground; —закрепляющий *a.* soil-conserving; —зацеп *m.* lug, cleat, grouser (of track); —защитный *a.* soil-conserving; —истощающий *a.* soil-depleting; —обрабатывающая машина cultivator; —образующий *a.* soil-forming; —покровный *a.* ground-cover; —углубитель *m.* (agr.) subsoil plow, deep plow; —углубление *n.* subsoil plowing; —укрепляющий *a.* soil-stabilizing; —уплотнитель *m.* packer; —уступная система (min.) underhand stoping; —утомление *n.* soil depletion; —фреза *f.* rototiller.
почек *gen. pl. of* почка.
почем *adv.* how much? what is the price? п. он знает how does he know?
почему *adv.* why; п.-то for some reason or other; вот п. that is why.
почерк *m.* handwriting.
почерн/евший, —елый *a.* blackened, grown black; —ение *n.* blackening; (phot.) density; плотность —ения density; —еть *v.* grow black; —ить *v.* blacken.
почерп/ать, —нуть *v.* draw up, fetch, get; scoop, dip out.
почерстветь *v.* get stale, harden.
почесать *v.* comb, card; scratch.
почесть *f.* honor(s); respect, esteem.
почесуха *f.* (med.) prurigo.
почет *m.* honor, respect; —ный *a.* honorable, honorary, complimentary.
почечка *f.* (biol.) gemmule, small bud.
почечнокаменная болезнь (med.) renal calculosis, kidney stones.
почечн/ый *a.* kidney, renal, nephritic; (biol.) bud, gemmaceous; п. камень (min.) nephrite; (med.) kidney stone; —ое сало suet.
почечуй *m.* (med.) hemorrhoids; —ный *a.* hemorrhoidal; —ная трава (bot.) persicary (*Polygonum persicaria*).
почин *m.* beginning; initiative; —ать *v.* begin; broach, tap (barrel).
почин/ить, *v.* mend, repair, fix; —ка *f.* mending, repair(ing); fixing.
починок *m.* clearing, cleared field.

почин/очный *a. of* починка; —щик *m.* repair man; —ять *v.* repair, fix, mend.
почистить *v.* clean (up).
почитать *v.* read a little; honor, respect.
почище *adv.* cleaner.
поч/ка *f.* (bot.) bud; (min.) druse, nodule; (anat.) kidney; воспаление —ек (med.) nephritis; осадок —ками (geol.) nodular deposit.
почко/вание *n.* (biol.) budding, gemm(ul)ation; —ватый *see* почковидный; —ваться *v.* bud; —видный *a.* kidney-shaped, reniform, nodular; —видная руда kidney ore; —вый *a.* gemmate, bud; —носный *a.* gemmiferous; —образный *see* почковидный.
почленн/о *adv.*, —ый *a.* (math.) termwise, term-by-term.
почт/а *f.* mail, post; post office; (nucl.) rabbit; по —е by mail; —альон *m.* mailman, postman; messenger; —амт *m.* post office.
почтен/ие *n.* respect, esteem, consideration, honor; —ный *a.* respectable, honorable; considerable.
почти *adv.* nearly, almost, at the point (of); *prefix* near—, almost; quasi—; п. или совсем не little or no; п. таким же образом in much the same manner; п. как very similarly to.
почти-/равнина *f.* (geol.) peneplain; п.-что *see* почти.
почтов/ый *a.* mail, post(al); postage; carrier (pigeon); п. штемпель postmark; —ая марка stamp; —ое отделение post office.
почувствовать *v.* feel, experience.
пошат/ать, —нуть, —ывать *v.* push, sway, rock slightly.
пошедший *past act. part. of* пойти; converted (to); consumed (in).
пошелушить *v.* shell, hull, husk.
поширеть *v.* become wider, widen.
пошить *v.* sew.
пошлет *fut. 3 sing. of* послать.
пошлин/а *f.*, —ный *a.* duty, customs, tax; оплаченный —ой duty paid.
поштучн/о *adv.*, —ый *a.* by the piece, piecemeal, by the job; item by item; —ая плата piecework pay.
пошуметь *v.* make noise (for a while).
пошьет *fut. 3 sing. of* пошить.
пощелк(ив)ать *v.* click, snap; crack (nuts).
пощип(ыв)ать *v.* pinch, pluck; nibble.
пощуп/ать, —ывать *v.* feel, handle; (med.) palpate; —ывание *n.* palpation.
поэкзаменовать *v.* examine.
поэтажный *a.* floor, story; per floor.
поэтому *adv. and conj.* therefore, that is why, consequently, and so, because of this.
поющий *a.* singing, humming.

появ/иться see появляться; —ление n. appearance, emergence, emersion, advent, occurrence; —ляться v. appear, make its appearance, show itself, emerge, originate, develop; —ляющийся a. appearing, etc., see v.; forthcoming; collapsible, bobbing (target).

пояр/ок m., —ковый a. lamb's wool.

пояс m. belt, band, girdle; zone, region; flange, collar, hoop; boom (of bridge, arch); strake (of ship); (geol.) series (of veins); —ковый a. (zool.) clitellar.

поясн/ение n. explanation, elucidation; —ительный a. explanatory; —ить see пояснять.

поясни/ца f. (anat.) loin(s), lumbus; —чно— prefix lumbo—; —чно-крестцовый a. lumbosacral; —чно-спинной a. lumbodorsal; —чный a. lumbar.

поясной a. of пояс; zonal; flange (plate, rivet); necklace (charge).

пояснять v. explain, elucidate, expound, comment, illustrate.

пояс/овое сложение (geol.) ribbon structure; п. строение (geol.) girdle fabric; —ок dim. of пояс; collar, band; strap; (zool.) clitellum; —ок-противоомеднитель m. decoppering ring.

ППВ abbr. (передвижной пункт взрыва) mobile shot point; (предельная полевая влагоемкость почвы) maximum field moisture capacity of soil.

ППГ abbr. (прямоугольная петля гистерезиса) rectilinear hysteresis loop.

ППК abbr. (пароперегревательный канал) steam superheater channel; (почвенный поглощающий комплекс) soil-absorbing complex; (противоперегрузочный костюм) G-suit.

ППО abbr. (планово-производственный отдел) production and planning department; (противопожарное оборудование) fire-fighting equipment.

п.п.п. abbr. (потери при прокаливании) calcination loss.

пр. abbr. (прочее, прочий), the rest; и пр. and so on, etc.

пра— prefix great—.

правд/а f. truth, fact; justice; (it is) true; —ивость f. truthfulness; —ивый a. truthful, honest.

правдоподоб/ие n. probability, likelihood, plausibility; функция —ия likelihood function; —ный a. probable, likely, plausible.

правил/о n. rule, maxim, principle; law; regulation, specification; straightedge, guide bar; float; (trail) handspike; —а pl. instructions, specifications, rules, regulations; practice; к п. as a rule.

правильнее adv. more accurately.

правильно adv. right, accurately, correctly, properly; —сть f. accuracy, correctness, validity; principle (of process); regularity, basic pattern.

правильн/ый a. accurate, correct, proper; true; normal, sound, regular, legitimate; straightening; straightedge; guiding; leveler (roll); rectilineal (polygon); п. раствор regular solution; п. станок straightener; —ая доска straightedge, ruler; —ая дробь (math.) proper fraction; —ая машина leveler; straightener; —ая плита dressing plate.

правильщик m. straightener.

правитель m. ruler, administrator, manager; п. дел head clerk; —ство n., —ственный a. government; —ствующий a. ruling, governing.

прав/ить v. govern, rule, manage, direct, guide, administer; steer, drive; drive (car); correct; straighten, dress, trim; —ка f. correcting, correction(s), revision; adjustment, trueing, straightening, dressing, trimming, leveling; setting.

правлен/ие n. government; direction, administration, management; board (of directors); —ный a. corrected; straightened; —ый a. corrected, edited.

прав/о n. right; privilege, priority; law; claim; introd. word really, truly, indeed; prefix law; right(-hand); п. прохода right of way; доктор прав doctor of laws (degree); по —у rightfully, legally; поплатиться —ом v. forfeit (the right); предъявлять —а v. lay claim, assert one's claims (to).

право/винтовой a. right-handed screw; —вой a. legal; law.

правовращающ/ий a. (light) dextrorotatory; —ее соединение dextrorotatory compound, dextro-compound.

право/мерный a. rightful; lawful; —мочие n. competent; —мочный a. competent; —нарушение n. infringement of the law, breaking of a law; —писание n. orthography, spelling; —поляризованный a. polarized clockwise; —способность f. capacity; —способный a. capable, competent; —сторонний a. righthand; —судие n. justice; —та f. correctness; legitimacy; justice; integrity; —ходовой a. right-hand.

правщик m. straightener.

прав/ый a. right(-hand), clockwise, dextro—; right(ful); —ая винная кислота dextrotartaric acid; —ое вращение (opt.) dextrorotation; быть —ым v. be right; на —ую сторону to the right, on the right hand.

правящий a. governing, ruling.

Прага, пражский a. Prague.

праздн/ик m., —ичный a. holiday; —о-

празелень вать *v.* celebrate; —ость *f.* idleness, inactivity; —ый *a.* idle, inactive.
празелень *f.* bluish green color.
празем *m.* (min.) prase.
празеодим *m.*, —иевый *a.* praseodymium, Pr; окись —ия praseodymium oxide; сернокислый п. praseodymium sulfate; —иевая земля praseodymia, praseodymium trioxide; —ий *see* празеодим.
празеолит *m.* (min.) praseolite.
празер *see* празем.
практик *m.* practical person; skilled worker; —а *f.* practice; training; на —е in practice; —ант *m.* practician; probationer; trainee; —овать *v.* practice; —оваться *v.* (be in common) practice; —ум *m.* practical course, laboratory course; practical work; laboratory manual; —ующий *a.* practicing.
практич/ески *adv.* practically, essentially; п. возможный *a.* practical, feasible; п. применимый *a.* useful, usable; —еский, —ный *a.* practical, useful; operating; —ность *f.* practicalness, usefulness.
Прандтля число Prandtl number.
пратенсол *m.* pratensol.
прачечн/ая *f.*, —ый *a.* laundry.
пращ *m.*, —а *f.* sling; —евидный *a.* fundiform, sling-shaped, loop-shaped; —евой *a.* sling.
ПРБ *abbr.* (пенгируемый радиоблок) radiosonde; (планово-распределительное бюро) planning and distribution office; (подвижная ремонтная база) mobile repair base.
пр-во *abbr.* (правительство; производство).
ПРД *abbr.* (пороховой ракетный двигатель) solid-fuel rocket engine; (прямоточный реактивный двигатель) ramjet engine.
пре— *prefix* very, most; *prefix with verbs* sur—, over—; through.
пребы/вание *n.* stay, residence; —(ва)ть *v.* stay, reside; continue, be.
превалировать *v.* prevail, predominate.
превен/тер, —тор *m.* (oil wells) blowout preventer; —тивный *a.* preventive; —ция *f.* prevention.
превзой/денный *a.* surpassed; не п. unsurpassed; —ти *see* превосходить.
превозмо/гать, —чь *v.* overcome, master.
превосход/ить *v.* surpass, excel, outdo, top, exceed, be more than; п. числом outnumber; —но *adv.* excellently, superiorly; —ный *a.* excellent, superior, first-class, splendid; —ство *n.* excellence, superiority, preeminence; preponderance; advantage; —ствовать *see* превосходить.
преврат/имый *see* превращаемый; —ить *see* превращать.
преврати/о *adv.* wrongly; п. истолковать *v.* misinterpret, misunderstand; —ый *a.* wrong; changeful.
превращ/аемый *a.* convertible, transformable; —ать *v.* convert, transform, change, turn (into), alter; (math.) reduce; —аться *v.* be converted, change, turn, become, pass over, pass into, go over (to another form), metamorphose.
превращен/ие *n.* conversion, transformation, metamorphosis, change, transmutation (of elements); inversion (of sugar); реакция —ия conversion (reaction); точка —ия transition point, critical point; —ный *a.* converted, transformed, changed; invert (sugar).
превы/сить, —шать *v.* exceed, be more than, be over; surpass, outdo, excel; —шающий *a.* exceeding, etc., *see v.*; greater (than); —ше *adv.* much higher, much greater; —шение *n.* excess, exceeding, surpassing; —шение стоимости overrun; —шенный *a.* exceeded, etc., *see v.*
прегн/ан *m.* pregnane; —анолон *m.* pregnanolone; —ен *m.* pregnene.
прегра/да *f.* obstacle, obstruction, barrier, bar, barricade, block, impediment; interception; fender; действие —ды (phys.) screening effect; —дить, —ждать *v.* obstruct, block up, impede, bar; intercept, interrupt; —ждать доступ seal (off); —ждающий *a.* obstructing, etc., *see v.*; blocking (capacitor); —ждение *n.* obstruction, blocking up, etc., *see v.*; —жденный *a.* obstructed, etc., *see v.*
преграттит *m.* (min.) pregrattite.
пред *see* перед; *prefix* pre—; (geog.) Cis— (on this side of).
предавать *v.* betray, give up; —ся *v.* devote oneself (to).
предаззит *m.* (min.) predazzite.
преданн/ость *f.* devotion, loyalty; —ый *a.* devoted, attached, loyal.
предать *see* предавать.
предащит *see* предаззит.
предварен/ие *n.* precedence; advance, lead; п. впуска preadmission; угол —ия (elec.) angle of lead.
предварительн/о *adv.* preliminarily, first; пре—, fore—; п. напряженный *a.* prestressed (concrete); п. охлаждать *v.* precool; п. сжатый precompressed; —ый *a.* preliminary, previous, pre—; preparatory; provisional, tentative (conclusion); introductory (remark); —ое нагревание preheating.
предвар/ить, —ять *v.* (fore)warn; precede, anticipate, forestall.
предвесенний *a.* late-winter.
предвест/ие *n.*, —ник *m.* forerunner, sign,

предвечерний indication; (med.) prodrome, precursor; —ить see предвещать.
предвечерний a. before evening.
предвещать v. predict, foretell, foreshadow, warn (of); forerun.
предвзят/ый a. preconceived; —ое мнение preconception, prejudice.
предвид/ение n. foresight; —еть v. foresee, visualize, forecast; —имый a. predictable, foreseeable.
предвку/сить, —шать v. anticipate; —шение n. anticipation, expectation.
предводитель m. leader, commander; —ство n. leadership; —ствовать v. lead, head, command.
предвоенный a. prewar.
предвосхи/тить, —щать v. anticipate; —щение n. anticipation.
пред/выделение n. advanced precipitation; —вычисление n. precomputation; —вычислять v. precompute, predict; —глазничный a. (anat.) preorbital; —горный a. (geol.) piedmont; —горье n. piedmont, foothills; —грозовой a. prestorm; —грозье n. period before a storm; —дверие n. threshold; (anat.) vestibule; —движение n. premovement; —детонация f. preknock; —дождевой a. prerain.
предел m. limit, bound(ary), end, termination, limitation; capacity, extent, compass, range; point; (fatigue; creep) strength; —ы pl. range; margin (of error); —ы колебания температуры temperature range; п. насыщения saturation point; п. прочности (ultimate) strength; п. прочности на растяжение tensile strength; п. прочности на сжатие, п. прочности при сжатии (ultimate) compressive strength; п. регулировки range of adjustment; п. скорости speed limit; в —ах within (the boundaries or limits of), in the range; в —ах от 30 до 40 from 30 to 40; в температурных —ах in the temperature range; выходить за —ы v. exceed; lie outside (of); не выходить за —ы v. be confined (to); достигать —а v. range; attain; за —ы outside of, beyond; положить п., ставить п. v. limit, terminate.
предельно-допустимый a. permissible, maximum.
предельн/ый a. limit(ing), boundary, threshold; extreme, terminal, end (point, position); cut-off (attenuator); difference, limit (gage); maximum (permissible), ultimate, full, overall (dimension); (chem.) saturated; п. срок deadline; п. углеводород saturated hydrocarbon; п. угол critical angle; —ая величина threshold (value); —ая грань

предназначать termination; —ая·дальность effective range, operating range; —ая кривая limit(ing) curve; —ая линия boundary (line); border; —ая плоскость (cryst.) end plane, base; —ая поверхность boundary surface, surface of contact, interface; —ая скоба limit gage; —ая скорость speed limit; top speed; (distillation) flooding velocity; —ая упругость perfect elasticity —ое значение limit value; —ое напряжение breaking point; pressure limit; —ое напряжение сдвига yield value; —ое соединение saturated compound; —ое сопротивление разрыву breaking point; —ое состояние limiting state; точка —ого значения yield point.
пред/желудок m. (zool.) rumen; (ent.) gizzard; —закатный a. before sunset; —зимний a. late-fall.
предик/ат m. (math.) predicate; —тивный a. predictive, predicting.
предисловие n. preface, foreword, introduction; служить —м v. preface.
предистория f. past history.
предкавказский a. (geog.) Ciscaucasian.
Предкавказье Ciscaucasia.
предкамер/а f., —ный a. antechamber, precombustion chamber; —ное горение precombustion.
предкрылок m. (av.) (leading-edge) slat.
предлагать v. offer, propose, put forward, propound, suggest, advance.
предлежание n. (med.) presentation.
предлог m. pretext, pretence; (grammar) preposition.
предлож/ение n. offer, proposal, proposition, suggestion; (com.) supply; sentence, clause; делать п. v. propose; спрос и п. supply and demand —енный a. offered, etc., see предлагать; —ить see предлагать.
предместье n. suburb, outskirts.
предмет m. subject, topic, feature; object; product, article, commodity, item; piece of work; —ы pl. goods, supplies; п. (широкого) потребления commodity; на п. for; —изация f. subject cataloging, subject indexing, featuring; —изировать v. catalog by subject, assign subject headings; —но-замкнутый a. finished-product manufacturing; —ность f. objectivity.
предметн/ый a. of предмет; object(ive); impersonal (account); п. столик (micros.) stage, stand; п. урок object lesson; —ое стекло (micros.) slide.
предметодержатель m. (micros.) stage, stand; slide, mount.
предмост/ный a. in front of a bridge; —ье n. bridge entrance.
предназнач/ать, —ить v. intend, reserve

преднамерение (for); designate, set aside, earmark (for); design; —ение n. destination; design.

преднамерен/ие n., —ность f. premeditation, forethought; —но adv. on purpose, by design; —ный a. premeditated, aforethought, preconceived.

предначерт/ание n. outline, plan, design; —(ыв)ать v. outline in advance.

пред/ночной a. before nightfall; —ок m. progenitor, predecessor, ancestor, forefather; —оконечный a. driver (tube).

предоминирующий a. predominant.

предоплата f. prepayment.

предопредел/ение n. predetermination; —енный a. predetermined; —ить, —ять v. predetermine.

предосенний a. late-summer.

предостав/ить, —лять v. leave, submit; let, allow; make available; —ление n. leaving, submitting, giving.

предостере/гать, —чь v. warn, caution, admonish, put on guard; —жение n. warning, caution, notice.

предосторожност/ь f. precaution, safeguard; мера —и precautionary measure, precaution.

предотвра/тить see предотвращать; —щаемый a. preventable; —щать v. prevent, avert, avoid, ward off, keep from, (safe)guard against, preclude, suppress; —щение n. prevention, averting, etc., see v.; avoidance; —щенный a. prevented, etc., see v.

предотъездный a. before departure.

предохранен/ие n. protection, security; (mach.) safety device; preservation, conservation; prevention; —ный a. protected, shielded; preserved.

предохранитель m. protector, safety device, safety catch, safety stop, safety lock; (safe)guard; preserver, preservative; (elec.) fuse, cutout; safety lever (of hand grenade); п. от обледенения (av.) deicer.

предохранительн/ый a. protective, protecting, protection; safety, security, guard; preservative; precautionary (measures); (elec.) fuse (box, wire); relief (cock); (med.) prophylactic, preventive; (nucl.) shut-off, scram (rod); п. клапан safety valve; п. кожух (nucl.) shield; п. штепсель, —ая вставка (elec.) fuse; п. щит (mach.) fender, guard; —ая маска face guard; —ая плита baffle plate; screen; —ая пробка (elec.) fuse; —ая трубка safety tube; —ое приспособление safeguard; —ое средство preservative; (med.) prophylactic; —ое устройство precaution, protector, safety device.

предохран/ить, —ять v. protect, guard, keep safe, keep (away) from, insulate (from); prevent; preserve, conserve; —яющий see предохранительный.

предочаговый a. preliminary (deformation).

предпис/ание n. order, regulation, instruction, direction, injunction, prescription; согласно —анию by order; —анный a. prescribed, specified; —ать, —ывать v. prescribe, order, decree; instruct, direct; assign.

пред/пламенный a. pre-ignition; —плата f. prepayment; —плечевой a. (anat.) antebrachial; —плечье n. antebrachium, forearm; —плужник m. (agr.) skim colter, (skim) jointer; —плюсна f. (anat.) tarsus; —плюсневой a. tarsal.

предполаг/аемый a. proposed, etc., see v.; hypothetical, conjectural, probable, prospective; п. срок жизни life expectancy; —ать v. propose, suggest, infer; assume, take as, presume, suppose, surmise, conjecture; anticipate, expect; предположим, что if we assume that, let (us assume that), suppose; —аться v. be proposed, etc.; —ая pr. ger. proposing, etc., see v.

предполетный a. preflight.

предполимеризация f. prepolymerization.

предполож/ение n. supposition, surmise, hypothesis, assumption; plan, project, scheme, proposal; исходя из —ения assuming (that); при —енни with (or under) the assumption; —енный a. supposed, assumed; proposed; —ительно adv. supposedly, presumably, hypothetically; tentatively; —ительность f. hypothetical nature; —ительный a. hypothetical, conjectural; tentative (value); —ить see предполагать.

пред/полярный a. subarctic; —посадочный a. (av.) prelanding, approach; (agr.) preplanting; —посевной a. presowing; —послать see предпосылать; —последний a. penultimate, last but one.

предпосыл/ать v. precede, preface (with), introduce; send in advance; —ка f. prerequisite; premise; reason, ground.

предпоч/есть, —итать v. prefer, favor, like better; —итаться v. be preferable.

предпочка f. (embr.) pro(to)nephros.

предпочтение n. preference.

предпочтительн/о adv. preferably, in preference, rather; —ость f. preferableness; —ый a. preferable.

предпошлет fut. 3 sing. of предпослать.

предприимчив/ость f. enterprise; —ый a. enterprising.

предприн/иматель m. industrialist, owner (of firm or business); employer; —имательский a. owner's, employer's; —имательство n. (free) enterprise; —и-

мать, —ять v. undertake, launch, initiate.
предприятие n. undertaking, enterprise; concern, business; plant, works; п.-тень (mil.) skeleton factory, standby plant.
пред/прядение n. (text.) roving, preparatory spinning; —пусковой a. preliminary, pre-operational; —раковый a. (med.) precancerous.
предраспол/агать v. predispose; —ожение n. predisposition; (med.) diathesis; —оженный a. predisposed; —ожить v. predispose.
пред/распределительный a. predistributing; —рассветный a. predawn; —рассудок m. prejudice; —революционный a. prerevolutionary; —редактирование a. pre-editing.
предре/кать, —чь v. predict, foretell.
предреш/ать, —ить v. predetermine, decide beforehand; —енный a. predetermined.
пред/родовой a. prenatal; —росток m. (bot.) protonema; —ротовой a. (anat.) preoral.
председатель m. chairman; speaker; —ствовать v. preside; —ствующий a. presiding; m. chairman.
пред/сердие n. (anat.) auricle, atrium; —серийный a. preproduction.
предсказ/ание n. prophesy, prediction; prognosis; (weather) forecast; —атель m. forecaster; —ывание see предсказание; —(ыв)ать v. predict, foretell; forecast.
предсмертный a. (before) death.
представ/ать v. appear; —итель m. representative, one (of); example; —ительный a. representative; impressive; —ительство n. representation; —ительствовать v. represent.
представ/ить see представлять; —ление n. presentation, etc., see v.; concept, idea, notion; —ленный a. presented, etc., see v.; —лять v. present, show, exhibit, display; offer, introduce, submit (plan); represent, describe, depict; be (of interest); constitute (a threat); —лять себе imagine, visualize, picture, think of (as); —лять собой be, represent, comprise, constitute; —ляться v. be presented, etc.; seem, appear.
предстартовый a. prefiring, prelaunch.
предстательная железа (anat.) prostate gland.
предстать v. appear, come before.
предсто/ять v. be imminent, be coming; remain (to); ему —ит he has (to); he faces; —ящее n. future, fate; —ящий a. future, impending, (forth)coming, ahead.
пред/съездовский a. 'preconference, pre-

convention; —тамбур m. fore air lock; —теча m. and f. forerunner, precursor.
предтопок m. precombustion chamber, preliminary châmber (of furnace).
предубежд/ать v., —ение n. prejudice; —енный a. prejudiced, biased.
предуборочный a. preharvest(ing).
предуведом/ить, —лять v. (fore)warn, notify, advise; —ление n. notification, notice, forewarning.
предугад(ыв)ать v. predict, foresee.
предузловой a. antenodal.
предупредительн/ый a. preventive, precautionary; alerting, warning (signal); (med.) prophylactic; courteous, attentive; —ая мера, —ое средство preventive.
предупредить see предупреждать.
предупрежд/аемый a. preventable; —ать v. prevent; forestall, anticipate; notify, warn, caution (against); —ающий a. preventing, etc., see v.; —ение n. prevention, preventing, etc., see v.; control; —ение смерзания freeze-proofing; —енный a. prevented, etc., see v.
Предуралье (geog.) Cis-Ural region.
предуральский a. Cis-Ural.
предусилитель m. preamplifier; preliminary intensifier.
предускорение n. preacceleration.
предусм/атривать v. provide (for), specify, call (for); foresee, envisage; involve, include, incorporate; п. возможность make provision (for), allow (for); —отренный a. provided, etc., see v.; —отреть see предусматривать; —отрительность f. foresight, forethought; prudence; —отрительный a. foresighted; prudent.
пред/установленный a. predetermined, pre-established; —утренний a. before morning; —фронтальный a. (meteor.) prefrontal, squall-line; —холодильник m. precooler; preliminary condenser, precondenser.
предшеств/енник m. predecessor, forerunner, precursor; —ие n. precedence; —овавший see предшествующий; —овать v. precede, forego, forerun; antedate; —ующий a. preceding, precedent, antecedent, foregoing, prior, previous, former.
предъ— see пред—.
предъяв/итель m. bearer; —ительный a. presenting; —ить, —лять v. present, produce, show, set forth; place, impose, make (demands); —ление n. presentation, etc., see v.
предыдущий a. preceding, foregoing, previous, former, earlier, above; п. член отношения (math.) antecedent.

пред/ыонизация *f.* pre-ionization; —ыскание *n.* preselection; —ыскатель *m.* preselector; —ыстория *f.* past history.

предэкспонен/т *m.* pre-exponential function; —циальный *a.* pre-exponential.

преем/ник *m.* successor; —ственность *f.* continuity, succession; —ственный *a.* successive; —ство *n.* succession.

прежде *adv.* before, previously, formerly, heretofore; *prep. gen.* before; п. всего first of all, to begin with; primarily, chiefly, mainly; п. чем before, prior to, previous to.

преждевременн/ость *f.* prematurity; —ый *a.* premature, early; pre—.

прежн/ее *n.* the past; —ий *a.* previous, preceding, prior, former, earlier; по —ему as before.

презентация *f.* presentation.

презерв/атив *m.* preservative; —ация *f.* preservation; —ы *pl.* preserved foods.

президент *m.* president.

през/ирать *v.* scorn, disdain; —рение *n.* contempt; —рительный *a.* contемptuous.

преизбыток *m.* superabundance, excess.

преим. *abbr.* (преимущественно).

преимуществ/енно *adv.* in preference, preeminently; mostly, principally, chiefly, mainly, for the most part; —енный *a.* primary; preferred; —енное право preference; pre-emption; —о *n.* advantage, asset, virtue, merit; preference; superiority; privilege; odds in favor; по —у *see* преимущественно.

преисполн/енный *a.* full, filled; —ить, —ять *v.* fill.

прейскурант *m.* price list, price current.

прекрасн/о *adv.* excellently, very well; —ый *a.* excellent, fine, superior.

прекра/тившийся *see* прекращенный; —тить, —щать *v.* discontinue, cease, stop, put a stop (to), terminate, finish, end, break off, cut off, shut off, turn off; close down, shut down; suspend; —щаться *v.* discontinue, cease, stop, come to an end, terminate; die away; —щение *n.* discontinuance, ceasing, etc., *see v.*; cessation; suspension; (commun.) blackout; —щение работ, —щение производства phase-out; —щенный *a.* discontinued, etc., *see v.*

прелом/имый *see* преломляемый; —итель *m.* refractor; —ить *see* преломлять.

преломлен/ие *n.* breaking; (phys.) refraction; двойное п. (cryst.) double refraction, birefringence; измеритель —ия refractometer; показатель —ия index of refraction, refractive index; —ный *a.* refracted.

преломл/яемость *f.* refractability, refractivity, refrangibility; —яемый *a.* refractable, refrangible; —ять *v.* break; refract; diffract, deflect; —яться *v.* be broken; be refracted, deflect; —яющий *a.* refracting, refractive.

прел/ость *f.* rottenness; moldiness; fustiness; (med.) intertrigo; —ый *a.* rotten; fusty; —ь *f.* rot, decayed spot; mold(iness).

премиальный *a.* premium; bonus.

преминуть: не п. *v.* not to fail.

премир/ованный *a.* prize; rewarded; —ать *v.* award a prize or bonus.

премия *f.* premium, prize, bonus.

пренебре/гаемый *a.* negligible; —гать *v.* disregard, ignore, overlook, neglect; discard, omit; scorn (advice, etc.); —гая *pr. ger.* disregarding, etc., *see v.*; barring; —жение *n.* disregard, neglect; disdain; —жимо малый, —жимый *a.* negligible.

прение *n.* rotting; sweating; stewing.

пренит *m.* (min.) prehnite; —ен *m.* prehnitene, 1,2,3,4-tetramethylbenzene; —иловый *a.* prehnitilic (acid); —овый *a.* prehnitic (acid).

прения *pl.* debate; discussion.

преоблад/ание *n.* predominance, prevalence; —ать *v.* (pre)dominate, prevail; —ающий *a.* (pre)dominant, prevailing, preponderant.

преобра/жать *v.* transform, change, —жающая *f.* (math.) transform; —жение *n.* transformation.

преобраз *m.* (math.) inverse image; —ить *see* преображать; —ование *n.* transformation, etc., *see v.*; (math.) transform; processing, reduction (of information); —ованный *a.* transformed, etc., *see v.*; —ованная функция (math.) transform; —ователь *m.* transformer, converter, inverter, changer; (elec. comm.) transducer; (image) translator; —ователь частоты frequency converter; —овательный *a.* transforming, etc., *see v.*; converter (substation); —ов(ыв)ать *v.* transform, convert, change, turn (into), modify, alter; translate; transpose (equation, etc.); transduce; reorganize, reform; process, reduce (information); —ующий *a.* transforming, etc., *see v.*; transfer (function).

преодол/е(ва)ние *n.* overcoming, etc., *see v.*; passage; —е(ва)ть *v.* overcome, surmount, cross, get over, master, meet, defeat; negotiate (curve); clear (obstruction); —имый *a.* surmountable.

преостный *a.* (anat.) preglenoid.

препакт-бетон *m.* prepact concrete.

препарат *m.* preparation, compound; (micros.) specimen; —ивный *a.* preparative; —(ив)ная соль preparing salt

(sodium stannate); —одержатель *m.* mounting screen (in electron microscope).
препар/ирование *n.* preparation; —ировать *v.* prepare, make; —ировка *f.*, —ировочный *a.* preparation; —овальный, —овочный *a.* dissecting (instruments); —овочная *f.* specimen-preparing laboratory.
препод/аватель *m.* teacher, instructor; —авательский *a.* teacher's, teaching; —авать *v.* teach, instruct, lecture.
преподн/есение *n.* presentation; —ести, —осить *v.* present, offer.
препринт *m.* preprint, advance sheets.
препрово/дительный *a.* accompanying; —дить, —ждать *v.* forward, send, dispatch, convey.
препятств/ие *n.* obstacle, impediment, difficulty, obstruction, barrier, hindrance, drawback, deterrent, handicap; check, stop; облако —ия crest cloud; условное п. (av.) screen; —овать *v.* prevent, stop, inhibit, obstruct, hinder, impede, hamper, block; interfere, interrupt; oppose, cross.
прерв/анный *a.* interrupted, etc., *see* прерывать; discontinuous; rejected (takeoff); —ать *see* прерывать.
прерия *f.* prairie.
прерогатива *f.* prerogative.
прерыв *m.*, —ание *n.* interruption, interrupting, etc., *see v.*; break, discontinuity; —атель *m.* interrupter; (contact) breaker, cut-out, switch; (instruments) chopper; disconnector; —атель-распределитель *m.* distributor and contact-breaker unit; —ать *v.* interrupt, break (off), intercept; stop, discontinue, cut off, cut out, switch off; suspend; —ающий *a.* interrupting, etc., *see v.*; disruptive; make-and-break, chopper (disk); —ающий контакт chopper; —ающийся *a.* intermittent, discontinuous.
прерыв/истость, —ность *f.* discontinuity; —истый, —ный, —чатый *a.* discontinuous, noncontinuous, interrupted, intermittent; gusty (wind); broken (line); incomplete (quenching); —ного действия intermittent.
пресбиопия *f.* (med.) presbyopia.
пресекать *see* пресечь.
пресен *sh. m. of* пресный.
пресервы *pl.* canned foods.
пресеч/ение *n.* stopping, etc., *see v.*; —енный *a.* stopped, etc., *see v.*; —ь *v.* stop, suppress, interrupt, cut short.
прескверный *a.* very bad.
преслед/ование *n.* pursuit, persecution; —овать *v.* pursue, chase, follow; persecute; institute (proceedings against); —ующий *a.* pursuing.

пресмык/аться *v.* creep, crawl; —ающиеся *pl.* (zool.) reptiles.
пресн/оводность *f.* freshness (of water); —оводный *a.* fresh-water, limnetic; —ость *f.* freshness; insipidity, flatness (of taste); —ый *a.* fresh; insipid, flat, unflavored; unleavened (bread).
пресс *m.* press, punch(ing machine); (forging) hammer; (agr.) baler; —а *f.* (journalism) press; п.-автоклав *m.* autoclave press; —борд *m.* pressboard; п.-бюро *n.* press bureau; п.-изделие *n.* molded article; п.-камера *f.* shaping bag; п.-композиция *f.* molded material; п.-котел *m.* autoclave press; п.-литье *n.* transfer molding; п.-масленка *f.* pressure lubricator; п.-масса *f.* molding material; п.-материал *m.* molding material; п.-ножницы *pl.* rod-cutting machine.
прессо/вальный *a.* press(ing), molding; (agr.) baling; —вальщик *m.* presser; baler; —вание *n.* pressing, etc., *see v.*; (met.) extrusion; —вание выдавливанием extrusion; —ванный *a.* pressed, etc., *see v.*; compression-molded; —ванный картон pressboard; —ванные дрожжи yeast cake; —вать *v.* press; mold; squeeze, extrude; compress, compact (powder); —вка *f.*, —вочный *a. see* прессование; —вщик *m.* presser; —вывдувной *a.* (glass) press and blow; —вый *a. of* пресс; force(d), drive (fit).
пресс-/папье *n.* paper weight; —пат *m.* (paper) pulp-drying machine; п.-подборщик *m.* (agr.) pickup baler; п.-порошок *m.* molding powder; —уемость *f.* moldability; (metal powders) compactability; —уемый *a.* moldable; extrudable; molded; extruded; —утяжка *f.* (met.) pipe, extrusion defect; —ующий *a.* press(ing); molding; extrusion; injection (plunger); —фильтр *m.* press filter; —форма *f.* (press) mold; —шпан *m.* pressboard.
престабитол *m.* Prestabitol (detergent).
престарелый *a.* very old, ancient.
престиж *m.* prestige.
преступ/ать, —ить *v.* transgress, overstep, pass; —ление *n.* crime, offense; —ник *m.*, —ный *a.* criminal.
пресы/тить, —щать *v.* satiate; supersaturate; surcharge.
пресыщен/ие *n.* satiation; supersaturation; —ность *f.* satiety, surfeit; —ный *a.* satiated; supersaturated.
прет *pr. 3 sing. of* переть.
претвор/ить, —ять *v.* transform, change, transmute; translate.
претен/довать *v.* pretend, claim, lay claim (to); —зия *f.* pretension, claim; grievance.

претерпе(ва)ть *v.* undergo, experience, endure, bear.
преть *v.* sweat; simmer, stew; rot.
преувелич/ение *n.* exaggeration, overstatement; —енный *a.* exaggerated; —ивать, —ить *v.* exaggerate, overstate.
преуменьш/ать, —ить *v.* minimize, understate; —ение *n.* understatement; —енный *a.* minimal.
преуспе(ва)ть *v.* succeed, prosper.
преференциальный *a.* preferential.
преход/имость *f.* temporary nature; —ить *v.* pass; —ный *a.* transitional (metals); —ящий *a.* passing, transient, temporary; —ящая волна (elec. eng.) surge.
прецедент *m.* precedent.
прецесс/ионный *a.* precessional; —ировать *v.* precess; —ия *f.* precession.
прецизионн/ость *f.* precision, accuracy; —ый *a.* precision; precise.
преципит/ат *m.* precipitate; spec. dicalcium phosphate (fertilizer); белый п. white precipitate, mercuriammonium chloride; —ационный *a.*, —ация *f.* precipitation; —ин *m.* precipitin; —ировать *v.* precipitate.
прешпан *m.* pressboard.
при *prep. prepos.* in, at, by, near; in the presence of; (up)on; by (means of); when, while, during, under; with; attached to, affiliated with; when suffering from (a disease); in case of; п. анализе on analysis; п. вращении as . . . rotates; п. всем том for all that; п. нагревании (up)on heating, on being heated, when heated; п. нем in his presence; п. прочих условиях other conditions being . . . ; п. цифре followed by a figure; п. этом in this case, here; at the same time, simultaneously; as this takes place; in so doing, in the process; therewith; напряжение п. сжатии compression stress.
при— *prefix* ad—, toward; at, in the region of, in the vicinity of, near; —азовский *a.* (geog.) Azov Sea coastal (region).
Приамурье Amur river region.
прианодный *a.* anolyte (layer).
Приаралье Aral Sea coastal region.
приатлантический *a.* Atlantic coast.
прибав/ить *see* прибавлять; —ка *f.*, —ление *n.* increase, addition supplement, annex, appendix; allowance; (com.) bonus; —ляемое *n.* (math.) addend; —лять *v.* add, increase, augment; —лять на allow for; —ляться *v.* increase; —очный *a.* additional; surplus; after—, *v.*
Прибайкалье (geog.) Baikal region.
прибалтийский *a.* (geog.) Baltic.

Прибалтика (geog.) Baltic (Sea) region.
прибалтывать *v.* stir in, add.
прибе/гать, —гнуть *v.* have recourse (to), resort (to), apply (to); fall back (on); —гать, —жать *v.* run (upto); не —гая without recourse (to); —жище *n.* refuge, shelter, sanctuary.
приберегать *v.* save, keep, reserve.
прибереж/ный *see* прибрежный; —ье *see* прибрежье.
приберечь *see* приберегать.
прибив/ание *n.*, —ка *f.* fastening, etc., see *v.*; —ать *v.* fasten, fix, attach; nail (on); knock down, lodge (grain); —ной *a.* fastened.
прибирать *v.* put in order.
прибит/ый *a.* fastened, etc., see прибивать; —ь *see* прибивать.
прибл. *abbr.* (приблизительно).
приближ/ать *v.* draw nearer, approximate, approach; —аться *v.* (draw) near, approximate, approach, converge; не —аться keep away (from); —ающийся *a.* approaching, forthcoming.
приближен/ие *n.* approximation, approach(ing), drawing near; метод —ия approximation method; —но *adv.* approximately; —ность *f.* proximity, vicinity, nearness; approximateness, (degree of) approximation; —ный *a.* approximate, rough; close; approximation (method).
приблизительн/о *adv.* approximately, about, around, roughly, in the neighborhood of, in the vicinity of; —ость *f.* approximateness; approximation; —ый *a.* approximate, rough.
приблизить *see* приближать.
прибой *m.* surf, breakers, swash.
прибойник *m.* (art.) ramrod, rammer; п.-досылатель *m.* loading rammer.
приболотный *a.* near a swamp.
приболт/анный *a.* stirred in, added; —ать *v.* stir in, add.
приболтить *see* приболчивать.
приболтка *f.* stirring in, addition.
приболч/енный *a.* bolted (on); —ивать *v.* bolt (on, to).
прибор *m.* instrument, apparatus, equipment, appliance; device, mechanism, implement; set, outfit; gear; —ер, —ор, *e.g.*, п. для испытания tester; оборудованный —ами *a.* instrumented; по —ам instrument (flying); погрешность —а instrumental error; с измерительными —ами, снабжен —ами instrumented; установка —ов instrumentation.
приборка *f.* putting in order.
прибор/ный *a.* of прибор; instrument(al); instrumentation (equipment); —ная доска instrument panel; —остроение *n.*, —остроительный *a.* instrument making.

прибортовой *a.* near the side of (a boat, basin, mountain).
прибор-указатель *m.* detection instrument.
прибранный *a.* put in order.
прибрасывать *v.* throw on (more), add.
прибрать *see* прибирать.
прибреж/ный *a.* littoral, coastal, near shore; riparian; —ье *n.* coast, shore.
прибросить *see* прибрасывать.
прибудет *fut. 3 sing. of* прибыть.
прибуксировать *v.* tow in.
прибыв/ание *n.* increase, rise, rising; —ать *v.* increase; rise; arrive, come; wax (of moon); —ающий *a.* increasing, etc., *see v.*
прибылой *a.* risen (water).
прибыль *f.* profit, gain; increase, rise; (casting) head, hot top, shrinkage head, deadhead, lost head, riser; п. слитка feeder head; —ность *f.* profitableness; —ный *a. of* прибыль; profitable; commercial; —ная надставка (casting) feedhead, riser, hot top.
прибыт/ие *n.* arrival; —ь *see* прибывать.
прибьет *fut. 3 sing. of* прибить.
привал *m.* halt; approach; (naut.) mooring; —и(ва)ть *v.* lean, rest (against); heap up; come, arrive, reach, approach; (naut.) come alongside; moor; —ьный *a.* mooring; —ьный брус (naut.) fender (guard).
привар *see* приваривание; —енный *a.* welded (on); —ивание *n.* welding (on); adhesion; —и(ва)ть *v.* weld (on); cook some more; —и(ва)ться *v.* adhere; —ка *f.* welding; adhesion; —ной *a.* welding, welded.
привар/ок *m.*, —очный *a.* victuals, food.
приведение *n.* bringing, etc., *see* приводить; adduction; (math.) reduction.
приведенн/ый *a.* brought, led, etc., *see* приводить; given, shown; relative, adjusted (unit); п. центр reduction point; —ая величина выхода (aut.) effective output; —ая вязкость reduced viscosity; —ая чувствительность factor of merit (of measuring instruments).
привезти *see* привозить.
приверженный *a.* attached; devoted.
привер/нуть, —теть *see* привертывать; —тка *f.* screwing, etc., *see v.*; —тный *a.* screwed on, screw; —тывание *see* привертка; —тывать *v.* screw, tighten, clamp, fasten; turn down (flame); turn in.
привес *m.* gain in weight; overweight; —ить *see* привешивать; —ка *f.* hanging; increase (in weight); pendant; —ной *a.* hanging; —ок *m.* addition; overweight; pendant.
привести *see* приводить.

привет *m.* welcome; regards; —ствовать *v.* greet, welcome.
привешивать *v.* append, hang, suspend; make up the weight.
привив/ание *n.* grafting; inoculation, etc., *see v.*; —ать *v.* graft; (cryst.) inoculate, seed; (med.) inoculate, vaccinate; acclimate, accustom (to); twist together; —аться *v.* be grafted; take; —ка *see* прививание; graft; полимеризация —кой graft polymerization; —ной *a.* grafted; —ок *m.* graft; —очный *a.* grafting; inoculating.
привидениевые *pl.* (ent.) Phasmodea.
привилег/ированный *a.* privileged, licensed; —ия *f.* privilege, license.
привин/тить *see* привинчивать; —ченный *a.* screwed on; —чивание *n.* screwing on; —чивать *v.* screw on (or to).
привит/ие *see* прививание; —ый *a.* grafted; graft (polymer); —ь *see* прививать.
привкус *m.* (after) taste.
привле/кательный *a.* attractive; —кать *v.* attract, draw, pull; arouse (interest); —кающий *a.* attracting, etc., *see v.*; —чение *n.* attraction, drawing, pulling; —ченный *a.* attracted, etc., *see v.*; —чь *see* привлекать.
привн/ести, —осить *v.* introduce; —ос *m.* introduction, addition.
привод *m.* bringing; (av.) homing; (mach.) drive, gear; control (linkage); (brake) control; actuator; п. от вала shaft drive; оборудованный —ом *a.* powered, driven (by); паровой п. steam drive; передача —ом gear transmission; ременный п. belt drive; с —ом driven by; с —ом от мотора motor-operated; с механическим —ом power-driven, power-operated; с ременным —ом belt-driven; с ручным —ом hand-operated, hand-driven; червячный п. worm gear.
приводимый *a.* driven; reducible; cited (as an example); п. здесь accompanying; п. мотором motor-operated, motor-driven.
приводить *v.* bring, lead, direct; cause, give rise (to), result (in); (mach.) drive; quote, cite, refer, list, give, report; illustrate, depict, display, exhibit; adduce, bring forward; correct; (math.) reduce; set (in motion); put (in practice); (physiol.) adduct; п. в действие actuate, trigger, start; п. к тому, что mean, signify that; —ся *v.* be brought, be led, etc.; be powered (by); chance, happen.
приводка *f.* (printing) registration.
приводнение *n.* water landing, splashdown.
приводн/ой *a.* driving, drive; power-driven, power-operated; supply; homing (radar); п. вал drive shaft; п. механизм driving gear; п. насос power pump; п.

шкив driver, driving pulley; —ая цепь sprocket chain, chain drive.
приводняться v. land on water, splash down.
приводящ/ий a. bringing, etc., see приводить; (physiol.) adducent, adducting; —ая мышца (anat.) adductor.
привоз m. bringing, supply; import(ation); —ить v. bring, convey; import; —ной, —ный a. imported.
привой m. (bot.) graft, scion.
привокзальный a. at or near the terminal.
приволжский a. along the Volga.
Приволжье Volga region.
приволоч(ит)ь v. drag (over, to), haul.
приворотный a. at, by or near the gate.
привратник m. gate keeper; porter; (elec.) door opener; (anat.) pylorus.
привходящий a. attendant; supplementary.
привы/кание n. getting accustomed, acclimatization; habituation; —кать, —кнуть v. get accustomed (to), become used (to); become acclimated; —чка f. habit, custom, practice; —чный a. habitual, customary.
привяз/анный a. tied, etc., see v.; —ать(ся) see привязывать(ся); —ка f. tying, etc., see v.; attachment; coupler, tie(-in); survey(ing); —ной a. tying, etc., see v.; ground (cable); captive (balloon); —ывание n. tying, etc., see v.; —ывать v. tie, bind, lash, restrain; fasten, attach; —ываться v. be tied, etc.; keep after, bother; correlate; —ь f. tie, band, strap, string, rope; (anat.) retinaculum.
пригар m., —ина f. (forging) overheating, burning(-on); burn-on, fusion (of ore); sticking; pickup (of molding sand); —ь f. burned taste.
пригво/ждать, —здить v. nail down.
пригибать v. bend down, bow.
пригла/дить, —живать v. smooth down.
пригла/сить, —шать v. invite, ask, bid; —шение n. invitation.
приглуб/ость f. great depth; —ый a. very deep.
приглуш/ать, —ить v. damp down, choke (fire); suppress, muffle, deaden (sound).
пригляд/еть, —ывать v. look after, attend (to); —ываться v. look attentively (at); scrutinize; familiarize oneself.
пригн/анность f. fitting together; —анный a. fitted, etc., see пригонять; ground in; —анная деталь mate; —ать see пригонять.
пригнуть see пригибать.
приговор m. sentence, verdict, decision.
пригод/иться v. be of use, be useful; —ность f. usefulness, fitness, suitability, adaptability; —ный a. useful, fit, suitable, adaptable, applicable, adequate, good (for); —ный для suited (for, to);

rated; oriented; —ный для использования serviceable; —ный для использования в космических условиях space-oriented; —ный для разработки workable; не —ный unsuitable.
приголовок m. first runnings.
пригон m. driving; shed, corral.
пригон/ка f. fitting, etc., see v.; fit; adjustment, alignment; п. частей assemblage, assembly; —очный a. of пригонка; —щик m. fitter, adjuster; —ять v. fit (in, on, together), match, align; adjust, adapt; work in, grind in, run in; join(t); reseat (valve); drive (livestock).
пригор/ание n. scorching, etc., see v.; —ать v. scorch, burn; stick, gum up; —евший, —елый a. scorched, etc., see v.; sticky (piston); empyreumatic, tarry; —еть see пригорать.
пригород m. suburb; —ный a. suburban; (tel.) local.
пригорок m. hillock, knoll, elevation.
пригоршня f. handful.
пригот/авливать v. prepare, make ready, provide, arrange; make, produce; —овительный a. preparatory; suffix -processing; —овить see приготавливать; —овление n. preparation, etc., see v.; arrangement; —овленный a. prepared, etc., see v.; —овленный на made with; —овлять see приготавливать.
приграничный a. (near the) boundary.
пригребать v. rake up; row in.
пригрев m. warming up; warm spot; —ание n. warming up; —ать v. warm up.
пригрести v. rake up; row in.
пригрет/ый a. warmed up; —ь v. warm up.
пригрозить v. threaten, menace.
пригрузка f. overload, overweight.
придавать v. give, add, confer, lend, impart; attach, adjoin; build on; п. форму form, shape, fashion.
придав/ить, —ливать v. press, squeeze; —ленный a. pressed, squeezed.
придан/ие n. giving, etc., see придавать; —ный a. given, added, etc., see придавать.
прида/ток m. appendage, addition, supplement; —точный a. additional, accessory; (bot.) adventive; (biol.) adventitious; —ть see придавать; —ча f. addition.
придви/гать v. move, draw, pull (nearer), bring closer; —гаться v. draw near, approach; —жной a. movable; set, adjusting (screw); —нутый a. moved etc., see v.; —нуть(ся) see придвигать(ся).
придворный a. yard.
придел/ать see приделывать; —ка f., —ывание n. joining, etc., see v.; addi-

придержанный tion; —ывать v. join, add; fasten; put (on); adapt, fit.
придерж/анный a. held, etc., see v.; —ивание n. holding, etc., see v.; —(ив)ать v. hold (back, down), clamp (down); —(ив)аться v. hold, keep (to), ahdere, follow; confine oneself (to); —ка see придерживание; clamp; stripper.
придет fut. 3 sing. of прийти.
придираться v. find fault (with).
приднепровский a. by or along the Dnieper.
Приднепровье Dnieper region.
придомовый a. (near the) house.
придонный a. (biol.) bottom-dwelling, benth(on)ic, demersal.
придорожный a. roadside, viatic.
придраться see придираться.
придувать v. blow in, carry in.
придум/анный a. devised, etc., see v.; —ать see придумывать; —ка f. invention; —щик m. inventive person; —ывание n. devising, etc., see v.; —ывать v. devise, contrive, think (of, up), invent, find; develop; —ываться v. come (to mind).
придуть v. blow in, carry in.
придушить v. choke, suppress.
придя pr. ger. of прийти.
приез/д m. arrival, coming; —жать v. arrive, come; —жающий a. arriving; m. newcomer, visitor; —жий a. on tour; m. nonresident, visitor.
прием m. reception, receiving, acceptance; admission, intake; mode, way, manner, technique, method, (method of) procedure, process; dose (of medicine); suffix practice, method; —ы pl. procedure; акт —a acceptance report; в несколько —ов in stages, by series; первого —a primary.
приемистост/ь f. intake capacity, injectivity; response; (engine) pickup, acceleration; автомат —и automatic acceleration control; клапан —и acceleration control valve.
прием/ка f. reception, acceptance, adoption; inspection; takeover, take-up; —лемость f. acceptability; —лемый a. acceptable, admissible, tolerable.
приемн/ая f. reception room, waiting room; —ик m. receiver, (receiving) vessel, collector, receptacle, container, flask, tank, reservoir; hopper; (elec.) transducer; (radiation) detector; receiving center; radio (set); (art.) feeder; —ик воздушных давлений Pitot static tube, air-velocity tube; —ик-передатчик m. (radar) transponder; —о-передающий a. transceiving; —о-усилительный a. receiver-amplifier.
приемн/ый a. reception, receiving, collecting, take-up; adopted; acceptance (cer-

tificate, test); office (hours); drawing-in, take-in (roller); suction (chamber, valve of pump); mixing (nozzle); (telev.) picture (tube); п. калибр purchase inspection gage; —ая воронка (feed) hopper, charging hopper; —ое отверстие inlet, intake; —ое устройство intake.
приемо/ответчик m. (radar) transponder; —передаточный a. (rad.) two-way; —передатчик m. transceiver, transmitter-receiver, two-way radio; —сдаточный a. acceptance (certificate, test); —указатель m. finder; —чно-технический a. warranty (test); —чный a. receiving, accepting, acceptance (certificate, test).
прием-передача: переключатель п. transmit-receive switch, polyplexer.
приемщик m. receiver, inspector.
приехать see приезжать.
прижат/ие see прижимание; —ый a. pressed (down), etc., see прижимать; low-altitude (beam); —ь see прижимать.
прижечь see прижигать.
прижив/аемость f. adaptability; —аемый a. adaptable; —аться v. get accustomed, get used (to), become acclimated; take root; adapt (to); —иться see приживляться; —ление n. fusion, coalescence; adaptation; —ляться v. grow together, fuse, coalesce.
прижиг/ание n. searing, cauterization; —атель m. (med.) cautery, cauterant; —ательный a. (med.) caustic; —ать v. sear, cauterize, scorch; —ающий a. searing, cauterizing, caustic; —ающее средство caustic; cauterant.
прижизненный a. in one's lifetime.
прижим see прижимание; clamp, clip; holder; —ание n. pressing (down, against), etc., see v.; —ать v. press (down, against), force, squeeze (against); hold (down, up); tighten, clamp (down); —ающий a. pressing (down, against), etc., see v.; —ка see прижимание; pressure; —ный a. of прижим; clamp(ing); hold-down; —ная планка cleat.
прижиться see приживаться.
прижмет fut. 3 sing. of прижать.
приз m. prize.
призабойный a. (petrol.) critical (zone).
призв/ание n. vocation, calling; —анный a. called (to, upon); for the purpose (of); —ать see призывать.
призвук m. additional sound.
приземистый a. thickset, squat, stocky.
призем/ление n. (av.) landing; touchdown; —ленный a. landed; down; —лившийся a. fallen (rocket); —лить(ся), —лять(ся) v. land, touch ground;

—ной, —ный *a.* surface, (near the) ground.
призма *f.* prism; knife-edge (bearing); —тин *m.* (min.) prismatine.
призматическ/ий *a.* prismatic; —ая опора knife-edge (bearing).
призм/атоид *m.* (geom.) prismatoid; —енный *a.* prism(atic); —оид *m.*, —оидный *a.* prismoid; —ообразный *a.* prismoid(al); —очка *dim.* of призма.
признавать *v.* acknowledge, recognize, admit, own; —ся *v.* be acknowledged; confess, admit.
признак *m.* sign, indication, symptom, mark, index, criterion; feature, characteristic, attribute, trait, property; tag; vestige, trace; **служить** —ом *v.* indicate, denote.
призн/ание *n.* acknowledgement, recognition, acceptance; по общему —анию it is generally acknowledged; it is recognized as one of; —анный *a.* acknowledged; —ательный *a.* grateful, thankful; —ать *see* признавать; надо —аться, что it must be admitted that.
призовет *fut. 3 sing.* of призвать.
призовой *a.* prize.
призонный *a.* fitted (bolt); set, fitting (pin).
призра/к *m.* specter, phantom; illusion; —чный *a.* illusory, unreal.
призыв *m.* conscription; call, appeal; —ать *v.* call; call up, draft, conscript; —ной *m.* draftee; *a.* draft.
прииск *m.* mine, placer; —ание *n.* finding; —атель *m.* miner, prospector; —ать *v.* find; —ивание *n.* seeking; —ивать *v.* seek, look (for); —овый *a.* mine, mining, prospecting.
прийти *see* приходить.
Прикавказье (geog.) Caucasus region.
приказ *m.* order, command, injunction; —ание *n.* order, command, summons; direction, instruction; —ный *a.* order; —(ыв)ать *v.* order, command, bid; direct, instruct.
прикалывать *v.* pin on.
Прикамье (geog.) Kama region.
приканчивать *v.* finish (up).
прикапливать *v.* store up.
прикапывать *v.* add dropwise; (agr.) heel in.
прикармливать *v.* bait; give supplementary feeding.
прикасаться *v.* touch, abut, adjoin; не п. keep away (from).
прикаспийский *a.* Caspian Sea (region).
прикат/ать *v.* (agr.) roll down, pack; —ить *v.* roll (on; up to); arrive, come; —ка *f.* rolling on; arrival.
прикатодный *a.* at the cathode, cathodic; catholyte (layer).
прикат/очный *a.* rolling (on); —чик *m.*

roller; —ывание *n.* (agr.) rolling, packing; —ывать *v.* roll, pack; roll up to.
прикач(ив)ать *v.* pump in, add.
прикачнуть *v.* swing near.
прики/дка *f.*, —дывание *n.* addition; estimation; —дывать, —нуть *v.* add, throw on more; estimate; try on.
прикип/ать, —еть *v.* scorch, stick.
приклад *m.* (art.) butt(stock); (text.) trimmings; addition.
прикладной *a.* applied (chemistry, etc.); contact (goniometer);closed-circuit(television).
прикладыв/ание *n.* application; —ать *v.* apply; add, annex, affix, join; enclose; —аться *v.* be applied, etc.; come in contact (with).
прикле/енный *a.* glued, pasted (on); —ивание *n.* gluing, pasting, sticking, adhesion; —и(ва)ть *v.* glue, paste, stick; —и(ва)ться *v.* be glued; stick, adhere; —йка *see* приклеивание; glued-on object.
приклеп/анный *a.* riveted on; —ать *see* приклепывать; —ка *f.* riveting; riveted section; —ывание *n.* riveting (on); —ывать *v.* rivet (on, to).
приклинок *m.* (mach.) gib.
приклон/ить, —ять *v.* lay, incline, lean (against); bend down (to).
приключ/ать, —ить *v.* (elec.) connect up; —аться, —иться *v.* happen, occur; —ение *n.* adventure; (elec.) connection.
приков(ыв)ать *v.* forge (to); chain; rivet (attention).
прикол *m.* tie post.
приколачивать *v.* nail on.
приколка *f.* fastening, pinning on; pin.
приколотить *v.* nail on.
приколоть *see* прикалывать.
прикомандиров(ыв)ать *v.* (mil.) attach.
приконтурный *a.* marginal (flooding).
прикончить *v.* finish up.
прикопать *v.* (agr.) heel in.
прикопить *v.* save up, store up.
прикопка *f.* (agr.) heeling in.
прикоплен/ие *n.* saving up; —ный *a.* saved up, stored up.
прикорм *m.*, —ка *f.* bait(ing).
прикорнев/ой *a.* radical; at the roots; —ая зона rhizosphere.
прикосновен/ие *n.* touch(ing), contact; —ность *f.* contiguity, proximity; participation, implication; —ный *a.* contiguous, adjacent, adjoining; implicated (in).
прикоснуться *see* прикасаться.
прикра/сить, —шивать *v.* embellish, adorn.
прикреп/итель *m.* fastener; —ительный *a.* fastening, etc., *see v.*; —ить *see* прикреплять; —ление *n.* fastening, etc., *see v.*; fixture, attachment; —ленный *a.*

прикроет fastened, etc., see v.; adherent; (zool.) sessile, sedentary; —лять v. fasten, attach, (af)fix, secure, anchor, connect.
прикроет fut. 3 sing. of прикрыть.
прикру/тить, —чивать v. tie, bind, fasten; turn down, tighten.
прикры/вание n. covering, etc., see v.; —вать v. cover, screen, shelter, protect; close (partly); terminate; throttle (valve); —ваться v. hide; close up; —тие n. cover, screen, protection, housing; escort, convoy; covering, etc., see v.; —тый a. covered, etc., see v.; —ть see прикрывать.
прикуп see прикупка; —ать, —ить v. buy more; —ка f. additional purchase; —ной a. bought in addition.
прикус m. (odontology) bite, occlusion; неправильный п. malocclusion; —ка f. (vet.) air swallowing.
прилавок m. (store) counter.
прилаг/аемый a. enclosed attached, accompanying; —ать v. add, enclose; apply.
прила/дить, —живать v. fit, adapt, adjust; —дка f., —живание n. fitting; adjusting, adjustment.
прилег/ание n. (ad)joining, etc., see v.; adjacency; abutment; —ать v. adjoin, be adjacent (to), abut, butt (against), border; плотно —ать к fit; —ающий a. adjoining, adjacent, contiguous, neighboring, abutting.
приледниковый a. (geol.) periglacial.
прилежание n. diligence, application.
прилежать v. be adjacent, be contiguous (to).
прилежащий a. adjacent, adjoining, contiguous; п. угол angle of contact.
прилежный a. diligent, industrious.
прилеп/ить, —лять v. stick, glue, attach (to); —иться v. stick, adhere.
прилет m. (av.) arrival; —ать, —еть v. arrive, come; —ный a. (orn.) migratory; —очный a. arriving.
прилечь v. lie down; settle (of dust).
прилив m. influx, flow; congestion (of blood); rise, increase; (high) tide; rib, tongue, boss, lug; cleat; п. и отлив ebb and flow; —ы и отливы tides; волна —а tidal wave; —ать v. flow (to); rush (of blood); pour in, run in, add more (liquid); —ающий a. inflowing, affluent; —ный a. tidal, tide; cast on; —ообразующий a. tide-generating; —чик m. boss, rib, fillet.
прилип/аемость f. adherence; —ание n. adhesion, adherence, sticking, attachment; —атель m. (insecticides) sticker; —ать, —нуть v. adhere, stick, cling, agglutinate, cohere; be communicated (of disease); —чивость f. stickiness;

—чивый a. sticky, adhesive; (med.) contagious; persistent; —ший a. adhesive, adherent; stuck.
прилистник m. (bot.) stipule.
прилит/ый a. added, run in; (foundry) cast on; —ь see приливать.
приличный a. decent, proper.
приловчиться v. adapt oneself, get the knack.
прилож/ение n. application; enclosure; appendix, supplement, addition, annex; —енный a. applied; —ить see прикладывать.
прилун/ение n. moon landing; —иться v. land on the moon.
прильет fut. 3 sing. of прилить.
приляжет fut. 3 sing. of прилечь.
прим m. (math., etc.), prime.
прим. abbr. (примечание) note.
примаз(ыв)ать v. paste, cement (on, down).
приман/ивать v. bait, lure, attract; —ка f. bait, lure; decoy.
примат m. pre-eminence.
приматы pl. (zool.) primates.
приматывать v. wind on, add.
примачивать v. bathe, moisten wet.
примащивать v. arrange, fit.
прим/вераза f. primverase; —верин m. primverin; —еверин m. primeverin; —евероза f. primeverose.
примежев(ыв)ать v. (surv.) add.
примексиканский a. Mexican.
примен/ение n. application, etc., see v.; use, employment; —енный a. applied, etc., see v.; —имость f. applicability; —имый a. applicable, usable, useful, suitable, practicable, appropriate; available; —ительно adv. as applied (to), to fit; —ительный a. applicable, suitable; —ить(ся) see применять(ся); —яемость f. applicability; —яемый a. applied, etc., see v.; in use; applicable; —ять v. apply, use, utilize, employ, adapt, (put in) practice; —яться v. be applied, etc.; conform (to); be suitable; —яя pr. ger. (by) applying.
пример m. example, model, sample, instance; —ом является an example is; по —у in imitation of; приводить в п. v. cite as an example, illustrate (with).
примерз/ание n. freezing on, adhesion by freezing; —ать, —нуть v. freeze (on, to, together); —лый a. frozen.
пример/ивание n., —ка f. trying on, fitting; —и(ва)ть v. try on, fit.
примерн/о adv. as an example; approximately, say, about, around, some; in the neighborhood of; п. таким же образом in much the same manner; п. такой же much the same; —ый a. exemplary; approximate.

приме́р/очный *a*. fitting; —я́ть *see* примеривать.

при́мес/ить *see* примешивать; —ный *a. of* при́месь; extrinsic, doped (semiconductors).

примести́ *v*. sweep up to.

при́месь *f*. admixture, addition, ingredient; foreign body, foreign matter, impurity, contaminant; adulteration, contamination; (met.) alloy; **побочная п., посторонняя п., случайная п.** secondary constituent; impurity, foreign matter; **с —ю** impure.

приме́т *fut. 3 sing. of* приня́ть.

приме́т/а *f*. sign, indication, mark, index, criterion, characteristic; **—ы** *pl.* description, distinctive marks.

приметать *v*. sweep up to; tack, baste on; pack (hay, etc.).

приме́тить *see* примечать.

приме́тка *f*. tacking, basting.

приме́т/ливый *a*. observant; **—но** *adv.* perceptibly; **—ный** *a.* perceptible, noticeable; conspicuous; characteristic.

приме́тывать *v*. tack, baste; pack.

примеч/а́ние *n*. note, annotation, comment, remark; footnote; **снабжать —аниями** *v.* annotate; **—а́тельность** *f.* notability, noteworthiness; **—а́тельный** *a.* notable, noteworthy, remarkable; **—ать** *v.* perceive, notice, take notice (of), observe.

примеш/анный *a*. admixed, etc., *see v*.; **—ивание** *n.* admixing, addition, introduction; impurity; **—(ив)ать** *v.* admix, add, introduce; (met.) alloy.

примина́ть *v*. crush, flatten, pack.

примир/и́тельный *a*. conciliatory; **—и́ться, —я́ться** *v.* reconcile oneself (to).

примите *imp. of* принимать.

примити́в *m*. primitive; **—ный** *a.* primitive, early; simple, rough.

примкну́ть *see* примыкать.

примо́ет *fut. 3 sing. of* примы́ть.

примо́ина *f*. (geol.) alluvium, river silt.

примор/а́живать, —о́зить *v*. freeze on.

приморди́льный *a*. primordial.

примо́р/ский *a*. maritime; seaside; sea (port); **—ье** *n.* seaside, (sea-)shore.

примости́ть *v*. fit in, arrange.

примота́ть *v*. wind on, add.

примо́ч/ить *see* примачивать; **—ка** *f.* wash, lotion, fomentation.

прим. ред. *abbr.* (примечание редактора) editor's note.

приму́л/а *f*. (bot.) Primula; **—аверин** *m.* primulaverin; **—ин** *m.*, **—и́новый** *a.* primulin; **—и́т** *m.* primulite.

при́мус *m*. Primus (a Swedish stove).

прим́ут *fut. 3 pl. of* приня́ть.

примыва́ть *v*. wash up.

примы́к/ание *n*. (ad)joining, etc., *see v*.;
contiguity; **—а́ть** *v.* (ad)join, abut, border (on); fix (on); **—а́ющий** *a.* (ad)joining, etc., *see v.*; adjacent, neighboring.

примы́ть *v*. wash up.

примя́т/ый *a*. trampled, crushed, packed (soil); **—ь** *see* приминать.

принадлеж/а́ть *v*. belong, (ap)pertain; fall (into classification); **—ность** *f.* belonging, affiliation; appurtenance; appliance, implement, gadget, fixture, fitting; accessory, attachment, part; **—ности** *pl.* outfit, equipment; tackle; mountings, parts, accessories, fittings; belongings; **по —ности** to the proper quarter.

принайтовать *v*. lash.

принакопи́ть *v*. accumulate, save up.

приналечь *v*. lean on; tackle vigorously.

принес/е́ние *n*. bringing; **—ти́** *see* приносить.

прини/жа́ть, —́зить *v*. disparage, minimize.

принима́емый *a*. taken, received; assumed.

приним/ать *v*. take, receive, accept, admit; assume, put on, take on, take up, adopt; pick up (signal); inspect (merchandise); **п. за** mistake for; **п. на себя́** assume, take upon oneself; **—а́ться** *v.* be taken, etc.; begin, get started, set to, set about; take (root); **—а́ющий** *a.* taking, etc., *see v.*; take-up (reel).

приноготовник *m*. (bot.) Paronychia.

принор/а́вливать, —о́вить, —овля́ть *v*. adapt, adjust.

принос *m*. bringing (in); **—и́ть** *v.* bring (in), bear, yield; **—и́ться** *v.* be brought (in), etc.; drift; carry (of sound, smell); **—ный** *a.* brought in; drift; **—я́щий** *a.* (physiol.) afferent.

принуди́ловка *f*. compulsory labor.

принуди́т/ельный *a*. compulsory, coercive; forced (lubrication, etc.); constrained, positive (motion); induced; drive (fit); **—ь** *see* принуждать.

принужд/ать *v*. oblige, constrain, force, compel, impel; **—е́ние** *n.* constraint, forcing, compulsion, coercion; **—е́нно** *adv.* constrainedly, by force; **—е́нный** *a.* constrained, forced.

при́нцип *m*. principle; **в —е** in principle, basically; as a matter of principle; theoretically; **из —а** on principle; **технические —ы** engineering philosophy; **—иа́льно** *adv.* in essence, fundamentally; **—иа́льный** *a.* principle, basic, key; schematic, circuit, line (diagram); conceptual (design); theoretical; **—иа́льная схема** schematic, flowsheet.

при́нцметалл *m*. Prince's metal.

приня́т/ие *n*. reception, acceptance, admission, adoption, assumption; **—о** it is assumed, it is customary; **это не —о**

приобрести   547   припущенный

it is not done, it is not the custom; —ый a. taken, received, etc. see принимать; —ь see принимать.

приобре/сти see приобретать; —татель m. acquirer; purchaser; —тать v. acquire, get, obtain, take (on), assume; gain; purchase; —тать вновь resume; regain; —тение n. acquisition; purchase; —тенный a. acquired, etc., see v.

приобщ/ать, —ить v. unite, join, aggregate; acquaint, familiarize (with), accustom (to); —ение n. uniting, etc., see v.; junction.

приовраж/ный a. (by a) gully; gully-control (planting); —ье n. gully slope, gullied area.

приозер/ный a. (by a) lake; —ье n. lake region.

приорит m. (min.) priorite.

приоритет m. priority.

приостан/авливание see приостановка; —авливать, —овить v. stop, suspend, cease (operation); cut off, turn off; close (down); delay; —овка f., —овление n. stopping, etc., see v.; stop(page), cessation; pause, rest, delay; период —овки down time (of plant, etc.); —овленный a. stopped, etc., see v.

приот/ворить, —ворять, —кры(ва)ть v. crack (open), open slightly.

приотста(ва)ть v. lag, fall behind.

припад/ать v. fail (down); press (against); —ок m. fit, attack, seizure; —очный a. and m. epileptic; —очное явление seizure.

прип/аек gen. pl. of припайка; —аиваемый a. solderable; soldered, etc., see v.; —аивание n. soldering, etc., see v.; —аивать v. solder (on), braze (to); fix (on) —ай m. fast ice, shore ice; —айка see припаивание ; soldered-on part; —айный a. of припай; névé (iceberg).

припал/енный a. burnt, singed; —и(ва)ть v. burn, singe, scorch.

припар/и(ва)ть v. steam, poultice, foment; —ка f. poultice.

припас m. store, supply, provision; —ы pl. supplies, provisions; —ать v. lay up, store.

припасов/анный a. fitted; —ать, —ывать v. fit; align; —ка f. fitting; alignment.

припасти see припасать.

припасть see припадать.

припах/ивать v. smell slightly (of); —(ив)ать v. plow more.

припая gen. of припай; —нный a. soldered, brazed; (elec.) burned-on; —ть see припаивать.

прип/ек m. heat; hot spot; (sun) burn; gain in weight of bread on baking; —екание n. scorching, etc., see v.;

coalescence; —екать v. scorch, burn; parch; get hot, be hot.

припечат/ать, —ывать v. seal; (typ.) add; —ка f. sealing; addition.

припеч/ек m. hearth; —ь see припекать.

припили(ва)ть v. saw to measure.

припис/анный a. added, etc., see v.; —ать see приписывать; —ка f. addition; postscript; registration; порт —ки port of registry; —ной a. added, incorporated; registered; —ывание n. adding, etc., see v.; —ывать v. add (writing); ascribe, attribute, put down (to), credit (to), impute; assign; register; attach.

припла/та f. additional payment; —тить, —чивать v. pay in addition.

припле/сти, —тать v. weave, work, splice (in).

приплод m. issue, offspring; —ный скот breeding cattle, breeding stock.

приплотинный a. (at or by the) dam.

приплы(ва)ть v. swim, float, come (up to).

приплюснут/ый a. flat(tened); —ь v. flatten.

приплюсов(ыв)ать v. add.

приплющивать v. flatten.

приповерхностный a. near (or at) the surface.

припод/имать v. raise (a little), uplift, elevate; —иматься v. rise (a little); heave; —ятие n. raising, etc., see v.; —ятость f. elevation; —ятый a. raised etc., see v.; —ять see приподнимать.

прип/ой m. solder; крепкий п. brazing solder; паять крепким —оем v. braze; пайка мягким —оем soft soldering.

приполярный a. circumpolar.

припом/инание n. remembering, recollection; —инать, —нить v. remember, recollect, recall.

припор/ох m. stencil(ing) (with powder); —ошить v. powder, dust, sprinkle; —ошка f. stenciling.

припортовый a. (near a) port.

припосадочный a. preplanting, starter.

приправ/а f. seasoning, condiment; —ить, —лять v. season, flavor; (typ.) make ready; —ка f. making ready.

припудрив/ание n. (foundry) dusting; —ать v. dust, sprinkle, powder.

припус/к m. admitting, etc., see v.; allowance, margin; п. на allowance for; п. на усадку shrinkage allowance; оставлять п. v. allow (for); —кать, —тить v. admit, let approach, be accessible (to); let in; allow (for), add; (sewing) let out; let run faster; couple, pair.

припух/ать, —нуть v. swell a little; —лость f. swelling, intumescence; —лый a. swollen, puffed up.

припущенный a. admitted, etc., see припускать.

припыл *m.*, —ивающее вещество (foundry) parting powder; —ивание *n.* powdering, dusting; —ивать *v.* powder, dust (molds).
прираб/атываемый *a.* adaptable to fitting; —атывать *v.* earn extra; —атываться *v.* work in, run in (of bearing); —отавшийся *a.* worn in; —отанный *a.* run in; broken in; —ота́ться *see* прирабатываться; —отка *f.* running in; breaking in; —оток *m.* extra pay.
приравн/енный *a.* equated, etc., *see v.*; —ивание *n.* equating, etc., *see v.*; comparison; —ивать *v.* equate, make equal; set (to zero, etc.); level, adjust; compare (with).
приразрывный *a.* fracture (cleavage).
прира/стать, —сти́ *v.* adhere; grow, increase, accrue; —сти́ть, —щивать *v.* make adhere, attach; increase; —щение *n.* increment, increase, gain.
прирез *m.* plot, section (of land); —ать *see* прирезывать; —ной *a.* cut; sectioned-off; —ок *m.* section, plot; —ывать *v.* cut, fit (in); add, section off (land); slaughter, kill.
прирельсовый *a.* (rr.) on the line.
приречный *a.* on (or by) the river, riparian.
пририсов(ыв)ать *v.* add (to drawing).
приро́внять *see* приравнивать.
природ/а *f.* nature, character; испытатель —ы naturalist; по —е by nature.
природн/ый *a.* natural, inborn, innate, inherent, intrinsic, indigenous, native, in the native state; naturally occurring; crude, raw; п. житель native; в —ых условиях (geol.) in situ.
природоведение *n.* natural history.
прирождённый *a.* inborn, innate, native.
прирос/т *m.* growth, increment, increase, gain; accretion; метод относительных —тов (elec.) method of incremental rates; —ток *m.* excrescence; growth; —ший к grown fast to.
прирубежный *a.* frontier, border.
прирули(ва)ть *v.* drive, steer, pilot (up to).
прируслов/ый *a.* along the river bed; —ье *n.* river bed area.
прируч/ать, —ить *v.* domesticate, tame.
Приса формула (elec.) Preece's formula.
приса/дить *see* присаживать; —дка *f.* addition, admixture; addition agent, additive; supplement; (met.) after-charge; (agr.) additional planting; —док *m.* welding rod; —дочный *a.* additional; adding, additive, addition (agent); (welding) added, filler (metal); welding (rod); adjusting (device); —женный *a.* added, etc., *see v.*; —живание *n.* adding, etc., *see v.*; —живать *v.* add, introduce, fill (up); fasten, attach; plant more.

присаливать *v.* salt lightly, salt more.
присасыв/ание *n.* sucking, suction, indraft; —ать *v.* suck, pull, draw in; —аться *v.* attach itself (to), stick, adhere; —ающий *a.* sucking.
присваивать *v.* appropriate, adopt, assume; award, give, confer; assign.
присводовый *a.* crest.
присво/ение *n.* appropriation; awarding, conferment; attribution; —ить *see* присваивать.
присе/в *m.* (agr.) additional sowing; —вать, —ять *v.* sow more, add.
присл/анный *a.* sent; —ать *v.* send.
прислон/ённый *a.* recumbent, leaning; —и́ть, —я́ть *v.* lean (against).
прислу/га *f.* attendant(s); (mil.) crew; —живать *v.* serve, attend.
прислуш(ив)аться *v.* listen (for).
присматривать *v.* look (for); п. за look after, keep an eye on, attend; supervise, oversee (work); —ся *v.* examine, scrutinize.
присмотр *m.* looking after, care, attendance; superintendence, supervision; —еть *see* присматривать.
присовокуп/ительный *a.* additional; —и́ть, —ля́ть *v.* add, annex, append; —ление *n.* addition.
присоединен/ие *n.* addition, annexation, joining, attachment; gain; (elec.) connection, contact; продукт —ия addition compound; продукт —ия брома bromine addition product; реакция —ия addition (reaction); —ный *a.* added, joined; augmented; associated, connected.
присоедин/ительный *a.* connecting; —и́ть, —я́ть *v.* add, (ad)join, annex, attach, incorporate; gain, pick up, accept; (elec.) connect (up); —я́ющийся *a.* additive; (ad)joining.
присоли́ть *see* присаливать.
присос *m.* suction; suction device; (biol.) sucker; —ы *pl.* (air) infiltration; —анный *a.* sucked, pulled, drawn; —ать *see* присасывать; —ка *f.*, —ок *m.* (biol.) sucker, sucking disk.
присохнуть *see* присыхать.
приспе(ва)ть *v.* approach, come.
приспос/абливать, —обить *see* приспособлять.
приспособл/ение *n.* adaptation, adjustment, fitting, accommodation, arrangement; device, appliance, apparatus, contrivance, gadget, attachment, accessory, fixture; equipment, outfit; gear; п. для —ер, —ог, п. для пускания launcher; коэффициент —ения accommodation coefficient; соединительное п. connector; —енность *f.* suitability, fitness; —енный *a.* adapted, etc., *see v.*;

rated; —яемость *f.* adaptability; —яемый *a.* adaptable, adjustable; applicable; —ять *v.* adapt, fit, tailor (to, for); convert; adjust, suit, accommodate, arrange; —яться *v.* adapt oneself, get accustomed (to).
припус/кать, —тить *v.* lower (a little).
прислав/ание *n.* adhesion, clinging, sticking; —ать *v.* adhere, cling, stick; join, side; worry, annoy; be caught (of disease); touch shore, beach.
пристав/ить *see* приставлять; —ка *f.* attachment, accessory; adapter; prefix; —ление *n.* leaning; appointment; —лять *v.* lean, set, put (against); appoint; —ной, —очный *a.* added, attached; lean-to (ladder); —ший *a.* adherent.
пристальный *a.* fixed, intent, steady.
пристанет *fut. 3 sing. of* пристать.
пристан/ище *n.* refuge, shelter; —ный, —ский *a. of* пристань.
пристанционный *a.* (at the) terminal.
пристань *f.* landing, pier, quay; refuge.
пристатейный *a.* accompanying the article.
прист/ать *see* приставать; —ающий *a.* adhering, adhesive; tenacious.
присте/г(ив)ать *v.* tack on; —гивать, —гнуть *v.* fasten (on); harness; add; —жной *a.* detachable.
пристен/ный *a.* boundary (layer); (biol.) parietal; —очный *a.* parietal.
пристимерин *m.* pristimerin.
Пристлея кольца (elec.) Priestley's rings.
пристрагивать *v.* plane to fit.
пристраив/ание *n.* adding, etc., *see v.*; —ать *v.* add, build on; arrange, settle, establish, place, fix; join up; —аться *v.* be added, etc.; find a place, settle; join up (with formation).
пристраст/ие *n.* addiction; —иться *v.* become addicted; —ный *a.* partial.
пристрачивать *v.* stitch on.
пристрел *see* пристрелка; —ивать(ся) *v.* range (on); zero in; (mil.) target; —ка *f.* adjustment fire, ranging (fire); zeroing; —очно-зажигательный *a.* adjustment-incendiary; —очный *a. of* пристрелка; adjustment (fire); tracer (bullet); reference (piece); —ьный *a.* adjusted, corrected fire (range); —янный *a.* zeroed; —ять *see* пристреливать(ся).
пристрогать *v.* plane to fit.
пристро/енный *a.* added on, built on; —ить *see* пристраивать; —йка *f.* lean-to, shed, addition, annex.
пристрочить *see* пристрачивать.
прислуг(ив)ать *v.* plane to fit.
приступ *m.* fit, attack, paroxysm; assault; access; beginning; к нему нет —а he is inaccessible; —ать, —ить *v.* approach; set about, enter upon, begin, start, proceed.

приступ/ка *f.*, —ок *m.* step.
прису/дить, —ждать *v.* award; sentence; condemn; confer (a degree); —ждение *n.* awarding, conferment; sentencing.
присутств/ие *n.* presence, occurrence; attendance; —овать *v.* be present, attend, assist; —ующий *a.* present, attending, attendant, assisting.
присуха *f.* (min.) sticky coal, frozen coal.
присуч/ивание *n.* twisting together, piecing (of thread); —и(ва)ть *v.* twist together, piece on.
присуши(ва)ть *v.* dry out (a little).
присущ/ий *a.* inherent, innate, intrinsic, indigenous; typical, characteristic, peculiar (to); —ность *f.* inherence.
присч/ет *m.* addition; —ит(ыв)ать *v.* add (on); add incorrectly; take into account.
присыл/ать *v.* send; —ка *f.* sending.
присып/ать *v.* add, pour more; sprinkle, powder; —ка *f.* addition; sprinkling; powder; —ки *pl.* prisypki (sprinklings of small crystals on the top face of a large crystal).
присыхать *v.* dry on, adhere.
приталкивать *v.* push over.
притаптывать *v.* trample, crush, pack.
притаскивать *v.* drag over, haul.
притачивать *v.* grind to fit; stitch on.
притащить *see* притаскивать.
притвор *m.* fold, flap; joint; —ить *see* притворять.
притвор/ный *a.* pretended, simulated; —ство *n.* pretense, simulation.
притвор/ять *v.* shut, close (partly); —яться *v.* close (partly); pretend, simulate; —яшки *pl.* (ent.) Ptinidae.
притек/ать *v.* flow (to), run; —ающий *a.* flowing, incoming.
притен/ить, —ять *v.* (put in the) shade.
притер/еть *see* притирать; —тый *a.* ground (in, down); ground-glass (stopper); fitted in; chamfered (edge).
притес/ать, —ывать *v.* adz(e); cut to fit; —ка *f.* adzing; cutting.
притечь *see* притекать.
притир *m.* lap; lapping tool; grinding; grinding powder; —ание *see* притирка; —ать *v.* lap, polish; grind (in, down); fit (in); reseat, set (valve); chamfer (edge); rub (in, down), wear down, abrade; —ка *f.*, —очный *a.* lapping, etc., *see v.*; abrasion, attrition.
притих/ать, —нуть *v.* quiet down.
приткнуть *see* притыкать.
приток *m.* tributary (of river); affluent; influx, inflow; delivery, admission, intake, feed, supply; rise, increase.
притолк/ать, —нуть *v.* push over.
притол(о)ка *f.* lintel (of door).
притом *conj.* besides, moreover.
притоптать *see* притаптывать.

притормáживать, —озить *v.* slow down, brake.
приточ/енный *a.* ground-in, fitted, machined (to size); —ить *v.* grind in, fit, machine; —ка *f.* grinding in, etc., *see v.*
приточн/о-вытяжной *a.* balanced (ventilation); —ый *a. of* приток; influent.
притр/агиваться, —онуться *v.* touch.
притуп/ить *see* притуплять; —ление *n.* blunting, etc., *see v.*; —ленный *a.* blunted, etc., *see v.*; obtuse; —лять *v.* blunt, dull, deaden; (cryst.) truncate.
приту/хать, —хнуть *v.* go down (of flame); —шить *v.* extinguish; lower.
притык *m.* joint; abutment, end; сваривать в п. *v.* butt-weld; сросток в п. butt joint; —ать *v.* stick, fasten (to); stop up; —аться *v.* touch, join.
притяг/ательный *a.* attractive; —ивать *v.* attract, draw, pull; tighten.
притяжен/ие *n.* attraction, gravitation; сила —ия gravitational force, gravity, pull; —женность *f.* gravity.
притяз/ание *n.*, —ать *v.* claim.
притянут/ый *a.* pulled, attracted; tightened; —ь *see* притягивать.
приулечься *v.* die down (of wind, etc.).
приуменьш/ать, —ить *v.* decrease.
приумнож/ать, —ить *v.* increase, augment, multiply; —ение *n.* augmentation, multiplication.
Приуралье (geog.) Ural region.
приуроч/енность *f.* confinement; —енный *a.* confined, etc., *see v.*; —и(ва)ть *v.* confine; time, coordinate, relate, adapt.
приусадебный *a.* (at the) farm.
приутих/ать, —нуть *v.* quiet down, abate.
приуч/ать *v.* train, school; —аться *v.* get accustomed, get used (to); —ение *n.* training, etc., *see v.*; —ить(ся) *see* приучать(ся).
прифермский *a.* (at the) farm.
прифлянцованный *a.* flange-mounted.
приформовать *v.* mold on, vulcanize on.
прифронтовой *a.* (at the) front, front-line.
прифугов/ка *f.* joint(ing); —ывать *v.* joint.
прихв/ат *see* прихватка; —атить *see* прихватывать; —атка *f.* catching, etc., *see v.*; tack weld, temporary weld; сварка с —атками tack weld(ing); —атывание *n.* catching, etc., *see v.*; —атывать *v.* catch, seize; stick, freeze; (tools) stall; drag (of brake); (welding) tack; —аченный *a.* caught, stuck, frozen, etc., *see v.*
прихлоп/нуть, —ывать *v.* slam; nip, catch.
прихлынуть *v.* rush, gush, surge.
приход *m.* coming, arrival, advent; income; receipt; —ить *v.* come, arrive; appear; reach (conclusion); become (inoperative); —ить в себя recover consciousness; —иться *v.* fit; be; be obliged to, have to; exert, be exerted (of pressure); —иться на be due to; fall within; ему —ится he has to, he must; —(н)орасходная книга account book; —ный *a.* coming, arriving; income (tax); receipt (book); —ящий *a.* arriving, incoming; day, non-resident (pupil).
прихожая *f.* entrance, vestibule.
прицветник *m.* (bot.) bract.
прицеит *m.* (min.) priceite.
прицел *m.* aim(ing); sight (of gun); —ивание *n.* aiming, sighting; —и(ва)ться *v.* (take) aim, point, sight.
прицельн/ый *a.* sighting; aimed (fire); collimating (telescope); п. барабан range dial; —ая колодка rear-sight bed; —ая линия line of aim; —ые нити cross hairs; —ые приспособления sights.
прицеп *m.* trailer; coupling, hitching; hook; —ить *see* прицеплять; —ка *see* прицепление; trailer; attachment; hook; (bot.) tendril, cirrus; п.-контейнер *m.* box trailer; —ление *n.* coupling, etc., *see v.*; —ленный *a.* coupled, etc., *see v.*; adherent; п.-лесовоз *m.* straddle trailer; —лять *v.* couple, hitch, hook (on), connect, attach; —ляться *v.* couple, hook (on); adhere, stick; —ной *a.* trailer, pull-type; —ной брус drawbar; —ной вагон, —ная тележка trailer; п.-роспуск *m.* pole trailer; п.-самосвал *m.* dump trailer; —щик *m.* (agr.) implement operator.
причал *m.* hawser, mooring rope; moorage; —ивание *n.* mooring; —и(ва)ть *v.* moor, make fast; —ка *f.* alignment cord; —ьный *a.* mooring.
причастный *a.* participating (in), implicated, involved, concerned.
причека *f.* (mach.) gib; tightening key.
причем *conj. and adv.* while, during which, whereupon; at the same time, also, and, with; п. известно, что it being known that.
причерноморский *a.* Black Sea coastal (region).
причесать *see* причесывать.
причесть *v.* add.
причесывать *v.* comb, brush.
причин/а *f.* reason, cause, source, origin, principle; п. ошибки source of error; по —е because (of), owing (to); служить —ой *v.* cause, be the cause (of).
причин/ение *n.* causing; —енный *a.* caused; —ить *see* причинять; —ность *f.*, —ная связь causality; —ный *a.* causal, causative; —о-средственный *a.* genetic (relation); —ять *v.* cause, occasion, do.
причисл/ение *n.* reckoning; addition; attaching, —ить, —ять *v.* reckon, number, rank; add; attach.

причит/аться v. be due; —ающийся a. due.
пришабр/енный a. scraped; п. к scraped to fit; —ивание n. scraping off; —и(ва)ть v. scrape, scour (to fit).
пришвартов(ыв)ать v. moor, tie, fasten.
пришедший past act. part. of прийти.
приш/ивание n. fastening, etc., see v.; —ивать v. fasten, fix, make fast; sew on; —ивка see пришивание; —ной a. fastened; sewed on; —ить see пришивать.
пришкольный a. (at the) school.
пришлет fut. 3 sing. of прислать.
пришлифов/анный a. ground (down, in); —(ыв)ать v. grind (down, in, to fit).
пришл/о past n. sing. of прийти; —ый a. ecdemic, of foreign origin.
пришоссейный a. (along or on the) highway.
пришпили(ва)ть v. fasten, pin on.
пришьет fut. 3 sing. of пришить.
прищем/ить, —лять v. pinch, catch, jam.
прищеп m. (bot.) graft.
прищип/нуть, —ывать v. (hort.) pinch back.
приют m. shelter, refuge, asylum; —ить v. shelter, give refuge.
приямок m. areaway.
прият/ель m. friend; —ный a. pleasant.
пр. куб. abbr. (простая кубическая решетка) simple cubic lattice.
ПРЛ abbr. (подвижная радиологическая лаборатория) mobile radiological laboratory; (посадочный радиолокатор) landing radar; (приводной радиолокатор) homing radar.
Прм abbr. (приемник) receiver.
про prep. acc. of, about; for.
ПРО abbr. (противоракетная оборона) (anti)missile defense.
про— prefix per—, through, past; with verbs to indicate action over a definite period, or completed or thorough action.
проазотировать v. nitride, nitrify.
проактиномицин m. proactinomycin.
проанализировать v. analyze.
проб/а f. trial, test, experiment; (test) sample, specimen; analysis; (met.) assay; purity (of gold); standard; п. на test for; п. на разрядку (elec.) discharge test; п. нагреванием heat test; брать —у v. sample; взять —у v. sample; take on trial; взятие —ы, отбор —ы sampling; золото 96-й —ы pure gold; метод проб (и ошибок) trial-and-error method; рудная п. assay; серебро высокой —ы sterling silver.
пробалтывать v. agitate.
пробанить v. brush out (flues).
пробег m. run, mileage; running through, flow, passage; race; (phys.) range, path; п. поглощения (nucl.) attenuation length; время —а running time;

traveling time, transit time; длина —а range, reach, scope; path length (of particle); средняя длина свободного —а mean free path; испытание —ом road test; разброс —ов range straggling; соотношение п.-энергия range-energy relation; спектр —ов range spectrum; число миль —а на miles per (gallon, etc.).
пробегать v. run for a while.
пробе/гать, —жать v. run (over, through), traverse, pass over, skim.
пробеж/ка f. running, passing (over, through); range; —но-ионизационный a. range-ionization.
пробей(те) imp. of пробить.
пробел m. gap, blank, lacuna; omission, failure, lack, deficiency; spacing, interval; (typ.) white space; —и(ва)ть v. whiten, bleach; whitewash; —ьная f. bleaching department; —ьный a. of пробел; bleaching; —ьный материал (typ.) blanks, white space.
проберет fut. 3 sing. of пробрать.
пробертит m. (min.) probertite.
пробив/ание n. piercing, etc., see v.; puncture; (elec.) breakdown, rupture; —ать v. pierce, puncture, punch, perforate, make a hole (in); breach, break through, go through; (foundry) tap; force open, clear; —аться v. break through, get through; (physiol.) beat; —ающий a. piercing, etc., see v.; (elec.) disruptive; —ка see пробивание; caulking (material); —ной, —очный see пробивающий; break-through; penetrating (bullet); —ной станок punch; —ное напряжение (elec.) breakdown voltage.
пробирать v. go through, penetrate (of cold); (agr.) weed; reproach, reprimand; —ся v. get through.
пробир/ер see пробирщик; —ка f. test tube.
пробирн/ый a. test(ing); (met.) assay(ing); п. камень touchstone, Lydian stone; п. цилиндр test tube; —ая игла touch needle; —ая палатка assay office; —ая печь assay furnace; —ая склянка test tube; —ая чашечка (met.) cupel; —ое искусство assaying; —ые весы assay balance.
пробир/ование n. assay(ing); —овать v. assay; —щик m. assayer; tester.
пробит/ие see пробивание; —ый a. pierced, etc., see пробивать; —ь see пробивать.
пробк/а f. cork; stopper, plug; tap, spigot; (elec.) fuse; plug gage, internal gage; block, lock (in pipe); (vapor) lock; bottleneck; сварка —ой plug welding; —овидный a. suberiform, suberose.
пробковокислая соль suberate.
пробков/ый a. cork(-like), suberose; stop-

per, plug; п. уголь burnt cork; —ая кислота suberic acid, octanedioic acid; соль —ой кислоты suberate; —ое вещество suberin; —ое дерево cork oak.

проблема *f.* problem; challenge; crux (of matter); —тика *f.* problems; —тический, —тичный *a.* problematic.

проблемный *a.* problem(-solving).

проблес/к *m.*, —кивать *v.* gleam, flash; —ковый *a.* flashing, intermittent; —нуть *v.* gleam, flash.

пробник *m.* sampler, sampling tube; test rod; probe; try cock, gage cock; (elec.) tester; (art.) proof plug.

пробн/ый *a.* experimental, test; trial, pilot; tentative (proposal); exploratory (operation); sample, specimen; proof (page, sheet); standard (gold, silver); п. брусок test piece, specimen; п. груз test load; п. заход dry run; п. камень *see* пробирный камень; п. ковш (met.) assay spoon; п. кран try cock, gage cock; п. оттиск proof; п. спирт proof spirit; п. шурф (min.) test pit; п. экземпляр specimen; —ая полоса test strip; —ая протолочка mill run, mill test; —ая серия pilot run; —ая штанга (met.) trial rod, test rod; —ое давление test pressure.

пробов/ание *n.* trying, etc., *see v.*; —ать *v.* try, test, sample; (met.) assay; experiment; attempt, endeavor; taste.

пробод/ать *v.* perforate, pierce, gore; —ение *n.* perforation; —енный *a.* perforated, foraminate(d); —ной *a.* perforating.

пробоина *f.* hole, gap, rift; puncture.

проб/ой *m.* puncture, rupture, disruption; irruption; breakthrough; (elec.; phys.) breakdown; flash-over, spark-over; (eye) bolt, shackle; напряжение —оя breakdown voltage; —ойка *f.* piercing; clearing; punch; caulking material; —ник, —чик *m.* punch, drift.

пробок *gen. pl. of* пробка.

проболеть *v.* be sick (for a time).

проболтать *see* пробалтывать.

пробомбить *v.* bomb.

пробо/отбиратель, —отборник *m.* sampler; —разделочная машина sample conditioner.

проборанивать *v.* (agr.) harrow.

пробор/ка *f.* (text.) drawing-in; (agr.) weeding; reprimanding; —ный станок drawing-in frame.

проборон/ить, —овать *v.* (agr.) harrow.

пробо/укупорочный *a.* corking; —чник *m.* corkscrew; —чный *see* пробковый; plug (welding).

пробрасывать *v.* throw; screen, sift; err (by); miss.

пробраться *see* пробираться.

пробродить *v.* ferment.

проброс/ать *v.* throw, finish throwing; —ить *see* пробрасывать.

пробудет *fut. 3 sing. of* пробыть.

пробу/дить, —ждать *v.* (a)waken, (a)rouse; —диться, —ждаться *v.* wake up.

пробуксовка *f.* slip(ping), skidding.

пробулькивать *v.* bubble (through).

пробурав/ить, —ливать *v.* bore, perforate, drill (through); —ливание *n.* boring.

пробщик *m.* sampler.

пробы *gen., pl., etc., of* проба.

пробыть *v.* stay, remain, be.

пробьет *fut. 3 sing. of* пробить.

провал *m.* downfall; valley, trough; dip (of curve); cave-in; dip; gap, (air) pocket; failure; collapse; —и(ва)ться *v.* fall through, collapse, break down; fail; —ьный *a.* downcomer; —ьная тарелка (distillation) grid plate.

провалять *v.* felt, full.

прованское масло olive oil (high grade).

провар *m.* (welding) penetration; (glass) complete melting; —иваемость *f.* (paper) pulpability; penetrability; —ивание *n.* cooking, digestion; penetration; —и(ва)ть *v.* digest, cook, boil thoroughly; penetrate; —ка *see* проваривание; scalding.

проватерпашивать *v.* level up.

проващивать *v.* wax.

провевать *v.* winnow; blow.

проведать *see* проведывать.

проведен/ие *n.* conducting, etc., *see* проводить; порядок —ия procedure; —ный *a.* conducted, etc., *see* проводить.

проведывать *v.* find out, learn; visit.

провезти *see* провозить.

провеивать *v.* (agr.) winnow.

провентилировать *v.* ventilate, air.

провер/енный *a.* checked, etc., *see* проверять; —ить *see* проверять; —ка *f.* checking, verification, etc., *see* проверять; check(-up), follow-up, inquiry; test(ing); control; —ка по калибру calibration, gaging.

провернуть *v.* crank, turn (engine); drill, make (hole); grind (meat); work out (problem); do quickly.

проверочный *a. of* проверка; verifying; calibrating (gage, instrument).

проверт/еть *v.* bore, perforate, pierce; —еться *v.* turn (for a time); —ывать *see* провернуть.

провер/щик *m.* checker, inspector; —яемый *a.* under examination; —ять *v.* check, verify, test; examine, inspect; keep check, follow up; take (inventory); audit; —яющий *a.* checking, etc., *see v.*; *m.* checker, inspector.

провес *m.* wrong weight; weighed portion,

given weight; slack, sag(ging), dip (of wire); стрела —a deflection, sag, dip; —ить see провешивать.
провесной a. air-dried, cured.
провести see проводить.
проветр/иваемый a. ventilated; —ивание n. ventilation, airing, aeration; —и(ва)ть v. ventilate, air, aerate.
провеш/енный a. aligned, etc., see v.; stake (line); —ивание n. aligning, etc., see v.; alignment; chain surveying; —ивать v. align; plumb; stake out, peg; weigh; weigh short; cure, air-dry; —иваться v. be aligned, etc.; sag; make a mistake in weighing; dry.
прове/янный a. (agr.) winnowed; —ять v. winnow; blow.
провизия f. provisions, food; provision.
провизор m. pharmacist, druggist; п.-аналитик m. analytical chemist.
провизорный a. provisional, temporary; preliminary.
провиниться v. be guilty (of), be at fault.
провинция f. province.
провис/ание n. sag(ging), slack(ening), dip, deflection; —ать, —нуть v. sag, go slack, dip, deflect; —еть v. hang (for a while); —ший a. sagged, sagging, slack.
провитамин m., —ный a. provitamin, vitamin precursor.
провод m. conductor, wire, cable; lead, conduit, duct; conducting; п. с пущенным током (elec.) live wire; вводной п. (elec.) lead; монтировать —а v. wire; прокладка —ов wiring; по прямому —у by direct contact.
проводим/ость f. conductivity, conduction; admittance (of servo system); п. передачи (aut.) transfer admittance; активная п., ваттная п. (elec.) conductance; полная п. admittance; удельная п. conductivity; —ый a. conducted; in progress, under way.
проводить v. conduct, lead, carry; carry out (reaction); do, run, perform, make, accomplish, execute; institute (proceedings); install, lay, take through (cables); construct (road); drive (tunnel); draw, trace (line); lay out, mark; put (into operation); record, register; escort, send off; pursue (research); spend, pass (time); develop (idea); follow (policy); hold (meeting); —ся v. be conducted, etc.; be underway, be in progress.
проводк/а f. conducting, etc., see проводить; wires, wiring, conduit wire; leads; circuit; supply system; п. управления control circuit; —и pl. (rolling mills) entering and delivery guides.
проводник m., —овый a. conductor; leader; guide; vehicle (of infection); п. звука sound conductor; п. под

током (elec.) current-carrying conductor; —овый материал conductor.
провод/ной a. of провод; line, wire (communication); —ность see проводимость; —ный a. conducting; wire; —одержатель m. hanger; -рельс m. contact rail, conductor rail; —ящий a. conducting, etc., see проводить; conductive; (anat.) conduction (path); —ящий под (met.) hearth contact; —ящая жила conductor.
провожать v. accompany, escort, convoy.
провоз m. conveying, carting, transport; стоимость —a freight charge; —ить v. convey, transport, carry; —ной a. of провоз; carrying (capacity); —оспособность f. capacity.
провока/торный a. provocative, exciting, stimulating; —ционный a. stimulating; —ция f. provocation; stimulation (of growth); irritation.
проволакивать v. drag along; draw (wire).
проволок/а f. wire; —ообвязывающий a. wire-tying; —ообразный a. wire-shaped, filiform; —ошвейный a. stapling; —ошвейная машина stapler.
проволочить v. drag along; draw (wire).
проволоч/ка dim. of проволока; delay; —ник m. wire specialist; (ent.) wireworm; —ники pl. (ent.) Elateridae.
проволочно-/волочильный a. wire-drawing; п.-канатный a. wire-rope, cable; п.-намоточный a. wire-coiling; п.-прокатный a. rod-rolling, rod, wire (mill).
проволочн/ый a. wire; wire-wound (resistor); п. калибр wire gage; п. штаг, —ая оттяжка guy wire; п. ая ткань hardware cloth; —ая сеть wire netting, fencing; —ая спираль coil; —ые изделия wirework.
проволочь see проволочить.
проворачив/ание n. (mach.) cranking, etc., see v.; —ать v. crank, turn over; (av.) prop off, swing (propeller); accomplish quickly.
проворный a. quick, adroit, dexterous.
проворотить see проворачивать.
проворочать v. turn, roll (for a time).
проворство n. adroitness, dexterity.
провоцировать v. provoke; induce, stimulate (growth).
провя/ли(ва)ть v. sun-dry, jerk; —нуть v. dry out (somewhat).
прогад(ыв)ать v. miscalculate.
прогал m., —ина f., —ок m. (forest) clearing, glade; (ocean.) shore lead.
прогар m., —ина f. burnout, burn(ing)-through, burnt place; hot spot; —ный лист baffle (plate).
прогест/ерон m. progesterone, luteal hormone; —ин m. Progestin.
прогиб m. sag(ging), deflection, flexure,

прогладить

camber; buckling, caving in, break; depression, trough; **краевой п., передовой п., предгорный п.** (geol.) foredeep; **стрела —а** deflection (of beams); opening (of spring); **—ание** *n.* deflection, sag(ging); **—ать** *v.* deflect; **—аться** *v.* deflect, sag, give, yield, collapse, cave in; **—ающийся** *a.* deflecting, etc., *see v.*; **—омер** *m.* deflectometer.

прогла/дить, —живать *v.* iron, press, smooth out, level; **—дка** *f.*, **—живание** *n.* ironing, etc., *see v.*

прогл/атывание *n.* swallowing; **—атывать, —отить** *v.* swallow.

прогля/деть, —дывать *v.* overlook, miss; glance through, scan; examine; **—дывать, —нуть** *v.* appear, show through.

прогнат/изм *m.* (med.) prognathism; **—ический** *a.* prognathous.

прогнать *see* **прогонять.**

прогн/ивание *n.* rotting through; **—и(ва)ть** *v.* rot through.

прогно/з *m.* forecast; prediction, prognosis; **ставить п., —зировать** *v.* predict, forecast, prognosticate; **—зирование** *n.* forecast(ing), prediction; **—зист** *m.* forecaster; **—стика** *f.* prognostication; **—стический** *a.* prognostic; forecast(ing).

прогнуться *see* **прогибаться.**

прогон *m.* run, pass; drive; girder, main beam, span, stringer, baulk; bearer; (roof) purlin; (stair) well; **повторный п.** (comp.) rerun; **—ка** *f.* trial run; driving; screw die, threading die; **—ять** *v.* drive (away, off, through); run, operate; pass (current, etc.); (mach.) drift.

прогор/ание *n.* burning through; burn-out; **—ать, —еть** *v.* burn through, burn down; go bankrupt; **—елый** *a.* burnt through.

прогорк/лость *f.* rancidity; **—лый** *a.* rancid, rank; **—нуть** *v.* get rancid.

прогорчить *v.* make extremely bitter.

проградуировать *v.* graduate, calibrate.

программ/а *f.* (comp.) program, routine; (educ.) schedule, curriculum; **составление —ы** programming; **п.-загрузчик** *m.* (comp.) loader; **—атор** *m.* programming device; programmer; **—ирование** *n.* programming, program writing; **средства —ирования** software; **—ированный** *a.* programmed; **—ировать** *v.* program; **—ирующий** *a.* programming; **—ирующее приспособление** programmer; **—ный** *a.* program(ming); preset (guidance; control); **—ный механизм** programmer.

прогребать *v.* scrape (away), clean off.

прогрев *see* **прогревание; —аемость** *f.* heating capacity; extent of warm-up; **—ание** *n.* warming up, etc., *see v.*; warm-

прогерг(ив)ать

up; **—ать** *v.* warm up, warm thoroughly, heat.

прогресс *m.* progress, development, evolution; **—ивка** *f.* accelerating piece rate (of pay); **—ивно** *adv.* progressively, gradually, by degrees; **—ивно-горящий** *a.* progressive-burning; **—ивно-сдельная плата** *see* **прогрессивка; —ивность** *f.* progressiveness; **—ивный** *a.* progressive, progressing, gradual; accelerated; cumulative (depreciation); **—ировать** *v.* progress; **—ирующий** *see* **прогрессивный; —ия** *f.* (math.) progression; series.

прогрести *v.* scrape, clean off; row.

прогреть *see* **прогревать.**

прогрохоченный *a.* screened.

прогрузить *v.* load, charge.

прогул *m.* absence from work; **—очный** *a.* promenade (deck); pleasure (boat); easy (pace); **—ьный** *a.* nonworking (day); **—ять** *v.* walk, stroll; be absent from work.

прод— *prefix* supply.

продав/ать *v.* sell, market; **—аться** *v.* sell, be on the market; **—ец** *m.* salesman.

продав/ить *see* **продавливать; —ливание** *n.* pressing through, etc., *see v.*; **—ливание на прессе** impact puncture (test); **—ливать** *v.* press through, force through, squirt; puncture, punch.

продаж/а *f.* sale, selling, marketing; **в —е** for sale, on sale, on the market; **имеющийся в —е** *a.* on the market, commercially available; **пустить в —у** *v.* (put on the) market; **—ный** *a.* selling, sales, marketing; commercial.

продалбливать *v.* chisel through, make a hole in.

проданный *a.* sold, marketed.

продать *see* **продавать.**

продви/гать *v.* move (forward), advance, promote; impel; **—гаться** *v.* advance, move forward, get on, make way; **—жение** *n.* advance(ment), progress, headway; feed; **—нуть(ся)** *see* **продвигать(ся).**

продев/ание *n.* passing through, etc., *see v.*; **—ать** *v.* pass through, run through, insert; thread.

продежурить *v.* watch, be on duty.

продезинфицировать *v.* disinfect.

продел *m.* cracked grain.

продел/ать *see* **проделывать; —ка** *f.* hole, opening; cutting; **—ывание** *n.* making, etc., *see v.*; execution; **—ывать** *v.* make; do, perform, execute; break through, open; cut (an opening); peel, shell; **—ьный** *a.* broken through; peeled, shelled; cracked (grain).

продемонстрировать *v.* demonstrate.

продерг(ив)ать *v.* pull through, thread; (agr.) thin out, pluck.

продерж(ив)ать v. keep, hold, detain; —ся v. hold out, stay.
продержка f. pulling through, etc., see продергивать; thinned seedling.
продернуть see продергивать.
продеть see продевать.
продешев/ить, —лять v. sell below cost.
продигиозин m. prodigiosin(e).
продиктовать v. dictate.
продиффундировавш/ий a. diffused; —ее вещество diffusate, dialyzate.
продком m. food committee.
продл/евать see продлить; —ение n. prolongation, extension; —енный a. prolonged, extended; —ить v. prolong, extend, lengthen; —иться v. last.
прод/маг m. grocery; —налог m. tax in kind.
продовольств/енный a. supply, provision, food; ration (book, card); п. склад supply depot; —енные товары food(stuffs); —ие n. provisions, food(stuffs); rations.
продолбить see продалбливать.
продолговат/ость f. oblong form; —ый a. oblong; prolate; extended; elongated; —ый мозг (anat.) medulla oblongata.
продолж/атель m. continuer, successor; —ать v. continue, go on, go ahead, proceed; carry on, pursue, persist; resume; prolong, extend; elongate, lengthen, broaden; —аться v. be continued, etc.; continue, last, persist; be in progress; —ающий a. continuing, etc., see v.; —ающийся a. continuing; continued, serial (article); —ение n. continuation, etc., see v.; continuance; sequel; duration, course, space (of time), interval; в —ение in the course (of), during, throughout; —имость f. extendibility; —имый a. extendible.
продолжительн/ость f. continuance, duration, length, period, time, cycle; endur'ance; п. действия, п. жизни life; п. полета lifetime (of satellite); п. работы, п. службы (useful) life; полет на п. endurance flight; —ый a. continuous, lasting, prolonged, of long duration, long(-term), extended; persistent; —ый режим работы continuously rated operation; на —ое время for a long time.
продолжить see продолжать.
продольно adv. longitudinally, lengthwise; п.-распиловочный станок rip(ping) saw; п.-сверлильный станок slot drill; п.-скользящий a. sliding; п.-строгальный станок planer; п.-тангенциальное коробление bow warp; п.-токарный станок long-bed lathe; п.-фрезерный a. plano-milling.
продольн/ый a. longitudinal, lengthwise; linear; drawn out; rip (saw); differential (leveling); elevator, pitch (control); п. зазор end play, axial clearance; п. изгиб buckling; п. разрез axial section, longitudinal section; —ое движение pitching; —ое изменение linear deformation; в —ом направлении lengthwise; —ые нити ткани (text.) warp.
продор/аживать v. groove; —оженный a. grooved, channeled.
продпункт m. food supply depot.
продрейфовать v. drift.
продром m., —альное явление (med.) prodrome, premonitory symptom.
продтовары pl. foods, foodstuffs.
продуб/ить v. tan; —ленный a. tanned.
продувало n. ashpit.
продув/ание see продувка; —ательный see продувочный; —ать v. blow through, blow off, blow out, blast; scavenge, remove, exhaust (gases); purge, drain; bubble through; —ка f. blowing through, etc., see v.; blow-out, blow-off; blast cleaning; purge, drainage; (wind tunnel) test; —ной, —очный a. blow-through, blow-out, blow-off, blast(ing); scavenging (air; pump); drain (cock).
продукт m. product, commodity, item.
продуктивн/о adv. productively, efficiently, with good results; —ость f. productivity, efficiency; output; producing, —ый a. productive, efficient.
продуктовый a. produce, food.
продукц/ия f. production, productive capacity, output, manufacture; product(s), goods, manufactured articles; produce; количество —ии output.
продум/анный a. (well) thought out; —(ыв)ать v. think out, reason out.
продут/ый a. blown (through), etc., see продувать; —ь see продувать.
продух m., —а f. air hole.
продуц/ент m. producer; —ирующий a. producing, productive.
продушина f. air hole, vent.
продымить v. smoke up.
продыряв/ить see продырявливать; —ленный a. perforated, etc., see v.; —ливать v. perforate, puncture, pierce.
проед/ать v. eat away, corrode; —енный a. corroded.
проез/д m. passage(way); lane; thoroughfare, way; —дить v. ride, drive; —дка f. ride; —дная плата fare; —дом adv. in transit; passing through; —жать v. pass, drive, go (through); —жающий a. passing (by, through); —жий a. travelling; m. passerby; —жая дорога public road, highway, thoroughfare.
проект m. project, plan, scheme, layout, design; п. стандарта tentative standard; составлять п. v. plan, design; —ант m.

designer; —ивность f. (math.) projectivity; —ивный a. projective; —ивное соответствие projectivity.

проектиров/ание see проектировка; —анный a. projected, etc., see v.; —ать v. project, design, plan, engineer; —ка f., —очный a. projecting, etc., see v.; projection; design, layout; —щик m. designer.

проектно-изыскательный a. planning and surveying; п.-конструкторский a. planning and design; п.-конструкторские работы development; п.-расчетный a. preliminary estimation; п.-технологический a. planning and technological.

проектн/ый a. of проект; rated; theoretical; —ая величина (elec.) rating; —ая мощность (elec.) rated capacity; —ая нагрузка load rating; —ая схема layout.

проектор m. projector.

проекц/ионный a., —ия f. projection; п. аппарат, п. фонарь projector.

проем m. aperture, opening, embrasure; —ный a. through.

проесть see проедать.

проехать see проезжать.

проецировать v. project (image).

прожар/енный a. thoroughly roasted; —и(ва)ть v. roast thoroughly; fry.

прожать see прожимать.

прождать v. wait.

прожев(ыв)ать v. masticate, chew thoroughly.

прожектор m. projector, searchlight; (electron) gun; —ист m. projector operator; —ный a. прожектор; beam (antenna); —ное освещение floodlighting.

прожелть f. yellowish tint.

прож/ечь see прожигать; —женный a. burned (through, out).

проживать v. live, reside, stay; spend.

проживление n. refining.

прожиг/ание n., —ательный a. burning (through, out); —ать v. burn (through, out).

прожил/ка f. vein(let), fiber, filament; —ково-вкрапленный a. (geol.) vein-disseminated; —ковый a. streaky; —ок m. vein(let), streak, stringer.

прожим/ание n. squeezing through (or out); trickling; —ать v. squeeze through (or out); —аться v. squeeze through (or out); trickle.

прожир/енный a. greased, tallowed; —овать v. grease, tallow.

прожит/ие n. living, livelihood; —очный a. living; —ь see проживать.

прожмет fut. 3 sing. of прожать.

прожорливый a. voracious.

прозама f. (foundry) mixer.

прозвать v. name, call.

прозв/енеть, —онить v. ring.

прозвуч/ивание n. sounding; —(ив)ать v. sound, be heard.

прозев(ыв)ать v. miss, let slip.

прозектор m. prosector, dissector; —ская f. autopsy room; —ский a. dissecting.

прозелен/еть v. turn green; (bot.) stay green; —ь f. greenish tint.

прозенхима f. (bot.) prosenchyma.

прозерин m. proserine, neostigmine.

прозимовать v. (spend the) winter.

прозодежда f. work clothes.

прозопит m. (min.) prosopite.

прозор m. space, gap; —ник m. (rr.) shim.

прозрачн/ость f. transparency; (optical) transmittance; (filter) transmission; —ый a. transparent, clear; obvious; (biol.) hyaline; tracing (cloth).

прозре(ва)ть v. recover one's sight.

прозубри(ва)ть v. file, sharpen (saw).

прозывать v. name, call.

прозябнуть v. get thoroughly chilled.

проигра f. flight (of bees).

проигр/ать see проигрывать; —ывание n. losing; playback; —ыватель m. record player; —ывать v. lose (out); play (record); —ыш m. loss, failure; коэффициент —ыша disadvantage factor; —ышный a. disadvantageous, unfavorable.

произведен/ие n. production, work, composition; origination; (math.) product; п. растворимости solubility product; —ный a. produced, etc., see проводить.

произвести see производить.

произ-во abbr. (производство).

производимый a. producible.

производитель m. producer, generator; manufacturer, maker; grower; (breeding) sire; п. газа gas producer; п. работ works superintendent.

производительн/ость f. productivity, productiveness, productive capacity, output, yield, delivery, discharge (of pump); capacity, efficiency, effect, performance, duty (of machine); (elec.) rating; п. труда output per man-hour; operating efficiency (of a plant); —ый a. productive, efficient.

производить v. produce, make, manufacture, turn out; form, build, construct; prepare; create, originate; exert (pressure); generate (gas); derive; effect, perform, do; take (reading); set off (explosion); carry out (experiments); —ся v. be produced, etc.; be in production, be available.

производн/ая f. (math.) derivative; п. по времени time derivative; брать —ую v. derive; —ое n. (chem.) derivative; —ые pl. derivatives; —ый a. derivative, derived.

производственн/ик m. industrial worker;

—о-территориальный *a.* production-territorial; —о-технический *a.* industrial-engineering.
производственн/ый *a.* industrial, manufacturing, production; process (control instrumentation); working (conditions, etc.); professional (skill); operative (staff); п. контроль plant supervision; п. образец prototype; п. совет work council; —ая единица production unit; —ая мощность productive capacity; —ая практика industrial practice; —ая стоимость cost of production, operating cost.
производ/ство *n.* production, making, etc., *see* производить; manufacture; industry; factory, works, plant; своего —ства of domestic make; —ящий *a.* producing, etc., *see* производить; productive; producer; —ящийся *a.* being produced, in production, in progress.
произвольн/о *adv.* arbitrarily, at will; at random; —ость *f.* arbitrariness; randomness (of retrieval); —ый *a.* arbitrary; random (access); (geod.) assumed, undefined (scale); с —ым доступом random-access.
произн/ести, —осить *v.* pronounce, utter; make (a speech); —ошение *n.* pronunciation, utterance.
произойти *see* происходить.
произраст/ание *n.* growth, growing, springing (up); vegetation; —ать, и *v.* grow, spring up.
проиллюстрировать *v.* illustrate.
проинструктировать *v.* instruct.
проискать *v.* search (for).
происте/кать, —чь *v.* result, ensue, stem, arise, derive, spring (from); —кающий *a.* resulting, resultant.
происход/ившее *see* происходящее; —ивший *a.* having come (from), etc., *see v.*; —ить *v.* come (from), emanate, proceed, result, spring, arise, originate, be derived; descend, issue, stem (from); happen, occur, take place, be in progress, come about, come to pass; —ящее *n.* happening, past occurrence; —ящий *a.* coming (from), etc. *see v.*; under way, in progress.
происхождение *n.* origin, genesis, parentage, descent; derivation, extraction; emanation; п. видов (biol.) origin of species; п. элементов nucleogenesis.
происшедш/ее *n.* past occurrence(s), the past; —ий *past act. part. of* произойти.
происшествие *n.* incident, occurrence, event; accident, emergency.
пройденн/ое *n.* covered ground, material already covered; —ый *a.* passed, etc., *see* проходить.
пройма *f.* opening, aperture, hole.

пройти *see* проходить.
прок *m.* use, benefit; заготовлять в п. *v.* cure (food); запасать в п. store.
прока/женный *a.* (med.) leprous; *m.* leper; —за *f.* leprosy.
прокаин *m.* procaine, Novocaine.
прокал/енный *a.* calcined, etc., *see v.*; —иваемость *f.* hardenability (of steel); —ивание *n.* calcination, roasting, etc., *see v.*; проба —иванием fire assay; flame test; —и(ва)ть *v.* calcine, roast; bake, fire; ignite, burn; harden (steel); temper, anneal.
прокалыв/ание *n.*, —ательный *a.* puncturing, etc., *see v.*; —ать *v.* puncture, pierce; prick; punch.
прокамбий *m.* (bot.) procambium.
прокапчивать *v.* smoke (up), cure.
прокапывать *v.* dig (out, through).
прокармливать *v.* keep, feed.
прокат *m.* rolling; (met.) rolled products, (rolled) stock; (rr.) wheel tread wear; hire; стальной п. rolled steel; —анный *a.* rolled, laminated; в —анном виде as rolled; —ать, —ить *see* прокатывать; —ка *see* прокатывание; —ный *a.* rolling, milling; rolled; mill (scale); hired, (let out) on hire; —ный валок roller; —ный стан (rolling) mill; —ный материал rolled stock, mill bar.
прокат/чик *m.* roller, rolling mill operator; —ывание *n.* rolling, etc., *see v.*; —ывать *v.* roll, mill, flatten, laminate, draw out.
прокач/иваемый *a.* pumpable; pumped, etc., *see v.*; —ивать *v.* pump (through); prime; bleed (brakes); —ка *f.* pumping, etc., *see v.*; injection.
прокашивать *v.* (agr.) mow.
проква/сить, —шивать *v.* (let) sour; leaven (bread); —шенный *a.* leavened.
прокип/ать, —еть *v.* boil thoroughly; —ятить *v.* (let) boil thoroughly; —яченный *a.* boiled.
прокис/ать, —нуть *v.* (turn) sour, turn; —лый, —ший *a.* sour, rancid.
проклад/ка *f.* laying, etc., *see v.*; packing, pad(ding), cushion, lining, stuffing, filler, liner, seal; (inter)layer; washer, gasket; spacer, distance piece, separator; (adjusting) shim; —ной *a. of* прокладка; bearing (disk); —ное кольцо gasket; —очный *a.* laying, etc., *see v.*; —чик *m.* plotter (of course); —ывать *v.* lay (off, out); interlay, sandwich; run (a wire); plot (a course); break (a road); drive (a tunnel); pave (the way).
прокле/енный *a.* sized, etc., *see v.*; —ивание *n.* sizing, etc., *see v.*; —и(ва)ть *v.* size; paste, glue; —йка *see* проклеивание; size; sized product; —йщик *m.* sizer.
проков/анный *a.* forged, etc., *see v.*; —ать

проковыривать see проковывать; —ка *f.*, —очный *a.* forging, etc., see *v.*; —ывать *v.* forge, hammer, peen.

проковыр/ивать, —ять *v.* pick through.

прокол *m.* prick(ing), puncture; (pin)hole; напряжение —а (elec.) piercing voltage.

проколачивать *v.* break through.

проколка *f.* pricking, puncturing, piercing.

проколоть see прокалывать.

проколоть see прокалывать; split.

прокомментировать *v.* comment, interpret.

прокомпостировать *v.* punch (a hole).

проконопа/тить, —чивать *v.* caulk (up).

проконспектировать *v.* summarize.

проконсультировать *v.* consult.

проконтролировать *v.* supervise, check.

прокоп *m.* digging (out, through); dug-out; —анный *a.* dug (out, through); —ать *v.* dig (out, through); —ка *f.* digging.

прокопт/елый *a.* smoked, etc., see *v.*; —еть *v.* smoke; be smoked, be cured; —ить *v.* smoke (up), fumigate; smoke, cure.

прокорм *m.* feeding; nourishment; —ить *v.* feed; —ление *n.* feeding.

прокорректировать *v.* correct, edit

проко/с *m.* (agr.) swathe; —сить *v.* mow; —шенный *a.* mowed.

прокрадываться *v.* creep through, get through.

прокрас/ить see прокрашивать; —ка *f.* painting; dyeing.

прокрасться see прокрадываться.

прокраш/енный *a.* painted; dyed; —ивание *n.* painting; dyeing; —ивать *v.* paint; dye.

прокроить *v.* cut out (by pattern).

прокружить *v.* circle; spin around.

прокрутка *f.* idling (of engine).

прокры(ва)ть *v.* prime, give a first coat.

проксимальный *a.* proximal.

прокт/ит *m.* (med.) proctitis; —о— *prefix* procto— (rectum).

прокурор *m.* procurator, agent.

пролагать see прокладывать.

пролаз *m.* (crawl) hole, passage; —ный *a.* (for) access.

пролактин *m.* prolactin (hormone).

проламин *m.* prolamine.

проламывать *v.* break (through), cut open; fracture; —ся *v.* break through.

пролан *m.* prolan (hormone).

проле/гать *v.* lie (of road); —жать, —живать *v.* lie (around); —жень *m.* bedsore.

пролез(а)ть *v.* get through.

пролей(те) *imp. of* пролить.

пролес/ка *f.* (bot.) squill (*Scilla*); mercury (*Mercurialis*); —ник *m.* mercury.

пролет *m.* flight; span, spacing, bay, aperture, opening; aisle, runway; well (of stairs); transit (of electron); fly(ing)-by, fly(ing)-over; migration (of birds); п. в свету span, internal width; время —а transit time; flight time; по времени —а time of flight (spectrometer); угол —а transit angle.

пролетарский *a.* proletarian.

пролет/ать, —еть *v.* fly (past, over, through); —ный *a. of* пролет; (nucl.) drift, flight-path (tube); (orn.) migratory; —ное строение (bridge) span, bay.

пролечь *v.* lie (of road).

пролив *m.* strait, sound, channel.

пролив/ать *v.* spill; shed, throw (light); (foundry) cast on; —ень *m.* downpour; —ка *f.* spilling, etc., see *v.*; flow (test); —ной *a.* pouring (rain).

прол/ил *m.* prolyl; —ин *m.* proline, 2-pyrrolidinecarboxylic acid.

пролит/ие *n.* shedding, spilling; —ый *a.* spilled; —ь see проливать.

пролиферация *f.* (biol.) proliferation.

пролож/енный *a.* laid, etc., see прокладывать; —ить see прокладывать.

пролом *m.* breach, gap, break; fracture; —анный *a.* breached, broken; —ать, —ить see проламывать; —ник *m.* (bot.) Androsace.

пролонг/ация *f.* prolongation; —ировать *v.* prolong.

пролыс/енный *a.* bared, denuded; bark-stripped; —ина *f.* bare spot, bald spot.

прольет *fut. 3 sing. of* пролить.

пролювий *m.* (geol.) slopewash.

проляжет *fut. 3 sing. of* пролечь.

пром. *abbr.* (промышленность).

пром— *prefix* industrial.

промаз/анный *a.* greased, etc., see *v.*; —ать, —ывать *v.* grease; smear, daub; coat; putty, fill up; —ка *f.*, —ывание *n.* greasing, etc., see *v.*

промалывать *v.* mill.

промасл/енный *a.* oiled, etc., see *v.*; —ивание *n.* oiling; lubrication; —и(ва)ть *v.* oil, treat with oil; lubricate.

промах *m.* miss, fault; blunder, slip, oversight; failure; —иваться, —нуться *v.* miss (the mark), miss one's aim.

промачив/ать *v.* wet thoroughly, drench, soak, steep; —ающий *a.* soaking.

промедл/ение *n.*, —ить *v.* delay.

промежност/ный *a.* (anat.) perineal; —ь *f.* perineum.

промежуток *m.* interval, space, stretch, distance, gap, clearance, play; span; intermediate space, interspace; interstice; time interval, period, pause; п. времени period, interval.

промежуточн/ый *a.* intermediate; interjacent, interstitial; intervening (space; time); transfer (tank); secondary, auxiliary; relay (detonator); (comp.) half (adder); reheat (steam); catch (crop); inter—, *e.g.*, п. холодильник intercooler; п. вал communicator; п. про-

дукт intermediate (product); —ая часть spacer; —ая шестерня idler (gear); —ое кольцо, —ое тело spacer.
промелет *fut. 3 sing. of* промолоть.
промелькнуть *v.* flash by, flash past.
промен *m.*, —ивать, —ять *v.* barter, exchange.
промер *m.* measurement, measuring; error in measurement.
промерз/ание *n.* freezing; линия —ания frost line; —ать, —нуть *v.* freeze through; —лый *a.* frozen.
промер/и(ва)ть, —ять *v.* measure, survey; make a mistake in measurement; —ный *a.* measuring, surveying; sounding (line).
промесить *v.* knead (thoroughly).
промести *v.* sweep (out).
прометий *m.* promethium, Pm.
промеш/анный *a.* thoroughly mixed; —(ив)ать *v.* mix well; knead well.
промил/ле, —ь *adv.* pro mille, per thousand.
проминать *v.* knead, work; press in.
промодель *f.* master pattern.
промоет *fut. 3 sing. of* промыть.
промозглый *a.* damp, dank (weather); stagnant (air).
промои *pl.* wash water; —на *f.* washout, scour, gullied land; washed-out hole in ice.
промок/ание *n.* permeation, wetting; —ательная бумага blotting paper; —ать, —нуть *v.* get wet, get soaked, be permeated; be wetted; blot (of ink); —ший *a.* wet, soaked, permeated.
промол/ачивать, —отить *v.* (agr.) thresh.
промолоть *v.* mill, grind.
промолчать *v.* keep quiet, not reply.
promораживать *v.* freeze through.
промороз/ить *see* промораживать; —ка *f.* promorozka (natural freezing of the ground during the sinking of a pit in a water-bearing horizon).
промо/тирование *n.* promotion; —тировать *v.* promote; —тор *m.* (catalyst) promoter, activator, accelerator; —ция *f.* promotion.
промочить *see* промачивать.
промоют *fut. 3 pl. of* промыть.
пром/предприятие *n.* industrial plant; —продукт *m.* intermediate product.
пром-сть *abbr.* (промышленность).
промтоварн/ый *a.*, —ы *pl.* dry goods.
промфинплан *m.* industrial and financial plan.
промчаться *v.* fly past, rush past.
промыв *m.* washout, channel; —алка *f.* washer; wash bottle; —альщик руды (min.) jig(ger); —ание *n.* washing, etc., *see* промывать; —ание для ран lotion; —атель *m.* washer, purifier, scrubber; —ательный *a.* washing; wash (bottle).

промыв/ать *v.* wash, rinse, flush (out); (text.) scour; scrub (gas); jig (ore); pan out (gold dust); syringe (wound); —ка *f.* washing, etc., *see v.*; leaching operation (of soil); (met.) ore washer, spec. log washer.
промывн/ой *a.* washing, flushing, rinsing; scrubbing (column); placer (gold); п. барабан log washer (for ore); п. лучок mud hole, hand hole (in boiler); —ая ванна (text.) scouring liquor; —ая вода wash water; —ая колба wash bottle; —ое корыто (min.) log washer.
промывочный *see* промывной; circulating, flush (oil).
промыс/ел *m.* trade, business, profession; industrial enterprise; (oil) field, lease; горный п. mining; золотые —лы gold fields; соляной п. salt mine or mining.
промысло/ведение *n.* technology; —вый *a.* industrial; craft; —вое свидетельство license.
промыт/ый *a.* washed, etc., *see* промывать; —ь *see* промывать.
промышленн/ик *m.* manufacturer; industrialist; —ость *f.* industry.
промышленн/ый *a.* industrial, commercial; production; net (efficiency); pay (ore); в —ом масштабе on an industrial scale, industrially.
промять *see* проминать.
пронашивать *v.* wear out, wear through.
пронести *see* проносить.
пронз/ать, —ить *v.* pierce; —ительный *a.* piercing, sharp, shrill, acute.
прониз/ать, —ывать *v.* pierce, perforate; permeate; thread.
проник/ание *see* проникновение; —ать *v.* penetrate, permeate, find its way, pervade, infiltrate, filter through, percolate, impregnate; sink, work into, bore, pierce, pass through, gain access; —ать взаимно interpenetrate; —аться *v.* penetrate; be permeated; —ающий *a.* penетrating, etc., *see v.*; thorough; (rockets) sweat (cooling); —новение *n.* penetration, etc., *see v.*; ingress; двойники —новения (cryst.) penetration twins.
проникнут/ый *a.* penetrated, etc., *see* проникать; —ь *see* проникать.
проницаем/ость *f.* penetrability, permeability, perviousness, porosity; transmittancy; вероятность —ости penetration probability, transmission coefficient; магнитная п. permeability; —ый *a.* penetrable, permeable, pervious; passable; pellucid (light).
прониц/ание *n.* permeation; —ательность *f.* penetration, understanding, acumen, insight; penetrability; —ательный *a.* penetrating; —ать *see* проникать.

проно/с *m.* carrying; —сить *v.* carry (along, past, through); —ситься *v.* rush (along, past, through); wear (out); —сный *a.* purgative; —шенный *a.* worn out, worn through.

пронумеров(ыв)ать *v.* number.

проныр/ивать, —нуть *v.* dive under.

прообраз *m.* prototype, standard; type, symbol, sign; быть —ом *v.* indicate.

пропавший *a.* lost, vanished, disappeared; fallen.

пропаганда *f.* propaganda.

пропадать *v.* be lost, vanish, disappear; fall (a given distance).

пропа/диен *m.* propadiene, dimethylenemethane; —езин *m.* propaesin, propyl *p*-aminobenzoate.

пропажа *f.* loss; lost article.

пропаз/ить *v.* mortise, groove; —ованный *a.* mortised, grooved, slotted.

пропаивать *v.* solder; water (livestock).

пропаланин *m.* propalanine, aminobutyric acid.

пропали(ва)ть *v.* singe, burn (through).

пропалывать *v.* cultivate, weed.

пропан *m.* propane; —ал(ь) *m.* propanal, propionic aldehyde; —дикислота, —диовая кислота propanedioic acid, malonic acid; —диол *m.* propanediol, dihydroxypropane; —овая кислота propanoic acid, propionic acid; —ол *m.* propanol, propyl alcohol; —он *m.* propanone, acetone.

пропаргил *m.* propargyl; —овая кислота propargylic acid, propiolic acid; соль —овой кислоты, —овокислая соль propargylate; —овый спирт propargyl alcohol, propynol.

пропар/ивание *n.*, —ка *f.* (low-temperature) steaming, steam-curing; —иватель *m.* steamer, sterilizer; —ивать *v.* steam (out); —ина *f.* proparina (open space in ice produced by subaqueous springs); —очный *a.* steaming.

пропасти *v.* pasture; —сь *v.* graze.

пропасть *see* пропадать; *f.* precipice, abyss, gulf; a great deal, a lot (of).

пропа/х(ив)ать *v.* plow (through); —шка *f.* (thorough) plowing; —шник *m.* furrow plow; cultivator; —шной *a.* tilling, cultivating; tilled, cultivated, row (crops).

пропащий *a.* ruined, lost, hopeless.

пропаять *v.* solder (thoroughly).

пропедевт/ика *f.* (educ.) introductory course; —ический *a.* introductory.

пропекать *v.* heat, bake (thoroughly).

пропеллер *m.* propeller; fan, impeller; —ный *a.* of пропеллер; propeller-type; agitator (mixer).

пропен *m.* propene, propylene; —ал(ь) *m.* propenal, acrolein; —ил *m.* propenyl; —илиден *m.* propenylidene; —иловый *a.* propenyl; —ол *m.* propenol, allyl alcohol.

пропептон *m.* propeptone, hemialbumose.

пропердин *m.* properdin (serum protein).

пропечат(ыв)ать *v.* publish, print.

пропеч/енный *a.* heated, baked (thoroughly); —ь *see* пропекать.

пропил *m.* kerf, (saw) cut, groove, gash, notch; делать —ы *v.* kerf.

пропил *m.* propyl; —амин *m.* propylamine; —бензол *m.* propylbenzene.

пропилен *m.* prop(yl)ene, —гликол *m.* propylene glycol, propanediol.

пропиленный *a.* sawed (out, through, up to).

пропиливать *v.* saw (out, through, up to).

пропилиден *m.* propylidene.

пропилит *m.* (petr.) propylite; —изация *f.* propylitization; —овый *a.* propylite, propylitic.

пропил/ить *see* пропиливать; —ка *f.* sawing (out, through, up to).

пропилнитрит *m.* propyl nitrite.

пропиловый *a.* propyl; п. спирт propyl alcohol, propanol; п. эфир уксусной кислоты propyl acetate.

проп/ин *m.* propyne, allylene; —инал(ь) *m.*, —иоловый альдегид propynal, propioaldehyde; —иновая кислота propynoic acid, propiolic acid; —инол *m.* propynol, propargyl alcohol; —иолактон *m.* propiolactone; —иолил *m.* propiolyl; —иоловый *a.* propiolic.

пропион *m.* propione, 3-pentanone; —ат *m.* propionate; —ил *m.* propionyl.

пропионитрил *m.* propionitrile, ethyl cyanide.

пропионово/кислый *a.* propionic acid; propionate (of); п. натрий, —натриевая соль sodium propionate; —кислая соль propionate; —этиловый эфир ethyl propionate.

пропионов/ый *a.* propionic; п. альдегид propionic aldehyde, propionaldehyde; —ая кислота propionic acid; соль —ой кислоты propionate.

пропиофенон *m.* propiophenone.

пропис/анный *a.* prescribed, etc., *see v.*; —ать *see* прописывать; —ка *f.* visa, registration; inscription, entry; omission, erratum; —ной *a.* capital (letter); common (truth); —очный *a.* visa, registration; —ывание *n.* prescribing, etc., *see v.*; prescription; —ывать *v.* prescribe, order; register, enter, record; —ь *f.* prescription; recipe; sample of writing; (preliminary) sketch, outline; —ью *adv.* in words, written out (of figures).

пропитание *n.* subsistence, livelihood.

пропит/анность *f.* (degree of) impregnation; —анный *a.* impregnated, etc., *see v.*; —ать *see* пропитывать; feed, nour-

пропих/(ив)ать, —нуть *v.* shove, push (through); —ка *see* пропитывание; impregnating compound; —очный *see* пропитывающий; —ываемость *f.* impregnability; —ываемый *a.* impregnable, etc., *see v.*; —ывание *n.* impregnation, soaking, etc., *see v.*; treatment; —ывать *v.* impregnate soak, saturate, permeate, steep, dip, treat; preserve (wood); —ывать дегтем tar; —ывающий *a.* impregnating, etc., *see v.*

пропих/(ив)ать, —нуть *v.* shove, push (through).

проплав *m.* fusion, melting.

проплавать *v.* swim, cruise, sail.

проплав/ить *see* проплавлять; —ка *f.*, —ливание *n.* melting, fusion; —ленный *a.* melted, fused; —ливать, —лять *v.* melt, fuse.

пропласток *m.* (geol.) intercalation, interstratification, parting; (gas) streak; (thrust) sheet.

проплесневеть *v.* become moldy.

пропле/сти, —тать *v.* braid, weave (into).

проплы(ва)ть *v.* swim, float, sail, cruise (along, past, through).

проповед/ник *m.*, —овать *v.* advocate.

пропоить *v.* water (livestock).

пропокси— *prefix* propoxy—.

прополаскив/ание *n.* rinsing, flushing; —ать *v.* rinse, flush.

проползать, —ти *v.* creep, crawl (past, through).

прополис *m.* propolis, bee glue.

прополка *f.* weeding, weed eradication.

прополоск/анный *a.* rinsed, flushed; —ать *v.* rinse, flush.

пропол/оть *v.* weed (out); —очный *a.* weeding, weed-eradicating.

пропонал *m.* proponal, di-*iso*-propylbarbituric acid.

пропорциональн/о *adv.* proportionally, in proportion, as; п. степени with the . . . power; среднее —ое mean proportion; —ость *f.* proportionality, proportion-(ateness); обратная —ость inverse proportion, inverse ratio; —ый *a.* proportional, proportionate, in proportion.

пропорция *f.* proportion, ratio; degree, rate; п. флегмы reflux ratio.

пропот/евание *v.* transudation, etc., *see v.*; —е(ва)ть *v.* transude, exude through; perspire (heavily); —елый *a.* soaked with perspiration.

проприо— *prefix* proprio— (one's own); —цептивный *a.* (physiol.) proprioceptive.

попрясть *v.* spin.

пропс *m.* prop; —ы *pl.* props.

пропудривание *n.* (rubber) dusting.

пропуск *m.* pass, permit; admission, passing, passage; omission, lapse, miss; blank (space), gap; absence, nonattendance; idle stroke (of piston); leak(ing); (mil.) pass(word); п. в зажигании misfire; за один п. in one operation; регулирование —ами hit and miss governing; —аемость *f.* transmittancy.

пропускан/ие *n.* pass(ing through), passage; omission; (illum., elec. comm.) transmission; bubbling (gas); п. через фильтр filtration; коэффициент —ия transmission factor; полоса —ия pass band, band width; схема —ия (comp.) gate, gating circuit.

пропу/скательный *a.* transmitting, etc., *see v.*; —скательная способность transmissivity; —скать *v.* transmit, carry; (let) pass, pass through, run through, allow passage, conduct; bubble (gas); omit, leave out, miss, skip; leak; —скать мимо by-pass; —скающий *a.* transmitting, etc., *see v.*; by-pass; gating (impulse); acceptor (circuit); не —скающий воды watertight; —скной *a.* permeable; carrying, throughput (capacity); —скная способность throughput, capacity (of passage); permeability; —стить *see* пропускать; —щенный *a.* transmitted, etc., *see v.*

пропылить *v.* (raise) dust; —ся *v.* get dusty.

прораб *m.* foreman, man in charge.

прораб/атывание *see* проработка; —атывать, —отать *v.* work (at, through, up) study, become familiar (with); criticize; treat, process; —отка *f.* working, etc., *see v.*; study, critical analysis.

проран *m.* (hydr.) passage; wash-out.

прора/стание *n.* intergrowth; (geol.) penetration; (bot.) germination; двойник —стания (cryst.) penetration twin; щель —стания (pal.) germinal aperture; —стать *v.* (inter)grow; penetrate; germinate, sprout, shoot (up), appear; (med.) invade; —стающий *a.* intergrowing, etc., *see v.*; invasive (cancer); —сти *see* прорастать; —стить *v.* (make) germinate; —щение *see* прорастание; —щенный *a.* intergrown; penetrated, etc., *see v.*; —щивание *see* прорастание; —щивать *v.* let germinate.

прорва *f.* mud hole, swamp hole.

прорвать *see* прорывать.

прореагиров/авший *a.* reacted; converted; —ать *v.* react.

проредактировать *v.* edit.

проре/дить *see* прореживать; —женный *a.* (agr.) thinned (out); —живание *n.* thinning (out); —живать *v.* thin (out).

прорез *m.* slot, slit, groove; notch, recess, cut, nick; perforation, aperture; section; cutting; —ание *n.* cutting, slotting; —анный *a.* slotted, slit; notched, cut; —ать *see* прорезывать.

прорезин/енный *a.* rubberized, etc., *see v.*;

—ивание *n.* rubberizing, etc., *see v.*; —и(ва)ть *v.* rubberize, coat with rubber, treat with rubber; —ка *see* прорезнивание.

прорез/ка *f.* cutting, etc., *see v.*; —ной *a.* cutting, slit(ting); scroll, fret (saw); —ная трава (bot.) mountain parsley (*Peucedanum oreoselinum*); —ывание *see* прорезка; —ывать *v.* cut (through), slit, slot, notch; —ь *see* прорез.

прореха *f.* hole, slit, tear; lapse, gap.

прорецензировать *v.* review, criticize.

прорешка *dim. of* прореха.

проржав/евший *a.* rusted through; —еть *v.* rust through.

прорис *m.* tracing; —ованный *a.* traced, drawn; —овать, —овывать *v.* trace, draw; —овка *f.*, —овывание *n.* tracing, drawing.

пророет *fut. 3 sing. of* прорыть.

пророс *past m. sing. of* прорасти; —ток *m.* (bot.) plantule; (biochem.) seedling; —ть *f.* sprout; marbling (of fat in meat); (wood) defect; fibrous formation (in fruit); —ший *a.* germinated, sprouted; intergrown.

пророч/еский *a.* prophetic; —ить *v.* predict.

проруб/ать, —ить *v.* chop, break (through); —ь *f.* ice hole.

прорыв *m.* breaking through, etc., *see v.*; break(through), breach, gap; outbreak, (out)burst, rupture, blowout; (in)rush, debacle; leakage; полный п. breakdown; —ать(ся) *v.* break through, break out; tear, rupture, burst open; dig through; —ка *f.* digging; (agr.) thinning.

прорыскать *v.* hunt, search; (naut.) yaw.

прорыт/ие *n.* digging; —ый *a.* dug (out, through); —ь *v.* dig (out, through).

просадить *see* просаживать.

просад/ка *f.*, —очный *a.* sag(ging).

просажать *v.* plant, set out.

просаж/енный *a.* broken through, etc., *see v.*; —ивать *v.* break through, pierce; waste, squander; —иваться *v.* settle (down).

просаливать *v.* salt down.

просали(ва)ть *v.* grease.

просапогенин *m.* prosapogenin.

просасыв/ание *n.* suction, draft; —ать *v.* draw through; suck through; filter; —аться *v.* be drawn through; infiltrate; seep through.

просачив/ание *n.* soaking (through), permeation, etc., *see v.*; seepage, leak(age) escape; —аться *v.* soak (through), permeate, impregnate, infiltrate, percolate; ooze (through), exude, seep, leak, escape; —ающийся *a.* soaking (through), etc., *see v.*

просверл/енный *a.* drilled, etc., *see v.*;

—ивание *n.* drilling, etc., *see v.*; —и(ва)ть *v.* drill, bore, perforate, pierce.

просвет *m.* clearance, opening, gap, break, space; (rad.) gate; (anat.) lumen.

просветит/ельный *a.* instructive, enlightening; —ь *see* просвещать.

просветл/ение *n.* clarification; —енность *f.* clearness; —енный *a.* clarified; coated (lens); —еть *v.* clear up, become clear, clarify; —ить, —ять *v.* clear, clarify; —яющий *a.* clarifying, clearing, antireflection (coating).

просвети/ость *f.* translucence; —ый *a.* translucent, see-through.

просвеч/енный *a.* (trans)illuminated, etc., *see v.*; —иваемость *f.* translucence; —иваемый *a.* translucent; —ивание *n.* (trans)illumination; translucence; radioscopy, X-raying; —ивать *v.* (trans)illuminate; shine through; X-ray, examine with X-rays; be translucent; —ивающий *a.* translucent, diaphanous, transparent; (micros.) transmitting, transmission-type.

просвещ/ать *v.* enlighten, educate, inform; —ение *n.* enlightenment, education; —енный *a.* enlightened, educated, informed; expert (opinion); clarified.

просвирн/ик, —як *m.* (bot.) Malva.

просев *m.* sifting; undersize (ore, etc.); gap (in sowing); —альный *a.* —ание *n.* sifting, etc., *see v.*; —ать *v.* sift, screen, bolt, riddle, sieve; —ка *see* просевание.

просед/ание *n.* collapse, sag(ging); —ать *v.* collapse, cave in, sag.

просеивать *see* просевать.

просек *m.*, —а *f.* cut-through, breakthrough; (min.) cross adit, cross hole; (forestry) ride, clearing, opening, gap; —ание *n.* cutting through, breaking through; —ать *v.* cut through, break through.

просело/к *m.*, —чная дорога country road, dirt road, side road.

просеренный *a.* fumigated with sulfur.

просесть *see* проседать.

просеч/ка *f.* breakthrough, gap; breaking through, cutting through; —ь *see* просекать.

просе/янный *a.* screened, sifted, riddled; —ять *see* просевать.

просигнали(зирова)ть *v.* signal, warn.

проси/деть, —живать *v.* stay, sit (through).

просин/ить *v.* blue; —ь *f.* bluish color.

просить *v.* ask, request, solicit; sue; intercede; —ся *v.* ask.

просиять *v.* brighten up, shine (through); irradiate.

проскабливать *v.* scrape through.

проскак(ив)ать *v.* jump, spring, slip (in, past, through), get through.

проскальзыв/ание *n.* slipping, etc., *see v.*;

slip(page); —ать v. slip (past, through); channel, by-pass.
проскан(д)ировать v. scan, analyze.
проскоблить see проскабливать.
проскок m. passage; getting through; breakthrough (in ion exchange); overshoot(ing); (mach.) missing skip(ping); п. искр sparking; —нуть see проскакивать.
проскользнуть see проскальзывать.
проскочить see проскакивать.
проскре/бать, —сти v. scrub thoroughly; scrub through.
проскурняк see просвирник.
прослав/иться, —ляться v. become famous; —ленный a. famous, celebrated.
прослаив/ание n. interlaying, etc., see v.; —ать v. interlay, interstratify, interbed; sandwich, insert (between); layer.
после/дить see прослеживать; —довать v. pass, proceed, go; —женный a. traced, followed; —живание n. tracing, etc., see v.; —живать v. trace, track, follow.
просло/ек see прослой; —енный a. interlaid, etc., see прослаивать; —ечный a. of прослойка; —ить see прослаивать; —й m., —йка f. interlayer(ing); layer, sheet, lamina; pad(ding); insert(ion); (air) space; (geol.) intercalation, interstratification, interbed, band, parting; с —йками interlayered (with).
прослужи(ва)ть v. serve, be used; run, operate.
прослуш/ивание n. listening; (educ.) audition, attendance; п. перфораций sprocket hum; контрольное п. monitoring; —(ив)ать v. listen; audit, attend.
просмаливать v. tar, coat with tar, impregnate with tar; treat with resin.
просматривать v. look through, look over, scan; overlook, miss.
просмол/ение n. tarring, etc., see просмаливать; —енный a. tarred, etc., see просмаливать; friction (tape); —ить see просмаливать.
просмотр m. survey, review; scanning; omission, oversight, blunder; —енный a. reviewed; revised, checked, looked over, examined; —еть see просматривать.
проснуться v. wake up.
просо n. millet; —видный a. miliary, like millet seeds.
просовывать v. push through, shove through, force through, extrude.
просовый a. millet.
просол/енный a. salted, preserved in salt; salt-impregnated; corned (beef); —ить see просаливать.
просорушка f. millet mill.

просос m. suction hole; —ать see просасывать.
просох/нуть v. get dry, dry out; —ший a. dried.
просочиться see просачиваться.
проспать v. sleep (through), miss; oversleep.
проспект m. prospectus, pamphlet, brochure, folder; avenue; —ивный a. prospective; advertising.
проспектор m. (min.) prospector.
проспиртов(ыв)ать v. treat with alcohol.
просроч/енный a. overdue; —ивать, —ить v. be overdue; hold over, delay; —ка f. delay, expiration (of term).
прост sh. m. of простой.
простав/ить, —лять v. enter, record.
простаивать v. stand.
простановка f. specification (of tolerances).
простат/а f., —ическая железа (anat.) prostate (gland); —ит m. (med.) prostatitis.
простейш/ий a. the simplest; —ие pl., —ие животные (zool.) Protozoa.
простелить v. lay (over), spread.
простено/к m., —чный a. partition, pier.
простереть v. stretch, extend.
простеречь v. watch, guard; miss.
простертый a. stretched, etc., see простирать.
простетический a. prosthetic (group).
простилать v. lay, spread.
простир/ание n. stretch, extension, extent; spread(ing); (geol.) course, strike, trend; п. пластов direction of strata; —анный a. laundered, washed; —ать v. stretch, extend, reach (out); launder; —аться v. stretch, reach, range, spread, extend; (geol.) trend, run, strike; —ывать v. launder, wash.
простит/ельный a. pardonable, justifiable; —ь v. pardon, forgive.
просто adv. simply, merely, just.
прост/ой a. simple, ordinary, plain, straightforward; bare, mere; prime (factor, number); main (UDC number); monovalent (bond); vulgar (fraction); (rockets) single-stage; single-head (wrench); flat (rate); naked (eye); m. standstill, standing (time), (forced) inactivity, idle time, lost time; время —оя downtime, idletime, waiting time; иметь п. v. be idle, be inactive; —ого действия single-action; —ое вещество, —ое тело element; —ойный a. idle(-time), downtime.
простокваша f. sour milk, clabber.
простор m. spaciousness, ampleness, roominess, scope; —ный a. spacious, ample, roomy, capacious, open; spatial, steric.
просторожить see простеречь.

простота *f.* simplicity; ease (of operation); п. обслуживания easy servicing.
простоять *v.* stand; stay, remain.
прострагивать *v.* plane, shave.
пространн/о *adv.* extensively; at length, in detail; —ость *f.* extensiveness; —ый *a.* extensive, vast, ample; verbose; detailed.
пространственн/о-временной *a.* space and time; п.-однородный *a.* spatially homogeneous; —оподобный *a.* space-like; —ый *a.* space, spatial, steric, three-dimensional; solid (angle); directional (quantization); cross-linked (polymer); block, graphic (diagram); —ый блок (building) module; —ый заряд space charge; —ая изомерия stereoisomerism; —ая решетка (cryst.) space lattice; —ая формула spatial formula; —ая химия stereochemistry; —ое затруднение, —ое препятствие steric hindrance; —ое размещение spacing.
пространств/о *n.* space, spacing, expanse, scope, extent, range, amplitude; field, area; room, volume; distance; inside (of furnace); (bot.) life span; на широком —е over a widespread area.
прострация *f.* prostration, exhaustion.
прострачивать *v.* stitch; machine-gun.
прострел *m.* (radiation) streaming, leakage; channeling; (med.) lumbago, myalgia; (bot.) anemone; pasque flower (*Pulsatilla*).
прострел/ивание *n.* firing, etc., *see v.*; —и(ва)ть *v.* fire, shoot (through); clean, blow out (tubes); perforate; —ка *see* простреливание; —очно-взрывной *a.* shooting; —очный *a.* firing, etc., *see v.*; —ять *see* простреливать.
прострогать *v.* plane, shave.
простроить *v.* build.
прострочить *see* прострачивать.
простру́г(ив)а́ть *v.* plane, shave.
просту/да *f.* (med.) common cold; —диться, —жаться *v.* catch cold; —дный *a.* catarrhal.
простукивать *v.* rap, tap.
проступ/ать, —ить *v.* show (through); come out, appear; ooze, exude.
проступок *m.* fault; misdemeanor.
проступь *f.* tread; going.
простучать *v.* tap (out); knock.
простывать *v.* cool off.
простынный *a.* sheet.
простынуть *v.* cool off.
простыня *f.* sheet.
просунуть *v.* push, shove (through).
просуш/енный *a.* dried, etc., *see v.*; —ивание *n.* drying, etc., *see v.*; —и(ва)ть *v.* dry (out, thoroughly), desiccate, dehumidify; season (timber); —ка *see* просушивание.

просуществовать *v.* exist.
просч/ет *m.* error in counting; count-down, counting loss; checking; —итать, —итывать *v.* check; count; miscount; —итаться, —итываться *v.* miscount; miscalculate.
просыпать *v.* spill; —ся *v.* wake up, awaken, rouse; be spilled, spill.
просыхать *v.* (get) dry.
просьб/а *f.* request, petition, application; обращаться с —ой *v.* ask, request.
просящий *a.* requesting, asking.
протагон *m.* protagon.
протаив/ание *n.* thawing; —ать thaw (out), melt (through).
протактин/иды *pl.* protactinides; —ий *m.* protactinium, Pa.
проталин/а *f.* thawed patch, puddle (in ice or snow); —ка *dim. of* проталина.
проталкив/ание *n.* pushing (through); —ать *v.* push, force (through).
протамин *m.* protamine (simple protein).
протапливать *v.* heat.
протаптывать *v.* beat (a path).
протарг/ил *m.* protargyl, protyle; —ол *m.* Protargol.
протарс *m.* a calcium arsenite seed disinfectant.
протаск/а *f.* towing; —ивать *v.* drag, pull, run (through); tow.
протач/ать *v.* stitch; —ивание *n.* stitching, etc., *see v.*; —ивать *v.* stitch; turn (on lathe); erode, wash out; bore (of worm).
протащить *see* протаскивать.
протаять *see* протаивать.
протеаза *f.* protease, proteolytic enzyme.
протез *m.*, —ирование *n.* (med.) prosthesis; (hearing) aid; —ный *a.* prosthetic.
протеид *m.* proteide (protein).
протеин *m.* protein; —аза *f.* proteinase; —овый *a.* protein; proteic (acid); —овое вещество protein.
протек *m.* passage; drip, seepage; —ание *n.* passing, etc., *see v.*; flow; course; occurrence; —ать *v.* pass, flow, run (past, through); leak, seep; proceed, take place, occur; elapse; —ать нормально take a normal course; —ающий *a.* passing, etc., *see v.*; leaky.
протектированный *a.* protected; recapped (tire); self-sealing.
протектор *m.*, —ный *a.* protector, protective device, protective cover; (tire) tread; —ная защита (met.) cathodic protection.
протекший *past act. part. of* протечь.
протеоли/з *m.* proteolysis; —тический *a.* proteolytic, protein-splitting.
протереть *see* протирать.
протеро— *prefix* proter(o)— (earlier, former); —зой *m.*, —зойская эра (geol.) Proterozoic era.

протерпе́ть v. endure, undergo.
проте́ртый a. rubbed (through), etc., see протира́ть; worn, threadbare.
проте́с m., —ка f. cutting, etc., see v.; —(ыв)а́ть v. cut, hew, dress.
проте́ч/ный a. of протек; filter (paper); —ь see протека́ть.
про́тив prep. gen. opposite, facing; (as) against, versus; to; anti—; counter—; contrary to, as compared with; за и п. pro and con; идти́ п. v. oppose; лека́рство п. medicine for.
про́тивень m. drip pan; griddle; tray.
проти́виться v. oppose, resist, object.
проти́вн/ик m. adversary, opponent, enemy; —о prep. dat. and adv. contrary to, against; disgustingly; —ый a. opposed, contrary, adverse; alien; disgusting, repugnant; в —ом слу́чае otherwise.
про́тиво— prefix counter—, anti—; —атомный a. antinuclear; —бактери́йный a. antibacterial; —болево́й a. (med.) antipain.
противоброди́льн/ый a. antifermentative, antizymotic; —ое сре́дство antiferment.
проти́во/ве́с m. counterweight, counterpoise, balance weight; —ви́русный a. (med.) antiviral; —включе́ние n. (elec.) opposition, balancing; —возду́шный a. anti-aircraft; —воспали́тельный a., —воспали́тельное сре́дство (med.) antiphlogistic; —вспе́ниватель m. antifoam; —вспе́нивающий a. antifoam(ing); —вуали́рующий a. (phot.) antifogging; —выбра́сывающее устро́йство, —вы́бросовое устро́йство (petrol.) blowout preventer; —вытяже́ние n. (med.) counterextension.
противога́з m., —овый шлем gas mask; —овый a. gasproof, antigas.
проти́во/гельми́нтный see противоглистный; —гидролокацио́нный a. antisonar; —глистный a. (med.) anthelmintic, vermifuge.
противогнилостн/ость f. asepsis; resistance to rotting; —ый a. aseptic; antiputrefactive; preservative; —ое сре́дство preservative.
проти́во/гради́ент m. antigradient; —грибко́вый a. fungicidal; —гуси́чный a. (mil.) tank-disabling; —давле́ние n. counterpressure, back pressure, resistance.
противоде́йств/ие n. counteraction, reaction, resistance, counterforce; counter-measure; ока́зывать п. v. counteract; —овать v. counteract, react (against); oppose, resist; cross; destroy; —ующий a. counteractive, reactive; opposing, antagonistic; reactionary; —ующая си́ла counterforce, opposing force, thrust.
проти́во/деса́нтный a. (mil.) beach-defense; —детони́рующий a. antiknock; —дифтери́йный a. (med.) antidiphtherial; —есте́ственный a. unnatural, irregular, abnormal; —завито́к m. (anat.) ant(i)helix; —зади́рный a. antiscuff; —зако́нный a. illegal; —замерза́ющий a. antifreeze; —зача́точное сре́дство contraceptive; —изгиба́тель m. reinforcer; —излуче́ние n. (meteor.) back radiation; —изно́сный a. anti-wear; —ио́н m. counterion, gegenion.
проти́во/ка́шлевый a. antitussive, cough (remedy); —кисло́тный a. acidproof; —коагули́рующий a. anticoagulant; —козело́к m. (anat.) antitragus; —компа́ундный a. differentially compounded; —коррозио́нный a. anticorrosive; —косми́ческий a. (mil.) antisatellite, antispacecraft; —кра́жная сигнализа́ция burglar alarm; —лежа́ть v. (geom.) subtend, lie opposite; —лежа́щий a. (lying) opposite.
противолихора́дочн/ый a. antifebrile; —ое сре́дство febrifuge, antifebrile.
проти́во/ло́дочный a. antisubmarine; —ломотный a. (med.) antiarthritic; —луна́ f. (meteor.) antiselene; —маляри́йный a. (med.) antimalarial; —микро́бный a. antimicrobic; —на́кипное сре́дство boiler compound; —ни́тный a. counterfilar.
противообледени́тель m. de-icer; anti-icer; —ый a. de-icing; anti-icing.
проти́во/обраста́ющий a. antifouling; —озоностари́тель m. antiozonant; —окисли́тель m. antioxidant; —опухолевый a. (med.) antitumor(igenic); —орео́льность f. antihalation; —орео́льный a. antihalo; —оско́лочный a. splinterproof; —отка́тный a. (art.) counterrecoil; —отража́тельный a. antireflection, nonglare; —паралле́льный a. (geom.) antiparallel.
проти́во/перегру́зочный a. antigravity; п. костю́м G-suit; —пехо́тный a. (mil.) antipersonnel.
противопожа́рн/ый a. fireproof; fire-fighting; —ая те́хника fire prevention.
противопоказ/а́ние n. contraindication; —а́нный a. contraindicated; —у́ющий a. contraindicant; —ывающий a. contraindicant.
противополага́ть see противопоста́вить.
противополож/е́ние n. contrast, antithesis, contradistinction; —и́ть see противопоста́вить; —но adv. contrarily, contrariwise, in contrast, oppositely; —ное n. the contrary, the reverse, counterpart; —ность f. opposition, contrast; converse, reverse (of); в —ность on the

contrary, in contrast (with), unlike; as opposed (to); —ный *a.* contrary, opposite, opposed, contradictory, reverse, inverse, counter—, antithetic(al); incoherent (orientation); диаметрально —ный antipodal.

противопомпажный *a.* antisurge.

противопостав/ить *see* противопоставлять; —ление *n.* contrasting, etc., *see v.*; opposition; contraposition; в —лении versus; —лять *v.* contrast, set against, set off; oppose, object; —ляющий *a.* contrasting, etc., *see v.*; opposite; —ляющая мышца (anat.) opponens.

противо/пылевой *a.* dust (flap); —пыльный *a.* dustproof, dust-tight; —радиолокационный *a.* antiradar; —ракета *f.*, —ракетный *a.* antimissile; —рвотный *a.* (med.) antiemetic; —регулирование *n.* counterregulation.

противореч/иво *adv.* in contradiction; —ивость *f.* conflict, discrepancy; —ивый *a.* conflicting, discrepant, inconsistent, contradictory; —ие *n.* conflict, discrepancy, inconsistency, contradiction; variance; —ить *v.* conflict, be in conflict (with), be at variance (with), contradict; contrast.

противо/самолетный *a.* antiaircraft; —сифилитический *a.* (med.) antisyphilitic; —сияние *n.* (astr.) counterglow; —совпадающий *a.*, —совпадение *n.* (nucl.) anticoincidence; —средство *n.* antidote, remedy; —старитель *m.* age resistor, antiager, antideteriorant.

противосто/яние *n.* resistance; (astr.) opposition; —ять *v.* resist, oppose, withstand, face; conflict (with); —ящий *a.* opposed, resisting; opposite.

противосудорожн/ый *a.*, —ое средство (med.) antispasmodic.

противо/сумеречный *a.* anticrepuscular; —сыростный *a.* dampproof, moisture-resistant; —танковый *a.* (mil.) antitank; —течение *n.* counterflow; —ток *m.* countercurrent, counterflow; reflux; return flow; —торпедный *a.* antitorpedo; —точный *a. of* противоток; —тральный *a.* antiminesweeping; —туберкулезный *a.* (med.) antitubercular; —тяга *f.* reverse thrust.

противо/угон *m.* (rr.) anticreeper, rail anchor; —угонный *a.* anticreep, antisliding; —ударный *a.* collision (protection); —утомитель *m.* antifatigue agent; —фаза *f.* antiphase, opposite phase; —флоккулирующий *a.* antiflocculating; —фоновый *a.* antibackground; antihum.

противохимическ/ий *a.* (mil.) antigas; —ая оборона gas defense.

противо/цинготный *a.* (med.) antiscorbutic; —чумный *a.* antiplague; —шерстный *a.* counter (course); (rr.) facing; —штопорный *a.* antispin (parachute); —шумовой *a.* antinoise; —электродвижущий *a.* counterelectromotive; —эховый *a.* anti-echo, antireflection; —ядие *n.* antidote; —ядный *a.* antidotal.

протий *m.* protium (hydrogen isotope).

протир/ать *v.* rub (through); grate; wear through; rub clean, wipe (clean, dry, off); —ка *f.*, —очный *a.* rubbing (through), etc., *see v.*; swab, slush brush; —очная машина triturator.

протис/кать, —кивать, —нуть *v.* press, squeeze (through, past).

протисты *pl.* (biol.) Protista.

проткать *v.* weave (a design).

проткнуть *see* протыкать.

прото— *prefix* proto— (first); —актиний *m.* protactinium, Pa; —анемонин *m.* protoanemonin; —вератрин *m.* protoveratrine; —ген *m.* (geol.) protogen; —генный *a.* protogenic; —гин *m.* (petr.) protogine; —зоа *pl.* (zool.) protozoa; —зойный *a.* protozoan; —исторический *a.* prehistoric.

проток *m.*, —а *f.* canal, channel, tube; throat, neck (of furnace); (anat.) duct.

протокатех/овая кислота protocatechuic acid, 3,4-dihydroxybenzoic acid; —ол *m.* protocatechol.

протокла/з *m.* (petr.) protoclase; —стический *a.* protoclastic.

протококк/и *pl.*, —овые зеленые водоросли (bot.) Protococcaceae.

протокол/ировать *v.* record; —ы *pl.* minutes, record(s), proceedings, transactions.

протокурарин *m.* protocurarine.

протол/из *m.* protolysis; —ит *m.* protolyte; —итический *a.* protolytic.

протолк/ать, —нуть *see* проталкивать.

протолковать *v.* discuss.

протолоч/ка *f.* grinding, crushing; —ь *v.* grind, pulverize; break, crush.

протон *m.* proton.

протонефть *f.* protopetroleum.

протон/-мишень *m.* target proton; —ный *a.* proton(ic).

протопин *m.* protopine, fumarine.

протопить *v.* heat (up); melt.

протоплазм/а *f.* (biol.) protoplasm; —енный *a.* protoplasmic.

протопласт *m.* protoplast.

протопорфирин *m.* protoporphyrin.

протоптать *see* протаптывать.

протор/ить, —ять *v.* make, beat (a path).

прототип *m.* prototype.

прототроп/ия *f.* prototropy, proton transfer; —ный *a.* prototropic.

протофильный *a.* protophilic.

протоцилиаты *pl.* (zool.) Protociliata.
проточ/енный *a.* turned, etc., *see v.*; п. червями worm-eaten; ——ина *f.* channel; eroded gully; worm hole; ——ить *v.* turn, machine; wash out, erode; eat, gnaw, bore; ——ка *f.* turning, etc. *see v.*
проточн/ость *f.* flow(age); ——ый *a.* flow(ing), flow-type, flow-through; circulating, continuous(-flow); running (water); production (line); ——ый счетчик flow-type counter.
протрав/а *f.* (met.) pickle, pickling, dip; (dyeing) mordant(ing); (wood) stain; красная п. (dyeing) red liquor; ——итель *m.* (seed) disinfectant; seed-treating apparatus; ——ить *see* протравливать; ——ка *see* протравливание; поверхностная ——ка (met.) passivation; ——ление *see* протравливание; ——ленный *a.* pickled, etc., *see v.*; ——ливание *n.* pickling, etc., *see v.*; (seed) disinfection, treatment; газовое ——ливание fumigation; ——ливатель *see* протравитель; ——ливать *v.* (met.) pickle, etch; soak, dip, steep; (dyeing) mordant; stain (wood); disinfect, treat (seeds); ——ливающий *a.* pickling, etc., *see v.*; ——лять *see* протравливать.
протравник *m.* (art.) vent drill, vent punch.
протрав/ной *a. of* протрава; ——очный *see* протравливающий; mordant.
протрали(ва)ть *v.* sweep, trawl (for mines).
протратить *v.* spend, expend.
протрет *fut. 3 sing. of* протереть.
протромбин *m.* prothrombin.
протрузия *f.* protrusion.
протуберан(е)ц *m.* (astr.) protuberance, prominence.
протух/ать *see* протухнуть; ——лость *f.* rottenness; mustiness; moldiness; ——лый, ——ший *a.* rotten; musty; spoiled (food); ——нуть *v.* become rotten, spoil; become moldy.
протык/алка *f.* pricker; ——альник *m.* skewer; ——ать *v.* prick through, pierce, puncture, punch.
протычка *f.* pricker.
протягив/ание *n.* extending, etc., *see v.*; ——ать *v.* extend, stretch, draw out; pull through, draw through; run, lay; broach (holes); drag out, prolong; reach out; ——аться *v.* extend, stretch out; last.
протяжен/ие *n.* extent, stretch, expanse; spread, expansion, extension, elongation; range, amplitude; field; space, area; distance, dimension, length; run; п. времени duration; п. в длину length; п. в ширину width; на ——ии during; на всем ——ии all the way from ... to; ——ность *see* протяжение; ——ный *a.* extended, etc., *see* протягивать.

протяж/ка *see* протягивание; (mach.) broach; ——ной *a. of* протяжка; pull-through; broaching (lathe); ——ный *a.* drawn out, long-lasting, slow, lengthy; batch-type (furnace).
протянут/ый *a.* extended, etc., *see* протягивать; ——ь *see* протягивать.
Проута гипотеза Prout hypothesis.
проучи(ва)ть *v.* teach (a lesson).
проушина *f.* lug, ear, eye, loop, ring.
проф. *abbr.* (профессиональный; профессор; профсоюзный).
проф- *prefix* trade-union; professional, vocational, occupational.
профаза *f.* (biol.) prophase.
профермент *m.* proenzyme, zymogen.
профессионал *m.* professional, specialist; ——изация *f.* specialization; ——ьно-технический *a.* vocational; ——ьный *a.* professional; vocational; occupational (disease, hazard); trade (union).
професс/ия *f.* profession, occupation, trade, business, function; ——ор *m.* professor; ——орский *a.* professorial; ——орско-преподавательский состав faculty; ——орство *n.* professorship.
профетин *m.* prophetin.
профилакт/ика *f.* prophylaxis, preventive treatment; preventive measure; (fire) prevention; (mach.) preventive maintenance; ——ический *a.* prophylactic; preventive, protective; routine (check); (comp.) marginal (checking); ——ический осмотр preventive maintenance; ——ическая мера, ——ическое средство prophylactic, preventive; ——орий *m.* dispensary; (mach.) preventive maintenance building.
профилиров/ание *n.* profiling, etc., *see v.*; shape (of rolls); ——анный *a.* profiled, etc., *see v.*; profile; ——ать *v.* profile, cut a profile, shape; grade; ——ка *see* профилирование; ——очно-гибочный *a.* forming, shaping (mill); ——очный *a.* profiling, etc., *see v.*; forming (mill).
профил/ирующий *see* профилировочны̌; profile; ——ограф *m.* profilograph; ——ометр *m.* (rolling) profilometer.
профил/ь *m.* profile, shape, outline, contour, lines, design; cross section, side view; (met.) section; ——и периодического сечения variable shape sections; продольный п. longitudinal section; стан для прокатки ——ей shape mill; стан для строительных ——ей structural mill; широкого ——я multi-skilled (worker); п.-каландр *m.* profiling calendar; ——ьно-лучевой *a.* shaped-beam (antenna); ——ьно-отражательный *a.* shaped-reflector.
профильн/ый *a. of* профиль; profiling, forming, shaping, edging (tool); spe-

cial-shape (tubes); specialized, occupational (publication); **п. фрезер** profile cutter; **—ая проекция** end view; **—ое железо** section(al) iron, sections.

профильтров/анный *a.* filtered (through); **—(ыв)ать** *v.* filter (through).

про/флавин *m.* proflavine, 3,6-diaminoacridine; **—форетин** *m.* prophoretin.

профрезированный *a.* milled.

проф/союз *m.*, **—союзный** *a.* trade union; **—(тех)школа** *f.* trade school, vocational school.

прохаживать *see* **проходить.**

прохла/да *f.* coolness, freshness; **—дительный** *a.* cooling, refreshing; refrigerating; **—дить** *see* **прохлаждать**; **—дно** *adv.* cooly; it is cool; **—дность** *f.* coolness, freshness; **—дный** *a.* cool, fresh; **—ждать** *v.* cool, chill; refresh; **—жденный** *a.* cooled, etc., *see v.*

прохлорит *m.* (min.) prochlorite.

проход *m.* passage(way), conduit, canal, channel, duct; (mountain) pass; breach, gap, cut; passing (through); thoroughfare, way, lane, aisle, alley(way); aperture, opening, orifice, gate; (screening) undersize; **за один п.** in one operation, per pass; **проделывание —ов** breaching.

проходим/ость *f.* passability, etc., *see a.*; capacity (of vehicles) for cross-country travel; **—ый** *a.* passable, navigable; permeable, pervious.

проход/ить *v.* pass, go, move, travel, traverse (across, through); run, extend; cross, cover (distance); go over, learn; penetrate, permeate; (min.) cut, drill; sink (shaft); drive (tunnel); undergo, be subjected (to); negotiate (curve); terminate, end, stop, be over, expire, elapse; run, operate, work; fall (of rain); **—ка** *f.* passing, etc., *see v.*; (drilling) footage, progress, penetration; tunneling; **—ная** *f.* passage(way); **—ник** *m.* drill, auger; **—ной, —ный** *a.* through; straightway; transfer; continuous (furnace); flow-passage; go (gage); **—ом** *adv.* in passing; **—ческий** *a.* (min.) cutting, drilling, sinking; heading, tunneling; **—чик** *m.* tunneler, drift miner; **—ящий** *a.* passing, etc., *see v.*; transient; transmitted (light); *m.* passerby, transient.

прохож/дение *n.* passing, etc., *see* **проходить**; passage, path; flow; transmission; traversal; (astr.) transit; **—ий** *a.* passing, transient; *m.* passerby, transient.

прохол/аживать, —одить *v.* chill.

процарап(ыв)ать *v.* scratch (through).

процветающий *a.* prosperous, flourishing.

процедить *see* **процеживать.**

процедура *f.* procedure.

процеж/енный *a.* strained, etc., *see v.*;

—ивание *n.* straining, etc., *see v.*; **—ивать** *v.* strain, filter; percolate.

процент *m.* per cent, percentage; incidence; interest rate; **в влажности** moisture content; **в —ах** on a percentage basis; **в весовых —ах, весовой п.** per cent by weight; **содержание в —ах** percentage, content; **число —ов, —ы** percentage; **—ность** *f.* percentage; degree.

процентн/ый *a.* per cent, percentage; **—ая квантиля** percentile; **—ое начисление** interest charge; **—ое отношение** percentage; **—ое отношение по весу** per cent by weight; **—ое отношение по объему** per cent by volume; **—ое содержание** percentage, per cent, content.

процесс *m.* process, operation; procedure; lawsuit; **в —е** in the course (of), during; **в —е распада** in the decay, as it decays.

процесс/ия *f.* procession; **—ор** *m.* processor.

процитировать *v.* quote.

прочекани(ва)ть *v.* stamp, punch (out); (hort.) pinch back.

прочен *sh. m. of* **прочный.**

прочер/кивать, —кнуть *v.* draw a line; **—тить, —чивать** *v.* draw.

прочес *m.* combing(s); (text.) web; **—анный** *a.* combed; **—ать** *see* **прочесывать.**

прочесть *see* **прочитать.**

прочесыв/ание *n.* combing, hackling (of flax); **—ать** *v.* comb; hackle.

проч/ий *a.* other, rest, remaining; sundry (accessories); **и —ее** and so on, et cetera; **и все —ее** and all the rest of it; **кроме всего —его** among other things; **между —им** by the way; **между —ими** among the rest, among others.

прочинить *v.* fix, mend, repair.

прочист/ить *see* **прочищать**; **—ка** *f.*, **—ной** *a.* scouring, cleansing; (med.) purging.

прочит(ыв)ать *v.* read, peruse; scan.

прочить *v.* intend (for).

прочищ/ать *v.* scour, cleanse, clean (out); clear; (med.) purge; **—аться** *v.* clear up; **—ающий** *a.*, **—ение** *n.* scouring, etc., *see v.*

прочн/ист *m.* material-strength engineer; structures specialist; **—о** *adv.* firmly, etc., *see* **прочный**; **—остной** *a. of* **прочность**; strength.

прочност/ь *f.* strength, durability, toughness; firmness, rigidity, sturdiness, solidity, soundness, reliability; tenacity, endurance, lasting (quality), permanence; fastness (of color); **п. конструкции** structural strength; **п. на изгиб** bending strength, transverse strength; **п. на износ** resistance to wear; **п. на кручение** torsional strength; **п. на разрыв** tensile strength; **п. на сдвиг, п. на срез** shearing strength; **п. на удар** resistance to impact; **длительная п.** endurance limit; **запас**

—и, коэффициент —и strength factor; испытание на п. endurance test; предел —и (tensile) strength; предел —и на сжатие compression strength.
прочный *a.* firm, rigid, stable, solid, sturdy, strong, secure, reliable; tough, rugged, high-strength; durable, lasting, permanent; wear-resisting; fast (color).
прочтение *n.* reading.
прочь *adv.* away, off; он не п. he is willing, he has no objection (to).
прошедш/ее *n.* the past; —ий *a.* past, previous; having passed.
прошел *past m. sing. of* пройти.
прошеллаченный *a.* shellacked.
прошен/ие *n.* application, petition; —ный *a.* requested, asked.
прошеств/ие *n.* lapse, expiration, end; по —ии on expiration (of), after.
прошив/ание *n.* sewing, etc., *see v.*; —ать *v.* sew, stitch; (med.) suture; (mach.) broach, punch; riddle (with holes); —ень *m.* punch, broach, drift; —ка *see* прошивание; broach.
прош/ивной *a.* sewn; trimmed; broached, broaching, —ивочный *a.* trimming; broaching, piercing (mill); —ить *see* прошивать.
прошлифов/очный *a.*, —ывание *n.* honing; polishing; —ывать *v.* hone; polish.
прошлогодний *a.* last year's.
прошл/ое *n.* the past; —ый *a.* past, former; last (year, month, etc.).
прошнуров(ыв)ать *v.* lace, cord, tie.
прошпаклев(ыв)ать *v.* spackle, putty.
проштемпелевать *v.* stamp.
проштукатурить *v.* plaster.
прошуметь *v.* make noise.
прощальный *a.* farewell, final.
прощать *v.* pardon, excuse, overlook; —ся *v.* be excused; take one's leave.
проще *comp. of* просто, простой, easier, simpler; п. говоря put simply.
прощелина *f.* slit, slot, crack.
прощение *n.* pardon, forgiveness.
прощуп/ать, —ывать *v.* feel (for), probe; —ывание *n.* probing.
проэкзаменовать *v.* examine.
проэктировать *see* проектировать.
прочвит/ель *m.* (phot.) developer; —ельный *a.* developing; —ь *see* проявлять.
проявл/ение *n.* manifestation, display, exhibition, show; (phot.) development; п. хрупкости brittle behavior; —енный *a.* manifested, etc., *see v.*; —ять *v.* manifest, display, show, exhibit, exert, give rise (to); use (care); develop; —яться *v.* develop, come through, appear; —яющий *a.* manifesting, etc., *see v.*; —яющее вещество developer.
проявочный *a.* (phot.) developing, processing.

проясн/ение *n.* clearing; —еть, —и(ва)ть *v.* clear up, brighten; —ить, —ять *v.* clear, clarify; elucidate, explain; —яться *v.* clear up.
пр. сч. *abbr.* (пропорциональный счетчик) proportional counter.
ПРУ *abbr.* (передвижная рентгеновская установка) mobile X-ray unit.
пруд *m.* pond, reservoir; —ить *v.* dam; —овик *m.* pond snail; —овой *a.* of пруд; —ок *m.* pool, puddle.
пружин/а *f.* (coil) spring; главная п. mainspring; п.-волосок *f.* hairspring; —ение *n.* spring(ing), spring action; —истый *a.* springy, elastic; —ить *v.* spring, have a spring (in), be elastic, yield; —ка *dim. of* пружина; —ность *f.* springiness, elasticity; —ный *a.* spring(-actuated), spring-controlled; lock (washer); snap (hook); —одержатель *m.* spring holder; —онавивочный *a.* spring-coiling; —ящий *a.* springy, elastic; spring (action); snap (ring); —ящая способность springiness.
прулауразин *m.* prulaurasin.
пруназ/а *f.* prunase; —ин *m.* prunasin.
прун/етол *m.* prunetol, genistein; —ол *m.* prunol, ursolic acid.
прус, —ик *m.* (ent.) locust; —ак *m.* (German) cockroach.
Пруссия Prussia; прусский *a.* Prussian.
Пруста закон Proust's law, law of constant proportions.
прустит *m.* (min.) proustite.
прут *m.* rod; stick, twig, switch; *pr. 3 pl. of* переть; —ик *dim. of* прут; —ковый *a.* rod(-shaped); —няк *m.* (bot.) Kochia; Vitex; —ок *m.* bar, rod; knitting needle; (ladder) rung; —яной *a. of* прут; osier.
прыг/ание *n.* jumping, etc., *see v.*; —ать, —нуть *v.* jump, leap, spring, bound, skip, jerk; knock (of valve); dance (of needle); —ун *m.* jumper; (ent.) skipper; (bot.) Impatiens.
прыжок *m.* jump, leap, spring, bound.
прыс/калка *f.* sprayer, syringe; —кание *n.* spraying; —кать, —нуть *v.* spray.
прыщ, —ик *m.* pimple; (med.) pustule; —еватый *a.* pimpled; pustular.
прюнель *f.* prunelle (prune); (text.) prunella.
пряд/ево *n.* tow; —ение *n.* spinning; ручного —ения homespun; —еный *a.* spun; —ет *pr. 3 sing. of* прясть.
прядиль/ный *a.* spinning; textile; —ные насосики (rayon) spinnerets; —ня *f.* spinning mill; —щик *m.* spinner.
пряд/ка *dim. of* прядь; —ут *pr. 3 pl. of* прясть; —ущий *a.* spinning; —ь *f.* strand, yarn; ply.
пряжа *f.* yarn, thread.
пряж/ка *f.*, —ечный *a.* buckle, clasp.

пряжный *see* прядильный.
прял *past m. sing. of* прясть; —ка *f.* spinning wheel.
прям *sh. m. of* прямой; —ая *f.* straight line; по —ой straight-line; по одной —ой с in line with; —изна *f.* straightness; —ик *m.* direct route; —иком *adv.* by a direct route, cross country; —ить *v.* straighten (out, up); —леный *a.* straightened (out).
прямо *adv.* straight, directly; immediately; normally (magnetized).
прямо— *prefix* straight, rect(i)—; direct(ly); —бортный *a.* beadless (tire); —возбуждаемый *a.* directly excited; —волновый *a.* square-law (capacitor); —гонный *a.* directly distilled; —действующий *a.* direct(-acting); —емкостный *a.* straight-line (capacitor).
прям/ой *a.* straight, direct, through; straightforward; upright, erect; right (angle); forward (reaction; stroke); linear (equation); straight-run (distillation); one-way (classification); open (belt); (geod.) polar (network); exact (opposite); normal (magnetization); roman (type); reef (knot); sheer (waste); п. голубой Direct (Sky) Blue (dye); п. удар (nucl.) knock-on impact; —ая кишка (anat.) rectum; —ая мышца (anat.) rectus; —ое действие direct action, direct effect; —ым путем directly; с —ым отсчетом direct-reading.
прямо/кишечный *a.* (anat.) rectal; —крылые *pl.* (ent.) Orthoptera; —крылый *a.* straight-winged.
прямолинейно *adv.* rectilinearly; straightforwardly; п.-возвратный *a.* reciprocating, moving to and fro.
прямолинейн/ость *f.* rectilinearity; —ый *a.* rectilinear, straight(-line), linear; plane (geometry).
прямопоточный *a.* direct-flow.
прямослойн/ость *f.* straight grain (of wood); —ый *a.* straight-grained.
прямо/сторонний *a.* straight-sided; —струйный *a.* direct-spray, direct-jet; —та *f.* straightness, rectitude.
прямоточно/-ракетный *a.* ramjet-rocket (engine); —сть *f.* direct flow, straight-through feed; п.-турбинный *a.* turboramjet (engine).
прямоточный *a.* direct-flow, straight-flow; once-through, single-pass, straight-through, concurrent (boiler); downstream (injection); ram (jet engine; rocket); п. воздушно-реактивный *a.* ramjet engine.
прямоугольн/ик *m.* rectangle; —ый *a.* right-angled, rectangular, quadrate, square; orthogonal; right (triangle); square-wave (modulation); —ая кромка straightedge.

прямо/частотный *a.* straight-line frequency; —шовные *pl.* straight-seamed flies (*Orthorrhapha*).
прямые *pl.* straight lines.
прян/ость *f.*, —ое вещество spice, condiment; —ый *a.* spicy.
прясть *v.* spin.
прят/ание *n.* hiding; —анный *a.* hidden; —ать *v.* hide, conceal, cover; secrete.
прячущий *pres. act. part. of* прятать.
псаммит *m.* (petr.) psammite; —овый *a.* psammitic.
псевдо— *prefix* pseud(o)— (false, imitating); —аконитин *m.* pseudoaconitine; —брукит *m.* (min.) pseudobrookite; —жиженный *see* псевдоожиженный; —идиоморфный кристалл idioblast; —изомерия *f.* pseudoisomerism; —индил *m.* pseudoindyl; —кислота *f.* pseudo acid; —код *m.* pseudocode; —команда *f.* (comp.) instructional constant.
псевдокристалл *m.* pseudocrystal; —ический *a.* pseudocrystalline.
псевдо/кумидин *m.* pseudocumidine, 2,4,5-trimethylaniline; —кумол *m.* pseudocumene; —лейцит *m.* (min.) pseudoleucite; —линейный *a.* pseudolinear; —мерия *f.* pseudomerism.
псевдоморф *m.* (cryst.) pseudomorph; —ия *f.* pseudomorphy; —ный *a.* pseudomorphous; —оза *f.* pseudomorphosis.
псевдоним *m.* pseudonym, pen name.
псевдоожиж/аемость *f.* fluidizability; —аемый *a.* fluidizable; fluidized; —ающий *a.* fluidizing; —ение *n.* fluidization; —енный *a.* fluidized, quasi-liquid; —енный слой fluidized bed.
псевдо/основание *n.* pseudobase; —период *m.* (phys.) quasi-period; —периодический *a.* quasi-periodic; —подий *m.* (biol.) pseudopod(ium); —равновесие *n.* pseudo-equilibrium; —раствор *m.* pseudo solution; —регулярный *a.* pseudoregular; —родановодород *m.* pseudothiocyanogen; —симметрия *f.* pseudosymmetry; —скалярный *a.* (phys.) pseudoscalar; —случайный *a.* pseudorandom; —соединение *n.* pseudo compound; —сфера *f.* (geom.) pseudosphere; —тройной *a.* pseudoternary; —фит *m.* (min.) pseudophite; —холестен *m.* pseudocholestene; —чума *f.* pseudopest (poultry disease); —шар *m.* pseudosphere.
псефит *m.* (petr.) psephite; —овый *a.* psephitic, made up of pebbles.
псикаин *m.* psicaine, *d-psi*-cocaine bitartrate.
псилловый *a.* psyllic (acid, alcohol).
псиломелан *m.* (min.) psilomelane.
пситтацинит *m.* (min.) psittacinite.

психиатр *m.* psychiatrist; —ический *a.* psychiatric; —ия *f.* psychiatry.

психи/ка *f.* psychics, psychology; psyche, mind, mentality; —чески *adv.* mentally (ill); —ческий *a.* mental (illness); *m.* mental patient.

психо— *prefix* psycho—, psychological; —анализ *m.* psychoanalysis; —генный *a.* psychogenic; —з *m.* psychosis.

психолог *m.* psychologist; —ический *a.* psychological; —ия *f.* psychology.

психо/невроз *m.* psychoneurosis; —пат *m.* psychopath; —патия *f.* psychopathy; —патология *f.* psychopathology; —терапия *f.* psychotherapy; —техника *f.* psychotechnology, psychological testing; —трин *m.* psychotrine; —физика *f.* psychophysics; —физический *a.* psychophysical, psychological and physical; —физиология *f.* psychophysiology.

психро— *prefix* psychro— (cold); —метр *m.* (meteor.) psychrometer; —метрический *a.* psychrometric; —метрия *f.* psychrometry; —метр-пращ *m.* sling psychrometer.

псковский *a.* (geog.) Pskov.
псориаз *m.* (med) psoriasis.
псофометр *m.* (tel.) psophometer.
ПСП *abbr.* (прибор слепой посадки) instrument-landing device; (промежуточный сборный пункт) intermediate rendez-vous point.

птен/ец, —чик *m.* (orn.) fledgeling.
птер/игоспермин *m.* pterygospermin; —идин *m.* pteridine, benzotetrazine; —иновый *a.* pteroic (acid).

птеро— *prefix* ptero— (wing); —дактил *m.* (pal.) pterodactyl; —завр *m.* pterosaur; —карпин *m.* pterocarpin; —малиды *pl.* (ent.) Pteromalidae; —подовый *a.* (ocean.) pteropod (ooze).

Пти *see under* Дюлонг и Пти.
птиал—, —о— *prefix* ptyal(o)— (saliva); —ин *m.* ptyalin, ptyalase.
птигматовый *a.* (geol.) ptygmatic.
птилолит *m.* (min.) ptilolite.
птиц/а *f.* bird; poultry, fowl; домашняя п. poultry; —евод *m.* poultry farmer; —еводство *n.* poultry farming; aviculture; —еводческий *a.* poultry (farm); —екомбинат *m.* poultry processing plant; —ефабрика *f.* poultry plant; —еферма *f.* poultry farm.

птич/ий *a.* bird, avian; poultry (yard); п. помет guano; —ья гречиха *see* спорыш; —ья шпора (anat.) calcar avis; вид с —ьего полета birdseye view.

птич/ка *dim. of* птица; check(mark); —ник *m.* aviary; poultry house, coop; poultry man; —ья *f. of* птичий.

ПТК *abbr.* (паротурбокомпрессор) steam turbocompressor.

ПТО *abbr.* (противотанковая оборона) antitank defense.
птоз(ис) *m.* (med.) ptosis.
птолемеевский *a.* (astr.) Ptolemaic.
птомаин *m.* ptomaine.
ПТП *abbr.* (понизительная трансформаторная подстанция) step-down transformer substation; (прямой тепловой поток) direct heat flow.

ПТС *abbr.* (полупроводник термосопротивления) thermistor; (полупроводниковое термосопротивление) semiconductor thermoresistance.

пуаз *m.* poise (unit of viscosity).
Пуазей(л)я закон Poiseuille's law.
Пуанкаре́ теорема Poincaré theorem.
пуансов способ Poinsot's method.
пуансон *m.* punch; (top) die, plunger die; (cutting) ring; —одержатель *m.* die stock.

пуассоновский *a.* (math.) Poisson.
пуберул/овый *a.* puberulic (acid); —оновый *a.* puberulonic (acid).
публик/а *f.* public; —ация *f.* publication; advertisement; —овать *v.* publish; advertise, announce.

публичный *a.* public, common, open.
ПуВРД *abbr.* (пульсирующий воздушно-реактивный двигатель) pulse jet (engine).

пуга *f.* air pocket (in egg).
пуг/ать, —нуть *v.* frighten, scare; appall; —ливый *a.* fearful, timid.
пугов/ица *f.*, —ичный *a.* button, stud; —ичный транспортер (min.) a type of apron conveyer; —ка *f.* head, knob; button; sleeker.

пуд *m.* pood (16.38 kg.).
пуддинг *m.*, —овый камень (petr.) pudding stone.
пудельбарс *m.* (met.) puddle bar.
пудинг *m.* pudding.
пудлингов/альный *a.*, —ание *n.* (met.) puddling; —ать *v.* puddle; —ый *a.* puddle(d), puddling; —ая крица puddle(d) ball.

пудов/ой, —ый *a. of* пуд.
пудр/а *f.* (fine) powder; —ение *n.* powdering; —еный *a.* powdered; —ет *m.* poudrette, fecal dust; —ить *v.* powder, dust; —ообразный *a.* powder-like.

пузанок *m.* (ichth.) Black Sea shad.
пузыр/евидный *a.* bubble-like; bladder-like, utricular; —ек *dim. of* пузырь; bubble; blister; bead; phial, vial; (biol.) vesicle, vacuole; —еногие *pl.* (ent.) thrips; —еплодник *m.* (bot.) Physocarpus; —ик *dim. of* пузырь; —истый *see* пузырчатый; —ить *v.* blow out; —иться *v.* bubble; blister; —ник *m.* (bot.) Colutea; —но — *prefix* (anat.) vesico— (bladder); —ный *a. of* пузырь;

пузырчатость

(anat.) vesical; —чатка *f.* (bot.) bladderwort (*Utricularia*); —чатник *see* пузыреплодник.
пузырчат/ость *f.* vesiculation; (met.) blistered condition; (bot.) pustule; —ый *a.* bubbly; blistered, containing blisters, porous; blister (copper, steel); (biol.) vesicular.
пузырь *m.*, —ковый *a.* bubble, blister, air hole, blow hole, cavity, pocket, sac; (anat.) bladder; (biol.) cyst; выделять —ки *v.* bubble, effervesce; —ковая камера bubble chamber.
пук *m.* bunch, tuft; bundle.
пукатеин *m.* pukateine.
пулевой *a. of* пуля; (oil wells) gun (perforation).
пулег/ановый *a.* puleganic (acid); —енон *m.* pulegenone; ол *m.* pulegol, 3-menthenol; —он *m.* pulegone.
пулек *gen. pl. of* пулька.
пулемет *m.*, —ный *a.* machine gun; —чик *m.* machine gunner, gunner.
пуленен *m.* pulenene.
пуле/непроницаемый, —стойкий *a.* bulletproof; —улавливатель, —уловитель *m.* bullet trap.
пуллороз *m.* pullorosis (poultry disease).
пульвериз/атор *m.* pulverizer; atomizer, sprayer; nebulizer; spray can; —ационный *a.* pulverization, pulverizing; atomizing, spray(ing); jet (pump); —ация *f.*, —ирование *n.* pulverization; atomization, spraying; —(ир)ованный *a.* pulverized, etc., *see v.*; pulverulent; —(ир)овать *v.* pulverize, reduce to a powder; atomize, spray.
пульвиновая кислота pulvinic acid.
пулька *dim. of* пуля.
пульман *m.*, —овский *a.* (rr.) Pullman car.
пульмотор *m.* pulmotor.
пульп/а *f.* pulp; slurry; —ер *m.* pulper, pulping machine; —овидный *a.* pulpy; —омер *m.* pulp density meter; —ообразователь *see* пульпер; —оотделяющий *a.* depulping; —опровод *m.* pulp line, sludge line.
пульс *m.* pulse; —атор *m.* pulsator; pulser; (min.) pulsator jig; —атрон *m.* pulsatron; —ация *f.*, —ирование *n.* pulsation, fluctuation; ripple; flutter; surging, surge; коэффициент —ации ripple factor; —ировать *v.* pulse, pulsate; fluctuate; —ирующий *a.* pulsating, pulsatory; fluctuating; ripple (voltage); pulsed (ion source, etc.); variable, intermittent; flashing (light); —ирующий воздушно-реактивный *a.* pulse-jet (engine); —овой, —овый *a.* pulse; —ометр *m.* pulsometer, vacuum pump; п.-реле *n.* relay-interrupter.
пульт *m.* desk; stand; panel, board.

пурпур

пульхериновая кислота pulcheric acid.
пуля *f.* bullet, ball, shot; pellet.
пуляр/да, —ка *f.* spayed hen.
пумил/ин *m.* pumiline; —он *m.* pumilone.
пумп/а *f.*, —овый *a.* pump.
пуналит *m.* (min.) poonahlite, scolecite.
пуниц/ин *m.* punicine, pelletierine; —овая кислота punicic acid.
пункт *m.* point, spot, locality; paragraph, item, clause; (med.) dispensary (observation) post; (service) station, center, unit; (ocean.) port; (typ.) point (0.367 mm.).
пунктир *m.* dotted line, broken line; stipple; п. точка-тире, осевой п., фигурный п. dot-and-dash line; точечный п. dotted line.
пунктирн/ый *a.* dotted, punctuate; dotting (needle); prick (wheel); spot (welding); single-grain (sowing); —ая линия dotted line, broken line.
пунктиров/альный *a.*, —ание *n.* pricking, etc., *see v.*; prick (wheel); —анный *a.* pricked, etc., *see v.*; —ать *v.* prick, point, dot; stipple; —ка *see* пунктирование.
пунктуальн/о *adv.* punctually; —ость *f.* punctuality, exactness, accuracy; —ый *a.* punctual, precise, exact.
пунктуация *f.* punctuation.
пункция *f.* (med.) puncture.
пунсон *see* пуансон; symbol.
пунцовый *a.* crimson.
пунш *m.*, —евый *a.* punch (drink).
пунширов/ание *n.* punching; —ать *v.* punch, stamp.
пуня *f.* hay barn.
пуп *see* пупок.
пупавка *f.* (bot.) camomile (*Anthemis*).
пупин/изация *f.* (elec. comm.) pupinization, coil loading; шаг —изации coil spacing; —изированный *a.* coil-loaded; —овская катушка Pupin coil, loading coil.
пупо/видный *a.* umbilicate; —вина *f.* (anat.) umbilical cord; funicle; —к *m.* (anat.) navel, umbilicus; —чный *a.* umbilical.
ПУПЧ *abbr.* (предварительный усилитель промежуточной частоты) intermediate-frequency preamplifier.
пупыр/ышек, —ь *m.* pimple, blemish.
пурбекский *a.* (geol.) Purbeckian.
пурга *f.* snowstorm, blizzard.
пург/атин, —атол *m.* purgatin, purgatol, anthrapurpurin diacetate; —ен *m.* phenolphthalein; —иновая кислота purgic acid.
пуржить *v.* swirl (of snow).
пурин *m.*, —овый *a.* purine; —он *m.* purinone, hypoxanthine.
пурка *f.* grain-grading balance.
пуро/мицин *m.* puromycin; —н *m.* purone.
пурпур *m.* purple; —а *f.* (med.) purpura;

—ат *m.* purpurate; —есоединение *n.* purpureo compound; —ин *m.* purpurin, trihydroxyanthraquinone; —ит *m.* (min.) purpurite.

пурпурно—, пурпурово— *prefix* purple.

пурпур/ный, —овый *a.* purple; —овая кислота purpuric acid; —овокислый *a.* purpuric acid; purpurate (of); хлористый —окобальтиак purpureocobaltichloride; —оксантен *m.* purpuroxanthene, xanthopurpurin; —оксантовый *a.* purpuroxanthic (acid); —сульфоновый *a.* sulfopurpuric (acid).

пуррон *m.* purrone, euxanthone.

пуск *m.* start(ing), start-up; (rockets) launch(ing); —ай *see* пусть; —ание *n.* starting, etc., *see v.*; —атель *m.* starter; —ать *v.* start (up), set in motion; trigger; launch (rocket); turn on (water, gas); let, allow, permit; put (into service); set (to work); strike, take (root); put forth (sprouts); spread (rumor); —ать в ход start (up); —аться *v.* be started, etc.; start, set out.

пусков/ой *a.* starting, start-up, trigger(ing); actuating; tune-up (period) (rockets) launching; п. контейнер (rocket) pod; п. механизм starter; launcher; п. прибор starter; trigger; п. станок, —ая ракетная установка launcher; —ая рукоятка crank; —ая схема trigger; —ая установка launcher.

пускорегулирующий *a.* start-control.

пуст *sh. m. of* пустой; —а *f.* puszta, grass steppe; *sh. f. of* пустой.

пустеть *v.* (become) empty.

пустить *see* пускать.

пуст/о *adv.* empty, emptily; —оватый *a.* rather empty; —овать *v.* be empty, be vacant; —ой *a.* empty, unfilled, vacant, void; hollow (tube); blank (test); bare; vain, futile; (geol.) barren, dead; slight (wound, etc.); —ой узел (cryst.) vacancy; —ая порода barren rock, (waste) gangue; —ое место blank; —ое пространство vacuum; void; —ота *f.* emptiness, vacuum; interstice, void, empty space, vacuity; (mach.; med.) cavitation; hollow(ness), cavity, blow hole (in casting); blankness; (cryst.) vacancy; в —оте in a vacuum; коэффициент пустот void factor.

пустотел/ость *f.* hollowness; —ый *a.* hollow; отливать —ым, отливать —ую вещь *v.* cast hollow.

пустотн/ость *f.* hollow(ness); vacuum; —ый *a.* hollow; vacuum; void (effect).

пустоцвет *m.* (bot.) sterile flower.

пустош/ный *a.* wasteland; insignificant; —овка *f.* hollow joint; —ь *f.* waste land.

пустоягодник *m.* strawberry clover (*Trifolium fragiferum*).

пустул/а *f.* (med.) pustule; —езный *a.* pustulous, pustular.

пустынно-степной *a.* desert and steppe.

пустын/ный *a.* desert, arid; unpopulated; п. загар, п. лак, п. налет, лак —и (geol.) desert varnish; —я *f.* desert.

пустырник *m.* (bot.) Leonorus.

пустырь *f.* vacant land; waste land.

пусть *particle and conj.* let, assume (that), suppose (that); even if, though; п. будет let it be; п. его, п. себе let him (or it); п. это будет be it, (no matter) whether it is.

пустя/к *m.* trifle; —ковый, —чный *a.* trivial, insignificant.

пусьера *f.* blue powder (a zinc dust).

пут/аница *f.* confusion, tangle, maze; mixup; —анный *a.* confused, etc., *see v.*; —ать *v.* confuse, mix up; tangle; involve; hobble (horse); —аться *v.* be confused; get tangled; get involved, interfere.

путе— *prefix* course, path; (rr.) track.

путевка *f.* pass, permit.

путевод/итель *m.* guide(book), itinerary; —ный *a.* guide, guiding.

пут/евой *a. of* путь; traveling, itinerary; flight-path; ground (speed); directional (control); steering (compass); road (machinery); train, track; yawing (motion); —еец *m.* railroad man; —ей *gen. pl. of* путь; —ейский *a.* railroad and highway.

путем *adv. and prep. gen.* through, via, by means of, with, by (way of), by . . . route; properly; *instr. of* путь.

путе/мер *m.* pedometer; —обходчик *m.* (rr.) track inspector; —очиститель *m.* track cleaner; —передвигатель *m.* track shifter; —погрузчик *m.* track-transporting car; —подбивочный *a.* track-packing; —подъемник *m.* track lifter; —провод *m.* overpass; —прокладчик *m.* track layer; —рихтовочный *a.* track-lining; —рихтовщик *m.* track liner.

путеуклад/ка *f.*, —очный *a.* track-laying; —чик *m.* track layer.

путешеств/енник *m.* traveler; —ие *n.* travel, journey, trip; voyage; —овать *v.* travel.

пут/и *gen., pl., etc., of* путь; —ник *m.* traveller, passerby; —ный *a.* useful; *suffix* -lane; -way; -track.

путресцин *m.* putrescine, 1,4-butanediamine.

пут/ь *m.* way, road, route, course, path(way); (nucl.; rr.) track; (supply) line; race, runway, passage; (highway) lane; means, ways, method; journey; п. направления, п. прохождения path, course; линия —и (av.) flight path, course line; мокрым —ем wet (analysis, etc.);

на ложном —и on the wrong track; на обратном —и on the way back; на пол —и halfway, midway; перехватить на —и v. intercept; сбиться с —и v. lose one's way, stray; ставить на —и v. interpose, insert; сухим —ем by land; dry (analysis, etc.).
пух m. down, fluff, fuzz; (cotton) linters.
пухерит m. (min.) pucherite.
пухиин m. puchiin.
пух/лый a. puffed up, plump; fluffy; bulky; —нуть v. puff up, swell; —овый a. down(y), fluff(y); —оеды pl. (ent.) bird lice.
пуццолан m., —а f., —овая земля (petr.) pozzuolana; —овый a. pozzuolanic.
пуч/еглазие n. (med.) exophthalmia; —ение n. swelling; heaving; —ниа f., —инный a. (frost) heaving; gulf, abyss, chasm; depths (of water).
пучить v. swell, raise, inflate, distend; —ся v. swell, rise, heave.
пучка gen. of пучок.
пучко/вание n. bunching; —ватель m. buncher; —ватый a. (bot.) fascicular; —видный a. clustered, tufted; —вый a. of пучок.
пучность f. (phys.) antinode, loop.
пучок m. cluster, tuft, bunch, bundle, sheaf, pile, nest; wisp; pencil (of rays); (rad., nucl., etc.) beam; (anat.; bot.) fascicle; п. проводов (elec.) multiwire conductor.
пушек gen. pl. of пушка.
пушеный a. fiberized (asbestos).
пушер m. pusher, ram.
пушечн/ый a. gun, cannon; (rockets) full-flow (start); п. металл, —ая бронза gun metal (alloy).
пушилка f. (leather) beam.
пуш/инка f. particle of fluff; flake, floc; —истость f. fluffiness; —истый a. fluffy, downy, fleecy, cottony.
пушица f. cotton grass (*Eriophorum*).
пушка f. cannon; (clay; electron) gun.
пушн/ина f. fur; —ой a. fur(-bearing); —ой товар furs, peltry.
пушок see пух; (bot.) bloom, down.
пушонка f. slaked lime, calcium hydroxide; асбестовая п. flaked asbestos.
пушпул/л m., —ьный a. (rad.) push pull.
пушта f. puszta, grass steppe.
пуща f. dense forest.
пущенный a. started, etc., see пускать.
ПУЭ abbr. (правила устройства электроустановок) specifications for setting up electric installations.
пуэрперальный a. (med.) puerperal.
Пуэрто-рико (geog.) Puerto-Rico.
пф abbr. (пикофарада) picofarad.
пфейфка f. tube, pipe.
Пфитцингера реакция Pfitzinger reaction.

Пфунда серия Pfund series.
ПХВ abbr. (перхлорвинил) perchlorovinyl; (полихлорвинил) polyvinyl chloride.
ПХЗ abbr. (противохимическая защита); ПХО abbr. (противохимическая оборона) antigas (or chemical) defense.
п. ч. abbr. (потому что) because; ПЧ abbr. (промежуточная частота) intermediate frequency.
пчел/а f. (honey)bee; —иный a. bee; —иный воск beeswax; —иная смазка propolis; —оводство n. apiculture, bee keeping; —ьник m. apiary.
пшени/ца f., —чный a. wheat.
пшен/ный a., —о n. millet (grain).
Пшорра синтез Pschorr synthesis.
пыж m. wad(ding), closing plug; (min.) stemming; —ить v. wad, plug; stem; —овый a. of пыж.
пылать v. flame, blaze; glow.
пыле— prefix dust; —ватый a. dusty, dustlike; silty (soil); —видный a. pulverulent, pulverized, powdered; dust, dustlike, dusty; —влагонепроницаемый a. dust- and moistureproof; —водозащищенный a. dust- and waterproof; —вой a. dust; dust-borne (infection); —высасыватель m. dust remover; —защищенный a. dustproof; —ловка f. dust catcher, filter; —мер m. (meteor.) dust counter; —н sh. m. of пыльный; —непроницаемый a. dustproof, dust-tight.
пылеобраз/ный see пылевидный; —ование n. dust formation; —ующий a. dust-producing.
пылеосадитель m. dust extractor; центробежный п. cyclone; —ный a. dust-extracting, dust-collecting; dust-settling.
пыле/осадочный, —отстойный see пылеосадительный; —отделитель m. dust separator; —отсасывающий a. dust-removing; vacuum; —очиститель m. dust remover; —перекачивающий a. pulverized-fuel (pump); —приготовление n. pulverization (of coal, etc.); —сборник, —собиратель m. dust collector; —содержание n. dust content; —сожигательный a. pulverized-fuel (burner); —сос m., —сосный a. vacuum cleaner; —стойкий a. dustproof.
пыле/угольный a. coal-dust; coal-pulverizing (mill); —удаление n. dust removal, dust elimination; —улавливание n. dust collecting, dust catching.
пылеуловитель m. dust catcher, dust collector, dust trap; —ный a. dust-catching, dust-collecting.
пыли gen., pl., etc., of пыль; —нка f. particle (of dust), mote; (bot.) grain of pollen; —ть v. raise dust; —ться v. get dusty.

пыль *f.* dust, powder; spray; (soils) silt; (bot.) pollen; —ник *m.* dust coat, smock; (bot.) anther; —ность *f.* dustiness; pulverence; —ный *a.* dusty, dust-laden (air); pulverulent, powdery; —ная буря dust storm; —ца *f.*, —цевой *a.* (bot.) pollen; —цееды *pl.* (ent.) Alleculidae.

пырей *m.* (bot.) Agropyron.

пытать *v.* attempt; (met.) assay; —ся *v.* attempt, try, endeavor.

пытливый *a.* inquisitive, searching.

пых/ать, —нуть *v.* blaze (up); puff (steam); —теть *v.* puff; pant.

пышен *sh. m. of* пышный.

пышет *pr. 3 sing. of* пыхать.

пышка *f.* bun, roll.

пышный *a.* luxurious (vegetation).

пьедестал *m.* pedestal, stand, base.

пьеза *f.* pièze (unit of pressure).

пьезо— *prefix* piezo— (pressure); piezoelectric; —двупреломление *n.* (opt.) piezobirefringence; —диффузия *f.* pressure diffusion; —ид *m.* piezoid; —кварц *m.* piezoelectric crystal; —керамический *a.* piezoceramic; —кристалл *m.* piezo (electric) crystal; —кристаллизация *f.* piezocrystallization; —метр *m.* piezometer, pressure gage; —метрический *a.* piezometric; —метрическая высота pressure head; —переход *m.* pieżojunction; —тропный *a.* piezotropic; —химический *a.* piezochemical; —химия *f.* piezo chemistry.

пьезоэлектр/ик *m.* piezoelectric (crystal); —ический *a.* piezoelectric; —ичество *n.* piezoelectricity.

пьезоячейка *f.* piezocell, sound cell.

пьемонтит *m.* (min.) piedmontite.

пьет *pr. 3 sing. of* пить.

Пьюджет-саунд (geog.) Puget Sound.

пьющий *pr. act. part. of* пить.

пьявица *f.* leaf beetle.

пьявка *see* пиявка.

пьян/еть *v.* get intoxicated; —ить *v.* intoxicate; —ица *f. and m.* alcoholic; (bot.) bog bilberry (*Vaccinium uliginosum*); —ый *a.* intoxicated; —ый хлеб bread made of contaminated grain; (phyt.) Gibberella rot, Fusarium blight, wheat scab.

ПЭА *abbr.* (полиэтиленазелаинат) polyethylene azelate.

пэ-аш *p*H (hydrogen ion concentration).

ПЭГ *abbr.* (полиэтиленгликоль) polyethylene glycol.

Пэджа явление (elec.) Page effect.

ПЭЗ *abbr.* (подземное электрическое зондирование) underground electrical sounding.

ПЭЭФ *abbr.* (пьезоэлектрический эффект) piezoelectric effect.

пюпитр *m.* desk, reading stand.

пюре *n.* puree, soup.

пяд/еницы *pl.* (ent.) Geometridae; —(ен)ь *f.* span; stretch.

пял/ить *v.* stretch, pull on; —ка *f.*, —о *n.* stretcher; —ьцы *pl.* stretching frame.

пяст/но— *prefix* (anat.) metacarpo—; —ный *a.* metacarpal; —ь *f.* metacarpus.

пят/а *f.* heel; abutment (of arch), base, foot; pin, pivot (journal), vertical journal; шарнир в —е pivot hinge.

пятая *f.* (one) fifth.

пятен *gen. pl. of* пятно.

пятер/ичный *a.* fivefold, quintuple; quinary (digit); —ка *f.* (set of) five; (educ.) five; —ной *a.* five-part, quinquepartite; quinary; —о *num.* five.

пяти— *prefix* penta—, quinque—, five; —атомный *a.* pentatomic; —балльный *a.* five-point; —бромистый *a.* pentabromide (of).

пятивалентн/ость *f.* pentavalence; —ый *a.* pentavalent.

пятиверст/ка *f.* map with a scale of 5 versts to the inch; —ный *a.* 5-verst; 5-versts to the inch.

пятиводный гидрат pentahydrate.

Пятигорск (geog.) Piatigorsk.

пятигранн/ик *m.* (geom.) pentahedron; —ый *a.* pentahedral.

пяти/десяти— *prefix* fifty; —десятый *a.* fiftieth; —дневка *f.* five-day period; —дневный *a.* five-day; —замещенные *pl.* pentaderivatives; —значный *a.* five-digit; five-unit.

пятикант *m.* ashlar.

пяти/карбонил железа iron pentacarbonyl; —кольчатый *a.* pentacyclic, five-membered; —компонентный *a.* five-component, quinary; —конечный *a.* five-point(ed); —кратный *a.* five-fold, quintuple.

пятилет/ие *n.* five-year period; —ка *f.* Five-Year Plan; —ний *a.* five-year.

пяти/месячный *a.* five-month; —минутный *a.* five-minute; —объективный *a.* five-lens; —окись *f.* pentoxide; —основной *a.* pentabasic; —полье *n.*, —польная система (agr.) five-field crop rotation; —сернистый *a.* pentasulfide (of); —слойный *a.* five-ply (veneer); —сотлетний *a.* quincentenary; —сотый *a.* five hundredth.

пятисторонн/ий *a.* five-sided; (geom.) pentahedral; —ик *m.* pentahedron.

пяти/тонка *f.* five-ton truck; —тонный *a.* five-ton; —тысячный *a.* five-thousand-(th).

пятиться *v.* back up, move back.

пятиугольн/ик *m.* (geom.) pentagon; —ый *a.* pentagonal.

пяти/фазный *a.* five-phase; —фтористый *a.* pentafluoride (of); —хлористый *a.*

пятка   576   равенство

pentachloride (of); **—членный** *a.* five-membered; **—электродный** *a.* five-electrode (tube); **—этажный** *a.* five-story.
пятка *f.* heel; anvil, sole.
пятна *gen. and pl. of* **пятно**.
пятнадцат/икратный *a.* fifteenfold; **—ый** *a.* fifteenth; **—ь** *num.* fifteen.
пятнать *v.* spot, stain, blot.
пятнист/ость *f.* spottiness, mottling, patchwork; (electrochem.) spotting out; flecks (in wood); (phyt.) leaf spot, blight; **кольцевая п.** ring spot; **—ый** *a.* spotty, spotted, mottled, speckled, dappled, stained; (biol.) punctate; maculose (structure).
пятнить *v.* spot, speckle.
пятница *f.* Friday.
пятн/о *n.* spot, stain, blotch, dab, patch; smear, blur; blot, blemish; (anat.; med.) macula; **покрытый —ами** mottled, speckled, spotted; **—овыводящее средство** stain remover, cleaner; **—ышко** *dim. of* **пятно**; speck(le), freckle.
пято/вый *a. of* **пята**; **—к** *gen. pl. of* **пятка**; *m.* five (of a kind).
пяточн/о— *prefix* (anat.) calcaneo—; **—ый** *a.* calcaneal, heel; **—ая кость** calcaneus.
пят/ый *a.* fifth; **—ая часть** (one) fifth; **—ь** *num.* five; **—ьдесят** *num.* fifty; **—ьсот** *num.* five hundred; **—ью** *adv.* multiplied by five.

Р

р *abbr.* (**рентген**) roentgen; (**радиан**) radian; **°Р** *abbr.* (**температура по Реомюру**) degree Réaumur.
раб *m.* slave, automaton.
рабарберон *m.* rhabarberon.
рабатка *f.* border (of plants).
рабд— *see* **рабдо—**.
рабдионит *m.* (min.) rabdionite.
рабдит *m.* (min.) rhabdite, schreibersite; (zool.) Rhabditis; rhabdite.
рабдо— *prefix* rhabd(o)— (rod, stick); **—писсит** *m.* (min.) rhabdopissite; **—фан(ит)** *m.* rhabdophan(it)e, scovillite.
рабелаизин *m.* rabelaisin.
работ/а *f.* work, labor, task, job; employment; service (of equipment), duty, performance (of machine); working, running, operation; procedure; effort; action (of wind, etc.); reference, study, paper; **—ы** *pl.* work, operations; **р. вылета, р. выхода** work function (of electron); **р. на изгиб** bending strain; **р. на срез** shear strain; **в —е** at work, in operation; **быть в —е** *v.* work, operate, be in operation; **загонять —ой** *v.* overwork; **объем работ** effort; **при —е** when operating, with; **проведение работ, программа работ** effort; **режим —ы** procedure; operating conditions; **условия —ы** operating conditions, working conditions; **ход —ы** operation.
работ/авший *past act. part. of* **работать**; spent; **—ать** *v.* work, run, operate, be in operation, function, perform; serve, act (as); be active (in); **—ать от** operate from, be powered by; **не —ать** be idle, be inoperative, be out of order; **—ающий** *a.* working, etc., *see v.*; driven, powered (by); stressed (panel); **—ающий на растяжение** tension (spring); **—ающий от батареи** battery-operated.
работни/к *m.* worker, workman, laborer, hand; operator; **—ца** *f.* workwoman.
работодатель *m.* employer.
работоспособн/ость *f.* efficiency; working capacity, fitness for work; (rubber) fatigue life; **испытание на р.** functional test; **—ый** *a.* efficient.
работы *pl., etc., of* **работа**; work(s), workings; (data) processing; **взрывные р.** blasting.
рабоч/ий *m. see* **работник**; *a.* work(ing); workers', labor; running, operating, functioning; on (position); drive (pulley, etc.); power (stroke); active, actuating, useful, effective (area, range, volume, etc.); net (load); process (solution); live (steam); characteristic, performance (curve); service, official, staff (catalog); tabulating (punched card); time (card, sheet); detail (design); **р. конус** (seamless tube rolling) mandrel; **р. процесс** operation, procedure; **р. режим** performance; operating conditions; **—ая жидкость** pressure fluid (of hydraulic press); **—ая сила** labor, manpower; **—ая смена** shift, operating crew; **—ая смесь** (nucl.) working mixture; (engines) air-fuel mixture; **—ая функция выхода** work function (of electron); **—ая характеристика** (mach.) performance; **—ее вещество** agent; **—ее колесо** impeller; **—ее место** work place; operator's position; **—ее пространство** (furnace) combustion space; **—ее тело** working fluid; **—ие руки** labor; **в —их условиях** under working conditions, in operation, performance (test).
рабсила *f.* manpower, labor.
рабство *n.* slavery.
рабфак *m.* workers' preparatory school.
рав-во *abbr.* (**равенство**).
равен *sh. m. of* **равный**.
равен/дук, —тук *m.* (text.) duck.
равенство *n.* equality, parity; congruence; (chem.; math.) equation.

равн/ение *n.* leveling, equalization; —ина *f.*, —инный *a.* plain, flatland, flat country, lowland; —итель *m.* leveler, smoother; trimmer; (paper) dandy roll.

равно *adv.* equally, uniformly, alike; also; (it) is equal; *prefix*, equi— iso—, homo—; р. как и as are, as does, along with; —бедренный *a.* (geom.) isosceles; —бочный *a.* equilateral; —великий *a.* equidimensional, equal-sized, equal-area, equivalent; —вероятность *f.* equal probability; —вероятный *a.* equally probable.

равновес/ие *n.* equilibrium, balance, equipoise; отношение —ия equilibrium ratio; приводить в р. *v.* balance, equilibrate; —ность *f.* state of equilibrium; —ный *a.* equilibrium; equiponderant; synchronous (ion) индикатор —ных схем null indicator.

равновремен/ость *f.* isochronism; —ый *a.* isochronous; (math.) tautochronous.

равнодействующ/ая *f.*, —ая сила resultant, equivalent force; —ий *a.* equal, equally effective; resultant.

равноденств/енный *a.* equinox, equinoctial; equatorial; —ие *n.* equinox.

равно/доступный *a.* equally accessible, easily accessible; —душие *n.* apathy, indifference; —душный *a.* apathetic, indifferent, unconcerned.

равнозернист/ость *f.* even-grained texture; —ый *a.* even-grained.

равнознач/ащий *a.* equivalent; —ность *f.* equivalence; —ный, —ущий *a.* equivalent.

равно/излучающий *a.* uniformly irradiating; equal-energy (dish); —коррелированный *a.* uniformly correlated; —крылые *pl.* (ent.) Homoptera.

равномерн/о *adv.* uniformly, evenly; р.-зернистый *a.* even-grained; —ость *f.* uniformity, evenness, steadiness; proportionality; —ый *a.* uniform, even, steady; proportional.

равно/молярный *a.* equimolar; —мощность *f.* equivalence; —мощный *a.* equipollent, equivalent; —мускульный *a.* (zool.) isomyarian; —направленный *a.* (elec.) rectified, unidirected, equidirectional; of like orientation; —ногие *pl.* (zool.) Isopoda; —образие *n.* homorphism; —осный *a.* equiaxial; —отстоять *v.* be equidistant; —отстоящий *a.* equidistant, equally spaced.

равнопад/аемость *f.*, —ающий *a.* equal falling, equal settling; коэффициент —аемости settling ratio.

равно/плечий *a.* equal-arm; р. анкер circular pallet; —площадный *a.* equal-area; —потенциальный *a.* equipotential; —правный *a.* having equal rights;

equitable (contract); —приливный *a.* cotidal; —промежуточный *a.* equidistant; —прочный *a.* full-strength (weld); —распределение *n.* equipartition.

равно/ресничные *pl.* (zool.) Holotricha; —сигнальный *a.* equisignal; —силие *n.*, —сильность *f.* equivalence; —сильный *a.* equivalent; equipotent; —степенный *a.* (math.) equipotential; even-spaced (map); —сторонний *a.* equilateral; even-spaced (map); —сть *f.* equality; —та *f.* evenness; —температурный *a.* isothermal; —угольник *m.* (geom.) isogon; —угольный *a.* isogonal, equiangular; conformal (projection); —удаленный *a.* equidistant, equispaced; —ускоренный *a.* uniformly accelerated; —фазный *a.* equiphase; —ценность *f.* equivalence; —ценный *a.* equivalent; —частотный *a.* equifrequent.

равночисленн/ость *f.* equality in number; —ый *a.* equal in number.

равноэнергетический *a.* equal-energy.

равн/ый *a.* equal, (a)like, similar; even, uniform; (math.) equipollent (vectors); р. азимут isoazimuth; —ым образом equally, to the same extent; на —ых основаниях, на —ых правах interchangeably (with); не имеющий себе —его *a.* having no equal, unrivaled, unparalleled.

равнять *v.* equalize, equate; even, smooth, level, flatten; compare; —ся *v.* be equal(ized); compare (to).

рагит *m.* (min.) rhagite.

рад *m.* rad (radiation absorbed dose); *abbr.* (радиан) radian; *a.* glad.

радар *m.*, —ный *a.* radar (radio detection and location).

ради *prep. gen.* for (the sake of), on account of; р. чего why, what for?

радиально *adv.* radially; р. расходиться *v.* radiate, diverge; —волокнистый *a.* radial-columnar, divergent-columnar; —кольцевой, —круговой *a.* radial-circular; —лучистая структура (cryst.) divergent structure, radiation; р.-осевой *a.* radial-axial, mixed-flow (turbine); —ребристый *a.* (pal.) radially striated; —сверлильный станок radial drill; —столбчатый *see* радиальноволокнистый; —упорный *a.* radial thrust.

радиальный *a.* radial; radial-flow (turbine).

ради/ан *m.*, —анный *a.* (geom.) radian; —ант *m.*, —антный *a.* (astr.) radiant; —атор *m.* radiator; emitter; (oil) cooler; —ационно-химический *a.* radiation-chemistry; radiochemical; —ационный *a.* radiation, radiative; solar (thermometer); —ационный захват (nucl.) radiative capture; —ация *f.* radiation;

—евый *a.* radium(-bearing); —ировать *v.* radiate.

рад/ий *m.* radium, Ra; излучение —ия, эманация —ия radium emanation, radon; лечение лучами —ия radium therapy; хлористый р. radium chloride; —ийсодержащий *a.* radium-bearing, radium-containing.

радикал *m.* radical; знак —а (math.) radical sign.

радикальн/ость *f.* radicalness; efficiency, completeness; —о-цепной *a.* chain-radical; —ый *a.* radical; efficient, complete.

радикул/а *f.* (anat.; bot.) radicle; —ит (med.) radiculitis; —ярный *a.* radicular, radicle, root.

радио *n.* radio; *prefix* radio—; radiation, radioactive; radium; —автограф *see* авторадиограф.

радиоактив/ационный *a.*, —ация *f.* radioactivation; —ировать *v.* radioactivate; —ность *f.* radioactivity; —ный *a.* (radio)active; —ный ряд radioactive series; —ный углерод radiocarbon; —ный элемент radioelement; —ные осадки fallout.

радио/актиний *m.* radioactinium, RaAc; —аппарат *m.* radio (receiving) set; —аппаратура radio equipment.

радиоастрономия *f.* radio astronomy.

радиобиолог *m.* radiobiologist; —ический *a.* radiobiological; —ия *f.* radiobiology.

радио/блок *m.* radio unit; —вещание *n.*, —вещательный *a.* broadcast(ing); —взрыватель *m.* radio detonator, electronic fuse; —вождение *n.* radio aids to navigation; —война *f.* electronic warfare; —волна *f.* radiowave; частота —волн radio frequency; —всплеск *m.* radio burst (of sun); —вызов *m.* radio call; —высотомер *m.* radio(electronic) altimeter; —вышка *f.* radio tower.

радио/галактика *f.* radio galaxy; —генный *a.* radiogenic; —глушение *n.* radio jamming; —гониометр *m.* radiogoniometer; —гониометрический *a.* radiogoniometric, radio direction-finding; —грамма *f.* radiogram, radio message; röntgenogram.

радиограф *m.*, —ировать *v.* radiograph; —ический *a.* radiographic; —ия *f.* radiography, X-ray photography; radiograph.

радио/дальномер *m.* range only radar; —данные *pl.* radio data; —детали *pl.* radio components, radio parts; —дефектоскопия *f.* X-ray defectoscopy, radiographic inspection; —диагностика *f.* X-ray diagnostics; —завод *m.* radio manufacturing plant; —звезда *f.* radio star, radio source; —зеркало *n.* radio mirror; —зонд *m.*, —зондовый *a.* (meteor.) radiosonde; —излучение *n.* radio(-frequency) emission; radio waves; —изотоп *m.* radio(active) isotope; —индуцированный *a.* radiation-induced; —инженер *m.* radio engineer; —интерферометр *m.* radio interferometer; —источник *m.* radiation source.

радио/канал *m.* radio channel; —карта *f.* radio map; —кип *m.* (geol.) radiocomparator and direction-finding method; —коллоид *m.* radiocolloid; —команда *f.* radio command; —комбайн *m.* combination television, radio, tape recorder and record player; —компаратор *m.* radiocomparator; —компас *m.* radio compass; —ла *f.* combination record-player and radio; —лампа *f.* (rad.) tube; —лечение *n.* radiotherapy; —лиз *m.* radiolysis, radiolytic decomposition; —линия *f.* radio link, radio circuit; —лит *m.* (petr.) radiolite; —литический *a.* radiolytic; —литовый *a.* (petr.) radiolitic.

радиолог *m.* (med.) radiologist; —ический *a.* radiological; —ия *f.* radiology; медицинская —ия nuclear medicine.

радиолок/атор *m.* radar (device); —ационный *a.* radar, radiolocation; —ационная станция radar; —ация *f.* radar (radio detection and ranging).

радио/лот *m.* sound-ranging altimeter; —луч *m.* radio beam; —любитель *m.* radio amateur; —люминесцентный *a.* radioluminescent.

радиоляр/иевый *a.* radiolarian; р. ил, —ит *m.* (petr.) radiolarite, radiolarian ooze; —ии *pl.* (zool.) Radiolaria.

радио/маркер *m.* (radio) marker beacon; —маскировка *f.* radio camouflage; —мачта *f.* radio mast, radio tower; —маяк *m.* radio range (beacon), radiophare, (marker) beacon.

радиометалл *m.* Radiometal (alloy); —ография *f.* radiometallography.

радио/метеорология *f.* radiometeorology; —метионин *m.* radioactive methionine; —метка *f.* (radioactive) tracer.

радиометр *m.* radiometer, radiation meter; —ист *m.* radar operator; radio operator; —ический *a.* radiometric; —ия *f.* radiometry.

радио/механик *m.* radio repair man; —молчание *n.* radio silence; —мутация *f.* radiomutation; —наблюдение *n.* radio observation; —наведение *n.* radio guidance, electronic guidance.

радионавигац/ионный *a.* radio navigational; —ия *f.* radio navigation.

радио/обмен *m.* radio traffic; —обнаружение *n.* radio detection; —оборудование *n.* radio equipment; —оператор *m.*

радиопеленг

радио operator; —отправитель *m.* (radio) transmitter; —отражение *n.* radio reflection, radio echo.

радиопеленг *m.,* —ация *f.* (radio) direction finding, radio bearing; —атор *m.* direction finder.

радиопереда/тчик *m.* transmitter; —ча *f.* transmission; —ющий *a.* transmitting.

радио/перекличка *f.* radio communication; —подслушивание *f.* radio interception; —полукомпас *m.* radio compass; —помехи *f.* radio interference.

радиоприем *m.* radio reception; —ник *m.* receiver, receiving set; —ный *a.* receiving.

радио/прожектор *m.* searchlight(-control) radar; —противодействие *n.* electronic countermeasures; —пятно *n.* (astr.) radio spot.

радио/разведка *f.* radioprospecting; electronic reconnaissance; —резистентность *f.* radioresistance; —реле *n.,* —релейный *a.* radio relay; —рубка *f.* radio room; —свечение *n.* radioluminescence; —свинец *m.* radiolead; radium G, PbRa; —связь *f.* radio communication; —секстант *m.* radio sextant; —сенсибилизация *f.* radiosensitization; —сеть *f.* radio network; —сигнал *m.* radio signal.

радиоскоп *m.* radioscope; —ический *a.* radioscopic; —ия *f.* radioscopy, detection of radioactive substances.

радио/служба *f.* radio service; —снимок *m.* radiograph; —сопровождение *n.* radio tracking; —спектроскопия *f.* radiospectroscopy; —станция *f.* radio station; —стерилизация *f.* radiation sterilization; —стойкость *f.* radioresistance.

радиотелеграф *m.,* —ировать *v.* radio-telegraph; —ист *m.* wireless operator; —ия *f.* radiotelegraphy; —ный *a.* radiotelegraph(ic).

радиотеле/измерение *n.,* —метрический *a.* radiotelemetering; —метрия *f.* radiotelemetry; —механика *f.,* —механический *a.* radio control; —скоп *m.* (astr.) radio telescope; —управление *n.* radio remote control; —фон *m.,* —фонный *a.* radio-telephone.

радиотерап/евт *m.* radiotherapist; —евтический *a.* radiotherapeutic; —ия *f.* radiotherapy, radiation therapy.

радиотехн/ик *m.* radio engineer, radio technician; —ика *f.,* —ический *a.* radio engineering.

радиотокс/емия *f.* radiation sickness; —икология *f.* radiotoxicology; —ичность *f.* radiotoxicity.

радио/тор *m.* radiothor, radioactive indicator; —торий *m.* radiothorium, RaTh; —трансляционный *a.,* —трансляция *f.*

раз

rebroadcasting, radio relay (system); —узел *m.* radio center, broadcasting center; —управление *n.* radio control; —управляемый *a.* radio-controlled, radio-guided.

радиоусилитель *m.* radio amplifier; —ная лампа amplifying tube.

радио/установка *f.* radio set; radio plant; radio installation; —устойчивость *f.* radioresistance; —устройство *n.* radio set; radio equipment; electronic device; —физика *f.* radiophysics; —физический *a.* radiophysical.

радиофи/кация *f.* radio installation; —цированный *a.* radio-equipped; —цировать *v.* install radio(s), equip with radios.

радиофон *m.* radio telephone set.

радиохим/ик *m.* radiochemist; —икали *pl.* radioactive chemicals; —ический *a.* radiochemical; —ия *f.* radiochemistry.

радио/центр *m.* radio center; —частота *f.,* —частотный *a.* radio-frequency; —чувствительность *f.* radiosensitivity; -шарзонд *m.* radio sounding balloon; —шум *m.* radio noise, radio interference.

радиоэлектрон/ика *f.* (radio)electronics, electronic engineering; —ный *a.* (radio)-electronic.

радио/элемент *m.* radioactive element; —эхо *n.* radio echo.

рад/ировать *v.* radio; —ируемый *a.* radioed; —ист *m.* radio operator.

радиус *m.* radius; **р. действия** range; **р.-вектор** *m.* radius vector; —ный *a.* radius.

радлюкс *m.* radlux (photometric unit).

радовать *v.* gladden, rejoice.

радон *m.,* —ный *a.* radon, Rn.

радостный *a.* glad, joyous.

рад/сек *abbr.* (радиан в секунду) radians per second.

радуг/а *f.* rainbow; **переливающий всеми цветами** —и iridescent.

радуж/ина *f.* (anat.) iris; —ница *f.* long-horned leaf beetle; —нозеленый *a.* iridescent green; —носиний *a.* iridescent blue; —ность *f.* iridescence.

радужн/ый *a.* rainbow(-hued), iridescent, opalescent; —ая оболочка (anat.) iris; **отливать** —ыми красками *v.* iridesce, opalesce.

радфот *m.* radphot (photometric unit).

раз *adv.* once; times, by a factor (of); *m.* time; *conj.* since; **р. навсегда** once for all; **в другой р.** some other time, another time; **р. в три года** (once) every three years, triennially; **в два —а больше** twice (as much), double; **в два —а меньше** half (as much); **в шесть р.** six times, sixfold; **еще р.** once more, again; **за р.** at once, at one go; **много р.**

repeatedly, many times, often; не р. more than once; пять р. по пять five times five; этот р. this time.

раз— *prefix* un—, dis—; away, off; *with verbs to indicate intensified action, division into parts, cessation of action or reversal of action.*

разалеться *v.* become scarlet.

разаррстировать *v.* uncage, free; actuate.

разасфальтирование *n.* deasphalting.

разб. *abbr.* (разбавленный).

разбав/итель *m.* diluent; (paint) thinner; —ить *see* разбавлять; —ка *f.*, —ление *n.* dilution, thinning; —ленный *a.* dilute(d), thin(ned); —лять *v.* dilute, thin; rarefy (gas).

разбаланс *m.* unbalance; напряжение —а out-of-balance voltage; —ированный *a.* out of balance, out of trim; —ироваться *v.* get out of balance.

разбаливаться *v.* start aching; ache more.

разбалластовать *v.* lighten, unload.

разбалтывать *v.* shake up; agitate; —ся *v.* be shaken up; get loose.

разбе/г *m.* start(ing), warm(ing)-up, acceleration, racing (of motor); momentum; (av.) take-off run; (met.) beveling; —гаться, —жаться *v.* get started, warm up, accelerate, race; gather momentum; disperse.

разбел *m.*, —ительный *a.* brightening.

разберет *fut. 3 sing. of* разобрать.

разбив/ание *n.* breaking, etc., *see v.*; —атель *m.* (paper) pulper; disintegrator; —ать *v.* break (down, into, up); smash, fracture; (sub)divide, split (up), group, classify; (mach.) dismantle, take apart; plan, lay out, mark off, peg out (a line); (typ.) space out; (mil.) defeat; —ка *f.* breaking, etc., *see v.*; breakdown, breakup; (sub)division; layout; в —ку retail; haphazardly; (typ.) spaced out; —ной *a.* separable; —очный *a.* marking, spacing; —очный колышек peg stake; —чивый *a.* brittle, frangible.

разбиение *n.* breakdown, decomposition, split(ting); partition(ing); subdivision.

разбинтов(ыв)ать *v.* remove bandage.

разбир/аемый *a.* in question, under discussion; —ание *n.* dismantling, etc., *see v.*; examination, discussion; —ательство *n.* examination, discussion; (law) trial; —ать *v.* dismantle, take apart, disassemble, strip, break down, knock down, take down, dismount, pull down, demolish, wreck; unpack; sort, pick, choose; discuss, analyze, examine; make out, discern, recognize, decipher; strike (center); (law) try; —аться *v.* be dismantled, etc.; dismantle, come apart; put in order; discriminate.

разбит/ый *a.* broken, smashed, etc., *see* разбивать; —ь *see* разбивать.

разблокировать *v.* unlock, uncouple; block out.

разбогатеть *v.* get rich, become prosperous; р. внезапно boom.

разболеться *see* разбаливаться.

разболт/анный *a.* stirred, shaken up, loose; —ать *see* разбалтывать.

разболчивать *v.* unbolt.

разбомбить *v.* bomb, destroy.

разбор *m.* choice, selection; analysis, examination (of problem); review, criticism (of book); (law) trial; *see also* разборка; без —а indiscriminately; одного —а of the same stamp.

разбор/ка *f.* dismantling, etc., *see* разбирать; disassembly; —ный *a.* collapsible, dismountable, knock-down, sectional; prefabricated; —очный *a.* of разборка.

разборчив/о *adv.* clearly, plainly; —ость *f.* intelligibility; —ый *a.* clear, plain, legible; discriminating.

разбраков/ка *f.* grading, etc., *see v.*; —(ыв)ать *v.* grade, sort, inspect, reject.

разбрасыв/ание *n.* scattering, etc., *see v.*; dispersion, dispersal; —атель *m.* disperser; spreader, distributor; sower, broadcaster; —ать *v.* scatter, disperse, throw around; broadcast (seed); spread, distribute (fertilizer); waste; —аться *v.* be scattered, diverge; have no definite goal, dissipate (one's efforts); —ющий *a.* scattering, etc., *see v.*

разбр/едаться, —естись *v.* disperse, scatter; —од *m.* dispersion; disorder; dissension.

разброс *see* разбрасывание; scatter; spread; straggling; р. по углам angle spread; случайный р. straggling; случайный р. пробега range straggling; —анность *f.* dispersion; disconnectedness; —анный *a.* scattered, *etc.*, *see* разбрасывать; loose (cargo); —ать *see* разбрасывать; —ка *see* разбрасывание; —ной *a.* of разброс; —ной посев (agr.) broadcasting.

разбрыз/ганный *a.* sprayed, etc., *see v.*; —гать *see* разбрызгивать; —гивание *n.* spraying, etc., *see v.*; испытание при —гивании (met.) spray test; охлаждение —гиванием spray cooling; —гиватель *m.* sprayer, etc., *see v.*; —гивать *v.* spray, sprinkle; atomize, pulverize; spatter, splash; sputter; —гивающий *a.* spraying, etc., *see v.*; spray (nozzle); —нуть *see* разбрызгивать.

разбудить *v.* wake up, arouse.

разбур/ав *m.* countersink; —авить, —авливать *v.* countersink, widen; —енный *a.* drilled (out); developed (field); —ивание *n.* drilling (out); development; —и(ва)ть *v.* drill (out); develop; —овка *f.* countersink (bit).

разбух/ание *n.* swelling, etc., *see v.*; —ать, —нуть *v.* swell, distend, inflate, expand; blow; —ший *a.* swollen.

развал *m.* disorganization, collapse, breakdown; break-up, split (of nucleus); flare; camber (of wheels); razval (disintegrated blocks piled up on mountain slopes); —енный *a.* collapsed, broken down; loose (cargo); —ивать *v.* pull down, demolish, wreck; spoil, undo; disorganize, break up; roll out; —иваться *v.* fall apart, collapse; —ина *f.* ruin, wreck; —ины *pl.* ruins, debris; —ить(ся) *see* разваливать(ся).

развалка *f.* spreading; rolling (out).

развальцов/анный *a.* rolled out, etc., *see v.*; —ка *f.* rolling out, lamination, etc., *see v.*; breakdown; expander; —ывать *v.* roll out, laminate, expand; break down; bead; open out, flare.

развалять *v.* spread; roll out.

развар/енный, —ной *a.* cooked to a pulp; —и(ва)ть *v.* cook to a pulp, digest thoroughly.

разве *adv. and conj.* perhaps (... had better); if (not), unless; really?

развев/ание *n.* blowing, scattering; weathering; deflation (wind action); —ать *v.* blow, scatter.

развед/анный *a.* explored, tested, proved; —ать *see* разведывать.

разведен/ие *n.* dilution, thinning, etc., *see* разводить; (bact.) culture; —ный *a.* diluted, etc., *see* разводить; dilute, thin, rare.

разведк/а *f.* search, exploration; survey(ing); reconnaissance; intelligence; (min.) prospecting; (sound) ranging; предварительная р. reconnaissance; производить —у *v.* reconnoiter; prospect.

разведочно-эксплуатационная скважина exploratory well; test pit.

разведочн/ый *a.* exploring, reconnaissance; (min.) prospecting; —ая выработка, —ая работа prospecting; —ая скважина test pit; wildcat.

разведчик *m.* (min.) prospector, scout; reconnaissance plane.

разведший *past act. part. of* развести.

разведыв/ание *n.*, —ательный *a.* searching, exploring; reconnaissance; (min.) prospecting; —ать *v.* investigate, explore; inquire (about); scout, reconnoiter; prospect; exploit.

развезти *see* развозить.

развевать *v.* scatter, blow away.

разверз/ать, —нуть *v.* open wide; —аться, —нуться *v.* open up, separate.

развериться *v.* get out of true, get out of alignment.

развернут/ый *a.* unfolded, etc., *see* развертывать; total (length); straight (angle); —ь *see* развертывать.

разверст/ать, —ывать *v.* divide, distribute, allot; —ка *f.* division, distribution, allotment; —ка добычи proration.

разверстый *a.* wide open, drawn apart.

развертеть *see* разверчивать.

разверт/ка *see* развертывание; (geom.) involute, evolvent; resolution, analysis; (rad.) sweep; scan; time base; reamer, broach (bit); временная р. countdown; time base; генератор —ки time-base generator, sweep generator; ось —ки timing axis, time base; —ываемый *a.* (geom.) developable; developed; —ывание *n.* unfolding, etc., *see v.*; (geom.) development; evolvement, evolution, build-up; presentation; extension; expansion (of hole); —ыватель *m.* scanner; —ывать *v.* unfold, open (up), unwrap, unroll, unwind, uncoil; spread out, extend; straighten out, flatten, rectify; (geom.) develop; evolve; scan, analyze, explore; (electron.) sweep; expand, ream, broach; turn around, make a turn; get ready; —ываться *v.* be unfolded, etc.; develop, expand; unwind, run down (of spring); get ready; turn around; —ывающий *a.* unfolding, etc., *see v.*; —ывающая кривая involute; —ывающийся *a.* developing; developable; —ывающаяся линия involute.

разверчивать *v.* ream, expand, enlarge; unscrew; get rolling; —ся *v.* expand; unscrew, get loose; get rolling.

развес *see* развеска; на р. by weight.

развесистый *a.* spreading, branched, branchy, ramose, ramous.

развес/ить *see* развешивать; —ка *f.* weighing; hanging; —ной *a.* sold loose by weight; —очная *f.* weighing room; (rubber) compounding room; —очный *a.* weighing.

развести *see* разводить.

разветв/итель *m.* bifurcating device, splitter; —ительный *a.* branching, etc., *see v.*; branch, splice (box); —ить(ся) *see* разветвлять(ся); —ление *n.* branching, ramification, etc., *see v.*; branch, fork; leg; —ленность *f.* (degree of) branching; ramified structure; —ленный *a.* branched, etc., *see v.*; branch; —лять *v.* branch (out), ramify, bifurcate, fork; subdivide; split (program); tap off; —ляться *v.* branch (out), fork; —ляющийся *a.* branching; manifold (flow).

развехованный *a.* marked.

развеш/ать, —ивать *v.* suspend, hang

развеять (around, up); —енный *a.* suspended, hung (around, up); weighed out; —ивать *v.* weigh out; spread (of tree).

развеять *see* развевать.

развив/аемый *a.* developed, etc., *see v.*; —аемая мощность output (of machine); —ание *n.* development, generation; —ать *v.* develop, generate, evolve; amplify, build up; exert, induce; untwist, unwind; —ать скорость accelerate; —аться *v.* develop, grow; unfold, evolve.

развил/ина *f.* fork, yoke, crotch; forking, bifurcation, divarication; —истый *a.* forked, furcate; —ка *f.* fork, yoke; в —ку Y-shaped.

развин/тить *see* развинчивать; —ченный *a.* unscrewed, etc., *see v.*; —чивание *n.* unscrewing, etc., *see v.*; (drilling) back off, break out (of tool); —чивать *v.* unscrew, screw off, unfasten, loosen.

развит/ие *n.* development, growth, build-up, progress, evolution; extension, spread, distribution; —ой *a.* mature, developed; high-level; widespread; —ость *f.* maturity; progressiveness; —ый *a.* developed, etc., *see* развивать; —ь *see* развивать.

развле/кать, —чь *v.* divert, distract; entertain; —чение *n.* recreation.

развод *m.* (agr.) raising, breeding; separation, divorce; set (of saw teeth); —ить *v.* dilute, thin; rarefy (gas); breed, propagate, raise, cultivate; separate; dissolve; divorce; open, pull up, draw (bridge); set (saw teeth); get up, raise (steam); start, light (a fire); —иться *v.* breed, multiply, separate, get divorced; —ка *f.* culture, propagation; separation; drawing (of bridge); displacement; saw set; —ной *a.* separating; draw (bridge); adjustable (wrench); split (cotter); cotter (pin); saw-setting; —ный *a.* divorce.

разводье *n.* pool of open water in ice; spring flood.

разводящий *pr. act. part. of* разводить; transfer (manifold).

развоз *see* развозка; —ить *v.* convey, transport, carry, deliver; —ка *f.* conveyance, transport(ation), delivery; —ной *a.* transportation, delivery; transported; —чик *m.* transport worker; delivery man.

разволакивать *v.* scatter (of clouds).

разволновать *v.* agitate, excite.

разволочь *see* разволакивать.

развора́чив/ание *n.* unwrapping, etc., *see v.*; —ать *v.* unwrap, unfold, unroll; turn around; take apart; demolish, shatter, destroy; crack, split; —аться *v.* be unwrapped, etc.; unroll; expand, develop; speed up; turn around.

развора́шивать *v.* scatter, stir up.

разворо́т *m.* turn; opening, unfolding; double-page spread; —отить, —очать *see* разворачивать; —оченный *a.* unwrapped, etc., *see* разворачивать.

разворошить *see* разворашивать.

развьючи(ва)ть *v.* unpack, unload.

развяз/анный *a.* untied, etc., *see v.*; —ать *see* развязывать; —ка *f.* untying; outcome, issue; bypass; isolation; isolator; —ывание *n.* untying, etc., *see v.*; —ывать *v.* untie, unbind, undo, unfasten, uncouple, free; —ываться *v.* be untied, etc.; come loose; —ывающий *a.* untying, etc., *see v.*

разгад(ыв)ать *v.* guess, puzzle out.

разгар *m.* thermal erosion; burnout (of walls); (lining) wear; climax, height (of season); в полном —е in full swing; —остойкость *f.* resistance to thermal erosion.

разгерметизация *f.* depressurization; seal failure.

разгиб *m.*, —ание *n.* unbending, etc., *see v.*; —атель *m.* (anat.) extensor; —ать(ся) *v.* unbend, straighten (out, up); —ающий *a.* unbending, straightening; —ающая мышца extensor.

разгла/дить *see* разглаживать; —женный *a.* smoothed, etc., *see v.*; —живание *n.* smoothing, etc., *see v.*; —живать *v.* smooth (out), press, iron.

разгла/сить, —шать *v.* divulge, publish; —шение *n.* divulgence.

разгляд/еть, —ывать *v.* view, examine, scrutinize, consider.

разгов/аривать *v.* talk, speak; —ор *m.* talk, conversation; (tel.) call; —орный *a.* conversation(al), spoken (language); telephone (booth, station).

разгон *m.* acceleration, speeding up, racing; run, start; (missiles) boost; dispersal, dispersion; (typ.) spacing; период а rise time; —истый *a.* (typ.) widely spaced; —ка *f.* acceleration; scattering, dispersal; (fractional) distillation; (petrol.) flashing; —ный *a. of* разгон; booster (stage); runaway (speed); —ять *v.* accelerate, speed up, race; distill; drive away, dispel, dissipate, disperse, scatter; (typ.) space; —яться *v.* pick up speed.

разгораживать *v.* fence, partition (off), separate; take down a partition.

разгор/аться, —еться *v.* start burning, flame up.

разгородить *see* разгораживать.

разгоряченный *a.* heated.

разграждение *n.* (mil.) removal of obstacles; clearing.

разгранич/ение *n.* demarcation; —енный *a.* delimited, etc., *see v.*; —ивание *n.* delimiting, etc., *see v.*; —ивать *v.*

разграф/ить, —**лять** *v.* rule, draw lines: delimit, demarcate, bound, mark limits, fix the limit; —**ивающий,** —**ительный** *a.* boundary (line); —**ить** *see* **разграничивать.**

разграф/ить, —**лять** *v.* rule, draw lines.

разгре/бать, —**сти** *v.* rake (apart).

разгром *m.* destruction; —**ить** *v.* destroy.

разгру/жатель *m.* discharger, unloader; —**жать** *v.* discharge, unload, empty, dump, throw off, remove; relieve, ease; handle; —**жающий** *a.* discharging, etc., *see v.;* —**женный** *a.* discharged, etc., *see v.;* balanced (valve); —**зитель** *m.* discharger, unloader; —**зить** *see* **разгружать;** —**зка** *f.* discharging, etc., *see v.;* discharge; relief; (comp.) dump; —**зочно-обрывной** *a.* tension-release (mine); —**зочный** *a.* of **разгрузка;** relief (well); —**зчик** *m.* discharger, unloader.

разгруппиров/ание *n.* debunching; —**аться** *v.* debunch; divide into groups.

разд. *abbr.* (**раздел**) section.

раздав/ание *n.* distribution, dispensation; —**ать** *v.* distribute, dispense, deal out; confer, grant; spread, widen, expand, open out, flare; —**аться** *v.* be distributed, etc.; give way; expand, grow wider, flare; be heard, resound.

раздав/ить *see* **раздавливать;** —**ленный** *a.* crushed, (s)mashed; —**ливание** *n.* crush(ing), smash(ing), mashing; —**ливать** *v.* crush, (s)mash; —**ливаться** *v.* be crushed; (min.) jack-knife.

раздаивать *v.* (agr.) increase milk yield.

раздалбливать *v.* hollow out, groove.

раздат/очный *a.* distributing; delivering; **р. механизм,** —**очное устройство** dispenser; —**очная ведомость** pay roll; —**чик** *m.* distributor; —**ь** *see* **раздавать.**

раздача *f.* distribution, allotment; delivery; spread, expansion.

раздваивать *v.* bifurcate, split; —**ся** *v.* bifurcate, fork; split off, break down.

раздв/иг *see* **раздвижка;** release; (geol.) fault in which displacement is perpendicular to breakage surface; —**игание** *see* **раздвижка;** —**игать** *v.* separate, part, draw apart, drive apart, force apart; disengage (coupling); extend, open; gage (track); —**игаться** *v.* separate, move apart; telescope; —**ижение** *n.,* —**ижка** *f.* separation, parting, etc., *see v.;* —**ижной** *a.* extensible, extension-type, collapsible, telescopic; slide (gage); sliding, roll-back (roof); retractor (spring); movable; adjustable (wrench); expansion (bit); expanding (reamer); —**инутый** *a.* separated, etc., *see v.;* —**инуть** *see* **раздвигать.**

раздво/ение *n.* (bi)furcation, dichotomy, fork(ing), branching; splitting; —**енный** *a.* (bi)furcate, dichotomous, forked; split (in half); swallow (tail); —**ить** *see* **раздваивать.**

раздвойникование *n.* untwinning.

раздев/ание *n.* undressing; stripping; —**ать** *v.* undress; strip.

раздел *m.* division, allotment; section, chapter, heading; interface (between two media); **граница** —**а** interface; (seism.) discontinuity; **линия** —**а** line of demarcation, dividing line; **поверхность** —**а** interface; interfacial area; (phase) contact area; —**ать** *see* **разделывать;** —**ение** *n.* division, separation, partition; (assaying) parting; distribution; cut; classification, classing, indexing; cleaving, cleavage, fission, splitting; segregation (of genes; losses, etc.); (sex) differentiation; —**ение труда** division of labor; **коэффициент** —**ения** separation factor; (distillation) relative volatility; **схема** —**ения** (comp.) buffer; **точка** —**ения** separation point; —**енный** *a.,* —**ившийся** *a.* divided, etc., *see* **разделять.**

разделим/ость *f.* divisibility, separability; —**ый** *a.* divisible, separable; analyzable.

разделитель *m.* separator, separating agent; divider, spacer; (assaying) parting agent; guide card; —**ный** *a.* dividing, etc., *see* **разделять;** partition (chromatography); —**ная стенка** partition.

разделить *see* **разделять.**

раздел/ка *f.,* —**очный** *a.* finishing, etc., *see v.;* finish; baffle; —**ывание** *n.* finishing, etc., *see v.;* —**ывать** *v.* finish, dress; strip; do; prepare, lay out; cut (meat); widen, expand; splice (cable); —**ывать под дуб** give an oak finish; —**ываться** *v.* be finished, etc.; part, be done (with), be free (of).

раздельно *adv.* separately; —**лепестный** *a.* (bot.) choripetalous; —**полый** *a.* (biol.) dioecious; **р.-поточный** *a.* sectionalized flow-line; —**сть** *f.* separateness, discreteness.

раздельный *a.* divided, separate, distinct, discrete; split (bearing); adjustable (charge); (petrol.) selective (cracking).

раздел/ять *v.* divide, separate; partition; split (up), break down; (assaying) part; sever, disjoint, dissociate; classify, grade, sort, pick (ore); class, index; analyze; fractionate; disintegrate; share, distribute; slot (brush); —**яться** *v.* be divided, etc.; separate, split, branch; —**яющий** *a.* dividing, etc., *see v.;* —**яющее приспособление** divider, separator.

раздер/г(ив)ать, —**нуть** *v.* pull apart, shred.

раздет/ый *a.* undressed; stripped; —ь *see* раздевать.

раздир *m.* tear(ing); —альный *a.* tearing, etc., *see v.*; —альная машина disintegrator, shredder; —ание *n.* tearing, etc., *see v.*; предел прочности при —ании tear strength; —ать *v.* tear (apart; open; to shreds); lacerate; shred, disintegrate; dismember; —ающий *a.* tearing, etc., *see v.*; unbearable.

раздобы(ва)ть *v.* get, obtain, procure.

раздо/ить *see* раздаивать; —йка *f.* (agr.) increasing milk yield.

раздолбить *see* раздалбливать.

раздрабливать *see* раздроблять.

раздраж/ать, —ить *v.* irritate, annoy; stimulate; —ающий *a.* irritating, acrid; —ение *n.* irritation; stimulation; —итель *m.* irritant; (biol.) stimulus; —ительный *a.* irritable.

раздроб/ить *see* раздроблять; —ление *n.* shattering, etc., *see v.*; comminution; —ленность *f.* state of comminution; —ленный *a.* shattered, etc., *see v.*; granulated; —лять *v.* shatter, break (to pieces; up), disintegrate, crush, grind, comminute, reduce; fractionate, split; splinter; break down, (sub)divide; parcel (land); —ляться *v.* shatter, fall apart; —ляющий *a.* shattering, etc., *see v.*; —ляющее приспособление crusher.

раздув *m.* bulge; —альный *a.* blowing, inflating; —альный мех bellows; —ание *n.* blowing (up), etc., *see v.*; inflation; —ать *v.* blow (up), inflate, distend; swell, puff up; fan, blow away, disperse; —аться *v.* blow up; swell; —ающий *a.* blowing, etc., *see v.*; —ающее вещество blowing agent.

раздулка *f.* (bot.) water fennel, horsebane (*Oenanthe phellandrium*).

раздум/ать *v.* change one's mind; —ывать *v.* hesitate; —ье *n.* hesitation.

раздут/ие *n.*, —ость *f.* swell(ing), distention, inflation; bulge, bulging; —ый *a.* inflated, swollen, bulging; —ь *see* раздувать.

разевать *v.* gape, open wide.

разжат/ый *a.* unclasped, etc., *see* разжимать; slack; —ь *see* разжимать.

разжев(ыв)ать *v.* masticate, chew.

разжелобок *m.* (arch.; art.) valley.

разж/ечь *see* разжигать; —иг *m.*, —игание *n.* firing, etc., *see v.*; —игать *v.* fire, kindle, light up, start up (furnace); excite, stimulate; —игаться *v.* catch fire, blaze up.

разжи/дить *see* разжижать; —жаемость *f.* liquescence; —жаемый *a.* capable of dilution; liquefiable, liquescent; —жать *v.* dilute, thin; rarefy (gas); liquefy; —жающий *a.* diluting, etc., *see v.*;

—жающее вещество *see* разжижитель; —жение *n.* dilution, thinning, etc., *see v.*; —женность *f.* fluidity, liquid state; —женный *a.* diluted, etc., *see v.*; thin, rare; —житель *m.* diluent, thinner, thinning agent; liquefier.

разжим/ание *n.* unclasping, etc., *see v.*; release; —ать *v.* unclasp, open, release, unfasten, unclamp; —аться *v.* open, unclamp; —ной, —ный *a.* releasing; expanding (mandrel, reamer); expansion (cam).

разжиреть *v.* grow fat.

раззенков/ка *f.* countersink; reamer; —ывание *n.* countersinking; reaming; —ывать *v.* countersink; ream (out).

разинуть *see* разевать.

разительный *a.* striking, impressive.

разить *v.* smell, reek (of); strike, hit.

разлаг/аемый *a.* decomposable; analyzable; —ать *v.* decompose, dissociate, separate; break down (into), split up, resolve (into); decay, disintegrate; disperse; analyze; (rad.) scan, sweep; (math.) expand; —аться *v.* decompose, disintegrate, break up, break down, separate; dissolve; decay, rot; —ающий *a.* decomposing, etc., *see v.*; —ающийся *a.* decomposing; decomposable; analyzable.

разлад *m.* discord, dissension; disorder.

разла/дить *see* разлаживать; —женность *f.* state of disrepair; maladjustment, misalignment; —женный *a.* disordered, broken down (machine); —живать *v.* break up, upset, derange; (mach.) damage, break; —живаться *v.* break down, get out of order.

разламыв/ание *n.* breaking, etc., *see v.*; break, fracture; demolition; —ать *v.* break, fracture; break up, chip; break open, force open; wreck, pull down (building).

разлез(а)ться *v.* come apart, tear; unravel.

разлеп/ить, —лять *v.* unglue, separate.

разлет *m.* dispersion, scattering; угол —а angle of divergence; —аться, —еться *v.* fly apart, scatter, disperse; come apart, disintegrate; accelerate.

разлив *see* разливание; overflow, inundation, flood; high water; —ание *n.* pouring, etc., *see v.*; diffusion; (paints) spread; —ательный *see* разливочный; —ать *v.* pour (out), ladle; run (in); spill; distribute, spread, diffuse; bottle, fill; (met.) cast; teem (steel); —аться *v.* be poured, etc.; overflow, spill; —ающий *a.* pouring, etc., *see v.*; —ающийся *a.* (over)flowing, spilling; —ка *see* разливание; —ной *a.* bottling; bottled; —(очн)о-укупорочный *a.* bottling and capping; —очный *a.* pouring, etc., *see*

разлинзование *n.* (geol.) boudinage.
разлинов(ыв)ать *v.* rule, draw lines.
разлип/аться, —нуться *v.* come unglued, separate, open.
разлистов/ание *n.* foliation, cleavage; **зона —ания** (geol.) sheeted zone; **—анный** *a.* foliated, leaf-like, laminated; **—ать** *v.* foliate.
разлит/ие *see* **разлив**; **—ой, —ый** *a.* poured, etc., *see* **разливать**; diffuse(d); **—ь** *see* **разливать.**
различ/ать *v.* discern, distinguish, differentiate; discriminate; **—аться** *v.* differ, be unlike, be distinguished; **—ение** *n.* distinction, discrimination; **—ие** *n.* distinction, difference, diversity, discrepancy; variety; **проводить —ие** *v.* distinguish; **—имость** *f.* discernibleness; (radiotelescopy) discrimination, resolution; **—имый** *a.* discernible; **—итель** *m.* discriminator; **—ительно** *adv.* in contradistinction (to); **—ительный** *a.* distinctive; **—ить** *see* **различать.**
различн/о *adv.* differently; **—ость** *f.* difference, unlikeness; **—ый** *a.* different, unlike, dissimilar, distinct, varied, variable, varying, diverse.
разложен/ие *n.* decomposition, disintegration, separation, dissociation, splitting (up), breaking down (into), breakdown; analysis; (electron.) scanning, sweeping; resolution (of forces); putrefaction, decay, rotting; (geom.) development; **р. (в ряд)** (math.) expansion; **р. на множители** factorization; **гнилостное р.** wet rot; **двойное р., обменное р.** double decomposition; **продукт —ия** decomposition or dissociation product.
разлож/енный *a.* decomposed, dissociated; analyzed; laid out; (math.) expanded; **—ившийся** *a.* putrefied, putrid, rotten; **—имость** *f.* decomposability; **—имый** *a.* decomposable, dissociable, separable; analyzable; **—ить** *see* **разлагать, раскладывать; —ить в ряд** *v.* expand in ... series.
разлом *see* **разламывание; —анный** *a.* broken, etc., *see* **разламывать; —ать** *see* **разламывать; —ить** *v.* break up; start aching; **—ка** *see* **разламывание.**
разлуч/ать, —ить *v.* sever, separate.
размагни/тить *see* **размагничивать; —ченный** *a.* demagnetized; **—чивание** *n.* demagnetization; **обмотка —чивания** (main) coil, degaussing coil (of ship); **—чивать** *v.* demagnetize.
размаз/анный *a.* smeared (out); **—ать, —ывать** *v.* smear, spread; blur; **—ывание** *n.* smearing.

размалыв/аемость *f.* grindability; **—аемый** *a.* grindable; **—ание** *n.* grinding, etc., *see* **—ать** *v.* grind, crush, break up, mill, pulverize; (paper) beat.
размасли(ва)ть *v.* (treat with) oil.
разматыв/ание *n.* unwinding, etc., *see v.*; **—ать(ся)** *v.* unwind, unreel, reel off, uncoil, unroll, pay out, run off.
размах *m.* swing, sweep, stroke; spread, span (of wings); range, scope; (electron.) amplitude; (mech.) throw; **отношение —а к хорде** (aerodyn.) aspect ratio; **—ивание** *n.* swinging; **—ивать, —нуть** *v.* swing, sway.
размачив/ание *n.* soaking, etc., *see v.*; saturation, maceration; **—ать** *v.* soak, steep, saturate, wet, macerate, soften; ret (flax, hemp).
размедитель *m.* (met.) decoppering agent.
размежев/ание *n.,* **—ка** *f.,* **—ывание** *n.* demarcation, etc., *see v.*; **—(ыв)ать** *v.* demarcate, delimit, bound, fix limits, mark by boundaries.
размел *past m. sing. of* **размести.**
размелет *fut. 3 sing. of* **размолоть.**
размельч/ать *v.* crush, grind, break up, disintegrate, pulverize; **—аться** *v.* break up, disintegrate; **—ение** *n.* crushing, etc., *see v.*; **—енный** *a.* crushed, etc., *see v.*; **—ить** *see* **размельчать.**
размен *m.,* **—ивать, —ять** *v.,* **—ный** *a.* (ex)change; **—ная монета** small coin, change.
размер *m.* dimension, size, gage, caliber; rate; quantity, amount; yield; grade (of particles); **—ом с** the size of; **по —у** to size; **не по —у** offsize; **точно по —у** to specifications; **—ение** *n.* measurement; **—ения** dimensions; **—енный** *a.* measured, etc., *see v.*; **—ивание** *n.* measuring, etc., *see v.*; measurement; **—и(ва)ть** *v.* measure (off, out); determine; proportion; **—ность** *f.* dimension(s); dimensionality; scale; **уравнение —ности** (math.) dimensional equation; **—ный** *a.* measuring; dimensional; **—ять** *see* **размеривать; —яющий** *a.* measuring, etc., *see v.*
разместить *see* **размешивать.**
размести *see* **разметывать.**
разместить *see* **размещать.**
разметать *see* **разметывать.**
размет/ить *see* **размечать; —ка** *f.* marking, etc., *see* **размечать**; mark-up; mark, sign; layout; **—очно-сверлильный станок** jig borer; **—очный** *a. of* **разметка; —чик** *m.* marker.
разметывать *v.* toss, scatter, disperse, spread about; sweep away.
размеч/ать *v.* mark (off, out, up), lay off, lay out, prepare a layout; trace; graduate (a vessel); annotate; **—енный** *a.*

размеш/анный a. mixed, etc., see v.; —ать see размешивать; —ивание n. mixing, etc., see v.; —ивать v. mix, stir, blend; churn; knead (clay); —ивающий a. mixing, etc., see v.

размещ/ать v. dispose, distribute, arrange, set, place, position, mount; allocate; space; locate, site; accommodate, house; —ение n. disposing, disposition, etc., see v.; disposal; order, arrangement; position; (math.) permutation; —енный a. disposed, etc., see v.

разминать v. knead, mash; stretch.

разминиров/ание n. (mil.) mine clearance; —анный a. mine-free; —ать v. remove mines, demine.

разминка f. kneading, etc., see разминать.

размин/овка f. (rr.) by-pass, siding; —уться v. pass each other, cross (of letters).

размнож/ать v. multiply, propagate, reproduce; duplicate, copy, manifold; —аться v. breed, propagate; —ающий a. multiplying, etc., see v.; fertile (medium); breeder (reactor); —ение n. multiplication, etc., see v.; fission (nucl.) breeding; —ение делением (biol.) fission; коэффициент —ения multiplication factor; —итель m. (nucl.) breeder; —ить see размножать.

размоет fut. 3 sing. of размыть.

размозжить v. smash, crush.

размоина f. washout.

размок/ание n. soaking, etc., see v.; —ать, —нуть v. soak, get wet, soften.

размол see размалывание; grist, grind.

размолачивать v. (agr.) thresh, crush.

размолоспособность f. grindability.

размолотить see размалачивать.

размолот/ый a. ground, etc., see размалывать; —ь see размалывать.

размор/аживать, —озить v. thaw out, defrost; freeze out.

размот/анный a. unwound, etc., see разматывать; —ать see разматывать; —ка f., —очный a. unwinding, etc., see разматывать.

размочал/енный a. shredded, etc., see v.; —и(ва)ть v. shred, separate into filaments or fibers.

размоч/енный a. soaked, etc., see размачивать; —ить see размачивать; —ка see размачивание.

размыв m., —ание n. washing, etc., see v.; (geol.) washout, erosion; —ание фронта (meteor.) frontolysis; —атель m. scourer; —ать v. wash (away, off, out), scour; hollow out, erode; level, flatten; —ающий a. washing, etc., see v.

размык/ание n. opening, etc., see v.; break, interruption; —атель m. release, trip, disengager; (circuit) breaker; —ать v. open, unlock, unfasten, release, disengage, trip; break, interrupt, disconnect, turn off; —ающий a. opening, etc., see v.; release, trip (mechanism); break (contact).

размыслить see размышлять.

размыт/ие n. erosion; (image) blur; (meteor.)-decay; spreading, blow-up (of beam); disassembly (of plasma); —ый a. washed out, eroded; diffuse, blurred; —ь see размывать.

размышлять v. reflect, consider.

размягч/ать, —ить v. soften; soak (until soft); —ающий a. softening; (pharm.) emollient; —ающее средство softening agent; emollient; —ение n. softening; (med.) malacia, morbid softening; температура —ения, точка —ения softening point; —итель m. softener; plasticizer.

размяк/ать, —нуть v. soften.

размят/ие n. crumbling; kneading; (geol.) shearing; —ый a. crumbled; kneaded; sheared; —ь see разминать.

разнашивать see разносить.

разнес/ение n. carrying around, conveyance, delivery; (frequency) separation; —енный a. carried, etc., see разносить; spaced (winding); two-finned (tail); (rad.) diversity; —ти see разносить.

разнимать v. part, separate, dismember, disjoint, tear apart; take apart, take to pieces, dismantle, dismount.

разн/иться v. differ, vary, be unlike; —ица f. difference, distinction, contrast; variation, divergence, discrepancy; —о adv. differently, diversely, variously.

разно- prefix different, hetero—, diversi—; —бой m. disparity, disagreement; —бойность f. (art.) difference(s); —вес m. set of weights.

разновидн/ость f. variety; modification, version; —ый a. various, diverse, multiform, of different form.

разновременн/ость f. diversification; difference in time; difference in phase; коэффициент —ости (elec.) diversity factor; —ый a. alternative; diverse; at different times; not contemporary.

разноглас/ие n., —ица f. discord, difference of opinion, variance, discrepancy; —ный a. discordant, conflicting.

разное n. variety, miscellany.

разнозернист/ость f. variation(s) in grain size; —ый a. with varying grain size; (petr.) inequigranular.

разно/значащий, —значный a. having a different meaning; —именный a. of different kinds, unlike, opposite; (elec.) of opposite charge; —калиберный a. different-caliber, different-sized; —лепестка *f.* (bot.) candytuft (*Iberis*); —листный *a.* (bot.) heterophyllous; —мастный *a.* different(-colored); —мыслие *n.* difference of opinion, disagreement.

разнообраз/ие *n.* variety, diversity, range; multiplicity; variability; —ить *v.* vary, diversify; —ный *a.* various, varied, different, diversified, diverse, variegated; miscellaneous.

разно/племенный *a.* of different races, of different stock; —плодный *a.* (bot.) heterocarpous; —полый *a.* of different sexes; —рабочий *m.* handyman; —ресничные *pl.* (zool.) Heterotricha.

разнореч/ивый *a.* contradictory, inconsistent; —ие *n.* contradiction.

разнородн/ость *f.* heterogeneity; difference in kind; —ый *a.* heterogeneous, mixed, hybrid, unlike, different, dissimilar, diversified, various, manifold.

разнос *m.* carrying (around), etc., see *v.*; delivery, distribution; dispersion; separation; (mach.) racing, overspeeding; open-cut mine, quarry; —ить *v.* carry (around), convey, deliver, distribute; disperse, scatter; spread (disease, etc.); stretch; tear (apart); puff up, swell; —иться *v.* be carried, etc.; spread; resound; —ка *see* разнос; —ный *a.* of разнос; runaway (speed).

разно/споровый *a.* (bot.) heterosporous; —стеномер *m.* pipe-thickness gage.

разности/о-дифференциальный *a.* difference-differential; —ый *a.* difference, different; differential.

разносторонн/ий *a.* many-sided, comprehensive; versatile; (geom.) scalene; —ость *f.* comprehensiveness; versatility; multiplicity.

разность *f.* difference; drop (in temperature, etc.); variety, diversity.

разносчик *m.* delivery man; (med.) carrier, vector.

разно/типный *a.* different-type; —толщинный *a.* of different thickness; —тонный *a.* different in tone; —травье *n.* mixed grass, herbage, forbs; —усые *pl.* (zool.) Heterocera; —форменность *f.* heteromorphism; —хозяйственный *a.* (biol.) heteroecious.

разно/цветный *a.* many-colored, multicolored, varicolored, variegated, heterochromatic; —центренный *a.* eccentric; —чтение *n.* variant reading, alternative version; —шерстный *a.* different-colored.

разный *a.* different, unlike, dissimilar, diverse, various, miscellaneous.

разнять *see* разнимать.

разо— *see* раз—.

разоблагораживать *v.* downgrade.

разоблачение *n.* disclosure, exposure.

разобр/анный *a.* dismantled, etc., see разбирать; —ать *see* разбирать.

разобщ/ать *v.* disconnect, uncouple, disengage, release; dissociate, separate; insulate (from); partition, section; interrupt, disturb; cut out; throw out of gear; —ающий *a.* disconnecting, etc., see *v.*; dissociative; cut-out; straddle (packer); —ающий механизм release (mechanism), trip; —ающая муфта uncoupler; —ение *n.* disconnecting, etc., see *v.*; disengagement, release; separation; interruption, disturbance; —енность *f.* separateness, discreteness; —енный *a.* disconnected, etc., see *v.*; separate, discrete; —итель *m.* disconnector, release, cutout; —ительный *see* разобщающий; —ить *see* разобщать.

разобьет *fut. 3 sing. of* разбить.

разовый *a.* single, one-time, for one application; occasional.

разовьет *fut. 3 sing. of* развить.

разогн/ание *see* разгон; —анный *a.* accelerated, etc., see разгонять; staggered, alternating; —ать *see* разгонять.

разогнуть *see* разгибать.

разогре/в *m.* warm-up, heat-up; —вание *n.* warming up; evolution of heat (from reaction); —(ва)ть *v.* warm up; —(ва)ться *v.* warm up, get warm; —тый *a.* warmed up, heated.

разодр/анный *a.* torn, tattered; —ать *see* раздирать.

разожженный *past pass. part. of* разжечь.

разожмет *fut. 3 sing. of* разжать.

разойтись *see* расходиться.

разок *dim. of* раз.

разольет *fut. 3 sing. of* разлить.

разом *adv.* at once, at one stroke; simultaneously; все р. all together, simultaneously.

разомкнут/ый *a.* opened, etc., see размыкать; clear; open (circuit); —ь *see* размыкать.

разомнет *fut. 3 sing. of* размять.

разопрет *fut. 3 sing. of* распереть.

разорв/анно— *prefix* (meteor.) fracto— (ragged, broken); р.-дождевое облако fractonimbus; р.-кучевое облако fractocumulus; р.-слоистое облако fractostratus; —анный *a.* torn, ruptured; blown up; disrupted, broken; (geol.) faulted; —ать *v.* tear, rupture; lacerate; blow up; disrupt, break; —аться *v.* tear, rupture, crack; explode, burst.

разор/ение *n.* ruin, destruction; —енный *a.* ruined, destroyed; —ительный *a.* ruinous, destructive; wasteful; —ить *see* разорять.

разоруж/ать *v.* disarm; dismantle; —ение *n.* disarmament; dismantling.

разорять *v.* ruin, destroy, spoil, waste.

разослать *see* рассылать.
разостлать *see* расстилать.
разотравление *n.* removal of poison.
разотрет *fut. 3 sing. of* растереть.
разочаров/ание *n.*, —анность *f.* disappointment; —анный *a.* disappointed; —(ыв)ать *v.* disappoint.
разочтенный *past pass. part. of* расчесть.
разошедшийся *past act. part. of* разойтись; exhausted, out of print.
разраб/атываемый *a.* workable, exploitable, capable of development; under development; р. на worked for; —атывание *see* разработка; —атывать *v.* develop, elaborate; work out, formulate, devise, evolve; lay out, draw up, map; exploit, work (a mine); treat, process; dress (ore); cultivate (soil); —атываться *v.* be developed, etc.; be under development; develop, evolve; —отанность *f.* readiness (of plan); —отанный *a.* developed, etc., *see v.*; —отать *see* разрабатывать; —отка *f.* developing, elaboration, etc., *see v.*; development; treatment; (research) effort; study; (systems) engineering; горные —отки mining; открытая —отка open-cut mining; срок —отки lead time; —отчик *m.* developer.
разравнивать *v.* level, smooth out.
разра/жаться, —зиться *v.* break out, burst.
разра/стание *n.* growth, expansion; —статься, —стись *v.* grow, expand; —щение *n.* (abnormal) growth, enlargement.
разрегулиров/анность *f.* misalignment; —анный *a.* misaligned, maladjusted; —ка *f.* misalignment, maladjustment.
разре/дить, —жать *v.* rarefy, evacuate, exhaust; (agr.) thin (out), open out; —жающий *a.* rarefying, etc., *see v.*; vacuum (pump); —жение *n.* rarefaction, rarefying, etc., *see v.*; vacuum; камера —жения vacuum space; —женность *f.* rarefaction, rarity, thinness, tenuity; dilution; —женный *a.* rarefied, etc., *see v.*; thin; open-weave; dispersed, open (ice edge); —женный лед open pack-ice; —женное пространство vacuum.
разрежет *fut. 3 sing. of* разрезать.
разрез *m.* cut, slit, slot; incision; gash, slash, rip; profile, (cross) section, plan, cut-away view; (min.) open pit; layer; (drill) log; в р. contrary; вид в —е sectional view, cut-away view; горизонтальный р. plan; открытый р. open-cut mine; —альный *a.*, —ание *n.* cutting, slitting; ripping; —анный *a.* cut, slit; ripped; —ать *see* разрезывать; —ка *see* разрезание; —ной *a.* slit, cut, split; slot (burner, magnetron, etc.); gapped,

discontinuous; detached (foundation); rip (saw); (bot.) laciniate(d), incised; —ывание *see* разрезание; —ывать *v.* cut, slit; rip.
разреш/ать *v.* permit, allow, authorize; solve (problem); clear up, settle (question); (opt., etc.) resolve; —аться *v.* be permitted, etc.; be permissible; —ающий *a.* permitting, etc., *see v.*; —ающая сила, —ающая способность resolving power, resolution; —ающая способность по времени time resolution; —ающее время resolving time (of counter); —ающее устройство (comp.) gate; —ение *n.* permission, authorization; (av.) clearance; permit, grant, license; solution (of problem); settlement (of question); (opt.) resolution; —ение на взлет take-off clearance; давать —ение *v.* clear; функция —ения resolution function; —енный *a.* permitted, etc., *see v.*; permissible.
разрешим/ость *f.* solvability; —ый *a.* solvable, capable of solution.
разрешит/ельный *a.* absolving; permitting; —ь *see* разрешать.
разрисов/ать, —ывать *v.* paint, decorate; —ка *f.* painting, decoration.
разровнять *see* разравнивать.
разроет *fut. 3 sing. of* разрыть.
разрозн/енный *a.* separated, etc., *see v.*; single, separate; odd, stray (volume); broken, incomplete (set); uncoordinated; —и(ва)ть *v.* separate, disconnect; break.
разруб *see* разрубание; cut, gash; —ание *n.* chopping, etc., *see v.*; —ать, —ить *v.* chop, cut, slash, cleave, split; —ка *see* разрубание.
разруха *f.* collapse, ruin, devastation.
разруш/аемый *a.* destructible; —ать *v.* destroy, ruin, wreck, demolish; shatter, crush, break down, break up; rupture; corrode, attack; erode; —аться *v.* be destroyed, etc.; go to ruin, collapse; fail, decompose, decay, disintegrate, crumble; —ающий *a.* destroying, etc., *see v.*; destructive, devastating, disruptive; ultimate (load); —ающее напряжение breaking point; (aerodyn.) ultimate (tensile) stress; (chem.) decomposition potential; —ающийся *a.* disintegrating; weathered (iceberg).
разрушен/ие *n.* destruction, demolition, wrecking; collapse, failure, breakdown, disintegration; rupture, shattering, crushing, break-up, breakage, disruption; damage; attack, corrosion, deterioration; (fatigue) fracture; disaggregation (of soil); (med.) caries, decay; р. пены lather collapse, foam breakage; без —ия nondestructive; предел —ия breaking point; —ный *a.* destroyed,

etc., see **разрушать**; decayed, rotten, crumbling (rock).

разруш/ившийся *a.* decayed, crumbled; **—ительный** *a.* destructive; **—ить** see **разрушать**.

разрыв *m.* rupture, break, breach; fracture, fissure, crack, gap, void; severance, breaking (off), disruption, discontinuity, interruption, disturbance; parting; breakage; break-off (of drill); (bal.) point of burst; bursting, explosion, blow-out (of tire); (astrophysics) burst; (min.) fracturing; (heart) failure; shear (of wind); (geol.) fault, joint, break; **р. непрерывности** discontinuity; **зажигание —ом** make-and-break ignition; **испытание на р.** tensile test; **модуль —а** (met.) modulus of rupture; **прочность на р.** tensile strength; **система —а** (magnetohydrodynamics) shock system.

разрыв/ание *n.* tearing, etc., see *v.*; **—атель** *m.* (paper) pulper, pulp shredder, disintegrator; **—ать** *v.* tear, lacerate; rupture, break, disrupt; dig up, unearth, excavate; **—аться** *v.* tear, rupture, break; explode, burst; split, cleave; **—ающий** *a.* tearing, etc., see *v.*; **—ной** *a.* tearing; breaking (capacity, etc.); break (contact); ultimate (stress); explosive (force; shell); bursting (charge); disruptive; split, discontinuous; discontinuity (coefficient); (met.) tensile-test (specimen); tensile-testing (machine); percussion, dumdum (bullet); **—ная трубка** fuse; **—ность** *f.* discontinuity.

разрывомер *m.* gap meter.

разрыв-трава *f.* (bot.) saxifrage.

разрывчатый see **разрывной**.

разрыт/ый *a.* dug up, excavated; **—ь** *v.* dig up, unearth, excavate.

разрыхл/ение *n.* loosening (up), etc., see *v.*; disintegration; distension, expansion; aeration; (blast furnace) slips; **—енность** *f.* loose state, fluffy condition; **—енный** *a.* loosened (up), etc., see *v.*; **—еть** *v.* break up, get loose; **—итель** *m.* (met.) aerator, fluffer; (agr.) scarifier; (text.) opener; **ленточный —итель** (met.) Royer sand mixer; **—ительный** *a.* loosening, etc., see *v.*; **—ить, —ять** *v.* loosen (up), break up, stir up, fluff up, aerate; pulverize, disintegrate; expand, distend; hoe, mellow (soil); **—яющий** *a.* loosening, etc., see *v.*; antibonding (electron level).

разряд *m.* order, class, category, rank, rate, rating; place, position; (comp.) digit; (elec.) discharge; **двоичный р.** binary digit, bit; **первого —а** first-class; **темный р., тихий р., тлеющий р.** (dielec-

trics) silent discharge, corona; **—итель** *m.* discharger; **—ить** see **разряжать**; (typ.) space; **—ка** *f.* discharging, discharge; deexcitation; (typ.) spacing; **набирать в —ку** *v.* space.

разрядн/ик *m.* (elec.) discharger; (lightning) arrester; (spark) gap; **—ый** *a.* of **разряд**.

разряж/ать *v.* discharge, unload; **—аться** *v.* discharge, run down; **—ающийся** *a.* discharging; **—ение** *n.* discharging, discharge, unloading; **—енный** *a.* discharged.

рассеивание размеров variations in dimensions.

расслоение *n.* lamination.

разуб/едить, —еждать *v.* dissuade.

разубожив/ание *n.* impoverishment, depletion, exhaustion, working out (of ore); **—ать** *v.* impoverish, deplete, exhaust, work out; dilute.

разуголка *f.* cornerpiece.

разузна(ва)ть *v.* inquire, investigate.

разукра/сить, —шивать *v.* decorate.

разукрупн/ение *n.* subdivision; comminution; **—ить** *v.* subdivide; comminute.

разум *m.* reason, intelligence, mind; **—ение** *n.* understanding; **по моему —ению** to my mind, as I understand it; **—еть** *v.* understand; mean, imply; **—еется** it is understood; certainly, of course; **само собой —еется** it stands to reason, it is obvious, needless to say; **—но** *adv.* reasonably, sensibly; **—ный** *a.* reasonable, intelligent, judicious.

разуплотнение *n.* thinning, dispersion.

разупорядоч/ение *n.* disorder(ing); (biol.) randomization; **—енный** *a.* disordered, randomized; **—ивать** *v.* disorder; randomize; **—ный** *a.* disordered, disorderly.

разупрочн/ение *n.* weakening; (met.) softening; **временное р.** (steel) time yield; **—енный** *a.* weakened, softened; **—ять** *v.* weaken, soften.

разучи(ва)ть *v.* learn, study; practice; **—ся** *v.* unlearn, forget.

расщепить see **расщепить**.

разъ— see **раз—** (before **е, ю, я**).

разъед/аемость *f.* corrodibility; **—аемый** *a.* corrodible; **—ание** *n.* corrosion, attack, eating away, pitting; (geol.) erosion; **—ать** *v.* corrode, attack, eat away, pit; erode; **—ающий** *a.* corroding, corrosive, caustic; erosive; **—ающее вещество** corrosive; **—ение** see **разъедание**; **—енный** *a.* corroded, etc., see *v.*

разъедин/ение *n.* separation, unfastening, etc.; release; disengagement; **—енный** *a.* separated, etc., see *v.*; separate, discrete; out of gear; **—итель** *m.* disconnector, cut-out switch, circuit breaker; **—ительный** see **разъединя-**

ющий; —ительная муфта uncoupler; —ить, —ять v. separate, unfasten, detach, unlink, uncouple; sever, dissociate; release, disengage, throw out of gear; (elec.) disconnect, cut (out), break, interrupt; (commun.) clear; —ющий a. separating, etc., see v.; cut-off, cut-out; trip (hook); dissociative; —ющий механизм release (mechanism), trip.

разъез/д m. departure; separation; missing, passing; (rr.) siding; —дной a. traveling; passing; passenger (boat); —дной путь (rr.) siding; —жать v. travel around, drive around; —жаться v. (de)part; pass, miss (one another); separate, slide apart; come apart, fall apart; —женный a. travel-worn (road).

разъем m. parting, etc., see разнимать; separation, detachment; break; joint, junction; connector; (elec.) plug and socket unit; —ный a. detachable, separable, dismountable, snap, pop-off; disengaging, release; sectional, built-up; split (bearing, etc.).

разъесть see разъедать.

разъехаться see разъезжаться.

разъясн/ение n. explanation, interpretation; —ительный a. explanatory; —ить v. (meteor.) clear up; —ить, —ять v. explain, interpret; make clear.

разыск/ание n. (re)search, investigation; —ать v. find, discover; —аться v. be found, turn up; —ивание see разыскание; —ивать v. search, look for, hunt for, trace, investigate.

РАИ abbr. (радиоактивный изотоп) radioactive isotope.

рай— prefix regional, district.

райграс m. (bot.) rye grass (Lolium).

рай/дерево n. (bot.) Venice sumac (Rhus cotinus); —ка f. paradise apple.

райком m. district committee.

раймовка f. residual slag in zinc distillation.

раймондит m. (min.) raimondite.

районенье n. trenching.

район m. region, district, area, zone, field, locality; (administrative) rayon; р. действия range; —ирование n. zoning, etc., see v.; —ированный a. zoned, etc., see v.; —ировать v. zone, regionalize, divide into districts; lay out, break up (area); —ный a. regional, district.

райсемхоз m. district seed farm.

райск/ий a. paradise; —ие зерна grains of paradise.

Райта прибор Wright's meter.

рак m. (med.) cancer, carcinoma; (phyt.) canker, cancerous growth; (zool.) crayfish; (astr.) Cancer.

ракель m. (typ.) doctor, wiper, squeegee; —ная печать gravure printing, rotogravure.

ракета f. rocket, missile, projectile; probe; flare; (tennis) racket; р. земля-орбита earth-to-orbit rocket; р.-болванка f. dummy rocket; р.-зонд f. sounding rocket, probe; р.-ловушка f. decoy missile; р.-мишень f. missile target; р.-носитель f. launch vehicle, booster (rocket), carrier rocket; р.-парашют f. parachute flare; р.-перехватчик f. interceptor missile; р.-спутник f. orbital rocket, satellite; р.-торпеда f. rocket-assisted torpedo.

ракетка f. racket, paddle.

ракетн/ица f. flare gun; —о-прямоточный a. rocket-ramjet (engine); —о-турбинный a. turborocket; —о-ядерный a. nuclear-missile (weapon).

ракетн/ый a. of ракета; rocket-propelled; rocket-borne; guided-missile (ship); jet (plane); р. снаряд rocket; р. состав rocket fuel, propellant; с —ым двигателем rocket-propelled.

ракето/держатель m. flare carrier; —динамика f. rocket dynamics; —дром m. rocket range, launching site; —носец m. missile carrier; —носный a. missile-carrying; —план m. rocket glider.

ракетостро/ение n., —ительный a. rocket building, rocket manufacture; rocket design; —итель m. rocket designer.

ракетчик m. flare signaler.

раки pl. of рак.

ракит/а f. willow, spec. goat willow; —ник m. willow thicket; (bot.) broom (Cytisus).

ракорд see ракорд.

раккурс see ракурс.

ракля f. (text.) doctor, scraper.

раковидный a. (med.) cancerous.

раковин/а f., —ный a. shell; pit, sink, basin; vesicle; (met.) blister, bubble, air hole, blow hole, cavity, flaw; (slag) inclusion; (anat.) concha; —ные амебы (zool.) Testacea; —ообразный a. shell-like, conchoidal.

раковист/ость f. (met.) blistered condition; —ый a. shell(y), shell-like, conchoidal (fracture, structure); (met.) blistered, blown.

рак/овый a. of рак; (med.) cancerous, carcinomatous; —ом instr. of рак; adv. sideways; —ообразный a. cancerous; (zool.) crustacean.

ракорд m. leader (tape), trailer film.

рак-отшельник m. (zool.) hermit crab.

ракоустойчив/ость f. resistance to cancer; —ый a. cancer-resistant.

ракурс m. foreshortening; angle of approach; (target) aspect.

ракуша f. hempseed husk.

ракуш/ечник m., —ечниковый a. coquina, shell rock; —ечный a. shell(y); —ка f.

(zool.) mussel; —ковые *pl.* (zool.) Ostracoda; —ник *m.* crag (shell and sand rock).
ральстонит *m.* (min.) ralstonite.
рама *f.* frame(work), casing, cradle, rack; chassis, carriage; bed (plate); (casting) flask; (hotbed) sash; (geol.) enclosing rock.
раман/овский *a.* Raman; —спектр *m.* Raman spectrum.
рамень *f.*, —е *n.* coniferous forest; forest border.
рамз/аевский *a.* Ramsay; —аит *m.* (min.) ramsayite.
рами *f.* or *n.* (bot.) ramie (*Boehmeria*).
рамигеновая кислота ramigenic acid.
рамификация *f.* ramification, branching.
рамк/а *dim. of* рама; (rad.) loop antenna; —и *pl.* scope; в —ax within the scope, within the framework (of).
раммельсбергит *m.* (min.) rammelsbergite.
рамн/аза *f.* rhamnase; —егин *m.* rhamnegin; —етин *m.* rhamnetin.
рамни/когенол *m.* rhamnicogenol; —козид *m.* rhamnicoside; —н *m.* rhamnin; —ноза *f.* rhamninose; —т *m.* rhamnitol.
рамно/глюкозид *m.* rhamnoglucoside; —за *f.* rhamnose; —зид *m.* rhamnoside; —ксантин *m.* rhamnoxanthin, frangulin; —л *m.* rhamnol; —новая кислота rhamnonic acid; —флуорин *m.* rhamnofluorin.
рам/ный *a. of* рама; *see also* рамочный; —очный *a. of* рамка; plate-and-frame (filterpress); gate (mixer); loop, coil (antenna).
рампа *f.* ramp.
рамул/и(о)епороз *m.* (phyt.) Ramulispora leaf spot; —ариоз *m.*, —ариозная пятнистость Ramularia leaf spot.
рана *f.* wound, cut.
ранарекс *m.* automatic gas analyzer.
ранверсман *m.* (av.) re(n)versement.
ранг *m.* rank, class, grade, order, range; —ированный *a.* ranked; —овый *a. of* ранг; ranked.
рангоут *m.*, —ный *a.* (naut.) sparring.
ранданит *m.* (min.) randan(n)ite, kieselguhr.
рандбалка *f.* wall beam.
рандеву *n.* rendez-vous.
рандит *m.* (min.) randite.
Рандольфа процесс Randolph process (for copper refining).
раневой *a. of* рана.
ранее *see* раньше.
ранен/ие *n.* wound(ing); —ый *a.* wounded.
ранец *m.* knapsack, pack, kit, satchel.
ранжир *m.* rank, range, order; по —у by size; —овать *v.* rank, range; —овка *f.* ranking, ranging.

ранит *m.* (min.) ranite.
ранить *v.* wound, cut.
Ранкина градус degree Rankine.
ранкинит *m.* (min.) rankinite.
ранне— *prefix* early; —спелость *f.* early maturity; —спелый *a.* early(-ripening); —тоетичный *a.* (geol.) Early Tertiary.
ранний *a.* early, previous, premature.
ранник *m.* polypody root.
рано *adv.* early, at an early hour, soon; —опадающий *a.* (bot.) caducous.
рант *m.*, —овый *a.* welt; ledge; —овшивной *a.* welt-sewing.
ранцевый *a. of* ранец; portable.
раньше *comp. of* ранний, рано earlier, sooner; before, formerly, prior; как можно р. as soon as possible.
рапа *f.* natural brine, saline water.
рапакиви *n.* (petr.) rapakivi (granite).
рапин *m.* rapine; —овая кислота rapinic acid, rapic acid.
рапира *f.* rapier, foil.
рапонтик *m.* rhubarb.
рапорт *m.*, —овать *v.* report.
раппорт *m.* (text.) pattern repeat.
рапс *m.* (bot.) rape (*Brassica napus*); —овое масло rape(seed) oil.
рапунцель *m.* corn salad.
раритет *m.* rarity, curiosity.
РАС *abbr.* (релейная автоматическая система) relay-controlled automatic system.
рас— *see* раз—.
раса *f.* race, breed.
раскаленн/ость *f.* incandescence, glow; —ый *a.* incandescent, glowing, red hot; —ая нить (elec.) filament.
раскали(ва)ть *v.* incandesce, bring to red heat; —ся *v.* get hot, begin to glow.
раскалываем/ость *f.* cleavability, cleavage; —ый *a.* cleavable.
раскалыв/ание *n.* cleaving, etc., *see v.*; cleavage; separation, division; (nucl.) spallation; —ать *v.* cleave, split (off, up), crack, rift, fissure; slit, cut off; —ться *v.* cleave, split, crack; —ающийся *a.* cleavable, scissile, fissile; cleaving, splitting, rifting; —ающийся пластами fissile.
раскалять *see* раскаливать.
раскапыв/ание *n.* unearthing, etc., *see v.*; —ать *v.* unearth, excavate, dig out, dig up.
раскармливать *v.* feed up, fatten.
раскат *see* раскатывание; acceleration, build-up; —ать *see* раскатывать; —ить *v.* set rolling; —иться *v.* roll off, swerve; accelerate, gather momentum; —ка *see* раскатывание; burnishing tool; rise, build-up (of current); —очный *a.* take-off, pay-out; —ывание *n.* rolling (out), etc., *see v.*; —ывать *v.* roll (out), flatten,

раскач/ать see раскачивать; —ивание n. swinging, etc., see v.; (av.) excessive rolling; rise, build-up (of current); —ивать v. swing, set swinging, sway, oscillate; shake loose, loosen; —иваться v. swing, sway, oscillate; loosen, get rickety; —ивающий a. swinging, etc., see v.; driving (potential); —ка see раскачивание.

раскашивать v. prop up.

расквартиров(ыв)ать v. house, quarter, accommodate.

раски/дать see раскидывать; —дистый a. scattered; spreading (tree); —дной a. (un)folding, collapsible; —дывание n. spreading, etc., see v.; —дывать v. spread, scatter; unfold; —нутый a. spread, extended; —нуть v. spread, extend; pitch (tent); —нуть умом consider.

раскип/аться, —еться v. come to a vigorous boil.

раскисать v. rise, swell.

раскисл/ение n. deoxidation, reduction; —енный a. deoxidized, reduced; killed (steel); —итель m. deoxidizing agent, reducing agent, reducer; —ительный a. deoxidizing, reducing; —ить, —ять v. deoxidize, reduce; —яющий a. deoxidizing, reducing.

раскиснуть see раскисать.

расклад/ка see раскладывание; —ной a. folding; —очно-подборочная машина, —очная машина (aut.) collator; —очный a. spreading, etc., see v.; —чик m. pickup, handler, depiler, separator; (mine) layer, planter; spreader; —чик-питатель m. pickup feeder; —ывание n. spreading, etc., see v.; distribution, allotment, allocation; —ывать v. spread, lay out; distribute, allot, allocate, apportion; build (a fire).

расклеи(ва)ть v. unglue, separate, open; paste up, post; —ся v. come apart, fall apart.

расклеп/ать see расклепывать; —ка f., —ывание n. unriveting, etc., see v.; —ывать v. unrivet, unclench; rivet, clench; spread, drive, close up (a rivet); —ываться v. come apart.

расклин/ивание n. wedging, etc., see v.; cleavage; —ивать, —ить v. wedge, fasten with wedges; unwedge, loosen, unkey; split, cleave; —ивающий a. wedging, etc., see v.; disjoining (pressure); propping (agent).

расков/ать see расковывать; —ка f. hammering out, etc., see v.; испытание на —ку hammer test; —ывать v. hammer out, flatten, spread, draw out; jump (up), upset; unshoe (a horse); —ываться v. expand, spread; lose a shoe.

раскодировать v. decode.

раскол m. splitting; cleft, crack, crevice.

расколач/ание n. breaking up, etc., see v.; —ать v. break up; rap (mold); hammer flat, stretch.

расколка f. splitting, cleavage.

расколот m. (min.) bunton (timbers); —ить see расколачивать; —ый a. split, cleaved; —ь see раскалывать.

расколыхать v. rock, set rocking.

расконоп/атить, —ачивать v. uncalk.

расконсервировать v. resume (operations); take out of (long-term) storage.

раскоп/анный a. unearthed, excavated, dug up; —ать see раскапывать; —ка see раскапывание.

раскорм/ить v. fatten; —ленный a. fattened, well fed.

раскорчев(ыв)ать v. grub out, clean up.

раскос m. cross stay, angle brace, diagonal (strut), strut, truss, prop; —ина f. cross bar; angle iron; —ить v. brace, prop; slant; mow; —ный a. of раскос; truss (bridge); —ная система latticework; —ость f. slant; —ый a. slanting.

раскраивать v. cut out, lay out (pattern).

раскрас/ить see раскрашивать; —ка f. painting, coloring, coloration.

раскрасн/евшийся a. red, crimson; —еться v. redden, get red.

раскраш/енный a. painted, colored; —ивание n. painting, coloring; —ивать v. paint, color.

раскреп/ить see раскреплять; —ление n. unfastening, etc., see v.; —ленный a. unfastened, etc., see v.; —лять v. unfasten, undo, separate, take apart.

раскритиков(ыв)ать v. criticize severely.

раскроенный a. cut out, laid out (pattern).

раскроет fut. 3 sing. of раскрыть.

раскрой m. (pattern) cutting, laying out; cut out article; —ка f., —ный a. cutting.

раскромс/анный a. shredded; —ать v. shred, cut to pieces.

раскрош/енный a. crumbled, broken; —ить v. crumble, break up, crush; —иться v. crumble, disintegrate.

раскружаливать v. (constr.) strike.

раскру/тить see раскручивать; —тка f. overspeeding; —ченный a. untwisted, etc., see v.; —чивание n. untwisting, etc., see v.; back twist; —чивать v. untwist, unwind, uncoil; wind up, get going, start rotation, spin; —чиваться v. untwist, get untwisted, unwind, snap back; gather momentum, get going.

раскрыв/ать v. uncover, open, reveal, disclose, expose; detect; —аться v. open (up); become known; —ающийся a. opening; hinged; —ный a. aperture.

раскрылка *f.* may disease (of bees).
раскрыт/ие *n.* uncovering, opening; disclosure, detection, exposure; aperture, mouth; (math.) expansion; (ring) scission; —ый *a.* uncovered, etc., *see* раскрывать; open; —ь *see* раскрывать.
раскряжевка *f.* (logging) crosscutting, bucking.
раскуп/ать, —ить *v.* buy up.
раскупор/и(ва)ть *v.* open, uncork, unplug, unseal; —ка *f.* opening, etc., *see v.*
раскут(ыв)ать *v.* uncover, unwrap.
расовый *a.* race, racial.
расп. *abbr.* (распад).
распавшийся *a.* disintegrated, crumbled.
распад *m.* decomposition, breaking up, etc., *see v.*; breakup, breakdown; disruption; resolution; ruin, downfall, destruction; (nucl.) decay; **продукты** —а decomposition products; **ряд** —ов (nucl.) chain decay, series disintegration; **скорость** —а disintegration rate; **теплота** —а heat of dissociation; **цепочка** —ов *see* распадов, ряд; —аться *v.* decompose, break down, disintegrate, break up, separate (into), dissociate; decay; fall apart, collapse; —ающийся *a.* decomposing, etc., *see v.*; —ение *see* распад.
распадок *m.* creek valley, ravine.
распа/ивание *n.*, —йка *f.* unsoldering; —ивать *v.* unsolder; seal off.
распаков/ать, —ывать *v.* unpack, undo; —ка *f.* unpacking.
распалить *v.* kindle; heat to high temperature; —ся *v.* get very hot.
распалуб/ить *v.* (concrete) strike, remove forms; —ка *f.* striking.
распалять *see* распалить.
распар *m.* (blast furnace) bosh extension.
распар/енный *a.* steamed, steam-softened; —ивание *n.* steaming, steam-softening; (med.) fomentation; —и(ва)ть *v.* steam, soften; —ка *f.*, —очный *a.* steaming, steam-softening.
распаривать *v.* rip open.
распасться *see* распадаться.
распах/ать *v.* plow up, till; —ивание *n.* plowing up; —ивать *v.* plow up; open wide; —нуть *v.* open wide, throw open.
распаш/ка *f.* plowing; —ник *m.* ridging plow, furrower; —ной *a.* plowing; double-page (illustration).
распа/янный *a.* unsoldered; —ять *see* распаивать.
распереть *see* распирать.
распечат/ать, —ывать *v.* open, unseal, break the seal; unlute; —ывание *n.* opening, unsealing.
распил *m.* saw cut; sawing; —енный *a.* sawed, cut (up); —и(ва)ть *v.* saw (apart), cut (up); —овка *f.*, —овочный *a.* sawing; —овщик *m.* sawyer.
распирать *v.* bulge out, push apart.
расписание *n.* time table, schedule.
распис/ать *see* расписывать; —ка *f.* receipt; —ной *a.* painted, decorated; —ывание *n.* entering, etc., *see v.*; analysis (of periodicals); —ывать *v.* enter, register; assign, fix; depict, describe; paint; write (all over); —ываться *v.* sign; register.
распит *m.* (min.) raspite.
распих/(ив)ать, —нуть *v.* push (aside).
расплав *m.* melt; fusion; —ить *see* расплавлять; —ка *f.*, —ление *n.* melting, etc., *see v.*; fusion; (open-hearth process) working period, refining period; —ленный *a.* melted, etc., *see v.*; molten; —ленный металл smelt; —ленная масса melt, molten mass; —лять *v.* melt, fuse, liquefy; (met.) smelt; —опровод *m.* melt conduit.
распланиров/ать, —ывать *v.* plan out, lay out, mark out; level out; —ка *f.* planning out, etc., *see v.*; layout.
распласт/ать, —ывать *v.* spread, flatten, stretch; split into layers; —ывание *n.* spreading, etc., *see v.*
распла/та *f.* pay(ment), —титься, —чиваться *v.* pay, settle (with).
расплес/к(ив)ать, —нуть *v.* spill, splash out, spatter.
распле/сти, —тать *v.* untwist, unbraid; —тание *n.* untwisting.
распло/д *m.* breeding, reproduction; breed; brood; —дить, —жать *v.* breed, propagate; —диться *v.* breed, multiply, reproduce.
расплы/вание *n.* spreading, etc., *see v.*; deliquescence; —ваться *v.* spread, run; diffuse, blur; deliquesce; —вчатость *f.* diffuseness; —вчатый *a.* diffuse(d), blurred, indistinct, dim; —ться *see* расплываться.
расплю/снуть *see* расплющивать; —щенный *a.* flattened, hammered out; —щивание *n.* flattening, hammering out; —щи(ва)ть *v.* flatten, hammer out; —щи(ва)ться *v.* expand, mushroom.
расп/мин *abbr.* (распадов в минуту) disintegrations per minute.
распозн/аваемый *a.* discernible, perceptible; —(ав)ание *n.* recognition, etc., *see v.*; discernment, perception; (med.) diagnosis; —(ав)ать *v.* recognize, identify; discern, perceive, distinguish, discriminate; diagnose; —анный *a.* recognized, etc., *see v.*; —ающий *a.* recognizing, etc., *see v.*
располаг/аемый *a.* available; net (thrust); —ать *v.* arrange, lay out, dispose, place, position, locate, set, put; space, dis-

tribute, group; have available; intend, propose; —ающий *a.* arranging, etc., *see v.*; conducive (to).

располз/аться, —тись *v.* tear, come apart, deteriorate; diffuse; crawl (apart), scatter.

расположен/ие *n.* disposition, disposal, arrangement, layout, distribution, spacing, grouping, order; pattern, design; (phys.) geometry, configuration; position(ing), site, situation, location, locality, exposure (of building); inclination, tendency; р. местности lay of the land; схема —ия layout.

располож/енный *a.* arranged, etc., *see* располагать; inclined, having a tendency (to); правильно р. in position; —ить *see* располагать.

располосов(ыв)ать *v.* cut into strips.

распор *m.* thrust; —ка *f.* thrust; brace, strut, tie (beam), (stay) rod; spreader, spacer, distance piece; (chain) stud; —ный *a.* thrust, brace; distance (ring, tube, etc.); —ная балка brace; —ная деталь spacer; —ная крепь (min.) stull.

распороть *v.* rip open.

распорочный *see* распорный.

распорядитель *m.* manager, director; —ность *f.* good management, efficiency; отсутствие —ности mismanagement; —ный *a.* efficient, capable, active, administrative, control.

распоря/диться, —жаться *v.* dispose (of), deal (with), do, have done, see to, make arrangements; manage, be in charge; order; —док *m.* routine; arrangement, division (of work); regulations; (standing) order.

распоряжен/ие *n.* disposition, disposal, arrangement; instruction(s), direction(s); order, decree; в р. under the management (of); в —ии at the disposal (of), at hand, available; отдать р. *v.* give orders, leave instructions; управление —ия (nucl.) configuration control.

расправ/итель *m.* expander; —ить *see* расправлять; —ление *n.* expanding, etc., *see v.*; —ленный *a.* expanded, etc., *see v.*; —лять *v.* expand, spread; (text.) tenter; straighten out; set right; —ляться *v.* straighten out; deal (with), get done.

распределен/ие *n.* distribution, etc., *see* распределять; assignment, allotment, division, apportionment; assessment (of tax); pattern; timing; gearing; р. во времени time distribution; р. выхода по массам yield-mass distribution; р. фаз phase distribution; —ный *a.* distributed, etc., *see* распределять; тонко —ный finely divided.

распределитель *m.* distributor, spreader;

timer; (bunker) marker block; —ность *f.* (math.) distributiveness.

распределительн/ый *a.* distributing, distributive; regulating, control, timing (mechanism); partition (chromatography); р. вал camshaft; р. клапан regulating valve; р. щит (elec.) switchboard, panel; (automobile) dashboard; р. щиток dashboard; —ая доска *see* распределительный щит; —ая магистраль (elec.) distributing main, distributor.

распределитель-трансмиттер *m.* distributor-transmitter; р.-щит *m.* switchboard.

распредел/ить, —ять *v.* distribute, allocate, assign, allot, apportion, dispense; divide, sort; spread, broadcast, diffuse, disseminate; regulate; assess (tax); —яющий *a.* distributing, etc., *see v.*

распредщит *m.* switchboard.

распрессов(ыв)ать *v.* press (off, out).

распрод/авать, —ать *v.* sell out, auction off; —аваться *v.* sell, have a market; —ажа *f.* sale, auction.

распрост/ереть, —ирать *v.* stretch out, extend, spread, widen.

распространен/ие *n.* propagation; spreading, dispersion, dissemination, distribution; extension; enlargement, amplification; diffusion, emission; convection (of heat); circulation; occurrence; постоянная —ия (elec. comm.) propagation constant; функция —ия propagator; —ность *f.* prevalence, extent, rate of occurrence, incidence; abundance (of isotopes, etc.); —ный *a.* prevailing, prevalent, common, popular, widespread, abundant; controlling (influence, etc.); широко —ный widely distributed, widespread.

распростран/итель *m.* vector, spreader (of disease); —ить, —ять *v.* circulate, spread, broadcast, propagate; publicize; make widely known, make available; disseminate, disperse, diffuse, radiate, emit; —иться, —яться *v.* spread, travel, become widely known; expand, broaden, extend, branch out; propagate; radiate, emit; pervade; occur; persist; —яющийся *a.* spreading, etc., *see v.*; borne; —яющийся в воде waterborne.

распрыск(ив)ать *v.* spray, sprinkle.

распрягать *v.* unharness.

распрям/ить, —лять *v.* straighten, unbend, set upright; —иться, —ляться *v.* straighten out; —ление *n.* straightening, unbending.

распрячь *see* распрягать.

расп/сек *abbr.* (распадов в секунду) disintegrations per second.

распус/кание *n.* melting, etc., *see v.*; deliquescence; —кать *v.* melt, liquefy; let

распут(ыв)ать

go, undo, untie, relax; disperse, diffuse; unravel; discharge (employees); **—каться** *v.* melt, dissolve, deliquesce; relax; become unraveled; (bot.) open; **—кающийся** *a.* melting, etc., *see v.*; deliquescent; **—тить** *see* **распускать**.

распут/(ыв)ать *v.* disentangle, untangle, unravel, untwine; **—ье** *n.* intersection; poor road system; **на —ье** undecided, hesitant.

распух/ание *n.* swelling, inflation; intumescence; **—ать** *v.* swell, inflate, bulge, expand; **—ающий** *a.* swelling; intumescent; **—лый** *see* **распухший**; **—нуть** *see* **распухать**; **—ший** *a.* swollen, inflated, tumid.

распучи(ва)ть *v.* distend, inflate.

распуш/енный *a.* fluffed up; **—ить** *v.* fluff up; **—иться** *v.* become fluffy.

распущенный *a.* loose, relaxed; undisciplined; untied; open (blossom).

распыл/ение *n.* spraying, atomization, etc., *see v.*; **—енный** *a.* sprayed, etc., *see v.*; pulverulent; **тонко —енный** finely divided; **—енное масло** oil spray; **—ивающий** *see* **распыляющий**; **—ивающий абсорбер** spray chamber; **—итель** *m.* sprayer, atomizer, pulverizer, diffuser; (agr.) duster; **—ительный** *see* **распыляющий**; **—ить** *see* **распылять**; **—янный** *see* **распыленный**; **—ять** *v.* spray, atomize, diffuse, disperse; pulverize, powder; (agr.) dust; (electron.) sputter; **—яться** *v.* be sprayed, etc.; disperse, scatter; turn to dust; **—яющий** *a.* spraying, etc., *see v.*; spray.

распял/и(ва)ть *v.* pull tight, stretch; **—ка** *f.* stretcher.

расса/да *f.* seedling(s), sprout(s); **—дить** *see* **рассаживать**; **—дка** *f.* planting; **—дник** *m.* nursery; seedbed, hotbed; breeding farm; breeding ground, source; **—допосадочный** *a.* transplanting; **—живание** *n.* (trans)planting; seating; **—живать** *v.* (trans)plant, set out; seat.

рассасыв/ание *n.* resorption; (med.) resolution; **—ать** *v.* re(ab)sorb; **—аться** *v.* resolve; go down (of swelling).

рассверл/енный *a.* bored; reamed; **—ивание** *n.* boring; reaming; **—и(ва)ть** *v.* bore, drill out; ream.

рассвет *m.* dawn, daybreak; **на —е** at dawn, at daybreak; **—ать** *v.* dawn.

рассев *m.* sowing; dissemination; screening, separation (of powders); (screen) sizing; inoculation, seeding; sifter; **—ать** *see* **рассеивать**; sift.

расседаться *v.* crack (on settling).

рассеив/ание *n.* dispersion, scattering, etc., *see v.*; dispersal; **—атель** *m.* disperser, diffuser, scatterer, scattering material; **—ать** *v.* disperse, scatter, dissipate, diffuse, leak, disseminate, dispel; sprinkle, strew; (agr.) sow; **—аться** *v.* be dispersed, etc.; disperse, scatter, dissipate; diverge; leak, stray; **—ающий** *a.* dispersing, etc., *see v.*; dispersion, dispersive; **—ающая способность** dispersibility; (electrolysis) throwing power.

рассек/ание *n.* cleaving, etc., *see v.*; split; **—атель** *m.* splitter; divider; dissector; **—ать** *v.* cleave, split, divide; dissect.

рассекре/тить, —чивать *v.* declassify, open (to the public).

расселение *n.* settlement; dispersal.

расселина *f.* split, cleft, rift, crack.

расселить *see* **расселять**.

Расселя-Сондерса связь (nucl.) Russell-Saunders coupling.

расселять *v.* settle; disperse.

рассесть *see* **рассаживать**; settle down; crack (on settling).

рассеч/ение *n.* dissection; **—енный** *a.* cleaved, cleft, split; dissected; *suffix* **—sectional**; **—ка** *see* **рассекание**; breaking (of circuit); (min.) crosscut; **в —ку** (elec.) in series; **—ь** *see* **рассекать**.

рассеян/ие *n.* dispersion, scattering, etc., *see* **рассеивать**; (elec.) leak(age); degradation (of energy); **р. света** light scattering; **р. тепла** heat dispersion; **комбинационное р.** Raman effect; **коэффициент —ия** dispersion factor; **коэффициент магнитного —ия** leakage coefficient; **мощность —ия** dissipated power; **обратное р., отраженное р.** backscatter(ing); **—нопористый** *a.* diffuse-porous; **—ный** *a.* dispersed, etc., *see* **рассеивать**; diffuse, scattered (light); misdirected, stray; sparse; distracted, absent-minded; erratic (value); trace (element); (med.) multiple (sclerosis); **—ный обратно** back-scattered.

рассеять *see* **рассеивать**.

рассказ(ыв)ать *v.* tell.

расслаб/е(ва)ть *v.* grow weak, weaken; **—ить** *see* **расслаблять**; **—ление** *n.* weakening, prostration; relaxing; **—ленность** *f.* (med.) asthenia; **—ленный** *a.* weakened, prostrate; relaxed, slack; **—лять** *v.* weaken; relax; **—ляющий** *a.* weakening; relaxing; **—ляющее средство** relaxant.

расслаив/ание *n.* stratification, separating (into layers), etc., *see v.*; cleavage; phase separation; **—ать** *v.* stratify, separate (into layers), laminate, (ex)foliate, scale, flake; **—аться** *v.* stratify, form in strata; exfoliate, peel off, flake, scale; (concrete) disintegrate, segregate; **—ающий** *a.* stratifying, etc., *see v.*; **—ающий стол** (min.) buddle.

рассланц/евание *n.* (geol.) schist formation;

—**ованность** *f.* schistosity; —**ованный** *a.* schistose; —**овка** *see* **рассланцевание**.

расследов/ание *n.* investigation, inquiry, examination; (law) inquest; —**ать** *v.* investigate, inquire, look into.

расслоен/ие *see* **расслаивание**; —**ный** *a.* stratified, etc., *see* **расслаивать**; (math.) fibered (spaces).

рассло/ина *see* **расслой**; —**ить** *see* **расслаивать**; —**й** *m.* (met.) spill, seam (defect); —**йка** *see* **расслаивание**; (geol.) strata.

рассм/атриваемый *a.* under consideration, in question, being investigated, at hand; —**атривание** *see* **рассмотрение**; —**атривать** *v.* consider, discuss, cover, review; examine, inspect, overhaul; observe, study, investigate, look at; treat; —**атриваться** *v.* be considered, etc.; be under consideration; —**отрение** *n.* consideration, etc., *see v.*; scrutiny; treatment; **направлять на** —**отрение** *v.* refer, submit (to); —**отренный** *a.* considered, etc., *see v.*; —**отреть** *see* **рассматривать**.

рассна/стить, —**щивать** *v.* (naut.) dismantle.

рассов(ыв)ать *v.* shove (into place).

рассогласован/ие *n.* mismatch(ing); misalignment, discrepancy, unbalance; (displacement) error; error signal; **угол** —**ия** displacement angle.

рассол *m.* pickle, brine; (mother) liquor; —**ение** *n.* desalinization (of soil); —**одение** *n.* desolodization; —**оносная зона** (geol.) zone of sedimentary rocks over salt deposit; —**онцевание** *n.* desolonetzization, dealkalinization; —**ьный** *a.* of рассол.

рассортиров/ать, —**ывать** *v.* sort out, classify; —**ка** *f.*, —**ывание** *n.* sorting out, classification.

рассос/анный *a.* re(ab)sorbed; —**ать** *v.* re(ab)sorb.

рассох/а *f.* forked tree, bifurcated stem; —**нуться** *see* **рассыхаться**; —**шийся** *a.* cracked, split (from dryness).

расспр/ашивание *n.* questioning, inquiry; —**ашивать**, —**осить** *v.* question, inquire, interrogate; —**ос** *m.* question, inquiry, interrogation.

рассредоточ/ение *n.* dispersal, distribution; —**енный** *a.* dispersed, distributed; —**и(ва)ть(ся)** *v.* disperse.

рассроч/и(ва)ть *v.* spread out (payments); —**ка** *f.* instalment, part payment; **в** —**ку** on the instalment plan.

расстав/ание *n.* parting, separation; —**аться** *v.* part, separate, leave.

расстав/ить, —**лять** *v.* place, set, arrange; move apart, spread; enlarge.

расстан/авливать, —**овить** *v.* place, arrange; —**овка** *f.* arrangement, order; filing; spacing.

расстаться *see* **расставаться**.

расстег/ивать, —**нуть** *v.* unfasten, unbuckle, unclasp, unhook.

расстеклов/ание *n.* devitrification; —**анный** *a.* devitrified; —**ывать** *v.* devitrify.

расстелить *v.* spread.

расстил *m.*, —**ание** *n.*, —**ка** *f.* spreading, etc., *see v.*; —**ать(ся)** *v.* spread, strew; unfold, extend.

расстопоривание *n.* unlocking, release.

расстоян/ие *n.* distance, way; space, spacing, interval; separation; range; **измеритель** —**ия** distance meter; **на р.** (by or for) a distance; **на** —**ии** at a distance, from a distance, distant; **within . . . of**; remote (control); **на одинаковом** —**ии** at regular intervals, regularly spaced; **на равном** —**ии** (**друг от друга**) evenly spaced, equidistant; **перевозка на дальнее р.** long-distance transportation; **управление на** —**ии** remote control.

растраив/ание *n.* unbalancing, etc., *see v.*; misalignment; —**ать** *v.* unbalance, unsettle, disorganize, upset, disturb, disrupt, disarrange; misalign; (rad.) detune; —**аться** *v.* be unbalanced, etc.; get out of tune; get upset.

расстрел *m.* execution; shooting; (art.) bore enlargement; (min.) bunton; —**ивать**, —**ять** *v.* execute; shoot; enlarge bore.

расстро/енный *a.* unbalanced, etc., *see* **расстраивать**; —**ить** *see* **расстраивать**; —**йка** *see* **расстраивание**.

расстройство *n.* disorder, disorganization, derangement, disturbance, disruption; (psychiatric) breakdown; **р. желудка** (med.) indigestion; **р. хода** breakdown.

рассудительн/ость *f.* common sense, reasonableness; —**ый** *a.* reasonable.

рассуд/ить *v.* think, decide, judge; —**ок** *m.* reason, intellect, mind, common sense; —**очно** *adv.* rationally; —**очность** *f.* rationality; —**очный** *a.* rational.

рассужд/ать *v.* reason, discuss, argue, debate; —**ение** *n.* reasoning; discussion, discourse.

рассунуть *see* **рассовывать**.

рассучи(ва)ть *v.* untwist, unravel.

рассчит/анный *a.* calculated, etc., *see v.*; meant; —**(ыв)ать** *v.* calculate, compute, figure out, estimate; rate (equipment); expect, depend, count (on); design (for); intend, mean; dismiss, discharge; —**(ыв)ать на** *v.* calculate for; depend on; —**(ыв)аться** *v.* be calculated, etc.; settle (accounts with); —**ывающий** *a.* calculating, etc., *see v.*; expectant.

рассыл/ание *see* **рассылка**; —**ать** *v.* send

рассыпание (away, around); mail; distribute, circulate; —ка *f.*, —очный *a.* sending, etc., *see v.*; distribution; delivery; —ьный *a.* sent, circulated; *m.* messenger, delivery man.

рассып/ание *n.* scattering, etc., *see v.*; dispersal; —анный *a.* scattered, etc., *see v.*; loose (cargo); —ать *v.* scatter, spill, strew, disperse; pour; —аться *v.* scatter, spill; disperse; crumble (away), disintegrate, fall apart; —ка *see* рассыпание; —ной *a.* loose; в —ную loose(ly).

рассыпчат/ость *f.* friability; —ый *a.* friable, crumbly, powdery, arenaceous.

рассыхаться *v.* dry (out), parch.

Раста метод Rast's method.

растаивать *v.* thaw, melt; disappear.

расталкивать *v.* push apart; rap (mold).

растаплив/ание *n.* kindling, etc., *see v.*; —ать *v.* kindle, light, fire up; heat up; melt, fuse, liquefy; (met.) smelt.

растаптывать *v.* crush, trample, tread down; wear out (shoes).

растартывать *v.* (petrol.) bail, swab.

растачивать *v.* bore (out), ream.

раста/явший *a.* melted, thawed out; —ять *see* растаивать.

раствор *m.* solution; liquor, bath; paste, suspension; mortar; (cement) slurry; gap, aperture, opening, span (of vise); давление —a solution pressure; твердый р. solid solution; угол —a aperture angle.

растворен/ие *n.* solution, dissolving; (met.) diffusion; —ный *a.* dissolved; opened; —ное вещество solute.

раствор/имое *n.* solute; —имость *f.* solubility; —имый *a.* soluble; —имый в воде water-soluble; —итель *m.* solvent; (paint) vehicle; dissolver; —ить *see* растворять; -наполнитель *m.* sealing solution; —омешалка *f.* mortar mixer; —онасос *m.* mortar pump; —яемость *f.* solubility; —яемый *a.* soluble; dissolving, undergoing solution; —ять(ся) *v.* dissolve; open, unfasten.

растворяющ/ий *a.* dissolving, solvent; —ая способность solvent action; —ее вещество, —ее средство solvent; —ийся *a.* dissolving; soluble.

растек/аемость *f.* spreadability; spread, flow, spill; —ание *n.* spread(ing), flow, spill; —атель *m.* spreading agent, wetting agent; —аться *v.* spread, flow, spill, run; —ающийся *a.* spreading, etc., *see v.*; yielding (material).

растел *m.* calving; —и(ва)ться *v.* calve.

растение *n.* plant; —ведение *n.* botany; —вод *m.* plant grower; —водство *n.*, —водческий *a.* plant growing; р.-индикатор *n.* soil-testing crop; р.-краситель *n.* dye crop; —питатель *m.* plant feeder; р.-хозяин *n.* host plant.

растепление *n.* warming up, firing up.

растер/еть *see* растирать; —тый *a.* pulverized, etc., *see* растирать.

растер/янный *a.* lost, perplexed, confused; —яться *v.* be at a loss.

растечься *see* растекаться.

расти *v.* grow, increase; develop; —льня *f.* germinator.

растинон *m.* Rastinon, tolbutamide.

растир/аемый *a.* pulverizable, friable; —ание *n.* pulverization, grinding, trituration; attrition, rubbing, massage; —ательный *a.* pulverizing, etc., *see v.*; —ать *v.* pulverize, grind, triturate, comminute, crush; rub up (paint); rub, massage; —ка *f.*, —очный *a.* pulverizing, etc., *see v.*

растис/к(ив)ать, —нуть *v.* push apart; split open, pierce; unclench, open.

растительно— *prefix* vegeto—, vegetable; herbi—; plant; —животный *a.* vegeto-animal; —сть *f.* vegetation, flora; —ядный *a.* (zool.) herbivorous.

растительн/ый *a.* plant, vegetable, phyto-; р. жир vegetable fat; —ая земля humus; —ая химия phytochemistry.

растить *v.* grow, raise, breed.

растолкать *see* расталкивать.

растолков/ать, —ывать *v.* interpret, explain, expound; —ывание *n.* interpretation, explanation.

растолочь *v.* pound, grind, crush.

растолстеть *v.* gain weight, get fat.

растоп/ить, —ять *see* растапливать; —ка, —ление *see* растапливание; —ленный *a.* kindled, etc., *see* растапливать; —лять *see* растапливать; —очный *a.* (for) kindling.

растоптать *see* растаптывать.

растопыр/енный *a.* bristling; (bot.) divaricate; —и(ва)ть *v.* spread wide; straddle; —и(ва)ться *v.* bristle.

расторг/ать, —нуть *v.* cancel, break.

расторжение *n.* cancellation, dissolution.

растормаживать *v.* release the brake.

расторопша *f.* milk thistle (*Silybum*).

расточ *see* расточка; —ать *v.* dissipate, waste; —енный *a.* bored out, reamed; wasted; —енное отверстие bore (hole) —ительность *f.*, —ительство *n.* waste(fulness); —ительный *a.* wasteful, extravagant; —ить *v.* bore, drill (out), ream; dissipate, waste; —ка *f.* bore, boring, drilling; —ник *m.* drill operator, borer; —ный *a.* boring, drilling, reaming; —ный станок borer, drill; —ная оправка boring bar.

растр *m.* (electron.; typ.) raster, grating, grill, screen; scanning pattern, scan, scanned area.

раstрав/ить, —ливать, —лять *v.* irritate, aggravate; corrode.
растра/та *f.*, **—чивание** *n.* spending; waste, dissipation, loss; embezzlement; **—тить, —чивать** *v.* spend; waste, dissipate; embezzle.
растревожи(ва)ть *v.* alarm, disturb.
растреп/анный *a.* disarranged, etc., *see v.*; **—ывание** *n.* disarranging, etc., *see v.*; **—(ыв)ать** *v.* disarrange; tatter, fray; fringe, untwist, unravel.
растрес/каться *see* **растрескиваться; —кивание** *n.* cracking, etc., *see v.*; decrepitation, disintegration; (nucl.) spallation; (masonry) spalling; (biol.) dehiscence, bursting open; **осколок —кивания** spallation fragment; **—киваться** *v.* crack, burst, split, fissure; decrepitate, disintegrate; **—кивающийся** *a.* cracking, etc., *see v.*; friable.
растров/ый *a. of* **растр**; screen (printing); zebra-stripe (display); **—ое изображение** (maps) dot area.
раструб *m.* funnel, funnel-shaped opening, trumpet, bell, (bell) mouth; cone bottom (of tank); socket (of pipe); **с —ом** bell-mouthed; **соединение —ом** bell-and-spigot, spigot and socket joint (of pipes).
растр/усить, —ушивать *v.* spill, scatter, spread; **—ясти, —яс(ыв)ать** *v.* scatter, strew; shake up.
растушев/ать *see* **растушевывать; —ка** *see* **растушевывание**; (drawing) stump; **—ывание** *n.* shading, etc., *see v.*; **—ывать** *v.* shade, stipple, stump.
растущий *a.* growing, rising.
растык(ив)ать *v.* stick around.
растягив/аемый *a.* stretchable; stretched, etc., *see v.*; **—ание** *n.* stretching, extension, etc., *see v.*; **—ать** *v.* stretch (out), extend, draw·out, prolong, lengthen, elongate, distend, expand, dilate; (med.) sprain, strain, wrench; **—аться** *v.* stretch, extend, give; **—ающий** *a.* stretching, etc., *see v.*; **—ающий механизм** stretcher; **—ающая нагрузка** tension (load); **—ающая сила, —ающее усилие** tensile force, tension, pull.
растяжен/ие *see* **растягивание**; stretch; pull, tension; (med.) strain, sprain, wrench; **диаграмма —ия** stress-strain diagram; **прочность на р.** tensile strength; **работающий на р.** *a.* in shear; tension (joint); **сила —ия** tensile force; **р.-сжатие** stress-strain.
растяжим/ость *f.* stretchability, elasticity; extensibility, expansibility; (met.) ductility; **—ый** *a.* stretchable, tensile, elastic; extensible; ductile.
растяж/ка *see* **растягивание**; tension member, brace, bracing (wire); **в —ку at** full length; **—ной** *a.* stretching, extension; flexible; expansion (bolt).
растянут/ость *f.* lengthiness; **—ый** *a.* stretched (out), etc., *see* **растягивать**; lengthy, dragged out; **—ь** *see* **растягивать**.
расфасов/ать *see* **расфасовывать; —ка** *f.*, **—очный** *a.* bagging, pack(ag)ing; **очно-упаковочный автомат** automatic bagger; **—щик** *m.* packager, bagger; **—ывание** *see* **расфасовка; —ывать** *v.* bag, pack(age).
расфокусиров/ание *see* **расфокусировка; —анный** *a.* defocussed, etc., *see v.*; out of focus; **—ать** *v.* defocus, get out of focus; debunch (electrons); **—ка** *f.* defocussing, etc., *see v.*
расформиров/ание *n.* dissolution, breaking up; **—(ыв)ать** *v.* dissolve, break up, separate.
расхаживать *v.* work up and down, reciprocate.
расхвали(ва)ть *v.* praise.
расхват/ить, —(ыв)ать *v.* snatch up.
расхлябанность *f.* looseness, shakiness; **—анный** *a.* loose, slack; **—аться** *v.* get loose, work loose, get slack; get shaky; need tightening.
расход *m.* expense, expenditure, outlay, disbursement; flow (rate); discharge (of water); delivery (of pump); consumption, input; span (of vise); **р. энергии** power consumption.
расход/имость *f.* divergence; **—иться** *v.* part, break up, diverge, go separate ways, separate; come apart, gape (open), open out, splay out; disagree, differ; spread, radiate; increase, pick up speed, gain momentum; be consumed, be spent; vanish, disappear (of clouds, etc.).
расходник *m.* (bot.) quillwort (*Isoetes*).
расход/ный *a. of* **расход**; expendable; input-output (characteristic); service (tank); delivery (outlet of pump); **—ование** *n.* expenditure, consumption; **—овать** *v.* spend, consume, use up; **—омер** *m.* flowmeter; **—омерный** *a.* flow-measuring, flow-metering; **—ометрия** *f.* flow metering; **—уемый** *a.* expendable; consumable (electrode).
расходящийся *a.* divergent, diverging.
расхождение *n.* divergence, separation, gaping (of joints); gap, space; deviation, disagreement, discrepancy.
расхожий *a.* popular, in common use; utility; spending.
расхол/аживание *n.* shut-down cooling (of reactor); **—аживать, —одить** *v.* cool off; **—оженный** *a.* cooled off.
расцарап(ыв)ать *v.* scratch up.
расцве/сти, —тать *v.* bloom, open, come

расцветить / расширить

расцвети́ть *see* расцвечивать; —тка *see* расцвечивание; colors; tint, hue; —ченный *a.* colored, etc., *see v.*; —чивание *n.* coloring, etc., *see v.*; —чивать *v.* color, paint, tint, tone; color-code, mark.

расцен/ивание *n.* estimation, evaluation, appraisal; —и(ва)ть *v.* estimate, evaluate, appraise, value; regard, consider; assess, tariff; —ка *f.* estimation, estimate, quotation, evaluation, appraisal; assessment; price, fee, rate; tariff; cost sheet; —ок *m.* rate of wages; —о́чный *a.* valuation; —о́чная ве́домость cost sheet; —щик *m.* appraiser, assessor.

расцеп/(и́тель) *m.* trip, release, uncoupler; —и́ть *see* расцепля́ть; —ка *f.* uncoupling; release (catch); —ле́ние *n.* uncoupling, etc., *see v.*; release; —ле́нный *a.* uncoupled, etc., *see v.*; out of gear; —ля́ть *v.* uncouple, disconnect, unhook, unlink; trip, release; disengage, throw out of gear; —ля́ющий *a.* uncoupling, etc., *see v.*; —ля́ющий автомат (automatic) release; —ля́ющий механизм release (mechanism), trip; —но́й *a.* detachable.

расчал/енный *a.* braced; —и(ва)ть *v.* brace, guy; —ка *f.* bracing (wire), guy wire; tension member; —о́чный *a.* (wire-)braced.

расчекан/енный *a.* calked; —и(ва)ть *v.* calk, tighten (seam); —ка *f.* calking.

расчер/ти́ть, —чивать *v.* trace, line, rule, delineate.

расчес/анный *a.* combed, etc., *see* расчёсывать; —а́ть *see* расчёсывать; —ка *see* расчёсывание; comb.

расчесть *v.* calculate, compute; dismiss.

расчёсыв/ание *n.* combing, etc., *see v.*; —ать *v.* comb; card, hackle (flax); scratch (up).

расчёт *m.* calculation, computation, estimation, estimate; sizing, rating (of equipment); account(ing); design, intention; economy; pay; dismissal (from work); crew, team; р. мо́щности capacity rating; входи́ть в р. *v.* be taken into consideration; из —а taking into consideration, allowing (for); on the basis (of); at the rate (of); не принима́емый в р. *a.* negligible; нет —а it is not worth; по его́ —у according to him; приня́ть в р. *v.* take into consideration, allow (for), take into account; с таки́м —ом, что́бы so that.

расчетли́в/ость *f.* economy, thrift; —ый *a.* economical, careful, calculating.

расчёт/ность *f.* calculation; rating; design;

—ный *a.* calculated, estimated, rated; calculating, computing; mathematical (formula); design(ed); slide (rule); budgetary (control); reference (point); effective (span); gage (length); —ный стол network analyzer; —ная величина́ (elec.) rating; —чик *m.* calculator, estimator; designer.

расчехл/и́ть, —я́ть *v.* uncover.

расчисл/е́ние *n.* calculation, computation, reckoning; —и́ть, —я́ть *v.* calculate, compute, reckon, figure out.

расчи́ст/ить *see* расчища́ть; —ка *see* расчище́ние.

расчит́(ыв)ать *v.* calculate; rate (at).

расчищ/а́ть *v.* clear (away), strip (off); free, open up; eradicate; —е́ние *n.* clearing, etc., *see v.*; —е́нный *a.* cleared, etc., *see v*; clear, open.

расчлен/е́ние *n.* separation, breaking up, etc., *see v.*; —ённый *a.* separated, etc., *see v.*; —ённость *f.* (geol.) ruggedness; —и́ть, —я́ть *v.* separate, break up; part(ition); dismember, disjoint, disarticulate; analyze, dissect, bisect.

расшат/анность *f.* shakiness, instability; —анный *a.* loose(ned), shaky, unstable; shattered; —а́ть *see* расшатывать; —ывание *n.* loosening, etc., *see v.*; —ывать *v.* loosen, shake loose; impair, shatter, upset (health); —ываться *v.* get loose(ned); go to pieces.

расшвы́р/ивать, —я́ть *v.* throw around, scatter.

расшив/а́ние *n.* (masonry) pointing, etc., *see v.*; —а́ть *v.* point; joint; brace; rip, undo; embroider; —ка *see* расшива́ние; pointing trowel.

расшире́н/ие *n.* expansion, widening, etc., *see* расширя́ть; spread; development; enlargement; dilatation (of the heart); коэффицие́нт —ия coefficient of expansion; маши́на с —ем па́ра expansion engine; —ный *a.* expanded, etc., *see* расширя́ть; extensive.

расшири́тель *m.* dilator, widener, expander, extender; (well drilling) (under)reamer; —ный *a.* expanding, etc., *see* расширя́ть; expansion (bolt, tank, valve, etc.); extension (tube).

расшир/и́ть *see* расширя́ть; —я́емость *f.* expansibility, extensibility, dilatability; degree of expansion; —я́емый *a.* expansible, extensible, expansive, dilatant, dilatable; —я́ть *v.* expand, widen, broaden, dilate, flare, spread; enlarge, amplify; extend, elongate; develop; (under)ream (well shaft); —я́ться *v.* expand; bulge out; —я́ющий *a.* expanding, etc., *see v.*; —я́ющийся *a.* expansible, extensible, dilatable; expanding, spreading out.

расшит/ый *a.* pointed, etc., *see* расшивать;
—ь *see* расшивать.
расшифров/ать *see* расшифровывать; —ка *f.*, —очный *a.* decoding, etc., *see v.*; interpretation; expansion; —очная машина decoding machine, interpreter; —щик *m.* decoder, interpreter; —ывание *see* расшифровка; —ывать *v.* decode, decipher, interpret; expand (abbreviation).
расшлихтов/ание *n.* (text.) desizing; —анный *a.* desized; —ать *v.* desize; —ка *f.* desizing; —щик *m.* desizer; —ывать *v.* desize.
расшнуров(ыв)ать *v.* unlace, untie.
расштыбовщик *m.* (min.) gummer.
расшуметься *v.* get noisy.
расщебен/и(ва)ть *v.* crush; —ка *f.* crushing; rubble.
расщел/и(ва)ться *v.* crack, split; —ина *f.* crack, split, chink, cleft, rift, fissure, crevice, crevasse, interstice.
расщем/ить, —лять *v.* unclamp, release.
расщеп *m.* split, fissure, scissure; —ать *see* расщеплять; —итель *m.* (beam) splitter; (atom) smasher; —ить *see* расщеплять.
расщеплен/ие *n.* splitting, decomposition, etc., *see* расщеплять; break-up, fission, division, resolution (into); cleavage, (nucl.) spallation; (biol.) segmentation; —olysis, *e. g.*, р. жира lipolysis; продукт —ия cleavage product, fission product.
расщепленно— *prefix* schizo— (division, cleavage); —ногие *pl.* (zool.) Schizopoda.
расщепл/енный *a.* split, cleaved, etc., *see v.*; extended (dislocation); bundle, multiple (conductor); —яемость *f.* cleavability, fissility, fissionability; cleavage; —яемый *a.* cleavable, fissile, fissionable; cleaved, split; —ять(ся) *v.* split (up), cleave; separate, break down, decompose, disintegrate; rend, fissure, crack, slit; foliate, laminate; splinter, shatter, chip; —яющий *a.* splitting, etc., *see v.*; —яющийся *a.* splitting, etc., *see v.*; cleavable, fissile, fissionable; splintery (fracture).
расщепывание *see* расщепление.
расщип(ыв)ать *v.* pick apart, shred.
ратан/ин *m.* rhatanin, angelin; —ия *f.* (bot.) rhatany (*Krameria triandra*); —овая кислота rhatanic acid, krameric acid.
ратин *m.* (text.) ratteen, frieze; —ировать *v.* frieze, curl.
ратит *m.* (min.) rathite.
ратифи/кация *f.* ratification; —цировать *v.* ratify, validate.
Рато турбина Rateau turbine.
ратовкит *m.* (min.) ratofkite.
РАТУ *abbr.* (расчетные атмосферные температурные условия) rated atmospheric temperature conditions.

раувит *m.* (min.) rauvite.
раувольфия *f.* (bot.) Rauwolfia.
Рауля закон Raoult's law.
Рауса-критерий Routh's criterion.
рафан/ин *m.* raphanin; —ол *m.* raphanol.
рафаэлит *m.* (min.) rafaelite.
рафинад *m.* refined (lump) sugar; —ный *a.* refining; —ный завод refinery.
рафин/аза *f.* raffinase; —ат *m.* raffinate.
рафин/ация *see* рафинирование; —ер *m.*, —ерный *a.* (paper) refiner; —ировальщик *m.* refiner; —ирование *n.* (re)fining, refinement, purification; —ированный *a.* refined, purified; cleared; —ировать *v.* refine, purify; clear; —ировка *f.*, —ировочный *a.* (re)fining; —ировочный завод refinery.
рафия *f.* raffia (fiber; palm).
раффинат *m.* raffinate.
раффинирование *see* рафинирование.
раффлезия *f.* (bot.) Rafflesia.
рахи/(о)— *prefix* rachi(o)— (spine); —т *m.* (med.) rickets; —тик *m.* rickets patient; —тический, —тичный *a.* rachitic.
рацем/ат *m.* racemate; —изация *f.*, —изирование *n.* racemization; —ический *a.* racemic; —ическая кислота racemic acid, paratartaric acid; —ия *f.* racemism.
рацион *m.* ration, allowance.
рационализ/атор *m.* rationalizer; innovator; efficiency expert; —аторский *a.* efficiency; —аторское предложение innovation, improvement; —аторство *n.* efficiency work; —ация *f.* (math.) rationalization; efficiency promotion; improvement (in production methods); simplification (of motion, work); —(ир)овать *v.* rationalize; innovate; improve, make more efficient.
рациональн/о *adv.* rationally; efficiently; it is sound practice; —ость *f.* (math.) rationality; efficiency; —ый *a.* rational (formula, number); efficient, expedient.
рационир/ование *n.* rationing; —анный *a.* rationed; —ать *v.* ration.
рация *f.* radio station.
рачий *a.* crayfish.
рачка *f.* ratchet; сверлильная р. ratchet drill.
рачок *dim. of* рак.
Рашига кольца Raschig rings.
рашкуль *m.* charcoal pencil.
рашпиль *m.* rasp (file), grate(r); (constr.) float.
ращен/ие *n.* raising, growing; roching (of alum); —ный *a.* raised, grown.
рва *gen. of* ров.
рвал *past m. sing. of* рвать.
рван/ина *f.* fissure, crack; laceration, tear; flaw; (rolling) scab; —уть *v.* pull, jerk; —ый *a.* torn, lacerated; broken, ragged;

рватель —ь *f.* rag(s); (spinning) waste; (tech.) clamp; —ье *n.* rag(s); tearing.
рват/ель *m.* (core) lifter, extractor; —ь *v.* tear, lacerate; sever, break; pull, pick, gather; vomit; —ься *v.* tear; break, snap; burst, explode.
рвет *pr. 3 sing. of* **рвать**.
рвота *f.* vomiting; (met.) flaw.
рвотное *n.* emetic.
рвотн/ый *a.* emetic; **р. камень** tartar emetic, antimonyl potassium tartrate; **р. корень** ipecac root, ipecacuanha; **р. орех** nux vomica (seeds); —ое средство emetic.
рву/т *pr. 3 pl. of* **рвать**; —шка *f.* tension link; —щий *a.* tearing; breaking (stress).
РГА *abbr.* (реакция гемагглютинации) hemagglutination reaction.
рд *abbr.* (резерфорд) rutherford; **РД** *abbr.* (ракетный двигатель) rocket engine; (реактивный двигатель) jet engine; (регулятор давления) pressure regulator; **РДД** *abbr.* (ракета дальнего действия) long-range missile; **РДДТ** *abbr.* (реактивный двигатель твердого топлива) solid-fuel jet engine.
рде/лый *a.* red; —ние *n.* redness, glow.
рдест(ник) *m.* pond weed (*Potamogeton*).
рде/ть(ся) *v.* redden, glow; —ющий *a.* glowing.
РДП *abbr.* (ранцевый дегазационный прибор) portable decontaminator.
РДС *abbr.* (район диспетчерской службы) control tower area.
РД(Т)Т *abbr.* (ракетный двигатель твердого топлива) solid-propellant rocket engine.
рдяный *a.* scarlet, red.
ре *n.* rhe (unit of fluidity); **Ре** *abbr.* (число Рейнольдса) Reynolds number.
ре— *prefix* re—, back, again.
реабилит/ация *f.* rehabilitation; —ировать *v.* rehabilitate.
реагенин *m.* rhoeagenine.
реагент *m.* reagent; **р.-регулятор** *m.* conditioning agent.
реагир/ование *n.* reacting, reaction; **скорость —ования** responsiveness (of instruments); —ованный *a.* reacted; —овать *v.* react; respond; —ующий *a.* reacting, reactive; responsive (to); —ующее вещество reactant; **быстро —ующий** sensitive; **не —ующий** nonreacting, nonreactive.
реад/ин *m.* rhoeadine; —овая кислота rhoeadic acid, papaveric acid.
реактан/с, —ц *m.* (elec.) reactance.
реактив *m.* (re)agent; **р. на группу** group reagent; —ация *f.*, —ирование *n.* reactivation; —ированный *a.* reactivated; —ировать *v.* reactivate; —ность *f.* reactivity; (elec.) reactance; **указатель —ности** reactimeter.

реактивн/ый *a.* reactive, reaction; reagent (bottle, solution, etc.); (elec.) reactive; reactance (tube); jet-propelled, jet-powered, jet (engine); retrorocket (braking); **р. снаряд** rocket, missile; **р. цилиндр** test tube; —ая катушка (elec.) reactor, reactance coil; —ая мощность reactive power; —ая проводимость (elec.) susceptance; —ая сила jet power; —ая трубка test tube; —ая турбина reaction turbine, pressure turbine; —ое движение jet propulsion; —ое сопротивление (elec.) reactance, reactive resistance; —ое средство reagent; **с —ым двигателем** jet-propelled.
реактиметр *m.* reactimeter.
реактопласты *pl.* thermosetting plastics.
реактор *m.* reaction vessel; (nucl.) reactor; (elec.) reactor, reactance coil; **р. на тепловых нейтронах, тепловой р.** thermal reactor; **р.-двигатель** *m.* propulsion reactor; **р.-конвертер** *m.* converter; —остроение *n.* reactor engineering, reactor construction; **р.-размножитель** *m.* breeder.
реакционн/о-инертный *a.* reactionless; —оспособность *f.* reactivity; —оспособный *a.* reactive; —ый *a.* reaction; —ая способность reactivity.
реакц/ия *f.* reaction; interaction, reciprocity; (instruments) response; (elec.) reactance; **р. на reaction for; р. на воздействие** response; **р. на крахмал** starch reaction; **р. почвы** soil reaction, pH; **конец —ии** end point; **ответная р.** response; **подвергнуть —ии** *v.* react; **продукты —ии** reaction products.
реал *m.* (typ.) composing frame, rack.
реализ/ация *f.* realization; —(ир)ованный *a.* realized; —(ир)овать *v.* realize.
реалист *m.* realist; —ический *a.* realistic.
реальгар *m.* (min.) realgar.
реальн/ость *f.* reality; —ый *a.* real, tangible, concrete; workable, practicable.
реаэрация *f.* reaeration.
ребенок *m.* child, infant.
ребер *gen. pl. of* **ребро**; —но— *prefix* (anat.) costo—, rib; —но-позвоночный *a.* costovertebral; —ный *a.* rib, costal.
реборд/а *f.*, —ный *a.* flange, rim, bead.
ребра *gen. and pl. of* **ребро**.
ребристо/призматический *a.* angularprismatic; —сть *f.* ribbing; —трубчатый, —тубулярный *a.* fin-tube.
ребрист/ый *a.* ribbed, costate, costal; finned, corrugated; gilled; sectional (roller); edge (point); (geol.) mullion, rodding (structure); **р. нагреватель** radiator; **р. плитчатый** *a.* plate fin; —ая труба grilled tube.
ребр/о *n.* rib, fin; edge, verge; (geol.) ridge; riffle; (arch.) arris; **краевое р.** (pal.)

ребровик marginal frill; —a *pl.* ribbing; —ом edgewise; обмотка —ом (elec.) edgewise winding; поставить —ом *v.* stand edgewise, up-edge; снабжен —ами *a.* finned.
ребровик *m.* rebrovik (vertical shale bedrock underneath a placer).
ребр/овый *a.* of ребро; (rolling) edging, upset (pass); р. овал (rolling pass) edge oval; р. станок ripping saw; —о-спица *n.* spoke rib; —ышко *dim.* of ребро.
рев *m.* howl(ing).
ревакцинация *f.* (med.) revaccination.
ревдинскит *m.* (min.) revdinskite.
ревен/ный *a.*, —ь *m.* rhubarb.
ревербер *m.* reverberator; reverberatory furnace; reflecting lamp; —ационный *a.* reverberation, reverberative, reflective; —ация *f.* reverberation; —ировать *v.* reverberate; —ирующий *a.* reverberating, reverberative; —ный *a.* reverberatory (furnace); —ометр *m.* reverberometer.
реверс *m.* reverse, reversing gear; reversal; rundown (of nuclear reactor); —ер *m.* reverser; —ивность *f.* reversibility; —ивный *a.* reversible, reversing, reverse; reversible-polarity (transducer); two-way (feeder); —ивная коробка reversing gear box; —ир *m.* reverser; —ирование *n.* reversing, reversal; —ированный *a.* reversed; —(ир)овать *v.* reverse; —ируемость *f.* reversibility; —ируемый *a.* reversible; —ирующий *a.* reversing, reverse; —ирующее приспособление реверсер; —ия *f.* reversal; reversion, throwback; —ор *m.* reverser.
ревертекс *m.* Revertex (latex).
реветь *v.* howl.
ревивиф/айер *m.* revivifier; —икация *f.* revivification, reactivation.
ревиз/ионный *a.*, revisionary, revisory; inspection; —ия *f.* revision; examination, inspection; census (of population); —овать *v.* revise; examine, inspect, audit; test; —ор *m.* inspector, auditor.
ревмат/изм *m.* (med.) rheumatism; —ик *m.*, —ический *a.* rheumatic.
ревмовирус *m.* rheumatism virus.
револьвер *m.* revolver; (micros.) nosepiece.
револьверно-токарный автомат automatic turret lathe.
револьверн/ый *a.* revolving; revolver; р. станок turret lathe; —ая головка turret, capstan (of lathe); monitor.
револьверщик *m.* turret lathe operator.
революц/ионизировать *v.* revolutionize; —ионный *a.* revolutionary; —ия *f.* revolution.
ревультекс *m.* Revultex (latex).
ревун *m.* siren; (zool.) howler.
регенерат *m.* reclaim, reclaimed rubber; regenerate; —ивный *a.* regenerative, regeneration; —ный *a.* of регенерат; —ор *m.* reclaimer; regenerator; (met.) regenerative furnace.
регенер/ационный *a.*, —ация *f.*, —ирование *n.* regeneration, reclaiming, etc., *see v.*; recovery; (rad.) regenerative amplification; —ированный *a.* regenerated, etc., *see v.*; —ировать *v.* regenerate, reclaim, recover, restore; reprocess; reactivate; (comp.) retransmit (signal); —ируемый *a.* regenerable, reclaimable, recoverable.
регион *m.* region; —альный *a.* regional, district; local (anaesthetic).
регистр *m.* register, list, index; damper; —атор *m.* registrar, recorder; recording system; (nucl.) monitor; (pulse) storing device; —атура *f.* registry, registration office; —ационный *a.*, —ация *f.*, —ирование *n.* registration, recording, etc., *see v.*; карта —ации recording chart; —(ир)ованный *a.* registered, etc., *see v.*; —ировать *v.* register, record, enter, file; enroll; follow (with instrument); log, keep a record; (information) post, identify; charge (library book); —(ир)ующий *a.* registering, etc., *see v.*; —ирующий прибор recorder; —овый *a.* of регистр; —овая тонна (naut.) 2.83 cu. m.
регитин *m.* Regitine, phentolamine.
регламент *m.* regulation, rule, (standing) order; согласно —у in order; —ация *f.* regulation; —ированный *a.* regulated; —ировать *v.* regulate, fix, control; —ный *a.* of регламент; operational (check).
реголит *m.* (geol.) regolith.
реград/ация *f.* (soil) regradation; —ировать *v.* regrade.
регресс *m.* re(tro)gression, regress, return, retrogradation; —ивность *f.* regressivity; —ивный *a.* regressive; regression (analysis); (geol.) retrograde (metamorphism); —ированный *a.* re(tro)gressed; —ировать *v.* re(tro)gress, retrograde; —ия *f.* regression.
регулиров/ание *n.* regulation, control, governing; arrangement, setting, adjustment, tuning; alignment, line-up; р. по времени time control; —анный *a.* regulated, etc., *see v.*; —ать *v.* regulate, control, govern, gage; set, adjust, tune; align, line up; —ка *see* регулирование.
регулир/овочный *see* регулирующий; —овщик *m.* regulator; —уемость *f.* controllability; —уемый *a.* controllable, adjustable; controlled, regulated; variable-area (diffuser); (math.) variable (drive).
регулирующ/ий *a.* regulating, regulator, control(ling), governing, adjusting; р. клапан regulator valve, throttle (valve); —ее воздействие input variable; —ее

приспособление control device, adjustment device, adjuster; governer; —ийся *a.* adjustable; controlled (by).

регулы *pl.* (physiol.) menstruation.

регуляр/и/о *adv.* regularly, at regular intervals; —ость *f.* regularity, order; —ый *a.* regular, routine.

регуля/тивный *a.* regulating, controlling, guiding; —тор *m.*, —торный *a.* regulator, control(ler), adjuster; governor; шаровой —тор ball governor; —торзаслонка *m.* damper regulator; —ционный, —ция *see* регулирование.

ред. *abbr.* (редактирован, редактор, редакционный, редакция).

ред— *prefix* editorial; *m.* suffix editor.

редак/тирование *n.* editing; —тированный) *a.* edited; —тировать *v.* edit; —тор *m.* editor; —тор-издатель *m.* publisher; —торский *a.* editorial; —торство *n.* editorship, editorial work; —торствовать *v.* do editorial work; —тура *f.* editing; —ционный *a.* editorial; —ция *f.* editing; wording; editorship; editor's office; editorial staff; от —ции editor's note; под —цией edited (by).

редан *m.* (hydroplane) planing step.

реддингит *m.* (min.) reddingite.

редек *gen. pl. of* редька.

редеть *v.* thin out, become less frequent.

редечный *a. of* редька.

редина *f.* open-weave cloth; burlap, sacking.

редингтонит *m.* (min.) redingtonite.

рединный *a. of* редина.

редис *m.*, —ка *f.* garden radish.

редистилляция *f.* redistillation, rerun.

редия *f.* (zool.) redia.

редк/ий *a.* rare, uncommon, infrequent, scarce, sparse; drift (ice); loosely woven, open-weave; —ая вещь curiosity, rarity; —ие земли rare earths.

редко *adv.* rarely, seldom; *prefix* rare; oligo— (few, scant); —ватый *a.* rather rare; —земельный *a.* rare-earth; —лесье *n.* thin forest.

редколлегия *f.* editorial staff.

редко/метальный *a.* rare-metal; —стный *a.* rare, infrequent; —стойный *a.* thin, open (forest); —столбчатый *a.* oligobaculate (grain); —сть *f.* rarity, rareness, infrequency.

редно *see* редина.

редокс *m.* redox, reduction-oxidation.

редрутит *m.* (min.) redruthite, chalcocite.

редуктаза *f.* reductase (enzyme).

редукто— *prefix* reducto—.

редуктор *m.* reducer, reducing agent; reductor (apparatus); (mech.) reducer; reduction gear; gearbox; reducing valve; speed reducer, decelerator; р. привода gearhead; —ый *a. of* редуктор; geared

р.-трансформатор (elec.) step-down transformer.

редукци/онный *a.*, —я *f.* reduction, reducing; р. вентиль reducer, reducing valve, pressure regulator.

редуцир/ование *n.* reduction; —ованный *a.* reduced; vestigial (structure); —овать *v.* reduce; —ующий *a.* reducing; —ующий фермент reductase.

редчайший *superl. of* редкий.

редька *f.* radish.

редюсинг *m.* reducing.

реек *gen. pl. of* рейка.

реестр *m.*, —овый *a.* register, list, file, catalog; record.

реет *pr. 3 sing. of* реять.

реечн/о-шестереночный *a.* rack and pinion; —ый *a. of* рейка; rack and pinion (gear); rake, drag (classifier); shingle (nail).

реже *comp. of* редкий; rare, less common(ly).

режект/ирующий *a.* rejecting; trap; —ор *m.* rejector; —орный *a.* rejector, rejective; band-elimination (filter).

режет *pr. 3 sing. of* резать.

режим *m.* regime, system, practice(s), method(s), process; (normal) operation, running, working, service, duty, performance; characteristics; behavior, mode; (operating) conditions, state; cycle, rate, schedule; rating (of engine); (reservoir) drive; (med.) regimen; *frequently not translated but absorbed in idiom*; р. запуска start-up conditions; р. заряда charging (rate); р. кипения boiling; р. потока flow; р. при заряде charging load; р. работы routine, procedure; operating conditions; (mach.) performance, duty; service, operation, running; с легким —ом light-duty; работа в критическом —е critical operation.

режут *pr. 3 pl. of* резать.

режуха *see* резуха.

режущ/ий *a.* cutting, slicing; sharp (pain); р. зуб tool edge, blade; р. инструмент cutter; slicer; —ая рейка rack-type cutter; —ое ребро tool edge, blade; хорошо р. sharp, keen.

ре/жьте *imp. of* резать; —з *m.* cut.

резазурин *m.* resazurin, diazoresorcinol.

рез/ак *m.* cutter, knife, blade; chopper; forge chisel; (cutting) torch; plowshare, colter; lip (of scoop); butcher; (bot.) Falcaria; sedge (*Carex gracilis*); —алка *f.* cutter.

рез/альгин *m.* resalgin, antipyreticin; —альдол *m.* resaldol.

рез/ально-штапелирующий *a.* cutting-stapling; —альный *a.* cutting; —альщик *m.* cutter; —ание *n.* cutting, etc., *see v.*; —ан(н)ый *a.* cut, etc., *see v.*;

—ательный *a.* cutting, etc., *see v.*;
—ать *v.* cut, clip, sever; slice, slit; slaughter, butcher; engrave.
резацетофенон *m.* resacetophenone, 2,4-dihydroxyacetophenone.
резачок *m.* bit, point, tip.
резбаниит *m.* (min.) rezbanyite.
резед/а *f.*, —овый *a.* mignonette (*Reseda*).
резекция *f.* (med.) resection.
резен *m.* resene.
резерв *m.* reserve; (calico) resist, reserve; drainage canal; dump hole; р. мощности reserve capacity; —аж *m.* resist, reserve; —ат *m.* reservation, sanctuary; —ация *f.*, —ирование *n.* reservation; redundancy; —ировать *v.* reserve, save; —ный *a.* reserve, spare, standby, emergency, subsidiary; backup, overflow (stock); —ная установка emergency service.
резервуар *m.* reservoir, receiver, receptacle, container, basin, cistern, tank, vessel, well; source, seat (of disease); емкость —а tankage; —ный *a.* of резервуар; —ный парк (petrol.) tank farm; —ное хозяйство tank-farm operations; р.-хранилище *m.* storage tank.
резервы *pl.* of резерв; reserves, resources.
резерпин *m.* reserpine.
резерфорд *m.* rutherford (radioactive unit); —ин, —ит *m.* (min.) rutherfordite; —овский *a.* Rutherford.
резец *m.* cutter, (cutting) tool; knife, blade, chisel; (drill) bit; colter (of plow); (astr.) Caelum; (anat.) incisor.
резецировать *v.* (med.) resect, cut out.
резиден/т *m.* resident; —ция *f.* residence.
резильянс *m.* resilience.
резина *f.* (vulcanized) rubber.
резин/амин *m.* resinamine; —ат *m.* resinate.
резина-утиль *f.* scrap rubber.
резин/еон *m.* resineon; —ировать *v.* (wines) resinate; —ит *m.* (min.) resinite, pitch stone; a synthetic Thiokol rubber.
резинка *f.* elastic, rubber band; eraser.
резино/-асбестовый *a.* rubber-asbestos; —бортный *a.* beaded-edge (tire); —брекер *m.* rubber breaker; —вый *a.* rubber; —вый клей rubber cement; —губчатый *a.* foam rubber.
резиноид *m.* resinoid.
резино-кордный *a.* rubber(ized)-cord.
резинол *m.* resinol.
резино/-металлический *a.* rubber-metal; —подобный *a.* rubbery; —смеситель *m.* rubber mixer; —содержащий *a.* rubber-containing.
резинотаннол *m.* resinotannol.
резин/отехнический *a.* industrial rubber; —откaневый *a.* rubber(ized)-fabric; —щик *m.* worker in rubber industry.

резист *m.* resist, protective layer; —ентность *f.* resistance; —ентный *a.* resistant; —ер *m.* (elec.) resistor; resistance; —ивность *f.* (elec.) resistivity, specific resistance; —ивный *a.* resistive, resistance(-coupled); —омицин *m.* resistomycin; —ор *see* резистер.
резит *m.* resite, C-stage resin.
резка *f.* cutting, etc., *see* резать; cuttings; *sh. f. of* резкий.
резк/ий *a.* sharp, abrupt, sudden, drastic, extreme, pronounced, marked; shrill, piercing (sound); pungent, acrid; —о *adv.* sharply, etc., *see a.*; —о выраженный *a.* clearly defined, marked, pronounced; —о обозначенный *a.* well-defined; —ость *f.* sharpness, etc., *see a.*; (phot.) definition.
резнатрон *m.* (electron.) resnatron, high-power tetrode.
резн/ой *a.* cut, carved, fretted; —ая работа carving; —уть *v.* (make a) cut; —я *f.* slaughter.
резок *sh. m. of* резкий; *gen. pl. of* резка.
резол *m.* resol.
резольвент/а *f.*, —ный *a.* resolvent.
резольный *a.* resol.
резолюция *f.* resolution, decision.
резон/анс *m.* (acous.) resonance; —ансный *a.* resonant; resonance; fluorescent (lamp); —атор *m.* resonator; —аторного типа cavity-type (accelerator); —ировать *v.* resonate; —ирующий *a.* resonating, resonant.
резонный *a.* reasonable, rational.
резонон *m.* resonon.
резорб/ированный *a.* re(ab)sorbed; —ировать *v.* re(ab)sorb; —тивный *a.* resorptive; —ция *f.* resorption.
резоруфин *m.* resorufin, oxyphenazone.
резорцил *m.* resorcyl; —альгин *m.* resorcylalgin, antipyrine resorcylate.
резорцилово/бензиловый эфир benzyl resorcylate; —кислый *a.* resorcylic acid; resorcylate (of); —кислая соль resorcylate.
резорцилов/ый *a.* resorcyl; —ая кислота resorcylic acid, dihydroxybenzoic acid; соль —ой кислоты resorcylate.
резорцин *m.*, —овый *a.*, —ол *m.* resorcin(ol), 3-hydroxyphenol; —изм *m.* resorcin poisoning; —овый голубой resorcin blue (microchemical stain).
резорцит(ол) *m.* resorcitol, 1,3-quinitol.
резо/флавин *m.* resoflavin (dye); —цианин *m.* resocyanine.
резочный *a.* cutting.
результат *m.* result, consequence, outcome, effect; yield; product; corollary; (foregone) conclusion; —ом этого было the result was (that); в —e as a result, in consequence; by, from, upon; в —e чего

with the result that; в —е этого as a result, in consequence; иметь —ом v. result (in), give rise (to); полученный —ом a. resulting; происходить в —е, явиться —ом v. result, arise, stem (from), be due (to); —ивный a. result-producing, successful; —ный a. resulting, resultant.

результирующ/ий a. resulting, resultant; net (loss, etc.); composite (field); —ая величина (math.) resultant.

резус m. (zool.) rhesus; p.-фактор m. rhesus factor, Rh-factor.

резу/ха f. (bot.) rock cress (*Arabis*); —шка f. a cress (*Arabidopsis*).

резца f. (anat.) incisor; gen. of резец.

резце— prefix cutter, tool; —державка f., —держатель m. tool holder, tool clamp, tool block; tool box.

резцовый a. tool, cutter.

резче comp. of резкий, резко.

резчик m. cutter, engraver, carver.

резь f. (med.) colic, sharp pain.

резьб/а f. carving, engraving, fretwork; (screw) thread; нарезать —у v. thread.

резьбов/ой a. thread(ing); threaded, screw (joint); р. гребец threading tool, chaser; р. калибр thread gage; р. резец chaser; р. фрезер thread-milling cutter; —ая гребенка chaser; —ые часы thread indicator.

резьбо/измерительный инструмент, —мер m. thread gage, screw pitch gage; —накат(оч)ный a. thread-rolling; —нарезной a. threading, thread-cutting; —рез m. thread cutter; сверлильный a. tapping; —токарный станок threading lathe; —указатель m. thread indicator; —фрезерный a. thread-milling; —шлифовальный a. thread-grinding.

резюм/е n. résumé, summary, synopsis; —ировать v. summarize, sum up.

реин m., —овая кислота rhein, rheinic acid.

реинфекция f. (med.) reinfection.

рейб/ал, —ол, —ор m. reamer, broach.

рейд m. raid; (naut.) road(stead).

Рейда бомба Reid (vapor pressure) bomb.

рейд/ер m. raider; —ировать v., —овый a. raid.

рейк/а f. lath, batten, cleat; edging, strip; (measuring) rod; (depth) gage; (graduated) rule; (mach.) rack; передача зубчатой —ой rack and pinion (gear); скреплять —ами v. batten; —онарезной a. rack-cutting.

Реймера-Тимана реакция Reimer-Tiemann reaction.

рейнвейн m. Rhine wine.

Рейнеке соль Reinecke salt, ammonium tetrathiocyanodiammonochromate.

рейнит m. (min.) reinite.

Рейнольдса число Reynolds number.

рейнск/ий a. (geog.) Rhine; —ое n. Rhine wine.

рейс m. run, stretch, (round) trip; flight; passage, voyage.

Рейса микрофон Reis microphone.

рейсм/ас, —ус m. scribing block, surface gage; marking tool; shifting gage.

рейсовый a. of рейс; scheduled (flight).

рейссит m. (min.) reissite.

рейс/федер m. drawing pen; pencil holder; —шина f. T-square.

рейтер m. rider (of analytical balance).

рейхардтит m. (min.) reichardtite.

рейхблей m. rich (argentiferous) lead.

Рейхерт-Мейссля число (butter analysis) Reichert-Meissl number.

рейхс— prefix Reichs—.

рейян m. Reyan (solid propellant).

рек/а f. river, stream; р.-захватчик pirate river; вверх по —е upstream.

рекалесценция f. (met.) recalescence.

рекапитуляция f. (biol.) recapitulation.

рекарбюриз/атор m. (met.) recarburizer; —ация f. recarburization; —ировать v. recarburize, recarbonize.

рекаталогизация f. recataloging.

реквиз/ировать v., —иция f., —иционный a. requisition.

реки gen., pl., etc., of река.

реклам/а f. advertisement; publicity; —ация f. reclamation; protest, complaint; claim; —ировать v. advertise; make a claim; —ный a. advertising; publicity; —одатель m. advertiser.

реклассификация f. reclassification.

рекогносциров/ать v. reconnoiter, survey, explore; —ка f., —очный a. reconnoitering, etc., see v.; reconnaissance; —очно-поисковые методы (petrol.) reconnaissance prospecting.

рекой adv. in a stream, copiously.

рекомбин/атор m. recombiner; —ационный a., —ация f. recombination; —ировать v. recombine.

рекоменд/ательный a. recommendation, recommending; suggested (bibliography); —ация f. recommendation, introduction, reference; —ованный a. recommended, introduced; —овать v. recommend, introduce; —уемый a. tentative; —уется it is advisable, it is good practice.

реконверсия f. reconversion.

реконстру/ировать v. reconstruct, rebuild, remodel, renovate, restore, modernize, improve, redesign; rearrange; —ктивный a. reconstructive; —кция f. reconstruction, etc., see v.; rearrangement.

реконцентрация f. reconcentration.

рекорд m. record; —ер m. recorder; —ист m. (agr.) record-breaking stock; —ный

a. record(-breaking); **—смен** *m.* record holder.
рекреация *f.* recreation.
рекристаллиз/ация *f.* recrystallization; **—ованный** *a.* recrystallized; remelt (junction).
рекс *m.* Rex (steel).
рексис *m.* (med.) rhexis, rupture.
ректифи/кат *m.* rectificate; rectified alcohol; **—катор** *m.* rectifier; **—кационный** *a.* rectification; fractionating; **—кационная колонна** fractionating column, fractionator; **—кация** *f.* rectification, etc., see *v.*; **—кованный** see **ректифицированный**; **—ковать** see **ректифицировать**; **—цированный** *a.* rectified, etc., see *v.*; **—цировать** *v.* rectify, redistill; fractionate.
ректор *m.* rector, head (of university).
ректорит *m.* (min.) rectorite.
ректоскоп *m.* (med.) rectoscope, proctoscope.
рекупер/ативный *a.* recuperative, regenerative; recovery; **—атор** *m.* recuperator, regenerator; recovery unit; **—ация** *f.* recuperation, regeneration; recovery; **—ированный** *a.* recuperated, etc., see *v.*; **—ировать** *v.* recuperate, regenerate, restore; recover.
рекуррентный *a.* recurrent, recurring; (math.) recurrence (formula).
рекурс/ивно *adv.* (math.) recursively; **р.-перечислимый** *a.* recursive-enumerable (set); **—ивный** *a.* recursive; **—ия** *f.* recursion.
релакс/атор *m.* relaxation oscillator; **—ационный** *a.*, **—ация** *f.* relaxation; **—ин** *m.* relaxin (a hormone); **—ированный** *a.* relaxed; **—ировать** *v.* relax; **—ометр** *m.* relaxometer.
реле *n.* (elec.) relay; **р. времени** timer; **включающее р.** relay switch.
релеевский *a.* Rayleigh (scattering).
релейн/о-контактный *a.* relay-contact, relay-switching (circuit); **—ый** *a.* relay (-controlled); discontinuous-type; trigger (tube); **—ая защита** (protective) relaying; **—ое устройство** relay system.
реле-клопфер *n.* sounding relay; **р.-повторитель** *n.* repeating relay; **р.-регулятор** *n.* generator regulator; **р.-счетчик** *n.* meter relay.
Релея интерферометр Rayleigh interferometer.
реликт *m.* relic(t); **—овый** *a.* relic(t); connate (waters); cliff (dwelling).
релка *f.* forest-covered ridge.
Рело теория Reuleaux theory.
релуктанц *m.* (elec.) reluctance.
рельеф *m.* relief, contour; topography; boss; **потенциальный р.** (comp.) charge pattern; **форма —а** topographic form;

—но *adv.* in relief; **—ность** *f.* relief; **—ный** *a.* relief, embossed, raised, prominent, salient, projecting; projection (welding); topographic (map); **—ный калибр** (rolling) former.
рельс *m.* rail; runway.
рельсо— *prefix* rail; **—балочный стан** rail-structural mill; **—балочный прокатный стан** rail(-rolling) mill.
рельсовый *a.* rail; track(-borne); **р. калибр, р. ручей** (rolling) rail pass; **р. путь** track.
рельсо/выпрямитель *m.* rail straightener; **—гибочный** *a.* rail-bending; **—отделочный** *a.* rail-finishing; **—правильный** *a.* rail-straightening; **—прокатная** *f.*, **—прокатный стан** rail(-rolling) mill; **—сверлильный** *a.* rail-drilling; **—сгибатель** *m.* rail bender.
рельсы *pl.* rails, track.
релэ see **реле**.
релюктанц see **релуктанц**.
реляксатор see **релаксатор**.
релятив/изм *m.* relativity; **—ист(иче)ский** *a.* relativistic, relativity; **—истское уравнение массы** relativistic mass equation; **—ность** *f.* relativity; **—ный** *a.* relative.
рем— *prefix* repair, maintenance.
ремал(л)ой *m.* Remalloy (alloy).
ременантн/ость *f.* (elec.) remanence, retentivity; **—ый** *a.* remanent.
ремарка *f.* remark, marginal note.
рембаза *f.* repair base.
ремен/ной, —ный, —чатый *a. of* **ремень**; **от —ного привода, с —ным приводом** belt-driven; **—ь** *m.* belt(ing), strap; **приводной —ь** driving belt.
ремерит *m.* (min.) roemerite.
ремесленн/ик *m.* workman, craftsman, artisan; **—ичество** *n.* workmanship; **—ый** *a.* trade, industrial.
ремесло *n.* trade, occupation; (handi)craft.
ремеш/ковый *a.*, **—ок** *dim. of* **ремень**; thong; tringle.
ремзавод *m.* maintenance plant.
ремиз *m.* (com.) fine.
ремиз *m.*, **—(к)а** *f.*, **—ный** *a.* (weaving) heald, heddle, harness, shaft, leaf.
ремингтон *m.* Remington typewriter; **—ит** *m.* (min.) remingtonite.
реми/ссия *f.* remission; **—тировать** *v.* remit; **—тирующий** *a.* remittent.
ремн/е— *prefix* belt, strap, band; **—енадеватель, —еотводчик** *m.* belt shifter, shifting fork; **—ец** *m.* Ligula (tapeworm); **—ецветник** *m.* (bot.) Loranthus; **—и** *pl. of* **ремень**.
ремонт *m.* repair(s), repair work, reconditioning, overhaul; upkeep, maintenance, service; replacement (of stock); **р. и уход** care and maintenance; **в —е, при —е** under repair; **капитальный р.**

(major) overhaul; **текущий р.** maintenance.

ремонтантный *a.* (bot.) remontant, everblooming, everbearing.

ремонтина *f.* (min.) temporary support.

ремонтиров/ание *n.* repairing, etc., *see v.*; repair; **—анный** *a.* repaired, etc., *see v.*; **—ать** *v.* repair, recondition, service, maintain, overhaul; recap (tires); replace (stock); **—ка** *see* **ремонтирование**.

ремонтно-техническая станция service and supply center; **—ый** *a. of* **ремонт**; **—ый пункт** service station; **—ый слесарь** repairman, mechanic; **—ый цех** repair shop; **—ое хозяйство** maintenance.

ремонто/пригодность, —способность *f.* maintainability; accessibility (for repair).

реморкер *m.* (hauling) truck.

рему *n.* remou (local atmospheric disturbances).

ренания-фосфат *m.* Rhenania-phosphate (sodium-calcium or potassium-calcium phosphate).

ренардит *m.* (min.) renardite.

рендзина *f.* rendzina (group of soils).

Рене(я) никель Raney nickel.

рениев/ый *a.* rhenium. **р. ангидрид** rhenium heptoxide; **—ая кислота** rhenic acid; **соль —ой кислоты, —окислая соль** rhenate.

рен/ий *m.* rhenium, Re; **двуокись —ия** rhenium dioxide; **хлористый р.** rhenium chloride.

ренин *m.* renin (kidney enzyme).

ренит *m.* (min.) rhoenite.

Ренкина *see* **Ранкина**.

ренклод *m.* greengage (plum).

ренн/аза *f.*, **—ин** *m.* rennin, rennase.

ренод *m.* renode valve.

реноме *n.* fame, reputation, name.

ренормализационный *f.* renormalization.

рента *f.* rent; annuity.

рентабельн/о *adv.* profitably; **—ость** *f.* profitableness, earning capacity; **—ый** *a.* profitable, commercial, economical.

рентген *m.* roentgen (unit of X-ray radiation); **р. в ткани** tissue roentgen.

Рентгена лучи Roentgen rays, X-rays.

рентгенгониометр *m.* X-ray goniometer.

рентгениз/ация *f.* X-raying; **—ировать** *v.* X-ray; (med.) treat with X-rays.

рентген/-кубический сантиметр roentgens per cubic centimeter; **—метр** *m.* roentgen meter.

рентгено— *prefix* Roentgen, X-ray; **—вский, —вый** *a.* roentgen, X-ray; **—вский анализ** roentgen-ray analysis, X-ray (diffraction) analysis; **—вский снимок** roentgenogram, X-ray photograph; X-ray (diffraction) pattern; **—вские лучи** roentgen rays, X-rays; **подвергать действию —вских лучей** *v.* X-ray; **—грамма** *see* **рентгеновский снимок**.

рентгенограф *m.* roentgenograph, X-ray photograph; **—ический** *a.* roentgenographic, X-ray diffraction; X-ray (examination); **—ия** *f.* roentgenography, X-ray diffractometry, X-ray diffraction analysis.

рентгено/дефектоскопия *f.* X-ray flaw detection; **—диагностика** *f.* X-ray diagnosis; **—контрастный препарат** X-ray contrast medium.

рентгенолог *m.* X-ray technician; **—ический** *a.* roentgenologic, X-ray; **—ия** *f.* roentgenology.

рентгено/метр *m.* roentgenometer; **—скоп** *m.* roentgenoscope, fluoroscope; **—скопический** *a.* fluoroscopic; **—скопия** *f.* roentgenoscopy, radioscopy, X-ray examination; **—снимок** *m.* roentgenogram, X-ray photograph; **—спектральный** *a.* X-ray spectral; **—структурный** *a.* X-ray diffraction; X-ray (analysis); **—терапия** *f.* X-ray therapy; **—техник** *m.* X-ray technician; **—техника** *f.* X-ray technology.

рентген-эквивалент *m.* roentgen equivalent; **биологический р.** roentgen equivalent, man (rem); **физический р.** roentgen equivalent, physical (rep).

Реньо (chem.; phys.) Regnault.

рео— *prefix* rheo— (current; flow); **—база** *f.* (physiol.) rheobase; **—вискозиметр** *m.* rheoviscosimeter.

реодорант *m.* (rubber) reodorant.

рео/дубильная кислота rheotannic acid, rhubarb tannin; **—желоб, —лавер** *m.* (min.) rheolaveur, launder washer; **—логия** *f.* rheology; **—метр** *m.* rheometer, flowmeter; **—мойка** *see* **реожелоб**.

реомюр *m.* Réaumur thermometer.

реорганиз/ационный *a.* reorganization(al); **—ация** *f.* reorganization; **—ов(ыв)ать** *v.* reorganize.

рео/скоп *m.* (elec.) rheoscope, current detector; **—сплав** *m.* high-resistivity alloy; **—стан** *m.* rheostan (alloy).

реостат *m.* (elec.) rheostat; **р. возбуждения field** rheostat; **—но-емкостный** *a.* resistance-capacitance; **—ный** *a.* rheostat(ic); resistance (amplifier, transducer); resistor (coupling).

рео/стрикция *f.* (elec.) rheostriction, pinch effect; **—тан** *m.* rheotan (alloy); **—том** *m.* (elec.) rheotome (current breaker); **—тропный** *a.* (biol.) rheotropic; **—хорд** *m.*, **—хорда** *f.* rheochord, slide wire; **—хризин** *m.* rheochrysin.

репа *f.* turnip.

репей/(ник) *m.* (bot.) bur, spec. burdock;

—ница *f.* (ent.) painted lady; —ничек *m.* (bot.) Agrimonia; —ный *a.* of репей.
репеллент *m.* repellent.
репер *m.* reference point; (surv.) datum mark, datum (point), bench mark; —ный *a.* reference(-point); datum; bench (mark); calibration (curve); —ная точка reference point.
реперфоратор *m.* reperforator.
репет/ировать *v.* rehearse; tutor, coach; —итор *m.* tutor, coach; self-teaching unit; —иторство *n.* tutoring, coaching; —иторствовать *v.* tutor, coach; —ичный *a.* (naut.) signal-repeating; —овать *v.* repeat signals.
репешок see репейничек.
репитер *m.* repeater.
репка *f.* carline thistle (*Carlina vulgaris*).
репленишер *m.* replenisher.
реплика *f.* reply, retort, remark; (micros.) replica.
реп/ница *f.* cabbage butterfly; —ный, —овый *a.* of репа; rape (seed).
репорт/аж *m.* reporting; —ер *m.* reporter, representative of the press.
Реппе синтез Reppe synthesis.
репперит *m.* (min.) roepperite.
репрезент/ант *m.*, —ативный *a.* representative; —ация *f.* representation.
репрессия *f.* repression.
репро/графия *f.* reproduction methods; —дуктивный *a.* reproductive; —дуктор *m.* reproducer; (comp.) reproducing punch, reperforator; (rad.) loudspeaker; —дукционный *a.* reproduction; reproducing (punch); —дукция *f.* reproduction; reproduced copy; —дуцент *m.* reproducer; —дуцирование *n.* reproduction, duplication, copying; —дуцированный *a.* reproduced, etc., see *v.*; —дуцировать *v.* reproduce, duplicate, copy.
репс *m.* (text.) repp; (bot.) rape; —овый *a.* of репс; rapeseed.
рептилия *f.* (zool.) reptile.
репульпатор *m.* (flotation) repulper.
репульсионный *a.* repulsion.
репутация *f.* reputation, name.
репчатый *a.* turnip-like.
Рерига трубка Röhrig tube.
ресивер *m.* receiver.
реконтро *n.* (com.) ledger.
Реслера процесс (met.) Roesler process.
ресмус see рейсмус.
ресни/тчатый *a.* (biol.) ciliate; (anat.) ciliary; —ца *f.* eyelash, cilium; —чато- *prefix* ciliate, fringe; —чка *f.* (biol.) cilium; —чки *pl.* cilia; —чные *pl.* (zool.) Ciliata; —чный *a.* eyelash, ciliary; (biol.) ciliate; —чные инфузории Ciliata; —чные черви (zool.) Turbellaria.
ресорб/ированный *a.* re(ab)sorbed; —ировать *v.* re(ab)sorb; —ция *f.* re(ab)sorption.
респир/атор *m.* respirator, inhaler, mouthpiece; —аторный, —ационный *a.* respiratory; —ация *f.* respiration; —ометр *m.* respirometer.
республика *f.* republic, commonwealth.
Ресселл (astr.) Russell.
рессор/а *f.* spring, spec. leaf spring; —но-пружинный *a.* strip and coil spring (steel); —ный *a.* spring; sprung.
реставр/ация *f.*, —ирование *n.* restoration, renovation; repair; —ированный *a.* restored, etc., see *v.*; —ировать *v.* restore, renovate, repair, mend.
рестант *m.* residue, remainder.
реституция *f.* (biol.) restitution, regeneration.
ресторан *m.*, —ный *a.* restaurant.
ресургентный *a.* resurgent.
ресурс *m.* resource; (mach.) life(time), operating life, service; life; —ы *pl.* resources, reserve.
ретен *m.* retene, methylisopropylphenanthrene.
ретзерфордин *m.* (min.) rutherfordine.
ретикул/ин *m.* reticulin; —иновый, —ярный *a.* reticular, net-like; —о-эндотелиальный *a.* reticuloendothelial.
ретин/а *f.* (anat.) retina; —алит *m.* (min.) retinalite; —аль *m.* retinene, vitamin A aldehyde; —альный *a.* (anat.) retinal; —ит *m.* (min.) retinite; (med.) retinitis; —ол *m.* retinol, rosin oil; retinol, vitamin A.
ретиров/аться *v.* retreat, retire, withdraw; —ка *f.* withdrawal.
ретовина *f.* rot.
реторт/а *f.*, —ный *a.* retort; (met.) converter; boiler; —ообразный *a.* retort-shaped; converter-shaped.
ретранс/лировать *v.* retransmit, relay, rebroadcast, repeat; —лирующий *a.* retransmitting, etc., see *v.*; relay; —лятор *m.* retransmitter; —ляционный see ретранслирующий; —ляция *f.* retransmission, relaying, etc., see *v.*; —миттер *m.* retransmitter.
ретро— *prefix* retro— (back, backward; behind; retrograde); —активность *f.* retroaction; retroactivity; —активный *a.* retroactive; —вакцина *f.* (med.) retrovaccine; —градация, —градность *f.* retrogradation; —градный *a.* retrograde; —грессивный *a.* retrogressive.
ретронецин *m.* retronecine; —овая кислота retronecinic acid.
ретроспек/тивный *a.* retrospective; —ция *f.* retrospection.
ретрофлексия *f.* retroflexion.
ретуш/ирование *n.*, —ь *f.* retouching; —ировать *v.* retouch.

реумэмодин *m.* rheum-emodin.
реутилизация *f.* re-using.
реф. *abbr.* (**реферат**) abstract.
рефер/ат *m.*, **—ат(ив)ный** *a.* abstract; reference; paper, report; **—ативный обзор** abstract, review; **—ент** *m.* reader, reviewer; **—енция** *f.* reference; **—енц-эллипсоид** *m.* (geod.) reference ellipsoid; **—ирование** *n.* abstracting, etc., *see v.*; **—ировать** *v.* abstract; read, review; referee.
рефлек/с *m.* reflex; **—сивный** *see* **рефлективный**; **—сия** *f.* reflection; reflex action; **—сный** *a.* reflex; reflected (code); **—тивный** *a.* reflective; reflex; **—тировать** *v.* reflex, reflect; **—тирующий** *a.* reflexing, reflecting; **—тометр** *m.* reflectometer; **—тор** *m.* reflector, mirror; reflecting telescope; reflector heating lamp; reverberator; (med.) speculum; **—торный** *a.* reflector; reflex.
рефлюкс *m.* (fractional distillation) reflux, bottoms.
рефокусировать *v.* refocus.
реформ/а *f.*, **—ировать** *v.* reform.
рефракс *m.* refrax (refractory material).
рефракт/ометр *m.* (light) refractometer; **—ометрическая разница** refractivity intercept; **—ометрия** *f.* refractometry; **—ор** *m.* refractor; **—орный** *a.* refractor; refracting.
рефракци/онный *a.*, **—я** *f.* refraction.
рефрижер/атор *m.*, **—аторный** *a.* refrigerator (car, ship, or truck); cooler; **—ация** *f.* refrigeration.
рефул/ер *m.* hydraulic dredge; **—ирование** *n.* deposition, aggradation.
рецбаниит *see* **резбаниит**.
рецензент/ент *m.* critic, reviewer; **—ировать** *v.*, **—ия** *f.* review.
рецеп/т *m.* prescription; recipe, mix, formula(tion); **—тар** *m.* prescription clerk; **—тивный** *a.* receptive; **—тированный** *a.* formulated, etc., *see v.*; **—тировать** *v.* formulate, mix, compound; **—тный** *a.* of **рецепт**; **—тор** *m.* (anat.) receptor; **—тура** *f.*, **—турный** *a.* prescription (filling); formula; compounding; **—туростроение** *n.* compounding; **—турщик** *m.* compounder; **—ция** *f.* reception.
рецессивный *a.* (biol.) recessive.
рецидив *m.* relapse, setback.
реципиент *m.* recipient; receiver, reservoir, container.
реципрокный *a.* reciprocal.
рециркул/ировать *v.* recirculate, recycle, feed back; **—яционный** *a.* recirculating, recycling; recycle (valve); **—яция** *f.* recirculation, recycling.
речевой *a.* speech; vocal.
реч/ка *f.* river; **—ник** *m.* river gravel; river transport worker; **—никоватый песок** gold-bearing pebbly sand; **—ной** *a.* river(ine), fluvial; bank (sand).
реч/ь *f.* speech, address; **о котором идет р.** referred to; **о чем р.?** what is the question? **органы —и** vocal organs.
реш/ать *v.* decide, determine, settle, fix; resolve, make up one's mind; solve, work out; compute; **—аться** *v.* decide, determine, resolve, make up one's mind; be determined; **—ающий** *a.* deciding, etc., *see v.*; decisive, crucial; marginal; operational (amplifier); (comp.) decision (element); arbitration (analysis); **—ающий фактор** determinant; **—ающий элемент** function generator; **—ающее устройство** resolver; computer; **—ение** *n.* decision, determination, resolution; derivation, working (out), solution (of problem); answer; **—енный** *a.* decided, etc., *see v.*
реш/ина *f.* lath; **—ить** *v.* nail on laths; perforate, riddle; screen, sift.
решетк/а *f.* lattice, grating; grate, grill, grid; framework; checker, (brick) checkerwork; (girder) web; (optical) array; louver(s); adapting ring (of torpedo tube); fencing; **постоянная —и** (cryst.) lattice constant; **—ообразный** *a.* lattice (-like).
решет/ник *m.* lathing; **—ный** *a.*, **—о** *n.* screen, sieve; **—очный** *a.* screen; network.
решетчат/ый *a.* grate, grill, grid; screen; meshed; latticed, lattice(-like); cribriform, sieve-like; ethmoid (bone); (bot.) clathrate; **р. барабан** revolving screen; **р. колосник** grid (bar); **р. люк** grating; **—ая балка** lattice beam; **—ая жесть** perforated sheet; **—ая конструкция** latticework, lattice girder construction; framework; **—ая пластина** (elec.) grid plate; **—ая система** framework; **—ая структура** lattice structure, mesh structure; **—ая ферма** lattice girder.
решимость *f.* resoluteness, resolution.
решительн/о *adv.* resolutely, determinedly, absolutely; **—ость** *f.* resolution, determination, decision, decisiveness, firmness; **—ый** *a.* resolute, determined, decisive, resolved; categorical; deciding, crucial; drastic (measures).
решить *see* **решать**.
решофер *m.* reheater.
рештак *m.* (min.) chute, trough.
реэкстра/гирование *n.*, **—кция** *f.* re-extraction; **—гировать** *v.* re-extract.
реющий *a.* soaring, etc., *see* **реять**.
рея *f.* (astr.) Rhea.
рея/ние *n.* soaring, etc., *see v.*; **—ть** *v.* soar, hover; rush, gush, flow.
ржав/еть *v.* rust, corrode; **—еющий** *a.*

ржавчина rusting, corroding, rusty; corrodible; —ление n. rusting, corrosion; —ленный a. rusted, corroded; —окрасный a. rust(y)-red; —осерый a. grey ferruginous (soil); —ость f. rustiness.
ржавчин/а f. rust, corrosion; (phyt.) rust; —ники pl., —ные (грибы) rust fungi; —оустойчивый a. rust-resistant.
ржавый a. rusty, rusted, corroded.
рж/аной a. rye; —и gen. of рожь.
Р.З. abbr. (редкие земли) rare earths.
риас m., —овый a. (geol.) ria.
рибекит m. (min.) riebeckite.
рибоз/а f. ribose; —офосфат m. ribose phosphate.
рибойлер m. reboiler.
рибо/новая кислота ribonic acid; —нуклеаза f. ribonuclease; —нуклеиновая кислота ribonucleic acid, RNA; —флавин m. riboflavin; vitamin B_2.
рибулозофосфат m. ribulose phosphate.
риванол m. Rivanol, ethodin.
ривотит m. (min.) rivotite.
Ривса процесс Reeves process.
рига f. threshing barn.
ригель m. cross bar, collar beam; hasp, clasp, cleat; —ный a. of ригель; mortise (chisel).
Риги диполь Righi doublet.
ригидность f. rigidity.
риголен m. (petrol.) rhigolene.
ригор/изм m., —истичность f. rigor.
ридберг m. rydberg (spectroscopic unit).
Ридберга постоянная (nucl.) Rydberg constant.
Риза процесс (met.) Reese river process.
ризо— prefix rhizo— (root); —ид m. (bot.) rhizoid; —карповая кислота rhizocarpic acid; —ктониоз m., —ктония f. (phyt.) rhizoctonia root and stem rot; —новая кислота rhizonic acid; —поды pl. (zool.) Rhizopoda; —сфера f. (soils) rhizosphere; —холевая кислота rhizocholic acid.
ризьюинг m. (min.) resuing.
риккардит m. (min.) rickardite.
риккетс/ии pl. Rickettsia (microorganisms); —иоз m. (med.) rickettsiosis.
рикошет m. ricochet, rebound(ing), bounce; делать р., —ировать v. ricochet, rebound; —ом on the rebound; —ный a. rebounding.
рилинг-машина f. (text.) reeling machine.
Рим Rome.
рима f. tenter, stretcher.
риманов/ой, —ский a. (math.) Riemann(ian).
римоцидин m. rimocidin.
римский a. Roman.
рин— see рино—; —антин m. rhinanthin; —ит m. (med.) rhinitis.
ринкит m. (min.) rinkite.

ринманов зеленый Rinmann's green.
риннеит m. (min.) rinneite.
рино— prefix rhin(o)— (nose); —логия f. (med.) rhinology; —пластика f. rhinoplasty; —склерома f. rhinoscleroma; —скоп m. rhinoscope.
ринх/(о)— prefix rhynch(o)— (snout, beak); —оспориоз m. (phyt.) Rhynchosporium leaf scald.
Рио-де-жанейро (geog.) Rio de Janeiro.
риолит m. (petr.) rhyolite; —овый a. rhyolite, rhyolitic.
риометр m. riometer.
рипидолит m. (min.) ripidolite.
риппер m. ripper.
рис m. rice.
рис. abbr. (рисунок) figure, illustration.
Рис (math.) Riesz.
рисайкл m. (petrol.) recycle stock; —инг m. recycling.
рисберма f. (hydr.) down(stream) apron.
риск m. risk, hazard.
риска f. graduation line, mark, notch, groove, scribe; (met.) sealing flange.
риск/нуть, —овать v. risk, hazard, venture; —ованность f. riskiness; —ованный a. risky, hazardous.
рислинг m. Riesling (grape or wine).
рисов/альный a. drawing; lettering (pen); —альщик m. draftsman; —ание n. drawing, designing; —ать v. draw, design; depict.
рисо/видка f. mountain rice (Oryzopsis); —водство n., —водческий a. rice growing; —вый a. rice; —завод m. rice mill.
рисок gen. pl. of риска.
рисорушка f. rice mill.
рисс m., —кое оледенение (geol.) Riss, Third Pleistocene glaciation.
ристо/мицин m. ristomycin (antibiotic); —цетин m. ristocetin.
рисун/ок m., —очный a. drawing, picture, illustration, figure, diagram, representation; cut; draft, sketch; design, pattern, markings.
ритизма f. (phyt.) tar spot.
ритм m., —ика f. rhythm; водитель —а (med.) pacemaker; —изованный, —ический a. rhythmic, smooth, even; —ично adv. rhythmically; —ичность f. rhythmicality, smoothness; —ичный a. rhythmic, smooth, even; —ограф m. rhythmograph.
ритрон m. retron (a gamma-ray spectrometer).
риттингерит m. (min.) rittingerite.
Ритца уравнение Ritz formula.
Риу-гранди (geog.) Rio Grande.
риф m. reef, ledge, shelf.
рифайнер m. (rubber) refiner.
рифейский a. (geol.) Riphean.

рифельная сталь cutting steel.
рифл/евать v. channel, groove, rib, flute; corrugate, crimp; knurl, mill (nut); —ение n. channeling, etc., see v.; —еный a. channeled, etc., see v.; riffled; checkered; diamond-tread (tire); —ить see рифлевать; —уар m. riffle file, riffler; —я f. riffle, groove, flute; —и pl. fluting.
рифо/вый a. reef; —генный a. (geol.) of reef origin; —образующий a. reef-building.
риформинг m. (petrol.) reforming.
рифт m. groove.
рифтали pl. reeftackle.
рифтовать see рифлевать.
Рихтера закон Richter's law.
рихтерит m. (min.) richterite.
рихтов/альный see рихтовочный; р. станок straightener; —альная линейка straightedge, ruler; —ать v. straighten, true, level, adjust; dress; —ка f., —очный a. straightening, etc., see v.; set, flatter (hammer).
рицин m. ricin; —ат m. ricin(ole)ate; —ин m. ricinine; —иновая кислота ricininic acid; —овокислый a. ricinic acid; ricinate (of); —овый a. ricin; ricinic (acid); castor (oil).
рицинолев/ая кислота ricin(ole)ic acid; соль —ой кислоты, —окислая соль ricin(ole)ate; —окислый a. ricin(ole)ic acid; ricin(ole)ate (of); —онатриевая соль sodium ricinoleate.
рицино/леин m. ricinolein, glyceryl ricinoleate; —л(еин)овая кислота see рицинолевая кислота; —стеароловая кислота ricinostearolic acid.
рицинус m. (bot.) castor plant (*Ricinus*); семена —а castor oil beans.
рицинэлаидин m. ricinelaidin; —овая кислота ricinelaidic acid.
рицовка f. scored line.
Рича теорема Reech's theorem.
ричардсоновый a. Richardson.
ричмондский a. (geol.) Richmond(ian).
Рише газ (wood distillation) Riché gas.
ришеллит m. (min.) richellite.
ришта f. parasitic worm (*Filaria medinensis*); (med.) dracunculosis.
РИЯИ abbr. (радиоактивные изотопы и ядерные излучения) radioactive isotopes and nuclear radiations.
РкД abbr. (ракетный двигатель) rocket engine; РКД abbr. (реле контроля давления) pressure control relay; (рентгеновская дифракционная камера) X-ray diffraction chamber.
рлк abbr. (радлюкс) radlux.
РЛС abbr. (радиолокационная станция) radar station.
р-н abbr. (район) area, region.

РНК abbr. (рибонуклеиновая кислота) ribonucleic acid; РНК-аза abbr. (рибонуклеаза) ribonuclease.
РНП abbr. (регулируемо-направленный прием) controlled-direction pickup; (радионавигационный пункт) radio navigation point; (рибонуклеопротеид) ribonucleoprotein.
PHP abbr. Rumanian People's Republic.
роба f. work clothes.
робин m. robin; —ин m. robinin; —оза f. robinose.
роблингит m. (min.) roeblingite.
робот m. robot, automatic device.
робурит m. (expl.) roburite.
ров m. ditch, pit, trench.
ровен sh. m. of ровный.
ровик dim. of ров; pit, trench.
ровит m. (min.) rauvite.
ровнитель see равнитель.
ровни/ца f., —чный a. (text.) roving; —чная (тазоперегонная) машина, —чнотростильная машина roving frame.
ровно adv. just, exactly, equally; smoothly, steadily, uniformly.
ровн/ость f. equality; uniformity; evenness, flatness, smoothness; —ый a. equal; uniform, steady; even, flat, level, plane; exact (weight); —я m. and f. equal; —ять see равнять.
рог m. horn; beak (of anvil); (anchor) arm; обугленный p. horn charcoal.
рогатик m. (bot.) Clavaria.
рогатка f. barrier, road block, obstacle; (mil.) knife rest; slingshot.
рогатый a. horned; р. скот cattle.
рогач m. stag beetle; (bot.) Ceratocarpus; р.-олень m. stag beetle.
роговидный a. horn(-shaped), corniculate, cornute; р. выступ horn.
роговик m., —овая порода (petr.) hornfels; —овый a. horny, corneous; hornfels; chert(y).
рогови/на f. horn; —ца f. (anat.) cornea.
рогов/ой a. horn(y), corneous; chert (gravel); р. камень (petr.) hornstone, chert; р. каучук ebonite, hard rubber; р. свинец (min.) horn lead, lead chloride; —ая мука horn meal; —ая обманка (min.) hornblende; —ая оболочка (anat.) cornea; —ая ткань (anat.) horny tissue; —ое вещество keratin; —ое серебро (min.) horn silver, cerargyrite.
роговообманков/ый a. (min.) hornblende; —ая порода (petr.) hornblendite.
рогож/ин)а f., —ный a. mat(ting); —ка dim. of рогожа; coarse cloth.
рогоз m. (bot.) cat-tail (*Typha*).
роголистник m. (bot.) Ceratophyllum.
рого/образный a. horn-shaped, horn-type;

рогулька horny; (bot.) corniform; valley (iceberg); —хвосты pl. (ent.) horntails (Siricidae).
рогул/ька, —я f. fork, splitting; slingshot; (text.) flyer.
род m. family, origin, race, species, stock, descent; generation; (biol.) genus; variety, sort, type, kind, nature; suffix (chem.) —gen; р. действия method of operation; type of action; в некотором —е in some way; всякого —а of all kinds, of every description; второго —а secondary (recrystallization); что-то в этом —е something to that effect.
род— prefix rhod— (rose red).
Рода реакция (proteins) Rhode test.
род/аллин m. rhodalline, allyl sulfocarbamide; —амин m. rhodamine, 4-keto-2-thiothiazolidine.
родаммоний m. rhodammonium.
родан m. thiocyanogen; —ат, —ид m. thiocyanate.
роданизирование n. (met.) rhodanizing, rhodium plating.
роданин m., —овая кислота rhodanine, rhodanic acid.
родан/ирование n. thiocyanation; —ировать v. thiocyanate; —истоводородный a. thiocyanic (acid).
роданист/ый a. thiocyanate, sulfocyanate (of); thiocyanic (acid); р. аммоний ammonium thiocyanate; —ая соль thiocyanate; —ое железо ferrous thiocyanate; —ое соединение thiocyanogen compound.
роданкалий m. potassium thiocyanate.
родано— prefix thiocyano—.
родановодород m., —ная кислота thiocyanic acid; соль —ной кислоты thiocyanate; —ный a. thiocyanate (of).
роданов/ый a. thiocyanate, sulfocyanate (of); thiocyanic (acid); —ая ртуть mercuric thiocyanate; —ое железо ferric thiocyanate; —ое число thiocyanogen value.
роданометрия f. thiocyanometry.
родацен m. rhodacene.
Родезия Rhodesia.
роде/ит m. rhodeite, rhodeol; —оза f. rhodeose; —оретин m. rhodeoretin, convolvulin.
роджерсит m. (min.) rogersite.
родиев/ый a. rhodium; —ая чернь rhodium black (catalyst).
родиен m. rhodiene.
родизит m. (min.) rhodizite.
родизоновая кислота rhodizonic acid.
род/ий m. rhodium, Rh; закись —ия rhodium monoxide; окись —ия rhodium oxide; сернокислый р., сульфат —ия rhodium sulfate; хлористый р. rhodium dichloride; хлорный р. rhodium (tri)chloride.

родильный a. (med.) confinement, birth; puerperal (fever).
родим m. rhodime, 2-thiozolimine.
роди/мый a. native, natal; —мое пятно birthmark; —на f. native country.
родинал m. rhodinal, cintronellal; Rodinal, p-aminophenol.
родин/овая кислота rhodinic acid; —ол m. rhodinol, 2,6-dimethyloctene-2-ol.
родирование n. (met.) rhodium plating.
роди/стый a. rhodium; —стое золото, —т m. (min.) rhodium gold, rhodite.
родит/ель m. parent; —ельский a. parental; —ь see рождать.
родицит see родизит.
родич m. relative.
родник m., —овый a. spring, well (head).
род/ить v. bring together; make related, make similar; —ичок m. (anat.) fontanel(le); —ой a. native, natal; own; m. relative.
Р-однолистный a. (math.) R-univalent.
родн/ые pl. relatives; —ый a. suffix —genic; —я f. relatives, relations.
родо— prefix rhod(o)— (rose red); birth; —вибрен m. rhodovibrene, rhodopurpurin.
родовой a. ancestral, racial; generic (concept; name); birth, labor (pains).
родовспомога/тельный a. (med.) obstetric; —жение n. obstetric care.
рододендр/ин m. rhododendrin; —ол m. rhododendrol; —он m. (bot.) rhododendron.
родо/дубильная кислота rhodotannic acid; —ксантин m. rhodoxanthin, thujorhodin; —л m. rhodol, metol; —лит m. (min.) rhodolite.
родолия f. Australian lady beetle (Rodolia cardinalis).
родомицин m. rhodomycin.
родоначальн/ик m. ancestor, forefather; —ый a. ancestral; parental.
родо/нит m. (min.) rhodonite, manganese spar; —псин m. rhodopsin, visual purple; —пурпурин m. rhodopurpurin, rhodovibrene.
родоразрешение n. (med.) delivery.
Родос see Родс.
родослов/ие n., —ная f. genealogy, pedigree; —ный a. genealogical.
родосское дерево see розовое дерево.
родо/тилит m. (min.) rhodotilite; —филлит m. rhodophyllite; —хрозит m. rhodochrosite.
Родс (geog.) Rhodes.
родств/енник m. relative, kinsman; —енность f. relation; —енный a. related, relative, akin (to), allied; —енный материал (geol.) cognate; —енное разведение inbreeding; —о n. relation(ship), kinship, propinquity; affinity, alliance;

(petr.) consanguinity; parentage; в —е related.

родузит *m.* (min.) rhodusite.

родулин *m.* rhoduline (aniline dye).

роды *pl.* childbirth, confinement; (biol.) genera.

рое/вой *a. of* рой; —ние *n.* swarming.

роет *pr. 3 sing. of* рыть.

рожа *f.* (med.) erysipelas.

рож/авшая *a.* parous; —ать *see* рождать.

рожд/аемость *f.* birth rate; breeding, propagation; —ать *v.* bear, give birth, bring forth; —аться *v.* be born; originate, rise (from); breed; —ающийся *a.* being born; nascent.

рожден/ие *n.* birth; delivery; production; origination; до —ия prenatal; место —ия birthplace; статистика —ий vital statistics; —ный *a.* born; originated.

рожек *gen. pl. of* рожок.

рожист/ый *a.* (med.) erysipel(at)ous; —ое воспаление erysipelas.

рожк/и *pl. of* рожок; —овый *a. of* рожок; horn-type, pronged; —овое дерево carob tree (*Ceratonia siliqua*).

рож/ок *m.* little horn; (gas) burner, jet; catch, prong; horn, siren; socket (of lamp); —ки, маточные —ки, черные —ки (phyt.) ergot; сахарный р., сладкий р. *see* рожковое дерево.

рожь *f.* rye.

роз— *see* раз—.

роза *f.* rose; rosette; р. ветров (meteor.) wind rose.

Роза процесс *see* Розе процесс.

роза/гинин *m.* rosaginin; —зит *m.* (min.) rosasite; —нилин *m.* rosaniline; —риум *m.* rosary, rose garden.

розвальни *pl.* low, wide sleigh.

розвязь *f.* (agr.) unbound grain.

розга *f.* rod; золотая р. *see* золотарник.

Розе процесс (met.) Rose process; Р. сплав Rose('s) metal (alloy).

роз/еин *m.* rosein; —елит *m.* (min.) roselite; —енбушит *m.* rosenbuschite.

Розен/стила зелень Rosensthiel's green, barium manganate; —штейна способ Rosenstein process.

розеола *f.* (med.) roseola (rash).

розеомицин *m.* roseomycin.

розет/ировать *v.* make into rosettes; —ка *f.* rosette; (elec.) socket, receptacle; —ный *a.* rosette; —очность *f.*, —очная болезнь (phyt.) rosette; —очный *a.* rosette.

розжиг *m.* kindling, firing.

розин/дон *m.* rosindone, rosindulone; —дулин *m.* rosinduline (aniline dye); —ол *m.* rosinol, retinol.

розит *m.* (min.) rosite.

розлив *m.* pouring; bottling.

розмарин *m.*, —овый *a.* rosemary.

розни/ца: продавать в —цу *v.*, —чный *a.* retail.

розн/ый *a.* odd, unmatched, incomplete; —ь *f.* difference, diversity.

рознял *past m. sing. of* разнять.

розов процесс *see* Розе процесс.

розо/ватый *a.* rose-tinted, pinkish; —веть *v.* turn rose-colored; —видный *a.* (bot.) rose-like, rosaceous; —во— *prefix* rose; —вокрасный *a.* rose-red; —вый *a.* rose(-colored); —вое дерево rosewood; —вое масло rose oil, attar of roses; —ловая кислота rosolic acid, corallin; —цианин *m.* rosocyanin.

розыск *m.*, —ной *a.* research, inquiry.

роиться *v.* swarm.

рой *m.* cluster; swarm (of bees); р. ионов ion cluster; —ба *f.* swarming.

ройер(-машина) *m.* (foundry) royer (loam- and sand-preparing machine).

рокад/а *f.* (mil.) border roads; —ный *a.* belt, lateral, border (road).

рокамболь *m.* (bot.) rocambole (*Allium scorodoprasum*).

Роквелл: твердость по —у (met.) Rockwell hardness.

рок(к)ер *m.* (min.) rocker, cradle.

рокфор *m.* Roquefort cheese.

рол *m.* roll (of paper, etc.); roller, cylinder, shaft; *see* ролл; —евой *a. of* рол; reel-fed; web (press).

роли *gen., pl. etc., of* роль.

ролик *m.* roller, caster; roll; pulley, sheave; (elec.) porcelain insulator; ведущий р., направляющий р. guide roller, idler.

ролико/вый *a. of* ролик; roller (bearing); roll (feed, etc.); roller-hearth (furnace); seam, contact-roller (welding); —гибочный *a.* shaping, forming (mill); —подпятник *m.* roller thrust bearing; —подшипник *m.* roller bearing; —стыковой *a.* butt seam (welding).

ролл *m.* (paper) hollander, beater.

роль *f.* role, part, function; roll (of paper, etc.); играть р. *v.* act (as), serve (as); играть важную р. *v.* play an important part, be vital (to).

рольганг *m.* roller conveyer, roll train; table (of rolling mill); приводной р., рабочий р. live roller(s).

рольн/ая *f.* (paper) hollander section; —ый *a. of* рол(л); roll(ed); sheet (metal).

ром *m.* rum.

роман/ский *a.* Roman; р. цемент, -цемент *m.* Roman cement.

ромаш/ка *f.*, —ковый *a.* daisy, spec. Matricaria; аптечная р., лекарственная р. German camomile (*M. chamomilla*); —ник *m.* pyrethrum.

ромб *m.* (geom.) rhomb(us); diamond, lozenge; (ichth.) turbot, brill; —ен-

порфир *m.* (petr.) rhomb porphyry; —ический *a.* rhombic.
ромбо— *prefix* rhomb(o)—; —видный *a.* rhomboid, rhombiform; diamond (-shaped), double-wedge; —вый *a.* rhombus, rhombic; —вая призма rhombohedron; —гемиморфный *a.* (cryst.) rhombohemimorphous; —двупирамидальный *a.* (cryst.) rhombobipyramidal; —ид *m.* (geom.) rhomboid; —идальный *a.* rhomboid(al); —клаз *m.* (min.) rhomboclase; —образный *see* ромбовидный.
ромбоэдр *m.* (cryst.) rhombohedron; —ический *a.* rhombohedral.
ромеит *m.* (min.) romeite.
рометалл *m.* Rhometal (alloy).
ромовый *a.* rum.
ромштекс *m.* (food) rump steak.
Рона Rhone (river).
ронгалит *m.*, —овый *a.* rongalite (formaldehyde sodium sulfoxylate).
ронжа *f.* cross beam, tie beam.
ронить *see* ронять.
ронский *a.* Rhone (river).
ронять *v.* drop, lose, shed (leaves, etc.); fell (trees); discredit, run down.
ропак *m.* block of sea ice on ice surface.
ропакский *a.* (geol.) Rauracian, Sequanian.
рос *past m. sing. of* расти.
рос— *see* роз—.
рос/а *f.* dew; (phyt.) mildew; ложная мучнистая р. downy mildew; точка —ы dew point; —ение *n.* dew-retting (of flax); —инка *f.* dewdrop; —истый *a.* dewy.
росичка *f.* crabgrass (*Digitaria*).
росколит *m.* (min.) roscoelite.
роскошный *a.* luxurious, splendid; luxuriant (foliage); de luxe (edition).
роскоэлит *see* росколит.
росли *past. pl of* расти.
рослый *a.* full-grown, tall; р. слиток (foundry) rising ingot.
росн/оладанная кислота benzoic acid; —ый ладан gum benzoin.
росома/ха *f.*, —ший *a.* (zool.) wolverine.
росомер *m.* (meteor.) drosometer.
роспашь *f.* plowed land, clearing.
роспись *f.* painting; catalog, list.
росплывь *f.* loose drifting (of logs); scattering.
роспуск *m.* breaking up; dismissal; unraveling; unreeling; —и *pl.* log trailer.
росс/биграмма *f.* (meteor.) Rossby diagram; —еландовый *a.* Rosseland (mean).
Росси кривая Rossi curve.
российский *see* русский.
Россия Russia.
россомаха *see* росомаха.
россып/ный *a.* (geol.) placer, alluvial; —ь *f.* scattering, spreading; pouring; (com.)

loss of weight; (geol.) placer (deposit), alluvial deposit; (rock) detritus; золотоносная —ь auriferous gravel; —ью *adv.* loose, in bulk; placer (deposit).
рост *m.* height, size, stature; build-up, increase, growth, development; germination; —ом in height; во весь р. full length; давать р. *v.* germinate; кривая —а growth curve; остановить р. *v.* stunt (growth).
ростбиф *m.* (foods) roast beef.
ростверк *m.* grating, grill(age); foundation mat; р. на сваях pilework.
ростепель *f.*, —ный *a.* thaw.
рост/ец *m.* (bot.) thallus; —ковый *a.* of росток; germinative; —овой *a.* growth; —овое вещество growth stimulant; —ок *m.* seedling; sprout, shoot; пускать —ки *v.* germinate, sprout; —омер *m.* auxanometer.
росторнит *m.* (min.) rosthornite.
ростоустойчив/ость *f.* resistance to growth; (cast iron graphitization) volumetric stability; —ый *a.* resistant to growth; volumetrically stable.
росчин *m.* leaven.
росчисть *f.* (agr.) clearing.
росший *past act. part. of* расти.
рос/ы *gen., pl., etc., of* роса; —яника *f.* dewberry; —янка *f.* (bot.) Drosera; —яной, —яный *a.* dew.
рот *m.* mouth, opening; полость рта oral cavity; через р. oral (administration).
РОТ *abbr.* (расцепитель обратного тока) reverse-current tripper; (реле обратного тока) reverse-current relay; (регулирующий орган температуры) temperature regulator.
рота *f.* company; (med.) erysipelas; р.-лаборатория *f.* laboratory company.
ротаметр *m.* rotameter, float-type flow meter.
ротанг *m.* (bot.) rattan (*Calamus*).
рота/принт *m.*, —принтный *a.* rotaprint; —ри *n.* rotary system; —тивный *a.* rotative, rotary; —тор *m.*, —торный *a.* rotator; rotary press; rotary stencil duplicator, mimeograph; —ционно-барабанный *a.* rotary-drum.
ротационн/ый *a.* rotation, rotary, rotating; —ая радиотерапия rotation therapy; —ая сушилка rotary dryer; —ое движение rotary motion, rotation.
ротация *f.* rotation; rotary (press).
ротенон *m.*, —овый *a.* rotenone.
ротик *dim. of* рот; (zool.) osculum.
ротлерин *m.* rottlerin, kamalin.
ротный *a. of* рота.
рото— *prefix* mouth, stomato—.
ротовая кислота rothic acid.
ротовой *a.* mouth, oral, stomatous, stomatic.

ротогравюра *f.* rotogravure.
ротограф *m.*, —ия *f.* (phot.) rotograph.
ротоногие *pl.* (zool.) Stomatopoda.
ротор *m.* rotor; (centrifuge) basket; р.-маховик *m.* flywheel rotor; —ный *a.* ~тог; rotary.
ротоскоп *m.* rotoscope.
рототерапия *f.* (med.) rotation therapy.
роттизит *m.* (min.) rottisite.
—ротый *a. suffix* —stomous, -mouthed.
Роуланда значение (opt.) Rowland's value.
роцелл/овая кислота roccellic acid; —ин *m.* roccelin, orseillin.
рошеллева соль Rochelle salt, potassium sodium tartrate.
рошерит *m.* (min.) roscherite.
Рошона призма Rochon prism.
рошпан *m.* (min.) cross brace.
роштейн *m.*, —овый *a.* (met.) raw matte, first matte.
роща *f.* grove, wood.
РОЭ *abbr.* (реакция оседания эритроцитов) erythrocyte sedimentation rate.
роющий *pr. act. part. of* рыть.
роя *gen. of* рой.
рояль *m.*, —ный *a.* piano.
Рп *abbr.* (репер) bench mark.
РПП *abbr.* (ртутно-преобразовательная подстанция) mercury-arc rectifier substation.
рр. *abbr.* (реки) rivers; (роды) species, kinds; р-р *abbr.* (размер) size; (раствор) solution.
р/сек *abbr.* (рентген в секунду) roentgen per second.
РСК *abbr.* (реакция связывания комплемента) complement fixation test.
РСМ *abbr.* (разбираемость, слышимость, качество модуляции) clarity, audibility, and quality of modulation.
РСФСР *abbr.* Russian Soviet Federated Socialist Republic.
РСХ *see* райсемхоз.
РСЭР *abbr.* (релейные системы экстремального регулирования) extremum relay systems.
рта *gen. of* рот.
РТМ *abbr.* (руководящие технические материалы) important technical materials.
ртов *gen. pl. of* рот.
РТП *abbr.* (радиотехническая промышленность) radiotechnical industry.
РТС *abbr.* (радиотехническая служба) radiotechnical service; (ремонтно-техническая станция) service and supply center.
рт. ст. *abbr.* (ртутный столб).
РТТ *abbr.* (ракета на твердом топливе) solid-fuel rocket; (регулятор температуры теплоносителя) temperature regulator of heat-transfer agent.

ртутист/о— *prefix* mercuro—, mercurous; —ый *a.* mercurous, mercury.
ртутник *m.* mercury-arc rectifier.
ртутно— *prefix* mercuri—, mercuric; —кварцевый *a.* mercury-quartz; —синеродоводородный *a.* mercuricyanic (acid).
ртутн/ый *a.* mercuric, mercury; (pharm.) mercurial; р. выпрямитель (elec.) mercury arc rectifier; р. столб(ик), —ая нить mercury column; —ая лампа (elec.) mercury (vapor) lamp; —ая соль mercuric salt.
ртут/ь *f.* mercury, Hg, quicksilver; азотнокислая закись —и mercurous nitrate; азотнокислая окись —и mercuric nitrate; азотнокислая р. mercury nitrate; амидисто-хлористая р., белая осадочная р., двухлористо-амидистая р. white precipitate, ammoniated mercury; двухлористая р. mercury bichloride; закись —и mercurous oxide; соль закиси —и mercurous salt; (желтая) иодистая р. mercurous iodide, yellow mercury iodide; иодная р. mercuric iodide; однохлористая р., полухлористая р. mercurous chloride; окись —и mercuric oxide; соль окиси —и mercuric salt; сернистая р. mercury sulfide; сернокислая закись —и mercurous sulfate; сернокислая окись —и mercuric sulfate; хлористая р. mercurous chloride; хлорная р. mercuric chloride, mercury bichloride.
ртуьорганический *a.* organomercuric.
рты *pl. of* рот.
РУ *abbr.* (радиоуправление) radio control; (рентгеновская установка) X-ray unit.
Руан (geog.) Rouen.
руб. *abbr.* (рублей) rubles.
рубазоновая кислота rubazonic acid.
рубанок *m.* plane (tool.)
рубатоксин *m.* rubatoxin.
руба/ха *f.*, —шечный *a.* shirt; —шка *f.* shirt; jacket, housing; casing, lining; в —шке rusty (gold); водяная —шка water jacket.
рубеано/водородная кислота, —вый водород rubeanic acid, rubean hydride.
рубеж *m.* border, boundary, limit, line, verge; за —ом abroad; —ная черта boundary line.
руб/еллит *m.* (min.) rubellite; —ен *m.* rubene; —ероид *m.*, —ероидный *a.* ruberoid, roofing material, roofing felt; —ефакция *f.* (med.) rubefaction.
рубец *m.* scar, seam; gash, notch, slash; hem; (biol., med.) cicatrix; (zool.) rumen, first stomach.
рубиа/новая кислота rubianic acid, ruberythric acid; —цин *m.* rubiacin (a madder dye).

рубидиевый *a.* rubidium.
рубид/ий *m.* rubidium, Rb; **окись** **—ия** rubidium oxide; **сернокислый р., сульфат —ия** rubidium sulfate.
руби/дин *m.* rubidine; **—ервин** *m.* rubijervine; **—ксантин** *m.* rubixanthin; **—линовая кислота** rubilic acid.
рубильн/ик *m.* cleaver, chopper; (elec.) knife switch, cut-out; **—ый** *a.* chopping; **—ая машина** chopper.
рубин *m.* rubin, fuchsin; (min.) ruby; **ruby glass; р.-балэ** balas ruby; **—ный, —овый** *a.* ruby; **—овая кислота** rubinic acid; **—овая обманка** (min.) ruby blende.
рубить *v.* chop, hack, chisel; cut, sever; hew, fell (trees); build, erect.
рубицен *m.* rubicene.
руб/ка *f.* chopping, etc., *see* **рубить**; cut, gash; (naut.) deck house, (pilot's) cabin, (operations) room; **боевая р.** conning tower; **—лен(н)ый** *a.* chopped, etc., *see* **рубить**; log (wall).
рубль *m.* ruble.
рубнуть *v.* chop, hack (at).
рубочный *a. of* **рубка**; conning tower.
рубракс *m.* Rubrax.
рубрен *m.* rubrene.
рубри/ка *f.* head(ing); column; entry; **типовая р.** subdivision; **—катор** *m.* list of classification headings; **—кация** *f.*, **—цирование** *n.* classification; system of headings; division into columns; **—цировать** *v.* classify; provide with headings; divide into columns.
рубро/глауцин *m.* rubroglaucine (pigment); **—н** *m.* rubrone (a rubber compound).
руб/ца *gen. of* **рубец**; **—цевание** *n.* scarring, cicatrization; **—цеватый** *a.* scarred, seamed, rough, grained; **—цеваться** *v.* cicatrize, scar, form scar tissue; **—цовый** *a.* scar, seam; gash, notch; **—цовая жила** (min.) gash, vein; **—чатый** *a.* seamed, ribbed, fluted; **—чик** *dim. of* **рубец**; (text.) rib.
рубэритриновая кислота *see* **рубиановая кислота**.
рубящий *a.* chopping, etc., *see* **рубить**; knife (switch).
руда *f.* (min.) ore.
рудбекия *f.* (bot.) rudbeckia.
рудеральный *a.* (bot.) ruderal.
рудимент *m.* rudiment; **—арный** *a.* rudimentary, vestigial.
рудисты *pl.* (geol.) Rudistes.
рудит *m.* (petr.) rudite, coarse sediments.
рудить *v.* (met.) ore down (open hearth).
рудник *m.*, **—овый** *a.* mine, pit.
руднич/ий *a.* mine, mining, miner's; **р. воздух, р. газ** firedamp, mine methane; **р. лес** timber, pit props; **—ые машины** mining equipment.
рудноугольный *a.* ore-carbon.

рудн/ый *a.* mining; ore; **р. двор** stockyard; **р. ларь** ore pocket; **р. столб** shoot (of ore); **р. шлам** ore slime; **—ая мелочь** smalls, slack, fines; **—ая проба** assay; **—ая промышленность, —ое дело** mining industry; **—ое ископаемое** metallic mineral.
рудо— *prefix* ore; **—воз** *m.* ore carrier, ore freighter; **—дробилка** *f.* (ore) crusher.
рудоискатель *m.* (min.) prospector; **—ный** *a.* prospecting; dowsing (rod).
рудо/катка *f.* rolls; **—коп** *m.* miner; **—мойка** *f.* ore washer; **—носный** *see* **рудосодержащий**.
рудообжиг/альщик *m.* (met.) roaster, calciner; **—ательная печь** roasting furnace, roaster, calciner.
рудо/отделительный *a.* ore-separating; **—подъемный** *a.* ore-lifting; **—проводящий** *a.* ore-bearing (channel).
рудопромыв/ательный, —очный *a.* ore-washing; **—очная машина** ore washer, specif. log washer.
рудоразбор/ка *f.*, **—(оч)ный** *a.* (min.) sorting, picking, screening.
рудораспределитель *m.* ore distributor; **—ный** *a.* ore-distributing.
рудо/содержащий *a.* ore-bearing, metalliferous; **—спуск** *m.* ore chute; **—управление** *n.* mine management; **—усреднительный** *a.* ore-neutralizing.
рудяк *m.*, **—овый горизонт** (geol.) hardpan.
руж/ейник *m.* gunsmith; **—ейный** *a.* gun, rifle; **—ейня** *f.* gunsmith's shop; **—ье** *n.* gun, rifle.
рук/а *f.* hand; arm; **держать в —ах** *v.* have in hand; **из вторых рук** secondhand; **из первых рук** first-hand; **махнуть —ой** *v.* overlook; **на скорую —у** in haste, offhand; **от —и** manually, by hand; freehand (sketch); **установка от —и** manual adjustment, hand adjustment; **под —ами, под —ой** at hand, handy; **сбыть с рук** *v.* rid oneself (of).
рукав *m.* hose, flexible pipe; sleeve, sheath; (filter) bag; (feed) chute; (tuyere) pipe; (swivel) arm; arm (of sea); branch (of river); **—ица** *f.* mitten; gauntlet; **—ный** *a. of* **рукав**.
рукавообразный *a.* sleeve-like, sleeve-shaped; (geol.) channel (deposit).
рукавчик *dim. of* **рукав**.
рюкзак *m.* backpack.
руковод, —итель *m.* guide, adviser, instructor, supervisor, manager; (flight) controller; **—ительство** *see* **руководство**; **—ительствовать** *see* **руководить**.
руководить *v.* guide, lead, conduct; instruct, direct; govern; supervise, manage, run, boss; **р. неправильно** mislead; **—ся** *v.* be guided, etc.; be influenced (by); follow (directions).

руководство *n.* guidance, lead(ership), direction, supervision, management; handbook, manual, guide; —вать *see* руководить.
руководящ/ий *a.* guiding, etc., *see* руководить; guide (line); reference, key; —ие ископаемые, —ие формы index fossils, guide fossils.
рукодельный *a.* handmade.
руко/крылые *pl.* (zool.) Chiroptera; —мойник *m.* hand basin; —ногие *pl.* Brachiopoda.
рукопис/ь *f.*, —ный *a.* manuscript.
рукоплескать *v.* applaud, clap.
рукоят/ка, —ь *f.* handle, shaft, haft, grip; knob; crank (handle); lever, arm; (anat.) manubrium; с —кой ansa(ted); —чик *m.* (min.) cager.
рулев/ой *a.* steering, rudder, helm; control; *m.* pilot, helmsman; р. винт (av.) tail rotor, auxiliary rotor; —ая машина control actuator, (autopilot) servo; —ое управление steering (system).
рул/ёжный *a.*, —ение *n.* steering, piloting, guiding; (av.) taxiing.
рулет *m.* roll; (meat) loaf, cutlet.
рулет/ка *f.*, —очный *a.* tape (measure); reel; —та *f.* (geom.) roulette, roll curve.
рулить *v.* steer, pilot, guide; (av.) taxi.
рулон *m.*, свёртывать в р. *v.* roll, coil; —ный *a.* roll (film, etc.); —ые кровли roofing materials.
руль *m.* rudder, helm, wheel, control; (bicycle) handle bar; (av.) control surface; (air) vane; р. высоты, р. глубины elevator; р. направления rudder; р. управления control surface.
РУМ *abbr.* (радиоуправляемый механизм) radio-controlled mechanism; (радиоуправляемая модель) radio-controlled model.
рум. *abbr.* (румынский) Rumanian.
румб *m.*, —овый *a.* bearing, point (of compass); rhumb (line).
румицин *m.* rumicin.
румкорфовый *a.* Ruhmkorff (coil).
румпель *m.* (naut.) tiller.
румпфит *m.* (min.) rumpfite.
румынский *a.* Rumanian.
Румыния Rumania.
румян/а *f.* rouge; —ец *m.* blush; erubescence, bloom (on fruit); —ить *v.* redden; —ка *f.* (bot.) viper's bugloss (*Echium*).
румяный *a.* rosy, ruddy.
Рунге серия Runge series.
рунду/к *m.*, —чный *a.* locker, bin.
рун/ец *m.* (ent.) sheep tick; —истый *a.* fleecy, —ный *a.*, —о *n.* fleece (ichth.) shoal.
рупельский *a.* (geol.) Rupelian.
рупор *m.* horn, funnel; (loud)speaker, megaphone; mouth(piece); —нолинзо-вый *a.* horn and lens (radiator); —ный *a. of* рупор; horn-type.
руппия *f.* (bot.) Ruppia.
рурский *a.* (geog.) Ruhr.
рус. *abbr.* (русский) Russian.
руса/к *m.*, —чий *a.* (zool.) hare.
русло *n.* (river) bed, channel, waterway, race; course, direction; (anat.) alveus; высохшее р. arroyo; —вой, —вый *a. of* русло; —вой двигатель water wheel; —вые процессы evolution of river bed; —очистительный *a.* channel-cleaning.
русский *a.* Russian.
руст, —ик *m.*, —ика *f.* (masonry) rustic, bossage; —овать *v.* face with rough stone, rusticate; —овка *f.* rustic masonry.
русый *a.* light brown.
рута *f.* (bot.) rue (Ruta).
Рута аккумулятор Ruth's accumulator.
рутаекарпин *m.* rutaecarpine.
рутен/ат *m.* ruthenate; —иевый *a.* ruthenium, ruthenic; —иевая кислота ruthenic acid; соль —иевой кислоты, —иевокислая соль ruthenate.
рутен/ий *m.* ruthenium, Ru; окись —ия ruthenium oxide; сернистый р., сульфид —ия ruthenium sulfide; хлорид —ия, хлористый р. ruthenium chloride.
рутен/истый *a.* ruthenium, ruthen(i)ous; —овый *see* рутениевый.
рутер *m.* rooter, road plow.
рут(з)ерфордин *m.* (min.) rutherfordite.
рутил *m.* (min.) rutile; игольчатый р. acicular rutile, maidenhair.
рутил/иден *m.* rutylidene, 1-hendecyne; —ин *m.* rutylin.
рутиловый *a.* (min.) rutile.
рутин *m.* rutin.
рутин/а *f.*, —ный *a.* routine.
рутиновая кислота rutinic acid.
руткод *m.* Russian universal telegraph code.
рут/ный, —овый *a.* (bot.) rue; rutic (acid); —онал *m.* rutonal, methylphenylbarbituric acid.
Рутса вентилятор Roots blower.
рутьер *see* рутер.
Руферта никель Rufert nickel.
руфи/ановая кислота rufianic acid, quinizarinsulfonic acid; —галловая кислота, —галлол *m.* rufigallic acid, rufigallol; —н *m.* rufin; —опин *m.* rufiopin, tetrahydroxyanthraquinone.
руфол *m.* rufol, 1,5-anthracenediol.
рух *m.* (glass) devitrification; friable place.
рухл/ость *f.* friability; unsteadiness; —ый *a.* friable; unsteady.
рухляк *m.* (geol.) marl; —овый *a.* marly, marlaceous.
рухнуть *v.* crash down; crumble away.
ручат/ельный *a.* guarantee(ing); —ельство

n. guaranty, warrant, voucher; —ься *v.* guarantee, warrant, vouch (for), answer (for), certify; be sure.

руч/еек *m.* brook, streamlet, rill; —ей *m.* brook, stream, creek, rivulet; groove, pass (of roller); —ей валка, —ей калибра roll pass.

ручейники *pl.* caddis flies (*Trichoptera*).

ручка *dim. of* рука; handle, knob, (hand) grip, shaft; crank (handle); (hand) lever; (control) stick; arm; pen.

ручник *m.* hand towel; hammer; (met.) hand ladle.

ручн/ой *a.* manual, hand(-operated), manually operated; handmade; hand-held (camera); portable; wrist (watch); tame, domestic; —ая пила hand saw; —ая погрузка freight handling; —ая продажа sale of non-prescription drugs; —ая работа handiwork; manual labor; —ой работы handmade; —ая тележка hand cart, push cart; с —ым приводом, с —ым управлением hand-operated.

ручьевой *a. of* ручей.

руш/ение *n.* husking, etc., *see v.*; pearling; collapse; —ить *v.* husk, shell, scour, hull; pull down; —иться *v.* collapse, fall down.

рф *abbr.* (радфот) radphot.

РФК *abbr.* (рибозофосфорная кислота) ribose-phosphoric acid.

РФТ *abbr.* (реактор для физических и технических исследований) physical and technical research reactor.

РХБС *see* эфирсульфонат.

РХП *abbr.* (рабочая характеристика приемника) receiver performance.

РЦ *abbr.* (расширяющийся цемент) expanding cement; (центробежное реле) centrifugal relay.

р-ция *abbr.* (реакция) reaction.

р/час *abbr.* (рентген в час) roentgens per hour.

РЧВ *abbr.* (регулировка чувствительности по времени) sensitivity time control.

рыб/а *f.* fish; —ак *m.* fisherman; —ацкий, —ачий *a.* fishing; fisherman's; —ачество *n.* fishing; —ачить *v.* fish; —ешка *f.* young fish.

рыб/ий *a.* fish; р. жир fish oil, spec. cod-liver oil; —ья чешуя (med.) ichthyosis, xerodermia.

рыбин/а *f.*, —с *m.* (naut.) diagonal (line); (shipbuilding) rising line, ribband, batten.

рыбка *f.* little fish.

рыбление *n.* combing, hackling (of flax).

рыб/ник *see* рыбовод; worker in fish industry; —ница *f.* fish tank; fish(ing) boat; —ный *a.* fish, piscine; —ное хозяйство fisheries; —ные отбросы fish scrap, pomace; —о— *prefix* pisci—,

fish; —овидный *a.* streamlined; lenticular (beam).

рыбовод *m.* pisciculturist; —ный, —ческий *a.* piscicultural; —ный завод fish hatchery; —ство *n.* pisciculture, fish breeding.

рыбо/завод *m.* fish cannery, fish-processing plant; —комбинат *m.* fish-processing combine; —коптильный *a.* fish-smoking.

рыболов *m.* fisherman; —ный *a.* fishing; —ство *n.* fishing (industry).

рыбо/локатор *m.* fish detector; —локация *f.* ultrasonic trawling methods; —насос *m.* fish transfer pump; —обрабатывающий *a.* fish-processing; —образный *a.* fish-shaped; fish-bellied (girders, etc.); —питомник *m.* fish hatchery; —подъемник *m.* fish elevator; —подъемный *a.* fish-lifting; —приемный *a.* fish-receiving.

рыбопромы/словый, —шленный *a.*, —шленность *f.* fish industry.

рыбо/разведение *n.* pisciculture, fish breeding; —ход *m.*, —ходный *a.* fish ladder, fish pass; —ядный *a.* (zool.) fish-eating, ichthyophagous; —ящер *m.* (pal.) ichthyosaur.

рыб/хоз *m.* fish hatchery; —ы *gen., pl., etc., of* рыба; (astr.) Pisces; —ья *f. of* рыбий.

рыв/ок *m.* jerk; —ками jerkily, in jerks; —ки *pl.* jerking.

рыг/ать, —нуть *v.* belch.

рыж/еватый *a.* reddish, rusty, rust-colored; —еть *v.* become reddish, get rust-colored; —ий *a.* reddish, rust-colored; red-haired.

рыжик *m.* (bot.) Camelina; an edible brown mushroom (*Lactarius deliciosus*); —овое масло cameline (seed) oil.

рыл *past m. sing. of* рыть.

рыл/о, —ьце *n.* nozzle, jet, spout, mouth; (zool.) muzzle; (bot.) stigma.

рым *m.* (eye) bolt, ring (bolt); р.-болт eye bolt.

рыно/к *m.* market (place); —чный *a.* market, commercial.

рысий *a.* (zool.) lynx.

рыск *m.*, —ание *n.* yaw(ing), hunt(ing); —ать *v.* yaw, hunt; —ливость *f.*, —ливый *a.* yawing; —нуть *v.* yaw.

рысь *f.* (zool.) lynx; (astr.) Lynx.

рыт/вина *f.* rut, groove, gully, ravine; excavation, hollow; —ый *a.* dug.

рыть *v.* dig, hollow out, excavate; trench; mine; —е *n.* digging, excavation.

рыхл/ение *n.* cultivation, loosening (of soil); —еть *v.* become friable, get porous; —итель *m.* cultivator; ripper; —ить *v.* stir up, loosen, cultivate, mellow (soil); shatter (subsoil); —оком-

коватый *a.* loose-aggregate, loosely lumpy (soil); **—ость** *f.* friability, porousness, porosity; **—ый** *a.* friable, porous, loose, flocculent; incoherent, unconsolidated; light, mellow (soil); **—ящий** *a.* stirring up, etc., *see v.*

рычаг *m.* lever, arm, crank; (av.) stick; hand spike, jack; **—и** *pl.* controls; **действие —а** leverage; **система —ов** leverage, system of levers.

рычаж/но-шаровой *a.* ball and lever (valve); **—ный** *a.* of **рычаг**; beam (balance); linkage (differential); alligator (shears); (met.) lever-test (bar); **—ный механизм** leverage, linkage; **—ный реверс** reverse lever; **—ный циркуль** beam compass; **—ок** *dim.* of **рычаг**; rod; tumbler; trigger.

рыщет *pr. 3 sing. of* **рыскать.**

рэб *abbr.* (биологический рентген-эквивалент) roentgen-equivalent man, rem.

рэл *m.* rel (unit of magnetic resistance).

рэлеевский, Рэлей *see* **релеевский.**

Рэнкина *see* **Ранкина.**

РЭС *abbr.* (ретикуло-эндотелиальная система) reticulo-endothelial system.

рэт *m.*, **—ический ярус** (geol.) Rhaetian stage.

рюкзак *m.* knapsack, back pack.

рюм/ка *f.*, **—очный** *a.* jigger, small glass.

рют/лер *m.*, **—тель-машина** (molding) jar-ramming machine.

ряб/ина *f.* (bot.) mountain ash (*Sorbus*); pockmark; waviness, ripple; **—инник** *m.* mountain ash grove; (bot.) Sorbaria; **—инный, —иновый** *a.* mountain ash; reddish orange; **—ить** *v.* ripple, curl; **—ишник** *m.* (bot.) tansy (*Tanacetum*

vulgare); **—ой** *a.* pitted, pocked, pockmarked; spotted, speckled; **—уха** *f.* (phyt.) wildfire; **—чик** *m.* (bot.) Fritillaria; (orn.) hazel grouse.

рябь *f.* ripple(s), ripple marks, rippled surface; ground-swells; **звуковая р.** flutter effect.

ряд *m.* row, series, line; range, order, sequence, succession; level, layer; (pulse, etc.) train; set, bank (of machines); chain, string, number, variety, array; (arithmetic or geometric) progression; (mil.) rank, file; **—ами** in rows, in banks, in batteries; **на —у с** on a line with; **помещать в р., ставить в р.** *v.* range, put in a row, align; **ставить на —у с** *v.* class with; **упорядоченный р.** array.

рядн/ина *f.*, **—о** *n.* coarse hempen or linen cloth.

рядный *a.* in-line; *suffix* -row; (biol.) —stichous.

рядов/ой *a.* ordinary, commonplace, rank-and-file, unsorted, commercial (grade); consecutive, serial; in rows, drill (sowing); windrow (harvester); coursed (pavement); run-of-mine (coal); **—ая сеялка** (agr.) seed drill; **—ое замещение** adjacent substitution, neighboring substitution (in organic ring compounds).

ряд/ок *dim.* of **ряд**; **—ом** (с) *adv.* beside, near, next (to), alongside, adjacent (to).

ряж *m.*, **—евый** *a.* crib(work); (min.) bank head; **—евый бык** crib pier.

рязанский *a.* (geog.) Ryazan.

ряпушка *f.* (ichth.) whitefish.

ряска *f.* (bot.) duckweed (*Lemna*).

С

с *prep. instr.* with, by (means of); and; *prep. gen.* for, from, on, over, since, down, off; *prep. acc.* for; about, approximately.

с *abbr.* (скорость света) velocity of light; **с—** *abbr.* (санти—) centi—; **с.** *abbr.* (северный) north(ern); (секунда) second; **С.** *abbr.* (север) north.

с— *prefix, particularly with verbs* de—, down from; con—, with.

САА *abbr.* (сульфамат аммония) ammonium sulfamate.

саарский уголь Saar coal.

сабадилл/а *f.* (bot.) sabadilla; **семена —ы** sabadilla, cevadilla (seeds); **—ин** *m.* sabadilline, cevadilline, **—овая кислота** sabadillic acid, cevadic acid.

сабадин *m.* sabadine; **—ин** *m.* sabadinine, cevine.

сабалол *m.* sabalol.

сабатрин *m.* sabatrine.

Сабатье процесс Sabatier process.

саббатин *m.* sabbatin, gentiopicrin.

сабельн/ик *m.* (bot.) Potentilla; iris; **—ый** *a. of* **сабля.**

сабин/ан *m.* sabinane; **—ен** *m.* sabinene; **—иновая кислота** sabinic acid, 12-hydroxydodecanoic acid; **—ол** *m.* sabinol, 6-hydroxysabinene.

сабл/евидный, —еобразный *a.* acinaciform; **—я** *f.* sword, saber.

сабо *n.* sabot.

сабот/аж *m.* sabotage; **—ажник** *m.* saboteur; **—ировать** *v.* sabotage.

сабромин *m.* Sabromin, calcium dibromobehenate.

сабугалит *m.* (min.) sabugalite.

сабур *m.*, **—ный** *a.* (bot.) aloe.

саванна *f.* savanna (grassland).

Савара закон (phys.) Savart law.

савой *m.*, **—ская капуста** Savoy cabbage.

сага/пенум *m.* sagapenum (gum resin); —резитаннол *m.* sagaresitannol.
сагенит *m.* (min.) sagenite.
сагиттальный *a.* (anat.) sagittal.
саго *n.* sago (starch).
саговник *m.* sago palm (*Cycas*); —овый *a.* cycadaceous.
саговый *a.* sago.
саграды, кора cascara sagrada.
сагыз *m.* sagyz (a growth of salt crystals in the silt of salt lakes); *see also* кок-сагыз, крым-сагыз, тау-сагыз.
сад *m.* orchard; garden; —ик *dim.* of сад; —ить *see* сажать.
садиться *v.* settle (down); sink, go down (of level, etc.); run down (of battery); (text.) shrink; (av.) land; sit (down); board; set (of sun); set to (work); go (on a diet); run (aground).
садка *f.* setting, placing; sitting (down), boarding; (text.) shrinkage; settling, precipitation; (agr.) planting; (met.) charge, melt, burden; *gen. of* садок; жидкая с. molten charge.
садкий *a.* rapidly settling; (paper) free, fast; (text.) shrinking considerably.
садковый *a. of* садок.
садкость *f.* settling rate; (paper) freeness; (text.) degree of shrinkage.
садо/вник *m.* gardener; лесной с. beetle (*Myelophilus*); —внический *a.* gardening,; pruning (tool); —вод *m.* horticulturist; —водство *n.* horticulture, gardening; cultivation of orchards; —водческий *a.* horticultural; orchard-growing; —во-огородный *a.* orchard and garden; —во-парковый *a.* garden and park; —вый *a.* garden, cultivated; horticultural; orchard; pruning (knife); grafting (wax); —защитный *a.* garden-protecting; —защитная полоса wind-break.
садок *m.* breeding place, breeding house; fish pond, live fish tank; enclosure, container, (retainer) cage; trap; *gen. pl. of* садка; *sh. m. of* садкий.
садо/разведение *n.* gardening; —строительство *n.* landscaping.
садочн/ый *a.* charging, charge; batch (furnace); precipitated; —ая машина charger; —ое окно door (of furnace), charge hole.
сажа *f.* carbon black; (furnace) soot; белая с. highly dispersed amorphous silica, silica filler; газовая с. gas black; ламповая с. lamp black.
саж/алка *f.* (agr.) planter; small pond; —альник *m.* dibble; —альный *a.* planting; —альный кол dibble; —альщик *m.* planter; —ание *n.* planting, etc., *see v.*; —ать *v.* plant; set, place, put; seat.

саже/вый *a. of* сажа; —наполнение *n.* carbon black content; —наполненный *a.* carbon black reinforced (rubber).
саженец *m.* nursery plant, nursery tree.
сажен/ный *a.* planted, etc., *see* сажать; *a. of* сажень; —цевый *a. of* саженец; —ый *a.* nursery (stock).
сажень *f.* sajene (2.134 meters).
саже/образование *n.* carbon black formation; —продуватель *m.* soot blower.
саживать *see* сажать.
саж/истый *a.* soot(y); с. грибок, —ка *f.* (phyt.) smut; —ный *a.* soot(y).
сазан *m.*, —ий *a.* (ichth.) carp.
сайбелиит *m.* (min.) szaibelyite.
сайда *f.* (ichth.) pollack.
сайзель *see* сизаль.
сайка *f.* kind of small loaf.
сайлентблок *m.* (automobile) silent block.
сайменский *a.* (geog.) Saima.
сайодин *m.* Sajodin, calcium monoiodobehenate.
сак *m.* bag (net), purse net; sack.
Сака прокатный стан (met.) Sack's rolling mill.
саква *f.* feed bag (for horses).
саквояж *m.* traveling bag, suitcase.
саки *n.* saki (a Japanese beer).
Саккура-Тетроде формула (thermodynamics) Sackur-Tetrode equation.
сакро— *prefix* (anat.) sacro— (sacrum; sacral).
саксатовая кислота saxatic acid.
саксаул *m.* (bot.) saxaul (*Haloxylon*).
саксонский *a.* Saxon (blue).
сакуранин *m.* sakuranin.
сакхульминовый *a.* sacchulmic (acid).
салаз/ки *pl.* skids, slide, (slide) rails; (launching) cradle; carriage; sled, toboggan; подача —ками sliding advancement; —ковый, —очный *a. of* салазки; sliding, skid-mounted.
салазолон *m.* salazolon, antipyrine salicylate.
салака *f.* (ichth.) Baltic herring.
саламандр/а *f.* (zool.) salamander; —ин *m.* salamanderine (alkaloid).
саламид *m.* salamide, salicylamide.
салантол *m.* salantol, salacetol.
салат *m.* salad; lettuce; —ный *a.* lettuce (-green); с.-ромен *m.* cos lettuce.
сал/ацетол *m.* salacetol, acetosalicylic ester; —гипнон *m.* salhypnone, benzoylmethyl salicylate.
салда *f.* (agr.) hack hook.
салеит *m.* (min.) saleite.
сален *sh. m. of* сальный.
салеп *m.* salep (dried tubers).
салив/ация *f.* (physiol.) salivation; —ин *m.* salivin, ptyalin.
салиген/ин, —ол *m.* Saligenin, salicyl alcohol.

саликор *m.* salicor, blanquette (ash from soda plants).
салиметр *m.* salimeter.
салин *m.* ash from molasses.
салинафтол *m.* salinaphthol, betol.
салинигрин *m.* salinigrin.
салинометр *m.* salinometer.
салипирин *m.* Salipyrine, antipyrine salicylate.
салит *m.* (min.) sa(h)lite.
салить *v.* tallow, grease.
сали/фебрин *m.* Salifebrin, salicylanilide; —формин *m.* Saliformin, urotropine salicylate.
салицил *m.* salicyl; —аза *f.* salicylase; —амид *m.* salicylamide, *o*-hydroxybenzamide; —анилид *m.* salicylanilide; —ат *m.* salicylate; —ид *m.* salicylide; —ил *m.* salicylyl; —ированный *a.* salicylated; —(ир)овать *v.* salicy!ate; —ка *f.* sodium salicylate.
салицилово/аммониевая соль ammonium salicylate; —бутиловый эфир butyl salicylate; —висмутовая соль bismuth salicylate; основная —висмутовая соль bismuth subsalicylate; —кальциевая соль calcium salicylate.
салициловокисл/ый *a.* salicylic acid; salicylate (of); с. хинин quinine salicylate; —ая соль salicylate.
салицилово/метиловый эфир methyl salicylate; —натриевая соль sodium salicylate; —этиловый эфир ethyl salicylate.
салицилов/ый *a.* salicyl(ic); salicylated (fat); с. альдегид salicylal(dehyde); с. натр sodium salicylate; с. спирт salicyl alcohol; —ая кислота salicylic acid, *o*-hydroxybenzoic acid; соль —ой кислоты salicylate.
салицило/л *m.* salicylol; —нитрил *m.* salicylonitrile, *o*-hydroxybenzyl nitrile; —салициловая кислота salicylosalicylic acid, diplosal.
салицил/резорцинол *m.* salicylresorcinol; —уровая кислота salicyluric acid.
салицин *m.* —овый *a.* salicin, saligenin.
салический *a.* (petr.) salic, containing alumina.
Салливена реакция Sullivan's test.
салмонсит *see* сальмонсит.
сало *n.* fat, grease; lard; tallow; suet; (ice) grease, slush.
салоколл *m.* salocoll, phenocoll salicylate.
салол *m.* salol, phenyl salicylate.
сало/мас *m.* hydrogenated fat; —образный *a.* tallowy; (anat.) sebaceous.
салоп(ий)ский *a.* (geol.) Salopian.
салотоп *m.* (fat) renderer; —енный *see* салотопный; —ка *f.* rendering; rendering plant; —ление *n.*, —ный *a.* rendering; tallow-melting; —ня *f.* rendering plant.

сало/фен *m.* Salophen, acetamidosalol; —хинин *m.* Saloquinine, quinine salicylate.
салу/мин *m.* Salumin, aluminum salicylate; —фер *m.* Salufer, sodium silicofluoride.
салфет/ка *f.*, —очный *a.* napkin; filter cloth; —очка *dim. of* салфетка.
сальвадорский *a.* Salvador.
сальварсан *m.* salvarsan (arsphenamine).
сальви/анин *m.* salvianin, monardein; —ния *f.* (bot.) Salvinia; —ол *m.* salviol, thujone; —я *f.* (bot.) sage (*Salvia*).
сальд/ировать *v.* balance (an account); —ирующий *a.* balancing; rolling total (tabulator); —о *n.* balance.
сальз *m.*, —а *f.* salse, mud volcano.
сальмин *m.* salmine (a protamine).
сальмит *m.* (min.) salmite.
сальмонсит *m.* (min.) salmonsite.
сальник *m.*, —овый *a.* stuffing box; (packing) gland; gasket, oil seal; (anat.) omentum; —овая коробка stuffing box; —овая крышка gland.
сальность *f.* greasiness.
сальн/ый *a.* greasy, fatty, sebaceous; lardaceous; tallow(y); —ая железа (anat.) sebaceous gland.
сальпинг/ит *m.* (med.) salpingitis; —(о)— *prefix* salping(o)— [trumpet; (med.) Fallopian tube].
сальсол/идин *m.* salsolidine; —ин *m.* salsoline.
сам *pron.* self, himself, itself; in person; с. по себе alone, by itself, per se; —а *f.* herself; —и *pl.* themselves, yourselves; —о *n.* itself; —о собой разумеется it is self-evident.
самадерин *m.* samaderin.
саман *m.* adobe, sun-baked brick; chopped straw.
саманда/ридин *m.* samandaridine; —трин *m.* samandatrine.
саман/ка *f.* adobe building; —ный *a.* adobe.
самариевый *a.* samarium, samaric.
самар/ий *m.* samarium, Sm; окись —ия samarium oxide; сернокислая закись —ия samarous sulfate; сернокислая окись —ия samaric sulfate; хлористый с. samarous chloride; хлорный с. samaric chloride.
самаристый *a.* samarium, samarous.
самаркандский *a.* (geog.) Samarkand.
самарскит *m.* (min.) samarskite.
сама-состояние *n.* sama condition, no thermal flow.
самбук *m.* (bot.) elder (*Sambucus*).
самбу/нигрин *m.* sambunigrin; —цинин *m.* sambucinin.
самец *m.* male.
сами *pl. of* сам.

самин *m.* samin.
самиресит *m.* (min.) samiresite.
самка *f.* female.
само *n. of* сам; *prefix* self-, auto—, automatic, spontaneous; the most, the very.
Самоа (geog.) Samoa.
само/активируемый *a.* self-activated; —балансный *a.* self-balancing.
самобытн/ость *f.* originality; independence; —ый *a.* original; independent.
самовар *m.* samovar, tea urn.
самовводящийся *a.* self-loading.
самовентил/ирующийся *a.* self-ventilating, automatically ventilated; self-cooling (generator); —яция *f.* self-ventilation, automatic ventilation.
само/взводной *a.* repeating (trip lock); —взводный *a.* (art.) self-cocking; —взрывный *a.* self-firing; contact (mine); —включающийся *a.*, —включение *n.* self-coupling; (elec.) automatic reclosing; —внушение *n.* auto-suggestion.
самовозбужд/ающийся *a.* (elec.) self-exciting; —self-excited; —ение *n.* self-excitation; —енный *a.* self-excited; self-sustained.
само/возврат *m.* self-recovery, automatic reset(ting); —возгорание *see* самовоспламенение; —возникающий *a.* spontaneous; —вольный *a.* arbitrary; self-willed; unwarranted.
самовосплам/ение *n.* spontaneous combustion; spontaneous ignition, self-ignition; —иться *see* самовоспламеняться; —яемость *f.* spontaneous combustibility; —яемый *see* самовоспламеняющийся; —яться *v.* ignite spontaneously; —яющийся *a.* spontaneously inflammable, self-inflammable, self-igniting; hypergolic (rocket fuel).
самовоспроизв/едение, —одство *n.* self-reproduction; —одящий *a.* (nucl.) breeder (reactor); —одящийся *a.* self-reproducing.
само/восстанавливающийся *a.* self-restoring, self-healing; self-righting; —reducing; —вращение *n.* autorotation; —всасывающий *a.* automatic intake, self-feeding; self-priming (pump); —вулканизующийся *a.* self-vulcanizing, self-curing; —выпрямляющийся *a.* self-straightening, self-righting.
самовыравнив/ание *n.* self-regulation, self-alignment; —ающийся *a.* self-regulating, self-aligning, self-balanced.
само/гасящийся *a.*, —гашение *n.* self-quenching; —генератор *m.* self-oscillator; —гидрирование *n.* autohydrogenation.
самогон *m.*, —ка *f.*, —ный *a.* home brew.
самогорание *n.* spontaneous combustion.

самогрузный *a.* self-weighted (shaft).
самодви/гатель *m.* automatic engine; —жущийся *a.* automatic, self-powered, self-propelled.
само/двойственный *a.* self-dual; —действие *n.* self-action; —действующий *a.* self-acting, automatic.
самодел/ка *f.* homemade product; —ковый, —ьный *a.* homemade, handmade.
самодеятельн/ость *f.* independent action; self-help, self-service; —ый *a.* gainfully employed; independent.
само/диффузия *f.* self-diffusion; —довлеющий *a.* self-sufficient, independent, self-contained; —докование *n.*, —докующийся *a.* self-docking; —дополняющийся *a.* self-complementing (code); —дренирующийся *a.* self-draining; —дуальный *a.* self-dual; —дувный *a.* natural-draft (furnace).
само/завод *m.*, —заводящийся *a.* self-winding; self-starting; —загорание *see* самозажигание; —заготовка *f.* laying in one's own stores; —загружающийся *a.* self-feed(ing); —зажигание *n.* self-ignition, spontaneous ignition; —зажимающий *a.* self-gripping.
самозакал/ивание *n.* (met.) self-hardening; —иваться *v.* self-harden; —ивающийся *a.* self-hardening; —ка *f.* self-hardening; self-hardened steel.
само/заклеивающийся *a.* self-sealing; —законтривающийся, —закрывающийся *see* самозамыкающийся; —залечивание *n.* self-healing; —замыкающийся *a.*, —запирание *n.*, —запирающийся *a.* self-closing, automatic closing, self-locking.
самозаписывающий *a.* (self-)recording, graphic; с. аппарат automatic recorder.
само/заполняющийся *a.* self-priming; —запорный *see* самозамыкающийся; —запуск *m.*, —запускающийся *a.* self-starting, self-triggering; —заражение *n.* (med.) auto-infection; —зарядный *a.* self-loading, automatic (rifle); —затачивание *n.*, —затачивающийся *a.* self-sharpening.
самозатух/аемость *f.*, —ание *n.* self-extinction, natural dying away; —ающий(ся) *a.* self-extinguishing.
самозатягивающийся *a.* self-sealing.
самозахватывающий *a.* self-gripping; с. грейфер automatic grab.
само/защита *f.* self-defense; self-protection; —зеркальный *a.* self-mirrored (nucleus); —излучающий *a.* flowing, gushing; —излучение *n.* self-emission, spontaneous radiation; —изменение *n.* self-modification.
самоиндукц/ионный *a.* (elec.) self-induc-

tive; —ия f. self-induction, self-inductance; реакция —ии inductive reactance.
само/ионизация f. self-ionization; —испарение n. self-evaporation; —истребление n. self-destruction.
самок gen. pl. of самка.
само/кал m., —калка f. self-hardened steel; —карбурация f. self-carburation; —касание n. self-tangency; —катный a. gravity; —катом adv. by gravity; —колебание n. natural vibration.
самокомпенсир/ованный a. self-compensated, autocompensated; —ующийся a. self-compensating, autocompensating.
самоконтрол/ируемый, —ирующийся a. self-supervisory; —ирующий a. self-checking; —ь m. self-control; self-regulation.
само/контрящийся a. self-locking (nut); —кормушка f. self-feeder; —корректирующийся a. self-correcting; —крепление n. self-attachment.
самолет m. (air)plane, aircraft; с.-амфибия m. amphibian; с.-бомбардировщик m. bomber; с.-заправщик m. refueling plane, tanker aircraft; —ик m. miniature plane; с.-истребитель m. combat plane, fighter; с.-корректировщик m. spotter plane, observation plane; с.-матка f. carrier plane; с.-мишень m. target aircraft; с.-носитель m. carrier plane.
самолетный a. of самолет; airborne, flight; (text.) fly (shuttle).
самолето/вождение n. aerial navigation; —вылет m. mission, sortie.
самолетостро/ение n., —ительный a. plane manufacturing, aircraft industry; —итель m. aircraft manufacturer.
самолет-перехватчик m. interception plane; с.-постановщик m. (electronic) countermeasures aircraft; с.-разведчик m. reconnaissance plane; с.-ракетоносец m. missile-carrier plane; с.-снаряд m. winged missile; с.-торпедоносец m. torpedo carrier, torpedo bomber; с.-фоторазведчик m. photoreconnaissance plane; с.-штурмовик m. attack plane.
самоликвид/атор m. self-destroying device; —ация f. self-destruction.
самоличн/о adv. in person, personally, oneself; —ый a. personal.
само/лучший a. the (very) best; —малейший a. the (very) smallest; —модуляция f. natural modulation, self-modulation.
самонав/едение n. (missiles) homing (guidance), self-guidance, target-seeking guidance; (elec.) self-induction; —еденный a. self-guided; self-induced; —одиться v. home; —одящийся a. homing, self-guided, self-guiding.
само/нагревание n. spontaneous heating;

—накатывание n. (art.) automatic counterrecoil; —наклад(чик) m. feeder; —настраивающийся a. self-adjusting, (self-)adaptive; —насыщение n. self-saturation; —новейший a. newest, most recent; —нужнейший a. the most necessary, very necessary.
само/обман m. self-deception; —оборона f. self-defense; —образование n. self-education; —обращение n. self-reversal.
самообслужив/ание n., —ающийся a. self-service, self-help; —ающася установка self-contained plant.
самообуч/ающийся a. self-teaching, self-instructing, learning; —ение n. self-instruction.
само/окисление n. autooxidation, self-oxidation; —окрашенный a. self-colored; —окупаемость f. self-support; —окупаемый a. self-supporting; —опирающийся a. unsupported, independent; —оплодотворение n. (biol.) autogamy, self-fertilization; —определение n. self-determination; —опрокидывающийся a. self-dumping, automatic dumping; —опыление n. (bot.) self-pollination; —организующийся a. self-organizing, self-adjusting; training (system); —ориентирующийся a. self-orientating; swivel, caster (wheel); —осадка f. natural precipitation.
самоосвобожд/ающийся a. self-releasing; —ение n. self-release.
самоостан/авливающийся a. self-stopping, self-catching; —ов m., —овка f. automatic stop.
самоотверд/евать v. self-harden; —ение n. self-hardening.
само/отжиг m. self-annealing; —отпуск m. self-tempering; —отравление n. self-poisoning; —отталкивание n. self-repulsion; —охлаждающийся a. self-cooling; self-refrigerating; —охлаждение n. self-cooling; self-refrigeration; —охрана f. self-defense; self-preservation; —очевидный a. self-evident.
самоочи/стка see самоочищение; —щаться v. self-purify; self-clean; —щающийся a. self-purifying; self-cleaning; —щение n. self-purification; self-cleaning.
само/ошлаковывающийся a. self-fluxing; —пад m. free fall, free-falling drill; —переваривание n. self-digestion, autolysis; —перегревание n. self-superheating; —передвигающийся a. self-moving, automatic; —писец m. self-recorder, (automatic) recorder; —питатель m. self-feeder.
самопишущ/ий a. (self-)recording, (self-)registering; с. прибор see самописец; —ее перо fountain pen.
само/плавкий a. self-fluxing; —плавом

adv. (naut.) by the current; by its own power; —поглощение *n.* self-absorption; —подготовка *f.* independent preparation.

самопод/аватель *т.*, —ающий механизм self-feeder, automatic feeder; —ающий *a.* self-feeding.

само/поддерживающийся *a.* self-maintaining, self-supporting, self-sustaining; self-propagating; —поилка *f.* drinking fountain; —пресс *m.* (text.) cylinder press; —приспосабливающий(ся) *a.* adaptive, self-adapting, self-adjusting, self-aligning; goal-seeking (system); —программирующийся *a.* self-programming.

самопроизвольн/о *adv.* spontaneously; —ость *f.* spontaneity; —ый *a.* spontaneous, involuntary; arbitrary.

самопуск *m.* self-starter, automatic starter; self-starting, self-triggering; —ающийся *a.* self-starting, self-triggering.

саморазвивающийся *a.* spontaneous.

саморазгру/жающийся *a.* self-discharging, gravity-discharge, automatic unloading; —зчик *m.* dumping mechanism.

само/разложение *n.* spontaneous decomposition; —размагничивание *n.* self-demagnetization; —размагничивающийся *a.* self-demagnetizing; —разогрев *m.*, —разогревание *n.* self-heating, evolution of heat (from reaction); —разрушение *n.* spontaneous decomposition.

саморазря/д *т.*, —жение *n.* (elec.) self-discharge; —жающийся *a.* self-discharging, running down; leaking.

само/раскрывающийся *a.* opening automatically; —распад *m.* (nucl.) spontaneous decay.

самораспростран/ение *n.* self-propagation; —яющийся *a.* self-propagating.

самораccеяние *n.* (nucl.) self-scattering.

саморасцепл/ение *n.* self-detachment, automatic uncoupling; —яющийся *a.* self-detaching, self-unlocking, disconnecting automatically.

само/реагирующий *a.* spontaneous ignition (engine); —регистрирующий *a.* self-registering, self-recording.

саморегулир/ование *n.*, —овка *f.* automatic regulation, self-regulation, self-adjustment, self-alignment; —овать *v.* regulate itself, adjust itself; —уемость *f.* self-stabilization; —ующийся *a.* self-regulating, self-adjusting, self-governing.

само/резка *f.* cutter; —реклама *f.* self-advertisement; —род *m.* native phosphoric ore.

самород/ный *a.* natural; (min.) native; —ок *m.* native metal, native ore; prill, nugget (of gold).

самосад/ка *f.*, —очная соль (geol.) salt deposited in lakes, seas, etc.

само/сбросска *f.* (agr.) automatically unloading reaper; —свал *m.* dump (truck), dumper; —свальный *a.* dump(ing); —сварение *n.* autodigestion; —светящийся *a.* self-luminous, self-luminescent; —сгорание *see* самовоспламенение; —сев *m.* self-seeding; self-sown plant; volunteer crop; —севка *f.*, —сей *m.*, —сейка *f.* self-sown plant, volunteer; —сжатие *n.* self-constriction; —сжатый, —сжимающийся *a.* self-constricted; —син *m.* autosyn, synchro (selsyn).

самосинхрон/изация *f.* self-synchronization, self-timing; self-locking; —изирующий, —ный *a.* self-synchronizing.

само/скидка *see* самосброска; —склеивающийся *a.* self-sealing; self-adherent; —скрепление *n.* self-reinforcement; (art.) autofrettage; —слипание *n.* self-adhesion.

самосмаз/ка *f.* self-lubrication, automatic lubrication; —очный *a.* self-lubricating; —чик *m.* automatic lubricator; —ывающий(ся) *a.* self-lubricating.

само/снабжаемость *f.*, —снабжение *n.* self-provision, self-supply(ing); —согласованный *a.* self(-)consistent, self-congruent; —согревание *n.* spontaneous heating up; —сопротивляющийся *a.* self-resistant; —сопряженный *a.* self-conjugate; self-adjoint (equation); —сохранение *n.* self-preservation; —спекающийся *a.* clotting; clotted, coagulated; hardened; —сплав *m.* drift of logs; —спуск *m.* self-triggering.

самостоятельн/о *adv.* independently; —ость *f.* independence; —ый *a.* independent, self-contained, separate; self-maintained (discharge); solo (flight).

само/стрельный *a.* automatic (gun); —суйка *f.* shaping machine, shaper; —схват *m.* (crane) grab, clamshell; —таска *f.* conveyer; drag, dragging device; pullover.

самотек *m.* (gravity) flow, gravity feed; drift; natural course; honey (flowing from combs); —ом by gravity; of its own accord; подача —ом gravity feed.

самотечный *a.* self-flowing, gravity-flowing; automatic, spontaneous; gravity (lubrication, circulation, etc.).

самотканый *a.* (text.) homespun.

самотормо/жение *n.* self-braking, automatic braking, self-locking; —зиться *v.* stop automatically; jam; —зящий(ся) *a.* self-braking, self-stopping, self-locking; irreversible.

самоточка *f.* automatic lathe, engine lathe.

само/тяга *f.* natural draft; —убивающий пояс insecticide-impregnated band; —убийство *n.* suicide, self-destruction; —уверенный *a.* (self-)confident, assured; —укладывание *n.* self-packing.

самоуничтож/ающий(ся) *a.* self-destruct(ive); —ение *n.* self-destruction.

самоуплотн/ение *n.*, —яющийся *a.* self-packing, self-sealing.

самоуправл/ение *n.* self-government; —яющийся *a.* self-governing.

само/управный *a.* arbitrary; —упрочнение *n.* self-reinforcement; self-hardening; —уравновешивающийся *a.* self-balancing.

самоустанавлив/ание *n.* self-adjustment, automatic adjustment; —ающийся *a.* self-adjusting, automatically adjusting, self-aligning; floating; adjustable, flexible; free-steering (axle); (geod.) self-leveling; self-setting (mandrel).

самоустойчивость *f.* autostability.

самоуч/итель *m.* manual of self-instruction, handbook; —ка *f.* self-education; *m. and f.* self-taught person.

само/фазировка *f.* autophasing; —флюсующийся *a.* self-fluxing; —фокусировка *f.*, —фокусирующийся *a.* self-focusing; —хват *m.* grip; clamshell.

самоход *m.* power feed; self-acting; creeping (of meter); self-propelled machine, gun or ship; —ка *f.* self-propelled machine, gun, or ship; —но-артиллерийская установка self-propelled gun, mechanized gun; —ный *a.* automotive, self-propelled, self-moving, self-acting, power-driven, power-operated, power-fed; —ная артиллерийская установка self-propelled gun; —ная подача power feed; —ом *adv.* self-propelled; mechanically.

самоцвет *m.* gem; —ный *a.* fine (gem).

самоцентр/ирование *n.* self-centering, self-alignment, self-adjustment; —ирующий(ся) *a.* self-centering, self-aligning; concentric-jaw (chuck); —овка *see* самоцентрирование.

само/черт *m.* pantograph; —чувствие *n.* state of health; —шлакующийся *a.* self-fluxing; —экранирование *n.* (nucl.) self-shielding.

самсонит *m.* (min.) samsonite.

самум *m.* (meteor.) simoon, sandstorm.

самшит *m.* (bot.) box (tree).

сам/ый *a.* the very; the most; (self)same; **с. верхний** the highest, the topmost, uppermost; **с. высококачественный** top-quality; **с. лучший** the very best, (by far) the best; **с. предмет** the subject itself; **с. факт, что** the very fact that; —ое большое at (the) most, at best; до —ого all the way (up)to; с —ого начала from the very first; этот же **с.** the same, this (self)same.

сан., сан— *abbr.*, *prefix* (санитарный).

санатоген *m.* Sanatogen.

санатор/ий *m.*, —ный, —ский *a.* sanatorium.

санатрон *m.* (electron.) sanatron.

санация *f.* (med.) sanitation; oral hygiene; (com.) improvement of economic conditions.

сангвин *m.*, —а *f.* red chalk (drawing).

сангвинарин *m.* sanguinarine.

сандал *m.* sandalwood (dye); —ин *see* санталин; —ия *f.*, —ьный *a.* sandal; —овое дерево, —ьное дерево sandalwood.

сандарак *m.*, —овый *a.* sandarac, gum juniper; —овая смола sandarac (resin); —олевая кислота sandaracolic acid.

сандарацин *m.* sandaracin; —овая кислота sandaracinic acid.

сандарачный *a.* of сандарак.

сандбергерит *m.* (min.) sandbergerite.

сандвич *m.* sandwich.

сандотрен *m.* sandothrene (color).

сани *pl.* sledge, sleigh; sled.

санидин *m.* (min.) sanidine.

санинструктор *m.* hygiene instructor.

саниров/ание *n.* sanitation; —ать *v.* improve sanitary conditions.

санитар *m.* orderly; hospital attendant; —ия *f.* sanitation; —но-гигиенический *a.* public health; —но-технические работы sanitary engineering.

санитарн/ый *a.* sanitary, sanitation; public health (service); health (education); hospital (train); **с. автомобиль**, **с. транспорт** ambulance; **с. узел** public bathroom and laundry; —ая обработка decontamination; —ая техника sanitary engineering; —ое дело public health; —ое управление department of sanitation.

санки *pl.* sled.

санкциониров/анный *a.* sanctioned; —ать sanction, assent (to).

саннуазский *a.* (geol.) Sannoisian.

санный *a.* of сани.

саноформ *m.* sanoform, methyl diiodosalicylate.

саночн/ик *m.* (min.) drawer; —ый *a.* of сан(к)и.

Сан-паулу (geog.) São Paulo.

санпро/пускник *m.* decontamination center; —свет *m.* hygiene instruction.

сантал *m.* santal(enic acid); sandalwood; —ал *m.* santalal; —еновая кислота *see* санталин; —ил *m.* santalyl; —ин *m.* santalin, santal(en)ic acid; —овый *a.* santal; santal(en)ic (acid); sandalwood; —ол *m.* santalol.

сантен *m.* santene; —овая кислота santenic acid; —ол *m.* santenol.
сантехника *f.* sanitary engineering.
санти— *prefix* centi— (10^{-2}); —бар *m.* centibar; —грамм *m.* centigram.
сантил *m.* Santyl, santalyl salicylate.
сантилитр *m.* centiliter.
сантиметр *m.* centimeter; rule or tape marked in centimeters; —овый *a.* (one-)centimeter; marked in centimeters; —овая волна centimeter wave, microwave.
санти/милли— *prefix* centimilli—; —нормальный *a.* centinormal; —пуаз *m.* centipoise; —секунда *f.* centisecond; —стокс *m.* centistoke.
сантол *m.* santol.
сантонин *m.* santonin, santonic lactone; —овая кислота santoninic acid; —овокислый натрий sodium santoninate; —оксим *m.* santoninoxime.
сантон/истый *a.* santonous; —овый *a.* santonic (acid); —овокислый натрий sodium santonate; —он *m.* santonone.
сантонский *a.* (geol.) Santonian.
сантохлор *m.* santochlor, *p*-dichlorobenzene.
сан/узел *m.* public bathroom and laundry; —упр *m.* department of sanitation.
Сан-Хосе (geog.) San Jose; Сан-хуан San Juan.
санчасть *f.* medical unit.
сап *m.* (vet.) glanders.
САП *abbr.* (система автоматического поиска) automatic search system; (спеченный алюминиевый порошок) sintered aluminum powder, SAP.
сапа *f.* (mil. eng.) sap, trench.
сапамин *m.* Sapamine (detergent).
сапер *m.* (mil.) sapper, field engineer, combat engineer; —но-строительные работы field construction; —ный *a.* sapper, sapping, (en)trenching; —ный провод blasting cable, firing wire; —ное дело field engineering.
сапетка *f.* (corn) crib.
сапин *m.* sapine (isomer of cadaverine); —овая кислота sapinic acid.
сапировать *v.* (mil.) sap, undermine.
сапка *f.* (agr.) hoe.
сапн/ой, —ый *a. of* сап.
сапогенин *m.* sapogenin, sapogenol.
сапог/и *pl.* boots; —оваляльный *a.* felt boot.
сапожн/ик *m.* shoemaker; —ичество *n.* shoe-making; —ый *a.* shoemaker's; —ый вар cobbler's wax; —ый крем, —ая вакса, —ая мазь shoe polish.
сапожок штока operating post.
сапон/арин *m.* saponarin; —етин *m.* saponetin; —ин *m.* saponin.
сапонит *m.* (min.) saponite.

саponификация *f.* saponification.
сапо/тален *m.* sapotalene, trimethylnaphthalene; —тин *m.* sapotin; —тинетин *m.* sapotinetin; —токсин *m.* sapotoxin.
саприн *m.* saprine (a ptomaine).
сапро— *prefix* sapro— (rotten, putrid; decaying organic matter); —генный *a.* (biol.) saprogenous; —л *m.* a cresol disinfectant.
сапропел/евый *a.* (zool.) sapropelic; с. уголь, —ит *m.*, —итовый *a.* (geol.) sapropelite; —ь *m.* sapropel, organic mud.
сапрофит *m.* (biol.) saprophyte.
сапун *m.* breather (pipe).
сапфир *m.*, —ный, —овый *a.* (min.) sapphire; —ин *m.* (min.) sapphirine.
САР *abbr.* (система автоматического регулирования) automatic control system.
сарай *m.*, —ный *a.* barn, shed; garage, carhouse; hangar.
саранча *f.* (ent.) locust.
саратовский *a.* (geog.) Saratov.
сарган *m.* (ichth.) garfish.
саргассово море (geog.) Sargasso Sea.
сард *m.* (min.) sard.
сардел/евое масло anchovy oil; —ь *f.* anchovy.
Сарджента диаграмма Sargent diagram.
сардин/(к)а *f.*, —овый *a.*, —очный *a.* sardine.
сардоникс *m.* (min.) sardonyx.
сарептская горчица (bot.) Indian mustard (*Brassica juncea*).
сарж/а *f.*, —евый *a.* (text.) serge, twill.
саркин *m.* sarkine, hypoxanthine.
саркинит *m.* (min.) sarkinite.
сарко— *prefix* sarco— (flesh); —зин *m.*, —зиновый *a.* sarcosine, methylglycine; —колла *f.* sarcocolla (gum); —коллин *m.* sarcocollin; —лемма *f.* (anat.) sarcolemma; —лизин *m.* sarcolysine; —лит *m.* (min.) sarcolite; —ма *f.* (med.) sarcoma; —матозный *a.* sarcomatous; —мицин *m.* sarcomycin; —псид *m.* (min.) sarcopside; —фаги *pl.* flesh flies (*Sarcophagidae*).
сармат *m.*, —ский ярус (geol.) Sarmatian stage.
саротамнин *m.* sarothamnine.
сарпинка *f.* printed calico.
саррацен/ин *m.* sarracenine; —ия *f.* (bot.) Sarracenia; —овый *a.* Sarracenia; sarracenic (acid).
сарсапар/е(л)ль, —иль *f.* sarsaparilla.
сарса/повая кислота sarsapic acid; —сапонин *m.* sarsasaponin.
сарторит *m.* (min.) sartorite.
сарци/дин *m.* sarcidin (antibiotic); —н *see* саркин.
сарыч *m.* (orn.) buzzard.

САС *abbr.* (селитряно-аммиачный суперфосфат) ammonium nitrate superphosphate.
Саскачеван (geog.) Saskatchewan.
Саскуэханна Susquehanna (river).
сассапарел(л)ь *see* **сарсапарел(л)ь**.
сассафрас *m.* (bot.) sassafras.
сасси *n.* sassy bark casca bark.
сассолин *m.* (min.) sassoline, sassolite.
САСШ *see* **США**.
сателл/ит *m.* (astr.) satellite; (mach.) planet(ary) pinion, intermediate wheel, satellite; —**итовый** *a.* satellite; subordinate; planetary (gear); —**оид** *m.* satelloid (flying missile).
сативин *m.* sativin; —**овая кислота** sativic acid.
сатин *m.* (text.) satin; —**ер** *m.* (paper) glazer, plater, plating machine; —**ет** *m.*, —**етовый** *a.* (text.) satinet.
сатиниров/альный *a.*, —**ание** *n.* (paper) glazing, etc., *see v.*; —**анный** *a.* glazed, etc., *see v.*; plate-glazed; satin; —**ать** *v.* glaze, plate, satin, (super)calendar; —**очный** *see* **сатинировальный**.
сатинит *m.* satin white (pigment).
сатиновое дерево satinwood.
сатко *n.* Satco alloy.
сатура/тор *m.* saturater; (sugar; beverages) carbonator; —**ционный** *a.*, —**ция** *f.* saturation; carbonation.
сатурея *f.* (bot.) savory.
Сатурн *m.* (astr.) Saturn; **система —а** Saturnian system.
сатурн/изм *m.* (med.) saturnism, lead poisoning; —**ии** *pl.* (ent.) Saturniidae; —**ово дерево** arbor Saturni, lead tree.
САУ *abbr.* (самоходно-артиллерийская установка) self-propelled gun.
Саудовская Аравия (geog.) Saudi Arabia.
Саут— *prefix* (geog.) South—.
сафир *see* **сапфир**.
сафлор *m.* (bot.) safflower (*Carthamus tinctorius*); zaffer (impure oxide of cobalt); —**ит** *m.* (min.) safflorite; —**овый** *a.* safflower.
сафой *see* **савойская капуста**.
сафр/анин *m.* safranine; —**анинол** *m.* safraninol; —**анол** *m.* safranol; —**ен** *m.* safrene; —**озин** *m.* safrosin; —**ол** *m.* safrole; —**он** *m.* saffron.
сафьян *m.*, —**овый** *a.* morocco (leather).
САХ *abbr.* (средняя аэродинамическая хорда) mean aerodynamic chord.
сахалинский *a.* (geog.) Sakhalin.
сахар *m.* sugar; **жженый с.** caramel; **кристаллический с.** granulated sugar; **мелкий с.** powdered sugar.
Сахара Sahara (desert).
сахар/аза *f.* saccharase; —**ан** *m.* saccharane; —**ат** *m.* saccharate, sucrate;

сахари/д *m.* saccharide; —**метр** *m.* saccharimeter; —**метрия** *f.* saccharimetry.
сахарин *m.* saccharin; —**овый** *a.* saccharin; saccharinic (acid).
сахарист/ость *f.* saccharinity; sugar content; —**ый** *a.* sugary, saccharine, sacchariferous; (geol.) saccharoid(al).
сахарить *v.* (sweeten with) sugar.
сахарно/кальциевая соль, —**кислый кальций** calcium saccharate; —**кислый** *a.* saccharic acid; saccharate (of); —**кислая соль** saccharate.
сахарн/ый *a.* sugar, saccharine; sweet (corn); **с. завод** sugar refinery; **с. песок** granulated sugar; **с. тростник** sugar cane; —**ая болезнь** (med.) diabetes; —**ая голова** sugar loaf; —**ая кислота** saccharic acid, tetrahydroxyadipic acid; **соль —ой кислоты** saccharate; —**ая пудра** confectioner's sugar.
сахаро/биоза *f.* saccharobiose, sucrose; —**вар** *m.* sugar refiner; —**варение** *n.*, —**вар(ен)ный** *a.* sugar refining; —**видный** *a.* (geol.) saccharoidal (texture); —**за** *f.* saccharose, sucrose; —**метр** *see* **сахариметр**; —**мицеты** *pl.* (bot.) saccharomycetes; —**молочная кислота** saccharolactic acid, mucic acid; —**новая кислота** saccharonic acid; —**нос** *m.* sugar-yielding plant; —**образование** *n.* formation of sugar, saccharification; (physiol.) glycogenesis; —**подобный** *a.* sugar-like, saccharine, saccharoid, sugary; —**рафинадный завод** sugar refinery; —**содержащий** *a.* sugar-containing, sacchariferous, saccharine, saccharated.
сахар-песок *m.* granulated sugar; **с.-рафинад** *m.* refined sugar; **с.-сатурн** *m.* sugar of lead, lead acetate; **с.-сырец** *m.* unrefined sugar.
сахельский ярус (geol.) Sahelian stage.
сачок *m.* hand net, insect net.
саше *n.* sachet; small bag.
сб *abbr.* (стильб) stilb; **сб.** *abbr.* (сборник) collection, symposium.
сбав/ить, —**лять** *v.* reduce, lower, cut, deduct, subtract; —**ка** *f.* reduction, lowering, cut (in price), deduction.
сбалансиров/анный *a.* balanced; —**ать** *v.* balance (out), neutralize.
сбалтывать *v.* stir, mix up, shake up.
сбалчивать *v.* bolt together.
сбе/г *m.* run-off; fall(ing) off; run-out (of thread); taper (of lumber); (naut.) scupper; —**гание** *n.* running off, etc., *see v.*; —**гать** *v.* run off, run down, flow off; run over, overflow, bubble over; run for; —**гаться** *v.* run together, gather, collect; —**гающий** *a.* running off, etc., *see v.*; trailing; —**жать** *see* **сбегать**.

сбежист/ость *f.* taper, decrease; **—ый** *a.* tapering, decreasing.
сбей(те) *imp. of* **сбить**.
сбере/гательный *a.* saving(s); **—гать** *v.* save, economize; stock, lay up; keep, reserve; **—жение** *n.* economy, saving; preservation; **—жения** *pl.* savings; **—чь** *see* **сберегать**.
сберкасса *f.* savings bank.
сбив/альный *a.*, **—ание** *n.* knocking off, etc., *see v.*; **—ание накипи** scaling (off); **—ать** *v.* knock off, throw off (course); knock down, decrease; put together, nail together; churn (butter), whip (cream), beat (eggs); confuse; shoot down (plane); **—аться** *v.* be knocked off, etc.; go off (course); get out of position; get confused; **—ка** *see* **сбивание**; **—ной** *a.* knocking off, etc., *see v.*; knocked off, etc., *see v.*
сбивчив/ость *f.* confusedness; **—ый** *a.* confused, indistinct; conflicting.
сбирать *see* **собирать**.
сбит/ый *a.* knocked off, etc., *see* **сбивать**; out of position, out of alignment; biased; **—ь** *see* **сбивать**.
СБК *abbr.* (стационарная барокамера) stationary pressure chamber.
сбли/жать *v.* draw together, bring together; bind, connect; compare; **—жаться** *v.* approach, come closer together, draw together, converge; **—жение** *n.* drawing together, etc., *see v.*; convergence; approach; **прививка —жением** (hort.) inarching; **скорость —жения** approach velocity; **—женность** *f.* contiguity, proximity; convergence; **—женный** *a.* drawn together, etc., *see v.*; converging; contiguous, adjacent; **—зить** *see* **сближать**.
сблокиров/анный *a.* assembled, etc., *see v.*; multiple (motor); **—ать** *v.* assemble, connect up; interlock, interlink.
СБМ *abbr.* (сбоечно-бурная машина).
сбое/к *gen. pl. of* **сбойка**; **—чно-бурная машина** (min.) crosscut drill; **—чный** *a. of* **сбойка**.
сбоина *f.* residue, cake; husks.
сбой *m.* malfunction(ing), trouble, failure, damage; disturbance, interruption, irregularity, missing; dislocation; reduction, lowering; fragments; head, feet and entrails of slaughtered animal.
сбойка *f.* joining, joint, mortising; (min.) connector, crosscut.
сбойня *see* **сбоина**.
сбоку *adv.* at the side (of), on the side, from the side; **вид с.** side view.
сболт/анный *a.* shaken up, stirred; **—ать** *see* **сбалтывать**.
сбол/тить *see* **сболчивать**; **—ченный** *a.* bolted (together), etc., *see v.*; **—чивание** *n.* bolting (together), etc., *see v.*; **—чивать** *v.* bolt (together), fasten, secure.
сбор *m.* assembly, gathering,. collection, accumulation; picking, reaping, harvest(ing), yield; fee, charge; (pharm.) species; **быть в —е** *v.* be assembled; **масляный радиатор в —е** oil-cooler assembly.
сборка *f.* assembly, assembling, putting together, building up, setting up, erecting, erection, installation, rigging, mounting, fitting, joining; (rubber) building; gather, crease (in cloth); (glaze) shivering; **с. подборкой** selective assembly; **предварительная с., узловая с.** preliminary assembly, subassembly.
сборник *m.* collection; symposium; collector, accumulator, receiver, receptacle, tank, sump; header, manifold.
сборно/-разборный *a.* dismountable assembled (fittings); **—сть** *f.* construction with prefabricated parts or modules.
сборн/ый *a.* assembled, built-up, sectional, module, unit-construction; ready-made, prefabricated; precast (concrete); mixed (fertilizer); accumulative, collective, collecting, aggregate, heterogeneous, miscellaneous; composite (map); rendezvous (point); bilge (well); **с. горшок** receiver; **с. лист** preliminary matter, preliminary pages; **—ая группа** assembly; **—ая таблица** index diagram; **—ая шина** (elec.) collecting bar; **—ое строение** prefabrication.
сбороч/ная *f.* assembly shop, assembly plant, fitting shop; **—о-автоматическая линия** automatic assembly line; **—ый** *a.* assembly, assembling, erecting; grouping; unitized, module; fastening (screw); **—ый конвейер** assembly belt.
сборщик *m.* assembler, fitter, erector, mounter; adjuster; collector, picker.
сбоя *gen. of* **сбой**.
сбражив/ание *n.* fermentation; **—ать** *v.* ferment, brew.
сбрасыв/аемый *a.* jettisonable, drop(pable), expendable; **—ание** *n.* dumping, etc., *see v.*; drop, release, discharge; disposal; dispersal; (commun.) cut-off; (geol.) faulting; detrusion; **кнопка —ания** (commun.) cancel key; **проба —анием** (met.) drop-shatter test; **—атель** *m.* tripper (device); (mach.) kicker; (geol.) fault fissure; **—ать** *v.* dump, drop, release, jettison, throw down; throw off, cast off, shed; discard, dispose of; relieve (pressure); decrease; (hydr.) run off, discharge; (rr.) derail; flood (the market); **—ающий** *a.* dumping, etc., *see v.*; (geol.) fault (fissure).
сбривать *v.* shave off, shear off.
сбрикетировать *v.* briquette.

сбрит/ый *a.* shaved off; —ь *v.* shave off.
сброженный *a.* fermented, brewed.
сброс *m.* drop; decrease; (hydr.) run-off; disposal (of waste waters); refuse pulp, effluent; (comp.) reset; (converter) burst; (phys.) fault (in line of creep); (geol.) fault, spec. normal (gravity) fault; импульс —a reset pulse; откос —a, терраса —a, фас —a fault scarp.
сброс/ать, —ить *see* сбрасывать. —ка *see* сбрасывание; —ной, —ный *a.* overflow, run-off, discharge; —овый *a.* overflow, run-off; (geol.) fault; faulted (mountain; structure); —овая глыба fault block; —овая деятельность faulting; —о-сдвиг *m.* strike-slip normal fault.
сброшенн/ый *a.* dumped, etc., *see* сбрасывать; (geol.) faulted; с. вниз (geol.) downfaulted; —ая котловина fault basin.
сброшюрованный *a.* stitched (book).
сбру/йный *a.*, —я *f.* harness.
сбрыз/г *m.* sprayer, sprinkler; —гивание *n.* spraying, etc., *see v.*; —гивать, —нуть *v.* spray, sprinkle, wet.
сбы/вание *n.* sale, marketing; market; —вать *v.* sell off, market; dispose (of), get rid (of); go down (of water); —ваться *v.* happen, occur, turn out, be realized; —т *see* сбывание; —тие *n.* diminution; —тный *a.* marketable; —товой *a.* market(ing); —ть *see* сбывать.
св *abbr.* (свеча) candle; св. *abbr.* (свыше) over; (святой) saint; СВ *abbr.* (средние волны) medium waves; С.-В. *abbr.* (северо-восток) northeast.
сваб/ирование *n.* swabbing (for starting oil wells); —ит *m.* (min.) swabite.
свае/бойный *a.* pile-driving; —выдергиватель *m.* pile extractor.
Свазиленд (geog.) Swaziland.
сва/и *gen.*, *pl.*, *etc.*; —й *gen. pl. of* свая.
свайка *f.* (naut.) fid, marline spike.
свайн/обойный *a.* pile-driving, ram; —ый *a.* pile(-supported); —ые работы piling, pile-driving.
свал *see* сваливание; dump, heap, pile; —енный *a.* dumped, etc., *see v.*; —ивание *n.* dumping, etc., *see v.*; drop(ping); stall(ing) (of aircraft); —и(ва)ть *v.* dump, unload, discharge, drop, throw off; relieve (of); knock down, knock over, upset; fell (tree); overcome (with disease); attribute (to); heap up, pile up; felt, mat (together); decrease, abate, fall off, diminish; (av.) tilt; —и(ва)ться *v.* fall, collapse, tumble down; stall (of aircraft); fall ill; —ка *see* сваливание; dump; heap, pile; —очный *a.* of свалка; —очное место dump, dumping ground; —ьный *a.* dump(ing).

свальцевать *v.* roll (into a given shape).
свальщик *m.* dumper; piler.
свал/яный *a.* felted, matted; —ять *v.* felt, mat.
Свана патрон (elec.) bayonet socket.
сванбергит *m.* (min.) svanbergite.
сваренный *a.* cooked, boiled; well-prepared (meal); welded, fused.
сварив/аемость *f.* weldability; —аемый *a.* weldable; —ание *n.* welding; —ать *v.* weld (together), weld up, fuse; —ать в притык butt-weld.
сварить *v.* boil, cook; weld.
сварка *f.* welding; с. мостиком bridge welding; с. по шву, с. швом seam welding; с. точками, точечная с. spot welding.
сварн/ой, —ый *a.* welded.
сварочно-точечный *a.* spot-welding.
сварочн/ый *a.* weld(ing); welded; fused; с. агрегат, с. аппарат welder; —ая ванна pool; —ая горелка welding torch; —ая сталь weld steel; —ое дело welding practice; —ое железо weld iron, wrought iron; —ое производство welding.
свартцит *m.* (min.) swartzite.
сварщик *m.* welder, welding operator.
свая *f.* pile, post; с.-оболочка *f.* tubular pile; с.-стойка *f.* end-bearing pile.
св.г. *abbr.* (световой год) light year.
свевать *v.* blow (off, together); winnow.
сведа *f.* (bot.) seablite (*Suaeda*).
веден/ие *n.* knowledge, information; taking, etc., *see* сводить(ся); (med.) contraction, cramp; —ия *pl.* information, data; с. в таблицу tabulation; доводить до —ия *v.* notify; принять к —ию *v.* take into consideration; сообщать —ия *v.* instruct, inform; —ный *a.* taken, etc., *see* сводить.
сведущ/ий *a.* adept, versed (in), expert, skilled; —ее лицо expert.
сведет *fut. 3 sing. of* свеять.
свеж *sh. m. of* свежий; —ак *m.* strong, fresh wind; freshly caught fish; —атина *f.* fresh meat.
свеже— *prefix* freshly, recently.
свежевать *v.* flay, dress (cattle).
свеже/замороженный *a.* quick-frozen; —испеченный *a.* freshly baked; —обнаженный *a.* freshly uncovered; —осажденный *a.* freshly formed; —приготовленный *a.* freshly prepared, fresh; —просольный *a.* freshly pickled; fresh-salted; —разведенный *a.* freshly diluted; fresh; —распиленный *a.* green, unseasoned (timber); —скошенный *a.* freshly mowed; —смешанный *a.* freshly mixed; —срубленный *a.* green(wood).
свеж/есть *f.* freshness; brilliance (of color); —еть *v.* cool off; freshen, become stronger (of wind); —еуложенный *a.* fresh (concrete); —ий *a.* fresh, recent;

brilliant, bright; live (steam); green (sand, coal, etc.); virgin (neutron); —ье *n.* fresh caught fish.

свез/енный *a.* carried, conveyed, transported; —ти *see* свозить.

свеивать *see* свевать.

свекла *f.* beet; листовая с. Swiss chard; сахарная с. sugar beet.

свекло—*prefix* beet; —вица *f.* beet, spec. sugar beet; —вичник *m.* Swiss chard; —вичный *a.* (sugar)beet; —вище *n.* beet field; —вод *m.* beet grower; —водство *n.*, —водческий *a.* beet growing; —комбайн *m.* beet(root) combine; —копатель *m.* beetroot digger; —погрузчик *m.* beet(root) loader; —подъемник *m.* beet(root) digger, beet(root) harvester; —резка *f.* beet cutter; —сахарный *a.* beet-sugar; —сеющий *a.*, —сеяние *n.* beet growing; —совхоз *m.* sugarbeet state farm; —уборка *f.*, —уборочный *a.* beet harvesting; —утомление *n.* soil exhaustion from beets.

свекольный *a.* beet(root); beet-red.

свел *past m. sing. of* свести.

сверби/га *f.* (bot.) Bunias; —жница *f.* Cephalaria.

свергаться *v.* fall (of water).

свердловский *a.* (geog.) Sverdlovsk.

свер/ить *see* сверять; —ка *f.* collation, etc., *see* сверять; revise, revised proof.

сверк/ание *n.* sparkle, sparkling, glitter, flash; —ать, —нуть *v.* sparkle, glitter, flash, gleam, scintillate; —ающий *a.* sparkling, etc., *see v.*; bright.

сверл/ение *n.* boring, drilling, piercing; —ило(-корабельщик) *n.* ship-timber beetle; —ильник *m.* borer, driller; —ильно-долбежный станок slot drill(ing machine); —ильно-расточный станок jig borer; —ильнореволверный станок turret drill.

сверлильн/ый *a.* boring, drilling; с.-перфоратор auger, rotary drill; с. станок, —ая машина drill (press); —ая стружка borings.

сверл/ильщик *m.* borer, driller; —ить *v.* bore, drill, perforate, pierce; —ить под drill for.

сверло *n.* drill, borer, (boring) bit; американское с., витое с., спиральное с. twist drill.

сверло/вка *f.*, —вочный *a.* drilling, boring; —вщик *m.* driller, drill operator; —заточный *a.* drill-sharpening.

сверло-коронка *n.* core drill; с.-развертка *n.* finishing drill.

сверл/янка *f.* (ent.) borer; —ящий *a.* drilling, boring; piercing (pain).

свергну/вшийся *see* свернутый; —тость *f.* convolution; —тый *a.* coagulated, etc., *see* свертывать; convolute; —ть *see* свертывать.

сверст/ка *f.* (typ.) made up matter, makeup; —(ыв)ать *v.* make up (into pages).

сверт/еть *see* свертывать; —ка *see* свертывание; *gen. of* свёрток.

свертн/ый *a.* screwed on; с. вал built-up shaft; —ая гайка, —ая муфта screw cap; cap screw.

свёрток *m.* pack(et), package, parcel; roll; coagulum, clot; *gen. pl. of* свёртка.

свертыв/аемость *f.* coagulability; —аемый *a.* coagulable; —ание *n.* coagulation, curdling, etc., *see · v.*; (math.) convolution; —ать *v.* coagulate, curdle; turn (aside, off); knock aside; twist, unscrew; strip (thread); roll up, wrap up; cut back, curtail; convert, reduce (information); —аться *v.* coagulate, curdle, clot; roll up, curl up, fold up; kink, twist; turn (to); cut back; —ающийся *a.* coagulating, etc., *see v.*

сверх *prep. gen.* above, over, beyond; besides, in addition to; с. того moreover, over and above, besides.

сверх— *prefix* super—, hyper—, ultra—, extra—, excessively; —адиабатический *a.* superadiabatic; —атмосферный *a.* superatmospheric; —баллон *m.* balloon tire; —барометрический *a.* superatmospheric; —быстродействующий, —быстроходный, —быстрый *a.* super fast, extra fast, ultra-high-speed; flash (freezing).

сверхвысок/ий *a.* superhigh, extremely high; super—; —отемпературный *a.* extreme-temperature; —очастотный *a.* microwave (discharge, maser, etc.).

сверх/галактика *f.* (astr.) supergalaxy; —гигант *m.* supergiant (machine or device); —группа *f.* (tel.) supergroup; —густитель *m.* superthickener; —давление *n.* overpressure, superpressure, excess pressure; —дальний, —дальнобойный *a.* ultra long-range; —действие *n.* peak output; —доводка *f.* (met.) superfinish.

сверх/закалка *f.* (met.) superhardening; —звуковой *a.* (acous.) supersonic, ultrasonic; Laval (nozzle); —излучение *n.* super-radiation; —кислотность *f.* (med.) hyperacidity, excessive acidity; —комплексный *a.* supercomplex; —комплектный *a.* supernumerary, superfluous, extra, excess.

сверхкритич/еский *a.* supercritical, above critical; —ность *f.* supercriticality.

сверх/легирование *n.* over-alloying; —доping; —легкий *a.* superlight; —летальный *a.* superlethal; —лимитный *a.* over the limit; excessively expensive; —микроскоп *m.* electron microscope;

—миниатюрный *a.* subminiature, subminiaturized.

сверх/мощный *a.* superpower; super—; —мягкий *a.* extra soft; —направленный *a.* ultradirectional; —низкий *a.* extra low; —никель *m.* supernickel (alloy); —новая *f.* (astr.) supernova; —нормальный *a.* supernormal; —отжиг *m.* (met.) overannealing.

сверх/плановый *a.* exceeding the plan, more than planned (for); —плоскость *f.* (math.) hyperplane; —подвижный *a.* hypermobile; —прибыль *f.* excess profit.

сверхпровод/имость *f.* superconductivity; —ник *m.* superconductor; —ящий *a.* superconducting.

сверх/прочный *a.* ultrastrong; super-strength (alloy); —ранний *a.* (agr.) extra early; —регенеративный *a.* super-regenerative, self-quenching (detector); —редкий *a.* extremely rare; trace (element); —рефракция *f.* superrefraction.

сверх/световой *a.* faster than light; —сжатие *n.* overcompression; —скоростной *a.* super(-high)-speed, ultra high-speed, extra fast; —соприкосновение *n.* (geom.) superosculation; —сопряжение *n.* (chem.; phys.) hyperconjugation; —срочный *a.* extended; very urgent; —структура *f.* superstructure; (cryst.) superlattice; —счетный *a.* odd; —твердый *a.* superhard, extra hard.

сверхтекуч/есть *f.* superfluidity; —ий *a.* superfluid.

сверх/ток *m.* (elec.) overcurrent, excess current; —тонкий *a.* ultrafine; submicron (particle); —точный *a.* very precise; super— (regulator); —тяжелый *a.* superheavy, extra heavy.

сверху *adv.* (from) above; at the top (of); с. до низу from top to bottom; вид с. top view; загрузка с. top charging.

сверх/упругий *a.* hyperelastic, superelastic; —устойчивость *f.* superstability, over-stability; —фильтр *m.* ultrafilter; —фоторегистрация *f.* moving-image photography; —человеческий *a.* superhuman; —чистый *a.* ultra-pure; —чувствительный *a.* supersensitive, super— (regulator); —широкоугольный *a.* (phot.) superwide-angle; —штатный *a.* supernumerary; —ядро *n.* supernucleus.

сверчок *m.* (ent.) cricket.

сверш/ать(ся), —ить(ся) *see* совершать(ся); —ение *see* совершение.

сверять *v.* collate, compare, check (against); —ся *v.* check.

свес *m.* overhang, jut, projection, extension; shed; —ить *v.* suspend; weigh; weigh down.

свести *see* сводить.

свет *m.* (day)light; world; clearance; в —у (in the) clear, inside; высота в —у inside height, clearance; выходить в с. *v.* appear, come out, be published; диаметр в —у inside diameter, bore; появляться на с. *v.* appear, come into being; преломление —а optical refraction; проливать с. на *v.* illuminate, clarify, shed light on; проливающий с. luminous; пропускающий с. translucent; сила —а *see* светосила.

светать *v.* dawn, grow light.

светел *sh. m. of* светлый.

светил/о *n.* star, luminary, light; —a *pl.* heavenly bodies.

светильн/ик *m.* lamp, illuminant; —ый *a.* illuminating; —я *f.* lamp; wick.

светимость *f.* luminosity, luminance; radiance; transmission (of spectrometer).

светить *v.* (give) light; —ся *v.* shine, gleam, glisten, sparkle; glow, fluoresce.

светлеть *v.* lighten, grow light, brighten; clear up, clarify.

светлить *v.* give light; shine, polish.

светло *adv.* light, bright, clear; it is light; —вина *f.* bright spot; —зем *m.* light-colored soil; —коричневый *a.* light brown; —красный *a.* light red, bright red; —окрашенный *a.* light(-colored); —сть *f.* lightness, brightness; clearness, lucidity; —та *f.* luminosity; brightness; albedo, reflection factor; —тянутый *a.* bright-drawn (steel).

светлые *pl.* (petrol.) light products.

светлый *a.* light, luminous; clear, lucid; (met.) bright (annealing).

свет/лынь *f.* brightness, light; —ля(чо)к *m.* (ent.) firefly, glow-worm; —ность *f.* luminosity; high light.

свето— *prefix* light, photo—; —адаптированный *a.* light-adapted; —блик *m.* light pattern; —боязнь *f.* (med.) photophobia; —вод *m.* (nucl.) light guide, (wavebeam) guide.

свето/ой *a.* light, luminous; illuminance (sensitivity); с. год light year; с. заряд flashpowder charge, flare; с. поток luminous flux; с. пучок pencil of light; с. сигнал flare; —ая волна light wave; —ая дуга luminous arc, (electric) arc; —ая копия *see* светокопия; —ая мощность luminosity, luminescence; —ое лечение phototherapy.

свето/выход *m.* light output; —дальномер *m.* (geod.) phototachymeter; —излучение *n.* radiation of light; —измерительный *a.* photometric; —испускающий *a.* light-emitting, luminous.

светокоп/ир(оваль)ный *a. of* светокопирование, светокопия; —ировальня *f.* blueprint or photostat room; —и-

светокультура

рование *n.*, **—ировка** *f.* blueprinting; photostating; diazotypy; **—ия** *f.* blueprint; photostat; diazotype; **синяя —ия** blueprint.

свето/культура *f.* (hort.) artificial-light culture; **—лечение** *n.* (med.) phototherapy, light treatment; **—ловушка** *f.* insect trap (using light); **—любивый** *a.* light-requiring; **—маскировка** *f.*, **—маскировочный** *a.* blackout; **—масса** *see* **светосостав**; **—маяк** *m.* light beacon; **—мер** *m.* photometer; **—мерный** *a.* photometric; **—метрический** *a.*, **—метрия** *f.* (mil.) flash ranging.

светонепроницаем/ость *f.* opacity; **—ый** *a.* lightproof, light-tight; opaque.

свето/носный *a.* luminiferous; **—ориентация** *f.* (biol.) phototropism; **—отдача** *f.* light output; **—отражательный** *a.* light-reflecting; **—ощущение** *n.* light perception; **—печатание** *n.* photographic printing; **—писное копирование** *see* **светокопирование**; **—пись** *f.* photography; **—поглощение** *n.* light absorption; **—потеря** *f.* loss of light.

светопреломл/ение *n.* refraction of light; **—яющий** *a.* light-refracting.

свето/провод *see* **световод**; **—проем** *m.* light aperture (in building).

светопрозрачн/ость *f.* translucence, light transmission; **—ый** *a.* translucent, light-transmitting.

светопроницаем/ость *f.* transparency; **—ый** *a.* transparent; translucent.

светопрочн/ость *f.* fastness to light, photostability; **—ый** *a.* fast to light, photostable.

светорассе/ивание, **—яние** *n.* light diffusion; **—ивающий** *a.* light-diffusing.

светосигнал *m.* light signal; **—изатор** *m.* (av.) pilot light; **—изация** *f.* light signaling; **—ьный** *a.* light signal.

светосил/а *f.* luminosity, lumen (output), candlepower; (phot.) aperture ratio; (lens) speed; transmission (of spectrometer); **—ьный** *a.* wide-aperture (lens).

свето/состав *m.* phosphor, luminescent substance, fluorescent substance; **—старение** *n.* light aging.

светостойк/ий *a.* light-resistant, fast to light, photostable; **—ость** *f.* light resistance, fastness to light, photostability.

свето/схема *f.* illuminated chart; **—теневой** *a.* black and white (picture); **—тень** *f.* light and shade; **—теплостарение** *n.* light and heat aging; **—техника** *f.*, **—технический** *a.* illumination engineering; **—устойчивость** *see* **светостойкость**.

светофильтр *m.* light filter, color filter; **—ирующий** *a.* light-filtering, color-filtering; light-absorbing (pigment).

свило

свето/фон *m.* optical telephone; **—фор** *m.*, **—форный** *a.* traffic light, light signal.

светочувствительн/ость *f.* sensitivity to light, photosensitivity; speed (of film); **—ый** *a.* light-sensitive, photosensitive; photographic, printing (paper); **—ая проводимость** (elec.) photoconductivity; **—ое сопротивление** photoresistance.

светоэлектрический *a.* photoelectric.

светящ/ийся *a.* luminous, luminescent, phosphorescent, shining; noctilucent (cloud); **с. разряд** (elec.) glow discharge; **с. состав** luminophore; **—аяся лампа** (electron.) glow tube; **—аяся точка** luminous point, bright spot; focus.

свеч/а *f.* candle; spark plug; (drill pipe) stand; (met.) throat flame; (av.) vertical climb; (med.) suppository; **зажигательная с.**, **запальная с.** sparkplug; **нормальная с.**, **стандартная с.** standard candle; **сила света в —ах, число —ей** candlepower; **с.-секунда** *f.* candle-second; **с.-час** candle-hour.

свечение *n.* luminescence, luminosity, brightness, glow, phosphorescence, lighting; **белое с.** incandescence, white heat; **красное с.** red heat.

свеч/еобразный *a.* candle-shaped; **—ка** *see* **свеча**; **—ной** *a. of* **свеча**; **—ность** *f.* candlepower.

свеш/ать *v.* weigh; **—ивать** *v.* weigh down; hang down; **—иваться** *v.* overhang; **—ивающийся** *a.* overhanging.

свеять *see* **свевать**.

свив/ание, **—ка** *f.* coil(ing), twist(ing), etc., *see v.*; **—ать** *v.* coil, twist, spin, wind; unwind; weave (into); **—аться** *v.* interweave.

свидание *n.* meeting, appointment.

свидетел/ь *m.* witness, onlooker; (analysis) blank sample, control; (chromatography) reference spot, marker; **быть —ем** *v.* witness, be a witness (to); **—ьское показание** (court) evidence.

свидетельств/о *n.* evidence, attestation, affirmation; testimony; document, certificate, license; record; bill (of sale); **—ование** *n.* witnessing, etc., *see v.*; **—овать** *v.* witness, attest, bear witness (to); testify; indicate, suggest, point (to the fact that); give evidence (of); **—оваться у доктора** get a health certificate; **—ующий о** *a.* significative, indicating.

свизировать *v.* sight, level.

свил *past m. sing. of* **свить**.

свилеват/ость *f.* (bot.) curly grain, cross grain; **—ый** *a.* cross-grained; wavy-fibered; twisted, knotty, gnarled.

свиливать *v.* swerve.

свило *past n. sing. of* **свить**.

свиль *f.* (timber) knot, snag, burr, curl; (cer.; glass) cord, waviness, ripple.
свильнуть *v.* swerve.
свинарн/ик *m.*, **—я** *f.* pig sty.
Свинбурна испытание (elec.) Swinburne test.
свиневодство *n.* swine breeding.
свиней *gen. pl. of* **свинья**.
свин/ец *m.* lead, Pb; **мышьяковокислый с.** lead arsenate; **окись —ца** lead oxide, spec. lead monoxide; **соль окиси —ца** lead salt, spec. a salt of bivalent lead; **сернокислый с., сульфат —ца** lead sulfate; **уксуснокислый с.** lead acetate; **хлористый с.** lead chloride, plumbous chloride; **хлорный с.** lead tetrachloride, plumbic chloride; **хромат —ца, хромовокислый с.** lead chromate.
свинец/алкил *m.* lead alkyl; **—арил** *m.* lead aryl; **—диалкил** *m.* lead dialkyl; **—диметил** *m.* lead dimethyl; **—диэтил** *m.* lead diethyl; **—органический** *a.* organolead; **—тетраэтил** *m.* lead tetraethyl.
свинина *f.* pork (meat).
свинка *f.* young pig; (met.) pig, ingot, bar; (mercury) switch; (med.) mumps; (ent.) beet weevil; **железо в —х, чугун в —х** pig iron.
свиноводство *n.* swine breeding.
свин/ой *a.* swine, pig; pork (meat); **с. жир, —ое сало** lard; **с. камень** (petr.) swinestone; **—ая рожа** (med.) erysipeloid; **—окопчености** *pl.* smoked pork products; **—орой** *m.* (bot.) Cynodon; **пальчатый —орой** Bermuda grass; **—отоварный** *a.* commercial swine-breeding.
свинтить *see* **свинчивать**.
свин/ух *m.*, **—уха** *f.* mushroom (*Agaricus violaceus*); **—ушка** *f.* mushroom (*A. placomyces* or *Paxillus involutus*); **—ушник** *m.* pigsty.
свинц/а *gen. of* **свинец**; **—евание** *n.* lead-plating, leading; **—евать** *v.* lead(-plate); **—ованный** *a.* lead-plated, leaded.
свинцовисто/кислая соль plumbite; **—кислый натрий, —натриевая соль** sodium plumbite.
свинцовист/ый *a.* lead, plumbous; **—ая кислота** plumbous hydroxide; **соль —ой кислоты** plumbite.
свинцовка *f.* (bot.) leadwort (*Plumbago*).
свинцово/висмутовый *a.* lead-bismuth (alloy); **—водород** *m.* lead hydride; **—кальциевая соль** calcium plumbate.
свинцовокисл/ый *a.* plumbic acid; plumbate (of); **с. натрий** sodium plumbate; **—ая соль** plumbate.
свинцово/медный штейн lead-copper matte; **—натриевая соль** sodium plumbate; **—оловянный сплав** lead-tin alloy;
—плавильная печь lead furnace; **—плавильный завод** lead works; **—серый** *a.* lead-colored; **—суриковая покраска** red-lead coating.
свинцов/ый *a.* lead, plumbic; **с. аккумулятор** lead battery; **с. блеск** (min.) lead glance, galena, lead sufide; **с. глет** litharge, lead oxide; **с. груз** plumb bob; **с. корень** *see* **свинцовка**; **с. крон** chrome yellow, lead chromate; **с. купорос** lead sulfate; (min.) anglesite; **с. отвес** plumb line;` **с. пепел** lead ash; lead dross; **с. сахар** sugar of lead, lead acetate; **с. сурик** red lead (oxide), minium; **с. шлак** lead scoria, lead dross; **—ая вода** 2% lead acetate solution; **—ая желтая** lead yellow, lead chromate; **—ая зелень** chrome green; **—ая земля** (min.) earthy cerussite; **—ая камера** lead chamber; **—ая кислота** plumbic acid; **соль —ой кислоты** plumbate; **—ая охра** lead ocher; (min.) massicot; **—ая примочка** Goulard's extract (solution of basic lead acetate); **—ая решетка** (elec.) lead grid; **—ая роговая руда** (min.) horn lead, phosgenite; **с. дерево** lead tree, arbor Saturni; **—ые белила** white lead, lead carbonate.
свинчак *m.* (min.) compact galena.
свинчатка *f.* lead weight.
свинч/енный *a.* screwed (together), etc, *see v.*; **—ивание** *n.* screwing (together), etc., *see v.*; **—ивать** *v.* screw (together), secure; screw off, unscrew, remove; damage, strip (thread).
свин/ь, морской (zool.) porpoise; **—ья** *f.* pig, swine, hog; sow; **—юшник** *m.* pigsty; **—ячий** *see* **свиной**.
свип-генератор *m.* sweep generator.
свирепый *a.* fierce; violent.
свис/ать *v.* hang loose, sag, trail; overhang; **—ающий** *a.* hanging, pendent; **—лый** *a.* hanging, sagging, drooping; **—нуть** *see* **свисать**.
свист *m.* whistle, hiss(ing); (rad.) howl(ing); **—ать, —еть, —нуть** *v.* whistle, hiss, howl; gush out (of liquids); **—ок** *m.* whistle; **—ящий** *a.* whistling, etc., *see v.*; sibilant.
свит *sh. m. of* **свитый**.
свита *f.* suite, set; (geol.) suite, series, formation; **с. пластов** (series of) strata, series, formation.
свитер *m.* sweater.
свит/ок *m.* roll, scroll; (zool.) volute, whorl; **—ый** *a.* coiled, convoluted; **—ь** *see* **свивать**.
свищ *m.* flaw, unsound spot, air hole; worm hole; (med.) fistula; (anat.) sinus; **—еватый** *a.* flawed, defective; **—евой** *a.* fistular, fistulous.
свищет *pr. 3 sing. of* **свистать**.

СВМ *abbr.* (**синтетические высокополимерные материалы**) synthetic high-polymer materials.

свобода *f.* freedom, liberty; latitude.

свободно *adv.* free(ly), loose(ly), easily; **с. вращающийся** *a.* loose, idle (roller); **с. движущийся** *a.* free-moving; **с. надетый** *a.* loose(-fitting); **с. сидящий** *a.* loose(-running).

свободно— *prefix* free, loose; (bot.) chori—, dialy—, apo— (separated); **—висящий** *a.* cantilever; **—молекулярный** *a.* free-molecule (flow); **—несущий** *a.* cantilever; **—поточный** *a.* free-flowing; **—радикальный** *a.* free radical; **с.-свободный** *a.* (nucl.) free-free; **—скользящий** *a.* loose, sliding (fit); **—стоящий** *a.* free-standing, self-supported; **—струйный** *a.* free-jet (turbine); **—ходящий** *a.* free-wheeling, coasting; idling.

свободн/ый *a.* free, loose, easy; clear, open; available; independent, separate, detached, unsupported; devoid (of); smooth (idling); idle (gear); natural (oscillation); transient (component); nonlocalized (vector); not critical (dimension); (educ.) permissive; **с. от пыли** dust-free; **с. проход** free area; **с. ход** freewheeling, coasting; idling; (horol.) detached escapement; **—ая высота** clearance; **—ого падения** free-fall (velocity).

свод *m.* arc(h), vault, dome; (arch) roof, crown (of furnace); saddle, crest; (geol.) anticline; (anat.; bot.) fornix, arcus; taking, etc., *see* **сводить**; summary, digest; **выводить —ом** *v.* arch.

сводик *dim. of* **свод**.

свод/имость *f.* (math.) reducibility; **—ить** *v.* take, lead, conduct; bring together, draw together, converge; join, combine, assemble; reduce (to); hold, keep (to a minimum); remove, eradicate, take out (stain, etc.); copy, trace; fell, clear (woods); settle, close (deal); square (accounts); contract (muscle); **—ить в таблицу** tabulate; **—ить на нет** bring to nothing, nullify, neutralize; **—иться** *v.* lead, come, boil down (to); be reduced (to); **все это —ится к** the net result is.

сводка *f.* résumé summary, compendium, table; report, bulletin; bringing together, combining; copying, tracing; felling, clearing; (typ.) revise, proof.

сводн/о-аналитический *a.* synoptic analysis (sheet); **—ой** *a.* traceable; copied; capable of being fitted; **—ый** *a.* compound, composite, combined, consolidated; cumulative, collective, collected; summary, general; multiple (correlation); union, joint; serial (publication); master (catalog, file); **—ая таблица частот** frequency correlation chart.

свод/-оболочка *m.* shell arch; **—овый** *a. of* **свод**; center to edge (flooding); **—овые кислородные фурмы** roof oxygen lances (of open hearth furnace); **—чатый** *a.* arched, vaulted, cambered.

свое *see under* **свой**.

своевремен/о *adv.* opportunely; **—ость** *f.* opportuneness; **—ый** *a.* opportune, timely, well-timed.

своеобраз/ие *n.*, **—ность** *f.* originality, peculiarity; **—ный** *a.* original, unusual, peculiar, unique, out of the ordinary.

своз *see* **свозка**; **—ить** *v.* take (down, in, away); bring (down, together); convey, transport; **—ка** *f.* taking, etc., *see v.*; conveyance, transport(ation).

свой *a. and possessive pron.* my, his, her, its, our, your, their; one's own; domestic, home; in-house; **своего производства** of domestic manufacture; **в свое время** at one time, formerly; **настоять на своем** *v.* insist; **по своему** in one's own way.

свойлачивать *v.* interweave.

свойственн/о *adv.* naturally; it is natural; **—ость** *f.* peculiarity, singularity; **—ый** *a.* peculiar, distinctive, characteristic, typical; natural, native, indigenous, inherent, intrinsic.

свойств/о *n.* property, characteristic, quality, attribute, feature, aspect; nature, character; relationship, alliance; **в —е related**; **физические —а** physical properties; **химические —а** chemical properties.

свол/акивать, **—очить**, **—очь** *v.* drag (off, over, together); rake together.

сворачив/ание *n.* turning, etc., *see v.*; **—ать** *v.* turn, bend (aside), deflect; take off, remove, unscrew; displace, dislodge; roll up; curtail, cut back.

сворот *m.* bend, turn (in road); **—ить** *v.* turn, swing (right or left); turn over, knock over; dump off, remove.

св.сек *abbr.* (**свеча-секунда**) candle-second.

СВЧ *abbr.* (**сверхвысокая частота, сверхвысокочастотный**) ultra-high frequency.

свык/аться, **—нуться** *v.* accustom oneself (to), become accustomed.

свыше *prep. gen.* above, beyond, upwards (of), over, in excess of, more than, plus.

связанно-свободный *a.* (nucl.) bound-free (transition); **—сть** *f.* combined state; coherence.

связан/ный *a.* combined, bound, fixed, linked, tied, coupled, connected (up), associated, affiliated, allied, related, involving; bonded (to); due (to); attendant (upon), incident (to); latent (neutron); localized, fixed (vector); (mach.) gang(ed); (av.) body (axis);

coherent; **с. с производством** production-oriented; **с. с ним** allied, related; **не с.** free; **химически с.** (chemically) combined, fixed; **—о с** (it) involves.
связать see **связывать**.
связи gen., pl., etc., of **связь**.
связист m. signaler, signal man.
связк/а f. bundle, roll, sheaf, pack, bunch, batch, fagot, bale; binding, band; bond; binder; (anat.) ligament; (vocal) cord; **с. входа** input bundle.
связной a. binding, fastening; communications, liaison.
связн/ость f. coherence; tenacity (of soil); (math.) compendency, connectedness, connectivity; **—ый** a. connected, coherent, cohesive; compendent; ground-to-plane (radio); **—ое устройство** communicator.
связочн/ый a. bundle, bunch; (anat.) ligamentous, ligamental.
связ/ующее n. binder; **—ующий** a. binding, etc., see v.; connective, conjunctive; (surv.) turning (point); **—ующее вещество** binder, cement, agglutinant; **—ывание** n. binding, etc., see v.; combination; **—ывать** v. bind, tie (together, up), link, couple, connect (up); combine, fix, take up; bond, cement; relate (to); affiliate, consolidate; brace, stay; strap (multiple-cavity magnetron); **—ываться** v. be bound, etc.; combine; get involved (with); associate, affiliate (with); **—ывающий** a. binding, etc., see v.; **—ывающий камень** (masonry) bonder.
связ/ь f. communication(s); bond, tie, connection, coupling, link(age), join(t)ing, (con)junction, bonding, binding; (elec.) coupling; contact, association, relation(ship), closeness, cohesion, coherence, continuity; binder; connector, tie piece, tie rod, stay, brace, bracing, strut, truss; belt(ing); (chem.) bond; (bilateral) constraint; (naut.) member; **с. через излучение** radiation coupling; **в —и** in connection (with); **в непосредственной —и** directly connected (with); **двойная с.** double bond; **канал —и** communications channel; **корпус —и** signal corps; **коэффициент —и** coupling factor; **поддерживать с.** v. keep in touch; **порвать с.** v. sever a connection; **служба —и** communication service; **сопротивление —и** (elec.) coupling resistance; **средство —и** means of communication; **установить с.** v. establish communication; (elec.) connect up; **энергия —и** (nucl.) binding energy; **эффект химической —и** (nucl.) chemical binding effect.
свясло n. bandage; straw binder.

сг abbr. (сантиграмм) centigram.
с.г. abbr. (сего года) this year.
сгиб m. bend, flexure, fold, crimp; lap; (anat.) flexion; **—аемость** f. pliability, flexibility; **—аемый** a. pliable, flexible, bendable; collapsible; **—ание** n. bending, etc., see v.; flexure, flection; **—атель** m. (anat.) flexor; **—ательный** a. bending, flexing; flexor; **—ать** v. bend, flex, fold; curve, crook; deflect; **—аться** v. bend (down), bow down, stoop; swerve; **—ающийся** a. flexible; folding.
сгла/дить see **сглаживать**; **—жение** see **сглаживание**; **—женный** a. smoothed, etc., see v.; **—живание** n. smoothing, etc., see v.; **—живатель** m. smoother, flattener; **—живать** v. smooth (off, out, over); scrape, plane, level (down), flatten; obliterate; **—живаться** v. wear smooth; be smoothed, etc.; **—живающий** a. smoothing, etc., see v.
сгн/аивать v. let rot, let spoil; **—и(ва)ть** v. rot, spoil, decay; **—оенный** a. spoiled; **—оить** see **сгнаивать**.
сговариваться v. arrange (for), make arrangements (with), agree (upon).
сговор m. agreement, arrangement; **—иться** see **сговариваться**.
сгодиться v. be useful, serve.
сгон see **сгонка**; (pipe) sleeve; drop in water level due to wind; **—ы и нагоны** (hydr.) water surges, off-and-on water; **—ка** f. driving together, etc., see v.; **—но-нагонный** a. (ocean.) tide (crack); **—ный** a. driven together, joined; rafting; **—ная гайка** screw cap; **—ная муфта** (pipe) sleeve, union; **—щик** m. fitter; raft driver; **—ять** v. drive together, join, fit; drive away, drive off; eradicate, eliminate; raft, float.
сгораем/ость f. combustibility, inflammability; **—ый** a. combustible, inflammable, non-fireproof; **—ые вещества** combustibles.
сгоран/ие n. combustion, burning; (nucl.) burn-up; **камера —ия**, **пространство —ия** combustion chamber; **двигатель внутреннего —ия** internal-combustion engine.
сгор/ать v. burn (away, out, up); **—ающий** a. burning; combustible; **—евший** a. burnt; **—еть** see **сгорать**.
сготовить v. prepare, make.
сгре/балка f. rake; (met.) strike, rabble; **—бание** n. raking, etc., see v.; **—бать** **—сти** v. rake (together, up); skim; push off (slag); strike off (molding mix).
сгру/дить see **сгружать**; **—жать** v. unload; load (on); **—женный** a. unloaded; loaded (on); heaped up, piled up; **—живать** v. heap up, pile up;

сгрупп/ированный *a.* grouped, etc., *see v.*;
—(ыв)ание *n.* grouping, etc., *see v.*;
—(ыв)ать *v.* group (together), bunch;
bank; assemble.

СГС *abbr.* (сантиметр-грамм-секунда) centimeter-gram-second (system of units); СГСМ *abbr.* (электромагнитная система СГС) cgs electromagnetic system; СГСЭ *abbr.* (электростатическая система СГС) cgs electrostatic system.

сгустившийся *see* сгущенный.

сгуститель *m.* thickener, coagulant, condenser; clarifier, settler; (paper) decker; —ный *a.* thickening, coagulating; —ное средство coagulant; с.-центрифуга *m.* centrifugal thickener.

сгуст/ить *see* сгущать; —ок *m.* coagulum, curd, clot; (chem.) coagulate; bunch, cluster; blob (in photoemulsion); sheaf (of rays); образование —ков bunching, clustering.

сгущаем/ость *f.* condensability, etc., *see a.*; —ый *a.* condensable; compressible; coagulable.

сгуш/ать *v.* thicken, condense, concentrate; compress, liquefy; coagulate; clot, curdle; (paints) liver; bunch (in cyclotron); с. выпариванием boil down, concentrate; —аться *v.* be thickened, etc.; thicken; coagulate, clot, curdle; —ение *n.* thickening, condensation, etc., *see v.*; —енка *f.* curdled milk; —енность *f.* thickness, density; —енный *a.* thickened, etc., *see v.*; evaporated (milk).

сдабривать *v.* flavor, season.

сдавать *v.* give up, yield; surrender, turn over; hand in (paper); take (exam) be weakened; rent, lease; check (baggage); —ся *v.* give in, surrender, acknowledge defeat; be for rent; seem, appear.

сдав/ить *see* сдавливать; —ление *see* сдавливание; —ленный *a.* squeezed, etc., *see v.*; —ливание *n.* squeezing, compression, etc., *see v.*; —ливать *v.* squeeze, (com)press, condense; pinch, contract; mash, crush; throttle.

сдадут *fut. 3 pl. of* сдать.

сдаивать *v.* milk.

сдалбливать *v.* chisel off, scrape.

сдаст *fut. 3 sing. of* сдать.

сда/точный *a.*, —ча *f.* giving up, etc., *see* сдавать; lease; change (in small coin); —ть *see* сдавать.

сдваив/ание *n.* doubling, duplication, etc., *see v.*; период —ания (nucl.) doubling time; —ать *v.* double, duplicate; pair, couple, join, combine; —ающий *a.* doubling, etc., *see v.*

сдвиг *m.* displacement, shift, slip; shear; shearing (action); (geol.) fault spec. strike-slip fault; upheaval, heave; improvement, progress (in work, etc.); (math.) translation (of structures); с. фаз(ы), с. по фазе (elec.) phase displacement, phase shift; угол —а фаз phase angle; коэффициент —а coefficient of shear; на быстрый с. dynamic shear (test); напряжение —а shear stress; предельное напряжение —а yield stress; работающий на с. under shear stress; сопротивление —у shear strength, resistance to shear; угол —а angle of displacement.

сдвиг/ание *n.* shifting, etc., *see v.*; displacement; —ать *v.* shift, displace, slide, move; shear; draw together; —аться *v.* shift, move (out of position); shear; —ающий *a.* shifting, etc., *see v.*; —ающее усилие shear(ing) force; —овый *a.* of сдвиг; (acous.) thickness-sheer (vibrations of a plate); transverse (wave).

сдвиж/ение, —ка *see* сдвигание; —ной *a.* movable; collapsible, telescopic; slip (cover).

сдвинут/ый *a.* displaced, shifted, (re)moved; out of line, out of alignment, skew; с. по фазе out of phase, phase shifted; —ь *see* сдвигать.

сдво/ение *n.* doubling, duplication; —енный *a.* doubl(ed), duplex; twin(ned); binary, paired, combined in pairs, matched, coupled; side-by-side (turbine); back-to-back; straddle (packer); —ить *see* сдваивать.

сдел/анный *a.* made, etc., *see v.*; —ать *v.* make, do, manufacture; accomplish, carry out; take (a reading); —аться *v.* become.

сдел/ка *f.*, —очный *a.* agreement, transaction, deal, bargain; arrangement.

сдельн/о *adv.* by the piece, by the job; с.-премиальная плата piecework rate with bonuses; с.-премиальная система contract-bonus system; с.-прогрессивная заработная плата progressive (differential) piece rates; —ый *a.* (by the) piece, (by the) job; piece-rate (pay); piece, contract (work); —ая заработная плата piece rate.

сдельщи/к *m.* pieceworker, workman paid by the piece; —на *f.* piecework.

сдергивать *v.* pull off, tear off, pull down.

сдерет *fut. 3 sing. of* содрать.

сдерж/анный *a.* reserved, discreet, composed; —ать, —ивать *v.* (keep in) check, restrain, repress, moderate; contain, support, sustain; —ивание *n.* check, restrain, suppression; —ивающий *a.* restrictive.

сдернуть *see* сдергивать.

сдир/ание *n.* stripping, etc., *see v.*; —ать *v.*

сдобный strip (off), peel, flay, skin; bark; —аться v. peel, flake, come off; —ка f., —очный a. stripping; top layer, removable layer.

сдобный a. rich (pastry).

сдобрить see сдабривать.

сдоить see сдаивать.

сдор m. beef lard.

сдохнуть v. die (off).

сдрейф/ить, —овать v. drift.

СДС abbr. (судовая дистанционная станция) ship remote-indicating station.

сду/в m., —вка f. blowing (away, off); делать —вку v. release, relieve; —(ва)ть v. blow (away, off).

СДЦ abbr. [селектор (or селекция) движущихся целей] moving-target selector (or selection).

сдыхать v. die (off).

себам/ид m. sebamide; —иновая кислота sebamic acid.

себац/ил m. sebacyl; —иновая кислота sebacic acid, decanedioic acid; соль —иновой кислоты sebacate.

себе dat. and prepos. of себя.

себестоимость f. net cost, cost price.

себоррея f. (med.) seborrhea.

себха f. sebkha (a salt-clay soil depression with steppe-like vegetation).

себя gen. and acc. reflexive pron. oneself, myself, himself, herself, itself, ourselves, yourselves, themselves.

сев m. (agr.) sowing, planting; seed; young crop, seedlings.

сев. abbr. (северный).

севанский a. (geog.) Sevan.

севастопольский a. (geog.) Sevastopol.

сев.-вост. abbr. (северо-восточный).

север m. north.

северн/ый a. north(ern), northerly; С. ледовитый океан Artic Ocean; с. полярный Arctic; Северная Америка North America; —ое сияние aurora borealis, northern lights.

северо/-американский a. North American; С.-Американские Соединенные Штаты United States of America; с.-атлантический a. North Atlantic; с.-африканский a. North African; с.-байкальский a. North Baikal; с.-восток m., —восточный a. northeast; с.-запад m., —западный a. northwest; с.-кавказский a. North Caucasian; с.-китайский a. North Chinese; —магнитный a. north magnetic; с.-осетинский a. North Ossetian; с.-сибирский a. North Siberian; с.-тихоокеанский a. North Pacific.

севец see сеяльщик.

севзап— prefix, сев.-зап. abbr. (северозападный).

севин m. Sevin, Arylam.

севооборот m. (agr.) crop rotation.

севр m. (cer.) Sèvres ware.

севрю/га f. starred sturgeon; —жина f. sturgeon meat.

сегеровский a. Seger (cone).

сегмент m. segment, section; —ация f. segmentation; fission; —ный, —ообразный a. segmental, segmentary; sectional; laminated (piston ring).

сегнерово колесо Segner's wheel.

сегнет/иэлектрик m. ferrielectric; —оактивный see сегнетоэлектрический; —ова соль Seignette salt, potassium sodium tartrate; —омагнетик m. Seignette-magnetic.

сегнетоэлектр/ик m. ferroelectric; —ический a. ferroelectric, Seignette-electric; —ичество n. ferroelectricity.

сего gen. of сей.

сегодня adv. today, this day; с. утром this morning; —шний a. today's.

сеголетка f. this year's brood.

сегрега/т m., —ционное включение (met.) segregate, segregant; —ционный a. segregation, segregated; —ция f. segregation; liquation.

сед sh. m. of седой.

седалищ/е n. (anat.) ischium; —но— prefix ischio—; —ный a. ischial; sciatic (nerve); —ная болезнь sciatica; —ная кость ischium.

седан m. sedan.

седан/олид m. sedanolid; —оновый ангидрид sedanonic anhydride; —ский черный Sedan black.

седатин m. sedatin, valeridin; Sedatine, antipyrine.

седел gen. pl. of седло; —ка f., —ковый a., —очный a. (saddle) pad; —ьный a. of седло; —ьце dim. of седло; —ьчатый a. saddle-shaped.

седение n. graying; bloom (on chocolate).

Седерберга see Содерберга.

седеть v. turn gray, get gray hair.

седимент/ационный a. sedimentation; sedimentometric (analysis); —ация f., —ирование n. sedimentation.

седиментометр m. sedimentometer; —ический a. sedimentometric; —ия f. sedimentometry.

седина f. gray hair; gray cast, grayish-white film; (met.) flaw.

седло n. saddle; seat (of valve); collar beam; (meteor.) col; (geol.) anticline, saddleback; (anat.) sella; садиться на с. v. seat (of valve); —ватость f. saddle shaping; sheer (of ship deck); —ватый a. saddle-shaped; —видный, —образный a. saddle-shaped; —образное соединение (welding) saddle joint; —вина f. saddle; saddle point (of a surface); col; valley, trough.

седо/ватый *a.* grayish; —**власый**, —**волосый** *a.* gray-haired.
седогептоза *f.* sedoheptose.
седой *a.* gray-haired, hoary.
седок *m.* rider.
седьмой *a.* seventh.
сеет *pr. 3 sing. of* **сеять**.
сезаль *see* **сизаль**.
сезам *m.* (bot.) sesame; —**ин** *m.* sesamin; —**овый** *a.* sesame; —**ол** *m.* sesamol; —**олин** *m.* sesamolin.
Сезерланда уравнение Sutherland's equation.
сезон *m.* season; **по**—**у** in season; —**ник** *m.* seasonal worker; —**ность** *f.* seasonal fluctuation; —**ный** *a.* seasonal.
сей *pron. m.* this; *gen. of* **сия**; **за сим** after this, next; **до сих пор** up to now; **при сем** herewith.
Сейболта секунда Saybolt second.
сейвал *m.* sei whale, coalfish whale.
сейгнетова соль *see* **сегнетова соль**.
сейнер *m.* seiner (fishing boat).
сейсм *m.* seism, earthquake; —**ика** *f.* seismic surveying; —**ический** *a.* seismic, earthquake; —**ическое явление** seism; —**ичность** *f.* seismicity.
сейсмо— *prefix* (geol.) seismo—, earthquake; —**грамма** *f.* seismogram; —**граф** *m.* seismograph, earthquake-shock recorder; —**графический** *a.* seismographic; —**графия** *f.* seismography; —**запись** *f.* seismogram; —**каротаж** *m.* seismic (well) logging, sound logging; —**логия** *f.* seismology; —**метр** *m.* seismometer; —**метрия** *f.* seismometry; —**приемник** *see* **сейсмограф**; —**профилирование** *n.* profile shooting; —**разведка** *f.* seismic prospecting; —**скоп** *m.* seismoscope; —**стойкий** *a.* aseismic, earthquakeproof; —**стойкость** *f.* seismic stability.
сейте *imp. of* **сеять**.
сейф *m.* safe.
сейчас *adv.* now, immediately, at once, presently; just now.
сейша *f.* seiche (apparent tide in lake).
сек *past m. sing. of* **сечь**.
сек. *abbr.* (**секунда**) second.
секал/ин *m.* secaline, trimethylamine; —**овая кислота** secalonic acid.
секанс *m.* (math.) secant.
секатор *m.* cutter, pruning shears.
секач *m.* chopper (peat) cutter.
секван *m.*, —**ский** *a.* (geol.) Sequanian.
секвестр *m.* (med.) sequestrum; —**ант** *m.* sequestering agent; —**ация** *f.* sequestration; —**ировать** *v.* sequester.
секвой/ен *m.* sequoiene; —**ное дерево**, —**я** *f.* (bot.) sequoia.
секикаевая кислота sekikaic acid.
секли *past pl. of* **сечь**.

секодонтный *a.* (zool.) secodont.
секрет *m.* secret; (physiol.) secretion; **по**—**у** secretly, confidentially.
секретар/ский *a.* secretarial; —**ь** *m.* secretary, clerk.
секретин *m.* (physiol.) secretin.
секретн/ичать *v.* keep confidential, classify; —**ость** *f.* secrecy, confidential nature; —**ый** *a.* secret, confidential, classified; uncooperative (satellite); combination (lock).
секре/торный *a.* (physiol.) secretory, secreting; —**ция** *f.* secretion.
секс— *prefix* sex—, six-; —**агональный** *a.* hexagonal; —**ифенил** *m.* sexiphenyl, hexaphenyl; —**тан(т)** *m.* (av.; naut.) sextant; (astr.) Sextans; —**тет** *m.* sextet; —**тиллион** *num.* sextillion.
сексуальный *a.* sexual.
сектор *m.* (math.) sector; quadrant, segment, section, zone; —**(и)альный** *a.* sector(ial); areal (velocity); —**ный** *a.* sector; sectoral (wave).
секунд/а *f.* second; —**ный** *a.* (one-)second, per second; (rolling) instantaneous (volume); —**омер** *m.* stopwatch, timing device, timer; —**омерный** *a.* timing.
секуринин *m.* securinine.
секут *pr. 3 pl. of* **сечь**.
секущ/ая *f.*, —**ая линия** (math.) secant; —**ий** *a.* cutting, intersecting, secant; —**ая жила** (geol.) cross vein.
секцион/ирование *n.* section(aliz)ing, etc., *see v.*; —**ированный** *a.* section(aliz)ed, etc., *see v.*; step(ped); —**ировать** *v.* section(alize), subdivide; grade, graduate; —**ный** *a.* section(al), subdivided; aliquot; dissecting; pan (conveyer).
секция *f.* section; unit, cell; step, stage; workshop; dissection, autopsy.
сел *past m. sing. of* **сесть**.
сел. *abbr.* (**селекционный**).
села *past f. sing. of* **сесть**; *pl. of* **село**.
селагинелла *f.* (bot.) Selaginella.
селадонит *m.* (min.) celadonite.
селах/иловый спирт selachyl alcohol; —**олеиновая кислота** selacholeic acid, 6,15-tetracosenoic acid.
селбенин *m.* Celbenin, methicillin sodium.
селевой *a. of* **сель**; mud flow; **с. поток** mud flow, mud stream.
селед/ка *f.*, —**очный** *a.* herring.
селезен/ка *f.* (anat.) spleen; —**очно—** *prefix* lien(o)—; —**очный** *a.* spleen, splenic, lienal.
селезень *m.* (orn.) drake.
селек/тивность *f.* selectivity; discrimination; —**тивный** *a.* selective, discriminative, discriminatory; **тор** *m.*, —**торный** *a.* selector; sorter; (time) gate; **механический** —**тор** chopper (interrupter); —**торная схема** (comp.) gating circuit,

gate; —ционер *m.* breeder; —ционный *a.*, —ция *f.* selection; (biol.) breeding.

селен *m.* selenium, Se; двуокись —а selenium dioxide; сернистый с. selenium sulfide; синеродистый с. selenocyanogen.

селен/азол *m.* selenazole; —азолин *m.* selenazoline; —ат *m.* selenate; —ид *m.* selenide.

селение *n.* settlement, village.

селенил *m.* selenyl.

селениновая кислота seleninic acid.

селенисто/водородная кислота hydroselenic acid; —кислый *a.* selenious acid; selenite (of); —кислый натрий, —натриевая соль sodium selenite; —кислая соль selenite.

селенист/ый *a.* selenious, selenium; selenide (of); с. ангидрид selenious anhydride, selenium dioxide; с. водород hydrogen selenide; с. свинец lead selenide; с. этил ethyl selenide; —ая кислота selenious acid; соль —ой кислоты selenite; —ая медь copper selenide; —ая сера (min.) selensulfur; —ая соль selenide.

селенит *m.* (chem.; min.) selenite; —овый *a.* selenitic.

селено— *prefix* selen(o)— (selenium; the moon); —висмутовый блеск (min.) selenobismutite, guanajuatite; —вобариевая соль barium selenate.

селеноводород *m.* hydrogen selenide; —ная кислота hydroselenic acid; соль —ной кислоты selenide.

селеново/кислый *a.* selenic acid; selenate (of); с. натрий, —натриевая соль sodium selenate; —кислая соль selenate.

селенов/ый *a.* selenium, selenic; seleniferous; selenide (of); с. ангидрид selenic anhydride, selenium trioxide; с. (фото)элемент selenium cell; —ая кислота selenic acid; соль —ой кислоты selenate.

селенограф *m.* selenographer, lunar cartographer; —ический *a.* selenographic; —ия *f.* selenography.

селено/ид *m.* (elec.) selenoid; —кислота *f.* selenonic acid; —логия *f.* selenology; —мочевина *f.* selen(o)urea; —ниевый *a.* selenonium; —новый *a.* selenonic (acid); —оловянный *a.* selenostannic (acid); —рганический *a.* organoselenium; —серный *a.* selenosulfuric (acid); —содержащий *a.* selenium-containing, seleniferous.

селенотопограф/ический *a.* selenotopographic; —ия *f.* lunar topography.

селено/углерод *m.* carbon selenide; —фен *m.* selenophene, selenofuran; —физика *f.* selenophysics, physics of the moon;

—фуран *see* селенофен; —центрический *a.* selenocentric.

селеноциан/истый водород, —овая кислота, —оводородная кислота selenocyanic acid; соль —истого водорода, соль —овой кислоты selenocyanate; с. калий potassium selenocyanate.

сели *pl. of* сель; *past pl. of* сесть.

селигманнит *m.* (min.) seligmannite.

селин *m.* (bot.) Aristida.

селитебное development (land).

селитра *f.* saltpeter, niter, potassium nitrate; аммиачная с. ammonium nitrate; воздушная с. calcium nitrate; гремучая с. saltpeter blasting powder; известковая с. calcium nitrate; калиевая с. potassium nitrate; кальциевая с. calcium nitrate; кубическая с., натриевая с. sodium nitrate; норвежская с. Norwegian saltpeter, calcium nitrate; стенная с. wall saltpeter (calcium nitrate efflorescence); чилийская с. Chile saltpeter, sodium nitrate.

селитр/енный *see* селитряный; —оварня *f.* niter works, saltpeter works; —овый *see* селитряный; —ообразование *n.* saltpeter formation; —яница *see* селитроварня.

селитрян/ый *a.* saltpeter, nitrous, nitric; с. налет niter efflorescence; с. щелок saltpeter lye; —ая земля nitrous earth; —ая известь calcium nitrate; —ая кислота nitric acid; —ая пена *see* селитра, стенная; —ые цветы niter efflorescence.

селитьба *f.* developed land.

селиться *v.* settle, take up residence.

селлаит *m.* (min.) sellaite.

Селлерса резьба Sellers screw thread.

село *n.* village, settlement; *past n. sing. of* сесть.

сель *m.* mud stream, mud flow.

сель— *prefix* agricultural.

сельва(с) *m.* selva (rain forest).

сельвинит *m.* (min.) selwynite.

сельдерей *m.*, —ный *a.* celery.

сельдь *f.* herring.

сель/машстроение *n.* agricultural machine building; —по *n.* farmers' cooperative store.

сельсин *m.* (elec.) selsyn, synchro, autosyn; с.-датчик *m.* synchrotransmitter; —ный *a. of* сельсин; с.-приемник *m.* selsyn receiver.

сельск/ий *a.* rural; с. хозяин farmer; —ое хозяйство agriculture, farming.

сельскохозяйственн/ый *a.* agricultural, farm; с. инвентарь, —ое орудие farm implements; —ая промышленность agriculture.

сельтерская вода seltzer water.

сельфактор *m.* (text.) self-acting mule.

сельхоз— *prefix* agricultural; **—артель** *f.* collective farm; **—вуз** *m.* agricultural institute; **—продукты** agricultural products.
селя *gen. of* сель.
сем *prepos. of* сей.
сем. *abbr.* (семейство).
сем— *prefix* seed.
семант/ика *f.* semantics; **—ический** *a.* semantic.
семафор *m.* semaphore, signaler; **—ить** *v.* signal; **—ный** *a.* semaphore, semaphoric; **—щик** *m.* signal man.
семг/а *f.*, **—овый** *a.* salmon.
семееды *pl.* (ent.) seed and stem chalcids (Eurytomidae).
семежно-красный *a.* salmon-red.
семей *gen. pl. of* семья; **—ный** *a.* family; domestic; **—ство** *n.* family; group, set; series (of element); **—ство характеристик** performance characteristics.
семен/а *pl. of* семя; **—истый** *a.* seedy; **—иться** *v.* go to seed; **—ник** *m.* seed plant; (anat.) testicle.
семенн/ой *a.* seed; (anat.; physiol.) seminal, spermatic; *suffix* (bot.) **—спермоus**; **с. канатик** (anat.) spermatic cord; **—ая клетка** seminal cell, spermatozoön; **—ая коробка** (bot.) seed vessel; **—ые живчики, —ые нити** (anat.) spermatozoa.
семено— *prefix* seed; **—вед** *m.* seed specialist; **—ведение** *n.* seed science; **—вод** *m.* seed grower; **—водство** *n.*, **—водческий** *a.* seed growing; **—дольный** *a.* (bot.) cotyledonous; **—доля** *f.* cotyledon; **—зачаток** *m.* (bot.) ovule; **—ложе** *n.* (bot.) pericarp; seed bed; **—носец** *m.* (bot.) placenta; **—носный** *a.* (bot.) seed-bearing, seminiferous; **—почка** *f.* (bot.) ovule; **—рушка** *f.* huller; **—сушильня** *f.* seed dryer.
семер/ка *f.*, **—о** *num.* seven; **—ной** *a.* sevenfold.
семестр *m.*, **—овый** *a.* semester, term.
Семет-Сольвэ коксовальная печь Semet-Solvay coke oven.
семечко *dim. of* семя.
семи *gen. of* семь.
семи— *prefix* semi—; hepta—, seven; **—атомный** *a.* heptatomic; **—башенный** *a.* having seven towers; **—бензол** *m.* semi-benzene.
семивалентн/ость *f.* heptavalence; **—ый** *a.* heptavalent, septivalent.
семиводный гидрат heptahydrate.
семиглавый *a.* having seven domes.
семигранн/ик *m.* (geom.) heptahedron; **—ый** *a.* heptahedral.
семидесятый *a.* seventieth.
семидин *m.*, **—овый** *a.* semidine.
семиднев/ка *f.* seven-day period; **—ный** *a.* seven-day.

семиинвариант *m.* (math.) semi-invariant.
семикарбаз/ид *m.* semicarbazide, aminourea; **—идо—** *prefix* 3-aminoureido— (Soviet nomenclature); **—он** *m.* semicarbazone.
семи/коллоид *m.* semicolloid; **—компонентный** *a.* seven-component; **—кратный** *a.* sevenfold, septuple; **—летие** *n.* seven-year period; seventh anniversary; **—летний** *a.* seven-year; septennial; **—мерный** *a.* seven-dimensional; **—месячный** *a.* seven-month; **—метрический** *a.* (math.) semimetric; **—мильный** *a.* seven-mile.
семинар *m.*, **—ский** *a.* seminar; workshop; **—ист** *m.* seminar student.
семи/объективный *a.* seven-lens; **—окись** *f.* heptoxide.
семиот/ика *f.* sem(e)iotics, study of sign systems; (med.) symptomatology; **—ический** *a.* sem(e)iotic.
семипалатинский *a.* (geog.) Semipalatinsk.
семипинаколиновый *a.* semipinacoline.
семиполь/е *n.*, **—ный** *a.* seven-field crop rotation system.
семи/полярный *a.* semipolar; **—сотый** *a.* seven-hundredth; **—стор** *m.* semistor (silicon resistor); **—тысячный** *a.* seven-thousandth.
семиугольн/ик *m.* (geom.) heptagon; **—ый** *a.* heptagonal.
семи/циклический *a.* heptacyclic; **—часовой** *a.* seven-hour; **—членный** *a.* seven-membered.
семматериал *m.* seed for sowing.
семнадцат/ый *a.* seventeenth; **—ь** *num.* seventeen.
семожно-красный *a.* salmon-red.
семперв/ин *m.* sempervine; **—ирин** *m.* sempervirine.
семсейит *m.* (min.) semseyite.
семужий *a. of* семга.
семфонд *m.* seed fund, seed stock.
семь *num.* seven; **—десят** *num.* seventy.
семь/и *gen.*, *pl.*, *etc.*, *of* семья; **—сот** *num.* seven hundred; **—ю** *instr. of* семь; *acc. of* семья; *adv.* seven times, multiplied by seven.
семья *f.* family, household; (bee) colony.
семя *n.* seed; (anat.) sperm, semen; *see also under* семено—; **—выводящий проток, —выносящий проток** spermatic duct, vas deferens; **—дольный** *a.* (bot.) cotyledonous; **—доля** *f.* cotyledon; **—еды** *see* семееды; **—зачаток** *m.* (bot.) ovule; **—извержение, —излияние** *n.* (physiol.) ejaculation; **—истечение** *n.* (med.) spermatorrhea; **—ложе** *n.* seed bed; **—н** *gen. pl. of* семя; **—нка** *f.* (bot.) achene; **—нный** *a.* seed(-bearing); *suffix* **—spermous, -seeded**; **—ножка** *f.* (bot.) funicle, seed stalk; **—носец** *m.* placenta;

—носный *a.* seed-bearing, seminiferous; —носушилка *f.* seed dryer; —почка *f.* seed bud, ovule; —провод *m.* seed tube; (anat.) spermaduct; —сушилка *f.* seed dryer; —уловитель *m.* seed trap; —чко *f.* seed; pip; pea (grade) coal.
сена *gen. of* сено.
Сена the Seine.
сен/аит *m.* (min.) senaite; —армонтит *m.* senarmontite; —гиерит *m.* sengierite.
сенд/кеттер *m.* (foundry) sand-treating machine; —слингер *m.* sand slinger.
сенег/а *f.* senega (snakeroot); —альский *a.* Senegal (gum); —енин *m.*, —ениновая кислота senegenin, senegeninic acid; —ин *m.* senegin.
сенекский ярус (geol.) Senecan stage.
сенеци/н *m.* senecine; —онин *m.* senecionine; —оновая кислота senecioic acid; —филлин *m.* seneciphylline; —фолидин *m.* senecifolidine; —фолин *m.* senecifoline.
сенжьерит *see* сенгиерит.
сени *f.* entrance, passage, vestibule.
Сен-луи (geog.) Saint Louis.
сенна *f.* (bot.) senna (*Cassia*).
сенн/ик *m.* hay loft; —ой *a. of* сено; сени.
сено *n.* hay; —вал *m.* hay loft; —волокуша *f.* haysweep; —ворошение *n.* tedding; —ворошилка *f.* tedder; —вязалка *f.* hay baler; —дробилка *f.* hay shredder; —еды *pl.* (ent.) Copeognatha.
сенозаготов/ительный *a.*, —ка *f.*, —очный *a.* haying, hay-making.
сенокопн/ение *n.* hay stacking; —итель *m.* stacker.
сеноко/с *m.* mowing; hay making, haying; haying season; hay field, meadow; —силка *f.* mower; —силка-измельчитель *m.* mower-shredder; —сный *a.* mowing; hay (field); —сцы *pl.* (zool.) Phalangida; —шение *n.* (hay) mowing, haying.
сеноман *m.*, —ский ярус (geol.) Senoman stage.
сенометатель *m.* hay stacker.
сенон *m.* (geol.) Senonian series.
сено/набиватель *m.* feed board (of baler); —нагрузчик, —погружатель, —погрузчик *m.* hay loader; —пресс *m.* baler; —сгребание *n.* hay raking; —сгребатель *m.* hay rake; —скучиватель *m.* haysweep; —сушилка *f.* hay dryer; —таска *f.* hay carrier; —уборка *f.*, —уборочный *a.* haying, hay making.
Сен-поль (geog.) Saint Paul.
сенс/ация *f.* sensation; —ибилизатор *m.* sensitizer; —ибилизация *f.* sensitization, sensitizing; —ибилизирующий *a.* sensitizing; —итивный *a.* sensitive.
сенситометр *m.* (opt.) sensitometer; —и-ческий *a.* sensitometric; —ия *f.* sensitometry.
сенсорный *a.* sensory.
сент *m.* (acous.) cent (unit of pitch).
Сен(т)-джон (geog.) Saint John; С.-луис Saint Louis; С.-пол Saint Paul.
сентябрь *m.*, —ский *a.* September.
сенцы *dim. of* сени.
сепар/абильность *f.* (math.) separability; —абильный *a.* separable; —атный *a.* separate, independent; separative; —атор *m.* separator; (bearings) retainer, cage; —аторный *a.* separator; separation; —атриса *f.* separatrix; —ационный *a.* separation; separative (power); —ация *f.*, —ирование *n.* separation; —ация по цвету color separation; —ированный *a.* separated; —ировать *v.* separate, isolate.
сепиолит *m.* (min.) sepiolite, meerschaum.
сепия *f.* sepia (pigment); (zool.) cuttlefish; коричневая с. sepia brown.
сепс/ин *m.* sepsine (a yeast ptomaine); —ис *m.* (med.) sepsis.
септа *f.* septum.
септаноза *f.* septanose.
септар/иевый *a.* (geol.) septarian; —ии *pl.* septaria, septarian nodules.
септик-танк *m.* septic tank.
септильон *m.* septillion.
септи/цемия *f.* (med.) septicemia; —ческий *a.* septic, putrefaction.
септориоз *m.* (phyt.) septoria leaf spot.
сер *sh. m. of* серый; *gen. pl. of* сера.
сер. *abbr.* (серебро, серебряный; середина; серийный, серия).
сер— *see also* цер—.
сер/а *f.* sulfur, S; brimstone; *sh. f. of* серый; возогнанная с. sublimed sulfur, flowers of sulfur; двуокись —ы sulfur dioxide; двухлористая с. sulfur dichloride; однохлористая с., полухлористая с. sulfur monochloride; трехокись —ы sulfur trioxide, sulfuric acid anhydride; хлористая с. sulfur chloride; цианистая с. thiocyanogen, sulfocyanogen.
сераделла *f.* (bot.) serradella (*Ornithopus sativus*).
Сербия Serbia; сербский *a.* Serbian.
сервантит *m.* (min.) cervantite.
сервантный *a.* (math.) serving.
серваризация *f.* servarizing (application of protective aluminum coating).
серв/из *m.*, —изный *a.* service, set (of tableware); —ировать *v.* serve; set (a table); —ировка *f.* serving; setting; service, set; —ис *m.* service; —итут *m.* (law) servitude, right (to).
серво *see* сервомеханизм; —двигатель *m.* servomotor; —канал *m.* servo channel; —клапан *m.* servo valve, pilot valve;

—компенсатор *m.* (av.) balance tab, (balancing) tab; —контроллер *m.* servocontroller; —механизм *m.* servomechanism, servounit; —мотор *m.* servomotor, actuator; —привод *n.* servo(drive); —регулирование *n.* servocontrol; —руль *m.* (av.) servotab, flying tab; —система *f.* servosystem; —тормоз *m.* servobrake, power brake; —управление *n.* servocontrol; —управляемый *a.* servocontrolled; —усилитель *m.* servoamplifier.

серго/зин, —син *m.* Sergosin, methiodal sodium.

сердечник *m.*, —овый *a.* core, center; mandrel; strand (of cable); heart patient; heart specialist; (bot.) Cardamine; выдвижной с. (foundry) drawback.

сердечн/о-сосудистый *a.* (anat.) cardiovascular; —ый *a.* heart, cardiac; cordial, sincere.

сердит/ый *a.* angry; strong; hard (frost); —ь *v.* anger; —ься *v.* be angry.

сердолик *m.* (min.) carnelian, sard.

сердце *n.* heart; —биение *n.* beating of the heart; —видный *a.* heart-shaped, cordiform.

сердцевин/а *f.* heart, core, center; (bot.) pith; без —ы pithless; —ный *a.* pithy; medullar(y).

серебрен/ие *n.* silvering, silver plating; —ик *m.* silver smith; —(н)ый *a.* silver-plated.

серебристо— *prefix* silver, argento—.

серебристый *a.* silvery; silver, argentous; с. колчедан (min.) argentopyrite; с. свинец argentiferous lead.

серебрить *v.* silver (plate); —ся *v.* turn silver; shine.

серебр/о *n.* silver, Ag; азотнокислое с., нитрат —а silver nitrate; бромистое с. silver bromide; закись —а silver oxide, argentous oxide; китайское с., немецкое с., новое с. German silver, nickel silver; окись —а silver suboxide, argentic oxide; сернистое с., сульфид —а silver sulfide; хлористое с. silver chloride; цианистое с. silver cyanide.

серебро/носный *a.* argentiferous, silver-bearing, silver-containing; —органический *a.* organosilver; —плавильный, —плавочный *a.* silver-refining; —содержащий *see* серебронoсный.

серебрянка *f.* silver steel.

серебряно/медный блеск (min.) stromeyerite; —синеродистый натрий sodium silver cyanide, sodium argentocyanide; —сурьмяный блеск (min.) miargyrite.

серебрян/ый *a.* silver; с. блеск (min.) silver glance, argentite; с. колчедан (min.) sternbergite; —ая чернь (min.) earthy argentite; —ых дел мастер silversmith.

серег *gen. pl.* of серьга.

середин/а *f.* middle, center, midst; mean; с. полосы mid-band; с. размаха mid-range; на —е in the middle, halfway between; —ка *f.* middle piece, central portion, the very center; —ный *a.* middle, mean, central.

середка *see* середина; inside.

сереж/ка *see* серьга; (bot.) catkin, ament; —чатый *a.* amentaceous.

серендибит *m.* (min.) serendibite.

серение *n.* sulfuring, treating with sulfur, sulfur fumigation.

Сересена метод Sørensen method.

сереть *v.* turn gray.

сери— *prefix* seri(ci)— (silk).

сериаль/ный *a.* serial; —ая структура (geol.) seriate structure.

сериес/-двигатель, с.-мотор *m.* (elec.) series motor; —ный *a.* series; series-wound; с.-параллельный *a.* series-parallel (winding).

серийн/о *adv.* (elec.) in series; —ость *f.* batch production; —ый *a.* series, serial; series-produced; assembly-line; lot, batch (production); production (model); standard (equipment); —ое время time per batch.

серикоза *f.* sericose, cellulose acetate.

сериметр *m.* silk-testing device; —ия *f.* testing silk for tensile strength.

серин *m.* serine, hydroxyalanine.

серить *v.* sulfur, treat with sulfur, fumigate with sulfur.

серици/н *m.*, —овый *a.* sericin, silk glue; —овая кислота sericic acid.

серицит *m.* (min.) sericite; —изация *f.* sericitization; —овый *a.* sericitic.

серия *f.* series, set, bank (of machines); (pulse, etc.) train; order, succession, sequence, range; (cyclone) family; —ми (elec.) in series.

серка *f.* suint, yolk (of wool).

сермерсоак *m.* ice-cap; continental ice sheet.

серм/яга, —яжина, —яжка *f.*, —яжный *a.* coarse undyed homespun.

серная *f.* of серный.

сернисто/аммониевая соль ammonium sulfite; —водородный *see* сероводородный; —калиевая соль potassium sulfite; —кальциевая соль calcium sulfite; кислая —кальциевая соль calcium bisulfite.

сернистокисл/ый *a.* sulfurous acid; sulfite (of); с. натрий sodium sulfite; —ая соль sulfite; кислая —ая соль bisulfite.

сернистонатриевая соль sodium sulfite; кислая с. соль sodium bisulfite.

сернистость *f.* (petrol.) sulfur content.
сернист/ый *a.* sulfur(ous); sulfide (of); **с. азот** nitrogen sulfide; **с. ангидрид** sulfurous anhydride, sulfur dioxide; **с. водород** hydrogen sulfide; **с. газ** sulfur dioxide; **с. голубой** sulfur blue; **с. источник** sulfur spring; **с. натрий** sodium sulfide; **с. углерод** carbon bisulfide; **с. цвет** flowers of sulfur, sublimed sulfur; **—ая кислота** sulfurous acid; **соль —ой кислоты** sulfite; **кислая соль —ой кислоты** bisulfite; **—ая медь** cuprous sulfide; **—ая руда** (min.) sulfide ore; **—ая сурьма** antimony sulfide; **—ое железо** ferrous sulfide; **—ые красители, —ые краски** sulfur dyes; **кислый с.** hydrosulfide (of); **кислый с. кальций** calcium hydrosulfide; **окись —ого алкила** sulfoxide.
серница *f.* (timber) resinous pocket.
серно/алюминиевая соль aluminum sulfate; **—аммониевая соль** ammonium sulfate; **—бариевая соль** barium sulfate; **—ватая кислота** hyposulfuric acid, dithionic acid; **соль —ватой кислоты** hyposulfate, dithionate.
серноватист/ая кислота thiosulfuric acid; hyposulfurous acid; **соль —ой кислоты** thiosulfate; hyposulfite.
серноватисто/аммониевая соль ammonium thiosulfate; **—калиевая соль** potassium thiosulfate; **—кислый** *a.* thiosulfuric acid; thiosulfate (of); **—кислый натрий** sodium thiosulfate; **—кислая соль** thiosulfate.
серновато/кислый *a.* hyposulfuric acid; hyposulfate (of); dithionic acid; dithionate (of); **с. натрий** sodium hyposulfate, sodium dithionate; **—кислая соль** hyposulfate, dithionate.
серновинная кислота ethylsulfuric acid (formerly sulfovinic acid).
серножелез/истая соль ferrous sulfate; **—ная соль** ferric sulfate; **—истоаммониевая соль** ferroammonium sulfate; **—ноаммониевая соль** ferriammonium sulfate.
серно/желтый *a.* sulfur yellow; **—золотая соль** auric sulfate; **—известковый** *a.* sulfur-lime (spray); **—калиевая соль** potassium sulfate; **—калиевая соль** potassium bisulfite; **—калиемагниевая соль** potassium magnesium sulfate; **—кальциевая соль** calcium sulfate; **—кислотное производство** sulfuric acid manufacture; **—кислотчик** *m.* sulfuric acid specialist (or manufacturer).
сернокисл/ый *a.* sulfuric acid; sulfate (of); **с. натрий** sodium sulfate; **кислый с. натрий** sodium bisulfate; **с. хинин** quinine sulfate; **—ая соль** sulfate.

серно/кобальтистая соль cobaltous sulfate; **—кобальтовая соль** cobaltic sulfate; **—магниевая соль** magnesium sulfate; **—марганцовистая соль** manganous sulfate; **—медистая соль** cuprous sulfate; **—медная соль** cupric sulfate; **—метиловый эфир** methyl sulfate.
сернонатриевая соль sodium sulfate; **кислая с. соль** sodium bisulfate; **сырая с. соль** niter cake.
серноникелев/ая соль nickel sulfate; **(двойная) —оаммониевая соль** nickel ammonium sulfate.
серно/очистительный завод sulfur refinery; **—ртутистая соль** mercurous sulfate; **—ртутная соль** mercuric sulfate; **—свинцовистая соль** lead sulfate, plumbous sulfate; **—синеродистый** *see* **сероцианеродистый**; **—феноловая кислота** phenolsulfuric acid; **—цинковая соль** zinc sulfate; **—этиловый эфир** ethyl sulfate.
серн/ый *a.* sulfur(ic); **с. ангидрид** sulfuric anhydride, sulfur trioxide; **с. колчедан** (min.) pyrite; **с. цвет** flowers of sulfur, sublimed sulfur; **с. черный** sulfur black; **с. эфир** ethyl ether; **—ая кислота** sulfuric acid; **—ая кислота для аккумуляторов** battery acid; **дымящая —ая кислота** fuming sulfuric acid, oleum; **соль —ой кислоты** sulfate; **кислая соль —ой кислоты** bisulfate; **—ая медь** cupric sulfide; **—ая оспа** (met.) sulfur pockmarks; **—ая печень** liver of sulfur (potassium polysulfide or potassium sulfite); **—ое железо** ferric sulfide; **—ое молоко** milk of sulfur, precipitated sulfur.
серо— *prefix* sulfur; gray; sero—, serum, serous; **—азот** *m.* nitrogen sulfide; **—бактерии** *pl.* sulfur bacteria; **—белый** *a.* grayish white; young (winter ice); **—бурый** *a.* brownish gray, dun-colored; **—вакковый конгломерат** (petr.) graywacke; **—вакцина** *f.* (med.) serovaccine; **—ватый** *a.* grayish.
сероводород *m.* hydrogen sulfide; **—истый, —ный** *a.* hydrosulfide (of); **—ная вода** hydrogen sulfide solution; **—ная кислота** hydrosulfuric acid, hydrogen sulfide; **соль —ной кислоты** sulfide.
серодиагностика *f.* (med.) serodiagnosis.
серозакись кобальта cobaltous oxysulfide.
серозем *m.* sierozem, gray desert soil.
серозн/о— *prefix* sero—, serum; **—ый** *a.* (med.) serous; **—ая жидкость** serum; **—ая оболочка** serous membrane, serosa.
серология *f.* (med.) serology.
серо/обжигательная печь sulfur kiln, sulfur burner; **—окись** *f.* oxysulfide; **—окись углерода** carbon oxysulfide, carbonyl sulfide; **—очистка** *f.* sulfur

purification; —**профилактика** *f.* serum immunization.
серо/синеродистый *a.* thiocyanate, sulfocyanate (of); **с. барий** barium thiocyanate; —**содержащий** *a.* sulfur-containing.
серость *f.* grayness.
серотерапия *f.* (med.) serum therapy.
серотонин *m.* serotonin, 5-hydroxytryptamine.
сероуглерод *m.*, —**ный** *a.* carbon disulfide.
серп *m.* sickle; (anat.) falx.
серпазил *m.* Serpasil, reserpine.
серпантина *see* **серпентина**.
серпентин *m.* (min.) serpentine.
серпентина *f.* (roads) hairpin turn.
серпентин/изация *f.* (min.) serpentinization; —**изированный** *a.* serpentinous; —**ит** *m.* serpentinite, serpentine rock; —**овый** *a.* serpentine.
серпетка *f.* pruning knife.
серпиерит *m.* (min.) serpierite.
серп/ик *dim. of* **серп**; narrow crescent; —**овидноклеточный** *a.* (med.) sickle-cell; —**овидный** *see* **серпообразный**; —**овище** *n.* sickle handle; —**ообразный** *a.* sickle-shaped, crescent-shaped, falciform, falcate.
серпуха *f.* (bot.) saw-wort (*Serratula*).
серпянка *f.* sarp cloth, open canvas.
серраки *pl.* (glacier) ice serrations.
сертификат *m.* certificate; **снабженный** —**ом** *a.* certified.
Сертоли клетки (physiol.) Sertoli's cells.
серум *m.* serum.
серусодержащий *see* **серосодержащий**.
серфы *pl.* parasitic wasps (*Serphoidea*).
серы *gen., etc., of* **сера**.
серый *a.* gray; young, winter (ice).
серьг/а *f.* (connecting) link, ring, shackle, stirrup, strap; (horol.) bow; **с** —**ой шackle-type**.
серьезн/о *adv.* seriously; —**ость** *f.* seriousness, gravity; —**ый** *a.* serious, grave, of deep concern.
серянка *f.* sulfur match; sulfur pot; (timber) resinous cancer.
сескви— *prefix* sesqui— (one and a half); —**терпен** *m.* sesquiterpene.
сессия *f.* session, sitting; term (of court).
сестон *m.* (biol.) seston, microplankton.
сестра *f.* sister; (med.) nurse.
сесть *see* **садиться**.
сете/видный *see* **сетеобразный**; —**вой** *a. of* **сеть**; supply-line; line (frequency); —**вязальный** *a.*, —**вязание** *n.* net weaving; —**й** *gen. pl. of* **сеть**; —**образный**, —**подобный** *a.* reticular, retiform, net-like, netted; —**подъемный** *a.* (fishing) net-lifting.
сетк/а *f.* netting, net(work); sieve, screen;

(wire) gauze; strainer, (suction) basket, liner; grid, grate, grating; (cryst.) lattice; pattern, spacing; (geod.; geog.) graticule, reticule; (incandescent) mantle; (wage) scale; (zool.) reticulum; **контур** —**и** (rad.) grid circuit; **эмиссия** —**и** grid emission; —**образный** *a.* net-shaped, reticular, reticulated.
сетлер *m.* settler, separator.
сет/ной, —**ный** *a. of* **сеть**; —**ок** *gen. pl. of* **сетка**; —**очка** *dim. of* **сетка**; —**очник** *m.* (paper) machine operator, screener.
сеточн/ый *a. of* **сетка**; wire gauze (electrode); finite-difference (equation); **с. товар** netting; —**ая утечка** (rad.) grid leak; —**ое смещение** grid bias; **с** —**ым управлением** grid-controlled.
сетчат/ка *f.* meshwork; (anat.) retina; —**окрылые** *pl.* (ent.) Neuroptera; —**ость** *f.* reticulation, netting.
сетчат/ый *a.* netted, network, net-shaped, retiform, reticulate(d), reticular, veined; cellular; latticed; wire-gauze (electrode); cross-linked (polymer); sieve (plate); perforated (bottom); **с. барабан** revolving screen; **с. узор** reticulation; **с. шов** mesh weld; —**ая оболочка** (anat.) retina; —**ая структура**, —**ое строение** reticular structure, reticulation; (met.) network structure.
сет/ь *f.* net(ting), mesh; network, system; circuit; (water) mains; (anat.) rete; reticulum; **напряжение** —**и** (elec.) line voltage; **электрическая с.** power-supply system.
сечен/ие *n.* (cross) section, cut, profile; size, gage, diameter; cutting, chopping (off, up); *suffix* (med.) —(o)tomy (cutting, incision); **с. захвата** capture cross section; **с. рельефа** (leveling) contour interval; **большого** —**ия** heavy-gage (wire); **живое с.** cross section; **малого** —**ия** light-gage (wire); **площадь** —**ия** sectional area; **поперечное с.** cross section; **эффективное с.** effective cross section.
сеч/енный *a.* cut, chopped (off, up); —**ка** *f.* cutting, chopping; cutter, chopper; chopped straw; crushed grain; —**онка** *f.* (cer.) crackle; —**ь** *v.* cut, chop (off, up); —**ься** *v.* split; (text.) fray, unravel.
сеющий *pr. act. part. of* **сеять**.
сеял/ка *f.*, —**очный** *a.* seeder, sower, planter, drill; sifter, screen; (fertilizer) spreader; **рядовая с.** drill; —**ьный** *a.* sowing, seeding; seed (board); sifting; —**ьный рожок** drill.
сея/льщик *m.* sower, sifter, screener; —**нец** *m.* seedling; —**ние** *n.* sowing, etc., *see v.*; —**нный** *a.* sown, seeded, etc., *see v.*; —**ть** *v.* sow, seed, plant; sprinkle; sift, screen; (biol.) make a culture;

сжарить
—ться *v.* be sown, etc.; pour; fall (of rain, snow).
сжарить *v.* roast; fry.
сжат/ие *n.* compression; constriction, contraction, reduction, shrinkage, shrinking; condensation; squeezing; packing (of powder); pinch; grip, clutch; **камера** —**ия** compression chamber; **предел прочности на с.** compression strength; **сопротивление** —**ию** compressive strength; **степень** —**ия** compression ratio; **ход** —**ия** compression stroke (of piston); **эффект** —**ия** (elec.) pinch effect.
сжат/о *adv.* concisely, in brief form; —**оспиральный** *a.* close-coiled; —**ость** *f.* conciseness, compactness; compression; **большая степень** —**ости** high compression ratio; —**ый** *a.* compressed (air, gas); compression; under pressure; condensed, compact, concise, brief; constricted, pinched; (geom.) oblate; mowed, reaped, harvested; —**ь** *v.* reap; *see also* **сжимать**.
сжечь *see* **сжигать**.
сжиг/ание *n.* combustion, burning (up), consumption (of fuel); incineration (of rubbish); **камера** —**ания** combustion chamber; —**ательный** *a.* combustion; —**ать** *v.* burn (up), consume; burn out, burn off; set on fire.
сжи/дить *see* **сжижать**; —**жаемость** *f.* liquefiability, etc., *see a.*; —**жаемый** *a.* liquefiable; condensable, compressible; —**жать** *v.* liquefy; (met.) liquate; condense, compress; —**жение** *n.* liquefaction, etc., *see v.*; —**женный** *a.* liquefied, etc., *see v.*
сжим *m.* clip, grip, clamp, tongs, forceps.
сжим/аемость *f.* compressibility, condensability; contractibility; **коэффициент** —**аемости** compressibility factor; —**аемый** *a.* compressible, condensable; contractible; —**ание** *n.* compression, etc., *see v.*; —**атель** *m.* compressor; —**атель-расширитель** *m.* compressor-expander; —**ать** *v.* compress, condense; shrink, contract, constrict, squeeze, press, pinch, force together; grip, hug; pack (powder); (med.) strangulate; —**аться** *v.* condense; contract, shrink.
сжимающ/ий *a.* compressing, condensing; **с. ход** compression stroke (of piston); —**ая мышца** (anat.) constrictor; —**ая сила**, —**ее усилие** compressive force; —**ийся** *a.* constringent, contractile.
сжимки *pl.* clamp, tongs.
сжинать *v.* reap, harvest.
СЖК *abbr.* (**синтетическая жирная кислота**) synthetic fatty acid.
СЖО *abbr.* (**система жизнеобеспечения**) survival system.

СЖС *abbr.* (**синтетический жирный спирт**) synthetic fatty alcohol.
с.-з., С.-З. *abbr.* [**северо-запад(ный)**].
сзади *adv. and prep. gen.* (from) behind, at the rear (of), in back (of); **вид с.** rear view, end view.
с.з.п. *abbr.* (**сила земного притяжения**) gravitational force.
СЗСД *abbr.* (**солнечно-звездный синхронный двигатель**) solar-sidereal synchronous motor.
сзывать *see* **созвать**.
СИ *abbr.* (**система интернациональная**) International System (of Units).
сиал/(о)— *prefix* sial(o)— (saliva; salivary glands); —**овая кислота** sialic acid, acylneuraminic acid.
сиаль *m.* (geol.) sial (layer of rocks).
сиамск/ий *a.* Siam(ese); **с. бензой**, —**ая камедь** Siam benzoin (resin).
сиарезинол *m.* siaresinol; —**овая кислота** siaresinolic acid.
сиб. *abbr.* (**сибирский**).
сиба *see* **циба**—.
сибир/еязвенный *a.*, —**ка** *f.*, —**ская язва** (vet.) anthrax; —**ский** *a.* Siberia(n).
Сибирь Siberia.
сиботаксис *m.* (phys.) cybotaxis.
сивуха *f.* fusel oil.
сивуч *m.*, —**ий** *a.* (zool.) sea lion.
сивушное масло *see* **сивуха**.
сиг *m.* (ichth.) whitefish.
сигар/а *f.* cigar; —**ет(к)а** *f.*, —**етный** *a.* cigarette; —**ный** *a.* cigar; —**ообразный** *a.* cigar-shaped.
сигла *f.* sigla, logogram, symbol.
сигм/а *f.* sigma (σ); —**овидный**, —**оидальный** *a.* sigmoid(al), C-shaped, S-shaped; —**овидная кишка** (anat.) sigmoid (flexure); **с.-связь** *f.* sigma bond.
сигнал *m.* signal, alarm; signal call, message; signal tower; sign, mark; (mil.) flare; **по** —**у** on call (detonation); —**изатор** *m.* alarm, signaling device, warning device; indicator; (gases) warning component; —**изационный** *a.*, —**изация** *f.*, —**изирование** *n.* signaling, warning, alarm; indicating, indication; —**изировать** *v.* (sound a) signal, warn; —**изирующий** *a.* signaling, warning; —**ист** *see* **сигнальщик**; —**ьно-предупредительный** *a.* alarm (system).
сигнальн/ый *a.* signal(ing), alarm, warning; pilot (light); current awareness (information); **с. звонок** alarm, signal; **с. огонь** beacon; signal light; **с. прибор** alarm; indicator; **с. экземпляр** (typ.) preprint copy; —**ая пластина** (comp.) backplate; —**ые составы** flare components.
сигнальщик *m.* signal man, signaler; (railroad) flagman.

сигнатур/а *f.*, —ный *a.* (typ.) signature (mark); (prescription) label; —ка *f.* prescription label.
сиговый *a. of* сиг.
СИД *abbr.* (станок-инструмент-деталь) machine tool-cutting tool-workpiece.
сида *f.* (bot.) Sida; —льцея *f.* Sidalcea.
сиделка *f.* nurse, attendant.
сиден/ие, —ье *n.* sitting, staying; seat.
сидеразотит *m.* (min.) siderazotite.
сидер/альный *a.* green (manure); —ат *m.* green manure crop; —ация *f.* sideration, use of green manure.
сидерит *m.* (min.) siderite, chalybite.
сидерический *a.* (astr.) sidereal.
сидеро— *prefix* sidero— (star; iron); —графия *f.* siderography; —з *m.* (med.) siderosis; —лит *m.* (min.) siderolite; —мелан *m.* (petr.) sideromelane, basaltic glass; —натрит *m.* (min.) sideronatrite; —нитовый *a.* sideronitic (texture); —плезит *m.* (min.) sideroplesite; —скоп *m.* sideroscope; —стат *m.* (astr.) siderostat; —сфера *f.* siderosphere; —филлит *m.* (min.) siderophyllite; —фильный *a.* siderophile (elements).
сидеть *v.* sit, be seated; sit up, stay up (with); fit.
Сидн/ей, —и (geog.) Sydney.
сидион *m.* sydnone.
Сидо обманка Sidot's blende (an artificially prepared zinc sulfide).
сидр *m.*, —овый *a.* cider.
сидя/чий, —щий *a.* sitting, sedentary; sessile, fixed; inserted, set (in).
сие *n. of* сей.
сиена *see* сиенна.
сиенит *m.* (petr.) syenite; —овый *a.* syenitic, syenite.
сиенн/а *f.*, —ая земля sienna (pigment); женная с. burnt sienna.
сиенодиорит *m.* (petr.) syenodiorite, monzonite.
сиенск/ий *a.* sienna; —ая желть, —ая земля sienna (pigment).
сиз *sh. m. of* сизый.
сизаль *m.*, —ский *a.* sisal (hemp); —нопеньковый *a.* sisal hemp.
сизиг/ийный *a.* (ocean.) spring, high (tide); средний уровень малых —ийных вод mean low water springs; средний уровень полных —ийных вод mean high water springs; —ийский *a.* (astr.; math.; zool.) syzygial; —ия *f.* syzygy.
сизый *a.* dove-colored.
сии *pl. of* сей; these.
сиккатив *m.* siccative, desiccant, drier.
сиккозак *m.* bay ice, old polar fast ice.
сиклерит *m.* (min.) sicklerite.
сикоз *m.* (med.) sycosis.
сико/мор *m.* (bot.) sycamore; —цериловый спирт sycoceryl alcohol.

сикромо *n.* Sicrome steel.
сил/а *f.* force; power, strength; pull (of gravity); intensity (of light, sound); vigor, energy; с. действия efficiency; быть в —ах *v.* have the power (to), be in a position (to); вектор —ы line of force; в —у on the strength (of), in virtue (of); войти в —у *v.* come into effect, become effective; диаграмма сил stress diagram; единица —ы unit of force; живая с. kinetic energy; измеритель —ы dynamometer; имеющий —у (law) valid; лошадиная с. horsepower; остаться в —е *v.* hold good, be valid; поле сил force field; работать через —у *v.* overwork; сохранять —у *v.* preserved, hold good, be valid (for).
силал *m.* Silal (a high-silicon cast iron).
силан *m.* silane, silicon hydride; —ол *m.* silanol, silicol.
сила-час *m.* horsepower hour.
силевый поток (geol.) sill.
силезский *a.* Silesian.
силекс *m.* Silex (glass).
силен *sh. m. of* сильный.
сили *see* сели.
силика/алюмогель *m.* aluminosilicate gel; —гель *m.* silica gel; —льцит *m.* silicate concrete; —н *m.* sil(ic)ane.
силикат *m.* silicate; с.-глыба *f.* impure sodium disilicate; —изация *f.*, —ирование *n.* silication; —ировать *v.* silicate; —ный, —овый *a.* silicate; silica (brick, etc.).
силико— *prefix* silico—, silicon; —алюминий *m.* aluminum-silicon (a master alloy); Alsifer, ferrosilico-aluminum; —бутан *m.* silicobutane, tetrasilane; —вольфрамовая кислота silicotungstic acid; —з *m.* (med.) silicosis; —кальций *m.* calcium-silicon (alloy); —л *m.* silicol, hydroxysilane; —ль *m.* Silicol (alloy); —марганец *m.* silicomanganese (alloy); —метан *m.* silicomethane, monosilane; —н *m.*, —новый *a.* silicone; —пропан *m.* silicopropane, trisilane; —термия *f.* (met.) silicothermic process; —уксусная кислота silicoacetic acid; —фосфат *m.* silicophosphate; —шпигель *m.* (met.) silicon spiegel; —этан *m.* silicoethane, disilane.
силинг *m.* ceiling.
силипур *m.* finely dispersed silica.
силит *m.*, —овый *a.* Silit (silicon carbide).
силиц/ид *m.* silicide; —ий *see* кремний; —ил *m.* silicyl; —илен *m.* silicylene; —ирование *n.* (met.) siliconizing; —ировать *v.* siliconize.
силковый *a. of* силок.
силл *m.* (geol.) sill.
силлиманит *m.* (min.) sillimanite, fibrolite; sillimanite (a refractory material).

силов/ой *a.* power, force; heavy-duty; **с. привод** actuator; **с. провод** (elec.) power line; **с. следящий привод** servodrive; **с. узел**, **—ая головка** power pack; **—ая линия** line of force; **—ая постоянная** force constant; **—ая трубка, трубка —ых линий** field tube; **—ая установка** power plant, power station; (rocket) propulsion system; **—ая функция** (av.) mass-flow function; **—ая цепь** power circuit; **—ое поле** field of force; **мощный с.** superpower.
силой *adv.* by force.
силок *m.* snare, trap.
силокс/ан *m.*, **—анный** *a.* siloxane; **—ен** *m.* siloxen; **—икон** *m.* siloxicon (a refractory material).
силоме(т)р *m.* dynamometer.
силон *m.*, **—овый** *a.* Kapron, nylon-6.
силоприемник *m.* (mech.) receiver.
силос *m.* (agr.) silo; silage.
силосель *m.* Sil-O-Cel (heat insulator).
силосн/ый *a.* (agr.) silo, (en)silage; **—ая башня**, **—ая яма** silo; **—ые культуры** (en)silage crops.
силосо/вание *n.* (storing) ensilage; **—ванный корм** ensilage (fodder); **—вать** *v.* ensilage, silo, store in a silo; **—наполнитель** *m.* silo feeder; **—резка** *f.* (en)silage cutter, shredder; **—трамбовщик** *m.* silo packer; **—уборочный** *a.* (en)silage-harvesting; **—хранилище** *n.* silo storage; **—швырялка** *f.* blower.
силосуемость *f.* (en)silage capacity.
силумин *m.* Silumin (alloy).
силунд *m.* silundum, silicon carbide.
силур *m.*, **—ийский период** (geol.) Silurian period.
силуэт *m.*, **—ный** *a.* silhouette, outline.
силы *gen.*, *pl.*, *etc.*, *of* **сила**.
силь *see* **сель**.
сильван *m.* sylvan, α-methylfuran.
сильванит *m.* (min.) sylvanite.
сильве/глицерин *m.* silveglycerin; **—оловая кислота** silveolic acid.
сильвер— *prefix* silver—.
сильвестрен *m.* sylvestrene.
сильвин *m.* (min.) sylvite; **—ит** (petr.) sylvinite; **—овая кислота** sylvic acid, abietic acid; **—овокислый** *a.* sylvic acid, sylvate (of).
силькреты *pl.* (petr.) silcretes.
сильно *adv.* powerfully, strongly, vigorously, highly, very; **—действующий** *a.* strong, aggressive, offensive, violent, drastic; **—ионизированный** *a.* highly ionized; **—точный** *a.* heavy-current, high-current; **—фокусирующий** *a.* strong-focusing.
сильный *a.* strong, powerful, potent; vigorous; high, intense, sharp, severe (cold, etc.); hard, heavy (rain, etc.).

suffix -horsepower; (bot.) **—dynamous**; **исключительно с.** dramatic.
сильфон *m.*, **—ный** *a.* bellows.
сильхром *m.* Silchrome (steel).
сим *abbr.* (**сименс**); *instr. of* **сей**.
сим— *prefix* sym— (with, together).
сима *f.* (geol.) sima.
симаруб/а *f.* (bot.) mountain damson (*Simaruba officinalis*); **—идин** *m.* simarubidin; **кора —ы**, **—овая кора** simaruba bark, bitter damson.
симбатность *f.* (biol.) symbasis; agreement.
симбатный *a.* cymbate, boat-shaped.
симби/оз *m.* (biol.) symbiosis, living together; **—онт** *m.* symbiont; **—отический** *a.* symbiotic.
символ *m.* symbol, sign, mark; character, notation; (binary) digit; **—изировать** *v.* symbolize, represent, stand (for); **—ический** *a.* symbolic, figurative.
сименс *m.* (elec.) siemen, mho (unit of conductance); **—ит** *m.* siemensite (refractory); **с.-мартеновский** *a.* (met.) Siemens-Martin, open hearth (process).
симилор *m.* similor (a brass).
симметр/изация *f.*, **—ирование** *n.* symmetrization, balancing; **—ирующий** *a.* symmetric(al); balancing; **—ический**, **—ичный** *a.* symmetrical, balanced; **—ичность**, **—ия** *f.* symmetry.
симморфоз *m.* (chem.) addition.
симоген *see* **цимоген**.
симон/еллит *m.* (min.) simonellite; **—(и)ит** *m.* simonyite.
симпат/изировать *v.* sympathize; **—ин** *m.* (physiol.) sympathin; **—ический** *a.* sympathetic; **—ическая реакция** sympathetic reaction, induced reaction; **—ические чернила** sympathetic ink, invisible ink; **—ия** *f.* sympathy.
симплезит *m.* (min.) symplesite.
симплекс *m.* (math.) simplex; **—ный** *a.* simplex; one-way (channel).
симплициальный *a.* simplicial.
симпод/иальный *a.* (bot.) sympodial; **—ий** *m.* sympodium.
симпозиум *m.* symposium, workshop.
симпровизировать *v.* improvise.
Симпсона правило (surv., etc.) Simpson's rule.
симптом *m.* symptom, sign; **комплекс —ов** syndrome; **—атика** *f.* (med.) symptomatology; **—атический** *a.* symptomatic; **—окомплекс** *m.* syndrome.
симул/ировать *v.* simulate; **—ьтанный** *a.* simultaneous; **—ьтантный** *a.* combined; **—яция** *f.* simulation.
симфиз *m.* (anat.) symphysis; **—ный** *a.* symphyseal.
син— *prefix* syn— (with, together); at the same time; like); **—адельфит** *m.* (min.) synadelphite.

син/актин *m.* sinactine, *l*-tetrahydro-*epi*-berberine; **—альбин** *m.* sinalbin.
синальдоксим *m.* synaldoxime.
синамин *m.* sinamine, allyl cyanamide.
синантроза *f.* synanthrose, levulin.
синап/ин *m.* sinapine; **—иновый** *a.* sinapic (acid); **—иновокислая соль** sinapate; **—олин** *m.* sinapolin, diallyl urea.
синапс(ис) *m.* (genetics) synapsis.
сингамия *f.* (biol.) syngamy, conjugation.
Сингапур (geog.) Singapore.
синген/ез *m.* (biol.; min.) syngenesis; **—етический** *a.* syngenetic; **—ит** *m.* (min.) syngenite.
синглет *m.*, **—ный** *a.* singlet; single line (spectral line).
сингония *f.* syngony, (crystal) system.
сингулярн/ость *f.* (math.) singularity; **—ый** *a.* singular.
синдесм(о)— *prefix* (anat.) syndesm(o)— (connective tissue; ligament).
синдетикон *m.* syndetic material, liquid glue.
син-диазосоединение *n.* syndiazo compound.
синди/кат *m.* syndicate; **—отактический** *a.* syndiotactic (polymer); **—цированный** *a.* syndicated; **—цировать** *v.* syndicate.
синдром *m.* (med.) syndrome.
сине *sh. n. of* **синий**; *prefix* blue; sine— (without); syne— (together); **—ва** *f.* dark-blue color; (phyt.) blue stain, blue rot; **—ватобледный** *a.* livid; **—ватый** *a.* bluish; **—глазка** *f.* day flower (*Commelina communis*); **—гнойная палочка** (bact.) Bacillus pyocyaneus **—головник** *m.* (bot.) Eryngium; **с.-зеленые водоросли** (bot.) Cyanophyceae; **—калильный** *a.* blue (heat).
синеклиза *f.* (geol.) syneclise.
синеломк/ий *a.* (met.) blue brittle, blue short; **—ость** *f.* blue brittleness.
синематограф *see* **кинематограф**.
синем/урский, **—юрский** *a.* (geol.) Sinemurian.
синен/ие *n.* bluing; (met.) blue tempering; **—(н)ый** *a.* blued; blue tempered.
синерг/етический эффект, **—изм** *m.* synergism; **—ист** *m.* synergist; **—ический** *a.* synergistic; **—ия** *f.* synergy, correlated action.
синерезис *m.* (gels) syneresis.
синерод *m.* cyanogen; **—истоводородная кислота** hydrocyanic acid.
синеродист/ый *a.* (formerly lower or **—ous**) cyanide (of); **с. водород** hydrogen cyanide; **с. калий** potassium cyanide; **—ая кислота** cyanic acid; **—ая медь** cuprous cyanide; **—ое железо** ferrous cyanide.
синеродн/ый *a.* (formerly higher or **—ic**) cyanide (of); **—ая медь** cupric cyanide;

—ая ртуть mercuric cyanide; **—ое железо** ferric cyanide.
синеродо— *prefix* cyan(o)—.
синеродоводород *m.*, **—ная кислота** hydrogen cyanide, hydrocyanic acid, prussic acid; **соль —ной кислоты** cyanide; **—ный** *a.* hydrocyanic, hydrocyanide (of).
синеть *v.* get blue.
синефрин *m.* synephrin.
синехия *f.* (med.) synechia, adhesion.
синигрин *m.* sinigrin, potassium myronate.
син/ий *a.* (dark) blue; **с. пигмент** cyanin; (светописная) **—яя копия** blueprint.
синильно— *see* **синеродо—**.
синильн/ый *a.* bluing; dyeing; prussic, hydrocyanic (acid); **соль —ой кислоты** cyanide; **желтая —ая соль** potassium ferrocyanide; **красная —ая соль** potassium ferricyanide.
синистрин *m.* sinistrin.
синить *v.* (dye) blue.
синкаин *m.* Syncaine, procaine.
синкалин *m.* sincaline, choline.
синкарпий *m.* (bot.) syncarp.
синкл/аза *f.* (geol.) synclase; **—иналь** *f.*, **—инальная складка** syncline; **—инальный** *a.* synclinal; **—инорий** *m.* synclinorium, synclinore.
синкопа *f.* (med.) syncope, faint.
синнематин *m.* synnematin.
синов/иальный *a.* (anat.) synovial; **—иальная жидкость** synovia; **—ит** *m.* (med.) synovitis; **—ия** *f.* synovia.
синодический *a.* synodic, lunar (month).
синоменин *m.* sinomenine.
синоним *m.* synonym; **—ический** *a.* synonymous; **—ический ряд** set of synonyms; **—ия** *f.* synonymy.
синопсис *m.* synopsis.
синопти/к *m.* synoptic meteorologist, weather forecaster; **—ка** *f.* synoptics, synoptic meteorology; **—ческий** *a.* synoptic; weather (map).
синтагма *f.* syntagma, group (of words).
синтагматит *m.* (min.) syntagmatite.
синтакс/ис *m.* syntax; **—ический** *a.* syntactical.
синталин *m.* Synthalin.
синтан *m.* syntan (tanning agent).
синтез *m.* synthesis; (nucl.) fusion; **—атор** *m.* synthesizer; **—ирование** *n.* synthesis; **—ированный** *a.* synthesized; **—ировать** *v.* synthesize.
синтер *m.* sinter (cake); **—ированный** *a.* sintered; **—ировать** *v.* sinter; **—ование** *n.*, **—овочный** *a.* sintering.
синтетический *a.* synthetic.
синт/ин *m.* synthine (synthetic mixture of hydrocarbons); **—ол** *m.* synthol.
синтомицин *m.* synthomycin.
синтониз/ация *f.* syntonization, tuning;

—**ированный** *a.* syntonized, tuned; —**ировать** *v.* syntonize, tune.

синтонин *m.* syntonin, muscle fibrin.

синтонический *a.* (rad.) syntonic.

синус *m.* (math.) sine; (anat.) sinus; **с.-гальванометр** *m.* sine galvanometer; **с.-версус** *m.* versed sine; —**но-косинусный** *a.* sine-cosine; —**ный** *a.* of **синус**; sinusoidal (pickup); —**ово-предсердный** *a.* (anat.) sinoatrial, sinoauricular; —**овый** *a.* of **синус**; —**овый узел** (cardiac) pacemaker.

синусоида *f.*, —**льная кривая** (math.) sinusoid, sine curve; —**льно** *adv.* sinusoidally; —**льный** *a.* sinusoidal, sine-(-shaped).

синус-счётчик *m.* (elec.) sine meter.

синфаз/ирование *n.* synphasing, cophasing, inphasing; —**ность** *f.* inphase state, correct phase; coherence; —**ный** *a.* inphase, cophasal, cophased; coherent.

синхизит *m.* (min.) synchysite.

синхонин *m.* cinchonine.

синхрониз/атор *m.* synchronizer, synchromesh unit; —**ационный** *a.*, —**ация** *f.*, —**ирование** *n.* synchronization, synchronizing, timing; —**ированный** *a.* synchronized, simultaneous; —**ировать** *v.* synchronize, bring into step; —**ирующий** *a.* synchronizing; dating, master, clock (pulse).

синрхонизм *m.* synchronism, simultaneous occurrence; **выше** —**а** hypersynchronous; **ниже** —**а** hyposynchronous; **приводить в с.** *v.* synchronize; **реле выпадения с** —**а** out-of-step relay.

синхрон/и(сти)ческий *see* **синхронный**; —**ичность** *see* **синхронность**; —**ичный** *see* **синхронный**; —**ия** *see* **синхронность**; —**но** *adv.* in synchronism (with); —**последящий** *a.* synchronous tracking; —**ность** *f.* synchronism; timing; —**ный** *a.* synchronous, simultaneous, coincident; —**ный генератор** (elec.) synchronous generator, alternator; —**оскоп** *m.* synchronoscope.

синхро/скоп *m.* (elec.) synchroscope; —**трон** *m.*, —**тронный** *a.* (nucl.) synchrotron; —**фазирование** *n.* phase synchronization; —**фазотрон** *m.* (nucl.) synchrophasotron, protonsynchrotron; —**циклотрон** *m.* (nucl.) synchrocyclotron, f-m cyclotron.

синцианин *m.* syncyanin (blue pigment).

синцитий *m.* (biol.) syncytium.

синь *f.* blue (pigment); (phyt.) blue stain; *sh. m.* of **синий**; —**ка** *f.* blue; bluing; blueprint; **жёлтое с.-кали** potassium ferrocyanide; **красное с.-кали** potassium ferricyanide; **жёлтый с.-натр** sodium ferrocyanide; **красный с.-натр** sodium ferricyanide.

син/энергетический *see* **синергетический**; —**эстезия** *f.* (physiol.) synesthesia.

синэстрол *m.* Synestrol, hexestrol.

синю/ха *f.* (med.) cyanosis; (bot.) Polemonium; —**шка** *f.* diazo (line color) copy; —**шность** *f.* cyanosis; —**шный** *a.* cyanotic.

синя *sh. f.* of **синий**.

синяк *m.* (med.) livor, discoloration; (bot.) viper's bugloss (*Echium*).

сиомин *m.* siomine, hexamethyleneamine tetraiodide.

—**сионный** *a. suffix* —sion(al).

сип *m.* (orn.) vulture.

сипилит *m.* (min.) sipylite.

сип/лость *f.* hoarseness; —**лый** *a.* hoarse, husky; —**нуть** *v.* get hoarse.

сиполин *see* **циполин**.

сипота *f.* hoarseness.

сипункулиды *pl.* (zool.) Sipunculoidea.

Сирак/узы, —**ьюс** (geog.) Syracuse.

сирена *f.* siren, horn.

сирен/евый *a.* lilac(-colored); syringic (acid); **с. альдегид** syringaldehyde; —**ь** *f.* (bot.) lilac.

сирийский *a.* Syrian.

сиринг/енин *m.* syringenin, oxymethylconiferin; —**ин** *m.* syringin, lilacin; —**овая кислота** syringic acid.

Сири/ус *m.* (astr.) Sirius; —**я** Syria.

сирокко *m.* s(c)irocco (wind).

сироп *m.* syrup; —**ный** *a.* syrup(y); —**образный** *a.* syrupy, syrup-like, viscous.

сирота *m. and f.* orphan.

сирфы *pl.* flower flies (*Syrphidae*).

сисмондин *m.* (min.) sismondite.

система *f.* system, method, scheme, arrangement, organization; set; net-work.

системат/изация *f.* systemization; classification, filing; arrangement; —**изировать** *v.* systematize; classify, arrange, file; —**ик** *m.* (biol.) taxonomist, classifier; —**ика** *f.* systematism; systemization; taxonomy, classification; —**ический** *a.* systematic, methodical; classified (catalog); constant, fixed (error); —**ическо-предметный** *a.* classified-subject; —**ично** *adv.* systematically; —**ичность** *f.* systematic nature, order, continuity; —**ичный** *see* **систематический**.

системотехника *f.* systems engineering.

систерна *see* **цистерна**.

систокс *see* **меркаптофос**.

систол/а *f.* (physiol.) systole; —**ический** *a.* systolic.

ситалл *m.* devitrified glass such as Pyroceram.

ситец *m.* (text.) calico, cotton print.

ситечко *dim. of* **сито**.

ситио— *prefix* sitio— (food).

ситник *m.* coarse white bread; (bot.) rush (*Juncus*); —**овый** *a.* rush.

ситный *a.* sifted.
сито *n.* sieve, screen, riddle, bolter, sifter; шкала сит mesh gage.
сито— *prefix* screen, sieve; sito— (food); —видный *see* ситообразный; —видная пористость pinholes.
ситовина *f.* (phyt.) rot, putrefaction.
ситовник *m.* (bot.) Pycreus.
сито/вый *a.* screen, sieve; —образный *a.* cribriform, sieve-like; screen.
ситостан *m.* sitostane.
ситостерин *m.* sitosterol.
ситочный *a.* sifter, sieve, screen.
ситро *n.* fruit drink.
ситуаци/онный *a.*, —я *f.* situation; с. план site plan, layout plan.
ситус: анализ с. (math.) analysis situs.
ситце/вый *a. of* ситец; —набивной *a.*, —печатание *n.*, —печатный *a.* cotton printing, calico printing; —печатник *m.* cotton printer.
ситчатый *a.* screen; sieve (plate); sieve-plate (column); perforated (bottom); с. барабан revolving screen.
сифили/с *m.* (med.) syphilis; —тик *m.*, —тический *a.* syphilitic.
сифон *m.* siphon; siphon trap; (air) lift; (met.) bottom gate; разливка —ом (met.) bottom pouring; сливать —ом, —ировать *v.* siphon (off).
сифонн/ый *a.* siphon; (steel) bottom, fountain (pouring); с. запор, с. затвор, с. приемник siphon trap; с. трубопровод, —ая трубка siphon (tube), siphon tubing.
сифоно— *prefix* siphono— (siphon, tube); —вый *see* сифонный; —форы *pl.* (zool.) Siphonophora.
сих *gen. pl. of* сей.
сиходимит *m.* (min.) sychnodymite.
сицилийский *a.* Sicilian.
Сицилия (geog.) Sicily.
сиштоф *m.* Si-stoff (siliceous by-product of alumina industry).
Сиэтл (geog.) Seattle.
сия *f. of* сей.
—сия *f. suffix* —sion.
сия/ние *n.* shining, radiation, radiance, shine, luminescence, glow, luster, sheen; aureole, halo; полярное с., северное с. aurora borealis; южное с. aurora australis; —ть *v.* shine, (e)radiate, beam; —ющий *a.* shining, radiant, beaming.
СК *abbr.* (салициловая кислота) salicylic acid; (селективный каротаж) selective logging; (синтетический каучук) synthetic rubber; ск. *abbr.* (скала; склонение; скорость).
скабиоза *f.* (bot.) scabious (*Scabiosa*).
ска/жем (let us) say; —занное *n.* what has been said; —занный *a.* said, spoken; —зать *v.* say, speak, tell; так —зать

so to speak; —з(ыв)аться *v.* tell, show up; profess to be; —зываться благоприятно have a favorable effect (on); —зываться на affect, influence.
скак/ание *n.* skipping, jumping; —ать *v.* skip, jump, leap, bound.
скаккит *m.* (min.) scacchite.
скак/нуть- *see* скакать; —ун *m.* jumper; racer; —уны *pl.* tiger beetles.
скала *f.* rock, crag, cliff; scale (of thermometer, etc.).
скаленоэдр *m.* (cryst.) scalenohedron; —ический *a.* scalenohedral.
Скалистые горы Rocky Mountains.
скалистый *a.* rocky, craggy.
скалк/а *f.*, —овый *a.* ram, plunger; pin, rod, spindle; mangle; rolling pin; расточная с. boring bar.
скал/ообразующий *a.* (geol.) petrogenic; —ы *pl. of* скала; mountains.
скалыв/ание *n.* shearing, etc., *see v.*; shear (fracture), sliding fracture; (nucl.) spallation; осколок —ания spallation fragment; прочность на с. shearing strength; —ать *v.* shear (off); cleave, split off; spall, chip up; pin together; prick out (outline); —ающий *a.* shearing, etc., *see v.*; —ающая сила shearing force.
скальзывать *see* скользить.
скалькировать *v.* trace.
скалькулировать *v.* calculate, estimate.
скальн/ый *a. of* скала; hard, rocky (soil); —ые работы rock excavation.
скальол *m.* scagliola (imitation stone).
скальп *m.* scalp; —ель *m.* scalpel; —ировать *v.* scalp.
скальчатый *a.*, с. поршень plunger, ram.
скаляр *m.*, —ный *a.* (math.) scalar.
скам/еечка *dim. of* скамейка; —ейка *f.* bench.
скаммон/ий *m.* scammony (root); камедь —ии scammony resin.
скамья *f.* bench.
сканд. *abbr.* (скандинавский).
скандие/вый *a.* scandium; —вая земля scandia, scandium oxide; —носный *a.* scandium-bearing.
сканд/ий *m.* scandium, Sc; окись —ия scandium oxide; хлористый с. scandium chloride; —ийсодержащий *a.* scandium-bearing.
скандинавский *a.* Scandinavian.
скан(д)иров/ание *n.* scan(ning); —анный *a.* scanned; —овать *v.* scan; —овка *f.* scan(ning).
сканистор *m.* (electron.) scanistor.
скань *f.* filigree (work).
скапавший *a.* trickled off.
скапливать *v.* collect, accumulate, hoard; —ся *v.* collect, accumulate, agglomerate, aggregate; pile up.

скаполит *m.* (min.) scapolite, wernerite; —изация *f.* scapolitization.
скапотировать *v.* (av.) nose over.
скапывать *v.* dig off, dig away.
скарабей *m.* scarab, dung beetle.
скарифи/катор *m.* (agr.) scarifier; —кационный *a.*, —кация *f.* scarification; —цировать *v.* scarify.
скарлатина *f.* (med.) scarlet fever.
скармливать *v.* feed.
скарн *m.*, —овый *a.* (petr.) skarn (silicate contact gangue).
скат *m.* slope, incline, descent, pitch, gradient, declivity; ramp; slide, chute, trough; rolling, sliding (down, off); (car) wheel; (ichth.) ray, skate; (anat.) clivus; колесный с. pair of wheels; —ать *v.* roll up; felt, mat.
скатерт/ный *a.*, —ь *f.* tablecloth.
скат/ить *v.* roll down; rinse off, sluice; —иться *v.* roll down, slide down; be rinsed off; —ка *f.* rolling down, sliding down; rolling up; roll; felting, matting; —ный *a.* ramp, slide.
скато— *prefix* scato—, skato— (feces); —ксил *m.* skatoxyl; —л *m.* skatole, methylindole.
скаты *pl. of* скат.
скатыв/ание *n.* rolling up, etc., *see v.*; угол —ания angle of pitch; (geol.) angle of dip; —ать(ся) *v.* roll up; mat, felt; roll down, roll off, slide down; rinse, sluice (off).
скафандр *m.* pressure suit, (space) suit; diving suit.
скач/анный *a.* pumped (off, out); —ать *v.* pump (off, out).
скаченный *a.* run-off, tapped, skimmed, slagged (off); sluiced; rolled down.
скачет *pr. 3 sing. of* скакать.
скачив/ание *n.* skimming, etc., *see v.*; —ать *v.* skim, draw off, tap, drain off, run off, slag off; pump (off, out); rinse, sluice off.
скачка *gen. of* скачок.
скачкообразн/о *adv.* by leaps or jumps, jumpwise; spasmodically; —ость *f.* spasmodic nature, irregularity, unevenness; —ый *a.* spasmodic, uneven, intermittent; jump, step (function, etc.); (comp.) unit step (input); jump-type, abrupt (process); —ая работа skipping.
скач/ок *m.* jump, skip, leap, spring, bound; sudden change, drop; break, discontinuity (in curve); (potential) difference; shock; (unit) step input; (biol.; med.) saltation; с. уплотнения shock (wave); замыкающий с. terminal shock (wave); плоский с. step-shock; слой —ка layer of discontinuity; течение за прямым —ком flow through a normal shock wave; —ки *pl.* skipping; —ками in

jumps; in stages or steps, by degrees, gradually; движение —ками galloping motion; —ут *pr. 3 pl. of* скакать; —ущий *a.* jumping; (med.) saltatory (gait).
скашива/ние *n.* sloping, etc., *see v.*; с. под углом beveling; —ать *v.* slope, bevel, chamfer, cant, cut aslant, skive, shave off, pare; (agr.) mow down.
СКБ *abbr.* (синтетический каучук, бутадиеновый) synthetic butadiene rubber.
скваж/ина *f.* pore, aperture, chink, slit, gap, interstice, rift; (bore; key) hole; well; со —инами porous; с.-водоисточник *f.* water-supply well; с.-шахта *f.* shaft well; —инный *a.* of скважина; well-drilling; —истость *f.* porosity; —истый *a.* porous; blown; slit(ted); —ность *f.* porosity; duty factor; (rad.) on-off time ratio; —ный *see* скважистый.
сквален *m.* squalene, spinacene.
сква/сить, —шивать *v.* let sour.
сквер *m.* (city) square.
скверн/о *adv.* badly, poorly; ему с. he is not well; —ый *a.* bad, poor.
сквиджи *m.* squeegee; intermediate rubber layer.
сквоз/истый *a.* drafty; not light-tight; —ить *v.* blow through; pass, penetrate, show through (of light), shine; not be light-tight; —ит there is a draft.
сквозн/ой *a.* through (hole; road; trip); open (weave, etc.); thin (forest); not light-tight; (comp.) ripple-through (carry); с. ветер *see* сквозняк; с. камень (horol.) jewel hole; —ая коррозия (met.) perforation; —ая прокаливаемость complete penetration hardenability; —ая работа (min.) open cut; —як *m.* draft, current of air.
сквозь *adv. and prep. acc.* through.
скворец *m.* (orn.) starling; —ешник *m.* (met.) pigeon hole (flaw).
скег *m.* (naut.) skeg (of keel).
скелет *m.* skeleton, frame, shell; —ирование *n.* skeletonization (of foliage); —ный *a.* skeleton, frame; skeletal; —ный никель Raney nickel (catalyst); —ная кривая (comp.) backbone.
скеп/сис, —тицизм *m.*, —тичность *f.* scepticism; —тик *m.* sceptic; —тический, —тичный *a.* sceptical.
скептрон *m.* (electron.) sceptron, spectral comparative pattern recognizer.
скерда *f.* (bot.) Crepis.
скетч *m.* sketch.
СКИ *abbr.* (синтетический каучук, изопреновый) synthetic isoprene rubber.
скиа— *prefix* skia— (shadow); —метр *m.* skiameter, actinometer.
скидать *see* скидывать.

скиддер *m.* skidder.
скид/ка *f.*, —ывание *n.* throwing off; allowance, reduction, deduction, discount; —ывать *v.* allow, reduce, deduct; throw off, cast off; take off (clothes).
—ский *a. suffix* —ian, —ic.
скимкоультер *m.* (agr.) skim colter.
скин-слой *m.* skin layer.
скинут/ый *a.* deducted; thrown off, cast off; —ь *see* скидывать.
скин-эффект *m.* (elec.) skin effect.
скип *m.* (met.) skip, charging ladle.
скип/аться, —еться *v.* sinter together.
скипидар *m.*, —ный *a.* turpentine.
скипов/ой, —ый *a. of* скип.
скирд *m.*, —а *f.* stack, rick (of hay, etc.); —овальный *a.*, —ование *n.* stacking, etc., *see v.*; —ованный *a.* stacked, etc., *see v.*; —овать *v.* stack, rick, pile up; —овка *see* скирдование.
скирр *m.* (med.) scirrhus.
скис/ать, —нуть *v.* (turn) sour, curdle.
скиф *m.* skiff (boat).
скифский ярус (geol.) Scythian stage.
скицировать *v.* sketch, draft.
склад *m.* warehouse, storehouse; (mil.) depot; (lumber) yard; storage, store, stock; habit; на —е in storage, in stock; —альный *a.* storage, storing; —ирование *n.* storage, warehousing, stockpiling; —ировать *v.* store, stockpile.
складк/а *f.* crease, wrinkle, fold, lap, crimp, crinkle, crumple, corrugation, plication; (geol.) fold; с. местности (geol.) natural feature; точка —и plait point (in solubility curve); с.-взброс, с.-надвиг *f.* (geol.) overthrust, upthrust fold; с.-сброс *f.* fault fold; с.-сдвиг *f.* overthrust; —овыпрямление *n.* unfolding; —ообразование *n.* folding, fold formation.
складн/ой *a.* folding, collapsible; portable; —ая линейка folding rule.
складный *a.* coherent, well-ordered.
склад/ок *gen. pl.*; —очка *f. dim. of* складка.
складочн/ый *a. of* склад; —ое место storehouse; (mil.) dump.
складск/ой *a.* warehouse; —ое хозяйство stores, supply department.
складчат/ость *f.* (geol.) folding; —ый *a.* folded, plicate(d); wrinkled.
складыв/аемое *n.* (math.) addend; —ание *n.* adding, addition, etc., *see v.*; —ать *v.* add (up), sum up; combine, put together, pack, fold up; make up, compose; pack, fold (up), collapse, jackknife; accumulate, pile (up), store, —аться *v.* be added, etc.,; add up; fold, collapse; —ающий *a.* adding, etc., *see v.*
скле/енный *a.* glued, etc., *see v.*; —аггглюти-nate; —ивание *n.* gluing, etc., *see v.*; agglutination; —ивать *v.* glue, cement, paste, stick, bond (together); splice; size, dress; agglutinate; —иваться *v.* be glued, etc.; adhere; —ивающий *a.* gluing, etc., *see v.*; adhesive; —ивающее вещество adhesive; agglutinant; —иыь *see* склеивать; —йка *see* склеивание; splice; (comp.) patch.
склеп/анный *a.* riveted (together); —ать *see* склепывать; —ка *see* склепывание; —машина *f.* riveting machine; —очный *a.* riveting; —ывание *n.* riveting, fastening; —ывать *v.* rivet (together), fasten; —ывающий *a.* riveting.
склер— *see* склеро—; —а *f.* (anat.) sclera; —еида *f.* (bot.) sclereid, grit cell; —енхима *f.* (biol.) sclerenchyma; —ит *m.* (med.) scleritis; (zool.) sclerite.
склеро— *prefix* sclero— (hard); —з *m.* (med., bot.) sclerosis, hardening; —зированный *a.* sclerosed; —зный *a.* sclerous, hard; —ма *f.* (med.) scleroma; —метр *m.* sclerometer; —метрический *a.* sclerometric; —н *m.* Scleron (alloy); —номный *a.* scleronomic.
склеропелит *m.* (petr.) skleropelite.
склеропротеин *m.* scleroprotein.
склероскоп *m.* scleroscope.
склероспороз *m.* (phyt.) sclerosporosis.
склероти/ка *f.* (anat.) sclerotic; —ниоз *m.* (phyt.) Sclerotinia rot; —ния *f.* (phyt.) Sclerotinia; —новый *a.* sclerot(in)ic (acid); —ческий *a.* (med., bot.) sclerotic, sclerosed.
склероций *m.* (bot.) sclerotium.
склиз/кий *a.* slippery, slimy; —ок *m.* hide of unborn calf.
склодовскит *m.* (min.) sklodowskite.
склон *m.* slope, side, descent, decline, declivity, embankment (of canal, etc.); —ение *n.* slope, incline, inclination, declivity, dip, pitch; depression; declination, deflection, variation; магнитное —ение magnetic declination; стрелка —ения (geol.) dip needle; —енный *a.* inclined, sloped; —ить *see* склонять.
склонн/ость *f.* inclination, tendency, disposition, propensity, bent, leaning, taste, aptitude, affinity; иметь с. *v.* tend, be inclined (to); —ый *a.* inclined, disposed, prone, ready (to).
склоновый *a. of* склон; surface (flow).
склон/ять *v.* incline, bend, bias; —яться *v.* dip, incline, bend; yield, comply; be disposed (to), tend (to); —яющийся *a.* dipping, etc., *see v.*
склянка *f.* phial, vial, flask, bottle; (naut.) hour glass; half-hour interval; (ocean.) brackish ice crust; с.-моностат *f.* pressure gage.

СКН *abbr.* (синтетический каучук, бутадиенонитрильный) synthetic butadiene nitrile rubber.

скоб/а *f.* cramp (iron), clamp, cleat, clinch(er); bracket, brace, frame; hook, fastening, catch, claw, detent, detainer; buckle; clip; staple; stirrup, shackle, yoke, link; измерительная с., калиберная с. external gage, horseshoe gage; прибить —ами *v.* staple; скрепить —ой *v.* cramp, clamp; соединение —ой clasp joint.

скобель *m.* scraper, draw knife.

скобк/а *f.* bracket; *see also* скоба; брать в —и *v.* bracket; квадратные —и brackets; круглые —и parentheses; фигурные —и braces.

скобл/ение *n.* scraping, etc., *see v.*; abrasion; —ен(н)ый *a.* scraped, etc., *see v.*; —ильный *a.* scraping, scrape; —ильный инструмент scraper; —ить *v.* scrape, smooth, plane, shave, pare; file; grate; (med.) scarify.

скобо/к *gen. pl.* of скобка; —образный *a.* bracket-shaped; (met.) brace-test (bar); —чка *dim.* of скоб(к)а; —чный *a.* of скоб(к)а; —чная машина stapler.

скобяной товар hardware.

сков/анный *a.* forged, welded (together); —ать *see* сковывать.

сковиллит *m.* (min.) scovillite, rhabdophane.

сковка *see* сковывание.

сковорода *f.* (frying) pan; (elec.) grill.

сковород/ень, —ник *m.*, соединение в с. dovetail (joint); вязка —нем, соединение —нем dovetailing.

сковыв/ание *n.* forging, etc., *see v.*; —ать *v.* forge, weld (together); chain, bind; (mil.) hold, paralyze; lock (by freezing); —аться *v.* be forged, welded, etc.,; freeze over.

скок *m.* jump(ing), hop(ping), leap(ing).

скол *see* скалывание; chip.

сколачивать *v.* knock together, put together; knock off, strike off.

скол/ецит *m.* (min.) scolecite; —ии *pl.* (ent.) Scoliidae; —и(о) *prefix* scoli(o)— (twisted, crooked; curvature); —иодоновый *a.* scoliodonic (acid); —иоз *m.* (med.) scoliosis; —иотический *a.* scoliotic; —ит *m.* (ent.) Scolytus.

скол/ка *f.* chipping off, knocking off; pricking out (of pattern); —ок *m.* pricked pattern, pricked tracing; copy; chip.

сколотина *f.* buttermilk.

сколотить *see* сколачивать.

сколоть *see* скалывать.

сколоченный *past pass. part. of* сколотить.

сколуп/нуть, —(ыв)ать *v.* scrape off.

сколь *see* сколько.

скольжен/ие *n.* slipping, etc., *see* скользить; slip, slide, launching (of ship) stroke (of piston); боковое с. sideslip(ping); зеркало —ия (geol.) slickenside(s); кривая —ия slip curve; плоскость —ия sliding surface; угол —ия angle of slide.

скольз/ить *v.* slip, slide, skid; glide, skim (over); —кий *a.* slippery; —ко *adv.* (it is) slippery; —кость *f.* slipperiness, lubricity, lubricating power; —ун *m.* slipper, slide block, guide shoe; —ящий *a.* slipping, etc., *see v.*; slipper, slide (block); varying, nonlocalized (vector); glancing (blow); метод —ящих средних moving-average method.

сколько *adv.* how much, how many? с. ни however; с. раз how often? с. столько as much as, as many as; с.-нибудь any (amount); с.-то some (amount).

скольтер *m.* (agr.) colter.

скомандовать *v.* order, command.

скомбинировать *v.* combine.

скомбрин *m.* scombrine.

скомк/анный *a.* wrinkled, crumpled; —ать *v.* wrinkle, crumple.

скомпенсировать *v.* compensate.

скомпилировать *v.* compile, collect.

скомплектов/анный *a.* made up (of); staffed (mach.) gang(ed); —ать *v.* make up (a set); staff.

скомпоновать *v.* compose, combine, arrange.

сконденсировать *v.* condense.

сконструиров/анный *a.* constructed, etc., *see v.*; —ать *v.* construct, design, engineer; develop; pattern (after).

сконфузить *v.* confuse, disconcert.

сконцентрировать *v.* concentrate.

скоординировать *v.* coordinate.

—скоп *m. suffix* —scope (viewing instrument).

скопарин *m.* scoparin.

скопать *v.* scrape off (by digging).

скопец *m.* (zool.) castrate.

скопивший/ся *a.* accumulated; (phys.) pile(d)-up (dislocation).

скопин *m.* scopine, 2,3-epoxytropane.

скопировать *v.* copy.

скопить *v.* castrate; *see also* скапливать.

—скоп/ический *a. suffix* —scopic (viewing); —ия *f. suffix* —scopy (viewing, observation).

скопл/ение *n.* accumulation, heap, mass, aggregate; aggregation, stock, conglomeration, agglomerate, congregation, congestion, concentration, crowding, piling, pile(-up), build-up; cluster (of points); (iceberg) herd; reflux (of steam); (geol.) segregation; (med.) afflux; —енный *a.* accumulated, collected; —яемый *a.* (ac)cumulative; —ять *see* скапливать.

скопнить *v.* stack (hay, etc.).

скопол/амин *m.* scopolamine, hyoscine; —еин *m.* scopoleine; —етин *m.* scopoletin, chrysatropic acid; —ил *m.* scopolyl; —ин *m.* scopoline; —иновый *a.* scopolic (acid); —ия *f.* (bot.) Scopolia.

скопом *adv.* together, jointly.

скопометр *m.* (opt.) scopometer; —ия *f.* scopometry.

скор *sh. m. of* скорый.

скорбут *m.* (med.) scurvy; —ный *a.* scorbutic.

скорее *comp. of* скоро, скорый sooner, more quickly; rather, preferably; с. всего most likely, probably; как можно с. as soon as possible.

скорифика/тор *m.* (assaying) scorifier; —ция *f.* scorification.

скорлуп/а *f.* shell, hull; crust; —ка *dim. of* скорлупа; —ный *a.* shell(y); crustaceous; —няковый *a.* (zool.) crustacean; —оватый *a.* shell(y); (geol.) conchoidal (structure); —оватое отслоение peeling; —ообразный, —чатый *a.* shell-like, shell-shaped, conchoidal.

скорм *m.* feeding; consumption (of food); —ить *v.* feed, give; use up; —ленный *a.* fed; used.

скорня/жить *v.* dress furs; trade in furs; —(жни)чество *n.* fur dressing; fur trading; —жный *a.* fur(rier); —к *m.* furrier, fur dresser.

скоро *adv.* soon, promptly, quickly, speedily, rapidly, at a rapid rate.

скоробить *v.* warp, distort.

скороварка *f.* pressure cooker.

скорода *f.* (bot.) chives.

скородит *m.* (min.) scorodite.

скороморозил/ка *f.* freezer; —ьный *a.* freezer; quick-freezing.

скоропашка *f.* (agr.) cultivator.

скоропечатный станок (typ.) engine press.

скороплодн/ость *f.* early maturity; —ый *a.* early-maturing.

скороподъемность *f.* rate of climb.

скоропортящийся *a.* perishable.

скоропостижный *a.* sudden (death).

скоропреходящий *a.* transitory, short-lived.

скороспел/ка *f.* early-maturing fruit or plant; *f. and m.* prodigy; —ость *f.* early ripening, earliness, precociousness; —ый *a.* early(-ripening); premature; precocious.

скорост/емер *m.* speedometer; —еуменьшитель *m.* reducing gear; —ник *m.* specialist on high-speed methods; —ной *a.* (high-)velocity, high-speed, rapid, fast; accelerated (training); rate (feedback, etc.).

скорострельн/ость *f.* (art.) rate of fire; —ый *a.* rapid-firing, quick-firing.

скорост/ь *f.* velocity, speed, pace, rapidity, rate; с. хода speed; включать в с. *v.* put in gear; замедлять с. *v.* slow down, decelerate, gear down; измеритель —и speedometer; коробка —ей gear box, gear case; набирать с., развивать с. *v.* gain speed, speed up, accelerate, gain momentum; с переменной —ю variable-speed; снижать с. *v.* decelerate; угловая с. angular velocity; указатель —и speedometer.

скоротечн/ость *f.* transience, short duration, rapidity; —ый *a.* transient, short-lived, brief, fast; (med.) fulminant; galloping (consumption).

скорпион *m.* (zool.) scorpion; (astr.) Scorpius; —ницы *pl.*, —овые мухи scorpion flies (*Mecoptera*).

скорректировать *v.* correct.

скоррелировать *v.* correlate.

скорца *f.* scorza (epidote sand).

скорцонера *f.* (bot.) Scorzonera.

скорчинг *m.* (rubber) scorching.

скор/ый *a.* fast, quick, speedy, rapid, swift; first (aid); approaching, impending; express (transportation); в —ом времени soon, in a short time, before long.

скос *m.* bevel, chamfer(ing), slope, slant(ing), incline; taper(ing); feather (wedge); skewback (of propeller blade); (agr.) mowing; с. потока вверх (av.) upwash; с. потока (вниз) downwash; коэффициент —а пазов (elec.) skew factor.

скосарь *m.* (ent.) weevil (*Otiorrhynchus*).

скосить *see* скашивать.

скот *m.*, —ина *f.*, —ный *a.* cattle, livestock.

ското— *prefix* cattle; scoto— (darkness); —бойня *f.* slaughter house, abattoir; —вод *m.* cattle breeder; —водство *n.* cattle breeding; —водческий *a.* cattle (ranch).

скотография *f.* scotography.

скотозаготовка *f.* state purchase of cattle.

скотома *f.* (med.) scotoma.

ското/могильник *m.* burial ground for animal refuse; —приемный *a.* cattle-receiving; —прогонный *a.* cattle-driving; —промышленность *f.* cattle trade, cattle industry; —сбрасыватель *m.* (rr.) cowcatcher; —сырье *n.* beef cattle; —торговец *m.* cattle dealer; —убойный *a.* cattle-slaughtering.

скотский *a.* cattle, livestock.

Скотта способ (analysis) Scott method.

скошенный *a.* chamfered, bevel(ed), tapered, canted, biased, skewed, sloped; mitered; mowed (grass).

СКП *abbr.* (синус-косинусный потенциометр) sine-cosine potentiometer; (счетно-конторский персонал) accounting and clerical personnel.

СКР *abbr.* (спектр комбинационного рассеяния) Raman spectrum.

скрадывать *v.* conceal, hide.

скрайбер *m.* (carpentry) scriber.

скрап *m.* scrap (iron); **с.-процесс** (met.) scrap process; **—ный двор** scrap stockyard, scrap pile.

Скраупа синтез Skraup synthesis.

скреб *m.* (forestry) scrub; bush; *past m. sing. of* **скрести**; **—енный** *a.* scraped.

скребень *m.* (zool.) proboscis worm.

скребк/а *f.* scraper; currycomb; *gen. of* **скребок**; **—ово-ковшовый** *a.* scraper (conveyer); **—овый** *a.* scraper, scraping; drag (screen); rake (classifier); **—овый ковш** scraper; **—овый конвейер, —овый транспортер** drag conveyer, rake conveyer, scraper conveyer.

скреб/ли *past pl. of* **скрести**; **—ло** *n.* strickle; doctor, scraping knife; **—машина** *f.* scraper, dehairer (for hides); **—ни** *pl. of* **скребень**; **—ни(-колючеголовые)** (zool.) Acanthocephala; **—ница** *f.* scrubbing brush; currycomb; **—ной** *a.* scraper; **—нуть** *see* **скрести**; **—ок** *m.* scraper, scrubber; rabble(r); trowel; *gen. pl. of* **скребка**; **—ут** *pr. 3 pl. of* **скрести**; **—ущий** *a.* scraping.

скрепа *f.* tie, clamp, clip, clinch, fastener; union, coupling; fastening (together).

скрепер *m.* scraper, rabbler; **с.-волокуша** *m.* dragline scraper; **—ист** *m.* scraper operator; **—ный** *a. of* **скрепер**; **—ы-тандем** *pl.* tandem scrapers.

скреп/ить *see* **скреплять**; **—ка** *f.* fastening; fastener, clamp, clip; splice; **—ление** *n.* fastening, etc., *see v.*; reinforcement; scarf, splice, joint, connection; attachment; brace, bond; **—ленный** *a.* fastened, etc., *see v.*; **—лять** *v.* fasten, make fast, fix, secure; clamp, hold together, tighten; tie, bind, bond, cement, joint, couple, splice; brace, strengthen, reinforce; **—лять болтами** bolt together; **—ляющий, —очный** *a.* fastening, etc., *see v.*; **—ляющая машина** stapler.

скрести *v.* scrape, scrub; rake.

скре/стить *see* **скрещивать**; **—щение** *see* **скрещивание**; **—щенный** *a.* crossed, etc., *see v.*; (biol.) hybrid; **—щиваемость** *f.* capacity for hybridization; **—щивание** *n.* crossing, etc., *see v.*; junction; hybridization; (bot.) cross pollination; **—щивать(ся)** *v.* cross (over), twist; intersect; interlace; interbreed, crossbreed, mate; hybridize; **—щивающий(ся)** *a.* crossing, etc., *see v.*

скрив/ить, —лять *v.* bend, twist, warp; **—ленный** *a.* twisted, warped.

скрип *m.* creak, squeaking; **—ение** *n.* creaking; **—еть** *v.* creak, grate, squeak; **пестрая —ица** parasol mushroom (*Lepiota procera*).

скрипка *f.* violin.

скрип/нуть *see* **скрипеть**; **—ун** *m.* longhorned beetle (*Saperda*); (bot.) orpine (*Sedum telephium*); **—учий** *a.* creaking, creaky, grating, grinding.

скристаллизовать(ся) *v.* crystallize.

скроенный *a.* cut out (by pattern).

скроет *fut. 3 sing. of* **скрыть**.

скроить *v.* cut out (by pattern).

скромный *a.* modest, plain.

скрош/енность *f.* (met.) crumbling (defect); **—енный** *a.* crumbled; **—иться** *v.* crumble.

скрояющий *pr. act. part. of* **скрыть**.

скруб *m.* (forestry) scrub, bush.

скруббер *m.* (gas) scrubber, washer; **башенный с.** scrub column; **—ный** *a.* scrubber; scrubbing.

скругл/ение *n.* rounding (off), roundness, curvature; **—енный** *a.* rounded (off); **—ить, —ять** *v.* round (off).

скрупул *m.* scruple; **—езный** *a.* scrupulous, meticulous.

скрут/ить *see* **скручивать**; **—ка** *f.* twist(ing); twist joint; joining; splice; **шаг —ки** lay (of cable).

скручен/ость *f.* twistedness; torsion; **—ые** *pl.* (bot.) Contortae.

скруч/енный *a.* twisted, etc., *see v.*; **—иваемость** *f.* (paper) curl; **—ивание** *n.* twisting, etc., *see v.*; torsion; torque failure, twist-off; contorsion; kink; (leaf) curl, roll; **момент —ивания** torque; **прочность на —ивание** torsional strength; **угол —ивания** angle of twist; **—ивать** *v.* twist (together), twine, contort; spin; coil, roll up, curl; buckle, warp; **—ивающий** *a.* twisting, etc., *see v.*; torsion(al); **—ивающий момент** torque, torsional moment; **—ивающая сила, —ивающее усилие** torque, torsional force.

скрыв/ание *n.* concealment, hiding; (mil.) camouflaging; **—ать** *v.* conceal, hide, secrete; camouflage; **—аться** *v.* hide, vanish, disappear; be, occur; **—ающийся** *a.* disappearing, vanishing.

скрын/ица, —я *f.* box, bin, trunk.

скрыт/ие *see* **скрывание**; **—ники** *pl.* (ent.) Lathridiidae; **—но** *adv.* secretly; *prefix see* **скрыто—**; **—ноеды** *pl.* (ent.) Cryptophagidae; **—ность** *f.* secrecy; **—нохоботник** *m.* (ent.) weevil (*Ceutorrhynchus* or *Cryptorhynchus*); **—ный** *a.* concealed, hidden, secret(ive).

скрыто— *prefix* crypto— (hidden); **—генетический** *a.* cryptogenetic; **—жаберные** *pl.* (zool.) Cryptobranchia; **—зернистый** *a.* (petr.) cryptomerous; (geol.)

скрыт/ый *a.* hidden, concealed, secret, cryptic; latent (heat, image); stored, potential (energy); insidious (disease); **с. период** (med.) incubation; **—ое состояние** latency, latent state; **—ь** *see* скрывать.

cryptoplastic, compact; **—кристаллический** *a.* cryptocrystalline, microcrystalline; **—письменногранитный** *a.* (petr.) cryptographic; **—подзолистый** *a.* cryptopodzolic (soil); **—семянные** *pl.* (bot.) Angiospermae; **—хоботник** *see* скрытнохоботник.

скрэб *m.* (forestry) scrub, bush(es).

скрючи(ва)ть *v.* twist, bend, warp.

СКС *abbr.* (**самоходная каротажная станция**) self-propelled logging station; (**самоходная компрессорная станция**) self-propelled compressor station; (**синтетический бутадиен-стирольный каучук**) styrene-butadiene rubber; (**структурно-картировочная скважина**) structural core-drilling borehole.

скудель *f.* (potter's) clay.

скуд/(н)еть *v.* grow poor, thin (out), decline, diminish; **—но** *adv.* sparsely; **—(н)ость** *f.* sparseness, etc., *see a.*; scarcity; **—ный** *a.* sparse, scarce, scanty; poor, meager, lean (ore); bare, barren (soil); small, short.

скука *f.* boredom, tedium.

скул/а *f.* (anat.) cheekbone, zygoma; (naut.) bilge; **—атник** *m.* (bot.) polypody; **—овой** *a.* (anat.) zygomatic; (naut.) bilge; **—овая кость** cheekbone, zygoma; **—оглазничный** *a.* zygomaticoorbital.

скульпт/ор *m.* sculptor; **—ура** *f.* sculpture, statuary; (pal.) ornamentation; **—урный** *a.* sculptural, plastic; modeling (clay).

скумбр/иевый *a.*, **—ия** *f.* (ichth.) mackerel.

скумпия *f.* (bot.) smoke tree (*Cotinus*).

скунс *m.* (zool.) skunk.

скуп *sh. m. of* скупой.

скупать *v.* buy up, corner.

скупит *m.* (min.) schoepite.

скупить *see* скупать.

скупиться *v.* stint, be sparing, grudge.

скуп/ка *f.*, **—ной** *a.* buying up, cornering.

скуп/ой *a.* sparse, poor, meager; sparing, niggardly, stingy; **—ость** *f.* sparseness, etc., *see a.*

скуп/очный *a.* of скупка; **—щик** *m.* buyer.

скутелларин *m.* scutellarin.

скутер *m.* scooter.

скуттерудит *m.* (min.) skutterudite.

скуч/ать *v.* be bored; miss, long (for); **—ен** *sh. m. of* скучный.

скученн/ость *f.* congestion; density; **—ый** *a.* congested, crowded, packed, close; dense, compact.

скуч/ивание *n.* crowding, etc., *see v.*; **—и(ва)ть** *v.* crowd, pack, pile together, box up; heap, accumulate; **—и(ва)ться** *v.* flock together, assemble.

скучный *a.* tedious, dull; sad.

скушать *v.* eat up.

сл *abbr.* (**сантилитр**) centiliter.

слаб *sh. m. of* слабый; **—еть** *v.* weaken, grow weaker; diminish, run down; **—ина** *f.* weak spot; slack, sag; **—инка** *dim. of* слабина.

слабит/ельное *n.*, **—ельный** *a.* laxative, purgative; **—ь** *v.* purge.

слабнуть *v.* become weak, weaken.

слабо *adv. and prefix* weakly, slightly, mildly; loosely; **—активный** *a.* mildly active; (nucl.) warm; **—возбуждённый** *a.* (elec.) feebly excited, low-excitation; **—высыхающий** *a.* poorly drying; **—ионизированный** *a.* slightly ionized; **—кипящий** *a.* light-boiling; **—кисл(отн)ый** *a.* weakly acid, subacid; **—летучий** *a.* not very volatile, heavy; **—метаморфизованный** *a.* low-rank (coal); **—наклонный** *a.* slightly inclined; flat (vein); **—натянутый** *a.* slack, loose; **—неоднородный** *a.* slightly nonhomogeneous; **—нервный** *a.* (med.) neurasthenic.

слабо/обогащённый *a.* slightly enriched; **—половинчатый** *a.* (met.) lightly mottled; **—пульсирующий** *a.* ripple (current); **—радиоактивный** *a.* slightly radioactive; **—растворимый** *a.* slightly soluble; **—сильный** *a.* weak.

слабо/сть *f.* weakness, weak point, failing, disadvantage; (med.) asthenia, debility; **—сучёный** *a.* slack (silk); **—точный** *a.* weak-current; sound (cable; insulator).

слабоум/ие *n.* feeble-mindedness; **—ный** *a.* feeble-minded.

слабофокусирующий *a.* weak-focusing.

слабый *a.* weak, feeble, slight, faint, light; soft, mild; low, inefficient, poor; low-power, slight, small; dilute (solution); loose, lax, slack; thin (negative).

слав/а *f.* fame, repute; **—иться** *v.* have a reputation (for); **—ка** *f.* (orn.) warbler; **—ный** *a.* famous, renowned; pleasant.

славянский *a.* Slav(on)ic.

слаг/аемая *f.*, **—аемое** *n.* component; item, term, sum, summand, addend; **—аемый** *a.* addend; **—ательный** *a.* additive; **—ать** *v.* add, sum up; put together, compose, make (up); join, clasp; fold (up); put off; put down, lay down, resign; **—ать с себя** decline (responsibility); **—аться** *v.* be added, etc.; make up, constitute; **—ающая** *f.* component, constituent; **—ающий** *a.* adding, etc., сладить *see v.*; component, constituent; cumulative.

сладить *see* слаживать.

сладк/ий *a.* sweet; —оватый *a.* sweetish; —огорький *a.* bittersweet; —огорькость *f.* bittersweetness; —окислый *a.* sweetsour; —окорень *m.* wall fern (*Polypodium vulgare*); —ость *f.* sweetness; —ости *pl.* confectionery.

слад/ок *sh. m. of* сладкий; —ость *f.* sweetness; —чайший *superl. of* сладкий.

слаж/енность *f.* coordination, teamwork; —енный *a.* coordinated, etc., *see v.*; well ordered; —ивание *n.* coordination; arrangement, management; —ивать *v.* coordinate; arrange, manage; piece, join; —иваться *v.* coordinate, agree.

слал *past m. sing. of* слать.

сламывать *v.* break, demolish.

сланец *m.* (petr.) schist; slate; shale; глинистый с. clay shale; горючий с. oil shale, bituminous shale.

сланик *see* стланик.

сланный *a.* sent.

сланцевание *n.* (min.) slate dust treatment.

сланцеват/ость *f.* schistosity, foliated structure, foliation (cleavage), cleavage (structure); jointing; —ый *a.* schistose, schistous; foliated; flaky, scaly; slatelike, slaty; shaly; —ая глина shale, slate clay.

сланцевидный *a.* slate-like, slaty; schistose, schistous.

сланцев/ый *a.* schist(ose), schistous; slate, slaty, slate-like; foliated, foliaceous, scaly, flaky; shale (oil, tar); с. пласт (petr.) schist; —ая черная краска slate black.

сланц/еперегонный *a.* shale-distilling; —ы *pl. of* сланец.

слань *f.* flooring (of ship); log paving.

сласти *pl.* sweets, confection(ery); —ть *v.* sweeten.

слать *v.* send.

слаще *comp. of* сладкий.

слева *adv.* from the left, (to the) left, leftwards, left-hand.

слега *f.* pole.

слегка *adv.* (s)lightly, a little, gently, mildly; с. толкнуть *v.* give a slight push.

след *m.* trace, mark, dent; track, trail; vestige; spur (of matrix); track (of ionizing particle); (hydr.) wake; ни —а not a trace (of), no sign (of); —ы *pl.* traces; trace amount; анализ —ов trace analysis.

след. *abbr.* (следовательно; следующий).

следить *v.* watch, attend, follow, keep track (of), track, observe, keep an eye on, make sure, be careful; с. за тем, чтобы make sure that, take care that, care should be taken to; с. за тем, чтобы не care should be taken to avoid.

след. обр. *abbr.* (следующим образом).

следован/ие *n.* sequence, succession, following; investigation; курс —ия course; путь —ия travel line.

следовательно *intr. word and conj.* therefore, consequently, hence; it follows that.

след/овать *v.* follow, go after, come after, succeed, result; —ует it is necessary, it should, one must; ему —ует he should; как —ует properly; as follows; как и —овало ожидать as was to be expected; —ом за immediately after; —оуказатель *m.* guide; (agr.) marker.

следственный *a.* inquest, inquiry; с. материал evidence.

следствие *n.* consequence, issue, result, effect, conclusion; inquest, investigation; с. из теоремы, естественное с. corollary; причина и с. cause and effect.

следу/емый *a.* due; —ет *pr. 3 sing. of* следовать; —ющее *n.* the following (procedure).

следующ/ий *a.* following, next, sequent; в с. раз next time; —им образом as follows, in the following manner, thus, in this fashion; в —ей форме in the following form, as.

следящ/ий *a.* follow-up, track(ing); servo; с. за полетом flight path, tracking (radar); с. за снарядом missile-tracking; с. механизм servomechanism; follower; —ая гидропередача hydraulic servodrive; —ая система, —ое устройство servosystem; servomechanism; (comp.) control system.

слежаться *see* слеживаться.

слеж/ение *n.* following, tracing, tracking; —ечный *a.* track.

слежив/аемость *f.* caking, consolidation; tendency to cake; —ание *n.* caking, agglutination; deterioration in storage; —аться *v.* cake; pack, settle; deteriorate.

слеза *f.* tear; drop.

слез/ание *n.* descent; —ать *v.* descend, climb down, alight, dismount.

слез/иться *v.* water, tear; drip, ooze; —ка *f.* tear drop; drop; insulating bead; —ки *pl.* (bot.) Job's tears (*Coix lachryma*); —ливый *see* слезный; —ник *m.* drip ring; (anat.) lachrymal gland; —ничок *m.* lachrymal sac; —ный *a.* tear, lachrymal.

слезо/гонный *a.* tear-exciting, lachrymatory; —отделение *n.* tear secretion; —течение *n.* (physiol.) lachrymation; (med.) epiphora; —точивый газ tear gas.

слезть see слезать.
слеминг m. slamming.
слепень m. horsefly, gadfly.
слеп/имость f. glare; —ить see слепливать; dazzle, blind; —ливать, —лять v. glue, paste (together); mold, form; —ливаться, —ляться v. stick together, adhere.
слепни pl. of слепень.
слеп/нуть v. become blind, lose one's sight; —няки pl. leaf bugs (Miridae); —о adv. blindly; —ой a. blind, sightless; instrument (flying); (anat.) cecal; blank, control (test); m. blind person; —ой дождь rain during sunshine; —ой мешок cul-de-sac; —ая кишка (anat.) cecum.
слепок m. mold, cast; stamp; model, copy, counterpart.
слеп/орождённый a. congenitally blind; —ота f. blindness; —ыш m. (zool.) mole rat; —ящий a. blinding, dazzling; —ящая яркость glare.
слесар/ить see слесарничать; —ная f. fitter's shop; —ничать v. be a fitter; do mechanical work, do metal work; —новодопроводное дело plumbing; —ный a. fitter's; metal working; locksmith's; —ная обработка bench work; —ня f. fitter's shop.
слесарь m. fitter, mechanic; locksmith; с. на сборке fitter; с.-водопроводчик m. plumber; с.-инструментальщик m. tool maker.
слет m. flying off, etc., see v.; flight; assembly; —анность f. (av.) coordination, teamwork; —ать, —еть v. fly off, disappear; fly down, land; fall off; —аться v. assemble, gather.
слечь v. lie down.
слешер m. slasher; slab saw.
слив m. pouring, etc., see сливать; overflow, decantation, discharge; sink; drain(age); (fuel) dumping, jettisoning.
слива f. prune, plum.
слив/ание n. pouring, etc., see v.; decantation; —ать v. pour (off, out, over), decant, run off, drain, discharge, discard, jettison, dump; pour together, mix; —аться v. be poured, etc.; run together, flow together, unite, fuse, combine, blend; —ающийся a. flowing together, confluent, blending, fusing; —ка see сливание.
сливк/и pl. cream; —оотделитель m. (cream) separator.
сливн/ой a. overflow, pouring; mixed; drain (valve, pipe); (med.) confluent; —ая доска (window) sill; —ая станция sewage plant; —ое отверстие drain.
слив/ный, —овый a. plum, prune; —няк

m. plum tree orchard; —овое масло plum seed oil.
сливочн/ый a. cream; —ое масло butter; —ое мороженое ice cream.
сливянка f. plum brandy.
слизевики pl. (bot.) Myxomycetes.
слизев/ой a. mucous; slime; mucic (acid); viscous (fermentation); соль —ой кислоты mucate; —ые грибы (bot.) Myxomycetes.
слизевокисл/ый a. mucic acid; mucate (of); —ая соль mucate.
слиз/ень m. (zool.) slug; —еподобный a. mucus-like, mucoid; —етечение n. (phyt.) slime flow; —и pl., etc., of слизь.
слизист/ая f. (anat.) mucous membrane; —о prefix muc(o)—, mucous; —огнойный a. mucopurulent.
слизист/ый a. slimy, mucilaginous; mucous; —ая железа (anat.) mucous gland; —ая оболочка, —ая ткань (anat.) mucosa, mucous membrane; —ое вещество mucin; —ые споровики (zool.) Myxosporidia.
слиз/кий a. slippery, slimy, viscous, mucous; —ни pl. of слизень; —няк see слизень; —ь f. mucus, phlegm; slime, mucilage.
слил past. m. sing. of слить.
слин/ялый a. faded; —ять v. fade; (zool.) shed.
слип m. (naut.) slip(way); (av.) slipstream.
слип/ание n. sticking together, adhesion, agglutination; conglomeration; (text.) blocking; —аться v. stick together, adhere, agglutinate; conglomerate.
слипер m. sleeper (beam foundation).
слипинг-док m. railway dock.
слип/нуться see слипаться; —чивый a. adhesive, sticky; —шийся a. adhering; conglomerate.
слитие see сливание.
слитко/воз m. (met.) ingot buggy, pot car; —выжиматель m. ingot stripper; —вый a. of слиток.
слитн/ость f. coalescence, fusion, unification; —ый a. coalescent, fused, united, unified; massive (structure).
слитой a. compact (soil).
слит/ок m., —очный a. (met.) ingot, bar, slab; (gold) bullion.
слиттинг-машина f. slitting machine.
слит/ый a. poured, etc., see сливать; —ь see сливать.
слич/ать v. compare, collate, check; —ение n. comparison, collation, checking; —ённый a. compared, etc., see v.; —ительный a. comparative.
слишком adv. too (much), too many; over; с. много too many, too much.
слияние n. fusion, union, blending, merg-

ing, consolidation, amalgamation, coalescence; confluence, junction (of rivers).

словар/ик *dim.* of **словарь**; **—ник** *m.* lexicographer; **—ный** *a.* dictionary, lexicographic; **—ь** *m.* dictionary; vocabulary.

словацкий *a.* Slovakian.

словенский *a.* Slovenian.

словесн/ый *a.* word, in words; **с. портрет** word picture, description; **—ая окрошка** (med.) incoherence; **—ая слепота** word blindness, alexia.

слов/ить *v.* catch, grab, capture, trap; **—ленный** *a.* caught, etc., *see v.*

словник *m.* vocabulary, glossary, word list; word book; word bank.

словно *conj.* as (if), as though, like.

слово *n.* word, term; say, speech, address; **с. в с.** word for word, verbatim; **одним —м** in short, briefly.

словолит/ец *m.* type founder; **—ный** *a.* type-casting; **—ня** *f.* type foundry; **—чик** *m.* type founder.

слово/м *intr.* word in short, briefly; **—образование** *n.* word formation, word building; **—образовательный** *a.* word-forming, word-building; **—производство** *n.* derivation; **—сочетание** *n.* idiom, (idiomatic) phrase, word group; **—творчество** *n.* creation of new words; **—толкование** *n.* interpretation; **—употребление** *n.* word use.

слог *m.* syllable; (written) style; **—овой** *a.* syllabic, syllable(-building); **—ообразующий** *a.* syllable-building.

слоеват/ость *f.* schistosity; lamination, sheeting; **—ый** *a.* schistous; slaty; foliated, scaly, flaky.

слоевищ/е *n.* (bot.) thallus; **—ный** *a.* thalloid; **—ное растение** thallophyte.

слоев/ой *a.* of **слой**; **—ая выемка** (min.) slicing.

слоевцов/ые *pl.* (bot.) Thallophyta; **—ый** *see* **слоевищный**.

слое/к *gen. pl.* of **слойка**; **—ние** *n.* foliation; **—и(н)ый** *a.* foliated; **—образующий** *a.* (layer-)building.

слож/ен *sh. m.* of **сложный, сложенный**; **—ение** *n.* addition, summation; build, configuration, form; (vector) composition; texture, structure; (address) modification; **—енность** *f.* complexity; **—енный** *a.* added, etc., *see v.*; **—имый** *a.* collapsible, folding; (math.) summable; **—ить** *v.* add, sum up; put together, build; make up, compose; fold (up); get rid (of responsibility).

сложно *adv.* complexly, complicatedly.

сложность *f.* complexity, intricacy, complication; multiplicity; **в общей —и** on the whole, after all.

сложноцветные *pl.* (bot.) Compositae.

сложноэфирный *a.* ester.

сложн/ый *a.* complex, complicated, intricate; elaborate, involved, challenging; composite, mixed; multiple(x); multistage, step (rocket); combined; (comp.) accumulative (carry); irregular (shape); (surv.) broken (base); *suffix* -syllable; **с. индивид** compound; **с. профиль** configuration; **—ое вещество** compound; **—ое сопротивление** combined strength; **—ое тело** compound; **—ой формы** complex-shaped.

слои *pl.* of **слой**.

слоисто— *prefix* strato—, stratus; **—дождевое облако** nimbostratus (cloud); **—кучевое облако** stratocumulus.

слоистост/ь *f.* lamination, stratification, bedding, layering, sheeting, foliation; schistosity; (met.) peel(ing); **лишенный —и** *a.* massive.

слоист/ый *a.* laminated, lamellar, lamellate, foliated, flaky, scaly; stratified, layer(ed), bedded; sheeted (zone); schistose (structure); sandwich (panel); névé (iceberg); **с. напластованный** *a.* unconformity (iceberg); **—ое облако** layer cloud, stratus.

слоиться *v.* flake, scale, peel off, exfoliate.

сло/й *m.* layer, stratum, bed, band, seam; lamella, flake, lamina, sheet; ply, thickness; (paints) coat(ing), film; (metal) foil; (filter) bed; course; (hard) pan; (min.) slice; **—ями** in layers; **выемка —ями** (min.) slicing; **метод —я** (meteor.) slice method; **отделение ев** exfoliation; **покрывать —ями металла** *v.* laminate; **тонкий с. film**.

слой/ка *f.* (ex)foliation, flaking; **—ноконечная группа** (math.) group with finite layers; **—ость** *f.* number of plies; **ошибка —ности** (met.) stacking fault; **—ный** *a.* *suffix* -layer; **—чатый** *a.* foliate; stratified.

слом *m.* breaking, wrecking, demolition; **металл на с.** scrap metal; **—анный** *a.* broken; truncated (cone); **—ать**, **—ить** *v.* break (up); **—аться** *v.* break, snap; get out of order; **—ка** *f.* breaking.

слон *m.* elephant; **—ик** *m.* (ent.) weevil, snout beetle; **—ик-блошка** leaf miner; **—овий** *a.* elephant(ine); ivory; **—овость** *f.* (med.) elephantiasis; **—овый** *a.* elephant(ine); ivory; **—овая болезнь** elephantiasis; **—овая кость** ivory; **жженая —овая кость**, **—овая чернь** ivory black.

служащий *a.* serving; *m.* employee.

служб/а *f.* service, attendance; office, department; duty, job, work, employment; (weather) bureau; **—ы** *pl.* services; outbuildings, annexes; **время —ы**, **срок —ы** service, useful life; life

служебный (span), life expectancy; на —е at work, on duty.
служебн/ый *a*. employee's, service; official, staff (catalog); content-free, function (word); с. персонал staff; —ое время working hours; —ое преступление violation of duty.
служ/ение *n*. service; —итель *m*. servant, attendant; —ить *v*. serve, be employed, work, be (with).
слуп/ить, —ливать *v*. strip, peel.
слух *m*. hearing; rumor, report, news; есть —и, что, ходят —и it is rumored that; —ач *m*. sound reader, listener.
слухов/ой *a*. acoustic, auditory, aural, auricular; dormer (window); с. аппарат hearing aid; с. нерв (anat.) auditory nerve; —ая трубка (tel.) receiver; ear trumpet.
случ/ай *m*. case, occurrence, incident, instance, occasion, circumstance, situation, event; chance, opportunity; в —ае in case (of), in the event (of), if; в —ае необходимости as required, if needed; в других —аях otherwise; в идеальном —ае ideally; в лучшем —ае at best; в общем —ае in general; во всяком —ае in any case, at any rate; в таком —ае in such a situation; in that case, then; даже в таком —ае even so; в тех —аях when; в тех —аях, если where; в тех —аях, когда where, when; в худшем —ае at the worst; в этом —ае in this instance; и в том и в другом —ае in either case, in both cases; ни в каком —ае on no account, by no means; на всякий с. in any case; just in case; по —аю on account (of), owing (to); закрыто по —аю ремонта closed for repairs; на с. in case (of); на с. аварии for emergency use; ни в коем —ае не under no circumstances; при —ае when convenient; чем в ином —ае than would otherwise be the case.
случайн/о *adv*. randomly, accidentally, by chance, inadvertently; —ость *f*. (math.) contingency; —ый *a*. random, chance, accidental, incidental, occasional, haphazard, stray, irregular, sporadic; nonrecurrent (waste); —ая величина (aut.) stray parameter; (math.) random variable; (stat.) chance value; —ая переменная величина random variable; непрерывная —ая величина continuous random variable; —ая функция (math.) function of a random variable; —ое воздействие random input; —ое совпадение (nucl.) random coincidence; системта —ых причин (math.) chance-causes system.
случ/ать *v*. couple, pair, mate; —аться *v*. happen, occur, take place, come about,

be the case; *see* случать; —енный *a*. coupled, paired, mated; —ившееся *n*. occurrence, event, happening; —ившийся *a*. having occurred; —ить *see* случать; —иться *see* случаться; —ка *f*., —ной *a*. coupling, pairing, mating; —ная болезнь (vet.) trypanosomiasis.
слуш/ание *n*. hearing; —атели *pl*. audience; —ать *v*. listen; audition (lectures); —аться *v*. listen, pay attention (to); obey; —имый *a*. audible.
слущивание *n*. (med.) desquamation, scaling off.
слыть *v*. have a reputation (for), be known (as); be said; pass (for).
слых(ив)ать *v*. hear.
слыш/ать *v*. hear; sense, perceive; —имость *f*. audibility; —имый *a*. audible. —но *adv*. audibly; it is reported, it is said; —ный *a*. audible, heard; perceptible (odor).
слэг *m*. slug (unit of mass).
слюд/а *f*. (min.) mica; железистая с. micaceous iron ore; —изация *f*. micatization; —истый *a*. micaceous, laminated; —оносный *a*. mica-bearing; —ообразный *a*. mica-like, micaceous; —ообразование *n*. micatization; —яной *a*. mica(ceous).
слюн/а *f*. saliva; —ный *a*. salivary (glands); —о— *prefix* sial(o)— (saliva); ptyal(o)— (spittle); —огон *m*., —огонка *f*. (bot.) pellitory of Spain (*Anacyclus pyrethrum*); —огонный *a*., —огонное средство sialagogue, ptyalogogue; —ооотделение *n*. salivation; —отечение *n*., —оток *m*. (med.) ptyalism, (hyper)salivation.
сляб *m*. (met.) slab; —инг *m*. slab(bing) mill.
сля/гут *fut*. 3 *pl*.; —жет *fut*. 3 *sing*. of слечь.
слякот/ный *a*. slushy; —ь *f*. mire, slush.
см *abbr*. (сантиметр) centimeter.
см. *abbr*. (смотри) see; с.м., с/м *abbr*. (сего месяца) this month.
смаз/анный *a*. lubricated, etc., *see* смазывать; —ать *see* смазывать; —ка *f*. lubricant, grease, oil; lubrication, oiling; (mold) coating; величина —ки, значение —ки lubricating value; —ной *a*. lubricated; treated (leather); —очное *n*. lubricant.
смазочн/ый *a*. lubricating, lubrication, grease; с. жир (axle) grease; с. канал oil drain, oil channel; с. материал lubricant; —ая коробка lubricator, oil can, grease cup; —ое масло lubricating oil, lubricant; —ое средство lubricant; твердая —ая пленка solid-film lubricant.
смазчик *m*. greaser, lubricator, oiler.
смазыв/аемость *f*. lubricating property;

—ание n. lubrication, greasing, oiling; —ать v. lubricate, grease, oil; smear; blur; evade (a question); —ающеохлаждающий a. cutting (fluid); —ающий a. lubricating, etc., see v.; —ающее приспособление lubricator.

смалец m. lard.

смалывать v. grind (up), mill.

смальт/а f. smalt (blue pigment or glass); mosaic enamel; —ин, —ит m. (min.) smaltine, smaltite.

сманеврировать v. maneuver.

смарагд m. (min.) emerald; —ит m. smaragdite; —овый a. emerald.

смастерить v. make, contrive, devise.

сматривать v. look (over), examine; watch (over).

сматыв/ание n. winding, etc., see v.; —ать v. wind, reel (on); reel off, unreel, unroll, uncoil, run off, pay out.

смах/ивать, —нуть v. brush off.

смачив/аемость f. wettability; —аемый a. wettable; —ание n. wetting, etc., see v.; порог —ания threshold of wettability; —атель m. wetting agent; —ать v. wet, moisten, damp(en), sprinkle; soak, steep, imbue, drench; —ающий a. wetting, etc., see v.

смв, СМВ abbr. (сантиметровые волны) centimeter waves.

см-г-сек see СГС.

см/дин abbr. (сантиметр на дину) centimeter(s) per dyne.

смегма f. (physiol.) smegma.

смежен sh. m. of смежный.

смежно adv. contiguously; in the vicinity (of); —сть f. contiguity, adjacency, proximity, juxtaposition.

смежн/ый a. adjacent, contiguous, proximate, neighboring, abutting, adjoining, contact; related, allied; interfacing; с. класс (math.) coset, residue class; —ое нахождение juxtaposition; —ые двойники (cryst.) contact twins; —ые области науки allied sciences.

смек/ать, —нуть v. comprehend, catch on.

смел past m. sing. of смелеть; смести.

смелет fut. 3 sing. of смолоть.

смел/еть v. become bold(er); —о adv. boldly; —ость f. boldness, daring; —ый a. bold, daring.

смен/а f. change, changing, relay, exchange, interchange, replacing, renewing, relief; succession (of crops); (labor) shift; с. набивки relining; —ить see сменять.

сменн/ость f. working in shifts; —осуточный план planned daily production quota.

смен/ный a. (inter)changeable, exchangeable, renewable, replaceable, detachable, removable; plug-in; spare (part); change (gear); (labor) shift, per shift, relief; relay; —щик m. relief.

сменяем/ость f. interchangeability; —ый a. interchangeable, removable.

сменять v. (inter)change, exchange, replace, remove, renew; relieve; —ся v. take turns, alternate.

смерз/ание n. freezing (together); —ать(ся) v. freeze (together); —лый a. frozen, congealed; —нуть(ся) see смерзать(ся).

смери(ва)ть v. measure.

смертельный a. mortal, fatal, deadly, lethal; с. исход death.

смертн/ость f. mortality, death rate; коэффициент —ости, показатель —ости, процент —ости death rate; —ый a. mortal; death (penalty).

смертоносн/ость f. deadliness; —ый a. deadly, lethal, fatal; pestilent.

смерт/ь f. death, decease; объявление о —и obituary; удостоверение о —и death certificate.

смерч m. waterspout; tornado, cyclone.

смерять v. measure.

смес/еобразование n. (engines) carburetion; —и gen., pl., etc., of смесь; —ильный see смесительный; —имость f. miscibility; —имый a. miscible; —итель m. mixer, mixing tank, blender; kneader; —ительный a. mixing, blending, agitating, mixer; —итель-отстойник m. mixer-settler; —ить see смешивать; —ка f. (text.) mixing, blend(ing), mixture.

смести v. sweep away, eliminate; sweep together.

сместит/ель m. displacer; —ельный a. displacing; etc., see смещать; —ь see смещать.

смесь f. mixture, mix, blend, composite, compound, composition; (rubber) stock; miscellany; составлять с. v. mix, blend, compound.

смет/а f., составлять —у v. estimate.

сметана f. sour cream; paste.

сметание n. sweeping away, etc., see сметать.

сметан/ный a. sour cream; pasty; —ообразный a. creamy, paste-like, viscous.

смет/ать v. sweep away, eliminate; sweep together; stack, pile; baste; —ка f. sweeping away, etc., see v.; comprehension, sharpness; —ки pl. sweepings; —ливый a. sharp, quick-witted.

сметн/ый a. estimate(d), planned; budgetary; —ая калькуляция estimation, calculation; —ая цена estimate.

сметывать v. stack, pile; baste.

сметь v. dare, have the courage.

смех m. laughter; мышца —а (anat.) risorius; —овой a. risorial.

смеш/анный a. mixed, miscellaneous, composite, compound(ed), combined, combination, blended; (biol.) hybrid; stirred, agitated; —ать *see* смешивать; —ение *n*. mixture, mixing (together), combination, blending, merging, coalition; confusion; complication; (breeding) cross.

смешив/аемость *f*. miscibility; —аемый *a*. miscible; —ание *n*. mixing, etc., *see v*.; —атель *see* смеситель; —ать *v*. mix, blend, combine, compound, compose; stir, agitate; mix up, confuse; —аться *v*. (inter)mix, (inter)blend, intermingle, merge, coalesce, fuse; be mixed, etc.; —ающий *a*. mixing, etc., *see v*.; —ающий аппарат mixer; —ающийся *a*. (inter)mixing, etc., *see v*.; miscible; не —ающийся immiscible.

смешно *adv*. ridiculously; it is ridiculous, it is odd; —й *a*. funny, ludicrous, ridiculous, odd, strange.

смещ/ать *v*. displace, shift, dislocate, dislodge; offset; —аться *v*. shift; (geol.) heave; —ающий *a*. displacing, etc., *see v*.; —ающее напряжение bias (voltage).

смещен/ие *n*. displacement, shift(ing), dislodgement, offset; (angular) misalignment; (electron.) bias; movement, migration; disturbance; (geol.) dislocation, slip, heave, upheaval; с. нулевой точки zero creep; с. при сдвиге shear displacement; с. фаз phase shift; напряжение —ия bias (voltage); поле —ия bias field; постоянное с. bias; правило —ия (nucl.) displacement law; процесс —ия границ (phys.) moving boundary; ток —ия displacement current, bias current; —ный *a*. displaced, etc., *see* смещать; out of line, off-center; biased.

смеяться *v*. laugh (at), ridicule.

СМЖ *abbr*. (спинномозговая жидкость) cerebrospinal fluid.

смила-сапонин *m*. smila-saponin.

смилацин *m*. smilacin, sarsasaponin.

смин/ание *n*. mashing, etc., *see v*.; —ать *v*. mash, knead, work; crumple, crush; —аться *v*. collapse; —ающийся *a*. collapsible.

смир/енный *a*. submissive, quiet; —ительная рубашка (med.) strait jacket; —ить *see* смирять.

смирн/а *f*., —ский ладан myrrh (gum); —ский *a*. Smyrna.

смир/ный *a*. quiet, gentle; —ять *v*. subdue, tame; suppress.

Смита процесс (met.) Smith process.

смит/ит *m*. (min.) smithite; —сонианский *a*. Smithsonian; —сонит *m*. (min.) smithsonite.

смог *past. m. sing. of* смочь.

смоделировать *v*. make a model.

смоет *fut. 3 sing. of* смыть.

сможет *fut. 3 sing. of* смочь.

смоква *see* смоковница.

смокед-шит *m*. smoked sheet.

смоковница *f*. fig (*Ficus carica*); райская с. plaintain (*Musa paradisiaca*).

смола *f*. resin, rosin, gum; tar, pitch; искусственная с. synthetic resin; каменноугольная с. coal tar.

смолачивать *v*. (agr.) thresh.

смолеватый *a*. resinous; tarry.

смолевка *f*. (bot.) catchfly (*Silene*); (ent.) pine weevil (*Pissodes*).

смол/евой, —евый *a*. resin(ous); tar(ry), tarred; —ен *sh. m. of* смольный; —ение *n*. resinification; tarring; —енный *a*. resin(ed); tar(red), pitched.

смоленский *a*. (geog.) Smolensk.

смоленый *see* смоленный.

смолистость *f*. resinous nature; resin content; tarriness; (petrol.) tar content.

смолист/ый *a*. resin(ous); gummy; pitchy, tarry; pitch (coal, peat); —ое масло oleoresin; —ые материалы naval stores.

смолить *v*. resin; tar, pitch; —ся *v*. become resinous, resinify.

смолка *f*. tarring; resin smudge; resinous sealing compound; (bot.) Viscaria.

смолк/ать, —нуть *v*. grow silent; cease.

смолница *f*. (soils) smolnitz.

смоло/бетон *m*. tar concrete; —варня *see* смолокурня; —гон *m*. tar distiller; —гонный *a* tar-distilling; —гонщик *m*. tar distiller — доломитовый *a*. tar-bonded dolomite (refractories); —истечение *n*. (phyt.) resinosis.

смолокур *m*. tar distiller; —ение *n*., —(ен)ный *a*. tar-distilling; —ня *f*. tar works, tar distillery.

смолонос *m*. resinous plant; —ница *f*. (bot.) Ferula; —ный *a*. resiniferous; tar-bearing.

смоло/образование *n*. resin formation; gum formation; gumming; —образующий *a*. resin-forming; gum-forming; —отделитель *m*. tar separator; —отделительный *a*. (petrol.) tar-stripping; —перегонный *a*. tar-distilling; —подобный *a*. resinoid; tarry; —продуктивный *a*. highly resinous; —разгонка *f*. tar distillation; —садный *see* смологонный; —семянник *m*. (bot.) Pittosporum; —содержащий *a*. resin-containing; gum-containing, gummy; tar-containing; —течение *n*. (phyt.) resinosis.

смолот *v*. (agr.) thresh.

смолот/ый *a*. ground up, milled; —ь *v*. grind up, mill.

смолоченный *a*. (agr.) threshed.

смоль *f*. resin; tar; —е *n*. resinous wood; —ный *see* смоляной; —ня *f*. tar works; —няк *see* смолье.

смольяниновит *m.* (min.) smolianinovite.
смол/як *see* смолье; —янистый *a.* tarry.
смолян/ой *a.* resin(ous), resinoid; tar(ry), pitch; coal-tar (dyes); asphalt (lake); (elec.) resinous, negative; с. желвак resin deposit (in wood); с. камень (petr.) pitchstone; с. клей resin sizing; —ая бумага tar paper; —ая замазка bituminous cement; —ая кислота resin acid; соль —ой кислоты resinate; —ая масса resinous compound; —ая обманка, —ая руда (min.) pitchblende; —ое масло resin oil; tar oil; —ое число tar value.
смолянокисл/ый *a.* resin acid; resinate (of); —ая соль resinate.
смонтиров/анный *a.* assembled, etc., *see v.*; с. на салазках skid-mounted; —ать *v.* assemble, erect, build up, set up, fit, mount.
смораживаться *v.* congeal, freeze.
смород/(ин)а *f.* currant; —инный, —овый *a.* currant.
сморозь *f.* conglomerated ice.
сморч/ковый *a.*, —ок *m.* morel (mushroom).
сморщ/енный *a.* wrinkled, etc., *see v.*; —ивание *v.* wrinkling, etc., *see v.*; corrugation; —и(ва)ть *v.* wrinkle, crinkle, crumple; corrugate; shrivel, shrink; —и(ва)ться *v.* wrinkle, crinkle, crumple (up); shrivel, shrink; —ивающий *a.* wrinkling, etc., *see v.*
смот/анный *a.* wound, reeled (on); unreeled, unrolled; —ать *see* сматывать; —ка *see* сматывание.
смотр *m.* inspection; произвести с. *v.* inspect, review; —еть *v.* inspect; look, view, regard; face; show, appear; —еть за superintend, look after, be in charge of, watch (over), keep (order); —и *imp. of* смотреть; see.
смотров/ой *a.* inspection, sight; surveillance, viewing; с. колодец man hole; с. люк, —ая дверь, —ое окно, —ое отверстие sight hole, peep hole, inspection hole; —ое стекло sight glass.
смотря *pr. ger. of* смотреть; с. на, с. по according to, depending on; не с. на in spite of, notwithstanding.
смоч/енный *a.* wetted, moistened, humidified; wet-bulb (thermometer); —ить *see* смачивать.
смочь *v.* be able, prove able.
смоющий *pr. act. part. of* смыть.
смрад *m.* stink, stench, offensive odor; —ный *a.* stinking, foul-smelling.
см/сек² *abbr.* (сантиметр на секунду в квадрате) centimeter per second per second.
смуглый *a.* dark-complexioned, swarthy.
смутить *see* смущать.

смутн/ость *f.* dimness; confusion; —ый *a.* dim, vague; hazy, confused.
смуш/ек *m.*, —ка *f.* astrakhan lambskin.
смущ/ать *v.* disturb, perplex, confuse, embarrass; —ение *n.* confusion, embarrassment; —енный *a.* disturbed, confused, embarrassed.
смыв *m.* washing off; (geol.) washout; —аемый *a.* wipe-off; —альный *a.* of смыв; —ание *n.* washing (away, off, out); rinsing free (of); —ать *v.* wash (away, off, out); rinse free (of); —ка *see* смывание; wash solution; (paint) remover; —ной *a.* wash; washed off; —очный *a.* wash(ing).
смык *see* смыкание; joint; —ание *n.* join(t)ing, etc., *see v.*; linkage, connection; —ать *v.* join(t), link, couple; close (up), heal; fit in, clamp; (surv.) adjust (traverse); —аться *v.* join, fuse, interlock; close, draw together, come together.
смыли(ва)ть *v.* lather, use up (soap).
смысл *m.* sense, meaning, significance, purport; в —е in the sense (of), in a ... sense, in terms (of), from the standpoint (of); в некотором —е in a sense; в том —е, что in (the sense) that; в широком —е in the broad sense; в этом —е in this respect; здравый с. common sense; нет —а there is no point (in); по —у according to the terms (of); —ить *v.* understand, comprehend; have know-how; —овой *a. of* смысла; —овое соответствие relevancy.
смыт/ый *a.* washed (away, off, out); —ь *see* смывать.
смычка *f.* joint(ing), coupling, union; clamp; chain length.
смыч/ковый *a.*, —ок *m.* bow.
смягч/ать *v.* soften, plasticize; mitigate, moderate, modify; cushion, damp; subdue, tone down (color); degrade (spectrum); alleviate (pain); —аться *v.* be softened, etc.; soften; ease off, decrease, abate; grow mild; —ающий *a.* softening, etc., *see v.*; extenuating (circumstances); —ающее средство *see* смягчитель; —ение *n.* softening, etc., *see v.*; moderation; —енный *a.* softened, etc., *see v.*; —итель *m.* softener, softening agent; plasticizer; emollient; —ительный *see* смягчающий; —ить *see* смягчать.
смятение *n.* confusion, commotion.
смят/ие *n.* crumpling, etc. *see v.*; collapse; напряжение —ия bearing stress; прочность на с. bearing strength; —ый *a.* crumpled etc. *see v.*; —ь *v.* crumple, crush; beat down, trample; knead, work; disrupt; —ься *v.* crumple, collapse, get out of shape.

сн *abbr.* (стен) sthene; сн. *abbr.* (снизу) from the bottom.
сна *gen. of* сон.
снаб/дить, —жать *v.* supply, furnish, provide; outfit, equip, fit (with); deliver, feed; —жающий *a.* supplying, etc., *see v.*; supply, delivery; —жен *sh. m. of* снабженный; —женец *m.* supply man; —жение *n.* supplying, etc., *see v.*; provision, procurement, supply, delivery, feed; outfit; —женный *a.* supplied, etc., *see v.*; (complete) with, featuring; —женный наконечником tipped (with).
Снайдера электропечь Snyder furnace.
снайпер *m.* (mil.) sniper, sharpshooter.
снайтов/ать, —ить *v.* lash.
снаружи *adv.* on the outside, on the exterior, externally, outwardly.
снаряд *m.* apparatus, equipment, implement(s), tool(s); machine, vehicle; (art.) shell, projectile, missile; —ить *see* снаряжать; с.-ловушка *m.* decoy missile; с.-мишень *m.* target missile; —ный *a. of* снаряд; —остойкий *a.* shellproof, missile-proof; с.-перехватчик *m.* interceptor missile; с.-приманка *m.* decoy missile; с.-ракета *m.* rocket missile; с.-спутник *m.* satellite (vehicle).
снаряж/ать *v.* equip, furnish, fit out, outfit; load, charge (with explosive); actuate (mine); —ение *n.* equipping, etc., *see v.*; equipment, outfit; implements; —енный *a.* equipped, etc., *see v.*
снаст/ить *v.* (naut.) equip, rig out; —ь *f.* tackle, equipment, gear, outfit; implement, tool; rope, cordage, rigging; —и *pl.* cordage, rigging.
сначала *adv.* (at) first, to start with, initially; from the beginning.
снашив/ание *n.* wear, abrasion; —ать *v.* wear out, abrade; bring together.
сневбер *m.* (min.) snubber.
снег *m.* snow; (dry) ice; граница вечного —а snow line; —о- *prefix* snow; —оборьба *f.* snow control; —овал *m.* snow plow; (forestry) snow crush; —ование *n.* refrigeration with snow; (agr.) snow retention; —овой *a.* snow; —овая граница snow line; —озадержание *n.* snow fence; (agr.) snow retention; —озадерживающий *a.* snow-retaining; —озащита *f.* snow fence; snow protection; —олом *m.* (forestry) snow breakage; —омер *m.* snow sampler, snow gage; —омерный *a.* snow-measuring.
снегоочиститель *m.* snow-removing machine, snow plow; пневматический с. snow blower; —ный *a.* snow-removal.
снего/пад *m.* snowfall; —пах *m.* snow plow; —пахание *n.* snow plowing;

—погрузчик *m.* snow loader; —подобный *a.* snow-like, snowy; —таялка *f.* snow melter; —таяние *n.* snow melt(ing); —уборочный *a.* snow-removal; —уборщик *m.* snow-removing machine; —уплотнитель *m.* snow-compacting roller; —ход *m.* snow-going vehicle.
снедок *m.* (bot.) chervil.
снеж/инка *f.* snow flake; —ить *v.* snow; —ница *f.* meltwater puddle; —нобелый *a.* snow-white; —ноягодник *m.* snowberry; —ный *a.* snow; snow-flurry (charge); pre-névé (iceberg); —ная буря snowstorm; —ная крупа soft hail; —ная плесень (phyt.) snow mold, bacterial brown rot; —ура *f.* snow slush.
Снейк Snake River.
Снелля закон (phys.) Snell's law.
снес/ение *n.* demolishing, etc., *see* сносить; demolition; removal; —енный *a.* demolished, etc., *see* сносить; —ти *see* сносить.
снет/ковый *a.*, —ок *m.* (ichth.) smelt.
сниж/ать *v.* reduce, lower, decrease, bring down, depress, drop, lessen; cut (price); impair, be detrimental (to); —аться *v.* decrease, come down, sink, drop, descend, decline, fall (off); —ение *n.* reduction, lowering, etc., *see v.*; decrease, loss (of), drop (in), depression; descent, decline.
снизать *see* снизывать.
снизить *see* снижать.
снизка *f.* stringing together.
снизойти *see* снисходить.
снизу *adv.* underneath, (from) below, from the bottom; вид с. bottom view; подача с. underfeed.
снизывать *v.* string together.
сним/аемость *f.* removability, detachability; —аемый *a.* removable, detachable; —ание *n.* removing, etc., *see v.*; removal; —ать *v.* remove, take off, take down, take away; strip (off), skim (off); lift off, detach, slip off; take (readings); plot (a curve); relieve (pressure); gather (crop); photograph, copy; rent, lease; —ать мерку take measurements, measure; —ать с работы dismiss, discharge; —аться *v.* be removed, etc.; come off; (phot.) take; —аться с места take off, start; —ающий *a.* removing, etc., *see v.*; —ающееся покрытие stripcoat.
снимок *m.* print, photograph, copy, counterpart; *suffix* —graph.
СНиП *abbr.* (строительные нормы и правила) construction norms and specifications.
снисходит/ельный *a.* condescending; lenient; —ь *v.* condescend; make allowance (for).

сниться *v.* dream.
снова *adv.* again, anew, afresh; re—; с. пускать *v.* restore to operation; с. установить *v.* reset (for); начать с. *v.* make a fresh start.
снов/альный *a.* (text.) warp(ing); —альня *f.* warp beam; —альщик *m.* warper; —ание *n.*, —ка *f.* warping; —ать *v.* warp.
сноп *m.* sheaf, bundle; cone, shaft, beam (of light), shower (of sparks), jet (of flame); —овидный *a.* sheaf-like; —овый *a. of* сноп; —овязалка *f.*, —овязальная машина, —овязка *f.* (agr.) binder; —онос *m.* sheaf carrier; —ообразный *a.* sheaf-like; —осушилка *f.* drying barn.
сноров/истый *a.* skillful; —ка *f.* skill, knack.
снорт *m.* snort valve (of blast furnace).
снос *m.* pulling down, etc., *see v.*; demolition, removal; (av.; naut.) drift, deflection; (min.) stripping system; terrace, bench (of open-cut mine); измеритель —а driftmeter; продольный с. (naut.) surge, surging; —ен *sh. m. of* сносный; —ить *v.* pull down, demolish, wreck, tear down, take down; take, bring down, bring together, pile up; carry away, wash away; blow off; wear out; suffer, endure; —иться *v.* be pulled down, etc.; wear out; confer, communicate.
сноска *f.* reference, footnote; demolition, tearing down; bringing down.
сносный *a.* tolerable; passable.
снотворн/ый *a.*, —ое средство soporific.
сношен/ие *n.* relation, connection, communication, dealings; поддерживать —ия *v.* keep in touch (with).
сношенный *past pass. part. of* сносить.
снует *pr. 3 sing. of* сновать.
сныть *f.* (bot.) Aegopodium.
СНЭС *abbr.* (симметричное нелинейное электрическое сопротивление) symmetrical nonlinear electrical resistance.
снят/ие *n.* removing, etc. *see* снимать; removal; release (of pressure); с. окалины descaling; с. урожая harvesting; —ой *a.* skim (milk); —ый *a.* removed, etc., *see* снимать; —ый затылок cutting clearance; со —ым затылком cleared; —ь *see* снимать.
со *see* с; со— *see* с—.
соавтор *m.* coauthor, joint author, collaborator; —ство *n.* collaboration.
соапсток *m.* soap stock.
собак/а *f.* dog; —оводство *n.* dog breeding.
собач/ий *a.* dog, canine; —ья петрушка dog's parsley (*Aethusa cynapium*); —ья чума distemper.
собачка *dim. of* собака; (mech.) dog, catch, stop, detent, arresting device; click, trip, pawl, releasing cam; trigger (of gun).
соберет *fut. 3 sing. of* собрать.
собир/ание *n.* gathering, etc., *see* собирать; collection, agglomeration; —атель *m.* collector, collecting agent; gatherer; (elec.) conductor.
собирательн/ый *a.* collecting, collective; с. приемник, с. сосуд collecting vessel, receiver, reservoir; drip pan, collecting basin; stock tub; —ая линза condensing lens, condenser, converging lens; —ая полоса, —ая шина (elec.) busbar, collecting bar.
собирательство *n.* collecting.
собир/ать *v.* gather, collect, pick; pick up, catch; accumulate, stock; assemble, set up, erect, rig, mount, fit (up), join; put together, make up, build up; congregate, agglomerate; —аться *v.* be gathered, etc.; gather, collect, congregate, meet; agglomerate; intend, plan, get ready (to); —ающий *a.* gathering, etc., *see v.*; converging (lens); —ающийся *a.* congregating; intending, planning.
соблазн/ительный *a.* tempting; —ить, —ять *v.* tempt.
соблю/дать, —сти *v.* observe, keep, maintain, adhere (to), fulfill, meet (condition), comply (with); —дение *n.* observance, keeping, maintenance, adherence.
собой *instr. of* себя.
собол/еводство *n.*, —еводческий *a.* sable breeding; —евый, —ий, —иный *a.*, —ь *m.* (zool.) sable.
собралит *m.* (min.) sobralite.
собран/ие *n.* gathering, assembly, meeting, conference, board; collection, accumulation, congregation, complex; collected works; —ный *a.* gathered, etc., *see* собирать; conglomerate; в —ном виде assembled.
собрат *m.* colleague, fellow member; с. по ремеслу fellow worker, coworker.
собрать *see* собирать.
соберер/ол *m.* sobrerol, pinol hydrate; —он *m.* sobrerone, pinol.
собственни/к *m.* owner, proprietor; —ческий *a.* proprietary.
собственно *adv.* properly, strictly, correctly; с. говоря strictly speaking.
собственност/ь *f.* property, possessions; ownership; иметь в —и *v.* own, possess; право —и proprietary rights.
собственн/ый *a.* own, characteristic; natural, inherent, fundamental; self—; eigen—; internal (friction, resistance, etc.); proper (motion; name); intrinsic (conductivity); rest, stationary (mass); in-house; с. вес gravity; —ым весом

by gravity; —ая функция eigenfunction, fundamental function; —ая частота fundamental frequency; natural frequency; —ая энергия self-energy; —ое значение (math.) eigenvalue; —ое колебание natural oscillation, proper oscillation; —ое состояние eigenstate; —ое число eigenvalue.

событ/ие n. event, occurrence; —ия pl. events, developments.

собьет fut. 3 sing. of сбить.

сов—, сов. abbr. (советский) Soviet.

сова f. owl.

совать v. thrust, shove, push; —ся v. intrude, interfere.

совенталь m. sovental (detergent).

соверш/ать v. accomplish, effect, perform, achieve, execute, fulfill; commit; —аться v. be accomplished; come about; —ение n. accomplishment, completion, performance, achievement, fulfillment.

совершенно adv. quite, completely, entirely, fully, thoroughly, wholly, totally, perfectly, precisely; to all intents and purposes; с. верно precisely, absolutely, right; —летие n. majority, full age; достигнуть —летия v. come of age; —летний a. adult, of age.

совершенный a. perfect, ideal, complete, thorough, absolute; black (radiator).

совершенств/о n. perfection, ideal; efficiency; в —е to perfection; верх —а acme of perfection; —ование n. perfecting, etc., see v.; improvement, development; —овать v. perfect, improve, develop, refine; —оваться v. be perfected, improve, progress.

совершит/ель m. accomplisher, performer; —ь see совершать.

совест/ливый, —ный a. conscientious, scrupulous; —ь f. conscience.

совет m. council, board, committee; Soviet; advice, counsel, opinion; —ник m. adviser, counselor; —овать v. advise, counsel, recommend, suggest; —оваться v. consult, take counsel, discuss.

советск/ий a., —о— prefix Soviet; С. Союз Soviet Union; —ая власть the Soviet Government; —ое государство the Soviet State.

советчик see советник.

совещ/ание n. conference, meeting; consultation, counsel, deliberation; communication; —ательный a. consultative, deliberative, advisory; —аться v. take counsel, confer.

совиден m. vinyl chloride-vinylidene chloride copolymer (Soviet equivalent of Saran).

сов/иноголовки, —ки pl. owlet or cutworm moths (Noctuidae); —ка f. cutworm (Agrotis); gen. of совок; стеблевая —ка stem borer.

совкаин m. Sovcaine, percaine.

совков/ый a. scoop(-type), trowel(-type); —ая лопата shovel.

совлад/ать v. control, get the better (of); —елец m. joint owner; —ение n. joint ownership, joint property.

совместим/ость f. compatibility; —ый a. compatible, combinable, consistent.

совместительство n. plurality (of professions); —вать v. hold two or more positions.

совместить see совмещать.

совместно adv. in common, jointly, together, in combination, in conjunction (with); владеть с. v. share; работающий с. collaborating, cooperating, jointly operating; ставить с. v. class (with); —сть f. compatibility; consistency (of equations).

совместн/ый a. joint, common, cooperative; co—, combined; compatible; (math.) simultaneous; с. объем covolume; —ая полимеризация copolymerization; —ая работа teamwork, collaboration, cooperation; —ое действие joint action, cooperation; —ое обучение coeducation; —ое осаждение coprecipitation.

совмещ/ать v. combine, join, integrate; match, make coincident (with); blend, fuse; (geom.) superpose; —аться v. be combined, etc.; be compatible; coincide; —ающийся a. coinciding; superposable; —ение n. combining, combination, etc., see v.; coincidence; contact; plurality (of professions); —енный a. combined, etc., see v.

совок m. shovel, scoop, trowel; dust pan; spoon (of torpedo tube).

совокуп/ительный a. (zool.) copulative; —ление n. copulation; —ляться v. copulate.

совокупн/ость f. series, set, aggregate; collection; totality; combination, conjunction; assembly (of parts); (math.; stat.) population; pattern (of electric charges); в —ости in the aggregate, in total, together; —ый a. joint, combined, collective, cumulative, aggregate; simultaneous (equations).

совол m. chlorinated biphenyl.

совпа/дать v. coincide, be coincident (with), be in line (with), match, accord closely; concur, conform, tally, agree; с. во времени synchronize; с. по фазе be in phase; с. частично overlap; точно с. (printing) register; —дающий a. coincident(al), concurrent, congruent, corresponding; —дающий осями coaxial; —дающий по фазе cophasal, in phase; —дение *n.* coincidence, concurrence, conformity, congruence, concordance, correspondence, accord(ance); agreement, match(ing), fit; superposition; —дение при наложении (math.) congruence; линия —дения match line; отсчёт —дения, счёт —дений (instr.) coincidence counting; с —дением по току (comp.) coincident-current; схема —дения coincidence circuit; —сть *see* совпадать.

совпрен *m.* sovprene, chloroprene rubber.

современн/ик *m.* contemporary; —ость *f.* contemporaneousness, the present time, modernity; —ый *a.* contemporary, contemporaneous, modern, up-to-date, recent, advanced, present(-day), current.

совсем *adv.* altogether, absolutely, entirely; с. не not in the least, not at all; с. не то nothing of the sort.

совторгфлот *m.* Soviet merchant marine.

совулканизация *f.* covulcanization.

совхоз *m.*, —ный *a.* sovkhoz, state farm.

совьёт *fut. 3 sing. of* свить.

соглас/ие *n.* consent, compliance, concurrence, assent, accord, agreement, congruence; (geol.) conformity; в —ии in accordance (with); находиться в —ии *v.* agree; общее с. concensus; —ительный *a.* conciliatory; —иться *see* соглашаться.

согласн/о *adv. and prep. dat.* concordantly, in harmony; in accordance (with), according (to), in conformance (with); to suit; by; to; from; under; as per (order); с. наблюдениям as observed; с. указаниям as directed; —ость *f.* concord(ance), consistency; —ый *a.* conforming (to), in agreement (with), consistent (with); cumulative; consonant (letter); —ое залегание (geol.) conformable bedding, conform(abil)ity.

согласов/ание *n.* concordance, agreement, conformity, correspondence, coordination, matching; consent, approval; adjustment; trade-off, fair; (math.) congruence; —анность *f.* concordance, agreement, harmony, compatibility, consistency; coordination; match; concensus; consent; —анность действия teamwork; —анный *a.* adjusted, etc., *see v.*; coordinate(d); simultaneous; consistent; approved; —(ыв)ать *v.* adjust; coordinate, correlate, match, fit; conciliate; accommodate, comply; submit for approval; trade off, fair; —(ыв)аться *v.* be adjusted, etc.; conform, be in keeping (with), be in line (with), agree, be consistent (with), correlate; match, fit, check (with); comply; cohere; не —(ыв)аться disagree (with), be at variance (with), be inconsistent.

согласующ/ий *pr. act. part. of* согласов(ыв)ать; —ие переходы (wave guides) impedance-matching transformers; —ийся *a.* conforming; compatible; adjusted, coordinated; simultaneous; approved.

соглаш/ать *v.* persuade, induce; —аться *v.* consent, agree, comply (with); coincide; не —аться differ, disagree; —ение *n.* agreement, understanding, arrangement, contract.

согнать *see* сгонять.

согнут/о— *prefix* campylo—, curved; —осенной *a.* (bot.) campylospermous; —ый *a.* bent, curved; —ь *v.* bend, curve, twist.

согрев/ание *n.* warming, heating; —атель *m.* heater; —ательный *a.* heating; —ать *v.* warm, heat; —аться *v.* get warm; —ающее *n.* hot drink; —ающий *a.* warming, heating.

согренит *m.* uranium-containing carbon compound.

согрет/ый *a.* warmed, heated; —ь *see* согревать.

согреш/ение *n.* error; —ить *v.* err.

сода *f.* soda, sodium carbonate; с. бикарбонат, с. для теста sodium bicarbonate, baking soda; с. для стирки washing soda, sodium carbonate; аммиачная с. ammonia soda, Solvay soda; двууглекислая с. sodium bicarbonate; жжёная с., кальцинированная с. soda ash (anhydrous sodium carbonate); каустическая с. caustic soda, sodium hydroxide; кристаллическая с. soda crystals; обезвоженная с. soda ash; питьевая с. sodium bicarbonate; прокалённая с. soda ash; углекислая с. sodium carbonate.

содалит *m.* (min.) sodalite.

содд(и)ит *m.* (min.) soddyite.

Содди-Фаянса закон Soddy-Fajans law.

содейств/ие *n.* assistance, cooperation; concurrence; —овать *v.* assist, help, aid, cooperate; contribute, further, forward, expedite, promote.

Содерберга электрод Soderberg electrode.

содержание *n.* content(s), percentage, capacity, volume (of a body), area (of a surface); maintenance, upkeep, care, keeping; subject matter (of book); scope (of meaning); (min.) assay; housing (system); allowance, salary, pay; с. жира fat content; с. и форма form and contents; краткое с. summary; кубическое с. volume; процентное с. percentage, per cent content; руда богатая —м a rich ore; с большим —м, с высоким —м rich (in), high (in); уголь с высоким —м золы high-ash coal; с низким —м low (in), low-grade (ore), poor (in); **техническое с.** maintenance work.

содерж/ать *v.* contain, hold, include, comprise, incorporate; keep, support, maintain, care (for), take care (of); **с. в себе** contain, include; **с. мало** be poor (in), be low (in); **с. много** be rich (in); **—аться** *v.* be contained, etc.; occur, be found, be present; **—ащий** *a.* containing, etc., *see v.*; *suffix* **—**(i)ferous, -bearing, -containing; **не —ащий** free (of); **не —ащий урана** uranium-free; **—имое** *n.* contents; **—имость** *f.* capacity, volume.

содов/ая *f.* soda water; **—о—** *prefix* soda; **—о-известковое умягчение** (water softening) soda-lime process; **—ый** *a.* soda.

содоклад *m.* coreport, joint report; **—чик** *m.* reader of a joint report or paper.

содосодержащий *a.* containing soda.

содр/анный *a.* stripped, skinned, barked; **—ать** *see* **сдирать.**

содрог/аться, —нуться *v.* shudder.

содружеств/енный *a.* concomitant, accompanying, attending; **—о** *n.* concord, collaboration; **—о наций** (British) commonwealth.

соев/ище *n.* soybean field; **—ый** *a.* soybean.

соедин/ение *n.* connection, connecting, etc., *see* **соединять(ся)**; (chem.) compound, combination; (con)junction, coalescence, coalition, fusion; (mech.) coupling, union, joint, seam, bond, link; splice; **с. на клею** glued joint; **с. на резьбе** threaded joint; **в —иях** combined; **в —ии с** in connection with; **вес —ия комбинирующего weight; вступать в с., входить в с.** *v.* enter into combination, react; **место —ия** joint, junction; **объем —ия** combining volume; **реакция —ия** addition reaction; combination; **с непосредственным —ием** direct-coupled; **схема —ия** (elec.) circuit diagram; **теплота —ия** heat of combination; **с.-зигзаг** *n.* (elec.) zigzag connection.

Соединенные Штаты United States.

соедин/енный *a.* connected, etc., *see* **соединять**; joint; **—итель** *m.* connector, bond, coupler, coupling, fastener; (elec.) jumper; **—ительнотканный** *a.* (anat.) connective tissue.

соединительн/ый *a.* connecting, coupling, binding, joint; conjunctive; combining (volume; weight); draw (bar); flange, collar (nut); (elec.) junction (box); splice (plate); (cartography) adjustment (curve); (anat.) connective (tissue); **с. зажим** (elec.) connecting terminal, connector; **с. провод** (elec.) jumper; **с. фланец** flange coupling; **—ая деталь** coupling piece, adapter; **—ая линия** (tel.) trunk (line); **—ая муфта** connector,

sleeve; **—ая оболочка** (anat.) conjunctiva; **—ая трубка** nipple; **—ая тяга** coupling rod, tie (rod); **—ая часть** joint; connecting piece, connection; **—ое звено** link, coupling.

соедин/ить *see* **соединять**; **—яемый** *a.* connectable; combinable; connected; combined; **—ять** *v.* connect, join, unite, consolidate, draw together, coordinate, link, couple, bridge, fasten, attach, splice; bind, combine, fix; bond; blend; fuse, amalgamate; joint, articulate; assemble, build up; engage, mesh, put in gear; **с. в** (elec.) connect up, connect to; **—ять в себе** combine; **—яться** *v.* be connected, etc.; connect (with), combine, unite, join, couple; congregate, aggregate; coalesce, fuse, blend; engage, mesh (of gears).

соек *gen. pl. of* **сойка.**

СОЖ *abbr.* (смазывающая охлаждающая жидкость) cutting fluid.

сожал/ение *n.,* **—еть** *v.* regret.

сож/гут *fut. 3 pl. of* **сжечь**; **—жение** *n.* combustion, burning; cremation; **анализ —жением** combustion analysis; **—женный** *a.* burned, scorched; **—жечь** *see* **сжечь**; **—игательный** *a.* combustion.

сожитель *m.* (biol.) symbiont; **—ство** *n.* symbiosis; **—ствовать** *v.* live together.

сожмет *fut. 3 sing. of* **сж(им)ать.**

созвониться *v.* (tel.) get in touch, call up.

созвать *see* **созывать.**

созвездие *n.* (astr.) constellation.

созвониться *see* **созваниваться.**

созвуч/ие *n.* unison, agreement, accord, concord, harmony; **—ный** *a.* unison; in keeping (with), in harmony (with), in tune (with).

созд/аваемый *a.* produced, etc., *see v.*; due (to); **—авание** *n.* producing, etc., *see v.*; creation, establishment; **—авать** *v.* produce, generate, give rise (to), evolve, develop, devise; create, make, form, build (up); set up, found, establish; **—ание** *see* **создавание**; advent; growth; creature; **—атель** *m.* originator, founder, creator, maker; **—ать** *see* **создавать.**

созид/ание *n.* erection, construction, building; creation, foundation; **—атель** *m.* builder, creator, founder; **—ательный** *a.* constructive; creative; **—ать** *see* **создавать.**

созин *m.* sozin (a body protein).

созн/авать *v.* acknowledge, recognize, admit; **—аваться** *v.* confess, admit; **—ание** *n.* consciousness, sense; acknowledgement, admission; **потерять —ание** *v.* lose consciousness; **—ательно** *adv.* consciously, knowingly; **—ательность** *f.* consciousness, awareness; **—ательный** *a.* conscious; **—ать** *see* **сознавать.**

созо/иодол *m.* sozoiodol, sozoiodolic acid; —ловая кислота sozolic acid, *o*-phenolsulfonic acid.

созре/вание *n.*, —вательный *a.* ripening, etc., *see v.*; —вать *v.* ripen, mature; age, season; —вающий *see* созревательный; —вший *a.* ripe, mature; aged, seasoned; —ть *see* созревать.

созыв *m.* call, summons, invitation; —ать *v.* call (a meeting), summon, invite; convene.

сои *gen., etc., of* соя.

соиздатель *m.* copublisher.

соизмерим/ость *f.* (math.) covariance; —ый *a.* covariant.

соизмерим/ость *f.* commensurability, commensuration; —ый *a.* commensurable, commensurate; comparable.

соизмер/ить, —ять *v.* commensurate.

соиск/ание *n.* competition, rivalry; —атель *m.* competitor, rival.

сойдя *pr. ger. of* сойти.

сойка *f.* (orn.) jay.

сойти *see* сходить.

сок *m.* juice, sap; liquor; (furnace) slag.

сокалоин *m.* socaloin.

сокатализатор *m.* cocatalyst.

сокирки *pl.* (bot.) larkspur (*Delphinium consolida*).

соко/выжиматель *m.* juice extractor, juicer, squeezer; —вой, —вый *a. of* сок; liquor-tanned; —гонный *a.* (pharm.) secretagogue; —движение *n.* (bot.) sap flow, sap rise.

сокол *m.* (constr.) float, hawk; (orn.) falcon; —ок *m.* float, hawk; brisket (cut of meat).

соко/отжималка *see* соковыжиматель; —подъемник *m.* montejus; —содержание *n.* (bot.) sap content.

сокр. *abbr.* (сокращение) abbreviation.

сократим/ость *f.* (math.) contractibility, reducibility; —ый *a.* contractible, reducible.

сократитель *m.* (min.) riffle; sampler.

сократительн/ый *a.* contracting, contraction; (met.) concentration; —ая плавка concentration smelting.

сократить *see* сокращать.

сокращ/аемость *f.* contracti(bi)lity; —аемый *a.* contracti(b)le; —ать *v.* contract, shorten, abbreviate, abridge, condense; reduce, decrease, curtail, cut (down); shrink; (met.) concentrate; foreshorten (perspective); (fractions) cancel (out); —аться *v.* be contracted, etc.,; contract, shorten, shrink; drop, decrease, fall, decline; —ающий *a.* contracting, etc., *see v.*; —ающийся *a.* contractile; —ение *n.* contraction, shortening, etc., *see v.*; abridgement; decrease, curtailment, cut; shrinkage; short cut; —енно *adv.* in brief, briefly; in abbreviated form; —енность *f.* brevity; —енный *a.* contracted, etc., *see v.*; brief, concise; short(-cut); catchword (title).

сокристаллизация *f.* cocrystallization.

сокровищ/е *n.* treasure; —ница *f.* treasury, depository, storehouse.

сокруш/ать *v.* crush, smash, shatter, break (up), destroy, demolish; wreck; distress; —ение *n.* crushing, etc., *see v.*; destruction, demolition; —енный *a.* crushed, etc., *see v.*; —ительный *a.* crushing, etc., *see v.*; destructive, damaging; —ить *see* сокрушать.

сокрытие *see* скрытие.

сокслет *m.* Soxhlet apparatus.

солан/густин *m.* solangustin; —дрин *m.* solandrine; —елловая кислота solanellic acid; —идин *m.* solanidine; —ин *m.* solanine; —ион *m.* solanione, javanicin; —овая кислота solanic acid; —орубин *m.* solanorubin; —тины *pl.* solantine colors; —трены *pl.* solanthrene colors.

соларовое масло *see* соляровое масло.

соларсон *m.* Solarson, chloroarsenol.

соласодин *m.* solasodine.

сола/т *m.* solate, liquefied gel; —ция *f.* solation, liquefaction of a gel.

солдат *m.* soldier; —ик *m.* tool post.

соле— *prefix* salt; —вар *m.* salt plant worker; —варение *n.*, —вар(ен)ный *a.* salt-making; —варня *f.* salt works, saltern; —вой *a.* salt, saline; —выносливый *a.* salt-resistant; (bot.) salt-tolerant; —добывание *n.*, —добывающий *a.* salt-mining; —дробилка *f.* salt crusher; —й *gen. pl. of* соль; —любивый *a.* (bot.) salt-loving; —мер *m.* salinometer; —ние *n.* salting; pickling; pickled foods.

соленоид *m.*, —ный *a.* (elec.) solenoid; —альный *a.* solenoidal; tube-like.

соле/носный *a.* saliferous, salt-bearing; —ность *f.* saltiness, salinity.

солен/ый *a.* salt(y), saline, salt-bearing; briny, brackish; pickled; corned (beef); с. огурец pickle; —ая вода brine; —ая капуста sauerkraut.

соленье *see* соление.

солеобраз/ование *n.* salt formation, salification; —ователь *m.* salt former, halogen; —ующий *a.* salt-forming.

соле/подобный *a.* salt-like, saline; —разработки *pl.* salt works; —род *m.* halogen; —рос *m.* (bot.) Salicornia; —содержание *n.* salt content, salinity; —содержащий *a.* salt-containing, salt-bearing, saliferous; —сос *m.* salt pump; —стойкий *a.* (bot.) salt-tolerant; —стойкость *f.* salt tolerance; —устойчивость *f.* salt tolerance; resistance to salt.

соли *gen., pl., etc., of* соль.

солидар/изироваться *v.* hold (with), share; —но *adv.* jointly (and severally); —ность *f.* solidarity; —ный *a.* solidary, having common interests.
солидн/ость *f.* solidity, firmness, reliability, soundness; —ый *a.* solid, firm, reliable, sound, sturdy, substantial.
солидол *m.* (lubricant) grease.
солидус *m.* (met., etc.) solidus.
соликамские соли natural deposits of sodium and potassium salts.
солильный *a.* salting; pickling.
солион *m.* solion (electrochemical sensing and control device).
солитер *m.* (zool.) tapeworm; solitaire (gem).
солить *v.* salt, brine, pickle, cure.
солифлюкция *f.* solifluction, soil creep.
солка *f.* salting, pickling.
солнечник *m.* sunfish, dory; heliozoan, sun animalcule.
солнечно-звездный *a.* solar-sidereal.
солнечн/ый *a.* solar, sun; sunny (weather); с. камень (min.) sunstone, aventurine feldspar; с. свет sunlight; с. удар sun stroke; —ая постоянная solar constant; —ая система solar system; —ое сияние sunshine; —ое сплетение (anat.) solar plexus; —ые часы sun dial.
солнце *n.* sun; sunshine; ложное с. (astr.) parhelion; anthelion; —защитный *a.* sun (glasses); —лечение *n.* heliotherapy; с.-рыба *f.* sun fish; —стояние *n.* solstice; —цвет *m.* sunrose (*Helianthemum*).
солод *m.* malt; затертый с. mash; —елый *a.* sweetish; —и *pl., etc.,* of солодь; —ильный *a.* malt(ing); —ить *v.* malt; sweeten.
солодк/а *f.*, —овый *a.* licorice.
солодо/вание see сложение; —вня *f.* malt house; —вый *a.* malt; —вый сахар malt sugar, maltose; —дробилка *f.* malt crusher; —ращение *n.* malting; —сушилка, —сушильня *f.* malt dryer, malt kiln, malt drying floor.
солодь *f.* (soils) solod, degraded solonetz.
сложение *n.* malting, malt production.
солом/а *f.* straw, chaff; древесная с. match-stick wood; —енно-макулатурный *a.* mixed-straw (board); —енный *a.* straw; straw-colored; —енная масса (paper) straw pulp; —ина *f.* straw, stalk; (bot.) culm; —инка *f.* a straw; —ит *m.* pressed straw (insulation) board; —ка *f.* straw, haulm, stem; (match) stick; —оволокуша *f.* straw sweep; —овыдуватель *m.* straw blower; —овяз *m.* straw binder; —оизмельчитель *m.* straw shredder; —окопнитель *m.* straw collector; —окрутка *f.* straw rope twister.
Соломоновы острова Solomon Islands.

соломо/подъемник *m.* straw conveyer; —половокопнитель *m.* straw and capes collector; —пресс *m.* straw baler; —сбрасыватель *m.* straw dumper; —силосорезка *f.* straw and silage chopper; —таска *f.* straw carrier; —транспортер *m.* straw conveyer; —тряс *m.* straw shaker, straw rack; (combine) separator.
солон *sh. m. of* соленый; —ец *m.* solonetz (alkali soil); salt lake; salt spring; —ина *f.,* —инный *a.* corned beef; —ица, —ка *f.* salt shaker; —о *sh. n. of* соленый; —оватость *f.* saltiness, brackishness; —оватый *f.* subsaline, brackish, briny.
солонцеват/ость *f.* solonetzicity, alkalinity (of soil); —ый *a.* solonetzic, alkaline; saliferous.
солонцовый *a. of* солонец.
солончак *m.* solonchak, saline soil; salt marsh; (bot.) saltwort (*Salsola*); —оватость *f.* salinity; —овый *a.* brackish, briny, saliniferous, salty; saline (soil); (bot.) halophytic.
солор/иновая кислота solorinic acid; —овая кислота soloric acid.
солур/иновый *a.* solurinic (acid); —ол *m.* solurol, nucleotinphosphoric acid.
соль *f.* salt; spec. sodium chloride; с. закиси металла —ous salt; сернокислая с. закиси железа ferrous sulfate; с. окиси металла —ic salt; сернокислая соль окиси железа ferric sulfate; с. серной кислоты sulfate; с. уксусной кислоты acetate; двойная с. double salt; кислая с. acid salt, bisalt; основная с. basic salt, subsalt; сернокислая с. sulfate; уксуснокислая с. acetate.
сольбар *m.* a barium polysulfide insecticide and fungicide.
сольв/ат *m.* solvate; —атация *f.,* —атационный *a.* solvation; —атированный *a.* solvated; —атный *a.* solvate; —атохромия *f.* solvatochromism.
сольвент(-нафта) *m.* solvent-naphtha.
сольет *fut. 3 sing. of* слить.
Сольвея способ Solvay process.
сольволи/з *m.* solvolysis; —тический *a.* solvolytic, solvation.
Сольвэ способ Solvay process.
сольпуги *pl.* (zool.) Solpugida.
сольфатара *f.* solfatara (volcanic orifice).
солюбилизация *f.* solubilization.
солю/сульфон *m.* Sulphetrone, solapsone; —сурьмин *m.* Solyusurmin, sodium stibogluconate.
солянк/а *f.* salt shaker; (bot.) halophyte, spec. saltwort (*Salsola*); —овый *a.* halophytic.
солян/ой *a.* salt, saline; see also соляный; с. рассол brine; —ая шляпа (geol.)

солянокислый salt cap; **—о-калочный** *a.* salt-bath tempering, salt-bath (furnace).

солянокисл/ый *a.* hydrochloric acid; chloride (of metals, etc.); hydrochloride (of organic compound); **—ая соль** chloride; hydrochloride.

солян/ый *a.* hydrochloric (acid); **соль —ой кислоты** chloride.

соляр *m.* (petrol.) solar oil; **—изация** *f.* solarization; **—ий** *m.* solarium; **—иметр** *m.* solarimeter; **—ка** *see* **соляр**; **—ный** *a.* solar; **—овый** *a.* solar (oil).

сом *m.* (ichth.) sheatfish, cat fish.

СОМ *abbr.* (строительно-отделочная машина) construction finishing machine.

сома *f.* (biol.) soma, body; *suffix* —some.

сомалийский *a.* (geog.) Somali(land).

сом/атический *a.* (biol.) somatic; **—ато-** *prefix* somato— (body); **—атология** *f.* somatology; **—ит** *m.* somite, body segment.

сомкнут/ость *f.* density, closeness, compactness; **—ый** *a.* dense, close, compact; closed, joined; **—ь** *see* **смыкать**.

Соммле реакция Sommelet reaction.

сомнамбул *m.* somnambulist; **—изм** *m.* somnambulism.

сомне/ваться *v.* doubt, have doubts, question; **—ние** *n.* doubt; **без —ния** without doubt, no doubt, undoubtedly, without question; **подвергать —нию** *v.* doubt, question.

сомнет *fut. 3 sing. of* **смять**.

сомнирол *m.* somnirol.

сомнительн/о *adv.* doubtfully; it is doubtful, it is questionable; **—ость** *f.* doubtfulness, uncertainty; **—ый** *a.* doubtful, dubious, questionable, open to question, problematical.

сомнитол *m.* Somnitol.

сомнож/ество *n.* (math.) coset, corresponding set; **—итель** *m.* (co) factor.

сомнол *m.* somnol, chloroethanal alcoholate.

сомов/ий, **—ый** *a. of* **сом**.

сомон *m.* salmon (color).

сон *m.* sleep; dream; (acous.) sone (unit of loudness).

СОН *abbr.* (станция орудийной наводки) gun-positioning radar.

сонар *m.* sonar, sound navigation and ranging.

сонерил *m.* Soneryl, Neonal, butethal.

сони *gen., pl., etc., of* **соня**.

соним *m.* (met.) sonim.

Сонина полином (math.) Sonine polynomial.

сонлив/ость *f.* somnolence, drowsiness; **неестественная с.** (med.) coma; **—ый** *a.* somnolent, sleepy, drowsy; **болезненно —ый** comatose.

сонн/ый *a.* sleepy; **с. напиток** soporific; **—ая артерия** (anat.) carotid; **—ая болезнь** (med.) sleeping sickness; **—ое зелье** (bot.) mandrake (*Mandragora officinarum*).

сонометр *m.* sonometer, phonometer.

сон-трава *f.* pasqueflower.

соня *m. and f.* drowsy person; *f.* (zool.) dormouse.

соображ/ать *v.* consider, take into consideration; contrive; **—ение** *n.* consideration, deliberation; reason; **по различным —ениям** for diverse reasons; **принимать в —ение** *v.* take into consideration, allow (for).

сообразит/ельность *f.* quickness, alertness, quick thinking; **—ельный** *a.* quick-witted, alert; **—ь** *see* **соображать**.

сообразн/о *adv. and prep. dat.* in conformity (with), according (to); **—ость** *f.* suitability, suitableness, compatibility, conformity, compliance, congruence, coincidence; consent; **—ый** *a.* suitable, compatible, conformable, congruent, consistent.

сообразов(ыв)ать *v.* adapt, adjust, conform; **—ся** *v.* fit, conform, comply.

сообща *adv.* together, jointly; **действие с.** consolidated action; **действовать с.** *v.* collaborate, pool interests.

сообщ/ать *v.* communicate, inform, send word, advise, report, notify, announce; impart, pass on, transmit, convey; give, furnish, add (to); place on record; **как —ают** reportedly; **—аться** *v.* be in communication (with); **—ающийся** *a.* communicating.

сообщен/ие *n.* communication, information, message, report, notice, word; (press) release; traffic; service; (elec.) connection, contact; **с. о погоде** weather report; **пути —ия** means of communication; **согласно —иям** reportedly; are said to; **установить с.** *v.* establish communication; (elec.) connect up; **—ный** *a.* communicated, etc., *see* **сообщать**.

сообщ/ество *n.* community; association; cooperation; **—ить** *see* **сообщать**; **—ник** *m.* accomplice, partner; (law) accessory; **—ничество** *n.* complicity, participation.

соору/дить *see* **сооружать**; **—жаемый** *a.* under construction; **—жать** *v.* construct, build, erect, install; **—жение** *n.* construction, building, etc., *see v.*; edifice, structure; **—женный** *a.* constructed, etc., *see v.*

сооса/дитель *m.* coprecipitator; **—ждать** *v.* coprecipitate; **—ждение** *n.* coprecipitation.

соосн/ость *f.* coaxial alignment, coaxiality; **—ый** *a.* coaxial, uniaxial.

соответственно *adv. and prep. dat.* accordingly, correspondingly, consequently;

respectively; according to, as per (instructions); —сть *f.* conformance, conformity, correspondence; suitability, pertinence.

соответственн/ый *а.* expedient, proper, suitable, pertinent; corresponding, conforming, congruent, homologous; —ая часть mate, counterpart; —ые углы corresponding angles.

соответств/ие *n.* conformity, compliance, agreement, accord(ance); homology; expediency, fit(ness); (math.) correspondence; в —ии in conformity (with), in accordance (with), according to), by, depending (on); in line (with), to match, to fit; взаимное с. congruence; —овать *v.* conform (to), comply (with), be in accord (with); correspond (to), match (up), be in line (with), follow, fit, tally, correlate; answer, meet, satisfy (requirement); —ующий *а.* conforming, etc., *see v.*; appropriate, suitable, pertinent, fit, proper, adequate; specific, characteristic; homologous; —ующая часть counterpart, mate; —ующим образом suitably, properly, as required.

соотечественник *m.* compatriot, countryman.

соотнести *see* соотносить.

соотносит/ельность *f.* correlation; —ельный *а.* correlative; —ь *v.* correlate, relate (to); compare.

соотношен/ие *n.* correlation, relation(ship); connection, correspondence; proportion, ratio; с. веса weight ratio; с. между массой и энергией mass-energy relation; быть в —ии *v.* correspond, correlate; регулирование —ия ratio control; установить правильное с. *v.* bring into proper correlation, coordinate.

СОПД *abbr.* (сигнализатор опасного перепада давления) dangerous pressure-drop indicator.

сопел *gen. pl.*; —ьный *а. of* сопло.

сопение *n.* wheezing, snorting, puffing.

соперни/к *m.* rival, competitor; —чать *v.* rival, compete; —чество *n.* rivalry, competition; antagonism.

сопеть *v.* wheeze, snort, puff.

сопка *f.* mud volcano; cone-shaped hill.

сопли *gen., pl., etc., of* сопля.

сопло *n.*, —вой, —вый *а.* nozzle, jet; orifice, venturi; nipple; входное с. inlet, scoop; —вой аппарат (av.) guide vane, nozzle assembly.

соплодие *n.* collective fruit, compound fruit, syncarp(y).

сопло-заслонка *f.* nozzle-flapper.

сопля *f.* (physiol.) mucor, mucus.

соподчин/ить, —ять *v.* coordinate.

сопок *gen. pl. of* сопка.

сополиконденсация *f.* copolycondensation.

сополимер *m.* copolymer; —изация *f.* copolymerization.

соположение *n.* coordinate position.

сопор *m.* (med.) sopor, coma; —озный *а.* soporose.

сопостав/имость *f.* comparability; —имый *а.* comparable; —ить *see* сопоставлять; —ление *n.* comparison, contrast; juxtaposition; correlation (of data); в —лении с in comparison (with), as compared (to), versus; —ленный *а.* compared, etc., *see v.*; —лять *v.* compare, contrast; juxtapose; correlate (data).

сопочный *а. of* сопка.

соправитель *m.* co-driver, co-operator.

сопрано *n.*, —вый *а.* soprano.

сопревать *v.* rot, decay, spoil.

сопредельный *а.* contiguous, adjacent.

сопр/елый *а.* decayed, spoiled; —еть *see* сопревать.

соприкас/ание *see* соприкосновение; —аться *v.* touch, come in contact (with); make contact; deal (with); adjoin, border, be adjacent (to), abut; (geom.) osculate; —аться с have bearing on; engage, mesh; —ающий(ся) *а.* touching, etc., *see v.*; in contact, contiguous; osculatory.

соприкосновен/ие *n.* contact, touch; contiguity, juxtaposition; (geom.) osculation; engagement; поверхность —ия contact surface; —ность *f.* contiguity; —ный *а.* contiguous; implicated (in).

соприкоснуться *see* соприкасаться.

сопричастный *а.* participant; implicated, involved.

сопрово/дитель *m.* escort, convoy; —дительный *see* сопровождающий; —дить, —ждать *v.* accompany, attend, escort, convoy, go with; follow, track; carry along, entrain; —ждаться *v.* be accompanied, etc.; —ждающий *а.* accompanying, etc., *see v.*; concomitant, associated; power-follow (current); —ждение *n.* accompanying, etc., *see v.*; accompaniment; convoy, escort; —ждение по дальности range tracking; —жденный *а.* accompanied, etc., *see v.*

сопромат *m.* strength of materials.

сопротивлен/ие *n.* resistance, opposition; (av.) drag; (electron.) impedance; strength (of material); resistor; с. изгибу transverse strength, bending strength; с. износу resistance to wear, wear resistance; с. разрыву, с. растяжению tensile strength; с. срезу shear(ing) strength; с. толчку, с. удару impact strength; коэффициент —ия (av.) drag coefficient; линия наименьшего —ия line of least resistance; магазин —ия (elec.) resistance box; мост —ия (elec.)

Wheatstone bridge; **нагревание** —**ием** resistance heating; **оказать с.** *v.* resist; **печь** —**ия** resistance furnace; **полное с.** (elec.) impedance; (av.) total drag; **провод большого** —**ия** high-resistance line; **реле активного** —**ия** (electron.) resistance relay; **реле полного** —**ия** impedance relay; **сила** —**ия** resisting force; **точка предельного** —**ия** yield point; **удельное с.** (elec.) specific resistance, resistivity.

сопротивл/яемость *f.* resistance, capacity to resist, strength; (elec.) resistivity, specific resistance; —**яться** *v.* be resistant (to), resist, oppose; —**яющийся** *a.* resisting, resistant.

сопря/гать *v.* conjugate, join, pair, couple; combine, (inter)link, connect; track (circuits); —**гающий** *a.* conjugating, etc., *see v.*; (cartography) adjustment (curve); —**жение** *n.* conjugation, joining, etc., *see v.*; (con)junction, union; —**жение связей** conjugation; —**женность** *see* **сопряжение**; contingency; —**женный** *a.* conjugated, etc., *see v.*; (chem.; math.) conjugate; interdependent, associated; adjoint (function); induced (reaction); —**женная двойная связь** conjugate double bond; —**женная деталь** mate; —**женная широта** colatitude; —**женные слои** conjugate layers; —**жено** (it) involves.

сопрячь *see* **сопрягать**.

сопутств/ование *n.* accompaniment; —**овать** *v.* accompany; —**ующий** *a.* accompanying, associated, attendant, concomitant; co-moving (space); satellite (pulse); —**ующий результат** fallout, spin-off, by-product; —**ующие металлы** metal impurities.

сор *m.* litter, rubbish, waste, dross; (geol.) sor, solonchak playa.

соразмер/ение *n.* matching, etc., *see v.*; —**ить** *see* **соразмерять**; —**но** *adv. and prep. dat.* in proportion (to); —**ность** *f.* proportion(ality); balance, symmetry; adequacy; —**ный** *a.* proportional, proportionate, commensurate; balanced; fit, adequate; —**ять** *v.* match, fit together; proportion, apportion, weigh (out); regulate; —**яться** *v.* be matched, etc.; match, correspond.

сорб/ат *m.* sorbate; —**ент** *m.* sorbent; —**иновокислая соль** sorbate; —**иновый** *a.* sorbic (acid).

сорбир/ование *see* **сорбция**; —**ованный** *a.* sorbed (absorbed or adsorbed); —**ованное вещество** sorbate; —**овать** *v.* sorb; —**ующий** *a.* sorbing; —**ующее вещество** sorbent.

орбит *m.* sorbitol; (met.) sorbite; —**(из)ация** *f.* (met.) sorbitizing; —**изировать**

v. sorbitize; —**ный,** —**овый** *a.* sorbite, sorbitic; —**образный** *a.* sorbitic.

сорбоза *f.* sorbose.

сорбц/ионный *a.*, —**ия** *f.* sorption.

сорв/анный *a.* stripped, etc., *see v.*; —**ать** *v.* strip (thread); tear off, peel off, tear away, tear down; break off, disrupt; —**аться** *v.* be stripped, etc.; strip; break off, break away, come off; fail, stall.

сорганизов(ыв)ать *v.* organize.

сорго *n.*, —**вый** *a.* (bot.) sorghum.

сордавалит *m.* (petr.) sordawalite.

Соре правило *see* **Сорэ правило**.

соревн/ование *n.* competition, rivalry; contest; emulation; —**оваться** *v.* compete, rival; emulate; —**ующийся** *a.* competing.

Мореля цемент Sorel cement.

соретит *m.* (min.) soretite.

сориентироваться *v.* get oriented.

сор/инка *f.* (dirt) particle, dust particle, speck of dust; —**ить** *v.* litter.

сормайт *m.* sormite (alloy).

сорн/ость *f.* contamination, impurity; (paints) bittiness; —**ый** *a.* littered, rubbish, waste; (agr.) weedy; —**ая трава**, —**(опольв)ое растение**, —**як** *m.* weed.

сорок *num.*, —**а**— *prefix* forty.

сорока *f.* (orn.) magpie.

сорокавосьмигранн/ик *m.* (cryst.) hexoctahedron; —**ый** *a.* hexoctahedral.

сорок/алетний *a.* forty-year; —**ачасовой** *a.* forty-hour; —**овой** *a.* fortieth; —**ножка** *f.* (zool.) centipede.

сорочечный *a.* *of* **сорочка**.

сорочий *a.* *of* **сорока**.

сорочка *f.* shirt; jacket; sheath; (anat.) caul; **сердечная с.** (anat.) pericardium.

сорт *m.* sort, kind, variety, brand; strain, breed; nature, quality, grade; —**амент** *m.* assortment, set; grades, grading; gage (of wire); **с.-анализатор** *m.* (strain) tester; —**имент** *see* **сортамент**.

сортир/овальный *a.* sorting, etc., *see v.*; card-receiving (pocket); —**овальная машина** sorter; grading machine; —**ование** *n.* sorting, etc., *see v.*; classification; —**ованный** *a.* sorted, etc., *see v.*; —**овать** *v.* sort, grade, classify; pick (out), select, cull, screen; separate, assort, size; distribute; batch; —**овка** *see* **сортирование**; sorter, grader, classifier; screen; —**овочная** *f.* sorting center; (rr.) shunting yard; —**овочный** *a.* sorting, etc., *see v.*; separatory (funnel); (rr.) shunting; —**овочный аппарат** sorter, separator, grader, classifier; —**овщик** *m.* sorter, grader; —**ующий** *a.* sorting, etc., *see v.*

сорт/ность *f.* rating; (petrol.) antiknock rating; grade (of quality); —**ный** *a.*

high-quality; varietal; —о— *prefix* sort, variety; —овальный *see* сортировочный; —оведение *n.* research on varieties; —оводство *n.* plant breeding.

сортов/ой *a.* sort, variety; brand; (biol.) strain; section(-shaped); merchant (bar, iron, mill); sorted, graded; commercial (timber); **с. прокат** (met.) merchant shapes, solid rolled shapes; **с. стан** jobbing mill, merchant mill, bar and shape mill; **—ая сталь** section(al) steel, structural steel; merchant bar iron; **—ые ножницы** cutting tool.

сорто/изучение *n.* (biol.) strain investigation; —испытание *n.*, —испытательный *a.* strain testing; grade-testing, quality-testing; —прокатка *f.* (met.) section rolling; —размер *m.* grade size; **—сеть** *f.* strain-testing system; **—смена** *f.* strain changing; **—улучшающий** *a.* strain-improving; **—участок** *m.* strain-testing station; strain-testing plot.

сортрос *m.* (shipbuilding) limber rope.

сортутить *see* сортучивать.

сортуч/ение *n.* amalgamation; **—енный** *a.* amalgamated; **—и(ва)ть** *v.* amalgamate; **—ка** *f.* amalgam.

соры *pl.* of сор.

Сорэ правило Soret's principle.

сос/альце *n.* (zool.) sucker; haustellum (proboscis); —альчик *m.* fluke (parasit.c worm); —альщики *pl.* Trematoda; —ание *n.*, —ательный *a.* suction, sucking; —ать *v.* suck.

сосед *m.* neighbor; —ний *a.* neighboring, adjoining, adjacent; (math.) affine; —ство *n.* neighborhood, vicinity,. adjacency, proximity; **по —ству** in the vicinity, nearby; **—ствовать** *v.* be next to one another.

сосен *gen. pl. of* сосна; —ка *f.* young pine.

сосис/ка *f.*, —очный *a.* sausage.

соска *gen. of* сосок.

соскаблив/ание *n.* scraping off, abrasion; —ать *v.* scrape off; pare, shave.

соскакив/ание *n.* jumping off, etc., *see* *v.*; drop-off; —ать *v.* jump off, spring off, come off, slip off, drop off, work off.

соскальзыв/ание *n.* sliding, etc., *see v.*; slide, slip; —ать *v.* slide (off), slip (off), run off, skid; launch (ship).

соскоб *see* соскабливание; —лить *see* соскабливать.

соско/видный *a.* mammiform, mammillary; papillose; —вый *a. of* сосок; mammillary.

соскользн/увший *a.* slipped (off); —уть *see* соскальзывать.

соскообразный *see* сосковидный.

соскочить *see* соскакивать.

соскре/бать, —сти *v.* scrape off.

сосл/анный *a.* exiled, deported; *m.* an exile; —ать *see* ссылать.

сослуживец *m.* colleague, fellow worker.

сосн/а *f.*, —овый *a.* pine; —овая смола pine tar; —овая шерсть pine (needle) wool; —овое масло pine oil (crude turpentine); —як *m.* pine forest; pine lumber.

сосо/к *m.* (anat.) nipple, teat; papilla; optic disk; —чек *dim. of* сосок; papilla; —чковидный *a.* papillar, mammillar(y); —чковый *a.* papillary.

сосредоточ/ение *n.* concentration, centering, etc., *see v.*; —енно *adv.* intently; —енность *f.* concentration; —енный *a.* concentrated, etc., *see v.*; —ивание *see* сосредоточение; —и(ва)ть *v.* concentrate, center, centralize, focus; localize; lump, mass; converge (fire); —и(ва)ться *v.* center, focus.

соссюрит *m.* (min.) saussurite; —изация *f.* saussuritization; —ный, —овый *a.* saussurite.

состав *m.* composition, constitution, make-up, formation, structure; compound, composite; formulation; formula (of fertilizer, etc.); (charge) mixture; (rocket) fuel; (mold) assembly; body; staff, personnel; amount (of property); **с. плана** plan components; **входить в с.** be(come) part (of), be a member (of); enter into the composition; **подвижной с.** (rr.) rolling stock; **химический с.** chemical composition.

состав/итель *m.* author, composer, compiler; —ить *see* составлять; —ление *n.* composition, composing, etc., *see v.*; synthesis; —ление проектов designing, projecting; —ление смет estimating; —ленный *a.* composed, etc., *see v.*; —лять *v.* compose, put together, compile, formulate, draw up, work out; prepare, compound, concoct, mix, combine; fit up, set up, build up, construct, design; constitute, form, comprise, make (up); represent, account (for); amount, come (to), total, run, range (from . . . to); measure; **—лять план** plan; —ляться *v.* be composed, etc.; consist, be made up (of); form, organize; add (up to), accumulate.

составляющ/ая *f.*, **—ая часть**, —ий элемент component, ingredient, constituent, integral part; —ий *a.* component, constituent; composite (force); partial (fraction).

составн/ой *a.* compound, composite, combined, complicated; compounding, built up, sectional, separable, join(t)ed; flexible (pipe); component, constituent; link, chain; telescope, telescopic; **с. цех** batch-mixing section; **—ая деталь** unit;

—ая кривая compound curve; —ая часть component, constituent, ingredient, (integral) part; element (of compound); твердая —ая часть solid constituent; —ое ядро compound nucleus.
состар/енный *a.* aged; —еться *v.* age; —ивание *n.* aging; —ить(ся) *v.* age.
состег(ив)ать *v.* tack or wire together.
состир(ыв)ать *v.* wash out.
состоян/ие *n.* condition, state, status, position, stage; ability; (weather) condition; (chemical) compound or group; с. тела state of aggregation, physical form (of matter); быть в —ии *v.* be in a position (to), be able (to); в —ии покоя at rest; в —ии поставки as received; в горячем —ии hot (rolling, etc.); в свободном —ии free, in the free state; в сухом —ии dry(-state); диаграмма —ия phase (equilibrium) diagram; индикатор —ия positioning indicator; насыщенное с. saturated state, saturation; по —ию на as of (date); таблица —ий (relay) combination table.
состоятельн/ость *f.* competence; solvency; justifiability; consistency; validity, strength (of argument); —ый *a.* solvent; well-off; well-grounded, justifiable; consistent.
состоять *v.* consist (of), be made up (of), comprise, be composed (of); include, involve; be, lie (in); —ся *v.* consist; happen, take place; не —ся fail.
состра́гивать *v.* plane off.
сострачивать *v.* stitch together, bind.
сострел *m.* (art.) calibration (fire).
состр/игать, —ичь *v.* shear off, cut off.
сострогать *see* состра́гивать.
сострочить *see* сострачивать.
сострут(ив)ать *v.* plane off.
состяз/ание *n.* contest, competition; —ательный *a.* competing; controversial; —аться *v.* compete; cope (with).
сосуд *m.* vessel, receiver, container; jar, can; (vacuum) flask; —ик *m.* (bot.) vasculum; —исто-волокнистый *a.* fibrovascular; —истый *a.* vascular; —одвигательный *a.* (anat., physiol.) vasomotor; —орасширитель *m.*, —расширяющий *a.* vasodilator; —осжимающий, —осуживающий *a.* vasoconstrictor.
сосулька *f.* icicle.
сосун *m.* suckling; suction pipe.
сосуществ/ование *n.* coexistence; —овать *v.* coexist; —ующий *a.* coexisting; concomitant, accompanying; (chem.) conjugate.
сосущ/ий *a.* sucking; (zool.) suctorial; —ая сила suction; soil-water strength; —ие инфузории (zool.) Suctoria.
сосц/евидный *a.* mammiform, mammillary;

papillose; mastoid; —ы *pl.* papillae, nipples, teats.
сосчит(ыв)ать *v.* count, calculate, sum up, add up; number.
сот *m.* honeycomb.
сотвор/ение *n.* creation, making; —ить *v.* create, make, fabricate; —чество *n.* coauthorship, collaboration.
сотен *gen. pl. of* сотня; —ный *a.* hundredth; *suffix* -hundred.
сотерн *m.* sauterne (wine).
сотка *f.* one hundredth.
соткать *v.* weave, spin; —ся *v.* interweave.
сотня *f.* one hundred.
сотоварищ *m.* associate, fellow member, fellow worker; —ество *n.* company, society; partnership; membership.
сото/видный *a.* honeycomb(ed), cellular; —вый *a.* honeycomb, cellular; —вый мед honey in combs; —вая катушка (rad.) honeycomb coil.
соток *gen. pl. of* сотка.
сотообразный *see* сотовидный.
сотрет *fut. 3 sing. of* стереть.
сотрудни/к *m.* collaborator, contributor, fellow worker, coworker, associate; staff member; —чать *v.* collaborate, contribute, cooperate; —чество *n.* collaboration, cooperation.
сотряс/аемость *f.* shakability; seismic vulnerability; —атель *m.* shaker.
сотрясательн/ый *a.* shaking, rocking; concussive; shocking; —ое движение shaking; —ое сито shaking screen, shaker.
сотряс/ать *v.* shake, vibrate, jar, concuss; —ающийся *a.* shaking, jigging; —ение *n.* shake, shaking, jarring, vibration, pulsation (of sound); percussion; shock, concussion (of brain); commotion; —ти *see* сотрясать.
соты *pl.* honeycomb.
сотый *a.* centesimal, hundredth.
соудар/ение *n.* collision, impact, encounter, impingement, shock; плотность —ения collision density; —яться *v.* collide, encounter.
соус *m.*, —ный *a.* sauce, gravy.
соустье *n.* (med.) anastomosis.
соучаст/вовать *v.* participate, take part in, cooperate, collaborate; —ие *n.* participation, cooperation, collaboration; —ник *m.* participant, associate; —ный *a.* participating.
соученик *m.* fellow student.
софа *f.* sofa.
софит *m.* (arch.) soffit.
сафлоровый *see* сафлоровый.
софокусный *a.* (phys.) confocal.
софор/а *f.* (bot.) Sophora; —ин *m.* sophorin (glucoside); sophorine (alkaloid).
соффиони *pl.* (geol.) soffioni.
соффит *m.* (arch.) soffit.

соха *f.* wooden plow.
сохат/ина *f.* elk meat; elk hide; —ый *m.* elk; *a.* forked; antlered.
сохнуть *v.* dry (up); wither, shrivel.
сохран/ение *n.* preservation, conservation, retention; constancy; care, custody; с. энергии conservation of energy; закон —ения импульсов law of conservation of momentum; закон —ения массы law of conservation of matter; —енный *a.* conserved, etc., *see* сохранять; —ивший *a.* (having) conserved; —итель *m.* guardian, custodian; —ительный *a.* preservative; —ить *see* сохранять.
сохранн/о *adv.* safely, securely; it is safe; —ость *f.* safety; preservation; —ый *a.* safe, secure.
сохраняемость *f.* keeping qualities; (comp.) retention.
сохранять *v.* conserve, preserve, retain; store; maintain, keep, observe; с. за собой reserve (for oneself); —ся *v.* be well preserved, keep, last; survive.
соц— *prefix* social; socialistic.
соцветие *n.* (bot.) raceme, inflorescence.
социал/изация *f.* socialization; —изм *m.* socialism; —истический *a.* socialistic; —ьно-бытовой *a.* social, living (conditions); —ьный *a.* social.
социолог *m.* sociologist; —ический *a.* sociological; —ия *f.* sociology.
соч. *abbr.* (сочинение) paper.
сочевичник *m.* (bot.) bitter vetch (*Orobus*); peavine (*Lathyrus*).
сочен *sh. m. of* сочный; —ие *n.* trickle, ooze, oozing, dribble; bleeding (of trees).
сочет/ание *n.* combination, union, conjunction, joining; compromise; (math.) combination, set; в —ании in conjunction (with), together (with); —ания *pl.* (math.) combination, set; теория —аний combinatorial analysis; —анный *a.* combined, etc., *see v.*; —ательность *f.* (math.) associativity; —ательный *a.* associative; combinative; —ать *v.* combine, associate, connect, join, unite; match (up); —ать в себе combine; —аться *v.* be combined, etc.; go together.
сочин/ение *n.* composition, paper; собрание —ений collected works; —итель *m.* author, composer; —ить, —ять *v.* compose.
сочить *v.* sap, draw off; —ся *v.* drip, ooze (out), trickle, dribble; bleed (of trees).
сочла *past f. sing. of* счесть.
сочлен *m.* fellow member.
сочлен/ение *n.* articulation, join(t)ing, etc., *see v.*; joint, link, member; —енный *a.* articulated, etc., *see v.*; chain; —ить

see сочленять; —ов(ан)ный *a.* (anat.) articular; —ять *v.* articulate, join(t), hinge; couple, connect, (inter)link.
сочло *past n. sing. of* счесть.
сочн/ость *f.* juiciness, succulence; —ый *a.* juicy, succulent; rich (color).
сочтенный *past pass. part. of* счесть.
сочувств/енный *a.* sympathetic; —ие *n.* sympathy; —овать *v.* sympathize.
сошедший *past act. part. of* сойти.
сошка *f.* prop, support; rack, rest; (art.) mount, bipod, tripod.
сошлет *fut. 3 sing. of* сослать.
сошлифов/ка *f.* grinding off, abrasion; —ывать *v.* grind off, grind away.
сошник *m.* (agr.) plowshare; (art.) (trail) spade; (anat.) vomer; —ово-небный *a.* vomeropalatine; —овый *a. of* сошник; vomerine.
сошный *a. of* соха.
сошьет *fut. 3 sing. of* сшить.
сощип/нуть, —(ыв)ать *v.* pinch off.
союз *m.* union, association, alliance; agreement; conjunction.
Союз Советских Социалистических Республик The Union of Soviet Socialist Republics (USSR).
союзн/ик *m.* ally, associate, confederate; —ый *a.* union; allied.
соя *f.* soy(a), soybean.
сп *abbr.* (сантипуаз) centipoise; сп, сп. *abbr.* (спирт) alcohol, spec. ethyl alcohol.
спагетти *n.* spaghetti.
спад *m.* decrease, drop, fall(-off); recession (of flood); (comp.) decay; slope, incline.
спадаит *m.* (min.) spadaite.
спад/ание *n.* falling, etc., *see v.*; fall, drop, diminution, decrease, abatement; recession; taper; —ать *v.* fall (off), drop, diminish, decrease, abate, go down, recede (of water); slope; (med.) collapse; —аться *see* спадать; fall together, come together; —ающий(ся) *a.* falling, etc., *see v.*; decaying (wave); —ение *n.* (med.) collapse.
спаек *gen. pl. of* спайка.
спазм *m.*, —а *f.* spasm, convulsion; —атический, —одический *a.* spasmodic, convulsive; —олитин *m.* spasmolytin, adiphenine hydrochloride; —отин *m.* spasmotin, sphacelotoxin; —отоксин *m.* spasmotoxin.
спаив/ание *n.* soldering, etc., *see v.*; coagmentation; —ать *v.* solder; coagment, join together; water (stock); —аться *v.* be soldered, etc.; fuse.
спай *m.* soldering; soldered joint; joint, seam, juncture; (thermocouple) junction.
спайдер *m.* (mech.) spider.
спайка *see* спай; (biol.) commissure; (med.) adhesion.

спайнолепест/ковый *a.* (bot.) sympetalous; —ные *pl.* Sympetalae.
спайн/ость *f.* cleavage; jointing; cleavability; —ости *pl.* cleavage cracks; —ый *a. of* спайность.
спайщик *m.* jointer, splicer; solderer.
спал *past m. sing. of* спасть; спать.
спалзывать *v.* creep down, slip (off).
спалить *v.* singe, burn.
спа/льн(а)я *f.* bedroom; —льный *a.*, —нье *n.* sleeping.
спарагмит *m.* (petr.) sparagmite.
спарассол *m.* sparassol, methyl ester of everninic acid.
спардек *m.* spardeck (of boat).
спаренный *a.* coupled, connected; duplex, twin, paired, dual; (mach.) gang(ed).
спарж/а *f.*, —евый *a.* asparagus; —евый камень (min.) asparagus stone (apatite); —евая капуста broccoli.
спар/ивание *n.* pairing, etc., *see v.*; —ивать *v.* pair, couple, match, mate; (mach.) gang; let spoil; —ивающий *a.* pairing, etc., *see v.*; —ить *see* спаривать.
спарнакский *a.* (geol.) Sparnacian.
спартанский *a.* Spartan.
спартеин *m.* sparteine, lupinidine.
спарто *see* эспарто.
спарывать *v.* rip off.
спас/аемый *a.* recoverable, reusable; —ание *n.* rescue; recovery, salvage; —атель *m.* rescuer; rescue ship.
спасательн/ый *a.* rescue, saving, safety; life (belt; boat); —ая лестница fire escape; (min.) emergency ladder; —ое дело rescue work.
спасать *v.* save, rescue, recover.
спасение *see* спасание.
спасибо *particle* thanks (to).
спаситель *m.* rescuer.
спасти *see* спасать.
спастический *a.* (med.) spastic.
спасть *see* спадать.
спатулатин *m.* spathulatine.
спать *v.* sleep.
спах *gen. of* спай.
спа/янность *f.* unity, solidarity, cohesion; —янный *a.* soldered, etc., *see v.*; —ять *v.* solder (together); join, unite.
СПВРД *abbr.* (сверхзвуковой прямоточный воздушнореактивный двигатель) supersonic ramjet engine.
СПГГ *abbr.* (свободнопоршневой газовый генератор) free-piston gas generator.
СПД *abbr.* (свободнопоршневой двигатель) free-piston engine.
спеет *pr. 3 sing. of* спеть.
спейс/ер *m.* spacer; —истор *m.* (electron.) spacistor.
спек *m.* cake, clinker; *past m. sing. of* спечь; —аемость *f.* tendency to cake; —ание *n.* caking, etc., *see v.*; agglomeration; —ательный *a.* caking, etc., *see v.*; —аться *v.* cake, clinker, sinter, frit; agglomerate; burn, stick; bake; —ающийся *a.* caking, etc., *see v.*
спектр *m.* spectrum; с. комбинационного рассеяния Raman spectrum; ядерный с. гамма резонанс Mössbauer spectrum.
спектральн/о чистый *a.* spectro-pure; —ость *f.* spectrality; —ый *a.* spectral, spectrum; spectroscopic (observations); —ый анализ spectrum analysis.
спектро— *prefix* spectro—, spectrum; —анализатор *m.* spectrum analyzer; —болограф *m.* spectrobolograph; —визор *m.* spectrovisor.
спектрогелио/грамма *f.* (astr.) spectroheliogram; —граф *m.* spectroheliograph; —скоп *m.* spectrohelioscope.
спектрограмма *f.* spectrogram.
спектрограф *m.* spectrograph; —ический *a.* spectrographic; —ия *f.* spectrography.
спектрометр *m.* spectrometer; —ический *a.* spectrometric; —ия *f.* spectrometry.
спектрополяриметр *m.* spectropolarimeter.
спектроскоп *m.* spectroscope; —ически чистый spectroscopically pure, spec-pure; —ический *a.* spectroscopic; —ия *f.* spectroscopy.
спектрофотометр *m.* spectrophotometer; —ический *a.* spectrophotometric; —ия *f.* spectrophotometry.
спектрохим/ический *a.* spectrochemical; —ия *f.* spectrochemistry.
спекулировать *v.* speculate.
спекулярит *m.* (min.) specularite, specular hematite.
спекуля/тивный *a.* speculative; —ция *f.* speculation, venture.
спекш/ийся *a.* caked, sintered, baked, parched; —иеся куски sinter.
спел *sh. m. of* спелый.
спелео— *prefix* spel(a)eo— (cave).
спел/ость *f.* ripeness, maturity; (met.) refined state, finished state; readiness (of soil for plowing); —ый *a.* ripe, mature; refined, finished; ready; rich (slag); —ый ход (met.) good working order, normal working; thorough refining; —ь *f.*, графитная —ь (met.) kish, refining foam.
Спенса печь (met.) Spence furnace.
спенсерит *m.* (min.) spencerite.
спер/ва *adv.* at first; at the start; in the first place, firstly; —воначала, —воначалу *adv.* at first; —еди *adv. and prep. gen.* at the front (of), in front, before; вид —еди front view, face.
сперма *f.* sperm(atozoa), semen.
спермато— *prefix* sperm(at)o—, (sperm, seed, germ); —генез *m.* (biol.) spermatogenesis; —зоид *m.* (zool.) spermato-

спермацет zoön; (bot.) spermatozoid; **—логия** *f.* (bot.) spermatology; **—рея** *f.* (med.) spermatorrhea.
спермацет *m.*, **—овый** *a.* spermaceti.
спермин *m.* spermine (a leucomaine).
сперрилит *m.* (min.) sperrylite.
спертый *a.* close, stuffy; compressed.
спесистор *m.* (electron.) spacistor.
спессарт/ин, —ит *m.* (petr.) spessartite.
спеть *v.* ripen, mature.
спех *m.* haste, hurry; **к—у** urgent.
спец *m.* specialist, professional; *prefix* special.
специал/изация *f.* specialization; **—изированный** *a.* specialized, special-purpose; **—изировать(ся)** *v.* specialize; **—ист** *m.* specialist, expert; **—ьно** *adv.* specially, expressly, purposely, specifically; **—ьность** *f.* specialty, specialized skill, line, department; **—ьный** *a.* special(ized), specific, particular; user-oriented (edition).
специи *pl.* of **специя**.
специф/ика *f.* specific, characteristic; specificity, specific nature; **—икатор** *m.* specifications man; **—икация** *f.* specification; description; **—икация по крупности** size specification; **давать —икацию** *v.* specify; **—ицировать** *v.* specify; make a specifications list; classify; **—ический** *a.* specific; **—ичность** *f.* specificity.
специя *f.* spice, seasoning.
спец/кор *m.* special correspondent; **—курс** *m.* (educ.) special course; **—материалы** *pl.* special materials; **—овка** *f.* work outfit, (c)overalls; **—подготовка** *f.* special training; **—сплав** *m.* special alloy.
спеч/енный *a.* caked, sintered; baked; **—ь** *v.* bake; **—ься** *see* **спекаться**.
спеш/а *adv.* in haste, hurriedly; **не с.** unhurriedly; **—ить** *v.* hasten, hurry, rush; **—ка** *f.*, **—ность** *f.* haste, hurry, urgency; **—но** *adv.* hastily, in haste, hurriedly, urgently; it is urgent; **—ный** *a.* hasty, urgent, pressing; **—ная почта** special delivery.
спз *abbr.* (сантипуаз) centipoise.
спигел/ин *m.* spigeline; **—ия** *f.* (bot.) worm-grass (*Spigelia*).
СПИД *abbr.* (станок-приспособление-инструмент-деталь) machine tool-guiding device–cutting tool–work piece.
спидометр *m.* speedometer.
спикировать *v.* (av.) dive.
спикула *f.* (zool.) spicule.
спил *m.* sawing off; saw cut, gash.
спилантол *m.* spilanthol.
спил/енный *a.* sawed off, etc., *see* **v.; —ивание** *n.* sawing off, etc., *see* **v.; —ивать** *v.* saw off, saw down; file off, file down.

спилит *m.* (petr.) spilite; **—овый** *a.* spilitic.
спилить *see* **спиливать**.
спилка *see* **спиливание**.
спилозит *m.* (petr.) spilosite.
спилок *m.* (leather) split (hide).
спин *m.* spin.
спин/а *f.* back; **—ой к—е** back to back.
спина/стерин *m.* spinasterol; **—цен** *m.* spinacene, squalene; **—цин** *m.* spinacine.
спинель *see* **шпинель**.
спинка *f.* back (edge).
спинн/ой *a.* back; (anat.) dorsal, spinal; **с. мозг, —ая струна** spinal cord; **с. хребет** spinal column; **—омозговой** *a.* cerebrospinal; spinal (fluid).
спинов/ыврожденный *a.* spin-degenerated; **—ый** *a.* spin.
спинок *gen. pl.* of **спинка**.
спинор *m.* spinor.
спин-орбитальный *a.* spin-orbit; **с.-решеточный** *a.* spin-lattice; **с.-спиновый** *a.* spin-spin.
спинтарископ *m.* (nucl.) spinthariscope, scintillascope.
спинтер *m.* (min.) spinthère, séméline.
спин-эхо *n.* spin echo.
спирал/евидный, —еобразный *a.* spiral, helical; **—изация** *f.* spiralization.
спираль *f.* spiral, spire, helix, snail; coil (spring); (twist) drill; (mil.) (barbed-wire) concertina; **крутая с.** (av.) corkscrew; **—но** *adv.* in a spiral; *prefix* spiro— (spiral, coiled); **—ность** *f.* spirality; **—ношовный** *a.* spiral-seam (tubes); **—ный** *a.* spiral, helical; coil(ed); volute (pump; siphon); twisted (beam); **корkscrew** (antenna); coil (spring); **—ная линия** spiral line, helix.
спир/ан *m.*, **—ановый** *a.* spiran, spiro compound; **—атрон** *m.* (electron.) spiratron (traveling-wave tube); **—ацин** *m.* spiracin, methylcarboxylsalicylic acid; **—ейный** *a.* spiraeic (acid); (bot.) spirea; **—ея** *f.* spirea; **—иллы** *pl.* (bact.) Spirillaceae.
спиро— *prefix* spiro— (spiral, coiled; respiration); **—гира** *f.* (bot.) Spirogyra; **—зал** *m.* Spirosal, monoglycol salicylate; **—ил** *m.* spiroyl; **—метр** *m.* (med.) spirometer; **—пентан** *m.* spiropentane; **—соединения** *pl.* spiro compounds, spirans; **—форм** *m.* Spiroform, acetylsalol; **—хета** *f.* (biol.) spirochaeta; **—хетоз** *m.* (med.) spirochetosis; **—хин** *m.* spirochin; **—цид** *m.* Spirocide, acetarsone; **—циклан** *m.* spirocyclan, spiro compound.
спирт *m.* alcohol, spirit; **древесный с.** wood alcohol, methyl alcohol; **стандартный с.** proof spirit; **твердый с.** solid alcohol (a household fuel); **—аза** *f.* alcoholase.
спиртн/ой, —ый *see* **спиртовой**.
спирто/альдегид *m.* alcohol aldehyde,

hydroxyaldehyde; —амин *m.* alcohol amine, hydroxyamine; —вание *n.* alcoholization, etc., *see v.*; (text.) bleaching; —вать *v.* alcoholize, add alcohol; (wines) fortify; bleach; —вка *f.* alcohol lamp, alcohol burner; —водочный завод distillery.

спиртов/ой *a.* alcohol(ic); spirit (colors; level; mordant); —ая смесь alcoholic mixture.

спирто/завод *m.* distillery; —кетон *m.* alcohol ketone, hydroxyketone; —кислота *f.* alcohol acid, hydroxyacid.

спирто/ме(т)р *m.* alcoholometer; —метрический *a.* alcoholometric; —метрия *f.* alcoholometry.

спирто/растворимый *a.* alcohol-soluble; spirit (dye); —сырец *m.* crude spirit, raw spirit; (distilling) low wine, singlings; —устойчивый *a.* alcohol-resistant, alcohol-fast; —эфир *m.* alcohol ether, hydroxyether.

спирт-ректификат *m.* distilled alcohol; с.-сырец *see* спиртосырец.

спис/ание *see* списывание; —анный *a.* copied, etc., *see v.*; —ать *see* списывать; —ок *m.* copy, transcript; list, register, inventory; schedule; (service) record; вносить в —ок *v.* record, catalog; —ывание *n.* copying, etc., *see v.*; —ывать *v.* (make a) copy, transcribe; write off; (naut.) transfer; —ываться *v.* be copied, etc.; correspond (with).

спит *pr. 3 sing. of* спать.

спит/ой *a.* dilute(d), weak (drink); —ь *v.* dilute; drink off.

спих/ивать, —нуть *v.* push off, push out, push together.

спиц/а *f.*, —евой, —евый *a.* (wheel) spoke; needle.

спич *m.* speech.

спичечн/ица *f.* matchbox; —ый *a.* match; —ая соломка matchstick.

спичка *f.* match.

Сп.К. *abbr.* (специальная спутниковая кассета) special satellite capsule.

сп. л. *abbr.* (спектральная линия) spectral line.

сплав *m.* (met.) alloy; fusion; melt; (timber) float(ing), drifting, rafting; с. на алюминиевой основе aluminumbase alloy; с. с цинковой основой zincbase alloy; белый с. white metal; —ать *v.* float over, swim over; —ина *f.* quaking bog, quagmire; —ить *see* сплавлять; —ка *see* сплавливание.

сплавл/ение *see* сплавливание; —енный *a.* alloyed, etc., *see v.*; —ивание *n.* alloying, etc., *see v.*; fusion; сварка —иванием fusion welding; —яемый *a.* alloyable; fusable; —яемый материал, —яемая загрузка melting charge, melt;

—ять *v.* (met.) alloy; melt, fuse (together); (logging) float, drift, raft, drive; —яться *v.* be alloyed, etc.; fuse together, coalesce.

сплавн/ой *a. of* сплав; floatable; drift (wood); log (raft); с. переход alloy junction; —ное дело transport by water; —ообразование *n.* alloy formation; —оспособный *a.* floatable; —щик *m.* log driver, raftsman.

спланировать *v.* plan, project; (av.) glide down.

спланхно— *prefix* (anat.) splanchno— (viscera); —логия *f.* splanchnology.

сплачив/ание *n.* joining, etc., *see v.*; joint; с. в четверть (carp.) rebate; —ать(ся) *v.* join, unite, combine.

сплен/ит *m.* (med.) splenitis; —(о)— *prefix* (anat.) splen(o)— (spleen).

сплесень *m.* splice (joint), splicing.

сплескивать *v.* rinse off; splash out.

сплесн/ение, —ивание *n.* splice, splicing, joining; —и(ва)ть *v.* splice, join.

сплеснуть *see* сплескивать.

спле/сти, —тать *v.* splice, intertwine, interlace, (inter)weave, (inter)twist; plait, braid; —таться *v.* be spliced, etc.; *see* сплетать; mesh; —тение *n.* splicing, etc., *see v.*; splice; entanglement, complication; (anat.) plexus, network; —тенный *a.* spliced, etc., *see v.*

сплот/ить *see* сплачивать; —ка *f.* joining; joint(ing); bundling; string; —ки *pl.* (min.) launder, trough; —ок *m.* raft; —очный *a. of* сплотка; float (unit).

сплочен/ие *n.* joining, scarfing; uniting, rallying; unity; —ность *f.* unity, solidarity, cohesion, closeness; —ный *a.* joined, united; close, packed; compacted (ice edge); —ный лед close pack-ice.

сплошн/ой *a.* continuous, unbroken, one-piece, uniform; solid, massive, compact; blind (wall); sheet (lightning); с. характер uniformity; —ая среда continuum механика —ых сред continuum mechanics, flow mechanics; —ость *f.* continuity; uniformity (of structure); —як *m.* solid mass.

сплошь *adv.* continuously, uninterruptedly; without exception; с. да рядом, с. и рядом very often, frequently.

сплы(ва)ть *v.* float (with current); run off, overflow; —ся *v.* float together; run together, blend, merge, mix, fuse.

сплюснут/ость *see* сплющенность; —ый *see* сплющенный; —ь *see* сплющивать.

сплющ/енность *f.* flatness; oblateness; —енный *a.* flattened, etc., *see v.*; oblate; —ивание *n.* flattening, etc., *see v.*; —и(ва)ть *v.* flatten (out), compress, draw down; telescope; upset, jump up; clinch (rivet head); —и(ва)ться *v.* be

сподио/зит *m.* (min.) spodiosite; —**филлит** *m.* spodiophyllite.
сподок *m.* (met.) drag, nowel (of mold); bottom swage.
сподручный *a.* handy, convenient.
сподумен *m.* (min.) spodumene.
спо/енный *a.* watered (stock); —**ить** *v.* water.
спокоенный *a.* killed (steel).
спокойн/ый *a.* calm, quiet, tranquil, quiescent, resting, at rest, restful; mild; smooth (working); latent; stagnant; (elec.) static; dead, steady (load); killed (steel); still (air).
спокойств/ие, —**о** *n.* calm(ness), quietness, placidity, composure; (atmospheric) stability.
сполаживание *n.* flattening.
споласкив/ание *n.* rinsing (off, out); —**ать** *v.* rinse (off, out).
сполз/ание *n.* sliding off, slipping, creep; —**ать,** —**ти** *see* **спалзывать.**
сполна *adv.* completely, entirely, in full.
споловинить *v.* halve.
сполос/катель *m.* rinser; (min.) clean-up man; —**кать,** —**нуть** *see* **споласкивать.**
сполох *see* **северное сияние.**
спонгин *m.* spongin.
спонгиоз *m.* graphitization of cast iron.
спондил/ит *m.* (med.) spondylitis; —(о)— *prefix* spondyl(o)— (vertebra); —**оз** *m.* spondylosis.
спонтанн/ость *f.* spontaneity; —**ый** *a.* spontaneous.
спор *m.* dispute, controversy; *sh. m. of* **спорый;** **об этом нет** —**у** it is self-evident.
спора *f.* (biol.) spore.
спорадич/еский, —**ный** *a.* sporadic.
споранг/иевый *a.* (bot.) sporangial; —**ий** *m.* sporangium, spore case; —**ин** *m.* sporangin.
спорен *sh. m. of* **спорный.**
споридия *f.* (bot.) sporidium.
спор/ить *v.* dispute, argue; —**иться** *v.* succeed; —**ный** *a.* disputable, debatable, questionable, controversial.
споро— *prefix* (biol.) sporo—, spore; —**вики,** —**вые животные** *pl.* (zool.) Sporozoa; —**вместилище** *see* **спорангий;** —**во-пыльцевой** *a.* (bot.) palynological; —**вость** *f. suffix* —spory; —**вый** *a.* spore; —**вое растение** (bot.) sporophyte; —**карпий** *m.* (bot.) sporocarp; —**киста** *f.* (zool.) sporocyst; —**носный** *a.* (bot.) sporiferous; sporogenous; —**образование** *n.* (biol.) spore formation, sporogenesis.
спорость *f.* quickness; profitableness.
спороть *v.* rip off.

спорофит *m.* (bot.) sporophyte.
спорт *m.* sport, mutation.
спорул/ировать *v.* (biol.) sporulate; —**яция** *f.* sporulation.
споры *pl. of* **спор; спора.**
спорый *a.* quick, fast; profitable, advantageous, successful, rapidly progressing.
спорынья *f.* (phyt.) ergot; smut.
спорыш *m.* (bot.) knot weed (*Polygonum aviculare*).
способ *m.* method, process, means, way(s), procedure, technique, manner, mode, system; **с. бурения** drilling; **влажным** —**ом** wet (process); **механическим** —**ом** mechanically; by machine; **таким** —**ом** in this way.
способн/ость *f.* capacity, capability, power, ability, aptitude, talent, faculty; —**ability,** —**ibility,** —**ivity; с. делиться** fissionability; **с. к окислению** oxidizability; **с. поддаваться обработке** machinability; **с. преломления** refractive power; **с. проникать** penetrating power; **отражательная с.** reflectivity; —**ый** *a.* capable, able, gifted; in a position (to); —**ый к делению** fissionable.
способств/ование *n.* contribution, aid, assistance; —**овать** *v.* contribute, aid, assist, promote, further, enable, favor, encourage, foster, be conducive (to), make (for); —**ующий** *a.* contributing, etc., *see v.*; instrumental.
спот/кнуться *see* **спотыкаться;** —**ыкание** *n.* stumbling; —**ыкаться,** —**ыкнуться** *v.* stumble.
спохват/иться, —**ываться** *v.* recall suddenly.
СПП *abbr.* (**стабильные промежуточные продукты**) stable intermediate products.
справа *adv.* to the right, from the right, on the right; right-hand.
справедлив/о *adv.* fairly, justly, rightly, equitably; with good reason; (it) holds true, (it) is true, (it) holds (for); —**ость** *f.* justice, right, fairness; truth, validity; accuracy; **отдать ему** —**ость** *v.* do him justice; **по** —**ости** in all fairness; justly; —**ый** *a.* just, fair, right; valid, legitimate; true, correct, accurate.
справ/иться *see* **справляться;** —**ка** *f.* reference; information, report; inquiry, search; certificate; **наводить** —**ки** *v.* make inquiries, inquire, investigate; —**ляться** *v.* refer; collate; consult, make inquiries, inquire, ask (about); manage, master, cope (with), handle.
справный *a.* in good condition.
справок *gen. pl. of* **справка.**
справочн/ая *f.* (tel.) information; —**ик** *m.* reference book, handbook, manual; directory; —**о-библиографический** *a.* reference (and bibliographical), litera-

спрашивать ture-searching; —о-информационный *a.* inquiry, reference (information); —ый *a.* reference, information, inquiry; —ый кран try cock, gage cock; —ый стол information desk.

спрашив/ать *v.* ask, demand, inquire; —аться *v.* ask permission; be asked; —ается the question arises.

спредер *m.* spreader.

спрессов/анный *a.* pressed; —ать, —ывать *v.* press, force together.

спринклер *m.*, —ная головка sprinkler; —ное оборудование sprinkler system (for fire protection).

спринц/евание *n.* syringing, injection; —евать *v.* syringe, inject; —овка *f.* syringe, syringing.

спровоцировать *v.* provoke, incite.

спроектиров/анный *a.* designed, etc., *see v.*; —ать *v.* design, plan; (math.) project.

спрос *m.* (com.) demand, market; permission; с. на demand for; с. и предложение supply and demand; —ить *see* спрашивать.

спрофилировать *v.* profile, shape.

спрошенный *a.* asked; demanded, in demand.

спрут *m.* (zool.) octopus.

спрыг/ивание *n.* jumping off, etc., *see v.*; —ивать, —нуть *v.* jump off, jump down, spring down.

спрыс/кивание *n.* spraying, etc., *see v.*; —кивать *v.* spray, sprinkle, wet, moisten; —нутый *a.* sprayed, etc., *see v.*; —нуть *see* спрыскивать.

спрягать *v.* harness; conjugate.

спряденный *a.* (text.) spun.

спрям/ить *see* спрямлять; —ление *n.* rectification, straightening (out), linearization (of curve); alignment; squaring; —ленный *a.* rectified, etc., *see v.*; —ляемость *f.* rectifiability; —ляемый *a.* rectifiable; —лять *v.* rectify, straighten (out), linearize; align; square; —ляющий *a.* rectifying, etc., *see v.*; (av.) turning (vane).

спрясть *v.* (text.) spin.

спрятать *v.* hide, conceal.

спрячь *v.* harness.

спуаз *abbr.* (сантипуаз) centipoise.

спуг/ивать, —нуть *v.* scare off.

спуррит *m.* (min.) spurrite.

спуск *m.* lowering, etc., *see v.*; descent; slope, incline, downgrade; chute, drop; discharge, drain, outlet, escape, vent; disposal; re-entry (of satellite); (chronometer) escapement; trigger, release; (pharm.) cerate; на —е on the downgrade; —ание *n.* lowering, etc., *see v.*; —ать *v.* lower, let down, drop; discharge, tap (off), draw off, bleed, drain (off), empty, run off; deflate; unwind; let loose, release, trip, trigger; launch (ship); —аться *v.* be lowered, etc.; descend, come down, go down; hang (from); slope (down); —ающийся *a.* descending; hanging; sloping.

спускн/ой *a. of* спуск; с. желоб shoot, chute, slide; с. канал sewer; с. кран drain cock, petcock; с. крючок trigger, releasing cam; с. механизм trigger mechanism, release; —ая втулка, —ая пробка drain plug; —ая собачка trigger, release; —ое действие trigger action; —ое отверстие drain, discharge, tap hole; —ое приспособление trigger, release; —ые сани launching cradle.

спуск/овой *see* спускной; —овая схема (autom.) flip-flop, trigger circuit; —о-подъемный *a.* hoisting (operations); -подъем *m.* round trip (of instrument).

спуст/ившийся *a.* descended; (av.) landed —ить *see* спускать.

спустя *prep. acc.* after, later.

спутанно *adv.* in a tangle; —волокнистая структура (geol.) felted texture; —столбчатый *a.* diverse columnar; —сть *f.* entanglement; confusion.

спут/анный *a.* (en)tangled, intertwined, matted; confused, vague; —ать *see* спутывать.

спутник *m.* (astr.) satellite; companion; (min.) accessory, associated mineral; с. земли earth satellite; с. луны lunar satellite; с. платины member of the platinum group; искусственный с. satellite.

спутник-бомбардировщик *m.* bomb-carrying satellite; с.-заправщик *m.* refueling satellite; с.-инспектор *m.* space control satellite; с.-истребитель *m.* interceptor satellite; с.-ловушка *m.* decoy satellite; с.-перехватчик *m.* interceptor satellite; с.-постановщик помех disperser satellite; с.-приманка *m.* decoy satellite; с.-радиомаяк *m.* beacon satellite; с.-ретранслятор *m.* communication satellite; с.-ретранслятор данных data-relay satellite; с.-снаряд *m.* satellite (vehicle); с.-танкер *m.* refueling satellite; с.-фоторазведчик *m.* camera-carrying satellite; с.-цель *m.* target satellite.

спутный *a.* accompanying; lee (wave).

спутыв/ание *n.* (en)tangling, etc., *see v.*; entanglement; —ать *v.* (en)tangle, intertwine, snarl, mat; confuse, mix up; upset (calculation).

спущенный *a.* lowered, etc., *see* спускать.

СПФ *abbr.* (способ плоского фронта) plane-front method.

спя/чка *f.* sleep; sleepiness; dormant state; зимняя с. hibernation; —щий *a.* sleep-

ing, dormant, resting; *m.* sleeping person.
ср *abbr.* (стерадиан) steradian; ср. *abbr.* (сравни) compare; (средний) average, mean; middle.
срабатыв/аемость *f.* wearability, durability; —ание *n.* wearing away, abrasion, etc., *see v.*; wear (and tear); response (of counter, etc.); (comp.) pickup; —ать *v.* wear away, abrade; (mach.) operate, function, work, come into action; trip, actuate, trigger; make, fabricate; —аться *v.* be worn away, etc.; wear (away, out), deteriorate; work well together.
сработ/авшийся *a.* worn out, used up; —анность *f.* (degree of) wear; good teamwork; —анный *past pass. part.* of сработать; —ать *see* срабатывать; —ка *see* срабатывание; decrease (of storage); available capacity (of reservoir).
сравнен/ие *n.* comparison, correlation, checking, matching; блок —ия error detector; вещество для —ия reference material; выдерживать с. *v.* compare favorably; делать с. *v.* compare, check (against); орган —ия (aut.) comparer, discriminator; по —ию с in comparison with, (as) compared to (or with), as against, versus; on, over; from; электрод —ия reference electrode.
сравни *imp.* compare; —ваемый *a.* comparable; —вание *n.* comparing, etc., *see v.*; —вать *v.* compare, correlate, check (against); match; contrast, confront (with); level, make even; —ваться *v.* be compared, etc.; (be) equal, match, come up (to); —вающий *a.* comparing, etc., *see v.*; —вающее устройство comparator.
сравним/ость *f.* comparability; —ый *a.* comparable; comparing favorably (with).
сравнительн/о *adv.* comparatively, relatively, fairly; с. с versus, against; —ый *a.* comparative, relative, respective; comparison (study); —ый период (nucl.) comparative lifetime.
сравн/ить, —ять *see* сравнивать; —яться *v.* be equalized, become equal.
сра/жать *v.* overwhelm; —жаться *v.* fight; —жение *n.* battle; —зить(ся) *see* сражать(ся).
сразу *adv.* at once, at one stroke, then and there; с. после right after; с. после того как as soon as, the moment.
срамной *a.* shameful, disgraceful.
срамный *a.* (anat.) pudendal.
сраст/ание *n.* growing together, etc., *see v.*; intergrowth, accretion, concrescence; coalescence, coalition; concretion; union; двойник —ания (cryst.) interpenetration twin; —аться, —ись *v.* grow together, intergrow, concresce, coalesce, fuse (together), interlock; adhere; (med.) heal, knit; —иться *see* сращивать.
сращ/ение *see* срастание; —енный *a.* joined, etc., *see v.*; —ивание *n.* joining, etc., *see v.*; fusion; union, joint, splice; —ивать *v.* join, combine, unite, consolidate; joint; splice, piece, bind; (welding) fuse; —иваться *see* срастаться.
ср. вр. *abbr.* (среднее время) mean time.
среброносный *see* серебронсный.
сред/а *f.* medium, atmosphere, fluid, agent, vehicle; region; surroundings, environment; (biol.) habitat; Wednesday; условия (внешней) —ы environment.
среди *prep. gen.* in the middle (of), among, of; *prefix* inter—.
средизем/номорский *a.* Mediterranean; sickle-cell (anemia); —номорье *n.* coastal area of Mediterranean Sea; —ный *a.* inland (sea); Mediterranean (Sea); —ье *see* средиземноморье.
средина *see* середина.
срединный *a.* middle, mean, median.
средне— *prefix* middle, medium, central; meso—; average; —азиатский *a.* Central Asia; —активный *a.* medium-active; (nucl.) medium-activity, semi-hot; —арифметический *a.* arithmetic mean; —вековый *a.* medieval; —вековье *n.* Middle Ages; —взвешенная величина, —взвешенное *n.* (stat.) weighted average, weighted mean; —геометрический *a.* geometric mean; —годовой *a.* average annual; —девонский отдел (geol.) Meso-devonic period; —дунайский *a.* Central Danube.
среднее *n.* average, mean; с. по времени time average; геометрическое с., пропорциональное с. geometric mean.
средне/европейский *a.* Central European; —зернистый *a.* medium-grained; medium (sand); —калиберный *a.* medium-caliber.
среднеквадрат/ический *a.*, —ичное *n.*, —ичный *a.* (math.) root-mean-square, rms.
средне/легированный *a.* (met.) medium-alloy; —линейный *a.* midline; —месячный *a.* average monthly; —навесной *a.* mid-mounted; —план *m.* (av.) midwing monoplane; —порфировый *a.* (petr.) mediophyric; —прогрессивный *a.* average-progressive; —серийный *a.* medium-size; —сибирский *a.* Central Siberian; —сортный *a.* medium-grade; —сортный прокатный стан (met.) merchant mill; —суточный *a.* daily average;

—схватывающийся *a.* medium-setting (concrete); —твердый *a.* medium-hard; —тяжелый *a.* medium-weight; —углеродистый *a.* medium-carbon (steel); —числовой *a.* average.
сред/ий *a.* middle, mean, average, medium, median, central; midway, mid- (point, position); medium-sized; neutral (reaction; salt); representative (sample); moderate, middling, intermediate; medium-textured (soil); secondary (school); С. восток Middle East; с. квадратический (math.) root-mean-square; —ее арифметическое arithmetic mean; —ее время local mean time; —ее время жизни mean life; —ее значение mean (value); —ее пропорциональное mean proportional; —ее ухо (anat.) middle ear; —ее число mean, average; выводить —ее число *v.* average; —им числом on an average, at an average; —ие данные (math.; stat.) averages; —ие сутки mean solar day; —яя величина mean (value); —яя линия median, center line; (met.) pitch line of groove; —яя ошибка standard deviation; —яя продолжительность жизни life expectancy; —яя точка midpoint, center; в —ем on an average, on the average, medium; выше —его above average.
сред/ик *m.* (typ.) intercolumn space; (window) mullion; —яя *see* среднее.
средостен/ие *n.* (anat.) mediastinum; —(оч)ный *a.* mediastinal.
средоточие *n.* center (point), (point of) concentration, focus.
средств/о *n.* agent, medium, media, tool, device, aid; —ant, —ent; means, way, facility, expedient; (pharm.) remedy; —а *pl.* means, facilities; resources, capital; (consumers') goods; (mil.) weapons; —а передвижения transport facilities; с. против коррозии rust preventive; абсорбирующее с. absorbent; служить —ом *v.* be instrumental.
средь *see* среди.
срез *m.* cut, slice; (microscopic) section; cut-off; shear, shearing (off); деформация —а (geol.) shearing (strain); плоскость —а shear plane; прочность на с. shearing strength; работающий на с. under shearing stress; частота —а frequency cut-off.
срез/ание *see* срезывание; —анный *a.* cut, sheared; truncated; —ать *see* срезывать; —ающий *see* срезывающий; —ка *see* срезывание; *уп. of* срезок; —ной *a.* cut off; shear (bolt); —ок *m.* slice, section.
срезыв/аемый *a.* in shear; —ание *n.* cutting, etc., *see v.*; cut-off; truncation; —ать *v.* cut (away, off, down), shear (off), trim, pare; bevel; truncate; —ающий *a.* cutting, etc., *see v.*; —ающая сила shearing force.
срисов/ать *see* срисовывать; —ка *f.*, —ывание *n.* copying, reproduction, drawing; —ывать *v.* copy, reproduce; draw.
сровн/енный *a.* leveled (off); —ять *see* сравнивать.
сродный *a.* innate, natural; homogeneous, allied, congenial; related.
сродство *n.* relationship, affinity; избирательное с. affinity; химическое с. chemical affinity.
сроенный *a.* swarmed (of bees).
сроет *fut. 3 sing. of* срыть.
сроиться *v.* swarm (of bees).
срок *m.* date, time, term, (fixed) period; deadline; с. годности useful life; с. работы, с. службы life (of equipment); —ом до within (given time); до —а ahead of schedule.
срост *m.* attachment, adhesion.
сростно— *prefix* syn(o)—, sym—, syl— (together; associated); gamo— (fusion) —лепестный *a.* (bot.) sympetalous; —листный *a.* (bot.) gamophyllous.
сросток *m.* attachment, adhesion; joint, junction, splice, splicing; (min.) concretion.
сросшийся *a.* grown together, united.
срочн/о *adv.* urgently, quickly, by express; on a crash basis; —ость *f.* urgency; —ый *a.* urgent, pressing; emergency; crash (program); rush (order); prompt (action); special-delivery (letter); —ое наблюдение (meteor.) standard observation.
сроющий *pr. act. part. of* срыть.
СРП *abbr.* (сборно-разборные приспособления) dismountable assembled fittings; (судовой радиопеленгатор) ship-borne radio direction finder.
сруб *m.* frame(work), crib, cage, timber(ing); felling; cut; —ание *n.* felling, etc., *see v.*; —ать, —ить *v.* fell, hew, chop down, chop off; chop away; cut down, cut off; build (of logs); —ка *see* срубание; —ленный *a.* felled, etc., *see v.*; —овый *a.* timber; —овая крепь (min.) crib.
срыв *m.* break(ing), break-away, separation; interruption, disruption, failure; (av.) stall(ing); (nucl.) stripping; stripping (of thread); с. дуги (elec.) blowout; реакция —а stripping reaction; скорость —а (av.) stalling speed; —ание *n.* breaking, tearing off; picking, plucking; leveling, razing; —ать *see* сорвать, срыть; —ка *adv.* with a jerk; abruptly; —ник *m.* (av.) spoiler; —ной *a.* leaf

(lettuce); —у see срывка; —щик *m.* disrupter.

срыт/ие *n.* demolition, razing; —ь *v.* demolish, raze, level.

срядить see срядить

сряду *adv.* one after the other, continuously, in succession, running.

сряжать *v.* equip, fit out, prepare; —ся *v.* get prepared; contract, undertake.

сса/дина *f.* excoriation, abrasion, scratch; —дить(ся) see ссаживать(ся); —дка *f.* shrinkage; —живать *v.* excoriate, abrade, scratch; help down; drop, let off (passengers); —живаться *v.* get scratched; get off.

ссасывать *v.* suck out, draw out.

ССБ *abbr.* (сульфитно-спиртовая барда) (paper) sulfite waste liquor.

ссевшийся *a.* coagulated, clotted; crystallized, granulated (honey).

ссед/ание *n.* shrinking, etc., see *v.*; shrinkage; coagulation; —аться *v.* shrink, contract; coagulate, curdle, clot; settle, sink.

ссек *abbr.* (сантисекунда) centisecond.

ссек *m.* (meat) top round; *past m. sing. of* ссечь; —ание *n.* chopping off, cleaving; —ать *v.* chop off, cleave.

ссел/ить(ся), —ять(ся) *v.* settle together.

ссесться see сседаться.

ссеч/ка *f.* clearing; —ь see ссекать.

ссовывать *v.* move, push, shove.

ссор/а *f.* disagreement, quarrel; —иться *v.* disagree, quarrel.

ссосать see ссасывать.

ссохнуться see ссыхаться.

СССР *abbr.* (Союз Советских Социалистических Республик) Union of Soviet Socialist Republics (USSR).

сст *abbr.* (сантистокс) centistoke.

ссу/да *f.* loan; —дить see ссужать; —дный *a.* loan; —до-сберегательный *a.* savings (bank); —жать *v.* loan, lend, advance.

ссунуть see ссовывать.

ссучить see сучить.

ссыл/ать *v.* banish, exile, deport; —аться *v.* be exiled; refer, allude (to), cite, quote; —аясь на with reference to; —ка *f.*, —очный *a.* exile, deportation; transportation; reference, citation; —ьный *a.* exiled; *m.* exile.

ссып/ание *n.* pouring; —ать *v.* pour (in, together); —ка *f.* pouring; collection; —ной *a.* pouring; grain-collecting (center).

ссыхаться *v.* shrink, shrivel, dry up.

ссядется *fut. 3 sing. of* ссесться.

ст *abbr.* (стокс) stoke.

ст. *abbr.* (стадия) stage, phase; (станция) station; (старший) senior; (статья) article; (степень) degree; (столб) column; (ступень) grade.

ста *gen. of* сто.

стабилиз/атор *m.* stabilizer, balancer, equalizer; regulator; inhibitor; (av.) fin; с. напряжения voltage stabilizer; с. пламени (av.) flame holder; вертикальный с. (av.) fin; хвостовой с. tail fin; —ация *f.* stabilization, stabilizing, etc., *see v.*; level-off; control; (speed) hold; —(ир)ованный *a.* stabilized, etc., *see v.*; —(ир)овать *v.* stabilize, balance, level off, regulate, control; —ируемый вращением *a.* spin-stabilized; —ируемый оперением *a.* fin-stabilized; —ирующий *a.* stabilizing, etc., *see v.*; —ирующее вещество stabilizer.

стабилит *m.* stabilite (diphenylethylenediamine rubber antioxidant).

стабил/итрон *m.* (electron.) stabilitron, voltage stabilizing tube; с. коронного разряда corona stabilitron, coronotron; —овольт *m.* stabilivolt.

стабильн/ость *f.* stability; с. нуля zero stability; —ый *a.* stable, constant; firm, rigid.

ставен/ный *a.*, —ь *m.* shutter; lid.

став/ить *v.* place, put, set, stand; pose, present, offer, issue (a challenge); raise (a question); lay down (conditions); build, erect, put up, set up, organize, stage; run, carry out, perform; make (a diagnosis); regard (as), look upon; —ка *f.* placing, etc., *see v.*; rate (of pay).

ставня see ставень.

ставролит *m.* (min.) staurolite.

ставропольский *a.* (geog.) Stavropol.

ставший *past. act. part. of* стать.

стагнация *f.* stagnation, dead season.

стадиальный see стадийный.

Стадий *m.* Stadius (lunar ring).

стадийн/о *adv.* in stages; —ость *f.* vicissitude, change; —ый *a.* stage, phase, by stages.

стадион *m.* stadium.

стад/ия *f.* stage, phase; в —ии under (construction); на этой —ии at this stage, at this point; по —иям in stages.

стад/ность *f.* herd instinct; —ный *a.* gregarious; —о *n.* herd, drove, flock; school, shoal (of fish).

стает *fut. 3 sing. of* стаять.

стаж *m.* experience, record; length of service; с. практическим —ем experienced; —ер *m.* trainee; probationer; —ирование see стажировка; —ировать *v.* work on probation, get on-the-job training; —ировка *f.* probation; practical experience, on-the-job training.

стаз *m.* (physiol.) stasis.

СТАЗР *abbr.* (станция защиты растений) plant protection station.

стаивать *v.* melt (away), thaw off, defrost, deice.

стайный *a. of* **стая**; gregarious.
стакан *m.*, **—ный** *a.* glass, tumbler; beaker; bushing, sleeve; housing, casing, case, shell; tube; body; (well pump) bucket; vessel, pot; (steel casting) nozzle; **—чик** *dim. of* **стакан**; can, pot; (paper) cup; (analysis) boat, capsule.
стак(к)ер *m.* stacker.
стал *past m. sing. of* **стать**.
сталагмит *m.* (geol.) stalagmite; **—овый** *a.* stalagmitic.
сталагмометр *m.* (phys.) stalagmometer.
сталактит *m.* (geol.) stalactite; **—овый** *a.* stalactitic.
стале— *prefix* steel; ferro— (alloy); **—алюминий** *m.* ferroaluminum; **—бетон** *m.*, **—бетонный** *a.* steel concrete; **—вар** *m.* steel worker, steel maker; **—варение** *n.* steel making, steel production; **—ватый** *a.* steely, steel-like; **—выпускной** *a.* tapping (spout); **—делательный** *a.* steel-making, steel (mill).
сталелитей/ный *a.* steel casting; foundry; **с. завод**, **—ная мастерская** steel foundry, steel mill, steel works; **—щик** *m.* steel founder.
сталеплавиль/ный *a.* steel smelting; steel (furnace; mill); **белый с. шлак** white falling slag; **—щик** *m.* steel smelter.
сталепрокат/ный *a.* steel rolling; **с. завод**, **с. стан** steel (rolling) mill; **—чик** *m.* steel roller.
сталеразливочный *a.* steel-pouring.
стали *past pl. of* **стать**; *gen., pl., etc., of* **сталь**.
Сталинград Stalingrad.
сталинит *m.* stalinite (Soviet tool alloy); tempered safety glass.
сталиров/ание *n.*, **—ка** *f.* steel plating; **—ать** *v.* steel-plate.
сталистый *a.* steely, steel-like; **с. чугун** semisteel, toughened cast iron.
сталкивать *v.* push, shove off; push together, make collide; **—ся** *v.* collide, run (against, into), encounter, impinge (upon); clash, conflict, interfere; face (a challenge).
стало *past n. sing. of* **стать**; **с. быть** *conj.* consequently, therefore.
сталь *f.* steel; **индийская с.** Indian steel, wootz (steel); **немецкая с.** German steel; **специальная с.** special (alloy) steel; **—бетон** *m.* steel concrete.
стальник *m.* (bot.) restharrow (*Ononis*).
стальн/ой *a.* steel; **с. лист** steel plate, sheet steel; **—ая отливка** steel casting; cast steel.
стальносерый *a.* steel gray.
сталь-самозакалка *f.* self-hardening steel; **с.-серебрянка** *f.* silver steel.
Стамбул (geog.) Istanbul.
стамес/ка *f.*, **—очный** *a.* chisel.

стампийский *a.* (geol.) Stampian (stage).
стамуха *f.* grounded ice hummock.
стан *m.* mill; machine; stand, support; camp, station; stature; **с. дуо** two-high (rolling) mill; **с. трио** three-high (rolling) mill.
станд *m.* stand.
стандарт *m.* standard(s), standard specifications, norm(al); gage; sort; **—изация** *f.* standardization; **—изировать**, **—изов(ыв)ать** *v.* standardize, calibrate, gage; **—изованный** *a.* standard(ized); **—ный** *a.* standard(ized), normal, regular, conventional; **с.-титр** *m.* titrant.
стандовый *a.* stand; bench (test).
стан-дуо *m.* two-high (rolling) mill.
станет *fut. 3 sing. of* **стать**.
станин/а *f.*, **—ный** *a.* mount, bed(plate), base, pedestal; bench, stand; frame(work), carcass, casing, case, housing; column, pillar; (art.) trail.
станиол/евый *a.*, **—ь** *m.* (metal) foil.
стан-кварто *m.* four-high (rolling) mill.
станк/и *pl. of* **станок**; **—о—** *prefix* lathe, machine; **—овый** *a. of* **станок**; **—о-инструментальный** *a.* machine-tool.
станкостро/ение *n.* machine tool manufacture; **—ительный** *a.* machine tool manufacturing.
станн/ат *m.* stannate; **—ил** *m.* stannyl; **—ин**, **—ит** *m.* (min.) stannite, tin pyrites; **—ит** *m.* (chem.) stannite.
станов/иться *v.* become, turn (into), get, grow; go (into position), put oneself (in); get upon, stand on; **—ище** *n.* temporary quarters, camp; **—ление** *n.* formation, making; build-up; **зондирование —лением** build-up sounding; **—лять** *v.* form, build up.
становой винт (leveling) tripod clamp; **с. хребет** backbone.
становье *see* **становище**.
стан/ок *m.* machine (tool); lathe; bench, stand, mount; (drilling) rig; (saw) horse; (text.) loom; (typ.) press; (livestock) stall, box, stanchion; **с. для гнутья** bending machine, bender; **с. для резки** cutter; **обработанный на —ке** *a.* machined; **токарный с.** lathe; **с.-автомат** *m.* automatic lathe; **с.-качалка** *m.* (petrol.) pumping jack, pumping unit; **с.-тренога** *m.* tripod (mount).
станочн/ик *m.* machine operator; lathe operator; **—ый** *a. of* **станок**.
стан-трио *m.* three-high (rolling) mill.
станут *fut. 3 pl. of* **стать**.
станц/ионный *a.*, **—ия** *f.* station, post; (service) center; office; plant; (tel.) exchange; (geod.) instrumental setup; (lunar) base; series of observations, data.

стапель *m.* (naut.) building slip; stocks; fixture; **с.-блок** *m.* building block; **—ный** *a. of* стапель; **с.-палуба** *f.* dock floor.

стапливать *v.* melt, fuse.

стаптывать *v.* wear down; trample.

стар *sh. m. of* старый.

стар/ание *n.* endeavor, effort, exertion; prospecting; **—атель** *m.* prospector.

старательн/ость *f.* assiduity, application; **—ый** *a.* painstaking, assiduous.

старательс/кий *a.* (min.) prospecting, prospector's; **—тво** *n.* prospecting.

стараться *v.* endeavor, strive, try.

стар/е(е) *comp. of* старый; older; **—ейший** *superl. of* старый; oldest; very old; **—ение** *n.* aging, seasoning; (met.) age hardening; deterioration; (nucl.) storage for decay; **подвергать(ся) —ению** *v.* age, season; **—еть** *v.* age, grow old; become obsolete; **—еющий** *a.* aging, etc., *see v.*; **—ик** *m.* old man; **—ина** *f.* old times, antiquity; **—инный** *a.* old (-fashioned), long-established, ancient; **—ить** *v.* age, mature; **—иться** *see* стареть; **—ица** *f.* oxbow (lake), meander, cut-off.

старпост *m.* (shipbuilding) sternpost.

старо *adv. and sh. n. of* старый; *prefix* old; **—ватый** *a.* oldish, rather old; **—давний** *a.* ancient; **—дубка** *f.* (bot.) false hellebore (*Adonis vernalis*); **—залежный** *a.* long-fallow (field); **—запашный** *see* старопахотный; **—модный** *a.* old-fashioned, antiquated; **—пахота** *f.* old arable land; **—пахотный** *a.* old arable (soil), long-cultivated; **—пашка** *f.* old arable land, mellow soil; **—речье** *n.* old (or dry) river bed; **—садка** *f.* starosadka (accumulation of seasonal layers of salt in a lake); **—сть** *f.* (old) age, senility.

старт *m.* start, take-off, blast-off, launching; **—ер** *m.* starter; **автоматический —ер** self-starter; **—ер-генератор** *m.* starter generator; **—ерный** *a.* starter; **—ование** *see* старт; **—овать** *v.* start, take off, blast off, launch.

стартов/ый *a.* start(ing), takeoff, blast-off, launching; booster (engine) rocket; precombustion (chamber); **с. двигатель** (rocket) booster; **с. стол** launcher, launch(ing) pad; **с. ускоритель** booster (rocket); **—ая установка, —ое сооружение** launcher.

старт/стопный *a.* start-stop; **—ующий** *see* стартовый.

стар/уха *f.* old woman; **—ческий** *a.* senile; **—ческая немочь** (med.) marasmus; **—ческое зрение** presbyopia.

старш/е *comp. of* старый; older; **—екласcник** *m.* (educ.) upperclassman; **—екурс-**

сник *m.* senior; **—ий** *a.* oldest, senior; superior; (math.) higher, leading (coefficient); more significant (number); (comp.) significant (digit); (educ.) upper (class); *m.* chief, head; **—ина** *m.* foreman; **—инство** *n.* seniority.

стар/ый *a.* old, ancient; senile; former, past; back (number); weathered (hummock); (educ.) senior; **—ье** *n.* old things, junk.

Стаса пипетка Stas pipet.

стаск(ив)ать *v.* pull off, drag over.

стассфурт/ит *m.* (min.) stassfurtite, **—ские соли** Stassfurt salts (chiefly potassium chlorides and sulfates).

стат *m.* stat (unit of radioactivity); *prefix* stat— (denotes electrostatic unit); *suffix* **—стат** (an apparatus); **—ампер** *m.* statampere; **—вольт** *m.* statvolt; **—генри** *m.* stathenry.

стат/ей *gen. pl. of* статья; **статья; —ейка** *f.* short article, item; **—ейный** *a. of* статья; **—и** *gen., pl., etc., of* стать; (livestock) points, form.

статив *m.* rack, stand; surface gage.

статика *f.* (mech.) statics.

статикон *m.* staticon tube.

статисти/к *m.* statistician; **—ка** *f.* statistics; **—ческий** *a.* statistic(al).

статич/ески *adv.* statically; **—еский** *a.* static; (autom.) quiescent; steady-state (characteristic); position (error); **—еский расчет** steady-state analysis; **—ность** *f.* static nature; **—ный** *see* статический.

стат/кулон *m.* (elec.) statcoulomb; **—ом** *m.* statohm.

статор *m.*, **—ный** *a.* (elec.) stator.

статоскоп *m.* statoscope, altimeter.

статус-кво *m.* status quo.

статут *m.*, **—ный** *a.* statute.

статуя *f.* statue.

статфарада *f.* (elec.) statfarad.

стат/ь *v.* begin (to); come (to); become, grow, get; be, exist; stand (at, in, up), rise; take a position; stop; *f.* purpose, reason; (livestock) point; **с. с** *v.* happen to; **с какой —и** why (should)? **—ься** *v.* become, happen.

статья *f.* article, paper; item, clause.

стафил— *prefix*, staphyl(o)— (uvula; staphylococcic); **—иниды** *pl.* rove beetles (*Staphylinidae*); **—ококк** *m.* (bact.) staphylococcus; **—ома** *f.* (med.) staphyloma.

стафисагроин *m.* staphisagroine.

стаффелит *m.* (min.) staffelite.

стахи/дрин *m.* stachydrine; **—оза** *f.* stachyose; **—с** (bot.) stachys.

стационар *m.* hospital; (mach.) foundation, base; stationary establishment.

стационарн/ость *f.* stability; **—ый** *a.* stationary, fixed, nonportable; steady-

стация f. (biol.) habitat, eco-area.
стачать v. stitch together.
стачечн/ик m. striker; —ый a. strike.
стач/ивать v. stitch together; grind down; —иваться v. wear down; —ка f. stitching together; seam; strike; —ной a. stitching, sewing.
стащить see стаскивать.
стая f. flock; shoal, school (of fish).
стаять see стаивать.
ствол m. trunk, stem, stalk; core, body; tube; (min.) shaft; bore, hole; (gun) barrel; (tool) shaft, shank; канал —а bore (of gun); —ик dim. of ствол; —истый a. stem-like, trunk-like; stalky; well-branched; с.-моноблок m. (art.) monobloc barrel; —овой a. of ствол; (min.) cage operator; —ьный a. gun barrel.
створ m. alignment, range, transit; (gage) line; (hydr.) section, site; (channel) mark(s); fold, flap, leaf; в —е in line.
створажив/ание n., —ающийся a. curdling, coagulating; —ать v. curdle, coagulate.
створить see створять.
створ/ка f. fold, flap, leaf; valve; hinge; door, shutter; —ный a. folding; valved; alignment, ranging; range, leading (lights); axial (observation).
створож/енный a. curdled, coagulated; —ить see створаживать.
створчатый a. folding, hinged; valved, valvate; flap, clack (valve); casement (window).
створять v. range, align.
стеапс/аза f., —ин m. steapsase, steapsin.
стеарат m. stearate.
стеарил m., —овый a. stearyl.
стеарин m. stearin, glycerol tristearate.
стеариново/кислый a. stearic acid; stearate (of); с. натрий sodium stearate; —кислая соль stearate; —этиловый эфир ethyl stearate.
стеаринов/ый a. stearic; stearin (oil, soap, etc.); с. альдегид stearic aldehyde, stearaldehyde; с. ангидрид stearic anhydride; —ая кислота stearic acid, octodecanoic acid; соль —ой кислоты stearate.
стеаро— prefix stearo— (tallow, suet; stearic, stearin); —ксиловая кислота stearoxylic acid, 9, 10-dioxooctadecanoic acid; —ловая кислота stearolic acid, 9-octadecynoic acid; —н m. stearone, 18-pentatriacontanone; —нитрил m. stearonitrile, octadecanenitrile.
стеат— see стеато—; —ит m. (min.) steatite; —итовый a. steatite, steatitic;
—о— prefix steat(o)— (fat, oil); —оз m. (med.) steatosis.
стебел/ек dim. of стебель; (biol.) pedicel; —ь m. stem, stalk; column; bracket, arm; (tool) shank, shaft; —ьковый a. stalk-like; having a stalk; columnar; —ьный a. of стебель; —ьчатый see стебельковый.
стебле/вание n. stooling, sprouting shoots; —видный a. stem-like; (bot.) cauliform; —вой, —вый a. of стебель; —дробилка f. stem crusher; hay crusher; —ед m. (ent.) Lixus; —измельчитель m. stalk grinder, stem crusher; —й gen. pl. of стебель; —плющилка f. stalk crusher; hay crusher; —руб m. stalk chopper; —стой m. (agr.) density of stand, plant stand.
стебл/истый a. stalky; multiple-stemmed; —я gen. of стебель.
стег/альный a. quilting; —ание n. quilting; lashing; —анный a. quilted; —(а)нуть v. lash; —аный a. quilted; —ать v. stitch, quilt; lash.
стегозавр m. (pal.) stegosaurus.
стедит m. (met.) steadite.
стеенструпин m. (min.) steenstrupine.
стеж/ка f. quilting; seam; —ок m. stitch.
стек past m. sing. of стечь; —ание n. draining, etc., see v.; runoff; (charge) leakage; —ать v. drain (down), run down, run off, run out, flow (off), discharge; drip (off), trickle; leak; —аться v. be drained, etc.; flow together, converge; gather, collect, accumulate; —ающий a. draining, etc., see v.
стекл/а gen. and pl. of стекло; past f. sing. of стечь; —енеть v. vitrify.
стеклец m. stekletz (lower part of massive mirabilite salt layer in Western Siberia).
стеклить v. glaze; glass in.
стекло n. glass; (window) pane; windshield; (laboratory) glassware; (lamp) chimney; past n. sing. of стечь; с. буры fused borax; с. жизни Vitaglass; жидкое с., растворимое с. water glass, potassium or sodium silicate solution.
стекло/бетон m. glass concrete; —блок m. glass block, glass brick; —бой m. cullet, broken glass; —вание n. vitrification; (polymers) glass transition.
стекловар m. glass maker; —ение n. glass making, glass manufacture; —(ен)ный, —очный a. glass-making; glass (furnace; pot).
стекловат/ый a. vitreous, glassy; —ь v. vitrify.
стекловидн/ость f. glassiness, vitreousness; —ый a. glassy, glass-like, vitreous, hyaline.

стекловолокн/истый *a.* fiberglass; —ит *m.* fiber glass (molding) material; —о *n.* fiber glass; glass fiber.
стекло/выдувальщик *m.* glass blower; —выдувной *a.* glass-blowing; —граф *m.* glass-marking pencil, China pencil; (typ.) glass duplicating device; —графия *f.* glass printing.
стеклодел *m.* glass maker; —ательный *a.*, —ие *n.*, —ьный *a.* glass-making.
стекло/дув *m.* glass blower; —дувный *a.* glass-blowing; blow (pipe); —жгут *m.* glass roving; —калильный *a.* glass (furnace); —керамика *f.*, —кристаллический *a.* glass ceramic; —лакоткань *f.* varnished glass cloth; —масса *f.* glass melt; —мат *m.* glass mat; —наполнитель *m.* glass filler; —обогреватель *m.* de-icer, defroster; —образный *see* стекловидный; —основа *f.* glass base; —очиститель *m.* windshield wiper.
стекло/пакет *m.* double glass pane; —плав *m.* glass maker; —плавильный *a.* glass-melting; glass (furnace; pot).
стеклопласт *m.* fiber glass (plastic) material, fiber glass reinforced laminate; —ик *m.*, —иковый *a.* fiber glass, fiber glass (-reinforced) plastic.
стекло/подобный *see* стекловидный; —подъемник *m.* window raiser; —пряжа *f.* (fiber glass) strands, yarn.
стеклоре/жущий *a.* glass-cutting; —з *m.* glass cutter; —з(оч)ный *a.* glass-cutting.
стекло/рогожка *f.* glass mat(ting); —рубероид *m.* fiber glass roofing material; —тара *f.* glass containers; —текстолит *m.* glass textolite, fiber glass laminate; —ткань *f.* fiber glass fabric; —упрочнитель *m.* fiber glass reinforcement, fiber glass filler; —фанера *f.* fiber glass laminate; —холст *m.* fiber glass mat(ting); —шифер *m.* fiber glass (roofing) shingle; —шпон *m.* laminated fiber glass sheet.
стеклуемость *f.* vitrifiability.
стеклышко *n.* piece of glass; glass bead; покровное *c.* (micros.) cover glass.
стеклян/истый *a.* hyaloid, pellucid, glasslike; —ницы *pl.* clear-winged moths (*Aegeriidae*).
стеклянн/ый *a.* glass, vitreous, hyaline; (elec.) positive; fiber glass (fabric); sand (paper); glassy (eyes); —ая вата glass wool, spun glass; —ая голова globular ore; —ая палочка stirring rod, glass rod; —ая посуда, —ые изделия glassware.
стекля/рус *m.*, —русный *a.* glass bead; —шка *f.* piece of glass; glass object.
стекольн/ый *a.* glass, vitreous; —ая замазка putty; —ые работы glazing.
стекольщи/к *m.* glazier; glass maker; —чий *a.* glazier's, glazing; glass.
стекший *a.* discharged, run out, drained.
стела *f.* (bot.) stele; sign post.
стелаж *see* стеллаж.
стел/ек *gen. pl.*; —ечный *a. of* стелька.
стелить *v.* spread, strew, lay; —ся *v.* spread; creep; float, drift.
стеллаж *m.* shelving, (set of) shelves; rack, stand; stillage; (casks) scantling, trestle; (met.) hotbed, cooling rack; —и *pl.* scaffolding; —ный *a. of* стеллаж; stage (kiln).
стелл/арит *m.* (min.) stellarite, stellar coal; —ерит *m.* stellerite.
стеллит *m.* (met.; min.) stellite; —ировать *v.* (met.) stellite; —овый *a. of* стеллит.
стеллюги *pl.* (met.) hotbed, cooling rack.
стель *see* стела.
стелька *f.* inner sole, insole.
стельность *f.* (zool.) pregnancy.
стел/ющийся, —ящийся *a.* (bot.) trailing, creeping.
стемнеть *v.* get dark.
стен *m.* sthene (unit of force).
стен/а *f.* wall, partition; side; обнести —ой *v.* wall in; с.-ограда *f.* boundary wall.
стенд *m.* stand, bench; bed; testing unit; —ер *m.* stand pipe; —овый *a. of* стенд.
стенический *a.* (med.) sthenic, strong.
стенка *f.* wall, partition; (baffle) plate; (boiler) shell; web (of beam); с двойными —ми double-walled.
стенник *m.* (bot.) candytuft (*Iberis*).
стенн/ой *a.* wall(-type), mural; plug-in (unit); (biol.) parietal; building (brick).
стено— *prefix* wall; steno— (narrow, little, close); —битный *a.* battering (ram); —вой *a.* wall, building.
стенограмм/а *f.*, —ный *a.* shorthand report, verbatim account.
стенограф *m.* stenographer; a bark beetle (*Ips stenographus*); —ировать *v.* write in shorthand; —ист *m.*, —истка *f.* stenographer; —ический *a.* stenographic, shorthand; verbatim; —ия *f.* stenography, shorthand.
стеноз *m.* (med.) stenosis, narrowing, constriction; —ин *m.* Stenosine, sodium methanearsonate.
стенок *gen. pl. of* стенка.
стенокардия *f.* (med.) stenocardia.
стенонов проток (anat.) duct of Steno.
стенструпин *m.* (min.) steenstrupine.
стень/а *f.*, —овый *a.* (naut.) top mast.
степей *gen. pl. of* степь.
степенн/ой, —ый *a. of* степень; (math.) power, exponential (function, etc.); staid, sedate.
степен/ь *f.* degree, extent, range; modulus;

rate; step, stage; grade, class; ratio; order (of an equation); (math.) power; в —и to the power; в значительной —и to a large extent, largely, in large part, to a high degree; в меньшей —и to a lesser degree, less; в слабой —и to a slight degree, slightly; в такой же —и, как и as much as; второй —и (math.) quadratic; ни в какой —и in no degree, in no wise, not at all; до некоторой —и in some measure, to a certain degree; первой —и (math.) linear; показатель —и (math.) exponent; coefficient (of wear); index (of root); третья с. (math.) third power, cube; корень третьей —и cube root; ученая с. (university) degree.

степ/ной *a*., —ь *f*. steppe, plain.

стер *m*. stere, cubic meter; *abbr*. (стерадиан); *past m. sing. of* стереть; —ад(иан) *m*. steradian (unit of solid angle).

стерв/а *f*. carrion, carcass; —оядные *pl*. (zool.) scavengers; —оядный *a*. carrion-eating, scavenging.

стережен/ие *n*. guard, watch, charge; guarding, watching; —ный *past pass. part. of* стеречь.

стерео— *prefix* stereo— (solid, three-dimensional; spatial); —автограф *m*. stereoautograph; —адаптер *m*. stereo-control unit; —акустика *f*. stereo-acoustics; —беспорядочный *a*. atactic, random (polymer); —бинокль *m*. stereoscope; —блок *m*. (polymers) stereo-block.

стереограф/ический *a*. (geom.) stereo-graphic; —ия *f*. stereography.

стереоизомер *m*. stereoisomer; —ия *f*. stereoisomerism; —ный *a*. stereoisomeric.

стерео/кино *n*. stereoscopic movies; —компаратор *m*. stereocomparator.

стереометр *m*. stereometer; —ический *a*. stereometric; —ия *f*. stereometry, solid geometry.

стерео/механика *f*. stereomechanics; —направленный *a*. stereochemically directed; —пара *f*. stereogram, stereoscopic image, relief effect; —планиграф *m*. stereoplanigraph; —регулярный *a*. stereoregular (polymer).

стереоскоп *m*. stereoscope; —ический, —ичный *a*. stereoscopic; —ичность, —ия *f*. stereoscopy.

стерео/снимок *m*. stereogram, stereoscopic photograph; —сополимер *m*. stereo-copolymer; —специфический *a*. stereo-specific; —телевидение *n*. stereotele-vision.

стереотип *m*. stereotype, duplicate printing plate; —ировать *v*. stereotype; —ия *f*. stereotypy, stereotyping; —ный *a*. stereotype, stereotypic; —щик *m*. stereotypist.

стерео/труба *f*. stereoscopic telescope; —упорядоченный *a*. stereospecific; —физика *f*. stereophysics.

стереофон/ический *a*. stereophonic; —ичность, —ия *f*. stereophonics, binaural effect.

стереофотогра/мметрия *f*. stereophoto-grammetry; —фия *f*. stereophotography; stereoscopic photograph.

стереохим/ический *a*. stereochemical; spatial (formula); —ия *f*. stereochemistry.

стерео/экран *m*. stereo screen; —эффект *m*. third-dimensional effect.

стереть *v*. rub out, rub off, erase, efface, obliterate, wipe out, raze; wipe off, clean; chafe, abrade; grind, pulverize; —ся *v*. be rubbed out, etc.; wear (away, off, out); fray; rub off; disappear.

стеречь *v*. guard, watch (over), take care (of), have charge (of).

стержeнщик *m*. (foundry) core maker.

стержень *m*. rod, bar; stem, shank, shaft; pin, bolt, spindle; plug; body (of screw); (met.) core; с. управления (nucl.) control rod; с.-перемычка *m*. (met.) wafer core, Washburn riser core.

стержн/евой *a. of* стержень; core (box, rod, etc.); core-type (transformer); bar (magnet, winding); interdigital (magnetron); strut; pivotal (problem); —е-образный *a*. rod-like, bar; —я *gen. of* стержень.

стеригматоцистин *m*. sterigmatocystin.

стерид *see* стероид.

стерилампа *f*. sterilamp.

стерил/изатор *m*. sterilizer; —изационный *a*. sterilizing, sterilization; —изация *f*. sterilization; —из(ир)овать *v*. sterilize; —изованный *a*. sterilized, sterile; —изующий *a*. sterilizing; —ьность *f*. sterility; —ьный *a*. sterile.

стерины *pl*. sterols (solid alcohols).

стерическ/ий *a*. steric, spatial; —ое затруднение steric hindrance.

стерко/билин *m*. stercobilin, urobilin; —рит *m*. (min.) stercorite; —рол *m*. stercorol, coprosterol.

стеркулиевая камедь sterculia gum, Indian tragacanth.

стерлинг *m*., —овый *a*. sterling.

стерля/дь *f*., —жий *a*. (ichth.) sterlet.

стернальный *a*. (anat.) sternal.

стернбергит *m*. (min.) sternbergite.

стерн/евой *a*., —ь, —я *f*. (agr.) stubble (field).

стероид *m*., —ный *a*. steroid.

стерпеть *v*. bear, tolerate, endure.

стеррометалл *m.* sterro metal (alloy).
стерт/ость *f.* worn condition; **—ый** *past pass. part. of* **стереть.**
стесать *see* **стесывать.**
стесн/ение *n.* hindering, etc., *see v.*; constraint; uneasiness; constriction (of throat); **—енный** *a.* hindered, etc., *see v.*; labored (breathing); **—ительный** *a.* inconvenient; shy; **—ить, —ять** *v.* hinder, hamper, obstruct, impede, restrict, handicap; press together, constrict; crowd; embarrass, constrain, lay constraint (on); **—иться, —яться** *v.* be hindered, etc.; restrict oneself; crowd (together); become labored (of breathing).
стесывать *v.* cut off, chop off; plane off.
стетоскоп *m.* (mach.; med.) stethoscope; **—ический** *a.* stethoscopic.
Стефана закон (phys.) Stefan's law.
стефан/ит *m.* (min.) stephanite, brittle silver ore; **—ский ярус** (geol.) Stephanian stage.
стехио— *prefix* stoichio— (element); **—логия** *f.* (physiol.) stoichiology; **—метрический** *a.* stoichiometric; **—метрия** *f.* stoichiometry.
стеч/ение *n.* confluence, convergence; concurrence, coincidence; **—ь** *see* **стекать.**
стешет *fut. 3 sing. of* **стесать.**
стиб/амин *m.* Stibamine; **—енил** *m.* stibenyl, stibacetin; **—иат** *m.* stibiate, antimonate; **—ид** *m.* stibide, antimonide; **—иконит** *m.* (min.) stibiconite; **—ил** *m.* stibyl, antimonyl; **—илвинная кислота** antimonyl tartaric acid; **—ин** *m.* stibine, antimonous hydride; **—иотанталит** *m.* (min.) stibiotantalite; **—лит** *m.,* **—ляная охра** (min.) stiblite; **—нит** *m.* (min.) stibnite, antimony glance.
стивидор *m.* (naut.) stevedore.
стигма *f.* (biol.) stigma; **—стан** *m.* stigmastane; **—станол** *m.* stigmastanol; **—стерин** *m.* stigmasterol.
стилизованный *a.* conventionalized.
стилка *f.* spreading, laying.
стиллинг/ин *m.* stillingine; **—оид** *m.* stillingoid.
стило— *prefix* stylo— (pillar, column); **—граф** *m.* stylograph (pen); **—лит** *m.* (geol.) stylolite; **—литовый** *a.* stylolitic; **—метр** *m.* stylometer; **—скоп** *m.* styloscope (spectroscope).
стилотипит *m.* (min.) stylotypite.
стилочный *a. of* **стилка.**
Стилтьес формула (math.) Stieltjes' formula.
стиль *m.* style, manner, fashion.
стильб *m.* stilb (unit of brightness).
стильбаз/ин *m.* stilbazine; **—о** *n.* stilbazo; **—ол** *m.* stilbazole.
стильбен *m.* stilbene, toluylene.

стильбит *m.* (min.) stilbite.
стильбэстрол *m.* (diethyl)stilbestrol.
стильпно/мелан *m.* (min.) stilpnomelane; **—сидерит** *m.* stilpnosiderite.
Стильсона ключ Stillson wrench.
стим-пойнт *m.* (min.) steam point.
стимул *m.* stimulus, stimulant, spur, incentive; **—ирование** *n.* stimulation; **—ировать** *v.* stimulate, spur, encourage, foster; **—ирующий** *a.* stimulating, stimulant; **—ятор** *m.* stimulant; **—яция** *f.* stimulation.
стипенд/иат *m.* scholarship student; **—ия** *f.* stipend, scholarship.
стипитатовая кислота stipitatic acid.
стипт/ицин *m.* Stypticin, cotarnine chloride; **—ол** *m.* Styptol, cotarnine phthalate.
стираемый *a.* washable; (comp.) erasable.
стиракол *m.* Styracol, guaiacol cinnamate.
стиракс *m.,* **—овый** *a.* styrax (balsam); **—овое дерево** (bot.) styrax.
стир/альный *a.* washing, laundering; erasing; **с. порошок** detergent; **—альная машина** washing machine, washer; **—ание** *n.* rubbing out, etc., *see* **стереть;** (comp.) erasure; obliteration; abrasion; laundering; **—ан(н)ый** *a.* laundered; **—ать** *see* **стереть;** wash, launder; **—аться** *see* **стереться;** wash, be washable.
стирацин *m.* styracine, cinnamyl cinnamate.
стирающий *pr. act. part. of* **стирать;** (comp.) erasing; play-off, scan-off (beam); **—ся** *a.* erasable; washable.
стирен *m.* styr(ol)ene, phenethylene.
стирил *m.,* **—овый** *a.* styryl; **—овая кислота** styrilic acid; **—овый спирт** styryl alcohol, cinnamic alcohol.
стирка *f.* washing, laundering, laundry.
стирол *m.* styrene; styrol, colloidal silver; **с.-дистиллят** *m.* styrene distillate; **—ен** *see* **стирен;** **—еновый спирт** styrolene alcohol, cinnamic alcohol; **с.-изобутиленовый** *a.* styrene-isobutylene; **—овый** *a.* styrene; **с.-ректификат** *m.* rectified styrene.
стиро/н *m.* styrone, cinnamic alcohol; **—пор** *m.* expanded polystyrene; **—флекс** *m.* polystyrene film; **—фом** *m.* styrofoam (insulation).
стис/кивать, —нуть *v.* squeeze, compress, jam; clutch, grip.
стифнат *m.* styphnate.
стифнинов/ая кислота styphnic acid, trinitroresorcinol; **соль —ой кислоты, —окислая соль** styphnate.
стихать *v.* calm down, abate, die down, subside.
стих/ийный *a.* elemental, elementary; **—ий-**

ное движение elemental upheaval; **—ия** f. element.
стихнуть see **стихать**.
стихтит m. (min.) stichtite.
стицерин m. stycerin; **—овая кислота** styceric acid.
стичер m. stitcher (for rubber).
СТКВ abbr. (**средний температурный коэффициент вязкости**) mean temperature coefficient of viscosity.
стлан/ец see **стланик**; (dew-)retted flax; **—ие** see **стланье**; **—ик** m. dwarf tree, elfin tree; creeping vegetation; **—ный** a. laid out, spread; **—цевый** a. of **стланец**; **—ь** f. layer; **—ье** n. (dew-) retting.
стлать see **стелить**.
стлище n. (flax) dew-retting area.
сто num. and prefix (one) hundred.
Стоби печь (elec.) Stobie furnace.
стов/аин m. Stovaine; **—арсол** m. Stovarsol, acetarsone.
стог m. stack; **—овальщик** m. stacker; **—ование** n. stacking; **—ованный** a. stacked; **—овать** v. stack; **—овой** a. stack(ed); **—ометание** n. stacking; **—омет(атель)** m. stacker.
стоградусный a. centigrade.
стое/к gen. pl. of **стойка**; sh. m. of **стойкий**; **—чка** dim. of **стойка**; stand; prop, support; **—чный** a. of **стойка**.
стож/ить v. stack; **—ок** dim. of **стог**.
стоимост/ный a., **—ь** f. cost, price, value; **—ь с установкой** installed cost; **падение —и** depreciation.
стоит pr. 3 sing. of **стоить**, **стоять**; с. **только** one need only.
стоить v. cost, amount (to), be worth.
стойбищ/е n., **—ный** a. pasture corral.
стойка f. stand, pedestal, leg; upright, stanchion; column, pillar, post, stake; stem, shank; tine; rest, support, prop, brace, strut, stay; counter, bench; rack; (plow) standard; sh. f. of **стойкий**.
стойкий a. stable, resisting, resistant, immune; durable, hardy; steady, persistent; sturdy, firm; с. **против** —proof; **химически с.** chemically stable.
стойком see **стоймя**.
стойкость f. stability, resistance, strength, durability, endurance; steadiness, persistence; sturdiness, firmness; life (of cutting tool).
стойло n. stall, pen, sty; box, compartment; bay; **—вый** a. of **стойло**; barnyard (manure).
стоймя adv. upright, on end.
стойче comp. of **стойкий**.
сток m. flow, discharge, drainage, escape, effluence; outlet, run-off, gutter; sewer, drain; confluence, running together.
Стока конвертер Stock converter.

стокгольмский a. (geog.) Stockholm.
стокезит m. (min.) stokesite.
стокер m., **—ный** a. stoker; feeder.
стоковый a. of **сток**.
стократный a. centuple, hundredfold.
стокс m. stoke (unit of kinematic viscosity).
Стокса закон Stokes' law.
стол m. table, desk; board; platform, deck; (launch) pad; food, diet.
столб m. column, pillar, post, pole, stake, peg; mast; pylon; sharply projecting rock (in Urals and Siberia); **жидкий с.** liquid column.
столбо m. column (of table).
столбик dim. of **столб**; (drilling) core; peg; (biol.) style; (anat.) columella; **с. ртути** mercury column; **вентильный с.** (semiconductors) rectifier stack.
столб/ить v. stake out (boundary); **—ленный** a. staked out.
столбня/к m., **—чный** a. (med.) tetanus.
столбо/видный a. columnar, pillar-like; **—вой** a. of **столб**.
столбур m. (phyt.) big bud.
столбчак m. (petr.) basalt.
столбчат/ый a. columnar, basaltiform; acicular (crystal); palisade (cell, tissue); **—ая отдельность** (geol.) columnar structure, basaltic structure.
столет/ие n. century; **—ний** a. centennial; **—ник** m. (bot.) century plant (Agave americana).
стол/ешница f. table top; **—ик** dim. of **стол**; (micros.) stage.
столист/венный, **—ый** a. (bot.) centifolious; **—ник** m. centifolio.
столи/ца f. capital, metropolis; **—чный** a. metropolitan.
столкать v. push (together).
столкн/овение n. collision, impact, impingement; encounter; shock, percussion; spallation, fragmentation; interference; **частота —овений** collision rate; **—уть** see **сталкивать**.
столков(ыв)аться v. come to an agreement.
столкут fut. 3 pl. of **столочь**.
столов/ая f. dining room; **—ый** a. of **стол**; tabular (iceberg); salad (oil); **с. гора** (geol.) mesa; **с. соль** table salt, sodium chloride; **с. страна** tableland, plateau.
столон m. (bot.) stolon, runner.
столообразный a. tabletop; tabular (iceberg).
столочь v. grind.
столп see **столб**; tower.
столь adv. so; **—ко** adv. so (much), so many; as much, as many (times); **—ко (же) сколько** as much as, as many as; **еще —ко же** as much again;

столяр *m.* carpenter, joiner, woodworker, cabinet maker; **—ить** *see* **столярничать;** **—ка** *see* **столярная;** **с.-краснодеревец** *m.* cabinet maker; **—ная** *f.* carpenter shop, woodworking shop; **—ничать** *v.* do carpentry work, work with wood; **—ничество** *n.* carpentry; **—но-плотничный** *a.* carpenter's; **—ный** *a.* carpenter, carpentry, joiner's, woodworking; cabinet (work); panelled (door); **—ная плита** panel; **—ня** *see* **столярная**.

стомат—, —о— *prefix* stomat(o)- (mouth); **—ит** *m.* (med.) stomatitis; **—ология** *f.* stomatology.

стон *m.*, **—ать** *v.* moan, groan.

стоно/г *m.* (bot.) hart's tongue (*Scolopendrium*); **—жка** *f.* (zool.) centipede.

стоп *m.* stop.

стопа *f.* foot; ream (of paper); pile, stack; series; **по его —м** in his footsteps.

стоп-анкер *m.* stern anchor.

стопер *m.* (min.) stoper, stoping drill.

стопин *m.* quick match.

стопинг *m.* (min.) stoping.

стопить *see* **стапливать**.

стопка *f.* stack, pile; small glass.

стоп-кран *m.* shutoff valve; (rr.) emergency brake.

стоповой *a.* series, serial.

стопор *m.* plug, stopper; stop, catch, detent, detainer, checking device, arresting device, pawl.

стопорезка *f.* guillotine, trimmer.

стопорить *v.* plug, stop(per); fix, lock; (mach.) check, slow down.

стопорн/ый *a. of* **стопор;** stop(ping), lock(ing), closing; lock (nut); cut-off, check (valve); set (screw); binding (bolt); **с. кран** stopcock; **с. механизм** stop(per), arresting device, lock mechanism; **с. штифт** stop (pin); **—ая пробка** (met.) stopper head; **—ое приспособление, —ое устройство** lock, catch.

стопор-ныряло *m.* (art.) setback pin.

стопоходящий *a.* (zool.) plantigrade.

стопочн/ый *a. of* **стопка;** stack (casting); **—ые трубки** stopper rod sleeves.

стопроцентный *a.* (one) hundred per cent; total.

стоп-сигнал *m.* stop signal, stop light; **с.-стержень** *m.* (nucl.) scram rod, shutoff rod.

стоптать *see* **стаптывать**.

сторакс *see* **стиракс**.

сторно *n.* (bookkeeping) correction.

сторож *m.* guard, watchman, caretaker; **на —е** on the watch, on the alert; **—евик** *m.* coast guard; **—евой** *a.* watch, guard;**—ить** *v.* (keep) watch (over), guard; **—ка** *f.* watch box,

sentry box; **—ок** *m.* catch; tongue, cock (of scales).

сторон/а *f.* side, flank; direction; sense; region, place, land; **—ой sideways; в —е** aside, apart; clear (of); **остаться в —е** *v.* be out of the picture; **в —у** to the side, laterally; **в другую —у** in the other direction, the other way; **отложить в —у** *v.* put aside, lay aside; **перемещение в —у** lateral movement, lateral displacement; **повернуть в —у** *v.* turn aside; **уход в —у** (drilling) side tracking; **во все —ы** in different directions; on all sides; **задняя с.** back; **передняя с.** front, face; **с —ы** from the side; laterally; **с другой —ы** on the other hand; **с его —ы** for his part, from his point of view; **с одной —ы** on the one hand, on one side; **со —ы** as viewed from; **он со своей —ы** he for one, for his part.

сторониться *v.* stand aside, make way; shun, avoid.

сторонн/ий *a.* outside, irrelevant; *suffix* **—hedral, —**lateral, -sided; **—ик** *m.* adherent, supporter, advocator; *suffix* **—hedron; —ичество** *n.* siding, adherence, support.

сторцевать *v.* butt-joint.

стосил *m.* (bot.) ginseng (*Panax*).

сто/сильный *a.* one-hundred-horsepower; **—тысячный** *a.* one hundred thousand(th).

стохастич/еский *a.* stochastic, conjectural, probabilistic, random, chance; **—ность** *f.* stochasticity.

сточ/енный *a.* ground off; worn down; **—ить** *v.* grind off; wear down; **—ка** *f.* grinding off; wearing down.

сточн/ый *a. of* **сток;** drip (chamber; edge); **с. колодец** cesspool, sewer; **—ая жидкость** sewage; **—ая канава** gutter; **—ая труба** sewer pipe, drain; **—ое отверстие** run-off, outlet, drain; **—ые воды** waste water, slops; sewage.

стояк *m.* stand pipe, riser, uprise; upright; (ocean.) temporarily grounded floe; **литниковый с.** (steel flask) riser.

стоялый *a.* stale, stagnant; long unused.

стоян/ие *n.* standing; stand (of plants); **—ка** *f.*, **—очный** *a.* stand, station, quarters; layover, stopover; (train) stop; parking (place); anchorage; camp site, encampment.

сто/ять *v.* stand; be idle; be, exist; stay; **с. за** stand for, defend; **с. перед** confront; **—ячий** *a.* standing, stationary; vertical, erect; stagnant, still; stand (pipe); floor (lamp); **—ячая волна** standing wave.

стоящий *a.* costing; **дорого с.** costly, expensive; **ничего не с.** worthless.

СТП *abbr.* (средняя точка попадания) center of impact.
стр *abbr.* (стерадиан) steradian; **стр.** *abbr.* (страница) page; (строка) line; (строящийся) under construction.
страбизм *m.* (med.) strabismus.
страв/ить *see* **стравливать;** —**ление** *n.* scouring, pickling, etching, corrosion; —**ленный** *a.* scoured, etc., *see v.;* —**ливание** *n.* scouring, etc., *see v.;* —**ливание** (of pressure), deflation; slippage; —**ливать,** —**лять** *v.* scour, pickle, etch, corrode; strip, cleanse; reduce (pressure), deflate; pay out (rope); graze (off), use (pasture).
страгивать *v.* move, displace.
страда *f.* harvesting season.
страд/ание *n.* suffering, pain; —**ать** *v.* suffer, undergo; be impaired (by); —**ающий** *a.* suffering.
страдн/ой, —**ый** *a. of* **страда.**
страз *m.,* —**овый** *a.* paste (jewel).
страивать *v.* triple, increase threefold.
стралит *m.* (min.) strahlite, actinolite.
страна *f.* country, land, region; **с. света** cardinal point.
странен *sh. m. of* **странный.**
страни/ца *f.,* —**чный** *a.* page, leaf.
странн/о *adv.* strangely, oddly; it is strange; —**ость** *f.* strangeness, oddity, singularity, peculiarity; —**ый** *a.* strange, odd, singular, peculiar.
страноведение *n.* regional geography.
странствовать *v.* wander, travel.
страст/оцвет *m.* passion flower (*Passiflora*); —**ь** *f.* passion, mania.
стратегия *f.* strategy.
страти— *prefix* strati— (stratum); —**графический** *a.* stratigraphic; columnar (section); —**графия** *f.* stratigraphy; —**фикация** *f.* stratification, bedding; —**фицированный** *a.* stratified; —**фицировать** *v.* stratify.
страто— *prefix* (meteor.) strato— (stratus); —**лайнер** *m.* (aero.) stratoliner; —**навт** *m.* stratonaut; —**пауза** *f.* stratopause; —**пеит** *m.* (min.) stratopeite; —**план** *m.* (aero.) stratoplane, stratosphere plane; —**стат** *m.* stratosphere balloon; —**сфера** *f.* stratosphere; —**сферный** *a.* stratospheric.
страус *m.,* —**овый** *a.* ostrich.
страх *m.* fear, fright, apprehension; **на свой с.** at one's own risk; **навязчивый с.** phobia; **под** —**ом** under penalty (of), on pain (of).
страхов/ание *n.,* —**ка** *f.* insurance; **с. от огня** fire insurance; —**ать** *v.* insure; —**ой** *a.* insurance; —**щик** *m.* insurance agent; underwriter.
страш/илки *pl.* (ent.) Phasmatidae; —**иться** *v.* fear, be in fear (of), be apprehensive;

—**но** *adv.* frightfully, extremely; it is dreadful; —**ный** *a.* frightful, dreadful, terrible; extreme, intense (cold, pain, etc.).
стр-во *abbr.* (строительство).
стребовать *v.* demand, request.
стрежень *m.* (river) channel line, midstream, race.
стрейнер *m.* strainer; **с.-гранулятор** *m.* strainer-pelletizer; **с.-слаббер** *m.* strainer-slabber.
стрек/ательный *a.* (biol.) stinging; —**ающие** *pl.* (zool.) Cnidaria.
стрекоз/а *f.,* —**ий,** —**иный** *a.* dragon fly.
стрел/а *f.* arrow, pointer, indicator; crane arm, gib, jib, overhang beam, boom (of derrick); cantilever; rise (of arch); dart; (tire) crown; (art.) coupling bar; (astr.) Sagitta; **с. подъема** rise; **с. провеса** sag; **с. прогиба** deflection; —**ец** *m.* (astr.) Sagittarius.
стрелк/а *f.* arrow, pointer, needle, indicator, index; hand (of clock); (rr.) switch; spit, tongue (of land); frog (of hoof); (bot.) flower stalk, spike; **с. наклонения** dip needle; —**ование** *n.* (bot.) bolting; —**овый** *a. of* **стрелка;** shooting; rifle; —**овое оружие** small arms.
стреловидн/ость *f.* (av.) sweep(back); обратная **с.,** отрицательная **с.** sweep forward; положительная **с.,** прямая **с.** sweepback; **с переменной** —**остью** variable-sweep; —**ый** *a.* arrow-like, sagittal, sagittary; (av.) swept(back); —**ый шов** (anat.) sagittal suture.
стреловой *m.* crane operator.
стрелок *m.* rifleman.
стрелолист *m.* (bot.) Sagittaria.
стрелочн/ик *m.* (rr.) switchman; —**ый** *a. of* **стрела;** sagittary; (rr.) switch; —**ый** (измерительный) **прибор** indicator.
стрельб/а *f.* shooting, firing, fire; —**ище** *n.,* —**ищный** *a.* shooting range.
стрельнуть *see* **стрелять.**
стрельчат/ка *f.* (ent.) Acronycta; —**ый** *a.* arrow-shaped, sagittary; gabled, pointed; herringbone (design).
стрел/яние *n.* shooting, firing, discharge, shot; —**яный** *a.* shot, fired; —**ять** *v.* shoot, fire, discharge; —**яющий** *a.* shooting, etc., *see v.;* **гун** (perforator).
стрем/ена *pl.;* —**енной** *a. of* **стремя;** —**ечко** *dim. of* **стремя;** (anat.) stirrup bone, stapes; (zool.) columella.
стремительн/ость *f.* impetus; —**ый** *a.* impetuous, precipitate, rapid, abrupt; —**ое движение** rush.
стрем/ить *v.* direct; carry off, drag; —**иться** *v.* aim (at), strive (for), attempt, try, seek; approach; tend (to); rush, stream, flow rapidly; —**ление** *n.* striving, quest;

стремнина aspiration; urge; tendency, inclination, leaning.
стремнина *f.* chute, race, rapids.
стремя *n.* stirrup; (anat.; zool.) stapes.
стремянка *f.* stepladder; bridging board, gangway; U-bolt (for spring).
стрем/янный *a. of* стремя; —ячко *see* стремечко.
стремящийся *pr. act. part. of* стремиться.
стренга *f.* strand.
стренгит *m.* (min.) strengite.
стренда *see* стренга.
стренер *m.* strainer, filter.
стрептидин *m.* streptidine.
стрепто— *prefix* strepto— (twisted chain); streptococcus); —биоза *f.* streptobiose; —зим *m.* streptozyme; —кокк *m.* (bact.) streptococcus; —кокковый *a.* streptococcic; —лин *m.* streptolin; —мицин *m.* streptomycin; —трицин *m.* streptothricin; —цид *m.* Streptocid, sulfanilamide; —цин *m.* streptocin.
стресс *m.* stress.
стреха *f.* eaves.
стриг *past m. sing. of* стричь; —альный *a.* shearing; —аль(щик) *m.* shearer.
стриговит *m.* (min.) strigovite.
стриг/ун *m.* a beetle (*Myelophilus*); —ут *pr. 3 pl. of* стричь; —ущий *a.* cutting, shearing; —ущий лишай (med.) ring worm.
стриж *m.* (orn.) swift.
стриж/ей *m.* shearer; —ен(н)ый *a.* sheared, clipped; —ет *pr. 3 sing. of* стричь; —ка *f.* shearing, clip(ping), cropping, hair-cut.
стрик *m.* (phyt.) streak.
стриктура *f.* (med.) stricture, narrowing.
стрингер *m.* stringer.
стриппер *m.* stripper; с.-кран *m.* (met.) stripper crane, ingot crane.
стрипинг-колонна *f.* stripper; с.-секция *f.* stripping section (of fractionating column).
стрихнидин *m.* strychnidine.
стрихнин *m.*, —овый *a.* strychnine; —овая кислота strychninic acid.
стрихницин *m.* strychnicine.
стричь *v.* cut, clip, shear, fleece.
строб *m.* (electron.) strobe, gate; —импульс *m.* gate (pulse), strobe (pulse); —ирование *n.* gating, strobing; —ирования gate width; —ировать *v.* gate, strobe; —ирующий *a.* gating, strobing, gate; sampling (oscillograph); —ирующий импульс gating pulse, gate; —ирующая схема gating circuit, gate.
стробо— *prefix* strobo— (whirling); —люкс *m.* strobolux; —резонанс *m.* stroboresonance; —скоп *m.* stroboscope; —скопический *a.* stroboscopic; —трон *m.* strobotron.

строг *sh. m. of* строгий.
строг/ало *n.* plane; —аль *see* строгальщик; —альнокалевочный станок molder; —альный *a.* planing; —альный станок planer; —альщик *m.* planer (operator); —ание *n.* planing, shaping; —анный *a.* planed; —ать *v.* plane, shape, shave, dress (boards).
строг/ий *a.* strict, rigid, exacting, severe, stringent; rigorous (treatment); strong (correlation); close (control); —о *adv.* strictly, rigidly, exactly; —ость *f.* strictness, rigidity, severity.
строев *gen. pl. of* строй; —ик *m.* construction specialist; —ой *a.* construction, building; (av.) formation; —ой лес timber.
строек *gen. pl. of* стройка.
строен *sh. m. of* строенный; стройный.
строен/ие *n.* building, construction; formation; structure; constitution, composition; fabric, texture, grain; верхнее с. superstructure; (pontoon bridge) deck; изомерия —ия structural isomerism; формула —ия structural formula.
строенный *a.* triple(d), triplex.
строж/айший *superl.*; —е *comp. of* строгий.
строжка *f.* planing, shaving.
строитель *m.* builder, constructor, designer, engineer; —ный *a.* building, construction, structural, architectural; —ная техника civil engineering; —ное искусство architecture; —ство *n.* building, construction, erection; organization, development; engineering; зеленое —ство park development.
строить *v.* build, construct, erect; set up; form, create; pattern (after); base (on); plot (a curve); triple, increase threefold.
стро/й *m.* system, order, regime; formation, line; (phys.) array (of dislocations); *prefix and suffix* construction; вступить в с. *v.* go into production, go into operation, go on stream, come on stream; выводить из —я *v.* put out of commission, disable, render inoperative; выход из —я failure, breakdown; выходить из —я *v.* get out of order, break down, fail; (mil.) fall out; полет —ем formation flight.
стройка *f.* construction, building.
стройный *a.* well-proportioned; harmonious, orderly; (math.) elegant; unified (whole).
стройплощадка *f.* building site.
строк/а *f.* line; (punched card) row; красная с. (typ.) break line; new paragraph; начать с новой —и *v.* indent, begin a new paragraph; —оотливная наборная машина linotype.
строма *f.* (biol.) stroma, binding tissue.
стоматология *f.* (geol.) stromatology.

стромболианский *a.* (geol.) strombolian (eruption).
стромейерит *m.* (min.) stromeyerite.
стронгилиды *pl.* (zool.) Strongylidae.
стронуть(ся) *v.* move, start.
стронциан *a.* strontia, strontium oxide; едкий с. caustic strontia, strontium hydroxide; —ит *m.* (min.) strontianite; —овый *a.* strontianiferous; —окальцит *m.* (min.) strontianocalcite.
стронциевый *a.* strontium.
стронц/ий *m.* strontium, Sr; гидроокись —ия strontium hydroxide; карбонат —ия strontium carbonate; окись —ия strontium oxide, strontia; хлористый с. strontium chloride.
строп *m.* sling, strap; —а *f.* (parachute) shroud line, suspension line.
стропил/а *pl.* frame(work), truss; —ина *f.*, —о *n.*, —ьная нога, —ьная связь truss piece, rafter.
строп/ить *v.* sling; —ка *f.* (naut.) lanyard; —овка *f.* slinging.
строфант *m.* strophanthus (seeds); —идин *m.* strophanthidin; —ин *m.* strophanthin, methylouabain; —обиоза *f.* strophanthobiose; —овая кислота strophanthic acid.
строфоида *m.* (geom.) strophoid.
строч/ение *n.* stitching; —ен(н)ый *a.* stitched; —ечный *a.* stitch(ing); needletype; —ить *v.* stitch; jot down, write; —ка *f.* stitch(ing); short line; (punched tape) channel; —ной, —ный *a.* stitched; line; horizontal; lower-case (letter).
строя *gen. of* строй.
строящийся *a.* under construction.
струбц/ин(к)а *f.*, —инок *m.*, —ынга, —ынка *f.* screw clamp, C-clamp.
струв/ерит *m.* (min.) strüverite; —ит *m.* struvite.
струг *m.* plane; draw knife (road) grader; slicer; —ан(н)ый *a.* planed; —ать *v.* plane, shave.
струе— *prefix* jet; —к *gen. pl. of* струйка; —отклоняющий *a.* jet-deflecting.
струж/ечный *a.*, —ка *f.* shaving(s), cutting(s), chip, (sugar) cossette; abatement; —ки *pl.* shavings, cuttings, chips, turnings, filings, borings; —кодробитель, —колом *m.* chip breaker; —коприемник *m.* cuttings chute, waste pit; —коразбиватель *m.* chip breaker.
стру/и *gen., pl., etc., of* струя; —истый *see* струйчатый; —иться *v.* stream, flow, run; (light) shine; —й *gen. pl. of* струя.
струйк/а *f.* groove, channel; small jet; (geol.) stria, costella; (hydrogeology) water thread; —овый *a. of* струйка; stream (lubrication).
струйник *m.* control jet.
струйн/ый *a.* jet; current, flow; с. аппарат (rr.) jet blower; с. насос jet pump; —ая техника fluidics, pure fluid systems; —ое течение jet stream.
струйчат/ость *f.* waviness; (geol.) striations; следы —ости (geol.) ripple marks; —ый *a.* fluid, flowing, moving; striated; rill (irrigation); —ый прибор radiator.
структур/а *f.* structure, texture, composition, fabric; (math.) lattice; пополнение структур lattice completion; —альный *a.* structural; —ирование *n.* structuring, structurization, structure formation; (polymers) cross-linking; —ированный *a.* structur(iz)ed, cross-linked; —ировать *v.* structure; cross-link; —ирующий *a.* cross-linking.
структурн/о-групповой *a.* (geol.) structural group; type (analysis); с.-картировочный *a.* structural core-drilling; —ость *f.* degree of structure; cross-linkage; —очувствительный *a.* structure-sensitive; —ый *a.* structural; core (drilling); plastic (viscosity); —ая схема block diagram.
структурообраз/ование *see* структурирование; structural formation, aggregation (of soil); gelation; —ователь *m.* cross-linking agent; —ующий *a.* cross-linking; gel-forming, gelling; —ующее удобрение (soil) conditioner.
струн/а *f.* string, cord; catgut; cross brace; —ный *a.* string(ed); —ная проволока string (for musical instrument), piano wire; —обетон *m.* reinforced concrete; —цы *pl.* (zool.) Nematoda.
струп *m.* (med.) scab.
струсить *v.* shake (and pour) together.
струч/коватый *a.* (bot.) podded; —ковый *a.* pod(-like); leguminous; —ковый перец red pepper (*Capsicum annuum*); —ок *m.* pod, silique, capsule.
стру/я *f.* jet, spray, spurt, stream, blast; spout, flow, current (of air, etc.); ray (of light); stria(tion); (ship's) wake; бить —ей *v.* jet, spout, flush; винтовая с. propeller race, slipstream; действия —и jet action; масса —и flow mass; тонкой —ей in a thin stream.
стря/сать, —сти *see* стряхивать; —хивание *n.* shaking off; —хивать, —хнуть *v.* shake off.
студен/еть *v.* jellify, gel; cool down; —истый *a.* jelly-like, gelatinous; —истая масса jelly; —иться *see* студенеть; —ость *f.* coldness, chilliness.
студен/т *m.*, —ческий *a.* student, undergraduate; с. второкурсник sophomore; с. первокурсник freshman; с.-медик medical student.
студен/ый *a.* gelled; gelid, frigid, cold; —ь *m.* gel, jelly; cold, frost.

студийный *a. of* **студия.**
студить *v.* gel; cool, refrigerate.
студия *f.* studio.
студне/видный, —образный, —подобный *a.* jelly-like, gel-like, gelatinous.
студни *pl. of* **студень.**
студтит *m.* (min.) studtite.
стуж/а *f.* intense cold, frost; **—енный** *past. pass. part. of* **студить; —еный** *a.* chilled.
стук *m.* knock(ing), clatter, rattling; (arch.) stucco; **с. в моторе** motor knock; **—анье** *n.* knocking, etc., *see v.*; **—ать** *v.* knock, strike; rap, beat, thump, rattle.
стукко *n.* (arch.) stucco.
стук/нуть *see* **стукать; —отня** *f.* knocking, rattling (noise).
стул *m.* chair; (anvil) block; mounting, base; ball, block (of soil); stool, fecal discharge; **—ик** *dim. of* **стул; —овой** *a.* bench (tool); **—ьный** *a. of* **стул; —ьчак** *m.* toilet seat; **—ьчик** *m.* stool, bench.
ступа *f.* mortar.
ступать *v.* step, tread.
ступеевая кислота stuppeic acid.
ступенчато *adv.* stepwise, in steps or stages, gradually; **—сть** *f.* gradation.
ступенчат/ый *a.* step(ped), step-by-step, in steps or stages, gradual, graduated, graded; step-shaped, step-like; tapering; staggered; multistage, multistep; cascade(-type); (math.) stepwise; (phys.) joggy; variable-speed (gear); shingle (splice); ladder (vein); echelon (grating); **с. выключатель** (elec.) step switch; **с. шкив** step pulley, cone pulley; **с. элеватор** escalator; **—ая выборка** (min.) benching; **—ое воздействие** (unit) step input; **—ое разложение** stepwise decomposition.
ступен/ь *f.* step, tread (of stairs); rung (of ladder); stage, phase; interval; grade, degree; (transmission) gear; **с. сброса** (geol.) fault bench, fault terrace; **—ями** by degrees, gradually, step by step, in steps, stepwise; in stages; **—ька** *f.* step, tread, footboard; (ladder) rung; (phys.) jog; (distillation) theoretical plate.
ступить *see* **ступать.**
ступ/ица *f.*, **—ичный** *a.* boss, hub, nave (of wheel); spider.
ступка *dim. of* **ступа**; stamp, mortar.
ступня *f.* foot; (anat.) tarsus.
ступок *gen. pl. of* **ступка.**
ступор *m.* (med.) stupor.
ступпа *f.* stupp (in mercury distillation).
стурин *m.* sturine.
стучать *v.* knock, tap, rap; hammer.
стушев(ыв)аться *v.* keep in the background; efface oneself.
стушить *v.* braise (food).
стывший *past act. part. of* **стыть.**
стыд *m.* shame, disgrace; **—ить** *v.* put to shame; **—иться** *v.* feel ashamed, lose face; **—но** *adv.* shamefully; it is shameful; **—ный** *a.* shameful.
стык *m.* joint(ing), junction, seam, splice; butt(-joint); **в с.** abutting; **прямой с.** butt joint; **сваривать в с.** *v.* butt-weld; **соединение в с., шов в с.** butt joint; **—ать** *see* **стыковать; —ование** *n.* butt-jointing, etc., *see v.*; **—ованный** *a.* butt-jointed, etc., *see v.*; **—овать** *v.* butt-joint, butt(-join); join, couple, splice; **—оваться** *v.* (space) link up (with), dock; **—овка** *f.* link-up, docking; joining; (assembly) mating; **—овой** *a. of* **стык**; butt (joint; welding); clamp (bolt); **—овая накладка** cover plate; (rr.) fish plate; **—овочный** *a.* butt-joining (machine); docking.
сты/лый *a.* cold, cooled; **с. ход** cold working; **—нуть** *v.* cool (off); freeze; **—ть** cold, frost; **—ть** *see* **стынуть.**
стычка *f.* (mil.) skirmish, clash.
стычный *a. of* **стык**; butt-jointed.
Стьюдента распределение Student distribution.
стэн *see* **стен.**
стэнд *see* **стенд.**
Стэнли водопады (geog.) Stanley Falls.
стюард *m.* steward.
стюартит *m.* (min.) stewartite.
Стюарт-Кирхгофа закон Stewart-Kirchhoff law.
стютцит *m.* (min.) stuetzite.
стэр *see* **стер.**
стягив/аемость *f.* contractibility; **—ание** *n.* tightening, contraction, etc., *see v.*; **—ать** *v.* tighten, contract, constrict; draw together; tie (up), bind, clamp, shackle; couple; bond; brace; agglutinate; pull off, pull away; subtend (an angle); **—аться** *v.* be tightened, etc.; tighten, contract, shrink; sinter, form clinker or slag; **—ающий** *a.* tightening, etc., *see v.*; tie; astringent; **—ающее средство** astringent.
стяж/ание *n.* acquisition; **—ать** *v.* acquire, get, obtain.
стяж/ение *see* **стягивание**; (min.) concretion, nodule; **—ка** *f.* tightening device, tie rod, draw bar, coupling, coupler; brace; tightening; **проволочная —ка** stay wire; **—ной** *a.* tightening, tension; coupling, tie; clamp; **—ной замок** (tension) shackle, coupling; **—ная муфта** turnbuckle; **—ная тяга** tie rod, tension rod.
стянут/ый *a.* tightened, etc., *see* **стягивать**; **—ь** *see* **стягивать.**
су-ауру *f.* (vet.) trypanosomiasis.
суб— *prefix* sub—, under—; **—альпийский** *a.* (bot.) subalpine; **—аренда** *f.* sublease; **—арктика** *f.* subarctic zone; **—аркти-**

суббота   697   **судомонтажник**

ческий *a.* subarctic; **—атомный** *a.* subatomic; **—аэральный** *a.* subaerial; **—аэратор** *m.* subaerator; **—аэрация** *f.* (flotation) subaeration.
суббота *f.* Saturday.
суб/гармоника *f.*, **—гармонический** *a.* (acous.) subharmonic, suboctave; **—гедральный** *a.* (min.) subhedral; **—гигант** *m.* (astr.) subgiant; **—грейдер** *m.* subgrader; **—группа** *f.* subgroup.
субер/ан *m.* suberane, cycloheptane; **—ат** *m.* suberate; **—ен** *m.* suberene; **—ил** *m.* suberyl; **—иловый спирт** *see* **суберол**; **—ин** *m.* suberin; **—иновая кислота** suberic acid, octanedioic acid; **—иновокислая соль** suberate; **—ол** *m.* suberol, cycloheptanol; **—он** *m.* suberone, cycloheptanone; **—оновый** *a.* suberonic (acid).
субзерно *n.* subgrain.
суб-инспектор *m.* junior inspector.
субконтрагент *m.* subcontractor.
субламин *m.* Sublamine, mercuric sulfate ethylenediamine.
сублетальный *a.* (med.) sublethal.
сублим/ат *m.* sublimate; spec. corrosive sublimate, mercuric chloride; **—ационный** *a.* sublimation; freeze (drying); **—ация** *f.*, **—ирование** *n.* sublimation; **—ированный** *a.* sublimated; **—ировать** *v.* sublimate, sublime; **—ирующийся** *a.* sublimable.
суб/металлический *a.* submetallic; **—микрон** *m.* submicron; **—микроскопический** *a.* submicroscopic; **—миниатюризация** *f.* subminiaturization; **—несущий** *a.* subcarrier; **—нивальный** *a.* subniveal, under the snow; **—нормальный** *a.* subnormal.
субподряд *m.* subcontract; **—ный** *a.* subcontract(ed); **—чик** *m.* subcontractor.
суб/продукты *pl.* by-products; **—рефракция** *f.* subrefraction; **—секвентный** *a.* subsequent.
субсид/ировать *v.* subsidize; **—ия** *f.* subsidy, subvention.
субстан/тивный *a.* substantive, direct (dye); **—циальный** *a.* substantial; **—ция** *f.* substance.
субститут *m.* substitute; **—ция** *f.* substitution.
суб/страт *m.* substratum; substrate; basement (complex of rocks); **почвенный с.** bedrock; **—стратостат** *m.* substratosphere balloon; **—стратосфера** *f.* substratosphere; **—структура** *f.* substructure; **—тангенс** *m.* (geom.) subtangent; **—тенолин** *m.* subtenolin; **—тилизин** *m.* subtilysine; **—тилин** *m.* subtilin.
субтильн/ость *f.* slenderness, frailty; **—ый** *a.* slight, delicate, frail.
субтитр *m.* subtitle.

субтроп/ики *pl.*, **—ический пояс** subtropics; **—ический** *a.* subtropic.
суб/трузия *f.* subtrusion; **—фоссильный** *a.* subfossil; **—фосфорный** *a.* hypophosphoric (acid); **—фторид** *m.* subfluoride; **—щелочной** *a.* subalkaline.
субъект *m.* subject; person; **—ивность** *f.* subjectivity; **—ивный** *a.* subjective; **—ивная ошибка** personal equation.
суб/ъядерный *a.* subnuclear; **—экваториальные пояса** subequatorial region.
суводь *f.* whirlpool, eddy.
сувой *m.* whirlpool; vortex; swirled snow hummock; **—ки** *pl.* (zool.) Vorticella.
суглин/исто-песчаный *a.* sandy loam; **—истый** *a.* loamy, loam-like; **—ок** *m.* loam; **—ок-супесь** *m.* sandy loam.
сугроб *m.* snow drift, snow bank; **—истый** *a.* drifted, drift-covered.
сугубый *a.* especial, particular.
суд *m.* court, tribunal; **верховный с.** supreme court; **подавать в с.** *v.* institute proceedings (against).
суда *pl.* of **судно**; *gen.* of **суд**.
судак *m.*, **—овый** *a.* (ichth.) pike perch.
судан *m.*, **—овый** *a.* sudan (dye); **—ка** *f.* Sudan grass; **—ский** *a.* Sudan(ese).
судачий *a.* of **судак**.
судеб *gen. pl.* of **судьба**.
судебномедицинский *a.* forensic.
судебн/ый *a.* legal, law, judicial; forensic (medicine; chemistry); **с. порядок** court procedure; **—ым порядком** in legal form; **преследовать —ым порядком** *v.* bring action (against); **с. следователь** examining judge; **—ое разбирательство** lawsuit, trial.
судейский *a.* judicial.
судза *f.* (bot.) Perilla.
судить *v.* judge, pass judgment on; foresee, conjecture, visualize; form an opinion; **—ся** *v.* go to court.
судно *n.* ship, steamer, boat, vessel, craft; bedpan; **грузовое с.** cargo ship, freighter; **с.-кран** *n.* crane ship; **с.-матка** *n.* aircraft carrier.
судо— *prefix see* **судебный**; **судовой**; **—верфь** *f.* shipyard; **—владелец** *m.* ship owner; **—владельческий** *a.* ship owner's.
судово/дитель *m.* navigator; **—дительский** *a.* navigator's; **—ждение** *n.* navigation.
судов/ой *a.* ship, naval, maritime; marine (oil); **ship's (papers)**; **—ые припасы** naval stores.
судок *m.* cruet; lunch box.
судомойка *f.* dishwasher.
судомойн/ый *a.* dish-washing; utensil-washing; **—ая машина** dish washer.
судо/монтажник *m.* shipwright; **—оборот** *m.* maritime traffic; **—подъемный** *a.* ship-raising.

судопроизводство *n.* legal procedure.
судо/рабочий *m.* stevedore; —ремонт *m.*, —ремонтный *a.* ship repair(ing).
судоро/га *f.* cramp, spasm, convulsion; —жный *a.* spasmodic, convulsive.
судосборщик *m.* shipwright.
судостро/ение *n.* ship building; —итель *m.* ship builder; —ительный *a.* ship-building.
судоустройство *n.* judicial system.
судоход/ность *f.* navigability; —ный *a.* navigable; maritime; —ство *n.* navigation.
судьба *f.* fate, destiny, fortune, luck.
суд/ья *m.* judge, justice; —я по judging by, to judge from.
суеверие *n.* superstition.
суезит *m.* (min.) souesite.
сует *pr. 3 sing. of* совать.
суета *f.* commotion, fuss.
сужать *see* суживать.
сужден/ие *n.* judgment; opinion; основа —ия criterion.
суж/ение *n.* narrowing, constriction, etc., *see v.*; taper (of wing); (met.) waist; (med.) stenosis; —енный *a.* narrowed, etc., *see v.*; —ивание *see* сужение; —ивать *v.* narrow, constrict, compress, neck, reduce in area; narrow down, taper; —иваться *v.* narrow down, shrink, contract; taper; —ивающийся *a.* narrowing; tapering; conical (nozzle).
сузанит *see* сусанит.
сузить *see* суживать.
сузотоксин *m.* susotoxin.
суй *imp. of* совать.
суйма *f.* (geol.) solidified freshly deposited salt.
суйфунит *m.* (min.) suifunite, ash tuff.
сук *m.* branch, bough, limb; knot (in wood).
сука *f.* (zool.) bitch.
суккулентный *a.* (bot.) succulent.
сукно *n.* (woolen) cloth; felt; класть под с. *v.* shelve, file away.
сукновал *m.* (text.) fuller; —ьный *a.* fulling; —ьная глина fuller's earth; —ьня *f.* fulling mill, fullery.
сукноделие *n.* cloth manufacture.
суковатый *see* сучковатый.
сукон *gen. pl. of* сукно; —ка *f.* piece of cloth, rag; —ный *a. of* сукно; —щик *m.* cloth worker.
сукрови/ца *f.* (med.) sanies, (inflammatory) lymph; ichor; (blood) serum; —чный *a.* sanious; ichorous.
сукрол *m.* Sucrol, dulcin; —ит *m.* sucrolite (synthetic resin).
сукцин— *prefix* succin(o)—; —амид *m.* succinamide, butanediamide; —амил *m.* succinamyl; —аминовая кислота succinamic acid; —ат *m.* succinate; —елит *m.* succinelite.
сукцинил *m.* succinyl, butanedioyl; —(o)-янтарный *a.* succinylsuccinic (acid).
сукцин/имид *m.* succinimide, butanimide; —ит *m.* (min.) succinite; —ол *m.* succinol; —онитрил *m.* succinonitrile, ethylene cyanide; —орезинол *m.* succinoresinol; —уровая кислота succinuric acid.
сулванит *m.* (min.) sulvanite.
сулем/а *f.*, —овый corrosive sublimate, mercuric chloride.
сулой *m.* swift current; whirlpool.
султан *m.* (bot.) tassel.
султанка *m.* (ichth.) red mullet.
сульванит *see* сулванит.
сульгин *m.* Sulfaguine, sulfaguanidine.
сульсен *m.* selenium sulfide.
сультон *m.* sultone.
сульф— *prefix* sulf(o)—, thio—; —адимезин *m.* sulfadimesine; —азид *m.* sulfazide; —азол *m.* sulfazole, sulfamethylthiazole; —актин *m.* sulfactin; —альдегид *m.* sulfaldehyde, thioaldehyde; —амид *m.*, —амидный *a.* sulfamide; —амин *m.* sulfamine; —аминобензойный *a.* sulfaminobenzoic (acid).
сульфаминов/ая кислота sulfamic acid; соль —ой кислоты, —окислая соль sulfamate; —оаммиачная соль ammonium sulfamate; —окислый *a.* sulfamic acid; sulfamate (of).
сульфамино/кислота *f.* sulfamic acid; —л *m.* sulfaminol, thiooxydiphenylamine.
сульфан *m.* hydrogen polysulfide; —гидрид *m.* sulfide (of phosphorus, etc.).
сульфанил/амид *m.* sulfanilamide; —овая кислота sulfanilic acid; —овокислая соль sulfanilate.
сульфа/нтрол *m.* sulfanthrol; —пиридин *m.* sulfapyridine.
сульфат *m.* sulfate; с. калия potassium sulfate; —аза *f.* sulfatase; —ация *f.* sulf(atiz)ation; —изирующий *a.* sulfat(iz)ing; —изирующий обжиг (met.) sulfate roasting; —ирование *see* сульфатация; —ировать *v.*, —ный *a.* sulfate; —ная масса (paper) sulfate pulp; —остойкий *a.* sulfate-resistant (cement).
сульфацил *m.* Sulfacyl, N[1]-acetylsulfanilamide.
сульфгидр/ат *m.* hydrosulfide; —ил *m.* sulfhydryl, mercapto—.
сульфид *m.* sulfide; с. натрия sodium sulfide; —изатор *m.* sulfidizing agent; —ин *m.* Sulfidine, sulfapyridine; —ирование *n.* sulfid(iz)ing; —ированный *a.* sulfid(iz)ed; —ировать *v.* sulfid(iz)e; —ность *f.* sulfidity; —ный *a.* sulfide.
сульф/икислота *f.* sulfinic acid; —имид *m.*

сульфимide; —ин *m.* sulfine, sulfonium; —иновый *a.* sulfinic (acid).

сульфир/ование *n.* sulfonation; sulfur(iz)ation; —ованный *a.* sulfonated; sulfurized; —овать *v.* sulfonate; sulfurize; —ующий *a.* sulfonating; sulfurizing.

сульфит *m.* sulfite; с. натрия sodium sulfite; —ация *f.* sulfitation (of fruit, etc.); —ирование *n.* sulfitization; —новарочный процесс sulfite cooking, sulfite pulping process.

сульфит/ный *a.* sulfite; с. процесс (paper) sulfite pulp process; с. щелок sulfite liquor; —овый *a.* sulfite; -целлюлоза *f.* sulfite pulp.

сульфкарб/амид *m.* thiocarbamide, thiourea; —аминовая кислота thiocarbamic acid; —анилид *m.* thiocarbanilide, sulfocarbanilide.

сульфо— *prefix* sulfo—, thio—; —аммофос *m.* ammonium sulfate-phosphate fertilizer; —ароматический *a.* sulfoaromatic; —бензойная кислота sulfobenzoic acid; —борит *m.* (min.) sulfoborite; —бромид *m.* sulfobromide; —галит *m.* (min.) sulfohalite; —группа *f.* sulfo group; —йодид *m.* sulfoiodide; —ихтиоловая кислота sulfoichthyolic acid.

сульфокарб/амид *see* сульфкарбамид; —онат *m.* sulfocarbonate; —оновая кислота sulfocarbonic acid.

сульф/окислота *f.* sulfo acid, sulfonic acid; —оксид *m.* sulfoxide; —оксил *m.* sulfoxyl; —оксиловый *a.* sulfoxylic (acid).

сульфомасса *f.* sulfonated material.

сульфомышьяков/ая кислота *see* тиомышьяковая кислота; —истая кислота *see* тиомышьяковистая кислота.

сульфон *m.* sulfone; —ал *m.* Sulfonal, sulfonmethane; —амид *m.* sulfonamide, sulfamine; —ат *m.* sulfonate; —иевый *a.*, —ий *m.* sulfonium; —ил *m.* sulfonyl, sulfuryl.

сульфониров/ание *n.* sulfonation; —анный *a.* sulfonated; —ать *v.* sulfonate.

сульфонитрат *m.* nitrosulfate.

сульфонов/ая кислота sulfonic acid; амид —ой кислоты sulfonamide; соль —ой кислоты, —окислая соль sulfonate; хлорангидрид —ой кислоты sulfonyl chloride.

сульфо/нокарбоновая кислота sulfonocarboxylic acid, sulfonecarboxylic acid; —окись *f.* sulfoxide; —оксоль *m.* a drying oil; —основание *n.* sulfur base; —пон *m.* sulfopone (a zinc sulfide-calcium sulfate pigment); —производные *pl.* sulfo derivatives; —салициловая кислота sulfosalicylic acid; —соединение *n.* sulfo compound; —соль *f.* sulfo salt, thio salt.

сульфосурьмян/ая кислота *see* тиосурьмяная кислота; —истая кислота *see* тиосурьмянистая кислота.

сульфо/уголь *m.* sulfonated coal; —угольная кислота sulfocarbonic acid, thiocarbonic acid; —уксусная кислота sulfoacetic acid; —феноловая кислота phenolsulfonic acid; —фикация *f.* (agr. chem.) sulfofication; —фторид *m.* sulfofluoride; —хлорид *m.* sulfochloride; —хлорирование *n.* sulfochlorination.

сульф/оциан *see* тиоциан; —оэтиловая кислота ethylsulfonic acid; —уратор *m.* sulfonator; —урил *m.* sulfuryl, sulfonyl.

сульфуриметр *m.* device for determining fineness of sulfur grains.

сульфуриров/ание *n.* sulfonation; sulfurization; —анный *a.* sulfonated; sulfurized, sulfureted; —ать *v.* sulfonate; sulfurize, fumigate with sulfur.

сульцимид *m.* sulcimide, N^1-cyanosulfanilamide.

сума *f.* bag, pouch.

сумак *see* сумах.

сумарезинол *m.* sumaresinol.

сумасш/едший *a.* insane, mad; *m.* madman, lunatic; с. дом insane asylum; —ествие *n.* madness, insanity.

суматоха *f.* confusion, disorder, bustle.

суматрский *a.* Sumatra (camphor).

сумах *m.*, —овый *a.* (bot.) sumac (*Rhus*).

сумбул *m.*, —ьный корень sumbul, musk root; —ьная кислота sumbulic acid, angelic acid.

сумер/ечные *pl.* (ent.) Crepuscularia; —ечный *a.* crepuscular; —ки *pl.* crepuscule, twilight, dusk.

сумет *m.* snowdrift.

суметь *see* уметь; know how, be able.

сумк/а *f.* bag, sack, pack, satchel, case, carrier, (tool) kit; (zool.) pouch; (anat.) bursa, follicle, capsule; —ообразный *a.* sack-like, box.

сумма *f.* sum, amount, total; с.-разность *f.* add-subtract (radio direction finder); —рный *a.* summary, summarized; total, gross, overall, ultimate; cumulative, aggregate (error); composite (force); accumulation (curve).

сумматор *m.*, —ный *a.*, —ное устройство (comp.) adder, accumulator, summator.

суммир/ование *n.* summation, summing up, addition; —овать *v.* sum up, summarize, add up; —уемость *f.* summability; —ующий *a.* integrating; cumulative; summation, summing, adding; —ующий узел, —ующее устройство summator, adder.

сумо/к *gen. pl. of* сумка; —чка *dim. of* сумка; (biol.) utricle; —чный *a. of* сум(оч)ка; capsular.

су́мра/к *m.* dusk, twilight, darkness; —чный *a.* dark, dusky, gloomy.
сумско́й *a.* (geog.) Suma.
сумча́т/ые *pl.* (zool.) marsupials; —ый *a.* utricular, pitcher-shaped; marsupial; (bot.) ascomycetous; —ая боле́знь (phyt.) plum pocket; —ые грибы́ (bot.) Ascomycetes.
сун *m.* sunn, Indian hemp.
сунд́ти́т *m.* (min.) sundtite, andorite.
сунду́/к *m.*, —чный *a.* trunk, chest.
сунже́нский *a.* (geog.) Sunzha.
су́нуть *see* сова́ть.
суп *m.* soup.
су́пер— *prefix* super— (above, over); —ам *m.* ammoniated superphosphate fertilizer; —балло́н *m.* balloon tire; —гармони́ческий *a.* superharmonic; —ге́нный *a.* (geol.) supergene; —гетероди́н *m.* (rad.) superheterodyne; —иконоско́п *m.* (electron.) supericonoscope; —кавити́рующий *a.* supercavitating; —компа́ктный *a.* supercompact; —ко́мплекс *m.* supercomplex; —криста́льный *a.* (petr.) supercrustal; —обло́жка *f.* jacket, dust cover, wrapper; —обма́зка *f.* supercoating; —ортико́н *m.* (telev.) superorthicon; —пали́т *m.* (mil.) superpalite.
суперпозиц/ио́нный *a.* superimposed; peek-a-boo, optical coincidence (card); —ия *f.* superposition.
суперрегенер/ати́вный *a.* super-regenerative; —а́тор *m.* super-regenerative receiver; —а́ция *f.* super-regeneration.
супер/рефра́кция *f.* super-refraction; —структу́ра *f.* superstructure; —фини́ш *m.* superfinish; —фосфа́т *m.*, —фосфа́тный *a.* superphosphate (fertilizer); —фузи́вный *a.* (geol.) superfusive; —центрифу́га *f.* supercentrifuge; —чар́жер *m.* supercharger; —эли́та *f.* super quality stock seed; —эли́тный *a.* superstock, superior quality.
супе́с/ковый, —ный *a.*, —о́к, —ча́ник *m.*, —ча́ный *a.*, —ь *f.* sandy loam.
супин/а́тор *m.* (anat.) supinator (muscle); (med.) arch support; —и́ровать *v.* supinate.
суплирова́ть *v.* (silk) souple.
супово́й *a.* soup.
супо́н/ь, —я *f.* hame strap.
супоро́сность *f.* (swine) gestation.
супо́рт *see* суппо́рт.
суппозито́рии *pl.* (pharm.) suppositories.
суппо́рт *m.*, —ный *a.* support, rest, carriage, slide; saddle.
супра/капсули́н, —рен(ал)и́н *m.* Supracapsuline, Suprarenaline, Suprarenin (epinephrine); —стери́н *m.* suprasterol; —фосфа́т *m.* supraphosphate, basic slag.

супроти́вный *a.* (bot.) accumbent, opposite, reverse, contrary.
супру́/г *m.* husband; —га *f.* wife; —жеский *a.* marital; —жество *n.* marriage.
супря́га *f.* land-working partnership.
сураха́нский *a.* Surakhany (crude oil).
сургу́ч *m.*, —ный *a.* sealing wax.
сурд/и́на *f.* sourdine, mute; silencer, muffler, damper; —ини́рующий *a.* muting; —и́нка *see* сурди́на; —ока́мера *f.* anechoic chamber; —опедаго́гика *f.* education of surdomutes.
суре́п/а, —и́ца *f.* (bot.) rape; —и́ца, —ка *f.* winter cress (*Barbarea vulgaris*); —ное ма́сло rapeseed oil.
су́рж/а *f.*, —и́к *m.* maslin, mixture (of wheat and rye grain).
су́рик *m.*, —овый *a.* minium, red lead; желе́зный с. iron minium, iron oxide; свинцо́вый с. red lead, minium.
сурина́м/ин *m.* surinamine, methyltyrosine; —ский *a.* (geog.) Surinam.
сурко́вый *a. of* суро́к.
суро́в/еть *v.* grow (more) severe; —ость *f.* severity, austerity, rigor; —ый *a.* severe, stern, rigorous, bleak, inclement (climate); hard (frost); (text.) coarse, unbleached; raw (silk); —ье *n.* coarse, unbleached cloth.
суро́/к *m.*, —чий *a.* (zool.) marmot; лесно́й с. woodchuck.
суррога́т *m.* substitute; (med.) succedaneum; —и́ровать *v.* substitute; —ный *a.* substitute(d); artificial; random (antenna).
сурхандарьи́нский *a.* (geog.) Surkhandarya.
сурьм/а́ *f.* antimony, Sb; о́кись —ы antimony oxide; пятио́кись —ы antimony pentoxide, antimonic oxide; пятисе́рнистая с. antimony pentasulfide, antimonic sulfide; пятихлори́стая с. antimony pentachloride, antimonic chloride; серноки́слая с. antimony sulfate; трёхсерни́стая с. antimony trisulfide, antimonous sulfide; (трёх)хлори́стая с. antimony trichloride, antimonous chloride; хлоро́кись —ы antimony oxychloride, antimonyl chloride; —аорганический *a.* organo-antimony.
сурьмя́нисто/ки́слый *a.* antimonous acid; antimonite (of); с. на́трий, —на́триевая соль sodium antimonite; —ки́слая соль antimonite.
сурьмя́нист/ый *a.* antimonous, antimony, antimonial; antimonide, stibide (of); с. ангидри́д antimony trioxide; с. водоро́д antimonous hydride, stibine; с. ни́кель (min.) nickel antimonide, breithauptite; —ая кислота́ antimonous acid; соль —ой кислоты́ antimonite; —ое серебро́ (min.) antimonial silver, dyscrasite.

сурьмяно/водород m. antimonous hydride, stibine; —й see сурьмяный; —калиевая соль potassium antimonate; —кальциевая соль calcium antimonate; —кислый a. antimonic acid; antimonate (of); —кислый натрий sodium antimonate; —кислая соль antimonate; —никелевый блеск (min.) ullmannite; —свинцовая соль lead antimonate.

сурьмян/ый a. antimonic, antimony, antimonial; с. ангидрид antimony pentoxide; с. блеск (min.) antimony glance, antimonite, stibnite; с. кермес, —ая киноварь (min.) kermesite, red antimony sulfide; —ая кислота antimonic acid; соль —ой кислоты antimonate; —ая обманка (min.) antimony blende, kermesite; —ая охра (min.) antimony ocher, stibiconite; —ая чернь antimony black, antimonous sulfide; —ое масло butter of antimony, antimony trichloride; —ое стекло antimony glass, antimonous oxide; —ые белила antimony white (antimony trioxide); —ые цветы (min.) antimony bloom, valentinite.

сусак m. (bot.) Butomus.
сусаль f., —ный a. tinsel; —ное золото tinsel; gold leaf; mosaic gold; —ное серебро tinsel.
сусанит m. (min.) susannite.
сусек m. (corn) bin, compartment.
Су-сити (geog.) Sioux City.
Сускветанна Susquehanna (river).
суслик m. suslik, ground squirrel.
сусло n. (grape) must; (brewing) wort; wash; —мер m. mustmeter.
суслон m. sheaves, shock.
сусляный a. of сусло.
суспен/дированный a. suspended; —дировать, —зировать v. suspend; —зионный a., —зия f. suspension; —зии pl. 'suspended matter; —зоид m. suspensoid, suspension, soliquoid; —зорий m. (zool.) suspensorium.
суссексит m. (min., petr.) sussexite.
сустав m. joint, articulation; hinge; —ной a. of сустав; articular; condyloid (process); antarthritic (salve); link (belt); —очный, —чатый a. jointed, articulated, hinged; telescopic, telescope; flexible (pipe).
сути gen., etc., of суть.
сутки pl. day, 24 hours.
суточный a. daily, diurnal.
сутулина f. curve, bend.
сутун/ка f., —очный a. (met.) sheet billet, sheet bar.
сутур/a f. suture; —ная структура (geol.) sutural texture.
сут/ь f. substance, gist, essence, essentials, kernel, pith (of the matter); pr. 3 pl. of быть; с. дела point; по —и дела in principle, basically.

суфле n. souffle.
суфлер m. breather (of engine).
суфляр m. (min.) piper, gas feeder; (geol.) fumarole; —ный газ blower gas.
суффикс m. (grammar) suffix.
суффозия f. (geol.) undermining, collapse from solvent action of water.
сух sh. m. of сухой.
сухар/ик dim. of сухарь; (arch.) dentil; —ный a. of сухарь; kaolinic (clay); —ь m. rusk, dry bread; refractory kaolin clay; (mach.) slide block; (universal-joint) trunnion; —и pl. (tongue) dies.
сухмен/ный a. very dry; —ь f. drought; dry place; dry soil.
сухо adv. dry(ly); it is dry; prefix xero—, dry; —адиабатический a. (meteor.) dry adiabatic; —боина f. (timber) seasoning check; —вей m., —вейный a. hot, dry wind.
суховер/хий, —шинный a. stagheaded, dry-topped (tree); —шинность f. stagheadedness.
сухогрузный a. dry-cargo (ship).
суходол m., —ьный a. dry valley.
сухожил/ие n. (anat.) sinew, tendon; —ьный a. sinewy, tendinous.
сух/ой a. dry, arid, barren; dry-bulb (thermometer); с. остаток dry residue, total solids; —ая перегонка dry distillation, destructive distillation; —им путем dry (method); by land, over land; анализ —им путем dry analysis; всасывание в —ую dry suction.
сухоложский a. Sukhoi Log.
сухо/лом m. brushwood; —любивый a. (bot.) xerophilous; —мятка f. dry food.
сухопарн/ик m. steam dome; steam dryer; boiler room; —ый колпак steam dome.
сухо/парый a. lean, thin, spare; —перегонный a. dry-distilled; —путный a. overland, (by dry) land; —путье n. land route; —разрядный a. dry flash-over; —смешанный a. dry-mixed.
сухостой m. deadwood; dry period (of cow); —ник m. deadwood; —ный a. dead standing (tree), deadwood; dry (cow).
сухо/сть f. dryness; aridity, barrenness; —та f. dryness; drought; (med.) emaciation; —тка f. (med.) tabes; —фрукты pl. dried fruits; —цвет m. (bot.) everlasting; —щавый a. lean, emaciated.
суч/ение n. spinning, twisting; —ен(н)ый a. spun, twisted; —ильный a. spinning, twist(ing); —ильщик m. spinner; —ить v. spin, twist; throw (silk).
суч/коватый a. knotty, nodose, gnarled, snagged; —ковый a. of сучок; —ковая

масса (paper pulp) screenings; **—корез** *m.* (agr.) extension pruner; **—корезка** *f.* tree pruner; knot saw; **—ок** *dim. of* **сук**; knot, knag, knurl; twig; sprout; **—ья** *pl. of* **сук**; brushwood, branches.

суш/а *f.* dry land; **по —е** by land; **—е** *comp. of* **сухо, сухой**, drier; **—ек** *gen. pl. of* **сушка**; **—ение** *n.* drying, desiccation; **—еница** *f.* (bot.) everlastings (*Gnaphalium*); **—ен(н)ый** *a.* dried, desiccated, dehydrated (food); **—енье** *see* **сушение**.

сушил/ка *f.*, **—о** *n.* dryer, desiccator, drying kiln, drying chamber, drying plant; **с.-вакуум** vacuum dryer.

сушильн/ый *a.* drying; **с. аппарат** dryer, desiccator; **с. барабан** rotary dryer; **с. под** dryer, drying floor; **с. прибор** dryer; **с. станок** drying rack; **с. шкаф** desiccator, dryer, drying chamber; **—ая печь** drying oven, drying kiln, dryer, desiccator; **—ая полка, —ая тележка** drying rack; **—ое средство** drying agent, drier, desiccant, siccative.

суш/ильня *f.* drying chamber, drying plant; **—ильщик** *m.* dryer; **—ина** *f.* dried up tree; **—итель** *m.* dryer, drying agent; dehumidifier; **—ить** *v.* dry, desiccate, bake; dehydrate, dehumidify; season, cure, weather; **—иться** *v.* be dried, etc.; dry; **—ка** *f.* drying, etc., *see v.*; desiccation, dehydration; drier, siccative; **—няк** *m.* deadwood; adobe; sun-dried clay brick; **—онка** *f.* (dryer) cake; **—ь** *f.* dryness, drought, dry weather; dry matter; empty (honey) comb.

существенн/о *adv.* significantly, etc., *see a.*; **—ое** *n.* an essential; **—ость** *f.* significance; **—ый** *a.* significant, important, substantial, material, considerable, tangible, appreciable; essential, intrinsic; entry, catch (word).

существ/о *n.* being, creature; nature; essence, point; **по —у** essentially, in essence; in fact; **—ование** *n.* existence, being, subsistence; occurrence; **время —ования** (nucl.) lifetime; **условия —ования** (biol.) habitat; **—овать** *v.* exist, be, live, subsist; be extant; be available; **не —овать** be non-existent; **—ующий** *a.* existing, etc., *see v.*; present-day; **все —ующее** all that exists.

сущий *a.* existing, which is; real, true.

сущност/ь *f.* substance, nature; essentiality, essence, point; **в —и** virtually; **в —и говоря** practically speaking.

СУЭ *abbr.* **(сероуглеродная эмульсия)** carbon disulfide emulsion.

Суэцкий канал Suez Canal.

сующий *pr. act. part. of* **совать**.

суягность *f.* gestation (of ewe).

сфабриковать *v.* make, devise, concoct.

сфагн/овый *a.*, **—ум** *m.* peat moss (*Sphagnum*).

сфазирован/ие *n.* phasing in; **—ный** *a.* phased.

сфалерит *m.* (min.) sphalerite, zinc blende.

сфальц/евать *v.* fold, crease; rabbet, groove; **—ованный** *a.* folded, etc., *see v.*

сфексы *pl.* sphecid wasps (*Sphecoidea*).

сфен *m.* (min.) sphene, titanite; **—оид** *m.* (cryst.) sphenoid; **—оидальный** *a.* sphenoid(al).

сфера *f.* sphere, realm, range, scope, domain, province, field, area, zone.

сферит *m.* (min.) spherite.

сферич/еский *a.* spherical, globular, ball-shaped, orbicular; **—ность** *f.* sphericity; **—ный** *see* **сферический**.

сфероид *m.* spheroid; **—альный** *a.* spheroidal, sphere-shaped; (met.) nodular; **—изация** *f.*, **—изирование** *n.* (met.) spheroidizing, spheroidization; **—изированный** *a.* spheroidized.

сферо/кобальтит *m.* (min.) spherocobaltite; **—кристалл** *m.* spherocrystal, spherical crystal.

сферолит *m.* (cryst.) spherulite, spheroidal aggregate; **—овый** *a.* spherulitic.

сферометр *m.* spherometer; **—ический** *a.* spherometric; **—ия** *f.* spherometry.

сферо/сидерит *m.* (min.) spherosiderite; **—стильбит** *m.* spherostilbite; **—тека** *f.* (phyt.) powdery mildew (*Sphaerotheca morsuvae*); **—текоустойчивый** *a.* resistant to powdery mildew; **—физин** *m.* spherophysine; **—форин** *m.* spherophorin.

сферулит *see* **сферолит**.

сфигмо— *prefix* (med.) sphygmo— (pulse); **—граф** *m.* sphygmograph; **—манометр** *m.* sphygmomanometer.

сфинго/зин *m.* sphingosine; **—метр** *m.* (mech.) sphingometer; **—миелин** *m.* sphingomyelin.

сфинкс *m.* sphinx (moth.).

сфинктер *m.* (anat.) sphincter.

сфокусиров/ание *n.* focusing; **—анный** *a.* focused; **—ать** *v.* focus.

сформ/ированный *a.* formed, etc., *see v.*; **—иров(ыв)ать** *v.* form, mold, shape; organize, create; **—овать** *v.* form, mold, shape; **—улировать** *v.* formulate.

сфотографировать *v.* photograph.

сфрагид *m.* (min.) sphragide, cimolite.

СФР-грамма *f.* moving image camera picture, streak camera picture.

сфрезеров(ыв)ать *v.* mill.

СФРЮ *abbr.* Socialist Federated Republic of Yugoslavia.

с. х. *abbr.* **(сельское хозяйство)** agriculture; **с-х** *abbr.* **(сельскохозяйственный)** agricultural.

схват *m.* grip, grab; **ящик —а** grab (bucket).

схва/тившийся *a.* set (concrete); **—тить** *see* **схватывать**; **—тка** *f.* seizing; (mil.) fighting, engagement, clash; **—тки, —ты** *pl.* tongs; pangs (of pain); **шов —тками** tack weld; **—тывание** *n.* seizing, etc., *see v.*; coalescence (of metals); **—тывать** *v.* seize, grasp, clutch, catch hold (of), grab; bind, tie, join, fasten; bond (metals); catch (disease); **—тываться** *v.* be seized, etc.; seize; (concrete) set, harden; start up; recall suddenly; enter battle; **—тывающий** *a.* seizing, etc., *see v.*; **—тывающийся** *a.* setting (concrete); **—ченный** *a.* seized, etc., *see v.*

с. х-во *see* **с. х.**

схем/а *f.* scheme, plan, project; flow sheet, chart, schematic drawing, diagram; system, arrangement, layout; hook-up, connection, circuit, network; device; (flow) pattern; **с. движения материала, с. технологического потока** flow sheet; **с. обогащения** (concentration) flow sheet; **с. соединений** (elec.) connection, hook-up; circuit diagram; communication chart; **принципиальная с.** key diagram; schematic diagram; **составлять —у** *v.* connect, hook up.

схематизировать *v.* schematize, plan; give a rough picture (of).

схемат/изм *m.* schematism, sketchiness; **—ический, —ичный** *a.* schematic, diagrammatic, outline; **—ичность** *see* **схематизм**.

схизо— *see* **шизо—**.

схистоцерка *f.* schistocerca (a locust).

СХЛ *abbr.* (**санитарно-химическая лаборатория**) medico-chemical laboratory; (**сталь хромистая литая**) cast chromium steel.

схлест/нуть, —(ыв)ать *v.* whip, lash; cross (of wires).

схлопывание *n.* (plasma) collapse.

схлынуть *v.* abate, flow away, recede.

сход *m.* descent, descending; gathering, meeting; coming off; (rr.) derailment; (missile) take-off, launching; toe-in (of wheels); tail(ing)s; oversize (material); trimmings; **линия общего —а** vanishing line.

сходен *sh. m. of* **сходный**.

сходимость *f.* (math.) convergence.

сходить *v.* go down, descend, come down, get off, come off, leave; **с. за** pass for; **go for,** fetch; **с. на-нет** dwindle to nothing, taper down to nothing; **—ся** *v.* meet, join, come together, converge; agree, coincide.

сходка *f.* meeting, assembly.

сходни *pl.* gangplank, gangway, ramp.

сходн/ость *f.* similarity; **—ый** *a.* similar, like, analogous; allied, companion; suitable, advantageous.

сходня *see* **сходни**.

сходств/енный *a.* similar, like, compatible; **—о** *n.* similarity, likeness, resemblance, analogy, comparison; coincidence, congruity, compatibility.

схо/ды *pl. of* **сход**; **—дя** *pr. ger. of* **сходить**; **не —дя с места** without moving; **—дящийся** *a.* convergent; **—ждение** *n.* convergence, meeting; descent; coming off, leaving.

схож/есть *f.* similarity; **—ий** *a.* similar, (a)like.

схоластический *a.* scholastic.

схоронить *v.* bury; save, keep.

СХОС *abbr.* (**сельскохозяйственная опытная станция**) agricultural experiment station.

сце/дить *see* **сцеживать**; **—жа** *f.* blow pit, drainage pit; **—женный** *a.* decanted, etc., *see v.*; **—живание** *n.* decanting, decantation, etc., *see v.*; **—живать** *v.* decant, draw off, drain, tap; filter off, strain.

сцементировать *v.* cement together, bind.

сцена *f.* stage, scene.

сцентр(ир)овать *v.* center; **—ся** *v.* coincide (of centers).

сцеп *see* **сцепка**; hook, link, chain, bond; **—ить** *see* **сцеплять**; **—ка** *f.* coupling, etc., *see v.*; coupler, clutch; (tractor) hitch; **—ление** *n.* coupling, etc., *see v.*; linkage; cohesion, coherence; (metal cladding) coalescence; adherence, adhesion; engagement (of gears); chain, series; bond, link; clutch; **диск —ления** clutch plate; **коэффициент —ления** coefficient of cohesion; **сила —ления** cohesive force; **тяга —ления** clutch rod; **—ленный** *a.* coupled, etc., *see v.*; in gear; **—ляемость** *f.* cohesiveness, adhesiveness; **—лянки** *pl.* (bot.) Conjugatae; **—лять** *v.* couple, (inter)link, hook up, connect; lock; clutch, mesh, engage, put in gear, throw in (clutch); **—ляться** *v.* be coupled, etc.; couple, interlock; adhere, cohere, stick together; mesh, engage (with); **—ляющий** *a.* coupling, etc., *see v.*; **—ляющий болт, —ляющий штифт** catch; **—ляющийся** *a.* cohesive.

сцепн/ой *a.* coupling; **с. брус, с. крюк, с. прибор** drawbar; **—ая муфта** clutch; **—ая тяга, —ое приспособление** drawbar.

сцепок *gen. pl. of* **сцепка**.

сцептрон *see* **скептрон**.

сцепщик *m.* coupler.

Сциларда-Чалмерса метод (nucl.) Szilard-Chalmers method.

сцилл/а *f.* (bot.) squill (*Scilla*); **—аин** *m.*

сциллаин; —арен *m.* scillaren; —ареназа *f.* scillarenase; —аридин *m.* scillaridin; —ин *m.* scillin; —ипикрин *m.* scillipicrin; —ит *m.* scyllitol; —итин *m.* scillitin; —итоксин *m.* scillitoxin.

сцимнол *m.* scymnol.

сцинтилл/ирование *n.* (nucl.) scintillation; —ирующий *a.* scintillating; —ирующее вещество, —ятор *m.* scintillator; (scintillating) phosphor; —ограф *m.* scintillograph, automatic scintillation scanner; —яционный *a.* scintillation; —яционный индикатор, —яционный счетчик scintillation counter; —яция *f.* scintillation.

сцио— *prefix* scio— (shade, shadow); —фильный *a.* (bot.) sciophilous.

сцифоидные *pl.* (zool.) Scyphozoa.

СЦМ *abbr.* (система центра масс) center-of-mass system; (специализированная цифровая математическая машина) special purpose digital computer.

сц. сп. *abbr.* (сцинтилляционный спектрометр) scintillation spectrometer.

с.ч., с/ч *abbr.* (сего числа) today.

счал *m.* moored vessels; —и(ва)ть *v.* moor, lash together; —ка *f.* mooring; moored vessels; cable.

счастливый *a.* fortunate, lucky, happy; с. крюк (oil-well drilling) grab.

счаст/ье *n.* happiness, fortune, chance, luck; к —ью fortunately, luckily.

счекани(ва)ть *v.* stamp; engrave, chase.

счел *past m. sing. of* счесть.

счерп/нуть, —(ыв)ать *v.* scoop off, skim, ladle out.

счер/тить, —чивать *v.* trace, draw.

счес *m.*, —ка *f.* combing out; (fibers) carding (out); scratching off; —ать *v.* счесывать.

счесть *see* считать.

счесывать *v.* comb out; (fibers) card (out); scratch off.

счет *m.* account; bill, statement; expense; numeration; counting; score; calculation; баланс —ов balance sheet; быть на хорошем —у *v.* stand well (with); в конечном —е in the final analysis; за с. at the expense (of); by (means of), through; за с. относить *v.* credit (to), attribute (to); account (for); круглым —ом in round figures; на этот с. on that score, on that account; скорость —а counting rate; схема —а counting circuit.

счетверить *v.* combine in fours.

счетно-аналитический *a.* punch(ed)-card, tabulating, computing; с.-конторский *a.* bookkeeping and clerical (personnel); с.-конторская машина IBM (machine); с.-логарифмическая круглая линейка (comp.) logarithmic circular slide rule;

с.-перфорационный *a.* punch(ed)-card; с.-печатный *a.* processing, recording and printing.

счетно-решающ/ий *a.* computing; с. прибор, —ее устройство computer.

счетность *f.* denumerability, countability.

счетн/ый *a. of* счет; slide (rule); (math.) denumerable, countable (set); (horol.) notch (wheel); с. диск counter dial; с. механизм (cash) register; —ая книга account book; —ая машина calculating machine, adding machine; —ая таблица register; scale; —ая трубка counter tube; —ое устройство counter; computer.

счето/ведение *see* счетоводство; —вод *m.* accountant, bookkeeper; —водный *a.*, —водство *n.* accounting, bookkeeping.

счетчик *m.* meter, measuring device; register, indicator, recorder; integrating device; calculator, computer; (comp. nucl.) counter; accounting clerk; с.-зонд *m.* counter probe; с. делений fission counter; с. импульсов pulse counter; (impulse) scaler; rate meter; электрический с. electric meter.

счеты *pl.* abacus, counting board.

счисл/ение *n.* calculation, reckoning, etc., *see v.*; calculus; с. пути (av. naut.) dead reckoning; система —ения (scale of) notation; (comp.) number system, code; —енный *a.* calculated, etc., *see v.*; —ять *v.* calculate, reckon; (e)numerate, number, count.

счист/ить *see* счищать; —ка *f.* scraping off, etc., *see* счищать.

счит/анный *a.* counted, etc., *see v.*; —анье *n.* counting, etc., *see v.*; —ать *v.* count; compute, reckon, calculate; number; rate, regard, think, consider, assume, presume, believe; proofread, compare, check (against); —ать за consider as, take for; если не —ать *see* не считая; —аться *v.* be counted, etc.; be thought to be, be held to be; take into consideration, take into account; run into, be; не —аться disregard, ignore; —ающий *a.* counting, etc., *see v.*; —ая *pr. ger.* counting, etc., *see v.*; —ая на on the basis of; не —ая not counting, apart (from), exclusive (of), except (for), but for, less, minus; не —аясь disregarding, regardless (of), in spite (of); —ка *f.* proofreading, checking; —чик *m.* proofreader.

считыв/аемость *f.* readability; —ание *n.* (comp.) reading, read-out, sensing; computation; —ание данных read-out; время —ания access time; сигнал —ания read(ing) signal, sense signal; —атель *m.* reader; —ать *v.* read (from, off, out), take readings; compute; —ающий *a.*

счищалка reading, read-out; computing; —**ающее устройство** reader.

счищ/алка *f.* scraper, cleaner; —**ать** *v.* scrape off, clean off, clear, take off, remove; —**енный** *a.* scraped off, etc., *see v.*

с.ш. *abbr.* (**северная широта**) north latitude.

США *abbr.* (**Соединенные Штаты Америки**) United States of America.

сшабрить *v.* scrape off.

сшив *see* **сшивание**; —**альный** *a.* joining, etc., *see v.*; —**ание** *n.* joining, etc., *see v.*; —**ать** *v.* join, sew (together), stitch; (polymers) cross-link; lace (belt); (med.) suture; —**ающий** *a.* joining, etc., *see v.*; —**ка** *see* **сшивание**; seam, joint; suture; lace; —**ной** *a.* stitched, pieced; (belts) laced.

сшинковать *v.* shred, cut fine.

сшит/ый *a.* joined, etc., *see* **сшивать**; —**ь** *see* **сшивать**.

сшихтованный *a.* (met.) fluxed.

съед/ание *n.* eating, consumption; —**ать** *v.* eat (up), consume; eat away, corrode; —**енный** *a.* eaten, etc., *see v.*

съедет *fut. 3 sing. of* **съехать**.

съедобн/ость *f.* edibility; —**ый** *a.* edible.

съежи(ва)ться *v.* shrivel, shrink.

съезд *m.* convention, conference, congress, meeting, assembly, reunion; arrival; descent; **наклонный с.** access ramp; —**ить** *v.* go.

съезжать *v.* slide off, come off, come down; —**ся** *v.* convene, meet, assemble.

съем *m.* removal, extraction, withdrawal; taking off, skimming; stripping; output, yield; (agr.) picking, harvest(ing); —**ка** *see* **съем**: survey(ing); plan(ning), mapping, plotting; photography; exposure; **делать** —**ку** *v.* photograph, expose (film); **производить** —**ку** *v.* survey.

съемн/ик *m.* stripper; remover, puller, lifter, extractor, withdrawal tool; (agr.) picker; —**ый** *a.* detachable, removable, dismountable, renewable, replaceable, interchangeable; adjustable; withdrawable, retrievable; drop (bottom); access (panel); (agr.) ripe, ready to pick.

съем/очный *a. of* **съемка**; surveying; photographic, camera, filming, shooting; —**щик** *m.* surveyor; lessee, tenant.

съест/ное *n.* food; —**ной** *a.* edible; —**ь** *see* **съедать**.

съехать *see* **съезжать**.

сыворотка *f.* whey; (med., zool) serum.

сывороточн/ый *a.* whey; (med., zool.) serum, serous; —**ая закваска** (cheese) rennet; —**ая оболочка** serous membrane, serosa.

сыгр(ыв)ать *v.* play, perform.

сызнова *adv.* anew, afresh, again.

сын *m.* son; —**овья** *pl.* sons.

сып/ание *n.* strewing, etc., *see v.*; —**ать** *v.* strew, scatter; pour (bulk material); fall (of snow); —**ец** *m.* pulverized material; —**кий** *see* **сыпучий**; —**ной** *a.* (med.) exanthematic; —**нотифозный** *a.* typhous; —**нуть** *see* **сыпать**; —**няк** *m.* typhus; —**ок** *sh. m. of* **сыпкий**; —**ун** *m.* fine dry sand.

сыпучесть *f.* friability.

сыпуч/ий *a.* friable, loose, free-flowing, running, drift; bulk (material); (geol.) quick; **мера** —**их тел** dry measure; **с. песок** quicksand; —**ка** *f.* sypuchka (loose, fine-grained sand).

сыпь *f.* fines; (med.) exanthema, rash, eruption.

сыр *m.* cheese; *sh. m. of* **сырой**.

сырдарьинский *a.* (geog.) Syrdarya.

сыр/естойкий *a.* damp-proof; —**еть** *v.* dampen, grow damp.

сырец *m.* raw material; raw silk; adobe, sun-dried clay brick; **пенька-с.** raw hemp.

сырный *a.* cheese, cheesy, caseous.

сыро— *prefix* raw; wet; damp; cheese.

сыровар *m.* cheese maker; —**ение** *n.* cheese making; —**ня** *f.* cheese dairy.

сыроват/ость *f.* slight dampness; —**ый** *a.* dampish, moist.

сыровидный *a.* cheese-like.

сыродел/ие *n.*, —**ьный** *a.* cheese-making.

сыродутный процесс (met.) blooming.

сыроежка *f.* (bot.) agaric (*Russula*).

сыр/ой *a.* damp, moist, humid, wet; raw, crude, coarse, untreated; uncured (rubber); green (wood); (foundry) green (sand, etc.); **с. материал,** —**ые продукты** raw material; **формовка по с.** (foundry) green sand molding.

сыромолот *m.* (agr.) wet threshing.

сыромят/ина *see* **сыромять**; —**ник** *m.* (leather) tawer; —**ный** *a.* tawed; tawing; **—ное дубление** tawing; —**чик** *m.* tawer; —**ь** *f.* rawhide; tawed leather.

сыроподобный *a.* cheesy, caseous.

сыросека *f.* brushwood burning.

сыростестойкий *a.* damp-proof, moisture-proof, moisture-resistant.

сырость *f.* damp(ness), moisture, wetness, humidity.

сырт *m.* (geol.) syrt, watershed upland.

сырц/а *f.* slight dampness; *gen. of* **сырец**; —**овый** *a.* raw, crude.

сырь *see* **сырость**.

сырье *n.*, —**вой** *a.* raw material(s), resources, stock; source, starting material.

сыс(с)ертскит *m.* (min.) sys(s)ertskite.

сыт *sh. m. of* **сытый**; —**ен** *sh. m. of* **сытный**; —**ность** *f.* substantiality (of food); —**ный** *a.* satisfying, filling; —**ость** *f.*

satiation, repletion; —ый *a.* satisfied, satiated, replete; до —а to repletion.
сыть *f.* (bot.) cyperus; съедобная с. chufa (*Cyperus esculentus*).
сычу/г *m.* (zool.) abomasum; —жина *f.*, —жная закваска rennet; —жный фермент rennin; —жок *m.* rennet.
сьерра (geog.) Sierra.
Сьюард (geog.) Seward.
Сьюдад-боливар (geog.) Ciudad Bolivar.
сэбин *m.* sabin (unit of sound absorption).
сэдбюрийский *a.* (geol.) Sudburian; Sudbury (ore).
сэкономить *v.* economize.
сэлопский ярус (geol.) Salopian stage.

сэндвич-соединение *n.* sandwich compound.
СЭС *abbr.* (санитарно-эпидемиологическая станция) sanitary and epidemiological station.
СЭСМ *abbr.* (специализированная электронная счетная машина) special-purpose electronic computer.
сюда *adv.* here, hither.
сюжет *m.* subject, topic.
сюрприз *m.* surprise.
сюрфасография *f.* streamlining.
сядут *fut. 3 pl. of* сесть.
сяжки *pl.* (ent.) antennae.
Сясьстрой (geog.) Siasstroy.

Т

т *abbr.* (тесла) tesla unit; (том) volume; (тонна) ton; (точка) point; (тысяча) thousand; Т *abbr.* (температура) temperature; (титр) titer; (тонна-сила) tonforce; Т- *abbr.* (тера—) tera— (10^{12}); т, Т *abbr.* (твердый) hard; (технический) technical.
та *f. of* тот, that.
таба/к *m.* tobacco; —водство *n.*, —водческий *a.* tobacco growing; —цин *m.* tabacin; —чный *a.* tobacco; tobacco-colored.
таббиит *m.* (min.) tabbyite, wurtzilite.
табель *f.* table, list, catalog, schedule; time board, time sheet; —ный *a. of* табель; time (board); —щик *m.* timekeeper.
табес *m.* (med.) tabes (dorsalis).
табл. *abbr.* (таблица) table.
таблет/изация *f.* pastillation; —ирование *n.* tableting; (plastics) preforming; —ировать *v.* tablet; preform; —ировочный *a.* (compressing and) tableting, tablet-making (machine); —ка *f.* tablet; pellet; cake, slab; preform; —очный *a.* tablet; preforming.
таблитчатый *a.* tabular, flat, discoid.
табли/ца *f.* table, list, chart, scale, schedule; т. логарифмов (math.) logarithmic table; вносить в —цу *v.* tabulate; подвижная счетная т. sliding scale; представлен в —це tabulated; составление —ц tabulation; т.-приложение *f.* appendix table; —чка *dim. of* таблица; table, tabulation; plate; indicator; board; —чный *a. of* таблица; tabular; in table form; —чное задание tabular definitions (of functions).
табло *n.* signal panel, mimic panel; display board, indicator, chart; (rr.) illuminated track diagram.
Табс, т. абс. *abbr.* (температура абсолютная) absolute temperature.
табул/ирование *n.* tabulation; —ированный *a.* tabulated; —ировать *v.* tabulate;

—яграмма *f.* tabulated form; —ятор *m.* tabulator, tabulating machine; —яция *f.* tabulation.
табун *m.*, —ный *a.* tabun (lethal gas); (zool.) herd.
табурет *m.*, —ка *f.* stool.
тавистокит *m.* (min.) tavistockite.
таволга *f.* (bot.) Spiraea; Filipendula.
тавот *m.* (lubricating) grease; —ница *f.* grease cup; grease gun; —ный *a.* grease; —ный шприц, —онагнетатель, т.-пресс *m.* grease gun.
Тавр Taurus Mountains.
таврен/ие *n.* branding, stamping; —(н)ый *a.* branded, stamped.
таврик *m.* (av.) T-section.
тавр/ить *v.*, —о *n.* brand, stamp, mark.
тавро— *prefix* T-, tee-; —бимсовое железо, —бульб *m.*, —бульбовое железо T-bulb iron, bulb bar.
тавров/ый *a.* T-, tee; *also a. of* тавро; т. угольник T-square; —ая балка T-beam; —ое железо T-beam, T-iron.
тавто— *see* тауто—.
таган *m.* andiron, trivet, stand.
таг/атоза *f.* tagatose; —илит *m.* (min.) tagilite; —ировит *m.* tagirovite.
таджикский *a.* (geog.) Tadjik.
таежный *a. of* тайга.
ТАЕМ *abbr.* (тысячная атомная единица массы) millimass unit.
тает *pr. 3 sing. of* таять.
таз *m.* basin, pan; (spinning) can; (anat.) pelvis; т. для ленты (text.) sliver can; —ик *dim. of* таз; tray; (ent.) coxa.
тазиметр *m.* (elec.) tasimeter.
тазобедренный *a.* (anat.) coxofemoral, hip.
тазов/оперегонный *a.* (text.) coil-winding (machine); —щик *m.* can carrier.
тазо/вый *a. of* таз; (anat.) pelvic; т. пояс pelvic girdle; т. прибор (text.) coiler; —мер *m.* (med.) pelvimeter.
таиландский *a.* (geog.) Thai(land).
таинственный *a.* secret, mysterious.

Таити (geog.) Tahiti.
таить v. conceal, hide, shelter, secret.
тайваньский a. (geog.) Taiwan.
тайга f. taiga (coniferous forest).
тайком adv. secretly, in secret.
Тайлор see under **Тэйлора**.
тайм/ер m. timer, timing unit; **—ограф** m. (horol.) timograph.
таймотрол m. (electron.) thymotrol.
тайм/трактор m. time-cycling device; **-чартер** m. time charter; **-шит** m. time sheet.
таймырский a. (geog.) Taimyr.
тайна f. secret, secrecy, privacy.
тайниолит m. (min.) tainiolite.
тайно adv. secretly, in secret, confidentially; prefix crypto— (hidden); **—брачный** a. (bot.) cryptogamic; **—пись** f. cryptography.
тайный a. secret, hidden, confidential; security.
тайпотрон m. (electron.) typotron.
тайфун m. typhoon.
так adv., particle and conj. so, thus, like this; as, since; then, in that case; т. же so, as, in the same way; т. ... как as ... as; т. же, как и as well as, as are, as is, as does, in the same way as; т. и есть so it is; т. или иначе somehow or other, by some means or other; т. как as, because, for, since, inasmuch as, seeing that, being that; т. например for instance, thus; т. сказать so to speak; т. точно exactly, just so; т. что so that; т. чтобы so as to, so that; если это т. if that is so, if that is the case; и т. далее and so forth.
така-диастаза f. Taka diastase.
такамагак m. tacamahac (resin).
такелаж m., **—ный** a. cordage, rigging, tackle; **—ить** v. rig out.
также adv. also, too, likewise; т. не neither; а т. and at the same time.
таки particle after all; опять-т. again.
так наз. abbr. (**так называемый**) so-called; **так. обр.** abbr. (**таким образом**) in such a manner, thus.
таков a. such, like; все они **—ы** all of them are alike, they are all like that; **—ой** a. such; если **—ой имеется** if any; как **—ой** as such.
так/ой a. such; т. же such a one, similar; т. же как и as; **—им же образом, как и** in the same way as for; все т. же always the same, still the same; не т. как unlike; что **—ое** what is it? what is the matter?
такон/(ий)ский a. (geol.) Taconian; **—ит** m. (petr.) taconite.
такса f. fixed price; tariff, fee, rate; **—топ** m. assessor, appraiser; **—ция** f. fixing of prices; assessment, evaluation; taxation.

такси n. taxi (cab).
такси/катин m. taxicatin; **—н** m. taxine; **—нол** m. taxinol.
таксиров/ание n., **—ка** f. price fixing, price freezing; **—ать** v. fix prices; estimate, evaluate; (av.) taxi.
таксис m. (biol.) taxis, tropism.
таксит m. (petr.) taxite; **—овый** a. taxitic.
—таксия f. suffix —taxy.
таксовый a. of **такса**.
таксодий m. (bot.) Taxodium.
таксо/метр m. taxi meter; **—мотор** m., **—моторный** a. taxi (cab).
таксоном/ический a. taxonomic; **—ия** f. taxonomy, classification.
таксофон m. pay telephone.
такт m. cycle (of engine); stroke; rate, tempo; time step, beat; time, measure, tact; т. работы (mach.) operating cycle.
тактик/а f. tactics; **—о-технические данные** tactical characteristics and specifications.
тактильный a. tactile, tangible.
тактиты pl. (petr.) tactites.
тактич/еский a. tactic; **—ичность** f. tact; **—ный** a. tactful.
—тактный a. suffix -cycle, -stroke.
тактовый a. of **такт**; cadence (signal).
такто/золь m. tactosol; **—ид** m. tactoid; **—каталитический** a. tactocatalytic; **—метр** m. (physiol.) tactometer; **—фаза** f. tactophase.
такыр m., **—ный** a. takyr (clay-surfaced desert); takyr soil; **—изация** f. takyrization; **—овидный** a. takyr-like.
тал m. (bot.) willow (Salix).
талант m. talent, gift, ability; **—ливый** a. talented.
талассемия f. (med.) thalassemia.
талассо— prefix thalasso— (sea).
талатизамин m. talatisamine.
талевый a. of **таль**.
таленит m. (min.) thalenite.
талер m. (typ.) bed plate, foundation.
тали gen., pl., etc., of **таль**; block and tackle; т. с цепью hoist chain.
тали/евый see **таллиевый**; **—й** see **таллий**.
талик m., **—а** f. thawed ground.
таликтрин m. thalictrine.
талит m. talitol (hexahydric alcohol).
талия f. waist, middle.
таллейохин m. thalleioquine.
таллен m. thallene.
таллиевый a. thallium, thallic.
талл/ий m. thallium, Tl; закись **—ия** thallous oxide; окись **—ия** thallic oxide; сернокислая закись **—ия** thallous sulfate; сернокислая окись **—ия** thallic sulfate; сернокислый т. thallium sulfate; хлористый т. thallous chloride; хлорный т. thallic chloride.
таллийорганический a. organothallium.

таллин *m*. thalline.
таллингит *m*. (min.) tallingite.
таллирование *n*. thallation.
таллистый *a*. thallium, thallous.
таллит *m*. (min.) thallite.
талло— *prefix* thallo— (young shoot).
талл/овое масло, —ол *m*. tall oil, tallol; liquid rosin.
талло/м *m*. (bot.) thallome, thallus; **—фит** *m*. (bot.) thallophyte; **—хлор** *m*. thallochlore, lichen chlorophyll.
таловый *a*. willow.
талоза *f*. talose.
талон *m*. check; coupon; stub (of check).
талоновая кислота talonic acid.
талослизевая кислота talomucic acid.
талофидный элемент thalofide (photoelectric) cell.
талреп *m*. turnbuckle.
талый *a*. melted, thawed; snow melt (water).
талыш(ин)ский *a*. (geog.) Talysh.
тал/ь *f*., **—и** *pl*. block and tackle, compound pulley, pulley block; hoist.
Тальбота способ Talbot process.
тальвег *m*. (geol.) thalweg, valley profile.
тальк *m*. (min.) talc; **—ит** *m*. talcite; **—овый** *a*. talc(ous), talcose; talcum (powder); **—овый камень** soapstone; **—овый сланец** talc schist; **—ОПОДОБНЫЙ** *a*. talc-like, talcoid.
тальми *n*. talmi gold.
тальник *m*. (bot.) willow (*Salix*).
там *adv*. there; **т., где** where(ver).
таманит *m*. (min.) tamanite, anapaïte.
тамар/икс, —иск *m*. (bot.) tamarisk (*Tamarix*); **—инд** *m*. tamarind (*Tamarindus indica*).
тамбовский *a*. (geog.) Tambov.
тамбур *m*. tambour; vestibule, lobby; (air) lock, lock chamber, trap, double door; reel, drum; (rr.) platform; **—ин** *m*. tambourine; **—ный** *a. of* **тамбур**.
тамга *f*. seal, stamp.
тамноловая кислота thamnolic acid.
тамож/енный *a*. customhouse, customs, revenue; custom (duties); **—енное управление** customs; **—ня** *f*. customhouse.
тамошний *a*. of (or in) that place, there; local.
тампи/ко *n*. tampico (a dyewood); **—коловая кислота** tampicolic acid; **—цин** *m*. tampicin (resin).
тампон *m*. plug, pad, wad, lump; (med.) tampon; **—аж** *m*. tamponage; (min.) plugging, stopping up; **—ация** *f*., **—ирование** *n*. packing; **—ировать** *v*. tampon, plug up; pack.
танато— *prefix* thanato— (death).
танатол *m*. thanatol, guaethol.
танацет/ил *m*. tanacetyl; **—ин** *m*. tanacetin; **—он** *m*. tanacetone.

тангаж *m*. (av.; naut.) pitch(ing).
Танганьика (geog.) Tanganyika.
танген/с *m*. (geom.) tangent; **относящийся к —су** tangential; **т.-буссоль** *f*. tangent compass; **т.-гальванометр** *m*. tangent galvanometer; **—соида** *f*. tangent curve; **—та** *f*. speaking key, push-to-talk key; **—циальный** *a*. tangent(ial); centrifugal (force).
тангинин *m*. tanghinine.
тандем *m*., **—ный** *a*. tandem.
тандер *m*. turnbuckle, stretcher; clamp.
танец *m*. dance.
Танжер (geog.) Tangiers.
танжерин *m*. tangerine (fruit).
танин *see* **таннин**.
танк *m*. tank; **—аж** *m*. tank capacity; tankage (slaughterhouse waste); **т.-бульдозер** *m*. (mil.) tank dozer; **—ер** *m*. (oil) tanker; **—ер-заправщик** *m*. refueling tanker; **—ерный** *a*. tanker; **—етка** *f*. (mil.) tankette, small tank; **—ист** *m*. tank crew member; **т.-макет** *m*. decoy tank; **т.-мостоукладчик** *m*. bridge-laying tank.
танко— *prefix* tank; **—вый** *a*. tank, armored; **—доступный** *a*. tank-traversable (terrain); **—недоступный** *a*. tank-proof, tank-inaccessible; **—строение** *n*., **—строительный** *a*. tank construction.
танк-тральщик *m*. mine-sweeping tank.
танн/аза *f*. tannase; **—альбин** *m*. Tannalbin, albumin tannate; **—ат** *m*. tannate; **—иген** *m*. tannigen, acetannin; **—ид** *see* **таннин**; **—ил** *m*. tannyl; **—ин** *m*. tannin, tannic acid; **—иноподобный** *a*. tannic.
танно/зал, —креозот *m*. tannosal, tannocreosote, creosote tannate; **—пин** *m*. Tannopin, urotropine tannin; **—форм** *m*. Tannoform, tannin-formaldehyde.
тантайрон *m*. Tantiron (alloy).
тантал *m*. tantalum, Ta; **окись —а** tantalum oxide; **пятихлористый т.**, **хлорный т.** tantalum pentachloride, tantalic chloride; **(трех)хлористый т.** tantalum trichloride, tantalous chloride.
тантал/ат *m*. tantalate; **—истый** *a*. tantalous, tantalum; **—ит** *m*. (min.) tantalite.
танталово/кислый *a*. tantalic acid; tantalate (of); **т. натрий, натриевая соль** sodium tantalate; **—кислая соль** tantalate.
тантал/ый *a*. tantalic, tantalum; **т. ангидрид** tantalic anhydride, tantalum pentoxide; **—ая кислота** tantalic acid; **соль —ой кислоты** tantalate.
танталофтористый калий potassium tantalum fluoride.
тантьема *f*. bonus.

танц/евать, —овать v. dance; —мейстер m. inside calipers.
тапиока f. tapioca, manioca starch.
тапиолит m. (min.) tapiolite.
тапс/иевая кислота thapsic acid; —ия f. (bot.) deadly carrot (*Thapsia*).
тар/а f. pack(ag)ing; package, container(s), box, can; case, crate; (com.) tare; вес в —е packaged weight, crated weight.
таракан m., —ий a. cockroach.
таракса/нтин m. taraxanthin; —стерин m. taraxasterol; —церин m. taraxacerin; —цин m. taraxacin.
тарамеллит m. (min.) taramellite.
таран m. (mech.) ram; (bot.) knotweed (*Polygonum*); —ить v. ram.
таранно— *prefix* talo— (astragalus, ankle); —большеберцовый a. talotibial.
тараннонский a. Tarannon (shale).
таранн/ый a. of таран; collision (bulkhead); —ая кость ankle bone, talus.
тарантул m. (zool.) tarantula.
тарань f. (ichth.) roach.
тарапакаит m. (min.) tarapacaite.
тарахтеть v. rattle, clatter, rumble.
тарбуттит m. (min.) tarbuttite.
таргол m. targol (antiknock compound).
тардин m. tardin.
тарел/ка f. plate, tray, disk; коэффициент полезного действия —ки plate efficiency; теоретическая т. theoretical plate; —очка *dim.* of тарелка; flare, flange; —очный a. of тарелка; —очный процесс plate process; —очная колонна (petrol.) bubble tower.
тарельчат/ый a. plate(-like), disk, tray, pan; scallop (squash); т. клапан disk valve; т. питатель (revolving) feed table; —ая колонна plate column; —ая колпачковая колонна bubble tower; —ая печь revolving hearth.
тарзальный a. (anat., zool.) tarsal.
тариреновая кислота tariric acid, 5-octadecynoic acid.
тариров/ание n. taring, etc., *see v.*; calibration (test); substitution; —ать v. tare; calibrate, gage; rate; —ка f., —очный a. taring, etc., *see v.*
тариф m. tariff, rate(s), charge(s); основного —a base-rate (district); —икационный a., —икация f. tariffing; rating, charging; job evaluation; —ицировать v. tariff; rate; charge; —но-квалификационный a. job evaluation; —ный a. of тариф; —ная сетка tariff table; wage scale.
тарконовая кислота tarconic acid.
тармакадам m. tar-macadam road.
тарновитцит m. (min.) tarnowitzite.
тарн/ый a. of тара; —ое хозяйство packaging service.
таро-крахмал m. taro starch.

тароксиловая кислота taroxylic acid.
тартальный a. bailing.
тартан m. (text.) tartan.
тарт/ание n. bailing; —ать v. bail (out).
тартр/азин m. tartrazine (dye); —аминовая кислота tartramic acid; —ат m. tartrate; —иметр m. tartrimeter; —онил m. tartronyl; —онилмочевина f. tartronyl urea; —оновая кислота tartronic acid, 2-hydroxypropanedioic acid.
тартуский a. (geog.) Tartu.
тартыши pl. (ice) growler.
тархониловый спирт tarchonyl alcohol.
тархун m. (bot.) tarragon.
тары *gen.*, *pl.*, *etc.*, *of* тара.
тарын m. (geol.) ice sill, ice step.
—таска f. *suffix* carrier.
таск/ание n. dragging, etc., *see v.*; —ать v. drag, draw, tug, pull.
таскыл m. taskyl (rounded summit covered with placers).
тасманит m. (min.) tasmanite.
тасовка f. randomization.
тастатура f. (tel.) key set, key pulser.
татар/ка f. Welsh onion (*Allium fistulosum*); —ник m. cotton thistle (*Onopordon*); —ский a. Tartar.
Татреспублика the Tartar Autonomous Socialist Soviet Republic.
татуировать v. tattoo.
тауберовый a. (math.) Tauberian.
тауерная цепь pull chain.
таумавит m. (min.) tawmawite (a chromiferous variety of epidote).
таумазит m. (min.) thaumasite.
таунсендовский a. Townsend.
таур/ил m. tauryl; —иловая кислота taurylic acid; —ин m. taurine, aminoethylsulfonic acid; —окарбаминовая кислота taurocarbamic acid.
таурохол/ат m. taurocholate; —евая кислота taurocholic acid, choleic acid; —евокислая соль taurocholate; —еиновая кислота taurocholeic acid.
тау-сагыз m. tau-saghyz (*Scorzonera tausaghyz*) (rubber-bearing plant).
тауто— *prefix* tauto— (the same).
таутомер m. tautomer; —изация f. tautomerization; —из(ир)овать v. tautomerize; —ия f. tautomerism, dynamic isomerism; —ный a. tautomeric.
таутомочевина f. tautourea.
таутохрон/a f. (math.) tautochrone; —изм m., —ность f. tautochronism; —ный a. tautochronous.
ТАФ *abbr.* (триаммонийфосфат) triammonium phosphate.
тафелевский a. (math.) Tafel.
тафро/геналь f. (geol.) taphrogen; —генический a. taphrogenic; —геосинклиналь f. taphrogeosyncline.
тафт/а f., —яной a. (text.) tafetta.

тахгидрит *m.* (min.) tachhydrite.
тахеометр *see* **тахиметр**; **—ическая съемка**, **—ия** *f.* (surv.) tacheometry.
тахи— *prefix* tachy— (swift, quick); **—генез** *m.* (zool.) tachygenesis; **—кардия** *f.* (med.) tachycardia; **—лит** *m.* (petr.) tachylite, basaltic glass.
тахиметр *m.* tachymeter, speed indicator; (surv.) techymeter, tacheometer; **—ический** *a.* tachymetric; **—ия** *f.* tachymetry, tacheometry.
тахинин *m.* tachinin.
тахины *pl.* tachina flies (*Larvaevoridae*).
тахистерин *m.* tachysterol.
тахистоскоп *m.* tachistoscope.
тахо— *prefix* tacho— (quick, swift); **—генератор** *m.* tachogenerator, tachometer generator; **—генератор переменного тока** tachometric alternator; **—граф** *m.* tachograph, recording tachometer; **-интегрирующий** *a.* rate-integrating; **—метр** *m.* tachometer, speed counter; **—метрия** *f.* tachometry.
тач/алка *f.* (books) stitcher; **—альный** *a.*, **—ание** *n.* stitching; **—анный** *a.* stitched; **—ать** *v.* stitch.
тач/ечный *a.* wheelbarrow; **—ка** *f.* wheelbarrow; stitching; **—ной** *a.* stitching.
ташка *f.* (mil.) shoulder bag.
ташкентский *a.* (geog.) Tashkent.
тащить *v.* carry (along), drag along, haul, pull, tow; **—ся** *v.* drag along, lag (behind), crawl, creep, plod.
та/ющий *a.*, **—яние** *n.* thawing, melting; **температура —яния** melting point; **—ять** *v.* thaw, melt.
тбилисский *a.* (geog.) Tbilisi.
ТБФ *abbr.* (**трибутилфосфат**) tributyl phosphate.
тв. *abbr.* (**твердость**; **твердый**).
твадделевский *a.* Twaddle (hydrometer).
тваймановский *a.* Twyman (interferometer).
твд *abbr.* (**телевидение**) television; **ТВД** *abbr.* (**турбина высокого давления**) high-pressure turbine; (**турбовинтовой двигатель**) turboprop engine.
тверд *sh. m. of* **твердый**; **—ение** *n.* hardening, solidification, etc., *see v.*; **—ение при старении** age hardening; **—еть** *v.* harden, solidify, congeal, set; toughen; cake.
твердить *v.* repeat over and over.
твердо *adv.* firmly, steadfastly; consistently; thoroughly, well; **т. стоять на своем** *v.* be firm in one's decision; **—копченый** *a.* thoroughly smoked (food).
твердомер *m.* hardness gage, durometer.
твердопенистый *a.* solid-foam(ed).
твердоплавк/ий *a.* difficulty fusible, infusible; **—ость** *f.* infusibility.
твердосплавный *a.* hard alloy.
твердостекловатый *a.* durovitreous.
твердост/ь *f.* hardness, toughness; solidity, rigidity, stiffness, steadiness, firmness, constancy, consistency; resolution, fixedness; **т. по Бринелю** Brinell hardness; **показатель —и** hardness number; **средней —и** medium hard; **шкала —и** (min.) hardness scale, Mohs scale.
твердо/тельный *a.* solid-state; **—топливный** *a.* solid-propellant (missile); **—тянутый** *a.* (met.) hard-drawn; **—фазный** *a.* solid-phase.
тверд/ый *a.* hard, tough, firm, solid, rigid; stable, resolute, constant, steady, consistent; sediment (discharge); hard and fast (rule); fixed (price); **т. раствор** solid solution; **—ая масса** concretion; **—ая схема** (electron.) solid-state circuit; **—ое состояние** solid state, solidity; **на —ых схемах** solid-state; **переводить в —ое состояние** *v.* solidify; **—ое тело** solid; **физика —ого тела** solid-state physics.
тверже *comp. of* **твердый**.
твержденный *a.* repeated.
твин *m.* a serge-like fabric.
твиндек *m.* (naut.) 'tweendecks.
твиновый *a. of* **твин**.
твистор *m.* (comp.) twistor.
т. возг. *abbr.* (**температура возгонки**) sublimation temperature.
твор/ение *n.* creation; slaking (of lime); **—ен(н)ый** *a.* slaked; **—ец** *m.* creator, author; **—ило** *n.* lime pit, lime vat; opening, manhole; **—ильный** *a.* slaking.
творить *v.* create, make, do, shape, produce; slake (lime); **—ся** *v.* be created, be made, be done; happen.
творо/г *m.* curds; pot cheese; **—жистый** *a.* curdled, clotted; caseous; **—жить(ся)** *v.* curdle, clot, coagulate; **—жный** *a.* curdy, curdled, coagulated; caseous; pot cheese, cottage cheese.
творчес/кий *a.* creative; **—тво** *n.* creative power, creative genius.
т. воспл. *abbr.* (**точка воспламенения**) ignition point.
ТВР *abbr.* (**тяжеловодный реактор**) heavy-water reactor.
ТВРД *abbr.* (**турбовентиляторный реактивный двигатель**) turbofan engine; (**турбовинтовой реактивный двигатель**) turboprop engine.
т. всп. *abbr.* (**температура вспышки**) flash point.
ТВЧ, т. в. ч. *abbr.* (**ток высокой частоты**) high-frequency current.
ТВЭ(Л) *abbr.* (**тепловыделяющий элемент**) fuel element.
т. г. *abbr.* (**текущего года**) of the current year.
т. д. *abbr.* (**так далее**) so forth.

ТДУ *abbr.* (тормозная двигательная установка) retrorocket engine, retropackage.
те *pl. of* то(т), та, those.
т. е. *abbr.* (то-есть) that is.
теаза *f.* thease.
теаллит *m.* (min.) teallite.
теамин *m.* Theamin, theophylline ethanolamine.
театр *m.* theater.
теба/ин *m.* thebaine, paramorphine; —инол *m.* thebainol; —инон *m.* thebainone; —ол *m.* thebaol.
тебелон *m.* tebelon, isobutyl oleate.
тебенев/ка *f.*, —очный *a.* winter grazing.
тебен/ол *m.* thebenol; —он *m.* thebenone.
тебомолочная кислота thebolactic acid.
Тевенина теорема (elec.) Thévenin's theorem.
теве/резин *m.* theveresin; —тин *m.* thevetin.
тевотрон *m.* tevotron.
тегогликол *m.* tegoglycol.
теел/ин *m.* theelin, estrone; —ол *m.* theelol, estriol.
тезаурус *m.* thesaurus.
тезин *m.* thesine.
тезис *m.* thesis; summary; position.
теин *m.* theine, caffeine.
Тейзена аппарат Theisen cleaner.
тейкрин *m.* teucrin.
тейлериоз *m.* (vet.) theileriosis.
тейлоровый *a.* Taylor's.
тек *past m. sing. of* течь.
тека *f.* (biol.) theca; *suffix* —theca, receptacle; library, archives, collection.
текли *past pl. of* течь.
текомин *m.* tecomin, lapachol.
текс *m.* tack.
тексроп *m.*, —ный *a.* Texrope.
текст *m.* text, reading matter; wording, copy.
текстиль *m.*, —ный *a.* textile; —ные изделия textiles; —щик *m.* textile worker.
текстовинит *m.* a leather substitute.
тексгов/ка *f.* caption; —ой *a.* (in the) text.
текстолит *m.*, —овый *a.* textolite (resin-impregnated fabric laminate).
текстуальный *a.* textual.
текстур/а *f.* texture, grain; (geol.) texture, fabric, structure; —диаграмма *f.* X-ray fiber pattern; —ный *a.* textural; —ованный *a.* textured; —овочный *a.* texturing.
тектиты *pl.* (petr.) tektites.
тектон/ика *f.* tectonics; structural geology; —ический *a.* tectonic, structural; (med.) plastic; —ический покров (geol.) overthrust sheet; —ический рельеф structure contour; —оген *m.* (geol.) tectonogen.
тектохинон *m.* tectoquinone.
текут *pr. 3 pl. of* течь.

текучест/ь *f.* flow, fluidity, liquid state; viscosity, consistency; yield (of metal); turnover (of labor); предел —и (mech.) yield stress; (met.) yield limit, creep limit; (petrol.) yield point; степень —и consistency; температура начала —и pour point.
текуч/ий *a.* flowing, fluid; running (water); fluctuating, unstable; легко т. (very) liquid; трудно т. thick, viscous.
текущ/ий *a.* flowing, streaming, running, leaking, leaky; current, present; routine, day-to-day; т. ремонт maintenance; —ее значение actual value.
текущий *past act. part. of* течь.
тел *gen. pl. of* тело.
теле— *prefix* tele— (operating at a distance; remote); —автоматика *f.* (elec.) telautomatics, automatic remote control; —автоматический *a.* telautomatic, telecontrol (system); —амперметр *m.* teleammeter; —вещание *n.* television broadcasting.
телеви/дение *n.* television; передавать по —дению *v.* televise; —зионно-управляемый *a.* television-controlled; —зионный *a.*, —зия *f.* television; —зор *m.*, —зорный *a.* television set.
телега *f.* cart, wagon.
телегониометр *m.* telegoniometer, direction finder.
телеграмма *f.* telegram, wire, dispatch.
телеграф *m.* telegraph; —ирование *n.* telegraphing, telegraphy; —ировать *v.* telegraph, wire, cable; —ист *m.* telegraph operator; —ить *see* телеграфировать; —ия *f.* telegraphy; —но-модулированный *a.* telegraph-modulated; —ный *a.* telegraph(ic).
телединамометрирование *n.* teledynamometry.
тележ/ечный *a.* (rr.) truck; —ка *f.* hand cart, truck, trolley, car; dolly; (rr.) truck; —ка-грузовик *f.* truck; —ник *m.* carter; —ный *a. of* тележка.
теле/зритель *m.* televiewer; —измерение *n.*, —измерительный *a.* telemetering, remote measuring; —индикатор *m.* tele-indicator.
телейтоспора *f.* (bot.) teleutospore.
телекино *n.* televised movies.
телекия *f.* (bot.) oxeye (*Buphthalmum*).
теле/ключатель *m.* remote (control) switch; —командование *n.* televised instruction(s); —контроль *m.* telecontrol, remote control; —метеор *m.* (astr.) telescopic meteor.
телеметр *m.* telemeter; —ирование *n.*, —ический *a.* telemetering; —ия *f.* telemetry, telemetering, remote measuring.
телемехан/изация *f.* tele-automation; —ика *f.* telemechanics, remote control;

телемотор 712 **тем**

—**ический** *a.* telemechanical, remote control.
теле/мотор *m.* telemotor, remote-controlled electric motor; —**набор** *m.*, —**наборный** *a.* teletypesetting.
теленок *m.* (zool.) calf.
теле/объектив *m.* telephoto lens; —**передатчик** *m.* television transmitter; —**пирометр** *m.* telepyrometer; —**приемник** *m.* television-radio set; —**психрометр** *m.* telepsychrometer.
теле/радиола *f.* combination television, radio and record player; —**регулирование** *n.* remote control; —**регулируемый** *a.* remote-controlled; —**рецептор** *m.* telereceptor; —**связь** *f.* telecommunication; —**сигнализация** *f.* telesignalization, remote signaling.
телескоп *m.*, —**ировать** *v.* telescope; —**ический** *a.* telescopic; —**ия** *f.* telescopy; —**ный** *a.* telescope, telescopic; **т.-рефрактор** *m.* refracting telescope.
телесный *a.* corporal, bodily; flesh (color); solid, material; solid (angle); (zool.) somatic; **т. комплекс** (met.) inclusion.
теле/тайп *m.* teletype; teleprinter; —**тайпсеттер** *m.* teletypesetter; —**термометр** *m.* telethermometer; —**управленке** *n.* remote control; —**управляемый** *a.* remote-controlled, telecontrolled.
телефон *m.* telephone; **т.-автомат** pay (tele)phone; —**изировать** *v.* establish telephone communication; —**ирование** *n.* telephoning; telephony; —**ировать** *v.* telephone, call up; —**ист** *m.* telephone operator; —**ить** *see* **телефонировать**; —**ия** *f.* telephony; —**ный** *a.*, —**ный аппарат** telephone; —**ограмма** *f.* telephone message.
телефот *m.* telephote (remote image transmitter); —**ографический** *a.* telephoto- (graphic); —**ография** *f.* telephotography; **telephotograph**; —**ометр** *m.* telephotometer; —**ометрия** *f.* telephotometry.
телец *m.* (zool.) calf; (astr.) Taurus; *gen. pl. of* **тельце**.
телецентр *m.* television station.
—**телий** *m. suffix* (anat.) —**thelium**.
телин *see* **теелин**.
тел/иться *v.* calve; —**ка** *f.* heifer; *gen. of* **телок**.
теллур *m.* tellurium, Te; **двуокись** —**а** tellurium dioxide; (**дву**)**хлористый т.** tellurium dichloride, tellurous chloride; **письменный т.** (min.) graphic tellurium, sylvanite; **сернистый т.** tellurium sulfide; **хлорный т.**, **четыреххлористый т.** telluric chloride, tellurium tetrachloride.
теллур/ат *m.* tellurate; —**ид** *m.* telluride; —**ий** *m.* tellurium; (astr.) tellurian; —**ил**

m. telluryl; —**иновая кислота** tellurinic acid.
теллуристо/кислый *a.* tellurous acid; tellurite (of); **т. натрий**, —**натриевая соль** sodium tellurite; —**кислая соль** tellufite.
теллурист/ый *a.* tellurous, tellurium, telluriferous; telluride (of); **т. ангидрид** tellurous anhydride, tellurium dioxide; **т. висмут** bismuth telluride; (min.) tetradymite; **т. водород** hydrogen telluride; —**ая кислота** tellurous acid; **соль** —**ой кислоты** tellurite; —**ое серебро** silver telluride; (min.) telluric silver, hessite.
теллурит *m.* (chem.; min.) tellurite.
теллурический *a.* telluric, earth.
теллуро— *prefix* telluro—.
теллуроводород *m.* hydrogen telluride; —**ный** *a.* hydrotelluride (of); telluride (of); —**ная кислота** hydrotelluric acid; **соль** —**ной кислоты** telluride.
теллурово/кислый *a.* telluric acid; tellurate (of); **т. натрий**, —**натриевая соль** sodium tellurate; —**кислая соль** tellurate.
теллуров/ый *a.* telluric, tellurium; **т. ангидрид** telluric anhydride, tellurium trioxide; —**ая кислота** telluric acid; **соль** —**ой кислоты** tellurate.
теллуро/ний *m.* telluronium; —**новая кислота** telluronic acid; —**рганический** *a.* organotellurium; —**синеродистая кислота** tellurocyanic acid; —**углерод** *m.* carbon telluride; —**фенол** *m.* tellurophenol.
тел/о *n.* body, solid, substance, matter; (working) fluid; (filter) bed; shaft, shank (of tool); housing; core, center (of roll, axle); **жидкое т.** liquid; **простое т.** element; **сложное т.** compound; **твердое т.** solid.
тело— *prefix* body; telo— (end, terminal; far); —**ген** *m.* telogen.
телодвижение *n.* exercise, motion.
телок *m.* bull calf.
телол *see* **теелол**.
теломеризация *f.* telomerization.
телосложение *n.* build, constitution.
телоспоридии *pl.* (zool.) Telosporidia.
телофаза *f.* (biol.) telophase.
телофоровая кислота thelophoric acid.
тельный *a.* body; flesh-colored.
тельфаировая кислота telfairic acid.
тельфер *m.* (transportation) telpher, hoist; —**аж** *m.* telpherage.
тельце *n.* corpuscle; body; (fat) globule.
телязиоз *m.* (vet.) telasiosis.
теля/та *pl.* calves; —**тина** *f.* veal; —**тник** *m.* calf pen; calf attendant; —**чий** *a.* calf; veal.
тем *instr. of* **то**(**т**); *dat. of* **те**; *adv.* so much

the; **т. более, что** the more so, (especially) as; **т. лучше** so much the better, all the better; **т. не менее** nevertheless, none the less, in spite of that; **т. самым** thereby, thus; **с т., чтобы** (in order) to; on condition that, provided that.

ТЕМ, т. е. м. *abbr.* (техническая единица массы) technical unit of mass.

тема *f.* theme, subject, topic; **—тика** *f.* content(s), subject matter, subject (field); **—тический** *a.* thematic, subject, topical, devoted to a specific topic.

тембр *m.*, **—овый** *a.* timbre, tone quality.

темен *sh. m. of* **темный**.

темен/и *gen. of* **темя**; **—ной** *a.* (anat.) parietal; sincipital; **—ная кость** parietal bone.

темень *see* **темнота**.

Темза the Thames.

теми *instr. of* **те**.

темискамит *m.* (min.) temiskamite.

темляк *m.* loop, strap.

темн/ее *comp. of* **темный, темно,** darker; **—еть** *v.* darken, grow dark.

темник *m.* subject reference list.

темнит/ель *m.* dimmer; **—ь** *v.* dim, darken.

темно *adv.* darkly, obscurely; it is dark; *prefix* dark-; **—багровый** *a.* dark purple; **—ватый** *a.* darkish, rather dark, rather obscure; **—желтый** *a.* dark yellow; **—калильный** *a.* black-hot; **—красный** *a.* dark red; **—окрашенный** *a.* dark-colored; **—русый** *a.* chestnut (colored); **—та** *f.* dark(ness), obscurity; **—хвойный** *a.* dark coniferous, boreal (forest); **—цветный** *a.* dark-colored.

темн/ый *a.* dark, dingy, dim, indistinct; obscure, vague (meaning); deep (color); non-luminous (flame); silent (discharge); **—ая вода** (med.) amaurosis; **—ая комната** (phot.) dark room; **—ая теплота** obscure heat; **—ое пятно** (astr.) nebula.

темп *m.* tempo, time; rate, frequency.

темп. абс. *abbr.* (температура абсолютная) absolute temperature; **темп. возг.** *abbr.* (температура возгонки) sublimation temperature; **темп. воспл.** *abbr.* (температура воспламенения) ignition point; **темп. всп.** *abbr.* (температура вспышки) flash point.

темпель *m.* tymp (of blast furnace); **—ная плита** tymp plate.

темпера *f.* tempera (color).

темперамент *m.* temperament.

температур/а *f.* temperature; (boiling; flash; melting) point; **падение —ы,** **перепад —ы** temperature drop; **предел —ы** temperature limit; **пределы —ы** temperature range; **при высокой —е** high-temperature (process).

температурный *a.* temperature, heat, thermal; **т. интервал** temperature range; **т. режим** temperature schedule; **т. шов** heat crack, expansion joint.

температуропроводность *f.* thermal conductivity, thermal diffusivity.

температуро/стойкость, —устойчивость *f.* temperature stability.

темперирование *n.* tempering.

темп. зам. *abbr.* (температура замерзания) freezing point; **темп. заст.** *abbr.* (температура застывания) solidification point.

темпирование *n.* timing (of bomb).

темп. исп. *abbr.* (температура испарения) evaporation temperature; **темп. кип.** *abbr.* (температура кипения) boiling point; **темп. конд.** *abbr.* (температура конденсации) dew point; **темп. крит.** *abbr.* (критическая температура) critical temperature.

темплет *m.* templet, template, pattern.

темповый *a. of* **темп**.

темп. отв. *abbr.* (температура отвердения) solidification temperature; **темп. пл.** *abbr.* (температура плавления) melting point.

темп-ра *abbr.* (температура).

темп. разл. *abbr.* (температура разложения) decomposition temperature; **темп. размягч.** *abbr.* (температура размягчения) softening point; **темп. стекл.** *abbr.* (температура стеклования) vitrification temperature.

темь *f.* darkness.

темя *n.* (anat.) sinciput.

тенар/дит *m.* (min.) thenardite; **—ова синь** Thenard's (cobalt) blue.

тендем *see* **тандем**.

тенденц/иозность *see* **тенденция**; **—иозный** *a.* tending, conducive; intentional, with a purpose; **—ия** *f.* tendency, trend; **иметь —ию, выявить —ию, проявлять —ию** *v.* tend (to), be prone (to), be inclined (to).

тендер *m.*, **—ный** *a.* (rr.) tender; cutter.

тенев/ой *a.* shadow; shaded, shady; schlieren (photograph); **—ая защита** (nucl.) shadow shielding.

теневыносливость *f.* (bot.) tolerance of shade; **—ый** *a.* shade-tolerating.

теней *gen. pl. of* **тень**.

тенелюбивый *a.* (bot.) shade-loving.

тенерес *m.* lead trinitroresorcinate.

тенета *pl.* net, snare, trap.

тензи/метр *m.* tensimeter (for vapor pressure); **—метрия** *f.* tensimetry; **—ометр** *m.* tensiometer (for surface tension).

тензо/датчик, —метр *m.* strain gage, tensometer; **—метр сопротивления** resistor element; **—метрический** *a.* strain-measuring, strain-gage; **—метрия** *f.* strain measurement; **—р** *m.*, **—рный** *a.* (math.) tensor; **—чувствительность** *f.*,

—эффект *m.* strain sensitivity; —чувствительный *a.* strain-sensitive.
тени *gen., pl., etc., of* тень.
тениловый спирт thenyl alcohol, thiophenecarbinol.
тенистый *a.* shady, shaded, shadowy.
теннантит *m.* (min.) tennantite.
теннесьян *m.* (geol.) Tennessean system.
теннис *m.* tennis.
тенорит *m.* (min.) tenorite.
тент *m.* awning, canopy; canvas, tarpaulin.
тень *f.* shade, shadow; (astr.) umbra.
теобром/ин *m.* theobromine, 3,7-dimethylxanthine; —овая кислота theobromic acid.
теодолит *m.* (surv.) theodolite, transit; —ный *a.* theodolite, theodolitic.
теор. *abbr.* (теоретически).
теорема *f.* theorem.
теорет/изировать *v.* theorize; —ик *m.* theorist; —ико-вероятностный *a.* (math.) probabilistic; —ически *adv.* theoretically; —ический, —ичный *a.* theoretical; на —ических основаниях on theoretical grounds, theoretically.
теор/ия *f.*, т. работы theory; выход 85% —ии the yield is 85% of the theoretical.
теофиллин *m.* theophylline, 1,3-dimethylxanthine.
тепел *sh. m. of* теплый.
теперешн/ий *a.* present, contemporary, actual; —ие времена the present.
теперь *adv.* now, at present; т., когда now that; т. о now for.
Теплера насос Töpler pump.
тепл/еть *v.* get warm, grow warm; —ить *v.* warm up, make warm; —иться *v.* burn low; gleam, shine; —ица *f.* hothouse, greenhouse; (sulfuric acid) concentrating department; —ичный *a.* hothouse.
тепл/о *n.* heat; *adv.* warm(ly); it is warm; обмен —а heat exchange; отвод —а cooling.
тепло— *prefix* heat, thermal, thermo—; —аккумулирующий *a.* heat-retaining, heat-storage; —бетон *m.* thermoconcrete.
тепловат/о *adv.* tepidly; it is rather warm; —ость *f.* tepidity; —ый *a.* tepid, lukewarm.
тепловлагообмен *m.* heat and moisture exchange.
тепловоз *m.* (rr.) diesel engine; —ный *a.* diesel(-engine); —остроение *n.* diesel engine construction.
теплов/ой *a.* heat, thermal, thermic, caloric; hot-wire (milliammeter); т. двигатель heat engine; т. процесс thermal process, thermal phenomenon; т. цикл (nucl.) thermal cycle; т. эквивалент heat equivalent, calorific value; т. эффект heat effect, Joule effect; т. эффект сгорания heat of combustion, heat value; —ая единица heat unit, thermal unit; —ая оболочка heating jacket, steam jacket; —ая обработка heat treatment; —ая посадка (mech.) shrink(age) fit; —ая станция thermal power plant; —ое значение heat value; —ое напряжение thermal stress; удельный т. поток heat-transfer rate.
тепловоспринимающий *a.* heat-absorbing.
тепловыдел/ение *n.* heat release, heat liberation, evolution of heat; —яющий *a.* heat-liberating, heat-generating; (nucl.) fuel (element).
теплогашение *n.* thermoquenching.
теплоемкость *f.* heat capacity, thermal capacity; specific heat; удельная т. specific heat.
тепло/зависимый *a.* thermally sensitive; —защита *f.* heat shield(ing); thermal insulation; —защитный *a.* heat-shielding, heat-reflecting; heat (shield); —звукоизоляционный *a.* heat-insulating and soundproofing.
теплоизлуч/ающий *a.* heat-radiating; —ение *n.* heat radiation.
теплоизол/ирующий, —яционный *a.* heat-insulating, heat-insulation; —ятор *m.* heat insulator; —яция *f.* heat insulation, thermal insulation.
теплоиспользован/ие *n.* heat utilization; heat consumption; коэффициент полезного —ия utilization factor.
теплокровный *a.* (zool.) warm-blooded.
тепло/лечение *n.* heat therapy; —любивый *a.* (biol.) heat-loving.
тепломер *m.* thermometer; calorimeter; —ный *a.* thermometric; calorimetric.
тепло/накопление *n.* heat build-up; —напряжение *n.* heat-release rate; thermal stress; —напряженность *f.* thermal stress; calorific intensity; —непроницаемый *a.* heatproof, impervious to heat, athermanous; —носитель *m.* heat carrier, heat-transfer agent; cooling agent, coolant; —носитель-замедлитель *m.* coolant-moderator.
теплообмен *m.* heat exchange; heat transfer; —ник *m.*, —ный аппарат heat exchanger; —ник-подогреватель *m.* exchanger-preheater.
теплооборот *m.* thermal economy.
теплообраз/ование *n.* heat production; heat build-up; —ователь *m.* heat producer, heat generator; —ующий *a.* heat-producing, heat-generating, heat-forming.
тепло/отбор *m.* heat take-off; —отвод *m.* heat removal, heat dissipation; cooling; —отводящий *a.* heat-removing, heat-

теплопеленгатор m. infrared radar; —ный a. infrared direction-finding.

transmitting; cooling —отдача f. heat emission; heat transfer; heat exchange; —отдающий a. heat-liberating, exothermic.

теплопеленгатор m. infrared radar; —ный a. infrared direction-finding.

теплоперед/атчик m. heat transmitter; heat-transfer agent; —ача f. heat transfer; —ающий a. heat-transfer, heat-transmitting.

теплоперепад m. temperature drop.

теплопогло/тительный, —щательный, —щающий a. heat-absorbing; —щение n. heat absorption.

тепло/поступление n. heat input; —потеря f. heat loss; —потребляющий a. heat-consuming.

теплопровод m. steam or hot water pipe; heat conductor; —имость, —ность f. heat conductivity, thermal conductivity, heat conduction, heat transfer; —ник m. heat conductor; —ный, —ящий a. heat-conducting, heat-conveying, heat-carrying; diathermic, diathermal, diathermanous; —ная способность heat conductivity.

теплопрозрачн/ость f. diathermancy; —ый a. diathermanous, diathermic.

теплопроизвод/ительность f. heat value, calorific value, heating efficiency, heat output; —ящий a. heat-producing, heat-generating.

тепло/прочный a. heat-resistant, refractory; —регулирующий a. heat-regulating.

теплород m. caloric; thermogen; —ный a. caloric, calorific, thermal.

тепло/смена f. thermal cycling; —снабжение n. heat supply; —содержание n. heat content, enthalpy; —старение n. heat aging.

теплостойк/ий a. heatproof, heat-resistant, thermostable; —ость f. resistance to heat, thermostability; (met.) thermal shock resistance.

теплосъем m. heat removal, heat extraction; output (of nuclear reactor).

теплот/а f. heat, warmth; единица —ы heat unit, thermal unit, therm; удельная т. specific heat.

теплотворн/ость f., —ая способность calorific value, heat value, heating capacity, efficiency (of fuel); —ый a. calorific, heat-producing.

теплотехник m. thermotechnician, heat engineer; т.-печник m. furnace engineer; —а f. thermotechnics, heat technology; heat engineering.

теплотехнический a. thermotechnical; heat-engineering; power-engineering.

теплоусвоение n. heat assimilation.

теплоустойчив/ость f. thermal stability;

heat retention (of building); —ый see теплостойкий.

теплофизический a. thermal (properties).

теплофи/кационный a., —кация f. district heating, central heating; —цированный a. centrally heated; —цировать v. (supply with) heat.

тепло/ход m., —ходный a. motor boat, diesel boat; producer-gas-powered vessel; —централь f. central heating plant; отопление от —централи district heating; '—чувствительный a. heat-sensitive.

теплоэлектро/генераторный a. heat and power generating; —централь f. central heating and power plant.

теплоэнергетик m. thermal power engineer; —а f. thermal power; heat and power engineering.

тепл/ушка f. heated building; heated freight car; —ый a. warm; thermal; —ынь f. warm weather.

тепляк m. (construction) enclosure, housing; winter shelter.

тер past m. sing. of тереть.

тера— prefix tera— (10^{12}).

тер/аконовая кислота teraconic acid; —акриловая кислота teracrylic acid.

тералит m. (petr.) theralite.

терапевт m. therapeutist; —ика f. therapeutics; —ический a. therapeutic.

терапиновая кислота terapic acid.

терапия f. therapy, therapeutics.

терас— see террас—.

терато— prefix terato— (monster).

терб/ий m., —иевый a. terbium, Tb; окись —ия, —иевая земля terbium oxide, terbia; хлористый т. terbium chloride.

тердесьен m. sienna (pigment).

тере/(б) prefix tere(b)— (turpentine); —бен m. terebene; —бентен m. terebenthene; —бентиловый a. terebentylic (acid).

теребил/ка f. (flax) puller; —ьный a. pulling; —ьщик m. flax puller.

теребинов/ая кислота tereb(in)ic acid; —окислая соль terebate.

тереб/ить v. pull, pluck, pick; —ление n. pulling, picking.

тереза f. counter scales, platform scales.

тере/камфен m. terecamphene; —санталовая кислота teresantalic acid.

терескен m. (bot.) winterfat (*Eurotia*).

тереть v. rub, chafe; grate, grind, shred; —ся v. rub.

терефтал/евая кислота terephthalic acid, *p*-benzenedicarboxylic acid; —иловый спирт terephthalyl alcohol.

терилен m. Terylene (synthetic fiber).

терка f. grater; rasp; huller; (plaster) float; (art.) friction bar, scratcher.

терли past pl. of тереть.

терлингуаит *m.* (min.) terlinguaite.
терм *m.* term; therm (unit of heat); —**а** *f.* therm; hot spring.
терм/акс *m.* Thermax, thermatomic black; Thermax (insulating board); —**ализация** *f.* thermalization; —**аллой** *m.* (met.) Thermalloy; —**альный** *a.* thermal; —**альные воды** hot springs.
термиерит *m.* (min.) termierite.
термика *f.* thermal conditions.
термин *m.* term; technicality; **определение** —**а** definition.
терминальный *a.* terminal.
терминатор *m.* (astr.) terminator.
термин/овать *v.* term, name, designate; —**ологический** *a.* terminological, nomenclature; —**ология** *f.* terminology, nomenclature; special vocabulary; -**эквивалент** *m.* equivalent term.
термион *m.* (electron.) thermion; —**ный** *a.* thermionic.
термист *m.* heat specialist.
термистор *m.* (electron.) thermistor, thermal resistor; **т.-бусинка** *m.* bead thermistor.
термит *m.* (bombs; welding) Thermit, thermite; (ent.) termite; —**ник** *m.* termite nest; —**ный**, —**овый** *a. of* **термит**.
термическ/ий *a.* thermic, thermal, heat; temperature-indicating; —**ая единица** heat unit, thermal unit, therm; —**ая обработка** heat treatment; —**ая сажа** *see* **термакс**; —**ая стойкость** thermal stability; —**ая цепь** thermoelement; —**ое расширение** heat expansion.
терм/ичность процесса characteristics of the thermal process; —**ия** *f.* thermie (unit of work and energy).
термо— *prefix* therm(o)—, heat; —**активный** *a.* thermosetting (plastics); —**акцептор** *m.* thermal acceptor; —**амперметр** *m.* thermoammeter; —**анализ** *m.* thermal analysis.
термоанемометр *m.* hot-wire anemometer, thermal flowmeter; —**ический** *a.* hot-wire (method).
термо/антрацит *m.* thermoanthracite; —**барокамера** *f.* altitude chamber, thermal vacuum chamber; —**барометр** *m.* thermobarometer; —**батарея** *f.* (elec.) thermopile; —**биметаллический** *a.* thermobimetallic; —**брикетирование** *n.* hot briqueting; —**весовой** *a.* thermogravimetric; —**вил** *m.* Thermovyl (synthetic fiber); —**вулканизация** *f.* heat vulcanization; —**выделение** *n.* heat evolution; —**выключатель** *m.* thermoswitch; —**высвечивание** *n.* thermoluminescence.
термо/гальванометр *m.* (elec.) thermogalvanometer; —**генератор** *m.* thermogenerator; —**гравиметрия** *f.* thermogravimetry; —**граф** *m.* thermograph,

temperature recorder; —**датчик** *m.* temperature-sensitive element; —**двигатель** *m.* thermomotor, heat engine, thermomagnetic motor; —**деление** *n.* thermofission; —**дин** *m.* thermodin, phenacetin urethane.
термодинами/ка *f.* thermodynamics; —**ческий** *a.* thermodynamic.
термо/диффузионный *a.*, —**диффузия** *f.* thermal diffusion; (moisture) migration; —**единица** *f.* thermal unit, therm; —**зит** *m.* foamed slag, slag pumice; —**извещатель** *m.* heat detector; —**изоляционный** *a.* heat-insulating; —**изоляция** *f.* thermal insulation, heat insulation; —**индикаторный** *a.* heat-indicating.
термоион *m.* (electron.) thermion; —**изация** *f.* thermal ionization; —**ный** *a.* thermionic.
термокарст *m.* (geol.) thermokarst; —**овый** *a.* thermokarst(ic), frost-thaw.
термо/каустика *f.* (med.) thermocautery (cauterization); —**каутер** *m.* cautery (instrument); —**компрессор** *m.* thermocompressor; —**копировальный** *a.*, —**копирование** *n.* thermocopying; —**лабильный** *a.* thermolabile; —**лиз** *m.* thermolysis; —**литический** *a.* thermolytic; —**люминесценция** *f.* thermoluminescence.
термомагн/етизм *m.* thermomagnetism; —**итный** *a.* thermomagnetic.
термоматериал *m.* thermoelectric material.
термометр *m.* thermometer; **мокрого** —**а, смоченного** —**а** wet-bulb (temperature); —**ический** *a.* thermometer, thermometric; —**ия** *f.* thermometry; —**ограф** *m.* thermometrograph, recording thermometer; **т.-праща** *m.* sling thermometer.
термо/механический *a.* thermomechanical; —**мотор** *see* **термодвигатель**; —**намагничивание** *n.* (geol.) thermomagnetization; —**натрит** *m.* (min.) thermonatrite; —**нейтральность** *f.* thermoneutrality; —**обработка** *f.* heat treatment, thermal treatment; —**окислительный** *a.* (petrol.) oxidation (stability); —**отрицательный** *a.* thermonegative; —**пара** *f.* thermocouple.
термопласт *m.* thermoplast, thermosoftening plastic; —**икат** *m.* thermally plasticized material; —**икация** *f.* thermal plasticization, thermal softening; —**ический** *a.* thermoplastic, thermosoftening; —**ичность** *f.* thermoplasticity.
термо/полимеризация *f.* heat polymerization; —**положительный** *a.* thermopositive; —**прен** *m.* thermoprene (rubber isomer); —**преобразователь** *m.* thermal converter; —**приёмник** *m.* (thermometer) bulb; —**распад** *m.* thermal

degradation; —**реактивный** *a.* thermoreactive, thermohardening, thermosetting.
терморегул/ирующий *a.* thermoregulating, temperature-control; —**ятор** *m.* thermoregulator, temperature-control device; —**яция** *f.* thermoregulation.
термо/реле *n.* thermorelay, thermal relay, temperature relay; —**с** *m.* Thermos (bottle).
термосенсибилиз/ация *f.* thermal sensitization, heat sensitization; —**ированный** *a.* heat-sensitized.
термо/синтез *m.*, —**слияние** *n.* thermofusion; —**сифон** *m.* thermosiphon; —**сифонный** *a.* thermosiphon, gravity-system (cooling).
термосопротивлен/ие *n.* thermal resistance; thermistor, thermosensitive resistor; **полупроводник** —**ия** thermistor.
термо/спай, —**сросток** *m.* thermojunction.
термостабил/изация *f.* thermal stabilization; —**ьность** *f.* thermal stability; —**ьный** *a.* thermostable, heat-stable.
термостат *m.* thermostat; incubator (for microorganisms); —**ирование** *n.* thermostatic control; —**ированный** *a.* thermostatically controlled; constant-temperature; —**ировать** *v.* control thermostatically; —**ируемый** *a.* temperature-controlled; —**ический** *a.* thermostatic.
термостойк/ий *a.* thermostable, thermally stable, heat-resistant, heatproof; —**ость** *f.* thermal stability, heat resistance; (met.) thermal shock resistance.
термо/столбик *m.* (elec.) thermopile; —**стрикция** *f.* thermostriction; —**сушка** *f.* thermal drying, heat drying; —**сфера** *f.* thermosphere; —**танк** *m.* thermotank; —**терапия** *f.* thermotherapy, heat treatment; —**ток** *m.* thermoelectric current; —**упругий** *a.* thermoelastic.
термоустойчив/ость *see* **термостойкость;** —**ый** *see* **термостойкий.**
термо/физика *f.* thermophysics; —**физический** *a.* thermophysical; —**фиксация** *f.* thermal fixation, thermal stabilization; —**филлит** *m.* (min.) thermophyllite; —**фон** *m.* thermophone; —**фосфат** *m.* thermophosphate (fertilizer); —**химический** *a.* thermochemical, chemical heat; —**химия** *f.* thermochemistry; —**хромизм** *m.* thermochromism; —**хромирование** *n.* diffusion chromizing; —**чувствительный** *a.* thermosensitive, thermal (element); —**эдс** *m.* thermoelectromotive force; —**эластичный** *a.* thermoelastic.
термоэлектрическ/ий *a.* thermoelectric; **т. столб,** —**ая батарея** thermopile; —**ая пара,** —**ая цепь** thermoelectric couple, thermocouple, thermoelement.
термоэлектр/ичество *n.* thermoelectricity; —**огенератор** *m.* thermoelectric generator; —**од** *m.* thermoelectrode; —**одвижущая сила** thermoelectromotive force, thermoelectric power; —**озамыкатель,** —**оизвещатель** *m.* heat-sensitive unit, flame switch; —**он** *m.* thermion, thermoelectron; —**онный** *a.* thermoelectronic, thermionic.
термо/элемент *m.* thermoelement, thermocouple; thermopile (of battery); —**эмиссия** *f.* thermal emission; —**эффект** *m.* thermoeffect; —**ядерный** *a.* thermonuclear; —**ядерная техника** thermonucleonics.
термы *pl. of* **терм; терма.**
терн *see* **терновник.**
тернеровый *a.* Turner('s).
тернов/ник *m.* blackthorn, sloe (*Prunus spinosa*); —**ый** *a.* blackthorn; thorn(y).
тернопольский *a.* (geog.) Ternopol.
тернослива *see* **терновник.**
терочный *a. of* **терка;** grating, grinding.
терп/адиен *m.* terpadiene; —**ан** *m.* terpane, menthane; —**анон** *m.* terpanone.
терпелив/ость *f.* patience, perseverance; —**ый** *a.* patient, persevering.
терпен *m.* terpene.
терпение *n.* patience, perseverance.
терпен/иловая кислота terpenylic acid; —**овый** *a.* terpene; —**ол** *m.* terpenol; —**он** *m.* terpenone.
терпентин *m.*, —**ный,** —**овый** *a.*, —**ное масло** turpentine.
терп/еть *v.* endure, bear, suffer, tolerate, stand, put up (with); undergo; **время** —**ит** there is plenty of time.
терпилен *m.* terpilene, terpinylene; —**ол** *m.* terpilenol, terpineol.
терпим/ость *f.* tolerance, toleration, sufferance; —**ый** *a.* tolerant, permissive; tolerable, bearable, endurable.
терпин *m.* terpine, dihydroxymenthane; —**гидрат** *m.* terpin hydrate; —**ен** *m.* terpinene; —**еол** *m.* terpineol, lilacin; —**ил** *m.* terpinyl; —**илен** *m.* terpinylene, terpilene; —**иловый** *a.* terpinyl; terpinylic (acid); —**ол** *m.* terpinol; —**олен** *m.* terpinolene.
терпк/ий *a.* tart, sharp, acerbic, sour, astringent; —**ость** *f.* tartness, acerbity, astringency.
терпу/г *m.* rasp, rasping file; (ichth.) rock trout; atka fish; —**жок** *m.* needle file.
терпче *comp. of* **терпкий.**
терразит *m.* colored building plaster.
террако́т/а *f.*, —**овый** *a.* terra cotta.
террамицин *m.* Terramycin, oxytetracycline (antibiotic).
террар/ий, —**иум** *m.* terrarium.

терра-росса *f.* terra rossa (a red earth).
терраса *f.* terrace; balcony, platform; (geol.) bench.
терра-сиенна *f.* terra sienna, ocher.
террас/ирование *n.* terracing, benching; —ировать *v.* terrace, bench; —ировка *see* террасирование; —ный *a. of* терраса; terraced, benched; —овидный *a.* terrace-like, step, bench; —овый *see* террасный.
террацо *n.* terrazzo (mosaic).
терреевая кислота terreic acid.
терри/генный *a.* (geol.) terrigenous, terrestrial; —кон(ик) *m.* (rock) dump, waste pile.
территор/иальный *a.* territorial; —ия *f.* territory, region, area.
тертух *m.* (ocean.) fine brash.
тертый *a.* grated; ground (pigment).
терфенил *m.* terphenyl, diphenylbenzene.
терция *f.* third; (typ.) columbian, two-line brevier.
терчуг *see* терпуг.
терший *past act. part. of* тереть.
терять *v.* lose, give up, give off; shed; waste; —ся *v.* be lost, escape; disappear; get lost; be at a loss; be offset (by).
тес *m.* (thin) planks, battens, deals, boards; —ание *n.* hewing, etc., *see v.*; —ан(н)ый *a.* hewn, cut, dressed, trimmed; —ать *v.* hew, cut, dress, trim.
тесем/ка *f.*, —очный *a.* tape, band; braid, lace; система —ок tab assembly; —чатый *a.* tape-like, ribbon-like.
тесен *sh. m. of* тесный.
тес/ина *f.* board, plank; —ка *see* тесание.
тесла *f.* Tesla unit (of magnetic induction).
тесло *n.* adz.
теснина *f.* gorge, canyon, pass; narrows.
тесн/ить *v.* press, squeeze, cram, push, thrust, force back; —иться *v.* be pressed, etc.; crowd (together); cluster; —о *adv.* narrowly, tightly, closely, intimately; it is tight; —овато *adv.* rather tightly, rather closely; —оватый *a.* rather narrow, rather crowded; —ота *f.* crowded state, closeness; —ый *a.* narrow, tight, close; intimate (mixture).
тесовый *a.* deal, plank, board.
тессеральный *a.* (cryst.) tesseral.
тест *m.* test, criterion; —ер *m.* tester, analyzer.
тестикула *f.* (anat.) testicle.
тесто *n.* dough, paste, pulp, viscous mass; (pharm.) magma; —ватый *a.* pasty, pulp-like; —месилка *f.* kneader; —месильный *a.* kneading; —образный *a.* pasty, paste-like, doughy, semi-liquid.
тестостерон *m.* testosterone.
тест/программа *f.* programmed checking; -таблица *f.* focusing board; —фильм *m.* test film; —ы *pl.* tests.

тесьма *see* тесемка.
тетаграмма *f.* (meteor.) thetagram.
тетан/ин *m.* tetanine; —ия *f.* (med.) tetany; —отоксин *m.* tetanotoxin; —трен *m.* tetanthrene, tetrahydrophenanthrene; —ус *m.* (med.) tetanus.
тетартоэдр/ический *a.* (cryst.) tetartohedral; —ия *f.* tetartohedry.
тетелин *m.* tethelin.
тетерев *m.* (orn.) black grouse.
тетива *f.* (bow)string; (construction) string board, stringer.
—тетия *f. suffix* —thety (placement).
тетра— *prefix* tetra—, quadri—, four-; —борат *m.*, —борнокислая соль tetraborate; —борный *a.* tetraboric (acid); —бром— *prefix* tetrabrom(o)—; —бромбензол *m.* tetrabromobenzene; —бромид *m.* tetrabromide; —галоидбензол *m.* tetrahalogenated benzene.
тетрагексаэдр *m.* (cryst.) tetrahexahedron; —ический *a.* tetrahexahedral.
тетрагидро— *prefix* tetrahydro—; —бензол *m.* tetrahydrobenzene; —каннабинол *m.* tetrahydrocannabinol; —кси— *prefix* tetrahydroxy—; —фуран *m.* tetrahydrofurane; —хинолин *m.* tetrahydroquinoline.
тетра/гира *f.* (cryst.) fourfold axis of symmetry; —гон *m.* (geom.) tetragon; —гональный *a.* tetragonal; —да *f.* tetrad; —декан *m.* tetradecane; —децил *m.* tetradecyl; —димит *m.* (min.) tetramite, tellurbismuth.
тетрад/ка, —ь *f.* notebook, pad.
тетраз/ан *m.* tetrazane; —ен *m.* tetrazene; —ил *m.* tetrazyl; —ин *m.* tetrazine; —о— *prefix* tetrazo—; —ол *m.* tetrazole; —он *m.* tetrazone.
тетра/йод— *prefix* tetraiod(o)—; —йодбензол *m.* tetraiodobenzene; —йодметан *m.* tetraiodomethane; —каин *m.* tetracaine; —козан *m.* tetracosane; —козановый *a.* tetracosanic (acid).
тетрал/ин *m.* Tetralin, tetrahydronaphthalene; —ит *m.* tetralite, Tetryl; —ол *m.* tetralol; —он *m.* tetralone.
тетрамер *m.* tetramer; —ный *a.* tetramerous.
тетраметил/ен *m.* tetramethylene; —мочевина *f.* tetramethylurea.
тетрамин *m.* tetramine.
тетранитро/метан *m.* tetranitromethane; —пентаэритрит *m.* tetranitropentaerythritol; —соединение *n.* tetranitro compound.
тетраокси— *prefix* tetrahydroxy—; —антрахинон *m.* tetrahydroxyanthraquinone; —бензол *m.* tetrahydroxybenzene; —кислота *f.* tetrahydroxy acid.
тетра/силан *m.* tetrasilane; —спора *f.* (bot.) tetraspore; —сульфид *m.* tetra-

тетрафенилборнатрий — тешемахерит

тетрафенил/борнатрий *m.* tetraphenyl boron sodium; —кремний *m.* tetraphenyl silicon; —метан *m.* tetraphenylmethane.

sulfide; —тионат *m.* tetrathionate; —тионовый *a.* tetrathionic (acid).

тетрафтор— *prefix* tetrafluor(o)—; —ид *m.* tetrafluoride; —метан *m.* tetrafluoromethane; —этилен *m.* tetrafluoroethylene.

тетрахлор— *prefix* tetrachlor(o)—; —бензол *m.* tetrachlorobenzene; —ид *m.* tetrachloride; —о-олово(2)-кислота *f.* chlorostannous acid; —о-платина(2)-кислота *f.* chloroplatinous acid; —этан *m.* tetrachloroethane.

тетрахорический *a.* (stat.) tetrachoric.

тетрациклин *m.* tetracycline (antibiotic).

тетраэдр *m.* (cryst.) tetrahedron; —ит *m.* (min.) tetrahedrite, gray copper ore; —ический *a.* tetrahedral.

тетраэтил/герман(ий) *m.* tetraethyl germanium; —мочевина *f.* tetraethylurea; —олово *n.* tetraethyl tin, tin tetraethide; —пирофосфат *m.* tetraethyl pyrophosphate; —свинец *m.* tetraethyl lead.

тетридин *m.* Tetridin Pyrithyldione.

тетрил *m.* (expl.) Tetryl, tetranitromethylaniline.

тетриновая кислота tetrinic acid.

тетрод *m.*, —ный *a.* (rad.) tetrode.

тетро/донин *m.* tetrodonine; —за *f.* tetrose; —ксан *m.* tetroxane; —ксид *m.* tetroxide; —л *m.* tetrole, furan; —ловая кислота tetrolic acid, butynoic acid.

тетрон/ал *m.* tetronal, diethylsulfone diethylmethane; —овый *a.* tetronic (acid); —эритрин *m.* tetronerythrin.

тетрофин *m.* tetrophine.

тетурам *m.* tetraethylthiuram disulfide.

тефиграмма *f.* (meteor.) tephigram.

тефия *f.* (astr.) Tethys.

тефлон *m.* Teflon (polytetrafluoroethylene).

тефр/ит *m.* (petr.) tephrite; —озин *m.* tephrosin, hydroxydeguelin; —оит *m.* (min.) tephroite.

тех *gen. and prepos. of* те.

тех— *prefix see* технический.

техасский *a.* (geog.) Texas.

тех/кадры *pl.* technical cadres; —минимум minimum required technical knowledge.

технеций *m.* technetium, Tc.

техник *m.* technician, technologist; engineer, mechanic; —а *f.* technology, technological process; technique, procedure, practice; engineering; industry; materiel, equipment; (work) habits; —а организации производства production engineering; —о-экономический *a.* technical and economic; —ум *m.* technical school.

технически *adv.* technically; т. обоснованный *a.* based on technical data.

техническ/ий *a.* technical; engineering, mechanical; industrial, commercial(-grade), technical-grade, crude; (rr.) running (speed); large (calorie); т. минимум minimum required technical knowledge; т. расчет engineering; —ая вода industrial water; —ая единица массы engineering unit of mass, metric slug; —ая химия applied chemistry, industrial chemistry, chemical technology; —ое изготовление manufacture; —ое обслуживание maintenance work; —ие культуры industrial crops; —ие средства equipment; —ие условия technical specifications, (standard) specifications; программа —их работ engineering effort; указывать —ие условия *v.* specify.

технолог *m.* technologist, production engineer; —ический *a.* technological; technical(-grade), crude; production, process(ing), operating; engineering (process); industrial (equipment); straight-flow (production); —ический поток production line; —ическая карта flow sheet; —ичность *f.* technological effectiveness; —ичный *a.* technologically effective, efficient; —ия *f.* technology; engineering; know-how; (foods) processing, canning.

техорук *m.* works manager.

тех/промфинплан *m.* technical, industrial and financial plan; —ред *m.* technical editor; —снаб *m.* technical supply; —упр *m.*, —управление *n.* technical administration.

теций *m.* (bot.) thecium.

тече/безопасный *a.* leakproof; —искание, —испытание *n.* leak detection, leak testing; —искатель *m.* leak detector, leak tester.

течен/ие *n.* current, stream, course, flux, flow, run; streaming, flowing; passage; tendency, trend; в т. for, throughout, over (a period of), during, in the course (of); вверх по —ию, против —ия upstream, against the current; (вниз) по —ию downstream, with the current; медленное т. ooze, oozing; обратное т. reflux; потенциал —ия streaming potential; распределение —ий, система —ий flow pattern.

течка *f.* (gravity) spout; (discharge) hopper; (zool.) heat.

течь *v.* flow (along, in, through), pass through, run, stream; leak, escape, trickle, drip; fly, pass (of time); *f.* leak(ing), leaks, leakage, flow, run; (med.) flux; т. обратно *v.* reflux; с —ю leaky.

теше/махерит *m.* (min.) teschemacherite; —нит *m.* (petr.) teschenite.

тешет *pr. 3 sing. of* тесать.

т:ж, Т:Ж *abbr.* (соотношение твердого к жидкому) solid-to-liquid ratio.

ТЗА *abbr.* (турбозубчатый агрегат) turbogear assembly.

т. зам. *abbr.* (точка замерзания) freezing point; т. заст. *abbr.* (точка застывания) solidification point.

ТЗХ *abbr.* (турбина заднего хода) reverse turbine.

тиаз/ил *m.* thiazyl; —ин *m.* thiazine; —иновые краски thiazine dyes; —ол *m.* thiazole; —олил *m.* thiazolyl; —олин *m.* thiazoline, dihydrothiazole.

ти/альдин *m.* thialdine; —амид *m.* thiamide; —амин *m.* thiamine, vitamin B₁; —антрен *m.* thianthrene, diphenylene disulfide.

тибетский *a.* (geog.) Tibetan.

тибон *m.* thibone, thiacetazone.

тигель *m..* —ный *a.* crucible; (typ.) platen; т. печатный станок platen press; —ная печь crucible furnace.

тиглинов/ая кислота tiglic acid, 2-methyl-2-butenoic acid; соль —ой кислоты tiglate; —ый альдегид tiglaldehyde.

тигмотаксис *m.* (biol.) thigmotaxis.

тигр *m.*, —иный, —овый *a.* tiger; —овый глаз (min.) tigereye.

тиен/ил *m.* thienyl; —он *m.* thienone, thienyl ketone.

тиза *f.* (min.) tiza, ulexite.

Тиза способ (met.) Thies process.

тизонит *m.* (min.) tysonite, fluocerite.

тик *m.* (mech.) tick(ing); (text.) ticking; teak(wood); (med.) tic; —анье *n.* tick(ing); —ать *v.* tick; —кер *m.* (rad.) ticker, chopper; —овый *a. of* тик; —овое дерево teakwood.

тикональ *m.* Ticonal (alloy).

тиксотроп/ия, —ность *f.* thixotropy (of gels); —ный *a.* thixotropic.

тилазит *m.* (min.) tilasite, fluor-adelite.

Тиле трубка Thiele tube.

тили/адин *m.* tiliadin; —цин *m.* tilicin.

тилкальзин *m.* Tylcalsin, calcium acetylsalicylate.

тиллит *m.* (petr.) tillite.

тиллитин *m.* Tyllithin, lithium acetylsalicylate.

тилль *f.* (geol.) till, glacial drift.

тил/марин *m.* tylmarin; —оз *m.* (med., bot.) tylosis; —оза *f.* tylose, methylcellulose; —офорин *m.* tylophorine.

тильда *f.* (typ.) tilde, curl.

тиманнит *m.* (min.) tiemannite.

тимацетин *m.* thymacetin, thymol phenacetin.

тимбер/ованный *a.* timbered, etc., *see v.*; —овать *v.* timber; (naut.) repair, refit; —овка *f.* timbering, etc., *see v.*; —с *m.* timber.

тим/ен *m.* thymene; —иан *see* тимьян; —идин *m.* thymidine; —идол *m.* thymidol, methylpropylphenyl menthol; —ил *m.*, —иловый *a.* thymyl; —ин *m.* thymine, 5-methyluracil; —иновый *a.* thyminic (acid); —иодол *m.* Thymiodol, thymol iodide.

тимо/видин *m.* thymovidin; —гидрохинон *m.* thymohydroquinone; —дин *m.* thymodin, thymol iodide.

тимол *m.*, —овый *a.* thymol, 3-hydroxy-*p*-cymene.

тимо/нуклеиновая кислота *see* тимуснуклеиновая кислота; —тал *m.* Thymotal, thymol carbonate; —тиновый *a.* thymotic (acid).

тимофеевка *f.* (bot.) timothy (*Phleum*).

тимо/форм *m.* thymoform; —хинон *m.* thymoquinone.

тимпан *m.* tympanum; tympanic membrane; —альный *a.* tympanal, tympanic; —ит *m.* (med.) tympanitis; —ия *f.* tympanites; —ный *a.* tympanic; —ное колесо tympanium, drum wheel.

тимуснуклеиновая кислота thymus nucleic acid, desoxyribonucleic acid, DNA.

тимьян *m.*, —овый *a.* (bot.) thyme.

тина *f.* slime, mud, mire, ooze, silt, slurry; (pond) scum; (cer.) slip; (bot.) freshwater algae.

тингуаит *m.* (petr.) tinguaite.

тиндаллизация *f.* tyndallization, sterilization.

Тиндаля явление (light) Tyndall effect.

тинист/ость *f.* sliminess; —ый *a.* slimy, oozy, muddy.

тинкал *m.* (min.) tincal, crude borax; —ьконит *m.* tincalconite.

тинктура *f.* tincture, infusion.

тиннин *m.* thynnin.

тинный *a. of* тина; muddy, slimy; (bot.) conferval, confervaceous.

тинолит *m.* (min.) tinolite.

тиноль *m.* tinol (solder).

тинтометр *m.* tintometer (colorimeter).

тио— *prefix* thio—; —альдегид *m.* thioaldehyde; —арсенит *m.* thioarsenite; —ацетамид *m.* thioacetamide; —бензойная кислота thiobenzoic acid; —геновый *a.* thiogenic, sulfur (dyes); —гликолевый *a.* thioglycolic (acid); —изоцианат *m.* isothiocyanate; —индиго *n.* thioindigo.

тиокарб/амат *m.* thiocarbamate; —амид *m.* thiocarbamide, thiourea; —аминовая кислота thiocarbamic acid; —онил *m.* thiocarbonyl.

тио/каучук *m.* thio rubber; —кетон *m.* thioketone; —кислота *f.* thioacid; —кол *m.* Thiocol, potassium guaiacol sulfonate; Thiokol (polysulfide rubber).

тиоксан *m.* thioxane; —тен *m.* thioxan-

thene, methylenediphenylene sulfide; —тон *m.* thioxanthone.
тиокс/ен *m.* thioxene, dimethylthiophene; —илол *m.* thioxylene.
тио/л *m.* thiol; —лан *m.* thiolane; —ловая кислота thiolic acid; —лютин *m.* thiolutin; —молочная кислота thiolactic acid; —мочевина *f.* thiourea, thiocarbamide; —муравьиная кислота thioformic acid.
тиомышьяков/ая кислота thioarsenic acid, sulfarsenic acid; —окислая соль thioarsenate, sulfarsenate; —истая кислота thioarsenious acid, sulfarsenious acid; —истокислая соль thioarsenite, sulfarsenite; —истоаммониевая соль ammonium thioarsenite; —оаммониевая соль ammonium thioarsenate.
тио/налид *m.* Thionalide; —нафтен *m.* thionaphthene, benzothiophene.
тион/еин *m.* thioneine, thiazine; —ил *m.* thionyl, sulfinyl; —ин *m.*, —иновый *a.* thionine, Lauth's violet; —овая кислота thionic acid; —уровая кислота thionuric acid.
тиоокись *f.* (mono)sulfide (of olefins).
тиооловянн/ая кислота thiostannic acid, соль —ой кислоты, —окислая соль thiostannate; —оаммониевая соль ammonium thiostannate.
тиопентал-натрий *m.* thiopental-sodium, Pentothal sodium.
тиосерн/ая кислота thiosulfuric acid; —истая кислота thiosulfurous acid; —истокислая соль thiosulfite; —окислая соль thiosulfate; —онатриевая соль sodium thiosulfate.
тио/синамин *m.* thiosinamine, allyl thiourea; —соединение *n.* thio compound; —соль *f.* thio salt; —спирт *m.* thio alcohol; —станнат *m.* thiostannate; —сульфат *m.* thiosulfate; —сульфокислота *f.* thiosulfonic acid; —сульфонат *m.* thiosulfonate.
тиосурьмян/ая кислота thioantimonic acid, sulfantimonic acid; —истая кислота thioantimonious acid, sulfantimonious acid; —истокислая соль thioantimonite; —окислая соль thioantimonate.
тио/толен *m.* thiotolene, methylthiophene; —углекислая соль thiocarbonate; —угольная кислота thiocarbonic acid; —уксусная кислота thioacetic acid; —уретан *m.* thiourethane; —фан *m.* thiophane.
тиофен *m.* thiophene, thiofuran; —ил *m.* thiophenyl; —ин *m.* thiophenine, aminothiophene; —карбоновая кислота thiophenecarboxylic acid; —овый *a.* thiophenic (acid); —ол *m.* thiophenol, phenylmercaptan.
тио/флавон *m.* thioflavone; —форм *m.*

thioform, basic bismuth dithiosalicylate; —фос *m.* Thiophos, parathion (insecticide); —фосген *m.* thiophosgene, thiocarbonyl chloride; —фосфат *m.* thiophosphate; —фосфорил *m.* thiophosphoryl; —фосфорная кислота thiophosphoric acid; —фтен *m.* thiophthene, bithiophene.
тиохин— *prefix* thioquin—.
тиохром *m.* thiochrome.
тиоциан *m.* thiocyanogen; —ат, —ид *m.* thiocyanate; —овая кислота thiocyanic acid, sulfocyanic acid; —уровая кислота thiocyanuric acid.
тиоэфир *m.* thio ether.
тип *m.* type, kind, model, design, pattern, make, variety; form, style; class (of ship); происходить по —у *v.* follow the pattern; —аж *m.* standardization; (biol.) phylum.
типиз/ация *f.* typification, etc., *see v.*; —ированный *a.* typified, etc., *see v.*; specialized; —ировать *v.* typify, classify by type; standardize.
тип/ический *see* **типичный**; —ичность *f.* typicalness; —ичный *a.* typical, characteristic, representative; peculiar (to); —ия *f.* *suffix* —typy (state, process); —овой *a.* of **тип**; type, model; standard; typical.
типограф *m.* typographer, printer; a bark beetle (*Ips typographus*); —(иче)ский *a.* typographic; type (metal); printing (press); printer's (ink, varnish, etc.); —ия *f.* printing house, printer's, press; в —ии at the printer's, in press; —щик *m.* printer.
типолитография *f.* printing and lithographic establishment.
типология *f.* typology.
типометрический *a.* type-measuring.
типун *m.* (vet.) pip.
типчак *m.* (bot.) fescue (*Festuca sulcata*).
тир *m.* (shooting) gallery, range; tar compound.
тираж *m.* circulation (of journal); printing, number of copies printed, impression, run; figures; edition; —еустойчивость *f.* durability of printing form; —ировать *v.* determine the circulation; —ность *see* **тираж**; —ный *a.* of **тираж**.
тирамин *m.* tyramine.
тиратрон *m.*, —ный *a.* (electron.) thyratron (hot-cathode gas tube).
тир-бушон *m.* stopper, plug.
тире *n.* dash; hyphen.
тирезол *m.* thyresol, santalolmethylester.
тирео— *prefix* (anat.) thyr(e)o—, thyroid; —генный *a.* thyrogenic; —глобулин *m.* thyroglobulin; —идин *m.* thyroidin; —идный *a.* thyroid; —тропный *a.* thyrotropic.

тиристор *m.* (electron.) thyristor.
тирит *m.* (min.) tyrite, fergusonite; thyrite (silicon resistor).
тиро— *prefix* tyr(o)— (cheese); (anat.) *see* **тирео**—.
тировать *v.* tar, pitch.
тироз/ил *m.* tyrosyl; **—ин** *m.* tyrosine, aminohydroxycinnamic acid; **—иназа** *f.* tyrosinase; **—инуровая кислота** tyrosinuric acid; **—ол** *m.* tyrosol, *p*-hydroxyphenethyl alcohol.
тироксин *m.* thyroxine.
тиролейцин *m.* tyroleucin.
тиролит *m.* (min.) tyrolite, copper froth.
тирольский *a.* Tyrolene.
тиро/токси(ко)н *m.* tyrotoxi(co)n, diazobenzene hydroxide; **—трицин** *m.* tyrothricin; **—цидин** *m.* tyrocidine.
тис *m.* yew (tree).
Тиса (geog.) Tisza (river).
тиск/ание *n.* squeezing, etc., *see v.*; **—ать** *v.* squeeze, (com)press; cram; print, insert.
тиск/и *pl.* vise, clamp; **—овый** *a.* vise; clamping, tightening.
тисн/ение *n.* embossing, etc., *see v.*; **—ен(н)ый** *a.* embossed, etc., *see v.*; **—ильный** *a.* embossing, etc., *see v.*; **—ить**, **—уть** *v.* emboss, impress, (im)print, stamp; tool (leather).
тисовый *a.* of **тис**.
тисоч/ки dim.; **—ный** *a.* of **тиски**.
т. исп. *abbr.* (температура испарения) vaporization temperature.
тисс *m.* (bot.) yew (tree).
тисса (geog.) Tisza (river).
Тиссена гравиметр Thyssen gravimeter.
Тиссо конденсатор Tissot condenser.
тиссовый *a.* of **тисс**.
титан *m.* titanium, Ti; (astr.) Titan; **двуокись —a** titanium dioxide; **двухлористый т.** titanium dichloride; **окись —a** titanium oxide; **перекись —a** titanium peroxide, titanium trioxide; **сернокислый т., сульфат —a** titanium sulfate; **хлорный т., четыреххлористый т.** titanium tetrachloride, titanic chloride.
титан/авгит *m.* (min.) titanaugite; **—ат** *m.* titanate; **—ил** *m.* titanyl.
титанист/ый *a.* titanous, titanium, titaniferous; **т. железняк** (min.) ilmenite; **—ое железо** (met.) ferrotitanium; (min.) ilmenite.
титанит *m.* (min.) titanite, sphene.
титанический *see* **титановый**.
титания *f.* (astr.) Titania.
титано— *prefix* titano—, titanium.
титановокисл/ый *a.* titanic acid; titanate (of); **—ая соль** titanate.
титанов/ый *a.* titanic, titanium, titaniferous; **т. ангидрид** titanic anhydride, titanium dioxide; **—ая кислота** titanic acid; **соль —ой кислоты** titanate; **—ая сталь** titanium steel; **—ые белила** titanium white.
титаноливин *m.* (min.) titanolivine.
титано/магнетит *m.* (min.) titanomagnetite; **—метрия** *f.* titanium titration; **—рганический** *a.* organotitanium; **—фтор(ист)оводородный** *a.* fluotitanic (acid).
титестер *m.* tea tester, tea taster.
титон *m.*, **—ский ярус** (geol.) Tithonian stage.
титр *m.* titer, titration standard; (text.) titer, metric number; caption; **определять т., устанавливать т.** *v.* titrate; **—атор** *m.* titrator; **—иметр** *m.* titrimeter; **—иметрический** *a.* titrimetric; **—ировать** *see* **титровать**.
титров/альный *a.* titrating, titration; **т. анализ** analysis by titration, volumetric analysis; **—ание** *n.* titration, titrimetry; **прием —ания** titration method; **—анный** *a.* titrated; titrating; **—анный раствор** titration standard, standard solution, titrant; **—ать** *v.* titrate.
титр/ометрический *a.* titrimetric; **—ометрия** *f.* titrimetry; **—уемый** *a.* titrated; titratable; **—уемый раствор** titrate; **—ующий** *a.* titrating; **—ующийся** *a.* titratable.
титул *m.* title; title page; **—ованный** *a.* (en)titled; **—овать** *v.* (en)title; **—ьный** *a.* title.
тиурам *m.* thiuram.
тиурет *m.* thiuret.
тиуроний *m.* thiouronium.
тиф *m.* (med.) typhus; **брюшной т.** typhoid fever; **сыпной т.** typhus.
тифастерин *m.* typhasterol.
тифдрук *m.* intaglio printing.
тифен *m.* thiphen (hydrochloride).
тифии *pl.* black wasps (*Tiphidae*).
тифлит *m.* (med.) typhlitis.
тифлопедагогика *f.* education of the visually handicapped.
тифо/зный *a.*, **—ид** *m.* (med.) typhoid.
тифон *m.* (rr.) signal whistle, blast.
тифотоксин *m.* typhotoxin.
тих *sh. m.* of **тихий**; *past m. sing.* of **тихнуть**.
тихий *a.* quiet, still, noiseless, silent; calm; mild, gentle; slow, sluggish; soft, low (sound); **Т. океан** Pacific Ocean; **т. разряд** (dielectrics) silent discharge, corona.
тихит *m.* (min.) tychite.
тих/нуть *v.* quiet down, abate; **—о** *adv.* quietly, etc., *see* **тихий**.
тихоновский *a.* (math.) Tikhonov.
тихонько *adv.* quietly, cautiously.
тихоокеанский *a.* (geog.) Pacific.
тихоход *m.* slow-moving vehicle; (zool.)

—**тический** 723 **товарищ**

sloth; —**ный** *a.* slow(-moving), low-speed, slow-running.
—**тический** *a.* suffix —tic.
тиш/айший *superl.*; —**е** *comp. of* **тихий**, **тихо** quieter; more quietly; —**ина**, —**ь** *f.* stillness, quiet, silence, calm, mildness.
т. к. *abbr.* (**так как**) since, inasmuch as.
тка/льный *a.* weaving; —**невый** *a.* textile, fabric, cloth; (biol.) tissue, histological; —**нетерапия** *f.* tissue therapy; —**неэквивалентный** *a.* (radiobiol.) tissue equivalent; —**ние** *see* **тканье**; —**(н)ный** *a.* woven, cloth.
ткан/ь *f.* fabric, cloth; web; texture; (biol.) tissue; **бумажная т.** cotton cloth; **доза в** —**и** tissue dose (of radiation); **металлическая т.**, **проволочная т.** wire gauze; **сетчатая т.** netting.
тканье *n.* weaving; (text.) pique; —**вое** *n.* pique; —**вый** *a.* cloth; woven; (biol.) tissue; webbing (belt); —**вая доза** tissue dose (of radiation).
т. капл. *abbr.* (**температура каплепадения**) drop point.
тка/ть *v.* weave; —**цкая** *f.* weaver's workshop, loom department.
ткацк/ий *a.* weaver's, weaving, loom, textile; **т. станок** loom; —**ое производство** weaving; —**о-прядильный** *a.* weaving and spinning.
ткач *m.* weaver; —**ество** *n.* weaving; **т.-усач** *m.* (ent.) longicorn.
ТКВРД *abbr.* (**турбокомпрессорный воздушно-реактивный двигатель**) turbojet engine.
ТКЕ *abbr.* (**температурный коэффициент емкости**) temperature coefficient of capacitance.
ткет *pr. 3 sing. of* **ткать**.
ТКЗ, **т. к. з.** *abbr.* (**ток короткого замыкания**) short-circuit current.
ТКИ *abbr.* (**температурный коэффициент индуктивности**) temperature coefficient of inductance.
т. кип. *abbr.* (**точка кипения**) boiling point.
т-км, **ткм** *abbr.* (**тонна-километр**) ton-kilometer.
ткнуть *see* **тыкать**.
т. конд. *abbr.* (**температура конденсации**) dew point.
ТКПД, **т. к. п. д.** *abbr.* (**тепловой коэффициент полезного действия**) thermal efficiency factor.
т. крит. *abbr.* (**температура критическая**) critical temperature.
ТКС *abbr.* (**температурный коэффициент сопротивления**) temperature coefficient of resistance.
ТКФ *abbr.* (**тетракальцийфосфат**) tetracalcium phosphate; (**трикальцийфосфат**) tricalcium phosphate; (**трикрезилфосфат**) tricresyl phosphate.

тл *abbr.* (**тесла**) tesla unit.
тлевый *a. of* **тля**.
тле/н *m.* decay, decomposition; decayed matter; —**ние** *n.* glowing, etc., *see v.*; decay, decomposition; —**нность** *f.* perishability; —**нный** *a.* perishable; decayed; —**творный** *a.* noxious, putrid; —**ть(ся)** *v.* glow, smolder, burn incompletely; molder, rot, decay; —**ющий** *a.* glowing, etc. *see v.*; —**ющий разряд** (elec.) glow discharge.
тля *f.* (ent.) aphid, plant louse.
тм *abbr.* (**тоннометр**) ton-meter; **тМ** *abbr.* (**теплая масса воздуха**) warm air mass; **т. м.** *abbr.* (**текущего месяца**) of this month.
ТМГ *abbr.* (**температурный магнитный гистерезис**) thermal magnetic hysteresis.
тмин *m.* caraway (seed); **воложский т.**, **римский т.** cumin; **черный т.** nutmeg flower; —**ный** *a.* caraway; cumin.
ТМО *abbr.* (**термомеханическая обработка**) thermomechanical processing.
ТМТД *abbr.* (**тетраметилтиурамдисульфид**) tetramethylthiuram disulfide; **ТМТМ** *abbr.* (**тетраметилтиурам моносульфид**) tetramethylthiuram monosulfide.
т. н. *see* **т. наз.**; (**товарная нагрузка**) payload.
ТНА *abbr.* (**турбонасосный агрегат**) turbine-pump assembly.
т. наз. *abbr.* (**так называемый**) so-called.
ТНД *abbr.* (**турбина низкого давления**) low-pressure turbine.
ТНК *abbr.* (**тимонуклеиновая кислота**) thymus nucleic acid.
ТНТ *abbr.* (**тринитротолуол**) trinitrotoluene.
т. н. ч. *abbr.* (**ток низкой частоты**) low-frequency current.
то *n. of* **тот**; that; *conj.* then, in that case; **то есть** that is (to say); **то же** ditto, same; **то ли ... то ли** either . . . or; **то ... то** sometimes, at times . . . at others . . ., now . . . now; first . . . then; **то туда, то сюда** hither and thither; **то, что** (the fact) that; **а не то** if not, otherwise, or else; **да и то** even then; **если так, то** if (it is) so, then; **не то, что не то** not that; **об этом-то** precisely about that.
т. о. *abbr.* (**таким образом**) thus.
тоар *m.*, —**ский ярус** (geol.) Toarcian.
Тобина бронза (met.) Tobin bronze.
тобогган *m.* toboggan.
т-образный *a.* Т-, T-shaped, tee-.
тов. *abbr.* (**товарищ**) comrade.
товар *m.* merchandise, goods, wares; commodity, article; —**ы** *pl.* goods, stock; **запас** —**ов** stock in trade.
товарищ *m.* companion, partner, fellow,

товарность — colleague, associate; **т. по торговле** partner in trade; **т. по учению** fellow student; **—ество** *n.* company, partnership, society, association.

товарность *f.* marketability.

товарн/ый *a.* goods, commodity; commercial; technical (grade); ready-mix (concrete); trade (mark); freight (train); truck (farming); **крытый т. вагон** box car; **—ое движение** freight traffic; **—ое хозяйство** goods economy.

товаровед *m.* merchandising specialist; **—ение** *n.*, **—ный, —ческий** *a.* merchandising.

товаро/обмен *m.* barter; **—оборот** *m.* turnover (of merchandise); **—отправитель** *m.* forwarder of merchandise, consignor; **—пассажирский** *a.* (rr.) freight and passenger; **—подъемник** *m.* freight elevator; **—получатель** *m.* recipient of merchandise, consignee; **—проводящий** *a.* merchandise supply; **—производитель** *m.* manufacturer.

тогда *adv.* then, at that time; **т. же** at the same time; **т. как** while, whereas, when; **т.-то** at that (particular) time; **—шний** *a.* of that time, existing at that time, contemporary.

того *gen. of* **то(т)**; **из т., что** from the fact that.

тоддит *m.* (min.) toddite.

тождеств/енность *f.*, **—о** *n.* identity; **—енный** *a.* identical, same.

тоже *adv.* also, too, likewise.

тожеств/енность, —о *see* **тождественность**; **—енный** *see* **тождественный**.

тозил *m.* tosyl, tolylsulfonyl.

той *gen., dat., etc., of* **та**; **т. или иной** that or any other, either, some.

ток *m.* current, stream, flow; (elec.) current; (agr.) threshing floor; **без —а** without current, dead (wire); **допустимая нагрузка —ом** current-carrying capacity; **переменного —а** alternating current, a-c (motor); **плотность —а** current density; **под —ом** current-carrying, live, energized; **подать т.** *v.* make contact; **постоянного —а** direct current, d-c (motor); **растительный т.** malt floor; **трехфазного —а** three-phase (generator, voltage, etc.); **указатель —а** (elec.) current indicator, spec. ammeter; **функция —а** (hydr.) stream function.

токай *m.*, **—ское** *n.* Tokay wine.

токарн/ая *f.* lathe shop; **—ичать** *v.* turn, work on a lathe, do lathework.

токарно/винторезный станок screw-cutting lathe; **—давильный станок** spinning lathe; **—долбежный станок, —затыловочный станок** backing-off lathe (for making screw taps), relieving lathe; **—карусельный станок** turning and boring lathe; **—лобовой станок** (sur)facing lathe; **—механическая** *f.* lathe shop; **—отрезной** *a.* slicing (lathe); **—полировальный станок** polishing lathe; **—расточной станок** boring lathe; **—револьверный автомат** automatic turret lathe; **—револьверный станок** turret lathe; **—шлифовальный станок** grinding lathe.

токарн/ый *a.* lathe, worked on a lathe; turning; turned; **т. автомат** automatic lathe; **т. полуавтомат** semiautomatic lathe; **т. резец** cutting tool; **т. станок** lathe; **—ая работа** turning, lathework; **—ые стружки** turnings; **—я** *f.* lathe shop.

токарь *m.* turner, lathe hand.

токи *pl. of* **ток**.

токийский *a.* (geog.) Tokyo.

токо— *prefix* (elec.) current; toco— (childbirth, offspring); **—ведущий** *a.* current-carrying, live; **—вращатель** *m.* pole changer; **—вый** *a.* current; **—генераторный** *a.* current-generating; **—дробитель** *m.* current divider.

токология *f.* tocology, obstetrics.

токо/непроводящий *a.* non-current carrying, nonconducting; **—несущий** *a.* current-carrying, live.

токоограничитель *m.* (elec.) current limiter; **—ный** *a.* current-limiting.

токо/отвод *m.* (elec.) lead; **—подвод** *m.* current supply; **верхний —подвод** top feed(ing); **—прерыватель** *m.* circuit breaker.

токоприемн/ик *m.* (elec.) current collector, trolley; **—ый** *a.* current-collecting; **—ый ролик** trolley; **—ая дуга** bow collector.

токопровод *m.* (elec.) conduction; conductor; lead(-in) wire, connecting lead; **—ящий** *a.* (current-)conducting, current-carrying.

токопрохождение *n.* circuit diagram.

токособиратель *m.* (elec.) collector.

токособиратель *m.* (elec.) current collector; **—ный** *a.* current-collecting, collector; slip (ring).

токо/съемник *see* **токоприемник**; **—управляющий** *a.* current-controlling.

токоферол *m.* tocopherol (vitamin E).

токс— *prefix* tox(ico)— (poison); **—альбумин** *m.* toxalbumin; **—афен** Toxaphene, chlorinated camphene (insecticide); **—емия** *f.* (med.) toxemia; **—икарол** *m.* toxicarol, tephrosin; **—икоз** *m.* (med.) toxicosis; (soil) sickness; **—иколог** *m.* toxicologist; **—икологический** *a.* toxicological; **—икология** *f.* toxicology; **—ин** *m.* toxin; **—истерин** *m.* toxisterol; **—ический** *a.* toxic, poisonous; **—ичность** *f.* toxicity; **—ичный** *a.* toxic.

тол *see* **толит**; **—амин** *m.* Tolamine, chloramine-T; **—ан** *m.*, **—ановый** *a.* tolan, diphenylacetylene.

толацил *m.* tolacyl; **—амин** *m.* tolacylamine.

толевая кровля roofing paper.

толерантн/ость *f.* tolerance; **—ый** *a.* tolerance (dose, etc.).

толиантипирин *m.* toly(anti)pyrine.

толидин *m.* tolidine, dimethylbenzidine.

толиз/аль *m.* tolysal, tolypyrine salicylate; **—ин** *m.* Tolysin, neocinchophen.

толил *m.* tolyl; tolil, dimethylbenzil; **—ен** *m.* tolylene; **—овый спирт** tolyl alcohol, tolylcarbinol.

толимидазол *m.* tolimidazole.

толипирин *m.* tolypyrine *p*-tolyldimethylpyrazole.

толит *m.* (expl.) tolit, trinitrotoluene.

толк *m.* meaning, sense; use; push, nudge; **—и** *pl.* talk, rumors; **взять в т.** *v.* understand; **с —ом** sensibly, intelligently; **сбить с —у** *v.* confuse, baffle.

толк/ание *n.* pushing, etc., *see v.*; push; **—атель** *m.* pusher, push rod; plunger; follower; lifter; (valve) tappet; expediter; **—ательный** *a.* pushing; pusher-type (furnace); **—ать** *v.* push, thrust, shove; nudge; shake, joggle; **—ач** *see* **толкатель**; pestle, pounder; **—ающий** *a.* pushing, etc., *see v.*; pusher (propeller); push (rod); propelling (force); **—ающий механизм** thrust gear.

толкли *past pl. of* **толочь**.

толкнуть *see* **толкать**; give a push.

толков/ание *n.* interpretation, explanation, comment(ary); **—атель** *m.* interpreter; **—ать** *v.* interpret, explain, comment; discuss; **—ый** *a.* explanatory; sensible.

толком *adv.* clearly, plainly, sensibly.

толкотня *f.* crush, crowd; jostling.

толкун(чик) *m.* (ent.) dance fly.

толк/ушка *f.* pestle, pounder, stamp; **—ущий** *pr. act. part. of* **толочь**.

Толленса проба Tollens test.

толовый *a. of* **тол**.

толока *f.* fallow-field grazing.

толокно *n.* oat flour, oatmeal.

толокнянка *f.* (bot.) bearberry (*Arctostaphylos*, spec. *A. uva ursi*).

толоконный *a. of* **толокно**.

толокси— *prefix* toloxy—, cresoxy—.

толочь *v.* stamp, pound, beat, crush, grind, mill, (reduce to) powder, comminute; **—ся** *v.* be stamped, etc.; (ent.) swarm.

толп/а *f.* crowd; **—иться** *v.* crowd, cluster, group.

толст *sh. m. of* **толстый**; **—еть** *v.* get fat; **—ить** *v.* fatten; **—о** *adv.* thickly; fat.

толсто— *prefix* thick; **—ватый** *a.* rather thick; rather fat; **—головки** *pl.* (ent.) common skippers (*Hesperiidae*); **—ко-**

—жее *n.* (zool.) pachyderm; **—кожий** *a.* thick-skinned, pachydermatous; **—корый** *a.* thick-barked.

толстолист/ный, **—овой** *a.* thick-leaved; plate (steel).

толсто/ножки *pl.* chalcid flies (*Eurytomidae*); **—пластинчатый** *a.* thick-plate, in thick plates; **—слойный** *a.* thick(-layered); **deep-bed** (filter); **—стенный** *a.* thick-walled, heavy-walled; **—та** *f.*, **—тный** *a.* thickness.

толстый *a.* thick, heavy (paper), heavy-gage (wire); fat, stout, obese.

толтры *pl.* toltry (sharp-peaked hills running in parallel rows).

толу/амид *m.* toluamide, methylbenzamide; **—анилид** *m.* toluanilide, *a*-phenylacetanilide.

толуанск/ий бальзам tolu, balsam of Tolu; **—ое масло** tolu oil.

толуидин *m.*, **—овый** *a.* toluidine.

толуил *m.* toluyl; **—ен** *m.* toluylene; **—ендиамин** *m.* toluylene diamine; **—еновый** *a.* toluylene; **—овый** *a.* toluyl; **—овая кислота** toluic acid, methylbenzoic acid.

толу/нитрил *m.* tolunitrile, cyanotoluene; **—ол** *m.* toluene, methylbenzene; **—олсульфокислота** *f.* toluenesulfonic acid; **—ольный** *a.* toluene; **—тиазол** *m.* toluthiazole; **—феназин** *m.* toluphenazine.

толухин— *prefix* toluquin—; **—олин** *m.* toluquinoline; **—он** *m.* toluquinone.

толчейная *f.* (met.) stamp mill.

толчейн/ый *a.* stamp; **т. пест** stamp; **т. постав, т. стан** *see* **толчейная**; **т. шлам, т. шлих, —ая муть** ore slime; **—ая мука** pulverized ore.

толч/ение *n.* stamping, etc., *see* **толочь**; comminution; **—ен(н)ый** *a.* stamped, etc., *see* **толочь**; **—ея** *f.* stamp mill, crusher; surge (of waves).

толчки *pl. of* **толчок**.

толчко/мер *m.* bumpometer, impact-measuring device; **—образный** *a.* jerky, jerking; (elec.) shock.

толч/ок *m.* push, thrust, impulse, impetus, jerk, jolt, jar, shake, joggle; kick, percussion, concussion; collision, impact; (elec.) shock; (ionization) burst; (med.) insult, stroke; (heart) beat; **—ки** *pl.* jerks, jerking; bumping; **—ками** by jerks, jerkily, by starts or jolts, percussively, intermittently; **движение —ками** jerky motion; **действующий —ками** pulsating, intermittent; **истечение —ками** intermittent delivery; **влияние —ков** pulsating effect; **дать т.** *v.* start; **образование —ков** bumping; **приемник —ков** shock absorber.

толщ/а *f.* thickness, mass, layer; (protective) cover; (earth's) crust; (geol.) rock mass, series, strata; —e *comp. of* толстый; —ина *f.* thickness, width, depth; size, caliber, gage; fatness, obesity; —иной in thickness, thick; —иномер *m.* thickness gage, feeler gage.

толь *m.* roofing paper, tar paper.

только *adv., conj., and partiele* only, merely, just, but, solely; was not . . . until, did not . . . until, not . . . except; не т. not only; т.-т. barely, just; т.-что just (now).

толя *gen. of* толь.

том *m.* volume; *prepos. of* то(т).

томасиров/ание *n.* Thomas-Gilchrist process; —ать *v.* produce iron or steel by the Thomas process.

томасовск/ий *a.* (met.) Thomas; basic Bessemer; т. чугун Thomas pig (iron), basic pig (iron); —ая мука Thomas meal; —ая сталь Thomas steel, basic steel, basic Bessemer steel.

томас/овый *see* томасовский; —фосфат, —шлак *m.* Thomas slag, basic slag (fertilizer).

томат *m.* tomato; tomato sauce; —ин *m.* tomatine; —ный *a.* tomato.

томбуй *m.* (anchor) buoy, float.

томильный *a.* (met.) malleablizing; soaking (furnace, pit, zone).

томит *m.* (min.) tomite, sapromyxite.

томительный *a.* tiresome, wearisome.

томить *v.* tire, exhaust, weary, fatigue; braise (meat); (met.) malleablize, soak; cure, treat (tobacco); —ся *v.* get tired, tire.

—томия *f. suffix* —tomy (cutting; incision operation).

томл/ение *n.* fatigue; (met.) malleablizing, cementation, blistering; soaking, holding (in soaking pits); —енка *f.*, —еная сталь converted steel, cement steel, blister steel; —еный *a.* wearied, tired; malleablized, soaked; malleable (cast iron).

томн/ость *f.* languor, lassitude; —ый *a.* languid; *suffix* -volume.

томография *f.* (med.) tomography (X-ray diagnosis).

томорин *m.* Tomorin (rodenticide).

томпак *m.*, —овый *a.* tombac (alloy).

Томсена процесс Thomsen process.

томсенолит *m.* (min.) thomsenolite.

томский *a.* (geog.) Tomsk.

томсон/ит *m.* (min.) thomsonite; —овский *a.* Thomson (scattering).

тому *dat. of* то(т).

тон *m.* tone, tint; note.

тоналит *m.* (petr.) tonalite.

тональн/о-модулированный *a.* tone-modulated; —ость *f.* tonality, key(note); —ый *a.* tone; audio—; voice-frequency, low-frequency.

тонг *m.* joint tongue.

тонгр(ий)ский *a.* (geol.) Tongrian.

тон/евой *a.*; —ей *gen. pl. of* тоня.

тоненький *see* тонкий.

тонер *m.* toner, lake (pigment).

тонет *pr. 3 sing. of* тонуть.

тонзил/лит *m.* (med.) tonsillitis; —ярный *a.* tonsillar.

тонизир/овать *v.* tone up; —ующее средство tonic.

тоника *f.* (acous.) keynote.

тонина *f.* fineness, dispersity.

тонирование *n.* (phot.) toning.

тонит *m.* (expl.) tonite.

тоническ/ий *a.*, —ое средство tonic.

—тония *f. suffix* (med.) —tonia (tension).

тонка *f.* tonka bean; *sh. f. of* тонкий.

тонкан *m.* Toncan (iron).

тонк/ий *a.* thin, fine, minute, fine-grained; intimate (mixture); delicate, precision (adjustment); keen (hearing); light-gage (sheet); —ая пластинка lamina.

тонко *adv. and prefix* thin(ly), fine(ly); —бороздчатый *a.* finely striated; —волокнистый *a.* fine-fiber(ed), fine-fibrous; —волоченый *a.* fine-drawn.

тонковый *a.* tonka (bean).

тонко/жилковатый *a.* fine-grained (wood); —зем *m.* fine earth; —зернистый *a.* fine(-grained); —измельченный *a.* finely pulverized, finely divided, fine (powder); —канальчатый *a.* fine-tubular; —кожий *a.* thin-skinned; —корый *a.* thin-barked.

тонколист/ный, —овой *a.* thin leaf, thin-leaved; (met.) sheet; т. непрерывный стан strip mill.

тонко/мерный *a.* small-dimension; —ног *m.* (bot.) Koeleria; —ногий *a.* thin-legged, thin-stemmed; —оттянутый *a.* fine-drawn, finely drawn (wire); —песчаный *a.* fine-sandy; —пленчатый *a.* thin-filmed, thin-pellicular; —полосный *a.* stratified; —пряд *m.* (ent.) hepialid moth; —прядильный *a.* fine-spinning; —размолотый, —распыленный *a.* finely divided, finely pulverized; —расточный *a.* fine-boring; —рунный *a.* fine-wooled (sheep); —слоистый, —слойный *a.* thin-layer; (thinly) laminated, lamellar; thin-bedded; close-grained (wood); —стебельчатый *a.* thin-stalked.

тонкостенн/ость *f.* thinness of walls; —ый *a.* thin-walled, thin-section.

тонкост/ь *f.* thinness, fineness, sharpness, delicacy; —и *pl.* details, ins and outs.

тонко/суконный *a.* thin-cloth; —тянутый *a.* thin-drawn; —шерст(н)ый *a.* fine-wool(ed).

тонмейстер *m.* (sound) mixer, monitor man.

тонна *f.* ton; —ж *m.* tonnage; т.-километр *m.* ton-kilometer; т.-метр *m.* ton-meter; т.-миля *f.* ton-mile; т.-сила *f.* ton-force.

тоннель see **туннель**; —**ный** see **туннельный**.
тонн/о— see under **тонна**; —**ый** a. of **тоня**; suffix -ton.
тонов/ой, —**ый** a. of **тон**.
тонок sh. m. of **тонкий**.
тонстудия f. sound studio.
тонус m. (med.) tone, tonicity.
тонуть v. drown, sink.
тонфильм m. sound film.
тонч/айший superl. of **тонкий**; very fine, capillary; —**ать** v. become thinner, become finer.
тоншнейдер m. pug mill, clay cutter.
тоньше comp. of **тонкий**, thinner, finer.
тоня f. fishery; haul; (hydr.) crawl.
топаз m., —**овый** a. (min.) topaz; —**олит** m. (min.) topazolite.
топ/ание n. stamping; —**ать** v. stamp.
топенант m. lift, jigger; **т.(-шкентель)** topping line (of derrick).
топильн/ый a. heating; —**ое пространство** combustion chamber, fire chamber; combustion space.
топинамбур m. Jerusalem artichoke.
топить v. heat; fire, stoke; melt; drown; —**ся** v. burn; melt; be drowned.
топический a. (med.) topical, local.
топк/а f. furnace, burner; fire box, combustion chamber; heating, firing,stoking; fire; melting; **автоматическая т.**, **механическая т.** automatic stoking; stoker; **с. газовой** —**ой** gas-heated; **устье** —**и** stoke hole.
топк/ий a. swampy, muddy; suitable for fuel, combustible; —**ость** f. swampiness, muddiness.
топлен/ие n. heating; melting; —(**н**)**ый** a. heated; fired; melted.
топливн/ик m., —**ое пространство** fire box, heating chamber, combustion chamber; —**ый** a. fuel, combustible; —**ая батарея** fuel cell; —**ая нефть**, —**ое масло** fuel oil.
топлив/о n. fuel; (rocket) propellant; **древесное т.** firewood; **жидкое т.** liquid fuel; fuel oil; **твердое т.** solid fuel; solid propellant; **на твердом** —**е**, **твердого** —**а** solid-propellant (rocket).
топливо/добывающий a. fuel (industry); —**дозирующий** a. fuel-metering; **инжектор fuel (valve)**; -**заменитель** m. fuel substitute; —**заправочный** a. fuel-supply; —**использование** n. fuel utilization, fuel efficiency; —**мер** m. fuel level indicator, oil gage; —**несущий** a. fuel-carrying, fuel-bearing; —**перекачивающий** a. fuel-transfer; —**подача** f., —**подающий** a. fuel-handling, fuel supply; —**подкачивающий** a. fuel-feed, fuel-priming (pump); —**приемный** a. fuel-receiving; —**провод** m. fuel line; —**регулируемый** a. fuel-metering; —**снабжение** n. fuel supply; —**содержащий** a. fuel-containing; —**хранилище** n. fuel storehouse.
топлый a. soaked, wet.
топляк m. submerged log.
топнуть see **топать**.
топограф m. topographer; surveyor; —**ический** a. topographic; —**ический каталог** (library) shelf list; —**ия** f. topography.
топок gen. pl. of **топка**; sh. m. of **топкий**.
топол/евый, —**иный** a. of **тополь**.
тополог/изация f. (math.) topologization; —**ический** a. topologic(al); —**ия** f. topology.
тополь m. (bot.) poplar (Populus).
топор m. ax; —**ик** m. hatchet; —**ище** n. (ax) handle, shaft.
топорн/ость f. clumsiness, coarseness; —**ый** a. clumsy, coarse, rough(-hewn); ax, hatchet.
топорщить(ся) v. bristle; puff up.
топот m. stamping, trampling.
топотип m. (genetics) topotype.
топохим/ический a. topochemical, localized reaction; —**ия** f. topochemistry.
топоцентрический a. topocentric.
топочн/ый a. furnace; heating; fire (box); **т. газ** flue gas; fuel gas; **т. порог** fire bridge, baffler; **т. ход**, —**ая труба** flue; —**ое пространство** fire box, combustion chamber; (inside of) furnace.
топрик m. (naut.) davit span.
топтать v. trample, tread (upon).
топ/че comp. of **топкий**; —**ь** f. swamp, marsh, (quag)mire, bog.
тор m. (geom.) tore, torus, anchor ring; tor, Torricelli unit (1 mm. of mercury).
торак/о— prefix thoraco— (thorax, thoracic, chest); —**с** m. thorax.
торамин m. toramin (ammonium trichlorobutyl malonate).
торба f. bag.
торб/анит m. (min.) torbanite; —**ернит** m. torbernite, copper uranite.
торг m. trade, trading; bargaining; prefix see **торговый**; suffix trade, commerce; trading organization; —**и** pl. auction.
торгов/ать v. trade, deal, negotiate, sell; —**аться** v. bargain; —**ец** m. tradesman, dealer, merchant.
торговл/я f. commerce, trade, business, traffic (in); **основные предметы** —**и** staple commodities.
торгово-промышленный a. pertaining to commerce and industry.
торгов/ый a. trading, trade, commercial, mercantile; **т. автомат** vending machine; **т. знак** trademark; **т. флот** merchant marine, merchant shipping; —**ая марка** trademark; —**ая палата** Chamber of Commerce, Board of Trade; —**ое дело**

business; —ое качество commercial grade, technical grade; —ое предприятие business (enterprise); —ое судно freighter, cargo ship, merchant ship.

торгпред *m.* trade representative; —ство *n.* Trade Delegation.

тор/ец *m.* end (plane), butt; face, side; wood paving block; вид с —ца end view; задний т. back; подрезать т. *v.* face.

торжеств/енность *f.* solemnity; —енный *a.* solemn, triumphal, gala; grand (meeting); —о *n.* triumph, celebration; —овать *v.* triumph (over), celebrate.

торзио— *see under* торсио—.

тор/ианит *m.* (min.) thorianite; —ид *m.* thoride; —иевый *a.* thorium; —иевая земля thoria, thorium oxide.

тор/ий *m.* thorium, Th; окись —ия thorium oxide, thoria; сернокислый *a.*, сульфат —ия thorium sulfate; хлористый т. thorium chloride; эманация —ия thoron, Tn; —ийсодержащий *a.* thorium-bearing; —ированный *a.* thoriated; —истый *a.* containing thorium; —ит *m.* (min.) thorite.

торица *f.* (bot.) spurry (*Spergula*).

торичеллиева *see* торричеллиева.

торический *a.* toric (lens).

торичник *m.* (bot.) Spergularia.

торкрет *m.* (concrete) gunite; guniting; —бетон *m.* gunite; —ирование *n.* guniting; —ировать *v.* gunite; —ный *a.* gunite; guniting; т.-пушка *f.* concrete gun.

тормаз *see* тормоз.

тормо/жение *n.* braking, retardation, etc., *see v.*; brake action, frictional action, drag; arrest; (distillation column) loading; способность —жения (nucl.) stopping power; температура —жения impact temperature, stagnation temperature; —женный *a.* braked, etc., *see v.*; —з *m.* brake, braking; obstruction; на —зах slowly; —зить *v.* brake, retard, inhibit, decelerate, slow down; throttle, damp; stop, arrest, check; apply brakes; obstruct, impede.

тормозн/ой *a.* brake, braking; drag; retarding, inhibiting; deceleration (parachute); *m.* brakeman; т. путь braking distance; т. (ракетный) двигатель retrorocket engine; т. эффект braking efficiency, retardation efficiency; —ая двигательная установка retrorocket, retropackage, braking engine; —ая колодка brake shoe; —ая коробка brake housing; —ая ракета retrorocket; —ая система brake assembly; —ая способность (nucl.) stopping power; —ая тяга brake rod; —ое излучение bremsstrahlung, braking radiation; —ое приспособление brake, stopping device.

тормозящ/ий *a.* braking, etc., *see* тормозить; т. агент inhibitor; т. момент braking torque, drag torque; —ая поверхность braking surface, brake surface; —ая сетка (electron.) barrier grid; —ее действие brake action.

торнадо *n.* (meteor.) tornado.

торндайковый *a.* Thorndike.

торный *a.* well-used (road).

торогуммит *m.* (min.) thorogummite.

тороид *m.* (geom.) toroid; toroidal core choke; (welding) toroidal choke transformer; —альный *a.* toroidal; doughnut (coil); витой —альный *a.* wound-tape (core).

торолит *m.* (min.) thoreaulite.

торон *m.* thoron, Tn; thorium emanation.

тороп/ить *v.* hasten, hurry, precipitate, rush, urge (on), push (on, forward); —иться *v.* make haste, (be in a) hurry, speed; не —ясь unhurriedly.

тороплив/о *adv.* hurriedly, with speed; —ость *f.* haste, hurry, speed; —ый *a.* hasty, hurried, speedy, quick, prompt.

торос *m.* hummock (of ice), hummocked ice, ice reef; —истость *f.* hummocking; —истый *a.* hummocked; —ить *v.* hummock, pile up; —овый *a.* of торос.

торо/тунгстит *m.* (min.) thorotungstite; —ураннит *m.* thorouraninite.

торошен/ие *n.* hummocking (of ice); —ный *a.* hummocked, piled up.

Торпа синтез Thorpe synthesis.

торпед/а *f.* (mil.; oil-well drilling) torpedo; —ирование *n.* torpedoing; (well) shooting; —ированный *a.* torpedoed; shot; —ировать *v.* torpedo; shoot; —ист *m.* torpedoist, torpedo man; —ный *a.* torpedo; —ный аппарат torpedo tube.

торпедо *n.* fore body (of vehicle); *prefix* torpedo; —вание *see* торпедирование; —заместительный *a.* torpedo-compensating; —лов *m.* torpedo retriever; —метание *n.* torpedo bombing; —носец *m.* torpedo bomber; —носный *a.* torpedo-carrying; —образный *a.* torpedo-like; —сбрасыватель *m.* torpedo-dropping gear.

торпидный *a.* (med.) torpid.

торр *m.* torr (1 mm. of mercury column).

торричеллиева пустота Torricellian vacuum (of a barometer).

торс *m.* torso, trunk, body.

торсио/грамма *f.* torsiogram; —граф *m.* torsiograph; —метр *m.* torsiometer, torquemeter; —н *m.* torsion (bar); —нный *a.* torsion.

торт *m.*, —овый *a.* pastry.

тортвейтит *m.* (min.) thortveitite.

тортонский *a.* (geol.) Tortonian (substage).

торф *m.* peat, turf; **болотный т.** bog peat; **волокнистый т., моховой т.** fibrous peat, peat moss.

торфо— *prefix* peat; **—вание** *n.* enrichment of soil with peat; **—вать** *v.* apply peat (to soil); **—добывание** *n.*, **—добыча** *f.*, **—добывающий** *a.* peat mining, peat cutting; **—крошка** *f.* peat dust; **—образование** *n.* peat formation; **—перегнойный** *a.* peat-humus; peat (pots); **—подобный** *a.* peat-like, peaty; **—разработка** *f.* peat mining; **—резка** *f.* peat cutter, turf cutter; **—сос** *m.* hydraulic peat mining machine; **—тук** *m.* peat-fertilizer mixture; **—фосфат** *m.* peat phosphate.

торфяник *m.* peat bog; peat soil; peat worker.

торфянист/ый *a.* peaty, turfy; **—ая земля** peaty or black earth, mold.

торфян/ой *a.* peat(y), turf(y), moor; **т. мох** peat moss; **—ая залежь** peat deposit, peat bog; **—ая мука** powdered peat.

торц/а *gen. of* **торец**; **—евание** *n.* facing; paving; **—евать** *v.* face; pave; **—евой** *see* **торцовый**; **—овать** *v.* face; pave; **—овка** *f.* facing; facing lathe; deck saw; woodblock pavement; **—овочный** *a.* facing; **—овочный станок** circular crosscut saw.

торцов/ый *a.* front, face; end; endwindow (counter); plane (surface); socket, box (wrench); crosscut (saw); (geol.) mullion, rodding (structure); blockwood (pavement); **т. щит** fender, guard; **—ая плита** faceplate, surface plate; **—ая фрезеровка** face milling; **—ое соединение** edge joint.

торч/ание *n.* protrusion, projection; **—ать** *v.* protrude, project, stick out; **—ащий** *a.* upright; **—ком, —мя** *adv.* on end, upright, vertically; **—ок** *m.* protruding object; knot, snag, stump; (oak) seedling.

торшон *m.* (paper) linen-finish texture; **—ировать** *v.* emboss (with a design).

тоска *f.* anxiety, distress; longing.

тот *m. pron.*, **та** *f.*, **то** *n.* that; **те** *pl.* those; **тот же** the (self) same; **один и тот же** one and the same; **тот и другой** both, the one and the other; **тот или другой** either; **тот или иной** one or another, specific, particular, given; **ни тот ни другой** neither; **тот, кто** the one who, whoever; **до того** to such an extent, to such a degree, so much; **тому назад** ago; **тому подобное** (and) so forth; such as; similar, like; **к тому же** besides, moreover.

тотальный *a.* total.

т. отв. *abbr.* (**точка отвердения**) solidification point, setting point.

тотчас *adv.* immediately, directly, without delay, right away, promptly.

тохлорин *m.* Tochlorine, chloramine-T.

точек *gen. pl. of* **точка**.

точен *sh. m. of* **точный**.

точен/ие *n.* sharpening, etc., *see* **точить**; **—(н)ый** *a.* sharpened, etc., *see* **точить**.

точеч/ка *dim. of* **точка**; **—но** *prefix* point(wise); (welding) spot; **—но-контактный** *a.* point-contact, point-to-point; **—но-плоскостный** *a.* point-junction (transistor); **—но-роликовый** *a.* stitch (welder); **—сваренный, —сварной** *a.* spot-welded.

точечн/ый *a.* point, punctate; dot; dotted (line); spot (welding); localized (impact); point-source (lamp, etc.); point-contact (transistor); *suffix* **—**punctate; **т. электрод** point electrode; **—ая коррозия** pitting; **—ая масса** (phys.) mass point; **диаграмма —ого преобразования** point-to-point mapping graph.

точил/ка *f.*, **—о** *n.* whetstone, grindstone, sharpener; **круглое —о** grinding wheel, polishing wheel.

точ/ильный *a.* sharpening, etc., *see v.*; **т. брусок, т. камень** whetstone, grindstone; **т. материал** abrasive; **т. станок** sharpener, (tool-)grinding machine; lathe; **—ильня** *f.* grind mill; **—ильщик** *m.* sharpener, grinder; **—ильщики** *pl.* (ent.) Anobiidae; **—ить** *v.* sharpen, grind, whet, hone; machine, work, turn (on lathe); (zool.) gnaw, eat.

точ/ка *f.* point, dot, period, spot; (typ.) point (0.254 mm.); sharpening, grinding; **т. в —ку** exactly, to a T, in the same manner; **т. кипения** boiling point; **т. с запятой** semicolon; **в трех —ках** three-point; **метод трех —ек** (av.; rockets) line-of-sight method (of guidance), matching-curve method; **образование —ек** (paints) bittiness; **попасть в —ку** *v.* hit the mark; **т.-тире** *n.* dot-and-dash (code).

точнее *comp. of* **точно**.

точно *adv., conj., particle, and sh. n. of* **точный**; exactly, precisely, closely, accurately, faithfully, carefully, well, duly; conclusively; precision (tooled); indeed, really; as if, as (though); like; **т. определять** *v.* pin-point; **т. отрегулированный** *a.* precision-set; **т. так** exactly so, just so; **т. так же** just so, in exactly the same way; **т. такой** exactly the same.

точност/ь *f.* accuracy, exactness, preciseness, precision; punctuality; fit; trueness, closeness, degree, fineness, delicacy (of adjustment); (elec. comm.) fidelity; **в —и** exactly, punctually; **с —ью до** correct to, correct within, with an accuracy (of), to the nearest; **с —ью до**

порядка величины order-of-magnitude (calculation); с высокой —ью to a high precision; (acous.) high-fidelity.

точн/ый *a.* exact, precise, accurate, correct, punctual, sharp, distinct, explicit, definite, strict, close; faithful, true; direct; fine, delicate, sensitive (adjustment); precision (instrument, tool, work); —ые науки exact sciences.

точь-в-точь *adv.* exactly, in the same way; word for word.

тошн/ить *v.* feel nauseated; ему —о he is nauseated; —ота *f.* nausea; —отворный *a.* nauseating, nauseous.

тощ/ать *v.* grow thin, waste away; —ий *a.* lean, poor (ore, gas); empty; skim (milk), skim-milk; emaciated, thin; —ая кишка (anat.) jejunum.

т. п. *abbr.* (тому подобное) similar, like; such as; (and) so forth, (and) so on.

т. пл. *abbr.* (точка плавления) melting point.

ТПН *abbr.* (трифосфопириндиннуклеотид) triphosphopyridine nucleotide, TPN.

т. пр. *abbr.* (температура превращения) transformation temperature, critical point.

тр. *abbr.* (труды) transactions.

т-ра *abbr.* (температура) temperature.

трав/а *f.* grass, herb, weed; ароматичные —ы, лекарственные —ы herbs; морская т. seaweed.

травел(л)ер *m.* traveler; —ный *a.* traveling.

травенеть *v.* overgrow with grass.

траверз *see* траверс; —а *see* траверса; —ный *see* траверсный.

траверс *m.* crosspiece, crossbeam, crossarm; (mil.) traverse; (naut.) beam; (hydr.) small dam; —а *f.*, —ный *a.* traverse, yoke; crosspiece, crossbar; (tie) beam, tie piece; stay, brace; transverse member.

травертин *m.* (petr.) travertine.

травиль/ный *a.* etching, etc., *see* травить; —щик *m.* etcher.

травин(к)а *f.* blade (of grass).

трав/итель *m.* etching reagent; —ить *v.* etch, pickle, corrode, attack, scour, cleanse, dip; stain (wood); poison; pay out (rope), unwind, uncoil; let out (steam, air); —ка *see* травление; *dim. of* трава; —ление *n.* etching, etc., *see v.*; —лен(н)ый *a.* etched, etc., *see v.*

травм/а *f.* trauma, wound, injury; —атизировать *v.* traumatize; —атизм *m.* traumatic injury; accident; —атический *a.* traumatic; —атовый *a.* traumatic (acid); —атология *f.* traumatology; —ировать *v.* injure, wound.

травный *a. of* трава.

траво— *prefix* grass; weed; —косилка *f.* lawn mower; —косный *a.* grasscutting;

grass (land); —очиститель *m.* weeder; weed killer, herbicide; —полье *n.* grassland farming; crop-and-grass rotation; —польный *a.* grassland; grass-arable (rotation); —сейный *a.* grass-seeded; —сеяние *n.* grass cultivation; —сжигатель *m.* weed burner; —смесь *f.* mixed grass crop; —стой *m.* herbage; —ядный *a.* herbivorous, grazing (animal); phytophagous.

травян/истый *a.* grassy, herbaceous; —ой *a.* grass(y); herb(al); —ая вошь (ent.) aphid; —ое дерево grass tree (*Xanthorrhoea australis*).

травящий *see* травильный.

траг/акант, —аниит, —ант *m.*, —антовая камедь tragacanth (gum).

траг/едия *f.* tragedy; —ический *a.* tragic.

традесканция *f.* (bot.) Tradescantia.

традици/онный *a.* traditional; —я *f.* tradition.

траектор/ия *f.* trajectory, path, track; orbit, locus; веер —ий (mil.) sheaf of fire; вершина —ии culminating point; сноп —ий (mil.) cone of fire.

тразентин *m.* (pharm.) Trasentine.

т. разл. *abbr.* (температура разложения) decomposition temperature; т. размягч. *abbr.* (температура размягчения) softening point.

трайлер *see* трейлер.

трак *m.* track link, track shoe.

Т-ра кип. *see* т. кип.

тракт *m.* highway, road; channel, route; loop, circuit; (anat.) tract; передача —а channel transmission.

тракт/ат *m.* treatise; treaty; —ование *see* трактовка; —овать *v.* treat, examine, consider; discuss, interpret; —овка *f.* treatise, treatment, interpretation.

трактовый *a. of* тракт.

трактор *m.* tractor; —изация *f.* tractоризаtion; —ист *m.* tractor driver; —ный *a.* tractor; tractor-drawn; —остроение *n.* tractor manufacture; —остроительный *a.* tractor-building; т.-снегоход *m.* snow tractor; т.-трубоукладчик *m.* pipelaying tractor; т.-тягач *m.* (truck) tractor.

трактриса *f.* (geom.) tractrix.

трал *m.* trawl (line), trawl net; (mine) sweep(er); —ение *n.* trawling; sweeping; —ер *see* тральщик; —ить *v.* trawl; sweep; —мейстер *m.* (fishing) trawler; —овый *a.* trawl(er's); —ьщик *m.* trawler; sweeper.

трамбалловский *a.* Trumbull.

трамблер *m.* distributor (of motor).

трамб/ование *n.* ramming, etc., *see v.*; —ованный *a.* rammed, etc., *see v.*; —овать *v.* ram, tamp, pack, plug; stamp; —овка *f.*, —овочный *a.* ramming, etc., *see v.*;

ram(mer), tamper; stamper; punner, beetle; —овщик *m.* rammer; packer; —ующий *a.* ramming, etc., *see v.*

трамвай *m.*, —ный *a.* trolley, street car.

трамлер *see* трамблер.

трамп *m.* (naut.) tramp steamer.

трамплин *m.* spring board (for planes).

транец *m.* transom.

транзистор *m.* (electron.) transistor; на—ах transistorized; т.-бусинка *m.* bead transistor; —изация *f.* transistorization; —ный *a.* transistor(iz)ed, transistor.

транзит *m.* transit; —ивность *f.* (math.) transitivity; —ивный *a.* transitive; —ник *m.* transit passenger; —ный *a.* transit; direct; —ная связь tandem operation.

транзитрон *m.* (electron.) transitron.

транс *m.* (med.) trance.

транс— *prefix* trans— (across); —активность *f.* trans-activity; trans-effect; —аминаза *f.* transaminase; —аннулярный *a.* transannular; —арктический *a.* transarctic; —атлантический *a.* transatlantic.

Трансва/аль, —л (geog.) Transvaal.

трансверт/ер, —ор *m.* (elec.) transverter.

транс-влияние *n.* trans-effect.

транс/грессия *f.* (geol.) transgression, unconformability of overlap; advance (of sea); согласная т. parallel transgression; —дуктор, —дюсер *m.* (elec.) transducer, transductor; —звуковой *a.* transonic; —иверный *a.* transceiver, transmitter-receiver; -изомер *m.* trans-isomer; -изомерный *a.* trans-isomeric; —ильванский *a.* (geog.) Transylvania(n); —континентальный *a.* transcontinental; -конфигурация *f.* *trans*-configuration.

транскри/бирование *n.* transcribing, transcription; transliteration; —бированный *a.* transcribed; transliterated; —бировать *v.* transcribe; transliterate; —пционный *a.*, —пция *f.* transcription.

транскристалл/изация *f.* transcrystallization; —итный, —ический *a.* transcrystalline.

транскюр/иевый *a.*, —ий *m.* transcurium.

транслир/овать *v.* translate, relay, retransmit; —ующий *a.* translating, relaying.

транслитерация *f.* transliteration.

трансля/тор *m.* (elec. comm.) translator; —ция *f.*, —ционный *a.* translation, relay(ing), retransmitting; repeater.

трансми/ссия *f.*, —ссионный *a.* transmission, transmitting; —ттер *m.* transmitter.

транс/мутация *f.* (biol.) transmutation; —океанский *a.* transoceanic; —парант *m.* (phot.) transparency; ruled paper; —пирация *f.* transpiration; —пирировать *v.* transpire; —плана *f.* gliding image plane; —плантация *f.* (med.)

transplantation; (bot.) grafting; —плутониевый *a.*, —плутоний *m.* transplutonium.

транспо/зиция *f.*, —нирование *n.*, —нировка *f.* transposition; (math.) transpose (of matrix); —нировать *v.* transpose.

транспорт *m.* transport(ation), conveyance, conveying, hauling; traffic; transit, transfer; (accounting) carrying forward; —абельность *f.* (trans)portability; —абельный *a.* (trans)portable; —бетон *m.* concrete mixed in transit; —ер *m.* transporter, transport vehicle, carrier; conveyer; ленточный —ер conveyer belt; —ер-вездеход *m.* all-terrain transporter; —ерный *a. of* транспортер; —ерный червяк screw conveyer; —ерная лента conveyer belt.

транспортир *m.* protractor.

транспортир/ование *n.* transport(ation), conveying, conveyance, haulage; shipment; handling (operation); —ованный *a.* transported, etc., *see v.*; —овать *v.* transport, convey, haul, carry; ship; transfer, handle; —овка *see* транспортирование; —овочный, —ующий *a.* transporting, etc., *see v.*; —овочная лента conveyer belt.

транспортн/ик *m.* transport worker; transport plane; —ый *a. of* транспорт; —ый винт screw conveyer; —ая лента conveyer belt; —ая накладная bill of lading, consignment note; —ая труба conveyer pipe, pipeline; —ое средство means of transportation; —ое хозяйство transportation (management and facilities).

транссуд/ат *m.* (physiol.) transudate; —ация *f.* transudation; —ировать *v.* transude, exude.

трансуран *m.* transuranium; —ид *m.* transuranide; —овый *a.* transuranium, transuranic.

трансфер/кар *m.* transfer car; —т *m.*, —тный *a.* transfer.

трансфлюксор *m.* (comp.) Transfluxor.

трансформ(ант)а *f.* transform.

трансформатор *m.* (elec.) transformer; converter; повышающий т. step-up transformer; понижающий т. step-down transformer; т. частоты (rad.) frequency modulator; —ный *a.* transformer; inductive (coupling; pickup); —ный усилитель transformer-coupled amplifier; т.-повыситель *m.* step-up transformer; т.-понизитель, т.-редуктор *m.* step-down transformer.

трансформ/ационный *a.*, —ация *f.* transformation, conversion; (photogrammetry) rectification; —изм *m.* (biol.) transformism; —ирование *see* трансформация; —ированный *a.* transformed,

трансфузия etc., see v.; —ировать v. transform, convert, change; rectify (aerial print).
трансфузия f. transfusion.
трансцендент/(аль)ный a. (math.) transcendental; —ность f. transcendence.
транш/еекопатель m. trench digger, trencher; плужный т. trench plow; —ейный a., —ея f. trench, ditch; pit, dug-out.
трап m. ladder; gangway, ramp; trap, drain; (gems) trap(-cut) brilliant; —балка f. ladder davit.
трапец/евидный see трапециевидный; —еидальный a. trapezoid(al); buttress (screw thread); —иевидный a. trapezoid(al), trapeziform; —ия f. trapeze, trapezium; map frame, map projection limits; —оид m. trapezoid; —оидальный see трапецеидальный.
трапецоэдр m. (cryst.) trapezohedron; —ический a. trapezohedral.
т-ра плавл. see т. пл.
трапп m., —овый a. (petr.) trap(rock).
трапспаут m. trap spout.
трасс m. (petr.) trass.
трасса f. route, course, run (of cable), layout; line, direction; alignment; track, path, orbit, trajectory; location; airway; sketch, draft, plan.
трасс/ант m. (com.) drawer (of bill of exchange); —ат m. drawee.
трассер m. tracer, flare.
трассир/овать v. trace, locate; stake out; —овка f. tracing, location (survey); laying, laying out, layout; —ующий a. tracing; (mil.) tracer (bullet).
трассовый a. (petr.) trass.
трассология f. (criminology) study of clues.
трат/а f. expense, expenditure; consumption; waste, wasting; —ить v. expend, disburse, spend; consume; waste.
тратта f. (com.) bill of exchange.
траубевский закон Traube's rule.
траулер m., —ный a. trawler.
траурница f. willow butterfly (*Vanessa antiopa*).
трафарет m. stencil, pattern, templet, template; cliche; размечать по —у, —ить v. stencil; —ка f. stencil(ing); —ный a. stencil(ed); masking (technique); unoriginal; —ная печать stenciling.
траф(ф)ик m. traffic.
трах m. bang, crash.
трах/еальный a. (anat.; bot.) tracheal; —еит m. (med.) tracheitis; —еиноды-шащие, —ейные pl. (zool.) Tracheata; —ейный a. (anat.) tracheal; —еотомия f. (med.) tracheotomy; —ея f. (anat.) trachea.
трахит m. (petr.) trachyte; —ный, —овый a. trachyte, trachytic.
трахома f. (med.) trachoma.

траченный past pass. part. of тратить.
ТРВ abbr. (температурное реле времени) thermal timing relay; (терморегулирующий вентиль) heat-regulating valve.
тр-д abbr. (трубопровод) pipeline.
ТРД abbr. (турбореактивный двигатель) turbojet engine; ТРДВ, ТРД-В abbr. (турбореактивный двигатель, винтовой) turboprop engine; ТРДФ abbr. (турбореактивный двигатель с форсажной камерой) turbojet engine with afterburner.
тре— see трех—.
требов/ание n. demand, requirement, requisition, request, claim; —ательность f. exactions; —ательный a. demanding, exacting, particular; —ательный листок (library) call slip; —ать v. demand, claim, require, request, want, ask, call (for); necessitate; consume (time); —аться v. be demanded, etc.; be necessary, be essential; it takes... to.
требуемый a. required, requisite, specified; wanted, desired.
требу/ха, —шина f., —шинный a. entrails; offal.
требующий a. demanding, etc., see требовать.
тревог/а f. alarm, anxiety, fear, concern; бить —у v. sound an alarm; сигнал —и alarm (signal).
тревож/ить v. alarm, disturb, worry; —иться v. be alarmed, be anxious, worry; —ный a. alarm(ing), troubling, uneasy; —ный сигнал alarm; —ная сигнализация alarm (system).
трегалоза f. trehalose.
трегер m. carrier.
трегерит m. (min.) trögerite.
тред-юнион m. trade union.
трезвость f. soberness.
трезвучие n. (phys.) triad, common chord.
трезвый a. sober, sound, judicious.
трезуб/ец m. trident; —(чат)ый a. trident(ate), three-pronged.
трейбование see купелирование.
трейлер m. trailer.
трек m., —овый a. track, trace, trail.
трелев/ать v. (logging) skid, haul, drag, snake; log; —ка f., —очный a. skidding, etc., see v.; —очный захват trail dogs; —щик m. skidder, hauler.
трель f. (music) trill, quaver; (logging) trail.
трельяж m. trellis, lattice (work).
трем dat. of три; pr. 1 pl. of тереть.
тремадокский a. (geol.) Tremadoc(ian).
трематоды pl. (zool.) Trematoda.
тремблер m. (elec.) trembler.
тремолит m. (min.) tremolite.
тремоло n. (music) tremolo.
тремя instr. of три.

тренаж *m.* training; —ер *m.* trainer, simulator, training equipment.
тренд *m.* (naut.) trend (of anchor).
тренер *m.* trainer.
трензель *m.*, —ный *a.* swing bracket; snaffle (bit); большой т. (met.) quadrant plate; малый т. tumbler gear.
трен/ие *n.* friction, rubbing; т. покоя friction of rest, static friction; без —ия frictionless; внутреннее т. internal friction; viscosity; жила —ия (geol.) attrition vein; окисление при —ии (met.) fretting corrosion; сопротивление от —ия frictional resistance; тормоз —ия friction brake; электричество —ия frictional electricity.
тренинг *m.* training.
трениров/анность *f.* degree of training; —анный *a.* trained, etc., *see v.*; —ать *v.* train; condition, activate (catalyst); age; —ка *f.*, —очный *a.* training, etc., *see v.*
трено/га *f.* tripod; three-pole derrick; т.-лафет *m.* tripod mount; —гий, —жный *a.* tripod, three-legged; —жник *m.*, —жный штатив tripod.
трентонский *a.* (geol.) Trenton.
тренцов/альная машина worming machine (for rope); —ать *v.* worm.
тренчик *m.* narrow strap.
треншальтер *m.* (elec.) cut-out switch.
трео/за *f.* threose; —зовая кислота threosic acid; —нин *m.* threonine.
трепал/ка *f.*, —о *n.* brake, swingle, scutcher, beater (for fibers); —ьный *a.* scutching; —ьня *f.* scutching room; —ьщик *m.* stripper, beater.
трепан *m.* (surgery) trepan, trephine; (mach.) trepan, trepanning tool; —ация *f.* trepanation.
трепание *n.* scutching, etc., *see* трепать.
трепанировать *v.* (mach.; med.) trepan.
треп/анный *a.* scutched, etc., *see v.*; —ануть *see* трепать; —аный *a.* scutched, swingled; tattered, worn; shaggy; —ать *v.* scutch, swingle, brake, break, beat (fiber); pull about; fray, tear, wear out; disintegrate; —аться *v.* be scutched, etc.; fray.
трепел *m.* (petr.) tripoli(te); —ьный *a.* tripoli(ne).
трепет *m.* tremble, trepidation, palpitation, shiver; —ание *n.* trembling, etc., *see v.*; tremors; —ать *v.* tremble, palpitate, shiver, shake; throb; —ный *a.* trembling, palpitating.
трепешник *m.* (bot.) Sanicula.
треп/ка *f.* scutching, etc., *see* трепать; —ло *n.* scutching blade.
треск *m.* crack(le), snap, decrepitation, crash; (rad.) crackling.
трески *f.* cod (fish).
треск/ание *n.* cracking, etc., *see v.*; —ать

v. crack, split, cleave; —аться *v.* crack(le), split, cleave, burst; chap.
тресковый *a.* cod; т. жир cod liver oil.
треск/отня *f.* rattle, continuous crackling; —учий *a.* crackling, crepitant.
трескучник *m.* (bot.) weld, dyer's weed (*Reseda luteola*).
тресн/увший, —утый *a.* cracked, decrepitated; —уть *v.* crack, fracture, split, burst; chap; —уться *v.* knock, strike, hit (against).
трест *m.* trust, combine.
треста *f.* stock, treated plant fibers.
трест/ировать *v.* organize into a trust; —овский *a.* trust.
трет *pr. 3 sing. of* тереть.
трет— *prefix* tertiary.
третей *gen. pl. of* треть.
третейский *a.* arbitral; umpire (analysis); т. суд court of arbitration; т. судья arbitrator.
трети *gen., etc., of* треть.
трет/ий *a.* third; —ья копия triplicate; в —ьих in the third place, thirdly.
третичный *a.* tertiary, ternary; (geol.) Tertiary (period).
третник *m.* soft solder, quick solder.
третной *a.* every four months; mottled.
трет/ь *f.* (a) third, one third; метод —ей (math.) method of thirds.
третье— *prefix* third; —очередной, —разрядный, —сортный *a.* third-rate, insignificant, inferior; —степенный *a.* insignificant, mediocre; tertiary.
третьина *f.* (bot.) buckbean (*Menyanthes trifoliata*).
третья *f.* one third; *f. of* третий; —к *m.* third-year foal, third-year calf; third swarm (of bees); third log (from butt).
треугольн/ик *m.* triangle; (astr.) Triangulum; (color) gamut; соединение —иком (elec.) delta connection; т.-построитель *m.* (art.) station pointer; —ый *a.* triangular, trigonal; pyramid (code); delta (wing).
треф *m.* (rolling mill) wobbler.
трефин *m.* (med.) trephine.
трефофрезерный *a.* wobbler milling.
трех *gen. and prepos. of* три; *prefix* три—, three, triple; —адресный *a.* (comp.) three-address; —атомный *a.* triatomic; trihydric (alcohol); (chem.) three-center (bond); —балльный *a.* (meteor.) three-point; —бромистый *a.* tribromide (of); —брусный *a.* (agr.) three-cutterbar; —валентность *f.* trivalence; —валентный *a.* trivalent; —валковый *a.* three-roller (mill); —ваттный *a.* (elec.) three-watt.
трехверст/ка *f.* map with a scale of 3 versts to the inch; —ный *a.* three-verst (to the inch).

трех/винтовой *a.* triple-screw; —водный гидрат trihydrate; —галоид— *prefix* trihalogeno—; —галоидзамещенный *a.* trihalogen(ated); —главная мышца (anat.) triceps; —гнездный *a.* three-cell(ed); trilocular, trilobate; —годичный, —годовой *a.* three-year; —горлый *a.* three-necked (bottle).

трехгранн/ик *m.* (geom.) trihedron; —ый *a.* trihedral; three-surfaced; triquetral (bone).

трех/дименсионный *a.* three-dimensional; —дневный *a.* three-day; —дольный *a.* trilobate, three-lobed.

трехдюймов/ка *f.* three-inch board; —ый *a.* three-inch; 76-mm. (caliber).

трехжильный *a.* three-strand, triple (cable).

трехзамещенн/ые *pl.* trisubstitution products, triderivatives; —ый *a.* trisubstituted; —ый фосфат кальция tricalcium phosphate.

трех/зарядный *a.* triple-charged; —заходный *a.* triple (thread); —звенный полимер trimer; —значный *a.* three-digit; three-aspect; three-unit (code).

трех/зуб(чат)ый *a.* trident(ate), three-pronged; —йодзамещенный *a.* triiodo (compound); —йодистый *a.* triiodide (of); —камерный *a.* three-chambered; (distillation) triple-effect; —каскадный *a.* three-stage; triple-cascade; triple-spool (engine); —килевой *a.* (av.) triple-finned.

трехкилометров/ка *f.* map with scale of 3 kilometers to the centimeter; —ый *a.* three-kilometer (to the centimeter).

трех/кислотный *a.* triacid; —колонный *a.* three-column, three-legged; —компонентный *a.* ternary; —контактный *a.* (elec.) three-pronged, three-pin (plug); —контурный *a.* three-circuit; —корневой *a.* three-rooted; —корпусный *a.* three-unit; triple; triple-effect (evaporator); (naut.) triple-hulled; —красочный *a.* three-color; —кратный *a.* threefold, triple, three-stage; —кремнеземик *m.* trisilicate (group of minerals); —кулачковый *a.* three-jawed; —ламповый *a.* (rad.) three-tube.

трехлет/ие *n.* three-year period; third anniversary; triennial; —ка *see* трехлеток; —ний *a.* triennial, three-year; —ок *m.* three-year old; three-year period.

трех/линейка *f.* 7.6 mm.-caliber rifle; —линейный *a.* 7.6 mm. (caliber); —линзовый *a.* three-lens; —листный *a.* trifoliate; —листовой *a.* three-sheet; —лонжеронный *a.* three-spar (wing); —лопастный *a.* three-bladed; three-way (bit); trifoliate; trilobate; —лучевой *a.* (pal.) trilete, triple (slit).

трехманнит *m.* (min.) trechmannite.

трех/мерный *a.* three-dimensional; trivariate; т. полимер trimer; —местный *a.* three-man (spacecraft); —месячный *a.* three-month, quarterly; —минутный *a.* three-minute; —моторный *a.* three-motor (airplane); —недельный *a.* three-week; —ниточный *a.* triple-filament; triple (thread); —ногий *a.* three-legged, tripod; —обмоточный *a.* triple-wound; —оборотный *a.* triple (thread); —объективный *a.* three-lens; —окись *f.* trioxide; —оска *f.* six-wheel truck; —основной *a.* tribasic; —осный *a.* triaxial, three-axis; triple-axle, six-wheeled.

трех/палубный *a.* three-deck; —палый, —перстный *a.* (zool.) tridactylous; —планный *a.* three-plane, three-sided; —плечий *a.* three-arm, three-armed.

трехпол/ка *f.* —ье *n.* three-field system (of crop rotation); —ьный *a.* three-field; three-crop.

трех/полюсный *a.* tripolar, triple-pole, three-pole; —проводный *a.* three-wire, three line, triple; —процентный *a.* three-percent; —путный *a.* three-way; three-lane (highway); (rr.) three-track; —размерный *a.* three-dimensional; —разовый *a.* triple, three-time; —реберный *a.* three-ribbed, tricostate; three-way (drag); —рядный *a.* three-row, triserial, triple; three-range, three-tier; —светный *a.* with three rows of windows; —связный *a.* triply connected; —сернистый *a.* trisulfide (of); —скальчатый *a.* triple-plunger (pump); —следный *a.* triple-gang (mower).

трехслой/ка *f.* three-ply; —ные *pl.* (zool.) Triploblastica; —ный *a.* three-ply, three-layer; triple-covered (wire); sandwich (plate).

трехсмен/ка *f.* three-shift work, around-the-clock operation; —ный *a.* three-shift.

трехсот/летие *n.* tercentenary; —ый *a.* tercentennial; three-hundredth.

трех/срезный *a.* triple-shear; —стволка *f.* three-barrel(ed) gun; —ствольный *a.* three-barrel(ed) (drilling) three-shaft; —створчатый *a.* three-valved, tricuspid; three-leaved; —стержневой *a.* three-rod; three-legged.

трехсторонн/ий *a.* trilateral, trihedral, three-sided; —ее измерение (geod.) trilateration.

трех/струйный *a.* triple-jet; —ступенчатый *a.* three-stage, three-step(ped); triple-cascade; three-speed (gear box); —суточный *a.* three-day; —тактный *a.* (mach.) three-stroke; —томник *m.* three-volume edition; —томный *a.* three-volume; —тонка *f.* three-ton truck; —тонный *a.* three-ton; threeтоne; —трубка *f.* tribble; —трубный *a.* triple (torpedo tube); —тысячный *a.* three-thousand; —угольный *see* треугольный; —уровневый *a.* three-level.

трехфазн/ый *a.* (elec.) triphase, three-phase; т. генератор, генератор —ого тока three-phase generator.

трехформенн/ость *f.* (cryst.) trimorphism; —ый *a* trimorphous.

трехфтор/замещенный *a.* trifluoro (compound); —истый *a.* trifluoro; trifluoride (of).

треххлор/замещенный *a.* trichloro (compound); —истый *a.* trichloro; trichloride (of).

трехходов/ой *a.* three-way, three-pass; (elec.) three-throw; triplex (winding); triple (thread); т. кран three-way cock, T-valve; —ая деталь T-piece.

трехцвет/ка *f.* pansy (*Viola tricolor*); —ность *f.* trichromatism; (cryst.) trichroism; —ный *a.* tricolor(ed), three-color, trichromatic.

трех/цилиндровый *a.* three-cylinder; —часовой *a.* three-hour; —частичный *a.* three-piece.

трехчетверт/ка *f.* three quarters; —ной *a.* three-quarter; —ьволновый *a.* three-quarter-wave.

трехчлен *m.,* —ное количество (math.) trinomial; —истый *a.* (zool.) triarticulate; —ный *a.* trinomial, trinominal, ternary, three-membered.

трех/шарнирный *a.* three-hinged; —шарочный *a.* three-cone, tricone (bit); —щелевой *a.* triple-slotted; —ъядерный *a.* trinuclear; tricyclic; —ъязычный *a.* trilingual; —ъярусный, —этажный *a.* three-story, three-storied; three-tier.

трещ/ание *n.* crack(l)ing, etc., *see v.:* —ать *v.* crack(le), rattle; burst, split; —етка *see* трещотка.

трещин/а *f.* crack, cleft, fissure, fracture, crevice, slit, split, chink, break, flaw; (geol.) joint, fracture; (timber) shake; —ка *dim. of* трещина; —ный *a. of* трещина; interstitial (water); —ное строение fracture pattern.

трещиноват/ость *f.* parting, jointing, fracturing; block disintegration; —ый *a.* cracked, full of cracks, fissured, fractured, jointy; split, cleft; broken up, crumbling (rock).

трещиноустойчив/ость *f.* resistance to cracks; —ый *a.* crack-resisting.

трещотк/а *f.* ratchet; rattle, click, clack; с —ой ratchet (tool); сверлильная т. ratchet drill.

три *num.* three; *prefix* три—, three; *imp. of* тереть; —ада *f.* triad; —адный *a.* triad, ternary.

триаз/ан *m.* triazane; —ен *m.* triazene; diazoamine; —ин *m.* triazine; —инил *m.* triazinyl; —о— *prefix* triazo—; —обензол *m.* triazobenzene; —ол *m.* triazole, pyrrodiazole; —олил *m.* triazolyl; —олон *m.* triazolone, ketotriazole; —осоединение *n.* triazo compound.

триакантин *m.* triacanthine.

триаконтан *m.* triacontane.

триаконтаэдр *m.* (geom.) triacontahedron; —ический *a.* triacontahedral.

триалкил/арсин *m.* trialkyl arsine; —ьный *a.* trialkyl(ated).

триамил *m.,* —овый *a.* triamyl.

триамино— *prefix* triamino—.

триаммоний *m.* triammonium.

триаморфный *a.* (cryst.) triamorphous.

триангель *m.* (rr.) brake beam.

триангул/ирование *n.* (surv.) triangulation; —ированный *a.* triangulated; —ировать *v.* triangulate; —ируемый *a.* triangulable; —ятор *m.* triangulator; —яционный *a.,* —яция *f.* triangulation.

триарил/метан *m.* triarylmethane; —ьный *a.* triaryl(ated).

триас *m.,* —овый *a.* (geol.) Triassic.

триацет/ат *m.* triacetate; —ил *m.* triacetyl; —илглицерин *m.* triacetin; —илцеллюлоза *f.* cellulose triacetate; —ин *m.* triacetin, glyceryl triacetate.

триб *m.* pinion, drive gear.

триба *f.* (biol.) tribe.

трибензил *m.* tribenzyl.

трибка *f.* pinion, drive gear.

трибо— *prefix* tribo— (friction); —люминесценция *f.* triboluminescence; —метр *m.* tribometer, friction gage; —метрия *f.* tribometry.

трибохимия *f.* tribochemistry.

трибочный *a. of* триб.

трибоэлектричес/кий *a.* triboelectric; —тво *n.* triboelectricity.

трибром— *prefix* tribrom(o)—; —бензол *m.* tribromobenzene; —замещенный *a.* tribromo (compound); —производные *pl.* tribromo derivatives; —уксусный *a.* tribromoacetic (acid).

трибсталь *f.* pinion steel.

трибуна *f.* tribune; forum; platform, rostrum; (grand) stand.

трибунал *m.* tribunal, court.

трибут/ил *m.* tributyl; —илбор *m.* tributyl boron; —илфосфат *m.* tributyl phosphate; —ирин *m.* tributyrin.

тривалентный *a.* trivalent.

тривалерин *m.* trivalerin, phocenin.

тривариантный *a.* trivariant.

тривиальный *a.* trivial.

тригалоид— *prefix* trihalo(geno)—; —бензол *m.* trihalogenobenzene.

тригатрон *m.* trigatron (electronic switch).

триггер *m.,* —ный *a.* trigger; (electron.)

flip-flop; —**ная схема** flip-flop (circuit); —**ная ячейка** (comp.) flip-flop.

тригидрат m. trihydrate.

тригир/а f. (cryst.) threefold axis of symmetry; —**ный** a. trigonal (system).

триглицерид m. triglyceride.

тригон m. trigon; trigone; —**альный** a. trigonal, triangular; —**додекаэдр** m. (cryst.) trigondodecahedron.

тригонеллин m. trigonelline, nicotinic methylbetaine.

тригонометр/ический a. trigonometric, trigonometrical; —**ия** f. trigonometry; **плоская** —**ия, прямолинейная** —**ия** plane trigonometry.

три/грамма f. trigram (three-letter combination); —**декан** m. tridecane; —**дециловая кислота** tridecylic acid, tridecoic acid; —**димит** m. (min.) tridymite.

тридцати— prefix triaconta—, thirty; —**гранник** m. triacontahedron; —**двухгранник** m. thirty-two-sided polygon; —**летие** n. thirty-year period; thirtieth anniversary; —**летний** a. thirty-year; thirtieth anniversary.

тридцат/ый a. thirtieth; —**ь** num. thirty; —**ью** adv. thirty times.

триер m., —**ный** a. grain cleaner, grader, cylinder (grader); screening machine; sifter; —**ование** n. screening, etc., see v.; —**ованный** a. screened, etc., see v.; —**овать** v. screen, sort, grade; sift.

трижды adv. three times, three-fold.

тризамещен/ие n. trisubstitution; —**ный** see **трехзамещенный**.

тризм m. (med.) trismus.

три/йод— prefix triiod(o)—; —**калий** m. tripotassium; —**кальцийфосфат** m. tricalcium phosphate.

трикапр/ин m. tricaprin, glyceryl tricaprinate; —**оин** m. tricaproin, glyceryl tricapronate.

трикарбоновый a. tricarboxylic (acid).

триклин/ический, —**ный** a. (cryst.) triclinic, anorthic, asymmetric.

трико n., —**таж** m. (text.) tricot, jersey; tricot-wear; —**тажник** m. tricot knitter; —**тажный** a. of **трикотаж**.

трикрез/ил m. tricresyl; —**илфосфат** m. tricresyl phosphate; —**ол** m. tricresol.

трилистн/ик m. (bot.) trefoil, clover; —**и-ковидный** a. cloverleaf; —**ый** a. three-leaved, trifoliate.

трилит m. (expl.) trilite, trinitrotoluene.

триллион m., —**ный** a. trillion (10^{12}).

трилобит m. (pal.) trilobite.

трилон m. Trilon (chelating agent).

тримезиновая кислота trimesic acid.

тример m. trimer (a polymer); —**ит** m. (min.) trimerite; —**ный** a. trimeric.

триместр m. (educ.) trimester.

триметил m. trimethyl; —**амин** m. trimethylamine; —**арсин** m. trimethyl arsine; —**бензол** m. trimethylbenzene; —**бор** m. trimethyl boron; —**ен** m. trimethylene; —**овый** a. trimethyl.

триметин m. trimethadione.

триметрический a. (cryst.) trimetric, orthorhombic.

тримм/ер m. trimmer; (av.) trim(ming) tab, stabilizer; —**инг-машина** f. trimming machine, trimmer.

тримолекулярный a. trimolecular.

триморф/изм m. (cryst.) trimorphism; —**ный** a. trimorphous.

тримужний a. (bot.) triandrous.

тринадцат/илетний a. thirteen-year; —**ый** a. thirteenth; —**ь** num. thirteen.

тринатрийфосфат m. trisodium phosphate.

тринидадский a. (geog.) Trinidad.

тринитрат m. trinitrate; **т. целлюлозы** trinitrocellulose, pyroxylin.

тринитро— prefix trinitro—; —**бензол** m. trinitrobenzene; —**ксилол** m. trinitroxylene; —**соединение** n. trinitro compound; —**толуол** m. trinitrotoluene, TNT; —**фенол** m. trinitrophenol, picric acid; —**целлюлоза** f. trinitrocellulose, pyroxylin; —**этанол** m. trinitroethanol; —**эфир** m. trinitrate.

тринкерит m. (min.) trinkerite.

тринол m. (expl.) trinol, trinitrotoluene.

трином m. (math.) trinomial.

трио see **трио-стан**.

триод m. triode, three-electrode tube; **кристаллический т.** transistor; **на кристаллических** —**ах** transistorized; **на полупроводниковых** —**ах** transistor (amplifier).

триоз/а f. triose; —**офосфат** m. triosephosphate; —**офосфорный** a. triosephosphoric (acid).

три/окись f. trioxide; —**оксазол** m. trioxazole; —**оксан** m. trioxane, paraformaldehyde; —**окси**— prefix trioxy—; trihydroxy—; —**оксибензол** m. trihydroxybenzene; —**оксим** m. trioxime; —**оксимасляная** a. trihydroxybutyric (acid); —**оксиметилен** m. trioxymethylene, paraformaldehyde; —**олеин** m. triolein, olein; —**олефин** m. triolefin.

трионал m. trional, sulfonethylmethane.

трио-стан m. three-high (rolling) mill.

триостр/енник m. (bot.) triglochin; —**иевый** a. tricuspidate, three-pointed.

трипальмитин m. tripalmitin.

трипан/блау n. trypan blue, diamine blue; —**овый** a. trypan; —**озомоз** m. (vet.) trypanosomiasis; —**осома** f. trypanosome (parasitic protozoan); —**рот** m. trypan red.

трип/арсамид m. tryparsamide; —**афлавин** m. Trypaflavine, acriflavine.

триплан m. (av.) triplane.

трипл/екс *m.* triplex; laminated safety glass; —**ексный** *a.* triplex; **т.-процесс** (met.) triplex-process; —**ет** *m.*, —**етный** *a.* triplet (spectral line); triplicate; —**ит** *m.* (min.) triplite; —**оид** *m.* (biol.) triploid; —**оидит** *m.* (min.) triploidite.
триппер *m.* (med.) gonorrhea.
триппкеит *m.* (min.) trippkeite.
трипропил *m.*, —**овый** *a.* tripropyl; —**амин** *m.* tripropylamine.
трипротамин *m.* triprotamine, sturine.
трипс *m.* (ent.) thrips.
трипс/ин *m.*, —**ический** *a.* trypsin, trypsase.
триптан *m.* triptane, trimethylbutane.
трипто/н *m.* tryptone; —**фан** *m.* tryptophan, indolylalanine.
трипугиит *m.* (min.) tripuhyite.
тририцинолеин *m.* triricinolein.
трисазо— *prefix* trisazo—.
три/сахарид *m.* trisaccharide; —**сектриса** *f.* (math.) trisectrix; —**секция** *f.* trisection; —**силан** *m.* trisilane; —**силикат** *m.* trisilicate; —**ста** *num.* three hundred; —**стеарин** *m.* tristearin; —**сульфид** *m.* trisulfide; —**сульфокислота** *f.* trisulfonic acid.
трите *imp. of* **тереть.**
тритетраэдр *m.* (cryst.) tritetrahedron.
тритиан *m.* trithiane.
тритий *m.* tritium (hydrogen isotope).
тритил *m.* trityl, triphenylmethyl.
тритио— *prefix* trithio—; —**карбонат** *m.* trithiocarbonate; —**нат** *m.* trithionate; —**новая кислота** trithionic acid; —**новокислая соль** trithionate; —**угольная кислота** trithiocarbonic acid.
тритицин *m.* triticin (carbohydrate from *Triticum*).
трито/мит *m.* (min.) tritomite; —**н** *m.* (zool.) triton, newt, eft; triton, t (nucleus of tritium); Triton (detergent); —**пин** *m.* tritopine.
триумф *m.* triumph; —**альный** *a.* triumphal; —**атор** *m.* victor.
трифан *m.* (min.) triphane, spodumene.
трифенил *m.* triphenyl; —**бор** *m.* triphenyl boron; —**бромметан** *m.* trityl bromide; —**висмутин** *m.* triphenyl bismuthine; —**ен** *m.* triphenylene; —**карбинол** *m.* triphenylcarbinol; —**метан** *m.*, —**метановый** *a.* tritane; —**метил** *m.* trityl; —**хлорметан** *m.* trityl chloride.
три/феррин *m.* triferrin, iron paranucleinate; —**филин** *m.* (min.) triphylite; —**фолиата** *f.* trifoliate orange; —**фоль** *f.* (bot.) buckbean, bogbean (*Menyanthes trifoliata*).
трифонид *m.* ichneumon fly.
трифтор— *prefix* trifluor(o)—; —**бензол** *m.* trifluorobenzene; —**ид** *m.* trifluoride; —**уксусный** *a.* trifluoroacetic (acid).
трихальцит *m.* (min.) trichalcite.

трихиаз *m.* (med.) trichiasis.
трихин/а, —**елла** *f.* (zool.) trichina; —**еллез**, —**оз** *m.* (med.) trichinosis; —**еллезный**, —**озный** *a.* trichinous.
трихиноил *m.* triquinoyl.
трихит *m.* (min.) trichite.
трихлор— *prefix* trichlor(o)—; —**бензол** *m.* trichlorobenzene; —**истый** *a.* trichloride (of); —**метан** *m.* trichloromethane, chloroform; —**(о)уксусная кислота** trichloroacetic acid; —**этан** *m.* trichloroethane; —**этилен** *m.* trichloroethylene.
трихо— *prefix* trich(o)— (hair); —**грамма** *f.* (ent.) Trichogramma; —**з** *m.* (med.) trichosis; —**микоз** *m.* trichomycosis; —**мицин** *m.* Trichomycin (antibiotic); —**монада** *f.* (zool.) Trichomonas; —**монацид** *m.* trichomonacide; —**мониаз**, —**моноз** *m.* (vet.) trichomoniasis; —**тецин** *m.* trichothecin; —**фития** *f.*, —**фитоз** *m.* (med.) trichophytosis; —**цидин** *m.* trichocidin.
трихро/изм *m.* (cryst.) trichroism; —**ичный** *a.* trichroic; —**мат** *m.* trichromate; —**матичный** *a.* trichromatic.
три/цепс *m.* (anat.) triceps; —**циан** *m.* tricyanogen; —**циклен** *m.* tricyclene; —**циклический** *a.* tricyclic; —**щетинник** *m.* (bot.) Trisetum; —**эдр** *m.* (geom.) trihedron; —**эдрический** *a.* trihedral.
триэн *m.* tryen, Yatren.
триэтаноламин *m.* triethanolamine.
триэтил *m.* triethyl; —**амин** *m.* triethylamine; —**арсин** *m.* triethyl arsine; —**бор** *m.* triethyl boron; —**висмутин** *m.* triethyl bismuthine; —**овый** *a.* triethyl; —**этоксимоносилан** *m.* triethylsilane ethyl oxide.
триэтокси— *prefix* triethoxy—; —**моносилан** *m.* triethyl silicoformate.
тр-к *abbr.* (**треугольник**) triangle.
тРНК *abbr.* transport RNA.
троакар *m.* (surgery) trocar.
трог *m.* (geol.) glacial trough.
трог/ание *n.* touching, stirring; **т. с места** starting; —**ать** *v.* touch, affect; start; —**аться** *v.* touch, be in contact (with); stir, move; taint, spoil; —**аться с места** start; **не —ая с места** without disturbing.
троговая долина *see* **трог.**
трое *num.* three; *prefix* three, triple; **на т. in three parts**; —**к** *gen. pl. of* **тройка**; —**кратно** *adv.* three times, triply; —**кратный** *a.* three(fold), triple; —**н** *gen. pl. of* **тройня**; —**тес** *m.* three-inch nail.
троилит *m.* (min.) troilite.
тро/ить *v.* divide into three; combine in threes; do in triplicate; do three times; —**ично-кодированный** *a.* ternary-coded; —**ичный** *a.* ternary.

тройка *f.* triplet, triad, set of three; trefoil; team of three.

тройник *m.* tee, T-piece, T-joint, T-branch; tripartite; tri-unit measure; (cryst.) trilling; triplet; (elec.) T-junction box, branch box; доска-т. *f.* three-inch board; —овый *a. of* тройник; Т- (joint), three-way (pipe); —овое образование (cryst.) trilling.

тройничн/ость *f.* triplicity; —ый *a.* triple; (anat.) trifacial, trigeminal.

тройн/ой *a.* triple, triplicate, three, tri-, ternary; triangular; т. процесс (met.) triplex process; —ая ось (cryst.) triad axis; —ая связь triple bond; —ая соль tri-salt; —ая точка triple point; —ое деление (nucl.) ternary fission; —ое правило (math.) rule of three; —я *f.* triplets.

тройский вес Troy weight.

тройственн/ость *f.* triplicity; —ый *a.* triple.

тройчат/ка *f.* triad, group of three; tripartite; —(н)ый *a.* tripartite; ternate; arranged in threes.

троктолит *m.* (petr.) troctolite.

троллеит *m.* (min.) trolleite.

троллей *m.* (elec.) trolley; —бус *m.* trolley bus; —воз *m.*, —кара *f.* trolley (electric) truck; —ный *a.* trolley.

тромб *m.* (med.) thrombus, blood clot; (meteor.) tornado; —а *f.* tornado.

тромб/аза *f.*, —ин *m.* thrombase, thrombin, zymoplasm; —оген *m.* thrombogen, serozyme; —оз *m.* (med.) thrombosis; coagulation, clotting.

тромбон *m.*, —ный *a.* trombone.

тромбо/флебит *m.* (med.) thrombophlebitis; —цит *m.* thrombocyte, blood platelet.

тром(м)ель *m.* (min.) trommel, revolving sieve, washing drum.

трона *f.* (min.) trona.

тронк *m.* trunk (piston); —овый *a.* trunk.

трон/утый *a.* touched, affected; spoiled, tainted; —уть *see* трогать; —уться *v.* be affected; spoil, go bad; start.

троостит *m.* (met.; min.) troostite.

—троп *m. suffix* —trope.

тропа *f.* path(way), walk, track.

тропа/кокаин *m.* tropacocaine, benzoyl-pseudotropine; —н *m.* tropan, N-methylnortropan; —нол *m.* tropanol; —нолкарбоновый *a.* tropanolcarboxylic (acid); —нон *m.* tropanone.

троп/ат *m.* tropate; —ацин *m.* tropacine; —еин *m.* tropeine; —ентан *m.* tropentane; —еолин *m.* tropeolin; —идин *m.* tropidine; —изм *m.* tropism.

тропик *m.* tropic; —ализация *f.* tropicalization; —и *pl.* tropics; между —ами intertropical.

троп/ил *m.* tropyl; —илиден *m.* tropilidene, 1,3,5-cycloheptatriene; —илий *m.* tro-pylium; —ин *m.* tropine, N-methyltropoline; (biol.) tropin.

тропинка *f.* little path, footpath.

тропин/карбоновая кислота tropinecarboxylic acid, ecgonine; —овая кислота tropic acid.

тропическ/ий *a.* tropic; torrid (zone); tropicalized (equipment); —ие пояса tropics.

—троп/ия *f. suffix* —tropy; —ный *a. suffix* —tropic (turning, changing).

тропо— *prefix* tropo— [turn(ing), change]; —вая кислота tropic acid; —лон *m.* tropolone; —пауза *f.* (meteor.) tropopause, top of troposphere; —сфера *f.* troposphere; —сферный *a.* troposphere, tropospheric.

трос *m.* cable, rope, (steel) line; (naut.) hawser; —ик *dim. of* трос; —овый *a. of* трос.

тростильн/о-крутильная машина (text.) twister; —ый *a.* twisting, etc., *see* тростить.

тростин/а, —ка *f.* reed, cane.

тростит *m.* (met.) troostite.

тростить *v.* twist together, splice; (text.) slub; throw (silk).

трост/ник *m.* reed, rush; (sugar) cane; —никовый *a.* reed; rush (matting); cane (sugar); —ь *f.*, —яной *a.* cane; (music) reed.

тротил *m.* (expl.) trotyl, trinitrotoluene.

тротуар *m.*, —ный *a.* sidewalk, footpath; pavement, platform; движущийся т. conveyer.

троф/ический *a.* trophic, nutrition; —ный *a. suffix* trophic; —о— *prefix* tropho— (food, nourishment); —оневроз *m.* (med.) trophoneurosis.

трохо/вая кислота trochoic acid; —ида *f.* (geom.) trochoid; —идальный, —идный *a.* trochoid(al); —сфера *f.* (zool.) trochosphere, trochophore; —трон *m.* trochotron (trochoidal mass spectrometer or electronic beam-switching tube).

трощен/ие *n.* twisting, torsion; (text.) slubbing; throwing (of silk); —ый *a.* twisted; slubbed; thrown.

трояк/ий *a.* triple, threefold; —о *adv.* in three different ways.

троян/ский *a.* Troy, Trojan; —цы *pl.* (astr.) Trojan group.

ТРПШ *abbr.* (трансформатор регулируемый подмагничиванием шунтов) transformer regulated with by-pass magnetization.

тр-р *abbr.* (трансформатор) transformer.

ТРС *abbr.* (телевизионная ретрансляционная станция) television relay station; (турбореактивный снаряд) spin-stabilized missile.

труб/а *f.* pipe, tube; flue, funnel, shaft;

трубка duct, conduit; trumpet; telescope; **т.-лаз** *f*. access tube; **т.-сушилка** *f*. tube dryer; **—ач** *m*. (zool.) stentor; (orn.) trumpeter; **—ить** *v*. trumpet.

трубк/а *dim*. *of* **труба**; (small-diameter) tube, tubule; (ignition) fuse; (percussion) primer; (tel.) receiver; **—оверт** *m*. (ent.) leaf roller; **—овидный**, **—ообразный** *a*. tubiform, tubular; **—оцветный** *a*. (bot.) tubuliflorous.

трубн/ик *m*. pipe worker; **—ый** *a*. *of* **труба**; casing (tongs, etc.); tubal (pregnancy).

трубо— *prefix* pipe, tube; **—воз-раскладчик** *m*. pipe-laying carrier; **—волочение** *n*., **—волочильный** *a*. tube-drawing; **—гибочный** *a*. pipe-bending; **—дер** *m*. tube extractor; **—держатель** *m*. pipe support, tube holder; **—загибочный** *a*. pipe-bending; **—испытательный** *a*. pipe-testing; **—к** *gen. pl. of* **трубка**; **—клад** *m*. pipe layer; **—литейное производство** pipe casting; **—ловка** *f*. pipe grab; casing spear; **—нарезной** *a*. pipe-threading; **—отвод** *m*. branch pipe; **—отрезной** *a*. pipe-cutting; **—очиститель** *m*. pipe cleaner, tube cleaner, reamer.

трубопровод *m*. pipe(line), main, (supply) line; conduit, duct; piping (system), tubing; manifold (of engine); **—ный** *a*. *of* **трубопровод**; **—ная сеть** pipe system, piping; **—чик** *m*. pipe fitter, plumber.

трубопрокат/ка *f*., **—ный** *a*. pipe rolling, tube rolling; **—чик** *m*. pipe roller.

трубо/расширитель *m*. tube beader, tube expander; **—рез** *m*. pipe cutter, tube cutter; casing knife; **—резный** *a*. pipe-cutting; **—рог** *m*. (zool.) whelk; **—сварочный** *a*. pipe-welding; **—став** *a*. pipe fitter; **—укладочный** *a*. pipe-laying; **—укладчик** *m*. pipe layer; **—формовочный** *a*. tube-molding, pipe-molding; **—цвет** *m*. trumpet flower; **—чист** *m*. pipe cleaner; chimney sweep; **—чка** *dim. of* **трубка**; tubule; sleeve.

трубочный *a*. pipe, tube; **т. камень** (petr.) pipestone, catlinite.

трубчат/ка *f*. (petrol.) pipe still, tube still; **—о-кольцевой** *a*. cannular (combustion chamber); **—о-пластинчатый** *a*. secondary-surface (radiator).

трубчат/ый *a*. tubular, tubulated; hollow; piping, pipe; core (drill); sleeve (antenna); **т. колодец** Abyssinian well, drilled well; **—ая печь** tube furnace; rotary furnace; (petrol.) tube still.

трубштаг *m*. (naut.) funnel shroud.

трубы *gen.*, *pl.*, *etc.*, *of* **труба**; **т.-зонды** *pl*. (agr.) fumigating tubes.

труд *m*. labor, work, toil; (scientific) treatise; **—ы** *pl*. transactions, proceedings (of society), works (of author); **без —а** without difficulty, without effort, easily; **с большим —ом** with great difficulty; **биржа —а** labour bureau; **взять на себя т.** *v*. take the trouble; **положить много —а** *v*. take great pains.

труден *sh. m. of* **трудный**.

трудиться *v*. work, labor, toil.

трудно *adv*. with difficulty, difficultly; it is difficult; **—вато** *adv*. with some difficulty; it is rather difficult; **—ватый** *a*. rather difficult; **—доступный** *a*. not easily accessible, hard to reach; difficult (terrain); **—дробимый** *a*. strong, tough; **—обнаруживаемый** *a*. hard to detect; **—обрабатываемый** *a*. churlish, difficult to work; **—определимый** *a*. nondescript, difficult to define; **—плавкий** *a*. difficultly fusible; infusible, refractory; **—проходимый** *a*. difficult (terrain); **—растворимый** *a*. difficultly soluble; **—сть** *f*. difficulty, hardship; road block; **—текущий** *a*. viscous, thick.

трудный *a*. difficult, hard, laborious, heavy (work).

трудо— *prefix*, **—вой** *a*. labor, work, manpower; **—день** *m*. work day; **—емкий** *a*. labor-consuming, time-consuming, laborious, arduous; (econ.) labor-intensive; **—емкость** *f*. man-hours per job; labour intensity; laboriousness, difficulty; **—любивый** *a*. hard-working, industrious; **—способность** *f*. capacity for work; **—способный** *a*. capable, able-bodied; **—устройство** *n*. specialized employment.

труд/ы *pl. of* **труд**; **—ящийся** *a*. working; *m*. worker; **здравоохранение —ящихся** occupational health.

трукс/еллин *m*. truxelline; **—иллин** *m*. truxilline; **—илловый** *a*. truxillic (acid); **—иновый** *a*. truxinic (acid).

труп *m*. corpse, cadaver; **—ножировосковой** *a*. adipocerous.

трупн/ый *a*. corpse, cadaverous; **т. (жиро)воск** adipocere; **т. яд** ptomaine; **—ое окоченение** rigor mortis.

трусики *pl*. shorts, swim trunks.

трус/ить *v*. be afraid; shake, scatter; **—ливый** *a*. cowardly, timid, apprehensive.

трут *m*. tinder, punk; agaric; *pr. 3 pl. of* **тереть**.

трут/ень *m*., **—невой** *a*. drone (bee).

трутовик *m*. (bot.) Polyporus.

трутовка *f*. (bees) laying worker.

Трутона правило Trouton's rule.

трух/а *f*. rot, rotten wood; (hay) dust, chaff; trash, rubbish; **—ляветь**, **—лявиться** *v*. rot, molder, disintegrate; **—лявый** *a*. rotten, moldering.

трущий(ся) *a*. rubbing, friction.

трущоб/а *f*., **—ный** *a*. thicket; slum, ghetto.

трюм *m*., **—ный** *a*. (naut.) bilge, hold.

трюмо *n.* (arch.) pier; pier glass.
трюфель *m.*, **—ный** *a.* (bot.) truffle.
тряп/ица *f.* rag; **—ичник** *m.* ragman; **—ичный** *a.* rag; **—ка** *f.* rag, piece of waste; **—очка** *dim. of* тряпка; **—очный** *a.* rag; **—ье** *n.* rags.
тряс/ение *n.* shaking, etc., *see* трясти(сь); **—илка** *f.* (mech.) shake(r); **—ильный** *a.* shaking, etc., *see* трясти.
трясин/а *f.*, **—ный** *a.* marsh, swamp; quagmire, quaking bog.
тряс/ка *f.* shaking, etc., *see v.*; jolt; **—кий** *a.* shaky; jolting; rough, bumpy (road); **—коформовочный** *a.* (molding) jar-ramming, jarring, jolt-ramming; **—ти** *v.* shake, jolt, joggle, jar; (av.) buffet; **—тись** *v.* be shaken, etc.; shake, shiver, tremble; **—унка** *f.* quaking grass; **—учий** *a.* shaking, etc., *see v.*; **—учка** *f.* shaker; fever; quaking grass; **—ущийся** *a.* shaking, etc., *see v.*; shaky.
тряхнуть *see* трясти.
тс *abbr.* (**тонна-сила**) ton-force
ТСД *abbr.* (**турбина среднего давления**) medium-pressure turbine.
тсе-тсе *see* цеце.
ТСК *abbr.* (**термостойкий костюм**) heat-resisting suit.
ТСт, Т. Ст. *abbr.* (**томасовская сталь**) Thomas steel.
т. стекл. *abbr.* (**температура стеклования**) vitrification temperature.
тсуг/а *f.* (bot.) hemlock (*Tsuga*); **—иновая кислота** tsugic acid.
тсунами *pl.* tsunami, seismic waves.
т/счет *abbr.* (**текущий счет**) current account.
тт. *abbr.* (**тома**) volumes.
ТТ *abbr.* (**теоретическая тарелка**) (distillation) theoretical plate.
ТТГ *abbr.* (**тиреотропный гормон**) thyrotropic hormone.
ТТФ *abbr.* (**тимидин трифосфат**) thymidine triphosphate.
ТТХ *abbr.* (**хлористый трифенилтетразол**) triphenyltetrazolium chloride.
ту *acc. of* та, that; **ТУ** *abbr.* (**трихлорфеноксиуксусная кислота**) trichlorophenoxyacetic acid.
туалет *m.*, **—ный** *a.* toilet; dress, attire; restroom, lavatory; dressing table; (surgery) scrubbing up; trimming, washing (of butchered carcasses); **—ные изделия** toilet preparations.
туба *f.* (paste) tube; (music) tuba.
туба/вая кислота tubaic acid; **—зид** *m.* Tubazid, isonicotinic acid hydrazide; **—ин** *m.* tubain; **—нол** *m.* tubanol.
туберкул *m.* (med.) tubercle; **—ез** *m.* tuberculosis; **—езный** *a.* tuberculous, tubercular, consumptive; **—ин** *m.* tuberculin.

тубероз/а *f.* (bot.) tuberose (*Polianthes tuberosa*); **—ный** *a.* tuberose; tuberous, nodular; **—ное масло** tuberose oil.
тубокурарин *m.* tubocurarine.
тубонаполнительный *a.* tube-filling.
туботоксин *m.* tubotoxin (rotenone).
тубу/латный *a.* tubulate(d); **—(лу)с** *m.* tubule, tube, barrel.
тувинский *a.* (geog.) Tuvinski:
туг *sh. m. of* тугой.
тугай *m.*, **—ный** *a.* tugai (vegetation-covered bottomland).
туг/о *adv.* tightly, fast; hard, firmly; slowly, with difficulty; fully (inflated); *prefix sec* тугой; **ему приходится т.** he finds it difficult; **—ой** *a.* tight, close; stiff, unyielding; dull; **—онатянутый** *a.* tightly drawn, taut, tense.
тугоплавк/ий *a.* difficultly fusible, high-melting; high-heat, heatproof; infusible, refractory; hard (glass); **—ость** *f.* infusibility, refractoriness.
тугость *f.* tightness, stiffness; slowness.
тугоух/ий *a.* hard of hearing; *m.* partially deaf person; **—ость** *f.* impaired hearing.
туда *adv.* there, thither; **т. и обратно** back and forth, to and fro.
туе/вик *m.* (bot.) Thujopsis; **—вый** *a.* thuja (oil); thujic (acid); **—н** *m.* thujene, tanacetone.
туер *m.* chain tug; **—ный** *a.* chain (tug, ferry).
туетин *m.* thujetin.
туже *comp. of* туго, тугой, tighter.
тужиться *v.* exert oneself.
тужурка *f.* short coat.
туз *m.* dinghy, scull(er).
тузем/ец *m.* native; **—ный** *a.* native, indigenous.
тузик *see* туз.
тузлу/к *m.* brine; **—кование** *n.* preservation in brine; **—ковать** *v.* preserve in brine; **—чный** *a.* brine.
туи *gen., pl., etc., of* туя.
туй/ан *m.* thujane, sabinane; **—евый** *see* туевый; **—ен** *see* туен; **—игенин** *m.* thujigenin; **—ил** *m.*, **—иловый** *a.* thujyl; **—иловый спирт** *see* туйол; **—ин** *m.* thujin; **—оид** *m.* thujoid; **—ол** *m.* thujol, hydroxythujene, absinthol; **—он** *m.* thujone, tanacetone; **—ородин** *m.* thujorhodin, rhodoxanthin; **—я** *see* туя.
тук *m.*, **—овый** *a.* fertilizer.
туко/мешалка *f.* fertilizer mixer; **—нагрузчик** *m.* fertilizer loader; **—разбрасыватель, —распределитель** *m.* fertilizer spreader, manure spreader; **—смесь** *f.* fertilizer mixture; **—смешение** *n.* fertilizer mixing.
тулейка *f.* shank.
тулейный *a. of* тулья.

Тулета раствор (min.) Thoulet solution.
тул/ий *m.* thulium, Tm (Tu in USSR); **окись** **—ия** thulium oxide; **хлористый т.** thulium chloride; **—ит** *m.* (min.) thulite.
туловище *n.* trunk, body, torso, bulk.
тулузский *a.* (geog.) Toulouse.
тулуп *m.*, **—ный** *a.* sheepskin (coat).
тульский *a.* (geog.) Tula.
тулья *f.* crown (of hat).
туляремия *f.* (med.) tularemia.
туман *m.* fog, mist, haze, vapor, spray, film; **легкий т.** mist; **сухой т.** haze; **—ить** *v.* fog, darken, make obscure; **—иться** *v.* get foggy, grow dark, become obscure, get dim; **—ность** *f.* fogginess, mistiness, mist, haziness; (astr.) nebula; **—ный** *a.* foggy, misty, hazy, cloudy; nebulous, vague, obscure; **—омер** *m.* fog meter.
туманообраз/ный *a.* fog-like, misty; **высококучевые** **—ные облака** altocumulus nebulosus; **высокослоистые** **—ные облака** altostratus nebulosus; **—ователь** *m.* fog generator; atomizer; **—овательный**, **—ующий** *a.* fog-forming; mist (sprayer).
тумба *f.* curbstone; pedestal, post, column.
тумблер *m.* tumbler (switch).
тумбовый *a.* of **тумба**.
туменол *m.* Tumenol, ichthammol.
тумский камень (min.) axinite.
тунг *m.*, **—овый** *a.* tung (tree).
тунгстен *see* **вольфрам**.
тунгстит *m.* (min.) tungstite.
тунгус(с)кий *a.* (geog.) Tunguska.
тундр/а *f.*, **—еный**, **—овый** *a.*, **—овая полоса** tundra (treeless plain).
тунец *m.* (ichth.) tuna.
тунеяд/ец *m.* parasite; **—ный** *a.* parasitic; **—ство** *n.* parasitism.
туникаты *pl.* (zool.) Tunicata.
тунисский *a.* (geog.) Tunisian.
туницин *m.* (zool.) tunicin.
туннел/естроение *n.* tunnel construction; **—ь** *m.* tunnel; duct, conduit; **—ьный** *a.* tunnel; tunnel-type (furnace); duct(ed).
тунц/еловный *a.* tuna (boat); **—овый** *a.* tuna.
ТУП *abbr.* (**технические условия проектирования**) technical design specifications.
туп *sh. m. of* **тупой**.
тупеть *v.* become blunt, grow dull.
тупец *m.* (leather) scraper.
тупик *m.* blind alley, impasse, cul-de-sac, dead end; (rr.) siding; (leather) scraper; (orn.) puffin; **попасть в т.** *v.* be at a loss; **стать в т.** *v.* be perplexed; **—овый** *a. of* **тупик**; (phys. chem.) blind (pore), **—овый упор** buffer stop.
тупить *v.* blunt, dull, take off the edge.

тупо *adv.* bluntly, dully; obtusely.
туповат/ость *f.* bluntness; **—ый** *a.* rather blunt, rather dull, dullish.
тупой *a.* blunt, dull; obtuse (angle).
тупо/конечный *a.* blunt, **—носый** *a.* blunt-nosed, blunt; **—сть** *f.* bluntness, dullness; **—угольный** *a.* obtuse-angled; obtuse (triangle).
тур *m.* round; gabion; mountain goat.
тур. *abbr.* (**турецкий**) Turkish.
туранит *m.* (min.) turanite.
тура/ноза *f.* turanose; **—цин** *m.* turacin.
турачка *f.* (naut.) warping drum.
турбеллярии *pl.* (zool.) Turbellaria.
турбидиметр *m.* turbidimeter; **—ический** *a.* turbidimetric, nephelometric (analysis); **—ия** *f.* turbidimetry.
турбин/а *f.* turbine; **т.-компаунд** compound turbine; **—ный** *a.* turbine(-driven); turbine-type (mixer, etc.); turbo- (dryer); **—о—** *prefix* turb(in)o—, turbine-; **—щик** *m.* turbine specialist.
турбо— *prefix* turbo—, turbine; **—агрегат** *m.* turbo-unit; **—альтернатор** *m.* turbo-alternator; **—бур** *m.* turbodrill; **—вентилятор** *m.*, **—вентиляторный** *a.* turbofan; **—винтовой** *a.* turboprop (engine); **—воз** *m.* turbine locomotive; **—возбудитель** *m.* (elec.) turbo-exciter; **—воздуходувка** *f.* (rr.) turboblower, turbosupercharger; **—генератор** *m.*, **—генераторный** *a.* (elec.) turbo-generator, turboalternator.
турбо/детандер *m.* turbine expansion engine, centrifugal expander; **—динамо** *n.*, **—динамомашина** *f.* (elec.) turbodynamo; **—долото** *n.* turbobit; **—зубчатый** *a.* turbogear.
турбокомпрессор *m.*, **—ный** *a.* turbocompressor, centrifugal compressor; turbosupercharger (of piston engine); gas generator (of gas-turbine engine); **—ный воздушно-реактивный** *a.* turbojet (engine).
турбо/лет *m.* turbojet; **—логуошер** *m.* (min.) turbowasher; **—машина** *f.* turbomachine; **—нагнетатель** *m.* turbosupercharger, turbocompressor; **—насос** *m.*, **—насосный** *a.* turbopump, turbine pump; **—преобразователь** *m.* turboconverter; **—привод** *m.* turbodrive; **с —приводом** turbine-driven; **—прямоточный** *a.* turboram(jet) (rocket engine); **—ракетный** *a.* turborocket; **—реактивный** *a.* turbojet (engine); spin-stabilized (missile).
турбостро/ение *n.*, **—ительный** *a.* turbine construction, turbine manufacture.
турбо/трансформатор *m.* turbotransformer; **—холодильник** *m.* cooling turbine; **—эксгаустер** *m.* turbine-driven exhauster; **—электроход** *m.* turbo-electric ship.

турбулентн/ость *f.* turbulence; —ый *a.* turbulent; —ое движение eddy.

турбулиз/атор *m.* turbulator, double-action pump; (petrol.) turbulence agent; —ация *f.* turbulization, agitation; —ирующий *a.* turbulizing, agitating.

тургайский *a.* (geog.) Turgai (river).

тургит *m.* (min.) turgite, hydrohematite.

тургор *m.* (bot.) turgor.

турель *f.*, —ный *a.* turret; ring mount(ing); gun ring; —ная установка turret.

турецк/ий *a.* Turkish; т. боб kidney bean; —ое седло (anat.) sella turcica.

турингит *see* тюрингит.

турист *m.*, —(иче)ский *a.* tourist.

турк— *prefix*, —естанский *a.* (geog.) Turkestan; —менский *a.* Turkmen.

турма *f.* bin; tower.

турмалин *m.* (min.) tourmaline; —изация *f.* tourmalinization; —овый *a.* tourmaline.

турменн/ый *a. of* турма; —ая кислота tower (sulfuric) acid.

турмер/ин *m.* turmerin; —овая кислота turmeric acid.

турибул/лева синь, —ьская синь Turnbull's blue, insoluble Prussian blue.

турне *n.* tour, round, circuit.

турнейский *a.* (geol.) Tournaisian.

турнепс *m.* turnip.

турнер/ит *m.* (min.) turnerite; —ова желть Turner's yellow, Cassel yellow.

турникет *m.*, —ный *a.* tourniquet; turnstile.

туронский *a.* (geol.) Turonian.

турпет *m.* turpeth root; —ин *m.* turpethin; —ный *a.* turpeth.

турь/ит *m.* (min.) turgite; (petr.) turjite; —яит *m.* (petr.) turjaite.

тускарора wild rice (*Zizania aquatica*).

тускл/о *adv.* dimly, without luster; —(оват)ость *f.* dimness, lack of luster, dullness, tarnish, cloudiness; —оватый *a.* rather dim; —осерый *a.* dull gray; —ый *a.* dim, lusterless, dull, tarnished, dingy, crepuscular.

тускн/ение *n.* fogging, tarnishing; —еть, —уть *v.* grow foggy, tarnish, get dim, get dull; —еющий *a.* tarnishing.

Тусон (geog.) Tucson.

Туссена формула (meteor.) Toussaint's formula.

туссоковый *a.* tussock (grass).

туссол *m.* tussol, antipyrine mandelate.

тут *adv.* here; then; (bot.) *see* тута; т. же then and there, immediately.

тута *f.* (bot.) mulberry (*Morus*).

тутин *m.* tutin.

туто/вник *m.* mulberry (tree); —водство *n.*, —водческий *a.* mulberry culture; —вый *a.* mulberry.

тутокаин *m.* tutocaine, butamin.

ТУ-ТС *abbr.* (релейное устройство телеуправления и телесигнализации) relay device for remote control and remote signalling.

туф *m.* (petr.) tuff; tufa; вулканический т. volcanic tuff; известковый т. (calcareous) tufa, travertine.

туф/елька *f.* slipper animalcule, paramecium; —ельный *a.*, —ля *f.* slipper, shoe.

туфо/бетон *m.* tufaceous concrete; —вый *a. of* туф; —вый вулканический *a.* tuffaceous; —вый известковый *a.* tufaceous; —образный, —подобный *a.* tufa-like, tufaceous.

тухл/ость *f.* putrefaction; —ый *a.* putrefied, rotten, spoiled, tainted; —ятина *f.* tainted food.

тухнуть *v.* putrefy, spoil; go out, become extinguished.

тухолит *m.* (min.) tucholite.

туция *f.* (zinc) tutty.

туч/а *f.*, —евой *a.* (storm) cloud; (ent.) swarm; —ка *dim. of* туча.

тучн/еть *v.* fatten, gain weight; (soils) become more fertile; —ость *f.* obesity; fertility, richness (of soil); —ый *a.* obese, fat, corpulent; fertile, rich; succulent, full (grain).

туша *f.* carcass.

тушащий *a.* extinguishing, etc., *see* тушить.

туше *n.* touch.

тушев/альный *a.*, —ание *n.* (drawing) shading, etc., *see v.*; —анный *a.* shaded, etc., *see v.*; —ать *v.* shade, wash, tint; —ка *see* тушевание; —ый *a. of* тушь.

туш/ение *n.* extinguishing, etc., *see v.*; —енка *f.* canned stewed meat; —ен(н)ый *a.* extinguished, etc., *see v.*; —ильный *see* тушительный; —итель *m.* extinguisher, sprinkler; quencher, quenching agent; —ительный *a.* extinguishing, etc., *see v.*; —ить *v.* extinguish, put out (fire); slake, quench; damp; (elec.) switch off, turn off; (food) stew, braize; suppress.

тушканчик *m.* jerboa (a rodent).

тушь *f.*, китайская т. India ink.

ТУЭ *abbr.* (термометр универсальный электрический) universal electric thermometer.

туя *f.* (bot.) Thuja; *prefix* thuja—, thuya—; —кетон *m.* thuyaketone.

ТХК, ТХУ(К) *abbr.* (трихлоруксусная кислота) trichloroacetic acid; ТХФМ *abbr.* (трихлорфенолят меди) copper trichlorophenolate.

тч. *abbr.* (точка) point; т. ч. *abbr.* (так что) so that; т/ч *abbr.* (тонн в час) tons per hour; т/ч, ТЧ *abbr.* (техническая часть) technical section, technical unit.

тщательн/о *adv.* carefully, with great care, thoroughly, in detail; closely, intimately;

т. следить за тем, чтобы *v.* take great care that; —ость *f.* care(fulness), attention; exactness; —ый *a.* careful, thorough; exacting, meticulous; accurate; close, intimate (mixing).
тщедуш/ие *n.* debility, feebleness, weakness; —ный *a.* infirm, feeble, weak.
тщетн/о *adv.* vainly, in vain, to no purpose; —ость *f.* uselessness, futility; —ый *a.* vain, useless, futile.
—тый *a. suffix* —ed, —(e)n.
тыкать *v.* poke, prod, thrust.
тыкв/а *f.* (bot.) squash, gourd; летняя т., обыкновенная т., столовая т. summer squash; pumpkin; —енные *pl.* Cucurbitaceae; —енный *a. of* тыква; cucurbitaceous; —ообразный *a.* gourd-shaped.
тыкнуть *v.* prod, poke.
тыл *m.* rear (area); (mil.) home front; logistic system, supply system; с —а at the rear, from the rear; —ы *pl.* supply corps, support units; —овой *a.* rear; logistic; administrative; —ок *m.* (tools) back edge; —ьный *see* тыловой.
тын *m.*, —овый *a.* paling; stockade.
тырло *n.* bivouac (for cattle).
тыс. *abbr.* (тысяча) thousand.
тысяча *num.* thousand.
тысяче— *prefix* thousand, milli—; —голов *m.* (bot.) cowherb (*Vaccaria*); —гранник *m.* (geom.) chiliahedron; —кратный *a.* thousandfold; —летие *n.* millenium; thousand-year period; —летний *a.* millenial; thousand-year; —листник *m.* (bot.) yarrow (*Achillea*); —ног *m.*, —ножка *f.* (zool.) millepede.
тысячн/ая *f.* (mil.) mil; —ик *m.* leading worker; —ый *a.* thousandth; of many thousands.
тычет *pr. 3 sing. of* тыкать.
тычина *f.* stake, post.
тычин/ка *f.* (bot.) stamen; —ковый, —очный *a.* staminal, staminate; —коносный *a.* staminate, staminiferous, stamen-bearing.
тычка *f.* center punch, prick punch.
тыч/ковый *a.*, —ок *m.* (masonry) header, bondstone, bonder; blow, hit, shove, prod, knock; peg, pin; —ковая гайка castle nut.
тычут *pr. 3 pl. of* тыкать.
тьма *f.* dark(ness), obscurity.
тьорзанит *m.* (min.) thiorsanite.
Тьюринга машина (comp.) Turing's machine.
ТЭА *abbr.* (тетраэтиламмоний) tetraethylammonium; (триэтаноламин) triethanolamine.
тэдс, ТЭДС, Т.-Э. Д. С. *abbr.* (термоэлектродвижущая сила) thermoelectromotive force.

ТЭИ *abbr.* (технический эталонный изооктан) technical standard isooctane.
Тэйлора печь Taylor producer; Т. ряд (math.) Taylor's series; Тэйлор-Уайта способ Taylor-White process.
тэкс *m.* tack.
ТЭН *abbr.* (тетранитропентаэритрит) pentaerythrityl tetranitrate, PETN; ТЭПФ *abbr.* (тетраэтилпирофосфат) tetraethyl pyrophosphate; ТЭС *abbr.* (тетраэтилсвинец) tetraethyl lead; (тепловая электростанция) thermal electric power plant; (точечная электросварка) electric spot welding.
тэта *f.* theta (θ).
ТЭФ *abbr.* (триэтиленфосфорамид) triethylenephosphoramide.
ТЭЦ *abbr.* (теплоэлектроцентраль) heat and electric power plant.
тюб/ик *m.* tube; —инг *m.*, —овый *a.* tubing, piping.
тюк *m.*, укладывать в —и, —овать *v.* bale, pack; —овка *f.* baling, packing; —овщик *m.* baler, packer; —овый *a.* bale(d), pack(ed); т.-рулон *m.* round bale.
тюлевый *a. of* тюль.
тюлен/ебойный *a.* seal-hunting; —евый *a.* seal(-skin); —ий *a.* seal; —ий жир seal oil; —ина *f.* seal meat; —ь *m.* seal.
тюль *m.* (text.) tulle.
тюльпан *m.*, —ный, —овый *a.* (bot.) tulip; —ообразный *a.* tulip-shaped, funnel-shaped, funneled; tulip (valve).
тюменский *a.* (geog.) Tyumen.
тюрбо *n.* turbot (flatfish).
тюремный *a. of* тюрьма.
Тюри регулятор (elec.) Thury regulator.
тюринг/ит *m.* (min.) thuringite; —ский *a.* (geol.) Thuringian.
тюрьма *f.* prison, jail.
тютень *see* тигель.
тютюн *m.* low-grade tobacco.
тюф/як *m.*, —ячный *a.* mattress, pad; (hydr.) revetment; (mil.) burster layer.
тююмунит *m.* (min.) tyuyamunite.
тяг/а *f.* pull, draw, draft; traction, pulling, hauling, haulage; propulsion; (rockets) thrust; (push-)pull rod, (connecting) rod, linkage; stay, brace; (laboratory) hood; т. в полете flight thrust; искусственная т. forced draft; коэффициент —и thrust coefficient; реверсор —и thrust reverser; регулятор —и damper; с нижней —ой downdraft; с реверсом —и reverse-thrust (engine); с регулируемой —ой variable-thrust (engine); сила —и tractive force; (rockets) thrust; служба —и transport service; (rr.) rolling stock department; соединительная т. draw bar; тракторной —и tractor-drawn.
тяг/альный *a.* pulling, traction; —ать *v.*

тягло

pull, tow; **—ач** *m.* (truck) tractor; tow truck; prime mover.

тягло *n.* draft animals; tax; **—вый** *a.* draft; tax.

тяговооруженность *f.* (aero.) thrust-to-weight ratio.

тягов/ый *a.* traction(al), tractive, drawing, pulling, hauling; draw (bar); drawbar (spring; test); pull (chain, rope); **т. брус** drawbar; **т. двигатель** (elec.) traction motor; (naut.) propulsion engine; **т. крюк** draw (bar) hook; **т. прибор** drawgear, traction equipment, pulling equipment; **т. стержень** drawbar; **—ая мощность** traction (power); (av.) thrust power (output); **—ое оборудование** haulage equipment; **—ое усилие** pulling force; (rr.) tractive effort.

тягодутьевой *a.* forced-draft.

тягомер *m.* draft gage, draft indicator, suction gage; blast meter, blast indicator; traction dynamometer.

тягост/ный *a.* burdensome, wearisome; distressing; **—ь** *f.* burden.

тягот/а *f.* weight, load, burden, heaviness, hardship; **—ение** *n.* gravitation, gravity, attraction, pull; **коэффициент —ения** gravity constant; **поле —ения** gravitational field; **сила —ения** gravitational force, gravity; **—еть** *v.* gravitate, be attracted; weigh; **—еющий** *a.* gravitating; **—ить** *v.* overload, overwhelm, weigh, hang (upon), hang heavy; **—иться** *v.* feel the weight (of), feel the burden (of).

тягун *m.* (glass) lehr, annealing furnace.

тягуч/есть *f.* ductility; malleability; tenacity, toughness; viscosity (of liquid); **—ий** *a.* ductile; malleable; tenacious, tough; tensile, tractile; viscous (liquid); viscid, ropy.

тягчайший *superl. of* **тяжкий**.

тяж *m.* drawing rod, (brake) rod; strand, cord; trace, shaft brace.

тяжек *sh. m. of* **тяжкий**.

тяжел *sh. m. of* **тяжелый**; **—еть** *v.* get heavy; **—ить** *v.* make heavy; **—о** *adv.*

убавить

heavily; with difficulty; it is heavy; it is difficult; *prefix* heavy; **—оватый** *a.* rather heavy.

тяжеловес *m.* (sports) heavyweight; (min.) Siberian topaz; **—ность** *f.* heaviness, etc., *see a.*; **—ный** *a.* heavy, ponderous, unwieldy, clumsy; heavily loaded.

тяжело/водный *a.* heavy-water; **—воз** *m.* heavy draft horse; heavy truck; **—грузный** *a.* heavily loaded; heavy-freight; **—раненый** *a.* seriously wounded; **—суглинистый** *a.* clayey loam (soil); **—ходы** *pl.* (pal.) Gravigrada.

тяжел/ый *a.* heavy, weighty, ponderous; hard, difficult, burdensome; close (air); rich (food); serious (illness; problem); (mach.) heavy-duty; substantial; **—ая вода** heavy water, deuterium oxide; **—ая жидкость** gravity solution; **—ая индустрия** heavy industry; **—ого типа**, **для —ой работы** heavy-duty (machine).

тяжение *n.* stress.

тяжест/ь *f.* weight, gravity, heaviness, load, burden; severity; **поле —и** gravitational field; **сила —и** (force of) gravity, gravitational force, gravitation; **силой —и** by gravity; **центр —и** center of gravity.

тяжкий *a.* grave, weighty, serious, severe; heavy; dangerous, distressing.

тяжник *m.* draw band.

тяну/льный *a.* pulling, etc., *see v.*; **—тый** *a.* pulled, etc., *see v.*; **—ть** *v.* pull, haul, drag; stretch (out), draw (out), extend, reach; lay (cable); suck (in), pull in, draw in; heave; weigh; drag out, delay, protract, procrastinate, prolong, put off; last, continue; **—ться** *v.* be pulled, etc., stretch, extend, run, range; last, continue, drag on, hold out, linger; strive (to equal); **—щий** *a.* pulling, etc., *see v.*; tractor (propeller); **—щая сила** pull; **—щийся** *a.* extending, running.

тяньцзиньский *a.* (geog.) Tientsin.

тяп/ание *n.* hacking; **—ать**, **—нуть** *v.* hack, chop, cut; **—ка** *f.* chopper, cleaver; hoe.

ТЯЭС *abbr.* (**термоядерная электростанция**) thermonuclear electric power plant.

У

у *prep. gen.* by, near, at, on, in; to; with, of; **у него (есть)** he has, he possesses, he owns; **у них на заводе** at their plant; **попросить у него** *v.* ask him.

у— *prefix* de—, ab—, away from.

УАБ *abbr.* (**управляемая авиационная бомба**) guided air-launched bomb.

уабаин *m.* ouabain, G-Strophanthin.

уади *n.* (geol.) wadi (a valley).

уайтрот *m.* white rot (of trees).

уайт-спирит *m.* (paints) white spirit.

уайтхедовский *a.* (math.) Whitehead.

УАРС *abbr.* (**управляемый авиационный ракетный снаряд**) guided air-launched missile.

уатт *m.* (elec.) watt; *see also* **ватт**.

Уатта регулятор (elec.) Watt governor.

уаттметр *see* **ваттметр**.

убав/ить *see* **убавлять**; **—ка** *f.*, **—ление** *n.* diminishing, etc., *see v.*; curtailment, reduction, decrease; discount; **—ленный** *a.* diminished, etc., *see v.*; **—лять** *v.* diminish, lessen, decrease; curtail, reduce, abridge, shorten; abate, subdue;

убег/ание *n.* running away, etc., *see v.*; runaway; **скорость —ания** runaway speed; second cosmic velocity; **—ать** *v.* run away, escape, make off; boil over; run off, stretch, extend; **—ающий** *a.* running away, etc., *see v.*; runaway.

убедительн/ость *f.* persuasiveness, conclusiveness; **—ый** *a.* persuasive, convincing, conclusive, earnest (request).

убедить *see* **убеждать**.

убежать *see* **убегать**.

убежд/ать *v.* convince, persuade, satisfy; prevail (upon), induce, urge; **—аться** *v.* be convinced, etc.; make sure, ascertain, be sure, ensure (that); see, determine (that); **—ение** *n.* conviction, persuasion; **не поддающийся —ению** inconvincible; **—енность** *f.* conviction, assurance; **—енный** *a.* convinced, positive (of), certain.

убежище *n.* refuge, shelter, cover, dugout; sanctuary, asylum.

убел/енный *a.* whitened, bleached; **—ивание** *n.* whitening, bleaching; **—и(ва)ть**, **—ять** *v.* whiten, bleach.

уберегать *v.* preserve, protect, guard, keep safe.

уберет *fut. 3 sing. of* **убрать**.

уберечь *see* **уберегать**.

убив/ание *n.* killing, etc., *see v.*; **—ать** *v.* kill, butcher, slaughter; pack, tamp (down); **—ающий** *a. suffix* **—cidal**, **—destroying**; **—ающее средство** *suffix* **—cide**.

убийств/енный *a.* deadly, killing, murderous; **—о** *n.* murder, homicide, assassination; slaughter, butchery.

убир/аемый *a.* (av.) retractable; **—ание** *n.* removing, etc., *see v.*; removal; retraction; **—ать** *v.* remove, take off, clear; take away, withdraw, retract; dispose (of), put away; put in order, arrange; harvest, reap, gather, pick, pluck; pull (flax); trim, decorate; **—ать породу** (min.) muck; **—аться** *v.* be removed, etc.; clear (away, off), get out of the way, disappear; collapse, fold up, retract; **—ающий** *a.* removing, etc., *see v.*; **—ающийся** *a.* folding(-type), collapsible; retractable, retractile.

убит/ость *f.* deadliness; packed state (of road); **—ый** *a.* killed; packed, beaten down; depressed, crushed; *m.* the dead; **—ь** *see* **убивать**.

убихинон *m.* ubiquinone, coenzyme Q.

УБК *abbr.* (универсальный башенный кран) universal tower crane.

ублюд/ковый, **—очный** *a.* hybrid; mongrel, cross-bred; **—ок** *m.* hybrid, half-breed; mongrel.

убо/гий *a.* poor, lean (ore); worthless, wretched, squalid; handicapped; *m.* cripple; beggar; **—гость** *f.* leanness; wretchedness, squalor; **—жество** *n.* scantiness, poverty; need; insignificance; wretchedness, squalor; deformity.

убоина *f.* meat; fattened cattle.

убой *m.* slaughter(ing); **—ность** *f.* (mil.) destructive power; **—ный** *a.* (for) slaughter, slaughtering; dressed (weight of meat); (mil.) destructive, lethal; stopping (power).

убористость *f.* closeness, compactness; **—ый** *a.* close, compact.

уборка *see* **убирание**; retraction; harvest, harvesting season; **у. газа** throttle closure; **у. породы** (min.) mucking.

уборная *f.* lavatory.

уборочн/ая *f.* harvest (time); **—ый** *a.* harvesting; **—ая машина** harvester, picker; windrower.

уборщик *m.* attendant, janitor, (office) cleaner; (agr.) picker, harvester; windrower.

убр/анный *a.* removed, etc., *see* **убирать**; **—анство** *n.* decoration; **—ать** *see* **убирать**.

убудет *fut. 3 sing. of* **убыть**.

убыв/ание *n.* diminishing, etc., *see v.*; decrease, reduction, diminution; descent; (exponential) decay; **—ать** *v.* diminish, decrease, lessen, decline; (math.) descend; decay (exponentially); subside, sink, ebb, fall (of tide); wane (of moon); **—ающий** *a.* diminishing, etc., *see v.*; last (quarter of moon); **закон —ающего плодородия** law of diminishing returns.

убыль *f.* decrease, diminution; subsidence, ebb; loss, waste, leak; wear and tear, depreciation; **итти на у.** *see* **убывать**.

убыстр/ить, **—ять** *v.* speed up, accelerate.

убыт/ие *see* **убывание**; fall; **—ок** *m.* damage, loss; disadvantage; **—очность** *f.* unprofitableness; **—очный** *a.* unprofitable, losing; wasteful; detrimental; **—ь** *see* **убывать**.

убьет *fut. 3 sing. of* **убить**.

УВ *abbr.* (угол ветра) wind angle; (универсальный взрыватель) all-purpose fuse; (устройство вычитания) subtractor; **УВ**, **у.в.** *abbr.* (удельный вес) specific gravity.

уваж/ать *v.* respect, esteem; **—ение** *n.* respect, regard, deference, appreciation; **с —ением** respectfully yours; **—ительный** *a.* valid, satisfactory, allowable; worthy of consideration; **—ить** *v.* comply (with a request).

увал *m.* ridge, spur; slope; departure

(road) rut, pothole; —и(ва)ть v. pile (on); let fall, drop; disperse; lean, tilt; go off course; (text.) full; —и(ва)ться v. be piled (on), etc.; fall, tumble; tilt, incline, lean; —ка f. (text.) fulling; —ьность f. ridginess; (naut.) slackness; —ьный a. ridgy, spurry, ridge(d); —ьчивость f. (naut.) slackness; —ять v. full.

уванит m. (min.) uvanite.

увар see уваривание; —енный a. boiled down, etc., see v.; —ивание n. boiling down, etc., see v.; concentration; loss on boiling; —и(ва)ть v. boil down, evaporate down, concentrate; cook thoroughly; —ка see уваривание.

уваровит m. (min.) uvarovite.

УВВ abbr. (устройство для ввода и вывода) input-output device.

уведом/ительный a. informative; —ить see уведомлять; —ление n. information, notification, notice, message; —лять v. inform, advise, notify, give notice.

увезти see увозить.

увековечи(ва)ть v. immortalize, perpetuate.

увелич/ение n. increasing, augmentation, etc., see v.; increase, increment, rise, gain, growth, expansion; enhancement; magnification, magnifying power; (phot.) enlargement; у. жесткости hardening; —енный a. increased, etc., see v.; —ивание see увеличение; —ивать v. increase, augment, add, raise, (step) up, scale up; magnify, enlarge; build up, boost, amplify, intensify, enhance; prolong, extend, expand; —ивать втрое triple; —иваться v. be increased, etc.; (be on the) increase, rise, grow, become larger; soar, climb; —ивающий a. increasing, etc., see v.

увеличитель m. enlarger; magnifier; —ный a. enlarging, magnifying, augmentative; —ный аппарат enlarger; —ное стекло magnifying glass, magnifier.

увеличить see увеличивать.

увенч/ание n. crowning; —анный a. crowned, etc., see v.; —(ив)ать v. crown, cap, crest; complete, finish.

уверен/ие n. assertion, assurance; —но adv. confidently, positively; —ность f. assurance, sureness, confidence, certainty; можно с —ностью сказать it is safe to say; —ный a. assured, sure, confident, positive, certain.

уверить see уверять.

увернуть see увертывать.

уверовать v. come to believe.

уверт/ка f. subterfuge, evasion, dodge; —ливость f. evasiveness; —ливый a. evasive, elusive; —ывать v. wrap up, pack up, envelope; turn down, lower;

—ываться v. be wrapped up, etc.: evade, elude, escape, avoid, dodge, shirk.

уверять v. assure, persuade, convince; —ся v. become convinced, make sure.

увесист/ость f. heaviness, weightiness; —ый a. heavy, weighty.

увесить see увеш(ив)ать.

увести see уводить.

увеч/ить v. maim, cripple, mutilate, disable; —ность f. disability; —ный a. crippled, disabled, lame; m. cripple; —ье n. mutilation, personal injury.

увеш(ив)ать v. hang (over), drape.

увещ/ание n. exhortation, admonition, admonishment; —ательный a. exhortative, admonitory; —(ев)ать v. exhort, admonish, talk (to).

увивать v. entwine, wrap around.

увид/ать, —еть v. see, catch sight (of), set eyes (on); perceive, understand; —еться v. see each other, meet.

увил/ивание n. elusion, evasion; —ивать, —ьнуть v. elude, evade, dodge.

уви/новая кислота uvic acid; —олевый a. uviol, ultraviolet-transmitting (glass); —тиновая кислота uvitic acid, 5-methylisophthalic acid; —тоновая кислота uvitonic acid.

увить see увивать.

увлажн/ение n. moistening, etc., see v.; humidification; —енность f. moisture, humidity; степень —енности moisture content; —енный a. moistened, etc., see v.; humid; —итель m. moistener, humidifier; —ительный see увлажняющий; —ить, —ять v. moisten, damp(en), humidify, wet; (text.) condition; —яющий a. moistening, etc., see v.

увлек/атель m. (azeotropic distillation) withdrawing agent; —ательный a. absorbing, interesting, exciting; —ать v. entrain, entrap, carry off, carry along, carry away; absorb, interest, fascinate; —ать при осаждении carry down by precipitation, coprecipitate; —ать пыль водой settle dust with water, sprinkle down; —аться v. be absorbed (in), take a fancy (to); be carried away.

увлеч/ение n. entrainment, carrying away; interest, enthusiasm; —енный a. entrained, etc., see увлекать; —ь see увлекать.

увод m. leading away; у. вверх (art.) climb (of barrel); —ить v. lead away, carry off; discharge, drain off.

увоз m. removal, carrying off; —ить v. remove, carry off, carry away, drive away, take away.

уволакивать v. carry off, drag (away).

уволить see увольнять.

уволоч/ить, —ь see уволакивать.

увольн/ение n. dismissal, discharge; —и-

тельный *a.* discharge; **—ять** *v.* dismiss, discharge, expel; discard; free, exempt (from).

УВПД *abbr.* (указатель высоты и перепада давления) altitude and pressure-drop indicator.

УВЧ *abbr.* (ультравысокочастотный; ультравысокая частота) ultra-high frequency; (усилитель высокой частоты) high-frequency amplifier.

увьет *fut. 3 sing. of* **увить**.

увяд/ание *n.* wilting, etc., *see* *v.*; (phyt.) wilt; **—ать** *v.* wilt, wither, fade; waste away; **—ший** *a.* wilted, withered.

увяз/ать *see* **увязнуть, увязывать; —ить** *see* **увязнуть, —ка** *see* **увязывание;** (stratigraphic) correlation; trade-off, fair; **—нуть** *v.* get stuck, sink (in), mire; **—очный** *a.*, **—ывание** *n.* tying up, etc., *see v.*; **—ывать** *v.* tie up, pack up, bale; link up, connect (up), coordinate (with); trade off, fair; **—ываться** *v.* be tied up, etc.; tag along.

увянуть *see* **увядать**.

угад/ать, —ывать *v.* guess; **—ывание** *n.* guessing.

угар *m.*, **—ный** *a.* waste, loss; (met.) furnace loss, waste by oxidation, loss in burning; consumption (of fuel); carbon monoxide fumes; **едкий у.** corrosive fumes; **—ный газ** carbon monoxide; **—ы** *pl.* (text.) waste, refuse.

угас/ание *n.* fading, etc., *see v.*; extinction; **—ать** *v.* fade, die away, weaken, fail, grow dim; go out, become extinguished, become extinct; damp off (of seedlings); **—ить** *see* **угашать; —нуть** *see* **угасать; —ший** *a.* extinct, extinguished.

угаш/ать *v.* extinguish, quench, put out; suppress, check; **—енный** *a.* extinguished, etc., *see v.*

Уги реакция Ugi reaction.

угибать *v.* bend down.

угла *gen. of* **угол**.

угла/дить, —живать *v.* smooth out.

угластый *a.* angular.

угле *prepos. of* **угол**.

угле— *prefix* carbon; coal; **—аммиачная соль, —аммониевая соль** ammonium carbonate; **—бариевая соль** barium carbonate; **—видный** *a.* coal-like; **—висмутовая соль** bismuth carbonate; **—вод** *m.*, **—водный** *a.* carbohydrate.

углеводород *m.* hydrocarbon; **—истый** *a.* hydrocarbon(aceous), containing hydrocarbons; **—истое соединение** hydrocarbon; **—ный** *a.* hydrocarbon; **—ная жидкость** liquid hydrocarbon.

угле/воз *m.* coal freighter; **—возный** *a.* coal-air.

углевыжигательн/ый *a.* charring; **—ая печь** charcoal kiln.

угле/держатель *m.* carbon holder; **—добывающий** *a.*, **—добыча** *f.* coal mining; **—дробилка** *f.* coal crusher; **—железистая соль** ferrous carbonate; **—железная соль** ferric carbonate; **—жжение** *n.* charcoal burning, charring, carbonization; **—жог** *m.* charcoal burner; **—зернистый** *a.* granulated carbon; **—калиевая соль** potassium carbonate; **—кальциевая соль** calcium carbonate.

углекислот/а *f.* carbonic acid, carbon dioxide; **соль —ы** carbonate; **твердая у.** dry ice.

углекисл/ый *a.* carbonic acid; carbonate (of); **у. газ** carbon dioxide; **у. натрий** sodium carbonate; **у. охладитель** carbon dioxide refrigerant, liquid carbon dioxide; **—ая соль** carbonate; **кислая —ая соль** acid carbonate, bicarbonate; **основная —ая соль** basic carbonate, subcarbonate.

угле/коп *m.* coal miner, collier; **—копление** *n.* (geol.) coal formation; **—крезиловый эфир** cresyl carbonate; **—литиевая соль** lithium carbonate; **—магниевая соль** magnesium carbonate.

углемарганцов/ая соль manganic carbonate; **—истая соль** manganous carbonate.

углемед/истая соль cuprous carbonate; **—ная соль** cupric carbonate.

угле/мойка *f.* coal washer; **—натриевая соль** sodium carbonate; **кислая —натриевая соль** sodium bicarbonate; **—никелевая соль** nickel carbonate; **—носность** *f.* coal content, tenor of coal; presence of coal; **—носный** *a.* coal-bearing, carboniferous.

углеобжигательный *a.* carbonizing, charring; **у. завод** charcoal works.

угле/обогатительный *a.* coal-concentrating; **—образователь** *m.* carbon-forming material; coal-forming material; **—отбойная машина** coal cutter; **—погрузочный** *a.* coal-loading; **—податчик** *m.* coal feeder; **—промывочный** *a.* coal-washing; **—промышленность** *f.*, **—промышленный** *a.* coal mining, coal industry; **—разборка** *f.* sorting of coal.

углерод *m.* carbon, C; **двуокись —а** carbon dioxide; **окись —а** carbon monoxide; **сернистый у.** carbon bisulfide; **четыреххлористый у.** carbon tetrachloride.

углеродист/ый *a.* carbon(ic), carbonaceous, carboniferous; carbide (of); **у. алюминий** aluminum carbide; **у. водород** hydrocarbon; **—ая связь** carbon bond; **—ая сталь** carbon steel; **—ая сурьма** antimony carbide; **—ое железо** iron carbide.

углеродный *a.* carbon(ic), carbonaceous.

угле/свинцовистая соль lead carbonate; **—серебряная соль** silver carbonate; **—фикация** *f.* (geol.) coalification, carbonification (metamorphism); **—цинковая соль** zinc carbonate; **—цинковый** *a.* carbon-zinc (cell); **—щелочной** *a.* coal-alkali.

угли *pl. of* уголь.

углистый *a.* carbonaceous, carbon-like; coal(-like); **у. железняк** (min.) black band iron ore; **у. сланец** (petr.) carbonaceous shale, ampelite.

угл. корр. *abbr.* (угловая корреляция) angular correlation.

угло/бимсовое железо, —бульбовое железо bulb angle iron; **—бульб** *m.* bulb angle.

углов *gen. pl. of* угол.

угловато *adv.* angularly; at an angle; *prefix* гонио—, anguli—; **—зернистый** *a.* angular-grained; **—круглый** *a.* subangular; round-cornered.

угловат/ость *f.* angularity; **—ый** *a.* angular.

углов/ой *a.* angle, angular; corner; **у. лист** corner plate; **у. эффект** corner effect (of wind); **—ая корреляция** angular correlation; **—ая связь** angle brace; **—ая скорость** angular velocity; **—ая частота** (elec.) angular frequency; **—ое железо** angle iron; **—ое скрепление** angle brace; **—ое соединение** corner joint.

угло/измерительный *a.* goniometric; **у. прибор** (art.) aiming circle; **—м** *instr. of* угол.

угломер *m.* goniometer, angle gage; (art.) deflection; **у.-квадрант** *m.* goniometric sight; **—ный** *a.* goniometric, angle-measuring; **—ный инструмент** goniometer; **—ный прибор** direction finder.

угломестный *a.* elevation (antenna, etc.).

углу *prepos. of* угол, corner.

углуб/итель *m.* depressor (of trawl); **—ить** *see* углублять; **—ка** *see* углубление.

углубл/ение *n.* hollow, depression, recess, pocket, cavity, hole; sump, pit; socket; notch, indentation, slot, rabbet; deepening, sinking, immersion; (naut.) draft; (pal.) fossa; (anat.) alveolus, lacuna; **—енность** *f.* depth; **—енный** *a.* deepened, etc., *see v.*; depth (study); fundamental (test); **—еньице** *f.* (biol.) alveola; **—ять** *v.* deepen, make deeper, excavate; depress, sink, recess, concave; **—яться** *v.* deepen, become deeper; dip; go far into; examine closely, investigate.

углы *pl. of* угол.

угля *gen. of* уголь; **—к** *m.* black diamond.

угнать *see* угонять.

угнести *see* угнетать.

угнет/ать *v.* oppress, depress, weigh heavy (on); **—ение** *n.* oppression; **—енный** *a.* oppressed, depressed.

угнуть *v.* bend down.

уговарив/ание *v.* persuasion, urging; **—ать** *v.* persuade, urge, exhort; **аться** *v.* agree, be persuaded.

уговор *m.* agreement, understanding; persuasion; **с —ом** on condition; **—ить** *v.* persuade, prevail (upon), induce; **—иться** *v.* come to an agreement; **—ный** *a.* agreed (upon), contracted; stipulated.

угод/а *f.* pleasure, gratification, satisfaction; piece of land; **в —у** to please, to oblige; **—ий** *gen. pl. of* угодье; **—ить** *see* угождать; **как ему —но** as he pleases, as he chooses; **сколько —но** as much as is desired; **что —но** anything at all.

угод/ье *n.* land, area; **—ья** *pl.* grounds; (farming) lands; **лесные —ья** forests; **полевые —ья** arable lands.

угожд/ать *v.* gratify, please, humor; **—ение** *n.* gratification, compliance.

уг/ол *m.* angle; corner; **за —лом** around the corner; **под —лом** at an angle, obliquely; angular (adjustment, drive, etc.); **под прямым —лом** at right angles (to), perpendicular (to); right-angle (bend); **сечение под —лом** oblique section; **сдвиг —лов** angular displacement.

уголек *m.* (illum.) carbon filament; small piece of coal.

уголковый *a. of* уголок; V- (antenna).

уголов/ный *a.* criminal, penal; **—щина** *f.* criminal act.

угол/ок *dim. of* угол; corner; (structural) angle, section; **—очный** *a.* corner; angle.

уголь *m.* coal; carbon; **активированный у.** activated carbon; **бумажный у.** paper coal (a variety of lignite); **бурый у.** lignite, brown coal; **графитовый у.** graphitic carbon; **древесный у.** charcoal; **жирный у.** soft coal, bituminous coal; **землистый у.** sooty coal; **ископаемый у.** coal; **каменный у.** (hard) coal; **превращать в у.** *v.* carbonize; **растительный у.** charcoal.

угольн/ый *m.* (try-)square; angle (iron) (pipe) elbow; crank; *suffix* **—гон**; **листовой у., полосовой у.** corner plate; **стыковой у.** angle bracket; **у.-центроискатель** *m.* center square.

угольн/ый *a.* coal; carbon(ic); carbon-pile (regulator); carbon-filament (lamp); *see also* угловой; *prefix* **—гонал**; **у. ангидрид** carbon dioxide; **у. бассейн** coal field; **у. газ** coal gas; **у. муссор** small coal, slack, coal dirt; **у. пек** coal tar; **у. район** coal field; **у. рудник** coal mine, colliery; у. сланец bituminous shale; у. стержень carbon (of electric arc lamp); у. тигель graphite crucible; у. электрод carbon electrode; —ая ангидраза carbonic anhydrase; —ая дуговая лампа carbon arc lamp; сварка —ой дугой carbon arc welding; —ая кислота carbonic acid, carbon dioxide; соль —ой кислоты carbonate; —ая копь coal mine, colliery; —ая набойка brasque, steep.

угольщик *m.* coal miner, collier; coal freighter; charcoal burner.

угон *m.* driving away; (rail) creep(ing), sliding; —ка *f.* driving away; —ять *v.* drive away; —яться *v.* overtake, catch up (with), equal.

угор *m.* hillock.

угор/ать, —еть *v.* be poisoned by carbon monoxide; (smelting) decrease, diminish.

угорок *m.* mound, hillock.

угорь *m.* (med.) blackhead, acne, comedo; (ichth.) eel.

угорье *n.* foothill.

угостить *see* угощать.

угот/авливать, —овить, —овлять *v.* prepare.

угощать *v.* treat, entertain.

угребать *v.* rake up.

угреватый *a.* pimply, pimpled.

угревать *v.* warm up, heat.

угревидный *a.* eel-like.

угрести *v.* rake up, rake away.

угреть *see* угревать.

угри *pl. of* угорь.

угрож/аемый *see* угрожающий; —ать *v.* threaten, menace, impend; —ающий *a.* threatening, etc., *see v.*; imminent; precarious (situation); troublesome (zone).

угроза *f.* threat, menace, hazard.

угря *gen. of* угорь.

уд. *abbr.* (удельный) specific.

уда *f.* hook; fishhook.

удабривать *see* удобрять.

удав *m.* (zool.) boa constrictor.

удаваться *v.* succeed, be a success, turn out well; не *v.* fail.

удав/ить *see* удавливать; —ка *f.* slip knot, noose; —ление *n.* strangulation; —ливать *v.* strangle, choke.

удал/ение *n.* removing, elimination, etc., *see* удалять; removal, withdrawal, disposal (of); expulsion; departure, escape; range; de—; (med.) resection, —ectomy; у. кишки enterectomy; у. серы desulfurization; коэффициент —ения (ballistics) reduction coefficient, r factor; поле —ения ионов (instrumentation) clearing field; —енность *f.* remoteness; —енный *a.* removed, etc., *see* удалять; remote, outlying, distant; apart, away (from); —ившийся *a.* withdrawn; escaped; —итель *m.* eliminator; (paint) remover, stripper; —ить *see* удалять.

удалой *see* удалый.

удалось *past. n. sing. of* удаться.

удал/ый *a.* bold, daring, enterprising; —ь *f.*, —ьство *n.* boldness, daring, enterprise.

удалять *v.* remove, eliminate; withdraw, draw off, draw out, drain off, run off, discharge, empty; expel, evacuate, drive out, drive off; take away, dispose (of), get rid (of), free (of); clear away, clear out; strip; avert; deprive (of); separate, space; —ся *v.* be removed, etc.; withdraw, recede, move away, go away.

удар *m.* blow, stroke, strike, hit, knock, tap; impact, impingement, collision, smash, clash; shock, percussion, kick; impulse; detonation; (sonic) boom; pounding (of valves); (elec.) shock; (sun) stroke; clap (of thunder); beat (of pulse); (hydraulic) hammer; —ами percussively; by starts or jolts, jerkily; испытание на у. (met.) impact test; одним —ом with one blow, at one stroke; поглотитель —а shock absorber; прочность на у. impact strength; теория —а (radiobiol.) hit theory; точка —а point of impact.

ударение *n.* stress, emphasis; делать у. на *v.* emphasize.

удар/енный *a.* struck, hit, knocked; —ить *see* ударять; —ник *m.* shock worker; firing pin, (torpedo) striker; pellet; tapper, telegraph key.

ударно/-вращательный *a.* percussion-rotary (drilling); у.-канатный *a.* churn, cable-tool (drill); —механический *a.* mechanical (mine); —прочный, —стойкий *a.* impact-resistant, strong; rugged(ized); у.-штанговый *a.* rod-tool (drilling).

удар/ный *a.* shock; impact, collision; percussion, percussive; (electrochem.) strike; urgent; у. винт stop screw, adjusting screw; у. грохот impact screen; у. инструмент churn drill; у. колпачок percussion cap; у. механизм percussion mechanism, firing mechanism; у. перфоратор percussion drill, hammer drill; у. раствор (electrochem.) striking solution; —ая бригада shock brigade; —ая волна shock wave; —ая вязкость impact strength, resilience; —ая проба (met.) impact test; drop test; hammer test; —ая сварка percussion welding; —ая сила striking power; force of impact; —ая стена deflecting wall, baffle; —ая трубка percussion fuse; —ое действие shock effect; percussion; —ые темпы high pressure (of work);

в —ом порядке with dispatch; на —ую нагрузку drop (test).

удар/оглушитель m. shock absorber; —опрочный a. shock-resistant; —очувствительность f. sensitivity to shock; —яемый a. struck, hit; knocked-on (atom).

ударять v. strike, hit, knock, kick; chop; —ся v. strike, hit, knock (against), collide (with), impinge; interfere.

удаться see удаваться.

удач/а f. luck, success, good fortune; —но adv. successfully, well; —ный a. lucky, successful, fortunate.

уд. в. see уд. вес.

удваив/ание n. (re)doubling; duplication; splitting; —ать v. (re)double; duplicate; repeat; split; —аться v. be doubled, (re)double.

уд. вес abbr. (удельный вес); уд. вл. abbr. (удельная влажность) specific humidity.

удво/ение see удваивание; —енный a. double(d), twofold; duplicate; —итель m. doubler; duplicator; —ить see удваивать.

удевятерять v. multiply by nine.

удел m. lot, fate, fortune.

уделать see уделывать.

удел/ение n. allocating, etc., see уделять; allotment; —енный a. allocated, etc., see уделять; —ить see уделять.

уделывать v. make, prepare; decorate.

удельно adv. specifically, very.

удельн/ый a. specific, (per) unit; у. вес specific gravity; specific weight; density; relative significance; у. объем specific volume.

уделять v. allocate, allot, distribute; spare, find (time); give, pay, focus, center (attention); place (emphasis).

удерж/ание see удерживание; —анный see удерживаемый; —ать see удерживать; —иваемость f. retentivity; adherence (of insecticides); —иваемый a. retained, etc., see v.; —ивание n. retaining, etc., see v.; retention; reservation; containment, confinement; occlusion; агент —ивания hold-back agent; —ивать v. retain, hold, keep (back, down, in place); fix, secure (in position); confine, restrain; withhold; detain, delay; maintain; —ивать за собой place, reserve (for oneself); —иваться v. be retained, etc.; refrain, restrain oneself; hold on, cling; —ивающий a. retaining, etc., see v.; retentive; —ивающая способность retentivity; (distillation) holdup; —ивающие связи bilateral constraints.

удесятер/енный a. tenfold, decuple; —ить, —ять v. multiply by ten.

удешев/ить, —лять v. lower the price.

удив/ительно adv. surprisingly, etc., see a.; very, greatly, extremely; it is remarkable; не у., что it is no wonder that; —ительный a. surprising, astonishing, amazing; wonderful, admirable, remarkable; ничего —ительного no wonder; —ить see удивлять; —ление n. surprise, wonder, astonishment; —ленный a. surprised, etc., see v.; —лять v. surprise, astonish, amaze; —ляться v. be surprised, wonder.

удилище n. (fishing) rod.

удило n. bit (for horse).

удил/ьный a. (fishing) angling; —щик m. angler.

удирать v. run away, escape.

удить v. angle.

УДК abbr. (универсальная десятичная классификация) universal decimal classification, UDC.

удлин/ение n. lengthening, elongation, etc., see v.; stretch; относительное у. specific elongation; —енный a. lengthened, etc., see v.; prolate; —итель m. lengthener, extender, extension (arm), extension piece; drill collar; (commun.) attenuation network, attenuator; —ительный a. lengthening, etc., see v.; extension; —ить see удлинять; —яемость f. extensibility; —яемый a. lengthened, etc., see v.; extensible; —ять(ся) v. lengthen, elongate, prolong, extend, stretch out; expand, enlarge; —яющий see удлинительный; —яющийся a. lengthening, etc., see v.; extensible.

удмуртский a. (geog.) Udmurtia(n).

уд. об. abbr. (удельный объем).

удобн/о adv. conveniently, easily; comfortably; it is convenient; —ость f. convenience, ease, facility; comfort; —ый a. convenient, handy, easy, expedient; comfortable; —ый случай favorable occasion, opportunity.

удобо— prefix conveniently, well, easily, readily; —варимость f. digestibility; —варимый a. easily digestible.

удобоисполним/ость f. feasibility, practicability; —ый a. feasible, practicable, easy to carry out.

удобоносим/ость f. portability; —ый a. portable, easily carried.

удобообрабатываем/ость f. workability; —ый a. workable, easy to handle.

удобообтекаем/ый a. streamlined; —ое тело streamline.

удобоперевозим/ость f. transportability; —ый a. transportable.

удобопереносим/ость f. (trans)portability; —ый a. (trans)portable, easily transported.

удобопоняти/ость f. comprehensibility; —ый a. comprehensible, intelligible.

удобо/разрезаемость f. sectility; —разрезаемый a. sectile, easily cut; —регулируемый a. easily regulated, adjustable.

удобосмешиваем/ость f. miscibility; —ый a. miscible, mixable.

удобоукладываемый a. easy to lay; placeable.

удобоуправляем/ость f. maneuverability; —ый a. maneuverable.

удобо/усвояемый a. readily assimilated; —читаемость f. legibility; readability; —читаемый a. legible; readable.

удобр/ение n. fertilizing, etc., see v.; fertilizer, manure; —енный a. fertilized, etc., see v.; —итель m., —ительное вещество fertilizer; —ительный a. fertilizing, etc., see v.; fertilizer; —ить, —ять v. fertilize, manure, top-dress, apply fertilizer.

удобство n. convenience, accommodation, facility; comfort, ease.

удовлетвор/ение n., —енность f. satisfaction; —енно adv. with satisfaction; —енный a. satisfied, content; —ительно adv. satisfactorily, etc., see a.; —ительность f. satisfactoriness; —ительный a. satisfactory, adequate, fair, reasonable; —ить, —ять v. satisfy, meet, (ful)fill (requirements); obey, comply (with); fit, suit, answer (need).

удовольств/ие n. gratification, pleasure, enjoyment; —оваться v. be satisfied, content oneself (with).

удой m. milk yield; milking; —ливость f. milk yield, productivity; —ливый a. milk-producing; productive (milker) —ник m. milk pail; —ность see удойливость; —ный a. productive; per milking; —ная корова good milker.

удометр m. udometer, rain gage.

удорож/ание n. rise in price; —ать, —ить v. raise the price.

удостаивать v. honor (with), award, confer (a degree), pay (attention); deign, vouchsafe.

удостовер/ение n. certificate, testimonial; attestation; в у. in witness (of); сортовое у. certificate; —итель m. witness, attestor; —ить, —ять v. certify, attest, bear witness, testify; —иться, —ятся v. ascertain, prove, convince oneself, make sure (of).

удостоить see удостаивать.

удосужи(ва)ться v. find time (for), get around (to).

удочка f. (fishing) rod.

уд. р. abbr. (удельная реактивность) specific reactivity.

удрать see удирать.

удруж/ать, —ить v. do a good turn (to).

удрученный a. depressed, dejected.

удуш/ать v. suffocate, choke, asphyxiate, smother, gag, stifle; —ающий a. suffocating, etc., see v.; —ение n. suffocation, choking, etc., see v.; —енный a. suffocated, etc., see v.; —ить see удушать; —ливый see удушающий; noxiuos, mephitic; —ье n. (med.) dyspnea, labored breathing.

УДФ abbr. (уридиндифосфат) uridine diphosphate, UDP; УДФГ abbr. (уридиндифосфатглюкоза) uridine diphosphate glucose.

уедин/ение n. solitude, seclusion; —енный a. isolated, solitary, secluded, remote; —ить, —ять v. isolate, separate, detach, insulate.

уезд m. district.

уездить see уезживать.

уезжать v. go away, depart, leave.

уезж/енный a. packed, well-used (road); exhausted (horses); —ивать v. pack; exhaust.

—уем/ость f. suffix —ubility, —ing capacity; —ый a. suffix —uble; —ed.

уехать see уезжать.

уж m. (zool.) grass snake; adv. see уже.

ужал/ение n. sting(ing); —енный a. stung; —ить v. sting.

ужари(ва)ть v. roast to a point; reduce by roasting.

ужас m. horror, dismay, fright; к своему —у to one's dismay; притти в у. v. be horrified; —но adv. terribly, horribly, awfully, very; —ный a. terrible, horrible, awful, dreadful.

ужать v. squeeze, pinch; harvest.

ужгородский a. (geog.) Uzhgorod.

уже comp. of узкий, узко, narrower; adv. already; even only; as long ago as; by this time, (by) now; у. в 1942 г. as long ago as 1942; у. малое количество even a small amount; у. не no longer; его у. нет he is no longer here.

ужен/ие, —ье n. angling (for fish).

ужесточение n. (electron.) ruggedization.

уживаться v. get accustomed (to); agree, get along (with).

ужим m. pinch(ing); (rolling) pincher(s); —ать v. pinch, constrict, squeeze, compress, press down; —ины pl. (casting) pin holes.

ужин m. supper; (agr.) harvest, reaping; —ать v. eat supper; harvest.

ужиный a. of уж.

ужиться see уживаться.

уж/мет fut. 3 sing. of ужать, pinch; —нет fut. 3 sing. of ужать, harvest.

ужов/ник m. (bot.) adder's tongue (Ophioglossum vulgatum); (pharm.) symphytum; —ый a. of уж.

УЗ abbr. (ультразвук) ultrasonics; (ультразвуковой) ultrasonic.

уза f. propolis, bee glue.

узакон/ение *n.* legalization; ordinance, decree; —и(ва)ть, —ять *v.* legalize.
узарин *m.* uzarin.
узбек— *prefix,* —ский *a.* (geog.) Uzbek.
узбой *m.* uzboi, relict desert valley.
УЗД *abbr.* (ультразвуковой дефектоскоп) ultrasonic flaw detector; (ультразвуковой диагностический аппарат) ultrasonic diagnostic apparatus; (уравнение закона Дальтона) Dalton's law equation.
узд/а *f.* bridle; check, restraint; —ечка *f.* (anat., zool.) frenulum; —ечный *a. of* узда.
УЗДМ *abbr.* (уравнение закона действующих масс) equation of the law of mass action.
уз/ел *m.* node; knot, loop; bundle, pack; (mach.) block, unit, (sub)assembly; joint (connection); cross-link, bond; center; (rr.) junction, terminal; knot (in wood); (anat.) ganglion; **у. решетки** (cryst.) lattice point; **у. тока** (elec.) current node; **линия —лов** nodal line; **—елок** *dim. of* узел; (bot.) nodule.
узиться *v.* get narrower.
узкий *a.* narrow, tight; pencil (beam); highly specialized.
узко *adv.* narrowly, tightly; —горлый *a.* narrow-necked; —колейка *f.* narrow-gage railroad; —колейный *a.* narrow-gage; —листный *a.* (bot.) narrow-leaved, angustifoliate; —лучевой *a.* narrow-beam; —надкрылые *pl.* (ent.) Oedemeridae; —носый *a.* narrow-nosed; —пленочный *a.* (phot.) narrow-film (8 and 16 mm.); —полосный *a.* narrow-band; narrow-line (emission); —рядный *a.* (agr.) narrow-row(ed), close-drill.
узкоспециал/изированный *a.* highly specialized; —ьность *f.* highly specialized skill.
узко/сть *f.* narrowness; (naut.) narrows, narrow waters; —телки *pl.* (ent.) Colydiidae; —угольный *a.* narrow-angle(d); (telev.) partial-scan.
УзЛ *abbr.* (ультразвуковая линия задержки) ultrasonic delay line.
узла *gen. of* узел.
узловат/ость *f.* knottiness, nodosity; —ый *a.* knotty, nodose, nodular, knobby, torose; (anat.) ganglionic.
узлов/ой *a. of* узел; nodal; **у. лист** junction plate, gusset (plate); **у. пункт,** —ая **станция** junction; **у. шарнир** multiple joint; —ая **система** (zool.) sympathetic nervous system; —ая **точка** junction point; (acous.) node; —ое **соединение** node.
узло/вязатель *m.* knotter; —вязательный *a.* knotting; —ловитель *m.* (paper) knotter, knot screen.
узлы *pl. of* узел.

узна/вание *n.* recognition; learning, knowledge; —(ва)ть *v.* recognize, identify, know; learn, find out; —(ва)ться *v.* become well known; —ющий *a.* recognizing, etc., *see v.*
узок *sh. m. of* узкий.
узор *m.* pattern, design, arrangement, markings, figure; —ный, —чатый *a.* figured, ornamented, patterned.
узость *f.* narrowness, tightness.
УзССР Uzbek Soviet Socialist Republic.
узурпировать *v.* usurp.
узус *m.* usage, customary practice.
УЗУС *abbr.* (установка для запуска управляемых снарядов) guided-missile launcher.
узы *pl.* bonds, ties.
Уилкса земля (geog.) Wilkes Land.
уил/ло(у)биевский *a.* Willoughby (exploration); —соновский *a.* Wilson; —ьямсоновский *a.* Williamson (reaction).
Уимшерста машина (elec.) Wimshurst machine.
уинлокский *a.* (geol.) Wenlock.
Уинстон-сейлем (geog.) Winston-Salem.
уинтаит *m.* (min.) uintaite, gilsonite.
уипловский *a.* Whipple.
уипсток *m.* (drilling) whip stock.
уитстонов мост (elec.) Wheatstone bridge.
Уитфильда газогенератор Whitfield producer.
Уичито (geog.) Wichita.
уйгурский *a.* (geog.) Uigur(ian).
уйдет *fut. 3 sing. of* уйти.
уймет *fut. 3 sing. of* унять.
уйти *see* уходить.
укажет *fut. 3 sing. of* указать.
указ *m.* decree, edict, enactment.
указ/ание *n.* indication, hint; direction, instruction, designation; **согласно —аниям** as directed; —анный *a.* indicated, etc., *see* указывать; mentioned (above); **если не —ано иначе** unless otherwise specified; **как —ано** as (directed), as indicated; —атель *m.* indication, sign; (chem.) indicator; indicator, (indicator) dial; pointer, needle, arrow; detector; guide; index, directory, catalog, register; (rr.) timetable, schedule; (street) sign; —**атель уровня** level indicator; depth gage, dipstick.
указательн/ый *a.* indicating, indicatory; **у. механизм** indicator; **у. палец** forefinger, index finger; —ая пластинка dial; —ая стрелка pointer.
указ/ать *see* указывать; **следует у. it should be noted;** —ка *f.* pointer, fescue, marker; (art.) marking disk; —ный *a.* standard; —ывать *v.* indicate, be an indication (of), denote, imply, suggest; point out, point to the fact (that), show, direct, explain, demonstrate; specify,

give, list, mention; **на что** —ывает as indicated by; —ывающий *a*. indicating, etc., *see v*.

укалывать *v*. prick, puncture.

укат/анный *a*. rolled (smooth); —ать *see* укатывать; —ить *v*. roll away; drive off; —ка *f*., —ывание *n*. rolling; —ывать *v*. roll (smooth).

укашивать *v*. (agr.) mow (completely).

УКВ *abbr*. (ультракороткие волны) ultra-short waves; (ультракоротковолновый) ultrashort wave.

УКИД *abbr*. (угловой коэффициент ионной диффузии) angular ion diffusion coefficient.

укидывать *v*. bestrew, scatter.

укип/ание *n*. boiling down, evaporation; —ать, —еть *v*. boil down, concentrate; cook thoroughly.

укис/ать, —нуть *v*. become fully sour.

уклад *m*. structure, order of things, way of life; (met.) natural steel.

уклад/ка *see* укладывание; порядок —ки (phys.) stacking order; —очный *a*. stacking, etc., *see v*.; —чик *m*. stacker, etc., *see v*.; (parachute) rigger; —ывание *n*. stacking, etc., *see v*.; installation; placement; —ывать *v*. stack, pile; pack (up), package, bag; stow, put away; place, set, install, lay; cast, pour (concrete); pave, embed; —ываться *v*. be stacked, etc.; pack up; fold (up); fit, go (into), be contained (in); —ывающий *a*. stacking, etc., *see v*.

укле/и(ва)ть *v*. glue; —йка *f*. gluing.

уклон *m*. slope, dip, slant, incline, declivity, pitch, gradient, grade (of road), downgrade, fall; ramp; taper, bias, canting, bevel; bias, trend, inclination; deviation; **под у.** at a slant, downgrade, downhill; **итти под у.** *v*. slope.

уклон/ение *n*. deviation, deviating, etc., *see v*.; digression, error, aberration, declination; evasion; —иться *see* уклоняться; —оме(т)р *m*. inclinometer; —оуказатель *m*. road sign indicating a hill; —чивость *f*. evasiveness; —чивый *a*. evasive; —яться *v*. deviate, vary, digress, diverge (from); swerve (away), deflect; evade, avoid, dodge, shun; —яющийся *a*. deviating, etc., *see v*.

уключина *f*. ragbolt; oarlock.

уков/ать, —ывать *v*. (met.) reduce by forging; reinforce with metal sheets; —ка *f*. forging reduction (ratio).

укол *m*. prick(ing), puncture; (med.) injection, shot.

укол/ачивать, —отить *v*. pound, beat down; nail down.

уколот/ый *a*. pricked, punctured; (med.) injected; —ь *see* укалывать.

укомплектов/ание *n*. completion, completing, etc., *see v*.; —анный *a*. completed, etc., *see v*.; complete (with); made up (of), comprising; —(ыв)ать *v*. complete; fill (a quota); assemble, make up (a set); recruit, man, staff, make up the staff (of).

уконопа/тить, —чивать *v*. caulk (up).

укор *m*. reproach, blame.

укорачив/ание *n*. shortening, contraction, etc., *see v*.; —ать *v*. shorten, contract, reduce, abridge, abbreviate; take up (belt); —ающий *a*. shortening, etc., *see v*.

укорен/ение *n*. implanting, inculcating; rooting, taking root; —ившийся *a*. rooted, inveterate, of long standing; —ить, —ять *v*. implant, inculcate; —иться, —яться *v*. take root.

укоризн/а *f*. reproach; —енный *a*. reproachful; censurable.

укорить *see* укорять.

укор/отитель *m*. (pulse) chopper; —отить *see* укорачивать; —очение *see* укорачивание; —оченный *a*. shortened, etc., *see* укорачивать; chopped (pulse); stub.

укорять *v*. reproach, blame.

укос *m*. (agr.) mowing; (hay) crop, yield.

укосина *f*. strut, angle brace, cross brace; cantilever; (crane) boom, jib, outrigger.

укосн/ение *n*. delay, slowness; —ительный *a*. slow; —ительное движение decelerating motion, deceleration.

укосный *a*. of укос.

УКП *abbr*. (учебно-консультационный пункт) education and consultation center.

укр— *prefix*, —аинский *a*. Ukrainian.

украсить *see* украшать.

украсть *v*. steal, make off (with); tap.

украш/ать *v*. adorn, decorate, ornament, embellish; —ение *n*. decoration, ornament; —енный *a*. decorated.

укреп/ительный *see* укрепляющий; —ить *see* укреплять; —ление *n*. strengthening, fortification, etc., *see v*.; reinforcement; (mil.) fortification, defense, work; (bridge) head; —ленный *a*. strengthened, etc., *see v*.; —лять *v*. strengthen, fortify; reinforce, stiffen; fix, set, make fast, fasten, embed; stabilize; consolidate; corroborate, confirm; brace, invigorate; —ляться *v*. be strengthened, etc.; become stronger; become entrenched; consolidate (one's position); —ляющее *n*., —ляющее средство tonic, restorative; —ляющий *a*. strengthening, etc., *see v*.; restorative; —ляющая часть (fractionation) rectifying section.

укроет *fut*. 3 *sing*. of укрыть.

укромный *a*. secluded; comfortable.

укроп *m*., —ный *a*. (bot.) dill (*Anethum graveolens*); fennel (*Foeniculum vulgare*);

аптечный у. fennel; **душистый у., огородный у., пахучий у.** dill.
укро/тить, —щать *v.* subdue, curb, check, restrain, repress; appease, pacify; tame, domesticate; **—щение** *n.* subduing, etc., *see v.*
укрупн/ение *n.* enlarging, etc., *see v.*; enlargement; **—енный** *a.* enlarged, etc., *see v.*; **—итель** *m.* enlarger; coagulant; **—ить, —ять** *v.* enlarge; coarsen; consolidate, combine; coagulate, flocculate.
укру/тить, —чивать *v.* wrap around.
укры/вание *n.* concealing, etc., *see v.*; concealment; **—вательство** *n.* concealment; **—вать** *v.* conceal, hide, cover, sheathe; screen, shelter, house; **—ваться** *v.* be concealed, etc.; seek shelter, hide; **—вистость** *f.* (paints) covering power; **—тие** *see* **укрывание;** cover(ing), shelter, housing; screen; **—тый** *a.* concealed, etc., *see v.*; **—ть** *see* **укрывать.**
уксус *m.* vinegar.
уксусно/алюминиевая соль aluminum acetate; **—амиловый эфир** amyl acetate; **—аммониевая соль** ammonium acetate; **—бариевая соль** barium acetate; **—бутиловый эфир** butyl acetate; **—железистая соль** ferrous acetate; **—железная соль** ferric acetate; **—известковая соль, —кальциевая соль** calcium acetate; **—калиевая соль** potassium acetate.
уксуснокисл/ый *a.* acetic acid; acetate (of); **у. калий** potassium acetate; **у. этил** ethyl acetate; **—ая соль** acetate.
уксусно/крезиловый эфир cresyl acetate; **—магниевая соль** magnesium acetate; **—медистая соль** cuprous acetate; **—медная соль** cupric acetate; **—метиловый эфир** methyl acetate; **—натриевая соль** sodium acetate; **—пропиловый эфир** propyl acetate; **—ртутистая соль** mercurous acetate; **—ртутная соль** mercuric acetate; **—свинцовая соль** lead acetate; **—этиловый эфир** ethyl acetate.
уксусн/ый *a.* vinegar; acetic; **у. альдегид** acetaldehyde, ethanol; **у. ангидрид** acetic anhydride; **у. сахар** sugar of lead, lead acetate; **у. шелк** acetate silk; **у. эфир** acetic ester, ethyl acetate; **у. эфир целлюлозы** cellulose acetate; **—ая кислота** acetic acid; **ледяная —ая кислота** glacial acetic acid; **амид —ой кислоты** acetamide; **ангидрид —ой кислоты** acetic anhydride; **соль —ой кислоты** acetate; **основная соль —ой кислоты** subacetate; **—ая пленка** flower of vinegar; **—ая эссенция** vinegar essence; **—ое брожение** acetic fermentation, acetification; **—ое дерево** (bot.) staghorn sumac (*Rhus typhina*).
уксусомед *m.* (pharm.) oxymel.

укупор/ивание *n.* corking, etc., *see v.*; **—и(ва)ть** *v.* cork, cap, stop (up), seal; pack, crate; **—ка** *see* **укупоривание;** (fuse) box; **—очный** *a.* corking, etc., *see v.*; **—щик** *m.* corker, etc., *see v.*
укус *m.*, **—ить** *v.* bite, sting.
укут/анный *a.* wrapped up, etc., *see v.*; **—ать, —ывать** *v.* wrap up, muffle up, cover; **—ывание** *n.* wrapping up, etc., *see v.*
УКЧ *abbr.* (**чистая уксусная кислота**) pure acetic acid.
УКЩ *abbr.* (**украинский кристаллический щит**) Ukrainian (Crystalline) Shield.
улавлив/ание *n.* catching, etc., *see v.*; capture, interception; recovery (of waste); **—атель** *see* **уловитель; —ать** *v.* catch, capture, (en)trap; pick up, collect, recover; intercept; discover, detect, discern; locate; seize (an opportunity); (min.) blanket; **—аться** *v.* be caught, etc.; **—ающий** *a.* catching, etc., *see v.*; pickup; entrainment (tower).
ула/дить *see* **улаживать; —женный** *a.* settled, etc., *see v.*; **—живание** *n.* settling, etc., *see v.*; reconciliation; **—живать** *v.* settle, arrange, manage; adjust, fix up, make up; reconcile; **—живаться** *v.* be settled, etc.; work out.
уламывать *v.* prevail (upon), talk (into).
улегся *past. m. sing. of* **улечься.**
улежать *v.* remain lying; **—ся** *v.* settle down, get compacted.
улей *m.*, **—ный** *a.* beehive, hive.
улекс/ин *m.* ulexine, cytisine; **—ит** *m.* (min.) ulexite, boronatrocalcite.
улет *m.* flying away, flight, migration (of birds); **—ание** *n.* flying away, escape; **—ать, —еть** *v.* fly away, escape.
улетуч/енный *a.* volatilized, etc., *see v.*; **—иваемость** *f.* volatility; **—иваемый** *a.* volatile; **—ивание** *n.* volatilization, evaporation; escape, disappearance; **—и(ва)ться** *v.* volatilize, evaporate; escape, disappear; **—ивающийся** *a.* volatilizing, etc., *see v.*; volatile.
улечься *v.* settle (down), get compacted; subside; lie down, go to bed; fit, be contained (in).
улигит *m.* (min.) uhligite.
улика *f.* evidence, proof.
улит/ка *f.* (zool.) snail; '(anat.) cochlea; helix; spiral conveyer; (mach.) scroll; snail-case housing; **—ообразный** *a.* spiral, helical; conchoidal; **—очный** *a.* snail; helical; scroll.
улица *f.* street; **зеленая у.** green light.
улич/ать, —ить *v.* convict; expose; detect; **—ение** *n.* conviction; detection; **—итель** *m.* detector.
уличный *a.* street; outdoor.
улов *m.* catch, take, yield; **—имый** *a.* per-

уло́вка

ceptible; —**итель** *m.* catcher, separator, interceptor; trap; detector, locator (of sound); —**ить** *see* **ула́вливать**.
уло́вка *f.* trick, ruse, stratagem.
уло́в/ле́ние *see* **ула́вливание**; —**ленный** *a.* caught, captured, etc., *see* **ула́вливать**; —**ный** *a.* caught (fish); good (fishing place).
уло́ж/е́ние *see* **укла́дывание**; (law) code; —**е́нный** *a.* stacked, etc., *see* **укла́дывать**; —**и́ть** *see* **укла́дывать**.
уломать *see* **ула́мывать**.
улуч/а́ть, —и́ть *v.* seize, catch; find.
улучш/а́емый *a.* improved, etc., *see v.*; improvable; (met.) heat-treatable; —**а́ть** *v.* improve, (make) better, ameliorate, upgrade, enhance; refine, develop, adapt; amend; (met.) treat with heat; —**а́ться** *v.* be improved, etc.; improve, get better; progress; —**а́ющий** *a.* improving, etc., *see v.*; —**а́ющее вещество́** ameliorant, conditioner, stabilizer; surfactant; —**а́ющийся** *a.* improving, etc., *see v.*; —**е́ние** *n.* improving, etc., *see v.*; improvement, amelioration, betterment; refinement, development, adaptation; (met.) heat treatment; **терми́ческое —е́ние** toughening, tempering; —**енный** *a.* improved, etc., *see v.*
улы́б/а́ться, —ну́ться *v.* smile.
улье́вой *a.* of улей.
Ульма́на реакция Ullman reaction.
ульма́н(н)ит *m.* (min.) ullmannite.
ульма́т *m.* ulmate.
ульми́н *m.* ulmin; —**овый** *a.* ulmin, ulmic; —**овый бурый** ulmin brown, Van Dyke brown; —**овая кислота́** ulmic acid, geic acid; —**овокислая соль** ulmate.
у́льмовский *a.* (math.) Ulm.
ульри́хит *m.* (min.; petr.) ulrichite.
ульсте́рский *a.* (geol.) Ulsterian.
ультима́т/ивный *a.* ultimate, final; ultimatum; —**ум** *m.* ultimatum.
ультра́— *prefix* ultra—, excessively; —**аку́стика** *f.* (acous.) ultrasonics.
ультравысо́к/ий *a.* ultrahigh; —**очасто́тный** *a.* ultrahigh-frequency.
ультради́н *m.*, —**ный** *a.* (rad.) ultradyne.
ультразву́к *m.* ultrasound, supersound; ultrasonics, supersonics; —**ово́й** *a.* ultrasonic, supersonic.
ультракисло́й *a.* (geol.) hyperacid.
ультракоро́тк/ий *a.* ultrashort; —**оволно́вый** *a.* ultrashort-wave.
ультра́/кра́сный *a.* infrared; —**ма́лый** *a.* minute, trace.
ультрама́рин *m.*, —**овый** *a.* ultramarine (pigment); —**овый жёлтый** ultramarine yellow, barium chromate.
ультрамикро́/метр *m.* ultrameter; —**н** *m.* ultramicron; —**скоп** *m.* ultramicroscope; —**скопи́ческий** *a.* ultramicro-

уменьша́емое

scopic; —**скопи́я** *f.* ultramicroscopy; —**хими́ческий** *a.* ultramicrochemical.
ультра́/милонит *m.* (petr.) ultra-mylonite; —**осно́вный** *a.* ultrabasic; —**поля́рный** *a.* ultrapolar; —**телеметео́р** *m.* ultratelemeteor; —**те́н** *m.* ultrathene (ethylene vinyl acetate copolymer); —**фильтр** *m.* ultrafilter; —**фильтра́ция** *f.* ultrafiltration; —**фиоле́товый** *a.* ultraviolet (rays); —**центрифу́га** *f.* ultracentrifuge; —**центрифуги́рование** *n.* ultracentrifuging; —**щелочной** *a.* ultrabasic.
улья́ *gen. of* улей.
улья́новский *a.* (geog.) Ulianovsk.
уля́гутся *fut.* 3 *pl. of* уле́чься.
ум *m.* mind, intellect, intelligence, brains; **прийти на ум** *v.* occur (to).
у.м. *abbr.* (**у́ровень мо́ря**) sea level.
умаз(ыв)а́ть *v.* smear (all over), daub.
умале́ние *n.* belittling, disparagement; depreciation, decrease, lessening.
умали́вать *v.* entreat, implore, beg.
умали́ть *see* **умаля́ть**.
умалишённый *a.* psychotic, insane, deranged; *m.* psychotic.
умалча́ть *v.* say nothing (of), leave unsaid, omit; suppress, hold back.
умаля́ть *v.* belittle, disparage; depreciate; —**ся** *v.* diminish, lessen.
умасли(ва)ть *v.* grease.
ума́тывать *v.* wind around, wrap.
ума́щивать *v.* pave, floor.
умбелл/а́ровая кислота́ umbellaric acid; —**ати́н** *m.* umbellatine; —**иферо́н** *m.* umbelliferone, 4-hydroxycoumarin; —**овая кислота́** umbellic acid, *p*-hydroxycoumaric acid; —**о́новый** *a.* umbellonic (acid); —**уло́вый** *a.* umbellulic (acid); —**уло́н** *m.* umbellulone.
умбилика́ровый *a.* umbilicaric (acid).
у́мбра *f.*, **земля́ у.** umber (pigment).
умбрие́ль *m.* (astr.) Umbriel.
умедл/и́ть, —**я́ть** *v.* slow down, decelerate.
умел/е́ц *m.* skilful worker, expert; —**ость** *f.* skilfulness, expertness; —**ый** *a.* skilful, expert.
умельч/а́ть, —**и́ть** *v.* make fine(r), reduce.
умен *sh. m. of* у́мный.
уме́ние *n.* skill, ability; know-how.
уменьш/а́емое *n.* (math.) minuend; —**а́емый** *a.* reducible; —**а́ть** *v.* diminish, lessen, lower, decrease, reduce; cut down, curtail; abate, ease (up), alleviate; minimize; narrow (down); —**а́ться** *v.* be diminished, etc.; diminish, lessen, decrease, drop (down, off), fall, decline, go down, abate; taper off, dwindle; contract, shrink; deteriorate; —**е́ние** *n.* diminution, lessening, decrease, reduction, decline, fall, drop; abatement, attenuation; contraction, shrinkage; short-cut; deterioration; —**енный** *a.*

diminished, etc., *see v.*; —**ительный** *a.* diminishing, etc., *see v.*; diminutive; —**ить** *see* **уменьшать**.

умеренн/о *adv.* moderately; —**ость** *f.* moderation; —**ый** *a.* moderate, medium, mild, temperate; —**ый пояс** (meteor.) temperate zone.

умереть *see* **умирать**.

умери(ва)ть *see* **умерять**.

умертвить *see* **умерщвлять**.

умерший *a.* dead, deceased; *m.* the dead, the deceased.

умерщвл/ение *n.* killing, destruction; —**ять** *v.* kill, destroy, put to death.

умерять *v.* moderate, mitigate, modify, abate, restrain, check; appease; —**ся** *v.* become moderate, become temperate.

умесить *see* **умешивать**.

умест/ительный *a.* spacious, roomy; —**ить** *see* **умещать**.

умести/ость *f.* pertinence, appropriateness, aptness, relevancy; timeliness; —**ый** *a.* pertinent, appropriate, relevant, well-timed, timely.

умет *m.* refuse, dirt; shelter, trench; steppe farm.

уметь *v.* be able, know how.

умешивать *v.* knead, mix in, work up.

умещ/ать *v.* fit in, put in, pack in, find room (for); —**аться** *v.* be fitted in, etc.; fit in, go in; —**енный** *a.* fitted in, etc., *see v.*

уминать *v.* (com)press, consolidate; squeeze, tread down; knead, work.

умир/ание *n.* dying, expiration; —**ать** *v.* die (off), expire; —**ающий** *a.* dying.

умир/ить, —**отворить,** —**(отвор)ять** *v.* pacify, appease, conciliate.

умнет *fut. 3 sing. of* **умять**.

умн/еть *v.* grow wiser; —**о** *adv.* intelligently, etc., *see* **умный**.

умнож/ать *v.* multiply; increase, augment, enlarge, expand; **у. на** multiply by; —**аться** *v.* be multiplied, etc.; multiply, increase; —**ающий** *a.* multiplying, etc., *see v.*; (comp.) multiplier; —**ение** *n.* multiplication; rise, increase; breeding (of nuclear fuel); **трубка** —**ения** (electron.) multiplier tube; —**енный** *a.* multiplied, etc., *see v.*; —**енный на** multiplied by, times; —**итель** *m.* multiplier, factor; —**ить** *see* **умножать**.

умный *a.* intelligent, clever, smart, quick (-witted); sensible, wise.

умоет *fut. 3 sing. of* **умыть**.

умозаключ/ать, —**ить** *v.* conclude, deduce, infer; —**ение** *n.* conclusion, deduction, inference.

умозр/ение *n.* speculation, theory; —**ительность** *f.* theoretical nature; —**ительный** *a.* speculative, theoretical.

умол *m.* grinding; loss in grinding.

умолачивать *v.* thresh, beat.

умолить *see* **умолять**.

умолк/ать, —**нуть** *v.* fall silent, stop.

умол/от *m.* threshing; yield (of grain); —**отить** *see* **умолачивать**; —**отный** *a.* high-yielding; —**оченный** *a.* threshed.

умолч/ание *n.* suppression, omission; silence; —**ать** *see* **умалчивать**.

умолять *v.* supplicate, entreat, implore.

умопомешательство *n.* insanity.

уморение *n.* (furs) alkali treatment.

уморить *v.* kill; exhaust, tire out.

умостить *see* **умащивать**.

умотать *see* **уматывать**.

умрет *fut. 3 sing. of* **умереть**.

умственный *a.* mental, intellectual.

умудр/енный *a.* taught, made wiser; —**ить,** —**ять** *v.* teach, make wiser; —**иться,** —**яться** *v.* become wiser; contrive, manage, find a way.

УМФ *abbr.* (**уридинмонофосфат**) uridine monophosphate, UMP.

умформер *m.* (elec.) converter; dynamotor; motor generator (set); (steam) transformer.

умчаться *v.* rush away; fly past (of time).

УМШН *abbr.* (**управляющая машина широкого назначения**) general-purpose control computer.

умыв/альн(а)я *f.* washroom, lavatory; —**альник** *m.* basin, wash stand; —**альный** *a.* wash(ing); —**ание** *n.* wash(ing); (pharm.) lotion; —**ать(ся)** *v.* wash (up).

умыс/ел *m.* design, intention; **без** —**ла** unintentionally; **с** —**лом** on purpose, intentionally, deliberately; —**лить** *see* **умышлять**.

умыт/ый *a.* washed; —**ь** *see* **умывать**.

умышленн/о *adv.* intentionally, on purpose, purposely, deliberately; —**ость** *f.* deliberateness; —**ый** *a.* intentional, deliberate, designed, premeditated.

умышлять *v.* plot, scheme, contrive.

умя/гчать *v.* soften; supple, make flexible; —**гчение** *n.* softening; —**гченный** *a.* softened; —**гчитель** *m.* softener, softening agent; —**гчить** *see* **умягчать**; —**кнуть** *v.* soften, become soft.

умять *see* **уминать**.

унаби *f.* (bot.) Zizyphus, spec. jujube (Z. jujuba).

унав/аживание *n.* (agr.) manuring; —**аживать,** —**оживать,** —**озить** *v.* manure, top-dress.

унаследовать *v.* inherit.

УНВ *abbr.* (**управляемое направленное возбуждение**) controlled-direction excitation.

УНГ *abbr.* (**уранилнитратгексагидрат**) uranyl nitrate hexahydrate.

унгварит *m.* (min.) ungvarite.

унгулиновая кислота ungulinic acid.

ундека/диен *m.* undecadiene; —**лактон** *m.*

ундекалактон; —н *m.* undecane, hendecane; —**нафтеновый** *a.* undecanaphthenic (acid).
ундеколевая кислота undecolic acid.
ундецен *m.* undecene, hendecene; —ил *m.* undecenyl; —**овая кислота** undecenoic acid, undecylic acid.
ундецил *m.*, —**овый** *a.* undecyl, hendecyl; —ен *m.* undecylene, hendecene; —е**новая кислота** undecylenic acid, 9-hendecenoic acid; —**овая кислота** undecylic acid, hendecanoic acid; —**овый альдегид** undecylic aldehyde, hendecanal; —**овый спирт** undecylic alcohol, hendecyl alcohol.
ундулирующий *a.* undulating.
унести *see* **уносить**.
уни— *prefix* uni— (one, single); —**вариантный** *a.* univariant.
универмаг *m.* general store; warehouse.
универсал *m.* (astr.; surv.) universal theodolite; wide-range specialist.
универсально *adv.* universally; *prefix* universal; **у.-наладочный** *a.* universal adjusting; **у.-сборный** *a.* universal assembly; —**сть** *f.* universality, versatility; **у.-фрезерный** *a.* universal milling; **у.-шлифовальный** *a.* universal grinding.
универсальн/ый *a.* universal, all-purpose; multipurpose, general(-purpose), versatile; expansion (bit); **у. инструмент** (astr.; surv.) universal theodolite; **у. станок** universal lathe; **у. шарнир** universal joint, ball-and-socket joint; —**ая газовая постоянная** universal gas constant *R.*
университет *m.*, —**ский** *a.* university.
уни/жать, —**зить** *v.* lower, reduce; degrade, humiliate; —**жение** *n.* lowering, etc. *see v.*
уни/кальный *a.* unique; —**когерентный** *a.* unicoherent; —**кум** *m.* unique; —**курзальный,** —**курсальный** *a.* unicursal.
унимать *v.* appease, pacify; stop (blood), alleviate (pain).
уни/модальный *a.* unimodal; —**модулярный** *a.* unimodular; —**он** *m.* union; —**полярность** *f.* unipolarity; —**полярный** *a.* unipolar; (mach.) acyclic; (nucl.) homopolar (generator); —**потентный** *a.* unipotent; —**рациональный** *a.* unirational; —**сольвентный** *a.* unisolvent.
унисон *m.*, —**ный** *a.* unison.
унитаз *m.* toilet bowl.
уни/тарный *a.* unit(ary); —**терм** *m.* key word, catch word; —**тиол** *m.* unithiol; —**фикация** *f.* unification, unitization; standardization; —**филяр** *m.* unifilar; declinometer; —**филярный** *a.* unifilar; —**фицировать** *v.* unify, unitize; standardize.
униформ/изация *f.*, —**изирование** *n.* uniformization; —**изированный** *a.* uniformized; —**изировать** *v.* uniformize; —**ный** *a.* uniform.
уничтож/ать *v.* destroy, annihilate, exterminate, eliminate, dispose (of), do away (with); abolish, nullify, cancel (out), neutralize; demolish, obliterate; extinguish; dissipate, deplete; —**ающий** *a.* destroying, etc., *see v.*; destructive; **взаимно** —**ающиеся погрешности** compensating errors; —**ение** *n.* destruction, annihilation, etc., *see v.*; disposal (of); abolishment; demolition; —**енный** *a.* destroyed, etc., *see v.*; —**итель** *m.* annihilator; —**ительный** *a.* destructive; —**ить** *see* **уничтожать**.
уния *f.* union.
УНК *abbr.* (**усилитель незадержанного канала**) undelayed channel amplifier.
ункомпагрит *m.* (petr.) uncompahgrite.
унос *m.* carrying away, etc., *see v.*; carryover; entrainment; (boiler) priming; team, crew; —**ить** *v.* carry away, carry off, carry over; bear, take (away), conduct away.
УНП *abbr.* (**указатель напряжения помех**) statics indicator; (**универсально-наладочное приспособление**) universal adjusting device.
УНРС *abbr.* (**установка непрерывной разливки стали**) continuous steel-pouring unit.
ун-т *abbr.* (**университет**) university.
унтертон *m.* undertone, subharmonic tone.
унтерцуг *m.* (min.) timber support.
унты *pl.* aviator's boots.
унцевый *a.* (one)-ounce.
унцинатовая кислота uncinatic acid.
унция *f.* ounce (29.86 *g.*).
УНЧ *abbr.* (**ультранизкая частота**) very low frequency; (**усилитель низкой частоты**) low-frequency amplifier.
уны/вать *v.* lose heart, be dejected; —**лый** *a.* dejected, depressed; —**ние** *n.* dejection, melancholy.
унырнуть *v.* dive under.
уньон *m.* union.
унять *see* **унимать**.
УО *abbr.* (**угломер оптический**) optical goniometer; (**усилитель-ограничитель**) limiting amplifier.
Уокера компенсатор фаз (elec.) Walker phase-advancer.
Уолл-стрит Wall Street.
уолтеровский *a.* Walter('s).
уотсоновский *a.* Watson('s).
упа/вший *a.* fallen; —**дать** *see* **упасть**.
упад/ок *m.* decline, decay, degeneration; fall, decrease, ebb; descent, dip; **у. сил** breakdown, collapse; **приходить в у.** *v.* decline; —**очный** *a.* decadent, degenerate.

упаков/анный a. packed, etc., see v.; —ать see упаковывать; —ка f. packing, etc., see v.; package, wrapper; container, crate, (empty) box(es); —ка в мешки bagging; —ка в ящики boxing, crating; в —ке packed, wrapped; вес в —ке shipping weight; картонная —ка carton; плотной —ки close-packed; —очный a. packing, etc., see v.; —очный коэффициент, —очный множитель (nucl.) packing fraction; —щик m. packer; —ывание n. packing, etc., see v.; —ывать v. pack (up), package, put up, wrap up; bag; bale; box, crate.

упар/енный a. boiled down, etc., see v.; —ивание n. boiling down, etc., see v.; concentration (by evaporation); —и(ва)ть v. boil down, concentrate (by evaporation), evaporate, thicken (by boiling); steam, stew; —ка see упаривание; —очный a. boiling down, etc., see v.

упасть v. fall (down); go down, decline, deteriorate, degenerate.

упах(ив)ать v. till, plow thoroughly.

упвардовский a. Upward (chlorine cell).

упек m. thorough baking; weight loss in baking; —ать v. bake thoroughly; —аться v. lose in baking, bake out.

упере/дить, —жать v. get ahead (of).

упереть see упирать.

упечат(ыв)ать v. place, fit in (printed matter); fill in, seal up, close.

упечь see упекать.

упирать v. set, place, fix; rest, prop, lean (against); —ся v. be set, etc.; push, thrust, abut, butt up, lean (against), be against; rest (upon); run into (of road); persist (in); resist.

упис(ыв)ать v. write in, fill in.

упит/анность f. fatness; —анный a. well-fed; —(ыв)ать v. feed up, fatten.

упих/(ив)ать, —нуть v. push in.

упишет fut. 3 sing. of уписать.

УПК abbr. (уравнение для концентрации преобладающих компонентов) equation for the concentration of predominant components.

упла/та f. payment, disbursement; —тить, —чивать v. pay, disburse.

уплотн/ение n. thickening, condensation, etc., see v.; shrinkage; (math.) refinement; seal, gasket, gland, packing; —енность f. compactness; коэффициент —енности void factor; —енный a. thickened, etc., see v.; compact; —итель m. thickener, etc., see v.; seal; —ительный see уплотняющий; —ить, —ять v. thicken, condense, concentrate; compress, squeeze, contract; compact, pack; tighten, make tight, make impervious, seal (off, in, out), lute; (gas) blanket; share (a channel); multiplex (channels); —яться v. be thickened, etc.; thicken, condense, pack, compact, settle; contract, shrink; sinter; —яющий a. thickening, etc., see v.; impermeable; —яющая масса packing (material).

уплощен/ие n. flattening, applanation; —ный a. flat(tened), depressed.

уплы(ва)ть v. swim away, go away, float away; pass away, elapse.

уподоб/ить, —лять v. liken, compare; —ление n. likening, comparison.

упол— prefix see уполномоченный.

уполаживание n. flattening.

уползать, —ти v. creep away.

уполномоч/ение n. authorization; —енный a. authorized; m. authorized agent, representative, delegate; —и(ва)ть v. authorize, empower, commission.

уполовинить v. cut in half.

уполовник m. skimmer; (casting) ladle.

уположение n. (rr.) diminishing of gradient.

упомин/ание n. mention(ing), reference; —ать v. mention, make mention (of), refer, make reference (to).

упомнить v. memorize, store.

упомянут/ый a. mentioned, referred (to); —ь see упоминать.

упор m., —ка f. rest, prop, support, stay, brace; dog, stop, arresting device, checking device, catch, detent, detainer, pawl; thrust, resistance; (grinder) poppet; в у. point-blank, directly (at); делать у. v. emphasize.

упорно adv. persistently; —сть f. obstinacy, persistence, tenacity.

упорн/ый a. stubborn, obstinate, unyielding, persistent, tenacious; stop, thrust; fixed (center); suffix —proof, —resistant; у. болт stop; у. диск bearing disk, thrust plate; у. кулачок stop, detent; у. подшипник thrust bearing; у. рычаг stop, detent; у. торец anvil; у. угольник back square; у. штифт stop(pin); —ая бабка tailstock; —ая скоба stop piece, check clamp; —ое кольцо thrust collar.

упор-ограничитель m. positive stop(per).

упорство see упорность; —вать v. persist (in); be stubborn.

упорядоч/ение n. regulation, ordering, etc., see v.; order; у.-разупорядочение order-disorder transformation; процессы —ения и разупорядочения order-disorder phenomena; теория —ения sequencing theory; —енность f. orderliness; (cryst.) ordering; —енный a. regulated, etc., see v.; —енное движение drift; —и(ва)ть v. regulate, (put in) order, rank; orient; —ивающий a. regulating, etc., see v.

употр. abbr. (употребительный) customary; (употребляется) is used.

употреб/ительность *f.* usualness; frequency (of usage); use; —ительный *a.* usual, customary, generally used, popular; —ить *see* употреблять; —ление *n.* use, utilization, employment, application, usage; вводить в —ление *v.* introduce; вышедший из —ления *a.* obsolete, outdated; —ленный *a.* used, etc., *see v.*; —лять *v.* use, make use (of), utilize, employ, apply; —ляться *v.* be used, etc.; be in use; serve (as); —ляющий *a.* using, etc., *see v.*

управ/а *f.* justice; board, council; —дел *m.* business manager; —итель *m.* manager; —ить *see* управлять.

управлен/ие *n.* management, government, administration; handling, operation, control(ling), regulation; steering, guiding, guidance, direction; (av.) controls; board; у. на расстоянии remote control; выключатель —ия master switch; механизм —ия operating gear; steering gear; пост —ия pulpit, control position; рычаг —ия control lever; с ручным —ием manually operated; с электронным —ием electronically controlled; система —ия control system; устройство —ия (comp.) control unit, monitor; щит —ия control panel.

управленческ/ий *a.* managerial, executive (staff); administrative, administration, management; overhead (expenses); —ие работы business data processing; —о-административный *a.* administrative (personnel).

управл/яемость *f.* control(lability); —яемый *a.* controllable, etc., *see v.*; operable; controlled, etc., *see v.*; guided (missile); —яемый по радио radio-controlled; —ять *v.* control, regulate, manage, handle, manipulate; run, operate; maneuver, drive, steer, guide, pilot, direct; govern, rule; —яться *v.* be controlled, etc.; manage, get along; handle, overcome; —яющий *a.* controlling, etc., *see v.*; control; master (joint, pulse, etc.); *m.* manager, superintendent, director; —яющая машина control computer; —яющее воздействие manipulated variable; —яющее звено, —яющее устройство control(ler).

упражн/ение *n.* exercise, practice, drill; —ять(ся) *v.* exercise, practice.

упраздн/ение *n.* abolition, elimination; —ить, —ять *v.* abolish, eliminate.

упрашивать *v.* beg, entreat, urge.

упревать *v.* stew; be stewed; perspire.

упре/дительный *a.* preceding, etc., *see v.*; preventive; у. механизм predictor; —дить, —ждать *v.* precede; lead, advance; anticipate, forestall, prevent; predict; —ждающе-пересекающийся *a.* lead collision (course); —ждающий *see* упредительный; anticipatory; advanced, pre—; —ждение *n.* preceding, etc., *see v.*; anticipation, etc., *see v.*; advance, lead; priority; угол —ждения angle of lead; —жденный *a.* preceded, etc., *see v.*; predicted, future (data); lead (trajectory).

упрек *m.* reproach, reproof; —ать, —нуть *v.* reproach, reprove.

упрелый *a.* stewed, cooked; perspired.

упрессов(ыв)ать *v.* press, tamp (down).

упрет *fut. 3 sing. of* упереть.

упреть *see* упревать.

упросить *see* упрашивать.

упростить *see* упрощать.

упроч/ение *n.* strengthening, etc., *see v.*; —и(ва)ть *v.* strengthen, consolidate, fix, steady, secure.

упрочн/ение *n.* strengthening, etc., *see v.*; reinforcement; деформационное у., механическое у. (met.) strain hardening; поверхностное у. case hardening; —енный *a.* strengthened, etc., *see v.*; high-tenacity; —ить, —ять *v.* strengthen, toughen, harden; reinforce; ruggedize (instruments); —яющий(ся) *a.* strengthening, etc., *see v.*; strain-hardening.

упрощ/ать *v.* simplify; у. до reduce to; —ение *n.* simplification; —енность *f.* simplicity; —енный *a.* simplified; reduced; short(-cut).

упруг/ий *a.* elastic, springy, resilient, flexible; expansible (gas); compressional (wave); —ая отдача recoil; —ая постоянная elastic constant; —ое восстановление elastic recovery; (met.) springback; —ое основание cushion; —ое последействие elastic lag, elastic aftereffect; (creep test) elastic extension (at beginning), elastic contraction (at end); —о *adv.* elastically, resiliently; —одеформируемый *a.* elastic-deformation; —ожидкий *a.* elastic-fluid; —ооптический *a.* elastooptic; —опластический *a.* elastoplastic.

упругост/ь *f.* elasticity, resilience, spring(iness), flexibility; extensibility, expansibility, buoyancy (of gas); pressure (of dissociation); у. пара vapor pressure; у. при сжатии elasticity of compression; модуль —и modulus of elasticity; модуль —и при кручении modulus of torsion; сила —и elastic force, elasticity; предел —и elastic limit.

упрудить *see* упруживать.

упруже *comp. of* упругий.

упруживать *v.* dam (up).

упружить *v.* make elastic or springy; —ся *v.* be elastic, be springy.

упрягать *v.* harness.

упряж/ечный *a.* harness; **—ка** *f.* harness(ing); team; (min.) shift; **—ная** *f.* harness room; **—ной** *a.* harness; draft (horse); draw (bar), coupling (hook); **—ной прибор** draw gear; **—ная тяга** drawbar; **—ь** *f.* harness, gear; (rr.) draft gear.

упрям/иться *v.* persist, be obstinate; **—ство** *n.* persistence, obstinacy, perversity; **—ствовать** *v.* persist; **—ый** *a.* persistent, obstinate, stubborn.

упрячь *see* упрягать.

УПС *abbr.* (управление пограничным слоем) boundary-layer control.

УПТ *abbr.* (усилитель постоянного тока) d-c amplifier.

упу/скать, **—стить** *v.* omit, overlook, let slip, neglect, miss (an opportunity); **—щение** *n.* omission, neglect; **—щенный** *a.* omitted, etc., *see v.*

УПФ *abbr.* (управляемый плоский фронт) controlled plane front (method); (устройство первичной фиксации) primary clamping device.

УПЧ *abbr.* (усилитель промежуточной частоты) intermediate-frequency amplifier.

упятер/енный *a.* quintuple, fivefold; **—ить, —ять** *v.* quintuple, increase fivefold.

УР *abbr.* (управляемая ракета) guided missile; **УР, у.р.** *abbr.* (удельная радиоактивность) specific radioactivity; **ур.** *abbr.* (уравнение) equation; (уровень) level; (урочище) tract, area.

уравн/ение *n.* equation; *see also* **уравнивание; у. первой степени** simple equation, linear equation; **—енность** *f.* evenness; **—енный** *a.* leveled, etc., *see v.*; **—ивание** *n.* leveling, etc., *see v.*; adjustment; equalization, compensation; **—ивать** *v.* level, grade, even, smooth; equalize, compensate, balance, equate, make equal; regulate, adjust, steady; **—ивающий** *a.* leveling, etc., *see v.*; **—иловка** *f.* wage leveling; **—итель** *m.* leveler, etc., *see v.*; **—итель хода** governor.

уравнительн/ый *a.* leveling, etc., *see* **уравнивать;** buffer (piston); expansion (pipe); **у. агрегат** balancer, equalizer; **у. винт** set screw, adjusting screw; **у. маятник** compensator, compensation pendulum; **у. метод** compensation method; **у. чан,** **—ая башня** surge tank; **—ая обмотка** (elec.) compensating winding.

уравнове/сить *see* уравновешивать; **—шение** *see* уравновешивание; **—шенность** *f.* equilibrium, balance; **—шенный** *a.* (counter)balanced, etc., *see v.*; level, steady, in equilibrium; **—шенный мост (—ик)** (elec.) Wheatstone bridge; **—шивание** *n.* (counter)balancing, etc., *see v.*; counterweight, counterpoise; compensation; adjustment; **—шивать** *v.* (counter)balance, counterpoise, counterweigh, balance out, equilibrate, put in equilibrium, equalize; counteract, cancel, neutralize; compensate; adjust, offset; relieve (valve); **—шиваться** *v.* be (counter)balanced, etc.; become equal; **—шивающий** *a.* (counter)balancing, etc., *see v.*; (av.) trimming (moment); **—шивающий механизм** (art.) equilibrator.

уравнять *see* уравнивать.

ураган *m.,* **—ный** *a.* hurricane.

ураз/ин *m.* urazine, diurea; **—ол** *m.* urazole, hydrazodicarbonimide; urasol, acetylmethylene-disalicylic acid.

уразуме(ва)ть *v.* comprehend.

ураконит *m.* (min.) uraconite.

Урал Ural (mountains, river, or region).

уралин *m.* Uralin, chloral urethane.

уралит *m.* (min.) uralite; Uralite (a fireproof asbestos material); Uralit (wood preservative); **—изация** *f.* uralitization.

урал/ортит *m.* (min.) uralorthite; **—ьский** *a.* (geog.) Ural.

урамил *m.* uramil, 5-aminobarbituric acid.

урамин *m.* uramine, guanidine.

уран *m.* uranium, U; **двуокись —а, закись —а** uranium dioxide, uranous oxide; **закись-окись —а** uranosouranic oxide, uranous uranate; **соль закиси —а** uranous oxide, **окись —а** uranic oxide, uranium trioxide; **соль окиси —а** uranic salt; **сернокислая закись —а** uranous sulfate; **сернокислый у.** uranium sulfate.

Уран *m.* (astr.) Uranus.

уран/ат *m.* uranate; **—графитовый** *a.* (nucl.) uranium-graphite; **—ид** *m.* uranide.

уранил *m.* uranyl; **—сульфат** *m.,* **сернокислый у.,** uranyl sulfate; **хлористый у.** uranyl chloride; **—овый,** **—ьный** *a.* uranyl.

уранин *m.* uranin, sodium fluorescein; (min.) pitchblende; **—ит** *m.* (min.) uraninite, pitchblende.

ураинсто— *prefix* uranoso—, uranous.

уранист/ый *a.* uranium, uranous; **—ая соль** uranous salt.

уранит *m.* (min.) uranite; **известковый у.** autunite; **—овый** *a.* uranitic.

урано— *prefix* uran(o)— [uranium; the sky; (anat.) palate].

ураново/кислый *a.* uranic acid; uranate (of); **у. натрий,** **—натриевая соль** sodium uranate; **—кислая соль** uranate.

уранов/ый *a.* uranium, uranic; **у. ангидрид** uranic anhydride, uranium trioxide; **у. блок** (nucl.) slug; **у. желтый** uranium yellow, sodium uranate; у. котел, у. реактор nuclear reactor; у. свинец uranium lead; —ая кислота uranic acid; соль —ой кислоты uranate; —ая слюда (min.) uran mica, uranite; —ая смолка, —ая смоляная обманка, —ая смоляная руда (min.) pitchblende; —ая соль урания salt; —ая чернь a group of uranium oxide minerals; —ые цветы (min.) zippeite.

урано/графия f. uranography, descriptive astronomy; —добывающий a. uraniummining; —лепидит m. (min.) uranolepidite; —метрическая съемка method of prospecting for uranium ores; —метрия f. (astr.) uranometry; —молибдат m. (min.) uranomolybdate; —ниобит m. (min.) uranoniobite; —носный a. uranium-containing, uraniferous; —пилит m. (min.) uranopilite; —пластика f. (med.) uranoplasty; —содержащий see ураноносный; —спинит m. (min.) uranospinite; —сферит m. (min.) uranosphente; —таллит m. (min.) uranothallite; —темнит m. (min.) uranotemnite; —тил m. (min.) uranotil; —торит m. (min.) uranothorite; —фан m. (min.) uranophane; —хальцит m. (min.) uranochalcite; —циркит m. (min.) uranocircite; —шпатит m. uranospathite.

урансодержащий see ураноносный.

урао n. (min.) urao, trona.

урари n. urari, curare; —н m. curarine.

урасол see уразол.

ураст/ать, —и v. shrink, diminish.

урат m. urate; —емия f. (med.) uratemia; —ол m. uratol, Ural toluene (turpentine).

урацил m. uracil, 2,4,dioxopyrimidine.

урбанизация f. urbanization.

урбанит m. (min.) urbanite.

УРВ abbr. (управляемый ртутный выпрямитель) controlled mercury-arc rectifier.

урвать see урывать.

УрВБ abbr. (уровень верхнего бьефа) upper-water level.

Ур. г.в. abbr. (уровень грунтовых вод) ground-water level.

ургон m., —ский ярус (geol.) Urgonian stage.

урдит m. (min.) urdite.

уреаза f. urease, urase.

урегулиров/ание n. regulation, regulating, etc., see v.; —ать v. regulate, regularize; settle (a question); compensate, adjust.

урез see урезка; (water)line, edge, brink; —ать see урезывать; —ка f. curtailing, etc., see урезывать; curtailment; abridgement; cut-off portion.

урезони(ва)ть v. persuade, reason (with).

урезыв/ание n. curtailing, etc., see v.; —ать v. curtail, cut down, cut off, cut away; shorten, abridge, reduce.

уреид m. ureide.

урема f. bottom land deciduous forest.

урем/ический a. (med.) uremic; —ия f. uremia.

уремный a. of урема.

уреометр m. ureometer, ureameter.

урет m. urete; —ан m., —ановый a. urethan, ethyl carbamate; —идин m. uretidine, tetrahydrourete; —илан m. urethylane, methyl carbamate; —ин m. uretine, 1,2-dihydrourete.

уретр/а f. (anat.) urethra; —альный a. urethral; —ит m. (med.) urethritis; —о— prefix urethr(o)— (urethra); —оскоп m. (med.) urethroscope.

уридин m., —овый a. uridine, uracil-d-riboside; —фосфорный a. uridinephosphoric (acid).

уриказа f. uricase.

уриконский a. (geol.) Uriconian.

урин/а f. urine; —оид m. urinoid, cyclohexene-3-one; —ометр m. urinometer.

—урия f. suffix —uria (urine).

ур. м. abbr. (уровень моря) sea level.

урм/ан m., —она f. urman, coniferous forest.

урна f. urn; (ballot) box; trash can.

УрНБ abbr. (уровень нижнего бьефа) under-water level.

ур-ние abbr. (уравнение) equation.

урновый a. of урна.

уро— prefix uro— (urea; urine; urinary tract; urination); —билин m. urobilin, hydrobilirubin; —бромогематин m. urobromohematin.

уровенный a. of уровень.

уров/ень m. level, plane, surface; standard; point; (spirit) level; у. моря sea level; у. стояния (water) table; банка —ня leveling bottle; в у. flush (with); жизненный у. standard of living; измеритель —ня level gage; на —не (on a) level (with); на —не земли at ground level; на —не моря at sea level; на одном —не (on a) level (with), on one level; падение —ня recession; поверхность —ня level surface; устанавливать по —ню v. level; ширина —ня (nucl.) level width.

уровн/емер m. level gage; —ять v. level, grade, smooth out; —яться v. level off, become level.

уро/гематин m. urohematin; —генитальный a. (anat.) urogenital; —генный a. urogenous.

урод m. monster, freak; crop, harvest; —ина m. and f. monster, freak; —ить v. bear (a crop); —иться v. ripen; be born; —ливость f. deformity, abnormality, defect; —ливый a. deformed, misshapen, abnormal; —ование n. disfigurement, mutilation; —овать v. disfigure, mutilate, deform, cripple; —ство n. disfigurement, deformity, malformation.

урожай m. harvest, crop, yield; снимать у., собирать у. v. harvest, reap; —ность f. productivity, yield; —ный a. fruitful, productive; harvest.

урожать v. produce, bear, yield.

урожд/ать v. bear (fruit); —аться v.ripen; be borne; be born; —енный a. born.

уроженец m. native, indigene.

урозин m. urosine, lithium quinate.

урок m. lesson; task, assignment.

урокан/ин m. urocanin; —иновая кислота urocaninic acid; —овая кислота urocanic acid, imidazoleacrylic acid.

уроксантин m. uroxanthin.

уролог m. (med.) urologist; —ический a. urological; —ия f. urology.

урометр m. urometer, urinometer.

урон m. loss, damage, harm.

уронид m. uronide.

уронить v. drop.

уро/новая кислота uronic acid; —порфирин m. uroporphyrin; —протовый a. uroprotic (acid); —птерин m. uropterin; —рубин m. urorubin; —сульфан m. Urosulfan, sulfanilylurea; —токсин m. urotoxin; —тропин m. urotropin, hexamethylenetetramine; —фан m. urophan; —ферин m. uropherine, theobromine lithium; —фос m. urophosphate (fertilizer); —хлораловый a. urochloralic (acid); —хром m. urochrome; —цитрал m. urocitral, theobromine sodium citrate.

уроч/ище n. tract, area; natural boundary, natural landmark, survey mark; —ный a. fixed, determined.

уроэритрин m. uroerythrin.

УРС abbr. (универсальный регулятор скорости) universal speed regulator.

урс/ановая кислота ursanic acid; —ин m. ursin, arbutin; —ол m. Ursol, p-phenylenediamine; —оловая кислота, —он m. ursolic acid, urson; —оновый a. ursonic (acid).

уругвайский a. (geog.) Uruguay(an).

урузен m. urusene.

уруть f. (bot.) Myriophyllum.

уруш/иновая кислота urushic acid, laccol; —иол m. urushiol.

УРЧ abbr. (усилитель радиочастоты) radio frequency amplifier.

урыв/ать v. snatch; —ками in snatches, at odd moments, by fits and starts; —очный a. disjointed, irregular.

урю/к m., —ковый, —чный a. dried apricot.

ус m. whisker; barb, tab, tongue; (bolt) feather, nib; guard bar; (whale) bone; (carpentry) miter; (bot.) tendril, runner; awn (of grass); (ent.) antenna, feeler; соединение в ус miter joint.

усадебный a. of усадьба.

усад/ить see усаживать; —ка f. shrinkage, contraction; loss, disappearance; setting, planting; —ка при обжиге firing shrinkage; давать —ку v. shrink; коэффициент —ки shrinkage factor.

усадочн/ость f. shrinkability; —ый a. shrink(age); shrinkability; —ый масштаб shrink(age) rule; —ая мера shrinkage allowance; —ая раковина (met.) shrink hole, shrinkage cavity, pipe.

усадьба f. farm(stead).

усаж(ив)ать v. seat, settle (down); plant, set; —ся v. take a seat, get settled.

усал/ивать v. (rub with) grease; salt, pickle; —ить v. (rub with) grease.

усат/ка f. bearded wheat; —ый a. bearded; (bot.) awned, aristate.

усач m. longhorn beetle; (ichth.) barbel.

усв/аивание n. assimilation, etc., see v.; uptake; learning, mastering; (biol.) anabolism; —аивать v. assimilate; appropriate, adopt, acquire; master, learn, familiarize oneself (with); —оение see усваивание; —оенный a. assimilated, etc., see v.; —оить see усваивать; —ояемость f. assimilability, etc., see a.; —ояемый a. assimilable, available, accessible; comprehensible; —оять see усваивать.

усе/вать, —ивать v. strew, sow; stud.

усекать v. cut off, truncate.

усерд/ие n. diligence, assiduity, zeal; —ный a. diligent, industrious, painstaking, zealous.

усесться see усаживаться.

усечен/ие n. cutting off, truncation; (med.) excision; —ный a. cut off, truncated, topped; —ный конус truncated cone, frustum of a cone.

усечь see усекать.

усе/янный a. sown, strewn; studded, dotted; (petr.) sempatic; —ять see усевать.

усидчивый a. persevering, assiduous.

усик m. (bot.) tendril; (zool.) antenna, feeler, horn; (ichth.) barbel; —оватый a. antennal.

усил/ение n. strengthening, intensification, etc., see v.; reinforcement; growth, rise, gain, increase, boost; коэффициент —ения (electron.) amplification factor; (elec. commun.) gain; регулировка —ения gain control, volume control; с большим —ением high-gain (amplifier); с переменным —ением, с регулируемым —ением variable-gain (amplifier); способ —ения cumulative method; —енно adv. strenuously, hard, intensely; —енный a. strengthened, etc., see v.; super-

(charge); extensive; urgent (request); high-caloric (diet); —ивать v. strengthen, intensify, heighten, increase, boost; (phot.) intensify; amplify, magnify; reinforce, stiffen; promote; aggravate, strain; —иваться v. be strengthened, etc.; grow stronger, become more pronounced; intensify, increase; exert oneself; —ивающий a. strengthening, etc., see v.; —ивающий ингредиент (rubber) active filler.

усил/ие n. stress, strain, pull, force; effort, exertion, endeavor; прилагать —ия v. exert oneself, make efforts, take pains; у. при кручении twisting stress; сдвигающее у., срезывающее у. shear(ing) force.

усилитель m. amplifier; intensifier, booster; (rubber) active filler; reinforcing agent; repeater; у. импульсов (nucl.) pulse amplifier; у. на сопротивлениях resistance-coupled amplifier; у. напряжения voltage amplifier, booster; у. с бегущей волной traveling-wave accelerator.

усилитель/-автодин m. amplidyne-amplifier; у.-выпрямитель m. amplifier-rectifier; у.-дискриминатор m. amplifier-discriminator; у.-инвертор m. amplifier-inverter; —ный a. strengthening, etc., see усиливать; amplifier (stage); —ная лампа amplifying tube; у.-ограничитель m. limiting amplifier; у.-прерыватель m. chopper amplifier; у.-формирователь m. shaping amplifier.

усилить see усиливать.

уск/альзывать, —ользать, —ользнуть v. slip away, slip off; escape, evade.

ускорен/ие n. acceleration, speeding up, hastening; у. хода acceleration; измеритель —ия accelerometer; отрицательное у. deceleration; сила —ия accelerating force; —иемер m. accelerometer; —ный a. accelerated, speeded up; fast, express; quick (freezing).

ускор/итель m. accelerator; accelerant; (rocket) booster; у. взлета take-off unit; у. на бегущей волне, у. с бегущей волной traveling-wave accelerator; с —ителем boosted (vehicle); —итель-ный a. accelerating; boost (engine); —ить, —ять v. accelerate, speed (up), quicken, hasten; expedite, favor, promote; intensify; —яющий a. accelerating, etc., see v.; step-up; multiplying (gear).

уславливаться see условиться.

усластить v. sweeten.

услать see усылать.

услащать v. sweeten.

усл. ед. abbr. (условная единица) arbitrary unit, conventional unit.

усле/дить, —живать v. follow, observe.

услов/ие n. condition, stipulation, specification; understanding, proviso, clause; circumstance, situation; —ия pl. conditions; terms (of contract); mode; в —иях during, in or under conditions; в —иях эксплуатации under operating conditions; по —ию according to agreement; под —ием, при —ии, с —ием on condition (that), provided, providing, if; при прочих равных —иях other conditions being equal; при сходных —иях under similar conditions; ни при каких —иях under no circumstances; ставить —ием v. stipulate, condition; (geom.) postulate; технические —ия specifications.

услов/иться, —ливаться v. agree, arrange, make arrangements, settle, fix, stipulate; contract; —ленный a. agreed (upon), etc., see v.

условн/о adv. conditionally, etc., see a.; —огодовой a. standard yearly; —о-постоянный a. constant; —ость f. conditionality; convention; —ый a. conditional, provisory, provisional; arbitrary, conventional, agreed (upon), assumed; representative (scale); code (language, signal); hypothetical (problem); nominal (pressure, velocity, etc.); ideal, comparison (fuel); relative (viscosity); quasi—, apparent; —ый знак conventional sign or symbol; legend; изображение —ыми знаками symbolization; —ый нулевой уровень zero reference level.

усложн/ение n. complication; —енный a. complicated; modified (resin); —ить, —ять v. complicate.

услуг/а f. service, good turn, favor; к его —ам at his service, at his disposal.

услышать v. hear.

усматривать v. find, discover, discern, see, perceive; look (after), attend (to).

усмир/ить, —ять v. suppress, put down; appease, pacify.

усмотр/ение n. discerning; judgment, discretion; —еть see усматривать.

уснаровая кислота usnaric acid.

усна/стить, —щ(ив)ать v. equip (with); fill, (over)load, (over)charge; embellish.

усн/етиновый a. usnetinic (acid); —етовый a. usnetic (acid); —идиновый a. usnidic (acid); —иновый a. usn(in)ic (acid).

уснуть v. fall asleep; die (of fish).

усовершенствов/ание n. improvement, refinement, advance(ment); development; perfecting; adaptation; —анный a. improved, etc., see v.; more elaborate, more sophisticated; —атель m. improver, developer; —ать v. improve, refine, develop, perfect, advance; adapt;

—аться v. be improved, etc.; improve, develop.

усовик m. (rr.) guard rail, counterrail.

усовка f. (carpentry) mitering.

усол m. salting, pickling; —ить v. salt, pickle.

усомниться v. doubt, have misgivings.

усоногие pl. (zool.) Cirripedia.

усох/нуть see усыхать; —ший a. dried.

УСП abbr. (универсально-сборное приспособление) universal assembly device.

успе/ваемость f. advancement, progress; good results; —(ва)ть v. succeed, be successful, obtain good results; advance, improve, make progress; have time, manage (to); be on time; —вающий a. succeeding, etc., see v.

успех m. success; improvement, progress, advance(ment), gain; с —ом successfully, to advantage; с большим —ом very successfully, to great advantage; —и pl. progress; делать —и v. succeed; improve, advance, make progress; добиться —а v. achieve success, succeed.

успешн/о adv. successfully, etc., see a.; to advantage; —ость f. success(fulness), effectiveness; —ый a. successful, effective; advantageous, favorable.

успокаив/ание n. quieting, etc., see v.; deexcitation; moderation, decrement; гидравлическое у. liquid damping; —ать v. quiet, calm, steady; (elec.) damp; soothe, reassure, set at ease; kill (steel); (med.) sedate; —аться v. be quieted, etc.; quiet down; slacken, abate; —ающий a. quieting, etc., see v.; (pharm.) sedative; —ающее средство sedative, tranquilizer.

успоко/ение see успокаивание; attenuation; время —ения transient period, damping time; —енный a. quieted, etc., see успокаивать; quiet; —итель m. arrester; stabilizer, deoscillator; (elec.) damper; (steel) killing agent; (rr.) arrestment; —ительный see успокаивающий; stilling (chamber); —ительные обмотки (elec.) damper; —ить see успокаивать.

усредн/ение n. neutralizing, neutralization, etc., see v.; —енный a. neutralized, etc., see v.; average, mean; —енный по времени time-mean (value); —итель m. neutralizer, neutralizing agent; —ять v. neutralize; average (out); homogenize; blend (ores); —яющий a. neutralizing, etc., see v.

уссингит m. (min.) ussingite.

УССР abbr. Ukrainian Soviet Socialist Republic.

уст. abbr. (устарелый) obsolete.

устав m. statute, regulations, code.

уставать v. get tired, tire.

устав/ить, —ливать, —лять v. set, arrange, place, put; fill, cover; —ка f. setting, etc., see v.

уставный a. of устав; statute (mile); legal, statutory (reserve); authorized (capital).

устаивать see устоять.

устал/остный a. fatigue; fatigue-testing; —остная прочность fatigue strength; —остная тренировка fatigue cycling loads; —ость f. fatigue; —ость при ударе impact fatigue; испытание на —ость fatigue test; предел —ости fatigue limit, fatigue point, endurance limit; —ый a. tired, fatigued; —ь f. fatigue; без —и untiringly, unceasingly.

устанавлив/аемый a. adjustable; —ание see установка, установление.

устанавливать v. install, erect, set up; lay (pipe); mount, fit, put together, assemble; rig up; set, put, place, position, seat; align, adjust, regulate; establish, determine; specify, fix, settle, lay down (rules), stipulate; ascertain, find out, locate, distinguish, define; reach, attain, achieve; (elec.) make (contact); detect (flaws); у. на set at; adjust for; у. по set by, set to; —ся v. be installed, etc.; adjust; determine, decide.

установ/ившийся a. set, settled, steady, smooth; steady-state (error, motion, etc.); sustained (flight); conservative (value); у. процесс, у. режим steady-state behavior; —ить see устанавливать.

установк/а f. installing, installation, etc., see устанавливать; adjustment; arrangement; establishment; assembly, mount (drilling) rig; station, works; facility, plant, unit, set-up; outfit, equipment, apparatus; device, contrivance; aim, purpose, tendency; у. для опрыскивания sprayer, spraying unit; у. для переработки processing plant; у. на adjustment for; у. на нуль zero adjustment; у. на фокус focusing; у. по центру center adjustment; иметь —у на v. aim at; дать —у v. give indications; допускающий —у по adjustable for; силовая у. power plant; точная у. fine adjustment.

установл/ение n. establishment, institution; determination, determining, fixing, ascertainment; adjustment; detection (of flaws); (elec.) rating; время —ения setting time, transient period; время —ения равновесия equilibration time; —енный a. installed, etc., see устанавливать; in position; —енный впереди front-mounted; —енный на ракете rocket-borne; —енный на спутнике satellite-mounted; —енный сзади rear-mounted; —ять see устанавливать.

устано́вочн/ый *a.* adjusting, adjustable, regulating, setting; installing, mounting; set (screw); **у. про́вод** black cable; **—ая ме́ра** reference gage; **—ое приспособле́ние** adjusting device, adjuster; control gear.

устано́вщик *m.* adjuster, fitter, erector, installer, mounter; setter, setting device; (mine) layer.

устар/ева́емость, **—елость** *f.* obsolescence, obsoleteness; **—евший, —елый** *a.* obsolete, antiquated, out of date, outdated; **—еть** *v.* become obsolete.

уста́ть *see* устава́ть.

устели/-по́ле *n.* (bot.) Ceratocarpus; **—ть** *v.* cover.

устере/га́ть, **—чь** *v.* watch (over), guard.

устила́говая кислота́ ustilagic acid.

уст/(и)ла́ть *v.* cover, floor, pave; strew, spread; **—и́лка** *f.* covering, etc., *see v.*

уст/и́н *m.* Ustin, nornidulin; **—ицеаи́н** *m.* ustizeain.

уст/и́чный *see* у́стьичный; **—ный** *a.* oral, verbal.

усто́й *m.* abutment, pier, column; basis, foundation; cream (on milk).

усто́йчив/о *adv.* stably, steadily, firmly; **—ость** *f.* stability, steadiness, firmness, rigidity; immunity, resistance; **—ый** *a.* stable, steady, firm, rigid; durable, resistant; persistent (gas); settled (weather); *suffix* **—**resistant, **—**proof, **—**fast; **—ое соедине́ние** stable compound; **де́лать —ым** *v.* stabilize, steady.

усторожи́ть *see* устерега́ть.

устоя́ть *v.* resist, hold out (against), withstand; **—ся** *v.* settle, precipitate; become stabilized; be ready; gather, form cream (of milk).

устра́ив/ать *v.* arrange, make arrangements (for), accommodate; organize, set up; make, construct; place, settle, establish, install; suit, be convenient (for); **—аться** *v.* be arranged, etc.; get established.

устр/а́нение *n.* removing, elimination, etc., *see v.*; removal; de—; **у. возбужде́ния** de-energization; **н. напряже́ния** stress relief; **—има́й** *a.* removable; **—и́ть, —я́ть** *v.* remove, eliminate, dispose (of), do away (with), get rid (of); clear out, clear away, move away; rectify, remedy, correct (faults); cancel; stop (leak); suppress, overcome, circumvent; separate, uncouple; **—иться, —я́ться** *v.* be removed, etc.; stand aside, withdraw; separate, uncouple; keep (from).

устраш/а́ть, **—и́ть** *v.* frighten, appall; **—а́ющий** *a.* formidable.

устрем/и́ть, **—ля́ть** *v.* direct, turn, fix; **—ле́ние** *n.* directing, turning; tendency, striving; rush.

у́стри/ца *f.*, **—чный** *a.* oyster; **—цево́дство** *n.* oyster culture; **—цеобра́зный червь** oyster-shell scale.

устро́/ение *n.* arrangement; organization; construction; **—енный** *a.* arranged, etc., *see* устра́ивать; **—и́тель** *m.* organizer; **—ить** *see* устра́ивать; **—йство** *n.* arrangement, layout, system; organization, establishment; installation; means, device, attachment, appliance, apparatus, equipment, gear; facility; unit; (mach.) working principle; **—ing device, —ег; заря́дное —йство** charger; **пусково́е —йство** starter.

усту́п *m.* shelf, ledge, bank, terrace, step; (geol.) bench, scarp, escarpment; berm; shoulder (of hole); niche, recess; spur (of hill); **—ы** *pl.* (min.) benching; **—ами** benched, terraced; step-like, graduated, graded, gradual; **рабо́та —ами** (min.) benching; **располо́женный —ами** arranged in steps, stepped, staggered.

уступ/а́ть, **—и́ть** *v.* yield, succumb, give in; give up, resign; give way, (con)cede; be second (to), be inferior (to); abate, reduce, take off; **—ка** *f.* yielding, etc., *see v.*; (con)cession; abatement, discount; **де́лать —ки** *v.* compromise.

усту́п/ный *a.* (min.) bench(ed); **—ная вы́емка** benching; **—ообра́зный** *a.* benched; stepped, in steps; **—чатый** *a.* stepped, staggered.

уступчи́в/ость *f.* compliance; **—ый** *a.* compliant, pliable, yielding.

у́сть/е *n.* mouth, issue; opening, aperture, orifice; mouthpiece; entrance; (well) head; vent, outflow, discharge; estuary (of river); **—евы́й** *a.* mouth; estuarine; **—ице** *n.* (biol.) stoma; **—ичный** *a.* stomatal.

УСУ *abbr.* (уда́рное сква́жинное устро́йство) percussion drilling device.

усугуб/и́ть *see* усугубля́ть; **—ле́ние** *n.* intensifying, aggravation, etc., *see v.*; increase; **—ленный** *a.* intensified, etc., *see v.*; **—ля́ть** *v.* intensify, aggravate, enhance; redouble; increase, augment.

усу́ш/ать, **—и́ть** *v.* dry (up), parch; **—ка** *f.* drying (-up); shrinkage, loss on drying.

усчи́т(ыв)ать *v.* check, verify; deduct, discount; count.

усы́ *pl. of* ус.

усыла́ть *v.* send away.

усып/а́ние *n.* strewing, scattering; **—а́ть** *v.* strew, scatter, cover, litter.

усып/и́тельный *a.* soporific, hypnotic, narcotic; **—и́тельное сре́дство** soporific; **—и́ть, —ля́ть** *v.* lull, make drowsy; narcotize; anesthetize; (vet.) put to sleep; **—ля́ющий** *see* усыпи́тельный.

усы/ха́ние *n.* drying, desiccation, shrinking, shrinkage; —хать v. dry, shrink; —шка f. shrinkage, loss on drying.

ута/ивание n., —йка f. concealment, suppression; —и(ва)ть v. conceal, hide, keep secret; suppress.

утапливать v. melt down; heat (up).

утаптывать v. tread, trample down.

утаскивать v. drag away; carry, bear, take (away, off), entrain; remove.

утач/ать v. stitch up; —ивание n. stitching up; grinding down; —ивать v. stitch up; grind down; —ка f. stitching up.

утащ/енный a. dragged away, etc., see утаскивать; —ить see утаскивать.

утварь f. utensils, implements; (silver) plate, service.

утвердит/ельно adv. affirmatively, in the affirmative; —ельный a. affirmative, positive; confirming; —ь see утверждать.

утвержд/ать v. affirm, assert, maintain, claim; confirm, corroborate; authorize, approve, accept; prove; strengthen, consolidate; —ают, —ается it is claimed; —аться v. be affirmed, etc.; —ение n. affirmation, etc., see v.; statement, claim; approval; strengthening; —енный a. affirmed, etc., see v.

утекать v. flow away, flow off, run off; leak, escape; disperse.

утенок m. duckling.

утепл/ение n. heating, warming; —енный a. heated, warmed; blanketed (radiator); —итель m. heater, warmer; (battery) thermal container; —ительный a. heating, warming; —ить, —ять v. heat, warm.

утерамин m. Uteramine, tyramine.

утереть see утирать.

утеря f. loss; —нный a. lost; forfeited; —ть v. lose; forfeit.

утес m. rock, crag, cliff, bluff.

утесать see утесывать.

утесистый a. rocky, craggy.

утесник m. (bot.) furze, gorse (*Ulex*).

утесн/ить, —ять v. wedge in, squeeze in.

утесывать v. cut down, trim.

утеч/ка f. leak(age), leaking (out), escape, loss, wastage, stray; dissipation, dispersion; issue, effluent, runoff; у. через стык joint leakage; коэффициент —ки (elec.) dispersion coefficient, leakage factor; с —кой leaky, leaking; —ь see утекать.

утеш/ать v. console, comfort, relieve; —ение n. consolation, comfort, relief; —ительный a. consoling, comforting, relieving; —ить see утешать.

утилиз/атор m., —аторский a. (waste) utilizer, recovery unit; salvager; —аторство n. recovery; —ационный a. of утилизация; heat-recovery, waste-heat (boiler); —ация f. utilization, salvaging, recovery; —ировать v. utilize, salvage, recover, reclaim; —ируемый a. utilizable, etc., see v.; available; utilized; etc., see v.

утилитарн/ость f. utility, usefulness; —ый a. utilitarian, useful, practical.

утиль m. utility waste, utilizable scrap, scrap material; (metal) junk; (cer.) bisque; —завод m. scrap reprocessing plant; —ный a. of утиль; utilized; (cer.) bisque, body (firing); —резина f. scrap rubber; —сырье n., —сырьевой a. see утиль; —цех see утильзавод; —щик m. scrap collector, junkman, salvager.

утиный a. duck; у. нос guide blade (of conveyer).

утир/альник m. towel; —ание n. wiping, etc., see v.; —ать v. wipe (away, off), dry; —ка see утирание.

утих/ание n. abatement, subsidence, dying down; —ать, —нуть v. abate, subside, quiet down; —ший a. abated, moderated.

утка f. duck; long-necked flask; urinal; (naut.) belaying cleat; gen. of уток.

уткать v. weave a pattern into; enmesh, cover with a net.

уткнуть v. stick, thrust, shove (in); bury, hide; —ся v. be stuck, etc.; run (into), come up (against); concentrate (on).

утко/водство n. duck breeding; —нос m. (zool.) platypus.

утлегарь m. (naut.) jib boom.

утлый a. fragile, rickety; leaky.

уток m. (text.) weft, filling; gen. pl. of утка.

утол/ение n. slaking, quenching (of thirst); satisfaction (of hunger); alleviation (of pain); —ить see утолять.

утолочить v. trample.

утолочь v. pulverize thoroughly.

утол/стить, —щать v. thicken, make thicker; —щение n. thickening, thicker part, swell(ing), expansion, bulging, bulge, bulb, node; (welding) reinforcement; rib, boss, camber; центр(ир)ующее —щение (art.) bourrelet, guide band; —щенный a. reinforced; thickened.

утолять v. slake, quench (thirst); satisfy (hunger); alleviate (pain).

утомительн/ость f. tiresomeness; —ый a. tiresome, fatiguing.

утом/ить, —лять v. fatigue, tire; —ление n. fatigue; exhaustion, depletion (of soil); —ленный a. fatigued, tired.

утон/ение n. thinning, tapering; thin part; —енный a. thinned, taper(ed); —ить see утонять.

утонуть v. drown, sink, submerge.

утонч/ать v. thin (down), make thinner,

narrow down, taper; refine; —аться v. be thinned (down), etc.; become thinner, narrow down, taper; —ающийся a. tapering; —ение n. thinning (down), etc., see v.; taper; —енность f. refinement, subtlety; —енный a. thinned (down), etc., see v.; subtle, fine; —ить see утончать.

утон/ьшать, —ять v. thin, make thinner; —ьшение n. thinning, tapering.

утоп m. deadhead; —ать v. drown, sink, founder; trample down; —итель m. depresser, dipper; —ить v. drown, submerge; bury, embed, sink (into); recess, build in; suppress; warm up.

утопич/еский, —ный a. Utopian.

утоплен/ие n. drowning, etc., see утопить; submersion; —ник m. drowned person; —ный a. drowned, etc., see утопить; countersunk (head), flush; built-in; —ная головка countersink; —ного типа flush(-type).

утопнуть see утонуть.

утоптать see утаптывать.

утор m. notch; chine, fissure, crevice; croze (of barrel).

уторапливать v. speed up, accelerate.

утор/ить v. notch, groove; (coopering) croze; beat (a path); —ник m. notcher; crozer.

уторопить see утораплявать.

уточина f. (text.) weft thread.

уточ/ить v. grind down; —иться v. wear down; —ка f. grinding down; dim. of утка.

уточн/ение n. refinement, improvement; more exact definition; specification; —енный a. refined, etc., see v.; —ить, —ять v. refine, improve; specify, make more precise, define more accurately, obtain more accurate (information); verify, check (data).

уточный a. (text.) weft.

уточнять see уточнить.

утраивать v. treble, triple.

утрамбов/анный a. rammed, tamped, packed; —ка f., —ывание n., —ывающий a. ramming, tamping, packing; —(ыв)ать v. ram, tamp, pack.

утра/та f. loss; exhaustion, depletion (of soil); —тить, —чивать v. lose; —ченный a. lost; —чивание n. loss, losing.

утренний a. morning, early.

утренник m. early morning frost.

утриров/ание n., —ка f. overdoing, exaggeration; —ать v. overdo, exaggerate, carry too far.

утро n. morning.

утроб/а f. womb; viscera; —ный a. uterine; —ный плод fetus.

утро/ение n. trebling, tripling, triplication; —енный a. triple, threefold, three times

as great; —итель m. trebler, tripler; —ить see утраивать.

утром adv. in the morning, A.M.

утру/диться see утруждаться; —днить, —днять v. make more difficult, inconvenience; —ждаться v. take trouble, trouble oneself.

утруска f. spillage; weight loss.

утряс/ать, —ти, —ывать v. shake down.

утух/ать, —нуть v. die out, go out.

утучн/ение n. enrichment, fertilization; fattening; —ить, —ять v. enrich, fertilize, manure; fatten.

утуш/ать v. extinguish; suppress; —ить v. extinguish; suppress; stew, braize.

утфель m. (sugar) massecuite, fillmass.

—утый a. suffix —ed, —(e)n.

утык(ив)ать v. set (with); caulk.

утю/г m. iron (for pressing); (road) drag; —гообразный a. iron-shaped, bow (-shaped); —жение n., —жильный a. ironing, etc., see v.; —жить v. iron, press; drag, scrape, grade; —жка see утюжение; —жный a. of утюг.

утягивать v. bind, tie; pull in, tighten, draw tight; draw, pull, haul; entrain; keep back, retain.

утяжел/ение n. charging, loading; weighting; —енный a. heavy; weighted; —итель m. weighting compound; —ить, —ять v. charge, load; weight.

утяжина f. (met.) shrinkage cavity, shrink hole, pipe; crush; spread (of sheet material).

утя/жка f. binding, etc., see утягивать; (rolling) shear drag; (slab rolling) underfills; (cold drawn tubes) draft; —нутый a. bound, etc., see утягивать; —нуть see утягивать.

утятина f. duck (meat).

УУ abbr. (увеличительная установка) enlarger; (уплотняющее устройство) multiplexing device; (устройство управления) control unit.

УФ abbr. (узкополосный фильтр) narrow-band filter; (ультрафиолетовый) ultraviolet; (умеренный фронт) moderate front; (усилитель-формирователь) shaping amplifier; (усилитель фототоков) photocurrent amplifier.

уфимский a. (geog.) Ufa.

уфл, УФЛ abbr. (ультрафиолетовые лучи) ultraviolet rays.

УФО abbr. (ультрафиолетовое облучение) ultraviolet irradiation; (ультрафиолетовое освещение) ultraviolet illumination.

уха f. (fish) chowder; gen. of ухо.

ухаб m., —ина f. hole, hollow, pit, rut (in road); —ы pl. ups and downs; —истый a. rough, uneven, rutty.

ухажив/ание n. tending, etc., see v.; care,

ухание treatment; (mach.) maintenance, service; **—ать** v. tend, nurse, take care (of), care (for), attend; handle, treat; (mach.) maintain, service; cure (concrete); cultivate (plants).

ухание n. slip (of furnace charge).

ухва/т m. shank, grip, tongs, grab; wall hook; **—тить** see **ухватывать**; **—тка** f. grip; way, trick, manner; **—тный** a. of ухват; **—тывать** v. grip, grasp, seize, catch hold (of); **—тываться за** v. seize (an opportunity); **—ченный** a. gripped, etc., see v.

ухвостье n. tailings.

—ухий a. suffix **—auriculate, -eared.**

ухи/триться, —тряться, —щряться v. contrive, manage, find a way; **—щрение** n. device, contrivance, shift, dodge; **—щренный** a. clever.

ухналь m. horseshoe nail.

ух/о n. (anat.) ear; (mech.) ear, lug, hanger, eye; **морское у.** (zool.) abalone; **наружное у.** (anat.) auricle; **среднее у.** middle ear; **тугой на у.** hard of hearing.

уховертка f. (ent.) earwig.

уход m. maintenance, care, service, upkeep; attendance, attention; handling, treatment; departure, going away, leaving, resignation, withdrawal; (frequency) drift; run(ning)-off, escape; loss; shift; deflection (of gyroscope); **у. в сторону** sidetrack; **у. и эксплуатация** care and maintenance; **монтер —а** maintenance man, service man; **не требующий —а** maintenance-free.

уход/ить v. depart, go away, leave; go out, run off, issue; escape. leak; recede; withdraw, retreat; retire, resign; pass, elapse (of time); spend, consume; **—ящий** a. departing, etc., see v.; outgoing; discharge, waste (water).

УХР abbr. (уравнение химического равновесия) chemical equilibrium equation.

ухудш/ать v. deteriorate, degrade, make worse, aggravate, impair, spoil; **—аться** v. be deteriorated, etc.; deteriorate, get worse; **—ение** n. deterioration, etc., see v.; change for the worse, decline; impairment; **—енный** a. deteriorated, etc., see v.; inferior; **—ить** see **ухудшать**.

уцелеть v. survive, remain uninjured, escape destruction, be left intact.

уцен/енный a. (com.) marked down; **—и(ва)ть** v. mark down; **—ка** f. discount, price reduction.

уцеп/ить(ся), —лять(ся) v. catch hold (of), seize, grip, grasp, clutch.

уч. abbr. (**участковый; участок; учебный; ученый**).

учали(ва)ть v. moor, tie up.

участв/овать v. take part (in), participate, share (in), have a hand (in), partake, be involved (in); **—ующий** a. participating; m. participant.

участ/ие n. share, sharing, part, participation, partnership, collaboration; attention, interest, concern; **при —ии** with the assistance (of), with the cooperation (of); **принимать у.** v. take part (in), participate, take interest (in).

участит/ель m. amplifier; **—ь** see **учащать**.

участковый a. of **участок**; sectional.

участник m. participant, participator, partner; member; competitor.

участ/ок m. section, part, portion, segment; region, district, locality, site, area, field, space; lot, plot, strip, piece, parcel (of land); division, allotment; leg (of flight); (flight) path; (launching) phase, trajectory, leg; run (of pipe); **—ками** piecemeal.

участь f. lot, portion, destiny, fate.

учащ/ать v. make more frequent, increase the frequency (of); thicken; repeat; **—ение** n. increase of frequency; repetition; **—енный** a. more frequent; accelerated.

учащий m. teacher; a. teaching; **—ся** m. student; a. studying.

учеб/а f. studying; studies; training; **—ник** m. textbook, manual.

учебно-воспитательный a. educational and training; **у.-имитационный** a. practice; **у.-методический институт** institute of educational methods; **у.-наглядные пособия** visual study aids; **у.-научный** a. scientific training; **у.-опытный** a. instructional and experimental; **у.-тренировочный** a. (av.) training, trainer.

учебн/ый a. educational, training; school; study; instructional; academic; text (book); drill, practice; dummy (ammunition); **у. курс, у. план, —ая программа** curriculum; **—ая стрельба** (mil.) artillery practice; **—ое время** (school) term; **—ое заведение** educational institution, school.

учел past. m. sing. of **учесть**.

учен/ие n. teaching, instruction; tuition; learning, studying; apprenticeship, training; science; doctrine; **отдать в у. мастеру** v. apprentice; **—ик** m., **—ица** f. student; apprentice; **—ик-летчик** m. flying cadet; **—ический** a. pupil's, student; **—ичество** n. apprenticeship, training.

учено adv. scientifically; **—сть** f. learning, erudition.

ученый a. scientific; learned, academic, scholarly; university (degrees); m. scientist; **у. совет** scientific council; **у.-атомник, у.-ядерник** m. nuclear scientist.

ученье see **учение**.
учесть see **учитывать**.
учет *m.* calculation, estimation; accounting; discount; registration; record keeping, metering; follow-up; stock-taking; see also **учитывание**; **у. производительности** (petrol.) gaging; **вести у.** *v.* take stock; **плановый у.** follow-up; **при —е if . . .** is taken into account; **с —ом** with regard (to), with allowance made (for); based (on); **с должным —ом** with due regard (for); **стать на у.** *v.* register; **хозяйственный у.** accounting.
учетвер/ение *n.* quadrupling; **—енный** *a.* quadruplicate, quadruple; **—ить**, **—ять** *v.* quadruple, multiply by four.
учетн/о-издательский лист publisher's sheet (unit of measure); **у.-регистрационный** *a.* enumerative, primary (bibliography); **—ый** *a. of* **учет**; **—ый процент** rate of discount.
учетчик *m.* accountant; calculator.
училищ/е *n.*, **—ный** *a.* school.
учинение *n.* making, committing.
учини(ва)ть *v.* mend, repair.
учин/ить, **—ять** *v.* make, commit.
учитель *m.*, **—ница** *f.* teacher, instructor; **—ский** *a.* teacher's; magistral; **—ство** *n.* teaching; **—ствовать** *v.* teach, be a teacher.
учитыв/ание *n.* considering, etc., see *v.*; inclusion; **—ать** *v.* consider, take into consideration, take into account, take account (of), allow (for), make allowance (for); keep in mind, keep track (of), follow up; include, incorporate; take stock; discount; **не —ать** disregard, ignore, neglect; **необходимо —ать** allowance must be made (for); **—аться** *v.* be considered, etc.; **—ая** *pr. ger.* considering, etc., see *v.*; **не —ая** disregarding.
учить *v.* teach, instruct, train; learn, study; **—ся** *v.* learn, study.
учли *past. pl. of* **учесть**.
учре/дитель *m.* founder, institutor, establisher; **—дить**, **—ждать** *v.* found, establish, set up, institute, start; **—ждение** *n.* founding, etc., see *v.*; establishment, institution; institute.
уч-ся *abbr.* (**учащийся**) student.
учтет *fut. 3 sing. of* **учесть**.
уч-ще *abbr.* (**училище**) school.
ушан *m.* (zool.) bat.
ушат *m.* bucket, tub, small vat.
ушедший *past act. part. of* **уйти**; gone, lost; off—.
уш/ей *gen. pl. of* **ухо**; **—ек** *gen. pl. of* **ушко**.
ушел *past m. sing. of* **уйти**.
ушестер/енный *a.* sextuple; **—ить**, **—ять** *v.* sextuple, increase sixfold.

уши *pl. of* **ухо**.
ушиб *m.* bruise; (med.) contusion; **—ание** *n.* bruising; **—ать**, **—ить** *v.* bruise, hurt, contuse.
ушив/альник, **—атель** *m.* lace, leather cord; **—ание** *n.* sewing up; lacing up; **—ать** *v.* sew up; take in; lace up.
ушир/ение *n.* widening, broadening, breadth, spread, enlargement, amplification; **у. линии** line breadth; **—итель** *m.* extension; **—ительный** *a.* widening, enlarging; **—ить**, **—ять** *v.* widen, enlarge, broaden.
ушить see **ушивать**.
ушко *dim. of* **ухо**; eye (ring), eyelet, shackle, ear, lug, loop, handle; (anat., zool.) auricle; eye (of needle, etc.); tab, tag; thimble, sleeve piece; (bolt) staple; ansa; **с —м** ansa(ted); **—видный** *a.* ansiform; **—вый** *a. of* **ушко**; pin (joint); **—головый винт** eye bolt.
ушла *past f. sing. of* **уйти**.
ушлет *fut. 3 sing. of* **услать**.
ушли *past pl. of* **уйти**.
ушн/ой *a.* ear, aural, auricular, otic; **—ая боль** earache; **—ое зеркало** (med.) otoscope.
ушьет *fut. 3 sing. of* **ушить**.
ущел/истый *a.* full of ravines; **—ье** *n.* ravine, gorge, canyon; gulch, rift, pass; notch, gap.
ущем/ить see **ущемлять**; **—ление** *n.* pinching, strangulation, etc., see *v.*; **—ленный** *a.* pinched, etc., see *v.*; **—лять** *v.* pinch, strangulate, constrict; jam; infringe (upon).
ущерб *m.* damage, injury, harm; detriment, disadvantage; loss, decline; gibbousness (of moon); **в у.** to the detriment (of); **на —е** on the wane; **наносить у.** see **ущерблять**; **—ать** *v.* decrease, wane; **—ить** see **ущерблять**; **—ленный** *a.* harmed, etc., see *v.*; gibbous (moon); **—лять** *v.* harm, damage, injure, impair, affect adversely; **—ляться** *v.* decrease, wane; **—нуть** see **ущербать**; **—ный** *a.* waning, declining.
—ущий *a. suffix* **—ing**, **—ent**, **—ive**; **—ся** *a. suffix* **—ing**, **—ive**, **—able**, **—ible**, **—uble**.
ущип/нуть, **—ывать** *v.* pinch, nip (off).
ущуп(ыв)ать *v.* probe, feel (for).
уэббовский *a.* Webb('s).
уэд *m.* (geol.) wadi.
уэджвуд *m.* (cer.) Wedgwood.
уэллсовский *a.* Wells.
Уэльс (geog.) Wales; **уэльский** *a.* Welsh.
УЭС *abbr.* (**удельное электрическое сопротивление**) specific electric(al) resistivity.
уютный *a.* comfortable, cozy.
—ующий(ся) see **—ущий(ся)**.

уязв/имость f. vulnerability; —имый a. vulnerable; —ить, —лять v. hurt, wound; sting, bite; offend.

уясн/ить, —ять v. elucidate, explain, clear up, clarify; size up (situation); understand.

Ф

ф abbr. (фарада) farad; (фетмо) fetmo— (10^{-15}); (фот) phot; (фоторазведка) photoreconnaissance; (фугасный) high-explosive; ф, ф. abbr. (форма) form; (фунт) pound; ф. abbr. (фут) foot; °Ф abbr. (градусов по Фаренгейту) degrees Fahrenheit.

фаб— prefix see фабричный.

Фабер-дю-Фора печь (met.) Faber du Faur furnace.

фабзав/ком m. factory committee; —уч m. factory training school.

фабианол m. fabianol.

фабрик/а f. factory, shop, mill, works, plant; ф.-кухня f. commercial kitchen; —ант m. manufacturer, maker, producer; —аты pl. manufactured goods, (finished) products; —ация f., —ование n. manufacture, manufacturing, production, making, fabrication; —овать v. manufacture, produce, make, fabricate.

Фабри-Перо интерферометр Fabry-Perot interferometer.

фабрично-заводск/ий, —ой a. industrial, manufacturing, factory: industrial-training (school).

фабричн/ый a. of фабрика; industrial, manufacturing; —ая марка trademark, brand; —ая цена cost price, net cost; —ое законодательство labor legislation; —ое клеймо nameplate, label; —ое производство manufacturing, manufacture.

фабройл(ь) m. fabroil (resin laminate).

фаг m. bacteriophage; suffix —phag(e) (eater, swallower).

фагарамид m. fagaramide.

фагацид m. fagacid (acid resin).

фагеденический a. (med.) phagedenic.

фагин m. fagine.

—фагия f. suffix (biol.) —phagy, —phagia (eating, swallowing).

фаго— prefix phago— (eating, swallowing); —терапия f. bacteriophagic therapy; —цит m. phagocyte; —цитарный a. phagocytic; —цитоз m. phagocytosis.

ФАД abbr. (флавинадениндинуклеотид) flavine-adenine dinucleotide.

фаз/а f. phase, stage; (находящийся) в —е in phase; жидкой —ы liquid-phase; не в —е out of phase; правило фаз phase rule; сдвинутый по —е a. phase-shifted; out of phase; смещение —ы phase shift; совпадающий по —е a. in phase; совпадение фаз phase coincidence; твердая ф. solid phase; solids; угол сдвига фаз phase (displacement) angle.

фазан m., —ий a. (orn.) pheasant.

фазелин m. phasclin.

фазео/лин m. phaseolin (protein); phaseoline (alkaloid); —лунатин m. phaseolunatin; —лунатиновая кислота phaseolunatinic acid; —маннит m. phaseomannite, inosite.

фазии pl. (ent.) Phasiidae.

фазин m. phasin.

фазиров/ание n., —ка f. phasing; —анный a. phased; —ать v. phase.

фаз/ис see фаза; —итрон m. (electron.) phasitron; —ный a. phase; (mach.) phase-wound; с —ным ротором slip-ring (motor).

фазо—, —во— prefix phase; —воимпульсный a. pulse-position, pulse-phase; —вомодулированный a. phase-modulated; —вонеустойчивый a. phase-unstable; —вращатель m. phase shifter, phase switcher, phase-shifting circuit.

фазов/ый a. phase; ф. переход phase transition; —ая скорость phase velocity; —ая характеристика phase response.

фазо/выравниватель m. phase equalizer, phase compensator, phase modifier; —граф m. phasograph; —двигующий a. phase-displacing; —импульсный see фазовоимпульсный; —инвертор m. phase inverter; —индикатор m. phase indicator, phase monitor; —компенсатор m. phase compensator, phase advancer; —метр m. phase meter, phase indicator, power-factor meter; —модулированный a. phase-modulated; —опережающий a. (phase-)lead (network); —преобразователь m. phase converter.

фазораздел/итель m. phase separator; —яющий a. phase-separating.

фазорасщеп/итель m. phase splitter; —и́тельный, —ля́ющий a. phase-splitting.

фазо/регулятор m. phase regulator, phase shifter; —сдвигающий, —смещающий a. phase-shift(ing); —трон m. phasotron, synchrocyclotron, frequency-modulated cyclotron; —тропия f. phasotropy; —указатель see фазометр; —частотный a. phase-frequency; —чувствительный a. phase-sensitive.

фазы gen., pl., etc. of фаза; ф. распределения valve timing.

фай m. (text.) faille; —дешин m., —дешиновый a. faille de Chine.

файнс m. fines.

файнштейн m. (met.) converter matte.

файрфильдит *m.* (min.) fairfieldite.
файрфрекс *m.* Firefrax cement.
факел *m.* torch, flare; jet, tongue (of flame); (fuel) spray; (astr.) facula; ф.-лоцман pilot flame; —ьный *a.* of факел.
фако— *prefix* phac(o)— (lens); —идальный *a.* (petr.) phacoidal; —лит *m.* (geol.) phacolith; (min.) phacolite; —литовый *a.* phacolithic; phacolitic; —метр *m.* (opt.) phacometer.
факсимил/е *n.*, —ьный *a.* facsimile; —ьный аппарат facsimile duplicating device.
факт *m.* fact.
фактическ/и *adv.* actually, in fact; practically, virtually, essentially; by facts; —ий *a.* actual, real, true, factual, based on facts; practical; —ий материал, —ая сторона, —ие данные the facts.
фактографический информационно-поисковый *a.*, ф. информационный поиск data retrieval.
фактор *m.* factor, coefficient, agent; (pacing) item; —ы *pl.* factors, elements; —иал *m.* (math.) factorial; —иальный *a.* factor(ial).
фактория *f.* trading post.
факторный *a.* of фактор.
фактур/а *f.*, —ный *a.* (com.) invoice, bill; surface finish, texture; composition.
факультативный *a.* facultative, optional, elective (subject).
факультет *m.* faculty; (university) department, school; (math.) factorial.
факция *f.* faction.
фал *m.* (naut.) halyard, puller.
фал. *abbr.* (фенилаланин) phenylalanine.
фаланга *f.* (anat.) phalanx.
фалда *f.* tail, skirt, flap.
фалевка *f.* crusher, grinder.
фалерц *see* фальерц.
фалинь *m.* (naut.) painter (rope).
фаллопиевы трубы (anat.) Fallopian tubes.
фалреп *m.* (naut.) manrope, side rope.
фалунит *m.* (min.) fahlunite.
фаль/банд *m.* (petr.) fahlband; —ерц *m.* (min.) fahlerz, fahlore, tetrahedrite, gray copper ore.
фальсифи/кация *f.*, —цирование *n.* adulteration; —цированный *a.* adulterated; —цировать *v.* falsify, adulterate; —цирующий *a.* adulterating; —цирующее вещество adulterant.
фальц *m.* rabbet, groove, furrow, channel; fold; seam (of can); —аппарат, —бейн *m.* folder; —гебель, —гобель, —губель *m.* rabbet plane, fillister; —евальный *a.*, —евание *n.* rabbeting, etc., *see v.*; —евать *v.* rabbet, groove, chamfer, channel; fold, crease; horn; seam; —машина *f.* folder; —овка *see* фальце-

вание; rabbet plane, fillister; —овочный *a.* rabbeting, etc., *see v.*; seam-closing; bumping (hammer).
фальшборт *m.* bulwark.
фальшив/ка *f.* forged document; —ость *f.* falseness; —ый *a.* spurious, false, counterfeit (money); pseudo—.
фальшкиль *m.* (naut.) false keel.
фальшфейер *m.* false fire, blue light.
фаля *f.* spring lock.
фаматинит *m.* (min.) famatinite.
фаменский *a.* (geol.) Famennian (stage).
фамилия *f.* family name, surname.
фамильярн/ость *f.* familiarity; —ый *a.* familiar, unceremonious.
фаналь *m.* fanal (color).
фанат/ик *m.*, —ический *a.* fanatic.
фанг *m.* double-rib knit fabric.
фангломерат *m.* (petr.) fanglomerate.
фанер/а *f.*, —ит *m.* veneer; plywood; —ка *f.* sheet of plywood.
фанерн/ый *a.* veneer; plywood; ф. лист plywood (sheet); —ая работа veneering, veneer work; —ое дерево plywood.
фанеро— *prefix* phanero—, visible; veneer, plywood.
фанеров/ание *n.* veneering; —анный *a.* veneer(ed); —ать *v.* veneer; —ка *f.* veneering; —щик *m.* veneer applier.
фанеро/гладильный *a.* veneer-smoothing; —лущильный *a.* veneer-peeling; —пильный *a.* veneer-sawing; veneer (saw); —строгальный *a.* veneer-cutting.
фанза *f.* (text.) foulard.
фановый *a.* drain, sewage, soil (pipe); sewage-disposal (system).
фанодорм *m.* Phanodorm, cyclobarbital.
фанта/зия *f.* fantasy, fancy, imagination; —стический, —стичный *a.* fantastic, imaginary.
фантастрон *m.* (electron.) phantastron.
фантом *m.* (radiology) phantom; model (of body); —ный *a.* phantom.
фаолит *m.* (plastics) faolite.
фара *f.* headlight; (landing) light.
фарад/а *f.* (elec.) farad (unit of capacitance); —еевский *a.* Faraday; —ей *m.* faraday (electrochemical constant).
Фарадея явление Faraday effect; Ф. число *see* фарадей.
фарадизация *f.* (med.) faradization.
фарадиол *m.* faradiol.
фарад/ический *a.* faradic; —метр *m.* (elec.) faradmeter.
фараонова змея Pharaoh's serpent (stick of mercuric thiocyanate); ф. мышь (zool.) ichneumon.
фара-прожектор *f.* searchlight, spotlight.
фаратсигит *m.* (min.) faratsihite.
фарблак *m.* (color) lake.
фарватер *m.*, —ный *a.* fairway, waterway, (navigable) channel.

фаренгейт *m.* Fahrenheit thermometer; градус Фаренгейта degree Fahrenheit.
фаринг—, **—о—** *prefix* (anat.) pharyng(o)— (pharynx); **—еальный** *a.* (anat.) pharyngeal; **—ит** *m.* (med.) pharyngitis; **—оскоп** *m.* pharyngoscope.
фарино/за *f.* farinose; **—том** *m.* (grain analysis) farinotome.
фармако— *prefix* pharmaco— (drug, medicine; poison); **—гнозия** *f.* pharmacognosy; **—лит** *m.* (min.) pharmacolite; **—лог** *m.* pharmacologist; **—логический** *a.* pharmacological; **—логия** *f.* pharmacology; **—пея** *f.* pharmacopoeia; **—сидерит** *m.* (min.) pharmacosiderite; **—химия** *f.* pharmaceutical chemistry.
фармацевт *m.* pharmacist, druggist; **—ика** *f.* pharmaceutics; **—ический** *a.* pharmaceutical; **—ические товары** pharmaceuticals, drugs.
фармация *f.* pharmaceutics; pharmacy.
фарнез/ал *m.* farnesal; **—ен** *m.* farnesene; **—еновая кислота** farnesenic acid; **—ол** *m.* farnesol.
фароелит *m.* (min.) faroelite (probably identical with thomsonite).
фаррара способ (met.) Farrar's process.
фарту/к *m.*, **—чный** *a.* apron; hood, cover, housing.
фарфор *m.* porcelain, china; **—овидный** *a.* porcelain-like, porcelaneous.
фарфоров/ый *a. of* **фарфор**; **—ая глина** china clay; **—ая посуда, —ые изделия** china, porcelain ware; **—ая яшма** (min.) porcelain jasper, porcellanite.
фарфорообжигательная печь porcelain kiln.
фарш *m.* stuffing; sausage meat; **—ированный** *a.* stuffed; **—ировать** *v.* stuff.
фары *pl. of* **фара**.
фас *m.* face, front, facade; (geol.) scarp, escarpment (of fault).
фасад *m.*, **—ный** *a.* facade, face, front; elevation, view; **боковой ф.** side view, profile; **передний ф.** front(al) view.
фас/ет *m.*, **—етка** *f.* facet; face; bevel edge; **—етный** *a.* facet; multi-aspect, multi-dimensional (classification); beveled (mirror); **—еточный** *a.* facet; (ent.) faceted, compound (eye); **—етчатый** *a.* facet(ed); **—ка** *f.* facet; bevel (edge), edge chamfer(ing); **с —кой** beveled (glass); **снимать —ку** *v.* chamfer.
фасов/ание *n.* pack(ag)ing; **—анный** *a.* pack(ag)ed; **—ать** *v.* pack(ag)e); **—ка** *f.*, **—очный** *a.* pack(ag)ing; **—очный автомат** automatic packaging machine; **—щик** *m.* pack(ag)er.
фасок *gen. pl. of* **фаска**.
фасол/евый *a.*, **—ь** *f.* bean; обыкновенная **—ь** kidney bean(s).
фасон *m.* style, fashion; **—ирование** *n.*

shaping, etc., *see v.*; **—ировать** *v.* shape, form, fashion; **—но-токарный станок** shaping lathe, forming lathe.
фасонн/ый *a.* fashioned, shaped, molded; shape, form, profile, contour; irregular, irregularly shaped; section(-shaped); grooved (roll); **ф. калибр** (rolling) section groove; **ф. резец** forming tool, form cutter; shaping tool; **ф. фрезер** profile cutter; **ф. шаблон** curve gage; **ф. штамп** shaping die; **—ая гладилка** trowel; **—ая наковальня** die block; **—ая обработка** profiling; **—ая плита** die plate; **—ая сварка** shape welding; **—ая фрезеровка** form milling; **—ая штамповка** molding; **—ое железо** profile iron, structural iron, section steel, shaped steel; **—ое литье** shaped casting(s); **—ые части** fittings (for pipes, etc.).
фассаит *m.* (min.) fassaite.
фасци/ация *f.* (bot.) fasciation; **—ола** *f.* (zool.) fasciole; **—олез** *m.* (vet.) fascioliasis; **—я** *f.* (anat.) fascia.
фатальн/ость *f.* fatality; **—ый** *a.* fatal; unfortunate, unlucky.
фау-1 (mil.) V-1 (German robot bomb); **ф.-2** V-2 (German rocket).
Фаулера раствор Fowler solution (of potassium arsenite); **Ф. ряд** Fowler's series (of helium spectrum lines).
фаулерит *m.* (min.) fowlerite.
фаун/а *f.* (zool.) fauna; **—овый** *a.* faunal.
фаут *m.* (timber) defect, fault, flaw, rot; **—ный** *a.* defective, faulty, rotten, decayed.
фауясит *m.* (min.) faujasite.
фахверк *m.*, **—овое сооружение** framework; **—овый** *a.* framework; frame (building).
фацелия *f.* (bot.) Phacelia.
фацет *see* **фасет**.
фаци/альный *a.* phase; (biol.; geol.) facies, environmental; facial (zonality); **—я** *f.* facies, phase, environment.
фашин/а *f.* fascine, fagot; **—изация** *f.*, **—ная работа** reinforcement with fascines; **—ник** *m.* brushwood, fagot wood; **—ный** *a. of* **фашина**.
фая *gen. of* **фай**.
Фая аномалия (gravity surveying) Faye anomaly.
фаялит *m.* (min.) fayalite.
фаянс *m.*, **—овый** *a.*, **—овая посуда** (cer.) faience, glazed pottery.
Фаянс-Содди правило Fajans-Soddy law.
ФВ *abbr.* (фазовый выравниватель) phase equalizer.
ФВЧ *abbr.* (фильтр верхних частот) high-pass filter.
ф. гр. *abbr.* (федоровская группа симметрии) Fedorov symmetry group.

ФДМ *abbr.* (фенилдиметилмочевина) phenyldimethylurea.
фсба *f.* (astr.) Phoebe.
фебрифугин *m.* febrifugine (alkaloid).
февраль *m.*, —**ский** *a.* February.
фед *m.* Fed (Soviet miniature camera).
федер *m.* (cinematography) fader.
федер/альный *a.* federal; —**ация** *f.* federation, league.
федергебель *m.* tonguing plane.
фединг *m.* fading, fade-out.
федометр *m.* (dyes) Fadeometer.
федоров/ит *m.* (min.) fedorovite; —**ский** *a.* Fedorov.
Фезера анализ Feather analysis.
фейервер/к *m.*, —**очный** *a.* fireworks.
фейеровский *a.* (math.) Fejer.
фейнмановский *a.* (phys.) Feynman.
фейнцуг *m.* drawing of fine wire.
фейринг *m.* (av.) fairing.
фейфка *f.* tube, pipe.
фейхоа *f.* (bot.) feijoa (*Feijoa sellowiana*).
фекал/ии *pl.*, —**ьная масса** feces, excrements; —**ьный** *a.* fecal.
фекулометр *m.* (starch) feculometer.
фелингов раствор, ф. реактив, —**а жидкость** (sugar) Fehling solution.
фелландрен *m.* phellandrene, 1(7),2-*p*-menthadiene.
феллановая кислота fellanic acid.
феллема *f.* (bot.) phellem, cork.
фелло— *prefix* phello— (cork); —**ген** *m.* (bot.) phellogen, cork cambium; —**геновая кислота** phellogenic acid; —**новая кислота** phellonic acid; —**пластика** *f.* phelloplastics.
фельдшер *m.*, —**ский** *a.* doctor's assistant, surgeon's assistant, paramedic.
фельдшпат *m.* (min.) feldspar; —**ид** *m.* feldspathoid; —**изация** *f.* feldspathization; —**изироваться** *v.* feldspathize; —**овый** *a.* feldspar, feldspathic; —**оид** *m.* felspathoid.
фельдъегер/ский *a.*, —**ь** *m.* (mil.) courier, dispatch rider; state messenger.
фельзит *m.* (petr.) felsite; —**овый** *a.* felsite, felsitic.
фельзобаниит *m.* (min.) felsöbanyite.
фельзофир *m.* (petr.) felsophyre, felsite-porphyry; —**овый** *a.* felsophyric.
фелькерит *m.* (min.) voelckerite, oxyapatite.
фелю/га *f.*, —**жный** *a.* (naut.) felucca.
фемический *a.* (petr.) femic.
фемто— *prefix* femto— (10^{-15}).
фен *m.* phene, benzene ring; foehn (wind); fan; hair dryer.
фен— *prefix* phen—.
фенадон *m.* Fenadone, methadone hydrochloride.
феназ/арсиновая кислота phenazarsinic acid; —**ин** *m.* phenazine, dibenzopara-diazine; —**инфуран** *m.* phenazinfuran; —**он** *m.* phenazone; —**оний** *m.* phenazonium.
фенакаин *m.* phenacaine, Holocaine.
фенакит *m.* (min.) phenacite, phenakite.
фенамин *m.* phenamine (amphetamine).
фенантр/ахинон *m.* phenanthraquinone, phenanthrenequinone; —**ен** *m.* phenanthrene; —**енон** *m.* phenanthr(en)one; —**иазин** *m.* phenanthriazine; —**идин** *m.* phenanthridine; —**идон** *m.* phenanthridone; —**ил** *m.* phenanthryl; —**оксазин** *m.* phenanthroxazine; —**ол** *m.* phenanthrol, hydroxyphenanthrene; —**олин** *m.* phenanthroline; —**он** *m.* phenanthrone.
фенарсазин *m.* phenarsazine.
фенат *m.* phenate.
фенацет/еин *m.* phenacetein, phenacetolin; —**ин** *m.* phenacetin, acetophenetide; —**ол** *m.* phenacetol, phenoxyacetone; —**уровая кислота** phenaceturic acid.
фенацил *m.* phenacyl; —**иден** *m.* phenacylidene; —**идин** *m.* phenacylidin; —**овый** *a.* phenacyl.
фенгит *m.* (min.) phengite.
фенгомазин *m.* phenhomazine.
феневый *a.* (meteor.) foehn.
фенет/идин *m.* phenetidine, ethoxyaniline; —**ил** *m.* phenetyl, ethoxyphenyl; —**ол** *m.* phenetole, ethoxybenzene.
фенигрековое семя fenugreek seed.
фенидон *m.* (phot.) Phenidone.
Феникс *m.* (astr.) Phoenix.
фенил *m.* phenyl; —**аланин** *m.* phenylalanine; —**амин** *m.* phenylamine, aniline; —**арсенокислота** *f.*, —**арсоновая кислота** phenylarsonic acid; —**ат** *m.* phenylate; —**ацетилен** *m.* phenylacetylene; —**гидразин** *m.* phenylhydrazine; —**ен** *m.* phenylene; —**ендиамин** *m.* phenylenediamine; —**еновый** *a.* phenylene; —**иден** *m.* phenylidene; —**изотиоцианат** *m.* phenyl isothiocyanate; —**ин** *m.* phenindione, 2-phenyl-1,3-indandione.
фенилир/ование *n.* phenylation; —**ованный** *a.* phenylated; —**овать** *v.* phenylate; —**ующий** *a.* phenylating.
фенил/карбинол *m.* phenylcarbinol, benzyl alcohol; —**масляный** *a.* phenylbutyric (acid); —**мочевина** *f.* phenylurea.
фениловый *a.* phenyl(ic); **ф. спирт** phenylic alcohol, phenol; **ф. эфир** phenyl ether, phenoxybenzene; **ф. эфир уксусной кислоты** phenyl acetate.
фенил/он *m.* Phenylone, antipyrine; —**трихлорсилан** *m.* phenyltrichlorosilane; —**уксусная кислота** phenylacetic acid; —**фосфиновая кислота** phenylphosphinic acid; —**фосфористая кислота** phenylphosphorous acid, phosphenylic

acid; **хинолин** *m.* phenylquinoline; **—ьный** *see* **фениловый**; **—этан** *m.* phenylethane, phenylic acid; **—этанол** *m.*, **—этиловый спирт** phenylethanol, phenylethyl alcohol.

фенин *m.* phenin, phenacetin.

фенит *m.* (petr.) fenite; **—изация** *f.* fenitization.

фениц/ин *m.* phoenicin; **—ит** *m.* (min.) phoenicinite, phoenicochroite.

фен/метил *m.* phenmethyl; **—о—** *prefix* (chem.) phen(o)— (phenyl, benzene); pheno— (showing).

феноасболой *m.* asbestos fabric impregnated with phenol-formaldehyde resin.

феновый *a.* (meteor.) foehn; phenic (acid).

фено/за *f.* phenose; **—кол(л)** *m.* phenocoll.

фенокрист/(алл) *m.* (petr.) phenocryst, porphyritic crystal; **—аллический** *a.* phenocrystalline, phanerocrystalline.

феноксазин *m.* phenoxazine.

фенокси— *prefix* phenoxy—; **—бензол** *m.* phenoxybenzene, phenyl ether; **—уксусный** *a.* phenoxyacetic acid.

фенол *m.* phenol, carbolic acid; **—аза** *f.* phenolase; **—оальдегид** *m.*, **—оальдегидный** *a.* phenol-aldehyde; **—овый** *a.* phenol(ic).

фенолог/ический *a.* (biol.) phenological; **—ия** *f.* phenology.

феноло/кетон *m.* phenol(ic) ketone; **—кислота** *f.* phenol(ic) acid; **—спирт** *m.* phenolic alcohol; **—сульфокислота** *f.* phenolsulfonic acid; **—формальдегидный** *a.* phenol-formaldehyde (resins).

фенол/рот *m.* phenol red (indicator); **—серный** *a.* phenolsulfuric (acid); **—сульфоновая кислота** phenolsulfonic acid; **соль — сульфоновой кислоты** phenolsulfonate.

фенолсульфоново/алюминиевая соль aluminum phenolsulfonate; **—кальциевая соль, —кислый кальций** calcium phenolsulfonate, **—кислый** *a.* phenolsulfonic acid; **—кислый фенолсульфонат (of);** **—кислая соль** phenolsulfonate, sulfophenylate.

фенол/формальдегидный *a.* phenol-formaldehyde (resins); **—фталеин** *m.* phenolphthalein; **—фталид** *m.* phenolphthalide; **—хинин** *m.* phenolquinine; **—ьный** *a.* phenol(ic); **—ят** *m.* phen(ol)ate.

феномен *m.* phenomenon; **—альный** *a.* phenomenal; **—ологический** *a.* phenomenological; **—ология** *f.* phenomenology.

фено/н *m.* phenone; **—нафтазин** *m.* phenonaphthazine, benzophenazine; **—пирин** *m.* phenopyrine, antipyrine phenate; **—пласт** *m.* phenoplast (phenol-formaldehyde plastic); **—прен** *m.* phenoprene, 2-phenylbutadiene-1,4; **—салил** *m.* phenosalyl; **—сафранин** *m.* phenosafranine; **—стал** *m.* phenostal, diphenyl oxalate;

—стеклослой *m.* fiber glass impregnated with phenol-formaldehyde resin; **—тиазин** *m.* phenothiazine, thiodiphenylamine; **—тип** *m.* (biol.) phenotype; **—хинон** *m.* phenoquinone.

фентиазин *see* **фенотиазин**.

фенх/ан *m.* fenchane; **—анол** *see* **фенхол**; **—анон** *see* **фенхон**; **—елевый** *a.*, **—ель** *m.* fennel; **—ен** *m.* fenchene; **—еновый** *a.* fenchenic (acid); **—ил** *m.*, **—иловый** *a.* fenchyl; **—оксим** *m.* fenchoxime; **—ол** *m.* fenchol, fenchyl alcohol; **—оловый** *a.* fencholic (acid); **—он** *m.* fenchone.

фенэтил *m.*, **—овый** *a.* phenethyl; **—амин** *m.* phenethylamine; **—ен** *m.* phenethylene, styrene.

фео— *prefix* pheo— (dun-colored); **—фитин** *m.* pheophytin; **—форбид** *m.* pheophorbid; **—хром** *m.* pheocrome.

ферберит *m.* (min.) ferberite.

фреганит *m.* (min.) ferganite.

ферганский *a.* (geog.) Fergana.

фергюсонит *m.* (min.) fergusonite.

Фери калориметр Féry calorimeter.

ферма *f.* (agr.) farm; (constr.) truss, girder; framework; support.

Ферма принцип Fermat's principle.

фермат *m.* fermate (fungicide).

ферменный *a. of* **ферма** (constr.).

фермент *m.* enzyme, ferment; **—ативный** *a.* fermentative, fermentation, zymotic; enzym(at)ic; **—атор** *m.* fermenter; **—ационный** *a.*, **—ация** *f.* fermentation; **—ер** *m.* fermenter; **—ировать** *v.* ferment; **—ный** *a. of* **фермент**.

фермер *m.* farmer; **—ский** *a.* farm, farmer's; **—ское хозяйство** farm; **—ство** *n.* farming.

ферми *m.* fermi (unit of length).

Ферми график (nucl.) Fermi plot; **возраст по Ф.** Fermi age.

ферми/-газ *m.* Fermi gas; **—евский** *a.* Fermi; **—й** *m.* fermium, Fm; **—он** *m.* (nucl.) fermion; **ф.-частица** fermi particle.

фермовый *see* **ферменный**.

ферморит *m.* (min.) fermorite.

фермуар *m.* clasp, catch, snap; chisel.

фернамбук *m.*, **—овый** *a.* brazilwood.

фернандинит *m.* (min.) fernandinite.

фернико *n.* Fernico (alloy).

феромон *m.* (zool.) pheromone.

ферон *m.* pheron (colloidal carrier).

Ферранти явление (elec.) Ferranti effect.

Феррариса насос Ferraris pump.

феррат *m.* ferrate.

ферредоксин *m.* ferredoxin.

ферри *n.* Ferry metal.

ферри/магнетизм *m.* ferrimagnetism; **—стор** *m.* (electron.) ferristor.

феррит *m.* ferrite; **—диодный** *a.* ferrite diode (cell); **—ный, —овый** *a.* ferrite,

ferritic; ф.-транзисторный *a.* ferrite-transistor.
ферри/тунгстит *m.* (min.) ferritungstite; —**хром** *m.* Ferrichrome (alloy); —**цианид** *m.* ferricyanide.
ферро— *prefix* ferro—, iron; —**аксинит** *m.* (min.) ferroaxinite; —**алюминий** *m.* (met.) ferroaluminum; —**бор** *m.* (met.) ferroboron; —**ванадий** *m.* (met.) ferrovanadium; —**вольфрам** *m.* (met.) ferrotungsten, tungsten steel; —**динамический** *a.* ferrodynamic; —**кальцит** *m.* (min.) ferrocalcite; —**кобальт** *m.* (met.) ferrocobalt.
ферро/крит *m.* (concrete) ferrocrete; —**ксильный** *a.* ferroxyl (indicator); —**кскуб** *m.* Ferroxcube (magnet); —**лит** *m.* (petr.) ferrolite.
ферромагн/етизм *m.* ferromagnetism; —**етик** *m.* ferromagnetic (substance); —**итный** *a.* ferromagnetic; —**итография** *f.* ferromagnetic printing.
ферроманган *m.* (met.) ferromanganese; —**отитан** *m.* titaniferous ferromanganese.
ферро/марганец *m.* (met.) ferromanganese; —**метр** *m.* ferrometer; —**молибден** *m.* (met.) ferromolybdenum; —**монтичеллит** *m.* (min.) ferromonticellite; —**натрит** *m.* ferronatrite; —**никель** *m.* (met.) ferronickel; —**ниобий** *m.* ferroniobium; —**платина** *f.* ferroplatinum.
феррорезонанс *m.* ferroresonance; —**ный** *a.* ferroresonant.
ферро/силициевый *a.*, —**силиций** *m.* (met.) ferrosilicon; —**сплав** *m.*, —**сплавный** *a.* ferroalloy; —**статический** *a.* ferrostatic; —**типия** *f.* (phot.) ferrotype; —**титан** *m.* (met.) ferrotitanium; —**титанит** *m.* (min.) ferrotitanite; —**торит** *m.* (min.) ferrothorite; —**фосфор** *m.* (met.) ferrophosphorus; —**хром** *m.* (met.) ferrochrome, ferrochromium; —**цен** *m.* ferrocene, dicyclopentadienyliron; —**церий** *m.* (met.) ferrocerium; —**цианид** *m.* ferrocyanide; —**циркон** *m.* (met.) ferrozirconium; —**электрический** *a.* ferroelectric.
фертильный *a.* fertile.
ферто/ень, —**инг** *m.* (naut.) mooring (swivel).
ферул/а *f.* (bot.) Ferula; **ф.-альдегид** *m.* ferulaldehyde, *p*-coniferaldehyde; —**ен** *m.* ferulene; —**овая кислота** ferulic acid, *m*-methoxy-*p*-hydroxycinnamic acid.
фестон *m.* festoon; (bot.) scallop; —**ный**, —**чатый** *a.* scalloped.
Фетера формула Feather's formula.
фетр *m.*, —**овый** *a.* felt.
фефка *f.* (soldering) finger pipe.
Фехнера закон (illum.) Fechner's law.
фехраль *m.* Fechral (alloy).

ф.-з. *abbr.* (фабрично-заводской) factory.
ФЗО *abbr.* (фабрично-заводское обучение) factory training.
ФЗТ *abbr.* (фотографическая зенитная труба) photographic zenith telescope.
ФЗУ *see* **фабзавуч.**
фи phi (Greek letter).
фиалк/а *f.*, —**овый** *a.* violet; **трехцветная ф.** pansy; —**овый корень** orris root.
фиаско *n.* fiasco, failure.
Фиата печь Fiat furnace.
фибра *f.* fiber; spec. a leatheroid material; **листовая ф.** fiberboard; —**тор** *m.* fibrator.
фибрилл/а *f.* fibril, small fiber; —**ировать** *v.* fibrillate; —**овый** *a.* fibrillar, fibrillate; —**ярный** *a.* fibrillar; fibrous (protein).
фибрин *m.*, —**овый** *a.* fibrin; —**оген** *m.* fibrinogen; —**озный** *a.* fibrinogenous, fibrinous; —**олиз** *m.* fibrinolysis; —**олизин** *m.* fibrinolysin.
фибробетон *m.* fibrous concrete.
фибробласт *m.* (zool.) fibroblast, lamellar cell; —**ический** *a.* fibroblastic.
фибро/вый *a.* fiber, fibrous; —**з** *m.* (med.) fibrosis, fibrous degeneration; —**зный** *a.* fibrous; —**ин** *m.* fibroin; —**кс** *m.* fibrox (insulator); —**лизин** *m.* fibrolysin; —**лит** *m.*, —**литовый** *a.* (min.) fibrolite; (constr.) fiberboard; —**ма** *f.* (med.) fibroma, fibrous tumor; —**пластин** *m.* fibroplastin, paraglobulin; —**текс** *m.* fibrotex (roofing); —**фельт** *m.* fibrofelt (insulation); —**феррит** *m.* (min.) fibroferrite.
фиг. *abbr.* (фигура) figure, illustration.
фиг/а *f.*, —**овый** *a.* fig.
фигур/а *f.* figure, illustration, diagram; shape, form; pattern; (etch) pit; —**ально** *adv.* figuratively; —**альный**, —**ативный** *a.* figurative, symbolic; —**ировать** *v.* figure, act (as), play the part (of); appear, occur, be mentioned; —**ка** *dim.* of **фигура**; —**но-просечные ножницы** trimming press.
фигурн/ый *a.* figure(d); fancy (pattern); irregularly shaped, (complex-)shaped; **ф. контур** irregular outline; **ф. резец** form tool, forming cutter; —**ые скобки** braces.
фидер *m.*, —**ный** *a.* feeder.
Фиджи (geog.) Fiji.
фидлерит *m.* (min.) fiedlerite.
фидуциальный *a.* fiducial.
физ. *abbr.*, **физ**— *prefix* (**физический**).
физал/ин *m.* physalin; —**ис** *m.* (bot.) ground cherry (*Physalis*).
физетеровая кислота physeteric acid, 5,6-tetradecenoic acid.
физетин *m.* fisetin, tetrahydroxyflavone.
физетолеиновая кислота physetoleic acid, hypogaeic acid.

физиатрия *f.* (med.) physiatrics.
физик *m.* physicist; **—а** *f.* physics; **—а твердого тела** solid-state physics; **—а ядра** nuclear physics; **ф.-атомник** *m.* nuclear physicist.
физико— *prefix* physico—, physical; **ф.-математический** *a.* physicomathematical; **ф.-металлургический** *a.* physicometallurgical; **ф.-технический** *a.* physicotechnical; **ф.-технологический** *a.* physicotechnological; **ф.-химический** *a.* physicochemical, physical chemistry.
физик-теоретик *m.* theoretical physicist; **ф.-химик** *m.* physical chemist.
физио— *prefix* physi(o)— (physical; physiological; natural); **—графический** *a.* physiographic; **—графия** *f.* physiography, physical geography.
физиолог *m.* physiologist; **—ический** *a.* physiological; **—ия** *f.* physiology.
физио/пластика *f.* plastic surgery; **—терапевт** *m.* physical therapist; **—терапевтический** *a.* physiotherapeutic; **—терапия** *f.* physiotherapy, physical therapy.
физит *m.* physite, erythrol.
физическ/ий *a.* physical; manual (labor); physics; compound (pendulum); **—ая моделирующая величина** analog quantity; **—ие свойства** physical properties; **—ие элементы** (comp.) components.
физкульт— *prefix*, **—ура** *f.* physical culture, athletics, sports.
физмат *m.* (educ.) department of physics and mathematics.
физо/д(ал)овый *a.* physod(al)ic (acid); **—стигмин** *m.* physostigmine, eserine.
Фика диффузия Fickian diffusion; **Ф. закон** (nucl.) Fick's law.
—фикация *f. suffix* **—**fication, introduction, distribution.
фико— *prefix* (bot.) phyco— (seaweed, algae); **fico—**; **—ксантин** *m.* phycoxanthin; **—логия** *f.* phycology, study of algae; **—мицеты** *pl.* (bot.) Phycomycetes; **—феин** *m.* phycophaein; **—хром** *m.* phycochrome; **—церитрин** *m.* phycoerythrin; **—циан** *m.* phycocyanin; **—эритрин** *m.* phycoerythrin.
фикс *m.* fixed price; point; **—аж** *m.* fixing, fixation; fixer, fixative, fixing bath; **—ажный** *a. of* **фиксаж**; stopping, transition (point); **—ажная ванна** (phot.) fixing bath; **—атив** *m.* fixative, fixing agent; **—атор** *m.* catch, lock, stop, detent, latch, clamp; locator, guide, index (pin); pull-off, push-off; (chem.) fixative; (nitrogen) fixer; (met.) centering cone; **—атуар** *m.* pomade; **—ация** *see* **фиксирование**; pull-off, push-off.
фиксир/ование *n.* fixation, fixing, etc., *see v.*; (comp.) holding (beam action);
—ованный *a.* fixed, etc., *see v.*; **—овать** *v.* fix; stop, lock, clamp; secure, make fast, freeze in; hold; stabilize; immobilize (nuclear waste); locate, position; record, register, note (reading); **—ующий** *a.* fixing, etc., *see v.*; (comp.) holding (beam); **—ующий реагент** *see* **фиксатив**; **—ующая деталь** retainer.
фикс-пункт *m.* fixed point.
фиктивн/ость *f.* fictitiousness; **—ый** *a.* fictitious, false, imitation, dummy; theoretical, hypothetical.
фикус *m.*, **—ный** *a.* (bot.) fig (*Ficus*).
фикция *f.* fiction.
Филадельфия Philadelphia.
филант *m.* a sphecid wasp (*Philanthus triangulum*).
филар/иоз *m.* (med.) filariasis; **—ия** *f.* filaria (parasitic nematode).
филата *f.* (min.) cross board (of support).
филатова(-Пфейфера) болезнь (med.) infectious mononucleosis.
филд/истор *m.* fieldistor, unipolar transistor; **—трон** *m.* fieldtron.
филе *n.*, **—йный** *a.* filet.
филен/ка *f.* panel(ing); slat, dividing strip; **обшивать —кой** *v.* panel; **—очный**, **—чатый** *a.* panel(led), panel-type; strip(e).
филер *m.* filler.
фили *pl. of* **филум**, (biol.) phyla.
филиал *m.* branch (office), affiliated branch, affiliated society; **ф. завода** branch works; **—ьный** *a.* branch, affiliated; **—ьное отделение** branch.
филигран *m.*, **—овый** *a.* filigree (work); **—ь** *f.* filigree; watermark, watermarked paper.
филиксовая кислота filixic acid.
филин *m.* horned owl.
филиппинский *a.* (geog.) Philippine.
филицин *m.* filicin, filicic acid anhydride; **—овая кислота** filicinic acid.
—филия *f. suffix* (med.) **—**philia (tendency toward); (bot.) **—**phily.
филлантин *m.* phyllanthin.
филлер *m.* filler, filling material.
филлигенин *m.* phillygenin.
филлин *m.* phyllin.
филлипсит *m.* (min.) phillipsite.
филлирин *m.* phyllyrin.
филлит *m.* (petr.) phyllite.
филло— *prefix* phyllo— (leaf).
филловит *m.* (min.) fillowite.
филло/гемин *m.* phyllohemin; **—генетический** *a.* phyllogenetic, leaf-producing; **—дий** *m.* (bot.) phyllode; **—кладий** *m.* (bot.) phylloclade; **—ксера** *f.* (ent.) phylloxera; **—нит** *m.* (petr.) phyllonite; **—пиррол** *m.* phyllopyrrole; **—порфирин** *m.* phylloporphyrin; **—стахис** *m.* (bot.) Phyllostachys; **—стиктоз** *m.* (phyt.)

Phyllosticta disease; —**эритрин** *m.* phylloerythrin.

фило— *prefix* phyl(o)— (phylum; tribe, race; having an affinity for); —**генез** *m.*, —**гения** *f.* (biol.) phylogenesis, phylogeny, race history; —**генетический** *a.* phylogenetic.

филодендрон *m.* (bot.) philodendron.

философ *m.* philosopher; —**ический** *a.* philosophic; —**ия** *f.* philosophy.

филум *m.* (biol.) phylum.

фильд— *see under* **филд—**.

фильде/кос *m.* (text.) lisle thread; —**косовый** *a.* lisle; —**перс** *m.*, —**персовый** *a.* high-grade lisle.

Фильдинга газогенератор Fielding producer.

фильера *f.* draw plate; die; (text.) spinneret.

фильм *m.*, —**а** *f.* film.

фильмарон *m.* Filmaron; aspidinofilicin.

фильм/о— *prefix*, —**овый** *a.* film; —**отека** *f.* film library; —**офон** *m.* sound recorder; —**пак** *m.* (phot.) film pack.

—**фильн/ость** *f. suffix* (biol.) —phily; —**ый** *a. suffix* —philous, -seeking.

фильтр *m.* filter, strainer; **ф. типов волн** mode filter; **тело —а** filter bed; —**ат** *m.* filtrate; —**ационный** *a.*, —**ация** *f.* filtration, filtering; percolation; transmission, permeability; filter loss, leak(age), seepage; **ф.-воронка** *f.* settling cone; **ф.-ловушка** *f.* absorption trap.

фильтров/альный *a.* filtering, etc., *see v.*; filter (paper, etc.); **ф. слой** filter bed; —**альная набивка** filter pad; —**альная сетка** filter gauze; —**ание** *see* **фильтрация**; —**анный** *a.* filtered, etc., *see v.*; —**ать** *v.* filter, strain; percolate; —**ка** *see* **фильтрация**; —**очный** *see* **фильтровальный**; —**ый** *a. of* **фильтр**.

фильтр/одержатель *m.* filter ring, filter support; **-отстойник** *m.* gravitation filter; **-поглотитель** *m.* filter-absorber; —**пресс** *m.* filter press; —**пробка** *f.* suppression filter; —**уемый** *a.* filterable; filtered; —**уемость** *f.* filterability; —**ующий** *see* **фильтровальный**; —**ующийся** *a.* filterable; filtering.

филярный *a.* filar, thread-like.

ФИМ *abbr.* (**фазоимпульсная модуляция**) pulse-phase modulation.

фимоз *m.* (med.) phimosis.

фин. *abbr.* (**финансовый; финский**).

финал *m.* end, conclusion; —**ьный** *a.* final.

финанс/ирование *n.* financing; —**ировать** *v.* finance; —**овый** *a.* financial; —**ы** *pl.* finances.

финвал *m.* finback whale.

фингеровщик *m.* (min.) skip loader.

финик *m.*, —**овый** *a.* date (fruit).

Финикс (geog.) Phoenix.

финиметр *m.* gage for gas cylinders.

фининспектор *m.* assessor.

финифт/евый, —**яный** *a.* enamel(ed); —**ь** *f.* enamel.

финиш *m.* finish; **момент —а** terminal time; —**ер** *m.* finisher, finishing machine; —**ировать** *v.*, —**ный** *a.* finish.

финка *see* **финна**.

Финкельштейна реакция Finkelstein reaction.

финляндский *a.* (geog.) Finland's, Finnish.

финн/а *f.* cysticercus (larval tapeworm); —**ы** *pl.* (med.) measles; cysticerci; —**оз** *m.* (med.) cysticercosis; —**озный** *a.* cysticercus-infested; measly (meat).

финский *a.* Finnish.

фиолетовый *a.* violet.

фион *m.* phyone, adenohypophyseal growth hormone.

фиорд *m.*, —**овый** *a.* fiord, fjord.

фиорит *m.* (min.) fiorite, siliceous sinter.

—**фир** *m. suffix* —phyre (porphyritic rock).

фирм/а *f.* firm, company; —**енный** *a.* firm, company; trade (catalog); —**енный щиток** nameplate.

фирн *m.* firn, névé (field of granular snow); —**изированный**, —**овый** *a.* firn (snow); névé (iceberg); permanent snow (field).

—**фировый** *a. suffix* (petr.) —phyric.

фисгармония *f.* (acous.) harmonium.

фискальный *a.* fiscal.

фистацит *m.* (min.) pistazite, epidote.

фисташк/а *f.* pistachio nut; —**ово-зеленый** *a.* pistachio-green.

фисташков/ый *a.* pistachio; **ф. лак** mastic varnish; —**ая водка** mastic (liquor); —**ая смола** mastic (resin).

фисташник *m.* pistachio.

фистул/а *f.* (med.) fistula; —**озный**, —**ярный** *a.* fistulous, fistular.

фисци/евая кислота, —**он** *m.* physcic acid, physcion; —**ол** *m.* physciol.

—**фит** *m. suffix* —phyte (plant).

фит— *prefix* phyt(o)— (plant, vegetable); —**аза** *f.* phytase; —**альбумин** *m.* phytalbumin, vegetable albumin; —**ан** *m.* phytane; —**ен** *m.* phytene; —**еновая кислота** phytenic acid; —**ил** *m.* phytyl.

фитил/едержатель *m.* wick holder; —**ек** *dim. of* **фитиль**; —**ь** *m.* wick, fuse; core; (casting) wax vent, strum; —**ьный** *a. of* **фитиль**; rosin-core (solder); cored (arc-lamp carbon).

фитин *m.* phytin.

фитинг *m.* fitting, adapter.

фитиновая кислота phytic acid, inositolhexaphosphoric acid.

фито— *see* **фит—**; —**генический** *a.* phytogenic; —**гормон** *m.* phytohormone; —**графия** *f.* phytography, descriptive botany; —**климат** *m.* plant climate; —**л** *m.* phytol; —**лакка** *f.* (bot.) Phytolacca;

—лакцин *m.* phytolaccin; phytolaccine (alkaloid); —лякка *f.* (bot.) Phytolacca; —метрия *f.* phytometry; —н *m.* (bot.) phyton; —нцид *m.* bactericide-fungicide-protozoacide (from plants); —патология *f.* phytopathology, plant pathology; —стерин *m.* phytosterol; —стеролин *m.* phytosterolin; —фаг *m.* phytophagan, plant-eating insect; —фагия *f.* phytophagy; —фармакология *f.* phytopharmacology; —фтороз *m.* (phyt.) phytophthora infection; —химический *a.* phytochemical; —химия *f.* phytochemistry; —хром *m.* (bot.) phytochrome; —ценоз *m.* phytocenosis, plant community; —цидное действие plant damage (by sprays).
Фиттига реакция Fittig reaction.
фитэритрин *m.* phyterythrin.
фифленый *a.* serrate(d).
фихтелит *m.* (min.) fichtelite.
Фицджеральда-Лоренца сокращение Fitzgerald-Lorentz contraction.
фиш-балка *f.* (naut.) fish davit; ф.-блок *m.* fish block.
Фишера распределение Fisher distribution.
фишерит *m.* (min.) fischerite.
Фишер-Тропша процесс Fischer-Tropsch process.
фишка *f.* plug.
фиш-тали *pl.* (naut.) fish tackle.
ф-ка *abbr.* (фабрика) factory.
ф-ла *abbr.* (формула) formula.
флавазин *m.* flavazine.
флаван *m.* flavan; —ол *m.* flavanol, 3-hydroxyflavone; —он *m.* flavanone, 2,3-dihydroflavone; —трен *m.* flavanthrene.
флав/аспидовая кислота flavaspidic acid; —иановая кислота flavianic acid; —ин *m.*, —иновый *a.* flavin; —ицид *m.* flavicid.
флаво/ксантин *m.* flavoxanthin; —л *m.* flavol, 2,6-anthracenediol; —мицин *m.* flavomycin; —н *m.*, —новый *a.* flavone, 2-phenylchromone; —протеин *m.* flavoprotein; —пурин *m.* flavopurin, alizarin X; —пурпурин *m.* flavopurpurin, 1,2,6-trihydroxyanthraquinone; —фенин *m.* flavophenine; —фосфин *m.* flavophosphine.
флаг *m.* flag, banner; —дук *m.* bunting.
флагеллаты *pl.* (zool.) flagellates.
флаг/ман *m.* (mil.) flag officer; —манский *a.* flag (ship); —шток *m.* flag pole, flagstaff.
флаж/ковый *a. of* флажок; —ный *a. of* флаг; —ок *dim. of* флаг; (hand) flag; (art.) thumb catch, thumb piece.
флайолотит *m.* (min.) flajolotite.
флакон *m.* small bottle, flask.

фламандский *a.* (geog.) Flemish.
фламбиров/ание *n.* flambing; (med.) flambage, singeing; —ать *v.* flame, pass through or over a flame; sterilize (with flame); singe (cloth).
фланг *m.*, —овый *a.* flank, wing, side.
Фландрия (geog.) Flanders.
фланел/евый *a.* flannel; —ет *m.* flannelette; —ь *f.*, —ьный *a.* flannel.
фланец *m.* flange, collar, ring, bush; соединительный ф. flange sleeve, coupling flange.
фланжиров/альный *see* фланжировочный; —ать *v.* flange; —ка *f.* flanging.
фланжировочн/ый *a.* flange, flanging; ф. пресс, ф. станок, —ая машина flanger, flanging machine.
фланк *m.*, —ировать *v.* (mil.) flank; —ирующий *a.* flanking.
фланц/евание *n.* flanging; —евать *v.* flange; —евый *a.* flange(d); —езагибочный, —еотгибочный *a.* flanging (press); —ещелевой *a.* (elec. eng.) flange-gap; —ованный *a.* flanged.
флат *m.*, —овая бумага flat (sheet) paper; —орезка *f.* sheet cutter.
флаттер *m.*, —ный *a.* (av.) flutter.
флашинг-процесс *m.* flashing process.
флеб—, —о— *prefix* phleb(o)— (vein); —ит *m.* (med.) phlebitis.
флегма *f.* phlegm; (fractional distillation) reflux, bottoms, residue.
флегмат/изатор *m.* retarder, deterrent, stabilizer; —изация *f.* retardation, etc., *see v.*; —изированный *a.* retarded, etc., *see v.*; lazy (propellant); —изировать *v.* retard, moderate, deter; stabilize; —ический, —ичный *a.* phlegmatic, sluggish.
флегмов/ый *a. of* флегма; —ое число reflux ratio.
флегмона *f.* (med.) phlegmon.
флекс/инг-машина *f.* (rubber) flexing machine; —ия *f.* flection; —ометр *m.* flexometer; —ор *m.* (anat.) flexor; —ура *f.* (geol.) flexure, fold.
флеп *m.* flap, cover; rim band.
флер *m.* gauze; crepe; —ница *f.* golden-eyed fly (*Chrysopa*).
флец *m.*, —овый *a.* (geol.) fletz, bed.
флигель *m.* wing, annex.
фликер-фотометр *m.* flicker photometer.
флиндерсин *m.* flindersin.
флинкит *m.* (min.) flinkite.
флинт(глас) *m.* flint glass.
флиппер *m.* (rubber) flipper; —овальный станок bead flipping machine; —овка *f.* flippering.
флицид *m.* a pyrethrum insecticide.
флиш *m.* (geol.) flysch.
фло/бабен *m.* phlobabene; —бафен *m.* phlobaphene; —гистон *m.* phlogiston; —гоз *m.* (med.) phlogosis, inflamma-

флокен *m.* floc(cule); (met.) flake; —**очувствительный** *a.* susceptible to flocculation.

флокит *m.* (min.) flokite.

флоккул/а *f.* floccule; —**и** *pl.* flocculi (clouds).

флокс *m.* (bot.) phlox.

флокул/ированный *a.* flocculated, flocculent; —**ировать** *v.* flocculate; —**янт** *m.* flocculant; —**ятор** *m.* flocculator; —**яция** *f.* flocculation.

флор *m.* (naut.) floor.

флора *f.* (bot.) flora.

флорамид *m.* floramid (urea fertilizer).

флоренсит *m.* (min.) florencite.

флорент/ийский, —инский *a.* Florentine; **ф. лак** Florentine lake, cochineal carmine; —**ин** *m.* florentine.

Флоренция (geog.) Florence.

флоретин *m.* phloretin; —**овая кислота** phloretic acid, *p*-hydroxyhydrocinnamic acid.

флорид/ин *m.*, —**иновые глины** Floridin, fuller's earth; —**ский** *a.* Florida, Floridian.

флориз/еин *m.* phlorizein; —**ин** *m.* phlor(h)izin.

флорист *m.* florist; —**ика** *f.* floristics; horticulture; —**ический** *a.* floristic; flora(l); horticultural.

флоро/глюцин *m.* phloroglucinol, 1,3,5-benzenetriol; —**глюцит** *m.* phloroglucitol, methylenetriol; —**за** *f.* phlorose, alpha-glucose; —**л** *m.* phlorol, *o*-ethylphenol; —**н** *m.* phlorone, *p*-xyloquinone.

флорризин *see* **флоризин**.

флорхинил *m.* phloroquinyl.

флот *m.* fleet, navy; **воздушный ф.** air force; **торговый ф.** merchant marine.

флот— *prefix* (min.) flotation; —**атор** *m.* floated ore; flotation plant worker; —**аторщик** *m.* flotation plant worker; —**ационный** *a.*, —**ационное обогащение**, —**ация** *f.* flotation; —**ация маслом** oil flotation.

флотилия *f.* flotilla, small fleet.

флотир/ование *see* **флотация**; —**ованный** *a.* floated (off); —**овать(ся)** *v.* float (off); —**уемость** *f.* floatability; —**уемый** *a.* floatable; —**ующийся** *a.* floating; floatable.

флотконцентрат *m.* flotation concentrate.

флото— *prefix* (min.) flotation; —**гравитационный** *a.*, —**гравитация** *f.* gravity flotation; —**классификация** *f.* flotation screening; —**машина** *f.* flotation machine, flotation cell; —**отсадка** *f.* flotation jigging; —**реагент** *m.* flotation agent; —**цех** *m.* flotation plant.

флотский *a.* fleet, naval.

флотура *f.* floater (in glass furnace).

флоэма *f.* (bot.) phloem.

флу— *see also under* **флю—**.

флуавил *m.* fluavil.

флуат *m.* Fluate (preservative); —**ирование** *n.* fluating, fluosilicate coating.

флудинг *m.* flooding.

флукту/ационный *a.*, —**ация** *f.* fluctuation; —**ировать** *v.* fluctuate; —**ирующий** *a.* fluctuating.

флуо— *see also* **флюо—**.

флуор— *see also* **фтор—**.

флуор/ан *m.* fluoran; —**антен** *m.* fluoranthene, idryl; —**ен** *m.* fluorene, diphenylenemethane; —**еновая кислота** fluorenic acid; —**енол** *m.* fluorenol, fluorene alcohol; —**енон** *m.* fluorenone, diphenylene ketone.

флуоресцеин *m.* fluorescein, resorcinolphthalein; —**калий** *m.* potassium fluorescein; —**овый** *a.* fluorescein.

флуоресц/ентный *a.* fluorescent; —**енция** *f.*, —**ирование** *n.* fluorescence; —**ин** *m.* fluorescin; —**ировать** *v.* fluoresce; —**ирующий** *a.* fluorescent.

флуор/ид *m.* fluoride; —**ил** *m.* fluoryl; —**илиден** *m.* fluorylidene; —**иметр** *m.* fluorimeter; —**инден** *m.* fluorindene; —**ит** *see* **флюорит**; —**ометр** *m.* fluorometer; —**ометрия** *f.* fluorometry; —**он** *m.* fluorone, 3-isoxanthone; —**оскоп** *m.* fluoroscope; —**офор** *m.* fluorophore.

флуоцерит *m.* (min.) fluocerite, tysonite.

флуэллит *m.* (min.) fluellite.

флюат *see* **флуат**.

флювио— *prefix* fluvio—, river; —**гляциальный** *a.* (geol.) fluvioglacial; —**граф** *m.* fluviograph.

флюг/арка *see* **флюгер**; (chimney) cowl, deflector; (naut.) badge, emblem, colors, arms; **ф. датчика** transmitting wind vane; —**ер** *m.* weather vane, (wind) vane, anemoscope; (av.) wind sock; flag; **вводить во —ер** *v.* (av.) feather; —**ерный** *a. of* **флюгер**; —**ирование** *n.* feathering; —**ировать** *v.* feather.

флюид *m.* fluid; —**альный** *a.* fluid(al); flow (structure); —**изация** *f.* fluidization; —**изированный** *a.* fluidized; —**изировать** *v.* fluidize; —**ный** *a.* fluid.

флюкс *m.* flux; —**ия** *f.* fluxion; —**метр** *m.* (elec.) fluxmeter; —**ующий** *a.* fluxing, flux.

флюктуация *see* **флуктуация**.

флюкция *see* **флюксия**.

флюор— *see also* **флуор—**.

флюорит *m.* (min.) fluorite, fluorspar.

флюоцерит *see* **флуоцерит**.

флюс *m.* flux, fusing agent; (med.) gumboil; **под —ом** flux-shielded, submerged-arc (welding); submerged (arc); —**ный** *a. of* **флюс**; —**ование** *n.* fluxing, flux-

флюсофен (at)ion; —ованный *a.* fluxed, fused; —овать *v.* flux, fuse; —овка *see* флюсование; —овый *a. of* флюс.

флюсофен *m.* (met.) flowing furnace.

флюсующий *a.* fluxing; ф. материал fluxing agent, flux.

флютбет *m.* apron (of dam), flood bed, foundation slab; spillway, by-channel.

флютерит *m.* (min.) uranothallite.

фля/га *f.* flask, canteen, water bottle; phial; (milk) can; —жка *dim. of* фляга; —жный *a. of* фляга.

флянцевый *see* фланцевый.

фляшерия *f.* (vet.) flasheria; (ent.) septicemia.

ФМ *abbr.* (фазовая модуляция) phase modulation; (ферромарганец) ferromanganese; (флуорометр) fluorometer; (фотометр) photometer; ФМ-колебания phase-modulated oscillations.

ФМН *abbr.* (флавинмононуклеотид) flavine mononucleotide.

ФМЭ *abbr.* (фотомагнитоэлектрический эффект) photoelectromagnetic effect.

ФНРЮ *abbr.* Federal Peoples' Republic of Yugoslavia.

ФНЧ *abbr.* (фильтр нижних частот) low-pass filter.

фоб/ия *f.* (med.) phobia; —ность *f. suffix* —phoby, —phobic nature; —ный *a. suffix* —phobic, —phobous, -shunning.

фобос (astr.) Phobos.

фоглит *m.* (min.) voglite.

фоердит *m.* (expl.) foerdite.

фожазит *m.* (min.) faujasite.

Фоже газогенератор Faugé producer.

фойе *n.* foyer, lobby.

фойяит *m.* (petr.) foyaite.

фокальный *a.* focal.

фок-мачта *f.* (naut.) foremast.

фокометр *m.* (opt.) focometer, focimeter; —ия *f.* focometry.

фокус *m.* focus, focal point; (X-rays) focal spot; trick; приводить в ф., собирать в —е *v.* (bring into) focus; установка на ф. focusing; —ирование *n.* focusing; —ированный *a.* focused; —ировать *v.* (bring into) focus; —ировка *f.*, —ировочный, —ирующий *a.* focusing; —ный *a.* focus, focal; —ное пятно focus, focal point; —ное расстояние focal length.

фол/ацин *m.*, —евая кислота *see* фолиевая кислота.

фолерит *m.* (min.) pholerite.

фолиант *m.*, —ный, —овый *a.* folio; volume.

фолиевая кислота folic acid, pteroylglutamic acid, vitamin B$_c$.

фолио *n.* folio.

фоллетаж *m.* apoplexy (grape disease).

фолликул *m.*, —a *f.* (anat., bot.) follicle; —ин *m.* folliculin, estrone; —ит *m.* (med.) folliculitis; —остимулирующий *a.* follicle-stimulating; —ярный *a.* follicular.

фоллоуэр *m.* follower, cam roller.

фольбортит *m.* (min.) volborthite.

фольварк *m.* farm.

фольг/а *f.*, —овый *a.* foil; —одержатель *m.* foil holder.

фольгерит *m.* (min.) folgerite.

фольмеровский *a.* (chem.) Volmer.

фомка *f.* forcer.

фомоз *m.* (phyt.) phomosis.

фон *m.* background; (rad.) hum; (tel.) background noise, crackling; (acous.) phon (unit of volume); (polarography) supporting electrolyte, base electrolyte; (torsion balance) springback; (agr.) preceding crop, preceding fertilization; *prefix see* фоно—; *suffix* —phone.

фонар/ик *dim. of* фонарь; —ный *a.*, —ь *m.* lantern, lamp, light; skylight; bay window; (mach.) connector, distance piece; (petrol.) mast; волшебный —ь slide projector; карманный —ь, электрический —ь flashlight; передовой —ь headlight; полный —ь (molding) core barrel; центрирующий —ь centering guide.

фонд *m.* fund(s), resources, capital; stock, holdings, collection; единица —а stock unit; —ировать *v.* allocate funds; —ируемый *a.* centrally allocated; —овый *a. of* фонд.

фон/етика *f.* phonetics; —етический *a.* phonetic; audio (information); —ический *a.* phonic, acoustic; buzzer (call); —ия *f. suffix* —phony, —phonia.

фоно— *prefix* phono— (sound); —вый *a. of* фон; —грамма *f.* phonogram; sound track, sound record(ing); —граф *m.* phonograph; —графический *a.* phonographic; —лит *m.* (petr.) phonolite; —литический *a.* phonolite, phonolitic; —метр *m.* phonometer; —н *m.* phonon (lattice-vibration quantum); —скоп *m.* phonoscope; —тека *f.*, —течный *a.* record and tape library.

фонтан *m.* fountain, spout; (petrol.) gusher; flow.

фонтанел/ла, —ь *f.* (anat.) fontanel.

фонтан/ирование *n.* flowing, etc., *see v.*; flow; (phys.) fountain effect; —ировать *v.* flow, gush, spout, blow (wild); —ирующий *a.* flowing, etc., *see v.*; —ирующий слой fluidized bed; —ный *a. of* фонтан.

фоны *pl. of* фон.

фор— *prefix* fore—, pre—, preliminary.

—фор *m. suffix* (chem.) —phore; (zool.) —phorus.

Фора аккумулятор (elec.) Faure accumulator.

фораминиферы *pl.* (zool.) Foraminifera.
форвакуум *m.* initial vacuum, forevacuum, rough exhaust; **—ный** *a.* fore(vacuum), rough-vacuum, roughing (pump).
форвальцы *pl.* preliminary roller(s).
форгенин *m.* forgenin, tetramethylammonium formate.
форд *m.* Ford (car).
Форда воронка (viscosity) Ford cup.
форез *m.* phoresis.
форелевый *a.*, (ichth.) trout.
фореленштейн *m.* (petr.) forellenstein, troctolite.
форель *f.* **—ный** *a.* (ichth.) trout.
форетический *a.* phoretic (electron).
форзац *m.* (typ.) fly leaf.
фориды *pl.* humpbacked flies (*Phoridae*).
фор/камера *f.*, **—камерный** *a.* precombustion chamber, premix chamber, mixing chamber; injection (spray) cup; **—киль** *m.* (av.) dorsal fin; **—конденсат** *m.* prepolymer; **—контакт** *m.* preliminary catalytic purifier; **—контактирование** *n.* preliminary catalytic purification.
Форлендера правило Vorlander's rule.
форлюк *m.* (naut.) forehatch.
форм/а *f.* form, shape, contour, configuration, pattern; stencil; (casting) mold; structure, build, make, model; (math.) mode; mode (of interaction, etc.); uniform; **в —е** in (the form of), as; **иметь —у** *v.* be in the form (of), be shaped (like); **нижняя ф.** drag mold; **отливать —у** *v.* mold, cast; **придавать —у** *v.* mold, shape, form.
формазил *m.* formazyl; **—карбоновая кислота** formazylcarboxylic acid.
формал see **формаль**.
формализ/ация *f.* formalization; **—(ир)овать** *v.* formalize; **—м** *m.* (math.) formalism.
форм/алин *m.*, **—алинный**, **—алиновый** *a.* Formalin (formaldehyde solution); **—аль** *m.* formal, dimethoxymethane; **—альдегид** *m.* formaldehyde, methanal; **—альдоксим** *m.* formaldoxime.
формальн/ость *f.* formality; **—ый** *a.* formal.
форм/амид *m.* formamide, methanamide; **—амидин** *m.* formamidine; **—амин** *m.* formamine, hexamethylenetetramine; **—анилид** *m.* formanilide, N-phenylformamide; **—анит** *m.* (min.) formanite; **—анта** *f.* (acous.) formant.
формат *m.* size, format; folding; (aspect) ratio; **—ный** *a.* of **формат**; strip (film); **—ный станок** circular trimming saw; **—ная расстановка** arrangement by size.
форматор *m.* shaper; **ф.-вулканизатор** shaper-vulcanizer.
формация *f.* formation, structure.

формвар *m.* Formvar, polyvinyl formal resin.
форменный *a.* formal, regular, prescribed; positive.
формиат *m.* formate.
формий see **формиум**.
формил *m.* formyl; **—ирование** *n.* formylation; **—ировать** *v.* formylate; **—овый** *a.* formyl; **—фторид** *m.* formyl fluoride.
формин *m.* Formin, hexamethylenetetramine.
формир/ование *n.* forming, etc., see *v.*; **—ователь** *m.* former; **—ователь такта** oscillator; **—овать** *v.* form, shape; mold, cast; construct, build up, produce, establish, organize, marshal; activate, raise; **—овка** see **формирование**; **—овочный**, **—ующий** *a.* forming, etc., see *v.*; **—ующее устройство** former; (pulse) shaper.
формиум *m.* (bot.) New Zealand flax (*Phormium tenax*).
форм-мочевина *f.* urea-formaldehyde (a nitrogenous fertilizer).
формов/альный see **формовочный**; **—ание** *n.* molding, etc., see *v.*; **—анный** *a.* molded, etc., see *v.*; **—ать** *v.* mold, cast; form, shape, model, fashion; form a standard vacuum (in mercury rectifier); (hort.) train; **—ка** see **формование**; mold frame; **—ка в песке** sand casting; **—ой** *a.* mold(ing), molded; **—очная** *f.* molding room; **—очный** *a.* mold(ing), molder's, molded; form(ing); **—очный станок** molding machine; extruding machine; **—очная глина** (foundry) loam, molding clay; **—очная земля**, **—очная смесь** (foundry) sand; **—очные чернила** blacking, blackwash.
формо/вщик *m.* molder; **—держатель** *m.* (mold) holder, plate.
формоза *f.* formose, *i*-fructose.
формозский *a.* (geog.) Formosa, Taiwan.
формо/изменение *n.* form changing, deformation; mechanical shaping; **—изменяемость** *f.* susceptibility to form changing; **—импульсный** *a.* (electron.) pulse-shape.
формо/ксим *m.* formoxime; **—литный** *a.* formolite (number); **—ль** *m.* formol.
форм/ообразование *n.*, **—ообразовательный** *a.* forming, shaping; **—уемость** *f.* formability; moldability; susceptibility to shaping.
формула *f.* formula; (patent) claims; **ф. образования** equation for the formation (of).
формулиров/ание *n.* formulating, etc., see *v.*; formula(tion); statement; **—анный** *a.* formulated, etc., see *v.*; **—ать** *v.* formulate, word, phrase; state, enunciate; **—ка** see **формулирование**.

формульный *a. of* **формула**.
формуляр *m.* (service) log, logbook, record book; data card; (library) card; blank, form; —**ный** *a. of* **формуляр**; official.
формующий *pr. act. part. of* **формовать**.
формфактор *m.* (elec.) form factor.
форон *m.* phorone.
форониды *pl.* (zool.) Phoronidea.
форпик *m.* (naut.) forepeak.
форполимер *m.* prepolymer; —**изация** *f.* preliminary polymerization.
фор/прессование *n.*, —**прессовка** *f.* prepressing, preliminary pressing; —**продукт** *m.* preliminary product, spec. prepolymer.
форсаж *m.* afterburning, boost, reheat(ing) (of engine); —**ный** *a. of* **форсаж**; afterburner (fuel); —**ная камера** afterburner.
форсиров/ание *n.* forcing, etc., *see v.*; augmentation, boost(ing); (mil.) assault crossing; —**анный** *a.* forced, etc., *see v.*; high-speed, high-power, heavy-duty; —**ать** *v.* force, push, boost, speed up, augment; reheat (engine); spike (nuclear reactor); cross (water barrier).
форстерит *m.* (min.) forsterite.
форсун/ка *f.*, —**очный** *a.* sprayer, atomizer, pulverizer; jet, injector (orifice), (spray) nozzle, rose; (oil) burner; —**очная сажа** lampblack.
форт *m.* fort; —**ификация** *f.* fortification.
фортка *f.* airport, air vent.
фортоин *m.* Fortoin, methylenedicotin.
форточ/ка *f.*, —**ный** *a.* air vent, small window; (av.) direct-vision window.
Форт-уэйн (geog.) Fort Wayne; **Ф.-уэрт** Fort Worth.
форфришер *m.* preliminary refining mixer.
форхерит *m.* (min.) forcherite.
форцепсы *pl.* forceps.
фор/шальт-турбина *f.* front turbine; —**шахта** *f.* (min.) front shaft; —**штевень** *m.* (naut.) stem(post); —**штосс** *m.* adapter.
фосген *m.* phosgene; —**ирование** *n.* phosgenation; —**ит** *m.* (min.) phosgenite; —**овый** *a.* phosgene.
фосмука *f.* phosphate rock meal.
фоссилиз/ация *f.* (geol.) fossilization; —**ированный** *a.* fossilized; —**ировать** *v.* fossilize.
фостоновая кислота phostonic acid.
фосф/аген *m.* phosphagen; —**азид** *m.* phosphazide; —**азин** *m.* phosphazine; —**азол** *m.* phosphazol; —**азосоединение** *n.* phosphazo compound; —**амид** *m.* phosphamide; —**анилин** *m.* phosphaniline, phenylphosphine.
фосфат *m.* phosphate; **ф. кальция** calcium phosphate; —**аза** *f.* phosphatase; —**ация** *f.* phosphatization; —**ид** *m.* phosphatide, phospholipin; —**ин** *m.* phosphatin;

—**ирование** *n.* phosphating, phosphate coating, parkerizing; —**ный**, —**овый** *a.* phosphate; —**ная порода** phosphate rock; —**шлаки** *pl.* phosphate slag (fertilizer).
фосф/ен *m.* (physiol.) phosphene; —**енил** *m.* phosphenyl; —**енилистый** *a.* phosphenylous (acid); —**ениловый** *a.* phosphenylic (acid); —**ид** *m.*, —**идный** *a.* phosphide; —**ил** *m.* phosphyl.
фосфин *m.* phosphine, phosphorus hydride; —**истая кислота** phosphonous acid [RP(OH)$_2$ or R$_2$POH]; —**овая кислота** phosphonic acid [RPO(OH)$_2$ or R$_2$PO(OH)]; —**огруппа** *f.* phosphono group.
фосфит *m.* phosphite.
фосфо— *prefix* phospho—, phosphorus; —**бензол** *m.* phosphobenzene; —**гипс** *m.* phosphogypsum (fertilizer); —**кислота** *f.* phospho acid, phosphonic acid.
фосфолип/ид, —**ин** *m.* phospholipin.
фосфо/мутаза *f.* phosphomutase; —**ниевый** *a.*, —**ний** *m.* phosphonium; —**нистый** *a.* phosphonous; —**нитрилхлорид** *m.* phosphonitryl chloride; —**новый** *a.* phosphonic; —**протеид** *m.* phosphoprotein.
фосфор *m.* phosphorus, P; phosphor, luminescent material; **белый ф., желтый ф.** white phosphorus, yellow phosphorus, ordinary phosphorus; **закись —а** phosphorus trioxide; **красный ф.** red phosphorus; **пятиокись —а** phosphorus pentoxide; **пятихлористый ф.** phosphorus pentachloride; **трехводородистый ф.** hydrogen phosphide, phosphine; **треххлористый ф.** phosphorus trichloride.
фосфо/рат *m.* phosphorate; —**рееслерит** *m.* (min.) phosphor-roesslerite.
фосфоресц/енция *f.* phosphorescence; —**ирование** *n.* phosphorescing; —**ировать** *v.* phosphoresce; —**ирующий** *a.* phosphorescing, phosphorescent, luminescent; luminous (paint).
фосфориз/ация *f.* phosphorization; —**ировать** *v.* phosphorize.
фосфорил *m.* phosphoryl; —**аза** *f.* phosphorylase; —**ирование** *n.* phosphorylation; —**ировать** *v.* phosphorylate; —**холин** *m.* phosphorylcholine.
фосфористо/калиевая соль, —**кислый калий** potassium phosphite; —**кислый** *a.* phosphorous acid; phosphite (of); —**кислая соль** phosphite; —**этиловый эфир** ethyl phosphite.
фосфорист/ый *a.* phosphorous; phosphide (of); **ф. ангидрид** phosphorous anhydride, phosphorus trioxide; **ф. водород** hydrogen phosphide, phosphine; **ф. марганец** manganese phosphide; (met.) phosphormanganese; **ф. свинец**

lead phosphide; —ая бронза (met.) phosphor bronze; —ая кислота phosphorous acid; соль —ой кислоты phosphide; —ая медь copper phosphide; —ое железо iron phosphide; (met.) ferrophosphorus.

фосфорит *m.* (min.) phosphorite; phosphate rock; костяной ф. (min.) osteolite; —ный *see* фосфоритовый; —ная мука phosphate fertilizer; —ование *n.* (agr.) phosphate fertilizing; —овый *a.* phosphorite, phosphoritic; —оподобный *a.* phosphoritic.

фосфор/иться *v.* phosphoresce; —ический *a.* phosphorescent; —ичность *f.* phosphorescence.

фосфорно/алюминиевая соль aluminum phosphate; —аммониевонатриевая соль sodium ammonium phosphate.

фосфорноват/ая кислота hypophosphoric acid; соль —ой кислоты hypophosphate; —истая кислота hypophosphorous acid; соль —истой кислоты hypophosphite.

фосфорноватисто/аммониевая соль ammonium hypophosphite; —кальциевая соль, —кислый кальций calcium hypophosphite; —кислый *a.* hypophosphorous acid; hypophosphite (of); —кислая соль hypophosphite.

фосфорновато/кальциевая соль calcium hypophosphate; —кислый *a.* hypophosphoric acid; hypophosphate (of); —кислая соль hypophosphate.

фосфорно/вольфрамовая кислота phosphotungstic acid; —железистая соль ferrous phosphate; —железная соль ferric phosphate; —кальциевая соль calcium phosphate.

фосфорнокисл/ый *a.* phosphoric acid; phosphate (of); ф. кальций calcium phosphate; —ая соль phosphate.

фосфорно/крезиловый эфир cresyl phosphate; —магниевая соль magnesium phosphate; —марганцовая соль manganic phosphate; —марганцовистая соль manganous phosphate.

фосфорномолибденов/окислый *a.* phosphomolybdic acid; phosphomolybdate (of); —ый *a.* phosphomolybdic (acid); phosphomolybdate (blue).

фосфорно/натриеаммониевая соль sodium ammonium phosphate; —натриевая соль sodium phosphate.

фосфорн/ый *a.* phosphorus, phosphoric; ф. ангидрид phosphoric anhydride, phosphorus pentoxide; —ая кислота phosphoric acid; соль —ой кислоты, —ая соль phosphate.

фосфоро— *prefix* phosphoro—, phosphorus; —бактерин *m.* phosphorobacterin (fertilizer); —бензол *m.* phosphorobenzene; —водород *m.* hydrogen phosphide, phosphine; —метр *m.* phosphorometer; —подобный *a.* phosphorous, like phosphorus.

фосфорорганический *a.* organophosphorus.
фосфоросветящийся *a.* phosphorescent.
фосфор-(5)-фтористоводородная кислота hexafluorophosphoric acid.
фосфосидерит *m.* (min.) phosphosiderite.
фосфуранилит *m.* (min.) phosphuranylite.
фот *m.* phot (unit of luminance).
фотиния *f.* (bot.) Photinia.

фото *n.* photograph; *prefix* photo—, light; photographic; photoelectric; —анализатор *m.* photoanalyzer; —аппарат *m.* camera; —батарея *f.* photoelectric battery; —биение *n.* photobeat; —бомба *f.* (av.) photoflash bomb, flare; —бумага *f.* photographic (printing) paper; —варистор *m.* (electron.) photovaristor; —визуальный *a.* photovisual.

фотовозбужден/ие *n.* photoexcitation; —ный *a.* photoexcited.

фото/восстановление *n.* photoreduction; —вспышка *f.* photoflash; (electronic) flash; —вулканизация *f.* photovulcanization; —гальваномагнитный *a.* photoelectromagnetic; —гель *m.* photogel.

фотоген *m.* photogen, boghead naphtha; photogen, phosphorescent plant or animal; —ический *a.* photogenic; —овый *a.* of фотоген.

фотограв/ировальный *a.* photo-engraving; —юра *f.* photogravure; photoengraving.

фотограмм/а *f.* photogram; —етрический *a.* photogrammetric, plotting; —етрия *f.* photogrammetry, photographic surveying.

фотограф *m.* photographer; —ирование *n.* photographing; photography; —ировать *v.* photograph.

фотограф/ический, —ичный *a.* photographic; ф. аппарат camera; ф. снимок photograph, snapshot; —ическая пленка film; —ия *f.* photograph; photography; graphic presentation; моментальная —ия snapshot.

фото/дейтрон *m.* photodeuteron; —деление *n.* (nucl.) photofission; —детектор *m.* photodetector; —динамика *f.* (biol.) photodynamics; —диод *m.* (electron.) photodiode; —диссоциация *f.* photodissociation, photolysis; —дозиметр *m.* photodosimeter, film badge; —донесение *n.* photo-intelligence report.

фото/запись *f.* photographic record(ing); —затвор *m.* camera shutter; —звезда *f.* photostar (in nuclear emulsion); —импульс *m.* photoimpact; —ионизация *f.* photoionization; —источник *m.* photosource; —калька *f.* transparent photosensitive paper; —камера *f.* camera; —карта f. photographic map; —карточка f. photograph.

фотокат/ализ m. photocatalysis; —ализатор m. photocatalyst; —од m. photoelectric cathode.

фотокино/пленка f. movie film; —пулемет m. aerial camera gun, combat camera.

фотоклистрон m. (electron.) photoclystron.

фотоколориметр m. photocolorimeter; —ический анализ, —ия f. photocolorimetry.

фотокоп/ирование n. photocopying; —ия f. photocopy, photostat.

фото/лаборатория f. (phot.) dark room; —лампа f. darkroom light; photoelectric cell; phototube; —лиз m. photolysis; —линия f. photoline; —лит m. photolyte; —литический a. photolytic.

фотолитограф/ический a. photolithographic; —ия f. photolithography; photoengraving.

фото/любитель m., —любительский a. (phot.) amateur; —люк m. camera window; —люминесценция f. photoluminescence.

фотомагнит/ный a. photomagnetic; —оэлектрический a. photoelectromagnetic.

фото/маска f. photomask, photographic mask; —материал m. photographic material, photographic supplies; —мезон m. (nucl.) photomeson.

фотометр m. photometer; —ирование n. photometry, photometric evaluation; —ировать v. take a light reading; —ический a. photometric; —ия f. photometry.

фото/механический a. photomechanical; —множитель m. (electron.) photomultiplier; —монтаж m. photomontage, composite photograph; —мюон m. photomuon; —н m. photon, —наблюдение n. photographic observation; —набор m., —наборный a. phototypesetting; —нейтрон m. (nucl.) photoneutron; —нный a. photon; —носчетчик m. photon counter.

фото/оборудование n. photographic equipment; —образование n. (nucl.) photoproduction; —образованный a. photoproduced; —объектив m. photographic lens; —окисление n. photooxidation; —отпечаток m. photograph, print; —отрицательный a. photonegative; —отщепление n. photodetachment.

фото/передатчик m. picture transmitter; —передающий a. picture-transmitting; —перенос m. phototransfer.

фотопечат/ающий аппарат (comp.) flash photographic printer; —ь f. photocopying, photographic printing.

фото/пион m. photopion; —пирометр m. photoelectric pyrometer; —план m.

photomap; controlled photo mosaic; —пластинка f. (phot.) plate; —пленка f. film; —полимеризация f. photopolymerization; —положительный a. photopositive; —приемник m. photodetector.

фотопровод/имость f. photoconductivity; —ник m. photoconductor; —ящий a. photoconductive.

фото/протон m. (nucl.) photoproton; —пулемет m. camera gun; —пьезоэлектрический a. photopiezoelectric; —разведка f. photographic reconnaissance; —распад m. photodecomposition, photodisintegration; —расщепление n. (nucl.) photodisintegration.

фоторегистр/атор m. photorecorder; —ация f. photographic record; —ограмма f. streak picture.

фоторезист m. photoresist (material); —ивный a. photoresistive; —ор m. photoresistor, light-dependent resistor.

фото/реле n. photorelay, light relay; —репортаж m. press photography; —рождение n. (nucl.) photoproduction; —рожденный a. photoproduced; —седиментометр m. photosedimentometer.

фотосенсибилиз/ация f. photosensitization; —ированный a. photosensitized; light-catalyzed (reaction).

фотосинт/ез m. (bot.) photosynthesis; —етический a. photosynthetic..

фото/следящий a. photoelectric servo (system); —слой m. photosensitive layer; —смеситель m. (electron.) photomixer; —снимок m. photograph; —сопротивление n. photoresistance; photoresistor; —старение n. photodegradation; light aging; —стат m. photostat; —сфера f. (astr.) photosphere; —схема f. photosketch, uncontrolled photo mosaic; —съемка f. photographing; photographic surveying.

фото/таксис m. (biol.) phototaxis; —тека f. photograph library, photograph collection.

фототелегр/амма f. phototelegram, facsimile; —аф m. phototelegraph; —афия f. phototelegraphy, telephotography; —афный a. phototelegraphic, facsimile.

фото/теодолит m. phototheodolite, ballistic camera; —терапия f. (med.) phototherapy; —техника f. photographic technology; —технический a. phototechnical, technical photographic; —типия f. phototype, collotype; —ток m. photocurrent, photoelectric current; —травление n. phototetching; —транзистор m. phototransistor; —трансформатор m. phototransformer, rectifier; —триангуляция f. phototriangulation; —тропизм m., —тропия f. phototropism, phototropy; —**тропический** *a.* phototropic.

фото/увеличитель *m.* (phot.) enlarger; —**удар** *m.* photoimpact; —**умножитель** *m.* (electron.) photomultiplier; —**упругий** *a.* photoelastic; —**упругость** *f.* photoelasticity; —**фильный** *a.* (biol.) photophilous, light-loving; —**фобия** *f.* photophobia; —**фобный** *a.* photophobic, light-intolerant; —**форез** *m.* photophoresis; —**химический** *a.* photochemical, actinic; —**химия** *f.* photochemistry; —**хромия** *f.* photochromy, color photography; —**хроника** *f.* pictorial review; —**цинкография** *f.* (typ.) photozincography.

фоточувствительн/ость *f.* photosensitivity, photoelectric sensitivity; —**ый** *a.* photosensitive.

фото-эдс *m.* photo-emf; **ф.-эффект** *m.* photovoltaic effect.

фотоэклектор *m.* light trap (for insects).

фотоэлектричес/кий *a.* photoelectric; —**тво** *n.* photoelectricity.

фотоэлектро/движущая сила photoelectromotive force; —**н** *m.* photoelectron; —**нный** *a.* photoelectronic; —**нный умножитель** photomultiplier.

фотоэлемент *m.* photocell, photoelectric cell; phototube; photoemissive element; electric eye, photodetector; **эмиссионный ф.** photoemissive cell.

фотоэм/иссионный *a.* photoemissive; —**иссия** *f.* photoemission, extrinsic photoeffect; —**иттер** *m.* photoemitter.

фотоэффект *m.* photoeffect, photoelectric effect; **внешний ф.** extrinsic photoeffect, photoemission; **внутрений ф.** intrinsic photoeffect, photoconductive effect; **порог** —a photoelectric threshold.

фотоядерный *a.* photonuclear.

фотран *m.* (electron.) photran.

фот-секунда *f.* (illum.) phot-second; **ф.-час** *m.* phot-hour.

фоцен/ин *m.* phocenin, trivalerin; —**овая кислота** phocenic acid, valeric acid.

фоциметр *m.* (phot.) focimeter.

ФП *abbr.* (**ферритовая память**) ferrite storage; (**фильтр Петрянова**) Petryanov filter; (**фильтр-поглотитель**) absorption filter.

фр. *abbr.* (**фракция**) fraction.

фрагарол *m.* fragarol.

фрагмент *m.* fragment; —**арный** *a.* fragmentary; incomplete; —**ация** *f.* fragmentation.

фрадицин *m.* fradicin (antibiotic).

фраза *f.* phrase, sentence; word block.

фразерин *m.* fraserin.

фракс/етин *m.* fraxetin; —**идубильный** *a.* fraxitannic (acid); —**ин** *m.* fraxin.

фрактур/а *f.*, —**ный** *a.* fracture.

фракциониров/ание *n.* fractionation; —**анный** *a.* fractionated; fractional (condensation, distillation); —**ать** *v.* fractionate; —**ка** *f.*, —**очный** *a.* fractionating.

фракционн/о *adv.* fractionally; by degrees, in steps; —**ый** *a.* fractional; factional; fractionating (column); selective (oxidation).

фракция *f.* fraction, cut; faction.

фрамбезия *f.* (med.) frambesia, yaws.

фраму/га *f.*, —**жный** *a.* fixed frame; transom; fan light.

франгулин *m.* frangulin; —**овый** *a.* frangul(in)ic (acid).

франк *m.* franc (money).

Франка-Кондона принцип Franck-Condon principle; **Ф.-Рида механизм** Frank-Read mechanism.

франкеит *m.* (min.) franckeite.

франкиров/ание *n.* prepayment; —**анный** *a.* prepaid, postpaid; —**ать** *v.* prepay, pay the postage; —**ка** *f.* prepayment.

франклин/изация *f.* (med.) franklinization; —**ит** *m.* (min.) franklinite; —**овский ток** Franklin's current.

франко *adv.* (com.) free, prepaid; **ф. до судна** *see* **франко-судно**; **ф. место работ** delivered at the job; **ф.-борт судна**, **ф.-вагон** free on board, f.o.b.

франколит *m.* (min.) francolite.

франко-рельсы, ф.-судно *adv.* free on board.

франкфуртский *a.* Frankfort (black).

франский *a.* (geol.) Frasnian.

Франсуа-Рексрота печь (coking) Francois-Rexroth furnace.

франц. *abbr.* (**французский**) French.

франций *m.* francium, Fr.

Франция France.

французск/ий *a.* French; **ф. ключ** monkey wrench; —**ая синь** French blue.

фраунгоферовы линии (light) Fraunhofer lines.

фрахт *m.* freight, cargo; freightage; —**ование** *n.* freighting; chartering; —**ователь** *m.* charterer; —**овка** *f.* freightage; —**овщик** *m.* freighter; —**овый** *a.* of фрахт.

фрачник *m.* (ent.) borer (*Lixus*).

Фраша способ (sulfur) Frasch process.

фреатический *a.* (geol.) phreatic.

фрегат *m.* frigate (ship).

Фреде реактив Fröhde's reagent (for alkaloids).

фрез/а *f.* (milling) cutter; (agr.) rototiller; **ф.-развертка** *f.* reamer; —**барабан** *m.* (peat) drum shredder; —**ер** *see* **фреза**; —**ерный** *a.* milling, cutting; shredded; —**ерный резец** (milling) cutter, cutting tool; —**ерный станок** milling machine; —**ерная машина** (agr.) rototiller, rotary tiller; —(ер)овальный *a.*, —(ер)ование *n.* milling, etc., *see v.*; —(ер)ованный *a.* milled, etc., *see v.*; —(ер)овать *v.* mill, cut; (agr.) (roto)till, break up (soil); —еровочный *a.* milling, etc., *see v.*; —еровщик *m.* milling machine operator.

фрейалит *m.* (min.) freyalite.

фрейбергит *m.* (min.) freibergite.

фрейбургский *a.* (geog.) Freiburg.

фрейд/изм *m.* Freudian theory; —овский *a.* Freudian.

фрейеслебенит *m.* (min.) freieslebenite.

Фрейнд/а метод Freund's method; —лиха уравнение Freundlich equation.

фрейфал *m.* free fall, free-falling drill.

фреквентин *m.* frequentin; —овая кислота frequentic acid, citromycetin.

Фремонта испытание (met.) Fremont (impact) test.

фремонтит *m.* (min.) fremontite, natramblygonite, natromontebrasite.

френель *m.* (phys.) fresnel (10^{12} hertz).

Френеля формула Fresnel's formula.

френит *m.* (med.) phrenitis.

френозин *m.* phrenosin —овая кислота phrenosinic acid, cerebronic acid.

френсисовский *a.* Francis'.

френцелит *m.* (min.) frenzelite, guanajuatite, selenobismutite.

Френье насос Frenier pump.

фреон *m.* Freon (refrigerant).

фретинг-коррозия *f.* (met.) fretting corrosion.

фригана *f.* phrygana (xerophytic growth of shrubbery, briars, etc.).

фриг/атор *m.* an ice-salt refrigeration system; —ориметр *m.* frigorimeter; —ория *f.* frigorie (minus kilocalorie).

фриделит *m.* (min.) friedelite.

Фрид/ель-Крафтса реакция Friedel-Crafts reaction; —лендера синтез Friedlander synthesis.

фриз *m.* frieze, border, rib.

фризеит *m.* (min.) frieseite.

фризовый *a.* frieze, border(ed).

Фрика печь (elec.) Frick furnace.

фрикативный *a.* fricative (sound).

фрикцион *m.* (friction) clutch.

фрикционировать *v.* friction, rubberize.

фрикционн/ый *a.* friction(al); pinch, roughing (roll); (met.) drop (hammer); ф. конус friction cone, cone clutch; —ая муфта friction clutch; —ая передача friction gear(ing), friction drive.

фрикция *f.* friction.

фринин *m.* phrynin.

Фриса перегруппировка Fries rearrangement (of phenol ethers).

фритредерство *n.* free trade.

фритта *f.* (glass) frit.

фриттер *m.* (tel.) acoustic shock absorber.

фриттов/ать *v.*, —ый *a.* (glass) frit.

фритчеит *m.* (min.) fritzscheite.

фришев/альный *a.*, —ание *n.* (re)fining, etc., *see v.*; —ать *v.* (re)fine; freshen, revive.

фробениусовый *a.* (math.) Frobenius.

фронт *m.*, —овой *a.* front; edge, profile; zone; ф. ремонта машин number of machines under repair simultaneously; —альный *a.* front(al); front(-mounted); —ит *m.* (med.) inflammation of frontal sinus.

фронто/генез *m.* (meteor.) frontogenesis; —лиз *m.* frontolysis, breakdown of atmospheric front.

фронтон *m.*, —ный *a.* (arch.) fronton, pediment, gable.

фронтообразование *see* фронтогенез.

фр. пат. *see* франц. *and* пат.

Фруда критерий Froude number.

фрукт *m.* fruit.

фруктигенин *m.* fructigenin.

фрукто— *prefix* fructo—, fruit; —воз *m.* fruit freighter; —вый *a.* fruit; —вый сахар, —за *f.* fruit sugar, fructose; —замин *m.* fructosamine; —зан *m.* fructosan; —зид *m.* fructoside; —сниматель *m.* fruit picker; —сушилка *f.* fruit dryer, fruit dehydrator.

фрю-ваннер *m.* (min.) Frue vanner, slime washer.

ф-с *abbr.* (фот-секунда) phot-second.

ФСГ *abbr.* (фолликулостимулирующий гормон) follicle-stimulating hormone.

ф-сек *see* ф-с.

ф. ст. *abbr.* (фунт стерлингов) pound sterling.

фт. *abbr.* (фут) foot; ф-т *abbr.* (факультет) faculty, department; ФТ *abbr.* (фототехническая пленка) technical photographic film.

ФТА *abbr.* (фенилтрифторацетон) phenyltrifluoroacetone; (фототелеграфный аппарат) facsimile equipment.

фтал— *prefix* phthal—; —азин *m.* phthalazine, 2,3-benzodiazine; —азол *m.* phthalylsulfathiazole; —амид *m.* phthalamide; —аминовая кислота phthalamic acid, *o*-carbamylbenzoic acid; —анил *m.* phthalanil, N-phenylphthalimide; —ат *m.* phthalate.

фталево/бутиловый эфир butyl phthalate (of); —кислый *a.* phthalic acid; phthalate (of); —кислая соль phthalate.

фталев/ый *a.* phthalic; ф. альдегид phthalic aldehyde, phthalaldehyde; ф. ангидрид phthalic anhydride, phthalandione; —ая кислота phthalic acid, 1,2-benzenedicarboxylic acid; соль —ой кислоты phthalate.

фтал/еин *m.* phthalein; —ид *m.* phthalide, isobenzofuranone; —иден *m.* phthalidene; —идил *m.* phthalidyl.

фталил *m.* phthalyl; —**овый спирт** phthalyl alcohol, 1,2-xylenediol; —**хлорид** *m.* phthalyl chloride.

фтал/имид *m.* phthalimide, 1,3-isoindoledione; —**ин** *m.* phthaline; —**ирование** *n.* phthalation.

фтало— *prefix* phthalo—; —**ил** *m.* phthaloyl; —**н** *m.* phthalone; —**нитрил** *m.* phthalonitrile, dicyanobenzene; —**новая кислота** phthalonic acid, carbobenzoylformic acid; —**фенон** *m.* phthalophenone, diphenylphthalein; —**цианин** *m.*, —**циановый** *a.* phthalocyanine.

фталуровая кислота phthaluric acid.

фталь— see **фтал—**.

фтанит *m.* (petr.) phthanite.

фти/вазид *m.* phthivazide (antituberculotic); —**зиатрия** *f.* (med.) phthisiology.

фтор *m.* fluorine, F; *prefix* fluo(ro)—; —**алифатический** *a.* fluoroaliphatic; —**ангидрид** *m.* acid fluoride; —**ангидрид хромовой кислоты** chromyl fluoride; —**апатит** *m.* (min.) fluorapatite; —**ацетат** *m.* fluoroacetate; —**бензол** *m.* fluorobenzene.

фторбор/ная кислота fluoboric acid; —**нокислая соль** fluoborate; —**этилен** *m.* fluoroboroethylene.

фторзамещенный *a.* fluoro—.

фторид *m.* fluoride; **ф. азота** nitrogen fluoride; —**ирование** *n.* fluoridation.

фториров/ание *n.* fluorination; —**анный** *a.* fluorinated; —**ать** *v.* fluorinate.

фтористоводородная кислота hydrofluoric acid.

фторист/ый *a.* fluorine; (formerly lower or —ous) fluoride (of); **ф. винил** vinyl fluoride; **ф. водород** hydrogen fluoride; **ф. кремний** silicon fluoride; **основной ф.** oxyfluoride (of); —**ое соединение** fluoride.

фторкаучук *m.* fluorine-containing elastomer.

фторн/ый *a.* fluorine; (formerly higher or —ic) fluoride (of); —**ое олово** stannic fluoride.

фторо— *prefix* fluoro—; —**апатит** *m.* (min.) fluorapatite; —**бензол** *m.* fluorobenzene; —**борат** *m.* fluoborate.

фтороводород *m.* hydrogen fluoride; —**ный** *a.* hydrofluoric, hydrofluoride (of); —**ная кислота** hydrofluoric acid; **соль** —**ной кислоты** fluoride.

фтор/окись *f.* oxyfluoride; —**олефин** *m.* fluoro-olefin; —**ометрия** *f.* fluorometry; —**ониобат** *m.* fluoniobate, fluocolumbate.

фторопласт *m.* fluoroplastic; **ф.-3** polychlorotrifluoroethylene (same as Kel-F); **ф.-4** polytetrafluoroethylene (same as Teflon).

фтор/органический *a.* organofluoro—; —**о-**

силикат *m.* fluosilicate; —**отанталат** *m.* fluotantalate; —**отитановый** *a.* fluotitanic (acid); —**оуглерод** *m.* carbon tetrafluoride, tetrafluoromethane; —**оформ** *m.* fluoroform, trifluoromethane; —**полимер** *m.* fluoropolymer; —**полиэфир** *m.* fluorinated polyester; —**производные** *pl.* fluorine derivatives; —**силикат** *m.* fluosilicate; —**содержащий** *a.* fluorine-containing; —**сополимер** *m.* fluorine-containing copolymer, fluoroelastomer; —**уксусный** *a.* fluoroacetic (acid); —**циан** *m.* cyanogen fluoride; —**цирконат** *m.* fluozirconate; —**эластомер** see **фторсополимер**.

ФТП *abbr.* (**фарадеево темное пространство**) Faraday dark space.

ФТЯ, ФТ-ячейка *abbr.* (**феррит-транзисторная ячейка**) ferrite-transistor cell.

фуга *f.* seam, crack.

фуган/ок *m.*, —**очный** *a.* smoothing plane, jointer.

фугас *m.* (mil.) fougasse, (land) mine; —**ка** *f.* fougasse; high-explosive shell; —**ность** *f.* fugacity; —**ный** *a. of* **фугас**; high-explosive (shell, bomb); demolition (rocket, etc.); —**ное действие** demolition effect, explosive effect; brizance; mine action.

фугат *m.* centrifugate, centrifuged effluent.

фугативность *f.* fugacity.

фуггерит *m.* (min.) fuggerite.

фугетивность *f.* fugacity.

фугин *m.* fugin, fugutoxin.

фугировать *v.* centrifuge.

фугитивность *f.* fugacity.

фугов/ально-склеечный станок combined jointing and gluing machine; —**альный** *a.* jointing; —**альный станок** jointing machine, surface planer; —**ание** *n.* jointing, etc., *see v.*; —**ать** *v.* joint, plane; file (saw teeth); centrifuge; —**ка** see **фугование**; jointer.

фуговой фонарь arc lamp.

фуговочный *a. of* **фуговка**.

фугоидный *a.* phugoid, long-period.

фужер *m.* (glass) stemware.

фузаин *m.* fusain, mineral charcoal.

фузар/иновый *a.* fusaric (acid); —**иоз** *m.* (phyt.) fusariose, Fusarium wilt; —**иозный** *a.* fusarial; —**иозное увядание** Fusarium wilt.

фукеит *m.* (min.) fouqueite.

Фуко ток (elec.) Foucault current, eddy current.

фуко/за *f.* fucose, 2,3,4,5-tetrahydroxyhexanal; —**зит** *m.* (min.) fucosite; —**ксантин** *m.* fucoxanthine; —**новая кислота** fuconic acid.

фуксин *m.* fuchsin(e), magenta red; —**осернистая кислота** fuchsin sulfurous acid (Schiff's reagent).

фукс/ит *m.* (min.) fuchsite; **—ия** *f.* (bot.) fuchsia.

фуксово стекло water glass, sodium silicate solution.

фуксон *m.* fuchsone, quinonediphenylmethane.

фукшванц *m.* dovetail saw.

фуку/зин *m.* fucusine, fucusamine; **—зол** *m.* fucusol; **—с** *m.* (bot.) Fucus.

фулаксит *m.* phulaxite.

фулерфон *m.* (telegraphy) fullerphone.

фулл/ерова земля, —еровская земля fuller's earth.

фульв/анол *m.* fulvanol; **—ен** *m.* fulvene, 5-methylenecyclopentadiene; **—овая кислота, —окислота** fulvic acid.

фульг/еновая кислота fulgenic acid; **—ид** *m.* fulgide; **—урит** *m.* (petr.) fulgurite.

фульмин/ат *m.* fulminate; **—овая кислота** fulminic acid; **—овокислая соль** fulminate; **—овосеребряная соль** silver fulminate; **—уровая кислота** fulminuric acid, isocyanuric acid; **—уровокислая соль** fulminurate.

фуляр *m.*, **—овый** *a.* (text.) foulard.

фумагиллин *m.* fumagillin.

фумар/амид *m.* fumaramide; **—ил** *m.* fumaryl; **—ин** *m.* fumarine, protopine; Fumarin (a rodenticide); **—овая кислота** fumaric acid, *trans*-butenedioic acid; **—овокислая соль** fumarate; **—оидная конфигурация** fumaroid; **—ола** *f.* (geol.) fumarole, smoke hole; fumarole deposit; **—протоцетраровый** *a.* fumaroprotocetraric (acid).

фумиг/ант *m.* fumigant; **—атин** *m.* fumigatin (antibiotic); **—атор** *m.* fumigator; **—ацин** *m.* fumigacin, helvolic acid; **—ационный** *a.*, **—ация** *f.* fumigation.

фунги— *prefix* fungi—; **—сид, —цид** *m.* fungicide; **—стерин** *m.* fungisterol; **—цидин** *m.* fungicidin, nystatin.

фундамент *m.* foundation, substructure, groundwork, bed, base, sole; seat(ing); footing; **закрепленный на —е** *a.* stationary.

фундаментальн/о *adv.* fundamentally; **—ость** *f.* fundamentality, solidity; **—ый** *a.* fundamental, solid, substantial; foundation; main, basic (research).

фундаментн/ый *a. of* **фундамент**; **—ая плита** bed plate, base.

фундиров/анный *a.* based; (com.) funded; **—ать** *v.* base.

фундук *m.* hazelnut, filbert.

фуникулер *m.* funicular (railway), cable railway; (ski) lift.

фуникулярный *a.* (anat.) funicular.

функия *f.* plaintain lily (*Funkia*).

функтор *m.* (math.) functor.

функцион/ал *m.* (math.) functional; **—аль-ный** *a.* functional; nutrient-deficiency (disease); **—ирование** *n.* functioning, operation, etc., *see v.*; **—ировать** *v.* function, operate, run; behave, act; serve (as); **—ирующий** *a.* functioning, etc., *see v.*

функц/ия *f.* function; purpose; **в —ии** as a function (of), against, versus; **выполнять —ию** *see* **функционировать**; **как ф.** *see* **в функции**; **пуск двигателя в —ии времени** time-limit acceleration starting.

фунт *m.* pound (Russian: 409.5 g.); **ф.-вес** pound-force; **ф.-калория** *f.* centigrade heat unit, Chu; **ф.-масса** *f.* pound-mass; **—овик** *m.* one-pound weight; **—овой** *a.* (one-)pound; **—офут** *m.* pound-foot, foot-pound; **ф.-сила** *f.* pound force.

фура *f.* wagon, van.

фураж *m.* (agr.) forage, fodder; **сухой ф.** hay; **—ир** *m.* forager; storer; distributor; **—ировать** *v.* forage; **—ировка** *f.* forage, foraging; **—ный** *a. of* **фураж**.

фуразан *m.* furazan, oxdiazole.

фуран *m.* fur(fur)an; **—карбоновая кислота** furancarboxylic acid, pyromucic acid; **—овый** *a.* furan; **—оза** *f.* furanose.

фурациллин *m.* Furac(ill)in, nitrofurazone.

фургон *m.*, **—ный** *a.* van, truck.

Фурдриниера машина (paper) Fourdrinier machine.

фурил *m.* furyl; furil, difurylglyoxal; **—иден** *m.* furylidene; **—овый спирт** furfuryl alcohol, furfuralcohol.

фурма *f.* (blast furnace) tuyere; (open hearth furnace) oxygen lance.

фурманка *f.* small van.

фурмарьерит *m.* (min.) fourmarierite.

фурменн/ый *a. of* **фурма**; **—ая амбразура** tuyere arch; **—ая коробка** tuyere box, blast box.

фурмов/ание *n.* punching; **—щик** *m.* puncher.

фурнель *m.* (min.) a chute.

фурнирный *a.* veneer(ing); inlay.

фурнитур/а *f.*, **—ный** *a.* fittings, accessories.

фуро/диазол *m.* furodiazole, oxdiazole; **—дит** *m.* Furodit (alloy); **—ил** *m.* furoyl; **—илирование** *n.* furoylation; **—ин** *m.* furoin; **—овый** *a.* furol, furfural, 2-furancarbonal; **—новая кислота** furonic acid, furfurylacetic acid; **—хинолиновый** *a.* furoquinoline.

фурункул *m.* (med.) furuncle, boil; **—ез** *m.* furunculosis.

фурфур/акролеин *m.* furfuracrolein; **—ал** *m.* furfural, 2-furancarbonal; **—алкоголь** *m.* furfuralcohol, furfuryl alcohol; **—аль** *see* **фурфурал**; **—амид** *m.* furfuramide, furfuryl amide; **—ан** *m.* fur(fur)an.

фурфури́л m. furfuryl; —иден m. furfurylidene, fural; —овый спирт furfuryl alcohol, furylcarbinol.
фурфури́н m. furfurine.
фурфу́ровый a. furfuric; ф. альдегид furfuraldehyde, furfural; ф. спирт furfuralcohol, furfuryl alcohol.
фурфур/ои́н m. furfuroin, furfuryl-fural; —ол m. furfural; —ол-флороглюцид furfuralphloroglucide; —ольный a. furfural; —остильбен m. furfurostilbene.
Фурье ряд (math.) Fourier series.
фусоотделитель m. tar separator in by-product coking process.
фуст m. (arch.) fust, shaft, trunk.
фус/тик m. fustic (wood); —тин m. fustin; —цин m. fuscin.
фусы pl. heavy coal-tar products formed in by-product coking process.
фут m. foot (0.305 meter).
футбол m., —ьный a. football.
футер see футеровка; —ование n. lining, fettling; —ованный a. lined, fettled; —овать v. line, fettle; —овка f., —овочный a. (refractory) lining, fettling, fettle, fritting.
фут-ламберт m. (illum.) foot-lambert.
футляр m. case, casing, cover, sheath, jacket; box, container, housing; —чик dim. of футляр.
футовый a. (one-)foot.
футор m. lining; bushing; lining leather; —ка f. threaded bushing, threaded sleeve, fitting.
фут/-свеча f. (illum.) foot-candle; ф.-тонна f. foot-ton (unit of work); ф.-фунт m. foot-pound; —шток m. sounding rod, depth gage, tide gage, foot gage.
фуф/аечный a., —айка f. sweater, vest.
фухерит m. (min.) foucherite.
фуцит m. fucitol.

фушунский a. (geog.) Fushun.
ФФД abbr. (фенолформалиндициандиамид) phenol formaldehyde dicyandiamide.
ФФПН abbr. (ферритовый фильтр переменной настройки) variable ferrite filter.
ф-ция abbr. (функция) function.
ф-ч abbr. (фот-час) phot-hour.
фырк/ать, —нуть v. sniff; snort; —ающий a. snort, blow (valve).
фьельд m. (geol.) fjeld (plateau).
фьерд m. (geol.) fiard (inlet).
фьорд see фиорд.
фьюминг-процесс m. fuming process (for zinc and lead extraction).
ФЭ abbr. (фотоэлемент) photocell.
фэд m. a Soviet camera.
ФЭК abbr. (фотоэластический коэффициент) photoelastic coefficient; (фотоэлектрический колориметр) photoelectric colorimeter.
ФЭОУ abbr. (фотоэлектрооптический усилитель) photoelectrooptic amplifier.
ФЭП abbr. (фотоэлектропирометр) photoelectric pyrometer.
фэр, ф.э.р., ФЭР abbr. (физический эквивалент рентгена) physical roentgen equivalent, rep.
фэрфильдит m. (min.) fairfieldite.
ФЭУ abbr. (фотоэлектрический усилитель) amplifier fɵr photocell; (фотоэлектронный умножитель) photomultiplier.
ФЭФ abbr. (фотоэлектрический флюксметр) photoelectric fluxmeter.
фюзеляж m., —ный a. (av.) fuselage.
фюзен m. (petr.) fusain, mineral charcoal; —изация f. fusainization; —изированный a. fusainized; —о— prefix fuso—.
фюльгебель m. micrometer.

X

хабазит m. (min.) chabazite.
хабаровский a. (geog.) Khabarovsk.
хавег m. Haveg (phenol-formaldehyde resin).
хави— see гяави—.
хадакристалл m. chadacryst, enclosed crystal.
хажив́ать see ходить.
хаз m. rear end of hide; —овый конец fag end, frayed end.
хайло n. opening, aperture.
хайпер— see under гипер—.
хакасский a. (geog.) Khakass.
хаки a. and n. khaki (color).
халат m. robe, coverall.
халатн/ость f. negligence; —ый a. negligent, careless, remiss.
халва f. halva (confectionery).

халибит m. (min.) chalybite, siderite.
халикоз m. (med.) chalicosis.
халикты pl. mining bees (Halictidae).
халиловский a. Khalilovo; х. чугун a naturally alloyed iron.
халко— see халько—.
халтурить v. moonlight; do careless work.
халцедон m., —овый a. (min.) chalcedony; зеленый х. chrysoprase.
халькантит m. (min.) chalcanthite, blue vitriol.
халько— prefix chalco— (copper); —алюмит m. (min.) chalcoalumite; —граф m. chalcograph beetle (Tomicus chalcographus); —графия f. chalcography, line engraving; —зин m. (min.) chalcosine, chalcocite, copper glance; —ламприт m. (min.) chalcolamprite; —лит

m. (min.) chalcolite, copper uranite; —**менит** *m.* (min.) chalcomenite; —**н** *m.* chalcone, benzalacetophenone; —**пирит** *m.* (min.) chalcopyrite, copper pyrites; —**сидерит** *m.* (min.) chalcosiderite; —**стибит** *m.* (min.) chalcostibite, wolfsbergite; —**трихит** *m.* (min.) chalcotrichite, plush copper ore; —**фанит** *m.* (min.) chalcophanite, hydrofranklinite; —**филлит** *m.* (min.) chalcophyllite; —**фильный** *a.* chalcophile (elements); —**цит** *m.* (min.) chalcocite.

хальфовый *a.* esparto.
хальциды *pl.* (ent.) Chalcididae.
халява *f.* (glass) muff.
хамада *f.* hamada, stony desert.
хамелеон *m.* (zool.) chameleon; (chem.) potassium permanganate.
хам/емии *pl.* aphid flies (*Chamaemyidae*); —**еропс** *m.* fan palm (*Chamaerops*); —**овая кислота** chamic acid.
хамса *f.* (ichth.) khamsa, anchovy.
Ханкеля функция Hunkel function.
Ханфорд (geog.) Hanford.
хао/с *m.* chaos, disorder, confusion; —**тически** *adv.* chaotically, in disorder, at random; —**тический,** —**тичный** *a.* chaotic, disorganized, without order, random; turbulent.
хара *f.* (bot.) Chara.
характер *m.* character, nature, type; properties; behavior (of lather, etc.); method (of operation); degree (of curvature); —**изовать** *v.* characterize; —**изоваться** *v.* be characterized (by), feature; —**изующий** *a.* characterizing, characteristic, specific.
характеристик/а *f.* characteristic(s), character, property, properties; characterization; (characteristic) curve; diagram; measure, degree; index (of logarithm); response, performance, behavior; rating; —**и** *pl.* characteristic(s), performance; **графическая х.**, **кривая х.** characteristic curve; **крутая х.** steepness (of curve); **рабочая х.** performance (curve or characteristic); **техническая х.** specifications.
характеристич/еский, —**ный** *a.* characteristic; performance; —**еская вязкость** intrinsic viscosity; —**еская диаграмма** performance diagram.
характерн/о *adv.* characteristically; significantly; it is characteristic, it is significant; —**ость** *f.* character, distinguishing feature; strength of character; —**ый** *a.* characteristic, representative, typical; specific, special, peculiar (to), inherent; distinctive, distinguishing; characterized (by); —**ая особенность,** —**ая черта** characteristic, feature.

характерограф *m.* (elec.) automatic recorder for volt-ampere characteristics.
характрон *m.* (electron.) charactron.
харк/анье *n.* expectoration, spitting; —**ать,** —**нуть** *v.* expectorate, spit.
харлэкский отдел (geol.) Harlech series.
харовые *pl.* (bot.) Characeae.
хартия *f.* charter.
Хартфорд (geog.) Hartford.
хартшифер *m.* (petr.) hard slate.
харьковский *a.* (geog.) Kharkov.
хат/а *f.* hut; **х.-лаборатория** *f.* (agr.) Kolkhoz laboratory; —**ка** *dim. of* **хата.**
хаттский *a.* (geol.) Chattian.
хатьма *f.* (bot.) Lavatera.
хауз-турбина *f.* house turbine.
Хаукинса элемент Hawkins' cell.
хаульмугр/иловый *a.* chaulmoogryl (alcohol); —**овый** *a.* chaulmoogra (oil); chaulmoogric (acid).
Хауэлля печь Howell furnace.
х/б, х/бум *abbr.* (**хлопчатобумажный**) cotton.
хвал/а *f.* praise; —**ебный** *a.* eulogistic, laudatory; —**ен(н)ый** *a.* praised; —**ить** *v.* praise, commend, eulogize.
хвастать(ся) *v.* boast, brag.
хват/ание *n.* snatching, grasp(ing), seizing; —**ательный** *a.* grasp(ing); prehensile; —**ать** *v.* snatch, seize, catch hold (of), catch, grasp, clutch, bite; carry; suffice, be sufficient, last; **у него не** —**ает** he is short (of); —**аться** *v.* snatch (at), grasp, get hold (of); —**ающий** *a.* prehensile; —**ить** *v.* suffice, be sufficient; hit, strike, come on suddenly; grasp, grab; suffer, undergo; go too far; —**иться** *v.* remember suddenly; —**ка** *f.* seizing, clutching; grasp, clutch, grip.
х-во, х/во *abbr.* (**хозяйство**) economy; farm, establishment.
хвоеевертка *f.* (ent.) Evetria.
хвои *gen., etc., of* **хвоя.**
хвойн/ик *m.* (bot.) Ephedra; —**ые** *pl.* conifers; —**ый** *a.* coniferous, cone-bearing; acerose; coniferyl (alcohol); —**ое дерево** conifer.
хворост *m.,* —**яной** *a.* brushwood.
хвор/ый *a.* sickly, puny; —**ь** *f.* sickliness, illness, ailment.
хвост *m.* tail (piece); (av.) tail group; line, queue; shank, shaft (of tool); spike; last runnings (in distillation); —**ы** *pl.* (min.) tails, tailings, residue; **заносить х.** *v.* skid; **плестись в** —**е** *v.* lag behind; **спуск на х.** (av.) tail spin, tail dive.
хвостат/ые *pl.* (zool.) Caudata, Urodela; —**ый** *a.* tailed, caudate.
хвост/ец *m.* (anat.) соccyx; —**ик** *dim. of* **хвост;** (av.) trailing edge piece; trailing edge assembly (of wing); —**ный** *a.* tail; —**овик** *m.* (tool) stem, shaft; tail end (of

broach); butt (of automatic coupler); (petrol.) liner; —**овой** *a.* tail, caudal; rear, posterior, hindmost, butt, end; after; (av.) trailing-edge; residual, waste, discarded; —**овой карман** (flotation) free circulation compartment; —**овая кость** (anat.) coccyx; —**охранилище** *n.* tailings dump; —**цовый** *a.* (anat.) coccygeal; —**цовая кость** coccyx; —**ы** *pl. of* **хвост**.
хвощ *m.* (bot.) horsetail (*Equisetum*).
хвоя *f.* coniferous needles or branches.
хевея *f.* (bot.) Hevea; **бразильская х.** para rubber tree (*H. brasiliensis*).
Хевисайда слой Heaviside layer, ionosphere.
Хегелера печь Hegeler furnace.
хедер *m.* (agr.) header, cutter.
хейл—, —о— *prefix* cheil(o)— (lip); —**ит** *m.* (med.) cheilitis.
хейр/амин *m.* cheiramine; —**антин** *m.* cheiranthin; —**антовая кислота** cheiranthic acid; —**ин** *m.* cheirin; —**инин** *m.* cheirinine; —**олин** *m.* cheirolin.
хел/ант *m.* chelating agent; —**ат** *m.* chelate, chelate compound; —**атный** *a.* chelate(d); —**атометрия** *f.* chelatometry; —**атообразование** *n.* chelation; —**атообразователь** *m.* chelating agent; —**атохромный** *a.* chelatochrome; —**ация** *f.* chelation.
хелидон/аминовая кислота chelidonamic acid; —**ин** *m.* chelidonine; —**овая кислота** chelidonic acid, pyronedicarboxylic acid; **соль** —**овой кислоты,** —**овокислая соль** chelidonate.
хелицеро/вые, —носные *pl.* (zool.) Chelicerata.
хелонин *m.* chelonin.
Хельбергера печь Helberger furnace.
хельмит *m.* (min.) hielmite.
х.е.м. *abbr.* (**химическая единица массы**) chemical mass unit.
хеми— *see* **хемо—**; —**люминесценция** *f.* chemiluminescence.
Хемминга код Hamming code.
хемо— *prefix* chemo—, chemi(co)—, chemical; —**генные отложения** chemical precipitates (in water); —**з** *m.* (med.) chemosis; —**кинезис** *m.* chemokinesis; —**лиз** *m.* chemolysis; —**реология** *f.* chemorheology; —**синтез** *m.* (physiol.) chemosynthesis; —**смоз** *m.* chemosmosis.
хемосорб/ированный *a.* chemisorbed; —**ционный** *a.,* —**ция** *f.* chemisorption, chemical absorption.
хемо/сфера *f.* chemosphere; —**таксис** *m.* (biol.) chemotaxis; —**троника** *f.* chemotronics; —**тропизм** *m.* chemotropism.
Хендерсона способ Henderson process.
хеневиксит *m.* (min.) chenevixite.

хенна *f.* henna.
хенопод/иевый *a.* chenopodium (oil); —**ин** *m.* chenopodin.
херес *m.* sherry.
хермес *m.* (ent.) Chermes.
херсонский *a.* (geog.) Kherson.
Хертера-Дриффильда характеристика Hurter-Driffield characteristic curve.
хескер *m.* (agr.) husker; —**ный** *a.* husking.
хет/а *f.* chaeta, seta, spine, bristle; —**огнаты** *pl.* (zool.) Chaetognatha.
хетомин *m.* chetomin.
хетчер *m.* hatcher, incubator.
Хеффа сепаратор (min.) Huff separator.
хиазм *m.,* —**а** *f.* (biol.) chiasm(a).
хиастолит *m.* (min.) chiastolite.
хибикон *m.* Hibicon, benzchlorpropamide.
хивиатит *m.* (min.) chiviatite.
Хивисайда *see* **Хевисайда**.
хидантоин *m.* hydantoin.
хиельмит *m.* (min.) hielmite.
хижин/а *f.* hut; —**ка** *dim. of* **хижина**.
хи-квадрат *m.* (math.) chi-square.
хил *sh. m. of* **хилый**; *see also* **хилус**.
хилеть *v.* grow feeble, grow sickly.
хило— *prefix* (physiol.) chyl(o)—, chyle; —**зный** *a.* chylous.
хилость *f.* feebleness, sickliness.
хилус *m.* (physiol.) chyle.
хилый *a.* feeble, weak, sickly.
хим— *prefix* chemical.
химаза *f.* chymase.
химаппарт *m.* chemical apparatus, chemical equipment.
химафилин *m.* chimaphilin.
химбаклаб *m.* chemical and bacteriological laboratory.
химбомба *a.* chemical bomb, gas bomb.
химера *f.* (biol.) chimera.
химеричн/ость *f.* impracticability; —**ый** *a.* impractical, chimerical, absurd.
химзавод *m.* chemical plant.
хим. зн. *abbr.* (**химический знак**) chemical symbol.
химиз/ация *f.* chemization; —**ировать** *v.* introduce chemical methods and products; —**м** *m.* chemism; chemical aspect, chemical nature, chemistry.
химик *m.* chemist.
химик/алии, —аты *pl.* chemicals.
химик-консультант *m.* consulting chemist.
химико— *prefix* chemico—, chemical; —**аналитический** *a.* analytical (balance); —**металлургический** *a.* chemical and metallurgical.
химик-органик *m.* organic chemist.
химико/спектрографический *a.* spectrochemical; —**термический** *a.* thermochemical; —**технологический** *a.* chemical engineering; —**физический** *a.* physicochemical.
химик-пищевик *m.* food chemist; **х.-**

химиловый спирт — **хитро**

эксперт *m.* consulting chemist; **х.-энергетик** power chemical engineer.
химиловый спирт chimyl alcohol.
химио— *see* **хемо—**; **—синтез** *m.* chemosynthesis; **—цептор** *m.* chemoceptor.
химически *adv.* chemically.
химическ/ий *a.* chemical; indelible (pencil); **—ая кинетика** chemical reaction engineering; **—ая служба** chemical warfare service; **—ая технология** chemical technology; **chemical engineering**; **—ая физика** physical chemistry; **—ая чистка** dry cleaning; **—ое зажигание** (rockets) spontaneous ignition; **—ое стекло** laboratory glassware; **—ие материалы, —ие препараты, —ие продукты** chemicals.
химическо-физический *a.* physicochemical.
химия *f.* chemistry; **х. высоких температур** high-temperature chemistry; **х. плазмы** plasma chemistry.
химозин *m.* chymosin, rennase.
химотрипсин *m.* chymotrypsin.
хим/отроника *f.* chemotronics; **—поглотитель** *m.* chemical absorber; **—пром** *m.* chemical industry; **—снаряд** *m.* chemical shell; **—сорбция** *f.* chemical absorption; **—состав** *m.* chemical composition; **—стойкий** *a.* resistant to chemicals; **—стойкость** *f.* resistance to chemicals; **—уголок** *m.* chemistry reading room.
химус *m.* (physiol.) chyme.
химфугас *m.* chemical mine.
хин— *prefix* quin—, quinine; **—а** *f.* quina, cinchona bark; **—азин** *m.* quinazine, quinoxaline; **—азолин** *m.* quinazoline, phenmiazine; **—азолон** *m.* quinazolone, oxyquinazoline; **—акридин** *m.* quinacridine; **—ализарин** *m.* quinalizarin.
хинальдин *m.*, **—овый** *a.* quinaldine, 2-methylquinoline; **—овая кислота** quinaldic acid, 2-quinolinecarboxylic acid.
хин/амидин *m.* quinamidine; **—амин** *m.* quinamine; **—амицин** *m.* quinamicine; **—анафтол** *m.* quin(an)aphthol; **—ат** *m.* quinate; **—гидрон** *m.*, **—гидроновый** *a.* quinhydrone; **—долин** *m.* quindoline; **—ен** *m.* quinene.
хинид/амин *m.* quinidamine; **—ин** *m.* quinidine.
хинизарин *m.*, **—овый** *a.* quinizarin, 1,4-dihydroxyanthraquinone.
хинизатин *m.* quinisatin; **—овая кислота** quinisatinic acid.
хинин *m.* quinine; **—дол** *m.* quinindole; **—овый** *a.* quinine; **quininic** (acid); **—он** *m.* quininone.
хинировать *v.* (text.) cloud, weave or print chiné.
хин/ит *m.* quinite, quinitol, cyclohexanediol; **—ицин** *m.* quinicine.

хиннодубильный *a.* quinotannic (acid).
хинн/ый *a.* quinine; **х. корень** (bot.) China root (*Smilax china*); **—ая кислота** quinic acid, hexahydrotetrahydroxybenzoic acid; **соль —ой кислоты** quinate; **—ая кора** cinchona bark; **—ое дерево** (bot.) cinchona.
хино— *prefix* quino— (quina; quinine); **—вин** *m.* quinovin, chinovin; **—воза** *f.* quinovose (glucoside); chinovose (carbohydrate); **—дубильная кислота** quinotannic acid, cinchonatannin; **—зол** *m.* Quinosol, 8-hydroxyquinoline sulfate; **—ид** *m.*, **—идный** *a.* quinoid; **—идин** *m.* quinoidine; **—ил** *m.* quinolyl.
хинок/итиол *m.* hinokitiol, thujaplicin; **—овая кислота** hinokic acid.
хиноксал/ил *m.* quinoxalyl; **—ин** *m.* quinoxaline, quinazine; **—он** *m.* quinoxalone.
хинол *m.* quinol, hydroquinone; **—изин** *m.* quinolizine; **—ил** *m.* quinolyl.
хинолин *m.* quinoline, 1-benzazine; **—карбоновый** *a.* quinolinecarboxylic (acid); **—овый** *a.* quinoline; **—овая кислота** quinoline acid; quinolinic acid, 2,3-pyridinedicarboxylic acid; **—ол** *m.* quinolinol, hydroxyquinoline.
хино/лон *m.* quinolone; **—ль** *see* **хинол**; **—н** *m.* quinone; **—нил** *m.* quinonyl; **—иминовый** *a.* quinone imine (dyes); **—токсин** *m.* quinotoxine; **—тропин** *m.* quinotropine, urotropine quinate; **—фталон** *m.* quinophthalone; **—хинолин** *m.* quinoquinoline; **—цид** *m.* quinocide (antimalarial).
хинуклидин *m.*, **—овый** *a.* quinuclidine.
хио— *prefix* chio— (snow).
хио/кокцин *m.* chiococcine; **—лит** *m.* (min.) chiolite; **—нантин** *m.* chionanthin; **—нантоид** *m.* chionanthoid.
ХИП *abbr.* (хаотические импульсные помехи) random pulse interference.
хирад *m.* khirad (polyethylene-base plastic).
хират/ин *m.* chiratin; **—огенин** *m.* chiratogenin.
хиреть *see* **хилеть**.
хиро— *prefix* ch(e)ir(o)— (hand).
хирург *m.* surgeon; **—ический** *a.* surgical; **—ия** *f.* surgery.
хитен/идин *m.* chitenidine; **—ин** *m.* chitenine.
хитер *sh. m. of* **хитрый**.
хитин *m.* chitin; **—изация** *f.* chitinization; **—овый** *a.* chitin(ous).
хитоза *f.* chitose; **—мин** *m.* chitosamine (glucosamine); **—н** *m.* chitosan.
хитоновая кислота chitonic acid.
хитоны *pl.* (zool.) Loricata.
хитр/о *adv.* cleverly, etc., *see a.*; **—осплетение** *n.* stratagem; **—ость** *f.* cunning, slyness; intricacy; ingenuity; trick, dodge,

stratagem; —ый *a.* clever, sly, cunning, ingenious.
хищ/ение *n.* plunder; misappropriation; tampering; —нецы *pl.* (ent.) assassin bugs; —ник *m.* predator; —ность *f.* predatory nature; —ные *pl.* (zool.) Carnivora; —ный *a.* predatory; predaceous (insect).
хл *abbr.* (хлороформ) chloroform.
хлад— *see* хладно—; —агент *m.* refrigerant; cooling agent, coolant.
хладнит *m.* (min.) chladnite.
хладно— *prefix* cold; cool; refrigeration; —кровный *a.* cool, composed; indifferent.
хладноломк/ий *a.* (met.) cold short, cold brittle; —ость *f.* cold shortness, cold brittleness.
хладностойк/ий *a.* cold-resistant; х. состав antifreeze; —ость *f.* cold resistance; (met.) cold strength.
хладо— *see* хладно—; —агент *see* хладагент; —бойня *f.* slaughterhouse; —носитель *m.* cold carrier; —стойкий *see* хладостойкий; —текучесть *f.* cold flow; —транспорт *m.* refrigerated transportation.
хлам *m.* junk, trash, rubbish.
хламид/(о)— *prefix* chlamyd(o)— (mantle, cloak, covering); —оспора *f.* (bot.) chlamydospore.
хл.-бум. *abbr.* (хлопчатобумажный).
хлеб *m.* bread, loaf; cereals, grain; —а *pl.* grain crop.
хлебать *v.* gulp, swallow.
хлеб/ец *m.* small loaf; —ина *f.* beebread.
хлеб/ка *gen. of* хлебок; —нуть *see* хлебать.
хлебн/ый *a. of* хлеб; lucrative; х. амбар granary; х. комарик Hessian fly; х. спирт grain alcohol, ethyl alcohol; —ая плесень bread mold (*Mucor mucedo*); —ое дерево (bot.) bread-fruit (*Artocarpus incisa*); —ые растения cereals.
хлебо— *prefix* grain; bread; —булочный *a.* baked (goods); —завод *m.* bakery; —заготовительный *a.*, —заготовка *f.* grain storage, grain harvesting; —закупка *f.*, —закупочный *a.* grain purchasing.
хлебок *m.* sip, mouthful, swallow.
хлебокопнитель *m.* grain stacker.
хлебопаш/енный *a.* agricultural; —ество *n.* agriculture; grain farming; —ествовать *v.* raise grain.
хлебо/пек *m.* baker; —пекарный *a.* baking; —пекарня *f.* bakery; —печение *n.* bread baking; —поставка *f.* grain delivery (to the state); —продукты *pl.* grain products; —производящий *a.* grain-producing; —резка *f.* bread

cutter; —резный *a.* bread-cutting; —роб *m.* grain grower; —род *m.* abundant grain crop; —родный *a.* grain-producing; productive, abundant; —сдаточный *a.*, —сдача *f.* grain delivering; —стой *m.* stand of grain; —торговля *f.* grain trade; —уборка *f.*, —уборочный *a.* grain harvest(ing); —фураж *m.*, —фуражный *a.* grain and forage.
хлев *m.* cattle shed, barn, pen.
хлест *m.*, —ание *n.* whipping, etc., *see v.*; —ать *v.* whip, lash, beat, flap; gush (out), spout, flow, pour; —кий *a.* whipping, slashing; bold, swift.
хлеще *comp. of* хлесткий.
хлипкий *a.* weak, poor; pasty, gruel-like.
хлоантит *m.* (min.) chloanthite.
хлоп *m.* bang(ing), clap(ping); —анье *n.* banging, etc., *see v.*; —ать *v.* bang, slam; clap, slap; flap, whip; pop.
хлопинит *m.* (min. khlopinite.
хлопко— *prefix* cotton; —вод *m.* cotton grower; —водство *n.*, —водческий *a.* cotton-growing.
хлопков/ый *a.* cotton; —ое масло cottonseed oil; —ое семя cottonseed.
хлопко/завод *m.* gin (mill); —заготовка *f.* state purchase of cotton; —комбайн *m.* cotton combine; —очески *pl.* cotton waste.
хлопкоочист/итель *m.*, —ительная машина (cotton) gin; —ительный *a.* ginning; —ительный завод gin (mill); —ка *f.* ginning.
хлопко/прядение *n.*, —прядильный *a.* cotton-spinning; —роб *m.* cotton grower; —сеющий *a.*, —сеяние *n.* cotton planting, cotton growing; —собиратель *m.* cotton picker; —сушилка *f.* cotton dryer; —трепалка *f.* batting machine; —уборка *f.*, —уборочный *a.* cotton picking.
хлопнуть *see* хлопать.
хлопок *m.* cotton; floc, flake; clap; х.-сырец *m.* raw cotton.
хлопот/ать *v.* (take) trouble; try for; intercede, plead (for); solicit, petition; bustle about; —ливый *a.* busy (person); troublesome (business); —ня *f.* concern, care; fuss; —ы *pl.* trouble, cares.
хлопушка *f.* firecracker; gate valve; fly swatter; (bot.) catch fly.
хлопчатник *m.* cotton plant; —овый *a.* cotton; cottonseed (oil).
хлопчато— *prefix* cotton;
хлопчатобумажн/ый *a.* cotton; х. порох guncotton, pyroxylin; —ая материя, —ая ткань cotton (fabric).
хлопчат/ый *a.* cotton; —ая бумага cotton (fabric).
хлопь/е *n.* floc, flake; —ями in flakes, in flocculent form; в виде —ев flocculent;

—евидный, —еобразный *a.* flaky, flocculent; —еобразование *n.* flocculation.

хлор *m.* chlorine, Cl, chlorine gas; гидрат —a chlorine hydrate; окись —a chlorine oxide.

хлор— *prefix* chlor(o)—; chloride; —азид *m.* chlorazide; —азин *m.* Chlorazine; —азол *m.* chlorazol; —акон *m.* Chloracon, benzchlorpropamide.

хлорал *m.* chloral, trichloroethanal; —гидрат *m.* chloral hydrate; —ид *m.* chloralide; —оза *f.* chloralose, anhydroglucochloral.

хлор/алун *m.* chloralum; —алуровая кислота chloraluric acid; —аль *see* хлорал; —алюминит *m.* (min.) chloraluminite; —амид *m.* chloramide, chloral amide; —амил *m.* amyl chloride; —амилен *m.* chloroamylene; —амин *m.* chloramine; —амфеникол *m.* chloramphenicol, Chloromycetin (antibiotic).

хлорангидрид *m.* acid chloride; х. азотной кислоты nitroxyl chloride; х. серной кислоты sulfuryl chloride; х. стеариновой кислоты stearyl chloride; х. уксусной кислоты acetyl chloride.

хлоранил *m.* chloranil, tetrachloroquinone; —амид *m.* chloranilamide; —ин *m.* chloraniline; —овая кислота chloranilic acid; —овокислая соль chloranilate.

хлор/апатит *m.* (min.) chlorapatite; —астролит *m.* (min.) chlorastrolite; —ат *m.* chlorate; —атор *m.* chlorinator; —аурат *m.* chloraurate.

хлорацет/ат *m.* chloroacetate; —ил *m.* chloroacetyl; —он *m.* chloroacetone; —оновая кислота chloroacetonic acid; —офенон *m.* chloroacetophenone, phenacyl chloride.

хлорбенз/ил *m.* chlorobenzyl; benzyl chloride; —ойная кислота chlorobenzoic acid; —ол *m.* chlorobenzene.

хлор/бромбензол *m.* chlorobromobenzene; —бутадиен *m.* chlorobutadiene, chloroprene; —бутанол *m.* chlorobutanol; —бутилкаучук *m.* chlorinated butyl rubber; —винил *m.* vinyl chloride; —винилиден *m.* vinylidene chloride.

хлоргидр/ат *m.* hydrochloride; chlorine hydrate; —ин *m.*, —иновый *a.* chlorohydrin; —ирование *n.* hydrochlorination.

хлор/дан *m.* chlordan (insecticide); —екс *m.* Chlorex, *sym*-dichloroethyl ether; —закись кобальта cobaltous oxychloride; —замещенный *a.* chlorine-substitution, chloro—; —ид *m.* chloride; —идин *m.* Chloridin, pyrimethamine; —идный *a.* chloride; —изация *f.* chlorination; —ил *m.* chloryl; —илен *n.* chlorylene, trichloroethylene; —ин *n.* khlorin (a polyvinyl chloride fiber);

—инация *f.* chlorination; —ион *m.* chlorion, chloride ion.

хлорир/ование *n.* chlorination; —ованный *a.* chlorinated; —овать *v.* chlorinate; —ующий *a.* chlorinating.

хлористоводородн/ый *a.* hydrochloride (of); х. газ hydrogen chloride; х. хинин quinine hydrochloride; —ая кислота hydrochloric acid; соль —ой кислоты chloride.

хлористо/калиевая соль, —кислый калий potassium chlorite; —кислый *a.* chlorous acid; chlorite (of); —кислая соль chlorite.

хлорист/ый *a.* chlorine, chlorous; (formerly lower or —ous) chloride (of); х. алюминий aluminum chloride; х. винил vinyl chloride; х. водород hydrogen chloride; х. карбонил carbonyl chloride, phosgene; —ая кислота chlorous acid; соль —ой кислоты chlorite (of); —ая медь cuprous chloride; —ая ртуть mercurous chloride; —ое железо ferrous chloride; основной х. oxychloride (of).

хлорит *m.* (chem.; min.) chlorite; —изация *f.* (min.) chloritization; —овый *a.* chlorite; (min.) chloritic; —оид *m.* (min.) chloritoid, ottrelite.

Хлор-ИФК *abbr.* (изопропил-N-3-хлорфенилкарбамат) isopropyl N-(3-chlorophenyl)carbamate.

хлор/ка *f.* bleaching powder; —кали *n.* potassium chloride; —кальций *m.*, —кальциевый *a.* calcium chloride; —каучук *m.* chlorinated rubber; —ксилол *m.* chloroxylene; —манганокалит *m.* (min.) chlormanganokalite; —масляная кислота chlorobutyric acid; —метан *m.* chloromethane; —метил *m.* chloromethyl; methyl chloride; —метилирование *n.* chloromethylation; —мочевина *f.* chlorourea; —нитробензол *m.* chloronitrobenzene.

хлорно/аммониевая соль ammonium perchlorate; —бариевая соль barium perchlorate; —ватая кислота chloric acid; соль —ватой кислоты chlorate.

хлорноватисто/калиевая соль potassium hypochlorite; —кальциевая соль calcium hypochlorite; —кислый *a.* hypochlorous acid; hypochlorite (of); —кислый натрий sodium hypochlorite; —кислая соль hypochlorite.

хлорноватист/ый *a.* hypochlorous; х. ангидрид hypochlorous acid anhydride, chlorine monoxide; —ая кислота hypochlorous acid; соль —ой кислоты hypochlorite; —ые эфиры hypochlorite esters.

хлорновато/алюминиевая соль aluminum chlorate; —бариевая соль barium chlorate; —калиевая соль potassium chlorate; —**кислый** *a.* chloric acid; chlorate (of); —**кислый натрий,** —**натриевая соль** sodium chlorate; —**кислая соль** chlorate.

хлорно/калиевая соль, —**кислый калий** potassium perchlorate; —**кислый** *a.* perchloric acid; perchlorate (of); —**кислая соль** perchlorate.

хлори/ый *a.* chlorine; (formerly higher or —ic) chloride (of); **x. ангидрид** perchloric anhydride, chlorine heptoxide; —**ая вода** chlorine water; —**ая известь** bleaching powder, calcium hypochlorite mixture; —**ая кислота** perchloric acid; **соль** —**ой кислоты** perchlorate; —**ая медь** cupric chloride; —**ая ртуть** mercuric chloride; —**ое железо** ferric chloride; —**ое олово** stannic chloride; **основной x.** oxychloride (of); **основная** —**ая медь** copper oxychloride.

хлоро— *prefix* chlor(o)—, chlorine.

хлороводород *m.* hydrogen chloride; —**ный** *see* **хлористоводородный.**

хлоро/генин *m.* chlorogenine, alstonine; —**геновая кислота** chlorogenic acid; —**гидрин** *m.* chlorohydrin; —**з** *m.* (med.) chlorosis; —**иодистый** *a.* chloroiodide, iodochloride (of); —**какодил** *m.* cacodyl chloride; —**кальцит** *m.* (min.) chlorocalcite, hydrophilite.

хлорокись *f.* oxychloride; **х. углерода** carbonyl chloride, phosgene; **x. фосфора** phosphorus oxychloride, phosphoryl chloride.

хлоро/ксил *m.* Chloroxyl (cinchophen hydrochloride); —**ксилен** *m.* chloroxylene, xylyl chloride; —**меланит** *m.* (min.) chloromelanite; —**метр** *m.* chlorometer; —**метрия** *f.* chlorometry; —**мицетин** *m.* Chloromycetin, chloramphenicol.

хлоропал *m.* (min.) chloropal.

хлоропаллад/ат *m.*, —**иевокислая соль** chloropalladate; —**иевый** *a.* chloropalladic (acid); —**ит** *m.* chloropalladite.

хлоропласт *m.* (bot.) chloroplast.

хлороплатин/ат *m.* chloroplatinate, platinichloride; —**истая кислота** chloroplatinous acid; —**истокислая соль,** —**ит** *m.* chloroplatinite, platinochloride; —**овая кислота** chloroplatinic acid; —**овокислая соль** chloroplatinate.

хлоро/прен *m.*, —**преновый** *a.* chloroprene, 2-chloro-1,3-butadiene; —**производное** *n.* chlorine derivative; —**рафин** *m.* chlororaphin; —**содержащий** *a.* chlorine-containing; —**станнит** *m.* chlorostannite; —**торит** *m.* (min.) chlorothorite; —**углерод** *m.* carbon (tetra)chloride; —**фаит** *m.* (min.) chlorophaite; —**фан** *m.* (min.) chlorophane.

хлорофил/л *m.* (bot.) chlorophyll; —**лин** *m.* chlorophyllin; —**лит** *m.* (min.) chlorophyllite; —**ловый,** —**ьный** *a.* chlorophyll(ous); —**ловое зерно** (bot.) chloroplast.

хлорофир *m.* (petr.) chlorophyr.

хлороформ *m.*, —**енный** *a.* chloroform, trichloromethane; —**ированный** *a.* chloroformed; —**ировать** *v.* chloroform.

хлор/офос *m.* Trichlorfon, Dipterex (insecticide); —**ошпинель** *f.* (min.) chlorospinel; —**парафин** *m.* chloroparaffin; —**пентан** *m.* chloropentane; —**пикрин** *m.* chloropicrin; —**платинат** *see* **хлороплатинат;** —**производные** *pl.* chlorine derivatives, chlorine compounds; —**пропан** *m.* chloropropane; —**смесь** *f.* a carbon disulfide-carbon tetrachloride pesticide; —**содержащий** *a.* chlorine-containing; —**стирол** *m.* chlorostyrene; —**сульфоновый** *a.* chlorosulfonic (acid); —**тен** *m.* polychloropinene (insecticide); —**тетрациклин** *m.* chlortetracycline, aureomycin; —**тиазид** *m.* chlorothiazide; —**тиофенол** *m.* chlorothiophenol; —**толуол** *m.* chlorotoluene; —**углеводород** *m.* chlorohydrocarbon.

хлоругольн/ый *a.* chlorocarbonic, chloroformic (acid); **эфир** —**ой кислоты** chlorocarbonate, chloroformate.

хлоруксусн/ая кислота chloroacetic acid; —**окислая соль** chloroacetate; —**оэтиловый эфир** ethyl chloroacetate; —**ые эфиры** chloroacetic esters.

хлор/фен *m.* chlorophene, chlorinated camphene, Toxaphene; —**фенидим** *m.* N-4-chlorophenyl-N′, N′-dimethyl urea (herbicide); —**фензон** *see* **эфирсульфонат;** —**фенол** *m.* chlorophenol; —**циан** *m.* cyanogen chloride; —**цинк** *m.* zinc chloride; —**щавелевая кислота** chlorooxalic acid; —**этан,** —**этил** *m.* chloroethane, ethyl chloride; —**этилен** *m.* chloroethylene, vinyl chloride; —**этиловый эфир** chloroethyl ether; —**этон** *m.* chlorotone, chlorobutanol; —**юр** *see* **хлорид;** —**янтарная кислота** chlorosuccinic acid.

хлф. *abbr.* (**хлороформ**) chloroform.

хлын/увший *a.* gushing; irruptive; —**уть** *v.* gush (out), spout, well; rush, pour.

хлыст *m.* whip, switch; trimmed log, bole, trunk; —**ать,** —**нуть** *see* **хлестать;** —**овик** *m.* whipworm (parasite); —**овый** *a.* of **хлыст.**

хлюп *m.*, —**анье** *n.* squelch(ing); —**ать** *v.* squelch; —**кий** *a.* viscous, sticky.

хлябь *f.* viscous mud.

ХМ *abbr.* (**хлорат магния**) magnesium chlorate; **xM** *abbr.* (**холодная масса**) cold (air) mass.

хмар/а *f.* cloud; —**ь** *f.* fog.

ХМДМБ *abbr.* (**хлорометилдиметилбензол**) chloromethyldimethyl benzene.

хмеле/вина *f.* lupulin, humulin; —вод *m.* hop grower; —водство *n.*, —водческий *a.* hop growing; —вой *a.* hop; brewer's (yeast); —вая мука *see* хмелевина; —граб *m.* (bot.) hop hornbeam (*Ostrya*); —к *m.* hop clover; —подобный *a.* hop-like; —сушилка *f.* hop dryer; —ть *v.* get intoxicated; —уборочный *a.* hop-picking.

хмел/ина *f.* hop cone, hop branch; —ить *v.* intoxicate; —ица *f.* staminate hop(s), male hop(s); —ь *m.* hops; intoxication; —ьник *m.* hop field.

хмельницкий *a.* (geog.) Khmelnitski.

хмельн/ое *n.* intoxicating liquor; —ой *a.* intoxicating; intoxicated; brewing.

хмыз *m.* sprig, twig; underbrush, thicket.

ХН *abbr.* (химическое нападение) chemical attack.

хна *f.* henna (dye or plant).

хоана *f.* (anat.) choana.

хобот *m.* (mach.) yoke; snout, nose, end; (lathe) tool holder; (art.) trail; (zool.) proboscis, trunk; —ик *m.* (ent.) proboscis; —ной, —овый *a. of* хобот.

ход *m.* motion, move(ment), travel, progress, headway; course, path, way, passage, conduit; passing, going; rate, speed, gait, pace; functioning, operation, run(ning), working (of furnace), process, procedure; (annual) variation; (leveling) line; (surv.) traverse; (photogrammetry) extension; (ray) diagram; degree (of curvature); (caterpillar) tread, track; action, blow (of press); stroke (of piston); gear, thread, dependence (of curve); range (of magnet); entrance (to building, etc.); train (of thought); *suffix* pass; boat, ship; **х. вверх** upstroke (of piston), rise, ascent; upward surge; **х. вниз** downstroke, fall, descent; downward surge; **х. дел** course of events; **х. назад** back stroke; reverse motion; **без —a** stationary (drive); **в —e during** (a process); **в —е выполнения** as part (of); **быть в —у** *v.* run, work, be in operation; **величина —a, высота —a** delivery head; **временной х.** time dependence (of curve); **длина —a** stroke; **на —y** on the go, on the move, in transit, (while) running, in progress; in running order; **на полном —у** at full speed; (furnace) full blast; **на резиновом —у** rubber-tired (vehicle); **быть на —у** *v.* be in operation, run; **неровный х.** wobble; **пускать в х.** *v.* put into operation, put into service; start up, set going, set in motion; **разность —a** (opt.) path difference; **свободный х.** free running, free play; **своим —ом** under its own power.

ходатай *m.* mediator, agent; —ство *n.* intercession; negotiation; application; —ствовать *v.* intercede, intervene; petition; apply, send in an application (for).

ход/ильный *a.* ambulatory; —имость *f.* life (of tire); —ить *v.* go, run, operate, work; pass (of current, etc.); (at)tend; —кий *a.* fast(-moving); in (great) demand, salable, marketable; light (ship); —кость *f.* marketability; (naut.) propulsive performance; —ный *a. suffix* going, moving.

ходов/ой *a.* going, running, moving, working, operating; traveling; propelling; traction (engine); performance (test); conning, navigating (bridge); track, path; leading; popular, in demand; salable, marketable; **х. валик** feed shaft; **х. винт** lead screw, leader, guide screw; **х. золотник** throttle valve; **х. механизм** running gear; **х. парк** stock of machines ready for service; **х. ролик** traveler, traveling roller, runner; **—ая гайка** sliding nut; **—ая пружина** mainspring (of clockwork); **—ая рубка** pilot house; **—ая часть** (mach.) underframe, undercarriage; **—ое колесо** running wheel; (horol.) verge wheel; **—ое судно** ship going upriver.

ходок *m.* pedestrian; delegate; light cart; (min.) conduit, passage (for people); (air) course; *sh. m. of* ходкий.

ходоуменьшитель *m.* reducing gear; —ный *a.* speed-reducing.

ходул/я *f.*, —ьный *a.* stilt.

ходуном: ходить х. *v.* shake, rock.

ход/ьба *f.* walking; —ячий *a.* walking; current.

хождение *n.* walking; nursing, caring (for); иметь х. *v.* be current, pass.

хоз— *prefix*; хоз. *abbr.* (хозяйственный; хозяйство); —расчет *m.* cost accounting; self support; на —расчете self-supporting; —расчетный *a.* self-supporting; profitability (indicator); —часть *f.* economic department.

хоз/яин *m.* master; boss; landlord, owner, proprietor; (biol., min.) host; сельский х. farmer; —яйка *f.* mistress, landlady; housewife; —яйничать *v.* manage, boss; farm.

хозяйственн/ик *m.* economist; —о *adv.* economically; —ость *f.* economy; —ый *a.* economic(al); farm; household; fiscal (year); —ый расчет *see* хозрасчет; —ый учет accounting.

хозяйство *n.* economy; farm; farming, husbandry; industry; facilities (and management), service(s); system, management; (tool) department, stock; installation; establishment, household; (power) plant; домашнее х. household; **коллективное х.** cooperative farm; **народное х.** national economy; **сельское х.** farming, agriculture; **—вание** *n.* management; **—вать** *see* **хозяйничать.**

Хойля сплав Hoyle's metal.

хол— *see* **холе—**; **—ан** *m.* cholane; **—ановый** *a.* cholanic (acid); **—е-** *prefix* chol(e)— (bile); **—евая кислота** cholic acid; **—евокислый** *a.* cholic acid; **—евокислая соль** cholate (of); **—еиновый** *a.* choleic (acid); **—екальциферол** *m.* cholecalciferol, vitamin D_3; **—елитиаз** *m.* (med.) cholelithiasis.

холен(н)ый *a.* well cared for, sleek.

холер/а *f.* (med.) cholera; **—ический** *a.* choleric; **—ный** *a.* cholera(ic); **—овидный** *a.* choleraic, cholera-like.

холест/ан *m.* cholestane; **—ен** *m.* cholestene; **—енон** *m.* cholestenone; **—ерил** *m.* cholesteryl.

холестерин *m.* cholesterol; **—овокислая соль** cholesterate; **—овокислый** *a.* cholesteric acid; **—овокислая соль** cholesterate (of); **—овый** *a.* cholesterol; cholesteric (acid).

холецистит *m.* (med.) cholecystitis.

холин *m.*, **—овый** *a.* choline, bilineurine; **—овая кислота** cholinic acid; **—эстераза** *f.* choline esterase.

холка *f.* (zool.) withers, ridge, crest.

холл *m.* (entrance) hall.

Холла явление (elec.) Hall effect.

Холле съемное днище Holley detachable bottom.

холловский *a.* Hall.

Холля *see* **Холла.**

холм *m.* hill, hillock, mound, hummock, hog-back; (sand) dune.

холмий *see* **гольмий.**

холм/ик *m.* hillock, mound, hummock; **—истость** *f.* hilliness; **—истый** *a.* hilly, rolling, undulating; **—иться** *v.* rise in hills.

холо— *prefix* cholo— (bile); **—гон** *m.* Chologon, dehydrocholic acid.

холод *m.* cold, chill; **—а** *pl.* cold weather; **градусы —а** degrees of frost, degrees below freezing; **на —е** low-temperature; **на —у** in the cold; **выдавливание на —у** cold pressing; **насыщать на —у** *v.* saturate in the cold (state); **проба на —у** cold test.

холодеть *v.* grow cold, cool, chill.

холодильник *m.* refrigerator, cooler; freezer; condenser; **х. смешения** mixing condenser; **башенный х.** cooling tower; **вторичный х.** aftercooler; **обратный х.** reflux condenser; **х.-шкаф** *m.* refrigerator.

холодильн/ый *a.* cooling, refrigerating, refrigerative, refrigerant; condensing; freezing (mixture, salt, etc.); **х. агент** cooling agent, coolant; **х. вагон** (rr.) refrigerator car; **х. чан** cooler; **х. шкаф** refrigerator; **—ая машина** refrigerating machine, refrigerator; cooler; **—ая промышленность** refrigeration industry; **—ая техника** refrigeration engineering; **—ая установка** refrigerating plant, cooling plant; freezing plant; cold storage plant; **—ое вещество** refrigerant, refrigerating agent; **—ое дело** refrigeration; **—ое пространство** cooling jacket.

холодиновая кислота cholodinic acid.

холодить *v.* cool, chill, refrigerate.

холоднеть *v.* (meteor.) cool off.

холодно *adv.* cold(ly); it is cold; **—ватый** *a.* rather cold, chilly; **—высадочный автомат** (met.) automatic cold upsetter, cold header; **—катаный** *a.* cold-rolled; **—кованый** *a.* cold-forged; **—кровный** *a.* cold-blooded; **—ломкий** *a.* (met.) cold-short; **—ломкость** *f.* cold shortness; **—обработанный** *a.* (met.) cold-worked, cold-wrought; **—прессованный** *a.* cold-pressed; **—сваренный** *a.* (met.) cold-shot; **—стойкий** *a.* cold-resistant; **—сть** *f.* cold(ness); **—тянутый** *a.* (met.) cold-drawn, hard-drawn; **—формированный** *a.* (met.) cold-worked.

холодн/ый *a.* cold, frigid, chilly; winter (season); **х. пояс** frigid zone; **—ая клепка** cold riveting; **—ые красители** ice colors (azo dyes); **прокатанный в —ом состоянии** (met.) cold-rolled.

холодовынослив/ость *see* **холодостойкость**; **—ый** *see* **холодостойкий.**

холодо/к *m.* chill, cold(ness); **—носитель** *m.* cold carrier; **—производительность** *f.* refrigerating capacity.

холодостойк/ий *a.* cold-resistant; (bot.) hardy; **—ость** *f.* resistance to cold; hardiness.

холодоустойчив/ость *see* **холодостойкость**; **—ый** *see* **холодостойкий.**

холоидановая кислота choloidanic acid.

холостить *v.* castrate.

холост/ой *a.* idle, loose(-running), free; no-load, empty, blank, dummy; inert (fuel element); (elec.) dead; single, unmarried; (biol.) barren, sterile; **х. впуск, х. выпуск** no load; **х. заряд** blank cartridge; **х. ролик** idler; **х. ход** idling, idle motion, idle running, free running, running without load; no load; idle stroke; **—ая нагрузка** no load; **работать на —ом ходу, работать в —ую** *v.* (run) idle, run without load; **—ая колоша** bed charge; **—ая проба** blank test, control test; **—ая работа** idling, no-load (working); **—ое пятно** (chromatography) reference spot.

холостяк *m.* bachelor.

холоталлин *m.* cholothallin.
холоцеллюлоза *f.* holocellulose.
холощен/ие *n.* castration; —(н)ый *a.* castrated, gelded.
холст *m.* canvas; linen, hemp cloth; (filter) cloth; (text.) lap (roll) грубый х. sacking; —ина *f.* canvas; linen; —инка *f.*, —инковый *a.* gingham; —инный, —иновый, —яной *a. of* холст.
холщовый *see* холстинный.
холява *f.* (glass) muff.
хомут *m.* collar, yoke, ring, lug, hoop, stirrup, strap; clamp, clip; —ик *dim. of* хомут.
хомя/к *m.*, —чий *a.* (zool.) hamster.
хон *m.* hone, honing head.
хондр— *see* хондро—; —а *f.* (geol.) chondrule; —илла *f.* (bot.) chondrilla; —ин *m.* chondrin; —ио— *see* хондро—; —иосома *f.* chondriosome; —ит *m.* (geol.) chondrite; (med.) chondritis.
хондро— *prefix* chondr(i)o— (grain, grit, granular; cartilage); —арсенит *m.* (min.) chondrarsenite; —бласт *m.* (anat.) chondroblast; —дии *m.* chondrodine; —дит *m.* (min.) chondrodite.
хондроз/амин *m.* chondrosamine; —аминовая кислота chondrosamic acid; —ин *m.* chondrosin; —иновая кислота chondrosinic acid.
хондро/ин *m.* chondroine; —итин *m.* chondroitin; —итинсерная кислота chondroitinsulfuric acid; —итовая кислота chondroitic acid; —логия *f.* chondrology, study of cartilages; —ма *f.* (med.) chondroma; —новая кислота chondronic acid; —протеин *m.* chondroprotein.
хонинг *m.* (mach.) honing; х.-головка honing head, hone; —овальный *a.* honing; —овальные бруски honing stones; —ование *n.* honing; —овать *v.* hone; х.-станок *m.* honing machine, honer.
хонолиты *pl.* (geol.) chonoliths.
хопкалит *see* гопкалит.
хоппер *m.* hopper; hopper car.
хор *m.* choir; chorus; *gen. of* хоры.
хорватский *a.* (geog.) Croatian.
Хорвуда процесс Horwood process.
хорд/а *f.* (anat.; math.) chord; span (of arc); —альный *a.* chordal; —овые *pl.* (zool.) Chordata; —овый *a.* chord; chorded; grid (packing); —угломер *m.* milrule, goniometric ruler.
хор/евый *a. of* хорь; —ек *see* хорь.
хор/ея *f.* (med.) chorea; —(и)оидит *m.* (med.) chor(i)oiditis; —ион *m.* (embr., zool.) chorion; —ия *f. suffix* —chory, dispersal, distribution; —ный *a. suffix* —chorous.

хоро— *prefix* choro— (place); —графия *f.* chorography.
хоронить *v.* bury, inter; hide, conceal.
хорош/ее *n.* (the) good; —енько *adv.* well, properly; —еть *v.* improve; —ий *a.* good; high (yield, etc.); —о *adv.* well, effectively, highly; freely, heavily; very, readily (soluble); (it is) good.
Хорснея процесс (met.) Horsney process.
хоры *pl.* gallery, balcony.
хорь *m.*, —ковый *a.* (zool.) pole cat.
хот/ение *n.* desire, volition; —еть *v.* wish, want, desire; —еться *v.* be desirable; ему хочется he wants, he desires, he would like (to).
хот/ь, —я *conj. and particle* (al)though, even though; at least; х. бы if only, even if; —я *pr. act. part. of* хотеть.
хох/латка *f.* crested fowl, crested bird; (ent.) puss moth; (bot.) Corydalis; —латки *pl.* (ent.) Notodontidae; —латый *a.* tufted, crested, cristate; —литься *v.* bristle up; —ол *m.* tuft, crest, hood; —олок *see* хохол; (bot.) pappus.
хочет *pr. 3 sing. of* хотеть.
ХП *abbr.* (хлоропрен) chloroprene; (холодный период) cold period; ХП, х.п. *abbr.* (химическая промышленность) chemical industry.
ХПК *abbr.* (химическая потребность в кислороде) chemical oxygen minimum.
ХПЛ *abbr.* (химическая полевая лаборатория) chemical field laboratory.
хр *abbr.* (хронометр) chronometer; хр, ХР *abbr.* (химическая рота) chemical company; хр. *abbr.* (хребет) mountain range.
храбрый *a.* brave, courageous, daring.
хран/ение *n.* storing, preservation, etc., *see* v.; storage; custody; х. на холоду cold storage; период —ения, срок —ения shelf life; —енный *a.* stored, etc., *see v.*; —илище *n.* storehouse, storage; warehouse, depot, depository; safe; reservoir; (retrieval) file; (nucl.) storage pit; —ильность *f.* storability, keeping qualities; —итель *m.* keeper, custodian, guardian; —ить *v.* store, keep, hold, preserve, conserve, save, guard; —иться *v.* be stored, etc.; be kept on deposit.
храп *m.* grab, crampon; snore piece (of pump); snore; —еть *v.* snore; snort.
храпов/ик *m.* ratchet (gear or wheel); х. и собачка ratchet and pawl; —ой *a.* ratchet; clamshell (excavator); —ой механизм *see* храповик; —ая собачка pawl.
храпок *m.* strainer; suction basket, snore piece (of pump).
хреб/ет *m.*, —етный *a.* (anat.) spine, spinal column, backbone; crest, ridge (of mountain); range, chain (of mountains);

—**товый** *a. of* **хребет;** center; —**тооб-разный** *a.* ridged.
хрен *m.,* —**овый** *a.* horse radish.
хрестоматия *f.* reader, selections.
хриз— *see* **хризо**—; —**азин** *m.* chrysazin, 1,8-dihydroxyanthraquinone; —**азол** *m.* chrysazol, 1,8-anthracenediol; —**алида** *f.* (zool.) chrysalis, pupa; —**амин** *m.* chrysamine, flavophenine; —**амминовая кислота** chrysamminic acid; —**анилин** *m.* chrysaniline; —**аниловая кислота** chrysanilic acid; —**анисовая кислота** chrysanisic acid, 3,5-dinitro-4-aminobenzoic acid; —**антема** *f.* (bot.) chrysanthemum; —**антемин** *m.* chrysanthemin; chrysanthemine (alkaloid); —**аробин** *m.* chrysarobin; —**атроповая кислота** chrysatropic acid, scopoletin; —**ен** *m.* chrysene, benzophenanthrene; —**еновая кислота** chrysenic acid, betaphenyl-naphtholcarboxylic acid; —**идин** *m.* chrysidine; —**ин** *m.* chrysin, 5,7-dihydroxyflavone.
хризо— *prefix* chrys(o)— (golden, gold-colored); —**берилл** *m.* (min.) chrysoberyl; —**идин** *m.* chrysoidin; chrysoidine, 2,4-diaminoazobenzene; —**кетон** *m.* chrysoketone; —**колла** *f.* (min.) chrysocolla; —**леповая кислота** chrysolepic acid, picric acid; —**лин** *m.* chrysolin (dye); —**лит** *m.* (min.) chrysolite, olivine; —**монады** *pl.* (zool.) chrysomonadina; —**пикрин** *m.* chrysopicrin, vulpic acid; —**праз** *m.* (min.) chrysoprase; —**тил** *m.* (min.) chrysotile.
хризофан/ин *m.* chrysophanin, —**овая кислота,** —**ол** *m.* chrysophanic acid, chrysophanol.
хризо/фенин *m.* chrysophenine; —**фениновая кислота** chrysophenic acid; —**фисцин** *m.* chrysophyscin, physcion; —**флуорен** *m.* chrysofluorene, 1,2-benzofluorene; —**хинон** *m.* chrysoquinone, chrysenequinone.
хрип *m.,* —**ение** *n.* hoarseness; rattle, crepitation; —**еть** *v.* speak hoarsely; rattle, crepitate, crackle; —**лый** *a.* hoarse; husky; —**нуть** *v.* become hoarse; —**ота** *f.* hoarseness.
хроатол *m.* chroatol, terpene hydroiodide.
хроиколит *m.* chroicolyte.
хром *m.* chromium, Cr; chrome; chrome leather; *sh. m. of* **хромой;** **закись** —**а** chromous oxide, chromium monoxide; **соль закиси** —**а** chromous salt; **окись** —**а** chromium sesquioxide, chromium (III) oxide, chromic oxide; **соль окиси** —**а** chromic salt; **сернокислый х.** chromium sulfate; **хлористый х.** chromous chloride; **хлорный х.** chromic chloride.
хром/акс *m.* Chromax (alloy); —**аль** *m.*

chromal (alloy); —**ан** *m.* chroman, dihydrobenzopyran; —**ансил(ь)** *m.* Cromansil (alloy).
хромат *m.* chromate; —**ермография** *f.* chromathermography; —**ид** *m.* (biol.) chromatid; **раскалывание** —**идов, распад** —**идов** chromatid break; —**изм** *m.* chromatism, chromatic aberration; —**ика** *f.* chromatics; —**ин** *m.* (biol.) chromatin; —**ический,** —**ичный** *a.* chromatic, color; —**ичность** *f.* chromaticity; —**ное наполнение** chromating (anticorrosion treatment).
хромато/грамм *m.,* —**грамма** *f.* chromatogram; —**граф** *m.,* —**графировать** *v.* chromatograph; —**графический** *a.* chromatographic (analysis); —**графия** *f.* chromatography; —**метрия** *f.* chromatometry; —**скоп** *m.* chromatoscope; —**фор** *m.* (biol.) chromatophore, pigment cell.
хроматр/он *m.* chromatron (tube), focus-mask tube; —**оп** *m.* chromatrope.
хромать *v.* limp, be lame; lag behind.
хромгельб *m.* chrome yellow.
хромель *m.* Chromel (alloy).
хромил *m.* chromyl; **хлористый х.** chromyl chloride, chromic oxychloride.
хромир/ование *n.* chrome-plating, etc., *see v.;* —**ованный** *a.* chrome-plated, etc., *see v.;* —**овать** *v.* chrome-plate, chromize; chrome(-tan); —**овка** *see* **хромирование;** —**овочный** *see* **хромирующий;** —**овщик** *m.* chrome plater; chrome tanner; —**ующий** *a.* chrome-plating, etc., *see v.*
хромисто/железистая соль ferrous chromite; —**кальциевая соль** calcium chromite; —**кислый** *a.* chromous acid; chromite (of); —**кислая соль** chromite; —**магниевая соль** magnesium chromite; —**синеродистый калий** potassium chromicyanide.
хромист/ый *a.* chromium, chromous, chrome; **х. железняк** *m.* (min.) chrome iron ore, chromite; —**ая кислота** chromous acid; **соль** —**ой кислоты** chromous acid; —**ая соль** chromous salt; —**ая сталь** (met.) chrome steel, chromium steel; —**ое железо** (met.) ferrochrome; (min.) chromite.
хромит *m.* chromite; (min.) chromite, chrome iron ore; —**ит** *m.* (min.) chromitite; —**овый** *a.* chromite.
—**хромия** *f. suffix* —chromy (coloring); (bot.; chem.) —chromia.
хромо— *prefix* chromo— (color; pigment(ation); chrome, chromium); —**бариевая соль** barium chromate; —**ванадиевый** *a.* chrome-vanadium (steel).
хромово/аммониевая соль ammonium chromate; —**бариевая соль** barium

chromate; —**калиевая соль** potassium chromate; —**кислый** *a.* chromic acid; chromate (of); —**кислый свинец** lead chromate; —**кислая соль** chromate.
хромовольфрамовая сталь chrome-tungsten steel.
хромово/медная соль cupric chromate; —**натриевая соль** sodium chromate; —**ртутистая соль** mercurous chromate; —**ртутная соль** mercuric chromate.
хромовщик *m.* chrome tanner.
хромов/ый *a.* chromium, chromic, chrome; **х. ангидрид** chromic anhydride, chromium trioxide; **х. желтый** chrome yellow; **х. сок, х. экстракт** chrome tan liquor; —**ая кислота** chromic acid; **соль —ой кислоты** chromate; **кислая соль —ой кислоты** bichromate; **хлорангидрид —ой кислоты** chromyl chloride; —**ая кожа** chrome leather; —**ая краска** chrome color; —**ая соль** chromic salt; —**ая сталь** chrome steel, chromium steel; —**ая шпинель** (min.) chrome spinel, picotite; —**ое дубление** chrome tanning; —**ое железо** (met.) ferrochrome; —**ые квасцы** chrome alum, ammonium chromic sulfate.
хромоген *m.*, —**ная группа** chromogen; —**ный** *a.* chromogenic.
хромо/дубильный раствор chrome tan liquor; —**золь** *m.* chromosol dye; —**зома** *see* **хромосома;** —**изомер** *m.* chromoisomer; —**изомерия** *f.* chromoisomerism.
хромой *a.* lame, limping.
хромо/кадмиевая желть chrome cadmium yellow (pigment); —**кислый** *see* **хромовокислый.**
хромолитограф/ия *f.* chromolithography, color lithography; —**ский** *a.* chromolithographic; —**ский оттиск** chromolithograph, color print.
хромо/марганцевый *a.* chrome-manganese (steel); —**метр** *m.* chromometer, colorimeter; —**молибденовый** *a.* chrome-molybdenum; —**н** *m.* chromone, 1,4-benzopyrone; —**натриевая соль** sodium chromate; —**никелевый** *a.* chrome-nickel.
хромоногий *a.* lame.
хромопроте/ид, —**ин** *m.* chromoprotein.
хромоскоп *m.* chromoscope.
хромосом/а *f.*, —**ный** *a.* (biol.) chromosome; **разрыв** —**ы,** —**ный разрыв** chromosome break.
хромо/сорб *m.* chromosorb (kieselguhr); —**сфера** *f.* (astr.) chromosphere; —**сферный** *a.* chromospheric.
хромота *f.* lameness.
хромо/тип *m.* chromotype, color print; —**типия** *f.* color printing; —**троп** *m.*

chromotrope; —**тропия** *f.* chromotropy, chromoisomerism; —**троповая кислота** chromotropic acid; —**фильный** *a.* (biol.) chromophilic; —**фор** *m.*, —**форная группа** chromophore; —**форм** *m.* chromoform; —**фотография** *f.* color photography; —**фотометр** *m.* chromophotometer (colorimeter); —**циклит** *m.* (min.) chromocyclite.
хромпик *m.* bichromate, spec. potassium bichromate; **аммониевый х.** ammonium bichromate; **калиевый х.** potassium bichromate; **натриевый х.** sodium bichromate.
хром/пикотит *m.* (min.) chrompicotite; —**шпинелид** *m.* chromospinelide.
хронизатор *m.* timer.
хроник *m.* chronic invalid.
хроник/а *f.* chronicle; news item; newsreel; —**ер** *m.* chronicler, reporter.
хронир/ование *n.* timing; —**овать** *v.* time; —**ующий** *a.* timing; —**ующее устройство** timer.
хроническ/и *adv.* chronically; —**ий** *a.* chronic, lingering.
хроно— *prefix* chrono— (time); —**грамма** *f.* chronogram; —**граф** *m.* chronograph, timer; —**логический** *a.* chronological; —**логия** *f.* chronology.
хронометр *m.* chronometer, timekeeper; —**аж** *m.* timing, time metering; time study; time card system; time keeping; —**ажист** *m.* timekeeper, time clerk; —**ажный** *a. of* **хронометраж;** time (card); —**ирование** *see* **хронометраж;** —**ировать** *v.* time, do a time study; —**ист** *m.* timkekeeper; —**ический** *a.* chronometric, timing; —**ия** *f.* chronometry; —**овый** *a. of* **хронометр.**
хроно/скоп *m.* chronoscope; stopwatch; —**счетчик** *m.* time meter; —**трон** *m.* chronotron (a mass spectrometer).
хруп *m.*, —**анье** *n.* crack(ing), crunch(ing); —**ать(ся)** *v.* crack, crunch.
хрупк/ий *a.* friable, brittle, fragile, frangible; —**оломкий** *a.* short-brittle; —**ость** *f.* friability, brittleness, frangibility; (met.) embrittlement.
хруп/нуть(ся) *see* **хрупать(ся);** —**ок** *sh. m. of* **хрупкий;** —**че** *comp. of* **хрупкий.**
хруст *m.* crunch, crackle, crepitation; cartilage.
хрусталик *m.* (anat.) crystalline lens.
хрусталь *m.* crystal; crystal glass, cut glass; **английский х.** flint glass; **горный х.** (min.) rock crystal; —**ный** *a.* crystal(line).
хруст/ать *see* **хрустеть;** —**ение** *n.* crunching, etc., *see v.*; —**еть** *v.* crunch, crack(le), crepitate; —**кий** *a.* crunchy; —**нуть** *see* **хрустеть.**
хрущ *m.* cockchafer, may beetle; —**ак** *m.*

tenebrionid beetle; **мучной —ак** meal worm; **—ик** *m.* beetle of the Scarabaeidae family.
хр/юкать *v.* grunt; **—як** *m.* boar.
хряс/к *m.* crunch, crackle; **—кий** *a.* crack(l)ing; **—тнуть** *v.* crunch, crack(le), rustle.
хрящ *m.* cartilage, gristle; gravel, grit; **—и** *pl.* (met.) shot; **—евато—** *prefix* chondr(o)— (grain, grit, granular); **—еватость** *f.* gristliness; **—еватый** *a.* gristly, cartilaginous; gravelly; **—евидный** *a.* chondroid, gristly; **—евина** *f.* gristle.
хрящев/ой - *a.* cartilaginous, chondral; gravelly (soil); **x. клей** chondrin; **—ая опухоль** (med.) chondroma.
ХСК *abbr.* (**хондроитинсерная кислота**) chondroitinsulfuric acid.
х.т. *abbr.* (**холоднотянутый**) cold-drawn.
ХТГ *abbr.* (**химический генератор тепла**) chemical heat generator.
хтон— *prefix* chthon— (earth); **—изотермический** *a.* (geol.) chthonisothermic.
худ *sh. m. of* **худой**; **—ее** *comp. of* **худой**; **—ение** *n.* growing thin, getting thin; **—еть** *v.* grow thin, lose weight.
худжира *f.* khudzhira (dry, steppe lake).
худо *adv.* badly, ill; *n.* harm, evil.
худоба *f.* thinness, leanness, emaciation.
худож/ественный *a.* artistic; **—ник** *m.* artist, painter.
худ/ой *a.* bad, ill; (med.) malignant; thin, lean, meager, poor; **—ородный** *a.* poor (soil); **—осочие** *n.* (med.) cachexia; **—осочный** *a.* cachectic; **—ощавость** *f.* thinness, emaciation; **—ощавый** *a.* thin, lean, emaciated; **—шее** *n.* the worst; **—ший** *a.* worse, the worst; **в —шем случае** at the worst.
хуже *comp. of* **худо(й)**, worse; **x. всего то, что** the worst of it is that; **еще х., что** to complicate matters, to make matters worse; **тем х.** so much the worse; **—ть** *v.* get worse.
хундовский *a.* (phys.) Hund's.
хуп/еровский *a.* Hooper('s); **—совый** *a.* Hoopes(').
хурма *f.* (bot.) persimmon.
хурхит *see* **черчит**.
хутор *m.*, **—ный, —ской** *a.* farm(stead); **—янин** *m.* farmer.
хуттонит *m.* (min.) huttonite.
ХФ(Д)М *abbr.* (**хлорфенилдиметилмочевина**) chlorophenyldimethylurea;
ХФУК *abbr.* (**хлорфеноксиуксусная кислота**) chlorophenoxyacetic acid.
х.х. *abbr.* (**холостой ход**) idling.
х.ч. *abbr.* (**химически чистый**) chemically pure; **х.ч., х/ч** *abbr.* (**хозяйственная часть**) administrative and supply department.
Хьюстон (geog.) Houston.
хэдер *see* **хедер**.
Хэуорса синтез Haworth synthesis.

Ц

ц *abbr.* (**центнер**) centner; **ц.** *abbr.* (**цена**) price, cost; (**центр**) center; (**цех**) shop, plant; (**цифра**) number; (**цифровой**) numerical, digital; **Ц** *abbr.* (**цель**) target, objective; [**цемент(ный)**] cement; (**цилиндрический**) cylindrical; **°Ц** *abbr.* (**градус Цельсия**) degree centigrade.
Цаги трубка a water meter.
цанг/а *f.*, **—и** *pl.*, **—овый** *a.* tongs, tweezers, forceps; holder, clamp; collet chuck; **—овый патрон** collet chuck, spring chuck, draw(-in) chuck.
цап/ать *v.* hoe, hack; **—ка** *f.* hoe, chopper; cornerplate.
цапля *f.* heron.
цапонлак *m.* cellulose nitrate varnish.
цапф/а *f.* pin, pivot, (pivot) journal (of shaft); trunnion; shank; **шаровая ц.** ball journal; **—енный, —овый** *a. of* **цапфа**; **—овый мост** trunnion bascule bridge.
царап/ание *n.* scratching, abrasion; scratches; **—анный** *a.* scratched, abraded; **—ать** *v.* scratch, abrade; **—ина** *f.* scratch, abrasion, mark, notch, score; **—инка** *dim. of* **царапина**; **—ка** *f.* scratch; bark stripper; **—нуть** *see* **царапать**.
царатит *m.* (min.) zaratite.
царга *f.* sheet-steel cylinder or drum.
царск/ий *a.* czar; basilic, royal, kingly; **ц. корень, ц. костыль** (bot.) masterwort (*Imperatoria ostruthium*); **—ая водка** aqua regia; **—ая синь** smalt (pigment); **—ие кудри** (bot.) Turk's-cap lily (*Lilium martagon*).
царств/о *n.* kingdom, empire; **—ование** *n.*, **—овать** *v.* reign, rule (over); **—ующий** *a.* reigning, ruling.
цв. *abbr.* [**цвет(ной)**]; **Ц/В** *abbr.* (**цементно-водное соотношение**) cement-water ratio.
цве/ль *f.* mold, mustiness; efflorescence; **—сти** *v.* become moldy; effloresce; (bot.) bloom, blossom; flourish, thrive.
цвет *m.* color(ation), tint, hue; flower, blossom, bloom; **игра —ов** iridescence; **коэффициент —a** color-distribution coefficient; **основные —a, первичные —a** primary colors; **темного —a** dark-colored.
цвет/ение *n.* (bot.) blooming, blossoming, flowering, florescence; flower, blossom; efflorescence; **—ень** *m.* pollen, beebread; **—истый** *a.* flowery; colorful; **—ить** *v.*

цветмет color, dye, paint (brightly); **—ка** *gen. of* **цветок**; **—ковый** *a.* flowering, phanerogamous; *suffix* **—florate, —florous**.

цветмет *m.* nonferrous metallurgy.

цветн/ой *a.* chromatic, colored; color (photography; reaction; spectrum); floral; stained (glass); (met.) nonferrous; **—ая капуста** cauliflower; **—ая литография** chromolithography; **—ость** *f.* chromaticity; color index; **—я** *gen. of* **цветень**.

цвето— *prefix* color; flower; **—видный** *a.* flower-like; **—вод** *m.* flower grower; **—водство** *n.*, **—водческий** *a.* flower growing.

цветов/ой *a.* color, chromatic; chromaticity; **—ая реакция на** color reaction for; **—ая температура** (phot.) color temperature.

цвето/воспроизводящий *a.* chromatogenic; **—деление** *n.* (phot.) color separation; **—деленный** *a.* color-separation, color-separated; **—делительный** *a.* color-separating; (cryst.; phys.) dichroic; (typ.) color-set.

цветоед *m.* blossom beetle, curculio.

цветозамещаемый *a.* allochromatic.

цветоизмен/яемость *f.* allochroism, change of color; **—яющий** *a.* versicolor; **—яющийся** *a.* allochroic.

цветок *m.* flower, blossom, bloom.

цвето/корректор *m.* color corrector, color scanner; **—ложе** *n.* floral receptacle; **—мер** *m.* colorimeter; (sugar) decolorimeter; **—метр** *m.* colorimeter; **—метрический** *a.* colorimetric; **—метрия** *f.* colorimetry; **—насыщенность** *f.* color saturation; chroma, color quality; **—ножка** *f.* (bot.) peduncle; **—нос** *m.* floriferous shoot; **—носный** *a.* flower-bearing, floriferous; **—ощущение** *n.* color sensation, color perception; **—передача** *f.* color reproduction; **—различение** *n.* color discrimination; **—рассеяние** *n.* chromatic aberration, chromatic dispersion; **—стойкий** *a.* color-fast; **—стойкость**, **—устойчивость** *f.* color fastness; **—устойчивый** *a.* color-fast.

цветоч/ек *dim. of* **цветок**; **—ник** *m.* floriculturist; flower pot; (ent.) boll weevil; **—ный** *a.* flower, floral.

цвет/уха *f.* seed stalk; premature blooming; **—ушность** *f.* bolting, producing seed prematurely; **—ущий** *a.* blossoming; flourishing; efflorescent.

цви/зелит *m.* (min.) zwieselite; **—ттер** *m.* (min.) zwitter; **—ттер-ион** *m.* zwitterion, amphoteric ion.

ЦВМ *abbr.* (цифровая вычислительная машина); **ЦВУ** *abbr.* (цифровое вычислительное устройство) digital computer.

ЦГА *abbr.* (Центральный государственный архив) Central State Archives.

ЦГС *see* **СГС**.

цеаксантин *m.* zeaxanthine.

цев/адиллин *m.* cevadilline, sabadilline; **—адин** *m.* cevadine, veratrine; **—адиновая кислота** cevadic acid; **—иллин** *m.* cevilline; **—ин** *m.* cevine.

цевитаминовая кислота cevitamic acid, ascorbic acid, vitamin C.

цев/ка *f.*, **—очный** *a.* bobbin, spool, reel; spindle; (driving) pin, chain link pin; (roller) tooth; **—очный механизм** lantern gear or pinion; **—очная шестерня** pin gear, lantern gear.

цевье *n.* rod; (art.) foregrip, forearm.

цедил/ка *f.*, **—о** *n.* filter, strainer.

цедильн/ый *a.* filter(ing), straining; **ц. колпак**, **ц. мешок** filter bag; **—ая подушка** filter pad.

цедить *v.* filter, strain; percolate.

цедр/а *f.* lemon or orange peel; **—арин** *m.* cedrarine, orexin; **—ат** *see* **цитрон**; **—ен** *m.* cedrene; **—ин** *m.* cedrin; **—ол** *m.* cedrol, cedrene camphor; **—онин** *m.* cedronine.

цежен/ие *n.* filtering, filtration, straining; percolation; **—ный** *a.* filtered, strained; percolated.

цезальпиния *f.* (bot.) Caesalpinia.

цез/иевый *a.*, **—ий** *m.* cesium, Cs; **окись —ия** cesium oxide; **сернокислый —ий**, **сульфат —ия** cesium sulfate; **—ированный** *a.* cesium-coated.

цезол *m.* cesol.

—цей *m.* *suffix* **—cium**.

Цейзеля реакция Zeisel reaction.

цейксит *m.* (min.) zeuxite.

цейланит *m.* (min.) ceylanite, ceylonite.

цейлонский *a.* (geog.) Ceylon.

Цейнера диаграмма Zeuner diagram.

цейнерит *m.* (min.) zeunerite.

Цейсса линза Zeiss lens.

цейтлупа *f.* high-speed movie camera.

цек *m.* crackle; crazing, craze.

цековка *see* **зенковка**.

цел *sh. m. of* **целый**.

цела/неза *f.* Celanese dye; **—ноль** *m.* celanol dye; **—тен** *m.* celatene dye.

—целе *n.* *suffix* **—cele** (tumor, hernia).

целебесский *a.* Celebes (Sea).

целебн/ость *f.* curative property; **—ый** *a.* salutary, curative, medicinal, healing; wholesome, healthful; **—ое средство** remedy.

цел/евой *a. of* **цель**; system (programming); target (function); **ц. взнос** specific appropriation; **—евая установка** object; **—ей** *gen. pl. of* **цель**.

целен *sh. m. of* **цельный**.

целенаправленный *see* **целеустремленный**.

целесообразн/о *adv.* expediently, etc., *see* **а.**; it is advisable, it is sound practice; **—ость** *f.* expediency; advisability; merit; **—ый** *a.* expedient, expeditious, efficient, suitable, advisable.

целестин *m.* (min.) celestine, celestite.

целе/указание *n.* target designation, target indication; pointing; **сетка —указания** target-area designator; **—установка** *f.* aim, object.

целеустремленн/ость *f.* purpose(fulness), endeavor; **—ый** *a.* purposeful; goal-seeking.

цели *gen., pl., etc., of* **цель.**

целик *m.* pillar, block (of untouched ore); natural soil; (art.) rear sight; **—и нефти** retained oil.

целиком *adv.* wholly, totally, entirely, completely; **ц. и полностью** fully; **ц. из стали** all-steel.

целин/а *f.* virgin soil; **—ный** *a.* virgin.

целиноградский *a.* (geog.) Tselinograd.

целит *m.* Celite (diatomaceous earth).

целительн/ость *see* **целебность**; **—ый** *see* **целебный.**

цел/ить(ся) *v.* aim (at), point (at), direct (at), allude (to); **—кий** *a.* aiming well, true.

целлит *m.* cellite (plastic).

целло/биоза, **—за** *f.* cellobiose, cellose; **—зольв** *m.* Cellosolve, 2-ethoxyethanol; **—зольвацетат** *m.* Cellosolve acetate; **—н** *m.*, **—новый** *a.* Cellon (a cellulose acetate plastic); **—новая кислота** cellonic acid; **—тропин** *m.* cellotropin, monobenzoyl-arbutin; **—фан** *m.*, **—фановый** *a.* cellophane.

целлул/оза *see* **целлюлоза**; **—оид** *m.*, **—оидный**, **—оидовый** *a.* celluloid.

целлюларный *see* **целлюлярный.**

целлюлоз/а *f.*, **—ный** *a.* cellulose; (paper) pulp; **—ная смола** cellulose pitch (from sulfite liquor); **—но-бумажный** *a.* paper and pulp; **—ность** *f.* cellulosity.

целлюлоид *see* **целлулоид.**

целлюлярн/ость *f.* cellularity; **—ый** *a.* cellular.

цело *adv. and sh. n. of* **целый.**

целов/ание *n.* kissing; **—ать(ся)** *v.* kiss.

цел/ое *n.* the whole, the entire; (math.) integer; **в —ом** upon the whole, in all, altogether; **молекула в —ом** the whole molecule; **одно ц. с** integral with; **за одно ц.** in block, in one piece, unit; **отлитый за одно ц.** *see* **цельнолитой.**

целозия *f.* (bot.) Celosia.

целом *m.* (zool.) coelom; *see also under* **целое.**

целостат *m.* (astr.) coelostat.

целост/ность *f.* completeness, wholeness, entirety, integrity; **область —ности** (math.) integral domain; **—ный** *a.* complete, whole, entire, integral; **—ь** *f.* wholeness, entirety, integrity; **в —и** completely, entirely; intact.

целотекс *m.* (constr.) Celotex.

целочисленн/ость *f.* whole number(s), integer(s); **—ый** *a.* integral, integer.

цел/ый *a.* whole, entire, integral, unbroken, complete, intact, sound; integer (multiple); **ц. и невредимый** safe and sound; **ц. ряд а** (wide) variety; **—ая величина** integral; **—ое число** whole number, integer; **в —ом** as a whole, by and large; **по —ым неделям** for weeks at a time.

цел/ь *f.* target, goal, aim, mark; object(ive), intention; end, purpose; **в —ях** for the purpose (of), to find out; **для этой —и** for this purpose, to do this, with this aim in view; **задаваться —ью** *v.* aim (at); **иметь —ю** *v.* be aimed (at), be directed (at); **не достигающий —и** *a.* ineffectual; **отвечать —и** *v.* answer the purpose; **попадать в ц.** *v.* hit the mark, hit home; **с —ью** with a view (to), in order (to), for (the purpose of), to find, with the object (of), in an effort (to); with a purpose, on purpose; **с этой —ью** *see* **для этой цели**; **указатель движущихся —ей** moving target indicator.

—цель *suffix* (biol.) **—coel(e)** (cavity).

цельзиан *m.* (min.) celsian.

цельзия *f.* (bot.) Celsia.

цельно *adv.* wholly, entirely; in a single piece; *prefix* holo— (whole, complete); all-; **—бетонный** *a.* all-concrete; **—головые** *pl.* (ichth.) Holocephali; **—деревянный** *a.* all-wood; **—железный** *a.* all-iron; **—катаный** *a.* (met.) seamless rolled; **—кованый** *a.* seamless forged, forged solid; integral-disk (rotor); **—корпусный** *a.* box-frame (motor); **—крайний** *a.* entire; **—литой** *a.* cast in block, unit cast, one-piece, solid.

цельно/металлический *a.* all-metal; **—поворотный** *a.* (av.) all-moving, slab (stabilizer); **—резиновый** *a.* all-rubber; **—сварный** *a.* all-weld(ed), welded; **—стальной** *a.* all-steel; **—сть** *f.* wholeness, entirety, integrity; **—тянутый** *a.* seamless (pipe), solid-drawn, weldless; **—численный** *a.* integral.

цельный *a.* whole, entire, integral, total; one-piece, solid; unitized (construction); whole, unskimmed (milk).

цельсий *m.* centigrade thermometer; **градус Цельсия** degree centigrade.

цем— *prefix*, **—ент** *m.* cement; **—ентаж** *m.* cementing.

цементац/ионный, **—ия** *see* **цементирование.**

цементир/ный *a.*, **—ование** *n.* cementing; (met.) cementation, carburization, case-hardening; **—ование алюминием** calorization; **поверхностное —ование** case-

цементит hardening; **—ованный** *a.* cemented, etc., *see v.*; cement (steel); **—овать** *v.* cement, carburize, caseharden; **—овка** **—овочный** *see* цементирование; **—ующий** *a.* cementing, etc., *see v.*; **—ующее вещество** cement, bond; (met.) carburizer.
цементит *m.* cementite (iron carbide).
цементно-водный *a.* cement-water (ratio).
цементн/ый *a.* cement; cementation, carburizing (furnace); **ц. раствор** cement mortar; **—ая затирка** cement floor; **—ая сталь** cement(ation) steel, blister steel; **—ое молоко** cement grout.
цемент/овальный *a.* cement(ing); **—ование** *see* цементирование; **—ованный** *see* цементированный; **—овать** *see* цементировать; **—овка** *see* цементирование; **—овоз** *m.* cement carrier (ship or truck); **—овочный** *a. of* цементирование; **—омет** *m.*, **-пушка** *f.* cement gun, concrete gun; **—уемый** *a.* cemented; carburizing (steel).
цемзавод *m.* cement plant.
цемянки *pl.* broken brick, rubble, grog.
цен/а *f.* price, value, worth, cost, charge; **ц. без скидки** net price; **ц. деления** scale division, graduating mark; **ц. деления шкалы** scale factor; **—ою** at the cost (of).
ценен *sh. m. of* ценный.
ценз *m.*, **—овый** *a.* qualification, right; (stat.) census.
цензор *m.* censor; **—ство** *n.* censorship.
цензур/а *f.* censorship; **дозволено —ой** licensed; **—ный** *a.* censorial.
ценит/ель *m.* appraiser, valuer, judge; **—ь** *v.* value, appraise, estimate, rate; appreciate; **высоко —ь** prize, rate high; **слишком высоко —ь** overrate; **—ься** *v.* be valued, etc.
ценн/ик *m.* price list; **—остный** *a.* value, valuational; **—ость** *f.* value, worth; importance; **—ый** *a.* valuable; registered (mail).
цено— *prefix* c(o)eno— (shared).
ценовые соединения **—cene** compounds, cyclopentadiene derivatives.
цено/генез *m.* (biol.) cenogenesis; **—з** *m.* (med.) cenosis, morbid discharge; **—крепис** *m.* (ent.) chalcid (*Caenocrepis bothynoderi*.)
ценообразование *n.* pricing, price-setting.
цент *m.* (acous.; coin) cent.
центаур/еидин *m.* centaureidin; **—ин** *m.* centaurin (glucoside); centaurine (alkaloid).
центи— *see* санти—.
центнер *m.* centner, hundredweight (50 kg.; USSR—100 kg.).
центр *m.* center, focal point; (cryst.) nucleus, seed; (surv.) triangulation station, reference mark; conical pin, pointed journal (of lathe); **между —ами** center to center; **по —у** (through the) center; **установка по —у** center adjustment.
централиз/ационный *a.* centralization; control; **—ация** *f.* centralization, centralized control; (rr.) interlocking; **диспетчерская —ация** centralized traffic control; **—м** *m.* centralism; **—ованный** *a.* centralized; **—овать** *v.* centralize.
централ/ит *m.* centralite (solid-fuel stabilizer); **—ь** *f.* central main, central line; **—ьно—** *prefix* central; **—ьный** *a.* central, principal, main; center, centrally located; (phot.) between-the-lens (shutter); master (catalog).
центратор *m.* centering guide, centralizer.
центрир/ование *n.* centering, etc., *see v.*; **—ованный** *a.* centered, etc., *see v.*; **—овать** *v.* center, align; centralize; drill center holes; **—овка** *see* центровка; **—ующий** *a.* centering, etc., *see v.*; **—ующее острие** center point.
центрифуг/а *f.* centrifuge; **—альный** *a.* centrifugal; **ц.-грохот** *f.* screen-type centrifuge; **—ирование** *n.* centrifuging, centrifugal separation; **—ированный** *a.* centrifuged; **—ировать** *v.* centrifuge.
центробарический *a.* centrobaric.
центробеж/ка *f.* (centrifugal) extractor, centrifuge; **—но** *adv.* centrifugally, by centrifugal means.
центробежн/ый *a.* centrifugal; outward-flow (turbine); rotary (pump); swirl (nozzle); efferent (nerve); **ц. дезинтегратор** centrifugal mill; **—ая сила** centrifugal force.
центров/альный *a.* centering; **ц. станок** centering machine; **—ание** *see* центровка; **—анный** *a.* centered, etc., *see v.*; **—ать** *v.* center, mark centers, drill center holes; **—ая** *f.* (foundry) fountain, runner; **—ка** *f.* centering, etc., *see v.*; alignment; central adjustment; centering drill; (av.) center-of-gravity position; **линия —ки** center line; **производить —ку** *v.* center, align; **—ой** *a.* center, central, centric; **—ой литник** (foundry) down gate; **—ое сверло** center(ing) drill; **—очный** *a.* center(ing); **—очный циркуль** divider calipers.
центро/ида *f.* (astr.) centroid; **—идальный** *a.* centroidal; **—клиналь** *f.* (geol.) centrocline; **—клинальный** *a.* centroclinal.
центроплан *m.* (av.) center (wing) section; **—ный** *a.* center-wing (tank).
центросома *f.* (biol.) centrosome.
центростремительн/ость *f.* centripetency; **—ый** *a.* centripetal; inward-flow, peripheral(-admission) (turbine); afferent (nerve); **—ая сила** centripetal force.
центротехника *f.* centralized control and management system.

центура *f.* center bit.
ценуроз *m.* (vet.) coenurosis, gid.
ценящий *pr. act. part. of* **ценить.**
цеолит *m.* (min.) zeolite; **—изация** *f.* zeolitization; **—овый** *a.* zeolite, zeolitic; **—образный** *a.* zeolitic.
цеорин *m.* zeorin.
цеофиллит *m.* (min.) zeophyllite.
цеп *m.* (agr.) flail.
цеп/ей *gen. pl. of* **цепь; —екокк** *m.* (bact.) streptococcus; **—енатяжной** *a.* chain-tightening.
цепенеть *v.* grow torpid, be benumbed.
цепень *m.* tapeworm (*Taenia*).
цеп/еобразный *a.* chain-like; (biol.) caten(ul)ate; **—и** *gen., pl., etc., of* **цепь; —ка** *see* **цепочка.**
цеп/кий *a.* cohesive, adhesive, sticky; clinging, tenacious; clutching, gripping; (zool.) prehensile, scansorial; trailing (plant); **—кость** *f.* cohesiveness, adhesiveness, tenacity; prehensility; **—лять** *v.* hook, catch hold (of); **—ляться** *v.* adhere, cling; clutch, grasp.
цепни *pl. of* **цепень.**
цепнодолбежный станок chain-type slotter.
цепн/ой *a. of* **цепь; цеп;** chain; (math.) catenary; continued (fraction); sprocket (wheel); ladder (attenuator; network); membrane (stress); suspension (bridge); **ц. блок** sprocket; **ц. ключ** chain tongs (pipe wrench); **ц. тормоз** drag chain; **ц. транспортер** chain conveyer; **—ая линия** (math.) catenary; **—ая подача** chain feed; **—ая реакция** chain reaction; **—ое правило** (math.) chain rule.
цепно/реагирующий *a.* chain-reacting; **—фрезерный станок** chain-type milling machine.
цепня *gen. of* **цепень.**
цепо/к *gen. pl. of* **цепка;** *sh. m. of* **цепкий; —пробный** *a.* chain-testing; **—чечный** *a.,* **—чка** *f.* (little) chain, series, network, circuit; **—чно-планчатый** *a.* chain-and-plank (conveyer); **—чный** *see* **цепной.**
цеппелин *m.* zeppelin, airship.
цеп/ь *f.* chain, catena; network; bond; (elec.) circuit; (mountain) range; **ц. атомов углерода** carbon chain; **боковой —и** side-chain (isomerism); **вводить в ц.** *v.* connect (up); **замыкать ц.** *v.* close a circuit, make contact; **с прямой —ью** straight-chain (compound); **—ью** *adv.* in a row, in line.
цер/азин *m.* cerasin; **—азит** *m.* (min.) cerasite; **—ан** *m.* cerane, isohexacosane.
церанограф *m.* (meteor.) ceraunograph.
церат *m.* cerate; **—ин** *m.* ceratin, keratin; **—иназа** *f.* ceratinase; **—ония** *f.* (bot.) carob (*Ceratonia*).

цербер/етин *m.* cerberetin; **—идин** *m.* cerberidin; **—ин** *m.* cerberin.
церва *f.* (bot.) weld (*Reseda luteola*).
цервантит *m.* (min.) cervantite.
церви/кальный *a.* (anat.) cervical, neck; **—цит** *m.* (med.) cervicitis.
церебр/альный *a.* (anat.) cerebral, brain; **—ин** *m.* cerebrin; cerebrine, cerebrum siccum; **—иновая кислота** cerebric acid; **—оза** *f.* cerebrose, galactose; **—озид** *m.* cerebroside, galactoside; **—он** *m.* cerebron; **—оновая кислота** cerebronic acid; **—оспинальный** *a.* (med.) cerebrospinal.
цере/вистерин *m.* cerevisterol (a yeast sterol); **—зин** *m.* ceresine (wax from ozocerite); **—зит** *m.* Ceresit (waterproofing compound).
церемон/иальный *a.* ceremonial, ceremonious; **—иться** *v.* stand upon ceremony; **—ия** *f.* ceremony.
церера *f.* (astr.) Ceres.
церид *m.* ceride; **—ин** *m.* ceridin, cerolin.
цериев/ый *a.* cerium, ceric; **—ая земля** ceria, cerium dioxide; **—ая соль** ceric salt.
цериз *m.* cerise, cherry red.
цер/ий *m.* cerium, Ce; **азотнокислая закись —ия** cerous nitrate; **азотнокислая окись —ия** ceric nitrate; **закись —ия** cerous oxide; **соль закиси —ия** cerous salt; **окись —ия** ceric oxide, cerium dioxide; **соль окиси —ия** ceric salt; **фтористый ц.** cerous fluoride; **фторный ц.** ceric fluoride.
церил *m.* ceryl; **—ен** *m.* cerylene; **—овый спирт** ceryl alcohol, 1-hexacosanol.
цериметр/ический *a.* cerimetric (analysis); **—ия** *f.* cerimetry.
церин *m.* cerin (a sterol); **—овая кислота** cerinic acid, cerotic acid.
цер/истый *a.* cerium, cerous; **—истая соль** cerous salt; **—ит** *m.* (min.) cerite.
церк/а *f.* (ent.) cercus; **—о—** *prefix* cerc(o)— (tail); **—оспореллез** *m.* (phyt.) Cercosporella leaf spot; **—оспороз** *m.* Cercospora leaf spot.
цернезьен *m.* (geol.) Cernaysian.
церо— *prefix* cero—, wax; cerium, ceric; **—вый** *see* **цериевый; —зин** *m.* cerosin, cerosinyl cerosate; **—зинил** *m.* cerosinyl; **—зиновая кислота** cerosic acid, tetracosanic acid; **—зиновокислая соль** cerosate; **—ксилин** *m.* ceroxylin; **—леин** *m.* cerolein; **—лин** *m.* cerolin, ceridin; **—ль** *m.* cerol dye.
церот/ен *m.* cerotene; **—ин** *m.* cerotin, ceryl cerotate; **—иновая кислота** cerotic acid, heptacosanoic acid; **—иновокислая соль** cerotate; **—ол** *m.* cerotol, ceryl alcohol.
церул/евая кислота cerulic acid; **—еин** *m.*

церуссит c(o)erulein; —еит m. (min.) ceruleite; —игнон m. cerulignone, cedriret; —ин m. coeruline, soluble indigo.

церуссит m. (min.) cerussite, lead spar.

цесарка f. guinea hen.

цестоды pl. (zool.) Cestoda.

цет/ан m. cetane, hexadecane; —ановое число cetane rating (of diesel oil); —ат m. cetate; —ен m. cetene, hexadecylene; —енилен m. cetenylene.

цетил m. cetyl, hexadecyl; —ен m. cetylene, cetene; —ид m. cetylide; —овая кислота cetylic acid, palmitic acid; —овокислая соль cetylate; —овый спирт cetyl alcohol, 1-hexadecanol; —овый эфир cetyl ether.

цетин m. cetin, cetyl cetylate; —овая кислота cetic acid.

цетрар/ин m., —иновая кислота cetrarin, cetrarinic acid; —ия f. (bot.) Cetraria; —овый a. cetraric (acid).

цефал—, —о— prefix cephal(o)— (head); —ин m. cephalin, kephalin; —оподы pl. (zool.) Cephalopoda; —оспорин m. cephalosporin.

цефарантин m. cepharanthine.

цефаровихит m. (min.) zepharovichite.

цефаэлин m. cephaeline.

цеф/еида f. (astr.) Cepheid; —ей m. Cepheus.

цех m. works, plant, mill; shop, department, unit, section; trade union, guild; —и pl. works; —ком m. shop committee.

цехов/ой a. of цех; working (conditions); —ое выражение shop term.

цеховщина f. overspecialization.

цехштейн m. (geol.) Zechstein, upper division of the Permian.

цеце f. tsetse (fly).

цецидий m. (bot., zool.) cecidium, gall.

циамел/ид m. cyamelide, s-trioxanetriimine; —луровый a. cyamelluric (acid).

циан m. cyanogen; prefix cyan(o)—, cyanic, cyanide; —азид m. cyanazide; —амид m., —амидный a. cyanamide, cyanogen amide; —амид кальция calcium cyanamide; —анилид m. cyananilide, phenyl cyanamide; —ат m. cyanate; —бензил m. cyanbenzyl; —газ m. hydrogen cyanide; —гидрин m., —гидринный a. cyanohydrin.

цианид m. cyanide; черный ц. see цианплав; —ин m. cyanidin; cyanidine; —ный a. cyanide.

циан/изация see цианирование; —изировать v. cyanide; —ин m. cyanin; cyanine; —иновый a. cyanine (dyes); —ирование n. cyanidation, cyaniding; cyanide process; cyanation.

цианистоводороди/ый a. hydrocyanic; hydrocyanide (of); —ая кислота hydrocyanic acid; соль —ой кислоты cyanide.

цианист/ый a. cyanogen, cyano—; (formerly lower or —ous) cyanide (of); hydrocyanic (acid); ц. водород hydrogen cyanide; ц. калий potassium cyanide.

цианкали n. potassium cyanide; желтое ц. potassium ferrocyanide; красное ц. potassium ferricyanide.

цианкобаламин m. cyanocobalamin, vitamin B_{12}.

циано— see циан—; —аурат m. auricyanide; —аурит m. aurocyanide; —воаммониевая соль ammonium cyanate.

циановодород m. hydrogen cyanide; —ный see цианистоводородный.

цианово/калиевая соль potassium cyanate; —кислый a. cyanic acid; cyanate (of); —кислый цинк zinc cyanate; —кислая соль cyanate.

цианов/ый a. cyanic, cyanogen; (formerly higher or —ic) cyanide (of); —ая кислота cyanic acid; соль —ой кислоты cyanate; —ая ртуть mercuric cyanide; —ые водоросли (bot.) Cyanophyceae.

циано/генератор m. hydrogen cyanide generator; —з m. (med.) cyanosis; —какодил m. cacodyl cyanide; —кись f. oxycyanide; —л m., —ловый a. cyanol, aniline; —метр m. cyanometer; —платинат m. platinicyanide; —платинит m. platinocyanide; —типия f. cyanotype, blueprint; cyanotypy; —тический a. (med.) cyanotic; —уксусная кислота cyanoacetic acid; —форм m. cyanoform, tricyanomethane.

циан/плав m. calcium and sodium cyanide mixture; —угольная кислота cyanocarbonic acid, cyanformic acid; —уксусная кислота cyanoacetic acid; —уксусноэтиловый эфир ethyl cyanoacetate; —урамид m. cyanuramide; —урин m. cyanurin; —уровая кислота cyanuric acid; —этилирование n. cyanoethylation.

циба f. ciba (dye); ц.-краситель m. ciba dye; —нон m. cibanone dye; —цет m. cibacet dye.

цибет m. (zool.) civet; —он m. civetone, 9-cycloheptadecen-1-one.

циботактический a. cybotactic.

цивилиз/ация f. civilization; —ованный a. civilized; —овать v. civilize.

цигад/енин m. zygadenine; —ит m. (min.) zygadite.

цигер m. cheese albumin.

цигнолин m. Cignolin, 1,8,9-anthratriol.

цигота f. (biol.) zygote.

—цид m. suffix —cide; —ный a. suffix —cidal.

цидонин m. cydonin (gum).

циейзен *see* циэйзен.

цикад/а *f.* (ent.) cicada; (bot.) cycad; —ка *f.* leaf hopper (*Cicadellida*).

цикл *m.* cycle; round, circuit; ring; period; series; change; испытавший ц. cycled; разрыв —а (chem.) ring cleavage.

цикламен *m.* (bot.) cyclamen.

цикл/амин *m.* cyclamin, arthranitin; —аминол *m.* cyclaminol; —амиретин *m.* cyclamiretin; —ан *m.* cyclane.

циклев/альный *a.*, —ание *n.*, —ка *f.* scraping; —ать *v.* scrape.

циклеин *m.* cycleine.

циклей *gen. pl. of* цикля.

цикл/ид *m.* (geom.) cyclide; —изация *f.* cyclization, ring formation.

циклина *f.* scraper.

циклит *m.* cyclite, benzyl bromide.

циклич/еский *a.* cycle, cyclic; continuous; circular-orbit; —еская кривая cycle curve; —еского типа batch (dissolver); —еское соединение cyclic compound; кривая —еской прочности stress-number curve; предел —еской прочности endurance limit; —ность *f.* cycle of operations; (cyclic) recurrence; —ный *see* циклический.

цикло— *prefix* cyclo— (circle; cycle; cyclic compound); —бутадиен *m.* cyclobutadiene; —бутан *m.* cyclobutane, tetramethylene; —бутен *m.* cyclobutene; —бутил *m.* cyclobutyl.

циклование *n.* cycling.

циклогекс/адиен *m.* cyclohexadiene, dihydrobenzene; —ан *m.* cyclohexane, hexamethylene; —анол *m.* cyclohexanol; —ен *m.* cyclohexene, tetrahydrobenzene; —ил *m.* cyclohexyl.

циклоген/ез *m.* (meteor.) cyclogenesis, development of a cyclone; —етический *a.* cyclogenetic.

циклогепт/ан *m.* cycloheptane; —анол *m.* cycloheptanol, suberol; —атриен *m.* cycloheptatrien(e); —ен *m.* cycloheptene.

циклогра/мма *f.* cyclogram; ц. движений motion-path cyclogram; —ф *m.* cyclograph.

цикло/ида *f.* (geom.) cycloid; —ид(аль)ный *a.* cycloid(al); —каучук *m.* cyclorubber; —комплексообразователь *m.* chelating agent; —лиз *m.* cyclolysis.

циклометр *m.* cyclometer, revolution counter; —ический *a.* cyclometric; —ия *f.* cyclometry.

циклон *m.* (meteor.) cyclone; (min.) cyclone, dust extractor; (fumigation) a cyanide-impregnated absorbent; —ировать *v.* cyclone, separate; —ический *a.* cyclone, cyclonic; ц.-классификатор *m.* cyclone classifier; —ный *a. of* циклон; —окс *m.* cyclohexanone peroxide; —образование *n.* (meteor.) cyclogenesis; ц.-сгуститель *m.* cyclone thickener.

цикло/октан *m.* cycloöctane, octomethylene; —октатетраен *m.* cycloöctotetraene; —олефин *m.* cycloölefin; —пальдовая кислота cyclopaldic acid; —парафин *m.* cycloparaffin, naphthene.

циклопент/адиен *m.* cyclopentadiene; —ан *m.* cyclopentane, pentamethylene; —ен *m.* cyclopentene; —ил *m.* cyclopentyl.

циклоп/ин *m.* cyclopin; —ит *m.* (min.) cyclopite; —ический *a.* cyclopean, gigantic; —олимеризация *f.* cyclopolymerization; —оловый *a.* cyclopolic (acid).

циклопроп/ан *m.* cyclopropane, trimethylene; —ен *m.* cyclopropene; —ил *m.* cyclopropyl.

цикло/птерин *m.* cyclopterin; —синхротрон *m.* (electron.) cyclosynchrotron; —строфический *a.* (meteor.) cyclostrophic; —трон *m.*, —тронный *a.* (nucl.) cyclotron (an accelerator).

цикля *f.* scraper.

циковка *f.* counterbore, counterboring.

цикор/ий *m.*, —иевый *a.* chicory; салатный ц. endive.

цикут/а *f.* (bot.) water hemlock (*Cicuta virosa*); —ен *m.* cicutene; —ин *m.* cicutine; —оксин *m.* cicutoxin.

цилиндр *m.* cylinder, roll(er), drum; (Faraday) cup; —ический *a.* cylindrical; spur (gear); —овый *a.* cylinder; —оида *f.* (geom.) cylindroid; —ообразный *a.* cylinder-boring; —ошлифовальный *a.* cylinder-grinding; —сток *m.* heavy cylinder oil.

циллой *m.* Zilloy (alloy).

цимар/игенин *m.* cymarigenin; —ин *m.* cymarin; —иновый *a.* cymaric (acid); —оза *f.* cymarose, 3-methyldigitoxose.

цимат *m.* Zimate, Ziram; zinc dimethyldithiocarbamate.

циматолит *m.* (min.) cymatolite.

цименил *m.* cymenyl, cymyl.

цимет *m.* Cimet (a chrome iron).

цимидин *m.* cymidine, carvacrylamine.

цимил *m.* cymyl.

цими/нит *m.* (petr.) ciminite; —цин *m.* cimicin; —циновый *a.* cimicic (acid); —цифугин *m.* cimicifugin, macrotin.

цимоген *m.* cymogene (butane product).

цимол *m.* cymene, isopropyltoluene.

цимолит *m.* (min.) cimolite.

цимофан *m.* (min.) cymophane.

цинанхотоксин *m.* cynanchotoxin.

цинапин *m.* cynapine.

цинаш *m.* tin ashes, stannic oxide.

цинвальдит *m.* (min.) zinnwaldite.

цинга *f.* (med.) scurvy.

цингерон *m.* zingerone.

цингибер/ен *m.* zingiberene, 1-methyl-4-

propenyl cyclohexane; —ол *m.* zingiberol.

цинготн/ый *a.* (med.) scorbutic; —**ая трава** scurvy grass (*Cochlearia*).

цинен *m.* cinene, limonene; —**овая кислота** cinenic acid.

цинеол, —**ь** *m.* cineole, eucalyptole; —**овая кислота** cineolic acid.

цинерария *f.* (bot.) cineraria.

цинк *m.* zinc, Zn; **окись** —**а** zinc oxide; **сернокислый ц.**, **сульфат** —**а** zinc sulfate; **хлористый ц.** zinc chloride; **хромовокислый ц.** zinc chromate.

цинк/алкил *m.* zinc alkyl; —**амид** *m.* zincamide; —**ат** *m.* zincate; —**вейс** *m.* zinc white, zinc oxide; —**грау** *n.* zinc gray; —**дибраунит** *m.* (min.) zinc-dibraunite; —**диметил** *m.* zinc dimethyl, zinc methide; —**диэтил** *m.* zinc diethyl, zinc ethide; —**енит** *m.* (min.) zinkenite; —**иодэтил** *m.* zinc ethyliodide; —**ит** *m.* (min.) zincite; —**метил** *m.* zinc methyl, dimethylzinc.

цинков/альный *a.*, —**ание** *n.* zinc plating, galvanizing; —**анный** *a.* zinc-plated, galvanized; —**ать** *v.* zinc-plate, galvanize.

цинково/кислый *a.* zincic acid; zincate (of); **ц. натрий**, —**натриевая соль** sodium zincate; —**кислая соль** zincate.

цинковщик *m.* zinc metallurgist.

цинков/ый *a.* zinc; **ц. желтый**, **ц. крон** zinc yellow, zinc chromate; **ц. купорос** zinc vitriol, zinc sulfate; **ц. цвет** zinc flowers, zinc oxide; **ц. шпат** (min.) zinc spar, smithsonite; —**ая зеленая**, —**ая зелень** zinc green; —**ая кислота** zincic acid; **соль** —**ой кислоты** zincate; —**ая обманка** (min.) zinc blende, sphalerite; —**ая окись** zinc oxide; —**ая окшара** blue powder (zinc dust); —**ая пыль** zinc dust; —**ая шпинель** (min.) zinc spinel, gahnite; —**ое масло** zinc butter, zinc chloride; —**ые белила** zinc white, zinc oxide; —**ые огарки** zinc ash, zinc calx; —**ые цветы** (min.) zinc bloom, hydrozincite.

цинкограф *m.* zincographer; —**ический** *a.* zincographic; —**ия** *f.* zincography, etching on zinc; engraving department.

цинк/одестилляционная печь zinc (distillation) furnace; —**озит** *m.* (min.) zinkosite; —**оплавильный завод** zinc smelter, zinc works; —**органический** *a.* organozinc; —**этил** *see* **цинкдиэтил**.

циннам/ал(ь) *m.* cinnamal; —**ат** *m.* cinnamate; —**еин** *m.* cinnamein, benzyl cinnamate; —**ен** *m.* cinnamene, styrene; —**енил** *m.* cinnamenyl, styryl.

циннамил *m.*, —**овый** *a.* cinnamyl; —**овый спирт** cinnamyl alcohol, cinnamic alcohol.

циннамо/ил *m.* cinnamoyl; —**мум** *m.* cinnamon; —**н** *m.* cinnamone, styryl ketone; —**нитрил** *m.* cinnamonitrile.

циннвальдит *m.* (min.) zinnwaldite.

цинния *f.* (bot.) zinnia.

циннолин *m.* cinnoline, 1,2-benzodiazine; —**овая кислота** cinnolic acid.

цинов/ка *f.*, —**очный** *a.* mat(ting).

цино/глосин *m.* cynoglossine; —**дин** *m.* cynodine; —**ктонин** *m.* cynoctonine; —**токсин** *m.* cynotoxin.

цинубель *m.* roughing plane.

цинур/еновая кислота cynurenic acid; —**ин** *m.* cynurine.

цинх/аин *m.* cinchaine, *i*-propylhydrocupreine; —**амидин** *m.* cinchamidine, hydrocinchonidine; —**ен** *m.* cinchene.

цинхо/дубильная кислота cinchotannic acid, quinotannic acid; —**л** *m.* cinchol; —**лепидин** *m.* cincholepidine; —**лин** *m.* cincholine; —**мероновая кислота** cinchomeronic acid.

цинхон/а *f.* cinchona (bark); —**амин** *m.* cinchonamine; —**ан** *m.* cinchonane, desoxycinchonine; —**идин** *m.* cinchonidine; —**ин** *m.* cinchonine; —**иновая кислота** cinchoninic acid, 4-quinolinecarboxylic acid; —**ицин** *m.* cinchonicine, cinchotoxine; —**овая кислота** cinchonic acid.

цинхотени/дин *m.* cinchotenidine; —**н** *m.* cinchotenine; —**цин** *m.* cinchotenicine.

цинхо/тин *m.* cinchotine, hydrocinchonine; —**токсин** *m.* cinchotoxine; —**тропин** *m.* cinchotropin; —**фен** *m.* cinchophen, atophan; —**церотин** *m.* cinchocerotin.

цинциннатьян *m.* (geol.) Cincinnatian.

—**ционный** *a. suffix* —tion(al), —ing.

циполин *m.* (min.) cipolino marble.

циппеит *m.* (min.) zippeite.

циприн *m.* (min.) cyprine.

цирен *m.* salt pan.

цирк *m.* circus; (geol.) cirque; (volcanic or lunar) crater, lunar (ring) formation.

циркалой *m.* Zircaloy (alloy).

циркелит *m.* (min.) zirkelite.

цирковой *a. of* **цирк**.

циркон *m.* (min.) zircon; —**ат** *m.* zirconate.

цирконев/ый *a.* zirconium; —**ая земля** zirconia, zirconium oxide.

циркон/ий *m.* zirconium, Zr; **двуокись** —**ия** zirconium dioxide, zirconia; **сернокислый ц.**, **сульфат** —**ия** zirconium sulfate.

циркон/ил *m.* zirconyl; —**истый** *a.* zirconium.

цирконов/ый *a.* zirconium, zirconic; **ц. ангидрид** zirconic anhydride, zirconium oxide; —**ая кислота** zirconic acid, zirconium hydroxide; **соль** —**ой кислоты** zirconate.

цирконолит *m.* (min.) zirconolite.

циркообразный *a.* (geol.) cirque, crater.

циркулин m. Circulin (antibiotic).
циркулир/овать v. circulate; **—ующий** a. circulating, circulation; distributing.
циркуль m. dividers, compass(es); calipers; **делительный** ц., **измерительный** ц. dividers; **калиберный** ц. calipers; **—ный** a. of циркуль; circular; curved.
циркулянт m. (math.) circulant.
циркуляр m. circular; **—ка** f. circular saw; **—ный** a. circular; circulatory, circulating.
циркулятор m. circulator.
циркуляц/ионный a. circulation, circulating; circulatory; **—ия** f. circulation; circuit; circling, turning circle; **котел с —ей** circulation boiler.
циров/ание n., **—ка** f. engine turning, guilloche; **—ать** v. engine-turn.
цирроз m. (med.) cirrhosis.
цирролит m. (min.) cirrolite, kirrolite.
циртолит m. (min.) cyrtolite.
цирцея f. (bot.) Circaea.
цис— prefix cis-; **ц.-изомер** cis isomer; **ц.-полимер** m. cis polymer; **ц.-соединение** n. cis compound.
циссоида f. (math.) cissoid.
цист/а f. (biol.) cyst; **—амин** m. cystamine, hexamethylenetetramine; **—еин** m. cysteine, β-mercaptoalanine; **—еиновая кислота** cysteic acid.
цистерна f. cistern, reservoir, tank; **(вагон-)ц.** (rr.) tank car.
цис-терпин m. cis-terpine.
цист/ин m. cystine; **—ит** m. (med.) cystitis; **—ицеркоз** m. cysticercosis, cysticercus infestation; **—о** prefix cyst(o)— (bladder); **—оидеи** pl. (pal.) Cystoidea; **—ома** f. (med.) cystoma; **—опурин** m. cystopurin; **—оскопия** f. (med.) cystoscopy.
цис-транс-изомер m. cis-trans isomer.
—цит m. suffix (biol.) —cyte (cell).
цитаза f. cytase.
цитарин m. Citarin.
цит/ата f., **—атный** a. citation, quotation; **—атничество** n. quoting out of text; **—ация** f. quoting.
цитварн/ая полынь (bot.) santonica (Artemisia cina); **—ое семя** santonica (seed), wormseed.
цити/диловая кислота cytidylic acid; **—дин** m. cytidine, cytosine riboside; **—динфосфорный** a. cytidinephosphoric (acid); **—зин** m. cytisine, ulexine.
цитиров/ание n. citation, quotation; **—ать** v. cite, quote, extract.
цититон m. (pharm.) cytisine solution.
цито urgent (on prescriptions).
цито— prefix (biol.) cyto— (cell; cytoplasm); **—ген** m. cytogene; **—генетика** f. cytogenetics; **—диагностика** f. (med.) cytodiagnosis; **—зин** m., **—зиновый** a. cytosine; **—лиз** m. cytolysis, dissolution of cells; **—лизин** m. cytolysin; **—логия** f. cytology; **—плазма** f. cytoplasm; **—плазматический** a. cytoplasmic; **—токсин** m. cytotoxin; **—химия** f. cytological chemistry; **—хром** m. cytochrome.

цитравинная кислота citratartaric acid.
цитракон/ил m. citraconyl; **—овая кислота** citraconic acid, methylmaleic acid; **—овокислая соль** citraconate.
цитр/ал(ь) m. citral; **—амид** m. citramide; **—анилид** m. citranilide; **—аниловая кислота** citranilic acid; **—ат** m., **—атно—** prefix **—атный** a. citrate; **—ен** m. citrene; **—идиновая кислота** citridic acid, aconitic acid; **—ил** m. citryl, lemon oil.
цитрин m. citrin, vitamin P; citrine ointment, mercuric nitrate ointment; (min.) citrine; **—ин** m. citrinin.
цитро/мицетин m. citromycetin, frequentic acid; **—н** m. (bot.) citron (Citrus medica); **—нат** m. candied citron or lemon peel.
цитронелл/а f. citronella grass; **—ал(ь)** m. citronellal(dehyde); **—ил** m. citronellyl; **—илацетат** m., **—иловый эфир уксусной кислоты** citronellyl acetate; **—овый** a. citronellic (acid); citronella (oil); **—ол** m. citronellol.
цитро/нил m. citronyl, citronella oil; **—нин** m. citronin, dinitrodiphenylamine; **—фен** m. citrophen.
цитрулл/ин m. citrulline; citrullin, colocynthin; **—ол** m. citrullol.
цитрус m., **—овый** a. (bot.) citrus.
циттавит m. (min.) zittavite.
циферблат m., **—ный** a. dial (plate), face; **—ный индикатор** dial gage.
цифр/а f. digit; cipher, figure, number, numeral, character; **обозначать —ами** v. number; **—ация** f. numbering; **—ованный** a. numbered, etc., see v.; **—ователь** m. digitizer; **—овать** v. number; digitize; (write in) code, cipher; **—овой** a. of цифра; digital; numerical (analog, coding); numbered, figured; **—овой вычислитель** digital computer; **—овой преобразователь** digitizer; **—овая вычислительная машина**, **—овая (математическая) машина** digital computer; **—овые данные** figures, numerical data.
цицания f. (bot.) wild rice (Zizania).
цицеро n. (typ.) pica.
цицеров/ая кислота ciceric acid; **—окислая соль** cicerate.
циэйзен m. die, draw plate.
—ция f. suffix —tion, —ing.
ЦК abbr. (центральный комитет) central committee; **ЦК, Ц. К.** abbr. (центр кристаллизации) crystallization center.
ЦЛ abbr. (центральная лаборатория) cen-

tral laboratory; **ЦЛА** *abbr.* (**центральная лаборатория автоматики**) Central Laboratory of Automation.
ЦМ *abbr.* (**цветная металлургия**) nonferrous metallurgy; (**цветомер**) colorimeter; (**центр массы**) center of mass; (**центральная мастерская**) central workshop.
цмин *m.* (bot.) Helichrysum.
цн *abbr.* (**центнер**) centner.
ЦНИ... *abbr.* (**Центральный научно-исследовательский...**) Central Scientific Research . . . ; **ЦНИИ...** *abbr.* (**Центральный научно-исследовательский институт...**) Central Scientific Research Institute of . . .
ЦНС, ц. н. с. *abbr.* (**центральная нервная система**) central nervous system.
цоизит *m.* (min.) zoisite.
цойсия *f.* lawn grass (*Zoysia*); **ц.-матрелла** *f.* Manila grass (*Z. matrella*).
цоколь/евка *f.*, **—евочный** *a.* basing, base; **—ь** *m.*, **—ьный** *a.* foundation, base, pedestal; socle, block; socket, base (of electric bulb).
ЦРП *abbr.* (**центробежный ротационный пылеотделитель**) centrifugal rotary dust separator.
ЦРС *abbr.* (**центробежный реактор-сепаратор**) centrifugal reactor-separator.
ЦРУ *abbr.* (**центральное распределительное устройство**) central distributing system.
Ц-система *f.* center-of-mass system.
ЦТ *abbr.* (**цветное телевидение**) color television; **ЦТ, Ц. Т., ц. т.** *abbr.* (**центр тяжести**) center of gravity.
ЦТО *abbr.* (**циклическая термообработка**) cyclic heat treatment.
цуг *m.* train (of waves); **—овой** *a.* train; tandem; **— om** *adv.* (in) tandem, one behind the other.
цукат *m.*, **—ный** *a.* candied peel.
цунами *f.* tsunami, seismic sea wave.
цуниит *m.* (min.) zunyite.
ЦФШ *abbr.* (**центробежный фиксатор шага**) centrifugal pitch arrester.
ЦЧП *abbr.* (**Центрально-черноземная полоса**) Central Black Earth Belt.
цынга *see* **цинга**.
цыновка *f.* mat.
цыпл/енок *m.* chick, baby chicken; **—ята** *pl.* chicks; **—ячий** *a.* chicken.
ЦЭС *abbr.* (**центральная электростанция**) central electric power plant.
цюрихский *a.* (geog.) Zurich.

Ч

ч, ч. *abbr.* (**час**) hour; **ч.** *abbr.* (**часть**) part, unit; (**через**) through; (**число**) number; (**чистый**) pure.
чаб/ер *m.* (bot.) savory (*Satureia*); **—рец** *m.* thyme (*Thymus*).
чави— *see* **шави—**.
чавыча *f.* quinnat, king salmon.
Чад (geog.) Chad.
чад *m.* smoke, fumes; **—ить** *v.* smoke, fume; **—ный** *a.* smoking, fuming.
чае— *prefix* tea; **—вод** *m.* tea grower; **—водство** *n.*, **—водческий** *a.* tea-growing; **—обработка** *f.* tea processing; **—подобный** *a.* tea-like; **—сушилка** *f.* tea dryer.
чай *m.* tea; infusion.
чайка *f.* (orn.) seagull.
Чайлда закон Child's law.
чайн/ик *m.* teapot; **—ый** *a.* of **чай**.
чайот *m.* (bot.) chayote (*Sechium edule*).
чал *m.* mooring rope, tie rope; **—ить** *v.* moor; **—ка** *f.* mooring; mooring rope.
чалт/ык *m.*, **—ычная почва** chaltyk (old rice soil).
чальмерзит *m.* (min.) chalmersite.
чан *m.* vat, tub, tank; trough, pit; **ч.-классификатор** *m.* classifying tank; **—овый** *a. of* **чан**; **ч.-сгуститель** *m.* thickening tank; **ч.-фильтр** *m.* filter tank.
Чарлстон (geog.) Charleston.
чарнокит *m.* (petr.) charnockite.
чартер *m.* (com.) charter.
чаруса *f.* grassy bog.
час *m.* hour; **в ч.** at one o'clock; **через ч.** in an hour; **—ами** *adv.* for hours, for a long time; **—ики** *dim. of* **часы**.
часов/ой *a.* one hour's, an hour's; hourly, per hour; *suffix* -hour; clock, watch; *m.* sentinel, sentry, watch, guard; **ч. механизм** clockwork; **ч. пояс** time zone; **—ая стрелка** hour hand (of clock); **по ч. стрелке** clockwise, from left to right; **против ч. стрелки** counterclockwise, from right to left; **—ое дело** horology; **—ое стекло** watch glass, (large size) clock glass; **—щик** *m.* watch maker, clock maker, horologist.
часовъярский *a.* (geog.) Chasov Yar.
часом *adv.* sometimes, now and then.
част *sh. m. of* **частый**.
частей *gen. pl. of* **часть**.
частенько *adv.* rather often.
части *gen., pl., etc., of* **часть**.
част/ик *m.* fine-mesh net; small fish; **—иковый** *a.* fine-mesh; **—ить** *v.* accelerate; make closer; frequent; do often.
части/ца *f.* particle, bit, grain, fraction, speck, corpuscle; molecule; **метод —цы** (meteor.) parcel method; **ч.-мишень** *f.* target particle; **ч.-предшественник** *m.*

precursor; **ч.-снаряд** *f.* projectile particle; **—чка** *f.* (very fine) particle, spicule.

частичн/о *adv.* partially, partly, incompletely; in part, part way; **ч.-водонапорный** *a.* partial water (drive); **—ый** *a.* partial, fractional; selective; particle, particulate; corpuscular, molecular; **—ый платеж** instalment; **—ая формула** molecular formula.

частник *m.* free-lance worker.

частно— *prefix* private(ly); **—владельческий** *a.* privately owned.

частное *n.* (math.) quotient.

частност/ь *f.* particularity, detail; relative frequency; **в —и** in particular, specifically; in part, among other things.

части/ый *a.* private; partial; special, specific; peculiar, exceptional, individual, particular; **—ая производная** (math.) partial derivative; **—ая собственность** private property; **—ым образом** privately, confidentially, unofficially.

часто *adv.* often, constantly, frequently; close, thickly; **—кол** *m.* paling, palisade, fencing.

частомер *m.* (elec.) frequency meter.

часто-проблесковый *a.* quick-flashing.

частот/а *f.* frequency, rate; thickness, closeness; **ч. повторяемости** frequency; **ч. следования импульсов** pulse recurrence frequency; **ч. среза** cut-off frequency; **большой —ы** high-frequency; **верхних частот** high-pass (filter); **высокой —ы** high-frequency; **диапазон частот** frequency band; **малой —ы** low-frequency; **нижних частот** low-pass (filter); **низкой —ы** low-frequency.

частотно/-временной *a.* time-and-frequency; variable duration frequency (modulation); **ч.-зависимый** *a.* frequency-dependent, frequency-sensitive; **ч.-избирательный** *a.* frequency-selective; **ч.-импульсный** *a.* pulse-frequency; **ч.-модулированный** *a.* frequency-modulated; **ч.-преобразовательный** *a.* frequency conversion, converter (tube); **—сть** *f.* frequency (rate).

частотн/ый *a.* of **частота**; **—ая характеристика** frequency response; **с —ой модуляцией** frequency-modulated, f-m.

частотомер *m.* (elec.) frequency meter.

частуха *f.* (bot.) Alisma.

частый *a.* frequent, dense, thick; (text.) close-woven; quick (pulse).

част/ь *f.* part, portion, share, fraction, proportion; fragment, piece, segment; member, unit, component; area, department, section; detail; quota; step, stage; digit (1/12 of moon's diameter); **ч. целого** integrant, component; **—ей на parts per**; **—ью** partly; **—ями** piecemeal, in portions; **большей —ью** for the most part; **большая ч.** the greater part, the majority; **на —и apart**, to pieces; **разобрать на —и** *v.* take apart, dismantle; **одна пятая ч.** one fifth; **по —и** in connection (with); **по —ям** in parts, in instalments; piecemeal; partially; **интегрирование по —ям** (math.) partial integration.

часы *pl. of* **час**; clock; watch; (sun) dial; meter; (astr.) Horologium; **ч.-хронометр** time-keeper, timepiece.

чаталы *pl.* props (for fruit trees).

Чатам (geog.) Chatham.

чатертоновский *a.* Chatterton.

—чатый *a. suffix* **—ar**, **—ated**.

чаулмугр— *see* **хаульмугр—**.

чах/лость *f.* weakness, unhealthiness; **—лый** *a.* weak; stunted, dwarfed (vegetation); **—нуть** *v.* fade away, wither away; **—нущий** *a.* ailing, diseased (tree).

чахот/ка *f.* (med.) consumption; **—очный** *a.* consumptive, tubercular.

чаша *f.* bowl, cup; dish, basin, pan, pot; (astr.) Crater.

чаше/видный *see* **чашеобразный**; **—вый** *a. of* **чаша**; **—к** *gen. pl. of* **чашка**; **—листик** *m.* (bot.) sepal; **—образный** *a.* cup(-shaped), dish(-shaped), bowl (-shaped); **—цветник** *m.* (bot.) Calycanthus; **—чка** *dim. of* **чашка**; cup, bowl, bell; (bot.) calyx; (knee) cap; **—чный** *a. of* **чашка**; bucket-wheel (rotor); *suffix* **—calyculate**.

чашк/а *f.* cup, bowl; (Petri) dish; pan (of balance); (knee) cap; bob (of pendulum); housing; cistern (of barometer); **—ообразный** *a.* cup(-shaped).

чаща *f.* thicket, brushwood, brake.

чаще *comp. of* **часто**, **частый**, more often, more frequently; **ч. всего** mostly, most often, most commonly; **как можно ч.** as often as possible.

чащоба *f.* thicket.

чая *gen. of* **чай**.

чв-д *abbr.* (**человеко-день**) man-day; **ЧВД** *abbr.* (**часть высокого давления**) high-pressure component.

чв-ч *abbr.* (**человекочас**) man-hour.

ч.д.а. *abbr.* (**чистый для анализа**) analytical grade (reagent), chemically pure.

чеб/ер *m.* savory; **—рец** *m.* thyme.

чевкинит *m.* (min.) tscheffkinite.

чего *gen. of* **что**, what.

чедвиковский *a.* (phys.) Chadwick.

чеддит *m.* (expl.) cheddite.

чезаровский *a.* (math.) Cesaro.

чей *m. pron.* whose; **ч.-либо**, **ч.-нибудь** somebody's, someone's; **ч.-то** anybody's.

чек *m.* check; (agr.) check plot.

чек/а *f.* pin, cotter (pin), key, wedge,

чекан chock; cross piece; splint; **закрепить —ой** *v.* key.

чекан *m.* stamping, etc., *see v.*; stamp, punch, die; calking iron, (calking) chisel, calker; —**ение** *n.* stamping, etc., *see v.*; —**ить** *v.* stamp, impress, imprint, mark; engrave, emboss, chase, chisel, fuller; knurl (edge); mint, coin (money); strike (medals); bead (pipes); calk (hort.) pinch back; chop (cotton); —**ка** *f.* stamping, etc., *see v.*; die stamping; relief work; impression; calking iron; calked seam; riveting punch; fullering tool; —**ный** *a.* stamped, etc., *see v.*; stamping, etc., *see v.*; —**очный** *a.* stamping, etc., *see v.*; —**очный штамп** embossing die; —**щик** *m.* stamper, etc., *see v.*

чекмарная соль (geol.) partly solidified, recently deposited salt.

чекмарь *m.* rammer, beater; smoother.

чековый *a. of* чек.

Челлин/а печь *see* Кьеллина печь; —**и гало** (meteor.) Cellini's halo.

челн *m.* dug-out, canoe; —**ок** *m.* dug-out, canoe; (weaving) shuttle; bobbin; rabbit; —**окодержатель** *m.* shuttle carrier; —**ок-самолет** *m.* fly(ing) shuttle; —**очницы** *pl.* (ent.) Cymbidae; —**очный** *a. of* челнок; reciprocating trough (conveyer); (min.) wavy (vein).

чело *n.* (met.) charge hole.

человек *m.* man, person, human being; **на —а** per man; **сила —а** manpower; —**одень** *m.* man-day; —**ообразный**, —**оподобный** *a.* man-like, anthrapoid; —**осмена** *f.* man-shift; —**оуправляемый** *a.* manned; human (torpedo); —**очас** *m.* man-hour.

человеч/ек *m.* manikin, dummy; —(**еск)ий** *a.* human; —**еский род** mankind; —**ество** *n.* mankind, humanity; —**ный** *a.* human, man's.

чел-ч *abbr.* (человекочас) man-hour.

челюст/но— *prefix* (anat.) maxillo—; —**ной** *a.* jaw, maxillary, mandibular; —**ь** *f.* jaw, maxilla; dental plate, denture; **верхняя —ь** maxilla; **нижняя —ь** mandible.

челябинский *a.* (geog.) Chelyabinsk.

чем *instr. and prepos. of* что, (with) what; *conj.* than, more; **ч. дальше, тем хуже** from bad to worse; **ч. позже, тем лучше** the later the better; **о ч.?** what about, of what? **он не при ч.** he has nothing to do with it; **остаться не при ч.** *v.* lose.

чемерица *f.* (bot.) Veratrum.

чемодан *m.*, —**ный** *a.* suitcase, bag; —**чик** *dim. of* чемодан.

емпион *m.*, —**ский** *a.* champion.

чемплэн *m.* (geol.) Champlainian period.

чему *dat. of* что, to what; **к ч.** to what; what for, why.

ченевиксит *m.* (min.) chenevixite.

чепец *m.* cap.

чепманайзинг-процесс *m.* (met.) Chapmanizing process.

чепрак *m.* back of hide; saddle cloth.

чепуха *f.* nonsense.

черва *f.* grub (of bee).

червей *gen. pl. of* червь.

червеобразн/ые *pl.* (zool.) Apoda; —**ый** *a.* vermiform, vermicular, worm-like; —**ый отросток** (anat.) appendix.

червец *m.* (ent.) scale; **мучнистые —ы** mealy bugs.

черви *pl. of* червь; —**веть** *v.* become wormy; —**вость** *f.* worminess; —**вый** *a.* wormy, worm-eaten; —**ть** *v.* lay eggs (of bees).

черво— *prefix* vermi—, worm.

червобо/ина *f.* worm-eaten fruit; —**й** *m.* spoilage from worms; —**йный** *a.* worm-infested, worm-eaten.

червовод *m.* silkworm breeder; —**ня** *f.* silkworm breeding house; —**ство** *n.*, —**ческий** *a.* silkworm breeding.

червонный *a.* red; high-carat (gold).

черво/точина *f.* worm hole; dry rot; —**точный** *a.* worm-eaten; —**ядный** *a.* vermivorous, worm-eating.

черв/ь *m.* worm; —**як** *m.* worm, endless screw; hob (cutting tool); —**яковый**, —**ячий** *a.* worm.

червячно-фрезерный станок worm milling machine.

червячн/ый *a.* worm, screw; **ч. бур** worm auger; **ч. привод** worm gear drive; —**ая машина** extruder; —**ая передача** worm gear; —**ая фреза** hobbing cutter, hob; —**ое колесо** worm gear; **регулировка —ого механизма** worm adjustment.

червячок *dim. of* червяк.

черд/ак *m.*, —**ачный** *a.* attic, loft.

черед *m.* turn, order, succession, taking turns; line, row; —**а** *see* черёд; (bot.) bur marigold (*Bidens*).

черед/ование *n.* alternating, rotation, etc., *see v.*; interchange; —**овать(ся)** *v.* alternate, take turns, rotate, interchange; (elec.) reverse; —**ующийся** *a.* alternating, alternate, staggered; cycling; sandwich (winding).

через *prep. acc.* across, over; per, via, by (way of), through, from, at; in (terms of); after; within (a given time); **ч. борт** overboard; **ч. день** every other day, on alternate days; **in a day; ч. каждый час** at hourly intervals.

череззерница *f.* (bot.) partially filled ear.

черемух/а *f.*, —**овый** *a.* bird cherry.

черемша *f.* (bot.) ramson (*Allium ursinum*).

черен *sh. m. of* чёрный.

Черенкова see черенковский.
черенков/ание *n.* (hort.) propagation by cuttings; (bud) grafting; **—ать** *v.* propagate by cuttings.
черенковский *a.* Cerenkov (radiation).
черен/ковый *a. of* **черенок**; stick (sulfur); **—ок** *m.* (hort.) cutting, slip; (tool) shank, handle, stock, grip.
череп *m.* (anat.) skull, cranium; (cer.) body; grog.
черепах/а *f.*, **—овый** *a.* (zool.) tortoise, turtle; tortoise shell.
черепаш/ий *a.* slow; tortoise, turtle; **ч. панцырь**, **—ья чешуя** tortoise shell; **—ка** *f.* shield bug (*Eurygaster*).
черепи/ца *f.* broken tile; **—тчатый** *a.* tiled; roof-tile, tegular; **—ца** *f.* (roof) tile; drain tile; **крытый —цей** tiled.
черепичн/ый *a.* tile; (zool.) tegular; **—ая кровля** tile roofing, tiling; **—ая печь** tile kiln.
черепн/ой *a.* cranial, skull; **—омозговой** *a.* cranial.
череп/ок *m.* crock; shard, fragment; **плавка в —ке** (met.) crock melting.
черепокожный *a.* (zool.) testaceous.
черепян/ой, **—ый** *a.* clay, ceramic.
чересло *n.* (agr.) colter, cutter.
черес/полосица *f.* overlapping (of lands); **—строчный** *a.* interlaced.
чересчур *adv.* too, excessively.
черешковый *a.* (bot.) stalk(ed), petiolate.
черешн/евый *a.*, **—я** *f.* sweet cherry.
череш/ок *m.* (bot.) petiole, (leaf) stalk; **—чатый** *a.* petiolate.
черкануть see **черкнуть**.
черкасский *a.* (geog.) Cherkassy.
черкать *v.* cross out, delete.
черкез *m.* (bot.) saltwort (*Salsola Richteri*).
черкесский *a.* (geog.) Circassian.
черкнуть *v.* scribble, jot down; streak.
чермет *m.* ferrous metallurgy.
чермигит *m.* (min.) tschermigite.
черн/ение *n.* black(en)ing; **—ен(н)ый** *a.* black(en)ed; nielloed; **—еть** *v.* become black, blacken, darken; **—и** *gen.*, etc, *of* **чернь**.
черника *f.* (bot.) whortleberry, bilberry (*Vaccinium myrtillus*).
чернил/а *pl.* ink; **—овыводитель** *m.* ink eradicator; **—ьница** *f.* inkwell.
чернильноорешковая кислота gallic acid; **ч. дубильная кислота** tannic acid.
чернильн/ый *a.* ink; **ч. камень** inkstone, copperas; **ч. орешек** gallnut, (nut) gall; **ванна —ых орешков** gall steep.
чернить *v.* blacken, smoke; black out.
черни/ца see **черника**; **—чник** *m.* whortleberry thicket; **—чный** *a.* whortleberry.
черно *adv.* and sh. *n. of* **черный**; *prefix* black; **ч.-белый** *a.* (phot.) black and white, monochrome.

чернобур/ый *a.* dark brown; silver (fox); **—ая сажа** bister, wood-pulp black.
чернобыл(ь), **—ьник** *m.* (bot.) mugwort, wormwood (*Artemisia vulgaris*).
черноватый *a.* blackish, dark.
черновик *m.* rough copy, draft.
черновина *f.* black dot, black spot.
чернов/ой *a.* rough, coarse; draft (copy); preliminary (operation); intermediate; crude (metal); black, blister (copper); **ч. (прокатный) стан** (met.) roughing mill, breaking down mill; **ч. проход**, **—ая проходка** roughing cut; breaking down; **ч. резец** roughing tool; **—ая обработка** roughing out, rough finishing; **—ая прокатка** roughing (down); **—ая форма** (glass) parison mold; **—ые валки** roughing-down rolls, breaking-down rolls.
черноголов/ка *f.* (bot.) self-heal (*Prunella*); **—ник** *m.* burnet (*Poterium*).
черногорка *f.* (bot.) adonis.
черногорский *a.* (geog.) Montenegrin.
чернозем *m.*, **—ный** *a.* chernozem, black soil; **—овидный** *a.* chernozem-like; **—ообразование** *n.* chernozem formation.
черно/клен *m.* (bot.) maple (*Acer tataricum*); **—кожий** *a.* black, negro; **—корень** *m.* (bot.) hound's tongue (*Cynoglossum*); **—лесный** *a.* (bot.) deciduous; **—лесье** *n.* deciduous forest; **—ломкий** *a.* (met.) black-hot short, brittle at black heat; **—морский** *a.* (geog.) Black Sea; **—пишущий аппарат** ink writer, inker; **—рабочий** *a.* manual (labor); *m.* manual laborer, unskilled workman.
чернослив *m.*, **сухой ч.** prune.
черно/та *f.* blackness; **—тал** *m.* (bot.) laurel-leaf willow (*Salix pentandra*); **—телки** *pl.* darkling beetles (*Tenebrionidae*); **—цвет** *m.* (bot.) enchanter's nightshade (*Circaea*).
чернушка *f.* (bot.) Nigella; (phot.) cross hair.
черн/ый *a.* black; unskilled, manual (labor); rough, coarse; everyday; gross, net (weight); blacktop (road); deciduous (forest); (met.) ferrous; back (entrance); **ч. корень** (bot.) Cynoglossum; Scorzonera; **—ая варка** (paper) black cook; **—ая доска** blackboard; **—ая ножка** (phyt.) stem wilt, damping off; **—ое дерево** ebony (wood).
чернышевит *m.* (min.) tschernichewite.
чернь *f.* black (pigment); black enamel; niello (on silver); (phyt.) sooty mold.
чернядь *f.* dark red ocher.
черп/ак *m.*, **—аковый** *a.* scoop, ladle, (grab) bucket; **—аловидный** *a.* (anat.) arytenoid; **—альный** *a.*, **—ание** *n.* scooping, etc., see *v.*; **—ать** *v.* scoop,

черстветь — ladle, dip (out), draw out; dredge; —ачковый, —ачный *a. of* черпак; —ачный элеватор bucket dredge; —ачок *dim. of* черпак; —нуть *see* черпать.

черств/еть *v.* get stale; —ость *f.* staleness; —ый *a.* stale, hard, dry.

черт. *abbr.* (чертёж) diagram, drawing.

черт/а *f.* trait, characteristic, feature; line, mark, scratch, dash; boundary; (min.) streak; —ы *pl.* pattern; в —е in the boundaries (of); в общих —ах in general outline, roughly, in a few words.

чертёж *m.* plan, design; sketch, draft, diagram, representation, drawing, illustration, chart; —ная *f.* drafting room; —ник *m.* draftsman; designer.

чертежн/ый *a.* drafting, drawing, graphic; design; lettering (pen); —ая игла drawing point; —ая кнопка thumb tack; —ая линейка rule(r), straightedge.

черт/илка *f.* scriber, marking tool, scratch awl; drop point; —ильный *see* чертёжный; —ить *v.* draw, sketch, trace, mark, scribe; design, plot; —ок *m.* thumbtack.

чертополох *m.* (bot.) thistle (*Carduus*).

черточка *dim. of* черта; dash.

черчен/ие *n.* drawing, etc., *see* чертить; —ный *a.* drawn, etc., *see* чертить.

черч/иллит *m.* (min.) churchillite, mendipite; —ит *m.* churchite.

чесалка *f.* (hemp, flax) comb, ripple, hackle; (text.) carding machine.

чес/альник *see* чесальщик; —альный *a.* combing, carding, hackling; —альный гребень comb; —альщик *m.* comber, carder; —ание *see* ческа; —ан(н)ый *a.* combed, etc., see чесать.

чесапикский *a.* (geog.) Chesapeake.

чес/ать *v.* comb, hackle, card; scratch; curry (horse); —аться *v.* be combed, etc.; comb one's hair; scratch; itch; —ка *f.* combing, etc., *see v..*

чесно/к *m.*, —ковый, —чный *a.* garlic.

чесот/ка *f.* itch; (med.) scabies; mange; —(оч)ный *a.* scabious, mangy; —очные клещи mites.

чессилит *m.* (min.) chessylite, azurite.

чествовать *v.* honor, celebrate.

честен *sh. m. of* честный.

честерлит *m.* (min.) chesterlite.

честерьян *m.* (geol.) Chesterian series.

честн/ость *f.* honesty, integrity; —ый *a.* honest, upright, straightforward.

честолюб/ивый *a.* ambitious; —ие *n.* ambition.

честь *f.* honor; *v.* deem; отдавать ч. *v.* give credit (to); считать за ч. *v.* consider it an honor, deem it a favor; это делает ему ч. this does him credit.

чесуч/а *f.*, —овый *a.* tussah (silk).

чет *m.* pair, even number; —а *f.* pair.

четверг *m.* Thursday.

четвер/ик *m.* 26.24-liter measure; —ичный *a.* (stat.) quartile; —ка *f.* (group of) four, team of four; number four (transport); (commun.) quad, tetrad; —ной *a.* fourfold, quadruple, tetra—; quaternary; tetrad (axis); —ня *f.* team of four.

четверо *num.* four; *prefix* tetr(a)—, quadri—, quadru—; их ч. there are four of them; —курсник *m.* fourth-year student, senior; —ногий *a.* quadruped, four-footed; —ногое *n.* quadruped; —холмие *n.* (anat.) corpora quadrigemina; —який *a.* fourfold, quadruple.

четвертин/а *f.* one quarter; quarter beam; —ка *dim. of* четвертина; quarter-liter bottle.

четверт/ичный *a.* quaternary; (geol.) Quaternary; —ка *see* четверть; —ная *f.* unit of measure (dry: 210 liters; liquid: 3 liters; one-fourth yard); —ной *a.* one-fourth, quarter; quaternary, four-component (alloy); —ый *a.* fourth; —ая часть one fourth, a quarter.

четверт/ь *f.* one fourth, quarter; (geom.) quadrant; (arch.) rebate, rabbet; *see also* четвертная; ч. второго a quarter past one o'clock; без —и пять a quarter to five o'clock.

четверть/волновой *a.* quarter-wave; —оборотный *a.* quarter-turn.

четк/ий *a.* legible, clear(-cut), distinct, high-definition, sharp; accurate, precise; concise; efficient; —о *adv.* legibly, etc., *see a.*; —о выраженный *a.* clearly defined, well-defined, marked, distinct, pronounced.

четко/видный, —образный *a.* beaded, lenticular (vein).

четкость *f.* legibility, clearness, sharpness, definition; accuracy; contrast; (fractionating) efficiency.

четн/о-нечетный *a.* even-odd; —ость *f.* (phys.) parity; —о-четный *a.* even-even; —ый *a.* even (number).

четок *sh. m. of* четкий.

четочн/ый *a.* beaded; ч. водоподъёмник chain pump; —ая жила (min.) wavy vein; —ая молния beaded lightning.

четтертоновский *a.* Chatterton (compound).

четче *comp. of* четкий, четко.

четыре *num.* four; *prefix see* четырех—; —жды *adv.* four times, multiplied by four, fourfold; —ста four hundred; —угольник *see* четырехугольник.

четырех— *prefix* tetra—, quadri—, four; —адресный *a.* (comp.) four-address; —алкильный *a.* tetraalkyl(ated); —арильный *a.* tetraaryl(ated); —атомный *a.* tetraatomic; —ацильный *a.* tetraacylated; —бромистый *a.* tetrabromide (of).

четырехвалентн/ость *f.* tetravalence; —ый *a.* tetravalent.

четырех/валковый *a.* four-roll(er), four-high (rolling mill); —верстный *a.* four-verst; having a scale of four versts to the inch; —весельный *a.* four-oar; —водный гидрат tetrahydrate; —галоидный *a.* tetrahalogen(ated); —главая мышца (anat.) quadriceps; —годичный *a.* four-year.

четырехгранн/ик *m.* (geom.) tetrahedron; —ый *a.* tetrahedral.

четырех/диффузорный *a.* four-choke (carbureter); —дневный *a.* four-day; —жаберные *pl.* (zool.) Tetrabranchia; —замещенный *a.* tetrasubstituted; —звенник *m.* four-link chain; —йодистый *a.* tetraiodide (of).

четырех/камерный *a.* four-chamber; —коленчатый *a.* four-throw (shaft); —конечный *a.* four-point; —корпусный *a.* quadruple-effect (evaporator); —красочный *a.* four-color; —кратный *a.* fourfold, quadruple; —кулачковый *a.* four-jawed; —летие *n.* four-year period; fourth anniversary, —летний *a.* four-year; fourth anniversary; —листник *m.* quarterfoil; —лопастный *a.* four-blade; (bot.) quadrilobate; —лучевой *a.* four-beam; (bot.) quadriradiate; —мерный *a.* four-dimensional; quaternary; —местный *a.* four-seater (vehicle); —метильный *a.* tetramethyl(ated); —молекулярный *a.* tetramolecular; —ногий *see* четвероногий.

четырех/объективный *a.* four-lens; —окись *f.* tetroxide; —основный *a.* tetrabasic; —осный *a.* (cryst.) tetraaxial, four-axis; eight-wheeled; —палый *a.* (zool.) tetradactyl, four-digited; —перый *a.* four-blade (bit); —полосный *a.* four-lane (highway); —полье *n.* four-field crop rotation.

четырехполюсн/ик *m.* quadripole, four-pole; (four-terminal) network; —ый *a.* quadripole, quadripolar, four-pole, four-polar.

четырех/процентный *a.* four per cent; —прядный *a.* four-strand; —реечный *a.* quadruplex (classifier); —рожковый *a.* four-pronged; —рукавный *a.* four-armed; —рядный *a.* tetraserial, four-row.

четырех/секционный *a.* four-compartment; —сернистый *a.* tetrasulfide (of); —скатный *a.* pyramidal (roof); —скоростной *a.* four-speed; —слойный *a.* four-layer(ed); —сотый *a.* four-hundredth; —сплавный *a.* quaternary, four-component (alloy); —ствольный *a.* quadruple.

четырехсторонн/ий *a.* quadrilateral, four-sided; —ик *m.* quadrilateral figure.

четырех/строчный *a.* four-row; —ступенчатый *a.* four-stage, four-step(ped); —тактный *a.* (mach.) four-cycle, four-stroke; —тионовая кислота tetrathionic acid; —точечный *a.* four-point; —трубный *a* four-tube; quadrupled (torpedo tubes); —углеродное кольцо four-carbon ring.

четырехугольн/ик *m.* tetragon, quadrangle; —ый *a.* tetragonal, quadrangular, four-angled; quadrate.

четырех/уровневый *a.* four-level; —фазный *a.* four-phase; —фтористый *a.* tetrafluoride (of); —хлористый *a.* tetrachloride (of); —ходовой *a.* four-way; —цветный *a.* four-color; —цикловый *a.* four-cycle; —частичный *a.* four-piece; —член *m.* (math.) quaternion; —члениковые *pl.* (biol.) Tetramera; —членный *a.* four-membered, four-period; (biol.) tetramerous; —шкальный *a.* four-scale; (cryst.) four-axis (system); —элементный *a.* four-element; cloverleaf (antenna); —этажный *a.* four-story; —этильный *a.* tetraethyl(ated).

четырнадцат/ый *a.* fourteenth; —ь *num.* fourteen.

четь *f.* approximately 1.35 acres.

чефер *m.* chafer (strip).

чефрас *m.* sandalwood.

чех/лик *m.* cap, covering; —ликовидный *a.* hood-shaped; —лить *v.* cover; —ловидность *f.* (phyt.) cattail disease, choke; —лоноски *pl.* (ent.) casebearers (*Coleophoridae*); —ол *m.*, —ольный *a.* case, hood, (protective) cover(ing); jacket, casing, housing, sheathe; can, carrier, pouch; —ольчик *dim. of* чехол.

чехословацкий *see* чешский.

чечеви/ца *f.* lens; (bot.) lentil(s); —цеобразный *a.* lens-shaped, lenticular; высококучевые —цеобразные облака (meteor.) altocumulus lenticularis; высококослоистые —цеобразные облака altostratus lenticularis; —чка *f.* a lentil; (bot.) lenticel; —чный *a.* lenticular; lentil; pea, bean (ore).

чечен/о-ингушский *a.* (geog.) Checheno-ingush; —ский *a.* Chechen (island).

чешет *pr. 3 sing. of* чесать.

чешский *a.* Czechoslovakian.

чешуе— *prefix* squam(i)—, lepid(o)—, scale, scaly, flake; —видный *see* чешуеобразный; —крылые *pl.* (ent.) Lepidoptera; —крылый *a.* lepidopterous; —носный *a.* scale-bearing, scaly; —образный *a.* scale-shaped, scaly, flake-like; —съемный *a.* (fish-)scaling.

чеш/уистый *a.* scaly, squamous; —уйка *f.* scale, flake, lamella, plate; (biol.) squam(ul)a; —уйковидный *a.* squamuliform; —уйница *f.* (ent.) silverfish; —уйчато— *see* чешуе—; —уйчатость *f.* scaliness, flakiness.

чешуйчат/ые *pl.* (zool.) Squamata; —ый *a.* scaly, scaled, squamose, squamosal, lamellar, laminated, foliated, flaky, flaked, platy; (geol.) imbricate (structure); (petr.) lepidoblastic; pod, husk (corn).

чеш/ут *pr.* 3 *pl.* of чесать; —ущий *a.* combing; scratching.

чешуя *f.* scale, flake, scute; plate, lamella; squama; husk; (tectonic) sliver.

чигирь *m.* water-lifting wheel.

чиж *m.* (orn.) siskin.

чизел/евать *v.* break subsurface soil; —ь *m.* chisel (subsoil cultivator).

чий *m.* (bot.) cheegrass (*Stipa splendens*); Lasiogrostis.

—чик *m.* suffix —er, —or.

чикагский *a.* Chicago (blue).

чикать *v.* clip, snip; snap off.

чикл *m.* chicle (gum).

чикнуть *see* чикать.

чил/дренит *m.* (min.) childrenite; —еит *m.* chileite; —енит *m.* chilenite.

Чили Chile.

чили/буха *f.* (bot.) nux vomica (*Strychnos nux-vomica*); —га *f.* pea tree (*Caragana*).

чилийский *a.* (geog.) Chile(an).

чилим *m.* (bot.) water caltrop (*Trapa*); spec. water chestnut (*T. natans*).

чилин *see* чилийский.

чиллагит *m.* (min.) chillagite.

ЧИМ *abbr.* (частотно-импульсная модуляция) pulse-frequency modulation.

чиминит *m.* (petr.) ciminite.

чимкентский *a.* (geog.) Chimkent.

чин *m.* rank, grade.

чина *f.* peavine, vetchling (*Lathyrus*).

чинар *m.*, —а *f.*, —овый *a.* plane (tree).

чингил *m.* chingil (rock glacier).

чин/ен(н)ый *a.* repaired, etc., *see v.*; —ить *v.* repair, fix, mend, patch; sharpen, point; make, do, commit; administer, inflict; put in the way.

чинк *m.* (geol.) chink (scarp).

чинка *f.* mending, repair, overhauling.

чинколобит *see* склодовскит.

чиновн/ик *m.* official, public servant; —ический *a.* bureaucratic.

чинтермалическая линия (meteor.) isotherm based on simultaneous observations.

чинук *m.* (meteor.) chinook.

чиполин *see* циполин.

чир *m.* whitefish.

чирей *m.* (med.) boil, furuncle.

чирк/ать, —нуть *v.* strike (a match).

чирья *gen.* of чирей.

чисел *gen. pl.* of число.

численн/о *adv.* numerically, in number; —ость *f.* number, quantity; count; population; (sample) size; (mil.) strength; —остью in number; —ый *a.* numer(ic)al, digital (information); —ый масштаб fractional scale, representative fraction.

числитель *m.* (math.) numerator; —ное *n.*, —ный *a.* numeral, number.

числить *v.* count; —ся *v.* be counted, be reckoned; be (on the list).

числ/о *n.* number, quantity, amount; population; (pulse) count; degree (of free play); (reflux) ratio; date; ч. е Napier number; ч. М Mach number; без —а countless, innumerable; undated; в том —е among them; водяное ч. (phys.) water equivalent; входить в ч. *v.* be among; закон больших чисел law of averages; к —у *v.* . . . относится among . . . is; первое ч. the first of the month; помечать —ом *v.* date; принадлежать к —у *v.* be among, rank among; сего —а today, this day.

числовой *a.* numer(ic)al; digital (coding); number (field); number-scale (axis); (comp.) number-transfer (bus).

ЧИСС *abbr.* (частотно-избирательная сейсмическая станция) frequency-selective seismic station.

чист *sh. m.* of чистый.

чистец *m.* (bot.) hedge nettle (*Stachys*).

чист/ик *m.* scraper, clean(s)er; —илка *f.* scraper, clean(s)er; (plow) staff.

чистильник *m.* (bot.) wild cucumber (*Ecballium elaterium*).

чист/ильный *see* чистительный; —ильщик, —итель *m.* clean(s)er; —ительный *a.* clean(s)ing, etc., *see v.*; —ить *v.* clean(se), wash, scrub, scour, scrape; purify; clear (out); purge (gas pipe); dredge (a canal); weed out; —ка *f.* clean(s)ing, etc., *see v.*

чисто *adv.* cleanly; *prefix* clean; pure; ч. парофазный процесс true vapor-phase process; —вик *m.* clean copy, final copy.

чистов/ой *a.* clean; finish(ing); final (copy); ч. стан finishing mill; —ая обработка, —ая отделка finishing (off), finishing work.

чисто-комплексный *a.* totally complex.

чистокров/ка *f. and m.* purebred animal; —ность *f.* purity (of breed); —ный *a.* purebred, thoroughbred, pedigreed.

чисто/линейный *a.* (biol.) pure-strain; —ль *m.* copper and brass cleanser; —обрезной *a.* clean-cut (timber); —плотный *a.* clean, neat; —полье *n.* open field; —породный *a.* purebred; —пробный *a.* highest quality; —сердечный *a.* frank, sincere; —смешанный *a.* purely mixed.

чистосортн/ость *f.* (varietal) purity; —ый *a.* pure, selected; clean (timber).

чистот/а *f.* clean(li)ness; purity; clarity, clearness; (acous.) fidelity; ч. поверхности smoothness, degree of surface finish; (met.) surface roughness; размер в —е finished size.

чисто/тел *m.* (bot.) celandine (*Chelidonium*); —тянутый *a.* (met.) brightdrawn; —уст *m.* (bot.) Osmunda; —шерстяной *a.* pure-wool.

чист/ый *a.* clean, uncontaminated; (chem.) pure; neat; blank (page); clear (timber); proper (fraction); net (weight, energy, profit); mere (chance); finished, smooth; absolute (alcohol); ч. для анализа analytically pure, analytical grade; —ая отделка finish(ing).

чистяк *m.* (bot.) pilewort (*Ficaria*).

чит/аемость *f.* readability; popularity; —аемый *a.* readable; popular; —алка *f.* reading room; —альный *a.* reading; —альный аппарат (microfilm) reader, viewer; —альня *f.* reading room; —ание *n.* reading; —анный *a.* read; —атель *m.* reader; —ательский *a.* reader's; public (catalog); —ать *v.* read; deliver (a lecture); —ающий *a.* reading; —ающее устройство (automatic print) reader, character recognition device.

читинский *a.* (geog.) Chita.

чит/ка *f.* reading; —ывать *v.* read.

чих *m.* sneeze, sneezing; —анье *n.* sneezing; (mach.) popping; —ательный *a.* sternutative; —ать, —нуть *v.* sneeze; —ота *f.* sneezing (spell); —отная трава (bot.) sneezewort (*Achillea ptarmica*).

чищ/алка *f.* scraper, boring spoon; —е *comp. of* чисто, чистый; —ение *see* чистка; —енный *a.* clean(s)ed, etc., *see* чистить.

чия *gen. of* чий.

чкаловит *m.* (min.) chkalovite.

чл. *abbr.* (член); ч.-л. *abbr.* (что-либо).

член *m.* member, fellow; (math.) term; (anat.) limb; —ение *n.* articulation, segmentation; dismemberment; —ик *m.* segment, joint.

членист/оногие *pl.* (zool.) Arthropoda; —ость *f.* articulation, segmentation; —ый *a.* articulated, hinged, jointed, segmented.

член/ить *v.* articulate, segment; dismember, disjoint; -корреспондент *m.* corresponding member, associate member; —овредительство *n.* maiming, crippling; —ораздельный *a.* articulate, distinct; —орасположение *n.* attitude (of fetus); —ский *a.* member(ship); -соревнователь *m.* candidate for membership; —ство *n.* membership.

ЧЛЦ *abbr.* (чугунолитейный цех) iron foundry.

ЧМ *abbr.* (частотно-модулированный) frequency-modulated, f-m.

ЧМТУ *abbr.* (технические условия черной металлургии) technical specifications for ferrous metallurgy.

ЧНД *abbr.* (часть низкого давления) low-pressure component.

чоп *m.* tap or plug for tank.

чоппер *m.* chopper, shredder.

чортов палец (geol.) belemnite; —а вода (ammonium sulfate manufacture) condensate from the gas after the saturator.

ЧПИ *abbr.* (частота повторения импульсов) pulse repetition rate.

ч.р. *abbr.* (частично растворим) partially soluble.

чреватый *a.* filled, fraught (with).

чревный *a.* splanchnic (nerve); celiac (artery).

чрез *see* через.

чрезвычайн/о *adv.* extremely, exceedingly, highly, extra; —ость *f.* extreme, excessiveness; —ый *a.* extreme, excessive, extraordinary, emergency.

чрезмерн/о *adv.* excessively, etc., *see a.*; unduly, too; ч. упрощенный *a.* oversimplified; —ость *f.* excess(iveness); —ый *a.* excessive, extreme, immoderate, inordinate, redundant, undue, too much, abnormal; over—; —ый разряд overdischarge.

чрен *m.* trough, tub, tank, vat; salt pan.

ЧСД *abbr.* (часть среднего давления) intermediate-pressure component.

ЧСЗ *abbr.* (частотное сейсмическое зондирование) seismic frequency sounding.

ЧССР *abbr.* Czechoslovak Socialist Republic.

чтение *n.* reading, perusal.

чтенный *a.* deemed.

чт/ец *m.*, —ица *f.* reader, lecturer.

что *pron.* which, what(ever); *conj.* that; *adv.* why; ч. обнаружено as revealed; ни за ч. not for anything, not under any circumstances; —б(ы) *conj. and particle* (in order) that, in order to, so that; if one is to; —б(ы) не lest; вместо того, —б(ы) instead of; ч.-либо, ч.-нибудь *pron.* something, anything, whatever; ч.-то *pron. and adv.* something; rather, somewhat; somehow; it looks as if.

ЧТТ *abbr.* (число теоретических тарелок) number of theoretical plates.

чтущий *a.* deeming.

чубарый *a.* mottled, speckled.

чубук *m.* grape stalk; stem (of pipe).

чубушник *m.* (bot.) mock orange (*Philadelphus*).

Чувашская АССР the Chuvash Autonomous Soviet Socialist Republic.
чувствительн/ость *f.* sensitivity, sensitiveness, sensibility, susceptibility, excitability; response; **ч. по току** current sensitivity; **время —ости** (nucl.) sensitive time; **—ый** *a.* sensitive, sensible, susceptible, responsive, delicate; appreciable (error); (zool.) sensory; transition (color); **сделать —ым** *v.* sensitize.
чувство *n.* feeling, sensation, sense; **лишиться чувств** *v.* lose consciousness, faint; **обман чувств** illusion; delusion; **органы чувств** (anat.) sense organs; **притти в ч.** *v.* regain consciousness; **—вание** *n.* sensation, feeling; **—вать** *v.* feel, experience; **—вать себя больным** feel ill.
чугаевский *a.* Tschugaeff (synthesis).
чугаль *m.* cast iron-aluminum alloy.
чуг.-лит. *abbr.* (чугунолитейный).
чуг.-плав. *abbr.* (чугуноплавильный).
чугун *m.* cast iron; pig (iron); cast iron pot; **ч. в болванках, ч. в свинках, ч. в чушках** pig iron; **белый ч.** white (pig) iron, chilled iron; **доменный ч.** pig iron; **литейный ч.** cast iron; **магниевый ч.** nodular iron; **серый ч.** gray iron; **штыковой ч.** pig iron.
чугунка *f.* cast iron pot; portable iron stove; a dark-colored, crude salt.
чугун/ный *a. of* чугун; **—ная отливка** cast iron; (pig) iron casting; **—овоз** *m.* hot-metal car; **—овозный ковш** ladle car; **—ок** *m.* small cast iron pot; **—олитейная** *f.* iron foundry; **—олитейный** *a.* iron casting, foundry; **—олитейный завод** iron foundry, iron works; **—олитейщик** *m.* iron founder; **—оплавильный** *a.* iron-smelting; **—оплавильный завод** iron foundry, iron works.
чуд/ен *sh. m. of* чудной, чудный; **—еса** *pl. of* чудо; **—есный** *a.* wonderful, marvelous, miraculous, extraordinary; **—есная палочка** (bact.) Bacillus prodigiosus; **—есная сеть** (zool.) rete mirabile; **—ить** *v.* behave bizarrely; **—иться** *v.* seem, appear; occur, happen; wonder (at), be surprised (at).
чудн/о *adv.* wonderfully, marvelously; oddly, strangely; it is strange; **—ой** *a.* strange, odd, queer; **—ый** *a.* wonderful, marvelous, outstanding; **—ая сеть** (zool.) rete mirabile.
чудо *n.* miracle, wonder.
чудовищ/е *n.* monster, freak; **—ность** *f.* monstrosity, enormity; **—ный** *a.* monstrous, gigantic, enormous; unusual, unnatural.
чужд/аться *v.* avoid, shun; **—ый** *a.* foreign, hostile, alien, extraneous; incomprehensible; devoid, free (of).
чуже/земец *see* чужестранец; **—земный** *a.* alien, foreign; **—родный** *a.* alien, foreign, outside; (geol.) allogenic; **—странец** *m.* alien, foreigner; **—ядный** *a.* parasitic.
чужой *a.* foreign, strange; extraneous; someone else's; *m.* foreigner, stranger, outsider.
чукотский *a.* (geog.) Chukotsk.
чулан *m.*, **—ный** *a.* pantry; storeroom.
чул/ок *m.* stocking; (mach.) housing; jacket; cable grip, sleeve; (incandescent) mantle; **—ки** *pl.* stockings, hosiery; **—очки** *pl.* socks; **—очник** *m.* stocking maker; **—очновязальный** *a.* hosiery-knitting; **—очный** *a.* stocking, hosiery; **—очные изделия** hosiery.
чума *f.* (vet.) plague, pest(ilence); **ч. свиней** hog cholera; **водяная ч.** water weed (*Elodea canadensis*); **собачья ч.** distemper.
чуметь *see* чумиться.
чумиза *f.* foxtail millet (*Setaria italica*).
чумиться *v.* (vet.) have the plague, hog cholera or distemper.
чумичка *f.* skimmer, ladle.
чум/ка *f.* (vet.) distemper; **—ной** *a.* pestilential, plague-stricken.
чуни *pl.* work boots.
чураться *v.* avoid, shun.
чур/бак, —бан *m.* block, log, chunk, lump; **—ка** *f.* chock, block.
чутк/ий *a.* sensitive, delicate, responsive; keen (hearing); light (sleep); **—ость** *f.* sensitivity, delicacy; tact.
чуточ/ка *f.* a tiny bit; **—ку** *adv.* very slightly; **—ный** *a.* minute.
чутче *comp. of* чуткий.
чуть *adv. and conj.* hardly, barely, scarcely, slightly, somewhat, a little; just (as), as soon as, when; **ч. (ли) не** almost, nearly; **ч. свет** at daybreak; **ч. только** as soon as; **ч. что** at every opportunity; **ч. что не** all but.
чутье *n.* feeling, instinct; hearing; scent.
чуть-чуть *adv.* very slightly.
чуфа *f.* (bot.) chufa (*Cyperus esculentus*).
чучел/о *n.* dummy, stuffed animal; scarecrow; **—ьник** *m.* taxidermist.
чушк/а *f.*, **—овый** *a.* (met.) pig, ingot, bar; (zool.) young sow; **—олом(атель)** *m.* pig breaker.
чушь *see* чепуха.
чуять *v.* smell, scent, feel, sense.
чч. *abbr.* (части) parts, units.
чье *n. pron.* whose.
Чьелина печь *see* Кьеллина печь.
чьи *pl. pron.*; **чья** *f. pron.* whose.
Чэдвика способ Chadwick process.
Чэддока штатив Chaddock support.
чэзи *n.* (geol.) Chazy subdivision.
Чэпмана насос Chapman pump.

Ш

ш. *abbr.* (широта) latitude; (шоссе) highway; **Ш** *abbr.* (штыб) culm, coal fines; (ширококолеёвая посадка) loose fit.
шабазит *m.* (min.) chabazite.
шабала *f.* scoop.
шабдар *m.* Persian clover (*Trifolium resupinatum*).
шабер *m.* scraper, strickle; (paper) doctor; ш.-крючок hook scraper.
шабли *n.* Chablis (wine).
шаблон *m.* template, gage, pattern; model, copy; (master) form, mold; stencil; (foundry) sweep; bobbin, spool; (elec.) former; по —у to gage; template (milling); изготовлять по —у *v.* copy; формовка по —ам template molding; ш.-высотомер *m.* center height gage; —ировать *v.* (foundry) strickle, sweep up; ш.-копир *m.* cardboard template; —ный *a.* of шаблон; (elec.) form(er), preformed, spool (winding); unoriginal; routine; —одержатель *m.* pattern holder.
шабоит *m.* (min.) szaboite.
шабот *m.* anvil block, anvil bed.
шабр/ение *n.* scraping, scouring; —ить *v.* scrape, scour; —ованный *a.* scraped, scoured; —овка *f.*, —овочный *a.* scraping, scouring; —овочный станок scraper; —овщик *m.* scraper.
шави/бетол *m.* chavibetol, 5-allylguaiacol; —кол *m.* chavicol, *p*-allylphenol; —цин *m.* chavicine; —циновая кислота chavicic acid.
шавозот *m.* chavosot (*p*-allylphenol).
шаг *m.* step, pace; (mech.) pitch, spacing; (meander) belt; ш. за —ом step by step, stepwise; ш. зацепления circular pitch; коэффициент ускорения —а pitch factor; с малым —ом closely spaced; с переменным —ом variable-pitch; с удлинённым —ом long-pitch (winding); с укороченным —ом short-pitch (winding); —ание *n.* pacing, stepping, walking; —ать *v.* pace, step, walk; —ающий *a.* pacing, stepping; (mach.) walking; —ающими балками walking-beam; —нуть *v.* take a step.
шаго/вый *a.* of шаг; step(-type), step-by-step; (comp.) stepping (switch); —м *adv.* at a slow pace, slowly; —мер *m.* pedometer, odometer, pace counter; pitch gage.
шагрен/евальный *a.* (leather) pebbling; —евый *a.* of шагрень; —евая поверхность (rubber) crow's feet, flawed surface; —ировать *v.* shagreen, pebble; —ь *f.* shagreen, pebbled leather.
шадрик *m.* leached ashes, crude potash.
шайба *f.* washer, disk, collar; plate.
шайбелиит *m.* (min.) szaibelyite.
шайка *f.* small tub.
шакша *f.* (tanning) bark liquor, ooze, puree; bate, drench (for leather).
ШАЛ *abbr.* (широкий атмосферный ливень) extensive air shower.
шаланда *f.* scow, barge.
шалаш *m.*, —ный *a.* hut.
шалевка *f.* thin plank(ing).
шалевый *a.* of шаль.
шалить *v.* play tricks, function improperly.
шалнер *see* шарнир.
шалфей *m.*, —ный *a.* sage.
шаль *f.* shawl.
шальной *a.* stray, random.
шальтер *m.* switch.
шальштейн *m.* (petr.) schalstein.
шамберленовый *a.* Chamberlain.
шамбо *n.* sewer, septic tank.
шамозит *m.* (min.) chamosite.
шамот *m.*, —ный, —овый *a.* chamotte, fireclay; grog; spec. ganister rock; mullite; —ный камень, —ный кирпич firebrick; —ный порошок (cer.) grog; —ная глина fireclay; —ная футеровка refractory lining.
шампакол *m.* champacol, guaiol.
шампан/изировать *v.* (wines) champagnize; —ский *a.*, —ское *n.* champagne.
шампиньон *m.* (bot.) meadow mushroom (*Agaricus campestris*); —ница *f.* mushroom cellar.
шампунь *m.* shampoo.
шамуа *see* замша; —зит *m.* (min.) chamoisite, chamosite.
шандор/а *f.* dam timber; shutter (of dam); —ный *a.* of шандора; stoplog (dam); —ный щит dam walling.
шандра *f.* (bot.) horehound (*Marrubium*).
шанк/ерный *a.* (med.) chancrous; —р *m.* chancre.
шанс *m.* chance; —ы *pl.* odds; иметь —ы *v.* stand a good chance.
Шанхай Shanghai.
шанц/евый *a.* digging (tool); —овать *v.* intrench; —ы *pl.* fieldwork.
шапагат *m.* twine.
шапбахит *m.* (min.) schapbachite.
Шапеле электропечь (elec.) Chapelet furnace.
шапирограф *m.* a manifolder.
шап/ка *f.* cap; (geol.) caprock; banner (headline); —овал *m.* fuller, felt maker; —очка *dim.* of шапка; —очник *m.* hatter; —очный *a.* hat, cap.
шапп *m.* (text.) schappe (thread).
шар *m.* ball, globe, sphere, orb; воздушный ш. balloon; земной ш. globe, the earth; поплавковый ш. ball float.
шарас *m.* charas (drug from hemp resin).

шарголин *m.* a leather substitute.
Шардонне искусственный шелк Chardonnet silk, nitrocellulose rayon.
шаржир-машина *f.* (met.) charger.
шар-зонд *m.* (meteor.) sounding balloon.
шариаж *see* шарьяж.
шарик *dim. of* шар; ball; globule, spherule, pellet, bead; bubble; (thermometer) bulb; (blood) corpuscle; —о-винтовой *a.* ball-and-screw; —овый *a. of* шарик; ball-type (tool); bead (catalyst); —овый упорный ball thrust (bearing); —овый шлицевой ball spline (coupling).
шарикоподшипник *m.*, —овый *a.* ball bearing; упорный ш. ball thrust bearing.
шарить *v.* probe, search, grope, feel (for); ransack.
Шарко лихорадка (med.) Charcot's fever.
шарлах *m.* —овый *a.* scarlet (pigment).
шарлот *m.* (bot.) shallot.
Шарля закон Charles (gas) law.
шармутьен *m.* (geol.) Charmouthian.
шарнир *m.* hinge, joint, articulation, link; на —е, на —ах hinged; универсальный ш. universal joint, ball-and-socket joint; —но опертый hinged; —но-закрепленный *a.* hinged, articulated; pivoted, tilting; —но-коленчатый *a.* knuckle-joint; —но-укрепленный *see* шарнирно-закрепленный.
шарнирн/ый *a.* hinge(d), joint(ed), articulate(d); swivel(ed), pivot(ed), tilt(ing); swing(ing); link (belt, chain, etc.); knuckle-joint, hinge-joint; toggle-(action) (shears, etc.); flap (valve); (anat.) ginglymoid; ш. узел, —ая связь (hinged) joint.
шаровать *v.* (agr.) cultivate.
шаровидн/ость *f.* sphericity, globularity; —ый *a.* spherical, spheroidal, globular, round; bubble (cap).
шаров/ка *f.* (agr.) cultivation, —ки *pl.* (ent.) Cyrtidae; —ница *f.* globe daisy (*Globularia*).
шаров/ой *a.* ball, sphere, spherical, globe, globular; (geol.) spherulitic; ш. клапан ball valve; ш. слой (geom.) spherical frustum; —ая мельница ball mill; —ое шарнирное соединение, —ое сочленение ball-and-socket joint.
шаро/образный *see* шаровидный; железо с —образным графитом nodular iron; —пилотный *a.* pilot-balloon.
шарош/ечный *a.* cutting, milling; rolling cutter (bit), rock (bit); ш. станок (milling) cutter; mill; —ечная головка cutter block; —ить *v.* mill; —ка *f.* cutter, cone; mill.
Шарпи копер (met.) Charpy impact machine; Ш. метод Charpy method.
шар-пилот *m.* (meteor.) pilot balloon.

шарпит *m.* (min.) sharpite.
шартрез *m.* chartreuse (liqueur).
шарф *m.* scarf.
шарьяж *m.* (geol.) overthrust (sheet).
шасси *n.* chassis, underframe, carriage; (av.) landing gear.
шаста слои (geol.) Shasta series.
шаст/алка *f.* grain awner, hummeling machine; —ание *n.* awning.
шат/ание *n.* swaying; hesitation, vacillation; free play; —ать *v.* shake, rock, sway; —аться *v.* get loose, be loose, shake, be shaky; loaf; —ающийся *a.* shaky, wobbly, loose.
шатер *m.*, —ный *a.* tent; marquee.
шатировка *f.* shading.
шатк/ий *a.* unsteady, wavering, rickety, shaky, precarious; —ость *f.* unsteadiness, etc., *see a.*; vacillation.
шатнуть *see* шатать.
шатровый *a.* pyramidal (structure), wedge-shaped; hip(ped) (roof).
шаттукит *m.* (min.) shattuckite.
шатун *m.* connecting rod, pitman, link, rocker; pump; tiller, guide lever; (art.) bolt base; —но-кривошипный *a.* crank and connecting-rod (assembly); —ный *a. of* шатун; —ная шейка crankpin.
шафлор *see* сафлор.
шафран *m.*, —ный, —овый *a.* (bot.) saffron; —ножелтый *a.* saffron-yellow.
шахмат/но-трубчатый *a.* staggered-tube (radiation); —ный *a.* chess; checkerboard, checkered, staggered, alternate; (min.) chessboard (structure); check-row (planting); —ный узор checkerwork; в —ном порядке, —ообразный *a.* checkerboard, staggered, alternate; —ы *pl.* chess.
шахт/а *f.* mine, pit, shaft, well; blast furnace shaft; column; compartment; (naut.) trunk; ш.-хранилище *f.* storage well; —енный *a. of* шахта; —ер *m.* miner; —ерка *f.* woman miner; miner's cap; worker's outfit; —ерский *a.* miner's; —ный *a. of* шахта; —ный колодец dug(-out) well, pit; —ный ствол (min.) shaft; —ная печь shaft furnace; —овый *a. of* шахта; —опроходческий *a.* shaft-sinking; —оуправление *n.* mine management.
шаш/ель, —ень *m.* shipworm, borer.
шаш/ечный *a. of* шашка; checkerboard, lined, checkered (rod); —ка *f.* (constr.) block, slab, tile, checkers; (expl.) charge; (blasting) cartridge; (rockets) grain; (smoke) pot; saber, sword.
шв. *abbr.* (шведский) Swedish.
шва *gen. of* шов..
швабр/а *f.*, чистить —ой *v.* mop, swab.
швартов *m.*, —ый *a.* mooring, hawser (of ship); —ать *v.* moor.

Швартца-Кристоффеля интеграл (math.) Schwartz-Christoffel transformations.
швартцембергит *m.* (min.) schwartzembergite.
Шварцвальд the Black Forest.
швацит *m.* (min.) schwazite.
шведск/ий *a.* Swedish; **ш. ключ** monkey wrench; **—ая зелень** see **Шееле зелень**; **—ая спичка** safety match.
швейник *m.* sewer, garment worker.
швейнфуртская зелень Schweinfurt green, Paris green.
швейный *a.* sewing.
швейц. *abbr.* (**швейцарский**) Swiss.
Швейцария Switzerland.
швейцарский *a.* Swiss.
швейцеров реактив Schweitzer's reagent (for cellulose).
швелевание *n.* low-temperature carbonization, semi-coking.
швеллер *m.*, **—ный** *a.* channel (bar, iron, steel).
швель/газ *m.* gas from low-temperature carbonization; **—кокс** *m.* low-temperature coke; **—шахта** *f.* distillation shaft of gas producer.
швермер *m.* (blasting) squib.
шверт *m.*, **—овый** *a.* (naut.) centerboard.
шверц *m.* (naut.) leeboard.
швец *m.* (book) stitcher.
Швеция Sweden.
швингтурбина *f.* (text.) scutcher.
швиц/евание *n.* (leather) sweating; **—камера** *f.* sweating room; **—овать** *v.* sweat, steam.
швом *instr. of* **шов**.
шворень *see* **шкворень**.
швы *pl. of* **шов**.
швыр/ковые дрова firewood; **—нуть** *see* **швырять**; **—ок** *m.* rush; moving target; firewood; **—ялка** *f.* spinner; blower; **—яние** *n.* throwing, flinging; **—ять** *v.* throw, fling.
шевелилка *f.* agitator, stirrer.
шевелин *m.* a heat-insulation material from flax wastes.
шевел/ить, **—ьнуть** *v.* move, stir, budge; turn, ted (hay); **—иться** *v.* move, stir.
шев/ер *m.*, **—инговальный станок** (mach.) shaver; **—ингование** *n.*, **—инг-процесс** *m.* shaving.
шевиот *m.*, **—овый** *a.* (text.) cheviot.
Шевреля соль Chevreul's salt, cuprouscupric sulfite.
шевр/ет *m.*, **—етовый** *a.* chrome-tanned sheepskin; **—о** *n.*, **—овый** *a.* kid (leather).
шеврон *m.* (mil.) chevron, stripe; **—ный** *a.* chevron, herringbone.
шевская смола cobbler's wax.
шеддок *m.* (bot.) shaddock (*Citrus maxima*).

шедовый *a.* shed, ridge and valley (roof); **ш. фонарь** sawtooth skylight.
шедший *past act. part. of* **идти**.
шеек *gen. pl. of* **шейка**.
Шееле зелень, шеелева зелень Scheele's green (acid copper arsenite).
шеелиз(ир)овать *v.* scheelize (treat wine with glycerin).
шее/лит *m.* (min.) scheelite; **—рерит** *m.* (min.) scheererite.
Шези формула Chezy's formula.
шеи *gen., pl., etc., of* **шея**.
—шей *a. suffix* -necked.
шей *imp. of* **шить**.
шейвер *see* **шевер**.
шей/ка *f.* neck, collar; pin, pivot journal, journal (of shaft); (anat.) cervix; web (of rail); recess; **образование —ки** (met.) necking down; **—ный** *a.* neck; (anat.) cervical.
Шеклтона шельфовый ледник Shackleton Ice Shelf.
шексо *n.* (min.) an impure Hungarian soda.
шел *past m. sing. of* **идти**.
шелевка *f.* thin plank(ing).
шелест *m.* rustle, rustling, murmer; **—еть**, **—ить** *v.* rustle.
шелк *m.* silk; **дикий ш.** tussore, tussah silk; **искусственный ш.** artificial silk, rayon.
шелко— *prefix* silk; **—видный** *a.* silky, silk-like, with a silky luster, sericeous; **—вина** *f.* silk fiber; silk thread; **—вистый** *see* **шелковидный**.
шелков/ица *f.* mulberry (tree); **—ичный** *a.* mulberry; silk (worm); bombic (acid).
шелковка *f.* buckwheat flour.
шелковод *m.* silkworm breeder, sericulturist; **—ный** *a.*, **—ство** *n.* silkworm breeding, sericulture.
шелко/вый *a.* silk; tissue (paper); **—графия** *f.* silk screening, silk screen printing; **—крутильный** *a.* silk-throwing; **силк** (mill); **—кручение** *n.* silk throwing; **—мотальня** *f.* silk-winding department; **—мотание** *n.* silk winding; **—обрабатывающий** *a.* silk-processing; **—отделочный** *a.* silk-finishing.
шелкопряд *m.* silkworm; **кольчатый ш.** tent caterpillar; **непарный ш.** gypsy moth; **—ение** *n.*, **—ильный** *a.* silk spinning; **—ильня** *f.* silk mill.
шелкотка/цкий *a.*, **—чество** *n.* silk weaving.
шелк/отрафаретный *a.* silk-screen (printing); **-супль** *m.* souple silk; **-сырец** *m.* raw silk.
шеллак *m.*, **—овый** *a.* shellac.
шеллан *m.* shellane (natural gas).
шеллачный *see* **шеллаковый**.
шеллен *m.* shellene.

шелл/ер *m.* (corn) sheller; —машина *f.* hulling mill, decorticator.
шеллоловая кислота shellolic acid.
шелохнуть(ся) *v.* move, stir, agitate.
шелудив/еть *v.* become mangy; —ость *f.* (phyt.) rhizoctonia disease; —ый *a.* mangy, scabby.
шелух/а *f.* peel, rind, skin, jacket, husk, hull, pod; scale (of fish); shell meal (fertilizer); —овый *a.* scaly.
шелуш/ение *n.* shelling, etc., see *v.*; exfoliation; (med.) desquamation; —енный *a.* shelled, etc., see *v.*; —ильный *a.* shelling, etc., see *v.*; —итель *m.* sheller, etc., see *v.*; —ить *v.* shell, hull, husk, peel, skin; —иться *v.* be shelled, etc.; peel, flake, scale (off), exfoliate; desquamate.
шелыга *f.* crown, apex (of arch).
шельтердечный *a.* (naut.) shelter-deck.
шельф *m.* shelf, ledge; —овый *a.* shelf, ledge; shelf ice; tabular, névé (iceberg); —овый ледник (geol.) ice shelf.
шелюг/а *f.* sharpleaf willow; —ование *n.* willow planting; —овать *v.* plant willows.
Шена прокатный стан (met.) Schoen mill.
шенбейновский *a.* (chem.) Schoenbein.
Шенгерра способ Schoenherr process.
шенит *m.* (min.) schoenite.
шенноновский *a.* Shannon's (maze).
Шено процесс (met.) Chenot process.
Шен-Пунга двигатель Schön-Punga motor.
шенроковский *a.* (sugar) Schoenrock (table).
шенфлиевский *a.* (cryst.) Schoenflies.
шепард *m.* (met.) crane for charging cupola furnace.
шепел/явить, —ять *v.* lisp.
шепинг *m.* shaper, shaping machine; shaping.
шепит *m.* (min.) schoepite.
шеплиевский *a.* (astr.) Shapley.
шеп/нуть *v.*, —от *m.* whisper.
шептала *f.* dried apricots or peaches.
шептало *n.* (art.) sear, catch.
шепт/ание *n.* whispering; —ать *v.* whisper.
шепфовский *a.* Schöpf.
шепчет *pr.* 3 *sing.* of шептать.
шерардиз/ация *f.* (met.) sherardization, sherardizing; —ованный *a.* sherardized; —овать *v.* sherardize.
шерба *f.* (min.) unit of weight (200 kg.)
шербер *m.* (met.) cupel, roasting dish, scorifier; —ная проба scorification.
шербет *m.* sherbet; fruit drink.
шеренга *f.* rank, file.
шерерит *m.* (min.) scheererite.
шереровский *a.* Scherer.
шеретовка *f.* hulling mill.
шериданит *m.* (min.) sheridanite.
шерл *m.* (min.) schorl, black tourmaline; —овый *a.* schorl(aceous).

шерникит *m.* (min.) schernikite.
шерохов/альный *a.*, —ание *n.* roughing; buffing, polishing; —атость *f.* roughness(es), irregularities; —атый *a.* rough, coarse, broken, irregular, scored; —ики *pl.* (zool.) Echinodermata; —ка *see* шерохование.
шерст/е— *prefix* wool; —еобрабатывающий *a.* wool-processing; —еподобный *a.* wooly, wool-like, fleecy; —ин(к)а *f.* wool fiber, wool thread; —истость *f.* wooliness, fleeciness; —истый *see* шерстеподобный; —ить *v.* irritate (the skin); —ка *f.* (zool.) wool, fur, hair, coat; —ность *f.* wooliness; wool yield; —ный *a.* wooly; wool(-yielding).
шерсто— *prefix* wool; —бит *m.* wool carder, wool beater; —битный *a.* wool-carding; —бой *see* шерстобит; —бойный *see* шерстобитный; —бойня *f.* wool-carding factory, wool-beating mill; —ведение *n.* wool research; —мер *m.* (opt.) eriometer; —моечный, —мойный *a.* wool-washing; —мойка, —мойня *f.* wool washer; wool-washing plant; —носный *a.* wool-bearing.
шерстопряд/ение *n.*, —ильный *a.* wool-spinning; —ильня *f.* wool mill.
шерсто/ткацкий *a.*, —ткачество *n.* wool weaving; —трепальный *a.* wool-beating.
шерсточес *m.*, —алка *f.* wool carder; —альный *a.* wool-carding.
шерст/ь *f.* wool, fleece; (zool.) fur, hair; —як *m.* (bot.) Eriochloa; —янка *f.* cotton fleece; —яной *a.* wool(en); —яной жир wool fat, wool grease; —яной пот suint, yolk.
шерт *m.* (petr.) chert.
шертинг *m.* (text.) shirting.
шерфование *n.* (leather) trimming.
шерхебель *m.* rough plane, jack plane.
шершав/еть, —иться *v.* get rough, roughen; —ость *f.* roughness; —ый *a.* rough; roughing (mill).
шерш/ень *m.*, —невой *a.* (ent.) hornet.
шессилит *m.* (min.) chessylite, azurite.
шест *m.* pole, rod, stick, staff, post.
шеств/ие *n.* procession, train; —овать *v.* march.
шестерен/ка *dim. of* шестерня; —(оч)ный, —чатый *a.* pinion, gear(-driven); gear-type (pump); —чатый (зубчатый) привод gearing.
шестер/ик *m.*, —ка *f.* (group of) six; sextuplet; six-horse team; six-oar boat; number six; six-inch thickness; six-strand rope; six-inch nail; —ной *a.* six(fold); (cryst.) hexad (axis).
шестерн/я *f.* pinion, gear (wheel); six-horse team; ведущая ш. drive gear; коническая ш. bevel gear; соединенный —ей *a.* geared (to).

шестеро *num.* six; их ш. there are six of them.
шести— *prefix* hex(a)—, six; —атомный *a.* hexatomic; hexahydric (alcohol); —валентный *a.* hexavalent; —валковый *a.* (met.) six-high cluster (mill); —вершинник *m.* six-pointed star; —водный гидрат hexahydrate.
шестигранн/ик *m.* (geom.) hexahedron, cube; —ый *a.* hexahedral, cubic; hexagon(al); sexpartite.
шести/десятый *a.* sixtieth; —дневка *f.* six-day week; —дневный *a.* six-day; —дюймовка *f.* six-inch gun; —замещенные *pl.* hexasubstitution products, hexa-derivatives; —зарядный *a.* six-chambered (revolver); —кратный *a.* sixfold, sextuple.
шестилет/ие *n.* six-year period; —ний *a.* six-year.
шестилучев/ой *a.* hexactinal, six-rayed; hexagonal; —ые *pl.* (zool.) Hexacorallia.
шести/минутный *a.* six-minute; —ногий *a.* (zool.) hexapod, six-legged; —основный *a.* hexabasic; hexahydric (acid); —польный *a.* (agr.) six-field (crop rotation); —проводный *a.* six-wire; —сотый *a.* six-hundredth; —ствольный *a.* sextuple.
шестисторонн/ий *a.* (geom.) hexahedral, six-sided; hexagonal; —ик *m.* hexahedron; (cryst.) cube.
шеститочечный *a.* six-point.
шестиугольн/ик *m.* (geom.) hexagon; —ый *a.* hexagonal.
шести/фазный *a.* six-phase; —фтористый *a.* hexafluoride (of); —часовой *a.* six-hour; —членный *a.* six-membered; —электродная лампа (rad.) hexode.
шестнадцатигранн/ик *m.* (cryst.) dioctahedron; —ый *a.* dioctahedral.
шестнадцат/иричный *a.* sexadecimal, sixteen(th); —ый *a.* sixteenth; —ь *num.* sixteen.
шестоват/ый *a.* columnar, stalked; (met.) spiky; —ая структура (min.) columnar structure.
шест/ой *a.* sixth; в —ых sixthly, in the sixth place; одна —ая one sixth.
шесток *m.* hearth.
шесть *num.* six; —десят *num.* sixty; —сот *num.* six hundred; —ю *adv.* multiplied by six.
шетл/андский, —ендский *a.* Shetland.
шеф *m.* chief, master; chef; patron; ш.-электрик chief electrician; —ствовать *v.* head, supervise; look (after).
Шеффера кислота Schäffer's acid; Ш. функция Sheffer stroke symbol.
шефферит *m.* (min.) schefferite.
Шеффильд Sheffield.

шея *f.* neck; vent.
шибер *m.* gate (valve), slide valve; slide(r), slide bar; weir (of jigger); damper (of chimney); —ный *a.* gate, slide (valve).
шибк/ий *a.* fast quick; —о *adv.* quickly; very, much.
шибл(и)як *m.* shibliak, deciduous bush formation.
шибок *sh. m.* of шибкий.
шибуол *m.* shibuol.
шивера *f.* stony river bed.
шиворот-навыворот *adv.* topsy-turvy; incorrectly.
шизо— *prefix* schizo—, split; —генез *m.* (biol.) schizogenesis; —мицеты *pl.* (bot.) Schizomycetes; —френия *f.* (med.) schizophrenia.
—ший *a. suffix* —ed, —en(ed), —t.
шик/имовый *a.* shikimic (acid); —имол *m.* shikimol, safrole; —онин *m.* shikonin.
шикша *f.* crowberry (*Empetrum*).
шил *past m. sing.* of шить.
шиллер/изация *f.* (min.) schillerization; -шпат *m.* schiller spar, bastite.
шиллинг *m.* shilling (coin).
шило *n.* awl, pricker; —видный *a.* awl-shaped, subulate; (anat.) styloid.
шило-подъязычный *a.* (anat.) stylohyoid; ш.-язычный *a.* styloglossal.
шильдик *m.* nameplate, instruction plate.
шильн/ик *m.* (bot.) awlwort (*Subularia*); —ый *a.* awl; —ая трава, —як *m.* (bot.) broom, spec. dyer's broom (*Genista tinctoria*).
шильце *n.* small awl; (bot.) plumule, pip.
ШИМ *abbr.* (широтно-импульсная модуляция) pulse-duration modulation.
Шимана реакция Schiemann reaction.
шимм *m.* shim; —и *n.* shimmy; —ирование *n.* (instrumentation) shimming.
шимпанзе *n.* (zool.) chimpanzee.
шина *f.* tire; (inner) tube; (elec.) busbar, (collecting) bar; (comp.) bus; ear (of mold); (med.) cast, splint; массивная ш. solid tire; с резиновыми —ми rubber-tired; сборная ш., собирательная ш. collecting bar.
шина-баллон *f.* balloon tire; ш.-гусматик *f.* block tire; ш.-эластик *f.* cushion tire, air-core tire.
шинировать *see* хинировать; (med.) splint.
шинков/альный *a.*, —ание *n.* chopping, shredding; —ать *v.* chop, shred.
шинколобвит *m.* (min.) chinkolobwite, sklodowskite.
шин/ный *a.* of шина; band, hoop (iron); —одержатель *m.* tire holder; —ообкатный станок tire-testing bench.
шиншилл/а *f.*, —овый *a.* (zool.) chinchilla.
шип *m.* pin, dowel; tongue, tenon; journal, pivot; horn, lug, projection; spine,

thorn, prickle; (tire) stud; crampon; calk(ing); (ichth.) sturgeon; **ш. и гнездо tenon and mortise; соединение —ом tenon joint, соединение —ом в гнездо mortise joint.

шип/ение *n.* hissing, etc., *see v.*; hiss; **—еть** *v.* hiss, fizz, sparkle, froth, effervesce; sizzle, spit, sputter; simmer, boil; scratch (of phonograph needle).

шипов/идный *a.* spinous, spiny, spine-like; **—ник** *m.* dog rose (*Rosa canina*); **—ой** *a. of* шип.

шипонос *m.* (zool.) Echinorhyncus; **—ки** *pl.* tumbling flower beetles (*Mordellidae*).

шипорезный *a.* tenoning; dovetailing, dovetail (saw).

шиппингпортский *a.* Shippingport (reactor).

шипуч/ее *n.* carbonated drink; **—есть** *f.* frothiness, effervescence; **—ий** *a.* frothy; effervescent, carbonated, soft (drink); sparkling (wine); **—ка** *f.* carbonated drink.

шипящий *a.* hissing, fizzing, sibilant.

шир. *abbr.* (ширина) width.

шир/е *comp. of* широкий, широко; **—ение** *n.* broadening, etc., *see v.*; **—илка** *f.* expander, stretcher; **—ильный** *see* **ширительный**; **—ина** *f.* width, breadth, latitude; (tolerance) range; (rail) gage; **по —ине** edgewise, on edge; **пять футов —ины** five feet wide; **—ительный** *a.* broadening, etc., *see v.*; **—ительная машина** stretcher; **—ить** *v.* broaden, widen, enlarge, stretch; (text.) tenter, stenter; **—иться** *v.* be broadened, etc.; broaden, widen, spread, expand.

ширма *f.* screen, shield, blind.

ширмерит *m.* (min.) schirmerite.

широк/ий *a.* broad, wide(spread), extensive, extended; **—ая публика** the public at large; **—ого назначения** general-purpose.

широко *adv.* broadly, widely, extensively; *prefix* broad, wide, lat(i)—, platy—; **ш. использовать** *v.* use extensively, make good use (of); **ш. использоваться** *v.* be in common use; **—вещание** *n.*, **—вещательный** *a.* (rad.) broadcast(ing); **—горлый** *a.* wide-necked; **—диапазонный** *a.* wide-range; **—захватный** *a.* far-reaching, wide-span, long-range, wide-cut (mower); long-base (drag); **—излучатель** *m.* wide-angle (lighting) fitting; **—колейка** *f.* wide-gage track; **—колейный** *a.* wide-gage; **—кост(н)ый** *a.* big-boned.

ширококрыл/ые *pl.* (pal.) Eurypterida; **—ый** *a.* broad-winged, large-winged.

широколист/венница *f.* (bot.) polypody; **—венный, —(н)ый** *a.* broad-leaved.

широко/полосный *a.* wide-band, broad-band; wide-range; strip (mill); **—полый** *a.* broad-(b)rimmed; **—профильный** *a.* wide-section; **—раскрывный** *a.* wide-angle; **—распространенный** *a.* widely distributed, widespread; **—рядный** *a.* wide-row, broad-row; **—слойный** *a.* broad-zoned; coarse-grained (wood); **—тарелочный** *a.* large-disk (insulator); **—угольный** *a.* wide-angle (lens); wide-aperture (telescope); full-scan (camera); **—ходовой** *a.* loose (fit), loose-running; **—экранный** *a.* wide-screen.

широт/а *f.* width; (geog.) latitude; **—но-импульсный** *a.* pulse-duration, pulse-width; **—но-модулированный** *a.* width-modulated; **—ный** *a.* latitudinal.

шир/очайший *superl. of* широкий; **—потреб** *m.* consumer's goods; mass consumption.

ширстрек *m.* (naut.) sheer strake.

ширь *see* ширина.

шисто— *prefix* schisto— (cleft; fissure); **—церка** *f.* locust (*Schistocerca*); **—цит** *m.* (med.) schistocyte.

шит-асфальт *m.* sheet asphalt.

шитиха *f.* (blasting) squib.

шит/ый *a.* sewn; **—ь** *v.* sew, stitch; **—ье** *n.* sewing.

Шифа реактив Schiff's reagent, thioacetic acid.

шифер *m.* (petr.) slate; schist; shale; slate shingle, roofing shingle; **—вейс** *m.* flake white (white lead); **—ный** *a.* slate, slaty, slate-like; schist(ose); shale; scaly, flaky, foliated, foliaceous; **—ная чернь** mineral black (graphitic slate); **—ное масло** shale oil.

шифон *m.*, **—ный** *a.* (text.) chiffon.

шифр *m.* code, cipher; (library) classification number; **—атор** *m.* coder; **—овальный** *a.* code, cryptographic; **—овальщик** *m.* coder; **—ование** *n.* (en)coding, etc., *see v.*; **—ованный** *a.* (en)coded, etc., *see v.*; **—овать** *v.* (en)code, write in code, codify, cipher; **—овка** *see* шифрование; **—ованный** coded text; **—овщик** *m.* coder; **—ограмма** *f.* coded telegram.

шифтингборд *m.* shifting board.

Шиффа реактив *see* Шифа реактив.

шихан *m.* sharp-pointed hill; spec. shikhan (a limestone-reef monadnock).

шихт/а *f.* (met.) charge, burden, batch, mixture, blend, (melting) stock; **обставлять —у** *v.* mix, blend; **—арник** *m.* mixing shed, stockyard.

шихт/овальный *a.*, **—ование** *n.* (met.) burdening, etc., *see v.*; **—овать** *v.* burden, blend, mix, make up a mixture, calculate a charge; **—овка** *see* шихтование; burden, charge; **—овочный** *see* шихтовальный; **—овый** *a. of* шихта; stock (bin); flaky (fracture);

—овый двор stockyard, bedding plant; mixing shed; —осмеситель *m.* reclaimer; —плац *see* шихтовый двор.
шишек *gen. pl. of* шишка.
шишель *m.*, —ный *a.* (foundry) core; —ник *m.* core maker.
шишеч/ка *dim. of* шишка; bump, lump; knob, button; —ный *a. of* шишка.
шишк/а *f.* bump, lump; tuber, knob; (bot.) cone; (foundry) core; отливать с —ой *v.* cast hollow; фальшивая ш. (foundry) drawback.
шишко/ватый *a.* bumpy, gnarled, knobby, torose, torous; tuberculate, nodular; —видный *a.* bumpy, knobby; cone-like; —видная железа (anat.) pineal gland; —носный *a.* (bot.) cone-bearing, coniferous.
шкала *f.* scale, range, dial; (time) base; ш. твердости hardness scale; круглая ш. dial; со —ой graduated; стрельба —ой (art.) searching fire; —ьный *a. of* шкала; indicating (controller).
шканечный *a.* (naut.) quarterdeck; log (book); ш. журнал log(book).
шкант *m.* dowel.
шканцы *pl.* (naut.) quarterdeck.
шкап *see* шкаф.
шкатулка *f.* box, case.
шкаф *m.* closet, locker; cupboard, cabinet, case, box; safe; (exhaust) hood; ш.-колонка column case; сушильный ш. desiccator; —ик *dim. of* шкаф; —ной, —ный *a. of* шкаф.
шкафут *m.* (naut.) waist.
шкаф/-холодильник *m.* refrigerator; —чик *dim. of* шкаф; locker; (balance) case; (air conditioning) outlet.
шквал *m.* squall, gust of wind; flaw; —истый, —овой *a.* squally.
шквар *see* шкварки; —(ин)а *f.* scoria, dross, scum; (fat extraction) residue; —ки *pl.* cracklings, greaves; —(оч)ный *a.* low-grade (fat).
шкворень *m.* pin, bolt, pivot, pintle; king-pin.
шкив *m.* pulley, sheave, block; ш.-маховик *m.* flywheel pulley; —ообразный *a.* pulley(-like); disk-like; discoid(al); ш.-редуктор *m.* reducing pulley.
школ/а *f.* school; —оведение *n.* school management; —ьник *m.* student, pupil; —ьный *a.* school.
шкраб *m.* student worker.
шкуна *f.* schooner.
шкур/а *f.* hide, skin, pelt; —ить *v.* sand; —ка *dim. of* шкура; abrasive cloth or paper; стеклянная —ка sandpaper; —ный *a. of* шкура.
шла *past f. sing. of* идти.
шлаг *m.* explosive shell in a rocket.
шлагбаум *m.* (traffic control) barrier, bar, toll gate, lifting gate, swing gate; turnpike, toll road.
шлак *m.* slag, dross, scoria; cinder, sinter; (coal) clinker; tails, poison (in nuclear reactor); волокнистый ш. slag wool, mineral wool; спуск —а slagging off; топочный ш. cinder.
шлако/бетон *m.*, —бетонный *a.* slag concrete; —блок *m.*, —блочный *a.* cinder block.
шлаков/ание *n.* slagging, scorification; —атый *see* шлаковидный; —ать *v.* (form) slag, scorify, clinker.
шлако/видный *a.* slaggy, scoriaceous, drossy; —вик *m.* slag chamber, slag pocket; cross gate; dirt trap; —вня *f.* slag pot; skimmer; (electric furnace) slag pocket; —воз *m.* slag car; —вщик *m.* cinder pit man.
шлаков/ый *a. of* шлак; slaggy; cinder, scoriaceous, drossy; clinker; ш. камень, ш. кирпич slag brick, slag block; ш. конгломерат, ш. нарост, ш. слиток cake (of slag or clinker); —ая вата slag wool, mineral wool; —ая камера slag chamber, slag pocket; —ая корка, —ая настыль slag crust; clinker; —ая пемза slag(ged) pumice, foamed slag.
шлако/выпор *m.* (foundry) out gate, relief sprue; —выпускное окно slag hole, cinder tap; —дробилка *f.*, —ломатель *m.* slag breaker.
шлакообраз/ный *a.* slaggy, scoriaceous; —ование *n.* slag formation, scorification; —ователь *m.* slag former, slag-forming constituent; —овательный *a.* slag-forming.
шлакоотдел/ение *n.* slagging, slag removal; —итель *m.* slag remover, slag separator, skimmer, skim gate; —ительный *a.* slag-removing, front-slagging, continuous-tapping (spout).
шлако/отстойник *m.* slag basin; —подобный *a.* slaggy, scoriaceous, drossy; —приемник *m.* slag catcher, cinder pocket; —сниматель *see* шлакоотделитель; —содержащий *a.* slag-containing, slaggy, containing clinker; —удаление *n.* slag removal, slag withdrawal, slag disposal; —уловитель *m.* slag trap, cross gate; центробежный —уловитель whirl gate; —устойчивость *f.* resistance to slag; —цемент *m.* slag cement.
шлакующийся *a.* slagging, clinkering.
шлам *m.* slime, mud, ooze, sludge; slurry, pulp; sediment, silt, residue, bottoms; tarry residue (in engine); drilling mud; (drill) cuttings; (cer.) slip; красный ш. red oxide of iron, hematite; ш.-ваннер *m.* (concentration) slime vanner; —герд *m.* slime pit; slime table; —овый *a. of* шлам; solids-handling (pump); —овый

реактор slurry (nuclear) reactor; —овый стол slime table, buddle; slime washer.
шламо/образный *a.* slime-like, slimy; slurry (nuclear fuel); —образование *n.* sliming; sludging; —отделитель *m.* slime separator; sludge remover; —отстойник *m.* slime pit, mud-settling pit; —разделитель *m.* slime separator; —уловитель *m.* slime trap; sludge extractor.
шланг *m.*, —овый *a.* hose, flexible tube or pipe.
шлевка *f.* belt loop; supporting ring.
шлеечная машина (text.) thread extractor, thread picker.
шлейка *f.* strap.
шлейф *m.* (elec.) loop, circuit; stub; (measuring) loop; tail (of curve); (agr.) leveler, drag, float; ш.-борона *f.* smoothing harrow; —овать *v.* smooth, plane; slick, sweep; —овый *a.* of шлейф; ш.-резонатор *m.* circuit-resonator.
шлем *m.* helmet; top section (of converter); (mech.) neck; (still) head; —ник *m.* (bot.) Scutellaria; —овидный *a.* helmet-shaped; —овый *a.* helmet; —ообразный *a.* helmet-shaped; —офон *m.* interphone headset.
шлеп/ать, —нуть *v.* slap, splash.
шлеппер *m.* (rolling) skid, transfer (gear); tug, tappet; вводящий ш. (rolling) pull-over transfer; выводящий ш. pull-off transfer.
шлет *pr. 3 sing. of* слать.
шли *past. pl. of* идти.
шликер *m.* (met.) dross; (cer.) slip; литье из —а, —ное литье (powder met.) slip casting; съем —ов drossing, skimming.
Шлиппе соль Schlippe's salt, sodium sulfantimonate.
шлипс *m.* tool grab, slip socket.
шлир/а *f.*, —ы *pl.* schlieren (regions of varying refraction as in liquids); (petr.) schlieren, streaks, striae; (glass) thread or tear-shaped flaw; —ен-методом schlieren (photography); —овый *a.* schlieren; streaky (structure).
шлите *imp. of* слать.
шлиф *m.*, —ной *a.* (micro)section, polished section, slide; cross-sectional view; ground-glass joint; —ной напильник smooth(-cut) file.
шлифовальн/ый *a.* polishing, etc., *see* шлифовать; abrasive; ш. круг polishing wheel; ш. материал abrasive; ш. станок grinder; —я *f.* polishing room.
шлифов/альщик *m.* polisher, grinder; —ание *n.* polishing, etc., *see v.*; abrasion; —анный *a.* polished, *see v.*; ground; —ать *v.* polish, buff, burnish, grind, abrade; —ка *see* шлифование; finish; —щик *m.* polisher, grinder.
шлифтик *m.* smoothing plane.

шлифующий *see* шлифовальный.
шлих *m.* (ore) slime, schlich, slick; concentrate; alluvial sand; —еры *pl.* dross; —овой *a. of* шлих; placer (gold).
шлихт/а *f.* (text.) size; —овальный *a.* smoothing, etc., *see v.*; —овальная шкурка fine emery cloth; —ование *n.* smoothing, etc., *see v.*; —ованный *a.* smoothed, etc., *see v.*; —овать *v.* smooth, plane, finish; dress; (text.) size; (met.) planish; (foundry) blackwash (molds); —овка *see* шлихтование.
шлихштейн *m.* (met.) lead matte.
шлиц *m.*, —евать *v.* slit, slot, groove, spline; —евой *a. of* шлиц; castle-type, castellated; —евой вал spline shaft; —евая ножовка slitting saw; —евая фреза slot cutter; —евое соединение splined joint; —ешлифовальный *a.* spline-grinding; —ованный *a.* slit, slotted, grooved, splined.
шло *past. n. sing. of* идти.
шлюз *m.*, —ный *a.* sluice, lock; gate valve; —ование *n.* sluicing, etc., *see v.*; —ованный *a.* sluiced, etc., *see v.*; lock (canal); —овать *v.* sluice, lock, dam; build sluices; flush; —овой *a. of* шлюз; ш.-регулятор *m.* regulator sluice.
шлюп *m.* (naut.) sloop; —балка *f.* davit; —ка *f.*, —очный *a.* boat.
шлющий *pr. act. part. of* слать.
шлямбур *m.* jumper, drift (borer).
шлямовочный *a.* stripping (machine).
шляп/а *f.* hat; (geol.) cap; —ка *f.* cap; head (of nail, etc.); (cartridge) base; —ник *m.* hatter; —ный *a. of* шляпа.
шляпо/видный, —образный *a.* hat-shaped; (bot.) pileate; —чный *a. of* шляпка; pileate.
шлях *m.* road.
шляхтхебель *m.* plane.
шмак *m.* sumac (dye); —овка *f.* dyeing with sumac.
шмальт/а *f.* smalt, cobalt blue; —ин *m.* (min.) smaltite, cobalt arsenide.
шмат(ок) *m.* piece, lump.
шмел/иный *a.*, —ь *m.* (ent.) bumblebee.
Шмидта реакция Schmidt reaction.
шмикит *m.* (min.) szmikite.
шмуцтитул *m.* (typ.) section(al) title, bastard title, half title.
шнебергит *m.* (min.) schneebergite.
Шнейдера печь Schneider's furnace.
шнек *m.*, —овый *a.* auger; worm (feeder), endless screw; worm conveyer, screw conveyer; ш.-смеситель pug mill; —овый транспортер worm conveyer, screw conveyer.
шнеллер *m.* (art.) hair trigger.
шнит(т)-/лук *m.* chives; ш.-салат *m.* cut-leaf lettuce.
шноркель *m.* snorkel, snort.

Шнорра земля (min.) Schnorr's earth.
шнур *m.* cord, string, twine; lace, lacing, braid; (elec.) flex, flexible cord, flexible cable; (blasting) fuse; (nucl.) pinch.
шнурковый *a. of* шнурок; (petrol.) shoestring (deposit).
шнуров/ание *n.*, —ка *f.* lacing, tying; —ать *v.* lace, tie; —ой *a.* string, cord, lace; corded (book); cord-circuit (repeater).
шнур/ок *m.* (thin) cord, string, lace, twine; (blasting) fuse; —ки *pl.* laces.
Шоба копер Schob impact tester.
шов *m.*, —ный *a.* seam, joint, junction; weld; (anat.) commissure; (med., bot.) suture; без шва seamless; металл шва weld metal; неплотность шва joint leakage; —ная сварка seam welding.
шодди *n.* shoddy (wool).
Шодрона элемент (elec.) Chaudron's thermopile.
Шоиниган-фолс (geog.) Shawinigan Falls.
шок *m.*, —ировать *v.* shock; —ер *m.* shocker; —овый *a.* shock.
шоколад *m.* chocolate; —ка *f.* chocolate bar; —ный *a.* chocolate, cocoa.
Шомодьи Somogyi (name).
шомолнокит *m.* (min.) szomolnokite.
шомпол *m.*, —ьный *a.* ramrod, ram, rammer, tamping stick, tamper.
шоопирование *n.* schooping, metal pulverization.
шор *m.* (geol.) sor, solonchak playa.
Шор: твёрдость по —у Shore hardness.
шора *f.* (min.) a supporting framework.
шорломит *m.* (min.) schlorlomite.
шорная разработка (min.) top slicing.
шорн/ик *m.* harness maker, saddler; —ичество *n.* harness making; —оседельный *a.* harness and saddle; —ый *a.* harness; —я *f.* saddler's shop.
шорох *m.* noise, rustling.
шортволл-машина *f.* (min.) shortwall machine (coal cutter).
шортгорнский *a.* shorthorn (cattle).
шоры *pl. of* шор; harness; blinders.
шоссе *n.*, —йный *a.*, —йная дорога highway, paved road.
шоссиров/ание *n.* highway construction; macadamization; —ать *v.* build a highway; macadamize.
шотвельд *m.* shot welding.
Шотки эффект (electron.) Schottky effect, shot effect.
шотл. *abbr.* (шотландский) Scotch.
Шотландия Scotland.
шотланд/ка *f.*, —ская материя (text.) plaid; —ский *a.* Scotch.
шотовское *see* шоттовское.
шотт *m.* (geol.) shott, salt depression.
Шоттена реакция Schotten's reaction.
Шоттки *see* Шотки.

шоттовское стекло Schott glass, Jena glass.
шофер *m.* chauffeur, driver, operator.
шпага *f.* sword.
шпагат *m.* (binder) twine.
шпадель *see* шпатель.
шпажка *f.* finishing tool.
шпажник *m.* (bot.) gladiolus.
шпаклев/ание *n.* spackling, etc., *see v.*; —ать *v.* spackle, fill (up), putty, stop (holes); (paints) prime; —ка *see* шпаклевание; spackling compound, filler, putty, lute; primer; —очный *a. of* шпаклевка; —щик *m.* spackler.
шпала *f.* cross tie, sleeper.
шпалер/а *f.* (hort.) espalier; trellis, latticework; lane (of trees, etc.); tapestry; —ник *m.* lane; tapestry maker; —ный *a.* espalier(ed); tapestry.
шпало/носка *f.* sleeper tongs; —подбивочный *a.* track-packing; —подбойка *f.* packer, tamper; packing; —разрушитель *m.* tie breaker; —резный *a.* tie-sawing.
шпальт *m.* opening, gap, cleft.
шпан *m.* span piece, bar.
шпанголит *m.* (min.) spangolite.
шпангоут *m.*, —ный *a.* (av., naut.) rib, frame, (joint) ring, ring frame support.
шпанка *f.* (bot.) black cherry; (zool.) merino sheep; Spanish fly.
шпанрама *f.* (text.) (s)tenter, stretcher.
шпанск/ий *a.* Spanish; —ая пила pit saw, cleaving saw; —ие мушки Spanish flies, cantharides.
шпарить *v.* scald.
шпарутка *f.* (text.) temple.
шпат *m.* (min.) spar; бурый ш. brown spar, ankerite; горький ш. bitter spar, dolomite; дощатый ш. tabular spar, wollastonite; кубический ш. cube spar, anhydrite; малиновый ш. rhodochrosite; пенистый ш. foam spar, aphrite; полевой ш. feldspar; синий ш. blue spar, lazulite; тяжелый ш. heavy spar, barite, barytes.
шпатель *m.* spatula; putty knife.
шпатлевать *see* шпаклевать.
шпато/видный *a.* (min.) spathiform, spar(ry); —вый *a.* spar(ry), spathic; —вый железняк spathic iron, siderite, chalybite.
шпахтель *m.* spatula.
шпация *f.* (typ.) space; (naut.) spacing.
шпей/за *f.* (met.) speiss; —скобальт *m.* (min.) smaltite; —совый *a.* speiss.
шпек *see* шпик.
шпенек *m.* pin, peg, prong.
шперак *m.* beak iron, bickern, horn (of anvil).
шпергель *m.* (bot.) spergula.
шпиатр *m.* type metal.

шпиг *m.*, —а *f.* lard.
шпигат *m.* (naut.) drain hole, scupper (hole); (submarine) flood(ing) port.
шпигель *m.*, —ный *a.* (met.) spiegel(eisen); specular (cast) iron; cordovan leather.
шпигов/альный *a.*, —ание *n.* larding; —анный *a.* larded; —ать *v.* lard.
шпик *m.*, —овать *v.* lard.
шпилевой *a. of* шпиль.
шпил/ечный *a. of* шпилька; —ить *v.* (fasten with a) pin, pin together.
шпиль *m.* spire, steeple; needle, pin, pivot; reel, capstan, windlass.
шпилька *f.* pin, bolt, stud (bolt); peg, dowel; nail, tack; (text.) spindle; соединение на —х dowel joint; установочная ш. dowel pin.
шпинат *m.*, —ный *a.* spinach.
шпингалет *m.* latch, catch, bolt.
шпиндель *m.*, —ный *a.* spindle, pivot, axle, arbor, shaft, mandrel; stem (of valve); рассверливающий ш. boring bar; —ная бабка headstock.
шпинел/евый *a.* (min.) spinel; —лид *m.* spinellide; —ь *f.* spinel; железистая —ь, железная —ь iron spinel, hercynite.
шпинтон *m.* tail spindle.
шпион *m.* spy; (min.) twist drill.
шпитц/лутен *m.*, —лютте *n.* (ore concentration) spitzlutte.
шпиц *m.* spire, steeple; —евание *n.* pointing; —кастен *m.* (ore concentration) spitzkasten, funnel box, V-vat; —лютте *see* шпитцлутен; ш.-масштаб, —метр *m.* water gage.
шплейзофен *m.*, —ное гнездо (met.) refining hearth.
шплинт *m.* split pin, cotter pin (slotted) pin; key; splint; —ованный *a.* splinted, etc., *see v.*; —овать *v.* splint; fasten with a cotter pin; —овка *f.* splinting, etc., *see v.*; —овыдергиватель *m.* cotter pin extractor.
шпод *m.* (min.) grapnel.
шпон *m.* (typ.) lead; veneer sheet.
шпонка *f.* dowel, peg, pin; key, spline; gib; joint tongue; sheave, pulley, disk; (hydr.) waterproof packing; на —х doweled (joint); скользящая ш. sliding key; скреплять —ми *v.* pin, peg, dowel.
шпоночн/о-долбежный *a.* key-seating, key-slotting; ш.-пазовый *a.* key-groove; keyway-slotting; ш.-фрезерный *a.* keyway-milling; —ый *a. of* шпонка; —ый паз, —ая канавка keyway, key bed, key slot.
шпор *m.* heel (of mast).
шпора *f.* spur; (wheel) lug, cleat; (track) grouser; (hydr.) cut-off wall; (anat.) calcar.
шпорник *m.* (bot.) delphinium.
шпред/ер *m.*, —инг-машина *f.* (rubber)

spreader; —ингование *n.*, *f.* —ировка spreading, rubberizing.
шпренгель *m.* tie rod; —ный *a.* trussed, strutted; —ная система truss.
шприц *m.* syringe, injector, squirt, sprayer; (med.) hypodermic syringe; (grease) gun; wash bottle; —гусс *m.* die casting; формование —гуссом extrusion molding; —евание *n.* extrusion, forcing (out); —евать *v.* extrude, force (out); ш.-машина *f.* extruder; —ованный *a.* extruded, forced (out); —ометр *m.* extrudometer; ш.-процесс *m.* extrusion process; ш.-тюбик *m.* syringe tube; —уемость *f.* extrudability; ш.-шнур *m.* extruded rod.
шпрот *m.*, —овый *a.* (ichth.) sprat.
шпрынка *f.* peg (of shuttle).
шприют *m.* bridle (of trawl).
шпул/едержатель *m.* bobbin holder; —ечный *a.*, —ька *f.*, —ьный *a.*, —я *f.* (elec.; text.) spool, bobbin; —ьная машина *f.* winder.
шпунт *m.* groove, slot, channel, rabbet, groove and tongue; pile; (naut.) bearding; chisel; ш. и гребень groove and tongue; соединение в ш. groove and tongue joint; —губель *see* шпунтубель; —ина *f.* pile plank, grooved pile, sheet pile.
шпунтов/альный *a.*, —ание *n.* grooving, etc., *see v.*; groove and tongue; —анный *a.* grooved; —ать *v.* groove, rabbet; (groove and) tongue; match; —ик *m.* grooving plane, tongue plane; —ка *see* шпунтование; —ой, —ый *a.* groove(d), grooved and tongued; gutter (tile); —ый ряд piling; —ая стенка sheet piling, sheeting; —ое соединение groove-and-tongue joint, grooving and tonguing.
шпунтубель *m.* grooving plane, rabbet plane, tongue plane.
шпур *m.* (math.) spur (of matrix); (geom.) trace; (min.) blast hole, bore hole; (met.) furnace outlet, gutter.
шпур/овой *a. of* шпур; —овая печь, —офен *m.* (met.) concentration furnace; —штейн *m.* concentrated matte, concentration metal; синий —штейн blue (concentrated) metal (a copper matte).
ШР *abbr.* (Шоппер-Риглер) (paper) Schopper-Riegler (pulp freeness).
шрадан *see* октаметил.
Шрайвера фильтрпресс Shriver filter press.
шрам *m.* scar.
шрапнель *f.*, —ный *a.* (mil.) shrapnel.
шрауфит *m.* (min.) schraufite (resin).
шраффировать *v.* shade, hatch, line.
ШРВ *abbr.* (шунтовой реостат возбудителя) exciter by-pass rheostat.
шредер *m.* shredder.

Шредера уравнение Schroeder's equation.
шредеровать *v.* shred.
Шредингера волновая функция Shroedinger wave function.
шрейберзит *m.* (min.) shreibersite.
шре/кингерит *m.* (min.) schroekingerite; **—ттерит** *m.* (min.) schroetterite.
Шривпорт (geog.) Shreveport.
шрифт *m.*, **—овой** *a.* type; **—олитейный** *a.* type-casting; **—онаборный** *a.* typesetting; **—оотливной** *a.* type-casting.
шропширский *a.* (geog.) Shropshire.
шрот *m.* small shot; grist, groats; oil cake; **ш.-эффект** *m.* (electron.) Schrott effect, shot effect.
шт. *abbr.* (штат) state; staff; (штольня) adit, gallery; (штука) piece; **ш.т.** *abbr.* (шкала твердости) hardness scale.
штаб *m.* (mil.) staff, headquarters.
штабел/евание *n.* piling, stacking; **—евать** *v.* pile, stack, stockpile; **—ер** *m.* piler, stacker, stock-piling machine; **—еразборочный** *a.* unstacking; **—еукладчик** *see* **штабелер**; **—ировать** *see* **штабелевать**; **—ь** *m.* pile, heap, stack, stockpile.
штабик *m.* small bar; (molding) fillet.
штаб/ист *m.* staff officer; **-квартира** *f.* headquarters; **—ник** *m.* staff officer; **—ной** *a. of* **штаб**; military.
штаг *m.* (naut.) stay; **ш.-блок** *m.* stayblock.
штакети/ик *m.*, **—ый** *a.* picket (fence).
штамб *m.*, **—овый** *a.* stem, trunk, body (of tree); bole.
штамм *m.* (bact.) strain, line.
штампи *m.* stamp, punch, die; **вырезывающий ш.** blanking die; **ш.-агрегат** *m.* stamping unit.
штампов/альный *a.*, **—ание** *n.* stamping, etc., *see v.*; **—анный** *a.* stamped, etc., *see v.*; stock (phrase); **—ать** *v.* stamp, punch, blank, form; press; impress, emboss, coin; (drop-)forge; **—ка** *see* **штампование**; stampings; drop forging; **—ка выдавливанием** impact extrusion; **—ка под молотом** drop forging; **—ка с вытяжкой** extrusion; **горячая —ка** swaging.
штамповочн/ый *see* **штамповальный**; drop; swage (hammer); **ш. станок** stamp; **—ые работы** punch-press work.
штампов/щик *m.* stamp operator, puncher; **—ый** *a.* stamp(ing), punch(ing); die (steel); **—ые изделия** stampings; **—ые краски** printing inks.
штамп-форма *f.* stamping mold.
штанга *f.* rod, bar; pole, beam, arm; probe; (valve) stem; **буровая ш.** drill rod, bore rod; **насосная ш.** pump rod.
штан/ген высоты height gage; **—генглубомер** *m.* depth gage; **— гензубомер** *m.* gear-tooth gage; **—генмикрометр** *m.* micrometric gage; **—генрейсмас**, **—ген-**

рейсмус *m.* height gage; **—генциркуль** *m.* slide gage, sliding calipers; beam compass.
штанго/вращатель *m.* rod rotor; **—вый** *a. of* **штанга**; sucker rod (pump); boom (microphone); **—вая крепь** (min.) roof bolting; **—держатель** *m.* rod adapter.
штанг/-удлинитель *m.* push rod; **—щик** *m.* (surv.) rodman, staffman.
штандоль *m.* stand oil, lithographic oil (polymerized linseed oil).
штан/ец *m.* knife blade, cutting tool, cutting die; **—цевание** *n.* stamping out, punching out; **—цмессер** *m.* die.
штаны *pl.* trousers, breeches.
штапель *m.*, **—ка** *f.*, **—ный** *a.* staple.
штап(ик) *m.* beveling plane.
штарковский *a.* Stark.
штат *m.* state; staff, personnel.
штатив *m.*, **—ный** *a.* support, mount(ing), stand, holder; (test tube) rack; base, foot; tripod.
штатный *a.* state, official; regular, standard; personnel, staff.
штатский *a.* civil(ian); *m.* civilian.
Штаудингера реакция Staudinger reaction.
штауфер *m.*, **—ка** *f.* Stauffer lubricator, (screw-feed) grease cup.
штейгер *m.* mine boss, head miner.
штейн *m.* (met.) matte; **белый ш.**, **сокращенный ш.** white metal (smelted copper); **голубой ш.** blue metal (a copper matte); **корки** a matte scrap.
штейнаш *m.* stone ash (a mixture of potash and potassium hydroxide).
штейнгут *m.* (cer.) white ware.
Штейнмеца закон (elec.) Steinmetz law.
штейновый *a.* (met.) matte.
штеккер *m.*, **—ный** *a.* (elec.) plug.
штеклинг *m.* (agr.) steckling, slip.
штемпел/евание *n.* stamping; **—евать** *v.* stamp, impress; postmark; **—ь** *m.*, **—ьный** *a.* stamp; seal; plunger (of press); **почтовый —ь** postmark.
штенгель *m.* stem, stalk; exhaust tube.
штендер *m.* (min.) pillar, support.
штепсел/евать *v.* (elec.) plug in; **—ь** *m.*, **—ьный** *a.*, **—ьная вилка** plug, adapter; **—ьная колодка** receptacle; **—ьная коробка** junction box; **—ьная панель** (comp.) plugboard; **—ьная розетка** receptacle; **—ьное соединение** plug and socket connection.
Штерна-Герлаха эффект Stern-Gerlach effect.
штернбергит *m.* (min.) sternbergite.
штефлер *m.* Stöfler (lunar mountain-walled depression).
штиблеты *pl.* boots, shoes.
штибр *m.* fines.

штил/евой *a.* still, calm; —евая полоса, —ь *m.* calm.
штирборт *m.* (naut.) starboard.
штирийский *a.* (geog.) Styrian.
Штифеля способ Stiefel process.
штифной *a.* smooth(-cut) (file).
штифт *m.* pin, spike; stem, pivot; stud; dowel, peg; (elec.) plug; tack; на —ах doweled; —ик *m.* brad; —овой *a.* of штифт; (horol.) cam (wheel); ш.-фиксатор *m.* locating pin.
штих *m.* shoe size unit (2/3 cm.).
штихель *m.* engraving tool, burin.
штихмас(с) *m.* inside caliper gage, pin gage, end-measuring rod.
штихпробер *m.* fuel meter.
штицеровка *f.* stitching.
Штоббе конденсация Stobbe condensation.
шток *m.* rod (of piston, etc.); plunger, pin, stem; (anchor) stock; (geol.) boss, stock, body, block (of ore); —верк *m.* (min.) stockwork; —лак *m.* stick lac.
штокроза *f.* hollyhock (*Althaea rosea*).
штольн/я *f.*, —евый *a.* (min.) gallery, drift, tunnel; adit, entrance; passage; выемочная ш. drift tunnel.
штольцит *m.* (min.) stolzite.
штоп/альный *a.*, —ка *f.* darning, mending; —ать *v.* darn, mend.
штопор *m.* corkscrew; (av.) spin; спуск —ом spinning; —ить *v.* spin; —ный *a.* of штопор; (free-)spinning (wind tunnel).
штор/а *f.* blind, curtain, shade; (phot.) shutter; —ка *dim. of* штора; shutter; (cockpit) hood; (camouflage) blind.
шторм *m.* storm, gale, tempest; —ить *v.* be stormy; —овать *v.* weather the storm; —овой *a. of* шторм; —трап *m.* rope ladder, sea ladder.
шторн/о-щелевой *a.* (phot.) focal-plane (shutter); —ый *a. of* штора; focal-plane.
штосгерд *m.* (min.) impact buddle.
штоссель *m.* rammer; tappet, slide.
штоф *m.*, —ный *a.* (text.) damask; old unit of liquid measure (1.23 l.).
штраба *f.* (masonry) toothing.
штранг-пресс *m.* extruder.
штранц *m.* strand, beach.
штраф *m.* fine, penalty; —овать *v.* fine.
штревель *m.* (min.) tamper.
штрейкбрехер *m.* strike breaker, scab.
штрек *m.* (min.) drift, drive, gallery; (cross) gate, entry; (adit) level; выемка —ами drift mining, drifting; промежуточный ш. subdrift; —обурильный *a.* tunneling; —овый *a. of* штрек; gateway, gate-end (conveyer); —опроходческий *a.* drifting.
Штреккера реакция Strecker reaction.
штренгит *m.* (min.) strengite.

штрипка *f.* strap.
штрипс *m.*, —овый *a.* (met.) strip; (rolling) skelp.
штрих *m.* stroke, line, dash; mark, accent, touch; trait, feature; hatchure; (math.) prime; (Sheffer) stroke symbol; со —ом primed; —диаграмма *f.* X-ray diffraction diagram; —ованный *a.* (cross)hatched, etc., *see v.*; —оватость *f.* (phyt.) streak; —оватый *a.* hatched, striated; —овать *v.* (cross)hatch, shade; (math.) prime; —овка *f.* hatch(ing), hatchure, shading, striation; —овой *a. of* штрих; broken (line); lined, checkered (rod); line (copy); —передача *f.* facsimile transmission; ш.-пунктир *m.*, —пунктирная линия dot-and-dash line; ш.-точечный пунктир dot-and-dash line.
штроп *m.* link.
штудировать *v.* study.
штука *f.* thing; piece, sample, specimen.
штукатур *m.* plasterer; —ить *v.* plaster, stucco; —ка *f.* plaster(ing), stucco; —ный *a.* plaster(ing), stucco; lathe (nail).
штуков/ать *v.* piece, patch, repair, mend; fine-draw; —ка *f.* piecing, etc., *see v.*
штукофен *m.* (met.) high bloomery furnace.
штуп *m.* stupp, mercurial soot.
штурвал *m.* pilot wheel, helm; steering wheel; (av.) control stick; (pipeline) handwheel, handle; star wheel; turnstile; —ьная *f.* pilot's cabin; —ьный *a. of* штурвал; —ьчик *m.* star knob.
штурм *m.* assault, attack.
штурман *m.* navigator; ш.-корректировщик *m.* navigator observer; ш.-оператор РЛС *m.* radar navigator; ш.-радист *m.* radio operator; —ский *a.* navigator's; nautical (equipment); —ская рубка chart house, pilot house; —ская служба navigation.
штурмов/ать *v.* attack, assault, storm, rush; conquer; —ик *m.* attack plane; —ка *f.* (low-flying) attack; —ой *a. of* штурм; scaling (ladder); —щина *f.* rush work.
штуртрос *m.* (naut.) tiller line.
штуф *m.*, —ный *a.* lump (of ore or rock).
штуцер *m.*, —ный *a.* connecting pipe, (pipe) connection, coupling, union, sleeve, nipple; (condenser) tube; (oil wells) flow nipple, flow regulator.
штуч/ка *dim. of* штука; —ный *a. of* штука; (by the) piece, per unit; single, individual; inlaid; —ный камень block rubble; —ная плата piece rate; —ная работа piecework.
штыб *m.* culm, coal fines, breeze, coal slack, coal dust; —оотбрасыватель, —оотвал *m.* culm remover.
штык *m.* bayonet; spit; (met.) bar, ingot,

штыкование 831 щадитель

pig; (agr.) spade's depth; чугун в —ах pig iron.
штыков/ание *n.*, —ка *f.* spading up; —ать *v.* spade up, turn over (soil).
штыков/ой *a. of* штык; ш. затвор bayonet lock, bayonet catch; ш. контакт (elec.) plug; —ая медь copper bar.
штыр/евой *a. of* штырь; collapsible-whip (antenna); —ек *m.* (elec.) aligning plug; (base) pin; —ь *m.* pin, dowel; prong; (landing) spike; pintle, pivot pin; probe; cramp (iron), clincher; (electrolyzer) clamp.
штэк-фильтр *m.* (min.) filter drain (perforated pipe in wall).
Штюве диаграмма Stüve diagram.
шуб/а *f.* fur (coat); —ка *dim. of* шуба; —ный *a.* fur.
шубригель *m.* slide gage, sliding calipers.
шуг/а *f.* slush ice, sludge, frazil ice, floating anchor ice; —осброс *m.* ice chute, ice slide; —оход *m.* moving sludge.
Шульце-Гарди правило Schulze-Hardy rule (of colloid coagulation).
шум *m.* noise, sound; roar(ing); hum; (heart) murmur.
шумановская область (phys.) Schumann region.
шум/ен *sh. m. of* шумный; —еть *v.* make noise, be noisy; —иха *f.* uproar, racket; spangle, tinsel; —ливость *f.* noisiness; —ливый *a.* noisy; —но *adv.* noisily; —ность *f.* noisiness; —ный *a.* noisy, loud; —овик *m.* (rad.) sound man; —овка *f.* crackle; skimmer, ladle.
шумо/вой *a.* noise, noisy, hum; ш. фон background noise; —глушающий *a.* sound-suppressing; —глушение *n.* noise abatement, sound suppression; —(за)глушитель *m.* muffler, silencer, noise suppressor; (rad.) anti-hum; —имитационный *a.* noise deceptive, sound (device); —к *dim. of* шум; —мер *m.* noise gage, sound(-level) meter; —непроницаемый *a.* soundproof; —пеленгатор *m.* (naut.) hydrophone, sound locator, submarine detector; —подавление *n.* noise suppression; —подавляющий *a.* noise-suppressing; —подобный *a.* noise-type (signal).
шум/фактор *m.* noise factor; —ы *pl.* noise.
шумящий *a.* noisy; roaring (flame); (vet.) emphysematous (carbuncle).
шунгит *m.* (min.) s(c)hungite.
шунт *m.* (elec.) shunt; by-pass.
шунтир/ование *n.* (elec.) shunting, etc., *see v.*; —ованный *a.* shunted, etc., *see v.*; —овать *v.* shunt, by-pass, bridge; —ующий *a.* shunting, etc., *see v.*; by-pass.
шунто/вать *see* шунтировать; —вой *a.* shunt; (mach.) shunt-wound; by-pass; —мер *m.* shunt meter.
шуров/ание *n.* rabbling, etc., *see v.*; —анный *a.* rabbled, etc., *see v.*; —ать *v.* rabble, stir, poke; stoke; scrub, scour; —ка *see* шуровать; rabble; подрезные —ки (boilers) prickets, blades; —ой, —очный *a.* rabbling, etc., *see v.*; rabble; —очный лом, —очный сокол rabble poker; —очное приспособление stirrer, rabble.
шуруп *m.* wood screw.
шурующий *pr. act. part. of* шуровать.
шурф *m.* perforation, hole; (min.) prospecting pit, (bore) pit; —обур *m.* portable drill; —ование *n.* prospecting, pitting, pit sampling; —овать *v.* prospect, make (test) pits, perforate; —овка *see* шурфование; —овочный *a.* pitting, boring, perforating; —овщик *m.* digger, excavator.
шурш/ание *n.*, —ащий *a.* crackling, rustling; —ать *v.* crackle, rustle.
шуст *m.* auger.
шут/ить *v.*, —ка *f.* jest, joke; —очный *a.* laughing, trifling (matter); —я *pr. ger.* in jest; easily; не —я in earnest.
шуцлак *m.* protective lacquer.
шхеры *pl.* sea cliffs, rocks, skerries.
шхуна *f.* schooner.
шь/ет *pr. 3 sing. of* шить; —ют *pr. 3 pl.*; —ющий *a.* sewing.
шэнноновский *a.* Shannon.
шэпинг *see* шепинг.

Щ

щавелево/амиловый эфир amyl oxalate; —железистая соль ferrous oxalate; —железная соль ferric oxalate; —калиевая соль potassium oxalate.
щавелевокисл/ый *a.* oxalic acid; oxalate (of); щ. анилин aniline oxalate; щ. ряд oxalic acid series; —ая соль oxalate; кислая —ая соль bioxalate.
щавелево/медная соль cupric oxalate; —натриевая соль sodium oxalate; —уксусная кислота oxalacetic acid; —этиловый эфир ethyl oxalate.
щавелев/ый *a.* oxalic; (bot.) sorrel; —ая кислота oxalic acid, ethanedioic acid; соль —ой кислоты oxalate; кислая соль —ой кислоты bioxalate.
щавел/ек *m.* (bot.) sheep sorrel (*Rumex acetosella*); —ь *m.*, —ьный *a.* dock (*Rumex*); обыкновенный —ь sorrel.
щадитель *m.* shock absorber.

щадить *v.* spare.
—щатый *a. suffix* —ar, —ated.
щебен/ить *v.* fill with rubble, ballast; —ка *see* щебень; —очный *a.* rubble; —очный слой ballast (of road bed).
щебень *m.* rubble, crushed stone, broken stone, gravel, ballast; chip(ping)s, rubbish; (geol.) detritus; щ. из бетона broken concrete; мелкий щ. rubble, chippings; шлаковый щ. broken slag.
щебн/еватый *see* щебнистый; —евой *a. of* щебень; —истый *a.* (geol.) rubbly, detrital; stony (clay).
щегол *m.* (orn.) goldfinch.
щедрин(к)а *f.* pockmark.
щедр/ость, —ота *f.* liberality, generosity; —ый *a.* liberal, generous.
щей *gen. of* щи.
щек/а *f.* cheek; (vise) jaw; side(piece), side wall; (pulley) face; (crank) web; —овой *a. of* щека; overhanging, side (wall); —овая дробилка, —одробилка *f.* (mach.) jawbreaker.
щеколда *f.* latch, catch, pawl, finger, trigger, trip gear, tripping latch; locking bar; (window) fastener.
щекообразный *a.* jaw-shaped.
щекот/ать *v.* tickle; —ливый *a.* ticklish; delicate.
щел. *abbr.* (щелочной) alkaline.
щеле/ватый *a.* fissury, fractured; —видный *a.* slit-like; rimose; —вой *a. of* щель; slot(ted); slotting (tool); slit; crevice (corrosion); кольцевая —вая форсунка ring-gap nozzle; —й *gen. pl. of* щель.
щел.-зем. *abbr.* (щелочноземельный).
щел/и *gen.*, *pl.*, *etc.*, *of* щель; —ина *see* щель; —истый *a.* rimose, full of fissures; chinky.
щелк *m.* click, snap.
щелка *dim. of* щель.
щелк/анье *n.* clicking, etc., *see v.*; —ать, —нуть *v.* click, snap, pop; crack (seeds); chatter (of teeth); flick; (orn.) trill.
щелковская зелень Soviet variant of Paris green (insecticide).
щелк/отня *f.* clicking; —ун *m.* (seed) cracker; (ent.) click beetle.
щелок *m.* lye, caustic, alkali; *gen. pl. of* щелка; натронный щ. soda liquor, caustic soda solution; черный щ. black (sulfate) liquor; —оотделитель *m.* liquor separator.
щелоч/е— *prefix* alkali; —ение *n.* alkalization; lixiviation; —ерастворимый *a.* alkali-soluble; —естойкий, —еупорный, —еустойчивый *a.* alkali-proof, alkali-resistant; —ить *v.* alkalize; lixiviate.
щелочка *dim. of* щель.
щелоч/но— *prefix* alkali—; —ноземельный *a.* alkaline-earth; —но-известковый *a.* (geol.) alkali-lime; —ной *a.* alkali(ne), caustic; —ная земля alkali earth; —ность *f.* alkalinity; —но-таннатный раствор red mud; —ноупорный, —ноустойчивый *a.* alkaliproof, alkali-resistant, alkali-resisting; —ь *f.* alkali.
щелчок *m.* snap, click.
щель *f.* chink, slit, slot, crack, fissure, cleft, split; aperture, gap, opening; peephole; (anat.) rima, hiatus; (mil.) slit trench, shelter; щ.-убежище, щ.-укрытие slit trench, shelter.
щем/ить *v.* pinch, smart; —ление *n.* pinching, smarting; —ло *n.* vise, press; brace (of drill).
щенок *m.* puppy; cub; whelp.
щеп/а *f.* (wood) chip(s), shavings, splinters, slivers; kindling; (roofing) shingle; —ально-драночный *a.* peeling (machine); —альный *a.*, —ание *n.* chipping, etc., *see v.*; —ан(н)ый *a.* chipped, etc., *see v.*; —ать *v.* chip, splinter, split (off), cleave; bite, sting, smart.
щепетильный *a.* scrupulous, punctilious.
щеп/ить *see* щепать; —ка *f.* chip, sliver, splinter, shaving; *pl.* kindling; —коловитель *m.*, —ловка *f.* (paper) sliver screen; —ной *a. of* щепа; —ные изделия light wood materials.
щепот/ка, —очка, —ь *f.* pinch.
щепочка *dim. of* щепка.
щерб/а *see* щербин(к)а; chip; —атый *a.* chipped; pockmarked; scarred; —ин(к)а *f.* pockmark, pit, scar; cut, crack, chipped place, chink, crevice, gap, breach; notch.
щетин/а *f.* bristle, stubble; seta; —истый *a.* bristly, setaceous; —иться *v.* bristle; —ка *f.* chaeta, seta, bristle; —ко— *see* щетино—; —коносный *a.* aristate; —ник *m.* bristle grass (*Setaria*); —ный *a. of* щетина; —о— *prefix* seti—; bristle; —оватый *a.* bristly; —овидный *a.* setiferous; —ообразный *a.* setiform; —охвостки, —охвостые *pl.* (ent.) bristletails (*Thysanura*).
щет/ка *f.* brush; (windshield) wiper; искрение —ок (elec.) brush sparking; —кодержатель *m.* brush holder; —очка *dim. of* щетка; —очник *m.* brush maker; —очный *a.* brush; wiper.
щеч/ка *dim. of* щека; stock, side plate; —ный *a. of* щека; buccal; —ная мышца (anat.) buccinator.
щи *pl.* cabbage soup.
—щий *a. suffix* —ing, —ent, —ive; —щийся *a. suffix* —ing, —ive; —able, —ible; —uble.
—щик *m. suffix* —er, —or, operator.
щикол(от)ка *f.* (anat.) ankle.
щип/альный *a.*, —ание *n.* plucking, etc., *see v.*; —ан(н)ый *a.* plucked, etc., *see v.*;

—ать v. pluck; pinch, nip; shred; nibble, crop, browse (on); —аться v. be plucked, etc.; pinch; —ец m. gable; —ка see щипание; —нуть see щипать; —ок m. pinch(ing), nip, tweak.
щипц/еобразный a. forcipate, forceps-like; —овый a. of щипцы; gable (roof); —ы pl. forceps, tongs, pincers, pliers; extractor; (electrode) holder.
щипчики pl. forceps, pincers, tweezers.
щирица f. (bot.) amaranth.
щит m. shield, screen, blind; (switch)board, panel; (hydr.) gate; guard; (display) rack; (bearing) housing; (ice) sheet; (cloud) canopy; (min.) heading machine, tunneling machine; (zool.) scutum; (astr.) Scutum; (pal.) carapace; (turtle) shell; щ. от грязи mudguard; щ. управления control panel.
щит/ковидный a. (bot.) corymbose; —ковый a. of щиток; —ники pl. stink bugs (*Pentatomidae*).
щитовидный a. shield-shaped, scutellate; thyroid (gland); (bot.) peltate.
щитовка f. scale insect; калифорнийская щ. San Jose scale.
щитовник m. wood fern (*Dryopteris*).
щитовой a. of щит; panelboard (construction); щ. затвор sluice gate.

щиток m. shield, screen, cover; dashboard, panelboard, (instrument) board; (av.) flap; (biol.) scutellum; (bot.) cyme, corymb.
щито/мордник m. poisonous snake, viper; водяной щ. water moccasin; —носка f. leaf beetle; —образный a. shield-shaped, scutellate; —подъязычный a. (anat.) thyrohyoid; —сборочный a. panel-gluing (machine); —формирующий a. panel-making.
щука f. (ichth.) pike.
щуп m. feeler, probe; dip rod, dip stick; tracer, detector; (met.) test rod, trial rod; thickness gage, clearance gage; —алец m. (text.) feeler; —альный a. feeler, feeling, probing; —альце n. (zool.) tentacle, feeler; antenna; —альцежвалы pl. (zool.) Chelicerae; —анье n. feeling, etc., see v.; —ать v. feel, touch, palpate, probe.
щупло n. (text.) feeler.
щупл/ость f. undeveloped state (of seeds); —ый a. undersized, puny, meager, shriveled.
щурить v. screw up (eyes), squint.
щуч/ий a. of щука; —ка dim. of щука; f. hair grass (*Aira*); tussock grass (*Deschampsia caespitosa*).

Ы

—ытый a. suffix —ed, —(e)n.

Э

э abbr. (электрон) electron; (эрг) erg; (эрстед) oersted.
эбеновый a. ebony (wood).
Эбергарда явление (phot.) Eberhard effect.
эбланин m. eblanin, paraxanthine.
эбонит m., —овый a. ebonite, hard rubber.
эбул(л)ио/метр m. ebulliometer; —скоп m. ebullioscope; —скопический a. ebullioscopic; boiling (constant); boiling-point (method); —скопия f. ebullioscopy.
эбурин m. eburine (a synthetic ivory).
эв abbr. (электрон-вольт) electron volt.
эв— see also эй—.
эвак/опункт m. evacuation center; —уационный a. evacuation; wrecker (equipment); —уация f. evacuation; wrecking (of damaged vehicles); —уированный a. evacuated, etc., see v.; —уировать v. evacuate, empty, exhaust; wreck.
эвальвация f. evaluation, estimation.
эван/зит, —сит m. (min.) evansite.
эвапор/атор m. evaporator; —ация f. evaporation, vaporization; —иты pl. (geol.) evaporites; —ография f. evapo-rography; —иметр, —ометр m. (meteor.) evaporimeter.
эв-барн abbr. (электрон-вольт барн) electron-volt barn.
эвгедральн/ость f. (petr.) euhedral character; —ый a. euhedral, automorphic.
эвген— see эйген—; —ол m. eugenol.
эвглена f. (zool.) Euglena.
эвгранитовый a. (geol.) eugranitic.
эвдиалит m. (min.) eudialyte.
эвдиометр m. eudiometer; —ический a. eudiometric; —ия f. eudiometry, gasometry, gasometric analysis.
эвдоксин see эйдоксин.
эвекция f. (astr.) evection.
эвердур m. Everdur (a copper alloy).
эверитова соль Everitt's salt, potassium ferrous ferrocyanide.
эверн/иин m. everniine; —иновая кислота everninic acid, evernesic acid; —овая кислота evernic acid; —уровая кислота evernuric acid.
эвипал m. Evipal, hexobarbital.
эвкалипт m. (bot.) eucalyptus; —ен m. eucalyptene; —овый a. eucalyptus; —ол

эвклаз *m.* eucalyptole, cineole; —олен *m.* eucalyptolene.
эвклаз *m.* (min.) euclase.
эвклидовый *a.* Euclidean.
эвкод/ал *m.* Eucodal, dihydrohydroxycodeinone hydrochloride; —еин *m.* eucodeine, methyl codeine bromide.
эвколлоид *m.* eucolloid, true colloid.
эвкоммия *f.* (bot.) Eucommia.
эвкрит *m.* (petr.) eucrite.
эвксенит *m.* (min.) euxenite.
эвктолит *m.* (petr.) euctolite.
ЭВМ *abbr.* (электронная вычислительная машина) electronic computer.
эвнатрол *m.* eunatrol, sodjum oleate.
эвод/ен *m.* evodene; —иамин *m.* evodiamine.
эвольвент/а *f.* involute (of circle); evolute, evolvent; —ный *a.* involute, standard (tooth).
эволют/а *f.*, —ный *a.* (geom.) evolute.
эволюц/ионировать *v.* evolve, develop, unfold; evolutionize; —ионистический *a.* evolutionistic; —ионный *a.* evolution(ary); —ия *f.* evolution.
эвпа/рин *m.* euparin; —торин *m.* eupatorine (alkaloid); eupatorin (glucoside).
эври— *prefix* eury— (wide, broad); —бионтный *a.* (biol.) eurybiontic; —птериды *pl.* (pal.) Eurypterida.
эврист/ика *f.*, —ический *a.* heuristic.
эврит *m.* (petr.) eurite, petrosilex.
эвритермный *a.* (zool.) eurythermal.
эвритомуха *f.* eurytomid, chalcid fly.
эврифагный *a.* (zool.) euryphagous.
эвстатический *a.* (geol.) eustatic.
эвтаксит *m.* (petr.) eutaxite; —овый *a.* eutaxitic, banded (of structure).
эвтект/ика *f.* eutectic(s); —ический *a.* eutectic; —оид *m.*, —оидный *a.* (met.) eutectoid; —офировый *a.* eutectophyric.
эвфорб/ий *m.* euphorbium (resin); —ин *m.* euphorbin; —иновая кислота euphorbic acid.
эвшель *m.* (met.) zaffer (a cobalt oxide).
эгализир/ованный *a.* blended; (dyes) leveled; —овать *v.* blend; level; —ующий *a.* blending; leveling.
Эгейское море the Aegean Sea.
эгилопс *m.* (bot.) Aegilops.
эгирин *m.* (min.) aegirite, acmite.
эгле *n.* (bot.) Aegle.
эгоистич/еский, —ный *a.* egoistic, self-centered, narrow.
эгутер *m.* (paper) dandy roll.
ЭД *abbr.* (электродиализ) electrodialysis.
ЭДА *abbr.* (электронный дифференциальный анализатор) electronic differential analyzer.
эдаф/ический *a.* (plant ecology) edaphic; —ология *f.* edaphology; —он *m.* edaphon, soil fauna; —онический *a.* edaphic.
Эдвина процесс (met.) Edwin process.
эдельвейс *m.* (bot.) edelweiss.
Эдера жидкость Eder's solution.
эдестин *m.* edestin (a seed globulin).
эджер *m.* edger.
эджрайт *m.* Agerite (antioxidant).
Эдисона явление (elec.) Edison effect.
ЭДП *abbr.* (электродиффузионный потенциал) electrodiffusion potential.
—эдр *m.* *suffix* —hedron; —ический *a.* *suffix* —hedral.
эдс, э. д. с., ЭДС *abbr.* (электродвижущая сила) electromotive force.
ЭДТ *abbr.* (этилендиаминтартрат) ethylenediaminetartrate; ЭДТА *abbr.* (этилендиаминтетраацетат) ethylenediaminetetraacetate; ЭДТК, ЭДТУ *abbr.* (этилендиаминтетрауксусная кислота) ethylenediaminetetraacetic acid.
Эдуарда черепицы Edward's tiles.
э. е. *abbr.* (электростатическая единица) electrostatic unit; (энтропийная единица) entropy unit.
э. ед. *abbr.* (электронная единица) electronic unit.
эжек/тируемый *a.* ejected; driven (flow); —тирующий *a.* ejecting; driving (flow); —тор *m.* ejector; lift-out attachment, grapnel; —торный *a.* ejector; jet (vacuum pump); induced-flow (wind tunnel); —ционный *a.*, —ция *f.* ejection.
эзенбеки/ин *m.* esenbeckine; —овая кислота esenbeckic acid.
эзер/амин *m.* eseramine; —идин *m.* eseridine; —ин *m.*, —иновый *a.* eserine, physostigmine.
эзоксин *m.* esoxin.
эзофаго— *prefix* (med.) esophag(o)— (esophagus, esophageal); —скопия *f.* esophagoscopy.
ЭИМ *abbr.* (экспериментальная информационная машина) experimental data processor.
эй— *see also* эв—; —галлол *m.* eugallol, pyrogallol monoacetate.
эйген/величина *f.*, —верт *m.* (math.) eigenvalue, proper value.
эйген/ин *m.* eugenin; —овая кислота eugenic acid; —ол *m.* eugenol.
эйгенпериод *m.* eigenperiod.
эйдален *m.* eudalene, 7-isopropyl-1-methyl naphthalene.
Эйде *see under* Биркеланд.
эйдесмол *m.* eudesmol.
эйджрайт *see* эджрайт.
эйдидимит *m.* (min.) eudidymite.
эйдоксин *m.* eudoxine, bismuth Nosophen.
эйкаин *m.* eucaine.
эйкайрит *m.* (min.) eucairite.
эйкалипт *see* эвкалипт.

эйкарвон *m.* eucarvone.
эйкоз/ан *m.* eicosane; —ановая кислота eicosanic acid; —анол *m.*, —иловый спирт eicosanol, eicosyl alcohol; —ил *m.* eicosyl; —илен *m.* eicosylene.
эйкозоль *m.* a casein paint for leather.
эйколит *m.* (min.) eucolite.
эйком(м)ия *f.* (bot.) Eucommia.
эйконал *m.* (opt.) eikonal.
эйконоген *m.* (phot.) Eikonogen.
эйкриптит *m.* (min.) eucryptite.
эйкрит *m.* (petr.) eucrite.
эйксант/ин *m.* euxanthin; —иновая кислота euxanth(in)ic acid, purreic acid; —оген *m.* euxantogen, mangiferin; —он *m.* euxanthone, purrone; —оновая кислота euxanthonic acid.
эйксенит *m.* (min.) euxenite, polycrase.
эйкупин *m.* Eucupin, *i*-amylhydrocupreine.
эйл/ерианский, —еровский *a.* (math.) Eulerian, Euler('s); —изин *m.* eulysin; —изит *m.* (petr.) eulysite; —иптол *m.* eulyptol; —итин, —итит *m.* (min.) eulytin, eulytite.
эйм/енол *m.* Eumenol; —идрин *m.* Eumydrin, atropine methyl nitrate.
эйнатрол *see* звнатрол.
эйнштейн *m.* einstein (photochemical unit of energy); —ий *m.* einsteinium, Es; —овский *a.* Einstein('s).
эйоним/ин *m.* euonymin; —ит *m.* euonymit, dulcitol; —оид *m.* euonymoid.
эйосмит *m.* euosmite (fossil resin).
эйпар/ал *m.* euparal (synthetic resin); —ин *m.* euparin.
эйпат/ирин *m.* eupatirin, stevioside; —орин *m.* eupatorin.
эйпир/ин *m.* eupyrine; —хроит *m.* (min.) eupyrchroite.
эйпиттон *m.*, —овая кислота eupittone, eupittonic acid, hexamethoxyaurine.
эйралит *m.* (min.) euralite.
эйрезол *m.* Euresol, resorcinol monoacetate.
Эйри спираль (opt.) Airy's spiral.
эйр/ибин *m.* eurybin; —ит *m.* (petr.) eurite; —обин *m.* eurobin, chrysarobin triacetate; —один *m.* eurhodine; —офен *m.* europhen, isobutyl-*o*-cresol iodide.
эйстенин *m.* eustenin, theobromine sodium iodide.
эйтаксит *see* эвтаксит.
эйтаннин *m.* eutannin.
эйтиохроновый *a.* euthiochronic (acid).
эйфельский ярус (geol.) Eifelian stage.
эйфилл/ин *m.* Euphylline, theophylline ethylenediamine; —ит *m.* (min.) euphyllite (a mica).
эйфор/бий *see* эвфорбий; —ин *m.* euphorine, phenylurethane; —ия *f.* euphoria.
эйфоти/д *m.* (petr.) euphotide, gabbro; —ческий *a.* euphotic, gabbro.

эйфтальмин *m.* euphthalmine, eucatropine.
эйфурбин *m.* euphurbin.
Эйхгорна гидрометр Eichhorn's hydrometer.
эйхинин *m.* Euquinine, quinine ethylcarbonate.
эйхро/ит *m.* (min.) euchroite; —новая кислота euchroic acid, mellitic acidimide.
эйч-металл *m.* Aich's metal (alloy).
эка— *prefix* eka— (one, first); —толит *m.* (geol.) ekatolite (calcite filling the firlike cavities in nepheline syenite); —элемент *m.* eka-element.
экбалин *m.* ecbalin, elateric acid.
экболин *m.* ecboline.
экв. *abbr.* [эквивалент(ный)].
эквадорский *a.* (geog.) Ecuador(ian).
экватор *m.* equator; —иал *m.* equatorial (telescope); —иальный *a.* equatorial.
экв. ед. *abbr.* (эквивалентная единица) equivalent unit.
экви— *prefix* equi—; —аффинный *a.* (math.) equi-affine.
эквивалент *m.* equivalent; counterpart; —ность *f.* equivalence; —ный *a.* equivalent; —ная масса mass equivalent; закон —ных отношений law of definite proportions.
эквидистантный *a.* equidistant.
экви/зетовая кислота equisetic acid, aconitic acid; —коррелированный *a.* equicorrelated; —ленин *m.* equilenin.
эквилибр *m.* equilibrium, balance; —ировать *v.* equilibrate, balance; —истика *f.* equilibration, equipoise.
экви/лин *m.* equilin; —молекулярный *a.* equimolecular; —молярный *a.* equimolar; —партиция *f.* equipartition; —потенциал *m.*, —потенциальный *a.* equipotential; —скалярный *a.* equiscalar; —фазный *a.* equiphase.
ЭКГ *abbr.* (электрокардиограмма) electrocardiogram.
экгон/идин *m.* ecgonidine, *dl*-anhydroecgonine; —ин *m.* ecgonine, tropinecarboxylic acid.
экдемит *m.* (min.) ecdemite, heliophyllite.
экер *see* эккер.
экз. *abbr.* (экземпляр).
экз— *see also* экс—; —альгин *m.* Exalgin, methylacetanilide; —альтация *f.* (chem.; med.) exaltation.
экзам/ен *m.*, —енационный *a.* examination; —енатор, —инатор *m.* examiner; —еновать *v.* examine.
экзантема *f.* (med.) exanthema.
экзарация *f.* (geol.) exaration, furrowing.
экзегетический *a.* (math.) exegetic.
экзема *f.* (med.) eczema; —тозный *a.* eczematous.
экземпляр *m.* copy; specimen, sample; model; в трех —ах in triplicate.

экзо— *prefix* exo— (outside, outer); ecto—; **—асковый** *a.* (bot.) exoascaceous; **—гамия** *f.* (biol.) exogamy; **—генный** *a.* exogenous; exogenetic; (geol.) accidental (inclusion); **—дерма** *f.* (biol.) exoderm; **—молекулярный** *a.* intermolecular.

экзоморф/изм *m.* (geol.) exomorphism; **—ный** *a.* exomorphic.

экзо/связь *f.* intermolecular bond; **—смос** *m.* exosmosis; **—смотический** *a.* exosmotic; **—сфера** *f.* exosphere, upper layer of terrestrial atmosphere; **—т** *m.* (biol.) exotic; **—терический** *a.* exoteric; external.

экзотерм/ический, —ный *a.* exothermic, heat-liberating; **—ичность** *f.* exothermic nature.

экзот/ика *f.* (biol.) exotic; **—ический, —ичный** *a.* exotic; high-energy (fuel); **—ичность** *f.* exotic nature.

экзо/токсин *m.* (bact.) exotoxin; **—ты** *pl.* (biol.) exotics; **—фтальм** *m.* (med.) exophthalmia; **—циклический** *a.* exocyclic; **—энергетический** *a.* (phys.) exoenergic; **—эргический** *a.* (nucl.) exoergic.

эквивок *m.* equivocality, ambiguity; ambiguous term.

экипаж *m.* vehicle, carriage, car(t); undercarriage, chassis; crew; (deck) hand; (naval) training center; **без —а** unmanned, robot (satellite); **с —ем** manned, with crew; **—ный** *a. of* экипаж; vehicular; **—ная часть** undercarriage.

экипиров/анный *a.* equipped, furnished; **—ать** *v.* equip, furnish, fit out; **—ка** *f.* equipment, fitting out, outfit; housing; **—очный** *a.* equipment.

эккер *m.* (topographic) square, cross-staff (head); **крестообразный э.** cross-staff.

эклиметр *m.* (in)clinometer, elevation meter.

эклип/с *m.* (astr.) eclipse; **—тика** *f.*, **—тический** *a.* ecliptic.

эклогит *m.* (petr.) eclogite; **—овый** *a.* eclogite, eclogitic.

экмолин *m.* ekmolin (antimicrobial).

эко— *prefix* eco— (environment).

эколид *m.* Ecolid, chlorisondamine chloride.

эколог/ический *a.* (biol.) ecological; **—ия** *f.* ecology, bionomics.

эконом/айзер, —изатор *m.* economizer, waste gas heater; **—етр** *m.* econometer; **—ика** *f.* economics; economy, economic structure; **—ист** *m.* economist; **—ить** *v.* economize, save, cut down expenses.

экономическ/ий *a.* economical; commercial; pilot (burner); **—ая игла** economizer (in carburetor).

экономичн/ость *f.* economy; efficiency, effectiveness; husbandry; **—ый** *a.* economical; efficient, effective; economy-type.

эконом/ия *f.* economy, saving; **—ничать** *v.* economize, save; **—ность** *f.* economy; **—ный** *a.* economical.

экотип *m.* (biol.) ecotype.

экран *m.* screen, shield; baffle, deflector; **э. для защиты от** (nucl.) shield.

экранизировать *v.* film, do a documentary.

экранир/ование *n.* screening, shielding, insulation; (elec.) screening effect; (electrochem.) shadowing; **коэффициент —ования, постоянная —ования** screening number, screening constant (of element); **—ованный** *a.* screened, shielded; **—ованная камера** (nucl.) hot cell; **—овать** *v.* screen (off); shield; **—овка** *see* экранирование; **—ующий** *a.* screening, shielding; screen (grid).

экранный *a. of* экран.

экс— *prefix* ex—; *see also* экз—; **—анол** *m.* polyisobutylene used as a lubricating oil additive.

эксанталовая кислота ecsantalic acid.

эксгаустер *m.* exhauster, exhaust fan, suction fan, aspirator.

эксикатор *m.* exsiccator, desiccator.

эксит/он *m.*, **—онный** *a.* (electron.) exciton; **—рон** *m.* excitron.

экскаватор *m.* excavator, power shovel, digger, dredge; **кабельный э., канатный э., э.-драглайн** *m.* drag-line excavator; **э.-канавокопатель** *m.* ditch digger; **—ный** *a.* excavator, excavation; **—ные работы** excavation (work); **э.-обратная лопата** back hoe; **—остроение** *n.* excavator manufacture; **э.-струг** *m.* excavator-grader; **—щик** *m.* excavator operator.

экскавация *f.* excavation, digging; cutting (of road).

экскре/ментный *a.* excremental; **—менты** *pl.* excrement, feces; **—ты** *pl.* (physiol.) excreta, excretions; **—ция** *f.* excretion, elimination.

экскурс *m.* digression; **—ионный** *a.*, **—ия** *f.* excursion, trip.

эксосмос *see* экзосмос.

экспан/дер, —дор, —зер *m.* expander; **—зионный, —сионный** *a.* expansion; **—сивный** *a.* expansive; **—син** *m.* Expansine, patulin (antibiotic); **—сиометр** *m.* expansion gage; **—сия** *f.* expansion, expanse.

экспед/ировать *v.* expedite, facilitate; dispatch, send; **—итор** *m.* file clerk; forwarding agent; **—иционный** *a.* expeditionary; dispatch; **—иционные исследования** field work; **—иция** *f.* expedition; dispatch office.

экспеллер *m.* expeller.
экспенд/ер *m.* (tire manufacture) expander; —ирование *n.* expanding.
эксперимент *m.* experiment, test, trial; —ально *adv.* experimentally; —альный *a.* experiment(al); exploratory; tentative; pilot (plant); research (nuclear reactor); —атор *m.* experimenter; —аторский *a.* experimenter's; —аторство *n.* experimentation; tendency to experiment; —ирование *n.* experimentation; —ировать *v.* experiment.
эксперт *m.* expert; examiner, inspector; investigator; —иза *f.* expert's opinion, consultation; examination, appraisal, estimation; study (of documents); commission of experts; —ный *a.* expert('s).
экспир/аторный *a.* expiratory; —ация *f.* expiration.
эксплантация *f.* (biol.) explantation.
экспликация *f.* explication, explanation; legend, key (of diagram).
эксплоат— *see* эксплуат—.
эксплуататор *m.* exploiter; —ский *a.* exploiting.
эксплуатационно-ремонтный *a.* maintenance and repair.
эксплуатационн/ый *a.* exploitation, operation(al); producing, operating, working; service, performance, field (test); cruising (power of engine); э. режим operating conditions, working conditions; —ая вышка drilling rig, derrick; —ая надежность serviceability; —ые качества performance; —ые объекты (petrol.) production facilities; —ые расходы operating costs, cost of operation, maintenance cost.
эксплуатац/ия *f.* exploitation, operation, running; (mach.) service, maintenance; (petrol.) recovery; (agr.; min.) improvement, working, use, utilization; вводить в —ию *v.* put into service, put into operation, commission; вводиться в —ию *v.* come on stream; отдел —ии maintenance division; пускать в —ию *v.* put into service, put on stream; условия —ии operating conditions, working conditions.
эксплуатиров/ание *see* эксплуатация; —анный *a.* exploited, etc., *see v.*; —ать *v.* exploit, use, operate, run; (mach.) service, maintain; improve, work (land, mine).
экспоз/е *n.* exposé, exposure; summary, abstract; —иметр *see* экспонометр; —иционный *a.*, —иция *f.* exposition, exhibition, display; exposure (to light, etc.); exposure time; коэффициент —ции exposure factor.
экспон/ат *m.*, —атный *a.* exhibit; —ент *m.* exhibitor; (math.) exponent, index;
—ента *f.* exponential (curve); —ентный, —енциальный *a.* exponential; —ирование *see* экспозиция; —ированный *a.* exhibited, etc., *see v.*; —ировать *v.* exhibit, show; expose (to light, etc.); irradiate; —ометр *m.* exposure meter; spec. intensitometer, X-ray exposure meter.
экспорт *m.* export(ation); —ер *m.* exporter; —ирование *n.* exportation; —ировать *v.* export; —ный *a.* export(able); —ная торговля export.
экспотенциальный *a.* expotential (equation).
экспресс *m.* express (train); э.-анализ *m.* approximate analysis; э.-информация *f.* express information service; э.-лаборатория *f.* field laboratory; э.-методом *adv.* quick (test); —ный *a.* express; э.-старение *n.* accelerated aging.
экспромтом *adv.* impromptu, extempore, without preparation.
экспропри/ация *f.* expropriation; —ировать *v.* expropriate, dispossess.
экссуд— *see* эксуд—.
экстен/зометр *see* экстенсометр; —зор *m.* (anat.) extensor; —сивность *f.* extensiveness; —сивный *a.* extensive; —сометр *m.* extensometer.
экстерн *m.* extramural student.
экстерьер *m.* exterior.
экстинкция *f.* extinction.
экстирп/атор *m.* extirpator, cultivator, weeder; —ация *f.* extirpation, eradication; —ировать *v.* extirpate, eradicate.
экстра— *prefix* extra—.
экстравагантн/ость *f.* extravagance; —ый *a.* extravagant, liberal.
экстрагент *m.* extractant, extracting agent.
экстрагир/ование *n.* extraction, separation; —ованный *a.* extracted; —овать *v.* extract; —уемый *a.* extractable; —ующий *a.* extracting.
экстрак/т *m.* extract; —тивный *a.* extractive, extractable; —тивное вещество extractive; —тный, —товый *a.* extract; —тор *m.* extractor; —ционный *a.*, —ция *f.* extraction; —ционная перегонка extractive distillation; —ционная фосфорная кислота wet-process phosphoric acid.
экстралин *m.* an antiknock additive for gasoline.
экстраординарный *a.* extraordinary, unusual, uncommon; э. профессор professor adjunct; reader.
экстра-пар *m.* extra steam.
экстрапирамидный *a.* (anat.) extrapyramidal.
экстрапол/ирование *n.* extrapolation; —ированный *a.* extrapolate(d); —ировать *v.* extrapolate; —яция *f.* extrapolation.

экстрасистола f. (med.) extrasystole; —ток m. (elec.) extra current; —циклический a. extracyclic (compound).

экстрем/альный a. extreme, extremal; (math.) extremum; optimalizing (control); —ист m., —истский a. extremist; —ум m. extremum, extreme.

экстренн/о adv. specially; —ость f. urgency; —ый a. special, urgent; emergency; unforeseen (expenses).

экстр/удат m. extrudate; —удер m. extruder; —удирование n. extrusion; —удировать v. extrude; —удируемость f. extrudability; —узия f., —юдинг(-процесс) m. extrusion.

эксуд/ат m. (med.) exudate; —ация f. exudation.

эксфолиация f. exfoliation.

эксцельсиор m. excelsior.

эксцентр/ик m. (mach.) eccentric; cam; —иковый a. eccentric; cam (roll); —иситет, —ицитет m. eccentricity; —ический see эксцентричный; —ично adv. eccentric (to); —ичность f. eccentricity; —ичный a. eccentric, off-center.

эксцесс m. excess.

эксцизия f. excision, cutting out.

экто— prefix ecto— (outside, external); —генез m. ectogenesis; —генный a. ectogenic; (bact.) ectogenous; —дерма f. (zool.) ectoderm; —мия f. suffix —ectomy (surgical removal); —пия f. (med.) ectopy; —плазма f. (biol.) ectoplasm; —трофный a. (bot.) ectotrophic.

экуадорский a. (geog.) Ecuador(ian).

экугин m. echugin, echujin.

Экштейна-Эйбнера основание Eckstein-Eibner base, ethylideneaniline.

ЭЛ abbr. (электролюминесценция) electroluminescence; (электронная лампа) electron tube; (эхолот) sounding device.

эл. abbr. (электрический) electric(al).

элаидин m., —овый a. elaidin; —овая кислота elaidic acid, trans-9-octadecenoic acid; —овокислая соль elaidate.

элаил m. elayl, ethylene.

элаио/метр m. elaiometer (oil-expressing device); —пласт m. (bot.) elaioplast.

эларсон m. Elarson, strontium chloroarsenobehenolate; —овая кислота elarsonic acid.

эласмы pl. chalcid flies (Elasmidae).

эластанс m. (elec.) elastance.

эластик m. elastic, stretch material; rubber.

эластин m. elastin (a protein).

эластич/еский, —ный a. elastic, resilient, springy, flexible, supple; stretch; —ность f. elasticity, resilience, spring, flexibility.

эласто/вискозиметр m. elastoviscometer; —гель m. elastogel; —графия f. flexography, aniline rubber plate printing; —кинетика f. elastokinetics; —мер m. elastomer, elastoplastic; —мерный a. elastomeric; —механика f. elastomechanics.

элат/ерин m. elaterin; —ерит m. elaterite, mineral caoutchouc; —еровая кислота elateric acid, ecbalin; —ерон m. elaterone; —ин m. elatine; —иновый a. elatinic (acid); —овый a. elatic (acid).

ЭЛБ abbr. (электробалансер) electric balancer.

элбон m. Elbon, p-hydroxyphenylurea cinnamate.

эл-в, эл.-в. see эв.

эл.-графич. abbr. (электронно-графический) electron-diffraction.

элеватор m., —ный a. elevator, hoist, lift; (grain) elevator.

элевон m. (av.) elevon, ailavator.

электрет m. electret (a dielectric).

электриз/атор m. electrizer; —ация f., —ование n. electrification; charging; —ованный a. electrified; —овать v. electrify, electrize; charge; —уемость f. electrifiableness; —уемый a. electrified electrifiable; —ующийся a. electrifiable.

электрик m. electrician; electric blue.

электрифи/кация f. electrification; —цированный a. electrified; —цировать v. electrify.

электрически adv. electrically.

электрическ/ий a. electric(al); э. фонарь flashlight; —ая восприимчивость dielectric susceptibility; —ая отдача electrical efficiency; —ая проницаемость dielectric constant, permittivity; —ая станция (electric) power plant; в —ом поле electrostatic (paint spraying); отрицательно э. electronegative; положительно э. electropositive; с —им приводом electrically driven.

электричество n. electricity; э. трения frictional electricity.

электричка f. electric railroad.

электро n. electro(type).

электро— prefix electro—, electric; —агрегат m. generating set; —акустика f. electroacoustics; —акустический a. electroacoustic; —анализ m. electroanalysis; —балансер m. electric balancer; —бетон m. electroconcrete; —биология f. electrobiology; —бур m. electric drill; —бурение n. electric drilling; —бус m. electrobus; —бытовой a. electric (appliance); —вагонетка f. electric truck.

электровалентн/ость f. electrovalence; —ый a. electrovalent.

электро/ветер m. electric breeze, static breeze, aura; —взрыватель m. electric exploder, electric fuse; —влагомер m.

электровоз 839 электромашина

electric hygrometer; —водокачка f. electric pump.
электро/воз m. electric locomotive; —возбудительный a. electromotive; —возостроение n. manufacture of electric locomotives; —вооруженность f. extent of electrification; —ворсование n. (text.) electric teaseling; —восковка f. wax stencil film; —воспламенитель m. electric igniter, electric fuse; —восстановление n. electrolytic reduction; —вязкостный a. electroviscous.
электрогенератор m. generator; —ный a. generator; electricity-generating.
электро/гидравлический a. electrohydraulic; —глазурование n. electroglazing; —гониометр m. electrogoniometer, phase indicator; —горелка f. electric burner; —гравировальный a. electroengraving.
электрограф/ический a. electrographic; —ия f. electrography.
электрод m. electrode.
электродвигатель m. electric motor; —ный a. electric motor; electromotive.
электро/движок m. small electric motor; —движущий a. electromotive; —декантация f. electrodecantation; —детонатор m. electric detonator.
электрод-зонд m. auxiliary electrode.
электродиагностика f. electrodiagnosis.
электродиализ m. electrodialysis; —атор m. electrodialyzer.
электродинам/ика f. electrodynamics; —ический a. electrodynamic; dynamatic (brake); —ометр m. electrodynamometer.
электро/д-инструмент m. tool electrode; —диспергирование n. electrodispersion; —диффузия f. electrodiffusion; —дный a. electrode; —додержатель m. электрode holder.
электродо/ение n., —ильный a. electric milking; —илка f. electric milking machine; —йка f. electric milking; electric milking machine.
электро/доменная печь electric blast furnace; —дрель f. electric drill; —дренаж m. electric drying and compacting (of soil); —дуга f., —дуговой a. electric arc; —емкость f. electric capacity, electric capacitance; —жгут m. electric harness; —закалка f. (met.) electric hardening; —заклепка f. electric riveting; сварка —заклепками arc spot welding.
электро/запал m. electric fuse; —защита f. cathodic protection (against corrosion); —звуковой a. electroacoustic; —золь m. electrosol; —изгородь f. electric fence.
электроизмерительный a. electric measuring; э. прибор electric meter.

электроизол/ирующий, —яционный a. insulating, dielectric; —яция f. electric(al) insulation.
электроимпульсный a. electropulse.
электроиндук/тивный a. (electro)inductive; —ция f. (electro)induction.
электро/инструмент m. power tool; —интегратор m. computer-integrator, differential analyzer; —искровой a. electric-spark; —искровая обработка electromachining; —калориметр m. electrocalorimeter; —калорический a. electrocaloric; —капил(л)ярность f. electrocapillarity; —капил(л)ярный a. electrocapillary; —кар m., —кара f. power truck, battery-operated truck.
электрокардио/грамма f. (med.) electrocardiogram; —графия f. electrocardiography.
электро/карот(т)аж m. (min.) electric logging; —каутер m. electrocautery; —кинетика f. electrokinetics; —кинетический a. electrokinetic; —кислородный a. oxy-electric (cutting); —клепка f. electric riveting; —коагуляция f. electrocoagulation.
электроконтактн/ый a. electrocontact, electromechanical; —ая обработка (met.) electric discharge machining.
электро/копчение n. (food) electric curing; —коррозия f. electrocorrosion; —корунд m. synthetic corundum; —котел m. electric boiler; —кратовый a. electrocratic; —крекинг m. (petrol.) electrocracking; —кристаллизация f. electrocrystallization; —культура f. plant culture with electric heat.
электро/лампа f. electric lamp; —лафэта f. electric car; —лебедка f. electric hoist; —лечение n. electrotherapy.
электролиз m. electrolysis; подвергать —у v. electrolyze; —атор, —ер m. electrolyzer; —ация f. electrolyzing; —ный a. electrolytic; —ованный a. electrolyzed; —овать v. electrolyze, decompose by electrolysis.
электролиния f. electric line.
электролит m. electrolyte; —ический, —ный a. electrolytic; —ическое покрытие (met.) electrodeposition.
электролов m. electric fish trap(ping); —ушка f. electric insect trap.
электролюминесцен/тный a. electroluminescent; —ция f. electroluminescence.
электромагн/етизм m. electromagnetism; —ит m. electromagnet; —итизация f. electromagnetization; —итный a. electromagnetic.
электроматериал m. material for electric appliances, etc.
электромашин/а f. electric machine; —ный a. electric machine; electromechanical;

—ный генератор generator dynamo; —ный усилитель dynamoelectric amplifier, amplidyne; —остроение n. manufacture of electrical machinery.

электромер m. electromer; —ия f. electromerism.

электрометалл m. (welding) filler metal; —ургия f. electrometallurgy.

электрометр m. electrometer; —ический a. electrometric; electrometer; —ия f. electrometry, electrical logging.

электромехани/к m. electrician; —ка f. electromechanics; electrical engineering; —ческий a. electromechanical.

электромиграция f. electromigration.

электромио/грамма f. (med.) electromyogram; —графия f. electromyography.

электро/мобиль m. electric car; —моделирующий a. electrical analog.

электромонт/аж m. electric wiring; —ажник m. electrician; —ажный a. (installation and) wiring (work); —ер m. electrician.

электро/мотор m. electric motor; —мотриса f. electric truck; —мощность f. electric power.

электрон m. electron; Elektron (alloy); э. отдачи recoil electron; э. связи bonding electron.

электро/нагрев m. electric heating; —наседка f. electric incubator; —натирание n. (met.) electrodeposition.

электрон/-вольт m. electron-volt (unit of energy); —ика f. electronics.

электронно/возбужденный a. electron-induced; —волновой a. electron-wave; —грамма f. electron diffraction pattern; -дырочный переход p-n-junction; -ионный a. electrostatic; -лучевой a. electron-beam; cathode-ray (tube); -микроскопический a. electron-microscopic; -наведенный a. electron-induced.

электронно-оптический a. electron-optic(al); э. преобразователь image converter (tube), image translator.

электронно/-позитронный a. electron-positron; э.-разрядный a. electron-discharge; —световой a. electronic ray (indicator).

электронн/ый a. electron(ic); (met.) Elektron; э. захват electron capture; э. прожектор electron gun; —ая плотность (chem.) charge density; —ая пушка electron gun.

электроно/акцепторный a. electron-seeking; —грамма f. electron-diffraction pattern; —граф m. electron-diffraction camera; —графический a. electron-diffraction; —графия f. electron diffraction (study); —донор m., —донорный a., —отдаватель m. electron donor; —отдающий a. electron-releasing; —от-талкивающий a. electron-repelling; —подобный a. electron-like.

электро/обогащение n. electroconcentration (of ores); —обогрев m. electric heating; —обогреватель m. electric heater; —оборудование n. electrical equipment; —обработка f. electrotreatment (of wool); —окраска f. electrostatic painting; —окрашивание n. electrodyeing; —оптика f. electrooptics; —оптический a. electrooptic(al).

электрооса/дитель m. electric precipitator; —ждение n. electrodeposition, electrolytic precipitation; —жденный a. electrodeposited.

электро/освещение n. electric lighting; —осмос m. electroösmosis; —осмотический a. electroösmotic; —отрицательность n. electronegativity; —отрицательный a. electronegative; —очистка f. electrocleaning; electrical precipitation (of gases); —пайка f. electric soldering; —пастух m. electric fence; —пахота f. electric plowing; —передача f. power transmission; supply line; —печать f. electric printing.

электропечь f. electric furnace; э. прямого действия direct arc furnace; дуговая э. electric arc furnace.

электро/пила f. power saw; —пиролиз m. electropyrolysis; —питание n. power supply; —питающий a. power; —плавильный a., —плавка f. (met.) electrosmelting; —плит(к)а f. electric hot plate; —плуг m. electric plow.

электропневм/атический a. electropneumatic; —оклапан m. electropneumatic valve.

электро/подъемник m. (electric) elevator; —поезд m. electric train; —покрытие n. (met.) electrodeposition, electroplating.

электрополиров/ание n. electropolishing; —анный a. electropolished; —ать v. electropolish; —ка f. electropolishing.

электро/положительный a. electropositive; —предохранитель m. electric fuse; —предприятие n. electrical works; —прибор m. electric appliance; —привод m. electric drive.

электропровод m. power line; —имость f. electrical conductance; —ка f. (electric) wiring; —ность f. electric conductivity; —ный, —ящий a. conducting.

электро/прогрев m. electric heating; —проигрыватель m. electric record player; —производительность f. electrical efficiency; —промышленность f. electric industry; —прядение n. electric spinning; —пульт m. electropanel; —пунктура f. (med.) electropuncture; —пушка f. (met.) iron-notch gun (in blast fur-

электроразведка nace); —пылеулавливание n. electrical dust precipitation.
электро/разведка f. electric geophysical exploration; —разрядный a. sputter-ion (pump); capacitive (transducer); —распределительный a. power-distributing; —расщепление n. electrodisintegration; —реактивный a. ion-plasma jet (engine); —резка f. (electric) arc cutting; —ретинограмма f. electroretinogram.
электросвар/ка f., —очный a. (electric) arc welding; —очная f. arc weld shop; —щик m. arc welder, electric welder.
электро/сверло n. electric drill; —свечение n. electroluminescence; —связь f. electric communication; —сепарация f. electric separation; —сеть f. electric network, power supply network; —сила f., —силовой a. (electric) power; —синтез m. electrosynthesis; —система f. electric(al) system.
электроскоп, э.-детектор m. electroscope; э.-дозиметр radioscope; —ический a. electroscopic; —ия f. electroscopy.
электро/слаботочный a. weak-current; —снабжение n. power supply; —сопротивление n. electric resistance; удельное —сопротивление specific resistance, resistivity; —спуск m. electric trigger; —сталь f. electric steel; —станция f. power plant; —стартер m. electric starter.
электростати/ка f. electrostatics; —ческий a. electrostatic.
электро/стенолиз m. electrostenolysis; —сторож m. electric fence; —стрикция f. electrostriction; —струя f. electrojet; —счетчик m. electric meter; —таль f. electric hoist.
электротензо/месдоза f. strain-gage dynamometer; —метрия f. electrotensometry.
электротепловой a. electrothermal.
электротерапия f. (med.) electrotherapy.
электротерм/ический a. electrothermal; —ия f. electrothermics; тепловая —о-централь steam-electric power plant.
электротехни/к m. electrician, electrical engineer; —ка f. electrical technology, electrical engineering; —ческий a. electrotechnical, electrical engineering; electrical (equipment); electric, transformer (steel).
электро/тигель m. electric crucible; —типия f. electrotypy; —тон m. (physiol.) electrotonus; —трактор m. electric tractor; —тяга f. electric traction.
электро/ударный a. electrocontact, electromechanical (mine); —улавливание n. electric (dust) collection; —управляемый a. electrically controlled; —фи-

зика f. electrophysics; —физический a. electrophysical.
электрофильн/ость f. electrophilicity, electrophilic nature; —ый a. electrophilic.
электро/фильтр m. electrofilter, spec. electrostatic precipitator, Cottrell precipitator; —фон m. electrophone.
электрофор m. electrophorus, —ез(ис) m. electrophoresis; —етический a. electrophoretic.
электроформовка f. electroforming.
электрофото/графия f. electrophotography, xerophotography; —метр m. electrophotometer; —метрия f. electrophotometry.
электрохим/ический a. electrochemical; —ия f. electrochemistry.
электро/ход m. electrically powered ship; —хозяйство n. power plant; —холодильник m. electric refrigerator; —централь f. power plant; —часы pl. electric clock; —чугун m. electric (furnace) pig iron; —шлаковый a. electroslag (welding); —эндосмос m. electroendosmosis; —энергия f. electric energy, electric power.
электроэнцефало/грамма f. (med.) electroencephalogram; —графия f. electroencephalography.
электро/эрозионный a. (met.) electro-erosion; —ядерный a. electronuclear.
электрум m. (min.) electrum (alloy).
электуар/ий, —иум m. (pharm.) electuary, confection.
элемент m. element; unit, component, member, part; (elec.) cell; (Chaudron's) thermopile; (meteor.) factor; э.-индикатор m. indicator element; э. с одной жидкостью single-fluid cell; гальванический э. galvanic cell, voltaic cell; жидкостный э., наливной э. wet cell; периодическая система —ов periodic system (of the elements); сухой э. dry cell; химический э. chemical element.
элементарн/ость f. elementariness; —ый a. elementary, elemental, simple; fundamental; ultimate (analysis); —ая ячейка (cryst.) unit cell; —ое звено monomer unit, mer.
элементный a. of элемент.
элементоорганический a. hetero-organic, organoelemental.
элемецин m. elemecin.
элем/и n., смола э., —иевый a. elemi (gum); —ин m. elemin; —ицин m. elemicin, 1-allyl-3,4,5-trimethoxybenzene; —овый a. elemic (acid); —ол m. elemol; —оновый a. elemonic (acid).
элео- prefix el(a)eo- (oil).
элеолит m. (min.) el(a)eolite; —овый a. elaeolithic.

элеомаргариновая кислота eleomargaric acid, octadecadienoic acid.
элеометр m. elaeometer (oil hydrometer).
элеонорит m. (min.) eleonorite.
элеостеариновая кислота eleostearic acid, octadecatrienoic acid.
элерон m. (av.) aileron, flap.
элефантиазис m. (med.) elephantiasis.
элиазит m. (min.) eliasite.
эликсир m. elixir.
элимин/ант m. (math.) eliminant; —атор m. eliminator; —ация f., —ирование n. elimination; —ированный a. eliminated; —ировать v. eliminate.
элинвар m. Ellinvar (alloy).
элипс see эллипс.
элит m. (min.) ehlite.
элит/а f., —ный a. (genetics) elite, superior stock, selected varieties.
эллаг/ендубильная кислота, —одубильная кислота ellagitannic acid; —овая кислота ellagic acid, gallogen.
эллахерит m. (min.) oellacherite.
эллинг m. launch, slipway; shipyard, dock, berth; (av.) hangar; —овый a. of эллинг; shipbuilding.
эллип/с(ис) m. (geom.) ellipse; (horol.) jewel pin; э. искажений indicatrix; —совидный a. ellipsoid(al); —сограф m. ellipsograph; —соид m. ellipsoid; —соидальный a. ellipsoid(al); —тический a. elliptic(al); —тичность f. ellipticity.
эл. магн. ед. abbr. (электромагнитная единица) electromagnetic unit.
эл.-микроскопич. abbr. (электронно-микроскопический) electron-microscopic.
эл-од abbr. (электрод) electrode.
элодея f. (bot.) water thyme (*Elodea*).
элонгация f. elongation, stretch.
эл.-оптич. abbr. (электронно-оптический) electron-optical.
элотрон m. a gamma spectrometer using recoil electrons.
э. л. с. abbr. (эффективная лошадиная сила) effective horsepower, brake horsepower.
эл.-ст. abbr. (электростанция) power plant.
эл.-ст. ед. abbr. (электростатическая единица) electrostatic unit.
ЭЛТ abbr. (электронно-лучевая трубка) cathode-ray tube.
эл-хим abbr. (электрохимия) electrochemistry.
эль m. ale.
Эльба the Elbe (river).
Эльбса реакция Elbs reaction.
эльван m. (petr.) elvan.
эльделин m. eldeline.
Эльзас Alsace; эльзасский a. Alsatian.
Эльм/а огонь, святого —са огонь (meteor.) St. Elmo's fire; —ора процесс Elmore (flotation) process.

эльпидит m. (min.) elpidite.
эльсвортит m. (min.) ellsworthite.
элю/ант m. eluant; —ат m. eluate; —ация see элюирование.
элюв/иальный a. (geol.) eluvial; —ий m. eluvium, residual rock.
элю/ент m. elutriator, elutriating agent; —ирование n. elution, washing, extraction; elutriation (separation of radioactive elements by ion exchanger); —ировать v. elute, extract; —ирующий a. eluting; elutriating; —триация f. elutriation; —ционно-разделительный a. elution-partition; —ция see элюирование.
эмаграмма f. (meteor.) emagram.
эмал/евый a. enamel; —епроволока f. enameled wire; —ирование n. enameling, glazing; —ированный a. enameled, glazed; enamel (ware); —ировать v. enamel, glaze; —ировка f., —ировочный a. enameling, glazing; —ь f. enamel.
эман m. eman (unit of radioactivity); —атор m. emanator; —ационный a., —ация f. emanation, Em; коэффициент —ации emanating power; —ий m. emanation, emanon, Em; —ирование n., —ирующий a. emanating; —ометр m. emanometer.
эмбел/иевая кислота, —ин m. embelic acid, embelin.
эмбенская нефть Emba crude oil.
эмблема f. emblem.
эмбол/ит m. (min.) embolite; —ия f. (med.) embolism.
эмбрио— *prefix* embryo—, embryonic; —генез m., —гения f. embryogeny.
эмбриолог m. embryologist; —ический a. embryological; —ия f. embryology.
эмбрион m. embryo; —альный a. embryonic.
ЭМГ abbr. (электромиограмма) electromyogram.
эме see эл. магн. ед.
эмеральдин m. emeraldin (dye).
эмет/амин m. emetamine; —ик see рвотный камень; —ин m. emetine; —ический a. emetic.
эмигр/ант m. emigrant; refugee; —ационный a. emigration, emigrant; —ация f. emigration; —ировать v. emigrate.
эмисс/ионный a. emission, emissive, emitting; —ионная способность emissivity; —ия f. emission; удельная —ия emissivity.
ЭМИТ abbr. (электромагнитный измеритель морских течений) electromagnetic instrument for measuring sea currents.
эмит(т)/ер m., —ерный a. emitter; —ированный a. emitted; —ировать v. emit, give off; —ируемый a. emitted; —ирующий a. emitting, emissive.
эмкар m. (vet.) gangrene.

эммер *m.* (bot.) emmer (*Triticum dicoccum*).
эммонсит *m.* (min.) emmonsite.
эмодин *m.* emodin; —овая кислота emodinic acid; —ол *m.* emodinol.
эмоц/иональный *a.* emotional; —ия *f.* emotion.
эмпиема *f.* (med.) empyema.
эмпиревматический *a.* empyreumatic, tarry.
эмпир/изм *m.* empiricism; —ически *adv.* empirically; —ический *a.* empirical, experimental; —ия *f.* empirism, experience, observation.
эмплектит *m.* (min.) emplectite.
эмпрессит *m.* (min.) empressite.
эмтээсов/ец *m.* machine and tractor service man; —ский *a.* machine and tractor servicing.
ЭМУ *abbr.* (электромашинный усилитель) amplidyne; (электронная моделирующая установка) electronic simulating unit.
эмульг/атор *m.* emulsifier, emulsifying agent; —ация *f.*, —ирование *n.* emulsification; —ированный *a.* emulsified; —ировать *v.* emulsify; —ируемость *f.* emulsifiability; —ируемый *a.* emulsifiable; emulsified; —ирующий *a.* emulsifying; —ирующийся *a.* emulsifiable.
эмульсация *see* эмульсификация.
эмульсер *m.* emulsifier.
эмульсин *m.* emulsin, synaptase.
эмульс/ионный *a.* emulsion; emulsifying (agent); —ирование *n.* emulsification; —ированный *a.* emulsified; —ировать *v.* emulsify; —ификатор *m.* emulsifier, emulsifying agent; —ификация *f.* emulsification; —ия *f.* emulsion; делать —ию *v.* emulsify; —оид *m.* emulsoid; —ол *m.* self-emulsifying oil; —ор *see* эмульсификатор.
эмфизема *f.* (med.) emphysema; —тозный *a.* emphysematous.
ЭМЧЗ *abbr.* (электромагнитное частотное зондирование) electromagnetic frequency sounding (method).
эмшер *m.* (geol.) Emscherian stage.
эмшерский бассейн, э. колодец Imhoff (septic) tank.
ЭМЭ *abbr.* (эмпирический матричный элемент) empirical matrix element.
энант *m.* enanthic fiber; —ема *f.* (med.) enanthema; —ил *m.* enanthyl; —иловая кислота enanthylic acid, enanthic acid; —ин *m.* enanthin, heptine.
энантио— *prefix* enantio— (opposite); —морф *m.* (cryst.) enantiomorph; —морфизм *m.* enantiomorphism; —морфный *a.* enantiomorphous, similar but not superposable; —тропия *f.* (cryst.) enantiotropy; —тропный *a.* enantiotropic.

энантов/ый *a.* enanthic; э. альдегид enanthic aldehyde, enanthal; э. эфир enanthic ether, ethyl pelargonate; —ая кислота enanthic acid; —окислая соль enanthate.
энанто/л *m.* enanthol, heptyl alcohol; —токсин *m.* enanthotoxin.
энаргит *m.* (min.) enargite.
энгармонический *a.* enharmonic.
энгельманова сосна Engelmann spruce.
энгидрос *m.* (min.) enhydros.
энглеровский *a.* Engler's (viscosimeter).
энгранаж *m.* (horol.) depth.
эндартери(и)т *m.* (med.) endarteritis.
эндгаз *m.* endothermic gas.
эндекан *see* ундекан.
эндекаэдр *m.* (cryst.) hendecahedron; —ический *a.* hendecahedral.
эндем *m.* endemic animal or plant; —ик *see* эндем; endemic (disease); —ический, —ичный *a.* endemic, local; —ия *f.* endemia; endemic (disease).
эндивий, э. цикорий *m.* endive.
эндлихит *m.* (min.) endlichite.
эндо— *prefix* endo— (within); —вибратор *m.* endovibrator, cavity resonator; —гамический *a.* endogamous; —гамия *f.* (biol.) endogamy; —генный *a.* endogene, endogenic; —дерма *f.* (zool.) endoderm; —кард(ий) *m.* (anat.) endocardium; —кардит *m.* (med.) endocarditis.
эндокрин *m.*, —ный *a.* (physiol.) endocrine; —ология *f.* endocrinology; —опатия *f.* (med.) endocrinopathy.
эндо/кроцин *m.* endocrocin; —кси— *prefix* endoxy—; —метрит *m.* (med.) endometritis; —мицин *m.* endomycin.
эндоморф *m.* (cryst.) endomorph; —изм *m.* endomorphism; —ный *a.* endomorphic; —оз *m.* endomorphism.
эндо/паразит *m.* endoparasite, internal parasite; —плазма *f.* (biol.) endoplasm; —скопия *f.* (med.) endoscopy.
эндосмо/метр *m.* (phys.) endosmometer; —с *m.* endosmosis; —тический *a.* endosmotic.
эндо/сперма *f.* (bot.) endosperm; —субтилизин *m.* endosubtilysin; —телий *m.* (zool.) endothelium.
эндотерм/ический, —ный *a.* endothermic, heat-absorbing; —ичность *f.* endothermic nature, endothermicity.
эндо/тия *f.* (phyt.) endothia blight; —токсин *m.* endotoxin; —трофный *a.* (bot.) endotrophic; —фермент *m.* endoenzyme, intracellular enzyme; —энергетический *a.* endoergic; —энзим *m.* endoenzyme; —эргический *a.* endoergic.
эн‚юзит *m.* (min.) andrewsite.
энезол *m.* Enesol.
энервация *f.* (med.) enervation.

энергатор *m.* hydrotransmitter.
энергети/к *m.* power engineer, power worker; —ка *f.* energetics; power engineering; —ческий *a.* energy, power; energy-producing; fuel (oil); —ческий реактор (nucl.) power reactor.
энергичн/о *adv.* energetically, vigorously; —ый *a.* energetic, vigorous, lively, active; —ая реакция vigorous reaction.
энерг/ия *f.* energy, power; кинетическая э. kinetic energy; получать —ию, снабжаться —ией *v.* be powered (by).
энерго— *prefix* energy, power; —база *f.* power source; —вооруженность *f.* power available per productive unit or worker; (av.) power-to-weight ratio; —выделение *n.* release of energy, energy liberation.
энергоемк/ий *a.* power-consuming; —ость *f.* energy capacity, power capacity, energy content (of fuel).
энерго/машиностроение *n.* power machine(ry) construction; —отдача *see* энерговыделение; —питание *n.* power supply; —поезд *m.* (rr.) power train, mobile power unit; —потеря *f.* energy loss, dissipation; —силовая установка power plant; —система *f.* power system, energy system; —снабжение *n.* power supply; —содержание *n.* energy content; —станция, —установка *f.* power plant; —хозяйство *n.* power facilities; —центр *m.* power center; —эквивалентный *a.* power-equivalent.
энзим *m.*, —ный *a.* enzyme.
энзоот/ический *a.* enzootic, afflicting animals; —ия *f.* enzootic disease.
энигматит *m.* (min.) enigmatite.
энидин *m.* enidin.
энимики *pl.* (geol.) Animikian series.
энин *m.* enin.
энкаусти/ка *f.* encaustic (painting); —ческий *a.* encaustic (tile, etc.).
энкринит *m.* encrinite (fossil crinoid); —овый *a.* encrinitic.
эннеа— *prefix* enne(a)— (nine).
эннеаэдр *m.* (geom.) enneahedron; —ический *a.* enneahedral.
эннитатин *m.* enniatin.
энный *a.* some, any, unspecified, *n*th.
энол *m.* enol; —аза *f.* enolase; —ат *m.* enolate; —изация *f.* enolization; —ьный *a.* enol.
энский *a.* some, a certain.
энстатит *m.* (min.) enstatite.
энтальпия *f.* (phys.) enthalpy.
энтер/ит *m.* (med.) enteritis; —о *prefix* entero— (intestine); —окиназа *f.* enterokinase; —околит *m.* (med.) enterocolitis; —отомия *f.* enterotomy.
энто— *prefix* ento— (within, inner); *see*
also under эндо—; —зоон *m.* entozoon, animal parasite.
энтомолог *m.* entomologist; —ический *a.* entomological; —ия *f.* entomology.
энтоолитовый *a.* (petr.) entoölitic.
энтр. ед. *abbr.* (энтропийная единица) entropy unit, eu.
энтрилодер *m.* (min.) entry loader.
энтроп/ийный *a.* (phys.) entropic, entropy; —ия *f.* entropy.
энтузиазм *m.* enthusiasm.
энуклеация *f.* enucleation.
энцелад *m.* (astr.) Enceladus.
энцефал—, —о— *prefix* encephal(o)— (brain); —ит *m.* (med.) encephalitis.
энциклопед/ический *a.* encyclopedic; —ия *f.* encyclopedia.
эо— *prefix* eo— (early, dawn); —ген *m.* (geol.) Eogene.
эозин *m.* eosin, tetrabromofluorescein; —офил *m.* (biol.) eosinophile; —офильный *a.* eosinophilic.
эозо/йский *a.* (geol.) Eozoic, pre-Cambrian; —новая структура, —он *m.* (geol.) eozoon (a banded structure).
эолит *m.* (archeol.; geol.) eolith.
эолов/а арфа aeolian tones; —о-обломочный *a.* (geol.) anemoclastic; —ый *a.* aeolian, windborne; —ый многогранник ventifact; —ые отложения aeolian rocks, wind deposits.
ЭОП *abbr.* (электронно-оптический преобразователь) image converter tube; (элементарные обрабатываемые поверхности) elementary machining surfaces.
эосфорит *m.* (min.) eosphorite.
эоцен *m.*, —овый *a.* (geol.) Eocene.
эп— *see* эпи—.
эпархейский *a.* (geol.) Eparchean.
эпейроген/ез, —езис *m.* (geol.) epeirogenesis; —етический, —ический *a.* epeirogenic; —ия *f.* epeirogeny.
эпи— *prefix* epi— (upon, over); —бласт *m.* (biol.) epiblast; —борнеол *m.* epiborneol, 3-camphanol; —бромгидрин *m.* epibromohydrin.
эпиген/ез *m.* (biol.; geol.) epigenesis; —етический *a.* epigenetic; —ит *m.* (min.) epigenite; —ный *a.* epigene.
эпигидрин *m.* epihydrin, propylene epoxide; —овая кислота epihydrinic acid, glycidic acid; —овый спирт epihydric alcohol, glycidol.
эпигуанин *m.* epiguanine, methylguanine.
эпидем/иология *f.* (med.) epidemiology; —ический *a.*, —ия *f.* epidemic.
эпидерм/а *f.*, —ис *m.* (biol.) epidermis; —ический *a.* epidermic.
эпи/десмин *m.* (min.) epidesmine; —диаскоп *m.* (opt.) epidiascope; —дидимит *m.* (min.) epididymite; (med.) epididy-

эпидот mitis; —диорит *m.* (petr.) epidiorite; —дозит *m.* (petr.) epidosite.

эпидот *m.*, —овый *a.* (min.) epidote, pistacite; зеленый э. arendalite; —изация *f.* epidotization.

эпизод *m.* episode; —ический *a.* incidental, occasional; casual (inspection).

эпизона *f.* (geol.) epizone, shallow zone.

эпизоот/ический *a.* (vet.) epizootic; —ия *f.* epizooty, epizootic disease.

эпи/кадмиевый *a.* (nucl.) epicadmium; —каин *m.* epicaine; —камфора *f.* epicamphor, 3-camphanone; —кард(ий) *m.* (anat.) epicardium; —катехол *m.* epicatechol; —кластический *a.* (petr.) epiclastic; —континентальный *a.* shallow continental; —криз *m.* (med.) epicrisis, secondary crisis.

эпилеп/сия *f.* (med.) epilepsy; —тик *m.*, —тический *a.* epileptic.

эпил/ировочный *a.* depilatory; —яция *f.* (d)epilation, hair removal, plucking.

эпимер, —ид *m.* epimer, epimeride (isomer); —ный *a.* epimeric.

эпи/микрокарта *f.* opaque microcard; —морф *m.* (cryst.) epimorph; —нефрин *m.* epinephrine (adrenaline); —нин *m.* Epinine; —озин *m.* epiosin, methyldiphenyleneamidozol; —параклаз *m.* (geol.) epiparaclase, overthrust; —планктонный *a.* (biol.) epiplanktonic; —положение *n.* epiposition; —породы *pl.* (geol.) epirocks; —рамноза *f.* epirhamnose.

эпирогенезис *see* эпейрогенез.

эпи/скоп *m.* episcope (projector); —стильбит *m.* (min.) epistilbite; —столит *m.* (min.) epistolite; —таксиальный *a.* (cryst.) epitaxial; —таксия *f.* epitaxy; —тека *f.* (bot.) epitheca; —телиальный *a.* (biol.) epithelial; —телиальное тельце (anat.) parathyroid gland; —телий *m.* epithelium; —телиома *f.* epithelioma, epithelial cancer; —тепловой, —термальный *a.* epithermal; —трохоида *f.* (geom.) epitrochoid; —физ *m.* (anat.) epiphysis; —фит *m.* (bot.) epiphyte; —фитный *a.* epiphytic.

эпихлор/гидрин *m.* epichlorohydrin, chloropropylene oxide; —ит *m.* (min.) epichlorite.

эпицентр *m.* epicenter, zero point.

эпицикл *m.* (astr.) epicycle; —ический *a.* epicyclic; —оида *f.* (geom.) epicycloid.

эпи/эритроза *f.* epierythrose; —этилин *m.* epiethylin, glycidyl ethyl ether; —янтинит *m.* (min.) epijanthinite.

ЭПК *abbr.* (электропневматический клапан) electropneumatic valve: (эффективное пороговое число квантов) effective threshold quantum number.

Эплтона слой Appleton layer (of ionosphere).

эпокси— *prefix* epoxy—; —группа *f.* epoxy group; —д *m.* epoxide; —дирование *n.* epoxidation; —дный *a.* epoxy (resin); —смола *f.* epoxy resin; —соединение *n.* epoxy compound.

эпоха *f.* epoch, period, time, age.

э. п. р., ЭПР *abbr.* (электронный парамагнитический резонанс) electron paramagnetic resonance.

эпсилон-энтропия *f.* ε-entropy.

эпсом/ит *m.* (min.) epsomite, natural Epsom salt; —ский *a.* Epsom.

эпштейновский *a.* Epstein.

эпюр *m.*, —а *f.* epure, diagram, drawing; graphic representation; line, curve.

эпюр/ат *m.* (fractionation) intermediate product; —ационная колонна a fractionating column.

эр/а *f.* наше́й —ы anno Domini, A.D.; до нашей —ы в.с.

эрб/иевый *a.*, —ий *m.* erbium, Er; —иевая земля, окись —ия erbia, erbium oxide; сернокислый —ий erbium sulfate.

эрг *m.* erg (unit of work); (geol.) erg, sand desert.

ЭРГ *abbr.* (электроретинограмма) electroretinogram.

эргамин *m.* ergamine, histamine.

эргин *m.* ergine; —овый двигатель ergine motor.

эргметр *m.* (elec.) ergmeter.

эрго— *prefix* ergo— (ergot; work); —базин *m.* Ergobasine, Ergometrine; —граф *m.* (med.) ergograph; —дический *a.*, —дичность *f.* ergodicity; channeled energy; —зин *m.* ergosine; —кальциферол *m.* ergocalciferol, vitamin D_2; —метр *m.* (phys.) ergmeter; —метрин *see* эргобазин; —номика *f.* ergonomics, human engineering; —стан *m.* ergostane; —стерин *m.* ergosterol; —тамин *m.* ergotamine; —тизм *m.* (med.) ergotism; —тин *m.* ergotine; —тинин *m.* ergotinine; —тиновая кислота ergotic acid; —токсин *m.* ergotoxine; —флавин *m.* ergoflavin; —хризин *m.* ergochrysin.

эрг-сек *abbr.* (эрг-секунда) erg-second.

эректор *m.* erector.

эрекция *f.* (physiol.) erection.

эремурус *m.* (bot.) Eremurus.

эреп/син *m.*, —таза *f.* erepsin, ereptase.

эретизм *m.* (med.) erethism.

эрзац *m.* substitute.

Эри Lake Erie.

Эри функция Airy stress function.

эриантус *m.* plume grass (*Eriantus*).

эригероновое масло erigeron oil.

эридан *m.* (astr.) Eridanus.

эризи/мин *m.* erysimin; —пелоид *m.* (med.) erysipeloid.
эрийский ярус (geol.) Erian stage.
эрикит *m.* (min.) erikite.
эриколин *m.* ericolin.
эриксеновский *a.* Erichsen.
эрин/ит *m.* pentaerythritol tetranitrate; (min.) erinite; —оид *m.* Erinoid (a casein thermoplastic).
эрио/диктиол *m.* eriodictyol; —дин *m.* eriodin; —метр *m.* (text.) eriometer; —нит *m.* (min.) erionite; —хромовый *a.* eriochrome (dye).
эритем/а *f.* (med.) erythema; —альность *f.* erythemal factor; —ный *a.* erythematous; erythema (dose).
эритр— *see* эритро—; —ен *m.*, —еновый *a.* erythrene, 1,3-butadiene; —ин *m.*, —иновый *a.* erythrin; erythrine (alkaloid); (min.) erythrite, cobalt bloom; —инин *m.* erythrinine; —иновый *a.* erythric (acid); —ит *m.* erythrite, erythritol.
эритро— *prefix* erythro— (red; erythrocyto—); —глюцин *m.* erythroglucin, erythrol; —декстрин *m.* erythrodextrin; —за *f.* erythrose; —зин *m.* erythrosine; —ксилин *m.* erythroxyline, cocaine; —л *m.* erythr(it)ol, 3-butene-1,2-diol; —лакцин *m.* erythrolaccin; —литмин *m.* erytholitmin; —мицин *m.* erythromycin; —новая кислота erythronic acid; —сидерит *m.* (min.) erythrosiderite; —филл *m.* (bot.) erythrophyll; —флеин *m.* erythrophleine; —цефаелин *m.* erythrocephaelin; —цинкит *m.* (min.) erythrozincite; —цит *m.* erythrocyte, red blood corpuscle; реакция оседания —цитов erythrocyte sedimenation test.
эритрулоза *f.* erythrulose.
эрицин *m.* ericin, Mesotan; —ол *m.* ericinol.
эрквеин *m.* herquein (antibiotic).
эркер *m.* bay window.
эрленмейеровский *a.* Erlenmeyer (flask).
эрлифт *m.* air lift; —но-центробежный *a.* airlift-centrifugal.
эрлихин *m.* ehrlichin.
эрлиховский *a.* Ehrlich (side chain theory).
эрмитов/о сопряжение (math.) Hermitian conjugate; —ский *a.* Hermitian, Hermite.
эродиров/анный *a.* eroded, weathered; —ать *v.* erode, wear away.
эроз/ивный *a.* erosive, wearing; corrosive; —неустойчивый, —ионноустойчивый *a.* erosion-resistant; —ионный *a.* erosion-(al); —ия *f.* erosion, weathering (of rocks, etc.).
эро/с, —т *m.* (astr.) Eros.
эрратический *a.* erratic.
эрс *abbr.* (эрстед).

эрстед *m.* (elec.) oersted (magnetic unit); —метр *m.* oerstedmeter.
эрстит *m.* Oerstit (magnetic alloy).
Эру печь (met.) Heroult furnace.
эрудиция *f.* erudition, learning.
эруковая кислота erucic acid, *cis*-13-docosenoic acid.
эруптивный *a.* (geol.) eruptive.
эруц/идовая кислота erucidic acid, brassic acid; —иловый спирт erucylic alcohol.
эрштедт *see* эрстед.
Э. С. *abbr.* (энергия связи) binding energy.
эсе *see* эл.-ст. ед.
эскадр/а *f.* squadron; —енный *a.* squadron; fleet; —илья *f.* (air) squadron; —он *m.* squadron.
эскалатор *m.*, —ный *a.* escalator.
эскариоль *m.* (bot.) escarole.
эскарп *m.* scarp, escarpment, cliff; —ировать *v.* scarp, cut down; —овый *a.* of эскарп.
эскер *m.* (geol.) esker.
эскиз *m.* sketch, draft, rough drawing, freehand drawing, outline; —ность *f.* sketchiness; —ный *a.* sketch(y), preliminary; —ный проект, —ный чертеж sketch, draft, outline.
эскимосский *a.* Eskimo.
эскорт *m.*, —ировать *v.*, —ный *a.* (mil.) escort.
эскул/етин *m.* esculetin, 6,7-dihydroxycoumarin; —етиновая кислота esculetinic acid; —ин *m.*, —иновая кислота esculin, esculinic acid.
эсминец *m.* (mil.) destroyer.
эспар/то *n.*, —товый *a.* esparto (grass); —цет *m.* sainfoin (*Onobrychis*).
эспатит *m.* Espatite (Soviet ion-exchange resin).
эсперин *m.* esperin.
эссексит *m.* (petr.) essexite.
эссенция *f.* essence; летучая э. essential oil, volatile oil.
эссонит *m.* (min.) essonite.
эст. *abbr.* (эстонский) Estonian.
эстакад/а *f.* scaffold, bridge, gantry, trestle; platform, loading ramp; stockade (breakwater); —ный *a. of* эстакада; (rr.) elevated; —ный мост trestle bridge.
эстамп *m.* print, plate, engraving.
эстафет/а *f.* express delivery; relay race; —ный *a.* rapid (spread of cracks).
эстезиометр *m.* (med.) esthesiometer.
Эстеля способ (met.) Estelle method.
эстер *see* эфир, сложный; —ификация *f.* esterification.
эстивация *f.* (biol.) estivation.
эстолид *m.* estolide.
эстонский *a.* (geog.) Estonia(n).
эстрагол *m.* estragole, *p*-allylanisole.
эстрагон *m.*, —овый *a.* tarragon.
эстрада *f.* platform, stage.

эстрадиол *m.* estradiol.
эстрадный *a.* of эстрада.
эстр/атриен *m.* estratriene; —ин *see* эстрон; —иол *m.* estriol.
эстрих(гипс) *m.* gypsum floor.
эстро/ген *m.*, —генный гормон estrogen; —н *m.* estrone, folliculin.
эстуар/иевый *a.* (geol.) estuarine; —ий *m.* estuary, frith, firth.
Эстьена аппарат Estienne apparatus.
эсхинит *see* эшинит.
эта *pron. f.* this, that.
этаж *m.* story, floor, level; здание в пять —ей five-story building; нижний э., первый э. ground floor.
этажерка *f.* set of shelves; bookcase; (micromodule) stack.
этажность *f.* number of stories.
этажный *a.* story, floor; storied; stepped, step-like, graduated, graded, gradual; multiple-stage, multistage; multiple-seated (valve); stack (molding); block (caving); tier (antenna); platen, multi-daylight (press); э. выключатель (elec.) floor switch.
эталон *m.* standard (of weights or measures); reference; gage, calibration instrument.
эталониров/ание *n.* standardization, standardizing, etc., *see v.*; —анный *a.* standardized, adjust, etc., *see v.*; —ать *v.* standardize, adjust; calibrate; gage, test (instrument).
эталонн/ый *a.* standard; calibrating, calibration; reference (source, etc.); comparison (potentiometer); э. аппарат calibrating device; —ая мера unit prototype; —ое сопротивление standard resistance.
эталь *m.* ethal, cetyl alcohol.
ЭТАМ *abbr.* (электротермоанемометр) electrothermoanemometer.
этаминал *m.* pentobarbital.
этан *m.* ethane; —ал *m.*, —алевый *a.*, —аль *m.* ethanal, acetaldehyde; —амид *m.* ethanamide, acetamide; —диаль *m.* ethanedial, glyoxal; —дикарбоновая кислота ethanedicarboxylic acid; —дикислота *f.*, —диовая кислота ethanedioic acid, oxalic acid; —диол *m.* ethanediol, glycol; —овый *a.* ethane; —овая кислота ethanoic acid, acetic acid; —оил *m.* ethanoyl, acetyl; —ол *m.* ethanol, ethyl alcohol; —олиз *m.* ethanolysis.
этансульфо/кислота *f.*, —новая кислота ethanesulfonic acid.
этантиол *m.* ethanethiol, ethyl mercaptan; —овый *a.* ethanethiolic (acid).
этап *m.*, —ный *a.* stage; halting place; —ный пункт depot.
Этвеша правило (phys.) Eötvös rule.

этез/ии *pl.* etesian winds; —ийный *a.* etesian, periodical.
этен *m.* ethene, ethylene; —ил *m.* ethenyl; —иламид *m.* ethenylamide, acetamidine; —илиден *m.* ethenylidene; —ол *m.* ethenol, vinyl alcohol.
этериз/ация *f.* (med.) anesthetization; —ировать *v.* anesthetize.
этерифи/кация *f.* esterification; etherification; —ковать, —цировать *v.* esterify; etherify.
этернит *m.* Eternit (asbestos shingle).
эти *pron. pl.* these, those.
этиден *m.* eth(yl)idene.
этика *f.* ethics.
этикет/ирование *n.*, —ировочный *a.* labeling; —ка *f.* label, tag, nameplate.
этил *m.* ethyl; бромистый э. ethyl bromide, bromethane; перекись —а ethyl peroxide; хлористый э. ethyl chloride, chloroethane.
этил/ал *m.* ethylal; —амин *m.* ethylamine; —анилин *m.* ethylaniline; —ат *m.* ethylate (ethoxide or alcoholate); —ацетат *m.* ethyl acetate; —бензол *m.* ethylbenzene.
этилен *m.* ethylene, ethene; окись —а ethylene oxide; хлористый э. ethylene chloride.
этилен/гликоль *m.* ethylene glycol; —диамин *m.* ethylenediamine; —имин *m.* ethylenimine; —молочная кислота ethylene lactic acid; —овый *a.* ethylene; —овая связь ethylene linkage, double bond; —хлоргидрин *m.* ethylene chlorohydrin.
этилиден *m.* ethylidene; —мочевина *f.* ethylidene urea.
этилиров/ание *n.* ethylation; —анный *a.* ethylated; —ать *v.* ethylate.
этил/карбонат *m.* ethyl carbonate; —меркаптан *m.* ethyl mercaptan; —овоспиртовый *a.* ethyl-alcoholic.
этилов/ый *a.* ethyl; э. спирт ethyl alcohol, ethanol; э. эфир (ethyl) ether; этил эстер; э. эфир уксусной кислоты ethyl acetate; —ая жидкость lead tetraethyl solution.
этилол *m.* ethylol, hydroxyethyl.
этилосерн/ая кислота ethylsulfuric acid; соль —ой кислоты, —окислая соль ethylsulfate; —истая кислота ethylsulfurous acid; —окислый *a.* ethylsulfuric acid; —окислый *a.* ethylsulfuric acid; ethylsulfate (of); —онатриевая соль sodium ethylsulfate.
этил/сульфокислота *f.*, —сульфоновая кислота ethylsulfonic acid; ethanesulfonic acid; —толуол *m.* ethyltoluene; —целлюлоза *f.* ethylcellulose.
этимология *f.* etymology.
этин *m.* ethyne, acetylene; —ил *m.* ethynyl.

этиолирование *n.* etiolation, blanching.
этиолог/ический *a.* (med.) etiologic; —ия *f.* etiology.
этионовая кислота ethionic acid, ethylenesulfonic acid.
этиопорфирин *m.* etioporphyrin.
этит *m.* (min.) aetite.
этич/еский, —ный *a.* ethic(al).
этмоид/альный *a.* (anat.; zool.) ethmoid, sieve-like; —ит *m.* (med.) ethmoiditis.
этмолит *m.* (geol.) ethmolith.
Этна Mt. Etna.
этн/ический *a.* ethnic; —о— *prefix* ethn-(o)— (race, tribe); —огенез *m.* ethnogeny; —ография *f.* ethnography.
это *pron. n.* this, that, it.
этокс/алил *m.* ethoxalyl; —илирование *n.* ethoxylation; —ильный *a.* ethoxy (group).
этот *pron. m.* this, that.
этрол *m.* etrol (a plastic).
Эттеля раствор Öttel's solution.
Эттингсгаузена эффект (elec.) Ettingshausen effect.
эттрингит *m.* (min.) ettringite.
ЭТЭ *abbr.* (электрогидравлический эффект) electrohydraulic effect.
эу— *see under* эв—, эй—.
эутроф/икация *f.* eutrophication (of water body); —ный *a.* eutrophic.
эф. *abbr.* (эфир) ether.
эфедр/а *f.* (bot.) Ephedra; —ин *m.* ephedrine; —овый *a.* Ephedra.
эфеля *pl.* (min.) crushed gold ore; sand-clay refuse.
эфемер *m.* (bot.) ephemeral; —ида *f.*, —идный *a.* (ent.) ephemerid; (astr.) ephemeris; —ность *f.* ephemerality, transient nature; —ный *a.* ephemeral, short-lived, transitory, transient.
Эфиопия Ethiopia; эфиопский *a.* Ethiopian.
эфир *m.* ester; ether, spec. ethyl ether; э. бензойной кислоты benzoate; э. серной кислоты sulfate; э. уксусной кислоты acetate; азотистоэтиловый э. ethyl nitrite; простой э. ether; сложный э. ester; этиловый э. уксусной кислоты ethyl acetate.
эфир. *abbr.* (эфирный).
эфир/ат *m.* etherate; —номасличный *a.* essential-oil.
эфирн/ый *a.* ester; ether(eal); —ая смола ester gum; —ое (летучее) масло essential oil; —ые пары ether fumes.
эфир/окислота *f.* ether acid; —омасличный *a.* aromatic, essential-oil; —онос *m.* essential-oil (bearing) plant; —оносный *a.* aromatic; —ообразование *n.* esterification; etherification; —оподобный *a.* ester-like; ether-like; —сульфонат *m.* chlorophenylchlorobenzenesulfonate, Ovotran.
эфлоресценция *f.* efflorescence.
эффект *m.* effect, result; capacity.
эффективн/ость *f.* effectiveness, efficiency; performance; (charge) factor yield; предел —ости effective range; —ый *a.* effective, efficient; active; considerable; powerful; resultant; apparent (temperature); brake (horsepower); —ая мощность effective power; —ое сечение (nucl.) cross section.
эффектный *a.* effective.
эфферентный *a.* (physiol.) efferent.
эффуз/ивный *a.* effusive; —иометр *m.* (gases) effusiometer; —ия *f.* effusion; —ор *m.* effuser.
эхи/ин *m.* echiine; —каучин *m.* echicaoutchin; —накозид *m.* echinacoside.
эхино— *prefix* echino— (spiny; sea urchin); —кокк *m.* echinococcus (tapeworm); —коккоз *m.* (med.) echinococcosis; —псин *m.* echinopsine; —ринх *m.* echinorhynchus (parasitic worm).
эхит/амин *m.* echitamine, ditaine; —енин *m.* echitenine; —ин *m.* echitin.
эхиуриды *pl.* (zool.) Echiuroidea.
эхицерин *m.* echicerin; —овая кислота echiceric acid.
эхо *n.* echo; э.-индикатор *m.* echo indicator; —ледомер *m.* ice fathometer; —лот *m.* sounding device, echo sounder; (naut.) fathometer; (av.) acoustic altimeter; измерение —лотом, —лотирование *n.* echo sounding; —мессер *m.* (tel.) singing point tester; э.-резонатор *m.* echo box; э.-сигнал *m.* echo (signal).
эци/альный *a.* (bot.) aecium, aecial; —дий *m.* aecidium; —й *m.* aecium.
ЭЧЗ *abbr.* (электрическое частотное зондирование) electrical frequency sounding.
эч(и)соновский *a.* Acheson (electric furnace).
ЭШ *abbr.* (эффект Штарка) Stark effect.
эшафот *m.* scaffold.
Эшвил (geog.) Asheville.
эшелетт *m.* (phys.) echelette.
эшелон *m.* (mil.; opt.) echelon; (av.) flight level, cardinal altitude; (transition) level; дифффракционный э. echelon grating; —ирование *n.* echeloning; (av.) separation; —ировать *v.* echelon; separate; —ный *a. of* эшелон; —ное стекло echelon lens.
эшинит *m.* (min.) (a)eschynite.
ЭЭГ *abbr.* (электроэнцефалограмма) electroencephalogram; (электроэнцефалография) electroencephalography.

Ю

ю, Ю, Ю. *abbr.* (юг; южный).
юбилей *m.*, —ный *a.* anniversary.
юб/ка *f.*, —очный *a.* (piston) skirt; (insulator) shell, cup, petticoat; (cowl) flap; (stabilizing) flare (of rocket).
ЮВ, Ю-В, Ю.-В. *abbr.* (юго-восток; юго-восточный).
ювелир *m.* jeweler; —ный *a.* jewelry.
ювенильный *a.* juvenile, young.
юг *m.* south; на юг southward.
югл/андин *m.* juglandin; —он *m.* juglone, 5-hydroxy-14-naphthoquinone; —оновая кислота juglonic acid.
юго-восток *m.* southeast; ю.-восточный *a.* southeast(ern); ю.-запад *m.* southwest; ю.-западный *a.* southwest(ern).
югославский *a.* Yugoslavic, Yugoslavian.
югулярный *a.* (anat.) jugular.
юж. *abbr.* (южный).
южанин *m.* southerner.
южн. *abbr.* (южный).
Южная Америка South America.
южно/-американский *a.* South American; ю.-африканский *a.* South African; —бережный *a.* south coast; —полярный *a.* antarctic; ю.-русский *a.* South Russian.
южн/ый *a.* south(ern), southerly; antarctic; ю. крест (astr.) Crux; Ю. Ледовитый океан Antarctic Ocean; ю. полярный круг antarctic circle; —ая рыба (astr.) Piscis Austrinus; —ое сияние aurora australis.
юз *m.* slippage, skidding; dragging.
ю. з., ю.-з., ЮЗ, Ю.-З. *abbr.* (юго-запад; юго-западный).
Юза аппарат Hughes' apparatus.
юзом *adv.* skidding; dragging.
юиттовский *a.* Hewitt.
Юкавы потенциал (nucl.) Yukawa potential.
юкатанский *a.* (geog.) Yucatan.
юкка *f.* (bot.) yucca; —сапонин *m.* yuccasaponin.
юкола *f.* sun-cured fish.
Юкон Yukon (river).
юлиенит *m.* (min.) julienite.
юлокротин *m.* yulocrotine.
юлол *m.* julol; —идин *m.* julolidine, 1,2,5-6-tetrahydrojulol.

юмит *m.* humite (coal).
Юм-Розери правило (met.) Hume-Rothery rule.
юн *sh. m. of* юный.
Юнга модуль Young's modulus, longitudinal elasticity.
юнгит *m.* (min.) youngite.
юнион *m.* union.
юнипер/ин *m.* juniperin; —овая кислота juniperic acid, 16-hydroxyhexadecanoic acid; —ол *m.* juniperol.
Юнкерса калориметр Junker's calorimeter.
юнона *f.* (astr.) Juno.
юн/ость *f.* youth; (geol.) immaturity; —ошеский *a.* youthful, young, juvenile; —ошество *n.* youth, young people; —ый *a.* young, youthful; immature.
юпитер *m.* high-power electric lamp; (astr.) Jupiter.
юр *m.* height, bluff; на —у in an exposed place.
Юра the Jura mountains.
юра *see* юрский период; *f.* shoal (of fish).
Юра способ Ure's process.
юр/идический *a.* juridical; —исдикция *f.* jurisdiction; —исконсульт *m.* legal adviser; —испруденция *f.* jurisprudence, science of law; —ист *m.* jurist; lawyer; law student.
юродивый *a.* irresponsible, incompetent.
юрский период (geol.) Jurassic period.
юрта *f.* yourta, nomad's tent, hut.
юстир *m.*, —ные весы assay balance; —ование *see* юстировка; —ать *v.* adjust, correct, align, tune; —овка *f.*, —овочный *a.* adjustment, correction, alignment; tuning.
юстиция *f.* justice.
ют *m.* (naut.) poop (cabin).
Юта (geog.) Utah; юта *f.* jute.
юфт/евый *a.*, —ь *f.*, —яной *a.* Russia leather.
юхта *see* юфть.
ю. ш. *abbr.* (южная широта) south latitude.
—ющий(ся) *see* —ущий(ся).
ююба *f.* (bot.) jujube.

Я

я *pron.* I.
ябин *m.* yabine.
ябло/ко *n.* apple; (eye) ball; (mech.) ball; (sternpost) bossing; —невый, —ный *a.*, —ня *f.* apple tree.
Яблочкова свеча (illum.) Jablochkoff candle.
яблочно/кальциевая соль calcium malate;
—кислый *a.* malic acid; malate (of); —кислая соль malate; —этиловый эфир ethyl malate.
яблочн/ый *a. of* яблоко; pomaceous; malic (acid); cider (press); соль —ой кислоты malate.
ябор/анди-листья *pl.* jaborandi; —идин *m.* jaboridine; —ин *m.* jaborine.

ЯВ *abbr.* (ядерная вакуоль) nuclear vacuole; (ядовитые вещества) poisons.

Ява (geog.) Java; **яванский** *a.* Javanese.

явен *sh. m. of* явный.

яви *gen., etc., of* явь.

яв/ить(ся) *see* являть(ся); **—ка** *f.* appearance, presence, attendance; secret meeting (place); **—ление** *n.* phenomenon, effect; appearance, occurrence; (ionizing) event; (med.) symptom; **химическое —ление** chemical phenomenon; **—лять** *v.* show, display, exhibit, manifest; **—ляться** *v.* appear, arrive, make one's appearance; be; seem; provide, offer (means); report (for work); **у него —илась мысль** it occurred to him.

явно *adv.* evidently, etc., *see* явный.

явно— *prefix* phanero— (visible, apparent); **—брачный** *a.* (bot.) phanerogamous.

явнокристалличеcк/ий *a.* phanerocrystalline, obviously crystalline; **—ая порода** (petr.) phanerite, granitoid.

явнополюсный *a.* (mach.) salient-pole.

явн/ость *f.* evidence, obviousness, clearness; **—ый** *a.* evident, obvious, clear, plain, apparent; (math.) explicit; appreciable (error); salient (pole).

явок *gen. pl. of* явка.

явор *m.*, **—овый** *a.* sycamore (tree).

явочный *a. of* явка.

явский *a.* (geog.) Java(nese).

явств/енность *f.* clearness, distinctness; **—енный** *a.* clear, distinct; **—овать** *v.* be clear, be obvious, be apparent; appear; **что —ует из** as evidenced by.

явь *f.* reality, actuality.

ягель *m.* (bot.) lichen, spec. reindeer moss (*Cladonia rangiferina*).

ягн/енок *m.*, **—иться** *v.*, **—ячий** *a.* lamb.

ягод/а *f.*, **—ный** *a.* berry; **—ица** *f.* breech, buttocks; **—ичный** *a.* breech; gluteal; **—ник** *m.* berry bush; berry patch; **—овидный**, **—ообразный** *a.* berry-like, baccate.

ЯГР *abbr.* (ядерный гамма-резонанс).

ягуар *m.*, **—овый** *a.* (zool.) jaguar.

яд *m.* poison, venom; toxin; virus.

яд. ед. *abbr.* (ядерная единица) nuclear unit.

ядер *gen. pl. of* ядро; **—но-магнитный** *a.* nuclear-magnetic; **—но-резонансный** *a.* nuclear-resonance; **—ночистый** *a.* nuclear-pure; **—но-энергетический** *a.* nuclear power.

ядерн/ый *a.* nuclear; kernel; **я. гамма-резонанс** Mössbauer spectrum; **я. котел**, **я. реактор** nuclear reactor; **—ая техника** nucleonics; **—ая физика** nuclear physics; **—ая функция** (math.) kernel function; **—ое горючее** (nucl.) fuel, fissionable material; **—ое деление** nuclear fission.

ядерщик *m.* nuclear physicist.

—ядный *a. suffix* **—vorous**, **—phagous**, eating.

ядовит/ость *f.* toxicity; virulence, malignity; **—ый** *a.* poisonous, toxic; virulent, venomous; noxious (gas); **—ый зуб** fang (of snake); **—ое начало** (med.) virus.

ядо/носный *a.* poison-bearing, toxiferous; poisonous, venomous; **—химикаты** *pl.* toxic chemicals (insecticides, fungicides, herbicides).

ядр/еный *a.* vigorous, healthy; juicy, succulent, fresh; full (of grains); **—истый** *a.* having big kernels; **—ица** *f.* peeled, whole buckwheat.

ядр/о *n.* nucleus, kernel; center, core (of reactor, etc.); heartwood; substance, gist; (benzene) ring; (cannon) ball; **атомное я.** atomic nucleus; **—а разрыв**, **—а расщепление —а** ring cleavage; **удаление —а** (biol.) enucleation; **физика атомного —а** nuclear physics.

ядро/вый *a. of* ядро; **-мишень** *n.* target nucleus; **-продукт** *n.* daughter nucleus, resultant nucleus; **—техника** *f.* nucleonics.

ядрышко *dim. of* ядро; (biol.) nucleolus.

яды *pl. of* яд.

яеин *m.* yajeine.

—яем/ость *f. suffix* **—ability**; **—ый** *a. suffix* **—able**; **—ed.**

яенин *m.* yajenine.

яз. *abbr.* (язык) language.

язв/а *f.* ulcer, sore; (met.) pit; **красная я.** (phyt.) coral spot; **—енник** *m.* ulcer patient; (bot.) Anthyllis; **—енный** *a.* ulcer(ous); **—енная болезнь** ulcers, ulcerous condition; **—ина** *f.* ulcer; (corrosion) pit; (rolling) dimple; **с —инами** pitted.

язевый *a. of* язь.

язык *m.* tongue; language; clapper (of bell); bolt (of lock); **я.-ИПЛ** *m.* information processing language; **я.-объект** *m.* object language.

языко/вед *m.* linguist; **—ведение** *n.* linguistics; **—ведческий** *a.* linguistic; **—вой** *a.* lingual; **—вый** *a. of* язык; **liguli—**; **-глоточный** *a.* (anat.) glossopharyngeal; **—знание** *n.* linguistics; **—творчество** *n.* creation of new terms.

язык-посредник *m.* intermediary language.

языч/ковый *a.* tongue; (music) reed; (anat.) uvular; (bot.) ligulate, ray; **я. контакт** (elec.) snap contact, rubbing contact; **—ник** *m.* (bot.) adder's tongue (*Ophioglossum vulgatum*); **—ный** *a.* tongue; lingual; **—ок** *dim. of* язык; catch, lug; tag; (acous.) reed; (anat.) uvula; (bot.) ligule.

язь *m.* (ichth.) id(e).

яиц *gen. pl. of* яйцо.
яич/ко *n.* ovule, egg; (anat.) testicle; —ник *m.* (anat.) ovary; —ница *f.* scrambled eggs, omelette; —ный *a. of* яйцо; yolk-yellow.
яйла *f.* yaila, mountain pasture in Crimea.
яйце— *prefix* egg, ovi—; —видный *a.* egg-shaped, oviform, ovoid, oölitic, oval; —вод *m.* (anat.) oviduct; —вой *a. of* яйцо; —еды *pl.* egg parasites (*Scelionidae*).
яйцеживоро/дящий *a.* (zool.) ovoviviparous; —ждение *n.* ovoviviparity.
яйцеклад *m.* (zool.) ovipositor; —ка *f.* oviposition, egg laying; —ущие *pl.* Prototheria; —ущий *a.* oviparous, egg-laying.
яйце/клетка *f.* (zool.) ovicell, egg cell; —ноский *a.* productive (layer); —носкость *f.* egg yield; —образный *see* яйцевидный; —провод *m.* (anat.) oviduct.
яйцеро/дность *f.* (zool.) oviparity; —дный, —дящий *a.* oviparous; —ждение *n.* oviparity.
яйцо *n.* egg; (biol.) ovum.
як *m.* (zool.) yak.
якоби/ан *m.* (math.) Jacobian (functional determinant); —евский, —евый *a.* Jacobian, Jacobi's.
якобсит *m.* (min.) jacobsite.
якобы *conj. and particle* as if, as though, supposedly.
якор/ек *dim. of* якорь; пружинящий я. reed; —ница *f.* river barge; —ный *a. of* якорь; anchor-type; moored (mine); —ное место moorage; —ь *m.* anchor; (elec.) armature; (acous.) reed.
ЯКР *abbr.* (ядерный квадрупольный резонанс) nuclear quadrupole resonance.
яктация *f.* (med.) jact(it)ation.
якутский *a.* (geog.) Yakut.
ял *m.* (naut.) yawl.
ялап/а *f.* jalap (root); —ин *m.* jalapin, orizabin; —иновая кислота jalapic acid; —иноловая кислота jalapinolic acid, *d*-11-hydroxyhexadecanoic acid; —ная смола jalap resin.
ялик *m.* skiff, dinghy, wherry.
ялов/еть *v.* be barren; be dry (of cow); —ица *f.* dry cow; —ичный *a.* dry cow; —ка *f.* cowhide; dry cow; —ость *f.* barrenness, sterility; —ый *a.* barren, sterile; dry.
—яльн/ый *a. suffix* —ing; —я *f.* —(e)ry, —ing mill, —ing works.
яльпаит *m.* (min.) jalpaite.
яма *f.* pit, well, depression, hole; ditch, trench; (air or gas) pocket; (coal) bin, bunker; (anat.) fossa.
Ямайка, ямайский *a.* (geog.) Jamaica.
ямайцин *m.* jamaicin.

яма-ловушка *f.* trap hole.
ямб/озин *m.* jambosine; —улол *m.* jambulol.
ямистый *a.* full of holes, pitted, bumpy.
ЯМК *abbr.* (ядерно-магнитный каротаж) nuclear magnetic logging.
ям/ка *dim. of* яма; pit, hole, depression; (anat.) foss(ul)a; с —ками pitted; —ный *a. of* яма; —окоп(атель) *m.* post hole digger; —очка *dim. of* ямка.
ЯМР *abbr.* (ядерный магнитный резонанс) nuclear magnetic resonance, NMR.
ямс *m.* (bot.) Chinese yam (*Dioscorea*).
ямчат/ость *f.* pitted condition; (phyt.) pit; —ый *a.* pitted.
ямщик *m.* driver.
ямы *gen., pl., etc., of* яма.
янв. *abbr* (январский, январь) January.
янгонин *m.* yangonin.
Янгстаун (geog.) Youngstown.
—янный *a. suffix* —ed, —(e)n.
янтарно/аммониевая соль ammonium succinate; —кислый *a.* succinic acid; succinate (of); —кислый алюминий aluminum succinate; —кислая соль succinate; —этиловый эфир ethyl succinate.
янтарн/ый *a.* amber; succinic; я. альдегид succinic aldehyde, succinaldehyde; я. ангидрид succinic anhydride, succinyl oxide; —ая земля (min.) amber, succinite; —ая кислота succinic acid, butanedioic acid; соль —ой кислоты succinate; хлорангидрид —ой кислоты succinyl chloride; —ая смола amber resin; —ое масло amber oil.
янтарь *m.* amber; черный я. (min.) black amber, jet.
янтинит *m.* (min.) ianthinite.
янусовый зеленый Janus green (stain).
Янцзы Yangtze (river).
яп. *abbr.* (японский) Japanese.
япакон/ин *m.* japaconine; —итин *m.* japaconitine, acetylbenzoyl japaconine.
япет *m.* (astr.) Japetus.
Япония Japan.
японск/ий *a.* Japanese; Japan (lacquer wax); —ая кислота japonic acid (a tannic acid); —ое лаковое дерево Japanese wax tree (*Rhus succedanea*).
яр *m.* steep bank, gill, ravine; *sh. m. of* ярый.
яранга *f.* yaranga (portable dwelling).
ярд *m.* yard (91.44 cm.).
яремный *a. of* ярмо; (anat.) jugular.
ярица *f.* spring crop (of wheat or rye).
ЯРкД *abbr.* (ядерный ракетный двигатель) nuclear rocket engine.
ярк/ий *a.* bright, luminous, brilliant; dramatic, spectacular; sharp, clear; strong, intense (light); rich (color); —о *adv.* brightly, etc., *see* я.; —о выраженный *a.* clearly defined, pronounced, marked;

—окрасный *a.* bright red; —о(сте)мер *m.* brightness meter; —остно-модулированный *a.* intensity-modulated; —остный *a.*, —ость *f.* brightness, brilliance, brilliancy, luminance, luminosity, intensity.

ярлы(чо)к *m.* label, tag.

ярмар/ка *f.*, —очный *a.* (agr.) fair.

ярмо *n.* (elec.) yoke; framework, carcass; (anat.) jugum.

—ярн/ость *f.* suffix —arity; —ый *a.* suffix —ar(y), —arian.

яров/изация *f.* vernalization, yarovization (of seeds and bulbs); early stage of growth; —изированный *a.* vernalized; —ое *n.*, —ой хлеб summer grain crop; —ой *a.* spring (rye, wheat), summer-crop; —ость *f.* spring habit, summer habit.

ярозит *m.* (min.) jarosite.

ярок *sh. m.* of яркий.

ярославский *a.* (geog.) Yaroslav.

ярочка *f.* yearling ewe, ewe lamb.

ярровит *m.* (min.) jarrowite.

Ярроу котел Yarrow boiler.

яруга *f.* ravine, gulch, gully.

ярунок *m.* miter box, miter block.

ярус *m.* story, floor; deck, tray (of dryer); (geol.) stage; (cloud) layer, sheet, stratum; —ный *a.* of ярус; tier (antenna); multistage; stepped, steplike, graded, graduated, gradual; —оразборочный *a.* unstacking.

ярутка *f.* (bot.) pennycress (*Thlaspi*).

ярч/айший *superl.*; —е *comp.* of яркий.

ярый *a.* violent, extreme, furious, raging; ardent; unbleached (wax); young (bees).

ярь *f.* spring crop; verdigris, basic cupric acetate; fury; я.-медянка *f.* verdigris.

яр-яр *m.* yara-yara, β-naphthyl methyl ether.

яс *m.*, ловильный яс (min.) jars, jar coupling.

ясельный *a.* of ясли.

ясен *sh. m.* of ясный.

ясен/евый *a.* ash (tree); —ец *m.* dittany (*Dictamnus*); —ный *a.*, —ь *m.* ash (tree).

ясколка *f.* chickweed (*Cerastium*).

ясли *pl.* manger, crib (for cattle feed).

ясменник *m.* (bot.) woodruff (*Asperula*).

ясмон *m.* jasmone.

ясн/ее *comp.* of ясно, ясный; —еть *v.* clear up; —о *adv.* clearly, brightly; in plain terms; evidently; it is clear; it is obvious; —ость *f.* clearness, brightness, plainness; внести —ость в *v.* clear, clarify.

яснотка *f.* (bot.) dead nettle (*Lamium*).

ясный *a.* clear, bright; distinct, definite, precise; lucid, explicit; transparent;

distinctly audible; obvious, apparent, evident, pronounced.

яссиды *pl.* (ent.) Jassidae.

ястреб *m.* hawk; —инка *f.* (bot.) hawkweed (*Hieracium*); —иный *a.* hawk; accipitral, hawk-like.

ясты/к *m.*, —чный *a.* (ichth.) roe.

ятовь *f.*, —е *n.* (ichth.) breeding hole.

—ятор *m.*, —ный *a.* suffix —ator, —er.

ятрен *m.* Yatren, chiniofon.

ятро— *prefix* jatro—; iatr(o)— (medical treatment); —фин *m.* jatrophine.

ятрышник *m.* (bot.) orchis.

ятулийский *a.* (geol.) Jatulian.

—ятый *a.* suffix —ed, —(e)n.

яулингит *m.* (min.) jaulingite.

яхобаб *m.* astrakhan hide.

яхонт *m.* gem; красный я. ruby; синий я. sapphire.

яхт/а *f.*, —(ен)ный *a.* yacht.

—яционный *a.* suffix —ation(al), —ing.

—яция *f.* suffix —ation, —ing.

ячеек *gen. pl.* of ячейка.

ячеист/ый *a.* cellular, porous, honeycombed, alveolar, vesicular; brochate (grain); foam (rubber); —ое состояние porosity.

ячейк/а *f.* nucleus; (biol.) cell; cell, unit, compartment, cubicle; honeycomb; mesh (of screen); stage (in scaling circuit); (standard) register; (anat.) alveole, alveolus; я. памяти storage register; —овый *a.* nuclear; cellular; —ообразный *a.* cellular, cellulated, honeycomb.

ячея *f.* cell.

ячий *a.* of як.

ячменевидный *a.* barley-like.

ячменный *a.* barley; я. отвар barley water; я. сахар malt sugar, maltose.

ячмень *m.* barley; (med.) sty.

ячн(ев)ый *a.* ground barley.

яшм/а *f.*, —овый *a.* (petr.) jasper; —овая каменная посуда (cer.) jasperware, Wedgwood; —оподобный *a.* jasper-like, jasp(er)oid.

ящери/ца *f.* (zool.) lizard; (astr.) Lacerta; —чный *a.* lizard; saurian.

—ящий *a.* suffix —ing, —ent —ive.

—ящийся *a.* suffix —ing, —ent; —able, —ible, —uble.

ящик *m.* box, chest, case, container; bin; cage; drawer (of desk); (rad.) cabinet; я.-решето *n.* drain box.

ящич/ек *dim.* of ящик; —ный *a.* of ящик; —ный калибр (rolling) box pass; —ный питатель hopper (feeder).

ящур *m.*, —ный *a.* (vet.) foot and mouth disease.

—ающий(ся) *see* —ящий(ся).